D1725013

Enzyklopädie des Märchens

Band 2

Enzyklopädie des Märchens

Handwörterbuch zur historischen und vergleichenden Erzählforschung

Herausgegeben von
Kurt Ranke, Göttingen

zusammen mit Hermann Bausinger, Tübingen
Wolfgang Brückner, Würzburg · Max Lüthi, Zürich
Lutz Röhrich, Freiburg · Rudolf Schenda, Göttingen

Redaktion
Lotte Baumann — Ines Köhler — Elfriede Moser-Rath
Ernst Heinrich Rehermann — Hans-Jörg Uther — Rainer Wehse
Göttingen

Band 2

1979

Walter de Gruyter · Berlin · New York

Lieferung 1/2 Bearbeitung — Bogatyrev, Petr Grigor'evič
Lieferung 3/4 Bogatyrev, Petr Grigor'evič — Calembour(g)
Lieferung 5 Calembour(g) — Christus und der Schmied

CIP-Kurztitelaufnahme der Deutschen Bibliothek

Enzyklopädie des Märchens : Handwörterbuch zur histor. u. vergleichenden Erzählforschung / hrsg. von Kurt Ranke zusammen mit Hermann Bausinger . . . Red. Lotte Baumann . . . — Berlin, New York : de Gruyter.

NE: Ranke , Kurt [Hrsg.]

Bd. 2 — 1. Aufl. — 1979.
Abschlußaufnahme von Bd. 2.
ISBN 3-11-008091-5

Printed in Germany

Satz und Druck: Walter de Gruyter & Co., Berlin
Buchbinder: Fuhrmann KG, Berlin.

Gefördert mit Mitteln der Deutschen Forschungsgemeinschaft

Bearbeitung. Unter B. versteht man die Zurichtung einer gegebenen Vorlage durch einen anderen als deren Verfasser zum Zweck der Neuveröffentlichung, der Aufführung oder des Vortrages in einer vom Original abweichenden Darbietungsform. Sie wird begrifflich von den verschiedenen 'Fassungen' einer Vorlage durch den Autor geschieden.

1. Literarische B. Die B. kann unter abweichenden Zielsetzungen erfolgen. Häufig geschieht sie unter gewandelten künstlerischen oder wiss. Auffassungen zur Anpassung der Vorlage an den Zeitgeschmack, unter pädagogischem Aspekt aus Nützlichkeitserwägungen oder auch aus ideologischen Gründen (Infiltrierung von politischen, religiösen, weltanschaulichen oder anderen Konzeptionen).

Übernahme und B. waren noch im 18. Jh. ohne weiteres gestattet. Erst im 19. Jh. kam im Gefolge veränderter Eigentumsvorstellungen auch von geistigem Besitztum der Begriff des Plagiats auf. Mit ihm wurde die unautorisierte Übernahme und B. von Werken und deren Teilen gekennzeichnet. Den Herausgebern stand von jetzt an Urheberrechtschutz zu, der ihre Editionen vor B. schützt. Andererseits genießt diesen Schutz auch die autorisierte B., sofern sie als eigenständige wiss. oder künstlerische Leistung gewertet werden kann. Auf Volkserzählungen fand das jedoch keine Anwendung. Es stand jedermann frei, die in Umlauf befindlichen Erzählungen aufzuzeichnen und sie, wie das bei der literalen Tradition schon lange der Fall war, zu bearbeiten und zu veröffentlichen.

Gegenüber den heterogenen Vorlagen lassen sich zwei unterschiedliche Einstellungen zum Problem der B. feststellen: eine mehr bearbeitungsfreundlich dichterische, die auf die Aufbereitung und Verbesserung des Vorgegebenen ausgeht, und eine mehr bearbeitungsfeindlich philolog. Tendenz, die auf Treue gegenüber der Überlieferung besteht.

Viele Sammler und Herausgeber sahen in den Volkserzählungen naive Geisteserzeugnisse, die für ein gebildetes Lesepublikum bessernder B. bedurften. Im Gegensatz zu späteren Anschauungen, die dem oral Tradierten (→ Orale Tradition) einen bes. Wert zumaßen — und es dabei gelegentlich überschätzten —, vertrat z. B. Christoph Martin → Wieland (1733–1813) die Meinung: → „Ammenmärchen, im Ammen-Ton erzählt, mögen sich durch mündliche Überlieferung fortpflanzen; aber gedrukt müssen sie nicht werden"[1]. Achim von → Arnim (1781–1831) wollte die Märchen so erneuert wissen, daß ihr poetischer Gehalt wieder auf alle wirken könne[2]. Ludwig → Aurbacher (1784–1847) hing manchen Stücken „ein poetisches Mäntelchen" um, „um ihnen, wo möglich, mehr Charakter und Anmut zu geben"[3]. Gegen die philolog. Genauigkeit Jacob → Grimms (1785–1866) äußerte Clemens → Brentano (1778–1842): „Dergleichen Treue, wie hier in den Kindermärchen, macht sich sehr lumpicht"[4].

Grimm befürchtete stets „unerlaubte Progressionen und Potenzierungen"[5], gestand aber z. B. gegenüber von Arnim, daß in *Des Schneiders Daumerling Wanderschaft* (KHM 45) die Drohung des Däumlings, der geizigen Meisterin einen Spottvers an die Haustüre zu schreiben, aus einer anderen Erzählung interpoliert sei[6]. Seit der 2. Ausgabe wurden die Texte der KHM stilistisch und formal bearbeitet. Zwar hatten sich die Brüder Grimm sowohl gegen kontaminierende B. als auch gegen Restaurationen defekter Überlieferungen ausgesprochen[7], aber vor allem Wilhelm → Grimm (1786–1859) legte sich „in den Worten, der Anordnung, in Gleichnissen und dergleichen gar keine Schwierigkeit" auf und schrieb so, wie er „in dem Augenblick Lust" hatte[8]. Ihm ging es um Einfachheit des Ausdrucks und Verständlichkeit der Sprache, die er durch häufige Verwendung von alliterierenden Verbindungen, Lautmalereien, Sprichwörtern, Redensarten und volkstümlichen Vergleichen sowie durch den Ersatz der schleppenden indirekten Rede durch Dialoge erreichte[9].

B.en dieser Art fanden bis in die heutige Zeit überall in Europa statt: Der Russe Aleksandr Nikolaevič → Afanas'ev nimmt sich die KHM zum Muster[10], der Norweger Peter Christian → Asbjørnsen schmückt seine Erzählungen „auf Kosten der Authentizität"[11], der Ungar János → Kriza gesteht die dichterischen Glättungen seiner Märchen in seinen Briefen ein[12], der Este Friedrich R. → Kreutzwald ändert seine Texte und stilisiert sie so individuell, daß man vom „Charakter des estnischen Volksmärchens eine schiefe Vorstellung" bekommt[13], der Deutsche Wilhelm → Wisser „schönt seine Märchen für die gedruckte Ausgabe"[14]. Seine wie auch Richard → Wossidlos oder Gottfried → Henßens Aufzeichnungen (und sicher auch die der meisten Sammler vor der Ära der Tonbandtechnik) bestanden zudem meist nur aus Stichworten, was notwendigerweise eine spätere B. bei der Publikation erforderte.

Fast zwangsläufig ergeben sich B.en bei der Übertragung von Volkserzählungen aus einer Sprache in die andere. Wörtliche Übersetzungen können leicht trocken und unverständlich wirken, weshalb sich die Übersetzer oft darum bemühen, die Vorlagen nicht nur sprachlich, sondern auch inhaltlich dem Empfängerkreis anzupassen (Akkomodation). Wieland z. B. verfolgte bei der Übertragung der Feenmärchen (→ Contes des fées) der Marie Catherine d'→ Aulnoy das Ziel einer ästhetischen Vervollkommnung der Vorlage, weshalb er sich „von allen Pflichten eines Übersetzers dispensierte"[15]. Brentano entfernte bei der B. Basiles alles ihm anstößig Erscheinende, z. B. Liebesszenen[16]. Viele Bearbeiter stützten sich auf das Vorgehen Jean Antoine → Gallands (1646–1715), der im Unterschied etwa zu Enno → Littmann für seine Ausgabe der *Mille et une Nuits* (1704–1717) mit dem arab. Text sehr frei verfahren war und Dinge, die dem Abendland fremd waren, umgeschrieben hatte[17].

Gleiches gilt natürlich für die Übersetzung aus der oder in die Mundart. Problematisch ist es, wenn z. B. Wisser die hochdt. Märchen Karl → Müllenhoffs, die meist aus dem westl. Teil Schleswig-Holsteins stammen, in seinen geliebten ostholstein. Dialekt überträgt[18], oder wenn Gustav Friedrich Meyer eine plattdän. Fassung des nord. Fressermärchens (AaTh 2028) ins Plattdeutsche transkribiert, obwohl die Erzählung in Schleswig-Holstein nicht vorkommt[19]. Auch der Schwede Gabriel → Djurklou übersetzt seine Texte in den Dialekt zurück und bearbeitet sie inhaltlich sehr stark, „in hervorragender Weise freilich"[20].

Ganz evident ist die B. von Erzähltexten im Falle des Kinderbuches[21]. Schon den Brüdern Grimm wird Naivisierung der Stoffe vorgeworfen. Karl Kaiser stellt den stärksten Gegensatz zwischen Bechstein dem Märchensammler und Bechstein dem Kindermärchenerzähler heraus[22]. Bei der Fülle des Materials sei aus der Gegenwart nur ein Beispiel erwähnt: Ernst Wisser überträgt 1948 eine Reihe von Märchen seines Vaters für Kinder ins Hochdeutsche. Die Schlußpassagen seines Vorworts lauten:

„Die plattdeutschen Märchen meines Vaters Wilhelm Wisser sind vor allem sehr urwüchsig und strotzen nur so von Saft und Kraft. Die Märchen der Brüder Grimm sind sehr zart und fromm und von edelstem Gefühl. Und wie verlangt nun unsere Zeit die Märchen, wie möchtet ihr sein, liebe Kinder, wenn ihr wünschen könntet? Möchtet ihr nicht vielleicht ebenso fein, fromm und edel wie stark und urwüchsig sein? Das glaube ich wenigstens und so wollte ich diese Märchen erzählen"[23].

Schließlich sei kurz auf die Neigung unserer Zeit zur travestierenden B. von Volkserzählungen hingewiesen[24]. Man denke etwa an die von Lutz Röhrich angeführten 12 Rotkäppchen-[25] oder an die zahlreichen amerik. Froschkönig-[26] Parodien, an Iring Fetschers *Märchen-Verwirrbuch*[27] oder an Hans Traxlers *Wahrheit über Hänsel und Gretel*[28], ein Buch, in dem freilich mehr die Forschung als das Märchen selbst aufs Korn genommen wird.

Die B. von Volkserzählungen zielt also vielfach darauf ab, tradierte Stoffe in einem idealisierten 'Volkston' neu darzubieten. Die Berechtigung dazu wurde einerseits aus der Forderung nach Allgemeingültigkeit der Aussage, andererseits aus dem Wunsch nach Rezeption durch ein breites Publikum abgeleitet. Erst durch Fragestellungen, die sich auf die Genese, Struktur und Funktion solcher Erzählungen, auf ihre Wandlungen innerhalb des Traditionsprozesses und vor allem auf das Verhältnis der Erzähler zu ihnen bezogen, führte das Streben nach → Authentizität zu einem neuen Verhältnis gegenüber den Aufzeichnungen, das sich in einem Rückgang an B.en äußerte.

2. Dramaturgische B. Zahlreiche Volks- und Kunstmärchen wurden seit der Mitte des 18. Jh.s (C. W. von Gluck, P. A. Monsigny, C. Gozzi u. a.) für die Bühne bearbeitet, in neuerer Zeit auch für → Film, → Rundfunk, → Television und – in steigendem Umfang – für die (Kinder-) → Schallplatte. Die wichtigsten B.sformen sind das Märchen(sing)spiel, die → Märchenoper und -operette sowie das Märchenballett. Bevorzugte Quellen der B. bildeten die Märchensammlungen → Basiles, → Perraults, die Märchen aus → *1001 Nacht*, die KHM der Brüder Grimm, die Märchenbücher Ludwig → Bechsteins sowie die Märchen von Hans Christian → Andersen, Wilhelm → Hauff, Aleksandr S. → Puškin, Petr P. Jeršov u. a.

Die dramaturgische B. fordert in der Regel die Schaffung einer in sich geschlossenen und stringenten Szenenfolge, die Festlegung der Schauplätze, die Charakterisierung der Gestalten, die Ausstaffierung mit dem Personal, die Herausarbeitung des Konfliktes und – im Sprachlichen – Dialogisierung, oft auch Umsetzung der Erzählprosa in gebundene Sprache.

→ Biologie des Erzählgutes, → Kontext, → Pädagogik, → Parodie, → Redaktion, → Stil.

[1] EM 1, 463. – [2] Rölleke, H.: A. und B. von Arnim. In: EM 1, 815–822. – [3] Mackensen, L.: Aurbachers Märchen. In: HDM 1, 151. – [4] Steig, R./Grimm, H. (edd.): A. von Arnim und die ihm nahe standen. 1: A. von Arnim und C. Brentano. Bearb. von R. Steig. Stg. 1894, 156. – [5] Cardaus, H.: Die Märchen C. Brentanos. Köln 1895, 4. – [6] BP 4, 448. – [7] ibid., 424. – [8] ibid., 448. – [9] ibid., 453 sq. – [10] EM 1, 129. – [11] EM 1, 854. – [12] Ortutay, G.: Ung. Volksmärchen. B. 1957, 34. – [13] BP 5, 167. – [14] Brachetti, A.: Studien zur Lebensform des dt. Volksmärchens (Diss. Ffm.). Bühl-Baden 1935, 6 sq. – [15] HDM 1, 146. – [16] Cardaus (wie not. 5) 25. – [17] 1001 Nacht 6, 656. – [18] Ranke 1, 139; 2, 9, 126 etc. – [19] ibid. 1, 271. – [20] Schier, K. (ed.): Schwed. Volksmärchen. MdW [2]1974, 257. – [21] Doderer, K. (ed.): Lex. der Kinder- und Jugendlit. 1. Weinheim/Basel 1975, 119–121. – [22] HDM 1, 222. – [23] Wisser, E.: Dummhannes. Krailling vor München [1948] 9. – [24] Ranke, K.: Schwank und Witz als Schwundstufe. In: Festschr. W.-E. Peuckert. B./Bielefeld/Mü. 1955, 41–59. – [25] Röhrich, L.: Gebärde – Metapher – Parodie. Düsseldorf 1967, 130–152. – [26] Randolph, V.: The Devil's Pretty Daughter. N. Y. 1955, 91 sq. und 196 sq. (Lit.). – [27] Fetscher, I.: Wer hat Dornröschen wachgeküßt? Das Märchen-Verwirrbuch. Hbg/Düsseldorf 1972. – [28] Traxler, H.: Die Wahrheit über Hänsel und Gretel. Ffm. 1963.

Lit.: Schmidt, L.: Zur Geschichte der Märchenoper. Rostock 1895. – Stier-Somlo, H.: Das Grimmsche Märchen als Text für Opern und Spiele. B./Lpz. 1926. – Schmidt, K.: Unters.en zu den Märchenslgen von L. Bechstein. Lpz. 1935. – Rosenfeld, H.-F.: Zur Arbeitsweise der Brüder Grimm in ihren Dt. Sagen. In: DJbfVk. 4 (1958) 82–90. – Lüthi, M.: Die Herkunft des Grimmschen Rapunzelmärchens. In: Fabula 3 (1960) 95–118 (zur B.sweise J. Grimms). – Ginschel, G.: Der Märchenstil J. Grimms. In: DJbfVk. 9 (1963) 131–168. – Fiedler, A.: L. Bechstein als Sagensammler und Sagenpublizist. In: DJbfVk. 12 (1966) 243–266, bes. 259 sq. – Richter, D./Merkel, J.: Märchen, Phantasie und soziales Lernen. B. 1974. – Lüthi, Märchen ([6]1976) 57 sq.

Freiburg/Br. Dietz-Rüdiger Moser

Beatrix → Nonne, die in die Welt ging

Beaumont, Marie Leprince de → Leprince de Beaumont, M.

Bebel, Heinrich, * Justingen bei Münsingen 1472, † Tübingen 1518, Dichter und Humanist. Der Vater, ein angesehener Bauer, schickte seine Söhne auf die Stadtschule von Schelkingen bei Blaubeuren. 1492 studierte B. in Krakau bei Laurentius Corvinus, der hist.-ethnogr. Interessen in ihm weckte. 1494 befand er sich als Schüler von Sebastian → Brant in Basel, 1496 in Tübingen. Dort erlangte er 1497 eine bescheiden dotierte Professur für Rhetorik und Poetik. Im Sinne des wiss. Humanismus trat er gegen die Scholastik und das verderbte Kirchenlatein auf und lehrte Grammatik und Metrik klassischer Latinität. Er beherrschte die lat. Prosa ebenso wie die Versdichtung und verfaßte Lob- und Streitgedichte, Elegien, Oden, Hymnen, Dialoge und Epigramme, kaum jedoch dt. Verse. 1501 wurde er von Maximilian I. nach dem Vortrag einer patriotischen Oratio auf den Kaiser, die zugleich die Uneinigkeit der Deutschen beklagte, zum Poeta laureatus gekrönt. In seiner umfangreichen Dichtung *Triumphus Veneris* (Pforzheim 1509?; ed. Ioannis Altenstaig. Straßburg 1515) lieferte er eine allegorisch überfrachtete Satire auf die Sittenverderbnis seiner Zeit.

Das Jahr 1502 verbrachte B., um der Pestgefahr in Tübingen zu entgehen, in der Heimat, genoß nach eigenen Äußerungen das Landleben und hatte lebendigen Kontakt zur Bevölkerung aller Schichten. Das fand seinen Niederschlag in den für die Nachwelt bedeutendsten Werken, einer über 600 Nummern umfassenden Slg *Proverbia germanica* (Straßburg 1508), in der er neben literar. Traditionsgut auch gängige dt. Sprichwörter in lat. Übersetzung verzeichnete, und in den nach dem Vorbild von Poggio zusammengetragenen *Facetiae* in drei Büchern mit insgesamt 439 Schwänken, Scherzreden und heiteren Betrachtungen. Natürlich hat B. als belesener Mann schriftliche Quellen benützt, so die ma. Exempelliteratur, die -> *Mensa philosophica*, -> Poggio, -> Boccaccio, -> Abstemius, die -> *Cent nouvelles nouvelles* u. a.; er hat Anleihen bei August -> Tünger, in der Komödie *Stylpho* seines Freundes Jacob Wimpheling oder im *Straßburger Rätselbuch* gemacht (cf. den Quellenindex bei Bebel/Wesselski 2, 187—203). Viele Erzählungen sind jedoch auf B.s schwäb. Umwelt lokalisiert und stammen wohl aus seiner persönlichen Kenntnis der mündlichen Überlieferung. „Facetias meas suevicas", so bezeichnet er sie, und er hatte, wie er in der Widmung selbst sagt, einige Mühe, die volkstümliche Redeweise in die gepflegte lat. Prosa zu übertragen; bes. deftige Ausdrücke brachte er im dt. Wortlaut.

Die beiden ersten Bücher der Fazetien sind 1508 in Straßburg zusammen mit der Sprichwörtersammlung erschienen, der dritte Teil folgte ebenda 1512 in den *Opuscula nova et adolescentiae labores*. Die noch von B.s eigener Hand verb. Neuaufl. aller drei Teile erschien Straßburg 1514; auf ihr basieren die modernen Ausg.n von A. Wesselski und G. Bebermeyer. Bis zu B.s frühem Tod wurden fünf Aufl.n gedruckt, 1516 schon eine in Paris. Posthume Ausg.n folgten 1526, 1541, 1542, 1555, 1590, 1600, 1603 (zusammen mit den Fazetien des Nicodemus ->Frischlin) und 1651 (in Amsterdam mehrfach nachgedruckt), die letzte noch 1750 in Tübingen. Diese Ausg.n stimmen nicht überein; verschiedentlich wurden Stücke aus den *Facetiae* weggelassen, dafür Sinnreden aus den *Proverbia* eingefügt. Die erste dt. Übers. erschien 1558 s. l. und fand weitere Aufl.n in Ffm. 1568, 1589, 1606 und 1612 (cf. Goedeke 2,468sq.), allerdings mit Einschüben aus den *Apologen* des Predigers Bernardino Ochini (s. l. [Augsburg?] 1559). Der Übersetzer dieses Werkes war der Augsburger Arzt und Literat Christof Wirsung (cf. ADB 43,521), dem Wesselski darum auch die dt. Version der Schwänke B.s zuschrieb, während K. Goedeke an Michael -> Lindener dachte; Wesselski war jedoch der Ansicht, daß Lindener die dt. Texte besser geraten wären.

Zur Verbreitung von B.s Fazetien haben auch andere beigetragen. Johannes -> Pauli, Georg -> Wickram, Jacob -> Frey, Hans -> Sachs, Hans Wilhelm -> Kirchhof u. a. schöpften aus seinen Büchern; auch in Schwankslgen des 17. Jh.s ist oft ausdrücklich auf B. als Quelle verwiesen. Die internat. Wirkung blieb nicht aus: Johannes -> Gast übernahm einen ansehnlichen Teil der Schwänke in seine *Convivales sermones* (Basel 1543), woraus wiederum Ludovico -> Domenichi eine größere Zahl ins Italienische übersetzte. Wesselski konnte viele Stücke in ndl. und frz. Slgen nachweisen. Bei B. verzeichnete Schwänke gehören noch im 19. und 20. Jh. zur internat. gängigen schriftlichen und mündlichen Überlieferung.

B. hat die Bände 1 und 2 seiner Fazetien einem Freund als heitere Badelektüre gewidmet und versprach, ihm bei Gefallen noch mehr zu liefern, weil der Mensch seine Zeit auf „Muße und Arbeit, Schimpf und Ernst" verteilen müsse (nach der Übers. von Wesselski). Trotz dieser vorwiegend unterhaltenden Absicht werden doch auch moralisierend-didaktische Tendenzen deutlich.

B.s heftigste Kritik gilt, wie an der Schwelle zur Reformation nicht anders zu erwarten, dem Klerus. Von 255 Stücken, die sich ständisch zuordnen lassen, betreffen 116 (= 45%) geistliche Würdenträger, Priester, Mönche und Nonnen, die gemeinhin als einfältig, ungelehrt, unzüchtig bis lüstern, gewinn- und karrieresüchtig hingestellt werden, 55 Erzählungen (= 21,5%) handeln von teils pfiffigen, teils dummen oder groben Bauern; auch hier hat B. des öfteren derbe Kost geboten, wofür er sich im Vorwort zum 3. Teil entschuldigt, doch sind seine Texte keineswegs so obszön oder unflätig wie die Fastnachtspiele des 15. Jh.s oder die berühmten Schwankbücher des späteren 16. Jh.s. Andere Stände- und Berufsgruppen sind seltener vertreten: Adel und weltliche Obrigkeit je 11mal, Gelehrte und Studenten 10mal, sonstige bürgerliche Berufe (Ärzte, Advokaten) 5mal, Handwerker 14mal, Landsknechte 4mal. Als bevorzugte Figur begegnet 18mal der Hofnarr.

Außerhalb der ständischen Sphäre liegt mit 41 Stücken ein Schwerpunkt auf Ehegeschichten, wobei die Frauen, wie im Schwank üblich, als böse, zänkisch und herrschsüchtig erscheinen; Ehemänner sind vielfach → Pantoffelhelden und allzu leicht zu betrügen. Viel Spaß hatte B. an → Aufschneidern; die meisten der 13 Nummern sind auf einen Schmied von Cannstatt bezogen.

B. hat seine Schwänke ohne erkennbare Ordnung aneinandergereiht. Um einen Überblick über Motivik und Tendenzen dieser für die hist. Erzählforschung so wichtigen Slg zu vermitteln, wird im folgenden ein nach alphabetischen Stichwörtern geordneter Katalog vorgelegt. Allerdings konnten nur die wichtigeren, auch anderwärts belegten Erzählungen berücksichtigt werden.

Die Zahlen beziehen sich auf Buch und Nummer des Textes bei Bebel/Wesselski. Nach Möglichkeit wurden Typen- und Motivnummern aus AaTh oder Mot. beigefügt. Bei gängigen Typen mußte der Hinweis auf das betr. Stichwort in der EM genügen.

Advokat verliert als Mönch alle Prozesse, weil er nicht mehr lügen darf (1,104 = Mot. X 314); viele Advokaten schaden dem Land (2,110 = Mot. X 311).

Affe kuriert seinen Herrn, indem er ihn zum Lachen bringt (3,38 = Mot. N 641.1).

Ämter (Pfründen) werden an Esel vergeben (3,4 = Mot. J 1263.1.1; 3,64 = Mot. U 12).

Arzt vertauscht mit fatalen Folgen Medikamente (2,15); hat 29 Patienten unter die Erde gebracht: Abt will nicht der 30. sein (3,18); soll Herkunft eines Bauern aus der Urinprobe erkennen (3,78 = Mot. J 1734.1).

Aufschneider (Schmied von Cannstatt) will am Sattel festgefroren (2,7 = Mot. X 1606. 2.1) und unterm Eis geritten sein (2,8 = Mot. X 1737.1.1); soll das halbe Pferd unbemerkt verloren (3,25 = Mot. X 1864), listig ein Wildschwein gefangen (3,26 = Mot. X 1124.1; 3,114 = Mot. X 1233.1.2), einen Wolf umgestülpt haben (3,115 = Mot. X 1124.2) und unbeschadet von einem Fisch verschluckt worden sein (3,113 = Mot. X 1723.1.2; → Münchhausiaden); andere Aufschneider behaupten, in einem Jahr 400 Nächte unterwegs gewesen zu sein (2,67) und Venedig zu Pferd durchritten zu haben (3,108); Bote berichtet vom Schneedörren (2,89 = Mot. X 1653.3). cf. Jägerlatein.

Bauer will Schwein nur zweimal täglich füttern, weil er selbst nicht öfter ißt (1,56 = Mot. J 1903.3); denkt, sein Kalb hätte einen Menschen gefressen (2,144 = AaTh 1281 A); führt grobe Reden (2,72; 2,73; 2,145; 2,146; 3,132); Bauern streiten, wem der Kuckucksruf gegolten (1,42 = Mot. J 1872.1); tragen Pferd in den Acker (1,43 = AaTh 1201); erschießen unbekannten Krebs (3,43 = Mot. K 1736.1). cf. Glaubensfragen, Kirchenbrauch.

Bäuerin läßt die Katze Fladen vor Mäusen hüten, diese frißt sie selbst (2,75 = Mot. J 2103.1); ist schlagfertig (2,147); zeigt spottenden Edelleuten den Hintern (3,150).

Bauernsohn soll nach dem ersten Schultag nicht mehr mit seinesgleichen spielen (2,5 = Mot. J 977).

Beichtvater absolviert Edelmann für einen Gulden (3,20).

Bettler nennt sich unter Berufung auf Adam des Fürsten Bruder, geht aber leer aus (2,140 = Mot. J 1337); haben viele Kinder, weil sie stets beisammenliegen (3,107).

→ Brautwerber übertreibt gute und schlechte Eigenschaften des Freiers (3,10 = AaTh 1688).

Bürgermeister eines kleinen Dorfes dünkt sich groß (1,46; 2,30 = Mot. J 2331.1); verrät im Rausch seine bäurische Abkunft (2,29); gibt vor, ein stattliches Haus zu haben (2,31 = Mot. J 1742.2); Bürgermeisterin meint, die

Kirchengemeinde stehe ihretwegen auf (3,119 = AaTh 1861*).

Bayernspott: Pflegers Frau sitzt bei den Säuen, um bairisch zu lernen (2,80 = Mot. X 652).

Betrüger verkauft → *Pferd, das nicht über Bäume geht* (1,33 = AaTh 1631), einem Juden Dreck (2,46), einem Bauern ein angeblich unerschöpfliches Weinfläschchen (2,128 = Mot. K 117.1), einer Bäuerin ein → Amulett mit unflätigem Vers (3,123 = Mot. K 115.1.2); gibt vor, kostbaren Beutel gefunden zu haben und läßt ihn sich teuer bezahlen (2,83 = Mot. K 476.2.2); wollen die Zeche im Jahr Platonis bezahlen (2,84 = Mot. J 1384).

Diebe im Haus des Armen (1,32 = AaTh 1341 C).

Doktor ist stolz auf bürgerliche Herkunft (3,46 = J 1357).

Dukatengans gelangt an den vorbestimmten Eigentümer (2,131 = AaTh 745 A, → *Heckpfennig*).

Edelmann disputiert mit einem Kaufmann über Frauen und Nachkommenschaft (1,71); nimmt einem Mönch einen Ballen Tuch (1,73 = Mot. J 1261.7); ist verarmt schlechter dran als ein Esel, der meist von einem Knecht begleitet wird (2,37); Edelleute als Straßenräuber (3,39 = Mot. J 1179.4; 3,40; 3,131 = Mot. J 1269.8).

Ehebruch belauscht: → *Herr über uns* (3,2 = AaTh 1355 A); Schuster beobachtet seine Frau mit dem Pfaffen (3,16). cf. Hahnrei.

Ehemann wirft die Frau in Seenot als schwerste Last über Bord (1,35 = Mot. T 251.1.5); will nicht neben der bösen Frau im Himmel sitzen (1,85 = Mot. T 251.1.2.1) und sie nicht suchen, als sie davongelaufen (3,142 = Mot. T 251.7); bringt zänkisches Weib durch Pfeifen zum Schweigen (2,139 = Mot.J 1541.2); schlägt faule Frau, weil sie „nichts getan" (2,90 = Mot. W 111.3.4); zwei Ehefrauen sind die schlimmste Strafe (3,15 = Mot. T 251.1.6). cf. Weiberherrschaft.

Einfältiger richtet durch → Wörtlich nehmen mütterlicher Ratschläge Unheil an (1,26 = AaTh 1696: → *Was hätte ich sagen sollen?*); schneidet Erbsen in vier Teile (1,27 = Mot. J 2461.1.4); meint, der Esel werde sich nach Proportion der Ohren auswachsen (1,99 = Mot. J 1909.4); steht als → *Dauerpisser* am Fluß (3,167 = AaTh 1293); beschuldigt Kruzifix, von seiner Milch genascht zu haben (2,78 = AaTh 1572 A*); will alle Sünden seit Anbeginn der Welt begangen haben (3,17 = Mot. J 1743.1). cf. Narr.

→ Elster, Papagei und Sau (2,61 = AaTh 237).

Esel als Richter zwischen Kuckuck und Nachtigall (3,81).

Fürst flucht trotz Fluchverbot (2,2 = Mot. W 133.1).

Gespensterfurcht: Schläfer unterm Galgen erschreckt Wanderer (3,59 = Mot. J 2618).

Glaubensfragen: Bauer glaubt nicht an die Auferstehung (2,32 = Mot. V 311.1) oder an den Hl. Geist (2,34 = AaTh 1833 D) und mißachtet das Sakrament (2,70 = Mot. J 1261.2; 2,54 = Mot. J 1261.1.2; 3,37 = Mot. J 1261.2; 3,57 = Mot. J 1617; 3,79 = Mot. J 1824; 3,91); Bauern denken, daß der Wolf Glück bringe, der Hase Unglück (2,59 = Krzyżanowski, num. 1312).

Hahnrei sucht Trost beim Schwiegervater (1,29); freut sich über die Fruchtbarkeit der Frau während langer Abwesenheit (1,52 = Mot.J 2342.2); kauft viele Wiegen, als die Frau nach vier Wochen niederkommt (3,139); glaubt an → *Dreimonatskind* (3,136 = AaTh 1362 A*); ärgert sich über die Schuhe des Ehebrechers vor der Schlafzimmertür (2,18); beschimpft die Frau, daß sie den Ehebruch nicht heimlicher begeht (2,66 = Rotunda J 2752.1); erfährt unversehens, daß die Frau beim Pfaffen gelegen (2,40 = AaTh 1781); hält im Saustall versteckten Liebhaber für den Teufel (2,92 = Mot. K 1542); bezahlt → *Pfand des Liebhabers* (3,49 = AaTh 1420 C); empfängt den Liebhaber im Bett der Frau und verprügelt ihn (3,161 = AaTh 1359 B). cf. Ehebruch.

Handwerk ernährt den Mann besser, als sieben freie Künste den Magister erhalten (1,6 = Mot. X 371); cf. Müller, Schneider.

Häßliche gibt Spott zurück (3,155 = Mot. J 1356).

Hinkender wird verspottet (3,9).

→ Jägerlatein (3,116 = Mot.X 1723.2).

Jude und Christ disputieren (1,76) und schlagen sich (3,56 = Mot. J 1262.3); beklagt sich über die Dauerhaftigkeit des Liedes „Christus surrexit" (3,90); schmäht die hl. Jungfrau (3,127); wundert sich über die Sitten in Rom (1,72 = Mot. J 1263.3); stiehlt Krankem sein Pferd und hilft ihm damit auf die Beine (3,42); Jüdin hält mehr von der Taufe als von Beschneidung (1,2); gibt vor, → Messias zu gebären (2,104 = AaTh 1855 A).

Kirchenbrauch unbekannt: Einfältige wissen nichts vom Palmeselumzug (1,83 = Mot. J 1823.1.3; 2,78 = J 1823.1.4); Bauer mißversteht Pumpermette (2,77 = Mot. J 1823.3); ein anderer spielt Christus in der Passion und will sich von Juden nicht schlagen lassen (3,34 = Mot. J 2495.3).

Landsknechte zwischen Himmel und Hölle (1,84 = Mot. J 1616); sollen nicht viele Wunden aufweisen (2,48 = Mot.J 481).

Liebhaber nur zum Schein abgewiesen (3,95; 3,143).

→ Mahlzeit im Himmel empfiehlt der arme Sünder seinem geistlichen Beistand (2,42 = AaTh 1806).

Mönch sucht Schlüssel, um Abt zu werden (3,98 = Mot. J 703.1); nötigt Sterbenden zu Stiftungen, bis der Sohn ihn über die Treppe werfen läßt (1,81 = Mot. J 1521.2); beweint seine Impotenz (2,106); schwängert Klosterfrau (2,113); dient als Kuppler (3,67); meint, Kalb geboren zu haben (2,148 = AaTh 1739); Mönche sind trunksüchtig (3,74; 3,87).

→ Mönch und Vöglein (3,137 = AaTh 471 A).

Müller sind Diebe (1,3–5; 1,88–89; 2,44; 3,6 = AaTh 1853).

Narr rät seinem Abt, das Leben zu genießen (2,22 = Mot. J 2197); rät dem Herzog, nicht nur an den Einmarsch in die Schweiz, sondern auch an den Rückzug zu denken (3,35 = Mot. J 611); will nicht mit seinesgleichen speisen (2,25 = Mot. J 1715); wünscht beim Holztragen, die Sonne möge sich die Wärme für den Winter aufsparen (2,24); hält bitteren Rettichschnitz für Hostie (3,106); schneidet allen Rindern wie bei Turnierpferden üblich die Schwänze ab (3,129 = Mot. J 1919.4); scheißt dem Herrn in die Stiefel (3,145).

Nonne weiht ihre Scham, weil diese am meisten sündigt (3,19); erweist sich im Beischlaf als lebendig (3,61); Nonnen unzüchtig (1,51; 2,49; 2,58 = Mot. J 1264.5; 2,91; 3,7–8).

Pfaffe ist so arm, daß sogar die Mäuse in seinem Brotkorb sterben (1,18 = Mot. J 1269.10); treibt Wucher und bangt um sein Seelenheil (2,10 = Mot. W 157.1); möchte im Testament bedacht sein (2,149 = Mot.U 61); empfängt für einen ausgeteilten Streich mehrere (2,11 = Mot. J 2213.2); ist unvernünftiger als der Esel, der nie über den Durst trinkt (1,66 = AaTh 1621A*); vertauscht im Rausch die Bücher und versieht den Sterbenden mit der Taufformel (3,144); zeigt nachlässigen Kirchenbesuchern den Arsch (2,52); bietet Penis, um Bäuerin zu kitzeln: sie verweist ihn an die Stute (2,13); Pfaffen haben Kinder (2,103; 2,105; 3,68); treiben weltlichen Prunk (3,48 = Mot. J 1263.4.1). → Pfaffenköchin (1,36 = Mot. E 411.2.1).

Prediger hält einfältige Kanzelreden (1,7; 1,10; 1,14; 1,28; 1,102; 3,70); kann nicht Latein (2,114 = Mot. J 1263.1.2; 2,115 = Mot. J 1263. 2.1; 3,33; 3,80; 3,176–178); verstellt beim Predigen die Stimme (3,169); bringt vor, was seine Mutter ihm erzählt hat (3,124); liest niemals die Messe, damit die Bauern sie nicht auswendig lernen (1,18 = Mot. J 1263.1.3); sucht vergeblich nach einer „Jägermesse“ (= kurze Messe) (2,19 = Mot. J 2474); redet Bauern hart ins Gewissen (1,78); schilt Leute, weil er selbst soviel gescholten wird (1,96 = Mot. J 1269.4); deutet Furz eines Gevatters als Teufelsaustreibung (2,123); lebt nicht nach seinen Lehren (3,152).

Reiter weiß nicht, wohin das Pferd ihn trägt (3,21 = Mot. J 1483.3); reitet ohne Sporen (3,24); cf. Aufschneider.

Reliquienschwindel (1,62–65 = Mot. J 762.1, K 1976).

Säufer muß getragen werden (1,67); spottet über anderen Betrunkenen (2,38 = Mot. J 1063.2); befiehlt den Getränken in seinem Bauch, sich zu vertragen (3,14 = Mot. J 1891.1); kann nicht im Wasser ertrinken (3,134 = Mot. J 2282); Säuferin wird glauben gemacht, sie sei im Fegefeuer (2, 142 = Mot. J 1321.2).

Schiffbrüchiger ißt Salz, um beim Ersaufen Durst zu haben (1,34; 3,1 = Mot. J 861.2).

→ Schlaf auf der Feder: wie hart muß das Kissen erst sein (3,123 = AaTh 1290 B*).

Schlaumeier will *den großen → Fisch befragen*, da man ihm nur kleine vorsetzt (2,21 = AaTh 1567 C); gelobt eine große Kerze, solange er in Gefahr ist (2,41 = AaTh 1553 A*); gibt sich als → *Student aus dem Paradies (Paris)* aus (2,50 = AaTh 1540); rächt sich durch → *Teilung von Geschenken und Schlägen* (2,56 = AaTh 1610); bewährt sich als → *Doktor Allwissend* (2,112 = AaTh 1641); gibt vor, Eier legen zu können (3,111 = Mot. K 455.4).

→ Schneider im Himmel (1,19 = AaTh 800).

Schuldner will zahlen, wenn er barbiert ist: läßt den halben Bart stehen (2,132 = Mot. K 238.1).

Schwabe meint, in Rhodos Landsleute zu treffen (3,122 = Mot. J 1742.1).

Uneheliches Kind müßte Platte haben, wenn es dem Vater (einem Mönch) gleicht (1,47); müßte einen von Straßburg bis Basel reichenden Mund haben, wollte es den Vater küssen (2,51); wird dem Ehemann listig eingestanden (2,62); → Bastard.

Verkehrte → Begrüßungen: Redner läßt beim Fürstenbesuch einen Furz (2,60; 2,74); verwechselt lat. Anrede (2,86).

Weiberherrschaft zeigt sich daran, wer in der Ostermesse den Gesang anstimmt (1,21; 3,157 = Mot. T 252.5); wird durch die Stiefelprobe bewiesen (2,16 = Mot.T 252.4.1); → *Wette der Frauen, wer den Mann am besten narrt* (2,4 = AaTh 1406).

Weinwässern hat Christus gelehrt (2,3 = Mot. J 1312.3); besorgt der Wirt selbst (3,30 = Mot. J 125.1); Gast will Wasser und Wein getrennt serviert haben (3,29 = Mot.J 1312.2); Wirt trägt Wasser in den Keller: ein Schalk schreit „Feuer!“ (3,31 = Mot. J 1216); Gäste tun Fischlein in gewässerten Wein (3,32 = Mot. J 2281).

Wirt wirft Teller zum Fenster hinaus: Gast (oder Knecht) folgt seinem Beispiel (2,65 = Mot. J 1831).

Witwe beim Begräbnis des Mannes schon wieder versprochen (2,71 = AaTh 1350).

Wolf beklagt sein Unheil (3,82 = Mot. U 11.2.1).

Wolf, Fuchs und Esel ziehen zur Buße nach Rom (2,26).

Ausg.n: Suringar, W. H. D.: H. B.s Proverbia germanica. Leiden 1879. – Wesselski, A. (ed.): H. B.s Schwänke 1–2. Mü./Lpz. 1907 (in dt. Übers.; t. 1 enthält die Teile 1 und 2, t. 2 Teil 3; mit bisher unübertroffenem Kommentar). –

H. B.s Facetien. ed. K. Amrain. Lpz. 1907. – lat. Ausg.: H. B.s Facetien. Drei Bücher. ed. G. Bebermeyer (BiblLitV 276). Lpz. 1931.

Lit.: Zapf, G. W.: H. B. nach seinem Leben und Schr. Augsburg 1802 (mit Bibliogr.). – Vollert, K.: Zur Geschichte der lat. Facetienslgen des 15. und 16. Jh.s. B. 1912, 61–82. – Haller, J.: Die Anfänge der Univ. Tübingen (1477–1537). t. 1. Stg. 1927, 212–235 und pass.; t. 2. Stg. 1929, 76*–78* (mit weiterer Lit.). – Bebermeyer, G.: Tübinger Dichterhumanisten. B., Frischlin, Flayder. Tübingen 1927, 7–46. – Haller, J.: H. B. als dt. Dichter. In: ZfdA 66 (1929) 51–54. – Ellinger, G.: Geschichte der neulat. Lit. Deutschlands im 16. Jh. 1: Italien und der dt. Humanismus in der neulat. Lyrik. B./Lpz. 1929, 435–441. – NDB 1, 586sq. (H. Grimm). – Hess, G.: „Vulgaris cantio". Gattungsprobleme zwischen Volkssprache und Latinität um 1500. In: Werk-Typ-Situation. Festschr. H. Kuhn. Stg. 1969, 346–370. – Rupprich, H.: Die dt. Lit. vom späten MA. bis zum Barock 1. Mü. 1970, 592–595, 789sq.

Göttingen Elfriede Moser-Rath

Bechstein, Ludwig, *Weimar 24. 11. 1801, † Meiningen 14. 5. 1860, uneheliches Kind der Tochter eines Konsistorial-Botenmeisters und eines frz. Emigranten, absolvierte nach abgebrochener Gymnasialbildung eine Apothekerlehre. Als Stipendiat des durch die 1828 veröffentlichten *Sonettenkränze* (Arnstadt) aufmerksam gewordenen Landesfürsten studierte er 1829—31 in Leipzig und München und wurde anschließend herzoglicher Bibliothekar und Hofrat in Meiningen; von dort aus bereiste er den Thüringerwald sowie Böhmen und Franken, die Gebiete, deren Erzählgut zum Grundstock seiner Sammlungen wurde. Das Verzeichnis von B.s Schriften[1] belegt seine vor allem aus ausgeprägter Neigung für „Altertümer" und Sammelleidenschaft erwachsene umfassende Produktivität: Er schrieb germanistische, volkskundliche[2] und hist. Abhandlungen sowie Lyrik, Novellen und vaterländische Erzählungen, edierte adt. Lit. und fünf wichtige Sagensammlungen, darunter *Der Sagenschatz und die Sagenkreise des Thüringerlandes* (1—4. Hildburghausen 1835—1838) und das *Dt. Sagenbuch* (Lpz. 1853) mit 1000 Texten.

Von verstreut veröffentlichten Märchenbearbeitungen abgesehen[3], liegt B.s Märchenwerk in drei selbständigen Publikationen vor. 1823 erschienen die *Thüringischen Volksmährchen* (Sondershausen), vier Sagenstoffe verarbeitende Erzählungen, deren weitschweifiger Stil den Einfluß des von B. als „des Märchens Wiedererwecker" verehrten → Musäus verrät und von denen er später mit dem Hinweis abrückte, er habe nicht gewußt, was ein Märchen sei[4]. 1845 folgte das wichtige *Dt. Märchenbuch* (DMB), das neben B.s „einleitender Dichtung" *Des Märchens Geburt* 89 Stücke enthält. In den nur zweimal fehlenden, z. T. aber sehr unpräzisen Titelanmerkungen findet sich rund 55mal der Vermerk „mündlich", der indes bei B. eher auf die Tatsache bzw. Annahme der Volksläufigkeit als auf eigene Niederschriften nach mündlichen Überlieferungen verweist. Mehrfach stehen denn auch daneben Hinweise auf Druckfassungen (z. B. *Goldhähnchen, Die Probestücke* [. . .]), die B. offensichtlich auch heranzog. Aufgrund seiner Angaben ließen sich (nach Korrektur der not. zu *Des Königs Münster*) Vorlagen für 38 Texte ermitteln: aus mhd. und frühneuhochdt. Quellen stammen 23, aus mündlichen Gegenwartsüberlieferungen 14; *Goldener* ist Dichtung J. Kerners. Auf die Grimmschen KHM, die B. im Vorwort als „beste echte Märchensammlung" bezeichnet, wird 16mal verwiesen, sie werden jedoch nie direkt als Quelle angegeben. K. Schmidt glaubt, für vier Märchen eine Abhängigkeit nachweisen zu können; vier weitere Erzählungen hält er für zersagte Formen der Grimmschen Fassungen[5]. Für *Die Kornähren* und *Der Müller und die Nixe* hat DMB gegenüber KHM 181 und 194 zeitliche Priorität. Als Beiträger nennt das Vorwort die — sämtlich schriftstellerisch ambitionierten — W. Mylius (neun Titel), L. Köhler (fünf) und F. Stertzing (drei); B. gibt jedoch an, Mylius und Köhler hätten — außer den genannten — weitere Stücke beigesteuert. Übereinstimmende Stilmerkmale sowie die Replik B.s im Vorwort (DMB 1853) auf E. Meiers Kritik[6] legen nahe, daß auch *Der Schäfer* [. . .] und *Die Perlenkönigin* [. . .] von Mylius stammen, ferner, daß die Beiträge in fester Form überreicht und von B. allenfalls geringfügig überarbeitet wurden: „sie umzuarbeiten, würde die Verfasser unangenehm berührt haben".

Nachdem bis 1852 bereits 63.000 Exemplare des DMB abgesetzt worden waren[7], erschien 1853 (als 12. Aufl.) unter dem Titel *Ludwig Bechstein's Märchenbuch* die große ill. Ausgabe mit 80 Märchen (ohne Quellenangaben) und 174 Holzschnitten von L. Richter. Gegenüber 1845 waren 19 Erzählungen eliminiert (darunter 13 aus mündlichen Überlieferungen und B.s einleitende Dichtung), neun neu aufgenommen. Von letzteren entstammen je vier der Grimmschen Sammlung (KHM 4, 26, 101 [selbständig bearbeitet]; 47: hochdt. Version) und K. Müllenhoffs *Sagen, Märchen und Lieder* [. . .] (Kiel 1845) und eine (wie KHM 187, jedoch übertragen ins Hochdt.) dem *Hannoverschen Volksblatt* von 1840[8]. Zwei Märchen wurden gegenüber 1845 völlig neu erzählt, zwei erheblich, einige weitere geringfügig verändert. Deutlich ist stets die Tendenz zur Straffung und zur Beseitigung des pathetisch-emphatischen Ausdrucks.

Ermutigt durch den Erfolg des DMB ließ B. das *Neue Dt. Märchenbuch* (NDMB) mit 50 weiteren Erzählungen folgen (Wien/Pest/Lpz. 1856), von denen nach den Angaben des Vorworts 37 aus schriftlichen Quellen geschöpft sind. Hatte sich B. im DMB inhaltlich weitgehend treu an seine Vorlagen gehalten, so greift er jetzt häufig stark ein, führt Andeutungen der Vorlagen breit aus und flickt ganze Szenen ein. Überspitzt formulierend nennt Schmidt[9] das NDMB ein „Märchenbuch ohne Märchen"; er ermittelt neben acht Fabeln und zehn Schwankstoffen allein 18 Sagenbearbeitungen. Offensichtlich präsumierte B. einen Oberbegriff „volksläufiges Erzählgut" und leitete daraus das Recht zur „Übersetzung" (insbesondere durch Aufhebung der örtlichen Bindungen) von Sagenstoffen her[10].

Wie die Grimms, denen er in seinen theoretischen Auffassungen stark verpflichtet ist[11], betrachtet B. das Märchen als Überrest „des alten Mythos" bzw. spricht vom Entspringen beider aus „den Poesiequellen der Frühzeit"; im Gegensatz zu diesen ist er jedoch offenbar zugleich Anhänger der später von T. → Benfey ausgebildeten Entlehnungstheorie. Das „echte Märchen" ist ihm im übrigen nach seiner Überlieferung 'Volksmärchen', vom Inhalt her orts- und zeitfreie 'Wundererzählung' und unter dem Aspekt der Rezeption 'Kindermärchen'[12].

Aus der letzten Bestimmung resultiert eine starke didaktische Funktion seiner Märchen („Belehrung und Sittigung der Kinderwelt"), die Auswahl (z. B. entstammen insgesamt 18 Vorlagen dem *Buch der Beispiele der alten Weisen*) und Bearbeitung nachhaltig beeinflußt. B., der Freimaurer war, neigt zur expliziten Hervorhebung des lehrhaft moralischen Gehalts; er 'enterotisiert' Liebesbeziehungen, beseitigt oder mildert Derb- und Rohheiten, schafft versöhnliche Märchenausgänge, verzichtet schließlich im NDMB auf Stiefmuttergeschichten (v. Vorw.). Er bemüht sich um Anschaulichkeit (u. a. Konkretisierung durch differenzierende Aufzählung), Individualisierung (z. T. Psychologisierung) sowie um die Verstärkung volkstümlicher und humoristischer Züge. Diese Bearbeitungstendenzen kommen z. T. erst im NDMB richtig zur Wirkung; indes führen speziell Wortspiele sowie ironische, karikierende und (zeit-) satirische Elemente hier häufig zur Zerstörung der märchenhaften Illusion. In gleicher Richtung wirkt die gewollt-volkstümliche, oft gekünstelt wirkende, zudem von Fremdwörtern nicht freie Sprache, die der eigenen Forderung nach „höchster Einfachheit"[13] nicht gerecht wird. Bei der stilistischen Gestaltung geht B. davon aus, daß jeder Märchenstoff „seinen eigenen Erzählton" bedinge und es „jedem Dichter frei stehen" müsse, die „gewählten Stoffe [!] nach Gefallen zu behandeln"[14].

B. wollte mit seinen Märchenbüchern ein volkstümliches Werk schaffen (Vorw. DMB 1853) — in der Tat erfreuten sie sich bis um die Jh.wende als Kinder- und Hausbuch wie als Schullektüre einer weit größeren Beliebtheit als die Grimmschen KHM[15] und fanden beide eine ungewöhnliche Verbreitung (DMB erschien 1929 in der 70., NDMB 1922 in der 105. Aufl.); ihre — vor allem wirkungsgeschichtliche — Bedeutung aber steht bis heute in krassem Widerspruch zur stiefmütterlichen Behandlung durch die Forschung.

[1] Linschmann, T.: L. B.s Schr. Meiningen 1907 (Ndr. Lpz. 1972); unvollständig: 497 Titel; verzeichnet auch ungedr. Werke und Briefe sowie ältere Sekundärlit. – [2] ibid., num. 208, 408, 473, 475. – [3] ibid., z. B. num. 395, 415, 454, 457, 459; num. 216 enthält keine Märchen. – [4] Bechstein, L: Mythe, Sage, Märe und Fabel im Leben und Bewußtsein des dt. Volkes. Drei Teile in zwei Bänden. Lpz. 1854/55 (Ndr. Osnabrück 1969), t. 2, 225. – [5] Schmidt, K.: Unters.en zu den Märchenslgen von L. B. Lpz. 1935, 38–43, 70–86 (KHM 44, 50, 53, 119 – KHM 15, 21, 36, 83). – [6] Meier, E.: Dt. Volksmärchen aus Schwaben. Stg. 1852, III–V. – [7] cf. Germania 2 (1852) 326sq. – [8] Jg 1, num. 51. – [9] Schmidt (wie not. 5) 163. – [10] Kaiser, K.: L. B. In: HDM 1, 216–229, hier 220. –

[11] cf. W. Grimms abfällige briefliche Äußerung über die Germania-Abhandlung (v. not. 7), abgedruckt in: Briefe der Brüder Grimm, gesammelt von H. Gürtler. ed. A. Leitzmann. Jena 1923, 216sq.; auf B.s Märchen sind die Grimms nie dezidiert eingegangen. – [12] Bechstein 2 (wie not. 4) 205–209; Schmidt (wie not. 5) 223–236. – [13] Germania (wie not. 7) 319. – [14] Vorwort NDMB; cf. Bechstein 2 (wie not. 4) 226. – [15] Dieser Umstand veranlaßte F. Heyden zu einer hyperkritischen, sachlicher Überprüfung nicht standhaltenden Unters.: Grimm oder B.? Zur Kritik der B.schen Märchen. In: Jugendschriften-Warte 16 (1908) 13–15, 22–24.

Umfangreicher Teilnachlaß: Goethe-Schiller-Archiv, Weimar. –

Ausg.n: Schiller, K. M. (ed.): L. B.s Märchenbuch. Ndr. der Originalausg. von 1857 [= 2. ill. Ausg.]. Lpz. 1926. – Scherf, W. (ed.): L. B. Sämtliche Märchen. Mü. 1965 (Nachweis von Qu.n und Parallelen). –

Lit.: (soweit nicht in den not. erwähnt): Heyden, F.: Volksmärchen und Volksmärchen-Erzähler. Zur literar. Gestaltung des dt. Volksmärchens. Hbg 1922. – Boost, K.: L. B. Diss. Würzburg 1925. – Wasserfall, K.: L. B.s Märchenbücher. Diss. Heidelberg 1926. – Lucke, H.: Der Einfluß der Brüder Grimm auf die Märchensammler des 19. Jh.s. Diss. Greifswald 1933. – Fiedler, A.: L. B. als Sagensammler und Sagenpublizist. In: DJbfVk. 12 (1966) 243–266. – Brückner, Reg. (Hinweis auf Luther- und Reformationssagen). – Doderer, K. (ed.): Lex. der Kinder- und Jugendlit. Weinheim/Basel 1975, 121–123.

Wuppertal Werner Bellmann

Beckwith, Martha Warren, *Wellesley Heights (Mass.) 19. 1. 1871, † Berkeley (Cal.) 28. 1. 1959, Folkloristin und Ethnographin. Sie wurde hauptsächlich durch ihre Publikationen über die Bewohner von Hawaii bekannt, verfaßte aber auch wichtige Monographien über schwarze und ind. Bevölkerungsgruppen von Jamaika sowie über die Indianerstämme der Mandan und Hidatsa. Weitere Veröffentlichungen behandeln die Volkskultur der Amerikaner und der Portugiesen von Goa (Indien). Ihren durch Feldforschung oder längere Aufenthalte erworbenen Kenntnissen aus erster Hand fügte sie stets umfassende Vergleiche aus veröffentlichtem und unveröffentlichtem Material anderer Autoren über Erzählgut und Ethnographie schriftkundiger wie schriftloser Gesellschaften bei. In ihren Schriften spiegeln sich nicht nur ihr Universitätsstudium und die an Frauen-Colleges im Osten der USA gesammelten Lehrerfahrungen (Englisch und Vergleichende Lit.wissenschaft) wider, sondern auch ihr späteres Anthropologiestudium (M. A. und Ph. D.) unter der Leitung von Franz → Boas an der Columbia University.

Ihr endgültiger beruflicher Fixpunkt wurde Vassar College, Poughkeepsie, N.Y., von wo sie häufig Reisen zu den Inseln von Hawaii unternahm. In Vassar unterrichtete sie und wurde Research Professor der Vassar Folklore Foundation, die von wohlhabenden Jugendfreunden aus Hawaii eigens für sie eingerichtet worden war und 1938, als sie in den Ruhestand trat, erlosch. Die Foundation veröffentlichte mehr als ein Dutzend Monographien von B. und anderen Sammlern über jamaikan., hawai. und indian. Märchen, Sprichwörter und Lieder sowie auch über Spiele, Feste und Ethnobotanik. Abgesehen von zahlreichen Einleitungen und Anmerkungen, die B. als Herausgeberin zu eigenen und fremden Monographien beisteuerte, ist *Folklore in America; its Scope and Methods* (1931) ihr einziges theoretisches Werk. 1932—33 war sie Präsidentin der American Folklore Society.

Durch ihre Schulung wurden mehrere Amateursammler und -übersetzer zu produktiven und selbständigen Forschern. Ein Großteil des folkloristischen Materials von Hawaii mit seinem kulturellen Kontext wäre ohne ihre Energie und Ausdauer nie eingebracht und übersetzt worden. Ihre mit umfangreichem Vergleichsmaterial versehene *Hawaiian Mythology* (1940; Repr. 1970) ist ein großangelegtes Nachschlagewerk, das über Hawaii und den pazif. Raum sowie über das Werk einheimischer und ausländischer Sammler orientiert.

Veröff.en: The Hawaiian Romance of Laieikawai. Wash. 1919. – Jamaica Anansi Stories (MAFLS 17). N. Y. 1924. – Jamaica Folk-Lore (MAFLS 21). N. Y. 1928. – Black Roadways: A Study of Jamaican Folk Life. Chapel Hill, N. C. 1929. – Folklore in America; Its Scope and Methods (Publications of the Folklore Foundation of Vassar College 11). Poughkeepsie 1931. – Kepelino's Traditions of Hawaii (Bulletin 95. Bernice Pauahi Bishop Museum). Honolulu 1932. – Mandan-Hidatsa Myths and Ceremonies (MAFLS 32). N. Y. 1938. – Hawaiian Mythology. New Haven, Conn. 1940 (Repr. Honolulu 1970). – The Kumulipo, a Hawaiian Creation Chant. Chic. 1951 (Repr. Honolulu 1972).

Honolulu Katharine Luomala

Bédier, Joseph, *Paris 28. 1. 1864, † Le Grand Serre (Drôme) 29. 8. 1938, entstammte einer alten, nach Réunion emigrierten bret. Familie. Ab 1883 Studium an der École Normale, Staatsexamen 1886. Schüler von G. → Paris im Collège de France und von H. Suchier an der Univ. Halle. 1893 Docteur ès lettres mit *Les Fabliaux*. Lehrte an der kathol. Univ. Fribourg, an der Univ. Caen, dann an der École Normale und schließlich, als Nachfolger von G. Paris, am Collège de France (1903–1936). Seit 1920 Mitglied der Académie Française. B. widmete sich fast ausschließlich dem Studium der ma. frz. Literatur, und zwar hauptsächlich auf drei Gebieten: → Fabliaux, Heldensagen, Tristanroman. Seine Rekonstruktion des *Roman de Tristan et Iseut* (1900) in modernem Französisch wurde von der breiten Öffentlichkeit dankbar aufgenommen.

In einem Brief (1933) an seinen Freund B. Bouvier faßt B. die Grundzüge seines Denkens zusammen (Tharaud/Duhamel 1940, 51sq.):

„Marche à fond de train contre la notion de création populaire [. . .]; revendication, en matière littéraire ou artistique, du rôle de l'élite, de l'individu; explication du rôle d'inspiratrice et d'initiatrice que tint la France tout au long du 11e et du 12e siècle".

Man darf annehmen, daß sich B. ein gewisses Vergnügen daraus machte, gegen Theorien anzurennen, an die, zumal in der von ihm gewählten extremen Formulierung, nur wenige Gelehrte damals noch glaubten: die → ind. Märchentheorie widerlegte er im 1. Teil von *Les Fabliaux* (1893), die romantische Theorie vom kollektiven und spontanen volkstümlichen Schaffen, gegen die er die ganzen *Légendes épiques* (1–4, 1908–1913) hindurch zu Felde zieht, insbesondere im 3. Band zu Beginn seiner Darlegung über die *Chanson de Roland*; diese edierte er 1921 nach dem Oxford-Ms. Indem er sich auf solchermaßen erworbene Positionen versteift, spricht B. im erstgenannten Werk der folkloristischen Forschung jede Legitimität ab, sowohl ihren internat. Materialsammlungen als auch ihren genealogischen Untersuchungen (→ Agnostische Theorie). Wie P. Nykrog[1] später andeutete, hatte B. bei seiner Kritik an den motivgeschichtlichen Untersuchungen der Folkloristen jedoch nicht erkannt, daß die Geschichte der Gattung von etwas anderem ausgehen kann als von den Motiven. Hinsichtlich der Heldensagen hat F. Lot darauf hingewiesen (Lot 1939, 23—24), daß die Kantilenentheorie und die 'Volksgeist'-Theorie voneinander unabhängig sind; so haben denn auch, was die → Chansons de geste anbelangt, die „Traditionalisten" die Waffen nicht gestreckt, und ein Werk wie das von J. Rychner[2], wenn es auch von einem ganz anderen Standpunkt ausgeht, da es sich als Beschreibung der Spielmannsepik (→ Spielmannsdichtung) versteht, dürfte, was das Problem der Herkunft betrifft, Wasser auf die Mühle von B.s Gegnern leiten. Den Verfechtern einer kontinuierlichen epischen Entwicklung (formation), deren Anfänge — die 'cantilènes', d. h. epische Lieder — in die Zeit der berichteten hist. Ereignisse fielen und die dann durch Verschmelzungsprozesse und Umarbeitungen zu den Chansons de geste des 11. und 12. Jh.s geführt hätten, hält B. eine grundverschiedene Theorie entgegen. Sie läßt sich in drei Punkten zusammenfassen:

(1) Die frz. Chansons de geste sind im 11./12. Jh. geschaffen worden, „composées dans la forme où nous les trouvons" (Vinaver 1970, 25), sie stehen gleichberechtigt neben anderen Kunstwerken dieser großen Epoche. (2) Ihre Verfasser waren Dichter, die sich ihrer Kunst bewußt waren; dies gilt bes. für die *Chanson de Roland*: „Elle est, parce qu'un homme fut. Elle est le don gratuit et magnifique que nous a fait cet homme, non pas une légion d'hommes" (*Légendes épiques* 3. 3. Aufl., 449). (3) Daß die Chansons de geste also lange nach den Ereignissen, die sie schildern, erdichtet werden konnten, setzt von Anfang an die Beteiligung von Klerikern voraus: Sie dürften den Dichtern anhand von Chroniken, Heiligenviten und anderen lat. Schriften in ihrem Besitz die nötigen hist. Unterlagen geliefert haben, um den Ruhm der Gotteshäuser, an denen die Pilgerstraßen entlangführen, sicherzustellen. „En sorte que les chansons de geste doivent être considérées en leur origine comme une adaptation à l'esprit de ce temps et comme un élargissement, sous les auspices de l'Eglise, du genre plus archaïque des Vies de saints".[3]

Wenn heute offensichtlich nur wenige Gelehrte B.s Annahme einer ausschlaggebenden Rolle der Klöster und der Pilgerstraßen gutheißen, wenn seine ästhetische Exegese nach heutiger Ansicht die spezifisch hist. Eigentümlichkeiten der ma. Poetik nur ungenügend berücksichtigt (cf. Vinaver 1970, 31—47), so wird man ihm doch dafür Dank wissen, daß er, gegen die Theorie von der mechanischen Entstehung (formation) der Epen, die entscheidende Rolle des Dichters hervorgehoben hat. Diese Einsicht bestimmt auch die gegenwärtige Position, wie sie beispielsweise von R. Louis vertreten wird[4]:

„La naissance du grand poème épique ne résulte ni de la suture pure et simple de plusieurs épisodes primitivement indépendants, ni de l'étirement d'un seul de ces épisodes, mais d'une refonte originale et d'une seconde création de la matière épique antérieure."

B.s Warnungen vor dem fruchtlosen Versuch, hypothetische Urfassungen zu rekonstruieren (cf. *Légendes épiques* 1. 3. Aufl., 335–343), und auch vor unangebrachtem Eifer, Nachforschungen über die Historizität der Personen und Ereignisse anzustellen, sind zwei weitere Punkte, in denen ihm die heutige Kritik gefolgt ist.

In seiner großen Edition *Le Roman de Tristan par Thomas* (1—2, 1902—05) hat B. ebenfalls revolutionierende Meinungen entwickelt. Gegen G. Paris, nach dessen Auffassung zahlreiche in den kelt. Regionen entstandene → Lais in der Tristansage aufgegangen seien, machte B. nicht nur die Hypothese eines alleinigen Archetypus glaubhaft, sondern legte die Unwahrscheinlichkeit kelt. Ursprungs des organisch gegliederten Romanstoffes dar. B.s Hypothesen sind von seiner Schülerin G. Schoepperlé später modifiziert worden[5]. Festzustehen scheint jedoch, daß die Episoden, mit denen der Dichter das Hauptmotiv — den Konflikt zwischen Liebe und Gesetz — umgab, unterschiedlicher Herkunft waren (Vinaver 1970, 19—22).

Dank der Originalität und Überzeugungskraft seiner Ideen bedeutet B. in der Lit.-geschichte des frz. MA.s einen Wendepunkt. Schließlich muß noch die für die Folkloristik positive Seite seines Agnostizismus hervorgehoben werden: Das Hinwegschieben der Ursprungsfragen soll nämlich zugunsten eines Studiums der Aneignungsprozesse erfolgen („appropriation du conte à un milieu" [*Les Fabliaux*, [5]1925, 286]). Durch diese Akzentverlagerung hat B. zur Erneuerung auch der Erzählforschung beigetragen.

[1] Nykrog, P.: Les Fabliaux. Kop. 1957. – [2] Rychner, J.: La Chanson de geste. Essai sur l'art épique des jongleurs. Genève 1955. – [3] Bédier, J. / Hazard, P. / Martino, P. (edd.): Littérature française 1. P. 1948, 12. – [4] Louis, R.: L'Épopée vivante. Sondernum. der Zs. La Table ronde (Dez. 1958) 13. – [5] Schoepperlé, G.: Tristan and Isolt, a Study of the Sources of the Romance 1–2. Ffm. 1913.

Veröff.en: Les Fabliaux, études de littérature populaire et d'histoire littéraire du moyen âge. P. 1893 ([5]1925). – Le Roman de Tristan et Iseut. P. [1900] und zahlreiche Neuaufl.n. – Le Roman de Tristan par Thomas 1–2. P. 1902–1905. – Les Légendes épiques. Recherches sur la formation des chansons de geste 1–4. P. 1908–1913 ([3]1926–1929).

Lit.: Lot, F.: J. B. 1864–1938. P. 1939. – Tharaud, J. / Duhamel, G.: Le Fauteuil de J. B. [...] à l'Académie française [...]. P. 1940. – Vinaver, E.: A la Recherche d'une poétique médiévale. P. 1970 (Wiederaufnahme seines Hommage à B. Manchester 1942). – Brémond, C.: J. B., précurseur de l'analyse structurale des récits. In: Idem, Logique du récit. P. 1973, 48–58.

Paris Marie-Louise Tenèze

Bedürfnis. Nach V. Ja. → Propp ist der Ausgangspunkt jedes Zaubermärchens eine → „Schädigung" oder ein „Fehlelement"; von hier aus führt die Märchenerzählung „über entsprechende Zwischenfunktionen zur Hochzeit oder anderen konfliktlösenden Funktionen"[1]. A. Dundes charakterisiert Ausgangs- und Zielpunkt des Märchens mit der Formel L-LL (Lack-Lack Liquidated)[2]; M. Lüthi sieht dahinter „das allgemein menschliche Schema Bedürfnis – Befriedigung des Bedürfnisses"[3]. Das B. – Gefühl oder Bewußtsein des Mangels (→ Mangelsituation) und Drang oder Absicht, diesen auszugleichen – kann als vermittelndes Handlungselement betrachtet werden; es löst die „Zwischenfunktionen" aus. Dank dem flächigen → Figurenstil des Märchens wird es allerdings kaum thematisiert, und in der ausgeprägten Form des europ. Volksmärchens ist die Art des Mangels auch verhältnismäßig gleichgültig: elementare Not (z. B. Hunger in → *Hänsel und Gretel*), existentielle B.se (z. B. Heirat) und höchst extravagante → Wünsche lösen in gleicher oder doch sehr ähnlicher Weise die weiteren Schritte der Märchenhandlung aus.

Diese funktionale Gleichwertigkeit ganz verschiedenartiger B.se macht es schwierig, systematisch anhand der hist. Schichten von Märchen die Geschichte menschlicher B.se zu verfolgen oder umgekehrt mit Hilfe der B.geschichte hist. Schichten des Märchens zu erschließen[4]. Eine Verschiebung tritt eher bei den → Requisiten ein als bei den zentraleren Handlungselementen; die spielerische Entwirklichung des Märchens verbietet im allgemeinen die eindeutige Zuordnung zu bestimmten Epochen; die handlungsauslösenden B.se sind häufig genereller Art. Außerdem sind sie tatsächlich meistens eher Auslöser als fortwirkende Antriebskräfte der Handlung. Dem entspricht es, daß die Lösung des Märchens die bloße B.befriedigung im allgemeinen übersteigt, daß sie vielmehr in symbolisierter und generalisierbarer Form Glück vermittelt.

Der Wirklichkeitsbezug darf gleichwohl nicht unterschätzt werden. Der wesentliche Erlebnisgehalt des Märchens hängt zwar unmittelbar mit der angeführten Grundstruktur zusammen; immer geht es um Überwindung von Schwierigkeiten, Ausgleich von Mängeln, Erfüllung. Der Hörer kann jedoch den erzählten Vorgang auf ganz bestimmte reale und für ihn wichtige B.se und deren Befriedigung beziehen. Der symbolische Charakter der Märchenhandlung erlaubt eine entsprechende Übertragung; manchmal wird sie schon vom Erzähler vorgenommen, der Märchennot und Märchenglück konkretisierend seiner realen Umgebung einpaßt: aus abstrakt-generellem „Gold" kann dann beispielsweise ein präzisierter Geldbetrag werden. Im → Buchmärchen werden solche Annäherungen an das tatsächliche B.-system oft gemieden[5], teilweise aber auch mit der Absicht der Popularisierung oder der Verfremdung verwendet.

Von manchen Pädagogen wurde die Möglichkeit des Märchenhörers, die Märcheninhalte auf eigene B.se zu beziehen und eigene B.se an Märcheninhalten zu orientieren, als Gefahr eingestuft: „Die Märchenwelt, so wie alles außer dem gewöhnlichen Lebenskreis liegende, muß den Kindern der Armen verschlossen bleiben", heißt es 1846 in einer Empfehlung für Erzieher; was den Kindern „als vollkommene Glückseligkeit vorgespiegelt wird, muß nicht über die Glücksgüter hinausgehen, die sie sich erwerben können"[6]. Hier erscheint negativ bewertet, was von anderen als positive Qualität des Märchens herausgestellt wurde: daß es im Bild individuellen Aufbruchs und Glücksgewinns die Befriedigung und Erweiterung kollektiver B.se nicht nur schimärisch vorspiegelt, sondern auch exemplarisch vorzeichnet (cf. E. → Bloch).

Allerdings gibt es im Bereich der Märchen selbst Hinweise darauf, daß ihr Sinn nicht nur in dieser realutopischen Richtung gesucht werden darf, daß es keineswegs nur „subversive Tendenzen"[7] kennt. In fast allen Märchen vermag nur der Held seine B.se zu befriedigen, während anderen die Erfüllung der Wünsche versagt wird. Das ist einerseits ein Kontrastierungsmittel, das Erfolg und Glück noch strahlender erscheinen läßt, relativiert aber doch auch die Möglichkeit der B.befriedigung. In gewissen → Antimärchen werden „falsche" B.se oder Wünsche ausdrücklich denunziert. Das Märchen vom → *Fischer und seiner Frau* (AaTh 555) zeigt nicht nur, wie die B.befriedigung neue B.se erzeugt und so das B.niveau angehoben wird; es zeigt auch, wie kontinuierliche Wunscherfüllung den Menschen die Grenzen zur Hybris überschreiten und ihn scheitern läßt[8]. In vergleichbarer Weise demonstriert der weitverbreitete Märchentypus von den *drei* → *Wünschen* (AaTh 750 A), wie schwer es den Menschen fällt, B.se zu hierarchisieren, verschiedene und manchmal divergierende Wünsche zu organisieren und zu koordinieren.

Der Erlebnisgehalt des Märchens läßt sich also nicht darauf einschränken, daß es als Spiegel realer B.se und damit als Vehikel der B.entfaltung erscheint. Vielmehr befriedigt es auch regressive B.se, wie sie R. Schenda allgemein bei den Konsumenten populärer Lesestoffe als „Exigenzen" charakterisiert[9], so etwa das B. nach Wiederholung, nach der Begegnung mit Vertrautem, das B. nach Flucht aus der Wirklichkeit und ein generelles, auf die Versagung anderer B.se antwortendes Trostbedürfnis. Die in bestimmten Epochen und unter bestimmten Gruppen vorherrschenden Wirkungsakzente lassen sich allerdings nur schwer rekonstruieren, und auch für die Gegenwart liegen differenzierende Wirkungsanalysen auf einer breiteren empirischen Basis noch nicht vor.

Auch die Zuordnung bestimmter Denkformen und B.konstellationen zu verschiedenen Gattungen der Volkserzählung erfolgte bisher überwiegend hypothetisch aufgrund inhaltlich-struktureller Analysen[10]. Die zur Befestigung der Theorie von gattungsspezifischen Überlieferungsbahnen vorgetragenen Beobachtungen[11] machen es jedoch wahrscheinlich, daß Märchen, Legende, Sage, Schwank etc. nicht nur jeweils auf verschiedenartige B.se antworten, sondern daß ihnen festere B.strukturen – die des spezialisierten Märchenerzählers, Sagenerzählers etc. – entsprechen.

[1] Propp, 91; cf. Lüthi, Märchen, 28, 125–127. – [2] Dundes, 61–64. – [3] Lüthi, M.: Das Volksmärchen als Dichtung. Ästhetik und Anthropologie. Düsseldorf/Köln 1975, 68. – [4] Tenèze, M.-L.: Le Conte merveilleux français: problématique d'une recherche. In: Ethnologie française 2 (1972) 97–106. – [5] cf. Bausinger, 162 sq. – [6] Winter, A.: Die Klein-Kinder-Schule. Lpz. 1846, XII sq.; zitiert bei Heinsohn, G.: Vorschulerziehung in der bürgerlichen Gesellschaft. Ffm. 1974, 48. – [7] Richter, D./Merkel, J.: Märchen, Phantasie und soziales Lernen. B. 1974, 29. – [8] Es ist nicht verwunderlich, daß dieses Märchen neuerdings in Protestliedern als Parabel für die Hybris technologischer Expansion verwendet wird und auch literar. weitergesponnen wurde in Günther Grass' Roman „Der Butt". – [9] Schenda, R.: Volk ohne Buch. Studien zur Sozialgeschichte der populären Lesestoffe 1770–1910. Ffm. 1970, 470–487. – [10] cf. A. Jolles' Theorie der „Geistesbeschäftigungen", dazu Bausinger, H.: Strukturen des alltäglichen Erzählens. In: Fabula 1 (1958) 239–254. –
[11] Dégh, L./Vázsonyi, A.: The Hypothesis of Multi-Conduit Transmission in Folklore. In: Ben-Amos, D./Goldstein, K. S. (edd.): Folklore, Performance, Communication. The Hague 1975, 207–252.

Tübingen Hermann Bausinger

Begräbnis

1. Definition und Thematisierung – 2. Das ordentliche B. – 3. Das unehrenhafte B. – 4. Der Tote, der seinem eigenen B. zusieht – 5. Tier-B.se – 6. Das B. in Schwank und Witz – 7. Gesamtbewertung, Forschungsfragen.

1. Definition und Thematisierung. Die aus Achtung vor der Menschenwürde und hygienischen Gründen gebotene, nach kulturspezifischen Ritualen und wechselnden Moden vollzogene und durch unterschiedliche Erklärungsmuster legitimierte

Beseitigung verstorbener Menschen[1] (hier zusätzlich berücksichtigt: oder Tiere) durch Bestatten in die Erde (ganz oder mutiliert), durch Verbrennen (Holzstoß, Krematorium), durch Versenken (Fluß, Meer), durch Aussetzen an der Luft (Baum, Gerüst) sowie durch Mumifizieren (Einbalsamieren, Eintrocknen, Einfrieren) und /oder Aufbewahren in Grabkammern (Totenhäusern, Mausoleen, Katakomben) (cf. Mot. V 61: *Various ways of disposing of dead*); im engeren, auf den jüngeren christl.-abendländ. Kulturbereich bezogenen Sinne das Herrichten einer Leiche (Waschen, Bekleiden), das Aufbewahren bzw. Zurschaustellen der Leiche und die damit verbundenen Zeremonien (Totenwache, Totenklage, Totenmahl), die Versorgung des Toten (Beigaben) und insbesondere der Leichenzug zum Friedhof (funeral), die Bestattung in (geweihter) Erde (burial), der nachfolgende Leichenschmaus und die Anlage der Grabstätte[2].

Erzählungen aus dem thematischen Umkreis von B.sen sind, dieser ungewöhnlichen Vielfalt kulturaler Gegebenheiten und Möglichkeiten entsprechend (über die enzyklopädisch-vereinfachenden Hinweise in diesem Artikel hinaus) nach ihrem jeweiligen geogr.-hist.[3], brauchtümlich-traditionellen[4] und sozialen[5] Bezugsrahmen zu interpretieren. Solche Erzählungen (Sagen, Memorate, Legenden, Mirakel, Exempla) entstehen insbesondere da, wo Recht, Pflicht, herkömmlicher Ritus oder gewohnter Ablauf durchbrochen oder verletzt werden; die vorgeführten positiven, oft jedoch auch negativen Sanktionen verweisen das jeweilige Publikum auf die kulturspezifischen Normen, die es einzuhalten gilt. Solche Erzählungen (Sagen, Schwänke, Witze) entstehen aber auch als Abwehrmechanismen oder Verarbeitungsreaktionen in einem sozialpsychologisch zu erklärenden Klima von Unwissenheit, Furcht und Abneigung (Tod-Tabu!) in bezug auf den Komplex Sterben–Agonie–Tod–Verwesung. Zu den abergläubischen Vorstellungen cf. das HDA[6], zu den Sprichwörtern/Redensarten und den bildlichen Darstellungen die einschlägigen Lexika und Monographien[7].

2. Das ordentliche B. Das Recht auf ein nach den jeweils gültigen Normen und Werten „ehrliches", „ordentliches" oder „anständiges" B. ist seit ältester Zeit bei allen Völkern[8] und insbesondere im europ.-heidnisch-antiken[9] und jüd.-christl. Bereich[10] mannigfach belegt. So demonstriert Tobit im Buch *Tobias* (1, 17–19 und 2, 1–7) das Bestatten der Toten als oberste und selbstverständliche Pflicht[11]. Totenbestattung gilt seit dem 12. Jh. als das letzte der Sieben leiblichen Werke der Barmherzigkeit[12]; dieser populäre Caritas-Katalog hat die B.pflicht ebenfalls sinnfällig gemacht[13].

2. 1. Da die Seele nach althergebrachtem Glauben erst nach dem B. in den Himmel gelangt (Mot. E 750.0.1), wird auf ein rasches B. Wert gelegt, wobei auch hygienische Notwendigkeiten eine Rolle spielen (Dreitagesfrist erst Ende des 18. Jh.s wegen der Gefahr des Lebendig-Begraben-Werdens gesetzlich eingeführt); Sterbende und Hinterbliebene messen zudem einem „ehrbaren" B.[14] größte Bedeutung bei. So wie schon das antike Gespenst des Athenodorus erst nach Wegnahme der entehrenden Ketten zur Ruhe kam[15], so brauchen die christlich Verstorbenen die ihnen angemessenen letzten Ehren (Mot. E 412.3), insbesondere Leichenhemd, Mütze und Schuhe (Mot. E 412.3. 1–3). Die Toten dieser Habe zu berauben, gilt selbst in Notzeiten als verdammenswert[16]; immer wieder betonen Erzählungen das Frevelhafte[17] und die Strafbarkeit[18] solcher Handlungen. Werden die letzten Wünsche verweigert, muß der Tote umgehen[19]. Er fordert dann das ihm verweigerte ordentliche B. (Cross E 235.2)[20], setzt seine B.wünsche durch (Baughman E 419.8 a–d) oder straft auf verschiedene Weise die Frevler (Mot. E 236.1). Wichtig ist insbesondere das B. in geweihter Erde; der christl. Mensch wird dem Element zurückgegeben, aus dem ihn sein Gott schuf[21] (→ Adam). Wird einem Toten dieses B. verweigert, läuft er Gefahr, vom Teufel geholt zu werden (Tubach, num. 817).

Der hl. Franziskus bewirkt, daß während der Exequien eine Tote noch einmal aufwacht, um die Sakramente empfangen und damit ordentlich begraben werden zu können[22]. Die hl. Maria verschafft einem Mönch trotz seiner Sündhaftigkeit ein B. in geweihter Erde, weil er ihr eine Messe gelesen hatte (Mot. V 255). Daß ein anderer unrechtmäßig in ungeweihter Erde liegt, offenbart sie durch eine aus dem Mund des Toten wachsende Lilie (Mot. V 255. 1). Selbst ein Dieb erhält ein glänzendes B., weil er sie zu Lebzeiten samstags verehrte (Tubach, num. 4781). Scheinbar ungerechtes Nicht-Begrabenwerden wird dadurch ausgeglichen, daß es neben der Belohnung in diesem Leben (Pomp für den Reichen) die im Jenseits (für den von wilden Tieren gefressenen Einsiedler) gibt (Tubach, num. 815). Einer melancholischen Nonne wird B. in ungeweihter Erde als Strafe angedroht; obwohl sie sich ins Wasser stürzt, wird sie errettet (Tubach, num. 816). Im Wasser begraben zu werden (heute ein akzeptierter „Seemannsbrauch") ist nach früherem Glauben der Seelenruhe abträglich (Cross E 414); damit dieser Fall nicht eintritt, verwandelt sich die See zum Zwecke eines B.ses in feste Erde (Mot. F 931. 3. 1).

Manche B.stätten sind mit Heilsgewißheit verknüpft (Mot. E 754.3); vor allem galt (bis zum Verbot solcher Bestattungen Ende des 18. Jh.s[23]) das B. in einer Kirche oder einem Kloster als förderlich für das Seelenheil[24], in den Kirchen bes. Heiliger geradezu als Himmelsgarantie (Mot. M 364.11 und Q 174.1.1.2). B. in fremder Erde erfährt Ablehnung (Mot. P 711.8), exiliert Sterbende wünschen sich ein B. in der Heimat (Mot. M 258.3). Liebespaare können, zumal wenn sie tragisch ums Leben gekommen sind, im selben Grab (in Italien: steinerne Grabkammer!) bestattet (Mot. T 86), auch ein dritter unglücklicher Verehrer kann dazugelegt werden (Rotunda T. 86.1*; cf. Brückner, 735–736). Zwei begrabene Bischöfe machen in ihrem Grab Platz für den hl. Johannes Almosner[25] (Notwendigkeit von Mehrfachbelegungen!). Schwierigkeiten entstehen jedoch, wenn man dem Frommen einen Sünder beilegen will (Cross E 545.9).

2. 2. Das B. von Märtyrern und Heiligen kann laut Legende und Exemplum durch weitere ungewöhnliche Ereignisse gekennzeichnet sein.

Tobits Vorbild folgend, begrub der hl. Papst Eutychianus 742 Märtyrer mit eigener Hand[26]. Tote Heilige bestimmen oftmals ihren B.platz (Mot. E 545. 15). Der hl. Sebastianus zeigt als Geist der Lucina, wo er begraben sein möchte[27]. Nazarius und Celsus, in einem Garten begraben, bitten, man möge ihre Leichen in einem Keller verstecken[28]. Die Leiche des Vedastus läßt sich erst bewegen, als man ihn in einer bestimmten Kirche bestatten will[29]. Anderseits erhält Papst Marcellinus ein christl. B., obwohl er das als Götzendiener kaum verdient hatte (Tubach, num. 3851). Als der Hohepriester das B. der hl. Maria stören will, verdorren seine Hände[30]. Engel sind beim B. von Heiligen mehrfach zugegen (Mot. V 241. 1). Der hl. Secundus wurde nach seiner Enthauptung von Engeln bestattet[31]. Eine Engelschar trug den Leichnam der hl. Katharina auf den Berg Sinai, um ihn dort zu bestatten[32]. Beim B. der hl. Agatha setzten ihr mehr als 100 Engel eine Marmortafel[33]. Auch Tiere können beim B. eines Heiligen mitwirken: Sie bestimmen den B.platz (Mot. B 155. 3) oder nehmen selbst die Bestattung vor[34]: Löwen begruben den hl. Antonius Eremita, Maria Aegyptiaca, den hl. Onuphrius und den hl. Paulus Eremita[35]. Vögel können assistieren (Mot. B 251. 2. 12).

Die Erzählungen demonstrieren, daß Heiligen eine Sonderstellung mit einem speziellen Kodex von Vorrechten und Machtmitteln zukommt[36].

2. 3. Die Toten (oder auch nur ein Totenschädel, Mot. E 783.8) sind für ein ehrenhaftes B. dankbar[37] (→ *Dankbarer Toter*, AaTh 505–508, Mot. E 341.1). Valerius Maximus erzählt die später oftmals zitierte Geschichte von Simonides, der eine Leiche am Ufer bestattete, zum Dank im Traume vor Unwetter gewarnt wurde und vom Untergang seines Schiffes verschont blieb[38]. Als Dank kann der Tote auch einen magischen Gegenstand herschenken (Mot. D 812.4.2). Der Tote ist vor allem für ein ihm gewährtes Leichenhemd dankbar (Mot. D 812.4.2). Die Wache am Grabe eines Verstorbenen wird reichlich belohnt[39].

3. Das unehrenhafte B. Die Kirche konnte Exkommunizierten, Nicht-Kommunikanten, Tyrannen, Wucherern, Duellanten, Selbstmördern, Juden, Heiden und ungetauften Kindern ein ehrenhaftes B. verweigern[40]. Solche Praktiken werden durch Exempla abgestützt (in einem Friedhof beklagt sich eine Geisterstimme, daß ein Exkommunizierter ein B. erhalten soll; Tubach, num. 1923[41]), durch die Legende bestätigt (Julian Apostata blieb unbegraben, die Perser machten aus seiner Haut ein Polster für den König[42]), in der Novelle nacherzählt (Bischof verweigert einem Wucherer B. in geweihter

Erde; Rotunda Q 273.2)[43], in der Reformationsliteratur offen kritisiert (Goldschmied von Troyes wird als 'Ketzer' unbegraben gelassen und geschändet, schließlich dreimal begraben[44]) und in der Sage konstatiert (Beerdigung ungetaufter Kinder[45]). Unehrenhafte B.se werden als Strafmittel verstanden (Mot. Q 491.1): Ein Schwindler landet auf dem Misthaufen[46], ein Schänder heiliger Stätten erhält seinen letzten Ruheplatz in einer Scheune (Cross Q 491.1.2). Häufig wird erzählt, daß jemand zur Strafe lebendig begraben wurde. Aus solchen und anderen Berichten von unehrenhaften B.sen entsteht eine große Zahl von Erzählungen über die Unruhe von Begrabenen (Mot. E 334.2)[47].

3. 1. Mit dem B. ist die Grabesstille keineswegs immer gesichert. Insbesondere finden keine Ruhe:

Ermordete (Mot. E 413), Selbstmörder (Mot. E 411. 1. 1) und andere gewaltsamen Todes Gestorbene (Mot. E 411. 10), Exkommunizierte (Mot. E 412. 1) und mit dem Kirchenbann belegte Tote (Mot. E 412), Ungetaufte (Mot. E 412. 2)[48] und auch Mütter ungetauft begrabener Kinder (Baughman E 412. 2. 2)[49], Sünder aller Art (Mot. E 411), insbesondere Mörder (Mot. E 411. 1., cf. AaTh 760: *Das unruhige → Grab*), Ehebrecher (Mot. E 411. 2), Meineidige (Mot. E 411. 3.), Wucherer (Mot. E 411. 4.), Schwindler (Mot. E 411. 5), Kirchenschänder (Mot. E 412. 5) etc., auch Personen, die ohne Beichte starben (Mot. E 411. 0. 2. 2).

Wird der beim Sterben vereinbarte letzte Wille nicht erfüllt, kehrt der Tote zurück, sei es weil die Kirche seine Erbschaft nicht erhielt (Mot. E 415.2, Keller E 415.3 [!]: *Libro de los enxemplos*, num. 229); sei es weil der vereinbarte B.platz nicht gewährt[50] oder die Grabbeigabe vergessen wurde[51]. Der Tote bestraft Grabraub und Grabschändung (Mot. E 235–E 236). Der Geist des Toten kann am Grabe umgehen (Baughman E 334.2), die Erde kann den Begrabenen wieder auswerfen (Mot. E 411.0.6), oder der Begrabene schleudert die Erde, den Deckrasen oder den Grabstein von sich[52] (→ Grab, Grabwunder). Die moralisch-didaktische und zum Teil handfeste Interessen durchsetzende Funktion solcher Exempla und Sagen ist evident.

4. Der Tote, der seinem eigenen B. zusieht. Eine bes. Bedeutung darf die vor allem im 19. Jh. im ober- und mitteldt. Gebiet stark verbreitete Erzählung von dem Toten, der seinem eigenen B. zusieht, beanspruchen. Der Verstorbene begegnet dabei den Leidtragenden entweder vor oder nach der Bestattung, und zwar zeigt er sich zumeist an einem hochgelegenen Fenster seines Hauses, wobei er nicht selten den Leichenzug verlacht und verspottet. Der Tote wird also vom passiven Objekt zum Subjekt, das die anderen beobachtet, kontrolliert und kritisiert; er ist das verkörperte Kollektivgewissen, welches fragt, ob das B. richtig, ordentlich, sinnvoll ablaufe oder abgelaufen sei; seine Erscheinung zeigt aber auch die psychischen und kognitiven Schwierigkeiten der B.teilnehmer, den im Sarg Liegenden als wirklich biologisch tot und sozial abgetrennt zu akzeptieren[53]. Daß die Vorstellungsbilder Fakten des idg. B.kultes (der Tote als Effigies oder vertreten durch einen lebenden Totenrepräsentanten) reflektieren, hat K. Ranke in einer wegweisenden Detailanalyse gezeigt[54].

4. 1. In der barocken Predigtliteratur verbreitet ist eine offenbar auf Antonio de Torquemada[55] zurückgehende Erzählung von einem span. Ritter, der bei einer Affäre mit einer Nonne in die Klosterkirche gelangt und dort ein Totenamt mit seiner eigenen Leiche sieht. Auf dem Heimweg wird er von zwei schwarzen Hunden zerrissen[56]. Die durch Jesuiten, aber auch von Protestanten verbreitete Sage gehört, wie eine vergleichbare aus dem 19. Jh. (der Probst G. in dem Ort B. und ein Wachsoldat sehen den Leichenzug des Probstes, der acht Tage später stirbt[57]), in den Umkreis der Todesvorahnungen (cf. Mot. D 1825.7.1). Hierher zu stellen sind auch die zahlreichen Sagen aus dem Erzählbereich vom Zweiten Gesicht, nach denen der Spökenkieker sich selbst auf dem Totenbett oder im eigenen B.zug gehen sieht[57a].

5. Tier-B.se. Eine gründliche Untersuchung, welche eine Reihe von anderen kulturalen Vorstellungen zu berücksichti-

gen hätte, beanspruchen die Erzählungen vom B. der Tiere. Mit Exempeln von Tieren, die ihresgleichen bestatten (→ Delphine, → Ameisen) wird die Pietät der B.pflicht unterstrichen[58]. Wie beim Bauopfer wurden Tiere zu magischen Zwecken lebend begraben (Mot. D 2161. 4.6, Hund: Mot. E 431.8). Der Schwank vom feierlich begrabenen Esel oder Hund (AaTh 1842: → *Testament des Hundes*, Tubach, num. 376) beinhaltet doppelte Kleriker-Kritik[58a]. In die Reihe der Tier-Satiren gehört die Erzählung vom B. der Katze, bei dem verschiedene Vögel fröhlich assistieren (AaTh 235 A*), und das Märchen vom Leichenzug der Henne (AaTh 2021, Mot. Z 32.1) malt – auf der ungefährlichen Tier-Ebene – respektlos ein verunglücktes Leichenbegängnis aus[59]. Die Interpretation solcher Erzählungen muß weiteren Studien vorbehalten bleiben.

6. Das B. in Schwank und Witz. Ein von Verhaltensregeln und traditionsgebundenen rituellen Formen und Formeln belastetes und emotional aus verschiedensten Gründen (insbesondere durch Tabu-Zwänge) aufgeladenes Ereignis wie das B. zeitigt verständlicherweise mancherlei Ausbrüche in sinnlich-lebendiges Spiel und scherzhaftes, spöttisches Erzählen[60]. Das B. von Ehemann oder -frau insbesondere wird zum Anlaß genommen, die Ehesatire auch noch auf das Reich der Gräber auszudehnen:

Die zanksüchtige Frau setzt ihren Widerspruch noch aus dem Grabe heraus fort (AaTh 1365 F*: *Die widerspenstige → Ehefrau*), der Witwer bezahlt den Totengräber für schwere Steine auf das Grab seiner verstorbenen Frau[61], oder er mahnt die Sargträger, langsam zu gehen und nicht das Vergnügen zu verderben[62]; die Witwe, zuerst traurig, vereinbart schon während des B.ses eine neue Ehe[63], sie fächelt die Leiche, damit sie schneller abkühlt (Mot. T 231. 2); weil ein Scheintoter beim ersten B. aufwacht, fürchtet die Frau (oder der Mann), es könne beim echten Tod des Mannes (der Frau) noch einmal so gehen[64].

Scheintote haben oftmals das B.zeremoniell belebt:

Ein Narr, der begraben werden soll, zeigt den Bahrenträgern den richtigen Weg (Mot. J 2311. 4); ein anderer fährt auf, als er die Leute auf ihn schimpfen hört (Rotunda J 2311. 4); ein dritter, wider seinen Willen zum B. getragen, rät einem Hinzugekommenen, es sei zwecklos, mit diesen Leuten zu argumentieren (Rotunda J 2311. 5).

Die neuere Novellistik hat dann auch solche Motive aufgegriffen: Jan Neruda erzählt von dem seltsamen Doktor, dessen einzige hilfreiche Tat in der Störung eines B.ses mit einem Scheintoten bestand[65], Luigi Pirandello von der Scheintoten, die beim B. durch einen Zweig wachgekitzelt wird: bei ihrem zweiten B. empfiehlt der Gatte den Trägern, einen Bogen um den bewußten Baum zu machen[66].

Die ernste Leichenpredigt ist oftmals in eine witzige Ansprache verkehrt worden (Mot. V 66.1)[67]. Da über den zu Begrabenden etwas Gutes gesagt werden soll[68], entstehen bei der Predigt über einen schlechten Menschen ironische Zweideutigkeiten[69].

Bei der Leichenpredigt eines Rabbi weint der Sohn des Verstorbenen bitterlich: „hätte der Vater einen Tag länger gelebt, hätte er diese schöne Lobrede hören können"[70]. Dauert eine Personalrede zu lang, heißt es in Hessen: „da kann eins ja de Kartoffel bi gesetz [setzen] un au wider ausgetu [ernten]"[71].

Das Verhalten der B.teilnehmer wird streng beobachtet, insbesondere tadelt der Schwank die Geizigen, die am Grab selbst singen, um Geld zu sparen[72]. Die Weinenden bezahlen die Singenden, meint eine Novelle von Sacchetti (Rotunda P 618*).

Beim B. eines Kindes wird witzig angemerkt, daß der falsche Vater weine, der Priester aber singe (Rotunda U 119. 1. 1*, cf. Mot. U 15). Priester-Spott zeigt sich auch in dem Ausspruch des Witwers: Ihr nehmt sie, wenn sie jung sind und gebt sie uns zum B. (Rotunda J 1264. 10*). Verkehrt ist die Welt, wenn bei einer Geburt geweint, bei einem B. jedoch gesungen und gelacht wird (Mot. P 617), wenn in einem für die Gemeinde gesunden Jahr der Priester seine geringen B.-Einkünfte beklagt (Mot. X 427) oder wenn die böse Mutter ein schönes, der gute Vater ein armes B. erhält (Mot. J 225. 8).

7. Gesamtbewertung, Forschungsfragen. Die hier exemplarisch vorgestellten Materialien vor allem aus dem christl.-europ. Bereich zum Thema B. (burial, funeral) widerlegen insgesamt gesehen die

Hypothese, daß Furcht vor dem Tod und den Toten der eigentliche Antrieb für B.erzählungen sei[73]. Vielmehr scheinen Sagen, Exempla, Mirakel, Schwänke von B.sen jahrhundertelang die Funktion gehabt zu haben, kulturale Verhaltensmuster im Umkreis von Tod und Beseitigung der Leichen vorzuführen, einzuprägen und zu festigen, das gebotene Wohlverhalten gegenüber den Toten durch positive Beispiele zu belobigen und die falschen Verhaltensweisen durch abschreckende Exempel anzuprangern. Die Erzählungen hatten somit sozialisierende Funktion im Sinne einer symbolischen Einübung von Interaktionsaufgaben der Mitglieder einer Gesellschaft. Dabei ist zu bedenken, daß im vorindustriellen ZA. die B.aufgaben und die damit verbundene Verantwortung noch nicht von spezialisierten Institutionen übernommen wurden, sondern jedem Einzelnen zufallen konnten und daß bei intensivem Todkontakt die erst im Freudianischen ZA. so stark betonte Todesfurcht wahrscheinlich sehr viel geringer war als sie es heute offenbar ist[74]. B.erzählungen helfen aber auch bei der Bewältigung der durch den Tod eines Menschen meist gegebenen schweren sozialen Krisensituation, übernehmen also neben der kulturalen Lehrfunktion eine ähnliche Aufgabe der Erklärung und der Entlastung, wie sie den formelhaften brauchtümlichen und rituellen[75] Handlungen zukommt. Die Erzählforschung hat jedoch auch Hypothesen dieser Art, vor allem anhand des hier kaum berücksichtigten Sagenmaterials[76], zu überprüfen. Sie wird diese Aufgabe jedoch nur in Zusammenarbeit mit der neueren Sozialthanatologie[77] lösen können.

→ Lebender Leichnam, → Leiche, → Lenore, → Scheintot, → Tod, → Tot, Tote, → Wiedergänger.

[1] cf. Kroeber, A. L.: Disposal of the Dead. In: American Anthropologist 29 (1927) 308–315. – [2] Vicq D'Azyr: Essai sur les lieux et les dangers des sépultures. P. 1778; Hüppi, A.: Kunst und Kult der Grabstätten. Olten 1968; Morley, J.: Death, Heaven and the Victorians. L. 1971; Das Bestattungsgewerbe. Organ des Bundesverbandes des Dt. Bestattungsgewerbes. ed. E. Fichtler. Düsseldorf. – [3] Binford, L. R.: Mortuary Practices: their Study and their Potential. In: Brown, J. A. (ed.): Approaches to the Social Dimensions of Mortuary Practices (Memoirs of the Soc. for American Archaeology 25). Wash., D. C. 1971, 6–29; Ariès, P.: Essais sur l'histoire de la mort en Occident du moyen-âge à nos jours. P. 1975. – [4] Rochholz, E. L.: Dt. Unsterblichkeitsglaube. B. 1867, 131–215 (Oberdt. Leichenbräuche); De Gubernatis, A.: Storia comparata degli usi funebri in Italia [. . .]. Milano [2]1878; Bendann, E.: Death Customs. An Analytical Study of Burial Rites. L. 1930; Ranke, K.: Idg. Totenverehrung 1 (FFC 140). Hels. 1951; Hartmann, H.: Der Totenkult in Irland (Idg. Bibl. 3, 2). Heidelberg 1952; Gorer, G.: Death, Grief and Mourning in Contemporary Britain. L. 1965; Ó Súilleabháin, S.: Irish Wake Amusements. Cork 1967; Lewis, O.: A Death in the Sanchez Family (1969). Harmondsworth 1972; Kyll, N.: Tod, Grab, B.platz, Totenfeier. Zur Geschichte ihres Brauchtums im Trierer Lande und in Luxemburg [. . .] (Rhein. Archiv 81). Bonn 1972; De Arbol Navarro, M.: Span. Funeralbrauchtum unter Berücksichtigung islam. Einflüsse (Europ. Hochschulschr. 19/6). Bern 1974. – [5] Hahn, A.: Einstellungen zum Tod und ihre soziale Bedingtheit. Stg. 1968; Fuchs, W.: Todesbilder in der modernen Ges. Ffm. (1969) [2]1973; Mandelbaum, D. G.: Social Uses of Funeral Rites. In: Fulton, R. (ed.): Death and Identity. N. Y./L./Sidney 1965, 338–360; Meyer, J. E.: Tod und Neurose. Göttingen 1973; Fetscher, I.: Tod im Lichte des Marxismus. In: Paus, A. (ed.): Grenzerfahrung Tod. Graz/Wien/Köln 1976, 283–317. – [6] HDA 1 (1927) 976–997 (P. Geiger). – [7] Wander, K. F. W.: Dt. Sprichwörter-Lex. 1. Lpz. 1867, 294; Walther, H.: Latein. Sprichwörter und Sentenzen des MA.s in alphabetischer Anordnung 2. Göttingen 1964, 206 und t. 6 (1969) 78 (funus); Röhrich, L.: Lex. der sprichwörtlichen Redensarten 1. Fbg/Basel/Wien [2]1973, 110 (begraben), 342 (Grab), 1175–1179 (zeitlich); RDK 2 (1948) 332–355 (F. Zoepfl); Briesemeister, D.: Bilder des Todes. Graphische Darstellungen vom 15. bis zum 19. Jh. Unterschneidheim 1970. – [8] Art. Death and Disposal of the Dead. In: ERE 4 (1911) 411–511; RAC 2 (1954) 194–219; RGG 1 ([3]1957) 959–968. – [9] Kl. Pauly 1 (1964) 873–876; BP 3, 511–512; Art. Antigone in: Frenzel, E.: Stoffe der Weltlit. Stg. [2]1963, 45–47. – [10] Wetzer und Welte's Kirchenlex. 2. Fbg [2]1883, 182–204. –
[11] Text in: Kautzsch, E. (ed.): Die Apokryphen und Pseudepigraphen des AT.s 1. Tübingen 1900, 138; cf. Mansi, J.: Locupletissima bibliotheca moralis praedicabilis 3. Mainz 1673, 757–759 (tractatus 57, discursus 27); Gonzenbach 2, 177–181, num. 89: Die Geschichte von Tobià und Tobiòla (ohne Anmerkung R. Köhlers); Huet, G.: Le Conte du ‚Mort reconnaissant' et le Livre de Tobie. In: Revue de l'histoire des religions 71 (1915) 1–29; Liljeblad, S.: Die Tobiasgeschichte und andere Märchen mit toten Helfern. Lund 1927; Eißfeldt, O.: Einl. in das

A. T. Tübingen [3]1964, 790–793; EM 1, 633–634 (H. Conzelmann); bildliche Darstellungen: Réau, L.: Iconographie de l'art chrétien 2, 1. P. 1956, 322. – [12] Art. Barmherzigkeit des Menschen. In: LThK 1 ([2]1957) 1254. – [13] RDK 1 (1937) 1457–1468, s. v. Barmherzigkeit; Pigler, A.: Barockthemen 1. Bud./B. 1956, 527–529. – [14] Rochholz (wie not. 4) 185–187 (Leichenkleidung); Höck, A.: B.brauchtum und Leichenpredigten in ländlichen Bereichen Hessens. In: Lenz, R. (ed.): Leichenpredigten als Qu. hist. Wiss.en. Köln/Wien 1975, 295–311, bes. 304. – [15] Schenda, R.: Die frz. Prodigienlit. in der 2. Hälfte des 16. Jh.s. Mü. 1961, 36, 69, 121; Brückner, 441, num. 104; Rehermann, E. H.: Das Predigtexempel bei protestant. Theologen des 16. und 17. Jh.s. Göttingen 1977, 509–510, num. 28. – [16] cf. Defoe, D.: Die Pest zu London (1722). Ffm. 1976, 73. – [17] Peuckert, W.-E.: Niedersächs. Sagen 3. Göttingen 1969, 209, num. 1745/II: B.geld veruntreut, tote Frau geht um. – [18] Cammann, A.: Märchenwelt des Preußenlandes. Schloß Bleckede 1973, 402–403: Totenhemd geraubt, Strafe dafür; cf. Müller, I./Röhrich, L.: Dt. Sagenkatalog. 10. Der Tod und die Toten. In: DJbfVk. 13 (1967) 346–397, bes. 364–365. – [19] Peuckert (wie not. 17) 229, num. 1774. – [20] Toter Räuber bittet den hl. Germanus um B. für sich und unbegrabene gefesselte Kumpane. Hebenstreit-Wilfert, H.: Wunder und Legende. Studien zu Leben und Werk von Laurentius Surius (1522–1578), insbesondere zu seiner Slg De probatis Sanctorum historiis. Diss. Tübingen 1975, 153; Fischer, E.: Die Disquisitionum magicarum libri sex von M. Delrio [...]. Diss. Ffm. 1975, 250–251, num. 55. –

[21] cf. Kornmann, H.: De miraculis mortuorum. Ffm. 1610, fol. N3v⁰. – [22] Deneke, B.: Legende und Volkssage. Ffm. 1958, 51 (nach der Legenda aurea). – [23] cf. Gedike, F.: Ueber die B.se in den Kirchen. In: id.: Vermischte Schr. B. 1801, 215–229. – [24] Deneke (wie not. 22) 47–48; Brückner, W.: Sterben im Mönchsgewand. In: Kontakte und Grenzen. Festschr. für G. Heilfurth. Göttingen 1969, 259–277.– [25] Hebenstreit-Wilfert (wie not. 20) 153, num. 6. 6. 1. – [26] Mansi (wie not. 11) 759. – [27] Hebenstreit-Wilfert (wie not. 20) 153, num. 6. 5. 1. – [28] Die Legenda aurea des Jacobus de Voragine. Übers. R. Benz. Heidelberg [8]1975, 511. – [29] Hebenstreit-Wilfert (wie not. 20) 142, num. 4. 2. 3. – [30] Legenda aurea (wie not. 28) 587. –

[31] ibid., 286. – [32] Mansi (wie not. 11) 758. – [33] Legenda aurea (wie not. 28) 201; cf. Correnti, S.: Leggende di Sicilia e loro genesi storica. Milano 1975, 63. – [34] Aurelius Augustinus: De cura pro mortuis gerenda ad Paulinum. In: MPL 40 (1865) 591–610. – [35] Legenda aurea (wie not. 28) 112. – [36] Eine Fülle weiterer Exempla findet sich bei Bagatta, G. B.: Admiranda orbis christiani 2. Augsburg/Dillingen 1695, 478–511. – [37] BP 3, 490–517 zu KHM 217: Der dankbare Tote (aus dem Nachlaß der Brüder Grimm), cf. hier not. 11; Straparola 2, 205 = 11. Nacht, num. 2 (Bertuccio bezahlt 100 Dukaten für das B. eines Ermordeten; dessen Geist verhilft ihm zu Prinzessin, Reichtum und ewiger Seligkeit) ist unter Mot. E 341. 1. 1 ungenügend eingeordnet. – [38] Valerii M. Factorum et dictorum memorabilium libri novem. ed. C. Kempf. Lpz. 1888, 39–40 (lib. 1, cap. 7, § 8, externum 3); Mansi (wie not. 11) 759. – [39] BP 3, 420 zu KHM 195: Der Grabhügel (AaTh 1130). – [40] Kornmann (wie not. 21) fol. N4r⁰. –

[41] ibid., pars 7, cap. 12: Exempla tyrannorum inhumatorum. – [42] Legenda aurea (wie not. 28) 170. – [43] Sacchetti, F.: Le Novelle 1. ed. O. Gigli. Firenze 1860, 303–305, num. 128. – [44] Kirchhof, Wendunmuth 1, 587–588, num. 121. – [45] Rochholz (wie not. 4) 199; Guex, L.: Eine Slg bern. Aberglaubens aus der Mitte des 19. Jh.s. Bern 1975, 156; Agricola, C.: Engl. und walis. Sagen. B. 1976, 59–60, num. 66–67. – [46] Boggs, 143, num. 1720. – [47] Baughman E 334. 2a–f; 334. 2. 1 a–v. – [48] cf. Agricola (wie not. 45) 60, num. 67. – [49] ibid., 59–60, num. 66. – [50] ibid., 59, num. 65 und not. p. 363–364. –

[51] cf. Müller/Röhrich (wie not. 18) 364. – [52] Agricola (wie not. 45) 60, num. 68 und not. p. 364. – [53] Zum B. als Lösungsritual cf. Fuchs (wie not. 5) 39. – [54] Ranke, K.: Die Sage vom Toten, der seinem eigenen B. zuschaut. In: Rhein. Jb. für Vk. 5 (1954) 152–183; cf. dagegen Brückner, W.: Roß und Reiter im Leichenzeremoniell. In: Rhein. Jb. für Vk. 15/16 (1964/65) 144–209, bes. 174–180, sowie id.: Bildnis und Brauch. Studien zur Bildfunktion der Effigies. B. 1966, 24. – [55] Torquemada, A. de: Jardin de flores curiosas (Salamanca 1570, Antw. 1575 und zahlreiche weitere Ausg.n in mehreren Sprachen im 16. und 17. Jh.), colloquium 3; dt.: Hexamereon [sic!] oder sechs Tagezeiten [...], trad. Hermann, Landgraf zu Hessen. Cassel 1652, 281–284. – [56] Bissel, J.: De pestiferis peccatorum mortalium fructibus, Exempla tragica. Dillingen 1652, 107–118 (mit Hinweis auf Var.n); Engelgrave, H.: Lux Evangelica 1. Köln 1659, 351 (mit Verweis auf Balinghem [A. de]: Triomphe de chasteté [Lille 1616], journée 2, cap. 13, p. 233); Moser-Rath, 47, not. 164. – [57] Donauwörther Intelligenz- und Wochenblatt vom 7. 2. bis 28. 2. 1824 (aus dem Memminger Intelligenzblatt num. 3 und 4 [1824]; als Autor ist Ferdinand Arnoldi angegeben). – [57a] HDA 8, 1710–1712; Peuckert, W. E.: Der zweite Leib. In: id.: Verborgenes Niedersachsen. Göttingen 1960, 11–35; Petzoldt, L.: Dt. Volkssagen. Mü. 1970, 5sq., num. 10–12; Meyer–Matheis, V.: Die Vorstellung eines alter ego in Volkserzählungen. Diss. Fbg 1975. – [58] Vincent de Beauvais: Speculum morale, lib. 3, cap. 24, § 10. – [58a] cf. Lüthi, M.: Das Testament des Hundes. In: Neue Zürcher Zeitung vom 3. 6. 1971, num. 252, 25. – [59] Pröhle, H.: Dt. Sagen. B. [2]1879, 56–57, num. 25; cf. dazu Wesselski, A.: Das Märlein von dem Tode des Hühnchens und andere Kettenmärlein. In: HessBllfVk. 32 (1933) 2–51, bes. 7 (zum 2. Teil des verbreiteteren Mot. Z 32. 1. 1). – [60] cf. Ó

Súilleabháin (wie not. 4); Ujváry, Z.: Das B. parodierende Spiele in der ung. Volksüberlieferung. In: ÖZfVk. 69 (1966) 267–275; Heinz-Mohr, G.: Wer zuletzt lacht . . . Der Humor der Letzten Dinge. Düsseldorf/Köln 1976; Röhrich, L.: Der Witz. Stg. 1977, 140–148. –

[61] Texte im EM-Archiv, num. 4802. – [62] ibid., num. 12. 284 und 15. 470. – [63] ibid., 2964 (Mot. T 231. 1). – [64] ibid., 10. 545, 13. 903, 18. 318. – [65] Neruda, J.: Kleinseitner Geschichten. ed. J. Mühlberger. Mü. 1965, 131–138: Doktor Weltverderber. – [66] Pirandello, L.: La paura del sonno. In: Novelle per un anno 2. Milano (1957) [7]1968, 310–323. – [67] Texte im EM-Archiv, num. 430, 6574, 6681, 9445, 10.915, 14. 366, 15. 464. – [68] Pauli/Bolte, num. 195. – [69] Schwarzbaum, 151, num. 127; 170, num. 191; 173–174, num. 199; 301–302, num. 328; bes. p. 173. – [70] ibid., 298, num. 316. –

[71] Werner, L. F. (i. e. L. F. W. Boette): Aus einer vergessenen Ecke. Langensalza [5]1925, 123: Ein Leichengottesdienst. – [72] Texte im EM-Archiv, num. 429, 1534, 6270, 9200, 16. 000. – [73] Zum „Elementargefühl" der Angst vor dem Tode cf. Herzog, E.: Psyche und Tod. Zürich/Stg. 1960, 20–23. – [74] Zum Todkontakt cf. Hahn (wie not. 5) 33–63. –[75] Zur Formelhaftigkeit im B.brauchtum cf. Rochholz (wie not. 4) 197. – [76] Zahlreiche Belege im Peuckert-Archiv: Seminar für Vk., Göttingen. Einen Eindruck von der Fülle des noch auszuwertenden Materials gibt Müller/Röhrich (wie not. 18). – [77] Zu den schon not. 5 genannten Arbeiten cf. auch: Mitford, J.: Der Tod als Geschäft. Olten/Fbg 1965; Fetisch Jugend – Tabu Tod (Ausstellungskatalog). Städtisches Museum Leverkusen 1972, Kunsthalle Kiel 1973; Bloching, K.-H.: Tod (Projekte zur theol. Erwachsenenbildung 2). Mainz 1973; Sporken, P.: Umgang mit Sterbenden. Düsseldorf 1973; Vovelle, M.: Mourir autrefois. Attitudes collectives devant la mort aux XVIIe et XVIIIe siècles. P. 1974; Neulinger, K.-U.: Schweigt die Schule den Tod tot ? Mü. 1975.

Göttingen Rudolf Schenda

Begrüßungen: Verkehrte B. Feudale, urbane oder auch nachbarschaftliche Verspottung kleinbürgerlicher oder bäuerlicher Bemühungen um die Begrüßungsetikette beim Empfang eines hohen Herren hat zahlreiche Fazetien über solche komischen Verhaltensweisen entstehen lassen, deren Eingangsstrukturen in mehreren Redaktionen die gleichen sind: Dorf- oder Kleinstadtbewohner sollen einen hohen Herren empfangen oder ihm gratulieren. Der Schulze oder der Bürgermeister übernimmt die Führung der Delegation, die anderen sollen ihn in allem, was er tut, nachahmen. Hier beginnen die Sonderformen:

1 (a) Alle bringen dem hohen Herren zur Begrüßung eine Schüssel mit Speisen. Der Vorangehende stolpert, knallt dabei die Schüssel auf den Boden oder auf den Tisch; die anderen tun das Gleiche (Niederlande, Belgien, Deutschland)[1].

1 (b) Im östl. und südöstl. Verbreitungsbereich dieses Schwankes folgt nach dem Malheur ein Fluch des Anführers: „Daß dich der Teufel hole!", „Ich scheiß dir an den Hals!" oder ähnlich. Alle oder verschiedene dazu eingeteilte Gruppen rufen den einstudierten Gratulationsspruch: „Mit Weib und Kindern!", „Nebst Verwandten, Onkeln und Tanten!", „Die gnädige Frau auch! Und die ganze Gesellschaft!" etc. (AaTh 1698C*: Ostdeutschland, Litauen, Polen, Ungarn, Rumänien)[2].

2. Die Schöppenstedter (Bopfinger, Domnauer, Riezlerner) empfangen ihren Fürsten an der Straße. Da es sehr heiß ist, baden sie noch schnell im nahen Teich. Plötzlich erscheint der Herr. Alle stehen notgedrungen nackt Spalier. Der Bürgermeister, den eine Bremse in die Posteriora sticht, klatscht darauf, und alle klatschen sich auf den Hintern (Deutschland, Österreich)[3].

3. Der Bürgermeister muß aus dem Spalier heraus noch schnell „aus den Hosen". Der Herr kommt überraschend, und alle begrüßen ihn, wie der Bürgermeister, mit halb heraufgezogenen Hosen (Deutschland)[4].

In anderen Versionen handelt es sich nicht um Wiederholungen, sondern um irgendwelche ausgeheckten Dummheiten:

4. Der Potentat wünscht nach vorheriger Befragung zum Empfang ein „rafraîchissement" oder einfach eine Erfrischung. Er wird mit Güssen aus allen Feuerwehrspritzen begrüßt (Deutschland)[5].

5. Die Schildbürger wollen den Weg des zu begrüßenden Fürsten durch ihr Städtchen mit Teppichen auslegen, haben aber nur deren zwei. Der zweite soll, sobald der Fürst darüber gegangen ist, weggenommen und vor den ersten gelegt werden. Ein übereifriger Helfer reißt bei dem Tausch den auf dem Teppich stehenden Herren um (Deutschland, Österreich)[6].

6. Statt mit Raketen, die schon vorher probeweise verschossen sind, wird der Fürst mit dem „Bumm Bumm" der Baßstimmen begrüßt (Deutschland, Österreich)[7].

Die Nachahmungsepisode bei der Begrüßung begegnet auch vereinzelt in Indien (Thompson/Balys J 2417.2: *To imitate the leader. He slips and all fall to floor*) und in China: Hier wollen Familie und Gratulationsgäste den künftigen Schwiegersohn mit einem Essen begrüßen. Sie beschließen, es dabei dem gelehrten „18. Herren" nachzumachen. Dieser verschluckt sich, und beim Niesen kommen ihm die Nudeln zur Nase heraus. Alle stopfen sich Nudeln in die Nase. Diese Erzählung ist schon im 5. Jh. bekannt[8].

J. Bolte und A. Wesselski reihen auch die memorierenden Sätze des Dümmlings in AaTh 1696 (*Was hätte ich sagen* [*tun*] *sollen?*), Bolte zudem die Anreden der Schwerhörigen in AaTh 1698 A–N in den Bereich der verkehrten B. ein[9]. Da Zweifel an der Richtigkeit dieser Zuordnung besteht, sei auf → *Was hätte ich sagen* (*tun*) *sollen?* und → Schwerhörigkeit verwiesen. Völlig unzutreffend ist es, wenn G. Henßen, M. de Meyer und ihnen folgend S. Thompson die Schwänke unter AaTh 1246 (*Fatale und närrische → Imitation*) stellen[10].

Das vorliegende europ. Material stammt aus der oralen Überlieferung des 19. und 20. Jh.s. Die Verbreitung ist auf das mittlere und das angrenzende östl. und südöstl. Europa beschränkt. Charakteristisch ist, daß es sich in allen Fassungen um fatal entgleiste Begrüßungsaktionen handelt, zu denen nur in der Redaktion 1(b) der närrische Gratulationsspruch tritt. Ganz selten begegnen närrische Begrüßungsansprachen, wie in der Version aus den Vogesen und dem Allgäu, in der die Dorfbewohner den sprachgewaltigen Metzger zum Redner machen, der aber dem König in seiner Verwirrung die Delegation als „seine Ochsen" vorstellt[11].

In der frühen literalen Tradition vom 16. bis zum 18. Jh. geht es dagegen ausschließlich um närrische Verbal-B. In einer oft nachgedruckten Fazetie Heinrich Bebels begrüßt der „ungeschickte Bean" (von G. Bebermeyer mit „Kraßfuchs" [dummdreister Student, Bursche] übersetzt)[12] den Kaiser ohne weitere Reverenz nur mit den Worten: „Bene veneritis, domine rex"[13]. In einem von Hans Wilhelm Kirchhof aufgezeichneten Schwank redet ein Stadtschreiber Karl V. mit „lieber Juncker" an[14]. In einer anderen Version berichtet Kirchhof von der lächerlichen Danksagung bei einer Fürstenbegrüßung „vor die fisch und vögel"[15].

Schwänke dieser Art sind Paradebeispiele für die Theorie von der → generatio aequivoca einfachster Formen. → Gruß, → Sprachmißverständnisse.

[1] Cornelissen, P. J. / Vervliet, J. B.: Vlaamsche volksvertelsels en kindersprookjes. Lier 1900, 261; Cornelissen, J.: Nederlandsche volkshumor 1. Antw. (1929) 270; de Meyer 1246 (8 Var.n); Merkelbach-Pinck, A.: Aus der Lothringer Meistube 1. Kassel (1943) 421; Birlinger, A. / Buck, M. R.: Volksthümliches aus Schwaben 1. Fbg 1861, 439sq.; Henßen, G. / Wrede, A.: Volk am ewigen Strom 2. Essen 1935, 253sq.; Neuhaus, W.: Sagen und Schwänke aus dem Kreise Hersfeld [...]. Hersfeld (³1953) 100–102; Zaunert, P.: Hessen-Nassauische Sagen. Jena 1929, 159sq.; Henßen, G.: Volk erzählt. Münster 1935, 292sq., num. 234. – [2] Neumann, S. (ed).: Volksschwänke aus Mecklenburg. B. 1963, 53, num. 182; Dähnhardt, O.: Schwänke aus aller Welt. Lpz./B. 1908, 151; Balys *1708; Danner, E.: Die Tanne und ihre Kinder. Märchen aus Litauen. B. 1961, 64; Krzyżanowski 1295*; Berze Nagy 1295* (5 Var.n); Schullerus, 98, num. 14 (5 Var.n); Haltrich, J.: Zur Vk. der Siebenbürger Sachsen. Wien 1885, 133sq. – [3] Kuhn, A. / Schwartz, W.: Norddt. Sagen, Märchen und Gebräuche [...]. Lpz. 1848, 147; Merkens, H.: Was sich das Volk erzählt 1. Jena 1892, 3sq., num. 1 (wird auch von den Weilheimern am Hochbeißenberg bei Schongau in Oberbayern erzählt); Grannas, G.: Volk aus dem Ordensland Preußen erzählt. Marburg 1960, 122, num. 84; Reiser, K.: Sagen, Gebräuche und Sprichwörter des Allgäus 1. Kempten (1894) 502sq., num. 593; Lang-Reitstetter, M.: Lachendes Österreich. Salzburg 1948, 130sq. – [4] Jahn, U.: Volkssagen aus Pommern und Rügen. B. 1889, 518, num. 648. – [5] Neuhaus (wie not. 1) 103sq.; Merkens (wie not. 3) 45sq., num. 61; Rosenow, K.: Zanower Schwänke. Rügenwalde 1924, 68sq. – [6] Lang-Reitstetter (wie not. 3) 136sq.; Birlinger/Buck (wie not. 1) 439 (Bretter statt Teppiche); Merkens (wie not. 3) 9, num. 10. – [7] Merkens (wie not. 3) t. 3. Jena (1900) 26, num. 33; Henßen/Wrede (wie not. 1) 253sq.; Lang-Reitstetter (wie not. 3) 133. – [8] Eberhard, Volksmärchen, 244sq., num. 148, dazu not. 308, von Thompson irrtümlich zu AaTh 1694 gestellt; BP 1, 321 und 3, 145–152; Montanus, M.: Schwankbücher. ed. J. Bolte. Tübingen 1899, 602 zu num. 50; Hodscha Nasreddin 1, 252. – [10] Henßen (wie not. 1) 387, zu num. 234; de Meyer 1246; AaTh 1246. –

[11]Reiser (wie not. 3) 503; Lang-Reitstetter (wie not. 3) 131; Sauvé, L. F.: Le Folk-Lore des Hautes-Vosges. P. 1889, 251. – [12] Heinrich Bebels Facetien. ed. G. Bebermeyer. Lpz. 1931, 202, dazu: Kluge, F.: Etymol. WB. der dt. Sprache.

ed. W. Mitzka. B. 1963, 400, s. v. kraß. – [13] Bebel/Wesselski 1, 85, num. 86, dazu Lit. 204sq. – [14] Kirchhof, Wendunmuth 1, 163, num. 132, dazu 7, 41. – [15] ibid., num. 133, dazu 7, 41.

Göttingen Kurt Ranke

Behaviorismus → Verhaltensforschung

Behemoth → Fabelwesen

Behinderte → Blind, Blindheit, → Buckel, Buckliger, → Einäugig, → Gesellen: Die schadhaften G., → Hinken, → Krüppel, → Lahmer und Blinder

Beichte. In der B. bekennen Individuen oder Gruppen geheim oder offen unerlaubte Handlungen und Gedanken; die B. vermag die erwarteten Folgen (Strafen) solcher „Sünden" abzuwenden. Die B. ist eine weit verbreitete, oft ritualisierte und namentlich für den religiösen Bereich charakteristische Handlung, die seit ältesten Zeiten auf unterschiedlichste Weise praktiziert wird[1]. In christl. Tradition wird unter B. das Sündenbekenntnis im Vollzug des christl. Bußsakraments mit priesterlicher Lossprechung (Absolution) von Sündenschuld (in Verbindung mit → Reue und → Bekehrung) verstanden. Im MA. und in der kathol. Lehre ist die B. noch heute eines der heilsnotwendigen sieben Sakramente, im Falle schwerer Sünde die Vorbedingung für den Empfang der Eucharistie und für einen seligen Tod; sie ist geschützt durch das Beichtgeheimnis (Legende des → Johannes Nepomuk) und zur jährlich einmaligen Verpflichtung gemacht durch das Beichtgebot im Zusammenhang mit der Osterkommunion. Von daher erhalten alle Predigtexempla ihren katechetischen Sinn und ihre bes. motivlichen Akzentuierungen.

Im ma. Predigtmärlein und -exemplum lassen sich folgende Motivgruppen unterscheiden:

1. Beichtmirakel: (a) gelöschtes Sündenregister, eines der am weitesten verbreiteten und ältesten Predigtmärlein (Tubach, num. 1202)[2]; (b) magischer Schutz durch die B., so für eine reumütige Mörderin (Tubach, num. 1189, Mot.V 21. 2), Schutz vor Sturm (cf. Mot. V 24. 1), vor Türken (Tubach, num. 1040), vor den Nachstellungen des Teufels (cf. Tubach, num. 925, 1508, 1554, 2804, 2941) und bes. vor Erkanntwerden durch die Öffentlichkeit (hist. spiegelt sich hier die Spannung zwischen privater und öffentlicher B. wider); (c) Hostienschwund, der erst durch B. aufgehoben wird (Tubach, num. 2649, 2653); (d) magische Enthüllung oder Kraftzuwachs, etwa das Hören von Stimmen nach der B. (Tubach, num. 5179).

2. → Exorzismus und → Besessenheit bilden den Erzählkern für eine weitere Gruppe von Predigtmärlein, in denen der Teufel in Verkleidung als Jungfrau Maria, Bär, Liebhaber, Jüngling, Kröte, Reisebegleiter, Fliege etc. (v. Tubach, Reg. s. v. Devil) den Sünder vor der B. plagt.

3. Die Rückkehr von Toten zum Zwecke der B. (Tubach, num. 1188, Mot. V 23. 1)[3] ist vor allem durch das Märlein vom toten Ritter bekannt (Tubach, num. 2944; cf. → Begräbnis).

4. In den Beichtvater-Geschichten, im MA. keineswegs durchgängig als → Beichtschwänke verstanden, tritt neben dem kirchlich sanktionierten Priester eine Reihe ungewöhnlicher Beichtväter auf: vor allem Teufel (Tubach, num. 1194)[4], Engel, Hellseher (Tubach, num. 1199 sq.) und Ehemann. In AaTh 756 C: *Die zwei → Erzsünder* sucht der große Sünder lange Zeit vergebens nach einem Beichtvater. Die hl. Teresa will Beichtmutter werden. Gott prüft sie nach Art von AaTh 1416: *Die neue → Eva* (Hansen 836 *F)[5].

5. In den Krankheits- und Todesvisionen (Sterbebettgeschichten) geht es bes. um den Seelenkampf zwischen Teufeln und der Jungfrau Maria, der durch die B. entschieden wird (Tubach, num. 1174)[6] und um die Vision der blutenden Christusfigur vor der B. (Tubach, num. 1179); verbreitet ist auch das Märlein vom Teufel am Sterbebett (wenn der Teufel die Zunge festhält, kann durch Zeichen gebeichtet werden, v. Tubach, num. 4902).

6. Die Tier-B. (Tubach, num. 3053): Löwe, Wolf und Esel beichten einander. Die Sünden des Esels werden als die schlimmsten bezeichnet, und er wird deshalb vom Löwen und Wolf aufgefressen[7]. Mönche oder Geistliche nehmen, so berichtet Béroalde de Verville, sterbenden Tieren (Hunden) auf Geheiß des Herrn die B. ab[8]. Abgesehen davon ist die Tier-B. vor allem Teil der Fabel- und Schwanktradition. So soll in AaTh 61 A → *Fuchs als Beichtvater* der Hahn dem Fuchs beichten, in AaTh 77* *The Wolf Confesses his Sins to God* muß der Wolf vor seinem Tod beichten, und in einer mexikan. Erzählung tritt der (geschwätzige) Papagei als Beichtvater auf (Robe 237*G).

7. Verschiedenes:

(a) Beichtgeheimnis: Der Beichtvater, der, um belohnt zu werden, ein Mordgeheimnis kundtut, wird auf Anordnung des Fürsten der Zunge beraubt und geblendet, der Mörder aber wird begnadigt (Tubach, num. 1203)[9]. Andererseits bleibt jener Geistliche unbestraft, der eine Nonne fühlen läßt, daß er, dank der B. ihres Liebhabers, um ihre Sünde weiß (Tubach, num. 3499). (b) Gegenseitige B. zweier sündiger Geistlicher wird im allgemeinen verurteilt (Tubach, num. 1196; cf. aber num. 1191: Zwei Bischöfe beichten einander). (c) Von seelischen Veränderungen nach der B. handelt eine Reihe von Predigtmärlein: von berichteten Heilungen (Epilepsie, Wahnsinn, Gemütsveränderung, cf. Tubach, num. 1164, 1165, 2270) bis zu Säuberungsmetaphern, die erzählerisch variiert werden konnten (Beichtbrunnen: Tubach, num. 1169; Reinwaschung der Sünden: Tubach, num. 1193; Tränenwäsche: Tubach, num. 2270, Mot. V 21. 6[10]) und die noch im Aschermittwochritual zu finden sind. (d) Viele Predigtmärlein illustrieren das Resultat von Beichtermutigungen, -verweigerungen[11] und -verhinderungen (u. a. Tubach, num. 561, 1180, 1186, 1192, 1198, 3374, 5032, 5130, 5211). (e) Strafexempel (Frau, die nicht beichtet, verliert ihre Sprache) demonstrieren die Notwendigkeit des B.ns[12].

In der Reformationszeit und auch später sind Beichterzählungen unvermindert häufig zu finden, die ma. Erzählmotive werden ungebrochen tradiert[13]. Allerdings rückt die B. immer mehr in schwankhafte Beleuchtung.

Die B. als Erzählmotiv ist in die Nähe des Märchen-, Sagen- und Legendenmotivs von der Geheimnispreisgabe (→ Belauschen) zu stellen, das sich z. B. in → *Totenvogel* (AaTh 720), → *Singender Knochen* (AaTh 780), → *Gänsemagd* (AaTh 870 A), → *Geduldstein* (AaTh 894), → *Sonne bringt es an den Tag* (AaTh 960, 960 A) und dem Motiv von der Ofenbeichte (→ Eideslist) findet. Ganz im Sinne des christl. Vergebungsgedankens ist das Märchen vom → *Marienkind* (AaTh 710) zu sehen, dem die Jungfrau Maria trotz mehrfachen Leugnens schließlich bei B. des Tabubruchs sofort Hilfe zuteil werden läßt. Außer in Volkserzählungen spielt die B. auch im Volksbrauch eine bedeutende Rolle[14].

[1] StandDict. 1, 246. – [2] Alsheimer, R.: Das Magnum speculum exemplorum als Ausgangspunkt populärer Erzähltraditionen. Bern/Ffm. 1971, 142, num. 95. – [3] ibid., 143, num. 97, 99. – [4] cf. Rehermann, E. H.: Das Predigtexempel bei protestant. Theologen des 16. und 17. Jh.s. Göttingen 1977, 157, num. 35; 572, num. 31.– [5] cf. Wesselski, A.: Mönchslatein. Lpz. 1909, num. 94. – [6] Moser-Rath, num. 36. – [7] ibid., num. 124; Mazon, A.: Documents, contes et chansons slaves de l'Albanie du Sud. P. 1936, 311; Massignon, G.: Contes corses. Aix-en-Provence 1963, 132. – [8] Béroalde de Verville: Le Moyen de parvenir [um 1610]. P. 1874, 328sq.; cf. RTP 11 (1896) 392sq. (P. Sébillot). – [9] cf. Kirchhof, Wendunmuth 5, num. 77. – [10] Moser-Rath, num. 35. –
[11] Alsheimer (wie not. 2) 147, num. 110. – [12] ibid., 143, num. 96, 98; Baader, S.: Der span. Prediger auf Teutscher Kantzel 4. Augsburg 1746, 277. – [13] Allg. cf. Röhrich, Erzählungen 1–2; Moser-Rath; Alsheimer (wie not. 2); Brückner; Rehermann (wie not. 4). – [14] cf. HDA, Reg.

Berkeley Frederic C. Tubach

Beichte der Ehefrau (AaTh 1410), ein Schwank über die Fragwürdigkeit ehelicher Treue:

Ein eifersüchtiger Ehemann verdächtigt seine Frau des Ehebruchs und will ihr, um sich Gewißheit zu verschaffen, als Priester verkleidet die Beichte abnehmen. Sie durchschaut ihn und bekennt, mit einem Diener, einem Ritter, einem Narren und einem Pfaffen geschlafen zu haben. Als der Mann sich wütend zu erkennen gibt, erklärt sie, in jedem Fall nur ihn selbst gemeint zu haben: Erst habe er ihr gedient, dann sei er in den Krieg gezogen, ein Narr sei er in seiner Eifersucht und als Priester habe er ihre Beichte gehört.

In dieser knappen Form ist die Erzählung in der *Scala celi* des → Johannes Gobii Junior[1], in der *Mensa philosophica*[2], in den Ergänzungen zu Johannes → Paulis *Schimpff und Ernst*[3] und noch 1655 in den *Teutschen Apophthegmata* von Julius Wilhelm Zincgref und Johann Leonhard Weidner überliefert[4]. Als weniger tugendhaft erweist sich die Frau in den novellistischen Bearbeitungen des Motivs. In → Boccaccios *Decamerone* (7,5) gesteht sie ein Verhältnis mit einem Pfaffen ein; während nun der Mann in den folgenden Nächten an der Haustür dem Nebenbuhler auflauern will, empfängt die Frau über das Dach einen jungen Liebhaber[5]. Auf dieser Version basieren eine Verserzählung und ein Fastnachtspiel des Hans → Sachs[6], die 56. Erzählung in der *Gartengesellschaft* des Martin → Montanus und eine Reihe späterer dt. Schwankkompilationen[7]. Im frz. Fabliau *Du chevalier qui fit sa femme confesse*[8] dagegen, in der 78. Erzählung der → *Cent nouvelles nouvelles*[9] und in weiteren frz. Fassungen[10] weiß die Frau nicht, daß ihr Mann in der Kutte steckt, beichtet wahrheitsgemäß ihre diversen Liebhaber und erfindet erst danach den Doppelsinn ihrer Beichte. Diese deutlich von der Boccaccio-Version zu unterscheidende frz. Redaktion haben Hans Wilhelm → Kirchhof und — auf Brabant lokalisiert — einige dt. Schwankbücher des 17. Jh.s übernommen[11]. Aufzeichnungen aus mündlicher Tradition sind, soweit ersichtlich, nur vereinzelt aus Katalonien[12] und aus Italien bekannt[13].

[1] Incunabel, Ulm 1480, 49a, unter Berufung auf Jacques de Vitry. – [2] In dt. Übers. abgedruckt bei Wesselski, A.: Mönchslatein. Lpz. 1909, num. 93 (mit weiteren Nachweisen). – [3] Pauli/Bolte, num. 793. – [4] Text im Archiv der EM, num. 2066. – [5] cf. Landau, M.: Die Qu.n des Decamerone. Wien 1869, 41–43; Lee, A. C.: The Decameron, its Sources and Analogues. L. 1909, 198; weitere frühe ital. Belege bei Rotunda J 1545.2. – [6] Goetze, E. / Drescher, C. (edd.): Sämtliche Fabeln und Schwänke von Hans Sachs 1. Halle 1893, 288, num. 74 (mit Lit.); ähnlich ibid., t. 3 (1900), 312, num. 154. – [7] Martin Montanus Schwankbücher (1557–1566). ed. J. Bolte (BiblLitV 217). Tübingen 1899 (Repr. Hildesheim/N. Y. 1972), 308–315, mit Nachweisen p. 606; damit übereinstimmende Texte im Archiv der EM: Clement Marot 1660 (6489); Polyhistor 1729 (9671); Historien-Schreiber 1729 (15.543). – [8] Barbazan, E. (ed.): Fabliaux et contes. Nouvelle édition 3. P.1808, 229; Bédier, 253, 409; Mot. K 1528; cf. Hibbard, L. A.: Mediaeval Romance in England. N. Y. 1924, 41, not. 12. – [9] Die hundert Novellen. Übers. von A. Semerau. Mü. 1965, 504–511. – [10] cf. Wesselski (wie not. 2) 233. – [11] Kirchhof, Wendunmuth 3, num. 245; übereinstimmende Texte im Archiv der EM: Heer-Paucker, um 1690 (13.175); Schau-Platz der Betrieger 1687 (15.058); Arlequin 1691 (13.384). [12] Amades, num. 1840. – [13] De Bartholomaeis, V.: Un frammento Bergamasco e una novelle del Decamerone (7,5). In: Scritti vari di filologia a E. Monaci. Roma 1901, 203–214.

Göttingen Elfriede Moser-Rath

Beichtschwänke beziehen ihre Komik aus kuriosen Begebenheiten im Beichtstuhl, aus Mißverständnissen zwischen dem Priester und dem Beichtenden, aus verfänglichen oder zweideutigen Beichtinhalten. Die realiter dominierende Rolle des Beichtvaters wird im Schwank in Frage gestellt, der Effekt der Beichte ad absurdum geführt.

Beispiele für massive Kritik an Beichtvätern fügen sich in die gegen den → Klerus gerichtete Reformationspolemik. So gelten älteren Quellen nach Pfaffen im Beichtstuhl als bestechlich, d. h. sie erteilen die Absolution eher, wenn der Beichtende Geld in der Hand hält[1]. Bekenntnisse über Unzucht machen den zur Enthaltsamkeit verpflichteten Geistlichen lüstern: er beneidet seine Beichtkinder[2] oder nützt unerfahrenen Mägdlein gegenüber die Abgeschiedenheit der Beichtsituation aus[3]. Er ist schwerhörig oder schläfrig und bringt die Aussagen der Beichtenden durcheinander[4]. So verstößt er etwa gegen das Beichtgeheimnis, indem er die Sünden einer Frau dem nachfolgenden Ehemann verrät[5].

An Beichtvätern verübte Streiche scheinen ein beliebtes Thema gewesen zu sein. Eulenspiegel z. B. stellte sich sterbenskrank und beichtete zum Schein, mit der Magd des Pfaffen geschlafen zu haben. Als dieser daraufhin die Frau zur Rede stellte, hielt ihm der Schelm die Verletzung seiner Schweigepflicht vor und erpreßte so ein Pferd von ihm[6]. Noch übler erging es einem Mönch, der eine vom Schiffbruch bedrohte Besatzung zur Beichte nötigte: er wurde, nachdem er nun alle Sünden auf sich geladen hatte, zur Rettung des Schiffes ins Meer geworfen[7]. Ein ausgefeimter Schlingel beobachtete, wie der Pfarrer das Beichtgeld in seine Mütze zählte. Er ging zur Beichte und gab vor, von Mordgelüsten geplagt zu sein, der Pfaffe floh, und der Betrüger machte sich mit dem Geld davon[8]. Ein anderer zog, als er den Beichtpfennig entrichten sollte, statt des Beutels den Degen, so daß der erschrockene Geistliche das Weite suchte[9].

Das Motiv vom bestohlenen Beichtvater ist auch in der mündlichen Überlieferung weit verbreitet. Nach dem vor allem im Slavischen bekannten Typ AaTh 1807[10] umschreibt ein Gauner listig seine Diebereien: er habe einen Mann vor dem Bären gerettet (in Wahrheit dem Pfarrer den Pelz entwendet) oder die Schweine aus den Kartoffeln geholt (d. h. in der Küche das Fleisch gestohlen) etc., was der Geistliche für gute Taten hält; als er schließlich den Betrug bemerkt und sich öffentlich beschweren will, erinnert ihn der Schlaumeier mit den Fingern an den Lippen an das Beichtgeheimnis. In dem internat. verbreiteten Typ AaTh 1807 A[11] (→ *Eigentümer weist Gestohlenes zurück*) hat der Beichtende dem Pfarrer unbemerkt die Uhr gestohlen, bekennt scheinbar reuig einen Diebstahl und bietet dem Priester das corpus delicti an. Der will Diebesgut aber nicht annehmen und befiehlt, es dem Eigentümer zurückzugeben. Nun hat der Dieb die Ausrede, der Eigentümer habe die Annahme verweigert, und kann die Uhr behalten.

Auch was die Beichte selbst betrifft, sieht sich der Geistliche oft genug getäuscht. So bekennt etwa ein Mann, nur eine Kleinigkeit gestohlen zu haben, nämlich ein Stück Seil; in Wahrheit hing ein Pferd daran (AaTh 1800: *Nur eine Kleinigkeit stehlen*)[12]. Andere beichten, Vaters Mütze oder Mutters Jacke geschlagen zu haben, verschweigen jedoch, daß die Eltern jeweils drinsteckten (AaTh 1630 A*)[13]. Mit übertriebenen Skrupeln werden geringfügige Vergehen vorgebracht, schwerwiegende Sünden hingegen nur ganz beiläufig erwähnt (Mot. U 11. 1. 1. 2)[14]. Eine scheinheilige Frömmlerin wiederholt mit Vorliebe Bekenntnisse ihrer Jugendsünden, weil sie die Erinnerung daran genießt (AaTh 1805)[15]. Ein trinkfreudiger Bauer geht nur darum gern zur Beichte, weil der Pfarrer so gut nach Wein riecht[16].

Mit der ernsthaften Reue ist es B.n zufolge auch nicht weit her. Schon Prediger der Barockzeit erzählten von einem Bauernknecht, der auf die Frage, ob er sich denn während der Fastenzeit der Liebschaften enthalte, versichert: ja, doch, aber gleich nach Ostern wolle er es wieder angehen[17]. Ein Mädchen beichtet einen Leinwanddiebstahl, hört den Priester sagen, das sei „zu grob", und beeilt sich zu bemerken, nächstes Mal wolle es „was Feiners" nehmen[18]. Von der listigen Auslegung der Buße handelt AaTh 1807 B[19]: Ein Sünder soll vier Wochen lang weder Fleisch essen noch Schnaps trinken, nicht im Bett und schon gar nicht mit einer Frau schlafen. Er begibt sich in ein Kloster und läßt sich mit Braten und Wein bewirten, schläft auf Daunen und vergnügt sich mit den Nonnen. Das seien doch die Töchter Gottes, entsetzt sich bei diesem Geständnis der Beichtvater.Dann sei er ja der Schwager Christi, entgegnet der Mann, also brauche er keinen Priester (→ *Scheinbuße*, AaTh 1804).

Mißverständnisse liegen beim Flüsterton der Ohrenbeichte auf der Hand, sind aber mitunter nicht unbeabsichtigt. So stellt sich der Küster taub, als der Pfarrer ihn im Beichtstuhl nach dem Verbleib des Meßweins fragt. Sie tauschen die Rollen, aber nun will der Pfarrer nichts verstehen können, weil der Küster wissen will, ob er die Küsterin geküßt habe (AaTh 1777 A*: → *Pfarrer und Küster beichten einander*)[20]. Manches Heitere ergibt sich auch aus Kindermund: Ein Junge beichtet etwa, er habe die Welt verdreht; der Pfarrer will sich das zeigen lassen. Als der Bub vor dem Beichtstuhl einen Kopfstand macht, laufen die anderen Beichtwilligen davon, weil sie meinen, das sei eine neue Form der Buße[21].

Die Beichte ist auch ein beliebtes Thema von → Eheschwänken und -witzen. So zählt etwa eine übereifrige Frau die Sünden ihres Mannes auf, muß aber dafür auch Buße tun[22]. Ein Ehemann wiederum benützt die Frau als Beichtspiegel, d. h. er prügelt sie regelmäßig vor der Osterbeichte, weil sie ihm dann alle seine Sünden vorhält[23]. Ein anderer belauscht die Geständnisse seiner Frau im Beichtstuhl und bittet den Pfarrer, ihr nur wenig Buße aufzugeben, für den Ehebruch wolle er sie schon bestrafen[24]. Oder er übernimmt selbst die Rolle des Beichtvaters: Wie in den Schwänken vom *gefoppten* → *Beter* sitzt er als Gottvater hinter dem Baum versteckt und nötigt sie, ihre Verfehlungen zu bekennen (AaTh 1380)[25]. Als Priester verkleidet, fungiert der Mann in dem alten Schwank von der → *Beichte der Ehefrau* (AaTh 1410). Ebenso früh bezeugt sind Erzählungen von dem Ehepaar, das wegen des weiten Weges zur Kirche ober bei drohendem Unwetter beschließt, sich gegenseitig die Beichte abzunehmen[26]. Nach der Version bei Johannes → Pauli[27] beschwert sich die Frau, daß der Mann es mit der Magd treibe, während sie selbst doch dem Schultheiß oder dem Amtmann gut genug sei. In neueren Aufzeichnungen bedauert der Mann nach ihren Geständnissen, sie nicht verprügeln zu dürfen, weil er doch „an Gottes Statt" sei; als dann jedoch die Reihe an ihm ist, meint er, das Wetter habe sich verzogen, er wolle doch lieber dem Pfarrer in der Kirche beichten[28].

Insgesamt also scheint Sexuelles zur bevorzugten Thematik zu gehören, in alten B.n wie in neueren Beichtwitzen[29], die allerdings noch nicht systematisch genug gesammelt und katalogisiert worden sind, um ihr Verhältnis zum älteren, ja auch nur in Bruchstücken überlieferten Bestand genauer bestimmen zu können. Auch die wohl berechtigte Annahme, daß angesichts der größeren Bedeutung der Beichte im Katholizismus einschlägige Erzählungen in kathol. Gegenden gängiger sind als im protestant. Bereich, läßt sich vorerst nicht eindeutig belegen.

[1] Bebel/Wesselski 2/3, num. 20; Kirchhof, Wendunmuth 1/1, num. 65; Texte im EM-Archiv: Melander 1604 = Melander/Ketzel 1607 (15.968); de Memel 1656 (5746); Scheer-Geiger 1673 (8329); Casalicchio 1702 (3078). – [2] EM-Archiv: Bienenkorb 1771 (12.177). – [3] EM-Archiv: Melander 1604 = Melander/Ketzel 1607 (16.053). – [4] EM-Archiv: Exilium melancholiae 1643 (82); Zincgref-Weidner 1653 (1474). – [5] EM-Archiv: Melander 1604 (16.089); Bienenkorb 1772 (12.643). – [6] Benz, R. (ed.): Till Eulenspiegel (Die dt. Volksbücher). Jena 1924, 83–88, cap. 38. – [7] Nach einem Epigramm von Thomas Morus bei Luscinius und Johann Sommer; cf. Wesselski, A.: J. Sommers Emplastrum Cornelianum. In: Euphorion 15 (1908) 8 zu num. 29. – [8] EM-Archiv: von Harten 1603 (18.291); de Memel 1556 (5613); Burger-Lust 1663 (13.729); Rottmann, Historien-Schreiber 1729 (15.284). – [9] EM-Archiv: de Memel 1656 (5611); Burger-Lust 1663 (13.728); Lyrum larum 1700 (16.601); Hanß-Wurst 1712 (7218). – [10] Zu den bei AaTh angeführten lit., tschech., slov., skr. und griech. Varianten cf. z. B. Tillhagen, C. W.: Taikon erzählt. Zigeunermärchen und -geschichten. Zürich 1948, 51–54. – [11] Zu den bei AaTh verzeichneten finn., dän., tschech., maltes. und arab. Var.n noch eine aus Italien: Toschi, P. / Fabi, A.: Buonsangue romagnolo. Bologna 1960, num. 101 und aus Korsika: Ortoli, F.: L'Ile de Corse. P. 1883, 254, num. 4; dazu 7 dt. Var.n im Archiv der EM. Von der Beichte über gleichzeitig gestohlenes Opfergeld in älterer Schwanklit.: Zincgref-Weidner 1653 (1525); Eutrapeliarum libri tres 1656 (3326); Lexicon apophthegmaticum 1718 (3981). – [12] Zu den bei AaTh genannten finn., frz., span.-amerik. und westind. Var.n cf. Ilg, B.: Maltes. Märchen und Schwänke. Lpz. 1906, num. 134; Toschi/Fabi (wie not. 11) num. 58; Texte aus älterer Schwanklit. im EM-Archiv: Zincgref-Weidner 1653 (1528); Scheer–Geiger 1673 (8560); cf. Merkens, H.: Was sich das Volk erzählt 1. Jena 1892, num. 180. – [13] Zu den Angaben bei AaTh noch: Hodscha Nasreddin 2,165, num. 493 (mit weiteren Nachweisen); Bergsträsser, G.: Einführung in die semit. Sprachen. Mü. 1965, 151sq. – [14] Wesselski, Arlotto 1,191, num. 17; Rotunda U 11.1.1.2; EM-Archiv: Joco-Seria 1631 (7941); Casalicchio 1702 (3025). – [15] Nach Balys *1848; Merkens (wie not. 12) 2,73, num. 65; Bemmann, H.: Der klerikale Witz. Olten/Fbg 1973, 96sq. – [16] Merkens (wie not. 12) 3,324, num. 231; Weitnauer, A.: Lachendes Allgäu 2. Lindau 1947, 38; Fischer, H. W.: Lachende Heimat. B. 1955, 44; Hoursch, A.: Kölsche Krätzcher 2. Köln–Ehrenfeld [8]1925, 29: Bemmann (wie not. 15) 84sq. – [17] Moser-Rath, 60; Kubitschek, R.: Böhmerwäldler Bauernschwänke. Wien/Prag/Lpz. 1920, 35; cf. Mot. K 2055: Fox confesses sins but is immediately ready to steal again. – [18] EM-Archiv: Eutrapeliarum libri tres 1656 (3235); de Memel 1656 (5866); Burger-Lust 1663 (13.779); Scheer-Geiger 1673 (8596); Jasander 1780 (10.981); Vademecum 1786 (5329). – [19] Zu den Angaben bei AaTh: Dobos, I. S.: Egy somogyi parasztcsalád meséi. Bud. 1962, num. 65; Carnoy, E. H. / Nicolaïdes, J.: Traditions populaires de l'Asie Mineure. P. 1967, 160–167; Neumann, S.: Plattdt. Schwänke. Rostock 1968, num. 204. – [20] Zu lit., skr. und rumän. Belegen bei AaTh cf. Kubitschek (wie not. 17) 34; Bemmann, (wie not. 15) 80sq. –
[21] Kubitschek (wie not. 17) 32; Dittmaier, H.: Sagen, Märchen und Schwänke von der unteren Sieg. Bonn 1950, num. 466. – [22] EM-Archiv: Casalicchio 1702 (3028); Bemmann (wie not. 15) 83. – [23] Moser-Rath, 498 zu num. 231 (mit weiteren Nachweisen); Kubitschek (wie not. 17) 35; Tobler, A.: Der Appenzeller Witz. Heiden 1911, 31. – [24] EM-Archiv: Exilium melancholiae 1643 (80). – [25] Bei AaTh finn., estn., lit. und russ. Belege; cf. Thompson/Balys K 1971.5. – [26] Eine altdt. Verserzählung in: GA 2,349, num. 41. – [27] Pauli/Bolte, num. 794 (mit weiteren Nachweisen). – [28] Zahlreiche dt. Var.n: z. B. Merkens (wie not. 12) 1,134, num. 146; Zender, M.: Volksmärchen und Schwänke aus der Westeifel. Bonn 1935, 87, num. 83; Dittmaier (wie not. 21) 171, num. 470; Henßen, G.: Volk

erzählt. Münster 1935, 300, num. 291; Bemmann (wie not. 15) 103. – [29] Zusammenstellungen von B.n finden sich etwa in den Slgen von Dittmaier (wie not. 21) 170–172; Dietz, J.: Lachende Heimat. Bonn 1951, 62–65; Kubitschek (wie not. 17) 31–36; Bemmann (wie not. 15) 79–106.

Göttingen Elfriede Moser-Rath

„Beide ?“ (AaTh 1563). Der Schwank ist in Europa[1], im Nahen Osten[2], vereinzelt in West-, Mittel- und Südasien[3] und häufiger wieder in Nord-[4], Mittel-[5], und Südamerika[6] bekannt. Die früheste europ. Fassung findet sich in der *Gartengesellschaft* des Martin Montanus (um 1560)[7], die älteste nahöstl. in *1001 Nacht*[8].

Ein (oft schlecht behandelter) Knecht wird vom Bauern von der Feldarbeit nach Haus geschickt, um einen oder mehrere benötigte Gegenstände zu holen. Der Bäuerin sagt er jedoch, daß ihm befohlen worden sei, sie und/oder ihre Tochter (Töchter) zu beschlafen. Diese sind über die Zumutung entsetzt und rufen den entfernt arbeitenden Bauern je nach der vom Knecht gebrauchten Formulierung an: „Beide ?“, „Mit allen dreien ?“, „Sollen wir es ihm geben ?“ oder ähnlich. Der Bauer bejaht, und der Knecht erhält seinen Willen.

AaTh 1563 erscheint normalerweise als selbständige Erzählung, wird jedoch auch gern durch zusätzliche Elemente erweitert. Einige dieser Kontaminationen scheinen regional festlegbar zu sein, so die mit AaTh 1535 IV, V (→ *Unibos*), die in den meisten ägypt. Varianten erscheint (der Trickster, der in einem Sack ertränkt werden soll, tauscht mit einem Schafhirten; dann kehrt er mit dessen Herde zurück und erklärt, er habe sie im See gefunden; die habgierigen Dorfbewohner stürzen sich ins Wasser und ertrinken)[9]. Interessanterweise folgt die birman. Fassung dem gleichen Schema[10]. Als Detailepisode kommt der Schwank sehr häufig im Themenkomplex von der → *Zornwette* (AaTh 1000sqq.) vor[11], wo er vor allem die Funktion eines Racheaktes hat, während er in den selbständigen Fassungen mehr die sexuelle (im Nahen Osten: inzestuöse) Aggression präsentiert. Die zur Verfügung stehenden Daten deuten darauf hin, daß die Kombinationen von AaTh 1000sqq. mit AaTh 1563 auf europ. Überlieferungen und auf die unmittelbar aus ihnen abzuleitende Kolonialfolklore beschränkt ist. Innerhalb dieses Komplexes ist die Soloverbindung mit AaTh 1004: → *Schwänze in der Erde* vor allem auf der iber. Halbinsel und von dort ausgehend in Mittel- und Südamerika bekannt[12], wobei speziell in Bolivien Tiere (Fuchs und Jaguar oder Löwe) die Handlungsträger sind[13].

Obwohl die meisten Erzählelemente dem Betrügerzyklus zugeordnet sind, erscheint nur in einigen Fällen eine kulturell institutionalisierte Tricksterfigur: Eulenspiegel in Norddeutschland[14], Goha (Hodscha) in Ägypten[15], Towo oder Taba (Betrüger) bei den Malaien[16], Pedro Malazarte in Brasilien[17], Pedro Urdemales oder Animales in Chile[18]. Die Betrugshandlung selbst, das Zentralmotiv des Schwankes, mag als Ausdruck haßartiger Aversion gegen eine ebenso autoritäre wie brutale männliche Persönlichkeit gewertet werden. Sie wird auf dem Umweg über deren weibliche Familienmitglieder abreagiert, die auf listige Weise vom Trickster verführt werden.

Da eine große Zahl von Varianten jedoch keine sexuelle Pointe aufweist, kann man annehmen, daß entweder die Herausgeber die Texte purifizierten (→ Bearbeitung) oder daß schon die Gewährspersonen davor zurückschreckten, Außenseitern (d. h. den Sammlern) Obszönitäten zu erzählen und die anzüglichen Stellen durch dezentere Handlungen ersetzten. In einigen Fällen wird der Austausch durch andere, unzensierte Aspekte der Erzählung verdeutlicht. In der ägypt. Fassung aus Assuan z. B. steht auf Betrug die Todesstrafe, obwohl es sich hier nur um einen Kuß handelt. Dieser ist im übrigen Ersatzbefriedigung in mehreren Versionen[19], ähnlich wie die Umarmung (embrassement) in frz. und wallon. Varianten[20]. In einer ndl. Erzählung beschränkt sich der erotische Wunsch des Knechts darauf, mit der Bauerntochter zusammen auf einer Bank zu sitzen (!)[21]. In einer Fassung aus Puerto Rico will der Trickster die drei Töchter beschlafen. Da sie ihm aber nicht schön genug sind, läßt er sie laufen[22]. Schließlich macht G. Henßen darauf aufmerksam, daß es im westfäl. Münsterland nebeneinander (zuweilen in der gleichen Ortschaft) zwei verschiedene Formen des Schwankes gibt. In fünf „harmlosen“ Fassungen will der Betrüger nur zwei Schinken haben, in vier „bedenklichen“ mit zwei Frauen schlafen[23].

Jedoch kann man sich bei einer genaueren Materialanalyse nicht des Eindrucks erwehren, daß hinter den „entschärften“ Fassungen nicht nur Prüderie steckt, sondern daß es sich bei manchen Komplexen um redaktionelle oder sogar um ökotypische, also regional fixierte Bildungen handelt. Das scheint ganz evident bei der Geldredaktion der Fall zu sein, in welcher der Betrüger statt des Beischlafes Geld oder Gold verlangt. Die europ. Varianten stammen aus einem regional begrenzten Bereich (Tirol, Tessin, Friaul, Venetien, Florenz) und zeichnen sich bes. dadurch aus, daß die Betrogenen mythische oder magische Gestalten (Wilder Mann, Riese, Zauberer) sind[24]. Außerhalb Europas begegnet die Geldforderung noch in einer birman. und einer madegass. Variante[25], dort handelt es sich jedoch immer um menschliche Kontrahenten. In einer zweiten, auf den Kaukasus, West- und Mittelasien (Osseten, Usbeken, Tadschiken, Kasachen, Irtysch-Tataren) begrenzten Redaktion will der Betrüger die Tochter (Töchter) des Beis oder Bauern mitnehmen, um sie zu heiraten (in der usbek. Version wird ausdrücklich von der Verliebtheit des Burschen in das Mädchen gesprochen, in der tadschik. ist sie ihm sogar zugesagt, soll aber einen anderen heiraten)[26]. In den bask. Varianten verprügelt der Trickster Frau und Mädchen des Tartaro (Riesen)[27].

Die Essenz des Schwankes besteht in der Frage: „Beide?“ oder „Sollen wir es ihm geben?“. Diese Kleinstsituation ist so einfach, daß man die Möglichkeit einer Polygenesis der einzelnen Redaktionen nicht ganz außer acht lassen sollte. Das würde am ehesten auch die divergenten Inhalte und Aussagen der ökotypischen Erzählkomplexe erklären.

In Europa richtet sich die Feindseligkeit des Tricksters in der Regel gegen eine geistliche oder übernatürliche Person, bisweilen auch gegen eine sozial übergeordnete Figur (wie Handwerksmeister, Gutsherr etc.), im Nahen Osten dagegen meist gegen die väterliche Machtfigur, woraus folgt, daß dort die inzestuöse Komponente vorherrscht. Das Objekt der Verführung (der sexuellen Aggression) ist dann die „Frau des Vaters“ – also die Stiefmutter des Tricksters[28]. In der südarab. Variante aus Zufar (Dhofar, Oman) sind die Zielfiguren die sieben Töchter eines alten Mannes, der den Betrüger gerade adoptiert hat. Die Mädchen sind nun seine Schwestern[29].

Obwohl auch die Stiefmutter eine Mutterfigur ist und die Geschichte in ihrem gegenwärtigen nahöstl. Kontext hauptsächlich an einen männlichen Kommunikationskreis gebunden ist, kann man sie nicht als Reflex eines Ödipuskomplexes betrachten. In den meisten Fällen beschreiben die männlichen Erzähler die Frau oder die Frauen des Vaters im Gegensatz zu ihrer leiblichen Mutter als „sehr jung“; die Stiefmutter gehört daher eher der Generation des Tricksters als der seiner Mutter an. Die Ähnlichkeit mit den Gegebenheiten der Ödipus-Sage scheint in der Variante aus West-Assuan größer zu sein, jedoch betont ein unkonventioneller Einschub (AaTh 325: → *Zauberer und Schüler*) die dem Ödipus-Motiv abgewandte Seite des Inzests. Zu Anfang verläuft die Geschichte wie die „normale“ ägypt. Form:

Ein Vater bittet seinen Sohn, ihm ein „Paar“ Schuhe zu holen. Der Sohn überlistet seine beiden Stiefmütter und küßt sie. Hier empfindet der junge Erzähler das emotionell unbefriedigende Ende der Geschichte und hängt folgenden Zusatz an: Der Vater wirft seinen Sohn einem wilden Tier vor, das dieser aber tötet. Dann übergibt ihn der Vater einem Zauberer, den der Held in einem Verwandlungswettkampf besiegt. Er bringt dessen Schätze an sich und kehrt heim. Der Vater „stirbt vor lauter Freude“. Der Sohn heiratet seine Base, die er liebt, und nicht die Frauen des Vaters, deren Rolle mit der am Anfang stehenden listigen Handlungsweise beendet ist.

Die beiden notwendig zum Ödipus-Komplex gehörenden Komponenten, nämlich die inzestuöse Liebe zur Mutter (oder zu einer symbolischen Ersatzfigur) und der Wunsch nach dem Tode des Vaters, ergänzen sich nicht zum klassischen Grundmuster des Ödipus-Motivs.

Die Strategie der Betrugshandlung bleibt in den meisten Varianten die gleiche. Sie beruht darauf, daß der Trickster in einer Art Pseudokommunikation zwischen zwei Parteien als Mittelsmann dient. Die Bedeutung der mißverständlichen Botschaft ist ihrerseits abhängig von der symbolischen (emotionalen) Assoziation zwischen jeweils zwei parallelen Begriffsgruppen: Eine besteht aus Gegenständen und den Handlungen, die man normalerweise mit ihnen verbindet, die andere aus einer oder mehreren Frauen und dem auf sie gerichteten sexuellen Wunsch- oder Racheakt. Hier nun verwendet die Anekdote zwei verwirrende Techniken, die den in Rätseln verwandten gleichen[30]: (1) Details werden unzureichend geliefert, (2) eine in pseudoerotischen Rätseln bes. übliche „falsche Gestalt“ wird ins Spiel gebracht.

Seltener kommt es vor, daß die Kommunikationsstrategie bloß aus der Zweideutigkeit in der Wiedergabe der Worte „es“[31], „dies“[32], „geben“[33] oder auch des Namens des Betrügers „Vögle mich“[34] oder „Tjuki murari“ (Beschlafe die Frau)[35] besteht. In der jüd.-jemenit. Variante[36] liegt der Fall klarer:

> Ein Kornverkäufer hat einen Schlauch aus der Haut eines Ziegenbockes mit den Hoden daran als Zeichen des Maßes. Der Betrüger verlangt von der Frau den Beischlaf und veranlaßt den Mann, seiner Frau zuzurufen: „Bis zu den Hoden!“.

Der Betrüger überbringt also der Empfängerin oder mehreren einen Auftrag, eine bestimmte Handlung auszuführen; die Einzelheiten sind jedoch nicht ausreichend oder zweideutig. Das führt dazu, daß die Empfängerinnen einen Verdacht aussprechen. Nun bedient sich der Trickster der gleichen Strategie ungenügender Details, um eine Bestätigung der falschen Botschaft von der Machtfigur zu erhalten.

Die Assoziation zwischen der ursprünglichen Botschaft und den Forderungen des Tricksters ist auf emotionaler Ebene möglich. In einem bestimmten kulturellen Kontext kann sie leicht nachvollzogen werden, da die in der Ursprungsbotschaft enthaltenen Gegenstände bzw. Handlungen symbolischer Natur sind: sie vermitteln immer erotische Assoziationen. In europ., amerik. und asiat. Varianten sind diese Gegenstände gewöhnlich landwirtschaftliche Utensilien oder „Grab“-Werkzeuge wie Schaufeln, Hacken oder Keile, auch Bohrer[37] und Messer[38] kommen vor. Der unterschwellige erotische Symbolismus solcher „Grab-“ und „Bohr-“ Instrumente wird manchmal dadurch verstärkt, daß die Vaterfigur ihren Aufenthaltsort näher beschreibt: „ils [trois coins de bois] sont au fond de l’armoire à l’entrée de ma chambre“[39], oder „[. . .] deux pelles, [. . .] au fond du corridor, près de la chambre de ma femme“[40]. In der Psychoanalyse gelten Schränke, Zimmer und Korridore gewöhnlich als Symbole für weibliche Geschlechtsorgane. In einem Falle werden die vom Betrüger verlangte Handlungsweise (die Tochter des Meisters um eine Pfanne zu bitten, in der ein Stück Speck gebraten werden soll) und der erlistete Geschlechtsakt euphemistisch mit den Worten „in der Pfanne umrühren“[41] zusammengefaßt.

Die in den ägypt. Varianten am häufigsten vorkommenden Gegenstände sind ein Paar Schuhe oder Pantoffel[42]. Die erotische Bedeutung dieser Dinge wird durch ein Rätsel jener Gegend klar, worin das Hineinschlüpfen des Fußes in den Schuh mit dem Geschlechtsverkehr gleichgesetzt wird. Auf die Frage nach der Anzahl der Gegenstände (zwei, drei) oder nach der Art der Handlung antwortet die gereizte Machtfigur kurz und legt damit den Betrugsakt fest. Zwei Frauen und daher „Beide?“ oder „Zwei?“ herrschen vor.

In einigen Fällen wird nicht direkt auf „Beide?“ angespielt, obgleich eine Dualität vorliegt. In der nub. Variante[43] wird z. B. ein Jüngling von seinem Onkel mütterlicherseits und dessen Frau tyrannisiert. Nachdem der Onkel ertrunken ist, heiratet der junge Mann jedoch „beide" Frauen des Onkels. Die jemenit. Version[44] weicht vom geläufigen Grundmuster erheblich ab, doch wird der Übeltäter, nachdem der erste Betrugsakt „bis zu den Hoden" ausgeführt wurde, auf Verlangen des Betrogenen vom Richter dazu verurteilt, das Genommene zurückzugeben, d. h. den Akt noch einmal zu vollziehen. Diese Dualität läßt auf eine Verwandtschaft mit der häufigeren Form der Erzählung „Beide?" schließen.

AaTh 1563 ist bislang nicht im Fernen Osten und nur einmal auf dem ind. Subkontinent aufgezeichnet worden. Auch sind aus dem Afrika südlich der Sahara außer der wahrscheinlich malai. beeinflußten madegass. Fassung keine weiteren Varianten überliefert, obwohl die Erzählung in Südarabien bekannt ist und zwischen diesem Gebiet und Ostafrika starke kulturelle Wechselbeziehungen bestehen.

[1] v. die Angaben unter AaTh 1563; dazu Hinweise auf nicht mit anderen Typen kontaminierte Erzählungen: Anthropophyteia 4 (1907) 133 sq., num. 164 (Elsaß); Debus, O.: Till Eulenspiegel in der dt. Volksüberlieferung. Diss. (masch.) Marburg 1951, 224–226; Neumann, S.: Volksschwänke aus Mecklenburg. B. 1963, 19; Liungman 1563; Anthropophyteia 1 (1904) 309, num. 244 (Slawonien); ibid., 310, num. 245 (Serbien); ibid., 310 sq., num. 246 (Makedonien); ibid., 311–313, num. 247 (Kroatien); ibid. 7 (1910) 332 sq. (Slovenen); Schullerus 1563; Hallgarten, P.: Rhodos. Die Märchen und Schwänke der Insel. Ffm. 1929, 46–49; Hnatjúk, V.: Das Geschlechtsleben des ukr. Bauernvolkes in Österreich-Ungarn 1. Lpz. 1909, 405–407, num. 298; ibid. 2 (1912) 317–325, num. 317-319; Beke, Ö.: Volksdichtung und Gebräuche der Tscheremissen 1. Bud. 1951, 302–307. – [2] Kleinasien: Nicolaïdes, J.: Contes licencieux de Constantinople et de l'Asie Mineure. Kleinbronn/P. 1906, num. 7; Nildelta: Zagazig, Provinz Sharqiyya (Informant: männlich, Moslem, 35 Jahre alt) gesammelt vom Verf.; Südägypten, aufgenommen in N. Y. (Informant: männlich, Christ, 34 Jahre alt) 1961 vom Verf. gesammelt: Archives Indiana University (IUFTL, tape num. 136); West-Assuan (Informant: männlich, Moslem, 21 Jahre alt) Sammler 1970: A. Abdul-Raheem. Archives: Center for Folklore, Ministry of Culture, Kairo (CFMC); Nubien (Informant: weiblich, Moslem, 60 Jahre alt) Sammler 1969: O. Khidr. Archives CFMC; Jemen: Noy, D.: Jefet Schwili erzählt. B. 1963, 304 sq., num. 133; Zufar, Oman: Rhodokanakis, N.: Der vulgärarab. Dialekt im Dofâr 1. Wien 1908, 48–50. – [3] Bjazyrov, A. Ch.: Osetinskie narodnye skazki. Stalinir 1960, 283–285, num. 27; Die Märchenkarawane. Aus dem usbek. Märchenschatz. Übers. von M. Spady. B. 1959, 255–261; Die Sandelholztruhe. Tadshik. Volksmärchen. B. 1960, 260–269; Sidel'nikov, V. M.: Kazachskie skazki 1. Alma Ata 1958, 312-318; Radloff, W.: Proben der Volkslitteratur der türk. Stämme 4. St. Petersburg 1872, 282; Hambruch, P.: Malai. Märchen. MdW 1922, 233 sq., num. 15; Hting Aung, M.: Burmese Folk-Tales. Ox. ²1954, 204–211. – [4] Coffin, T. P.: An Analytical Index to the JAFL (Publ.s of the American Folklore Soc. Bibliographical and Special Series 7). Phil. 1958, num. 1563 (5 Var.n); Baughman 1563; Chase, R.: The Jack Tales. Boston 1943, 67–75; Parsons, E. C.: Folklore from the Cape Verde Islands 1. Cambridge, Mass./N. Y. 1923, 113–116. Zur chin.-amerik. Überlieferung cf. Lienfung, L.: Chinese Trickster Tales: In. NYFQ 6 (1950) 72. – [5] Robe 1563; Raices de la tierra. Colecciόn de cuentos populares y tradiciones. Arecibo 1941, num. 11 und Hansen 1563 (Puerto Rico). – [6] Brasilien: Câmara Cascudo, L. da: Contos tradicionais do Brasil. Rio de Janeiro 1946, 218–224; Gomes, L.: Contos populares brasileiros. São Paulo ²1948, 88 sq. = Karlinger, F./Freitas, G. de: Brasilian. Märchen. MdW 1972, 256–258; Almeida, A. de: Contos do Planalto. In: Revista do Arquivo 147 (1952) 14sq.; Fabula 15 (1974) 32; Kolumbien: Nordenskiöld, E.: Indianerleben. Lpz. 1912, num. 110; Costas Arguedas, J. F.: Folklore de Yamparáez. Sucre 1950, 156 sq.; Chile: Laval, R. A.: Cuentos de Pedro Urdemales. In: Revista de Folklore Chileno 6 (1925) 160 sq., num. 4; Pino Saavedra, Y.: Cuentos folklóricos de Chile 3. Santiago de Chile 1963, 31 sq., num. 163. – [7] Martin Montanus: Schwankbücher (1557–1566). ed. J. Bolte (BiblLitV 217). Tübingen 1899 (Nachdr. Hildesheim / N.Y. 1972) 331, cap. 73. – [8] Chauvin 6, 180, num. 342. – [9] Var.n aus Südägypten, West-Assuan und Nubien (wie not. 2). – [10] Hting Aung (wie not. 3). –
[11] Sales, J.: Rondalles-Gironines i Valencianes. Barcelona 1951, 67–87 (AaTh 1000 + 1029 + 1007 + 1003 + 1563); Luzel, F. M.: Contes populaires de Basse-Bretagne 3. P. 1887, 216–230 (AaTh 1000 + 1003 + 1563 + 1029); Ortoli, F.: Les Contes populaires de l'île de Corse. P. 1883 (Nachdr. P. 1967) 204–219, num. 26 (AaTh 1000 + 1004 + 1011 + 1563 + 1115 + 1029); Keller, W.: Am Kaminfeuer der Tessiner. Bern ²1963, 182–184 (AaTh 650 A + 1563 + 1088); Huizinga-Onnekes, E. J.: Groninger Volksvertellingen 2. Het boek van Minne Koning. Groningen 1930, 50–55 (AaTh 1000 + 1002 + 1004 + 1563); Grannas, G.: Plattdt. Volkserzählungen aus Ostpreußen. Marburg 1957, 126–136, num. 38 (AaTh 1000 + 1003 + 1004 + 1006 + 1012 + 1017 + 1029 + 1080* + 1563 + 1685); Zaunert, P.: Dt. Märchen aus dem Donaulande. MdW 1926, 165–169 (AaTh 1000 + 1002 + 1007 + 1563); Haiding, K.: Märchen

und Schwänke aus Oberösterreich. B. 1969, 1–7, num. 1 (AaTh 1000 + 1563 + 1003 + 1685 + 1029); Coronedi-Berti, C.: Novelle popolari bolognesi. Bologna 1874, 111–119, num. 18 = Calvino, I.: Fiabe italiane. Torino [2]1956, 247–254, num. 56 (AaTh 1000 + 1004 + 1563); Pitrè, G.: Novelle popolari toscane 2. Roma 1941, num. 5 (AaTh 1000 + 1004 + 1563); Toschi, P./Fabi, A.: Buonsangue romagnolo. Bologna 1960, 179 sq., num. 90a (AaTh 1003 + 1004 + 1563); Anthropophyteia 2 (1905) 349–356 (Südslaven; AaTh 1000 + 1003 + 1563 + 1011 + 1009 + 1525 N + 1120); Dolidze, N. I.: Gruzinskie narodnye skazki. Tiflis 1956, 369–372 (AaTh 1000 + 1563 + 1008 + 1115 + 1138); Chase (wie not. 4; AaTh 1000 + 1007 + 1563); Parsons (wie not. 4; AaTh 1000 + 1003 + 1007 + 1563 + 1029 + 1060 + 1115); Câmara Cascudo (wie not. 6; AaTh 1000 + 1007 + 1004 + 1563 + 1029 + 1528 + 1539 + 1007 + 1049 + 1115 + 1075). – [12] Braga, T.: Contos tradicionaes do povo portuguez 2. Lisboa [2]1914, 169–171; Boggs 1004, 1563; Robe 1563; Gomes, Almeida, Laval, Pino Saavedra (wie not. 6). – [13] Costas Arguedas, Nordenskiöld (wie not. 6). – [14] Debus (wie not. 1). – [15] Var.n aus dem Nildelta und aus Südägypten (wie not. 2). – [16] Hambruch (wie not. 3). – [17] Gomes (wie not. 6). – [18] Laval, Pino Saavedra (wie not. 6). – [19] Neumann (wie not. 1); Coronedi-Berti, Pitrè, Toschi/Fabi (wie not. 11); Chase (wie not. 4). – [20] Luzel (wie not. 11); Laport 1563. –
[21] Huizinga-Onnekes (wie not. 11). – [22] Raices de la tierra (wie not. 5). – [23] Henßen, G.: Volk erzählt. Münster 1935, 264, num. 199; cf. Debus (wie not. 1). – [24] Zingerle, I. und J.: KHM aus Süddeutschland. Regensburg 1854, 111; Keller (wie not. 11); Märchen der europ. Völker. Von Prinzen, Trollen und Herrn Fro. ed. G. Hüllen. Münster 1965, 194–211, bes. 209 (Udine); Widter, G./Wolf, A./Köhler, R.: Volksmärchen aus Venetien. In: Jb. für rom. und engl. Lit. 7 (1866) 13–16, num. 2; Imbriani, V.: La novellaja fiorentina. Livorno 1877 (Repr. Bologna/Forni 1969) 607–612, num. 48. – [25] Hting Aung (wie not. 3); Longchamps, J. de: Contes malgaches. P. 1955, 95–126. – [26] cf. die Fassungen unter not. 3. – [27] Webster, W.: Basque Legends. L. 1877, 6–10; Vinson, J.: Le Folk-lore du Pays Basque. P. 1883, 52 sq. – [28] In der arab. Volkssprache wird das Wort Mutter gewöhnlich nicht für die Stiefmutter gebraucht. – [29] Dieser emotionale Trend zur Schwester begegnet auch in der tadschik. Version (wie not. 3); cf. Anthropophyteia 1 (1904) 310 (Südslaven). – [30] cf. Abrahams, R. D./Dundes, A.: Riddles. In: Folklore and Folklife. ed. R. M. Dorson. Chic./L. 1972, 129–143. –
[31] Anthropophyteia 8 (1911) 304 sq.; Montanus (wie not. 7); Hting Aung (wie not. 3). – [32] Parsons (wie not. 4). – [33] Anthropophyteia 1 (1904) 369; ibid., 310; ibid. 7 (1910) 322; Widter/Wolf/Köhler (wie not. 24); Die Märchenkarawane (wie not. 3). – [34] Anthropophyteia 1 (1904) 309; Hnatjúk (wie not. 1) 2, 319–334. – [35] Hambruch (wie not. 3). – [36] Noy (wie not. 2). – [37] Hambruch (wie not. 3). – [38] Rhodokanakis (wie not. 2). – [39] Ortoli (wie not. 11). – [40] Luzel (wie not. 11). – [41] Anthropophyteia 7 (1910) 332 sq. – [42] Var.n aus dem Nildelta, aus Südägypten und West-Assuan (wie not. 2); cf. Chauvin 6, 180, num. 342. – [43] Var. aus Nubien (wie not. 2). – [44] Noy (wie not. 2).

Bloomington Hasan El-Shamy

Bein: Das goldene B. → Mann vom Galgen

Beinverschränkung (AaTh 1288). Schildbürger erkennen ihre eigenen, ineinander verschränkten Beine nicht wieder. Erst ein um Hilfe gebetener Fremder zeigt jedem seine Beine, indem er mit einem Knüppel in das Durcheinander schlägt. Mehr noch als die Beine befindet sich das logische Denkvermögen der Schildbürger in einem Zustand markanter Verwirrung. Die unglaubliche geistige Beschränktheit, die eigenen Gliedmaßen nicht zu erkennen, sich über das normale körperliche Reaktionsvermögen hinwegzusetzen, macht ein zufällig des Weges kommender Fremder auf handgreifliche Weise deutlich. Seine schmerzhaften Stockschläge verbinden im übertragenen Sinne die ungleichen Denkebenen des Normalen und des geistig Minderbemittelten, was seine Entsprechung im modernen Idioten- oder Irrenwitz hat. Durch die Verprügelung der Schildbürger werden die beiden Denkebenen[1] jedoch nicht blitzartig wie in einer Witzpointe kontrastiert. Sie haben sich vielmehr bereits zu Anfang des Schwankes herausgeschält.

Die schwankhafte B. wird bereits um die Mitte des 16. Jh.s literarisch bezeugt. Burkart → Waldis berichtet sie in seinen äsopischen Fabeln von den Bauern von Dölpelbach, die → *Zimmerische Chronik* von den Bauern von Wittershausen und Valentin → Schumann im *Nachtbüchlein* von den Bauern aus dem ebenfalls schwäb. Ganslosen[2]. Das → *Lalebuch* von 1597 schließt sich an[3]. Aber schon 160 Jahre vor dessen Erscheinen (um 1440) gebraucht der Augustinerchorherr Bernhard Fabri im schles. Grünberg den Stoff für ein geistliches Exempel. In einer Predigt droht er den reichen und hartherzigen Prassern, es werde ihnen ergehen, „wie es den Bauern von Schildern in der Gegend von Ungarn ergangen ist. Die waren einst alle so trunken, daß sie ihre eigenen Füße nicht mehr auseinanderfinden konnten. Und sie gerieten in Streit darüber. Das ging so lange, bis der Schenkwirt mit dem Kolben auf sie einhieb. Da zuckte ein jeder seine Füße aus dem Knäuel." So seien die Bösen dieser Welt trunken und kennten ihre Füße nicht mehr, das heiße ihre eigene Schwäche. Christus werde sie zur Erkenntnis bringen, wenn er mit dem Kolben des Todes auf sie einschlüge[4]. H. Bausinger stellt für die späteren Versionen der B. im 16. Jh. einen Wechsel von der Gattung des Exempels zu der des von geistlichen Zweckbindungen befreiten Schwankes fest, ohne die noch späteren, ebenfalls geistlich-zweckgebundenen Predigtmärlein der Barockzeit zu übersehen[5], in denen das Sujet von der B. wiederum Verwendung findet[6].

Da Fabri die 1598 im *Schiltbürgerbuch* dargestellten Einwohner von Schildern bereits kennt, die sich denen von Dölpelbach, Wittershausen und Ganslosen bei Waldis, in der *Zimmerischen Chronik* und bei Schumann zur Seite stellen lassen, ist auch für die 1. Hälfte des 15. Jh.s eine sich auf Narrenorte konzentrierende komische Überlieferung nicht ausgeschlossen. Fabri könnte aus dieser Tradition geschöpft und den Schwankstoff in sein geistliches Exempel verwoben haben, das damit nicht am Überlieferungsbeginn des Schildbürgerstreiches von der B. stehen würde.

Die nach vorläufiger Feststellung über ganz Europa, über Nordafrika, die Türkei, den Irak, Afghanistan, Nord- und Mittelamerika bis nach Japan reichende mündliche und schriftliche Überlieferung der letzten 150 Jahre hat den Schildbürgerstreich im wesentlichen treu bewahrt. Wenn der literar. Einfluß der früheren Fassungen nicht zu bestimmend auftritt[7], ändern sich die Namen der Schildbürgerorte im bunten Wechsel. Der die Prügel austeilende kluge Schalk fehlt in kaum einer Variante. Unterschiede ergeben sich nur für den äußeren Anlaß der B.: Ebenso wie im *Lalebuch* haben die Narren teils gleichfarbene Beinkleider und sind betrunken; auch nehmen sie zusammen ein Fußbad, fallen unglücklich ineinander oder lassen einfach alle ihre Beine nebeneinander baumeln. Dieser Anlaß ist Voraussetzung für die folgende Hilflosigkeit und den geistigen Defekt der Schildbürger. Nicht alle Varianten sind hier folgerichtig im Sinne einer → Zielform mit überzeugendem Aussagewert strukturiert.

Der Schwank von der B. ist verschiedentlich Kontaminationen mit thematisch verwandten Erzählungen eingegangen, mit → *Salzsaat* (AaTh 1200), → *Kuh auf dem Dach* (AaTh 1210), → *Baum tränken* (AaTh 1241), → *Sonnenlicht im Sack* (AaTh 1245), *närrische* → *Imitation* (AaTh 1246), *The Man Sticks his Head into the Hole of the Millstone* (AaTh 1247), → *Brunnenkette* (AaTh 1250), *Hampers Piled up to Measure Tower* (AaTh 1250 A), → *Hemdanziehen* (AaTh 1285), → *Sprung in die Hose* (AaTh 1286), *sich nicht* → *zählen können* (AaTh 1287), *Das* → *Schlafen in der Mitte* (AaTh 1289), → *Eselei ausbrüten* (AaTh 1319), → *Kirche verschieben* (AaTh 1326), *der lokale* → *Mond* (AaTh 1334), *der törichte* → *Kuhhandel* (AaTh 1382), → *Narrensuche* (AaTh 1384), → *Pfand der dummen Frau* (AaTh 1385), → *Kluge Else* (AaTh 1450), → *Student aus dem Paradies* (AaTh 5240).

[1] cf. Bausinger, 131–153. – [2] Klapper, J.: B., ein Schildbürgerstücklein. In: Mittlgen der schles. Ges. für Vk. 26 (1925) 147–152; Barack, K. A. (ed.): Zimmerische Chronik 1. Fbg/Tübingen [2]1881, 313–317; Schumann, V.: Nachtbüchlein (1559). ed. J. Bolte (BiblLitV 197). Tübingen 1893, 31sq., 390sq., num. 8. – [3] Bahder, K. von (ed.): Das Lalebuch (1597) mit den Abweichungen und Erweiterungen der Schiltbürger (1598) und des Grillenvertreibers (1603) (NDL 236–239). Halle 1914, 110sq., num. 29. – [4] Klapper (wie not. 2) 150sq. – [5] Bausinger, H.: Schildbürgergeschichten. Betrachtungen zum Schwank. In: Der Deutschunterricht 13/1 (1961) 18–44, hier 19–22; id.: Exemplum und Beispiel. In: HessBllfVk. 59 (1968) 31–43, hier 32sq. – [6] EM-Archiv: Melander 1604 (15.999) = Ketzel 1, 40; Zincgref-Weidner 1653 (1168); cf. Moser-Rath, 225sq., num. 91 (kontaminiert mit AaTh 1241 und 1250 A); cf. BP 3, 150, num. 1. – [7] cf. Birlinger, A. / Buck, M. R.: Volksthümliches aus Schwaben 1. Fbg 1861, 454–457, num. 688.

Kataloge: v. AaTh 1288: Numskulls Cannot Find their Own Legs. Dazu: Plenzat. – Ó Súilleabháin/Christiansen. – Kovács, A.: Reg. der ung. Schildbürgerschwank-Typen. In: A Rátótiádák

Tipusmutatója. A magyar falucsúfolók típusai. Bud. 1966, 369. – Rausmaa, P.-L.: A Catalogue of Anecdotes in the Finnish Literature Soc. Hels. 1969. – Ikeda.

Lit.: Grundtvig, S.: Gamle danske Minder i Folkemunde 1. Kop. 1854, 118, num. 116. – Kuhn, A.: Sagen [...] aus Westfalen [...] 1. Lpz. 1859, 103sq., num. 104sq. – Segerstedt, A.: Svenska Folksagor och Äfventyr. Sth. 1884, 183sq. – Mél. 2 (1884/85) 8sq., 427. – Knoop, O.: Volkssagen [...] aus dem östl. Hinterpommern. Posen 1885, 47, num. 90 und 111, num. 230. – Bladé, J.-F.: Contes populaires de la Gascogne 3. P. 1886, 130–136, num. 2 = Tegethoff, E.: Frz. Volksmärchen 2. MdW 1923, 305–309, 344, num. 57b. – Kristensen, E. T.: Molbo- og Aggerbohistorier 1. Viborg 1892, 32sq., num. 105. – Merkens, H.: Was sich das Volk erzählt 1. Jena 1892, 241sq., num. 278. – ibid., t. 2. Jena 1895, 19sq., num. 26. – Rogasener Familienbl. 2 (1898) 62sq. – Merkens, H.: Was sich das Volk erzählt 3. Jena 1900, 33sq., num. 49. – Wossidlo, R.: Aus dem Lande Fritz Reuters. Lpz. 1910, 183. – Lang, P.: Schnurren und Schwänke aus Bayern. Bamberg 1916, 26–28, num. 1. – Schirmeyer, L.: Osnabrücker Sagenbuch. Osnabrück 1920, 84, num. 2. – Dirr, A.: Kaukas. Märchen. MdW 1920, 279, num. 84. – Rosenow, K.: Zanower Schwänke. Rügenwalde (1924), 129. – Meyer, G. F.: Plattdt. Volksmärchen [...]. Neumünster 1925, 294, num. 227. – Knoop, O.: Volkssagen [...] aus dem Kreise Lauenburg. Köslin 1925, 95sq., num. 162. – Höeg, C.: Les Saracatsans 2. P./Kop. 1926, 6, 56–59, num. 12. – Waltinger, M.: Niederbayer. Sagen. Straubing [2]1927, 176–178. – Liungman 1, 460sq. – Amades, 824–826, num. 557 und 713–715, num. 398. – Dégh, L.: Kakasdi népmesék 1. Bud. 1955, 417–420, num. 41. – Lebedev, K.: Afganskie skazki. M. 1955, 123sq. – Loukatos, D. S.: Neoellēnika laographika. keimena. Athen 1957, 306sq., num. 20. – Afanas'ev 3, 274, num. 458 (cf. AaTh 1288*). – Thibault, C.: Contes de Champagne. P. 1960, 129–132. – Benzel, U.: Volkserzählungen aus dem oberpfälz.-böhm. Grenzgebiet. Münster 1965, 161, num. 193. – Georgeakis, G. / Pineau, L.: Le Folk-Lore de Lesbos. P. 1894 (Ndr. 1968) 116–118, num. 2. – Jahn, S. al A.: Arab. Volksmärchen. B. 1970, 361–375, 547sq., num. 50. – Robe, S. L.: Mexican Tales [...]. Berk./L. A./L. 1970, 422sq., num. 118. – Joisten, C.: Contes populaires du Dauphiné 2. Grenoble 1971, 288, 291. – Künzig, J. / Werner, W. / Lixfeld, H.: Schwänke aus mündlicher Überlieferung. Fbg 1973, Texth. 42, 93, num. 20.

Freiburg/Br. Hannjost Lixfeld

Beischlaf → Koitus

Beispiel → Exemplum

Beispiele der alten Weisen → Johannes von Capua

Beit, Hedwig von (Schriftstellername, geb. Beit von Speyer, geschiedene von Roques), *Frankfurt am Main 17. 8. 1896, † Intragna (Schweiz) 16. 10. 1973, Privatgelehrte.

B. schrieb in Zusammenarbeit mit M.-L. von → Franz die monumentale *Symbolik des Märchens*, die ihren Namen mit einem Schlage bekanntmachte. Als Märchenkennerin legte B. die Grundlagen dieses Werks und übernahm die endgültige Ausarbeitung und Formulierung, während die psychol. Interpretation vorwiegend M.-L. von Franz, der Mitarbeiterin C. G. → Jungs, zuzuschreiben ist. In die Forschungsgeschichte ist das einflußreiche und zugleich umstrittene Werk unter dem Namen B. eingegangen. Es interpretiert eine große Zahl von Märchen, die meisten den KHM und den MdW entnommen und durch ausführliche Inhaltsangaben vertreten, im Lichte der Psychologie und Anthropologie Jungs. Grundsätzlich werden die ganzen Handlungsverläufe symbolisch ausgedeutet, nicht nur die einzelnen Motive. Das Märchen ist in dieser Sicht im wesentlichen eine bildhafte Darstellung innerseelischer Vorgänge, sei es eine Auseinandersetzung zwischen Bewußtsein und Unterbewußtsein, sei es zwischen verschiedenen Potenzen innerhalb des Unbewußten.

Die Hauptfiguren des Märchens werden aufgrund der Lehre Jungs von den → Archetypen und von der Quaternität Denken/Empfinden/Intuieren/Fühlen gedeutet: Der (oft unterschätzte und unterdrückte) Held (bzw. die Heldin) ist Repräsentant einer vernachlässigten Seelenfunktion, in der europ. Kultur der Funktion Fühlen. Der (bisweilen kranke) König vertritt das herrschende, aber nicht mehr genügende Bewußtsein; die älteren Brüder vertreten das Empfinden und Intuieren; die zu erlösende und zugleich zu gewinnende Prinzessin (oder auch die zauberische Tochter eines Dämons) ist die „Anima", Personifikation des Unbewußten beim

Manne, Mittlerin zwischen Bewußtem und Unbewußtem überhaupt; der böse Zauberer ist ein negatives Vaterbild, der Zauberwettkampf stellt den Sieg über den zerstörerischen Aspekt des Unbewußten dar; Hexe und Stiefmutter sind negative Mutterbilder, sie repräsentieren die verschlingende Tendenz des Unbewußten; die falsche Braut ist die „Persona", die nach außen gewandte „weltbezogene" Seite des Mannes, zugleich der „Schatten" (Bild der dunklen, „minderen" Seite im Menschen) der echten Braut.

Einzelne Märchen werden sowohl vom Standpunkt des Mannes als von dem der Frau aus und zudem noch in ihrer allg. Bedeutung interpretiert. Die europ. Volksmärchen spiegeln nach B. und Franz im wesentlichen den Integrationsprozeß der Lebensmitte, in welcher der Mensch sich wieder mehr nach innen wendet, den vernachlässigten Kontakt mit dem Unbewußten sucht und so nach „Ganzheit" strebt. Bei „Naturvölkererzählungen" sei umgekehrt ein Streben nach Erlangen größerer Bewußtheit festzustellen oder aber beglückende „Regression ins Reich der Anima" oder tragisches Versinken im Dämonisch-Magischen (Wahnsinnsausbrüche, → Dissoziationsprozesse). Die Berechtigung, Märchenfiguren als Seelenteile aufzufassen, leiten die Verfasserinnen aus der → Abstraktheit dieser Figuren ab. In ihrer Deutungsarbeit ziehen sie die verschiedensten Glaubensvorstellungen und Parallelerzählungen heran; diese „Amplifikation" soll die Assoziationen, die ein Träumer bei der Analyse seiner Träume äußert, ersetzen. Kritiker des Werks haben u. a. folgende Einwände erhoben:

zu starre Anwendung mancher Deutungsschemata; gewaltsame Anpassung an Jungsche Formeln; willkürliche Auswahl des zur Amplifikation herangezogenen Materials; allzu unbeschwerte Herstellung von Bezügen (Philippson 1954: Drosselbart wird aufgrund einer zweifelhaften Etymologie mit Wodan „gleichgesetzt"!); Überdeutungen und Fehldeutungen; das Unbewußte wird zu unrecht das „Magische" genannt. in der Interpretation der archetypischen Figuren dominiert trotz der immer wieder hervorgehobenen Ambivalenz zu stark der dämonische, destruktive Aspekt (Buder 1954); unzureichende Übersetzung der Ergebnisse in eine allg. verständliche psychol. Sprache (Lüthi 1957, 1959: die hinter den Gestalten und dem Geschehen stehende psychische Wirklichkeit bleibt schattenhaft, konkrete Beispiele fehlen fast ganz); über Funktion und Wirkung der Erzählungen im seelischen Haushalt der Erzähler und Hörer wird wenig gesagt.

Trotz der teilweisen Berechtigung dieser und anderer Kritiken darf die *Symbolik des Märchens* als großer Wurf bezeichnet werden; auf manche Phänomene, z. B. auf die Rolle der falschen Braut, den Sinn des Mitleidsverbots, das Prellen Streitender um ihre Zauberdinge, fällt neues Licht (so Lüthi 1953 [SAVk.], 1957, 1959, dagegen Eliade 1954: „Das Buch [...] wird den Psychologen einen größeren Dienst leisten als den Folkloristen und Ethnologen", Giehrl 1970, 59: „weniger für die Märchendeutungen als für eine Aufhellung der Ursprungsfrage fruchtbar"). Das Werk erschließt nur eine Seite des Märchens, diese aber eindrücklich: Daß die Erzählungen intrapsychisches Geschehen zu bildhaftem Ausdruck bringen, ist bis zur Evidenz wahrscheinlich gemacht; die Autorinnen halten dies für die wichtigste und faszinierendste Leistung des Märchens, bestreiten aber nicht, daß es auch Ausdruck anderer Phänomene, z. B. interindividueller Auseinandersetzungen, ist.

In einem zweiten Ansatz (1965) verzichtet B. ganz auf die Jungsche Terminologie (wie überhaupt auf jede Erwähnung Jungs und der *Symbolik des Märchens*). Im Anschluß einerseits an E. Cassirer, L. → Lévy-Bruhl und andere, andererseits an W. Stern und C. → Bühler untersucht sie die Bezüge des europ. Volksmärchens zur Welt der Primitiven und zur Welt des Kindes: sie sieht, wie andere vor ihr, aber kenntnisreich mit neuen Hinweisen arbeitend, in den Märchen die Darstellung einer Ablösung von mythisch-magischem Dasein, den Ausdruck des Aufstiegs zu einer höheren Bewußtseinsstufe. Dieses zweite Werk fand naturgemäß nicht annähernd so viel Beachtung wie die kühne und anregende *Symbolik des Märchens*.

→ Psychoanalyse, → Psychologie, → Symbolik, → Tiefenpsychologie.

Veröff.en: Beit, H. von: Symbolik des Märchens 1–3. Bern 1952–1957; t. 1: Symbolik des Märchens. Versuch einer Deutung. Bern (1952) [5]1975; t. 2: Gegensatz und Erneuerung im Märchen. Bern (1956) [4]1977; t. 3: Registerband. Bern (1957) [4]1977. – ead.: Das Märchen. Sein Ort in der geistigen Entwicklung. Bern/Mü. 1965.

Lit. und Rez.en: Lüthi, M.: In: Neue Zürcher Ztg 12. 4. 1953, num. 833 (t. 1) und 4. 8. 1957, num. 2806 (t. 2, 3). – id. in: SAVk. 49 (1953) 92 sq. und 53 (1957) 248 sq. – id. in: Fabula 2 (1959) 182–189 (Wiederabdruck in Laiblin, W. [ed.]: Märchenforschung und Tiefenpsychologie. Darmstadt [1969] [2]1972, 391–403). – Buder, H.: In: Psyche 8 (1954) 68–72. – Eliade, M.: In: Critique 89 (1954) 904–907. – Philippson, E. A.: In: Monatshefte 46 (Madison 1954) 54–58. – Bausinger, H.: Aschenputtel. Zum Problem der Märchensymbolik. In: ZfVk. 52 (1955) 144–155 (Wiederabdruck in Laiblin, W. [ed.]: Märchenforschung und Tiefenpsychologie. Darmstadt [1969] [2]1972, 284–298). – Giehrl, H. E.: Volksmärchen und Tiefenpsychologie. Mü. 1970, 50–59.

Zürich Max Lüthi

Beke, Ödön, *Komárom 20. 5. 1883, † Budapest 10. 4. 1964, Finnougrist, Universitätsprofessor (1953–1962), Mitglied der Ung. Akademie der Wissenschaften (seit 1945), 1946–53 Redakteur der linguistischen Zs. *Magyar Nyelvőr*. Die sprachwiss. Tätigkeit begann er mit ung. Dialektforschungen, sein Interesse wendete sich aber bald den finn.-ugr. Sprachen zu, vor allem der tscheremiss. (mari) Sprache und Folklore. Seine tscheremiss.-dt.sprachige Slg *Tscheremiss. Märchen, Sagen und Erzählungen* ([MSFO 76]. Hels. 1938) enthält 78 Märchen des ausgezeichneten Märchenerzählers D. Lebedev. Vom Standpunkt der Folkloristik aus sind ferner wichtig:

Gesänge russ. Kriegsgefangener. Wien/Lpz. 1929; *Tscheremiss. Texte zur Religion und Vk.* (Oslo Etnografiske Museum Bulletin 4). Oslo 1961; *Texte zur Religion der Osttscheremissen*. In: Anthropos 29 (1934) 39–69, 371–398, 703–737; *Volksdichtung und Gebräuche der Tscheremissen*. Bud. 1951; *Tscheremiss. Texte 1, 3, 4*. Bud. 1957, 1961.

Bibliogr.: In: Nyelvtudományi Közlemények 65 (1963) 464–473.

Lit.: Lakó, G.: B. Ö. In: Magyar Tudomány 71 (1964) 556–560. – Kispál, M.: B. Ö. 1883–1964. In: Magyar Nyelvör 60 (1964) 380–381.

Budapest Ágnes Kovács

Bekehrung. Conversio, Zentralbegriff des Christentums, Gegenteil von Apostasie, individualpsychologisch das bewußte Ergreifen einer auf Erlösung hinzielenden Lebensform[1], in den Hochreligionen die Wiedergeburt als Abwendung von der Gottlosigkeit. B.svorgänge wurden von E. D. Starbuck[2] mit Hilfe von Fragebögen untersucht. B. als Hinwendung zu einem religiös-sittlichen Leben wie als Übertritt von einer Religion zur anderen (Konversion) erfolgt meist nach einem Inspirationserlebnis, nach einer Vision und Audition (B. des Paulus bei Damaskus Apg. 9, 1—9; 22, 6—15; 26, 12—18) und ist im Christentum Akt des Heilswillens Gottes. Meistens wird die B. von einem die menschliche Ratio überzeugenden Wunder als Zeichen der Selbstoffenbarung Gottes begleitet.

Im Märchen läßt der abstrakte Stil (→ Abstraktheit) und die → Flächenhaftigkeit der Figuren keine eigentliche B. zu; immerhin gibt es Änderungen der äußeren Handlungsweise, deren psychische Dimension jedoch nicht oder kaum zum Ausdruck kommt. In der Sage gibt es verhinderte B. (→ Blasphemie); dieses Motiv kann auch Teil der B.slegende sein, in deren Mittel- oder Höhepunkt freilich die gelungene B. steht. Die Legende ist die der B. eigentlich entsprechende Erzählform.

In den Erzählkompendien des MA.s und der Neuzeit werden B.sgeschichten inhaltlich in B. als positive Änderung des Lebenswandels und in B. als Übertritt zu einer anderen Religion unterteilt (z. B. → Martin von Cochem[3]). Hinsichtlich des Übertritts zum Christentum können hist. bedingte Erzählschichten festgestellt werden (cf. Mot. V 320—332). Beginnend mit dem N. T. (B. des Paulus; B. des röm. Soldaten, der dem Gekreuzigten mit der Lanze die Seite öffnet und dem die Legende, erstmals im *Martyrologium Hieronymianum*[4] oder noch im 6. Jh. den Namen Longinus zuweist und der bei seiner B. von Blindheit geheilt wurde[5]), folgt in der Auseinandersetzung der frühchristl. Kirche mit Sektenbildungen (cf. Mot. V 325: Taufwasser verschwindet vor arian. Bischof; B. des hl. Augustinus[6]) eine zweite motivisch festlegbare Schicht. Erzählerische Reflexion von Kirchengeschichte ist dann in der dritten Stufe die Missionierung der germ. Völker (B. des Frankenherzogs Heinrich[7]), eine vierte Schicht basiert auf der Auseinandersetzung mit dem Protestantismus: Eine luther. Frau wird von Maria vom Fieber befreit, nachdem sie, zum Katholizismus rekonvertiert, eine Wallfahrt nach Dettelbach gelobt hat[8].

Mit der Entdeckung der Neuen Welt und der Missionsidee der Gegenreformation[9] finden neue, hist. fixierbare B.serzählungen Eingang in die Exempelbücher des 16. und 17. Jh.s: Ein 'indianisches' Weib bezieht täglich von ihrem Ehemann Prügel. Sie wird dadurch krank, sieht in einer Traumvision ihren Sohn in der Hölle, bekehrt sich daraufhin und läßt sich taufen[10].

Erzählstoffbildend war weiterhin die Auseinandersetzung des Christentums mit dem Islam (cf. Tubach, num. 5007: Türken bekehren sich, nachdem sie das christl. Heer von Licht, ihr eigenes von Dunkelheit umgeben sahen) und dem Judentum.

Ein türk. Sklave bekehrt sich 1641 zur Weihnachtszeit in Neapel, nachdem sich das Christkind in der Krippe plötzlich bewegt und ihn zu sich gerufen hatte[11]. Ein Judenknabe, der in Konstantinopel am Altar der Muttergottes die Kommunion empfangen hat, wird von seinem Vater deswegen in den Feuerofen (Var.: Bad oder Glasofen) geworfen. Die Mutter findet den Knaben unversehrt; er erzählt, eine schöne Frau habe ihm Wasser zum Löschen der Flammen gegeben. Mutter und Sohn lassen sich taufen, der Vater wird hingerichtet[12].

Die innere B. („B. der Sünder"), religionspsychologisch oft nach einer Phase innerer Unruhe[13], hin zu einem ewige Erlösung garantierenden Leben, als Metanoia (Sinnesänderung) verbunden mit Bußfertigkeit, ist Schlüsselbegriff nicht nur zahlreicher tendenziös-moralischer Erzählstoffe, sondern auch für → Fastnachtsspiel und -brauchtum (z. B. Rügegericht), das von den Bettelmönchsorden bewußt als Mittel der Missionierung des Menschen unter der Idee der Hinführung menschlichen Lebens aus der Luxuria zum Sein unter der Herrschaft Gottes benutzt und gefördert wurde[14]. Die innere B. kann objektiv in Änderung des Namens (Saulus/Paulus; Mönchsname bei Eintritt ins Kloster) oder im MA. durch Anlegen des Mönchsgewandes[15] als Ausdruck der Conversio zum eigentlich bibl. Leben (im Buddhismus pavrajyā, Pāli: pabbajjā „Tat des Hinausgehens"[16]) sichtbar werden. Der bei W. Brückner[17] aus Petrus Diaconus zitierten Erzählung (Der hl. Benedikt rettet einen frz. Herren, der ein lasterhaftes Leben geführt, aber kurz vor seinem Tode den 'monachicum habitum' angelegt hat, vor der ewigen Verdammnis) steht im *Magnum → speculum exemplorum* s. v. 'Habitus monachialis'[18] folgende, auf Caesarius von Heisterbach zurückgehende Geschichte gegenüber: Landgraf Ludwig ließ sich nach seinem Tode mit dem Mönchsgewand bekleiden, was aber zu wenig für das ewige Heil war („parum profuit ad salutem").

Subjekt der die innere B. abhandelnden Erzählstoffe sind zumeist Menschen, die gegen ein sittlich-religiöses Gebot verstoßen (haben) und die, z. B. in der Heiligenlegende, durch den Heiligen und ein durch ihn oder im Umkreis von ihm sich ereignendes Wunder zur Umkehr bewogen werden:

Ein Dieb stiehlt den Ochsen des hl. Bischofs Medardus; damit die Schelle des Ochsen nicht läutet, füllt er sie mit Stroh an, trotzdem bimmelt sie unentwegt. Schließlich bringt er den Ochsen zurück und kehrt geläutert zu seiner Famile heim[19].

Subjektive (z. B. Ignatius von Loyola) und objektive B. (Constantia wird am Grab der hl. Agnes vom Aussatz geheilt und läßt sich daraufhin taufen[20]) sind in den Heiligenviten und -legenden exemplarisch vorgezeichnet.

Was in der Heiligenlegende als eine von vielen Wundertaten eines Heiligen geschildert wird, kann in den Erzählkompendien aus der Legende herausgelöst und für sich unter dem Aspekt der B. exemplarisch aufgeführt sein: Die hl. Katharina von Siena bekehrt einen zum Tode verurteilten Mörder und steht ihm vor Gericht bei[21]. Daß kathol. Erzählgut, das sicherlich im 18. und 19. Jh. im Zusammenhang mit der Volksmission gesehen werden muß, auch in protestant. Ländern verbreitet war, belegt der in Dänemark vertriebene Neuruppiner Bilderbogen num. 1088 *Den omvendte røver*:

Der Raubmörder Eitzak überfällt in den böhm. Wäldern Reisende. Als ihm ein Priester mit dem Allerheiligsten begegnet, wird er auf wunderbare Weise davon abgehalten, den Priester zu töten und zu berauben. Vielmehr bekehrt er sich und verläßt für immer das böhm. Gebiet.

Die B.slegende vom Amor profanus zum Amor marianus, bis ins 18. Jh. mündlich tradiert[22], war Gegenstand eines Schauspiels von J. Balde S. J. (1604—1668)[23]. In einer weiteren Gruppe von Erzählstoffen stellt sich der Vorgang der B. nur als sekundäre Folge eines wunderbaren Ereignisses dar, durch das ein Glaube bewiesen oder eine Idee propagiert werden soll. Häufig geschieht dies im Rahmen von Juden und Judenfrevel (→ Judenlegenden) betr. Geschichten:

Ein Jude zu Köln nimmt, um den christl. Glauben lächerlich zu machen, eine konsekrierte Hostie an sich; aus ihr hört er das Wimmern eines Kindes, und da er die Hostie nicht schlukken kann, begräbt er sie auf dem Friedhof. Zuhause ruft er dann einen Priester und gräbt, auf den Friedhof zurückgekehrt, ein Kind aus. Man hört eine Stimme „gecreutziget, gestorben und begraben, aufferstanden von den Todten" rufen; durch dieses Wunder werden die Juden bekehrt[24].

Der Jude Abraham sieht in Nazareth den Grundriß des hl. Hauses von Loreto, beginnt daraufhin, die Muttergottes zu verehren; in schwerer Not wird er von ihr auf wunderbare Weise gerettet und nach Loreto geschickt, wo er sich taufen läßt[25].

B. spielte im Pietismus[26] eine zentrale Rolle; die häufigen Beispielerzählungen christl. Lebens und Sterbens in autobiogr. und biogr. Schriften beeinflußten nicht unwesentlich die Literatur der Romantik. Die biogr. B.geschichte des 1855 geborenen F. Stanger *Bruder Stangers Sünden- und Rettungsgeschichten* enthält Wundererzählungen, die M. Scharfe[27] dem „B.sschema" zuordnet, nach dem auf ein negatives, von christl. Normen abweichendes Verhalten ein Wunder mit nicht absolut festgelegter Wertigkeit folgt:

Ein Mädchen, Weltkind, wird zur Besserung und Strafe vom Rheumatismus befallen und gelobt daraufhin, Gott ihr Leben zu weihen. Trotz der schlagartigen Heilung bricht sie ihr Gelübde, erleidet einen Sonnenstich, gesundet aber bald wieder. Wieder sündigt sie weiter. Erst als sie an Rheuma, Ischias und Knochenerweichung leidet, bekehrt sie sich endgültig und wird geheilt[28].

[1] Allier, R.: La Psychologie de la conversion chez les peuples non civilisés. P. 1925; Lang, L. W.: A Study of Conversion. L. 1931; De Sanctis, S.: La conversione religiosa. Bologna 1924. – [2] Starbuck, E. D.: The Psychology of Religion. L. 1899. – [3] Martin von Cochem: Lehrreiches Histori- und Exempel-Buch/Nach dem Alphabeth beschrieben. t. 1. Augsburg/Dillingen 1696, 669–778: „Von B. der Heyden" und 779–870: „Von B. der Sündern". – [4] ed. G. B. de Rossi / L. Duchesne. Brüssel [1894]. – [5] Zur Longinus-Legende cf. Burdach, K.: Der Gral. Darmstadt 1974, 209–414. – [6] Die Legenda aurea des Jacobus de Voragine. ed. R. Benz. Heidelberg [8]1975, 634–640. – [7] Magnum speculum exemplorum. ed. J. Maior. Douai: B. Beller. [6]1618, 199, num. 16 (s. v. Conversio). – [8]Nach einem um 1660 entstandenen Mirakelbild in Dettelbach: Maria im Sand. – [9] cf. Schreiber, G.: Deutschland und Spanien. Düsseldorf 1936, 307–335. – [10] Philipp D'Outreman: Paedagogus christianus. Köln: J. A. Cholin 1664, 734, num. 7. – [11] Moser-Rath, 288sq., num. 137. – [12] Hier zitiert nach: Rho, G. / Bovius, C.: Marianischer Gnaden- und Wunder-Schatz 2/1. Augsburg 1737, 79–82, num. 19; zu der Erzählung vom Juden im Glasofen cf. Mussafia, A.: Studien zu den ma. Marienlegenden 1–5. Wien 1886–1889, pass.; cf. Toldo, P.: Leben und Wunder der Hll. im MA. 14. In: Studien zur vergleichenden Lit.-geschichte 6 (1906) 304–306; Wolter, E.: Der Judenknabe. Halle 1879. – [13] Heiler, F.: Erscheinungsform und Wesen der Religion. Stg. 1961, 554. – [14] Moser, D.-R.: Fastnacht und Fastnachtspiel. In: Nürnberger Forschungen 19 (1976) 182–218. – [15] Brückner, W.: Sterben im Mönchsgewand. In: Festschr. G. Heilfurth. Göttingen 1969, 259–277. – [16] Bareau, A.: Der ind. Buddhismus. In: Die Religionen Indiens 3. Stg. 1964, 55. – [17] Brückner (wie not. 15) 262. – [18] Magnum speculum exemplorum (wie not. 7) 387sq.; cf. Gabler, J.: Der große Spiegel 1. Regensburg 1852, 125. – [19] Philipp D'Outreman (wie not. 10) 572. – [20] Die Legenda aurea des Jacobus de Voragine (wie not. 6) 136. – [21] Martin von Cochem (wie not. 3) 850–853, num. 17 s. v. „B. der Sündern". – [22] Mederer, I. N.: Annales Ingolstadiensis Academiae 2. Ingolstadt 1782, 238sq. – [23] Hess, G.: Jacob Balde. Der Autor als Illustrator. Emblematische Handzeichnungen von Jacob Balde? In: Wolfenbütteler Barock-Nachrichten 3/1 (1976) 192. – [24] v. Brückner, 231. – [25] Rho/Bovius (wie not. 12) 1/4, 44–47, num. 11. – [26] Breymayer, R.: Die Erbauungsstunde als Forum pietist. Rhetorik. In: Rhetorik. Beitr.e zu ihrer Geschichte in Deutschland vom 16.–20. Jh. ed. H. Schanze.

Ffm. 1974, 87–104; Ritschl, A.: Geschichte des Pietismus in der reformierten Kirche 1–3. Bonn 1880–1886; Schmidt, M.: Pietismus. Stg. 1972. – [27] Scharfe, M.: Das Wunder in der protestant. Erbauungslit. der 2. Hälfte des 19. Jh.s. In: Triviale Zonen in der religiösen Kunst des 19. Jh.s. Ffm. 1971, 102–117. – [28] ibid., 113.

Würzburg Christoph Daxelmüller

Belauschen. Es ist eines der erregendsten Ereignisse in der Volkserzählung, wenn ein tief verborgenes Geheimnis durch absichtliches oder ungewolltes B. offenbart wird[1].

Je nach Stellung im Erzählgefüge hat das Motiv verschiedene Funktionen. Handlungsaktivierend steht es am Beginn einer Erzählung, wie etwa in AaTh 707 (*Die drei goldenen → Söhne*), wo der König das Gespräch dreier Mädchen belauscht und so ihre Heiratswünsche erfährt. Als → retardierendes Moment begegnet es meist in der Mitte wie in AaTh 300 A (→ *Drachenkampf auf der Brücke*). Hier belauscht der jüngste der Brüder, nachdem er die drei Drachen erschlagen hat, deren Mutter und Frauen und erfährt, was ihnen weiterhin an Gefahren bevorsteht. Nach dem Gesetz des → Achtergewichts steht es als problemlösendes Geschehen am Ende der Erzählung wie in AaTh 500 (→ *Name des Unholds*): Die Heldin oder ihre Helfer belauschen den Dämon und erfahren seinen Namen (oder sein Alter).

Ebenso verschiedenartig ist die Wirksamkeit des Motivs in den einzelnen Gattungen der Volkserzählung. Die Sage kennt in der Regel nur den fatalen Ausgang, so für den Lauscher selbst, wie z. B. in der antiken Erzählung von der eifersüchtigen Prokris, die, im Gebüsch versteckt, von Kephalos für ein Wild gehalten und getötet wird[2], in der nordgerm. Hamletsage, in der der Titelheld den unter Stroh versteckten Lauscher im Zimmer seiner Mutter ersticht[3], oder in der in Mitteleuropa sehr bekannten Geschichte vom Bauern (bzw. Knecht), der die in der Christnacht sprechenden Haustiere belauscht und von ihnen seinen nahe bevorstehenden Tod erfährt (Mot. B 251. 1. 2). In anderen Prophezeiungssagen ist es dagegen meist ein Fremder, dessen Tod vorausgesagt wird. In einer rumän. Sage belauscht ein Jäger zwei Jenseitige, die den größten Eber durch den besten Jäger erlegen und diesen dann mit dessen Hauern töten lassen wollen[4], eine balkan. Parallele also zu der bekannten dt. Hackelbergsage[5]. In einer südfrz. Sage belauscht ein Jäger drei Feen, die den Tod Ludwigs XVI. auf dem Schafott weissagen[6]. Am bekanntesten und verbreitetsten ist der Sagenkomplex vom B. der Schicksalsfrauen in dem Augenblick, in dem sie dem Neugeborenen sein künftiges, meist schlimmes Los bestimmen. Alle Versuche, das Kind vor dem prophezeiten Unheil zu bewahren, schlagen fehl. „Am Ende muß der Mensch seine Ohnmacht und die Zwecklosigkeit seiner Bemühungen erkennen"[7].

Im Märchen führt das Motiv gewöhnlich zum Happy-End: Der um seine Augen Gebrachte in AaTh 613 (*Die beiden → Wanderer*) belauscht Geister, die ihm neben anderen Geheimnissen auch verraten, wie er wieder zu seiner Sehkraft kommen kann. Der Mann in AaTh 812 (→ *Rätsel des Teufels*) hört zufällig die Unterredungen zwischen mehreren Teufeln, von denen einer die Lösung erzählt. Belauschte Tiere oder Hexen verkünden das Heilmittel für den verwundeten Vogelprinzen (AaTh 432). Handelt es sich hier um ein zufälliges Abhören, so offenbart im großen Bereich der sog. Ofenbeichte (→ Eideslist) bzw. in der Erzählung vom → *Geduldstein* (AaTh 894) die Heldin ihr Leid einem Gegenstand in der Hoffnung, daß sie jemand dabei hört. Die Lauschsituation wird also herbeigeführt. Jedoch kann auch im Märchen das Erlauschen von schicksalsbestimmenden Geheimnissen zunächst zur Katastrophe führen. *Der treue → Johannes* (AaTh 516) etwa erfährt von Vögeln ein Geheimnis, bei dessen Preisgabe er versteinert wird. Durch die Treue der Freunde, für die er sich geopfert hat, wird er jedoch wieder aus diesem Zustand erlöst.

Im Schwank kann das Abhören von irgendwelchen Aussagen beiden Parteien, dem Lauscher wie dem Belauschten, zugute kommen. In dem auf dem Balkan aber auch in Estland bekannten Schwanktyp AaTh 1577* *(Blind Robber Paid Back)* stiehlt ein blinder Bettler einem Mann 100 Mark. Dieser schleicht sich in das Haus des Blinden, hört, wie dieser zu sich selbst spricht, wo er 1000 Mark verborgen hält, und stiehlt diese. In der weltweit verbreiteten Erzählung vom → *Doktor Allwissend* (AaTh 1641) dagegen b. die drei Diebe nacheinander den „Wahrsager", wie er aus irgendeinem Grund „Der Erste, der Zweite, der Dritte" sagt, glauben sich entdeckt und gestehen ihre Untat. Eindeutig ist die Situation im variationsreichen Schwankbereich vom *gefoppten* → *Beter*, wo der Lauscher hinter der Heiligenstatue oder auf einem Baum dem um etwas Bittenden abweisend antwortet. Und ebenso wie im Märchen wird in den Riesen- bzw. Teufelsschwänken dem Unhold sein Geheimnis durch B. entrissen, dem riesischen → Baumeister sein Name oder Alter, dem Teufel der Name einer Pflanze[8] oder eines Tieres[9].

Gleiches gilt für eine Reihe von dualistischen Schöpfungssagen, in denen meist die → Biene als Späherin Gottes des Teufels Geheimnis erlauscht (Mot. B 33. 3. 1).

→ Geheimnis, → Gespräch, → Tiersprachenkundiger Mensch.

[1] cf. Mot. N 450–N 475.2. – [2] Hunger, H.: Lex. der griech. und röm. Mythologie. Wien [4]1953, 186. – [3] Saxo Grammaticus. Übers. von P. Hermann. Lpz. 1901, 118sq. – [4] Bîrlea, O.: Antologie de proză populară epică 3. Buk. 1966, 246, 505. – [5] HDA 2, 518, not. 23. – [6] Karlinger, F. / Übleis, I.: Südfrz. Sagen. B. 1974, num. 181. – [7] Brednich, R. W.: Volkserzählungen und Volksglaube von den Schicksalsfrauen (FFC 193). Hels. 1964, 81. – [8] cf. AaTh 1091 (Tabak); Dh. 1, 95 (Linse). – [9] Dh. 1, 195 (Ziege).

Lit.: BP 1, 46; BP 2, 393, 473, 481 sq.; BP 3, 13. – HDM 1, 230–237 (Art. B. von Dämonen), nicht empfehlenswert.

Göttingen Kurt Ranke

Belebung → Anthropogonie, → Automat, → Puppe, → Wiederbelebung

Belfagor (AaTh 1164), Name des Erzteufels in Niccolò Machiavellis gleichnamiger Novelle, abgeleitet aus hebr. Ba'al Pe'or = Herr des Berges Peor, den die Moabiter als phallisches Idol verehrten[1]. In der Erzählforschung ist B. eine Typenbezeichnung für ein Schwankmärchen von der Bosheit der Ehefrauen, die sogar dem Teufel unerträglich ist.

Ein geplagter Ehemann wirft sein zänkisches, widerspenstiges Weib in einen Brunnen oder eine tiefe Grube. Als er sie später aus Mitleid, Reue oder der unversorgten Kinder wegen wieder herausholen will, zieht er statt ihrer einen dort hausenden Teufel oder Dämon heraus, dem die Frau gleichermaßen zur Qual geworden ist (AaTh 1164). Zum Dank für die Rettung schließt der Teufel mit dem Mann einen Vertrag: Er fährt in eine Prinzessin und läßt sich nur von seinem Partner austreiben, so daß dieser bald weithin als Exorzist oder Wunderheiler gilt, reich belohnt wird oder auch die Hand der Prinzessin erhält (cf. auch AaTh 1862 B: *The Sham Physician and the Devil in Partnership*). Als der Teufel in einem anderen Fall nicht weichen will, droht der Mann mit der Rückkehr der bösen Frau, worauf der Dämon sogleich die Flucht ergreift (AaTh 1164 D).

Der Schwerpunkt der Verbreitung dieser drastischen Erzählung liegt im nord-, ost- und südosteurop. Bereich; sie begegnet in Lappland[2], Schweden[3] und Finnland[4], im Baltikum[5], im ostdt. Raum[6], bei den Westslaven[7], in weiten Bereichen der Sowjetunion[8], in Ungarn[9], auf dem Balkan[10], ferner in der Türkei[11], im Vorderen Orient[12], in Indien[13] und auf den Philippinen[14].

Zahlreiche Varianten sind Kontaminationen mit anderen Motivkomplexen eingegangen. So weisen etwa ung., kroat. und siebenbürg. Versionen[15] eine naheliegende Verbindung mit dem Schwankmotiv von der *widerspenstigen* → *Ehefrau* auf: Der dem Sturz in den Brunnen vorausgehende Streit der Eheleute geht darum, ob eine Wiese gemäht oder geschoren sei (AaTh 1365 B) oder ob es sich bei einem Vogel um eine Ente oder einen Enterich handle (AaTh 1365 F*)[16]. Eine bes. Redaktion in Verbindung mit dem Typ AaTh 331: → *Geist im Glas* ist offenbar in Spanien entstanden und hat sich von dort aus nach Lateinamerika verbreitet[17]:

Eine Frau verheiratet ihre faule Tochter mit einem Fremden und rät ihr, ihn in der Hochzeitsnacht zu schlagen; er ist jedoch der Teufel. Er will durch das Schlüsselloch fliehen, wird aber von der bösen Schwiegermutter in einer Flasche eingefangen und muß darin verharren, bis ein Schäfer oder Soldat ihn befreit. Zur Belohnung kann sich dieser als Exorzist oder Heilkünstler betätigen; beim Widerstand des Teufels droht er mit der Schwiegermutter (AaTh 1164 A).

Die Wunderheilung, die auf einer Abmachung mit dem Dämon beruht, ist auch ein Motiv im Typ AaTh 332: → *Gevatter Tod*, woraus sich vielfach Überschneidungen beider Typen ergeben; jedenfalls haben manche Forscher AaTh 1164 dort eingeordnet oder zumindest auf die Typenverwandtschaft hingewiesen[18]. Bes. deutlich wird dies in einem jüd. Ökotyp:

Der Dämon ist der Todesengel, der sich auf die Erde begibt, um zu erfahren, warum die Männer gemeinhin über die Bosheit der Weiber klagen, ein Zug, der auch in Machiavellis Novelle wiederkehrt. Er wird tatsächlich von einer bösen Frau malträtiert, macht seinen Sohn zum Wunderdoktor und erscheint, wie im *Gevatter Tod*, zum Zeichen der Heilbarkeit zu Häupten oder zu Füßen des Kranken. Darauf folgt, wie in AaTh 1164, das Motiv von der Drohung[19].

Die weite Verbreitung der Erzählung beruht nicht zuletzt auf einer sehr alten literar. Tradition. Für T. → Benfey war eine in allen wesentlichen Motiven übereinstimmende Version im → *Śukasaptati* ein Beweisstück für seine Theorie von der ind. Herkunft der Märchenstoffe (→ Indische Theorie). Dort ist der leidgeprüfte Ehemann ein armer Brahmane, der Dämon wohnt in einem Baum am Hause; beide fliehen vor der Bosheit des Weibes in die Wüste und treffen dort die Absprache von der Austreibung[20]. Die Vermittlung des Stoffes in den Vorderen Orient könnte über die zahlreichen Übersetzungen des Werkes, etwa über das pers. → *Tūtī-Nāmeh* erfolgt sein. J. Krzyżanowski hingegen vermutete talmud. Ursprung der misogynen Erzählung[21]; tatsächlich lassen sich Spuren von der Eheprobe des Todesengels bis in die frühe hebr. Lit. zurückverfolgen[22]. Der mündlichen Tradition, vor allem den osteurop. Varianten am nächsten kommt die Fassung in der um 1446 aus dem Arabischen ins Türkische übersetzten Slg *Die → Vierzig Wesire*[23]. Dort steigt die zänkische Frau eines Holzfällers selbst in den Brunnen, um dem Mann bei einem Schatzfund zuvorzukommen, und stiftet dort Unruhe etc. Von Einfluß war sicherlich auch die *Geschichte von dem Mann und dem Geist* in → *Tausendundeintag*, wonach der unglückliche Ehemann seine Frau ins Meer stürzt; der beunruhigte Dämon ist eine Schlange, die sich zunächst an dem Mann rächen will, sich dann aber gemäß der Absprache um den Hals der Sultanstochter, dann einer Wesirstochter schlingt und schließlich durch die übliche Drohung vertrieben werden kann[24].

Die oriental. Erzählung fand schon früh Eingang in die europ. Lit. S. Prato[25] nennt unter seinen zahlreichen Nachweisen zwei lat. Versionen bei Lefebvre de Thérouane (1488) und Laurentius → Abstemius (1495)[26]. Von nachhaltiger Wirkung war jedoch erst die satirische Bearbeitung des Stoffes durch Machiavelli in seiner *Novella di Belfagor arcidiavolo*, 1512—1516 entstanden, jedoch erst 1549 postum erschienen[27].

Seelen von Männern, die in die Hölle kommen, klagen über ihr Unglück mit ihren Ehefrauen. Um die Wahrheit dieser Aussagen zu ergründen, wird der Erzteufel B. ausgesandt, um zehn Jahre unter den Menschen zu leben. Als schöner Jüngling namens Roderigo di Castilio heiratet er die hochgeborene Onesta in Florenz, die sich jedoch als herrsch- und putzsüchtig erweist und Roderigo in Schulden stürzt. Von Gläubigern verfolgt, versteckt er sich bei dem Bauern Matteo del Bricca, dem er reiche Belohnung verspricht. B. fährt in eine Florentinerin, dann in die Tochter des Königs von Neapel und läßt sich von Matteo austreiben, wodurch dieser zu Reichtum und Ruhm gelangt. In einem dritten Fall von Besessenheit will B. jedoch keinesfalls weichen, flieht aber, als Matteo mit Onesta droht, da er lieber in der Hölle als bei seiner bösen Frau sein will.

Schon 1545 hatte der Kanonikus von Ceneda, Giovanni Brevio, eine weitgehend übereinstimmende Version in Rom zum Druck gebracht. Ob hier ein Plagiat vorliegt, wie A. F. → Doni in seiner 1551 besorgten Neuauflage von Machiavellis *Novella* behauptete, ist nicht eindeutig geklärt[28]. Auf anderer Quelle, vielleicht auch auf mündlicher Überlieferung beruht die

Fassung bei Francesco → Straparola in *Le piacevoli notti* von 1550 (2, 4)[29].

Machiavellis Novelle erschien in zahlreichen Übersetzungen und Bearbeitungen, so etwa in Italien in der Slg *L'utile col dolce* des Jesuiten Carlo → Casalicchio[30] und in Versen von Giambattista Fagiuoli[31]. In Deutschland verwendete Hans → Sachs 1557 den Stoff für seinen Schwank *Der dewffel nam ain alt weib zu der ee*[32]. In mehreren dt. Schwank- und Anekdotenbüchlein des 17. und 18. Jh.s findet sich die Erzählung unter Berufung auf Machiavelli[33]. Kanzelredner der Barockzeit exemplifizierten damit ihre kritische Einstellung zum Ehestand[34]. Frz. Versionen finden sich in *Les facetieuses journées* [...] von Gabriel Chappuys[35], in *Le Mariage de Belphégor*[36], einer Übersetzung von Tannegui Lefè(b)vre, in der populär gewordenen Fassung von → La Fontaine[37] und in mehreren dramatischen Bearbeitungen; ebenso zahlreich sind die Belege in der engl. Lit. des 16. bis 18. Jh.s, wo der Stoff teils in Anlehnung an Machiavelli, teils in freier Nacherzählung oder für die Bühne verwendet wurde[38]. In Polen ist die Erzählung mit Meister → Twardowski verknüpft und in balladesker Form popularisiert worden[39].

Die Beliebtheit des Erzähltyps läßt sich daraus erklären, daß seine ausgesprochen misogynen Tendenzen weit verbreiteten Vorurteilen entgegenkamen. Die geradezu sprichwörtliche → Bosheit der → Frau, der → alten Jungfer, der Verheirateten oder auch der → Stief- oder Schwiegermutter, gehört zu den gängigen Schwank- und Witzstereotypen (cf. z. B. AaTh 1353: *Böses → Weib schlimmer als der Teufel*). Nimmt man die Charakterisierung der Frau in → Ehebruchsschwänken und -witzen dazu, so ergibt dies ein einseitig negatives Bild, das in gleicher Weise wie die positiv bewertete Rolle des gehorsam-geduldigen Eheweibes in Märchen und Legende nicht ohne Wirkung auf die reale Situation der Frauen bleiben konnte.

[1] Battaglia, S.: Grande dizionario della lingua italiana 2. Torino 1966, 146. – [2] Poestion, J. C.: Lappländ. Märchen, Volkssagen, Räthsel und Sprichwörter. Wien 1886, 219, num. 52; Qvigstad, J.: Lappiske eventyr og sagn 1. Oslo 1927, 195, num. 40. – [3] Hackman, O.: Finlands svenska folkdiktning 2. Hels. 1920, 42, num. 216; Liungman, Volksmärchen, 269. – [4] Aarne, Finn., 1164 (nach Angaben bei AaTh 39 finn. Var. n.). – [5] Aarne, Est., 1164 (17 Var. n); Balys, 1164 (19 Var. n). – [6] Bll. für pommersche Vk. 1 (1893) 163, num. 5; Grannas, G.: Plattdt. Volkserzählungen aus Ostpreußen. Marburg 1957, 50; Cammann, A.: Ein Volkserzähler aus Masuren. In: Jb. der Heimatvertriebenen 3 (1957) 224–227; Schiller, A.: Schles. Volksmärchen. Breslau 1907, num. 5; Peuckert, W.-E.: Schlesiens dt. Märchen. Breslau 1932, num. 225; Zeisel, R.: Märchen aus Zeche in der Dt.-Probener Sprachinsel (Slovakei). In: Sudetendt. Zs. für Vk. 5 (1932) 236; Henßen, G.: Ungardt. Volksüberlieferungen. Marburg 1959, 239, num. 58. – [7] Kapełuś, H./Krzyżanowski, J.: Sto baśni ludowych. W. 1957, 320, num. 57; Wenzig, J.: Westslaw. Märchenschatz. Lpz. 1857, 167; Tille, V.: Soupis českých pohádek 1. Prag 1929, 87–99 (19 Var. n); Jech, J.: Tschech. Volksmärchen. B. 1961, 259, num. 31. – [8] Ergänzend zu den Angaben bei BP 4, 176, not. 1: Afanas'ev 3, num. 433–437; Propp, V. Ja. (ed.): Severnorusskie skazki v zapisjach A. I. Nikiforova. M./Len. 1961, 75, num. 32; Barag, L. G.: Beloruss. Volksmärchen. B. 1966, 388, num. 61; Javorskij, J. A.: Pamjatniki galicko-russkoj narodnoj slovesnosti. Kiev 1915, 155, num. 17; Galkin, P./Kitajnik, M./Kuštun, N. (edd.): Russkie narodnye skazki Urala. Sverdlovsk 1959, 124–126; Beke, Ö.: Tscheremiss. Märchen, Sagen und Erzählungen. Hels. 1938, 549, num. 58; id.: Volksdichtung und Gebräuche der Tscheremissen. Bud. 1951; Dolidze, N. J. (ed.): Gruzinskie narodnye skazki. Tbilisi 1956, 237, num. 44; Die Zauberkappe. Georg. Märchen. B. 1957, 216; Radloff, W.: Proben der Volkslitteratur der türk. Stämme Süd-Sibiriens 1. Petersburg 1866, 288, num. 3. – [9] Gaál, G. von: Märchen der Magyaren. Wien 1822, num. 4; Kovács, A.: Ung. Volksmärchen. MdW 1966, 38, num. 10; Karlinger, F./Mykytiuk, B. (edd.): Legendenmärchen aus Europa. MdW 1967, 157, num. 47. – [10] Schullerus, num. 1164 I*; Bîrlea, O.: Antologie de proză populară epică 2. Buk. 1966, 510; Eschker, W. (ed.): Mazedon. Märchen. MdW 1972, 227, num. 46; Mazon, A.: Documents, contes et chansons slaves de l'Albanie du Sud. P. 1936, 333, num. 91. –

[11] Kúnos, I.: Türk. Volksmärchen aus Stambul. Leiden 1905, 244–250; Cvetinovič, N.: Tureckie narodnye skazki. M. 1959, 150–153; Finger, S.: Märchen aus Lasistan. In: Mittlgen der Anthropol. Ges. in Wien 69 (1939) 219; Carnoy, E. H./Nicolaïdes, J.: Traditions populaires de l'Asie Mineure. P. 1967, 173, num. 12. – [12] Hoogasian-Villa, S.: 100 Armenian Tales and their Folkloristic Relevance. Detroit 1966, 402, num. 79; Christensen, A.: Pers. Märchen. MdW 1958, 64. – [13] Thompson/Balys T 251. 1. 1; Swynnerton, C.: Romantic Tales from the Panjab with Indian Nights Entertainment. L. 1908, 430, num. 84; Sheikh-Dilthey, H.: Märchen aus dem Pandschab.

Köln 1976, 8–17. – [14] Fansler, D. S.: Filipino Popular Tales. Hatboro, Pa. [2]1965, 214–233. – [15] Ortutay, G.: Ung. Volksmärchen. B. 1957, 395, num. 22; Bošković-Stulli, M.: Narodne pripovijetke i predaje Sinjske krajine. In: Narodna umjetnost 5–6 (1967/68) 353, num. 20 (mit weiteren Nachweisen p. 418); Šuljić, L.: Die schönsten Märchen aus Jugoslawien. Rijeka 1968, 81–86; Archiv für siebenbürg. Landeskunde 33 (1905/06) 668–670, num. 3. – [16] cf. Moser-Rath, E.: Das streitsüchtige Eheweib. Erzählformen des 17. Jh.s zum Schwanktyp ATh 1365. In: Rhein. Jb. für Vk. 10 (1959) 40–50. – [17] Boggs, num. 340* = Mot. K 2325; Caballero, F./Hosäus, W.: Span. Volkslieder und Volksreime [...]. Paderborn 1862, 158–174, num. 3; Amades, 521, num. 220; Camara-Cascudo, L. da: Trinta estorias brasileiras. Lissabon 1955, 36–40 (mit weiteren Nachweisen); Wheeler, H. T.: Tales from Jalisco Mexico. Phil. 1943, 445–448, num. 153; Campbell, M.: Tales from the Cloud Walking Country. Bloom. 1958, 172–175; zur Affinität der Motive cf. auch Liungman 2, 71 und Liungman, Volksmärchen, 269. – [18] cf. Christiansen, num. 332; Krzyżanowski, num. 332, 1164; Megas, G. A. in: Laogr. 17 (1957/58) 137 sq.; Schwarzbaum, 110, 462. – [19] Schwarzbaum, 108 (mit weiteren Nachweisen). – [20] Benfey 1, 519–534.
[21] Krzyżanowski, J.: Słownik folkloru polskiego (Lex. der poln. Folklore). W. 1965, 40. – [22] Schwarzbaum, 109 (mit weiteren Angaben). – [23] Die Vierzig Veziere oder weisen Meister. Übers. von W. A. F. Behrnauer. Lpz. 1851, 277; cf. Chauvin 8, 152, num. 154 (mit weiterer Lit.). – [24] Ernst, P. (ed.): Erzählungen aus Tausendundeintag 2. Ffm. (1909) rev. Ndr. 1963, 452–456; cf. Christensen (wie not. 12). – [25] Prato, S.: Quelques Contes littéraires dans la tradition populaire. In: RTP 4 (1889) 174 sq. – [26] In: Hecatomythion [...]. Venedig 1495 = Neveletus, I. N.: Mythologia Aesopica [...]. Ffm. 1660, 615. – [27] cf. Axon, W. E. A.: The Story of B. in Literature and Folklore. In: Transactions of the Royal Soc. of Literature 23 (1902) 97–119, hier 97–100. – [28] Die Version von Brevio in engl. Übers. bei Axon (wie not. 27) 120–128; zur Quellenfrage cf. Guglielminetti, M.: Le simultanee „mutazioni" di B. arcidiavolo. In: Studi in onore di Alberto Chiari 1. Brescia 1973, 653–673. – [29] Floerke, D. (ed.): Straparola. Die Novellen und Mären der Ergötzlichen Nächte 1. Mü. 1920, 105–117. – [30] In der ital. Ausg. Napoli 1687, parte II, decade I, argomento X; in der dt. Übers. Augsburg 1702, t. 1, 243. –
[31] cf. Axon (wie not. 27) 105. Die Aufzeichnungen aus der mündlichen Überlieferung Italiens gehen deutlich auf die Version von Machiavelli zurück: cf. Pitrè, G.: Fiabe, novelle e racconti popolari siciliani 2. Palermo 1875, 18, num. 54 = Karlinger, F.: Inselmärchen des Mittelmeeres. MdW 1960, 142–145, num. 38; Busk, R. H.: The Folk-Lore of Rome. L. 1874, 343; cf. Lo Nigro, num. 1164. – [32] Goetze, E.: Sämtliche Fabeln und Schwänke von Hans Sachs 1. Halle 1893, 502, num. 177. – [33] Texte im Archiv der EM: Kurtzweiliger Zeitvertreiber 1685 (7128); Rottmann, Historien-Schreiber 1729 (15. 463); Freudenberg 1731 (17. 792). – [34] Moser-Rath, 319, num. 172 und 392, num. 241, Nachweise 484 sq. – [35] P. 1584, t. 3, cap. 3. – [36] Saumur 1664; cf. Prato (wie not. 25) 175. – [37] Robert, C. M.: Fables inédites des 12e–14e siècles et Fables de la Fontaine 4. P. 1825, 443. – [38] cf. die Nachweise bei Axon (wie not. 27) 107–111. – [39] Krzyżanowski (wie not. 21).

Göttingen Elfriede Moser-Rath
Wien Regina Wolf

Belgien → Flamen, → Wallonen

Beliebt bei den Frauen (AaTh 580). Nach den skand. Varianten hat das Märchen folgenden Inhalt:

Ein Vater hat drei Söhne, die sich etwas wünschen dürfen; die älteren begehren Reichtum, der jüngste Erfolg bei den Frauen. Die Brüder begeben sich auf eine Reise und übernachten in drei Herbergen. Der jüngste Bruder schläft mit der Frau (Tochter) des Hauses und erhält Zaubergeschenke: ein Tuch, auf dem je nach Wunsch Essen erscheint, einen Hahn oder ähnliches, aus dem Getränke kommen, eine Schere, mit der man aus dem Nichts Kleider schneidern kann. Die Brüder kommen in eine Stadt: Um hineinzugelangen, muß man sich kastrieren lassen. Der Jüngste weigert sich und kommt als Gefangener auf eine Insel. Hier ermöglicht er den Mitgefangenen mit Hilfe der Zaubergegenstände ein gutes Leben. Eine Prinzessin oder eine verwitwete Königin möchte die Gegenstände kaufen. Der Junge will sie nur unter der Bedingung hergeben, daß er die Nacht im Zimmer, dann neben und schließlich im Bett der Prinzessin verbringen darf. Er erhält sie zur Frau.

Die älteste Fassung des Märchens scheint nach L. Bødker in einem dän. Volksdruck vorzuliegen: *En ny og saer lystig Historie, Om Trende Brødre, Iblant hvilke den yngste, efter hand havde af sine to Brødre lidt stor Foragt og Forfølgelse, omsider blev en Fyrste, og fik en Printsesse til egte, formedelst et got Arvegods hand fik af sin Fader* (s. l. 1711, 1733, 1767 etc.)[1]. Die meisten modernen Aufzeichnungen stammen aus Finnland (19 Varianten)[2], weitere sind bei den Schweden in Finnland, in Schweden, Norwegen, Dänemark und auf Island zu finden[3]. Nach den Typenindizes gibt es einzelne Belege in Irland,

Flandern, Polen, in der Slowakei, bei den Russen und in Griechenland[4]. Den griech. Varianten fehlt das typische Motiv der erkauften Nächte; sie entsprechen aber sonst den skand. Versionen. Ferner sind zwei kabyl. Varianten bekannt[5], die in den wichtigsten Zügen trotz einiger Abweichungen den skand. sehr ähnlich sind.

Der Grundton der Erzählung ist in manchen Zügen obszön, was die Ursache dafür sein mag, daß sie nicht in die Veröffentlichungen und nicht einmal immer in die hs. Sammlungen aufgenommen wurde, weshalb auch die Angaben über ihre Verbreitung mangelhaft sind.

W. Liungman[6] sucht für die Auffassung von der unwiderstehlichen Zauberkraft des Menschen in der Liebe Parallelen in den ir. Sagen und in der *Edda*; seiner Meinung nach ist das Märchen skand. Herkunft, wofür die Dichte des Belegmaterials sprechen mag. Jedoch deuten die Belege aus Europa und Nordafrika darauf hin, daß die Erzählung offensichtlich verbreiteter war, als man aufgrund des vorhandenen Materials schließen darf.

Die Episode der erkauften → Nächte begegnet zuweilen — wenigstens in Finnland und Estland — auch im Märchen von den → *Tierschwägern* (AaTh 552). So hat A. Aarne im Variantenverzeichnis sowohl der finn. wie der estn. Märchen mehrere Fassungen bei beiden Typen angeführt[7]. Nach der Untersuchung von H. Paunonen[8] sind jedoch die zwei Märchen selbständig, und die Episode der erkauften Nächte ist nicht ganz identisch in ihnen. Während der Typ AaTh 580 aus dem Westen, von Skandinavien her, nach Finnland gekommen ist, gelangte AaTh 552 offenbar aus östl. Richtung nach Finnland. Die Klärung der Herkunft der Episode der erkauften Nächte verlangt jedoch eine auf umfangreicherem Material basierende Untersuchung.

Vom Stil und von der Funktion her ist AaTh 580 mehr ein Schwank- als ein Wundermärchen. Man kann es vielleicht sogar als Parodie auf ein Wundermärchen bezeichnen.

[1] Levinsen, N.: Folkeeventyr fra Vendsyssel. ed. L. Bødker. Kop. 1958, 286 zu num. 39. – [2] cf. die hs. Slgen im Volksdichtungsarchiv der Finn. Literaturgesellschaft. – [3] Hackman, O.: Finlands svenska folkdiktning 1A. Hels. 1917, 361sq.; Liungman; Asbjørnsen, P. C. / Moe, J.: Norske Folke-Eventyr. Kristiania [3]1866, num. 38 = Stroebe, K. / Christiansen, R. T.: Norw. Volksmärchen. MdW [2]1973, num. 19 = Christiansen, R. T.: Folktales of Norway (FW). L. 1964, num. 80; Neergard, S.: Eventyr, barnevers, spurningar og ordspraak (NFL 7). Kristiania 1923, 19–23; Christiansen, N. E.; Levinsen (wie not. 1) num. 39; Bødker, L. / Solheim, S. / Tillhagen, C.-H.: Skaemtsomme eventyr fra Danmark, Norge og Sverige. Kop. 1957, 34–39; Rittershaus, A.: Die neuisl. Volksmärchen. Halle 1902, num. 48. – [4] Ó Súilleabháin/Christiansen; de Meyer; de Meyer, Conte; Krzyżanowski; Polívka, J.: Súpis slovenských rozprávok 3. Turciansky Sv.Martin 1927, 78, num. 38; Andreev; Kretschmer, P.: Neugriech. Märchen. MdW [2]1941, num. 49; Georgeakis, G. / Pineau, L.: Le Folk-Lore de Lesbos. P. 1894 (Ndr. 1968) 27. – [5] Frobenius, L.: Volksmärchen der Kabylen 1 (Atlantis 1). Jena 1921, num. 32, 33. – [6] Liungman, Volksmärchen, num. 580. – [7] Aarne, Finn.; Aarne, Finn 1; Aarne, Est. – [8] Paunonen, H.: Das Verhältnis der Märchentypen AT 552 A und 580 im Lichte der finn. Var.n. In: SF 13 (1967) 71–105.

Helsinki Pirkko-Liisa Rausmaa

La belle et la bête → Amor und Psyche

La belle au bois → Schlafende Schönheit

Belleforest, François de, *Sarzan (Grafschaft Comminges [daher Beiname Commingeois], heute Département Hautes-Pyrénées) Nov. 1530, † Paris 1. 1. 1583; Polygraph, Autor von rund 50 weitschweifigen, für den Gelderwerb verfaßten Werken: Übersetzungen, Kompilationen, Chroniken und Gelegenheitsschriften. Für die Erzählforschung wichtig sind seine Bearbeitungen von Ludovico Guicciardini (*Les Heures de récréation.* P. 1571), Sebastian Münster (*La Cosmographie universelle.* P. 1575), Polydorus Virgilius (*Les Mémoires* [...] *de l'origine* [...] *des choses.* P. 1576), Antonio de → Guevara (*Livre du Mont de Calvaire.* P. 1589) und insbesondere von Matteo → Bandellos Novellen und anderen zumeist tragischen Liebesgeschichten (*Les Histoires tragiques* 1–7. P. 1559–1582 und öfter); ferner seine

Ergänzungen zu den Prodigiensammlungen von Pierre → Boaistuau (*Les Histoires prodigieuses* in den Ausg.n: P. 1567, 1575, 1576 und 1598).

Die *Histoires tragiques* (H. T.), 1559 von Boaistuau mit sechs Novellen begonnen (darunter num. 3: → *Romeo und Julia*), von B. 1559/60 mit zwölf weiteren Bandello-Nachahmungen fortgesetzt (darunter num. 8: Die unschuldig verleumdete, Löwen vorgeworfene, aber errettete Dame von Guienne) und schließlich auf sieben Bände mit 130 Geschichten verschiedensten Ursprungs erweitert (2: P. 1565, 1566, 1568 etc.; 3: 1568, 1569 etc.; 4: 1571 etc.; 5: 1572 etc.; 6: 1582 etc.; 7: 1582 etc.; die Editionsverhältnisse sind sehr verworren), haben insbesondere auf die zeitgenössische engl. Novellistik (Geoffrey Fenton, William Painter, Barnaby Riche) und auf die elisabethanische Tragödiendichtung gewirkt (William → Shakespeare: *Hamlet* [H. T. 5, 1572, Novelle 5 = fol. 149–191; H. T. 5, 1581, Novelle 3 = p. 185–274; nach → Saxo Grammaticus], *Much Ado about Nothing* [H. T. 3, 1569, Novelle 18], *Twelfth Night* [H. T. 4, 1571, Novelle 7]; John Webster: *The Duchess of Malfi* [H. T. 2, 1566, Novelle 19]). Bemerkenswert sind aber u. a. auch Versionen der Geschichten vom Meisterdieb → *Rhampsinit* (H. T. 4, Lyon 1590, num. 2 = 56, p. 66–89), von der lebend begrabenen und wieder aufgeweckten Gattin Helene (ibid., num. 8 = 62, p. 243–281), von dem Schelmen → Gonnella (H. T. 6, Lyon 1583, num. 2, 17, 20, 23 und 26), von der Giftmörderin Anne de Buringel (ibid., num. 30), von → Apollonius von Tyrus (H. T. 7, Lyon 1595, num. 3) und von der Feindschaft zwischen Wenzeslaus und Boleslaus (ibid., num. 5). – Die frz. Bandello-Übersetzungen wurden von Benigne Poissenot (*Nouvelles histoires tragiques*. P. 1586) fortgesetzt. Dt. Übertragungen von einzelnen B.-Geschichten erschienen 1601 in Magdeburg (*Phoenicia. Eine liebliche und gedechtniswirdige History* [. . .] beschrieben durch Mauritium Brand) und 1615 in Leipzig (*Glücks- und Liebes-Kampff* [. . .] ans Liecht gebracht durch Aeschacium Majorem [i. e. Joachim Caesar]) (Expl.e in der Herzog-August-Bibl. Wolfenbüttel). B.s Bearbeitungstechnik und die Rezeption der *Histoires tragiques* sind indes noch nicht endgültig geklärt.

Die *Histoires prodigieuses*, Wiederholungen und Verbreiterungen von schon bekannten, unheilschwangeren Prodigienberichten in insgesamt 17 Kapiteln, erzählen von:

(1) → Doppelgängern, (2) wunderbaren und treuen → Hunden (u. a. vom Chien de Montargis), (3) Vogelschlachten, (4) → Totenprozessionen, (5) → Dämonen, (6) wunderbaren → Kreuzzeichen (in diesem Kap. [1571] auch: Hatto von Mainz, → Mäuseturm von Bingen), (7) → Blitzen und Feuerlanzen, (8) Wasserwundern, (9) Himmelsschlachten, (10–11) Doppelmonstren, (12) der besessenen Nicole aus Vrevin und → Exorzismen, (13) Vulkanen, (14) Erdbeben, (15) Überschwemmungen, (16) → Monstren aller Art, sowie (17) → Geistern und → Gespenstern.

Auch diese Kompilationen zeugen von der eilfertigen und leichtgläubigen, antiprotestant., den prospektiven adligen Mäzenen jeweils schmeichelnden, insgesamt reflexionsarmen Arbeitsweise eines frühen „freien" Schriftstellers.

Lit.: Evans, M. B.: Der bestrafte Brudermord, sein Verhältnis zu Shakespeares Hamlet. Hbg/Lpz. 1910 (mit dem Text von B.s Amleth-Erzählung nach dem Druck Lyon 1576). – Sturel, R.: Bandello en France au XVIe siècle. Bordeaux 1918. – Guttman, S.: The Foreign Sources of Shakespeare's Works. An Annotated Bibliography [. . .]. N. Y. 1947, 85–88, 102–104. – Hook, F. S.: The French Bandello. A Selection. The Original Text of Four of B.'s Histoires Tragiques Translated by Geoffrey Fenton and William Painter Anno 1567 (The University of Missouri Studies 22/1). Columbia 1948. – Saulnier, V. L.: B., F. de. In: Dictionnaire des lettres françaises. ed. G. Grente. P. 1951, 94sq. – Schenda, R.: Frz. Prodigienschriften aus der 2. Hälfte des 16. Jh.s. In: Zs. für frz. Sprache und Lit. 69 (1959) 150–167. – Stabler, A. P.: The „Histoires Tragiques" of B., a General Critique, with Special Attention to the „Non-Bandello-Group". Diss. University of Virginia 1959 (cf. Diss. Abstracts 20 [1959/60] 1370sq.). – Schenda, R.: Die frz. Prodigienlit. in der 2. Hälfte des 16. Jh.s. Mü. 1961, 71–75. – Boklund, G.: The Duchess of Malfi: Sources, Themes, Characters. Harvard University Press 1962. – Stone, D. jr.: B.'s Bandello: A Bibliographical Study. In: Bibliothèque d'Humanisme et Renaissance 34 (1972) 489–499. – Stabler, A. P.: A Further Note on B. Bibliography. In: ibid. 35 (1973) 541sq.

Göttingen Rudolf Schenda

Bellerophon (Bellerophontes), Heros eines von Homer (*Ilias* 6, 152–205), Hesiod, Pindar, Appollodorus u. a. in verschiedenen Versionen überlieferten Mythos[1], der von Novellen- und Märchenmotiven durchsetzt ist:

B., Sohn des Korintherkönigs Glaukos und der Eurymede, Enkel des Sisyphos, muß Korinth wegen eines Totschlages verlassen, findet gastfreundliche Aufnahme am Hofe des Königs Proitos von Tiryns, dessen Gattin Anteia (so bei Homer, sonst Stheneboia) ihn zu verführen versucht. Da B. ihre Liebe verschmäht, verleumdet sie ihn bei ihrem Gatten, er habe ihr Gewalt antun wollen (Der keusche → Joseph). Um sich nicht selbst an seinem Gast vergreifen zu müssen, schickt Proitos B. zu seinem Schwiegervater Iobates, dem König von Lykien; ein B. mitgegebener Brief enthält die Aufforderung, den Überbringer zu töten (→ *Uriasbrief*, AaTh 428, 930). Iobates stellt B. drei gefährliche → Aufgaben, die dieser (nicht bei Homer, jedoch in allen späteren Versionen) mit Hilfe des geflügelten Pferdes → Pegasus bewältigt: Er vernichtet das feuerspeiende, aus Löwenkopf, Ziegenleib und Drachenschweif bestehende Ungeheuer Chimaira, bekämpft das kriegerische Bergvolk der Solymer und besiegt die Amazonen, ebenso alle Feinde, die ihm bei seiner Rückkehr im Hinterhalt auflauern. Iobates erkennt B.s göttliche Abkunft, gibt ihm seine Tochter zur Frau und vermacht ihm die Hälfte seines Königreichs. B. begibt sich nach Tiryns, um sich an Anteia (Stheneboia) zu rächen: Er verlockt sie zu einem gemeinsamen Ritt auf dem Pegasus und stürzt sie ins Meer. Er selbst will den Olymp erreichen, wird aber von Zeus auf die Erde zurückgeschleudert und endet in Schwermut und geistiger Verwirrung.

P. Kretschmer vermutete, daß griech. Einwanderer die B.-Sage nach Kleinasien mitgebracht hätten und dort erst die Motive vom Kampf mit der Chimaira und den Solymern auf den griech. Mythos übertragen worden seien[2]. L. Malten hingegen sah in B. eine Himmelsgottheit lyk. Herkunft, die erst später zum Heros abgesunken sei[3]. F. Schachermeyer rückte hist. Verhältnisse in den Vordergrund: Er deutete B. als eine Art von fahrendem Ritter der spätmyken. Zeit, wie sie von Hellas aus nach Kleinasien gekommen seien und in dortige Adelsfamilien eingeheiratet hätten[4]. Unbestritten ist der vor allem von L. Radermacher herausgearbeitete märchenhafte Kern des Mythos[5]. Dagegen sind die naturmythol. Deutungsversuche[6] wohl als überholt anzusehen.

Euripides schrieb die nur fragmentarisch erhaltenen Tragödien *Bellerophon* und *Stheneboia*[7]. Darstellungen von B. mit dem Pegasus und im Kampf mit der Chimaira finden sich auf griech. Münzen, in der Vasenmalerei und in antiker und späterer Plastik[8]. Der Stoff wurde mehrmals für barocke Opern bearbeitet[9]. B. hieß das engl. Schiff, auf dem sich Napoleon 1815 ergab.

[1] Fischer, H. A.: B. Eine mythol. Abhdlg. Lpz. 1851; Pauly/Wissowa 3, 241–251; Preller, L.: Theogonie und Goetter. 4. Aufl. bearb. von C. Robert. B. 1894 (v. Reg.); Robert, C.: Die griech. Heldensage 1. B. [4]1920 (Nachdr. B./Zürich/Dublin [5]1966) 182; Peppermüller, R.: Die Bellerophontessage. Ihre Herkunft und ihre Geschichte. Diss. Tübingen 1961; Kl. Pauly 1, 856–858; Hunger, H.: Lex. der griech. und röm. Mythologie. Wien [6]1969, 82–84. – [2] Kretschmer, P.: Bellerophontes. In: Glotta 31 (1948) 92–104. – [3] Malten, L.: Bellerophontes. B. 1925; id.: Homer und die lyk. Fürsten. In: Hermes 79 (1944) 1–12. – [4] Schachermeyer, F.: Pegasos. In: Poseidon und die Entstehung des griech. Götterglaubens. Salzburg 1950, 174–188. – [5] Radermacher, L.: Mythos und Sage bei den Griechen. Brünn/Mü./Wien [2]1943, 97–114. – [6] Roscher, W. H.: Ausführliches Lex. der griech.-röm. Mythologie 1/1. Lpz. 1884–1890, 757–774. – [7] Kl. Pauly 1, 857. – [8] Prittwitz und Gaffron, H. W. von: B. in der antiken Kunst. Mü. 1888; Enciclopedia dell'arte antica classica e orientale 1. Roma 1959, 42–44 (mit weiterer Lit.). – [9] Hunger (wie not. 1) 83.

Athen Michael Meraklis

Belohnung, Lohn. Da B. und L. wichtige Bestandteile des zwischenmenschlichen Geschehens sind, ist es nicht verwunderlich, daß sie auch in Volkserzählungen häufig und an bedeutsamen Stellen vorkommen (cf. Mot., Reg.: Reward, Rewards, Rewarded, und Tubach, Reg.: Reward). Im engeren, eigentlichen Sinn genommen ist L. Entgelt für Arbeitsleistung, entspricht einer Verpflichtung des Arbeitgebers und sollte nach allg. Meinung angemessen sein (cf. die antike und die ma. Vorstellung vom „gerechten Lohn", „getreulich verdynet" [merces merita, iusta merces], die auch in Legenden Eingang gefunden hat[1]). B. hingegen ist eher Prämierung eines Verhaltens oder einer außerordentlichen Leistung, sie entspringt grundsätzlich dem freien Willen des die B. Aussetzenden oder Spendenden und kann beliebig hoch sein, während eine zu geringe B. keine eigentliche B., keine wirkliche Auszeichnung mehr wäre. Die B. hat, in Volkserzählungen noch deutlicher als im Leben, weitgehend den Charakter eines Signals: Auszeichung eines Verhaltens oder Daseins, das in der Sicht des Belohnenden (in der Regel auch in der Sicht des Erzählers) richtig bzw. nützlich oder sonstwie wertvoll ist. Zugleich zeugt die B. für die Macht des Belohnenden und kann auch Machtmittel sein; wenn vorangekündigt, dient sie als Ansporn. In der Volkserzählung sind B. und L. oft mit Bestrafung bzw. Strafe gekoppelt.

Im Märchen mit seiner Bevorzugung des Extremen und der binären → Struktur findet sich B. – und insbesondere extreme B., verbunden mit extremer Bestrafung – bes. häufig. Es kennt sie namentlich im Anschluß an einen bestandenen → Test[2], sei es innerhalb einer einzelnen Episode (Hauptform: Prüfung von Held[in]/Unheld[in] durch einen jenseitigen „Geber"[3]), sei es als Abschluß des Gesamtgeschehens und damit der Gesamterprobung: Prinzessin oder sonstwie willkommene Gattin bzw. erwünschter Gemahl und/oder Besitz und Macht.

Episodische B.: Längst nicht alle Gaben im Märchen sind B.en, sie können auch frei geschenkt sein (z. B. aus Mitleid), und nicht alle Zauberdinge sind Gaben, sie können auch geraubt, erlistet, erwandert sein. Belohnt werden vor allem Bereitschaft zu helfen, zu teilen, → Barmherzigkeit (→ Dankbare Tiere, → Dankbarer Toter), → Demut, Bescheidenheit, → Gehorsam, → Fleiß, Wahrhaftigkeit und ganz allgemein die Bewältigung schwerer (im Extrem: unlösbar scheinender) → Aufgaben sowie der Sieg im Kampf. Die B. besteht z. B. in Rat oder Hilfe, im Verleihen von zauberischen Fähigkeiten (z. B. die Gestalt des dankbaren Tieres anzunehmen), von Zauberdingen oder sonstigen dem Helden oder der Heldin nützlichen Gaben[4]. Der B. steht häufig die Bestrafung des Unhelden, der Unheldin gegenüber, besonders gern im Gefolge einer mißglückten Nachahmung oder „Vorahmung"[5], so in dem (meist schwankhaften) Legendenmärchen von den *drei → Wünschen* (AaTh 750 A). Rein formal gesehen ist → Strafe negative B., also eine Sonderart der B. Mit H. Jason kann man von einer „Gattung [. . .] Lohn- und Strafe-Zaubermärchen" sprechen[6]. L. im engeren Sinn kommt nicht nur im Schwankmärchen vor (→ *Hans im Glück*, → *Zornwette*), sondern auch im Novellenmärchen (*Die guten → Ratschläge*) und im Zaubermärchen (Pferd als L. für gelungenes Pferdehüten bei der Hexe [AaTh 556 F*], → Dienst beim Dämon[7]; cf. AaTh 650 A: → *Starker Hans*). Es sind fast ausschließlich Diesseitsfiguren, die L. oder B. begehren oder bekommen, darunter auch Verwunschene, die erlöst werden wollen; die eigentlichen Märchenjenseitigen haben zwar mitunter Hilfe nötig (Tierjenseitige, dankbare Tiere), werden aber kaum je belohnt oder bestraft. Rein erzählerisch ist die episodische B. wichtig als Antrieb, als Signal und als gliederndes Element (Episodenschluß).

Schluß-B.: In der Regel besteht sie (cf. oben) im Gewinn des Ehepartners, im Gewinn von Schätzen oder Macht, im Aufstieg zum Königtum. Sie ist Zeichen für gelingendes Leben, für erreichtes Glück, für „Gerechtigkeit im Geschehen" im Sinne von A. → Jolles, für Reife, „Ganzheit" im Sinne der Symbolik von C. G. → Jung (cf. von → Beit). In den quasi abstrakten Extremformen kann sie leichter symbolisch genommen und erlebt werden als in realistischeren Erzählungen (wie es manche oriental. Märchen sind), wo materieller Reichtum oder sorgenloses Leben stärker als solche wirken und nicht als Metaphern. Wenn die Gattung Märchen nicht kantische Sittlichkeit in Reinkultur (das Gute um des Guten willen tun) vorführt, sondern ausgiebig mit B. und Bestrafung arbeitet, so ist das nur zum Teil auf ethischen Primitivismus (in anderer Bewertung: auf ein pädagogisches Elementarprinzip) zurückzuführen, zum andern Teil auf die durchgehende epische Tendenz, Inneres in Äußeres zu verwandeln, Eigenschaften in Handlungen umzusetzen, Beziehungen in Gaben zu konkretisieren[8], richtiges Verhalten mit dem weithin sichtbaren Siegel der B. zu versehen.

Spezialfälle: Bei der Häufigkeit der B.en im Märchen sind charakteristische Besonderheiten und auch Abweichungen von der → Norm selbstverständlich. So gibt es eine Art B. (weniger durch einen Belohnenden als durch den Erfolg) des Ungehorsams: Übertretung eines Verbots kann auf lange Sicht vorteilhaft sein, zu höheren Zielen führen (etwa in KHM 57, AaTh 550: → *Vogel, Pferd und Königstochter*, und in KHM 6, AaTh 516: *Der treue → Johannes*). Auch Undankbarkeit und Wortbrüchigkeit (→ *Froschkönig*), Lügen und Leugnen (→ *Marienkind*, → *Geduldstein*, cf. AaTh 425, 480, wo Häßliches zu Schönem, Ekelhaftes zu Wohlschmeckendem emporgelobt, emporgelogen wird[9]) sowie betrügerischer Raub (→ *Streit um Zaubergegenstände*) können in diesem Sinne „belohnt" werden.

Weiblichen Figuren wird nicht selten zur B. Schönheit verliehen (→ Frau Holle). Paradoxerweise soll in vielen Fällen der Held dem Tierhelfer zur B. seiner Dienste den Kopf abschlagen (was dann zur Erlösung des Verwunschenen, zum Rückgewinn der Menschengestalt führt, cf. → Enthauptung, Mot. D 711). Nicht minder paradox ist es, wenn in schwankhaften Märchen der Held sich als B. zwölf Stockhiebe erbittet: Er hat die ganze B. zudringlichen Dienern oder Soldaten versprechen müssen (Mot.K 187, AaTh 1610: → *Teilung von Geschenken und Schlägen*). Der Held schlägt auch etwa, zuweilen übermütig König und Prinzessin beleidigend, die ihm zur B. angebotene Braut aus, z. B. weil er, meist infolge der Mehrgliedrigkeit der Handlung, schon eine andere hat[10]. Oft wählt der Held – in vielen Fällen in Befolgung eines Ratschlags – scheinbar paradox unter den zur Wahl stehenden B.en die unscheinbarste: Sie erweist sich dann als die wertvollste oder die dem Helden am besten dienende und eventuell überdies zur Erlösung eines Verwunschenen führende (→ unscheinbar). In manchen Fällen wird dem Helden die versprochene B. vorenthalten, er muß zu ihrer Erlangung weitere Aufgaben lösen – ein Mittel zur Anreicherung der Handlung, das aber den betr. Erzählungen auch inhaltlich eine andere Färbung gibt.

Alle diese und viele andere Tatbestände können verschieden interpretiert und bewertet werden. Deutlich aber ist, daß das Märchen der B. großes Gewicht gibt; es zeigt mehr Interesse für sie als für die Bestrafung, so wie es sich auch mehr für die → Erlösung interessiert als für die → Verwünschung.

In der Sage tritt, ihrer wirklichkeitsnäheren Art gemäß, der L. für geleistete Arbeit stärker in den Vordergrund. Ihrer Neigung zum Pessimismus und dem labilen Verhältnis Mensch/Jenseitswelt entsprechend wird der L. häufig mißachtet, die B. mißverstanden: Kohlen oder Laubblätter, von Unterirdischen als L. für Hebammen- oder andere Dienste gespendet, werden achtlos weggeworfen – die nachträgliche Verwandlung des zufällig haften gebliebenen Blatts in Silber oder Gold erhöht nur den Ärger über das Verscherzte[11]. Vereinzelt ist der L. eine tückisch verderbliche Gabe[12]. Auch in der Sage gelten L. und B. meist den Diesseitigen, den Jenseitigen kann geholfen werden (z. B. den armen Seelen), solche Hilfe trägt aber nicht das Gepräge der B. Hingegen gewährt man Jenseitigen, z. B. Wildfrauen, als L. für Arbeitshilfe Obdach, Essen und Trinken; ungenaue und betrügerische Entlöhnung wird geahndet (nur den Teufel, allenfalls auch Riesen, darf man um den L. prellen, cf. → Baumeister)[13]. Aber auch hier liegt der Akzent auf der B. der Diesseitigen: Ihr gutes Verhältnis zu Naturwesen, sei es eine Schlange oder ein Wildmädchen, wird mit gutem Gedeihen (des Menschen, der Felder, des Viehs) belohnt; doch nimmt die Beziehung gewöhnlich unvermittelt ein Ende. Deutlich äußert sich die für die Sage charakteristische Unsicherheit im „Ausgelohnt"-Motiv:

Die unverlangte B. für Arbeitshilfe bewirkt das Gegenteil des Beabsichtigten, die mit Kleidern oder Schuhen Beschenkten (oft Zwerge) ziehen ab, sei es ohne Begründung, sei es weil das Auslohnen als Kündigung aufgefaßt wird (Mißverständnis, eventuell beabsichtigt), sei es daß sie sich im schönen Gewand als zu gut für knechtliche Arbeit vorkommen oder daß sie finden, die Spender hätten ihre Hilfe nun nicht mehr nötig, sei es daß sie sich als überbezahlt betrachten oder als verhöhnt, sei es auch nur weil ihr heimliches Tun beobachtet worden ist[14].

In Erlösungssagen ist die häufigste B. des Erlösers ein Geldschatz, im Gegensatz zum Märchen so gut wie nie die Ehe mit der Erlösten (die ja, sofern es sich um eine Verstorbene handelt, nach christl. Auffassung zur jenseitigen Seligkeit erlöst wird). Alpgeister belohnen den unschuldigen und sich richtig verhaltenden Küherbub mit der Gabe des Singens (Kuhreihen) oder Jodelns, während der Meistersenn, der mutwillig, um eine ähnliche Gabe zu erhalten, in die verlassene Alphütte zurückkehrt, zerrissen wird (mißglückte Nachahmung). In der Geschichtssage belohnt Königin Bertha ein Mädchen, das beim Viehhüten spinnt, mit „einem reichen Geschenk"; sie bezeichnet dies ausdrücklich als „bénédiction" und prämiert so nicht nur eine menschlich vorbildliche Haltung, sondern zugleich wirtschaftlich wertvolles Handeln[15].

In der Legende ist irdische B. unwichtig, und der „himmlische L." steht zwar im Hintergrund, aber im allgemeinen nicht im Zentrum der Erzählungen; Legenden stellen primär demütigen Dienst, Hingabe, Erfüllung des Willens Gottes dar. Irdischer Ruhm wird geflohen (→ Alexius); um ihn zu vermeiden, leugnet der Heilige barmherzige Totenerweckungen rundweg ab oder verbietet dem Zeugen, davon zu sprechen[16]. Dennoch kann Gebetserhörung, Rettung aus Notlagen (aus Feuer, Kerker, Pfeilregen, Bedrohung der Almosenspenderin durch ihren Herrn etc.) als B. für heiligmäßiges Leben betrachtet werden, und in Volkslegenden genießt und demonstriert der heiligmäßige Mensch seine Wunderkraft mit naiver Freude (Aufhängen des Mantels am → Sonnenstrahl, von einfachen Volksgeistlichen[17] unbefangen und zielbewußt, von der heiligen Brigida[18] dagegen nur unwissentlich praktiziert). Verlust solch zauberischer Kraft wird entsprechend als Strafe empfunden (Mantel als Schiff, cf. AaTh 827[19]). Charakteristisch für die das Paradox kultivierende Legende ist die scheinbare B. des Hartherzigen und die komplementäre scheinbare Bestrafung des Gastfreundlichen (AaTh 759: → *Engel und Eremit*).

Im lachfreudigen Schwank spielt B. naturgemäß eine weit geringere Rolle als Bestrafung. Immerhin könnte man von B. der Schlauheit des Schwankhelden durch den Erfolg sprechen. Im → *Patelin*-Schwank (AaTh 1585) prellt der Klient den Advokaten um seinen L. Der erfolgreiche Schäfer (bzw. die ihm entsprechende Figur) nimmt die ihm vom Machthaber als B. zugesprochene Erhöhung zum Abt in manchen Varianten an, in anderen lehnt er sie ab, sei es aus Anhänglichkeit an den amtierenden Abt, sei es im Bewußtsein seiner fachlichen Unzuständigkeit (→ *Kaiser und Abt*). Hauptmotiv ist die B. in dem Exempel vom Reichen, der den Finder seines Geldsacks um die versprochene B. betrügen will (Mot. J 1172.1, kluges Urteil); in religiös gefärbten Beispielerzählungen steht oft das belohnte Gebet im Mittelpunkt, in Weihnachtsgeschichten belohnt Nikolaus die „artigen" Kinder[20]. Welche Bedeutung der B. und dem L. im → „Alltäglichen Erzählen" zukommt, wäre zu untersuchen. Ein Beispiel:

> Der Berner Seminarlehrer X, der auf dem nächtlichen Heimweg brav am Wirtshaus vorübergeht, ohne einzukehren, steht nach 200 Schritten still, findet, er habe für die Enthaltsamkeit eine B. verdient, macht rechtsumkehrt und geht nun sein „Gläschen" trinken.

In dieser Erzählung (um 1928 gehört) sind nicht nur Psychologie und Humor am Werk, sondern auch ein Interesse für Milieu und Gewohnheiten, und, natürlich, bare Erzählfreude[21].

B. und L. stehen in den verschiedenen Gattungen und innerhalb dieser in den einzelnen Erzählungen in unterschiedlichen kulturellen, politischen, psychol., geistigen und dichterischen Zusammenhängen. Auch ihre erzählspezifische, erzähltechnische Funktion ist verschieden. Im Märchen leisten sie dank ihrer Prägnanz und kraft ihres häufigen Vorkommens einen Beitrag zum abstrakten Stil (→ Abstraktheit), in der Sage erzeugen sie eher Verwirrung, überall aber stehen sie im Dienste der Handlungsentfaltung: als Motor oder als eindrücklicher Abschluß.

→ Gabe.

[1] Kretzenbacher, L.: „Der gerechte Lohn". Zur Motiv- und Bildgeschichte der Hemma-Legende von den streikenden Bauarbeitern zu Gurk und in der Weststeiermark. In: Carinthia 1 / 150 (1960) 60–83, hier 77. – [2] cf. Meletinskij, E.: Zur strukturell-typologischen Erforschung des Volksmärchens. In: Propp, 241–276, hier 263;

Meletinskij, E. / Nekludov, S. / Novik, E. / Segal, D.: Problems of the Structural Analysis of Fairy Tales. In: Maranda, P. (ed.): Soviet Structural Folklorists 1. The Hague/P. 1974, 73–84. – [3] cf. Propp, 46 sq. (in der dt. Übers. 'Schenker', engl. 'donor', frz. 'donateur', ital. 'donatore'). – [4] cf. Lüthi, M.: Die Gabe im Märchen und in der Sage. Diss. Bern 1943. – [5] id.: Das Volksmärchen als Dichtung. Düsseldorf/Köln 1975, 111–120. – [6] Jason, H.: Märchen aus Israel. MdW 1976, num. 61; cf. ead: Ethnopoetics. Jerusalem 1975, Abschnitt 5. 2. 3. 3. – [7] Ein Beispiel bei Zaunert, P.: Dt. Märchen seit Grimm. MdW [2]1964, num. 1. – [8] cf. Olrik, 8; Staiger, E.: Grundbegriffe der Poetik. Zürich ([1]1946) [8]1968, 93–96; Lüthi (wie not. 4) 162, 212; id.: Volksmärchen und Volkssage. Bern/Mü. ([1]1961) [3]1975, 153 sq.; Lüthi, Märchen, 33 sq. – [9] id. (wie not. 5) 38, 45, 60 sq., 195; Swahn, J.-Ö.: The Tale of Cupid and Psyche. Lund 1955, 261: Abominable objects which must be flattered. – [10] z. B. O'Faolain, E.: Die schöne Moireen. Bern 1972, 209; Merkelbach-Pinck, A.: Volkserzählungen aus Lothringen. Münster 1967, 10. – [11] Lüthi (wie not. 4) 44, 48. – [12] ibid., 39. – [13] ibid., 99–104. – [14] Peuckert, W.-E.: Sagen. Geburt und Antwort der mythischen Welt. B. 1965, 71–75, 125, 139–155. – [15] Bridel, P.: Etrennes helvétiennes 30. Lausanne 1812, 89. – [16] z. B. bei Benz, E.: Russ. Heiligenlegenden. Zürich (1953) [2]1971, 277–279, 345 sq. – [17] z. B. Jegerlehner, J.: Sagen aus dem Unterwallis. Basel 1909, 95, 180; id.: Sagen aus dem Oberwallis. Basel 1913, 164, cf. 263. – [18] Frenken, G.: Wunder und Taten der Heiligen. Mü. 1925, 106 sq. – [19] Günter 1949, 200 sq.; Karlinger, F.: Legendenmärchen aus Europa. MdW 1967, 98. – [20] Bausinger, H.: Das Gebet in popularer Erbauungslit. In: Triviale Zonen in der religiösen Kunst des 19. Jh.s. Ffm. 1971, 158–178. – [21] Weitere gedr. Fassungen des Schwankes: Trümpf und Mümpf und Müschterli. Schweizer Volkswitz in Scherzwort und Schwank gesammelt von H.Lachmereis.Aarau [1944] 45; Kruse, H.: Wat sik dat Volk vertellt. Rendsburg 1953, 135; Fischer, H. W.: Lachende Heimat. B./Darmstadt 1955, 52 (Saarland).

Zürich Max Lüthi

Bemalung der Tiere → Schönheitskur

Benedek, Elek, *Kisbacon 29. 9. 1859, † ebenda 17. 8. 1929, Folklorist, Journalist, Schriftsteller. B. besuchte das Gymnasium in Székelyudvarhely, die Universität in Budapest. Von 1887–1892 war er Reichstagsabgeordneter, ab 1900 Mitglied der Kisfaludy-Gesellschaft. Während der Studienzeit sammelte er zusammen mit J. Sebesi Volkserzählungen, von denen ein Teil in der *Sammlung aus dem Szeklerland* (1882)[1] erschien. Wenig später veröffentlichte er weitere Erzählungen in den Sammlungen *Szekler Feenreich* (1885) und *Szekler Märchenerzähler* (1882)[2], darunter solche seines Vaters, eines wohlhabenden Landwirtes, und anderer Erzähler aus Kisbacon. Die größte Wirkung unter seinen Werken erzielte die Sammlung *Ung. Märchen- und Sagenwelt* (1894–96)[3], mit der er zur Tausendjahrfeier Ungarns (1896) die bis dahin im Druck erschienenen ung. Volksmärchen Kindern und Bauersleuten zugänglich machen wollte; bis 1927 erschienen in sechs Aufl.n fast 500000 Exemplare. Die hier veröffentlichten Märchen gelangten durch Kolportagehefte, Schullesebücher, Märchenbücher und Kalender in die fernsten Gegenden des ung. Sprachgebiets. Unter den im 20. Jh. in Kurzschrift notierten und mit Tonband aufgezeichneten ung. Volksmärchen sind zahlreiche, die aus irgendeinem Märchen B.s herzuleiten sind. Die Erzähler, meistens bäuerlicher Herkunft wie z. B. J. Palkó und S. A. Gáspár, nahmen viele seiner Erzählungen in ihr Repertoire auf. B. spielte als Übersetzer bei der Verbreitung der KHM der Brüder Grimm in Ungarn eine wichtige Rolle. Durch seine literar. Tätigkeit und seine Erzählungen ist er einer der Schöpfer der ung. Kinderliteratur geworden.

[1] Kriza, J. / Orbán, B. / Benedek, E. / Sebesi, J.: Székelyföldi gyüjtés. Bud. 1882. - [2] Benedek, E.: Székely tündérország. Bud. 1885; id.: Székely mesemondó. Bud. 1888. – [3] id.: Magyar mese- és mondavilág 1–5. Bud. 1894–96.

Lit.: Vezér, E.: B. E. Bud. 1937. – Ortutay, G. B. E. In: Irók, népek, századok (Schriftsteller, Völker, Jh.e). Bud. 1960. – Kovács, Á.: Das E. B.-Gedenkmuseum. In: Acta Ethnographica 19 (1970) 229–245. – Lengyel, D.: B. E. Bud. 1974 (mit weiterer Lit.).

Budapest Ágnes Kovács

Benedikt von Nursia, Hl., *bei Nursia (Norcia, Umbrien) ca 480, † Monte Cassino (Kampanien) 21. 3. 547, Ordensgründer[1],

Patron Europas, wurde nach kurzem Studienaufenthalt in Rom Eremit bei Subiaco und später Abt eines Klosters (Vicovaro). Um 529 gründete er auf dem Monte Cassino das Mutterkloster des westl. Mönchtums. Hier schrieb er seine in schlichtem Latein abgefaßte berühmte *Regula Benedicti*[2]. B.s legendenreiche Lebensbeschreibung im 2. Buch[3] der *Dialogi*[4] -> Gregors des Großen weist eine Vielzahl von geläufigen Mirakelerzählungen[5] auf, die z. T. in Einzelszenen oder Zyklen auch bildliche Darstellung[6] fanden.

Die bekanntesten Wundererzählungen sind: Hostienwunder (24)[7]; Wasserwandeln (7); Brotlegenden (1, 8); Krankenheilungen (26, 27, 38); Wiederbelebungen (11, 32); Teufelsaustreibung (4, 9, 16, 30); Prophezeiungen (4, 15, 17, 21, 37); Visionen (12, 22, 34, 35, 37); Traum (22); Gefangenenbefreiung (31); auf B.s Befehl füllt sich ein leeres Faß mit Öl (29), und ein zerbrochenes Sieb fügt sich wieder zusammen (1); durch B.s Kreuzzeichen zerspringt ein vergifteter Weinbecher (3); B. bekämpft die Versuchung, indem er sich nackt in Dornen wälzt (2).

Die Wundergeschichten über B. erfuhren in der Erzählliteratur vielfache Verbreitung (cf. Tubach, num. 575–583). Das Mirakel von der Überwindung der Versuchung im Dornbusch (2) begegnet sowohl in lat. als auch volkssprachigen Versionen (cf. Tubach, num. 581). Legendenmotive über B. berichten Petrus Damiani, das *Speculum laicorum*, die *Tabula exemplorum* und der *Liber exemplorum ad usum praedicantium* (cf. Tubach, num. 575, 576, 579, 581, 592).

Mehrere Mirakel aus Gregors B.-Vita fanden Aufnahme in der *Legenda aurea*[8] des -> Jacobus de Voragine. Wunder über B. erzählen auch -> Odo of Cheriton[9] und -> Caesarius von Heisterbach[10]. Vereinzelt beobachtet man B.-Mirakel noch in der Predigtliteratur des 18. und 19. Jh.s.[11] B.kreuz, -pfennig und -medaillen wurden im Volksglauben heilende Kräfte zugeschrieben[12].

[1] LThK 2 ([2]1958) 182 sq.; Dubler, E.: Das Bild des hl. B. St. Ottilien 1953. – [2] Hanslik, R.: Benedicti Regula (Corpus scriptorum ecclesiasticorum latinorum 75). Wien 1960; Steidle, B.: Die Benediktusregel. Beuron 1963. – [3] MPL 66, 125–204. – [4] ibid. 77, 149–429. – [5] cf. Günter 1910 und 1949; Tubach, num. 575–583. – [6] Mayr, V.: B. v. N. In: Lex. der christl. Ikonographie 5. Wien/Rom/Fbg/Basel 1973, 351–364. – [7] Die in Klammern beigefügten arab. Zahlen entsprechen der röm. Numerierung im 2. Buch der Dialoge Gregors. – [8] Die Legenda aurea des Jacobus de Voragine. Übers. R. Benz. Heidelberg [8]1975, 236–245. – [9] Hervieux 4, 276. – [10] Dialogus miraculorum 1–3. ed. J. Strange. Köln 1851–57 (Repr. Ridgewood 1966) t. 1, 50, 247, 388; t. 2, 11, 147, 298, 343; Die Wundergeschichten des Caesarius von Heisterbach 1. ed. A. Hilka. Bonn 1933, 12, 96, 111, 164, 174, 185. – [11] Ertl, I.: Sonn- und Feyer-Taegliches Tolle Lege [...]. Nürnberg 1702, 933; Goffine, L.: Unterrichts- und Erbauungsbuch [...]. Einsiedeln 1886. – [12] HDA 1, 1034; RDK 2, 266–269, s. v. Benediktusmedaille; Münsterer, H. O.: Die süddt. Segens- und Heiligenkreuze. In: Bayer. Jb. für Vk. (1954) 90–122; Hansmann, L./Kriss-Rettenbeck, L.: Amulett und Talisman. Mü. 1966.

Lit.: Bibliotheca hagiographica latina [...] 1. Bruxelles 1898, 165–171. – Gregorii Magni Dialogi libri 4. ed. U. Moricca. Roma 1924, bes. lib. 2, 71–134. – Art. Benedetto di Norcia. In: Bibliotheca Sanctorum 2. Roma 1962, col. 1104–84. – Dufner, G.: Die Dialoge Gregors des Großen im Wandel der Zeiten und Sprachen. Padova 1968. – Brückner, v. Reg.

Berlin Fritz Wagner

Benfey, Theodor, *Nörten bei Göttingen 28. 1. 1809, † Göttingen 26. 6. 1881, Indologe und Sprachwissenschaftler. Studierte 1824–1828 in Göttingen und München Philologie im weitesten Sinn, insbesondere klassische Philologie. Habilitierte sich 1829 in Göttingen, ging danach für einige Jahre als Privatlehrer und -gelehrter nach Frankfurt und Heidelberg. 1834 Aufnahme der Lehrtätigkeit an der Universität Göttingen, 1848 Ernennung zum außerordentlichen, 1862 zum ordentlichen Professor.

Durch seine hist.-vergleichenden Forschungen ist B. einer der Begründer der wiss. Märchenforschung geworden. Jedoch publizierte er seine Untersuchungen zur Verbreitung des -> *Pañcatantra*, die seinen Ruhm auf dem Gebiet der Erzählforschung begründet haben, erst als Fünfzigjähriger. Zu diesem Zeitpunkt hatte er bereits Wesentliches als Sprachwissenschaftler, Orientalist und vor allem Indologe geleistet:

1839–42 (B.) war sein *Griech. Wurzellexikon* erschienen, 1840 (Lpz.) der den Umfang einer Monographie erreichende Artikel *Indien* in der *Allg. Encyklopädie der Wiss.en und Künste* (2. Section, XVII, 1–356) von J. S. Ersch und J. G. Gruber, 1844 (Lpz.) *Über das Verhältnis der ägypt. Sprache zum semit. Sprachstamm*, 1847 (Lpz.) *Die pers. Keilinschriften mit Übers. und Glossar*, 1848 (Lpz.) *Die Hymnen des Sāma-Veda* – als erste kritische Edition einer der altved. Hymnensammlungen eine Pionierleistung ersten Ranges –, und 1852–54 (Lpz.) schließlich das zweibändige *Hb. der Sanskritsprache*, dem 1866 (L.) noch das große *Sanskrit English Dictionary* folgen sollte. In denselben sprachwiss.-philolog. Bereich gehört auch B.s letztes größeres Werk, die 1869 (Mü.) erschienene *Geschichte der Sprachwiss. und oriental. Philologie in Deutschland.*

Auch der Märchenforschung gegenüber ist B.s Einstellung die des Philologen, der mit philolog.-hist. Methoden die Geschichte von Texten und Stoffen untersucht. Bereits in seiner 1839 in den *Göttingischen Gelehrten Anzeigen* (p. 1345–54) veröffentlichten Besprechung des 1. Teils der von H. Brockhaus besorgten Edition der ind. Erzählungssammlung *Kathāsaritsāgara* des → Somadeva äußerte B. die Ansicht, die ind. Märchensammlungen schienen „die Quellen fast aller orientalischen und eines großen Theils der occidentalischen" zu sein. Weitere kleinere Arbeiten zur Verbreitungsgeschichte der Märchen erschienen seit 1857, teils in Form von Besprechungen (in den *Göttingischen Gelehrten Anzeigen*), teils als selbständige Aufsätze (vor allem in den drei Bänden der von B. herausgegebenen Zs. *Orient und Occident*, Göttingen 1862–66). Die wichtigsten von ihnen sind nachgedruckt in *Kleinere Schriften von T. B.* (3. Abt. B. 1892). Hier und vor allem in seinem bedeutendsten Werk auf dem Gebiet der Märchenforschung, der mehr als 600 Seiten starken Einleitung des *Pantschatantra. Fünf Bücher ind. Fabeln, Märchen und Erzählungen. Aus dem Sanskrit übers. mit Einl. und Anmerkungen 1–2* (Lpz. 1859 [Ndr. Hildesheim 1966]), gelang es B., die ind. Herkunft der Erzählungen in einer Reihe von Fällen schlüssig nachzuweisen. Er zeichnete den Weg, auf dem die Märchenstoffe des *Pañcatantra* über eine Pehlewi-Übersetzung des 6. Jh.s ins Arabische (→ *Kalila und Dimna*) und von dort ins Griechische (11. Jh.), Hebräische (13. Jh.; B. sah in den Juden die Hauptvermittler zwischen den Arabern und den abendländ. Völkern), Lateinische (13. Jh.) und weiter in die modernen europ. Literaturen gelangt sind; so konnte die Herkunft einzelner Märchenstoffe von ihren moderneren europ. literar. Fassungen aus bis nach Indien zurückverfolgt werden. Sein Vorgehen war zunächst ein rein literarhistorisches. Der folgende Schritt bestand darin, auch für mündlich überlieferte Märchen – wie die in der Sammlung der Brüder Grimm enthaltenen – ind. Ursprung zu postulieren. B. war sich zwar der Möglichkeit der Wanderung von Märchen auf mündlichem Wege (durch Reisende, Kaufleute u. a.) durchaus bewußt, blieb aber angesichts des damaligen Standes der Märchenforschung bei seinen verbreitungsgeschichtlichen Untersuchungen auf literarhist. Methoden angewiesen. Um das Vorkommen ursprünglich ind. Stoffe im europ. Volksmärchen zu erklären, verwies er auf die Möglichkeit des Übergangs von der Literatur „in das Volk" (*Pantschatantra*, Vorrede, XXVI und Einl., 24), wobei sich seiner Vorstellung nach ein solcher Übergang auch in umgekehrter Richtung vollziehen und mehrmals wiederholen konnte.

B. gelangte zu der Überzeugung, daß mehr oder weniger alle in Europa in Umlauf befindlichen Märchen letzten Endes ind. Ursprungs seien, und wurde so der Urheber der → ind. Theorie. Allerdings wollte er damit nicht sagen, daß kein anderes Volk außer den Indern zur Erfindung von Märchen befähigt gewesen sei, sondern er meinte, daß die ind. Märchen und Erzählungen wegen ihrer Vollkommenheit überall dort, wo sie bekannt wurden, etwa vorhandene einheimische Gebilde verdrängt hätten. Eine Ausnahme macht B. bei den Tierfabeln, für die er aus hist. Gründen den Griechen (→ Äsop) grundsätzlich die Priorität zugesteht.

Freilich nimmt er auch hier in einzelnen Fällen ind. Ursprung an, so bei der zuerst bei Babrios (2. Jh. p. Chr.n.) auftauchenden Fabel von der Rettung des Löwen durch die Maus

(AaTh 75: → *Hilfe des Schwachen*), zu der sich eine Parallele im *Pañcatantra* findet (ein Elefant wird von Mäusen gerettet; cf. *Pantschatantra*, Einl., § 130). Als Zeit der Vermittlung kommt in diesem Fall die der griech.-ind. Reiche in Frage, die nach dem Alexanderzug im nordwest-ind. Grenzraum entstanden sind (cf. Kl.re Schr., 3. Abt., 178).

Unter den ind. Erzählungssammlungen, deren Stoffe in den Westen gelangt sind, schreibt B. der → *Śukasaptati* eine hervorragende Bedeutung zu. Ihre pers. Bearbeitung, das → *Tūtī-Nāmeh*, gilt ihm als wichtigste Vermittlerin zwischen Ost und West (cf. Kl.re Schr., 3. Abt., 64–83).

Neben dem durch Indiens Berührung mit den islam. Völkern sich öffnenden südl., zum Mittelmeerraum führenden Weg hat es jedoch, wie B. herausfand, einen zweiten, nördl. Weg gegeben, auf dem buddhist. Märchenstoffe durch Vermittlung der Mongolen von Zentralasien aus zu den slav. Völkern Osteuropas wanderten. In zwei 1858 erschienenen Aufsätzen beschäftigt sich B. mit mongol. Bearbeitungen ind. Märchensammlungen, und zwar mit dem auf die → *Vetālapañcaviṃśati* zurückgehenden → *Siddhi-Kür* (Kl.re Schr., 3. Abt., 10–42) und dem → *Ardschi Bordschi*, einer Bearbeitung des → *Vikramacarita* (Kl.re Schr., 3. Abt., 84–94).

Da die von B. untersuchten Märchensammlungen oft heterogenes Material enthalten und außerdem zu seiner Zeit nur verhältnismäßig wenige Sammlungen ediert waren, ergab sich für ihn ganz von selbst die Notwendigkeit, neben der Geschichte der Sammlungen auch die des einzelnen Märchens und Märchenmotives zu untersuchen. Sein Ziel war es dabei weniger, durch Vergleich der verschiedenen Versionen zu einer Grundform zu gelangen, als vielmehr, Abhängigkeiten aufzudecken, um so die Richtigkeit seiner ind. Ursprungstheorie belegen zu können. So spricht er in dem 1859 erschienenen Aufsatz *Die kluge Dirne. Die ind. Märchen von den klugen Räthsellösern und ihre Verbreitung über Asien und Europa* (Kl.re Schr., 3. Abt., 156–223, hier 163) von seiner „Methode der Vergleichung":

„welche wesentlich darauf ausgeht die Ringe aufzusuchen, durch welche sich die zu einer Grundform gehörigen Märchen miteinander verketten, so daß sich ihre gegenseitige Subordination herausstellt – während das bisher gebräuchliche ewige 'vergleiche, vergleiche' geeignet ist, den trügerischen Schein einer Coordination derselben hervorzurufen".

Dementsprechend versuchte B. in dem hier behandelten Fall des Märchens, genauer gesagt der Märchengruppe, von der 'klugen Dirne', vom ind. Ausgangspunkt sowohl auf dem südl. Verbreitungsweg (über pers. und arab. Versionen) wie auf dem nördl. (über tibet. und mongol. Versionen) zu den ihm bekannten europ. Fassungen (cf. AaTh 875: *Die kluge* → *Bauerntochter*; z. B. KHM 94) zu gelangen.

Ähnlich war B. schon in seiner 1858 erschienenen Untersuchung *Das Märchen von den „Menschen mit den wunderbaren Eigenschaften", seine Quelle und seine Verbreitung* (Kl.re Schr., 3. Abt., 94–156) verfahren. Auch hier handelte es sich nicht um ein festumrissenes Einzelmärchen, sondern um eine Gruppe motivisch miteinander verknüpfter Märchen, zu denen B. u. a. vier Grimmsche Märchen (KHM 71, 124, 129 und 134; cf. AaTh 513A: → *Sechse kommen durch die Welt* und 653: *Die vier kunstreichen* → *Brüder*) rechnet. – Unter den in den *Kleineren Schriften* nicht nachgedruckten Arbeiten B.s zur Märchenkunde verdient *Ein Märchen von der Thiersprache, Quelle und Verbreitung* (*Orient und Occident* 2 [1864] 133–171) hervorgehoben zu werden.

Die Ergebnisse von B.s Forschungen zur Verbreitungsgeschichte der Märchen verfehlten ihren Eindruck auf die Zeitgenossen nicht. Trotz seiner ganz anders gearteten Auffassungen über den Ursprung der europ. Märchen begrüßte es J. → Grimm, daß B. durch seine Forschungen die Berechtigung der wiss. Märchenforschung auf eindrucksvolle Weise nachgewiesen hatte, und schlug ihn zum korrespondierenden Mitglied der Berliner Akademie der Wissenschaften vor. In den ersten Jahrzehnten nach dem Erscheinen des *Pantschatantra* fand B. zahlreiche Anhänger und Nachfolger, unter denen bes. R. → Köhler, E. → Cosquin und G. → Paris zu nennen sind. Auch in Rußland spielten die Ideen B.s bei der Auseinandersetzung mit der mythol. Schule eine Rolle; so schrieb V. V. Stasov in seiner Arbeit *Proischoždenie russkich bylin* (In: Vestnik Evropy 1868) den Bylinen oriental. Herkunft zu, bestärkt durch die Theorie B.s und durch neuveröffentlichtes Material aus der Mongolei und aus turksprachigen Gebieten Sibiriens.

Vereinzelter Widerstand kam aus der Richtung der mythol. Märchendeutung (J. G. von → Hahn, später bes. H. → Steinthal); F. M. → Müller dagegen sah seine naturmythol. Ursprungsdeutungen durch B.s literarhist. Forschungen nicht berührt. Mit Märchendeutung hatte sich B. ja überhaupt nicht befaßt, sondern lediglich auf die unterhaltende Funktion als wesentliches Chrakteristikum des Märchens hingewiesen.

Eine Gegenposition zu B.s Wanderungs- und Übertragungstheorien wurde später von den Verfechtern der → Polygenesis der Märchen (J. → Bédier) aufgebaut. Die anthropol. Richtung (→ anthropol. Theorie), vertreten vor allem von A. → Lang, versuchte durch Hinweise auf das Vorkommen von Motiven, die B. als Argumente für seine Abhängigkeitsbehauptungen verwendet hatte, in den Märchen und Mythen der Naturvölker, der B.schen Theorie den Boden zu entziehen. Diese konnte jedoch in all den Fällen nicht erschüttert werden, wo es B. gelungen war, den Nachweis für die Übertragung komplexer Motivverknüpfungen oder gar ganzer Märchensammlungen zu erbringen. Wenn B. dagegen die Ähnlichkeit einzelner Motive zur Untermauerung seiner Theorie benutzt, ist Kritik oft angebracht. Man sollte aber nicht vergessen, daß gewisse Schwächen der B.schen Methode in dem Fehlen einer ja erst viel später entwickelten Märchentypologie begründet sind. Zudem lag es auch an der verhältnismäßig geringen Zahl der zu seiner Zeit vorhandenen Volksmärchensammlungen, wenn B. die Bedeutung literar. Texte für das europ. Volksmärchen weit überschätzt hat.

Selbst die literar. ind. Erzählungssammlungen waren zu B.s Zeit zu einem großen Teil noch nicht ediert, so daß er auch hier gelegentlich zu Fehlschlüssen gelangte. Als unhaltbar hat sich B.s Auffassung erwiesen, die meisten ind. Märchen seien buddhist. Urpsungs. Zwar enthalten die buddhist. *Jātaka*-Sammlungen oft die älteste für uns greifbare Fassung einer ind. Erzählung, aber B. hat nicht deutlich genug erkannt, daß damit die Frage nach dem Ursprung nicht beantwortet ist. Daß neben den Buddhisten die → Jainas eine wichtige Rolle bei der Überlieferung volkstümlichen Erzählgutes in Indien gespielt haben, war zu B.s Zeit noch nicht genügend bekannt.

In neuerer Zeit wurde B.s ind. Theorie durch Forschungsergebnisse über das europ. Volksmärchen erschüttert, die es ermöglichen, Spuren einzelner Märchen oft bis in eine Zeit zurückzuverfolgen, die vor der Periode des von B. nachgewiesenen Eindringens oriental. Sammlungen ins Abendland liegt. Zudem sind sehr alte Märchen und Vorformen von Märchen im mediterranen und außerindoeurop. Bereich bekannt geworden (Griechenland, Ägypten, Palästina, Mesopotamien, China, Japan; cf. auch die kret.-minoische Theorie W.-E. → Peuckerts und die → indoeurop. Theorie C. W. von → Sydows).

B.s methodischer Ansatz, die Geschichte eines jeden Märchentyps für sich zu erforschen, hat aber letztlich zur Entwicklung der → geogr.-hist. Methode geführt, für die zwar die literar. Märchensammlungen nicht mehr dieselbe Rolle spielen wie bei B., die aber dessen hist. und vergleichende, nach der Herkunft und Verbreitungsweise fragende Blickrichtung beibehalten hat.

Lit.: Benfey, M.: T. B. In: Kl.re Schr. von T. B. ed. A. Bezzenberger. t. 1, 1. und 2. Abt. B. 1890, VII-XL. – id.: T. B. s. l. (1909): dieselbe Biogr. in ausführlicherer Fassung, mit Briefen, als Hs. gedr. – Kirfel, W.: T. B. In: NDB 2, 46sq. – Verz. der Schr. T. B.s. In: Kl.re Schr. von T. B. ed. A. Bezzenberger. t. 2, 3. und 4. Abt. B. 1892, 131–156. – Aarne, A.: Ursprung der Märchen. In: Aarne, Leitfaden, 1–22 = Karlinger, F. (ed.): Wege der Märchenforschung. Darmstadt 1973, 42–60, bes. 44–46, 48, 55. –

Kutzer, E.: Das ind. Märchen. In: BP 4, 286–314, bes. 289–292. – Bolte, J.: Theorien über Entstehung und Verbreitung der Märchen. In: BP 5, 239–264, bes. 249–252. – Sydow, C. W. von: Märchenforschung und Philologie. In: Universitas 3 (1948) 1047–1058 = Karlinger, F. (ed.): Wege der Märchenforschung. Darmstadt 1973, 177–193, bes. 181–184. – Cocchiara, G.: Sulle orme del B. In: id.: Storia del folklore in Europa. Torino 1954, 325–343 (dt.: Auf den Spuren B.s. In: Karlinger, F. (ed.): Wege der Märchenforschung. Darmstadt 1973, 254–272). – Lüthi, Märchen ([6]1976) 72–74. – Zum Einfluß B.s auf die russ. Erzählforschung: Sokolov, Y. M.: Russian Folklore. N. Y. 1950, 78–89, 101sq.

Göttingen Georg von Simson

Bengalisches Erzählgut. In Bengalen erwachte das Interesse an Folklore und Volksliteratur mit der Veröffentlichung der von Reverend James Long gesammelten *Bengali Proverbs* (Calcutta 1868–1872); kurz darauf publizierte George Grierson, linguistische und literaturwiss. Neigungen verbindend, *Mānikcandra Rājār Gān* ([Das Lied von König Mānikcandra]. Calcutta 1873), eine lyrische Ballade, die ihm ein leseunkundiger Bauer in Nordbengalen mitgeteilt hatte. Von Grierson inspiriert, ließ Reverend Lal Behari Day (1824–1894) die Sammlung *Folk-Tales of Bengal* (Calcutta 1883) erscheinen; doch eigene literar. Ambitionen und das Bemühen des der brit. Beamtenschaft nahestehenden Sammlers, die Stoffe seinen christl. Lesern verständlich zu machen und diese zugleich zu unterhalten und zu belehren, verringerten den Wert der Sammlung. Rabindranath Thakur (Tagore, 1861–1941) veröffentlichte *Chelebhulāno Chaṛā* ([Wiegenlieder]. Calcutta 1895), eine Anthologie von Versen in der in Bengalen außerordentlich populären chaṛā-Form; sie enthielt eine Reihe von weltoffen-realistischen Kurzballaden. Es war diese Veröffentlichung, die – getragen vom Namen Tagores – der bengal. Volksliteratur das gebührende Ansehen und ihrer Erforschung die notwendige Motivation verschaffte. Erst 1919 etablierte Dinesh Chandra Sen (1866–1939) das Studium der Volksliteratur an der Universität Kalkutta als akademische Disziplin; seine Begegnung mit Chandrakumar De (1881–1946) führte zur Veröffentlichung der *Eastern Bengal Ballads, Mymensing* (1923, 1926, 1928, 1932), einer vierbändigen Sammlung von 58 Balladen und Märchen. Ein breiteres Publikumsinteresse an bengal. Volksliteratur regte sich jedoch erst als Folge der Gründung der Indian People's Theatre Association (1943), in der volksliterar. Motive gesammelt und dramatisiert wurden.

Außer den bereits genannten Sammlern und Forschern verdienen Saratchandra Mitra (1863–1938) mit seinem primär sozialanthropol. Engagement und Schwester Nivedita (1867–1911), die die mythol.-ritualistischen und moralistischen Aspekte des Materials und seine mündliche Herkunft betonte, bes. Erwähnung. Doch erst Dakshinaranjan Mitra Majumdar (1877–1957) – mit den Ausgaben: *Ṭhākurdādār Jhuli* ([Großvaters Umhängetasche]. Calcutta 1908), *Dādāmaśāyer Thole* (Großvaters Beutel]. Calcutta 1920), *Ṭhāndidir Thole* (Großmutters Beutel]. Calcutta 1923) und *Ṭhākurmār Jhuli* ([Großmutters Umhängetasche]. Calcutta 1925) – bemühte sich konsequenter um die Erhaltung der authentischen, auf mündlicher Erzähltradition beruhenden Gestalt seiner Texte, während Kedarnath Majumdar (1870–1926) in *Bāṅgālā Sāmayik Sāhitya* ([Bengal. Zeitschriftenliteratur]. Mymensing 1917) und Gurusaday Dutt (1882–1941) in *Bratacārī Paricay* ([Einführung in den Gruppentanz]. Calcutta 1941) die für das bengal. Erzählgut bes. charakteristischen lyrisch-musikalischen Elemente hervorhoben. In Dacca (Bangladesh) veröffentlichte 1961–1964 der Dichter und Volkskundler Jasimuddin (1903–1976) die zweibändige Sammlung *Bāṅgālār Hāsir Galpa* (Humoristische Erzählungen Bengalens).

Für die Forschung im Bereich der ind. und somit auch der bengal. Märchen sind nach wie vor die Kataloge von Thompson/Balys und Thompson/Roberts unentbehrlich, die bei den Tiermärchen durch Bødkers *Indian Animal Tales* ergänzt werden sollten. Die Tatsache jedoch, daß sich die genannten Werke ausschließlich auf in engl. Übersetzung vorliegendes Material stützen, wodurch wichtiges Erzählgut wie auch bedeutsame Einzelmotive unerwähnt bleiben, ist nicht nur für H. Mode Grund zu berechtigter Kritik (cf. Mode/Ray 1972, 12 sq.). Gebot der Stunde ist es somit, das reichhaltige von bengal. Autoren in ihrer Landessprache veröffentlichte Material in den Mittelpunkt des Forschungsinteresses zu rücken.

Innerhalb Bengalens lassen sich gegenwärtig zwei Hauptforschungsrichtungen unterscheiden: (1) um Asutosh Bhattacharya mit einer normativ-theoretischen, werkimmanent-ästhetisierenden Grundhaltung (*Bāṅglār Loksāhitya* [Die Volkslit. Bengalens]. Calcutta 1962; *Rabindranāth o Loksāhitya* [Rabindranath und die Volkslit.]. Calcutta 1973); (2) mit den Namen von Sudhir Kumar Karan (*Sīmānta Bāṅglār Lokyān* [Folklore der Grenzbezirke Bengalens]. Calcutta 1965), Sunil Chakravarti (*Lokāyata Bāṅglā* [Das volkstümliche Bengalen]. Calcutta 1969), Sankar Sen Gupta (*Bāṅglār Mukh Āmi Dekhiyāchi* [Das Gesicht Bengalens habe ich gesehen]. Calcutta 1972) und Khodeja Khatun (*Baguṛār Loksāhitya* [Volkslit. aus Baguda]. Dacca 1970) verbunden, ist – vor sozialistischem Hintergrund – überwiegend soziologisch orientiert und betont die regionalen (sthānik) Eigenheiten des Erzählgutes, wobei sie auch die Auswirkungen der Urbanisierung und die durch die Erzähler-Hörer-Situation bedingten kommunikativen Aspekte berücksichtigt. Äußerst förderlich für die Bestrebungen dieser 'regional folklore'-Schule war die Publikation volkssprachlicher Wörterbücher durch Muhammad Shahidullah (*Bāṅglādeśer Āñcalik Bhāṣār Abhidhān 1–2* [Dialekt-WB. von Bangladesh]. Dacca 1965) und Kamini Kumar Ray (*Loukik Śabdakoś* [Volkssprachliches Lex.]. Calcutta 1968).

Vor der Erlangung der Unabhängigkeit (1947) konzentrierte sich die bengal. Märchenforschung auf die jetzt in Bangladesh liegende Region von Mymensing; danach verlagerte sich das Interesse auf sozioökonomisch und ethnisch homogene Bezirke wie 24-Parganas, Midnapore, Bankura und Purulia in Westbengalen, Dhalbhum und Manbhum in Bihar und Mayurbhanj in Orissa. Die Besonderheit der Stammeskulturen gegenüber der hinduist. Tradition findet seither zunehmend Beachtung. Im ind. Westbengalen wird die volkskundliche Forschung vor allem von der Universität Kalkutta, der Viśvabhāratī-Universität und der Indian Folklore Society (Kalkutta), in Bangladesh von der Bangla-Akademie in Dacca gefördert.

Innerhalb des bengal. Erzählgutes werden gewöhnlich vier Hauptkategorien unterschieden: (1) die rūpkathā, das Märchen im engeren Sinn, in dem übernatürliche Elemente vorherrschen; (2) der Schwank (hāsir galpa), in dem sich der – manchmal durchaus derbe – Humor der ländlichen Bevölkerung Bengalens kundtut; (3) die bratakathā, die ritualistische Erzählung; und (4) die gītakathā, eine Erzählungsform mit balladesken Gesangseinlagen, die vor allem in ihrer Musikalität bezeichnend für bengal. Wesensart ist. Wohl das hervorragendste Beispiel einer gītakathā ist das Märchen von *Malañcamālā* (cf. Mode/Ray 1972, 35–71, 352–357). Die neuere bengal. Forschung hat den genannten Kategorien einige weitere hinzugefügt: die gītikā (Ballade), die upakathā (Tierfabel), die purākāhinī (mythol. Erzählung), die itikathā (Legende).

Daß die Forschung der Person der Erzähler bzw. Sänger bis vor kurzem noch wenig Beachtung schenkte, hängt mit dem vergleichsweise geringen Sozialprestige zusammen, das die Volksliteratur und ihre Vermittler auf dem ind. Subkontinent genossen. Von ihrem Alter hatten die Interpreten selbst in der Regel nur vage Vorstellungen; und was ihren sozialen Hintergrund betrifft, so gehörten sie, wenn sie nicht Muslims waren, fast ausnahmslos niederen Kasten (Fischern, Schiffern, Wäschern, Webern, Gärtnern etc.) an und waren oft selbst am meisten daran interessiert, ihre Anonymität zu wahren. Erst neuerdings beziehen Forscher wie Sankar Sen Gupta (1965) und Asutosh Bhattacharya (*Lokaśruti* [Mündliche Überlieferung]. Calcutta 1967) die Erzählerperson und deren soziale Herkunft konsequent in ihre Untersuchungen ein; Dinesh Chandra Sens Zusammenstellung namhafter Balladensänger (gāyan) von Mymensing und die Beschreibung ihrer vokalen und instrumentalen Begleiter sowie ihrer Darbietungspraxis gehören eher zu den vereinzelten früheren Versuchen in dieser Richtung (cf. Sen 1923, XCI–XCIV).

Der Stil der bengal. Märchen ist bestimmt durch eine auf lautlichen und gedanklichen Assoziationen beruhende Reihungstechnik, durch die oft scheinbar zusammenhanglos aufeinanderfolgende Szenen (Mode/Ray 1972, 17: „Einzelbilder") zu einem kompositorischen Ganzen zusammengefügt werden. Dem entspricht im einzelnen auch ein Mut zur Aussparung und knappen Andeutung, der dem phantasievollen und mit den Erzählkonventionen vertrauten Hörer weiten Spielraum zur individuell-nachschöpferischen Rezeption läßt. Dabei helfen skizzenhafte, atmosphäreschaffende Hinweise auf den Ort und die Tages- und Jahreszeit der Handlung; Naturereignisse markieren seelische Vorgänge. Mode (Mode/Ray 1972, 18, 23sq.) wie vor ihm schon Dinesh Chandra Sen haben auf die zentrale Rolle von Hindufrauen als Märchenheldinnen hingewiesen; das überzeugendste Beispiel hierfür ist wieder *Malañcamālā*. Diese Rolle erklärt sich nicht zuletzt aus der Tatsache, daß gerade die gītakathās von Frauen für Frauen vorgetragen werden und dabei vorbildhaft wirken sollen. Die sog. Schwanenjungfraumärchen (→ *Schwanjungfrau*) – Beispiel: *Der Hirt und das Göttermädchen* (Mode/Ray 1972, 29–35, 351 sq.) – handeln dagegen von der Herabkunft einer überirdischen Frauengestalt, die dann häufig mit ihren Gefährtinnen ein Bad in einem Teich oder einem Fluß nimmt. Das Wasser, bemerkt Mode in diesem Zusammenhang (Mode/Ray 1972, 21–23), erweist sich im bengal. Märchen als der Kulturort par excellence, im Gegensatz zum Wald, zum Dschungel als der für eine bäuerliche Gesellschaft typischen Region des Unheimlichen im eigentlichen Sinn dieses Wortes.

Die Funktion des Märchens ist auch in Bengalen eine überwiegend kompensatorische. Auch wenn hart gestraft wird – und nicht nur das Böse, sondern auch Unschuld und Unerfahrenheit haben zu leiden (z. B. Mode/Ray 1972, 100–102, 365sq.) –, so herrscht doch letzten Endes Gleichheit wenigstens vor dem ästhetischen Gesetz, und der Sieg des Guten – ungeachtet seiner sozialen Stellung – ist, wenn auch auf Umwegen und nach mancherlei Prüfung, nie ernsthaft in Frage gestellt. Daneben dient das Märchen als Ventil für Gesellschaftskritik, die aus Gründen des Selbstschutzes und den Erzählkonventionen gemäß freilich verschlüsselt bleibt. Kompensatorisch ist auch der fiktive Bruch religiös-ritueller und sozialer Tabus im bengal. Märchen (z. B. Mode/Ray 1972, 221–226, 394 sq.), wobei hier die Frage offenbleiben muß, ob er ihre mögliche Überwindung eher antizipieren oder aber ad infinitum verschieben hilft.

Lit.: Sen, D. C.: The Folk-Literature of Bengal. Calcutta 1920. – id.: Eastern Bengal Ballads, Mymensing 1–4. Calcutta 1923, 1926, 1928, 1932. – Mode, H.: Types and Motifs of the Folktales of Bengal. In: Folklore (Calcutta) 2/4 (July-August 1961) 201–205. – Zbavitel, D.: Bengali Folk-Ballads from Mymensingh. Calcutta 1963. – Mode, H./Ray, A.: Bratakathas. Lpz. 1964. – Gupta, S. S.: Folklorists of Bengal. Calcutta 1965. – Mode, H./Ray, A.: Bengal. Märchen aus Indien und Bangladesh. Lpz. 1972. – Weitere Slgen cf. Thompson/Balys und Thompson/Roberts.

Heidelberg Alokeranjan Dasgupta
Lothar Lutze

Ben Sira → Alphabet des Ben Sira

Benz, Richard, *Reichenbach (Vogtland) 12. 6. 1884, † Heidelberg 9. 11. 1966, Schriftsteller, Privatgelehrter. Stammte aus alter protestant. Pfarrerfamilie, studierte Germanistik, Geschichte und Kunstwissenschaft, vornehmlich in Heidelberg, kurz auch in München und Leipzig. Seit 1910 in Heidelberg ansässig; ausgedehnte schriftstellerische und Vortragstätigkeit. Nach dem Zweiten Weltkrieg mehrere bedeutende Kulturpreise. 1954 in die Heidelberger Akademie der Wissenschaften aufgenommen (auf Antrag H. G. Gadamers), Honorarprofessor der Universität, Ehrenbürger der Stadt.

In mehr als 80 Buchpublikationen (daneben viele Aufsätze) hat B. eine Tätigkeit von beträchtlicher Breitenwirkung in der Pflege von Bildungsgütern entfaltet; die Ernsthaftigkeit dieser Wirkung belegt eine Festschrift, welche die Verlage Piper, Diederichs, Reclam und Wegner gemeinsam herausbrachten (*Gegenwart im Geiste.* Hamburg 1954). Hauptthemen der Schriften von B. waren: Prosa des späten MA.s, dt. Lit. der Klassik und Romantik sowie Johann Sebastian Bach. B. kam aus den Traditionen, die P. A. de Lagarde (1827–91), J. Langbehn (1851–1907) und A. Moeller van den Bruck (1876–1925) für das dt. Bildungsbürgertum begründet hatten, und förderte sie in zahlreichen kulturpolitischen Schriften. Das Scheitern dieses Traumes von einem geistigen neuen Reich dokumentiert B.' Buch *Geist und Reich. Um die Bestimmung des Deutschen* (Jena 1933), in dem abschließend – unter Berufung auf das engl. (!) Vorbild – eine Integration des Judentums in die „Geist-Gestalt des deutschen Wesens" (p. 180) postuliert wird. – Seine (wenig ausgeprägte) philolog. Schulung erhielt B. in den Seminaren M. von Waldbergs. Er verfolgte von Anfang an eigene ästhetische Prinzipien. Aus einem Protest gegen den Renaissancismus des wilhelminischen Deutschlands heraus (cf. *Die Renaissance, das Verhängnis der dt. Cultur.* Jena 1915; 2. Aufl. in *Renaissance und Gotik.* Jena 1928) entwickelte B. eigenwillige Wertsetzungen zugunsten einer spezifisch dt. („gotischen", „nordischen") Kultur bzw. Ästhetik. In konsequenter Fortentwicklung dieser Überzeugungen sprach B. dann überhaupt der Musik die Schlüsselfunktion im kulturellen Leben des dt. Volkes zu (cf. insbesondere *Die Stunde der dt. Musik.* t. 1. Jena 1923, [3]1943; t. 2. Jena 1927, Düsseldorf [2]1949 unter dem Titel *Die Welt der Dichter und die Musik*); er gehört damit in den Zusammenhang derjenigen geschichtlichen Form von Deutschtum, die in Thomas Manns *Doktor Faustus* (1947) eine kritisch-ambivalente Gestaltung gefunden hat.

Schon in seiner Heidelberger Diss. *Märchen und Aufklärung im 18. Jh. Eine Vorgeschichte zur Märchen-Dichtung der Romantiker* (1907, gedr. Gotha 1907, wiederverwendet als Einl. zu *Märchen-Dichtung der Romantiker. Mit einer Vorgeschichte.* Gotha 1908, Jena [2]1926) setzte B. das Märchen als „Dichtung" des Volkes intellektualistischen Formen von Lit. (hier dem Kunstmärchen des 18. Jh.s, aber auch dem Roman) entgegen. Eine analoge Antithese in der ästhetischen Wertung liegt B.' Versuch zugrunde, bestimmte Prosaerzählformen des späten MA.s, nämlich Legende und „Volksbücher" (nicht aber Roman, Chronik, Autobiographie) als Paradigmata derselben „deutschen", kulturellen Tradition zu entdecken. B. begründete die für Volkskunde wie Lit.wissenschaft gleichermaßen folgenschwere Auffassung vom „Volksbuch" als einer literar. Gattung der dt. Lit. des 15. und 16. Jh.s. Er radikalisierte damit bestimmte Elemente literar. Urteile, die sich in der Romantiktradition des 19. Jh.s entwickelt hatten. Länger und intensiver als die kleine Schrift *Die dt. Volksbücher. Ein Beitr. zur Geschichte der dt. Dichtung* (Jena 1913; [2]1924 unter dem bezeichnend zugespitzten Titel *Geschichte und Ästhetik des dt. Volksbuchs*) wirkten seine praktischen Bearbeitungen alter Texte (von ihm selbst auch als „Übersetzungen" bezeichnet):

1911/12 erschienen in Jena *Die Sieben weisen Meister, Faust, Tristan und Isalde, Eulenspiegel, Fortunatus*; 1924 *Alexander* (zusammen mit einer 2. Aufl. der ganzen Gruppe; 3. Aufl. – ohne *Alexander* – Heidelberg 1956). In den gleichen Zusammenhang gehören: *Alte dt. Legenden* (Jena 1910; [3]1922), die Übersetzung der → *Legenda aurea* des → Jacobus de Voragine (1–2. Jena 1917–21; Volksausg. in einem Band 1925; Heidelberg [8]1975), ferner *Äsop* (Mü. 1924), *Brandan* (Jena 1927) und *Eine hübsche histori von der kuniglichen Stadt troy* [. . .] (B. 1938).

Die Beurteilung dieser Bearbeitungen hat von der Sprachbehandlung der Texte auszugehen: B. nahm ihnen – mit minutiöser Sorgfalt – sprachgeschichtliche Merkmale, die dem Verständnis eines nicht fachlich vorgebildeten Publikums hätten im Wege stehen können, fügte dann aber im gleichen Maße archaisierende Züge nach eigenem Geschmack wieder hinzu und überzog auf diese Weise die Texte mit einer Patina aus artifizieller Volks- und Altertümlichkeit.

Bibliogr.: B.' Buchpublikationen sind bis 1954 vollständig (jedoch ohne Neuaufl.n) verzeichnet in der B.-Festschr. Gegenwart im Geiste. Hbg 1954, 136–142; nachzutragen vor allem: Heidelberg. Schicksal und Geist. Konstanz 1961. – cf. ferner Kosch, W.: Dt. Lit. Lexikon 1. Bern [3]1966/68, 402 sq. – Eine Bibliogr. der Aufsätze fehlt.

Lit.: Burdach, K.: Dt. Renaissance. Betrachtungen über unsere künftige Bildung. B. (1916) [2]1918. – Schaffner, J.: R. B. In: Die Tat 26 (1934/35) 748–753. – Rössner, H.: Um Geist und Reich. In: Zs. für dt. Bildung 12 (1936) 539–548. – Giachi, A.: Hüter der Tradition. In: Die Gegenwart 9 (1954) 405 sq. – Oschilewski, W. G.: R. B. In: Imprimatur 12 (1954/55) 7–10. – Schneider, A. von: R. B. In: Ruperto-Carola 6 (1954) 108–111. – Gegenwart im Geiste. Festschr. R. B. Hbg 1954. – Kreutzer, H.J.: Der Mythos vom Volksbuch. Stg. 1977, 123–130.

Regensburg Hans Joachim Kreutzer

Beowulf

1. Überlieferung und Rezeption – 2. Analyse der Handlung – 3. B. als Märchen – 3.1. Vergleichende Forschung – 3. 2. Strukturalistische Forschung – 3.3. Weitere Ansätze – 4. Überformungen des Märchenstoffes – 4.1. Hist. Überformung – 4.2. Soziale Überformung – 4.3. Christl. Überformung – 5. Zusammenfassung

1. Überlieferung und Rezeption. Die aus 3182 stabreimenden Langzeilen bestehende aengl. Heldendichtung mit märchenhaftem Handlungskern, zahlreichen Digressionen und Episoden, deren Stoffe Historie und Sage entstammen, und mit Einflüssen christl. Religiosität entstand wahrscheinlich im 8. Jh. im angl. Dialektgebiet und ist in einer Pergamenthandschrift des späten 10. oder frühen 11. Jh.s erhalten. Der Text ist ohne Versgliederung wie ein Prosatraktat aufgezeichnet, jedoch unterteilt in eine Art Prolog, der den mythischen Ursprung des dän. Königshauses behandelt (Z. 1—52), und 43 Fitten oder Abschnitte unterschiedlicher Länge (43 bis 142 Zeilen), die in der Regel durch röm. Ziffern bezeichnet und durch Großbuchstaben und Absätze markiert sind. Die Hs. bildet heute den 2. Teil des *Codex Cotton Vitellius* A. xv im Brit. Museum in London[1]. Neben der B.dichtung (fol. 132—201ᵛ) enthält der 2., als B.handschrift bezeichnete Teil des Codex ein fragmentarisches engl. Prosaleben des hl. → Christophorus, der vor seiner Taufe ein Riese und Menschenfresser mit Hundskopf war (fol. 94—98), eine engl. Übers. lat. Mirabilia, die sog. *Wunder des Ostens* (fol. 98ᵛ—106ᵛ, mit farbigen Illustrationen), die engl. Übersetzung einer lat. Fassung des sog. *Briefes Alexanders an Aristoteles* über die Drachen und Ungeheuer des Ostens (fol. 107—31ᵛ) und eine fragmentarische engl. Dichtung in stabenden Langzeilen, das bibl. Judith-Epos (fol. 202—209ᵛ), das später, möglicherweise erst im 16. Jh., beigebunden wurde.

Das 'Kernstück' des *Codex Cotton Vitellius* A. xv bilden also fol. 94—201ᵛ, woraus zu schließen ist, daß der ursprüngliche Auftraggeber keineswegs ein Heldenbuch, sondern ein Liber de diversis monstris im Auge hatte. Das B.epos verdankt sein Überleben daher nicht einem Interesse an heroischer Dichtung, sondern der Tatsache, daß es aufgrund seiner märchenhaften Haupthandlung in diesen Kreis der Erzählungen von Riesen, Ungeheuern, Wundern und Abenteuern treten konnte[2].

Augenfällige Benutzungsspuren (teilweise bis zur Unleserlichkeit) auf fol. 182 legen den Schluß nahe, daß innerhalb dieses 'Kernstücks' die beiden letzten Lagen[3], welche den gesamten Kampf B.s mit dem Drachen enthalten, ein früher möglicherweise separat gebundenes, wegen seiner Beliebtheit bes. häufig benutztes Teilstück bilden[4].

Im Laufe der zwei bis drei Jh.e, welche zwischen dem Original der B.dichtung und der erhaltenen Hs. anzunehmen sind, wurde der Text mehrfach und in verschiedenen Dialektbereichen abgeschrieben[5]. Weitere Zeugnisse für eine Rezeption oder gar Imitation des Textes in aengl. Zeit müssen angesichts der in Bezug auf Stoff und Stil starken Traditionsgebundenheit aengl. Stabreimdichtung fraglich bleiben. Vom 12. Jh. an dürfte der Text unverständlich gewesen sein, doch mag der Codex wegen seiner grotesken Illustrationen weiter Interesse erweckt haben (Zeilenglossen zweier Hände des späten 13. oder frühen 14. Jh.s auf fol. 102v)[6]. Im ausgehenden MA. lag die Hs. wahrscheinlich in einer engl. Klosterbibliothek, überlebte die Auflösung der Klöster seit 1536 und wurde 1563 von L. Nowell, Dean of Lichfield, erworben, einem der Pioniere ags. Studien im 16. Jh., dessen Interesse möglicherweise bereits der B.dichtung selbst galt[7]. Die Hs. gelangte dann in die Bibl. des bekannten Antiquars Sir R. Cotton und wurde im Jahre 1705 von H. Wanley erstmals beschrieben und damit wieder einem weiteren Interessentenkreis zur Kenntnis gebracht[8]. 1815 gab der Däne G. J. Thorkelin die aengl. Dichtung im Paralleldruck mit einer lat. Übersetzung zum ersten Male vollständig heraus. 1820 folgte S. Grundtvigs dän., 1837 J. M. Kembles engl., 1840 L. Ettmüllers dt. Übersetzung. Transkriptionen ins Frz. (1877), Ital. (1883), Schwed. (1889), Holländ. (1896), Norw. (1921), Jap. (1932), Span. (1959) und Arab. (1964) schließen sich an. Der Titel des Gedichtes stammt von dem engl. Historiker S. Turner, der in seiner 1805 in 1. Aufl. erschienenen *History of the Anglo-Saxons* bereits Teile des Textes in Prosaübersetzung mitgeteilt hatte.

[1] Ker, N. R.: Catalogue of Manuscripts Containing Anglo-Saxon. Ox. 1957, 281–283. – [2] Sisam, K: Studies in the History of Old English Literature. Ox. 1953, 65–96, bes. 65–67. – [3] Die Hs. besteht heute aus einzelnen Seiten, doch gilt nach der erschlossenen Lagenverteilung als gesichert, daß fol. 182–201 ehemals zwei Lagen bildeten; cf. Ker (wie not. 1) 282. – [4] Keller, W.: Rez. in: Beiblatt zur Anglia 34 (1923) 1–5. – [5] Klaeber 1950 (v. Lit.) LXXXVIII–XCI. – [6] Malone 1963 (v. Lit.) 37; Leake, J. A.: Middle English Glosses in the B.-Codex. In: MLQ 23 (1962) 229–232. – [7] Ker (wie not. 1) LI; eine Zeilenglosse des 16. Jh.s auf fol. 132 könnte von Nowells eigener Hand sein: ibid., 282; Malone 1963 (v. Lit.) 50. – [8] Wanley, H.: Librorum veterum septentrionalium catalogus. Ox. 1705, 218sq; hierzu und zum Folgenden cf. die definitive Bibliogr. bei Westphalen, T.: B. 3150–55. [Diss.] Mü. 1967, 347–367.

2. Analyse der Handlung. Vorbemerkung: Aus Gründen der Raumersparnis wird die Inhaltsangabe mit einer Zerlegung der Handlung in einzelne Segmente verbunden, die als Realisierungen von → Funktionen oder → Motivemen im Sinne V. Ja. → Propps und des → Strukturalismus aufgefaßt werden. Zwischen den Schrägstrichen steht die 1. Ziffer für die Sequenz, in der das Motivem realisiert ist, die 2. Ziffer für das Motivem selbst. Auf diese Siglen wird später wieder Bezug genommen.

/1. 1/ Innerhalb weniger Generationen ist die Dynastie der Scyldinge in Dänemark zu großem Ruhm und Reichtum gelangt. König Hrothgar läßt zum Zeichen seiner Macht die prächtige Halle Heorot erbauen, in welcher seine Mannen Tag für Tag fröhliche Feste feiern. /1. 2/ Der Jubel der Freudenzeit erregt den Zorn des Wasserriesen Grendel. /1. 3/ Als die Krieger in tiefem Schlummer liegen, /1. 4/ raubt er 30 von ihnen und setzt seine Freveltaten 12 Winter lang fort. /1. 5/ B., der Gaute, hört von dem Unglück der Dänen, /1. 6/ beschließt, ihnen zu helfen, und /1. 7/ macht sich mit 14 Kampfgefährten auf den Weg nach Heorot. /1. 8/ In Dänemark angelangt, wird er zunächst von der Küstenwache und von Hrothgars Degen Wulfgar über Herkunft und Begehr befragt und /1. 9/ kann dann vor den König treten und seine Bitte, Heorot von Grendel befreien zu dürfen, vorbringen. /1. 10/ Da stellt der Degen Unferth B. auf die Probe, indem er behauptet, dieser sei in früherer Zeit von Breca im Wettschwimmen besiegt worden. /1. 11/ B. berichtet, wie es sich mit dem Schwimmabenteuer wirklich verhielt, zeiht seinerseits Unferth der Schuld am Tod seiner Brüder und der Unfähigkeit, Grendel entgegenzutreten. Als B. die Anwürfe zurückgewiesen und die Probe bestanden hat, erhebt sich Jubel. /1. 13/ Nach dem Gelage bleiben B. und die Gauten in der Halle zurück. Grendel erscheint, verschlingt einen Krieger, wird in einem gewaltigen Zweikampfe, unter dem die Halle erdröhnt und erzittert, von B. schließlich eines Armes beraubt und /1. 15/ sucht todwund und besiegt das Weite. /1. 16/ Das Unglück ist abgewendet.

/2. 1/ Glück und Freude wohnen wieder in Heorot. /2. 3/ In der folgenden Nacht schlafen die Dänen in der Halle. /2. 4/ Da erscheint unerwartet Grendels Mutter und tötet den Krieger Aeschere. /2. 5/ B. wird zu Hrothgar gerufen, erhält Kenntnis von dem neuen Unglück; man ersucht ihn um Hilfe. /2. 6/ Er verspricht zu helfen und /2. 7/ folgt der Spur zum Schlupfwinkel der Wasserriesen. /2. 12/ B. erhält von Unferth das Schwert Hrunting, das noch nie versagt hat, und /2. 13/ taucht in die Fluten, wo er von der Grendelin sogleich in ihre Höhle gezogen und im Zweikampf hart bedrängt wird; Hrunting versagt zum ersten Male. /2. 15/ Doch mit Hilfe eines alten Schwertes, das er in der Höhle findet, überwindet der Held die Riesin; das Schwert schmilzt in der Hitze ihres Bluts wie Eis in der Frühlingssonne. /2. 16/ Wieder ist das Unglück abgewendet. /2. 17/ B. kehrt im Triumph nach Heorot zurück; man feiert ein Fest. Das Schwert Hrunting wird Unferth wieder ausgehändigt und für die Gabe Dank gespendet. /2. 18/ Der Held und seine Schar machen sich reich beschenkt auf den Rückweg zu den Gauten und werden von König Hygelac empfangen. /2. 19/ B. berichtet von seinen Taten und erhält von Hygelac das Schwert Hrethels, 7.000 Hufen Landes, eine Halle und die Würde eines Fürsten. /2. 20/ Nach Hygelacs Tod wird B. König der Gauten.

/3. 1/ Er regiert das Land 50 Jahre lang glücklich. /3. 2/ Da entwendet ein Sklave aus einem Grabhügel einen Becher und erregt den Zorn des Drachen, der Hügel und Hort bewacht. /3. 4/ Der Drache überzieht das Land in der nächsten Nacht mit einer Feuersbrunst. /3. 5/ B. erhält Kenntnis von dem Unglück und /3. 6/ beschließt für Abhilfe zu sorgen. /3. 7/ Mit elf Gefährten macht er sich auf den Weg zum Schlupfwinkel des Drachen. /3. 13/ Ein gewaltiger Zweikampf beginnt, in den der Degen Wiglaf als Helfer eingreifen muß; B.s Schwert Nægling zerbricht. /3. 14/ Der Held trägt eine Wunde davon, die sich als tödlich erweist. /3. 15/ Doch mit Wiglafs Hilfe gelingt es noch, den Drachen zu besiegen. /3. 16/ Wieder ist das Unglück abgewendet.

3. 1. Vergleichende Forschung. Im Gegensatz zu den im 19. Jh. vorherrschenden naturmythol. Spekulationen charakterisierte J. Earle die B.dichtung 1884 treffend als „a tale of old folklore, which [...] has never quite lost the old crust of its outline“[1]. Schon L. → Laistner präzisierte diese Behauptung, indem er in den Grendelkämpfen das sog. Märchen vom → *Bärensohn* erkannte[2], doch blieb es des Germanisten F. → Panzer monumentaler vergleichender Unters.[3] vorbehalten, durch eine Fülle von mehr als 200 Analogien aus Europa und Asien unwiderleglich nachzuweisen, daß die Grendelkämpfe „nicht bloß einzelmotive aus märchen enthalten, sondern auf eine lange strecke hin schritt für schritt einem märchen gleichlaufen.“[4] Kernstück der Fabel scheint zu sein, daß der Held, der von wunderbarer Abkunft, häufig der Sohn eines Bären ist und über übernatürliche Kräfte verfügt, in der Unterwelt oder in einer unterirdischen Höhle einen Kampf mit einem oder mehreren Ungeheuern zu bestehen hat; diesem kann ein ähnlicher Kampf in einem Hause oder einer Halle vorausgehen. Dabei kann das Ungeheuer zuerst in männlicher, dann in weiblicher Gestalt auftreten. Von den vielen Parallelen zu den Grendelkämpfen im B. weist namentlich die Sandhaugar-Episode in der anord. *Grettis saga* (ca 1300—1320) schlagende Übereinstimmungen auf[5]. Da bei dem Abenteuer in der Unterwelt häufig Prinzessinnen oder Jungfrauen befreit wurden (ein Motiv, das der europ. Tradition fehlt), nannten Aarne/Thompson den Typ *The Three Stolen Princesses* (AaTh 301: *Die drei geraubten → Prinzessinnen*). Übereinstimmungen (in der wunderbaren Abkunft und der übernatürlichen Kraft des Helden) zeigt auch der Typ *Strong John* (AaTh 650 A: → *Starker Hans*) für den mitunter irreführend die Bezeichnung *The Bear's Son* verwendet wird. Diesem Typ fehlt die Zweiheit der Kämpfe und namentlich das charakteristische Abenteuer in der Unterwelt. Der Typ *The Three Stolen Princesses* ist heute in über 600 Beispielen nachgewiesen, von denen einige bei Panzer abgedruckt und weitere bei AaTh verzeichnet sind[6]. Über diese Analogien hinaus ist sowohl von Forschern, welche die stofflichen Zusammenhänge der Grendelkämpfe mit AaTh 301 anerkennen, als auch von solchen, die sie bestreiten, in teilweise überzogener Weise auf Parallelen aus dem → keltischen Erzählgut *(The Hand and the Child)* hingewiesen worden[7].

Auch der Drachenkampf ist mit weit über 1000 über die halbe Erde verbreiteten Versionen ein wohlbezeugter Märchentyp (AaTh 300: → *Drachentöter*). Es wird aber in der Regel nicht für wahrscheinlich gehalten, daß der B.dichter in der Überlieferung bereits eine Kombination der Typen 301 und 300 (Grendelkämpfe und Drachenkampf) vorgefunden habe, obwohl eine solche Dreierstruktur (→ Dreigliedrigkeit) mit → Achtergewicht nach A. → Olrik den Formgesetzen der Volksdichtung durchaus entspricht und oriental. Varianten von AaTh 301 überliefert sind, die ein 2. Unterweltabenteuer aufweisen, in dem sich AaTh 300 fast vollständig wiederfindet[8]. Wesentlich ist, daß in den volkstümlichen Drachentötergeschichten in der Regel eine Prinzessin befreit und gewonnen wird und der Held stets mit dem Leben davonkommt. Trotz möglicher motivlicher Beeinflussungen des B. durch AaTh 300 (cf. etwa Mot. B 11: *Dragon*; Mot. G 346: *Devastating monster. Lays waste to the land*; Mot. B 11. 2. 11: *Fire-breathing dragon*) ist die Kombination der Typen also wohl noch nicht auf der Ebene des Märchens, sondern erst auf der Ebene der Heldensage vollzogen worden: „Ein Heldenleben zielt auf Drachenkampf. Der Urform gehört diese berühmteste Episode oft nicht an, sie wächst der Erzählung im Laufe ihrer Entwicklung zu"[9].

3.2. Strukturalistische Forschung. Im Gegensatz zu der großen und in jüngerer Zeit wieder zunehmenden Zahl komparatistischer Forschungsbeiträge bedienen sich nur zwei Unters.en strukturalistischer Methoden. Ausgehend von Propps *Morphologie des Märchens*[10] und seinem Postulat einer konstanten Märchenstruktur, bestehend aus einer begrenzten Zahl von etwa 30 Funktionen oder Motivemen, die in unumkehrbarer Reihenfolge eine relativ feste syntagmatische Kette bilden, haben T. A. Shippey und D. R. Barnes die B.handlung einer 'Motivemanalyse' unterzogen und sind unabhängig voneinander zu weitgehend übereinstimmenden und überzeugenden Ergebnissen gelangt[11].

Die folgende Analyse weicht in gewissen Punkten von den Ergebnissen der beiden Forscher ab, da diese m. E. in einigen Fällen der grundlegenden Gefahr der strukturalistischen Betrachtungsweise nicht entgangen sind: das Material zu gewaltsam auf die Grundfunktionen Propps zurückzuführen.

Der römischen Bezifferung der Funktionen bei Propp werden in Schrägstrichen die oben (unter Kap. 2) eingeführten Siglen der entsprechenden Segmente der B.handlung gegenübergestellt.

Die Ausgangssituation des Märchens vermittelt „oft das Bild eines außergewöhnlichen Wohlergehens", das „als Kontrast zu dem folgenden Unglück dient"[12]. Sie ist im B. vor allen drei Kämpfen durch die Segmente /1. 1/, /2. 1/, /3. 1/ repräsentiert. Darauf werden die Funktionen wie folgt realisiert:

V. Der Gegenspieler erhält Information über sein Opfer: /1. 2/, /3. 2/; VII. Das Opfer [...] hilft unfreiwillig dem Gegenspieler: /1. 3/, /2. 3/; VIII. Der böse Gegenspieler fügt einem Familienmitglied Schaden oder Verlust zu: /1. 4/, /2. 4/, /3. 4/; IX. Ein Unglück oder der Wunsch, etwas zu besitzen, werden verkündet, dem Helden wird eine Bitte bzw. ein Befehl übermittelt, man schickt ihn aus oder läßt ihn gehen: /1. 5/, /2. 5/, /3. 5/; X. Der Sucher ist bereit bzw. entschließt sich zur Gegenhandlung: /1. 6/, /2. 6/, /3. 6/; XI. Der Held verläßt das Haus: /1. 7/, /2. 7/, /3. 7/; XII. Der Held wird auf die Probe gestellt, ausgefragt, überfallen etc. wodurch der Erwerb des Zaubermittels oder des übernatürlichen Helfers eingeleitet wird[13]: /1. 8/, /1. 9/, /1. 10/; XIII. Der Held reagiert auf die Handlungen des künftigen Schenkers: /1. 11/; XIV. Der Held gelangt in den Besitz des Zaubermittels[14]: /2. 12/; XVI. Der Held und sein Gegner treten in einen direkten Zweikampf: /1. 13/, /2. 13/, /3. 13/; XVII. Der Held wird gekennzeichnet[15]: /3. 14/; XVIII. Der Gegenspieler wird besiegt: /1. 15/, /2. 15/, /3. 15/; XIX. Das anfängliche Unglück ist gutgemacht bzw. der Mangel behoben: /1. 16/, /2. 16/, /3. 16/; XX. Der Held kehrt zurück: /2. 17/; XXIII. Der Held gelangt unerkannt nach Hause zurück oder in ein anderes Land[16]: /2. 18/; XXIX. Der Held erhält ein anderes Aussehen[17]: /2. 19/; XXXI. Der Held vermählt sich und besteigt den Thron[18]: /2. 20/.

Die obige Analyse zeigt deutlich, daß dem B. trotz seiner zahlreichen Episoden und Digressionen eine über weite Textcorpora hin als konstant nachweisbare, hinsichtlich ihrer einzelnen Funktionen oder Komponenten selektiv realisierbare Struktur zugrundeliegt, welche der von Propp nachgewiesenen morphologischen Struktur der Märchen entspricht. Freilich ist nicht sicher, ob Propps grundlegende Binarität der Motiveme / Schädigung / oder / Mangel / und / Beseitigung des Schadens / oder / Behebung des Mangels / sowie die vermittelnden Funktionen auf das Märchen beschränkt sind oder nicht vielmehr Grundphänomene der Narrativik und auch der Handlungswirklichkeit darstellen[19]. Wie die einzelnen Funktionen wiederholbar sind, so auch die ganze Funktionsreihe oder Sequenz, wobei in der Regel die Dreizahl bevorzugt wird[20]. Die größte Zahl von Funktionen erreicht die 2. Sequenz, die den Helden zum Höhepunkt der Märchenhandlung, der Königswürde, führt und das Repertoire der Funktionen praktisch erschöpft. In der 3. Sequenz ist die Idealstruktur nur bis zur Funktion XIX. (Aufhebung des Unglücks: /3.16/) realisiert.

Eine Überführung des toten Helden als XX. (Rückkehr) und seine Bestattung als XXIX. (Transfiguration) zu deuten, wie Barnes es tut, scheint das Schema zu überfordern und die Abweichungen und ihre Signifikanz zu übersehen. Das Märchen kennt keinen toten Helden. Auch B.s tödliche Verwundung ist als XVII. (Kennzeichnung) zu schemagetreu interpretiert. Propp denkt hier an leichte Verwundungen, die später dazu dienen, den Helden wiederzuerkennen[21]. Diese Abweichungen sollten gerade zeigen, daß der Dichter zwar auch in der 3. Sequenz weitgehend mit den tradierten Funktionen arbeitet, aber eben kein Märchen schreibt, sondern Heldendichtung. Richtig haben beide Forscher gesehen, daß allein die Funktionsanalyse Propps ein bisher nicht befriedigend gelöstes Problem der B.forschung, die sog. Unferth-Episode, zu erklären vermag. Wenn auch die spezifische Funktionsträgertransformation (Unferth als Hofbeamter Hrothgars) noch nicht restlos klärbar ist, so ist doch die betr. Funktion im Handlungsablauf klar: der Held wird einer Befragung und Prüfung unterzogen, nach deren Bestehen er die → Gabe erhält. (Wenn die Übergabe des Schwertes Hrunting in die 2. Sequenz verwiesen wurde, so dient dies der heroischen Charakterisierung des Helden, der im ersten Kampf aus Ritterlichkeit wie sein Gegner Grendel ohne Waffen, nur mit der Kraft seiner Hände kämpft. Wenn Hrunting letztlich gegen die Grendelin nichts auszurichten vermag, so darf darin kein Verrat Unferths gesehen werden, sondern ein Steigerungselement zur Akzentuierung des zweiten Kampfes: „die phantastisch wunderhafte Gabe", die in der Regel „jede beliebige Situation" bewältigt[22], taugt in diesem Kampfe nicht! Daß der Held das Ungeheuer schließlich mit einem Schwert besiegt, das er in der Höhle vorfindet, ist uralter Bestandteil der Fabel: cf. AaTh 301 IV [a]).

3. 3. Weitere Ansätze. Für den Märchenforscher nicht mehr von zentraler Relevanz, aber seinen Bemühungen, in der Fülle des Überlieferten wiederkehrende Motive und Typen aufzufinden, vielfach parallel laufend, ist das Studium von Themen und Szenentypen in der aengl. Epik, dem sich die Forschung in den letzten Jahren mit verstärktem Interesse zugewandt hat[23]. Eng verbunden mit diesem Forschungszweig ist auch die Untersuchung der Sprachformeln und ihrer Systeme, welche ebenfalls zum repertoirebildenden Traditionsgut der epischen Sänger gehören[24]. Die in Umkehrung der Beobachtung, daß mündlich tradierte Dichtung stets mehr oder weniger formelhaft ist, entwickelte Theorie, daß formelhafte Dichtung ihr Entstehen stets improvisierenden und möglicherweise des Schreibens unkundigen Sängern verdanken müsse ('oral formulaic theory'), hat in jüngster Zeit weiter an Glaubwürdigkeit verloren, seitdem an den Produkten zahlreicher Bantu-Dichter nachgewiesen werden konnte, daß die Formeln und Konventionen der oralen Dichtung beim Übergang vom mündlichen zum schriftlichen Kontaktmedium unverändert und konsequent weitergeführt werden[25]. Um das Bild abzurunden, sei noch darauf hingewiesen, daß sich in der methodischen Nachfolge der naturmythol.-allegorischen Spekulationen J. → Grimms, J. M. Kembles und K. → Müllenhoffs eine christl.-allegorische Forschungsrichtung herausgebildet hat und ein gewisses Prestige genießt. Für den Märchenforscher sind diese Beiträge, deren Resultate sich in der Regel wiss. weder zwingend beweisen noch widerlegen lassen, jedoch von geringerer Relevanz[26].

[1] Earle, J.: The B. In: The Times (25. 8. 1884) 6. – [2] Laistner, L.: Das Rätsel der Sphinx 2. B. 1889, 15–34; cf. auch Grimm, W.: Ir. Elfenmärchen. Lpz. 1826, CXIX–CXXIV. – [3] Panzer, F.: Studien zur germ. Sagengeschichte. 1: B. Mü. 1910. – [4] Heusler, A.: Rez. in: Engl. Studien 42 (1910) 290. – [5] cf. Garmonsway u. a. 1968 (v. Lit.) 312–316. – [6] Zu einer mexikan. Fassung v. Barakat, R. A.: John of the Bear and B. In: WF 26 (1967) 1–11. – [7] v. hierzu Reimann, D. H.: Folklore and B.'s Defence of Heorot. In: English Studies 42 (1961) 231sq., cf. auch Szövérffy, J.: From B. to the Arabian

Nights (Preliminary Notes to AaTh 301). In: MF 6 (1956) 89–124, hier 103–106. – [8] ibid., 96–102. – [9] Lüthi, M.: Urform und Zielform in Sage und Märchen. In: Fabula 9 (1967) 41–54, hier 50. – [10] Alle Stellenangaben beziehen sich auf Propp, V. J.: Morphologie des Märchens. ed. K. Eimermacher. Mü. 1972. –

[11] Shippey, T. A.: The Fairy-Tale Structure of B. In: NQ 214 (1969) 2–11; Barnes, D. R.: Folktale Morphology and the Structure of B. In: Speculum 45 (1970) 416–434. – [12] Propp, 85, cf. auch 32. – [13] Nach ibid., 44 gehören hierzu auch die Funktionen 'Begrüßung und Befragung'. – [14] ibid., 47 nennt unter den Gegenständen, die als 'Zaubermittel' fungieren können, ausdrücklich das Schwert. – [15] Nach ibid., 54 kann diese Funktion durch eine Verwundung im Kampfe realisiert werden. – [16] Nach ibid., 63 kann aber auch unmittelbar nach der Rückkehr die Identifizierung erfolgen. – [17] Nach ibid., 63 kann hierzu auch die Errichtung eines Schlosses gehören. – [18] Nach ibid., 64 ist auch einfache Thronbesteigung häufig. – [19] cf. Lüthi, Europ. Volksmärchen, 118sq. – [20] Propp, 74. –

[21] XXVII., cf. Propp, 63. – [22] Lüthi, Europ. Volksmärchen, 56. – [23] Fry, D. K.: Old English Formulaic Themes and Type-Scenes. In: Neophil. 52 (1968) 48–54, dort auch Definitionen und weitere Lit. – [24] id.: Old English Formulas and Systems. In: English Studies 48 (1967) 193–204, dort auch Definitionen und weitere Lit. – [25] Opland, J.: „Scop" and „Imbongi" – Anglo Saxon and Bantu Oral Poets. In: English Studies in Africa 14 (1971) 161–178; cf. vom gleichen Verf., ibid. 16 (1973) 87–90. – [26] Hierzu Sisam 1965 (v. Lit.) 17sq.; Wrenn/Bolton ³1973 (v. Lit.) 82–87.

4. Überformungen des Märchenstoffes. Trotz der z. T. schlagenden Übereinstimmung zwischen der Handlung des B.epos und gewissen Märchentypen und -motiven, wozu neuerdings noch der Nachweis der Märchenstruktur käme (cf. Kap. 3. 2.), hat man es immer abgelehnt, die Dichtung als eine Version des Bärensohnmärchens (im Sinne Laistners und der älteren Forschung; cf. Kap. 3. 1.) zu bezeichnen. Dies ist bedingt durch eine Reihe wesentlicher Umgestaltungen. Insbesondere erfahren Held und Handlung eine räumliche und zeitliche Fixierung im Skandinavien des 5. und 6. Jh.s, die wir als hist. Überformung des Stoffes bezeichnen wollen (4. 1.); weiter werden Held und Handlung in die heroisch-aristokratische Gesellschaft der betr. Zeit und des betr. Raumes erhoben und erfahren eine entsprechende Stilisierung, die soziale Überformung (4. 2.); schließlich werden die Personen der Handlung von einem christl. Verfasser für eine christianisierte Zuhörerschaft mehr oder weniger konsequent als Christen dargestellt, die christl. Überformung (4. 3.). Da das Kennzeichen des Märchenhelden und seiner Abenteuer in der Regel die → Isolation ist, ihm die Beziehung zur Vor-, Um- und Nachwelt fehlt, sind in diesen drei Überformungen grundlegende Veränderungen zu sehen, die es nahelegen, nunmehr von → Sage, präziser, von → Heldensage zu sprechen[1].

4. 1. Hist. Überformung. B., dessen Name „Bienenwolf" allgemein als Kenning für 'Bär' gedeutet wird und damit (wie die Namen Bärenmensch, Bärensohn, Bärenjunge, Bjarndreng, Bärenhansel, Bärenohr, Peter Bär, Hans Bär, Jean de l'Ours, Jean l'Ourson, Gian dell' Orso, Juan del Oso, John Bear, Bjarki etc.)[2] noch einen Nachklang des alten Märchenmotivs (Mot. B 631, B 631. 1, F 611. 1. 1., F 611. 1. 5, F 611. 1. 14) bewahren könnte, erscheint in der Dichtung als Neffe, Gefolgsmann und schließlich Thronfolger des Gautenkönigs Hygelac, dessen um 520 datierter Zug gegen das fries. Gebiet der Franken durch fränk. Geschichtsquellen des 6. und 8. Jh.s als historisch bezeugt ist. Die Untaten des Ungeheuers Grendel und seiner Mutter werden am Hofe des Dänenkönigs Hrothgar verübt, von dem auch → Saxo Grammaticus und die anord. Sagatradition berichten. Überzeugend ist die Gleichsetzung der Halle Heorot mit dem glänzenden dän. Königssitz in Lejre bei Roskilde auf Seeland. Daß die Dänen Ende des 5. Jh.s – also zur Regierungszeit Hrothgars – ein mächtiges Volk waren, bezeugen der griech. Historiker Prokop (6. Jh.) und andere Geschichtsquellen. Wenn B. als Degen Hygelacs auch an den Auseinandersetzungen zwischen Gauten und Schweden teilnimmt und sein Tod im Drachenkampf durch die Prophetie, nun sei der Untergang der Gauten durch die Schweden besiegelt, einen bes. Akzent erhält, so wird der Held hier in kausale Relation gesetzt zu hist. Prozessen des 6. Jh.s, deren Resultat das Verschwinden

der Gauten aus der Geschichte und die Herausbildung der heutigen Nationalstaaten Schweden und Dänemark ist[3].

4. 2. Soziale Überformung. Der hist. Überformung verwandt und durch diese bedingt ist die Eingliederung des Märchenhelden in die spezifischen sozialen Ordnungsformen und Bindungen des germ. Kriegeradels der Völkerwanderungszeit.

Zentral für diese Gesellschaft ist der soziale Verband des Comitatus, der Gefolgschaft, mit ihrem über alle Sippen- und Stammesbindungen triumphierenden Gebot der absoluten Treuebindung zwischen Gefolgschaft und Gefolgsherrn. B. ist Gefolgsmann König Hygelacs und Gefolgsherr der Schar, mit der er zu König Hrothgar und gegen den Drachen zieht. Obwohl diese sozialen Bindungen für die eigentliche Handlung irrelevant bleiben, da der Held seine Siege in märchenhafter Isolation, bestenfalls mit einem → Helfer erringt, so bilden sie doch einen allgegenwärtigen Hintergrund und tragen wesentlich zum Aufbau der sich zum Achtergewicht steigernden Dreierstruktur bei: beim Grendelkampf ist die Gefolgschaft anwesend und schlägt mutig, wenn auch erfolglos, auf das Ungeheuer ein; beim Kampf mit Grendels Mutter bleibt die Gefolgschaft am Ufer des Moorsees zurück, harrt aber treu aus, während die Dänen den Helden tot wähnen und abziehen; beim Drachenkampf wird die Gefolgschaft von Entsetzen ergriffen und flieht. Dem Element *Betrayal of Hero*, welches uralter Bestandteil des Märchentyps ist (AaTh 301 V), wachsen also vor dem stärker kontrastierenden Hintergrund der Gefolgschaftsethik und ihrer Treuebindung neue Wirkungsmöglichkeiten zu. Wenn es im B. an seinem ursprünglichen Ort in der 2. Sequenz nur andeutungsweise realisiert, seine volle Entfaltung aber in die 3. Sequenz verlegt wird, so trägt dies wesentlich zur Differenzierung der drei Kämpfe und zum Aufbau der sich steigernden Dreierstruktur bei[4].

Zur sozialen Fixierung von Held und Handlung gehören auch die zahlreichen Erwähnungen und ausführlichen Schilderungen der Waffen des Kriegers, was bemerkenswert ist, da diesen angesichts der → Unverwundbarkeit der alten Märchenungeheuer namentlich in den beiden ersten Kämpfen keine zentrale Funktion im eigentlichen Geschehen zukommt und nach einem zweifellos alten Bestandteil des Märchentyps die Überwindung der Gegner in der Unterwelt durch ein dort zufällig aufgefundenes Schwert erfolgt (AaTh 301 IV). Man hat die Waffen als die Symbole der heroischen Zeit bezeichnet, und das Anlegen des Rüstungsensembles von Panzer, Helm, Schwert, Schild und Lanze (der sog. Waffenkatalog) ist – wie schon bei → Homer und später in den → Chansons de geste – zu einem beliebten Bauelement, einem Szenentyp (v. Kap. 3. 3.) der Heldendichtung geworden[5]. Dabei sind namentlich Panzer und Helm, die sowohl in Bodenfunden wie auch in schriftlichen Denkmälern fast ausschließlich im Zusammenhang mit den Spitzen des Kriegeradels erscheinen, signifikante soziale Indikatoren[6]. Wichtig ist auch hier die Funktionalisierung dieser dem Märchen aus der sozialen Fixierung zugewachsenen Elemente zur Realisierung der idealen Dreierstruktur: Vor dem ersten Kampf legt B. die Waffen Stück für Stück ab, da auch Grendel unbewaffnet ist ('invertierter' Waffenkatalog); vor dem zweiten Kampf wird der eigentliche Waffenkatalog eingesetzt, wobei sich die Brünne als notwendiger Lebensretter erweist, das Schwert des Helden aber nichts auszurichten vermag; den entscheidenden Schlag führt der Held mit einer Waffe, die nicht zu seiner normalen Ausrüstung gehört; auch im dritten Kampf ist eine außergewöhnliche Waffe erforderlich, der eigens angefertigte feuerfeste Schild; das Schwert des Helden zerbricht, und der Helfer muß mit seinem Schwert eingreifen. Der Waffenkatalog tritt also in drei Variationen auf und dient ebenfalls der Differenzierung der Kämpfe zu einer sich steigernden Dreierstruktur[7].

Wird der Held voll in die sozialen Ordnungsformen der aristokratisch-heroischen Gesellschaft integriert, so bewahren seine → Gegenspieler auch nach der Einbettung der Handlung in die festgefügte germ. Gesellschafts- und Rechtsordnung etwas von der Isolation der alten Märchenfiguren. So wird namentlich Grendel zum Verbannten, der in Moor und Mark ein friedloses Dasein außerhalb der menschlichen Gemeinschaft führen muß[8]. Das Verhältnis der Ungeheuer zur menschlichen Gesellschaft wird – ebenso wie das Verhältnis zwischen Gauten und Schweden – unter der Rechtsfigur der Fehde gesehen und damit ebenfalls fest in der germ. Rechtsordnung verankert[9].

4. 3. Christl. Überformung. Weniger tiefgreifend als die heroisch-aristokratische scheint die christl. Überformung des Stoffes zu sein. Zwar wird in der Halle Heorot vor den Kriegern die christl. Schöpfungsgeschichte vorgetragen, und es ist immer wieder Gott, der die Welt regiert und dem Helden den Sieg verleiht, doch scheint die Fixierung in diesem Bereich am wenigsten fest.

Die These, daß ein Herauslösen der christl. Elemente nicht möglich wäre, ohne den Charakter des gesamten Gedichtes zu verändern, scheint in der neueren Forschung an Anhängern zu verlieren[10]. Der Handlungsverlauf wird durch die christl. Überformung ebensowenig berührt wie durch die hist. oder die soziale. Wenn F. Klaeber annimmt, beim Kampf mit Grendels Mutter sei Gott in die Funktion der in der Unterwelt gefangenen Prinzessinnen oder Jungfrauen anderer Versionen des Märchentyps eingetreten, da er den Helden auf das wunderbare Schwert (AaTh 301 IV) aufmerksam macht[11], so ist dem entgegenzuhalten, daß dieses Motiv nicht in dem Bericht des Erzählers vom eigentlichen Kampf zu finden ist, sondern (in verallgemeinerndem Kontext) in B.s rhetorischer Wiedergabe seiner Erlebnisse vor Hrothgar (Z. 1661–64). Unbestreitbar ist aber, daß die Taten B.s durch die christl. Überformung eine neue Dimension gewinnen, da Grendel kein gewöhnlicher Troll ist, sondern – wie alle Unholde – ein Nachfahre des Brudermörders Kain (Z. 107), ein Heide (Z. 852, 986), Gottes Widersacher (Z. 1682) und ein Teufel (Z. 756, 1680); Grendels Mutter ist z. T. in diese Prädikate direkt eingeschlossen (Z. 1680). Den Drachen freilich als den Erzfeind zu deuten oder in B. den Erlöser sehen zu wollen, ist wieder reine Interpretation[12]. Dennoch darf man wohl auch in der christl. Überformung eine Bereicherung des Stoffes erblicken: Das alte Märchengeschehen von der Überwindung der Unholde wird Teil des göttlichen Heilsplanes und der Held dessen Vollstrecker.

[1] Lüthi, Europ. Volksmärchen, 13, 37 und öfter; See, K. von: Germ. Heldensage. Ffm. 1971, 9–15, 23sq. und öfter. – [2] Chambers/Wrenn [3]1959 (v. Lit.) 365–381. – [3] Farrell, R. T.: The Scandinavian Backgrounds of B. In: Hoops Reall. 2 ([2]1976) 241–244; Wrenn/Bolton [3]1973 (v. Lit.) 34–45. In diesen Zusammenhang gehört auch, daß das im B. gezeichnete Kultur- und Zivilisationsbild mit den archäologischen Funden des 6. und 7. Jh.s übereinstimmt; hierzu Ellis Davidson, H. R.: Archaeology and B. In: Garmonsway u. a. 1968 (v. Lit.) 350–364. – [4] Jones, P. F.: B. 2596–99. In: Modern Language Notes 45 (1930) 300sq.; Markland, M. F.: The Craven Comitatus. In: College English 22 (1960–61) 341–343; Toole, W. B.: B. and his Followers. In: American Notes and Queries 12 (1973) 23sq. – [5] Bowra, C. M.: Heroic Poetry. L. 1952, 191–194, 266; cf. Hoops Reall. 2 ([2]1976), s. v. Bewaffnung, bes. 474sq. – [6] Hoops Reall. 2 ([2]1976) 465. – [7] Clark, G.: B.'s Armor. In: English Literary History 32 (1965) 409–441; Irving, E. B.: A Reading of B. New Haven 1968, 14, 217. – [8] Baird, J. L.: Grendel the Exile. In: NeuphilMitt. 67 (1966) 375–381. – [9] Kahrl, S. J.: Feuds in B. In: Modern Philology 69 (1972) 189–198. – [10] Halverson, J.: B. and the Pitfalls of Piety. In: University of Toronto Quarterly 35 (1965–66) 260–278; Moormann, C.: The Essential Paganism of B. In: MLQ 28 (1967) 3–18. – [11] Klaeber [3]1950 (v. Lit.) 187, cf. XLVIII–LI. – [12] Hierzu Sisam 1965 (v. Lit.) 24sq., 72–79.

5. Zusammenfassung. Das aengl. B.-epos verdankt seine Überlieferung seinen märchenhaften Elementen. Die vergleichende Märchenforschung stellt die Kernhandlung des Epos mit hinreichender Wahrscheinlichkeit zu AaTh 301, wobei angenommen wird, daß gewisse Motive, die dem Heldenepos nicht angemessen waren (etwa das der geraubten Prinzessinnen und das der romantischen Liebe), im Laufe der Entwicklung ausgeschieden wurden. Der Stoff ist – nach dem Urteil eines der besten Kenner – „one of the

most popular in the world"[1]. Die strukturalistische Märchenforschung hat nachgewiesen, daß nicht nur die Motive, sondern auch ihre Kombination der Struktur der Märchen entspricht. Weitere Forschung könnte freilich erweisen, daß es sich hier zumindest z. T. um Grundstrukturen der Narrativik allgemein handelt, welche entsprechende Grundstrukturen der Handlungswirklichkeit spiegeln. Die mit Blick auf spezifische Rezipientenkreise vorgenommenen Überformungen und Fixierungen des Stoffes in spezifischen hist., sozialen und religiösen Bereichen berühren den märchenhaften Kern der Handlung nicht wesentlich. Die hist. und soziale Fixierung markieren den Schritt zur Heldensage, akzentuieren aber auch die für die Volkslit. typische Dreierstruktur mit Achtergewicht.

[1] Thompson, Folktale, 33.

Bibliogr.: Fry, D. K.: B. and the Fight at Finnsburh. A Bibliography. Charlottesville, Va. 1969 (der Märchenforscher findet die für ihn relevanten Titel unter den Siglen „ana" (= analogues), „mth" (= mythology, folklore etc.), „tec" (= narrative technique) und „thm" (= themes) am Schluß des Bandes zusammengestellt.)

Ausg.n, Konkordanzen und Übers.en: Heyne, M. / Schücking, L. L. / Schaubert, E. von: B. Paderborn (1863) [18]1963 (Text, Kommentar und Glossar). – Klaeber, F.: B. and the Fight at Finnsburg. Boston (1922) [3]1950 (mit Suppl.). – Malone, K.: The Nowell Codex (Early English Manuscripts in Facsimile 12). Kop. 1963 (Faks.). – Wrenn, C. L. / Bolton, W. F.: B. with the Finnesburg Fragment. L. [3]1973. – Cook, A. S.: A Concordance to B. Halle 1911. – Bessinger, J. B. / Smith, P. H.: A Concordance to B. Ithaca, N. Y. 1969. – Gering, H.: B. nebst dem Finnsburg-Bruchstück übers. und erläutert. Heidelberg [2]1913.

Hbb.: Lawrence, W. W.: B. and Epic Tradition. Cambridge, Mass./Ox. 1928. – Hoops, J.: Kommentar zum B. Heidelberg 1932. – Chambers, R. W. / Wrenn, C. L.: B. An Introduction to the Study of the Poem. Cambridge [3]1959. – Garmonsway, G. N. / Simpson, J. / Ellis Davidson, H.R.: B. and its Analogues. L./N. Y. 1968. – Irving, E. B.: Introduction to B. Englewood Cliffs 1969.

Lit.: Berendsohn, W. A.: Zur Vorgeschichte des B. Kop. 1935. – Tolkien, J. R. R.: B.: The Monsters and the Critics. Ox. 1936. – Bonjour, A.: The Digressions in B. Ox. 1950. – Whitelock, D.: The Audience of B. Ox. 1951. – Smithers, G. V.: The Making of B. Durham 1961. – Bonjour, A.: Twelve B. Papers, 1940–1960. With Additional Comments. Genf 1962. – Sisam, K.: The Structure of B. Ox. 1965. – Ringbom, H.: Studies in the Narrative Technique of B. and Lawman's Brut. Åbo 1968. – Brodeur, A. G.: The Art of B. Berk./L. A. [2]1969. – Jones, G.: Kings, Beasts and Heroes. L. 1972.

Köln Klaus Ostheeren

Berber → Algerien, → Marokko, → Tunesien

Berceo, Gonzalo de, *in der Nähe des Klosters San Millán de la Cogolla (Provinz Logroño) um 1195, † ebenda nach 1265, span. Priester und Verf. von Heiligenleben: *Vida de San Millán* (Emilianus), *Vida de Santo Domingo de Silos* und Marienlegenden: *Milagros de Nuestra Señora, Loores de Nuestra Señora.* B. gehörte zum Mester de Clerecía, d. h. er schrieb in der gelehrten Metrikform des span. MA.s: Strophen mit vier gleichreimigen Alexandrinern. Er griff lat. Vorlagen auf und formte sie in der Art der Juglares für ein breites Publikum. Detailfreude, rustikale Milieuschilderung und schlichte Sprache sind für ihn kennzeichnend. Die 25 Marienmirakel erzählen vom übernatürlichen Eingreifen der Himmelskönigin zugunsten ihrer irdischen Vasallen: Sie bewahrt einen gehenkten, gläubigen Dieb vor dem Tode, rettet betende Schiffbrüchige und bekehrt den Teufelsbündner → Theophilus. Der hohe Bekanntheitsgrad dieser Marienlegenden hatte Einfluß auf die Entwicklung des Genres.

Ausg.n: Milagros de Nuestra Señora. ed. A. G. Solalinde. Madrid [6]1964. – Los milagros de Nuestra Señora. ed. B. Dutton. L. 1971. – Estoria de San Millán. ed. G. Koberstein. Münster 1964. – La vida de San Millán de la Cogolla. ed. B. Dutton. L. 1967.

Lit.: Becker, R.: G. de B.s milagros und ihre Grundlagen. Straßburg 1910. – Dutton, B.: G. de Berceo: Unos datos biográficos. In: Internat. Kongreß der Hispanisten 1. Ox. 1964, 249–264. – Gariano, C.: Análisis estilistica de los „Milagros [. . .]" de B. Madrid 1965. – Franzbach, M.: Die Planctus Mariae Virginis von G. de B. und Jacopone da Todi. In: Cultura neolatina 27 (1967) 95–108. – Artiles, J.: Los recursos literarios de B. Madrid 1968. –

Devoto, D.: Tres notas sobre B. y la historia eclesiastica española. In: Bulletin hispanique 70 (1968) 261–299. – Kinkade, R. P.: A New Latin Source for B.s „Milagros". In: Romance Philology 25 (1971) 188–192. – Dutton, B.: El reflejo de las literaturas romanas en las obras de G. de B. In: Studia hispanica in honorem R. Lapesa 2. Madrid 1974, 213–224. – Saugnieux, J.: Sur l'économie du salut dans les „Milagros [. . .]" de B. In: Les Lettres romanes 28 (1974) 13–48. – Dutton, B.: A Chronology of the Works of G. de B. In: Medieval Hispanic Studies Presented to R. Hamilton. ed. A. D. Deyermond. L. 1976, 67–76.

Salzburg Ulrike Ehrgott

Berechja ha-Nakdan, Sohn des Natronaj, jüd. Fabelsammler, Übersetzer und Grammatiker. Lebensdaten (Ende 12.–13. Jh.) wie Herkunft (England, Frankreich) sind umstritten. Mehrere Forscher identifizieren ihn mit Benedictus le Puncteur, den Richard I. 1154 beschenkte; wahrscheinlicher ist jedoch, daß er zuerst in der Normandie wirkte und dann nach England kam. B. beherrschte mehrere Sprachen; u. a. übersetzte er das naturwiss. Werk *Quaestiones naturales* des im 12. Jh. lebenden engl. Platonikers Adelard von Bath ins Hebräische und verfaßte ethische Abhandlungen; in einer Oxforder Hs. liegt das Lapidarium *Die Kräfte der Steine* (Koăh 'abanîm) vor.

Für die Erzählforschung wichtig ist seine Sammlung von *Fuchsfabeln* (Mišlê šûalîm), die – entgegen dem Titel – auch Fabliaux, Schwänke und Kettenmärchen enthält (z. B. num. 28, 80, 81, 84, 107). Die gedruckten Ausgaben enthalten meist 107 Erzählungen, die Hss. manchmal mehr; die Hs. der Budapester Landesrabbinerschule ist mit 116 die umfangreichste. Diese Hs. gliedert übrigens die Fabeln nach Tieren und stellt diese in der Reihenfolge ihrer Bedeutsamkeit dar. Die erste bekannte gedruckte Ausgabe erschien in Mantua 1557–59. Der Jesuitenpater Melchior Hanel (1627–1689) übersetzte sie mit Hilfe eines getauften Juden, Louis de Compiègne, ins Lateinische und veröffentlichte sie zusammen mit ihrem punktierten Text in Prag 1661 (*Parabolae vulpium rabbi Barachiae Nikdani*). Jakob Koppelmann ben Samuel Bonem gab eine gereimte jidd. Übersetzung heraus (Fbg 1588), ein Teil davon wurde in dem *Kuhbuch* des Moses ben Elieser Wallich (Ffm. 1687) abgedruckt. Lessing übersetzte auf Grund der Hanelschen Ausgabe sieben Texte, deren Gegenstücke er in den Äsopschen Fabeln nicht gefunden hatte, und führte damit B. in die Weltliteratur ein (cf. *30. Brief, die neueste Litteratur betreffend*).

Die Fabeln gehen auf → Äsop, → Phädrus und → Avianus zurück, wurden aber zumeist aus zwei unmittelbaren Quellen gespeist: 57 Fabeln weisen eine enge Beziehung zum lat. *Äsop* des Romulus (um 400 p. Chr. n.) auf, dessen verschiedene Bearbeitungen im MA. (z. B. das auf Romulus und Phädrus fußende Fabelbuch *Romulus Nilantinus* [11. Jh.]) sehr populär waren; 55 Fabeln hat B. mit dem *Esope* (um 1170) der → Marie de France gemeinsam. Auch sind Parallelen zum *Roman de Renart* (12./13. Jh.) unverkennbar. Nur eine Fabel, *Fuchs und Fische* (num. 6), stammt aus dem *Talmud*. Von allen Erzählungen bringt B. Heller Auszüge (v. Lit.) und weist auch auf verwandte Stoffe und Motive hin. Die Sammlung ist also kein jüd. Fabelbuch, sondern eine hebr.sprachige Fabelsammlung eines ma. Juden europ. Bildung.

B. erzählt die Fabeln in gereimter Prosa, verändert Details und wählt auch andere Tiere als seine Vorlagen. Als hervorragender Kenner der *Bibel* und des *Talmud* verwendet er bibl. Wendungen als Stilmittel, ohne damit religiöse Intentionen zu verbinden. Die mythol. Elemente seiner Quellen schaltet er aus, um dem Geschmack der jüd. Leser gerecht zu werden. Die Einleitung spricht davon, daß es sich um mündliche Erzählungen aus anderssprachigen Ländern handle, die der Verf. um neue Reime und Verse ergänzt habe.

Ausg.n: Mischle Schualim. ed. A. M. Habermann. Jerusalem/Tel Aviv 1946. – Hadas, M.: Fables of a Jewish Aesop. N. Y./L. 1967.

Lit.: BP 4, 334–344 (B. Heller). – Löwinger, D. S.: Dissertationes in honorem Dr. E. Mahler. Bud. 1937, 3–35. – Roth, C.: The Jews of Medieval Oxford. Ox. 1951. – Schwarzbaum, H.: Folk Narrative Motifs in the Mishlé Shu'alim of Rabbi Berechiah Ha-Nakdan. In: Papers of the Fourth World Congress of Jewish Studies 2. Jerusalem 1968, 33–36 (hebr.) 180 (engl.). – id.: The Vision of Eternal Peace in the Animal Kingdom (AaTh 62). In: Fabula 10 (1969) 107–131. – Enc. Judaica 4 (Jerusalem 1971) 596–598. – Schwarzbaum, H.: The Impact of the Mediaeval Beast Epics upon the Mishlé Shu'alim of Rabbi Berechiah Ha-Nakdan. In: Aspects of the Medieval Animal Epic. ed. E. Rombauts / A. Welkenhuysen. Leuven / The Hague 1975, 229–239. – Golb, N.: History and Culture of the Jews of Rouen in the Middle Ages. Tel Aviv 1976, 120–144 (hebr.). – Schwarzbaum, H.: The Mishlé Shu'alim of Rabbi Berechiah Ha-Nakdan. A Study in Comparative Fable Lore and Folklore. Tel Aviv (im Druck).

Budapest Alexander Scheiber

Berendsohn, Walter Arthur, *Hamburg 10. 9. 1884, promovierte 1912 in Kiel bei dem Germanisten F. Kauffmann mit einer Untersuchung über *Stil und Form der Aphorismen Lichtenbergs*, habilitierte sich an der Univ. Hamburg 1920 mit der Schrift *Grundformen volkstümlicher Erzählerkunst in den Kinder- und Hausmärchen der Brüder Grimm*, war 1920–1933 Dozent für Lit.geschichte in Hamburg, emigrierte wegen der Judenverfolgungen 1933 nach Dänemark und von dort 1943 nach Schweden, wo er seitdem lebt.

B. hat zahlreiche Schriften zur dt. und skand. Lit.geschichte verfaßt (v. Schr.-verz.). Für die Erzählforschung sind seine Habilitations-Schrift sowie seine biogr. und theoretischen Beiträge im HDM (v. Schr.verz.) von Bedeutung. In den *Grundformen* (Gfn) versuchte er, hinter den Buchfassungen der KHM mit Hilfe stilkritischer Analysen deren vorliterar. Gestalt zu eruieren. Ein weiteres Anliegen war ihm, unter Verwendung der → epischen Gesetze A. → Olriks die → Kategorien der Volkserzählungen neu zu determinieren, wobei er auf die drei alten Grundgattungen Märchen, Sage und Schwank zurückgriff, jedoch auch Zwischenformen postulierte (Märchenschwank, Schwankmärchen, Beispielsage etc.), was ihn für die moderne Erzählforschung wieder interessant macht (v. H. → Bausingers Bonmot von der „Gattungsdämmerung"). Den Widerspruch seiner Zeit (v. Rez.en) hat er mit Recht bei der oft merkwürdigen Einordnung der einzelnen KHM in sein Genre-Schema erfahren, so wenn er die Märchen → *Gevatter Tod* (AaTh 332), *Die beiden* → *Wanderer* (AaTh 613) oder *Die zertanzten* → *Schuhe* (AaTh 306) unter die Schwankmärchen einreiht (Gfn 86, 94, 96) oder die Erzählungen vom *Spielhansel* (AaTh 330) und von der → *Frau Holle* (AaTh 480) als Ätiologien zur Erklärung menschlicher „Spielsucht" oder der Herkunft des Schneefalls deklariert (Gfn 104, 117).

Schr.verz. B.s (Ausw.): Stil und Form der Aphorismen Lichtenbergs. Ein Baustein zur Geschichte des dt. Aphorismus. Kiel 1912. – Grundformen volkstümlicher Erzählerkunst in den Kinder- und Hausmärchen der Brüder Grimm. Hbg 1921 (2. erg. Aufl. Wiesbaden 1968). – Goethes Knabendichtung [i. e. „Joseph"]. Hbg 1922. – Der Stil Carl Spittelers; zur Frage des Versepos in neuerer Zeit. Zürich 1923. – Selma Lagerlöf. Heimat und Leben, Künstlerschaft, Werke, Wirkung und Wert. Mü. 1927. – Knut Hamsun. Das unbändige Ich und die menschliche Gemeinschaft. Mü. 1929. – Der lebendige Heine im germ. Norden. Kop. 1935. – Zur Vorgeschichte des „Beowulf". Kop. 1935. – Martin Andersen Nexös Weg in die Weltlit. B. (1949); dän.: Kop. 1948. – August Strindberg, ein geborener Dramatiker. Mü. 1956. – Nelly Sachs. Der künstlerische Aufstieg der Dichterin jüd. Schicksals. Dortmund 1962. – Dag Hammerskjöld und sein Werk. Sth. 1965. – Phantasie und Wirklichkeit in den „Märchen und Geschichten" H. C. Andersens. Walluf bei Wiesbaden 1973. Im HDM: Arnim, Achim von, und die Volksmärchen (1, 120–122); Arnim, Bettina von, und das Volksmärchen (1, 122–124); Brentano und das Volksmärchen (1, 323–325); Busch, W., als Märchensammler (1, 351–354); Büsching, Johann Gustav (1, 354–356); Chamissos Verhältnis zum Volksmärchen (1, 358 sq.); Dähnhardt, Oskar (1, 368–371); Einfache Formen (1, 484–498); Epische Gesetze der Volksdichtung (1, 566–572); Fouqués Verhältnis zum Volksmärchen (2, 207–209).

Rez.en: J. Bolte in: ZfVk. 30–32 (1920–22) 81. – E. Grohne in: Niederdt. Zs. für Vk. 2 (1924) 193–195. – T. Siebs in: Mittlgen der Schles. Ges. für Vk. 25 (1924) 160 sq.

Göttingen Kurt Ranke

Berg. Die majestätische Größe, die oft bizarren Formen, die grandiose Wildheit und Öde ihrer Landschaften, ihre Gefährlichkeit (Vulkanismus, Gletscher, Rutsche, Nebel), aber auch die Spenden ihres Inneren (Wasser, Erz, Höhlenschutz) und Äußeren (Wald, Wild) lassen die B.e im Denken des Menschen mit den verschiedensten, oft ambivalenten Funktionen begabt erscheinen.

1. Schon in den Mythen von der Entstehung der B.e spiegeln sich dualistische Schöpfungsvorstellungen wider. B.e können göttlichen Ursprungs sein (Mot. A 962), nach ind. Überlieferungen etwa sind sie die Kinder der Götter[1]. Nach einer anderen alten und weit verbreiteten Ansicht sind sie aus den Knochen einer Gottheit, eines Heros oder Riesen gebildet, nach der *Edda*[2] aus denen des Urriesen Ymir, eine Vorstellung, die nach R. Reitzenstein von manichäischen Mythen beeinflußt sein soll[3]. Auch hawai. und tahit. Sagen erzählen ähnliches (Mot. A 962.1), aztek. glauben, daß sie aus der Schulter der Erdgöttin geschaffen worden seien[4]. Eine bulg. Schöpfungssage berichtet, daß Gott die Erde mit einem Stock schlug, eine lett., daß er sie mit den Händen zusammendrückte[5], so daß B.e und Täler entstanden. Ein ung. Legendenmärlein bringt die Entstehung der B.e mit der Himmelfahrt Christi in Zusammenhang. Als der Gottessohn sich langsam von der Erde erhob, begann deren Oberfläche, die damals noch ganz eben war, sehnend ihm nachzusteigen. Zurückblickend winkte Jesus mit der Hand; darauf blieb die Erde mit ihren Erhöhungen stehen, und so ist sie geblieben bis auf den heutigen Tag[6].

Andererseits verdanken die B.e ihre Entstehung oft bösen Mächten. Schon das altiran. *Bundahischn* (cap. 8) erzählt, daß Angra Mainyu, der Gott der Finsternis, der alle mordgierigen Geschöpfe erschaffen hatte, die Erde durchbohrte, worauf sich zuerst das Gebirge Harā berezaitī und dann die übrigen B.e erhoben[7]. Eine in Osteuropa sehr bekannte Sage berichtet, daß Gott dem Teufel befahl, Sand vom Grund des Meeres zu holen, aus dem er einen Fladen formte und ihn auf das Meer legte, wo er sich zu einer glatten Oberfläche ausweitete. Auch dem Teufel, der Sand im Munde verborgen hatte, begann dieser zu schwellen, und er mußte ihn ausspeien. Daraus entstanden die B.e und Felsen[8]. B.e werden oft als von Riesen oder dem Teufel geworfen gedacht[9]. Was die Sage hier als Realität erscheinen läßt, wird im Märchen zum Wunder: In AaTh 313 (→ *Magische Flucht)* entsteht aus dem Stein, den die Fliehenden hinter sich werfen, ein B. Die Ambivalenz der B.e ist wohl am besten in einem nordamerik. Indianermythos zum Ausdruck gebracht, in dem ihr Ursprung den Zwillingsgöttern zugeschrieben wird: Der eine war gut, der andere böse; daher erklärt es sich, daß es gute und böse B.e gibt[10].

2. Der Wolken durchbrechende B. wird häufig der Überwelt und ihren Bewohnern assoziiert. Der kosmische B. gilt als axis mundi, wo Erde und Himmel sich treffen und Götter und Menschen von einem Bereich in den anderen wandern können. Schon im alten Mesopotamien verehrte die Bevölkerung einen Erde und Himmel verbindenden B.[11]. B.e sind daher Himmelsstützen, so der Weltberg der Babylonier[12], der Meru der Hindus[13] oder die hohen B.e der sibir. Stämme (Mot. A 665.3)[14]. Es gibt kaum eine Mythologie, in der aus diesem Grunde die B.e nicht geheiligt sind: die Iraner hatten ihren Elbrus, die Phönizier ihren Libanon, die Syrer den Zaphon, die Griechen den Parnaß, die Japaner den Fudschisan etc. Daß die Götter auf B.en wohnen, ist daher eine weit verbreitete Vorstellung (Mot. A 151.1; Mot. A 418; Mot. A 495), cf. den Olymp der Griechen, den Himminbjorg der Nordgermanen (auf dem der Gott Heimdallr wohnt)[15], den dt. Ifinger-B., auf dem der Himmelsvater seit Jahrtausenden thront[16], oder den Horeb, auf dem Gott mit Moses spricht (Ex. 3; Mot. A 182.3.0.5). Nach einem hethit. Mythos lebte auf dem B. Hazzi der Felsenjüngling Ulli-Kummi, der selbst aus Stein war und der die Stadt Kummiya zerstört haben soll. Er galt den Hethitern wohl als personifizierter B. In der syr.-griech. Var. des gleichen Mythos kämpft Zeus gegen Kronos auf dem Cassius Mons, dessen

Name etymol. mit Hazzi verwandt sein soll[17]. In einem alten syr. Mythos ist die Personifizierung bereits so weit entwickelt, daß man erzählen konnte, der B. Pishaisha habe die Göttin Ischtar vergewaltigt[18].

Mit den Vorstellungen vom Himmelsb. mögen Erzählmotive in Verbindung stehen, nach denen auf B.en alle Schönheiten und Kostbarkeiten der Dies- und Jenseitswelt zu finden sind. Die Sibirier glaubten, der Weltberg sei ein irdisches Paradies und der Spender von Kraut und Wasser des Lebens, von Gold und Reichtum[19], die Hethiter meinten, der B. Zaliyanu verleihe Fruchtbarkeit und Regen[20]. Den Gottesgarten auf dem Weltberg kannten die alten Iraner und Juden[21]. Ein die Menschen von Krankheit heilender Lyfjaberg (Heilmittelberg!) ist schon im *Fjǫlsvinnsmál* der *Edda* erwähnt[22]. Nach einem nordamerik. Mythos hat ein singender B. die Indianer den Gebrauch des Feuers, rituelles Verhalten und die Geheimnisse des Kosmos gelehrt[23]. Anthropogonische Mythen erzählen daher auch von B.en, die die Menschheit hervorgebracht hätten (Mot. A 1245.5)[24]. Bei Äsop wird die B.geburt jedoch bereits parodiert: „Mancher reißt den Mund gewaltig auf, doch seine Leistungen sind ganz unscheinbar; so gebiert der gewaltig stöhnende, kreißende B. nur eine Maus" (Mot. U 114)[25].

Schließlich sind die himmelhohen B.e in den → Sintflutsagen der Völker der natürliche Rettungsort der letzten Menschen: Der Babylonier Sisuthros landet auf einem B. des Landes Nizir[26], der Noah des A.T.s auf dem Ararat[27], der Grieche Deucalion auf dem Parnaß[28], der Manu des ind. → *Mahābhārata* auf dem höchsten B. des Himawan[29] etc.

3. Dennoch sind B.e trotz oder vielleicht sogar aufgrund ihrer Sakralnatur immer auch abschreckende Orte: als numinose Gebiete sind sie häufig Tabulandschaften und bleiben deshalb dem Großteil der Menschheit terra incognita und daher unheimlich. Dementsprechend sind die B.e der Volkssage nicht wie die der Mythen von Göttern, sondern von ambivalenten Gestalten wie dem B.geist (→ Rübezahl), dem B.mönch, dem B.fräulein, den B.-feen[30], aber auch von eindeutig dämonischen Wesen wie Drachen, Trollen, Huldren, Riesen, Zwergen, Hexen (cf. Mot. F 460) oder (schon seit Homer) von den auf sie gebannten Geistern[31] bewohnt, und ihre Landschaften sind durch grandiose Felsen, Schluchten, Steinschläge, Lawinen, Stürme etc. gekennzeichnet. Im Märchen dagegen findet man statt solcher abschreckenden Bilder eher wunderbare B.e aus Gold, Silber, Kristall, Edelsteinen oder Elfenbein[32] (→ Diamantberg, → Glasberg, → Magnetberg). Noch phantastischer sind die B.e des Lügenmärchens: Wer in das Schlaraffenland (AaTh 1930) will, muß sich erst durch einen Reisbrei- oder Käseberg hindurchessen (Mot. X 1503.4; X 1528.1).

Auch Märchenberge sind Orte ambivalenten Geschehens. Auf ihnen können Held oder Heldin Hilfe holen; so bittet z. B. der Liombruno des gleichnamigen ital. Gedichtes (15. Jh.) und späteren Volksbuches auf dem Windberg den Schirokko, ihn zum Ziel zu tragen[33]; oder man kann dort eine Wurzel suchen, „wer die im Munde hat, wird von allen Krankheiten und allen Wunden geheilt"[34]. Andererseits sind sie Stätten menschlicher Gefährdung, wie in norw. Märchen die Trollberge (Mot. F 455. 4.1.1), deren Bewohner wie diejenigen der Drachenberge (Mot. B 11.3.2) Menschen entführen, oder wie die Blocksberge der Sage (Mot. G 243), auf denen der Hexensabbat mit dem Teufel stattfindet. In einer Grimmschen Variante zu AaTh 400 (→ *Mann auf der Suche nach der verlorenen Frau*) rollt daher der Teufel in Gestalt eines Mühlsteins vom B. und bedroht den Helden[35]. Und obwohl die B.e alle Kostbarkeiten der Welt schenken können, sind auch diese oft nur unter großen Gefahren zu holen. → *Hasan von Basra* (AaTh 936*) kann nur mit Mühe von dem Goldberg entkommen, auf den ihn der Kaufmann durch Vögel hat hinauftragen lassen. Wer auf die B.spitze des Granatberges kommt, heißt es in KHM 122 *Der Krautesel* (AaTh 567), den tragen die Wolken fort. Bes. gefährlich sind die Klappberge (→ Symplegaden). In einem griech. Märchen z. B. holt ein Mädchen das Wasser des Lebens aus dem B., der sich so rasch wieder hinter ihm schließt, daß ein Stück seines Rockes hängen bleibt[36] (→ Fersenklemmen, → Kleiner Fehler, kleiner Verlust). Solche Wunderberge dürfen daher nicht begangen werden. Die Besteigung des Nekromantenberges Pilatus bei Luzern war bei hoher Buße und Gefangenschaft verboten. Nach dem Volksbuch über Pilatus (1478) entsteht ein heftiges Unwetter, wenn jemand den Aufstieg versucht[37].

4. Von bes. Bedeutung und Verbreitung ist im Erzählgut der Völker die Vorstellung vom hohlen B., in dem ebenso das Paradies (Mot. F 132.2) wie die Hölle[38] oder das Totenreich (Mot. E 481.3) liegen können, in dem die Götter (Mot. A 151. 1.1), die Frau Venus (Mot. F 131.1), die Holda[39] oder die „Mutter der Sonne"[40] wohnen, aber auch Feen, Kobolde, Zwerge und Erdmännchen hausen, arbeiten oder mit goldenen Kugeln und Kegeln spielen[41], in dem die bergentrückten Kaiser und Helden mit ihren Heeren schlafen[42] (→ Entrückung) und aus dem die Wilde Jagd oder andere Dämonenscharen (Mot. E 501.12.5) kommen. In seinem Innern liegen Städte, Schlösser, Dome, Paläste, Säle und vor allem unermeßliche Schätze[43].

Solche B.e können mit magischen Worten oder Gegenständen aufgeschlossen werden. Die Sesamöffnedich- Formel von AaTh 676 (→ *Ali Baba und die vierzig Räuber*) begegnet auch in der Volkssage, wie etwa in einer ndd. Überlieferung, nach der ein Mädchen mit den Worten: „Epraim tu dich auf!" einen Unterirdischenberg öffnet[44]. Bes. Venediger kennen den Spruch, auf den hin sich ein Schatzberg aufschließen läßt[45]. Das Motiv ist im übrigen ebenso alt wie ubiquitär. Es begegnet schon im 13. Jh. in der altisl. *Ynglingasaga*[46], ist in einem in Ozeanien weit verbreiteten Mythos vorhanden[47] und kommt auch in China[48], in der israel. Überlieferung (Neuman D 1552.2), bei den Zulus[49] und den Schwarzen Nordamerikas vor[50].

Ebenso wie in der Sage können auch im Märchen B.e mit den verschiedensten Gegenständen aufgeschlossen werden. In einer norddt. Sage öffnet ein Zwerg den B. mit der blauen Blume[51], in einer sächs. ein wohltätiger Mann mit dem Kraut Lunaria[52]. Der glückliche Finder der Springwurzel kann damit einen Schatzberg aufschließen[53]. Schon in der norw. *Thidrekssaga* (13. Jh.) wird ein Schatzberg mit einem Zauberschlüssel geöffnet[54], und in KHM 25 *Die sieben Raben* (AaTh 451) schneidet sich die Heldin, nachdem sie den Schlüssel verloren hat, ihren kleinen Finger ab, um damit den magischen Glasberg aufzusperren. Das Motiv von dem sich nur zu gewissen Zeiten öffnenden B. – meistens zur Mitternacht oder am Karfreitag, Ostersonntag, zu Weihnachten oder alle drei, sieben Jahre – ist fast nur in Sagen zu finden[55]. Häufig ist es mit dem Zug verbunden, daß die Schatzhebung an die Erlösung eines Geistes geknüpft ist oder daß eine Mutter über dem Geld ihr Kind im B. vergißt und es erst nach einem oder mehreren Jahren unversehrt wieder herausholen kann[56]. Daß B.e sich Verfolgten, vor allem Heiligen öffnen und sie bergen, ist ein weit verbreitetes Sagen- und Legendenthema (Mot. D 1552.5)[57].

5. Im B. hausen auch die Verstorbenen (Mot. E 481.3). Die Lappen z. B. verehrten die B.e als Wohnsitze der Toten[58], und die isl. *Eyrbyggjasaga* berichtet, wie Thorolf Mosterbart glaubt, daß er und seine ganze Familie nach dem Tode in einem B. wohnen werden[59]. Nachdem Thorolfs Sohn Thorstein ertrunken ist, sieht ihn ein Hirt in den B. eingehen, und er wird dort von einer fröhlichen Menge begrüßt[60]. Daß diese Vorstellung allg. verbreitet war, bestätigt die altisl. Redewendung: „deya í fjall" (in den Berg sterben)[61]. Damit hängt wohl der weltweit verbreitete Glaube zusammen, daß die Ahnen und die Großen der vergangenen Zeiten in oder auf B.en leben: nach Herodot (4, 93–95) die Vorfahren der thrak. Geten im B. des Gottes Salmoxis, nach germ. Glauben die bergentrückten Herrscher und Helden (v. oben), nach

Vorstellungen der Azteken die Ahnen im Colhuacan-B., auf dem auch der Lebensquell entspringt[62], nach Mythen der Australier der Urzauberer und Kulturheros Byamee auf dem Oobi-Oobi-B.[63], nach einem chin. Märchen der Weise Huang Fe Hu als Gott auf dem „Großen Berg"[64].

[1] Thompson/Balys A 962.9. – [2] Edda. 2: Götterdichtung und Spruchdichtung (Thule 2). Übertragen von F. Genzmer. Jena [3]1941, 87–94, hier V. 20sq.; Die jüngere Edda (Thule 20). Übertragen von G. Neckel/F. Niedner. Jena 1942, 49–116, hier Strophe 8; cf. Boberg Mot. A 961.5. – [3] Reitzenstein, R.: Die nord., pers. und christl. Vorstellungen vom Weltuntergang. Lpz./B. 1926, 166sq. – [4] Krickeberg, W. (ed.): Märchen der Azteken und Inkaperuaner, Maya und Muisca. MdW 1928, 3–6. – [5] Dh. 1, 127sq. – [6] Dh. 2, 234. – [7] Dh. 1, 8. – [8] Dh. 1, 52–58. – [9] HDA 1, 1053. – [10] Eliade, M.: Patterns in Comparative Religion. Cleveland/N. Y. 1963. –

[11] Jeremias, A.: Hb. der altoriental. Geisteskultur. B. 1929, 130–133. – [12] King, L.: Babylonian Religion and Mythology. L. 1899, 27–52. – [13] RGG 1, 903sq. – [14] Holmberg, U.: Siberian Mythology. Boston 1927, 341sq. – [15] Vries, J. de: Altgerm. Religionsgeschichte 2. B. [2]1957, 238–244. – [16] Sepp, J. N.: Altbayer. Sagenschatz zur Bereicherung der idg. Mythologie. Mü. 1876, 16sq., num. 6. – [17] Güterbock, H.: Hittite Mythology. In: Kramer, S. (ed.): Mythologies of the Ancient World. N. Y. 1961, 141–179, hier 165–172. – [18] ibid., 155. – [19] Holmberg (wie not. 14) .– [20] Güterbock (wie not. 17) 151sq. –

[21] Gunkel, H.: Das Märchen im A. T. Tübingen [2]1921, 46–51. – [22] Edda 2 (wie not. 2) 106–112, hier V. 36. – [23] Alexander, H.: North American Mythology. Boston 1916, 69–73, hier 71. – [24] ERE 7, 863; Elwin, V.: Myths of Middle India. Bombay/N. Y. 1949, 171; Alexander, H.: Latin American Mythology. Boston 1920, 198–204, hier 200. – [25] Jacobs, J.: The Fables of Aesop. N. Y. 1894, 203. – [26] Andree, R.: Die Flutsagen. Braunschweig 1891, 1–9. – [27] Gen. 8. – [28] Ovid, Metamorphosen 1, 290–347. – [29] Andree (wie not. 26) 15–21. – [30] cf. Mackensen, L.: B.-geister. In: HDA 1, 1071–1083. –

[31] HDA 1, 1045. – [32] HDM 1, 238. – [33] BP 2, 322sq. – [34] HDM 1, 238. – [35] BP 2, 319sq. – [36] Hahn, 40–49, num. 69. – [37] HDA 7, 25sq.; cf. auch in: ZfVk. 17 (1907) 54sq. – [38] HDA 1, 1049; Hambruch, P.: Südseemärchen. MdW 1921, 37–41. – [39] HDA 6, 1483. – [40] Mason, J./Espinosa, A.: Porto Rican Folk-Lore, Folk-Tales. In: JAFL 39 (1926) 227–369, hier 276–278. –

[41] HDA 1, 1050. – [42] Kampers, F.: Die dt. Kaiseridee in Prophetie und Sage. Mü. 1896; Stammler, W.: Bergentrückt. In: HDA 1, 1056–1071; Massmann, F.: Kaiser Friedrich im Kiffhäuser. Quedlinburg/Lpz. 1850; Graus, F.: Lebendige Vergangenheit. Köln/Wien 1975, 338–354. – [43] HDA 1, 1049sq. – [44] Müllenhoff, K. (ed.): Sagen, Märchen und Lieder der Herzogtümer Schleswig, Holstein und Lauenburg. Schleswig [2]1921, 306sq., num. 458. – [45] HDA 1, 1051. – [46] Snorris Königsbuch 1 (Thule 14). Übertragen von F. Niedner. Jena 1922, 32sq. – [47] Dixon, R.: Oceanic Mythology. Boston 1916, 37–41. – [48] Eberhard, Typen, 225, num. 170; 107–109, num. 63. – [49] Callaway, H.: Nursery Tales [. . .] of the Zulus 1. Natal 1868, 143. – [50] Harris, J. C.: Uncle Remus and his Friends. Boston/N. Y. 1892, 81, num. 11. –

[51] Schambach, G./Müller, W. (edd.): Niedersächs. Sagen und Märchen. Stg. [2]1948, 139–141, num. 149. – [52] Meiche, A.: Sagenbuch des Königreichs Sachsen. Lpz. 1903, 27sq. – [53] Kuhn, A./Schwartz, W. (edd.): Norddt. Sagen, Märchen und Gebräuche. Lpz. 1848, 176–179, num. 200. – [54] Þiðriks saga 2. ed. H. Bertelsen. Kop. 1905–1911, 326, 371; cf. Boberg, Mot. D 1552.12. – [55] HDA 1, 1051. – [56] HDA 1, 1052; Jacoby, A.: Die Sage vom verlorenen Kind in der Schatzhöhle. In: Volkskundliche Ernte. Hepding-Festschr. Gießen 1938, 93–102. – [57] Günter 1910, 80; Günter 1949, 202sq. – [58] Unwerth, W. von: Unters.en über Totenkult und Óðinverehrung bei Nordgermanen und Lappen. Breslau 1911, 7–36. – [59] Die Geschichte vom Goden Snorri (Thule 7). Übertragen von F. Niedner. Jena 1920, 17–20. – [60] ibid., 27sq. –

[61] Hoops Reall. 2 ([2]1976) 271. – [62] Krickeberg (wie not. 4) 108–117. – [63] Hambruch (wie not. 38) 37–41. – [64] Wilhelm, R. (ed.): Chin. Volksmärchen. MdW 1914, 189–191, num. 63; 184–189, num. 23; 51–55, num. 62.

Lit.: Andrian, F.: Der Höhencultus asiat. und europ. Völker. Wien 1891. – Beer, R.: Hl.Höhen der alten Griechen und Römer. Wien 1891. – Siuts, J.: Jenseitsmotive im dt. Volksmärchen. Diss. Kiel 1911. – Barto, P.: Tannhäuser and the Mountain of Venus. N. Y. 1916. – MacCulloch, J.: Mountains, Mountain Gods. In: ERE 7, 863–868. – Harrison, J.: Mountain-Mother. In: ibid., 868sq. – Nossag, O.: B. In: HDM 1, 238. – Patch, H.: The Other World. Cambridge 1950. – Eliade, M./Galling, K.: B.e, hl. In: RGG 1, 1043. – Jagendorf, M./Boggs, R.: The King of the Mountain. N. Y. 1960. – Hultkranz, Å. (ed.): The Supernatural Owners of Nature. Sth. 1961. – Westervelt, W. (ed.): Hawaiian Legends of Volcanoes. Tokio 1963. – Naumann, N.: Yama no Kami – die jap. B.gottheit. In: Asian Folklore Studies 22 (1963) 133–366; 23 (1964) 48–199. – Mainberger, G.: B.götter, Gottesberge und das Erhabenheitsgefühl. In: Das Hl. in Licht und Zwielicht. Einsiedeln 1966, 143–161. – Wolfersdorf, P.: Die niedersächs. B.geistsagen. Göttingen 1968. – Homann, H.: B.geister. In: Hoops Reall. 2 ([2]1976) 266sq.

Los Angeles Donald Ward

Berge, Rikard, *Rauland 7. 11. 1881, † Skien 28. 9. 1969, nach dem Abschluß der Lehrerausbildung (1901) Studium der Folklore in Oslo und Kopenhagen, von 1916–51 Konversator am Fylkesmuseum für Telemark und Grenland. B. gilt als einer der bedeutendsten norw. Folkloristen. Von seinen privaten Erhebungen, die Zehntausende von Seiten umfassen, befinden sich heute Kopien in den folkloristischen Archiven in Bergen und Oslo. Die meisten seiner Abhandlungen basieren auf eigener Feldarbeit. Er schrieb das Standardwerk über *Norsk bondesylv* (Norw. Bauernsilber. Risör 1920–25), gab theoretische Arbeiten zur Folklore heraus und publizierte Sammlungen von Volksliedern, Volksmusik, Sagen und Märchen, darunter *Norske eventyr og sagn* 1–2 (Kristiania/Kop. 1909–13) und *Norske eventyr* (Kristiania 1914). *Norsk eventyrbibliotek* 6 (Oslo 1975) bringt eine Textauswahl und eine vollständige Liste aller seiner Märchenaufzeichnungen. Von 1915–35 war B. Herausgeber der Zeitschrift *Norsk folkekultur* (Risör). Sein wichtigster Beitrag zur Märchenforschung ist *Norsk Eventyrstil* 1–8 (Norw. Märchenstil) in *Norsk folkekultur* 1 (1915) 12–21, 3 (1917) 145–50, 4 (1918) 49–79, 5 (1919) 156–72, 7 (1921) 64–68, 12 (1926) 64–72, 16 (1930) 118–22, 19 (1933) 41–64. Er untersucht den Erzählstil in Verbindung mit den verschiedenen Erzählweisen: (1) unpersönlich referierender Stil; (2) persönlich kommentierender und ausmalender Stil; (3) rhythmischer Stil. B. sieht den letzteren als den reinen Märchenstil solcher Erzähler an, die bewußt von einer festen ererbten Form Gebrauch machen. Er will im Gegensatz zu Axel → Olrik Formgesetze des Märchens aufstellen, die hauptsächlich auf dem Wiederholungsprinzip aufbauen und sich äußern in rhythmischen Hauptgliedern und Bindegliedern in Prosa und Hauptgliedern in Prosa und rhythmischen Bindegliedern. Sieben rhythmische Gesetze liegen ihnen zugrunde: (1) Gesetz der Dreizahl; (2) mehrmalige Wiederholung desselben ornamentalen Bildes; (3) Symmetrie, d. h. der Gang der Handlung folgt demselben Muster bis zum Wendepunkt und wieder zurück zum Ausgangspunkt (4) Klimax; (5) Dramatisierung durch schematischen oder freien Dialog; (6) Einleitungs- und Schlußformeln; (7) Vers und Reim.

Diese Formgesetze erweisen das Märchen als hochentwickelte Dichtungsgattung, und seine Wirkung hat auch den Stil von Sagen und alltäglichem Erzählen beeinflußt. B.s Stilanalyse mündet folgerichtig in eine Repertoireanalyse ein. Die Sammlung *Norsk Sogukunst* (Norw. Sagenkunst. Kristiania 1925) ist eine Exemplifikation von Theorien aus seiner Abhandlung. Hier hat er verschiedene Erzählertypen ausgewählt; er schildert Personen, beschreibt Traditionslinien und -milieu und bringt Beispiele aus dem Repertoire der Erzähler.

Lit.: Norsk biografisk leksikon 1. Oslo 1923, 468sq. – Kvideland, R.: R. B. (1881–1969). In: Arv 25/26 (1969/70) 375–84 = Biographica. Nordic Folklorists of the Past. Studies in Honour of J. Hautala. Kop. 1971. – id.: R. B. 1881–1969. R. B.s forfatterskap. En selektiv bibliografi. In: Tradisjon 1 (1971) 61–72. – Bö, O.: R. B. som tradisjonssamlar og granskar. In: Norveg 15 (1972) 7–21.

Bergen Reimund Kvideland

Bergentrückt → Entrückung

Bergmann

1. Dem Aufsuchen, Erschließen, Gewinnen, Fördern und Aufbereiten der mineralischen Bodenschätze bis zur Weiterverarbeitung (Verhüttung, Güterherstellung, Energieerzeugung) kommt im Übergangsbereich zwischen Urproduktion und Industrialisierung eine Schlüsselstellung zu, die von der Prähistorie („Stein"zeit, „Bronze"zeit, „Eisen"zeit!) bis heute andauert. Von daher haben Leistung und Produktion des B.s bes. Gewicht, das sich auch in der Ausprägung spezifischer soziokultureller Formen äußert (Heilfurth 1972), einschließlich des Erzählgutes.

2. Der B. samt seiner Lebens- und Arbeitswelt spielt, je nach Epoche und Region verschieden akzentuiert und gesehen, in vielen Erzählformen eine Rolle.

Die Kernschicht bildet der große, weitgefaßte Bereich der „Sage", dessen multivalente Formenfülle mit Ausblick auf die interkulturellen Zusammenhänge 1967 durch eine umfassende Quellendokumentation (1210 Texte und eine Vielzahl von Belegen und Hinweisen auf Varianten) mit einer detaillierten Gliederung nach thematischen Dominanten und einem differenzierten Motivindex erschlossen worden ist (Heilfurth/Greverus 1967). Das Spektrum des Erzählgutes erstreckt sich in großer geschichtlicher Tiefe und regionaler Breite auf alle Zweige des Bergbaus (Erz, Salz, Kohle) bis in die Gegenwart und umfaßt so auch die wichtigen, bisher nur in Ansätzen von der Erzählforschung berührten Stoffkreise industrielle Arbeit und Arbeiterschaft.

3. Der Beruf des B.s und sein Arbeitsszenarium erscheinen prädisponiert für erzählerische Äußerung, weil sie von Geheimnis und Wunder umwittert sind, insbesondere durch die schwere und gefährliche Arbeit unter Tage, „vor Ort", in der Dunkelheit der Tiefe. Bergbau bedeutet immer Eingriff in die Erde und so Auseinandersetzung mit ihren Widerständen und Gewalten, aber auch Zusammenprall mit dem agrarischen Bereich und mit den überlieferten Ordnungen. In einem derartig exponierten Milieu wirken die Erfahrung des „Ungewöhnlichen", die Rolle des Glücks, die Unberechenbarkeit der Naturkräfte und deren Deutung als numinose Mächte sowie die Konfrontation mit der sozialen Umwelt des B.s als Erzählmotivationen mit endogenen und exogenen Komponenten.

4. Zwei große Komplexe im Erzählgut um den B. zeichnen sich ab. Der erste umgreift den Ablauf des bergbaulichen Betriebs mit seinen spezifischen Arbeitsleistungen und seinem Sozialgefüge: ein glücklicher Fund führt zur Bergwerksgründung, es folgt die Phase der Abbauarbeit mit Ausbeute oder Mißerfolg unter Mühsal und Gefahren, oft verbunden mit dem Erlebnis transzendenter Mächte als Bedrohung, Warnung, Hilfe, Rettung. Im Mittelpunkt steht dabei die ambivalente Gestaltengruppe der Berggeistererscheinungen mit einem großen Spektrum positiver und negativer Konfigurationen: vom gefährlichen, schadenstiftenden, ja todbringenden Einzeldämon bis zu den vielen kleinen koboldhaften „Unterirdischen", verwandt dem Archetypus Zwerg, bald gutmütig und hilfsbereit, bald foppend, störend oder boshaft. Als Helfer und Erretter erscheinen vielerorts auch Gestalten christl. Überlieferung. Oft spielen soziale Spannungen in das Erzählgeschehen hinein, Unterdrückung ebenso wie Belohnung, Härte der Betriebsbedingungen, aber auch Übermut und Ausschweifung nach erfolgreicher Arbeit und gewonnenem Reichtum bis hin zu Hybris und Freveltaten mit ihren Konsequenzen durch Strafe und Gottesgericht, nicht selten als Bergwerkskatastrophe. So stehen Geschichten von ergiebigen Anbrüchen neben solchen von Mißgeschick, Unglück und Niedergang, bis zum Erlöschen des Bergbaus und zu den letzten verfallenden Spuren im Bergbaugelände.

Der zweite Komplex steht außerhalb des regulären Bergbaubetriebs mit seinen Schicksalslinien. Er spiegelt das Bild bergbaulicher Vor- und Frühformen mit den archaischen, märchenhafte Züge tragenden mineralsuchenden „Venedigern", die aber auch ins Historische hineinreichen. Andererseits umfaßt er die „private" Dimension des B.s abseits von den Realitäten der konkreten Berufswelt.

5. Außer unverwechselbar an den B. und sein Ambiente gebundenen Motiven gibt es inhaltlich mancherlei Übergänge zu andern Stoffkreisen (Schatz-, Zwergen-, Heiligen-, Teufels-, Dämonengeschichten etc.). Im Blick auf Quellenfundus, Funktion und Stil besteht das bergmännische Erzählgut insgesamt aus einem Konglomerat verschiedener Formen. Neben der Kernschicht der Sage stehen Memorabile, einschließlich Chronikbericht und Bänkelsang, Legende, Exempel, Schwank, Märchen etc., oft in literar. Bearbeitung mündlicher Quellen unter dem Ansporn der Spannung von Aufklärung und Roman-

tik, häufig mit Wendungen ins religiös Sentimentale, ins pädagogisch Moralische, ins ironisch Humorvolle, ins heiter Verspielte oder auch ins Triviale.

Lit.: Heilfurth, G. / Greverus, I. M.: Bergbau und B. in der dt.sprachigen Sagenüberlieferung Mitteleuropas 1 (Quellen). Marburg 1967. (mit umfassendem Lit.-Verz.: 998 Titel). – Heilfurth, G.: Der Vorstellungskreis vom „Berggeist" bei Georg Agricola und seinen Zeitgenossen. Wien 1967. – id.: Konflikte zwischen Klerus und Montanarbeiterschaft im alten Bestand der europ. Erzählüberlieferung. In: Festschr. B. Schier. Göttingen 1967, 29–40. – id.: Bänkelgesang. Geschichten [Bänkelsang-Geschichten] „aus dem B.sleben" auf fliegenden Blättern. In: Festschr. K. Ranke. Göttingen 1968, 445–467. – id.: Südtiroler Sagen aus der Welt des Bergbaus. Brixen 1968. – id.: Das Themenspektrum der Montansagen im Erzgebirge. In: Festschr. F. von Zahn 1. Köln/Graz 1968, 638–652. – Wolfersdorf, P.: Die niedersächs. Berggeistsagen. Göttingen 1968. – Hand, W. D.: American Occupational and Industrial Folklore: The Miner. In: Festschr. G. Heilfurth. Göttingen 1969, 453–460. – Heilfurth, G.: Erzählüberlieferungen vom Bergbau in Idrija. In: Gedenkschr. F. Baš. Maribor 1969, 217–220. – Wolf, H.: Sage und Geschichte. Eine ung.-dt. Bergbausage aus dem MA. In: Festschr. G. Heilfurth. Göttingen 1969, 473–480. – Heilfurth, G.: Der regionale Fundus bergbaulicher Sagenüberlieferung in Bayern. In: Festschr. J. Dünninger. B. 1970, 512–531. – Altmüller, R. / Kirnbauer, F.: Ein steir. Walenbüchlein. Wien 1971. – Heilfurth, G.: Der Wald als „Fundort" und „Schauplatz" in den Bergbausagen des dt. Sprachgebietes. In: Festschr. K. Lindner. B./N. Y. 1971, 113–124. – id.: Das Montanwesen als Wegbereiter im sozialen und kulturellen Aufbau der Industriegesellschaft Mitteleuropas. Wien 1972. – Ligęza, J.: Podania górnicze z Górnego Śląska (B.erzählungen aus Oberschlesien). Bytom 1972. – Ucik, H. F.: Der montan- und naturhist. Hintergrund in einigen Kärntner Sagen. In: Festschr. G. Moro. Klagenfurt 1972, 29–43. – Göbel, W.: Bergarbeiter im Ruhrgebiet seit 1918. Eine kultursoziol. Analyse von Romanen aus der Arbeitswelt. Diss. Marburg 1973. – Kirnbauer, F.: Die Verbreitung von B.ssagen in Österreich. In: Montan-Rdsch. (1973) 371–374. – Heilfurth, G.: Die Bergbauheiligen Barbara und Daniel in komplementärer Funktion. In: Festschr. F. Kirnbauer. Wien 1975, 107–114.

Marburg Gerhard Heilfurth

Bericht → Alltägliches Erzählen, → Memorat

Berichtigung → Selbstberichtigung

Berichtigungsmotiv. Unter B.en versteht man Strukturelemente des Märchens, in denen etwas Verkehrtes korrigiert, Ordnungswidriges in die rechte Ordnung zurückgeführt wird (→ Norm und Normverletzung)[1].

Beispiele: Die reifen Äpfel im Garten der Frau Holle müssen geerntet werden; das fertig gebackene Brot darf nicht verbrennen, sondern muß aus dem Ofen geholt werden (KHM 24). Die Ungeheuer der Zauberwelt geben den Weg zum letzten entscheidenden Schritt des Helden erst dann frei, wenn das vor ihnen liegende falsche Futter so vertauscht wird, daß jedes das ihm gemäße erhält.

Gerade anscheinend unerhebliche und leichte Berichtigungsaufgaben bedingen oft den Erfolg des Helden. B.e weisen auch jene Märchen auf, in denen Habgier, Hochmut und Stolz wieder zur normalen Ordnung zurückgeführt werden (→ Hybris). Die zur → Gänsemagd erniedrigte Prinzessin wird wieder in ihre Rechte eingesetzt (KHM 89). Die unterschobene → Braut wird durch die richtige ausgewechselt (KHM 135, 215). Zum verlorenen Schuh Aschenputtels muß die 'rechte Braut' gefunden werden, ehe die Hochzeit stattfinden kann (KHM 21).

B.e korrigieren oft auch die zu Beginn des Märchens bestehende Konfliktsituation (→ Konflikte): Erst nach langer Kinderlosigkeit (→ Unfruchtbarkeit) erfolgt die → Geburt des Helden. Ausgesetzte Kinder finden wieder ins Elternhaus zurück (KHM 15). Ausgangspunkt von B.en ist darum häufig das, was am Anfang des Märchens als → 'Mangelsituation' erscheint und von A. Dundes mit der Strukturformel „Lack–Lack Liquidated" (L/LL), d. h. Behebung eines Fehlelements, bezeichnet wurde. Dundes spricht auch von „a move from disequilibrium to equilibrium"[2]. M. Lüthi wendet dieselbe Struktur mehr ins Allgemeine, wenn er von „Bedürfnis – Befriedigung des Bedürfnisses" spricht: „Mangel/Abhilfe ist in der Tat das Grundschema des Volksmärchens"[3]. Der Mangel kann geringfügig sein und augenblicklich behoben werden; zu seiner Behebung kann aber auch eine das ganze Märchen ausfüllende Suchwanderung 'bis ans Ende der Welt' oder gar eine Jenseitsreise notwendig werden. Im Märchen vom *Teufel mit den drei goldenen Haaren* (KHM 29, AaTh 461) erfährt der Held vom Teufel bzw. seiner Großmutter, wie bestimmte Fehlentwicklungen, von denen er gehört hat (Versiegen eines Brunnens, Verdorren eines Baumes, Ablösung eines Fährmanns), berichtigt werden können[4].

B.e finden sich auch in der Sage: Umgehende Tote und Arme Seelen finden ihre → Erlösung, wenn das von ihnen zu Lebzeiten verübte Unrecht wiedergutgemacht ist. Der spukende Grenzsteinversetzer findet dann seine Ruhe, wenn der von ihm freventlich versetzte Markstein wieder an den richtigen Platz gebracht wird. Irrlichter verschwinden, wenn sich jemand zu ihrer Taufe bereit findet[5].

[1] Röhrich, Märchen und Wirklichkeit, 234 sq. – [2] Dundes, 61–64; cf. schon Propp, 39 sq. – [3] Lüthi, M.: Das Volksmärchen als Dichtung. Düsseldorf/Köln 1975, 68–71. – [4] Aarne, A.: Der reiche Mann und sein Schwiegersohn (FFC 23). Hels. 1916. – [5] Röhrich, L.: Sage. Stg. [2]1971, 12 sq., 36.

Freiburg/Br. Lutz Röhrich

Bernard, Cathérine → Contes de(s) fées

Bernardin de Saint-Pierre → Paul et Virginie

Bernhard von Clairvaux, Hl., *Schloß Fontaines bei Dijon um 1090 (aus burgund. Adel), † Clairvaux 20. 8. 1153, frz. Kirchenlehrer, Theologe und Prediger, Zisterzienser, 1174 heiliggesprochen, wurde 1112 Mönch des Reformklosters Cîteaux, 1115 Abt des von ihm gegründeten Klosters Clairvaux und machte die Zisterzienser zum bedeutendsten Orden seiner Zeit[1]. Als kirchenpolitischer Berater von Päpsten und Fürsten beeinflußte er maßgeblich die hist. Entwicklung des 12. Jh.s. Im Papstschisma (1130–1138) unterstützte er Innozenz II. Mit überzeugender Beredsamkeit („Doctor mellifluus") warb er für den zweiten Kreuzzug (1147–1149). Von tiefgreifender orthodoxer Frömmigkeit erfüllt, bekämpfte B. mit stark traditionsgebundener Exegese und Meditation die dialektisch-rationalistische Theologie Abaelards. Dadurch wurde er zum Begründer der späteren abendländischen Mystik. B.s literar. Werk[2] umfaßt zahlreiche Predigten, theol. Abhandlungen und Briefe. Sie lassen sein unermüdliches Ringen um die Einheit der Kirche, ihre innere Reform und die Läuterung des kirchlich-religiösen Lebens erkennen.

Die *Vita*[3] des bedeutenden Kirchenlehrers verherrlicht in einer Vielzahl von Mirakelgeschichten seine asketischen Bemühungen um Geduld, Überwindung von Versuchungen und innerliche Gebetsübung. Viele dieser Wundererzählungen fanden Darstellung in der ma. Exempelliteratur[4] und der christl. Kunst[5].

Die Exempel[6] beinhalten u. a. Heilungen von Kranken (Blinde, Taube, Stumme, Epileptiker, Schwach- und Wahnsinnige) und Tieren, Exorzismus, Erweckungen von Toten, Hostien-, Regen-, Ernte-, Wein- und Wetterwunder, Bewahrung vor Hungersnot, Vertreibung von Fliegen aus der Kirche, Bekehrungen, Anzünden einer Kerze ohne Feuer; B. hört den Hymnus *Salve Regina* von singenden Engeln, und vor seiner Geburt träumt seine Mutter von einem bellenden Hund, dessen Gebell auf die überragende Predigtfähigkeit des Heiligen hinweist.

B.-Wunder überliefert auch die *Legenda aurea*[7] des → Jacobus de Voragine. In der Volkserzählung der Reformationszeit[8], der Predigt- und der Erzählliteratur des 18. bzw. 19. Jh.s[9] begegnen noch mehrere Mirakelerzählungen über B.

Im Volksglauben galt das Anrufen B.s als erfolgreiche Hilfe gegen Dämonen, lästige Fliegenschwärme und Mäuseplagen. Außerdem erflehte man seine Fürbitte in der nächtlichen Sterbestunde[10].

[1] LThK 2 ([2]1958) 239–242; Schmidt-Pauli, E. von: B. von Clairvaux. Lebensbild. Düsseldorf 1953; Festschr. zum 800-Jahrgedächtnis des Todes B.s von Clairvaux. ed. von der österr. Zisterzienserkongregation vom Heiligsten Herzen Jesu. Wien/Mü. 1953; B. von Clairvaux. Mönch und Mystiker. ed. J. Lortz. Wiesbaden 1955; La Croix Bouton, J. de: Bibliogr. bernardine 1891–1957. P. 1958; The Old Portuguese Vida de San Bernardo. ed. L. A. Sharpe. Chapel Hill 1971. – [2] MPL 182–185. – [3] AS Augusti 20, 365 sqq; MGSS 26, 95 sqq. – [4] Tubach, num. 592–617, 2166. – [5] cf. Lex. der christl. Ikonographie 5. Wien/Rom/Fbg/Basel 1973, 371–385

(C. Squarr). – [6] Günter 1949, 22, 78, 95, 100, 102, 174, 197, 234, 259, 314, 320. – [7] Die Legenda aurea des Jacobus de Voragine. Übers. R. Benz. Heidelberg [8]1975, 609–622. – [8] Brückner, 146, 194, 207, 209, 248, 451, 473, 490, 654. – [9] Nattenhusanus, M.: Homo simplex et rectus [...]. Augsburg 1718, 685–692; BP 3, 128. – [10] HDA 1, 1087–1089.

Berlin Fritz Wagner

Bernoni, Domenico Guiseppe, *Asola 1828 als Sohn eines Gymnasiallehrers, Rat an der Präfektur von Venedig, Schriftsteller (Todesdaten unbekannt). Zur gleichen Zeit wie Domenico P. A. → Comparetti und Giuseppe → Pitrè und auf deren Anregung sammelte B. venezian. Sprichwörter, Volkslieder, Märchen, Toten- und Hexensagen, Spiele und Gebete, die er zwischen 1872 und 1875 in Venedig, zumeist im venezian. Dialekt, veröffentlichte. Die 20 *Fiabe e novelle popolari veneziane* (Venezia 1873) hat er „treulich aufgeschrieben, wie sie mir von Frauen aus dem Volke erzählt wurden, und von ihrer ursprünglichen Ausdrucksweise habe ich keine Silbe genommen, hinzugetan oder verändert" (p. I). Seine Sammlung, authentischer als die von Georg Widter und Adam Wolf, wirkte vorbildlich auf bedeutendere ital. Folkloristen wie Vittorio → Imbriani.

Ausg.n: v. NUC Pre. – 1956 Imprints 50 (1969) 34sq. – Ital. Übers. einiger Märchen bei Calvino 1956, num. 29–35.

Lit.: Widter, G. / Wolf, A.: Volksmärchen aus Venetien. Mit Nachweisen und Vergleichungen von R. Köhler. In: Jb. für rom. und engl. Lit. 7 (1866) 1–36, 121–154, 249–290. – Casati, G.: Dizionario degli scrittori d'Italia 1. Milano 1926, 128. – Calvino, I.: Fiabe italiane [...]. Torino 1956 ([2]1959). – Cocchiara, G.: Popolo e letteratura in Italia. Torino 1959, 311–314. – Karlinger, F.: Einführung in die rom. Volkslit. Mü. 1969, 81.

München Peter Dienstbier

Béroalde de Verville → Novellistik

Berta

1. Die altfrz. B.-Sage gehört zum karolingischen Sagenkreis.

Die Titelheldin B. ist eine ung. Prinzessin, die Tochter von → Floire und Blancheflor. Die Königstochter ist von großer Schönheit, hat aber ungleiche bzw. ungewöhnlich große Füße und deswegen den Beinamen „aus grans piés" oder „as gran pié". Der Frankenkönig Pippin hält um die Hand der Prinzessin an. Sie wird von den Eltern in Begleitung der Amme Margiste und deren Tochter Aliste nach Frankreich geschickt, um Pippin zu heiraten. Nach der Hochzeit redet Margiste B. ein, daß der König sie in der Hochzeitsnacht töten werde. Sie soll deshalb die Rolle mit Aliste tauschen. Am nächsten Morgen, als B. sich ins Schlafgemach schleicht, behauptet Aliste, B. habe sie töten wollen. Der König läßt B. von Dienern in den Wald von Le Mans bringen, wo sie getötet werden soll. Als Beweis für die vollzogene Tötung verlangt Margiste das Herz des Opfers. Die Diener lassen die junge Königin frei. Sie töten ein Wildschwein, dessen Herz sie als Beleg vorweisen. B. irrt im Walde umher und wird schließlich von dem Waldhüter Simon in dessen Familie aufgenommen, wo sie, mit häuslichen Arbeiten beschäftigt, einige Jahre verbringt. B.s Mutter reist nach Paris und erkennt an den Füßen der angeblich erkrankten und in einem verdunkelten Zimmer im Bett liegenden Aliste, daß diese nicht ihre Tochter B. ist. Nach Aufdeckung des Betruges werden die Amme Margiste und ihr Vetter Tybert zum Tode verurteilt. Aliste, die von Pippin Kinder bekommen hat, wird Nonne. Die Söhne von Pippin und Aliste heißen Rainfroi und Heudri. B. wird von Pippin, der sich während einer Jagd im Walde von Le Mans verirrt hat, entdeckt. Der König, der sich gleich in B. verliebt und sie begehrt, gibt sich ihr nicht zu erkennen. B. wird von der nochmals nach Frankreich gekommenen ung. Königin als ihre Tochter identifiziert.

2. Die altfrz. B.-Sage ist in verschiedenen Versionen in Hss. des 13.–14. Jh.s überliefert:

(1) Älteste Fassung: *Chronique saintongeaise* (oder *Tote l'istoire de France*) um 1225; (2) *Chronique rimée* des Philippe Mousket aus Tournai, ca 1240; (3) die bekannteste und ausführlichste Darstellung: *Berte aus grans piés*, Epos des brabant. Dichters → Adenet le Roi, um 1275; (4) *Chroniques de France*, Ende 14. Jh.; (5) im Roman *Valentin et Orson*, ca 1280; (6) in den *Quarante miracles de Nostre Dame*, Anfang 14. Jh.; (7) *Charlemagne* des Girard d'Amiens, um 1300; (8) *Histoire de la Reine Berthe et du Roy Pepin*, Prosaroman Anfang 15. Jh.

Über die Grenzen Frankreichs hinaus kann man die Geschichte von der Königin B. mit dem Fuße bis ins 16. Jh. in Handschriften und Frühdrucken finden:

Italien: Hss. der St. Markus-Bibl. Venedig: *Berta de li gran piè*, 13. und 14. Jh.; Andrea da Barberino: *I Reali di Francia*, um 1370; Rafael Marmora: *Historia d'aquilon duca di Baviera*, 1379–1407.

Spanien: *Gran conquista de Ultramar*, 1295–1312, erster Druck 1503 Salamanca; Antonio de Eslava: *Noches de Invierno*. Pamplona 1609.

Holland: Hss.fragmente aus dem 1. Viertel des 14. Jh.s.

Deutschland: → Stricker: *Karl der Große*, ca 1230; Chronik Heinrichs von München, 14. Jh.; Chronik aus Weihenstephan, 3. oder 4. Jahrzehnt des 15. Jh.s; H. Wolter: *Chronica Bremensis*, Kap. *De Sancto Karolo et Sancto Willehado*, 1463; Volksbuch von Karl dem Großen, 1475; U. Füetrer: *Chronik von Bayern*, 1479.

3. Hist. Nachrichten über das Leben der B., der Gemahlin von Pippin d. J., sind sehr spärlich. In der volkstümlich-literar. Überlieferung des MA.s werden Karl der Große und Karl Martell, Pippin der Kurze oder der Mittlere und Pippin d. J. offenbar verwechselt. Der 714 verstorbene Pippin der Kurze hatte zwei Frauen, die Hauptfrau Plektrudis und die Nebenfrau Chalpaida. Karl Martell ist Sohn der Nebenfrau. Karlmann und Pippin d. J. sind Söhne Karl Martells und seiner Hauptfrau Chrotrud. Nach der Volksüberlieferung soll die Konkubine Alpais und Mutter Karl Martells unter den Verfolgungen der rechten Gattin von Pippin dem Kurzen sehr gelitten haben. Die beiden Bastarde Raginfred und Hilperick, in der B.-Sage Rainfroi und Heudri, von ihrem Vater zum Tode verurteilt, konnten in die Ardennen entfliehen. Andere frz. Königinnen namens B. wie Berthe, die Gemahlin von Robert I., und B. und Bertrada, zwei Frauen von Philipp I., litten unter den Verfolgungen ihrer Rivalinnen. H. J. Green und R. Colliot sehen hier Parallelen zum B.-Epos des Adenet.

4. In der B.-Sage sind mehrere Märchenmotive enthalten:

(1) die unterschobene → Braut, cf. *Die schwarze und die weiße → Braut* (AaTh 403), → *Brüderchen und Schwesterchen* (AaTh 450), *Die drei Männlein im Walde* (KHM 13), → *Gänsemagd* (AaTh 870 A), *Das Lämmchen und das Fischchen* (KHM 141); (2) die unschuldig verstoßene Königin (→ Genovefa), in der altfrz. Marienlegende *Von der Königin, die ihren Seneschall tötete* und in einer Prosabearbeitung eines Lai der → Marie de France (*Frene*); frz. Märchen *La Pomme d'or* (Cosquin, É.: *Contes populaires de Lorraine* 2. P. 1886, 198) und *Les 9 frères métamorphosés en moutons et leur soeur* (Luzel, F. M.: *Contes populaires de Basse-Bretagne* 3. P. 1887, 167 = Genovefa-Motiv und unterschobene Braut); (3) → *Tierherz als Ersatz* (AaTh 671, AaTh 709), am bekanntesten aus → *Schneewittchen* (AaTh 709).

5. In den Anmerkungen zu KHM 135 (*Die weiße und die schwarze Braut*) weist J. Bolte auf die altfrz. B.-Sage hin. Er übernimmt die mythol. Deutung der Brüder Grimm, wonach die weiße als Symbol für den Anbruch des Tages, die schwarze für die Nacht anzusehen ist. A. Feist sieht Zusammenhänge zwischen B. und Perchta - Perahta, einer süddt. Sagen- und Brauchtumsgestalt. Für die Deutung der frz. B. spielen seit Grimm die abnormen Füße eine Rolle. Man glaubt, daß der eine größere Fuß von einer germ. Mythengestalt übernommen worden sei. Er entspreche dem Gänsefuß, der nach Feist ein typisches Merkmal der Perchta ist. Eine Parallele zur Spinnerin Perchta, Holda/Hulda und → Frau Holle wird in dem Spinnen und Weben der B. im Hause des Waldhüters gesehen. Frau Holle gilt als Gefährtin Odins und Wotans, weshalb Pippin, der wie Odin von einem Hirsch in den Wald gelockt wird, mit dem germ. Gott identisch sein soll. Die germ. B.-Mythe ist nach Feist in der B.-Sage eine Verbindung mit der fränk. Geschichte eingegangen. Als Vorlage für die B.-Sage gilt die isl. Huldasage. G. Paris sieht in B. das Symbol des Gemahls der Sonne, die sich im Winter verborgen hält und im Sommer wiederkehrt. Die großen Füße der B. sind für K. Simrock das Bindeglied zur schwarzen und zur weißen Braut, der Spinnerin B., der Mutter Karls des Großen und der Königin Gansfuß (Reine Pédauque), der Reine aux pieds d'oison, bei deren Spindel man einst, wie → Rabelais zu berichten weiß, in Toulouse geschworen hat. Im großen Fuß der Königin sei der Schwanenfuß der Freya zu erkennen. Auch J. Grimm sieht in der 'B. mit dem fuoze' die Reine

Pédauque. Der große Fuß sei den Spinnerinnen eigen, wobei übersehen wird, wie P. Arfert richtig bemerkt, daß das Spinnrad eine Erfindung des 15. Jh.s ist, man also kaum im 13. Jh. vom vielen Spinnen einen großen Fuß bekommen konnte. Simrock identifiziert die Reine Pédauque mit der Königin von → Saba, die wiederum der Weissagerin → Sybille der dt. Sage des 14. Jh.s entspricht, welche als Zeichen „höherer Abkunft von einer germ. Göttin und dem weissagenden Schwanenmädchen" einen Schwanen- oder Gänsefuß gehabt haben soll.

Eine Königin mit einem Gänsefuß ist an frz. Kirchenportalen (Saint-Bénigne in Dijon, Saint-Pierre in Nevers, Saint-Pourcin im Burgundischen) dargestellt. Kunsthistoriker wie É. Mâle erkennen in der gänsefüßigen Figur die Königin von Saba wie auch Arfert und der Abbé Lebeuf. Die Identifizierung der Königin B. mit der Reine Pédauque wird erst im 19. Jh. von Gelehrten vorgenommen. Für → Perrault ist „ma mère l'Oye" offenbar lediglich ein fabulöses Wesen, und man weiß nicht, ob er damit die Königin B. meint. In hist. Werken des 18. Jh.s von B. de Montfaucon und U. Plancher, in denen die gänsefüßige Königin an später zerstörten Kirchenportalen beschrieben und abgebildet ist, wird nicht von der Königin B., sondern von der merowingischen Königin Clothilde, der Gemahlin des Königs Clovis, gesprochen. P. Saintyves erwähnt eine Sage aus der Gegend von Le Mans, nach der eine junge Frau, die „Dame au Pied d'Oie", ihre Füße vor dem Ehemann versteckt. Der große Fuß bzw. die großen Füße der B. können nach einer anderen, freilich fragwürdigen Hypothese auf einem Mißverständnis beruhen. In Oberitalien spielt seit dem 11./12. Jh. in der Volksüberlieferung eine mildtätige Königin eine Rolle, deren Namen u. a. auch B. ist. Aus der ital. Benennung „gran pietà" als charakterisierender Zusatz zum Namen der Königin könnte in der mündlichen Überlieferung im Französischen „grans pié" geworden sein und dem Dichter des Epos ein wirkungsvolles und plausibles Detail für die Schilderung der Entdeckung der unterschobenen Braut geliefert haben. Nach A. Memmer war die „Großfüßigkeit" in der „Urform" der B.-Sage noch nicht enthalten; es sei ein später aufgenommener Zug.

6. P. Arfert, K. Voretzsch, A. Memmer und E. Tegethoff glauben, daß die altfrz. B.-Sage sich aus dem Kreis des Märchens von der unterschobenen Braut entwickelte. Nach Memmer ist das Gänsemagdmärchen germ. Ursprungs, aus dem das B.-Epos Elemente der volkstümlichen Überlieferung übernommen und mit hist. Elementen vermischt habe. Unbestimmtes Wissen über Pippins Eheverhältnisse und Karls Geburt seien um die Wende des 11./12. Jh.s durch einen Jongleur in B.s Geschichte mit Sagenmotiven episch ausgebaut worden. Die Ansicht, daß die altfrz. B.-Sage aus einer Urform von der schwarzen und der weißen Braut entstanden sein müsse (Tegethoff sieht als Beweis für diese These die Verwandlung der königlichen Braut in eine Ente an), ist nicht überzeugend. G. Huet findet das weitverbreitete Märchenmotiv der „Fiancée substituée" auch in der religiösen Literatur Indiens aus dem 11. Jh. von Ksemendra und → Somadeva.

Das Motiv von der unterschobenen Braut im Epos des 13. Jh.s soll vermutlich die Existenz von Nebenfrauen und deren Kindern in der Genealogie der karolingischen und frz. Herrscherfamilien erklären, da bes. diese Umstände mehrfach bei Erbauseinandersetzungen zu Konflikten geführt hatten. In germ. Zeit spielte die Polygamie beim Adel aus politischen Gründen eine Rolle. Im frühen MA. war Standesverschiedenheit ein streng beachtetes Ehehindernis, was für die Erbfolge von Bedeutung war. Nach Bekehrung der Germanen setzte die Kirche die Einehe durch und bekämpfte die freie Ehe. Die Nebenfrauen der Merowinger und Karolinger sind also noch heidnisch-germ. Relikte, die im mittlerweile streng christl. 13. Jh. auf Unverständnis stießen und einer Erklärung bedurften. H. J. Green erwähnt in diesem Zusammenhang ein Schreiben von Papst Gregor VII. von 1074 an die Bischöfe und Erzbischöfe von

Frankreich, das sich vermutlich gegen den in Bigamie lebenden König Philipp I. von Frankreich richtete.

Neuere Bearbeitungen und Untersuchungen des B.-Epos von U. T. Holmes und R. Colliot beziehen sich bei der Behandlung der Märchenmotive auf die Arbeiten von Arfert und Memmer. Es werden von Colliot zum Motiv der verfolgten jungen Frau noch vier Erzählungen aus → *Tausendundeinenacht* herangezogen. Für die in der B.-Sage enthaltenen Motive (junges Mädchen und Hexe, das unschuldig verleumdete Mädchen, die unterschobene Dienerin, Flucht und Aufenthalt im Wald, die Hausarbeit verrichtende Königin) wurden Entsprechungen in anderen Werken der Literatur des MA.s gefunden, im *Roman de la Violette* des Gerbert de Montreuil, im *Roman du Comte de Poitiers*, im *Roman du Comte d'Anjou* von Jehan Maillart, in den Chansons *Macaire, la reine Sybille, Parise la duchesse, Florence de Rome* und im Brangäne-Motiv der Tristan-Sage. Aus der Kombination von B.-Stoff und Sybille-Stoff sei der Roman von der unschuldigen Königin von Frankreich entstanden, der die stoffliche Grundlage zur Genovefa-Legende bildet.

Dramatisierung des B.-Stoffes: Anfang des 15. Jh.s im *Miracle de Berthe*; im 18. Jh. C.-J. Dorat: *Adelaïde de Hongrie* und *Les deux reines*; Schäferkomödie von R. T. R. de Pleinchesne: *Berthe*; im 19. Jh. O. F. Gruppe: *Königin Bertha*. 1848; J. K. Maurer: *Bertha*. Epos 1871.

Lit.: Simrock, K.: Bertha die Spinnerin. Ffm. 1853. – Paris, G.: Histoire poétique de Charlemagne. P. 1865. – Feist, A.: Zur Kritik der B.-Sage (Ausg.n und Abhdlgen aus dem Gebiet der rom. Philologie 59). Marburg 1886. – Voretzsch, K.: Das Merowingerepos und die fränk. Heldensage. In: Philolog. Studien. Festband für E. Sievers. Halle 1896, 53–111. – Arfert, P.: Das Motiv von der unterschobenen Braut in der internat. Erzählungslitteratur. (Diss. Rostock) Schwerin 1897. – Johnston, O.M.: The Legend of Berte aus grans piés and the Märchen of Little Snow-White. In: Revue des langues romanes 51 (1908) 545–547. – Huet, G.: Les Contes populaires. P. 1923, 66, 105–109. – Saintyves, 423sq. – Saintyves, P.: Des Contes de ma mère l'Oye et des rapports supposés de cette expression avec les fables où figurent la Reine Pédauque, la Reine Berthe et la Fée Berchta. In: Revue d'ethnographie et des traditions populaires 5 (1924) 62–79. – Memmer, A.: Die altfrz. B.-Sage und das Volksmärchen. Halle 1935. – Green, H. J.: The Pépin-Bertha Saga and Philip I. of France. In: PMLA 58 (1943) 911–919. – Holmes, U. T. (ed.): Adenet le Roi's „Berte aus grans pies". Chapel Hill 1946. – Fahlin, C.: La Femme innocente exilée dans une fôret. In: Mélanges de Philologie romane offerts à M. Karl Michaëlsson. Göteborg 1952, 133–148. – Cremonesi, C. (ed.): Berta da li pè grandi (Codice Marciano 13). Milano 1966. – Colliot, R.: Adenet le Roi „Berte aus grans pies" 1–2. P. 1970. – Frenzel, E.: Stoffe der Weltlit. Stg. ³1970, 96–98. – Wild, A.: Sisibesage und Genovefalegende. (Diss. Fbg) Bamberg 1970. – Caluwé, J. de: Les Prières de Berte aus Grans Piés dans l'oeuvre d'Adenet la Roi. In: Mélanges de langue et de littérature médiévales offerts à Pierre le Gentil. P. 1973, 151–160. – Weitere Lit. cf. Schenda, R.: Adenet le Roi. In: EM 1, 103–106.

Berlin Marianne Rumpf

Berthold von Regensburg, *Regensburg ca 1210, † ibid. 14. 12. 1272, Franziskaner, Volksprediger. Seit 1226 Mitglied des Regensburger Minoritenkonvents, Schüler und Begleiter des Bruders David von Augsburg. Um 1240 erstes Auftreten als Wanderprediger in Niederbayern. Spätere Predigttätigkeit im Elsaß, in der Schweiz, in Schlesien, Österreich, Böhmen, Mähren und Ungarn. Sein Wirkungskreis blieb zuletzt Bayern. Die außergewöhnliche Anziehungskraft seiner Predigten, die eine wertvolle Quelle für die Kulturgeschichte des 13. Jh.s sind, führte schon bald zu unautorisierten lat. Niederschriften. B. selbst redigierte nach 1250 aus Nachschriften und Entwürfen seine „drei Rusticani", die Predigtsammlungen *Rusticanus de sanctis, Rusticanus de dominicis* und *Rusticanus de communi*. Weitere Predigten enthalten die Sammlungen *Sermones ad religiosos et quosdam alios* und *Sermones speciales et extravagantes*. Noch vor B.s Tod entstanden in Augsburg (ca 1264) dt. Fassungen. Überliefert sind 392 lat. und um 100 dt. Predigten und Fragmente, die B. zugeschrieben werden.

Der großen Verbreitung der lat. Predigten (263 codd.) steht nur eine geringe

Überlieferung der dt. Predigten (ca 20 codd.) gegenüber; seinem Predigtcorpus blieb daher eine größere Popularität versagt[1].

B.s Predigten haben überwiegend missionarischen Charakter: Seine lebhafte, mit rhetorischen Fragen und Einwürfen durchsetzte Predigt und die Verwendung von anschaulichen Vergleichen, Sprichwörtern und Redensarten[2] zeigen eine gute Kenntnis des Volkslebens und der Überlieferung; sie brachten ihm großen Zulauf eines ständig wechselnden Publikums. Zeitgenössische Berichte sprechen von 20.000, spätere Übertreibungen von bis zu 100.000 Zuhörern, vor denen B. auf freiem Feld gepredigt haben soll.

In Übereinstimmung mit der kirchlichen Lehrtradition und den Bußordnungen seiner Zeit bekämpft er leidenschaftlich Häresie, Aberglauben (Angang, Tagewählerei, Wahrsagerei u. a.) und Zauberei (Bildzauber, 'Mordbeten', magischen Gebrauch von Totengebeinen und andere Zauberei)[3]. B. beklagt den Sittenverfall durch Unzucht und Kuppelei, Trunksucht und Schlemmerei. Tanz, Turnier und Würfelspiel verurteilt er ebenso wie aufwendigen Kleiderprunk eitler Frauen. Habsucht, Geiz, Wucher und Betrügereien von Kaufleuten, Handwerkern und Bauern prangert er an, kritisiert aber auch Ablaßprediger und ungerechte Richter.

Drastisch schildert B. das Wirken der Teufel auf Erden, die Qualen der Armen Seelen und die Schrecken der Hölle. Von den dämonischen Gestalten des Volksglaubens nennt er[4] Trud, Mahr, Nachtfrauen und Salige, 'hulden' und 'unhulden', Bilwis und Werwolf, doch ist unsicher, wieweit er hier über eingehendere Kenntnisse der Volksüberlieferung verfügt; unverkennbar ist auch der Einfluß von häresiologischen Schriften und Aberglaubenslisten seiner Zeit[5].

Stoffe der Volkserzählung werden von B. sparsam verwendet und oft nur in wenig eindeutigen Anspielungen genannt. Eine Ausnahme bildet der antike Alexanderstoff, den er zum Mittelpunkt einer längeren dt. Predigt macht[6]. Lebendig gestaltet ist auch der Rätselwettkampf in einer anderen Predigt[7]. Märchenmotive, auf die er verweist, sind das Motiv vom Spiegelberg[8], vom Zauberspiegel des Vergessens[9] und vom Wundergarten, dessen Bäume Silberblätter und Goldäpfel tragen[10]. Angespielt wird auch auf das Motiv der Liebe zu einem Frosch (cf. AaTh 440: → *Froschkönig*)[11] und auf ein Märchen vom kleinen 'Bruderlin'[12]. B. kennt ferner den Schwank vom fahrenden Schüler (AaTh 1540: → *Student aus dem Paradies*)[13]. Von Interesse ist auch die Erwähnung der Kriemhild und eines 'rumor de Ditrico' (→ Dietrich von Bern)[14].

Welche literar. Quellen B. benutzt hat, ist nur unzureichend erforscht. Neben umfangreichen Kenntnissen der Schriften der Kirchenväter und des kanonischen Rechts zeigen viele seiner Predigten seine große Belesenheit im naturwiss. Schrifttum; bei seinen oft mit abergläubischen Ansichten durchsetzten astronomischen und naturkundlichen Beobachtungen beruft er sich auf Aristoteles, Plinius, Avicenna, Bartholomäus Anglicus u. a. Hist. Stoffe, Fabeln und Exempel, die in seinem Predigtwerk wenig zu finden sind, entlehnt er Vincent de Beauvais und Jacques de Vitry. Manchen Heiligenlegenden seiner Zeit stand er durchaus kritisch gegenüber.[15]

[1] Richter 1969, 220. – [2] Unkel 1882, 55–59. – [3] Schönbach 1900, 24–28, 54. – [4] ibid., 17–24. – [5] Güting, E.-D.: Michel Beheims Gedicht gegen den Aberglauben und seine lat. Vorlage. Zur Tradierung des Volksglaubens im Spätmittelalter. In: Forschungen und Ber.e zur Vk. in Baden-Württemberg 1974–77, 197–220. – [6] Pfeiffer/Strobl 1 (1862) 398–400. – [7] ibid., 245 sq. – [8] ibid., 336. – [9] Schönbach 1900, 99. – [10] ibid., 96 sq. – [11] ibid., 101. – [12] ibid., 97. – [13] Pfeiffer/Strobl 2 (1880) 18, 34. – [14] Schönbach 1900, 95 sq. – [15] Günter 1910, 185.

Ausg.n: Lat. Predigten: Eine größere Ausg. fehlt noch. Bisher nur veröffentlicht: Beati Fratri Bertholdi a Ratisbona sermones ad religiosos XX [. . .] ed. P. Hoetzl. Mü. 1882. – Dt. Predigten: B. v. R. Vollständige Ausg. seiner Predigten 1–2. ed. F. Pfeiffer/J. Strobl. Wien 1862–80 (Nachdr. B. 1965; mit Bibliogr. und einem überlieferungsgeschichtlichen Beitr. von K. Ruh).

Zur Überlieferung: Jakob, G.: Die lat. Reden des seligen B. v. R. Regensburg 1880. – Casutt, L.: Die Hss. mit lat. Predigten B.s v. R.

(Katalog). Freiburg (Schweiz) 1961. – Richter, D.: B. v. R. Dt. Predigten (Überlieferungsgruppe *Z). Mü. 1968. – id.: Die dt. Überlieferung der Predigten B.s v. R. Mü. 1969. – Banta, F. G.: B. v. R. Investigation Past and Present. In: Traditio 25 (1969) 472–479.

Zur Vk. und Kulturgeschichte: Unkel, K.: B. v. R. Köln 1882. – Schönbach, A. E.: Zeugnisse B.s v. R. zur Vk. In: id.: Studien zur Geschichte der altdt. Predigt. 2. Stück. Wien 1900, 1–156 (Repr. Hildesheim 1968). – Matrod, E.: B. de R. et l'hérésie. In: Études franciscaines 14 (1905) 133–148. – Keil, E. W.: Dt. Sitte und Sittlichkeit im 13. Jh. nach den damaligen dt. Predigern. Dresden 1931. – VerfLex. 1 (1933) 213–223 und 5 (1955) 91. – Iannucci, R. J.: The Treatment of the Capital Sins and the Decalogue in the German Sermons of B. v. R. Wash. 1942 (Repr. N. Y. 1970). – Weitere Lit. bei Morvay, K./Grube, D.: Bibliogr. der dt. Predigt des MA.s. Mü. 1974, 37–44.

Dortmund Ernst-Dietrich Güting

Bertoldo, Bertoldino

1. Ursprung, Verfasser, Verbreitung – 2. Inhalt des Bertoldo – 3. Inhalt des Bertoldino – 4. Fortsetzungen und Bearbeitungen.

1. Ursprung, Verfasser, Verbreitung. Der bibl. Gestalt des Königs → Salomo wird spätestens seit dem 10. Jh. in apokryphen, zum Teil parodierenden, populären Texten ein zunächst ernsthafter, seit dem späten 12. Jh. jedoch obszön-witziger und misogyner, Marcolph, Marolf, Micoll oder Morolf genannter Bauer gegenübergestellt, der mit dem Herrscher ein Frage-Antwort-Spiel und/oder einen Sprichwort- und Rätsel-Wettkampf eingeht und zudem böse Streiche verübt (→ Salomon und Markolf)[1]. Von Frankreich ausgehend verbreitete sich diese Geschichte (von den dt.sprachigen Fassungen abgesehen[2]) vor allem in lat., hs. überlieferten Versionen des 13. bis 15. Jh.s[3], die wiederum die Grundlage für vulgärsprachliche Volksbuchdrucke abgaben. In Italien erschien *El Dyalogo de Salomon e Marcolpho* zuerst in Venedig 1502 bei Sessa und noch einmal 1550 bei Bindoni[4].

Dieser Text diente dem Bologneser Straßensänger Giulio Cesare Croce (della Lira) (*San Giovanni in Persiceto bei Bologna 1550, † Bologna 1609)[5], dem Verfasser von rund 300 Bänkelliedern[6], Spottgesängen, Streitgesprächen, „Lamenti", Karnevalsversen und witzigen Gelegenheitsdichtungen, als Vorlage für seine Büchlein vom *Bertoldo* (B.o)[7] und vom *Bertoldino* (B.ino)[8], die vom Beginn des 17. Jh.s bis in die Gegenwart in ganz Südeuropa in ungezählten Auflagen[9] und wohl millionenfach verbreitet waren[10].

2. Inhalt des B.o. An den Hof des Langobardenkönigs Alboin (A.) kommt ein mißgestalteter, häßlicher (→ Äsop, → Loqmān), aber witziger und gerissener Bauer namens B.o. Der König, an Narrheiten interessiert, beginnt ein Frage- und Antwortspiel[11], wobei B.o beweist, daß der Herrscher nur ein „gewöhnlicher Mensch" ist („tu sei un uomo ordinario come gli altri"). Zwei Frauen, die sich um einen Spiegel streiten, bitten um ein Urteil (AaTh 926: → *Salomonische Urteile*); A. rät, den Spiegel zu zerbrechen und aufzuteilen; dabei zeigt sich, wer die wahre Besitzerin ist. B.o spottet über Weibertränen. A. preist die Tugenden der Frauen, B.o will dagegen den Beweis für deren Bosheit liefern: Er streut das Gerücht aus, der König wolle für jeden Mann sieben Frauen legalisieren[12]; der König muß nun die wütenden Frauen beruhigen und schimpft seinerseits auf die teuflischen Weiber. Als B.o von den Hofdamen und Wachen ins Wasser gesetzt werden und Prügel beziehen soll, entzieht er sich mit immer neuen Listen der Strafe (er könne mit nassem Hintern den Verlust einer Jungfernschaft erkennen; diejenige solle zuerst schlagen, die den König vergiften wolle; man solle nicht den Oberen, den „capo" [nämlich: Körperteil, oder: Anführer], sondern die Unteren schlagen)[13]. B.o spuckt nach einem Wortgefecht mit dem glatzköpfigen Fagotto[14] diesem auf den Kopf, weil er, statt in den Saal, „auf den Platz" spucken soll[15]. B.o, der „weder nackt noch bekleidet" zurückkommen darf, erscheint in ein Fischernetz gehüllt (cf. Die kluge → Bauerntochter)[16]. Er gibt rätselhafte Antworten in bezug auf Vater, Mutter und Geschwister[17] und beweist mit Hilfe eines Milcheimers, den A. in einem dunklen Zimmer übersieht, daß der Tag heller als Milch sei[18]. Als Frauen in den Rat aufgenommen werden wollen, schickt ihnen A. auf B.os Rat eine Schachtel mit einem lebenden Vogel, die sie nicht öffnen sollen; doch die Neugierde der Frauen siegt über ihre politische Vernunft[19] (cf. AaTh 1416: *Die neue → Eva*). B.o will sich vor A. nicht verneigen; als dieser eine niedrigere Tür zu seinem Zimmer bauen läßt, kommt B.o rückwärts herein[20] und erzählt A. die Geschichte, warum der Krebs rückwärts und die Krabbe seitwärts laufe (Angst im Kriege zwischen Eichhörnchen und Wieseln)[21]. Darauf soll B.o gesehen und nicht gesehen erscheinen und Garten, Stall und Mühle mitbringen: B.o hält ein Sieb vor sein Gesicht und bringt einen Kuchen aus

Mangold, Käse und Mehl[22]. A. sagt, B.o möge sich bei allen Bedürfnissen des Hofes bedienen; da will B.o gleich seine Hosen herunterlassen. Ein Geschenk von A. nimmt er nicht an: Die Natur habe ihn frei geschaffen, er wolle frei sein. Zur Königin gerufen, nimmt B.o einen lebenden Hasen mit; dieser rettet ihn vor den hungrigen Hunden, die ihn zerreißen sollen (Mot. K 318)[23]. Er besteht einen Sprichwortkampf mit der Königin, die ihn in einen Sack stecken läßt, um ihn zu ersäufen. Durch eine List vertauscht B.o seinen Platz mit dem seines Bewachers (AaTh 1535: → *Unibos*), entkommt in Kleidern der Königin, verkehrt seine Fußspuren[24] und versteckt sich in einem Backofen. Er wird durch einen Kleidzipfel entdeckt; A. läßt ihn aus dem Ofen ziehen und befiehlt, ihn wegen Beleidigung der Königin zu hängen. B.o bittet, sich den Baum auswählen zu dürfen, kann sich aber für keinen geeigneten Galgen entscheiden (AaTh 1587: → *Baum zum Hängen gesucht*) und wird schließlich von A. begnadigt[25]. Er kehrt als Berater des Königs an den Hof zurück und stirbt am guten Essen und den Medikamenten der Ärzte. Sein Testament enthält Ratschläge für seinen Sohn, und für A. die Aufforderung, gerecht zu herrschen. A. läßt B.ino und seine Mutter suchen.

Das Büchlein lokalisiert also die Salomon-Markolf-Vorlage in Italien, umgeht die Erzählung von Salomon und dem Streit um das Kind, vermeidet einige Obszönitäten, führt neue Geschichten ein (Rettung vor Prügelstrafe, Neue-Eva-Episode, Sack-List), verstärkt den misogynen Zug vor allem durch die Figur der Königin und bringt politische Akzente ein: Forderung nach Gleichberechtigung der niederen Stände, Kritik an der Geistlosigkeit der Höflinge und an willkürlicher Gewalt, Aufwertung der Klugheit und Würde der Armen[26]. Der Text bietet einen Tugendspiegel für den Hof ebenso wie Zivilisierungsregeln für den gemeinen Mann.

3. Inhalt des B.ino. Die Höflinge finden B.os Frau Marcolfa (!) (M.), „una malitiosa femina", und ihren Sohn B.ino, einen Ziegenhirten, der vom Vater „so verschieden ist wie das Blei vom Gold" (Proemio), d. h. einen ungewöhnlich dummen Burschen, der noch nie Ritter zu Pferde (Tiere mit sechs Beinen, die Eisen fressen) gesehen hat und törichte Fragen stellt. M. und B.ino verlassen ihre Hütte und ziehen mit zum Hofe, wobei sich der Tölpel quer über ein Pferd legt. M. bittet den König Alboin, man möge sie in dem alten Zustand belassen und erzählt die Fabel vom Esel, der gern wie ein Pferd aufgeputzt sein möchte und sich die Ohren abschneiden läßt, aber seinen Pferde-Adel vergißt, sobald er eine Eselin sieht[28]: so seien auch sie „niedrig, zum Dienen, nicht Herrschen geboren". M. bleibt jedoch, als A. verspricht, alle Dummheiten B.inos zu verzeihen. Dieser beschimpft in der Tat den Schneider als Henker und bespeit ihn, worüber die Königin lacht. M. erzählt dieser die ätiologische Fabel von den klatschhaften Krähen, die vom Tribunal der Vogelkönigin zum Schweigen verurteilt wurden, aber mit ihrem „crà, crà" (morgen) die Hoffnung ausdrücken, später wieder sprechen zu dürfen[29]; und eine Geschichte von Kaufleuten: Ihre Muskatnüsse werden von Wildschweinen gefressen (was diesen übel bekommt), und Mistkäfer vertauschen ihnen die Feigen mit Pferdeäpfeln: So seien auch M. und B.ino grobe, nicht feine Ware, ungeeignet, „Hof-Affen" zu werden. A. überläßt ihnen trotzdem eine Villa. B.ino wirft dort 1000 Scudi zu den Fröschen im Teich; er glaubt, die Frösche behaupteten, er habe von A. nur „quattro, quattro" Scudi bekommen, und will ihnen seinen Reichtum beweisen[30]. Er füttert die Frösche mit Brot und schaufelt einen Sack Mehl in den Teich, um die gierigen Fische blind zu machen. Dann setzt er sich als → Eierbrüter in das Nest der Gans[31]. A. erlaubt ihm, alles „alla libera", frei herauszusagen, und er beschimpft eine Zofe namens Libera. Die Königin rät, B.ino solle sich der Bescheidenheit befleißigen, und er belästigt die Gärtnersfrau namens Modestia (→ Wörtlich nehmen). M. löst für A. das Rätsel: „Ich habe kein Wasser und trinke Wasser; hätte ich Wasser, so würde ich Wein trinken" (Müller und Mühlbach). B.ino, so erklärt M., sei so dumm, weil sie, schwanger, ein Gelüst nach Gänsehirn gehabt habe. Der Junge macht inzwischen einen Schwarm Kraniche mit Wein betrunken, steckt ihre Hälse in seinen Gürtel, wird in die Luft gehoben und stürzt in den Teich[32]. Als er sich auszieht, überfallen ihn die Fliegen, und er schlägt sie an seinem Körper mit Weidenruten tot, so daß er krank wird. Die Medikamente verwechselt er, steckt das Klistier oben, die Pille unten hinein und bespuckt den Arzt. Zum Essen eingeladen, bringt er statt „Salame" nur „Lassame", „Samallo", Malasso" etc. heraus. Als er die Kücken vor dem Bussard bewachen soll, bindet er deren Füße zusammen, und der Raubvogel nimmt sie alle auf einmal[33]. B.ino schneidet dem Esel des Gärtners die Ohren ab, weil er sich belauscht fühlt; der Esel wirft ihn ab und verletzt ihn. Da bittet M., der König möge sie und B.ino ziehen lassen. Sie erzählt dazu, warum die Spinnen den Fliegen feind sind (die Fliegenwitwe verschmähte das Spinnenmännchen; diesem verschob sich beim Sturz vom Fenster der Geliebten das Gehirn in die Beine: so sei auch B.ino einst gefallen und habe den Verstand in den Beinen). Nach einem Sprichwortwechsel erzählt M. von der Schneckenhochzeit und dem Fest der Insekten, das so lange dauerte, daß einige Gäste einschliefen: so werde auch ihr die Zeit am Hofe zu lang. Reich beschenkt, dürfen M. und B.ino nach Hause zurückkehren.

Bertoldino popularisiert die zeitgenössische Kritik am Hofleben (A. de → Guevara), betont – im Gegensatz zum *Bertoldo* – die Notwendigkeit der Standesschranken und demonstriert die Unverbesserlichkeit des Dummen. Marcolfa, nur ein schwaches Abbild des B.o, erzählt ihre Tiergeschichten zum Zwecke der Persuasion[34]. Der fiktive Zusammenstoß von Hofkultur und bäuerlicher Kultur kann nicht die real gegebenen Konflikte erhellen; er dient nur der Belustigung und der Selbstbestätigung eines sich emanzipierenden Stadtbürgertums.

4. Fortsetzungen und Bearbeitungen. Der Mönch und Dialektdichter Adriano Banchieri aus Bologna (1567–1632) fügte Croces beiden Büchlein unter dem Pseudonym Camillo Scaligeri della Fratta ein drittes mit dem Titel *Novella di Cacasenno, figlio del semplice B.ino*[35] hinzu, das weitere dumme Streiche enthält. Lelio della Volpe, ein Bologneser Drucker, regte 20 nordital. Dichter zu einer Verarbeitung der drei Büchlein zu 20 Gesängen in Oktaven (ottava rima) an; diese mehrfach nachgedruckte und übersetzte Ausgabe erschien zuerst 1736[36]. Mit dieser gereinigten Fassung[37] wird das Werk des Straßensängers für das Bildungsbürgertum aufbereitet; die galante frz. Paraphrase von 1750[38] setzt diesen Zivilisierungsprozeß fort. Für eine Einschätzung Croces und seines Publikums sind diese Ausgaben nicht mehr brauchbar. Die Auswirkungen der Volksbuchausgaben auf die mündliche Tradition bleiben im einzelnen zu untersuchen[39].

[1] Cortese Pagani, G.: Il B.o di G. C. Croce ed i suoi fonti. In: Studi medievali 3 (1911) 533–602. – [2] Heitz, P. / Ritter, F.: Versuch einer Zusammenstellung der Dt. Volksbücher des 15. und 16. Jh.s. Strassburg 1924, 150–153; Görres, J.: Die teutschen Volksbücher. ed. L. Mackensen. B. 1925, 188–195; Biagioni, G. L.: Marcolf und B.o und ihre Beziehungen. Diss. Köln 1930, 13–16. – [3] Benary, W. (ed.): Salomon et Marcolfus. Kritischer Text mit Einl., Anmerkungen, Übersicht über die Sprüche, Namen- und Wörterverz. (Slg mlat. Texte 8). Heidelberg 1914. – [4] Dialogo dove si ragiona di molte sentenze notabili intitulato Salomone e Marcolpho, di nuovo ristampato e alla sua letione ridotto. In Venegia, appresso di Agostino Bindoni, l'anno 1550; Text bei Cortese Pagani (wie not. 1) 588–602. – [5] Guerrini, O.: La vita e le opere di G. C. Croce. Bologna 1879; Nascimbeni, G.: Note e ricerche intorno a G. C. Croce. Bologna 1914. – [6] Dursi, M.: Affanni e canzoni del padre di B.o. Bologna 1966; Speroni, C. (ed.): Il Tre. Opera dilettevole. Firenze 1960 (Supplemento a Lares 25 [1959]); zu Croces „Verkehrter Welt" cf. Cocchiara, G.: Il mondo alla rovescia. Torino 1963, 152–156; Bisi, F.: Appunti sulle varianti della tradizione orale di „La Filippa" di G. C. Croce. In: La drammatica popolare nella valle padana. Modena 1976, 65–76. – [7] Benützte Ausg.: Astuzie sottilissime di B.o. Dove si scorge un Villano accorto e sagace che dopo varj e strani accidenti alla fine per [il] suo raro, ed acuto ingegno, vien fatto uomo di Corte, e regio consigliero. Con l'aggiunta del suo testamento ed altri detti sentenziosi. Opera di Giul. Cesare della Croce. In Roma Con permesso (s. a., 16°, 64 p., Niedersächs. Staats- und Univ.-Bibl. Göttingen); cf. Giannini, G.: La poesia popolare a stampa nel sec. XIX. t. 2. Udine 1938, 627. – [8] Benützte Ausg.: Le piacevoli e ridicolose semplicità di B.ino, figliuolo dell' astuto ed accorto B.o. Con le sottili, ed argute risposte della Margolfa sua madre, e Moglie di esso B.o. Opera piena di moralità, e di spasso di Giulio Cesare della Croce. In quest' ultima impressione arricchita di figure. In Lucca Presso Domenico Marescandoli. Con Approvazione (s. a., 16°, 64 p., Niedersächs. Staats- und Univ.-Bibl. Göttingen); cf. Giannini (wie not. 7) 625–626. – [9] Guerrini (wie not. 5) 330–332, 416–417; Biagioni (wie not. 2) 26–27; NUC Pre-1956 Imprints 127 (1971) 440–443. – [10] Einige (unvollständige) Hinweise: (dt.:) Der Italiänische Aesopus oder Bertholds satyrische Geschichte. Ffm./Lpz. 1751, „eine unsäglich verwässerte Übersetzung"; cf. Görres (wie not. 2) 194; Biagioni (wie not. 2) 28. – (frz.:) Histoire de Bertholde. La Haye 1750; cf. NUC (wie not. 9) 442. – (griech.:) Venezia 1683; cf. Guerrini (wie not. 5) 417; NUC (wie not. 9) 443. – (kroat.:) Nasradin iliti B.o [...]. Zara 1857; cf. Hodscha Nasreddin 1, XLVII. – (port.:) Astúcias subtilissimas de B.o. Lisboa 1743; Simplicidades de Bertoldinho. Porto 1863; cf. NUC (wie not. 9) 440; Nicolau Espadinha, M. A.: Alguns elementos sobre a literatura tradicional portuguesa. In: Karlinger, F. (ed.): Ber.e im Auftrag der Internat. Arbeitsgemeinschaft für Forschung zum rom. Volksbuch. Seekirchen 1974 (masch. Ms.) 40–41. – (rumän.:) Viiaţa lui B.o şi lui B.ino [...]. Sibiu (Hermannstadt) 1799; cf. Chiţimia, I. C. / Simonescu, D.: Cărţile populare în literatura romînească 1. Buk. 1963, 235–256; Iorga, N.: Livres populaires dans le sud-est de l'Europe et surtout chez les Roumains. In: Académie roumaine. Bulletin de la section historique 14 (Buk. 1928) 69–70; Moraru, M./ Velculscu, C.: Bibliografia analitică a cărţilor populare laice 1. Buk. 1976, 182–196. – (span.:) Historia de la vida del rustico B.o. Barcelona 1788; cf. NUC (wie not. 9) 442. –

[11] Inhalt und parallele Nachweise bei Biagioni (wie not. 2) 38–44 (hier und im folgenden nicht immer schlüssig). – [12] Nicht identisch mit Mot. T 145. 1. 2; Nachweise bei Biagioni (wie not. 2) 82–84. – [13] ibid., 84–91. – [14] Köhler/Bolte 3, 12; Biagioni (wie not. 2) 75–77. – [15] Köhler/Bolte 3, 13; Biagioni (wie not. 2) 74–75; Cortese Pagani (wie not. 1) 553–554. – [16] cf. KHM 94; BP 2, 362–367. – [17] Biagioni (wie not. 2) 48–52. – [18] Mot. H 651.1. – [19] Mot. H 1554.1., H 1557.4.; Biagioni (wie not. 2) 62–74. – [20] ibid., 77–78. –

[21] cf. Dh. 3, 219–221. – [22] Biagioni (wie not. 2) 47. – [23] ibid., 91. – [24] ibid., 95–97. – [25] ibid., 98–100. – [26] cf. Croce, F.: G. C. Croce e la realtà popolare. In: La rassegna della letteratura italiana 73 (1969) 181–205, bes. 190–193. – [27] Ausführliche (expurgierte) Nacherzählung bei Osella, G.: Un classico del riso: B.ino. In: Convivium 6 (Torino 1934) 595–601; cf. Guerrini (wie not. 5) 257–265. – [28] Nicht identisch mit AaTh 214*. – [29] cf. Dh. 3, 369–372; t. 4, 184–185. – [30] BP 1, 59–60; AaTh 1642; Mot. J 1851. 1. 1. –

[31] Mot. J 1902.1.; cf. EM 1, 1298 (Basile 1,4: Vardiello). – [32] cf. Münchhausen: Wunderbare Reisen. In: Bürgers sämtliche Werke. ed. W. von Wurzbach. Lpz. (1902), 2. Teil, 152sq.; AaTh 1881; Mot. X 1258.1. – [33] BP 3, 337; AaTh 1876; Mot. X 1267.1. – [34] cf. Gizelis, G.: Narrative Rhetorical Devices of Persuasion. Athens 1974. – [35] Guerrini (wie not. 5) 265–269; Giannini (wie not. 7) 633; Segarizzi, A.: Bibliografia delle stampe popolari italiane della R. Biblioteca Nazionale di S. Marco di Venezia. Bergamo 1913, 305 (1648); Köhler/Bolte 3, 14sq.; cf. die Ausg. von Dossena, G.: B.o e B.ino con l'aggiunta del Cacasenno di A. Banchieri con l'autobiografia di G. C. Croce, un' appendice di fonti e derivazioni bertoldiane e una introduzione. Milano 1965. – [35] Guerrini (wie not. 5) 269–279; NUC (wie not. 9) 440–441. – [37] Nach einer Quart- und einer Duodez-Ausg. von L. della Volpe erschien eine 3. Ausg. in Oktav bei F. Storti in Venedig mit Titelkupfer, Porträt und 20 Kupfertafeln; benützte Ausg.: B.o con B.ino e Cacasenno in ottava rima con argomenti, allegorie. Venezia 1739. (Niedersächs. Staats- und Univ.-Bibl. Göttingen). – [38] Benützte Ausg.: Histoire de Bertholde, contenant ses avantures, sentences, bons-mots; reparties ingénieuses, ses tours d'esprit, l'histoire de sa fortune & son testament [. . .]. La Haye: P. Gosse 1705. (Niedersächs. Staats- und Univ.-Bibl. Göttingen). – [39] Der Typen- und Motivkatalog Tradizioni orali non cantate, Primo inventario nazionale per tipi, motivi o argomenti. ed. A. M. Cirese/L. Serafini. Roma 1975 liefert keine direkten entsprechenden Hinweise.

Göttingen Rudolf Schenda

Bertran i Bros, Pau, * 2. 7. 1853 Collbató (Baix Llobregat, Provinz Barcelona), † 7. 2. 1891 Esparraguera (Baix Llobregat). Katalan. Volkskundler, Dichter und Übersetzer, Vorkämpfer für die Eigenständigkeit der katalan. Kultur. B. stammte aus bäuerlichem Milieu und studierte in Barcelona Philosophie und Literaturwissenschaft.

Er wurde sowohl für sein lyrisches Werk als auch für seine folkloristischen Arbeiten mehrmals mit Preisen der Dichter-Feste (Jocs florals) von Barcelona ausgezeichnet.

Als Fundgrube für seine Sammlertätigkeit diente B. seine nähere Heimat im Umkreis von Montserrat. Als erstes Ergebnis veröffentlichte er eine Reihe von Volksliedern, die *Corrandes populars*[1] und die *Cançons i follies*[2]. Letztere weisen bereits die Merkmale und Vorzüge der reifen Arbeiten B.s auf: Präzision der Wiedergabe, Verzeichnis aller Varianten, eingehende Kenntnisse nicht nur der katalan., sondern der gesamteurop. Situation auf dem Gebiet der Volksliteratur. Sein bedeutendstes Werk in dieser Hinsicht, die Sammlung von Volkserzählungen *El rondallari català*[3] wurde erst 1909 postum ediert. Seine theoretischen Erkenntnisse legte B. zunächst im Aufsatz *La filosofia de la filosa*[4] nieder, in dem er den Gegenstand der Volksliteraturforschung definierte, dann in der *Rondallística*[5], einer dem damaligen Stand der Wissenschaft entsprechenden Standortbestimmung der Märchenforschung innerhalb der Folkloristik einerseits und einer Theorie des Märchens andererseits.

B.s früher Tod vereitelte die Aufbereitung einer Fülle von Material über Volksglauben, Bräuche etc., das nach seinem Plan unter den Titeln *Oracionaire* und *Popularitats* erscheinen sollte.

[1] Corrandes populars. In: Renaixença 3–4 (1873/1874). – [2] Cançons i follies populars inèdites recullides al peu de Montserrat. Barcelona 1885. – [3] El rondallari català. Publicat segons el manuscrit original inèdit ab un pròleg sobre l'autor [. . .] per R. Miquel i Planas. Barcelona 1909. – [4] La filosofia de la filosa. In: Il·lustraçió catalana 5 (1884) 7sq. – [5] Rondallística. Estudi de literatura popular ab mostres catalanes inèdites. In: Renaixença 18 (1888).

Lit.: Vieweg, F.: P. B. i B.: Rondallística. In: Romania 18 (1889) 208 (Rez.). – Franquesa i

Gomis, J.: Necrologia de don P. B. i B. In: Il·lustració catalana 12 (1891) 82–102. – Miquel i Planas, R.: Pròleg de l'editor. In: B. i B., P.: El rondallari català. Barcelona 1909, XIII–XLIII. – Enciclopedia universal ilustrada europeo-americana 8 (Madrid 1967) 437.

Salzburg Ulrike Wiplinger de Torra

Beruf, Berufsschwänke. Unter B. versteht man eine erlernte Tätigkeit, die der Mensch dauernd, meist zum Zwecke des Lebensunterhalts im Rahmen einer arbeitsteiligen Lebens- und Wirtschaftsordnung ausübt. Im ma. Sprachgebrauch hatte das Wort überhöhte Bedeutung im Sinn von „berufen sein", so etwa zum „Ordensberuf". Martin Luther verwendete B. synonym für Amt oder Stand, weshalb für die ältere Zeit die begriffliche Abgrenzung zwischen B.sgruppen und Ständen oft schwer zu ziehen ist; man spricht auch von B.sstand im Gegensatz zu Geburts- oder Besitzstand[1].

Diese Überschneidung der Begriffe spiegelt sich in der ätiologischen Erzählung von → *Evas ungleichen Kindern* (AaTh 758), welche die Entstehung von Ständen und B.en erklären soll. Nach der Grimmschen Version (KHM 180) bestimmt Gottvater die vorgezeigten schönen Kinder des ersten Menschenpaares zu Fürsten, Rittern, Kaufleuten und Gelehrten, also zu den gehobenen Ständen; den zunächst verborgen gehaltenen häßlichen Kindern werden nach göttlicher Verfügung ländliche und handwerkliche B.e zugedacht. Die Erzählung geht also, wie L. Röhrich bemerkt, „nicht von der realen Entwicklung der Arbeit und des Handwerks aus". Sie verlegt vielmehr die Differenzierung von Ständen und B.en als gottgewollt in die Schöpfungszeit und legitimiert so die bestehende hierarchische Ordnung[2]. Überhaupt spielen konkrete Arbeitsvorgänge in Volkserzählungen nur eine geringe Rolle, weil nicht die reale, alltägliche, sondern die ungewöhnliche, irreale Situation die Phantasie bewegt. Dennoch vorhandene → Realitätsbezüge im beruflichen Bereich sind gattungsbedingt verschieden.

Es sei auffällig, sagt Röhrich, wie weit das → Märchen von der Arbeitswirklichkeit entfernt und wie wenig der Mensch hier von seiner berufsspezifischen Tätigkeit geprägt sei. Er müsse zwar arbeiten und Leistungen vollbringen, aber nicht notwendigerweise in seinem erlernten B.: „Er muß beispielsweise Rätselraten oder einen Drachen töten, unabhängig davon, ob er Besenbinder oder Bauernknecht ist". Darum seien die B.e im Märchen auch weitgehend auswechselbar[3].

So verläßt das → *Tapfere Schneiderlein* (AaTh 1640) seine Werkstatt und vollbringt als angeblicher Kriegsmann Taten, die nichts mit seinem Gewerbe zu tun haben und um so unwahrscheinlicher wirken, als Schneider traditionell für schwächlich gelten; erst da der Held im Schlaf redet, verrät er der ihm angetrauten Prinzessin seine ihr verächtliche Profession. Im Märchen vom → *Tischleindeckdich* (AaTh 563) erlernen die vom Vater aus dem Haus gejagten Söhne zwar alle ein Handwerk, der Verlauf der Handlung aber ist von den unterwegs erworbenen Zaubergaben bestimmt. Im Typ von den *drei* → *Brüdern* (AaTh 654), die dem Vater ihre auf der Wanderschaft erlernten Künste vorführen sollen, geht es zwar um berufsspezifische, jedoch ins Wunderbare gesteigerte Fertigkeiten: Der Fechter schwingt seinen Säbel so schnell, daß er im Regen trocken bleibt, der Barbier rasiert einen Hasen im Lauf, der Schmied beschlägt ein galoppierendes Pferd. Die Tendenz, einfache B.e aufzuwerten, steht wohl hinter Erzählungen von dem König, der seine Söhne nötigt, ein Handwerk zu erlernen, und sei es Korbflechten oder Besenbinden[4].

→ Sagen sind realistischer und daher eher von der B.ssituation ihrer Handlungsträger bestimmt. Zwar ergibt auch hier nicht die alltägliche Verrichtung, sondern erst ein merkwürdiger, erschreckender, real nicht erklärbarer Vorgang bei der Arbeit das Erzählmotiv. Doch ist der Erlebnishintergrund bei Alphirten[5]-, Bergmanns-[6] oder Seemannssagen[7] in jedem Fall so eigentümlich, daß Situationen und Figuren nicht austauschbar sind. B.sspezifische Gefahren und Nöte im Kampf gegen Naturgewalten, daraus resultierende Ängste und durch Gemeinschaftsarbeit geprägtes Gruppenbewußtsein haben unter den Angehörigen solcher B.e eine bes. vielfältige Überlieferung hervorgebracht. Auch dämonische Gestalten, die in diesen Sagen auftreten, sind dem B. adäquat: Sennen erzählen vom Kasermandl, Bergleute vom Berggeist, Schiffer vom Klabautermann[8].

Dementsprechend verfügt nach christl. Tradition jeder B.sstand über einen eigenen Patron als Fürsprecher im Himmel: Die Bergleute etwa rufen die hl. → Barbara an, die Schiffer den hl. → Nikolaus, die Hll. → Kosmas und Damian sind Ärztepatrone etc. Das Patronat ergab sich vielfach aus Motiven der Legende der Heiligen, aus ihrer beruflichen Herkunft, ihren Wundertaten oder aus der mitunter sekundären Deutung der Attribute. Es ist bemerkenswert, wie z. B. der hl. → Josef unter sozialen Bestrebungen der Barockzeit und des späten 19. Jh.s von Verehrungswellen erfaßt wurde, eben weil er, häufig mit seinen Zimmermannswerkzeugen dargestellt, ein Leitbild für das arbeitende Volk sein konnte[9]. Die hl. → Notburga, der Legende nach eine Bauernmagd, welche die Einhaltung des Feierabendgebots gegenüber ihrem ausbeuterischen Dienstherrn verteidigte, wurde zur Symbolfigur für das Gesinde[10].

Sozialkritische Ansätze im Mit- und Gegeneinander der Stände und B.e liefern vor allem → Schwank und → Witz. Hier charakterisiert die B.sbezeichnung oft recht präzise die Rolle oder das Fremdbild des einzelnen in der Gesellschaft, freilich in stereotyper Manier. Geistliche gelten häufig als ausschweifend und lüstern, Bauern als grob, dumm oder bewußt dummschlau, Studenten als listig, viele Handwerker als betrügerisch, so vor allem Bäcker und Müller, Schneider als diebisch und schwächlich; manche Gewerbe wie Bader, Barbiere, Leineweber, Müller, vor allem aber Schinder, Henker und Scharfrichter sind als „unehrlich", d. h. als unehrenhaft verschrien[11]. Reale Hintergründe dieser Vorurteile waren ökonomische und soziale Spannungen der Stände und B.sgruppen untereinander: Standesbewußtsein und Standesdünkel, Konkurrenzneid, Präzedenzstreitigkeiten, Zunftstolz, ein oft übersteigerter Ehrbegriff des Handwerks und Mißtrauen von seiten der Bauern gegenüber oft schwer kontrollierbaren Gepflogenheiten der Gewerbetreibenden. Daß solche Alltagserfahrungen und bestehende Konflikte im Erzählgut in zuweilen grotesker Übertreibung abreagiert wurden, gehört zum Wesen der satirischen Gattungen[12].

Da die mündliche Überlieferung in permanenter Wechselbeziehung zur Literatur stand, scheint ein Exkurs zu einigen einschlägigen literar. Genres angebracht. Im → Fabliau sind Personen kaum individualisiert und Personenamen wenig aussagekräftig, „dagegen ist nur in wenigen Fabliaux und Schwankmären die soziale Herkunft der Protagonisten offengelassen"[13]. Wiewohl es sich zumeist um Verführungs- und Ehebruchsgeschichten handelt, wird der Status der Personen ziemlich genau bestimmt. Das Ehepaar stammt vorwiegend aus bürgerlichem Milieu, den prozentual stärksten Anteil an der Rolle des Liebhabers haben Geistliche, insgesamt aber reicht die Skala der Ehebrecher vom Ritter bis zu Knecht und Koch[14]. Der Bauer fungiert nur selten als Liebhaber, eher als Hahnrei[15], doch auch die Liebe genießenden Pfaffen werden zuletzt oft übertölpelt und müssen mit Schimpf und Schande abziehen[16]. Es ist umstritten, inwieweit hier über die vorwiegend unterhaltende Absicht hinaus sozialkritische Tendenzen zum Ausdruck kommen[17].

In Schwankmären ist das Personal durch Rollenprägung gleichermaßen typisiert, wenngleich es sich auch hier eher um eine Stände- als um eine B.stypik handelt[18]. Der junge Ritter erscheint als positiv bewertete Werber-, Verführer- und Liebhaberfigur; jedenfalls droht ihm, wenn ertappt, keine entehrende Strafe. Hingegen wird der Pfaffe in dieser Rolle wiederum gern bloßgestellt, weil man darin einen Verstoß gegen das Zölibat sah[19]. Der Student verkörpert in den Mären den lebensklugen, witzigen Verführer, der sich nie erwischen läßt. Bürger treten in ihren B.en als Kaufleute, Pferdehändler,

Wirte, Handwerker etc. auf, ohne darin eine spezifische Funktion auszuüben[20]. Das Bild des Bauern ist zunächst noch weitgehend von der Neidhart-Tradition bestimmt[21], er gewinnt jedoch in späteren Schwankmären als Mann von natürlicher Lebensklugheit an Profil und weiß sich dann mit Bauernschläue seiner Haut wohl zu wehren[22]. Angehörige unterer Sozialschichten, Knappen und Zofen, Knechte und Mägde, sind vornehmlich für Helferrollen prädestiniert, agieren aber gelegentlich auch als Hauptakteure; „Asoziale" wie Landstreicher oder Prostituierte treten zu selten auf, als daß sich eine für sie typische Rollenzuweisung erkennen ließe[23]. Insgesamt bevorzugt das Märe eine ständisch gemischte Gesellschaft, ohne das soziale Gefälle für die Handlung nutzbar zu machen; berufliche Differenzierungen haben eher dekorativen Charakter[24].

Wesentlich deutlicher spezifiziert ist die B.swelt in der lat. → Fazetie. Bei → Poggio, dessen Erzählungen vielfach anekdotisch individualisiert sind, treten Personen in ihrer beruflichen Funktion auf. Päpste, Kardinäle, Bischöfe und Äbte spielen hier ihre Rolle als geistliche Würdenträger[25]; Pfarrer und Mönche, wiewohl durchaus nicht frei vom gängigen Klischee der Lüsternheit, fungieren als Prediger und Beichtväter[26]. Vom höfischen Personal erscheinen mehrfach die Gesandten[27], aus Akademikerkreisen Gelehrte, Ärzte, Richter und Advokaten bei der Ausübung ihres B.s[28]. Als schlagfertig erweisen sich Köche und Diener[29], desgleichen die Prostituierten[30]. Ähnlich breit gefächert ist die B.ssphäre in den *Facetiae* des Heinrich → Bebel, der sein Material allerdings nicht wie Poggio aus den Amtsstuben der Kurie, sondern zum guten Teil aus der mündlichen Überlieferung seiner schwäb. Heimat bezog. Der Schwerpunkt des Spotts liegt auch hier beim Klerus, im übrigen ist jedoch öfter als bei Poggio von den „kleinen Leuten", vom simplen Dorfschulzen, von Bauern, Handwerkern, Landsknechten etc. die Rede[31].

Auch das älteste engl. → Jestbook *A Hundred Merry Tales* von 1526 beruht im wesentlichen auf einheimischer Überlieferung[32]. Über ein Drittel der Erzählungen bezieht sich wiederum auf Geistliche; sie gelten als Trunkenbolde, Geizhälse und nehmen es mit der Sittlichkeit nicht so genau. Der Bereich des Höfischen bleibt weitgehend ausgespart, hingegen ist das bürgerliche Element stark vertreten. Richter sind habgierig, diebisch und bestechlich, Ärzte unfähige Scharlatane, Studenten einfältig oder überspannt, Kaufleute leicht zu übervorteilen. Anders als in dt. Prosaschwänken des 16. Jh.s kann sich der Bauer gegenüber Bürgern und Handwerkern eher behaupten. Eine bedeutende Rolle spielt der dumme, diebische, zuweilen aber auch schlagfertige Müller[33]. In der um 1535 entstandenen Konkurrenzsammlung *Tales and quicke answeres, very mery and pleasant to rede*, die weitgehend auf lat. Tradition basiert, treten zum bisher genannten Personal Typen aus untersten Sozialschichten, Diebe, Bettler und Landstreicher[34]. Ein Jh. später spiegeln sich in John Taylor's *Wit and Mirth* (1630) die veränderten kirchlichen Verhältnisse: Der Spott gegen die Geistlichkeit hat, von Seitenhieben gegen den kathol. Klerus abgesehen, deutlich nachgelassen. Aufs Korn genommen werden dagegen immer noch bürgerliche B.e, vor allem wieder leichtsinnige oder törichte Richter. Spott richtet sich gegen den Bürgermeister und den Constable, gegen gemeine Soldaten und ihre Captains; u. a. tauchen hier auch Anekdoten von Schauspielern auf[35].

Den Jestbooks in vielem vergleichbar sind die dt. → Schwankbücher. Schon der Verfasser des *Till → Eulenspiegel* hatte die Streiche seines Helden z. T. nach den B.en der „Opfer" geordnet: So richten sich die Historien num. 11–13 gegen Pfaffen, 15–17 gegen Ärzte; 18–20 sind Bäckergeschichten, 22–27 Gaukler- und Hofnarrenstreiche, 39–41 Schuster-, 48–50 Schneider-, 52–56 Kürschner- und Gerbergeschichten. Hinter den Späßen steht das Aufbegehren des Bauernsohnes Till gegen die Verachtung seines Standes und Kritik am selbstgefälligen Bürgertum[36].

Die Schwanksammlungen aus der 2. Hälfte des 16. Jh.s sind vorwiegend protestant. Provenienz, daher ihre scharfe Kritik an der kathol. Geistlichkeit, die mit ärgsten Zoten bedacht wird[37]. Auch der Landadel, dessen politische Bedeutung gesunken ist, wird zum Ziel des Spottes. Den Bauern haften noch die üblen Klischees der Fastnachtsspiele an. Da die Autoren vielfach Halbgebildete, Schulmeister, Schreiber oder ausgediente Soldaten waren, ist es begreiflich, daß die Bildungsschicht weitgehend verschont blieb und Landsknechte positiv gezeichnet wurden[38]. Der These von K. Herz, daß Magistrat, Kaufleute und Handwerker eine relativ günstige Beurteilung fanden, weil man alles in allem mit ihnen „zufrieden war“[39], hat H. Gumbel mit Recht widersprochen: „Es war ein Gebot der Klugheit und – des Absatzes, die Schicht zu schonen, auf die man angewiesen war. Allein die Wirte, unter deren Betrügerei oder Pfiffigkeit der Patrizier wie der arme Handwerker zu leiden hatten, werden schärfer mitgenommen“[40].

Das breiteste Spektrum an B.en bieten die Schwank- und Anekdotenbüchlein des 17. und 18. Jh.s. Kompilatoren wie Otho → Melander, Julius Wilhelm → Zincgref oder Samuel → Gerlach zielten offensichtlich auf Leser eines höheren Bildungsniveaus, sie betonten jedenfalls den didaktischen Wert ihrer Sammlungen und bezogen ihre Materialien dementsprechend zu einem guten Teil aus älteren lat. Fazetien- und Apophthegmenbüchern. Die Kompilationen spiegeln nun die gesamte B.sskala der Zeit vom Fürsten und seinem Hofpersonal und allen Instanzen der weltlichen und kirchlichen Obrigkeit bis zu den verrufenen Gewerben[41]. Die B.sbezeichnung charakterisiert in vielen Fällen schon den Handlungsträger. Manche Autoren ordneten ihr Material mehr oder minder konsequent nach B.sgruppen: Zincgref/Weidner gliederten ihre *Teutschen Apophthegmata* (1653–55) nach „Wehrstand“, „Lehrstand“, „Nährstand“, der *Überaus lustige und kurtzweilige Scheer-Geiger* (1673) brachte je 100 Witze und Aussprüche über Ärzte, Juristen, Soldaten, Handwerker, Wirte, Diebe etc., ähnlich verfuhr der Sammler des *Kurtzweiligen Zeit-Verkürzers* von 1702. Daneben gab es ausgesprochen milieugebundene Kompilationen wie Zincgrefs *Facetiae Pennalium, Das ist: Allerley lustige Schulbossen* (1618), das *Gepflückte Fincken oder Studenten-Confect* von 1667, die *Curiosen Bauern-Historien* eines Urban Dorffgast von 1709.

Die häufige Wiederholung bestimmter Texte unterstreicht die Bedeutung des Präzedenzstreits der Stände und B.e untereinander. So etwa der oft zitierte Ausspruch eines Herrschers, er stelle die Gelehrten über den Adel, denn Edelleute könne er machen, Gelehrte aber nicht[42]. Die Juristen betonen ihren Vorrang gegenüber den Ärzten mit einem unfeinen → Wortspiel von „lex“ und „ars“[43]. Welchen Vorurteilen gerade diese Professionen unterlagen, ergibt sich aus der Auskunft eines Vaters über *die seltsamen → B.e der drei Söhne*: Er bezeichnet den Mönch als Bettler, den Advokaten als Dieb, den Arzt als Mörder (AaTh 921 B*). Selbstbewußt gibt sich der Meister, der mit seinem Handwerk die Familie ernährt, während ein Magister der sieben Künste betteln muß (Mot. X 371)[44]. Der Schuster dünkt sich besser als der Tuchhändler, weil er sehr wohl Stoff messen, der Kaufmann aber keine Stiefel machen könne[45]. Für die Bewertung einzelner Gewerbe spricht auch der schon im 17. Jh. mehrfach bezeugte Schwank vom Protest der Dorfbewohner gegen die Hinrichtung eines Schmieds: Sie könnten auf ihn nicht verzichten, man solle stattdessen lieber einen der beiden im Dorf vorhandenen Leineweber henken (AaTh 1534 A*)[46]. Ein Buchbinder, der sich als „Büchermacher“ unter die Studenten begibt, wird verprügelt[47]. – Zur deutlichen Aufwertung des Bauern, der mehr und mehr gegenüber anderen Ständen auftrumpft, hat wohl das im späten 17. Jh. Mode gewordene Lob des Landlebens in höfischen und städtischen Kreisen beigetragen[48]. Wie in den Jestbooks der gleichen Zeit verliert die konfessionelle Polemik, vor allem gegen die Ordensgeistlichkeit, spürbar an Aktualität. Man bespöttelt nun eher den Ortsgeistlichen, der Kanzeldienst und Seelsorge mehr schlecht als recht versieht und in seinem Küster einen oft überlegenen Gegenspieler findet[49].

Die Materialien dieser Sammlungen wurden teilweise noch bis ins 19. Jh. nachgedruckt und reichen so bis an die Zeit wiss. → Dokumentation volkstümlichen Erzählguts heran. Die mündliche Tradition beruht auch, was die beruflichen Stereotypen betrifft, vielfach auf dem gleichen Reservoir. Viel B.slob und -spott fand auch im Spruchgut, in Sprichwörtern und Wellerismen und im Liedgut Ausdruck[50]. Daß sich das Spektrum insgesamt nun weitgehend auf die ländliche B.swelt verengt, liegt z. T. an der Fixierung volkskundlicher Sammelarbeit auf die Landbevölkerung, z. T. wohl auch daran, daß sich die ständischen und zünftischen Bindungen im 19. Jh. lockerten und der Schlagabtausch der B.sgruppen untereinander im bürgerlichen Bereich an Aktualität einbüßte.

S. Neumann, der das reiche Schwankmaterial R. → Wossidlos und eigene Aufzeichnungen aus Mecklenburg nach B.sgruppen und sozialen Lebensbereichen geordnet und auf Realitätsbezug und sozialkritische Aussage hin untersucht hat, betont das Vorherrschen der dörflichen Sphäre in diesem Bestand[51]. Das mag mit der überwiegend agrarischen Wirtschaftsform Mecklenburgs zusammenhängen, ist aber auch typisch für das Schwankgut aus anderen Landschaften[52]. Die Kontrahenten im scherzhaften Geplänkel sind Gutsherren, Bauern und Pastoren auf der einen, Dienstboten, Kutscher, Schäfer, Tagelöhner etc. auf der anderen Seite[53]. Es geht vorwiegend um das Zusammenleben im häuslichen und dörflichen Bereich, um Fragen der Arbeitsverteilung, um Kost und Lohn, in Schwänken aus dem Handwerksbereich um das Gegeneinander von Meister, Gesellen und Lehrlingen[54]. Gewisse Freiheiten genießt der wandernde Handwerksbursche, dem am ehesten kritische Äußerungen in den Mund gelegt werden, auch gegenüber dem Gendarmen[55]. Breiten Raum nimmt auch hier die Kritik an den Geistlichen ein, an ihrer Amtsführung wie an ihrem Lebenswandel; wiewohl das Zölibat im Protestantischen längst keine Bedeutung mehr hatte, waren immer noch die alten Erzählungen über den „buhlerischen" Pfaffen im Umlauf[56]. Die Begegnung mit der städtischen B.swelt, mit Amtspersonen, Juristen, Ärzten, Apothekern etc., ist weitgehend vom Blickwinkel der Dorfbewohner bestimmt[57]. Herrscher und Hofstaat waren den Leuten in der Provinz zu weit entrückt, um in den Schwänken eine Rolle zu spielen, abgesehen von den Überlieferungen vom → Alten Fritz, der zu einer Schwankfigur bes. Art geworden war[68].

Traditionelle Erzählformen behandeln die berufliche Sphäre alles in allem in retrospektiver Sicht, d. h. die Handlungsträger gehören vorwiegend herkömmlichen B.en an. S. Neumann hat ausdrücklich festgestellt, daß die entscheidenden Veränderungen in der ländlichen Sozialstruktur im 19. Jh. keinen Niederschlag im Schwank gefunden haben: Häusler, Hofgänger, Deputatisten oder Saisonarbeiter kommen nicht vor[59]. Auch von anderen im Zuge der Industrialisierung veränderten B.sstrukturen ist, selbst in Aufzeichnungen des 20. Jh.s, nirgends die Rede. Erfahrungen von Fabrikarbeitern und aus anderen technischen B.en kommen allenfalls in Arbeitserinnerungen im Bereich → alltäglichen Erzählens zur Sprache[60]. Märchen, Sagen und Schwänke hingegen sind zu Historie gewordene Gebilde, deren Stabilität nur geringe Modifikationen auf moderne Verhältnisse zuläßt[61].

Ausgesprochen berufsspezifische Schwänke oder Lügengeschichten findet man heute noch in B.en mit starkem Erlebnishintergrund, wie eben bei Bergleuten, Seeleuten (→ Seemannsgarn)[63] oder Jägern (→ Jägerlatein)[64]; dabei mögen auch bei der B.sausübung gegebene Erzählgelegenheiten eine Rolle spielen. Auf gehobene Schichten zielt eher der intellektuelle Witz, etwa das breite Spektrum des → politischen Witzes, in dem viele Motive zum Wandergut werden. Bes. Kategorien bilden jeweils Professoren-, Ärzte- und Psychiaterwitze[65], auch die ebenfalls recht mobilen Schauspieler- und Sängeranekdoten. Immer neue Varianten auf traditioneller Basis findet nach wie vor der klerikale Witz[66].

cf. Stichwörter zu einzelnen B.en und B.sgruppen; → Sozialkritik, → Ständeordnung, → Ständespott.

[1] Kluge, F.: Etymol.WB. der dt. Sprache. B. [20]1967, 68. – [2] Röhrich, L.: Einführung in den Themenkreis. In: Arbeit und Volksleben. ed. G. Heilfurth / I. Weber-Kellermann. Göttingen 1967, 254–261, hier 255. – [3] ibid., 259. – [4] Röhrich, Märchen und Wirklichkeit, 218; cf. EM 1, 726sq. – [5] Schmidt, L.: Probleme der alpenländ. Sagenforschung. In: Carinthia I/141 (1951) 790–792; Isler, G.: Die Sennenpuppe. Eine Unters. über die religiöse Funktion einiger Alpensagen. Basel 1971. – [6]Heilfurth, G. / Greverus, I.-M.: Bergbau und Bergmann in der dt.sprachigen Sagenüberlieferung Mitteleuropas. Marburg 1967. – [7] Becker, H.: Schiffervolkskunde. Halle 1937, 58–108; Gerndt, H.: Fliegender Holländer und Klabautermann. Göttingen 1971; weitere berufsbezogene Sagenslgen: Sébillot, P. Y.: Légendes et curiosités des métiers. P. 1895; id.: Le Folklore des pêcheurs. P. 1901; id.: Contes des marins de la Hautes Bretagne. P. 1910. – [8] Röhrich (wie not. 2) 260. – [9] Kretzenbacher, L.: Josef der Hausvater. In: Heimat im Volksbarock. ed. G. Moro. Klagenfurt 1961, 63–71; Korff, G.: Heiligenverehrung in der Gegenwart. Tübingen 1970, v. Reg. – [10] Schmidt, L.: Gestaltheiligkeit im bäuerlichen Arbeitsmythos. Wien 1952, 143–154; Pfaundler, W. von: Sankt Notburga. Eine Heilige aus Tirol. Wien/Mü. 1962, 59 und pass.; cf. auch Moser-Rath, E.: Das Thema „Arbeit" in der Volkserzählung. In: Arbeit und Volksleben. ed. G. Heilfurth / I. Weber-Kellermann. Göttingen 1967, 262–273. –
[11] Beneke, O.: Von unehrlichen Leuten. B. [2]1889; Egardt, B.: Hästslakt och rackarskam [Pferdeschlachtung und Abdeckerschande]. Sth. 1962; Danckert, W.: Unehrliche Leute. Bern/Mü. 1963. – [12] Bausinger, 150sq.; cf. auch Straßner, E.: Schwank. Stg. 1968, 5sq. – [13] Frosch-Freiburg, F.: Schwankmären und Fabliaux. Göppingen 1971, 233. – [14] ibid., 234. – [15] z. B. Le povre Clerc, v. Montaiglon, A. / Raynaud, G.: Recueil général et complet des fabliaux des XIIIe et XIVe siècles 5. P. 1883, 192–200. – [16] z. B. Le Prestre crucifié, v. Montaiglon/Raynaud (wie not. 15) 1 (1872) 194–197. –
[17] Die unterschiedlichen Auffassungen von J. Bédier, P. Nykrog, B. Barth etc. referiert Beyer, J.: Schwank und Moral. Unters.en zum afrz. Fabliau und verwandten Formen. Heidelberg 1969, 153–157; zu B.sstereotypen in der älteren frz. Lit. cf. Dejob, C.: Les Professions et l'opinion publique dans la littérature française. In: Revue d'histoire littéraire de la France 8 (1901) 533–568, bes. 537. – [18] Fischer, H.: Studien zur dt. Märendichtung. Tübingen 1968, 119–128. – [19] ibid., 120sq. – [20] ibid., 123. –
[21] z. B. in: Pfaffe im Käskorb. ed. H. Fischer. In: Eine Schweizer Kleinepikslg des 15. Jh.s. Tübingen 1965, 51–56, num. 13. – [22] z. B. in: Der Zehnte von der Minne, v. Euling, K. (ed.): Heinrich Kaufringers Gedichte (BiblLitV 182). Tübingen 1888, 141–150, num. 12. – [23] cf. Fischer (wie not. 18) 124. – [24] ibid., 127sq. – [25] Die Zahlenverhältnisse von Belegen zu den einzelnen B.en sind aufschlußreich. Von Päpsten handeln num. 21, 30, 35, 98; von Kärdinalen: 19, 23, 95, 135, 136, 196, 211, 219, 228, 234; von Bischöfen: 7, 186, 216, 217; von Äbten: 26, 96, 97. – [26] Pfarrer: num. 11, 22, 36, 123, 141, 145, 151, 155, 237, 251; Mönche: 38, 44, 48, 115, 144, 170, 195, 210, 223, 229, 232, 233, 245, 263; Prediger: 45, 118, 239, 264; Beichtväter: 46, 118, 239, 264. – [27] num. 94, 105, 124–126, 218, 255. – [28] Ärzte: num. 2, 89, 109, 111, 129, 156, 203; Juristen: 104, 108, 169, 189, 198, 256; Gelehrte: 16, 179. – [29] num. 13–15, 119, 162. – [30] num. 25, 78, 93, 114, 224. –
[31] cf. die Inhaltsübersicht im Art. Bebel, H. in EM 2, 9. – [32] A Hundred Merry Tales and Other English Jestbooks of the Fifteenth and Sixteenth Centuries. ed. P. M. Zall. Lincoln 1963, 57–150; Kahrl, S. J.: The Medieval Origins of Sixteenth-Century English Jest-books. In: Studies in the Renaissance 13 (1966) 166–183. – [33] Die Analyse der B.sgruppen in der Quelle nach Schulz, E.: Die engl. Schwankbücher bis herab zu „Dobson's Drie Bobs" (1607). B. 1912, 24sq. – [34] cf. die Ausg. von Zall (wie not. 32) 238–322; Schulz (wie not. 33) 32. – [35] John Taylor's Wit and Mirth. ed. W. C. Hazlitt. In: Shakespeare Jest-books 3. L. 1864; Schulz (wie not. 33) 48–51. – [36] Straßner (wie not. 12) 73. – [37] Herz, K.: Soziale Typen in den Prosaschwänken des 16. Jh.s. Diss. Ffm. 1925 (masch.); Henkel, E.-M: Das Bild der Geistlichkeit im Schwank. Göttingen 1976 (masch. Hausarbeit, im Archiv der EM). – [38] Straßner (wie not. 12) 89. – [39] Herz (wie not. 37) 46. – [40] Gumbel, H.: Zur dt. Schwanklit. im 17. Jh. In: Zs. für dt. Philologie 53 (1928) 303–346, hier 305. –
[41] Moser-Rath, E.: Gedanken zur hist. Erzählforschung. In: ZfVk. 69 (1973) 61–81, hier 76sq.; die Materialien benützte ausgiebig Keller, A.: Die Handwerker im Volkshumor. Lpz. 1912, pass. – [42] cf. Pauli/Bolte, num. 106; Texte des 17. und 18. Jh.s im Archiv der EM: Gerlach, Eutrapeliae 1647 (2353); Zincgref/Weidner 1653 (775); Johann Peter de Memel 1656 (5885); Wolgemuth, Haupt-Pillen 1669 (13.991); Zeitvertreiber 1685 (6639); Hanß-Wurst 1712 (7450). – [43] cf. Pauli/Bolte, num. 50; Texte im Archiv der EM: Exilium melancholiae 1643 (5); Johann Peter de Memel 1656 (5889); Zeitvertreiber 1685 (6721); Polyhistor 1729 (9527) und öfter. – [44] cf. Pauli/Bolte, num. 855; Texte im Archiv der EM: Exilium melancholiae 1643 (413); Zincgref/Weidner 1653 (871) und 1655 (1635); Johann Peter de Memel 1656 (5984); Hanß-Wurst 1712 (7751); Polyhistor 1729 (9383) und öfter. – [45] EM-Archiv: Zincgref/Weidner 1655 (1318). – [46] Texte in Archiv der EM: Exilium melancholiae 1643 (197); Jan Tambaur, um 1660 (13.039); Lexicon apophthegmaticum 1718 (4023); Polyhistor 1729 (9458). – [47] EM-

Archiv: Studenten-Confect 1667 (2945) – [48] cf. Art. Bauer. In: EM 1, 1333 (mit weiterer Lit.). – [49] cf. Moser-Rath (wie not. 41) 79; manche der Typen AaTh 1775–1792 „Parson and Sexton" reichen bis in diese Qu.nbestände zurück. – [50] Eckart, R.: Stand und B. im Volksmunde. Göttingen 1899; Hoffmann-Krayer, E.: Die B.e in der Vk. In: SAVk. 5 (1901) 304–308; einiges Material findet sich auch in monographischen Darstellungen über einzelne B.e: cf. Weiß, E.: Die Entdeckung des Volks der Zimmerleute. Jena 1923, 185–222; Becker (wie not. 7) 109–142; cf. Bausinger, 82, 109sq., 115. –

[51] Neumann, S.: Der mecklenburg. Volksschwank. Sein sozialer Gehalt und seine soziale Funktion. B. 1964, zum folgenden bes. 32–46. – [52] cf. nach Sozialgruppen geordnete Slgen wie z. B.: Henßen, G.: Volk erzählt. Münsterländ. Sagen, Märchen und Schwänke. Münster [2]1954; Bodens, H.: Sagen, Märchen und Schwänke am Niederrhein. Bonn 1936; Dittmaier, H.: Sagen, Märchen und Schwänke von der unteren Sieg. Bonn 1950; Kapfhammer, G.: Bayer. Schwänke. Düsseldorf/Köln 1974. – [53] cf. Neumann, S. (ed.): Volksschwänke aus Mecklenburg. Aus der Slg R. Wossidlos. B. 1963, num. 1–69. – [54] ibid., num. 70–79. – [55] ibid., num. 80–107. – [56] Neumann (wie not. 51) 38sq.; Neumann (wie not. 53) num. 276–282. – [57] ibid., num. 129–151. – [58] ibid., num. 380–413. – [59] Neumann (wie not. 51) 41. – [60] Neumann, S.: Arbeitserinnerungen als Erzählinhalt. In: Arbeit und Volksleben. ed. G. Heilfurth / I. Weber-Kellermann. Göttingen 1967, 274–284; cf. EM 1, 323–330 (mit weiterer Lit.). –

[61] cf. Röhrich (wie not. 2) 254. – [62] Dünbier, O.: Der Kumpel. Schnurren und Schwänke aus dem Bergmannsleben an der Ruhr 1–2. Halle 1934–1935. – [63] Neumann, S.: Plattdt. Schwänke. Rostock 1968, 77–99. – [64] Baurmann, A.: Jägerlatein. Hamburg [2]1960; cf. AaTh 1890–1890 F. – [65] cf. z. B. Peters, U. H. / Peters J.: Irre und Psychiater. Struktur und Soziologie des Irrenwitzes. Mü. 1974. – [66] Bemmann, H.: Der klerikale Witz. Olten (1970) [5]1973 (Taschenbuchausg. Mü. 1976).

Göttingen Elfriede Moser-Rath
Köln Wolfgang Schmitz

Berufe: Die seltsamen B. der drei Söhne (AaTh 921 B*), ein in Deutschland, Österreich, in der Tschechoslowakei, in Ungarn, in der Ukraine und in Litauen[1] bekanntes Rätsel- und Exempelmärchen, häufig mit AaTh 922 B (→ *König auf der Münze*), in der Tschechoslowakei mehrere Male auch mit AaTh 1557 (→ *Ohrfeige geht zurück*) kombiniert:

Ein hoher Herr (ein Kaiser, der Alte Fritz, Kaiser Franz Josef, ein Pfarrer etc.) sieht, wie ein alter Bauer mühselig seinen Acker pflügt. Auf die Frage, ob er keine Söhne habe, die ihm helfen könnten, antwortet der Alte, er habe drei studierte Söhne, von denen einer ein Dieb (Räuber, Lügner, Schinder), der andere ein Mörder (Schinder, Zigeuner), der dritte ein Bettler (Betrüger, Spitzbube) sei. Die Verwunderung des Herrn löst sich, als der Alte erklärt, der erste sei Advokat, der zweite Arzt (Metzger), der dritte Pfaffe (Mönch, Lehrer).

In einer Redaktion dieses Typs werden die seltsamen B. der Söhne prophezeit. Die älteste Fassung findet sich bei Juan → Timoneda (1500 –1583)[2], wo einem jungen Ehepaar geweissagt wird, seine Söhne würden Beutelschneider und Mörder werden. Die Frau rät ihrem Mann, den einen zum Geldbeutelmacher, den andern zum Metzger zu bestimmen. In einer engl. Var. prophezeit ein Mönch einer Bäuerin zur Strafe für ihren Geiz, daß ihre Söhne Bettler, Dieb und Mörder würden. Der entsetzten Frau rät er dann, sie Mönch, Advokat und Arzt werden zu lassen[3]. In einer armen. Fassung träumt ein junger Mann, er werde einst drei Söhne bekommen, die Gauner, Dieb und Mörder würden. Da er daraufhin nicht heiraten will, rät ihm ein weiser Mann, die Söhne doch Advokat, Zöllner und Arzt werden zu lassen[4]. In der dt. Schwankliteratur des 17. und 18. Jh.s schließlich kursiert eine Erzählung von einem reichen Mann, der einen Freund fragt, was er seine Söhne werden lassen solle. Der rät ihm: „wann der eine ein Bettler würde, der ander ein Dieb, der dritt ein Mörder, so wären sie die Zeit ihres Lebens ernehrte Leute"[5]. Als der Vater protestiert, löst der Freund das Rätsel: Die Söhne sollen Karmelitermönch, Advokat und Arzt werden. Nach den Belegen im EM-Archiv findet sich die erste Fassung im *Fasciculus facetiarum* (1670). Sie ist wörtlich in zahlreiche spätere Sammlungen übernommen worden[6].

Die pejorative Bewertung der genannten Berufe entstammt der → Sozialkritik und dem → Ständespott. Der → Arzt wird stereotyp als Mörder, Schinder oder Metzger bezeichnet, der → Advokat gilt permanent als Räuber oder Dieb, die verschiedenen geistlichen B. verdanken ihren Ruf als → Bettler wohl dem eigenen Verhalten oder dem der verhaßten Mendikantenorden. Die Verrätselung von B.n begegnet schon früh im mediterranen und oriental. Raum. Scheich Mohammed Diab aus Toledo (9.–10. Jh.) erzählt in seiner Geschichte der Barmekiden folgende Anekdote:[7]

Drei junge Männer, die sich entgegen einer Anordnung des Kalifen Hedschasch nachts auf den Straßen bewegen, werden aufgegriffen und sollen hingerichtet werden. Nach ihren Berufen befragt, beschreiben sie diese so, daß der Stadtvogt sie für hochgestellte Persönlichkeiten hält: den Barbier für einen Prinzen, den Schulmeister für ein Mitglied des Magistrats und den Schneider für einen Zeremonienmeister. Ihre guten Einfälle retten ihnen das Leben, der Stadtvogt verschont alle drei vom Galgen.

Ganz ähnlich findet sich die Geschichte in der Breslauer Hs. der *1001 Nacht*[8]. Die Angabe des ersten jungen Mannes über den Beruf seines Vaters stimmt mit der bei Mohammed Diab überein. Der zweite erklärt, daß man gern zum gastlichen Feuer seines Vaters eile, der dritte, daß sein Vater sich in die Reihen werfe und sie halte. Es stellt sich heraus, daß der Vater des ersten ein Barbier, der des zweiten ein Bohnenverkäufer und der des dritten ein Weber ist.

Man könnte aufgrund des Materials versucht sein, zumindest die Technik der Berufsverrätselung über Spanien aus dem Orient herzuleiten. Aber die spezielle europ. Eigenart, angesehene B. durch Verrätselung als asoziale Beschäftigungen erscheinen zu lassen, ist ebenso alt wie autonom. Es ist sicher das Verdienst europ. Erzähler, diese mehr oder minder berechtigten Pejorisierungstendenzen zum Rätselmärchen AaTh 921 B* umgestaltet zu haben.

[1] Wossidlo, R.: Mecklenburg. Volksüberlieferungen 1. Wismar 1897, 249, num. 997; Bodens, W.: Vom Rhein zur Maas. Bonn 1936, 80 sq., num. 38; id.: Sagen, Märchen und Schwank am Niederrhein. Bonn 1937, 280 sq., num. 1107, 279 sq., num. 1106; Ranke 3, 280 (mit Lit.); Haiding, K.: Märchen und Schwänke aus Oberösterreich. B. 1969, 66, num. 43; Zentralarchiv der dt. Volkserzählungen. Marburg. 185.219 (Steiermark); Hüllen, G.: Märchen der europ. Völker 6. Münster 1965, 34–40 (Mähren); Sirovátka, O.: Pohádky z Moravy. Prag 1959, num. 67; Polívka, J.: Súpis slovenských rozprávok 4. Turčiansky sv. Martin 1930, 443; Sudetendt. Zs. für Vk. 7 (1934) 124 sq. (Slovakei); Henßen, G.: Dt. Volkserzählungen aus dem Osten. Münster [2]1963, 146–148; Zentralarchiv der dt. Volkserzählungen. Marburg. 142.915 (Böhmen); Henßen, G.: Ungardt. Volksüberlieferungen. Marburg 1959, 300–302, num. 90; Lintur, P. V.: Ukr. Volksmärchen. B. 1972, 582 sq., num. 91; Balys 921 B*. – [2] Timoneda, J. de: El Sobremesa y alivio de caminantes 2. ed. C. Aribau. Madrid 1876, num. 25; cf. Childers M 306. 2. – [3] Hazlitt, W. C.: National Tales and Legends. L. 1859, 472; DBF 1, 93 sq. – [4] Tchéraz, M.: L'Orient inédit. P. 1912, 131 sq., num. 19. – [5] Texte im EM-Archiv: Fasciculus facetiarum 1670 (14. 426). – [6] Kurtzweiliger Zeitvertreiber 1685 (6720); Der kurtzweilige Hanßwurst von Frölichshausen 1712 (7382); Polyhistor 1729 (9542); Freudenberg, Etwas für Alle 1731 (17. 615); Semper Lustig (ed.): Der [...] allzeit fertige schnackische Lustigmacher. Cosmopoli 1762, 167, num. 50; Moser-Rath, 424–427, num. 270. – [7] cf. Hammer-Purgstall, J. von: Rosenöl 2. Stg./Tübingen 1813 (Nachdr. Hildesheim/ N. Y. 1971) 39 sq., num. 17. – [8] Chauvin 6, 35, num. 205.

Göttingen Helga Stein

Berze Nagy, János, *Bessenyő, heute: Besenyőtelek (Heves) 23. 8. 1879, † Pécs (Baranya) 6. 4. 1946, Gymnasiallehrer für die Fächer Ungarisch und Latein, im Laufe seines Lebens in mehreren Komitaten Ungarns Schulinspektor und Oberstudienrat. Während der Universitätsstudien begann B. N., sich auf Anregung von L. → Katona mit dem Sammeln von Märchen zu beschäftigen. 1907 erschien seine monographische Märchensammlung *Volksmärchen aus den Komitaten Heves und Jász – Nagykun – Szolnok*[1], die auch die Namen und Angaben zur Person der Erzähler enthält. Im Anschluß daran arbeitete er an einem ung. Märchenwörterbuch (*Magyar Meseszótár*) über die Motive der publizierten ung. Volksmärchen; das Ms. ging während des Ersten Weltkrieges verloren[2]. In ung. Fachzeitschriften wurden viele seiner Studien abgedruckt, u. a. Arbeiten über die → geogr.-hist. Methode und deren Modifizierung. Mehrere Jahrzehnte arbeitete er an seinem Hauptwerk, das erst postum erschien: *Die. ung. Volksmärchentypen*[3]. Während des Zweiten

Weltkrieges bereitete B. N. die größte Slg ung. Volksdichtung für den Druck vor: *Ung. Volksüberlieferungen aus Baranya*, in der er Angaben zum Gebiet eines ganzen Komitats bringt[4]. Auf das Betreiben seines Sohnes hin wurden auch nach seinem Tod bedeutende hs. verbliebene Werke herausgegeben: in seiner Jugend gesammelte Volksmärchen wie *Alte ung. Volkserzählungen aus dem Nachlaß von J. B. N.*[5] und, für die bes. mythol. Konzeption B. N.s charakteristisch, *Der himmelhohe Baum*[6].

[1] Népmesék Heves- és Jász-Nagykun-Szolnok megyéből. Bud. 1907. – [2] cf. Dömötör, S.: 1912 wurde ein ung. Märchenwörterbuch angefertigt. In: Fabula 7 (1964/65) 230–232. – [3] Magyar népmesetípusok 1–2. ed. I. Banó. Pécs 1957 (mit Biogr. in fünf Sprachen, p. 7–132); Rez.: W. Anderson in: Fabula 2 (1959) 281–289; J. de Vries in: ZfVk. 55 (1959) 152–155. – [4] Baranyai magyar néphagyományok 1–3. Pécs 1940. – [5] Régi magyar népmesék Berze Nagy János hagyatékából. Pécs (1960) [2]1961; Rez. von W. Anderson in: Fabula 4 (1961) 188–190 und 5 (1962) 252sq. – [6] Égig érő fa. Pécs (1958) [2]1961; vollständige Bibliogr. mit not.: ibid., 325–334.

Lit.: Dömötör, S.: Hevestől Baranyáig. Helytörténeti képek Berze Nagy János életéből (Von Heves bis Baranya. Lokalgeschichtliche Bilder aus dem Leben des J. B. N.). Bud. 1961 (Hs. im Besitz des Verf.s). – Römer, B.: Mađarski folklorist Berze Nagy János. In: Etnološki pregled 8–9 (1969) 79–82.

Budapest Ákos Dömötör

Bescheidenheit → Demut und Hochmut

Besen, Besenbinder. Das gewöhnliche Kehren mit dem B. ist im Märchen meist zur Bewährungsprobe angehoben. In Versionen zu AaTh 480 (*Das gute und das schlechte → Mädchen*) gehört das Fegen der Zimmer im Hause der Jenseitigen zu den Fleiß und Einsatz bezeugenden und daher zu belohnenden Aufgaben[1]. Zur Klugheitsprobe modifiziert wird das Motiv in griech. und türk. Var.n zu AaTh 425A (→ *Amor und Psyche*), wenn die „Drakäna" von der Heldin fordert, daß bei ihrer Rückkehr der Fußboden gefegt und nicht gefegt sein müsse[2]. In anderen Märchen wird das (kathartisch-apotropäisch zu verstehende) Kehren zur Erlösungshandlung gesteigert. Im dt. Märchen *Bruder und Schwester*[3] muß der Bruder 15 B. zu Asche kehren, um seine Schwester, im griech. Märchen *Der Krebs* (AaTh 425) die Heldin das ganze Schloß der Drachin ausfegen, um den Tierbräutigam zu erlösen[4]. Das Mädchen im dän. Märchen *Der Hirschprinz*[5] entzaubert den Verwandelten, indem es ihm mit einem Strohwisch den Schmutz abkehrt. In ital. Fassungen zu *La maledizione della vecchia* (Lo Nigro **516)[6] kennen die Diener im Hause des Unholds keinen B. und reinigen die Räume und Höfe mit Knüppeln, Kleidern, Bärten etc. Sie werden zu Helfern des Helden oder der Heldin, wenn sie von diesen einen B. geschenkt erhalten[7].

Im Schwank dient der B., wohl alter Handhabung entsprechend, als Prügelinstrument. In Fassungen zum → *Belfagor* (AaTh 1164, 1164 A, 1164 B) vertreibt der Mann den Teufel mit der Drohung, das böse Weib sei mit einem B. bewaffnet hinter ihm her (Mot. K 212. 1). In flämischen Legendenschwänken zu AaTh 754** (*St. Peter and his Wife*) wird der Heilige von seiner Frau hinter der Tür mit erhobenem B. erwartet. In einer mehr sagenhaften Erzählung aus den Ozark-Mountains kann die Hexe nur mit einem alten B. erschlagen werden[8].

Die magischen Qualitäten des B.s, vielleicht aus denen des alten → Zauberstabes entwickelt, begegnen in der Sage wie im Märchen. Der B.ritt der Hexe ist, wie A. Haberlandt nachgewiesen hat[9], nicht die früheste Form dieses Flugzaubers. Ältere Quellen kennen nur den Ritt auf dem Stab (oder auf Tieren), und der früheste Bericht von einem (Träume provozierenden) B.ritt findet sich in der von dem Rabbi Chija Bar Abba um etwa 200 p. Chr. n. redigierten tannaït. *Tosefta* (Sabbat 7)[10], also nicht in Europa. Heute ist die Vorstellung vom B.ritt der Hexe, die vor allem der Sage eignet, von allg. Verbreitung[11], begegnet aber zuweilen auch im Märchen: In einer pommer. Var. zu AaTh

545B (*Der gestiefelte* -> *Kater*) z. B. gibt die Hexe ihrem Kater und dem Findlingssohn einen B.stiel und eine Ofengabel, die, zwischen die Beine genommen, zu den schönsten Pferden werden[12]. Aber auch andere dämonische Wesen werden als B.-reiter gedacht, so der Teufel selbst[13], der Nachtjäger[14], die Pfaffenkellerin[15] oder der Schwarzkünstler[16]. Aus der Beobachtung feuriger Luft- oder Lichterscheinungen mögen dagegen die Vorstellungen von glühenden Flugbesengeistern entstanden sein[17], so die vom Teufel[18], vom Wilden Jäger[19], vom Hausdrachen[20], vom slov. Škrat[21] etc.

Mit der für die Armen Seelen schmerzlichen Nutzung des B.s hängt auch der Gedanke zusammen, daß diese in ihm büssen müssen[22]. Im übrigen ist B.arbeit eine Danaidenstrafe für die alten Jungfern, die Brücken fegen[23] oder Türme mit den Bärten alter Junggesellen kehren müssen[24].

Auch die magische Personifizierung des B.s ist ein altes Motiv. Goethes Zauberlehrling macht den B. zum unermüdlichen Wasserträger, dessen Tätigkeit durch Teilung vermehrt wird. Bekanntlich hat der Dichter den Stoff dem *Philopseudēs* -> Lukians (ca 120 – ca 180 p. Chr. n.) entnommen[25], wie das auch der Verf. der ital. *Fabula del pistello da l'agliata* (Inkunabel), auf die R. Köhler aufmerksam macht[26], getan hat (-> Zauberlehrling, cf. auch -> Rückwärts). In ähnlicher Weise agieren in Versionen zu AaTh 334 (-> *Haushalt der Hexe*) B. und Ofengabel oder Schippe als sprechende, tanzende oder sich zankende Dienstboten der Hexe[27]. In einer schles. Sage hilft ein B. anstelle der verschwundenen Magd der Bäuerin im Haushalt[28]. In einer Erzählung aus dem Voigtland fängt der B. in der Stube an zu tanzen und die Anwesenden zu schlagen, wenn man im *6.* oder *7. Buch Moses* liest[29]. In zahlreichen Sagen legt die Hexe, wenn sie zum Sabbat ausfährt, einen B. in ihr Bett, der sie also gleichsam vertritt[30]. In Japan werden an aufrecht stehenden B., denen man ein Kopftuch, einen Gürtel oder eine Schürze umbindet, Beschwörungen zur Abschaffung lästiger Gäste, zur Eintreibung von Schulden oder zur Übermittlung von Nachrichten an entfernte Hausangehörige vollzogen[31]. In diesem (Personifikations-) Zusammenhang sei auf die pejorisierende Übertragung des Wortes B. auf Frauen oder Mädchen hingewiesen, das als Scheltwort schon bei J. Fischart (1524: Haußbäsem) begegnet[32]. Eine noch üblere Beschimpfung kennen türk. Märchen, in denen der Bart eines Mannes mit einem Abortbesen verglichen wird[33].

Der Besenbinder (Bb.) steht zwar auf einer der niedrigsten Stufen menschlicher Gesellschaft, aber seine Tätigkeit gilt in keiner Weise als entehrend. Wenn daher ein Königsohn eine Bb.tochter heiratet[34], bedeutet das die schier unglaubliche Überbrückung extremer Standesdifferenzen (-> Extreme Situation), aber im Märchen mit seinen primitiven Wunsch- und Gerechtigkeitsvorstellungen eben doch nur ein durchaus legitimes Happy-End. Es wird daher gern erzählt, daß ein hoher Herr unerkannt bei einem Bb. übernachtet und die kärgliche Bewirtung fürstlich belohnt. Die in Deutschland sehr bekannte Anekdote vom -> Alten Fritz, der bei einem Bb. einkehrt, diesem zum Dank rät, seine B. am nächsten Tag auf dem Markt in Berlin teuer zu verkaufen und dann seinen Offizieren (oder Beamten) aufträgt, daß jeder beim nächsten Rapport mit einem B. zu erscheinen habe[35], wird bereits im 16. Jh. von Nicolas de Troyes über Ludwig XII. erzählt[36]. Einfältiger verhält sich der Bb., der in Berlin seine Ware so günstig absetzt, daß er beim Verlassen der Stadt ausruft: „Berlin, Berlin! Noch dreimal und du bist mein!"[37]. Bedenklicher ist schon die Geschäftsmoral der beiden Bb., von denen der eine den anderen fragt, warum er seine B. so billig verkaufen könne, obwohl er selber doch auch das B.reisig stehle, worauf der andere antwortet, daß das Stehlen der fertigen B. diese eben noch billiger mache[38]. Schlitzohrig ist schließlich auch der Bb. in einer ndd. Fassung zum -> *Unibos*-Typ (AaTh 1535), dem von der ehebrecherischen Wirtin – die damit seinen eingehenden Bericht über ihr Vergehen verhindern will – anstelle eines Schweigegeldes B. zu immer höheren Preisen abgenommen werden.

Anwesende Kaufleute, welche die Hintergründe des Geschäftes nicht kennen, halten die B. für ausgesprochen gut verkäufliche Ware und geben ihr ganzes Geld für den Rest, werden aber am nächsten Tag auf dem Markt ausgelacht, als sie die B. teuer absetzen wollen[39].

Der → Mann im Mond ist nach mehreren Sagen ein Bb., der B.reis entweder gestohlen oder am Sonntag gebunden hat[40].

[1] Roberts, W. E.: The Tale of the Kind and Unkind Girls. AaTh 480 and Related Tales. B. 1958, 86. – [2] Swahn, J.-Ö.: The Tale of Cupid and Psyche (AaTh 425 & 428). Lund 1955, 30, 257; Megas, G. A.: Das Märchen von Amor und Psyche in der griech. Volksüberlieferung (AaTh 425, 428 & 432). Athen 1971, 8, 109. – [3] Zaunert, P. (ed.): Dt. Märchen seit Grimm. MdW 1912, 407–412. – [4] Kretschmer, P. (ed.): Neugriech. Märchen. MdW (1917) ²1941, 18–23, num. 5. – [5] Stroebe, K.: Nord. Volksmärchen. 1: Dänemark/Schweden. MdW (1915) ²1922, 11–14, num. 2. – [6] In AaTh irrtümlich als 425 D ausgewiesen; Swahn hat diese Fassungen sehr richtig nicht in seiner Unters. (v. not. 2) berücksichtigt. – [7] Köhler, R./Bolte, J.: Zu den von Laura Gonzenbach gesammelten sicilian. Märchen. In: ZfVk. 6 (1896) 58–78, hier 63 sq.; Gonzenbach, 73–84, num. 13; Schneller, C.: Märchen und Sagen aus Wälschtirol. Ein Beitr. zur dt. Sagenkunde. Innsbruck 1867, num. 18 = num. 52 bei Zingerle, I. V.: Kinder- und Hausmärchen aus Tirol. Gera ²1870, 273–276. – [8] Randolph, V.: The Talking Turtle and Other Ozark Folk Tales. N. Y. 1957, 130–133. – [9] Haberlandt, A.: Besenritt. In: HDA 1, 1147–1150. – [10] Perles, J.: Etymol. Studien zur Kunde der rabbin. Sprache und Alterthümer. Breslau 1871, 70; zur Tosefta v. Brockhaus Enz. 18 (¹⁷1973) 774. –
[11] Weiser – Aall, L.: Hexe. In: HDA 3, 1827–1920, hier 1884; Haberlandt (wie not. 9); Mot. G 242. 1. – [12] Jahn, U.: Volksmärchen aus Pommern und Rügen. Norden/Lpz. 1891 (Nachdr. Hildesheim/N. Y. 1973) 209–212, num. 38. – [13] Kühnau, R. (ed.): Schles. Sagen. 2: Elben-, Dämonen- und Teufelssagen. Lpz. 1911, 578–580, num. 1229. – [14] Karasek-Langer, A./Strzygowski, E. (edd.): Sagen der Deutschen in Wolhynien und Polesien. Posen 1938, 43, num. 171. – [15] Müller, J.: Sagen aus Uri 2. Basel 1929, 234 sq., num. 856. – [16] Agricola, C. (ed.): Schott. Sagen. B. 1967, 73, num. 97, 4. – [17] Mackensen, L.: Drache. In: HDA 2, 364–404, hier 394. – [18] Kühnau (wie not. 13) 31, num. 684; Karasek-Langer/Strzygowski (wie not. 14) 211, num. 782, 227 sq., num. 827. – [19] Karasek-Langer/Strzygowski (wie not. 14) 55 sq., num. 230. – [20] Mackensen (wie not. 17) 394. –
[21] Schlossar, A.: Sagen vom Schratel aus Steiermark. In: Zs. für Vk. in Sage und Mär, Schwank und Streich [. . .] 3 (1891) 341–343. – [22] Haberlandt, A.: B. In: HDA 1, 1129–1147, hier 1144; Karle, B.: kehren, Kehricht. In: HDA 4, 1211–1239, hier 1214. – [23] Die Magdalenenbrücke in Breslau v. Kühnau, R. (ed.): Schles. Sagen. 3: Zauber-, Wunder- und Schatzsagen. Lpz./B. 1913, 46 sq., num 1401a; eine Brücke in Meiningen v. Art.: Alte Jungfer im Giritzenmoos. In: HdS 1, 440–449, hier 447. – [24] Mackensen, L.: Alte Jungfer, Junggeselle. In: HDA 1, 334–345, hier 342. – [25] BP 2, 438; cf. Lukian: Philopseudēs 33–38. – [26] Köhler/Bolte 2, 435–442. A. Reifferscheid teilt in der Zs. für dt. Philologie 5 (1873) 206–209, aus einer 1734 zu Augsburg erschienenen Übers. eines Werkes von P. C. Calini (dt. Titel: Junger Joseph) eine von Lukian kaum abweichende Geschichte mit, die nach einer Angabe im Buch „in Spanischen Inquisitions-Bücheren verzeichnet [ist]". Lukians Erzählung vom ägypt. Zauberer Pankrates hat also doch einige Beachtung in der europ. Lit. erfahren. – [27] KHM 52: König Drosselbart; Schönwerth, F.: Aus der Oberpfalz. Sitten und Sagen 1. Augsburg 1857, 387. – [28] Kühnau (wie not. 23) 100–102, num. 1454. – [29] Eisel, R.: Sagenbuch des Voigtlandes. Gera 1871, 197. – [30] Müller (wie not. 15) 1, 90, num. 117; Schönwerth, F.: Aus der Oberpfalz. Sitten und Sagen 3. Augsburg 1859, 177; Zs. für österr. Vk. 10 (1904) 46. –
[31] Hildburgh, W. L.: Some Magical Applications of Brooms in Japan. In: FL 30 (1919) 169–207, hier 187 sq., 193 sq. – [32] Kluge, F./Mitzka, W. (edd.): Etymol. WB. der dt. Sprache. B. ¹⁹1963, 70. – [33] Eberhard/Boratav, num. 34, 132. – [34] Bartsch, K.: Sagen, Märchen und Gebräuche aus Meklenburg 1. Wien 1879, 482 sq., num. 6; Jahn (wie not. 12) 369. – [35] Bodens, W.: Sage, Märchen und Schwank am Niederrhein. Bonn 1937, 275 sq. (läßt alle selbst kaufen); Wisser, W.: Plattdt. Volksmärchen. MdW 1914, 100–103; Jahn (wie not. 12) 161–164, num. 30. – [36] Nicolas de Troyes: Le grand parangon des nouvelles nouvelles (1535). P. 1870. 24–26. – [37] Wossidlo, R.: Aus dem Lande Fritz Reuters. Humor in Sprache und Volkstum Mecklenburgs. Lpz. 1910, 142 = num. 131 bei Neumann, S. (ed.): Mecklenburg. Volksmärchen. B. 1971, 38, num. 131; Gathmann, H.: Westfäl. Schwankbuch. Schnurren und Schwänke aus dem Volksmund Westfalens und dem Lipp. Lande. Dortmund 1922, 53. – [38] Fischer, H. W.: Lachende Heimat. B./Darmstadt 1955, 289; Ostwald, H.: Berlinerisch. Mü. 1932, 168; Marbach, G. O. (ed.): Schnurren (Volksbücher 27). Lpz. s. a., 51. – [39] Pröhle, H.: Kinder- und Volksmärchen. Lpz. 1853 (Nachdr. Hildesheim/N. Y. 1975) 202–209, num. 63. – [40] Dazu gehört der schwäb. Reim: Des Male im Mau, was het er denn tau? / Hat Besereis gschnitte. Jetzt isch er im Mau; cf. Wolf, W.: Der Mond im dt. Volksglauben. Bühl 1929, 54–68, hier 60 sq.; Hinweise auf weitere B.-Überlieferungen in Sprichwörtern v. Röhrich, L.: Lex. der sprichwörtlichen Redensarten 1. Fbg/Basel/Wien ²1973, 119 sq.

Göttingen Kurt Ranke

Besessenheit, lat. obsessio oder possessio, zu unterscheiden von der Umsessenheit (circumsessio), bezeichnet das Ergriffenwerden von supranaturalen Kräften. B. setzt den Glauben an die Existenz und an die reale Manifestationsfähigkeit höherer Wesen, die im menschlichen Körper tätig werden und auf ihn einwirken können, voraus[1].

Die Grenzen von B. gegenüber Enthusiasmus, Ekstase und Inspiration sind fließend, der teuflischen B. steht in der Mystik die göttliche B. gegenüber; Begleitphänomene der letzteren wie Levitation oder Stigmatisation besitzen im Dermographismus[2] der satanischen B. ihr Äquivalent.

Bereits die mesopotam. Hochkultur kennt mit dem maḫḫûm den von einer Gottheit besessenen Ekstatiker, von dem der dämonisch Besessene unterschieden wird[3]. Beide Arten von Besessenen gelten als zauber- und divinationsmächtig und daher zum Schamanen, Medizinmann oder Priester bes. geeignet.

Für die Dogmatik der christl. Glaubensgemeinschaften steht die Existenz des Teufels außer Frage, die röm.-kathol. Kirche hält unter Bezug auf das 4. Lateranische Konzil (11.–30. Nov. 1215), in dem erklärt wurde, der Teufel und die Dämonen seien ihrer Natur nach von Gott als gut erschaffen, durch sich selbst aber böse geworden, am Glauben an die Existenz des Teufels und damit an B. als Glaubenswahrheit bis heute fest[4]. Im Volksglauben, der den → Dualismus hinsichtlich des gegensätzlichen Wirkens von Gut und Böse in der Welt wiederherstellt[5], bezeichnet B. ausschließlich die teuflische B., weshalb die göttliche B. (z. B. mystische Einigung: Die hl. Theresia von Avila fühlt die Anwesenheit Gottes in sich und verlobt sich mystisch mit ihm) hier unberücksichtigt bleibt.

1. Obwohl im europ. Märchen die Macht des Helden nicht von höheren Wesen, etwa von Gott oder dem Teufel, abgeleitet wird[6] – der Besessene wird ja als Träger einer ursprünglich exogenen „teuflischen" Macht und damit als zur Bewirkung paranormaler Phänomene Befähigter betrachtet – und obwohl Teufel, Engel, Gott und die Apostel als „unechte Vertreter" der wirklichen Märchenjenseitigen ursprünglich nicht ins Märchen gehören[7], spiegelt sich B. im Märchen, wenn auch nur nach Märchenart stilisiert und fungierend, so in AaTh 307 (→ *Prinzessin im Sarg*), AaTh 507 (→ *Dankbarer Toter*: Befreiung der Prinzessin von der „Umsessenheit" durch Tötung des Monstrums, von der „B." durch Zweiteilung ihres Leibes und Entfernung der in ihm hausenden Schlangen), in AaTh 1164 D: *The Demon and the Man Join Forces* und in AaTh 1862 B: *The Sham Physician and the Devil in Partnership* (Mot. K 1955.6: Ein Dämon oder Teufel begibt sich in den Leib eines Mädchens, um so dem von ihm begünstigten angeblichen Arzt zu ermöglichen, durch „Austreibung" eine Heilung herbeizuführen)[8]. In außereurop. Naturvölkererzählungen, die noch in direkter Verbindung zu ihren jeweiligen mythol. und religiösen Anschauungen stehen, spielt B. natürlich eine wesentlichere Rolle als im europ. Märchen.

2. Streng von der B., bei der der Teufel als im Menschen befindlich („per modum habitus") und von innen her handelnd geglaubt wird, ist die Umsessenheit (lat. obsessio, später, da die Begriffe „possessio" und „obsessio" unterschiedslos für die B. verwendet werden, als „circumsessio" bezeichnet) zu trennen, im Verlauf derer ein Dämon den Menschen von außen her angreift und physische und psychische Störungen ebenfalls nur von außen her bewirkt („per modum actus")[9]. Das bekannteste Beispiel für diese Art dämonischer Versuchung liefert die von Athanasius verfaßte Vita des hl. Antonius Eremita[10]; einen anderen Fall von Umsessenheit überliefert der Dominikaner Johann Nider (ca 1385–1438)[11]:

> Die Schwestern des Nürnberger Katharinenklosters, die sich der Konventserneuerung widersetzt haben, werden nachts von Dämonen gequält. Erst als die Nonnen bei Nider beichten, verschwindet der Spuk.

3. Zwar können bestimmte physische und psychische Fähigkeiten bei Besessenem und Umsessenem identisch sein, ebenso die Ursachen, die zu B. bzw. Umsessenheit führten, die Fallberichte (Exempla) zur B. aber zeigen deutlich, daß B. und Umsessenheit als Folge für eine auch noch so geringfügige Übertretung einer festgelegten sittlichen Norm oder Verletzung eines Tabus betrachtet wird. So kann man nach einer bis in die Antike zurückreichenden Volksvorstellung den Dämon in sich hineinessen (oder hineintrinken: Frau trinkt an Fastnacht den Teufel in Gestalt einer Fliege zusammen mit Bier in sich hinein[12]), nach Plinius befinden sich die Seelen Verstorbener z. B. in Bohnen, und nach Tatian[13] bereiten die Dämonen Heilmittel aus Wurzeln, Sehnen, Knochen u. a., um Kranke in ihre Gewalt zu bekommen.

Eine Nonne im Frauenkloster des hl. Equitius in der Provinz Valeria ißt im Garten von einer Salatstaude, ohne sich vorher bekreuzigt zu haben. Als der hl. Equitius kommt, ruft der Dämon gleichsam entschuldigend, er sei ruhig auf der Staude gesessen, bis die Nonne in ihn hineingebissen habe (cf. Mot. G 303. 16. 2. 3. 4)[14].

In anderen Fällen spielt schuldhaftes Verhalten mit:

Ein Mädchen wird (um das Jahr 1290) in Köln von seiner Tante zum Essen genötigt. Als es sagt: „In Teufels Namen esse ich!" und auch das Tischgebet nicht spricht, wird sie vom Teufel besessen[15].

Oft genügt bereits die Unterlassung des Kreuzzeichens, um besessen zu werden[16], vor allem aber die Verwünschung[17]:

Einer Frau fährt der Teufel durch das Ohr ein, nachdem ihr Mann im Zorn zu ihr gesagt hat: „Geh zum Teufel"; dies bekennt sie, als ihr Abt Heinrich auf dem Salvatorberg bei Aachen nach der Messe die Hand auflegt.

Ebenso kann subjektiv schuldunbewußtes, aber gegen den Moralkodex verstoßendes Verhalten zu B. führen; im Hinblick auf die Wirkung von Weihwasser überliefert Johannes Pauli[18] die Geschichte von einer Frau aus Brabant, die am Sonntag tanzte und daraufhin nachts im Schlaf vom Teufel besessen, durch ein „unschuldiges Knäblein" aber wieder vom Dämon befreit wurde (→ Exorzismus). Überhaupt ist gotteslästerliches Verhalten Ursache von B.: Giovanni B. Bagatta führt hierzu den erstmals von Gregor von Tours berichteten Fall eines Mauren an, der einen Diener bis zur Kirche des hl. Lupus verfolgt und dort gotteslästerliche Reden gegen den Heiligen führt, daraufhin vom Dämon besessen und gequält wird und drei Tage später stirbt[19].

Bei der Umsessenheit hingegen fühlt sich der Körper zwar gequält, die Person selbst aber unbesessen und im Besitz ihrer religiös-ethisch bewertbaren Entscheidungs- und Handlungsfreiheit. Die Präsenz dämonischer Mächte außerhalb des teuflischen Objekts wird als real angenommen, so daß Umsessenheit zu Hexenwesen[20], zu Incubus, Succubus und Teufelspakt zu stellen ist; Abschwörung von Gott und Vertrag mit dem Teufel werden bewußt vollzogen. Hingegen liegt bei B. eine ungewollte (schizophrene) Subjektsidentität mit der dämonischen Macht vor; deshalb betrachtet und behandelt die Kirche die Besessenen als Kranke, der Exorzismus hebt sich als therapeutische Maßnahme deutlich von der Hexenverfolgung ab. Darauf weist C. Ernst hin, der es gelang, bei zehn von dreizehn der von ihr untersuchten B.sfälle des 16. und 17. Jh.s eine Beziehung zueinander festzustellen, die sie nicht nur mit einer lokalen literar. Tradition, sondern auch mit der viel umfassenderen Phänomenologie in Schilderungen von B. im N. T. und in der Heiligenlegende erklärt; sie habe der B. „im Bewußtsein des Volkes ganz bestimmte, über die Jahrhunderte konstant bleibende Züge" verliehen[21]. Nach Ernst lag bei der B. ein „geschichtlich gewachsenes Modell einer akuten seelischen Störung" vor, „das der jeweils Besessene nur noch seinen Bedürfnissen anzupassen" hatte[22]. Auf den Zusammenhang zwischen Geglaubtwerden und Sage, individuell erfahrenem Erlebnis vor dem Hintergrund einer psychisch z. T. krankhaften Phantasie und der Zuordnung zu einer bereits existenten Vorstellungswelt als sagenbildendem Faktor wies bereits F. Ranke hin[23].

4. In der Legende sind es besonders hl. Menschen, die teuflischen Versuchungen ausgesetzt sind; sie erfahren das Phänomen der B. so intensiv, daß sie einen Besessenen schon vor ferne erkennen können (Antonius Eremita[24]), gerade sie haben die Macht, Teufel auszutreiben, an ihren Gräbern werden Besessene geheilt (Mot. D 1385.1: Erde vom Grab eines Heiligen treibt Dämon aus). In der Sage kann der arme Priester niederer Herkunft die Funktion des Heiligen übernehmen, wenn er nur lauteren Herzens ist[25].

5. Heilung von B. an Wallfahrtsorten ohne Mitwirkung eines Exorzisten ist häufig belegt und bildlich auf Votivtafeln dargestellt, in denen die Ausfahrt der Dämonen aus dem Mund des Geheilten zeichenhaft sichtbar wird. 1757 stiftete Johann Himbwinkler aus Thalgey ein Votivbild nach Ettenberg, auf dem der Verlauf von Krankheit und Heilung minutiös geschildert ist[26]:

Zwölf Jahre lang ist er von einem bösen Geist besessen, den auch der Pfarrer nicht vertreiben kann. Nachdem der Dämon „wie ein Hund zu kalln angefangen" und ihn „durch Hecken und Stauden, durch Berg und Tal verführt" hat (Reise im epileptischen Dämmerzustand!), verlobt sich Himbwinkler an die Gottesmutter und wird in dem Augenblick geheilt, als drei Strahlen aus Gold und Silber auf ihn niederfallen.

6. Die Motiveme der tradierten Berichte von B.sfällen gleichen auffallend den Diagnoseanleitungen in modernen Hbb. über den kirchlichen Exorzismus, was die hist. Zeugnisse zu B. und ihre Erzähltradierung in neuem Licht zu sehen zwingt. Kompendien des 16. Jh.s (Martin Delrio, Johannes Weyer u. a.) und des 17. Jh.s (Petrus Thyraeus, Kaspar Schott) betrachten das von ihnen kompilierte Material entweder als Tatsachenberichte oder erklären es als lügnerisches oder krankhaftes Hirngespinst; bereits Nider (14. Jh.) warnt davor, Geisteskrankheiten mit B. in Zusammenhang zu bringen. Die von der hist. Erzählforschung als Quellen benutzten Kompilationen stellen aus dem Verständnis ihrer Zeit wiss. untersuchenswertes Material zusammen.

7. Am 2. Okt. 1704 ließ der Kieler Professor Gunther Christoph Schelhammer eine *Dissertatio medica de obsessis* von seinem Respondenten Bonifazius Laurenti verteidigen, die sich bereits mit der Kritik auseinanderzusetzen hatte, es gebe Leute, die nicht glaubten, was sie nicht gesehen hätten[27]. Wichtig in diesem Zusammenhang ist der Hinweis, daß sich mit B. nicht nur die Theologen, sondern auch die „Metaphysiker und Pneumatiker", die Naturphilosophen und die Mediziner befassen müßten[28]. Ursache der B. sei vor allem die Ruchlosigkeit (!) des Menschen:

Nach Johannes Jordanus habe es sich in Basel zugetragen, daß dem Besitzer eines in einer Kapsel eingeschlossenen Dämons dieser zur Last wurde, als die sexuelle Potenz des Mannes nachließ. Die Ehefrau habe unvorsichtigerweise das Behältnis geöffnet und sei daraufhin vom Dämon besessen worden[29].

Hexen und Magier könnten „permissu et auctoritate divini numinis" Dämonen in den menschlichen Körper hexen[30].

Es folgt eine lange und ausführliche Beschreibung der Symptome von B., die der heutigen von A. Rodewyk sehr nahe kommt[31], wobei alles mit Beispielen aus der gängigen dämonologischen Lit. des 17. Jh.s belegt wird. Hauptbeispiel und wohl Anlaß der wiss.-akademischen Auseinandersetzung in dieser Diss. bildet der Bericht Christian Kortholts vom Fall eines besessenen Knaben[32]. Leugnet Schelhammer zwar grundsätzlich nicht die Existenz von B., so unterscheidet er doch zwischen dem „theon" und dem „physikon": eine Jungfrau aus Pisa, die man für besessen hielt, habe zehn Jahre lang lediglich an Paralyse gelitten[33]. Bezugspunkt der dämonologischen Wiss. des 17. und 18. Jh.s ist die Hl. Schrift, in der mehrere B.sfälle überliefert sind. Daß wiss. Kritik an der B.sdiagnostik und letztlich auch an den Berichten im N. T. früher an protestant. als an kathol. Universitäten Eingang fand, ist im Zusammenhang mit der Wundertheologie und -kritik des Protestantismus zu sehen, die J. Webster in der *Untersuchung von der vermeyntlichen Hexerei* (Halle 1719) so zusammenfaßt, daß man zwar nach Mt. 8, 20 die Erscheinung von Geistern für erwiesen halten müsse, daraus aber „für unsere Zeiten" keine Schlüsse ziehen dürfe, da die „miracula" aufgehört hätten und nur noch „miranda" geschähen. Balthasar Bekker geht hierin noch einen Schritt weiter, indem er die im N. T. aufgeführten Fälle von B. durchwegs als Geisteskrankheiten erklärt, ähnlich wie J. K. Westphal in *Pathologia daemoniaca* (Lpz. 1707)[34].

Untersuchungen wie die Kortholts stellen, zumal wenn sie in dt. Sprache veröffentlicht sind, ein Zwischenglied von wiss. Primär- und populärer Sensationsliteratur dar, die gelesen (T[obias] Seiler: *Daemonomania.* Vberaus schreckliche Historia von einem besessenen zwelffjährigen Jungfräwlein zu Lewenberg in Schlesien. Wittenberg 1605; J[ohann] Schnabel: *Warhafftige vnd erschröckliche Geschicht, welche sich newlicher Zeit zugetragen hat, mit einem jungen Handtwercks vnd Schmidtsgesellen, Hansen Schmidt genandt, bürtig von Heydingsfeldt, ob Wirtzburg am Main* [. . .]. Würzburg 1589) oder auch gehört wurde wie etwa die (gedr.) Predigt des Jesuiten Georg Scherer (1540–1605) über den Fall eines besessenen Mädchens[35]. Der Fortschritt wiss. Erkenntnis trivialisierte auch als wiss. Hbb. konzipierte Werke wie die *Christl. Mystik* J. v. Görres' zu einer Beispielsammlung okkulter und paranormaler Ereignisse. Andererseits aber kann auch in modernen Lehrbüchern der Psychiatrie auf das konkret-illustrierende Beispiel nicht verzichtet werden. So berichtet K. Kolle von einer schizophrenen Frau, die sich im Bann des Teufels wähnt, und von anderen Schizophrenen, die Tiere im Bauch zu spüren vermeinen[36].

8. Was Berichte von B. als Erzählliteratur bis ins 20. Jh. hinein tradierbar macht, ist die Komprimierung des oft lange währenden Krankheitsverlaufes auf eine erzählerische Form, in der das als außerhalb physikalischer Realität und experimenteller Nachvollziehbarkeit stehend betrachtete Wunderbare als Motiv klar hervortritt. Dies macht auch wahrscheinlich, daß körperliche und geistige Handlungen, die nicht mit der Wiss. der jeweiligen Zeit auf natürliche Ursachen zurückgeführt werden konnten, sowohl die B.sdiagnose wie das kategorisierbare Erzählmotiv schufen, durch dessen volksläufige Verbreitung B.sfall und -symptom immer wieder möglich wurden. In Handbüchern wie Maximilian von Eynattens *Manuale exorcismorum* (Antwerpen 1626) wird ein Katalog von B.ssymptomen erstellt, der bis ins 20. Jh. hinein diagnostisch nur unwesentlich weiterentwickelt wurde; die heutigen Nachfolgewerke bedienen sich zur wiss. Verbrämung des parapsychol. Vokabulars.

9. Als Kennzeichen teuflischer B. wird z. B. die Beherrschung fremder Sprachen (vom Teufel besessene Jungfrau spricht lateinisch[37]) angesehen; der Besessene zeichnet sich durch metagnomische Fähigkeiten wie Teleästhesie und Präkognition (besessener Klosterbruder vermag vorauszusehen, wann Besuch kommt[38]), Kryptoskopie (der hl. Norbert von Xanten erlebt einen B.sfall, in dem der Teufel durch den Mund des Besessenen das schlechte Leben anderer Menschen kundtut[39]), Telepathie, Mentalsuggestion, Teleskopie, Retroskopie und dgl. aus.

Zu den metadynamischen Fähigkeiten, in Papst Pauls V. *Rituale Romanum* (1614) als „vires supra aetatis seu conditionis naturam" bezeichnet, zählen neben außergewöhnlicher Kraft (Besessene können von zehn Männern nur mit Mühe gehalten werden[40]) auch Schnelligkeit, Levitation (im Jahre 713 hebt der Teufel bei einem Exorzismus den Körper eines Mädchens mit dem Kopf nach unten in die Luft[41]), ungewöhnliche Schwere, Feuererscheinungen und Infestationen. Als weitere Kennzeichen teuflischer B. gelten hypnotische Zustände, Trancen, Lähmungen aller Art einschließlich psychogener Hemmungen (1588 wird eine besessene Frau in Brünn so schwer vom Schlag getroffen, daß sie durch die Lähmung stumm wird[42]), Taubheit, Blindheit, Schwellungen, Veränderungen der Hautstruktur wie z. B. Verbrennungen ohne äußere Ursache (die hl. Genovefa heilt Besessene, die von einem inneren Feuer gepeinigt werden[43]), Verätzungen, Dermographismen, Halluzinationen sowie Zwangsvorstellungen und -handlungen.

Am geläufigsten aber sind in Berichten von B. speziell religiös bedingte Reaktionen auf den Exorzismus, so das Verhalten gegenüber allem Geweihten und Sakralen (Erkennen, Angst, Hyperästhesie).

10. Berichte von B.sfällen nehmen leicht den Charakter von Sensationsliteratur an; Schriften dieser Art, z. B. die den Fall der Jeanne Féry (1584) beschreibende Abhandlung[44], fanden als trivialer Lesestoff weitere Popularisierung und erstreckten sich mit P. Sutters *Satans Macht und Wirken in den zwei Besessenen von Illfurt* (Straßburg 1921, [4]1927) bis ins 20. Jh. Gerade die Gegenwart erlebt eine neue Hochblüte von Teufelsglaube und Okkultismus; in diesen Zusammenhang gehören Filme wie W. Friedkins nach der literar. Vorlage von W. P. Blatty gedrehter Streifen *The Exorcist* (1974) und vorher schon R. Polanskis *Rosemaries Baby*: suggestiv-optische Übertragung tradierter Vorstellungen[45].

E. T. A. Hoffmanns fiktive Erzählung *Die Elixiere des Teufels* (1815/16, verfilmt 1976) ist ein hochliterarischer Niederschlag des B.s- und Teufelsglaubens und des mit Wunderbarem gesättigten romantischen Lesestoffs. Noch in jüngster Zeit ist zu beobachten, wie Teufelsglaube und außergewöhnliche psychische Phänomene erzählbildend wirken: kaum ein paranormales Phänomen der letzten Jahre erregte so viel Aufsehen wie der Exorzismus von Klingenberg, für dessen Popularisierung die Massenmedien ausgiebig sorgten. Damit verbunden ist aber auch die Popularisierung von Geglaubtem und zu Glaubendem, und so nimmt es nicht wunder, wenn laut einer 1976 veröffentlichten Umfrage des dt. Meinungsforschungsinstituts INFAS immerhin noch 8% der Bevölkerung an Hexen glauben und 20% dem Argument zustimmen, wer an Gott glaube, müsse auch an den Teufel glauben. Diese Basis macht das psychiatrische Problem „B." in der auf Sensation zielenden Popularisierung zum sich immer mehr von der Realität fortbewegenden Erzählstoff, bei dem Motiv und objektiv erfahrbares, wenn auch heute psychiatrisch deutbares Erscheinungsbild identisch sind.

[1] Jaspers, K.: Allg. Psychopathologie. B./Heidelberg [4]1946; Lenz, J.: Die Kennzeichen der dämonischen B. und das Rituale Romanum. In: Trierer Theol. Zs. 62 (1953) 129–143; Moser, F.: Der Okkultismus. Täuschungen und Tatsachen. Mü. 1935; Oesterreich, T. K.: Die B. Langensalza 1921; Rodewyk, A.: Die dämonische B. Aschaffenburg 1963; id.: Die Beurteilung der B. Ein geschichtlicher Überblick. In: Zs. für kathol. Theologie 72 (1950) 460–480; id.: Dämonische B. im Lichte der Psychiatrie und Theologie. In: Geist und Leben 24 (1951) 56–66; Lea, H. C.: Materials toward a History of Witchcraft 3. N. Y./L. 1957, 1039–1069. – [2] Ringger, P.: Die B. der Schwester M. In: Neue Wiss. 4 (1954) 247–257. – [3] Thompson, R. G.: The Devil and Evil Spirits of Babylonia 1–2. L. 1903–1904 (Repr. 1976). – [4] cf. das anläßlich des Exorzismus von Klingenberg von Bischof Dr. H. Brandenburg dem Magazin „Der Spiegel" gegebene Interview. In: Der Spiegel 37 (1976) 200–205. – [5]Petzoldt, L.: B. in Sage und Volksglauben. In: Rhein. Jb. für Vk. 15/16 (1964/65) 76–94, hier 78. – [6] Lüthi, Europ. Volksmärchen, 44. – [7] ibid., 57. – [8] Zur Altentötung als Relikt des Glaubens an die Dämonenbesessenheit von Kranken cf. Röhrich, Märchen und Wirklichkeit, 139. – [9] Rodewyk 1963 (wie not. 1) 210. – [10] cf. Stoffels, J.: Die Angriffe der Dämonen auf den Einsiedler Antonius. Paderborn 1911; cf. Benz, R. (ed.): Die Legenda aurea des Jacobus de Voragine. Heidelberg [8]1975, 121–126. – [11] Nider, J.: Formicarium. Douai 1602, lib. 5, p. 344sq. – [12] Lutkemann, J.: Die bestraffte Fastnachts-Lust. Goslar 1709, 43sq.; zum Motiv bei Caesarius von Heisterbach cf. Schmidt, P.: Der Teufels- und Dämonenglaube in den Erzählungen des Caesarius von Heisterbach. Basel 1926. – [13] Tatian, Oratio 18. – [14] Crane, num. 130 und not. p. 189; Günter 1949, 319. – [15] Nider (wie not. 11) 413sq.; cf. Alsheimer, R.: Das Magnum speculum exemplorum als Ausgangspunkt populärer Erzähltraditionen. Ffm./Bern 1971, 175. – [16] ibid., 178sq.; cf. Brückner, 165. – [17] Caesarius von Heisterbach, Dialogus miraculorum lib. 5, 11; cf. 5, 26 und Brückner, 470, num. 414. – [18] Pauli/Bolte, 314, num. 548. – [19] Bagatta, G. B.: Admiranda orbis christiani [. . .] 2. Venedig 1680, lib. 2, cap. 2, p. 68, num. 10. – [20] ibid., 86. – [21] Ernst, C.: Teufelsaustreibungen. Die Praxis der kathol. Kirche im 16. und 17. Jh. Bern 1972, 124. – [22] ibid., 124sq. – [23] Ranke, F.: Volkssagenforschung. Breslau 1935, 27–37 und 36–69. – [24] Athanasius, Vita Antonii, 63. – [25] Kriss-Rettenbeck, L.: Ex Voto. Zeichen, Bild und Abbild im christl. Votivbrauchtum. Zürich/Fbg 1972, 226; cf. den von Petrus Canisius in Altötting an einer

Frau vollzogenen Exorzismus und die gegen diesen angehende Kampfschrift von Marbach, J.: Von Mirackeln und Wunderzeichen. Straßburg 1571. – [26] Petzoldt (wie not. 6) 90. – [27] Schelhammer (Praeses), G. C.: Dissertatio medica de obsessis. Respondens: Bonifacius Laurenti. Kiel 1704, § III p. 2. – [28] ibid., § VII p. 5. – [29] ibid., § XI p. 8; Var. bei M. Delrio, cf. Fischer, E.: Die „Disquisitionum magicarum libri sex" von Martin Delrio als gegenreformatorische Exempel-Quelle. Diss. Ffm. 1975, 264, num. 91. – [30] Schelhammer (wie not. 27) § XIII. – [31] Rodewyk 1963 (wie not. 1) 106sq. – [32] Kortholt, C.: Warhaffter Bericht von einem besessenen Knaben. Kiel 1673. – [33] Schelhammer (wie not. 27) § XLIV p. 23. – [34] Veröffentlicht in der Nova literaria, nachdem er schon vorher in den Ephemerides academiae curiosorum zu diesem Thema Stellung genommen hatte. – [35] Scherer, G.: Christl. Erinnerung bey der Historien von jüngst beschehener Erledigung einer Junckfrawen, die mit 12.652 Teufeln besessen gewesen. Gepredigt zu Wien. Ingolstadt 1584; cf. auch M[ichael] Th[eodosius] Seld: Daemon engastrimythos [...] d. i.: Der in einem achtjährigen Mägdlein auf Schlangen-Art einschleichend [...] doch [...] außgetriebene Mord- und Marter-Teufel [...] in vier Predigten [...] fürgetragen [...]. Ulm 1684. – [36] Kolle, K.: Psychiatrie. Stg. [5]1961, 165 und 180. – [37] Brückner, 450, num. 207. – [38] Brückner, 436, num. 46. – [39] Rodewyk 1963 (wie not. 1) 90; cf. Tubach, num. 125, 1513 und Petzoldt (wie not. 6) 83. – [40] Bagatta (wie not. 19) 40, num. 15. –
[41] Rodewyk 1963 (wie not. 1) 99. – [42] Fischer (wie not. 29) 323, num. 236. – [43] Bagatta (wie not. 19) 40, num. 13. – [44] Rodewyk 1963 (wie not. 1) 60. – [45] Art. Dämonen und Teufelsaustreibung. In: Unterhaltung. Lex. zur populären Kultur 1. ed. G. Seeßlen/B. Kling. Reinbek 1977, 142–145.

Würzburg Christoph Daxelmüller

Besser in der Jugend. Die Vorbestimmtheit eines Schicksals, dem niemand entrinnen kann, eine Art von schon auf das hiesige Leben bezogener Prädestination also, spielt in zahlreichen Erzählungen eine bedeutende Rolle: z. B. in den verschiedenen Prophezeiungstypen AaTh 934, 934 A–D, in denen trotz aller Bemühungen, dem vorausgesagten Tod zu entgehen, dieser dennoch eintritt (→ *Todesprophezeiungen*); oder im Märlein vom armen Bruder, dem im Traum ein Schatz zugewiesen wird und der ihn trotz eigener Indolenz und gegen das Handeln des reichen Bruders doch noch erhält (AaTh 834)[1]; oder in der Geschichte von den beiden Bettlern, von denen der eine auf Gott, der andere auf den König vertraut und der Fromme das bekommt, was der Herrscher seinem Konfidenten zugedacht hat (AaTh 841: *Die beiden → Bettler*). Diesen Erzählungen von der Unabwendbarkeit des prädeterminierten Geschehens stehen andere gegenüber, in denen sich der Mensch einen Teil von Entscheidungsfreiheit in bezug auf seine Lebensgestaltung erhalten möchte.

S. Thompson hat einen Komplex solcher Stoffe unter AaTh 938, 938A und 938B zusammengestellt. Alle Erzählungen handeln von der Entscheidungsmöglichkeit des Helden, der Heldin oder beiden, entweder in der Jugend oder im Alter Leid zu ertragen, eine Pseudolösung des Prädestinationsproblems, so scheint es, denn auch hier gibt es nur die Option zwischen verschiedenen Zeitansätzen von sonst unabänderlichen Fatalitäten.

Die älteste Redaktion (nachweisbar zuerst in der *Legenda aurea* und in den *Gesta Romanorum*) scheint die Placidas-Eustachius-Legende zu sein. In zahlreichen Fassungen wird hier einem Ehepaar die Wahl überlassen, ob es in der Jugend oder im Alter Glück oder Leid ertragen will (AaTh 938: → *Placidas*).

In einer 2. Redaktion (AaTh 938B) steht die Schicksalsfrage immer am Anfang der Handlung:

Ein Ehepaar entscheidet sich, in der Jugend die Leidenszeit zu ertragen. Der Mann verkauft freiwillig oder gezwungen seine Frau einem Fremden. Das Geld wird ihm von einem Vogel geraubt. Als Arbeiter in fremdem Land findet er es in einem gefällten Baum wieder, auf dem der Vogel sein Nest hatte. Er wird vor die verwitwete Königin des Landes gebracht, die ihn als ihren ersten Mann erkennt.

Nach den Unterlagen der EM begegnet die Erzählung in Deutschland[2], Dänemark[3], Litauen[4], Finnland[5], Rußland[6], bei den Abchasen[7] und Armeniern[8], in Jugoslawien[9] und Rumänien[10], in der Türkei[11] und bei den Kabylen[12].

In einer 3. Gruppe (AaTh 938A), die nur im nordmediterranen Raum (Sizilien[13], Griechenland[14], Türkei[15]) bekannt ist und die AaTh 710 (→ *Marienkind*) nahesteht[16], muß sich ein Mädchen entscheiden, ob es lieber in der Jugend oder im Alter leiden wolle. Es entscheidet sich für die Jugend und muß nun ähnliche schlimme Erlebnisse wie das Marienkind überstehen. Der türk. Version ist das Motiv vom → Kummervogel vorgespannt.

Auch die 4. Redaktion kann ethnisch fixiert werden. Sie begegnet bei den Juden Marokkos, Ägyptens, Israels und des Irak und ist von H. Jason unter 938*C eingereiht worden[17].

Hier wird einem Ehepaar im Traum oder durch den Propheten Elias die Wahl zugebilligt, ob es jetzt oder in Zukunft sieben gute Jahre haben wolle. Die Frau entscheidet sich für die erste Möglichkeit, um ihre Kinder gut erziehen zu können. Sie erhalten Geld, von dem sie aber das meiste für wohltätige Zwecke ausgeben. Am Ende der vorausgesagten Zeit wird ihnen offenbart, daß ihre guten Taten die angesagten kommenden schlechten Jahre kompensiert hätten.

In dieser jüd. Redaktion ist das scheinbar unabänderliche Schicksal durch die guten Taten überwunden worden: eine humane Lösung anstelle des strengen Prädestinationsprinzips.

Im übrigen begegnet das freischwebende Motiv vom Leid in der Jugend oder im Alter permanent in der Lit. des Ostens wie des Westens (v. Lit.), so etwa in der 1. Hälfte des 13. Jh.s im mhd. *Wolfdietrich*-Epos, wo es heißt: „Es ist mir lieber in der jugent, swaz mir leids sol widervarn, danne ob ez mir wurde gespart ins alter mîn"[18].

[1] cf. Ranke, K.: Observations on AaTh 834 „The Poor Brother's Treasure". In: Folklore Today. Festschr. R. M. Dorson. Bloom. 1976, 415–424. – [2] Behrend, P.: Märchenschatz. Volksmärchen, in Westpreußen gesammelt. Danzig 1908, 54–56, num. 14. – [3] Kristensen, E. T. (u. a.): Børnenes Blad. Kop. 1881, 187–192, num. 24. – [4] Balys *937. – [5] AaTh 938B. – [6] Andreev *921 I. – [7] Bgažba, Ch. S.: Abchazskie skazki. Suchumi 1959, 213–217. – [8] Hoogasian-Villa, S.: 100 Armenian Tales. Detroit 1966, 340–344, num. 50.– [9] Krauss, F. S.: Sagen und Märchen der Südslaven 2. Lpz. 1884, 132–138, num. 73. – [10] Schullerus 948*. –
[11] Walker, W. S./Uysal, A. E.: Tales Alive in Turkey 1. Cambridge, Mass. 1966, 84–86. – [12] Lacoste, C./Mouliéras, A.: Traduction des légendes et contes merveilleux de la Grande Kabylie 2. P. 1965, 391–410. – [13] Lo Nigro *735. – [14] cf. Laogr. 15 (1953) 20–29. – [15] Eberhard/Boratav 156 III d. – [16] BP 1, 18. – [17] Jason, Types, 938 *C; cf. zur älteren und neueren jüd. Lit. zu diesem Thema: Schwarzbaum, 14. – [18] BP 2, 264.

Lit.: Köhler/Bolte 2, 253–255. – BP 2, 264 not. 1. – Wesselski, MMA, 236.

Göttingen Kurt Ranke

Bessonov (Bezsonov), Petr Alekseevič, * Moskau 1828, † Char'kov 6. 3. 1898, russischer Volkskundler und Slavist. B. studierte bis 1851 an der Moskauer Universität bei F. I. Buslaev und war ab 1878 Professor für slav. Sprachen an der Universität in Char'kov. Als konservativer Slavophile stand er der sog. „oficial'naja narodnost'" ('offizielle Volkstümlichkeit') nahe.

B. spielte eine bedeutende Rolle als Herausgeber bulg.[1], serb.[2], weißruss.[3] und insbesondere russ. Folklore mit grundlegenden Sammelwerken wie *Pesni, sobrannye P. V. Kireevskim 1–10* ([Lieder, gesammelt von P. V. Kireevskij]. M. 1860–1874), *Pesni, sobrannye P. N. Rybnikovym 1–2* ([Lieder, gesammelt von P. N. Rybnikov]. Moskau 1861–1862) und *Kaleki* [kaliki] *perechožie 1—6* ([Blinde Wandersänger]. M. 1861–1864), die zu den klassischen Ausgaben der russ. Bylinen und hist. Lieder sowie der traditionellen geistlichen Lieder wurden.

Die von B. publizierten Sammelbände sind mit umfangreichen Kommentaren (z. B. über 500 Seiten in der Kireevskij-Ausg., über 350 Seiten im 2. Band der Rybnikov-Ausg.) versehen und enthalten für die damalige Zeit wichtige zusammenfassende Berichte über die Folklore der Russen und anderer slav. Völker. Diese Aufsätze lösten polemische Rezensionen aus, da sie methodisch unscharf und z. T. naiv verfaßt waren.

In der Märchenforschung und im weiteren Sinn innerhalb der Erforschung russ. und slav. Volksprosa haben die Arbeiten B.s den Erkenntnisprozeß über die Wechselbeziehungen zwischen den russ. Märchen und Sagen einerseits und dem russ.

heroischen Epos andererseits gefördert (cf. Ivan der Recke u. a.). Auch in der Kritik der russ. mythol. Schule (F. I. →Buslaev, A. N. →Afanas'ev u. a.) spielten seine Kommentare, in denen er eine z. T. ähnliche Konzeption wie F. Creuzer (1771–1858) vertrat, eine Rolle. Ein unzweifelhaftes Verdienst B.s lag im Falsifikatnachweis der sog. *rukopis' kupca Bel'skogo* (Hs. des Kaufmanns Bel'skij), die I. M. Sacharov erfunden und als Quelle für pseudoarchaische Varianten russ. Märchen und epischer Lieder benutzt hatte (cf. B.s Kireevskij-Ausg. 5, CXXIII–CXLIII). Bis heute ist für die Erforschung von Sagen und Legenden die oben genannte Edition der geistlichen Lieder (*Kaleki perechožie*) von Bedeutung geblieben.

[1] Bolgarskie pesni iz sbornikov Ju. I. Venelina, N. D. Katranova i drugich bolgar 1–2 (Bulg. Lieder aus den Slgen von Ju. I. Venelin, N. D. Katranov und anderen Bulgaren). M. 1855. – [2] Lazarica. Narodnye pesni, predanija i rasskazy serbov o padenii ich drevnego carstva (Lazarica. Volkslieder, Sagen und Erzählungen der Serben über den Fall ihres alten Reiches). In: Russkaja besede 2/6 (1857) 38–79. – [3] Belorusskie pesni (Weißruss. Lieder). M. 1871; cf. auch: Ob izdanii pamjatnikov belorusskogo narodnogo tvorčestva (Über die Ausgaben von Denkmälern weißruss. Volksschaffens). In: Den' 45 (1863).

Lit.: Pypin, A. N.: Istorija russkoj ėtnografii 2. Sankt-Peterburg 1891, 239–246. – Vengerov, S. A.: Kritiko-biografičeskij slovar' russkich pisatelej i učenych 2 (Kritisch-biogr. Lex. russ. Schriftsteller und Gelehrter). Sankt-Peterburg 1891, 333–346. – Bol'šaja ėnciklopedija 2. ed. S. N. Južakov/P. N. Miljukov. Sankt-Peterburg 1900, 755. – Uchov, P. D.: Ob izdanii „Pesen" P. N. Rybnikova P. A. Bessonovym i .A. E. Gruzinskim (Über die Ausg.n der „Pesni" von P. N. Rybnikov durch P. A. B. und A. E. Gruzinskij). In: RusF 4 (1959) 155–167.

Leningrad Kirill V. Čistov

Bestechung, die gesetzlich verbotene Gewährung oder Annahme von Geldern oder sonstigen Vorteilen für einseitig begünstigende Amts- oder Rechtshandlungen. Der aktiven B. macht sich schuldig, wer eine Amtsperson oder einen Vertreter der Gegenpartei durch Geschenke zu Pflichtverletzungen verleitet. Als passive B. bezeichnet man es, wenn ein solches Angebot akzeptiert wird. Beides gilt als sittenwidrig, die Bestechlichkeit zumal als gravierender Charakterfehler; die Hl. Schrift nennt sie sündhaft und strafwürdig[1]. Dennoch kommen B.saffären bekanntlich stets und überall vor. Überhandnehmende Korruption signalisiert desolate Verhältnisse in einer Gesellschaft.

Im einschlägigen, meist schon ma. bezeugten und beharrlich weitertradierten Erzählgut ist der Vorwurf der Bestechlichkeit für bestimmte Berufsgruppen, vor allem für → Richter, → Advokaten und Beamte aller Chargen stereotyp[2]. Das ergab sich wohl z. T. aus realer Erfahrung. Tatsächlich dürfte der 'gemeine Mann' gegenüber der Obrigkeit bzw. ihren oft schlecht besoldeten und daher auf Profit angewiesenen Vertretern mit leeren Händen häufig den kürzeren gezogen haben[3]. „Wer schmiert, der fährt!" war ein gängiges, bildhaft auf gut geölte Wagenräder anspielendes Sprichwort. Unter 'schmieren' verstand man aber auch – in übertragenem Sinn – das Einreiben oder Salben der Hände. Sebastian → Franck kannte beide Bedeutungen: „Die habend beide den Richter bestochen vnnd die hend gesalbet; also gadts, waer baß schmirwet, der fart dest baß!"[4] Nach einem bei Johannes → Pauli und anderwärts bezeugten Schwank sollen einfältige Klienten das 'Schmieren' wörtlich genommen und dem Advokaten (oder Richter) die Hände mit Butter oder Schmalz eingerieben haben, worauf die gewitzigte Gattin des Gesalbten noch ein Stück Leinwand zum Abwischen gefordert habe (Mot. J 2475)[5]. Daß jedoch 'Pfenningcsalbe' gemeint war, bemerkte schon Freidank in seiner *Bescheidenheit* aus dem frühen 13. Jh.[6]

B. war vielfach nötig, um bei hohen Herren Audienz zu erlangen: Ein Bauer etwa holte ein Lämmchen, als ein Advokat ihn nicht empfangen wollte; kaum hörte dieser das Tier blöken, ließ er den Bauern ein (Mot. J 1653)[7]. Auch Bürgermeister, Amtleute und Schreiber wollten Bittstellern oft ohne entsprechende Gabe kein Gehör schenken[8], zumal, wenn es um Ämtervergabe ging. Einem Bewerber wurde doppelsinnig bedeutet, seinem Gesuch fehle das 'Datum'[9], in einem andern Fall wurde das B.sgeld als 'gute Gabe' bezeichnet[10]. Nach südslav. Überlieferung machte ein Bischof sogar einen Esel zum Popen, als er entdeckte, daß die Bauern dem Tier einen Geldbeutel an den Schwanz gebunden hatten[11]. Denn auch geistliche Würdenträger sollen nicht frei von Bestechlichkeit gewesen sein, nicht einmal der Papst: Als ihm ein Reicher um einer Gunst willen Dukaten in den Schoß schüttete, meinte er, so vielen Gewappneten (nämlich den Reitern auf den Münzen) nicht widerstehen zu können (Mot. J 1263.2.2)[12]. Ein Priester wies ein geringes B.sgeld zurück; dem Teufel wollte er sich nur für eine große Summe verschreiben (Mot. J 1263.2.3)[13]. Ein Beichtvater absolvierte einen Edelmann für einen Gulden[14], ein anderer verriet für Geld das Beichtgeheimnis (Rotunda V 468).

Weitaus am häufigsten und in mehreren Varianten ist der Typ vom doppelt bestochenen Richter bezeugt (AaTh 1861 A, Mot. J 1192.1)[15]. In einem Fall bringt eine Partei einen Ölkrug, die andere eine Sau; der Jurist hält es mit der zweiten und gibt vor, die Sau habe den Krug umgestoßen[16]. In anderen Varianten bestehen die Schmieralien aus einem Ochsen und einem Pelz, und der Verlierer des Prozesses muß erfahren, der Pelz habe dem Ochsen das Maul gestopft, also habe er nicht mehr brüllen können[17]. In der dritten Version liefern die Parteien Kutsche und Gespann; der Richter bevorzugt den Spender der Pferde, denn diese müßten den Wagen ziehen (Mot. K 441.2)[18].

Mitunter sieht sich aber auch der Bestochene betrogen. → Hodscha Nasreddin z. B. schickt dem Richter einen Honigtopf, der aber nur obenauf mit Honig, darunter mit Erde gefüllt ist. Als der Richter den Betrug bemerkt, reut ihn sein günstiges Urteil; er läßt den Hodscha wissen, es sei ihm ein Irrtum unterlaufen. Doch der antwortet: Das Urteil sei schon richtig, der Irrtum stecke im Honig[19]. Nicht verblüffen läßt sich dagegen ein Advokat, der saure Pfirsiche erhalten hat: Er weigert sich, für den Klienten zu sprechen, denn die Säure habe ihm den Mund zusammengezogen[20].

Nur vereinzelt sind Beispiele dafür überliefert, daß Amtsträger der Versuchung widerstanden hätten. So berief sich in Indien ein Richter auf ein höheres Tribunal, nämlich sein Gewissen (Thompson/Balys W 35.2). Nach einer jidd. Erzählung bestrafte der ehrliche Richter sogar die Partei, die ihm ein Präsent geschickt hatte[21]. Integre Persönlichkeiten wie etwa Thomas Morus wurden der Unbestechlichkeit gerühmt[22]. Ein Fürst übernimmt unerkannt Geschenke, die seinen Beamten zugedacht waren, und gibt sie den Armen[23]. Strenge Strafen für bestechliche Richter überliefert die Exempelliteratur (Mot. Q 265.1). Weniger moralische Entrüstung dürfte die Anwendung von B. in höchster Not hervorgerufen haben, wenn etwa Gefängniswärter zur Befreiung von Gefangenen[24] oder, wie im türk. Märchen, der Henker zur Rettung des zum Tode verurteilten Helden[25] bestochen wurden.

Was sonst etwa in der Erzählforschung unter dem Stichwort B. angeführt wird, gehört nicht zur rechtswidrigen Verleitung von Amtspersonen, so z. B., wenn sich in oriental. Brautwerbungsmärchen der Liebhaber den Zugang zur Geliebten mit Geschenken an die Dienerinnen verschafft[26], wenn sich die vergessene → Braut mit wunderbaren Gaben die Nächte bei ihrem Gatten erkauft, wenn der Held sich auf ähnliche Weise hilfreicher Tiere versichert (Mot. B 325) oder dämonische Wesen mit Nahrungsgeschenken gefügig gemacht werden (cf. Mot. B 325.1: *Animal bribed with food* [*Sop to Cerberus*]; Mot. G 275.5.1: *Witch bribed to divulge her secret powers*; Mot. Z 111.6.1: *Death's messengers bribed with food*). Im märchenhaft-mythischen Bereich hat die Anwendung solcher Mittel wohl nicht den gleichen Stellenwert wie in der realistischeren Sphäre von Schwank oder Exempel, wo korruptes Verhalten mit deutlich sozialkritischer Tendenz als moralischer Defekt weltlicher und geistlicher Obrigkeit angeprangert wird.

[1] LThK 2, 303sq. Zu der dort nach Ex. 23, 8 zitierten Mahnung „Geschenke verblenden auch die Weisen und verkehren die Worte des Gerechten“ cf. Neuman J 186. – [2] So auch im oriental. Erzählgut, cf. Schützinger, H.: Die Schelmengeschichten in Tausend und einer Nacht als Ausdruck der ägypt. Volksmeinung. In: Rhein. Jb. für Vk. 21 (1973) 200–215, bes. 208–210. – [3] Heinemann, F.: Richter und Rechtspflege in der dt. Vergangenheit (Monogr.n zur dt. Kulturgeschichte 4). Lpz. (1900), 57–59. – [4] Röhrich, L.: Lex. der sprichwörtlichen Redensarten 2. Fbg/Basel/Wien [2]1973, 865sq. – [5] cf. Art. Advokat. In: EM 1, 117, not. 13; weitere Nachweise bei Moser-Rath, 487 zu num. 185. – [6] Zitiert bei Röhrich (wie not. 4)866. – [7] Wohl aus der ital. Novellistik (Rotunda J 1653) in die dt. Schwanklit. des 17. und 18. Jh.s übernommen; Texte im Archiv der EM: Joco-Seria 1631 (7983); Fasciculus facetiarum 1670 (14.564); Scheer-Geiger 1673 (8690); Kurtzweiliger Zeitvertreiber 1685 (6741); Conlin 1706 (9884); Hilarius Salustius 1717 (17.458). – [8] EM-Archiv: Vademecum 1786 (5556). – [9] EM-Archiv: Karrn voller Narrn 1704 (9800); Kobolt 1747 (4631). – [10] EM-Archiv: Wolgemuth, Haupt-Pillen 1669 (14.094). –
[11] Anthropophyteia 2 (1905) 266sq. – [12] Pauli/Bolte, num. 346 mit weiteren Nachweisen aus der ma. Exempeltradition; Texte im Archiv der EM: de Memel 1656 (5882, 6118); Talitz 1663 (2558); Sommer-Klee 1670 (13.509); Kurtzweiliger Zeitvertreiber 1685 (6764); Lyrum larum (15.815); Hanß-Wurst 1712 (7448A); Schreger 1752 (4754). – [13] Pauli/Bolte, num. 547. – Bebel/Wesselski 2, num. 20. – [15] Götze, A.: Zum Schwank vom bestochenen Richter. In: Neue Jbb. für das klassische Altertum, Geschichte und dt. Lit. 20 (1917) 208sq.; Ergänzungen zu den Angaben bei AaTh bringt Schwarzbaum, 347sq., 480. – [16] cf. Poggio, num. 256; Bolte/Pauli, num. 853; Texte im Archiv der EM: de Memel 1656 (5931); Burgerlust 1663 (13.772); Fasciculus facetiarum 1670 (14.565B); Scheer-Geiger 1673 (8679); Hanß-Wurst 1712 (7436, 7514) und öfter. – [17] Tubach, num. 2998; Pauli/Bolte, num. 128; Kirchhof, Wendunmuth 1/1, num. 126; Texte im Archiv der EM: Zincgref-Weidner 1653–55 (910, 1748, 1986); Kurtzweiliger Zeitvertreiber 1685 (6766); Hanß-Wurst 1712 (7437); Polyhistor 1729 (9528); Schreger 1754 (4885); Bienenkorb 1768 (11.394); über die Verwendung als Predigtexempel: Moser-Rath, 483 zu num. 168. – [18] Pauli/Bolte, num. 125; Tubach, num. 2851; Martin Montanus Schwankbücher (1557–1566). ed. J. Bolte. Tübingen 1899 (Ndr. Hildesheim/N. Y. 1972) 325sq., 609; Texte im Archiv der EM: Zincgref-Weidner 1655 (1611); de Memel 1656 (5881); Scheer-Geiger 1673 (8668); Kurtzweiliger Zeitvertreiber 1685 (6749); Hanß-Wurst 1712 (7426); Polyhistor 1729 (9450) und öfter. Weitere Einzelbelege zum Motiv vom bestochenen Richter: Mot. J 1192.1.2, J 1192.3; Tubach, num. 2851, 2993; Eberhard/Boratav, num. 296, 299. – [19] Hodscha Nasreddin, 91, num. 170, mit Nachweisen p. 252sq. – [20] Texte im Archiv der EM: Eutrapeliarum libri tres 1656 (3413); Scheer-Geiger 1673 (8702). –
[21] Schwarzbaum, 161, num. 162. – [22] EM-Archiv: Vademecum 1786 (5097). – [23] EM-Archiv: Helmhack 1729 (10.826). – [24] cf. Thompson/Balys K 513; Rotunda K 626; Mot. R 211.9; Eberhard/Boratav, num. 360. – [25] Eberhard/Boratav, num. 219, III. – [26] cf. Geißler, F.: Brautwerbung in der Weltlit. Halle 1955, 181.

Göttingen Elfriede Moser-Rath

Bestiarien

1. Das älteste und am stärksten verbreitete Tierbuch (Bestiarium)[1] der christl. Welt vor der Zeit der Renaissance ist der wahrscheinlich Ende des 2. Jh.s p. Chr. n. in Alexandrien entstandene, auf verschiedenen vorchristl. Traditionen (Orient, Ägypten, Hellas) fußende → *Physiologus*[2]. Dieses in griech. Sprache abgefaßte naturgeschichtlich-religiöse Werk verzeichnet katalogartig ca 50 reale und mythol. Tiere (z. B. Löwe, Pelikan, Phönix, Sirene, Panther, Einhorn, Hyäne), Pflanzen (Peridexion, Maulbeerfeigenbaum) und Mineralien (Diamant, Feuerstein, Magnet, Achat, Perle), deren Eigenschaften in Verknüpfung mit beziehungsreichen Bibelstellen symbolisch auf Christus, die Kirche, den Teufel und den Menschen bezogen wurden. Die frühesten *Physiologus*-Texte (2.–4. Jh.) waren ausschließlich Tierkompilationen; erst später wurden Pflanzen und Steine aufgenommen und die aufgrund der Bibel sanktionierte typol. Exegese durch von dogmatischem Interesse bestimmte Auslegungen bereichert. Seit dem 5. Jh. wurde der *Physiologus* in zahlreiche Sprachen übersetzt (lat., äthiop., syr., armen., kopt., arab., georg., rumän., russ., bulg., serb., tschech.) und übte seit frühchristl. Zeit großen Einfluß auf die bildende Kunst aus[3].

Als christl. Bearbeitung einer ursprünglich rein naturkundlich orientierten Schrift basiert der *Physiologus* stofflich auf verschiedenartigen Quellen[4]. Sein naturkundliches Wissen resultiert u. a. aus Aristoteles (*Historia animalium, De partibus animalium*), Plinius (*Naturalis historia*), Plutarch (*Quaestiones convivales, De sollertia animalium, De Iside et Osiride*), Älian (*Peri zōōn idiotēs*), Solin (*Collectanea rerum memorabilium*), Horapollo (*Hieroglyphica*), dem Alexanderroman des Pseudo-Kallisthenes, der bis hin zu den volkssprachlichen Versionen zahlreiche übereinstimmende Kriterien mit dem *Physiologus* aufweist[5]. Beachtliche Quellen für den *Physiologus* waren zweifellos auch die Schriften des Bolos von Mendes, der die Kontamination von antiker Naturwissenschaft und Volksglauben bes. stark artikuliert. Die Tierberichte des *Physiologus* setzen sich von den Quellen aber insofern ab, als sie die Bearbeitungstendenz im Hinblick auf die christl. Tiersymbolik unmißverständlich erkennen lassen. Der *Physiologus* wurde zur Hauptquelle der christl. Tiersymbolik, die in der älteren griech. und lat. Patristik (z. B. Clemens Alexandrinus, Gregorios von Nazianz, Origines, Tertullian, Ambrosis, Hieronymus, Sidonius Appolinaris, Rufinus, Gregor der Große) zum festen Bestandteil der kirchlichen Lehre wurde[6], was Rezeption und Tradierung des *Physiologus* im MA. maßgeblich förderte. Aus ihm erwuchsen bes. im Abendland die späteren Tierbücher, die sog. B.[7] Diese erweitern den Tierkanon des *Physiologus* mit fortschreitender Entwicklung um ein Vielfaches, berufen sich aber meistens auf ihn. Außerdem leiten sie die traditionelle symbolische Exegese unter Vermehrung der bibl. Gleichnisse und der antiken Mythologie sowie durch Allusionen auf das zeitgenössische Bildungsgut zu ganz allgemeinen Moralisationen über. Mehr und mehr rückt der Mensch mit seinen Tugenden und Lastern in den Mittelpunkt der Auslegung. Dabei wird die archaische Naivität des *Physiologus* allmählich von der Intellektualität scholastischer Gelehrsamkeit verdrängt.

2. Vorstufe der B.entwicklung war die lat. Version b des *Physiologus*-Textes (36 Kap.), die sich durch Aufnahme zahlreicher Zusätze bes. aus den *Etymologien* des Isidor von Sevilla (12. Buch: *De animalibus*) zum ersten greifbaren Bestiarium (B-Is-Version) in der lat. Lit. entwickelte[8]. Diese Fassung hat die lat. und die volkssprachige B.-Tradition tiefgreifend beeinflußt[9]. Über die z. T. noch nicht erforschten lat. B. informieren u. a. F. McCulloch und M. R. James[10]. Ein typisches lat. Bestiarium präsentiert sich in der vier Bücher umfassenden Schrift *De bestiis et aliis rebus* des Pseudo-Hugo von St. Viktor[11]. Das 2. Buch dieses Bestiariums mit 36 Kapiteln impliziert auch Beschreibungen von Mineralien aus der *Physiologus*-Überlieferung unter Berücksichtigung der patristischen und exegetischen Tradition. Die enzyklopädische Tendenz des *Physiologus* bzw. des Bestiariums wird sichtbar u. a. bei Alexander Neckam, Thomas Cantipratanus, Bartholomäus Anglicus, Vincent de Beauvais, Albertus Magnus[12]. Bemerkenswerte Verbreitung fand die Gattung der B. seit dem 12. Jh. in den volkssprachigen Lit.en des abendländischen MA.s. Im slav. Bereich[13] kursieren die *Physiologus*-Texte z. T. unter der Bezeichnung B. und umgekehrt.

3. Als typisches Bestiarium in dt. Sprache erweist sich der in 30 Reimpaaren verfaßte *Moralische Physiologus*, der die Eigenschaften von 14 Tieren (Leo, Aynhorn, Hyersch, Panther, Elich, Helfant, Roß, Maul, Esel, Ochß, Puffel, Cameltyer, Wolff, Saw) in moralischer Auslegung auf den Menschen bezieht[14].

4. Das sog. *English Bestiary* aus dem 13. Jh. ist eine Bearbeitung des *Physiologus Theobaldi*[15]. Die Wirkung der Tiererzählungen aus der *Physiologus*- und B.überlieferung auf die engl. Lit. ist nicht nur auf die ags. *Physiologus*-Tradition zurückzuführen. Größeren Einfluß dürften die Enzyklopädie *De proprietatibus rerum* (Buch 12/13: Vögel und Fische; Buch 16–18: Steine, Pflanzen, Tiere) des Bartholomäus Anglicus und der auf engl. Boden entstandene *Bestiaire* des anglonormann. Dichters Philippe de Thaon ausgeübt haben[16], mit dem nach 1121 die auf der lat.

Überlieferung fußende B.literatur in der Romania einsetzt[17].

5. Diese Tradition verdient schon deswegen ausführlichere Betrachtung, weil sie wie keine andere volkssprachige Entwicklungsphase kontinuierlich fortschreitet, die verschiedenen Möglichkeiten des Bestiariums formal wie inhaltlich völlig ausschöpft und die religiöse Vorstellungswelt der lat. *Physiologus*- und B.-Tradition allmählich in neue Formen weltlicher Dichtung umsetzt.

Philippe de Thaon gliedert sein Werk in drei Gruppen: Tiere (1–23), Vögel (24–34), Steine (35–38). Ob dieses Einteilungsprinzip aus den *Dicta Chrysostomi* resultiert, ist von der Forschung noch nicht erwiesen, z. T. wird es bestritten. Diese Dreiteilung wird am Schluß des Textes (V. 3179–90) offensichtlich in Allusion auf die Schöpfungsordnung (Stufenleiter des Strebens zu Gott) symbolisch begründet: Die zur Erde geneigten Tiere versinnbildlichen die ausschließlich auf das Diesseits spekulierenden Menschen, die emporfliegenden Vögel die Gott zugekehrten Menschen, die in sich ruhenden Steine die vollkommenen Weisen. Der Lapidarium-Abschnitt impliziert auch (Kap. 27) die typol. Ausdeutung der zwölf Grundsteine des apokalyptischen Jerusalem (Apk. 21, 18–20). Im wesentlichen repräsentiert der *Bestiaire* des Philippe noch die älteste Form der Entwicklung, in der die typol. Exegese noch nicht völlig von Moralisationen überspielt wird. Die spirituelle Bedeutung der Tiere, Vögel und Steine hat Philippe sogar durch Erweiterung der Testimonien aus Schriften theol. Autoritäten des MA.s bes. artikuliert.

Anfang des 13. Jh.s, das zur Blütezeit der volkssprachigen B. wird, entsteht in Frankreich der bisher nur nach einer einzigen Hs. (British Museum, Add. 28260) bekannte *Bestiaire* (29 Kap.; 1280 V.e) des normann. Geistlichen Gervaise. Nach den Worten des Verfassers ist sein frommes Werk eine Replik auf die heidnischen figmenta der weltlichen Dichter. Diese Intention resultiert zweifelsohne nicht zuletzt aus der Exordialtopik altchristl. Bibelepik. Als Vorlage benutzte Gervaise offensichtlich eine Version der sog. *Dicta Chrysostomi*, die er sowohl in der Kapitelfolge als auch inhaltlich bisweilen abändert und durch volkstümliche Vergleiche und Erläuterungen bereichert. Bemerkenswert ist u. a. die eigenartige Beschreibung des Sägefisches (Kap. 26). Die moralische Bedeutung der Tiereigenschaften kehrt Gervaise immer wieder eigens hervor: „Grant example i puet aprande" (V. 50). In einer Kurzfassung von 38 und einer erweiterten Version von 71 Kapiteln ist der in den Hss. mehrfach illustrierte Prosa-*Bestiaire* (1. Hälfte des 13. Jh.s) des Geistlichen Pierre de Beauvais überliefert, der im Auftrag des Bischofs von Beauvais, Philippe de Dreux, entstand. Die Abfassung der Schrift in Prosa begründet Pierre mit dem Bekenntnis der Kirchenväter zur Wahrheit der bibl. Prosa gegen die verlogene heidnische Poesie. Hauptquelle des Pierre dürfte ein Exemplar der lat. B-Is-Version gewesen sein. Die Kurzfassung, die nur geringfügig von der lat. Tradition abweicht, ist wahrscheinlich das ursprüngliche Werk des Pierre. Die ausführlichere Version erweitert den traditionellen Tierkanon und bereichert aus verschiedenen Quellen das naturkundliche Wissen über einzelne Tiere. Analogien in einzelnen Tierbeschreibungen weist Pierre besonders mit Alexander Neckam und Odo of Cheriton auf.

In 23 überwiegend illustrierten Hss. des 13.–15. Jh.s ist der *Bestiaire divin* des Normannen Guillaume le Clerc überliefert. Das in 3426 jambischen Trimetern abgefaßte, auf der lat. Überlieferung basierende Tierbuch entstand ca 1210 und ist einem sonst unbekannten Sir Raoul dediziert. Über sein Thema reflektiert Guillaume im Prolog.

Die vielfältige Materie will er in kompositorischer Einheit darbieten und die moralische Lehre der „natures de bestes e mors" auf ihren typol. Ursprung zurückführen. Eindrucksvoller als Philippe de Thaon betont er die moralische Didaxe und die homiletische Absicht. Das kommt formal schon in der sich wiederholenden Anrede an sein Publikum (Seignors) zum Ausdruck, stärker noch in den mit der allegorischen Auslegung bisweilen verknüpften Exempeln. So ist z. B. in das Kapitel (27) über die Schlange das Beispiel vom reichen Mann eingefügt, der nach der Erkenntnis von der Nichtigkeit der irdischen Güter sein Gold ins Meer versenkt. Gelegentlich erwähnt Guillaume auch geschichtliche und kirchenpolitische Ereignisse Englands. Bei der Beschreibung der Turteltaube (Symbol der Kirche als Braut Christi) spricht er vom Martyrium der engl. Kirche. Guillaume beschließt sein Werk mit bibl. Parabeln und einem Epilog in Gebetform.

Zu einem literar. Ereignis wurde der Mitte des 13. Jh.s geschriebene *Bestiaire d'amour* des 1246 als Cancellarius von Reims bezeugten Richart de Fornival, der die Thematik des geistlichen Bestiariums im weltlichen Sinn der Liebeskasuistik ausschöpft und den Übergang von spiritueller zu weltlicher Allegorik vollzieht.

Mit 57 Tierexempeln (u. a. Hahn, Esel, Wolf, Schwan, Hund, Affe, Rabe) wirbt Richart in Form einer Minneaventiure um die Gunst einer Dame, indem er durch die Auslegung der Tiersymbole seine eigenen Liebesnöte demonstriert. So veranschaulicht er am Beispiel des Raben, der einem toten Menschen erst die Augen und dann das Gehirn auspickt, grotesk das Schicksal des Liebenden, dem die Liebe durch die Augen eintritt und sich im Gehirn festsetzt. In ihrer ablehnenden Antwort auf diesen Liebesantrag dokumentiert die umworbene Dame ihr Mißtrauen gegen Tiere, indem sie die Parabeln des Dichters mit Ironie konträr umdeutet. Am Beispiel vom Fuchs, der sich tot stellt, um seine Beute zu überlisten, verspottet sie bes. eindrucksvoll den Salut d'amour des geistlichen Würdenträgers.

Die Wirkung dieser mit zahlreichen Illustrationen geschmückten Tierfibel der Liebe war beträchtlich: Das Werk existiert in 18 Hss., verschiedenen Auszügen (frz., prov., waldens.), mehreren Übersetzungen (fläm., dt., mittelniederfränk., ital.) und inspirierte andere Dichter, die Tiersymbolik in den Dienst der Minneallegorie zu stellen. Von den mannigfachen Zeugnissen seien erwähnt die *Panthère d'amour*, der *Arrièreban d'amour*, *La vraie médecine d'amour* des Bernier de Chartres und schließlich als manieristischer Höhepunkt der Liebeskasuistik der Bestiaires d'amour das Gedicht *Il mare amoroso*.

6. Zur B.literatur zählt formal wie inhaltlich zweifellos auch der waldens. *Physiologus*[18] (14. Jh.), der nach den Worten des Verfassers Jaco eigens als Unterrichtsbuch für seine Schüler konzipiert ist. Die 54 Kapitel des Buches basieren nur z. T. (25 Kap.) auf der *Physiologus*-Tradition. Die aufgenommenen Tiere werden in vier Klassen eingeteilt (Vögel, Tiere, Fische, Schlangen). Die traditionelle mystische Exegese wird zwar nicht völlig eliminiert, tritt aber zugunsten der bes. betonten moralischen Lehre weitgehend in den Hintergrund. Das zeigt gleich das erste Kapitel über den Adler: *Enayma l'aigla ha 3 naturas en lasquals se po penre moralita, enaisi speritalment nos deven segre 3 vertuç*. So ist auch die Turteltaube nicht mehr Symbol für die Ehe Christi mit der Kirche, sondern ganz allg. zum Abschreckungssymbol vor Sünde prädestiniert.

7. In span. Sprache wird die Tradition der B. sonst nur durch vereinzelte Zeugnisse sichtbar, wie im *Libro de Alixandre* (Elefant, Schlange, Phönix)[19], in der *General estoria*[20] und im *Libro de los gatos*[21] (Altilobi = Antholops, Hidrus, Gulpeja), einer u. a. auf die Fabeln des → Odo of Cheriton zurückgreifenden Slg, die auch Parabeln aus dem menschlichen Lebensbereich allegorisiert. Wie die Erörterungen über die Mißbräuche des niederen und höheren Klerus beweisen, dient die moralische Auslegung im *Libro de los gatos* auch der zeitgenössischen Ständekritik. Spuren der Tiersymbolik aus der B.überlieferung begegnen auch sonst noch in der altspan. Lit[22].

8. In Italien wird die Tradition der B. seit Mitte des 13. Jh.s in verschiedenen Formen aufgenommen und weiterentwickelt[23]. Das bedeutendste Werk ist das in venezian. und toskan. Redaktion tradierte *Libro della natura degli animali*[24], welches schon im Proömium die Diskrepanz zur traditionellen mystisch-typol. Exegese anspricht. Die Tiere, die hier nicht wie nach dem hierarchischen Prinzip der Überlieferung vom Löwen, sondern von der Ameise angeführt werden, verkörpern schlechthin Menschentypen, ihre Handlungen, Stände und Klassen. Die Gattungsgrenze zwischen sakralen und profanen Tierfiguren ist aufgehoben[25]. Der ursprüngliche Tierkanon des Bestiariums ist durch Tierfabeln Äsops, Avians und Anekdoten aus den „antiche storie e novelle di verità" bereichert. Die aus den Tierbeispielen deduzierten pragmatischen Moralisationen

sind ganz darauf abgestellt, dem homo sapiens verbindliche Lebensregeln zu suggerieren. Der in einer Hs. des 14. Jh.s überlieferte *Bestiario moralizzato*[26] eines anonymen umbr. Autors aus der 2. Hälfte des 13. Jh.s ist ein erbauliches Pendant zu Chiaro Davantis profanem Sonettenkranz.

In 64 Sonetten werden die aufgenommenen Tiere (Landtiere, Vögel, Fische, giftige Tiere) beschrieben, wobei jedes Sonett meist nur ein einziges Wesensmerkmal mit Ausdeutung beinhaltet. Deshalb werden Löwe (Kap. 1/2) und Wolf (Kap. 26/29) in jeweils zwei Kapiteln vorgestellt. Die Lehren sind stets auf die Erlangung jenseitiger Güter ausgerichtet und artikulieren als ständig wiederkehrendes Motiv die Versuchung, Verdammnis und Rettung des Menschen.

Der Ende des 13. oder Anfang des 14. Jh.s entstandene → *Fiore di virtù*[27], ein weitverbreitetes Volksbuch, das in mehrere andere Sprachen übersetzt wurde, bietet aus B. zu den angeführten Tugenden und Lastern zahlreiche Tierparabeln als Belege, bes. aus der Enzyklopädie des Bartholomäus Anglicus. Mehr als zwölf der über 30 Tiergeschichten dürften auf die ursprüngliche *Physiologus*-Lit. zurückgehen[28]. Durch die Zuordnungen der Tiereigenschaften zu jeder Tugend und jedem Laster ergibt sich eine neue moralische Deutung der 'geistlichen Tiere'. Die enzyklopädische Tendenz des Bestiariums wird sichtbar im *Tresor* des Brunetto Latini[29] (1220–95) und der *Acerba* des Cecco d'Ascoli[30] (1280/90–1327). Während Brunetto in seinen aus verschiedenen Quellen der *Physiologus*- und B.überlieferung resultierenden Tierkapiteln die Moralisationen ausschließt, hat Cecco d'Ascoli die Tierbeschreibungen mit moralischer bzw. allegorischer Exegese auf das Verhältnis des Menschen zur Tugend versehen. Beide Autoren behandeln das sakrale Traditionsgut 'wissenschaftlich' als Kapitel der Naturgeschichte[31].

Mit den hier vorgestellten B.texten ist die ital. Tradition keineswegs erschöpft. Die Geschichte der ital. B. müßte durch die zahlreichen noch unveröffentlichten Mss. vervollständigt werden[32]. Mit den ital. Texten erreicht die Entwicklung des Bestiariums eine Phase, in der die typol. Exegese von den Moralisationen völlig überwuchert wird und die Tiersymbolik nur noch als ein Exempel für tugendhaftes Leben gilt. In dem z. T. auf dem *Fiore di virtù*, auf Cecco d'Ascoli und Plinius fußenden Bestiarium des Leonardo da Vinci[33] ist diese Entwicklungsphase abgeschlossen. Die rein naturgeschichtlichen Notizen in seiner Schrift kündigen allerdings schon den Beginn des zoologischen Schrifttums der Neuzeit an.

9. Mit dem Einsetzen einer exakten Naturwissenschaft, die auf dem Gebiet der Tierkunde z. B. in Conrad Gesner (1515–65), Ulisse Aldrovandi (1522–1605), Guillaume Rondelet (1507–56), Pierre Belon (1517–64) bemerkenswerte Forscher aufweist[34], wurde der B.literatur allmählich das Publikum entzogen. Doch erlosch das Interesse an den B. nie ganz. Im Gegenteil: Nachwirkungen lassen sich seit 1600 in der neueren europ. Lit. noch zahlreich nachweisen[35], die bis hin zu den modernen Nachfahren der ma. B. führen. So erschien 1911 in Paris der von Raoul Dufy illustrierte *Bestiaire ou le Cortège d'Orphée*[36] des Guillaume Apollinaire (1880–1918). Humorvoll charakterisiert Apollinaire mit nur wenigen Versen die Physiognomie der Tiere und verleiht damit zugleich der Liebe und dem Schmerz des Dichters allegorisch Ausdruck. Die traditionelle Symbolik deutet er an. Zu erwähnen ist hier ebenfalls Henry de Montherlants Roman *Les Bestiaires* über den Stierkampf, worin er mit Anspielungen auf den antik-heidnischen und christl.-religiösen Tierkult die animalischen Instinkte und Leidenschaften des Stierkämpfers Alban de Bricoule verherrlicht[37]. Die Möglichkeit des Vergleichs von Tier- und Menschenwelt zu satirischen Zwecken nutzt Franz Blei im *Bestiarium literaricum*[38], das, wie der Untertitel schon ankündigt, die Eigenschaften der Tiere ironisch, bisweilen sogar sarkastisch auf Dichter und Schriftsteller (u. a. Gerhart und Carl Hauptmann, Thomas und Heinrich Mann, George, Rilke, Hofmannsthal, Werfel, J. R. Becher, Musil, Kafka) überträgt. Später wurde das Werk in größerem Umfang als

Das große Bestiarium der modernen Literatur (B. 1924) veröffentlicht. Ein letztes Beispiel dieser modernen B.gattung ist das 1976 erschienene *Bestiarium philosophicum*[39], das in travestierender Form zeitgenössische Persönlichkeiten karikiert. Naturwesen, wilde und zahme Tiere werden als Spiegelbild des Menschen vorgeführt. Die den B. geläufigen symbolischen Vorstellungen werden mit Spritzigkeit, Witz und galanter Anmut auf den menschlichen Lebensbereich bezogen. Das *Bestiarium philosophicum* bezeichnet sich selbst als neuer *Physiologus* in anders gewordener Zeit, der aber ohne Anknüpfung an die gelehrte Tradition nicht denkbar wäre.

[1] Die Darbietung eines erschöpfenden Überblicks über die vielfältige Überlieferung und den Reichtum der B.lit. würde eine Enzyklopädie des Märchens mehr als überfordern. Deshalb werden hier nur einige wichtige Entwicklungslinien aufgezeigt und die Forschungslit. wird lediglich in Ausw. zitiert. – [2] Lauchert, F.: Geschichte des Physiologus. Straßburg 1889; Wellmann, M.: Der Physiologus. Eine religionsgeschichtlich-naturwiss. Unters. (Philologus Suppl.-Bd 22, 1). Lpz. 1930; Pitra, J.-B.: Spicilegium solesmense 3. P. 1855 (Nachdr. Graz 1963) 338–373; Perry, B. E.: Physiologus. In: Pauly/Wissowa N. R. 20 (1941) 1074–1129; Seel, O.: Der Physiologus. Übertragen und erläutert. Zürich 1960; Sbordone, F.: Physiologi graeci singulas recensiones in lucem protulit F. S. Mediolani 1936; zur weiteren Forschungslit. über den Physiologus cf. Henkel, N.: Studien zum Physiologus im MA. Tübingen 1976, 1–11 und Lit.verz. 207–219. – [3] Gerlach, P.: Physiologus. In: Lex. der christl. Ikonographie 3. Rom/Fbg/Basel/Wien (1971) 432–436; Künstle, K.: Die Tiersymbolik des MA.s. In: Ikonographie der christl. Kunst 1. Fbg 1928, 119–135; Baur, O.: Bestiarium humanum. Mensch-Tier-Vergleich in Kunst und Karikatur. Mü. 1974. – [4] Keller, O.: Die antike Tierwelt 1–2. Lpz. 1909–1913; Gesamtregisterband von E. Staiger. Lpz. 1920 (Nachdr. Hildesheim 1963); Carus, J. V.: Geschichte der Zoologie bis auf Joh. Müller und Charles Darwin. Mü. 1872; Lauchert (wie not. 2) 4–48; Burckhardt, R.: Geschichte der Zoologie 1–2. Bearb. und erg. von H. Erhard. B./Lpz. 1921; Singer, C.: History of Biology. N. Y. 1950; Bodenheimer, F. S.: The History of Biology. L. 1958; Goldstaub, M./Wendriner, R.: Ein Tosco-Venezian. Bestiarius. Halle 1892; Perry (wie not. 2) 1078–1096; Klingender, F. D.: Animals in Art and Thought to the End of the Middle Ages. ed. E. Antal/J. Harthan. L. 1971; Henkel (wie not. 2) 17 sq.; Calvet, J./Cruppi, M.: Le Bestiaire de l'antiquité classique. P. 1955.– [5] Merkelbach, R.: Die Qu.n des griech. Alexanderromans. Mü. 1954. – [6] Lauchert (wie not. 2) 68–79; Schmidtke, D.: Geistl. Tierinterpretation in der dt.sprachigen Lit. des MA.s (1100–1500). Teil 1: Text (Diss. B. 1966). B. 1968, 69–81; Lauchert, F.: Zur Eingliederung des Physiologus in die altchristl. Lit.: In Theol. Revue (1931) 405–417; id.: Zum Fortleben der Typen des Physiologus in der geistlichen Lit. In: Zs. für kathol. Theologie 33 (1909) 177 sq. – [7] Zum Begriff Bestiarius cf. Dictionary of Medieval Latin from British Sources. ed. R. E. Latham. Fasc. 1. L. (1975) 179; Henkel (wie not. 2) 24; McCulloch, F.: Mediaeval Latin and French Bestiaires. Chapel Hill 1960, 45; Jauss, H. R.: Entstehung und Strukturwandel der allegorischen Dichtung. In: Grundriß der rom. Lit.en des MA.s 6, 1. Heidelberg 1968, 170–172; Schmidtke (wie not. 6) 62; Armengaud, F./Poiron, D.: Bestiaries. In: Enc. universalis 3. P. 1968, 214–223; White, T. H.: The Book of Beasts. Being a Translation from a Latin Bestiary of the Twelfth Century. L. 1954, 231–270; Charbonneau-Lassay, L.: Le Bestiaire du Christ. La mystérieuse emblématique de Jésus-Christ. Brügge 1940; Cronin, G.: The Bestiary and the Mediaeval Mind. Some Complexities. In: MLQ 2 (1941) 191–198; Fürst, B.: Das Bestiarium, eine ma. Naturgeschichte. In: Blick in die Welt 4/9 (1949) 34–37. – [8] McCulloch (wie not. 7) 28–30. – [9] Carmody, F.: Bestiary. In: New Catholic Enc. 7 (1967) 367–369; James, M. R.: The Bestiary. In: History. N. S. 16 (1931) 1–11. – [10] McCulloch (wie not. 7) 21–44; James, M. R.: The Bestiary [. . .]. Ox. 1928; Goldstaub/Wendriner (wie not. 4) 160–173. – [11] MPL 177, 9–164; Schmidtke (wie not. 6) 63–65; Carmody, F. J.: De bestiis et aliis rebus and the Latin Physiologus. In: Speculum 13 (1938) 153–159. – [12] Henkel (wie not. 2) 152–160. – [13] Bol'šaja ėnciklopedija 3. ed. S. N. Južakov. St. Peterburg 1902, s. v. Bestiarii; ibid. 12 (1909) s. v. Fiziolog; Nastol'nyj ėnciklopedičeskij slovar' 2. ed. A. und I. Granat. M. [6]1903, s. v. Bestiarij; Wielka encyklopedia powszechna 1. W. 1962, s. v. Bestiariusz; Ottův slovník naučný 3. Praha 1890, s. v. Bestiarium; ibid. 9 (1895) s. v. Fysiolog; Enciklopedija Jugoslavije 3. Zagreb 1958, s. v. Fiziolog. Zur slav. Physiologus-Überlieferung cf. Karneev, A.: Materialy i zametki po literaturnoj istorii Fiziologa. St. Peterburg 1890; Polívka, G.: Zur Geschichte des Physiologus in den slav. Lit.en. In: Archiv für slav. Philologie 14 (1892) 374–404 und 15 (1893) 246–273; Spuren des Physiologus in der dän., schwed. und norw. Lit. eruiert Dahlerup, V.: Physiologus i to islandske bearbeidelser. In: Aarboger for nordisk Oldkyndighet og Historie (1889) 199–241. – [14] Henkel (wie not. 2) 134–136. – [15] Lauchert (wie not. 2) 123–128; Perry (wie not. 2) 1123. – [16] Lauchert, F.: Der Einfluß des Physiologus auf den Euphuismus. In: Engl. Studien 14 (1890) 188–210; Höhna, H.: Der Physiologus in der elisabethanischen Lit. Diss. Erlangen 1930, 12 sq. – [17] Lauchert (wie not. 2) 128–155; Perry (wie not. 2) 1124–1125; Jauss (wie not. 7) 176–181; Radicula, C.: Il 'Bestiaire d'amours' capostipite di bestiari latini e romanzi. In: Studi medievali.

Serie terza 3/2 (1962) 576–606. Zum Aufbau und Inhalt der frz. B. cf. McCulloch (wie not. 7) 45–69, die sowohl die Editionen als auch die wichtige Forschungslit. verzeichnet; cf. ferner Calvet, J./Cruppi, M.: Le Bestiaire de la littérature française. P. 1954. – [18] McCulloch, F.: The Waldensian Bestiary and the Libellus de natura animalium. In: Medievalia et humanistica 15 (1963) 15–30; Lauchert (wie not. 2) 149–154; Perry (wie not. 2) 1126; Goldstaub/Wendriner (wie not. 4) 211–220. – [19] Lauchert (wie not. 2) 206 sq.; Jauss (wie not. 7) 177–178. – [20] ibid., 178. –
[21] ibid.; Burke, J. F.: More on the Title 'El libro de los gatos'. In: Romance Notes 9, 1 (1967) 148–151. – [22] Perry (wie not. 2) 1126; Gazdaru, D.: Vestigios de Bestiarios medievales en las literaturas hispánicas e iberoamericanas. In: Romanist. Jb. 22 (1971) 259–274. – [23] Goldstaub/Wendriner (wie not. 4) 221–239; Perry (wie not. 2) 1126–1128; McKenzie, K.: Bestiario. In: Enc. Italiana 6 (1930) 819–820. – [24] cf. Goldstaub/Wendriner (wie not. 4); Garver, M. S./McKenzie, K.: Il bestiario toscano. Rom 1912; Dardano, M.: Note sul bestiario toscano. In: L'Italia dialettale 30 (1967) 29–115 (mit Bibliogr.). – [25] Jauss (wie not. 7) 178. – [26] Perry (wie not. 2) 1127; Mazzatinti, G./Monaci, E. (edd.). In: Rendiconti dell' Accademia dei Lincei, Serie 4, Rendiconti 5 (1889) 718–729; Jauss (wie not. 7) 178. – [27] Ulrich, J.: Fiore di virtù, saggi della versione tosco-veneta secondo la lezione dei mss. di Londra, Vicenza, Siena, Modena, Firenze e Venezia. Lpz. 1895. – [28] Varnhagen, H.: Die Qu.n der Bestiar-Abschnitte im Fiore di virtù. In: Raccolta di studi dedicati ad A. D'Ancona. Firenze (1901) 515 sq.; Fiore di virtù. ed. G. Bottari. Roma 1740; Corti, M.: Le fonti di Fiore di virtù. In: Giornale storico della letteratura italiana 136 (1959) 1–82. – [29] Battelli, G. (ed.): I libri naturali del Tresoro. Firenze 1917; cf. ferner: Dizionario enciclopedico della letteratura italiana (1967) 337. – [30] Crespi, A. (ed.): Ascoli Piceno 1927; cf. ferner Allesandrini, M.: C. d'Ascoli. Roma 1956; Lauchert, F. In: Rom. Forschungen 5 (1899) 4; cf. Goldstaub/Wendriner (wie not. 4) im Reg. unter Cecco d'Ascoli. –
[31] Jauss (wie not. 7) 178. – [32] McKenzie, K.: Unpublished Manuscripts of Italian Bestiaries. In: PMLA 20 (1905) 380–433. – [33] Richter, J. P. (ed.): The Literary Works of Leonardo da Vinci 2. L. 1883; Perry (wie not. 2) 1128; Goldstaub/Wendriner (wie not. 4) 240–254. – [34] Nissen, C.: Tierbücher aus fünf Jh.en. Zürich/Mü./Olten (1968) 20–31. – [35] Lauchert (wie not. 2) 217–227. – [36] Übers. von K. Krolow. Gießen 1959; Haug, G.: Guillaume Apollinaire. Leben und Werk. In: Das Buch 4, 1/2 (1952) 11–32; Bonnet, M.: A propos de 'Cortège': Apollinaire et Picabia. In: Revue des lettres modernes 85–89 (1963) 62–75. – [37] Gürster, E.: Dichter und kategorische Leidenschaft. In: Hochland 48 (1955/56) 528–540; Foldenauer, B.: Antikheidnische und christl.-religiöse Elemente im Werk von Montherlant. Diss. Tübingen 1957. – [38] Bestiarium literaricum. Genaue Beschreibung derer Tiere des literar. Deutschlands. Literar. Scherz von Dr. Peregrinus Steinhövel. Mü. 1920. – [39] Nonnescius nemo – Physiologus alter Bestiarium philosophicum. Bonn 1976.

Berlin Fritz Wagner

Beten → Gebet

Beter: Der gefoppte B., ein in vielen Varianten bekanntes Schwankmotiv: Ein Mensch trägt ein dringendes Anliegen einem Baumgeist oder einem Heiligenbild vor, in der Hoffnung erhört zu werden und ein Zeichen für die Erfüllung seines Wunsches zu erhalten. Ein hinter dem Baum oder dem Bild versteckter Schalk, oft auch der von dem Wunsch Betroffene, antwortet mit verstellter Stimme, narrt den B. mit einer unerwarteten Auskunft oder gibt in seinem eigenen Interesse liegende Anweisungen, die der Gefoppte als göttliches Gebot akzeptiert[1]. Nach L. Röhrich, der eine Auswahl von lat. und dt. Texten vom MA. bis zur Gegenwart mit Kommentar und Lit.nachweis vorgelegt hat[2], ist das Kernmotiv „überall denkbar, wo zu einer bildhaften Darstellung oder einem äußeren Zeichen eines Gottes, eines Heiligen oder eines Wesens der niederen Mythologie gebetet wird"[3]. Die vor allem in Westeuropa und in den USA verbreiteten Varianten bespötteln heidnischen Orakelglauben oder parodieren eine allzu direkte, naive Gläubigkeit und Rückständigkeit im religiösen Verhalten.

Die in der ma. Exempeltradition, bei Johannes Pauli, Hans Sachs, Valentin Schumann und noch in der Barockpredigt tradierte älteste Redaktion[4] weist didaktische Tendenzen auf: Eine oft verprügelte Ehefrau beschwört mit Opfergaben die Alraune, um zu erfahren, wie sie ihren Ehemann duldsamer machen könne; eine im Gebüsch versteckte Alte empfiehlt ihr, sich selbst gehorsamer und tugendhafter zu verhalten, ein Rat, der sicherlich nicht im Sinn der unterdrückten Ehefrau gelegen hat. Auch in dem mhd. Gedicht *Der holboum*[5] geht es um eine Ehebelehrung, doch ist hier ein beim Vollzug der Ehe zaudernder Mann der Ratsuchende; die Braut selbst antwortet aus dem hohlen Baum, er solle sie viermal beschlafen, bevor der Hahn kräht, und dreimal danach, dann werde sein Weib munter und zufrieden sein. Ratschläge in Ehenöten bekommt auch ein Mädchen in einer neueren amerik. Aufzeichnung von einer schwarzen Eiche[6]. Das Motiv gehört zum alten, weitverbreiteten Typ vom → *Blindfüttern* (AaTh 1380)[7]. Wirtschaftliche Interessen verfolgt der hinter einer Heiligenstatue versteckte Mann, der seiner Frau befiehlt, eifriger zu spinnen (AaTh 1380A*)[8].

In einer großen Gruppe von Erzählungen ist die Bittstellerin eine Heiratslustige, oft eine mannstolle alte Jungfer, die einen Heiligen oder die Muttergottes um einen Partner bittet; ein Schelm, der Küster, oft auch der erbetene Freier hinter dem Altar geben unerwünschte oder rüde Auskünfte, die das Mädchen enttäuschen, verärgern oder in eine beschämende Situation bringen (AaTh 1476, 1476A)[9]. Typisch für das Gespräch zwischen der Beterin und der vermeintlich göttlichen Stimme sind Reime und Wortspiele, die rituelle Formen der Beschwörung und Gebetsformeln persiflieren mögen[10].

In einer engl. Variante bittet ein Dienstmädchen um „owt [any] but a tailor"; der Schalk rät ihr, einen Schneider zu nehmen oder „nowt [none]" ,worauf sie „owt but a tailor, but a tailor rather than nowt" haben will[11]. Nach einer dt. Version bittet ein Milchmädchen namens Lott um „jeden, bloß nicht Ott" (den Bauernsohn), der „kein Fleisch in den Pott" tun würde; der sitzt jedoch auf dem Heuboden und ruft: „Nimm Ott, nimm Ott!"[12]. In einer amerik. Version hört die alte Jungfer auf ihr Gebet um einen Mann eine Eule vor dem Fenster „hoo – hoo" rufen, versteht das als Frage „who?" und antwortet: „Anybody, O Lord!"[13].

Die Pointe dieser Erzählungen liegt also im Spott auf den Orakelglauben und in der Bereitwilligkeit der Heiratslustigen, jeglichen Partner zu akzeptieren (*Die → Alte auf dem Dach*; → Alte Jungfer).

Um den unentschlossenen Freier zur Heirat zu nötigen, ergreift auch umgekehrt das Mädchen die Initiative, verbirgt sich hinter einem Baum und gibt sich für einen Engel aus; der Mann glaubt dem himmlischen Befehl und heiratet sie (AaTh 1462)[14]. Nach türk. Überlieferung maskiert sich Sahila, die Unruhestifterin, mit Honig und Federn (→ *Teeren und federn*), um als „Todesengel" einen reichen Mann zu schrecken und zur Ehe zu zwingen[15]. Diese Erzählung weist eine gewisse Verwandschaft zu einer in Japan seit dem 13. Jh. auch in dramatischer Bearbeitung bekannten Geschichte auf, wonach ein Bursche sich als Schutzgottheit verkleidet hinter einem Götterbild zeigt und einem reichen Mädchen droht, es in Ton zu verwandeln, wenn es ihn nicht heirate[16].

Auch in anderen Fällen wird die Stimme hinter dem Bild für echt gehalten. Ein Betrunkener betritt eine Kirche, hört jemand hinter dem Kruzifix „Guten Abend!" rufen und meint, Christus habe zu ihm gesprochen (AaTh 1324*)[17]. Ein Hungriger betet um Nahrung, bekommt kurz darauf zufällig Speisen und glaubt, Gott habe ihn erhört (AaTh 1349M*)[18]. In einer Variante dazu wirft ein Schelm einer alten Frau Brot durch den Kamin, erwidert jedoch ihr inbrünstiges Dankgebet mit rüden Schimpfworten; sie wundert sich, daß Gott sich für seine Zwecke sogar des Teufels bediene[19]. Weit verbreitet sind Erzählungen von Dienstboten, die hinter der Heiligenstatue verborgen ihre Herrschaft anweisen, ihnen weniger Arbeit und bessere Kost zu geben, widrigenfalls ihr etwa die ewige Seligkeit versagt sein solle (AaTh 1388, 1575**)[20]. Bei ir. Katholiken begegnet diese Version in Verbindung mit dem Martinstag:

Weil der geizige Hausherr den an diesem Tage fälligen Lohn und den Festtagsbraten verweigert, spielt ein pfiffiger Knecht den Heiligen und droht mit Strafen[21]. Ein Schäfer mahnt seinen Schuldner aus dem Baum; der meint Gottes Stimme zu hören und bringt das Geld zurück (AaTh 1575*)[22].

Das Motiv vom gefoppten B. taucht also in verschiedenen Zusammenhängen auf; die einzelnen Versionen können sehr wohl unabhängig voneinander entstanden sein, weil die Gebetssituation und die Neigung, sie satirisch oder blasphemisch umzusetzen, vielerorts gegeben war. Den frühen Exempelbelegen mit der Ehebelehrung liegen alte Vorstellungen von Alraunglauben und vom Baumorakel zugrunde, Vertrauen auf die Stimme aus dem Baum klingt jedoch auch in vielen neueren Aufzeichnungen an. Für den kathol. Bereich lag die Übertragung des Motivs auf die Anrufung eines Heiligen und die Persiflage auf die gläubige Reaktion des B.s nahe, zumal ja Verbindungen zwischen Baumkult und Heiligenverehrung bestehen. Genauere Zusammenhänge müßten noch mithilfe einer monographischen Bearbeitung des vielschichtigen Motivkomplexes nachgewiesen werden.

[1] HDM 1, 239. – [2] Röhrich, Erzählungen 2, 323–352, mit Kommentar und Nachweisen 488–497. – [3] ibid., 493. – [4] Texte nach Vincent de Beauvais und Étienne de Bourbon bei Röhrich (wie not. 2) 324; cf. Pauli/Bolte, num. 135; Sämtliche Fabeln und Schwänke von Hans Sachs 3. ed. E. Goetze/C. Drescher. Halle 1900, num. 77; Valentin Schumann: Nachtbüchlein (1559). ed. J. Bolte. Tübingen 1893, 323–328, num. 50. – [5] Röhrich (wie not. 2) 324–327 nach GA 2, 141–144, num. 29; cf. Fischer, H.: Studien zur dt. Märchendichtung. Tübingen 1968, 301, 389. – [6] Randolph, V.: The Devil's Pretty Daughter. N. Y. 1955, 92–94, 197sq. – [7] Röhrich (wie not. 2) führt eine ind. Var. vom Brahmanen Jadschajadutta aus dem Pañcatantra als ältesten Beleg für das Motiv vom gefoppten B. an. – [8] Bei AaTh 1380A* 6 span. und 1 skr. Beleg; cf. Boggs 1375*; Llano Roza, A. A. de: Cuentos asturianos. Madrid 1925, 179sq., num. 98–99. – [9] cf. EM 1, 366sq., not. 6–10. – [10] cf. Röhrich (wie not. 2) 495. – [11] DBF, A 2, 204. – [12] Neumann, S. (ed.): Volksschwänke aus Mecklenburg. Aus der Slg R. Wossidlos. B. 1963, 127, num. 455; cf. dort auch num. 34, 68, 437, 438, 442, 444. – [13] TFSP 13 (1937) 97sq. – [14] Nach AaTh vor allem in Norwegen verbreitet: cf. Kvideland, R.: Norske Eventyr. Bergen/Oslo/Tromsø 1972, 206, num. 51 (mit weiteren Nachweisen); zwei finn. Var.n bei Rausmaa, P.-L./Salo, M.: A Catalogue of Anecdotes. Turku 1973, 19; cf. auch Gardner, E.: Folklore from the Schoharie Hills, N. Y. Ann Arbor 1937, 194–196; Randolph, V./Halpert, H.: Who Blowed up the Church House? N. Y. 1952, 19sq., 186. – [15] Boratav, P. N.: Türk. Volksmärchen. B. 1967, 309–313. – [16] Seki, K.: Folktales of Japan. Chic. 1963, 186–188, num. 54. – [17] Bei AaTh 1324* sind 9 schwed. und 2 fläm. Var.n verzeichnet; cf. TFSP 34 (1968) 189, 196sq. – [18] Nach AaTh dt. und dän. Var.n; cf. Henßen, G.: Volk erzählt. Münsterländ. Sagen, Märchen und Schwänke. Münster 1935, num. 286. – [19] TFSP 13 (1937) 102sq. – [20] Dazu 13 dt. und 4 dän. Var.n im Archiv der EM; DBF, A 2, 140, 288; zu AaTh 1575** 37 finn. Fassungen bei Rausmaa/Salo (wie not. 14) 26. – [21] Ó Súilleabháin/Christiansen 1575**; die Verbindung zum hl. Martin begegnet schon in der Erzählung des Stricker „Die Martinsnacht", ed. H. Fischer. Tübingen [2]1967, num. 11. – [22] Hodscha Nasreddin 2, 203, num. 403; bei AaTh 1575* sind auch finn., estn. und russ. Var.n verzeichnet.

Aledo James T. Bratcher

Betrüger. Unter Betrug versteht man allgemein eine arglistige Täuschung oder bewußte Schädigung eines anderen zum eigenen Vorteil, einen schwerwiegenden Vertrauensbruch, jedenfalls eine moralisch verwerfliche Handlung, die im Fall von Vermögensdelikten auch strafrechtlich verfolgt wird[1]. Der bei S. Thompson unter „Deceptions" (Mot. K 0–2388) subsumierte Motivbestand zeigt, wie sehr die variablen Formen von List, Täuschung, Verstellung, Hochstapelei, Verleumdung, Heuchelei, Verrat etc. die Phantasie von Erzählern in aller Welt beschäftigen. Dabei ist der B. eine unterschiedlich bewertete Figur, je nach der Funktion, die ihm innerhalb eines Handlungsablaufs zukommt.

Im Märchen ist der B. der verräterische, verleumderische oder auch bedenkenlos mordende → Gegenspieler des Helden, die perfekte Verkörperung des Bösen. Diese Kontrastfigur wirkt als retardierendes, die Spannung steigerndes Element; sie taucht häufig in Erzählungen von der Rettung einer Jungfrau aus Gefahr oder Verzauberung auf, und zwar zu dem Zeitpunkt, da die Befreiung eigentlich geglückt ist, der Retter aber aus unwiderstehlicher Abenteuerlust weiterzieht oder in neue Fährnisse gerät[2].

So behauptet im Märchen vom → *Drachentöter* (AaTh 300) der betrügerische Begleiter der Prinzessin, den Drachen erschlagen zu haben; die arme Jungfrau muß dazu schweigen, bis der wahre Held zurückkehrt und den B. durch Vorweisen der Drachenzungen entlarvt. Im Typ vom *Gelernten* → *Jäger* (AaTh 304) hat der Sieger über die Riesen die schlafende Prinzessin geschwängert, muß aber weiterziehen; ein falscher Höfling gibt sich als Retter und als Vater des Kindes aus (Mot. K 1936). In Lebensgefahr bringen betrügerische Gefährten den Retter der *drei geraubten* → *Prinzessinnen* (AaTh 301), indem sie ihn in der Erdhöhle zurücklassen, während der Held in Versionen des → *Dankbaren Toten* (AaTh 506) und im Märchen vom → *Pflegesohn des Waldgeistes* (AaTh 667) auf der Seereise von dem B. kurzerhand über Bord geworfen wird. In den episodenreichen Erzählungen von den drei Königssöhnen, die ausziehen, um das → *Wasser des Lebens* (AaTh 551) oder → *Vogel, Pferd und Königstochter* (AaTh 550) zu holen, wirkt das Komplott der älteren Brüder gegenüber dem erfolgreichen → Jüngsten bes. bösartig: Nachdem er die beiden liederlichen Gesellen vom Galgen losgekauft hat, werfen sie ihn in einen Brunnen und maßen sich seine Verdienste an. Als tückisch erweist sich der Gefährte in → *Ferdinand der treue und Ferdinand der ungetreue* (AaTh 531), der den Helden unterwegs zum Rollentausch zwingt (Mot. K 1934) und ihn danach in lebensbedrohliche Situationen verstrickt.

Der erzwungene Rollentausch mit einer betrügerischen Person und die leidvollen Mühen der Heldin, ihre wahre Identität zu beweisen, sind auch das Thema typischer → Frauenmärchen, etwa von AaTh 408: *Die drei* → *Orangen* oder AaTh 533: *Der sprechende* → *Pferdekopf*; beide Typen gehören zum verbreiteten Motivkomplex von der unterschobenen → Braut (Mot. K 1911). Die tückische Gegenspielerin ist hier oft die → Stiefmutter, die ihre leibliche Tochter zur Geltung bringen will (cf. AaTh 403: *Die schwarze und die weiße* → *Braut*), die Stiefschwester oder die eifersüchtige Schwiegermutter, die auch in zahlreichen Versionen der unschuldig verfolgten → Frau (→ Berta, → Genovefa, → Hirlanda) eine fatale Rolle spielt und die geduldige Heldin fälschlich der Untreue, der Geburt mißgebildeter Kinder oder eines Kindsmords bezichtigt (z. B. AaTh 451: → *Mädchen sucht seine Brüder*, AaTh 706: → *Mädchen ohne Hände*).

Nach den von V. Ja. → Propp aufgestellten Handlungsschemata gehört die Figur des B.s als Gegenspieler oder Schadenstifter in stereotyp wiederkehrenden Funktionen zu den wesentlichen Strukturelementen des Zaubermärchens; cf. die Proppschen Funktionen VI (Betrugsmanöver), VII (unfreiwillige Mithilfe des Opfers), VIII (Schädigung), XXVIII (Entlarvung des falschen Helden) und XXX (seine Bestrafung)[3]. „Menschlich gesehen", sagt M. Lüthi, „lösen Neider und Verleumder [. . .] Geschehensabläufe aus, die gegen die Absicht ihrer Urheber schließlich dem Helden, der Heldin zum Vorteil gereichen", so daß letztlich das Böse zum Guten gewendet wird. Daß den B. eine oft sehr grausame Strafe ereilt, entspricht dem Hang des Märchens zum Extrem[4].

Merkwürdig ist, daß Bestrafung von Betrug im religiösen Exemplum eine relativ untergeordnete Rolle spielt[5]; der Sage nach finden B. oft keine Ruhe im Grab und müssen geistern[6].

Ganz anders ist der Stellenwert von betrügerischem Verhalten im Schwank. Der B. ist hier selbst die Hauptfigur, seine Aktion das zentrale Motiv. Von manchen → Trickstern oder → Schelmentypen (Eulenspiegel, Hans Clawert, Guzmán, Hodscha Nasreddin) sind ganze Serien keineswegs harmloser Betrügereien überliefert. Verstellungskünste, Täuschungsmanöver, ja selbst hinterhältige, für die Opfer durchaus bedrohliche Machenschaften werden solchen Gestalten kaum übelgenommen; ihnen wenden sich vielmehr deutlich Sympathien zu, schon gar, wenn sich die angewandte List als einzige Waffe des Schwachen gegenüber einem objektiv Mächtigeren erweist. Hier geht Schläue über Moral, der Betrogene ist gewissermaßen selbst schuld. Ein markantes Beispiel ist die alte Geschichte vom armen Bauern → *Unibos* (AaTh 1535), der den reichen Bruder oder die Nachbarn nach Strich und Faden betrügt, sie durch sein fatales Beispiel zum Totschlag an ihren Ehefrauen anstiftet, den einfältigen Schafhirten in einen Sack lockt, in dem er selbst ertränkt werden sollte, und schließlich alle seine Feinde durch trügerische Versprechungen ins Wasser treibt. Diese im Grunde ungeheuerlichen Streiche hätten sich nicht so kontinuierlich verbreitet, wären sie nicht allerorts und immer wieder dem Phantasiebedürfnis der Machtlosen entgegengekommen.

Den landläufigen Vorstellungen von Betrug entsprechen wohl am ehesten Eigentumsdelikte und unreelle Geschäfte (Mot. K 100–299: *Deceptive bargains*). B. verkaufen z. B. angeblich wundertätige Mittel, so etwa Fieberzettel, die nur eine Beschimpfung enthalten (→ Amulett, AaTh 1845), sonstige wertlose Ware, gefährliche oder untaugliche Tiere, z. B. einen Wolf statt einer Ziege (Mot. K 132) oder einen vermeintlich goldspendenden Esel, dem man Geldstücke in den Hintern gesteckt hat (Mot.K 111. 1, → *List und Leichtgläubigkeit*, AaTh 1539). Ein Gauner entwendet ein Maultier, färbt es und bietet es dem Eigentümer wiederum zum Kauf an (AaTh 1631 A)[7]. Betrogen wird der Dummkopf (oft der Teufel) im Handel um die → *Ernteteilung* (AaTh 1030): Der Schlaue nimmt die Ähren und überläßt seinem Gegenspieler die Halme. Dazu gehört der große Motivbestand von betrügerischem Verhalten im → *Wettstreit mit dem Unhold* (AaTh 1049, 1060–1063, 1070–1074, 1083–1090, 1095–1096). In anderen Typen geht es um handfeste Geldgeschäfte: Ein Ehepaar etwa bezieht vom König *die doppelte* → *Pension* (AaTh 1556), indem einer den anderen für tot ausgibt und so jeweils den ganzen Betrag für sich kassiert. Ein Schwindler vergeht sich an seinen Geschäftsfreunden, die ihr Bankguthaben nur gemeinsam abheben wollen: Er bringt das Geld durch eine List an sich, und die Partner haben das Nachsehen (*Die drei* → *Gläubiger*, AaTh 1591). Betrug begeht auch der → Schuldner an seinem Gläubiger, indem er mit allerlei Ausreden die Schuldentilgung umgeht (Mot. K 200–249).

Der Motivbestand ist reich an Täuschungsmanövern aller Art (Mot. K 300–499). Der schlaue → *Student aus dem Paradies* (AaTh 1540) macht sich ein Mißverständnis zunutze, läßt sich von der einfältigen Bäuerin Geld und Kleider für einen Verstorbenen im Jenseits mitgeben und bringt den ihm nacheilenden Bauern noch um das Pferd. Im verwandten Typ AaTh 1541 hört der B. von der Frau, sie müsse *für den langen* → *Winter sparen*, nennt sich selbst den „langen Winter" und zieht mit den Vorräten davon. Zu den trickreichsten Figuren gehören der → *Meisterdieb* und Konsorten, die mithilfe verwegener Streiche die Aufmerksamkeit des Eigentümers ablenken, um dessen Habe an sich zu bringen (AaTh 1525sqq.). Andere Gauner schleichen sich als Engel, Tod und Teufel verkleidet ins Haus eines Reichen und versetzen ihn so in Schrecken, daß er ihnen seine Schätze aushändigt[8].

Manche dieser Gestalten mögen einen durchaus realen Hintergrund haben, so etwa die B., die sich mit falschen Versprechungen oder angeblich mit Geld gefüllten Kisten → *Kredit erschwindeln* (AaTh 1617). Ein Mann näht Blei in einen Beutel, gibt ihn als kostbaren Fund aus und läßt sich von einem Kaufmann teuer dafür bezahlen (Mot. K 476. 2. 2)[9]. Komplizen probieren Kleider an und laufen damit davon[10], andere staffieren einen Bettler als Bischof aus, kaufen auf seine Rechnung ein und lassen ihn ohne die Ware zurück (→ *Bettler als Pfand*, AaTh 1526). → Zechpreller spielen mit dem Wirt „Blinde Kuh" und verschwinden oder lassen andere für sich bezahlen (AaTh 1526 A). Helfershelfer sind auch im → *Wettbetrug* (AaTh 1551) am Werk: Einer wettet mit einem Hirten, seine Schafe seien Schweine, der andere bestätigt ihn, so daß der Hirt seine Herde einbüßt. Sicherlich nicht frei erfunden sind Erzählungen von → Müllern, welche die Bauern um ihr Mehl betrügen (AaTh 1853), von → Schneidern, die Stoffreste verschwinden lassen (AaTh 1574, 1574 A–C), von → Bäckern, die zu kleine Brötchen backen, oder von → Wirten, die doppelt anschreiben oder den Wein wässern (Mot. J 1312), wiewohl die Konzentration solcher Verdächtigungen auf bestimmte Gewerbe Stereotypenbildung vermuten läßt. (→ Beruf, Berufsschwänke).

Viel Vergnügen bereiteten offensichtlich Geschichten von Hochstaplern, die mit Fähigkeiten prahlen, die sie nicht haben. Der → Pfaffe vom Ka(h)lenberg und andere

Schelmentypen behaupten z. B., von einem Turm fliegen zu können, kassieren Geld von den Neugierigen und lassen sie auf das „Wunder" warten[11]. Schwindler geben vor, des → *Kaisers neue Kleider* (AaTh 1620) zu fertigen, ohne auch nur einen Flecken in Händen zu haben, und versichern, ihre Gewebe seien nur für ehrliche oder ehelich geborene Leute sichtbar; niemand will zugeben, nichts zu sehen. Der → *Doktor Allwissend* (AaTh 1641) prahlt mit schlauen Erkenntnissen, die er dem puren Zufall verdankt. Der → *Scharlatan* verblüfft seine Patienten mit Scheindiagnosen (AaTh 1641 A). Als B. gelten häufig Pseudowissenschaftler, die → Astrologen mit ihren Scheinprognosen oder die → Alchemisten, die vorgeben, Gold machen zu können.

In den bisher angeführten Beispielen ist der B. zumeist die dominierende Figur, er behält mit List und Tücke die Oberhand, und die Betrogenen haben das Nachsehen. Es gibt jedoch auch in diesem Themenbereich den von H. Bausinger als charakteristisch konstatierten „Ausgleichstyp"[12]: Der B. geht in die eigene Falle oder die Betrogenen revanchieren sich mit gleichen Mitteln (Mot. K 1600–1699: Deceiver falls into own trap).

Typisch ist etwa die im Orient beliebte Erzählung vom betrügerischen Aufbewahrer (Mot. K 1667): Ein Pilger deponiert einen hohen Geldbetrag bei einem Bankier, was dieser bei der Rückkehr des frommen Mannes ableugnet. Daraufhin läßt der Betrogene Geldkisten anliefern, die in Wahrheit mit Steinen gefüllt sind; der Bankier erhofft sich noch größeren Gewinn und gibt die aufbewahrte Summe zurück[13]. In Boccaccios Bearbeitung dieses Stoffes (*Decamerone* 8, 10) rächt sich ein Kaufmann in gleicher Weise an seiner profitlichen Geliebten. Eine Variante dazu: Einem Blinden wird sein im Garten vergrabener Schatz gestohlen; er verdächtigt zu Recht seinen Nachbarn und gibt vor, noch mehr Geld in sein Versteck bringen zu wollen, worauf der Dieb das Gestohlene eiligst zurücklegt (Mot. K 1667. 1. 1)[14]. Der Kaufmann, der dem Bauern zerlöchertes Tuch geliefert hat, erhält von diesem gewässerten Wein[15]. Im verbreiteten Typ von der → *Rache des Betrogenen* (AaTh 1538) spielt der um seinen Ochsen gebrachte Junge in mehrfacher Verkleidung dem B. böse Streiche. Das Auftrumpfen des Bestohlenen mit noch schlaueren Tricks ist das Thema der → *Diebswette* (AaTh 1525 E, H_1, H_2, N). Der um seinen Lohn betrogene Knecht rächt sich an dem geizigen Priester mit einem vorgetäuschten Mirakel: er behauptet, die → *Wiese*, die er hätte mähen sollen, sei auf wunderbare Weise auferstanden (AaTh 1736). Das Zurückschlagen des Betrogenen, meist des Ehemanns gegen Frau oder Liebhaber, ergibt häufig die Pointe in → Ehebruchsschwänken und -witzen (Mot. K 1550–1569).

Betrug ist jedoch nicht auf die menschliche Sphäre beschränkt. Die Tierfabel liefert zahlreiche Beispiele, da die Tiere ja als Akteure weitgehend von menschlichen Charaktereigenschaften gekennzeichnet sind und so exemplarische Funktion haben. Die Rollenverteilung ist vielfach stereotyp: Der → Fuchs (oft auch der → Schakal) ist der trickreiche B., der auch den mächtigen Löwen übertrumpft (*Der kranke → Löwe*, AaTh 50), Wolf, Bär oder Esel müssen sich immer wieder als Betrogene sehen; cf. AaTh 1: → *Fischdiebstahl*; AaTh 2: → *Schwanzfischer*; AaTh 3: → *Buttermilchhirn*; AaTh 9: *Der unreelle → Partner*; AaTh 15: *Gevatter stehen* u. a. Doch gibt es auch in der Fabel Ausgleichstypen, in denen das betrügerische Tier um die Beute gebracht wird oder zu Schaden kommt; cf. AaTh 56 B: *The Fox Persuades the Magpies into Bringing their Young into his House*; 66 B: *Sham-dead (Hidden) Animal Betrays Self* etc.

Geschichten von B.n sind sehr verschiedener Herkunft, es dürfte schwerfallen, sie ethnisch oder zeitgeschichtlich eindeutig festzulegen. H. Goebel bezeichnete es als bekannte Tatsache, „daß die indischen und semitischen Völker eine besondere Vorliebe für geniale B. und für noch scharfsinnigere Richter haben, und daß sie das Hauptkontingent derartiger Erzählungen erfunden haben"[16]. Pauschalurteile solcher Art sind jedoch gefährlich, solange das Quellenmaterial nicht systematisch auf bestimmte Themenbereiche hin aufgearbeitet ist.

So haben zweifellos sensationell aufgemachte, bebilderte Berichte von Betrugsaffären und Gerichtsfällen auf → Flugblättern und in der → Historienliteratur die erzählerische Phantasie beeinflußt. Ein typisches Beispiel ist die im 16. Jh. verbreitete Geschichte von der betrügerischen 'Jungfrau von Eßlingen', die eine Schwangerschaft simulierte und Neugierige gegen Geld Tierstimmen aus ihrem Leib hören ließ[17]. Die Schwank- und Anekdotenliteratur des 17. und 18. Jh.s, ein vorwiegend bürgerlicher Lesestoff mit beträchtlicher Breitenwirkung, ist voll von großen und kleinen Betrügereien, die wohl – ähnlich wie die Kriminalromane unserer Zeit – mit sensationslüsternem Behagen rezipiert wurden. In einer 1687 erschienenen Sammlung *Schau-Platz der Betrieger* sind über 250 Beispiele von „behender Dieberey, Kartenspiel, Liebes-Ränck, Rechts-Sachen, Discursen, Todtschlägen, Rauben, Heurathen" etc. aus antiken und zeitgenössischen, oriental. und europ. Quellen zusammengetragen, darunter auch zahlreiche Gauner-, Diebs- und Ehebruchsgeschichten, die in der mündlichen Überlieferung gängig sind. Man wird die vermittelnde Funktion solcher Quellen berücksichtigen müssen, um den Stellenwert von Betrug und B. innerhalb bestimmter Zeit- und Sozialschichten beurteilen zu können[18].

[1] cf. Naucke, W.: Zur Lehre vom strafbaren Betrug. B. 1964; zur Entwicklung des Begriffs bes. 62–65. – [2] Goebel, H.: Betrüger überführt. In: HDM 1, 240–246. – [3] Propp, 35–39, 63sq.; Jason, H.: The Narrative Structure of Swindler Tales. (Vortragsms., masch.) Santa Monica, California 1968, bes. 3–6. – [4] Lüthi, M.: Das Volksmärchen als Dichtung. Ästhetik und Anthropologie. Düsseldorf/Köln 1975, 183sq., 109. – [5] cf. Brückner, s. v. Betrug; hingegen findet sich bei Tubach kein Stichwort „Deception". Ein Beispiel für bestraften Betrug: Alsheimer R.: Das Magnum speculum exemplorum als Ausgangspunkt populärer Erzähltraditionen. Ffm. 1971, 128. – [6] cf. HDA 4, 1138, 1187; 8, 1494. – [7] Zu den Angaben bei AaTh folgende Var.n aus der dt. Schwanklit. des 17. Jh.s im Archiv der EM: Exilium melancholiae 1643 (156); Scheer-Geiger 1673 (8855); Schau-Platz der Betrieger 1687 (15.076, 15.119). – [8] Texte im Archiv der EM: Scheer-Geiger 1673 (8558); Hörl, Bacchusia 1677 (17.884); Schau-Platz der Betrieger 1687 (15.019); Arlequin 1691 (13.373); Casalicchio 1702 (3084). – [9] Bebel/Wesselski 1/2, num. 83; Kirchhof, Wendunmuth 1/1, num. 315; Abraham a S. Clara: Huy! und Pfuy! der Welt. Nürnberg/Würzburg 1707, 80; cf. Mot. K 311. – [10] cf. Mot. K 351; Pauli/Bolte, num. 727; Belege im Archiv der EM: Wolgemuth 1669 (13.948); Scheer-Geiger 1673 (8568); Lexicon apophthegmaticum 1718 (5275). –
[11] Dollmayr, V. (ed.): Die Geschichte des Pfarrers vom Kalenberg. Halle 1906. 21–25, cap. 11; Benz, R. (ed.): Till Eulenspiegel (Die dt. Volksbücher). Jena 1924, 24sq., cap. 14. – [12] Bausinger, H.: Bemerkungen zum Schwank und seinen Formtypen. In: Fabula 9 (1967) 118–136, bes. 126sq. – [13] Spies, O.: Arab.-islam. Erzählstoffe. In: EM 1, 706sq. – [14] S. Thompson nennt unter Mot. K 1667. 1. 1 nur span. und ital. Qu.n; dt. Belege des 17. und 18. Jh.s im Archiv der EM: Melander/Ketzel 1607 (17.102); Joco-Seria 1631 (8012); Exilium melancholiae 1643 (104); Johann Peter de Memel 1656 (5946); Scheer-Geiger 1673 (8892); Acerra philologica 1687 (4373) und öfter. – [15] EM-Archiv: Zincgref/Weidner 1653 (946); Vademecum 1786 (5019). – [16] HDM 1, 240. – [17] Schenda, R.: Hieronymus Rauscher und die protestant.-kathol. Legendenpolemik. In: Brückner, 178–259, hier 197, not. 90; Fischer, E.: Die „Disquisitionum magicarum libri sex" von Martin Delrio. Diss. Ffm. 1975, 246, num. 42. – [18] Einen Überblick über einschlägige Lit. wie den Liber vagatorum und andere Schr. zum Gaunertum lieferte Avé-Lallement, F. C. B.: Das Dt. Gaunerthum in seiner social-politischen, literar. und linguistischen Ausbildung zu seinem heutigen Bestande 1. Lpz. 1858, 117–272.

Göttingen Elfriede Moser-Rath

Bett. Die zahlreichen Erzählmotive, in denen das B. als handlungsbezogenes Requisit begegnet, sind wohl samt und sonders auf seine gebräuchlichen Funktionen als Schlaf-, Liebes-, Kranken- oder Totenlager zurückzuführen.

Auf wunderbaren B.en aus Gold[1] oder Elfenbein[2] schlafen die Königstöchter, die daher oft (etwa in Fassungen zu AaTh 531: → *Ferdinand der treue und Ferdinand der ungetreue*) auf solche verlockt oder schlafend auf ihnen entführt werden können oder müssen (→ Brautraub)[3]. Obwohl diese B.en durch mancherlei Vorrichtungen (z. B. angebrachte Glocken[4]) geschützt sind, gelingt es den Helden immer wieder, ins B. der Begehrten zu kommen (cf. Mot. K 1340sqq.: *Entrance into girl's [man's] room [bed] by trick*). Viele Annäherungsversuche folgen dabei einem alten Liebeszauber, nach dem das Mädchen oder der junge Mann vor das Haus, in das Haus, vor die Kammer, in die Kammer, vor das B., in das B. gezwungen werden können[5]. So erreicht auch der → *Froschkönig* (AaTh 440) sein Ziel etappenweise von der Tür zum Tisch, von hier vor die Kammer und schließlich vor und in das B. der Prinzessin. Ganz ähnlich erkauft sich in Fassungen zu AaTh 900 (→ *König Drosselbart*) der als Bettler verkleidete König das Recht, nacheinander vor der Tür, hinter der Tür, am B. und im B. der stolzen Königstochter zu schlafen (Mot. K 1361).

Königliche Herkunft muß oft durch eine B.probe erwiesen werden. Die → *Prinzessin auf der Erbse* (AaTh 704) kann nicht schlafen, weil sie die Erbsen, die unter sechs Matratzen gelegt worden sind, drücken, und der → *Erbsensucher* (AaTh 545 D*) wühlt schlaflos in seinem Strohbett, um die Erbse, seine einzige Habe, wiederzufinden, worauf König und Königin (wie in AaTh 704) von der Vornehmheit ihrer Gäste überzeugt sind. Vor allem in oriental. Märchen wird solche Sensibilität als Zeichen edler Geburt angesehen. In der ind. → *Vetālapañcaviṃśatikā* spürt der jüngste der drei Brüder ein Haar durch sieben Unterb.en (cf. Thompson/Balys F 647. 9. 1). Von Nadira, der Gattin des pers. Königs Schapur, erzählt Masūdi (895–956), daß sie nicht schlafen konnte, weil ein Myrtenblatt tief im B. versteckt unter ihrer Schulter lag[6]. In den → *Sieben weisen Meistern* wird dem Königssohn ein Eschenblatt unter einen der B.füße gelegt, worauf er meint: „Entweder hat das Gewölbe sich gesenkt, oder der Boden sich gehoben"[7]. Eine andere Art von B.probe begegnet schon bei Homer (*Odyssee*, cap. 23), wo Penelope den zurückgekehrten königlichen Gemahl an der Schilderung, wie er einst ihr gemeinsames Ehebett gebaut habe, erkennt (Mot. H 16. 4).

Arbeit am B. ist im Märchen meist eine Bewährungsaufgabe. Der Held im isl. Märchen AaTh 556E* (*Kind and Unkind Brothers*) muß die Federn aus dem B. der Riesin entfernen, sie sonnen und wieder einfüllen, ohne daß eine einzige fehlt. Das gute Mädchen in AaTh 480 schüttelt die B.en der → Frau Holle richtig durch und wird dafür belohnt. Im sizilian. Märchen *König Stieglitz* (AaTh 425A: → *Amor und Psyche*) löst das Mädchen die Aufgabe der Hexe, das B. zu machen und nicht zu machen, indem sie die B.tücher und Dekken faltet, das Unterb. aber liegen läßt[8].

Bes. Bedeutung hat im Erzählgut das Kranken- oder Totenb. Das Siechenlager, an dessen Kopf oder Fuß → *Gevatter Tod* (AaTh 332) steht, wird vom Arzt herumgedreht und so Freund Hein um sein Opfer geprellt. Der Tod durch Ertrinken ist für den Seemann genau so gewöhnlich wie der B.tod für den Landbewohner (AaTh 921D: *Im → Bett sterben*). Für den germ. Krieger dagegen war der Strohtod das schlimmste, was ihm widerfahren konnte, wie Valerius Maximus (2, 6, 11) von den Kimbern berichtet[9]. Zahllose Sagen wissen, daß den Verstorbenen noch längere Zeit ihr B. gemacht werden muß und daß sie darin auch ihre Körperabdrücke hinterlassen[10]. Wenn ihnen ihr Lager nicht bereitet wird, ziehen sie den Lebenden die B.decke weg[11]. Von glühenden B.en, die den Sündern in der Hölle bereitet werden, ist sowohl in der Sage (Mot. E 487) wie im Märchen vom → *Räuber Madej* (AaTh 756B) die Rede.

Die Erzählforschung hat häufig auf die Beziehungen zwischen Traum und Märchen hingewiesen[12]. Gerade in solchen Traumgeschichten spielt natürlicherweise das B. eine bedeutsame Rolle, wie in jenem berühmten arab. Märchen, in dem Mohammed von einem Engel durch die Hölle und den Himmel geführt wird, mit Allah 70.000 Gespräche führt, was alles so schnell geschieht, daß nach der Rückkehr von der unendlichen Fahrt das B. des Propheten noch warm ist[13] (→ Relativität der Zeit). Traumrequisiten sind sicher auch die fliegenden (Thompson/Balys D 1520. 17. 1), fahrenden (cf. AaTh 326: → *Fürchtenlernen*; AaTh 963*: *The Dead Man's Bed*)[14] oder sprechenden (Mot. D 1610. 17; N 617) B.en des Märchens. Wenn in ir. und ind.

Erzählungen sich B.en auf Wunsch je nach der Größe des Gastes verlängern oder verkürzen können (Cross D 631. 6; Thompson/Balys D 631. 3. 7; D 1620. 3. 2) und Prokrustes umgekehrt den großen Wanderern im kleinen B. die Beine absägt, den kleinen diese im großen B. gewaltsam streckt (Mot. G 313), so werden auch diese Motive auf Traumerlebnisse zurückzuführen sein. G. Jacob ist der Meinung, daß die Geschichte vom Goldstück, das der Esser des *wunderbaren* → *Vogelherzens* (AaTh 567) jeden Tag unter seinem Kopfkissen findet, in diesen Zusammenhang gehöre[15].

Schließlich mögen auch die B.fallen hierher zu stellen sein. Im russ. Märchen von der *Jungfrau Zar*[16] kehrt sich das B., in das sich der Held legt, um und läßt ihn in einen Keller fallen, im ind. Märchen von den „Beiden Brüdern" (AaTh 567) stürzt der eine von ihnen mit dem B. in einen unterirdischen Kerker[17]. Der Dummkopf, der sich in das „Königsbett" legt, fällt in den Brunnen und ertrinkt (Thompson/Balys K 1078). Auf das inverse Verhältnis von Schrecktraum und Schreckb. weist die bekannte Geschichte von dem Mann, der zur Zeit der Französischen Revolution träumte, er gehöre zu den von Robespierre Konskribierten, die Häscher kämen, zögen ihn aus dem B., schleiften ihn über die Straße, neugierige, erschrockene, mitleidige Blicke folgten ihm. Der Henker griff zu, die Guillotine fiel auf ihn nieder – da erwachte er und sah, daß der B.aufsatz ihm auf den Nacken gefallen war[18].

Der Psychoanalyse ist das B. ein umhegendes Mandala[19], als fahrendes B. ein Bild für das Gleiten ins Unbewußte[20].

[1] Dirr, A.: Kaukas. Märchen. MdW 1920, 84; Bradley-Birt, F. B.: Bengal Fairy Tales. N. Y. 1920, 205. – [2] Neuman F 787. 2. – [3] Zaunert, P.: Dt. Märchen aus dem Donauland. MdW 1926, 288 (Siebenbürgen); KHM 46. – [4] HDM 2, 364. – [5] Ranke, K.: Meister Altswerts Spielregister. In: SAVk. 48 (1952) 183 sq. – [6] BP 3, 332. – [7] ibid. – [8] Gonzenbach 1, num. 15. – [9] cf. Vries, J. de: Altgerm. Religionsgeschichte. B. [2]1956, 188. – [10] HDA 3, 526: Geisterbett; Baughman E 568. 1; Sébillot, P.: Folklore de France 1. P. 1904, 138. – [11] Baughman F 470. 1. – [12] Laistner, L.: Rätsel der Sphinx. B. 1889; Jacob, G.: Märchen und Traum. Hannover 1923; von der Leyen, Märchen, Reg. s. v. Traum; Röhrich, Märchen und Wirklichkeit, Reg. s. v. Traum. – [13] von der Leyen, Märchen, 70; Jacob (wie not. 12) 69 sq. – [14] cf. auch HDM 2, 31 sq. – [15] Jacob (wie not. 12) 46. – [16] Löwis of Menar, A. von: Russ. Volksmärchen. MdW 1914, num. 41. – [17] Knowles, J. H.: Folk-Tales of Kashmir. L. 1888, 170. – [18] von der Leyen, Märchen, 70. – [19] von Beit 1, 440. – [20] ibid. 2, 526.

Göttingen Kurt Ranke

Bett des Schuldners (Mot. J 1081. 1). Nach einer in den *Saturnalia* (lib. 2, cap. 4) des lat. Schriftstellers Macrobius (5. Jh. p. Chr. n.) zitierten Anekdote soll sich Kaiser Augustus erboten haben, aus dem Nachlaß eines hoch verschuldeten röm. Ritters das B. zu erwerben: es müsse, meinte er, von bes. Güte sein, wenn der Verstorbene so sorglos darin habe schlafen können. Dieses Beispiel von der Gewissenlosigkeit mancher → Schuldner findet sich, meist unter Berufung auf die antike Quelle, in der ma. Exempelliteratur[1], bei → Petrarca, Johannes → Pauli, in Apophthgmensammlungen des 16. Jh.s, bei Johannes → Gastius, unter dem Titel *Der Edelmann mit dem gueten Pet* bei Hans → Sachs[2] und gehäuft in Schwank- und Anekdotenbüchlein des 17. und 18. Jh.s[3]. In anderen Sammlungen dieser Zeit ist das Motiv auf einen bankrotten Kaufmann übertragen, den ein Gläubiger um sein offensichtlich vorzügliches Kopfkissen bittet[4]. In einer dieser Versionen begründet der Schuldner seinen Leichtsinn: er schlafe in jedem Bett gut, versichert er, denn die Sorgen überlasse er denen, die ihm das Geld geliehen hätten[5].

In die mündliche Überlieferung hat das Motiv offenbar keinen Eingang gefunden.

[1] Herbert 3, 128, num. 79 und 170, num. 35; Tubach, num. 541. – [2] Nachweise bei Pauli/Bolte, num. 503. – [3] Texte im Archiv der EM: Joco-Seria 1631 (7914); Kurtzweiliger Zeitvertreiber 1685 (6856); Conlin 1708 (10.165); Hilarius Salustius 1717 (17.521). – [4] ibid., alle Texte fast wörtlich übereinstimmend: Exilium melancholiae 1643 (576) = Gerlach, Eutrapeliae (1647) (2199) = Lyrum larum 1700 (15.705) = Hanß-Wurst 1718 (7875) = Polyhistor 1729 (9643); eine lat. Version: Schreger 1752 (4666). – [5] Gerlach, Eutrapeliarum libri tres 1656 (3320).

Göttingen Elfriede Moser-Rath

Bett: Im B. sterben (AaTh 921 D), ein Beispiel für hintergründige Schlagfertigkeit:

Ein Bürger fragt einen Seemann, warum er sich immer wieder aufs Meer begebe, wiewohl doch sein Vater und auch sein Großvater auf dem Wasser den Tod gefunden hätten. Wo denn die Vorfahren des Bürgers gestorben seien? fragt der Schiffer dagegen. Antwort: Im Bett. Darauf die scheinbar logische Folgerung des Seemanns: Ob der Bürger sich nicht fürchte, ins Bett zu gehen?

Francesco → Petrarca zitiert diesen Dialog in einer Betrachtung über gewaltsame Todesarten[1], Johannes → Pauli kommentiert die „weise Frag" mit dem Hinweis, daß es „nichtz Unsicherers dan die Stund des Dotz gebe"[2]. Auf Pauli basiert vermutlich die Verserzählung *Der purger mit dem schiffmann* von Hans → Sachs[3]. Häufiger läßt sich der Typ erst in lat. und dt. Schwank- und Anekdotenbüchlein des 17. und 18. Jh.s nachweisen[4], auch in Frankreich war er um diese Zeit bekannt[5]. Aus mündlicher Überlieferung liegen, soweit ersichtlich, nur wenige Aufzeichnungen aus dem Raum um die Ostsee vor: Den finn. Belegen bei AaTh sind dän.[6] und mecklenburg.[7] Versionen hinzuzufügen.

[1] Francisci Petrarchae Florentini [...] Opera [...] 1. Basiliae 1581, 212. – [2] Pauli/Bolte, num. 264 mit einigen verstreuten Einzelbelegen aus dem 15. und 16. Jh. – [3] Goetze, E. / Drescher, C. (edd.): Sämtliche Fabeln und Schwänke des Hans Sachs 4. Halle 1903, 19, num. 251. – [4] Eine lat. Version „De rege et nauta" bei: Jacobi Pontani attica bellaria [...] libri tres 1. Francofurti 1644, 222; weitere Texte im Archiv der EM: Melander 1604 (15.989) = Melander/Ketzel 1607; Exilium melancholiae 1643 (621); Zincgref-Weidner 1655 (1632); Heer-Paucker, um 1690 (13.116); Lyrum larum 1700 (15.872); Abraham a Sancta Clara, Huy und Pfuy 1707 (4428); Lexicon apophthegmaticum 1718 (4247); Vademecum 1786 (5237). – [5] Dictionnaire d'anecdote 1. P. 1787, 196 = Mél. 3 (1886/87) 527. – [6] Kristensen, E. T.: Danske Skaemtesagn 1. Aarhus 1900, 518. – [7] Wossidlo, R. / Neumann, S.: Volksschwänke aus Mecklenburg. B. 1963, 90, num. 309; id.: Plattdt. Schwänke. Rostock 1968, 77, num. 128.

Göttingen Elfriede Moser-Rath

Bettler

1. Zur Geschichte des B.wesens – 2. Zum Forschungsstand – 3. Christl. Pflicht zur Barmherzigkeit – 4. Die B. als Soziallast – 4. 1. Falsche B. – 4. 2. Reiche B. – 4. 3. Andere B.-kniffe und -schliche – 4. 4. Spiegelung von Antagonismen – 5. B.-Verkleidungen – 6. Bes. Kräfte der B. – 7. Zusammenfassung

1. Zur Geschichte des B.wesens. Personen, die von ihren Mitmenschen Gaben (Geld, Speisen, Kleider) erbitten, um auf diese Weise ihr Leben zu fristen, wurden in verschiedenen Kulturen und unter verschiedenen hist. Gegebenheiten unterschiedlich beurteilt und behandelt. Ältesten Zeugnissen von B.verachtung[1], ja B.-Pogromen[2] stehen, vor allem im christl.-abendländischen, aber auch im oriental. Bereich zahlreiche Aufforderungen zur mildtätigen Behandlung der B. gegenüber[3]; die im Spätmittelalter weitgehend offene kommunale Armenpflege und B.toleranz[4] wurde durch die Aufwertung der Arbeit seit dem 15. Jh. eingeschränkt[5] und im ZA. der Aufklärung durch etatistisch-ökonomische Theorien[6] mit Hilfe von Arbeitshäusern (ab 1770/80) und Armenkolonien weitgehend unter staatliche Kontrolle genommen[7]. Die enorme Frequenz von B.n vor allem in den Städten (in Paris bis zu 80.000 Personen[8]), durch feudale Mißwirtschaft und Landflucht, Hungersnöte, Epidemien und Kriege, Erstarkung des Bürgertums und Verhärtung ökonomischer Antagonismen provoziert[9], konnte durch die Wohltätigkeitsbewegungen und sozialpolitischen Gesetzgebungen des 19. Jh.s in Europa bis zum Verbot jeglicher Bettelei[10] eingeschränkt werden; sie ist in Randzonen Europas sowie in weiten Teilen der Dritten Welt nach wie vor ein ungelöstes sozioökonomisches und humanitäres Problem.

2. Zum Forschungsstand. Der literar. überlieferte B. hat, insbesondere von literaturwiss. Seite, zwiespältige und widersprüchliche Interpretation erfahren[11]. Die zum Teil schwer erklärbaren Oppositionen: echt/falsch, ernstgenommen/komisch, respektiert/verachtet, hilflos/mächtig, bedürftig/wohlhabend sind nur aufzulösen, wenn zugehörige hist. Tatbestände und je gültige Wertsetzungen, jeweiliger Produzent von B.erzählungen und je ge-

meinte Funktion der vorgebrachten Erzählung in die Interpretation einbezogen werden. Da insbesondere der literaturwiss.-folkloristische Forschungsstand ein solches Ziel noch nicht erreichen läßt, mögen die folgenden Materialien und Hypothesen wenigstens der Korrektur krasser Vereinfachungen (B. = Gauner = Ursache sozialer Mißstände, B. = allg. lustige oder komische Figur, B. = verkappter Reicher) dienen.

3. Christl. Pflicht zur Barmherzigkeit. A. T. und N. T. betonen gleichermaßen die Verpflichtung der Gemeinschaft, ihre Armen zu versorgen (Dtn. 15, 7–8 und 11: offene Hand gegenüber den Armen; Spr. 28, 27: Fluchandrohung für Geizige; Jes. 58, 7: Hungrige speisen, Nackte kleiden; Mt. 25, 31–46: Barmherzigkeit auch für den geringsten Bruder; Lk. 6, 36: Barmherzigkeit gefordert; Lk. 18, 22: Alles verkaufen und den Armen geben; Joh. 9, 1–12: Jesus macht blinden B. sehend; 1. Joh. 3, 17: Begüterter soll Bruder nicht darben lassen; etc.). Die ma. Dogmatik hält daher die Armenfürsorge für geboten[12]; die Bettelarmut selbst galt als religiös wertvoll (Ausgleich im Jenseits, also: Aussicht auf das Paradies, cf. Mk. 10, 25; Lk. 18, 25: Himmelreich für die Armen) und erstrebenswert (Anachoretentum, B.orden), nicht als Ausdruck sozialer Gegensätze oder als öffentliches Ärgernis. Lobpreis der Armut ist bis ins 18. Jh. bei Kanzelrednern und Exempelkompilatoren üblich[13], das Sich-hinweg-Trösten über das Elend mit Jenseitsverweis bis heute im populären Denken verankert. Erzählungen, die dem B.wesen positiv gegenüberstehen, sind daher vornehmlich im Kreise der von der Armut Betroffenen und bei den christl. indoktrinierten Unterschichten, d. h. in Abhängigkeit von der kirchlichen Didaktik zu erwarten.

Christus selbst lebte in Armut, er identifizierte sich mit seinen geringsten Brüdern (Mt. 25, 40), so kann er in der Volkserzählung wieder als B. auftreten (Mot. V 211. 2. 1. 2): Das Kruzifix der Hauskapelle wird zum Essen eingeladen; Christus erscheint auch, aber unerkannt, als B.; er segnet die arme Familie, die ihm etwas zu essen gibt und straft die reiche, die ihn mit Peitschen (Hunden) verjagt[14]. In einer B.-schar bleibt er ebenfalls unerkannt und wird als dreizehnter Gast abgewiesen (Tubach, num. 990)[15]. Der Schmied Elend übt Barmherzigkeit gegenüber Christus als B. und wird mit drei Wünschen belohnt[16]. Eine fromme Gräfin läßt → Christus als B. in ihrem Bett schlafen, der zurückgekehrte Gatte findet nur noch den → Geruch der Heiligkeit vor[17]. Auch → Petrus erscheint als B., bekommt dreimal von einem Veteranen ein Almosen und hilft dafür dem „Bruder Lustig" auf der Wanderschaft (KHM 81). Ein als B. verkleideter Engel hilft einem barmherzigen Bauern gegen den Teufel (Tubach, num. 3653).

Daß den B.n Almosen und Pflege gebühren, lehrt die oft nacherzählte (Tubach, num. 5017) und in Szene gesetzte[18] Geschichte vom armen Lazarus (Lk. 16, 19–25). Heiligenviten und Legenden lehren ebenfalls die → Barmherzigkeit gegenüber B.n: → Alexius unter der Treppe zeigt, daß Armut und Demut zum Himmel führen (KHM 204); → Martin von Tours und → Elisabeth von Thüringen demonstrieren praktische B.versorgung[19]. Auch → Basilius der Große und Laurentius sind B.heilige[20]. Der Gemahlin Kaiser Ottos II. wächst der für einen B. (ihren verkleideten Gatten) abgeschnittene Ärmel ihres Kleides wieder an[21]. Im Märchen kommt es zwar nicht mehr auf die konkrete Gabe an, doch bleibt die Bitte des B.s ein Prüfstein für Freigebigkeit oder Geiz des Angesprochenen[22].

Flugblatterzählungen, die von bestraftem → Geiz berichten, zeigen auf ihre Weise den Protest der Armen und den Aufruf zur Mildtätigkeit: Eine Adlige, die 1541 Bettelleute mit den Worten: „Sie sollten Koth essen" abweist, stirbt selbst am Verzehr von Lehm und Mist[23]. Bei der Mitteilung, die Armen hätten kein Brot, sagt eine andere reiche Frau: „Laßt sie → Kuchen essen" (AaTh 1446). 1557 bettelt eine Frau bei ihrer reichen Schwester, welche schwört, wenn sie Brot hätte, solle es zu Stein werden; als dies geschieht (Mot. D 471. 1), bietet die Reiche Geld und Korn[24]. Der nicht zum Übernachten aufgenommene B. schläft draußen: nachts brennt das Haus der hartherzigen Frau ab (Mot. N 177). In Märchen sind Reste dieser didaktischen Lit. überliefert: Die geizige Frau, welche eine B.in abweist, wird selbst zur B.in[25]. Eine geizige Schwester wird mit Häßlichkeit gestraft; die andere, welche der B.in den letzten Pfirsich gibt, wird durch einen neuen Pfirsichbaum schön[26]. Der Reiche, der als geizig galt, entpuppt sich allerdings in einer israel. Erzählung als der wahre Freigebige[27]. Im Schwank von Christus und Petrus im Nachtquartier mißraten den Reichen die ihnen gewährten *drei* → *Wünsche* (AaTh 750 A)[28]. Wenn B. schon zu Besitz gelangt sind, ist es trotzdem verboten, sie zu bestehlen: Der Geist eines B.s kommt erst zur Ruhe, als man das Gestohlene auf sein Grab zurückbringt (Mot. E 451. 6). Ein blinder B. oder vier blinde B. entdecken jeweils dadurch den Mann, der sie einst beraubt, daß sein Almosen ihnen nicht die Kehle hinunter geht[29] (→ Blind, Blindheit).

Der Gute erhält direkt die Belohnung für seine Wohltaten: Ein Bursche verteilt seinen ganzen Lohn an vier B., der fünfte schenkt ihm drei Zaubergaben[30]. B. helfen durch ihre Gebete[31], vertreiben gar die Teufel am Sterbebett des Wohltätigen[32], geben gute Ratschläge[33], befreien einen zum Dank aus Gefangenschaft (Rotunda Q 42. 1. 2), bringen ein von Feen gestohlenes Kind zurück (Mot. F 321. 4) und helfen auf verschiedene andere Weisen[34]. Die aus diesem Rahmen fallende Erzählung Johann Heinrich Jung-Stillings (1778) von der freundlich eingeladenen Bettelfrau, die unversehens am Kamin Feuer fängt (KHM 150)[35], ist kein Märchen, sondern „ein fein Stückgen," mit welchem der Arzt die unerwartete Geisteskrankheit und die hilflose Identitätssuche der Anna charakterisieren wollte. Aber auch hier meint das kranke Mädchen, in der größten Not sei doch Hilfe (Löschen des Brandes durch des Knaben Tränen) höchstes Gebot gewesen[36].

Auf der anderen Seite berichtet vor allem die Sage kritisch von abgewiesenen B.n und den Folgen solchen Mißverhaltens:

Vom B. verflucht, muß eine Schloßherrin „noch heute" umgehen, um nach ihren Geldsäcken zu schauen[37]; ein Kloster wird durch des B.s Fluch zerstört[38]; eine geizige Reiche, die den B. auf Disteln verweist, stirbt am Distel-Ausschlag[39]; durch die Verwünschungen eines abgewiesenen B.s wird ein Hammerwerk stillgelegt[40]; B.fluch verwandelt Brot in Steine (Mot. M 411. 2) oder Hochzeitsgäste in Wölfe (Mot. T 155)[41]. Freilich wird durch mancherlei Erzählungen die Auffassung vertreten, die B. seien unverschämt[42], allzu ungeduldig (Mot. H 1553. 1: B. und Statue, Mot. L 435. 4: B. am Kreuz), unbescheiden (der bescheidene B. erhält mehr als der mit der großen Tasche, Mot. L 251) oder gierig (B. will den ganzen Käse, bekommt gar nichts)[43], und das bis zur Unmenschlichkeit (B. gibt eines seiner Augen her, damit der andere beide verliert; Tubach, num. 560 = AaTh 1331: → *Neidischer und Habsüchtiger*). Ist ein B. einmal reich, nimmt er die Unsitten der Reichen an[44].

4. Die B. als Soziallast. Mit den letzten Beispielen gerät man in das Gebiet von Auffassungen, die den humanitären Mildtätigkeitslehren entgegengesetzt sind. In der Tat widerspricht ja eine allzuweit begriffene Barmherzigkeitsdoktrin den ökonomischen Notwendigkeiten expandierender Gemeinwesen, sie mußte also in der Neuzeit auf gegensätzliche Ideologien von Arbeitsamkeit, Selbständigkeit und Aufstiegsstreben stoßen. In dem Klima frühneuzeitlicher städtischer Industriosität und entsprechender Verordnungen zur Kontrolle der B. entstehen erstmals gehäuft Berichte von betrügerischen B.n.

4. 1. Falsche B. Der Chirurg A. Paré (1509–90) erzählt in seinem Monstrenbuch (1573), er habe 1525 in Angers einen B. gesehen, der mit einem von einem Gehenkten abgeschnittenen Arm arbeitete; der Mann wurde ausgepeitscht; Parés Bruder entdeckte eine bettelnde Frau mit künstlicher Krebsgeschwulst an der Brust; einer, der den Aussätzigen gespielt hatte, wurde totgeprügelt[45]. Diese Art von Geschichten waren aus dem *Liber vagatorum* eines „Expertus in truffis" (um 1500)[46] und aus dessen Übersetzung (mit Martin Luthers B. verachtender Vorrede, Wittenberg 1523, 1528, 1529) wohlbekannt[47]:

Ein unverschämter falscher B. setzte das Pfarrhaus von Utenheim in Brand, in Schlettstadt trat der B. Peter von Kreuznach mit dem abgeschnittenen Schenkel eines Gehenkten auf und wurde zu Aschern gehenkt; Utz von Lindau bettelte in Ulm mit weggebundenen Schenkeln und Händen und floh, als er entdeckt wurde, rasch wie ein Pferd; die Weißenburgerin zu Zürich im Kratz hatte einen Hund als Kind zum Betteln eingewickelt.

Dergleichen Betrugsgeschichten halten sich im Volksschauspiel[48] und Schelmenroman des 16. und 17. Jh.s[49]; sie dienen der neuen Theorie, Freigebigkeit züchte Bettelei: Für die Besitzenden haben sie eindeutig eine sozialpsychol. entlastende Funktion.

4. 2. Reiche B. Ähnlich verankert sind die sich gleichzeitig ausbreitenden Erzählungen vom reichen B.: Einer weigert sich, Almosen zu geben und erklärt, B. mit Pferd, Weib oder Hund seien reicher als er[50]. Das Sattelzeug, das ein „armer" B. hinterläßt, steckt voller Goldmünzen[51], größere Geldsummen finden sich in des B.s Mantel (Mot. N 524. 1; AaTh 842 A) oder in seinem Hut (Rotunda N 524*). Weitverbreitet waren die Geschichten von Geldsummen in B.kleidern. Das Thema taucht zuerst in den *Cento novelle antiche* (um 1300) auf: Azzolino läßt die Kleider eingeladener B. verbrennen und findet viel Gold und Silber (Rotunda K 245)[52]. Ein Edelmann (Junker, Reiter) erfährt, daß ein B. 50 (200) Gulden in seinem Mantel hat und zwingt ihn zum Tausch mit seinem Rock: Die Erzählung wandert von einem Meisterlied des Hans Sachs (1552) über Martin Montanus (um 1560) in die Schwankbücher des 17. Jh.s[53]. Eine Dienstmagd zu Schweinfurt erbt von einem B., den sie gepflegt, dessen alten Mantel und findet darin 15 Gulden[54]. Drei Landsknechte entdecken im Sack eines B.s 20 Gulden; Montanus schließt dieser Erzählung heftige Invektiven gegen die betrügerischen B. an; man solle sie „zur Arbeit zwingen und dringen"[55]. Aus der Novellistik wandern ähnliche Geschichten wiederum in Volkserzählung und -lied: Ein Heiliger weiß schon, daß der B. Geld hat und gibt deswegen eher dem Spieler als dem B. (Mot. J 225. 6). Der vermeintliche B. ist in Wirklichkeit reicher Gutsbesitzer; wer da einheiraten will, muß erst selber betteln gehen[56]. Little John, der Geselle → Robin Hoods, beraubt vier B. und erbeutet dabei 603 Goldpfund[57]. Das Stereotyp vom reichen B. dient schließlich im Trivialroman der Stärkung von Vorurteilen[58].

4. 3. Andere B.kniffe und -schliche. Erzählungen von betrügerischen B.n häufen sich seit dem 16. Jh.

Ein bekannter „begging impostor" war Nicolas Genings[59]. In verschiedenen Gestalten bekommt ein und derselbe B. dreimal eine Gabe von derselben Person (Mot. K 1982). Hans Wilhelm Kirchhof erzählt, wie so ein „müßiggänger und träger struntzer" eine barmherzige Hausfrau listig bestahl[60] und wie ein anderer „bescheißer" mit dem Trick arbeitete, er habe sein ganzes Geld verloren[61]. Die Prediger finden dazu aus der Kirchengeschichte ein Strafexempel: Als sich von einem B.-Duo der eine totgestellt habe, damit der andere um so mehr Mitleid wecken könne, sei der Kumpan, als ein Bischof vorbeikam, tot liegengeblieben[62]. Ein B. gibt sich, oft unwissentlich, jeweils als Pfand für eine Gaunerbande her, die mit seiner Hilfe viel Geld erbeutet (AaTh 1526: → *Bettler als Pfand*).

Die Volkserzählung bringt der B.list eher Verständnis entgegen. Die Geschichte vom bettelnden Mönch mit der → *Kieselsteinsuppe* (AaTh 1548) wird mit Beifall erzählt[63]. Ein geschickter B. gelangt auch von der Haustüre stufenweise bis in das Bett des Mädchens (AaTh 900: → *König Drosselbart*, → Bett, Mot. K 1361). Der Schnorrer, eine „typische Figur der jüdischen Schwankerzählung" gibt, so heißt es, den Reichen doch wenigstens Gelegenheit, dem Herrgott Gutes zu tun[64].

Doch die negativen Beurteilungen überwiegen, vor allem in der Lit. bürgerlichen Ursprungs: B. sind arrogant[65] (und die arroganten Reichen werden ihrerseits zu B.n[66]), selbst gegenüber einem Rechtsanwalt (Mot. X 312), sie produzieren hemmungslos Nachkommenschaft, weil sie wissen, daß „wir" (die Reichen) sie aufziehen müssen[67], sie sind dreckig-verlaust[68], sie versaufen ihr Geld[69] und wissen wohl, warum sie St. Martins Schrein fliehen: an einer Gesundung kann ihnen nichts gelegen sein[70]. Viele B. täuschen Armut und Krankheit nur vor[71], sie verstümmeln Kinder, damit sie den Familienprofit vermehren[72], ihr heimlicher Schaden ist die Faulheit[73], sie wollen nicht arbeiten, um ihr Handwerk nicht zu verlieren[74], sie sind bestens organisiert, haben einen reichen Bandenchef und führen insgeheim ein lustiges Leben[74a] etc.

4. 4. Spiegelung von Antagonismen. Die wenigen Beispiele zeigen, daß im populär-literar. Bereich bürgerlicher Herkunft bis ins 18. Jh. das soziale Problem der B. auf der Ebene von mehr oder weniger emotional gesteuerten Vorurteilen und witzig verbrämten Ablehnungen behandelt wird. Einem vorweggenommenen egalitären Denken der B. werden seit dem 13. Jh. aus adligen und städtisch-bürgerlichen Kreisen (Étienne de Bourbon, Heinrich Bebel, Martin Crusius, Francesco Guicciardini etc.) Riegel vorgeschoben: Die Geschichte vom B., der behauptet, des Kaisers Bruder zu sein (weil beide Adams Kinder sind)[75], läßt das Dilemma der Fürsten noch einmal deutlich werden. Der Herrscher zieht sich mit einer Kleinstgabe aus der Affäre: Er müsse ja, wenn die Behauptung stimme, jedem B. ebensoviel geben; oder: der B. solle sich doch von jedem anderen Bruder so viel geben lassen, dann werde er sicher reich. Die Aufhebung von Standesunterschieden[76] wie die Lösung des B.problems scheitern also an der angeblichen Unmöglichkeit gerechter Güterverteilung. Die Volkserzählung des 19. Jh.s findet ihre eigene, ausgleichende Lösung für dieses Dilemma: Die verbreitete Erzählung von den Krükken im Baum (B. überlistet einen Vorüberreitenden: man habe seine Krücken in den Baum geworfen; als der Reiter hilfswillig absteigt, schwingt sich der B. aufs Pferd [AaTh 1525 B]), die sich einmal gar auf Eulenspiegel beruft[77] und auch sonst jeweils Sozialrebellen zugeschrieben wird[78], zeigt nicht nur die Spuren der Mitleids-Doktrin, sondern auch deutlich die Auffassung, daß man sich notfalls den Ausgleich mit List holen müsse. Es ist dies kein Zeichen von revolutionärem Geist (zumal Johann Peter Hebel das gestohlene Pferd brav zurückgeben läßt), wohl aber Ausdruck der relativen Deprivation der Armen[79a].

5. B.-Verkleidungen. Das B.gewand wird von Angehörigen anderer Stände zur Erreichung bestimmter Ziele benützt:

Götter, Heilige und Helden wie Odysseus (Rückkehr im B.gewand) prüfen in diesem Aufzug die Barmherzigkeit der Menschen (v. oben Kap. 3; Mot. K 1811. 1); auch Satan kann als B. auftreten (Mot. G 303. 3. 1. 23). Ein Fürst zieht B.kleider an, um seinen Knecht aus türk. Gefangenschaft zu befreien[80]; ein Pfarrer ist so geizig, daß er selbst einen der beiden B.plätze verkleidet besetzt hält[81]; ein Reisender verstellt sich als B. und wird von einer Räuberbande unbehelligt gelassen[82]; Robin Hood befreit als B. drei Räuber vom Galgen[83].

Die Funktion solcher Erzählungen reicht von der Barmherzigkeits-Belehrung über die Ständekritik bis zur Heldenverehrung[84]. Insbesondere im Märchen erhöhen als B. Verkleidete die Frequenz der Verwandlungen und Verwirrungen. In *Fitchers Vogel* (KHM 46) verwandelt sich ein Hexenmeister in einen B. „und fing die schönen Mädchen"; ein anderer Magier erlöst durch die B.verkleidung Gefangene (Mot. D 2031. 4. 3); im *Goldenen Vogel* (KHM 57) gelangt der jüngste Bruder, als B. verkleidet, an den Königshof; die Prinzessin erkennt und heiratet ihn. Im nordeurop. Märchen von der hartherzigen Braut (AaTh 1455) verkleidet sich der angehende Schwiegervater, um das Mädchen zu prüfen (Mot. H 384. 1). König Drosselbart (KHM 52) erreicht in B.gestalt, daß die hochmütige Prinzessin die Armut und den B.spielmann achten lernt (Mot. K 1817. 1). Gerade diese Beispiele zeigen noch einmal den B. als eine von der Gesellschaft akzeptierte und funktionale Person, die sogar zu Glück und Ehre gelangen kann. Auch hier wird deutlich, daß die volkstümlichen Einstellungen gegenüber B.n mit denen des Adels und des städtischen Bürgertums nicht übereinstimmen; hinzu kommt das Phänomen eines → cultural lag in Bezug auf die bereits herrschenden etatistischen Ideen von der Unterdrückung der B.

6. Bes. Kräfte der B. Da dem B., im Gegensatz zum Reichen, die ewige Seligkeit[85] verheißen ist, erscheint er bereits im Diesseits als der Außergewöhnliche, Wissende, Helfenkönnende. Erbetteltes gilt allein schon als kräftiges Heilmittel[86], Bettelstab, Bettelsack, B.salbe umso mehr[87]. Der lahme B. entdeckt einen unterirdischen Palast und gibt der unglücklichen Prinzessin hilfreiche Ratschläge[88]. Der büßende B. → Robert der Teufel kann den Kaiser vor Niederlagen bewahren[89]. Eine B.in im Walde besitzt magische Kenntnisse[90]. Erst als die B. Geld bekommen, kann ein Geist Ruhe finden (Mot. E 451. 5. 1). Die sieben B. des Zadik Rabbi Nachman (1772–1810) versprechen armen Geschwistern, sie würden ihre Gebrechen erben, aber diese äußeren Defekte erweisen sich als essentielle Qualitäten[91]. Es ist wiederum die Hochliteratur, welche diese populären Auffassungen von der positiven Kraft der B. ins Unheimlich-Negative verkehrt: Heinrich von Kleists *Bettelweib von Locarno* (1810) treibt als Schloßgespenst den hartherzigen Marchese in den Wahnsinn. Friedrich de la Motte Fouqué steigert diese Tendenz zum Bettelweib-Horror in seiner *Laterne im Schloßhofe* (1814). Der volkstümliche B. hingegen hat keine dämonischen Züge: Auch als Geist bettelt er noch friedlich weiter (Mot. E 599. 4); die Rache für den ermordeten B. übernimmt der Teufel (Tubach, num. 3643).

7. Zusammenfassung. B.erzählungen hängen eng mit der Geschichte der Armut[92] und von daher mit der jeweiligen gesellschaftlichen Interpretation dieses Phänomens zusammen. Es scheint sinnvoll, der aus literar. Quellen gewonnenen Auffassung vom vorwiegend fröhlichen, komischen bis „freien" B. ein realistischeres Bild vom hilfsbedürftigen, aber auch hilfsbereiten, durch Bibelwort aufgewerteten, aber doch schuldlos notleidenden B. gegenüberzustellen, wie er vor allem in mündlich tradierten Erzählungen zum Vorschein kommt. In diesem Bereich sind wiederum genrespezifische B.figuren zu finden; zumindest Märchen (weichgezeichnete Gestalten, glückhafte Ereignisse), Sage (krasse Konflikte, negative Sanktionen) und Legende (passives Empfangen vorbildlicher Wohltaten) liefern deutlich unterscheidbares Material. Die negative Schilderung des B.s wächst mit der ökonomisch geforderten Zunahme von Arbeitsamkeit und Produktivität; Figuren wie der falsche, der reiche oder der betrügerische B. dienen nicht nur der Ablehnung von anders orientierten Minderheiten, sondern haben auch Entlastungs- und Beruhigungsfunktion; sie sind also vornehmlich in der Lit. des städtischen Bürgertums zu finden, welches sich mit solchen wirtschaftlichen Tendenzen identifiziert. Die hier vorgelegten Materialien, bisher zum großen Teil unbeachtet[93], bedürfen nicht nur der Erweiterung, sondern auch der hist. und geogr. Differenzierung.

[1] Platon, Politeia 8, 7; Troschke, P.: Der Kampf gegen Bettel und Landstreicherei im nachchristl. Altertum und in der Geschichte Frankreichs. Potsdam 1922. – [2] MPL 7, 232 (Lactantius, L. C. F.: De mortibus persecutorum, cap. 23): Galerius läßt – die „mendici" im Meer ertränken. – [3] Vives, J. L.: De subventione pauperum sive de humanis necessitatibus (1526). In: J. L. Vivis Valentini opera 2. Basel 1555, 890–922. – [4] Die aus Polizei-Sicht verzerrte Darstellung von F. C. B. Avé-Lallemant: Das dt. Gaunerthum in seiner social-politischen, literar. und linguistischen Ausbildung zu seinem heutigen Bestande 1. Lpz. 1858, 40–116: „Das B.- und Gaunerthum" ist durch neuere hist. Forschungen überholt, wirkt aber noch kräftig weiter. – Les Mendiants en pays d'Oc au XIIIe siècle (Cahiers de Fanjeaux 8). Toulouse 1973; Dubler, A.-M.: Armen- und B.-wesen in der Gemeinen Herrschaft „Freie Ämter" (16. bis 18. Jh.) (Schr. der Schweiz. Ges. für Vk. 50). Basel 1970. – [5] Rüger, W.: Ma. Almosenwesen. Nürnberg 1932, 68–76; Bezold, F. von: Die „armen Leute" und die dt. Lit. des späten MA.s. In: Hist. Zs. 41 (N. F. 5) (1879) 1–37. – [6] Krünitz, J. G.: Oeconomische Encyclopädie oder allg. System der Land- Haus- und Staats-Wirthschaft 4. B. 1774, 341–352. – [7] [Abbé de Malvaux:] Les Moyens de détruire la mendicité en France, en rendant les mendians utiles à l'État sans les rendre malheureux (Akad.-Preisschrift 1777). Châlons-sur-Marne ²1780; Ristelhueber, J. B.: Wegweiser zur Lit. der Waisenpflege, des Volks-Erziehungs-Wesens, der Armenfürsorge, des B.wesens und der Gefängniskunde. Cöln 1831, 35–127; Ribton-Turner, C.-J.: A History of Vagrants and Vagrancy and Beggars and Begging. L. 1887. – [8] Vexliard, A.: Le Clochard. Étude de psychologie sociale. P. 1957. – [9] Tarbé,

P.: Travail et salaire. P./Reims [ca 1840], 29–70; Jantke, C./Hilger, D. (edd.): Die Eigentumslosen. Der dt. Pauperismus und die Emanzipationskrise in Darstellungen und Deutungen der zeitgenössischen Lit. Fbg/Mü. 1965. Der kriegsinvalide B. tritt realistisch aus C. F. Schubarts populärem Lied „Mit jammervollem Blicke" zutage, cf. Steinitz, W.: Dt. Volkslieder demokratischen Charakters 1. B. 1955, 451–457, num. 168. – [10] cf. Engelsing, R.: Zur Sozialgeschichte dt. Mittel- und Unterschichten. Göttingen 1973, 28–30; Strafgesetzbuch § 361, Ziffer 4 und § 42d. – [11] Tschopp, A.: The Beggars of England in Prose and Poetry from the Earliest Times to the End of the 17th Century (Diss. Bern). Basel 1903; Sudeck, E.: B.darstellungen vom Ende des 15. Jh.s bis zu Rembrandt. Straßburg 1931; Ley-Piscator(-Deutsch), M.: Le Gueux chez Victor Hugo. Thèse. P. 1936; Kraemer, E. von: Le Type du faux mendiant dans les littératures romanes depuis le moyen âge jusqu'au XVIIe siècle. Thèse. Hels. 1944; Jahn, R.: Die Gestaltung der B.figur in der dt. Lit. des 19. Jh.s. Unters.en und Interpretationen. Diss. (masch.) Jena 1958; Buhne, R.: Jeremias Gotthelf und das Problem der Armut (Diss. Basel). Einsiedeln 1968; Rothe, W.: Anmerkungen zu einem Topus des Expressionismus. In: German Life & Letters 23/1 (1969) 71–84; Maas, W.: Die Gestalt des B.s in dt. Dichtungen des 19. und 20. Jh.s. Diss. Fbg 1971; Frenzel, E.: Motive der Weltlit. Stg. 1976, 50–65. – [12] De Nabuthe. Des hl. Kirchenvaters Ambrosius Warnung vor der Habsucht und Mahnung zum Almosengeben. Übers. und mit Erläuterungen versehen von J. Huhn. Fbg 1950; Thomas von Aquin: Summa theologica II–II, 66, 1–2 (in: Summa theologica, dt.-lat., ed. H. M. Christmann OP. t. 18. Heidelberg/Mü. 1953, 198 sq.): Äußere Dinge als Gemeinbesitz sind Bedürftigen mitzuteilen. – [13] Loriot, J.: Der irrende widerumben auf den rechten Weg geführte Blinde 2. Stadtamhof 1739, 273–281: Von der Armuth; Neue Kreuz-Schule oder Anweisung zu einem christl. Verhalten unter dem Leiden. Tübingen [4]1812, 57–78; Herbst, F. J.: Kathol. Exempelbuch 2. Regensburg [3]1847, 192–197; Gabler, J.: Der große Spiegel. Ein kathol. Beispiel-Lex. 1. Regensburg 1852, 86–94; Biermann, A.: Kathol. Lehr- und Exempelbuch. Regensburg [1873], 666 sq. – [14] Brückner, 725 (nach V. Herberger: Sirachpredigten 1698, p. 453); Karlinger, F.: Port. Märchen. MdW 1975, 109–111, num. 53 (nicht identisch mit AaTh 750 F!). – [15] Pauli/Bolte 1, 203, num. 329. – [16] Karlinger, F./ Gréciano, G. (edd.): Prov. Märchen. MdW 1974, 85 sq., num. 18. – [17] Text im Archiv der EM: Conlin 1709 (num. 10. 370) (nicht identisch mit Mot. K 2112. 2). – [18] Neben den Lazarus-Spielen des Spätma.s cf. auch Child, F. J. (ed.): The English and Scottish Popular Ballads 1–5 (Boston 1882–98). Nachdr. N. Y. 1965, t. 2, 10–12, num. 56. – [19] Zu dem B. als Heiligenattribut cf. RDK 2 (1948) 448 (L. Stauch). – [20] Kreitner, M.: Heilige um uns. Wien/Mü. 1956, 48, 219. –

[21] Pauli/Bolte, 198 sq., num. 322; Brückner, 729. – [22] Lüthi, M.: Die Gabe im Märchen und in der Sage. Diss. Bern 1943, 106. – [23] Hondorff, A.: Promptuarium exemplorum. Das ist: Historien- und Exempelbuch. Ffm. (1568) 1574, fol. 291 v⁰ (nach J. Fincel). – [24] ibid., 291 v⁰ (nach Flugblatt ?). – [25] Basile 4, 7: Li doje pizzelle. – [26] Karlinger, F.: Das Feigenkörbchen. Sardin. Märchen. Kassel 1973, 39–43. – [27] Noy, D. (ed.): Folktales of Israel. Chic. 1963, 11 sq., num. 5. – [28] Künzig, J./Werner, W./Lixfeld, H.: Schwänke aus mündlicher Überlieferung. Texth. Fbg 1973, 24. – [29] Noy (wie not. 27) 34–38, num. 15 und 41–44, num. 18 (zu AaTh 1577*). Anderen Verlauf und anderen Ausgang (der Dieb behält gegenüber den drei blinden B.n Recht) hat diese Erzählung bei Sulchan-Saba Orbeliani: Die Weisheit der Lüge. Übers. aus dem Georg. von M. von Tseretheli. B.-Wilmersdorf 1933, 221–223, num. 116. – [30] Nordital. Märchen „Der Höllenpförtner", aufgezeichnet von G. Widter und A. Wolf, in: Jb. für rom. und engl. Lit. 7 (1866) 236–268. –

[31] Klapper, MA., 263 sq., num. 40; Tubach, num. 1073. – [32] Tubach, num. 555. – [33] Basile 4, 9: Lo cuorvo. – [34] HDM 1, 250, not. 18–25. – [35] Jung-Stilling, J. H.: Heinrich Stillings Jünglings-Jahre. Eine wahrhafte Geschichte. B./Lpz. 1778, 100–102. In der Ausg. ed. G. A. Benrath. Darmstadt 1976, 128 sq.; BP 3, 206; Mot. N 825. 3. 1. – [36] Schwer zu beurteilen sind für den nicht Landeskundigen ind. Belege von schlecht behandelten B.n: cf. Mot. K 231. 14, K 333. 4, K 492. 1, K 1846, K 1081. 1. 1 und Q 471. 2. – [37] Griepentrog, G.: Hist. Volkssagen aus dem 13. bis 19. Jh. B. 1975, 64, num. 81. – [38] Peuckert, W.-E.: Schles. Sagen. Jena 1924, 269. – [39] Griepentrog (wie not. 37) 122 sq., num. 187. – [40] Heilfurth, G.: Der regionale Fundus bergbaulicher Sagenüberlieferung in Bayern. In: Volkskultur und Geschichte. Festg. für J. Dünninger. B. 1970, 528. –

[41] In China heißt es, man solle sich nicht mit B.n streiten, weil sie sonst böse Worte sagen, cf. Eberhard, W.: Erzählungsgut aus Südost-China. B. 1966, 74 sq. – [42] Wesselski, Arlotto 2, 72, num. 100. – [43] Kirchhof, Wendunmuth 3, 112 sq., num. 106. – [44] Noy (wie not. 27) 45 sq., num. 20. – [45] Paré, A.: Des Monstres et prodiges. ed. J. Céard. Genève 1971, 69–75; cf. Kraemer, E. (wie not. 11) 20–22. – [46] Ristelhuber, P. (ed.): Liber vagatorum. Le Livre des gueux. Strasbourg 1862. Für Frankreich cf. auch La Vie généreuse des mercelots, gueux et boesmiens, contenans leur façon de vivre, subtilitez et gergon. Mis en lumière par Monsieur Pechon de Ruby, Gentil'homme Breton. Lyon 1596. Text auch bei Sainéan, L.: Les Sources de l'argot ancien 1. P. 1912, 145–167; Neuausg. von A. Chevalley, P. 1927. – [47] Von der falschen Betler buberey [. . .]. Wittenberg 1528, fol. A 2v⁰ bis A 3 r⁰, B 1 r⁰, B 3 v⁰. – [48] Spenle, M.: Die Lebensdarstellungen im elsäss. Volksschauspiel des 16. und 17. Jh.s. (Diss. Straßburg) Colmar 1916, 82 sq. – [49] Albertinus. Ä.: Der Landtstört-

zer Gusman von Alfarche. Mü. 1615. Nachdr. Hildesheim 1975, 96–103 (cap. 15): selbstfabrizierte Geschwüre. – [50] Falsch wiedergegeben bei Mot. U 65; cf. Pauli/Bolte 1, 341, num. 612. –

[51] Alemán, M.: Guzmán de Alfarache (1599), 1, 3, 5; cf. EM 1, 270. – [52] Die hundert alten Erzählungen. Dt. von J. Ulrich. Lpz. 1905, 89 sq., num. 84. – [53] Nicht identisch mit Mot. K 245; M. Montanus. Schwankbücher. ed. J. Bolte. Tübingen 1899 (Nachdr. Hildesheim/N. Y. 1972), 49, 572, num. 24 (weitere Nachweise); Texte im Archiv der EM: Melander -Ketzel 1607(num. 17. 103), J. P. de Memel 1656 (num. 5956), Hans-Wurst 1712 (num. 7536), Neiner 1734 (num. 10. 592). – [54] Kirchhof, Wendunmuth 1, 398sq., num. 360. – [55] Montanus (wie not. 53) 49–51, 572, num. 25. – [56] Karlinger (wie not. 14) num. 35; vergleichbar ist seltsamerweise eine wot. Erzählung von der Tochter eines B.s, cf. Mägiste, J. (ed.): Woten erzählen. Wot. Sprachproben. Hels. 1959, 159sq., num. 139. – [57] Child (wie not. 18) t. 3, 188–190, num. 142; Beispiele von reichen engl. B.n auch bei Ribton-Turner (wie not. 7) 660sq. – [58] Wörishöffer, S.: Onnen Visser (1885). Ffm. 1975, 68. – [59] Ribton-Turner (wie not. 7) 666 und Tafel. – [60] Kirchhof, Wendunmuth 2, 216sq., num. 166. –

[61] ibid., 4, 126, num. 133. – [62] Rehermann, E. H.: Das Predigtexempel bei protestant. Theologen des 16. und 17. Jh.s. Göttingen 1977, 166, num. 83; 348, num. 8. – [63] Karlinger (wie not. 14) 14sq., num. 5. – [64] Schwarzbaum, 31. – [65] Gellert, C. F.: Fabeln und Erzählungen 1. Lpz. 1748, 47. – [66] Mot. L 432, 432. 1–3. – [67] Mot. P 161 (Bebel/Wesselski 2, 46 und 136, num. 107); Kirchhof, Wendunmuth 1, 421, num. 386; Schwarzbaum, 310, num. 365. – [68] Sachs, H.: Die neun ellenden wanderer (um 1530). In: Werke 5. ed. A. v. Keller. Stg. 1870, 282–284, bes. 283; Kupferstich (17. Jh.) im Germ. Nationalmuseum Nürnberg, Kapsel 1297, HB 23/793/1 und HB 19962; Dietz, J.: Lachende Heimat. Schwänke und Schnurren aus dem Bonner Land. Bonn 1951, 35, num. 81 (Alter Fritz und verlauste B.); Cammann, A.: Märchenwelt des Preußenlandes. Schloß Bleckede 1973, 271sq. – [69] Bilderbogen bei Van Veen, C. F.: Drie eeuwen Noord-Nederlandse kinderprenten. 's Gravenhage 1971, num. 52, Bild num. 14. – [70] Mot. X 531 (Wesselski, A.: Mönchslatein. Lpz. 1909, 183sq., num. 141 [nach J. de Vitry]). –

[71] Belege aus dem EM-Archiv: Neiner 1734 (num. 10.591). – [72] EM-Archiv: Zinkgref-Weidner 1655 (num. 1701); Neiner 1734 (num. 10.591). Zum Opfern von B.kindern bei Pest oder Belagerung cf. HDA 1, 1195. – [73] EM-Archiv: Neiner 1734 (num. 10.593); Wolgemuth, Haupt-Pillen 1669 (num. 14.185). – [74] EM-Archiv: Zinkgref-Weidner 1655 (num. 1859). – [74a] Zum Thema der Bettleroper cf. KLL 4, 1421sq.; Frenzel, E.: Motive der Weltlit. Stg. 1976, 58sq. Die Figuren von J. Gays „Beggars Opera" (1728) auf einem populären Bilderbogen: Catchpenny Prints. 163 Popular Engravings from the 18th Century originally published by Bowles and Carner. N. Y. 1970, Tafel 125. – [75] Mot. J 1337; Moser-Rath, E.: Anekdotenwanderungen in der dt. Schwanklit. In: Volksüberlieferung. Festschr. für K. Ranke. Göttingen 1968, 231–247. – [76] cf. Maas (wie not. 11) 15: „Durch Abgründe getrennt [...] sind sie doch verwandt in [...] ihrem Grenzdasein, ihrem Aus-der-Mitte-Gerückt sein.": Eine Hofmannsthal-Einebnung in der Jedermann-Tradition, die jedoch hist. Realitäten keineswegs gerecht wird! Auch die Figur des stolzen B.s (cf. Frenzel [wie not. 11] 59) läßt eine solche Interpretation nicht zu. – [77] Henßen, G.: Volk erzählt. Münster ^{2}1954, 267sq., num. 203. – [78] Zundelheiner versus Brassenheimer Müller: J. P. Hebels Werke 2. ed. D. Behagel. B./Stg. s. a., 188–190, num. 114 (Schatzkästlein des rhein. Hausfreundes); Schinderhannes versus Graf (Ritter, Pfarrer): Dittmaier, H.: Sagen und Märchen von der unteren Sieg. Bonn 1950, 37, num. 121; Bad. Heimat 5/6 (1918/19) 118, num. 20; Wehrhahn, K.: Sagen aus Hessen und Nassau. Lpz. 1922, 186, num. 283; Räuber Rinedine versus Pfarrer: Henßen, G.: Überlieferung und Persönlichkeit. Münster 1951, 121, num. 35 (aus dem Jahre 1935); cf. auch Pröhle, H.: Harzsagen. Lpz. 1886, 22, num. 36. – [79] Gurr, T. R.: Why Men Rebel. Princeton 1970. – [80] Brückner, 736 (nach L. Osiander, 1601); cf. Mot. H 1558.7.1: Sultan in B.kleidern prüft Freunde. –

[81] Liungman, Volksmärchen, 337, num. GS 1793. – [82] EM-Archiv: Hanß-Wurst, 1712 (num. 7668). – [83] Child (wie not. 57) t. 3, 155–158, num. 133; cf. Mot. K 649.7.1. – [84] Weitere Beispiele bei Frenzel (wie not. 11) 60sq. – [85] Zum „seligen" B. cf. Rothe (wie not. 11) 83. – [86] HDA 1, 1188. – [87] ibid., 1194. – [88] Megas, G. A. (ed.): Folktales of Greece. Chic. 1970, 144sq. – [89] Frenzel (wie not. 11) 60. – [90] Temme, J. D. H.: Die Volkssagen von Pommern und Rügen. B. 1840 (Nachdr. Hildesheim/N. Y. 1976) 266sq., num. 225 (nach E. M. Arndt: Märchen und Jugenderinnerungen 1 [1818] 251–253); bei Temme, 321sq., num. 275 auch die Sage vom glücklichen B. auf der Insel Oie. –

[91] Schoenfeld, E.: Rabbi Nachman's Story of „The Seven Beggars". In: Laogr. 22 (1965) 459–465. – [92] Zur Identifikation von B. und Armut cf. Keller Z 129.5.1 (nicht Z 133.1) und Schwarzbaum, 266: Dalles hat den B. geschickt. – [93] cf. Art. B. im HDM 1, 250sq. (G. Kahlo).

Göttingen Rudolf Schenda

Bettler: Die beiden B. (AaTh 841), ein → Exemplum, das sich in verschiedenen Redaktionen für den christl.-europ. Kulturbereich in Exempelsammlungen des ausgehenden MA.s, in zahlreichen Historien-, Anekdoten- und Schwankkompilationen des 16.–18. Jh.s sowie vereinzelt in Predigten nachweisen läßt. Es will primär die größere Macht Gottes gegenüber der eines weltlichen Herrschers herausstellen und gehört in den weiten Kreis von Erzählungen, in denen versucht wird, die Hintergründe für die Prädestination von → Glück und Unglück zu erhellen. Einen detaillierten Überblick über diesen ebenso umfang- wie variantenreichen Themenkreis und dessen Bedeutung vor allem für die jüd. und arab.-islam. Kulturbereiche hat H. Schwarzbaum[1] gegeben. Bei Variantennachweisen – so bei Aarne-Thompson u. a. – ist zu beachten, daß diesem Typ oft Erzählungen zugeordnet worden sind, die eher zu AaTh 736, 736A, 745, 745A, 947 und 947A gehören.

Inhalt und Abgrenzung.

Zwei B. (Blinde), von denen der eine Gott, der andere aber den weltlichen Herrscher (Kaiser, König, Sultan) um Hilfe anruft, erhalten von diesem zwei Brote (Fladen, Kuchen oder gebratenes Geflügel) geschenkt. In eines dieser Geschenke hat er nichts oder nur Totengebein, in das andere aber Gold- bzw. Geldstücke einbacken lassen. Mit diesem Geschenk will er den B. belohnen, der ihn um Hilfe angerufen hat, und gleichzeitig auch seine größere Macht als weltlicher Herrscher demonstrieren. Aber die beiden B. tauschen ihre Brote aus, weil der Anhänger der weltlichen Macht meint, sein schwereres Brot sei schlecht durchgebacken. Als der weltliche Herrscher von diesem Tausch erfährt, sieht er ein, daß die Macht Gottes größer als die seine ist.

Diese am stärksten verbreitete Fassung der „Gott/Herrscher"-Redaktion verdeutlicht, daß für AaTh 841 neben dem Motiv des Tausches oder der Weitergabe des Geschenkes an eine andere Person auch das Motiv von der größeren Macht Gottes eine konstitutive Rolle spielt. Deshalb scheiden die Erzählungen aus dem umfangreichen Themenkreis der Prädestination vom Glück oder Unglück eines Menschen aus, in denen nur das Motiv des Tausches oder der Weitergabe vorkommt. So fallen neben einigen europ. Varianten auch die Variantennachweise bei Eberhard/Boratav, num. 131, Thompson/Balys N 351, Eberhard, Typen 177, Thompson/Roberts 841, Ikeda 930C und 930D und Robe 841 für AaTh 841 aus, da sie treffender AaTh 745A oder AaTh 947A zuzuordnen sind. Ebenfalls können die Variantennachweise zu der bekannten Erzählung vom *Schatz im Baumstamm*[2] nicht mit AaTh 841 typisiert werden, sondern sind eindeutig AaTh 745A zuzurechnen, auch wenn in ihr das Motiv des Tausches oder der Weitergabe des Geschenkes oft anzutreffen ist.

Redaktionen und Verbreitung. In der 79. Erzählung der *Cento novelle antiche*[3] (cf. Rotunda N 351) kommen die beiden für AaTh 841 konstitutiven Motive vor:

Ein Spielmann, der seinen Herrn wie einen Gott anbetet und die Existenz Gottes verleugnet, wird deswegen von einem Berufskollegen getadelt. Da er diesen arg verprügelt, muß ihn sein Herr auf Betreiben der anderen Hofleute aus seinem Dienst entlassen. Er gibt ihm zum Abschied eine Torte, in der Goldmünzen eingebacken sind. Diese Torte aber schenkt der entlassene Spielmann dem anderen, den er verprügelt hat. Als der Herr davon erfährt, sagt er, daß der Gott des verprügelten Spielmanns besser sei.

In dieser ital. Novelle zeigt sich der Hauptakzent von AaTh 841 sehr deutlich: Das Motiv des Tausches oder der Weitergabe des Geschenkes dient primär dem Beweis der größeren Macht Gottes. R. Besthorn[4] und Bebel/Wesselski[5] weisen noch auf die 65. Erzählung der *Cento novelle antiche*[6] hin.

Hier glaubt ein B. fest an den Sieg des Königs von Frankreich über den Grafen von Flandern, während ein anderer sagt, Gott allein entscheide über den Ausgang dieses Kampfes. Der König von Frankreich läßt zwei Brote backen und in eines Goldstücke füllen. Dieses Brot wird dem B. ausgehändigt, der an den Sieg des Königs geglaubt hat. Dieser jedoch verkauft sein Brot dem anderen B.

Auch hier bekommt also der B. das gefüllte Brot, der an die entscheidende Macht Gottes geglaubt hat; über die mögliche Herkunft und die Verbreitung dieser Novelle v. die Ausführungen von R. Besthorn[7].

Mit diesen beiden ital. Novellen liegen zwei sehr frühe, auf das 13. Jh. datierbare Fassungen der „Gott/Herrscher"-Redaktion vor.

Die vermutlich älteste lat. Fassung dieser Version, in der statt der B. zwei Blinde agieren, ist bei Bebel/Wesselski[8] abgedruckt. Die einflußreichste dt. Übersetzung dieser Redaktion – in ihr agieren wieder zwei B. – findet sich in *Schimpf und Ernst* des Johannes Pauli[9]. Sie ist die Vorlage für die zahlreichen Varianten in den Historien- und Schwankkompilationen des 16.–18. Jh.s[10]. In Predigten dagegen ist AaTh 841 bisher nur bei Johannes Mathesius[11] im 1. Teil seiner *Sirachpostille* von 1586 nachgewiesen worden. Spätere Belege aus der literar. oder oralen Tradition gibt es für den dt.sprachigen Raum vermutlich nicht.

Nach den Angaben unter AaTh 841 ist dieser Typ in Spanien, Island, Schweden[12], im Baltikum und in Rußland für den christl.-europ. Kulturbereich aufgezeichnet worden. Für den islam. Kulturbereich liegen Varianten aus Jugoslawien[13], der Türkei[14], dem Irak[15], dem Nahen Osten[16] und aus Persien[17] vor, und für den jüd. gibt D. Noy[18] noch einige Variantennachweise. Weitere Fassungen sind bisher nicht bekannt geworden.

Bei Eberhard/Boratav 135 und bei Nowak 287 ist eine Erzählung verzeichnet, die eine eigenständige Fassung der „Gott/Herrscher"-Redaktion darstellt.

In ihr erfüllt der Herrscher zwei Brüdern (Weggefährten), die von ihm alle Wohltaten erwarten, die vorgebrachten Wünsche, während er den dritten, der sein Vertrauen auf Gott gesetzt hat, ermorden lassen will. Aber durch Kleidertausch und andere Unglücksfälle sterben die Anhänger des weltlichen Herrschers, und der auf Gott Vertrauende erbt letztlich alles, was seinen Brüdern geschenkt worden war.

Varianten dieser Erzählung finden sich in Jugoslawien[19], in Griechenland[20] und im arab.-islam. Kulturbereich[21]. Eine verkürzte Fassung nur mit dem Motiv des todbringenden Kleidertausches haben B. K. und W. S. Walker in ihren *Nigerian Folk Tales*[22] aufgezeichnet.

Für den christl.-europ. Kulturbereich ist noch auf eine „Heiliger/Jude"-Redaktion hinzuweisen.

In dieser Fassung agieren zwei Schuster, der eine vertraut auf einen Heiligen – meistens den hl. Nikolaus –, der andere aber auf einen reichen Juden. Diesem schenkt der Jude eine mit Goldstücken gefüllte Gans, die jener aber an den anderen Schuster weitergibt.

Auch für diese Erzählung läßt sich eine Parallele in der ital. Novellendichtung des 16. Jh.s, nämlich die 10. Novelle in der 4. Dekade der *Hecatommithi* (1565) von G. Giraldi Cintio, nachweisen. Die für den dt.sprachigen Raum wichtigste Variante ist bei Bebel/Wesselski 1, 106–107, num. 131 abgedruckt. Über die weitere Verbreitung dieser Redaktion v. die Anmerkungen bei Bebel/Wesselski 1, 226–227, num. 131 und Pauli/Bolte 2, 334, num. 326.

Intention und Funktion. AaTh 841 ist also fast ausschließlich in den Einflußbereichen der christl., der islam. und der jüd. Religion, also der drei großen monotheistischen Religionen, verbreitet. Die Frage nach der Prädestination des Schicksals eines jeden Menschen tritt jedoch in dieser Erzählung ganz in den Hintergrund, denn ihr Hauptanliegen ist der Erweis des Primats der Macht Gottes gegenüber der von weltlichen Herrschern. Diese Problematik hat zu allen Zeiten die oben genannten Religionen stark beschäftigt. So war diese Frage für die christl. Religion z. B. im MA. vor allem während der ständigen Auseinandersetzungen zwischen den Päpsten und den dt. Kaisern relevant, so daß das frühe Auftauchen der Erzählungen in der ital. Novellendichtung und in den ma. Exempelsammlungen vermutlich darauf zurückzuführen ist. Ebenfalls läßt sich das verstärkte Vorkommen von AaTh 841 in der Historien- und Schwankliteratur des 16.–18. Jh.s vermutlich dadurch erklären, daß seit der Reformation in der kathol. wie in der protestant. Kirche die Frage nach der Rangfolge von kirchlichem und weltlichem Regiment immer wieder umstritten war. Mit AaTh 841 aber lag den Theologen dieser Epoche ein anschauliches Exempel vor, um den Primat der göttlichen Macht gegenüber der weltlichen auch für die Angehörigen der unteren Schichten anschaulich und verständlich zu machen. Insofern gehört diese Erzählung in den weiten Kreis des → didaktischen Erzählguts.

[1] Schwarzbaum, 259–278. – [2] cf. Gesta Romanorum, cap. 109; weitere Var.nnachweise bei Pauli/Bolte 2, 233sq., num. 326, Andreev 834* B und

Krzyżanowski 841*. – [3] Ulrich, J. (Übers.): Die hundert alten Erzählungen (Rom. Meistererzähler 1). Lpz. 1905, 83sq., num. 79. – [4] Besthorn, R.: Ursprung und Eigenart der älteren ital. Novelle. Halle 1935, 122–125. – [5] Bebel/Wesselski 1, 227. – [6] Ulrich (wie not. 3) 105, num. 65. – [7] cf. Besthorn (wie not. 4). – [8] Bebel/Wesselski 1, 226sq.; hier finden sich auch die wichtigsten Nachweise von älteren Fassungen aus den ma. Exempel- und Novellenslgen; cf. dazu noch Pauli-Bolte 2, 333sq. und Besthorn (wie not. 4). – [9] Pauli/Bolte 1, 201, cap. 326. – [10] cf. die umfassendsten Var.nnachweise bei Pauli/Bolte 2, 333sq., num. 326. Die Texte aus den Historien- und Schwankkompilationen des 16.–18. Jh.s finden sich größtenteils im EM-Archiv: Ketzel 1607 (16.955); Wohlgemuth, Haupt-Pillen 1669 (14.018); Sommer-Klee 1670 (13.489); Lyrum larum 1700 (15.818); Hanß Wurst 1712 (7662); Polyhistor 1729 (9620); Bienenkorb 1771 (12.156).

[11] Brückner, 737. – [12] cf. die 4 Var.n bei Bondeson, A.: Svenska folksagor, från Skilda landskap. Sth. 1882, 277sq., num. 82; Åberg, G. A.: Nyländska folksagor. Hels. 1887, 309, num. 244; Hackman, O.: Finlands svenska folkdiktning 1. Hels. 1917, 425sq., num. 165; Sahlgren, J./ Liljeblad, S.: Svenska sagor och sägner. t. 3: Sagor från Småland. Sth. 1939, 62; Liungman 2, 192sq. und Liungman, Volksmärchen, 223sq., num. 841. – [13] Cepenkov, M. K.: Makedonski narodni prikazni 2 (Makedon. Volksmärchen). Skopje 1959, 64–66, num. 65. – [14] Spies, O.: Türk. Volksmärchen. MdW 1967, 291sq., num. 58 und p. 326sq., not. 58. – [15] Nowak, Typ 283. – [16] Hanauer, J. E.: Folk-Lore of the Holy Land. Moslem, Christian and Jewish. L. 1907, 162–164. – [17] Lorimer, D. L. R. und E. O.: Persian Tales [. . .]. L. 1919, 331sq., num. 55. – [18] Noy, D.: Folktales of Israel (FW). Chic. 1963, 83–85, num. 34; cf. auch Schwarzbaum, 259–278 und Jason, 169, num. 841. – [19] Cepenkov (wie not. 13) 120–130, num. 74. – [20] Dawkins, R. M.: Modern Greek Folktales. Ox. 1953, 469–472, num. 81. –

[21] Jahn, Samia Al Azharia: Arab. Volksmärchen. B. 1970, 248–253, num. 33 und Nowak, Typ 287. – [22] Walker, B. K. und W. S.: Nigerian Folk Tales. New Brunswick, N. J. 1961, 36–37.

Göttingen Ernst Heinrich Rehermann

Bettler als Pfand (AaTh 1526)

Gauner staffieren einen Bettler oder Bauerntölpel als noblen Herren aus, kehren mit ihm in einem Wirtshaus ein und agieren als seine Diener. Sie betrügen einen oder mehrere Kaufleute um ihre Waren, indem sie vorgeben, der Herr bezahle sie, oder sie wollten das Geld holen. Während der vornehme Mann (gleichsam als Pfand) im Wirtshaus oder bei den Kaufleuten bleibt, flüchten die Gauner mit ihrem Raub. Es folgt die Entlarvung des „Nobelmannes" als Bettler, den man entweder laufen läßt oder bestraft, während der Wirt und die Kaufleute als Betrogene mit langen Gesichtern hinter ihrem Gelde hersehen.

Die älteste Fassung dieses Gaunerstückleins findet sich bereits beim Stricker, einem rheinfränk. Fahrenden des frühen 13. Jh.s. In seinem Schwankzyklus *Der Pfaffe Amîs* schildert er in der elften Erzählung, wie Amîs in Konstantinopel einen fränk. Maurer als Bischof ausstattet und mit seiner Hilfe einen Fellhändler um seine Habe betrügt. Man hat vermutet, daß dem Dichter als Quelle ein afrz. Fabliau vorgelegen habe. In der Tat veröffentlicht, allerdings rund 350 Jahre später, Noël du Fail in seinen *Contes et discours d'Eutrapel* (1586) eine neue Fassung. Die Akteure sind nun entlaufene Soldaten, ein tölpelhafter Bauernsohn, als „Monsieur" ausstaffiert, und ein Wirt, der um eine beträchtliche Zechsumme geprellt wird. Diese Erzählung weicht also, trotz gleicher Grundfabel, in den Einzelheiten so weitgehend von der Form des dt. Dichters ab, daß an eine unmittelbar gemeinsame Quelle nicht gedacht werden kann. Beide, der Deutsche wie der Franzose, müssen eigene, volkstümliche oder literar. Vorbilder gehabt haben.

Dreißig Jahre danach bringt Aegidius → Albertinus in seinem *Landtstörtzer Gusman von Alfarche* (1615), einer erweiterten Übersetzung von Mateo → Alemáns *Guzmán de Alfarache* (1599), eine Version, in welcher die Betrugshandlungen an Wirt und Kaufmann kombiniert sind, was für geraume Zeit die Regel wird, so in der *Utopia* des Jesuiten Jacob Bidermann (1640), die von Christoph Andreas Hörl in seiner *Bacchusia* (1677) ins Deutsche übertragen wird, oder im *Ovum paschale novum* des Buchbacher Pfarrherren Andreas Strobl (1694). Schon 1656 hatte jedoch Johann Peter de Memel in seiner *Lustigen Gesellschaft* so etwas wie eine europ. Normalform geschaffen:

Die Handlung spielt in Paris. Lakaien statten einen Bettler als dt. Fürsten aus und kehren mit ihm in einem vornehmen Gasthof ein. Während er auf dem Zimmer bleibt, kaufen die Gauner kostbare Waren ein und verschwinden, nicht ohne dem „Fürsten" noch die kostbaren Kleider ausgezogen zu haben.

Memels Fassung ist wörtlich in zahlreiche Schwank- und Anekdotenbüchlein des 17. und 18. Jh.s übernommen worden, in die *Hilarii jocoseria Germanorum* (1659), in den *Reyßgespan* des Johann L. Talitz (1663), den *Lieblichen Sommerklee* (1670), den *Überaus lustigen und Kurtzweiligen Scheer-Geiger* (1673), den *Kurtzweiligen Hanß-Wurst von Frölichshausen* (1712), den *Kurtzweiligen Polyhistor* (1719), den *Schnackischen Lustigmacher von Semper Lustig* (1767) etc. Diese literar. Kontinuität hat sicher zum oralen Fortleben des Schwankes bis ins 19. und 20. Jh. beigetragen, wo er in Frankreich, Deutschland, in der Slovakei, in Ungarn, Polen, Litauen, Estland, Finnland und bei den Wotjaken nachzuweisen ist.

Bereits 1650 hatte der Niederländer M. Gramsbergen den Stoff zu einer *Kluchtige Tragoedie of den Hartoog van Pierlepon* umgearbeitet. Etwa zur gleichen Zeit benutzt der Arnstädter Rektor Andreas Stechan die Albertinische Version zu einer dreiaktigen Schulkomödie vom falschen *Barbarossa von Kyburg*. 1726 wird die von dem Dänen Ludvig Holberg unter dem Titel *Den pandsatte Bondedreng* dramatisierte Fassung des Bidermannschen Textes zum ersten Mal in Kopenhagen aufgeführt. Das Stück erfreute sich in der Folgezeit großer Beliebtheit und wurde ins Deutsche, Schwedische, Holländische und Französische übersetzt und 1787 auch von den Schülern des Gymnasiums zu Rudolstadt inszeniert.

In Deutschland ist im 18. und 19. Jh. der zum Volksstück verarbeitete Schwank mit bekannten Räubergestalten in Zusammenhang gebracht worden. Eine beliebte Gaunerkomödie, die auf allen Marionettentheatern heimisch war und die auch noch in neuerer Zeit auf den ambulanten Puppenbühnen aufgeführt wurde, war die von *Antraschek und Juratschek*, dem böhm. Räuberpaar, das im Anfang des 18. Jh.s sein Unwesen trieb. Im Puppenspiel überredet Juratschek den Hanswurst, sich als arab. Prinzen auszugeben. So betrügen sie einen Juwelier. Im Oberstdorfer Fastnachtspiel vom *Schinderhannes* geben die Räuber einen betrunkenen Bauern als Prinzen aus und prellen auf die bekannte Weise mit ihm einen Wirt, einen Juwelier und einen Goldschmied. In einer dritten Fassung, diesmal wieder als Anekdote gestaltet, wird das Motiv mit dem berüchtigten frz. Räuberhauptmann Cartouche in Verbindung gebracht: Cartouche steckt einen Bettler in den Ornat eines Bischofs, verkleidet sich selbst als Geistlicher und betrügt einen Stoffhändler um kostbare Tuche.

Neben dem europ. gibt es einen wahrscheinlich ebenso alten nahöstl. Traditionsbereich, der sich bis in das Maghreb ausgebreitet hat. In *1001 Nacht* benutzt die große Gaunerin Dalîla, um deren Person sich, wie bei dem dt. Pfaffen Amîs, ein ganzer Zyklus von Trickstergeschichten gebildet hat, den Knaben des Kaufmannsältesten von Bagdad, um mit ihm als „Pfand" einen jüd. Goldschmied um Schmucksachen zu beschwindeln. Noch näher steht der europ. Form eine Fassung im türk. Schwankbuch *Ferrec ba'd e*$^{s}_{s}$-$^{s}_{s}$*idde* (Le plaisir après la peine) aus dem 14. Jh.:

Wieder ist es Dalîla, die auf der Straße einen blinden Bettler trifft, den sie für ihren Mann ausgibt. Er soll, gut ausstaffiert und begleitet von der als Diener verkleideten Dalîla, Rubine bei einem Juwelier kaufen, die der Diener jedoch erst seiner Herrin zur Begutachtung vorlegen möchte. Er (alias Dalîla) verschwindet mit den Steinen, und der Bettler wird nach kurzer Zeit entlarvt.

Die Verwandtschaft dieser Geschichte mit dem europ. Schwank liegt auf der Hand. Auch hier wird ein Bettler von einem Schwindler dazu benutzt, einen Kaufmann übers Ohr zu hauen. Jedoch ist die betrügerische Person im oriental. Überlieferungsbereich immer eine Frau, im Nahen Osten die Diebin Dalîla, im modernen türk. Märchen die „schurkische Fatma", in Marokko die berüchtigte Gaunerin Aicha etc. Sieht man von der Besonderheit sowie von einzelnen episodischen Eigenentwicklungen ab, so scheint die Identität der Grundfabel auf einen gemeinsamen Archetypus zu weisen, aus dem sich die beiden Redaktionen als

Ökotypen des Abend- wie des Morgenlandes entwickelt haben. Dieser Archetypus muß der Strickerschen, d. h. also der ältesten europ. Form sehr nahe gestanden haben, da beide das Motiv der Zechprellerei nicht kennen und beide nur Glied einer größeren Kette von Gaunerstückchen sind.

Während sich jedoch AaTh 1526 in Europa bald verselbständigt und in der Folgezeit nur noch als Einzelerzählung auftritt, ist der Typ im Orient immer Bestandteil eines Schwankzyklus geblieben. In diesem Zusammenhang hat er sich bis heute von den Somalis in Ostafrika bis hin zu den Berbern und Arabern Marokkos als recht lebenskräftig erwiesen.

Wir wissen nicht, wie der angesprochene Archetypus ausgesehen hat, wo er zuerst erdacht und in die bekannten Formen gegossen worden ist und wann das gewesen sein mag. Vielleicht können einige Vermutungen und Indizien weiter helfen. Die türk. Fassung des *Ferec ba'd* e^{s}_{s}-$^{s}_{s}$*idde* geht nach der Mitteilung des Turkologen A. Tietze mit Sicherheit auf eine ältere pers. Vorlage zurück. Da die pers. *Hezār Afsāneh* (Tausend Erzählungen), die Grundlagen der arab. *1001 Nacht*, verlorengegangen sind, wissen wir nicht, ob die Dalîla-Geschichten schon in ihnen enthalten gewesen sind. Die Existenz des Schwankes in den pers. Vorlagen des türk. Volksbuches scheint dies jedoch mit hoher Wahrscheinlichkeit zu belegen. Dann würde also der terminus ante quem unserer Geschichte mindestens das 10. Jh. p.Chr.n. sein, aus dem schon, nach den Zeugnissen arab. Autoren, die *Tausend Erzählungen* bezeugt sind. Es mag Zufall sein, daß der Stricker seine Geschichte nach Konstantinopel verlegt. Aber ist es noch Zufall, daß die Kettentechnik seiner Schwankreihe derjenigen der oriental. Schwankzyklen entspricht? Und wird dieser Zufall nicht zur Intention, wenn die motivische Übereinstimmung dieser ältesten europ. Fassung mit den ältesten oriental. Varianten eine größere ist als mit den späteren Versionen? Es scheint manches dafür zu sprechen, daß der Typ AaTh 1526 seine Entstehung indo-iran. Mentalität verdankt. Durch die Vermittlung der Araber und Türken gelangte er in den Okzident, und hier ist die Gestalt des betrügerischen Weibes, die für das hochma. westl. Denken vielleicht nicht akzeptabel war, auf die des männlichen Gauners übertragen worden. Ob das der Stricker getan hat, entzieht sich unserer Kenntnis. Die Änderung mag schon früher in einer uns bislang nicht bekannten Vorlage vollzogen worden sein. Ausgangspunkt dieser neuen abendländ. Redaktion ist jedenfalls Westeuropa gewesen.

Das Ungewöhnliche an AaTh 1526 ist jedoch nicht seine Geschichte, sondern die Exklusivität der beiden Redaktionen. Streng sind beide Erzählbereiche geschieden, es finden keine motivischen oder regionalen Übergriffe statt. Weder hat der oriental. Typ in Europa noch der westl. im Morgenland oder im Maghreb irgendwelchen Einfluß ausgeübt. Das ist erstaunlich angesichts der immer wieder von den Lit.wissenschaften wie von der Erzählforschung konjizierten Beeinflussung des europ. durch das oriental. Erzählgut.

Lit.: BP 3, 394, not. 4. – Ranke, K.: Der Bettler als Pfand. In: Zs. für dt. Philologie 76 (1957) 149–162, 358–364 (mit Lit., Grundlage des Art.s mit längeren ausgewählten Passagen). – Röhrich, Erzählungen 1, 173–191 und 288–291. – Moser-Rath, 242–245 und 466, num. 102.

Göttingen Kurt Ranke

Bettplatztausch (AaTh 327 B, 791, 1119, 1120). Das Motiv vom B. tritt in verschiedenen Ausprägungen oder Variationen auf. Im Märchen vom → *Däumling und Menschenfresser* (AaTh 327 B) tauschen eine Anzahl von Brüdern oder Schwestern heimlich ihre Lagerstätten mit denen der Kinder des Gastgebers, eines Ungeheuers mit Mordabsichten, das dann in der Nacht versehentlich die eigenen Kinder abschlachtet. Das Motiv vom B. kommt allerdings nur sporadisch in Var.n von AaTh 327 B vor. Ungleich häufiger ist das Motiv vom Tausch der Kopfbedeckungen (→ *Kopfbedeckungen vertauscht*) oder sonstiger auffälliger Besitztümer der Geschwister, so daß man hier von zwei alternativ gebrauchten Zügen sprechen kann, die nach W. Anderson charakteristisch für AaTh 327 B[1] und AaTh 1119: *The Ogre Kills his Own Children* (cf. → *Teufel tötet Frau und Kinder*) sind. Beide Züge sind sehr alt, sie tauchen schon in der → Aëdon-Erzählung auf. In neuerer Zeit scheint der Kopfbedeckungstausch durch das Perraultsche Märchen vom *Petit Poucet* bekannter geworden zu sein[2], findet sich in KHM 70a *Der Okerlo* wieder[3] und ist auf Bilderbögen dargestellt[4]. In KHM 56 *Der liebste Roland* ist es wieder der B.[5], der die Hexe statt der Stieftochter die eigene Tochter töten läßt. Diese Eingangsepisode der Märchenhandlung von der → *Magischen Flucht* (AaTh 313 C) leitet jedoch von AaTh 1119 zu den anderen Variationen des Motivs vom B. über: Nur mehr zwei Personen schlafen zusammen in einem Bett, die vorne liegende soll erschlagen werden, kann sich jedoch auf den hinteren Platz retten. Ähnlich verläuft die häufig mit der → *Zornwette* (AaTh 1000) kontaminierte Schwankepisode *The Ogre's Wife Thrown into the Water* (AaTh 1120; cf. → *Teufel tötet Frau und Kinder*).

Drei Personen handeln: Der Herr (Bauer, Pfarrer u. a.) verabredet mit seiner Frau, den im Freien mit ihnen schlafenden Knecht vorne zu plazieren und ins Wasser zu stoßen. Durch B. des klugen Knechts ertränkt der Herr versehentlich die eigene Frau.

Die nach bisherigen Sammelergebnissen vornehmlich in Ost- und Südosteuropa, aber auch in anderen Teilen Europas, im östl. Mittelmeergebiet und in Mittelamerika belegte Episode scheint nicht so bekannt zu sein wie der handlungsverwandte Legendenschwank von → *Christus und Petrus im Nachtquartier* (AaTh 791). In den nicht legendenhaften Fassungen z. B. des ndd. Raumes können sich König Friedrich II. von Preußen (→ Alter Fritz) und ein Begleiter, ein Minister, Adjutant, Soldat, der hist. Reitergeneral Zieten, Eulenspiegel, kurz → Kristallisationsgestalten der Erzählüberlieferung[6] oder aber namenlose Personen statt der heiligen auf „Erdenwanderung"[7] befinden.

Zum Entgelt für ein ihnen unterwegs gewährtes gemeinsames Nachtlager sollen sie am Morgen bei der Arbeit helfen. Doch die Gastgeber können sie nicht ohne weiteres zum frühen Aufstehen bewegen und verleihen daher ihrer Aufforderung mehrmals handgreiflich Nachdruck. Sie vergreifen sich wiederholt an nur einem der Schläfer, der nach seiner ersten Mißhandlung vorsorglich den Bettplatz mit dem anderen tauschte, ohne mit dem Entschluß der Gastgeber zu rechnen, der Reihe nach beide Schläfer zu strafen[8].

Das Motiv vom B. erfüllt in allen Erzählungen eine entscheidende Handlungsfunktion. Im Märchen und Schwank bewirkt es eine glückliche Wendung des Geschehens für die ungerecht Bedrohten und die verdiente Bestrafung der Übles Sinnenden. Allen Ausprägungen des Motivs gemeinsam ist das Phänomen der → Selbstschädigung des Unholds im Märchen, des Herrn in der *Zornwette* oder des einen der beiden Schläfer im Nachtquartier, darüber hinaus das Phänomen der → Manipulation, die im Märchen in der geschickten Regieleistung eines der zum Schluß obsiegenden Geschwister besteht, im Schwank sich gegen den Manipulator selbst richten kann. Nach M. Lüthi[9] gehören beide Phänomene in den Bereich der → Ironie der Volksdichtung.

[1] Tauscher, R. (ed.): Volksmärchen aus dem Jeyporeland. B. 1959, 174–176 (not. und Var.n zu AaTh 327 A–C von W. Anderson). – [2] Lüthi, M.: Das Volksmärchen als Dichtung. Ästhetik und Anthropologie. Düsseldorf/Köln 1975, 147–149; Ranke 1, 235–239; BP 1, 124, not. 1. – [3] BP 2, 77–79. – [4] Jung, J. (ed.): Märchen, Sagen und Abenteuergeschichten auf alten Bilderbogen. Neu erzählt von Autoren unserer Zeit. Mü. 1974, 58–60. – [5] BP 1, 498–501. – [6] Schmidt, 306–308. – [7] Lixfeld, H.: Jesus und Petrus auf Wanderschaft. In: Künzig, J./Werner, W. (edd.): Schwänke aus mündlicher Überlieferung (Qu.n zur dt. Vk. 8). Fbg 1973, Textheft 74–76. – [8] ibid., 76sq.; Ranke 3, 117sq.; BP 3, 451sq., not. 1. – [9] Lüthi (wie not. 2).

Freiburg/Br. Hannjost Lixfeld

Beuve de Hampton

1. Das afrz. Versepos (in Laissenform) ist in vier Versionen erhalten: einer anglo normann. (3850 V.e) und drei sog. festländischen Fassungen (I: 10. 614 V.e, II: 19. 127 V.e, III: 16. 391 V.e).

Der alte Gui von Hampton hat eine junge Frau geheiratet (Mot. J 445.2), die Doon von Mainz auffordert, ihren Gatten zu töten (II, III: Doon hat an Gui eine Blutrache zu begleichen) und sie zu heiraten. Sie stellt sich krank und schickt Gui auf die Jagd (Bordman *K 993), wo er von Doon umgebracht wird. Sie will auch ihren Sohn B. ermorden lassen, doch rettet ihm der treue Diener Soibaut das Leben. B. gelangt nach Hermenie, wo ihm die Königstochter Josiane (J.) ihre Zuneigung schenkt. B. besiegt einen oriental. König, der um J. wirbt, wird dann aber verleumdet und mit → *Uriasbrief* (AaTh 930, Mot. K 978) zu Bradmont nach Damaskus geschickt, wo er im Gefängnis landet. Gegen ihren Willen wird J. mit Yvorin von Monbranc verheiratet, bewahrt aber dank eines Zaubermittels ihre Keuschheit (Mot. D 1057.1 und D 1387.2). B. kann fliehen und gelangt (verschieden motiviert) nach Monbranc, wo er zuerst von seinem Pferd Arondel erkannt wird. Bei der Flucht mit J. lassen Löwen die Königstochter unversehrt (Bordman *D 1714.1.2). Der Riese Açopart (Mot. F 531) wird überwunden und gelobt Treue. Er begleitet B. und J. nach Köln (engl. B.: B. kämpft gegen einen Drachen – Mot. B 11.11). Kämpfe vor Hampton. Doon wendet sich um Hilfe an den engl. König; Gottesurteil durch Zweikampf; Mutter von B. wird eingekerkert (anglonormann.: kein Gottesgericht; Mutter begeht Selbstmord). – Als der engl. Königssohn vom Pferd Arondel getötet wird, muß B. in die Verbannung. Er wird von J. und ihren unterwegs geborenen Zwillingen getrennt (Einzelheiten je nach Fassung verschieden). B. wird von der Königin von Siviele zur Heirat gezwungen, hält jedoch seiner Frau die Treue (außer in II). Als „jongleresse" gelangt J. nach Siviele, wo sie sich mit B. wiedervereinigt. Gegen J.s früheren Gatten Yvorin führt B. einen siegreichen Krieg. Der Schluß ist in allen Fassungen verschieden. B. und alle seine Söhne werden Könige. In II wird B. in der Eustachius-Kirche beigesetzt.

Der „Urbeuve" muß älter sein als die erhaltenen Texte aus dem 13. Jh., denn die prov. chanson de geste *Daurel et Beton* (Mitte 12. Jh.) sowie Anspielungen dreier katalan. Troubadours (2. Hälfte 12. Jh.) setzen eine chanson de geste von B. voraus. Diese war somit älter als die ersten Artusromane; die Abenteuer des Helden haben demnach nichts gemein mit den Abenteuern der Artusepik (→ Artustradition) und werden von diesen in den erhaltenen späteren Versionen auch nicht beeinflußt. B. zieht nicht aus, um eine Aufgabe zu lösen; Braut und Frau findet er zufällig. – Die Forschung hat unterschieden zwischen einem Grundgedicht (Vertreibung, Rückkehr und Bestrafung der Übeltäter) und einem nicht ursprünglichen zweiten Teil mit Trennung und Wiederfinden der Familie nach → *Placidas* (AaTh 938). Dies ist durch die Texte nicht zu belegen. Die Familientrennung (Eustachius-Typ) scheint konstitutiv zu B. zu gehören. Die ital. Fassungen haben sie auch beibehalten, doch vor der Rückgewinnung der Vaterstadt eingeführt.

2. Die Fassung II wurde im 15. Jh. in Prosa umgesetzt. Aus einer festländ. Fassung ist im 16. Jh. auch das ndl. Volksbuch *Buevijn van Austoen* hervorgegangen; es enthält Verseinlagen. Aus der anglonormann. Fassung sind hervorgegangen: Die engl. Versromanze *Sir Beves of Hamtoun*, eine kymr. Prosafassung (13. Jh.), eine ir. Prosabearbeitung (15. Jh.) und die nord. *Bevers saga* in Prosa.

3. Der ital. *Buovo d'Antona*, zunächst in franko-ital. und venezian. Verstiraden (13. Jh.), dann in toskan. ottava rima und in Prosa bis hin zu den *Reali di Francia* des Andrea da Barberino (15. Jh.) bildet eine eigene Tradition. B. wird in die Karlszyklen integriert, doch macht König Pippin (der den engl. König der frz. Fassungen ersetzt) eine traurige Figur: Im Kontext der Comuni wandelt sich die feudale Fehde zur Vendetta. Der frz. popelicant Açopart wird zum Monstrum Pulicane, halb Mensch, halb Hund.

4. Aus dem Italienischen übersetzte 1507 Elia Levita-Bocher den B. ins Jiddische. Dieses erfolgreiche Versepos war die Quelle des bei den Juden Osteuropas beliebten *bobe majsse* (18. Jh.). – Ebenfalls aus dem Italienischen wurde B. im 16. Jh., möglicherweise über eine serb. Zwischenstufe, ins Weißrussische übersetzt. Der russ. Ritterroman von Bova Korolevič (gegen 70 Kopien) bewahrt z. T. das Gerüst der ersten Übersetzung, wird aber in den meisten Texten russifiziert. Aus einer Kurzform entstand ein Lubok, ein ill. Volksbuch (Ausg.n 1760 bis 1875), wo Bova Korolevič oft im Kreise beliebter

Helden des russ. Epos auftritt. Das stark verkürzte Märchen von Bova Korolevič, am Lubok inspiriert, wurde noch in sowjet. Zeit erzählt. Literar. Bearbeitungen von Aleksandr N. Radiščev (1798/9) und Fragment von Aleksandr S. Puškin.

5. Das Initialmotiv des B. findet sich in der färöischen Bevus-Ballade (1848 aufgezeichnet) und in der Romanze von Celinos auf der iber. Halbinsel und bei den Sephardim.

Lit. zu 1: Alle Texte ed. von A. Stimming: Der anglonormann. Boeve de Haumtone. Halle 1899. – Der festländ. Bueve de Hantone. Fassung I, II, III (Ges. für rom. Lit. 25, 30, 34, 41, 42). Dresden 1911–1920. – Monogr.n: Boje, C.: Über den afrz. Roman von B. de Hamtone (Zs. für rom. Philologie, Beiheft 19). Halle 1909, mit Motivbelegen aus der afrz. Epik. – Paetz, H.: Über das gegenseitige Verhältnis der venetian., der franko-ital. und der frz. gereimten Fassungen des Bueve de Hantone (Zs. für rom. Philologie, Beiheft 50). Halle 1913. – Becker, P. A.: B. de Hantone (Ber.e über die Verhandlungen der sächs. Akad. der Wiss.en, phil.-hist. Kl. 93/3). Lpz. 1941. – Adler, A.: Epische Spekulanten. Mü. 1975, 149–165. – Kimmel, A. S.: A Critical Edition of the Old Provençal Epic Daurel et Beton. Chapel Hill 1971. – Pirot, F.: Recherches sur les connaissances littéraires des troubadours occitans et catalans des XIIe et XIIIe siècles. Barcelona 1972.

Lit. zu 2: Woledge, B.: Bibliogr. des romans et nouvelles en prose française antérieurs à 1500. Genève 1954, num. 24. – Debaene, L.: De nederlandse volksboeken. Antw. 1951, 41–47. – Kölbing, E. (ed.): The Romance of Sir Beues of Hamtoun (EETS, ES 46, 48, 65). L. 1885–1894. – Baugh, A. C.: Improvisation in the Middle English Romance. In: Proc. of the American Philosophical Soc. 103 (1959) 418–454, bes. 431–440. – Bordman. – Watkin, M. (ed.): Ystorya Bown de Hamtwn. Caerdydd 1958. – id.: Albert Stimming's Welsche Fassung in the Anglonormannische Boeve de Haumtone. An Examination of a Critique. In: Studies in French Language and Mediaeval Literature presented to M. K. Pope. Manchester 1939, 371–379. – Robinson, F. N.: The Irish Life of Bevis of Hampton. In: Zs. für celt. Philologie 6 (1908) 273–320 (Ausg. und Übers.). – Bevers saga. In: Cederschiöld, G.: Fornsögur Suðrlanda. Lund 1884. – Togeby, K.: La Chronologie des versions scandinaves des anciens textes français. In: Les Relations littéraires franco-scandinaves au moyen âge. P. 1975, 183–191, hier 186; id.: Les Relations littéraires entre le monde roman et le monde scandinave. Relevé bibliographique. ibid., 299–329, hier 303sq.

Lit. zu 3: Rajna, P.: Ricerche intorno ai Reali di Francia. Bologna 1872 (p. 491–566 Ausg. des Bovo laurenziano). – id.: Frammenti di redazioni italiane del Buovo d'Antona. In: Zs. für rom. Philologie 11 (1887) 153–184 (Bovo udinese), 12 (1888) 463–510 und 15 (1891) 47–87 (toskan. Prosaversion). – Reinhold, J.: Die franco-ital. Version des Bovo d'Antone (Nach dem Codex Marcianus XIII). In: ibid. 35 (1911) 555–607, 683–714 und 36 (1912) 1–32, 512. – Melzi, G./Tosi, P.: Bibliografia dei romanzi di cavalleria in versi e in prosa italiani. Milano 1865, 102–109 (für B. in ottava rima und Morte di B.). – Da Barberino, A.: I Reali di Francia. ed. G. Vandelli/G. Gambarin. Bari 1947. – id.: I Reali di Francia. ed. A. Roncaglia/F. Beggiato. Roma 1967. – Paetz (v. Lit. zu 1). – Krauss, H.: Feudalepik in frühbürgerlicher Umwelt. Studien zu den franko-ital. chansons de geste unter bes. Berücksichtigung des Codex Marcianus fr. XIII (Zs. für rom. Philologie, Beiheft [in Druck]).

Lit. zu 4: Joffe, A.: Elia Levita, Poetical Works. N. Y. 1949. – KLL 5, s. v. Bovo d'Antona. – Greve, R.: Studien über den Roman Buovo d'Antona in Russland. Wiesbaden 1956. – Kratkaja literaturnaja ėnciklopedija 1. M. 1962, 650. – Mayer, G.: Bova-Studien. In: Die Welt der Slaven 8 (1963) 275–298, 348–375. – Kuz'mina, V. D.: Rycarskij roman na Rusi. M. 1964, 17–134, 245–264. – Jauss, H. R./Köhler, E. (edd.): Grundriss der rom. Lit.en des MA.s 1: Généralités. Heidelberg 1972, 421, 461sq.

Lit. zu 5: Bevusar tættir (Ausg.): In: Føroya Kvædi. Corpus carminum Faeroensium 5. Kop. 1968, 309–312. – Menéndez Pidal, R.: Romancero hispánico. Madrid [2]1968, t. 1: 261, 331, t. 2: 406. – Armistead, S. G./Silverman, J. H.: „El romance de Celinos y la adúltera" entre los sefardíes de Oriente. In: Anuario de Letras 2 (Mexico 1962) 5–14. – Armistead, S. G./Silverman, J. H.: Diez romances hispánicos en un manuscrito sefardí de la Isla de Rodasi. Pisa 1962.

Zürich Marc-René Jung

Bewährungsprobe. Soweit das Märchen biographische Abläufe eines Menschenlebens schildert, stellt es seine Helden immer wieder auf die Probe. Vor allem in den → Brautwerbungsmärchen steht vor der Erlangung einer Braut die B. des Helden. Denn Erfolge im Märchen sind meist an Proben geknüpft. Es gibt solche der verschiedensten Art, und sie kommen in den Märchen aller Völker vor: Gehorsamsproben, Geduldsproben, → Geschicklichkeitsproben, → Mut- und → Kraftproben, Klugheits- und → Scharfsinnsproben. B.n können von Menschen oder auch von übernatürlichen Figuren gefordert werden. Wie groß der inhaltliche Gesamtbereich der B.n ist, beweisen die 1600 Nummern im *Motif-Index* von S. Thompson (Mot. H 0–Mot. H 1598.1), die den 'Tests' gewidmet sind (→ Testerzählungen).

Schwierigkeitsgrade und Abstufungen der B.n sind von größter Mannigfaltigkeit. Am schwierigsten sind die B.n, in denen die völlige Selbstaufgabe des Helden gefordert wird (→ Charakterproben, → Prüfung). Aber selbst eine scheinbar ganz harmlos aussehende Aufgabe kann zu einer Schicksalsprobe werden. Es wird u. U. nicht mehr verlangt, als eine Tür nicht zu öffnen (KHM 3, AaTh 710: → *Marienkind*), das Brot beizeiten aus dem Ofen zu ziehen, einen reifen Apfelbaum abzuernten (KHM 24, cf. → Frau Holle) oder einen Brunnen vor jeder Verunreinigung zu bewahren (KHM 136, AaTh 314: → *Goldener*). Oft stellt das Märchen aber auch scheinbar unlösbare → Aufgaben: ein vielköpfiges Ungeheuer erledigen, in einer Nacht ein Meer ausschöpfen, die Besteigung eines Glasberges, ein völlig unerklärliches Rätsel lösen. Die vielleicht schwierigste B., die das Märchen seinen Helden stellt, ist die, nicht zu sprechen (→ Schweigen, Schweigegebot), wie z. B. im Märchen von den zwölf Brüdern (AaTh 451: → *Mädchen sucht seine Brüder*). Es gibt typische B.n für Männer, die meist Mut-, Kraft- oder Geschicklichkeitsproben sind, und typische B.n für Frauen, bei denen es meist um demütigende Dienstleistungen geht. Die Prinzessin wird zur Gänsemagd erniedrigt (KHM 89, AaTh 533: *Der sprechende → Pferdekopf*), oder die Königstochter muß in der Küche die Asche zusammenkehren (KHM 65, AaTh 510B: cf. → *Cinderella*). Die verspottete Braut im → *Bärenhäuter* „schwieg still und ließ sich nicht irrmachen" (KHM 101, AaTh 361). Die Frau ist psychisch, der Mann physisch belastbarer – jedenfalls nach der Rollenerwartung des Märchens. Solche spezifischen Geschlechterrollen kennen auch andere B.n; z. B. hat bei Rätselproben der Mann meist intelligenter zu sein als die Frau.

Eine der wichtigsten Eigenschaften, in denen das Märchen seine Helden auf die Probe stellt, ist Furchtlosigkeit. Dabei kommt es keineswegs auf die körperliche Stärke an; viel wichtiger ist die Beherztheit: Dem Furchtlosen kann nichts geschehen. Der Held 'kennt keine Furcht' und er 'fürchtet sich selbst vor dem Teufel nicht'. Das *Märchen von Einem, der auszog, das Fürchten zu lernen* (KHM 4), der *Bruder Lustig* (KHM 81) oder der *Spielhansl* (KHM 82) zeigen diesen unbekümmert beherzten Heldentyp. Aber selbst bei den reinen Mutproben steht das Märchen doch weit ab von der Tapferkeit der Heldensage: denn immer kommt es im Märchen mehr auf das Geprüft-werden als auf das Sich-selbst-prüfen an. Die Läuterung des Menschen, seine → Reifung ist ein zentrales Thema des Märchens, und ganz wesentlich ist eben die Läuterung durch Schmerz und Leiden. Es gibt nicht nur Märchen von Draufgängern und Krafthubern. Die Festigkeit im körperlich-heroischen Sinne bedarf auch einer Festigkeit des Herzens: Held und Heldin müssen Geduld und Opfersinn aufbringen. Erst der Held, der sich selbst erniedrigt, hat die Anwartschaft auf seine Erhöhung. Sogar der Sohn des Königs muß beim *Eisenhans* (KHM 136) und nachher in einem anderen Schloß Dienste tun, bevor er sich sein eigenes Königreich erwirbt (→ Knechtsdienste des Helden). Der Vater im Märchen vom → *König Drosselbart* (KHM 52, AaTh 900) gibt seine Tochter einem Bettler, um sie von ihrem Hochmut zu heilen, bis sie durch diese B. reif für eine Ehe geworden ist, die nicht auf Äußerlichkeiten gegründet ist.

Oft genug wird in den B.n die Hilfsbereitschaft des Helden getestet; er muß z. B. auch noch sein letztes Stück Proviant mit jemandem teilen, der ihn darum bittet. Nur wer anderen uneigennützig geholfen hat, findet selbst Hilfe. Selbstlosigkeit und Mitleid werden sogar gegenüber Toten und Tieren gefordert, d. h. gegenüber Wesen, von denen normalerweise keine Dankbarkeit und Gegenleistung erwartet werden kann. Das Märchen verlangt vom Helden rücksichtslose Opferbereitschaft. Die Erzählung: → *Mädchen sucht seine Brüder* (KHM 9, AaTh 451) macht dies deutlich: Die junge Königin könnte sich vom Feuertode retten, wenn sie sich redend verteidigen wollte. Aber die Erlösung der Brüder steht ihr höher als ihr eigenes Leben.

Manche Erzählungen stellen auch die Freundestreue auf eine harte und im Grunde unzumutbare B. (→ Amicus und Amelius, → Bürgschaft, → Freundesprobe). *Der treue → Johannes* (KHM 6, AaTh 516) bringt sich selbst zum Opfer, und seine Rückverwandlung zum Leben verlangt andererseits vom König die Aufopferung seiner eigenen Kinder als Gegenleistung. Niemals genügt im Märchen eine nur äußerliche Opfergabe, immer wird vom Helden die ganze Selbsthingabe gefordert. Unzumutbar erscheint auch die B. in manchen Varianten der Märchen vom → *dankbaren Toten*: Der Held soll die von ihm erworbene Braut mit seinem jenseitigen Helfer teilen (AaTh 505–508). Manchmal wird die B. erlassen, wenn der Held die Bereitschaft zu ihrer Erfüllung gezeigt hat (→ Opfer). Oft genug müssen B.n dem Helden geradezu als absurd erscheinen (→ Absurdität), so wenn der Held seinen tierischen Helfer töten soll, ohne zu wissen, daß er ihn nur dadurch erlösen kann (KHM 57, AaTh 550: *Der goldene → Vogel*).

B.n können rein schikanös sein wie die, die Aschenputtel von seiner Stiefmutter gestellt bekommt, um es von der Teilnahme am Hoffest fernzuhalten (KHM 21, AaTh 510: → *Cinderella*). Doch auch diese B.n schlagen letztlich zum Wohl des Helden aus, weil er Glück hat oder ihm übernatürliche Hilfe zuteil wird. Auch andere B.n sollen nicht den Erfolg des Helden bedingen, sondern werden gestellt, um ihn loszuwerden: Der König läßt das → *tapfere Schneiderlein* (KHM 20, AaTh 1640) erst gegen die Riesen und dann noch gegen Einhorn und Wildschwein kämpfen, um sich den lästigen Freier seiner Tochter vom Hals zu schaffen. Ähnlich im Märchen *Die drei → Haare vom Bart des Teufels* (KHM 29, AaTh 461), wo der König alles unternimmt, um den ihm vom Schicksal bestimmten Schwiegersohn durch unerfüllbare Aufgaben auszuschalten. Diese Aufgaben werden zwar nicht als B.n gestellt, sie wirken sich aber als solche aus.

Bewährung kann auch im Sinne einer Rehabilitation nach einem Vergehen verstanden werden. So gibt es Erzählungen von der Buße → Adams und Evas, in denen sich das erste Menschenpaar nach dem Sündenfall einer B. unterziehen muß. Eine B. stellt auch der Erzähltyp *Die neue → Eva* (AaTh 1416).

Herauszustellen sind die Ziele, vor die die B.n gesetzt sind. An der Spitze stehen die → Freierproben: Mann und Frau müssen sich füreinander bewähren. Nicht die spezielle Art der Probe ist dabei das Entscheidende, sondern die Bewährung in menschlicher Prüfung. Das Märchen fordert den Einsatz der ganzen Persönlichkeit, und nur wer sein Leben auch zu verlieren bereit ist, wird es gewinnen. Das beinahe schon Unterliegen, schon dem Tod Gegenüberstehen, geht dem Erfolg voran. In Mozarts Märchenoper *Die Zauberflöte* müssen Tamino und Pamina durch Feuer und Wasser gehen, bevor sie in Sarastros Reich eintreten dürfen. Oft besteht der Held die B. zunächst nicht. So scheinen im Märchen die meisten Verbote und Tabus nur dazu aufgestellt, um durchbrochen zu werden. Bes. das Verbot der → Neugier wird fast immer durchbrochen. Wenn eine Märchenfigur sich nicht bewährt und ein Tabu bricht, so schließt sich hieran meist eine viel schlimmere und schwierigere B. an, z. B. bei der Übertretung des Sichtverbots im → *Amor und Psyche*-Märchen (AaTh 425), auf die eine jahrelange Suchwanderung als neue B. folgt.

Individualpsychologisch gesehen sind B.n Lernprozesse, die einer Initiation gleichkommen, die vor die Erreichung des nächsten und höheren Lebensabschnitts gestellt ist (Erlösung, Heirat, Erlangung der Königswürde etc.). Es sind Stufen auf dem Weg zur inneren und äußeren Höher entwicklung des Menschen. Das Bestehen von B.n macht den Helden erst würdig und reif für die Erlangung eines höchsten

Ziels. Nicht zufällig sind die B.n darum auch mit den realen Initiationsbräuchen schriftloser Völker verglichen oder sogar von ihnen hergeleitet worden (→ Initiation, → Brauch). Mindestens Schema und psychol. Funktion sind identisch. B.n illustrieren Maximen wie:

„Vor den Erfolg haben die Götter den Schweiß gesetzt" – „Per aspera ad astra" – „Ohne Fleiß kein Preis" – „Wer wagt, gewinnt" – „[. . .] und setzet ihr nicht das Leben ein, nie wird euch das Leben gewonnen sein" – „Wer immer strebend sich bemüht, den können wir erlösen".

B.n erweisen darum das Märchen einmal mehr als moralische Erzählung (→ Moral). In ihrer epischen → Struktur haben die B.n die Funktion einer Retardierung und Verzögerung des glücklichen Märchenausgangs. Doch gehört im Märchen zur B. auch ihr Bestehen. Der Held bewältigt grundsätzlich die ihm gesetzten B.n. → Gegenspieler und Unhelden hingegen scheitern an ihnen.

Gattungsmäßig sind die B.n ein Merkmal der Zauber- und Novellenmärchen. Sie fehlen charakteristischerweise im Tiermärchen, in der Fabel und im Schwank. In der Sage nehmen sie in der Regel einen anderen Verlauf: Der Mensch versagt bei der ihm gestellten Aufgabe, oder er erfüllt die in ihn gesetzten Hoffnungen nicht: Der Mann, der die Schlangenjungfrau durch einen Kuß erlösen soll, wird beim letzten Versuch von Furcht so übermannt, daß die Erlösung mißlingt. Die Bedingungen der Ehen mit Saligen Frauen (oder auch anderer → Mahrtenehen) werden nicht eingehalten, und die Ehe zerbricht. Der Schatzgräber verletzt das Schweigegebot etc. Dem entspricht der häufig schlechte Ausgang der Sage.

Lit.: Röhrich, Märchen und Wirklichkeit, 238–240.

Freiburg/Br. Lutz Röhrich

Bewegung → Dynamik, → Stil

Beyerlinck, Laurentius, *Antwerpen 12. 4. 1578, † ibid. 7. 6. 1627, kathol. Theologe und humanistischer Polyhistor. Nach dem Jesuitenkolleg Studium in Löwen, dort Professor der Philosophie, 1605 Regens des Seminars in Antwerpen, später Kanoniker der Kathedrale, Bücherzensor, Erzpriester des Landkapitels und der Stadt, schließlich infulierter Prälat. Von den zwölf Titeln seiner oft vielbändigen theol. und hist. Werke, Editionen und Übersetzungen seien aufgeführt:

Apophthegmata christianorum. Antw. 1608 (gesammelt unter alphabetisch geordneten Schlagworten). – *Promptuarium morale super evangelia communia et particularia quaedam festorum totius anni* [. . .] *1–3.* Köln 1613–1616 (eine Materialsammlung für Prediger). – *Biblia sacra variarum translationum 1–3.* Antw. 1616. – *Het leven en de mirakelen van de heylige bisschoppen Eligius, Willebrordus, Norbertus, apostelen van de Nederlanden.* Antw. 1622 (lat. 1651).

B.s Hauptwerk besteht in der völligen Neubearbeitung des Baseler Humanisten-Thesaurus *Theatrum vitae humanae* (Basel 1565) von T. → Zwinger. B. löste diese systematisierende Kompilation aus der zumeist antiken Überlieferung in → Loci communes auf, ergänzte das Material von fünf auf acht Foliobände und schuf damit in sechsjähriger Arbeit eine Enzyklopädie oder Polyanthea universalis (→ Enzyklopädische Literatur) typischer Gelehrsamkeit des Frühbarock mit großer Wirkung über ein Jh. Die erste Ausgabe (acht Bände) erschien postum 1631 in Köln unter dem Titel *Magnum theatrum vitae humanae, hoc est rerum divinarum humanarumque syntagma catholicum, philosophicum, historicum et dogmaticum* (weitere Ausg.n: Lyon 1656, 1666, 1678, Venedig 1707). Abgehandelt und dabei strikt auf Personen bezogen werden die im Geist der Zeit miteinander verknüpften Fragen und Materien von Religion, Politik, Geschichte und Moral, wobei B. alle protestant. Spuren getilgt und somit den gesamten betont klassischen Fundus auch für das kathol. Europa akzeptabel gemacht hat.

Der achte Band besteht aus einem minutiösen Index generalis. Zu jedem der auf die Buchstaben des Alphabets verteilten 20 „Bücher" gibt es zusätzlich jeweils einen umfangreichen Index titulorum et argumentorum, was den Überblick erleichtert. Buch 1 = Buchstabe A (740 Seiten innerhalb des 1. Bandes) hat einen solchen Elenchus von 14 Folioseiten mit je drei Spalten Anordnungssystematik aus allen Überschriften der inneren Klassifikation. So wird die Habsucht (avaritia) auf p. 670–707 abgehandelt; das Inhaltsregister enthält dazu rund 180 Unterstichworte: auf etymol. und definitorische Zitate folgen Schriftzeugnisse, antike und christl. Apophthegmata, dann Exempla historica, und zwar nach allen Differenzierungsmöglichkeiten aufgegliedert. Hier steht für die Erzählforschung eine noch völlig ungenutzte Überlieferungsquelle bereit.

Lit.: Thonissen, J. J.: Art. B. In: Biogr. nationale de Belgique 2. Brüssel 1868, col. 404–408. – Hurter, H. (ed.): Nomenclator literarius theologiae catholicae [...] 3. Oeniponte ³1907, 303, 783. – Sempels, V.: Art. B. In: Dictionnaire d'histoire et de géographie ecclésiastiques 8. P. 1935, 1299sq. – Stegmüller, F.: Art. B. In: LThK 2, 330sq.

Würzburg Wolfgang Brückner

Bezsonov, P. A. → Bessonov, P. A.

Bibel. Die B. als heiliges und daher manastarkes Buch wird im Volksbrauch wie in der Volkssage häufig im Abwehrzauber gegen alles Dämonische gebraucht, wobei Alter (Erbbibel) und Druckort eine bedeutende Rolle spielen[1]. Aus Österreich z. B. ist überliefert, daß herumziehende Italiener alte Weimarer B.n teuer bezahlten, um sie zu Beschwörungen zu verwenden[2]. Mit der B. kann der Teufel exorziert wie zitiert werden, sie schützt vor Geistern (Mot. E 443.8) und Hexen (Mot. G 271.2.5), cf. Justinus Kerners *Höllenbilder*, in denen von der malefikanten Amme gesagt wird[3]:

Manches Kind verhexte sie,
Daß es zappelte und schrie,
Bis man schob dem armen Tropf
Eine Bibel untern Kopf.

Im Märchen begegnet die B. als Apotropäikum in Typen, die das Motiv vom teufelverschriebenen Kind enthalten (→ Kind dem Teufel verkauft oder versprochen); cf. Mot. K 218.2 in AaTh 400Ic (→ *Mann auf der Suche nach der verlorenen Frau*) oder in AaTh 810 (→ *Fallstricke des Bösen*). In einer hess. Variante zu KHM 92: *Der König vom goldenen Berge* (AaTh 400) verschreibt z. B. der Fischer gegen reichen Fischfang seinen Sohn dem Teufel. Der junge Mann nimmt die B., zieht einen Kreis, setzt sich hinein und macht sich so auf doppelte Weise für den Teufel unantastbar (→ Zauberkreis)[4]. Bekannt ist die Geschichte vom prahlerischen B.leser: Der König legt, um dessen Angabe auf die Probe zu stellen, ein Goldstück in die B., findet es aber nach längerer Zeit immer noch an der gleichen Stelle (Mot. H 261). Im Teufelsmärchen wird Meister Urian zuweilen die Aufgabe gestellt, alle Buchstaben in der B. zu zählen, was er bei seiner Aversion gegen das heilige Buch nicht kann (Mot. K 211.1; → Aufgaben, unlösbare).

Im Schwank dominiert die Verwendung der B. als gewichtiges Schlag- oder Wurfinstrument. Der Mann, der im Zorn seiner Frau die B. an den Kopf wirft oder sie damit schlägt, entschuldigt sich damit, daß er sie mit Gottes Wort getröstet habe (schon seit 1604 belegt)[5]. Dem Pastor, der mit der B. einen Hasen totwirft und deshalb wegen Wilddieberei angeklagt wird, attestiert der Alte Fritz, daß alle Hasen, die er mit seiner B. erschlage, seine Beute seien[6].

Von der im Volksbrauch üblichen Bibliomantie[7] ist in zahlreichen Historien und Legenden die Rede[8]. König Merowech, Chilperichs Sohn, legte z. B. den Psalter, die Bücher der Könige und die Evangelien auf das Grab des hl. Martin mit der Frage, ob er das Reich gewinne oder nicht. Nach dreitägigem Fasten, Wachen und Beten schlug er die Bücher der Reihe nach auf; sie verkündeten alle Unheil[9]. Als Papst Paschalis II. im Jahre 1116 über die umstrittene Wahl Bischof Hugos von Auxerre entscheiden sollte, wurde, „wie es schon längere Zeit bei neuen Bischöfen üblich war", die Hl. Schrift aufgeschlagen, wobei die erste in die Augen fallende Zeile von Vorbedeutung für den Kandidaten sein sollte[10].

Zum Erzählgut in der Bibel → Altes Testament, → Neues Testament.

[1] Über den Gesamtkomplex B. als Buch in Glaube, Brauch und Sage v. HDA 1, 1208–1219 (O. Rühle). – [2] HDA 1, 1212. – [3] Gaismaier, J. (ed.): J. Kerners sämtliche poetische Werke in vier Bänden. Lpz. (1905) t. 2, 247. – [4] BP 2, 318. – [5] Melander, O.: Jocorum atque seriorum [. . .] 2. Lichae 1604, 67, num. 52; Lundorff, M. C.: Wißbadisch Wisenbrünnlein 2. (gedr. Darmstadt 1611) 140, num. 57; Altschweiz. Sprüche und Schwänke. Aus einer Hs. des Schweiz. Idiotikons. ed. von Mitgliedern der Redaktion. Frauenfeld 1941, 83 (1651); Merkens, H.: Was sich das Volk erzählt 1. Jena 1892, 253sq., num. 304; Schles.-Mähr. Volkskalender für Haus- und Landwirtschaft 33 (Freudenthal 1923) ohne Seitenangabe. – [6] Bll. für pommersche Vk. 8 (1900) 114 und 10 (1902) 59; Neumann, S. (ed.): Volksschwänke aus Mecklenburg. Aus der Slg R. Wossidlos. B. 1963, 111, num. 396; p. 195 (ein weiterer Beleg). – [7] HDA 1, 1215–1219; StandDict. 1, 140. – [8] Günter 1949, 90, 214. – [9] Gregor von Tours, Historia Francorum 5, 14, 18. – [10] Günter 1949, 214.

Göttingen Kurt Ranke

Bibliothèque bleue oder (wie es im Titel der Anthologie von G. Bollème 1971 heißt) „littérature populaire en France du XVIe au XIXe siècle". Es handelt sich konkret um eine Unzahl von Broschüren in Kleinformat und mit beschränkter Seitenzahl; sie wurden im allgemeinen ohne Angabe des Verfassernamens (häufig handelt es sich um Adaptationen) mit Ausschußlettern auf grobem Papier gedruckt, schlecht geheftet, unter Verwendung von gebrauchten Holzstöcken illustriert, kurz, zum niedrigsten Preis hergestellt, um eben die große Masse der wirtschaftlich benachteiligten Bevölkerungsschichten zu erreichen. Der Name B.b. – der bald die Sache als Ganzes, bald ihren „unterhaltsamen" Teil bezeichnet – taucht schon im 17. Jh. auf; „blau" als Anspielung auf den Inhalt (cf. „contes bleus" = Ammenmärchen) oder, was wahrscheinlicher ist, aufgrund des blaugrauen Umschlags, der für die meisten dieser Broschüren benutzt wurde.

Der Titel B.b. wurde darüber hinaus im 18. und 19. Jh. sowohl in Frankreich (in P. bei Lacombe 1769; bei Costard und Fournier 1776–83 in sieben Bänden; bei Garnier 1862 in vier Bänden; cf. auch *Nouvelle B.b.* ed. Le Roux de Lincy mit Einl. von C. Nodier. P. 1842) als auch im Ausland (etwa in Lüttich bei Desoër 1787 in drei Bänden; cf. auch *Blaue Bibliothek aller Nationen 1–12.* ed. F. J. Bertuch/F. Jacobs u. a. Gotha/Weimar 1790–1800) wieder aufgenommen, und zwar in Sammlungen für gehobene Gesellschaftsschichten, in denen einige der beliebtesten Romane der echten B.b. zusammengefaßt wurden (cf. Nisard 1864, t. 2, cap. 14).

Zu einer Zeit, da sich das Buch nur an eine sehr dünne Schicht von Lesern richtete und die Buchdrucker oft mit erheblichen Schwierigkeiten zu kämpfen hatten, war diese „Erfindung", finanziell gesehen, ein Geniestreich; es ist durchaus nicht nebensächlich, daß sie zu Beginn des 17. Jh.s in Troyes gemacht wurde, d. h. im Nordosten, dem wirtschaftlich am weitesten entwickelten Teil Frankreichs in der Nähe blühender Marktorte. Die B.b. war für die Marktstände, aber auch für den Warenballen des Kolporteurs (daher das kleine Format der Heftchen) oder des umherziehenden Kurzwarenhändlers bestimmt. Nachdem sie in Troyes ganze Druckerdynastien – die Oudot, Garnier, Baudot – reich gemacht hatte, griff sie auf andere Städte über (man rechnet im 18. Jh. mit etwa 70 Zentren und über 150 Druckern), erst nördl. der Loire, später auch weiter im Süden. Wie P. Brochon (1954) feststellt, deckt sich die Verbreitungskarte der Druckzentren volkstümlicher Bilder weitgehend mit derjenigen der Druck- und Vertriebszentren der → Kolportageliteratur, wobei die zuletzt genannten die ersten abgelöst zu haben scheinen. Der Hausierhandel war einer bald strengeren, bald lässigeren Rechtsaufsicht unterworfen; dadurch sollte einerseits der Verkauf subversiver Bücher eingedämmt und andererseits die Konkurrenz mit den offiziell zugelassenen Buchhändlern eingeschränkt werden. In einem Edikt von 1686 soll zum ersten Mal von „Hausierern, die über Land gehen" die Rede gewesen sein; 1712 wird verlangt, daß sie lesen und schreiben können. In der Julimonarchie des Louis-Philippe erlebt der Hausierhandel seinen Höhepunkt; doch das Second Empire setzt 1852 eine Überwachungskommission ein, und jedes Büchlein muß mit dem Kolportagestempel versehen werden; dieses Gesetz wird erst 1880 aufgehoben. Nach den Beschlüssen der Kommission waren zwei Drittel dieser Lit. aus dem Umlauf zu ziehen! C. Nisard, dem beigeordneten Sekretär der Kommission, ist die erste und gründlichste Bestandsaufnahme des Inhalts der B.b. zu verdanken; er beendet sein Werk ([2]1864) „zu einem Zeitpunkt, da der Kolportagebuchhandel fast völlig erneuert [wird]", und zwar in der Hauptsache durch den Zustrom der Groschenromane. Die Erschließung und Verdichtung von Verkehrswegen (Eisenbahnen, Straßen), durch welche Stadt und Land näher aneinandergerückt wurden, drängte den Hausierhandel vollends zugunsten der Zeitung – und ihres Feuilletonromans – (*Le Petit Journal*, die erste moderne Tageszeitung, wird 1863 gegründet, zu eben der Zeit, da in Troyes das größte Verlagsunternehmen für den Hausierhandel erlischt) und zugunsten des Vertriebs durch den Buchhandel zurück (später ist es in der Tat eher der Zeitungskiosk, der den Kolporteur ablöst).

Man rechnet mit etwa 1200 Titeln der unterschiedlichsten Gattungen. Unter diesen nehmen die periodisch erscheinenden → Kalender eine Sonderstellung ein; ihr Ur- und Vorbild ist der *Grand Calendrier et Compost des bergers* (Erstausg. 1491). Der „almanach" bediente sich einer figurativen Zeichensprache und gab vor, alles Wissenswerte zu liefern; so konnte er, angesichts einer weitgehend analphabetisch gebliebenen Bevölkerung, dem zum fortlaufenden Lesen bestimmten Druckwerk den Weg ebnen. Unter den nicht periodisch erscheinenden Druckwerken waren zuerst und lange Zeit (wie bei der Imagerie) die religiösen Themen am zahlreichsten vertreten (Heiligenviten, Andachtsbücher, Cantiques spirituels und Bibles des Noëls).

An weiteren Gattungen sind zu nennen:

Werke, die sich auf die Gesundheit beziehen (*Médecine des pauvres*); Weissagungen, Zauberbücher (*Miroir d'Astrologie, Nostradamus, Grand* und *Petit Albert*); Berichte über die Lage der Handwerker (*Les Misères de* [...]), Witzsammlungen, burleske Parodien (von den *Sermons joyeux* bis zu den *Catéchismes poissards*); Anstandsbüchlein (*Règles de la bienséance et de la civilité chrétienne*); Briefsteller; Heldensagen (Adaptationen der Prosafassungen gewisser alter chansons de geste, hauptsächlich des Zyklus um Karl den Großen, darunter natürlich der Bestseller, der sich bis weit ins 19. Jh. hinein gehalten hat: die Geschichte der Haimonskinder [*L'Histoire des quatre fils Aymon*]); romanhafte „Volksbücher" unterschiedlicher Art (*Robert le Diable, Fortunatus, Juif Errant, Jean de Paris, Pierre de Provence,* aber auch *Hélène de Constantinople, Griselidis, Geneviève de Brabant, Bonhomme Misère*); Märchen (von Perrault, Madame d'Aulnoy, einige oriental. Märchen); Verbrechergeschichten und Schauermären (über berühmte Räuber wie Cartouche und Mandrin; cf. auch die den „canards" verwandten Gattungen, also die nichtperiodischen Sensationsblätter sowie Flugblattlieder).

Die Entwicklung dieser Stoffe läßt sich nur schwer zurückverfolgen. Im allgemeinen stößt man hier bei einigen Kategorien auf die „chronologische Verschiebung", d. h. auf die Tatsache, daß Kulturmuster, die zuvor den herrschenden Klassen (Aristokratie) eigen waren, in die sozial niederen Schichten hinabsinken; Folge dieses Prozesses ist auch die wachsende Kluft zu den Inhalten der zeitgenössischen Hochkultur (im ZA. der Aufklärung etwa betont die Kolportageliteratur nicht die rationale Welterkenntnis, sondern das Übernatürliche). Im Einzelnen heißt das: Die Ritterromane verschwinden mit wenigen Ausnahmen gegen Ende des 17. Jh.s; die Zahl belehrender Texte steigt besonders im 18. Jh. an; die große Märchenmode (Heftchen mit einzelnen Feenmärchen der Perrault, d'Aulnoy u. a.) setzt vor allem nach der Revolution ein. Ein weiteres Problem, das diese Lit. aufwirft, ist die Frage, wie sie im damaligen Frankreich, dessen Bevölkerung nur sehr langsam lesen und schreiben lernte, offenbar sagenhafte Auflagenhöhen erzielen konnte: Welchem Milieu entstammte eigentlich das Lesepublikum, einem eher städtischen (Brochon 1954) oder einem ländlichen (Mandrou 1964)? In Wirklichkeit gab es beträchtliche Unterschiede, je nach Epoche (cf. Schenda: „Seine [des Lesers populärer Druckwerke] Klassenzugehörigkeit verschiebt sich vom Spätmittelalter bis zur Neuzeit") oder Region (cf. die Alphabetisierungsrate, die in der Bretagne und im Massif Central lange Zeit niedrig, im Osten schon erheblich höher lag; cf. auch den sehr ungleichen Einfluß, den die Städte auf das flache Land ausübten.)

Wenngleich über die Vermittlung der Hausierer eine Anpassung der Produktion an die Konsumentenbedürfnisse gewährleistet wurde, stellt die B.b. nichtsdestoweniger zwischen der Gelehrtenbildung einerseits und der Volkskultur andererseits (d. h. der im volkstümlichen Milieu hervorgebrachten Kultur eines noch weitgehend ländlich orientierten Frankreich, bei deren Entstehung freilich Anleihen und Einflüsse durchaus nicht auszuschließen sind) eine mittlere Realität dar, welche die Existenz halbgebildeter sozialer Schichten bezeugt und bereits die Problematik der „Massenkultur" des 20. Jh.s ankündigt.

Lit.: Nisard, C.: Histoire des livres populaires ou de la littérature du colportage 1–2. P. ²1864 (Ndr. 1968). – Brochon, P.: Le Livre de colportage en France depuis le XVIe siècle. Sa littérature, ses lecteurs. P. 1954. – Seguin, J.-P.: Nouvelles à sensation. Canards du XIXe siècle. P. 1959. – Mandrou, R.: De la culture populaire aux 17e et 18e siècles. La B.b. de Troyes. P. 1964 (²1975). – Bollème, G.: Littérature populaire et littérature de colportage au 18e siècle. In: Livre et société dans la France du XVIIIe siècle. P. 1965, 61–92. – Schenda, R.: Tausend frz. Volksbüchlein aus dem 19. Jh. Versuch einer bibliogr. Auswahl. In: Archiv für Geschichte des Buchwesens 9 (1968) 779–951. – id.: Die B.b. im 19. Jh. In: Burger, H. O. (ed.): Studien zur Triviallit. Ffm. 1968 (²1975) 137–153. – Bollème, G.: Les Almanachs populaires aux XVIIe et XVIIIe siècles. Essai d'histoire sociale. P. 1969. – Schenda, R.: Volk ohne Buch. Ffm. 1970 (²1977). – Bollème, G.: La B.b. La littérature populaire en France du XVIIe au XIXe siècle. P. 1971. – Darmon, J.-J.: Le Colportage de librairie en France sous le Second Empire. Grands colporteurs et culture populaire. P. 1972. – Morin, A.: Catalogue descriptif de la B.b. de Troyes (Almanachs exclus) (Histoire et civilisation du livre 7). Genève 1974. – Bollème, G.: La Bible bleue. Anthologie d'une littérature „populaire". P. 1975. – Genovich, W.: Le Conte de Fées dans la B.b. In: Ber.e im Auftrag der internat. Arbeitsgemeinschaft für Forschung zum rom. Volksbuch. ed. F. Karlinger. Seekirchen 1975, 66–72.

Paris Marie-Louise Tenèze

Bidermann, Jakob, *Ehingen (Donau) 1578, † Rom 20. 8. 1639, bedeutendster dt. Vertreter des lat. Jesuitendramas, studierte nach seiner Ausbildung im Jesuitengymnasium Augsburg (1586–94) und dem zweijährigen Noviziat im Kollegium Dillingen Philosophie in Ingolstadt (1597–1600), wirkte in Augsburg bis zur Aufnahme des Theologiestudiums (1603), nach dessen Abschluß (1606) am Münchner Jesuitenkolleg als Lehrer der 'humaniora' und als Leiter der dortigen Schulbühne; für sie schrieb er die meisten seiner Dramen. 1616 kam er als Professor für Philosophie, danach Theologie, an die Univ. Dillingen; dort erschienen auch seine Epigramme (*Epigrammata*. 1620) und Erzählungen, sowie seine *Herodias* (1622), ein 4000 Hexameter umfassendes Epos vom bethlehemit. Kindermord, das er – ebenso wie die Lebensbeschreibung seines Ordensstifters Ignatius von Loyola – bereits während der Augsburger Lehrtätigkeit verfaßt hatte. Von 1625 bis zu seinem Tod 1639 wirkte B. als Bücherzensor in Rom; während dieser Zeit waren lediglich noch die Heroenbriefe (*Heroum epistolæ*, Antw. 1630) sowie die Gedichtsammlung *Deliciae sacrae* (Rom 1636) erschienen. Postum kamen sowohl die neun erhaltenen Dramen (*Ludi theatrales sacri*. Mü. 1666) als auch der schon 1604 vollendete satirisch-didaktische Roman *Utopia* (Dillingen 1640) und eine Sammlung von Erzählungen unter dem Titel *Acroamata academicorum* (Luzern 1642) im Druck heraus.

Diese beiden Werke B.s, welche J. Bolte „als letzte Berührung der neulateinischen Literatur mit Märchenstoffen" bezeichnet[1], sind, was ihre Erzählstoffe und Motive betrifft, von bes. Interesse. Vor allem der Studentenroman *Utopia*, dessen Beliebtheit sowohl die große Zahl von insgesamt neun Auflagen als auch die poln. Übersetzung (Lublin 1756) und das unter dem Titel *Bacchusia oder Faßnacht-Land* [. . .] (Mü. 1677) erschienene dt. Plagiat des Christoph Andreas Hörl von Wättersdorf bezeugen, ist eine wichtige Quelle für die Erzählforschung; denn ein riesiges Sammelsurium von Schwank- und Abenteuererzählungen ist in diesem Novellenzyklus verarbeitet: Drei Erzähler schildern abwechselnd (nach einem im Bereich der Fabel spielenden Proömium) die Reise dreier Studenten in das Land der Kimmerier und ihre Erlebnisse in der Hauptstadt Utopia. Dieses „Nirgend-Heim" stellt jedoch nicht, wie die beliebten Utopien der Zeit, einen erträumten Idealstaat, sondern ein satirisch beschriebenes, negativ gewertetes „Schlaraffia" dar, worin die Laster der Habgier (avaritia) und der Unersättlichkeit (gula) herrschen. So fungieren die vielen kunstvoll eingefügten Fabeln, Anekdoten, Schwänke und Abenteuererzählungen als 'exempla' für die im narrenhaften Treiben der Utopier ersichtlichen Laster.

Mit der zur Comicotragödie ausgebauten zentralen Erzählung vom *Eintagsfürsten* (lib. 4, cap. 11–47, 159–217; AaTh 1531: → *Bauer wird König für einen Tag*), hat B. spätere Dichter wie Jakob Masen, Christian Weise, Ludvig Holberg und schließlich Gerhart Hauptmann zu dramatischen Bearbeitungen angeregt. Die Geschichte vom Eintags-Aufstieg des Bauern und dem Rückfall in seinen wahren Stand demonstriert die 'vanitas' menschlichen Rollenspiels auf dem Welttheater; Freß- und Saufwahn fungieren als „symbolum" Utopias und seiner der 'gula' verfallenen Bewohner. Der Schwank vom *verkleideten Bischof* (lib. 5, cap. 47–51, 271–283), welcher dem Wirt als Pfand zurückgelassen wird, geht auf den Stricker (13. Jh.; → *Bettler als Pfand*) zurück und verweist nochmals auf das Leitmotiv der 'vanitas'. Das inhaltlich verwandte Motiv vom → Jahreskönig (Mot. J 711. 3), der Legende → *Barlaam und Josaphat* entnommen, liegt auch B.s Drama *Cosmarchia* (um 1620) zugrunde.

Die überaus zahlreichen Gaunerstücklein dienten der Unterhaltung der Jesuitenzöglinge und dem Lehrziel, nämlich der Vermittlung des 'amor eloquentiae'. Beispiele solch geistreicher Geschichten sind das *mißglückte Dienergelage* (lib. 3, cap. 29–41, 128–149; cf. AaTh 1725)[2], der *Streich des nächtlichen Diebes* (lib. 4, cap. 19–27, 171–188)[3], der *Betrug mit dem Spiegel* (lib. 4, cap. 43, 208–210)[4], der *geizige Wirt und die drei Diebe* (lib. 5, cap. 37–40, 261–266; cf. Mot. K 311)[5], der *Kranich mit nur einem Fuß* (lib. 6, cap. 18, 325–327; AaTh 785 A: → *Einbeiniges Geflügel*)[6], die *Entdeckung des gestohlenen Geldes* (lib. 6, cap. 10–21, 314–333; AaTh 1641 II)[7], die → *Fliege auf des Richters Nase* (lib. 6, cap. 25, 337–339; AaTh 1586)[8], der *betrügerische Alchimist* (lib. 6, cap. 41–43, 362–368)[9], der *schlaue Teppichdieb* (lib. 6, cap. 51, 383 sq.)[10] und das *Blindekuhspiel mit dem Gastwirt* (lib. 6, cap. 53, 386–389; Mot. K 233. 2)[11]. Die aus Boccaccios *Decamerone* (2/5) entnommene Novelle *Andreuccio da Perugia* mit den Motiven der Abortfalle und der Leichenberaubung vermittelt als ein 'exemplum' von infamer Raubgier dem Leser einen ersten Einblick in die bei den Utopiern herrschende 'avaritia':

> Unter dem Vorwand einer erlogenen Verwandtschaft wird ein junger Reisender in ein Haus gelockt und dort aufs beste bewirtet; nachts auf dem Abort jedoch stürzt ein gelockertes Brett mit ihm zusammen in die Jauchegrube hinab. Aus dieser entkommen, wird er in einer Totengruft, in die ihn Banditen zum Ausrauben einer fürstlichen Leiche gezwungen hatten, lebendig begraben und kann sich nur durch eine List befreien (lib. 2, cap. 5–24, 40–79).

Trotz der Gewitztheit der Gauner in den aufgeführten Diebsgeschichten erweist das alte Sprichwort „male parta male dilabuntur" (unrecht Gut gedeiht nicht) am Ende doch seine Gültigkeit.

Als Einführung in die Thematik der *Utopia* ist schließlich die erwähnte Fabelfolge zu werten: Während *Bauer und Schlange* (lib. 1, cap. 5–17, 5–25; AaTh 155 v. → *Undank ist der Welt Lohn*) sowohl die Allgemeingültigkeit des alten Sprichworts als auch das närrische Spiel der Fortuna demonstrieren soll, weisen die lose angefügten Fabeln *Fuchs, Kutscher und Wolf* (lib. 1, cap. 19–21, 26–31; AaTh 1: → *Fischdiebstahl*), *Der Wolf als Fischer* (lib. 1, cap. 22 sq., 31–34; AaTh 2: → *Schwanzfischer*) und → *Wolf und Lamm* (lib. 1, cap. 24, 34 sq.; AaTh 111 A) durch die allegorische Bedeutung der Tiere auf den Symbolcharakter aller übrigen erzählten Abenteuer hin.

Neben diesem Roman enthalten die *Acroamata* mehrere Märchenstoffe; so findet sich z. B. neben einer 2. Fassung der Fabel vom *Bauern und der Schlange* (lib. 1, cap. 2) das Motiv von der *treuen* → *Frau* (lib. 2, cap. 2; AaTh 888)[12], die Erzählung vom *hochmütigen König im Bade* (lib. 1, cap. 6; AaTh 757: → Jovinian)[13] und jene von den *drei verbrannten Grafen* (lib. 3, cap. 7)[14].

In den Dramen schließlich hat B. einige der 'Utopia'-Motive noch einmal als wirkungsvolle komisch-satirische 'exempla' gestaltet.

[1] BP 4, 144. – [2] v. Moser-Rath, num. 101. – [3] Qu.: Boccaccio, 3, 2. – [4] v. Moser-Rath, num. 153. – [5] v. Moser-Rath, num. 103. – [6] Qu.: Boccaccio, 6, 4; v. Moser-Rath, num. 105. – [7] v. BP 2, 409. – [8] v. BP 1, 519. – [9] Qu.: Albertinus, Ä.: Der Landtstörtzer Gusman von Alfarche. Mü. 1615 (Nachdr. Hildesheim 1975), 426–429. – [10] cf. ibid., 62. – [11] v. Moser-Rath, num. 100. – [12] v. BP 3, 525. – [13] v. Moser-Rath, num. 22. – [14] v. Moser-Rath, num. 71.

Ausg.n: Utopia Didaci Bemardini seu Jacobi Bidermani Sales Musici [. . .]. Dillingen 1640, 1644, Köln 1649, Genua 1666, Venedig 1668; Dillingen 1670; ibid. 1691; ibid. 1714; Augsburg 1762. – Acroamatum academicorum libri tres. Luzern 1642; Antw. 1648, Luzern 1649, Mü. 1654, Straßburg 1663, Mü. 1664, Antw. 1682, Mü. 1688, Köln 1703, Mü. 1706, 1716, Köln 1724, Mü. 1727, Köln 1733, Augsburg 1743, 1766.

Lit.: Sommervogel, C.: Bibliothèque de la Compagnie de Jésus 1. Brüssel/P. 1890, col. 1443sq. – Rütsch, J.: Die Bedeutung J. B.s. In: Trivium 5 (1947) 263–282. – Dyer, D. G.: J. B., a 17th Century German Jesuit dramatist. Diss. (masch.) Cambridge 1950. – NDB (1955), s. v. J. B. – Pörnbacher, H.: J. B. In: Lebensbilder aus dem bayer. Schwaben (Veröff.en der Schwäb. Forschungsgemeinschaft bei der Komm. für bayer. Landesgeschichte. R. 3). Weissenborn 1973, 128–150. – Best, T. W.: J. B. Boston, Mass. 1975.

Zürich Margrit Schuster

Bidpai → Kalila und Dimna

Biedermeier. B.(zeit), die Epoche, die hist. mit dem Zeitalter der Metternichschen Restauration 1815–1848 zusammenfällt, umfaßt nach neueren Forschungen nicht nur die konservative beschaulich-idyllische Lit. der Restauration, sondern schließt auch die oppositionellen Strömungen der Zeit ein: Junges Deutschland, Vormärz, Junghegelianer. Darüber hinaus ist die Zeit geprägt durch das Nachwirken der Traditionen der Empfindsamkeit, der Romantik und des Klassizismus.

Die Sätze von Alexander von Ungern-Sternberg aus dem Vorwort seiner *Braunen Märchen* (Bremen 1850, Wien [2]s. a., IV) spiegeln die Vielgestaltigkeit des Märchens in der B.zeit:

„Das Märchen ist eine ungemein geschmeidige Dichtungsform; sie kann dienen, den einfachen Sinn des Kindes zu erquicken, sie kann aber auch dienen, den feinsten Schmelz über die Produkte der Zivilisation zu bringen. Wir sehen sie überall angewendet, wo keine andere Dichtungsart mehr hinreicht".

Schon die KHM, in denen Ordnung, Reinlichkeit, Fleiß, Bescheidenheit, ferner Märchen mit Kindern als Hauptfiguren, Neigung zu liebevollem Ausschmücken eine bedeutende Rolle spielen, entsprechen biedermeierlichen Idealen und biedermeierlichem Geschmack. In diesem Sinn setzt die Märchenforschung die KHM zum B. in Bezug (Lüthi, *Märchen*, 55; Weber-Kellermann, I.: *Dt. Vk.* Stg. 1969, 19). Auch Ludwig → Bechsteins *Dt. Märchenbuch* gehört zeitlich der B.epoche an (Lpz. 1845, von 1853 an mit Ludwig Richters → Illustrationen!). Märchen, die durch direkte Nachahmung des Volksmärchens bzw. der KHM Naivität erstreben und vorrangig für Kinder geschrieben wurden, sind in der kinderlieben Kultur des B. außerordentlich verbreitet; die zahlreichen anonymen → Märchenbücher wie auch die Sammlungen von Ernst Moritz → Arndt, Johannes Falk (*J. Falk's auserlesene Werke* 2. Lpz. 1819), Rudolf Schreiber (*Sechs Mährlein für Alt und Jung*. Landshut 1842), Gustav von und zu Putlitz (*Was sich der Wald erzählt*. B. 1850; 1857 bereits 22. Aufl.) u. a. stehen den Grimmschen und Bechsteinschen Märchen nahe, es sind epigonale Produkte. Im Grunde sind auch diese Naivität anstrebenden Erzählungen → Kunstmärchen. Sie sind zugleich Erwachsenenlektüre und bilden nur eine Spielart der poetischen Form Märchen, die bis 1848 nach allen Seiten offen ist.

In Auswirkung der alles mischenden Universalpoesie der → Romantik durchsetzt das Märchen in der B.dichtung viele Gattungen und erzeugt nicht nur Übergangsformen in Richtung Sage und Legende, sondern weitet sich auch aus zum Märchenepos (Sengle 1972, 723–729; z. B. August von Platen: *Die Abassiden*. Stg./Tübingen 1835; Joseph Christian von Zedlitz: *Waldfräulein*. Stg./Tübingen 1843; Otto Roquette: *Waldmeisters Brautfahrt*. Stg./Augsburg 1852, [53]1883), zur Märchennovelle und sogar zum Märchenroman (z. B. Ungern-Sternberg: *Fortunat, ein Feenmärchen* 1–2. Lpz. 1838, mit 700 Seiten). Daneben gibt es Märchendramen von Franz Grillparzer, Ferdinand Jakob → Raimund, August von Platen und Friedrich Hebbel. Da in den Poetiken der B.zeit stärker zwischen versifizierter und nichtversifizierter Lit. unterschieden wird als zwischen einzelnen Gattungen wie Roman, Märchen, Novelle, Erzählung, geraten Märchen und Novelle, Märchen und Erzählung in unmittelbare Nachbarschaft. Im Roman-Artikel des Brockhaus von 1819 werden Märchen und Novelle als die „kleineren Geschwister" des Romans bezeichnet.

Im Gegensatz zur älteren Forschung plädiert F. Sengle (z. B. Sengle 1972, 2–4, 955) dafür, die vielen Mischformen nicht vom Standpunkt der Gattungsreinheit zu kritisieren, sondern sie zu verstehen aus der Zeit heraus, die grundsätzlich zu literar. Überschneidungen neigte: Das Märchen war in dieser Epoche noch so angesehen und selbstverständlich, daß es als Substrat verschiedener Formen auftreten konnte. Das Kombinationsverfahren ist ein Indiz für seine Aktualität. Die zeitgemäße Ausschmückung macht oft den Reiz dieser Märchendichtung aus.

Trotz der Tendenz zur Mischung lassen sich einige Märchentypen unterscheiden: Das allegorische Märchen (→ Allegorie) hat Goethes und Novalis' Kunstmärchen als Vorbilder. Es kann sich ausprägen, weil die naiven Märchen das Bedürfnis nach Empfindung und tieferem Gehalt nicht ganz befriedigen, so daß selbst Anhänger des „einfachen" Märchens wie Bechstein allegorisieren. Deutlichere Spuren der Allegorie begegnen bei den an Hegel orientierten, zur Abstraktion neigenden Erzählern (z. B. Julius Mosen: *Georg Venlot*. Lpz. 1831). Wilhelm → Hauff verfaßt für seinen ersten *Mährchen-Almanach* (Stg. 1826 [recte 1825]) eine allegorische Einleitung. Das Allegorische erscheint in den Märchen der B.zeit meist in naiv-heiterer Weise. So wirkt die Moral weniger aufdringlich. In Robert Reinicks Geschichten wird dies ebenso deutlich wie bei Ungern-Sternberg, der in seiner *Fee Langeweile* (in: *Morgenblatt* 1841) die Tendenzliteratur geißelt. Ernst Christoph von Houwald mildert in der *Brandhexe* (in: *Buch für Kinder gebildeter Stände* 1. Stg. 1826, 39–63) durch allegorische Ausdeutung groteske Motive E. T. A. → Hoffmanns scherzhaft ab. Auch für das geistliche B. mit seiner Neigung zu Didaktik und Moral ist die Allegorie ein beliebtes Mittel (z. B. Guido Görres: *Schön Röslein*. Mü. 1838).

Das ironische Märchen ist bes. im Umkreis des Jungen Deutschland zu finden. Der ironisch-satirische Ton (Vorbilder sind Christoph Martin → Wieland und vor allem Johann Karl August → Musäus) wird von der B.-Poetik für das Märchen ausdrücklich gerechtfertigt (z.B. Mayer, P.: *Theorie und Lit. der dt. Dichtungsarten* 1. Wien 1824, 83) und auf viele Themen und Motive übertragen; cf. etwa das satirische Märchen *Der letzte Romantiker und die letzten Abergläubigen* (in: *Aus dem poetischen Nachlasse von E. W. Ackermann*. Lpz. 1848) von Ernst Wilhelm Ackermann. Hauptvertreter dieser Richtung ist Ungern-Sternberg, der – ein energischer Verteidiger der Feudalkultur – die Rokokotradition programmatisch in klarem Widerspruch zur Romantik vertritt. Er fordert noch 1848 im Geiste Wielands eine Neubelebung der kultivierteren Formen des Märchens, nämlich das „politisch-satirische" und das „frivolwitzige" (Vorwort zu *Braune Märchen*. Bremen 1850). Die Parodie auf *Rotkäppchen*, eine Umstilisierung zu einer frivolen, obszön pointierten Kavaliersgeschichte, zeigt beispielhaft die Tendenzen dieses Verfassers. Das ironische Märchen der Rokokotradition gelangt mit ihm an einen Endpunkt. Indessen hat sich die verwandte Form des ästhetizistischen Märchens entwickelt: Platens *Rosensohn* (in: *Sämtliche Werke* 1. ed. M. Koch/E. Petzet. Lpz. s. a., 38–53), vom Inhalt her konventionell und gleichgültig, ist nur seiner Form wegen verfaßt. Platen sah in diesem frühen Märchen das von ihm geforderte Ideal der „Präzision" angelegt und perfektionierte 1826 die 1. Fassung zum Eindruck vollkommener Kälte und Objektivität.

Märchenhafte Züge beherrschen auch die phantastischen Alltagserzählungen, in denen die Wirklichkeit mythisiert, mit übernatürlichen Gestalten erfüllt wird. Der bes. Reiz des alltäglich-phantastischen Märchens besteht in der Verfremdung und Erhöhung des Naturgegebenen, Nahen und Modernen. Das Wunderbare spielt sich in vertrauter Umwelt ab. Diese von Ludwig → Tieck und E. T. A. Hoffmann gepflegte Märchenart ist der biedermeierlichen Vorstellung, die das Doppelbödige, die Verbindung von Unheimlichem und real Erklärbarem liebte, höchst willkommen. *Das Gastmahl* (B. 1815) von Karl Wilhelm Contessa, Karl Lebrecht Immermanns *Mondscheinmärchen* (in: *Epigonen*. Düsseldorf 1836, Teil 2, Buch 6, Kap. 12) und *Prinzessin Ilse* (B. 1853) von Marie Petersen sind Beispiele dafür. Bei vielen Märchenautoren – Wilhelm Hauff, Eduard Mörike, Hermann Kurz u. a. – entsteht eine starke Spannung zwischen dem Grellen, Phantastischen und Wilden einerseits, dem Idyllischen andererseits.

Teilweise herrscht diese Spannung auch zwischen den Märchenerzählungen und ihrem Rahmen. Viele Märchen sind in Zyklen gefaßt, wobei die Märchen von *1001 Nacht* als Vorbild eine Rolle spielen, oder als novellistische Einlagen in Romanen verwendet. Hauffs drei *Mährchen-Almanache* (Stg. 1826 [recte 1825]–28) z.B. bestehen jeweils aus einem Zyklus von Märchen, Sagen und Schauergeschichten. Der Rahmen, selbst eine Geschichte, bildet das Verbindungsglied zwischen Leser und Erzähler. Die Märchen und Sagen sollen vorwiegend unterhalten, der Rahmen rechtfertigt das Erzählte und kann dabei ausgesprochen lehrhaft sein.

Lit.: Boehn, M. von: B. Deutschland von 1815–1847. B. 1911. – Hermann, G.: Das B. im Spiegel seiner Zeit. B. 1913. – Weydt, G.: B. und Junges Deutschland. Eine Lit.- und Problemschau. In: DVLG 25 (1951) 506–521. – Koch, F.: Idee und Wirklichkeit. Dt. Dichtung zwischen Romantik und Naturalismus. Düsseldorf 1956. – Flemming, W.: Die Problematik der Bezeichnung 'B.' In: GRM 38 (1958) 379–388. – Hermand, J.: Die literar. Formenwelt des B.s. Gießen 1958. – Höllerer, W.: Zwischen Klassik und Moderne. Lachen und Weinen in der Dichtung einer Übergangszeit. Stg. 1958. – Markwardt, B.: Geschichte der dt. Poetik. Teil 4: Das 19. Jh. B. 1959. – Alker, E.: Dt. Lit. im 19. Jh. 1832–1914. Stg. ²1962. – Sengle, F.: Arbeiten zur dt. Lit. 1750–1850. Stg. 1965. – Böhmer, G.: Die Welt des B. Mü. 1968. – Hermand, J./Windfuhr, M. (edd.): Zur Lit. der Restaurationsepoche 1815–1848. Forschungsreferate und Aufsätze. Stg. 1970. – Sengle, F.: B.zeit. Dt. Lit. im Spannungsfeld zwischen Restauration und Revolution 1815–1848. 1–2. Stg. 1971–72, bes. t. 2: Formenwelt (1972) 952–977 (t. 3 im Druck). – Neubuhr, E. (ed.): Begriffsbestimmung des literar. B. Darmstadt 1974.

München Günter Häntzschel

Biene

1. Humanisierung der B. – 2. Entstehung und Herkunft – 3. 1. Positive Qualitäten der B. – 3. 2. Negative Eigenschaften der B. – 4. Tätigkeiten der B. – 5. Die Seelenbiene – 6. Die B. im Lügenmärchen.

1. Humanisierung der B. Ethologische Beobachtungen der schon früh gebeuteten (d. h. in künstlichen Behältern [Beuten] gehaltenen) B.n[1] haben den Menschen – vielleicht ebenso zeitig – dazu geführt, dem Tier anthropoide Qualitäten zuzuschreiben und sein Leben mit dem eigenen Dasein in engste Verbindung zu bringen. Von der Antike bis in unsere Tage werden die B.n als fleißig, tapfer, keusch, einträchtig und mit Verstand und Kunstsinn begabt gedacht. Sie leben wie der Mensch in Gemeinschaft, haben sich einen Staat geschaffen und eine Verfassung gegeben[2]. Nach Pseudo-Aristoteles, Vergil, Plinius u. a. haben sie einen König (rex apium)[3], eine Meinung, die sich bis in das 17. Jh. hinein hält, nach anderer ma. Auffassung (familiarisiert gedacht) eine B.mutter (ags. beomôdor; mlat. apis

mater; tschech. matka)[4]. Ihr Gemeinwesen verfügt über „Ammen", „Wächter" und „Arbeiter", über Tätigkeitsgruppen also, deren Bezeichnung unserer Sozialterminologie entnommen ist.

Umgekehrt werden Ordnung und Verhalten des B.nvolkes symbolisch auf die menschliche Gesellschaft oder auf Teile von ihr übertragen, so wenn nach Ammianus Marcellinus (17, 4, 11) die ägypt. Hieroglyphe für das Wort König aus einer B. besteht[5], wenn Priesterinnen (vor allem der Demeter und Artemis, aber auch die delph. Pythia) bei den Griechen wegen ihrer äquivalenten Keuschheit B.n (melissa) oder nach Pausanias (8, 13, 1) die Tempeldiener in Ephesus B.nkönige (essēn) genannt werden[6], wenn → Thomas Cantipratanus im *Bonum universale de apibus* (um 1260) die Organisation der kathol. Kirche als „Einige Gemeinde" zum B.nstaat in Beziehung setzt[7] und → Abraham a Santa Clara das Klosterdasein mit dem fleißigen, keuschen und gehorsamen Leben der B.n identifiziert[8], oder wenn im übertragenen Sinn noch in der heutigen Sprache Verhaltensweisen unserer Gesellschaft mit denen der B.nsozietät verglichen werden (B.nfleiß, Drohnendasein).

Auch in Brauch und Glaube vermenschlicht man ihr Leben, wenn man von ihnen sagt, daß sie „essen", „trinken", „sterben". Ihr Summen wird als Sprache (Mot. B 211.4.2), Gesang[9], Kinder- (Mot. K 1023.4) oder Frauenweinen gedeutet[10]. Schon bei den Sumerern hießen die B.n „Klagefrauen" (lallartu)[11]. Man schreibt ihnen das Vermögen zu, gut und böse unterscheiden zu können und gegen alles Unreine empfindlich zu sein[12]. Sie werden daher schließlich auch in das zyklische Geschehen des Jahres und des Lebens einbezogen, wenn man ihnen die heiligen Zeiten und Tage, den Tod, die Hochzeit oder die Geburt im Hause ansagt[13].

2. Entstehung und Herkunft. Das bunte Gemisch von Vorstellungen über die Beziehungen zwischen Mensch und B. findet sein Pendant in dem substantiell sehr divergenten Erzählkomplex über die Herkunft des Tieres. Die B. ist das einzige animalische Wesen, das uns direkt aus dem Paradies überkommen ist[14], cf. den dt. B.nsegen:

Die Bienen und die Wise(n) [Weisel]
Die kommen aus dem Paradise[15].

Nach der europ. Emblematik des 16. und 17. Jh.s sind daher B.n oder B.nkörbe (als Sinnbilder des unschuldigen Lebens) Attribute des personifizierten Goldenen Zeitalters[16]. Auch der Schwank weiß von der Paradiesbiene: Als Eva bei dem Versuch, Adam nachzuahmen und durch Waschen des Gesichts im Paradiesfluß einen → Bart zu erhalten, von einer B. zwischen den Beinen gestochen wird, schlägt sie mit der nassen Hand danach, und so soll die behaarte Scham der Frau entstanden sein[17].

In zahlreichen dualistischen Schöpfungssagen aus Frankreich, Deutschland, der Schweiz, Schweden, Polen (Krzyżanowski 2622), Slovenien und Ungarn wird erzählt, daß Gott die B. und der Teufel im mißlungenen Nachahmungsversuch die Wespe oder Fliege geschaffen habe[18]. Nach einem häufiger mit AaTh 751 (→ *Bäuerin [Bäckerin] als Specht*) verbundenen, in Deutschland, Polen, der Tschechoslowakei, bei den Südslaven und in der Ukraine bekannten Legendenmärlein entstand die B. aus einer Made in der Wunde Christi, die ihm die Bäckerin zufügte, als sie ihm den nicht gegönnten Brotfladen an den Kopf warf[19]; cf. dazu die tschech. Volksetymologie „včela z čela" (B. aus der Stirn)[20]. Var.n: Christus wird mit dem Brotschieber (tschech.[21]), St. Peter mit einem Brotkanten geschlagen (Krzyżanowski 2621 A 2), der hl. Paulus durch einen Steinwurf an der Stirn verwundet (Krzyżanowski 2621 A 5), Christus von der geizigen Bäuerin mit einer Heugabel in die Hand gestochen, als er den bettelnden Petrus schützen will[22]; aus dem Blut (oder den Würmern) entstehen dann die B.n.

Nach einem weiteren Erzählkomplex sollen die B.n aus den Schweißtropfen Christi (slovak.)[23], aus seinen Tränen (bret.)[24] oder aus den Wassertropfen, die bei der Taufe im Jordan von ihm fielen (wallon.)[25], hervorgegangen sein. Auch diese Vorstellung ist bereits früh bezeugt: Nach einer altägypt. Ätiologie sind die B.n aus den Tränen des Sonnengottes Ra entstanden[26]. Die Russen erzählen ferner, daß die B.n aus dem Nabel Christi geflogen seien, als dieser am Kreuz litt[27]; cf. dazu eine tschuwasch. Erzählung, wonach die erste B. aus dem Nabel des Großen Gottes (Mun Túrě) hervorgekrochen ist[28]. Die Ukrainer schließlich wissen, daß Christus die B.n aus den Gedärmen des Petrus geschaffen habe[29].

Unkenntnis über die Zoologie der B.n[29a] hat zu der frühen und weit verbreiteten Auffassung von der Parthenogenese der Tiere geführt. Schon nach Aristoteles und Vergil zeugen sie ihre Brut nicht, sondern sammeln sie von den Blüten auf[30]. Die Kirchenväter (Ambrosius, Rufinus, Isidor, Gregor) haben diese Vorstellung übernommen und analog auf die conceptio immaculata der Gottesmutter bezogen[31]. Auf Darstellungen der thronenden Madonna erscheinen daher oft B.n oder B.nkörbe[32]. Das Motiv von der Jungfräulichkeit der B. geht durch die ma. Lit. (cf. eine ahd. Predigt: diu pîe ist maget, wird âne hîleichiu dinc geborn[33]) über etwa Konrad von Megenbergs *Buch der Natur*[34] bis hin zu Friedrich Spees *Trutz Nachtigall* (1649):

Sie häuffig sich vermehren,
Doch keusch, ohn heyrat sein;
Ohn lieb sie sich beschwären
Mit süssen Kinderlein[35].

Noch heute erzählt man sich dementsprechend, daß keusche Jungfrauen oder Jünglinge nicht von B.n gestochen werden[36].

Nach einem umfangreichen und ebenfalls schon aus der Antike stammenden Erzählkomplex sind die B.n (in Verwechslung mit der Aasfliege?) aus verwesenden Rindern[37] oder toten Pferden[38] (Mot. B 713.1) entstanden. Hierher ist vielleicht die merkwürdige Dionysos-Legende zu stellen, wonach der Gott in Gestalt eines Stieres zerrissen, als B. aber wiedergeboren wurde[39]; cf. jedoch dazu Vergil (*Aeneis* 6, 706–709), der die zur Palingenese (Wiedergeburt) bestimmten Seelen B.n nennt. Auch die Aas-Redaktion reicht kontinuierlich durch das MA. bis in die Neuzeit[40] und hat ihren Niederschlag in vielen Ätiologien gefunden, so etwa in dem russ. Apokryph von Abrahams Opferkalb, aus dessen Blut B.n wurden[41], oder in einer russ. Sage, nach welcher der erste B.nschwarm aus einem vom Wassermann ertränkten Pferd entstand[42]. Mit Recht ist verschiedentlich auch auf Ri. 14, 8–14 hingewiesen worden, wo ähnlich erzählt wird, daß Simson im Kadaver des Löwen einen B.nschwarm findet und daraufhin den Philistern das berühmte Rätsel stellt: Speise ging von dem Fresser und Süßigkeit von dem Starken (Mot. H 804).

3. 1. Positive Qualitäten der B. Sebastian Brant betont im *Narrenschiff* (1494) die vorsorgende Geschäftigkeit der B. im Gegensatz zum Bären, der einen Winterschlaf halten muß[43]. Im *Speculum sapientiae* des Pseudo-Cyrillus[44] ist das Tier im Gleichnis von der B. und der Spinne ein Sinnbild des Fleißes[45], in dem von der B. und der Fliege im Wein ein solches der Mäßigkeit, in einem dritten vom Sperling und der B. ein Symbol geselligen Verhaltens[46]. In verschiedenen Märchentypen ist die Dankbarkeit der B. ein handlungstragendes Motiv, so etwa in AaTh 240 A*, wo die Taube der B. aus dem Wasser hilft und diese dafür den Jäger, der den Vogel schießen will, in die Hand sticht, oder in AaTh 554 (→ *Dankbare Tiere*), wo sich die B. auf das richtige unter mehreren verschleierten Mädchen setzt und so dem Helden bei der Erkennungsaufgabe hilft (Mot. H 162). In Fassungen zu AaTh 302 (→ *Herz des Unholds im Ei*), zu AaTh 400 (→ *Mann auf der Suche nach der verlorenen Frau*, cf. Ikeda 400 V) oder zu AaTh 553 (→ *Rabe als Helfer*) verleiht sie dem Helden die Fähigkeit, sich in ihre Gestalt verwandeln zu können.

In einer Hakka-Erzählung opfert sie sogar ihr Leben, wenn sie den Retter des B.nnestes durch ihren Stich auf eine giftige Schlange aufmerksam macht[47]. Hilfreich erweist sich auch die B., die dem jungen Mann im siebenbürg. Märchen den schwierigen Weg zum „Rosenmädchen" zeigt[48].

Von ihrer Gehorsamkeit, auf die schon Xenophon (*Oikonomikōs* 7, 38), Ambrosius (*Hexameron* 5, 68) u. a. hinweisen, vor allem von der Obedienz Gott gegenüber, sprechen ebenfalls viele Erzählungen, so eine frz., nach der sie Gott auf sein Verlangen von ihrem Honig gibt, die Wespe sich jedoch weigert. Daher soll die B. immer Honig für den Menschen und Wachs für Gott haben[49]. In einem Märlein aus Nigeria hört die B. aufmerksam den Anweisungen Gottes zu, die Wespe dagegen nicht und kann daher keinen Honig erzeugen[50]. Das *Tūtī-Nāmeh* stellt die Barmherzigkeit der B. heraus: Ibrâhîm Ibn Edhem, der König von Baktrien, sieht, wie eine B. einen blinden Sperling mit Brotkrumen vom königlichen Tisch füttert und entsagt daraufhin allem Irdischen[51]. Ihre Fröhlichkeit (!) betont ein rumän. Märchen: Eine arme Frau ruft ihre Kinder an ihr Sterbebett, aber nur ein Mädchen kommt. Es verwandelt sich nach dem Tod der Mutter in die „immer frohe und muntere Biene, die die Menschen lieben"[52].

3. 2. Negative Eigenschaften der B. werden hergeleitet aus ihrem übermäßigen Fleiß, dem giftigen Stich oder aus ihrem bedrohlichen Auftreten als Schwarm. Demokritos vergleicht sie mit den Geizigen, die „arbeiten, als ob sie ewig leben werden"[53], für Gregor den Großen ist sie ein Symbol der Hinterlist[54]. Äsop erzählt, daß sie Zeus gebeten habe, die Menschen, die ihr den Honig nähmen, mit ihrem Stachel töten zu können. Der Gott aber verfügte, daß sie selbst nach dem Stich sterben solle (Mot. A 2232.2)[55]. Die Fabel ist bis heute in Europa sehr verbreitet[56]. Frz. Fassungen fügen noch das Motiv des Hochmuts hinzu: Die B.n verlangen sofort nach ihrer Erschaffung, in goldenen oder silbernen Häusern wohnen zu dürfen. Gott bewilligt ihnen jedoch nur solche aus Stroh oder Weidenruten[57]. Weil die B. auch sonntags arbeiten wollte, entzog ihr Gott den roten Klee, der den meisten Honigstoff in sich birgt[58]. Ihren blinden Zorn geißelt wiederum Äsop, wenn er sie statt des Honigdiebs den B.nhalter stechen läßt[59]. Theokritos (*Eidyllion 19*) erzählt dagegen, daß Amor beim Honigstehlen von einer B. gestochen wurde und sich bei seiner Mutter beklagte, daß ein so kleines Tier einen solch starken Schmerz verursachen könne, worauf ihm Venus bedeutete, daß auch er, obwohl doch nur klein, schreckliche Wunden hervorbringe. Das Motiv ist vor allem in der Renaissancekunst zum beliebten Thema geworden[60].

Fast immer unheilvoll gedeutet wird das plötzliche Auftreten eines B.nschwarms. Nach Dio Cassius (60, 35, 1) zeigt es den Tod eines Kaisers an. Läßt sich ein Schwarm in der Nähe eines Lagers nieder, wie vor der Schlacht am Ticinus (Livius, *Ab urbe condita* 21, 46, 2) oder im Drususlager (Plinius, *Naturalis historia* 11, 55; Dio Cassius 54, 33, 2), so ist das ein dirum ostentum (unheilverkündendes Vorzeichen)[61]. Dem Herzog Leopold von Österreich verkündeten B.n, die sich in großer Zahl auf seine Waffen setzten, die Niederlage bei Sempach[62]. Zahllose Sagen berichten dementsprechend, daß B.nschwärme Krieg, Seuchen, Unglücksfälle wie Bergstürze, Unwetter oder Feuersbrünste ankündigen[63]. Zuweilen ist ein solches Prodigium mehrdeutig: Ammianus Marcellinus (18, 3, 1–5) z. B. erzählt, daß die Frau des Barbatio, nachdem sie von B.n geträumt hatte, glaubte, ihr Mann werde Kaiser an Stelle des regierenden Constans; dieser ließ ihn jedoch als Rebellen hinrichten.

4. Tätigkeiten der B. Die B. ist Gottes Tier. Dualistische Schöpfungssagen erzählen, daß sie Gott als Späherin dient, um die An- und Absichten des Teufels auszuhorchen. Als der Herr die Erde schuf, hatte er sie etwas zu groß gemacht, so daß der Himmel sie nicht ganz bedecken konnte. Er bemerkte, daß der Teufel sich mit dem Igel besprach und schickte die B. aus, um die beiden zu belauschen. Sie erfährt, daß die Erde mit einem Stock zusammengeschlagen oder mit den Händen geknetet werden müsse[64]. Nach einem anderen Erzählkomplex wollte Gott die Sonne verheiraten und fragte

den Teufel, ob das angehen könne. Der aber wollte nicht antworten. Die B. belauschte sein Selbstgespräch, wonach die vielen neugeborenen Sonnen alles austrocknen und verbrennen würden. Die Heirat fand nicht statt[65]. Als Nachrichtenüberbringerin fungiert die B. auch, wenn sie im Paradies den Sündenfall der Erstgeborenen beobachtet, zu Gott fliegt, um es ihm mitzuteilen, und dafür mit der Gabe der Wachserzeugung belohnt wird[66]. In chin. Märchen ist die B. häufiger die Ehevermittlerin zwischen einem Schlangen- oder Totengeist und einem Mädchen[67]. Schon in der hethit. Mythologie ist die B. die Botin der Götterherrin. Der *Telipinu-Mythos* erzählt, daß der verschwundene Gott von den anderen Überirdischen und vom Adler ohne Erfolg gesucht wird. Erst die ausgesandte B. findet ihn dann in einem Hain schlafend vor und weckt ihn mit ihrem Stich[68].

Christl. Legenden und Sagen sprechen vor allem von der mirakulösen Bautätigkeit der B.n: Eine Frau legt eine Hostie zur Mehrung des Honigertrages in den B.nstock, oder Diebe werfen die gestohlene Oblate fort. B.n bauen darüber aus Wachs ein Tabernakel, einen Altar oder eine Kapelle (Mot. B 259.4). Die literar. Tradition des Motivs setzt mit Petrus Venerabilis (1094–1156) ein und reicht bis in die heutige Zeit[69]. Jedoch berichtet schon Pausanias (10, 5), daß der Tempel in Delphi in uralter Zeit von B.n aus Wachs und Federn errichtet worden sei. In der Grimmschen Fassung (KHM 107) zu AaTh 613 (*Die beiden → Wanderer*) schließlich bauen dankbare B.n für den Helden ein Schloß naturgetreu in Miniaturform aus Wachs nach und lösen so die Aufgabe des Königs.

Der Stich der B., schon mehrfach erwähnt, hat ebenfalls zur Bildung umfangreicher Erzählkomplexe beigetragen. Das Legendenmärchen AaTh 774 K (→ Petrusschwänke) erzählt von der Entrüstung des Heiligen, als Christus eines einzigen Sünders wegen die Ernte aller Bauern vernichtet. Als sich ihm ein B.schwarm auf die Hand setzt und ihn nur eine von ihnen sticht, wirft er jedoch den ganzen Schwarm ins Wasser. In mehreren Fassungen zum Kettenmärchen AaTh 2015 (→ *Ziege will nicht heim*) gelingt es erst der B., das störrische Tier durch Stiche nach Hause zu treiben. Im → *Krieg der Tiere* (AaTh 103, 104, 222) helfen die B.n den Haustieren oder Vögeln, indem sie deren Gegner durch ihre Stiche vertreiben (oder den Fuchs unter den erhobenen Schwanz stechen, cf. Ikeda 222 III).

Alt und verbreitet sind die Berichte und Sagen von der Verwendung der stechenden B.n in der Kriegsführung. Bereits um 100 p. Chr. n. erzählt Appian (*Mithridates* 78), daß B.schwärme als wirksame Waffe bei der Vertreibung von Feinden eingesetzt worden seien (cf. Mot. B 524. 2.1). Seit Widukind von Corvey (10. Jh.) kursieren Sagen, nach denen belagerte Städte befreit werden, wenn volle B.nkörbe auf die Angreifer geschleudert werden[70]. Nach ind. Erzählungen verwandelt sich in die Luft geworfene Asche in agressive B.nschwärme (Thompson/Balys K 2351.2.2). Die Nonnen des Klosters Beyenburg setzen B.nkörbe vor das bestürmte Kloster, und als diese von den anstürmenden Rittern bzw. Schweden umgestoßen werden, vertreiben die gereizten B.n den Feind[71]. Umgekehrt werden B.nkörbe in die belagerte Stadt geworfen und diese dadurch zur Übergabe gezwungen. Von dieser Taktik berichten etwa der frz. Roman *Le Chevalier au cygne et les enfances de Gaudefroi* (1171–90) oder der aus dem Französischen übersetzte engl. Roman *Richard Coeur de Lion*, wonach Akkon von den Kreuzfahrern unter Gottfried von Bouillon bzw. unter Richard Löwenherz mit Hilfe von hineingeschleuderten B.nkörben erobert worden sei[72].

Wie in der Antike von Pindar, Platon oder Hesiod erzählt man im MA. vom hl. Ambrosius, Chrysostomos, Isidor von Sevilla u. a., daß sich dem schlafenden Kind ein B.nschwarm auf das Gesicht oder den Mund gesetzt und Honig darauf geträufelt habe, was auf seine später „wie Milch und Honig fließende“ Eloquenz gedeutet habe[73]; cf. dazu Spr. 16, 24: „Die Reden des Freundlichen sind Honigseim.“

5. Die Seelenbiene. Die Ägypter vergleichen die Stimmen der Seelen in der Unterwelt mit dem Summen eines B.n-schwarms[74], Sophokles spricht von nekrōn smēnos[75], Vergil bezeichnet die zur Wiedergeburt bestimmten Seelen als B.n (*Aeneis* 6, 706–709; cf. Mot. E 616.1: *Reincarnation as bee*). Auch nach dt. Volksglauben erscheint die menschliche Seele nach dem Tod als B. und wandert in dieser Gestalt in 24 Stunden zum Himmel[76]. Nach AaTh 808 A (→ *Teufel und Engel kämpfen um die Seele*) fliegt beim Tode eines guten und eines bösen Menschen jedem eine B. aus dem Mund, um die ein weißer und ein schwarzer Vogel streiten. Die Seelenbiene des guten nimmt der weiße, die des bösen der schwarze Vogel.

Den Lebenden entweicht die Seele im Schlaf in B.ngestalt aus dem Mund, während der Körper leblos daliegt[77]. Wenn sie an der Rückkehr gehindert wird, stirbt der Schläfer; wenn das Hindernis beseitigt wird, kehrt sie in den Körper (bei Baughman E 721.2.4 in das Ohr des Schläfers) zurück, und der Schlafende faßt ihre Erlebnisse als Traum auf. In jap. Fassungen zu AaTh 1645 A (→ *Guntram*; Ikeda: *Dream of Treasure Bought*) kriecht daher dem Schlafenden eine B. aus dem Nasenloch, begibt sich auf Wanderschaft und findet einen Schatz. Der wachende Freund kauft dem Schläfer den Traum ab. Im ind. Märchen vom schiffbrüchigen Prinzen (AaTh 923 B + 302 + 567 A) ist das Leben des Unholds in einer B. verborgen (Mot. E 715.3.1)[78].

6. Die B. im Lügenmärchen. Die Winzigkeit des Tieres hat die Proportionsphantasie des Menschen immer wieder zu Erzählungen über konträr riesige B.n angeregt. In einem altbezeugten und weit verbreiteten Lügenmärchen (AaTh 1920 G) erzählt ein Aufschneider, er habe irgendwo B.n so groß wie Schafe gesehen. Frage: „Wie groß waren die B.nkörbe?" Antwort: „Wie die unseren". „Und wie kommen die B.n hinein?"[79]. In einer anderen, in Deutschland, Italien, Serbien, Siebenbürgen und in der Türkei erzählten Aufschneidergeschichte sucht ein Mann seine verlorene B. und sieht, wie ein anderer sie vor den Pflug gespannt hat[80]. Paul Bunyans B.n sind so groß, daß er nur zwei braucht, um ein ganzes Lager mit Honig zu versorgen (Baughman X 1282 b). In einer schweiz. Erzählung wird ein Senn, der im Milchsee ertrunken ist, in einer Höhle begraben, die B.n mit Honigwaben groß wie Stadttore durchwirkt haben[81].

[1] Schon im alten Ägypten wurden B.n als Haustiere in Tonröhren gehalten, v. Brockhaus Enz. 2. Wiesbaden 1967, 704. – [2] Kl. Pauly 1, 899. – [3] Pauly/Wissowa 3 (1899) 433. – [4] Grimm, J.: Dt. Mythologie. ed. E. H. Meyer. Gütersloh 41875/77, t. 2, 580; t. 3, 203. – [5] Pauly/Wissowa 3 (1899) 447; nach Wiedemann, A.: Das alte Ägypten. Heidelberg 1920, 286 ist dagegen mit der Hieroglyphe die angriffslustige Wespe gemeint. – [6] Kl. Pauly 1, 899; RAC 2, 279; Grimm (wie not. 4) t. 2, 580. – [7] RDK 2, 546, danach dient in der reformatorischen Satire die B. umgekehrt zur Verspottung der kathol. Kirche, so wenn in „De Roomsche Byen-Korf" (1569) des Philipp von Marnix auf dem Titelbl. in der Mitte eine B. mit dem Papsthaupt thront und um sie B.n mit Kardinals-, Bischofs- oder Mönchsköpfen schwirren. – [8] RDK 2, 546. – [9] Bereits Ambrosius rühmt ihren „lieblichen Gesang", den er mit Trompetenklang vergleicht, cf. Corpus scriptorum ecclesiasticorum latinorum 32, 1, 195. – [10] HDA 1, 1228. –

[11] Landsberger, B.: Die Fauna des alten Mesopotamien [. . .] (Abhdlgen der Sächs. Akad. der Wiss.en. Phil.-hist. Kl. 42, 6). Lpz. 1934, 24sq. – [12] HDA 1, 1228sq. – [13] HDA 1, 1232sq. – [14] Grimm (wie not. 4) t. 2, 579; De Gubernatis, A.: Die Tiere in der idg. Mythologie. Lpz. 21874, 508. – [15] HDA 1, 1254. – [16] RDK 2, 548. – [17] Dh. 1, 228–235, bes. 231. – [18] Lixfeld, H.: Gott und Teufel als Weltschöpfer. Eine Unters. über die dualistische Tiererschaffung in der europ. und außereurop. Volksüberlieferung. Mü. 1971, 33–35; Dh. 1, 166sq.; Sébillot, P.: Le Folk-Lore de France 3. P. 1905 (Repr. P. 1968) 300sq.; Müller, J.: Sagen aus Uri 3. Basel 1945, 150. – [19] Dh. 2, 129–131. – [20] Tille, V.: Soupis českých pohádek 1. Prag 1929, 589. –

[21] ibid. – [22] Dh. 2, 185. – [23] Polívka, J.: Súpis slovenských rozprávok 4. Turčiansky Sv. Martin 1930, 45, num. 72. o. 2. – [24] Sébillot (wie not. 18) 301; StandDict. 1, 130. – [25] Rolland, E.: Faune populaire de la France 3. P. 1881, 32; HDA 1, 1254. – [26] StandDict. 1, 130. – [27] Strausz, A.: Die Bulgaren. Ethnogr. Studien. Lpz. 1898, 12. – [28] ibid. – [29] Dh. 2, 130. – [29a] cf. Misch, M.: Apis est animal – apis est ecclesia. Ein Beitr. zum Verhältnis von Naturkunde und Theologie in spätantiker und ma. Lit. Born/Ffm. 1974; dazu Rez. von D.-R. Moser in: ZfVk. 72 (1976) 294–296 (mit wichtigen Lit.ergänzungen). – [30] Kl. Pauly 1, 898. –

[31] RAC 2, 280; HDA 1, 1251. – [32] RDK 2, 545sq. – [33] Grimm (wie not. 4) t. 3, 202. – [34] Konrad von Megenberg: Buch der Natur. ed. F. Pfeiffer. Stg. 1861 (Nachdr. Hildesheim 1962) 288. – [35] HDA 1, 1227. – [36] HDA 1, 1229. – [37] Varro, Res rusticae 3, 16, 4. – [38] Servius, Commentarius in Vergilii Aeneida 1, 453. – [39] De Gubernatis (wie not. 14) 507. – [40] HDA 1, 1227; RDK 2, 547. –
[41] Máchal, H.: Nákres slovanského bájeslovi. Prag 1891, 143. – [42] ibid. – [43] RDK 2, 547. – [44] Grässe, J. G. T. (ed.): Die beiden ältesten lat. Fabelbücher des MA.s: Des Bischofs Cyrillus Speculum sapientiae und des Nicolaus Pergamenus Dialogus creaturarum (BiblLitV 148). Tübingen 1880. – [45] cf. Pauli/Bolte 2, 85, num. 845. – [46] Die Beispiele nach RDK 2, 547. – [47] Eberhard, W.: Studies in Hakka Folktales. Taipei 1974, 69. – [48] Haltrich, J.: Dt. Volksmärchen aus dem Sachsenlande in Siebenbürgen (B. 1856) Mü. [6]1956, 74–77, num. 24. – [49] RTP 13, 255. – [50] Walker, B. K. und W. S.: Nigerian Folk Tales. New Brunswick, N. J. 1961, 43sq. –
[51] Tuti-Nameh. Das Papagaienbuch 2. Nach der türk. Bearb. übers. von G. Rosen. Lpz. 1858, 112. – [52] Marianu, S. F.: Insectele in limba, credinţele şi obiceirurile Românilor. Buk. 1903, 135; Gaster, M.: Rumanian Bird and Beast Stories. L. 1915, 67sq. – [53] RAC 2, 277. – [54] RAC 2, 280. – [55] Aesop, num. 287. – [56] Dh. 4, 266–269. – [57] RTP 1, 151. – [58] Mot. A 2231.3.2; Dh. 3, 306–308; Krzyżanowski 2621 B; Český Lid 10 (1901) 480. – [59] Aesop, num. 289; Wienert 369/524'. – [60] RDK 2, 547sq. –
[61] RAC 2, 278. – [62] Grimm (wie not. 4) t. 2, 951. – [63] HDA 1, 1229–1231. – [64] Schischmánoff, L.: Légendes religieuses bulgares. P. 1896, num. 5; Dh. 1, 127sq. – [65] Dh. 1, 129sq. – [66] Klaar, M.: Christos und das verschenkte Brot. Neugriech. Volkslegenden und Legendenmärchen. Kassel 1963, 20sq. – [67] Eberhard, Typen, num. 31, 118. – [68] RAC 2, 275; Güterbock, H.: Hittite Mythology. In: Kramer, S. (ed.): Mythologies of the Ancient World. N. Y. 1961, 146sq. – [69] HDA 1, 1248sq. und vor allem Moser-Rath, 492sq. mit reicher Lit. – [70] HDA 1, 1249. –
[71] Schell, O.: Berg. Sagen. Elberfeld 1897, 170sq; cf. Ethnologia Slavica 2 (1970) 231, num. 51. – [72] Liebrecht, F.: Zur Vk. Heilbronn 1879, 75. – [73] Junge, L.: Die Tierlegenden des Hl. Franz von Assisi. Lpz. 1932, 15sq.; RDK 2, 548. – [74] Alt, A./Christensen, A. u. a. (edd.): Kulturgeschichte des Alten Orients. 1. Abschnitt: Kees, H.: Ägypten. Mü. 1933, 321. – [75] RAC 2, 278. – [76] HDA 1, 1248. – [77] ibid. – [78] Knowles, J. H.: Folk-Tales of Kashmir. L. 1888, 383. – [79] Müller-Fraureuth, C.: Die dt. Lügendichtungen bis auf Münchhausen. Halle 1881 (Repr. Hildesheim 1965) 58sq., 127; BP 2, 515; Hodscha Nasreddin 2, 219sq.; Baughman X 1282.1. – [80] Köhler/Bolte 1, 323; Eberhard/Boratav, num. 363 III; cf. Mot. X 1282.1. –
[81] Grimm (wie not. 4) t. 2, 580.

Göttingen Kurt Ranke
Prag Josef R. Klíma

Bienenkönigin → Dankbare (hilfreiche) Tiere

Bier

1. Kulturgeschichte des B.es. Schon zur Zeit früher oriental. und ägypt. Schriftzeugnisse ist das Brauen zu einer hohen Kunst entwickelt, und B. steht in der gleichen, wenn nicht höheren Wertschätzung wie Wein; der oberste Mundschenk an der königlichen Tafel in Assyrien hieß nicht Wein-, sondern B.-schenk[1]. Als Totengabe wird B. zuerst in der Pyramideninschrift von Sakkára (um 3100 a. Chr. n.) erwähnt: „Empfange dein Brot, das nicht vertrocknet und dein Bier, das nicht sauer wird"[2]. Ein altbabylon. Beleg aus der Zeit Urukaginas (2900 a. Chr. n.) besagt: „Wenn ein Leichnam ins Grab gelegt wird, für sein Getränk 3 Urnen Sikaru (Rauschgetränk aus Getreide), für seine Nahrung 80 Brote"[3]. Magische Bedeutung hat das B. bereits im *ägypt.* → *Brüdermärchen* (AaTh 318, 516B, 590A) ca 1200 a. Chr. n.: Wenn es im Krug schäumt, ist das ein Zeichen, daß dem jüngeren Bruder Bata etwas zugestoßen ist (Mot. E 761.6.4; → Lebenszeichen)[4]. Kulturgeschichtliche Zeugnisse der Alten Welt belegen, daß früher auch dort B. getrunken wurde, wo heute der Wein dominiert oder aus religiösen Gründen Alkohol tabuisiert ist[5]. Von den Numantinern im späteren klassischen Weinland Spanien erzählt z. B. Orosius (5. Jh. p. Chr. n.) in einer Anekdote[6], daß sie bei der Belagerung durch Scipio d. J. (133 a. Chr. n.) sich mit B. Mut zum Ausfall aus ihrer Stadt angetrunken hätten.

2. Herkunft und Bereitung des B.es. Nach der altnord. Mythologie sind die Riesen die Erfinder des B.es. Sie verfügten auch über die nötigen Braugeräte, und so mußten die Götter, um ebenfalls B. bereiten zu können, den Thor und den Thyr zum Riesen Hymir schicken, um dessen Braukessel zu entführen[7]. Der Meerriese Aegir bewirtete bei seinen großen Gastgeboten die befreundeten Götter mit B., die Dichter nannten ihn daher auch

„B.brauer" (ǫlsmidr)[8]. Bei den Litauern war es der B.gott Raugupatis, der nach J. Praetorius (1630–1680) half, „wenn das bier wohl gieret"[9]. In dt. Sagen verstehen vor allem die Unterirdischen (Zwerge, Hollen, Puke etc.) das Braugeschäft (cf. KHM 55: *Rumpelstilzchen*: „Heute back ich, morgen brau ich [. . .]") und leihen den Menschen ihre Pfannen[10].

Nach der *Kalevala* (20, 517–556) kann mit dem Brauen nicht eher begonnen werden, bis ein alter Mann vom Ursprung des B.es gesungen hat (Mot. C 671), ein magischer Vorgang, der seine Parallelen überall dort hat, wo das Rezitieren von Mythen handlungsaktivierend wirkt. Nach einer merkwürdigen, bei einer Reihe von Ostseevölkern bekannten Sage rührt das Schäumen des B.es im Gärprozeß vom Schaum eines gehetzten Tieres her, der dem B. als eine Art Hefe zugesetzt wurde. Die Esten glauben, daß Noah dazu den Schaum eines Ebers benutzt habe (cf. AaTh 825)[11]. Nach lett. Überlieferung gibt der Teufel den Menschen diesen Stoff[12]. O. Dähnhardt denkt an eine Übertragung aus der Mythologie und verweist auf die finn. *Kalevala*, wo Osmotar ihrem Getränk den Schaum des Bären beimischt (20, 279–314).

Etwas Ähnliches kennt die nord. Mythologie: Der eddische Rauschtrank Kvasir (cf. den russ. Kwaß) wird aus dem Speichel der Asen und Wanen, nach einer anderen Version aus dem Odins hergestellt[13]. Auch dieses Mythenmotiv hat die Sage übernommen: In der *Hálfs saga ok Hálfsrekka*[14] wetteifern zwei Frauen miteinander, welche das beste B. zu brauen verstehe. Den Preis gewinnt Geirhildr, weil Odin in ihr Gebräu gespuckt hat. Mit Recht ist bei der Interpretation dieses Motivs auf die Bräuche mancher Naturvölker verwiesen, welche die im menschlichen Speichel enthaltene Diastase zur Verzuckerung von Getreidestärke und damit zur Bereitung der B.maische benutzen[15].

Daß Heilige Wasser in B. (→ Wasser wird Wein) verwandeln können, wird z. B. von der hl. Brigitte von Irland erzählt, die dieses Wunder vollbrachte, als sie Aussätzige bewirtete und das vorhandene B. nicht reichte[16]. Nach einer dt. Sage pißt die Perchta gutes B. in einen Krug[17]. Absurde Aufgaben, etwa B. aus süßer Milch oder aus einem einzigen Korn zu brauen, begegnen vor allem in ir. Erzählungen (Cross H 1021.10; H 1022.6.1).

Schließlich wird in einer in ganz Europa verbreiteten Sage erzählt, daß der Wechselbalg durch Brauen von B. in Eierschalen zum Geständnis seines Alters und dadurch zum Austausch mit dem richtigen Kind gebracht werden kann (Mot. F 451.5.17.1)[18].

Grundstoffe der B.erzeugung sind seit alters und überall Getreidearten, in Europa vor allem die Gerste, der Hafer oder der Weizen, in Afrika die Hirse, in Ostasien der Reis, in Südamerika der Mais[19]. Zusätzliche Bitterstoffe waren Wacholderbeeren, Eschenblätter, Enzian, Gagel, Sumpfporst etc., als Süßstoff wurde Honig verwendet. Hopfen ist erst seit dem 8. Jh. bekannt[20].

3. Gutes und schlechtes B. Brauen war ursprünglich Hausgeschäft und ist es bei kleinerem B.bedarf bis in die Neuzeit geblieben. In Westfalen z. B. braute bis ins 19. Jh. jede Hausfrau ihr eigenes B[21]. Seit dem 6./7. Jh. wurde die Produktion größerer Mengen, von Nordgallien ausgehend, Angelegenheit der Klöster, im hohen MA. auch der Städte, die seit dem 13. Jh. darauf achteten, den guten Ruf ihrer B.e zu verbreiten[22]. Angesehen waren vor allem die B.e aus Erfurt, Einbeck und Braunschweig. Bayer. B. lobt Martin Montanus in seinem Lied: *Von untreuen Wirten*[23]. Böhm. B. wurde schon im 13. Jh. gerühmt[24]. Von dem ebenfalls sehr bekannten Brabanter B. erzählt die Sage, daß es von dem König Gambrinus, nach der ältesten Version ein privilegierter B.brauer Karls des Großen, erfunden worden sei[25]. Schwanksagen berichten, wie die Güte des B.es erprobt wurde: man goß es auf die Bänke des Schankraumes, und die Probeherren setzten sich mit ihren Lederhosen darauf. Klebte nach einiger Zeit die Bank fest an den Hosen, war das B. gut und recht[26].

Schlechtes B. findet natürlich nirgendwo Anklang. Das Dünnbier des St. Galler Konvents moniert schon in übermütiger Weise Ekkehard IV (ca 980–ca 1060) in seinem *Liber benedictionum*[27]. Die Herzogin Elisabeth von Mecklenburg, Äbtissin des Klosters Ribnitz, schreibt gegen 1476 an ihren Vater, er möge ihr zwei Tonnen Bützower B. schicken, das hiesige sei so schlecht: „we moghen des nycht drynken“[28]. Der päpstliche Legat beim Westfälischen Frieden (1648), Kardinal Fabio Chigi, urteilt über das landesübliche, Grusing genannte B.: „Adde parum sulphuris et erit potus infernalis“ (noch etwas Schwefel hinzu und der Höllentrank ist fertig)[29]. Im Hexenprozeß von Schlawe (1538) wird die Bürgermeisterin angeklagt, ihrer Stieftochter schlechtes, schwarzes B. geschickt zu haben, worauf diese in Raserei verfallen sei[30]. Im *Schlegel* des Rüdeger von Hinkhofen (2. Hälfte des 13. Jh.s.)[31], einer Fassung zu AaTh 982: *Die vorgetäuschte → Erbschaft*, setzt die jüngste Tochter ihrem alten Vater nur Käse und „after bier“, den zweiten Aufguß der schon ausgelaugten Trebermasse, vor[32]. Die geizige Wirtin in AaTh 1567 A (*Stingy Innkeeper Cured of Serving Weak Beer*) gibt ihrem Gesinde vor jeder Mahlzeit einen Krug dünnes B. zu trinken, damit sie schon etwas im Magen haben und nicht mehr so viel essen können. Sie wird geheilt, als einer der Knechte sagt: „Ich wasche damit meinen Bauch aus, damit ich mehr Platz für das Essen habe“ (finn., estn., liv.).

4. Der B.schenk. Der Kritik unterliegt seit alters auch der schlechte B.-schenk. Sagen erzählen immer wieder, daß betrügerische Vertreter dieses Berufes nach dem Tode ruhelos umgehen müssen, wie z. B. der Braumeister der Schloßkellerei zu Oberköllnbach, der falsches Maß ausschenkte, nun nachts im Schloßkeller herumspukt und ständig sagt: „Zehn Daumen sind auch ein Maß“[33]. Nach J. C. Maennling läßt der Teufel einer gewinnsüchtigen B.schenkin Hufeisen unterschlagen[34]. In Böhmen und Schlesien werden unehrliche Wirte zu „B.eseln“, die im Wirtshaus als Poltergeister umgehen[35]. Ganz modern klingt die witzige Ausrede eines angeklagten B.schenks: Er habe das ungesunde B. mit der gesunden Münchner Luft (= Schaum) verdünnt und damit die Volksgesundheit gehoben[36].

5. Festbier. B. ist altes Feiertags- und Opfergetränk[37]. Im Norden wurden die Feste danach benannt: erfisǫl = Erbbier, festarǫl = Verlobungsbier, dasselbe bezeichnet ags. brydealu (engl. bridal)[38]. Der gleiche Brauch hat sich in Norddeutschland bis heute erhalten: Kindel-Bier, Leichen-Bier, Braut-Bier, Ernte-Bier etc. Von einem solchen Verlobungs-Bier handelt ein St. Gallener Spottvers aus dem 9. Jh.: Liubene bereitete sein Festbier (gruz = gutes Weizenbier) und verlobte seine Tochter. Da kam Starzfidere und brachte sie ihm wieder[39]. Der Grund für diese Verlobungspanne wird nicht genannt.

6. B.zauber und -wunder. Von magischen Verfahren, das B. vor Schaden zu schützen, seine Qualität und Quantität zu mehren und Kundschaft anzulocken, wissen zahlreiche Erzählungen zu berichten. In der berühmten Legende vom Wunderblut zu Zehdenick in der Mark Brandenburg wird gesagt, eine B.schankwirtin habe „eine geweihte Hostie in Wachs gedrückt und vor ihrem Bierfasse vergraben, im Aberglauben, daß sie so die Güte ihres Bieres mehre und die Leute ihr Bier lieber holen und trinken würden“[40]. Ebenso ziehen ein im B. versteckter Lappen mit dem Blute eines armen Sünders oder gar das membrum virile eines Gehenkten die Kundschaft an[41]. Am bekanntesten ist die Manipulation des B.es mit dem Daumen eines hingerichteten Diebes, ein Motiv, das schon in einem ndd. Drama von 1464 begegnet[42] und auch in der Lit. Verwendung gefunden hat (cf. Heinrich Heine in seinen *Memoiren* oder Theodor Storm in seiner Novelle *Im Brauerhaus*). Nach schwäb. Vorstellung hat jeder B.brauer einen „B.molch“, der das B. säuft, wieder von sich gibt und es so berauschend macht[43].

Heilige dagegen können aus eigener Kraft B. mehren, so die erwähnte Brigitte von Irland, die dieses Wunder mit dem bloßen Blick ihres Auges vollbrachte[44], oder die hl. Elisabeth, der sich das B. im Krug nicht minderte, wenn sie den Armen Almosen spendete[45]. Wunder vollbrachten auch die Heiligen Columbanus und Bercharius, die bewirkten, daß das B. nicht aus durchlöcherten oder offenen Gefäßen floß, also ebenfalls nicht weniger wurde[46].

In der Sage wiederum ist nie versiegendes B. eine Gabe der Jenseitigen, oft als Kompensation für vorher von ihnen angerichteten Schaden. Die „Puke" in Husum und die „Önnerskens" auf Sylt stehlen B. und bewirken, als sie dabei ertappt und nicht bestraft werden, daß die B.tonne nie leer wird[47]. In einer thüring. Erzählung trinkt die Wilde Jagd einem Mann die B.flasche aus, die von da an nicht mehr versiegt[48]. Häufiger wird jedoch das Geschenk zur Problemgabe, vor allem wenn Tabus damit verbunden sind. Das immer volle B.faß der Feen versiegt, wenn ein Mädchen neugierig ins Spundloch schaut (Baughman F 348.9). Die Kanne, die Frau Holles Gefolge leer trinkt und dann unerschöpflich macht, versiegt, als die Kinder nach drei Tagen von dem Ereignis sprechen, ein Motiv, das bereits J. Praetorius in seinen *Weihnachtsfratzen* erwähnt und das Goethe zur Ballade *Der getreue Eckart* verarbeitet hat[49]. Der lit. Pijokas, der das B. erfunden hat, setzt sich beim Gären auf das Faß, damit das Gebräu gelingt. Schaut jemand während dieser Zeit in das Faß, verschwindet er, und das B. verdirbt[50].

7. B. und Geisterwelt. Die letzten Belege zeigten bereits, daß die Jenseitigen nach B. (als dem nährenden und beschwingenden Getränk) gieren. Zwerge stehlen es oder lecken das Tropfbier auf[51], Gespenster erbetteln es[52], Elben verlangen es als ständiges Opfer[53]. Hexen ziehen volle B.fässer aus den Kellern, reiten darauf zu ihren Versammlungen, wo sie die Fässer austrinken[54]. Der Teufel leert mit einem Schmied eine Tonne B.[55]. Die schott. fairies verfügen über B.kannen, in die, so klein sie auch sind, über ein halbes Faß B. hineingeht[56]. Wiedergänger können in einer B.flasche gefangen werden[57].

8. B. und Tierwelt. Die geläufige Projektion menschlicher Belange auf die animalischen Bereiche läßt auch das B. in zahlreichen Tiermärchen erscheinen. Tiere brauen mit dem Menschen zusammen (AaTh 176**) oder allein (AaTh 234A*: *The Birds Brew Beer*). Läuschen und Flöhchen (KHM 30) setzen ihr B. in Eierschalen an. Läuschen fällt hinein und kommt um (cf. AaTh 2022). J. Bolte[58] meint, daß hier die Kleinheit der Gefäße zu der der Tiere passe, während das Motiv in der Wechselbalgsage (v. oben unter 2) als „etwas ganz Seltsames" erscheint, wobei er wohl übersieht, daß es das dort gerade sein soll, um den Dämon zu verblüffen. Im estn. Lügenmärchen stößt ein drei Tage altes Hähnchen eine ganze B.tonne um. Der Inhalt fließt in einen Bach und von dort in den See. Der alte Hahn trinkt davon und meint: „Immer noch besser als klares Wasser!" (cf. AaTh 1260 A: → *Mahl der Einfältigen*)[59]. In AaTh 150A* und 278C* lassen der Bauer oder die Bäuerin den Frosch im Dünnbierkübel überwintern und erhalten dafür im Frühjahr drei üble Ratschläge. In AaTh 248A* schließlich befriedigt der Sperling den nach B. gierenden Fuchs oder Wolf, indem er ans B.faß pickt. Die nach ihm geworfene Axt schlägt ein Loch in das Gefäß.

[1] Hopf, M.: B. 1: Allgemeines zur B.herstellung und älteren Geschichte des B.es In: Hoops Reall. 2 ([2]1976) 530–533; allg. zur Kulturgeschichte des B.es u. a.: Hayduck, F. (ed.): Ill. Brauerei-Lex. 1–2. B. [2]1925; Hermann, L.: Das B. im Volksmund. Alte Sprichwörter und Redensarten. B. 1930; Lüers, H.: Die wiss. Grundlagen von Mälzerei und Brauerei. Nürnberg 1950; Hoffmann, M.: 5000 Jahre B. Ffm./B. 1956 (Bibliogr. p. 177–179; Hennies, K./Spanner, R.: Die Brauerei im Bild. Der Werdegang des B.es. Nürnberg [5]1964; Jung, H.: B. Kunst und Brauchtum. Mü. [3]1972. – [2] Eckstein, F.: B. In: HDA 1, 1255–1282, hier 1272. – [3] Sartori, P.: Die Speisung der Toten (Jahresber. des Gymnasiums zu Dortmund). Dortmund 1903, 37sq. – [4] Roeder, G.: Altägypt. Erzählungen und Märchen. MdW 1927, 94. – [5] Hehn, V.: Kulturpflanzen und Haustiere. B. 1894, 141–152; Schrader, O./Neh-

ring, A.: Reall. der idg. Altertumskunde. Grundzüge einer Kultur- und Völkergeschichte Alteuropas 1. B. [2]1917–1923, 142–146; Hopf (wie not. 1). – [6] Orosius, Historia adversum paganos 5, 7. – [7] Das Hymirlied. In: Edda. 2: Götterdichtung und Spruchdichtung (Thule 2). Übertragen von F. Genzmer. Jena 1920 (Nachdr. Köln [4]1975) 17–23. – [8] Weinhold, C.: Altnord. Leben. B. 1856, 153. – [9] Praetorius, J.: Deliciae prussicae oder preuß. Schaubühne. ed. W. Pierson. B. 1871, 32. – [10] Eckstein (wie not. 2) 1259. – [11] Loorits, O. (ed.): Estn. Volkserzählungen. B. 1959, 174sq., num. 158. – [12] Dh. 1, 184sq. – [13] Vries, J. de: Altgerm. Religionsgeschichte. 2: Die Götter. Vorstellungen über den Kosmos. Der Untergang des Heidentums. B. [2]1957, 66–68. – [14] Hálfs saga ok Hálfsrekka. ed. A. Le Roy Andrews (Altnord. Saga-Bibl. 8). Halle 1909, Kap. 1. – [15] Hopf (wie not. 1). – [16] AS (1. Febr.) Vita 4. St. Brigidae, Kap. 10. – [17] Eisel, R.: Sagenbuch des Voigtlandes. Gera 1871, 104, num. 264. – [18] BP 1, 368sq.; Kahlo, G.: B. in Eierschalen. In: HDM 1, 251–253. – [19] Brockhaus Enz. 2. Wiesbaden [17]1967, 709. – [20] Hopf (wie not. 1). – [21] Jostes, F.: Westfäl. Trachtenbuch. Die jetzigen und ehemaligen westfäl. und schaumburg. Gebiete umfassend. Bielefeld/B./Lpz. 1904, 81; Sartori, P.: Sitte und Brauch. Teil 2: Leben und Arbeit daheim und draußen. Lpz. 1911, 32. – [22] Heyne, M.: Fünf Bücher dt. Hausaltertümer von den ältesten geschichtlichen Zeiten bis zum 16. Jh. 2: Das dt. Nahrungswesen. Lpz. 1901, 349. – [23] Montanus, M.: Schwankbücher (1557–1566). ed. J. Bolte. Tübingen 1899 (Ndr. Hildesheim/N. Y. 1972) 437–455, bes. 449. – [24] Brockhaus Enz. (wie not. 19). – [25] Stammler, W.: Gambrinus. In: HDA 3, 282–288; Heyne (wie not. 22) 341sq. – [26] Peuckert, W.-E. (ed.): Bremer Sagen. Göttingen 1961, 3, num. 7; 257. – [27] Heyne (wie not. 22) 346; cf. Verflex. 1, 538–541. – [28] Steinhausen, G. (ed.): Dt. Privatbriefe des MA.s 1. B. 1899, 162. – [29] Sartori, P.: Westfäl. Vk. Lpz. 1922, 110sq. – [30] Stojentin, M. von: Aus Pommerns Herzogstagen. Kulturgeschichtliche Bilder aus den letzten 100 Jahren pommer. Selbständigkeit. Stettin 1902, 4. – [31] Verflex. 5, 1006–1008. – [32] GA 2, 401–451, num. 49, hier 422, V. 414. – [33] Pollinger, J.: Aus Landshut und Umgebung. Ein Beitr. zur Heimat- und Vk. Mü. 1908, 95sq. – [34] Maennling, J. C.: Denckwürdige Curiositaeten. Ffm./Lpz. 1713, 390. – [35] Ranke, F.: B.esel. In: HDA 1, 1282. – [36] Schwind, A.: Bayern und Rheinländer im Spiegel des Pressehumors von Mü. und Köln. Ein Beitr. zur Wesenskunde zweier Stämme. Mü./Basel 1958, 60. – [37] Der hl. Columbanus (ca 530–615) sah z. B. bei den Sueben, wie sie eine große Kufe mit 20 Eimern B. ihrem Gotte Wodan opferten; cf. Baetke, W.: Die Religion der Germanen in Qu.nzeugnissen. Ffm. 1937, 15. – [78] Hopf (wie not. 1). – [39] Ehrismann, G.: Geschichte der dt. Lit. bis zum Ausgang des MA.s. 1: Die ahd. Lit. Mü. (1918) [3]1966, 247sq. – [40] Schwartz, W.: Sagen und alte Geschichten der Mark Brandenburg. B. [7]1921, 146sq., num. 97. – [41] Eckstein (wie not. 2) 1264. – [42] Müller-Bergström, W.: Dieb, Diebstahl. In: HDA 2, 197–239, hier 238sq. – [43] Eckstein (wie not. 2) 1264sq. – [44] Hehn (wie not. 5) 148. – [45] Jacobus a Voragine: Legenda aurea. ed. T. Graesse. Osnabrück 1965 (Nachdr. [3]1890) 752–771 (De sancta Elizabeth). – [46] Toldo, P.: Leben und Wunder der Hll. im MA. In: Studien zur vergleichenden Lit.geschichte 8 (1908) 60–74, hier 66. – [47] Eckstein (wie not. 2) 1260. – [48] Witzschel, A.: Kleine Beitr.e zur dt. Mythologie, Sitten- und Heimathskunde in Sagen und Gebräuchen aus Thüringen. 1: Sagen aus Thüringen. Wien 1866, 188sq., num. 184. – [49] Waschnitius, V.: Perht, Holda und verwandte Gestalten. Ein Beitr. zur dt. Religionsgeschichte (SB.e der kaiserlichen Akad. der Wiss.en in Wien. Phil.-hist. Kl. 174, 2. Abhdlg). Wien 1913, 106, 174. – [50] Veckenstedt, E.: Die Mythen, Sagen und Legenden der Žamaiten 1. Heidelberg 1883, 171. – [51] Eckstein (wie not. 2) 1260. – [52] Kühnau, R.: Schles. Sagen. 1: Spuk- und Gespenstersagen. Lpz. 1910, 208–210, num. 198. – [53] Eckstein (wie not. 2) 1260. – [54] Kühnau, R.: Schles. Sagen. 3: Zauber-, Wunder- und Schatzsagen. Lpz./B. 1913, 6sq., num. 1353. – [55] ibid. 239, num. 1595, 6. – [56] Agricola, C. (ed.): Schott. Sagen. B. 1967, 163sq., num. 246. – [57] Kühnau (wie not. 52) 463, num. 491, 2. – [58] BP 1, 294. – [59] Loorits (wie not. 11) 35, num. 34.

Göttingen Kurt Ranke

Bijoux: Les b. indiscrets (AaTh 1391), obszöner Schwank aus dem Bereich der Keuschheitsproben (→ Keuschheit), dessen AaTh-Bezeichnung auf den gleichnamigen satirischen Roman von Denis Diderot (anonym: P. 1748)[1] zurückgeht. Die Erzählung ist, wenn auch vereinzelt, in der schwed., lit., dt., ung., skr. und türk. Volksüberlieferung belegt:

Ein Mann ist einem Bettler (Derwisch, Soldat) gefällig und erhält als → Belohnung drei → Zaubergaben, darunter einen Stock, der alle Löcher zum Reden bringen kann. Dem beruflich Erfolgreichen werden die reichen Töchter des Dorfes zur Heirat angeboten. Mit seinem Stöckchen prüft er während des Schlafes die Keuschheit der Töchter von Kauf-, Amt- und Edelmann (Mot. D 1610.6.1; H 451). Die Probe verläuft in allen Fällen negativ, so daß der Mann schließlich ein „unschuldiges" Hirtenmädchen heiratet. Die Väter strengen wegen angeblicher Verleumdung ihrer Töchter einen Prozeß an; der Angeklagte kann sich mit Hilfe der Stöckchenprobe rechtfertigen: (1) Die Vagina spricht und bekennt das unkeusche Verhalten. (2) Die List der zweiten Tochter, die Vagina mit Hanf zu verstopfen, hilft nichts, es antwortet deren Anus. (3) Auch die dritte Frau, die Anus und Vagina vollgestopft hat, bleibt nicht ungeschoren. Ihr Ohr verrät den vorehelichen Verkehr: „Ich kann unten nicht sprechen, weil ich vollgestopft bin". – Beschämt verlassen Väter und Töchter das Gericht.

Die Erzählung bestätigt die gemeinhin gültige Norm von der Jungfräulichkeit der Braut; der Mann zieht – und darin liegt eine soziale Komponente – ein armes, bisher unberührtes Hirtenmädchen den Töchtern höheren Standes vor, die diese Norm verletzt haben. Während in den meisten Schwänken die Frau den Mann überlistet, erweist er sich hier überlegen.

Die Erzählung erinnert in der Verwendung der Zaubergaben an das bekannte Märchen von den *drei* → *Wünschen* (AaTh 750 A). Eine von I. Kúnos[2] aufgezeichnete Fassung weist Parallelen zum Zyklus von der treuen → Frau auf; in einer dt. Version ist die Erzählung mit dem Eingangsmotiv aus → *Tischleindeckdich* (AaTh 563) verbunden[3]. Die türk. Fassungen sind weitgehend von der Version in der seit dem 19. Jh. verbreiteten Sammlung → *Billur köschk* abhängig (num. 3: *Die Geschichte von dem schönen Kaffeekoch*; cf. Eberhard/Boratav, num. 122). Hier wird die Heirat, oriental. Sitte nach eher als Geschäftskontrakt angesehen, gleich vollzogen, während in den europ. Fassungen der Mann darum bittet, die Ehekandidatin vorerst im Schlafe sehen zu dürfen, was meist erst nach längerem Zögern und nur in Aussicht auf einen reichen Schwiegersohn von den Eltern gestattet wird. In einer lit. Version befiehlt der schwerverschuldete Vater der Tochter, seinem Gläubiger gefügig zu sein, was er noch fördert, indem er beide betrunken macht[4].

Nicht alle bekannten Fassungen sind ihrer Handlung und Ausdrucksweise nach gleichermaßen obszön (Stöckchenfrage: „Loch, wer hat dich durchbohrt?"[5]). In einer Reihe von *Billur köschk*-Ausgaben ist die Geschichte eliminiert oder durch eine weniger anstößige ersetzt[6]. Eine stark überarbeitete, verharmlosende Fassung bringt U. Jahn in der Erzählung vom *wunderbaren Stöcklein*[7]: Hier kann der Stock nur den Mund zum Reden bringen und erfragen, ob er geküßt wurde.

Der Stoff ist auch in ital. Novellensammlungen[8] und afrz. Fabliaux[9] zu finden. So bringt z. B. François Guerin (1413–1460) die Geschichte eines abenteuerlustigen Ritters, der mit seinen von Feen verliehenen Zaubergaben die „cons" und „culs" zum Sprechen bringen kann. F. von der Hagen sah in dem afrz. Gedicht lediglich ein ausschweifendes „Seitenstück" zu dem in einer Dresdner Hs. von 1447 vorliegenden mhd. Gedicht *Der wîze rôsendorn*[10], das er als „unschuldig-lustigen Schwank" bezeichnete; mit Recht wies A. Taylor ergänzend auf deutliche Übereinstimmungen mit dem seit dem 13. Jh. in mehreren Hss. existierenden Gedicht vom *Rosengarten* hin[11]. Nähere Aussagen über Alter, Herkunft und Wanderung der Erzählung scheinen angesichts der wenigen bisher bekanntgewordenen europ. und vorderasiat. Belege verfrüht.

Das Motiv von den sprechenden Geschlechtsteilen ist noch in anderem Zusammenhang überliefert. In einer frz.-kanad. Erzählung (AaTh 1539**: *Truthtelling Member*) macht der angeblich von einer Reise heimkehrende Ehemann seine Frau glauben, ihre Vagina hätte ihm erzählt, daß der Priester in seiner Abwesenheit bei ihr gewesen sei. In einer südind. Erzählung taucht ein ähnliches Motiv auf: Hier gibt der Ehemann vor, die Vagina der Frau und ihre Brüste hätten ihm von ihrem Ehebruch berichtet (Thompson/Balys K 1569. 10).

[1] cf. KLL 4 (1974) 1516. – [2] Kúnos, I.: Türk. Volksmärchen aus Stambul. Leiden 1905, 211–214. – [3] Pröhle, H.: Kinder- und Volksmärchen. Lpz. 1853, num. 77. – [4] Dowojna-Sylwestrowicz, M.: Podania żmujdzkie 1. W. 1894, 273–276. – [5] Menzel, T.: Türk. Märchen 1. Hannover 1923, 36–46. – [6] cf. EM 2, 379. – [7] Jahn, U.: Schwänke und Schnurren aus Bauern Mund. B. (1890) 19–33. – [8] Forteguerri, G.: Novelle edite e inedite di Giovanni Forteguerri. Bologna 1882, num. 7; Sercambi, G.: Novelle inedite di Giovanni Sercambi. ed. A. d'Ancona. Firenze 1886, num. 102; cf. ZfVk. 9 (1899) 141 (Hinweis auf Masuccio Salernitano, Novelle 28). – [9] GA 3, V–VIII; ZfVk. 9 (1899) 141. – [10] GA 3, V, 17–28.–

[11] Taylor, A.: A Parallel to the Rosengarten Theme. In: Modern Language Notes 31 (1916) 248–250.

Göttingen Hans-Jörg Uther

Bild, Bildzauber. Das Bild (B.) ist als Requisit und Handlungsträger ein in allen Erzählgattungen möglicher Motivaufhänger, z. B. als Prüfmittel der Gattentreue (→ Treue und Untreue) oder als B.errätsel im türk. Märchen (cf. Mot. Reg., s. v. image, images). Im folgenden wird unter B. einschränkend zunächst das personale Bildnis (imago, effigies) verstanden, jedenfalls eine meist plastische figurale Gestalt. Das gemalte Abbild spielt in diesem speziellen Zusammenhang nur eine untergeordnete Rolle. Definitorisch gilt es zu unterscheiden einerseits zwischen dem Glauben – und den ihn spiegelnden Erzählmotiven – an die Macht der B.er ganz allgemein, d. h. die Beeindruckungsmöglichkeit der menschlichen Sinne durch optische Wahrnehmungen, und andererseits der konkreten Zauberpraxis mit magischen B.manipulationen, für die sich der Terminus 'Bildzauber' seit langem eingebürgert hat[1].

Auszuklammern aus diesem von theoretischen Interpretationsprämissen belasteten Motivumkreis sind von vornherein die numinosen Kultbilder und ihre Legenden. Sie gehören als von außerweltlicher Hand stammend zu den → Bildern vom Himmel, zu den belebten → Statuen und Götterbildern des Altertums und der literar. Sage (Zauberer → Vergil) sowie der christl. Legende, die von der zerstörerischen Macht der Heiligen gegen Götzenbilder weiß; und sie zählen als christl. Ikonen und Gnadenbilder zu den → Heiligenbildern (auch → Ikonographisches Erzählgut) und deren speziellen Reaktionen, wie die des verletzten Kultbildes als Geschichten von → Freveln, Frevlern.

Die Verlebendigung von profanen B.ern zu handelnden Akteuren hingegen besitzt eigene zum Teil literar. Erzähltraditionen seit der Antike; zuvorderst die des berühmten Bildhauers und Königs von Zypern → Pygmalion, der durch Aphrodite einer weiblichen Elfenbeinstatue Leben einhauchen läßt, um sie zu heiraten. Die alpine Sagengestalt der zu einem lebendigen Ungeheuer werdenden Sennenpuppe (→ Puppe) besitzt in ganz anderer kultureller und sozialer Umwelt dennoch verwandte tiefenpsychol. Züge, gleich dem Schwankmotiv des hölzernen Johannes aus dem nachmittelalterlichen Variantenstrang des Erzähltypus der → *Witwe von Ephesus* (AaTh 1510), und kommt in Märchen als hölzerne Frau vor, die gleich den Wundertaten der *vier kunstreichen* → *Brüder* (AaTh 653, 654) von mehreren Männern oder Spezialhandwerkern gefertigt und schließlich durch Gebet oder Zauberei beseelt wird, wobei allein die Preisfrage im Vordergrund steht, wem sie nun gehören soll[2]. Daß → Wiedergänger oder unerlöste Seelen sich als rumorende Schloßgeister der Ahnengalerie bedienen, Burgherrn-Porträts also mitternachts aus dem Rahmen steigen, zählt zum Arsenal neuzeitlicher Spukgeschichten und ist von daher in die Trickfilmreklame des Fernsehens gelangt (z. B. Mainzelmännchen).

In China finden sich folgende, nur aus dem kulturellen Kontext erklärbare Märchenmotive mit verlebendigten B.ern[3].

Ein Armer erhält das B. eines schönen Mädchens, das er verehrt. Sie hilft ihm in Menschengestalt. Er überrascht sie, heiratet und erhält Kinder. Am Ende geht sie jedoch wieder ins B. zurück. – Ein Maler malt ein Pferdebild, das lebendig wird und solange Korn auf dem Felde wegfrißt, bis es eine Krippe dazu gemalt bekommt. – Ein Maler gibt seiner Tochter als Aussteuer nur B.er mit Darstellungen von Haushaltsgeräten mit. Die ärgerlichen Schwiegereltern verbrennen fast alle B.er. Die übriggebliebenen wirken Wunder. – Ein Maler fertigt ein Drachenbild ohne Augen. Als er ihm diese einsetzt, wird der Drache lebendig. –

Dies beruht auf dem allg. Glauben, daß eine Figur mit den Augen Leben erhält. So geschieht es mit Götterfiguren oder dem Einmalen von roten Punkten auf Ahnentafeln, die dadurch beseelt werden[4]. Das dichterische Interesse an solchen Stoffen in Europa rückte seit dem 18. Jh. das Thema der magischen Animation und des künstlichen Menschen in die Nähe des Problems der → Automaten oder Androiden, während die monströsen Schreckgestalten konstruktiver Herkunft fast ausschließlich in den neuzeitlichen Okkultumkreis gehören (→ Frankenstein, → Golem, → Homunkulus), damit aber zugleich in die Zusammenhänge der B.zauberfiguren von der Art des ma. 'Atzmann' zurückführen.

Schon auf der Ebene dieser Vorklärungen wird deutlich, wie stark differenziert werden muß und daß sich zwei Generalthemen der B.zaubermotivation herausschälen lassen: Liebes- und Schadensmagie, aktivierende Verzückung und lähmende Bannung. In der Magiediskussion wird meist das märchenhafte Erzählmotiv der Faszination durch den Anblick eines schönen Frauenbildnisses zusammengesehen mit den sagenhaften Protokollberichten magischer Brauchpraxis des veritablen B.-zaubers. Darüber hinaus pflegt kein Unterschied zwischen Alter und Herkunft der Zeugnisse gemacht zu werden; die Interpretation geschieht mithin ohne Rücksicht auf den hist. Kulturkontext. Das hängt mit einer anthropol. Theorieprämisse zusammen, wie sie etwa K. Heckscher im HDM zu Beginn seines Artikels *Bild* formuliert hat:

„Die im Märchen erscheinenden Motive vom Bildzauber beruhen auf der primitiven Vorstellung vom Übergang des Numens eines Wesens in seine b[ild]liche Darstellung, der also eine zaubermäßige Identifikation zwischen Wesen und Abb[ild] zur Folge hat. Am häufigsten findet diese magische Wesensabspaltung zugunsten eines B[ild]es ihre Verwendung in dem Motiv der durch ein Bild entbrennenden Liebe."[5]

W. Brückner hingegen hat den Begriff des B.zaubers als Interpretament zu erweisen gesucht:

„Der vorgeblich deskriptive Bezugsrahmen erweist sich keineswegs in einem realistischen Beobachtungsbegriff eingefangen, sondern vielmehr durch einen mit Erklärungskraft ausgestatteten quasi theoretischen Begriff funktionstüchtig gemacht"; nicht Zauber des B.es qua B. und B.kraft, sondern Zauber mit B.ern, mit Hilfe von bildlichen Ausdrucksgestaltungen, parallel zur Sprachmagie nicht der kräftigen Worte, sondern des gegenwärtig gesetzten Wunsches, dem erst Macht gegeben wird von dritter Seite oder der Macht ab- und umleiten hilft aus dem All oder der Unterwelt[6].

Das europ. Volksmärchen kennt Beispiele der B.faszination im Typus *Der treue* → *Johannes* (AaTh 516), wo das verborgene B. der Königstochter Männer in Liebe und Ohnmacht fallen läßt; in der *schwarzen und weißen* → *Braut* (AaTh 403) verliebt sich der König unsterblich in das B. der mißhandelten Schwester seines Kutschers; in der → *Prinzessin auf der Erbse* (AaTh 704, KHM 182a) empfindet die Königstochter, „als die Bekanntmachung mit dem Bilde" an sie gelangt, sofort „heftige Liebe". Dieses als → Elementargedanke im → Liebeszauber interpretierte Motiv kommt in vielen europ. Varianten bekannter Märchentypen vor. Das Verlieben in ein B. kennt aber auch das türk. Märchen, nicht jedoch das chin. (→ Fernliebe)[7].

Für Europa sollte daher klar getrennt werden zwischen der bloß metaphorisch gebrauchten Sprechweise von der 'bezaubernden Schönheit' eines B.es (cf. Bildnisarie des Tamino in Mozarts *Zauberflöte*) und den Zauberfigürchen (afrz. „voults", „volt") des „envoûtement", des eigentlichen B.zaubers, die Wachskobolde (mhd. „atzen" oder „polt") waren[8].

Die Zusammenhänge pflegen jedoch über Kontinente und Jahrtausende dadurch geknüpft zu werden, daß man B.-beispiele gleichen Herstellungsmaterials zusammensieht, nämlich solche des mit dem magietheoretischen Begriff der „Stoffheiligkeit" ausgestatteten Bienenwachses[9]. So lassen sich das altägypt. Zaubermärchen des Berliner Papyrus Westcar aus dem 17. Jh. a. Chr. n. mit der Schilderung eines verlebendigt agierenden wächsernen Krokodils[10], spielzeugähnliche Zauberfiguren des hellenist. Romans und sagenhafte Wachsmännlein spätmittelalterlicher Inquisitionsaussagen zusammenbringen.

Doch schon innerhalb der antiken B.-zaubermotive, die sich allein um → Alexander den Großen ranken, sind deutliche Unterschiede erkennbar. Aus der Vorgeschichte seiner Geburt berichten oriental. Varianten des *Alexanderromans*, die den letzten Ägypterkönig Nektanebos II. zu seinem heimlichen Vater machen, daß dieser sich bei seiner Mutter Olympia eine Liebesnacht als vorgeblicher Gott Ammon erschlichen habe[11]. An diesem Novellenstoff der Umkehrung des → Amphitryon-

Motivs interessiert hier allein die Traumsendepraxis mit Hilfe einer Wachsplastik als Medium[12]. Wichtig daran ist, wie wenig B. qua B. zu wirken vermag, wie vielmehr Dämonen gezwungen werden, die diesem lebensgroßen Talisman mitgeteilten Aufträge zu vollziehen, so daß ma. Versionen daraus den Teufel machen konnten, der einen angeblichen Brief vom Himmel überbringt[13]. Anders das zweite Zauberkunststück des Nektanebos zum Erzwingen von Schlachtenglück. Hier werden Wachsfigürchen von Kriegern und Schiffen durch ein magisches Ritual mit Formeln und Zauberstab im Wasserbecken versenkt. Es stellt dies ursprünglich eine bes. Form der Lekanomanteia, der Beckenschau, einer Abart der Hydromantie, also einer Wahrsagekunst dar[14]. Das trifft ebenso auf die divinatorische ,,Fernseh"-Zauberei miteinander kämpfender magisch belebter Spielzeugarmeen des Nektanebos zu[15], während arab. Alexandergeschichten wiederum von talismanischen Hilfsfigürchen für das Schlachtenglück berichten[16].

B.zaubermotive dieser Art begegnen in der Folgezeit jedoch außerhalb der Alexanderüberlieferung weder in der arab. noch in den europ. Lit.en, sondern allein in den Spekulationen der gelehrten Magie-Tradition seit dem Plotinismus, und werden kirchenamtlich und juristisch als Magiedelikte erst mit der von Avignon geförderten Ketzerinquisition seit der Wende zum 14. Jh. neuerlich greifbar[17]. Darum begegnen auch Zauberbilder als Erzählrequisiten erst in diesem Gefolge innerhalb der Renaissanceliteratur des 15. Jh.s, so in dem ital. Ritterpoem *Il Morgante maggiore* des Luigi Pulci, wo sich die heidn. Riesenmutter Creonata und der christl. Zauberer Malagigi gegenüberstehen[18]. Creonata besitzt ein auf ihrer Burg durch einen Drachen bewachtes magisches Wachsbild, das der genau beschriebenen Konstruktion nach einen typischen Zaubertalisman der arab. Gelehrtenliteratur darstellt. Trotz Druckausgabe und Übersetzungen ins Französische und Deutsche (1530) ist innerhalb der Erzählliteratur bekannter die Geschichte von der wirksamen Fernzauberabwehr des römischen Pilgers geworden, den der Geliebte seiner zu Hause gebliebenen Frau mit einem Schuß auf ein mehrere Pfund schweres Wachsbild aus dem Wege zu räumen trachtet. Die Abhängigkeiten reichen von den → *Gesta Romanorum* bis zu Johannes → Paulis *Schimpf und Ernst*[19]. Zu beachten gilt, daß hier der B.zauber fest mit dem Freischußmotiv verknüpft (→ Freischütz) und die tragende Erzählabsicht auf das Gelingen der magischen Abwehr gerichtet ist mit Hilfe eines Kundigen, seines Spiegels und der Schutzsuche des Opfers durch Untertauchen ins Wasser[20].

Der Liebeszwang mit Hilfe von Lehm- oder Wachsfigürchen nicht abbildender Art stammt aus der klassischen griech. und röm. Bukolik (Sophron, Theokrit, Horaz, Ovid) und besitzt seine theoretische Begründung ebenfalls im talismanischen Beziehungsgeflecht astrologischer Weltbilder, wie sie für Europa im Neuplatonismus der Renaissance wiederbelebt worden sind[21]. Darum tauchen auch hierfür seit dem 15. Jh. wiederum entsprechende Erzählmotive in der Hochliteratur auf – parallel zu entsprechenden Aussagen der Hexenprozesse seit dem Spätmittelalter. Noch in Franz Grillparzers *Jüdin von Toledo* begegnet ein solches Zauberrequisit. Es hat jedoch nichts mit Abbildungen der zu bezaubernden Person zu tun, sondern ist Hilfskobold in einem überlieferten magischen Ritual[22], das in der volkstümlichen Sage als Nadel-, Wachs-, Diebs-, Abwehr- oder Hexenzauber mächtiger oder wissender Menschen, meist teuflischer Bösewichter, immer wieder auftaucht[23].

Anders steht es mit den sehr späten Sagen über → Freimaurer, wonach Abtrünnige des Brüderbundes mit Hilfe ihres Abbildes in der Loge getötet würden. Hinter derartigen Volksvorstellungen verbirgt sich die kirchenamtliche Verketzerung als Teufelsdiener und damit der faustische Gedanke unbedingter Seelenverschreibung. Das Leben steht mit der Aufnahme in die Loge ganz in der Hand und Macht des Großmeisters. Deshalb genügt ein Stich, es zu beenden[24]. Damit ist im 18./19. Jh. nur noch die Schwundstufe des uralten

Defixionsritus geblieben, allein die demonstrative Ausdruckshandlung als zeitlos verständlicher Gebärde. Sie aber läßt sich nicht zum geschichtslosen → Elementargedanken verkürzen.

Ebenso unvergleichbar bleiben angebliche B.zauberzeugnisse von der Art des Erzählmotivs, daß die Hilfe der Heiligen durch das Schmähen ihrer B.er erzwungen werden soll. Hier wird nicht gezaubert, sondern handfest gescholten, ja verunglimpft. Dahinter stehen Vorstellungen und Praktiken aus dem staatlichen B.erwesen im Rechtsleben des MA.s und der frühen Neuzeit, lediglich übertragen auf das ohnehin sehr irdisch gedachte Verhältnis zur Überwelt[25].

„Bildzauber" sollte in Zukunft als terminus technicus nur im Sinne von 'magical images' und nicht von 'image-magic' mit erklärender Theorieimplikation gebraucht werden. Dann bezöge er sich allein auf alle Sorten von magischen Hilfsfigürchen und Plastiken zu Schaden- oder Liebespraktiken, nicht aber auf das gesamte weite Feld jeglicher Bildnismanipulation innerhalb der erzählenden Lit., der sie inspirierenden abergläubischen Vorstellungen und phantastischen Motivtraditionen.

[1] Pfister, F.: Atzmann. In: HDA 1, 671sq.; id.: B. und B.zauber. In: HDA 1, 1282–1298; Aly, W.: Defixion. In: HDA 2, 184sq.; Müller-Bergström, W.: Rachepuppe. In: HDA 7, 459–463; Heckscher, K.: B. In: HDM 1, 253–255; Peuckert, W.-E.: Atzelmann. In: HdS 1, 688–694; Brückner, W.: Bildnisstrafe. In: Hwb. zur dt. Rechtsgeschichte 1. B. 1972, 424–428; id.: B.zauber. In: ibid., 428–430; id.: Effigies. In: ibid., 806–808; id.: Bildnis und Brauch. B. 1966; id.: Zauber mit B.ern. In: Magie und Religion (Wege der Forschung 337). ed. L. Petzoldt. Darmstadt (im Druck); monographische Behandlung des gesamten Komplexes schon lange von W. Brückner angekündigt. – [2] BP 3, 53–57; Mot. H 621. – [3] Eberhard, Typen, num. 36, 38, 108, 182; Eberhard, Volksmärchen, 203, cf. 106 sq. – [4] Mittlg W. Eberhards an Verf. (1974). – [5] Heckscher (wie not. 1) 253. – [6] Brückner, Zauber (wie not. 1). – [7] Heckscher (wie not. 1) 253sq.; Mittlg (wie not. 4). – [8] Davon zu unterscheiden die „effigies" (cf. not. 1); zum Dämonennamen Stammler, W.: Der Atzmann. In: id.: Wort und Bild. B. 1962, 130—135. – [9] Brückner, W.: Cera – Cera Virgo – Cera Virginea. In: ZfVk. 59 (1963) 233–253. – [10] Erman, A.: Die Märchen des Papyrus Westcar. B. 1890; id./Krebs, F.: Aus den Papyrusslgen der kgl. Museen. B. 1899, 30–42; cf. EM 1, 192. – [11] Weinreich, O.: Der Trug des Nektanebos. Lpz. 1911, 6, 45; cf. EM 1, 212sq., 274sq. – [12] Zu den entsprechenden Fassungen und Hss. cf. EM 1, 275, 284. – [13] Weinreich (wie not. 11) 52sq. – [14] Pfister, F.: Kultus. In: Pauly/Wissowa 11/2 (1922) 217sq.; id.: Epode. In: ibid. Suppl. 4 (1927) 335. – [15] ibid. – [16] Budge, E. A. W.: The Life and Exploits of Alexander. L. 1896, XVI; zur arab. Tradition cf. Weinreich (wie not. 11) 44sq. – [17] Brückner, B.zauber (wie not. 1). – [18] Bachmann, A. (ed.): Morgant der Riese (BiblLitV 189). Tübingen 1890. – [19] Tubach, num. 5218; Gesta Romanorum, num. 167; Pauli/Bolte, 232. – [20] Hartlaub, G. F.: Das Unerklärliche. Studien zum magischen Weltbild. Stg. 1951, 94–98. –

[21] Lit. bei Nilsson, M. P.: Geschichte der griech. Religion 2. Mü. 1950, 208sq.; Luck, G.: Hexen und Zauberei in der röm. Dichtung. Zürich 1962. – [22] Brückner, Zauber (wie not. 1). – [27] Zur neueren Sagenlit. cf. die Zusammenstellungen der verschiedenen Hb.art. in not. 1, dazu u. a.: Meiche, A.: Sagenbuch des Königsreichs Sachsen. Lpz. 1903, 635; Peuckert, W.-E.: Schles. Sagen. Jena 1924, 95; Wolf, J. W.: Dt. Märchen und Sagen. Lpz. 1845, 335, 435; Müllenhoff, K.: Sagen, Märchen und Lieder der Herzogthümer Schleswig, Holstein und Lauenburg. Kiel [4]1845, 288, 303; Botkin, B. A.: A Treasury of New England Folklore. N. Y. 1947, 407, 692. – [24] Olbrich, K.: Die Freimaurer im dt. Volksglauben. Breslau 1930, 45sq., 96sq.; Meiche (wie not. 23) 718; Sieber, F.: Sächs. Sagen. Jena 1926, 248; Karasek-Langer, A./Strzygowski, E.: Sagen der Beskidendeutschen. Lpz. 1930, 439; cf. Venediger-Sagen: Zingerle, I. V.: Sagen aus Tirol. Innsbruck [2]1891, 159; Graber, G.: Sagen aus Kärnten. Lpz. 1914, 198; verwandt Teufelspaktner: Karasek (wie not. 24) 406; Rochholz, E. L.: Schweizersagen aus dem Aargau 1. Aarau 1856, 264. – [25] cf. Brückner, Bildnis (wie not. 1) sowie id., Bildnisstrafe (wie not. 1) zur „executio in effigie".

Würzburg Wolfgang Brückner

Bilder vom Himmel. Die antike Mythologie berichtet verschiedentlich von (plastischen) Bildern, welche die Götter vom Himmel auf die Erde warfen: Zeus schickte das Bild der Pallas Athene, das Palladion, zum Schutze Trojas; eines der Athene-Bilder der Akropolis soll vom Himmel gefallen sein. Ein solches Bild wurde Diipetes (Diopetes), „himmelentstammt" genannt. Sagen von solchen Palladien oder Artemis-Bildern waren in der Spätantike weit verbreitet; der Begriff „himmelentstammt" wurde als Qualitätsbezeichnung in mannigfachen religiösen Bereichen verwendet. E. von Dobschütz sah den Ursprung solcher Sagen in Berichten über vom Himmel gefallene und oftmals verehrte Meteorsteine und die Fortsetzung solcher Glaubensvorstellungen in den [Eikones] Acheiropoietoi (nicht von Menschenhand gemachten Bildern) der frühchristl. Zeit. Die Frage, wie Jesus Christus ausgesehen habe, hat die Phantasie in bes. Maße beschäftigt und Geschichten von ältesten und „echten", durch bes. Umstände auf uns gekommene Christusbilder entstehen lassen. Zu diesen ist insbesondere das Tuchbild zu rechnen, welches Christus selbst dem Fürsten von Edessa, → Abgar, geschickt haben soll; aber auch die angeblich von Lukas gemalten Christusbilder (vor allem das im Oratorium Sancta Sanctorum, jetzt im Vatikan. Museum, Rom, aufbewahrte), die → Veronika-Bilder (Schweißtuch-Legende) und die Leintücher (Sindones) von Turin, Compiègne und Besançon mit Abdrücken von Christi Gestalt gehören hierher. K. Künstle leitet den Acheiropoietenglauben aus der übertriebenen Bilderverehrung der Byzantiner und dem starken Reliquienkult im Frühmittelalter ab. Erzählungen von Himmelsbildern (Tubach, num. 1003; bis zu vom Himmel herabgekommenen Kapellen) finden sich noch bis in die Barockzeit in Volksbüchern (z. B. *Von der kinthait unsers herren Jesu Christi*. Augsburg 1503, fol. 13–14) und Wallfahrtslegenden. → Brief.

Lit.: Gretser, J.: Syntagma de imaginibus non manufactis seu a S. Luca pictis. P. 1625. – Grimm, W.: Die Sage vom Ursprung der Christusbilder (1842). In: Grimm, W.: Kl.re Schr. 3. B. 1883, 138–199. – Art. Christusbilder in: Wetzer und Welte's Kirchenlex. 3. Fbg. 1884, col. 294–304. – Dobschütz, E. von: Christusbilder. Unters.en zur christl. Legende 1–2. Lpz. 1899. – id.: Das Schweißtuch der Veronika; Das Christusbild Abgars; Das Leichentuch Jesu. In: Monatsschrift für Gottesdienst und kirchliche Kunst 14 (1909) 181–186, 265–272, 316–322. – Künstle, K.: Ikonographie der christl. Kunst 1. Fbg. 1928, 589–592. – Spieß, K.: Neue Marksteine. Wien 1955, 76–116. – Scharfe, M./Schenda, R./Schwedt, H.: Volksfrömmigkeit. Stg. 1967, 83–84. – Hinz, P.: Deus homo. 1: Das erste Jahrtausend. B. 1973, 25–38.

Göttingen Rudolf Schenda

Bilderbogen → Bildquellen, -zeugnisse

Bildhaftigkeit → Stil

Bildquellen, -zeugnisse

Abgrenzungen – 1. Bauplastik des MA.s – 2. Holzskulptur des MA.s – 3. Textilien etc. des MA.s – 4. Ill. Einblattdrucke und ill. Flugblätter – 5. Geistlicher Bänkelsang – 6. Bilderbogen – 7. Reproduktionsgraphik – 8. Kleingraphik – 9. Bildpostkarten – 10. Briefmarken – 11. Malerei des 19./20. Jh.s – 12. Freiplastik des 19./20. Jh.s

Abgrenzungen. Wort und Bild stehen in der hohen wie in der volkstümlichen Lit. in einem bes. beziehungsreichen Wechselverhältnis (→ Allegorie, → Ätiologie, → Emblem, → Metapher; zum konkreten Bildnis als Handlungselement und Erzählmotiv → Bild, Bildzauber). Unter „Bildquellen und Bildzeugnissen" werden im folgenden bildliche Darstellungen von volkstümlich erzähltem Geschehen verstanden, also Visualisierungen des Narrativen im Verlaufe der geschichtlichen Entwicklung der europ. Kultur. Ausgeklammert bleiben hier antike Bildwiedergaben von Erzählstoffen und die christl. Bilderwelt der volkstümlichen → Katechese einschließlich der didaktischen Mahnbilder nach geläufigen Predigtexempla sowie die reine – zusätzliche – Textillustration der Buchausgaben von Kurzprosaerzählungen in Legendarien, Chroniken, Mirakelbüchern, Prodigiensammlungen, Exempelkompilationen, Fabeldichtungen, Zeitverkürzern, Novellenausgaben und in sog. Geschichtenliteratur bis zu den modernen Sagen-, Schwank- und Märchenbüchern (→ Illustration). Die wiss. Fragestellungen lauten hier: Wann und wo werden erzählende Bilder in Europa von welchen Rezipientenschichten aufgenommen; wie und warum stehen sie an der Stelle von schriftlich fixierten oder mündlich tradierten Fassungen; bilden sie für die aktuelle Erzählforschung einen motivlichen Quellenbeleg im Überlieferungskontinuum oder lediglich ein spätes Bildzeugnis (unabhängig oder parallel zur Buchtradierung) und damit ein Indiz für Popularisierungswege und Beliebtheitsgrade bestimmter Geschichten? Ma. Bildbelege besitzen darum einen völlig anderen Stellenwert als die Zeugnisse der bildenden Kunst seit dem Beginn des vorigen Jahrhunderts und müssen deshalb getrennt voneinander behandelt werden. Schwieriger fällt die Unterscheidung zwischen bildlicher Erzählquelle oder Erzählvariante und illustrativem Wirkungszeugnis bei den verschiedenen, auch funktional differenzierbaren Formen der Druckgraphik mit Beispielen von populären oder zu popularisierenden Erzählinhalten. Deshalb bedarf es an diesem Punkt der Sichtbarmachung einer chronologischen Entwicklungslinie vom Spätmittelalter bis zu den Wandlungen der letzten 200 Jahre. Gerade in solchem Zusammenhang aber erweist sich „Märchen" als eine moderne Kategorie des Geisteslebens wie der Wissenschaft. Erzählforschung aber zielt nicht nur auf ein breiteres Feld, sondern bleibt auch nicht aufsplitterbar nach Gattungen.

Würzburg Wolfgang Brückner

1. Bauplastik des MA.s. Innerhalb der rom. Bauplastik spielen figürliche Darstellungen eine große Rolle. → Monstren und → Dämonen, → Fabelwesen oder Sagengestalten finden sich weniger an den Vorhallen, Fassaden und Portalen als vielmehr an den Kapitellen der Kirchen und Kreuzgänge. Sie sind die wichtigsten Bildträger der Romanik, wo auf engstem Raum Rankenwerk und Figürliches erscheinen: → Drachen, Harpyien und → Sirenen, die „buntscheckigen Tiger" und „scheußlichen Zentauren", gegen die sich Bernhard von Clairvaux (um 1090—1153) in einem Brief an den Abt Wilhelm wendet[1]. Was ihm lächerlich und ungestalt vorkam, war nicht immer nur der spielerischen Phantasie entsprungen, sondern besaß oft tiefere Bedeutung[2]. Neben vielem nicht Erkenn- und Deutbaren treten Tierfabeln wie z. B. *Wolf und Kranich* (Fuchs und Kranich) in Andernach, Bonn, Brauweiler, Frankenthal und Saulieu auf[3]. Außer den Fabeln des → Äsop bilden der → *Physiologus* sowie die *Psychomachia* des Prudentius (Kämpfe der Laster und Tugenden) eine bedeutende Quelle der rom. Bildkunst. Im engl. und ir. Bereich kommen noch nord.-kelt. Reminiszenzen hinzu[4], wie sie sich bes. in Herefordshire an Portalen und Taufbecken zeigen. Die Kirche von Kilpeck weist neben fisch- und drachenköpfigen Monstren an beherrschender Stelle der Archivolten den Phönix auf[5]. Seltener finden sich Darstellungen nach den *Metamorphosen* des → Ovid wie → Pyramus und Thisbe am Basler Münster[6].

Den Bildzeugnissen für das Tierepos → *Reineke Fuchs* ist A. L. Meißner 1876 nachgegangen; er fand für England zahlreiche Beispiele, so die Basreliefs an der Kathedrale von Canterbury mit der Fuchspredigt und der Hinrichtung des Fuchses durch die Gänse[7] und im Münster von Beverley (nördlich Hull) den Fuchs als Pilger von Gänsen und Hühnern umgeben[8]. Eine gleiche Szene gibt es auf einem Kapitell in der Kirche St. Denis in Amboise[9]. Im Tympanon der abgebrochenen Kirche St. Ursin in Bourges ziehen Hahn und Henne den Fuchs (?, abgeschlagene Ohren?) in einem Karren zum Richtplatz, der Bär trottet voran[10]. Für Spanien gibt Meißner das Beispiel von San Salvador in Oviedo. Auf den Basreliefs ist dargestellt: Der Fuchs wird gehängt, er liegt scheintot auf der Bahre, der Hahn läutet die Glocke, die Hennen singen ein Requiem und werden von dem Fuchs bedroht[11].

Monatsbilder und Tierkreiszeichen sind nicht auf den Kapitellen, sondern auf den Archivolten der Portale angebracht, allerdings selten vollständig und in konsequenter Aufreihung. Bes. eindrucksvoll sind sie in Burgund an den Kathedralen von Autun und Vézelay mit 31 bzw. 29 Medaillons (um 1130)[12]. Auch in Bourges weisen die im Türsturz dargestellten 12 Arbeiter auf jahreszeitliche Beschäftigungen hin[13]. In Oloron-Sainte-Marie (nordwestl. der Pyrenäen) sind diese Szenen breit ausgesponnen. Eine Entsprechung in England findet sich an der Kathedrale von Ely auf der zum Kreuzgang führenden Abtpforte[14]. Die kleine Kirche in Barfreston (Kent) weist auf dem äußeren Portalbogen wie auch auf der inneren Archivolte menschliche Gestalten in Medaillons auf, die mit allerlei Arbeiten beschäftigt sind, ohne daß sich hier jahreszeitliche Bezüge herauslesen lassen[15]. Wahrscheinlich sind es Szenen aus der *Psychomachia*, die neben bibl. Bildern das figurenreiche Südportal der Abteikirche zu Malmesbury (Wiltshire) schmücken[16].

Die Bauplastik der Romanik schließt eine Unzahl von Fabelwesen ein, die als Mischwesen (Mensch/Tier, Vogel/Fisch etc.) in den ma. Enzyklopädien, Welt- und Erdbeschreibungen festgelegt und lange Zeit für existent gehalten wurden. Hierzu gehören die Akephalen (→ Kopflose; Augen und Mund auf der Brust) oder die Kynokephalen (→ Hundsköpfige), die auch am Tympanon in Vézelay zu sehen sind. Am Basler Münster ist an einem Kapitell am Außenchor ein Skiapode eingemeißelt, der seinen überdimensionalen Fuß als Sonnenschutz über den Kopf hält[17]. Das Motiv der → *Verkehrten Welt* ist mitunter schwer von der Fuchsfabel zu trennen wie beim Apsidenrelief von Königslutter (um 1150)[18]. Die musizierenden Tiere, die in vielen Varianten auftauchen (Harfe spielender Fuchs in Barfreston, Flöte spielendes Einhorn, das auf einem Basilisken reitet, sowie ein geflügelter Teufel mit Widderkopf und Streichinstrument in der Krypta von Canterbury), können hierzu gerechnet werden. Die Darstellung der Siegfriedsage am Portal der Kirche von Sangüesa (Navarra; um 1130) ist vermutlich durch span. Kreuzfahrer beeinflußt worden[19]; sie kommt sonst nur an norw. Stabkirchen wie in Hylestad (jetzt im Hist. Museum in Oslo) und Vegusdal vor[20].

In der Gotik verlagert sich die Drolerie, worunter dargestelltes Erzählgut faßbar wird, in die Konsolen und Schlußsteine des Gewölbes. Ein Beispiel hierfür bietet die Scheibe im ehemaligen Burgkloster zu Lübeck, auf welcher der Fuchs von den Gänsen gehängt wird[21]. Zur gleichen Zeit, um 1330, ist das Motiv auf ein Fastentuch gestickt[22]. Im Straßburger Münster befindet sich bei den Zwickelreliefs der Triforiumsarkaden die Darstellung des Kranichs, der dem Wolf einen Knochen aus dem Schlund holt[23]. Dort war auch an im 17. Jh. zerstörten Kapitellen das Fuchsbegräbnis wiedergegeben[24]. Seltener sind Szenen nach Ulrich → Boners *Edelstein*. Im Schrankenwerk der Hogehus-Kapelle in der Lübecker Jakobi-Kirche finden sich einige Darstellungen von 1400[25]. Reihungen in Medaillonform werden in der Gotik in zunehmendem Maße in den Sockelzonen der Portale in Vierpässen untergebracht, bekannte Beispiele sind die Monatsbilder und Tierkreiszeichen am Straßburger Münster und an Saint-Jean in Lyon[26].

Die Bauplastik der Renaissance bringt auch im profanen Bereich kaum überliefertes Erzählgut; die antike Mythologie und vor allem Allegorien sind vorrangig.

[1] MPL 182, 915sq.; Molanus, J.: De picturibus et imaginibus sacris liber unus. Lovanii 1570, 63sq.; cf. auch HDA 8, 814sq. – [2] Gantner, J./Pobé, M./Roubier, J.: Gallia romanica. Wien/Mü. [4]1970, 20. – [3] RDK 4, 567 (mit 21 Abb.en); cf. Gantner/Pobé (wie not. 2) Abb. 222. – [4] Stoll, R. T./Roubier, J.: Britannia romanica. Wien/Mü. 1966. – [5] ibid., Abb. 105. – [6] RDK 4, 574. – [7] Meißner, A. L.: Die bildlichen Darstellungen des Reineke Fuchs im MA. In: ArchfNSprLit. 56 (1876) 265–280, hier 278. – [8] ibid. 58 (1877) 241–260, hier 245. – [9] ibid. 56 (1876) 276. – [10] ibid., 274. –

[11] ibid., 276. – [12] Gantner/Pobé (wie not. 2) Abb. 19. – [13] ibid., Abb. 222. – [14] ibid., Abb. 117; cf. Stoll/Roubier (wie not. 4) Abb. 228. – [15] Durliat, M.: Hispania romanica. Wien/Mü. 1962, Abb. 139; cf. Stoll/Roubier (wie not. 4) Abb. 1. – [16] ibid., Abb. 78. – [17] RDK 6, 739–816; Mode, H.: Fabeltiere und Dämonen in der Kunst. Stg./B./Köln/Mainz 1974. – [18] Busch, H.: Germania romanica. Wien/Mü. 1963, Abb. 86. – [19] Durliat (wie not. 15) Abb. 126. – [20] Tuulse, A.: Scandinavia romanica. Wien/Mü. 1968, Abb. 139. –

[21] Heise, C.: Die Fabelwelt des MA.s. B. [1936] Abb. 110. – [22] ibid., Abb. 111. – [23] Hamann, R./Weigert, H.: Das Straßburger Münster und seine Bildwerke. B. 1928, 79sq. – [24] ibid., Abb. 43. – [25] Heise (wie not. 21) Abb. 92–95. – [26] Hamann/Weigert (wie not. 23) Abb. 76sq.

Lübeck Christa Pieske

2. Holzskulptur des MA.s. Unter den got. Holzskulpturen bilden die Chorgestühle die wesentlichste Quelle für die Wiedergabe von Erzählgut. Sie sind in ihrer Gesamtheit gründlicher erschlossen als etwa die schwerer zugänglichen Bauplastiken. Eine umfangreiche Lit. erwähnt, wenn auch häufig nur am Rande, die Inhalte von Wangenbekrönungen, Handknäufen und Miserikordiensitzen, auf denen sich Motive aus Sage und Fabel befinden[1]. Allerdings nehmen diese Motive auch innerhalb des kleineren profanen Sektors neben den Themen der Predigtliteratur und derbkomischen Szenen keinen allzu großen Raum ein.

Die Hauptmotive aus dem *Physiologus* sind auf den Chorgestühlen wie im gesamten Bilderraum der Kirchen häufig anzutreffen:

Der Pelikan, der seine Jungen mit seinem Blut füttert; der Adler, der die Jungen der Sonne entgegenhält, um sie zu prüfen; der Löwe, der die Jungen anhaucht und sie so zum Leben erweckt; der Phönix, der aus seiner Asche wieder aufsteigt.

Sie alle sind als Symbole für die christl. Kirche gesetzt[2]. Am Doberaner Chorgestühl sind Pelikan und Löwe zu finden[3], in Altenburg der Pelikan[4] und in Köln der Adler[5] u. a.

Aus den Fabeln des Äsop wurden nur wenige Tiere an ma. Chorgestühlen dargestellt. Dazu gehören Fuchs und Storch in Basel[6], ferner Fuchs und Hase sowie Rabe und Fuchs in St. Gereon in Köln (1314)[7]. Die Fabel von Fuchs und Storch befindet sich im Tierfries zu Paderborn, in St. Zeno zu Reichenhall, in der Martinskirche zu Emmerich und in Kempten[8]. Sehr gut erkennbar ist diese Szene – das enghalsige Gefäß zwischen den beiden Tieren – am Chorgestühl der Thorner Marienkirche angebracht[9].

Das Tierepos *Reineke Fuchs* ist seit der 1. Hälfte des 13. Jh.s außerordentlich verbreitet gewesen, in Deutschland bes. seit der Drucklegung 1480, jedoch nicht über den Raum östl. Magdeburgs hinaus[10]. Für England ist dieses Motiv durch A. L. Meißner und K. Varty gründlich bearbeitet worden[11]. In den Kirchen von Beverley und Bristol sind an den Gestühlen 7 bzw. 8 eindeutige Reineke-Szenen wiedergegeben[12], darunter Gerichtsvorladung durch den Bären, Urteil durch den Löwen, Galgen und Hinrichtung, Fuchspredigt, Reineke im Karren. In den Miserikordiensitzen von Sherborne[13] sowie in der Marienkirche in Thorn[14] erscheinen Fuchspredigt und -hinrichtung, in Kappenberg die Fuchspredigt[15], in Ely Predigt und Gänsefressen[16].

Die Motive zur *Verkehrten Welt*, die zur Verdeutlichung der notwendigen Ordnung frühzeitig in der bildenden Kunst dargestellt worden waren, lassen sich nur schwer gegenüber der Tierfabel, insbesondere dem Epos *Reineke Fuchs*, abgrenzen. Die Übergänge sind fließend; so ist z. B. am Chorgestühl (ca 1360) der Kathedrale von Lincoln einmal die Fuchspredigt zu sehen, dann aber auch ein Fuchs, der auf einer Gans reitet (und umgekehrt)[17]. Eindeutiger sind die Szenen in Alt-Breisach mit dem Schwein am Spinnrocken und dem Esel, der die Geldtasche umgehängt hat und den Bauer mit dem Mehlsack auf dem Rücken antreibt[18]. Im Straßburger Münster steht der Esel am Chorpult; am Gestühl der Bürgermeisterkapelle von St. Marien in Lübeck spielt der Esel die Orgel und lehrt die Vögel singen[19]. Wilde-Leute-Szenen sind mehr in Verbindung zu Wappen anzutreffen als in Einzeldarstellungen wie in Kempten oder Emmerich[20].

[1] RDK 3, 514—537 (mit weiterer Lit.); Sachs, H.: Ma. Chorgestühl von Erfurt bis Stralsund. Lpz. 1964; id.: Die ma. Chorgestühle in der Altmark und in Havelberg. In: Wiss. Zs. der Humboldt-Univ. 10/4 (1961) 461—495; Sighardi, J.: Die Chorgestühle des MA.s in Bayern. In: Mittlgen der kaiserlich-kgl. Komm. Wien 6 (1861) 106sq.; Witkowski, G. J.: L'Art profane à l'église. P. 1908; Viollet-le-Duc, E. E.: Dictionnaire raisonné de l'architecture française du XIe au XVIe siècle 1–10. P. 1854–1869; Maeterlingk, L.: Le Genre satirique, fantastique et licencieux dans la sculpture flamande et vallone. P. 1910; Wrangel, E.: Konstverk i Lunds Domkyrka. Lund 1923. – [2] Lauchert, F.: Geschichte des Physiologus. Straßburg 1889; Cahier, C.: Le Physiologus ou bestiaire. In: id / Martin, A.: Mél. d'archéologie [...] 2. P. 1851, 85sq.; Mâle, E.: L'Art religieux du XIIIe siècle en France. P. 1902; Beißel, S.: Zur Geschichte der

Tiersymbolik in der Kunst des Abendlandes. In: Zs. für christl. Kunst 14 (1901) 276—286 und 15 (1902) 51–62. – [3] Busch, R.: Dt. Chorgestühl in sechs Jh.en. Hildesheim/Lpz. 1928, 29. – [4] Sachs (wie not. 1) 43, Abb. 69. – [5] Reiners, H.: Die rhein. Chorgestühle der Frühgotik. (Diss. Bonn 1909) Straßburg 1909, 76. – [6] Riggenbach, C.: Die Chorgestühle des MA.s vom 13.–16. Jh. In: Mittlgen der kaiserlich-kgl. Komm. Wien 8 (1863) 256. – [7] Reiners (wie not. 5) 42. – [8] ibid., 64. – [9] Beek-Goehlich, M.: Die ma. Kirchengestühle in Westpreußen und Danzig. Stg. 1961, 82, Abb. 101. – [10] ibid., 84. – [11] Meißner (wie Kap. 1, not. 7) t. 56 (1876) 265—280 und t. 58 (1877) 241–260; Varty, K.: Reynard the Fox in Medieval English Art. Leicester 1967. – [12] cf. Meißner (wie not. 11) t. 56 (1876) 279 und t. 58 (1877) 248sq. – [13] cf. ibid. 55 (1876) 278. – [14] cf. Beek-Goehlich (wie not. 9) 82–84. – [15] Lübke, W.: Ma. Kunst in Westfalen. Mü. 1853, 400sq.; Loose, W.: Die Chorgestühle des MA.s. Heidelberg 1931, 110; Suur, H./Martens, M.: Die alte Kirche zu Marienhafe in Ostfriesland. Emden 1845. – [16] Meißner (wie not. 11) t. 58 (1877) 254sq. – [17] ibid. – [18] Loose (wie not. 15) 123, Abb. 25. – [19] cf. Reiners (wie not. 5) 79; Erich, O. A.: Die Tierallegorie. In: Volkswerk. Jb. des Staatlichen Museums für Dt. Vk. (1943) 80. – [20] cf. Riggenbach (wie not. 6) 256.

Lübeck Christa Pieske

3. Textilien etc. des MA.s. Bei den Textilien gibt es eine Fülle von Bildgestaltungen, die dem Erzählgut entnommen sind. Hierzu gehören vor allem Bildteppiche, die die Wände von Kirchen und Burgräumen schmückten. Neben den religiösen Inhalten erscheinen von der Mitte des 14. Jh.s an, als „heidnisch Werk“ bezeichnet, die Wilden Leute. Dieses Motiv hat eine eingehende Behandlung in der Lit. erfahren[1]. Es blühte im 15. Jh. in der Schweiz und büßte auch später nichts an Beliebtheit ein. Sonst herrschen auf den Bildteppichen mythol. und allegorische Darstellungen vor, die sie zu einer ill. Enzyklopädie des gebildeten Adels werden ließen (→ Tapisserien). Ein Motiv aus der *Verkehrten Welt*, der spinnende Affe, begegnet gelegentlich auf Stickmustertüchern im protestant. Raum bis ins 18. Jh. hinein. Verbindungsglieder zu den ndl. Stundenbüchern um 1450 sind u. a. auf Bildteppichen (Kloster Marienberg bei Helmstedt) zu finden[2]. Kissenstickereien bilden eine weitere Quelle. In der Kirche St. Michael zu Pforzheim lag auf dem Stuhl des Probstes vor 1540 ein Kissen, das mit der Wolfspredigt bestickt war und den erläuternden Versen: „Ich will euch wohl viel Fabeln sagen, Bis ich fühle alln mein Kragen“[3]. Ein Sitzkissen aus der Schweiz von ca 1470 gleicht diesem bis auf den fehlenden Küster im Narrengewand völlig[4].

Die Glasmalereien im dt. Gebiet sind bisher nicht systematisch auf Erzählstoffe hin untersucht worden. Ihr Vorkommen ist äußerst selten, da profane Scheiben weitgehend verlorengegangen sind. Nur eine Darstellung Karls des Großen nach dem → *Rolandslied* im Dom zu Halberstadt (um 1400)[5] und die *Rolandssage* in einem Fenster der nördl. Apsis von Chartres wären zu erwähnen[6]. Ein in Eßlingen um 1300 entstandener Tierzyklus ist von H. Wentzel veröffentlicht[7]. Auf einen entsprechenden Tierfries weist E. Mâle für Lyon hin[8].

Ein weitaus ergiebigeres Feld stellen die Handschriften dar, auch hier stehen detaillierte Untersuchungen noch aus. Beginnend mit den Drolerien in den karolingischen Manuskripten lassen sich vor allem in der gotischen Zeit Tier- und Kletterfiguren in den Initialen und Randzeichnungen mit den entsprechenden Bedeutungen finden. So sind von K. Varty 81 engl. Manuskripte für das Epos *Reineke Fuchs* ausgewertet worden[9]. Den *Jäger in der Hasenschlinge* gibt es in Arnsteiner Handschriften, in *Bibel* und *Passionale* (B. M. Mss. Harley 2798—2802)[10] und den von Hasen gefesselten Hund in der Buchmalerei des 14. Jh.s[11] sowie die Fuchs- oder Wolfspredigt in dem Cod. lat. 4301, einer Augsburger Arbeit aus dem Kloster St. Ulrich und Afra[12]. Der Wolf als Schüler ist in einer Initiale des Münchner Psalteriums aus dem 13. Jh. zu sehen[13]. Von den späteren Beispielen seien die Dresdner Bilderhandschriften von 1574–1714 angeführt, in denen „Inventionen“ für Fastnachtumzüge des sächs.Hofes festgehalten sind[14]. Innerhalb der Vorführungen bildeten die der *Verkehrten Welt* mit dem Jäger-Hasen-Motiv sowie die vielseitigen Hasenmaskeraden eine bes. Gruppe. An weiteren Motiven aus dem Erzählgut wurden hier noch König Artus, Reineke Fuchs, die Sieben Schwaben, Riesen, Wilde Leute, Zwerge etc. verwendet.

Für die Jh.e nach 1550 kann nur summarisch auf die Erzeugnisse in Kunstgewerbe und Volkskunst verwiesen werden, auf denen Fabelgestalten sowie Sagen- und Schwankmotive in großer Zahl auftreten. Hierzu gehören die Minnekästchen[15], Fayencen (Ofenkacheln)[16], Bildergeschirre[17] oder Backformen[18], um nur einige der geläufigsten Bildträger aufzuzählen.

[1] RDK 3, 707—740 (mit weiterer Lit.); Viale, M.: Gobelins. Mü. 1974; Leyen, F. von der/ Spamer, A.: Die altdt. Wandteppiche im Regensburger Rathaus. Regensburg 1910; Bernheimer, R.: Wild Men in the Middle Ages. Cambridge 1952; Möller, L.: Die wilden Leute des MA.s. Katalog des Museums für Kunst und Gewerbe. Hbg 1963. – [2] Kaufmann, G.: Stickmustertücher. Ausstellungskatalog des Altonaer Museums. Hbg 1975, 16, Tafel 2. – [3] Meißner (wie Kap. 1, not. 7) t. 56 (1876) 272sq. – [4] Kurth, B.: Die dt. Bildteppiche des MA.s. 2. Wien 1926, Abb. 47sq., Tafel 69a; Erich, O. A.: Die Tierallegorie. In: Volkswerk. Jb. des Staatlichen Museums für Dt. Vk. (1943) 70—88, hier 78, Tafel 12. – [5] Mittlg von R. Becksmann. – [6] Arthur, H.: Chartres. P. 1963, 20. – [7] Wentzel, H.: Die Glasmalereien in Schwaben 1200–1350 (Corpus vitrearum medii aevi. Deutschland 1). B. 1958, 124, Abb.en 237–239. – [8] Mâle, E.: L'Art religieux du XIIIe siècle en France. P. 1902, 59. – [9] Varty, K.: Reynard the Fox in Medieval English Art. Leicester 1967. – [10] RDK 4, 572. – [11] Wright, T.: Histoire de la caricature. P. [2]1875, 84. – [12] cf. Erich (wie not. 4) 78. – [13] ibid., 77; Panzer, F.: Zur Tiersage. In: Oberdt. Zs. für Vk. 6 (1932) 120–123. – [14] Sieber, F.: Volk und volkstümliche Motivik im Festwerk des Barocks. B. 1960 (mit 112 Abb.en). – [15] Kohlhausen, H.: Europ. Kunsthandwerk 1–4. Ffm. 1968–72. – [16] Hansen, H. J. (ed.): Europas Volkskunst. Oldenburg 1967; Haberlandt, M.: Werkstatt des T. Obermillner in Salzburg. In Österr. Volkskunst. Wien 1911, Tafel 44. – [17] Kronberger-Frentzen, H.: Altes Bildergeschirr. Tübingen 1964, 106. – [18] Walzer, A.: Liebeskutsche, Reitersmann, Nikolaus und Kinderbringer. Volkstümlicher Bilderschatz auf Gebäckmodeln, in der Graphik und Keramik. Konstanz 1963; Hansen, H. J. (ed.): Kunstgeschichte des Backwerks. Oldenburg/Hbg 1968.

Lübeck Christa Pieske

4. Ill. Einblattdrucke und ill. Flugblätter. Zu den ältesten Bildzeugnissen, die in größerer Auflage hergestellt und verbreitet wurden, rechnen die ma. handgemalten Bilderbogen[1], die z. B. zwischen Klöstern zirkulierten und die nach H. Rosenfeld u. a. für die Ausbreitung des mit Bildvorstellungen eng verbundenen Themas vom Totentanz[2] eine bedeutende Rolle gespielt haben. Größere Dimensionen nahmen Herstellung, Vertrieb und Konsum von Bildprodukten aber erst mit der Erfindung des Holzschnittes in Südeuropa um 1400 und mehr noch mit der Einführung der Buchdruckerkunst in der Mitte des 15. Jh.s an. Die Frühdrucker entwickelten aus der Kombination von Holzschnitt- und Typendruck das ill. → Flugblatt als eigene Publikationsform, das rasch und bald auch relativ preiswert auf den Markt gebracht werden konnte und durch die meist kolorierten (illuminierten) Darstellungen auch den noch nicht Lesefähigen anzusprechen vermochte. Die Erzeugnisse der Inkunabelzeit (vor 1500) und des 16. Jh.s heißen – soweit sie Holzschnitte enthalten – Einblattdrucke[3]. Daneben tritt um die Wende vom 15. zum 16. Jh. die Flugschrift, deren Titelillustrationen eine ebenso bedeutsame Quellenschicht darstellen. Im 17. Jh. wird der Bilddruck durch den allg. Übergang zum Kupferstich technisch verfeinert, und das ‚ill. Flugblatt' im engeren Sinne entsteht. Von den in moderneren Druckverfahren hergestellten eigentlichen ‚Bilderbogen' des 18./19. Jh.s ist in Kap. 6 die Rede.

Bei Einblattdruck und ill. Flugblatt sind verschiedene Formtypen zu unterscheiden: Je nach Art des Text-Bild-Verhältnisses spricht man von ‚gleichwertiger Bildaussage', von ‚untergeordnetem oder dienendem Bild' und von ‚untergeordnetem oder dienendem Text'. Am häufigsten sind die beiden ersten Typen vertreten, denen die Funktionen der Information, Belehrung, Propaganda u. a. zuzuordnen sind, während die textarmen oder textlosen Illustrationen mehr in den Funktionsbereich der Erbauung und der Kontemplation hineingehören und vor allem als Andachtsbild bzw. Wandschmuck Verwendung fanden[4]. Die Drucke der erstgenannten Funktionskategorien wurden vorzugsweise als Tagesschrifttum für den alsbaldigen Konsum produziert. Entsprechend hoch sind die Verlustquoten; nur ein Bruchteil der ma. Flugblattproduktion ist auf uns gekommen. Dagegen wird die Bezeugung im 16. Jh. und zumal im 17. Jh. besser. Die Druckzentren im dt.sprachigen Bereich, der hier ausschließlich behandelt wird, lagen vorwiegend im oberdt. Sprachraum.

Beim ill. Flugblatt mit narrativem Gehalt – und um dieses geht es hier insbesondere – stehen Text und Bild gleichermaßen im Dienste der Vermittlung von Sinnzusammenhängen an unterschiedliche Rezipientenschichten. Auf der Textebene finden sich neben Prosaberichten häufig gebundene Reimsprache und Liedtexte. Lediglich für das 17. Jh. und zum Liedflugblatt bis zum 17. Jh. liegen zusammenfassende Darstellungen vor[5]. Innerhalb dieser Überlieferungsform hat sich bes. das Zeitungslied als eine wichtige Quelle der hist. Sagenforschung erwiesen. Im folgenden wird zwischen den verschiedenen Formen der die Bilder begleitenden Textinformationen nicht näher unterschieden, obwohl die Liedform eine anders geartete Vermittlungs- und Vertriebsweise der Drucke bedingt (v. Kap. 5, cf. → Katechese).

In bezug auf die Bildebene, die hier im Vordergrund steht, sind zwei verschiedene Grundformen der Bildaussage zu trennen: das einepisodische Bild mit der Darstellung einer einzelnen Szene eines Geschehens und die mehrepisodische Illustration mit dem Versuch, Handlungsabläufe in der Zeit in ein bildliches In- oder Nebeneinander zu fassen. Im letzteren Fall ergeben sich wiederum zwei Möglichkeiten der Visualisierung: die Simultandarstellung ohne Trennung der einzelnen Bildepisoden und die gefelderte Darstellung mit mehr oder weniger strenger und regelmäßiger Trennung der Szenen. Den im Zeitraum zwischen ca 1450 und 1825 überlieferten ill. Blättern mit bilderbogenähnlicher Felderung (und mit Gewicht auf der profanen Thematik) hat D. Kunzle eine Publikation gewidmet, die einen repräsentativen Überblick über die Bildergeschichte in den europ. Ländern vermittelt[6]. Für die übrigen Themenbereiche und Publikationsformen fehlen vergleichbare Quellenwerke, so daß man auf die Auswertung vorhandener Faksimilewerke[7] bzw. mehr noch auf die Heranziehung unveröffentlichter Bestände[8] angewiesen ist. Die systematische Erschließung von Einblattdruck und ill. Flugblatt sowie der ill. Flugschrift für die Erzählforschung steht noch aus. Im Zusammenhang mit der Erforschung der hist. Lesestoffe wendet sich die Volkskunde neuerdings verstärkt diesem Quellenbereich zu. Einige Monographien haben bereits die Bedeutung dieser Quellen für die hist. Erzählforschung und die Verflechtung mit anderen Überlieferungsformen dokumentiert[9].

Inhaltlich ist die ältere Schicht des Flugblattes bis zum Vorabend der Reformation durch das Vorherrschen religiöser Themen gekennzeichnet. Soweit das Flugblatt Erzählinhalte aufweist, stehen diese, wie z. B. die bildliche Darstellung der Zehn Gebote (→ Dekalog)[10] etc., im Dienste der Unterweisung in Glaubensdingen, sie veranschaulichen die Viten von Heiligen – z. B. die des Hl. → Erasmus[11], des Hl. Landolin[12] – oder das → Gottesurteil des Kaiserpaares Heinrich und Kunigunde[13], und sie rücken schon bestimmte Mirakel wie → Hostienwunder[14] oder → Blutwunder[15] in den Mittelpunkt. Die katechetische Funktion des religiösen Flugblattes wird auch an Mahnbildern wie dem vom guten und schlechten Gebet[16] u. a. deutlich.

Um die Wende vom 15. zum 16. Jh. erschienen die ersten ill. Flugblätter mit profanen Themen. Als ihr Schrittmacher darf Sebastian → Brant angesehen werden[17]. Eines der ersten weltlichen Erzählthemen, das im Flugblatt gestaltet wurde, ist der Schwank vom Teufel und dem bösen Weib[18]. Bei H. Guldenmund in Nürnberg erschien um 1530 eine Holzschnittfolge zu → *Asinus vulgi*. Hans → Sachs ließ eine ganze Reihe seiner Gedichte in bebilderter Form als Flugblätter erscheinen[19]. In diese Tradition des Bildergedichtes gehören auch Themen wie *Siemann und Erweib*[20] (→ Pantoffelhelden), der Hl. Niemand[21] oder → *Schlaraffenland*[22], die eng mit dem Medium Flugblatt verbunden sind. Im 17. Jh. setzte sich diese Linie im kupferstichill. Flugblatt und mit Themen wie *Die beiden Nebenbuhler zu Colmar*[23] oder die → *Sieben Schwaben*[24] fort. Auch P. Fürst, der berühmte Nürnberger ‚Bildermann' des 17. Jh.s[25], nahm in sein Verlagsprogramm Blätter mit Themen internat. Erzählstoffe wie *Wolf predigt den Gänsen*[26], → Weiber von Weinsberg[27] oder Krieg der Tiere gegen die Jäger[28] (→ *Verkehrte Welt*) auf.

Die engste Verbindung zwischen der Welt der Volkserzählung und dem Medium Flugblatt besteht jedoch im Bereich der Sage. Diese Affinität hängt eng mit der didaktischen Funktion des ill. Flugblattes und der Flugschrift auf der einen Seite und der Absicht der Sage zu „belehren, exemplifizieren und warnen"[29] auf der anderen Seite zusammen (→ Didaktisches Erzählgut). Flugblatt und Sage treffen sich auch in dem Anspruch, geglaubt zu werden, was in den Epitheta ornantia der Flugblatt-Überschriften mit der häufigen Verwendung von ‚wahrhafftig', ‚erschröcklich' etc. zum Ausdruck kommt. In die populären Kleindrucke der frühen Neuzeit sind zahlreiche Sagenstoffe eingegangen, und die Drucke selbst haben ihrerseits zweifellos auf die Stabilisierung vorhandener und die Verbreitung neuer Themen zurückgewirkt. Teufels- und Hexenglaube, auch die Verbreitung brauchtümlicher Schreckgestalten erfuhren nicht zuletzt durch die Flugblattliteratur beständig neue Nahrung[30]. Aus zeitgenössischen Flugblattsammlungen weiß man, daß selbst angesehene Gelehrte des 16. Jh.s kaum kritischen Abstand zu dieser → Kolportageliteratur besaßen und den darin behandelten Abstrusitäten in naiver Gläubigkeit anhingen. Das berühmteste Beispiel ist der Zürcher Chorherr J. J. Wick, dessen 24bändige Kollektaneen von 1560–1587 zu einem Sammelbecken auch des popularen Kleinschrifttums seiner Zeit wurden[31]. An dieser Sammlung läßt sich verfolgen, in welchem Maße die Tendenzen zur Dämonisierung und Diabolisierung die gesamte Überlieferung der Wunderzeichen (→ Prodigien) ergriffen. Berichte von angeblichen oder tatsächlichen Wundererscheinungen in der belebten oder unbelebten Natur spielen seit Brant in der Flugblattliteratur eine bedeutsame Rolle[32]. Innerhalb des Mediums Flugblatt entstanden durch Nachdruck, Reaktualisierung und Neulokalisierung bestimmter Themen eigene Erzähl„traditionen", die sich z. T. über mehrere Jahrzehnte verfolgen lassen. Hierzu zählen z. B. Themen wie Monstrum von Ravenna[33] oder Kornregen[34].

Eine Zusammenstellung der Bildzeugnisse mit Sagenthemen oder -motiven der Flugblattliteratur fehlt. Regionale Sagensammlungen, die diesen Quellenbereich mitverwerten, sind bisher sehr selten[35]. Die folgende kurze Übersicht über Sagenthemen im ill. Flugblatt beschränkt sich auf die Nennung einiger Beispiele, die bereits das Interesse der Forschung gefunden haben und zu denen die Drucke zugänglich sind:

Bestrafter Brotgeizhals[36], Bestrafter Geldwechsler[37], Bestrafter Kornwucherer[38], → Rattenfänger von Hameln[39], Richmondis von Adocht[40] (*Die tote → Frau kehrt zurück*), → *Kinder spielen Schweineschlachten*[41], Waldenburger Fastnacht[42], Werwolf von Ansbach[43].

Das Vorwiegen von Frevelsagen (→ Frevel) in dieser Aufzählung ist ein weiteres Indiz für die didaktische Funktion der Warnung und Abschreckung dieser populären Bildliteratur, die durch das gleiche Medium und auf ähnlichen Kommunikationsbahnen wie das politische Nachrichtenblatt vertrieben wurde und daher ein hohes Maß von Glaubwürdigkeit beanspruchen konnte. Auf der Bildebene dominiert gemäß der Wirkungsabsicht der Drucke die Darstellung der grausamen Sühne für die begangenen Frevel:

Das verweigerte Brot wird zu Stein, der Geizhals wird vom Teufel zerrissen, der Geldwechsler versinkt in der Erde, den Kornwucherer fressen die Würmer, die frevelnden Tänzer verbrennen.

Ill. Flugblätter mit Volkssagenthemen lassen sich bis zum Ende des 18. Jh.s nachweisen. Ein spätes Produkt dieser Art, in welchem eine Frevelsage durch Lokalisierung und Datierung als wirkliches Ereignis dargestellt wird, trägt den Titel:

Eine erschröckliche und merwürdige Wundergeschichte von einem im Wald sitzenden und schlaffenden böhmischen Bauern, [...], welcher an einem heiligen Festtage einen Wagen Holz im Wald gehohlet, wie sich solches zu jedermanns Verwunderung und Schrecken zugetragen[44].

Auf dem Kupferstich ist der Feiertagsfrevler im Hintergrund mit seinem Fuhrwerk und im Vordergrund auf einem Baumstumpf festgebannt dargestellt. Der Begleittext läßt die volkserzieherische Tendenz deutlich werden:

„Man hat nunmehr ein Dach über ihn [= den Frevler] gebauet und er wird vermuthlich allen Frevlern zum Beyspiel und der Nachwelt zum Entsetzen immer und ewig sitzen bleiben. Dergleichen Strafgerichte sind endlich der Lohn frecher Lästerzungen Sünden. Ein jeder lasse sich dieses erschreckliche Beyspiel zu einem Buß- und Tugendspiegel dienen [...]"

Von moralisierenden Druckerzeugnissen dieser Art ergibt sich die Brücke zum → Bänkelsang. Auch dort spielten in Prosa, Liedtext und begleitenden Bildern Themen aus dem Bereich der Volkserzählungen eine Rolle. In einzelnen Fällen ist es sogar gelungen, Nachwirkungen der durch Bänkelsänger verbreiteten Stoffe als Nacherzählungen von Moritatenheftchen aufzuzeichnen[45].

[1] Rosenfeld, H.: Das dt. Bildgedicht. Lpz. 1935, 25. – [2] id.: Der ma. Totentanz. Köln/Wien [3]1974. – [3] Heitz, P. (ed.): Einblattdrucke des 15. Jh.s 1–100. Straßburg 1899–1942; Geisberg, M.: Der dt. Einblatt-Holzschnitt in der 1. Hälfte des 16. Jh.s 1–43 (Großfolio-Mappen). Mü. 1923–30 (Repr. in Buchform 1–4. N.Y. 1974); dazu: Schmidt, H. (ed.): Bilderkatalog zu M. Geisberg. Mü. 1930; Strauss, W. L.: The German Single-Leaf Woodcut 1550–1600 1–3. N.Y. 1975. – [4] Zum Text-Bild-Verhältnis: Huhndorf, G.: Frühformen der Bildpublizistik. In: Hb. der Publizistik 2/1. ed. E. Dovifat. B. 1969, 59; zur Funktion: Brückner, W.: Populäre Druckgraphik Europas. Deutschland vom 15. bis zum 20. Jh. Mü. [2]1975, 246. – [5] Coupe, W. A.: The German Illustrated Broadsheet in the Seventeenth Century 1–2. Baden-Baden 1966sq.; Brednich, R. W.: Die Liedpublizistik im Flugblatt des 15. bis 17. Jh.s 1–2. Baden-Baden 1974sq. – [6] Kunzle, D.: The Early Comic Strip. Narrative Strips and Picture Stories in the European Broadsheet from c. 1450 to 1825. Berk./L.A./L. 1973. – [7] Diederichs, E./Kienzle, H.: Dt. Leben der Vergangenheit in Bildern 1–2. Jena 1907sq.; Steinhausen, G. (ed.): Monogr.n zur dt. Kulturgeschichte 1–12. Lpz. 1899–1905 ([2]1924); zu beiden Werken gemeinsames „Generalreg." Jena 1909; Wäscher, H.: Das dt. ill. Flugblatt 1–2. Dresden 1955sq.; Scheible, J.: Die fliegenden Bll. des 16. und 17. Jh.s. Stg. 1850 (Repr. Hildesheim/N.Y. 1972). – [8] Zusammenstellung für den dt.sprachigen Raum bei Brückner (wie not. 4) 234sq. – [9] Brednich, R. W.: Die Überlieferungen vom Kornregen. Ein Beitr. zur Geschichte der frühen Flugblattlit. In: Dona ethnologica. Festschr. L. Kretzenbacher. ed. H. Gerndt/G. R. Schroubek. Mü. 1973, 248—260; Schemmel, B.: Der „Werwolf" von Ansbach (1685). Ereignisse und Meinungen. In: Jb. für fränk. Landesforschung 33 (1973) 167—200; Schenda, R.: Das Monstrum von Ravenna. Eine Studie zur Prodigienlit. In: ZfVk. 56 (1960) 209—225; id.: Die Slg ital. Flugblätter im Museo Pitrè. In: ZfVk. 58 (1962) 210—237. – [10] Kunzle (wie not. 6) fig. 1–6; cf. Murbach, E.: Die Darstellung der Zehn Gebote im späten MA. In: SAVk. 68/69 (1972/73) 454–459. – [11] Kunzle (wie not. 6) fig. 1–8. – [12] Brückner (wie not. 4) fig. 29. – [13] Geisberg (wie not. 3) fig. 1412. – [14] Kunzle (wie not. 6) fig. 1–20: Hostienfrevel zu Passau 1477. – [15] Brückner (wie not. 4) fig. 26; cf. Heitz, P.: Das Wunderblut zu Wilsnack. Straßburg 1904. – [16] Brückner (wie not. 4) fig. 20; cf. Wildhaber, R.: Das gute und das schlechte Gebet. Ein Beitr. zum Thema der Mahnbilder. In: Festschr. B. Schier. ed. G. Heilfurth/H. Siuts. Göttingen 1967, 63–72. – [17] Heitz, P.: Flugblätter des Sebastian Brant. Straßburg 1915; Wuttke, D.: Sebastian Brants Verhältnis zu Wunderdeutung und Astrologie. In: Festschr. H. Moser. B. 1974, 272–286. – [18] Brednich (wie not. 5) t. 2, fig. 1; Brückner (wie not. 4) fig. 75; Wendeler, C.: Bildergedichte des 17. Jh.s. In: ZfVk. 15 (1905) 150–153, num. 7. – [19] Röttinger, H.: Die Bilderbogen des Hans Sachs (Studien zur dt. Kunstgeschichte 24). Straßburg 1927; cf. Ausstellungskatalog: „Die Welt des Hans Sachs. 400 Holzschnitte des 16. Jh.s". ed. von den Stadtgeschichtlichen Museen (Ausstellungskataloge der Stadtgeschichtlichen Museen Nürnberg 10). Nürnberg 1976. – [20] Moser, D.-R.: Schwänke um Pantoffelhelden. In: Fabula 13 (1972) 205–292, fig. 2–4. – [21] Geisberg (wie not. 3) fig. 1008, 1158; Diederichs/Kienzle (wie not. 7) t. 1, fig. 570 und t. 2, fig. 1012; Meyer-Heisig, E.: Vom „Herrn Niemand". In: DJbfVk. 6 (1960) 65–76; Brückner (wie not. 4) fig. 107; Bolte, J.: Die Legende vom hl. Niemand. In: Alemannia 16 (1888) 193–201, 17 (1889) 151 und 18 (1890) 131–134. – [22] Geisberg (wie not. 3) fig. 1193; Brückner (wie not. 4) fig. 85. – [23] Bolte, J.: Die beiden Nebenbuhler zu Colmar. In: Jb. für Geschichte, Sprache und Lit. Elsaß-Lothringens 21 (1905) 156–160; Wäscher (wie not. 7) t. 1, fig. 85. – [24] Diederichs/Kienzle (wie not. 7) t. 2, fig. 952; Bolte, J.: Zwei

Flugblätter von den sieben Schwaben. In: ZfVk. 4 (1894) 430–437. – [25] Hampe, T.: Beitr.e zur Geschichte des Buch- und Kunsthandels in Nürnberg. 2: Paulus Fürst und sein Kunstverlag. In: Mittlgen des Germ. Nationalmuseums (1914/15) 3–127. – [26] Nürnberg, Germ. Nationalmuseum, H.B. 24667. – [27] Brednich (wie not. 5) t. 2, fig. 130. – [28] Brückner (wie not. 4) fig. 86. – [29] Röhrich, L.: Sage. Stg. [2]1971, 3. – [30] Brednich, R. W.: Hist. Bezeugung von dämonologischen Sagen. In: Röhrich, L. (ed.): Probleme der Sagenforschung. Fbg 1973, 52–62; M. Rumpf hat das in einem noch unveröffentlichten Aufsatz für „Butzenbercht und Kinderfresser" wahrscheinlich gemacht. –
[31] Fehr, H.: Massenkunst im 16. Jh. Flugblätter aus der Slg Wickiana. B. 1924; Senn, M.: J. J. Wick und seine Slg von Nachrichten zur Zeitgeschichte. Zürich 1974; id. (ed.): Die Wickiana. Küsnacht-Zürich 1975; Weber, B.: Erschröckliche und warhafftige Wunderzeichen 1543–1586. Dietikon/Zürich 1972; id.: Wunderzeichen und Winkeldrucker. Dietikon/Zürich 1972. – [32] Heß, W.: Himmels- und Naturerscheinungen in Einblattdrucken des 15. bis 18. Jh.s. Nieuwkoop [2]1973; Holländer, E.: Wundergeburt und Wundergestalt in Einblattdrucken des 15. bis 18. Jh.s. Stg. 1921. – [33] Schenda 1960 (wie not. 9). – [34] Brednich (wie not. 9). – [35] Dünninger, J.: Fränk. Sagen. Kulmbach 1963, cf. num. 39a und 42. – [36] Brednich (wie not. 5) t. 2, fig. 126. – [37] Scheible (wie not. 7) num. 15. – [38] Spamer, A.: Die dt. Vk. 2. Lpz./B. 1935, 484, fig. 1; Moser-Rath, num. 247; Nürnberg, Germ. Nationalmuseum, H.B. 19642. – [39] Dobbertin, H.: Qu.nslg zur Hamelner Rattenfängersage. Göttingen 1970, 66–69, num. 55. – [40] Brednich (wie not. 5) t. 2, fig. 114sq. –
[41] Brückner, A.: Volkstümliche Erzählstoffe auf Einblattdrucken der Gustav Freytag-Slg. In: ZfVk. 57 (1961) 230—238, fig. 1. – [42] Bausinger, H.: Volkssage und Geschichte (Die Waldenburger Fastnacht). In: Württembergisch Franken 41 (1957) 1–24. – [43] Schemmel (wie not. 9). – [44] Brückner (wie not. 41) fig. 2. – [45] Ranke 3, 218–220 (AaTh 882); ibid., 373–376 (AaTh 955).

Freiburg/Br. Rolf Wilhelm Brednich

5. Geistlicher Bänkelsang. Einblattdrucke und ill. Flugblätter, Mirakelzyklen und Wallfahrtsbilder zeigen vielfach das gleiche Darstellungsprinzip der Felderung, das L. Schmidt als „lesbare Bildkunst" bezeichnet und mit einer speziellen Vertriebsform, dem sog. ‚geistlichen →Bänkelsang' in Verbindung gebracht hat[1]. Das Aufbauschema in Reihenbilderfolge oder – typischer – in Felderform um ein größeres Mittelbild lag beim Aufkommen der populären Druckgraphik im 15. Jh. schon fertig vor (cf. Kap. 4). Es stammt aus der zyklischen Bilderanordnung der Wandelaltäre seit dem späten 14. Jh., die ihrerseits die alte Kultformel des Triptychons erweitert haben[2]. In der 2. Hälfte des 16. Jh.s wurde das Schema ‚Mittelbild mit Bilderstreifenbordüre' beliebtes Gestaltungsprinzip der Kupfertitel des gegenreformatorischen Buchwesens und gelangte von da aus ins religiöse Flugblatt, vor allem der Wallfahrtspropaganda, am frühesten wohl in Altötting mit einem Kupferstich von 1590 nach einem Holzschnitt von spätestens 1570[3]. Dies geschah parallel zum Einblattkalender mit Illustrationsbordüren und zu den meist späteren Bilderrahmungen von Kupferstichen geogr. Karten des 17. Jh.s. Im geistlichen Flugblatt Mitteleuropas reichen Zeugnisse der typischen Aufbauform bislang kaum bis ins 18. Jh., in Italien hingegen deutet das Weiterleben des geistlichen Bänkelsangs bis an die Schwelle des 20. Jh.s auch auf eine Tradierung entsprechender Graphiken[4]. Das früheste Zeugnis für die Vertriebsform des Bänkelsangs mit Hilfe einer werbenden Großleinwand solcher gefelderter Darstellungen bildet das Gemälde *Bänkelsänger am Wallfahrtsort* von ca 1620/30 (Österr. Museum für Vk. in Wien). Weitere Bildzeugnisse, die das Vorhandensein des Phänomens für das 17. und 18. Jh. sichern, gehen auf den Holländer Jacob Gole, den Italiener Alessandro Magnasco und die Franzosen Jean Antoine Watteau und Charles Nicolas Cochin d. J. zurück[5]. Durch mehrere Exponate einer 1975 in Stuttgart veranstalteten Ausstellung *Bänkelsang und Moritat* konnte das Weiterleben des geistlichen Bänkelsangs bis ins 19. Jh. nachgewiesen werden[6]. Der geistliche Liedthemen zum Vortrag bringende Bänkelsänger benutzte laut Ausweis der Bilddokumente vielfach auch ein dem Inhalt seiner Lieder angemessenes anderes Requisit: ein transportables Klappaltärchen oder Triptychon, dessen Mittelteil meist ein größeres Heiligenbild aufnahm und dessen Seitenflügel mit einzelnen Bildchen bemalt oder beklebt waren[7]. Die Bilder des Triptychons korrespondierten ihrerseits mit den Bilderfolgen der zum

Verkauf angebotenen Drucke: Heiligenlegenden, Wallfahrtsursprung, Wunderberichte. Die Illustrationstechnik mancher Flugblätter aus dem Überlieferungsbereich des geistlichen Liedes und des Zeitungsliedes mit Felderung und Numerierung der Einzelbildchen erinnert noch deutlich an die Art der Aufführung, bei der parallel zum Vortrag der Liedtexte größere Bilder am Triptychon erläutert wurden, die der Rezipient in verkleinerter Form als Flugblatt erwerben konnte. Lieddrucke mit solchen Bildergeschichten behandeln z. B. Themen wie den Ritualmord der Juden an einem Christenknaben (→ Antisemitismus, → Judenlegenden), Brotgeiz (→ Brotlegenden) oder Kindsmord[8].

[1] Schmidt, L.: Geistlicher Bänkelsang. In: Jb. des österr. Volksliedwerkes 12 (1963) 1–16 (Wiederabdruck in id.: Volksgesang und Volkslied. Proben und Probleme. B. 1970, 223–237, 503–506); dazu Ergänzungen bei W. Brückner in: Anzeiger des Germ. Nationalmuseums. Nürnberg 1968, 131, not. 31. – [2] cf. Lankheit, K.: Das Triptychon als Pathosformel (Abhdlgen der Heidelberger Akad. der Wiss.en 4). Heidelberg 1959. – [3] König, M. A.: Weihegaben an unsere liebe Frau von Altötting. Mü. 1939/40, II, Tafel 11/12; Kupferstich im Germ. Nationalmuseum Nürnberg: K 1251, H.B. 24 888. – [4] cf. not. 1 und not. 6; zum Gesamtkomplex v. Kunzle, D.: The Early Comic Strip. Narrative Strips and Picture Stories in the European Broadsheet from c. 1450 to 1825. Berk./L.A./L. 1973. – [5] Brednich, R. W.: Zur Vorgeschichte des Bänkelsangs. In: Jb. des österr. Volksliedwerkes 21 (1972) 78–92; Jean Antoine Watteau (1684–1721): „Fahrender Savoyarde" mit Schlapphut, Reisetasche und Flügelaltärchen; rot-schwarze Kreideskizze, 1974 im Rijksprentenkabinett Amst. in der Ausstellung frz. Zeichnungen aus holländ. Slgen. Abb. in: Frankfurter Allg. Ztg 175 (1. Aug. 1974) 17. – [6] Bänkelsang und Moritat. Ausstellung der Staatsgalerie Stg. Katalog: U. Eichler. Stg. 1975, num. 14sq., fig. p. 89sq.; ergänzend: Beall, K. F.: Kaufrufe und Straßenhändler. Eine Bibliogr. – Cries and Itinerant Trades. A Bibliography. Hbg 1975, 351, fig. I 23. – [7] Brednich, R. W.: Liedkolportage und geistlicher Bänkelsang. Neue Funde zur Ikonographie der Liedpublizistik. In: Jb. für Volksliedforschung 22 (1977) im Druck; Petzoldt, L.: Bänkelsang (Slg Metzler 130). Stg. 1974. – [8] Brednich, R. W.: Die Liedpublizistik im Flugblatt des 15. bis 17. Jh.s 2. Baden-Baden 1975, fig. 118, 123, 126.

Freiburg/Br. Rolf Wilhelm Brednich
unter Mitarbeit von
Wolfgang Brückner (Würzburg)

6. Bilderbogen. Beim Begriff Bilderbogen unterscheidet die Forschung zwischen einer weitgefaßten Definition, derzufolge hierunter die selbständigen Bilddrucke aller Zeiten zu verstehen sind, und einer engeren Bestimmung, die den Terminus auf die massenhaft hergestellten Produkte des 18./19. Jh.s eingrenzt[1]. Die umfassendere Erscheinung wird heute besser als Imagerie populaire oder populäre Druckgraphik bezeichnet, zumal der Begriff Bilderbogen selbst ein später und hist. klar fixierter gewesen ist[2]. Nur von dieser zweiten Form als Kinder-Bilderbogen und ihrer Bedeutung für die hist. Erzählforschung ist im folgenden die Rede. Die Massenerzeugung von Bilddrucken war durch die Einführung neuer Druck- und Illustrationsverfahren (Lithographie und Xylographie) möglich geworden. Mit ihrer Hilfe wurde der Bilderbogen im 19. Jh. zu einem wichtigen Kommunikationsmittel für Erwachsene und Kinder.

Im 17. und 18. Jh. waren neben den süddt. Druckorten Augsburg und Nürnberg die Niederlande und Belgien Zentren der Produktion erzählender Bilderbogen in Reihenbilderform. Am Anfang herrschten religiöse Themen vor. Eine Besonderheit dieses Bereiches sind die dreieckigen Wallfahrtsfähnchen (drapelets) mit Heiligendarstellungen[3] sowie die gefelderten Holzschnittbilderbogen mit bibl. Themen (z. B. das Leben Davids, → *Heimkehr des verlorenen Sohnes* [AaTh 935])[4]. Im gleichen Stil wurden Themen aus den Volksbüchern (im frühen 18. Jh. → *Faust*[5], im 19. Jh. → *Eulenspiegel*[6]) und der Lit. (z. B. *Robinson Crusoe*[7] [Daniel → Defoe], *Wilhelm* → *Tell*[8]) gestaltet, und nun gerieten auch zum ersten Mal Märchen in den Blick. Die holländ.-fläm. Bilderbogenproduzenten in Amsterdam, Turnhout etc. nutzten den Bekanntheitsgrad der Märchen von → Perrault und setzten eine ganze Reihe davon mit mehrsprachigen Unterschriften in den Bilderbogen um[9]. So wurden z. B. → *Rotkäppchen* (AaTh 333)[10], → *Däumling* (AaTh 700)[11], *Blaubart* (→ *Mädchenmörder*)[12], *Der gestiefelte* → *Kater* (AaTh 545 B)[13] und viele andere z. T. mehrmals als Bilddrucke vertrieben.

Im 19. Jh. traten weitere Zentren hervor. In Epinal in den frz. Vogesen führten J.-C. Pellerin (1756–1836) und seine Nachfolger die Imagerie Pellerin aus kleinen Anfängen heraus zu einem Unternehmen von Weltgeltung[14]. Den Beginn der Produktion bezeichnen auch hier religiöse Bilderbogen wie z. B. der → *Ewige Jude* (AaTh 777)[15]. Noch um die Mitte des 19. Jh.s waren in der frz. Produktion ganz allg. die religiösen Darstellungen stärker gefragt als alle anderen zusammengenommen[16]. Bei den profanen Themen ist neben der Vorliebe für politische Inhalte die Hinwendung zum Genre des unverfänglichen Märchenbilderbogens unverkennbar. Diese Art des Epinaler Bilderbogens wurde am Ende des 19. Jh.s so beliebt, daß die Humoristic Publishing Company in Kansas City in den USA engl. Übersetzungen auf den Markt bringen konnte[17].

Die Imagerie von J.-F. Wentzel (1807–1869) im lothring. Weißenburg folgte Pellerin in dieser Tendenz zur Vermarktung von Märchen- und sonstigen Erzählthemen der Volksliteratur. Neben die typischen Bilderbogenstoffe wie die Zehn Lebensalter (→ *Lebenszeiten des Menschen*), den → Lebensbaum, die sieben Stände (→ Ständeordnung), den breiten und den schmalen Weg zur Hölle und zum Himmel[18] oder die für Wentzel bes. bezeichnende → *Geistliche Hausmagd* traten früh die erzählenden Bildergeschichten der ‚klassischen' Lit. und der populären Romane, voran → *Genovefa*, aber auch → *Griseldis* (AaTh 887), später dann, vor allem unter seinen Nachfolgern, eine große Reihe von Märchenbilderbogen. Ihr Ausgangspunkt sind Perrault, → La Fontaine u. a. frz. Quellen, nicht die KHM der Brüder Grimm; cf. Titel wie *Die im Wald schlafende Schöne*[19], *Die Mißgeschicke des Kapitäns Croquefort*[20]. Aus der späteren Produktion von C. Burckardts Nachfolger um 1900 seien noch einige weitere Bildergeschichten erwähnt: *Der Müller, sein Sohn und der Esel* (AaTh 1215: → *Asinus vulgi*), *Der Fuchs und der Storch* (→ *Fuchs und Kranich* [AaTh 60]), *Robinson Crusoe*, *Die listigen Bauern*[21].

In Deutschland wurde der Verleger G. Kühn (1794–1868) in Neuruppin zum eigentlichen Pionier des schablonenkolorierten lithographischen Bilderbogens[22]. Seit ca 1835 tauchen in seiner Produktion auch Märchenbilderbogen auf, die später alle auch mit dän. Text vertrieben wurden[23]. Kühn, der teilweise selbst die Entwürfe zu seinen Bogen lieferte, hat die Märchen oft verändert und verkürzt, um sie seinen philanthropischen Neigungen und dem Medium des für Erwachsene und Kinder bestimmten Bilderbogens anzupassen. So entstand aus → *Hänsel und Gretel* (AaTh 327 A) die *Lehrreiche Geschichte von Martin und Ilse oder das Pfefferkuchenhäuschen*; die Kinder werden in dieser Bildergeschichte nicht von den Eltern im Wald verlassen, sondern sie verirren sich[24]. Im Grunde wollte Kühn aber mit dem Medium Bilderbogen keine neuen Märchentraditionen schaffen, sondern er profitierte als geschickter Verleger vom Erfolg der KHM. Die unterlegten Texte sind nicht in der Sprache des Märchens abgefaßt, sondern notdürftiges Surrogat der im Bilderbogen vermarkteten Erzählungen. So hat auch der Märchenbilderbogen im 19. Jh. zur Steigerung der Popularität von Grimms KHM u. a. Sammlungen beigetragen.

Kühns Konkurrenten folgten ihm auf diesem Weg. Die Offizin Oehmigke & Riemschneider in Neuruppin[25] wendet sich in ihren qualitativ oft über den Kühnschen stehenden Bilderbogen außer den KHM (*Däumling*[26]) auch Volksbuchthemen (→ Eulenspiegel[27], → Schildbürger[28], → Münchhausen[29]) zu. Bei Robrahn & Co. in Magdeburg[30] liefen neben bekannten KHM-Stoffen wie *Goldmarie und Pechsophie*[31] (*Das gute und das schlechte* → *Mädchen* [AaTh 480]) und → *Rotkäppchen* (AaTh 333)[32] auch Adaptionen nach Ludwig → Bechstein wie *Der beherzte Flötenspieler*[33]. Zu Beginn des Jh.s hatte für anspruchsvollere Kreise der philanthropisch engagierte Nürnberger Verleger F. Campe (1777–1846) feinkolorierte Empire- und Biedermeierradierungen u. a.

als Halbbogen-Serien mit Szenenfolgen aus der hohen Lit. (vornehmlich Balladenstoffe, Dramenthemen, Versepeninhalte) erfolgreich vertrieben[34]. Sein Verlagskatalog von ca 1825 verzeichnet an erzählendem Genre aber auch Fabeln, Eulenspiegel, Weiber von Weinsberg, Kornwuchergeschichten, Schildbürgerstreiche[35]. Der Verlag Braun & Schneider in München vollzog seit 1848 mit seinen *Münchner Bilderbogen* den Schritt zum künstlerisch anspruchsvollen Bilddruck im eigentlichen Bilderbogen und engagierte für die Holzstichillustrationen seiner Serie führende Künstler der Zeit[36]. Zu der bis 1929 reichenden und 2130 Bll. umfassenden Produktion hat Wilhelm → Busch 50 Bilderbogen beigesteuert. Von ihnen sind wichtige Impulse auf die amerik. → Comics ausgegangen. Märchenthemen spielten in dem Verlagsprogramm von Braun & Schneider von Anfang an eine große Rolle. Die bei Verlegern und Künstlern der Bll. gleichermaßen zu beobachtende Vorliebe für „Altdeutsches" kam der Wahl entsprechender Themen aus dem Umkreis der dt. Romantik entscheidend entgegen. Die Künstler besaßen bei der Verwirklichung ihrer Ideen große Freiheit. Die ersten Märchenbilderbogen mit den Illustrationen Moritz von Schwinds (*Machandelboom* [AaTh 720: → *Totenvogel*]) oder Otto Speckters (→ *Brüderchen und Schwesterchen* [AaTh 450]) folgten noch der Tradition der regelmäßig gefelderten Bildergeschichte, wobei der Märchentext den einzelnen Bildsegmenten unterlegt wurde[37]. Bald schon trat eine stärkere Loslösung von diesem formalen Bilderbogenprinzip ein (→ *Froschkönig* [AaTh 440] von Speckter, 1856[38]). Da vielfach bekannte Märchenstoffe illustriert wurden, konnte man auch auf die Beigabe der Texte verzichten, so daß manche der *Münchner Bilderbogen*, zumal wenn sie sich auf einzelne Szenen beschränken (*Dornröschen* [AaTh 410: → *Schlafende Schönheit*][39]), die Grenze zur reinen Märchenillustration überschreiten.

Der Erfolg der *Münchner Bilderbogen* rief auch hier Konkurrenten auf den Plan[40]. Nach künstlerischem Anspruch, typographischer Gestaltung und nach Inhalt stehen den Münchnern am nächsten die 250 zwischen 1867 und 1872 im Verlag von G. Weise in Stuttgart erschienenen *Dt. Bilderbogen für Jung und Alt*[41], unter denen sich ebenfalls eine Reihe von Themen aus der Märchen- und sonstigen Popularliteratur finden (z. B. *Blaubart*, Münchhausen, → *Hans im Glück* [AaTh 1415], *Dornröschen*, → *Melusine*, *Der Rattenfänger von Hameln*, *Faust*[42]).

Im Verlaufe des 19. Jh.s haben alle Bilderbogenhersteller das Theatergeschehen ihrer Zeit reflektiert und sei es nur mit den wenigen wirklich volkstümlich gewordenen Erfolgsstücken, voran Webers → *Freischütz*. Mozarts *Zauberflöte* blieb ebenso aktuell wie es die Wiener Zauberpossen, etwa Ferdinand → Raimunds, auch im Bilderbogen werden sollten. In Wien hielt M. Trentsensky (1790–1868) mit seinem *Mignon-Theater* und *Mandlbogen* zum Ausschneiden der ‚Männlein' die Bühnengestalten in ständiger Erinnerung[43]. Er lieferte sogar in England durch ein eigenes Londoner Kontor aus. Noch sind die Zusammenhänge mit → Märchenoper, → Märchenspiel und → Puppentheater zu klären. In Deutschland trat bes. die Firma Scholz mit eigenen *Mainzer Theaterbilderbogen* hervor[44]. Das *Figurentheater* aus Berlin und Neuruppin blieb von untergeordneter Bedeutung[45]. Reine Figurinenbogen gab es auch hier schon vor der Jahrhundertmitte; bekannt ist ein Ensemble zum *Rotkäppchen* um 1850 von Oehmigke & Riemschneider, ein Bogen zu *Hänsel und Gretel* aus der Spätzeit (Nachdr. B. 1976), aus Weißenburg ein solches zum kleinen *Däumling* aber erst um 1880[46]. Zu Ende des Jh.s begegnet das Grimmsche Märchen regelmäßig im Papierkindertheater parallel zu den Bühnenaufführungen der Weihnachtsvorstellungen und Engelbert Humperdincks Märchenopern. Von 1877 bis ca 1910 gab es bei Schreiber in Esslingen (Firma seit 1831/32) *Schreibers Kindertheater* mit zahlreichen Märchenbogen (*Gestiefelter Kater* [AaTh 545 B], *Rotkäppchen* [AaTh 333], *Aschenbrödel* [AaTh 510 A: → *Cinderella*] etc.)[47]

Für London und Kopenhagen lassen sich die genauen Spiegelungen der Theatergeschichte im ,,Juvenile Drama" verfolgen, die selbst wiederum Hinweise für die bürgerliche Märchenbegeisterung sind[48]. So ist → *Aladins Wunderlampe* nach Charles Farley (Uraufführung im Covent Garden 1813) in England von 15 verschiedenen Verlegern als Papiertheaterbilderbogen immer wieder durch das gesamte 19. Jh. hindurch vertrieben worden, → *Ali Baba* (Uraufführung in Surrey 1812) gar von 21 Offizinen. Weitere Themen aus den für die Bühne bearbeiteten Volkserzählstoffen:

Beauty and the Beast (Coburg 1819), *Blue Beard* nach G. Colman junior (Drury Lane 1798) bei 19 Verlagen bekannt, *The Bottle Imp* von R. B. Peake (English Opera House 1828), *The Devil and Doctor Faustus* von G. Soane (Drury Lane 1825), *The Flying Dutchman* von E. Fitzball (Adelphi 1827) bei sieben Verlagen, *Robin Hood* nach J. R. Planché (Adelphi 1821), *Robinson Crusoe* von I. Pocock nach Pixérécourt (Covent Garden 1817) bei neun Verlagen, *The Sleeping Beauty* von G. Skeffington (Drury Lane 1805), → *Undine* nach de La Motte Fouqué (Covent Garden 1821), *Cinderella* von R. Lacy (Covent Garden 1830) bei acht Verlagen[49].

Auch in Frankreich und Dänemark stand *Aladins Wunderlampe* nach der Pariser Oper des Nicolo Isouard von 1822, auch als Ballettaufführung und in Anlehnung an die Oper von Emil Horneman d. J., bis zum Jahrhundertende unter den Märchenthemen obenan[50]. Ansonsten spielte in Kopenhagen natürlich Hans Christian → Andersen eine gewisse Rolle[51].

Neben den in diesem Art. bisher erwähnten mitteleurop. Ursprungszentren populärer Druckgraphik verdient noch eine Reihe weiterer Produktionsstätten in Europa und in den USA Erwähnung. Die dort hergestellten Bilderbogen können im Rahmen dieses Beitrages jedoch nicht in extenso behandelt werden, wofür zwei Gründe maßgebend sind: Zum einen spielen in ihnen erzählende Inhalte und Stoffe der Volksdichtung nicht die dominierende Rolle wie bei den oben dargestellten Drucken, zum anderen ist ein Rückstand in der Erforschung unübersehbar. Daher wird lediglich auf andere europ. Zentren der Imagerie populaire verwiesen und weiterführende Lit. genannt: Italien[52], Spanien[53], Skandinavien[54], Rußland[55], England[56] und Vereinigte Staaten[57].

Mit dem ausgehenden 19. Jh. begann der Niedergang des Bilderbogens. Märchenbilderbogen mit Jugendstil-Illustrationen wie der von M. Behmer *Niemand kann wider sein Schicksal* (ca 1910)[58] blieben Episode, ebenso wie eine Reihe späterer Versuche, das Medium Bilderbogen wiederaufleben zu lassen. Andere Erscheinungen wie die ,,Zeitungsbilderbogen" der ill. Familienzeitschriften, das Bilderbuch[59], später auch Stumm- und Zeichentrickfilm (→ Film) und schließlich die Comics haben die Funktion der Visualisierung von Themen der Volksliteratur übernommen.

[1] Bolte, J.: Bilderbogen des 16. Jh.s. In: Tijdschr. 14 (1895) 119–153; Rosenfeld, H.: Der ma. Bilderbogen. In: ZfdA 85 (1954) 66–75; id.: Die Rolle des Bilderbogens in der dt. Volkskultur. In: Bayer. Jb. für Vk. (1955) 79–85; Spamer, A.: Art. Bilderbogen. In: RDK 2 (1948) 549–561. – [2] Brückner, W.: Kleinbürgerlicher [. . .] Wandschmuck. In: Beitr.e zur dt. Volks- und Altertumskunde 12 (1968) 35–66, hier 35sq. für 1833, 1856 etc. – [3] cf. Meyer, M. de: Populäre Druckgraphik Europas. Niederlande. Mü. 1970, 210sq., dazu Übersichtskap. p. 69–76. – [4] Heurck, E. van/Boekenoogen, G. J.: Histoire de l'imagerie populaire flamande et de ses rapports avec les imageries étrangères. Bruxelles 1910, 17, 145; Meyer, M. de: De Volks- en Kinderprent in de Nederlanden. Antw./Amst. 1962, 359–363; id. (wie not. 3) 77–88 und fig. 69–77. – [5] id. (wie not. 4) fig. 148 und p. 488–491. – [6] Heurck/Boekenoogen (wie not. 4) 147sq., 314, 325, 407, 483; Meyer (wie not. 4) 487sq. – [7] Heurck/Boekenoogen (wie not. 4) 237, 390; De Meyer (wie not. 4) 599sq. – [8] Heurck/Boekenoogen (wie not. 4) 346; De Meyer (wie not. 4) 526. – [9] id.: Le Conte populaire dans l'imagerie populaire hollandaise. In: Fabula 1 (1958) 183–192. – [10] Heurck/Boekenoogen (wie not. 4) 297, 464, 485, 511. – [11] ibid., 117, 178, 307, 372, 504. – [12] ibid., 301, 328, 485. – [13] ibid., 323. – [14] Dumont, J.-M.: La Vie et l'œuvre de J.-C. Pellerin. Epinal 1956. – [15] Mistler, J./Blaudez, F./Jacquemin, A.: Epinal et l'imagerie populaire. P. 1961, 94; cf. De Meyer (wie not. 4) 502sq. – [16] Schenda, R.: Ein frz. Bilderbogenkatalog aus dem Jahre 1860. In: SAVk. 62 (1966) 49–61, hier 52–54. – [17] Brednich, R. W.: Zur europ. Vorgeschichte der Comics. In: Freiburger Univ.bll. 53/54 (1976) 57–68, hier 61sq. – [18] Spamer, A.: Weißen-

burg als Bilderbogenstadt. In: Beitr.e zur Geistes- und Kulturgeschichte der Oberrheinlande. Festschr. F. Schultz. Ffm. 1938, 199–238, hier 211 (Ndr. in id.: Der Bilderbogen von der Geistlichen Hausmagd. Bearb. M. Hain. Göttingen 1970, 1–33); Lankheit, K.: Aus der Frühzeit der Weißenburger Bilderfabrik. In: Kölner Zs. für Soziologie und Sozialpsychologie 21 (1969) 585–600. – [19] Bilderbogen. Dt. populäre Druckgraphik des 19. Jh.s. Ausstellungskatalog Karlsruhe 1973 (Slg K. Lankheit) num. 143–146, 149, 152–155. – [20] ibid., 55, num. 146. – [21] Alle in der Slg Brednich. – [22] Brückner, W.: Populäre Druckgraphik Europas. Deutschland vom 15. bis zum 20. Jh. Mü. [2]1975, 223sq.; Zaepernick, G.: Neuruppiner Bilderbogen der Firma G. Kühn. Lpz. 1972; num. 80–84: Märchen und Bildergeschichten für Kinder; zum folgenden zusammenfassend: Baumgärtner, A. C.: Der Bilderbogen für Kinder in Deutschland. In: Doderer, H. von/Müller, H. (edd.): Das Bilderbuch. Weinheim/Basel 1973, 67–98. – [23] Neuruppiner Bilderbogen. Ausstellungskatalog der Slg Uldall. Altona 1963; num. 94–117: Märchengeschichten. – [24] Jung, J. (ed.): Märchen, Sagen und Abenteuergeschichten auf alten Bilderbogen neu erzählt von Autoren unserer Zeit. Mü. 1974, 83. – [25] Brückner (wie not. 22) 224. – [26] Jung (wie not. 24) 59. – [27] ibid., 36. – [28] ibid., 88. – [29] Hirte, W. (ed.): Die Schwiegermutter und das Krokodil. 111 bunte Bilderbogen [. . .]. Mü. 1969, 33. – [30] Brückner (wie not. 22) 221sq. – [31] Jung (wie not. 24) 75. – [32] ibid., 43. – [33] ibid., 13. – [34] Reynst, E.: F. Campe und sein Bilderbogen-Verlag. Nürnberg 1962. – [35] ibid., num. 24, 160, 730, 810–813, 911–913, 935, 993. – [36] Eichler, U.: Münchener Bilderbogen (Oberbayer. Archiv 99). Mü. 1974. – [37] Münchener Bilderbogen, num. 179, 231 in: Eichler (wie not. 36) 96sq.; Jung (wie not. 24) 61, 69. – [38] Brückner (wie not. 22) fig. 164. – [39] Münchner Bilderbogen, num. 1000; Jung (wie not. 24) 15 (Entwurf von Hermann Vogel). – [40] Brückner (wie not. 22) 158. – [41] Scharfe, M.: Dt. Bilderbogen für Jung und Alt. Anmerkungen zum Inhalt eines Massenmediums im 19. Jh. In: Forschungen und Ber.e zur Vk. in Baden-Württemberg (1971/73) 11–19. – [42] Jung (wie not. 24) 27, 48, 50, 57, 71, 77sq. – [43] Brückner (wie not. 22) 232; Röhler, W.: Große Liebe zu kleinen Theatern. Hbg 1963, 32–35. – [44] Brückner (wie not. 22) 222; Röhler (wie not. 43) 23–27. – [45] ibid., 18–22. – [46] Böhmer, G.: Papiertheater. Ausstellungskatalog der Puppentheaterslg der Stadt Mü. 1977, num. 109 und fig. p. 15, num. 110; Museum für Dt. Vk. Berlin, Sonderausstellung 1976 mit 3 Führungsbll. von T. Kohlmann und Faks.drucken von Papiertheaterteilen in Bogen. – [47] Brückner (wie not. 22) 216; Röhler (wie not. 43) 45–49; Böhmer (wie not. 46) num. 63. – [48] Speaight, G.: The History of the English Toy Theatre. L. 1969; Garde, G.: Theatergeschichte im Spiegel der Kindertheater. Kop. 1971. – [49] Speaight (wie not. 48) 202–217 (alphabetischer Katalog aller engl. Ausg.n). – [50] Garde (wie not. 48) fig. 129sq., 132, 259, 299. – [51] ibid., fig. 296sq. – [52] Bertarelli, A.: L'Imagerie populaire italienne. P. 1929; Toschi, P.: Populäre Druckgraphik Europas. Italien vom 15. bis zum 20. Jh. Mü. 1967. – [53] Duran i Sanpere, A.: Populäre Druckgraphik Europas. Spanien vom 15. bis zum 20. Jh. Mü. 1971. – [54] Clausen, V. E.: Populäre Druckgraphik Europas. Skandinavien vom 15. bis zum 20. Jh. Mü. 1973. – [55] Rovinskij, D.: Russkija narodnyja kartinki 1–5. St. Peterburg 1881; Duchartre, P.-L.: L'Imagerie populaire russe (1629–1885). P. 1961; Lubok. Russkie narodnye kartinki XVII–XVIII vv. – The Lubok. 17th–18th Century Russian Broadsides. M. 1968; Claudon-Adhémar, C.: Populäre Druckgraphik Europas. Russland vom 16. bis zum Beginn des 20. Jh.s. Mü. 1975. – [56] Catchpenny Prints. 163 Popular Engravings from the 18th Century Originally Published by Bowles and Carver. N.Y. 1970; Laver, J.: Populäre Druckgraphik Europas. England vom 15. bis zum 20. Jh. Mü. 1972. – [57] Hyatt Major, A.: Populäre Druckgraphik. Amerika vom 16. bis zum 20. Jh. Mü. 1974. – [58] Brückner (wie not. 22) fig. 192. – [59] Doderer/Müller (wie not. 22).

Freiburg/Br. Rolf Wilhelm Brednich
unter Mitarbeit von
Marianne Thamm (Freiburg/Br.)
und Wolfgang Brückner
(Würzburg)

7. Reproduktionsgraphik. Durch die Reproduktionsgraphik (Vervielfältigungen von Zeichnungen und Gemälden durch Stiche, Lithographien und Chromolithographien) haben Märchen- und Sagenbilder von ca 1870 an ihre weiteste Verbreitung gefunden. Innerhalb der als Wandbild verwendeten Druckgraphik sind Märchen- und Sagenstoffe jedoch weniger häufig anzutreffen als solche aus der Lit. Auf Märchenbilder spezialisierten sich die Berliner Verlage Burmester & Stempell sowie Brigl & Lobeck (gegr. 1864 und 1851), für die der Maler und Lithograph Gustav Bartsch (geb. 1821) arbeitete[1]. Nach T. Kutschmann gehörte er zu den gesuchten Routiniers, die außer Gemälden (Berliner Kunstausstellungen der 60er und 70er Jahre des 19. Jh.s) auch Zeichnungen für die Journale lieferten[2]. Wieweit die sehr verbreiteten Chromolithographien der Verlage Seitz (Wandsbek) und Weise (Stg.) auf diese Vorlagen zurückgehen, ist nicht bekannt[3]. Nach den kolorierten

Lithographien von E. G. May (Ffm.) haben K. Pfeil in Mainz (gegr. 1852) und die Berliner F. Lenz und F. Silber Chromolithographien annonciert[4]. Bei der Wandbildreproduktion spielten Sagenmotive kaum eine Rolle, es sei denn, sie waren Opernstoffen entnommen.

Auf den Vierersuiten, den Folgen von vier zusammenhängenden Drucken, erscheinen Sagenmotive häufiger. Die Vierezahl ist durch die barocke Allegorie bestimmt worden, deren Zyklen (Tages- und Jahreszeiten, Himmelsrichtungen, Erdteile, Elemente etc.) bis weit ins 19. Jh. hinein zum allg. Bildungsgut gehörten. Die Suiten haben sich in Frankreich entwickelt und bereits im 18. Jh. verschiedene Sagenstoffe sowie Themen der antiken Mythologie popularisiert. Die größte Verbreitung dieser Wandbildfolgen bestand zwischen 1820 und 1850, als auch das Verhältnis zwischen Lit. und Wandbilddruck bes. eng war. Pariser Verlage[5] wie Maesani, Codoni, Turgis, Hollier, Gosselin, Dopter u. a. gaben die Vorlagen ab für dt. Verlage, wie z. B. für E. G. May[6]. Ein Beispiel: Aus den Lais der → Marie de France (1130–1200) wurde die *Histoire des deux Amants de la côte Normandie* als Vierersuite dann mit *Edmond et Caliste* betitelt. Die Dichterin hatte am engl. Hof bret. Sagenstoffe umgeschrieben[7].

Die Legende von → Genovefa, der verleumdeten Fürstin von Brabant, ist vom MA. bis zum späten 19. Jh. in den Volksbüchern verbreitet gewesen. Als Vierersuite war dieses Motiv in ganz Europa bekannt. In unterschiedlichen Formaten und Gestaltungen wurden Genovefa-Suiten als Holzschnitte von Gambin, Huet, Pellerin, Lefèvre-Corbinière und Olivier-Pinot gedruckt und als Lithographien von Codoni, Dembour & Gangel, Agustoni, Maesani, Miné, Pellerin und Wentzel. An dt. Verlagen ist hier vor allem E. G. May zu nennen, der diese Suiten von 1850–80 wiederholt auflegte (zahlreiche Beispiele: Slg Pieske, Lübeck)[8]. Bei Campe in Nürnberg war schon 1825 eine Genovefa-Suite erschienen[9]. Daneben ist vor allem *Wilhelm* → *Tell* als Vierersuite anzutreffen. Der Sagenstoff wurde durch Schillers Schauspiel (1804) und bes. durch die von Rossini 1829 komponierte Oper außerordentlich populär. Die frz. Wandbildverlage machten sich diese Beliebtheit weit mehr zunutze als die deutschen (zahlreiche Beispiele: Slg Pieske, Lübeck)[10]. *Tell* erschien in Paris bei Roemhild, Dopter, Becquet, Bés & Dubreuil, Fontana und Turgis, in Basel bei Lacher, in Aarau bei Trüb, in Weißenburg bei Wentzel, in Nürnberg bei Campe, in Neuruppin bei Kühn und in Frankfurt/M. bei May[11]. Der lothring. Verlag Wentzel führte noch 1882 unter *Geschichten* eine Anzahl von Suiten, darunter Sagen- und Erzählstoffe wie → *Griseldis, Des Kaisers Zwerg, Der Kapitän Mandrin* oder *Jean Bart*[12]. Die Sage vom Edlen Bayard, um 1770 von Edmund Penny gemalt[13], brachte der Nürnberger Kunsthändler A. P. Eisen Anfang des 19. Jh.s heraus (Slg Pieske, Lübeck). Ebenfalls als Vierersuite erschien der → *Ewige Jude* bei dem Nürnberger Campe um 1825 und bei dem Pariser Wandbildverleger Hollier (Bibliothèque Nationale Paris).

Neben diesen Volkssagen spielten die Stoffe der Antike eine wesentlich geringere Rolle. Motive aus den *Metamorphosen* des Ovid wie → Pyramus und Thisbe kamen durch frz. Bildverlage wie Clerecetti, Codoni oder Noël um 1820 in Radierungen oder Farbstichen für das Bildungsbürgertum heraus. Ebenso wurde mit antiken Motiven verfahren, die durch die Umformung zum Roman allg. bekannt geworden waren. Hierzu gehörten *Télémaque* (1699) von dem Abbé Fénélon[14] oder *Numa* von Florian (rund 100 Jahre später geschrieben)[15].

[1] Pieske, C.: Bürgerliches Wandbild 1840–1920. Ausstellungskatalog. Göttingen 1975, num. 59, 70. – [2] Kutschmann, T.: Geschichte der dt. Illustration. Goslar/B. 1899, 296. – [3] Gesamt-Verlagskatalog des dt. Buchhandels 11. Münster 1881, 278 (Seitz) und t. 10 (1881) 608 (Weise). – [4] ibid. 8 (1881) 217 (Pfeil); ibid. 2/1 (1881) 1183 (Lenz) und 2/2 (1881) 795 (Silber). – [5] Duchartre, P. L./Saulnier, R.: L'Imagerie parisienne. P. 1944. – [6] Pieske, C.: Von der Salonmalerei zum gerahmten Sofabild. Unveröffentlichtes Ms. 1973. – [7] Spitzer, L.: Marie de France – Dichterin von Problem-Märchen. In: Zs. für rom. Philologie 50 (1930) 29sq. – [8] Metken, G.: Frz. Bilder-

bogen des 19. Jh.s. Ausstellungskatalog. Baden-Baden 1972, 43; Lankheit, K.: Bilderbogen. Ausstellungskatalog. Karlsruhe 1973, Abb.en 22–25, num. 152–155; Pieske (wie not. 1) num. 66–69. – [9] Reynst, E.: F. Campe und sein Bilderbogenverlag zu Nürnberg. Nürnberg 1962, 63. – [10] Pieske (wie not. 1) num. 56. – [11] Metken, G.: Die Präraffaeliten. Köln 1974; Heinemann, F.: Tell-Iconographie. Luzern/Lpz. 1902. – [12] Gesamt-Verlagskatalog des dt. Buchhandels 11. Münster 1881, 480. – [13] Neue Bibl. der schönen Wiss.en und der freyen Künste 13. Lpz. 1772, 167. – [14] Fénélon, F.: Les Aventures de Télémaque. P. 1699. – [15] Florian, J. de: Numa Pompilius. P. 1786.

Lübeck Christa Pieske

8. Kleingraphik. Die Kleingraphik hat bei Abhandlungen über Popularbilddrucke bisher wenig Beachtung gefunden. Die volkstümlichen Bildvorstellungen wurden jedoch nachhaltig von Zugabebildchen und Werbemarken der Reklame beeinflußt, die zu Millionen produziert worden sind. Nicht nur Kinder beschäftigten sich mit dem Einkleben und Ordnen in Sammelmappen, auch Erwachsene setzten bis in die 30er Jahre des 20. Jh.s das einstige Spiel der Scrap-Books (Bücher zum Einkleben von ausgeschnittenen Papierbildchen) aus der Viktorianischen Zeit fort. Richtungsweisend wurden die Zugabebildchen zu den Produkten von Stollwerck und Liebig in den letzten Jahrzehnten des 19. Jh.s. Liebig begann 1872 mit der Fleischextraktwerbung in 14 Sprachen; die über 1000 Serien zu 6 oder 12 Bildchen, für die es mehrere Kataloge gibt[1], enthalten alle Grimmschen Märchen sowie die bekanntesten dt. und klassischen Sagen[2]. Stollwerck ging mit seinen seit 1865 verwendeten Schokoladeneinschlägen, aus denen sich die Zugabebildchen entwickelten, einen anderen Weg[3]. Statt einzelner Serien konzipierte die Firma komplette Sammelbände vielseitigen Inhaltes. Die ersten brachten wenige Märchenstoffe (t. 1 [1897]: 4 Serien zu 6 Bildchen; t. 2 [1899]: 1 Serie; t. 3 [1900]: 3 Serien und t. 4 [1902]: 5 Serien). Die wichtigste Quelle aber bildet der Weihnachtsband 1906/07 mit 36 Serien der *Märchen aller Länder und Völker*, der 216 mehrfarbige Bildchen umfaßt. Die Vorlagen wurden u. a. von folgenden Künstlern geliefert: H. Anker, Martin Brandenburg, Paul Brockmüller, Emil Doepler d. J., Elli Hirsch und O. Hoffmann. Einige Titel seien erwähnt: *Schlangenkönig*, *Die drei Spinnerinnen*, *Die sprechenden Fichten*, *Der Prinz mit dem Goldhaar* etc.

Die Aktien-Gesellschaft für automatischen Verkauf gab ihrerseits den aus Automaten gezogenen Waren eine eigene Werbung mit; unter den Bildchen befanden sich auch – vermutlich um 1900 – zwei Märchenserien im Stil der zeitgenössischen Genremalerei (Slg Pieske, Lübeck).

Die Schokoladenfabrik Gartmann in Altona brachte das Märchen *Des Kaisers neue Kleider* mit rückseitigem Text (Slg Pieske, Lübeck)[4]. Die Margarinewerke Wagner & Co. in Elmshorn führten noch 1950 und später die Sammelalben *Schelme und Narren* und *Märchen der Brüder Grimm* mit vorgedruckten Texten.

Bes. reich war das Angebot an Zugabebildchen in der Lebensmittelbranche bei Kaffee und Kaffee-Ersatz. Die Lübecker Kaffee-Rösterei von H. L. Haukohl ließ zuerst – wohl um 1890 – bei Oehmigke & Riemschneider eine Robinson-Serie drukken, später bei der Dresdener Kunstanstalt AG einige Erzählungen wie *Das Zauberpferd*, *Der falsche Prinz*, *Kalif Storch* sowie *Gullivers Reisen* und *Wilhelm Tell*[5].

Diese schmalen Bildchen (9,4: 4,8 cm) tragen auf der Rückseite nur den Firmenaufdruck, einige wenige einen erläuternden Text. Neben diesen unbezifferten Serien gibt es größere Bildchen mit nur einer Darstellung und dem Abdruck der ganzen Erzählung auf der Rückseite wie z. B. bei dem *Nußzweiglein*, *Marienkind*, *Schwan-kleb-an* oder Wildwestgeschichten. Haukohl ließ auch, vermutlich bei Robrahn oder Reiche, aus vier Blättern mit vier Abbildungen bestehende Heftchen mit seinem Firmenaufdruck versehen, so z.B. *Die verzauberte Prinzessin*.

Das weite Feld der Zigarettenbilder ist für den dt. Raum noch keineswegs bearbeitet worden, anders dagegen im angelsächsischen. Die außerordentlich umfangreiche Burdick Collection (seit 1848 im Metropolitan Museum New York) umfaßt mehr als 140000 Zugabebildchen (insert cards) für Zigaretten, Lebensmittel oder Kaugummi. Im Katalog von 1953[6] finden sich nur einige Beispiele für Karten mit → Äsops Fabeln und → Münchhausens Abenteuern. Auch im *Guide to Collect Trade and Cigarette Cards*[7] gibt es nur einen einzigen Hinweis auf die engl. Firma Gallaher, die 1912 eine Serie von *Fables and their Morals* herausgab, die 1922 wieder aufgelegt wurde. Die Zigaretten-Firma Reemtsma hat in den 20er und 30er Jahren über 20 Millionen Alben gedruckt, in welche die Bildchen eingeklebt wurden. Das von Stefan Martin bearbeitete Album *Märchen der Völker* (1932: 266.—286. Tausend) wurde nach 1933 in *Deutsche Märchen* umgewandelt.

Neben diesen größeren (ca 10,5: 7 cm) und für Steck- bzw. Klebealben bestimmten Reklamebildern gab es vor allem zwischen 1910 und 1930 zahllose Reklamemarken. Sie wurden auf großen, perforierten Bogen in meist nachlässigem Druck herausgegeben und beim Einkauf bestimmter Produkte wie z. B. Kathreiners Malzkaffee vom Kolonialwarenhändler an die Kunden verteilt. Eine Märchenserie in Blau und Gelb, von der Delikateß-Margarine-Rheinperle als Werbung eingesetzt, erhielt später den Eindruck „Continental-Absätze“ für eine weitere Werbung. Die umfangreichste Sammlung an Sammelalben und Reklamebildern befindet sich im Altonaer Museum in Hamburg.

Bei der Kleingraphik müssen noch die Oblaten (Poesie-, Glanz- oder Lackbildchen) erwähnt werden, die als geprägte und gestanzte Chromolithographien von ca 1860 an in zunehmendem Maße beliebt wurden. Sie dienten zur Auszier von Stammbuchblättern und Poesiealben, zum Bekleben von Notentiteln, Schultüten oder Schachteln und wurden in Klebe-Alben sorgfältig arrangiert. Eine Annonce von R. Tuck in London von 1884 verdeutlicht das[8]:

„Tuck, Raphael & Sons, fine art publishers and copyright publications in chromos, oleographs, reliefs, prints and chromolitho sheet scraps for fancy box making, screens and scrap books purposes[. . .]“.

Auch hier gibt es, vor allem seit 1900, zahlreiche Märchendarstellungen. Sie sind sehr häufig als Bildszenen in größeren Bogen gebracht worden. Einzelne Gestalten wie Rotkäppchen oder Hänsel und Gretel wurden für mehrere Verwendungszwecke gedruckt: als Ganzfigur zum Einkleben und als Halbfigur mit gesonderten Beinen zum Bekleben von Lebkuchen. Der Rock bei Gretel oder Rotkäppchen wurde dann mit Zuckerguß „gemalt“. Die Firma Littauer & Boysen in Berlin (gegr. 1887) hatte sich auf die Herstellung von Lebkuchenbildern spezialisiert, sie beschäftigte 1896 rund 350 Arbeiter[9].

Zu einem der bedeutendsten Verleger von Reliefs, wie die zeitgenössische Bezeichnung für Oblaten lautete, hatte sich der aus Berlin stammende R. Tuck in London entwickelt[10]. Er druckte als Oblaten „story sheets“ mit *Hänsel und Gretel*, den *Sieben Geißlein*, dem *Gestiefelten Kater* etc. und bei den *Panorama-Serien* („designed in England, printed in Berlin“) *Little Snow White*, *Cinderella* u. a. sowie → *Aladin und die Wunderlampe*. Auf der Rückseite befand sich die Gebrauchsanweisung zum Aufstellen sowie eine Kurzfassung der Erzählung. Bei den Märchenbild-Oblaten scheint die Entwicklung von vollszenischen Bildern ausgegangen zu sein, wie sie für 1880 nachweisbar sind. In einem Oblaten-Album dieser Zeit sind je neun Märchenszenen mit Zweizeilern (*Hänsel und Gretel*, *Goldmarie und Pechmarie*, *Schneewittchen*, *Dornröschen* und *Rotkäppchen*) in der Größe 3: 4 cm mit gerundetem oder ausgestanztem Rand eingeklebt. Zu ihnen gehören ferner Tell-Bildchen, Schildbürgerstreiche und der *Gestiefelte Kater*[11].

Die zwischen Wandbilddrucken und Oblaten stehenden Chromos in der Größe von 14: 12 cm wurden zum Einkleben in Alben, aber auch in Schrankfächer benutzt. Sie waren ungeprägt; ihr Ursprung (z. B. Szenen aus *Gullivers Reisen*, *Das Riesenspielzeug*, *Genovefa* etc.) scheint in England und Frankreich zu liegen.

[1] Arnhold, H./Spielhagen, G.: Liebig-Bilder-Katalog. B. [2]1948; Fada/Fumagalli (edd.): Catalogo internazionale. Milano 1957; Dreser, F.: Liebig-Bilder-Katalog. Hbg 1894. – [2] Ruths, R.: Liebig-Bilder. In: Sammler-J. 6 (1975) 200–203 (mit Abb.en). – [3] Kuske, B.: 100 Jahre Stollwerck-Geschichte 1839–1939. Köln 1939, 70sq. – [4] Landau, M.: Das Märchen vom Blendwerk und von des Kaisers neuen Kleidern auf seiner Wanderung durch die Weltlit. In: Bühne und Welt 1/2 (1899) 969–974. – [5] Slg Pieske, Lübeck. – [6] Burdick, J.: The American Card Catalog. N.Y. 1953, 93sq.; Directory of the J. R. Burdick Collection. N.Y. [nach 1963] mit Abb.en. – [7] Genders, R.: A Guide to Collect Trade and Cigarette Cards. L. 1975, 206. – [8] Allen, A.: Scraps. Ausstellungskatalog. L. 1977, 8. – [9] Kohlmann, T.: Graphik. In: Lebendiges Gestern. Museum für dt. Vk. B. 1975, 208; Allen (wie not. 8) 27; Pieske, C.: Berliner Luxuspapierfabrikation. In: Volkskunst 2 (1978) in Vorbereitung. – [10] Auktionskatalog Wendt. Wien 1977, 34; The Romance of the House of Raphael Tuck & Sons Ltd. 1966. – [11] Ralf, E.: Engel und Rosen. Sth. 1973.

Lübeck Christa Pieske

9. Bildpostkarten. Für die Verbreitung mancher Bildthemen ist die Funktion der Bildpostkarten zwischen 1890 und 1920 nicht unwichtig gewesen. Zwar schon um 1870 als vignettierte Ansichtspostkarte erfunden, beginnt der Siegeszug der Bildpostkarte jedoch erst in den 90er Jahren, und zwar zunächst fast ausschließlich mit topographischen Ansichten für Grußsendungen[1]. Um 1900 zum beliebten Sammelobjekt geworden mit Clubs, Zeitschriften, Handbüchern und Spezialalben, breiteten sich die Motivkarten und die Reproduktionen jeglicher Art von Bildern auf Postkarten massenhaft aus und werden heute wieder teuer gehandelt[2]. Sammlungen in öffentlicher Hand befinden sich nur im Altonaer Museum, Hamburg, und im Germ. Nationalmuseum, Nürnberg[3]. Noch gibt es aber keine systematischen Aufarbeitungen. 28 Postkarten mit Märchen nach Grimm und Sagen (Siegfried, Teufelsschloß, Hexen auf dem Brocken) sind im Verkaufskatalog Bernhard abgebildet[4]. Übersichten vermitteln bislang nur spezialisierte Privatsammlungen. Anhand der großen Münchner Sammlung von E. Hackmann läßt sich folgendes ausmachen: Nach 1900 gibt es Märchenpostkarten aller Art, als chromolithographische Buntpostkarten, als Kupfertiefdruckreproduktionen, als Fotopostkarten nach gestellten lebenden Bildern, als handkolorierte Fotokarten, als reliefierte Chromoprägedrucke. Es gibt sie einzeln, in Serien zu mehreren Märchen oder als Reihen mit Motiven aus jeweils einem Märchen. Neben Postkartenverlagen tritt der dt. Schulverein als Herausgeber auf. 1899 errang auf einer der ersten großen Bildpostkartenausstellungen in Ostende die Folge von mindestens zehn Karten zu Engelbert Humperdincks Oper *Hänsel und Gretel* die Große Goldmedaille: „nach Originalaufnahmen der Kinder des Komponisten mit dessen gütiger Erlaubnis". *Hänsel und Gretel* bildeten seitdem den beliebtesten Vorwurf, zumal das Motiv in übertragenem Sinne als Liebespostkarte gebraucht werden konnte. Die Slg Hackmann (München) besitzt 27 verschiedene Gestaltungen, von *Dornröschen* und *Schneewittchen* hingegen nur je 16 verschiedene Karten, von *Rotkäppchen* 13, vom *Froschkönig* und *Aschenbrödel* je acht. Reihen zu einzelnen Märchen von Künstlern wie Oskar Herrfurth, Otto Kubel, Georg Mühlberg, z. T. mit Textabdruck auf der Rückseite, existieren zu *Tischlein deck dich, Kleiner Däumling, Frau Holle, Gänsemagd, Bremer Stadtmusikanten, Hase und Igel.*

Nicht geringer ist die Anzahl der Darstellungen von Sagen auf Postkarten, wenngleich hier die Grenzen zur Vermarktung romantischer Lit. fließend bleiben, während dies bei den Grimmschen Märchen zusammenfällt. Obenan steht Heinrich Heines *Loreley*, womit sich jüngst auch die Lit.wissenschaft befaßt hat[5]. Es folgen neben Balladenillustrationen und Heldensagenmotiven nach Wagneropern Viktor von Scheffels Lieder *Ekkehard, Tatzelwurm, Staffelstein, Falkenschluchtklausner*, Wilhelm Hauffs *Bärbele von Lichtenstein*, Heinrich von Kleists *Käthchen von Heilbronn*, sonstige Ritterromantik wie das *Edelfrauengrab* oder in einer Reihe *Die Sagen der Schweiz* der *Tannhäuser* und der *Mäder von Madeswyl.* Gründungssagen von Bädern und

Klosterorten dienten der Fremdenverkehrswerbung: Karlsbad, Neuenahr, Gastein, Mondsee, Kremsmünster, Maria Zell, Maria Buchen, womit die Grenze der Postkarte als Ersatz für Devotionalien erreicht ist, den kleinen Andachtsbildern, die oft genug die Kultlegenden der Wallfahrtsorte auch bildlich darstellen. Am beliebtesten scheinen zu Beginn des 20. Jh.s Lokalsagen, die an Ortsnamen oder Motivverortungen anknüpfen.

Drachenfels, Teufelskanzel, Rosenberg, Mummelsee, Kyffhäuser, Mäuseturm, Altenburg, Lochmühle, Ulmer Spatz, Ulmer Kuhhirt, Nixe von Zug, Ugleisee, Mönch von Heisterbach, Hans Heiling, Heinzelmännchen von Köln, Eppelein von Gailingen, Rodensteiner, Weibertreu Weinsberg, Weiber von Schondorf, Wilder Heinz von Schwarzwihr, Raben zu Merseburg, Wörtherkreuz, Rittersprung von Altenahr, Jungfernsprung Oybin, Mägdesprung im Harz, Hexentanzplätze.

In der Gegenwart treten nur noch die folkloristisch bes. überhöhten Gestalten hervor wie etwa in Hameln der Rattenfänger.

[1] Staff, F.: The Picture Postcard and its Origin. L. 1966; Carline, R.: Pictures in the Post. The Story of the Picture Postcard. L. 1971. – [2] Bernhard, I. und W.: Bildpostkartenkatalog. Deutschland 1870–1945. Hbg 1972 (Verkaufskatalog). Seitdem regelmäßig Auktions- und Sonderkataloge von Bernhard, Hbg. – [3] 100 Jahre Bildpostkarten in Europa. Zeugnisse der Kultur und des Zeitgeschehens. Ausstellungskatalog [1970] der Slg H. Thiede, Recklinghausen, jetzt im Germ. National-Museum, Nürnberg. – [4] Bernhard (wie not. 2) Serien num. 109–111. – [5] Kolbe, J.: Ich weiß nicht was soll es bedeuten. Heinrich Heines Loreley. Mü. 1976 (Jahresgabe des C. Hanser Verlages).

Würzburg Wolfgang Brückner

10. Briefmarken, aufklebbare bzw. eingedruckte Postwertzeichen, die zum Frankieren von Postsendungen dienen und von den Postanstalten in verschiedenen Wertstufen als Quittungen für (im voraus bezahlte) Postgebühren verkauft werden. Die erste Briefmarke im heutigen Sinn wurde 1840 (nach Vorschlägen von R. Hill) in Großbritannien eingeführt, andere Länder (z. B. USA, Brasilien, Mauritius) schlossen sich an; 1849 erschien in Bayern die erste dt. Briefmarke, die anderen dt. Bundesstaaten folgten wenig später mit eigenen Ausgaben.

Bis ins 20. Jh. hinein waren auf Briefmarken vornehmlich Personen der Zeitgeschichte und/oder der gültige Wert abgebildet. Diese Praxis änderte sich zugunsten von Motiv-, Figuren- und Bauwerk-Darstellungen etc. erst, als modernere Druck- und Farbverfahren aufkamen. In zunehmendem Maße erkannten die Postanstalten der verschiedensten Länder die Bedeutung der Briefmarke als Propagandaträger sowohl nach außen als auch nach innen und den steigenden Wert von Briefmarken als Devisenbringer.

Gestalten und Themen aus der antiken Mythologie finden sich in der Geschichte der Briefmarke relativ früh. So brachte Österreich 1851 in drei Wertstufen eine Zeitungsmarke mit dem griech. Götterboten Merkur heraus, die ersten Briefmarken Griechenlands (1861 sqq.) zeigen den Hermes(Merkur-)kopf, wie überhaupt alle griech. Postanstalten bis heute mythol. Gestalten und Motive berücksichtigt haben.

Erzählmotive auf Briefmarken stammen vorwiegend aus Märchen, Sage, Legende und Fabel. Die ersten „Märchen"-Briefmarken gab Dänemark 1935 heraus – anläßlich des 100. Jahrestages der Edition von einigen Märchen Hans Christian → Andersens. Der aus drei Marken bestehende Satz zeigte neben einem Bildnis des Dichters die Märchen *Die kleine Seejungfrau* und *Das häßliche Entlein*. In den letzten 30 Jahren erschienen in vielen Ländern zahlreiche Serien und Einzelmarken mit regional bekannten, aber auch internat. verbreiteten Erzähltypen und -motiven. Eine Auflistung nach Gattungen, Themen und Motiven steht noch aus, allerdings bieten die einschlägigen Briefmarkenkataloge und einige Spezialliteratur genügend Informationen über Ausgabedaten, Druckarten, Farbgebungen, Abbildungen und Wertstufen. Ohne Anspruch auf Vollständigkeit seien die Sammelgebiete aufgeführt, welche bisher auf ihren Briefmarken den Bereich der Volkserzählung in irgendeiner Weise berücksichtigt haben:

Belgien, Botswana, Brasilien, Bulgarien, China, Curaçao, Dänemark, Dahomey, Finnland, Grenada, Griechenland, Grönland, Guinea, Irak, Irland, Island, Italien, Japan, Komoren, Korea, Laos, Lettland, Libanon, Liechtenstein, Luxemburg, Mali, Monaco, Mongolei, Nauru, Neuseeland, Niederlande, Niger, Norwegen, Österreich, Papua Neuguinea, Polen, Ras al Chaima, Rumänien, Samoa, Schweden, Sowjetunion, Syrien, Thailand, Tschechoslowakei, Ungarn, Bundesrepublik Deutschland, Berlin, Deutsche Demokratische Republik.

In den letzten Jahrzehnten erfolgte eine zunehmende Spezialisierung der Briefmarkensammler. Motivsammler-Vereinigungen entstanden in vielen Ländern, z. B. die seit 1949 bestehende American Topical Association (über 10000 Mitglieder), die wiederum verschiedene Untergruppen einrichtete, so auch die seit 1975 bestehende Folk and Fairy Tales Unit. In der Bundesrepublik Deutschland existiert seit kurzem innerhalb des Bundes dt. Philatelisten eine Motivgruppe Literatur/Theater/Märchen, die dreimal im Jahr für ihre Mitglieder in der Zs. *Pegasus* (1975sqq.) Berichte über Neuerscheinungen von Märchenbriefmarken bringt, Märchenbücher und zum Thema gehörende Briefmarken-Literatur rezensiert sowie zu einzelnen Marken und ihren Abbildungen Erläuterungen und Hinweise gibt. So sind in den beiden letzten Jahrgängen u. a. Berichte publiziert worden über chin. und korean. Märchen, über Till → Eulenspiegel, sein türk. Pendant → Hodscha Nasreddin, über den Trickster → Anansi, die Sage vom lieben → Augustin, über → Ariadne und Mythen und Sagen aus Samoa.

Lit.: Partington, P. G.: Fairy Tales and Folk Tales on Stamps (American Topical Association. Topical Handbook 73). Milwaukee 1970. – Märchen und Marken. Nach einer Idee von L. Hellwig zusammengestellt und bearb. von G. Sparschuh und K.-H. Rühle. B. 1975. – Thiem, R.: Sagen und Märchen in philatelistischer Darstellung (Arbeitstitel). Braunschweig (voraussichtlicher Erscheinungstermin: 1978).

Göttingen Hans-Jörg Uther

11. Malerei des 19./20. Jh.s. In der Malerei des 19. Jh.s sind Märchen- und Sagenstoffe zunächst häufiger für Fresken als für Tafelbilder verwendet worden. Als Wandgemälde erfuhren sie Aufteilungen durch Ornamentgerüste, in denen auf einer figurenreichen Bildervielzahl die Handlung erzählt werden konnte. Vorbildlich wirkte in dieser Hinsicht Moritz von Schwind (1804–71)[1]. Zu seinen bekanntesten Fresken zählen diejenigen im Tiecksaal der Münchner Residenz mit → *Rotkäppchen, Gestiefeltem* → *Kater, Getreuem Eckart,* → *Melusine* u. a. (1832–34). Das großformatige Ölbild *Aschenputtel* (1852–1854 gemalt) war mit den Themen: Zurücksetzung – Erhebung – Zauber (Maße 150 : 476 cm) für einen Tanzsaal bestimmt. Hier wurden außerdem in gegliederten Ornamentfeldern die Parallelszenen von *Dornröschen* (→ *Schlafende Schönheit*) und → *Amor und Psyche* gebracht[2]. Auch der Zyklus des Märchens von den sieben Raben (→ *Mädchen sucht seine Brüder*) wurde in einen gemalten Architekturrahmen (1857) gesetzt. Zu verweisen bleibt in diesem Zusammenhang noch auf den berühmten → Rübezahl von 1831, einen Aquarellentwurf für den Fries eines Melusinentempels, und den Entwurf eines Schneewittchenspiegels (1865–67)[3] sowie auf Schwinds Mitarbeit an den *Münchner Bilderbogen*[4].

Der Genremaler Eduard Franz Meyerheim (1838–80) stattete den Saal einer Berliner Bankiersvilla mit Schneewittchen- und Dornröschen-Dekorationen aus. Die Kartons hierzu fanden auf der Berliner Kunstausstellung 1870 und der Wiener Weltausstellung 1873 große Beachtung[5]. Zur gleichen Zeit stellte der Historienmaler Albert Tschautsch (geb. 1843) seinen dreiteiligen Dornröschen-Zyklus aus; er malte ferner Aschenputtel, Schneewittchen, Undine, die Wilde Jagd etc.[6] Fünfteilig (und in Altarform neben vielen anderen Illustrationen)[7] war der Aquarell-Zyklus, den der Spätnazarener Eduard von Steinle (1810–86) komponierte[8]. Das gleiche Motiv findet sich auch bei dem Frankfurter Maler Victor von Müller (1825–71)[9]. In den 90er Jahren wurde die Drachenburg bei Königswinter durch Josef Flüggen (1842–1906) mit Sagen- und Märchenmotiven ausgemalt[10]. Die Fresken zum → *Nibelungenlied* beschäftigten Schnorr von Carolsfeld (1794–1872) 40 Jahre lang, nachdem er von Ludwig I. von Bayern für den Königsbau in München 1827 den Auftrag hierzu erhalten hatte[11]. Mit diesem Stoff hatte sich, allerdings nicht in monumentaler Form, auch Peter von Cornelius (1783–1867) während seines Romaufenthaltes 1816 auseinandergesetzt[12].

In der Tafelmalerei herrschte das ein- und zweifigurige Zustandsbild vor. Fast jeder vierte der im 19. Jh. lebenden Genremaler befaßte sich mit Märchen- und Sagenmotiven. Die Düsseldorfer Maler ließen ab 1857 *Märchen und Sagen* in Künstler-Original-Lithographien erscheinen[13]. Kennzeichnend für den Wandel von dramatisierender Erzählung zur Idylle sind die Arbeiten Ludwig Richters (1803–1884). Er nahm die Motive seines Freundes von Schwind auf, schuf aber, wie bei *Schneewittchen* (1870), eine paradiesische Welt[14]. In ähnlicher Auffassung ist *Schneewittchen* von Eduard von Steinle gegeben, das 1894 von der Berliner National-Galerie erworben wurde. Seine Märchenillustrationen verlangten nach größerem Format und wurden auch als Wandbilder ausgeführt[15]. Der in Düsseldorf und Berlin lebende Maler Eduard Steinbrück (1802–82) hatte 1835 ein Genovefa-Bild (heute im Museum in Darmstadt) gemalt, das – als Stich vervielfältigt – den Verlagen für trivialen Wandbilddruck (May, Wentzel etc.) zur Vorlage diente[16]. Von Gustav Bartsch (geb. 1821) haben sich zahlreiche Märchenbilder nur durch die Reproduktionen der Bildverlage erhalten[17]. Ein großformatiges Gemälde *Aschenbrödel zur Prinzessin erwählt* (110: 143 cm) wurde 1877 in Berlin versteigert[18]. Über die künstlerische Qualität seiner Werke kann genausowenig ausgesagt werden wie über die Gemälde von A. Beggs (1836–88)[19], Robert Beyschlag (1838–1903)[20] und Richard Eisermann, dessen *Dornröschen* in *Daheim* 1881 veröffentlicht wurde[21]. Die Familienzeitschriften verbreiteten durch ihre Beilagen die zeitgenössischen Gemälde. So wurde auch das im Besitz von Kaiser Wilhelm befindliche Bild *Dornröschen bei der alten Spinnerin*, in acht Repliken von Elise Göbeler (1847–1913) gemalt, 1881 in der *Illustrierten Zeitung* wiedergegeben[22]. Darüber hinaus erlaubten es neue Reproduktionsverfahren wie die Photographie, durch systematisches Aufnehmen klassischer und zeitgenössischer Kunst deren Bekanntwerden voranzutreiben. Bei dem 1851 in Berlin gegründeten Kunstverlag G. Schauer erschienen um 1880 Photos in verschiedenen Formaten von Märchenbildern Friedrich Meyerheims (1808–79)[23]. Auch von Paul Meyerheim (1842–1915), der an der Berliner Akademie wirkte, gab es Photos von *Aschenbrödel*, den *Bremer Stadtmusikanten*, *Rotkäppchen* und den Pendants *Fuchs beim Storch zu Gast* und umgekehrt[24]. Der Düsseldorfer Genremaler Friedrich Peter Hiddemann (1829–92) hatte von *Rotkäppchen* mehrere Fassungen gemalt, die um 1883 von dem Kunstverlag F. Hanfstaengl in München als Photos vertrieben wurden[25]. Ein 1885 gefertigtes *Rotkäppchen* wurde 1974 für DM 6000,– versteigert.

Die Beliebtheit der Märchenmotive nahm ständig zu. Die Generation der um 1850 geborenen Maler wie Ernst Hausmann (1856–1914)[26] oder Hermann Kaulbach (1846–1909)[27] war dem Märchenbild bes. zugetan. Eduard Knackfuß (geb. 1855)[28] malte das → *Rosenwunder* aus der Legende der hl. → Elisabeth, das schon durch Schwind 1855 in den Wartburgfresken gestaltet worden war und seither häufig wiederholt wurde.

Unreflektierte, märchenhafte Vorstellungen brachten die zahllosen breitformatigen Schlafzimmerbilder und -bilddrucke, auf denen Nixen, Irrlichter, Elfen und Sylphiden ihr Wesen trieben. Die Undinen- und Loreley-Gestalten von Wilhelm Kray (1828–89)[29] leiteten zu den Elfenreigen- und Traumbildern des Wieners Hans Zatzka (1859–1945) über[30].

Die frz. Maler haben sich kaum mit Märchendarstellungen befaßt, andere literar. Stoffe hatten Vorrang. Das Tell-Motiv kommt häufig vor, hier sind zu nennen Charles Abraham Chasselat (1782–1843), Jean Frédéric Schall (1752–1825) und Carl von Steuben (1788–1856), der in Paris lebte und dessen *Serment des trois Suisses* und *Tell s'élançant de la barque de Geßler* viel reproduziert wurden, u. a. von A. J. Weber (1797–1875) 1827 in Paris[31]. Von den Schweizer Malern bearbeiteten Jean Léonard Lugardon (1801–84) und Martin Disteli (1802–44) den Tell-Stoff[32].

Den literar. orientierten Präraffaeliten konnte der Märchen- und Sagenstoff nicht gleichgültig sein. Es sei hier nur an Dante Gabriel Rossettis (1828–82) *Erlangung des Hl. Grals* und *König Artus* erinnert sowie an Edward Burne-Jones' (1833–98) Dornröschenfries von 1877 und die *Verzauberung Merlins*[33]. Nur wenige viktorianische Maler wie Thomas Francis Dicksee (1819–95) brachten innerhalb ihres Kindergenres auch Märchenszenen[34]. Unbekannt sind die Maler der *Märchenbilder für Schule und Haus* geblieben, die 1908 in farbigen Lithos im Wandbildformat bei C. C. Meinhold & Söhne in Dresden erschienen[35]. 1916 ließ der Verlag diese Reihe „zur Förderung der ästhetischen Erziehung der Jugend" von Paul Hey (1867–1959) umzeichnen[36].

[1] Weigmann, O.: Schwind. Des Meisters Werke in 1265 Abb.en. Stg./Lpz. 1906. – [2] ibid., Abb.en 314–327. – [3] ibid., p. 75, 357, 499. – [4] Eichler, U.: Münchener Bilderbogen. In: Oberbayer. Arch. (1974) 15. – [5] Rosenberg, A.: Berliner Malerschule. B. 1876, 298–302. – [6] Gesamt-Verlagskatalog des dt. Buchhandels (GKB) 2/2. Münster 1881, 635 (Verlag Schauer). – [7] Steinle, A. M.: E. von Steinle. Kempten 1910, 377 und pass. – [8] Kreitmaier, J.: E. von Steinle. Mü. 1917. – [9] Katalog des Städelschen Kunstinst.es. Ffm. 1977. – [10] Boetticher, F. von: Malerwerke des 19. Jh.s 1/1. Lpz. 1941, 315. –
[11] Die Nazarener. Katalog des Städelschen Kunstinst.es. Ffm. 1977, 263. – [12] ibid., 59. – [13] Bang, I.: Die Entwicklung der dt. Märchenillustration. Mü. 1944, 84. – [14] Kalkschmidt, E.: Ludwig Richter. Sein Leben und Schaffen. B. 1940, Abb. 176; cf. das graphische Werk: Ludwig Richter Album 1–2. Mü. 1968. – [15] Weizsäcker, H./Dessoff, A.: Kunst und Künstler in Frankfurt am Main im 19. Jh. 2. Ffm. 1909, 149. – [16] Boetticher (wie not. 10) t. 2/2, 812; GKB (wie not. 6) 710 (Verlag E. H. Schroeder, B.); Lübeckische Anzeigen vom 23. 12. 1856; Pieske, C.: Bürgerliches Wandbild 1840–1920. Ausstellungskatalog. Göttingen 1975, num. 66–69. – [17] Lankheit, K.: Aus der Frühzeit der Weißenburger Bilderfabrik. In: Kölner Zs. für Soziologie und Sozialpsychologie 21 (1969) 585–600, hier 591. – [18] Boetticher (wie not. 10) t. 1/1, 50. – [19] Rosenberg (wie not. 5) 77sq. – [20] GKB (wie not. 6) t. 16/3, 1 (1893) 928 (Photographische Union Mü.). –
[21] ibid., 934. – [22] Boetticher (wie not. 10) t. 1/1, 393; GKB (wie not. 6) 635, 640 (Verlag Schauer, B.) und t. 16/1,2 (1893) 2165. – [23] Rosenberg (wie not. 5) 298—302; GKB (wie not. 6) 643. – [24] ibid. – [25] ibid. 16/3,1 (1893) 651. – [26] Boetticher (wie not. 10) t. 1/1, 474; GKB (wie not. 6) t. 16/3,1 (1893) 937 (Photographische Union Mü.). – [27] Boetticher (wie not. 10) t. 1/2, 658sq.; Kunst für Alle 25 (1909) Nekrolog. – [28] GKB (wie not. 6) t. 16/3,1 (1893) 943 (Photographische Union Mü.). – [29] ibid., 771 (Verlag Koenig, Mü.). – [30] Brückner, W.: Elfenreigen–Hochzeitstraum. Die Öldruckfabrikation 1880–1940. Köln 1974, 93–98. –
[31] Bellier, E.: Dictionnaire générale des artistes de l'École française 1–2. P. 1882–85; Nagler, G. K.: Neues allg. Künstler-Lex. 17. Mü. 1847, 334–337. – [32] Katalog zur Jh.feier von Schillers W. Tell. Zürich 1904. – [33] Metken, G.: Die Präraffaeliten. Köln 1974, 114, Abb.en 69, 71, Farbtafel 8. – [34] Bénézit, E.: Dictionnaire des peintres, sculpteurs, dessinateurs [. . .] 3. P. 1976, 566sq. – [35] Neuigkeiten des dt. Kunsthandels (1908) 70. – [36] Der Kunsthandel 2 (1910) 186.

Lübeck Christa Pieske

12. Freiplastik des 19./20. Jh.s. Freiplastiken jeder Größe geben seit dem Ende des 19. Jh.s Märchenmotive wieder. Hierunter fallen vor allem die Kleinplastiken für Tische und Konsolen, die bis zum Nippes das bürgerliche Heim der 1. Hälfte des 20. Jh.s schmücken. Sie sind von der Forschung so gut wie unbeachtet geblieben, obwohl sie die Ergänzung zum Wandbild dieser Zeit darstellen. Zu den bekannteren Bildhauern, die sich diesem Genre verschrieben, gehört Robert Cauer (1831–93). Mit seinem Vater Emil und Bruder Carl beschickte er die Welt- und Akademie-Ausstellungen, wo die aus „Cauerscher Masse" vervielfältigten Figürchen größte Anerkennung fanden[1]. Seine kleinformatigen Gruppen wie *Brüderchen und Schwesterchen*, *Hänsel und Gretel*, *Der gestiefelte Kater*, *Dornröschen*, *Schneewittchen* oder *Aschenputtel* wurden auch als Photographien von dem Wandbildverlag F. Sala, der Kunst-Anstalt von Ernst Stock, der Photographischen Ges. und Christmann's Kunstverlag (gegr.

1882), alle Berlin, um 1880 herausgegeben. Die Preise der Plastiken lagen je nach Format zwischen einer und zwölf Reichsmark[2]. Als hierher gehörendes außerordentlich variantenreiches Beispiel muß auch der Gartenzwerg angeführt werden, der seinerseits häufig mit Märchenfiguren zusammen aufgestellt wird. Seine gegenwärtige Verbreitung ist keineswegs auf Deutschland beschränkt[3]. In gewissem Zusammenhang stehen damit die zahlreichen kommerziellen → Märchenparks der Gegenwart in Form von Freiluftpanoptika.

Als Großplastiken sind Märchen- und Sagenmotive vor allem zu Brunnenfiguren verwendet worden. Für die zahllosen Märchenbrunnen in vielen dt. Städten sei stellvertretend aus Deutschland der 1903 in Berlin-Friedrichshain errichtete genannt, wo durch Zusammenarbeit von Architekten, Gartengestaltern und Bildhauern eine großräumige Anlage entstand[4]. Die Bildhauerarbeiten wurden von Ignatius Taschner (1871–1913), Georg Wrba (1872–1939) und Josef Rauch (1868–1921) gefertigt. Für die Sagenbrunnen sei auf die niedersächs. Eulenspiegelbrunnen, z.B. in Einbeck, oder den Rattenfängerbrunnen in Hameln hingewiesen. In der Gegenwart ist aufgrund der behördlichen Auflage „Kunst am Bau" für Schulen, Kindergärten etc. eine Vielzahl von Märchenskulpturen entstanden.

[1] Cauer-Album. Abb.en des plastischen Werkes von Emil, Carl und Robert Cauer. Kassel 1868. – [2] Kunstchronik 20 (1883) 492sq.; Kataloge der Kunstausstellungen der Kgl. Akad. B. 1862–90; Gesamt-Verlagskatalog des dt. Buchhandels 2/2. Münster 1881, 559 (Sala), 955 (Stock); ibid. 2/1 (1881) 621 (Photographische Ges.) und p. 1368sq. (Christmann). – [3] Hartlaub, G.: Der Gartenzwerg und seine Ahnen. Heidelberg 1962; Pesch, D. (ed.): Zwerge, Hofzwerge, Gartenzwerge. Eine Genealogie des Gartenzwergs. Ausstellungskatalog. Grafrath-Dorenberg 1973; Tietze-Conrat, E.: Dwarfs & Jesters in Art. L. 1957. – [4] Taschner, I.: Der Märchenbrunnen der Stadt B. In: Dt. Bauztg 47 (1913) 461sq., 469–475 (mit 18 Abb.en).

Lübeck Christa Pieske

Bildteppiche → Tapisserien

Bileams Eselin. Die Überlieferung von Num. 22–24 stellt Bileam (B.) als Nicht-Israeliten aus der Landnahmezeit dar, ausgerüstet mit der Fähigkeit, wirksam zu segnen und zu verfluchen. Nach dem Willen des Moabiterkönigs Balak soll er das heranziehende Israel verfluchen. Aber Israels Gott Jahwe erweist seine Macht; statt Fluch muß der fremde Seher über Israel Segen ausrufen.

Ein bes. Erzählstück der at. Perikope läßt B. eigenmächtig zu Balak aufbrechen und dabei auf einer Eselin reiten, die sprechen kann. Sprechende Tiere sind im Märchen nicht ungewöhnlich. Parallelen zu B.s Eselin[1] gaben Anlaß, die „Bileam-Geschichte ein Märchen"[2] zu nennen bzw. ein Abhängigkeitsverhältnis der Erzählung in Num. 22, 22–34[3] von entsprechenden Märchen anzunehmen[4]. Die Einsicht, daß Märchenstoffe häufig international verbreitet sind, hat aber auch zu vorsichtiger Beurteilung von Ähnlichkeiten geführt[5]. Die Gleichheit des Einzelmotivs rechtfertigt allein nicht die Zuordnung zu einer bestimmten Erzählgattung. Die Funktion der redenden Eselin ist aus der Struktur zu ermitteln:

Die Rede des „Boten Jahwes"[6] spielt die Eselin gegen B. aus (V. 33) und gibt das Ziel an, auf das die Handlung hinausläuft: B.s Verspottung[7]. Zunächst unterliegt B. seinem Reittier[8], danach dem „Boten". Jahwe selbst muß dem Seher erst die Augen öffnen. Das Tier hat den „Boten Jahwes" längst wahrgenommen. Der Seher ist stumpf und ahnungslos: der Eselin verdankt er sein Leben! Das Reden der Eselin weist B. weder auf die Gefahr hin noch bringt es ihn dazu, den Entgegentretenden zu erkennen[9]. B.s Schuldgeständnis (V. 34) ist begründet.

Warum gerade ein Tier diese Funktion im Aufbau dieser B.erzählung[10] erfüllt, ist nicht mit der Aufnahme eines „freischwebenden" Märchenmotivs[11] vom helfenden Tier[12] erklärt[13]. Ebensowenig überzeugt die Vermutung, das Märchen von der warnenden Eselin sei schon früh mit der B.gestalt verbunden worden[14]. Das nur punktuelle Vergleichen führt leicht zu Fehlurteilen[15] über eine direkte oder indirekte Abhängigkeit. Ein weiter Zusammenhang aber ist durch das archaische Daseinsverständnis[16] gegeben, in dem

Mensch, Tier und Gott beieinander leben und Tiere reden[17]. Hier wurzelt auch das Märchen[18]. Aus demselben Boden sind die Urzeiterzählungen von der Erschaffung bzw. Entstehung des Menschen[19] gewachsen, die in at. Erzählungen nachwirken[20]: Zum Menschsein gehört die vom Schöpfergott gesetzte Nähe zum Tierwesen[21]. Angesichts der Ahnungslosigkeit B.s drückt das Ahnungsvermögen der Eselin für die Gefahr die unzerstörte Beziehung des Tieres zu seinem Schöpfer aus.

Die vielfältige Wirkungsgeschichte des Motivs von B.s Eselin ist von der alten Erfahrung her verständlich, daß Tiere Vorgänge und Erscheinungen spüren, die Menschen nicht bemerken[22]: In engl. und belg. Volkserzählungen ist davon die Rede, daß B.s Schläge auf dem Rücken der Eselin Spuren hinterließen, in denen der Volksmund das Kreuzzeichen zu erkennen glaubte. Literar. Aufnahme fand das empfindsame Verhalten von B.s Eselin im Benediktbeurer Weihnachtsspiel aus den *Carmina burana*. Das Motiv der redenden Eselin begründete in der dt. Fassung der volkstümlichen Legende von der Seefahrt des hl. Brandan die Bitte um die Gabe der Rede. Zahlreiche Darstellungen belegen den Einfluß der Erzählung von B.s Eselin auf die bildende Kunst des MA.s, z. B. auf einem röm. Sarkophag des 4. Jh.s, als Illustration einer röm. Bibelhandschrift des 9. Jh.s, auf Portalen von Kathedralen des 11. und 13. Jh.s in Italien und Frankreich, auf Kapitellen aus dem 12. Jh., als Miniaturen, Holzschnitte und Kupferstiche des 14. und 15. Jh.s sowie auf Bildteppichen aus dem 16. Jh.

[1] Greßmann, H.: Mose und seine Zeit. Ein Kommentar zu den Mose-Sagen. Göttingen 1913, 326sq.; Wesselski, MMA, 212. – [2] Greßmann, H.: Die älteste Geschichtsschreibung und Prophetie Israels (von Samuel bis Amos und Hosea). Göttingen 1910, 61. – [3] Eißfeldt, O.: Die Komposition der B.-Erzählung. In: Zs. für die at. Wiss. 57 (1939) 212–241, hier 230sq.; Pákozdy, L. M. von: Theol. Redaktionsarbeit in der B.-Perikope (Num. 22–24). In: Von Ugarit nach Qumran (Beihefte zur Zs. für die at. Wiss. 77) 161–176; Groß, W.: B. Literar- und formkritische Unters. der Prosa in Num. 22–24. Mü. 1974, 72–80, 100, 362. – [4] Mowinckel, S.: Der Ursprung der Bil῾āmsage. In: Zs. für die at. Wiss. 48 (1930) 233–271, hier 257sq.; Fohrer, G.: Einl. in das A. T. Heidelberg [10]1965, 98; Baumgartner, W.: Märchen. 2: In der Bibel. In: RGG 4 ([3]1960) 584–587, hier 585. – [5] Gunkel, H.: Das Märchen im A. T. Tübingen [2]1921, 15sq. – [6] Westermann, C.: Gottes Engel brauchen keine Flügel. B. 1957, 15sq., 31–38. – [7] Vermès, G.: Scripture and Tradition in Judaism. Haggadic Studies. Leiden 1961, 135–137; Pákozdy (wie not. 3) 172; Groß (wie not. 3) 362. – [8] cf. 1. Kön. 13, 13–29. – [9] So in den Märchenparallelen, cf. Frobenius, L.: Das ZA. des Sonnengottes 1. B. 1904, 133sq.; Preindlsberger-Mrazović, M.: Bosn. Volksmärchen. Innsbruck 1905, 111. – [10] Mowinckel (wie not. 4) 258 hält die Eselinerzählung für eine von vielen B.erzählungen, Groß (wie not. 3) 368sq. für eine sekundär auf B. übertragene. –
[11] Mowinckel (wie not. 4) 257; Eißfeldt, O.: Einl. in das A. T. Tübingen [3]1964, 48; Kaiser, O.: Einl. in das A. T. Gütersloh [3]1975, 54. – [12] Wundt, W.: Völkerpsychologie. Eine Unters. der Entwicklungsgesetze von Sprache, Mythus und Sitte. 5: Mythus und Religion. 2. Teil. Lpz. [2]1914, 167, 177sq.; Lüthi, M.: Familie und Natur im Märchen. In: id.: Volkslit. und Hochlit. Bern/Mü. 1970, 63–78, hier 69. – [13] Zum Märchenmotiv gehört die Aufklärung durch das Tier (v. not. 9); cf. Thimme, A.: Das Märchen. Lpz. 1909, 83. – [14] Mowinckel (wie not. 4) 258 stützt sie auf „den jetzt eigentlich überflüssigen Zug von dem Reden der Eselin". – [15] cf. Röhrich, L.: Die Deutung von Volksmärchen. In: Laiblin, W. (ed.): Märchenforschung und Tiefenpsychologie. Darmstadt 1969, 375–378; Leyen, F. von der: Das Märchen. In: ibid., 386–390; Westermann, C.: Sinn und Grenze religionsgeschichtlicher Parallelen. In: Theol. Lit.zeitung 90 (1965) 489–496, hier 490. – [16] Wundt (wie not. 12) 61sq., 155–162. – [17] Gen. 3. – [18] Wundt (wie not. 12) 33sq., 91–104; Gunkel (wie not. 5) 9sq., 159; Röhrich, L.: Märchen. 1: Allgemein. In: RGG 4 ([3]1960) 581–584. – [19] Frazer, J. G.: Folk-Lore in the Old Testament 1. L. 1918, 3–44; Baumann, H.: Schöpfung und Urzeit des Menschen im Mythus der afrik. Völker. B. 1936, 163 (Nachdr. B. 1964); Kramer, S. N.: Sumerian Mythology. A Study of Spiritual and Literary Achievement in the Third Millennium B. C. N. Y. [2]1961, 68–75; Heidel, A.: The Babylonian Genesis. The Story of Creation. Chic./L. [2]1951, 66–71. – [20] Zur Urgeschichte cf. Gunkel, H.: Genesis (Handkommentar zum A. T. 3,1). Göttingen [2]1902, 1–144; Westermann, C.: Genesis (Bibl. Kommentar. A. T. 1,1). Neukirchen-Vluyn 1974. –
[21] Im Gilgamesch-Epos beginnt die Erschaffung des Menschen mit dem Zusammenleben von Mensch und Tier, cf. Greßmann, H. (ed.): Altoriental. Texte zum A. T. B./Lpz. (1926) [2]1970, 152; zu Gen. 2, 18–20 cf. Gunkel (wie not. 20) 8sq.; Westermann (wie not. 20) 306–312. –
[22] Zum Folgenden cf. Heinz-Mohr, G.: Gott liebt die Esel. Düsseldorf 1974, 75–78.

Bochum Dieter Vetter

Billur Köschk, Name einer aus 14 türk. Märchen bestehenden Sammlung, deren Originaltitel *Hikaye-i Billur Köşk ve Elmas Sefine* (Die Geschichte vom Kristallkiosk und vom Diamantenschiff) lautet; zugleich Titel der ersten Erzählung. Die 14 Märchen entsprechen den AaTh-Typen: 891A, 883A, 1391, 514, 894, 403, 710, 301, 311, 1525Q, 516, 325, 881, 433B und, nach Eberhard/Boratav, den Typen: 167, 245, 122, 97, 185, 240, 156, 72, 157, 340, 214, 169, 195, 101/106. Die gedruckte Sammlung fand in der Türkei zumindest seit dem letzten Viertel des 19. Jh.s bis in unsere Zeit hinein durch Kolporteure weite Verbreitung. Das Datum der Erstausgabe ist nicht bekannt, und es sind auch keine hs. Exemplare des Werkes aufgefunden worden. G. Jacob hat 1899 ein undatiertes Exemplar zu Gesicht bekommen.

Die Märchen der Sammlung waren auch in der mündlichen Überlieferung recht verbreitet: Aus ihr sind 48, 45, 42 und 41 Fassungen der Nummern 8, 2, 12 und 5 der Slg (AaTh 301, 883A, 325, 894) aufgezeichnet worden. Die Nummern 3 und 10 (AaTh 1391 und 1525 Q) dagegen sind mit lediglich 6 bzw. 9 Fassungen in der mündlichen Überlieferung am schwächsten vertreten. Auch nicht im B. K. enthaltene Typen kommen in der türk. oralen Überlieferung ebenso häufig vor wie die Typen der Slg mit den meisten mündlichen Belegen; das gilt z. B. für folgende Nummern des türk. Typenverzeichnisses: Eberhard/Boratav 239 (AaTh 707), 89 (AaTh 408), 240 (AaTh 403), von denen 44, 44 bzw. 34 Fassungen aufgezeichnet sind. So kann die Tatsache, daß von einigen der Märchen des B. K. mündliche Fassungen relativ häufig vorkommen, also nicht als Argument für eine Hypothese dienen, derzufolge diese Fassungen alle auf die Texte der gedruckten Slg zurückgehen. Diese These wird jedoch von T. Alangu im Vorwort seiner Neuausgabe des B. K. (Alangu 1961, 5–9) vertreten. Nach ihm wären die Märchen der Slg nach einer alten ausländischen schriftlichen Quelle (iran.-ind. Herkunft) übersetzt worden; sie wären deren türk., von den professionellen Erzählern, den 'meddâh', bearbeitete und adaptierte Fassungen; in dieser neuen 'Redaktion' wären sie dann schriftlich festgehalten und nach dem so entstandenen Buch in der mündlichen Überlieferung verbreitet worden. Denn die Texte der Slg kommen, laut Alangu, in „kohärenten Formen" und „mit allen Motiven" vor (Alangu will damit vermutlich sagen: mit einer größeren Reichhaltigkeit an Motiven als in den mündlichen Fassungen). Andererseits haben sich seiner Meinung nach die charakteristischen Merkmale der Archetypen in den Märchen der Slg besser erhalten als in Fassungen, die länger in der mündlichen Überlieferung existierten und die sich daher durch Aufnahme lokaler Elemente tiefergreifend verändert haben. Diese Argumente sind sehr anfechtbar, zumal ihnen keinerlei gründliche Textanalyse zugrunde liegt.

Es ist sicher, daß mehrere mündliche Fassungen auf die Texte der Slg zurückgehen oder von diesen stark beeinflußt worden sind. Es stimmt auch, daß der Erzählstil der Slg dem der berufsmäßigen Erzähler, der 'meddâh', entspricht. Aber es gibt weder einen greifbaren Beweis dafür, daß die Märchen des B. K. nicht schon vor Erscheinen des Buches in der mündlichen türk. Überlieferung bekannt gewesen wären, noch einen Beleg für das Vorhandensein eines ausländischen Vorbildes der Slg. Nach heutigen Kenntnissen ist das Werk vor nicht allzu langer Zeit verfaßt worden. Man kann davon ausgehen, daß die Slg zu Beginn des letzten Viertels des 19. Jh.s aus mündlich überlieferten Erzählungen zusammengestellt wurde, die sprachlich und stilistisch dem Geschmack des mit der Erzählkunst der 'meddâh' vertrauten städtischen Publikums entsprachen. Zu eben der Zeit, da die ersten Ausgaben des B. K. erschienen, also gegen Ende des 19. Jh.s, beginnt man auch, Märchen im Stil der narrativen Genres der modernen westl. Literatur zu gestalten.

Neben zahllosen anonymen Ausgaben des B. K. sind, bes. in den letzten 40 Jahren, auch mehr oder weniger literar. Bearbeitungen erschienen. Einige stammen von dem auf den Vertrieb von Volksbüchlein spezialisierten Verleger Selâmi Münir Yurdatap. Drei weitere hat der zeitgenössische Romancier und Journalist Peyami Safa (1899–1960) besorgt: zwei (Istanbul 1930 und 1933) unter dem Pseudonym Server Bedi, eine (Istanbul 1959) unter seinem eigenen Namen. Die jüngste Bearbeitung stammt von dem Literaturhistoriker und Folkloristen Alangu, der in seiner Ausgabe (1961) das etwas anstößige 3. Märchen der Originalsammlung (cf. *Les* → *bijoux indiscrets*) weggelassen und der Nummer 14 ein von ihm selber aus der mündlichen Überlieferung aufgezeichnetes Märchen beigefügt hat; dieser Text entspricht den Nummern Anlage C 12 und 89 bei Eberhard/Boratav sowie AaTh 310 II und 408.

Lit.: Jacob, G.: Die türk. Volkslit. B. 1901, 5–7, 9sq. – Menzel, T.: Türk. Märchen. 1: B. K. Hannover 1923. – Billur Köşk hikâyesi (B. K.-Erzählungen). Istanbul 1928. – Boratav, P. N.: Zaman zaman içinde. Tekerlemeler, masallar (Es war zu einer Zeit, zu einer Zeit. Tekerleme, Märchen). Istanbul 1958, 24–29. – Alangu, T.: Billûr Köşk masalları. Istanbul (1961). – Boratav, P. N.: Az gittik, uz gittik (Wir gingen weit, wir gingen fern). Ankara 1969, 413–421, 427. – id.: Türk. Volksmärchen. B. (1967) [5]1974, 332sq.

Paris Pertev Naili Boratav

Billy the Kid (i. e. William H. Bonney), *New York 23. 11. 1859? † Fort Sumner, New Mexico 13. 7. 1881, Viehdieb, Spieler, gedungener Mörder, von der Überlieferung zur edlen → Räubergestalt umgeformt. Bereits zu Lebzeiten wird er Thema der Trivialliteratur. Ein Jahr nach seinem Tod erscheint das erste größere Lebensbild in Romanform: P. F. Garretts, vermutlich von A. Upson als ghost-writer verfaßtes *The Authentic Life of Billy the Kid* [...], eine Klitterung aus Tatsachenmaterial, Memoraten und überlieferten Erzählstoffen. Das Werk beeinflußt bis heute die zahlreichen Behandlungen B.s durch Bücher, Presse (bes. Comics), Rundfunk, Fernsehen, Film, Theater, schriftliche und mündliche Überlieferung in Ballade und Volkserzählung, wobei letztere sich auf die span. sprechende Bevölkerung New Mexicos konzentriert.

Für die Erzählforschung von Belang ist bes. die Stilisierung einer hist. verhältnismäßig gut nachgewiesenen Gestalt zum → Helden: B. steht in der Überlieferung des ‚bad-man hero' der amerik. ‚frontier' nach dem Bürgerkrieg (Reconstruction) zusammen etwa mit Jesse James und Sam Bass. Dieser Typ ist nach der Tradition gekennzeichnet durch Herkunft aus respektablen Kreisen, eine unglückliche Kindheit, das Begehen des ersten Mordes unter dem Zwang außerordentlicher Umstände sowie eine enge Verbundenheit mit Pferden. Im weiteren Rahmen gehört B. zur Tradition des ‚edlen Räubers' wie die outlaws → Robin Hood, Schinderhannes oder der Bayerische Hiasl. Gemeinsam ist ihnen zwar ein kriminelles Leben, aber die Betonung liegt auf ritterlichen Taten, wobei vor allem Hilfe für Notleidende oder Bestrafung noch ärgerer Bösewichter im Vordergrund stehen. Nicht die Faszination des Bösen bildet das konstituierende Element der Erzählwirksamkeit, sondern das Genialische an sich – „in einem Niemandsland der Moral" (Adler 1951, 152) – verbunden mit starker sozialer Akzentsetzung. Schließlich eignen B. auch Qualitäten des mythischen und epischen Helden. Nach Lord Raglans Kriterien (1937, 178–199) zählen hierzu die ungewisse Begräbnisstätte, aber als echt angesehene ‚Heilige Gräber', Reliquienkult, prinzenhafter Status, übermenschliche Leistungen, Tod durch Verrat unter geheimnisvollen Umständen und Berichte von einem Weiterleben nach dem Tod.

Nicht nur die Motive des B.-Zyklus sind geprägt von Themen mitmenschlicher Belange, sondern auch die Rezeptionsgeschichte ist gesellschaftlich relevant. Als Held einer nach Herkunft und Sprache gemischten Bevölkerung des amerik. Südwestens zur wirren Zeit des Lincoln County War und der Nachwehen des Sezessionskrieges dient B. als gemeinsames Identifikationsmodell für heterogene Gruppen und stabilisiert damit das in Frage gestellte Zusammenleben. Adlers

Hypothese (1951, 152), daß unter bestimmten Bedingungen und Umständen geschaffene Erzählungen nicht Widerspiegelung ihrer Zeit seien, sondern ein Zeichen, daß die Zeit diese Erzählungen brauche, trifft sicherlich zu, erklärt jedoch noch nicht die Gründe für das Weiterleben unter geänderten Bedingungen, in späteren Zeiten und bei anderen Trägern.

Die gute hist. Dokumentation der Gestalt B.s bietet für die Erzählforschung eine Möglichkeit, Mechanismen der Entstehung und Aufnahme eines Erzählkreises in der wechselseitigen Abhängigkeit und Durchdringung von mündlicher und nicht-mündlicher Überlieferung offenzulegen, eine exemplarische Fallstudie zu erstellen, wie sie z. B. von A. B. Cohen mit *Poor Pearl, Poor Girl!* (Austin/L. 1973) für die moderne Ballade geleistet worden ist. Es kann dies jedoch nur auf der gesicherten Grundlage von authentischen Materialsammlungen zur mündlichen Überlieferung geschehen, die kaum vorliegen.

Lit.: Constellano, I.: The True Life of B. the Kid. [N.Y. 1881] (Nachdr. Fisherville, Mass. 1945; mit umfassender Bibliogr.). – Garrett, P. F.: The Authentic Life of B. the Kid [...]. Santa Fe, N. Mex. 1882 (Ndr. Norman 1954). – Hough, E.: The Story of the Outlaw [...]. N.Y. [ca 1907]. – Siringo, C. A.: A Texas Cowboy. s. l. 1919 (Nachdr. N.Y. 1950). – id.: The History of B. the Kid. Santa Fe 1920 (Nachdr. Austin, Tex. 1967). – Burns, W. N.: The Saga of B. the Kid. Garden City, N.Y. [1926]. – Fulton, M. G./Poe, J. W.: The Death of B. the Kid. Boston/N.Y. 1933. – Otero, M. A.: The Real B. the Kid. N.Y. 1936. – Somerset, F. R., Lord Raglan: The Hero. A Study in Tradition [...]. N.Y. 1937. – Hendron, J. H.: The Story of B. the Kid. Santa Fe, N. Mex. 1948. – Brothers, M. H.: B. the Kid. Farmington, N. Mex. 1949. – Adler, A.: B. the Kid. A Case Study in Epic Origins. In: WF 10 (1951) 143–152. – Fishwick, M. W.: B. the Kid, Faust in America, the Making of a Legend. In: Saturday Review of Literature 35 (1952). – Dykes, J. C.: B. the Kid. The Bibliography of a Legend. Albuquerque 1952. – Sonnichsen, C. L./Morrison, W. V.: Alias B. the Kid. Albuquerque 1955. – Hunt, F.: The Tragic Days of B. the Kid. N.Y. 1956. – Boatright, M. C.: The Western Bad Man as Hero. In: id./Hudson, W. M./Maxwell, A. (edd.): Mesquite and Willow. Dallas 1957, 96–104. – Hamlin, W. L.: The True Story of B. the Kid. Caldwell, Idaho 1959. – Adams, R. F.: A Fitting Death for B. the Kid. Norman 1960. – Steckmesser, K. L.: Joaquin Murieta and B. the Kid. In: WF 21 (1962) 77–82. – Frenzel, E.: Stoffe der Weltlit. Stg. ²1963, 84sq. (Art. B. the Kid). – West, J. O.: B. the Kid, Hired Gun or Hero. In: Hudson, W. M./Maxwell, A. (edd.): The Sunny Slopes of Long Ago. Dallas 1966, 70–80. – B. the Kid. Las Vegas Newspaper Accounts of His Career, 1880–81. Waco s. a. (zitiert nach West 1966, 79).

Göttingen Rainer Wehse

Bilokation (Multilokation), gleichzeitige Gegenwart bzw. gleichzeitiges Wahrgenommenwerden einer (lebenden) Person an (zwei) verschiedenen Orten.

Im Altertum wird B. u. a. von Apollonios von Tyana und Pythagoras berichtet. Yoga und Schamanismus kennen in den ekstatischen Reisen und magischen Flügen ähnliche Phänomene[1]. Buddha besucht gleichzeitig 500 Wohnungen, Maja scheint gleichzeitig ihre 500 Paläste zu bewohnen. Auch in Erzählungen von Krischna findet sich die 'Allgegenwart'; er ist gleichzeitig bei jeder seiner Geliebten[2].

Die B. findet sich häufig in der Heiligenlegende. Ihre metaphysische Möglichkeit wurde von der scholastischen Theologie kontrovers beurteilt: während sie Skotus und Suarez bejahten, verneinten sie Thomas von Aquin und Bonaventura.

Laurentius reicht einer Klosterfrau in deren Zelle die Eucharistie, während er gleichzeitig vor dem Altar bei der Meßfeier bleibt[3]. Mehrere Fassungen der Legende des hl. → Antonius von Padua berichten, daß er, während er an verschiedenen Orten in einer Kirche predigte, gleichzeitig im Chor seines Klosters einen Teil des Offiziums sang[4]. Bischof Maternus von Trier soll wiederholt gleichzeitig in Trier, Köln und Tongern zelebriert haben; die Klarissin Maria von Agreda (gest. 1665) habe ihr Kloster nie verlassen und zugleich den Indianern in Neumexiko gepredigt[5]. Von Franz Xaver (1506–1552) wird erzählt, er habe gleichzeitig an verschiedenen Orten den Eingeborenen gepredigt[6]. Der hl. Benedikt Josef Labre (1748–1783) soll nach Zeugenaussagen mehrmals gleichzeitig an zwei verschiedenen Plätzen gesehen und gehört worden sein[7]. In jüngerer Zeit waren Gerüchte über eine gleichzeitige Gegenwart an verschiedenen Orten des Kapuziners Padre Pio von San Giovanni Rotondo bei Foggia in Umlauf[8]. Die Gabe der B. wird auch berichtet für Petrus von Alcantara (1494–1562), Philipp Neri (1515–1595), Josef von Copertino (1603–1663), Alfons von Liguori (1696–1787) u. a.

Auch europ. Sagenberichte über Entrückung oder Hexenflug können in einer auf pathologischer Dissoziation der Persönlichkeit, etwa infolge Einwirkung von Drogen und Psychopharmaka (wie z. B. Hexensalbe), beruhenden psychischen B. eine Erklärung finden.

Im Zusammenhang mit dem 'zweiten Gesicht' entwickelt W.-E. Peuckert den Begriff vom 'zweiten Leib' und stellt eine Reihe von Sagenberichten aus verschiedenen Zeiten und Regionen zusammen[9].

→ Doppelgänger

[1] Eliade, M.: Le Yoga. P. 1954, 183, 316–327. – [2] cf. Toldo, P.: Leben und Wunder der Hll. im MA. 11: Die Allgegenwart. In: Studien zur vergleichenden Lit.geschichte 5 (1905) 343. – [3] cf. Hebenstreit-Wilfert, H.: Wunder und Legende. Diss. Tübingen 1975, 160. – [4] Toussaert, J.: Antonius von Padua. Köln 1967, 515–517; HdS (3. Lfg) 591. – [5] Günter 1949, 120. – [6] Aradi, Z.: Wunder, Visionen und Magie. Salzburg 1959, 215. – [7] ibid., 226. – [8] ibid., 145sq. – [9] Peuckert, W.-E.: Der zweite Leib. In: Ndd. Zs. für Vk. 17 (1939) 174–198; cf. auch 19 (1941) 88sq.

Lit.: Wetzer und Welte's Kirchenlex. 2 (²1883) 840sq. – Günter 1910, 14, 105. – Bozzano, E.: Considerazioni ed ipotesi sui fenomeni di bilocazione. Roma 1911. – LThK 2 (¹1931) 358sq. – Enc. Cattolica 2 (1948) 1639sq. – Hoenen, P.: Cosmologia. Roma ⁵1956, 115–140. – LThK 2 (²1958) 478. – New Catholic Enc. 2 (1967) 559sq.

Würzburg Erich Wimmer

Bin Gorion, Emanuel, * 18. 6. 1903 Breslau, israel. Erforscher des hebr. Erzählgutes und Literaturkritiker. B. G. studierte 1923–28 in Berlin, übersiedelte 1936 nach Tel Aviv und lebt seit 1966 in Holon (Israel). 1945–67 städtischer Bibliothekar in Tel Aviv (1956–67 Kustos des Faitlovitch-House). B. G. war von 1928–34 Mitglied der Zentralredaktion der *Encyclopaedia Judaica,* Mitherausgeber des *Philo-Lexikons* (B. 1935) und dessen Neufassung *Lexikon des Judentums* (Gütersloh 1967) und verfaßte zahlreiche literaturkritische Beiträge in hebr. Periodika. Aus dem Nachlaß seines Vaters M. J. → bin Gorion gab er die über 1.100 Volkserzählungen enthaltende Sammlung *Aus der Quelle Israels*[1] heraus sowie die Gesamtausgabe dessen hebr. Werke (1951–55) und nachgelassener Forschungen zur Frühgeschichte des Judentums und Christentums (1958–71). Ebenso wurden von ihm die neuen Auflagen von *Der Born Judas* (Ffm. 1959, 1973) und *Die Sagen der Juden* (Ffm. 1962) besorgt.

Bes. Verdienste um die jüd. Erzählforschung erwarb sich b. G. auch als Verfasser einer Einführung in das hebr. (bibl., talmud., ma.) Volkserzählgut[2]. Ferner veröffentlichte er in dt. Sprache die Anthologien *Die schönsten Geschichten der Welt* (Tübingen 1930; Olten 1967) und *Geschichten aus dem Talmud* (Ffm. 1966).

[1] Mimᵉkôr Jis'ra'el. Tel Aviv 1938–45 (2. verb. Aufl. Tel Aviv 1966). – [2] Šᵉbîlê ha-'aggadā (Die Wege der Legende). Jerusalem 1948 (²1970).

Haifa Elisheva Schoenfeld

Bin Gorion, Micha Josef, (ursprünglicher Name Berdyczewski), * 30. 8. 1865 Medshibosh (Ukraine), † 18. 11. 1921 Berlin. Nach dem Studium in Deutschland und in der Schweiz von 1891–95 promovierte er in Bern mit der Arbeit *Über den Zusammenhang zwischen Ethik und Ästhetik.* Seit 1902 lebte b. G. als Privatgelehrter in Breslau und seit 1911 in Berlin. Als Erzähler und Essayist ist er einer der Hauptvertreter der neuhebr. Literatur, als Sammler und Forscher Pionier der Erschließung des hebr. Volksgutes (Märchen, Sage, Legende).

Aus seinem mehrere tausend Stücke umfassenden *Corpus legendarum hebraicarum* (hs. im b. G.-Archiv in Holon, Israel) hat b. G. seine beiden editorischen Hauptwerke *Die Sagen der Juden* 1–5 (Ffm. 1913–27) und *Der Born Judas* 1–6 (Lpz. [1916–22]) zusammengestellt, die zuerst in deutscher Übersetzung durch seine Frau Rahel (Ramberg-Berdyczewski) bin Gorion (1879–1955) erschienen sind. Sein Sohn E. → bin Gorion edierte den Nachlaß und besorgte auch neue Ausgaben seiner Schriften. Die Texte zum *Born Judas* entnahm b. G. in der Hauptsache anonymen schriftlichen Quellen des hebr. Mittelalters und Nachmittelalters, die einen Zeitraum von über 1.000 Jahren umfassen. Für die vergleichende Märchenforschung ist vor allem die sechsbändige Erstausgabe des Werkes wichtig, in welcher b. G. zu den bezeichnendsten der von ihm erschlossenen Texte jeweils mehrere Versionen nebeneinandergestellt und, zugleich mit Angabe der Quellen und Varianten, nicht nur auf Motivverwandtschaft, sondern auch auf verschüttete Wechselbeziehungen zwischen der hebr. und der morgen- und abendländ. Überlieferung hingewiesen hat. So nahm er in seine Sammlung auch ausgewählte Stücke aus den hebr. Versionen klassischer Volksbücher auf (die hebr. Alexander-Romane, Bearbeitungen von *Prinz und Derwisch, Kalila und Dimna, Fiore di virtù* u. a.) und erwies damit die hebr. Volksliteratur des MA.s auch sichtbar als Bindeglied zwischen Ost und West.

Während der *Born Judas* nachtalmudisch ist, basiert b. G.s zweites editorisches Hauptwerk *Die Sagen der Juden* auf älteren Quellen, vor allem → *Talmud* und → *Midrasch*, die das A. T. nicht nur deuten und ausschmückend begleiten, sondern auch ergänzen. Bes. Bedeutung erlangte das Werk durch seine Einbeziehung der Fragmente des altjüd. Mythos (Kosmogonie, Angelo- und Dämonologie, Riesen und Ungeheuer, vorzeitliche Herrscher und Heroen), der – nach der Kanonisierung der *Bibel* – in außerkanonischen Texten wieder auflebte und nun zum ersten Male bezeugt und belegt war.

In b. G.s nachgelassenen bibelwiss. Untersuchungen werden häufig auch Märchen- und Legendenstoffe herangezogen: so in seinem Nachweis, daß in *Jona* 1 die Urfassung der Legende vom *Knaben auf dem Schiffe* (*Der Born Judas* 1959, num. 111) erhalten ist; in seinem Vergleich der Figur des Heidenpriesters Abba Gulis (*Der Born Judas* 2 [1973] num. 110) mit der Paulus-Gestalt der *Apostelgeschichte* (*Saulus und Paulus*, hebr., Tel Aviv 1971, 11–23); in seiner These von dem Einfluß der Geschichte vom Verrat des Brutus an der Vaterfigur Cäsar auf die Legende vom Verrat des Judas Ischariot (*Jesus, Sohn Ananos*, hebr., Tel Aviv 1958, 95–102).

Neuausg.n: Der Born Judas 1–2. Ffm. 1959 und 1973 (Sonderausg. t. 1. Ffm. 1965 = 2. Aufl.). – Die Sagen der Juden. Ffm. 1962 (Ndr. 1976).

Lit.: Bin Gorion, M. J. In: Enc. Judaica 4 (B. 1929) 802–805; Enc. Judaica 4 (Jerusalem 1971) 592–596, dort weitere Lit. – Bin Gorion, E.: Nachwort. In: Bin Gorion, M. J.: Der Born Judas. Ffm. 1959, 767–782. – id.: Josephus und Jesus. Tel Aviv 1973. – Heimann, M.: Prosaische Schr. 2. B. 1918, 287–296; t. 5. B. 1926, 127–137. – Loerke, O.: Der Bücherkarren. Heidelberg/Darmstadt 1965, 218, 388sq., 424sq. (Rez.en).

Holon Emanuel bin Gorion

Biologie des Erzählguts

1. Begriff und Definition – 2. Homo narrans im Wandel der Zeiten – 3. Frühe Beschreibungen von Erzählerpersönlichkeiten. – 4. Theorie und Methode. Die russ. Schule – 5. Forschungsrichtungen in Deutschland und in anderen Ländern. – 6. Soziologie des Erzählens in Ungarn – 7. Neuere Forschung in Europa. – 8. Forschung in den USA: anthropol. Betrachtungsweise der Folklore. – 9. Stellenwert des Erzählens in der nordamerik. Folkloristik.

1. Begriff und Definition. Obwohl das Wort B. in der Erzählforschung nur begrenzt Eingang gefunden hat, bezeichnet es einen großen, komplexen Forschungsbereich. Es deutet auf eine bedeutsame Schwerpunktsverlagerung in der Forschung vom Text zum Kontext, von der statischen Betrachtung künstlich isolierter und arrangierter Erzählpassagen zum Studium der Dynamik des Erzählens und Tradierens von Person zu Person und von Volk zu Volk, der Kontakte und Interaktionen, die für die Entstehung und Neuformung von Erzählungen verantwortlich sind. In einer Besprechung von vier Sagensammlungen, die „die einzelnen Stücke wie abgepflückte Pflanzen losgetrennt

von ihrem Mutterboden [bringen]", betont F. → Ranke die Notwendigkeit dessen, was er zum ersten Male in der Folkloristik „Biologie der Volkssagen" nennt[1]: die Beobachtungen der Sagen, wie sie leben, „wer sie erzählt [...], wann, wo, wem und zu welchem Zweck."

Mehr theoretisch und verallgemeinernd machte C. W. von → Sydow 1932 im Zusammenhang mit seiner Kritik an den frühen Schulen der Erzählforschung, die sich nur um den Ursprung der Traditionen und überhaupt nicht um die Art ihrer Verbreitung gekümmert hatten, die Bemerkung, daß „scholars have failed to study the biology of tradition". Er erhob den Vorwurf, daß die finn. Schule die Migrationstheorie in der Erzählforschung „generally and exclusively" angewandt und daß sie sich nur für das Ursprungsland statt für die Verbreitungswege interessiert habe. Er regte an, in intensiver Feldforschung die Verbreitung der Erzählungen durch aktive und passive Überlieferungsträger zu ergründen[2].

Im Zusammenhang mit und auch unabhängig von von Sydows Anregungen zeigten die Erzählforscher wachsendes Unbehagen gegenüber der Märchenphilologie und dem Studium von Texten auf totem Papier, abgeschnitten vom lebendigen soziokulturellen Hintergrund. Die von der finn. Schule routinemäßig angewandte Methode begnügte sich mit der entstehungsgeschichtlichen und vergleichenden Analyse zufällig in ihren Besitz gelangter und ungleichmäßig gestreuter Versionen des unendlich variierenden mündlichen Erzählens. Deshalb konnten Typen- und Motivklassifikationen in der Erforschung der Art und Verbreitung des Erzählguts keine Hilfe geben. Die meisten Sammler beschnitten die „überflüssige Schwatzhaftigkeit" der einzelnen Erzähler und verstümmelten den natürlichen Fluß der lebendigen Erzählung. Da die Forscher mit künstlichen Texten arbeiteten, konnten sie weder auf befriedigende Weise Form-, Stil- und Bedeutungsfragen klären noch ihr letztendliches Ziel, die Rekonstruktion der ursprünglichen → „Archetypen", auch nur annähernd erreichen[3].

Der Ausdruck B. taucht vornehmlich in der dt.sprachigen Erzählforschung auf, zunächst im Sinne einer ethnogr. Beschreibung des beobachteten Erzählens. Als erste wiesen H. Grudde[4], O. Brinkmann[5], M. A. Brachetti[6], G. Henßen[7], L. Uffer[8] und K. Haiding[9] Sammlungen von Erzählgut individueller Erzähler oder Gemeinden vor. „Wir sprechen heute gern von einer 'Biologie' der Sage", bemerkt W.-E. → Peuckert, „und dem Volkskundler liegt daran, das Wo und Wie des Sagenerzählens und das Alter, Geschlecht und Handwerk, Herkunft, Heimat und das Wesen ihres Erzählers zu ergründen"[10]. Das umfassendere Märchenbiologie-Konzept M. → Lüthis betont nicht nur die Wichtigkeit der Träger der lebendigen Erzähltradition, der einzelnen Erzähler und Erzählgemeinschaften, der Erzählgelegenheiten und der Erzählweise, sondern schließt auch die Prozesse der Bildung, der Abänderung, des Verfalls und der Wiederentstehung von Erzählungen ein, und dazu die Wechselwirkungen zwischen Erzählungen und gesellschaftlichen Systemen[11].

Vertreter der so definierten Märchenbiologie nannten, je nach ihren wiss. Interessengebieten, ihre Methode ethnographisch, funktional-anthropologisch, soziologisch oder sozio-psychologisch. Neuerdings werden auch die psychol. Hintergründe der Wechselwirkung zwischen dem Erzähler und der von ihm gewählten Erzählung untersucht, und zur Ergründung der Überlieferungsvorgänge (transmissional processes) setzt man psychol. Tests ein[12].

[1] Ranke, F.: Grundsätzliches zur Wiedergabe dt. Volkssagen. In: Niederdt. Zs. für Vk. 4 (1926) 44–47, hier 45sq. – [2] von Sydow, 11. – [3] Ortutay, G.: Mihály Fedics Relates Tales. In: Hungarian Folklore. Bud. 1972, 225–285, hier 231; Dundes, 39sq.; Georges, R. A.: Process and Structure in Traditional Storytelling in the Balkans: Some Preliminary Remarks. In: Aspects of the Balkans, Continuity and Change. ed. A. Birnbaum / S. Vryonis. Den Haag 1972, 319–337; Holbek, B.: On the Classification of Folktales. In: Laogr. 22 (1965) 158–161; Jason, H.: The Russian Criticism on the 'Finnish School' in Folktale Scholarship. In: Norveg 14 (1970) 285–294. – [4] Grudde, H.: Wie ich meine

„Plattdt. Märchen aus Ostpreußen" aufschrieb (FFC 102). Hels. 1932. – [5] Brinkmann, O.: Das Erzählen in einer Dorfgemeinschaft. Münster 1933. – [6] Brachetti, M.: Das Volksmärchen als Gemeinschaftsdichtung. In: Ndd. Zs. für Vk. 9 (1931) 197–212. – [7] Henßen, G.: Stand und Aufgaben der dt. Erzählforschung. In: Festschr. R. Wossidlo. Neumünster 1939, 133–137; id.: Überlieferung und Persönlichkeit. Erzählungen und Lieder des E. Gerrits. Münster 1951; id.: Volk erzählt. Münster ²1954. – [8] Uffer, L.: Rätorom. Märchen und ihre Erzähler. Basel 1945; id.: Die Märchen des Barba Plasch. Zürich 1955; id.: Märchen, Märchenerzähler und Märchensammler in Romanisch Bünden. In: SAVk. 57 (1961) 129–147. – [9] Haiding, K.: Träger der Volkserzählungen in unseren Tagen. In: ÖZfVk. 56 (1953) 24–36; id.: Von der Gebärdensprache der Märchenerzähler (FFC 155). Hels. 1955. – [10] Peuckert, W.-E.: Hochwies. Göttingen 1959, XVIII. –
[11] Lüthi, Märchen (⁶1976) 89–108; cf. Lüthi, Europ. Volksmärchen, 109. – [12] cf. Dégh, L. / Vázsonyi, A.: The Hypothesis of Multi-Conduit Transmission in Folklore. In: Folklore. Performance and Communication. ed. D. Ben-Amos / K. S. Goldstein. Den Haag 1975, 207–252; Dégh, L. / Vázsonyi, A.: The Dialectics of the Legend. Bloom. 1973, 50–54; Pentikäinen, J.: Repertoire Analysis. In: Folk Narrative Research ed. J. Pentikäinen / T. Juurikka. Hels. 1976, 262–272; Burns, T. A.: The Joke and its Tellers 1–6. Diss. masch. Bloom. 1972.

2. Homo narrans im Wandel der Zeiten. Seit sich die Erzählforschung als bes. Wissensgebiet etabliert hatte, beschäftigten sich Gelehrte damit, die geschichtlichen Quellen zu entdecken. Zeugnisse aus verschiedensten Teilen der Welt verbürgen die Existenz bekannter Erzähler, die ihre Zuhörerschaft mit passenden Geschichten unterhielten und so Anerkennung und Volkstümlichkeit erlangten. Seit der Antike kennt man Namen von Erzählern, die Art und manchmal auch den Inhalt ihrer Erzählungen. Es zeigte sich, daß verschiedene soziale Schichten das Erzählen zu verschiedenen Zwecken und unter verschiedenen Bedingungen entwickelten und den Erzählern einen entsprechenden sozialen Status verliehen. Man stieß auf Geschichten bei afrik. Stammesversammlungen, am Lagerfeuer indian. Großwildjäger, in den Kaffeehäusern des Vorderen Orients und in den Gerichtsstuben, den Haushalten des europ. Adels und an Königshöfen, in den Refektorien der Klöster, den Übernachtungsstätten der Handwerksburschen, der reisenden Kaufleute, der Bettler und anderer Fahrender, in den Unterkünften der Saisonarbeiter, in Kinderzimmern, bei Totenwachen und Hochzeitsfeiern, am Kamin von Bauernhäusern, in Schenken und Dorfkramläden, auf dem Weg zum Markt und auf der Pilgerfahrt zu einem verehrten Heiligen[1]. Das Erzählen mochte der reinen Unterhaltung und Freude dienen, von Langeweile erlösen, die Bekümmerten ablenken, die Flucht vor einer grauen, hoffnungslosen Wirklichkeit ermöglichen, von den quälenden Gedanken schlafloser Nächte befreien. Es konnte aber auch praktischen Zwecken dienen: der Erbauung, der Verabreichung moralischer und ethischer Ratschläge und dem Unterricht in Geschichte und Religion. Der soziale Wert von Geschichten hängt von ihrer Wirkung ab, das gleiche gilt für das Ansehen von „Spezialisten" für verschiedene Erzählungsgattungen. Während das Erzählen der Frauen meist auf das Haus und die Unterhaltung kleiner Kinder beschränkt blieb, konnten männliche Erzähler von Weisheitsnovellen und Parabeln durch ihr Geschick politische Macht erwerben. Spaßmacher und Erzähler langer Abenteuergeschichten wurden geachtete Diener oriental. und ma. Herrscher, während Leute, die Erfahrungen mit dem Übernatürlichen hatten und sie in spannende Abenteuergeschichten umzusetzen wußten, der atemlosen und ehrfürchtigen Aufmerksamkeit ihrer Dorfgenossen sicher sein konnten. Angesichts der großen Vielfalt von Erzählungen, die von Erzählern verschiedener Zeiten geschaffen wurden und sich von der kurzen Wiedergabe eines tatsächlichen Erlebnisses bis zum hochentwickelten, künstlerischen Märchen von großer Länge erstreckten, mag man sich an K. → Rankes Wort erinnern, daß „das Erzählen von Geschichten aller Art einem der elementarsten Bedürfnisse menschlichen Wesens entspringt"[2]. Rankes Konzept des 'homo narrans' als der „Summe aller erzählenden und tradierenden Menschen"[3] stellt dem Märchenbiologen die Aufgabe, bis in den Kern des Problems vorzudringen und eine

Antwort auf die Frage zu suchen, welche Botschaften für die Menschheit so wichtig sind, daß sie immer wieder in künstlerische Metaphern verwandelt und von Mensch zu Mensch mündlich weitergegeben werden.

[1] cf. Bolte, J.: Zeugnisse zur Geschichte der Märchen (FFC 39). Hels. 1921; Dégh, L.: Folktales and Society. Story-telling in a Hungarian Peasant Community. Bloom. 1969, 63–119. – [2] Ranke, K.: Kategorienprobleme der Volksprosa. In: Fabula 9 (1967) 4–12, hier 9. – [3] ibid., 12.

3. Frühe Beschreibungen von Erzählerpersönlichkeiten. Auch vor der Etablierung einer Märchenbiologie wurden die Erzähler und ihre Kunst nicht völlig ignoriert. Vom Beginn der Forschung an, seit der Beschreibung der Viehmännin, der Erzählerin von etwa 30 Märchen der Grimm-Sammlung, hat man Erzählerpersönlichkeiten Beachtung geschenkt. Der heutige Leser der Feldforschungsnotizen, Aufsätze und Korrespondenzen der Brüder Grimm ist beeindruckt von ihrer mühevollen Suche nach geschickten Erzählern, ihrer Sammlerstrategie, ihrem Bemühen, die Hilfe von Freunden zu gewinnen, um die wertvollen Märchen dem Volke abzulauschen. Während des 19. und des frühen 20. Jh.s folgten eine ganze Reihe von Sammlern dem Beispiel der Grimms. Manche, so U. Jahn[1] und W. Wisser[2], hielten in ihren Ausgaben Namen, Alter und Beruf der Erzähler fest, aber selten ordneten sie die einzelnen Geschichten den Erzählern zu. Wenn R. Bünker den analphabetischen Straßenkehrer T. Kern als Gewährsmann seiner ganzen Märchensammlung bezeichnet und sein erstaunliches Gedächtnis rühmt[3], wenn L. Kálmány einen Band mit 70 Erzählungen des Landarbeiters M. Borbély zusammenstellt[4], so wird dem Leser doch nicht viel über Art und Kunst des Erzählers gesagt. Nur ganz wenige Forscher versahen ihre Sammlung mit einer detaillierten ethnogr. Beschreibung der Erzähler und des Erzählvorgangs in dem jeweils charakteristischen örtlichen Milieu. G. Pitrès lebendige Beschreibung der Agatuzza Messia[5], J. F. Campbells Schilderung eindrucksvoller Erzählerpersönlichkeiten[6] wie P. Smith, L. MacNeill, D. MacPhie und anderer gehören zu den Ausnahmen.

Es überrascht nicht, daß die ältere Forschung die Bedeutung individueller Erzählerpersönlichkeiten und ihrer Leistungen verkannte. Man sah in ihnen fast nur die Erhalter, Bewahrer, passive Träger der Märchen, die als universale Kulturgüter betrachtet wurden. Forschungsgegenstand war nicht die Erfindungsgabe des Individuums innerhalb seines bes. kulturellen Rahmens, sondern der gemeinschaftliche 'Volksgeist', als Sammelbecken von 'Survivals' aus früheren Entwicklungsstufen der menschlichen Kultur. Für die Brüder Grimm und die ihnen folgende → Mythologische Schule bewahrte das Volk Überreste aus der dt. Vorgeschichte, für die brit. Anthropologen Reste der antiken Zivilisation. Das 'Volk', der zeitgenössische europ. Bauer und der 'Wilde' anderer Kontinente, war eine abstrakte Wesenheit, ebenso das als Gemeinschaftsschöpfung geltende Märchen. So wurden Erzähler mehr wegen ihres bemerkenswerten Gedächtnisses, mehr für das Bewahren einer an frühere Epochen anknüpfenden Tradition geschätzt als wegen ihrer Kreativität und ihres innovativen Talents.

Die Forschungsziele beeinflußten die Prinzipien des Materialsammelns. Die oft betonte Sorgfalt und Verläßlichkeit einer Sammlung bezog sich nur auf den Inhalt, nicht unbedingt auch auf eine wörtliche Wiedergabe der Originalerzählung. Aussagen wie die von E. S. Hartland, daß die Erzählungen mit allen Ungelenkigkeiten, Unflätigkeiten und 'Stupiditäten' unretuschiert wiedergegeben würden, sind irreführend[7]. Immer wieder zeigen die Sammlungen, daß die Herausgeber Grimmsche Bearbeitungsprinzipien anwendeten. Oft wurde erklärt, der ernsthafte Forscher müsse das Volk tief verstehen, um aus mangelhaften, von unwissenden Bauern gelieferten Bruchstücken das 'Original' rekonstruieren zu können.

[1] Jahn, U.: Volksmärchen aus Pommern und Rügen. Lpz./Norden 1891 (Nachdr. Hildesheim 1973). – [2] cf. Wisser, W.: Auf der Märchensuche.

Die Entstehung meiner Märchenslg. Hbg 1926. – [3] Bünker, R.: Schwänke, Sagen und Märchen in heanz. Mundart. Lpz. 1906. – [4] Kálmány, L.: Hagyományok. Vácz 1914. – [5] Pitrè, G.: Novelle e racconti popolari siciliani [...] 1–4. Palermo 1875. – [6] Campbell, J. F.: Popular Tales of the West Highlands 1–4. Edinburgh 1860–1862. – [7] Hartland, E. S.: The Science of Fairy Tales. L. 1891, 21.

4. Theorie und Methoden. Die russ. Schule. Aus verschiedenen Gründen ignorierten und ignorieren auch Wissenschaftler späterer Richtungen die individuelle und einmalige Version im Sinne der Märchenbiologie; sie hielten sich an zusammengestoppelte Erzählungen oder an literar. Varianten, wie man sie zufällig in gedruckten Sammlungen findet, und verwendeten sie als Material für ihre Analyse der verschiedenen Bedeutungsebenen, der Form und des Aufbaus.

Der Märchenbiologe ist der Überzeugung, daß nur durch sorgfältige Feldarbeit, durch genaue Beobachtung und möglichst exakte Registrierung der schöpferischen Erzählvorgänge geeignetes Material für die Forschung gewonnen werden kann. Man hat die theoretischen und methodologischen Prinzipien der Märchenbiologen oft auf E. Durkheim und spätere frz. Soziologen und auf den Funktionalismus B. Malinowskis und A. R. Radcliffe-Browns zurückgeführt[1]. Volkserzählungsforscher in Europa sind jedoch viel stärker von dem bescheidenen Büchlein M. → Azadovskijs beeinflußt worden, der die Persönlichkeit der aus Sibirien stammenden N. O. Winokurowa vorstellte; ihre Geschichten hatte er vorher in russ. Sprache veröffentlicht. In dem deutsch erschienenen Buch[2] gab Asadowskij einen Rechenschaftsbericht über die spezielle Ausrichtung der russ. Forscher vom späten 19. Jh. an: Ins Zentrum des wiss. Interesses rückten epische Sänger, Erzähler und andere Volkskünstler. Um die schöpferischen Prozesse innerhalb der mündlichen Erzählkunst zu bestimmen, nahmen russ. Forscher die gleiche Erzählung über eine längere Zeitperiode hin wiederholt auf, erzählt von verschiedenen Personen, deren soziales Milieu mit erfaßt wurde. N. E. → Ončukovs Sammlung (1908) wurde das Modell für die systematische Erzählforschung. Man wollte belegen, daß die Erzählungen ihr Leben in der Gesellschaft der Aktivität individueller Träger verdanken, daß sie also nicht die Produkte einer unpersönlichen „Volksmassendichtung"[3] sind. Ju. Sokolov[4] und Azadovskij[5] faßten die entsprechenden russ. Forschungsergebnisse zusammen und klassifizierten Erzähler-Typen je nach ihren spezifischen Repertoires, ihrem Erzählstil und ihrer Vortragskunst.

[1] cf. Bascom, W. R.: Four Functions of Folklore. In: American Anthropologist 67 (1954) 333–349; Oring, E.: Three Functions of Folklore. Traditional Functionalism as Explanation in Folkloristics. In: JAFL 89 (1976) 67–80. – [2] Asadowskij, M. K.: Eine sibir. Märchenerzählerin (FFC 68). Hels. 1926. – [3] ibid., 11. – [4] Sokolov, Ju.: Ruskij fol'klor. M. 1938. – [5] Azadovskij, M. K.: Russkie skazočniki. Stat'i o literature i fol'klore. M./Len. 1960.

5. Forschungsrichtungen in Deutschland und in anderen Ländern. Im Laufe dieser Entwicklung begannen Volkskunde-Feldforscher verschiedener nationaler Schulen, Europas Märchen aufzuzeichnen, und sie versuchten, von ihren Gewährspersonen Erzählrepertoires zu erhalten. Den Textveröffentlichungen schlossen die Herausgeber kurze Notizen über das Leben, die soziale Rolle und den Erzählstil ihrer Gewährsleute an. Im Deutschland der frühen 30er Jahre begründete der Germanist J. Schwietering eine volkskundliche Schule mit soziol. Richtung. Einige monographische Studien erkannten individuelle Erzählträger an, aber in der Hauptsache galten sie als Beiträger zum Gemeinschaftsgut; M. A. Brachetti betrachtete das „Märchen als Gemeinschaftsdichtung, weil es die Kollektivpsyche einer Gemeinschaft widerspiegelt"[1]. Andererseits kritisierte G. → Henßen die Überschätzung der Gemeinschaft auf Kosten des Einzelnen und schlug systematische Feldforschung in allen dt.-sprachigen Ländern vor, mit dem Ziel, örtliche Gemeinschafts- und Erzähler-Repertoires aufzuzeichnen und ihre Bedeutung für die Traditionsträger klarzulegen. Er betonte, daß solche Forschungsarbeit

ermöglichen würde, den Ursprung, die Verbreitung und Veränderung des Erzählguts je nach regionalen und Subgruppen aufzuzeigen. In Henßens Sicht ist „nicht die Erforschung des Erzählgutes an sich, sondern die Erforschung des Volkscharakters durch das Erzählgut [...] das Endziel"[2]. Eine ganze Generation von Nachfolgern nahm seine Anregungen auf (v. Kap. 6). Gleichzeitig waren von Sydows Prinzipien namentlich in Skandinavien und Nordeuropa einflußreich geworden. C.-H. Tillhagens gründliche Studie über D. Taikon, den schwed. Zigeunererzähler, ist ein eindrucksvolles Beispiel[3]. Sydow wirkte mit bei der Gründung der Irish Folklore Commission in Dublin, die seine Sammlerprinzipien übernahm. J. H. Delargys zusammenfassender Bericht über gäl. Erzähler und ihre Kunst ist ein ausgezeichnetes Dokument persönlichkeitsorientierter ir. Feldforschung[4]. Die archivierten und zum Teil veröffentlichten Materialien warten noch auf ihre Analyse.

[1] Brachetti (v. Kap. 1, not. 5) 202. – [2] Henßen 1939 (v. Kap. 1, not. 6) 137. – [3] Tillhagen, C.-H.: Taikon erzählt. Zürich 1948 ([2]1973 unter dem Titel: Taikon erzählt Zigeunermärchen). – [4] Delargy, J. H.: The Gaelic Story-Teller with some Notes on Gaelic Folktales. L. 1945.

6. Soziologie des Erzählens in Ungarn. Eine eigentliche (systematische) märchenbiologische Schule gibt es nur hier. Als G. → Ortutay sie gründete (1940), verfolgte er im wesentlichen ähnliche Ziele wie Henßen, aber seine Beweggründe waren andere. In seiner Untersuchung der Geschichten des 86 Jahre alten Analphabeten M. Fedics berief er sich sowohl auf Azadovskijs Arbeit wie auch auf C. Sharps und K. Maróts Theorien[1]. Außerdem wurde Ortutay von der Forderung Malinowskis nach → Authenzität und von den Feldforschungsmethoden der Bauernsoziologie D. Gustis und seiner Schule beeinflußt. Ortutay formulierte seine Ziele klar:

„What I consider my principal task is to observe the lot of the sort of creative individual that was able to emerge in the conditions of the older, strict community order of Hungarian peasant society and culture: to what extent the individual was able to exercise his creative powers through the traditions sanctified by the community; and how far the development of epic material handed down from generation to generation can be influenced by personality and talent, factors whose creative role we have no right to ignore even though that folk culture which grows and changes under the strict discipline of the community appears to be so much against personality. It is the special tension prevailing between the personality and the tradition preserved by the community that gives us the clue to an understanding of the essence of folk culture, and a one-sided emphasis on any of the factors may well lead us astray"[2].

Ortutays Zielsetzung fußte auf der 'Tiefenfeldforschung', die von den Autoren der Reihe von Monographien *Uj Magyar Népköltési Gyüjtemény* (UMNGy)[3] entwickelt wurde: Es handelt sich um acht unabhängige Monographien und Erzählrepertoires, die er persönlich herausgab. Die Feldarbeit (Aufzeichnung, intensive Befragung und teilnehmende Beobachtung im natürlichen Milieu) visierte in der Hauptsache folgende Punkte an:

(1) das persönliche Leben und die Erziehung des Erzählers, die Art und Aneignungsweise seines Repertoires, seine Kunst und Vortragsweise; (2) die Gemeinschaft (community), im Hinblick auf (a) das soziokulturelle Grundmuster des Ortes, (b) die Zuhörerschaft und ihre Beteiligung bei den natürlichen Gelegenheiten des Erzählens; (3) das Repertoire der Gemeinschaft und die Prozesse des Übermittelns: Beobachtung schöpferischer Tätigkeit durch wiederholte Aufzeichnung von Erzählungen ein und derselben Person und wiederholte Aufzeichnungen derselben Erzählungen, die von Generation zu Generation weitergegeben wurden.

Die dreiteilige intensive Mikroanalyse der jeweiligen komplexen Wechselwirkung von Erzähler und Zuhörerschaft in der Erzählkommunikation in einem spezifischen soziokulturellen Kontext wurde von den Autoren, je nach der Art der ihnen vorliegenden Fälle, auf verschiedene Weise durchgeführt. In einer Auswertung der Ergebnisse zeigte L. → Dégh, daß uns die auf den Erzählakt konzentrierte Forschung der Lösung grundsätzlicher Fragen möglicherweise näher bringen kann: Welche Kräfte bringen Märchen hervor, erhalten sie, verändern sie? Was bedeuten die Erzählungen denen, die sie schaffen, bewahren oder hören? Selbst wenn die Diffusionsforscher ihre Methoden verbessern und verläßlicheres Material benutzen könnten, würden sie nur allg. Tendenzen der Variation und der Verbreitung feststellen können, nicht aber die konkrete Art, wie die Übermittlung vor sich geht und wie Funktion und Sinn in der Lebensgeschichte der Erzählung verändert werden[4].

Ortutay war bes. einflußreich in der Erforschung der Übermittlungsvorgänge in Kulturen mit oraler Tradition, wobei er über eng begrenzte kleine Gemeinschaften hinausging. In seiner Kritik der diffusionskomparatistischen und der formalästhetischen, textkritischen Forschung erklärt er:

„the dialectic unity of the individual and the communal in oral tradition might illuminate processes of creational and social psychology, indeed, the rules of folklore esthetics [...]. Our central question in the philology of oral transmission is [...] how the individual and communal dialectics is manifested through the types and the variants in creation, what are their proportions, how do they determine formal and content elements of poetic creation"[5].

Probleme einer so entworfenen „philology of oral transmission" waren der Gegenstand eines von Ortutay angeregten internat. Symposiums 1969[6].

[1] Sharp, C.: English Folk-Song. Some Conclusions. L. 1907; Marót, K.: A görög irodalom kezdetei (Anfänge der griech. Lit.). Bud. 1956; cf. Ortutay (wie Kap. 1, not. 2); id.: Fedics Mihály mesél. Bud. 1940. – [2] id. (wie Kap. 1, not. 2) 231. – [3] cf. not. 1; dazu: Banó, I.: Baranyai népmesék. Bud. 1941; Dégh, L.: Pandur Péter meséi. Bud. 1943; Kovács, Á.: Kalotaszegi népmesék. Bud. 1943; Dégh, L.: Kakasdi népmesék: Palkó Józsefné, Andrásfalvi György, Sebestyén Lajosné és László Márton meséi. 1–2. Bud. 1955/1960; Dobos, I. S.: Egy somogyi parasztcsalád meséi. Bud. 1962; Balassa, I.: Karcsai mondák. Bud. 1963; Béres, A.: Rozsályi népmesék. Bud. 1967; Erdész, S.: Ámi Lajos meséi. Bud. 1968. – [4] Dégh, L.: Az egyéniségvizsgálat perspektivái (Die Untersuchungsperspektiven der Personalität). In: Ethnographia 71 (1960) 28–42, hier 28sq. – [5] Ortutay, G.: A szájhagyományozás törvényszerűségei (Regelmäßigkeiten in der mündlichen Übermittlung volkstümlicher Überlieferungen). In: Ethnographia 76 (1965) 3–9, hier 7; cf. id.: Principles of Oral Transmission in Folk Culture. In: Hungarian Folklore. Bud. 1972, 132–174. – [6] Voigt, V. (ed.): A szájhagyományozás törvényszerűségei. Nemzetközi szimpozion Budapesten. Bud. 1974.

7. Neuere Forschung in Europa. Während der 60er und 70er Jahre übernahm die europ. Erzählforschung routinemäßig einige Prinzipien der Märchenbiologie. Dutzende von Studien über die „globale Erforschung des Erzählens als soziale und kulturelle Erscheinung"[1] entstanden. Das Herausstellen von Erzählern und ihrer soziokulturellen Umgebung in den Einleitungen von Sammlungen – z. B. in Werken von A. Cammann[2], K. Gaál[3], D. Fabre und J. Lacroix[4], S. Neumann[5], D. Noy[6], C. Oberfeld[7] und A. Satke[8] – nimmt zu. Einige außergewöhnliche Erzähler mit großem Repertoire von 250 bis über 500 Erzählungen wurden von S. Erdész[9], J. Faragó[10], O. Nagy[11], J. Jech[12] u. a. vorgestellt. J. Pentikäinen untersuchte den vollständigen Gedächtnisschatz des passiven Wissens einer entwurzelten Erzählerin durch systematische Befragung in einem Zeitraum von zehn Jahren[13]. L. Dégh beschrieb in einer Monographie eine Erzählgemeinschaft unter den Gesichtspunkten: Erzählgelegenheiten, Entstehung des Erzählfundus, persönlicher Stil der aktiven Erzähler[14]. Ergebnisse all dieser Forschungen beschleunigten die Entwicklung weiterer Perspektiven beim Studium der Tradierung und Innovation, der Rolle der nationalen und ethnischen Werte, wie sie M. Pop[15] und andere beschrieben hatten. Mehrere Forscher erweiterten ihre märchenbiologische Methode durch anthropol., sozialpsychologische, soziolinguistische und linguistisch-strukturalistische Aspekte. Die unterschiedlichen aktuellen Forschungsrichtungen machten sich auf dem VI. Kongreß der International Society for Folk Narrative Research in Helsinki 1974 bemerkbar[16].

[1] Bîrlea, O.: Über das Sammeln volkstümlichen Prosaerzählgutes in Rumänien. In: Karlinger, F. (ed.): Wege der Märchenforschung. Darmstadt 1973, 445–466, hier 450. – [2] Cammann, A.: Westpreuß. Märchen. B. 1961; id.: Dt. Volksmärchen aus Rußland und Rumänien. Göttingen 1967; id.: Märchenwelt des Preußenlandes. Schloß Bleckede/Elbe 1973. – [3] Gaál, K.: Angaben zu den abergläubischen Erzählungen aus dem südl. Burgenland. Eisenstadt 1965; id.: Die Volksmärchen der Magyaren im südl. Burgenland. B. 1970. – [4] Fabre, D. / Lacroix, J.:

La Tradition orale du conte occitan. Les Pyrénées audoises. 1–2. P. 1974. – [5] Neumann, S.: Ein mecklenburg. Volkserzähler. Die Geschichten des A. Rust. B. [2]1970. – [6] Noy, D.: Jefet Schwili erzählt. B. 1963. – [7] Oberfeld, C.: Märchen des Waldecker Landes. Marburg 1970. – [8] Satke, A.: Hlučinský pohadkář J. Smolka. Ostrava 1958. – [9] cf. Kap. 5, not. 3. – [10] Faragó, J.: Storytellers with rich repertoires. In: Acta Ethnographica 20 (1971) 439–443. – [11] Nagy, O.: Personality and Community as Mirrored in the Formation of K. Györi's Repertoire (East European Studies in Folk Narrative). Austin (im Druck). – [12] Jech, J.: Lidová vyprávění z ladska. Prag 1959. – [13] Pentikäinen, J.: M. Takalo uskonto. Forssa 1970. – [14] Dégh, L.: Märchen, Erzähler und Erzählgemeinschaft. B. 1962 (engl.: Folktales and Society. Bloom. 1969). – [15] cf. Pop, M.: Nationaler Charakter und hist. Schichtungen im Stil der Volksmärchen. In: Karlinger, F. (ed.): Wege der Märchenforschung. Darmstadt 1973, 394–407. – [16] Pentikäinen, J. / Juurikka, T. (edd.): Folk Narrative Research. Hels. 1976.

8. Forschung in den USA: anthropol. Betrachtungsweise der Folklore. Die amerik. Erzählforscher wurden als Anthropologen ausgebildet, die Untersuchung amerik. Indianerstämme und Stammesgruppen anderer Kontinente machte sie mit wirksamen Feldforschungstechniken vertraut. Die anthropol. Feldforscher zeichneten Mythen, Legenden und andere Prosaerzählungen wie auch Eingeborenenautobiographien auf[1], doch interessierte lebendiges Erzählen sie wenig. Sie nahmen Folkloretexte als „a part of culture"[2]. Die meisten Materialien wurden mit Hilfe von Dolmetschern gewonnen und für die Veröffentlichung von den Forschern inhaltlich gegliedert ohne Rücksicht auf die Erzählsituation oder die Persönlichkeit des Erzählers. Vertreter der Persönlichkeits- und Kulturforschung verwendeten die Geschichten hauptsächlich als Testmaterialien beim Studium der Verhaltensmuster der Eingeborenen. So konnte E. R. Wolf bemerken: „,What anthropologists lack in their endeavor is exploration of human creativity"[3]. Immerhin beachteten F. → Boas und seine Schüler auch eingeborene Künstler und ihre Produkte. Boas schlug vor: „We have to turn our attention first of all to the artist himself"[4]. R. Benedict erklärte, sie interessiere sich sowohl für „themes folklore elaborates" wie für „the literary problems of the Zuñi narrator"[5]. Sie gab Volkserzählungsforschern wertvolle Hilfen, indem sie gegen die Doktrin der Gemeinschaftsschöpfung Stellung nahm und die Originalität und Freiheit des Erzählers im Rahmen des Traditionellen betonte.

In den letzten Jahren leisteten an der Folklore orientierte Anthropologen einige bemerkenswerte Beiträge zur Märchenbiologie. J. L. Fischer verwies auf die Vorteile soziopsychol. Methoden[6]. M. Jacobs legte eine sorgfältige Stil- und Inhaltsanalyse von acht Chinook-Texten vor[7]; sein Interesse galt aber nicht der Kunst der Erzählerin, sondern der mündlichen Literatur, die sie vermittelte. Die brit. Anthropologin R. Finnegan war die erste, die (in der Einleitung der von ihr gesammelten Texte) eine fachmännische Beschreibung afrik. Erzählens gab[8]. Die beste Arbeit dieser Art ist vielleicht D. J. Crowleys Studie über die Kreativität des Erzählens auf den Bahamas, die eine gründliche Beschreibung des individuellen und persönlichen Stils darstellt[9].

[1] v. Langness, L. L.: The Life History in Anthropological Science. N. Y. 1965 (bibliogr. Überblick). – [2] Bascom, W. R.: Folklore and Anthropology. In: JAFL 66 (1953) 283–290, hier 286. – [3] Wolf, E. R.: Anthropology. Englewood Cliffs 1964, 48. – [4] Boas, F.: Primitive Art. N. Y. 1927, 15. – [5] Benedict, R.: Zuñi Mythology 1. N. Y. 1935, XXI. – [6] Fischer, J. L.: The Sociopsychological Analysis of Folktales. In: CA 4 (1963) 235–295. – [7] Jacobs, M.: The Content and Style of an Oral Literature. Clackamas Chinook Myths and Tales. Chic. 1959. – [8] Finnegan, R.: Limba Stories and Story-Telling. Ox. 1967, 64–97. – [9] Crowley, D. J.: I Could Talk Old Story Good. Creativity in Bahamian Folklore. Berk./L. A. 1966.

9. Der Stellenwert des Erzählens in der nordamerik. Folkloristik. R. M. → Dorson war der erste, der Repertoires amerik. Erzähler sowie Geschichtenrepertoires verschiedener ethnischer Gruppen in Amerika aufzeichnete[1]. Von europ. Erzählforschung und Anthropologie beeinflußt, gelang es Dorson, eine Methode zum Studium der amerik. Volkskultur zu entwickeln. Er erkannte die Besonderheiten der Erzählbedingungen in Amerika, die sich sowohl von denen der europ. als auch

von denen der schriftlosen Völker unterscheiden. Wie er feststellte, beruht die amerik. Zivilisation nicht auf einer einheitlichen Kultur, sondern setzt sich zusammen aus „a score of ethnic, regional and occupational subcultures". Daher konnte kein rituell formalisiertes Erzählen entstehen, das einen festen Fundus von Erzählgut vermitteln würde. Statt dessen tauchen Erzähler in einzelnen Gruppen auf und schaffen weniger formelle Geschichten innerhalb ihrer eigenen „wide variety of folk groups, from tradition directed pockets to other-directed societies in American life"[2]. Dorsons Erzähler-orientierte Textsammlungen legen Gewicht auf berufsgebundene, regional-ethnische und rassische Gruppenrepertoires. In den Vereinigten Staaten wurden sie zu Vorbildern für eine neuartige Erzählforschung.

Eine Gruppe mehr theoretisch orientierter junger Forscher definiert die Folklore als „an artistic action. It involves creativity and artistic response [...]"[3]. Sie verlangt eine tiefer gehende Beschreibung der lebendigen Folklore. Im Bemühen, sich von der Anthropologie ebenso abzusetzen wie von der geogr.-hist. Methode, die S. Thompson und A. Taylor aus Europa übernommen hatten, verlangen sie geeigneteres Material als das, was Amateurfeldforscher, Ethnologen und Anthropologen bisher zusammengetragen haben. Sie entwickeln Methoden, die denen der europ. Märchenbiologen ähnlich sind.

Diese Forscher zogen wie auch andere Nutzen aus den Beobachtungen W. H. Jansens, eines auf die Feldforschung ausgerichteten Wissenschaftlers. Er lenkte die Aufmerksamkeit (1) darauf, daß man Erzählsituationen und Erzähler klassifizieren kann und (2) auf die Notwendigkeit, zwischen esoterischer und exoterischer Qualität der Folklore zu unterscheiden (→ Esoterisch-exoterischer Faktor)[4]. Eine weitere Erhellung des 'Feldes' erfolgte durch K. S. Goldsteins systematisches Feldforschungslehrbuch[5]; er erwog u. a. Laborexperimente mit Erzählern. A. → Dundes brach eine Lanze für das Studium der „ethnography of the speaking of folklore"[6], und mit diesem neuen von der Soziolinguistik inspirierten Konzept denkt er die früheren Fehler einer „mistaken emphasis in folklore upon the lore rather than upon the folk"[7] zu vermeiden. Ganz in Übereinstimmung mit den Prinzipien der europ. Märchenbiologie fordert Dundes Beachtung und Notierung des 'oral literary criticism', der direkten Interpretation des Traditionsmaterials durch das Volk (metafolklore)[8].

Auf der Suche nach einem Begriffsrahmen für die Beschreibung lebendiger Folkloreprozesse bedienten sich diese von Dorson als 'contextualists'[9] bezeichneten Folkloristen nicht nur linguistischer (verbales Verhalten beschreibender) Modelle. Sie entlehnten auch Theorien wie die der 'kleinen Gruppe', der Face-to-face-Interaktion und des Rollenspiels aus der Verhaltenssoziologie, während sie die rhetorische Methode, künstlerische Ausdrucksstrategien zu beschreiben, der Literaturwissenschaft entnahmen und auch einige Gesichtspunkte der symbolischen Anthropologie, der Psychoanalyse und der Kommunikationsforschung in ihre Forschung einbezogen.

Nur wenige der Kontextualisten drangen indes in den Kontext realer Erzählgemeinschaften vor. R. Georges beanspruchte, den Blickwinkel der Forschung „from folktale research to the study of narrating"[10] zu lenken, nachdem er seinen Terminus 'storytelling event' definiert hatte als „an entirely different concept – a holistic rather than an atomistic concept – of a complex communicative event"[11]. Seine Auffassung wurde von D. Ben-Amos weiter erläutert:

> „The telling is the tale; therefore the narrator, his story, and his audience are all related to each other as components of a single continuum, which is the communicative event"[12].

E. Köngäs Maranda bemerkte, daß die Kontextualisten ihre Aufmerksamkeit so ausschließlich auf den tatsächlichen Transmissionsprozeß lenken, daß der Erzähler nur ein Agens unter vielen ist[13]. Diese Worte erinnern an W.-E. Peuckerts Kritik an „einer sogenannten Volkserzählforschung", der es darum ging, „das Hauptgewicht der Forschung ganz auf das Erzählen, nicht aber auf das Erzählte und was das Erzählte zeugte, zu legen"[13a].

Die von diesen Forschern vorgetragenen theoretischen Überlegungen wurden noch nicht gründlicher in konkreter Feldforschung getestet. B. Kirshenblatt-Gimbletts Dissertation über Erzählsituationen in der jüd. Gemeinde Toronto ist ein eindrucksvoller Versuch experimenteller Anwendung linguistischer und behavioristischer Modelle[14]. Das kleine Buch von D. Ben-Amos hingegen ist eher eine technisch perfekte Beschreibung des Erzählens als eine genauere Aufschlüsselung des Komplexes 'storytelling event'[15]. Ganz allgemein wird man sagen dürfen, daß die früheren Anregungen europ. und russ. Märchenbiologen von den amerik. 'Kontextualisten' noch nicht voll verwertet sind[16]. Europ. und russ. Märchenbiologen schenkten dem Tradieren von Erzählstilen bes. Aufmerksamkeit und versuchten, den Einfluß des Performanzmilieus auf die Form des Textes zu erfassen[17].

Im Augenblick wächst die Bereitschaft, problemorientierte, auf Feldforschung basierende Forschungsarbeit zu leisten. H. Glassie faßte die vorherrschende Meinung zum Thema Volk und Tradition folgendermaßen zusammen:

„Current scholars often concern themselves fashionably with theory for theory's sake. But theory matures in dialectic with reality, and the critical faculty which enables theorists to judge, test, and develop their thought comes through consideration of real people and things"[18].

Umfassende, ganzheitliche Beschreibungen von Erzählereignissen erscheinen in den Arbeiten von I. Basgöz[19], L. Dégh[20], B. Kirshenblatt-Gimblett[21], S. A. Grider[22] und vielen jüngeren Folkloristen. Indem sie H. Bausingers Anregungen zur Problematik des informalen Erzählens in der modernen Welt[23] und Dorsons Hinweisen auf spezifisch amerik. Formen – Sagen, Lügengeschichten, urbane und ethnische Schwänke, Dialekt- und Immigrantenerzählungen – folgten, begannen die Folkloristen, bisher kaum beachtete Erzählbedingungen zu erforschen. Sie entdeckten und beschrieben das Erzählen in College-Wohnheimen, Jugendlagern, Kramläden, Bars, Fabrikkantinen, Bahnhöfen, Altersheimen, bei verschiedenen beruflichen, sozialen und religiösen Gruppenzusammenkünften und bei vielen zum Zweck der Erzählkommunikation herbeigeführten Begegnungen. In der Hauptsache sind bisher zwei Arten von alltäglichem Erzählen beschrieben worden: das Erzählen von (1) Sagen und (2) von eigenen Erlebnissen. Die Erforschung des Erzählens von Sagen zielte auf die Verifizierung von Déghs und A. Vázsonyis theoretischen Hypothesen, so in den Arbeiten von Dégh, G. Hall, Grider u. a.[24]. Aufgrund dieser Untersuchungen ergab sich eine Neubestimmung des Begriffs 'Sage': ihre Lebensform ist die Debatte[25]. Was das Erzählen von persönlichen Erfahrungen betrifft[26], so gelangte man anhand der grundsätzlichen Arbeiten von Neumann[27], I. Dobos[28] und Dorson zu deutlich unterscheidbaren Typen wie 'Kampfgeschichten' (Leary)[29], 'Familien-Unglücks-Geschichten' (Brandes)[30], Berichten über Gruppenangehörige mit gefährlichen Berufen[31], Immigrantenerinnerungen und autobiographischen Erzählungen (Dégh).

Märchenbiologie, Biologie der Volkserzählung überhaupt und ihre Methoden tragen dazu bei, Bedeutung und Ziele des Erzählens zu erkennen, traditionelle und innovative Elemente in Inhalt und Form zu erfassen und so die soziokulturelle Funktion des Erzählguts in der modernen Gesellschaft zu bestimmen.

→ Alltägliches Erzählen, → Autobiographie, → Bearbeitung, → Dokumentation, → Erzählen, → Erzähler, → Feldforschung, → Geographisch-historische Methode, → Kontext, → Milieutheorie, → Soziales Milieu.

[1] cf. Dorson, R. M.: Dialect Stories of the Upper Peninsula. A New Form of American Folklore. In: JAFL 61 (1948) 113–150; id.: Tales of a Greek-American Family on Tape. In: Fabula 1 (1958) 114–143; id.: The Folktale Repertoire of two Maine Lobstermen. In: Kongreß Kiel/Kop. 1959, 74–83; id.: Oral Styles of American Folk Narrators. In: Style in Language. ed. T. A. Sebeok. N. Y. 1960, 27–51. – [2] ibid., 28sq. – [3] Ben-Amos, D.: Toward a Definition of Folklore in Context. In: JAFL 84 (1971) 3–15, hier 10. –

[4] cf. Jansen, W. H.: The Esoteric-Exoteric Factor in Folklore. In: Fabula 2 (1959) 205–211; id.: Classifying Performance in the Study of Verbal Folklore. In: Studies in Folklore. ed. W. E. Richmond. Bloom. 1957, 110–118. – [5] Goldstein, K. S.: A Guide for Fieldworkers in Folklore. Hatboro, Pa 1964; id.: The Induced Natural Context. An Ethnographic Folklore Field Technique. In: Essays on the Verbal and Visual Arts. ed. J. Helm. Seattle/L. 1967, 1–6; id.: Experimental Folklore. Laboratory versus Field. In: Folklore International. Essays in Traditional Literature, Belief, and Custom. Festschr. W. D. Hand. ed. D. K. Wilgus. Hatboro, Pa. 1967, 72–84. – [6] Dundes, A. / Arewa, O.: Proverbs and the Ethnography of Speaking Folklore. In: American Anthropologist 66 (1964) 70–85, hier 71. – [7] ibid., 70. – [8] Dundes, A.: Metafolklore or Oral Literary Criticism. In: The Monist 50 (1966) 505–516. – [9] Dorson, R. M. (ed.): Folklore and Folklife. An Introduction. Chic. 1972, 45–47. – [10] Georges, R. A.: From Folktale Research to the Study of Narrating. In: Pentikäinen/Juurikka (wie Kap. 1, not. 12) 159–168. –

[11] id.: Toward an Understanding of Storytelling Events. In: JAFL 82 (1969) 313–328, hier 317. – [12] Ben-Amos (wie not. 3) 10. – [13] Köngäs Maranda, E.: Individual and Tradition. In: Pentikäinen/Juurikka (wie Kap. 1, not. 12) 252–261. – [13a] Peuckert, W.-E.: Sagen. Geburt und Antwort der mythischen Welt. B. 1965, 49. – [14] Kirshenblatt-Gimblett, B.: Traditional Storytelling in the Toronto Jewish Community. A Study in Performance and Creativity in an Immigrant Culture. Diss. masch. Bloom. 1972. – [15] Ben-Amos, D.: Sweet Words. Storytelling Events in Benin. Phil. 1975. – [16] cf. Ben-Amos, D./ Goldstein, K. S. (edd.): Folklore. Performance and Communication. Den Haag/P. 1975. – [17] Segal, D.: Folklore Text and Social Context. In: PTL: AJ. for Descriptive Poetics and Theory of Literature 1 (1976) 367–382. – [18] Glassie, H.: All Silver and no Brass. An Irish Christmas Mumming. Bloom. 1975. – [19] cf. Basgöz, I.: The Tale-Singer and his Audience. In: Ben-Amos / Goldstein (wie not. 16) 143–203. – [20] cf. Dégh (wie Kap. 7, not. 14; ead.: Neue Sagenerscheinungen in der industriellen Umwelt der USA. In: Probleme der Sagenforschung. ed. L. Röhrich. Fbg 1973, 34–51; ead.: People in the Tobacco Belt. Four Lives. Ottawa 1975; ead.: Symbiosis of Joke and Legend. A Case of Conversational Folklore. In: Folklore Today. ed. L. Dégh / F. Oinas / H. Glassie. Bloom. 1976, 101–122; Dégh, L. / Vázsonyi, A.: Legend and Belief. In: Folklore Genres. ed. D. Ben-Amos. Austin 1976, 93–124. –

[21] Kirshenblatt-Gimblett (wie not. 14); dazu: ead.: The Concept and Varieties of Narrative Performance in East European Jewish Culture. In: Explorations in the Ethnography of Speaking. ed. R. Bauman / J. Sherzer. Cambridge, Mass. 1974, 283–308; ead.: A Parable in Context. A Social Interactional Analysis of Storytelling Performance. In: Ben-Amos / Goldstein (wie not. 16) 105–130. – [22] Grider, S. A.: Dormitory Legend Telling in Progress. Fall 1971 – Winter 1973. In: Indiana Folklore 6 (1973) 1–32; ead.: The Supernatural Narratives of Children. Diss. masch. Bloom. 1976. – [23] cf. Bausinger, H.: Strukturen des alltäglichen Erzählens. In: Fabula 1 (1958) 239–254; id.: Alltägliches Erzählen. In: EM 1, 323–330. – [24] Die meisten Arbeiten werden in der Zs. Indiana Folklore (1968 sqq.) publiziert. – [25] Dégh/Vázsonyi (wie not. 20). – [26] cf. Stahl, S.K.: The Personal Narrative as a Folklore Genre. Diss. masch. Bloom. 1975. – [27] z. B. Neumann, S.: Arbeitserinnerungen als Erzählungsinhalt. In: Arbeit und Volksleben. ed. G. Heilfurth. Göttingen 1967, 274–284. – [28] Dobos, I.: Az „igaz" történetek müfajának kérdéséről (Über die Gattung „Wahre Geschichte" [Erlebnisgeschichte, Bericht] in der Volksdichtung). In: Ethnographia 75 (1964) 198–217. – [29] Leary, J. P.: Fists and Foul Mouths. Fights and Fight Stories in Contemporary Rural American Bars. In: JAFL 89 (1976) 27–39. – [30] Brandes, S. H.: Family Misfortune Stories in American Folklore. In: J. of the Folklore Institute 12 (1975) 5–18. –

[31] z. B. McCarl, R. S.: Smokejumper Initiation. Ritualized Communication in a Modern Occupation. In: JAFL 89 (1976) 49–66; Thorne, T.: Legends of the Surfer Subculture. In: WF 35 (1976) 209–217, 270–280.

Lit. (soweit nicht in den not. angeführt): Ausführliche Bibliogr. bis 1969 bei Dégh, L.: Folktales and Society. Bloom. 1969. – Pentikäinen, J.: Depth Research. In: Acta ethnographica 21 (1972) 127–131. – Hall, G.: The Big Tunnel. Legends and Legend-Telling. In: Indiana Folklore 6 (1973) 139–173. – Roberts, L.: Sang Branch Settlers. Folksongs and Tales of a Kentucky Mountain Family. Austin 1974.

Bloomington Linda Dégh

Birbal-Geschichten → Narr

Birgitta von Schweden, Hl., *Finstad (Uppland) 8. 10. 1303, † Rom 23. 7. 1373, Mystikerin, Ordensstifterin, Verfasserin von Offenbarungen. Aus einem angesehenen schwed. Geschlecht stammend, 1316 mit Ulf Gudmarsson verheiratet, acht Kinder, darunter die hl. Katharina von Schweden. Wallfahrten nach Trondheim (hl. Olaf) und nach Santiago de Compostela (1341/42). Ulf stirbt 1344 im Zisterzienserkloster Alvastra, wo sich

B. noch einige Jahre aufhält. Sie empfängt zahlreiche Offenbarungen, darunter den Auftrag zur Gründung eines neuen Ordens (Ordo sanctissimi Salvatoris). 1346 schenkt König Magnus Eriksson das Königsgut Vadstena, das spätere Mutterkloster des Birgittenordens. 1349 zieht B. nach Rom mit dem Offenbarungsauftrag, den Papst in Avignon zur Rückkehr nach Rom zu veranlassen. 1355/56 unternimmt sie eine Wallfahrt in die Umgebung Neapels; 1372/73 pilgert sie ins Heilige Land. Nach ihrem Tode wurde B. 1374 nach Vadstena überführt[1].

Die erste Vita entstand 1373 durch die Beichtväter Petrus Olavi von Alvastra und Petrus Olavi von Skänninge[2]. Kanonisation[3] am 7. Oktober 1391 (Festtag B.s in Schweden, in anderen Ländern 8. Oktober). B.s Hauptwerke sind die von ihren Beichtvätern in lat. Sprache aufgezeichneten *Revelationes celestes*, die 1391 mit dem *Liber celestis imperatoris ad reges* auf acht Bücher erweitert wurden[4]. Thema ist die Klage über den Zustand der Kirche, bes. des Ordenswesens, sowie Kritik an den Geistlichen einschließlich der Päpste. Weitere Offenbarungen wurden in den *Revelationes extravagantes*[5] gesammelt.

Bereits in der sog. *Beichtväter-Vita*[6] von 1373 werden einige Wunder genannt, u. a.: Die Mutter wird um B.s willen, mit der sie schwanger geht, aus Seenot gerettet. Die Vita des Bischofs von Uppsala Birger Gregersson[7] galt bisher als noch älter. Weitere lat.[8] und volkssprachliche[9] Legenden und Viten B.s enthalten zahlreiche Mirakelberichte, die auch in eigenen Sammlungen zusammengefaßt wurden[10].

Die Wunder der Heiligen werden seit alters in zwei Gruppen eingeteilt: 1. Mirakel zu Lebzeiten der B. und 2. Mirakel nach ihrem Tode. Gelegentlich sind die Wunder anläßlich der Translatio nach Schweden eigens aufgeführt[11]. In der ersten Rubrik unterscheidet man (a) Wunder, die sich an B. selbst vollziehen: Stumm geboren, kann B. mit drei Jahren vollkommen sprechen. 1344 bekommt sie die Regeln des Erlöserordens von Christus wörtlich offenbart (und fügt von sich aus kein Wort hinzu)[12]; (b) Wunder, die sich durch sie an anderen Personen ereignen: Hier überwiegen die Heilungswunder (Blindheit, Lähmung), Rettung aus Seenot und Kindsnöten sowie Gefangenenbefreiung.[13] Bemerkenswert sind die Mirakel, in denen die Gegner von B.s Offenbarungswerk gestraft werden.[14]

Nach der Kanonisation setzte ein intensiver Kult[15] ein, der sich über ganz Europa verbreitete. Schwerpunkte bildeten Vadstena und Rom, wo im Kloster San Lorenzo (Panisperna)[16] im ersten Grab ein Arm der Heiligen verblieben war. B. gilt als Patronin der Pilger und wird um einen guten Tod angerufen.[17] Im Verlaufe des B.-Kultes ereigneten sich zahlreiche Wunder, die weitererzählt und in spätere Legendendarstellungen und Mirakelberichte aufgenommen wurden. Über die Sammlung von Heiligenleben des Laurentius Surius und der auf ihm beruhenden gekürzten Sammlungen[18] gehen die Mirakelerzählungen schließlich in populäre Heiligendarstellungen des 19. Jh.s[19] ein.

[1] Steffen, R.: B. Birgers dotter. In: Svenskt biografiskt Lex. 4. Sth. 1924, 447–462; Jørgensen, J.: Den hellige B. af Vadstena 1–2. Kop. 1941/1943 (engl. Ausg.: L. 1954); Stolpe, S.: B. i Sverige. Sth. ²1973; id.: B. i Rom. Sth. 1973; Fogelklou, E.: Die hl. B. von Schweden. Mü. 1929; Stütz, L.: St. B. von Schweden. Meitingen 1936; Adalsten, K.: Licht aus dem Norden. Fbg 1951; Thurston, H./Attwater, D. (edd.): Butler's Lives of the Saints 4. L. 1956, 54–59. – [2] Ekwall, S.: Vår äldsta B. vita och dennas viktigaste varianter. Sth. 1965; Ausg. dieser ältesten Vita nach der Hs. C 15 Uppsala durch J. E. Kruse: Vita metrica S. Birgittæ. Lunds. Universitetets Årsskrift 28, Meddelanden [. . .] 1. Lund 1891/92, 10–28. – [3] Acta et Processus Canonizacionis Beate Birgitte. ed. I. Collijn (Samlingar utgivna av Svenska Fornskriftsällskapet [SFSS] Serie 2: Latinska Skrifter 1). Uppsala 1924–1931. – [4] Von den acht Büchern der Revelationes sind bisher in kritischer Ausg. erschienen: Den heliga B.s Revelaciones. t. 5: Liber questionum. t. 7: Revelaciones. ed. B. Bergh (SFSS, Serie 2: Latinska skrifter 7/5 bzw. 7/7). Uppsala 1971 bzw. 1967; ältere vollständige Ausg. der Revelationes: Revelationes caelestes seraphicae matris s. Birgittae Suecae [. . .]. ed. F. S. Hörmann. Mü. 1680; alte Übers.en ins Schwed.: Heliga B.s Uppenbarelser etter gamla Handskrifter 1–5 (SFSS). ed. G. E. Klemming. Sth. 1857–1884; nhd. Übers.: Leben und Offenbarungen der hl. B. 1–4. ed. L. Clarus. Regensburg ²1888 (Slg der vorzüglichen mystischen Schriften aller kathol. Völker 10–13). – [5] Den heliga B.s Reuelaciones

extrauagantes. ed. L. Hollmann (SFSS, Serie 2: Latinska Skrifter 5). Uppsala 1956. – [6] Scriptores rerum Suecicarum medium aevi. ed. C. Annerstedt. Uppsala 1876, 185–206; Collijn (wie not. 3) 73–101, 614–640. – [7] AS, Oct. 4 (1866) 485–495. – [8] ibid., 495–533 (Vita altera auctore Bertholdo); Scriptores (wie not. 6) 207–216 (Chronicon auctore Margareta Clausdotter); Tortsch, J.: Legenda Sancte Birgitte (Hs. Danzig, Stralsund), cf. U. Montag: Das Werk der hl. B. von Schweden in oberdt. Überlieferung. Mü. 1968, 184–196; ferner eine vita abbreviata in alten Ausg.n der Revelationes S. Birgitte (z. B. A. Koberger, Nürnberg 1500, Blatt 255sq. und Köln 1628, 591–596). – [9] Nachweise für die oberdt. Überlieferung bei U. Montag (wie not. 8) 37–40. Edition einer ndd. Birgittenlegende durch A. Mante: Eine ndd. B.-Legende aus der Mitte des 15. Jh.s. Sth. 1971. Dazu kommt die Verbreitung der Legende in „Der Heiligen Leben": cf. die Nachweise bei L. Hain: Repertorium bibliographicum 1–2. Stg./P. 1826–1838, num. 9968–9992; cf. auch Montag (wie not. 8) 38sq. – [10] cf. die zahlreichen Mirakelberichte im Zusammenhang des Kanonisationsprozesses bei Collijn (wie not. 3); app.: De miraculis S. Birgittae. In: AS, Oct. 4 (1866) 534–560; ferner: Scriptores (wie not. 6) 231–240. – [11] Collijn (wie not. 3) 145–164. – [12] Stadler, J. E./ Heim, F. J. (edd.): Vollständiges Heiligen-Lex. [...] 1. Augsburg 1858, 480–486 (Nachdr. Hildesheim/N. Y. 1975). – [13] cf. z. B. Collijn (wie not. 3) 608–610. – [14] S. Revelationes. Köln 1628, 591–596. – [15] Reber, O.: Die Gestaltung des Kults weiblicher Heiliger im Spätmittelalter. Hersbruck 1963, bes. 57–63. – [16] Torsy, J.: Lex. der dt. Heiligen. Köln 1959, 90. – [17] cf. Waal, A. de: Roma sacra. Mü. 1905, 356. – [18] Hebenstreit-Wilfert, H.: Wunder und Legende. Studien zu Leben und Werk von L. Surius [...]. Diss. Tübingen 1975. – [19] z. B. Rousseau, J. B. Purpurviolen der Heiligen. Oder: Poesie und Kunst im Katholizismus 2. Ffm. 1835, 25sq.; Bestlin, K. B.: Legenden der Heiligen für kathol. Schulen und Familien. Lpz. ²1874, 472–474.

Göttingen Klaus Düwel

Bîrlea, Ovidiu, * Bîrleşti-Mogoş (Kreis Alba, Rumänien) 13. 8. 1917, rumän. Folklorist. 1949–1969 Leiter der Folkloreabteilung am Volkskundeinstitut Bukarest, daneben 1962–1964 Dozent für Folkloristik an der Univ. Timişoara. B.s umfangreiche Forschungstätigkeit gilt der gesamten rumän. Folklore als Kunstphänomen in sozial und kulturhist. Beziehung sowie der Methodik und Geschichte des Faches. Zu diesem Themenkreis sind bes. seine Arbeiten *Metoda de cercetare a folclorului* ([Die Methode der Folkloreforschung]. Buk. 1969), *Istoria folcloristicii româneşti* ([Die Geschichte der rumän. Folkloristik]. Buk. 1974) und *Über das Sammeln volkstümlichen Prosaerzählgutes in Rumänien* (In: Karlinger, F. [ed.]: Wege der Märchenforschung. Darmstadt 1973, 445–466) zu nennen. An Texteditionen speziell zur Volkserzählung veröffentlichte B. u. a. die ausgezeichnete Sammlung rumän. Volksprosa *Antologie de proză populară epică* (1–3. Buk. 1966) und in dt. Sprache zusammen mit F. Karlinger *Rumän. Volksmärchen* (MdW 1969). Stoff- und stilkritische Untersuchungen zu den einzelnen Erzählungen des rumän. Schriftstellers Ion → Creangă enthält seine Abhandlung *Poveştile lui Creangă* (Buk. 1967). Ca 125 Artikel über Theorien zur Volkserzählung, über Gattungen, Motive und Gestalten der rumän. Volksprosa umfaßt seine *Mică enciclopedie a poveştilor româneşti* ([Kleine Enz. der rumän. Volkserzählungen]. Buk. 1976).

Lit.: Popa, M.: Dicţionar de literatură română contemporană. Buk. 1971, 94.

Cluj-Napoca Hanni Markel

Birlinger, Anton, *Wurmlingen (Kreis Tübingen) 14. 1. 1834, † Bonn 15. 6. 1891, schwäb. Germanist und Volkskundler. B., Sohn eines Dorfgastwirts, studierte Philosophie und kathol. Theologie in Tübingen (1854–58), promovierte zum Dr. phil., besuchte das Priesterseminar Rottenburg/ Neckar (1858–60), war kurze Zeit Vikar beim Pfarramt Saulgau (1860–61), arbeitete dann mit Hilfe von Stipendien als Privatgelehrter, habilitierte sich 1869 in Bonn bei K. → Simrock, legte 1871 wegen des Unfehlbarkeitsdogmas (1870) den Priesterrock ab, wurde, „ein alemannischer Bauer nach Denkart und Benehmen" (F. Meinecke; cf. Lewald/Schenda 1968, 422), 1872 außerordentlicher Professor für Altgermanistik an der Univ. Bonn und wirkte in diesem Amt, unbefördert, aber ‚Sittenkunde' und positivistische Altertumskunde fördernd, unangepaßt und eigenwillig, bis zu seinem Tode.

B. widmete sich, durch die Arbeiten von L. → Uhland und E. L. Rochholz angeregt, schon als Student den dt. Rechtsaltertümern und der schwäb. Brauchtums- und Erzählforschung, wobei er in dem Arzt M. R. Buck (1832–88) einen bedeutenden Mitautor fand. Neben seinen sprach- und rechtshistorischen, dialektographischen, lexikalischen, toponymischen, parömiologischen, hagiographischen und homiletischen Materialsammlungen sind für die Erzählforschung vor allem die in seiner Zeitschrift *Alemannia* 1–18 (Bonn 1873–90; fortgeführt von F. Pfaff) erschienenen Arbeiten (andere Mitarbeiter: J. Baechtold, W. Crecelius, N. Delius, A. Lütolf, S. Riezler, K. Simrock etc.) wertvoll. Die Sammlung *Aus Schwaben* 1–2 (Wiesbaden 1874) ist sein eigenstes Werk. Der wackere Schwabe, mehrfach mit Orden ausgezeichnet, fand im Preußenlande, von W. Crecelius in Elberfeld (1828–90) abgesehen, zu wenig Anerkennung; die Wurmlinger Lokalanekdote erinnert sich seiner mit Hochachtung.

Veröff.en (Ausw.): Volksthümliches aus Schwaben 1–2. Fbg 1861/62 (Repr. Hildesheim/N. Y. 1974) (1: Sagen, Märchen, Volksaberglauben. Gesammelt und herausgegeben von A. B. und M. R. Buck). – Schwäb. Volks-Lieder. Fbg 1864. – Nimm mich mit! Kinderbüchlein mit sieben Holzschnitten von F. Pocci. Fbg [2]1870. – Sprichwörter und sprichwörtliche Redensarten. In: Germania 16 (1871) 86–88. – Zur Mythologie und Sprache des Niederrheins. In: ibid. 17 (1872) 77–79. – Zeugnisse zu den Volksbüchern. In: ibid. 16 (1871) 83–85; 17 (1872) 92–94. – Elsaess. Predigten. 14. Jh. In: Alemannia 1 (1873) 60–87, 186–194, 225–250; 2 (1875) 1–28, 101–119, 197–223. – Aus Schwaben. Sagen, Legenden, Aberglauben, Sitten, Rechtsbräuche, Ortsneckereien, Lieder, Kinderreime 1–2. Wiesbaden 1874. – Schwarzwaldsagen. In: Alemannia 2 (1875) 146–159. – H. Harbaugh, ein pennsylvan.-dt. Hebel. In: ibid. 2 (1875) 240–253. – Schwabenneckereien. In: ibid. 2 (1875) 254–259; 4 (1877) 144–151; 5 (1878) 64; 8 (1880) 273–276; 9 (1881) 102–121; 10 (1882) 22–27, 270–273. – Schwedensagen aus Salem. In: ibid. 3 (1875) 267–275. – Pädagogisches aus Geiler von Keisersberg. In: ibid. 3 (1875) 1–15, 129–132. – Dt. Lieder. Festgruß an L. Erk zum fünfzigjährigen Dienstjubiläum (mit W. Crecelius). Heilbronn 1876. – Zauber- und Gespenstergeschichten. In: Alemannia 4 (1877) 161–181. – Soldatenpredigten aus der Reichsveste Kehl. In: ibid. 7 (1879) 175–182; 8 (1880) 92–103; 9 (1881) 141–150. – Zu Goethes Faust und Groß-Kophta: Krystall- und Zauberspiegel-Seherei. In: ibid. 9 (1881) 71–84. – Leben hl. alemann. Frauen des 14., 15. Jh.s. In: ibid. 9 (1881) 275–292 (Elisabeta Bona von Reute); 10 (1882) 81–109, 128–137; 11 (1883) 1–20 (Nonnen von Kirchberg); 15 (1887) 150–183 (Nonnen von St. Katarinental). – Legenden. In: ibid. 10 (1882) 113–128 (Eusebius, Placidus, Magnus; Klostermärlein). – Studien zu Grimmelshausens Simplicissimus. In: ibid. 10 (1882) 79–81; 14 (1886) 79–101, 252–255. – Ulmer Streiche und Geschichten. Blaubeuren 1883. – Legenda aurea elsäss. In: Alemannia 13 (1885) 65–131; 14 (1886) 113–182. – Sagen des Dreissigjärigen Krieges. In: ibid. 13 (1885) 188–192; 15 (1887) 70–73. – Legende vom hl. Gebhard von Konstanz. In: ibid. 17 (1889) 193–210. – Ortsneckereien. In: ibid. 18 (1890) 47–52. – Rechtsrhein. Alemannien. Grenzen, Sprache, Eigenart. Stg. 1890 (auch in: Forschungen zur dt. Landes- und Vk. 4. ed. A. Kirchhoff. Stg. 1890, 279–397).

Lit.: ADB 47 (1903) 759sq. (O. Schell). – NDB 2 (1955) 258sq. (R. Kapff). – Schenda, R.: Michael R. Buck. In: Zur Geschichte von Vk. und Mundartforschung in Württemberg. H. Dölker zum 60. Geburtstag (Volksleben 5). Tübingen 1964, 118–137. – id.: A. B. In: ibid., 138–158. – Lewald, U./Schenda, R.: Leben und Briefe des Bonner Germanisten A. B. In: Rhein. Vierteljahrsblätter 32 (1968) 419–429. – Schenda, R./Bergmann, R.: A. B. 1834–91. In: Bonner Gelehrte. Beitr.e zur Geschichte der Wiss.en in Bonn. Sprachwissenschaften. Festschr. 150 Jahre Rhein. Friedrich-Wilhelms-Univ. in Bonn. 1818–1968. Bonn 1970, 63–65.

Göttingen Rudolf Schenda

Birma. Auf dem geogr. Boden von Birma oder Burma (letzteres die gebräuchliche engl. Bezeichnung des Landes) sind drei Hochkulturen – die der Birmanen, der Mon und der Schan – sowie eine ganze Reihe von Stammeskulturen angesiedelt. Die Hochkulturen sind durch den Theravāda-Buddhismus geprägt; obwohl die sie tragenden Völker zu ganz verschiedenen Sprach- und Rassengruppen gehören (die Birmanen zu den tibeto-birman. Völkern, die Mon zur Mon-Khmer-Gruppe und die Schan zu den Thai-Völkern), weisen sie zahlreiche Gemeinsamkeiten auf, weil ihre gesamte Literatur, Kunst etc. durch den Buddhismus bestimmt ist. Die Quellen ihrer Märchen-Überlieferungen lassen sich dementsprechend in drei Hauptelemente gliedern: die buddhist. Märchen- und Legendentradition, das weiterlebende vorbuddhist. Erzählgut und Entlehnungen aus anderen Kulturen nach Einführung des Buddhismus.

Innerhalb des buddhist. Erzählgutes nehmen die → *Jātakas* einen hervorragenden Platz ein; zunächst in Form literar. Werke aus der ind.-buddhist. und ceylones. Tradition übernommen, dienten sie einerseits der Exemplifizierung moralischer Regeln durch die buddhist. Prediger, andererseits aber in zahlreichen Abwandlungen als volkstümliche Märchenstoffe. Manche *Jātakas* wurden auch zu Kunstgedichten verarbeitet. Abgesehen von diesen 547 oder 550 wohlbekannten *Jātakas*, die als Teil der kanonischen buddhist. Überlieferung gelten, ist in B. auch die Sammlung von 50 *Jātakas* (*Paṇṇāsa-* oder *Paññāsa-Jātaka*) bekannt, die aus Chiang Mai im nördl. Thailand stammt und in unterschiedlichen Versionen auch in Thailand, Laos und Kambodscha verbreitet, in Ceylon jedoch unbekannt ist. Als orthodoxe Mönche die freie Abwandlung der in literar. Texten festgehaltenen Erzählstoffe, wie sie früher üblich war, im 18. und 19. Jh. nicht mehr als zulässig betrachteten, entwickelte sich unter Verwendung alter Motive der neue Typ der sog. „Mönchserzählung"; solche Erzählungen, bes. die des Thingazar Sayadaw (1815–1886), spielen eine bedeutende Rolle im heutigen buddhist. Erzählgut. In den Bereich buddhist. Erzähltradition gehören schließlich noch einige Legenden, die vor der Durchsetzung des Theravāda-Buddhismus im 11. Jh. aus der Überlieferung nordind. buddhist. Schulen zu den Birmanen gelangt sind und sich bis heute erhalten haben, z. B. der Legendenkreis um Upagutta (Upagupta) und Māra.

In der nicht-buddhist. Überlieferung der Birmanen nehmen die Traditionen über die Nats, die birman. Volksgötter, einen hervorragenden Platz ein. Die 37 „großen Nats" sind fast durchweg deifizierte hist. oder pseudo-hist. Persönlichkeiten, die eines gewaltsamen Todes gestorben sind. Ein Teil dieser Überlieferungen ist in die legendären Abschnitte der birman. Chronikliteratur eingegangen; die Mehrzahl der Nat-Legenden sind jedoch rein mündlich tradiertes Erzählgut geblieben. Mittelpunkt des Nat-Kults ist der Berg Popa, der sich unvermittelt aus der Ebene Zentral-Birmas erhebt und von der birman. Volkskunde als „Olymp von B." bezeichnet wird. Mit den Nat-Legenden hat sich z. T. auch abgesunkenes Kulturgut aus dem Bereich der nach der vollständigen Durchsetzung des orthodoxen Theravāda-Buddhismus in Randgebiete und in den Bereich der Volksmagie verdrängten Praktiken des tantrischen Buddhismus vermengt, so daß astrologische und tantrisch-magische Vorstellungen in der Erzähltradition Birmas noch heute eine große Rolle spielen. Hier ist insbesondere die Vorstellung zu nennen, daß man durch alchimistische und magische Praktiken zum Zawgyi werden kann, also zu einer Art Magier, dessen Körper und Geist bis zum Erscheinen des nächsten Buddha, Metteyya, jugendlich bleibt. Bis in die neueste Zeit haben sich Kultgemeinschaften gebildet, die sich der Pflege dieser Praktiken widmen und deren Überlieferungsgut fast ausschließlich aus mündlich weitergegebenen Erzählungen besteht.

Schließlich sind noch die birmanischen Rechtserzählungen zu nennen, die als Quellen des birman. Gewohnheitsrechts dienen. Sie sind von Haus aus Volkserzählungen und werden noch als solche weitergegeben; ein Teil dieser Traditionen wurde allerdings im Laufe der Zeit zu literar. Werken verarbeitet, die jedoch volkstümlichen Charakter bewahrt haben.

Der Stand der Erforschung der birman. Märchen ist recht unbefriedigend. Die einzige in einer europ. Sprache publizierte größere Sammlung von Märchen aus mündlicher Überlieferung (64 Erzählungen), 1933 bis 1937 gesammelt, wurde 1948 von Maung Htin Aung in engl. Übersetzung publiziert. 240 „Mönchserzählungen" wurden 1911 in birman. Sprache gedruckt; Maung Htin Aung veröffentlichte 1966 *Burmese Monk's Tales* aufgrund dieses Textes unter Hinzuziehung von ihm selbst gesammelter mündlicher Traditionen. Der Band *Burmese Law Tales* (1962) desselben

Autors enthält 65 „Gesetzeserzählungen“, von denen nur 28 auch aus literar. Quellen bekannt sind. Die wichtigste Sammlung von Volkserzählungen aus B. in birman. Sprache ist eine noch im Erscheinen begriffene, von Ludu U Hla herausgegebene Serie. Großenteils aus den genannten Quellen sowie aus Presseveröffentlichungen in B. schöpft das ausführlich kommentierte Buch von A. Esche (1976). Neben Informationen über eigentliche Volksmärchen wurden Überlieferungen des Nat-Kults gesammelt und veröffentlicht, so von R. C. Temple, R. Grant Brown und Maung Htin Aung; eine Anzahl ethnol. Studien der letzten 15 Jahre über die birman. Volksreligion zeichnet sich jedoch durch eine stark theoretisierende Orientierung aus, wobei die diesen Arbeiten zugrundeliegenden Materialsammlungen oft noch recht fragmentarisch sind. Legenden über den Ursprung berühmter buddhist. Heiligtümer sind in größerer Zahl in birman. Manuskripten aufgezeichnet und vereinzelt auch gedruckt worden; in Übersetzung erschien nur im Jahre 1911 ein volkstümliches Bändchen mit derartigen Legenden.

Die genannte Märchensammlung von Ludu U Hla sowie das Buch von A. Esche (1976) enthalten auch Märchen aus der Überlieferung anderer Völker B.s, so der Mon, Palaung, Karen, Schan etc., und zwar in birman. bzw. dt. Übersetzung; eine kleine Auswahl von U Hla erschien 1974 in engl. Sprache. Abgesehen davon beschränkt sich das publizierte Material auf je einen Band aus den Jahren 1902 und 1908 und einige Aufsätze u. a.

In der Kolonialzeit wurde die wiss. Erschließung B.s gegenüber anderen Teilen des brit.-ind. Reiches stark vernachlässigt. Das unabhängig gewordene B. wurde zunächst von Aufständen heimgesucht, die Feldforschung unmöglich machten, und nach einer kurzen Periode der Öffnung hat sich B. nach 1962 ausländischer ethnogr. Forschung weitgehend verschlossen. Eine umfassende Sammlung des mündlichen Erzählgutes in B. ist nur durch die Initiative von Ludu U Hla in Angriff genommen worden, entbehrt aber einstweilen noch wirklich wiss. Methode und genauer Quellenangaben. Nach Lage der Dinge scheint es deshalb verfrüht, heute schon ins einzelne gehende Aussagen über die Merkmale der Erzähltraditionen in B. machen zu wollen.

Literatur:

Birman. Erzählgut: Htin Aung, Maung: Burmese Folk-Tales. L. (^{1}1948) ^{3}1959; Reihe Praññ thoṅ cu tuiṅ^{3} raṅ^{3} sā^{3} lū myui^{3} myā^{3} puṃ praṅ (Erzählungen der in der Republik [Birma] beheimateten Völker). ed. Lūtu Ū^{3} Lha (Ludu U Hla). Rangoon (bisher 42 Bände in birman. Sprache); Auswahl daraus in engl. Übers.: Hla, Ludu U: Folktales of Burma. Mandalay 1972 (37 Erzählungen); Esche, A. (ed.): Märchen der Völker Burmas. Lpz. 1976 (ausführliche Einl., p. 5–20; Kommentar unter Mitw. von H. Mode/R. Tröger, p. 471–539). – Populäre Veröff.en: Mimosa (Pseud. für Chan Toon): Told on the Pagoda. L. 1895; Maung Maung Pye: Tales of Burma. Calcutta 1948; Brockett, E.: Burmese and Thai Fairy Tales. L. 1965; in birman. Sprache: Nu Yañ: Lū raññ khyvan puṃ praṅ myā^{3} (Erzählungen zur Hervorbringung hervorragender Eigenschaften). Rangoon (^{1}1964) (^{2}1965). – Veröff.en vor 1950: Embree, J. F./Dotson, L. O.: Bibliography of the Peoples and Cultures of Mainland Southeast Asia. New Haven 1950, 239–246. – Märchen aus Arakan v. ibid., 269. – „Mönchserzählungen“: Htin Aung, Maung: Burmese Monk's Tales. N. Y./L. 1966. – „Rechtserzählungen“: id.: Burmese Law Tales. The Legal Element in Burmese Folk-lore. L. 1962. – Fabeln und Sprichworterzählungen: Taṅ 'E^{3}, Takkasuil: Mranmā cakā^{3} puṃ vatthu puṃ praṅ myā^{3} 1–3 (Geschichten und Erzählungen birman. Sprichwörter betreffend). Rangoon 1955–61. – Überlieferungen des Nat-Kults und Verwandtes: Temple, R. C.: Art. Burma. In: ERE 3, 17–37; id.: The Thirty-seven Nats, a Phase of Spirit-Worship Prevailing in Burma. L. 1906; Htin Aung, Maung: Burmese Alchemic Beliefs. In: J. of the Burma Research Soc. 36/3 (1953) 83–91; id.: The Thirty-seven Lords. In: ibid. 39/1 (1956) 81–100; id.: Folk-Elements in Burmese Buddhism. L. 1962; Spiro, M. E.: Burmese Supernaturalism. New Jersey 1967 (mit ausführlicher Bibliogr., 281–289). – Legenden von Pagoden: Po Ka, Maung: Legends of the Seven Greatest Pagodas of Burma 1. Rangoon 1911.

Erzählgut anderer Völker in Birma v. die Titel in Embree, J. F./Dotson, L. O.: Bibliography of the Peoples and Cultures of Mainland Southeast Asia. New Haven 1950, 294 sq. (Karen), 300 und 304 (Mon,) 315 (Schan); Griggs, W. C.: Shan Folk Lore Stories. Phil. 1902; Than-Byah, T./Vinton, J. B.: Karen Folklore Tales. Rangoon 1908; Hla, Ludu U: Tales of the Indigenous Peoples of Burma. Mandalay 1974; Soṅ^{3} lvaṅ: Khyaṅ^{3} rui^{3} rā khyaṅ^{3} dhale^{1} (Traditionelle Gebräuche und Sitten der Chin). Rangoon 1967 (Märchen der Chin, 143–175); cf. auch Teile der Serie von Lutu Ū[3] Lha sowie Esche 1976 (oben bei birman. Erzählgut).

Göttingen Heinz Bechert

Birnbaum: Der verzauberte B. (AaTh 1423). Die Erzählung verknüpft zwei beliebte Schwankgruppen: Erzählungen über ehebrecherische Frauen, eine Unterabteilung des Erzähltyps → Frauenlist, und solche über Narren, denen man alles glaubhaft machen kann.

Hier wird dem Betrogenen eingeredet, der Ehebruch seiner Frau, dessen Zeuge er gerade geworden ist, habe, obschon er ihn mit eigenen Augen gesehen, entweder überhaupt nicht stattgefunden (Form A) oder sei ein zu seinem eigenen Besten vollbrachtes, untadeliges Opfer (Form B).

Trotz Unklarheiten hinsichtlich des Alters und der genauen Herkunft darf die folgende Aussage gewagt werden: Die Erzählung stammt aus dem Orient wie so viele, die sich durch Intrigen häuslicher und anderer Art auszeichnen. Sie geht zumindest auf die Zeit vor den Kreuzzügen zurück und erreichte den Westen irgendeinmal im Verlaufe des Vordringens arab.-islam. Einflusses nach Norden. Das frühe westl. Beispiel von Form B, wie es in der *Disciplina clericalis* (frühes 12. Jh.) des → Petrus Alphonsi vorkommt, spiegelt arab. Material wider[1].

In Form A wird dem Genarrten eingeredet, daß das, was er zu sehen glaubte – seine Frau flagrante delicto mit einem Liebhaber –, in Wirklichkeit eine optische Täuschung war, verursacht durch die Zauberkraft eines Baumes, Fensters oder eines andern zauberkräftigen Gegenstandes. Dies ist die typisch oriental. Form, wie sie z. B. im ind. *Śukasaptati*, im Ritterroman *Bahar Danusch* sowie in der Breslau-Ausgabe von *1001 Nacht* vorkommt. Doch liegen von der Form mit der optischen Täuschung auch zahlreiche Belege aus dem Westen vor, etwa in den Fabeln der Marie de France (num. 44sq.), in den Fabliaux des nicht identifizierten Guérin *(Du prestre qui abevete)* und in den Exempla von Jacques de Vitry[2].

Im 17. Jh. verewigte → La Fontaine die Geschichte in *La Gageure des trois commères*, wo sie, wie das häufig der Fall ist, mit der Rahmenerzählung AaTh 1406: → *Wette der Frauen, wer den Mann am besten narrt*[3] verflochten ist. Volkstümliche Fassungen, die erst in den 30er Jahren dieses Jh.s im span.sprachigen New Mexico[4] und in den Ozark Mountains[5] entdeckt wurden, bestätigen die Vitalität dieser Form in der mündlichen Überlieferung.

In Form B liegt dem Schwank statt der vorgeblichen Übelsichtigkeit echte → Blindheit zugrunde.

In Gegenwart ihres Mannes steigt eine Frau auf einen Baum, angeblich, um Obst zu pflücken, in Wahrheit jedoch, um sich in den Zweigen mit ihrem Liebhaber einzulassen (soweit herrscht Übereinstimmung mit vielen Beispielen der Form A). Hier ist der Ehemann jedoch nicht nur leichtgläubig, sondern auch noch alt und blind. Eifersüchtig auf seine Frau und seiner Blindheit wegen doppelt mißtrauisch, umklammert der senex amans auf lächerliche Weise den Baumstamm, um ihre Tugend gegen Annäherungsversuche abzuschirmen. Im entscheidenden Augenblick gibt einer der klassischen Götter (z. B. Jupiter) oder Gott oder Christus in Begleitung von Petrus dem → Hahnrei die Sehfähigkeit zurück. Als er einen Schrei ausstößt, begreift die scharfsinnige Frau sofort und besänftigt geschickt seinen Zorn, indem sie ausruft, daß sie endlich das Mittel gefunden habe (Ehebruch in einem Baum!), das ihrem Mann die Sehkraft zurückgeben könne.

Mit Ausnahme der Umarmung des Baumes durch den Ehemann und des vollen Eingeständnisses der sexuellen Beziehung durch die Frau stimmt diese Form mit → Chaucers *Merchant's Tale* überein.

Wiewohl die Frage nicht entschieden ist, scheint Redaktion A die frühere Form gewesen zu sein. Sie hat die komplexere Geschichte und weist größere Vielfalt auf als Form B, als sei sie länger in Umlauf. So hatte, gegen Ende des 12. Jh.s, eine Untergruppe von Form A (optische Täuschung: zauberkräftiger Gegenstand nicht die Ursache) sich so weit verzweigt, daß sie gleich zweimal in den Fabeln der Marie de France, dem *Ésope* (ca 1175), vorkommt. Diese Beispiele sind insofern bemerkenswert, als sie eine Tendenz zum

Verlust des Verzauberungs-Motivs anzeigen. In der Regel enthält Form A das Motiv als Erklärung für die optische Täuschung, aber hier ist das Motiv, mit Ausnahme einer schwachen Spur in der „Weissagung“ des zweiten Beispiels, verschwunden (wie in Form B).

num. 44: Eine Frau liegt mit einem Mann in ihrem Haus. Ihr Ehemann, der sie durch die Tür erblickt hat, klagt sie an. Der Ehemann „habe Gesichte“, sagt die Frau. Um ihn zu täuschen, läßt sie ihn sein Spiegelbild in einer Wassertonne betrachten und dann zugeben, daß er selbst nicht in der Tonne sei, obwohl er sich dort sehe.

num. 45: Ein Mann sieht seine Frau mit einem anderen Mann in den Wald gehen. Später beschuldigt er sie. Sie heuchelt großen Kummer und redet ihm ein, was er gesehen habe, sei in Wahrheit ein Vorzeichen ihres Todes, denn ihre Mutter wie auch ihre Großmutter, die beide zu der Zeit allein waren, seien kurz vor ihrem Tode gesehen worden, wie sie von einem Mann in den Wald geführt wurden. Der Ehemann ist zerknirscht.

Mancherorts wurden Zweifel geäußert hinsichtlich der grundsätzlichen Identität von A und B. So sprach sich G. Dempster gegen den Titel „Birnbaum-Geschichte“ aus, weil dieser „stets neue Verwirrung zwischen [der] Geschichte vom blinden Ehemann und der entfernt verwandten Birnbaum-Episode in der [anonymen] *Comoedia Lydiae* und im *Decamerone* 7,9“ (Beispiel für A) stifte[6]. A und B enthalten jedoch analoge Situationen: In Varianten beider Formen kommt ein B. vor. Optische Täuschung und Blindheit haben für die Handlung ähnliche Auswirkungen (was eine kunstvolle Satire zuläßt): Betonung der Altersschwäche des Ehemannes, vermehrter Grund für seine eifersüchtigen Befürchtungen, seine, wie er glaubt, Wunderheilung aufgrund des ungewöhnlichen, aber wirksamen „Mittels“ der Frau. Insofern scheint es sich lediglich um einen einzigen Erzähltyp zu handeln. In dieser Hinsicht kann *The Merchant's Tale* aufschlußreich sein. Die Frau in Chaucers Fassung gibt den Ehebruch nicht zu, wie das die Frauen in allen anderen Fassungen von B tun; sie besteht darauf, daß zu ihrer 'medicyne' nur ein 'strugle' mit einem Mann in einem Baum gehört habe (2374) und kein Verkehr von der Art, wie ihr Mann ihn zu sehen vermeint habe. Seine wiedererlangte Sehkraft war keine 'parfit sighte', sondern 'som glymsyng' (2383). Ihre Worte über optische Täuschung (2397–2410) erinnern an eine ähnliche Äußerung, die in wenigstens einer europ. Variante der Form A vorkommt, und zwar in den Zeilen 23–31 des Gedichts *De muliere et proco eius* (num. 44) in den schon zitierten Fabeln der Marie de France. Möglicherweise stellt somit *The Merchant's Tale* eine Mischung von A und B dar, die gewissermaßen eine Vereinigung eines „entfernt verwandten“ Nachkommen mit seinem Vorfahren vollzöge, d. h. Chaucer kannte beide Formen.

Für magisch-religiöse wie auch sexuelle B.-Assoziationen im europ. Kulturraum wird auf frühere Enzyklopädien[7] verwiesen. Zur Dokumentation über die sexuellen Assoziationen seit heidnischer Zeit werden noch die folgenden Belege beigefügt, wobei Doppeldeutigkeiten, wie sie in literar. (bes. frz. und ital.) Fassungen der betr. Erzählungen vorkommen, nicht berücksichtigt werden:

Anonyme Lyrik[8] auszugsweise: „In the middes of my garden / Is a peryr set, / And it wille non per bern / But a per Jenet“ (i. e. ein illegitimes Kind von einem „Jenet“ oder John); Chaucer, *Miller's Tale*: „She was ful moore blisful on to see / Than is the newe pere-jonette tree“ (3247–48); Chaucer, *Sir Thopas*: „Yborn he was in fer contree, / In Flaundres, al biyonde the see, / At Popering [. . .]“ (1908–10); Shakespeare, *Romeo and Juliet*: „[. . .] O, that she were / An open et cetera [Vulva], thou a poperin pear [Testikel]!“ (2, 1, 37b–38).

Der B. kam auch zur Anwendung bei abergläubischen Heilspraktiken, wobei durch physischen Kontakt mit dem Baum angeblich Zahnschmerzen, Nasenbluten, Rheumatismus, Fieber und zweifellos noch weitere Gebrechen übertragen werden konnten[9]. Eine Beziehung zu der Erzählung vom blinden Ehemann ist daher wahrscheinlich.

1 Chauvin 9, 39, num. 34; cf. Chauvin 8, 98, num. 69; Basset 2, 150–152; Brockelmann, C.: Eine altarab. Version der Geschichte vom Wunderbaum. In: Studien zur vergleichenden Lit.-geschichte 8 (1908) 237–238; Wesselski, MMA, 214 sq.; Spies, O.: Arab. Stoffe in der Disciplina

clericalis. In: Rhein. Jb. für Vk. 21 (1973) 177–199. – [2] Crane, num. 251. – [3] cf. Bédier, 469 sq.; Frosch-Freiburg, F.: Schwankmären und Fabliaux. Ein Stoff- und Motivvergleich. Göppingen 1971, 193–198. – [4] Zunser, H.: A New Mexico Village. In: JAFL 48 (1935) 177 sq. – [5] Randolph, V.: The Talking Turtle and Other Ozark Folk Tales. N. Y. 1956, 38 sq. – [6] Dempster, G.: The Merchant's Tale. In: Sources and Analogues of Chaucer's Canterbury Tales. ed. W. Bryan/G. Dempster. Chic. 1941, 341–356. – [7] HDA 1, 1339 sq.; HDM 1, 256. – [8] Davies, R.: Medieval English Lyrics. L. 1963, 158 („I Have a New Garden"). – [9] HDA 1, 1346 sq.

Lit. (soweit nicht in den not. aufgeführt): Clouston, W.: The Enchanted Tree. In: Originals and Analogues of Some of Chaucer's Canterbury Tales. ed. F. Furnivall. L. 1872–88, 341–364, 544. – Varnhagen, H.: Zu Chaucers Erzählung des Kaufmanns. In: Anglia 7 (1884) 155–165. – Burton, R.: Supplemental [1001] Nights. [USA 1887–89] t. 1, 162–164; t. 5, 88–92. – Schmidt, R.: Die Çukasaptati. Textus simplicior. Kiel 1894, 48, num. 28. – Lee, A.: The Decameron. Its Sources and Analogues. L. 1909, 236–244. – Besthorn, R.: Ursprung und Eigenart der älteren ital. Novelle. Halle 1935, 132–134. – Schwarzbaum, H.: Internat. Folklore Motifs in Petrus Alphonsi's Disciplina clericalis. In: Sefarad 22 (1962) 340–342. – Benson, L./Andersson, T.: The Literary Context of Chaucer's Fabliaux. Indianapolis/N. Y. 1971, 203–268.

Aledo James T. Bratcher

Birne: Die halbe B., eine mhd. Verserzählung, die nach E. Hartl[1] fälschlich Konrad von Würzburg (1220/30–1287) zugeschrieben wird.

Eine Königstochter, deren Hand als Preis eines Turniers ausgesetzt ist, verhöhnt einen Ritter, der eine B. ungeschält teilt und ißt, als „Ritter mit der halben Birne". Er verkleidet und gebärdet sich als taubstummer Narr und legt sich abends vor den Palast. Eine Hofdame sieht ihn und holt ihn herein. Er sitzt am Kamin, treibt Narrenspiel, und da er keine Unterkleidung trägt und sein Penis erigiert, verlangt die Königstochter nach ihm. Das Kammerweib legt ihn zu ihr ins Bett in die richtige Position und schlägt ihn mit der Rute, damit er in Bewegung kommt. Zuletzt ruft die Königstochter: „Stupf ihn, Irmengart!" Er wird morgens hinausgeworfen, kehrt in ritterlicher Kleidung zum Turnier zurück, wo er auf die Verhöhnung der Königstochter antwortet: „Stupf ihn, Irmengart!" Er bekommt die beschämte Prinzessin zur Frau[2].

Die obszöne Erzählung ist, in den Einzelzügen oft variierend, vom hohen MA. an bis in die Neuzeit in Europa bekannt. Sie setzt sich in der obigen Form aus drei Motiven zusammen: A[1]: Der tölpelhafte Galan; B: Der verstellte Narr; C: Verhöhnung und Replik. Teil B begegnet als Ich-Erzählung schon bei dem Troubadour Wilhelm von Poitiers (1071–1127)[3]:

Als stummer Narr, so bramarbasiert er, und unartikulierte Laute („Tarrababart" etc.) ausstoßend, sei er einst von zwei Edelfrauen aufgenommen und am wärmenden Feuer gepflegt worden. Sie hätten ihn entkleidet und, um sich von seiner Narrheit zu überzeugen, ihn von einer Katze tüchtig kratzen lassen. Er habe jedoch standgehalten und alsdann acht Tage (!) lang die Liebe der Damen genossen.

Die Katzenepisode kennt auch die Hs. Tours der *Compilatio singularis exemplorum* des 13. Jh.s[4]:

Ein Ritter freit um eine Dame, wird aber abgewiesen. Er verkleidet sich, stellt sich närrisch und stumm und geht noch einmal zu ihr. Sie ist argwöhnisch, und, um hinter die Wahrheit zu kommen, sticht sie ihn mit Nadeln und setzt ihm einen Kater auf den Kopf, der ihn sehr zerkratzt. Jedoch gibt er seine Verstellung nicht auf, und die Dame geht mit ihm zu Bett. Am anderen Tag wird er Turniersieger, und die Dame bittet ihn zu bleiben. Da sagt er: „Ich getrau es mich nicht wegen des Katers".

Hier sind schon kräftige Andeutungen zu Motiv C vorhanden. Die Fassung der *Compilatio* „bildet somit ein Mittelglied zwischen diesem [dem Gedicht Wilhelms] und der Halben Bir"[5].

Mit anderem Eingang begegnet Teil B wieder in einer fragmentarischen dt. Verserzählung aus dem 15. Jh.[6]:

Ein Bäcker stiehlt Holz im Wald eines Edelmanns. Dessen zornige Frau zwingt ihn in der Kleidung ihres Mannes, ihr den Hintern zu küssen. Er merkt aber, daß es die Frau ist, verkleidet sich als Narr, geht auf die Burg und ruft nur: „Ja je, je ja!". Sie lassen ihn herein, die Frau wird, als sie seinen penis erectus sieht, handgreiflich.

Hier bricht die Geschichte ab. Man wird jedoch annehmen dürfen, daß sie ähnlich wie die Erzählung von der Halben Birne endet. Sie hat jedoch Motiv A[2]: Kuß auf den Hintern zum Eingang, das nun wieder in vollständiger Form mit den Motiven

B und C zusammen nicht viel später als 64. Stück in den *Nouvelles récréations et joyeux devis* des Bonaventure →Despériers (1510/15–1544) unter dem Titel: *De l'enfant de Paris* [...] auftaucht[7]:

Dieser Pariser soll die Gunst einer jungen Witwe nur dann genießen, wenn er ihren entblößten Hintern küßt, wird jedoch, als er das getan hat, nur ausgelacht. In zerlumpter Kleidung, mit verschmiertem Gesicht und unter dem ständigen Ausruf: „Ha ha formage" sich als Narr anstellend, gelangt er in die Wohnung der Witwe. Am warmen Feuer zeigt er seine Schenkel samt allem Drum und Dran und bewirkt, daß die Dame und ihre Kammerzofe lüstern werden. Dann genießt er ihre Liebe. Als ihn die Dame später auf einer Gesellschaft mit dem Kuß auf den Hintern aufzieht, reagiert er mit seinem Ausspruch: „Ha ha formage" und blamiert sie unsterblich.

Aber auch Motiv A¹ muß in jenen Jh.en recht geläufig gewesen sein. Fast genau entspricht ihm der Anfang einer ital. Novelle des Luigi Alamanni (1495–1556)[8]:

Die Tochter des Grafen von Toulouse verspottet ihren Freier, den Grafen von Barcelona, weil er einen Granatapfel, der ihm entfallen ist, dennoch aufnimmt und ißt, als filzig und einfältig. Er verkleidet sich als Juwelenhändler und verführt sie gegen Hergabe eines kostbaren Diamanten. Als sie sich schwanger fühlt, flieht sie mit ihm. Es folgt AaTh 900: *König Drosselbart.*

Etwas anders motiviert, jedoch in der gleichen Kontamination wie bei Alamanni, muß das Motiv in einem um 1300 in Frankreich existierenden, heute verlorenen lat. Gedicht gewesen sein, auf dem die isl. *Clarussage* des Bischofs Jón Halldórsson († 1339) beruht[9]:

Clarus, Sohn des Sachsenkaisers Tiburtius, bekleckert sich, als er bei Serena, der Tochter des Frankenkönigs Alexander, ein Ei ißt, und wird als Bauerntölpel hinausgeworfen. Beschämt segelt er nach Haus, kehrt unter anderem Namen zurück und verführt sie gegen Hergabe von drei prächtigen Zelten. Wiederum folgt AaTh 900.

Im 16. Jh. ist der Schwank schließlich in Skandinavien (Island, Schweden, Dänemark) in die Form eines Scherzliedes überführt[10]:

Der Schmied Germand freit um eine Priestertochter. Sie verspottet ihn wegen seines Aussehens (cf. AaTh 900) und meint, er solle besser ihres Vaters Schweine hüten. Verkleidet und als angeblich Blinder kehrt er zurück, darf bei ihr übernachten und verführt sie. Dann weist er ihre Zustimmung zur Hochzeit ab.

Neuere Fassungen hat H. von Wlislocki aus Ungarn (B, A²), Böhmen (A¹, B, ähnelt Boccaccio 3,1) und Rumänien (A², B, C) veröffentlicht[11]. Eine dt. Variante aus Pommern entschärft die Situation (A²: der Graf muß sein Pferd unter dem Schwanz küssen, B: Es geht um einen Kuß, C)[12], eine hs. Version aus Holstein behält dagegen den alten Sachverhalt bei (A¹, B, C)[13].

Ganz offensichtlich sind also frei schwebende Erzählelemente von den ma. Dichtern immer von neuem um den gleichen Kern herumkomponiert worden. Das betrifft vor allem die Eingangsformeln A¹ und A². Die letztere ist ja schon, wie T. Benfey, B. Jülg, F. Liebrecht, H. von Wlislocki und A. Olrik gezeigt haben[14], vom mongol. *Siddhi-Kûr* über das frz. Fabliau *Bereng(i)er au long cul*[15], Boccaccio (3,1) oder die *Cento novelle antiche* (num. 62) bis in moderne Schwankerzählungen und -lieder nachzuweisen. Unübersehbar ist auch die Affinität zu AaTh 900, die schon J. Bolte erkannt hat, wenn er den Schwank ein „unfeines Seitenstück zu unserm [Drosselbart-]Märchen" nennt[16].

Die geogr.-hist. Analyse hat, wie das sonst selten so evident möglich ist, den Reichtum an alten Motiven dieses etwas indezenten Schwankes und ihre Verwendbarkeit in den Erzählstrukturen aufzeigen können.

[1] Verflex. 2, 923. – [2] GA 1, 211–214 (Diu halbe bir); Wolff, G. A.: Diu halbe bir. Diss. Erlangen 1893. – [3] Liebrecht, F.: Zur Vk. Heilbronn 1879, 146sq. – [4] Wesselski, MMA, num. 26. – [5] ibid., p. 216. – [6] Liebrecht (wie not. 3) 147–149. – [7] ibid., 149sq.; cf. Hassell, J. W.: Sources and Analogues of the Nouvelles Récréations et Joyeux Devis of Bonaventure des Périers. Chapel Hill 1957. – [8] cf. BP 1, 446. – [9] BP 1, 445 (Resümee). – [10] Olrik, A. (ed.): Danmarks Gamle Folkeviser 6. Kop. 1895, 329–335; Greverus, I. M.: Skand. Balladen des MA.s. Reinbek 1963, 85–87, 126. –
[11] Wlislocki, H. von: Der verstellte Narr. In: Germania 33 (1888) 342–356. – [12] Jahn, U.: Schwänke und Schnurren aus Bauern Mund. B. (1890) 10–18. – [13] Hs. W. Wisser, Landesbibl. Kiel. – [14] Benfey 1, XXV; Jülg, B.: Mongol. Märchen. Die neun Nachtrags-Erzählungen des

Siddhi-Kûr und die Geschichte des Ardschi-Bordschi Chan. Innsbruck 1868, 23–27; Liebrecht (wie not. 3) 150–152; Wlislocki (wie not. 11); Olrik (wie not. 10). – [15] cf. Bédier, Reg. s. v. Berengier. – [16] BP 1, 446, not. 1.

Göttingen Kurt Ranke

Bischof → Klerus

Bîspel → Exemplum

Biß in die Wurzel (AaTh 5), nach O. Dähnhardt[1]:

„Eine nur aus mündlicher Tradition bekannte [...] schwankhafte Episode, denn sie scheint ihrer Komposition nach lediglich als Fortsetzung einer andern Szene gedacht zu sein, behandelt das Motiv vom 'Beißen in die Baumwurzel'".

Entgegen der von K. Krohn[2] vertretenen Meinung scheint sich die Verteilung dieser Episode[3] über die Kontinente hinweg nur schwer auf Migration allein zurückführen zu lassen; zu erwägen ist auch generatio aequivoca; und mithin muß die Grundsituation dieser Betrügerei mit zwei Protagonisten terminologisch abstrakter gefaßt werden, als dies Krohn bei der Beschreibung der Urform seines Fuchsmärchens getan hat. Etwa so:

Während der Betrogene (der gewöhnlich schon in der vorangehenden Episode hintergangen worden ist) einen Körperteil des Betrügers tatsächlich gepackt hat, redet dieser ihm ein, er habe nur einen toten Gegenstand erfaßt; der Betrogene läßt los (oder ergreift etwas anderes), und der Betrüger ist frei.

Wie schon der Titel des Motivs aussagt, packt der Betrogene fast immer mit den Zähnen zu[4]. Hinsichtlich der beiden Substitutionsbegriffe ist die Liste der Abweichungen beschränkt: Pfote (Bein) oder Schwanz, was den Körperteil des Betrügers anlangt – Baumwurzel (worunter der Betrüger sich geflüchtet haben kann) oder Holzstück (welches, wenn der Betrogene ein Wasserbewohner ist, auf dem Wasser schwimmen kann), was den Gegenstand anlangt, der in Wort und/oder Tat substituiert wird. Der Gegenstand ist tatsächlich nicht immer wirklich vorhanden; was K. Krohn hist. als „spätere, verblaßte Variation" erschien, kann jedoch vom Standpunkt der Erzähllogik aus als eine Verstärkung des Betrugs interpretiert werden; zum Beweis eine originelle katalan. Var., in der die Füchsin, die sich in einen hohlen Baum flüchtet und vom Wolf am Schwanz gepackt wird, unter dem Schwanz hervor einen Wind streichen läßt und dem Wolf vormacht, er ziehe den Stöpsel aus dem Loch des Windes:

„[...] wenn es dir gelingt, es zu entstöpseln, wird ein solcher Windstoß herausfahren, daß alle Bäume und Pflanzen weggerissen werden, und dann werden wir nichts mehr zu essen haben"[5].

Doch hinsichtlich der beiden Protagonisten ist die Liste der Abweichungen umfangreich: Während es sich fast überall um Tiere handelt, kann der Betrogene in Nordafrika auch ein Mensch sein[6], oder aber der Betrüger kann ein Mensch (Däumling) und der Betrogene ein übernatürliches Wesen (Menschenfresserin)[7] sein. In den europ. Fassungen ist das Motiv Glied einer Kette von Episoden mit Fuchs (Betrüger) und Bären oder Wolf (Betrogener) als Gegenspieler. Im Kontext anderer Ethnien kann es ebenfalls zur Gegenüberstellung zweier Landtiere kommen; es kann jedoch auch ein Landtier einem Vogel gegenübergestellt werden[8] oder, noch häufiger, einem Wassertier (Krokodil) oder einem teilweise im Wasser lebenden Tier (Schildkröte). Wie immer diese Abweichungen aussehen mögen, die Rolle des Betrügers scheint jedenfalls regelmäßig demjenigen Tier zuzukommen, das zwar als physisch schwächer, aber intellektuell überlegen gilt.

In der skand. und dt. Überlieferung folgt, laut Krohn, die Episode *Biß in die Wurzel* gewöhnlich auf die Episode „der Geschlagene trägt den Ungeschlagenen" (AaTh 4: → *Kranker trägt den Gesunden*); doch anderswo kommen auch viele andere Kombinationen vor. Zu erwähnen bliebe noch, daß die Aufforderung des Betrügers an den Betrogenen, ihn loszulassen, häufig in formelhafter Weise erfolgt.

[1] Dh. 4, 245sq. – [2] Krohn, K.: Bär (Wolf) und Fuchs, eine nord. Tiermärchenkette. In: JSFO 6 (1889) 1–132, hier 62sq. – [3] cf. Var.n-Verz. –

[4] In einer Var. aus Kephalonien versucht der Wolf, den Fuchs, der sich in einen hohlen Baum geflüchtet hat, zu prügeln; die beiden Substitutionsbegriffe sind hier direkt Fuchs und Baum; cf. Loukatos, D. S.: Neoellēnika Laographika Keimena. Athen 1957, 4sq., num. 2. – [5] Amades, 583, num. 274; 585, num. 277. – [6] Igel und Hirten bei Socin, A./Stumme, H.: Der arab. Dialekt der Houwāra des Wād Sūs in Marokko. In: Abhdlgen der Phil.-hist. Kl. der Kgl. Sächs. Ges. der Wiss.en zu Lpz. 15 (1894) 132–135, num. 17 und bei Laoust, É.: Contes berbères du Maroc 2. P. 1949, 11sq. – [7] Lacoste, C./Mouliéras, A.: Traduction [von C. L.] des Légendes et contes merveilleux de la Grande Kabylie recueillis par A. M. 1. P. 1965, 136–153, num. 12.– [8] Schlange und Reiher bei Andrade, M. J.: Folk-Lore from the Dominican Republic. In: MAFLS 23 (1930) 290sq.

Var.n-Verz.: cf. folgende Kataloge unter Typ 5: Christiansen, N. E.; Plenzat; Delarue/Tenèze 3; Boggs; Krzyżanowski; Kovács; Hansen; Eberhard/Boratav (unter Typ 6); BP 2, 117sq., not. 2. – Poestion, J. C.: Lappländ. Märchen, Volkssagen, Räthsel und Sprichwörter. Wien 1886, 16–18; Qvigstad, J.: Lappiske eventyr og sagn 2. Oslo 1928, 9–11, 15; 4 (1929) 468sq.; Åberg, G. A.: Nyländska folksagor. Hels. 1887, 198sq., num. 169; 200, num. 171; Simonsuuri, L./Rausmaa, P.-L.: Finn. Volkserzählungen. B. 1968, 3–5, num. 2; 5sq., num. 4; 8sq., num. 9; Hackman, O.: Finlands svenska folkdiktning. Hels. 1917, 4 (6 Var.n), 11; Liungman 2, 13; Liungman, Volksmärchen, 6, num. 5; Opedal, H. O.: Eventyr ifrå Hardanger. In: Norsk folkeminnelags skrifter 94 (1965) 128, num. 31; Kvideland, R.: Norske eventyr. Bergen/Oslo/Tromsø 1972, 11, num. 1; not. p. 265; Jahn, U.: Volkssagen aus Pommern und Rügen. B. [2]1889, 444–446, num. 588; Bll. für Pommersche Vk. 9 (1901) 36sq.; Behrend, P.: Verstoßene Kinder. Eine Slg westpreuß. Volksmärchen. Königsberg 1912, 10–12, num. 4; Knoop, O.: Volkssagen, Erzählungen und Schwänke aus dem Kreise Lauenburg. Köslin 1925, 62sq., num. 104; Rogasener Familienbl. 1 (1897) 22; Espinosa, A. M.: Cuentos populares de Castilla. Buenos Aires/México 1946, 157–159, num. 59; Lebedev, K.: Afganskie skazki. M. 1955, 151; Bodding, P. O.: Santal Folk Tales 1. Oslo 1925, 93–99, num. 7; Bradley-Birt, F. B.: Bengal Fairy Tales. L./N. Y. 1920, 186–190, num. 8; Mode, H./Ray, A.: Bengal. Märchen. Lpz. (Lizenzausg. Ffm.) 1967, 115–119, 192–194; Hahn, F.: Blicke in die Geisteswelt der heidnischen Kols [...]. Gütersloh 1906, 62–64, num. 33; Parker, H.: Village Folk-Tales of Ceylon 1. L. 1910, 234–240, num. 36; 380sq., num. 75; Vries, J. de: Volksverhalen uit Oost-Indië 1. Zutphen 1925, 146–150 und 368sq.; 328–330 und 386; t. 2 (1928) 95 und 361–363; Hambruch, P.: Malai. Märchen. MdW 1922, 58sq., num. 16; Schont, Mme.: Quelques contes créoles. Basse-Terre 1935, 82 [Guadeloupe]; Mason, J. A./Espinosa, A. M.: Porto Rican Folk-Lore. Folk-Tales. In: JAFL 40 (1927) 324–326, num. 6; Koch-Grünberg, T.: Geister am Roroima. Indianer-Mythen, -Sagen und -Märchen aus Guayana. Kassel 1956, 163–170; Romero, S.: Folclore Brasileiro 2. Contos populares do Brasil. Rio de Janeiro [3]1954, 364sq., num. 18 und 376–382; Fagundes, M. C.: Estórias da Figueira Marcada. s. l. 1961, 178; Chertudi, S.: Cuentos folkloricos de la Argentina 1. Buenos Aires 1960, 25–38, num. 1 und 2; Liungman, Volksmärchen, vermerkt unter AaTh 5: „Dieses Märchen [...] wird in Uncle Remus (I, XII), dem klassischen Märchenbuch der Amerikaner, erwähnt"; Reinisch, S. L.: Die Kunama-Sprache in Nordost-Afrika (SB. der kaiserlichen Akad. der Wiss.en 119/5). Wien 1889, 27–33; Frobenius, L.: Volksmärchen der Kabylen 3. Jena 1921, 7–11, num. 2; Babalọla, A.: A Comparative Study of Four Variants of a Yoruba Folktale. In: Fabula 16 (1975) 227–232, Var. 4; Baissac, C.: Le Folk-lore de L'Île-Maurice. P. 1888, 281–289, num. 23.

Paris Marie-Louise Tenèze

Bitten: Wer bittet, wird bekommen
(AaTh 862)

1. AaTh 862 gehört zu der seltensten Art von Beweisgeschichten: der Zweifler selbst prüft die Wahrheit eines (Bibel-)Wortes.

Ein Mann (meist ein Eremit) will die Gültigkeit von Mt. 7,7: "Bittet, so wird euch gegeben; suchet, so werdet ihr finden; klopfet an, so wird euch aufgetan" überprüfen (Die Reihenfolge wird nicht eingehalten, das zweite Glied ist meistens nicht hervorgehoben, das letzte fehlt öfters). Er geht (nachts) zum Herrscher und bittet um die Hand der Prinzessin, sie wird ihm zugesagt, wenn er einen Auftrag erfüllt; er findet, ohne zu suchen, einen eingesperrten Teufel, der ihm das Verlangte (einen Edelstein: russ., cf. H [zu den Siglen cf. Schluß des Art.s]; den verlorenen Becher: G, cf. H; die Höllenschlüssel: Sm; Perlen: B; eine Menge Gold: Li) bringt und von ihm in die Gefangenschaft zurückgelockt wird (AaTh 331: → *Geist im Glas;* nicht in H, B, Sm, cf. A); er beschenkt den Herrscher, erzählt ihm von seinem Vorhaben und verzichtet auf die Prinzessin (heiratet sie: H, B, Li). In den Varianten H, B, cf. Sm will er einen Fluß ausschöpfen, der gerührte Flußgeist belohnt ihn seiner Entschlossenheit wegen mit dem Gesuchten.

2. AaTh 862 ist vermutlich im 7.–9. Jh. im syr.-iran. Grenzgebiet entstanden, wobei ein älterer Topos als Grundlage gedient hat: Ein Asket verliebt sich in eine Prinzessin (oder umgekehrt), sie heiraten,

ihr Sohn wird eine bekannte Persönlichkeit. Bedingt durch diese Grundlage bittet der Held in AaTh 862 den König gerade um die Prinzessin, nicht um die Herrschaft oder dgl. (cf. etwa AaTh 938: → *Placidas*). Im byzant. Kulturbereich wurde die Heirat ausgeschlossen und AaTh 331 hinzugefügt. Von der Urform zeugen nur Einzelheiten wie: das Gesuchte befindet sich auf dem Meeresgrund: G; in der Hölle: Ka 2, cf. Sm.

AaTh 862 muß in Südosteuropa und im Orient weithin bekannt gewesen sein. Vom 16. Jh. an gibt es russ. Übersetzungen und Bearbeitungen (in 17 Hss., 5 Redaktionen, Redaktion 2 in drei Unterarten), in denen die Personen oft historisiert sind. Die Hss. haben die russ. mündliche Tradition (drei vollständige, drei fragmentarische Var.n) kaum beeinflußt (u. U. Ka 1). Die ganz singuläre Fassung G kann von einer russ. Hs. abhängig sein (der Asket sagt dem wiedereingesperrten Teufel, daß nur sein erster Überwinder ihn befreien darf), teilweise auch von A, Sa oder stammt aus einer unbekannten östl. Quelle.

Die Fassungen Li 1–9 (Li 1 Ende des 19. Jh.s) sind eine Umbildung (ähnlich wie AaTh 849*: *The Cross as Security*, wo ursprünglich beide Personen Christen waren) oder östl. beeinflußt (wie in H, B: Heirat mit der Prinzessin, aber AaTh 331 vorhanden). Der Urform am nächsten steht H.

3. Nur Li 1–9 und die schriftlichen russ. Fassungen (Redaktion 1–5) können als Redaktionen betrachtet werden, die anderen vereinzelten Varianten sind voneinander unabhängig.

4. Mt. 7, 7 ist inhaltlich allg. religiös, deshalb war AaTh 862 auch außerhalb der christl. Welt bekannt. Der Typ ist nach N. N. Durnovo[1] eine erzählerische Projektion der rohen Volksfrömmigkeit. Er ist (eher) eine Belehrung für solche Gläubigen (auch für die Jugend), denen die anderen Weltanschauungen „wirklichkeitsnäher" erscheinen. Sie sollen überzeugt werden, daß Mt. 7, 7 (ähnlich wie Pred. 11, 1) auch in extremen Situationen gültig ist.

5. Die Urform wurde in Byzanz zu einer Mönchserzählung umgestaltet. Die Rolle des Wassergeistes übertrug man dem Teufel, ein Eremit ersetzte den unbedeutenden Jüngling. Da der Mönch die Prinzessin nicht heiraten konnte, mußte auch der Schluß umgebildet werden. Durch diese Modifikationen machte man eigentlich AaTh 862 unchristlich, da ein erfahrener Frommer an dem Bibelworte nie zweifeln oder Gott auf die Probe stellen sollte. Durch AaTh 331 kamen noch zwei weitere Sünden hinzu: Der Fromme befreit den von einer anderen Person eingesperrten Teufel, um ihn für seine Zwecke einzuspannen; er bricht sein Wort und schließt den Teufel wieder ein. Zur Beseitigung dieser Fehler sind alle russ. Varianten verschiedenartig umgebildet.

(1) Die Sünden werden verteilt und gemildert: Der Mönch, der für einen Versucher gehalten wird, erzählt dem König sogleich von seinem Vorhaben (Ka 1), dessen Gottgefälligkeit durch die Erfüllung des Auftrages bewiesen wird. (2) Es handelt sich nicht mehr um Mt. 7, 7, sondern um die Bitte eines Gläubigen überhaupt (Joh. 15, 7): In A, Sa, G beginnt der Mönch (Sa: ein Greis) sogleich, Gott um die Prinzessin zu bitten. In Sa weist ihn ein Jüngling auf die Macht des Gebets hin, und die Prinzessin selbst setzt ihm die Bedingung. Er schlägt die Heirat ab, da er nur Gott (A, G: das Wort Gottes) habe prüfen wollen! (3) In A schließt der Eremit selbst nach dem Besuch beim König den Teufel ein, der ihn verführen will und von seiner Macht erzählt. Die zweite Einschließung fehlt (dieselbe Methode ist nicht mehr anwendbar), der Eremit überwindet den Teufel, der ihn durch die Heirat um seine Erlösung bringen wollte (wann ?), indem er auf die Heirat verzichtet! In der russ. Redaktion 5 kennt er alle seine drei Sünden, die letzte ist so gewichtig, daß er lange beten muß, Gott möge diesen Teufel begnadigen, bis Gott seine Bitte erfüllt! – Sm ist eine Umbildung ohne AaTh 331: Ein Alter gibt dem Mönch eine Flöte, die ihn wie ein Knäuel zum Höllenabgrund führt. Satan gibt ihm freundlich die Schlüssel und noch die Hälfte seines Heeres in der Flöte mit, da er meint, der König könne behaupten, daß die Schlüssel auf der Erde verfertigt seien, wie es auch wirklich geschieht. Der König erschrickt, bittet den Mönch um Vergebung, und dieser schickt dann das Heer mit den Schlüsseln in die Hölle zurück. Die gewöhnliche Freiersprüfung ist durch eine vermutlich tödliche ersetzt, die der Auftraggeber bereuen muß, wie oft in den türk.-mongol. Heldensagen (cf. AaTh 650A V, auch AaTh 465).

Die geringe Anzahl der russ. mündlichen Varianten erklärt sich teilweise durch die strittige Orthodoxie des Typs AaTh 862 (die vielen schriftlichen Bearbeitungen, auch Bilderbogen, bezeugen seine frühere Beliebtheit), teilweise durch die Vorurteile der Sammler der Massenfrömmigkeit gegenüber.

In der oriental. Variante H will ein Schüler das Sprichwort seines Lehrers auf seinen Wahrheitsgehalt überprüfen. Der Wesir schlägt die an ihn herangetragene Bitte, dem Schüler die Tochter des Kalifen zur Frau zu geben, ab. Der Kalif verlangt, bevor er seine Zustimmung erteilt, daß der Schüler einen vor langer Zeit in den Tigris gefallenen Karfunkel herbeischaffe. Mit Hilfe des Fischältesten kann der Schüler die Aufgabe lösen und heiratet die Prinzessin.

Die Variante B, deren zweite Hälfte aus AaTh 885A und AaTh 425D besteht, ist die Wiedergabe einer schriftlich wohl weit verbreiteten, mit widerspruchsvollen Motiven angefüllten Legende, in der kein Sprichwort erwähnt wird.

Dem verliebten Adham, den die Familie eines Emirs wegen seines Glückskürbisses gern als Schwiegersohn sähe, stellt der Wesir drei Aufgaben. Zuletzt muß er zwei Perlen bringen. Khedr sagt ihm, daß diese in einem Fisch verborgen sind. Er beginnt den Fluß auszuschöpfen, dessen Wassermassen sich daraufhin sichtlich vermindern. Der Flußemir bemitleidet ihn und läßt ihm durch seine Diener 400 Perlen geben. Er zeigt zwei vor, aber der Wesir behauptet, sie seien aus der Schatzkammer gestohlen, worauf er weitere Perlen vorzeigt. Der Emir will ihm jetzt seine Tochter geben, der Wesir aber verjagt ihn. Später erlangt er sie dennoch zur Braut.

Li 1–9 sind dogmatisch korrekt, da der Zweifler ein jüd. Händler ist, der die Herrin heiraten darf, und eigentlich ein Christ werden sollte (wie auch in AaTh 849*).

[1] Durnovo, N. N.: Legenda o zaključennom bese v vizantijskoj i starinnoj russkoj literature. In: Drevnosti. Trudy slavjanskoj kommissii Imp. Moskovskogo Archeologičeskogo Obščestva 4, 1 (1907) 54–152, 319–326. Behandelt eigentlich AaTh 331; 103–131, 322–326 auch den Typ AaTh 862, den Durnovo für eine russ. Schöpfung des 14.–16. Jh.s unter Benutzung byzant. und westl. Vorlagen hält.

A = Afanas'ev, A. N.: Narodnye russkie legendy. M. 1860, 78, num. 20c = dass. ed. I. P. Kočergin. Kazan' 1914, 141sq., num. 20c = Durnovo (wie not. 1) 127sq. (Gouvernement Voronež, Kreis Bobruisk). –

B = Vinnikov, I. N.: Jazyk i fol'klor Bucharskich arabov. M. 1969, 33–42, num. 4 (kišlak Džógari, Gižduvanskogo rajona, 1938); zuerst erschienen in: id.: Materialy po jazyku i fol'kloru Bucharskich arabov. In: Sovetskoe Vostokovedenie 6 (1949) 120–145, hier 121–133, num. 1. –

G = Mgeladze, F.: Gurijskija legendy. In: Sbornik materialov dlja opisanija mestnostej i plemen Kavkaza 13/2 (Tiflis 1892) 72–74 (aus der Umgebung von Ozurgeti). –

H = Hammer-Purgstall, J. von: Rosenöl 2. Stg./Tübingen 1813 (Nachdr. Hildesheim/N. Y. 1971), 238–240, num. 112. –

Ka 1 = Durnovo (wie not. 1) 128 (S. Lifincev, Gouvernement Kaluga, Kreis Medynsk, Polotnjanyj zavod, 1901); fragmentarisch. –

Ka 2 = Durnovo (wie not. 1) 128 (V. Ja. Karneev, Gouvernement Kaluga, Kreis Peremyšl', Gemeinde Nedetovsk, Dorf Gorbenok, 1901); fragmentarisch. –

Li 1–9 = Ungedr. lit. Var.n nach einer von B. Kerbelytė besorgten Übersicht. 1: Anikščiai, Ende 19. Jh.; 2: Šiauliai; 3–7: Rokiškis; 8: Kėdainiai; 9: Švenčionys (beginnt mit AaTh 331). –

Ni = Nikiforov, A. I.: Severnye skazki. M./Len. 1961, 349, num. 123 (P. N. Filippova, Zaonež'e, Komlevo 1926); Zusammenfassung eines fragmentarischen Textes, der mit AaTh 756 B II schließt (der Mönch zeigt dem König die Zukunft). –

Sa = Sadovnikov, D. N.: Skazki i predanija Samarskogo kraja (Zapiski imperatorskogo Russkogo Geografičeskogo Obščestva po otdeleniju ėtnografii 12). St. Petersburg 1884, 308sq., num. 103 (A. Novopol'cev, Gouvernement Samara, Kreis Stavropol', Dorf Pomrjas'kino bzw. Novikovka, vor 1883).

Sm = Smirnov, A. M.: Sbornik velikorusskich skazok (Zapiski Imperatorskogo Russkogo Geografičeskogo Obščestva po otdeleniju ėtnografii 44). Petrograd 1917, 878sq., num. 353 (G. Kušnikov, Gouvernement Tobol'sk, Stadt Surgut, um 1895).

Tartu Uku Masing

Bladé, Jean-François, *Lectoure (Département Gers) 15. 11. 1827, † Paris 30. 6. 1900, aus alter Gaskogner Familie. Hilfsrichter in Lectoure von 1855 bis 1867, einer der ersten und tüchtigsten frz. Folkloristen des 19. Jh.s. B. sammelte in seiner Heimatprovinz eifrig Material der folgenden vier Gattungen: Sprichwörter, Rätsel, vor allem aber Volkspoesie (Lieder, Sprachformeln etc.) und Märchen. Diese unterteilte er in Märchen (contes proprement dits), Schwänke (récits) und Sagen (superstitions). Nur seine ersten Märchensammlungen enthalten auch den Text in der langue d'oc. Sie wurden von der Kritik sofort sehr günstig aufgenommen; R. → Köhler versah die Slg von 1874 mit Anmerkungen. Doch P. → Delarue (1,69) vermerkt in seiner Besprechung der drei 1886 erschienenen Märchenbände, welche an die früheren Veröffentlichungen anknüpfen: „Grundlegende Sammlung, wenn auch bestimmte Erzählungen vom Verfasser auf einen 'epischen' Stil hin überarbeitet worden sind; einige davon zweifelhaft". Seit 1874 rückte B. von seiner anfänglichen Texttreue ab und zögerte nicht, wie er selbst zugibt, bisweilen mehrere Märchen, die als verwandte Fassungen gelten konnten und von verschiedenen Erzählern stammten, in ein einziges umzuarbeiten. Das Märchen *La Reine châtiée* (*Contes populaires de la Gascogne* 1. P. 1886, 57–66) ist in die Nähe von Shakespeares *Hamlet* gerückt worden (cf. Lüthi, M.: *Volksmärchen und Volkssage*. Bern/Mü. 1961 [³1975], 97–108). Gegen Ende seines Lebens wandte sich B. immer mehr von der Folkloristik ab, um sich ganz einer Geschichte der Gaskogne zu widmen, deren Manuskripte jedoch verstreut sind. Das Werk blieb unvollendet und geriet in Vergessenheit.

Ausg.n: Contes et proverbes populaires recueillis en Armagnac. P./Auch 1867 (in gaskogn. Sprache). – Contes populaires recueillis en Agenais. Traduction française et texte agenais suivis de notes comparatives par R. Köhler. P. 1874. – Trois contes populaires, recueillis à Lectoure. Traduction française et texte gascon. Bordeaux 1877. – Poésies populaires en langue française recueillies dans l'Armagnac et l'Agenais. P./Agen 1879. – Proverbes et devinettes populaires recueillis dans l'Armagnac et l'Agenais. Texte gascon et traduction française. P./Agen 1880. – Poésies populaires de la Gascogne (Gaskogn. Text mit frz. Übers.). (Les Littératures populaires de toutes les nations 5–7) P. (1881–1882) 1967. – Contes populaires de la Gascogne 1–3 (Les Littératures populaires de toutes les nations 19–21). P. (1886) 1967.

Lit.: Lavergne, A.: J.-F. B., notice biographique et bibliographique. In: Bulletin de la soc. archéologique du Gers 4, 3. und 4. Quartal (1903) und Auch 1904. – Balde, J. (i. e. Jeanne Alleman): Un d'Artagnan de plume: J.-F. B. P. 1930. – Guillaumie, G.: J.-F. B. et les contes populaires de la Gascogne. Bordeaux 1943. – Dictionnaire de biographie française 6 (1954) 559sq. (R. d'Amat). – NUC Pre-1956 Imprints 60 (1969) 1sq.

Paris Marie-Louise Tenèze

Blancheflor → Floire et B.

Blasphemie, von griech. blasphemia (Schimpfrede, Lästerung), ist Gotteslästerung durch Worte, also eine wichtige Form des Sakrilegs, als Wortsünde bes. profiliert, weil sie bewußt, willentlich und prägnant formuliert wird (und damit Bekenntnischarakter hat) und weil hinter ihr der archaische Glaube an die Wirkkraft und Gefährlichkeit des Worts sowie die christl. Auszeichnung des Logos stehen. Der Gott des A. T.s belegt B. mit der Todesstrafe (Lev. 14sqq.: qui blasphemaverit nomen Domini, morte moriatur); nach Mk. 3, 28sqq. können alle Sünden vergeben werden, nur die Lästerung des Heiligen Geistes in Ewigkeit nicht. Für Thomas von Aquin ist Gotteslästerung die schwerste Sünde[1], für den Melanchthon-Schüler und Arzt Job Fincelius (*Wunderzeichenbuch*. Nürnberg 1556) das schlimmste Laster (in seinen Beispielerzählungen wird nur sie regelmäßig mit dem Tode bestraft[2]). Neben der direkt gegen Gott (oder den Heiligen Geist) gerichteten B. (blasphemia immediata) kennt die kathol. Lehre auch die blasphemia mediata: gegen Kirche, Religion, Heilige oder Heiliges gerichtet[3]. Im Bereich der Volkserzählung[4] liegt es nahe, die verbale Beleidigung eines „jenseitigen", „numinosen" Wesens zur B. in Beziehung zu setzen (B. im weiteren Sinne). Halb profanisiert leben bestimmte Aspekte der B. in der Majestätsbeleidigung (Gottkönigtum, Priesterkönigtum!) weiter.

Fromme Erzähler verschweigen, um sich nicht selber der B. schuldig zu machen, den blasphemischen Wortlaut; auch in der schriftlichen Überlieferung wird die B. oft nur umschrieben. Ein sard. Erzähler erklärte F. Karlinger, solches „dürfe man nicht nachsagen, sonst könne einen ein → Blitz treffen"[5]. Von Goliath heißt es nur: „blasphemavit Israel" (er lästerte Israel, 2. Sam. 21, 21). Relativ harmlose B.n aber können sogar im A. T. mitgeteilt werden: Kleine Buben schimpfen den Propheten Elisa „Kahlkopf" — als der Verhöhnte ihnen „im Namen des Herrn" flucht, kommen zwei Bären aus dem Walde und zerreißen 42 von den Kindern (2. Kön. 2, 23sq. — der heilige Narr Symeon von Emesa hingegen begnügt sich, losen Mädchen, die ihren Spott mit ihm treiben, Schielaugen anzuhexen, die besseren unter ihnen küßt er dann wieder gesund[6]). Scherz-B.n werden besonders gern referiert. So erzählt der Schweizer Chronist Heinrich Brennwald, im „Schwabenkrieg" (1499) hätten Landsknechte ein Dorf angezündet und dabei gespottet: „'Wo ist nun der Schwizer alter Gott, das er inen nüt hilft?' Der ander sprach: 'Er ist nüt daheim!' Der trit sprach: 'E, wir wend in massbrenen, ob er joch in dem himel ist, das in der rouch in die nas muess bissen'. Es liess [...] dise sach Got nüt lang ungerochen."[7]

In einem magdeburg. Dorf läßt der Wirt während eines Gewitters, bei dem es in der Stube ganz dunkel wird, trotz aller Warnungen nicht von Kartenspiel und Trunk ab, er ruft schließlich: „Der liebe Gott will uns nur Wasser vom Himmel schicken, ich will ihm einmal in Bier Bescheid thun!" und geht mit seinem Bierkrug vor die Tür — ein Blitz zerschmettert ihn: „Gott läßt sich nicht spotten"[8]. Ähnliches erzählt man sich im Erzgebirge von einem seine Hochzeit übermütig feiernden Steiger[9]. Urner Bergleute sollen nach der Entdeckung einer reichen Goldader im Wirtshaus bei geschlossenen Fensterläden und Kerzenlicht gezecht haben: „Wir brauchen des Herrgotts Licht nicht! [...], wir vermögen eigenes Licht"; darauf werden sie verschüttet[10]. Donner und Blitz erschlagen und verbrennen einen, der gesagt hat, drei Männer hätten „die ganze Welt betrogen": Moses, Mohammed, Christus[11]. Die B. des Einsiedlers in AaTh 756B (cf. → *Räuber Madej*): „Da will ich lieber mit drei Teufeln in die Hölle fahren als mit nur drei Engeln in den Himmel" zieht nicht immer wie in der hier zitierten Oberwalliser Variante[12] nur eine milde Belehrung nach sich. Auch die blasphemische Einladung an einen Toten oder Totenschädel, zum Essen zu kommen (AaTh 470A: → *Don Juan*), kann, wenn nicht Geistliche guten Rat wissen, schreckliche Folgen haben[13].

In schwankhaften Erzählungen hingegen bleiben respektlose Reden gegenüber Totengeistern straflos (AaTh 326: → *Fürchtenlernen*), ebenso gegenüber Gott (AaTh 1543: *Keinen* → *Pfennig weniger*: „Unser Herrgott ist ein alter Mann, der kann sich wohl um einen [Pfennig] verzählt haben"[14]); desgleichen die scheinfromme Rede des Hodscha, die den Namen Kryptoblasphemie verdient: „Der, der mir diese [999 Goldstücke] gegeben hat [Gott], wird mir auch noch das letzte geben"[15]. Schwänke, in denen der heilige Petrus verulkt wird und Christus als Schlaumeier agiert (AaTh 774, 785, 791), werden durchaus nicht als B.n gewertet. Natürlich auch die liebenswürdige Quasi-B. des neapolitan. Mönchs nicht: Als er, auf der Straße predigend, seine Zuhörer zu einer Pulcinellbude (Kasperlbude) überlaufen sieht, hebt er sein Kruzifix in die Höhe und ruft: „Ecco il vero Pulcinella!"[16] Für Witzerzähler werden Wendungen, die in anderem Zusammenhang oder von anderen Personen als B. empfunden würden, zur komischen Pointe: „Warum bekommt der Katholik die letzte Ölung? Das es nöd gixed, wänn er de Schirm zuetuet" (damit es nicht quietscht, wenn er abkratzt; „den Schirm zumachen": in der Schweiz redensartliche Metapher für „sterben". Das zitierte Beispiel neben andern blasphemischen Witzen 1977 in Zürich gehört).

Oft wird das blasphemische Wort begleitet von sakrilegischer Tat oder Gebärde: „Verliere ich das Spiel, so wil ich Gott im Himel erstechen", ruft einer (angeblich 1551 im Luzernischen bei Willisau) und wirft dann den Dolch in die Luft — der Teufel holt den Frevler[17]. Leute von Wassen, die beim Buttern die Litanei beten, werden von zwei Franzosen („Franzosenzeit" in der Schweiz: 1798/99) geäfft: „Wir haben kein Brot, — nix für uns, Wir haben kein Käs, — nix für uns"; als die Spötter ein tüchtiges Stück Butter geschenkt bekommen, schleudern sie es „dem Herrgott in der Schroten" (Kruzifix oder Bild Christi im „Herrgottswinkel" der Stube) zu mit den Worten: „Da, friß-ä!" Der Bauer erschlägt die beiden mit seiner Axt[18].

Spezifische Gottesstrafen für B.: Blitzschlag, plötzlicher Schlagfluß; spezifische weltliche Strafe: Ausreißen der Zunge[19] (spiegelverkehrte Analogie dazu: Herodias zerrt aus dem Haupt Johannes des Täufers die Zunge heraus und zersticht sie[20]). Daneben zahlreiche andere Strafarten.

Wie die Beispiele zeigen, sind vor allem Exempla, Legenden und legendennahe Erzählungen, Sagen, Schwänke und Witze Träger von B.-Motiven. Je nach Gattung unterscheiden sich ihre Funktion und Wirkung, Färbung und Dosierung; der Schreck- und Warnfunktion steht die Ventilfunktion (psychohygienische Wirkung in Schwank und Witz[21]) gegenüber. In sagen- und legendenhaften Erzählungen hat die B. als ein Unerhörtes, Erschreckendes Eigenwert (Schockwirkung) und ist zugleich Motor der Handlung, Auslöser von Reaktionen weltlicher oder überweltlicher Instanzen. Die Wertung der B. ist in diesen Erzählgattungen prononciert negativ: Wer B.n ausstößt, ist ein Frevler, seine Haltung ist vermessen — daß einer den verzweifelten Versuch macht, durch bewußte B. Gott zu einer Reaktion herauszufordern, die seine Existenz beweist, kommt höchstens in schwachen Ansätzen zur Geltung (Bezweiflung eines Bibelwortes, Mot. D 2011.1, cf. unten). Mit Vorliebe werden B.n Angehörigen einer outgroup oder sonst wie Außenstehenden in den Mund gelegt.

Das Märchen, namentlich das Zaubermärchen, zeigt primär kein unmittelbares Interesse für Religiöses, deshalb hat B. in ihm keinen ausgezeichneten Platz. Aus den KHM sind immerhin bekannt geworden der blasphemische Ausspruch der Fischersfrau: „Ich will werden wie der liebe Gott" (KHM 19, AaTh 555 — cf. den Vorwurf der Pharisäer, Schriftgelehrten und Priester, daß Christus sich blasphemisch Gott gleichsetze: Mt. 9, 3: Hic blasphemat; 26, 65: blasphemavit; Lk. 5, 21: loquitur blasphemias; Joh. 10, 33: blasphemia; [...] facis teipsum Deum), und die Kritik des armen Mannes an Gott: „Ich will dich nicht zum Gevatter, du giebst den Reichen und läßt die Armen hungern" (KHM 44, AaTh 332). Im ersten Fall tritt unmittelbare Bestrafung ein, der zweite ist komplexer.

Sonderformen. Grenz- und Randerscheinungen. (1) „Blasphemische" Beleidigung von Naturwesen (Feld-, Wald-, Wassergeistern etc.) und anderen „Jenseitigen" spielt in Sagen, Volksbüchern, Märchen eine bedeutende Rolle; Modellbeispiele: Der junge Bauer, der eine Fee heiratet, verspricht ihr, sie niemals „Fee" oder „verrückt" zu nennen (ni fēa, ni dōb); nach sieben Jahren glücklicher Ehe entfährt ihm doch das Wort dōb — die Frau geht auf und davon[22]. Zwerge darf man nicht „Zwerge" nennen, nur „kleine Männlein"[23]. Beides Parallelen zum Verbot, den Namen Gottes auszusprechen (Ersatzwort für Jahwe: Herr, cf. unten), zugleich aber allgemeiner: Verbot (Tabu), die übernatürliche Gattin zu beleidigen (Mot. C 31.4, cf. C 31.9, C 32.2, C 51.3, C 94.4, C 421, C 423, C 430–435; → Tabuvorstellungen).

(2) Daß schon die bloße Nennung des Namens Gottes oder anderer übernatürlicher Wesen B. bedeutet, wird verständlich aus dem Glauben, durch Namengebung sei Macht über die Benannten zu gewinnen[24] (→ Name); jede Benennung, jede Festlegung oder Einengung des Unnennbaren, Unfaßbaren auf ein bestimmtes Wort tut ihm unrecht, jeder Versuch, ihn zu zwingen, ist Sünde. Schweigen, Geheimniswahrung ist Bestandteil vieler Initiationsbräuche[25]. Auch der Name des Teufels wird tabuiert: Wer ihn nennt, wird vom Teufel geholt (er oder der von ihm zum Teufel Gewünschte; Parallele: auf den offenbar als B. gewerteten Seufzer „Deusmi!" [= mein Gott!"] erscheint im sard. Blaubartmärchen ein verderbenbringender teuflischer Unhold[26]; → Ach).

Umgekehrt ist auch Leugnung des Teufels „gotteslästerlich“[27]. Der Teufel seinerseits speit greuliche Gotteslästerungen wider Christus aus[28].

(3) Minimal-B. und Verschiedenes: Schon die Äußerung von Unzufriedenheit mit dem Wetter (zu kalt, zu heiß) hat schwere Jenseitsstrafe (Büßen im Gletschereis: „kalte Pein“) zur Folge[29]. Indirekt wird Unzufriedenheit mit dem Wetter im Sagentyp „Unseres Herrgotts Wetter“ gebrandmarkt: Auch schlechtes Wetter ist „gut“, denn es ist gottgewollt[30]. Bekundung von Erstaunen angesichts eines Wunders kann als blasphemisch bestraft werden (Mot. C 491, D 512), und auch Mitleid mit den in der Hölle Leidenden ist B., es bedeutet Kritik an Gottes Urteil (der mitfühlend weinende Dante wird getadelt[31]; cf. das in zahlreichen Märchen vorkommende → Mitleidsverbot). Hingegen wird Kritik an der angeblich gottgewollten politischen Weltordnung in Volkserzählungen kaum je als B. dargestellt. Selbst Bezweiflung von Bibelworten (Mot. D 2011.1: Mönch von Heisterbach, Mönch Felix) ist nicht unbedingt B.[32] Andererseits kann im konfessionellen Eifer Lästerung der „Wahrheit“ (nämlich der Lehre Luthers) der B. gleichgestellt werden: der Lästerer wird „vom Donner geschlagen [...] und gar versenget“[33]. Bedeutungsvoll und nachdenkenswert ist die ahnungslos blasphemische Beleidigung Gottes in Gestalt eines Armen (KHM 135: Der liebe Gott als armer Mann fragt: „Wo führt der Weg ins Dorf?“ Antworten: „Sucht ihn selber“. „Nehmt Euch einen Wegweiser mit“).

→ Fluch, Fluchen, Flucher, → Frevel, Frevler, → Sakrileg.

[1] Thomas von Aquino, Summa theologiae 2.2, quaestio 13, 3–4. – [2] Brückner, 348 (H. Schilling). – [3] Wetzer und Welte's Kirchenlex. 2. Fbg [2]1883, col. 916. – [4] v. Mot. C 10–35, C 40–50, C 51.3, C 51.6, C 66, C 94.3, C 94.4, C 420–423, C 430–435, C 454, E 512, J 1164, Q 221.3, Q 451.3.4, Q 551.6. 5.1, Q 558.4, V 34.3, V 254.3.1; Tubach, num. 672–685, 773, 1386, 1749, 1753, 2267, 2789, 4904, 4906, 5106. – [5] Briefliche Mitteilung von F. Karlinger an Verf. (30. 7. 76). – [6] MPG 93, 1727–1730; übers. bei Lietzmann, H.: Byzant. Legenden, Jena 1911, 73sq. – [7] Brennwald, H.: Schweizer Chronik. ed. R. Luginbühl. (Q.n zur Schweizergeschichte. N. F. 1. Abt. 2.). Basel 1910, 390sq.; cf. Zehnder, L.: Volkskundliches in der älteren schweiz. Chronistik. Basel 1976, 660. – [8] Temme, J. D. H.: Die Volkssagen der Altmark. B. 1839, 59sq. = Grässe, J. G. T.: Sagenbuch des Preuß. Staats 1. Glogau (1867) 216sq. – [9] Heilfurth, G.: Bergbau und Bergmann in der dt.sprachigen Sagenüberlieferung Mitteleuropas. Marburg 1967, 633; cf. den ganzen Abschnitt Gottlosigkeit und Mißachtung des Heiligen, 629–642, sowie Pfeifen, Fluchen und Lästern unter Tage, 545–557. – [10] Müller, J.: Sagen aus Uri 1. Basel (1926) [2]1969. 273sq.; cf. Heilfurth (wie not. 9) 634. –

[11] Pauli/Bolte, num. 458; cf. Alsheimer, R.: Das Magnum speculum exemplorum als Ausgangspunkt populärer Erzähltraditionen, Bern/Ffm. 1971, 155. – [12] Jegerlehner, J.: Sagen und Märchen aus dem Oberwallis, Basel 1913, 47. – [13] cf. Petzoldt, L.: Der Tote als Gast. Volkssage und Exempel (FFC 200). Hels. 1968. – [14] Neumann, S. (ed.): Volksschwänke aus Mecklenburg. Aus der Slg R. Wossidlos. B. 1965, 60. – [15] Hodscha Nasreddin 2, 27. – [16] So berichtet A. von Platen in seinem Brief vom 19. 8. 1830 (aus Sorrent) an L. von Ranke; v. Oncken, H.: Aus Rankes Frühzeit. Gotha 1922, 146–149, hier 149. Nach H. Bausingers Mittlg (14. 4. 77 an Verf.) um 1961 in Bari mündlich zirkulierend. Es handelt sich offensichtlich um einen aus der Lit. stammenden Topos: Einige Kirchenväter versuchten, die Schaulust der Christen auf die „spectacula christiana“ zu lenken. Nach Tertullian übertrifft das Schauspiel des Jüngsten Gerichts alle Schauspiele der Heiden; Augustin meint, statt der Kunst des Seiltänzers solle man Petri Fähigkeit, auf dem Meere zu wandeln, bewundern; er nennt das Martyrium ein herrliches Schauspiel (Quid hoc spectaculo suavius?), und als Prediger wünscht er sich ebensolche Aufmerksamkeit wie man sie einem bezahlten Schauspieler schenkt. Diese und andere Belege bei W. Weismann: Kirche und Schauspiele. Würzburg 1970, 107–110, 113–118, 164, 173sq., 182sq., 185. Die nicht blasphemisch gemeinten Vergleiche der Kirchenväter spitzen sich im Munde des Bettelmönchs ungewollt oder (halb) gewollt zur B. zu. – [17] Brückner, 167; aus dem „Wunderwerck und Wunderzeichen Buch“ des luther. Kompilators Kaspar Goltwurm (1557, 1567); cf. 348, 477. – [18] Müller (wie not. 10) 3 (1945/[2]1969) 238, ähnlich 2 (1929/[2]1969) 47: „Da friß wie ein Pudelhund!“ (glückloser Viehhalter) 273–276, cf. 166 und 276: „Da hesch! bisch äu mägärä!“. – [19] Zehnder (wie not. 7) 403. – [20] Martin von Cochem: Das große Leben Christi. Maria-Cell 1753, cap. 85, 491, zitiert bei Kretzenbacher, L.: Salomes Tanz zum Tode. In: Alpes orientales 5 (1969) 183–200, hier 194. –

[21] cf. Ranke, K.: Schwank und Witz als Schwundstufe. In: Festschr. W.-E. Peuckert. ed. H. Dölker. B. 1955, 41–59. – [22] Rossat, A.: Les 'fôles', contes fantastiques patois recueillis dans le Jura bernois. In: SAVk. 15 (1911) 153sq.; übers. in:

Wildhaber, R./Uffer, L.: Schweizer Volksmärchen. MdW 1971, 108; cf. Jegerlehner, J.: Sagen aus dem Unterwallis, Basel 1909, 125, 182. – [23] Sooder, M./Käser, H.: Habkern. Basel 1964, 142; dazu Trümpy, H.: Der Wandel im Sagenbestand eines schweiz. Bergdorfes während eines Jh.s. In: HessBllfVk. 58 (1967) 79. – [24] HDA 3, 983–994. – [25] cf. Roloff, V.: Reden und Schweigen. Mü. 1973, 90–102, 186sq. – [26] Karlinger, F.: Inselmärchen des Mittelmeeres. MdW 1960, 215 (Mot. C 21, cf. AaTh 311/312). – [27] Vonbun, F. J./Beitl, R.: Die Sagen Vorarlbergs. Feldkirch 1950, 85. – [28] Brückner, 160; cf. Mot. G. 303.9.8.11. – [29] Müller (wie not. 10) 3, 37–41; cf. Jegerlehner (wie not. 12) 167sq. – [30] Müller, I./Röhrich, L.: [Dt. Sagenkatalog]. 10: Der Tod und die Toten. In: DtJbfVk. 13 (1967) 346–397, hier 354 C 2; weitere Nachweise: Walliser Sagen 1. Brig 1907, 266; Müller (wie not. 10) 3, 292sq.; Büchli, A.: Mythol. Landeskunde von Graubünden 2. Aarau 1966, 353, 378, 742. –
[31] Divina Commedia. Inferno 20, 25–30; dazu der Kommentar des Anonimo Fiorentino (14. Jh.) 1, 442sq. (ed. P. Fanfani. Bologna 1866): Jeder muß zufrieden (contento) sein mit solcher giustizia di Dio, wie tief auch der Grad seiner Einstufung ist. Noch pointierter Thomas (wie not. 1): „sancti de poenis impiorum gaudebunt", „considerando in eis divinae iustitiae ordinem": Freude der Heiligen, nicht aus Sadismus, sondern in Anbetracht der Gerechtigkeit der göttlichen Anordnung (Summa theologiae 3, Suppl. 94, 3). – [32] Beispiele und Lit.: Röhrich, Erzählungen 1, 124–145, 274–280. – [33] Brückner, 668, cf. 499.

Zürich Max Lüthi

Blaubart → Mädchenmörder

Blaue Bibliothek → Bibliothèque bleue

Blei

1. Das Metall B. (Pb) kann kulturgeschichtlich als das älteste genützte Metall gelten[1]. Es ist schon im 4. Jahrtausend a. Chr. n. in Vorderasien ausgeschmolzen worden, kleine B.güsse mit göttlichen Paaren haben sich beispielsweise in hethit. Funden ergeben. Maßgebend war für die weitere „Stoffheiligkeit" des leicht schmelzbaren dunklen Metalles seine Zuordnung zum Planeten Saturn-Kronos, die sumerisch und babylonisch gegeben ist[2]. Diese astronomisch-astrologischen Zuordnungen haben ihren Niederschlag in vorderasiat. Sagen wie der vom phryg. König → Midas gefunden, der als Finder des „schwarzen" wie des „weißen" B.s (Zinn) angesehen wurde. Midas galt auch als Sohn der Kybele, was die Zuordnung von kleinen B.güssen mit Darstellungen einer Muttergestalt in diesen Glaubensbereich des 2. und 1. vorchristl. Jahrtausends ermöglicht[3]. Die Beziehungen des B.glaubens als Urgötterglaube mit astraler Bindung können durch Bergleute weiter bekannt gemacht worden sein. Auf Erzählungen dieser Zeit weisen vermutlich die kleinen B.güsse von Tieren, nämlich Pferd, Heuschrecke, Skorpion, Vogel (vielleicht Taube) hin, wie sie im Gelände des Ischtartempels von Assur gefunden wurden. Weit häufiger sind freilich B.plättchen mit Strichzeichnungen, die durchweg erotische Bedeutung gehabt haben dürften[4]. Die frühe Metallzeit der Alten Welt ist also auch eine „Bleizeit" gewesen, in der man kultische und wohl auch magische Formeln in B. goß oder ritzte[5]. Was man dazu erzählt haben mag, ist nicht faßbar. Es sind wohl im späteren Sinn Sagen gewesen.

[1] Hofmann, K. B.: Das B. bei den Völkern des Altertums. B. 1885; Hoops Reall. 3, Lfg 1/2 ([2]1976) 72–75. – [2] Kolisko, L.: Sternenwirken in Erdenstoffen. Saturn und B. Heidenheim 1952. – [3] Jeremias, A.: Hb. der altoriental. Geisteskultur. B./Lpz. [2]1929, 86–88. – [4] Bossert, H. T.: Altanatolien. B. 1942, 39–41. – [5] Schmidt, L.: Heiliges B. in Amuletten, Votiven und anderen Gegenständen des Volksglaubens in Europa und im Orient (Leobener Grüne H.e 32). Wien 1958. –

Wien Leopold Schmidt

2. Im neueren Erzählgut spielen vor allem die speziellen Eigenschaften sowie die verschiedenen Verwendungsmöglichkeiten des B.s eine Rolle. Die Schwere des Metalls wirkt belastend und aktionshemmend. Der Held in einigen Fassungen zu AaTh 400 (→ *Mann auf der Suche nach der verlorenen Frau*) muß daher auf seiner langen Wanderschaft Schuhe aus B. tragen[1]. In Frevelsagen schleppen sich die Missetäter nach dem Tode mit bleiernen Schuhen oder Mänteln ab, wie etwa ein Wucherer aus Köln[2]. In Fassungen zum Märchenkomplex von den klugen Rätsellösern wird die Frage nach dem

Schwersten auf Erden mit B. beantwortet[3]. Der niedrige Schmelzpunkt läßt kochendes B. oft als ein leicht zu erstellendes Straf- und Tötungsmittel erscheinen[4], so schon in der altnord. *Beverssaga*[5]. In dän. Erzählungen gießt ein Mörder seinem Opfer flüssiges B. ins Ohr[6]. Heilige können dagegen das Eintauchen in geschmolzenes B. unversehrt überstehen[7]. Ebenfalls unbeschadet erträgt in verschiedenen ma. Erzählungen Salomos ungetreue, sich totstellende Gattin die Probe der Ärzte, ihr flüssiges B. auf die Hand zu gießen[8].

B.kugeln waren nach Erfindung der Handfeuerwaffen lange Zeit üblich. Ein fahrender Schüler zeigt daher einem Jäger, dem es an B. mangelt, eine B.ader[9]. Hexen, Zauberer etc. sind gegen B.kugeln gefeit. Nur Silberkugeln (meist aus Erbsilber) können sie töten[10]. Ein Urwunsch der Alchemisten war es, B. in Gold umwandeln zu können[11]. Schon von Zosimos von Panopolis (4. Jh. p. Chr. n.), dem ersten nachweisbaren Alchemisten, wird erzählt, daß er bei solchen Versuchen von einem homunkulusartigen B.dämon beraten worden sei[12]. Solche Figuren kommen auch in ma. Erzählungen vor[13]. Dem Eisenhans im gleichnamigen KHM 136 (cf. AaTh 502 *Der wilde* → *Mann* und AaTh 314: → *Goldener*) entspricht in einer modernen russ. Variante ein Mann mit einer Erzstirn und einem B.bauch[14].

Die schon der Antike und dem MA. bekannte magische Praxis, Krankheit und Gift an sich ziehende B.amulette am Körper zu tragen[15], spiegelt vielleicht eine Tiroler Sage wider, nach der ein Jäger einen Drachen mit einer wohlgezielten Kugel erlegt. „Aber der Jäger fiel ebenfalls wie todt nieder, weil das Blei [hier in fernsympathetischer Wirkung] das Gift anzieht"[16].

Wohl auf alchemistischer Anschauung beruht die konträre Handlung der Zwerge, wenn sie undankbaren oder gierigen Schatzsuchern das Gold zu B. verwandeln[17]. Überhaupt kann B. auch das Signum des Wertlosen haben. Ein seine schlechte Entlohnung beklagender Diener, der dem Fürsten nicht glauben will, daß es ihm in Wahrheit nur an Glück fehle, bekommt zwei mit Gold und B. gefüllte Holzkästchen vorgesetzt: Glücklos wählt er prompt das B. (Mot. J 1675. 3)[18]. Anders wertete die ma. Parabel von der Kästchenwahl: Ein Mädchen soll zwischen Gold, Silber und B. wählen und trifft in kluger Bescheidenheit mit dem unscheinbaren bleiernen Kästchen das Richtige (Mot. L 211)[19], ein Motiv, das auch Shakespeare im *Kaufmann von Venedig* (2, 7) verwendete.

[1] Kristensen, E. T.: Aeventyr fra Jylland 1. Kop. 1881, 26–38, num 3; Hansen 400 IV**g. – [2] Zaunert, P.: Rheinland-Sagen 2. Jena 1924, 8–12. – [3] Vries, J. de: Die Märchen von klugen Rätsellösern (FFC 73). Hels. 1928, 94. – [4] Mot. Q 414.1. – [5] Boberg Q 414.1. – [6] Fb. 3, 1180sq. – [7] Loomis, C. G.: White Magic. Cambridge, Mass. 1948, 33. – [8] Wesselski, MMA, 197sq. – [9] Müller, J.: Sagen aus Uri 1. Basel 1926, 210sq., num. 301. – [10] StandDict. 2, 610. – [11] ibid. – [12] Jung, C. G.: Einige Bemerkungen zu den Visionen des Zosimos. In: Eranos-Jb. 5. Zürich 1937, 15–54, hier 22sq. – [13] von Beit 2, 21. – [14] Ončukov, N. E.: Severnyja skazki. St.-Peterburg 1908, 358–363, num. 150. – [15] HDA 1, 1388. – [16] Förstner, C.: Kyffhäusersagen. Quedlinburg s. a., 22. – [17] Heyl, J. A. (ed.): Volkssagen, Bräuche und Meinungen aus Tirol. Brixen 1897, 492, num. 54. – [18] Pauli/Bolte, num. 836 (mit weiteren Nachweisen). – [19] Wesselski, MMA, 57, num. 18.

Göttingen Kurt Ranke

Bleichsteiner, Robert, *Wien 6. 1. 1891, † Wien 10. 4. 1954, Orientalist, Kaukasist und Völkerkundler. 1914–22 am Wiener Institut für Osten und Orient, dann am Museum für Völkerkunde, 1945–54 dessen Direktor. 1913 Dissertation über Firdausīs *Šāh-nāme*[1], 1922 Habilitation mit *Kaukas. Forschungen*[2].

Von seinen Hauptinteressengebieten Religionsgeschichte und Mythologie (einschließlich Indologie und Tibetologie) ergaben sich dauernde Beziehungen zur Märchenforschung. 1917 leistete er umfangreiche Aufzeichnungen kaukas. Märchen im Kriegsgefangenenlager Eger[3]. Seine Sammeltätigkeit war durch die Wiener → mythologische Schule (L.von Schröder, G. Hüsing, W. Schultz) angeregt, in deren Zs. *Mitra* er 1914 seinen bahnbrechenden Aufsatz über *Iran. Entsprechungen zu Frau Holle und Baba Jaga*[4] erscheinen ließ. Vierzig Jahre später kam er in seinen *Perchtengestalten in Mittelasien*[5] darauf zurück. Märchenverwandte kaukas. Lit. wurde von ihm sachkundig übertragen[6]. B. hat neben A. Dirr Entscheidendes zur Märchenforschung bei den Kaukasusvölkern geleistet.

[1] Die Götter und Dämonen der Zoroastrier in Firdusis Heldenbuch von Eran. Diss. Wien 1913. – [2] Kaukas. Forschungen 1 [einziger Band]. Georg. und mingrel. Texte (Osten und Orient. R. 1., t. 1). Wien 1919. – [3] Veröff. in: Kaukas. Forschungen 1 (wie not. 2); dazu: Eine georg. Ballade von Amiran (Ber.e des Forschungsinstitutes für Osten und Orient 2). Wien 1918, 148–172; Texte der von den Mingreliern gesungenen Lieder. Transkription und Übers. von R. B. In: Lach, R.: Gesänge russ. Kriegsgefangener 3/2 (SB.e der Akad. der Wiss.en in Wien. Phil.-hist. Kl. 205/1). Wien/Lpz. 1930, 43–63. – [4] In: Mitra. Mschr. für vergleichende Mythenforschung 1 (1914) 65–71. – [5] In: Archiv für Völkerkunde 8 (1953) 58–75. – [6] z. B. Tschonkadze, D.: Die Burg von Surami. Wien 1940; Der Mann im Pantherfell. Ein georg. Minnesang aus dem 12. Jh. (Asien-Ber.e 5). Wien 1940, 16–25; Eine georg. Erzählung über den Räuberhauptmann Köroghlu. In: Leipziger Vjschr. für Südosteuropa 6 (1942) 73–84; Heldenlieder der Daghestanvölker (Asien-Ber.e 13/14). Wien 1942, 9–23.

Bibliogr.: Schmidt, L.: R. Bleichsteiner †. In: Archiv für Völkerkunde (1954) 1–7 [mit Porträt]. – The Library of the Late R. B. A Fine Collection of Books on Caucasian, Uralian and Altaic Languages [. . .]. Leiden: E. J. Brill 1955 [Antiquariatskatalog num. 202]. – NUC Pre-1956 Imprints 61 (1969) 143 sq.

Wien Leopold Schmidt

Blendung gehört, wie das Herausschneiden der Zunge, das Abschneiden von Nase und Ohren, das Abhacken einzelner Glieder, seit alters zu den grausamen Körperstrafen[1]. Sie erfolgt durch Ausbrennen, Ausstechen, Ausquetschen oder Zerschneiden der Augen mit Hilfe von Spießen, Pfeilen oder Messern, auch werden die Augen mit den Fingern herausgedreht. Geblendete waren in der Begehung weiterer Verbrechen behindert. Sie dienten schon in der Antike als willfährige Arbeitssklaven in Bergwerken und Steinbrüchen[2]. Massenblendungen von Gefangenen als Strafmittel im Krieg kennen Perser, Griechen und Römer, sie sind auch aus der Zeit der Christenverfolgungen unter Diokletian überliefert[3]. Bis in die Neuzeit bildeten B.en einen festen Bestandteil vieler Strafgesetzbücher; geahndet wurden auf diese Weise u. a. Verschwörung, Treuebruch, schwerer Diebstahl und Vergewaltigung[4].

1. Aus vielen Kulturbereichen sind Volkserzählungen bekannt, in denen Gesetzesübertretungen mit sofortiger B. bestraft werden. Europ., nordamerik., afrik. und ind. Mythen und Sagen erzählen von Kriminellen, die Meineid, Diebstahl, Notzucht, Inzest, Ehebruch[5], Raub oder Mord (Mot. Q 451.7 – Q 451.7.5) mit dem Verlust ihrer Sehkraft büßen müssen. Im Sinn des at. Grundsatzes „Auge um Auge, Zahn um Zahn" (Lev. 24, 20) nötigt ein geblendeter und kastrierter Sklave seinen Herrn, sich zu blenden oder zu kastrieren, andernfalls werde er dessen Kinder vom Turm stoßen. Obwohl die Aufforderung befolgt wird, springt der Sklave mit den Kindern vom Turm (→ Rache des Kastrierten, → Talion).

2. Auch das Märchen kennt die gewaltsame B. bei Vorliegen strafbarer Handlungen[6]. So werden einem Dieb die Augen ausgestochen[7], oder ein untreuer und verräterischer Diener verliert nach Aufdeckung der Tat sein Augenlicht[8]. Weit häufiger aber sind im Märchen Habgier, Neid und Eifersucht die Beweggründe für die Schädigung anderer. Körperliche Defekte erschweren das Bestehen von → Bewährungsproben. Darüber hinaus entspricht die Kombination B./Blindenheilung (→ Blind, Blindheit) der vielen Märchen und Märchenepisoden zugrundeliegenden Struktur: Aufgabe und Lösung.

In bestimmten Versionen von AaTh 613 (*Die beiden → Wanderer*) wird der Held beraubt und geblendet oder muß seine Augen als Zahlungsmittel für Speise und Trank opfern. Durch → Belauschen erfährt er von der rettenden Substanz für seine Augen und kann sich sowie andere heilen, was ihn schließlich zum Gemahl der Königstochter aufsteigen läßt. Sein persönliches Unglück ist die Voraussetzung für den Erfolg, seine Schädiger hingegen finden den Tod[9]. Die B. des Helden gehört neben der Befreiung der Königstochter zu den konstitutiven Motiven des Typs *Die treulose* → *Mutter* (AaTh 590)[10], wo die Mutter ihrem Sohn erst den Stärketalisman entwendet und ihm dann während des Schlafs die Augen aussticht[11]. Doch dem unschuldig Geschädigten wird, wie in vielen anderen Märchen auch, geholfen: Ein → Löwe bringt Lebenswasser, der Held befreit die Königstochter und heiratet sie. Im Zyklus von der unterschobenen → Braut blendet oder verstümmelt die falsche Braut (die Stiefmutter oder Stiefschwester) die richtige Braut[12], z. B. in Varianten von AaTh 533 (*Der sprechende* → *Pferdekopf*). Häufig trifft die B. aber im Sinne ausgleichender Gerechtigkeit die Schädiger selbst.

In *Aschenputtel*-Varianten (AaTh 510 A: → *Cinderella*) werden den bösen Schwestern die Augen von Tauben ausgepickt als Strafe für „Bosheit und Falschheit", wie es in der Grimmschen Version (KHM 21) heißt. Für H. von → Beit stellen die Tauben die „unbewußte Phantasie-Aktivität und die Wünsche der Heldin" dar[13], doch ist es wohl eher ein ethisches Motiv, das u. a. ähnlich schon in den *Vögeln* des Aristophanes (V. 1610–1613) begegnet, wo der Rabe jeden Meineidigen seiner Augen beraubt, oder bei Älian (*De natura animalium* 8, 20), wo der Storch den Ehebruch der schönen Alkinoe rächt und ihr die Augen ausschlägt. Aus seinem ursprünglichen Zusammenhang gerissen und verfremdet findet sich das Motiv in einem ung. Märchen[14], in dem zu Anfang den Zuhörern angedroht wird, Krähen würden ihnen die Augen auspicken, wenn sie nicht aufmerksam zuhörten.

3. Weit verbreitet sind Erzählungen, in denen übermächtige Gegner oder Wächter dank einer List geblendet werden. Odysseus macht den einäugigen Zyklopen Polyphem betrunken und bohrt ihm einen glühenden Pfahl ins Auge (cf. AaTh 1135–1137: → *Polyphem*; in manchen Versionen Vorwand, das kranke Auge heilen zu wollen). Tierische Exkremente verursachen nach landläufigen Vorstellungen sofortige Sehuntauglichkeit infolge der ätzenden Säuren. So verliert die Hexe durch Schwalbenkot ihre Sehfähigkeit[15], ebenso Tobit im apokryphen *Buch Tobit* (2, 10sq., cf. AaTh 505–508: → *Dankbarer Toter*); in einem russ. Märchen pißt ein Stier seinem Verfolger, einem Bären, die Augen blind[16]. In entferntem Zusammenhang steht zweifellos die bes. in Nord- und Südamerika sowie in Europa bekannte Erzählung → *Wache blenden* (AaTh 73). Hier spritzt das Kaninchen Tabaksaft in die Augen seines Wächters, er erblindet, und das Kaninchen entflieht. Tiere, aber auch Zwerge im Dienst des Helden blenden dessen überstarke Gegner[17], und häufig werden Riesen und Drachen zunächst geblendet und dann getötet. Herausgenommene Augen und Zunge gelten als Nachweis für die Tötung der Heldin, etwa in AaTh 706: → *Mädchen ohne Hände* oder AaTh 462: *The Outcast Queens and the Ogress Queen.*

4. Im christl.-jüd. und ind. Kulturkreis ist die Selbstblendung als asketische Handlung bekannt[18], um Versuchungen zu entgehen und sich Verlockungen gegenüber durch Abwenden der Augen wie ein Blinder zu verhalten (cf. Mt. 5, 29; 18, 9). Der Rabbi Mathinja ben Cheresch aus Rom blendet sich eigenhändig, um den Verführungskünsten einer hübschen Frau nicht zu erliegen (Mot. T 333.3.1)[19], gleiches vollbringt ein ir. Heiliger, als er zur Heirat gezwungen werden soll (Mot. T 327.3). Aus religiösen Gründen wird hier Selbstschädigung toleriert, sonst aber gemeinhin abgelehnt. Aus den → *Gesta Romanorum* (cap. 73) ist eine Erzählung überliefert, in der sich ein Mann freiwillig blenden läßt, um als Blinder die in Rom einmal jährlich vom König gewährten 100 Denare zu kassieren. Doch der Betrugsversuch scheitert. In der Exempelliteratur hat diese Erzählung weite Verbreitung gefunden (Tubach, num. 708)[20].

Im Schwankmärchen *Die drei → Doktoren* (AaTh 660) gerät – der Schwank als Schwundstufe![21] – die Selbstblendung zur Groteske: Zum Beweis seiner ärztlichen Kunst sticht sich einer der drei Doktoren die Augen aus und will sie am nächsten Morgen wieder einsetzen. Doch über Nacht werden die Augen gestohlen und Katzenaugen an ihre Stelle gelegt. Mit diesen kann der Arzt nur noch nachts sehen. Ähnlich „behindern" die Selbstverstümmelungen seine beiden Gefährten.

Auch sonst parodiert der Schwank die Selbstverstümmelung (→ Auge). Im kontaminationsreichen Schwank vom → *Augenwerfen* (AaTh 1006) sticht ein Freier Schafen und Kälbern die Augen aus, um sie seiner Braut zuzuwerfen, mißversteht also in absurder Weise eine sprichwörtliche Redensart.

→ Neidischer und Habsüchtiger (AaTh 1331), → Schädigung, → Selbstschädigung.

[1] Quanter, R.: Die Leibes- und Lebensstrafen bei allen Völkern und zu allen Zeiten. Lpz. [2]1906 (Ndr. Aalen 1970) 300–308; Kretschmer, R.: Geschichte des Blindenwesens [. . .]. Ratibor 1925, 84, 97–117. – [2] Esser, A.: Das Antlitz der Blindheit in der Antike. Leiden [2]1961, 106. – [3] Kretschmer (wie not. 1) 114–117; Esser (wie not. 2) 41–51. – [4] Schöffler, M.: Der Blinde im Leben des Volkes. Lpz./Jena 1956, 116sq. – [5] StandDict. 1, 147; Pauli/Bolte, num. 226. – [6] Röhrich, Märchen und Wirklichkeit, 123–158. – [7] Zingerle, I. und J.: Kinder- und Hausmärchen aus Tirol. ed. O. von Schaching. Regensburg/Rom [2]1916, 339–351. – [8] Tegethoff, F.: Frz. Volksmärchen 1. MdW 1922, 52–61, num. 8. – [9] Lüthi, M.: Gebrechliche und Behinderte im Volksmärchen (1966). In: id.: Volkslit. und Hochlit. Bern/Mü. 1970, 48–62, hier 58sq. – [10] Ranke 2, 330. –
[11] Art. B. In: HDM 1, 270–275, hier 272 (H. Wetter). – [12] HDM 1, 271sq. – [13] von Beit 1, 732. – [14] Jones, W. H./Kropf, L. L.: The Folk-Tales of the Magyars. L. 1889, 1–6, num. 1. – [15] HDA 1, 708; Basile 4, 5; Mot. H 1191. – [16] Afanas'ev 2, 94–97, num. 202. – [17] HDM 1, 272; von Beit 1, 773. – [18] Esser (wie not. 2) 67, 90; RAC 2 (1954) 443sq. – [19] Friedmann, M.: Der Blinde im bibl.-rabbin. Schrifttume. Wien 1873, 95. – [20] Pierre Gringore's les fantasies de Mere Sote. ed. R. L. Frautschi. Chapel Hill 1962, 159–163, num. 18. –
[21] cf. Ranke, K.: Schwank und Witz als Schwundstufe. In: Festschr. W.-E. Peuckert. ed. H. Dölker. B. 1955, 41–59.

Göttingen Hans-Jörg Uther

Blind, Blindheit

1. Allgemeines – 2. Natürliche und übernatürliche Ursachen der Blindheit – 3. Eigenschaften und Fähigkeiten der B.en – 4. B.enheilung – 5. B.e als Leitbilder – 6. B.e Bettler – 7. B.er und B.enführer – 8. Körperliche Defekte als Zielscheibe des Spotts.

1. Allgemeines. Bei manchen Völkern (in der Antike bei Griechen, Römern, Juden) gilt Blindheit (Bl.) als Schickung der Götter bzw. des Gottes und von allen Krankheiten als das größte Übel[1]. B.e wurden den Toten gleichgesetzt (Jes. 59, 10), B.geborene, überhaupt Kinder mit körperlichen Defekten, ausgesetzt und getötet (eine bei fast allen Völkern des Altertums bekannte Praxis), nicht zuletzt unter dem Aspekt, daß B.e als Lebensuntaugliche aus ökonomischen Gründen eine Belastung für den Familienverband darstellten[2].

Die Masse der B.en wurde verachtet und führte ein Außenseiterdasein[3]. Andererseits trifft man auch Hochschätzung einzelner B.er: Seher, Propheten, Dichter (geschlossene Augen als Verbildlichung des psychischen Zustands – Homer stellte man sich b. vor)[4]; in Indien zählen B.e zu den Trägern der religiösen und hist. Überlieferung. In Buddhismus und Christentum wurde schon durch die Religionsstifter Barmherzigkeit gegen B.e gefordert und geübt (wunderbare B.enheilungen). Die B.enfürsorge gehörte zu den Aufgaben der christl. Gemeinden der ersten Jh.e, und bis in die Neuzeit hinein hat sich die Kirche der B.en angenommen. Dennoch stellt die Geschichte der Bl. eine Kette von → Diskriminierungen dar, auch wenn in der Neuzeit durch B.enschrift, -schulen und soziale Gesetzgebung gewisse Erleichterungen geschaffen wurden. Noch heute, so zeigen Befragungen, zählen B.e zu den Stigmatisierten, sie erscheinen als befremdlich, moralisch minderwertig und widerlich[5]. Solche Vorurteile wirken sich nachhaltig aus, beeinträchtigen Integrationsversuche und können zu Aggression, Distanz, Isolation und letztens zur Schädigung der Persönlichkeit von B.en führen[6].

2. Natürliche und übernatürliche Ursachen der Bl. B.geborene und Erblindung im Alter spielen in der Volkserzählung kaum eine Rolle. Bl. ist hier eher als ein Attribut des Alters und der Gebrechlichkeit zu verstehen; mitunter begegnen b.e ältere Menschen als Ratgeber des Helden[7]. Häufiger hat Bl. übernatürliche Ursachen. Bes. die Sage kennt die Erblindung als Strafe. Bl. erfolgt bei Anschauen von Geistern, der Perchta, von tanzenden Elfen, beim Erblicken der wilden Jagd (Mot. E 501.18.7)[8] und ist Strafe für Neugier (Erblicken nackter Frauen, Belauschen von Freimaurern, Hexen und sprechenden Tieren)[9]. So bezeugen die Jenseitigen ihre Macht über den Menschen, ebenso aber ihre Menschenfeindlichkeit[10]. Exempel und Legenden berichten von Bl. als Strafe für die Verletzung christl.-religiöser Normen. Doch anders als bei Verbrechen oder Vergehen, die infolge bestehender Gesetze oder mehrheitlich gebilligter Übereinkunft geahndet werden, ist in diesen Erzählungen eher ein Abschreckungsmoment zu sehen, das die Rezipienten zu konformem Verhalten anhalten soll.

Ein Metzger z. B. erblindet, weil er widerstrebenden Kälbern die Augen ausgestochen hat[11]; einem Protestanten, der kathol. Heiligenbilder beschimpft, geschieht gleiches[12]; Menschen, die die Asche eines Ketzers als Reliquie sammeln (Tubach, num. 2537) oder Götzendienst verrichten (Tubach, num. 705), erblinden; eine Frau verliert ihre Sehkraft, weil sie um schönere und verführerische Augen gebetet hat (Tubach, num. 1951).

Die antike Mythologie kennt die Erblindung vor allem als Strafe für unkeusches Verhalten (Orion, Phönix, Melanippe) und Götterfrevel[13]. So wurde das Anblicken von Göttern mit sofortiger Erblindung geahndet (eine Vorstellung, die auf die gottähnlichen röm. Kaiser der ersten nachchristl. Jh.e übertragen wurde[14]); das Motiv begegnet auch in der Volkserzählung[15]. Im ma. Exempel nehmen Fromme die Bl. in religiöser Verzückung freiwillig auf sich (Tubach, num. 4363).

3. Eigenschaften und Fähigkeiten der B.en. Bei vielen Völkern ist die Vorstellung verbreitet, daß B.e Eigenschaften und Fähigkeiten besitzen, über die Sehende nicht verfügen[16]. In der Kuriositätenliteratur finden sich wiederholt Berichte von den „vorzüglichen Talenten" und der „Geschicklichkeit" der B.en, gelobt werden ihre musikalischen Fähigkeiten und die Gabe, falsches von echtem Geld zu unterscheiden[17]. Ein B.er vermag ungeborene Ratten im Leib der Rattenmutter zu sehen (korean.; Mot. F 642.3.3), kann Blumen erblicken, die anderen verborgen bleiben (ind.; Thompson/Balys F 814.5); ein anderer verfügt allg. über seherische Gaben (span.; Mot. D 1820.1.1, cf. Tubach, num. 697) oder kann prophezeien (isl.; Mot. D 1712.2). B.e Götter sind in China, Indien und auf Island bekannt (Mot. A 128.1). Der griech. Gott des Reichtums, Pluto, ist b., der Glücksgöttin Fortuna (cf. Mot. N 112.2.1) wie der Gerechtigkeitsgöttin Justitia sind die Augen verbunden, weil Glück (bzw. Gerechtigkeit) unparteiisch sein soll[18]. Bei den Yuma-Indianern Nordamerikas ist ein B.er der „quarrelling companion" des Schöpfers Kwikumat[19], bei den Maori führt die b.e Stammutter den Kulturheros zum Himmel (Mot. A 566.2). All dies scheinen Zeichen einer Berührung mit jenseitigen Mächten zu sein, wie sie oft Menschen mit körperlichen Defekten im Mythus und in der Sage zukommt[20].

4. B.enheilung. Das Volksmärchen hat eine Neigung zu Extremen (→ Extreme Situation) und bringt daher recht häufig Behinderte wie B.e, Bucklige und Lahme als Handlungsträger, ohne daß die Behinderung näher erklärt wird. Behinderung und Heilung gehören nach M. Lüthi zu den zentralen Themen des Märchens, sie entsprechen der Gesamtstruktur: Aufgabe und Lösung[21], Bedürftigkeit ist Voraussetzung für Hilfe[22]. Anders als der Bucklige, der Bartlose, der Hinkende ist im Rahmen der Gattung Märchen der B.e kaum je tückisch. Nicht selten begegnet zu Anfang ein alter, b.er König, so in → *Wasser des Lebens* (AaTh

551) oder → *Vogel, Pferd und Königstochter* (AaTh 550). Hier ziehen die Söhne des Königs aus, um die rettende Substanz für seine Augen zu erlangen. In der Vorstellung der Naturvölker und früherer Kulturen ist der König Repräsentant des ganzen Volkes und häufig Gott zugleich. Ein b.er und durch Krankheit an der Ausübung seiner Macht gehinderter König symbolisiert nach der tiefenpsychol. Deutung H. von Beits[23] die Unzulänglichkeit des bisherigen Bewußtseins.

→ Blendung durch Böswillige und Heilung durch Lebenswasser oder andere Substanzen sind häufig kombinierte Märchenmotive[24], die u. a. in der weit verbreiteten Erzählung *Die beiden → Wanderer* begegnen: Durch → Belauschen erfährt der Held von den Krähen, daß er seine Sehkraft durch Bestreichen der Augen mit Tau zurückerhalten kann. Im Märchentyp bzw. -motiv → *Augen der B.en zurückgebracht* (AaTh 321) gelingt es dem Helden, die durch Unholde geraubten Augen zu besorgen, oder er vollbringt die Heilung mit Hilfe eines Krauts. Vor allem Lebenswasser, Lebenskraut, Blut, Speichel, Tau und Tränen bewirken die Heilung (cf. Mot. D 1505–D 1505.18.1)[25], andere Mittel begegnen vereinzelt[26]. Verglichen mit volksmedizinischen Praktiken ist die Auswahl der Heilmittel eher begrenzt, aber effizient im Sinne eines positiven Märchenausgangs.

Die B.enheilung hat antike Vorbilder[27]. Im A. T. und N. T. zählt sie zur Gruppe der „aktuellen Bestätigungswunder"[28]. Alle Evangelisten erwähnen die B.enheilung durch Christus und geben so Zeugnis von seiner göttlichen Sendung[29]. Die Wundergeschichten sind teilweise auf die Apostel übertragen worden (cf. Tubach, num. 691), und verschiedene Heilige (Mot. V 221.12) verfügen über bes. Fähigkeiten und Kräfte, um B.e zu heilen. Heilung erfolgt durch Milch (Tubach, num. 686), Wasser[30], Kreuzzeichen[31] und Blut[32] von Heiligen oder auch durch die Anrufung Maria Magdalenas[33]; selbst Tiere erhalten von Heiligen durch Kreuzzeichen und Bestreichen der Augen mit Speichel ihre Sehkraft wieder (Mot. B 384). Die → *Legenda aurea* des Jacobus de Voragine kennt eine Reihe von B.enheilungen. Die elsäss. hl. Odilia[34] (→ Ottilia; b. geboren, bei der Taufe sehend geworden, Attribut: zwei Augen auf einem Buch, heilkräftige Quelle am Fuß des Odilienberges) gilt als Patronin der B.en und aller an den Augen Leidenden; Legende und Lied künden von ihren Wundertaten[35]. In Südosteuropa hat eine auch bildlich gestaltete Legende weite Verbreitung bis in die heutige Zeit gefunden, wonach die B.enheilung auf himmlische → Weisung erfolgt. Der mitleidige Helfer führt den B.en zum lebenspendenden Quell und erhält zudem den Auftrag zum Bau einer Kirche (→ Bauplatzlegende). Die B.enheilung ist hier im Zusammenhang mit „mirakulös-jenseitiger Erwählung" zu sehen: Der Helfer steigt später zum Kaiser auf[36].

Auch Tiere wie Schlange (cf. Tubach, num. 4255) und Geier (Mot. B 511.5.1) können B.e heilen; die Heilung geschieht meist als Gegenleistung. Eine lehrhafte Erzählung aus Nigeria[37] berichtet von einem b.en, lahmen Mann, der dank eigener Intelligenz (Moral: Ratschläge von Freunden helfen nicht immer weiter) mit Hilfe der Taube und des Falken von seinen Leiden befreit wird. Die Heilung durch tierische Organe geht auf die bekannte Geschichte aus dem apokryphen Buch *Tobit* zurück, in dem Tobit trotz Erblindung nicht sein Vertrauen zu Gott verliert. Sein Sohn → Tobias erhält von einem Engel die Galle (Leber) eines Fisches, wodurch Tobit von seiner Bl. erlöst wird[38].

5. B.e als Leitbilder. Außer den Berichten von B.enheilungen zählen zu dieser Kategorie Exempel wie jenes von den zwei B.en, in dem der erste B.e geheilt wird, weil er auf Gott vertraut, der andere hingegen b. bleibt, da er die Macht des weltlichen Herrschers höher einschätzt (Tubach, num. 703). Trost spendet jener Priester in einem span. Exempel, der einem B.en erzählt, daß zwar jede Fliege Augen, der Mensch aber in den Augen die Seele habe (Mot. J 893.1). Zahlreiche Werke aus dem Bereich der Erbauungs- (G.

Stengel, M. Zeiller)[39] und Kuriositätenliteratur[40] enthalten Nachrichten über B.e, die sich aus den Reihen ihrer Schicksalsgenossen hervorheben. Hier erscheinen die seit der Antike tradierten und verstreut vorliegenden Nachrichten kompiliert. In verschiedenen Trostbüchlein wird das B.sein vom theol. Standpunkt aus beleuchtet[41].

Allbekannt sind die Erzählungen vom → Lahmen und B.en (Tubach, num. 690)[42], die ihre Fähigkeiten miteinander kombinieren und sich auf diese Weise helfen, ein Zug, der auch in → *Heldenjungfrau* (AaTh 519 IV) begegnet. Die gegenseitige Hilfeleistung steht gleichfalls im Vordergrund der Erzählung vom B.en und Lahmen, die einen Obstgarten bewachen sollen und stattdessen die Früchte stehlen. Die Geschichte ist aus *1001 Nacht* bekannt[43], in jüd., frz., dt. und ir. Überlieferung zu finden (cf. Tubach, num. 687; Mot. N 577) und gilt als Parabel, daß Seele und Leib nach dem Tode – im Guten wie im Schlechten – zusammengehören. Durch die symbolische Ausdeutung wird die komische Wirkung (Behinderte als Wächter) eingeschränkt[44]. Wer B.e zu übervorteilen versucht, z. B. bei der Erbteilung, oder sie hartherzig behandelt, wird in manchen Sagen exemplarisch bestraft, er versinkt in der Erde[45], oder die Alp wird verschüttet und er mit ihr (eschatologische Atmosphäre in der Blümlisalpsage)[46].

6. B.e Bettler. Als Ausweg aus der ökonomischen Notlage blieb oft nur das Betteln. B.e → Bettler werden in den Evangelien häufig vor oder in Tempeln, an Straßen, oft mit Lahmen zusammen, genannt. Zu allen Zeiten hat es B.e gegeben, die von vornherein auf mühselige Tätigkeiten verzichteten und die Bettelei als Erwerbsquelle nutzten[47]. Diese B.enbettelei aus Gewinnsucht führte sogar dazu, daß Eltern ihre Kinder blendeten, um sie als b.e Bettler auf die Straße zu schikken[48]. Als Simulanten waren Bettler nicht unbekannt, was z. B. im *Talmud* angeprangert wurde[49]. Im ausgehenden MA. gehörten sie zu den größten Problemen der rasch wachsenden Städte und wurden vielfach zur Landplage[50]. Ihre tatsächliche soziale Situation wird treffend in dem Fastnachtspiel des Hans Sachs *Der Eulenspiegel und die drei B.en* (1553) beschrieben: Nahrung und Kleidung sind mangelhaft, die Umwelt verachtet sie und obendrein werden sie von der Justiz verfolgt[51]. Aus der realen Situation resultiert vermutlich auch die überwiegend negative Einstellung, die b.en Bettlern in Erzählungen zukommt. Jacques de Vitry erzählt die Geschichte vom B.en und Lahmen, die als Bettler vor der Kirche einer Prozession des hl. Martin zusehen. Sie befürchten, geheilt zu werden. Der B.e nimmt den Lahmen auf die Schultern, sie fliehen, werden aber von der Prozession eingeholt und gegen ihren Willen geheilt[52]. Der Stoff ist weit verbreitet und u. a. in dem Schauspiel *La Moralité de l'aveugle et du boiteux* (1496)[53] von André de la Vigne verwendet worden.

In dem span. Schelmenroman *La vida de Lazarillo de Tormes* (1554, Kap. 1), nach U. Ahmed Ausgangspunkt der B.enkomik in der span. Lit.[54], wird ein b.er, geiziger, frömmelnder und geschäftstüchtiger Bettler beschrieben, welcher die abgefeimtesten Bettelmethoden beherrscht. Die Diskriminierung der b.en Bettler spiegelt sich auch in der vornehmlich in süd- und mitteleurop. Ländern verbreiteten Erzählung *Die getäuschten → Blinden* (AaTh 1577), wo der Trickster b.en Bettlern ein Geldstück gibt, das sie sich teilen sollen, ihnen in Wirklichkeit aber keines zuwirft. Erfolg: Die B.en streiten und prügeln sich. Ein ähnliches Motiv ist aus ital., afrik. und nordamerik. Überlieferung bekannt: Hier stiehlt der Trickster Fleisch von B.en, die daraufhin einander des Diebstahls bezichtigen (Mot. K 1081.2). Überhaupt sind B.e als Diebe verschrien (Mot. K 333), die auch vor gegenseitigem Diebstahl nicht zurückschrecken (Eberhard/Boratav, num. 345). Allerdings kann der B.e nicht immer seine Beute behalten, in AaTh 1577* (*Blind Robber Paid Back*) verliert er die erbettelten und zusammengestohlenen Reichtümer. Ähnlich unbarmherzig verfährt die aus *1001 Nacht* bekannte *Geschichte des* *dritten Bruders des Barbiers* mit b.en Bettlern[55]: Ein geiziger Hausbesitzer kann mit mancherlei Tricks b.e Bettler als Simulanten bei Gericht anprangern und erreicht sogar, daß ihre Habe zwischen ihm und dem Richter aufgeteilt wird.

7. B.er und B.enführer. Auf fremde Hilfe angewiesen, besaßen B.e oftmals einen B.enführer. Von dem nicht ganz unproblematischen Verhältnis der beiden zueinander, das auch in frz. geistlichen Spielen seit dem 15. Jh. eine feste Tradition besitzt[56], handeln manche Erzählungen wie das afrz. Fabliau *Le Garçon et l'aveugle* (13. Jh.)[57]:

Beide singen und beten beim Nahen eines Passanten auf mitleiderregende Art und Weise, um eine Gabe zu erheischen. Ist der Passant außer Sichtweite, führen sie die derbsten Ausdrücke im Mund wie vorher die Namen Maria und Jesus. Der junge B.enführer greift sich schließlich den Bettelertrag und verschwindet.

In der *Vida de Lazarillo de Tormes* überlistet Lazarillo auf vielerlei Weise seinen geizigen b.en Herrn, dem er alle Schliche abgeschaut hat, und sucht das Weite. Aus Rache für die ertragenen Mißhandlungen läßt er ihn vorher aber noch unter der Aufforderung, einen Bach zu überspringen, mit voller Kraft gegen eine Mauer rennen. Die Schwankliteratur des 17./18. Jh.s kennt mehrere Belege, was auf die große Beliebtheit des Stoffes schließen läßt[58]. Ängste und Nöte eines B.enführers schildert eine aus England überlieferte Erzählung: Ein B.er hofft auf Heilung durch St. Edmund. Der B.enführer hingegen wünscht, daß jenem nicht geholfen werde, weil er sonst seine Tätigkeit aufgeben muß (Tubach, num. 693). Daß B.e über ein bes. Gespür verfügen oder infolge ihrer Bl. Situationen meistern, die Sehenden überaus gefahrvoll erscheinen, bezeugt die Erzählung von dem B.en, der eine schmale Brücke überquert, die sein Führer nicht zu betreten wagt (Tubach, num. 689, Mot. U 171). Andererseits nennt schon das N. T. B.e als untaugliche Wegbegleiter: „Wenn ein Blinder einen Blinden des Weges führt, werden beide in eine Grube fallen" (Mt. 15, 14), wovon zweifellos span. und oriental. Erzählungen beeinflußt sind (cf. Mot. J 2133.9, Tubach, num. 701).

8. Körperliche Defekte als Zielscheibe des Spotts. Bes. im Schwank ist der B.e dem Spott seiner Umwelt preisgegeben. Harmlos nehmen sich Witzeleien aus, wie sie z. B. in der Schwankliteratur des 17. /18. Jh.s vorkommen:

Ein B.er trägt nachts eine Laterne, damit er von anderen nicht umgerannt wird[59]; oder es begegnen sich zwei Männer (beide b.), die zusammenstoßen, weil jeder meint, der andere werde schon, wie üblich, rücksichtsvoll beiseite gehen[60].

In Schwänken aus dem Bereich der Lügengeschichten (Verkehrte Welt) basiert die Komik auf der absurden Handlung:

Da ist ein B.er zusammen mit einem Lahmen und Tauben beim Hasenfang zu beobachten (cf. AaTh 1930: → *Schlaraffenland*), oder ein B.er, ein Lahmer und ein Nackter gehen auf die Jagd: Der B.e schießt mit dem Gewehr auf einen Hasen, der Lahme fängt ihn, und der Nackte steckt ihn in die Tasche (cf. AaTh 1965: *Die schadhaften → Gesellen*).

Solche seit der Antike beliebten und tradierten Adynata tauchen bes. reichhaltig seit dem Spätmittelalter in der Volksliteratur auf[61].

Vollends zur Diskriminierung geraten jedoch jene Erzählungen, in denen der körperliche Defekt als Vehikel zur Herabsetzung einer Minorität dient. Aus Indien überliefert ist die Erzählung vom B.en, der sein Haus am Ochsenschwanz hängend oder in einer anderen lächerlichen Situation erreicht (Mot. X 123.1); in einer span. Erzählung fragt der B.e einen Ochsen nach dem Weg, der ihn statt einer Antwort zu Boden stößt, worauf der B.e entgegnet, das wäre nicht nötig gewesen, der Ochse hätte doch nur ja oder nein zu sagen brauchen (Mot. X 123).

Das Versagen B.er beim Übernehmen von Aufgaben charakterisiert die aus lett. Überlieferung stammende Fabel vom b.en Wolf, der einen Ochsen bewacht. Letzterer kann entfliehen, da er dem Wächter statt seiner Beine hölzerne Stöcke zu greifen gibt (AaTh 122 L*). In einer Erzählung von den Cook-Inseln wird der b.e Wächter von einem Mann getäuscht, der vorgibt, sein Gefangener zu sein, während der eigentliche Gefangene entflieht (Mot. R 121.2).

Der in ind., europ. und nordamerik. Überlieferung vorkommende Typus AaTh 1456 (→ *Brautproben*) belegt drastisch das Vorurteil, b.e Menschen seien nicht nur lebensuntüchtig, sondern auch heiratsunfähig[62]. Die Braut will dem Freier ihre Bl. verschweigen (aus Angst, ihn zu verlieren), doch der dem Freier vorgeführte Anschauungsunterricht gerät zur Groteske. Ein Gegenbild zu den Schwänken, die sich über B.e lustig machen, bringt die Erzählung vom → Schatz des B.en: Der B.e kann den Nachbarn des Diebstahls überführen und gewinnt listenreich sein Geld zurück (Mot. K 1667.1).

Gemeinsam auftretende B.e geben Anlaß zu ätzendem Spott. Sie haben kein Gefühl für Farben (Einem B.en kann nicht erklärt werden, was weiß ist; Mot. U 173) und Formen. In AaTh 1317 (*Irrige → Identität*) streiten sich B.e über die Gestalt eines Tieres und meinen, statt Bein, Schwanz, Ohr etc. eines Elefanten einen Klotz, ein Seil, eine Schaufel oder ähnliches vor sich zu haben. Zur Volksbelustigung dienten im MA. Kämpfe von B.en um ein Schwein. Aus dem Lübischen (1386) wird berichtet[63], daß zwölf arme B.e am Fastnachtsabend ein Schwein erhielten. Das Schwein war auf dem Markt an einem Pfahl mit Stöcken angebunden und mußte nun von den B.en getötet werden. Ähnliche Schauspiele waren im MA. nicht ungewöhnlich, wurden von Chronisten festgehalten[64] und auch in der bildenden Kunst dargestellt[65].

Im ganzen tradieren die religiös bestimmten Volkserzählungen die in den jeweiligen Religionen vorgegebenen Grundmuster von der Barmherzigkeit gegenüber B.en. Andererseits ist sozialhistorisch unübersehbar, daß die Lebensuntüchtigkeit behinderter Menschen vielfach negativ gesehen und dadurch noch verstärkt wurde. In schwankhaften Erzählungen werden B.e verspottet, in Sagen und im Zaubermärchen kommen eher Mitleid mit dem B.en oder Respekt vor ihm zum Ausdruck.

[1] cf. Esser, A.: Das Antlitz der Bl. in der Antike. Leiden ²1961, 5, 122; Kretschmer, R.: Geschichte des B.enwesens [. . .]. Ratibor 1925, 25; RAC 2 (1954) 438. – [2] Kretschmer (wie not. 1) 13. – [3] Guttenberg, A. C. von: Der b.e Mensch. Einführung in die kulturgeschichtlichen und pädagogischen Grundlagen des B.enwesens. Weinheim/B. 1968, 11–37; Schöffler, M.: Der B.e im Leben des Volkes. Eine Soziologie der Bl. Lpz./Jena 1956. – [4] Esser (wie not. 1) 101. – [5] Chevigny, H./Bravermann, S.: The Adjustment of the Blind. New Haven 1950, 37–39, 174, 191; cf. Thimm, W.: Bl. als gesellschaftliche Kategorie. Unters.en zu einer Soziologie der Bl. Diss. Hannover 1970, 83–88. – [6] Lautmann, R. (u. a.): Zur Struktur von Stigmata. Das Bild der B.en und Unehelichen. In: Kölner Zs. für Soziologie und Sozialpsychologie (1972) 83–100, bes. 83–90. – [7] cf. HDM 1, 275. – [8] HDA 1, 710sq.; HDA 9, 1091. – [9] HDA 1, 711sq.; HDA 6, 839; cf. Kretschmer (wie not. 1) 90sq. – [10] HDM 1, 270–275, hier 272sq. –

[11] Werner, G.: Christl. Erzählungen zum württemberg. Confirmationsbüchlein. Stg. 1856, 99, num. 355. – [12] Kühnau, R.: Schles. Sagen. 3: Zauber-, Wunder- und Schatzsagen. Lpz./B. 1913, 409sq., num. 1782. – [13] RAC 2 (1954) 439; Kretschmer (wie not. 1) 85–89. – [14] Esser (wie not. 1) 20sq., 48, 155–160. – [15] HDA 1, 711. – [16] RAC 2 (1954) 441. – [17] Museum des Wundervollen [. . .] 10/2. ed. J. A. Bergk/F. G. Baumgärtner. Lpz. 1810, 108sq., num. 13, 116–120, num. 18, 170–174, num. 44; ibid. 10/3 (1810) 185sq., num. 1; ibid. 10/4 (1811) 290–294, num. 13. – [18] Röhrich, L.: Lex. der sprichwörtlichen Redensarten 1. Fbg/Basel/Wien ²1973, 139. – [19] StandDict. 1, 148. – [20] Lüthi, M.: Gebrechliche und Behinderte im Volksmärchen (1966). In: id.: Volkslit. und Hochlit. Bern/Mü. 1970, 48–62, hier 57. –

[21] ibid., 61. – [22] ibid., 53. – [23] von Beit 1, 343sq. – [24] von Beit 1, 206; Hand, W. D.: The Curing of Blindness in Folk Tales. In: Volksüberlieferung. Festschr. K. Ranke. ed. F. Harkort/K. C. Peeters/R. Wildhaber. Göttingen 1968, 81–87. – [25] ibid., 84–86. – [26] ibid., 81. – [27] Esser (wie not. 1) 170sq.; RAC 2 (1954) 444sq. – [28] Mensching, G.: Das Wunder im Glauben und Aberglauben der Völker. Leiden 1957, 77. – [29] Herrmann, W.: Das Wunder in der evangel. Botschaft. Zur Interpretation der Begriffe b. und taub im Alten und Neuen Testament. B. 1961, 26. – [30] Toldo, P.: Leben und Wunder der Hll. im MA. In: Studien zur vergleichenden Lit.geschichte 1 (1901) 333; Jacobus a Voragine: Legenda aurea. ed. T. Graesse. Osnabrück 1965 (Nachdr. ³1890) 174–176 (De sancto Amando), 488–501 (De sancto Laurentio martire). –

[31] ibid., 488–501. – [32] ibid., 430–434 (De sancto Christophoro). – [33] ibid., 407–417 (De sancta

Maria Magdalena). – [34] Vollständiges Heiligen-Lex. [. . .] 4. ed. J. E. Stadler/J. N. Ginal. Augsburg 1875 (Nachdr. Hildesheim/N. Y. 1975) 601–605. – [35] ibid.; HDA 6, 1184–1186; cf. Erk, L./Böhme, F. M.: Dt. Liederhort 3. Lpz. 1894, 804sq., num. 2113, 806, num. 2114; Röhrich, L./Brednich, R. W. (edd.): Dt. Volkslieder. Texte und Melodien. 1: Erzählende Lieder. Düsseldorf 1965, 309sq., num. 56. – [36] Kretzenbacher, L.: „Lebenspendender Quell", B.enheilung und Prophetie der Kaiserwürde. In: Fabula 16 (1975) 209–226. – [37] Walker, B. K. und W. S. (edd.): Nigerian Folk Tales. New Brunswick, N. J. 1961, 37–39. – [38] Hand (wie not. 24) 83; EM 1, 633sq.; cf. Karlinger, F.: Ital. Volksmärchen. MdW 1973, 231 (Var.n). – [39] Kretschmer (wie not. 1) 122–131. – [40] Museum des Wundervollen (wie not. 17). –
[41] Beispiele bei Kretschmer (wie not. 1) 122–131. – [42] BP 4, 323; StandDict. 1, 148; Zs. für slav. Philologie 25 (1956) 311sq.; Esser (wie not. 1) 84. – [43] 1001 Nacht 6, 52–54. – [44] Ranke, K.: Schwank und Witz als Schwundstufe. In: Festschr. W.-E. Peuckert. ed. H. Dölker. B. 1955, 58sq.; cf. Ahmed, U.: Form und Funktion der 'Cuentos' in den Comedias Calderóns. B./N. Y. 1974, 69. – [45] Panzer, F.: Bayer. Sagen und Bräuche 2. Mü. 1855 (Ndr. Göttingen 1956) num. 213. – [46] Kohlrusch, C.: Schweizer. Sagenbuch. Lpz. 1854, 204sq.; Studer, S.: Topographische Mittheilungen aus dem Alpengebirge. Bern/St. Gallen 1843, 28sq. (Blümlisalpsage aus dem Turtmanntal); Jegerlehner, J.: Sagen und Märchen aus dem Oberwallis. Basel 1913, 8 (ebenso); zur Eschatologie cf. HDA 2, 991. – [47] Esser (wie not. 1) 47, 108sq. – [48] ibid., 110sq. – [49] cf. Kretschmer (wie not. 1) 57. – [50] Guttenberg (wie not. 3). –
[51] Elf Fastnachtspiele aus den Jahren 1553 und 1554 von Hans Sachs (Sämmtliche Fastnachtspiele von Hans Sachs 5). ed. E. Goetze. Halle 1884, V sq., 1–15. – [52] Wesselski, A.: Mönchslatein. Lpz. 1909, 183sq., num. 141. – [53] Le Théâtre français avant la Renaissance. 1450–1550. Mystères, moralités et farces. ed. E. Fournier. P. (1880) 155–161; cf. Frenzel, E.: Motive der Weltlit. Stg. 1976, 57. – [54] Ahmed (wie not. 44) 70, not. 346; Frenzel (wie not. 53) 56. – [55] 1001 Nacht 1, 377–381. – [56] Frenzel (wie not. 53) 54–56. – [57] Meyer, P.: Du Garçon et de l'aveugle. In: Jb. für rom. und engl. Lit. 6 (1865) 163–172. – [58] Texte im EM-Archiv: Abraham a Sancta Clara, Huy und Pfuy 1707 (4477); Kobolt, Schertz und Ernst 1747 (4616); Casalicchio 1702 (3080); neuere Aufzeichnung: Wossidlo, R.: Aus dem Lande Fritz Reuters. Lpz. 1910, 75sq. – [59] EM-Archiv: Bienenkorb 1768 (11.357). – [60] EM-Archiv: Wolgemuth, Haupt-Pillen 1669 (14.240). –
[61] Cocchiara, G.: Il mondo alla rovescia. Torino 1963, bes. 149–151. – [62] In asiat. Volkserzählungen ist häufig davon die Rede, daß Frauen ihre b.en Männer verlassen; cf. Kingscote, H./Sastri, P. N.: Tales of the Sun. L. 1890, 297sq. – [63] Deecke, E.: Lüb. Geschichten und Sagen. Lübeck [6] 1925, 172, num. 84; Tubach, num. 698. – [64] Kretschmer (wie not. 1) 65sq. – [65] RDK 2 (1948) 444sq.

Göttingen Hans-Jörg Uther

Blinde: Die getäuschten B.n (AaTh 1577 bzw. Mot. K 1081.1 und AaTh 1577*), eine vor allem in der Schwanktradition und Historienliteratur geläufige Erzählung. Sie stammt wohl aus der ma. Fabliaux-Tradition und blieb in Form und Tonlage selbst Ungebildeten verständlich. Der Verweis auf die lange Erzählüberlieferung, in die sie einzuordnen ist, deutet auf die enorme Schwankungsbreite des Erzähltyps hin. Der Schwank von den getäuschten B.n lenkt die Aufmerksamkeit auf eine soziale Randgruppe, will aber auch den Blick für die Durchsetzungsprobleme der B.n schärfen.

In Typ 1 täuscht ein raffinierter Lügner oder → Betrüger (→ Trickster) vor, blinden Bettlern Geld geschenkt zu haben. Diese Ausgangssituation führt stets zum Streit.

In Typ 2 geraten B. durch falsche Angaben eines Tricksters aneinander; die getäuschten B.n werden betrogen oder bestohlen (Mot. K 1081.2).

Typ 3 stellt den cleveren, häufig kriminellen B.n in den Mittelpunkt (AaTh 1577*), der Arglose beraubt oder Geld, das er wechseln soll, nicht herausgibt. Die Düpierung wandelt den Harmlosen zum Trickster. Sein Gegenschlag konzentriert sich auf gezielte Täuschung und Beraubung von B.n, die meist einen kleinen Schatz gehortet haben (Geldscheine, Münzen, Silber).

Typ 4 zeigt, wie B. in Selbsttäuschung (etwa beim Schweinestechen) sich gegenseitig schlagen, statt das Tier zu treffen (Mot. N 388).

Typ 5 basiert auf realer Täuschung von Kurzsichtigen durch ein Tier, das sie für einen Gegenstand halten, oder umgekehrt, durch einen Gegenstand, den sie als ein Tier ansehen.

Dieser Schwanktyp, der den Zusammenhang zu Mot. N 333 herstellt, lieferte literar. Stoff für Slapstick-Szenen.

Eine Sichtung des Motivbestands von AaTh 1577 verdeutlicht die Ausformungen des Täuschungsmotivs: Die B.ntäuschung vollzieht sich durch Trickanwendung, z. B. durch das plötzliche Verschwinden von Geld (instrumenteller Trick), Sinnestäuschung (sensorischer Trick), Schaffung einer Sondersituation, etwa einer Verwirrung (situativ bedingter Trick), Belauschen oder Spionieren (Detektiv-Trick) oder edle Beweggründe (sozial motivierter Trick). Angelpunkt für die Trickanwendung ist die Trickster-Figur, deren Handlungsnorm bei der B.ntäuschung unterschiedlich strukturiert ist.

Merkwürdigerweise beschäftigte dieser Schwanktyp die Erzählforschung nur gelegentlich (A. Wesselski[1], J. Bedier[2]). Dagegen besticht eine erstaunliche Belegbreite, die lediglich im afro-ind. Raum Verbreitungslücken aufweist. Nach L. da Câmara Cascudo, der den Erzählstoff den Facécias zuordnet, handelt es sich bei AaTh 1577 um eine populäre Schwankthematik aus dem Erzählgut des MA.s[3]. In Form des Fabliau taucht der Schwank zuerst in Frankreich bei einem gewissen Cortebarbe auf, dessen *Les trois aveugles de Compiègne*[4] sich in Étienne Barbazans Sammlung *Fabliaux et contes des poètes françois*[5] gedruckt findet. T. Wright hielt den Stoff in resümierender Form fest[6]. Ein weiteres Indiz für den eigentlichen Verbreitungsschwerpunkt des Schwanks von den getäuschten B.n bildet sein Vorkommen in J. Bédiers Sammlung *Les Fabliaux*[7]. Mit J. de Timonedas Verwendung dieses Fabliau im Rahmen des *Paso de dos ciegos y un mozo*[8] taucht es seit 1563 in span. Varianten auf. Hier täuscht ein pfiffiger junger Mann vor, den B.n einen Sachwert gegeben zu haben, den sie sich teilen sollen. Die B.n geraten in einen wild ausartenden Disput (Typ 1). Eine weitere Fixierung erfolgte in dem *Entremes de los ciegos y el mozo*[9]. Die wohl älteste port. Fabliau-Variante liegt in dem *Entremez dos cegos enganados* vor (Druck 1658)[10]. Darin gibt ein Student einem B.n angeblich eine Münze, die er mit einem anderen B.n teilen soll. Ein Streit steht am Ende des Vorgangs (Typ 1). Nach Câmara Cascudo tritt der Schwank in oraler Tradition in Brasilien auf[11]. Es handelt sich bevorzugt um eine anekdotische Einkleidungsform. Eine brasilian. Schwank-Variante stellt Câmara Cascudo mit *Os dois cegos e o engraçado* vor[12]:

Zwei blinde Bettler beschuldigen einander, von einem Kirchenbesucher eine Nickelmünze erhalten zu haben. Der Trickster schlichtet den Streit zwischen den B.n mit einer weiteren List. Erst danach händigt er den getäuschten B.n das Almosen aus (Typ 1).

Die Verbreitung von AaTh 1577 reicht bis nach Colorado und Neu-Mexiko[13].

Ein Trickster möchte sich durch Täuschung von zwei blinden Bettlern Kurzweil verschaffen. Er klimpert mit einigen Münzen und tut, als ob er sie einem B.n übergeben habe. Aus sicherer Entfernung weidet er sich an dem Streit der B.n, die schließlich handgreiflich werden.

Rotundas Motivkatalog hält eine Schwank-Variante (Mot. K 1081.1) aus der ital. Prosanovelle fest. Diese Schwankbelege aus dem rom. Sprachraum stehen wohl in Zusammenhang mit dem frz. Kerngebiet der Erzählung.

Der dt. Variantenbestand von AaTh 1577 präsentiert sich in unterschiedlichen Ausformungen. In der Schwankliteratur des 17. Jh.s ist das Motiv der B.ntäuschung häufig belegt. Ein Musterbeispiel aus diesem Erzählgut bildet der Schwank vom betrogenen Wirt, den der *Lustige Historienschreiber* wiedergibt[14].

Ein „listiger Kopf" gibt vor, vier blinden Bettlern 20 Dukaten gegeben zu haben, die diese aufteilen sollen. Da der Trickster sie aber keinem der B.n ausgehändigt hat, verdächtigt einer den anderen der Unterschlagung. Durch eine ausgeklügelte Täuschungstaktik steht der Wirt am Ende als der Geprellte da.

Das Täuschungsmotiv wird hier gleich mehrfach ins Spiel gebracht: die getäuschten B.n, der geprellte Wirt, der düpierte Pastor, die „verschaukelte" Wirtstochter und die scheinbar richtig handelnden Gäste. Die B.ntäuschung verbindet sich hier mit der Düpierung des Wirts, den noch nie einer hereinlegte. In seiner Dissertation vermerkt O. Debus[15] zwei Eulenspiegel-Belege aus dem Saarland, in denen das Motiv der B.ntäuschung weiterlebt[16]: Eulenspiegel schenkt drei B.n einen Gulden, behält ihn in Wirklichkeit aber. Als Folge entsteht unter den B.n Streit (Typ 1). In einer Variante prellt Eulenspiegel für drei blinde Bettler bei einem Wirt die Zeche. Die Täuschung zielt hier primär auf die Düpierung des

Wirts ab. Die B.ntäuschung – und das ist das eigentlich Interessante an dieser Variante – ist sozial motiviert.

In dem Schwank *Die drei Blinden* bei Wesselski[17] versetzt Gonnella beim Betreten des Doms drei Bettler. Die B.n glauben, er habe die Gulden ausgehändigt. Gegen Mittag verdächtigen sie sich gegenseitig und gehen im Streit aufeinander los.

An dem Schwankgut fällt auf, daß den B.n stets eine Trickster-Figur zugeordnet ist. Erst auf dem Umwege über diese Gestalt kann sich das Motiv der getäuschten B.n entfalten. Eine weitere Schwank-Variante bildet Mot. N 388, deren frühes Auftreten J. A. Herberts Handschriftenkatalog belegt[18]. Diesem frühmittelalterlichen Auftreten entsprechen weitere Eintragungen bei Tubach, num. 698. Für den Schwank-Typ 4 trug H. Wohlert die lübischen Quellen- und Literaturnachweise zusammen[19]. Zwischen 1386 und 1572 herrschte in Lübeck der Brauch, zunächst zwölf, später drei oder vier armen B.n ein Schwein zum Schlachten zu überlassen. Die B.n versuchten, das auf dem Marktplatz festgemachte Schwein durch Keulenschläge zu töten, trafen sich aber weit häufiger selbst (Typ 4). In der Folgezeit unterblieb das Keulenschlagen, da sich die B.n auf einen blinden Schlächter einigten, der im entscheidenden Moment ein Messer zückte. Der 1572 im Zuge der Reformation vom Rat der Stadt Lübeck als heidnisch abgeschaffte Fastnachtsbrauch knüpft zwar an das Motiv der B.ntäuschung an, eliminiert es aber durch die modifizierte Form des Schweinestechens. Damit läuft im Lübecker Brauch das determinierende Schwankmotiv leer.

Über ein gut bestücktes lit.[20] und estn.[21] Verbreitungsfeld reicht AaTh 1577* bis nach Rußland, wo A. N. Afanas'ev den Schwank-Typ 3 fixierte[22]. Die slov. und türk. Varianten dürften in ihrer Verbreitung eher punktuell anzusetzen sein. In Typ 3 fehlt der konstitutive Streit der getäuschten B.n[23].

In der Fassung bei Afanas'ev prellt ein B.r einen Bauern um 50 Kopeken. Heimlich folgt der Bauer dem blinden Ordensbettler. Mit einer List gelangt er in dessen Klosterzelle, wo er mit einem Trick ein Fäßchen mit 500 Kopeken raubt. Dem herbeigerufenen blinden Klosterbruder Pantelej stiehlt er eine Mütze vom Kopf, in die 500 Rubel Papiergeld eingenäht sind.

Der Schwank-Typ 3 ist in zahlreichen russ. Varianten belegt (das Geld ist in einem Krug oder hohlen Knüppel [AaTh 961 B: → *Geld im Stock*] versteckt).

Bis auf den Tšulmun-Schwank und eine vor 1600 publizierte „Fabel" existieren keine direkten chin. Parallelen zu AaTh 1577. Schwank-Typ 2 ist in einer Sammlung von A. Mostaert vertreten, in der Tšulmun Kü die Trickster-Rolle ausfüllt[24]. Die B.ntäuschung kommt durch das Verschwinden eines gekochten Hammelkopfes zustande, an dem zwei B. abwechselnd Fleisch abnagen. Der Trickster läßt den Hammelkopf zum eigenen Verzehr mitgehen, während sich die getäuschten B.n streiten. Diese Schwankvariante entspricht Mot. K 1081.2, für die S. Thompson ital., ind. und nigerian. Belege anführt, wobei letzterer eher auf punktuell auftretendes Wandergut hindeutet. Eine andere Fassung, eine „Fabel" aus den *Ying-hsieh-lu* Texten, stellt einen blinden Wahrsager in den Mittelpunkt[25]: Ein Trickster stößt bei einer Gelegenheit einen unbeteiligten B.n gegen den betrügerischen Wahrsager. Die getäuschten B.n geraten in einen handfesten Streit (Typ 2). Für den Schwanktyp 2 lassen sich neun weitere Varianten nachweisen[26].

Zur Schwankungsbreite dieser Schelmengeschichte rechnet in chin. und taiwanes. Varianten die Abwandlung der getäuschten B.n zu getäuschten Kurzsichtigen. Zum Schwank-Typ 5 steuerte W. Eberhard bes. aus dem südost-chin. Erzählgut 13 Belege bei[27]. Ein Kurzsichtiger ärgert sich über ein Tier (Hund, Fliege, Libelle). Bei der nächsten Gelegenheit verwechselt er es mit einem Gegenstand, schlägt darauf und verletzt sich daran. Außerdem führt Eberhard für die Schwanktypen 2 und 5 noch eine Beispiel-Dublette vor[28].

Weitere Fassungen des Schwanktyps 5 enthält Eberhards *Erzählungsgut aus Südost-China*, wobei num. 43 und 44 eigenständige Varianten dieses Erzähltyps darstellen[29]. Auf neuere Sammeltätigkeit gehen Eberhards Belege zum Schwanktyp 5 aus taiwanes. Erzählgut zurück[30], wenn etwa ein getäuschter Kurzsichtiger auf einen Dreifuß statt auf einen Hund schlägt.

[1] Bédier, 447. – [2] Wesselski, A. (ed.): Die Begebenheiten der beiden Gonnella. Weimar 1920, 126–130. – [3] Câmara Cascudo, L. da: Trinta „estórias" brasileiras. Lisboa 1955, 44. – [4] Rhaue, H.: Über das Fabliau „Des trois aveugles de Compiègne" und verwandte Erzählungen. (Diss. Königsberg) Braunsberg 1914. – [5] Barbazan, É.: Fabliaux et contes des poètes françois des XII, XIII, XIV, XVes siècles [...]. P./Amst. 1756. – [6] Wright, T.: A History of Caricature and Grotesque in Literature and Art [...]. L. 1865. – [7] Bédier, 447. – [8] cf. Câmara Cascudo (wie not. 3). – [9] Tesoro du theatre español 1 (Libreria europea de Baudry). P. 1838, 202sq. – [10] Rabelo, M. C.: Musa entretenida de varios entremezes. Coimbra 1658. – [11] Câmara Cascudo (wie not. 3). – [12] ibid., 43sq. – [13] Rael, J. B.: Cuentos españoles de Colorado y Nuevo Méjico 2. Stanford s. a., 553 (span. Text num. 464) 802 (engl. Version). – [14] Rottmann, F. J.: Lustiger Historienschreiber [...] 3. Hannover 1729, 418–421, num. 65. – [15] Debus, O.: Till Eulenspiegel in der dt. Volksüberlieferung. Diss. Marburg 1951 (masch.)210, A 71. – [16] Fox, N.: Saarländ. Vk. Bonn 1927, 159. – [17] Wesselski (wie not. 2) 71, num. 21. – [18] Herbert, 71. – [19] Deecke, E.: Lübische Geschichten und Sagen. Mit Qu.n und Lit.nachweisen versehen von H. Wohlert. Lübeck [6]1925, 172sq., num. 84. – [20] Balys, 1. Var. – [21] Aarne, Est., 3. – [22] Afanas'ev 3, 161sq., num. 382. – [23] cf. dazu die Bemerkungen bei Eberhard/ Boratav, 376, num. 345 (3). – [24] Mostaert, A.: Folklore Ordos. Peking 1947, 139, num. 95. – [25] Eberhard, W.: Chinese Fables and Parables. Taipei 1971, 103, num. 369. – [26] Eberhard, Typen, 299sq., num. 9. I. – [27] ibid., 300, num. 9. II. – [28] Eberhard, Volksmärchen, 254 sq., num. 156. – [29] Eberhard, W.: Erzählungsgut aus Südost-China. B. 1966, 154sq. – [30] Es handelt sich um Var.n aus oraler Tradition (Gewährsmann: Frank Huang; briefliche Mittlg Eberhards vom 8. 3. 1975 an Verf.); cf. außerdem die taiwanes. Slg Hsiao-Hua I-Pai Chung. Taipei 1969, 65–68.

Heidelberg Hartmut Breitkreuz

Blinder → Lahmer und Blinder

Blinder, Lahmer und Nackter → Gesellen: Die schadhaften G.

Blindes Motiv. Der in der Märchenforschung gängige Terminus geht auf den Germanisten F. → Panzer zurück: „Motive, die angeschlagen werden, aber nicht ausklingen"; als Beispiele nennt er u. a. „Gudruns Lachen [...], das einen Verdacht erweckt, der ohne Folgen bleibt", „Hetels unvergleichliche Sangeskunst [...], von der nicht wieder die Rede ist", den zu Hagen sich gesellenden Löwen, „von dem wir nichts wieder hören". Fast all dies sei „durch Verdunkelung der Überlieferung" verschuldet[1]. Der Begriff ist also vorrangig unter dem Gesichtspunkt der Funktionalität geprägt und umfaßt nicht nur → Motive im strengen Sinn, sondern auch Einzelzüge (→ Detail). Entsprechend wird er in der Märchenforschung verwendet, die analog zu Panzer die meisten blinden Motive (einschließlich blinder Züge und funktionsloser Figuren) auf Tradierungsmängel (→ Zersagen) zurückführt.

Wenn zu Beginn einer Version des Märchens vom → *Drachentöter* (AaTh 300) drei Brüder in die Welt hinausziehen und ihre Schwerter als → Lebenszeichen in eine Tanne stecken, dann aber weder die älteren Brüder noch das Lebenszeichen je wieder erwähnt werden, so ist das zweifellos ein Kunstfehler (und in unserem Falle hat sich der Erzähler oder der Herausgeber bewogen gefühlt, in einer Schlußfloskel scherzend darauf einzugehen)[2]. Behält ein Erzähler des → *Singenden Knochens* (AaTh 780) in seinen Singversen die Anspielung auf die Bezwingung eines Wildschweines als „erstarrtes Requisit aus einer älteren Fassung" bei, obwohl in seiner Version des Märchens kein Wildschwein vorkommt[3], so ist auch dieses blinde Element offensichtlich eine Folge des „Zerzählens". Der feste Versrahmen bewahrt es, ähnlich wie die den Märchenerzählern und -hörern vertraute Dreizahl jene Figuren zu schützen vermag, denen keine Funktion (mehr) zugeteilt ist. Das Dreibrüderschema ist so beliebt, daß es auch an unpassender Stelle eingesetzt werden kann (das trifft möglicherweise auf das oben angeführte Drachentöterbeispiel zu); neben dem Vergessen, der wichtigsten Quelle blinder Motive und Züge, kann also auch Kontamination zu blinden Stellen führen. Doch sind völlig blinde Elemente bei gewandten Erzählern relativ selten.

Die meisten Forscher verwenden die Termini blindes Motiv und stumpfes Motiv in gleicher Bedeutung. M. Lüthi hat vorgeschlagen, sie zu differenzieren, er spricht von blinden Motiven nur im Falle eines total funktionslosen Elements; Motive und Züge hingegen, die zwar eine Funktion haben, aber „nach einer [. . .] wesentlichen Richtung hin zusammenhanglos bleiben"[4], nennt er stumpfe (nicht voll entwickelte, in irgendeiner Weise rudimentäre) Motive bzw. Züge[5]. Beispiele: Das Herausschneiden eines Stückes Fleisch aus dem Schenkel des Helden dient dessen Rettung (Mot. B 322.1: *Hero feeds own flesh to helpful animal*; z. B. in AaTh 301: *Die drei geraubten → Prinzessinnen*), von einem nachherigen Hinken (oder gar einem Ausspeien und Wiedereinsetzen des Fleischstücks durch den rettenden Riesenvogel) ist in zahlreichen Fassungen nicht die Rede, nicht weil der Erzähler den Umstand vergessen hätte, sondern weil er in der folgenden Szene nicht mehr wesentlich ist, so wenig wie die verstümmelte Hand der Schwester in KHM 25: *Die sieben Raben*. In der norw. Aschenputtelversion *Kari Trästak* (Holzrock) dienen weder Handtuch noch Peitsche, die der Königssohn dem Mädchen abgenommen hat, als Erkennungszeichen, sondern nur der goldene Schuh – die beiden erstgenannten Requisiten sind im Hinblick auf den Gesamtablauf funktionslos, nicht aber innerhalb der Einzelszene, da erfüllen sie immerhin die Aufgabe, den Prinzen abzulenken[6].

Wichtiger ist eine andere Art von Stumpfheit, die Nichtmotivierung. In mancher Aschenputtelversion erhält die Heldin die Anweisung, vor Mitternacht das Fest zu verlassen, in anderen tut sie es ohne einen solchen Rat oder Befehl. Der Wunsch der dritten Schwester im Märchen vom → *Tierbräutigam* nach einer bescheidenen, aber absonderlichen und schwerzubeschaffenden Gabe kann begründet werden, aber ebenso gut ganz unerklärt bleiben. Unerklärt bleibt überhaupt vieles im Märchen: Woher Jenseitige ihre Zauberkräfte oder sonstigen übernatürlichen Fähigkeiten haben, in welchen Ordnungen oder Hierarchien sie stehen, wird in der Regel nicht gesagt. Lüthi setzt die häufige Nichtmotivierung zur Isolationstendenz des Märchens in Beziehung („Das Märchen drängt geradezu zum stumpfen Motiv", „Ein vollständig durchmotiviertes Volksmärchen wäre kein Volksmärchen mehr")[7].

Moderne Literaturwissenschaft hält „Leerstellen", „Unbestimmtheitsstellen" für einen integrierenden Bestandteil aller Dichtung: Sie setzen die Phantasie des Lesers in Tätigkeit, regen ihn zum „Mitvollzug", zur „Performanz" an[8]. Im Volksmärchen, wo die Handlungsführung von größter Bestimmtheit ist, die Hintergründe aber sozusagen unbeleuchtet bleiben, brauchen stumpfe Stellen nicht unbedingt die schöpferische Vorstellungskraft des Hörers zu wecken, sie können ebensogut als selbstverständlich hingenommen werden, sie gehören zu den Konventionen der Gattung. Insofern tragen solche „Unbestimmtheitsstellen", der Verzicht auf Erklärung, Einordnung, Schilderung, paradoxerweise gerade dazu bei, dem Märchen Präzision und Bestimmtheit zu geben: Die Wege des Helden, der Heldin und ihrer Kontrastfiguren sind hell beleuchtet, alles andere darf unerörtert und unbedacht bleiben, braucht nicht ausgesponnen zu werden, auch nicht im Kopf des Hörers. Blinde Motive und Züge werden leicht ertragen, weil sie, wenn auch entgegen der Erwartung funktionslos, als irgendwie märchenhaft empfunden werden (auch eine funktionslose Schwester kann als Glied einer Dreierformel sowie als unbegnadete Kontrastfigur eine gewisse Ausstrahlung haben). Stumpfe Motive und Züge tragen dazu bei, die Märchenwelt als geheimnisvoll erscheinen zu lassen. Wer von blinden oder stumpfen Motiven spricht, meint oft nur einen blinden oder stumpfen Einzelzug oder eine Figur, die ohne Funktion bleibt, obwohl von ihr ein Mitspielen zu erwarten wäre; als alle diese Möglichkeiten umfassend empfiehlt sich der Terminus blindes (bzw. stumpfes) Element.

[1] Panzer, F.: Hilde-Gudrun. Eine sagen- und literargeschichtliche Unters. Halle 1901, 115. – [2] Meier, E.: Dt. Volksmärchen aus Schwaben. Stg. 1852 (Repr. Hildesheim/N. Y. 1971) 204-210, num. 58 = Sutermeister, O.: Kinder- und Hausmärchen aus der Schweiz. Aarau [2]1873, 171–176, num. 54. – [3] Moser, D.-R.: Märchensingverse in mündlicher Überlieferung. In: Jb. für Volksliedforschung 13 (1968) 85–122 (Zitat 103 sq.); cf. Künzig, J./Werner, W.: Ungarndt. Märchenerzähler 2. Textheft zu 3 Langspielplatten (mit Kommentar von D.-R. Moser). Fbg 1971, 21–28, 70–74. – [4] Lüthi, Europ. Volksmärchen, 56–60 (Zitat 58). – [5] cf. id.: Das Volksmärchen als Dichtung. Ästhetik und Anthropologie. Düsseldorf/Köln 1975, 76, 164 und Reg., hier 185; id.: Volksmärchen und Volkssage. Bern/Mü. ([1]1961) [3]1975, 36–39, 145–148; cf. auch Völker, W.: Märchenhafte Elemente bei Chrétien de Troyes. Bonn 1972, 171–173. – [6] Stroebe, K.: Nord. Volksmärchen 2. MdW 1919, 146–158, num. 27 und p. 333. – [7] Lüthi, Europ. Volksmärchen, 60; Lüthi 1975 (wie not. 5). – [8] cf. z. B. Ingarden, R.: Vom Erkennen des literar. Kunstwerks. Tübingen 1968, 261–269; Iser, W.: Die Appellstruktur der Texte. Unbestimmtheit als Wirkungsbedingung literar. Prosa. Konstanz (1971) [4]1974; Böhler, M.: Lesen und Handeln. Der ästhetische Schein als soziale Wirklichkeit. In: Schweizer Mh.e 56 (1976) 319–333.

Zürich Max Lüthi

Blindfüttern (AaTh 1380). Die Erzählungen vom B. aus Untreue haben üblicherweise folgendes Geschehen zum Inhalt:

Eine verheiratete Frau hat einen Liebhaber und fürchtet, der Ehemann könnte ihre verbotene Beziehung bemerken. Sie trachtet deshalb, Mittel in die Hand zu bekommen, mit denen sie dies verhindern kann. Bei verschiedenen Stellen sucht sie um Rat nach, und es werden ihr verschiedene, dem Manne angeblich abträgliche Speisen genannt. Ohne daß sie es ahnt, ist der Ratgeber ihr eigener Mann oder aber ein anderer Mensch, der mit dem Manne insgeheim im Bunde steht. Die Frau verabreicht ihrem Gatten die empfohlenen, durchweg wohlschmeckenden Speisen, worauf dieser sich blind stellt. Sie glaubt sich am Ziel ihrer Wünsche und holt den Geliebten ins Haus. Dort bestraft der betrogene Ehemann die beiden.

Von T. Benfey[1] bis zu L. Schmidt[2] stand unwidersprochen fest, daß alle volkstümlichen Fassungen und auch alle europ. literar. Versionen auf einen gemeinsamen Ursprung zurückgehen, nämlich auf die ind. Erzählung vom butterblinden Brahmanen im → *Pañcatantra*. Tatsächlich berechtigt aber die genaue Kenntnis der zum Typ AaTh 1380 gehörenden Erzählungen zu der Annahme, daß → Polygenese möglich ist. Ė. V. Pomerancevas[3] Ansicht, ähnliche Erzählungen dieses Typs könnten, ja müßten unabhängig voneinander entstehen, weil sie gesetzmäßiges Ergebnis anti-religiöser Ideologie seien, ist zu einseitig und berücksichtigt zu wenig deren Charakter als → Ehebruchsschwänke. Sehr bedeutsam dagegen ist der von L. Röhrich[4] erbrachte Beweis für die intertypische Mobilität und die internat. Verfügbarkeit des Motivs vom *gefoppten* → *Beter*.

Sobald man für AaTh 1380 das Postulat einer Urform in Zweifel zieht, verbietet sich die Frage nach dem Alter „der" Erzählung. Schon bei Annahme von Polygenese nur zweier Erzählungen desselben Typs wird die heute noch gängige Nomenklatur (z. B. Variante, Redaktion u. a.) fragwürdig. Die Erzählungen sind in sich logisch aufgebaut, mit Motiven, die beinahe überall verfügbar sind:

Ein ehebrecherisches Verhältnis einer Frau mit einem Liebhaber; der daraus erwachsende Wunsch der Frau, ihr Mann möge außerstande gesetzt werden, ihr Treiben zu beobachten; die Idee, dies sei, ohne den Mann zu töten (psychischer Hemmungsmechanismus), am ehesten durch Blindmachen des Mannes zu erreichen; die Suche der Frau nach entsprechenden Mitteln, die sie dazu in die Lage setzen; das Umschlagen der Aktion zugunsten des Mannes durch verstecktes Ratgeben (= einziger Wendepunkt der Erzählung); die Verstellung des Mannes und sein schließlicher Sieg bei der Bewahrung des ehelichen Bezirks und der Abwehr des ihn bedrohenden Feindes; zuletzt dann die Bestrafung derjenigen, die von der gesellschaftlich gültigen Norm abzuweichen versuchten.

Kern und Motor des Geschehens ist das Anliegen, die „Unnormalen", d. h. die von der sozial gültigen Norm Abweichenden (die „Dummen"), auf den Boden der gültigen Ordnung zurückzuführen. Diese in allen Gesellschaften fundamentale Maxime bewirkt gemeinsam mit den sich auseinander logisch ergebenden einzelnen Motivschritten das Entstehen von Erzählungen desselben Typs, die an verschiedenen Orten unabhängig voneinander neu ins Leben treten können. Die Befriedigung darüber, daß der sozialen Norm Geltung verschafft wurde, könnte auch bei der Klärung der Gattungsfrage Kriterium sein. Einzelausformungen verschiedener Motive bedeuten nicht Willkür des Erzählers. Dieser ist nur frei im Rahmen der ihm zu Gebote stehenden Möglichkeiten, denn sein Anliegen und die Erzählerwartung seiner Zuhörer beinhalten gleichermaßen die Bestätigung des sozial Gültigen, den Sieg des „normalen" Helden über die „unnormalen" Normabweichler (die „Dummen"). Anliegen und Erzählerwartung sind nicht Produkt eines rationalen Aktes, sondern Äußerungen eines Gruppenverhaltens, Befolgung einer gesellschaftlichen Maxime (soziale Determination).

AaTh 1380 mit seiner ihm inhärenten Logik und seinem allgemeinen, in sozialen Verhaltensnormen begründeten Anliegen ist ein Typus in sich und braucht keine Ableger zu bilden, um als Typus verschiedenen Orts neu aufzuscheinen. Deshalb verwundert es auch nicht, daß er über ein so weites geogr. Gebiet vorgefunden werden kann, so unverhältnismäßig wenig variiert und einer Modifizierung, einem → Zersagen so erfolgreich widersteht. Innere Logik und allgemeines Erzählanliegen ermöglichen völlige Neuentstehung und fördern zugleich die Tradierung.

Die recht jungen ags. Erzähllieder von der *Old woman in Wexford*[5] u. a. und die daraus verkürzten Lieder von *Johnny Sands* dürften ihren Stoff aus dem ndd.-ndl. Sprachraum bezogen haben.

[1] Benfey 1, 385sq., Benfey 2, 276sq. – [2] Schmidt, 305. – [3] Pomeranceva, Ė. V.: K voprosu o nacional' nom i internacional' nom načale v narodnych skazkach (Zur Frage über das nationale und internat. Element in den Volksmärchen). In: Istorija, fol'klor iskusstvo slavjanskich narodov. Doklady sovetskoj delegacii. 5. meždunarodnyj S-ezd slavistov (Sofija 1963). M. 1963, 386–412 (engl. Resümee 410–412). – [4] Röhrich, Erzählungen 2, 323–352, 488–497. – [5] Kennedy, P. (ed.): Folksongs of Britain and Ireland. L. 1975, num. 208; Roth, K.: Ehebruchschwänke in Liedform. Eine Untersuchung zur deutsch- und englischsprachigen Schwankballade (Motive 9). Mü. 1977, 395–398.

Lit.: Reinartz, M.: Genese, Struktur und Variabilität eines sog. Ehebruchschwanks. (B. aus Untreue. AT 1380). (Diss. Fbg 1969) Mainz 1970 (enthält Gesamtverz. der Var.n p. 207–434).

Villingen-Schwenningen Manfred Reinartz

Blindschleiche und Nachtigall (AaTh 234). Früher waren die B. und die N. miteinander befreundet; jede hatte nur ein Auge. Als die N. eines Tages zu einer Hochzeit eingeladen wurde, lieh sie sich das Auge der B., um besser sehen zu können, gab es aber nicht zurück.

Die B. schwur der N., ihren Kindern und Kindeskindern Rache; seit der Zeit spürt sie deren Nest auf und bohrt Löcher in die Eier. In der Nähe eines N.ennestes ist stets eine B. zu finden.

Der erste Teil des ätiologischen Märleins[1] gehört in den umfänglichen Erzählbereich vom Tauschgeschäft der Tiere (→ *Tiere borgen voneinander*), mit der Besonderheit, daß es um das Borgen von Augen geht. Der ätiologische Sinn liegt wohl in der Frage, warum manche Tiere (angeblich) keine Augen haben (Schlange, B.) oder tagsüber nicht oder nur schlecht sehen können (Eule) oder in dunkler Verborgenheit leben (Kröte, Zecke). Diese einfache Form ist in Span.-Amerika (Puerto Rico: Krähe und Eule), Frankreich (N. oder Elster und B.), Deutschland (N., Storch, Taube und B.) und Finnland (Frosch und B.) bekannt[2]. England scheint eine sehr ähnliche Version schon zu Shakespeares Zeiten besessen zu haben, cf. *Romeo und Julia* (3,5): „Some say that the lark and loathed toad changed eyes".

Die Kurzform hat sich häufiger mit anderen Erzählungen verbunden. Die ir. Redaktion (21 Fassungen) kombiniert sie ausschließlich mit AaTh 235: *The Jay Borrows the Cuckoo's Skin*[3]. In Katalonien (N. und Schlange), Frankreich, Deutschland und Polen (N. und Zecke) ist sie mit dem zweiten Teil, der Rache der B., verbunden[4]. Diese Redaktion zeichnet sich häufig durch Verse aus, die ebenso Spott wie Angst der N. zum Ausdruck bringen und gleichzeitig ihren Gesang onomatopoesieren:

katalon.: Faré el niu, niu, niu, niu, dalt del cim.

frz.: Je ferai mon nid si haut, si haut, si haut! si bas! que tu ne le trouveras pas.

dt.: Ich bau mein Nest auf jene Linden so hoch, so hoch, so hoch, so hoch, da magst dus nimmer wiederfinden!

AaTh 234 ist in der kombinierten Form zum erstenmal 1808 in der Sologne (Mittelfrankreich) aufgezeichnet worden[5]. Diese Fassung hat als Vorlage für das Grimmsche Märchen *Von der N. und der B.* (KHM 6 der 1. Aufl. von 1812) gedient.

Die Erzählforschung[6] nimmt frz. Ursprung des Märleins an (M. Légier bezeichnet es bereits 1809 romantisch antikisierend als „fable druidique")[7]. Darauf könnte auch deuten, daß schon 1551 B. Aneau von der Angst der N. vor der Schlange spricht, daß sie aus diesem Grunde die ganze Nacht singe und ihre Brust gegen Dornen presse, damit sie nicht einschlafe[8]:

Au printemps doux et gracieux,
Le rossignol à pleine voix
Donne louange au dieu des dieux,
Tant qu'il faict retentir les boys,
Peur du serpent il chante fort,
Tout nuict et met sa poitrine
Contre quelque poignante espine
Qui le réveille quand il dort.

J. Krzyżanowski weist jedoch die erste Fassung der poln. Redaktion von AaTh 234 (N. und Zecke) schon in der *Peregrynacya Maćkowa* von 1612 nach[9], und vielleicht hat also doch G. Henßen recht, wenn er die Herleitung der europ. Formen von AaTh 234 aus Frankreich ablehnt[10]. Das gilt in hohem Maße zum mindesten für die Eingangsepisode vom Augentausch.

In Frankreich hat sich diese Episode noch mit einem anderen, häufig dort aufgezeichneten Angstmärchen verbunden: Die N. schläft auf einem Weinstock, dessen Ranken sich um ihre Füße wickeln, so daß sie nicht frei kommen kann[11]. Aus Angst singt sie seitdem die ganze Nacht:

M'i pausarèi plus, plus, plus,
Sur la ramo de vit!

Je ne m'y poserai plus, plus, plus,
sur le rameau de vigne! (Agenais)

Eine Kombination dieser Erzählung mit AaTh 234 stammt aus dem Nivernais[12]. Die Verse lauten hier:

La vign' pouss' pouss' pouss',
Je n'dors ni nuit ni jour.

In poln. Varianten, die Krzyżanowski zu AaTh 234 rechnet, leiht sich die N. von der Zecke den After, gleiches tut sie in Rumänien vom Holzbock[13]. In jap. Versionen schließlich tauschen Schlange und Regenwurm Augen und Stimmen[14].

[1] M. L. Tenèze weist mit Recht in der Einleitung zu t. 3 von Delarue/Tenèze (P. 1976) 9–12 auf den ätiologischen Charakter von AaTh 234 und meint, daß dieser Typ nicht in das AaTh-Verz. gehöre. – [2] Hansen 234; Köhler/Bolte 1, 72–76; Rolland, E.: Faune populaire de la France 2. P. 1879, 270; Sébillot, P.: Folklore de France 3. P. 1906, 161–163; Dh. 3, 137; Delarue/Tenèze 3 (1976) 234; BP 1, 57 sq.; Wossidlo, R.: Mecklenburg. Volksüberlieferungen 2. Wismar 1899, 350; Henßen, G.: Mecklenburger erzählen. B. 1957, 13, num. 26; Aarne, Finn. 1, 55, num. 10. – [3] Ó Súilleabháin/Christiansen 234. – [4] Amades, J.: Folklore de Catalunya. Barcelona 1950, 952, num. 955; Sébillot (wie not. 2); Delarue/Tenèze 3 (1976) 234; KHM 6; Krzyżanowski 234. – [5] Légier, M.: Traditions et usages de la Sologne. In: Mémoires de l'Académie celtique 2 (1808) 204 sq. – [6] Köhler/Bolte und BP (wie not. 2). – [7] v. Köhler/Bolte 1, 75. – [8] Aneau, B.: La Description philosophale de la nature des oiseaux [1551]. Rouen 1641, 31. – [9] Krzyżanowski 234. – [10] Henßen (wie not. 2) 208. –
[11] Zahlreiche Var.n bei Sébillot, Dh. und Delarue/Tenèze (wie not. 2). – [12] Millien, A.: Le Rossignol et l'anvo. In: RTP 1 (1886) 177. – [13] Dh. 3, 139. – [14] Ikeda 234.

Aledo James T. Bratcher

Blitz. Der B. ist in den Glaubensvorstellungen der ide. Völker Attribut der Gottheiten (Zeus, Jupiter, Thor u. a. sind B.e-Schleuderer). Seit der Antike gilt der B. als augenfälligste Offenbarung göttlichen Zornes und als sichtbare Waffe göttlicher Allmacht (cf. Mot. A 285.1). Die vom B. getroffene Stelle der Erde galt vielfach als heilig. Im Christentum haben diese Vorstellungen vom B. als dem „ignis caelestis"[1] in Exempeln, Legenden und Sagen reichen Niederschlag gefunden. Danach greift Gott im Gewitter unmittelbar warnend, strafend und rächend in das irdische Geschehen ein, um die Übertretung göttlicher Gebote zu ahnden. Aus hist. Sagen spricht aber auch der Glaube der Menschen an den im Gewitter waltenden gerechten Christengott, der den Gläubigen in der Bedrängnis mit dem B. zu Hilfe kommt. Nach einer solchen hist. Sage predigte der hl. Ansgar 847 gegen die Heiden. Viele seiner Zuhörer verharrten im Zweifel. Der Heilige erbat ein Zeichen des Himmels, um die Heiden zu überzeugen. Da verdunkelte sich der Himmel, und ein B. entzündete die Eiche, unter der er predigte[2]. In den populären Lutherbiographien spielt das B.-Erlebnis eine bedeutende Rolle[3]. Von der Konfessionspolemik wird der strafende B. als Propagandamittel eingesetzt[4]. Der Tod durch B.-Schlag, oft aus heiterem Himmel, ist das beherrschende Motiv einer umfangreichen Gruppe von Erzählungen, in denen es um die Bestrafung eines → Frevels geht. In diesen Warnerzählungen werden u. a. folgende Verstöße geahndet (hinzugefügt sind Angaben zu den wichtigsten Erzähltypen):

1. → Blasphemie: In Trochtelfingen in Schwaben nennt ein gotteslästerlicher Schnitter die Jungfrau Maria eine ‚Wäscherin' und wird vom B. erschlagen[5]. Ein reicher Gutsbesitzer in Deutsch-Eylau erleidet das gleiche Schicksal, weil er sich über den während der Ernte eingetretenen Regen ärgert und mit dem Revolver dreimal in den Himmel zielt[6]. – 2. Sakramentsfrevel: Ein Gutsbesitzer in Westfalen wirft seinen Schweinen Hostien vor. Er muß bald darauf sterben, und ein B. zerschmettert den Sarg, des Frevlers[7]. – 3. → Fluchen: Der Tod durch B.-Schlag widerfährt z. B. dem Fuhrmann, der seine Zugtiere verflucht[8]. Bestraft wird in der Sage auch das Fluchen während eines Gewitters[9]. – 4. Feiertagsentheiligung und Übertretung von Arbeitsverboten: Der B. versteinert z. B. die gottlosen Jäger, die in ihrer Vermessenheit äußern: „Uns ist lieber da heroben ein leibiger Gamsbock als unten der Herrgott"[10]. An einem Feiertag hergestellte Kleidungsstücke werden vom B. zerstört[11]. – 5. Essen während des Gewitters (die hierhergehörigen Sagen sind vielfach auf die aus dem Himmel ertönende Stimme reduziert: „Den Sänger laß singen, den Beter laß beten, den Schäfer laß schlafen, den Fresser schlag tot")[12]. – 6. Tanzen während des Gewitters (durch B.-Schlag zerstörter Tanzplatz oder eingeäschertes Gasthaus)[13]. – 7. Brot- oder sonstiger Nahrungsmittelfrevel (alpenländ. Sagen von Frau Hütt[14] und von der untergegangenen Alp[15]). – 8. Verspottung des Gewitters (Lästern über ‚himmlisches Kegelspiel' und ähnliches[16]). Sagen über die Herausforderung der Naturgewalten während eines Unwetters sind in Nordeuropa weit verbreitet[17]. – 9. Sonstige Verbrechen und Frevel wie Unzucht, Mord[18], Meineid[19], Hartherzigkeit[20], Verleumdung[21].

Ebenfalls christl. Glaubensgut zuzurechnen sind die ätiologischen Sagen, nach denen bestimmte Bäume, z. B. die Hasel, als blitzabwehrend gelten, weil die hl. Familie auf der Flucht darunter Zuflucht gefunden haben soll[22]. Die christl. Auffassung vom Walten Gottes in B. und Gewitter ist auch in dem vor allem in Nordeuropa beheimateten Sagen- und Märchenkreis vom blitzverfolgten oder -getöteten Teufel, Dämon oder Unhold wirksam (Mot. A 162.3.2, F 531.6.12.4, F 455.8.2, G 512.10)[23]. Im Märchen ist der B. ein wenig signifikantes Motiv[24]. Zu dem Bereich der vorchristl. ide. Schicksalserzählungen mit → Todesprophezeiung gehört die Sage vom Tod durch B., über die eine monographische Untersuchung vorliegt (Mot. M 341.2.2, M 341.2.11)[25]. Auf eine kulturgeschichtlich jüngere Schicht verweisen der Schwank vom genarrten B.-Strahl[26], wo dieser durch ein später widerrufenes Versprechen oder durch ein gewechseltes Versteck irregeleitet wird, und ebenso der Schwank vom ‚B. in der Hosentasche' (= Zündholz des bäuerlichen Brandstifters)[27].

[1] Freudenthal, H.: Das Feuer im dt. Glauben und Brauch. B./Lpz. 1931, 17. – [2] Peuckert, W.-E.: Bremer Sagen (Denkmäler dt. Volksdichtung 5). Göttingen 1961, 34, num. 60. – [3] Brückner, 275. – [4] ibid., 317, num. 204, p. 374. – [5] Birlinger, A.: Aus Schwaben 1. Wiesbaden 1874, 304, num. 342. – [6] Schnippel, E.: Eine moderne Sage von einem Gottesfrevler. In: ZfVk. 16 (1906) 177–181, hier 177. – [7] Petzoldt, L.: Dt. Volkssagen. Mü. 1970, 172, num. 288. – [8] Meiche, A.: Sagenbuch des Königreichs Sachsen. Lpz., 1903, 193sq., num. 262. – [9] Haupt, K.: Sagenbuch der Lausitz 1 (Neues Lausitzisches Magazin 40). Görlitz 1863, 64sq., num. 56. – [10] Zingerle, I. V.: Sagen aus Tirol. Innsbruck 1859, 425, num. 748; Wagner, O.: Pinzgauer Sagen. Wien 1925, 71sq.; Wagner, W.-H.: Teufel und Gott in der dt. Volkssage. Diss. Greifswald 1930, 227. –

[11] Bartsch, K.: Sagen, Märchen und Gebräuche aus Mecklenburg 2. Wien 1880, 270, num. 1401. – [12] Horn, W.: Die Natur im Glauben des Volkes. In: Bll. für hess. Vk. 3 (1901) 1–3, num. 1; 5–8,

num. 2. – [13] Knoop, O.: Sagen der Provinz Posen. B. 1913, 156sq., num. 238. – [14] Grimm DS, 174, num. 233. – [15] Graber, G.: Sagen aus Kärnten. Graz 1944, 249, 252–254. – [16] Kuhn, A.: Sagen, Gebräuche und Märchen aus Westfalen [...]. Lpz. 1859, 358, num. 398. – [17] AaTh 934**; Mot. L 471; Balys, J.: Griaustinis ir velnias balloskandijos kraštų tautosakoje (Donner und Teufel in den Volkserzählungen der balt. und skand. Völker). In: Tautosakos Darbai 6 (1939) 3–236; Simonsuuri F 302–304. – [18] Bischof Hatto wegen seines Mordes an Herzog Heinrich: Grimm DS, 345, num. 463. – [19] Sage vom Rittersprung bei Vianden, cf. Zaunert, P.: Rheinlandsagen 1. Jena 1924, 289. – [20] Sage vom Raubritterschloß, das wegen der Missetaten seiner Bewohner vom B. zerstört wird, cf. Witzschel, A.: Kleine Beitr.e zur dt. Mythologie, Sitten- und Heimatkunde in Sagen und Gebräuchen aus Thüringen. 1: Sagen aus Thüringen. Wien 1866, 174sq., num. 175; Zaunert (wie not. 19) 260; Priester, der seine Herrin während eines Gewitters aus dem Haus weist, wird vom B. getötet, cf. Tubach, num. 3043. – [21] Die Frau, die einen Hl. anklagt, er habe sie vergewaltigt, wird vom B. erschlagen, cf. Tubach, num. 3046. – [22] Dh. 2, 43sq.; KHM 210; Mot. A 2791.2. – [23] Simonsuuri E 1301; Balys (wie not. 17); Boberg F 531.6.12.4. – [24] cf. Mot. s. v. Lightning und Thunder. – [25] Brednich, R. W.: Volkserzählungen und Volksglaube von den Schicksalsfrauen (FFC 193). Hels. 1964, 126–137. – [26] Neumann, S.: Volksschwänke aus Mecklenburg. B. 1963, 148, num. 530; 156, num. 564. – [27] Kruse, H.: Fürpüster. Das Brandstifterunwesen im Volksmund der Heimat. Neumünster 1955, 43; Neumann (wie not. 26) 18, num. 48.

Freiburg/Br. Rolf Wilhelm Brednich

Bloch, Ernst, *Ludwigshafen 8. 7. 1885, † Tübingen 4. 8. 1977, marxistischer Philosoph und Kulturkritiker. 1933–48 im Exil, nach der Rückkehr Professor in Leipzig, 1961 in die Bundesrepublik emigriert, dann Professor in Tübingen.

B. entwirft, anknüpfend an Aristoteles und Hegel, aber auch an Elemente jüd.-christl. Eschatologie, eine Philosophie der Hoffnung, in der er dem Märchen einen wichtigen Platz zuweist. In *Erbschaft dieser Zeit* (Zürich 1935) behandelt er den Gegenstand erstmals ausführlicher in einem Kapitel *Über Märchen, Kolportage und Sage.* Die Zusammenstellung ist bezeichnend: Am Märchen wird der Aufbruch, wird eine gewisse Exotik betont; es ist „ebenso berauschend wie landfremd" (p. 169). In der Kolportage sieht B. eine legitime Fortsetzung des Märchens; Karl May beispielsweise „schreibt keine blumigen Träume, sondern Wildträume, gleichsam reißende Märchen" (p. 170). Die Sage dagegen wird typisierend mit dem Märchen kontrastiert: „das Märchen hineinleuchtend in Kolportage, bezeichnet Revolte, die Sage, abstammend vom Mythos, erduldetes Geschick" (p. 182). „Im Unterschied zum allemal rebellischen Märchen" stiftet die Sage „puren Herrenfrieden, Herrennutzen" (p. 183); die Sage „hat sich zeitlich wie lokal durchaus niedergelassen", das Märchen aber „schwebt wie die Zeit, worin sein Triumph geschehen ist" (p. 183); „es ist allemal kindliche Kriegsgeschichte der List und des Lichts gegen die mythischen Mächte, es endet als Märchen vom menschlichen Glück, als gespiegeltes Sein wie Glück" (p. 184).

In seinem Hauptwerk *Das Prinzip Hoffnung,* das während B.s Emigration zwischen 1938 und 1947 in den Vereinigten Staaten entstand, stellt er das Märchen in die Reihe substantieller menschlicher Zukunfts- und Glücksträume. „Das Desiderium, die einzig ehrliche Eigenschaft aller Menschen, ist unerforscht" (p. 4). Diesem Desiderium, dem utopischen „Vor-Schein" (p. 370), der „Dämmerung nach vorwärts, ins Neue" (p. 86) gilt die weit ausgreifende kulturphilosophische Untersuchung B.s. In den Märchen lebt Archetypik (→ Archetypus), aber nicht die „archaischer Regression"; das Märchen verkörpert Archetypen, „in denen noch ein Unausgearbeitetes, relativ Unabgelaufenes, Unabgegoltenes umgeht", die also „utopischer Behandlung fähig" sind (p. 184sq.). Märchen enthalten technische Vorgriffe: „Vieles, was die alten Zaubermärchen versprochen hatten, hat die modernste Technik gehalten", schreibt B. später in *Verfremdungen I* (p. 171), wo er auch feststellt, „daß man Tausendundeine Nacht fast als Motivbuch für noch nicht gemachte Erfindungen benutzen könnte" (p. 173). Wichtiger als dieser technisch-utopische Charakter des Märchens aber ist sein sozialutopischer Gehalt: „Mut und List" führen im Märchen zum

Erfolg (*Prinzip*, p. 441); die Märchen „sind die Vernunft Däumlings gegen den Riesen" (*Erbschaft*, p. 169); das tapfere Schneiderlein überwindet durch Klugheit alle Hindernisse. „So kann im Märchen aus einem Schneider ein König werden, ein König ohne Tabu, der den ganzen feindseligen Mutwillen der Großen abserviert hat" (*Prinzip*, p. 412).

Auch in seinem Hauptwerk sieht B. die Kolportage auf der gleichen Linie, versteht sie als „wildes Märchen" (p. 426). Er grenzt diese „Abenteuergeschichte" entschieden gegen „den Glückskitsch der Magazingeschichte" (p. 409) ab, die nicht aufbricht und ausbricht, sondern „vorgetäuschte Lebensläufe in aufsteigender Linie besichtigt" (p. 407) und so „die wundergläubigste in ihren kapitalistischen Bildern" bleibt (p. 409). Weder bürgerliche Bildung noch kleinbürgerliche Unbildung ist „der Frische" fähig, welche „Jugend und 'Volk' der Kolportage entgegenbringen" (*Erbschaft*, p. 177); der Volksbegriff wird in seiner hist. Dimension den armen bäuerlichen Schichten der Feudalzeit zugewiesen, in der Gegenwart werden „Proleten" und „Volkszauber" einander zugeordnet (p. 176).

Es liegt auf der Hand, daß sich solche Zuordnungen marxistischer Geschichtstypologie empirisch nicht einlösen lassen; weder ist die These von der Entstehung des Märchens „im armen Volk" (*Verfremdungen I*, p. 159) bündig bewiesen, noch macht die neuere Leserforschung die Aufteilung von „Magazingeschichte" und „Kolportage" auf grundverschiedene soziale Gruppierungen wahrscheinlich. Hinsichtlich der Auslegung des Märchens ist zudem kritisiert worden, daß B. bestimmte Züge deutend zurechtbiegt, daß er etwa die Aufbruchsstimmung von Hänsel und Gretel fälschlich betont – diese versuchen „ja alles, um nach Hause zurückzukommen"[1]. Vor allem aber paßt nur ein Teil der Märchen in B.s Deutungsschema, und es ist nicht zufällig, daß die auf B. basierenden Interpretationen ihrerseits überwiegend auf die von ihm herangezogenen Erzählungen zurückgreifen, um „im Vergleich zur bannhaften Starre der Sagenhandlung [. . .] die ganze Dynamik des Märchens erkennbar" zu machen[2].

Die Kritik, die zu Recht an solchen pauschalierenden Deutungen geübt wurde, trifft B.s eigenen Entwurf jedoch nur zum Teil. Bei seiner Einschätzung muß dreierlei beachtet werden:

1. Es handelt sich um einen Gegenentwurf zu faschistischen Deutungen, die Märchen, Sage und Mythos in „dumpfer Uniformierung" (*Erbschaft*, p. 186) dem „Pathos bloßer Archaik" (*Prinzip*, p. 185) unterwarfen. „Das Märchen will heraus aus der völkischen Sage, wohin es gebannt wird", schreibt B. (*Erbschaft*, p. 166); entgegen der urzeitlich-rückgewandten Orientierung bedeutet ihm das Es-war-einmal „nicht nur ein Vergangenes, sondern ein bunteres oder leichteres Anderswo" (*Prinzip*, p. 410).

2. Schon durch die essayistischen Skizzen des Bandes *Spuren* (B. 1930) geistert das Märchen, aber als Anlaß zu Verfremdungen: „Tischlein deck dich" ist dort der bürgerliche Festtagsschmaus, der sich als durch und durch morbid erweist – Eiter schießt aus dem Bratenfleisch (p. 230). „Montage des Unvereinbaren" hat man als „Strukturprinzip" der *Spuren* bezeichnet[3]; und dieses Strukturprinzip wird auch in den folgenden Schriften B.s nicht ganz außer Kraft gesetzt: die Erinnerung ans Märchen ist selbst in B.s großer Philosophie nicht völlig auf systematische Argumentation aufzurechnen, ist vielmehr Ausdruck „fabulierenden Denkens"[4].

3. Und im Zusammenhang damit: B. liefert keine Märchenanalyse, sondern bezieht das Märchen wie andere Erzählformen und -inhalte in eine umfassende Weltschau ein. Dies legitimiert seine Akzentsetzung, die zudem eine in der Märchenbetrachtung lange verdeckte Seite hervorkehrt: das Märchen als Spiel mit dem Möglichen, als Utopie, als „der menschlichste Mythos, der wirklich uneingelöste" (*Verfremdungen I*, p. 162).

→ Affektive Funktion, → Bedürfnis, → Utopie, → Wunschdichtung.

[1] Sauer 1973 (v. Lit.) 229, not. 6. – [2] Bürger 1971 (v. Lit.) 43. – [3] Ueding, G.: Glanzvolles Elend. Versuch über Kitsch und Kolportage. Ffm. 1973, 200. – [4] ibid., 189.

Ausg.n: Spuren. Neue erw. Ausg. B./Ffm. 1959. – Das Prinzip Hoffnung 1–2. Ffm. 1959. – Erbschaft dieser Zeit. Neue erw. Ausg. Ffm. 1962. – Verfremdungen I. Ffm. 1962. – Vier Reden (Beiheft zur Schallplatte „Es spricht Ernst Bloch"). Ffm. 1970.

Lit.: allg.: Bütow, H. G.: Philosophie und Gesellschaft im Denken E. B.s. Wiesbaden 1963. – Über E. B. Mit Beitr.en von M. Walser u. a. Ffm. 1968. – Bahr, E.: E. B. B. 1974. – Utopie – marxisme selon E. B. Un système de l'inconstructible. ed. G. Raulet. P. 1976.
Ausführung des B.schen Ansatzes bei Bürger, C.: Die soziale Funktion volkstümlicher Erzählformen – Sage und Märchen. In: Ide, H. (ed.): Projekt Deutschunterricht 1. Stg. 1971 ([3]1973) 26–56.
Kritische Auseinandersetzungen mit B. und Bürger: Bausinger, H.: Möglichkeiten des Märchens in der Gegenwart. In: Märchen, Mythos, Dichtung. Festschr. F. von der Leyen. ed. H. Kuhn/K. Schier. Mü. 1963, 15–30. – Sauer, P. L.: Märchen und Sage. Didaktische Analyse anstelle ideologischer Betrachtung. In: Wirkendes Wort 23 (1973) 228–246. – Haas, G.: Märchen, Sage, Schwank, Legende, Fabel und Volksbuch als Kinder- und Jugendlit. In: id. (ed.): Kinder- und Jugendlit. Zur Typologie und Funktion einer literar. Gattung. Stg. 1974, 144–177. – Lüthi, M.: Das Volksmärchen als Dichtung. Ästhetik und Anthropologie. Düsseldorf/Köln 1975, 214sq. und pass.

Tübingen Hermann Bausinger

Blume. Volksmärchen enthalten selten Natur- und Landschaftsschilderungen der realen Welt. Steine, Tiere, Bäume und vor allem B.n repräsentieren die Zauberwelt, sie sind daher Bedeutungsträger, Zeichen und Symbole. Durch eine Vielfalt von üppig wachsenden, großen und schönen B.n wird auf einfachste Weise das Zauber- und Jenseitsreich charakterisiert, das sich dem Märchenhelden nach Angst, Not und Verzweiflung, bes. aber nach seiner Wanderung durch den Wald in Dunkelheit und Gefahr, unerwartet als Wunderwelt einer bunten Frühlingswiese oder eines paradiesischen Gartens darbieten kann. So erwacht das Mädchen in → *Frau Holle* (KHM 24) nach seinem verzweifelten Sprung in den Brunnen „auf einer schönen Wiese, wo die Sonne schien und viel tausend Blumen standen" (cf. KHM 12, 19, 179 und 181). Durch den unvermuteten Kontrast zu den Schrecken des bisher Erlebten wird dieses Stückchen „heile Welt" zum Symbol der Hoffnung und Rettung für die Verfolgten und Schutzbedürftigen, die Notleidenden oder Schiffbrüchigen[1].

Dem einfachen Menschen gelten B.n in ihrer Vielfalt der Formen und Farben als Inbegriff des Schönen und Wunderbaren. Deshalb umgibt er sie in seinen Erzählungen mit einem gewissen Zauber und sieht in ihnen Seelenblumen und Verwandlungsgestalten. Um die B. haben sich daher zahlreiche Märchenmotive gebildet, die sich den größeren Motivkomplexen Zauber, Beseelung, Verwandlung und Erlösung, Krankheit und Heilung, Geburt und Tod zuordnen lassen.

Die Zauberblume, eine bes. prächtige, durch Farbe, Duft und Größe auffallende oder fremdartige B., besitzt magische Kräfte (Mot. D 975). In ihrer Funktion als Helfer oder Schlüssel zum Glück verliert die Zauberblume für den Helden zeitweilig ihre naturgegebene Passivität, Stummheit und Gestalt, d. h. sie kann menschlich reagieren, sprechen (Mot. D 1610.4), lachen (Mot. D 1619.3), aber auch singen und weinen, um seine Aufmerksamkeit zu erregen, ihn zu verlocken oder zu warnen. Die Fähigkeit des Helden zur → 'Allverbundenheit' läßt ihn in eine enge Beziehung zu den ihn umgebenden Dingen, Tieren und Pflanzen treten, die sich ihm beseelen, verwandeln und vermenschlichen. Dabei ist der direkte Kontakt zu einem Tier im Märchen häufiger zu beobachten als der zu einer B. Sie steht dem Wesen und Verständnis des Menschen ferner, weil sie sich normalerweise nicht mitteilen kann. Die Identifizierung mit ihr setzt größeres Einfühlungsvermögen voraus, fällt also schwerer, trotzdem gibt es vergleichbare Märchenmotive um Tiere und B.n; beide können zu Helfern werden oder zu übernatürlichen Partnern in einer Liebesbeziehung. Dem bekannten Motiv vom Erlernen der Tiersprache (AaTh 670: →*Tiersprachenkundiger Mensch*) entspricht das vom Verstehen der Sprache der B.n in einer ind. Variante (Thompson/Balys Z 175.1). Auch bei der → Anthropomorphisierung ergeben sich Parallelen zwischen B.n- und Tierverwandlungen, wobei die letzteren in Mythen, Märchen und Sagen überwiegen. Die B. erweist ihre zauberischen Fähigkeiten auch durch wunderbare Ereignisse in ihrem Pflanzendasein selbst. Sie erblüht bei Berührung (Mot. D 2195.1), behält ihre Frische, solange sie der rechtmäßige Eigentümer besitzt (Mot. D 877.2) oder wird durch Zauber vor dem Verwelken bewahrt, wie in einer buddhist. Mythe (Mot. D 2167.3). Wenn der Held eine Zauberblume findet, wird der Gang der Handlung dadurch meist entscheidend vorangetrieben oder retardiert, denn die B. vermag zu nützen oder zu schaden.

Die Wunderblume gilt u. a. als wertvolles → Heilmittel, das, ähnlich wie das → *Wasser des Lebens* (AaTh 551), nur unter Mühen und Gefahren erlangt werden kann. In einer ind. Erzählung heilt die B. einen Blinden, der seine Augen mit ihr reibt (Thompson/Balys F 952.3.2); der Duft der goldenen, singenden Wunderblume, die von einer entfernten Insel geholt und eingepflanzt werden muß, vertreibt sogar die Pest[2], und durch den Austausch der beiden Lebenspflanzen rettet die Tochter, bereit, ihr eigenes Leben zu opfern, ihre todkranke Mutter[3] (cf. die Bitte um den Tausch der Lebenslichter in KHM 44).

Bes. ital. und engl. Märchen kennen die schädliche und gefährliche Wirkung der Zauberblume, deren betörender Duft betäuben[4], der Sinne berauben (Mot. F 361.2.2) oder in einen Zauberschlaf versetzen kann (Mot. D 1364.3).

So darf der Märchenheld an der 'Blume Vergessen', die ihm bei der Flucht als Helfer dienen soll, nicht riechen, um sich nicht selbst zu gefährden[5]. Eine Hexe versucht sogar, ein Mädchen mit einer B., die sie ihm an den Busen steckt, zu ermorden. Als ihr Bruder diese B. entfernt, erwacht die Leblose wieder[6].

Überhaupt sind alle B.n, die einem Unhold, einer Hexe oder Fee gehören, tabuiert und werden von ihnen geschützt und bewacht (Mot. F 339.2). Wer sie zu rauben versucht, hat sein Leben verwirkt. Dieses Motiv erscheint als auslösendes Moment in einigen der weitverbreiteten Erzählungen vom → *Tierbräutigam* (AaTh 425, 430, 432).

In AaTh 425 C (*Beauty and the Beast*) pflückt der Vater im Garten eines wilden Tieres eine B. und muß diesem dafür seine Tochter versprechen (Mot. S 228). Die B. stellt nun die Verbindung zum Tierbräutigam her, sie dient hier dem Verwünschten als Hilfsmittel, die Braut zu gewinnen, die ihm allein durch ihre Liebe Erlösung bringen kann[7].

Das Pflücken von B.n – als metaphorische Umschreibung für erotische Vorgänge gebraucht – wurde bereits im griech. Mythus Persephone zum Verhängnis, die dabei von Hades geraubt und in die Unterwelt entführt wurde (Mot. F 92.2.1). In diesen Zusammenhang gehört auch *Rotkäppchen* (KHM 26), das der Wolf zum B.npflücken in den Wald lockt. Viel häufiger jedoch als im Märchen erscheinen Metaphern vom 'B.npflücken' und 'Rosenbrechen'[8] im Liebeslied, das solche Verhüllungen, die bereits mhd. Dichter verwandten, bis heute tradiert hat[9]. Im Märchen dagegen kann die B., als Symbol der Liebe verstanden, direkt neues Leben zeugen, d. h. durch magische Kräfte eine übernatürliche Empfängnis bewirken (cf. Wunderbare → Empfängnis). Mythen, Märchen und Legenden aus aller Welt, bes. aber aus dem Orient, bestätigen dies.

So kann die Schwangerschaft allein durch den Duft einer B. entstehen (Mot. T 532.1.1.1)[10]. Das Abpflücken oder Berühren einer B. kann ebenfalls zu einer übernatürlichen Empfängnis führen, so z. B. bei Theodora, nachdem sie Hyazinthen in ihren Schoß gelegt hatte[11]. Auch der Genuß einer B. kann dies bewirken, wie chin., indon. und malai. Var.n erweisen (Mot. T 511.4). Basile (2, 8) berichtet davon noch detaillierter: Der Genuß einer roten → Rose bewirkt die Empfängnis eines Knaben, der Genuß einer weißen führt zur Geburt eines Mädchens. Vorzug und Auszeichnung bedeutet nach ir. und buddhist. Mythen die übernatürliche Geburt durch eine B. (Mot. T 543.2).

Die Erde vermag der B. außergewöhnliche Kräfte zu verleihen (cf. den griech. Giganten → Antaios, dem die Berührung mit der 'Mutter Erde' eine ständige Kraftquelle war, oder die Hexen, die zur Richtstätte gefahren wurden, damit ihnen die Berührung des Bodens nicht neue Zauberkräfte verlieh). Die B., die die Winterstarre des Erdreichs durchbricht, besitzt im Märchen auch die Macht, verborgene Türen und Felsen zu öffnen, die den Helden auf seinem Weg zum Glück oder Schatz hemmen.

Sie erschließt den unsichtbaren Zugang zum Berg der Zwerge (Mot. F 451.4.3.7), wie ein von ihnen dorthin entführtes Kind berichtet[12], oder – wie die Springwurzel oder Wünschelrute – den Weg zur Schatzhöhle, wo sie der Habgierige trotz der Warnung 'Vergiß das Beste nicht!'[13] unbeachtet zurückläßt[14]. Oft findet der Held auch eine gelbe Schlüsselblume, die nur für ihn bestimmt ist und sich in einen goldenen Schlüssel verwandelt, wenn er sie mitnimmt (Mot. D 475.1) – ein beliebtes Motiv der Schatzsage[15]. Die B. vermag in der Erde Verborgenes zu offenbaren und zeigt einen unter ihr ruhenden Schatz an (Mot. N 511.1.10), der nur zu bestimmten Zeiten, in denen er gehoben werden kann, „blüht"; sie kann aber auch selbst zu Gold, Silber oder Edelsteinen werden (Mot D 475.1.18). In einer ind. Legende bilden B.n eine kostbare Krone über dem Haupte Buddhas[16], und noch in der Gegenwart aufgezeichnete Sagen lassen B.n zu Goldstücken werden[17].

Dieser größere Motivkomplex der B.nverwandlung enthält bes. altartige und weltweit verbreitete Vorstellungen von der ursprünglichen Wesensgleichheit aller Dinge, die einen mühelosen Gestaltwandel ermöglicht. Im Märchen kann die → Verwandlung auch aus einer B. zum Menschen erfolgen (Mot. D 431.1) oder vom Menschen in eine B. (Mot. D 212), wobei die Möglichkeit der Rückverwandlung gegeben ist. Die Identifikation des weiblichen Wesens mit der B., die beseelt gedacht wird, überwiegt hierbei und entspricht völlig der jahrhundertealten Rollenerwartung der Frau. Der Vergleich zwischen Frau und B. und zwischen Mann und Tier, der auch im Volkslied häufig ist, soll das Unterschiedliche ihres Wesens charakterisieren. Dem Tierbräutigam entspricht deshalb in Märchen und Volksballade die „Pflanzenbraut".

Bei der Selbstverwandlung, die im Mythus aller Völker und auch bei der → Anthropogonie zu beobachten ist, kann die jeweilige Gestalt frei gewählt werden.

So erfolgt bei der → *Magischen Flucht* (AaTh 313, 314) ein willkürlicher und nur vorübergehender, mehrfacher Gestaltwandel, bei dem das Mädchen u. a. zu einer B., meist einer Rose, werden kann[18]. In KHM 56: *Der liebste Roland* verwandelt sich das nach der geglückten Flucht verlassene Mädchen aus Trauer nochmals in eine B., bis es sich in seiner wahren Gestalt zeigen muß. Das → *Blumenmädchen* (AaTh 407), das aus einer bes. auffallenden, edlen B. (Rose, Nelke, Lilie, Lotosblüte) hervorgeht oder zeitweilig ihre Gestalt annimmt (cf. KHM 76: *Die Nelke*), kann auch durch göttliche oder dämonische Kräfte verzaubert worden sein.

Diese Fremdverwandlung[19] ist sekundär und meist als Belohnung oder Strafe zu verstehen wie in den *Metamorphosen* Ovids. Das B.nmädchen, das nachts seine Menschengestalt zurückerhält und eine eheähnliche Verbindung eingeht (Mot. D 621.2.2), kann durch seinen Partner erlöst werden (Mot. H 63.1), wie in KHM 160: *Rätselmärchen*. In der Ballade sind ebenfalls beide Verwandlungsarten überliefert[20]: Die B. verwandelt sich in eine Braut, wenn der rechte Freier sie bricht. Die B.nverwandlung kann aber auch wie in der Sage endgültig sein, wenn sie nach einer Selbstverwünschung oder Verfluchung geschieht.[21] Das zu einer Wegwarte gewordene Mädchen bleibt deshalb bis zum Jüngsten Tag unerlöst. Verwandlungs- und Reinkarnationsvorstellungen zeigen sich auch bei der Grabesblumenmotivik. Die als unsterblich gedachte Seele lebt in einer neuen Gestalt weiter[22], die Grabesblume ist daher als Symbol der Hoffnung, des Lebens über den Tod hinaus, der Auferstehung und Wiedergeburt zu verstehen (Mot. E 631.1). Rose, Lilie und Lotos sind neben den Bäumen die wichtigsten → *Grabpflanzen* (AaTh 970). In der Legende steht die weiße → Lilie als Zeichen der Reinheit und göttlichen Gnade im Mittelpunkt[23]. Aus Mund, Herz (cf. Mot. V 229.2.7) oder Leib der Hll. wachsen B.n, um die unbekannte Grabstätte zu offenbaren oder Unschuld und göttliche Gnade zu bezeugen[24]. Als sekundärer Zug kann die Schrift auf den B.nblättern (Mot. E 631.0.2) gelten, die den Willen des Verstorbenen anzeigt, in geweihtem Boden oder in der Heimat begraben zu werden, oder ein Wort wie 'Ave Maria', das er zum Lobpreis oft gesprochen hat (Mot. E 631.0.2.1)[25]. Von der Legende wurden diese Motive in das Volkslied, bes. in die Volksballade, übernommen, wo sie einen versöhnlichen Abschluß bilden. Auf dem Grab eines Hingerichteten oder eines Selbstmörders deutet die Lilie göttliche Verzeihung an oder seinen Wunsch, zusammen mit der Liebsten begraben zu werden[26]. Die B.n auf den Gräbern Liebender beweisen ihre Vereinigung im Tode und die Fortdauer der Liebe, bes. dann, wenn sich die Pflanzen ineinander verschlingen (→ Tristan und Isolde), mehrere Blüten an einer Lilie wachsen[27] oder drei Rosen an einem Zweig. Auch in der Sage erblühen B.n zum Zeichen der Unschuld, oft an der Richtstätte eines unschuldig Verurteilten (cf. AaTh 756: *Der grünende → Zweig*), dessen Voraussage sich damit erfüllt[28]. Da die Seele des Verstorbenen in der B. weiterlebt[29], darf sie niemand außer dem Geliebten abpflücken (Mot. H 31.12.1); er allein kann dadurch sogar eine Wiederbelebung der Toten bewirken, wie ind. Märchen berichten (Mot. E 29.4).

Andererseits kann das Leben eines Menschen eng an eine B. gebunden sein. Er wird verwandelt oder muß sterben, wenn sie gebrochen wird (cf. KHM 9: *Die zwölf Brüder*). Durch die bestehenden sympathetischen Beziehungen zwischen B. und Mensch kann eine in der Heimat zurückgelassene B. anzeigen, wie es dem Entfernten ergeht (cf. KHM 85: *Die Goldkinder*). Um sich zu verbrüdern, tauschen Freunde in einem Märchen aus Zentral-Indien B.n aus (Mot. P 311.2), die aber auch als bloßes → Erkennungszeichen dienen können (Mot. H 16.3). Manchmal hängt das Leben übernatürlicher Wesen ebenfalls von einer B. ab. So rauben Sirenen die B. der Feen. Als ein Fischer sie zurückholt, müssen die Sirenen sterben[30]. Auch die Sage überliefert dieses Motiv: Das Leben einer gefährlichen Nixe ist an eine Seerose gebunden, aus der sie verlockend hervortaucht. Diese B. blutet, als sie abgeschlagen wird, ein Zeichen, daß zugleich die Nixe tödlich verletzt wurde[31].

Die B. verkörpert als Symbol im Märchen das „Selbst" des Helden[32], vor allem aber das der Frau, die sich mit der B. selbst schenken kann. Ihre Heiratsfähigkeit wird durch das Erblühen einer B. angezeigt. In einem ital. Märchen muß deshalb der junge König jedesmal eine seiner drei Schwestern einem Vorübergehenden zur Frau geben, wenn sich eine Knospe am Nelkenstrauch gerade entfaltet hat[33]. Auf ähnliche Weise wird durch eine B. der Bräutigam einer Prinzessin bestimmt (Mot. H 316.2). Wer die von ihrem Bruder oder ihr selbst geworfene B. zufällig aufhebt, muß ihr Gemahl werden[34]. B.n gelten auch als Zeichen bes. Auserwähltheit und Schönheit, wenn sie einem Mädchen von den Lippen fallen (Mot. D 1454.2.1). Eine Prinzessin lacht Rosen (Mot. 71.4), auch aus dem Mund eines Hl. kommen B.n beim Sprechen (Mot. V 222.11) hervor. Mit Hilfe der „B.nprobe" wird das Geschlecht eines verkleideten Mädchens erkannt (Mot. H 1578.1.3). In einem sizilian. Märchen wählt das Mädchen die Nelke, der Mann die Rose. Auch in arab. und ind. Märchen erscheint dieses Motiv. Bei → Freiersproben (Mot. H 335.4), Rätselfragen und schwierigen Aufgaben werden ebenfalls B.n benutzt. Es wird nach der schönsten B. gefragt (Thompson/Balys H 659.23) oder nach einem Strauß, der alle B.n enthält (Mot. H 1377.2). Ein bes. mühsames Erlösungswerk wird von einem Mädchen verlangt, das aus Sternblumen Hemden (Mot. H 1021.9.1) für seine verzauberten Brüder nähen muß (KHM 49: *Die sechs Schwäne*). Die B.n wirken hier als Gegenzauber (cf. KHM 69, AaTh 405: → *Jorinde und Joringel*) und geben die Menschengestalt zurück (Mot. D 771.11); sie schützen aber auch als Amulett getragen vor Verzauberung (F 384.4)[36]. Selbst der Teufel bedient sich der B.n, um eine Tabuverletzung zu erkennen. Heimlich steckt er schlafenden Mädchen eine B. (Rose, Nelke, Jasminblüte) ins Haar, die vom höllischen Feuer versengt wird, wenn ihre Trägerinnen die verbotene Tür zur Hölle öffnen[37].

B.nwunder erweisen andererseits die Unschuld oder Heiligkeit eines Menschen. In einem ind. Märchen füllt sich ein Garten, dem sich ein unschuldiges Mädchen nähert, plötzlich mit B.n. Als ein Heiliger mit seiner Rute den Boden berührt, wachsen Lilien hervor, um die Wahrheit seiner Worte (Mot. F 971.6) von der jungfräulichen Geburt Mariens zu bezeugen[38]. Auf die Bitte eines Hl. nach einer B., die die Sümpfe von Giftstoffen reinigt, erwächst eine Unmenge blauer Lilien[39]. Bei Geburt oder Tod eines Hl. oder Märtyrers regnen B.n vom Himmel[40], sie entstehen auch aus ihrem Blut, das als Sitz des Lebens gilt, cf. auch → Narziß, aus dessen Blut die Narzissen wuchsen, als er sich selbst tötete[41]. Damit sich fromme Mönche rechtzeitig auf ihren Tod bereiten können, finden sie als Zeichen göttlicher Gnade eine Lilie oder weiße Rose auf ihrem Platz in der Kirche[42]. Als bes. Wunder gelten B.n mitten im Winter (Mot. F 971.5; → Wintergarten), die bei einem heiligmäßigen Menschen gefunden werden[43]. J. Pauli berichtet z. B. von einer frommen Jungfrau, die sich ein Zeichen vom Himmel wünscht und darauf drei Veilchen im herbstlichen Garten findet[44]. Einen B.ngarten im Winter verlangt bei Boccaccio auch die Frau von einem aufdringlichen Liebhaber, der die unerfüllbar erscheinende Aufgabe von einem Zauberer lösen läßt[45]. Anders als im Lied von den Winterrosen[46], in dem sich der Reiter die Rosen nur malen läßt und seinen versprochenen Lohn fordert, verzichtet er großmütig auf die Einlösung des Versprechens.

Die ätiologischen Erzählungen, in die sich auch legendenhafte Züge mischen können, handeln im Gegensatz zu den Zaubermärchen von den verschiedenartigsten, botanisch genau bestimmbaren B.n, wobei sich ein Kontrast zwischen realistischer Naturbeobachtung und irrationaler Erklärung ergibt. Entstehung (Mot. A 2650), Form, Farbe, Duft, Eigenschaften und Namen werden auf ein früheres einmaliges Geschehnis zurückgeführt, das als Ursache angenommen wird[47]. Gottheiten, Hll. und der Teufel haben B.n erschaffen, ihr Aussehen verändert und ihren Namen bestimmt: so die Kaiserkrone, die ihre Blüten senkt, weil Jesus auf sie weinte[48], den Liebfrauenschuh, den Maria mit ihrem Pantoffel formte[49], die Himmelschlüssel, die dort entstanden, wo Petrus das Schlüsselbund vom Himmel fallen ließ[50] und die Glockenblume, die der Teufel nachzuahmen versuchte und die ihm mißlang[51]. B.n kamen unter den Tritten Buddhas, Marias und anderer Hll. hervor (Mot. A 2621.1)[52], sie entstanden aus Tränen (Mot. D 1454.4.3)[53] oder dem Blut von Menschen- und Tieropfern (Mot. D 457.1.3), wie auch die Sage berichtet[54]. In einer buddhist. Mythe (Mot. D 2178.9) brachte sie Zauber hervor, auch Tiere wie Fuchs (Mot. B 584.1) und Vogel (Mot. F 982.4) sollen sie aus der Fremde geholt haben.

Wie bei den ätiologischen Erzählungen können B.n auch im → Kunstmärchen im Mittelpunkt stehen. Es gibt ausgesprochene B.nmärchen, die bei Hans Christian Andersen auffallend häufig sind, so z. B. *Der Rosenelf* (cf. *Der B.n Rache* von Ferdinand Freiligrath), *Die lieblichste Rose der Welt*, *Das Gänseblümchen*, *Däumelinchen*, *Eine Rose vom Grabe Homers*, *Die Geschichte einer Mutter*, *Das Schneeglöckchen*, *Die Schnecke und der Rosenstock*, *Die B.n der kleinen Ida*, *Der Schmetterling*[55].

Die B. gilt besonders den Romantikern als Inbegriff des Reinen, Unberührten und Heiligen und ist deshalb oft Gegenstand oder Mittelpunkt ihrer Dichtung. Die 'Blaue Blume', Symbol und Losungswort der Romantik, begegnet zuerst in Novalis' 1802 erschienenem Roman *Heinrich von Ofterdingen*: Der junge Held erblickt im Traum „eine hohe, lichtblaue Blume“, die ihm aus der wie zu einem Kragen entfalteten Blüte ein Mädchenantlitz zeigt, das Bild seiner zukünftigen Geliebten, in der sich für ihn gleichzeitig die Poesie verkörpert.

[1] cf. Karlinger, F. (ed.): Ital. Volksmärchen. MdW 1973, 215–227, num. 47; Karlinger, F./Mykytiuk, B. (edd.): Legendenmärchen aus Europa. MdW 1967, 101–111, num. 28. – [2] Soupault, R. (ed.): Frz. Märchen. MdW 1963, 156–172, num.

33. – [3] Depiny, A. (ed.): Oberösterr. Sagenbuch. Linz 1932, 43, num. 80. – [4] Karlinger (wie not. 1) 249–254, num. 53. – [5] ibid., 118–125, num. 29. – [6] Bošković-Stulli, M. (ed.): Kroat. Volksmärchen. MdW 1975, 130–134, num. 29. – [7] cf. Karlinger, F. (ed.): Inselmärchen des Mittelmeeres. MdW 1962, 5–11, num. 1; Karlinger (wie not. 1) 231–233, num. 49. – [8] Das Ambraser Liederbuch vom Jahre 1582. ed. J. Bergmann. Stg. 1845, 190–192, num. 147; Erk, L./Böhme, F. M.: Dt. Liederhort 2. Lpz. 1893 (Nachdr. Wiesbaden 1963) 260–263, num. 439–441, 443; Röhrich, L./Brednich, R. W. (edd.): Dt. Volkslieder. Texte und Melodien. 2: Lieder aus dem Volksleben. Düsseldorf 1967, 390–394, num. 46. – [9] Röhrich, L.: Gebärde – Metapher – Parodie. Studien zur Sprache und Volksdichtung. Düsseldorf 1967, 69–72. – [10] Toldo, P.: Leben und Wunder der Hll. im MA. In: Studien zur vergleichenden Lit.geschichte 1 (1901) 320–353, hier 338. – [11] ibid., 335. – [12] Schambach, G./Müller, W. (edd.): Niedersächs. Sagen und Märchen. Göttingen 1855 132–134, num. 149. – [13] J. Grimm vermutete, daß die ungenannte Zauberblume das Vergißmeinnicht sein könnte; v. Grimm, J.: Dt. Mythologie. Göttingen ([1]1835) [3]1854, 1152. – [14] Marzell, H.: Blume. In: HDA 1, 1431–1434; Grimm DS, num. 9, 303; Veckenstedt, E.: Wend. Sagen, Märchen und abergläubische Gebräuche. Graz 1880, 364sq., num. 17; Wolf, J. W.: Beitr.e zur Dt. Mythologie 2. Göttingen 1858, 242sq.; Mannhardt, W.: Germ. Mythen. Forschungen. B. 1858, 153. – [15] Baader, B.: Neugesammelte Volkssagen aus dem Lande Baden und den angrenzenden Gegenden. Karlsruhe 1859, 77sq., num. 107; Birlinger, A./Buck, M. R. (edd.): Volksthümliches aus Schwaben. 1: Sagen, Märchen, Volksaberglauben. Fbg 1861 (Nachdr. Hildesheim/N. Y. 1974) 78sq., num. 109; Marzell, H.: Schlüsselblume. In: HDA 7, 1228–1230. – [16] Toldo (wie not. 10) 5 (1905) 337–353, hier 352. – [17] Alpenburg, J. N. von (ed.): Dt. Alpensagen. Wien 1861, 219–220, num. 224; Böck, E.: (ed.): Sagen aus der Hallertau. Mainburg 1975, 188, num. 426. – [18] cf. Verwandlung des Königssohns in eine Rose, in: Bartsch, K.: Sagen, Märchen und Gebräuche aus Meklenburg 1. Wien 1879, 477–479, num. 3. – [19] Beth, K.: Verwandlung. In: HDA 8, 1623–1652. – [20] Erk/Böhme (wie not. 8) t. 1, 27–29, num. 9; Röhrich, L.: Sagenballade. In: Hb. des Volksliedes 1. Mü. 1973, 101–156, hier 140. – [21] Meinert, J. G. (ed.): Alte Teutsche Volkslieder in der Mundart des Kuhländchens 1. Wien/Hbg 1817 (Nachdr. Brünn 1909) 5sq.; BP 2, 121–123; Erk/Böhme (wie not. 8) t. 1, 29–31, num. 10; Röhrich, L./Brednich, R. W. (edd.): Dt. Volkslieder. Texte und Melodien. 1: Erzählende Lieder. Düsseldorf 1965, 76–80, num. 10; Böckel, O.: Hb. des dt. Volksliedes. Marburg [4]1908, 57sq.; Röhrich (wie not. 20) 141. – [22] Grimm, J.: Dt. Mythologie 2. Gütersloh [4]1876 (Nachdr. Tübingen [4]1953) 689sq.; Geiger, P.: Grabblumen. In: HDA 3, 1103–1106; Kahlo, G.: Grabpflanzen. In: HDM 2, 659sq. – [23] Golther, W.: Hb. der germ. Mythologie. Lpz. 1895, 90; Günter 1949, 268. – [24] Günter 1910, 39; Tubach, num. 2094; Brückner, 226. – [25] Günter 1949, 42, 268. – [26] Erk/Böhme (wie not. 8) t. 1, 377–384, num. 107a–d; Dt. Volkslieder mit ihren Melodien 2. ed. Dt. Volksliedarchiv. B. 1939, 191–218, num. 48; Röhrich/Brednich (wie not. 21) 160–165, num. 23. – [27] Erk/Böhme (wie not. 8) t. 1, 387–389, num. 109b; Blümml, E. K.: Zur Motivengeschichte des dt. Volksliedes. In: Studien zur vergleichenden Lit.geschichte 6 (1906) 409–427; 7 (1907) 161–191. – [28] Bartsch (wie not. 18) 463, num. 648; Hebel, F. W. (ed.): Pfälz. Sagenbuch. Kaiserslautern 1912, 290–292, num. 229; Haas, A. (ed.): Sagen des Kreises Grimmen. Greifswald 1925, 77sq., num. 107. – [29] Erk/Böhme (wie not. 8) t. 2, 542, num. 740; cf. Wiepert, P.: Volkserzählungen von der Insel Fehmarn. Neumünster 1964, 60sq., num. 74. – [30] Karlinger (wie not. 1) 104–109, num. 26; cf. von Beit 2, 242. – [31] Hebel (wie not. 28) 38sq., num. 30. – [32] von Beit 1, 275, 416; t. 2, 20, 56, 67, 375. – [33] Karlinger (wie not. 1) 182–188, num. 42; cf. auch Karlinger (wie not. 7) 312, num. 41. – [34] Karlinger (wie not. 1) 209–215, num. 46. – [35] Jahn, Samia Al Azharia: Arab. Volksmärchen. B. 1970, 474. – [36] Karlinger (wie not. 1) 238–248, num. 52. – [37] ibid., 6sq., num. 1. – [38] Pauli/Bolte, t. 1, 378; t. 2, 402. – [39] Soupault (wie not. 2) 85, num. 17. – [40] Toldo (wie not. 10) 1 (1901) 339sq.; 9 (1909) 458. – [41] Günter 1910, 61; Günter 1949, 42. – [42] Grimm DS, 264; Kühnau, R. (ed.): Breslauer Sagen. Breslau 1926, 21sq., num. 6; Graber, G. (ed.): Sagen aus Kärnten. Graz [6]1944, 343–345. – [43] Toldo (wie not. 10) 5 (1905) 348. – [44] Pauli/Bolte (wie not. 38) t. 1, 385 (Von Ernst das 686.). – [45] Boccaccio, 10, 5. – [46] Erk/Böhme (wie not. 8) t. 1, 419–424, num. 117; Röhrich/Brednich (wie not. 21) t. 1, 234–237. – [47] Röhrich, Märchen und Wirklichkeit, 27–36; cf. KHM 207: Muttergottesgläschen. – [48] Dh. 2, 255sq. – [49] ibid., 69. – [50] Zingerle, I. V.: Sitten, Gebräuche und Meinungen des Tiroler Volkes. Innsbruck ([1]1857) [2]1871, 110. – [51] Dh. 1, 171. – [52] ibid., 68; t. 2, 258, 260. – [53] ibid., t. 2, 255. – [54] Peuckert, W.-E.: Niedersächs. Sagen 1. Göttingen 1964, 52, num. 104. – [55] Nielsen, E. (ed.): H. C. Andersen. Sämtliche Märchen 1–2. Mü. 1974.

Lit. (soweit nicht in den not. aufgeführt): Friedreich, J. B.: Die Symbolik und Mythologie der Natur. Würzburg 1859. – Perger, A. von: Dt. Pflanzensagen. Stg. 1864. – Wackernagel, W.: Die Farben und B.nsprache des MA.s. In: Kl.re Schr. 1. Lpz. 1872, 143–240. – Strantz, M. von: Die B.n in Sage und Geschichte. B. 1875. – Marriage, M. E.: Poetische Beziehungen des Menschen zur Pflanzen- und Tierwelt im heutigen Volkslied auf hochdt. Boden. Diss. Bonn 1898. – Wünsche, A.: Die Pflanzenfabel in der Weltlit. Wien 1905 (Nachdr. Lpz. 1974). – Böckel, O.: Psychologie der Volksdichtung. Lpz./B. (1906) [2]1913. – Friend, H.: The Flowers and Their Story. L. 1907 (Nachdr. Detroit 1972). – Wentzel, H.: Symbolik im dt. Volkslied. Diss. Marburg 1915. – Kronfeld, E. M.: Sagenpflanzen und Pflanzensagen. Lpz. 1919. – Marzell, H.: Geschichte und Vk. der dt. Heilpflanzen. Stg. ²1938 (Nachdr. Stg. 1967; 1. Aufl. unter dem Titel: Unsere Heilpflanzen. Ihre Geschichte und ihre Stellung in der Vk. B. 1922). – Cool, T.: Bloemen-mythen en legenden. Hoe de menschen in vroeger tijden de bloemen, de boomen en al het kruid in direct contact met hun leven zagen. Amst. 1928. – His, M.: Die magische Flucht und das Wettverwandeln. In: SAVk. 30 (1930) 107–129. – Hecker, J.: Das Symbol der blauen B. im Zusammenhang mit der B.symbolik der Romantik. (Diss. Mü. 1931) Jena 1931. – Usteri, A.: Mensch und Pflanze. Basel 1937. – Korff, H. A.: Geist der Goethezeit. Versuch einer ideellen Entwicklung der klassisch-romantischen Lit.geschichte. 3: Frühromantik. Lpz. (1940) ⁶1964, 553–627. – Usteri, A.: Die Pflanzenwelt in der Sage und im Märchen. Basel 1947. – Schauer, G.: Rosen und Tulpen, Lilien und Safran. Gartenlust von gestern und heute. Ffm. 1947. – Schröder, F. R.: B.n sprießen unter'm Tritt der Füße. In: GRM 33 N. F. 2 (1951/1952) 81–95. – Rosenfeld, H.: Legende. Stg. ³1972. – Wulffen, B. von: Der Natureingang in Minnesang und frühem Volkslied. (Diss. Mü. 1961) Mü. 1963. – Danckert, W.: Das Volkslied im Abendland. Bern/Mü. 1966. – Röhrich, L.: Liebesmetaphorik im Volkslied. In: Folklore International. Festschr. W. D. Hand. Hatboro, Pa. 1967, 187–200. – Danckert, W.: Symbol, Metapher, Allegorie im Lied der Völker. 1: Natursymbole. ed. H. Vogel. Bonn/Bad Godesberg 1976.

Freiburg/Br. Gertraud Meinel

Blumenmädchen (AaTh 407)

1. Unter AaTh 407 *The Girl as Flower* sind nach Inhalt und Struktur stark voneinander abweichende Erzählungen zusammengefaßt, die bisher noch nicht genauer untersucht und differenziert worden sind[1].

Das Verbindende der nicht allzu zahlreichen, dafür aber weltweit verbreiteten Varianten vom Typ B. ist das Motiv eines Gestaltwandels zwischen Pflanze und Mensch, hauptsächlich zwischen Blume und Mädchen, das im Vergleich zu den überaus häufigen Stein- und Tierverwandlungen[2] in Märchen und Mythos relativ selten ist und daher nur wenig Beachtung gefunden hat.

In den Märchen wird von der zeitweiligen Verwandlung eines Mädchens[3], einer Frau[4] oder einer Fee[5] in eine Blume (Mot. D 212), auch in eine → Frucht, einen Zweig, Strauch oder → Baum erzählt, die ganz verschieden motiviert und sogar mit Geburt (AaTh 407 A) oder Tod und Wiederbelebung (AaTh 407 B) in Zusammenhang gebracht werden kann. Die Rückverwandlung zum Menschen erfolgt schließlich immer, selbst bei einem vorhergegangenen mehrfachen Gestaltwandel. Sie geschieht entweder aus eigener Zauberkraft oder mit Hilfe des vorherbestimmten Liebespartners (Mot. D 711. 4), dem allein sich das B. offenbart. Es erweist sich auch als eine Art übernatürlicher Helfer oder Schutzgeist für den Helden und gewinnt seine Zuneigung, so daß er eine Ehe mit ihm eingeht (Mot. T 111), bei der er nur selten Tabus beachten muß. Nur das aus der Grabesblume wiedererstandene Mädchen (AaTh 407 B) stellt einige Bedingungen. Es versucht, unerkannt zu bleiben, um sich vor seinem Verfolger (Drache, Teufel, Toter) schützen zu können.

2. Wichtig für eine Abgrenzung dieser Erzählungen von anderen, die ebenfalls eine Blumenverwandlung beinhalten, ist das AaTh 407, 407 A und B gemeinsame Motiv von der endgültigen Rückgewinnung der Menschengestalt, das einen glücklichen Ausgang bedingt. Die bes. im Orient beliebten Märchen-Ätiologien von der Entstehung bestimmter Blumen und Kulturpflanzen[6] aus Menschen gehören deshalb ebensowenig zu diesem Typ wie die mit Ovids *Metamorphosen*[7] in Zusammenhang stehenden Erzählungen von der Verwandlung eines Mädchens in eine Blume[8]. Dieser Gestaltwandel ist nämlich als Folge von göttlicher Belohnung oder Strafe, von Selbstverwünschung aus Verzweiflung und Trotz oder von böswilliger Verfluchung schicksalhaft und unabänderlich. Für die Verzauberten besteht in diesen legenden- oder sagenartigen Fassungen keine Hoffnung auf Erlösung mehr.

3. AaTh 407 läßt sich in zwei größere Gruppen unterteilen, die sich deutlich voneinander abheben und auch verschiedenen Altersschichten anzugehören scheinen: a) Verwandlung einer Blume zum Mädchen[9] und b) Verzauberung eines Mädchens zur Blume und seine Erlösung[10]. In den Varianten ist also eine ursprüng-

lichere Selbstverwandlung des B.s und eine mehr sekundäre Fremdverwandlung[11] zu beobachten.

Von einem B. im engeren Sinne kann man deshalb eigentlich nur sprechen, wenn es wie bei a) als bes. Zauberblume[12] heranwächst und sich zur völligen Überraschung des Helden, der diese, nur ihm vorbehaltene Blume findet und mit sich nimmt, in ein wunderschönes Mädchen verwandelt[13]. Es ist eine „Pflanzenbraut", die in ihrem unberührten Zustand verharrt, bis sie „zur vollen Schönheit erblüht" ist, wie es redensartlich noch immer von einem heiratsfähigen Mädchen heißt. Nur dem rechten Partner enthüllt sie ihr Geheimnis; ähnlich wie der „Tierbräutigam" zeigt sie sich in ihrer Menschengestalt oft nur nachts, cf. → *Amor und Psyche* (AaTh 425). Durch die Liebe erwacht sie aus ihrem bisher passiven Blumendasein, das ihr Schutz gewährte und als äußeres Zeichen von Unschuld und Jungfräulichkeit[14] zu verstehen ist, zu ihrem eigentlichen Leben (cf. die bes. im Volkslied beliebten Metaphern vom Blumenbrechen oder -pflücken[15] und Goethes *Heideröslein*). Das Märchen spiegelt also die Reifungsvorgänge des heiratsfähigen Mädchens im Bild seiner Verwandlung wider. In diesem Zusammenhang erscheinen auch die in den verschiedenen Märchen genannten Blumen wichtig, aus denen das B. hervorgehen kann. Es sind entweder außergewöhnliche, große, leuchtende und duftende Blumen wie → Lilie[16], Lotosblume[17], Nelke[18], → Rose[19] und Tulpe[20], die Unschuld, Reinheit, Jugendfrische, Schönheit, Anmut und Jungfräulichkeit symbolisieren, oder vergleichsweise unscheinbare Pflanzen mit mehreren kleinen Blüten wie Mimosen[21], Myrten[22], Rosmarin[23], Veilchen[24] und Vergißmeinnicht[25], die wünschenswerte Eigenschaften des Mädchens, z. B. Sittsamkeit, Keuschheit, Genügsamkeit, Sanftmut, Demut und unverbrüchliche Treue anzeigen.

Solche poetischen Vergleiche (z. B. „Du bist wie eine Blume / So hold und schön und rein"[26]) sind zum Lobpreis des Mädchens in der Volks- und Hochdichtung[27] überaus häufig, denn sie entsprechen dem jahrhundertealten Idealbild von der Frau und ihrer Rollenerwartung. Doch nur im Märchen erfolgte die völlige Identifikation des weiblichen Wesens mit der als beseelt gedachten Blume, die die Gestalt des B.s entstehen ließ.

Dieses „zauberhafte" Geschöpf vereint in sich die charakteristischen Merkmale seiner beiden Daseinsformen, es besitzt also eine Doppelnatur. Seine auffallende Wandlungsfähigkeit läßt noch bes. alte Vorstellungen von einer ursprünglichen Einheit der Natur und der sich daraus ergebenden Wesensgleichheit aller Dinge erkennen, die den mühelosen Übergang von einem Seinszustand in den anderen ermöglichen[28]. Bedeutsam erscheint hierbei auch die allg. angenommene und stillschweigend vorausgesetzte größere Naturverbundenheit des weiblichen Wesens, dessen eigene entwicklungsbedingte Veränderungen im körperlichen und seelischen Bereich einer Verwandlung gleichkommen. Beim Mann dagegen werden die Reifeprozesse nicht so deutlich sichtbar.

4. In den oriental. Märchen ist die Gestalt des B.s sehr früh[29] bezeugt (2. Jh. n. u. Z.) und trägt oft feenhafte Züge.

In dem alttürk. Märchen *Das gelbe Vergißmeinnicht*[30] ist die „Peri" nachts ein Mädchen, das dem jungen Herrscher hingebungsvolle Liebe schenkt und wie ein Mensch Hunger und Durst stillen muß, und tagsüber viele Jahre hindurch eine kleine Blume, die sich an die linke Schulter des Geliebten klammert, um ihn als Schutzgeist begleiten zu können. In einem Märchen aus Ceylon[31] helfen drei Blumen-Prinzessinnen dem Helden bei schwierigen Aufgaben, sie erteilen ihm guten Rat und beschützen ihn. Das Betelblattmädchen erscheint in einem bengal. Märchen[32] dem Prinzen im Traum, der voller Sehnsucht nach ihm sucht. Obwohl es nur alle 50 Jahre die Pflanze verläßt, entdeckt es der glückliche Prinz. Erst als er die Pflanze verbrannt hat, gewinnt er das Mädchen für sich (cf. das Verbrennen der → Tierhaut[33]), und es willigt in die Heirat ein.

Ohne seine Pflanze, die ihm Geborgenheit gibt, fühlt sich das B. völlig schutzlos. In einem rumän. Märchen[34] erfährt das Rosenmädchen diese schmerzliche Trennung. Es darf nicht mehr in den Rosenstrauch zurückkehren, weil es seine Unschuld verloren hat. Nach einer Suchwanderung gewinnt es seinen Liebsten zurück. Ein ähnliches Schicksal erlebt das Mädchen Myrsinio[35] in einem Märchen aus Lesbos. Die Myrten und Lorbeeren weisen es zurück, als es seine Jungfräulichkeit leichtsinnig aufs Spiel gesetzt hat. Verzweifelt tötet es sich, da es die Hochzeit seines Liebsten mit einer anderen nicht verhindern kann.

Wie verschieden die Erzählungen gestaltet sein können, zeigt sich auch an KHM 56, 78, 160, die AaTh 407 zugeordnet werden. Sie gehören zur Untergruppe b), denn in ihnen wird das Mädchen zur Blume verzaubert und danach wieder erlöst. In KHM 56 *Der Liebste Roland* wird das verlassene Mädchen aus Trauer über die Untreue seines Bräutigams zur Blume[36], die nur noch darauf wartet, achtlos umgetreten zu werden. Im Hause eines Schäfers, der die Blume wegen ihrer Schönheit mitgenommen hat, verwandelt sie sich heimlich wieder zum Mädchen, das ihm Magddienste verrichtet und danach in die Pflanzengestalt zurückkehrt, bis er die Verwandlung entdeckt. Es bewahrt auch dann noch seinem Liebsten die Treue und gewinnt ihn zurück.

Da die Grimm-Fassung mit AaTh 327 A und AaTh 313 C kontaminiert ist, bildet das B.-Motiv nur eine Episode. Der Gestaltwandel schützt das Mädchen im Haus einer Fremden und läßt es seine Reinheit bewahren. Die Blumengestalt ist jedoch nicht wie bei a) im Wesen des Mädchens begründet.

In KHM 76 *Die Nelke* besteht eine Kontamination mit AaTh 652: →*Prinz, dessen Wünsche in Erfüllung gingen*. Ein als Kind entführter Königssohn, dessen Wünsche immer sofort in Erfüllung gehen, nimmt eine Jungfrau, die ihm das Leben gerettet hat, als Nelke[37] mit in die Heimat, wo er ihr die Menschengestalt wiedergibt und sie heiratet. Diese Fremdverwandlung dient ebenfalls dem Schutz des schönen Mädchens, das die Gefahren einer weiten Reise scheut. Interessant ist, daß der Sohn dem alten König seine Braut als Nelke[38] zeigt und sie erst danach verwandelt.

In KHM 160 *Rätselmärchen* ist ein böser Zauber wirksam, der Frauen zu Blumen werden läßt. Nur eine von ihnen darf nachts in Menschengestalt in ihrem Hause sein und wird von ihrem Mann erlöst (Mot. H 63.1), als er sie unter den anderen Blumen wegen des fehlenden Taues erkennt[39]. Es bleibt jedoch unklar, weshalb oder durch wen die Frauen zu Blumen verzaubert werden. In einem wallon. Märchen[40] ist ein Mädchen im unterirdischen Reich der Hexen in eine Tulpe verzaubert und wird von dem Helden erlöst.

Die dt. Varianten enthalten zwar einige Züge der B.-Märchen, sind jedoch nicht typisch für deren Verlauf. Da es AaTh 407 in neueren dt. Fassungen nicht mehr gibt[41], außer wenigen Aufzeichnungen aus Sprachinseln in der Slovakei, muß man die KHM-Nummern als unvollständige Spätfassungen betrachten, die nur einige Vorstellungsreste erhalten haben.

In der dt. Ballade dagegen ist die Erinnerung an das B. weit treuer bewahrt worden[42]. Die Handlung schildert die unerwartete Selbstverwandlung der Blume zum Mädchen wie bei der Gruppe a).

Das Mädchen ist als Blume im Garten herangewachsen, d. h. in Schutz und Verborgenheit. Unter vielen anderen Blumen wird sie als einzige gewählt, von ihrem zukünftigen Bräutigam gebrochen und in die Vase gestellt. Erst nachdem sie seine Aufmerksamkeit geweckt und seine Fürsorge erfahren hat, offenbart sie sich ihm als seine Braut[43].

Das Lied faßt den Märchenstoff sehr knapp in fünf bis sechs Strophen zusammen und erscheint daher zunächst etwas rätselhaft. Trotz seiner Reduzierung auf das Wesentliche entspricht das Lied dem internat. Erzähltyp AaTh 407 so vollkommen, daß es als wichtiges Zeugnis neben die Prosafassungen gestellt werden muß und als „Märchenballade" bezeichnet werden kann[44]. Diese dt. Verwandlungsballade, die bereits in *Des Knaben Wunderhorn*[45] unter der irreführenden Überschrift *Sub Rosa* veröffentlicht wurde, ist in zahlreichen Varianten überliefert und noch im 20. Jh. wiederholt aufgezeichnet und gesungen worden[46]. Die märchenhafte Identifikation zwischen Blume und Mädchen wird in der Ballade durch den übereinstimmenden Namen betont, den das Mädchen seinem Geliebten offenbart: „Hortense war ich genannt, als ich im

Garten stand"[47] oder „Mein Name ist Lilia"[48], auch „Ich heiße Tulibam"[49]. Ein Rest solcher alter Vorstellungen zeigt sich noch immer bei Mädchennamen wie Rosa, Rosemarie, Iris, Erika etc., die einem Wunschbild der Eltern entsprechen (Nomen est omen)[50]. Die Namen sind in den Liedvarianten austauschbar, was sich durch den Hinweis erklärt, daß die Ballade als Verlobungslied[51] gesungen wurde und der jeweiligen Situation angepaßt werden mußte.

Das B. kann sogar in Pflanzenform geboren werden, wie die Märchen vom Typ AaTh 407 A: *The Bayberry Child* erzählen.

Eine Frau, die sich verzweifelt ein Kind wünscht, gebiert entweder einen Zweig von Rosmarin[52], einen Heidelbeerzweig[53], einen ganzen Strauß Basilikum[54] oder eine Frucht (Bayberry, Olive, Owtenga-Frucht)[55], die sie wie ein Kind liebt und pflegt. Sie pflanzt den Zweig oder die Frucht in einen Blumentopf, betreut und hütet ihn, bis ihn ein Prinz oder König begehrt, der ihn nach langen Bitten oder Drohungen erhält, weil er nicht mehr ohne ihn leben kann[56]. Die Pflanze erfährt eine liebevolle Zuwendung von den Menschen, die ihr auf geheimnisvolle Weise nahestehen. Die Eltern des B.s und sein zukünftiger Bräutigam fühlen sich unwiderstehlich zu dieser Pflanze hingezogen, ohne etwas davon zu ahnen, daß in ihr ein schönes Mädchen heranwächst. Die Blüten der Pflanze zeigen an, daß die Jungfrau ebenfalls „herangeblüht" ist und die Verwandlung bevorsteht. Sie tritt nachts aus der Pflanze hervor und wird dabei beobachtet[57]. Danach erscheint das B. auf Wunsch seines Liebsten dann, wenn sein Glöcklein es ruft, da es sich immer wieder in seine schützende Pflanze zurückzieht, um sich vor fremden Blicken verborgen zu halten[58]. Aus Neid oder Eifersucht wird das Rufsignal einmal mißbraucht und das getäuschte B., das freudig seinen Geliebten erwartet, hervorgelockt, gequält und getötet. Auch gegen seine Pflanze, die vernichtet und weggeworfen wird, richtet sich die Zerstörungswut[59]. Die Rettung des B.s ist trotz allem möglich. Sein toter Körper wird durch eine mitleidige Frau mit Kräutern wiederbelebt[60], oder es ersteht erneut aus seiner Pflanze, die noch einen Rest von Leben bewahrt hat und deshalb unter großen Mühen wieder aufgezogen werden kann[61].

In einer Erzählung aus Assam dagegen muß der Bräutigam selbst die Owtenga-Frucht[62] verbrennen, um die Prinzessin für sich zu gewinnen, die auch nach der Heirat darin wohnte.

5. Die Märchen vom Typ AaTh 407 B: *The Devil's (Dead Man's) Mistress* unterscheiden sich grundlegend von den übrigen B.-Varianten:

Ein Mädchen wie jedes andere[63] wird durch einen übernatürlichen und gefährlichen Freier (Vampir, Teufel, Drache) verfolgt, entgeht ihm nur durch seinen Tod und wird erst in einem zweiten Dasein aus der Grabespflanze zu einem B. wiederbelebt[64].

Diese sehr alten Reinkarnationsvorstellungen stehen nicht im Mittelpunkt der Märchen, die ausführlich von der Gefährdung des Mädchens und seiner Verzweiflung erzählen. Die Grabesblumenmotivik erscheint erst im zweiten Teil der Erzählungen und leitet zur B.-Episode über, die nicht immer einen versöhnlichen Abschluß und guten Ausgang bringt.

Obwohl die Erzählungen vom Typ 407 B keine ausgesprochenen B.-Märchen sind, enthalten sie doch deren wichtigste Motive und sind in zahlreichen Varianten in Mittel- und Osteuropa, aber auch in Indien und China verbreitet[65]. Sie zeigen oft Kontaminationen mit anderen Erzähltypen, z. B. mit AaTh 313, 318, 402, 425, 467, 707, 710 und 780, aber vor allem mit AaTh 363 *(→ Vampir)*, der häufig in tschech., slovak., russ. und ung. Varianten zu beobachten ist[66]. Die Märchen haben fast alle den gleichen Handlungsablauf:

Ein schönes Mädchen, das sich schämt, weil es beim Tanz[67] oder bei der Unterhaltung in der Spinnstube[68] keinen Freier hat, wünscht sich sehnlichst einen Geliebten, und wenn es auch ein Toter[69] oder der Teufel[70] wäre. Zur Strafe für diesen Frevel erscheint der Dämon tatsächlich, der auch ein Drache sein kann[71]. Die Möglichkeit, dem gefährlichen Freier zu entkommen, ist gering. Nur der Tod des Mädchens schafft zunächst einen Ausweg: Es läßt sich entweder lebendig[72] begraben oder verlangt nach seinem Tode die Beachtung bestimmter Abwehrhandlungen[73], damit sein Grab unentdeckt bleibe. Aus dem in der Erde verborgenen Körper[74] erwächst eine auffallend schöne Grabesblume (Lilie, Rose, Tulpe), die tabuiert ist und deshalb nur von dem vorherbestimmten zukünftigen Liebespartner (vornehmer Herr, Prinz, König, Kaiser)[75], nicht etwa von seinem Diener, Kutscher oder Soldaten[76], gebrochen oder umgepflanzt werden darf. Die Reinkarnation des Mädchens erfolgt aus dieser Blume erst, wenn sie im Besitz ihres neuen Liebsten ist. Oft beobachtet ein Diener zuerst die Verwandlung, die meist nachts geschieht, weil das Mädchen Hunger und Durst stillen muß[77]. Sein Herr ist von der Schönheit des B.s so bezaubert, daß er es für immer festhalten und heiraten möchte[78]. Es willigt ein, stellt jedoch manchmal Bedingungen, z. B. darf er nicht von ihm sprechen oder es in der Öffentlichkeit zeigen[79], damit der erste Freier seinen Aufenthaltsort nicht erfährt. Die Märchen haben dann einen glücklichen Ausgang, wenn der Verfolger überlistet[80] oder getötet[81] werden kann, sie enden aber auch oft tragisch für das B., das der Teufel in die Hölle entführt[82] oder in Staub verwandelt[83].

6. In der Volksdichtung, im Märchen und in der Ballade ist jeweils immer nur von einem B. die Rede, das auf verschiedene Weise mit einer Pflanze verbunden ist und aus ihr entsteht. Die zauberhafte Schönheit, Zartheit und Reinheit des Mädchens wird nicht wie im Kunstmärchen ausführlich geschildert; der Vergleich mit der Blume genügt, denn er umfaßt alle wünschenswerten Eigenschaften. Die Identifikation von Mädchen und Blume setzt größtes Einfühlungsvermögen voraus und bedeutet gleichzeitig Bewunderung des weiblichen Wesens.

Richard Wagner hat in seiner Oper *Parsifal* (1882) die Idee vom B. aufgegriffen, um besonders verführerische Gestalten zu schaffen. Im Zaubergarten Klingsors[84] wachsen viele B. heran, die die Gralsritter zur Sünde verleiten sollen. Sie tragen Schuld an den Leiden des Amfortas, der ihren Verlockungen nicht widerstand, und versuchen, auch Parsifal zu Liebesabenteuern zu überreden. Wagner betont also bes. das erotische Moment, das in der Volksdichtung nur anklingt.

[1] BP 1, 501; 2, 121–128; 3, 259; cf. not. von W. Anderson zu AaTh 407 in: Tauscher, R.: Volksmärchen aus dem Jeyporeland. B. 1959, 190. – [2] cf. Beth, K.: Verwandlung. In: HDA 8, 1623–1652, bes. 1625–1628, 1636–1638. – [3] KHM 56 und 76; Mawer, E. B.: Roumanian Fairy Tales and Legends. L. 1881, 42–47; Tauscher (wie not. 1) 139sq., num. 72. – [4] KHM 160. – [5] Kamphoevener, E. S. von: An Nachtfeuern der Karawan-Serail. Märchen und Geschichten alttürk. Nomaden 1. Hbg 1956, 330–345; Parker, H.: Village Folk-Tales of Ceylon 2. L. 1914, 309–329, num. 146. – [6] Mode, H./Ray, A. (edd.): Bengal. Märchen. Ffm. s. a., 79–84, 402–404; Eckardt, A.: Die Ginsengwurzel. Korean. Sagen, Volkserzählungen und Märchen. Eisenach 1955, 14–42. – [7] Ovid, Metamorphosen 4, 256–270. – [8] cf. BP 1, 501–503; Erk, L./Böhme, F. M.: Dt. Liederhort 1. (Lpz. 1893) Nachdr. Hildesheim/Wiesbaden 1963, 29–31, num. 10; Röhrich, L.: Sagenballade. In: Hb. des Volksliedes 1. ed. R. W. Brednich/L. Röhrich/W. Suppan. Mü. 1973, 101–156, hier 141. – [9] Tauscher (wie not. 1) 139sq., num. 72; Krauss, F. S.: Sagen und Märchen der Südslaven 1. Lpz. 1883, 293–296, num. 70; Barag, L. G. (ed.): Beloruss. Volksmärchen. B. 1966, 322–324, num. 36. – [10] KHM 76; Märchen der europ. Völker 8. ed. Ges. zur Pflege des Märchengutes der europ. Völker. Münster 1968, 11–15. – [11] cf. Beth (wie not. 2) 1623. – [12] Kamphoevener (wie not. 5); Polívka, J.: Súpis slovenských rozprávok 3. Turčiansky sv. Martin 1927, 348–353, num. 54 A; cf. Erk/Böhme (wie not. 8) 27–29, num. 9. – [13] Löwis of Menar, A. von: Russ. Volksmärchen. MdW 1927, 301–307, num. 52 (= Afanas'ev 3, 124–127, num. 363); cf. Basile 1, 2; Krauss (wie not. 9) 301–305, num. 73. – [14] Blumenvergleiche sind in der Volks- und Hochdichtung überaus häufig, bes. im Liebeslied, cf. Röhrich, L./Brednich, R. W. (edd.): Dt. Volkslieder 2. Düsseldorf 1967, 366, num. 41b. – [15] Ambraser Liederbuch vom Jahre 1582. ed. J. Bergmann. (Stg. 1845) Nachdr. Hildesheim 1962, 190–191, num. 147; Erk/Böhme (wie not. 8) 2, 260–263, num. 439–441 und 443; Röhrich/Brednich (wie not. 14) 390–394, num. 46; Röhrich, L.: Gebärde – Metapher – Parodie. Düsseldorf 1967, 69–72. – [16] Die Lilie erwächst meist als Grabesblume, aus der das jungfräuliche Mädchen neu hervorgeht, cf. Polívka (wie not. 12) 348–349, 352, num. 54 A 1, 2, 8; Tille, V.: Soupis ceských pohádek 2/2. Prag 1937, 338 (Haná), 340 (Slavie); Dobos, I.: Egy somogyi parasztcsalád meséi. Bud. 1962, 405. – [17] Parker (wie not. 5). – [18] KHM 76. – [19] Mawer (wie not. 3); Krauss (wie not. 9); Bünker, J. R.: Schwänke, Sagen und Märchen in heanz. Mundart. Lpz. 1906, 106–108, num. 47; Tille (wie not. 16) 337 (Stránecká), 343 (Popelková); Polívka (wie not. 12) 349, num. 54 A 3. – [20] ibid., 351, num. 54 A 5; Märchen der europ. Völker (wie not. 10). –
[21] Parker (wie not. 5). – [22] Loukatos, D. S. (ed.): Neoellēnika laographika keimena. Athen 1957, 72–75, num. 4; cf. Brentano, C.: Das Märchen von dem Myrtenfräulein. In: id.: Werke 3. ed. F. Kemp. Mü. 1965, 315–326. – [23] Tille (wie not. 16) 338sq. (Vrána), 339sq. (Rad.), 341 (Vaněček); Dégh, L.: Kakasdi népmesék 1. Bud. 1955, 89–97, num. 7. – [24] Tille (wie not. 16) 341–343 (Peck.). – [25] Kamphoevener (wie not. 5). – [26] Heine, H.: Buch der Lieder. Hbg 1827, Kap.: Die Heimkehr, num. 47. – [27] cf. Erk/Böhme (wie not. 8) 2, 242–244, num. 425–426. – [28] Beth (wie not. 2) 1623. – [29] Bereits eine zwischen 148 und 170 n. u. Z. ins Chin. übers. Slg enthält die Erzählung von einer Geburt aus der Mango-Blume, cf. Chavannes 3, 325sq. (not.). – [30] Kamphoevener (wie not. 5). –

[31] Parker (wie not. 5). – [32] Mode/Ray (wie not. 6) 79–84. – [33] cf. KHM 144; Beth (wie not. 2) 1644 nennt die Haut das „Kleid" des Verwandelten, das er abstreifen kann. – [34] Mawer (wie not. 3). – [35] Loukatos (wie not. 22). – [36] BP 1, 501–503. – [37] Die Verwandlung kann auch zu Rose, Rosmarin u. a. erfolgen, cf. BP 2, 125sq.; Polívka (wie not. 12) 130. – [38] cf. die Nelkendarstellung auf zahlreichen Verkündigungsbildern, die die Reinheit und Jungfräulichkeit Mariens symbolisieren. – [39] BP 3, 259. – [40] Märchen der europ. Völker (wie not. 10). – [41] Ranke 2, 18. – [42] Erk/Böhme (wie not 8) 27–29, num. 9; cf. BP 2, 127. – [43] Erk/Böhme (wie not. 8) 27, num. 9a. – [44] cf. dagegen Röhrich (wie not. 8) 140. – [45] Arnim, L. A. von/Brentano, C.: Des Knaben Wunderhorn. Alte dt. Lieder. (t. 1–3. Heidelberg 1806–1808) Darmstadt 1957, 297. – [46] 70 ungedr. Var.n im Dt. Volksliedarchiv Fbg, bes. aus Hessen (noch nach 1930), aber auch aus dem Rheinland, aus Lothringen, Württemberg und der Schweiz, aus dt. Sprachinseln in Polen und Rumänien. – [47] Dt. Volksliedarchiv (DVA), A 76369 (Hannoversches Archiv). – [48] DVA, A 170548 (Batschka). – [49] DVA, A 1300 (Hess. Archiv). – [50] cf. Plautus, Persa 4, 4, 73. – [51] cf. DVA, A 137772 (Kurhess. Archiv). – [52] Pitrè, G.: Fiabe, novelle e racconti popolari siciliani 1. (Palermo 1870) Bologna 1968, 336, num. 37; Bošković-Stulli, M.: Istarske narodne pripovijetke. Zagreb 1963, 162, num. 48. – [53] Basile 1, 2; cf. BP 2, 125. – [54] Krauss (wie not. 9) 301–305, num. 73. – [55] Lombardi Satriani, R.: Racconti popolari calabresi 1. Napoli 1953, 267–269, num. 39; Borooah, J.: Folk Tales of Assam. Gauhati [2]1955, 13–17. – [56] Basile (wie not. 13). – [57] Krauss (wie not. 9) 301–305, num. 73. – [58] Bošković-Stulli (wie not. 52); Lombardi Satriani (wie not. 55). – [59] cf. Basile 1, 2; Lombardi Satriani (wie not. 55). – [60] Lombardi Satriani (wie not. 55). – [61] Basile 1, 2. – [62] Borooah (wie not. 55). – [63] Löwis of Menar (wie not. 13). – [64] Tille (wie not. 16) 336–344; Polívka (wie not. 12). – [65] Bîrlea, O.: Antologie de proză populară epică 1. Buk. 1966, 606, not. (in Rumänien sind 26 Var.n bekannt geworden). – [66] cf. Tille (wie not. 16) 340 (Slavie; Kontamination von AaTh 363, 407, 612, 710); Leskien, A. (ed.): Balkanmärchen. Aus Albanien/Bulgarien, Serbien und Kroatien. MdW 1919, 48–54, num. 12. – [67] Löwis of Menar (wie not. 13); Tille (wie not. 16) 338–340, 341–343. – [68] Polívka (wie not. 12) 348–349, num. 54 A 1; Tille (wie not. 16) 337–338 (Stránecká). – [69] Krauss (wie not. 9). – [70] Bünker (wie not. 19); cf. Zaunert, P.: Dt. Märchen aus dem Donaulande. Jena 1926, 338 (not.); Barag (wie not. 9) 322–324, num. 36 und p. 610 (not.). – [71] Bîrlea (wie not. 65) 591–606. – [72] Krauss (wie not. 9). – [73] Begräbnis an einem Kreuzweg, Hindurchziehen des Sarges unter der Hausschwelle etc. cf. Polívka (wie not. 12) 348sq., num. 54 A 1, 349sq., num. 54 A 4. – [74] Tille (wie not. 16) 338sq. (Vrána; Die Grabesblume wächst aus dem Herzen der Toten). – [75] cf. Bîrlea (wie not. 65) 591–606. – [76] cf. Polívka (wie not. 12) 351, num. 54 A 5, 352, num. 54 A 7; Dégh (wie not. 23) 93. – [77] cf. Polívka (wie not. 12) 348sq., num. 54 A 1, 378, num. 55. – [78] Löwis of Menar (wie not. 13). – [79] cf. Krauss (wie not. 9). – [80] Bünker (wie not. 19). – [81] Bîrlea (wie not. 65) 591–606. – [82] cf. Polívka (wie not. 12) 348–349, num. 54 A 1. – [83] Krauss (wie not. 9). – [84] Richard Wagner. Parsifal. ed. W. Zentner. Stg. 1976, 38.

Freiburg/Br. Gertraud Meinel
Prag Joseph R. Klíma

Blut

1. B. als Sitz des Lebens und der Seele – 2. B. als pars pro toto des Menschen – 3. B. als Lebenskraft – 3.1. B.trinken – 3.2. Heilung durch B. – 3.3. Die regenerierende Potenz des B.es – 4. Die assoziierende Kraft des B.es – 5. Mantische Qualitäten des B.es – 6. B. als Urstoff

1. B. als Sitz des Lebens und der Seele scheint eine sehr frühe, wohl aus ubiquitärer Empirie gewonnene Vorstellung zu sein[1]. Schon in Lev. 17, 11 heißt es: „Des Leibes Leben ist im Blut" und Deut. 12, 23 wird gesagt: „Denn das Blut ist die Seele". Die gleiche Anschauung war auch den Griechen geläufig[2], und so kann Homer bald vom B., bald von der Psyche sprechen, die durch die geschlagene Wunde entweichen (*Ilias* 14, 518; 18, 86). Die alten Araber benutzten das Wort nafs als Bezeichnung für die Seele, die Juden das sprachverwandte nephesch im Sinne von B.[3] Nach I. Paulson kennen noch heute fast alle nordeuras. Völker eine B.seele[4], und bezeichnenderweise bedeutet engl. blood auch Leben. Diese alten Assoziationen zwischen den Daseinsformen (Leben, Seele) und dem Daseinsstoff (B.) mit ihren äußerst differenten und komplizierten Auffassungs- und Anwendungsbereichen begegnen mit all diesen Möglichkeiten auch im Erzählgut der Völker.

2. B. als pars pro toto des Menschen. B. als Lebensträger einer Persönlichkeit vertritt diese, so in dem bekannten Motiv vom Lebenszeichen, das vor allem in AaTh 303 *(Die zwei → Brüder)* begegnet, wo B. in der Fußspur, am Lebensbaum

oder im Taschentuch des ausziehenden Bruders erscheint, wenn dieser in Not oder Todesgefahr ist[5]. Wenn die Königin in AaTh 533 *(Der sprechende→Pferdekopf)* der Tochter ein Tuch mit drei Tropfen ihres B.es mit auf die Reise zum Verlobten gibt, so stehen diese in engster Relation zur schützenden Mutter, denn als die Prinzessin das Amulett verliert, wird sie machtlos, und die böse Kammerjungfer gewinnt Gewalt über sie. Die drei B.stropfen, die die Tochter der Hexe in AaTh 313 *(→ Magische Flucht)* vor das Bett, auf die Treppe und in die Küche träufeln läßt, antworten für sie auf die Fragen der Mutter und verzögern so die Verfolgung der Fliehenden[6].

B. lebt weiter und vertritt als pars pro toto den Getöteten in der B.klage. Schon in Gen. 4, 10 schreit Abels B. von der Mordtat Kains zum Himmel[7]. Die ma. Institution der Bahrprobe, von der zahllose Sagen berichten, kennt das Bluten des aufgebahrten Leichnams, wenn der Mörder vor diesen geführt oder mit ihm in Verbindung gebracht wird[8]. In vielen Variationen existiert die verwandte Sage vom Knochen, der zu bluten beginnt, wenn der Totschläger mit ihm in Berührung kommt[9], cf. z. B. ukr. und serb. Fassungen zu AaTh 960 *(→Sonne bringt es an den Tag)*, in denen Mörder nach Jahren an der Stelle der Untat einen weißen Knochen finden und ihn zur Bearbeitung zum Drechsler bringen, wo er zu bluten beginnt[10], oder die Sage aus Uri, in welcher der Untäter den schönen Knochen aus dem Wasser fischt und an den Hut steckt. Auf der Tanzdiele beginnt der Knochen zu bluten, und der Mann muß den Mord bekennen[11].

K. Heckscher weist darauf hin[12], daß die Verwandlung in der Magie des Märchens nur ein Wechsel der äußeren Gestalt sei und daß daher das B. als Lebensträger (und als pars pro toto) auch in der neuen Gestalt erhalten bleibe. Als z. B. die Königin in der Grimmschen Fassung zu AaTh 313 (KHM 70a: *Der Okerlo*) die Rose brechen will, in die ihre Tochter verwandelt ist, quillt B. aus dem Stengel[13]. In der bei den Westslaven und Deutschen, in Kärnten auch als Sage bekannten Ballade vom Mädchen, das durch den Fluch der Mutter in einen Baum verzaubert ist, wollen sich drei Spielleute eine Fiedel aus dem schönen Holz hauen. Da blutet der Baum und erzählt von seinem Schicksal[14]. Auch Pflanzen, die auf den Gräbern gewaltsam Umgekommener (deren Vitalität also noch nicht ausgelebt ist) wachsen, nehmen deren B. auf. So erzählt schon Vergil (*Äneis* 3, 26), daß Äneas vom Grabe des ermordeten Polydor einen Myrtenzweig abbrechen wollte. Da quoll B. hervor, und eine Stimme klagte von der Untat. Sogar Steinverwandelte bluten. In einem hess. Märchen[15] gebiert eine von Riesen verfluchte Gräfin einen Stein. Ihr Mann zerschlägt ihn mit dem Schwert, da strömt helles B. heraus. Nach sieben Tagen ist daraus ein schönes kleines Mädchen geworden. Sagen kennen das Motiv, ihrer negativen Einstellung entsprechend, ohne nachfolgende Erlösung. Sonntagsfrevler werden zu Stein verwandelt, und diese bluten, als sie zu Kegeln verarbeitet werden sollen[16]. Das Herz auf dem Grabstein des unschuldig Hingerichteten blutet alljährlich in der Nacht des Mordes[17]. Die Vitalität des klagenden B.es zeigt sich vor allem in seiner Untilgbarkeit (Mot. D 1654.3). In den *Gesta Romanorum* (Kap. 13) z. B. wird erzählt, daß der Kindsmörderin vier Tropfen vom B. des Kindes auf die Hand fallen, die nicht zu beseitigen sind, so daß sie ständig einen Handschuh tragen muß[18]. Die *Zimmerische Chronik* (1564–1566) berichtet, daß „das unschuldig Blut des alten Grafen etlich hundert Jahre uf der Stegen gesehen worden, das es nit megen außgedilget werden“[19]. Die B.flecken des 1870 auf einer neuschott. Barke ermordeten Kapitäns und seiner Familie konnten nicht durch Abhobeln und auch nicht durch neue Bretter entfernt werden, sie erschienen immer wieder[20]. Zur Qual der toten Seelen ist das Motiv in Erzählungen aus der Ille-et-Vilaine geworden, wenn Kindsmörderinnen vergeblich versuchen, die blutigen Spuren ihrer Untat aus den Kleidern zu entfernen[21], oder wenn in einer pommer. Störtebeckersage das umgekommene Mädchen ebenso vergeblich bemüht ist, die B.flecken aus dem Tuch herauszuwaschen[22].

Mehr Warnsignal als Anklage sind die unvergänglichen B.spuren der vom Teufel geholten Menschen, so etwa die des Raubritters in Ankenhagen (Mecklenburg), die weder durch Abkratzen noch Übertünchen zu entfernen waren. Einem Scharfrichter gelang es schließlich, aber dann zeigten sie sich an der Außenseite der Wand[23]. In einer Luzerner Sage fährt der Teufel mit einem Frevler durch das Fenster, daß das B. an den Scheiben hängen bleibt und nicht mehr abgewaschen werden kann[24]. Zum magischen Schuldzeugnis wird das unlöschbare B. am Ei (Schlüssel), das dem neugierigen Mädchen in AaTh 311 (→ *Mädchenmörder*) in die B.kammer des Unholds gefallen ist.

3. B. als Lebenskraft

3. 1. B.trinken. Die mosaische Gesetzgebung verbietet den Genuß von B.[25], und zwar unter dem nachdrücklichen Hinweis, daß das B. mit der Seele identisch sei, „darum sollst du die Seele nicht mit dem Fleisch essen" (Deut. 5, 23). Dennoch vergeht sich das Volk gegen das Tabu: In 1. Sam. 14, 23 wird erzählt, daß die Israeliten nach dem Sieg über die Philister deren Vieh geschlachtet und es mit dem B. verzehrt hätten. Auch dem *Koran* ist das Trinken von B. ein „Gräuel" (Sure 6)[26], und die ma. Pönitentialien verbieten immer wieder unter Androhung hoher Buße den B.genuß[27]. Die altnord. Sagen jedoch, längst nach der Christianisierung Skandinaviens geschrieben, berichten trotzdem noch gern vom B.trunk. Saxo Grammaticus z. B. erzählt (2, 57)[28], daß Hjalto das B. des von Bjarki getöteten Bären trinkt: „Man glaubte nämlich, daß durch solchen Trank die Körperkräfte vermehrt würden". Ähnliches kennt die *Hrolf saga Kraka* (Kap. 23)[29]: Elgfrodi gibt Bö B. aus seiner Wade zu trinken, damit er stark werde. Im *Kudrun*-Epos erschlägt Hagen ein wildes Tier und trinkt sein B.: „dô gwan er vil der krefte"[30]. Viel früher weiß schon Artemidor von Ephesus (ca 100 a. Chr. n.), daß man B. trinken muß, um Gladiator zu werden (*Geōgraphumena* 5, 58). Wenn dagegen die Nibelungen im brennenden Saal Etzels vom B. der Erschlagenen trinken[31], so tun sie das nur aus Not, aber auch dort heißt es (V. 2054): „Dâ von gewan vil krefte ir etlîcher lîp".

Daß Krieger das B. der getöteten Feinde oder der umgebrachten Gefangenen trinken, um die eigene Kraft zu mehren, ist alt- und weitbezeugt[32]. Nach Herodot (4, 61) taten das die Skythen, nach Plinius (18, 10) die Sarmaten, nach Regino von Prüm die Ungarn[33]. Ammianus Marcellinus fabuliert (31, 16, 16), daß ein Sarazene bei der Verteidigung von Konstantinopel das aus dem Hals quellende B. des getöteten Feindes geschlürft habe. Ähnliche Gruselstories gehen durch alle Jh.e: Der Vicomte de Chateaubriand erzählt in seinen *Mémoires d'outre-tombe*[34], daß die Soldaten das B. des 1632 hingerichteten Herzogs von Montmorenci getrunken hätten, um sich seine Tapferkeit anzueignen. Vor allem in Missionarsviten ist das Thema beliebt: Als der Jesuit Jean de Brébeuf 1649 von den Irokesen zu Tode gemartert wird, ohne irgend eine Schmerzreaktion zu zeigen, trinken die Indianer sein B., um dieser Standhaftigkeit teilhaftig zu werden[35].

Da B. Lebenskraft ist, bedürfen seiner vor allem die Toten (→ Lebender Leichnam), daher die alte Sitte des B.opfers an die Verstorbenen[36]. Die B.spende des Odysseus gibt den Schatten im Hades für eine kurze Zeit die Lebenskraft (thymos) wieder (*Odyssee*, Kap. 11). Nach Apollodor (2. Jh. a. Chr. n.) erweckt Asklepios mit dem aus der rechten Ader der Gorgo fließenden B. die Toten[37]. Im Erzählgut der Völker sind es vor allem die den Toten nahestehenden Dämonen, die nach B. gieren[38], so die Erinnyen der Griechen[39], die Strigen der Römer[40], die Piśakas der Inder (Mot. G 312.1), die Chupadores Kolumbiens[41], der Vampir Ost- und Südeuropas und sein moderner Nachfahre, der Graf Dracula. B. saugen auch die Hexen (Mot. G 262.1–262.1.3), vor allem in ihren theriomorphen Erscheinungsformen als Hexenkatze (Mot. G 352) oder

-kröte (Mot. B 766.3), und nach alter Auffassung ebenso die Schlangen, wohl in ihrer Eigenart als Seelentiere (Mot. B 16.5.1.2.1).

Auch das Märchen kennt blutsaugende Dämonen. In zahlreichen Fassungen zu AaTh 451 (→ *Mädchen sucht seine Brüder*) saugt ein Unhold B. aus dem Finger der Heldin, die dadurch immer schwächer wird, bis die Brüder ihn erschlagen (Mot. G 332.1)[42]. Im gut bezeugten ind. Märchentyp AaTh 780A (*The Cannibalistic Brothers*) werden die Brüder durch den Geschmack des zufällig in das Essen getropften Fingerblutes ihrer Schwester zu Menschenfressern. Hierher ist die abgewandelte Formel des Dämons in norw., engl., ukr., finn. und ind. Varianten zu AaTh 461 (*Drei → Haare vom Bart des Teufels*) zu stellen, wenn dieser statt „Ich rieche Menschenfleisch" sagt „Ich rieche Christenblut"[43]. Ebenso begegnet das Motiv vom Kraftgewinn durch B.-trinken: In einem Märchen aus der Gaskogne rät das Ungeheuer Grand Bête à tête d'homme dem Helden, bevor er es tötet: „Bois mon sang [...] ainsi tu deviendras fort et hardi comme Samson"[44]. In der alten Erzählung von der undankbaren Gattin, die G. Paris untersucht hat[45], gibt der Mann seiner verdurstenden Frau von seinem B. zu trinken und stärkt sie so wieder. Daß man durch B.trinken die Tiersprache lernt (Mot. D 1301.1), ein Weisheitsgewinn also, begegnet schon in der eddischen *Fáfnismál* (26, 31): Als Sigurd das Herzblut des Drachen auf die Zunge kommt, versteht er die Vogelsprache[46]. Hyperbolisierung des Tötens ist es dagegen wohl nur, wenn in mehreren ital. Varianten zu AaTh 882 (→*Cymbeline*) der Bruder das B. der vermeintlich schuldigen Schwester trinken will[47].

Vielleicht sollte hier auch das häufig verwendete Mot. K 2155.1: *Blood smeared on innocent person brings accusation of murder* erwähnt werden, zumal das B. meist auf den Mund der Beschuldigten gestrichen wird. Das Motiv begegnet in Fassungen zu AaTh 407, 451, 652, 710, 712 etc.[48], wo immer der schlafenden Königin von der Stief- oder Schwiegermutter B. auf die Lippen gestrichen wird, um sie der kannibalistischen Untat an ihrem Kind zu bezichtigen.

3. 2. Heilung durch B. Die mit der stärkenden Wirkung korrespondierende heilende Effizienz des B.es hat ebenfalls in vielen narrativen Traditionsbereichen ihren Niederschlag gefunden. Einen breiten Raum nimmt die Erzählung von der Heilung der Lepra (→ Aussatz) durch B. ein (Mot. F 955.1). Schon Plinius (*Naturalis historia* 26, 15) sagt von der im Altertum auch Elephantiasis genannten Krankheit: „In Ägypten war sie vorzugsweise zu Hause, und wenn sie Könige befallen hatte, so war das für die Völker unheilvoll; dann nämlich wurden die Sessel in den Bädern der Heilung wegen mit Menschenblut gewärmt". Mehr ins Detail geht der *Midrasch Schemôth Rabba*, nach dem für den aussätzigen Ägypterkönig jeden Abend und jeden Morgen 150 israelit. Kinder geschlachtet wurden, damit er sich zweimal täglich in ihrem B. baden konnte; cf. auch die gewöhnlich Pseudo-Jonathan genannte Paraphrase: „Der König von Ägypten ward abgezehrt. Da befahl er die Erstgeborenen der Kinder Israels zu töten, um sich in ihrem Blut zu baden"[49].

Im 11.—13. Jh. wird das Thema im Abendland literaturfähig. In der seit dem 11. Jh. bekannten Freundschaftssage von → Amicus und Amelius wird Amicus vom Aussatz befallen. Da nur → Kinderblut ihn retten kann, opfert der Freund seine Söhne. Es folgt das für das christl. Denken typische Happy-End: Gott belohnt die Treue, indem er die Mutter ihre Kinder lebend und mit roten Äpfeln spielend wiederfinden läßt. Im *Armen Heinrich* Hartmanns von Aue (ca 1170–1210/20) kann der Aussatz des Ritters nur durch das Herzblut einer reinen Jungfrau geheilt werden. Als eine Bauerntochter sich aus Liebe zum Opfer bereit findet, verzichtet Heinrich, von Mitleid ergriffen. Als beide heimkehren, läßt ihn Gott um der Treue des Mädchens und seiner eigenen Barmherzigkeit willen genesen[50]. Nicht viel später schildert Konrad von Würzburg (1220–1287) in seinem *Silvester*, wie Konstantin der Große wegen seiner Christenverfolgung mit Aussatz geschlagen wird. Die Priester des Jupiter Capitolinis raten zu einem Bad in Kinderblut. Das Jammern der Mütter rührt den Kaiser und, durch einen Traum an Papst Sylvester gewiesen, bekehrt er sich und gesundet[51]. Der Amicus und Amelius-Stoff wird in der Folge auf andere Freundschaftspaare übertragen, so auf Ludwig und Alexander, Engelhard und Engeltrud, Oliver und Artus und auf die Jakobsbrüder des Kunz Kistener (→ Freundschaftssagen)[52]. In allen ist das Aussatzmotiv integrierender Bestandteil. In der *Histoire de Sainct Greaal* (1525) ist es dagegen eine miselsüchtige Schloßherrin, die zur Heilung einen Topf voll von Jungfrauenblut benötigt und in der *Histoire de Giglan de Galles et Geoffroy de Mayence* ein leprakranker Riese, der durch Kinderblut gerettet werden will[53]. Im Volksbuch von der → Hirlanda leidet König Richard von England an Aussatz und kann nur mit dem B. und dem Herzen eines Kindes geheilt werden. Nach der Berner Chronik des Valerius Anshelm (ab 1520 Stadtarzt in Bern) war Ludwig XI. von Frankreich daran erkrankt: „Und also nun der küng vast [= sehr] krank was [. . .], ersuocht und versuocht er alles [. . .], insunders von wegen der malacy vil kinderbluot gebrucht"[54].

Auch dem Märchen ist das Motiv bekannt. Schon Francesco Bello hat es in seinem *Mambriano* (1509) mit AaTh 313 *(Magische Flucht)* verbunden: Der ägypt. König Aristomede soll sich wegen seines Aussatzes im B. eines edlen Jünglings baden. Die Seeräuber schleppen den Prinzen Lodovico von Syrakus an seinen Hof. Aristomedes Tochter Filenia verliebt sich jedoch in diesen, und beide entfliehen[55]. Die rührende Geschichte hat Furore gemacht. Malespini übernimmt sie in seine Novelle *Matrimonio di Filenia, figliuola del re d'Egitto* (1602)[56], Basile überträgt sie im *Pentamerone* (3, 9) auf einen aussätzigen türk. Sultan, gleiches tun ein sizilian. und ein griech. Märchen[57]. Die schweiz. Sage von der Entstehung des Schongauerbades im Aargau verbindet das Motiv dagegen mit AaTh 311/312 *(Mädchenmörder)*: Ein reicher, aussätziger Mann hat bereits elf Jungfrauen für das heilende B.bad gefangen. Die zwölfte ruft mit drei Sprüchen ihren Bruder herbei, der den Mörder tötet[58]. Der Gedanke J. Grimms schließlich, daß auch die Blaubartgestalt des Typs 312 mit Aussatz zu tun habe, wird von K. Voretzsch mit Recht zurückgewiesen[59].

Memorate und Sagen wiederum sprechen häufig vom B. Hingerichteter als Heilmittel vor allem gegen Epilepsie (Mot. F 955.1). Schon Aretaeus Cappadox, Arzt der pneumatischen Schule aus dem 1. Jh. p. Chr. n., berichtet (*De curatione morborum* 1, 4), daß die Römer das B. enthaupteter Verbrecher in Schalen auffingen, um es zur Heilung gegen dieses Übel zu trinken. Die *Zimmerische Chronik* erzählt, daß ein Landfahrer den Leib eines Geköpften gefaßt habe, „wie der noch nit gefallen, und supft das Blut von ihm, und wie man sagt, ist er der hinfallenden Siechtagen davon genesen"[60]. Hans Christian → Andersen beschreibt in seiner Selbstbiographie ein solches Erlebnis: „Ich sah einen armen Kranken, den seine abergläubischen Eltern einen Becher vom Blut des Hingerichteten trinken ließen, damit er von der Epilepsie geheilt werde"[61].

3. 3. Die regenerierende Potenz des B.es. Ein altes Mittel gegen das Altern ist ein Bad im B. oder ein Trunk vom B. junger Menschen (Mot. D 1338.1.3). B. Spencer und F. J. Gillen z. B. weisen auf die magische Praxis austral. Ureinwohner: „Blood may be given by young men to old men [. . .] with a view to strengthening the latter"[62]. Die *Curiöse Hausapotheke* (1700) kennt ein „Elixier vitae" aus dem B. eines jungen Menschen, das alte Männer wieder verjüngt[63]. In böhm. Sagen will sich ein altes, nur noch an Krücken gehendes Weib im B. eines jungen Mannes baden, um wieder vital zu werden[64]. Ähnliches gilt für Verschönerungskuren: Die berühmte Greuelgeschichte von der ung. Gräfin Nadasdy, die sich im B. junger Mädchen badete, weil das ihre Haut zarter machte[65], hat

sogar Aufnahme in die 3. Auflage von *Meyers Konversationslexikon* gefunden[66].

Die intensivierte Form des Regenerationszaubers begegnet in Märchenmotiven, in denen Verwünschte durch B. zurückverwandelt werden können. Der steingewordene treue → Johannes (AaTh 516) wird wieder Mensch, wenn der König ihn mit dem B. seiner Kinder beschmiert, diese wiederum werden lebendig, wenn der Held sie mit dem eigenen B. bestreicht. Ganz Ähnliches geschieht dem treuen Diener in einer dän. Fassung zu AaTh 313 *(Magische Flucht)*[67]. In der altdän. Ballade vom Walraben wird der von der Stiefmutter in diese Gestalt verwandelte Held durch das B. des Geschwisterkindes wieder erlöst[68]. Nach einem Meisterlied des Hans Sachs *Von der Kindeszucht* (1552) reckt der tote Jüngling in Ingolstadt die Hand, mit der er einst die Mutter mißhandelt hatte, aus dem Grab, bis die Frau auf den Rat der Doktoren und Geistlichen das Corpus delicti blutig schlägt und so dem Frevler zur Totenruhe verhilft[69].

Das leitet über zur umgekehrten Prozedur, in der das B. der Fremdgestalt selbst zu ihrer Entzauberung verhilft, wobei sicher der alte Gedanke mitgespielt hat, daß die occupatio daemonis aufgehoben wird, wenn der besitzergreifenden (i. e. auch korporierenden) Macht die Lebenskraft genommen wird. Das mag der unterschwellig noch existente Sinn sein, wenn die in eine Hinde verwandelte Königstochter des Aulnoyschen Märchens *La Biche au bois* (num. 4) ihre menschliche Gestalt wiedererhält, als ihr Liebster sie auf der Jagd blutig verwundet[70], oder wenn in der hess. Version zu AaTh 402 *(→ Maus als Braut)* der Held die in eine Kröte verwandelte Prinzessin dadurch rückverwandelt, daß er sie „mit einem Schwert gerade durchs Herz schneidet"[71], oder wenn schließlich in der mecklenburg. Variante zu *Die schwarze und die weiße → Braut* (AaTh 403) der in eine Ente verwandelten Königstochter der Kopf abgehauen werden soll, um sie zu erlösen[72]. Immer muß also die angezauberte Außengestalt blutig verwundet (d. h. vielleicht geöffnet) oder getötet werden, damit die menschliche Innengestalt befreit werden kann.

4. Die assoziierende Kraft des B.es begegnet im religiösen Bereich im B.bund zwischen der Gottheit und dem Menschen (→ Gral, → Opfer, → Sakramente), im humanen in der Schwurbruderschaft zwischen Menschen untereinander (→ Blutsbrüder), im magischen im B.pakt zwischen Dämon und Mensch (→ Faust, → Teufelspakt, → Theophilus). Auch die verbindende Kraft verwandten B.es spielt im Erzählgut eine bedeutende Rolle. Das B. der Brüder kündet vom Schicksal des einen oder anderen im Motiv vom → Lebenszeichen. Die alte Sentenz, daß gemeinsames B. dicker als Wasser ist, wird etwa in Sagen evident, in denen feindliche Brüder sich vereinen, um den gemeinsamen Feind zu bekämpfen (Mot. J 624.3), und sie scheint auch, trotz der rationalistischen Erklärung, in AaTh 985 *(→ Bruder eher als Gatte oder Sohn gerettet)* durch.

Gleiches B. zeugt aber vor allem für einander, so in der alten Erzählung vom Deszendenznachweis durch die B.probe (Mot. H 486.1), die zuerst bei dem arab. Schriftsteller Ibn Haukal (10. Jh.) begegnet:

> Ein Chasare[73] hat einen jungen Sklaven, den er wie sein Kind liebt, und einen richtigen Sohn, der sich auf einer Reise befindet. Der Mann stirbt, der Sohn beansprucht sein Erbe, aber der Sklave gibt sich vor Gericht in einem jahrelangen Prozeß als Sohn und Erbe aus. Schließlich entscheidet der König selbst: Er läßt Knochen aus dem Grabe des Vaters holen und sie mit dem B. des Sklaven und des Sohnes beträufeln. Das B. des letzteren klebt an den Knochen, daß des ersteren nicht. Dadurch ist die Herkunft des Sohnes erwiesen[74].

Einige Jahrzehnte später erscheint die Geschichte, etwas variiert, im *Sefer hama'assijot* (Buch der Geschichte) des Talmudisten Nissim ben Jacob ibn Schahin (gest. um 1040), und von diesem entlehnt sie der Kompilator der *Meschalim schel Schelomoh,* der „Gleichnisse des Königs Salomo" (Konstantinopel 1516, Venedig 1544, 1605)[75]. Hier versagen beim Urteil ein Richter und dann der König

David, bis Salomo mit der B.probe den Rechtsfall entscheidet[76]. G. A. Kohut vertritt in seiner Untersuchung[77] über diese Erzählung die Ansicht: „The fact that King Solomon, the ubiquitous hero of Moslem tradition, is the judge in the case, would seem to point to Oriental (and possibly non-Jewish) origin", was durch die ihm unbekannte, oben zitierte erste arab. Fassung erhärtet zu sein scheint.

Um 1200 überträgt der in Regensburg lebende Jehuda ben Samuel in seinem *Sepher ha-Chassidim* (Buch der Frommen) die Erzählung auf den Gaon (Gelehrten) Saadja ben Josef (892–942)[78], von hier geht sie in das jidd. Volksbuch *Simchat hannefesch* (Seelenfreude) des R. Hendel ben Wolf (gedr. Ffm. 1706, Sulzbach 1718)[79] über, und aus diesem übersetzt sie im 19. Jh. A. M. Tendlau in mehreren seiner Sagensammlungen[80]. T. Zachariae, F. M. Goebel u. a.[81] weisen noch auf eine Version des Jochanan Alemanno (1435–1527) sowie auf eine (mohammedan.) bosniak. Variante des 19. Jh.s hin. Aus dem christl. Europa liegt nur eine lit. Fassung in den *Gesta Romanorum* (um 1300)[82] vor, die sich von den bisher angeführten Versionen erheblich unterscheidet. Eingeleitet wird sie durch die im MA. sehr bekannte Erzählung vom Baumerben:

Von den drei Söhnen des Kaisers Ezechias, deren jeder einen Teil des wunderbaren Baums geerbt hat, erheben alle Anspruch auf den ganzen Baum. Die Angelegenheit wird durch die B.probe zugunsten des jüngsten, des rechtmäßigen Kaisersohnes entschieden.

Die verschiedenen Interpreten der Erzählung nehmen gemeinhin arab.-jüd. Herkunft an. Jedoch weisen Zachariae auf einen tonkines. und A. Jacoby auf einen chin. Brauch der B.probe. Im ersten Fall wird beim Vaterschaftsnachweis B. des unehelichen Kindes und des vorgeblichen Aszendenten zusammengebracht. Vermischen sich die beiden Teile schnell, ist der Angegebene der Vater[83]. In China lassen Kinder zur Agnoszierung des Skelettes ihrer Eltern ihr B. darauf fallen. Dringt es ein, sind es die elterlichen Knochen[84]. Dazu steht neuerdings eine in mehreren Fassungen vorliegende, z. T. sehr frühe chin. Erzählung, nach der die Witwe die Gebeine ihres Mannes daran erkennt, daß B. aus ihrem Finger von allen anderen Knochen abfließt, in die ihres Gatten aber eindringt[85]. Die gleiche Idee findet man auch in Europa:

In Norddeutschland erzählt man sich z. B. von zwei ertrunkenen Männern, deren Leichen unkenntlich waren, daß man eine von ihnen mit einer der Witwen in Berührung brachte. Da sofort warmes B. aus der Nase des Toten floß, wurde er als ihr Mann erkannt[86].

Vielleicht ist daher Goebel[87] zuzustimmen, wenn er meint, daß die B.sympathie „als ein im Orient [und in Ostasien und Europa] ganz verbreiteter und nicht spezifisch jüd. Gedanke erst sekundär in solche Erbschaftsgeschichten eindrang".

5. Mantische Qualitäten des B.es. Nach antiker Vorstellung dient das Trinken von B. zur Gewinnung und Steigerung der Weissagungsgabe. Die Priesterin des Apollo Deiradiotes zu Argos prophezeit nach Pausanias (*Periēgēsis tēs Hellados* 2, 24, 1) einmal im Monat nach vorherigem B.genuß. Plinius (*Naturalis historia* 28, 147) weiß, daß die Priesterinnen der Gaia Eurusternos zu Aigira Ochsenblut zur Gewinnung mantischer Kräfte tranken. Auch Tiresias kündet Odysseus erst nach dem B.trunk das weitere Schicksal (*Odyssee*, Kap. 11). Aus dem B. der Gefangenen weissagten nach Strabo (*Geographika* 7, 2, 3) die Priesterinnen der Cimbern.

In altnord. Sagas ist B., im Traum gesehen, ein oft bezeugtes, meist verhängnisvolles Prodigium (Boberg D 1812. 5.1.3). Glum sieht im Traum zwei Frauen B. über die ganze Landschaft sprengen (*Víga Glûms saga* 21); Njál hat ein Gesicht, daß Tisch und Essen blutig seien (*Njáls saga* 127); Gisli wird im Traum von einer Frau mit B. gewaschen (*Gísla saga* 23, 32); Hrafn träumt, daß er im Bett in B. schwimme (*Gunnlaugs saga ormstungu* 13)[88]. Träume vom B. spielen auch in der neueren Erzähltradition eine besondere Rolle[89].

Vor allem des ominösen B.regens (Mot. F 962.4) ist seit der Antike in zahllosen Berichten und Sagen gedacht[90]. Livius z. B. führt in seiner Prodigienliste (*Ab urbe condita* 22, 1; 43, 13) eine Reihe von Beispielen an, Ovid läßt der Ermordung Caesars „inter nimbos guttae cecidere cruentae" vorausgehen (*Metamorphosen* 15, 788). Die christl. Erzählkunst übernimmt das Thema: Die *Legenda aurea* z. B. berichtet in der Vita von St. Pelagius dem Papst, daß es zu Brescia drei Tage und drei Nächte B. geregnet habe[91]. Auch die Sagas bevorzugen wieder das Motiv. In der *Eyrbyggja saga* (Kap. 51) zeigt ein B.regen den Tod der Thorgunna, in der *Njáls saga* (Kap. 156) die Brjanschlacht an. Im B.regen weben die Walküren Gunnr und Gondul das „Speergewebe" (= Schlacht, v. *Sturlunga saga* 1, 220; *Njáls saga* Kap. 157)[92]. Dann erstickt die Welt in den B.regen der Prodigienliteratur. Schon Poggio berichtet von einem solchen in der Bretagne. Conrad Lycosthenes bietet in seinen *Prodigia* (1577) eine Reihe von Beispielen[93]. Ihm folgen etwa Pierre Boaistuau und Jean de Marconville mit ihren *Histoires prodigieuses* (1560, 1564)[94]. Erasmus Francisci erzählt in seinem *Luftkreys* zum Jahre 1668, daß auf den zu dieser Zeit beobachteten B.regen der Krieg zwischen Deutschland und Frankreich gefolgt sei[95] etc.

6. B. als Urstoff. Es ist nur konsequent gedacht, wenn B. als der Lebensträger katexochen in vielen Mythologien auch als Urstoff allen Seins aufgefaßt wird. Indones., polynes., melanes. und nordamerik.-indian. Mythen wissen von der Entstehung des Menschen aus einem B.klumpen[96]. Nach afrik. Erzählungen ist der Mensch aus B. und Lehm geformt[97]. Der isl. Gode Snorri Sturluson (1179–1241) erzählt in seiner *Gylfaginning* (Kap. 5), daß die Götter aus dem B. des getöteten Urriesen Ymir das Meer schufen (Boberg A 1012.13.1). Daß das Weltmeer aus B. entstanden ist, wissen auch die Finnen[98], Esten[99] und die Ozeanier[100]. Nach ind. Mythen haben die Götter die Erde aus dem B. und den Knochen der ihnen dargebrachten Opfer geschaffen (Thompson/Balys A 831.8), während die Sterne aus den B.tropfen des Mondes entstanden sind (Thompson/Balys A 764.2). Die Vorstellung vom B. als Träger einzelmenschlichen Seins rundet sich so zu der vom B. als Wirkstoff irdischer und kosmischer Existenz.

[1] Hoops Reall. 3. Lfg 1/2 [[2]1977] 78. – [2] Eitrem, S.: Opferritus und Voropfer der Griechen und Römer. Kristiania 1915, 418. – [3] ERE 2, 715. – [4] Paulson, J.: Die primitiven Seelenvorstellungen der nordeuras. Völker. Sth. 1958, Reg. s. v. B., B.seele. – [5] Ranke, K.: Die zwei Brüder. Hels. 1934, 178sq. – [6] BP 3, 527. – [7] cf. Germania 7 (1862) 413: „Das schreiende B.". – [8] HDA 3, 1046–1055. – [9] HDA 3, 1054. – [10] BP 2, 532. –

[11] Müller, J.: Sagen aus Uri 1. Basel 1926, 68sq. – [12] HDM 1, 278. – [13] BP 2, 78. – [14] BP 1, 272, not. 2. – [15] Wolf, J. W.: Dt. Hausmärchen. Göttingen/Lpz. 1851, 96sq. – [16] Knoop, O.: Volkssagen, Erzählungen [...] aus dem östl. Hinterpommern. Posen 1885, 57. – [17] Müllenhoff, K.: Sagen, Märchen und Lieder der Herzogtümer Schleswig, Holstein und Lauenburg. Neue Ausg. ed. O. Mensing. Schleswig 1921, 73sq., num. 81. – [18] BP 1, 410. – [19] HDA 1, 1440. – [20] Am Urquell 3 (1892) 134sq. (mit weiteren Beispielen). –

[21] Sébillot, P.: Le Folk-lore de France 2. P. 1905, 425. – [22] Temme, J. D. H.: Die Volkssagen aus Pommern und Rügen. B. 1840, 249. – [23] Schneidewind, G.: Herr und Knecht. Antifeudale Sagen aus Mecklenburg. Aus der Slg R. Wossidlos. B. 1960, 145, num. 138e. – [24] HDA 1, 1440. – [25] RGG 1, 1155. – [26] Der Koran. Übers. von L. Allmann. Bielefeld/Lpz. [8]1881, 108. – [27] Schmitz, H. J.: Die Bußbücher und das kanonische Bußverfahren. Düsseldorf 1898, 320, 531, 562, 617, 690 etc. – [28] Herrmann, P.: Die Heldensagen des Saxo Grammaticus. Lpz. 1922, 174. – [29] Isl. Heldenromane. Übertr. von P. Herrmann (Thule 21). Düsseldorf/Köln 1966, 269 (Neuausg.). – [30] Der Nibelunge Not. Kudrun. ed. E. Sievers. Lpz. 1921, 360. –

[31] Der Nibelunge Noth und Klage. ed. K. Lachmann. B. [5]1866, V. 2051–2054. – [32] ERE 1, 716. – [33] HDA 1, 1435. – [34] P. 1849, 3, 120. – [35] HDA 1, 1441. – [36] ERE 2, 718; Lippert, J.: Die Religionen der europ. Kulturvölker. B. 1881, 277sq. – [37] Appollodor 3, 10, 3. – [38] So die griech. Hekate selbst, die direkt haimopotēs (B.trinkerin) genannt wird, v. Rohde, E.: Psyche 2. Fbg/Lpz./Tübingen 1898, 81, not. 2. – [39] Kl. Pauly 2, 358. – [40] Hunger, H.: Lex. der griech. und röm. Mythologie. Wien [4]1953, 337. –

[41] Am Urquell 4 (1893) 2. – [42] BP 1, 70–75. – [43] BP 1, 289–292. – [44] Bladé, J. F.: Contes populaires de la Gascogne 1. P. 1886, 12. – [45] ZfVk. 13 (1903) 1–24, 129–150. – [46] Hoops Reall. (wie not. 1). – [47] ZfVk. 6 (1896) 61. – [48] HDM 1, 284. – [49] Die Beispiele nach Strack, H. L.: Das B. im Glauben und Aberglauben der Menschheit. Mü. [5–7]1900,

36–40. – [50] Verflex. 2, 210sq.; zur späteren Geschichte des Stoffes v. Frenzel, E.: Stoffe der Weltlit. Stg. [2]1963, 252sq. –
[51] Konrad von Würzburgs „Silvester". ed. W. Grimm. B. 1841. – [52] Grimm, W.: Kl. Schr. 3, 253–274. – [53] ibid. – [54] Juker, W.: Die alten Eidgenossen im Spiegel der Berner Chroniken. Bern 1964, 104. – [55] BP 2, 525. – [56] ibid. – [57] Gonzenbach, num. 55; Deltion 1 (1883) 138. – [58] Rochholz, E. L.: Schweizersagen aus dem Aargau 1. Aarau 1856, 22–24. – [59] HDM 1, 268. – [60] Waibel, J./Flamm, H.: Bad. Sagenbuch 1. Fbg 1899, 208. –
[61] Strack (wie not. 49) 43sq. – [62] Spencer, B./Gillen, F. J.: Native Tribes of Central Australia. N. Y. [2]1938, 461. – [63] HDA 1, 1436sq. – [64] Grohmann, V.: Sagen aus Böhmen. Prag 1863, 267sq. – [65] Strack (wie not. 49) 58–60. – [66] Auch im Märchen provoziert B. den Wunsch nach Schönheit. Jedoch ist der Zug hier ganz anders motiviert. Drei Tropfen B. im Schnee erwecken in der Königin den Wunsch nach einem Kind „so weiß wie Schnee, so rot wie Blut" (AaTh 709: Schneewittchen). In Basiles Pentamerone (4, 9: Il corvo und 5, 9: L'amore delle tre melarance) sieht ein Jäger im Wald das B. eines Raben auf schneeweißen Marmor tropfen, oder ein Prinz sieht bei Tisch B.stropfen aus einer Fingerwunde auf weißen Käse fallen, was in ihnen den Wunsch nach einer Frau von der Schönheit dieser Farben entstehen läßt. Der Mongolenfürst Elbek Nigülessuktschi Chaghan erlegt im Winter einen Hasen, und das rote B. auf dem weißen Schnee bewegt ihn zu den Worten: „Gäbe es doch ein Weib mit einem Gesicht so weiß wie dieser Schnee und mit Backen, so rot wie dieses Blut!"; Schmidt, I. J.: Geschichte der Ostmongolen. St. Petersburg 1829, 139. Sehr schön sagt J. Grimm zu diesem Motiv: „Sie [diese Gedanken] sind unmittelbar der menschlichen brust entquollen und der epische ausdruck für die den dichtern aller völker geläufige vergleichung der schönheit mit schnee und blut" (Einl. zu F. Liebrechts Übertragung des Pentamerone 1. Breslau 1846, XXIII). – [67] Kristensen, E. T.: Aeventyr fra Jylland 4. Kop. 1897, num. 9. – [68] BP 1, 231. – [69] BP 2, 550. – [70] BP 1, 102, not. 1. –
[71] BP 2, 31. – [72] BP 3, 85. – [73] Chasaren, ein altes Turkvolk, den Wolgabulgaren verwandt, cf. Artamanov, M. J.: Istorija chazan. Len. 1962. – [74] BP 4, 387. – [75] Jellinek, A. (ed.): Bet ha-Midrasch 4. Lpz. 1857, 145sq. – [76] cf. die dt. Fassung bei M. J. bin Gorion: Der Born Judas 3. Lpz. 1918, 61–63, 263 (Kommentar). – [77] JAOS 24 (1903) 133sq. – [78] Goebel, F. M.: Jüd. Motive im märchenhaften Erzählgut. Gleiwitz 1932, 161; der Text bei bin Gorion 3 (wie not. 76) 260sq. – [79] v. dazu Grünbaum, M.: Jüd. dt. Chrestomathie. Lpz. 1882, 238–254. – [80] Tendlau, A. M.: Fellmeiers Abende. Ffm. 1856, 262; id.: Das Buch der Sagen und Legenden jüd. Vorzeit. Ffm. [3]1873, 158–160, num. 33. –
[81] Zachariae, T.: Kl. Schr. Bonn/Lpz. 1920, 311sq.; Goebel (wie not. 78) 162. – [82] Gesta Romanorum, Kap. 262. – [83] Zachariae (wie not. 81) 304. – [84] ZfVk. 27 (1917/18) 69sq. – [85] Eberhard, Typen, 210. – [86] Strackerjan, L.: Aberglaube und Sagen aus dem Herzogtum Oldenburg 1. ed. K. Willoh. Oldenburg [2]1909, 34. – [87] Goebel (wie not. 78) 164. – [88] Beispiele nach Hoops Reall. (wie not. 1) 79; weiteres Material bei Boberg D 1812.5.1.1.3. – [89] HDA 1, 1441. – [90] HDA 1, 1445–1447. –
[91] Jacobus a Voragine: Legenda aurea. ed. T. Graesse. Osnabrück 1965 (Nachdr. von [3]1890) 824–844, hier 838 (De sancto Pelagio papa). – [92] Beispiele nach Hoops (wie not. 88). – [93] Eine Aufzählung HDA 1, 1447, not. 2. – [94] Schenda, R.: Die frz. Prodigienlit. in der 2. Hälfte des 16. Jh.s. Mü. 1961, 125. – [95] HDA 1, 1446. – [96] Mot. A 1263.1; StandDict. 1, 150. – [97] Pechuël-Loesche, E.: Vk. von Loango. Stg. 1907, 267. – [98] Aarne, Finn. 1, 51, num. 77**. – [99] Loorits, 86, num. 45. – [100] Dixon, R. B.: Oceanic Mythology. Boston 1916, 37.

Göttingen Kurt Ranke

Blutegelkur (AaTh 1349 N*). Das meist sehr kurze Döntje (lustige Geschichte) gehört zum Erzählbereich von den unbekannten und daher falsch angewendeten Nahrungs- oder Heilmitteln. Vielleicht hätte es daher von S. Thompson näher an die Gruppe AaTh 1339 (→ *Speisen unbekannt*) gerückt werden sollen.

Einem Kranken verschreibt der Doktor sechs, neun oder zwölf Blutegel zur Schröpfkur. Die Frau des Patienten weiß damit nichts anzufangen und gibt sie ihrem Mann zu essen. Als dieser nur die Hälfte lebend herunterbekommt, brät sie ihm den Rest. Eine bair. Variante drittelt den Bestand, und die letzten vier Tiere werden mit Essig und Zwiebeln heruntergezwungen. Wie so oft, hilft auch hier die Einbildung: Der Kranke wird gesund, während dem Arzt bei der nachfolgenden Visite der Mageninhalt hochkommt.

Trotz der sehr alten Verwendung von Blutegeln im Schröpfverfahren (Erwähnung etwa bei Themison von Laodicea im 1. Jh. a. Chr. n.) ist die Geschichte jung, vor dem 19. Jh. sind jedenfalls keine Belege bekannt. Nach den Materialien im Archiv der EM ist sie heute bei den Bretonen, Franzosen, Schweizern, Deutschen, Friesen, Dänen und Ungarn bekannt.

Var.nausw.: RTP 1 (1887), 232; 11 (1897), 519 (bret.); Dulac, E.: Histoires gasconnes [...]. P. 1925, 146sq. (frz.); Tobler, O.: Der Appenzeller Witz. Heiden 1905, 136 (schweiz.); die oben erwähnte bair. Fassung bei: Queri, G.:

Schnurren und Späße. Lpz. 1944, 97 (dt.); Mittlgen des Nordfries. Vereins für Heimatkunde (1903/04) 144 (fries.); Kristensen, E. T.: Molbo- og Aggerbohistorier 1. Viborg 1892, 55, num. 176; t. 2. Aarhus 1903, 40sq., num. 135–138 (dän.); Mittlg Á. Kovács, Bud. (ung.).

Göttingen Kurt Ranke

Blutsauger → Vampir

Blutsbrüderschaft (Mot. P 312) ist eine Form der Wahlverwandtschaft, bei der die Teilnehmer ein unlösbares rituelles Bündnis eingehen, das sich auch auf die beiderseitigen Sippen ausdehnen kann. Besiegelt wird sie mit dem Bluttausch der Partizipanten, die dadurch – einem alten Topos (cf. Apg. 4, 32) gemäß – „ein Herz und eine Seele" werden, eben weil sich diese Wesensformen der Partner nach der frühen und weit verbreiteten Vorstellung vom Blut als Sitz des Lebens und der Seele (→ Blut) durch die Blutkommunion untrennbar miteinander verbinden. Schlimmstes Verbrechen war daher der Mord am Blutsbruder, wie ihn etwa die eddische *Brot af Sigurðarkviðu*[1] kennt (cf. auch Mot. S 73. 1).

Ausgegangen sein mag die rituelle B. von der Vorstellung der Vereinigung mit der Gottheit während des Blutopfers, von der Beschneidung und ähnlichen Opferhandlungen, die rudimentäre Blutbündnisse bedeuten, zusammen mit einer Erneuerung der Verwandtschaftsverhältnisse und der Namens- oder Identitätswechsel (→ Initiation).

Die vollzogene B. beinhaltet eine Verpflichtung zur Blutrache oder, wenn auf diese verzichtet wird, zur Klage gegen den Mörder[2]. Auch die Sorge für den Toten war inbegriffen, d. h. ein ehrliches Begräbnis und die Ausstattung mit den Totengaben waren geboten, wie es z. B. die isl. *Egils saga einhenda ok Ásmundar berserkjabana* aus dem 14. Jh. bezeugt[3].

Die Prozedur der B. bestand meist in der Entnahme von Blut beider Partner, das pur vermischt, zuweilen auch mit anderen Ingredienzien versetzt (im Irischen z. B. mit Milch, Wein etc., cf. Cross P 312.1*), getrunken wurde. Eine bes. Art der Verbrüderungszeremonie (fóstbroeðralag) kannten die Nordgermanen. Sie bestand aus dem sog. „Rasengang" (gangar unðir jarðarmen), bei dem zwei Schwörende einen langen Streifen grasbewachsener Erde aufschnitten und mit Speeren hochhoben, so daß sie unter dem gebildeten Bogen durchschreiten konnten. Unter diesem Rasendach verletzten sie sich die Fußsohlen oder ritzten einander die Handflächen. Das hervorquellende Blut wurde vermischt getrunken, oder man ließ es auf die Erde (*Gisli saga*, cap. 6) oder (nach *Saxo Grammaticus* 1,23) in die Fußspuren laufen, was wahrscheinlich bewirken sollte, daß einer dem anderen stets folgen mußte, um ihn gegebenenfalls um den Preis des eigenen Blutes zu verteidigen (svaerast i broeðralag vidamm). Diese Art der Verbrüderung, die eine gemeinsame Wiedergeburt aus dem Schoß der Mutter Erde nach einem zusammen erlittenen symbolischen Tod bedeutet haben soll, wurde auch als Ritus der Unterwerfung und Läuterung verstanden[4]. Die neuere Forschung spricht allerdings dem Fóstbroeðralag die Herstellung familialer Bande ab. Y. H. Toivonen betrachtet den Rasengang nur als eine typische Eidhandlung, bei der die Erde zum Zeugen genommen wurde[5], H. Gehrts schreibt dem Fóstbroeðralag der röm. devotio ähnliche Eigenschaften zu und betont den dioskurischen Charakter[6].

Zahlreiche ethnol. Parallelen zeugen von heute noch praktizierten, oft sehr variabel gearteten B.sriten[7], z. B. von solchen, die in der Ostkirche vom Geistlichen abgesegnet werden[8] oder die das Numinose in sich einschließen[9].

In der nord. Mythen- und Sagenüberlieferung spielt die B. eine bedeutende Rolle. In der eddischen *Lokasenna* (9)[10] erinnert Loki während eines Gelages beim Meerriesen Aegir Odin an ihr früher vollzogenes Blutsbündnis. Oft entwickelte sich das Fóstbroeðralag aus dem Kampf zweier Männer, die sich hinterher die B.

anboten (*Orvar Odds saga*, cap. 19; *Egils saga ok Ásmundar*, cap. 4)[11]. Saxo Grammaticus erzählt im 5. Buch seiner *Gesta Danorum*, daß die Königssöhne Asmund und Asvit B. schließen und dabei schwören, daß der Überlebende sich mit dem Verstorbenen begraben lassen solle. Als Asvit stirbt, steigt Asmund mit der Leiche ins Grab und muß nun mit dem zum fresserischen Wiedergänger gewordenen Freund einen fürchterlichen Kampf ausfechten, bei dem ihm ein Ohr abgerissen wird[12]. Auch die altkelt. Lit. kennt Äquivalentes: So gibt es Ähnlichkeiten zwischen der *Romanze von Sir Eger* (Schottland, gegen Ende des 15. Jh.s) und der altir. Heldensage *Táin bo Cualne*, in der ebenfalls das B.smotiv eine Rolle spielt. Beide Dichtungen sind jedoch wahrscheinlich von den älteren Formen des *Nibelungenliedes* beeinflußt[13].

Die Literaturen des MA.s werden vor allem um die → Freundschaftssage bereichert. Eines der bildenden Elemente dieser Gattung ist das B.smotiv, obwohl es jetzt nur noch die Funktion des stellvertretenden Eintretens des einen für den anderen beibehalten hat oder gar durch die einfachere Form der bloßen Schwurbrüderschaft (ohne Bluttrunk) abgelöst und die Freundestreue symbolisch hervorgehoben wird, z. B. im Sagenkomplex von → Amicus und Amelius, in Italien um 1100 als *Vita Sanctorum Amici et Amelii*[14] bekannt. Der Stoff wurde auch von → Vincent de Beauvais in seinem *Speculum historiale* (24, 162–166, 169) legendenhaft bearbeitet:

> Die vom Papst zur Taufe der beiden jugendlichen Streiter gestifteten Goldkelche verbinden deren Schicksal. Das Blutopfer zur Heilung des Aussatzes ist als Sühne gedacht. Die Helden bleiben auch im Tod untrennbar. Nach der Schlacht Karls des Großen gegen den Langobardenkönig Desiderius bei Mortaria (774), in der die Blutsbrüder gemeinsam fallen, finden sie die ewige Ruhe im gleichen Steinsarg. Diese Geschichte wiederholt sich in zahlreichen Varianten.

Von Bedeutung ist, daß im me. Epos die einmal eingegangene Schwurbrüderschaft als exklusiv betrachtet wird. Amis schlägt die ihm vom Chief Steward angetragene broþerhed mit der Begründung aus, daß ein neuer Schwur den schon bestehenden brechen würde[15]. Auch der *Engelhard* des Konrad von Würzburg[16] gehört stofflich zu den Freundschaftssagen vom Typ Amicus und Amelius. Die Freundschaftsproben bestehen hier in der Treue, die Dietrich dem Engelhart durch sein Eintreten im Ordal beweist, und andererseits in der Treue, die Engelhard gleichzeitig dem Freunde wahrt, als er ihn bei dessen Frau vertritt, ohne deren Ehre zu verletzen (Mot. T 351: *Sword of chastity*, → Symbolum castitatis). Bemerkenswert ist, daß die Jünglinge den Treuebund durch einen Eid beschließen, also weder durch leibliche Geburt noch durch wunderbare Empfängnis verbunden sind.

In den Märchen aber, die mit dem ma. Schwur- oder Blutsbrüderstoff verwandt sind, ist die wunderbare → Empfängnis Motivation für die Brüderschaft, so etwa im *ägypt.* → *Brüdermärchen* (AaTh 318), im *Treuen* → *Johannes* (AaTh 516) oder in AaTh 303: *Die zwei* → *Brüder*. Die am gleichen Tage gezeugten, zur selben Stunde geborenen Wesen sind schicksalhaft miteinander verbunden. Auch Tiere sind von diesem Bündnis nicht ausgeschlossen, sie nehmen vielmehr am Lebensweg der Brüder teil. Selten wird dagegen im Märchen B. zwischen Tier und Mensch geschlossen und auch dann nur, wenn sich hinter der theriomorphen Form ein verzauberter Mensch verbirgt, wie etwa im isl. Märchen *Rauðiboli*, wo der rote Stier dem Königssohn Asmundur B. vorschlägt[17]. Umgekehrt kann aber auch ein Tier in anthropomorpher Gestalt mit einem Menschen B. schließen, wie z. B. in einer bulg. Variante zum Typ AaTh 507 A (→ *Dankbarer Toter*), wo der vom Königssohn gerettete Fisch sich in einen Mann verwandelt und beide „Blutsfreundschaft" schwören[18].

Die rituell-symbolische Zusammengehörigkeit der zwillingshaften Blutsbrüder (→ Zwillinge) ist durch Gegenstände bekräftigt, deren Zustand im Fall einer Trennung zum → Lebenszeichen (Mot. E 761) wird. Das in einen Baum gestoßene

Messer, auf dem Rostflecken über das Befinden des Bruders aussagen, ist ein Parallelzug zum Schwert, mit dem während der Schwurzeremonie der Boden geritzt wird. An jener Stelle entspringt eine Quelle, die rein und klar fließt, solange der Blutsbruder ungefährdet ist. Gleicherweise ist das in einem Becher aufgefangene Blut der Teilnehmenden ungetrübt, das Bier schäumt nicht, der Wein bleibt sauber, solange dem Bruder keine Gefahr droht.

Der Begriff von Treue und Opferbereitschaft der Verbrüderten wird in AaTh 1364 (→ *Blutsbruders Frau*) ins Schwankhafte umgesetzt und verzerrt. Amerik. Gruselschwänke erzählen vom Tod eines B.-Schließenden durch eingebildeten Blutverlust (Baughman N 384.4[a]).

[1] Edda. 1: Heldendichtung. Übers. von F. Genzmer (Thule 1. ed. F. Niedner/G. Neckel). Neuausg. Düsseldorf/Köln 1963, 38–43. – [2] Weinhold, K.: Altnord. Leben. B. 1856, 287sq. – [3] Lagerholm, Å.: Drei lygisǫgur (Altnord. Saga-Bibl. 17). Halle 1927, 1–83. – [4] Grimm, J.: Dt. Rechtsalterthümer 1. Lpz. [4]1899 (Nachdr. Wiesbaden 1974), 363sq.; Pappenheim, M.: Kritische Unters.en zum Rasengang der Isländersagas. In: Archiv für die gesamte Psychologie 46 (1924) 98–124; Vries, J. de: Der altnord. Rasengang. In: Acta philologica scandinavica 3 (1928/1929) 105–135. – [5] Folk-Liv 4 (1940) 77–83. – [6] Gehrts, H.: Das Märchen und das Opfer. Unters.en zum europ. Brüdermärchen. Bonn 1967, 147–164. – [7] Basset, R./Gaidoz, H./Volkov, T.: La Fraternisation. In: Mél. 3 (1886/87) 402–404, 573sq.; 4 (1888/89) 118, 260, 330; 5 (1890/91) 36, 193–203, 236, 284sq.; 7 (1894/95) 4, 76, 134, 156, 202; 9 (1898/99) 238; 10 (1900/1901) 22, 117; Basset, R./Morin, L. (u. a.): La Fraternisation par le sang. In: RTP 6 (1891) 577–579, 684, 730sq.; 7 (1892) 56, 344–353, 601–607; 8 (1893) 532sq.; 9 (1894) 157; 10 (1895) 197sq., 476; 11 (1896) 465; 12 (1897) 692sq.; 14 (1899) 588, 642; 15 (1900) 617; 16 (1901) 591; 17 (1902) 59, 354; 18 (1903) 114, 522; 20 (1905) 119, 379sq.; 22 (1907) 201sq., 392; 24 (1909) 469; 25 (1910) 438; Kohler, J.: Studien über die künstliche Verwandtschaft. In: Zs. für vergleichende Rechtswiss. 5 (1884) 415–440; Trumbull, H. C.: The Blood Covenant. A Primitive Rite and its Bearings on Scripture. N.Y. 1885; Strack, H. L.: Der Blutaberglaube in der Menschheit, Blutmorde und Blutritus (Schr. des Institutum Judaicum in B. 14). Mü. [4]1892; Dörfler, A. F.: Das Blut im magyar. Volksglauben. In: Am Ur-Quell 3/9 (1892) 267–271, bes. 270; Ciszewski, S.: Künstliche Verwandtschaft bei den Südslaven. Diss. Lpz. 1897; Wundt, W.: Völkerpsychologie. t. 2/2: Mythus und Religion. Lpz. 1906, 17, 340; Raum, I.: Blut- und Speichelbünde bei den Wadschagga. In: ARw. 10 (1907) 269–294; Hamilton-Grierson, P. J.: Brotherhood (artificial). In: ERE 2 (1908) 857–871; Reuterskiöld, E.: Die Entstehung der Speisesakramente. Heidelberg 1912; Julien, G.: Fate-dra ou fraternisation par le sang chez les Malgaches du Sud-Ouest. In: Revue d'ethnographie et des traditions populaires 5 (1921) 1–12; Thurnwald, R. C.: Brüderschaft, künstliche. In: Reall. der Vorgeschichte 2. ed. M. Ebert. B. 1925, 189–195 (mit ausführlicher Bibliogr.); Beth, M.: B. In: HDA 1 (1927) 1447–1449; Hodges, J. C.: The Blood Covenant among the Celts. In: RevCelt. 44 (1927) 109–156; StandDict. 1, 148sq.; Tegnæus, H.: Blood-Brothers. An Ethno-Sociological Study of the Institutions of Blood-Brotherhood with Special Reference to Africa. Sth. 1952 (auch N.Y. 1952). – [8] Kretzenbacher, L.: Rituelle Wahlverbrüderungen in Südosteuropa. Erlebniswirklichkeit und Erzählmotiv (SB.e der Bayer. Akad. der Wiss.en. Phil.-Hist. Kl. Jg 1971, H. 1). Mü. 1971. – [9] Rudolph, E.: Teufelsbündner im 20. Jh. Hintergründe und Folgeerscheinungen sog. „Blutverschreibungen". In: SAVk. 72 (1976) 33–54. – [10] Edda. 2: Götterdichtung und Spruchdichtung. Übers. von F. Genzmer (Thule 2. ed. F. Niedner/G. Neckel). Neuausg. Düsseldorf/Köln 1963, 52. –
[11] Weinhold (wie not. 2) 288. – [12] Herrmann, P.: Die Heldensagen des Saxo Grammaticus [. . .] 2. Lpz. 1922, 367. – [13] Hodges, J. C.: The Nibelungen Saga and the Great Irish Epic. In: Modern Philology 19 (1921/22) 383–394; Hibbard, L. A.: Mediæval Romance in England. A Study of the Sources and Analogues of the Non-Cyclic Metrical Romances. L./Toronto/Melbourne/Bombay 1924, 145, not. 3, 313, 315, not. 5, 317sq., not. 11. – [14] Amis and Amiloun [. . .] ed. E. Kölbing (Altengl. Bibl. 2). Heilbronn 1884; Amis and Amiloun. ed. M. E. Leach. L. 1937; Frenzel, E.: Stoffe der Weltlit. Stg. [2]1963, 37–40. – [15] cf. Kölbing (wie not. 16) V. 361–372. – [16] Konrad von Würzburg: Engelhard. ed. P. Gereke (Altdt. Textbibl. 17). Tübingen [2]1963. – [17] Rittershaus, A.: Die neuisl. Volksmärchen. Halle 1902, 36–42, num. 8; cf. AaTh 302 B*: The Red Bull. – [18] Strausz, A.: Die Bulgaren. Ethnogr. Studien. Lpz. 1898, 183–185.

Freiburg/Br. Michael Belgrader

Blutsbruders Frau (AaTh 1364), eine Schwankerzählung.

Der Liebhaber prahlt täglich vor seinem Freund und Vertrauten damit, daß er dem Ehemann der Frau nur mit knapper Not entkommen sei. Der Liebhaber weiß nicht, daß sein Vertrauter selbst dieser Ehemann ist und daß er die ihm mitgeteilten Einzelheiten (Zeitpunkt des nächsten Stelldicheins etc.) benützt, um dem Paar Fallen zu stellen. In der Regel erfolgen drei Überraschungsversuche, wobei es dem beim Stelldichein gestörten Liebhaber jedesmal gelingt, sich hinter einem Vorhang, unter einer Matratze oder in einem Schrank, einer Zisterne etc. zu verstecken. Wenn er später aufgrund seiner prahlerischen Aussagen beschuldigt wird, rettet der Liebhaber häufig seine Haut durch eine List, indem er seine Erzählung für einen Traum ausgibt (Mot. J 1155).

J. Bolte hat die Traumlist als Wandermotiv untersucht und ist ihr von Aristophanes bis hin zu engl. Singspielen nachgegangen[1].

Früheste Texte sind ein lat. Gedicht, der *Miles gloriosus* (wahrscheinlich um 1175 im Loire-Gebiet entstanden)[2], sowie eine dem *Miles* sehr ähnliche Prosafassung, von der ein Ms. aus dem 13. Jh. in Cambridge (Univ. Libr. Ii. VI. 11) erhalten ist[3]. In beiden Beispielen sind Liebhaber und Vertrauter Blutsbrüder kraft einer durch Eid besiegelten Vereinbarung, ihre Gewinne auszutauschen (Mot. M 241.2). Das Motiv ist selten; es kommt auch in dem Gedicht *Sir Gawain and the Green Knight* (spätes 14. Jh.) vor und ist vermutlich dem Typ *Blutsbruders Frau* entnommen[4].

Andere literar. Texte enthalten die Episode *Der Sänger und der Gewürzkrämer*, so die Breslauer *1001 Nacht*-Hs. (undatiert)[5]; Giovanni Fiorentinos *Pecorone* (ca 1380); → Masuccio Salernitanos *Novellino* (1467) num. 45; Giovanfrancesco → Straparolas *Piacevoli notti* 4, 4 (1550–1553, frz. Übers. 1560–63); Michael → Lindeners *Rastbüchlein* (1558) num. 3 sowie der vermutlich 1650 in Delhi auf pers. verfaßte indo-pers. Ritterroman *Bahar Danusch*[6]. Fiorentinos Fassung kommt in den *Rime del Burchiello* (ed. A.-F. Doni. 1553) sowie, ausführlicher, in Pietro Fortinis *Giornate de novizi* vor, die erst 1888 gedruckt wurden[7]. Straparolas Fassung kam in engl. Sprache als letzte von 11 Erzählungen in der kleinen Londoner Sammlung *Tarletons Newes out of Purgatorie* (1590) heraus, die von Fiorentino in der anonymen Sammlung *The Fortunate, Deceived, and Unfortunate Lovers* (1632). Elemente beider Fassungen gingen in die 5. Novelle von B. Riches *Riche his Farewell to the Militarie Profession* (1581) ein. Shakespeare entnahm der Erzählung die Streiche, welche dem Falstaff (seinerseits ein miles gloriosus) in *The Merry Wives of Windsor* (1599) gespielt werden[8], und Molière, dessen Hauptquelle Fiorentino zu sein scheint, verarbeitete den Stoff in seiner *École des femmes* (1662). Moderne Beispiele sind in Indien, im Mittleren Osten, in Nordafrika sowie in den meisten Teilen Europas bis hinauf nach Lappland und Island aufgezeichnet worden. Mit Ausnahme eines Belegs aus Argentinien (Hansen 1364) hat die Erzählung auf den amerik. Kontinenten nie Fuß gefaßt.

Unter den früheren Texten ist derjenige im *Bahar Danusch* erwähnenswert, weil er zwei Züge enthält, die in europ. Fassungen fehlen.

(1) Hier läuft der beim Stelldichein gestörte Liebhaber in den Hof und stürzt sich in einen Teich. Um Luft zu bekommen, steckt er seinen Kopf in einen hohlen Kürbis, der auf der Oberfläche des Teiches schwimmt. (2) Später prahlt er in einem Kaffeehaus mit seiner Heldentat, und der Ehemann hört ihm dabei zu.

Moderne Texte aus Tadschikistan, der Türkei, Rhodos und Arabien weisen diese Züge oder unverkennbare Spuren davon auf und ermöglichen es, einen ausgeprägten östl. Zweig der Erzählung zu isolieren. Doch nehmen nicht alle oriental. Texte diese Form an (z. B. der Text aus *1001 Nacht*), und somit bleibt die Frage ihrer Bedeutsamkeit für die Genealogie der Erzählung, ob nämlich die Kürbis-List/Kaffeehaus-Form in die Nähe eines Archetypus kommt, ungelöst.

Ein weiterer interessanter Punkt ist der Austausch der Gewinne, ein Motiv, das der Forschung zwar aus *Sir Gawain* geläufig ist, in der Überlieferung jedoch selten vorkommt. Das Motiv klingt in dem erwähnten Text aus Rhodos schwach an. In dieser Fassung ist der Protagonist ein schiffbrüchiger Seemann, dem von den Fratres eines Klosters Hilfe zuteil wird.

Vor seinem Liebesabenteuer hat er folgenden Traum:

In der Nacht erscheint ihm der Heilige und spricht: „Du darfst gehen und du wirst dein Glück machen, aber wenn du Geld hast, denk an mich und gib dem Kloster die Hälfte dessen, was du erworben." Am Morgen erzählt er den Traum dem Egumenos des Klosters, der sagt: „Geh, mein Sohn, aber behalte dein Versprechen im Herzen."

Handelt es sich hier um eine bloße Verschmelzung zuvor getrennter Elemente (Mot. J 1155 und M 241.2)? Oder bewahrt der Traum das ursprüngliche Motiv, aus dem sich dann der Austausch der Gewinne, wie er in einigen westl. Texten vorkommt, entwickelt hat, d. h. aus dem gar nicht unüblichen religiösen Brauch heraus, für göttliche Hilfe in einer Krise einen Teil des Besitzes durch ein Gelübde zur Verfügung zu stellen? Das Motiv wie auch die Erzählung verdienen es, eingehender untersucht zu werden.

Kataloge und Var.n (soweit bei AaTh 1364: The Blood-brother's Wife nicht aufgeführt): Cross 1364. – Tubach 5287. – FLJ 4 (1886) 288, num. 9 (Urdu). – Lidzbarski, M.: Geschichten und Lieder aus den neuaramä. Hss. zu B. Weimar 1896, 229–240, num. 13. – Noy, D.: Jefet Schwili erzählt. B. 1963, 263–266, num. 114. – Hallgarten, P.: Rhodos. Die Märchen und Schwänke der Insel. Ffm. 1929, 71–79. – Artin Pacha, Y.: Contes populaires inédits de la vallée du Nil. (P. 1895) Nachdr. P. 1968, 165–183. – Ilg, B.: Maltes. Märchen und Schwänke 2. Lpz. 1906, 9–16, num. 79. – Frobenius, L.: Volksmärchen der Kabylen 1. Jena 1921, 149–161, num. 30 c. – Llano Roza de Ampudia, A. de: Cuentos asturianos [. . .]. Madrid 1925, 182, num. 103. – Kryptadia 1. Heilbronn 1883, 340, num. 2; t. 2 (1884) 55, num. 15 (bret. und pikard.). – Pröhle, H.: Kinder- und Volksmärchen. Lpz. 1853, 202–209, num. 63. – Lagercrantz, E.: Lapp. Volksdichtung 2. Hels. 1958, 100–104, num. 367. – Paasonen, H./Karahka, E.: Mischärtartar. Volksdichtung. Hels. 1953, 104–110, num. 19. – Beke, Ö.: Volksdichtung und Gebräuche der Tscheremissen (Maris) 1. Bud. 1951, 292–301, num. 35. – Die Sandelholztruhe. Tadshik. Volksmärchen. B. 1960, 275–287.

[1] Toldo, P.: Der Ehemann als Ratgeber des Liebhabers (mit Anmerkungen von J. Bolte). In: ZfVk. 15 (1905) 60–70, hier 62, 70; Wesselski, MMA, 187sq. – [2] Faral, E.: Les Arts poétiques du XIIe et du XIIIe siècle. P. 1924, 3–6; Raby, F. J. E.: A History of Secular Latin Poetry in the Middle Ages 2. Ox. 1934, 65sq.; Gedichttext v. Cohen, G.: La ‚Comédie' latine en France au XIIe siècle 1. P. 1932, 180–210; dt. Zusammenfassung v. Toldo (wie not. 1) 61sq.; engl. Zusammenfassung v. Hulbert, J. R.: Syr Gawayn and the Grene Knyʒt. In: Modern Philology 13 (1915/16) 433–462 und 689–730, hier 699. – [3] Hilka, A./Söderhjelm, W.: Vergleichendes zu den ma. Frauengeschichten. In: Neuphilolog. Mittlgen 15 (1913) 1–22; v. Wesselski, MMA, 9–11, num. 2. – [4] Hulbert (wie not. 2) 699–701; Loomis, L. H.: Gawain and the Green Knight. In: Arthurian Literature in the Middle Ages. ed. R. S. Loomis. Ox. 1959, 537. – [5] Burton, R. F.: Supplemental Nights to the Book of the Thousand Nights and a Night [. . .]. [1887–1889], t. 1, 136sq. und t. 2, 219sq. (= 14,46 in der Breslauer Übers.). – [6] Scott, J.: Bahar-Danush or the Garden of Knowledge, translated from the Persis of Einaiut Oollah 3. Shrewsbury 1799, 291; v. Toldo (wie not. 1) 64; v. Burton (wie not. 5) t. 2, 219sq. – [7] v. Forsythe, R. S.: The Merry Wives of Windsor: Two New Analogues. In: Philosophical Quarterly 7 (1928) 390–398. – [8] Bullough, G.: Narrative and Dramatic Sources of Shakespeare 2. L. 1958, 4–8.

Aledo James T. Bratcher

Blutschande → Inzest

Blutwunder gehören der Sache und dem Erzählumkreis nach in den Bereich der erbaulichen Legenden- und Mirakeltradition des christl. MA.s und der in seiner Nachfolge stehenden religiösen Volksliteratur der letzten Jh.e in Europa. Terminologisch zählen zu den B.n nicht die Blutregen der → Prodigien, wie sie vornehmlich seit dem 16. Jh. wieder nach- und neu erzählt werden (→ Regen, Regenwunder). Nur am Rande kann man aus dem gleichen Umkreis die blutigen Wunderzeichen an Brot, Hauswänden etc. dazuzählen[1]. Die wunderbare Gnadengabe Heiliger, blutige → Tränen zu weinen, läßt sich ebenfalls nur bedingt dem Lemma zuordnen[2].

Vielmehr versteht die geisteswiss. Forschungsliteratur unter B. alle jene mirakulösen Berichte und Erscheinungen, die in der kultischen Praxis von Kirche und Volk als „heiliges Blut" benannt und verehrt werden oder reliquiares Heiligenblut, d. h. solches von Märtyrern oder 'schwitzenden' Reliquien, darstellen.

„Heiliges Blut“ wird genannt: wunderbar erhaltenes, wunderbar entstandenes oder wundertätiges sowohl leibliches wie eucharistisches Blut von Christus oder solches von blutigen Kruzifixen und Heiligenbildern. Letztere gehören erzählgeschichtlich zum legendarischen Motivumkreis des 'verletzten Kultbildes' (→ Frevel, Frevler) häufiger Ursprungssagen von → Wallfahrten. Sie können darum hier nicht näher abgehandelt werden, zumal nur in den seltensten Fällen das Erzählmotiv zum konkreten „heiligen Blut“ geworden ist wie in der Legende von dem durch einen Hussiten gespaltenen Oberpfälzer Gnadenbild Mariens zu „Neukirchen beim heiligen Blut“[3].

Legenden vom leiblichen Blut Christi und entsprechende Reliquienpartikel sind seit den Tagen der Kreuzzüge verbreitet worden; am berühmtesten der früh datierte Fund zu Mantua, seine Ableger in hochadeligem Besitz des staufischen Oberdeutschland sowie die hochliterar. Spiegelungen im heiligen → Gral und in der Longinuslegende[4]. Im Spätmittelalter geschehen die eigentlichen B. mit eucharistischem Wunderblut. Sie bilden der Zahl nach die Masse der Hostienwunder, auf die in gegenreformatorischer Zeit nochmals großer Wert gelegt wurde als Wunderbeweis für das kathol. Dogma der Transsubstantiation[5]. Aus konsekrierten Hostien tropft während der Messe Blut, oder es zeigen sich blutige Zeichen bei ritueller Nachlässigkeit oder bei Glaubenszweifel des Priesters, vor allem aber bei Zauberdelikten mit der → Hostie, bei Ketzer- und Judenfrevel (→ Antisemitismus) ähnlich wie bei den verletzten Kultbildern. Auf das Korporale (Kelchtüchlein) umgeschütteter konsekrierter Meßwein hinterläßt wunderbare Zeichen und wird als im eucharistischen Wunderblut verortetes apologetisches Mirakel wallfahrtswirksam, so in Bolsena oder Walldürn[6].

B. durch Märtyrerblut sind in der christl. Legende ebenso zahlreich. Wie das Blut mythischer Helden soll es vertrocknete Bäume wieder zum Grünen gebracht haben. Dem Körper des hl. Pantaleon entströmte dabei allerdings Milch statt Blut[7], während umgekehrt vom Teufel mißbrauchte Milch durch den hl. Columbo als Blut erwiesen wird[8]. Blinde Verfolger erhalten das Augenlicht durch das Blut des von ihnen getöteten Heiligen wieder[9]. Blutreliquien erweisen ihre dauernde Mächtigkeit, indem sie alljährliche B. zeigen: durch Verflüssigung, Hochsteigen oder Aufwallen in den Ampullen und Wunderfläschchen ihrer sakralen Aufbewahrung; bes. bekannt bis zum heutigen Tage die Blutreliquien des neapolitan. hl. → Januarius (San Gennaro), zuvor schon im 13. Jh. in Rom des Cyriacushauptes und in Konstantinopel des Pantaleonblutes (bzw. Milch), von dem es allein in Italien, verbunden mit dem gleichen B.-Motiv, Partikel in neun Kirchen zu Neapel, Bari, Lucca, Ravello, Vallicella und Venedig gibt[10]. – In den Umkreis des Motivs vom → Rosenwunder gehört die Erzählung, daß der hl. Alfons von Liguori im 18. Jh. sich in Selbstkasteiung mit Dornen blutig geschlagen habe, aus den Tropfen aber mitten im Winter Rosen entstanden seien[11].

[1] Brückner, 141 und pass. – [2] Günter 1910, 111; Toldo, P.: Leben und Wunder der Hll. im MA. In: Studien zur vergleichenden Lit.geschichte 2 (1902) 96. – [3] Hueber, Fortunatus: Zeitiger Granat-Apfel [. . .]. Mü. 1671; Hartinger, W.: Die Wallfahrt Neukirchen. Regensburg 1971. – [4] RDK 2 (1948) 947–958; Heuser, J.: Hl. Blut in Kult und Brauch. Diss. Bonn 1948. – [5] Browe, P.: Die eucharistischen Wunder des MA.s. Breslau 1938; Brückner, Reg. – [6] Brückner, W.: Die Verehrung des Hl. Blutes in Walldürn. Aschaffenburg 1958. – [7] Toldo (wie not. 2) 8 (1908) 58, 5 (1905) 349; Günter 1910, 98. – [8] Toldo (wie not. 2) 5 (1905) 349. – [9] Jacobus a Voragine: Legenda aurea. ed. T. Graesse. Osnabrück 1965 (Nachdr. von [3]1890) 577 (De sanctis Saviniano et Savina). – [10] Günter, H.: Legenden-Studien. Köln 1906, 107sq. –
[11] Toldo (wie not. 2) 5 (1905) 349.

Würzburg Wolfgang Brückner

Bø, Olav, * 19. 5. 1918 Bygland (Norwegen), Folklorist. Nach der Lehrerausbildung studierte er Englisch und Norwegisch; Professor für Volkskunde seit 1974 in Oslo. Auf dem Gebiet der Märchenforschung befaßte sich Bø mit den

Brüdern Grimm und ihrer Verbindung zu den nord. Sammlern[1]. Er schrieb ferner die Kapitel über Märchen in seiner populärwiss. *Übersicht über norw. Volksdichtung*[2] und in der von E. Beyer besorgten *Literaturgeschichte Norwegens*[3]. Seit 1967 gibt er zusammen mit B. Alver, R. Kvideland und M. Nolsøe die *Norsk eventyrbibliothek* (bisher acht Bände) heraus.

Darüber hinaus beschäftigte sich Bø in der Erzählforschung hauptsächlich mit Sagen. Außer seiner Diss. *Der hl. Olaf in der nord. Tradition*[4] müssen hier die Arbeiten *Grenzsteinfrevel*[5] und *Überlieferungen aus Kriegszeiten*[6] erwähnt werden.

Zudem hat Bø Artikel über Volkslieder, Volksglauben, rationale Volksmedizin, Feste, Jagd- und Skitradition veröffentlicht.

[1] Die Brüder Grimm, ihre folkloristische Arbeit und ihre Verbindung mit nord. Sammlern und Gelehrten. In: Aus 150 Jahren norw.-dt. Geistesaustausches. Zwei Vorträge. Oslo 1965, 33–54. – [2] Utsyn over norsk folkedikting. Oslo 1972, 89–104. – [3] Norges litteraturhistorie 2. Oslo 1974, 456–461. – [4] Heilag-Olav i norsk tradisjon. Diss. Oslo 1955. – [5] Deildegasten. In: Norveg 5 (1955) 105–124. – [6] Tradisjon om ufredstider. In: Norveg 5 (1955) 197–212.

Lit.: Gyldendals store konversasjonsleksikon 1. Oslo 1972, 2751. – Hvem er Hvem 1973. Oslo 1973, 98 sq. – Ethnologia Scandinavica (1974) 134.

Bergen Reimund Kvideland

Boaistuau, Pierre, *Nantes (Bretagne) 9. 10. 1517 (Taufdatum), † Paris Juli/August 1566, Beiname (Sieur de) Launay, frz. populärer Schriftsteller und Prodigiensammler. B. stammte aus kleinbürgerlichem Milieu, studierte Jurisprudenz: 1544–45 in Poitiers, dann in Valence bei J. Coras und in Avignon bei E. Ferretti († 1552). Er stand zeitweilig in Diensten des frz. Botschafters Jean-Jacques de Cambrai, hielt sich zwischen 1550 und 1555 in Rom auf und verkehrte dort mit dem Mediziner J. B. Crispus und (dem Maler H. ?) Paludanus, arbeitete naturwissenschaftlich und literarisch in Paris, hatte Kontakt zu dem schott. Gesandten J. Beaton und seinen Brüdern Alexander und Archimbald und reiste 1560 an den engl. Hof nach London. Seine populären Bücher waren auch dort „ordinairement entre les mains des Dames et Demoiselles" (A. Paré 1971, xv).

B., ein sowohl belesener als auch welterfahrener Kompilator, übersetzte aus dem Lateinischen einen Fürstenspiegel (*L'Histoire de Chelidonius Tigurinus sur l'institution des princes chréstiens et origine des Royaumes*. P. 1556, 1559, 1578; [engl.] L. 1571), der eine Reihe von kuriosen Erzählungen enthält, schrieb ein „Welttheater" über das Elend des Menschen (*Le Théâtre du Monde, où il est faict un ample discours des misères humaines*. P. 1558, 1559, 1560 und ein Dutzend weiterer Ausg.n; Übers.en ins Böhmische, Deutsche [Würzburg 1587, St. Gallen 1606, Lpz. 1659], Englische, Italienische, Lateinische und Spanische) und dazu als Paradoxon eine Abhandlung über die Würde des Menschen (*Le bref discours de l'excellence et dignité de l'homme*. P. 1558, 1559, 1560); beide Werkchen bieten eine Fülle von schaurigen und schönen menschlichen Schicksalen. Die *Histoires des amans fortunez* (P. 1558) stellen eine „konfuse" Erstausgabe von 67 Novellen aus dem *Heptaméron* der → Marguerite de Navarre (erste Ausg. in „richtiger Ordnung" von C. Gruget, P. 1599) dar. In der *Histoire des persécutions de l'église chrestienne et catholique* (postum P. 1572, 1576) ließ B. seiner Neigung zu grausamen Szenen freien Lauf. 1559 übersetzte er die ersten sechs → Bandello-Novellen ins Französische (*Histoires tragiques, extraictes des œuvres italiennes de Bandel* [...]. P.: Sertenas 1559 und P.: Robinot 1559, dann mehrfach zusammen mit den Bandello-Übers.en von F. de → Belleforest); sie wirkten vor allem auf die engl. Lit.:

Histoire tragique (H. t.) 1 (Bandello 2, 37) *De Edouard, roy d'Angleterre* (wirbt um ein Mädchen [die Gräfin von Salisbury] und muß sie zur Königin machen); Painter, W.: *The Palace of Pleasure* 1. L. 1566, num. 46.

H. t. 2 (Bandello 1, 10): *D'un Empereur des turcs, nommé Mahomet* (köpft die Geliebte [Irene], um eine Verschwörung zu vermeiden); Painter, op. cit. 1, num. 40.

H. t. 3 (Bandello 2, 9): *De deux amans qui moururent en un mesme sepulchre, l'un de poison, l'autre de tristesse* (→ Romeo und Julia); Painter, op. cit. 2. L. 1567, num. 25.

H. t. 4 (Bandello 2, 12): *D'une gentilfemme piedmontoise* (Gatte straft grausam den Ehebruch der Dame von Turin); Painter, op. cit. 1, num. 43.

H. t. 5 (Bandello 1, 42): *Comment un chevalier espagnol* [. . .] (Didaco verläßt Violenta, heiratet eine Adlige, wird von der ersten Frau getötet); Painter, op. cit. 1, num. 42.

H. t. 6 (Bandello 2, 44): *Comment une Duchesse de Savoye, faussement accusée d'adultère et jugée à mort, fut delivrée par le combat d'un chevalier espagnol* (Die unschuldig verleumdete Herzogin von Savoyen wird durch Don Juan von Mendoza errettet); Painter, op. cit. 1, num. 45; De la Peend, T.: *The Most Notable Historie of John Lord Mandoss.* L. 1565; B. verweist auf einen unauffindbaren Valentinus Barruchius als zusätzliche Quelle für seine Nacherzählung.

B.s bedeutendstes und bis heute erfolgreiches Werk, die *Histoires prodigieuses les plus mémorables qui ayent esté observées depuis la nativité de Jesus Christ jusques à nostre siècle*, erschien zuerst 1560 in Paris (sowohl bei V. Sertenas als auch bei E. Groulleau), dann P. 1561, 1564 und 1566; ab 1567 bis 1598 mit Erweiterungen von F. de Belleforest, C. de Tesserant, R. Hoyer, A. Sorbin, J. de Marconville und dem Verleger J. Pillehotte (Lyon) in mindestens zwölf verschiedenen Auflagen, außerdem in engl. (Fenton, E.: *Certaine Secrete Wonders of Nature.* L. 1569), span. (Medina 1586, Madrid 1603) und ndl. (Amst. 1608) Übersetzung. B.s Prodigiengeschichten sind in 41 Kapitel eingeteilt, dabei wird das je durch einen Holzschnitt illustrierte Hauptthema mit zahlreichen Exempeln belegt. Die Geschichten stammen nicht immer aus den angegebenen Quellen, sondern aus wenigen zentralen Kompilationswerken (A. → Alessandri, L. → Ricchieri); B. hat sicher P. Belon, H. Cardanus, C. Gesner, A. de → Guevara, C. → Lycosthenes, P. → Mexía, S. Münster, C. Peucer, J. Rueff, M. A. S. → Coccio, P. Vergilius und eine frz. Ausgabe des J. Obsequens (Lyon 1555) gekannt. Diese Autoren galten B. als Autoritäten, die Wunderberichte daher als zuverlässig wahr. Im einzelnen sind (in Ausw.) folgende Themen in Reihenfolge der Kapitel zu nennen:

1. Götzenverehrung in ,,Calicut''. – 2. Zerstörung Jerusalems. – 3. Tod von Herrschern (Alexander vergiftet, Mempricius von Wölfen zerrissen, Popiel von Ratten gefressen [Mot. Q 415.2], Hatto von Mainz im Mäuseturm etc.). – 4. Nabukadnezar als Wildmensch (Mot. F 567). – 5. Mißgeburten (Bärenhäuterin von Böhmen [Mot. T 551.13] und Mohrengeburt durch ,,Versehen'' [Mot. T 550.4, T 562]). – 6. Siames. Zwillinge (an der Stirne zusammengewachsen [Mot. F 523]). – 7. Monstrum von Krakau (1543), Teufelsgeburten (Merlin). – 8. Unwetter (Tod durch Blitz [Mot. Q 552.13.1], Pulverturm-Explosionen, Meerkalb unempfindlich gegen Blitze). – 9. Feuer, das nicht schadet (Hände in flüssigem Blei gewaschen [Mot F 872.5]). – 10. Böse Juden (Brunnenvergiftung [Mot. V 362], Jude gibt sich als Moses aus und ertränkt seine Anhänger; Magdeburg 1270: In Grube gefallener Jude wird weder am Sabbat noch am Sonntag herausgezogen [Mot. J 1613], → Antisemitismus). –
11. Überschwemmungen. – 12. Vulkane (Plinius' Tod). – 13. Erdbeben (Lissabon 1538; M. Curtius von der Erde verschluckt [Mot. Q 552.2.3, F 942.1]). – 14. Doppelmenschen (zwei Köpfe, zwei Oberkörper). – 15. Faun (= Satyr = Incubus) vor Antonius Eremita. – 16. Edelsteine (Kraft der Steine, Magnet, schmerzlose Messerstiche). – 17. Feuerproben (Emma, Mutter Eduards II., im Feuer unversehrt [Mot. H 221], Kunigunde auf glühenden Pflugeisen [Mot. H 221.2], Martyrium des Polykarp). – 18. Meeresungeheuer (267 Jahre alter Hecht, ,,Jenny Haniver'', Remora-Fisch bremst Schiffe, Tritonen und Nereiden, Sirenen). – 19. Christenverfolgungen. – 20. Himmelszeichen (Kometen, Schwerter am Himmel, Wolkenschlacht). –
21. Flammen schlagen aus Köpfen (cf. Mot. F 544.0.3). – 22. Liebschaften (Kurtisanen, ungewöhnliche Liebesbeweise, verliebte Tiere: Elefant, Affe, Bär). – 23. Mißgeburt (zweiter Körper wächst aus dem Bauch eines Mannes, 1519). – 24. Giftige und nützliche Pflanzen (Alexander findet im Traume Heilkraut für Ptolemäus). – 25. Tiermenschen (Forstteufel vom Salzburger Hausberg, 1531 [Mot. F 567]). – 26. Gelage und Gastmähler (Heliogabalus und andere Schlemmer, fette Männer). – 27. Geister, Gespenster, Zauberwerk (Bischof Cataldus von Taranto, Zauberin von Pavia und bester Vers Vergils, Hauskobolde [Mot. F 403.2], eingebildete Krankheiten, gefährliches Echo [cf. Mot. D 2065.6], künstliche Gespenster). – 28. Mißgeburten (Doppelköpfler von Sarzara 1540 und Bayern 1541 [Mot. T 551.2, F 511.0.2.1]). – 29. Monstrum mit offener Leibeshöhle (cf. Mot. F 529.5). – 30. Bärenhund von London (Vermischungen artfremder Tiere, Alexanders Tigerhund, treue Hunde, Hund erkennt Mörder [Mot. J 1145.1], *Androklus und der Löwe* [AaTh 156]). –
31. Vielgeburten (Dorothea mit Neun- und Elflingen [Mot. T 586.1], Frau wirft sieben Jungen ins Wasser, einer wird gerettet und Langobarden-König [Lamissio, Grimm DS 392], ein fünf Jahre tot im Leibe getragener Fötus). – 32. Mißgeburt

(mit je vier Beinen und Unterarmen [Mot. T 551]). – 33. Siebenköpfige Schlange (Mot. B 11.2.3.1, B 15.1.2.6.1). – 34. Hungersnöte (Kinder werden gegessen [Mot. G 72], Nekrophagie [Mot. G 20]). – 35. Wundervögel (Paradiesvogel, Baumvögel). – 36. Siames. Zwillinge (weiblich, geboren 1475 in Verona). – 37. Grausamkeit (Tortur, Martyrien, Massaker, Kriegsverluste, Astiages setzt seinem Arzt dessen Sohn als Speise vor [Mot. G 61], Leichenschändung). – 38. Menschenhund (Mot. T 554.2, Sodomie). – 39. Beredter Bauer vor dem römischen Senat (*Le Paysan du Danube*, cf. J. de Lafontaine, *Fables* 11, 7). – 40. Habgier (Verkauf von Menschenfleisch, Tollwut durch Verzehr eines tollwütigen Schweines). –
41. Monstrum von Ravenna (1512). –

Mit diesen Historien hat B. nicht nur spätere Erzähler wie A. Paré, G. Bouchet und S. → Goulart nachhaltig beeinflußt; man darf auch annehmen, daß er die Phantasie seiner zahlreichen Leser bis zum Beginn des 17. Jh.s insbesondere mit seinen Monstren und unerhörten Schauergeschichten beflügelt hat. Zeuge mörderischer Religionskriege und selbst wechselvollem Schicksal unterworfen, ein furchtsamer Mensch in einer angsterfüllten Zeit, humorlos und ehrgeizig, ein Anfänger in empirischer Beobachtung (vor allem auf dem medizinisch-anatomischen Sektor), jedoch noch kein konstruktiver Zweifler wie Montaigne, ein rascher Schreiber (auf fünf Produktionsjahre konzentriert) und dabei ein relativ geschickter frühbarocker Rhetoriker, fand der Moralist B. eine starke Leserschaft in Bürgertum und Adel, die zeitbedingt so empfand wie er: daß der Mensch, bei aller gottgegebenen Dignität, doch zum Elend verdammt sei: durch eigene Schwäche, durch Gottes Zorn und durch die unerklärlichen Machenschaften finsterer Mächte.

Lit.: Scott, M. A.: Elizabethan Translations from the Italian. Boston/N. Y. 1916. – Moore, O. H.: Le Rôle de B. dans le développement de la légende de „Roméo et Juliette". In: RLC 9 (1929) 637–643. – Pruvost, R.: Les deux premiers tomes de la version française de Bandello. Note bibliographique. In: RLC 12 (1932) 387–390. – id.: Matteo Bandello and Elizabethan Fiction. P. 1937. – Chotzen, T. M.: De „Histoires prodigieuses" van B. en voortzetters en haar nederlandsche vertaler. In: Het Boek 24 (1936/37) 235–256. – Schenda, R.: Frz. Prodigienschriften aus der 2. Hälfte des 16. Jh.s. Eine kritische Ausw. In: Zs. für frz. Sprache und Lit. 69 (1959) 150–167. – id.: Das Monstrum von Ravenna. In: ZfVk. 56 (1960) 209–225. – id.: Die frz. Prodigienlit. in der 2. Hälfte des 16. Jh.s. Mü. 1961. Themenkatalog p. 108–127. – Florenne, Y.: Un Quêteur de prodiges. In: Mercure de France 342, num. 1176 (1961) 657–668 (von Florenne auch Neuausg. der Histoires prodigieuses. P. 1961). – Paré, A.: Des Monstres et prodiges [1573] (Travaux d'Humanisme et Renaissance 115). ed. J. Céard. Genève 1971. – Gaetano, A. L. de: Gelli's 'Circe' and B.'s 'Theatrum Mundi'. In: Forum Italicum 7 (1973) 441–454. – Simonin, M.: Notes sur P. B. In: Bibliothèque d'Humanisme et Renaissance 38 (1976) 323–333.

Göttingen Rudolf Schenda

Boas, Franz, * Minden (Westfalen) 9. 7. 1858, † New York 29. 12. 1942, Kulturanthropologe und Ethnologe. 1877–81 Studium der Physik, Chemie, Geologie und Geographie in Heidelberg, Bonn und Kiel, 1881–84 Vorbereitung und Durchführung einer Forschungsreise in die Arktis (Baffinland, Eskimos), Dozent für Geographie in Berlin, 1887 Übersiedlung in die USA, dort nach verschiedenen Tätigkeiten (Clark University und Columbian Museum/Chic., American Museum of Natural History/N. Y.) von 1899 bis 1936 Professor für Anthropologie an der Columbia University/N. Y.[1]

B. gehört zu den Initiatoren der kulturanthropol. Forschung in den USA, die seit Beginn der 20er Jahre der Ethnologie[2], Linguistik[3] und Folkloristik[4], aber auch anderen Richtungen der Sozial- und Verhaltenswissenschaften wesentliche Impulse vermittelte, sowohl was ihren theoretischen Ansatz als auch ihre empirischen Forschungsverfahren ('field research', Statistik) anbetrifft. Ausgangspunkt ist für ihn als Naturwissenschaftler die physische Anthropologie, deren Probleme er im Kontakt mit R. Virchow in Berlin kennengelernt hatte. B. ergänzt sie jedoch von Anfang an durch eine gesellschaftlich-hist. Dimension und kommt, indem er das Verhältnis von Natur und Kultur unter dem Aspekt der kollektiven Verhaltensdeterminierung untersucht, zu einer Kritik des biologischen und geogr. Determinismus, wobei er „vieles der späteren Kritik an den europäischen Rasse-Ideologien" vorwegnimmt[5]. Daß der „Einfluß der

Rasse dem des Kulturgefüges völlig untergeordnet ist"[6], gehört zu B.s prinzipiellen Einsichten und bildet die Grundannahme eines von ihm und seinen Schülern entwickelten „Kulturrelativismus".

Aus der für B. kennzeichnenden 'ganzheitlichen' Betrachtung der Kultur[7] – er wird daher zu den Vorläufern des → Strukturalismus gezählt – erklärt sich sein „lebenslanges Interesse"[8] für die Erzählforschung, das sich in einer Reihe von Textpublikationen und theoretischen Analysen niedergeschlagen hat. Die mündlichen Traditionen der nordamerik. Urbevölkerung, darunter bes. der kanad. Eskimos und Kwakiutl-Indianer, bilden für ihn einen exemplarischen Forschungsgegenstand[9], mit dessen Hilfe er soziokulturale Systemgefüge[10] zu erschließen versucht. Aus Erzählstoffen kann die „Form der Volksvorstellung"[11] bestimmt werden. Im Vorwort zu F. S. Krauss' *Anthropophyteia* hat B. diesen Ansatz für die europ. Folkloristik konturiert und die Erforschung oraler Überlieferung als die Voraussetzung der Erkenntnis der „unbewußten Quellen unserer Urteile, der Formen, in denen unser Gefühlsleben sich äußert, und der Formen unserer Willensäußerungen"[12] definiert. Wie Sprache[13] oder Kunst[14] sind auch Sagen und Märchen spezifische Ausdrucksformen gesellschaftlicher Denk- und Verhaltensweisen, die im Zusammenhang mit den übrigen kulturellen Erscheinungen analysiert werden müssen. In seinen eigenen Unters.en zu den mythol. Systemen nordamerik. Indianerkulturen führt B. den Nachweis, daß die mündlichen Überlieferungen in ihrem Personen- und Motivbestand nicht starr sind, sondern nach Maßgabe der sozialen Dynamik den verschiedenartigsten Einflüssen und Modifikationen unterliegen: Als „Spiegel der Lebensweise" – wie eine vielzitierte Formulierung von B. lautet – ist die orale Lit. eine symbolische Reaktionsform auf gesellschaftliche Prozesse, und deshalb ist sie ein unentbehrliches Hilfsmittel für die ethnol. und kulturanthropol. Forschung. → Anthropol. Theorie.

[1] cf. Art. F. B. In: Enc. of the Social Sciences 2. N. Y. 1968, 99–110 mit Bibliogr. (A. Lesser). – [2] Benedict, R.: Urformen der Kultur. Hbg 1955 (Patterns of Culture. Boston/N. Y. 1934); Poirier, J.: Histoire de l'ethnologie. P. 1969, 75–82. – [3] Whorf, B. L.: Sprache, Denken, Wirklichkeit. Hbg 1963 (Language, Thought, and Reality. Cambridge, Mass. 1956). – [4] cf. Goldschmidt, W. R. (ed.): The Anthropology of F. B. Essays on the Centennial of his Birth (The American Anthropologist 61). Menasha, Wis. 1959. – [5] Kramer, D.: Zum Strukturbegriff in der Ethnologie. In: Hund, W. D. (ed.): Strukturalismus. Ideologie und Dogmengeschichte. Darmstadt/Neuwied 1973, 243–269, hier 244. – [6] Boas, F.: Das Geschöpf des sechsten Tages. B. 1955, 111 (The Mind of Primitive Man. N. Y. 1911). – [7] id.: Race, Language and Culture. N. Y. 1940. – [8] Spier, L.: Some Central Elements in the Legacy. In: Goldschmidt (wie not. 4) 146–155, hier 149. – [9] Jacobs, M.: Folklore, ibid., 119–138, mit Bibliogr. – [10] Boas, F.: Bella Bella Tales (MAFLS 25). N. Y. 1932, VIIsq. – [11] id.: Das Geistesleben der Kulturarmen und der Kulturfortschritt. In: Hund (wie not. 5) 270–295, hier 292. – [12] Krauss, F. S.: Anthropophyteia 1. Lpz. 1904, VI. – [13] Boas, F.: Language. In: id. (ed.): General Anthropology. Boston/N. Y. [etc.] 1938 (Repr. 1965) 124–145. – [14] id.: Primitive Art. Cambridge, Mass. 1927.

Kommern Gottfried Korff

Boberg, Inger Margrethe, * Vordingborg 23. 7. 1900, † Kopenhagen 9. 5. 1957, dän. Folkloristin; graduierte 1925 zum cand. mag. für dt., frz. und dän. Philologie und entwickelte dabei ein Interesse für Volkserzählungen. Bei der Vorbereitung ihrer ersten Veröffentlichung auf diesem Gebiet, *Die Prinzessin auf dem Glasberg*[1], kam sie in Kontakt mit C. W. von → Sydow, H. → Ellekilde und der Dansk Folkemindesamling, wo sie ab 1932 Assistentin war und 1952 zur Archivarin ernannt wurde. Ihre Hauptaufgabe bestand in der Untersuchung und Klassifizierung der umfassenden Sammlungen dieses Archivs, doch verfaßte sie auch eine stattliche Reihe folkloristischer Arbeiten, und zwar zunächst einige Aufsätze über lokale Sagenüberlieferungen sowie ihre Diss. über *Die Sage vom Tod des großen Pan*[2]. Die stetige Beschäftigung mit der Welt der Märchen fand ihren Niederschlag in *The Tale of Cupid and Psyche*[3] und in einigen kleineren Untersuchungen, aber mit noch größerer Energie widmete sie sich der Erforschung nord. Sagenstoffe. *Die Sage von Vermund*

und Uffe[4] und *Baumeistersagen*[5] sind Beispiele solcher Studien, die in dem monumentalen *Motif-Index of Early Icelandic Literature*[6] kulminieren. Darüber hinaus sind einige Monographien über frühere dän. Folkloristen zu nennen und der Überblick *Eine Geschichte der Folkloristik in Zentral- und Nordeuropa*[7], das derzeit umfassendste Werk dieser Art.

In dem postum erschienenen Werk *Dän. Volkstradition in Glaube, Dichtung und davon abhängigem Brauchtum*[8] vermittelt sie breiten Leserschichten eine kurzgefaßte Darstellung ihres Arbeitsgebietes.

[1] Prinsessen på glasbjerget. In: DSt. (1928) 16–53. – [2] Sagnet om den store Pans død. Kop. 1934. – [3] The Tale of Cupid and Psyche. In: Classica et Mediaevalia (1938) 177–216. – [4] Die Sage von Vermund und Uffe. In: Acta Philologica Scandinavica 16 (1943) 129–157. – [5] Baumeistersagen (FFC 151). Hels. 1955. – [6] Motif-Index of Early Icelandic Literature. ed. J. Helgason. Kop. 1966 (postum; Bibliogr.; biogr. Skizze von S. Thompson, 7sq.). – [7] Folkemindeforskningens historie i Mellem- og Nordeuropa (DF 60). Kop. 1953. – [8] Dansk folketradition i tro og digtning og deraf afhængig skik (DF 72). ed. I. Piø. Kop. 1962.

Nachrufe: Dal, E. in: DSt. 52 (1957) 5–8 und Hammerich, L. L. in: Fabula 1 (1958) 280sq.

Kopenhagen Bengt Holbek

Bocca della verità (Mund der Wahrheit) heißt das seit 1632 in der Vorhalle der Kirche Sancta Maria in Cosmedin in Rom aufgestellte Marmorbild von kreisrunder Form (Durchmesser 1,70 Meter), nach dem der Platz vor der Kirche benannt ist. Die ursprüngliche Bestimmung des Bildes mit menschlichem Antlitz (Kopf eines Tritonen?) in antiker Zeit konnte bisher noch nicht eindeutig geklärt werden, doch handelt es sich wahrscheinlich um eine alte Brunnenmaske oder um den Deckel eines Abflußschachtes (innerhalb eines Tempelbezirks?), wie vor allem aus den fünf Öffnungen (Augen, Nasenlöcher und Mund) zu schließen ist.

1. Wohl schon im frühen MA. entstand in Rom die Sage, daß jeder, der öffentlich einen Eid zu leisten hatte, zur → Wahrheitsprobe seine Hand in den offenen Mund des Bildes legen mußte, der den Meineidigen festhielt, um ihn so vor aller Augen anzuklagen. Die Sage ist in offensichtlicher Beziehung zur B. d. v. erstmals um die Mitte des 12. Jh.s in der *Kaiserchronik* (V. 10688–10819) bezeugt, wo sie in Verbindung mit der aus Syrien stammenden Erzählung von Julian (Julianus Apostata) und der Witwe erscheint:

Eine Witwe vertraut Julian ihren Schatz zur Aufbewahrung an, den er später nicht herausgeben will. Julian wird zur Eidesleistung verurteilt. Die Witwe verlangt den Eid vor dem Bilde des Mercurius im Tiber. Als er der Statue die Schwurhand in den Mund legt, beißt sie zu und hält den Betrüger fest, bis er die Rückgabe des Schatzes gelobt.

E. F. Ohly[1] weist auf einen wahrscheinlich noch etwas früheren Beleg in den *Mirabilia Romae* hin, einer Beschreibung Roms, die vor 1143 entstanden ist. Hier lautet der kurze Hinweis: „Ad Sanctam Mariam in Fontana templum Fauni; quod simulacrum locutus est Juliano et decepit eum". Das deutet auf eine alte röm. Stadtsage.

Im späten MA. verband man die Erschaffung dieses Bildes mit dem Erzzauberer → Vergil und bereicherte die Erzählung noch um das alte und weit verbreitete Motiv der Keuschheitsprobe. Diese Version liegt – soweit bekannt – zuerst in einem 13strophigen mhd. Gedicht aus der 1. Hälfte des 14. Jh.s vor und findet sich später verschiedentlich bezeugt, so z. B. 1522 in Johannes Paulis *Schimpf und Ernst*[2] unter dem Titel *Ein Keiserin stieß ir Hand in das Maul Vergilii,* 1563 im Schwank *Die kaiserin mit dem leben pild* (Löwenbild) des Hans Sachs[3] oder im 16. Jh. im engl. Volksbuch *Mediaeval Life of Vergilius,* wo der Zauberer in Rom eine metallene Schlange mit aufgesperrtem Rachen als eidsicherndes Standbild schafft. In all diesen Versionen soll das Bild durch eine des Ehebruchs verdächtigte Frau überlistet worden sein, die auf dem Wege zum Schwurort von ihrem als Narren verkleideten Liebhaber umarmt wird, so daß sie in zweideutiger Weise schwören kann, nur ihr Mann und der Narr hätten sie berührt. Das überlistete Bild soll daraufhin, wie am Schluß des mhd. Gedichts und des Schwanks von Hans Sachs ausdrücklich gesagt wird, in 1000 bzw. 2 Stücke zersprungen sein und so seine magische Kraft für immer verloren haben. Im engl. Volksbuch zerstört dagegen Vergil selbst die Schlange aus Zorn über das Betrugsmanöver der lombard. Rittersfrau. Eine etwas variierende span. Version ist im *Patrañuelo* (1567) des Juan Timoneda überliefert:

Der Liebhaber ist hier als Eseltreiber maskiert. Die Dame gibt vor, in einen Dorn getreten zu sein, den der Eselführer herauszieht. Es folgt der Schwur vor dem Bild, daß keiner außer den beiden sie berührt habe (Childers H 251.1; Mot. K 1513).

Das Thema der Keuschheitsprobe, im weiteren Sinne bezogen auf die B. d. v., findet sich in verschiedenen Varianten auch in Novellen und Märchen, so z. B. in Straparolas *Piacevoli notti* (4,2), wo die B. d. v. ebenfalls durch das (Vergilsche) Maul einer Schlange ersetzt ist. Auch die arab. Lit. kennt die Wahrheits- bzw. Keuschheitsprobe als Thema des zweideutigen Schwurs in verschiedenen aus dem islam. Orient bekannten Versionen, die aber nur noch indirekt in Beziehung zur B. d. v. in Rom zu setzen sind.

[1] Ohly, E. F.: Sage und Legende in der Kaiserchronik. Unters.en über Qu.n und Aufbau der Dichtung. Münster 1940 (Nachdr. Darmstadt [2]1968) 171–174. – [2] Pauli/Bolte 2, 309, num. 206. – [3] Sachs, H.: Sämtliche Fabeln und Schwänke 2. ed. E. Goetze. Halle 1894, 504, num. 342.

Lit.: Spargo, J. W.: Virgil the Necromancer. Cambridge 1934, 208–227. – Comparetti, D.: Virgilio nel medio evo. 2: Virgilio nella leggenda popolare. Livorno 1872, 120–123, 225–229. – Cerulli, E.: Leggende medievali romane in Oriente e leggende orientali nella Roma medievale. In: Bullettino dell' Istituto storico italiano per il medio evo e Archivio Muratoriano 79 (1967) 13–46, hier 13–25.

Rom Claus Riessner

2. Mit Recht verweist C. Riessner darauf, daß die Sage von der B. d. v. samt den an sie anschließenden Erzählungen nur der ma.-abendländ., am röm. Standbild orientierte Ökotyp der bedeutend älteren und weiter verbreiteten Erzählung vom zweideutigen Eid der Ehebrecherin (AaTh 1418; Mot. K 1513) ist. Das älteste europ. Zeugnis dazu findet sich bereits in dem um 180 p. Chr. n. von Achilleus Tatios verfaßten griech. Liebesroman *Die Geschichte der Leukippe und des Kleitophon* (8, Kap. 11; 12; 14).

Thersander zwingt Melite, um ihr Vergehen mit Kleitophon während seiner Abwesenheit festzustellen, in das „Styxwasser", das meineidigen Frauen bis an den Hals steigt, vor reinen aber zurückweicht. Sie muß dabei eine Tafel um ihren Hals tragen, auf der Melites Schwur geschrieben steht, daß sie mit Kleitophon keinen Verkehr gehabt habe, solange Thersander abwesend war. Die Styx schadet der Schwörenden nicht, da sie erst nach der Rückkehr Thersanders Ehebruch mit Kleitophon begangen hat.

E. Rohde nennt dies eine „raffinierte Eidesleistung mit Reservation"[1].

Die Tatios-Version hat keinerlei Einfluß auf die europ. Erzählkultur gehabt. Erst rund 1000 Jahre später taucht der zweideutige Eid der Ehebrecherin, verbunden mit dem Ordal, glühendes Eisen tragen zu müssen, wieder in der Tristan-und-Isolde-Sage auf:

Tristan, als Pilger verkleidet, trägt die von König Marke der Unkeuschheit beschuldigte Isolde vom Boot ans Ufer. Beide fallen dabei absichtlich hin, Tristan über sie. So kann die Königin vor der Eisenprobe schwören, daß nur Marke und der Pilger ihr nahe gekommen seien, und besteht „in gotes namen" (V. 15731) das Ordal.

In den meisten Bearbeitungen der Sage sind der Schwur und das Gottesurteil vorhanden, in einigen (bei Berol, in den altisl. Sagas von *Grettis* und *Tristram*)[2] fehlt das letztere. Alle haben jedoch das Wasserspektakel als das den zweideutigen Eid vorbereitende Motiv. Um 1200 oder ein paar Jahrzehnte früher haben sich also die Motive vom zweideutigen Eid der Ehebrecherin und von der Keuschheitsprobe in der europ. Hochliteratur eingebürgert. Vielleicht 100 Jahre später gehen sie in einem zweiten Traditionsbereich die Verbindung mit der alten Redaktion vom Bildordal ein.

Woher kommt die Geschichte von dem ein Ordal brechenden, dubiosen Eid einer Adultera? Wenn man J. J. Meyer aufgrund seiner eingehenden Untersuchung folgen will, aus Indien[3]. Mehrere Belege aus dem von ihm vorgelegten Material mögen diese Meinung bekräftigen. Eine der frühesten Fassungen begegnet im chin.-buddhist. *Tripiṭaka* (2./3. Jh. p. Chr. n.): Der Liebhaber legt als Narr verkleidet die angeklagte Frau auf den Boden. Der zweideutige Eid wird vor dem Baum einer Gottheit geleistet[4]. Älter scheint eine *Jātaka*-Erzählung zu sein, von der ein signifikantes Motiv (die Frau verbindet ihrem Mann die Augen und läßt ihn von ihrem Liebhaber schlagen) bereits auf dem ins 3. Jh. a. Chr. n. datierten Bharhut-Stūpa-Relief zu erkennen sein soll:

Eine Brahmanenfrau, wegen Ehebruchs angeklagt, will sich freiwillig dem Feuerordal unterwerfen. Vor dem Akt schwört sie, daß keines anderen Mannes Hand als die ihres Gatten sie berührt habe. Als sie zum Feuer geht, reißt ihr verkleideter Liebhaber sie zurück. Sie behauptet nun, den Reinheitseid nicht mehr leisten zu können, da ein Fremder sie eben berührt habe. Der Brahmane erkennt: „Ich bin von dieser betrogen worden", prügelt sie durch und jagt sie davon[5].

Sicher stimmt kaum etwas in der *Jātaka*-Geschichte mit dem Schema von AaTh 1418 überein. Dennoch paßt sie in den psycho-mentalen Rahmen dieses Novellen-Typs, und vielleicht ist sie wirklich eine Altform, in der das Ordal nicht zum Tragen kam, weil einerseits die Ehebrecherin seine Provokation nicht riskierte, andererseits der Ehemann klug genug war, den Schwindel zu durchschauen.

Die spätere ind. und arab. Tradition folgt jedoch, von kleineren Änderungen abgesehen, einem einheitlichen Muster. In der aus der ind. *Sinhasana Dvatrinsati* (32 Erzählungen von einem Thron) herzuleitenden mongol. Rahmenerzählung vom König → Ardschi Bordschi schwört die Prinzessin über magischen Gerstenkörnern, daß sie außer von dem Krüppel (ihrem Liebhaber) nur von ihrem Mann berührt worden sei. Die Gerstenkörner erheben sich nicht[6]. In der ind. *Śukasaptati* umschlingt der als Narr verkleidete Geliebte die Ehebrecherin, als sie zum Beweis ihrer Treue zwischen den Beinen einer Yakshastatue hindurchgehen will: „Und der Yakscha stand da, indem er ihre Schlauheit im Herzen lobte"[7]. Den gleichen Situationen (vermehrt um die Motive der Zeichensprache und der geraubten Fußspangen) begegnet man im *Pariśiṣṭaparvan* des berühmten Jainamönches Hēmacandra (11. Jh.):

Die ehebrecherische Durgilā will nach dem Schwur, nie von einem anderen als von ihrem Mann und dem Besessenen (ihrem Liebhaber) berührt worden zu sein, durch die Beine des Tugendyaksha gehen. Während dieser noch darüber nachdenkt, wie er sich verhalten soll, ist die schlaue Frau längst unter ihm durchgehuscht[8].

Im *Hayāt al-Hajawān* (Leben der Tiere) des arab. Schriftstellers Mohammed ibn Musa → Damīrī (1349–1405) findet sich die Erzählung, daß ein frommer Jude seine ehebrecherische Frau auffordert, das Gottesurteil bei einem hl. Berg anzutreten.

Ihr Geliebter hebt sie vom Esel, wobei sie in seine Arme fällt. Sie schwört: „Niemand hat mich je berührt als mein Mann und dieser Jüngling". Da ward der Berg erschüttert und wankte von der Stelle. Darum heißt es: „Von ihrer List werden Berge versetzt"[9].

Die gleiche Version hat R. Basset als eine in Algerien sehr verbreitete Geschichte mitgeteilt[10]. Die geogr.-hist. Analyse der Belege weist eindeutig die Herkunft von AaTh 1418 aus dem ind. und später aus dem arab. Kulturraum nach. Die Erzählung ist wahrscheinlich in mehreren Schüben nach Westen gelangt: im 2. Jh. p. Chr. n. zuerst nach Ostrom, ohne weitere Wirkung auf Europa; zur Zeit der Kreuzzüge nach Mitteleuropa (nur im Tristan-und-Isolde-Zyklus); 100 Jahre später ging sie dann die Kombination mit der autochthonen röm. B.-Sage ein; im 15. und 16. Jh. schließlich mündete sie als selbständiger Typ in die ital. und span. Novellistik ein (Francesco Bello, Straparola, Giovanni Sercambi, Ambrosio de Salazar, Juan Timoneda etc.; v. Rotunda K. 1513). Im oralen Erzählgut ist sie nicht vertreten.

[1] Rohde, E.: Der griech. Roman und seine Vorläufer. Hildesheim [4]1960 (Nachdr. der 3. Aufl. Lpz. 1914) 498–517, hier 515. – [2] cf. Meyer, J. J.: Isoldes Gottesurteil in seiner erotischen Bedeutung. Ein Beitr. zur vergleichenden Lit.geschichte. B. 1914, 89–92. – [3] ibid., bes. 218–222. – [4] Chavannes 1, 387sq., num. 116. – [5] Meyer (wie not. 2) 118sq. – [6] Bawden, C. R.: Tales of King Vikramāditya and the Thirty-Two Wooden Men (Indo-Asian Literatures 13). N. D. 1960, 98–102; Jülg, B.: Mongol. Märchen. Die neun Nachtrags-Erzählungen des Siddhi-Kûr und die Geschichte des Ardschi-Bordschi Chan. Innsbruck 1868, 111–118. – [7] Meyer (wie not. 2) 128–130. – [8] Hertel, J. (ed.): Ausgewählte Erzählungen aus Hēmacandras Pariśiṣṭaparvan. Lpz. 1908, 2, 533–545. – [9] BP 4, 387sq. – [10] Basset, R.: Contes et légendes arabes. In: RTP 12 (1897) 243–253, hier 250sq., num. 19; weiteres Material, vor allem aus der Neuzeit, bei Thompson/Roberts 1418; Jason 1418; Robe 1418.

Göttingen Kurt Ranke

Boccaccio, Giovanni

1. *Florenz oder Certaldo 1313, † Certaldo 21. 12. 1375, unehelicher Sohn des Florentiner Bankkaufmanns Boccaccino di Chellino. Er begibt sich in jungen Jahren nach Neapel, wo er bis 1340 bleibt. Dort begegnet er großen Gelehrten (Andalò del Negro, Paolo da Perugia, Cino da Pistoia etc.), studiert kanonisches Recht und alte Sprachen. Seine ersten Werke sind von der Gestalt der Fiammetta geprägt (vielleicht Maria d'Aquino, uneheliche Tochter von Robert d'Anjou?). Nach Florenz zurückgekehrt, wird er dort 1348 Augenzeuge der Pestepidemie, die er im *Proemio* des *Decamerone* (D.) beschreibt. 1351 begegnet er Petrarca, der, ebenso wie Dante, auf sein humanistisches und christl. Weltverständnis zutiefst einwirkt. 1362 zieht er sich nach Certaldo zurück und stirbt 1375, anderthalb Jahre nach Petrarca.

2. Die Gestalt der Fiammetta durchzieht alle Jugendwerke B.s: die *Rime*, die *Caccia di Diana* (1334–35), den *Filocolo* (1336–40), den *Filostrato* (1338?), den *Teseida* (um 1340, z. T. vielleicht in Florenz verfaßt). Nach seiner Rückkehr nach Florenz schreibt B. den *Ninfale d'Ameto* (oder *Commedia delle ninfe fiorentine*, 1341–42), die *Amorosa visione* (1342–43), die *Elegia di Madonna Fiammetta* (1343–44) und den *Ninfale fiesolano* (1344–46). Nach der Pest von 1348 verfaßt er das D. (1349–51), unmittelbar darauf den *Corbaccio* (1355), sein letztes volkssprachliches Prosawerk, dessen Weiberfeindschaft mit dem heiteren Ton des D. kontrastiert. In lat. Sprache schreibt B. Briefe, Eklogen und enzyklopädische Sammelwerke, darunter *De casibus virorum illustrium* (in der gesamten europ. Renaissance- und Barockdramatik einflußreich); zu nennen sind auch die Petrarca-Biographie, die *Vita di Dante* und der Kommentar zur *Divina commedia*.

3. Das D. schöpft aus der populären Erzähltradition der Antike und des Orients, Frankreichs und Italiens. Es bezieht sich nur an einer einzigen Stelle auf die klassische Antike (10. Tag, 8. Novelle). Da im übrigen viele seiner Quellen von der mündlichen Überlieferung abhängig sind (Fabliaux, Legenden, Exempel, Klagen [lamenti], Volksepen [cantari] etc.), lassen sich zuverlässige Aussagen oft nur schwer machen. Zu der Idee, die 100 Novellen des D. in einen Erzählrahmen (die „cornice") einzufügen, hat sich B. zweifellos durch das Buch der → *Sieben weisen Meister* oder durch eine andere oriental. Sammlung anregen lassen. An weiteren sicheren Quellen sind zu erwähnen:

Der *Goldene Esel* des → Apuleius, die *Disciplina clericalis* des → Petrus Alphonsi, die Geschichte von → *Barlaam und Josaphat*, der → *Novellino* (oder *Le Cento novelle antiche* oder *Libro di bel parlar gentile*), das *Speculum historiale* von → Vincent de Beauvais und die *Comoedia Lydiae* des Matthieu de Vendôme.

4. Der Leser kann die Hauptthemen des D. sogleich erfassen, die drei großen Kräfte, welche das dekameronische Universum zu beherrschen scheinen: Fortuna, Amor, Intellekt. Bei näherer Prüfung stellt sich heraus, daß diese drei Hauptzüge gleichgewichtig auf die zehn Tage verteilt sind; so zeigen, nach einem ersten Tag mit vermischten Erzählungen, der zweite und dritte den Menschen als Spielball oder Bezwinger der Fortuna, der vier-

te und fünfte Leiden und Freuden Amors, der sechste, siebte und achte Geschicklichkeit und Schlagfertigkeit; nach der Pause des neunten Tages – ohne festes Thema – werden am zehnten nacheinander Fortuna (1, 2, 3), Amor (4, 5, 6, 7) und Intellekt (8, 9) als Quellen der Größe dargestellt, und vereint kulminieren die drei Kräfte in der *Griselda*-Novelle (10, 10). Man kann auch, einen anderen Standpunkt einnehmend, die erste und die letzte Novelle des D. einander gegenüberstellen und eine Verbindungslinie ziehen vom Ausbund aller Laster (*Ser Ciappelletto* 1, 1) hin zum Ausbund aller Tugenden (*Griselda* 10, 10). So betrachtet, erhält die Sammlung anagogischen Sinn, der sich recht gut in die didaktischen Intentionen eines großen Teils der ma. Lit. einfügt. Allein anhand dieser beiden Organisationsprinzipien läßt sich erfassen, daß das D. ein durchstrukturiertes Werk ist, bei dessen interner Organisation nichts dem Zufall überlassen wurde. Doch das Element, das am stärksten dazu beiträgt, diesen Eindruck einer unangreifbaren Kohärenz zu vermitteln, ist ganz offensichtlich die „cornice". Diese stammt sicher aus oriental. Tradition. B. macht daraus ein wichtiges Element seiner Kunst, denn die Fiktion der zehn Erzähler erlaubt es ihm, sämtliche Stile auszuprobieren und die Darstellung aller sozialen Schichten, aller Wechselfälle menschlichen Lebens einzusetzen, um so ein komplexes Gemälde des menschlichen Schicksals zu entwerfen.

Bisweilen sind die Armut des Intrigenspiels in den Novellen, die geringe Abwechslung der Grundelemente und die Häufung der Knalleffekte bemängelt worden. Und es ist zweifelsohne möglich, über die Erlebnisebene der Novellen mit Hilfe einer sehr kleinen Zahl von Elementen Rechenschaft abzulegen. Doch ließe sich eine Methode, wie V. Ja. Propp sie für die Märchenanalyse entwickelt hat, auf die Texte von B. nicht anwenden. Denn wenn B. mit einer beschränkten Zahl von Aktionen und Situationen operiert, die sich nach Proppschem Vorbild zusammenstellen ließen, so hat er doch die Psychologie seiner Gestalten bis ins Feinste differenziert. Diese schlüpfen nie in fest vorgezeichnete Rollen (der Held, der Verräter etc.); sie vollziehen jeweils nur punktuelle Handlungen, die aus ihnen, in ein und derselben Novelle, den „Guten" wie den „Bösen", den Dieb wie den Bestohlenen, den Betrüger wie den Betrogenen machen können.

Der Unterschied zwischen der von B. geschaffenen Gattung – der toskan. Novelle – und der früheren Erzählliteratur wird auf dieser Ebene am deutlichsten faßbar. Letztere ist dem von Propp beschriebenen System viel näher; es lassen sich darin eine bestimmte Anzahl von Konstanten, eine gewisse Vorhersehbarkeit im Ablauf der Intrigen aufdecken. In den Fabliaux z. B. sind die sympathischen Gestalten immer erfolgreich und werden nie bestraft, während die antipathischen unweigerlich zum Scheitern verurteilt sind. Bei B. dagegen können auch die sympathischen Gestalten (jeweils die Liebenden) scheitern (cf. 4, 1; 4, 5; 4, 9). Gleichermaßen ist vor B. das moralische Universum durch eine starr fixierte Ordnung der Werte charakterisiert, wo das Gute und das Böse radikale Gegensätze sind und infolgedessen die Gestalten nur eine eindeutig positive oder negative Stellung beziehen können. Daher kann man vom Helden, vom Verräter, vom Aggressor etc. sprechen. Diese Gestalten stellen in der Tat Universalien dar (das Heldentum, den Verrat), sie verweisen auf ein Transzendentes, wo Werke ein für allemal festgelegt sind: Die sichtbare Welt ist Ausdruck der unsichtbaren.

B.s Welt dagegen verläßt das Transzendente und die mythische oder symbolische Ordnung und wendet sich der komplexen Realität zu. Bedeutsam ist dabei, wie bei B. das Wunderbare im üblichen Wortsinn (d. h. ein Zusammenwirken von Phänomenen, die nur durch übernatürliche Ursachen zu erklären sind) aufgegeben und durch eine andere Art von Wunderbarem ersetzt wird: durch die Nutzbarmachung der außerordentlichen Möglichkeiten der Überraschung, welche die Wirklichkeit in sich birgt.

Hier wäre ein System soziol. Koordinaten einzubringen. Man kennt die Herkunft B.s, sein soziales Milieu, die materiellen und ideologischen Bedingungen, unter denen er gelebt hat, und diese Gegebenheiten werfen ein bes. Licht auf sein Werk. B., der als Sohn eines Kaufmanns zur Geschäfts- und Geldbourgeoisie des Trecento gehört, lebt in einer Welt, der die strenge Moral abhanden kommt. Die Kirche z. B. hört auf, den Wucher zu verdammen; das bedeutet, Interesse, Kalkül und Zugeständnisse breiten sich aus. Und die Kaufleute, die in kurzer Zeit bisweilen enorme Vermögen anhäufen, sind hin- und hergerissen zwischen ihrem Hang zu materiellem Genuß und der Angst, ihres Reichtums wegen verdammt zu werden.

Zwischen dem sozioökonomischen Kontext und dem Werk selbst entsteht nun eine dialektische Bewegung: B. kann sein D. publizieren, weil die Mentalität sich verändert hat und weil es eine Relativierung der seiner Lebenswelt immanenten moralischen Normen widerspiegelt. Durch die Veröffentlichung eines solchen Werkes fördert er aber gleichzeitig diese Relativierung, zeigt sie im Zusammenhang und macht sie denen begreiflich, die sie nicht formulieren konnten. B. setzt an die Stelle des stereotypen positiven Helden der Legende den problematischen Helden – G. Lukács beschrieb einen ähnlichen Prozeß in bezug auf den Übergang vom Epos zum Roman. In der Tat läßt sich eine Analogie zwischen den Wandlungen im „adligen" und im „naiven" Bereich feststellen: Der Übergang von der typenhaften mündlichen Lit. (Hagiographie, Legende, Exempel) zur Novelle B.s könnte so definiert werden: Eine strenge moralische und dichotomische Ordnung wird aufgegeben zugunsten einer Infragestellung der moralischen Normen. So wie in der höfischen Dichtung die zu Beginn ganz nach außen gerichtete Suche nach den Werten sich nach innen wendet und komplexer wird, so wendet sich, in der populären Dichtung, das zunächst von außen verursachte und mit dem Transzendenten verbundene Wunderbare nach innen und wird Verwunderung vor den erstaunlichen Möglichkeiten der Überraschung und der Veränderung, welche die Realität in sich birgt. B.s Helden bewirken keine Wunder, sie versuchen nur, sich jederzeit allem, den mannigfachen realen Gegebenheiten wie auch den unerwarteten Zufälligkeiten, anzupassen. So erlebt man im D. die Geburt von Individuen, die sich in hohem Maße durch die Art und Weise ihrer Anpassung an das Reale unterscheiden.

Dieses Herausstellen des Einzelnen, Zeichen der beginnenden Renaissance, geht freilich nicht, wie die Ehebruchsnovellen deutlich zeigen, bis zur Umwertung des gesellschaftlichen Codes. B. schreibt zwar für die Frauen – wenn es sich auch zum Teil um eine literar. Fiktion handelt – und ermutigt sie, ihre Wünsche zu verwirklichen. Doch vermeidet er es, in seinen Novellen offene Konfliktsituationen zwischen dem System der persönlichen Werte und dem geltenden gesellschaftlichen Code darzustellen. In der Regel gelingt es ihm, beides durch einen Kunstgriff auf einen Nenner zu bringen: durch den Begriff der Heimlichkeit. Der Frau steht es frei, über ihren Körper zu verfügen und sich Vergnügen zu verschaffen, unter der Bedingung, daß es niemand erfährt. Wird der Ehebruch entdeckt, muß sie zumindest in der Lage sein, die eigentliche Bewandtnis ihrer Handlungen zu verschleiern. Wenn das nicht gelingt und der Skandal sich nicht vermeiden läßt, dann müssen die Liebenden mit dem Leben bezahlen. Letztlich triumphiert mithin der gesellschaftliche Code des frühen Stadtbürgertums.

Abgesehen von diesen Extremfällen, die vor allem am vierten Tag vorkommen, steht fest, daß viele der von B. geschaffenen Heldinnen sich von ihren traditionellen Vorbildern durch ihren Dynamismus und ihren Unternehmungsgeist unterscheiden: Sie wagen es, einen Freier abzuweisen, sie lehnen es ab, sich zu unterwerfen, um Verzeihung zu bitten oder zu einem schwächlichen Ehemann zurückzukehren. In diesem Sinne kann man das D. als Manifestation einer Befreiung der Frauen sehen: in sexueller Hinsicht, aber auch ganz allgemein. Neben den dynamischen Heldinnen und Protestlerinnen erscheinen freilich auch weibliche Gestalten, die sich ihrem Schicksal völlig unterwerfen. So sind am zehnten Tag, dem Höhepunkt des Werks, einzig und allein Lisa (10, 7) um ihrer Liebeskrankheit, die Frau von Torello (10, 9) um ihrer Treue und Griselda (10, 10) um ihrer extremen Ergebenheit willen der Darstellung für würdig erachtet worden. Die dynamisch gezeichnete Dianora (10, 5) tritt in der Novelle unter negativem Vorzeichen auf: sie verdankt ihr Wohl lediglich der Großmut der Männer. Aber gerade die Novellen dieses Tages sind zugleich die eindeutigsten, die der Tradition am stärksten verhafteten. Damit wäre man wieder bei der schon erwähnten Problematisierung der moralischen Normen, welche den Unterschied zwischen B. und dem, was ihm vorausgeht, zu motivieren scheinen.

5. Der Erfolg des D. fand sogleich starke Beachtung. Und wenn zu Beginn die Kreise der Gebildeten strikter Observanz (darunter Petrarca) sich zurückhaltend zeigen, so werden sehr bald gewisse Novellen, etwa die Geschichte Griseldas, von Humanisten ins Lateinische übersetzt. Angeregt von der Begeisterung, welche die Sammlung hervorruft, bringt Franco → Sacchetti schon 1392 seine *Trecentonovelle* heraus. Giovanni Fiorentino mit seinem *Pecorone* und Giovanni → Sercambi mit den *Croniche* und dem *Novelliere* stehen in B.s direkter Nachfolge. Die mündliche Verbreitung ist bemerkenswert. Mit der Erfindung der Buchdruckerkunst nimmt die Verbreitung noch zu: Die 1. Aufl. erscheint 1470 in Venedig. In rascher Folge erscheinen Übersetzungen in Frankreich (Laurent de Premierfait, 1414 [Druck P. 1485]), in Deutschland (Albrecht von Eyb, 1472; „Arigo" [Schlüsselfelder?] 1472–73; Heinrich Steinhöwel und Niklas von Wyle) und in England (wo zuerst eine frz. Übers. im Umlauf ist). Bald tauchen Nachahmungen auf. Zu erwähnen sind, für Frankreich, die → *Cent nouvelles nouvelles* von Antoine de la Sale, das *Heptameron* der → Marguerite de Navarre, die *Nouvelles récréations et joyeux devis* von Bonaventure → Despériers und, später, gewisse Erzählungen von → La Fontaine und Musset. Für England sind vor allem die *Canterbury Tales* von Geoffrey → Chaucer zu nennen. In Deutschland ist das Werk von Hans → Sachs deutlich vom Einfluß B.s geprägt, und dieser Einfluß ist auch bei Martin → Montanus und Dietrich Mahrold wahrnehmbar. Für Spanien müssen Juan de Mena, der Marqués de Santillana und bes. → Cervantes genannt werden.

In Italien selbst greifen die „novellieri" des Quattrocento (→ Masuccio Salernitano) und des Cinquecento (Agnolo Firenzuola, Antonio Francesco → Doni, Pietro → Aretino, Pietro Fortini, Giovanfrancesco → Straparola und Matteo → Bandello) die Novellen B.s immer wieder auf. Das widerstandsfähigste Element in dieser langen Nachkommenschaft ist zweifelsohne die „cornice". Doch läßt sich zwischen 1450 und 1550 auch eine wahre Verehrung für B. als Dichter der Vulgärsprache beobachten. Sein Einfluß erstreckt sich auf die bildende Kunst und das Theater (Machiavelli). Doch am Ende des Cinquecento kommt es, im Gefolge der Reformation, zu einem Stillstand. Eine spätere Wiederaufnahme der Texte von B. vollzieht sich in einem anderen Geist, aus einem kritischen und philolog. Verständnis heraus.

6. B. ist, wiewohl er kräftig aus der vorhandenen Erzähltradition schöpft, kein schlichter Kompilator, und genau da, wo sein Werk über die reine Kompilation hinausgeht, liegt seine Bedeutung für die orale Vermittlung. Was er der Tradition entnimmt – die „Motive" im Sinne von S. Thompson (Mot.) und D. P. Rotunda –, läßt B. in die Struktur einer neuen Gattung einfließen, welche nach H.-J. Neuschäfer (v. Lit. 7) durch die Temporalisierung der Handlungsschemata und die Problematisierung der moralischen Normen charakterisiert ist. Bei B. ordnen sich diese Materialien zum Weltbild des aufsteigenden Stadtbürgertums zusammen. Indem das D. also die Ele-

mente transzendiert, die es der Überlieferung entnimmt, setzt es sich als Begründer einer neuen Gattung wie auch als Kunstwerk durch und ist als solches Träger der Kohärenz (Weltbild) und der Subversion (v. oben). Hieraus ergibt sich eine privilegierte Stellung im Gefüge der mündlichen Übertragung. So gesehen, müßte auch die atomisierende Konzeption der Motive, auf der die Arbeiten von Thompson und Rotunda beruhen, von Grund aus in Frage gestellt werden.

7. Die D.-Kritik ist mit der Geistesgeschichte verknüpft. Ganz allg. kann man sagen, daß sich die Aufmerksamkeit nacheinander auf vier Punkte gerichtet hat: das Sprachproblem, die hist. Wahrheit, die Anlage des Textes und der Quellen sowie die eigentliche literar. Kritik.

Nach einer Periode der Verdunkelung durch die ersten, auf lat. Lit. versessenen Humanisten wird das D. von der 2. Hälfte des 15. Jh.s an als sprachliches und stilistisches Vorbild gefeiert. Im ZA. der Gegenreformation wird es auf den Index der verbotenen Bücher gesetzt, aber man hört deswegen nicht auf, von ihm zu sprechen, und es bleibt ein sprachliches Vorbild. Der philolog. Humanismus des 17. Jh.s erforscht weiterhin das D. in seiner Eigenschaft als sprachliche und kulturelle Tat (Gründung der Accademia della Crusca). Doch ist B. von der lebendigen Lit. abgeschnitten: Das Barockzeitalter mit seinem ausgeprägten Willen zur Erneuerung rückt von B. ab und will nichts mehr mit der Vergangenheit und ihren Richtlinien zu tun haben. Das aufklärerische 18. Jh. sucht eine Erneuerung der ital. Lit., kämpft gegen die Crusca und den Purismus und distanziert sich damit von B. Gleichzeitig öffnet sich die Literaturkritik der hist. Betrachtung. Man will die geschichtliche Wahrheit in B.s Novellen beweisen und versucht zu diesem Zweck, das tatsächliche Milieu der Erzählungen zu rekonstruieren. Man stürzt sich auf die Quellenforschung (D. M. Manni und G. Bottari in Italien). In Deutschland wird die italianistische Philologie von J. N. Meinhard und C. J. Jagemann begründet.

Ebenfalls im 18. Jh. wird die Frage nach B.s „Moralität" aufgeworfen. Diese Polemik flammt im 19. Jh. mit gewissen romantischen Kritikern erneut auf, welche B. vorwerfen, er habe es an Bürgertugend und Frömmigkeit fehlen lassen.

Im 19. Jh. weisen die Romantiker die klassische Kritik mit ihrem normativen Anspruch zurück und predigen den Historismus. Allmählich wird der Unterschied zwischen dem noch ma. ZA., das mit Dante zu Ende geht, und dem schon modernen ZA. das mit Petrarca und B. heraufzieht, erfaßt. Italiener wie Ausländer – von den Brüdern Schlegel bis F. Bouterwek, von A. F. Villemain bis E. Quinet, von V. Gioberti bis L. Settembrini – präzisieren dieses Schema. G. Carducci geht so weit, das D. mit dem Manifest einer neuen Epoche und der Negation des MA.s zu identifizieren und sieht in B.s Werk die Antithese zur *Divina commedia*.

Die positivistische Kritik entwickelt sich in drei Richtungen: Leben und Wirken des Autors (G. B. Baldelli, M. Landau, G. Körting, H. Hauvette), Geschichte der Überlieferung, der Textkritik und der Editionen (I. Moutier, P. Fanfani, B. von Wiese, A. Tobler, O. Hecker), Quellen- und Motivforschung (M. G. Bartoli, M. Landau, G. Groeber, L. Di Francia). Parallel dazu entwickelt sich, vor allem in Deutschland, die Erforschung der Novelle als literar. Gattung, in deren Mittelpunkt die Novellen B.s stehen. Neben den Einzeldarstellungen und bibliogr. Angaben (W. Papst, B. von Wiese, J. Kunz, K. K. Polheim), sind die Thesen von F. von Schlegel (Subjektivität, allegorisch-symbolische Darstellung, gesellschaftlicher Hintergrund, Einzigartigkeit), A. W. Schlegel (Wendepunkt, das Außergewöhnliche, das Unwahrscheinliche), Goethe (unerhörte Begebenheit), P. Heyse („Falkentheorie") zu nennen und, aus neuerer Zeit, die Arbeiten von Neuschäfer und H. R. Jauss über die Theorie der literar. Gattung als Geschichte.

Mit B. Croce, der sich insbesondere mit der poetischen Einheit des Werkes beschäftigt, beginnt die Epoche der werkimmanenten Interpretation. Hieraus entwickelte sich in den letzten Dezennien die philolog. und linguistisch-stilistische Untersuchung der Texte und der Prosastruktur (V. Branca, H. Weinrich); B.s Poetik im Rahmen der ma. Literaturästhetik (V. Branca, G. Padoan, A. Buck, E. R. Curtius); die Beziehungen zwischen Rhetorik und Autobiographie (mit den Richtigstellungen von N. Sapegno, G. Billanovich und Branca; B. König in Deutschland); die literatursoziol. Untersuchungen (P. Brockmeier) und die strukturalen Forschungen (T. Todorov, C. Segre, V. Šklovskij, M. Olsen und A. Spinette).

AaTh- und Mot.-Verzeichnis der bekanntesten Stoffe des D.:

1, 2 = Mot. J 1263.3: Christians have a merciful God. – 1, 3 = Mot. J 462.3.1: Father leaves sons three jewels – Christianity, Judaism, Mohammedanism. – 1, 5 = AaTh 983: Das gleiche → Essen. – 1, 6 = Mot. J 1262.5: Parishioner hears preacher say that alms are returned ,,100 to 1". –

2, 3 = Mot. K 1837: Disguise of woman in man's clothes. – 2, 6 und 2, 8 = AaTh 938: → Placidas. – 2, 7 = Mot. K 1912: The false virgin. – 2, 8 = Mot. K 2111: Potiphar's wife. – 2, 9 = AaTh 882: → Cymbeline; Mot. K 521.4.1.1: Girl escapes in male disguise. –

3, 1 = Mot. K 1323: Man disguised as gardener enters convent and seduces nuns. – 3, 2 = Mot. J 1142.2.1: Guilt detected by quickening heartbeat. – 3, 4 = AaTh 1419 A: → Mann im Hühnerhaus; Mot. K 1514.3: Husband duped into believing he is in purgatory. – 3, 6 = Mot. K 1311: Seduction by masking as woman's husband. – 3, 9 = Mot. K 1843.2: Wife takes mistress's place in husband's bed (→ Bettplatztausch). – 3, 10 = AaTh 1425: Putting the Devil into Hell. –

4, 1 = Mot. H 94: Identification by ring. – 4, 1, 9 = AaTh 992: → Herzmaere. – 4, 2 = Mot. K 1315.1.1: Seduction by posing as Angel Gabriel. – 4, 5 = Mot. T 85.3: The Pot of Basil. – 4, 8 = Mot. T 86: Lovers buried in same grave. –

5, 5 und 5, 7 = Mot. H 51.1: Recognition by birthmark. – 5, 9 = Mot. N 345: The falcon of Sir Federigo. – 5, 10 = Mot. K 1555.1: Lover hidden in hen-coop discovered by husband. –

6, 4 = AaTh 785 A: → Einbeiniges Geflügel. – 6, 10 = AaTh 1824: Parody Sermon. –

7, 1 = AaTh 1419 H: Woman Warns Lover of Husband by Singing Song. – 7, 3 = Mot. K 1517.2: Paramour poses as doctor. – 7, 4 = AaTh 1377: → Puteus. – 7, 5 = AaTh 1410: → Beichte der Ehefrau. – 7, 6 = AaTh 1419 D: The Lovers as Pursuer and Fugitive. – 7, 8 = AaTh 1417: Die abgeschnittene → Nase. – 7, 9 = AaTh 1406: → Wette der Frauen, wer den Mann am besten narrt; AaTh 1423: Der verzauberte → Birnbaum. – 7, 10 = AaTh 470: → Freunde in Leben und Tod. –

8, 1 = AaTh 1420 C: Borrowing from the Husband and Returning to the Wife. – 8, 2 = AaTh 1420 E: Piece of Cloth as Gift. – 8, 3 = AaTh 1930: → Schlaraffenland. – 8, 4 = AaTh 1441*: Old Woman Substitute. – 8, 5 = Mot. K 1285: Rascals pull off judge's breeches and leave him exposed. – 8, 7 = Mot. K 1212: Lover left standing in snow while his mistress is with another. – 8, 10 = AaTh 1617: → Kredit erschwindelt. –

9, 2 = Mot. K 1273: Abbess puts priest's trousers on her head. – 9, 3 = Mot. J 2321: Man made to believe that he is pregnant. – 9, 6 = AaTh 1363: Die Erzählung von der → Wiege. –

10, 1 = Mot. J 1675.3: King's capriciousness censured: the ass in the stream; Mot. L 211: Modest choice: three caskets types. – 10, 4 = Mot. T 37: Lover finds lady in tomb apparently dead. – 10, 5 = AaTh 976: Die vornehmste → Handlung; Mot. F 971.5: Flowers bloom in winter (→ Wintergarten). – 10, 8 = Mot. P 315: Friends offer to die for each other (→ Bürgschaft). – 10, 9 = AaTh 974: → Heimkehr des Gatten. – 10, 10 = AaTh 887: → Griseldis.

Lit. zu 1.: Baldelli-Boni, G. B.: Vita di G. B. Firenze 1806. – Landau, M.: G. B., sein Leben und seine Werke. Lpz. 1877. – Billanovich, G.: Restauri boccacceschi. Roma 1945 (Neuaufl. 1947). – Branca, V.: Profilo biografico. In: Tutte le opere di G. B. 1. Milano 1967, 1–203.

Lit. zu 2.: Zambrini, F. S./Bacchi della Lega, A.: Bibliografia boccaccesca. Serie delle edizioni delle opere di G. B. Bologna 1875. – Traversari, G.: Bibliografia boccaccesca. 1: Scritti intorno al B. e alla fortuna delle sue opere. Città di Castello 1907. – Branca, V.: Linee di una storia della critica al ,,Decameron", con bibliografia boccaccesca. Milano/Roma 1939.

Lit. zu 3.: Manni, D. M.: Istoria del Decamerone. Firenze 1742. – Landau, M.: Die Qu.n des D. Stg. [2]1884. – Lee, A. C.: The Decameron, its Sources and Analogues. L. 1909. – Groeber, G.: Über die Qu.n von B.s D. Straßburg 1913. – Di Francia, L.: La Novellistica 1. Milano 1924. – Rotunda. – Mot.

Lit. zu 4.: Hauvette, H.: Boccace. Étude biographique et littéraire. P. 1914. – Bosco, U.: Il Decameron. Rieti 1929. – Branca, V.: G. B. In: Letteratura italiana. I maggiori. ed. C. Marzorati. Milano 1956, 185–244. – id.: B. medievale. Firenze 1956 ([3]1970). – Lukàcs, G.: Die Theorie des Romans. Neuwied [3]1965. – Sapegno, N.: Storia letteraria del Trecento. Milano/Napoli 1963. – Muscetta, C.: G. B. e i novellieri. In: Cecchi, E./Sapegno, N.: Storia della letteratura italiana 2. Milano 1965. – Sapegno, N.: Il Trecento. Milano [3]1966. – Propp.

Lit. zu 5 und 6.: Di Francia 1924 (v. Lit. 3). – Rotunda. – Mot.

Lit. zu 7.: Croce, B.: Poesia popolare e poesia

d'arte. Bari 1933. – Branca 1939 (v. Lit. 2). – Petronio, G.: G. B. In: I classici italiani nella storia della critica. ed. W. Binni. Firenze 1954, 167—228. – Branca, V. (ed.): Studi sul B. 1–7. Firenze 1963–1976. – Pabst, W.: Novellentheorie und Novellendichtung. Heidelberg 1967. – Neuschäfer, H.-J.: B. und der Beginn der Novelle. Mü. 1969. – Šklovskij, V.: Lettura del Decameron. Bologna 1969. – Todorov, T.: Grammaire du Décaméron. Den Haag/P. 1969. – Segre, C.: Funzioni, opposizioni e simmetrie nella Giornata VII del Decameron. In: Studi sul B. 6. ed. V. Branca. Firenze 1971, 81–108. – Brockmeier, P.: Lust und Herrschaft. Studien über gesellschaftliche Aspekte der Novellistik: B., Sacchetti, Margarete von Navarra, Cervantes. Stg. 1972. – Olsen, M.: Les Transformations du triangle érotique. Kop. 1976, 73–109. – Spinette, A.: La Notion de motif en littérature. Méthodologie et index des motifs du Decameron. Louvain 1976.

Louvain Alberte Spinette

Bock: Der goldene B. (AaTh 854) ist der Titel einer einfach strukturierten, novellenartigen Erzählung, die nicht in den KHM der Brüder Grimm vertreten ist. Es gibt auch keine monographischen Vorarbeiten. Auf Grund einer Analyse von 60 als repräsentativ agnoszierten Varianten (ca 25% des Gesamtmaterials) lassen sich zwei Hauptredaktionen ausmachen.

A. Ein Mann schreibt an sein Haus oder irgendwo an eine Wand den Spruch: „Geld regiert die Welt", „Mit Geld erreicht man alles", „Mit Geld kann man sogar die Königstochter haben" oder ähnliches[1]. Der König liest das mit Entrüstung und stellt dem Provokanten eine seiner Ansicht nach unlösbare Aufgabe. Er kann aus der Schatzkammer soviel Gold oder Geld haben wie er will, muß aber nach einer bestimmten Frist die Prinzessin verführt haben. Gelingt ihm das nicht, wird er hingerichtet. Die Königstochter wird daraufhin in einem Turm oder einem unterirdischen Gemach eingeschlossen oder auf eine Insel gebracht und bewacht. Der Held läßt auf Anraten ein hohles Tierbild aus Gold, Silber oder Kupfer bauen, in dem er sich verstecken kann. Häufig ist die Statue mit einem Musikapparat ausgestattet, oder der Mann spielt in ihr auf der Geige oder singt. Die Silberziege in einer bret. Fassung kann sogar meckern und tanzen[2]. Der Mann läßt sich, in der Figur verborgen, vor das Schloß ziehen, der König kauft das Wunderwerk und stellt es zur Unterhaltung in das Geheimzimmer seiner Tochter. Nachts steigt der Held heraus und vergnügt sich mit der mehr oder minder willigen Prinzessin. Nach einiger Zeit zerstören sie etwas an der Figur, die daraufhin mit ihrem lebendigen Inhalt zurück zum Goldschmied zur Reparatur gebracht wird. Die Prinzessin ist inzwischen schwanger geworden oder hat gar schon ein Kind geboren, und der König muß wohl oder übel sein Wort halten und die Hochzeit der beiden ausrichten.

Diese etwas primitive Verführungsgeschichte ist in Europa und Kleinasien von Spanien bis zu den Lasen an der türk. Schwarzmeerküste, von den Lappen bis nach Sizilien und Griechenland bekannt, und sie ist auch in der span. Folklore Mittel- und Südamerikas (Puerto Rico, New Mexico, Chile) gut bezeugt. Im wesentlichen konstant, unterscheiden sich die Einzelfassungen in kleinen, oft regional festlegbaren Eigenheiten. Die Forderung des Königs etwa reicht vom bescheidenen Gespräch mit der Königstochter[3] über einen schon etwas suspekteren Kuß[4] bis hin zur recht zynischen Auflage, sie „zur Hure" zu machen[5]. Besonderheiten zeigen sich vor allem bei der Wahl der Tierfigur. Die Deutschen, Dänen und Schweden bevorzugen den Goldhirsch[6], die Spanier und Italiener die Vogelgestalt (goldener Papagei[7], goldener Kanarienvogel[8], goldener Truthahn[9], Bronzeadler[10], Silber- oder Goldgans[11], Goldadler[12]). In Nordeuropa wird auch gern ein Tier aus Kupfer (Elefant[13], Bock[14], Ochse[15]) oder aus einfachem Holz (Pferd[16]) gewählt. Bretonen, Norddeutsche und Lappen kennen den Bock oder die Ziege (Silber- oder Goldbock[17], Silberziege[18]), Griechenland das Goldpferd[19], Sizilien den goldenen Löwen[20], die Lasen wieder den goldenen Adler[21]. Auch der Schluß ist meistens beständig: Die gelungene Verführung endet immer mit der Hochzeit. In Chile schlägt sich nach der verlorenen Wette der König selbst den Kopf ab[22], in Ostdeutschland fliehen die Liebenden[23]. Zuweilen betont die Prinzessin, daß der Vater ihr den Galan ja selbst geliefert habe, schiebt also gleichsam ihm die Schuld an ihrem Zustand zu[24].

B. Die Redaktion B unterscheidet sich, abgesehen vom Kernstück, dem Mot. K 1341.1: *Entrance to woman's room in golden ram*, erheblich von der Redaktion A.

Ein Teil der Varianten beginnt mit der Ausschreibung des Königs an alle Welt, daß derjenige, der seine versteckte Tochter finde, sie zur Frau bekäme. Ein anderer Teil hat das Motiv von den drei Söhnen vorgespannt, die einer nach dem andern zu Pferd oder Schiff in die Welt ziehen und zur besagten Königstadt kommen. Den beiden ersten mißlingt der Versuch, und sie werden geköpft. Der dritte läßt dann, wie in der Redaktion A, ein goldenes Tier oder einen ebensolchen Gegenstand bauen, in dem es ihm gelingt, für kurze Zeit in das Versteck der Prinzessin gebracht zu werden. Das Kunstwerk wird, da es meist nur geborgt oder zerstört ist, wieder zurückgeholt, und der Bewerber kann nun dem König den Weg beschreiben oder ihm ein Erkennungszeichen von der Prinzessin vorweisen. Häufig ist als letztes retardierendes Moment noch das Motiv eingeschoben, daß der Held die Königstochter unter mehreren gleichen Mädchen oder, märchenhaft gesteigert, unter gleichen Tieren erkennen muß, wobei ihm die Geliebte durch ein Zeichen hilft (cf. Mot. H 161, H 161.1).

Auch diese Version ist in großen Teilen Europas, in der Türkei und im span. Amerika bekannt. Sie ist, wie schon erwähnt, variabler im Eingang (Vorspann: Reise der drei Söhne). Griech. und türk. Fassungen z. B. bevorzugen das Motiv T 11.2: *Love through sight of picture* als initiatorisches Moment der Handlung[25]. Eine kalabres. Variante stellt AaTh 1650 (*Die glücklichen → Brüder*) voran[26]. Rund 30% der ir. Versionen verbinden die Novelle mit dem *Cinderella*-Typus (AaTh 510)[27].

Zwar begegnen in den gleichen regionalen Räumen oft die gleichen Tiere wie in A (etwa der goldene Löwe in Süditalien[28], die goldene Ziege in der Türkei[29], das Silberpferd in Ungarn[30]), doch gibt es daneben andere Wunderrequisiten, in Griechenland etwa das goldene Kamel[31], in der Toskana das Goldpferd[32], in Santo Domingo den goldenen Elefanten[33] etc. Einen größeren Raum nimmt der Tanzbär, i. e. der in ein Bärenfell gehüllte und tanzende Held, ein. Die (erst unvollständig erfaßte) Verbreitung dieses Zuges reicht von der Ostsee (Litauer) über die Tschechen und Österreicher bis zu den Siebenbürger Sachsen[34]. Die älteste und auch einfachere Form des Typus findet sich bereits im *Pecorone* (9,2) des Ser Giovanni Fiorentino (nach W. Keller ist das Werk 1378 begonnen)[35]:

Arrighetto, der Sohn des Kaisers von Deutschland, hört von der schönen Helena, der Tochter des Königs von Aragonien, und verliebt sich in sie. Er läßt einen goldenen Adler bauen, in dem er sich versteckt, und das Ganze durch einen Goldschmied der Prinzessin schenken. Diese verliebt sich ebenfalls, und beide beschließen, nach Deutschland zu gehen. Sie vereinbaren einen Treffpunkt am Strand, von dem der Prinz sie mit einem Schiff abholt. König und Kaiser bekriegen sich wegen der Entführung, aber päpstliche Kardinäle stiften Frieden: Verzeihung und Hochzeit[36].

Der Stoff hat in der ital. Novellistik des 15. und 16. Jh.s einiges Interesse gefunden: Francesco Bello (il Cieco di Ferrara) z. B. übernimmt ihn um 1494 in seinen *Mambriano* (num. 1), Francesco Sansovina in die *Cento novelle scelte* (Venedig 1556; 8, 8). Dieser einfachen Form von Motiv K 1341: *Entrance to woman's room in hollow artificial animal* bzw. Mot. H 344: *Suitor test: Entering princess's chamber* haben sich verschiedene Eingangsformen ankristallisiert, z. B. die vom Geld, das die Welt regiert oder Mot. H 1381.3.7: *Quest for hidden princess.* Wann und wo diese Kontaminationen stattgefunden haben, entzieht sich vorläufig unserer Kenntnis.

[1] Eine Fassung aus dem Oberwallis (Jegerlehner, J.: Sagen und Märchen aus dem Oberwallis. Basel 1913, 115–116, num. 140) kennt den Spruch nicht, gehört aber mit allen Einzelheiten in den Bereich der Redaktion A. – [2] Luzel, F. M.: Contes populaires de Basse-Bretagne 3. P. 1887, 442–446, num. 7. – [3] Andrews, J. B.: Contes ligures. P. 1892, 319–322, num. 64; Finger, S.: Märchen aus Lasistan. Wien 1939, 199. – [4] Hallgarten, P.: Rhodos. Die Märchen und Schwänke der Insel. Ffm. 1929, 84–90. – [5] Ranke 3, 191. – [6] Merkelbach-Pinck, A.: Lothringer Märchen. Kassel 1940, 307sq.; Meier, E.: Dt. Volksmärchen aus Schwaben. Stg. 1852, 188–194, num. 54; Wolf, J. W.: Dt. Hausmärchen. Göttingen/Lpz. 1851, 73–81; Lemke, E.: Volkstümliches aus Ostpreußen 2. Mohrungen 1887, 101–106; Henßen, G.: Ungardt. Volksüberlieferungen. Marburg 1959, 188–190, num. 46; Grundtvig, S.: Danske Folkeæventyr 3. Kop. 1884, 156–162; Hackman, O.: Finlands Svenska Folkdiktning 1. Hels. 1917, 436–39 (7 Fassungen). – [7] Biblioteca de las tradiciones populares españolas 1. Sevilla 1883, 178. – [8] Pino-Saavedra 2, 153–156, num. 118. – [9] ibid. 3,

327–329, num. 268. – [10] Espinosa, A. M.: New Mexican Spanish Folklore. In: JAFL 17 (1914) 135–137. –
[11] Andrews (wie not. 3); Massignon, G.: Contes corses. Aix-en-Provence 1963, 346sq., num. 15. – [12] Pitrè, G.: Fiabe, novelle e racconti popolari siciliani 2. Palermo 1875, num. 95. – [13] Ranke 3, 191. – [14] Hackman (wie not. 6). – [15] ibid.; Åberg, G. A.: Nyländska Folksagor. Hels. 1887, 356–358, num. 279; Säve, P. A.: Gotländska Sagor. ed. H. Gustavson (Svenska Sagor och Sägner 10/2). Uppsala 1955, 19–21. – [16] Hackman (wie not. 6). – [17] Luzel (wie not. 2); Ranke 3, 190sq. – [18] Qvigstad, J.: Lappiske eventyr og sagn 3. Oslo 1929, 357, num. 81. – [19] Hallgarten (wie not. 4). – [20] Pitrè (wie not. 12) 4, 248, num. 289. –
[21] Finger (wie not 3). – [22] Pino-Saavedra (wie not. 8). – [23] Lemke (wie not. 6). – [24] Ranke 3, 191; Meier (wie not. 6). – [25] Dawkins, R. M.: Modern Greek Folktales. Ox. 1953, 24–27, num. 6; Eberhard/Boratav, num. 201a, b; Kent, M.: Fairy Tales from Turkey. L. ³1960, 91–97; Spies, O.: Türk. Märchen. MdW 1967, 128–133, num. 17. – [26] Lombardi Satriani, R.: Racconti popolari calabresi 2. Neapel 1956, 88–98, num. 61. – [27] Ó Súilleabháin/Christiansen 854. – [28] Lombardi Satriani (wie not. 26); Gonzenbach, num. 68. – [29] Eberhard/Boratav, num. 201a–c. – [30] Jones, W. H./Kropf, L. L.: The Folk-Tales of the Magyars. L. 1889, 137–141; Berze Nagy 854. –
[31] Dawkins (wie not. 25). – [32] D'Aronco, Toscana 854b. – [33] Andrade, M. J.: Folklore from the Dominican Republic. N. Y. 1930, num. 264. – [34] Balys *860 = AaTh 860 (Beide Verf. haben den Zusammenhang mit AaTh 854 nicht erkannt); Haiding, K.: Märchen und Schwänke aus Oberösterreich. B. 1969, 169–170, num. 141; Bünker, J. R.: Schwänke, Sagen und Märchen in heanz. Mundart. Lpz. 1906, 375–376, num. 106; Tille, 244sq.; Haltrich, J.: Dt. Volksmärchen aus dem Sachsenlande in Siebenbürgen. B. 1856, 217–221, num. 40. – [35] Keller, W.: Ital. Märchen. MdW 1929, 311 unter num. 7. – [36] Übers. bei Keller (wie not. 35) 34–40, num. 7.

Göttingen Kurt Ranke

Bock im Schrank (AaTh 1419B), ein weitverbreiteter → Ehebruchschwank aus dem Bereich *The Foolish Man and his Wife* (AaTh 1405–1429).

Eine junge Ehefrau hat ein ehebrecherisches Verhältnis, was ihr (alter) Ehemann bemerkt. Als der Liebhaber kommt, wird er vom Ehemann listig abgefangen (ertappt) und in eine Kiste (Schrank, Truhe, Kornkasten, Kammer) gesperrt. Der Ehemann nimmt den Schlüssel und geht die Verwandten seiner Frau (seine Freunde) als Zeugen holen. Die Frau kann den Liebhaber befreien und an seine Stelle einen Bock (Esel, Hund, Ziege) in die Kiste legen. Als der zurückgekehrte Ehemann diese öffnet, springt das Tier heraus. (Er glaubt, seine Frau habe den Liebhaber verwandelt.) Er ist beschämt und bittet sie und die Verwandten um Verzeihung.

Struktur. Ein straff gegliederter Ehebruchschwank vom Ausgleichstyp (Bausinger 1967, 126), der aus zwei symmetrischen Teilen besteht: durch List (→ Verkleidung, Täuschung) bringt der Mann den Liebhaber in die Kiste; aus dieser wird er von der Ehefrau befreit und durch ein Tier ersetzt. Der Schwank vereinigt häufige und typische Schwankmotive: 1. (in den frz. Fassungen und dt. Versfassungen) die Überlistung durch Verkleidung oder Verstellung (cf. AaTh 1359B, Mot. K 1561, K 1836); 2. die Kiste als Versteck des Liebhabers (cf. AaTh 1358B, 1419K*; Mot. K 1521.2, K 1555, K 1566, K 1574, K 1342) wird hier zum Gefängnis (cf. K 1218.1.4, K 1562); 3. hiermit verbunden ist die Substitution des Liebhabers durch ein Tier (Mot. K 1223.1, K 1840, cf. AaTh 1440) als Zentralmotiv des Schwanks (K 1515); 4. in einigen arab. und dt. Varianten glaubt der Ehemann an eine Verwandlung (cf. AaTh 1381A, Mot. D 130, cf. K 1531, K 1535); 5. die Überlistung des alten → Hahnrei durch seine junge Frau (→ Frauenlist; Mot. T 237, J 2301, K 1510).

Dokumentation und Alter. Der älteste Beleg ist num. 61 der → *Cent nouvelles nouvelles* (ca 1462). Dort spielt die Kiste als Versteck die entscheidende Rolle, während in der → *Śukasaptati* (übers. R. Schmidt. Kiel 1894, 47) die Ehefrau den Liebhaber zu sich ins Bett bestellt, ihr Mann ihn im Dunkeln erwischt und sie ihn durch ein Kalb substituieren kann; dieser Stoff wurde mehrfach in Fabliaux und Schwankmären verwendet (Frosch 1971; Bolte 1916; Hodscha Nasreddin 2). *Cent nouvelles nouvelles* (num. 61) weist mit dem 1. Teil des Fabliau *Les Tresses* (Bédier, 133sq.) die meisten Motivähnlichkeiten auf. Die ital., frz., dt. und engl. Fassungen gehen sicher auf die *Cent nouvelles nouvelles* zurück. J. Bolte (1913, 3) leitet auch die arab.

Fassung bei V. Chauvin hiervon ab; die griech. Variante von Rhodos geht auf eine arab. (Nasreddin-)Fassung zurück. – Der Schwank war vor allem vom 15. bis 18. Jh. recht populär.

Verbreitung. Der Schwank ist als meist literar. Prosaerzählung in Italien, Frankreich, Deutschland, Griechenland und im arab. Sprachraum belegt; in Italien verwendete Pietro → Aretino ihn für eine Komödie (*Il filosofo*, 1546). In Deutschland wurde er (um 1480) zu einem Spruchgedicht verarbeitet, das (um 1530) zu einem Flugblattlied und (um 1540) zu einem Meisterlied umgestaltet wurde. Das engl. Flugblattlied (um 1685) geht möglicherweise auf das Meisterlied zurück. (v. Roth 1977, 37, 78); in den USA ist die Schwankballade im 20. Jh. in der mündlichen Überlieferung aufgezeichnet worden.

Variationen. Einige arab. Fassungen kontaminieren mit AaTh 1381 A, 1419 J*, 1419 H, 1364; es fehlt hier das Verkleidungsmotiv; die Kiste wird vor dem Sultan geöffnet und der Ehemann wegen Verleumdung bestraft. In den dt. Prosafassungen flüchtet der Liebhaber vor dem heimkehrenden Ehemann in eine Kornkiste (Kammer). Im Meisterlied und in der engl. Schwankballade wird der Liebhaber durch einen Hund substituiert.

Funktion und Aussage. Der im Spätmittelalter entstandene Ehebruchschwank will ein Beispiel geben für Frauenlist (cf. AaTh 1418, 1501, 1419 u.a.). Durch die starke Hervorhebung der Sexualgier der Frau haben diese Schwänke eine für jene Zeit typische frauenfeindliche Tendenz; gleichzeitig wird der Hahnrei verspottet. Mit der schwindenden Bedeutung dieser Themen ging auch die Popularität dieses Ehebruchschwanks im 17./18. Jh. zurück.

Var.n: Französisch: Cent nouvelles nouvelles, num. 61; Recueil des plaisantes et facétieuses nouvelles (1555) 221 = Les joyeuses aventures (1556) 251. — Italienisch: Aretino, Il filosofo (1546); Domenichi, Facetie (1562) 53 = (1581) 64; Malespini, Ducento novelle 2. Venedig 1609, Bl. 220ᵃ. — Deutsch: Camerarius, Elementa rhetoricae (1541) 64 = (1552) 58 = Gastius, Convivales sermones 2 (1561) 99 = Text im EM-Archiv: Melander 1604 (15. 963) = Ketzel, Joco-Seria 1 (1607) 23; Texte im EM-Archiv: Burger-Lust 1663 (13. 831) = Talitz, Kurtzweiliger Reyßgespan 1663 (2665); Lyrum Larum 1700 (15. 866); Conlin 1710 (10.429); Abele von Lilienberg, Metamorphosis telae judiciariae. Linz/Nürnberg 1652, 206 sq. = Selhamer, Tuba clementina. Nürnberg 1698, 196 = Moser-Rath, 152—155. — Versfassungen: Schmieher, P.: Der Student von Prag (ca 1470) = Fischer, H.: Die dt. Märchendichtung des 15. Jh.s. Mü. 1966, 89; Meisterlied Hans Vogels. Nürnberg ca 1540 = Bolte: ArchfNSprLit. 127 (1911) 294; Ein hübsch new Lied von eyner wirtin vnd eim Pfaffen (Nürnberg ca 1530) = Staatsbibl. Berlin Yd 9451 = Bolte 1913; Liederbuch G. von Helmstorff von 1569, Bl. 4ᵃ = Staatsbibl. Berlin Mgq 402. – England: „The Dyer Deceived" (L. ca. 1685) = Pepys Collection 4, 126 (Magdalene College, Cambridge). – USA: Flanders, H. H.: New Green Mountain Songster. New Haven 1939, 123; Brown, F. C.: Folk Ballads From North Carolina. Durham, N. C. 1952, 444. – Arabisch: Hodscha Nasreddin 2, 13 = Nawadir (ca 1630) 16 = Basset, R.: Mille et un contes 2. P. 1926, 153; Chauvin 7, 171 = Artin Pacha, Y.: Contes populaires inédits de la vallée du Nil (Les Littératures populaires 32). P. 1895, 29; Rivals, L.: Contes de la gazelle en pays d'Islam. P. 1947 = Brandt, E. V.: 69 Tunesiske Eventyr. Kop. s. a., 98. – Oestrup, J.: Contes de Damas. Leiden 1897, 108. – Griechisch: Hallgarten, P.: Rhodos. Die Märchen und Schwänke der Insel. Ffm. 1929, 76 sq.

Lit.: Benfey 1, 144 sq. – Hodscha Nasreddin 2, 187 sq. – Bolte, J.: Der Nürnberger Meistersinger Hans Vogel. In: ArchfNSprLit. 127 (1911) 273–301, hier 286. – id.: Ein Lied von einer Wirtin und einem Pfaffen (Zwickauer Faks.drucke 20). Zwickau 1913. – id.: Jörg Zobels Gedicht vom geäfften Ehemann. In: SAVk. 20 (1916) 43–47. – Moser-Rath, 448. – Bausinger, H.: Bemerkungen zum Schwank und seinen Formtypen. In: Fabula 9 (1967) 118–136. – Frosch-Freiburg, F.: Schwankmären und Fabliaux. Göppingen 1971, 145–160. – Roth, K.: Ehebruchschwänke in Liedform. Mü. 1977, 37, 78, 262, 353.

Münster Klaus Roth

Bødker, Laurits Laursen, * Lindum (Jütland) 18. 9. 1915, dän. Folklorist. Nach dem Studium der nord. Philologie (1934–39) wandte er sich an den Universitäten Uppsala und Lund der Folkloristik zu und promovierte 1946 bei C. W. von → Sydow. An der Dansk Folkemindesamling war er ab 1948 Assistent, später Archivar (1958–68), gleichzeitig Direktor des Nordisk Institut for Folkedigtning (1959–66) und lehrte ab 1955 an der Universität Kopenhagen, wo er 1970 eine Professur erhielt.

Seine weitverzweigte wiss. Tätigkeit kann hier nur in den Hauptzügen angegeben werden. In seiner ersten theoretischen Arbeit über *Flugblattballaden und Volksüberlieferung*[1] untersuchte er die Wechselwirkung zwischen der Kultur der einfachen Leute und jener der Gebildeten, ein Thema, das in den meisten seiner späteren Folklore-Arbeiten wiederkehrt. Unter Sydows Einfluß, dessen *Selected Papers on Folklore* er veröffentlichte (Kop. 1948), untersuchte er die Wanderungen von Volkserzählungen unter bes. Berücksichtigung der → Indischen Theorie. Das führte u. a. zu einer Monogr. über *Die abgeschnittene → Nase* (AaTh 1417)[2], zu einer kritischen Ausg. der ersten dän. Übers. des → *Pañcatantra*[3] und zum Typenverzeichnis *Indian Animal Tales*[4]. Gleichzeitig veröffentlichte er Monogr.n über → *Redekampf mit der Prinzessin* (AaTh 852)[5] und → *Tapferes Schneiderlein* (AaTh 1640)[6] in der dän. Überlieferung. Unter seinen Märchen- und Sagenausgaben ragen seine textkritischen Ausg.n von N. Levinsens *Volkserzählungen aus Vendsyssel*[7] und N. Christensens *Volkserzählungen aus dem Bezirk Kær*[8] hervor. Für den Europarat veröffentlichte er 1963 in Zusammenarbeit mit G. → D'Aronco und C. Hole *European Folk Tales*[9].

B. widmete sich bes. der Lexikographie und Bibliographie.

In diesem Zusammenhang sind zu nennen ein Kongreßvortrag aus dem Jahr 1953[10], der Artikel *Some Problems of Terminology in Folklore*[11], die Lexika *Folk Literature (Germanic)*[12] und *The Nordic Riddle*[13], Beiträge zum *Kulturhistorisk Leksikon for Nordisk Middelalder* (Kop. 1955 sqq.) und zur *Volkskundlichen Bibliographie* (1942–60), ein Beitrag über den wechselnden Gebrauch des Wortes *Folkevise*[14] und seine Mitarbeit an der *Bibliografi over dansk folkekultur* (1955–64).

Als Präsident der Gesellschaft Danmarks Folkeminder war B. weitgehend verantwortlich für deren Editionsprogramm, gab die Zeitschrift *Folkeminder* heraus (1955–71) und organisierte nordist. und internat. Kongresse und Arbeitsprojekte. 1959 gründete er das Nordisk Institut for Folkedigtning und 1967 das Institut for Folkemindevidenskab der Universität Kopenhagen und bestimmte jahrelang dessen Vorlesungsprogramm und Aktivitäten.

Als Lehrer der Folkloristik hat B. sein Fach durch Kurse über moderne Massenkultur, Trivialliteratur etc. beträchtlich erweitert. In diesem Zusammenhang sind auch seine Lehrveranstaltungen über die Grundlagen unseres Kalendersystems und religiöse Bräuche der jüd. und christl. Tradition zu nennen.

[1] Skillingsviser og folketradition. In: Folkkultur 4 (1944) 76–107. – [2] Kvinden, der mistede sin næse. In: Folkkultur 5 (1945) 24–65. – [3] Nielssen, C.: De Gamle Vijses Exempler oc Hoffsprock (1618). ed. L. Bødker. Kop. 1951–53. – [4] Bødker, Indian Animal Tales. – [5] Den lange løgn. In: DSt. (1954) 109–126. – [6] The Brave Tailor in Danish Tradition. In: Studies in Folklore. Festschr. S. Thompson. Bloom. 1957, 1–23. – [7] Levinsen, N.: Folkeeventyr fra Vendsyssel. ed. L. Bødker. Kop. 1958. – [8] Christensen, N.: Folkeeventyr fra Kær herred. ed. L. Bødker. Kop. 1963–67. – [9] European Folk Tales (European Folklore Series 1). ed. L. Bødker/C. Hole/G. D'Aronco. Kop. 1963. – [10] Internat. Dictionary of Regional Ethnology and Folklore. Actes de la Conférence de Namur [. . .] 1953. Bruxelles 1956, 97–101. –
[11] Some Problems of Terminology in Folklore. In: Laos 3 (1955) 36–43. – [12] Bødker, Folk Literature. – [13] The Nordic Riddle. Terminology and Bibliography. ed. L. Bødker/B. Alver/B. Holbek/L. Virtanen. Kop. 1964. – [14] Folkevise. Et bidrag til terminologiens forbistring. In: Folkloristica. Festschr. D. Strömbäck. Uppsala 1960, 273–282.

Bibliogr.: Laurits Bødker: Talt og skrevet 1940–1974. ed. F. Hemmersam. Kop. 1975.

Kopenhagen Bengt Holbek

Böcke auf der Brücke (AaTh 202), eine Fabel, die fatale Folgen von Starrsinn exemplifizieren soll: Zwei Böcke treffen sich auf einem schmalen Steg und können nicht aneinander vorbeikommen; keiner will zurückweichen, also rennen sie aufeinander los und fallen beide ins Wasser. Die nach den Materialien im Archiv der EM bisher nur sporadischen Aufzeichnungen aus mündlicher Überlieferung[1] weisen diesen simplen Hergang auf. Eine deutlicher moralisierende Tendenz verfolgen hingegen die älteren literar. Varianten in den dt., ndl. und dän. Ausg.n von Johannes → Paulis *Schimpf und Ernst* (1522)[2], im *Froschmeuseler* des Georg → Rollenhagen (entworfen 1566, erschienen 1595)[3], in einem dt. Schwankbuch von 1670[4] und in Johann Georg Schiebels Historiensammlung (1685)[5]. So heißt es bei Pauli: „Die Natur hat inen [den Geißen] geben, das sich die ein niderlegt und laßt die andere über sich ußhingon". Dazu die Nutzanwendung: Der Mensch solle „uff im lassen gon", d. h. nachgeben, ehe er sich mit anderen zanke und streite. Ebenso betont Schiebel den Wert vernünftigen Verhaltens: „So hilfft das Bücken. Denn hätten sie sich miteinander stossen wollen, so wären sie beide ins Wasser gefallen". Er beruft sich dabei auf ein älteres Sinnbild; tatsächlich findet sich das Motiv unter den *Emblemata Nicolai Reusneri* (1581)[6] mit einem Hinweis auf Plinius (*Naturalis historia* 8, 201).

S. Thompson brachte den Typ AaTh 202 in Verbindung mit der von der Moral her nur vage übereinstimmenden sozialkritischen Fabel des → Romulus[7], in der sich ein prächtig geschmücktes Pferd und ein bescheidener Esel an einem Engpaß treffen und das Pferd das Recht des Stärkeren für sich fordert; erst bei einer späteren Begegnung, als das stolze Roß alt und zum armseligen Zugtier geworden ist, erweist sich die Vergänglichkeit des Herrschaftsanspruchs. Die genauer übereinstimmende Quelle für die B. ist jedoch die erwähnte Stelle bei Plinius. K. Ranke stellte den Typ AaTh 202 in den Zusammenhang mit dem Schwank von der *schrecklichen → Drohung* (AaTh 1563*), wonach ein listiger Fuhrmann durch fingierte Androhung von Gewalt einen anderen zum Ausweichen zwingt[8].

[1] Neumann, S.: Ein mecklenburg. Volkserzähler. Die Geschichten des August Rust. B. ²1970, 138, num. 207 = id.: Mecklenburg. Volksmärchen. B. 1971, 71, num. 39; Loorits, num. 202′ (Livland); Mägiste, J.: Woten erzählen. Hels. 1959, 142sq., num. 121; Schewerdin, M. I.: Die Märchenkarawane. Aus dem usbek. Märchenschatz. Ins Dt. übers. von M. Spady. B. 1959, 177; Eberhard/Boratav, num. 1/4/4. – [2] Pauli/Bolte, num. 403. – [3] Rollenhagen, G.: Froschmeuseler 2. ed. K. Goedeke. Lpz. 1876, 38. – [4] Lieblicher Sommer-Klee und Anmuthiges Winter-Grün [. . .]. s. l. 1670, 80, num. 105; der Text stimmt fast wörtlich mit der Version bei Pauli überein. – [5] M. Johann-George Schiebels Neuerbauetes Historisches Lust-Hauß [. . .] 1. Lpz. 1685, 316. – [6] cf. Henkel, A./Schöne, A. (edd.): Emblemata. Hb. zur Sinnbildkunst des 16. und 17. Jh.s. Stg. (1967) ²1976, 535sq. – [7] Er verweist auf Wienert, Erzählungstyp 171; cf. Thiele, G.: Der lat. Äsop des Romulus und die Prosa-Fassungen des Phädrus. Heidelberg 1910, 166, num. 53. – [8] Ranke, K.: Der Schwank von der schrecklichen Drohung. In: Humaniora. Festschr. A. Taylor. Locust Valley/N. Y. 1960, 78–101, hier 95sq.

Göttingen Elfriede Moser-Rath

Bodin, Jean, *Angers 1529 oder 1530, † Laon 1596, Karmeliter, seit etwa 1560 Jurist in Paris, mehrere Jahre Sekretär des Herzogs von Alençon, Inhaber hoher Richterämter, berühmter frz. Staatsrechtler (*Les six Livres de la république*. P. 1576). Ein Niederschlag seiner Staatstheorien im → *Lalebuch* ist offenkundig. Für die Erzählforschung noch nicht ausgewertet ist sein Werk *De la Démonomanie des sorciers* (P. 1580; lat. von L. Philoponus [F. du Jon], Basel 1581; dt. von J. → Fischart, Straßburg 1581), in welchem er die Existenz von Geistern, Hexen und Werwölfen sowie die Notwendigkeit von Hexenprozessen beweisen will. Neben oft gewaltsam interpretierten antiken, bibl., jüd. und scholastischen Zeugnissen hat er Berichte über Indianer und aktuelle Gerichtsfälle herangezogen, um die Macht des Teufels, der hinter allem Zauber stecke, darzutun und die aufkommende psychiatrische Interpretation des Hexenglaubens (z. B. J. → Weyer [Wier] 1515/16–1588) zu widerlegen. Schon bald griff der Engländer Reginald Scot in *The Discoverie of Witchcraft* (L. 1584) B. als „champion of witchmongers" an, ohne weitere Auflagen (im 16./17. Jh. insgesamt zwölf frz.) und Übersetzungen der *Démonomanie* (lat. Ffm. 1590, 1603, 1609; dt. Straßburg 1586, 1591 [Nachdr. Graz 1973]; ital.

Venedig 1587, 1589, 1592) verhindern zu können. Nach neueren Untersuchungen ist das Werk durchaus im gedanklichen System B.s integriert.

B. führt in der *Démonomanie* Erzählgut nur auf, wenn es seiner Meinung nach Realitätsgehalt aufweist. → Ovids *Metamorphosen* übergeht er, weil in ihnen Wahrheit mit Fabeleien vermischt werde. Dennoch erscheint ihm die Geschichte von Lykaons Werwolfverwandlung (*Metamorphosen* 1, 163sqq.; Mot. D 113.1.1) glaubwürdig, ebenso wie → Circes Schweine in der *Odyssee* (Mot. G 263.1.0.1) oder die Verwandlung von Menschen in Esel (Mot. D 132.1) bei → Lukian und → Apuleius (Buch 2, Kap. 6, p. 191 der lat. Fassung von 1581 entspricht p. 124 der Übers. Fischarts; im folgenden analoge Angabe der *Démonomanie*-Textstellen). Apuleius betrachtet er als den größten Zauberer seiner Zeit (1, 1, 11/7). → Medea wird mehrfach als Hexe bezeichnet (5, 424/262; unter Berufung auf die Tragödie des Euripides). Real sind für ihn auch die Versuchungen des hl. Eremiten → Antonius (2, 6, 183/119) und die Verwandlung von Dämonen in Menschen, die der hl. Germanus beobachtet haben will (5, 450/276; mit Hinweis auf die → *Legenda aurea*, cap. 107). Zauberäpfel und → Zauberstäbe können Verwandlungen bewirken (5, 424/262; unter Berufung auf Cardanus). – Die weitgespannte Thematik der *Démonomanie* hat B. Anlaß zu vielen anderen Exemplifikationen gegeben, z. B.: nach Plinius minor (*Epistulae* 7, 27, 7sqq.) das → Gespenst des Athenodorus (3, 3, 258/165; Mot. E 281: *Ghosts haunt house*), nach → Plutarch (*De defectu oraculorum*, 17) der Tod des großen Pan (1, 1, 6/4; AaTh 113 A: *Pan ist tot*). Kometen und Mondfinsternisse weisen in Altertum und Gegenwart auf bevorstehendes Unglück hin (1, 7, 93sq./63sq.). König Duffus magert wegen eines → Bildzaubers ab (2, 8, 224/144; nach Hector Boethius: *Scotorum historiae* [...] P. 1526, lib. 2). Ein Schlangenbeschwörer in Salzburg bannt alle Schlangen in eine Grube, bis auf die letzte, die ihn tötet (2, 2, 131/87; ohne Quellenangabe; Mot. D 2176.1: *Snakes banned by magic*). Ein Arzt in Toulouse gräbt auf Rat eines Studenten aus Portugal nach einem von einer Frau gehüteten Schatz; das Haus stürzt ein, und der Schatz wird durch die Luft entführt (3, 3, 258/166).

Lit.: Thorndike, L.: A History of Magic and Experimental Science 6. N. Y. 1941, 525–538 (zur Wirkung B.s). – Naef, H.: La Jeunesse de J. B. ou les conversions oubliées. Bibliothèque d'humanisme et renaissance 8 (1946) 137–155. – Robbins, R. H.: The Enc. of Witchcraft and Demonology. L. (1959) ³1964, 53–56. – Cobben, J. J.: Johannes Wier. Zijn opvattingen over bezetenheid, hekserij en magie. Assen 1960. – Schenda, R.: Die frz. Prodigienlit. in der 2. Hälfte des 16. Jh.s. Mü. 1961, 44–46. – Trümpy, H.: Die Hintergründe des Schwankbuchs von den Laleburgern. In: Festg. H. von Greyerz. Bern 1967, 759–782. – Lange, U.: Unters.en zu B.s Demonomanie. Diss. Köln 1968. – Monter, E. W.: Inflation and Witchcraft: The Case of J. B. In: Action and Conviction in Early Modern Europe. Essays in Memory of E. H. Harbison. ed. T. K. Ross/J. E. Seigel. Princeton 1969, 371–389. – Denzer, H. (ed.): J. B. Verhandlungen der internat. Bodin Tagung in Mü. Mü. 1973 (mit ausführlicher B.-Bibliogr.).

Basel Hans Trümpy

Boekenoogen, Gerrit Jacob, *Wormerveer 18. 4. 1868, † Leiden 26. 8. 1930, ndl. Folklorist, studierte in Amsterdam und promovierte 1896 in Leiden mit einer Untersuchung über *De Zaansche Volkstaal.* Im gleichen Jahr wurde er zum Redakteur des *Woordenboek der Nederlandsche taal* ernannt und hatte diese Stelle bis zu seinem Tode inne.

Mit E. van Heurck publizierte er bedeutende Arbeiten über die ndl. Bilderbögen: *Histoire de l'imagerie populaire flamande et de ses rapports avec des imageries étrangères* (Brüssel 1910) und *L'Imagerie populaire des Pays-Bas* (P. 1930).

Er gab mehrere Volksbücher mit Anmerkungen heraus, so die Geschichten von *Floris ende Blancefleur* (Leiden 1903), *Gilias* (Leiden 1903), *Soudaens Dochter* (Leiden 1904), *De jongen geheeten Jacke* (Leiden 1905), *Den verloren Sone* (Leiden 1908); postum erschien der *Ridder metter Swane* (Leiden 1931).

1892 und 1894 veröffentlichte B. in mehreren Zeitschriften einen Aufruf zum Sammeln von Rätseln, Kinderversen, Sagen und Märchen, der einen unerwarteten Erfolg hatte. Die Erben von J. Onnekes (1844–85) schickten ihm die von Onnekes aufgeschriebenen Volkserzählungen aus der Provinz Groningen sowie jene Märchen, die → Trijntje Soldaats zwei Söhnen eines Groninger Gutsbesitzers erzählt und die der ältere von ihnen, G. A. Arends, 1802–04, also ein paar Jahre vor dem Beginn der Grimmschen Sammeltätigkeit, aufgezeichnet hatte[1]. Auch erhielt B. viele Märchen und Sagen von C. Bakker (1863–1933), einem Arzt in Broek im Waterland, Autor des bedeutenden Buches *Volksgeneeskunde in Waterland* (Amst. 1928).

In den Jahren 1900–10 publizierte B. eine Auswahl der ihm zugesandten Volkserzählungen in der Zs. *Volkskunde*. Seine Sammlungen vermachte er der Maatschappij der Nederlandsche Letterkunde in Leiden[2]; sie befinden sich heute leihweise im Centraal Bureau voor Nederlandsche Volkskunde der Nederlandsche Akademie van Wetenschappen (Amsterdam).

[1] Groninger volksvertellingen verzameld door E. J. Huizenga-Onnekes. 1: Het boek van Trijntje Soldaats. Groningen (1928) [2]1958; 2: Het boek van Minne Koning. Groningen [1929] 1930. – [2] Die AaTh-Nummern der gedr. und ungedr. B.-Märchen sind von J. R. W. Sinninghe in seinen Katalog der ndl. Märchen-, Ursprungssagen-, Sagen- und Legendenvar.n (FFC 132). Hels. 1943 eingearbeitet worden.

Nachrufe: In: Handelingen en levensberichten van de Maatschappij der Nederlandsche Letterkunde 2 (1930–31) 59sq. (J. W. Muller). – Knappert, L.: In Memoriam Dr. G. J. B. In: Leidsch Jaarboekje 23 (1930–31) 72. – [anonym]: De verzamelingen van wijlen Dr. G. J. B. In: Het Boek 20 (1931) 120sq.

Breda Jacques R. W. Sinninghe

Bogatyrev, Petr Grigor'evič, *Saratov 29. 1. 1893, † Moskau 18. 8. 1971, russ. Volkskundler und Literaturwissenschaftler. Nach dem Studium an der Universität Moskau bis 1918 lebte B. von 1921 bis 1940 als Wissenschaftler und Diplomat in der Tschechoslowakei. Er war zunächst Dozent, dann Professor an der Universität Bratislava und spielte eine bedeutende Rolle in der Entwicklung der modernen tschechoslovak. Folkloristik und Ethnographie. Von 1940 an lehrte B. als Professor an der Universität Moskau und habilitierte sich 1941 mit einer Arbeit über *Das Volkstheater der Tschechen und Slovaken*[1]. Gleichzeitig war er 1943–48 der Leiter der Sektion für Folklore am Institut für Ethnographie der Akad. der Wiss.en der UdSSR, 1952–59 Professor an der Universität in Voronež, 1958–63 wiss. Mitarbeiter am Institut für Weltliteratur an der Akad. der Wiss.en der UdSSR, 1964–71 wieder Professor an der Universität Moskau.

Schon 1915 begann B. im Auftrag der Gesellschaft für Liebhaber der Naturwissenschaften, der Anthropologie und Ethnographie in den Gouvernements Archangel'sk und Moskau mit volkskundlichen Sammelarbeiten. In den folgenden Jahren sammelte er hauptsächlich in den ukr. Karpaten und der Slowakei. 1915–16 gehörte er zusammen mit R. Jakobson u. a. zu den Organisatoren des Moskauer linguistischen Kreises, der einen großen Einfluß sowohl auf die Entstehung der Gesellschaft der poetischen Sprache (Obščestvo poetičeskogo jazyka = Opojaz) als auch später auf den Prager linguistischen Kreis besaß. Sie legten den Grundstein für die russ. „formal'naja škola" ebenso wie für die strukturalistisch-semiotische Richtung in der modernen Linguistik, Folkloristik und Ethnographie allgemein.

B. veröffentlichte mehr als 300 Bücher und Aufsätze zur Theorie und Geschichte der Folklore (die bedeutendsten von ihnen sind zusammengefaßt in dem Sammelband *Fragen zur Theorie der Volkskunst*[2]), über das Volkstheater der Slaven[3], über slav. Volksbräuche und Volkskunst, bes. über die Bräuche der Ukrainer aus Transkarpatien, über das Volksepos der Slaven[4], über slav., bes. slovak. mündliche Überlieferungen[5] und über die Technik der Folkloredarbietung. Als Redakteur gab B.

u. a. das Lehrbuch *Russkoe narodnoe poėtičeskoe tvorčestvo* (Das russ. poetische Volksschaffen. M. 1954, [2]1956), die Chrestomathie *Ėpos slavjanskich narodov* (Das Epos der slav. Völker. M. 1959) sowie ins Russische übersetzte Sammelbände slovak. Märchen und Lieder heraus. B. veröffentlichte einige Dutzend Aufsätze zur russ. Literatur, zu den russ.-tschechoslovak. literar. Beziehungen sowie eine mustergültige Übersetzung des Romans *Osudy dobrého vojáka Švejka za světové války* 1–4 (Prag 1921–23) von J. Hašek, die mehrmals aufgelegt wurde, ferner russ.-tschech. und tschech.-russ. Wörterbücher.

Eine bedeutende Anzahl von Arbeiten schrieb B. zum Problem der Volkserzählung bei den Slaven, bes. zu den slovak. und karpatenukr. Überlieferungen über Räuber[6]. Eine prinzipielle Bedeutung für die Märchenforschung und für die Theorie der Volkserzählung allgemein hatte der Zyklus von theoretischen Aufsätzen:

Die Folklore als eine bes. Form des Schaffens (zusammen mit R. Jakobson)[7], *Zum Problem der Abgrenzung von Folkloristik und Literaturwissenschaft* (zusammen mit R. Jakobson)[8], *Aktiv-kollektive, passiv-kollektive, produktive und unproduktive ethnogr. Tatsachen*[9], *Tradition und Improvisation im Volksschaffen*[10].

[1] Zuerst in tschech. Sprache: Lidové divadlo české a slovenské. Praha 1940 (Bratislava [2]1970); russ. Übers.: Narodnyj teatr čechov i slovakov. In: Bogatyrev (wie not. 2) 11–166. – [2] Bogatyrev, P. G.: Voprosy teorii narodnogo iskusstva. M. 1971. – [3] Ruské loutkové divadlo (Russ. Puppentheater). In: Loutkář 7(9) (1922–23) 64sq.; Češskij kukol'nyj i russkij narodnyj teatr (Tschech. Puppen- und russ. Volkstheater). B./Peterburg 1923; Le Théâtre russe de marionnettes. In: Loutkář 17 (1930–31) 160, 184; Príspevok ku skúmaniu divadelných znakov (Ein Beitrag zur Erforschung der Theaterzeichen). In: Slovenské smery 5 (1937–38) 238–246; Lidové divadlo (wie not. 1). – [4] Nekotorye zadači sravnitel'nogo izučenija ėposa slavjanskich narodov (Einige Probleme in der vergleichenden Erforschung des Epos der slav. Völker). In: Issledovanija po slavjanskomu literaturovedeniju i fol'kloristike. Doklady sovetskich učenych na 4 Meždunarodnom s-ezde slavistov. M. 1960, 211–251; Narodnye ėpičeskie i liroepičeskie pesni zapadnych slavjan (Die epischen und lyrisch-epischen Volkslieder der Westslaven). In: B., P. G. (ed.): Ėpos slavjanskich narodov. M. 1959, 359–381. – [5] Vypravování sedláků o jejich snech a sny v pohádce (Erzählungen der Bauern über ihre Träume und die Träume im Märchen). In: Národopisný věstník československý 23 (1930) 225–232; Poslednij trud prof. Ju. I. Polívki o vostočnoslavjanskich skazkach (Die letzte Arbeit Prof. J. I. Polívkas über ostslav. Märchen). In: Central'naja Evropa (1933) 339–341; Karpatoruské vypravování sedláků o nadpřirozených bytostech a zjevach (Karpatenruss. Bauernerzählungen von übernatürlichen Wesen und Erscheinungen). In: Program D 40 (Praha 24. 10. 1939) 38sq.; Fol'klornye skazanija ob opriškach v Zapadnoj Ukraine (Volkstümliche Sagen von den „opriški" in der West-Ukraine). In: SovE 5 (1941) 59–80; Slovackie skazki (Slovak. Märchen). M. 1949 ([2]1950, [3]1955); Der slovak. Volksheld Jánošík in Volksdichtung und bildender Volkskunst (Hinterglasmalerei). In: DJbfVk. 6 (1960) 105–126; Obraz narodnogo geroja v slavjanskich predanijach i skazočnaja tradicija (Die Gestalt des Volkshelden in der slav. Sagen- und Märchentradition). In: RusF 8 (1963) 51–55; Slovackie ėpičeskie rasskazy i liroėpičeskie pesni. Zbojnickij cikl (wie not. 7); Svoeobraznoe bessmertie ėpičeskogo geroja (Die eigenartige Unsterblichkeit des epischen Helden). In: Acta Ethnographica 15 (1966) 223–232; Izobraženie pereživanij dejstvujuščich lic v russkoj narodnoj volšebnoj skazke (Die Darstellung der Erlebnisse der handelnden Personen im russ. Zaubermärchen). In: Fol'klor kak iskusstvo slova 2. ed. N.I.Kravcov. M. 1969, 57–67. – [6] Slovackie ėpičeskie rasskazy i liroėpičeskie pesni. Zbojnickij cikl (Die slovak. epischen Erzählungen und die lyrisch-epischen Lieder. Räuber-Zyklus). M. 1963. – [7] In: Donum natalicium Schrijnen. Nijmwegen/Utrecht 1929, 900–913 (auch in: Strukturalismus in der Lit.wiss. ed. H. Blumensath. Köln 1972, 13–24; russ. Übers. in: Bogatyrev [wie not. 2] 369–383). – [8] K probleme razmeževanija fol'kloristiki i literaturovedenija. In: Lud słowiański 2/2 B (1931) 229–233. – [9] In: 2. Congrès international des sciences anthropologiques et ethnologiques. Kop. 1939, 343–345 (russ. Übers. in: Bogatyrev [wie not. 2] 384–386). – [10] Tradicija i improvizacija v narodnom tvorčestve. In: 7 Meždunarodnyj kongress antropologičeskich i ėtnografičeskich nauk (M. 1964). Doklady sovetskoj delegacii. M. 1964 (auch in: Bogatyrev [wie not. 2] 393–400).

Bibliogr.n: Beneš, B.: Bibliografie praci P. G. Bogatyrjova. 1916–1967. Brno 1968. – id.: Bibliografija naučnych rabot i perevodov P. G. Bogatyreva. In: Bogatyrev (wie not. 2) 523–543.

Lit.: Pomeranceva, Ė. V.: B., P. G. In: Kratkaja literaturnaja ėnciklopedija 1. M. 1962, 652. – Čistov, K. V.: P. G. B. Voprosy teorii narodnogo iskusstva. In: SovE 6 (1971) 175–178 (Rez.). – Gracianskaja, N. N./Pomeranceva, Ė. V.: P. G. B. In: SovE 6 (1971) 192–194 (Nekrolog).

Leningrad Kirill V. Čistov

Boggs, Ralph Steele, *Terre Haute (Indiana) 17. 11. 1901, amerik. Erzählforscher, Bibliograph und Fachmann für die spanischsprachige Volksüberlieferung in der Neuen Welt. Er promovierte 1930 in Romanistik an der Univ. Chicago bei A. Taylor mit dem *Index of Spanish Folktales* ([FFC 90] Hels. 1930).

B. hatte schon in den 20er Jahren Feldforschungen auf Puerto Rico durchgeführt, in deren Folge er *Seven Folktales from Porto Rico* (JAFL 42 [1929] 157–166) herausgab. In diesem frühen Stadium seiner Laufbahn widmete er sich der vergleichenden Märchenforschung; es erschienen nacheinander *A Comparative Survey of the Folktales of Ten Peoples* ([FFC 93]. Hels. 1930), *The Hero in the Folk Tales of Spain, Germany and Russia* (JAFL 44 [1931] 27–42) und *The Halfchick Tale in Spain and France* ([FFC 111]. Hels. 1933). Seit 1929 lehrte er an der Univ. von North Carolina, wo er Erzähltexte sowohl aus mündlicher Überlieferung als auch aus schriftlichen Quellen zusammenstellte. Bes. wichtig für die Erzählforschung in der Neuen Welt ist seine Entdeckung eines Büchleins mit Märchentexten, die er als *North Carolina Folktales Current in the 1820's* (JAFL 47 [1934] 269–288) erscheinen ließ und die wohl die ältesten Zeugnisse amerik. Erzählüberlieferung sind. Darüber hinaus veröffentlichte er Forschungsbeiträge zu Sprichwort und Rätsel. Für die Berichtsjahre 1925–1941 (Erscheinungsjahre 1931–1949) war B. amerik. Korrespondent für die internat. *Volkskundliche Bibliographie*. Seitdem wandte er sich verstärkt bibliogr. Aufgaben zu: 1936–1939 war er Bibliograph für die *Publications of the Modern Language Association of America* (PMLA); außerdem begründete er die jährliche Bibliogr. für die Zs. *Southern Folklore Quarterly* (SFQ) und betreute sie für die Jahre 1937–1959 (Erscheinungsjahre 1938–1960). Nach einer Bibliotheksreise durch Südamerika ließ er die *Bibliography of Latin American Folklore* (N. Y. 1940) erscheinen. Um die Kommunikation zwischen den südamerik. Folkloristen zu verbessern, begründete er nach seiner Rückkehr die Zs. *Folklore Americas* und gab sie von 1941–1965 selbst heraus; sie erschien ab 1975 als eine neue Zs. unter dem Titel *Journal of Latin American Lore* (ed. J. Wilbert). 1950 verließ B. die Univ. North Carolina und wurde Professor für neuere Sprachen an der Univ. Miami (Florida) und gleichzeitig Direktor des Hispanic-American Institute (später The International Center), wo er bis zu seiner Emeritierung im Jahre 1967 blieb. Er war Gastprofessor an vielen Universitäten (z. B. Bloomington, Ind., Univ. von California in Los Angeles, Berkeley, New Mexico, Santo Domingo, Honduras, Mexiko). Seine Bibliothek und seine zahlreichen bibliogr. Karteien befinden sich heute im Center for the Study of Comparative Folklore and Mythology, Univ. California, Los Angeles.

Lit.: Bibliography of R. S. B. through 1950. In: Folklore Americas 11/2 (1951) 1–13. – Morote Best, E./Raguz, C. (edd.): El Dr. R. S. B. y su clasificación del folklore. Cuzco (Peru) 1954.

Los Angeles Donald Ward

Bogomilen oder Bogumilen[1] ist die Bezeichnung für die Anhänger des östl. Zweigs einer im MA. entstandenen, mehrhundertjährigen religiösen Bewegung, die – zunächst im Untergrund, dann in offenem Widerspruch – die dogmatischen und organisatorischen Grundlagen der ost- und weström. christl. Kirche erschütterte und auch das Gefüge der ma. Staatenwelt nachhaltig tangierte. Nach A. Schmaus[2] stellt das B.tum in der europ. Geschichte vor der Reformation das bedeutendste religionsgeschichtliche Phänomen neben den offiziellen Kirchen dar, die letzte umfassende religiöse Ost-West-Bewegung, die im Zeitalter der Kreuzzüge danach strebt, das in der Kirche organisierte Christentum durch eine Religion eigener, im Wesen dualistisch-gnostischer Prägung zu ersetzen.

Die Anfänge der Bewegung liegen im Dunkeln. Lehrmäßig führt eine Linie über die Gnosis zum Manichäismus. Sehr wahrscheinlich aus dem kleinasiat. Bereich kommend, tauchen die B. zunächst während der Regierung des Zaren Peter (927–69) in Bulgarien auf, um sich sodann auch in Byzanz, Serbien und nach dem Westen hin in Bosnien zu verbreiten. Staat und Kirche greifen zu harten Abwehrmaßnahmen, in Byzanz sind es vor allem die Kaiser Alexios I. Komnenos (1081–1118) und Manuel I. Komnenos (1143–80), die sich der Bekämpfung der Häresie widmen. Die Verfolgung kann jedoch die Kraft der Bewegung nicht brechen, sondern trägt – neben den Handelsverbindungen, Pilgerfahrten, Kreuzzügen etc. – zu ihrer Verbreitung bei. Bald hat die religiöse Untergrundbewegung ihre Gemeinden und Kirchenorganisation in Dalmatien, Oberitalien, in Südfrankreich, wo sie unter dem Namen „Katharer"[3] auftritt, sowie in Nordfrankreich und am Rhein. Seit dem 12. Jh. steht die bogomil.-kathar. Bewegung in offener Opposition zur legalen Kirche. Noch im 13. Jh. gewinnt das B.tum erheblichen Einfluß in Bulgarien, im 12. Jh. wird es unter Banus Kulin (1180–1204) in Bosnien Staatsreligion und behauptet sich bis zur Eroberung des Landes durch die Osmanen (1463). Im Westen versucht die Kirche der Häresie durch die Albigenserkriege (1209–29) und seit 1232 durch die Inquisition Herr zu werden. Wirksam zurückgedrängt aber werden die Katharer u. a. erst durch die Arbeit der Bettelorden. Eine „unbestimmte" dualistische Tradition[4] scheint alles zu sein, was bis heute von dem einst großen Einfluß der religiösen Bewegung übrig geblieben ist.

Lehrmäßige Existenzgrundlage des B.tums war die Auffassung, daß die Welt von zwei gegensätzlichen Prinzipien durchdrungen sei – dem Prinzip des Guten und des Bösen, des Lichtes und der Finsternis, Gottes und Satans. Von diesem grundsätzlichen und konsequent durchgehaltenen religiösen → Dualismus ist die gesamte Theologie und das Weltverständnis des B.tums bestimmt: Satan, der Teufel, ist Bruder Christi (in Anlehnung an das bibl. Gleichnis vom verlorenen Sohn bei Lk. 15, 11–32) und wird nach seinem Abfall von Gott zum demiurgischen Schöpfer der Materie und der sichtbaren Welt, während Gott die geistige, unsichtbare Welt erschaffen hat. Satan gelingt es, durch List einen Teil der Engel (geistige Welt) zu verführen, die daraufhin ihr himmlisches Gewand und ihre Kronen ablegen müssen und aus dem Himmel verstoßen werden (Fall Satans und der Engel vom Himmel). Der Satan schließt die Engel als Seelen in den irdischen Leib ein. Auf diese Weise entsteht der Mensch, vom Teufel (Materie) und Gott (Seele) erschaffen. Es gibt daher auch nur eine Sünde, den Abfall von Gott, der durch einen vorbildlichen Lebenswandel zu büßen ist. Erst nach einem langen Prozeß der Läuterung kann die Seele wieder in den Himmel zurückkehren. Die Trennung von Materie und Geist und die Vorstellung eines Dualismus zwischen den Schöpfern und den Schöpfungen entspringen offenbar einem Theodizeedenken, das auch die außergewöhnlich weite Verbreitung des B.tums – vor allem in den einfachen Bevölkerungsschichten – erklären könnte[5].

Die Ausbreitung der bogomil. Bewegung erfolgte auch durch gezielte Mission. Ein Mittel dieser Mission war das geschriebene Wort, die bogomil. Lehrpropagierung z. B. durch die Benutzung von Apokryphen wie der *Interrogatio Johannis* oder – unter anderem Namen – des *Liber Sancti Johannis*, des in den Augen der Gegner der B. und Katharer „falschen Evangeliums", das u. a. über die dualistische Erschaffung des ersten Menschen berichtet[6], aber ebenso das „umlaufende" Wort, etwa in Volkserzählungen, → Ätiologien und Liedern. Schriftliche und mündliche Mittel der regen bogomil. Glaubenspropaganda durchdrangen sich offensichtlich und führten gemeinsam zu einer breiten Wirkung. Die Methode der religiösen Infiltration bestand teils darin, einen völlig unverdächtigen, kirchlich sanktionierten und lehrmäßig orthodoxen Text oder Bericht an einer – gewöhnlich der entscheidenden – Stelle durch einen relativ unauffälligen Eingriff leicht zu verändern, so daß schließlich ein interpolierter theol. Zwischenbegriff entstand, der entweder in dem orthodoxen Text eine explizite heterodoxe Lehre zum Ausdruck brachte oder zumindest eine heterodoxe Interpretation ermöglichte. Einer ähnlichen Methode bedienten sich die B. auch bei der Volksdichtung, die sich als vorzügliches Mittel anbot, das Wort unabhängig von Ort, Zeit und Umständen „umlaufen" zu lassen. Allerdings wird es heute kaum mehr möglich sein festzustellen, in welchem Maße bogomil. Auffassungen durch das Volk unbeabsichtigt in das Sagengut hineingebracht wurden und inwieweit eine bewußte Absicht der Sektenkirche dahinterstand. Man wird aber nicht fehlgehen in der Annahme, daß eine bewußte Ausstreuung im Einzelfall stattgefunden hat[7].

Diese Forschungslage macht es schwierig, den Einfluß der untergegangenen religiösen Bewegung auf die bis heute existenten, zumeist dualistischen Volkserzählungen, die auch unabhängig von den B. entstanden sein können[8], immer eindeutig zu bestimmen. Der Dualismus der in einzelnen Belegen schon sehr früh zur Zeit der B. und Katharer[9], in der Masse jedoch erst in den letzten 150 Jahren schriftlich niedergelegten popularen Erzählungen erscheint oft wenig konsequent, gemessen an der überlieferten und bis heute umstrittenen[10] bogomil. Lehre – z. B. kann der göttliche Gegenspieler des → Demiurgen ebenfalls an der Erschaffung der materiellen Welt beteiligt sein. Dies mag seinen Grund in der erwähnten bogomil. Infiltrations- und Interpolationsmethode haben, die freilich „ex silentio" nicht stets für die Volkserzählungen in Anspruch genommen werden kann.

Die nicht sehr weit gediehene Erforschung bogomil. Einflusses auf die narrative Überlieferung gestattet nur eine Aufzählung relevanter Erzählungen, wobei im Einzelfall von der Möglichkeit vielfacher Überschichtung bogomil. Intentionen oder gar von einer von den B. unabhängigen Entstehung ausgegangen werden muß. Grundlegende Sammlungen sog. bogomil., über weite Teile Europas, Asiens, Amerikas und Nordafrikas verbreiteter Erzählungen gaben O. → Dähnhardt[11] und J. Ivanov[12] heraus. Der sich unter dramatischen Umständen vollziehende Sturz Satans und der ihm anhängenden Engel aus dem Himmel ist narrativ mehrfach wiedergegeben[13]. Die Krone, das Attribut der reinen Engelseele, ist nach der *Interrogatio Johannis*[14] beim Engelfall unter dem Einfluß des Teufels abhanden gekommen. Ein Teil der Planeten wird, wie die B. übereinstimmend mit dem Bericht der *Apokalypse* lehren, ebenfalls in den Sturz mitgerissen. In dem aus Montenegro stammenden Volkslied *Car Duklijan i Krstitelj Jovan* wird die Errettung der Krone bzw. der Sonne (Teil des Planetensturzes) aus der Gewalt Satans durch Johannes den Täufer geschildert, dem Kaiser Diokletian, der Christenverfolger, als das satanische Prinzip entgegensteht[15]. Vuk Stefanović → Karadžić[16] fügte dem Lied eine prosaische serb. Version aus dem frühen 19. Jh. bei, die J. Grimm als Sage „vom teufel, der die sonne stilt, und dem engel, der sie ihm wieder abgewinnt" sehr mythologisch anmutete[17]. Es ist jedoch der offenbar bogomil. Dualismus zwischen Gott (Engel, Johannes der Täufer) und dem Teufel (Kaiser Diokletian), der sich auch in den weiteren Erzählungen von der Erschaffung, dem Raub und der Heirat der Sonne[18] wiederfindet. Einen sehr wichtigen Platz unter den dualistischen Ätiologien nimmt die weltweit verbreitete und in ihrem Ursprung umstrittene Erzählung von der Erschaffung der festen Erde durch Heraufholen von Materie aus dem Urmeer ein, auf dessen Grund einer der beiden Schöpfer (Teufel, Demiurg, Tiergottheit) taucht. In südosteurop., bulg. neueren Varianten sind die polar entgegengesetzten Schöpfer Gott und Teufel Brüder[19]. An die Erdschöpfung schließt sich gelegentlich das „Motiv vom gestohlenen Bissen" an, der im Munde des Demiurgen oder von ihm ausgespuckt auf Geheiß Gottes aufquillt und zum Geschaffenen (Erde, Steine, Berge etc.) wird. Die sog. westl. Version bringt die Entstehung der Pilze (AaTh 774 L) aus dem Speichel z.B. des hl. Petrus, der auch in Osteuropa als Demiurg, Stellvertreter des Teufels und

Gegenspieler Gottes in dualistischen Schöpfungserzählungen auftreten kann[20]. Die dualistische Erschaffung des Menschen durch einen Demiurgen (und Gott) geht vielleicht nur in denjenigen Varianten, in denen Gott die „Seele" und damit das Leben stiftet, auf die B. zurück[21]. Die Erschaffung Evas (aus einem Tier- oder Teufelsschwanz; cf. → Affe)[22] sowie der umfängliche Erzählungskomplex von der Erschaffung verschiedenster Tiere oder bestimmter miteinander konkurrierender Tierarten, die je nach ihrem Schöpfer (Schöpferpaar Gott–Teufel oder deren Stellvertreter) polar entgegengesetzte Eigenschaften davontragen, mündet häufig, wie auch bei anderen dualistischen Schöpfungserzählungen feststellbar, in schwankhafte Schilderungen des Wettstreits der Geschöpfe und Schöpfer ein[23]. Das komische Element überdeckt jedoch nur Theodizeedenken und Dualismus, die sich noch in manchen weiteren Erzählungen finden lassen, deren Verbindung mit den B. nachzuweisen eine Aufgabe künftiger theol., kirchenhist., religionswiss. und auch volkskundlicher Untersuchungen[24] bleibt.

[1] Wild, G.: „Bogu mili" als Ausdruck des Selbstverständnisses der ma. Sektenkirche. In: Kirche im Osten. Studien zur osteurop. Kirchengeschichte und Kirchenkunde 6. ed. R. Stupperich. Göttingen 1963, 16–33. – [2] Schmaus, A.: Der Neumanichäismus auf dem Balkan. In: Saeculum. Jb. für Universalgeschichte 2 (1951) 271–299, hier 271. – [3] Borst, A.: Die Katharer (Schr. der MGH. Dt. Inst. zur Erforschung des MA.s 12). Stg. 1953. – [4] Obolensky, D.: The Bogomils. A Study in Balkan Neo-Manichaeism. Cambridge 1948, 267. – [5] Lixfeld, H.: Gott und Teufel als Weltschöpfer (Motive 2). Mü. 1971, 184sq. – [6] Reitzenstein, R.: Die Vorgeschichte der christl. Taufe. Mit Beitr.en von L. Troje. Lpz./B. 1929, 293–316. – [7] Wild, G.: Die bogumil. Häresie in einigen südslav. Volksliedern. In: Die Welt der Slaven 9 (1964) 258–276, hier 259sq. – [8] cf. Lixfeld (wie not. 5) 95–99 und 192–196. – [9] cf. ibid., 163–167; Bošković-Stulli, M.: H. Lixfeld, Gott und Teufel als Weltschöpfer (Rez.). In: Narodna umjetnost 10 (1973) 439–444. – [10] cf. Kretzenbacher, L.: H. Lixfeld, Gott und Teufel als Weltschöpfer (Rez.). In: ZfVk. 68 (1972) 283–286. – [11] Dh. 1. – [12] Ivanov, J.: Bogomilski knigi i legendi (Bogomil. Bücher und Legenden). Sofija 1925 (Nachdr. ed. D. Angelov. Sofija 1970). – [13] Hammerich, L. L.: Lucifers Sturz. In: Verflex. 3 (1943) 204sq.; Dh. 1, 133–136. – [14] Reitzenstein (wie not. 6) 299. – [15] Savić Rebac, A.: O narodnoj pesmi „Car Duklijan i Krstitelj Jovan" (Über das Volkslied „Car Duklijan i Krstitelj Jovan"). In: Zbornik radova 10. Inst. za proučavanje književnosti 1. Srpska Akademija Nauka. Belgrad 1951, 253–273; Wild (wie not. 7) 264–273 (cf. auch 273–276: Bogomil. Lied von der Wiederentdeckung des wahren Kreuzes). – [16] Srpske narodne pjesme 2 (Serb. Volkslieder). Belgrad 1932, 75. – [17] Karadschitsch, W. S.: Volksmärchen der Serben. Mit einer Vorrede von J. Grimm. B. 1854, XI. – [18] Dh. 1, 127–133 und 136–146; cf. Röhrich, L.: Sonnen-Folklore. In: Die Sonne. Licht und Leben. ed. J. Jobé. Fbg/Basel/Wien 1975, 89–130, bes. 122. – [19] Dh. 1, 38–98; Ivanov (wie not. 12); Count, Earl W.: The Earth-Diver. An Attempt at an Asiatic-American Correlation. Diss. Univ. of California. Berk. 1935; Kühn, A.: Ber.e über den Weltanfang bei den Indochinesen und ihren Nachbarvölkern. Diss. Lpz. 1935; Peuckert, W.-E.: Schöpfung. In: HDA 9, 274–285; Dragomanov, M. P.: Notes on the Slavic Religio-Ethical Legends. The Dualistic Creation of the World. Translated by Earl W. Count (Indiana Univ. Publ.s. Russian and East European Series 23). The Hague 1961; Lixfeld (wie not. 5) 176–179. – [20] ibid., 145sq. – [21] Dh. 1, 89–111; Lixfeld (wie not. 5) 90–99 und 189–192; cf. Lixfeld, H.: Eine konfessionelle Satire des Reformationsza.s. Zur Wechselwirkung von Lit. und Volkserzählung. In: Alemann. Jb. 1971/72 (Bühl/Baden 1973) 93–104. – [22] Dh. 1, 114–127; Röhrich, L.: Adam und Eva. Das erste Menschenpaar in Volkskunst und Volksdichtung. Stg. 1968, bes. 56–64. – [23] Lixfeld (wie not. 5); Röhrich, L.: Teufelsmärchen und Teufelssagen. In: Sagen und ihre Deutung (Evangel. Forum 5). Göttingen 1965, 28–58. – [24] cf. Kretzenbacher (wie not. 10) 286.

Mainz Georg Wild
Freiburg/Br. Hannjost Lixfeld

Bohnenranke. Das Motiv von der B. oder einer anderen Pflanzenranke, die bis in den Himmel wächst, so daß ein Mensch an ihr hinaufkletternd in die überirdische Welt gelangt, tritt innerhalb der verschiedensten Erzähltypen auf.

Als Strukturelement in AaTh 555 (→ *Fischer und seine Frau*) erscheint die B. bes. häufig in frz.[1], aber auch ital.[2] und fläm.[3] und vereinzelt in poln.[4], sorb.[5], lett.[6], rumän.[7], katalan.[8], philippin.[9], kroat.[10] Varianten sowie in einem Text aus Mallorca[11]. M. Rommel spricht hier von der B.n- und Legendenfassung[12], da als Erfüller der sich steigernden Wünsche Gestalten der christl. Religion auftreten (meist Petrus oder Gott und Petrus). Für das B.nmotiv lassen sich zwei Gruppen unterscheiden: (1) Der Held kauft oder findet zufällig die Bohne, (2) er bekommt sie als Almosen von Gott und Petrus auf → Erdenwanderung. Eine Sonderstellung nehmen die beiden ostpreuß. Texte *Hahnchen und Hennchen* ein, in denen der Hahn mehrmals Wiedergutmachung von Petrus fordert, da dieser ihm seine B. abgebrochen hat[13].

Noch häufiger kommt die B. ebenfalls als Strukturelement in AaTh 563 (→ *Tischleindeckdich*) vor. Wieder dominieren die frz. Fassungen[14], es folgen die fläm. Varianten[15], seltener sind lothring.[16], ital.[17], kors.[18], katalan.[19], chilen.[20], hawai.[21], ukr.[22], griech.[23] und türk.[24] Texte belegt. Wie in AaTh 555 ist die Bohne ein Almosen, ein zufälliger Fund oder aber der letzte Besitz armer Leute. Ebenso häufig ist es Petrus, der die Wünsche erfüllt, aber auch die Sonne, Sonne und Mond, die zwölf Monate, ein freundliches altes Ehepaar, ein Alter und ein Jüngling.

Eine vorwiegend engl.sprachige Form des Typs AaTh 328 (→ *Corvetto*) scheint das Märchen *Jack and the Beanstalk* zu sein, belegt in Texten aus England, Australien, den USA[25] und Jamaika[26], obwohl es auch in Frz.-Kanada[27] vorkommt und durch je einen hawai.[28], ung.[29] sowie dt.[30] Text bekannt ist.

Eine Witwe und ihr Sohn Jack leben sehr ärmlich. Der Sohn tauscht ihren letzten Besitz, eine Kuh, für Bohnen ein. Jack pflanzt sie und klettert an der B. in den Himmel. Hier holt er nacheinander meistens drei Schätze (Geldsack, Goldhenne, Zauberharfe) aus dem Haus eines menschenfressenden Riesen. Beim letzten Diebstahl klettert Jack schnell die B. hinab und haut sie mit einer Axt um, so daß sich der ihn verfolgende Riese zu Tode stürzt.

In einigen Fassungen erhält Jack die Bohne von einer Fee, die ihm erzählt, daß der Riese Jacks Vater getötet und dessen Schätze gestohlen habe, die er nun zurückholen solle[31].

In → Lügengeschichten, und zwar bes. oft in Form von → Lügenwetten (AaTh 1920 C und F), kommt die zum Himmel wachsende Pflanze (AaTh 1960 G) sehr häufig in dt. Varianten vor[32], aber auch in Texten aus dem nördl., östl. und südöstl. Europa[33]. Kombinationen verschiedenster Art und in jeder Länge sind möglich. Die einfachste Art besteht in der Kombination von Lügenwette und B.nmotiv, z. B.[34]: Der Alte Fritz will denjenigen zum General machen, der am besten lügen kann. Der Lügner erzählt, wie er an einer Erbsenranke in den Himmel kam und dort den Vater des Königs beim Holzhacken traf. Letzteres empört den König, der Lügner hat gewonnen und wird General. Eine weitere einfache Kombination ist die Lügenwette, in welcher der erste Lügner von einem überdimensionalen Tier (AaTh 1960 A: *Die ungewöhnliche* → *Größe*) erzählt und der zweite mit einer ähnlichen Lüge wie im obengenannten Beispiel gewinnt[35]. Am häufigsten ist folgende Verbindung anzutreffen[36]: Innerhalb einer Lügenwette (AaTh 1920 C oder F) erzählt der Lügner, wie er an der B. zum Himmel hochkletterte. Als er beim Abstieg die B. nicht mehr vorfand, ließ er sich an einem → *Seil aus Spreu* hinab (AaTh 1889 E oder K). Das letzte Stück fiel er herunter, steckte daraufhin bis zum Kopf in der Erde und mußte *sich selbst* → *ausgraben* (AaTh 1882).

Ein Beispiel für eine aus vielen Episoden bestehende Lügengeschichte gibt eine kroat. Variante mit folgender Typenkontamination[37]: AaTh 1930 (→ *Schlaraffenland*), 1920 H (*Buying Fire by Story-telling*), 1962 (*My Father's Baptism*), 1889 K (*A Cord Made of Chaff*), 1882 (*Sich selbst ausgraben*) und 1886 (*Man Drinks from own Skull*). In einer osset. Fassung ist die Lügenkette noch länger; die Absicht des Lügners besteht hier jedoch nicht darin, den anderen zu überlisten, sondern ihn zum Einschlafen zu bringen[38].

Eher dem *himmelhohen* → *Baum* zuzurechnen sind die zahlreichen Varianten vom wieder zusammengenähten Pferd (AaTh 1889 P), aus dem ein Birken- (Apfel-, Weiden-)zweig bis in den Himmel wächst[39].

Auffallend ist die Verbreitung einiger Typen fast ausschließlich in lit., lett. und russ. Varianten. Hierzu gehört AaTh 804 A (*The Bean-stalk to Heaven*). In russ. Texten klettert ein alter Mann mit seiner Frau in einem Sack, den er mit den Zähnen festhält, an einer Erbsenranke zum Himmel. Da die Frau fragt, wie weit es noch sei, und er antwortet, fällt der Sack hinunter, und die Frau ist tot[40]. In lett. Fassungen klettert ein altes Ehepaar die B. hoch, gibt Versprechen ab, die es nicht hält, und wird aus dem Himmel geworfen[41]. In lit. Varianten gibt es beide Möglichkeiten[42]. Die russ. Texte sind oft mit AaTh 37 (→ *Fuchs als Kindermagd*; hier Klagefrau) kontaminiert.

AaTh 715 A ist in lit.[43], lett.[44] und russ.[45] Fassungen mit der B. verbunden: Ein alter Mann klettert an der B. in den Himmel und erhält dort eine Wundermühle und einen Hahn. Die Wundermühle wird gestohlen, der Hahn bringt sie wieder zurück.

AaTh 218 A*, die Geschichte vom Hahn, der die B. zum Himmel hochklettert und durch das Rufen der Henne hinunterfällt, ist nur in einer lett. Variante belegt[46], AaTh 218 B* hingegen in zahlreicheren lett. Fassungen[47].

Nur in russ. Belegen (Andreev 1960 *G I) findet sich die Erzählung vom alten Mann (oder Ehepaar), der an einer B. in den Himmel kommt, dort auf ein Hüttchen trifft, dessen Wände aus Kuchen bestehen und dessen Besitzer ein-, zwei- bis zwölfäugige Ziegen sind, die ihn fangen[48].

Ferner ist noch ein mongol. Text (AaTh 400 und 313) anzuführen, in dem ein Jäger an einer Kürbisranke in die Welt der Halbgötter gelangt, wo er die von ihm gesuchte Fee findet[49].

Beim B.nmotiv handelt es sich in den meisten Texten wirklich um eine Bohnenranke[50], aber auch Erbsen, Kohlköpfe, Zitronenkerne, Lilien, Bambus und Eicheln können bis in den Himmel wachsen. Während in AaTh 328 (*Jack and the Beanstalk*) nur die B. vorkommt, sind die Pflanzen bes. in den Lügengeschichten sehr verschiedener Art (neben Bohnen, Erbsen, Linsen einige Kornarten, Hopfen, Rübenkraut, Kohl, Kürbisse, Buchweizen, Eichen). Gemeinsam ist fast allen Erzählungen im Unterschied zum verwandten Motiv vom *himmelhohen Baum* die Schilderung vom Erwerb und Pflanzen des Samens und seines Wachstums. Oft gibt es – über die einfache Feststellung des Wachsens der Pflanze oder über ein unbestimmtes 'schnell' und 'bald' hinaus – bes. in den Zaubermärchen AaTh 555, 563 und 328 genauere Angaben (bis zum nächsten Morgen, zwei Tage danach keimt die Bohne). In einigen Varianten zu AaTh 563 werden die Besitzer ungeduldig und versuchen, das Wachsen durch Gebet[51], aufmunternde Lieder[52] oder ein Gespräch mit der Pflanze selbst[53] zu beschleunigen. Die Motive für den Aufstieg sind verschieden. Weiß der Besitzer um die magische Kraft der Bohne, so will er meist von vornherein zum Himmel; weiß er es nicht, so steigt er zum Ernten hinauf oder einfach aus Neugier (bes. oft in Lügengeschichten). Nur selten, und zwar in Texten zu AaTh 555, ist die hinaufkletternde Person eine Frau[54]. Ob darüber berichtet wird, was mit der B. im weiteren geschieht, hängt vom Typ der Erzählung ab. In Texten zu AaTh 555 und 563 wird nur gelegentlich erzählt, sie sei vertrocknet, abgebrochen oder vom Blitz vernichtet worden. Hingegen ist eine nochmalige Erwähnung der B. in AaTh 328 und in Lügengeschichten mit der Episode vom *Seil aus Sand* strukturbedingt. Im ersteren Fall wird die B. abgehackt, um den Verfolger zu Fall zu bringen; im zweiten wird das Nichtmehrvorhandensein der B. oft begründet (B. wurde geerntet und eingetreten, von Ameisen durchgefressen, vom Wind umgeweht etc.).

Ob das B.nmotiv in verschiedenen Ländern autochthon war oder ein bestimmtes Herkunftsland hat, ist offen. R. Köhler[55], J. Bolte und G. Polívka[56] leiteten die Herkunft aus *Jack and the Beanstalk* ab, die letzteren zogen auch das Lügenmärchen in Betracht. A. Aarne stellte nur fest, daß das Motiv in AaTh 555 ursprünglich fremd sei[57], während L. Mackensen[58] frz. Herkunft annahm. Doch wird Makkensens Ansicht durch die zahlreichen, auch außerhalb der Lügengeschichten vorkommenden lit., lett. und russ. Texte in Frage gestellt.

[1] Delarue/Tenèze 555 I. C 3 (13 Var. n); cf. auch BP 1, 145. – [2] BP 1, 145; Tille, V.: Soupis českých pohádek 2,2. Prag 1937, 455 führt eine tschech. Var. an (1928 als „Milánská" pověst publiziert), die eine getreue Übers. von Imbriani, V.: La novellaja fiorentina. Livorno [2]1877, num. 6 zu sein scheint. – [3] de Meyer, Conte, 555 I. b. c (4 Var. n); cf. auch Meyer, M. de: Vlaamsche sprookjesthema's [...]. Leuven 1942, 103–111. – [4] Krzyżanowski 555 I. b; cf. auch id.: Baśń magiczna. W. 1947, 120. – [5] Nedo, P.: Sorb. Volksmärchen. Bautzen 1956, num. 59b und not. p. 403 (Hinweis auf weitere Var. n); bei BP 1, 146 und bei Mackensen, L.: B. zum Himmel. In: HDM 1, 299–301, hier 300 als wendisch eingeordnet. – [6] cf. Rommel, M.: Von dem Fischer un syner Fru. Diss. Karlsruhe 1935, 79. – [7] Şăinénu, L.: Basmele române. Buk. 1895, 847. – [8] Amades, J.: Folklore de Catalunya. Barcelona 1950, num. 74. – [9] Fansler, D. S.: Filipino Popular Tales. Hatboro, Pa 1965, num. 37 (mit AaTh 563 kombiniert). – [10] Hüllen, G.: Märchen der europ. Völker. Münster 1965, 237–241 (ähnlich wie not. 9 mit AaTh 563 kombiniert.) –
[11] Alcover, M. A.: Aplec de rondaies mallorquines 1. Palma de Mallorca 1953, 104–111. – [12] Rommel (wie not. 6) 78. – [13] HDM 1, 300. – [14] Delarue/Tenèze 563 I. B7 (27 Var. n); dazu: Joisten, C.: Contes populaires du Dauphiné 1. Grenoble 1971, num. 45.1 und 45.4. – [15] de Meyer, Conte, 563 I. b (6 Var.n); cf. Meyer 1942 (wie not. 3) 112–120. – [16] Merkelbach-Pinck, A.: Volkserzählungen aus Lothringen. Münster 1967, 143–146. – [17] Pitrè, G.: Novelle popolari toscane 1. Rom 1941, num. 29. – [18] Ortoli, F.: Les Contes populaires de l'île de Corse. P. 1883, num. 23. – [19] Amades (wie not. 8) num. 86, 167. – [20] Hansen 563. –
[21] Hansen 563. – [22] BP 1, 357. – [23] Laogr. 16 (1957) 405–408, num. 42; Hallgarten, P.: Rhodos. Ffm. 1929, 160–163. – [24] Eberhard/Boratav 173 V. – [25] Baughman 328 B; BP 2, 511–513. – [26] Beckwith, M. W.: Jamaica Anansi Stories (MAFLS 17). N. Y. 1924, num. 114 (verderbte Fassung). – [27] Lanctot, G.: Contes populaires canadiens. In: JAFL 39 (1926) 427–429. – [28] Hansen 328* *B. – [29] Kovács, Á.: Kalotaszegi népmesék 2. Bud. 1943, num. 74. – [30] Benzel, U.: Sudetendt. Volkserzählungen. Marburg 1962, num. 165. –
[31] cf. BP 2, 512 sq.; Ehrentreich, A.: Engl. Volksmärchen. MdW 1938, num. 9. – [32] BP 2, 511; dazu: Warker, N.: Wintergrün. Esch/Arlon [2]1890, num. 170; Peuckert, W.-E.: Schlesiens dt. Märchen. Breslau 1932, num. 200; Henßen, G.: Volk erzählt. Münster 1935, num. 294; Grannas, G.: Plattdt. Volkserzählungen aus Ostpreußen. Marburg 1957, num. 51; Schönwerth, F. X. von: Oberpfälz. Sagen. Kallmünz [2]1959, 296; Benzel, U.: Volkserzählungen aus dem oberpfälz.-böhm. Grenzgebiet. Münster 1965, num. 140; Haiding, K.: Märchen und Schwänke aus Oberösterreich. B. 1969, num. 86. – [33] cf. Köhler/Bolte 1, 322 sq.; BP 2, 511; dazu: Bukowska-Grosse, E./Koschmieder, E.: Poln. Volksmärchen. MdW 1967, num. 64; Bošković-Stulli, M.: Kroat. Volksmärchen. MdW 1975, num. 53; Propp, V. Ja. (ed.): Severnorusskie skazki v zapisjach A. I. Nikiforova. M./Len. 1961, num. 23; Afanas'ev 3, num. 427; Die Wunderblume und andere Märchen. B. 1958, 454–456 (russ.); Löwis of Menar, A. von: Finn. und estn. Volksmärchen. MdW 1922, num. 25; Bjazyrov, A. Ch.: Osetinskie narodnye skazki. Stalinir 1960, num. 31. – [34] Peuckert (wie not. 32). – [35] z. B. Benzel (wie not. 32); Schönwerth (wie not. 32). – [36] z. B. Haiding (wie not. 32); Meyer, G. F.: Plattdt. Volksmärchen und Schwänke. Neumünster 1925, num. 126; Wossidlo, R.: Aus dem Lande Fritz Reuters. Lpz. 1910, 206 sq.; Bukowska-Grosse/Koschmieder (wie not. 33); Propp (wie not. 33). – [37] Bošković-Stulli (wie not. 33). – [38] Bjazyrov (wie not. 33). – [39] z. B. Propp (wie not. 33); Haiding (wie not. 32); Die Wunderblume (wie not. 33); Afanas'ev 3, num. 427. – [40] Afanas'ev 1, num. 18 und 21; cf. Andreev *1425. –
[41] cf. Arājs, K./Medne, A.: Latviešu pasaku tipu rādītājs. Riga 1977, Typ 804 A. – [42] Balys *1416 A. – [43] Balys 715. – [44] Arājs/Medne (wie not. 41) Typ 715. – [45] Afanas'ev 2, num. 188. – [46] Arājs/Medne (wie not. 41) Typ 218 A*. – [47] ibid., Typ 218 B*. – [48] Afanas'ev 1, num. 20. – [49] Heissig, W.: Mongol. Volksmärchen. MdW 1963, num. 23. – [50] Über das Vorkommen der Bohne in der Volksüberlieferung v. Art. Bohne. In: HDA 1, 1470–1473. –
[51] Joisten (wie not. 14) num. 45.4. – [52] Amades (wie not. 8) num. 86 (mit Notenabdruck). – [53] Sébillot, P.: Contes populaires de la Haute-Bretagne 1. P. [2]1880, num. 12. – [54] Meyere, V. de: De vlaamsche vertelselschat 2. Antw. 1927, num. 73; Imbriani und Tille (wie not. 2); Nerucci, G.: Cincelle da bambini. Pistoia 1880, num. 9; Hüllen (wie not. 10); Fansler (wie not. 9). – [55] Köhler/Bolte 1, 103. – [56] BP 1, 147, not. 3. – [57] Aarne, A.: Die Zaubergaben. In: JSFO 27 (1911) 1–96, hier 49. – [58] HDM 1, 300.

Göttingen Ines Köhler

Boiardo, Matteo Maria, *Schloß Scandiano (bei Reggio Emilia) Mai/Juni 1441 (oder 1440), † Reggio 19. 12. 1494, Graf von Scandiano, Sohn des Grafen Giovanni B. und der Lucia Strozzi, ital. Lyriker und Ependichter. Im Dienste der Este-Fürsten Borso und Ercole führte er die Familientradition fort, wirkte ab 1476 als persönlicher Ratgeber von Ercole d'Este, war Statthalter von Modena und Reggio. B. war vom Humanismus beeinflußt. 1463—64 verfaßte er ein Herrscherlob auf Ercole (lat.; *Carmina de laudibus Estensium*) und *Egloghe* oder *Pastoralia*. Für Ercole besorgte er auch Übersetzungen klassischer Autoren. Sein Canzoniere *Amorum libri tres* (ital.; 1471—77 verfaßt, Reggio 1499) gilt als der bedeutendste seit Petrarca.

Mit der Abfassung des *Orlando innamorato* (Der verliebte Roland) begann er 1476 nach der Übersiedlung nach Ferrara; das Werk blieb jedoch wegen der Invasion Karls VIII. (1494) und des Todes des Dichters unvollständig; es bricht im 3. Teil, 9. Gesang mit der 26. Oktave ab. Wegen seiner starken mundartlichen Prägung wurde das Epos von F. Berni auf toskanisch frei überarbeitet (Venedig 1541, 1545; eine 2. Bearb. von L. Domenichi erschien Venedig 1545, 1550, 1553 etc.), und das Original geriet bis ins 19. Jh. in Vergessenheit (Verlorener Erstdruck der ersten beiden Bücher: Reggio 1483, dann Venedig 1487; 3. Buch postum Venedig 1495. Die erste vollständige Ausg., Scandiano 1495, ist verloren. Ältester vollständiger Druck Venedig 1506 und weitere Ausg.n bis 1544, dann erst wieder ab 1830).

Der *Verliebte Roland* umfaßt drei Bücher von insgesamt 69 Gesängen in achtversigen Stanzen (ottava rima). Die Hauptintrigen sind locker und lassen Raum für Episoden, die kunstvoll ineinander verflochten sind. Der hist. Hintergrund ist der Kampf zwischen Christen und Sarazenen: Die Heiden Gradasso und (im 2. Buch) Agramante greifen → Karl den Großen und seine christl. Paladine an. Eine weit ausgesponnene Intrige bildet die Liebe Rolands und anderer zur schönen Angelica, die vom Orient gesandt worden ist, um die Paladine zu betören und gefangen zu nehmen. Die Ruggiero-Gestalt, die in der Fortsetzung → Ariostos eine große Rolle spielt, wird im 2. Buch, die Liebe zwischen ihm und Bradamante kurz vor dem Schluß eingeführt.

B. hat die Karlsepen mit den Bretagne-Stoffen verbunden, ohne jedoch den spezifischen Charakter der beiden Epenkreise zu bewahren. Rittertat und Liebe zielen auf individuelle Bewährung aristokratischen Geistes, eine Entwicklung, die bereits in den ma. Quellen B.s vollzogen war (*Palamèdes* oder *Girone, Tristan, Tavola Ritonda, Spagna in rima, Aspromonte* sowie mündlich und schriftlich tradierte Bänkellieder). Die antiken Quellen wirken auf der stilistischen Ebene und liefern gelegentlich Vorwürfe für die Intrigen, die B. frei bearbeitet, so die *Äneis* des Vergil, die *Metamorphosen* des Ovid und die *Metamorphosen* des Apuleius.

Die Hauptgestalten sind im wesentlichen dieselben wie bei Ariost, wirken jedoch individualisierter. Roland ist zwar der Erste unter den Rittern, dazu aber ein unerfahrener, geradezu lächerlicher Liebhaber. Ranaldo hat etwas von einem Strauchritter an sich. Der schwache, prahlerische Astolfo erringt überraschende Siege mit Hilfe einer verzauberten Lanze. Unter den Heiden findet man den kampfestollen, aber noch nicht großsprecherischen Rodamonte, den edlen Gradasso, den Meisterdieb Brunello und den aus Liebe alles opfernden Sacripante. Eine erstaunliche Gestalt ist die Kriegerin Marfisa, die von der Liebe unberührt bleibt.

1. Menschen mit magischen Kräften. Der König und Zauberer Galafrone will mit Hilfe seiner ebenfalls zauberisch begabten Tochter Angelica die Karlsritter gefangennehmen (Teil 1, Gesang 1, Strophe 36–40). Der christl. Zauberer Malagise kann mit seinem Zauberbuch Gegner einschläfern (1, 1, 43–49; Mot. D 1266); mittels des Dämons Draginazzo spiegelt er Ranaldo die falsche Gestalt seines Gegners Gradasso vor und lockt ihn so auf ein Zauberschiff, das ihn zum Schloß Angelicas bringt (1, 5, 13–55; Mot. D 1123); er kann Dämonen gegen heidnische Krieger schicken; diese werden in Rittergestalt jedoch von Rodamonte und Feraguto besiegt (2, 22, 44–61). Mit Hilfe eines Vergessenheitstrunkes (Mot. D 1365.2, Lethe) wird Orlando im Garten Dragontinas gefangengenommen. Auf einem Gemälde sieht er eine schöne Frau ihre Liebhaber in Tiere verwandeln (1, 6, 43–53; Mot. D 100–199); Dragontina hat Gewalt über die gefangenen Ritter, die ihren Garten verteidigen (1, 9, 64–79); Orlando und andere Ritter werden von Angelica mit ihrem Zauberring befreit (1, 14, 38–48; Mot. D 1076).

Mittels eines Gittertores, das sich von selbst schließt, fängt ein Alter Mädchen für Poliferno, König von Orcagna (1, 14, 26–38). Dieser ist mit der Zauberin Falerina verheiratet, die auch Menschen gefangennimmt. Ein Drache frißt die

Gefangenen (1, 17, 1–37). Falerina hat einen verzauberten Garten (1, 17, 38–45; Mot. D 961); Orlando erhält ein Buch, das den Garten beschreibt (2, 4, 4–10). Er tötet dort Ungeheuer (v. unten) und zerstört den Zauber, indem er einen Zweig vom Wipfel eines Baumes schneidet (2, 4, 15–2, 5, 24; Mot. D 953). Alcina, die mit Worten Fische fangen kann, entführt Astolfo aus Liebe auf einem riesigen Walfisch (2, 13, 55–66; Mot. R 245, J 1761.1).

Der Zauberer Atalante hat einen Garten mit Glasmauern gebaut; dort verbirgt er Ruggiero, den mythischen Ahnherrn des Este-Hauses, um ihn vor dem Heldentod, den er voraussieht (2, 3, 26–30; Mot. D 961), zu bewahren. Mittels Angelicas Ring wird der Zauber unwirksam gemacht; Ruggiero verläßt Atalante, der ihm weissagt, er werde, zum Christentum bekehrt, den Tod durch Verrat finden (2, 16, 14–38; Mot. M 341). Atalante sagt die Genealogie der Familie Este voraus (2, 21, 53–61). Um Ruggiero zu beschützen, der gegen Orlando kämpft, läßt Atalante diesem Karl und Olivier in einem Zauber erscheinen und um Hilfe rufen. Zur Nymphenquelle gelangt, bleibt Orlando, von deren Zauber gebunden, unter dem Wasser (2, 31, 33–48; Mot. D 926). Auch Ruggiero und andere sind dort gefangen. Alle werden von Brandimarte und Fiordelisa, die den umgebenden Zauberwald mit Schwertern fällen (3, 7, 6–37; Mot. D 941), befreit. Orlando und Feraguto sind – bis auf eine Körperstelle: 1, 2, 7 – gegen Verwundungen gefeit (1, 4, 3; Mot. Z 311, → Achillesferse).

2. Wunderbare Tiere, Tiermonstren und monströse Menschen. Das Pferd Rabicano gehört ursprünglich Argalia, Angelicas Bruder. Es ist aus Flamme und Luft gezeugt und nährt sich von purer Luft (1, 13, 4; Mot. B 184.1); es wird erst von Ranaldo (1, 13, 27–28), dann von Astolfo geritten (2, 2, 7). Baiardo, das Pferd Ranaldos, will nicht gegen seinen Herrn kämpfen (1, 26, 27). Riesen und Zentauren leben unter den Heiden oder in freier Natur, kämpfen mit nichtritterlichen Waffen (Keulen, Baumstämmen und dgl.) und werden häufig von den Christen bekämpft. Ranaldo besiegt einen Riesen mit zwei Griffen (1, 13, 1–23). Ein Zentaur raubt Fiordelisa, wird aber von Ranaldo getötet (1, 13, 51–1, 14, 8); Brandimarte befreit mit Orlandos Hilfe ein Fräulein von drei Riesen (1, 20, 8–37; Mot. R 111.1.4). Ein behaarter Riese, Selvaggio, entführt Fiordelisa (1, 22, 6–9; Mot. R 11.3); er ist traurig bei schönem, aber fröhlich bei schlechtem Wetter. Brandimarte bringt ihn um (1, 23, 1–21). Orlando tötet den Riesen Zambardo, bleibt aber in seinem Netz gefangen, wird von einem einäugigen Menschenfresser gefunden und tötet diesen (1, 5, 78–1, 6, 34). Orlando besiegt auch die Sphinx, ohne ihr Rätsel zu lösen (1, 5, 68–77; Mot. H 761). Im Garten Falerinas tötet Orlando einen Drachen, eine Sirene, mit deren Blut er seine Rüstung benetzt, bevor er einen Stier mit einem eisernen und einem feuerspeienden Horn tötet. Dann tötet er eine Harpyie und einen Esel mit goldenen Schuppen, Ohren wie Schlangenschwänzen und eisernem Schwanz, eine Faunin mit Schlangenunterleib, und er bindet einen Riesen, aus dessen Leiche immer zwei neue Riesen entstehen (2, 4, 16–86). In Morganas Reich sieht Orlando ein Gemälde vom Minotauros im Labyrinth (2, 8, 14–16; Mot. F 781.1). Der Riese Balisardo, der Schlangen-, Eber- und Rittergestalt annehmen kann, fängt mehrere Ritter (2, 9, 51–2, 10, 52), auch den Orlando, der von Bradamante befreit wird (2, 11, 19–45). Orlando besiegt die menschenfressenden Lestrigonen (2, 18, 33–51). Im Palast Febosillas kämpft Brandimarte siebenmal gegen einen Riesen, der Drachengestalt annehmen kann. Er muß eine Schlange küssen, die dann als Fee erscheint (Mot. D 735). Sie feit seine Waffen (2, 25, 22–2, 26, 19; Mot. D 1080). Um zwei Ritter vor dem vom Schicksal bestimmten Kriegertod zu bewahren, lassen zwei Fräulein sie ohne Ende gegen den Riesen Orrilo kämpfen, der seine abgehauenen Glieder wieder ersetzen kann (cf. Mot. V 221.9). Sie töten Orrilos Riesenkrokodil (3, 2, 40–3, 3, 22). Mandricardo befreit die Königstochter Lucina und Gradasso vom menschenfressenden Orco (3, 3, 24–56; Mot. R 111.1.3).

3. Wunderbare Reisen. In Dragontinas Garten herrscht ewiger Frühling (1, 6, 48; Mot. D 1664). Ein Riese, dessen Waffen Morgana gefeit hat (v. oben), stürzt besiegte Ritter in einen See (2, 2, 9–26). Orlando stürzt sich mit ihm hinab und besiegt ihn im unterirdischen Reich der Fee Morgana. Von einem leuchtenden Edelstein geleitet (Mot. D 1071) findet er die Fee Fortuna, mit kahlem Scheitel. Der Aufstieg ist schwieriger als der Abstieg (cf. *Äneis* 5, 126–131). Er greift Morgana bei den Haaren und befreit die Gefangenen, aber nicht Ziliante, den Morgana liebt (2, 7, 31–2, 9, 44); um seinetwillen muß er nochmals hinabsteigen. Morgana hat Ziliante in einen Drachen verzaubert (2, 12, 59–2, 13, 30).

4. Wunderbare Gegenstände. Büchlein, Gemälde und dergleichen, die den Abenteuern vorgreifen, kommen öfters vor. Der Ring Angelicas schützt gegen jeden Zauber, so gegen Malagises Buch (1, 1, 46), den Zauber Dragontinas (1, 14, 38–48), den Atalantes (2, 16, 14–38; Mot. D 1076): er macht unsichtbar (1, 14, 37; Mot. D 1361.17). Die Zauberlanze verhilft Astolfo zu unerwarteten Siegen (1, 2, 17–1, 10, 34; Mot. D 1084). Gradasso ist gegen Karl gezogen, um Orlandos gefeites Schwert Durindana zu gewinnen (1, 1, 5; Mot. D 1081). Es wird von Origille gestohlen (2, 4, 13); Orlando bekommt es wieder (2, 2, 13–24). Im Garten Falerinas gewinnt Orlando das Schwert Balisarda, das geschmiedet wurde, um ihn töten zu können (2, 4, 6 und 27). Damit besiegt er den Zauber Morganas (2, 7, 54–61); Brunello stiehlt es (2, 11, 6–9) und gibt es Ruggiero (2, 16, 39–57). Eine Quelle, die von dem Zauberer Merlin für Tristan geschaffen wurde, flößt Haß ein; Ranaldo trinkt davon und flieht von da ab Angelica (1, 3, 32–36; Mot. D 926). Eine Liebesquelle bewirkt, daß Angelica Ranaldo sucht (1, 3, 37–42; Mot. D 1040). Spä-

ter trinkt Ranaldo von der Liebesquelle (2, 15, 58–65), Angelica aber von der Haßquelle (2, 20, 45–46), wodurch beider Gefühle ins Gegenteil verkehrt werden.

5. Merkwürdige Liebschaften. B. bringt zahlreiche Liebesnovellen, die vom Grauenhaften bis zum Schwank reichen. Dabei wird der Frau immer Schwäche oder Bosheit zugeschrieben. Marchino tötet den Mann Stellas, um sie zu besitzen. Sie rächt sich, indem sie, von der Frau Marchinos unterstützt, seine beiden Söhne tötet (→ Medea) und sie ihm zum Mahle vorsetzt (Mot. Q 478, S 183.1). Marchino tötet Stella und vereinigt sich mit der Leiche. Aus dem nekrophilen Beischlaf entsteht ein Ungeheuer, das mit Menschen gefüttert und von Ranaldo mit Angelicas Unterstützung getötet wird (1, 8, 28–1, 9, 36). – Tisbina hat unter der scheinbar unmöglichen Bedingung, einen goldenen Zweig im Garten Medusas zu holen, Prasildo ihre Liebe versprochen. Um ihr Gelübde nicht zu brechen, wollen sie und ihr Mann sich töten; edelmütig gibt Prasildo seine Forderung auf. Soweit folgt B. wesentlich dem *Decamerone* (10, 5) Boccaccios, fügt aber hinzu, daß der Mann sich entfernt und dem Prasildo seine Frau überläßt. Die beiden Edelmütigen werden Waffenbrüder (1, 12). – Origille handelt immer aus Lust oder purer Bosheit: Einem Verehrer befiehlt sie, sich wie ihr offizieller Liebhaber, einem anderen, der sie auch liebt, sich als Mörder ihres Bruder zu verkleiden. Es folgt ein Imbroglio zu viert, wodurch alle in Todesgefahr geraten. Der aus dem *Decamerone* (9, 1) übernommene Stoff erfährt dabei weitere Verwicklungen. Die vier Liebhaber rächen sich. Orlando befreit Origille, die ihn trotz seiner Liebe mehrmals bestiehlt und verrät (1, 28, 51–1, 29, 54; 2, 4, 13). Durch Verrat gewinnt Origille auch Grifone als Liebhaber (2, 12, 5–8). – Der alte Folderico besiegt beim Wettlauf die junge Leodilla, indem er goldene Äpfel fallen läßt, die sie gierig aufliest (Ovid, *Metamorphosen* 10, 560–704; → Atalante, Mot. H 331.5.1.1), und erhält sie zur Frau (1, 21, 49–69). Ihr junger Liebhaber Ordauro besucht sie durch einen unterirdischen Gang (AaTh 1419 E: → *Inclusa*). Folderico verheiratet seine eigene Frau an Ordauro. Er verwechselt Leodilla und ihre angebliche Schwester, wegen des Ganges, der schnellen Ortswechsel gestattet (1, 22, 10–56). Teodoro liebt Doristella und kann sie durch Bestechung eines Dieners besuchen. Er vergißt seinen Mantel, und der Ehemann verurteilt den Diener zum Tode. Teodoro beschuldigt den Diener des Diebstahls und rettet ihn so (2, 26, 20–53; Apuleius, *Metamorphosen* 8, 18–21). Doristella wird von ihrem Mann in ein Zauberschloß eingesperrt, aus dem Brandimarte sie befreit (2, 25, 22–2, 26, 19).

Ausg.: Panizzi, A. (ed.): Orlando innamorato di M. M. B. e Orlando furioso di L. Ariosto. L. 1830–31.

Lit.: Rajna, P.: Le fonti dell'Orlando furioso. Firenze (1876) ²1900. – id.: L'Orlando innamorato di M. M. B. Bologna 1894. – Studi su M. M. B. Bologna 1894. – Searles, C.: Bojardo's Orlando innamorato und seine Beziehungen zur altfrz. erzählenden Dichtung. Lpz. 1901. – Foffano, F.: Il poema cavalleresco. Milano 1905. – Gardner, E. G.: The Arthurian Legend in Italian Literature. L./N. Y. 1930. – Procacci, V.: La vita e l'opera di M. M. B. Firenze 1931. – Rossi, V.: Il Quattrocento. Milano ²1933. – Zottoli, A.: Di M. M. B. Firenze 1937. – Russo, L.: M. M. B. In: Belfagor 10 (1955) 365–392. – Reichenbach, G.: M. M. B. In: La letteratura italiana. I minori 1. Milano 1960, 663–688. – Franceschetti, A.: La 'Spagna in rima' e il duello di Orlando e Agricane. In: Lettere italiane 21 (1969) 322–326. – id.: L',,Orlando innamorato" e la traduzione dell',,Aspremont". In: Giornale storico della letteratura italiana 147 (1970) 518–533. – Il Boiardo e la critica contemporanea [. . .] (Biblioteca dell'Archivum romanicum 1, 107). ed. G. Anceschi. Firenze 1970. – Tommaso, A. di: Structure and Ideology in B'.s Orlando Innamorato. Chapel Hill 1972. – Giamatti, A. B.: Headlong Horses, Headless Horsemen. An Essay on the Chivalric Epics of Pulci, B., and Ariosto. In: Italian Literature. Roots and Branches. Festschr. T. G. Bergin. New Haven/L. 1976, 265–307.

Roskilde Michel Olsen

Bojan ostrov → Bujan ostrov

Bolivien. Wie in anderen Gebieten der span.-amerik. Kultur, bes. in den Anden, stammt das Erzählgut B.s aus zwei voneinander unabhängigen Quellen. Zum einen ist es span. Ursprungs und wird in den Gebieten mit span. geprägter Kultur von Bewohnern gepflegt, die ganz oder teilweise europ. Abstammung sind. Zum anderen geht es auf indian. Überlieferung zurück und wird von Einwohnern vorwiegend indian. Herkunft dort weitergetragen, wo die span. Kultur nicht dominierend geworden ist[1].

Die älteste Quelle der Erzählungen ist eine um 1700–25 redigierte Hs., die *Historia de la Villa Imperial de Potosí* des Bartolomé Arzáns de Orsúa y Vela (1676–1736)[2]. Darin befinden sich verstreut Chronikerzählungen erkennbar europ. Ursprungs, die häufig vom Bergbau handeln. Gegenstand sind z. B. die Enthüllung von Erzvorkommen durch übernatürliche Mächte und Hochwasser ankündigende Wunder.

Volkserzählungen erscheinen in Sammlungen aus dem 19. Jh. gewöhnlich in sehr veränderter Form, weil sie der literar. Gattung der ,tradición' im Sinne der romantischen Autoren B.s angeglichen werden. Auf M. R. Paredes ist eine wissenschaftlichere Ausrichtung der Sammlungen von Volkserzählungen zurückzuführen. In seinem Werk *Mitos, supersticiones y supervivencias populares de Bolivia* (La Paz 1920, [3]1964) umreißt er den Volksglauben, ohne sich auf spezifische Texte von Volkserzählungen zu stützen. Für Paredes ist die Volksüberlieferung B.s wesentlich die der Bewohner der Kolla, der Hochebene, wo Quechua und Aymara gesprochen wird.

Die erste bemerkenswerte unter Indianern aufgenommene Sammlung dieses Jh.s *Indianermythen vom Río Beni in Bolivien* stammt von E. Nordenskiöld[3]. Weitere dieselben Stämme (Chiriguano, Mosetene und Tacana) betreffende Arbeiten wurden von A. Métraux[4], F. Caspar[5] und K. Hissink/A. Hahn[6] veröffentlicht. Hissink und Hahn fassen das Erzählgut der Tacana nach folgenden Gesichtspunkten zusammen:

1. Verhältnis von Jägern und Tieren (Vorstellungen vom → Herrn der Tiere und Schamanismus); 2. Waldgeister, anthropomorphe Hüter von Naturerscheinungen; 3. Entstehung der Welt und die Erdgöttin Eaua Quinahi; 4. der Schöpfergott Caquiahuaca und die untergeordneten Gottheiten, die Edutzi; 5. Herkunft und Wanderung der Tacana; 6. Wechselbeziehung zwischen christl. und Tacanaerzählungen.

Die Arbeit gewinnt durch die Abbildungen der Informanten und Schilderungen der Erzählkontexte zusätzlichen Wert.

Mit Erzählungen der Callahuaya-Indianer befaßt sich G. A. Otero in seinem Werk *La piedra mágica. Vida y costumbres de los indios Callahuayas de Bolivia* (México 1951).

Unter den bolivian. Sammlungen der letzten Jahrzehnte müssen hervorgehoben werden: *Folklore de Yamparáez* (Sucre 1950) von J. F. Costas Arguedas und *El ítenez salvaje* (La Paz 1957) von L. Leigue Castedo. Costas Arguedas' Werk enthält u. a. Erzählungen, die aus Ereignissen der jüngstvergangenen politischen und militärischen Geschichte hervorgegangen sind (p. 133–145), sowie Märchen, die meist von der einheimischen Teufelsfigur Súpay handeln (p. 149–161). Leigue Castedo bringt ätiologische Erzählungen u. a. von Bäumen, die aus einer ihrem brutalen Mann entflohenen Frau entstanden sind, und von einem Geschlecht blutdürstiger Wespen, das aus einer Frau hervorgegangen ist, die ihre Nachkommen aufgefressen hatte.

A. Paredes Candia beschäftigt sich in seiner Arbeit *Literatura folklórica de la tradición oral boliviana* (La Paz 1953) mit der mündlichen Überlieferung. Er stellt u. a. fest, daß die Indianer des Kollagebiets Tiermärchen bevorzugen, insbesondere solche, deren Held das Kaninchen Sutta ist. Ein weiteres Ergebnis seiner Forschung ist die Erkenntnis, daß antiklerikale Schwänke und solche über Rassenbeziehungen sowie Koboldgeschichten immer auf Mestizen oder letztlich auf span. Ursprung zurückzuführen sind. Eine Ausnahme bildeten hier nur diejenigen Märchen, die von der dämonischen weiblichen Erscheinung La viuda und dem Tölpel El opa handeln.

Ferner ist hinzuweisen auf die Aufzeichnungen folkloristischen Materials der urbanisierten Mestizenbevölkerung durch V. Varas Reyes (*El castellano popular en Tarija*. La Paz 1960) und auf die Untersuchung von E. Oblitas Poblete zur Kultur der Callahuaya-Indianer (*Cultura callahuaya*. La Paz 1963).

Von J. F. Costas Arguedas wurde die Sociedad Folklórica de Bolivia gegründet und seit 1952 das *Cuaderno de la Sociedad Folklórica de Bolivia* herausgegeben. Einen Versuch, die Methoden der Feldforschung zu standardisieren, hat J. E. Fortún de Ponce in ihrem *Manual para la recolección de material folklórico* (La Paz 1957) unternommen. Doch sind ihre Empfehlungen fast wirkungslos geblieben.

Die bisherigen Sammlungen und Untersuchungen sind sehr inhaltsbezogen, und keine beschäftigt sich im besonderen mit der Funktion der Märchen, mit den Erzählformeln, die nicht auch in Spanien und anderswo gängig sind, und mit dem Erzählstil.

[1] cf. Espinosa, A. M.: Spanish and Spanish-American Folk Tales. In: JAFL 64 (1951) 151–162. Espinosa stellt die dargelegte Dichotomie bezüglich ganz Spanisch-Amerikas fest. – [2] Arzáns de Orsúa y Vela, B.: Historia de la Villa Imperial de Potosí. ed. Hanke, L./Mendoza, G. Providence 1965. – [3] Nordenskiöld, E.: Indianermythen vom Río Beni in B. In: Dt. Litteraturzeitung 37 (1916) 597–612. – [4] Métraux, A.: Mitos y cuentos de los indios Chiriguano. In: Revista del Museo de la Plata 33 (1932) 119–184. – [5] Caspar, F.: Three Myths of the Mosetene Indians. In: Ethnos 18 (1953) 167–174. – [6] Hissink, K./Hahn, A.: Die Tacana. 1: Erzählungsgut. Stg. 1961 (mit umfangreicher Bibliogr.). – [7] cf. ibid., X–XI.

Lit. (soweit nicht im Text und in den not. enthalten): Giese, W.: Märchenforschung in Süd- und Mittelamerika 1940–1953. In: Romanistisches Jb. 6 (1956) 369–377. – Paredes Candia, A.: Antología de tradiciones y leyendas bolivianas 1–3. La Paz 1968–1969 (mit Bibliogr. in jedem Band). – Carvalho-Neto, P. de: History of Iberoamerican Folklore. Mestizo Cultures. Oosterhout 1969 (mit umfangreicher Bibliogr.).

Buffalo Alan Soons

Bollandisten. Auf wiss. Hagiographie spezialisierte Arbeitsgruppe belg. Jesuiten in Brüssel, benannt nach Jean Bolland(us) (1596–1665). Zur Rehabilitierung der im Reformationszeitalter unter verschiedensten Aspekten polemisch oder kritisch abgelehnten Lebensbeschreibungen von Heiligen veröffentlichte Heribert Rosweyde (1569–1629) 1607 den Plan einer enzyklopädischen, nach dem liturgischen Kalender geordneten, kritischen Ansprüchen genügenden Ausgabe von Heiligenviten. Bolland wurde 1630 mit der Ausführung des Plans beauftragt und brachte 1643 die beiden ersten Bände der → *Acta Sanctorum* in Antwerpen heraus, wobei er auch Notizen über Heilige, von denen keine Vita bekannt war, beifügte. Gottfried Henskens (1601–1681), seit 1635 Mitarbeiter an dem monumentalen Projekt, veranlaßte eine stärkere Einbeziehung hist. Untersuchungen und begann mit Daniel Papebroch (1628–1714; seit 1646 Mitarbeiter, dann Nachfolger Bollands) die zunächst in belg. Bibliotheken und durch Korrespondenz gewonnene Materialbasis durch Reisen in ganz Europa zu erweitern. Nach Unterbrechung des bis zum 3. Oktober-Band gediehenen Unternehmens durch das Verbot des Jesuitenordens 1773 (t. 4–6 des Okt.s konnten noch 1780–94 erscheinen) wurde es 1837 in Brüssel wiederbegründet. Seit Viktor de Buck (1817–1876) wurden neben vorwiegend lat. und griech. auch oriental., slav. und kelt. Quellen einbezogen. Die bahnbrechenden Arbeiten des Löwener Kirchenhistorikers Charles De Smedt (1833–1911, seit 1882 Präsident der B.) zur hist.-kritischen Methode fanden ihren Niederschlag im 1. Nov.-Band (P. 1887), in dem durch kritische Darbietung sämtlicher Viten jedes Heiligen die Fragestellung grundsätzlich auf die Geschichte seiner Legende und seines Kultes ausgedehnt wird. Als Organ zur Ergänzung der alten und Vorbereitung der neuen Bände dienen seit 1882 die *Analecta Bollandiana*, welche seit 1891 durch ein *Bulletin des publications hagiographiques* ergänzt wurden. Heuristische Hilfsmittel sind die seit 1882 erscheinenden Spezialkataloge lat. und griech. hagiographischer Handschriften und die alphabetisch angelegten Repertorien von Heiligenviten:

Bibliotheca hagiographica latina ([BHL]. ed. A. Poncelet 1898–1901. Suppl. 1911; Neuausg. in Vorbereitung); *Bibliotheca hagiographica graeca* ([BHG]. ed. H. Delehaye ²1909; ed. F. Halkin ³1957); *Bibliotheca hagiographica orientalis* ([BHO]. ed. P. Peeters 1910); eine *Bibliotheca hagiographica germanica* ist geplant (cf. AnalBoll. 90 [1972] 299–322).

Diese Hilfsmittel bilden zusammen mit übergreifenden methodischen und auswertenden Arbeiten (vor allem von Hippolyte → Delehaye) die Reihe *Subsidia hagiographica*. Die heutige Société des Bollandistes hat ihren Sitz in Brüssel. Ihr bedeutendster Vertreter ist B. de Gaiffier.

Ausg.n: Beste und vollständigste Ausg. der AS ist die Originalausg.: Antw./Brüssel 1643–1924, t. 1–67, 1. Jan.–10. Nov., dazu Kommentare zum Martyrologium Hieronymianum (Nov. II, 2, 1931) und Martyrologium Romanum (Propylaeum ad AS Decembris, 1940). – 2. Ausg.:

Venedig 1734–70, t. 1–44, 1. Jan.–18. Sept. – 3. Ausg.: P. 1863sqq., t. 1–60, 1. Jan.–29. Okt., dazu „Auctaria octobris" (1875) mit wichtigen Reg.n.

Lit.: Delehaye, H.: A travers trois siècles, l'œuvre des Bollandistes (1615–1915). Bruxelles 1920. – Peeters, P.: L'Œuvre des Bollandistes. In: Mémoires de l'Académie royale de Belgique, Classe des Lettres, 2e série 39. num. 4. Bruxelles 1942. – id.: Figures bollandiennes contemporaines. Bruxelles 1948. – Aigrain, R.: L'Hagiographie. P. 1953, 329–350. – Siehe auch AnalBoll. 55 (1937) V–XLIV; 60 (1942) I-LII; 69 (1951) I–LIX. – LThK 2 (²1958) 571sq.

Freiburg/Br. Konrad Kunze

Bolte, Johannes, *Berlin 11. 2. 1858, † ebenda 25. 7. 1937, dt. Literaturhistoriker und Erzählforscher. 1874–80 in Berlin und Leipzig Studium der klassischen, insbesondere der griech. Philologie, Germanistik und klassischen Archäologie, in der er in Berlin mit einer Untersuchung über griech. und röm. Kunstwerke promovierte, die Gegenstände aus der *Odyssee* darstellen (*De monumentis ad Odysseam pertinentibus capita selecta.* B. 1882). 1880–1923 Gymnasiallehrer in Berlin. 1902–10 Herausgeber der *Zeitschrift des Vereins für Volkskunde.* 1918–30 Vorsitzender des Berliner Vereins für Volkskunde. 1923 wirkliches Mitglied der Preuß. Akademie der Wissenschaften in Berlin.

B.s für seine Zeit nicht unüblicher Weg zur Erzählforschung führte über die Altphilologie und klassische Archäologie. Das Thema seiner Dissertation bot die Anknüpfung zur vergleichenden Untersuchung von Erzählmotiven in der homerischen Dichtung. Ein weiterer Zugang war durch die Germanistik gegeben, die an der Berliner Universität von Gelehrten wie K. V. → Müllenhoff, M. Roediger, W. Scherer und E. Schmidt vertreten wurde, und zwar durch B.s germanistische Spezialgebiete: Geschichte des lat. und dt. Dramas, der neuhochdt. Erzählliteratur sowie der Spruch- und Liederdichtung des 16. und 17. Jh.s. Sein ungewöhnlich umfangreiches, in der Spanne von fast 60 Arbeitsjahren entstandenes wiss. Lebenswerk[1] weist B. als den seine Epoche überragenden vergleichenden Literatur-, Stoff- und Motivforscher aus. Seine im wesentlichen kompilatorische, hist.-philolog. Methode des universalen komparatistischen Nachweises von Erzählvarianten und Motivreihen in Literatur und Volksdichtung führte, verbunden mit seiner Herausgebertätigkeit, zu einer für die Erzählforschung bis heute grundlegenden, immensen Fülle von unterschiedlichsten Stoffbelegen – sein Zeitgenosse G. Roethe nannte B. „ein Genie des wissenschaftlichen Sammelns und Ordnens"[2] –, zeigt aber auch die Grenzen seiner an die methodischen Prolegomena K. Weinholds[3] angelehnten Arbeit auf, von der B. einmal – bescheiden und selbstkritisch zugleich – als „nur von geduldiger Kleinarbeit, von der Zurichtung einiger Bausteine, die andere zur Aufführung eines vollständigen Gebäudes nutzen mögen"[4] sprach.

Erstaunlich viele europ. Bibliotheksreisen[5] kennzeichnen B.s Vorgehen und sind gleichzeitig Voraussetzung für seine rege Herausgebertätigkeit. Den Ausgaben von dt. und lat. Dramen stellen sich die vor allem für die spät einsetzende Schwankforschung bedeutsamen Neuauflagen von Erzählkompilationen des 16. Jh.s zur Seite:

V. → Schumanns *Nachtbüchlein* (Tübingen 1893), J. → Freys *Gartengesellschaft* (Tübingen 1896), M. → Montanus' *Schwankbücher* (Tübingen 1899), G. → Wickrams *Werke* in acht Bänden (Tübingen 1901–1906) und, mit überaus reichhaltigen Anmerkungen, J. → Paulis *Schimpf und Ernst* (B. 1924). Zusammen mit E. Schmidt wurden R. → Köhlers *Aufsätze über Märchen und Volkslieder* (B. 1894) und von B. allein Köhlers *Kleinere Schriften* (Weimar 1898–1900) herausgegeben.

Das Standardwerk für die Märchenforschung, die völlige Neubearbeitung der *Anmerkungen zu den Kinder- und Hausmärchen der Brüder Grimm* 1–5 (Lpz. 1913–32), folgte in Zusammenarbeit mit dem Prager Slavisten J. → Polívka u. a. Gelehrten. Als weiterer Schwerpunkt sind B.s Veröffentlichungen zum Lied zu erwähnen, Ausgaben älterer und neuerer Liederbücher, wie immer begleitet von einer großen Zahl von Aufsätzen zur vergleichenden Forschung (beim Lied sind es allein 122).

Es scheint keine traditionelle Gattung der Volksdichtung einschließlich des Spektrums der Kleindichtung zu geben, die B. bei seinen Quellenstudien übergangen und über die er nicht Abhandlungen, Kommentare, Miszellen oder weiterführende Rezensionen geschrieben hätte. Veröffentlichungen über Brauch, Glaube, Kinder- und Puppenspiel, Tanz, Flugblätter, Bilderbogen u. a. lassen den Schluß zu, daß diesem universellen und arbeitsfreudigen Literaturkenner außer dem materiellen keiner der zu seiner Zeit relevanten volkskundlichen Teilbereiche fremd war.

B.s strenger philolog. Sachlichkeit ist die umfassende Zuverlässigkeit seiner Materialdarbietungen und Forschungsergebnisse zu danken. Seine nüchterne Faktengebundenheit und selbsteingestandene Abneigung gegenüber „luftigen genealogischen Konstruktionen"[6] unterscheiden ihn von manchen zeitgenössischen Erzählforschern, mit denen er sich andererseits, wie z. B. seine Auseinandersetzung[7] mit F. S. → Krauss und dessen → *Anthropophyteia* zeigt, in vielem, darunter auch in den zeitgebundenen theoretischen Zielsetzungen des Faches Volkskunde[8], wiederum einig wußte.

[1] Boehm, F.: B.-Bibliogr. Verz. der von J. B. in den Jahren 1882–1933 veröffentlichten Schr. In: ZfVk. 42 (1933) 1–68; id.: Nachträge zur B.-Bibliogr. In: ZfVk. 46 (1936/37) 219–223; B., J. [aus dem Nachlaß]: Bilderbogen des 16. und 17. Jh.s. In: ZfVk. 47 (1938) 3–18; Peesch, R.: Die Nachlässe J. B. und W. Mannhardt in der Dt. Staatsbibl. zu Berlin. In: DJbfVk. 4 (1958) 436. – [2] Brömse, H.: J. B. In: Jb. des Vereins für ndd. Sprachforschung 63/64 (1937/38) 45–52, hier 48. – [3] Weinhold, K.: Zur Einl. In: ZfVk. 1 (1891) 1–10. – [4] Anderson, W.: J. B. Ein Nachruf (FFC 124). Hels. 1939, 4. – [5] Boehm, F.: J. B. Sein Leben und sein volkskundliches Werk. In: ZfVk. 46 (1936/37) 1–15, hier 2sq.; Ranke, K.: J. B. In: Die Musik in Geschichte und Gegenwart. Allg. Enz. der Musik 2. Kassel/Basel 1952, 101sq.; id.: J. B. In: NDB 2 (1955) 434. – [6] Brömse (wie not. 2). – [7] cf. Anthropophyteia 10. Lpz. 1913, *1–*69. – [8] cf. Weinhold, K.: Was soll die Vk. leisten? In: Vk. Ein Hb. zur Geschichte ihrer Probleme. ed. G. Lutz. B. 1958, 38–41.

Freiburg/Br. Hannjost Lixfeld

Bondeson, August, * Vessige (Halland, an der Westküste Schwedens) 2. 2. 1854, † Göteborg 23. 9. 1906. Sohn eines Dorfschusters, vom Geistlichen auf die Schule gebracht. 1877 Abitur in Göteborg, anschließend Studium zunächst an der phil., ab 1879 an der medizinischen Fakultät der Univ. Uppsala. Ab 1889 praktischer Arzt in Göteborg.

B. begann früh mit der Aufzeichnung von Märchen und Sagen seines Vaters, der in den 18 Gemeinden, für die er als Schuster arbeitete, als Erzähler geschätzt war. B. trat aber schon bald auch selbst als Autor hervor, und zwar in seiner heimatlichen Mundart und mit Themen aus dem Volksleben. Unter Akademikern wurde er deshalb als 'bäuerlicher' Erzähler und Spielmann geschätzt. Drei seiner Veröffentlichungen markieren die Entwicklung in seinen Märchenpublikationen: *Halländska sagor* (Lund 1880), überwiegend nach seinem Vater mundartlich notiert, aber – im Stile der Zeit – frei bearbeitet (bes. wie N. G. → Djurklou); *Svenska folksagor från skilda landskap* (Sth. 1882), ebenfalls frei bearbeitet, aber nicht mundartlich und stilistisch weniger schwülstig, wahrscheinlich von dem norw. Märchensammler und Herausgeber P. C. → Asbjørnsen beeinflußt; *Historiegubbar på Dal* (Erzähler aus Dalsland. Sth. 1886), wo er seine Erzähler und ihr Milieu genau beschreibt und danach strebt, ihre Märchen und Sagen wortgetreu wiederzugeben, wie schon in *En saga från Dal och hännes källa* (Ein Märchen aus Dalsland und seine Quelle. Uppsala 1885).

Diese Arbeitsweise ist wahrscheinlich durch B.s Zusammenarbeit mit den akademischen Vereinen für Mundartforschung beeinflußt worden. Wie auch in anderen Ländern dienten die Aufzeichnungen von Volkserzählungen in hohem Maße als Materialien für Mundartstudien und wurden erst später als Quellen mit wiss. Eigenwert erkannt. Auch die Zusammenarbeit mit dem Begründer des Nord. Museums zu Stockholm, A. Hazelius, dürfte für B.s Entwicklung und Wirken von Bedeutung gewesen sein. Aber B. sammelte nicht nur Märchen, sondern gleichzeitig auch Objekte der Volkskultur und publizierte eine Reihe von Arbeiten zur Brauchforschung. Seine hinterlassenen Sammlungen liegen zum größten Teil im Dialekt- och folkminnesarkivet in Uppsala (Sigle: ULMA 351), ein Teil im Museum der Stadt Varberg, Briefe auch im Nord. Museum zu Stockholm und in der Universitätsbibliothek Uppsala.

Lit.: Sandklef, A.: A. Bondeson. Folklivsforskaren-författaren (Schr. des Institutet för västsvensk kulturforskning 2). Lund 1956. – Swahn, J.-Ö.: Das Volksmärchen in Schweden. Quellen und Forscher. In: Die Freundesgabe. Jb. der Ges. zur Pflege des Märchengutes der europ. Völker e. V. Münster 1975, 6–17, hier 10.

Uppsala Åsa Nyman

Boner, Ulrich entstammt einem alten Berner Patriziergeschlecht und wird als Dominikanermönch 1324–1349 häufiger in den Urkunden der Stadt erwähnt[1].

1. Überlieferungs- und Forschungsgeschichte. Mit seinem *Edelstein* (vermutlich 1340–50) hat B. eine Sammlung von 100 Fabeln, Exempeln und Schwänken herausgebracht, deren großer Erfolg durch zahlreiche Hss. (mindestens 12)[2] und zwei frühe Wiegendrucke (ältester: 1461 bei A. Pfister in Bamberg) belegt ist. Beide Inkunabeln liegen als Faksimiledrucke vor[3]. Im 16. und 17. Jh. geriet die Fabelsammlung B.s in Vergessenheit. Erst J. J. Breitinger und vielleicht auch J. J. Bodmer haben mit ihren 94 *Fabeln aus den Zeiten der Minnesinger* (Zürich 1757), die sie der Hss.-Tradition entnommen hatten, den entscheidenden Anstoß für die weitere Erforschung dieser Sammlung gegeben, denn auf Grund ihrer Edition beschäftigte sich Gotthold Ephraim Lessing[4] kritisch mit diesen Fabeln. So hat er B. als deren Verfasser nachgewiesen, den Druck von 1461 in der Wolfenbütteler Herzog-August-Bibliothek aufgespürt und die Quellenforschung angestoßen. Auch die weiteren B.-Forschungen befaßten sich primär mit den Quellen[5], einer quellenkritischen Gesamtausgabe[6], der Abfassungszeit sowie der Reihenfolge der Fabeln[7] und deren Sprache[8]. Im 20. Jh. sind dann die moralischen und sozialkritischen Intentionen[9] B.s eingehender behandelt worden; eine zusammenfassende Arbeit aller Aspekte bei den B.-Forschungen lieferte R. H. Balser[10] erst 1949.

2. Quellenvorlagen. In Z. 41sq. des Epilogs zu seiner Fabelsammlung hat B. selbst eindeutig ausgesagt, daß er lat. Vorlagen ins Deutsche gebracht habe, und auch in Fabel 100, Z. 34 weist er auf eine lat. Vorlage hin. Am Schluß der 62. Fabel wird der *Ysopus* in der vorletzten Zeile erwähnt, in der 63. Fabel, Z. 2 mit Avian die Quellenvorlage noch genauer von B. angegeben. Nachdem schon die Quellenforschungen Lessings ergeben hatten, daß B. 55 Vorlagen dem Anonymus Neveleti[11] und 21 Avian[12] entnommen hat, steht nach C. Waas[13] nur noch der Nachweis der Vorlagen für die Fabeln 4, 53, 89 und 99 aus. Für die restlichen 20 Fabeln B.s konnten die Vorlagen vor allem aus den *Gesta Romanorum*, der *Disciplina clericalis* des Petrus Alphonsi, dem *Alphabetum narrationum* des Arnold de Liège und anderen ma. Exempelsammlungen ermittelt werden. Daraus darf man folgern, daß B. Vorlagen für all seine Fabeln gehabt hat, die er aber nach seinen eigenen Vorstellungen und Intentionen gestaltete, was bes. in seiner eigenen jeweiligen „applicatio moralis" deutlich wird.

3. Verfasserschaft, Diktion und Form. Auf B. als Verfasser der *Fabeln aus den Zeiten der Minnesinger* hat ebenfalls Lessing aufmerksam gemacht. Sowohl im Prolog (Z. 39) als auch im Epilog (Z. 45) findet sich der latinisierte Name „Bonêrius", und auch seine Widmungen an Herrn Johann von Ringgenberg (Prolog, Z. 43sq. und Epilog, Z. 39) erhärten die Verfasserschaft B.s. Die Diktion in den Fabeln weist auf die Berner Mundart hin, vor allem lassen sich Ausdrücke der Berner Kanzleisprache in seinen Fabeln nachweisen. Ansonsten ist der Stil einfach, die vierhebigen Verszeilen sind rein und entsprechen der Dichtkunst seiner Zeit. Im Gegensatz zu seinen Vorlagen hat B.

die moralische Nutzanwendung am Schluß einer jeden Fabel oft sehr viel breiter ausgeführt. Hier zeigen sich seine Intentionen, die er als Dominikanermönch vertreten hat, nämlich durch Beispiele (bîschaft) die Tugenden der Menschen zu bessern und zu stärken und die Größe und Allmacht Gottes zu predigen.

4. Intentionen und Fabelinhalte. Schon in seinem Prolog macht B. auf die lange Exempeltradition und deren Bedeutung für die christl. Predigt aufmerksam (Prolog, Z. 30–38). Der Titel *Edelstein* ist mit Bedacht als Sinnbild für das Exempel (Prolog, Z. 59–76) gewählt. Diesem möchte B. magische Kräfte bei der Predigt beimessen, wie sie zu seiner Zeit den Edelsteinen zugeschrieben worden sind. Wer aber trotz der Beispiele nicht zu besserer Einsicht geführt werden kann, dem gehe es wie dem Hahn, der mit der Perle nichts anzufangen weiß und sich deshalb lieber Körner wünscht (Fabel 1). B. handelt in seinen Fabeln vor allem das Verhalten und Fehlverhalten der Menschen ab. In den meisten Fabeln sind die Handlungsträger Tiere und Pflanzen, seltener agieren Menschen; wo das der Fall ist, liegt meistens keine Fabelnachdichtung vor, sondern B. hat seine eigenen Vorstellungen oder die anderer wiedergegeben, z. B. zur Witwenschaft (Fabel 58), der er sehr positiv gegenübersteht. Auch die Herrschaftsstrukturen sind in einigen seiner Fabeln angesprochen: in Fabel 5 (AaTh 111A) wird die Willkür des Wolfes gegenüber dem Lamm scharf verurteilt. Andererseits hat B. den Untergebenen z. B. in den Fabeln 14 (mit hohen Herren soll man nicht schimpfen [scherzen]), 15 (AaTh 112; lieber arm, aber zufrieden, als reich, aber in steter Lebensgefahr) und 16 (Weisheit [Schlauheit] oft besser als Gewalt) Verhaltensmaßregeln gegenüber den „hohen Herren" erteilt, die deutlich befürworten, sich mit den gegebenen Umständen abzufinden und sich möglichst gut mit der Umwelt zu arrangieren.

Da es nicht möglich ist, einen umfassenden Überblick über alle Fabeln B.s zu geben, sollen nur noch die bekanntesten nach AaTh und Mot. aufgeführt werden:

num. 3 = cf. AaTh 157: Furcht: Tiere lernen F. vor den Menschen. – num. 5 = AaTh 111A: Wolf und Lamm. – num. 6 = AaTh 278: Tiere aneinander gebunden. – num. 8 = AaTh 51: Löwenanteil. – num. 9 = AaTh 34A: Hund verliert das Fleisch. –

num. 11 = AaTh 76: Wolf und Kranich. – num. 13 = Mot. W 154.2.1: Rescued animal threatens rescuer. – num. 15 = AaTh 112: Feldmaus und Stadtmaus. – num. 17 = AaTh 225A: Fliegen lernen. – num. 18 = AaTh 57: Rabe und Käse. – num. 19 = cf. AaTh 50C: Esel brüstet sich damit, den kranken Löwen getreten zu haben. – num. 20 = AaTh 214: Esel will den Herrn liebkosen. –

num. 21 = AaTh 75: Hilfe des Schwachen. – num. 23 = AaTh 233C: Die Schwalbe und der Hanfsamen. – num. 24 = cf. AaTh 277: Frösche bitten um einen König. – num. 25 = AaTh 277: Frösche bitten um einen König. – num. 26 = cf. AaTh 231**: Tiere fressen einander. – num. 28 = cf. AaTh 37: Fuchs als Kindermagd. – num. 29 = Mot. U 114: Mountain in labor brings forth a mouse. –

num. 32 = AaTh 70: Hasen und Frösche. – num. 37 = AaTh 60: Fuchs und Kranich. – num. 39 = AaTh 244: Tiere borgen voneinander. –

num. 42 = AaTh 280A: Ameise und Grille. – num. 44 = AaTh 222A: Die Fledermaus im Krieg zwischen Vögeln und Tieren. – num. 46 = AaTh 277A: Frosch: Der aufgeblasene F. – num. 47 = AaTh 156: Androklus und der Löwe. – num. 50 = cf. AaTh 122J: Pferd bittet Löwen, ihm Dorn aus dem Fuß zu ziehen, bevor er es frißt, tritt ihn und rettet sich so. –

num. 52 = AaTh 1215: Asinus vulgi. – num. 56 = AaTh 77: Tiere: Die eitlen T. – num. 57 = AaTh 1510: Witwe von Ephesus. – num. 59 = AaTh 201: Wolf: Der freie W. (Hund). – num. 60 = AaTh 293: Magen und Glieder. –

num. 61 = cf. AaTh 960A: Kraniche des Ibykus. – num. 64 = AaTh 225A: Fliegen lernen. – num. 65 = AaTh 276: Krebs und seine Jungen. – num. 66 = AaTh 298: Streit zwischen Wind und Sonne. – num. 67 = AaTh 214B: Esel in der Löwenhaut. – num. 70 = AaTh 110: Katze mit der Schelle. –

num. 71 = AaTh 155: Undank ist der Welt Lohn. – num. 72 = AaTh 1591: Gläubiger: Die drei G. – num. 73 = AaTh 179: Bär: Was der B. dem sich Totstellenden ins Ohr flüstert. – num. 74 = AaTh 1626: Traumbrot. – num. 79 = AaTh 247: Kinder: Die schönsten K. –

num. 82 = AaTh 1834: Pfarrer mit der feinen Stimme. – num. 83 = AaTh 298C*: Baum und Rohr. – num. 88 = AaTh 1331: Neidischer und Habsüchtiger. –

num. 91 = AaTh 1342: Heiß und kalt aus einem Mund. – num. 92 = cf. AaTh 150: Lehren:

Die drei L. des Vogels. – num. 95 = AaTh 1861A: Bestechung. – num. 100 = AaTh 910C: Barbier des Königs. –

[1] ADB 3 (1876, Nachdr. B. 1967) 121sq.; NDB 2 (1955) 443; Goedeke 1 ([2]1884) 268–270, § 84, num. 1; Verflex. 1 (1933) 257–259; Leibfried, E.: Fabel. Stg. (1967) [2]1973, 55sq.; Dithmar, R.: Die Fabel. Geschichte, Struktur, Didaktik. Paderborn 1971, 27–29. – [2] cf. die Hss.-Überblicke bei Pfeiffer (v. not. 6) 186–188, im Verflex. 1 (1933) 257 und bei Jördens, K. H. (ed.): Lex. dt. Dichter und Prosaisten 1. Lpz. 1806, 161–179. – [3] Bibliogr. der Faks.drucke: a) des Wiegendrucks in der Kgl. Bibl. zu B.: U. B.: Der Edelstein. Lichtdrucknachbildung der undatierten Ausg. im Besitze der Kgl. Bibl. zu B. Nebst 6 Tafeln nach der Ausg. der Herzoglichen Bibl. zu Wolfenbüttel (Graphische Ges. 1. Außerordentliche Veröff.). B. 1908 (Vorw. P. Kristeller); b) des Wiegendrucks der Herzog-August-Bibl. Wolfenbüttel: U. B.: Der Edelstein. Faks. der 1. Druckausg. Bamberg 1461 (bei Albrecht Pfister). Signatur der Herzog-August-Bibl. Wolfenbüttel: 16. 1 Eth. 2°. Einl. von D. Fouquet. Stg. 1972. – [4] cf. die quellenkritischen Hinweise bei Lessing, G. E.: Sämtliche Schr. 11. ed. K. Lachmann. Stg. [3]1895, 322–351 (Über die sog. Fabeln aus den Zeiten der Minnesinger. 1. Entdeckung); t. 14 (Lpz. [3]1898) 3–33 (Über die sog. Fabeln aus den Zeiten der Minnesinger. 2. Entdeckung); t. 16 (Lpz. [3]1902) 150sq.; 156sq.; 163; 169sq.; 173sq.; 182sq.; 185–188; 190; 194sq. (Zur Geschichte der Aesopischen Fabel). – [5] Waas, C.: Die Qu.n der Beispiele B.s. (Diss. phil. Gießen) Dortmund 1897. – [6] Pfeiffer, F. (ed.): Der Edelstein von U. B. (Dichtungen des dt. MA.s 4). Lpz. 1844 (nach dieser Ausg. ist zitiert worden). – [7] Gottschick, R.: Über die Zeitfolge in der Abfassung von B.s Fabeln und über die Anordnung derselben. Diss. phil. Halle 1879. – [8] Schoch, R.: Über B.s Sprache. (Diss. phil. Zürich) Frauenfeld 1881; Balsiger, F.: B.s Sprache und die bern. Mundart. (Diss. phil. Bern 1903–04). In: Zs. für hochdt. Mundarten 5 (1904) 37–99. – [9] Vollrath, M.: Die Moral der Fabeln im 13. und 14. Jh. in ihrer Beziehung zu den gesellschaftlichen Verhältnissen. Unter bes. Berücksichtigung von B.s Edelstein. Diss. phil. Jena 1966 (masch.). – [10] Blaser, R. H.: U. B. Un Fabuliste suisse du 14e siècle. (Thèse lettres P.) Mulhouse 1949. –

[11] Neveletus, I. N.: Mythologia Aesopica [...]. Opera et studio [...]. Ffm. 1660, 486–530: Anonymi Fabulae Aesopeae. – [12] ibid., 454–485: Aesopi Fabulae XLII ab Avieno elego conscriptae. – [13] Waas (wie not. 5) 233.

Göttingen Ernst Heinrich Rehermann

Bonhomme misère → Schmied und Teufel

Bonifatius (Winfrid), Hl., * Wessex 672 oder 675, † 5. 6. 754, Märtyrertod bei Dokkum (Friesland), Benediktiner, begann nach klösterlicher Lehrtätigkeit 715 seine für die Entwicklung des Abendlandes bedeutungsvolle Missionsarbeit[1]. 719 wurde er apostolischer Missionar, später päpstlicher Vikar für das dt. Missionsgebiet und Erzbischof von Mainz. Seine hist. Größe liegt in der organisatorisch-kirchlichen Festigung des Christentums ('Apostel Deutschlands'). Als Klosterlehrer schrieb er Traktate über Grammatik und Metrik. Seine Korrespondenz bietet u. a. Einblick in die germ. Volksreligion. An B.' umfassende Wirksamkeit knüpfen sich zahlreiche Legendenerzählungen[2], die z. T. auch bildliche Darstellung fanden[3]. Die bekannteste ist, wie B. in Geismar (Hessen) die Donar-Eiche (arbor Jovis) fällt[4]. Die übrigen enthalten geläufige Mirakel und Wandermotive, z. B. → Heilung von Kranken, Tierwunder (→ Hilfreiche Tiere)[5], → Brotlegenden, → Quell- und Stabwunder (cf. *Der grünende → Zweig*)[6], → Fußspur im Stein[7], Bannung lästiger Tiere[8]. Unter den Reliquienmirakeln begegnet das verbreitete Motiv von B.' Leiche, die nur an dem vom Hl. zu Lebzeiten bestimmten Ort bestattet werden kann[9]: Man vermag sie nach vergeblichen Versuchen in Utrecht und Mainz erst in Fulda zu beerdigen (→ Begräbnis). Mehrere B.mirakel entstanden bei der Errichtung von Kirchen (Christenberg bei Wetter)[10] und bei der Benennung von Berghöhen (Herchenhainer B.kanzel).

Eine Vielzahl von Wundergeschichten, die noch in neuerer Sagenliteratur nachwirken[11], rankt sich um die sakralgeschichtlich aufgebauten kultischen B.gedenkstätten in Dokkum, Utrecht, Mainz, Fulda und im Eichsfeld. Bes. reich an B.erinnerungen des 16. bzw. 17. Jh.s ist der Verehrungsort des Hl. auf dem Hülfensberg (im Hess.)[12]. Die von dort berichteten – im kathol. Glauben tief verwurzelten – Wundererzählungen, die sich z. T. offensichtlich gegen die protestant. Häresie richteten, handeln vornehmlich von Krankenheilungen. Im Volksglauben gilt B. als Patron der Bierbrauer und Schneider[13].

In einigen Sagenvarianten tritt er als mahnender Begleiter des wilden Jägers auf[14].

[1] LThK 2 (²1958) 591–594. – [2] MGH 2, 331–359; AS Junii 5, 445–496. – [3] Lex. der christl. Ikonographie 1. Rom/Fbg/Basel/Wien 1973, 427–436 (G. Kiesel). – [4] Günter 1949, 85. – [5] AS Junii 5, 467. – [6] HDA 1 (1927) 1478. – [7] Grimm DS, num. 180. – [8] ibid., num. 290; cf. Günter 1910, 57, 63, 82. – [9] Günter 1949, 208. – [10] Stoll, A.: Dt. Sagen. Lpz. s. a., 225. – [11] cf. z. B. Heun, W./Obermann, H.: Hess. Sagenbuch. Braunschweig/Darmstadt 1967, 79sq. – [12] AS Junii 5, 492–496. – [13] Zu B'. Funktion als Patron cf. Kerler, D. H.: Die Patronate der Hll. Ulm 1905, 38, 93, 315. – [14] HDA 1 (1927) 1479.

Berlin Fritz Wagner

Bonmot. Als Gattungsbezeichnung taucht B. nur in frz. Sammlungen auf, meist parallel oder sogar synonym mit den Begriffen Anekdote, Maxime, Aphorismus (z. B. Nicolas Chamforts *Portraits et caractères, anecdotes et bonmots* [1803] oder Antoine Rivarols *Maximes et pensées, anecdotes et bons mots* [1788]). Das Wort ist mehrdeutig: geistreiche Wendung, Witzwort, Wortspiel, treffende Bemerkung; das richtige Wort, im richtigen Moment improvisiert. Ein B. kann zynisch, albern, liebevoll, derb, aufmunternd, satirisch oder ironisch sein – es muß nur auf die Situation passen und den Nagel auf den Kopf treffen. Auch viele Schlagfertigkeitswitze könnte man als B.s bezeichnen. Gegenüber → Witz und → Anekdote ist B. eine noch knappere Aussage, die knappste überhaupt denkbare. Doch ist ein B. nicht selten, als Ausspruch einer bekannten Persönlichkeit, die Pointe oder die abschließende Bemerkung einer Anekdote. Unfreiwillige komische Hervorbringungen gehören nicht zum Bereich des B.s. Das B. ist eine Individualschöpfung; es ist nicht typisch und traditionell fixiert, sondern persönlichkeits- und augenblicksgebunden und deshalb auch nicht beliebig wiederholbar oder übertragbar. Im Bereich des Witzes kann zum B. werden: ein Klangwitz, ein Wortspiel, ein witziger oder hinkender Vergleich, ein Oxymoron, ein Mehrdeutigkeitswitz, eine Antithese, eine witzige Schlußfolgerung, ein witziges Weismachen oder Abfertigen, auch ein Kalauer, eine gewollte Banalität. B.s sind – wie der Wortwitz ganz allgemein – an das Material einer Sprache gebunden und darum meist unübersetzbar.

→ Kalauer, → Pointe, → Wortspiel, → Wortwitz.

Lit.: Schrader, H.: Scherz und Ernst in der Sprache. Weimar 1897. – Wechssler, E.: Über den Witz (das Witzwort, le mot pour rire) aus Anlaß Molières. Heidelberg 1914. – Behaghel, O.: Humor und Spieltrieb in der dt. Sprache. In: Neophil. 8 (1922) 180–193. – Freud, S.: Der Witz und seine Beziehung zum Unbewußten. Wien 1905. – Jünger, F. G.: Über das Komische. (Hbg 1936) Ffm. ³1948. – Wellek, A.: Zur Theorie und Phänomenologie des Witzes. In: id.: Ganzheitspsychologie und Strukturtheorie. Bern 1955, 151–180. – Röhrich, L.: Der Witz. Stg. 1977.

Freiburg/Br. Lutz Röhrich

Bonnus, Hermann, *Quakenbrück 1504 als Sohn des Schuhmachermeisters und Ratsherrn Arnold (Arndt) Bonne (Bunne), † Lübeck 12. 2. 1548 als protestant. Superintendent[1].

Nach der Schulausbildung in Quakenbrück und an der Domschule in Münster studierte er 1523–25 in Wittenberg bei Luther und vor allem Melanchthon. Danach übte er bis zu seiner Ernennung (1530) zum Rektor der neuen evangel. Katharinenschule in Lübeck verschiedene Lehrtätigkeiten aus. 1531 berief ihn J. Bugenhagen zum Superintendenten von Lübeck. Dieses Amt hatte B. bis zu seinem Tode inne. Nur 1534 wurde er während der Unruhen in der Lübecker Bürgerschaft für kurze Zeit seines Amtes enthoben, und 1543 war er beauftragt, im Stift Osnabrück die reformatorische Lehre einzuführen.

Die größten Verdienste erwarb sich B. mit pastoraltheol. Werken[2] und um das ndd. evangel. Kirchenlied[3]. Viele seiner Schriften sind ebenfalls ndd. abgefaßt, so auch die drei Bücher seiner *Chronica* (Vorrede vom 28. 3. 1539), in denen er einen kurzen Überblick über die Geschichte der Stadt Lübeck gegeben, ausführlich die Unruhen von 1534 beschrieben und seine Einstellung dazu dargelegt hat[4].

Ebenfalls 1539 brachte B. mit *Farrago praecipiorum exemplorum*[5] erstmals seine bekannte lat. Exempelsammlung heraus, die vier spätere Auflagen zusammen mit den *Vitae patrum* des G. Major[6] und noch 1604 eine dt. Übersetzung[7] erfuhr. B. hat in dieser Sammlung ausgewählte Exempel von Aposteln, Märtyrern, Kirchenvätern, Bischöfen und Heiligen vor allem der alten Kirche zusammengestellt; den Exempeln aus den Viten von Aposteln und anderen Glaubenszeugen folgen die der Kirchenväter und Bischöfe, wie sie in der *Historia ecclesiastica et tripartita* zu finden sind. Aber auch den Mönchsviten entstammen einige Exempel, und die 2. Hälfte der Sammlung enthält primär Exempel aus Viten der Kirchenväter und Heiligen, die zur Illustration von bestimmten Situationen (z. B. der Anfechtung, der Versuchung) oder von Tugenden und Untugenden dienen. Neben diesen Exempeln werden noch Spruchweisheiten zur rechten Gestaltung eines christl. Lebens angeboten.

Mit dieser Exempelsammlung des B. liegt ein frühes Zeugnis für die protestant. Legendenauffassung vor, die bewußt die Viten der Apostel und Kirchenväter aus dem N. T. und den alten Kirchengeschichten gegenüber den späteren Mirakelsammlungen als Exempelquelle bevorzugt hat.

[1] Flaskamp 1951 (v. Lit.) 5–14. – [2] Spiegel ²1892 (v. Lit.) 209–211. – [3]Nelle ²1909(v. Lit.) 60sq. – [4] Folgende Ausg. wurde benutzt: Bonnus, H.: Chronica / Der vörnemelikesten Geschichte unde handel / der Keyserliken Stadt Lübeck [...]. Magdeburg 1559; lat. Übers. von J. Gobler, Basel 1543; hochdt. Fassung: Bonnus, H.: Lübecksche Chronica [...] aus dem Sächsischen ins Hochdeutsch übersetzet. [s. l.] 1634. – [5] Benutzte Ausg.: Bonnus, H.: Farrago praecipiorum exemplorum, de apostolis, martyribus, episcopis et sanctis patribus veteris ecclesiae [...]. Schwäbisch Hall 1539. – [6] cf. Brückner, 531–536, bes. 533 und 535. – [7] Dt. Übers.: Bonnus, H.: Beschreibung Fürnemer Exempel und Historien / von Aposteln / Martyrern / Bischöfen und heiligen Vätern der alten Christlichen Kirchen / [...]. Verdeutschet durch M. Sebastianum Schwan. Lübeck 1604. –

Lit.: ADB 3 (1876, Nachdr. B. 1967) 133. – NDB 2 (1955) 448sq. – Goedeke 2 (²1886) 205, § 129, num. 8. – Herzog-Hauck 3 (³1897) 313sq. – RGG 1 (³1957) 1361. – LThK 2 (²1958) 601. – Spiegel, B.: H. B. Erster Superintendent von Lübeck und Reformator von Osnabrück. Göttingen ²1892. – Nelle, W.: Geschichte des dt. evangel. Kirchenliedes. Hbg ²1909. – Flaskamp, F.: H. B. Zur Reformationsgeschichte des Hochstifts Osnabrück (Qu.n und Forschungen zur Natur und Geschichte des Kreises Wiedenbrück 75). Gütersloh 1951.

Göttingen Ernst Heinrich Rehermann

Bontemps, Roger → Novellistik

Boor, Helmut de, *Bonn 24. 3. 1891, † Berlin 4. 8. 1976, Germanist. Lehrte in Breslau, Greifswald, Bern und Berlin auf den Gebieten Ältere dt. Sprache und Lit. und Nord. Philologie; betreute umfangreiche Publikationen. – In seinem Aufsatz *Märchenforschung*[1] fordert B. eine „Erforschung des Märchens als literarischer Gattung" (seines „Wegs vom Stoff zur Form") und warnt vor der Gefahr, die Motive zu überschätzen, „über den Teilen das Ganze zu vergessen". Daß B.s Aufsatz im gleichen Jahr wie V. Ja. → Propps *Morphologie des Märchens* (1928) erschienen ist, veranlaßt I. → Levin, das gleichzeitige Auftauchen ähnlicher Konzeptionen innerhalb verschiedener gesellschaftlicher Systeme zu vermerken: „Propp's train of thought here sounds like a Marxist version of Helmut de Boor's hypotheses"[2]. Über die Finn. Schule (→ Geographisch-historische Methode) hinausgehend, aber im Einklang mit A. → Jolles, betont B. den eigenen Formwillen des Märchens, seinen Drang zur Form[3].

In seiner *Geschichte der dt. Lit.* regt B. implizit eine literaturgeschichtliche Einordnung des Märchens an[4].

[1] Boor, H. de: Märchenforschung. In: Zs. für Deutschkunde 42 (1928) 561–581; Ndr. in: Karlinger, F. (ed.): Wege der Märchenforschung. Darmstadt 1973, 129–154. – [2] Levin, I.: V. Propp: An Evaluation on His Seventieth Birthday. In: J. of the Folklore Institute 4 (1967) 32–49, hier 44. – [3] cf. B.s kritische Rez. des HDM 1: Warnung vor einer bloß materialanhäufenden Forschung. In: Zs. für Deutschkunde 47 (1933) 332–335. – [4] Boor, H. de: Geschichte der dt. Lit. 1–3. Mü. 1949–1962 (t. 1: ⁸1971; t. 2: ⁹1973; t. 3/1: Die dt. Lit. im späten MA. Zerfall und Neubeginn 1250–1350. Mü. ⁴1973, bes. Kap. 6: Kleinepik).

Bibliogr.: Verz. der wiss. Schr. 1913–1966. In: Boor, H. de: Kl. Schr. 2. B. 1966, 358–371; 1966–1970 in: Mediævalia litteraria. Festschr. zum 80. Geburtstag. Mü. 1971, 611–614.

Freiburg/Br. Otto Holzapfel

Boratav, Pertev Naili, *Darıdere (Türkei, heute bulg. Zlatograd) 2. 9. 1907, türk. Folklorist. B. studierte 1927–30 türk. Philologie und Literaturwissenschaft an der Univ. in Istanbul, war dort 1931/32 Assistent, von 1938–48 nach einem kurzen Aufenthalt in Deutschland (1936/37) Dozent und Professor an der Univ. in Ankara, von 1952 bis zur Pensionierung am Centre National de la Recherche Scientifique in Paris tätig, zuletzt als Maître de recherche.

Von 1938 an lehrte B. Volksliteratur und wurde 1946 der erste Professor für Volkskunde in der Türkei und Lehrer einer ganzen Generation junger Volkskundler. Er ist auch der erste, der von 1939 an systematisch, z. T. mit Hilfe seiner Studenten, Märchen und Legenden in allen Teilen der Türkei gesammelt und an der Universität archiviert hat. Mit der Abschaffung des Lehrstuhls für Volkskunde durch die Regierung wurde auch das Archiv aufgelöst. Während seiner Tätigkeit in Paris hat B. ein neues Archiv aufgebaut, das Material bearbeitet und zwischen 1964 und 1970 nochmals Erzählungen und Legenden, vorwiegend in den westl. Teilen der Türkei, gesammelt.

Am stärksten beeinflußt wurde B. von der jungtürk. literar. Bewegung, die das türk. Element aus der von pers. und arab. Lit. allzu stark überwachsenen Tradition herauszuschälen versuchte. In fast allen seinen Arbeiten ist das Bemühen sichtbar, die noch lebendigen Volkstraditionen der Türkei mit der literar. Überlieferung zu verbinden.

B.s Publikationen umfassen drei Gebiete der türk. Volkskunde:

1. Arbeiten über türk. Volksepen: Köroğlu Destanı (Das Köroğlu-Epos). Istanbul 1931. – Bey Böyrek hikâyesine ait metinler (Texte zum Bey-Böyrek-Epos). Ankara 1939. – Halk hikâyeleri ve halk hikâyeciliği. Ankara 1946 (dt. Übers. von W. Eberhard: Türk. Volkserzählungen und die Erzählerkunst 1–2. Taipei 1975). –

2. Analytische Arbeiten über Märchen und Legenden: Pir Sultan Abdal. Ankara 1943 (zusammen mit A. Gölpınarlı; behandelt die Legende und das Werk des Volksdichters P. S. A.). – Typen türk. Volksmärchen. Wiesbaden 1953 (zusammen mit W. Eberhard). – Les Histoires d'ours en Anatolie (FFC 152). Hels. 1955. – Le 'Tekerleme'. Contribution à l'étude typologique et stylistique du conte populaire turc. P. 1963. –

3. Veröff.en von Texten und Hbb.: Türk. Volksmärchen. B. ([1]1967) [5]1974 (auch frz. und türk. Übers.). – Türk Halk Edebiyatı (Türk. Volkslit.). Istanbul [2]1973. – Türk Folkloru. Istanbul 1973 (eine Zusammenstellung der wichtigsten Probleme der türk. Vk.). – Folklor ve Edebiyat (Vk. und Lit.). t. 1: Istanbul 1939, t. 2: Ankara 1945 (zeigt Zusammenhänge zwischen Vk. und älterer türk. Lit. auf).

Berkeley Wolfram Eberhard

Borneo → Indonesien

Bosheit, böse

1. Allgemeines – 2. Sage – 3. Märchen – 4. Andere Gattungen (Schwank, Fabel, Legende) – 5. Schluß.

1. Allgemeines. Bosheit, boshaft einerseits; Bösartigkeit, Böswilligkeit, böse (b.) anderseits werden nicht nur von Philosophen und Psychologen, sondern auch im Alltag in verschiedener Bedeutung verwendet. Die Umgangssprache kennt, durchaus im Einklang mit älterem Sprachgebrauch, b. Krankheiten, b. Überraschungen und b. Jahre, beschränkt den Ausdruck also nicht auf das Gebiet des Moralischen. Anderseits deckt der Begriff b. keineswegs das ganze Feld des moralisch Verwerflichen ab (Faulheit, Gefräßigkeit, auch Ungehorsam können moralisch verworfen werden, brauchen aber nicht b. zu sein). In diesem Artikel ist b. nicht im weitesten Sinn verstanden, sondern bedeutet bösartig, ob es sich nun um die Charakteristik eines Handlungsträgers handelt (ein b.r Mensch, ein b.r Dämon, der b. Wolf) oder um einzelne Handlungen (bösartiges Verhalten). B. kann wie b. einer Figur als solcher zugeschrieben werden oder Bezeichnung für eine Tat sein. B. als Dauereigenschaft trägt im allg. Bewußtsein einen scharf negativen Akzent; der Sprachgebrauch kennt aber auch harmlose oder sogar liebenswerte „kleine B.en".

Neben der Brandmarkung von B. und b. trifft man bewundernde Anerkennung der Aktionskraft des Bösen sowie metaphysische und ästhetische Faszination durch die Dämonie und die Erscheinungsform des Bösen. Solche → Ambivalenz findet sich auch in Volkserzählungen; im wesentlichen aber wird das ausdrücklich oder indirekt als b. Bezeichnete deutlich negativ gewertet. Als b. erscheinen, landläufiger Auffassung konform, absichtsvolle und vom Betroffenen nicht oder nicht in entsprechendem Grad provozierte Schädigungen bzw. ein (relativ) unprovozierter Schädigungswille.

2. Sage. In Volkssagen gibt es b. Menschen und b. Jenseitige. Nicht selten verschränken sich beide Bereiche.

Fast jede Sagensammlung enthält zahlreiche Beispiele für b. Nachbarn oder Dorfgenossen, b. Grundherren, b. Fremde (z. B. Zigeuner oder Landesfeinde). Unter den Dorfgenossen stehen die „Hexen" im Vordergrund. Im Extremfall wird solchen Frauen Mordlust angedichtet: In Katzengestalt töten sie, völlig unprovoziert, jeden, der in einem bestimmten Wirtshaus übernachtet[1]. Sie schädigen durch b.n Blick, der Menschen und Vieh Krankheiten anhext, durch Alpdrücken, durch Erregen von Unwetter, zauberisch-diebisches Melken, Herbeihexen oder gar Erschaffen von Ungeziefer. Ähnliches wird männlichen Hexern zugeschrieben. Während solche angeblich Schadenzauber Übende oft irgendwie Außenstehende sind, die durch sonderbares Gebaren auffallen, häufig Arme, ist der tyrannische Grundherr oder Fronherr, Zwingherr nicht auf Magie angewiesen. Er erscheint in der Sicht der Sagen in der Regel als grausam, oft als sadistisch und zynisch[2]. Die Gegenwehr der Unterdrückten ist meist nicht minder grausam (Beispiel: Ertränken des Grafen von Hamm in der Jauche: „Wenn er auf der einen Seite wieder rauskam, schmiß man ihn auf der anderen wieder rein"[3]), wird aber von Erzählern und Hörern nicht als b. eingestuft. Konsequenterweise wird der Tyrann häufig nach seinen eigenen Methoden umgebracht: mit seinen Stöcken geschlagen, von der eigenen Peitsche zum Scherbentanz angetrieben[4]. Entsprechend werden Untaten des Landesfeindes, z. B. der Franzosen in der Schweiz 1798/99, als rücksichtslos b. empfunden, so etwa das Fällen eines Kirschbaums, um die Kirschen bequemer pflücken zu können[5], hinterhältige Anschläge Einheimischer dagegen kommentarlos akzeptiert:

> Ein Franzose nimmt einer Frau auf dem Weg zur Voralpe gefällig den Rückenkorb ab und trägt ihn ein Stück weit. Als er den Tragkorb „zurückgab, schaute er auf die andere Seite. In diesem Augenblick gab sie ihm einen Puff und stürzte ihn über die Felsen in die Binna"[6].

In anderen Sagen werden indessen, mit sageneigenen Mitteln, auch Anschläge von Landsleuten als b. gekennzeichnet:

> Drei Blutstropfen an der Wand eines Hauses, „in dem zur Franzosenzeit ein einquartierter Franzose ermordet worden [...], sind nicht wegzuwaschen"[7].

Während Hexen in der Sage trotz ihrer magischen Künste zu den Diesseitigen zu zählen sind (nicht einmal von einem Bund oder gar einer Buhlschaft mit dem Teufel braucht die Rede zu sein), treten als „jenseitige" Schädiger Dämonen aller Art in Erscheinung: Teufel, Drache, Basilisk (Urbild oder Hypostasierung des b.n Blicks), Werwolf. Kobolde und fairies können ernsthaft schädigen, aber auch allerhand boshaften Schabernack treiben. Unheimlicher ist ein ungreifbares „Es": Wenn ein Kind, das beim abendlichen Rosenkranz-Beten eingeschlafen ist, zur Strafe vor die Tür gestellt wird, bekommt „das Böse" Gewalt über das Kind, es verschwindet. Tiere, die freventlich vom Betruf ausgeschlossen werden („Behüte uns Gott alles vor allem Bösen, was in der Nähe ist, nur den weißen Schimmel nicht"), findet man am andern Morgen tot[9]. Hier provoziert b.s Verhalten b.s Geschehen. Spukende Tote (in kathol. Gegenden: „arme Seelen"[10]) erschrecken und belästigen die Lebenden. Sie sind z. T. zwanghaft bösartig, weil sie zu Lebzeiten Böses taten.

So werden in Sagen als b. angesehene Menschen in verschiedener Weise dämonisiert, sei es als Hexen, sei es als Spukgeister. Krämer(-innen), Wirte, Geizhälse und Habsüchtige, deren Vergehen z. T. verborgen geblieben sind, müssen nach ihrem Tod umgehen (die Strafe erst offenbart ihre Untaten). Geiz und Habsucht, welche zu (oft betrügerischer) Schädigung anderer führen, sind in der Sage Hauptantriebe zu b.n Taten. Auch Hartherzigkeit, Freude am Quälen, Sadismus begegnen.

Ein Tierquäler erfindet eine raffinierte Methode, Futter zu sparen und hält darüber hinaus dem Vieh Heubündel vor die Nase, ohne ihm etwas davon zu geben[11]. „Ein hochmütiger Senn" schickt seinen Bruder zurück in die verlassene Alphütte, um den dort zurückgelassenen Melkstuhl zu holen, verbietet ihm aber zu beten, das Kreuzzeichen zu machen oder das *Johannes-Evangelium* zu singen: Er will ihn schutzlos den verderblichen Alpgeistern ausliefern[12]. Andere Älpler mischen in die Quarkspeise, die sie Bettlern reichen, tüchtig Käslab, das dann im Leib des Unglücklichen in Gärung gerät und ihn tödlich aufbläht[13]. Weniger indirekt behandelt ein Senn den ihm lästigen Handbuben: Er wirft ihn kurzerhand in die siedende Schotte.

Hier wird ausdrücklich gesagt: „Die Mordtat drückte ihn", er ging in die Fremde[14]. Solches Schuldgefühl kommt in andern Sagen metaphorisch zum Ausdruck: Der Hirt muß nach seinem Tod die unbequeme Kuh (oder ein Kalb, einen Stier, ein Schwein), die er böswillig oder auch nur nachlässig hat abstürzen lassen, sisyphusartig immer wieder heraufziehen oder -tragen[15] (→ Sisyphus). Es geht da weniger um eine auf das Tier bezogene (theriozentrische) Ethik als um die Schuld gegenüber dem Besitzer, was in den Erzählungen deutlich zum Ausdruck kommt. Hingegen steht dort, wo der Senn ein mutwilliges Ziegenböcklein mit heißem Harz bestreicht und es anzündet, so daß es verbrennt, die grausame B. dem Tier gegenüber im Vordergrund; der Übeltäter muß als „feuriger Senn" büßen; von einer Möglichkeit, ihn zu erlösen, ist, anders als beim Alpensisyphus, nicht die Rede[16]. Speisefrevel ist gleichzeitig anthropozentrisch (Vergeudung von Lebensmitteln) und theozentrisch (Versündigung an Gaben Gottes bzw. der Schöpfung, der Natur).

In manchen Sagen flackert eine b. Lust am Verstoß gegen religiöse oder gesellschaftliche Normen (Hybris); B. gibt es also nicht allein im Umgang mit Lebewesen und Dingen (Zerstörungswut), sondern auch gegenüber Geistig-Abstraktem. Nicht nur Frevel und Sünde (Abkehr von Gott, Aggression gegen ihn) werden bes. streng beurteilt, sondern auch Schädigungen des Allgemeinbesitzes, der Gruppe: Eigennütziges Versetzen von Marksteinen, Aneignung eines Stückes Allmend (Äußerung eines Gewährsmanns: „Dies sehe ich als die größte Sünde an [...]. Der verfehlt sich am Allgemeinen"[17]). Als qualifizierte B. wird auch die Übervorteilung hilfloser Blinder bei der Erbteilung beurteilt[18], ebenso die schamlose Verhöhnung der alten Mutter, welcher der Senn eine mit Pferdeharn verunreinigte Milchspeise vorsetzt (Blümlisalpsage[19]). Erlösung des Missetäters ist da nicht möglich. Ein Walliser Sagenerzähler unterscheidet zwischen erlösbaren Toten in der „Totenprozession" und b.n Geistern, denen man nicht mehr helfen kann, im Gratzug, der „einen halben Meter über dem Boden" daherzieht und den Begegnenden zu schaden trachtet[20].

Das Böse ist für die Sage, deren Blick ja vor allem auf das Außerordentliche gerichtet ist, ein Thema allerersten Ranges. Damit ist auch schon angedeutet, daß die zentrale Rolle b.r Menschen, b.r Mächte und b.n Verhaltens in der Sage nicht unbedingt als Zeugnis für deren Pessimismus angeführt werden kann. Wenn das Böse als ein Außer-Ordentliches gesehen wird, so zeugt das im Gegenteil von einer eher optimistischen Weltschau. Böses ist in der Sage häufig, gerade weil es nach dem Urteil der Erzähler in der Wirklichkeit nicht dominiert; erzählt wird, was von der Regel abweicht. Schon von der Normalform abweichende Naturerscheinungen wie Berge, Hügel, große Steine im Flachland können auf das Walten des Teufels zurückgeführt werden.

In der Auseinandersetzung mit dem Bösen herrscht nicht Resignation vor, sondern der Versuch der Bewältigung. Schädiger werden durch magische Mittel (Beispiele: Messer, Hechel, Eisen überhaupt, Geweihtes, Glockengeläut, Alpsegen – aber auch Fluchen als sozusagen homöopathischer Gegenzauber) ferngehalten, entlarvt, gebannt; in Schwanksagen wird der dumme Teufel oder Dämon (AaTh 331: → *Geist im Glas*!) überlistet, in hist. Sagen steht aktiver Widerstand (Gegenwehr, Aufstand) neben ingrimmigem Dulden, und in diesem letzten Fall ist wenigstens das Erzählen eine Art Protesthandlung. Bösartige Tote werden entweder gebannt (z. B. in eine Zinnkanne eingeschlossen und an einen abgelegenen Ort gebracht oder gar eingemauert[21]) oder erlöst. Neben dem Abwehrwillen ist also auch Heilungswille am Werk: Daß Gott gerecht richtet, wird nicht bezweifelt, der Mensch aber darf und soll barmherzig sein, z. B. dem toten Schuldner die Schuld „schenken"[22].

Über die Genese des Bösen machen sich ätiologische Sagen Gedanken: Erschaffung b.r (schädlicher) Tiere durch den Teufel[23]. Unausgesprochen liegt in der Häufigkeit, mit der Reiche und Mächtige als b. hingestellt werden (Geiz, Habsucht – Unterdrückung, Ausbeutung, Sadismus) eine Art psychol. Theorie des Bösen: Macht macht b.[24], sie will erprobt und genossen werden und weckt die Begier nach noch mehr Macht[25]. Überfluß wuchert. Komplementäres Gegenbild: Absonderung, Anderssein, Ausgestoßensein, Armut führt zu B. („Hexen").

3. Märchen. B., b. Anschläge und b. Figuren sind hervorstechende Charakteristika des Volksmärchens. In V. Ja. → Propps Theorie spielen Schädigung und Schädiger eine zentrale Rolle, und daß die engl. Übersetzung Propps Terminus „Antagonist" mit villain (dt. „b.r Gegenspieler"[26]) und Schädigung mit villainy wiedergibt, ist bezeichnend. Im Märchen sind b.s Verhalten und B. als Eigenschaft Motoren des Geschehens, sie wirken ganz anders als in der Sage ins Weite und haben zugleich eigenes Gewicht, eigene Bedeutung.

Wenn in der Sage Habsucht, Geiz, eigensüchtig-böswillige Schädigung von Individual- und Allgemeinbesitz im Vordergrund stehen, so sind es im Märchen vor allem Neid, Eifersucht, Ehrgeiz, die zu b.n Taten führen, daneben auch materielle Not. Träger der b.n Handlungen sind fast ausschließlich Nebenfiguren: Stief- und Schwiegermütter, hochfahrende oder mißgünstige und erfolgsbegierige ältere Geschwister oder Stiefgeschwister, ferner intrigante Reisebegleiter(innen), verleumderische Arbeitskameraden oder Hofleute, übelwollende Auftraggeber (AaTh 461: *Die drei* → *Haare vom Bart des Teufels*, AaTh 930: → *Uriasbrief*, Mot. H 1211), berufsmäßige Räuber und Mörder (cf. Mot. K: *Deceptions*, bes. K 2200–2299: *Villains and traitors*; → Betrüger). Es sind die Schädiger des Helden bzw. der Heldin, die vom Märchen als b. eingestuft werden; die Schädigungen gehen von banaler Plagerei und Demütigung (AaTh 510A: → *Cinderella*) über Usurpation der Stellung (AaTh 531: *Der treue und der ungetreue* → *Ferdinand*, AaTh 870A: → *Gänsemagd*, → Usurpator) oder der Leistungen (AaTh 300: → *Drachentöter*, → Galgenfleisch kaufen, AaTh 550: → *Vogel, Pferd und Königstochter*, AaTh 551: → *Wasser des Lebens*) von Held oder Heldin bis zu Mordanschlägen (→ Mord, → Räuber, AaTh 315: *Die treulose* → *Schwester*, AaTh 590: *Die treulose* → *Mutter*). Unter den nichtmenschlichen Schädigern steht der Drache an erster Stelle, es folgen Hexen (die im Märchen, anders als in der Sage, zu den 'Jenseitigen' gehören), Zauberer, Menschenfresser, Unholde aller Art (Riesen, Zwerge, Dämonen, z. B. Gewaltherrscher jenseitiger Reiche), ferner Winde, Gestirne, der Teufel, Schlangen, Wölfe u. a. wilde Tiere – die freilich in manchen Märchen unversehens zu Helfern (AaTh 552: → *Tierschwäger*) oder Ehepartnern werden (→ Tierbräutigam).

Auch andere dieser nichtmenschlichen Bösewichter sind ambivalent (Gestirne, Winde wittern zunächst Menschenfleisch, weisen dann aber hilfreich den Weg, cf. Mot. H 1232) oder haben eine dem Helden bzw. der Heldin günstige Komponente (Tochter oder Sohn des dämonischen Auftraggebers, Gattin oder Großmutter des Teufels bzw. dämonischen Gegners). Alle Vorgänge und Figuren des Märchens sind auf Held oder Heldin bezogen; in diesem Sinn ist das Märchen noch ausgeprägter anthropozentrisch (und, soweit der Hörer sich mit der Hauptfigur identifiziert: egozentrisch) als die Sage. Nur selten sind Nebenfiguren Ziel der Bösewichter, so, ein Extremfall, in einem bret. Märchen:

Die zwei älteren Töchter, die ihre beiden Tänzer einladen möchten, aber kein Fleisch haben, das sie ihnen vorsetzen könnten (Armut!), töten und kochen kaltblütig ihre Mutter[27].

Die Hauptfigur begeht kaum je eigentliche Untaten, selbst die Verurteilung und die (oft grausame) Bestrafung ihrer Feinde wird meistens nicht ihr selber angelastet. Bei Basile (1, 6: *La gatta cenerentola*) freilich läßt Aschenputtel sich ohne weiteres bereden, ihre b. Stiefmutter zu töten (mit dem Truhendeckel, nach der Machandelboom-Methode, v. AaTh 720: → *Totenvogel*), ohne daß sie deswegen die Gunst der Fee oder des Himmels (la liberalità del cielo) verlöre. Allenfalls kann man die Widerspenstige im *König Drosselbart* (AaTh 900) als Hauptfigur auffassen; aber ihr boshafter Hochmut ist heilbar, und die ihr zugedachten B.en entspringen nicht b.m, sondern helfendem Willen. Wie in der Sage läßt sich auch im Märchen B. auf die Formel unprovozierte Schädigung bzw. unprovozierter (jedenfalls nicht bewußt provozierter) Schädigungswillen bringen.

Schon die diesseitigen, noch stärker aber die jenseitigen Bösewichter repräsentieren das Böse als solches, das b. Prinzip, und von daher gesehen ist ihre Vernichtung konsequent. Recht häufig gehen b. Figuren an sich selbst zugrunde (Selbstverzehrung des Bösen); Hexen zerplatzen oder werden im eigenen Ofen verbrannt, Knabenfänger nach der eigenen Methode getötet, Menschenfresser bringen aus Versehen die eigenen Kinder oder die eigene Frau um (AaTh 1119, 1121: cf. → *Teufel tötet Frau und Kinder*), diesseitige Bösewichter müssen sich das eigene Urteil sprechen (cf. Mot. Q 581).

Die Auseinandersetzung mit b.n Menschen und Mächten hat im Märchen ein anderes Gesicht als in der Sage. Einerseits sind der Märchenheld oder seine Helfer weit aktiver als die Sagenmenschen: Es geht nicht nur um Bannung, sondern um Kampf und um Tötung, nicht nur um Erlösung zu einer jenseitigen Seligkeit, sondern um Verwandlung, Heilung, (Wieder-)Eingliederung in die menschliche Gemeinschaft, so z. B. in AaTh 307 (→ *Prinzessin im Sarg*), AaTh 507C (→ *Giftmädchen;* die Braut des Unholds wird entzweigeschnitten und, nachdem die Schlangen aus ihrem Leib entfernt sind, wieder zusammengesetzt: „Da ward die Königstochter [. . .] so sanft, wie sie vordem böse gewesen war“[28]), AaTh 900 *(König Drosselbart)*. Anderseits spielt die Flucht vor dem Bösen (wie die → Flucht überhaupt) im Märchen eine bedeutende Rolle: → *Magische Flucht* (vor Unhold oder Hexe), Flucht vor dem inzestuösen Vater (→ Inzest, Cinderella), Flucht des b.n Teufels vor dem böseren Weib (Schwankmärchen, AaTh 1164, 1164 A und B: → *Belfagor*) etc. Und schließlich wird in manchen Märchentypen demonstriert, wie Böses lange Zeit hindurch erduldet wird und d. h., sofern Märchen vom Hörer als Modelle akzeptiert werden, erduldet werden muß: Leiden als Voraussetzung des Aufstiegs (psychol.: der Reifung); Prototyp: Aschenputtel (cf. → Jüngste[r]).

Das Märchen psychologisiert nicht, aber seine Bilder und Abläufe legen doch Vermutungen über den Ursprung des Bösen nahe. Einige Märchentypen zeigen Besessenheit durch einen b.n Geist (nach heutiger Sprachregelung also Krankheit): Als der Djinn in ihr Platz genommen, wurde „die Prinzessin, die von Natur sanft und klug war, [. . .] plötzlich teuflisch, schlug jeden, der in ihre Nähe kam, und zerbrach das ganze Geschirr. Sie zerriß die Kleider und kratzte ihre Dienerinnen“[29] – zugleich ein Beitrag zur Definition der B.: äußerlich unprovozierte Zerstörungswut, die sich auch gegen leblose Dinge richtet (cf. oben, *Prinzessin im Sarg*). Der Dämon in der Messingflasche (*1001 Nacht*, cf. AaTh 331: → *Geist im Glas)* wird in der langen Isolierhaft b., zerstörungs-, tötungsbegierig[30]. In den meisten Fällen entspringt b.s Verhalten dem Bedürfnis nach Ichstärkung, das von Nebenpersonen illegitim befriedigt wird (Hochmut, Verleumdung, Usurpation, Mord; Anstifter sind Eifersucht, Neid, Ehrgeiz). Oft werden häßliche Mädchen (Mohrin, Zigeunerin in AaTh 408: *Die drei → Orangen*), Krüppel oder sonstwie Behinderte (mit Ausnahme von Blinden, → Blendung) oder Angehörige einer outgroup als b. markiert[31].

Not (z. B. Armut) als eine Art Verkrüppelung des Schicksals kann wie in der Sage b. machen, ebenso ein Übermaß an Macht (b. diesseitige und jenseitige Gewalthaber, Todesrätsel stellende Prinzessinnen etc.). Schönheit kann behexen[32], zu Bösem (z. B. zum Mord) treiben[33], und die Schönen selbst können von ihrem eigenen Ich behext sein, Türme aus den Schädeln jener Bewerber bauen, welche die gestellten Aufgaben nicht lösen[34]. In anderen Fällen verzichtet das Märchen darauf, B. zu erklären (Sie war „von Anfang an böse und häßlich zu den Kindern"[35]). Eine pakistan. Erzählung läßt den Teufel (Sheitan) sagen und zeigen, daß nicht er die Menschen ins Unglück stürze, sondern sie sich selber („ich rühre nur einen Finger", beim geringsten Anlaß bricht die Bosheit los)[36].

Es ist jedenfalls nicht so, daß die Märchenfiguren durch irgendwelche innere oder äußere Bedingungen zu bösartigem Verhalten gezwungen würden. Durch innere schon deshalb nicht, weil sie keinen vererbten „Charakter" haben, sie sind „Figuren". Und auf äußere Bedingungen reagiert der jüngste Bruder ganz anders als die beiden älteren. Das schließt nicht aus, daß bestimmte Umstände ein bestimmtes Verhalten wenigstens nahelegen: *Hänsel und Gretel* (AaTh 327 A) und andere Stiefmuttermärchen wirken wie Belegerzählungen zum Sprichwort „Stiefmutter macht auch Stiefvater". Ein zeitliches und räumliches Weiterwirken des Bösen wird in manchen Märchen vorgezeigt: Mit der betroffenen Einzelfigur versteinern ihre Gefolgsleute, evtl eine ganze Stadt, mit Dornröschen sinkt alles Leben im Schloß für 100 Jahre in Schlaf (cf. AaTh 410: → *Schlafende Schönheit*).

Wenn die Aktivität böswilliger Schädiger im Rahmen des Märchens einerseits die Existenz b.r Kräfte im Menschen und in der Welt repräsentiert und anderseits den Helden, die Heldin in Bewegung setzt und sie Wege gehen läßt, die sie in Weiten und Höhen führen, so ist Böses zugleich auch Beweger der Erzählhandlung. Ferner ist das extrem Böse ein wichtiges Element des extrem ausformenden Märchenstils, und eben dieser prägnante Extremismus des Bösen erklärt, neben der ihm eigenen Energie, die Faszination des Bösen. Die gleiche Stilisierung bewirkt aber auch Entwirklichung, so daß Märchen-Grausamkeiten nicht das Gewicht realistisch dargestellter Grausamkeiten haben. Die dem Märchen geläufige Technik der bloßen Nennung schaltet Sadismus fast automatisch aus. Das Märchen enthält, wie die Wirklichkeit, recht viel Grausames, aber es wühlt nicht im Grausamen, es kostet es nicht aus, es malt es nicht aus. Auch wenn es Figuren kennt, die am Quälen Freude zu haben scheinen: Erzählerisch ist es alles andere als sadistisch.

Psychologen sehen in b.n Märchenfiguren Projektionen: Erzähler und Hörer „externalisieren" Eigenschaften, Verhaltensweisen und Wünsche, die sie bei sich selbst oder bei anderen ablehnen; sie bekommen so die Möglichkeit, sich von ihnen zu distanzieren, sich mit ihnen auseinanderzusetzen, was nach B. Bettelheim vor allem für das Kind eminent wichtig ist: „The wolf is an externalization, a projection of the child's badness – and the story tells how this can be dealt with constructively"[37]. Die Überwindung oder wenigstens Ausschaltung der b.n Mächte im Märchen dient der Ichstärkung des physisch und psychisch noch schwachen Kindes, und das Vorwissen um den Sieg über das Böse schützt es vor übergroßer Angst[38].

Der gleiche Autor sieht das in Märchen so häufig auftauchende Stiefmutterbild im Einklang mit der für jedes Kind zeitweise naheliegenden und notwendigen Zerlegung des Elternbildes in wohlwollende und bedrohliche Aspekte; das gute Bild der Mutter bleibt unangetastet, ihre vom Kind abgelehnten Regungen werden dem Ersatzbild der Stiefmutter zugeteilt (die ähnlich wie der Rotkäppchens Großmutter vorübergehend ersetzende Wolf schließlich entmachtet wird)[39].

Nach M.-L. von → Franz gibt das Märchen zwar keine „Regeln" für die Auseinandersetzung mit dem „Bösen", aber das häufige und eindrückliche Vorkommen der magischen Flucht (vor einem Dämon) deute, symbolisch genommen, immerhin darauf, daß nicht in allen Fällen Kampf am Platz sei; „der Übermacht des Bösen zu entrinnen – von ihm im wörtlichen Sinne nicht besessen zu werden –, [...] sich einem zerstörerischen Komplex [...], einem Affekt oder einer destruktiven Idee innerlich zu entziehen", sie vom Ich-Bewußtsein fernzuhalten, könne auch als „heroische Leistung" bezeichnet werden[40]. Schon in ihrer gemeinsam mit H. von → Beit geschriebenen *Symbolik des Märchens* hatte von Franz nachdrücklich die Gefährlichkeit des „verschlingenden Unbewußten" (verbildlicht z. B. in der Hexe, im Wolf) hervorgehoben[41]. Andere C. G. Jung nahestehende Autoren halten die „Integration des Bösen" (die Formulierung soll von H. Zimmer stammen) für das Wesentliche[42]: Bewußtmachen und Anerkennen der destruktiven Impulse in uns selbst, wobei es sich bald um ein kontrollierendes Dulden der die Lichtseiten ergänzenden Schattenseiten handelt („Ethik der Ganzheit"), bald um ein wirkliches Verwandeln von Negativem in Positives; das letzte wäre etwa in der Erlösung des bedrohlichen Untiers in *La belle et la bête* (AaTh 425C) zu einem Prinzen, „schöner als der Tag", verbildlicht. Novalis: „Vielleicht geschähe eine ähnliche Verwandlung, wenn der Mensch das Übel in der Welt lieb gewänne"[43].

4. Andere Gattungen. Schwänke sind voll von B.en. Aber es liegt dem Schwank fern, diese B.en als böse zu bewerten. Nicht nur weil Komik in der Regel verhältnismäßig harmlos ist (sei es, daß es sich um real belanglose Schädigungen handelt wie in vielen Übertölpelungsschwänken, sei es, daß die Vorgänge ins Surreale gespielt oder sonstwie nicht ernst genommen werden wie etwa im → *Unibos*-Schwank [AaTh 1535], in welchem es haufenweise Tote gibt), sondern vor allem weil der Schwank als solcher der Kategorie des Moralischen weitgehend indifferent gegenübersteht. Er freut sich der List, er feiert die Wendigkeit und Schlagkraft des menschlichen Geistes, sozusagen jenseits von Gut und Böse. Boshafte Listen des Schwächeren (des Menschen gegenüber dem Riesen oder Teufel, im sozialkritischen Schwank des Unterprivilegierten, z. B. des Knechts oder Küsters gegenüber dem Bauern bzw. dem Pfarrer, im Tierreich des kleineren gegenüber dem stärkeren Tier etc.) genießen die Sympathie der Schwankerzähler und -hörer; solche B.en sind im einzelnen häufig Repliken, verbale oder nonverbale, und im großen kann man in ihnen eine Art Replik auf vorgegebene Chancenungleichheit sehen. In offensichtlich von Männern geprägten misogynen Erzählungen werden B.en der Frau nicht als berechtigte oder wenigstens verständliche Gegenwehr der Schwächeren, sondern als genuin b. hingestellt (z. B. AaTh 1365 A–C: *Die widerspenstige → Ehefrau*, AaTh 1353: *Böses → Weib schlimmer als der Teufel*, AaTh 1164: *Belfagor*, cf. oben).

Sekundär können selbstverständlich auch Schwänke und Schwankhaftes in den Dienst der Moral gestellt werden, wie es P. Honegger am Eulenspiegel und D.-R. Moser am Fastnachtspiel gezeigt haben[44].

Fabeln, auf Belehrung hin angelegt und insofern Gegenpol zum Schwank, zeigen häufig Unrecht und B.: „Siehst du, so geht's in der Welt" (KHM 2: *Katze und Maus in Gesellschaft*). Ob der Hörer oder Leser darin einen Rat zur Anpassung oder den Aufruf zu Widerstand und Veränderung sieht, hängt im wesentlichen von ihm ab. Doch kennzeichnet die Fabel rücksichtslose, schädigende Ausnützung von kraft- und machtmäßiger Überlegenheit im allgemeinen deutlich als b. (z. B. AaTh 111 A: → *Wolf und Lamm*; AaTh 51: → *Löwenanteil*), ebenso verleumderische Manipulation, die den einen gegen den andern hetzt, wie es im *Bidpai* geschieht (→ *Kalila und Dimna*).

In der theozentrischen Legende ist grundsätzlich die Sünde b., also Ungehorsam, Auflehnung, Hochmut Gott gegenüber oder Abwendung von ihm, Leugnung seiner Macht oder Existenz (→ Sakrileg, → Blasphemie). Als b. werden auch die Verfolger der Gotteszeugen (Märtyrer, Heilige überhaupt) dargestellt; nicht weil sie Menschen quälen, sondern weil sie in den Heiligen das Heilige, das numen zu treffen suchen. Der Teufel als Versucher verführt, auch in legendennahen Sagen, Märchen und Volksbüchern, die Menschen weniger zu gesellschaftsbezogenen b.n Taten als zum Sinnengenuß (zur Fleischeslust), zur Verfallenheit an die „Welt", an Materielles oder dann zur ausdrücklichen Verschreibung der eigenen Seele, zur ungewollten Auslieferung einer anderen Seele, wobei der Böse gern eine Notsituation ausnützt (→ Jephtha).

5. Schluß. Es gibt eine Art Arbeitsteilung der Gattungen. Während im Schwank, in Schwankmärchen und andern schwanknahen Erzählungen oder Erzählteilen B. spielerisch, im Prinzip

ohne moralische Wertung, eingesetzt werden kann, ist in den übrigen Gattungen die Kennzeichnung und (ausgesprochene oder unausgesprochene) Ablehnung der B. einer der markantesten Akte der Wertsetzung. Die Konzeption ist natürlicherweise von Gattung zu Gattung, z. T. sogar von Erzählung zu Erzählung verschieden. Aber es gibt Gemeinsames genug: B. wird im allgemeinen negativ beurteilt und ist in der Sicht der Volkserzählungen – immer abgesehen von Schwankhaftem – selbst ihrem Wesen nach negativ, destruktiv: Sie richtet sich gegen Bestehendes, gegen Leben, Sein oder Prinzipien. Sie steht durchgehend im Dienst des Einzelnen oder einer Gruppe (Individual- oder Gruppenegoismus) auf Kosten anderer; der Ausdruck Schädigung signalisiert diesen Tatbestand. Die primitive Einstellung des Kindes: „Was mir wehtut, ist b.", schimmert als Substrat noch durch, wird aber von differenzierteren Sichtweisen überlagert. Die Schädigungen richten sich gegen irdische Lebewesen und Dinge, gegen Gott oder gegen (vom Erzähler gebilligte) Normen.

Spezifisch b. im engsten Sinn ist die Lust oder Freude am Schädigen, der Wille oder Drang, Schaden zu stiften. Nur Selbstschädigung, sogar Selbstzerstörung gilt nicht eigentlich als b.; die Selbstmörderinnen im → *Bärenhäuter* (AaTh 361) verfallen zwar dem Teufel, aber ihr der Sünde der Verzweiflung entspringendes Verhalten ist eher religiös (Beleidigung Gottes) als profanmoralisch zu interpretieren.

In der Legende wird die Sünde als gegen Gott gerichtetes Vergehen, als Ungehorsam gegen göttliche Gebote und Verbote gleichsam stellvertretend für die in andern Gattungen mehr nur unterschwellig mit einbegriffene Verletzung geistiger Normen überhaupt visiert und wirkungsvoll präsentiert. In den profanen Gattungen hingegen stehen interindividuelle Bezüge im Vordergrund, namentlich B.en gegen Mitmenschen, daneben auch gegen Tiere, am Rand steht die Schädigung von Dingen. In der Sage spielen, darin ist sie der Legende nahe, Schuldbewußtsein und Reue eine relativ wichtige, im Märchen dagegen, der Stiltendenz der Gattung entsprechend, eine geringe Rolle. Der uneingeschränkte Egoismus zeigt sich in der Sage namentlich als Besitztrieb, im Märchen vorwiegend als Ehrgeiz, und sei es auch nur der Ehrgeiz, die Schönste von allen zu sein. Ob im Märchen die ma. Verurteilung der superbia (des Hochmuts) nachlebt, während in der immer wieder neu produzierten Sage eher neuzeitliche Hab-Sucht sich äußert, ist zu fragen.

Eine so wichtige Verhaltensweise wie Flucht vor dem Bösen hat nur im Märchen einen ausgezeichneten Platz (in der Legende erscheint sie in übertragenem Sinn als Flucht vor den Versuchungen und Freuden der Welt). Überall aber ist die Dynamik des Bösen spürbar – sie äußert sich z. B. in der Unternehmungslust, dem Einfallsreichtum, der Verwandlungsfreude des Teufels (in geringerem Grad auch der Hexen). Als dumm, als leicht zu übertölpeln wird das Böse vor allem in schwankhaften Erzählungen hingestellt; aktiv ist es aber auch in ihnen. Daß Volkserzählungen immer wieder vom Bösen berichten, zeugt von dessen Faszinationskraft, es erscheint nicht nur als bedrohlich, sondern auch als interessant; in der Legende (der Teufel als Fürst der Welt, als Verführer in Gestalt einer schönen Frau) und in den grausamen Schönen des Märchens zeigt sich etwas von der ästhetischen Faszination des Bösen, im allgemeinen aber sind es das Ungewöhnliche, Dämonische und die Macht, die Sprengkraft b.r Aktivität, die faszinieren. Die Energie des Bösen beeinflußt auch die Form; sie dynamisiert die Erzählung, treibt sie voran (Märchen) oder wird zu ihrem Zentrum (Sage). Wie weit sich nicht nur gattungsmäßige, sondern auch hist. und regionale Unterschiede in der Konzeption, Bewertung und Darstellung des Bösen in Volkserzählungen nachweisen lassen, bleibt zu untersuchen.

→ Drache, → Hexe, → Gut und böse, → Moral, → Pädagogik, → Psychoanalyse, → Psychologie, → Strafe, → Teufel.

[1] Jegerlehner, J.: Sagen und Märchen aus dem Oberwallis. Basel 1913, num. 10. – [2] Ein eindrückliches Beispiel bei Staudt, G./Peuckert, W.-E.:

Nordfrz. Sagen. B. 1968, num. 331; cf. vor allem Schneidewind, G.: Herr und Knecht. Antifeudale Sagen aus Mecklenburg. B. 1960. – [3] Zender, M.: Sagen und Geschichten aus der Westeifel. Bonn 1966, num. 29. – [4] Schneidewind, G.: Der Sagenkreis um den mecklenburg. Gutsherrn G. Haberland. In: DJbfVk. 5 (1959) 8–43, bes. 13, 19, 30. – [5] Glaettli, K. W.: Zürcher Sagen. Zürich (1959) ²1970, 70; dazu Bausinger, 182. – [6] Aufzeichnung von J. Guntern. Publ. in Vorbereitung (Arbeitstitel: Deutschwalliser Sagen); der Erzähler stammt aus Grengiols. – [7] Müller, J.: Sagen aus Uri 1. Basel 1926,num. 97 (Bürglen). – [8] ibid. 3 (Basel 1945) num. 1543 (Sisikon, Altdorf). – [9] ibid. 2 (Basel 1929) num. 588 (Gurtnellen, Sisikon), cf. num. 737, 909. Zur Konzeption des nicht oder nur mangelhaft bestimmbaren Bedrohlichen als „Es" v. Renner, E.: Goldener Ring über Uri. Zürich (1941) ³1973, pass. – [10] v. HdS, 628–641 (E. Moser-Rath). –
[11]Müller (wie not. 7) 3 (1945) num. 1115. – [12] ibid. 2 (1929) num. 918. – [13] ibid. 1 (1926) num. 27, 99.2, 99.5. – [14] ibid., num. 99.1. – [15] ibid. 2 (1929) num. 933, 980, 981, 986, 987; 3 (1945) num. 1109; cf. Isler, G.: Die Sennenpuppe. Eine Unters. über die religiöse Funktion einiger Alpensagen. Basel 1971, 35–37, 227–232; Schmidt, 116, 119, 145; id.: Probleme der alpenländ. Sagenforschung. In: Carinthia 1/141 (1951) 791; Lüthi, M.: Zur Präsenz des Themas Selbstschädigung in Volkserzählungen. In: Vk. Fakten und Analysen. Festschr. L. Schmidt. Wien 1972, 483. – [16] Müller (wie not. 7) 2 (1929) num. 475. – [17] ibid., num. 796; cf. num. 450, 575, 802; 3 (1945) num. 1112. – [18] Panzer, F.: Bayer. Sagen und Bräuche 2. (Mü. 1855) Ndr. Göttingen 1956, num. 213 = Kapfhammer, G.: Bayer. Sagen. Düsseldorf/Köln 1971, 166. – [19] Scheuchzer, J. J.: Beschreibung der Naturgeschichten des Schweizerlands 3. Zürich 1708, 34sq.; cf. Müller (wie not. 7) num. 100. – [20] Guntern, J.: Walliser Sagen. Olten/Fbg 1963, num. 359. –
[21] Büchli, A.: Mythol. Landeskunde von Graubünden 2. Aarau 1966, 278, 286, 298, 443, 578, 738, 755, 812, 831, 863, 910. – [22] Müller (wie not. 7) 2 (1929) num. 979–985; cf. Lüthi, M.: Volkslit. und Hochlit. Bern/Mü. 1970, 38–47, hier 39–41 (Warnbild und Leitbild in der Volkssage). – [23] cf. Lixfeld, H.: Gott und Teufel als Weltschöpfer. Mü. 1971. – [24] cf. J. Burckhardts berühmte Formulierung: „daß die Macht an sich böse ist" (Weltgeschichtliche Betrachtungen. B./Stg. 1905, 33; Genaueres dazu bei Kaegi, W.: J. Burckhart. Eine Biogr. t. 6. Basel 1977, 1. Kap. sowie Abb. 7, Faks. bei p. 42.) – [25] E. Fromm 1977 (v. Lit.) spricht von der Gefahr, daß entsprechend veranlagte Charaktere durch Besitz von Macht dazu verführt werden, Hilflose zu unterwerfen, zu beherrschen, zu demütigen: 321, 326–329. – [26] Propp, 36, Funktion VIII. – [27] Massignon, G.: Contes traditionnels des teilleurs de lin du Trégor (Basse Bretagne). P. 1965, num. 24. – [28] Löwis of Menar, A. von: Russ. Volksmärchen. MdW 1927, num. 55; cf. Lüthi 1975 (v. Lit.) 16sq., 41. – [29] Sheik-Dilthey, H.: Märchen aus dem Pandschab. MdW 1976, num. 2. – [30] cf. Bettelheim, B.: The Uses of Enchantment. L. 1976, 28–34, 55 (dt. Übers. Stg. 1977, 32–37, 56). – [31] cf. Lüthi (wie not. 22) 48–62 (Gebrechliche und Behinderte im Volksmärchen). – [32] Sheik-Dilthey (wie not. 29) num. 2 („Der Djinn war von ihrer Schönheit so besessen"), num. 4 („Der König war von ihrer Schönheit geblendet", er erfüllt ohne weiteres die Bedingung der Hexentochter, seine neun Gemahlinnen töten zu lassen). – [33] cf. Lüthi 1975 (v. Lit.) 16. – [34] ibid. – [35] Sheik-Dilthey (wie not. 29) num. 18. – [36] ibid., num. 67; cf. K. Lorenz' explosives „Appetenzverhalten", bei Fromm 1977 (v. Lit.) 33. – [37] Bettelheim (wie not. 30) 44 (dt. 46), cf. 55 (dt. 56), 61 (The importance of externalization) 68. – [38] ibid., Reg.: happy ending, glücklicher Ausgang; cf. Schindler, R.: Erziehen zur Hoffnung. Zürich/Lahr 1977, 129sq.; Betz, F.: Märchen als Schlüssel zur Welt. Lahr/Mü. 1977, 66 – 68. – [39] Bettelheim (wie not. 30) 67sq.; cf. Robert, M.: Un modèle romanesque. Le Conte de Grimm. In: Preuves 16, num. 185 (1966) 33; Wittgenstein, O.: Märchen, Träume, Schicksale. Düsseldorf/Köln 1965, 144sq. („Bist du eigentlich meine richtige Mutti?"). – [40] Franz 1961 (v. Lit.) 95. –
[41] Beit, Reg. s. v. Verschlingendes Unbewußtes und Verschlingen. – [42] Seifert, F.: Psychol. Aspekte des Problems von Gut und Böse. In: Bitter, W. (ed.): Gut und Böse in der Psychotherapie. Stg. (1959) ²1966, 9–30, hier 12; Schmid, K.: Aspekte des Bösen im Schöpferischen. In: Das Böse. Studien aus dem C. G. Jung-Inst. 13. Zürich/Stg. 1961, 237–260, hier 240. – [43]Kluckhohn, P./Samuel, R. (edd.): Novalis. Schr. 3. Darmstadt ²1968, 589, num. 653 (aus „Allg. Brouillon", nach Kluckhohns ursprünglicher Zählung num. 860). – [44] Honegger, P.: Eulenspiegel und die sieben Todsünden. In: Ndd. Wort 15 (1975) 19–35; Moser, D.-R.: Fastnacht und Fastnachtsspiel. In: Nürnberger Forschungen 19 (1976) 182–218.

Lit.: Franz, M.-L. von: Das Problem des Bösen im Märchen. In: Das Böse. Studien aus dem C. G. Jung-Inst. 13. Zürich/Stg. 1961, 91–160. – ead.: Shadow and Evil in Fairytales. Zürich 1974. – Röhrich, Märchen und Wirklichkeit, 123–158 (Die Grausamkeit im Märchen). – Propp. – Lüthi, M.: Das Volksmärchen als Dichtung. Ästhetik und Anthropologie. Düsseldorf/Köln 1975 (v. Reg.). – Fromm, E.: Anatomie der menschlichen Destruktivität. Reinbek 1977 (engl.: N. Y. 1973).

Zürich Max Lüthi

Bošković-Stulli, Maja, *Osijek (Kroatien) 9. 11. 1922, jugoslaw. Erzählforscherin. Sie studierte Slavistik in Zagreb, Kasan, Leningrad und Belgrad (1945–50), ist danach seit 1952 im Institut za narodnu umjetnost (Inst. für Volkskunst) in Zagreb tätig; von 1963–73 Direktorin dieses Instituts und verantwortliche Schriftleiterin des Jahrbuchs *Narodna umjetnost* (Volkskunst).

Ihre Volkserzählforschungen gehen hauptsächlich in folgende Richtungen: (1.) Feldforschungen (Sammeln von Erzählungen in Verbindung mit der Erforschung des Erzählens im Kontext), (2.) Gattungs- und Stilanalyse der durch die mündliche Art der Kommunikation bedingten Besonderheiten des Erzählens, (3.) Untersuchung der Wechselbeziehungen von mündlichem und schriftlichem kroat. Erzählgut, (4.) Katalogisierung und vergleichende Untersuchung der Erzähltypen.

Veröff.en: (1.) Slgen von Volkserzählungen mit begleitenden Studien und Übersichten der kroat.-serb. Var.n, nach AaTh aufgegliedert: Istarske narodne priče (Istr. Volkserzählungen). Zagreb 1959. – Narodne pripovijetke (Volksmärchen). Zagreb 1963. – Narodne pripovijetke i predaje Sinjske krajine (Volksmärchen und -sagen aus der Gegend von Sinj). In: Narodna umjetnost 5/6 (1967/68) 303–432 (mit dt. Zusammenfassung). – Usmene pripovijetke i predaje s otoka Brača (Volksmärchen und -sagen der Insel Brač). In: ibid. 11/12 (1975) 5–159 (mit dt. Zusammenfassung). – Kroat. Volksmärchen. MdW 1975.
(2.) Arbeiten über mündliche Prosa: Narodna predaja o vladarevoj tajni (Die Volkssage von dem Geheimnis des Herrschers). Diss. Zagreb 1967 (mit dt. Zusammenfassung p. 301–341 unter dem Titel: König Midas hat Eselsohren). – Usmena književnost (Mündliche Lit.). Zagreb 1971 (Ausw. von Studien und Essays anderer Autoren und eigener Beitr.e). – Usmena književnost kao umjetnost riječi (Die Volkslit. als Kunstwerk des Wortes). Zagreb 1975 (Ausw. eigener Studien). – In dt. und engl. Sprache: Kresnik-Krsnik, ein Wesen aus der kroat. und slov. Volksüberlieferung. In: Fabula 3 (1960) 275–298. – Beitr. zur Diskussion über die Katalogisierung der Volkssagen. In: Fabula 8 (1966) 192–207. – Grimms Aufzeichnung des „Aschenputtels" (Pepeljuga) von Vuk Karadžić. In: DJbfVk. 12 (1966) 79–83. – Zum heutigen Volkssagen-Erzählen in Jugoslawien. In: Kongreß Kiel/Kopenhagen 1959, 26–31. – Die Volksmärchen Vuk Karadžić's als Schätzungsmaßstab der skr. Märchen. In: Laogr. 22 (1965) 27–36. – Commentaries to papers by R. A. Georges and K. Čistov. In: Folk Narrative Research. VI. Congress of the Internat. Soc. for Folk Narrative Research. ed. J. Pentikäinen/T. Juurikka. Hels. 1976, 169–173. – Regional Variations in Folktales. In: J. of the Folk-Lore Institute 3 (1966) 299–314. – Küchenhumor in kroat. Hochzeitsreden. In: Dona ethnologica. Beitr.e zur vergleichenden Vk. Festschr. L. Kretzenbacher. ed. H. Gerndt/G. R. Schroubek. Mü. 1973, 278–287. – Der Anteil des Meeres bei der Gestaltung der mythischen Sagen an der kroat. Adria-Küste. In: Röhrich, L. (ed.): Probleme der Sagenforschung. Fbg 1973, 86–99.

Lit. (Bibliogr.n ihrer Arbeiten): Narodna umjetnost 1 (1962) 8–10; 5/6 (1967/68) 690sq.; 10 (1973) 510sq.

Ljubljana Milko Matičetov

Bosnien und Herzegowina → Jugoslawien

Boten des Todes (AaTh 335, Mot. J 1051). Unter die Zaubermärchen mit einem übernatürlichen Gegner hat S. Thompson die Erzählung von den Todesboten gereiht, die ihrem Inhalt, ihrer Funktion und ihrem hauptsächlichen Vorkommen nach zu den christl. Exempeln und damit zu den religiösen Stoffen gehört.

Ein Mann erhält vom Tod das Versprechen, daß er ihn durch Boten rechtzeitig von seinem Kommen unterrichten werde. Daraufhin lebt er unbesorgt weiter. Als ihm plötzlich der Tod gegenübertritt, beschuldigt der Mann ihn, das Versprechen gebrochen zu haben. Der Tod entgegnet, daß er ihm Krankheiten und Altersgebrechen als Boten geschickt habe, und nimmt ihn hinweg.

Die christl. Grundauffassung, daß der Tod der Möglichkeit der → Bekehrung ein Ende setze (cf. Jh. 9, 4) und daß es deshalb nötig sei, rechtzeitig und im Wissen um die Endlichkeit des menschlichen Lebens für sein Seelenheil zu sorgen[1], machte diese Erzählung für Predigt und Glaubensunterweisung besonders geeignet. Sie findet sich deshalb auch in zahlreichen christl. Exempel- und Predigtensammlungen seit ca 1300[2].

Wie sie ausführt, sei es verhängnisvoll, auf eine bes. Ankündigung des Todes zu warten und die Zeit bis zum Sterben ungenutzt verstreichen zu lassen. Entsprechend den konfessionell unterschiedlichen Meinungen, wie die Vorbereitungen auf den Tod beschaffen sein sollten, geben die Varianten der Erzählung z. T. verschiedenartige Empfehlungen. C. Casalicchio z. B., der einen prononciert kathol. Standpunkt vertritt, nennt die Ordnung des Hauswesens, die Versorgung der Kinder, die Aussetzung frommer Legate (wie heiliger Messen, Jahrtage und Almosen), das Ablegen der Beichte, den Empfang des Altarsakramentes und der Krankensalbung als die geeigneten Mittel, einem plötzlichen Tod und seiner Folge, dem Verlust der Seligkeit, zu entgehen[3]. Eine typisch protestant. Fassung aus Siebenbürgen fordert demgegenüber nur, an das Sterben zu denken, und schwächt die Motivation der Erzählung durch den Schlußsatz ab, daß Gott den unvorbereitet Sterbenden nicht nach seiner Gerechtigkeit strafe, sondern aus Gnade auf- und annehme[4].

Einen zweiten Schwerpunkt der Erzählung bildet der Umstand, daß der Mensch seine Todesstunde nicht vorherweiß. In entsprechenden christl. Erzählungen wird deshalb die Heiligkeit eines Menschen dadurch unterstrichen, daß man ihm den Tod rechtzeitig ankündigen läßt, damit er die Gelegenheit zur Vorbereitung auf das Sterben erhält[5]. Im vorliegenden Fall wird hingegen betont, daß der gewöhnliche Sterbliche mit einer solchen Ankündigung nicht rechnen könne und deshalb die Zeichen des Todes (signa mortis) erkennen und beachten müsse, wenn er seine Seele nicht verlieren wolle.

Als derartige Warnzeichen werden die verschiedenartigsten Krankheiten und Altersgebrechen genannt: Puls- und Harnunregelmäßigkeiten, Erbrechen, Fieber, Schwindel, Husten und Engbrüstigkeit, Kopf- und Zahnschmerzen, Austrocknen der Haut, Erblinden, Ertauben, Ergrauen, Gliederbrechen, Lähmung, Beinschwäche und Fallsucht. In jüngeren Aufzeichnungen treten Geschwülste und Lungenentzündung hinzu, Leiden, die auch heute noch als unmittelbare Ursache des Todes gelten können. Daneben finden als Todesboten auch der „Bruder des Todes", der Schlaf, und die bereits Abgeschiedenen Erwähnung, deren Dahingehen als ein ständiges Memento mori angesehen werden soll.

Der Gedanke, daß Krankheiten und Altersgebrechen personifizierte Todesboten seien, hat aber nicht nur im christl. Abendland Tradition gebildet, sondern er ist auch für die ind. Kultur bezeugt[6]. Im *Anguttara-Nikāja* (3, 35) wird nach der Lehre des Buddha ein Sünder bestraft, der diese Todesboten nicht beachtet hat. Auch im *Mahādeva-Jātaka* und im *Anwār-i-Suhaili* werden die grauen Haare als Todesboten angesehen[7]. – Ob man allerdings von einer ind. Abstammung dieses Gedankens sprechen kann, bleibt zweifelhaft, da er auf Grund der Erfahrung, daß Alter und Krankheit zum Tod führen, jederzeit neu entstehen konnte.

Unter den christl. Autoren, die diesen Gedanken aufgegriffen und zu der Erzählung von einem Pakt mit dem Tod (gelegentlich auch mit dem Teufel oder mit Gottvater selbst) weitergebildet haben, sind u. a. Hugo von Trimberg, John Bromyard, Laurentius Abstemius, Pelbárt von Temesvár und Johannes Gerson zu nennen, aus späterer Zeit ferner die Meistersänger Barthel Regenbogen und Hans Sachs (*Der dot schickt aim drey poten*, 1548), sowie Johannes Pauli, Jeremias Drexel, Carlo Casalicchio und Hans Wilhelm Kirchhof. Aus Kirchhofs *Wendunmuth* rührt die Vorlage des stark bearbeiteten Grimmschen „Märchens" (KHM 177) her[8]. Bei Hugo von Trimberg und dessen Nachschreibern verbindet sich der Stoff mit dem Typus → *Gevatter Tod* (AaTh 332, KHM 44), wozu wohl die Ähnlichkeit der Bezeichnungen Dot (= Pate) und Tod geführt hat.

Wie bei dem stark lehrhaften Gehalt der Erzählung kaum anders zu erwarten, hat sie in der mündlichen Erzähltradition keinen breiten Widerhall gefunden. Dabei dürfte auch ausschlaggebend gewesen sein, daß die Vorstellung von Krankheiten oder Eigenschaften als personifizierten Todesboten nicht eigentlich der volkstümlichen Denkwelt entspricht[9].

Der → Alte und der Tod (AaTh 845), → Christliche Züge, → Sterben, → Tod, → Todeszeit wissen (Mot. A 1593).

[1] Brinktrine, J.: Die Lehre von den Letzten Dingen. Paderborn 1963, 21–26. – [2] Nachweise bei Röhrich, Erzählungen 1, 258–262. – [3] Casalicchio, C.: Utile cum Dulci [. . .]. 2. Teil. Augsburg 1702, cap. 4, 29–31. – [4] Haltrich, J.: Dt.

Volksmärchen aus dem Sachsenlande in Siebenbürgen. (B. 1856) Mü. [6]1956, 40, num. 12. – [5] Günter 1949, 116; Jacobus a Voragine: Legenda aurea. ed. T. Graesse. Osnabrück 1965 (Nachdr. von [3]1890) 505 (De assumtione sanctae Mariae virginis). – [6] BP 3, 296; Röhrich, Erzählungen 1, 259. – [7] BP 3, 296. – [8] Hamann, H.: Die literar. Vorlagen der KHM und ihre Bearb. durch die Brüder Grimm. B. 1906, 129sq. – [9] Röhrich, Erzählungen 1, 261; cf. EM 1, 321.

Lit.: Morris, R.: Death's Messengers. In: FLJ 7 (1889) 179–191. – BP 3, 293–297. – HDM 1, 301sq. – Wesselski, A.: Klaret und sein Glossator. Böhm. Volks- und Mönchsmärlein im MA. Brünn/Prag/Lpz./Wien 1936, 73. – Röhrich, Erzählungen 1, 80–92, 258–262.

Freiburg/Br. Dietz-Rüdiger Moser

Botschaften ins Jenseits. Unter diesem Stichwort läßt sich eine Gruppe von Motiven zusammenfassen, die in verschiedenen Erzählungen auftreten und das zugleich zeitlose wie gemeinmenschliche irrationale Verlangen nach Kommunikation zwischen Lebenden und Toten, zwischen Diesseits- und Jenseitswelt widerspiegeln. Die Vorstellung, daß ein Sterbender oder Toter mündliche oder schriftliche B.en ins Jenseits mitnehmen könne, insbesondere auch, daß er durch gewaltsame Tötung als Überbringer einer B. ins Jenseits zu gewinnen sei, ist bei antiken griech. und röm. Autoren mehrfach nachzuweisen und darüber hinaus vereinzelt in Europa, Asien und Afrika bis ins 19. Jh. bezeugt[1]. Die bei → Berthold von Regensburg (13. Jh.) ausgesprochene Warnung vor Betrügern, die vorgeben: „Ich was zer helle und sach dînen vater und dîn muoter und man hulfe in wol mit zwein schuohen"[2], spricht dafür, daß der Glaube an eine direkte Verbindung zu einer sehr diesseitig gedachten Jenseitswelt im europ. MA. in kirchlicherseits unerwünschter Form verbreitet war[3]. Belege für den Versuch Lebender, Briefe an Verstorbene zu schreiben, wie auch für die in betrügerischer Absicht aufgestellte Behauptung, Briefe aus dem Jenseits erhalten zu haben, reichen bis ins 20. Jh.[4]. – Am bekanntesten ist das Erzählmotiv vom Auftrag, eine B. ins Jenseits zu bringen, aus dem sehr verbreiteten, erstmals zu Anfang des 16. Jh.s bezeugten Schwank vom Studenten aus Paris (AaTh 1540: → *Student aus dem Paradies*), dem eine einfältige Frau aufgrund eines Hörfehlers Kleider, Geld und Grüße für ihren verstorbenen Mann ins Paradies mitgibt[5].

Im Märchen treten B.en ins Jenseits zumeist als Fragen auf, die im Diesseits nicht zu beantworten sind. Sie gehören zu den vielfältigen Aufgaben und Unternehmungen, die dem Helden bei Jenseitsfahrten zuwachsen können. Die als Frage an Gott, an das Glück oder Schicksal, den Teufel oder einen Unhold überbrachte B. ins Jenseits findet dann ihre Entsprechung in der Antwort, die der Märchenheld als B. aus dem Jenseits zurückbringt[6]. Gemeinhin bekannte Motive sind mit den zugehörigen, variierenden Antworten die Fragen:

Warum ist ein bestimmter Brunnen versiegt? (Mot. H 1292.1)[7]. Warum ist ein Baum verkümmert? (Mot. H 1292.2)[8]. Wie können der erkrankte Prinz oder die Prinzessin geheilt werden? (Mot. H 1292.4 bzw. H 1292.4.1)[9]. Wann wird ein Fährmann von seiner Arbeit befreit? (Mot. H 1292.8)[10].

Diese und andere ähnliche Motive (Mot. H 1292.1 bis H 1292.20) sind bes. im europ.-asiat. Raum verbreitet und verbinden sich mit mehreren bekannten Erzählungen, wie der → *Reise zu Gott (zum Glück)* (AaTh 460 A–B), den *Drei* → *Haaren vom Bart des Teufels* (AaTh 461) oder der *Reise ins Jenseits* (AaTh 465 C).

Ähnlich trägt auch in der Legende der → *Räuber Madej* (AaTh 756 B) dem in die Hölle reisenden Helden auf, sich zu erkundigen, wie der ihm, dem Räuber, dort bereitete Platz beschaffen sei[11]. Märchen- und Legendenmotive dieser Art, insbes. wenn sie sich mit der Schilderung von Jenseitsfahrten verbinden, wurden in der Forschung schon wiederholt mit archaischen Denkvorstellungen und Praktiken des → Schamanismus in Verbindung gebracht oder aus ihnen abgeleitet[12].

Von einer arglistig fingierten B. ins Jenseits handeln ein georg.[13] und ein arab.[14] Märchen, die beide inhaltlich weitgehend übereinstimmen:

Vier Wesire geben beim jungen König vor, dessen verstorbener Vater sei ihnen erschienen und habe sie gebeten, seinem regierenden Sohn mitzuteilen, er wolle den Großwesir wegen dringender Geschäfte im Jenseits sehen. Der junge König will daraufhin den Großwesir in die andere Welt 'schicken', räumt ihm auf sein Bitten jedoch eine Frist ein. Der Großwesir nutzt diese Frist zum Ausbau einer Wohnung unter dem zu seiner Verbrennung vorbereiteten Scheiterhaufen und entgeht so dem Mordkomplott. Nachdem einige Zeit verstrichen ist, tritt der Großwesir seinerseits mit der fingierten B. aus dem Jenseits auf, der Tote wolle nun die vier Wesire sehen, die daraufhin wirklich verbrannt werden[15].

Im ind. Märchen ist auch die Reise ins Jenseits mit dem Ziel, toten Angehörigen einen Brief zu überbringen (Mot. H 1252.2) oder eine Nachricht von den Vorfahren zu erhalten (Mot. H 1252.1.1), bekannt.

Als Sagenstoff ist unter dem Schlagwort „B. aus dem Jenseits" die erstmals bei Wilhelm von Malmesbury[16] (12. Jh.) belegte Erzählung verbreitet, in der zwei Freunde vereinbaren, wer von ihnen zuerst sterbe, solle aus dem Jenseits zurückkehren und berichten, ob es ein Leben nach dem Tode gebe (Mot. M 253). Die Erzählung ist sowohl als spätmittelalterliches Exempel[17] wie auch als Volkssage im europ. Gebiet verbreitet[18] und teilweise untersucht[19]. Die vom zurückkehrenden Toten übermittelte B. bringt im Exempel die Aussage einer im Jenseits erfolgenden Vergeltung. Die Funktion dieser B. besteht hier einmal in der Festigung des Glaubens an eine Vergeltung im Jenseits, zum anderen in der Warnung vor der Praktik der Totenzitation[20]. In der von der Exempelüberlieferung nicht direkt abhängigen Volkssage geht die Aussage jedoch zumeist nicht weit über ein unbestimmtes „totaliter aliter" hinaus[21]. Die Sage gilt als archetypisch verwandt mit der Erzählung → *Freunde in Leben und Tod* (AaTh 470)[22] und hat wahrscheinlich zu deren Entstehen beigetragen[23]. Diese Erzählung, wie auch → *Don Juan* (AaTh 470 A), → *Land der Unsterblichkeit* (AaTh 470 B) und → *Brücke zur anderen Welt* (AaTh 471), vermitteln in den mit ihnen verbundenen Jenseitsschilderungen (in ähnlicher Weise wie zahlreiche ma. Visionen und auch Mirakelerzählungen von vorgeblich aus der anderen Welt zurückgekehrten Toten) detailliertere B.en aus dem Jenseits.

→ Fegefeuer, → Götterbote, → Himmel, → Hölle, → Jenseits, → Jenseitsvisionen, → Jenseitswanderungen, → Mirakel, → Paradies, → Unterwelt, → Visionsliteratur.

[1] v. Wesselski, Theorie, 25–27; ferner HDA 9, 311. – [2] Berthold von Regensburg. Vollständige Ausg. seiner Dt. Predigten 2. ed. J. Strobl. Wien 1880 (Nachdr. B. 1965), 34. – [3] BP 2, 441. – [4] HDA 8, 1029. – [5] Zu KHM 104: cf. BP 2, 440–451; Aarne, A.: Der Mann aus dem Paradiese in der Lit. und im Volksmunde (FFC 22). Hamina 1915; Krohn, 155–159. – [6] v. Aarne, A.: Der reiche Mann und sein Schwiegersohn (FFC 23). Hamina 1916; Tille, V.: Das Märchen vom Schicksalskind. In: ZfVk. 29 (1919) 22–40, bes. 30–40. – [7] Einen Nachweis der Häufigkeit und der Verbreitung dieses Motivs bringt Aarne (wie not. 6) 144–146. – [8] ibid., 132–136. – [9] ibid., 142–144. – [10] ibid., 136–140. –
[11] Kühnau, R.: Oberschles. Sagen geschichtlicher Art. Breslau 1926, 449–454, num. 441; Schulenburg, W. von: Wend. Volkssagen und Gebräuche aus dem Spreewald. Lpz. 1880, 60sq.; id.: Wend. Volksthum in Sage, Brauch und Sitte. B. 1882, 13–15; weitere Var.n bei Andrejev, N. P.: Die Legende vom Räuber Madej (FFC 69). Hels. 1927, 90. – [12] z. B. Meuli, K.: Scythica. In: Hermes 70 (1935) 121–176; Rüegg, A.: Die Jenseitsvorstellungen vor Dante und die übrigen literar. Voraussetzungen der „Divina Commedia". Einsiedeln/Köln 1945, 13–15; Christiansen, R. T.: Ecstasy and Arctic Religion. In: Studia septentrionalia 4 (1953) 19–92; Eliade, M.: Schamanismus und archaische Ekstasetechnik. Zürich/Stg. 1957; Grambo, R.: Traces of Shamanism in Norwegian Folktales and Popular Legends. In: Fabula 16 (1975) 20–46. – [13] Mourier, J.: Contes et légendes du Caucase. P. 1888, 8–11. – [14] Chauvin 4, 140sq., num. 8. – [15] Weitere verwandte Erzählungen bei Cosquin, E.: Les Contes indiens et l'Occident. P. 1922, 405–417. – [16] Gesta regum Anglorum lib. 3 (RS). L. 1889, § 237. – [17] v. Schönbach, A. E.: Studien zur Erzählungslit. des MA.s. 1. Theil: Die Reuner Relationen (SB.e der kais[erlichen] Akad. der Wiss.en in Wien, phil.-hist. Kl. 139). Wien 1898; ferner Klapper, MA., num. 53; Tubach, num. 2214 und 3976; Rehermann, E. H.: Das Predigtexempel bei protestant. Theologen des 16. und 17. Jh.s. Göttingen 1977, 153, num. (15). – [18] Müller, I./Röhrich, L.: Der Tod und die Toten. In: DJbfVk. 13 (1967) 361, num. F. 29; Simonsuuri C 500; Petzoldt, L.: Hist. Sagen 1. Mü. 1976, num. 86 und 233. – [19] Schönbach (wie not. 17); Petzoldt, L.: AT 470: Friends in Life and Death. Zur Psychologie und Geschichte einer Wundererzählung. In: Rhein. Jb. für Vk. 19 (1968) 101–161, bes. 104–125. – [20] Petschel, G.: Freunde in Leben und Tod. Eine Unters. des

Märchentypus AT 470 als Beitr. zur vergleichenden Erzählforschung. (Diss. masch.) Göttingen 1967, 325sq. – [21] id.: „Freunde in Leben und Tod" (AaTh 470). In: Fabula 12 (1971) 111–167, hier 150, not. 182; Petzoldt (wie not. 19) 112–124. – [22] Ranke 2, 85sq. – [23] Petschel (wie not. 21) 148–150. –

Rotenburg/Wümme Günter Petschel

Bottiglioni, Gino, *Massa Carrara 15. 9. 1887, † Bologna 17. 5. 1963, ordentlicher Universitätsprofessor für lat. und rom. Philologie und vergleichende Sprachwissenschaft an der Univ. Bologna. B. war vor allem Dialektforscher und Sprachgeograph und Verf. des *Atlante linguistico etnografico italiano della Corsica* 1–12 (Pisa 1933–1942, Modena 1952) und gehört in Italien zu jenen linguistisch orientierten, der Schule C. Merlos verpflichteten Märchen- und Sagensammlern, die Texte wörtlich und zudem in phonetischer Umschrift notiert haben. So sind B.s *Leggende e tradizioni di Sardegna* (Genf 1922) und *Vita sarda* (Mailand 1925) grundlegende Beiträge zur sard. Volkskunde und Dialektforschung. Aus B.s zahlreichen Veröff.en sei noch der *Manuale dei dialetti italici (osco, umbro, e dialetti minori) Grammatica, testi, glossario con note etimologiche* (Bologna 1954) hervorgehoben.

Lit.: Miscellanea glottologica di G. B. pubblicata in occasione del suo settantesimo compleanno da colleghi, amici, discepoli. Modena 1957 (Bibliogr. F. Coco, p. XI–XXIII). – Heilmann, L.: Commemorazione dell'accademico effettivo e presidente dell'Accademia G. B. (1887–1963) (Estratto dagli Atti dell'Accademia delle Scienze dell'Istituto di Bologna, Classe di scienze morali. Anno 58. Rendiconti 52. 1963–1964). Bologna 1967. – Dizionario biografico degli italiani 13 (1971) 465sq. (T. de Mauro).

Wien Regina Wolf

Bouchet, Guillaume → Novellistik

Bourdigné, Charles de, *Angers 1483 (?), † ebenda nach 1567, frz. Geistlicher und Gelegenheitsdichter, Autor der *Légende joyeuse maistre Pierre Faifeu* [...]. B. stammte aus dem angevin. Kleinadel, Bruder des Kanonikus J. de B., 1520 als „clerc psalteur" in der Kirche Saint-Laud von Angers erwähnt, 1522 aus dem Kapitel entlassen, dann in Diensten bei J. Alain, Abt von Perray-Neuf (bei Sablé), und als Musiker und Dichter tätig, Freund des Organisten und Schriftstellers J. Daniel, 1553–1567 Kaplan an der Kathedrale von Angers.

Die zu seinem bewegten Leben passende Gestalt des Pierre Faifeu geht wohl auf einen hist. belegten Übeltäter zurück, der 1499 in Angers gehängt werden sollte; um den outlaw hat sich zu Beginn des 16. Jh.s ein lokaler Sagenzyklus gebildet. B. konnte, durch diese Tradition gestützt, die „folkloristische Persönlichkeit" (Valette 1972) für die Nachwelt festhalten. Ein literar. Einfluß auf B. wurde bislang nicht festgestellt; doch muß er zumindest die um 1500 mehrfach gedr. *Repues franches de François Villon* [...][1], eine nicht von Villon stammende Sammlung von Freitisch-Schwänken, gekannt haben.

Die *Légende*, 1532 (und nicht 1526) zum erstenmal vermutlich in Rouen (und nicht Angers) gedruckt, berichtet von 49 Streichen (Bonaventure → Despériers nannte sie „tours villoniques") des 'Schülers' (escollier), Nichtsnutzes, Tagediebs und Gauners Faifeu; sie ist in wenig vollkommenen, alternativ gereimten Zehnsilbern niedergeschrieben, wobei die Zahl des wohlabgerundeten Alters (49) nicht nur auf den Tod des Protagonisten hinweist, sondern auch vermuten läßt, daß B. 1532 dieses Alter selbst erreicht hatte. In seiner Ballade an den Leser tadelt er die damals gelesenen Volksbücher, bei einer allegorischen Jenseitsreise zu den Elysischen Gefilden erblickt er die besseren Vorbilder für sein Buch: → *Patelin* (AaTh 1585) und F. Villon, J. Le Fevre, J. de → Mandeville und eben auch Faifeu, dem er verspricht, aus Heimatliebe das aufzuschreiben, was man, bisher unaufgeschrieben, von ihm erzähle („ [...] n'avoir en congnoissance / Rien estre escript [...]"). Mit seinen Schandtaten steht Faifeu eher am Beginn pikaresker Tradition als in der Reihe berühmter frz. Narrengestalten (Caillette, Polite, Tabarin, Triboulet) des 16. Jh.s:

Faifeu spielt schon als Kind so viele Streiche, daß seine (im übrigen farblos geschilderte) Mutter ihn züchtigen will, aber er tauscht das Bett mit seinem Bruder, und dieser bekommt die Prügel (Kap. 1, Mot. K 527.2, besser zu K 525.1; cf. AaTh 1115; → *Bettplatztausch*). Als der Lehrer ihn verprügeln will, scheißt er ihm ins Gesicht (2). Er betrügt und belügt seine Mutter (3, 5, 6, 7), legt ihr statt des gegessenen Bratens einen Stein in den Topf (24) und verkauft ihren Wein, um Geld zu bekommen (35). Er stiehlt Lebensmittel (13), eine Robe (40) und ein Fohlen, behauptet aber, Wölfe hätten es zerrissen (15), erschwindelt sich Geld im Spiel (10, 38 [mit Zigeunern]), ein Pferd (45, 46, 47), die Liebe einer Dame durch ein gestohlenes Scharlachtuch (31), einen Topf Kräuterwein mit einem falschen Schuldschein (25), prellt die Zeche unter dem Vorwand, er sei Viehhändler, erwarte 1000 Ferkel und müsse ihnen kurz entgegenreiten (29). Er nimmt seiner Tante das Geld aus der Truhe und steckt einen Fuchs hinein, so daß die Leute glauben, es sei der Leibhaftige (32), und ergaunert sich je einen rechten und einen linken Stiefel von zwei verschiedenen Schustern (21, Mot. K 233.3). Er sperrt in einem Wirtshaus viele Hunde in ein Zimmer, kassiert Geld für ein bevorstehendes seltenes Schauspiel und entwischt mit einem gestohlenen Pferd (14). Als Quacksalber verkauft er Sägemehl als Flohpulver (Anwendung: Mehl den Flöhen ins Maul stecken: 18, Mot. K 1955.4) und kuriert Leute mit Hilfe von gestohlenen Rezepten (20, Mot. K 1955.2). Er stellt sich tot, damit ihm ein Gläubiger gerührt die Schulden erläßt (36, cf. Mot. K 246). Er verkleidet sich als Teufel, um eine gedeckte Tafel für seine Kumpane freizumachen (33, Mot. K 2320, K 335)[2] oder um die Wäscherinnen von Bloys von einem Boot aus zu erschrecken (26), und als Gespenst, damit er ungestört die Magd seiner Mutter beschlafen kann (cf. É. → Tabourot des Accords: *Les Escraignes dijonnoises*[3], num. 38; Mot. K 1833). Als er sich bei einem Liebesabenteuer im Kamin verstecken muß (Mot. K 1521.1) und unten frisches Holz aufgelegt wird, läßt er sich als „Arme Seele" fallen und kommt davon (27).

Mit den Frauen und dem Kinderzeugen hat er keine Schwierigkeiten (43); als ein Mädchen ihm lästig wird, schickt er es zum Metzger, schließt das Haus ab und verschwindet (41). Einer Frömmlerin sperrt er eine Dirne ins Haus und macht so die Alte zur Kupplerin (8, Quelle für Mathurin Régniers *Macette*?[4]). Beim Fastnachtsumzug setzt er sich mit einem Mädchen nackt in einen Backtrog, um einen verheirateten Bäcker zu verspotten, der seiner Magd ein Kind gemacht und ihr die Ehe versprochen hatte (9). Als ihn verschiedene Damen bitten, ihnen ein Essen zu geben, verkleidet er einen Totenschädel mit dem Fleisch eines Kalbskopfes und verdirbt ihnen den Appetit (11, nicht identisch mit Mot. D 457.3). Nur seine Braut verwickelt ihn in Gerichtshändel (44), und nach der Hochzeit (48) bringen ihn Frau und Schwiegermutter ins Grab (49). Zu erwähnen ist ferner seine Gefräßigkeit (34), von lebenden Lampreten bekommt er allerdings Bauchweh (4), an allzu heißem Wein verbrennt er sich den Mund (12); um zu protzen, frißt er sogar Fliegen (39) und tanzt mit einem gefrorenen und vereisten Hemd durch die Straßen (30). Er besiegt einen Clerc im Schönschreiben (28), hält sein Pferd für klüger als die „Esel" von Klerikern bei der Lizenz-Feier (16) und führt sein „intelligentes" Pferd direkt auf den Haferspeicher, wenn es nicht genug zu fressen bekommt (17).

Faifeu hat ein ambivalentes Verhältnis zur Justiz: Einen Ringdieb in einem vornehmen Haus entdeckt er, indem er das Gesinde an einer gespannten Armbrust vorbeigehen läßt und erklärt, der Dieb werde dabei tot umfallen; so gibt sich dieser aus Angst zu erkennen (22). In Nantes befreit er für 50 Taler einen zum Strang Verurteilten, indem er sich als Sergeant verkleidet und den Gefangenen aus dem Gefängnis holt, um ihn angeblich vor den Richter zu bringen (19). Als er selbst von einem Polizisten abgeführt wird, packt er sich diesen auf die Schulter und rennt in eine Kirche, die Asyl garantiert (37). Als man ihn als Gefangenen von Saumur nach Angers schafft, führt er die Wächter in eine von außen nicht erkennbare Kirche und wird so abermals gerettet (42).

B. war mit seinen Reimereien wenig erfolgreich, nur Despériers hat zwei seiner Geschichten benutzt und erzählerisch verbessert[5]. Béroalde de Verville erwähnt ihn im 39. Kap. seines *Moyen de parvenir*[6]. Ob die B.-Variante der Kalbskopf-Totenschädel-Geschichte (11) im barocken Predigt-Exempel vom Ratsherrn, der beim Anblick eines Kalbskopfes/Totenschädels seinen Mord bekennt[7], weiterlebte, bleibt noch zu untersuchen[8].

Die *Légende* zehrt von der starken kulturellen Bedeutung der Kirchen- und Schulstadt Angers im 13.–15. Jh. Faifeu ist ein später Goliarde, dessen Streiche noch im Altherrenzirkel des angevin. Kapitels Heiterkeit erzeugen; an der Grenze zwischen brüchig gewordener ma. und strengerer neuzeitlicher Rechtsaufsicht ein 'magnus truffator', der gerade noch dem Galgen entgeht. Er ist sicherlich keine sozialrebellische Figur wie → Eulenspiegel, höchstens ein antiautoritärer, aber dabei doch zumeist eigennützig denkender Schalk: Als clericus privilegiert, konnte er sich Übergriffe erlauben, die einem gemeinen Rechtsbrecher übel bekommen wären. Die eine Generation älteren Standesgenossen, für die B. dichtete, verbargen hinter ihrem Gelächter (das heute nur schwer nachvollziehbar ist) nicht nur die Frustrationen ihrer vorangeschrittenen Disziplinierung, nicht nur die Einbußen an vergangenem kulturellen Glanz, sondern auch die Tatsache, daß sie der Sorgen fahrender Scholasten von ehedem enthoben waren.

[1] Les Repues franches de F. Villon et de ses compagnons. In: Œuvres complètes de F. Villon. ed. L. Moland. P. 1937, 242–284. – [2] ibid., 280–284. – [3] Les Escraignes dijonnoises recueillies par le sieur Des Accords. (1588?, 1592 etc.) Rouen 1640, num. 38. – [4] Régnier, M.: Macette (13. Satire). In: Les premières œuvres de M. Régnier. Au Roy. P. 1608; auch in: Œuvres complètes. ed. J. Plattard. P. 1965. – [5] Despériers, B.: Nouvelles recreations et joyeux devis. Lyon 1558, num. 23 (= num. 21 der Légende), num. 59 (= num. 20). – [6] Béroalde de Verville: Le Moyen de parvenir, œuvre contenant la raison de tout ce qui a esté, est et sera [...]. (s. l. ca 1600/10). P.: Garnier s. a., 124. – [7] Rauscher, W.: Marck der Cederbäum 1. Dillingen 1689, 193sq.; nach Philippe d'Outreman: Le Pedagogue chrestien [1622, [2]1625 und zahlreiche weitere Ausg.n] 2, cap. 3. – [8] BP 2, 535.

Ausg.n: La Legende joyeuse maistre Pierre Faifeu [...]. [Impressum: Angers, vermutlich aber Rouen 1532]. – La Légende de maistre Pierre Faifeu, mise en vers par C. B. P.: A.-U. Coustelier 1723. – La Légende de Pierre Faifeu (Cabinet du bibliophile 25). ed. D. Jouaust. P. 1880. – La Légende joyeuse ou faitz et dictz joyeulx de Pierre Faifeu [...] d'après l'édition de 1532 (Trésor des vieux poètes français 12). P. 1883. – La Légende joyeuse de Maistre Pierre Faifeu (Textes littéraires français 184). ed. F. Valette. Genève 1972.

Lit.: Lefranc, A.: Date de la légende de Maistre Pierre Faifeu. In: Revue du seizième siècle 1 (1913) 259sq. – Lyons, J. C.: Notes on Mathurin Régnier's Macette. In: Studies in Philology 28 (1931) 833–837. – Dictionnaire de biographie française 6. P. 1954, 1443 (mit nicht immer exakten Angaben!). – Pallister, J. L.: Three Renaissance Sojourns in 'Hell': 'Faifeu', 'Pantagruel', 'Le Moyen de parvenir'. In: Romance Notes 17 (1976) 199–203.

Göttingen Rudolf Schenda

Braga, Joaquim Teófilo Fernandes, *Ponta Delgada (Azoren) 24. 2. 1843, † Lissabon 28. 1. 1924, Politiker, Literaturkritiker und Volkskundler; 1910/11 und 1915 Präsident der port. Republik. Er studierte von 1861–1867 Jurisprudenz in Coimbra und promovierte mit der Diss. *História do direito portuguez 1, os forais* (Coimbra 1868) zum Dr. jur.; ab 1872 Professor für moderne Lit. an der Universität Lissabon.

Seine Diss. wie auch die *Poesia do direito* (Porto 1865) ließen B. seine Vorliebe für die Volkskunde entdecken. Er ging im weiteren den Ursprüngen der mündlichen Volksüberlieferung nach und untersuchte diese am Beispiel von Märchen, Sage, Legende, Volkserzählung, Gedicht und Lied. B. wurde auf diesem Gebiet vor allem von A. Comte, G. W. F. Hegel, den Brüdern Grimm, J. Michelet und E. Quinet beeinflußt. Sein Werk umfaßt über 100 Titel politischer, soziol., kultureller und literar. Art. Zu den für die Erzählforschung wichtigsten Werken zählen:

História da poesia popular portugueza (Porto 1867). – *Cancioneiro popular* (Coimbra 1867). – *Romanceiro geral* (Coimbra 1867). – *Floresta de vários romances* (Porto 1868). – *História da litteratura portugueza* 1–10 (Porto 1870–81). – *Contos tradicionaes do povo portuguez* [...] (Porto 1883). – *O povo portuguez nos seus costumes, crenças e tradições* 1–2 (Lisboa 1885).

Lit.: Bastos, T.: T. B. e a sua obra. Porto 1892 (mit Bibliogr.). – Da Silva, I. F.: Diccionário bibliográphico portuguez 12. Lisboa 1884, 156–164. – Braga, M.: A obra de T. B. e as tradições portugueseas (Vortrag). Coimbra 1917. – Do Prado Coelho, A.: T. B. Lisboa 1922. – Carreiro, J. B. T. (ed.): Vida de T. B. Resumo cronológico. Coimbra 1955. – Do Prado Coelho, J.: T. B. In: id. (ed.): Dicionário das literaturas portuguesa, galega e brasileira. Porto 1962, 101–103. – Saraiva, A./Lopes, Ó.: História da literatura portuguesa. Porto/Lisboa [7][1974] 904 bis 906.

Salzburg Maria Antónia Espadinha

Brahmane (Brāhmana). In der ind. Gesellschaft und in einigen von ind. Kultur geprägten Nachbarländern Indiens ist der B. Repräsentant der höchsten der vier Grundkasten brahmanisch-hinduist. Religion. Der B. studiert und lehrt die *Veden*, vollzieht religiöse Zeremonien, vermittelt Opfergaben, kann Tempelpriester, geistlicher Minister am Königshof (purohita), aber auch religiöser Bettler sein. Weder sind alle B.n Priester, noch sind alle Priester B.n[1]. Der B. hat die Pflicht, innerhalb seiner Kaste zu heiraten und Söhne zu zeugen. Es gab und gibt reiche und arme B.n; ihr Anteil beträgt etwa 6% der Gesamtbevölkerung.

In der europ. Lit. ist der B. bereits durch die Alexander-Historiker bekannt geworden und in den Alexanderromanen als Figur erzählmäßig festgelegt[2]. Wie ein roter Faden zieht sich durch die ältere Lit. die Behauptung, daß die B.n die ehrlichsten und wunschlosesten Menschen in der Welt seien.

In der ind. Lit. bestimmt jeweils der religiöse oder Kastenstandpunkt des Werkes die Kennzeichnung der Figur des B.n. Märchenartige Einschübe in den Epen → *Mahābhārata* und → *Rāmāyana* lassen den B.n in günstigerem Licht erscheinen als etwa die Erzählungen im höfisch geprägten *Kathāsaritsāgara* (→ *Somadeva*), in den buddhist. → *Jātakas* oder im jainist. → *Kathāratnākara*. Die Volkserzählung kennzeichnet den B.n meist negativ, als dümmlich, gierig, geizig, tyrannisch u. a. Auf das europ. Märchen übertragen entspricht der B. dem törichten Helden (Dummkopf, unpromising hero).

In der Sammlung der → *Vetālapañcaviṃśatikā* sind die Helden der meisten Geschichten B.n (10 B.n, 8 Könige, 7 Kaufleute)[3]. Im → *Śukasaptati* führen die Kaufleute leicht gegenüber den B.n (23 Kaufleute, 22 B.n), während im → *Pañcatantra* die B.n an der Spitze liegen (14 B.n und 5 Asketen, 10 Könige, 7 Kaufleute)[4].

B.n, B.n-Söhne, -Frauen und -Töchter spielen die Hauptrollen in einigen Märchen-Typen und -Motiven:

In den ind. Tiermärchen treten B.n als Partner der Tiere auf, als vorschnell das treue Haustier tötend in *The Brahman and the Mongoose* (AaTh 178 A: → *Hundes Unschuld*); als dumm und unbedacht handelnd in AaTh 155 (→ *Undank ist der Welt Lohn*); Mensch und Tier rettend, vom Menschen mit Undank belohnt in AaTh 160 (→ *Dankbare Tiere, undankbarer Mensch*) und als Reisekamerad des hilfreichen Tierfreundes in AaTh 182 (*The Helpful Animal and the Snake* = Thompson/Roberts 910 H: *Never Travel Without a Companion or Stay Alert*)[5].

Einprägsam ist das Bild des törichten B.n mit dem Grütztopf im wichtigen Typ AaTh 1430 (→ *Luftschlösser*), der sein Glück erträumt und zerschlägt[6]. Oft ist der B. der unfreiwillige Held, zufällig tapfer wie das Schneiderlein in AaTh 1640 (→ *Tapferes Schneiderlein*)[7] oder zufällig klug wie der → Doktor Allwissend in AaTh 1641[8]. Der B. ist der betrogene und schließlich siegreiche Held im → *Tischleindeckdich* (AaTh 563)[9]. Er rettet dem König unwissentlich das Leben in AaTh 910 C (→ *Barbier des Königs*) oder auch in AaTh 1586 A (*Fatal Killing of the Insect;* cf. Thompson/Roberts 1646: *The Lucky Blow*)[10]. Ein B. spielt die Rolle des klugen Verführers in der Geschichte vom Weber als Viṣnu (AaTh 575: → *Flügel des Königssohnes*)[11] oder verabreicht dem Richter als Wechselgeld eine Ohrfeige in AaTh 1327 A (*Fool Reenacts Case in Court*)[12]. Nur selten ist der B. der kämpfende Märchenheld. Er ist passiv beteiligt, etwa im → *Drachentöter*-Typ (AaTh 300), speziell AaTh 302 (→ *Herz des Unholds im Ei*)[13], aktiv im Zauberwettkampf (AaTh 325: → *Zauberer und Schüler*)[14] oder an Stelle des Schmieds den Todesgott Yama überlistend in AaTh 330 (→ *Schmied und Teufel*)[15]. Ein B.n-Sohn ist auch der geschickte → Meisterdieb (AaTh 1525), speziell in AaTh 1525 G (*The Thief Assumes Disguises*)[16]. Die Klugheit des B.n läßt ihn sogar an die Stelle des klugen Mädchens treten in AaTh 875 und 875 B (*Die kluge* → *Bauerntochter*) und AaTh 1920 A (*"The Sea Burns"*)[17]. Der B. hilft einem Prinzen, einen Unhold durch schlaues Übertrumpfen zu überwinden in AaTh 1152 (*The Ogre Overawed by Displaying Objects*)[18], er opfert als treuer Königsdiener das Leben seines Sohns (AaTh 949: *The Faithful Servitor*)[19], ist dem König und seinem Minister überlegen in AaTh 1534 A (*The Innocent Man Chosen to Fit the Stake [Noose]*)[20], lehrt einen König die Weisheit (Mot. J 179.1: *Humble Brahmin teaches king the difference between 'mine' and 'thine'*)[21], erweist sich als ehrlich (Mot. Q 151.10: *Honest brahman spared by tiger)*[22] oder gewinnt sogar einen religiösen Redewettstreit (Mot. V 351.1.1)[23].

Weit häufiger jedoch ist der B. ein Betrüger, wie in AaTh 1539 (→ *List und Leichtgläubigkeit*)[24], er ist verräterisch (Mot. K 2284.2: *Treacherous brahmin*)[25], gierig und geizig. So heißt es im *Harṣacarita 6*: „Selten findet man einen Brahmanen frei von Gier"[26]. In einem kaschmir. Märchen geben B.n-Frauen sich gegenseitig die Almosen (Mot. H 1292.1.1: *Question [propounded on quest]: Why does no one ever drink water of two certain wells?*)[27]. Der B. verstößt gegen Kasten- und Moralgesetze, ist jähzornig und stiehlt (Mot. W 11.4.1: *Brahmin steals to feed guests [deities]*)[28]. Er tötet, wenn auch unabsichtlich, ein Kalb (Mot. N 361.1; Mot. Q 231: *Brahmin punished for killing animal*)[29] und erweist sich als undankbar gegenüber einem Tierhelfer (Mot. W 154.12.2: *Ungrateful Brahmin brings his wild goose rescuer to king as remedy against leprosy*)[30]. Er läßt sich zu einem falschen Schwur verleiten (Mot. K 1811.4.1: *Fate takes form of Brahmin's pupil in order to lure him to his prophesied death*)[31] und ist unwissend (Mot. J 1705.2)[32]. Ein B. begeht einen Mord und wird durch List zum Selbstmord gebracht, da man ihn nicht hinrichten darf (Mot. J 1181.0.1)[33], oder wird in seiner Dummheit als Mörder verdächtigt (Thompson/Roberts 1741 A: *The Wife Frightens Away the Guest*)[34]. Häufig erweist sich der B. als lüstern. Er wird verprügelt in AaTh 1725 (→ *Ehebruch belauscht*)[35] oder von dem Mädchen in der Kiste überlistet in AaTh 896 (*The Lecherous Holy Man and the Maiden in a Box*)[36]. Er heiratet, unbekümmert um Kastenvorschriften, wen er will (Mot. T 131.9)[37], verliebt sich in eine Wäscherin (Mot. T 91.7.1)[38] oder nimmt Mädchen aus niedriger Kaste zur Frau (Thompson/Roberts 930 A: *The Predestined Wife*)[39].

In den Erzählungen des *Kathāsaritsāgara* wird der Priester-B. häufig verächtlich geschildert: „Dummheit zeichnet einen Mann aus, der sich seinen Kopf mit dem Veda verdreht." An anderer Stelle heißt es: „Brahmanen, die davon leben, den Sāma Veda herzusingen, sind eine Heimstätte für Ängstlichkeit, Langeweile und schlechte Laune"[40]. Im Märchen-Typ *Schwan-kleb-an* (AaTh 571: → *Klebezauber*) ist der B. ein törichter Hauspriester[41]. Seine sture Gläubigkeit macht ihn zur leichten Beute von Betrügern (Mot. K 344.1.1: *The polluted fish* und Mot. K 499.5: *Embarassing gift*)[42]. Obwohl der B. im ind. Märchen verachtet und verspottet wird, ist er in seiner Kastenstellung doch meist überragend. So gilt es als widersinnig, einen König in einen B.n zu verwandeln, als wolle man einen Esel zu einem Pferd machen (Mot. J 1293.3)[43]. Einem B.n gelingt es, seinem Schicksal zu entgehen und den Gott zu verschlingen (AaTh 934 D[1]: *Outwitting Fate* = Thompson/Roberts 936)[44]. Ein Asket versucht, einen B.n zu imitieren, kommt jedoch in Yamas Hölle, während der B. in Śivas Himmel gelangt (Mot. J 2415.5)[45]. Die zwielichtige Beurteilung des B.n zeigt sich u. a. darin, daß einem Mann als Buße auferlegt wird, an jedem Mittwoch einen B.n zum Essen einzuladen (Mot. Q 527)[46]. Der sündige B. wird von der Opferziege durch Lachen und Weinen aufgeklärt. Die Ziege lacht, weil sie endlich erlöst ist; sie weint, weil der B. Sünden begeht[47].

Die B.n-Frau ist nicht besser als ihr Gatte. Sie überlistet ihren Gemahl in AaTh 1380 (→ *Blindfüttern*)[48]. Sie ist treulos und wird bestraft in AaTh 1511 (cf. *Die treulose* → *Frau*)[49]. Der B. und seine Mutter oder das B.n-Ehepaar spielen die Rolle der beiden närrischen Alten in der → *Zornwette* (AaTh 1000 = Thompson/Roberts 1000 A Ind.)[50] und in der → *Schweigewette* (AaTh 1351)[51]. In einem Kettenmärchen (Mot. Z 42.3: *Brahmin worships idol and sets sacrifices before it daily*) betet sich ein B., der sich für den Mächtigsten hält, als Idol an (Thompson/Roberts 2031 B*)[52].

[1] Glasenapp, H. von: Der Hinduismus. Religion und Gesellschaft im heutigen Indien. Mü. 1922, 359sq. – [2] Wilcken, U.: Alexander der Große und die ind. Gymnosophisten (SB.e der Preuß. Akad. der Wiss.en zu Berlin. Phil.-Hist. Kl. 23). B. 1923, 150–183; Becker, H.: Die B.n in der Alexandersage. Progr. Königsberg 1889; Pfister, F.: Das Nachleben der Überlieferung von Alexander und den B.n. In: Hermes 76 (1941) 143–

168. – [3] Ruben, W.: Ozean der Märchenströme. Teil 1: Die 25 Erzählungen des Dämons (Vetālapancavimśati) [. . .] (FFC 133). Hels. 1944, 172. – [4] ibid., 175, 178. – [5] cf. Bødker, Indian Animal Tales, num. 100, 1150, 1120, 128. – [6] Benfey 1, 499–501, § 209; Pañcatantram 5, 7 (Textus ornatior. Übers. R. Schmidt. Lpz. s. a., 301 sq.).– [7] Penzer, N. M. (ed.): The Ocean of Story Being C. H. Tawney's Translation of Somadeva's Kathā Sarit Sāgara 3. L. 1925, 70–73. – [8] Jacobs, J.: Indian Fairy Tales. L. 1910, 85–89, num. 11. – [9] Frère, M.: Märchen aus der ind. Vergangenheit. Jena [1874] 213–233. – [10] McCulloch, W.: Bengali Household Tales. L. 1912, 30–35, num. 5; Hertel, J.: Das Pañcatantra. Seine Geschichte und seine Verbreitung. Lpz./B. 1914, 137. – [11] Stories of Vikramaditya (Simhasana dwatrimsika). Bombay 1960, 311; Hertel (wie not. 10) 126 sq. – [12] McCulloch (wie not. 10) 111–118, num. 12. – [13] ibid., 255–282, num. 26, hier 262–269, 272–277. – [14] Oakley, E. S./Gairola, T. D.: Himalayan Folklore. Allahabad 1935, 297–302. – [15] Mode, H. / Ray, A.: Bengal. Märchen. Lpz. [2]1969, 206–211. – [16] McCulloch (wie not. 10) 152–174, num. 19. – [17] Hertel (wie not. 10) 145 sq. – [18] McCulloch (wie not. 10) 255–282, num. 25. – [19] Penzer (wie not. 7) t. 4 (1925) 176–181. – [20] McCulloch (wie not. 10) 138–142, num. 16. – [21] Devi, Shovana: The Orient Pearls. L. 1915, 12. – [22] North Indian Notes and Queries 3 (1893) num. 61. – [23] McCulloch (wie not. 10) 1–6, num. 1. – [24] Mode / Ray (wie not. 15) 364–368. – [25] Temple, R. C.: The Legends of the Panjâb 1. L. 1884, 87. – [26] The Hardhacharita of Bâṇabhaṭṭa, with the Commentary (Saṅketa) of Śankara. ed. Kâśinâth Paṇḍurang Parab. Bombay [2]1897, 181. – [27] Tavi Tales (Ms. in der Indiana University Library, Bloom.) num. 8. – [28] North Indian Notes and Queries 3 (1893) num. 132; Hertel (wie not. 10) 137. – [29] Anderson, J. D.: A Collection of Kâchari Folk-tales and Rhymes. Shillong 1895, 37. – [30] Dracott, A. E.: Simla Village Tales; or, Folk-tales from the Himalayas. L. 1906, 90. – [31] Mukharji, R. S. [Rāmasatya Mukhopādhyāya]: Indian Folklore. Calcutta 1904, 98. – [32] McCulloch (wie not. 10) 90–101, num. 9. – [33] Mukharji (wie not. 31) 11–14. – [34] Seethalakshmi, K. A.: Folk Tales of Tamilnadu. Delhi 1969, 85 sq., num. 21. – [35] McCulloch (wie not. 10) 66–72, num. 7. – [36] Penzer (wie not. 7) t. 2 (1924) 4 sq. – [37] Subrahmanya Pantulu, G. R.: Folk-lore of the Telugus [. . .]. Madras [1905] 91. – [38] Venkataswami, M. N.: Folktales from India. Madras 1923, 138. – [39] Thurston, E.: Castes and Tribes of Southern India 6. Madras 1909, 120 sq. – [40] Penzer (wie not. 7) t. 1 (1924) 65, t. 2 (1924) 57. – [41] McCulloch (wie not. 10) 212–217, num. 22. – [42] Bezbarua, L.: Kakadeuta Aru Natilora. Gauhati 1937, 82–86; Hayavadana Rao, Conjeeveram: Tales of Komati Wit and Wisdom [. . .]. Madras [3]1907, 31 sq. – [43] Manwaring, A.: Marathi Proverbs. Ox. 1899, 20. – [44] McCulloch (wie not. 10) 23–29, num. 4. – [45] Mukharji (wie not. 31) 8 sq. – [46] Kincaid, C. A.: Deccan Nursery Tales. L. 1914, 27. – [47] Jātakam 1, 91 sq.: Matakabhatta-Jātaka, num. 18; Bloomfield, M.: Recurring Psychic Motifs. In: JAOS 36 (1916) 68 sq. – [48] Pañcatantram 3, 17 (wie not. 6) hier 246 sq. – [49] Penzer (wie not. 7) t. 6 (1926) 4–8. – [50] McCulloch (wie not. 10) 131–137, num. 15. – [51] ibid., 125–127, num. 14 A. – [52] Mukharji (wie not. 31) 21–27.

Halle/Saale Heinz Mode

Brandans Seefahrt gehört im Kern zur → Visionsliteratur. Elemente aus vorchristl. Erzählungen von → Jenseitswanderungen, in denen das Motiv der Suche nach der 'anderen Welt' gestaltet ist, und Einflüsse aus ir. Schiffermärchen sind in naiv-christl. Sinn umgearbeitet zu einer 'christl. Odyssee', die vielleicht die antike *Odyssee* verdrängen sollte[1]. Der ir. Abt Brendan, † um 570, reiste nach Schottland und wahrscheinlich nach England, in die Bretagne, zu den Orkney- und Shetlandinseln und möglicherweise zu den Färöern und gründete zahlreiche Klöster. Literarisch lebt er weiter in seiner *Vita*[2] und in der *Navigatio Sancti Brendani*. Den zahlreichen ma. Hss. mit dieser Erzählung[3] liegt ein verlorengegangener lat. Text zugrunde, der wahrscheinlich im 10. Jh. in Lothringen von dem ir. Abt Israel verfaßt wurde[4].

Von der *Navigatio*-Textreihe[5] mit Übers.en in verschiedene Volkssprachen (altfränk., anglo-normann., fläm., hoch- und niederdt.) läßt sich nach Aufbruchsmotiv und dichterischer Behandlung eine kleinere Textgruppe abgrenzen, die auf eine umgedichtete *Navigatio*-Fassung zurückgeht, deren Übers. ins Mittelfränkische den Archetyp der hochdt. Überlieferung bildet, den sog. „Reisetext"[6]. Die *Seefahrt des Brendan* war im ausgehenden MA. ein häufig gedrucktes Volksbuch[7].

Der Aufbruch Brendans wird im *Navigatio*-Text ausgelöst durch den Bericht des weitgereisten Barinthus über eine wunderbare Insel im Ozean. Der „Reisetext" dagegen hat einen märchenhaften Anfang:

Brendan verbrennt zornig ein Buch, weil er die berichteten wunderbaren Ereignisse für unglaubwürdig hält. Daraufhin befiehlt ein Engel die Fahrt, auf der Brendan sich von der Wahrheit des Gelesenen überzeugen und es niederschreiben soll, so daß bei seiner Rückkehr ein neues Buch mit dem alten Inhalt vorliegt.

Während der *Navigatio*-Text stark legendarisch und erbaulich orientiert ist (Berufung zum peregrinus, Mönchsaszese, Kampf mit Teufeln, ungebrochenes Gottvertrauen, Wirksamkeit von Messe und Gebet, häufiger göttlicher Eingriff), zeigt der „Reisetext", dessen Entstehung um 1150 angesetzt wird, eine Vorliebe für weltlich-abenteuerliche Züge. Das Außergewöhnliche, Wunderbare wird bevorzugt nach Art der fahrenden Sänger des 12. Jh.s dargestellt. Sagenstoffe wie Lebermeer (cf. Mot. F 711), Magnetberg (AaTh 322*), Greifen (Mot. B 42) und Sirenen (Mot. B 53) werden aufgenommen.

Zum *Navigatio*-Text gehören, nach Darlegung des Beweggrundes und der Vorbereitung der Reise, folgende Erzählelemente:

Insel mit der Wunderstadt; gestohlener Zaum; Insel der Schafe (Mot. F 743.2); Fisch Jasconius (Mot. J 1761.1); Paradies der Vögel; Insel der Gefährten des Ailbe; Insel mit der einschläfernden Quelle (Mot. D 1364.1); Feier des Osterfestes; Kampf der beiden Meerungetüme; Insel der Knaben, Jünglinge und Greise; Traubeninsel; Kampf der Greifen; das durchsichtige Meer; die Säule mit dem ausgespannten Netz; Insel der Schmiede (Tubach, num. 776); Judas Ischariot (cf. Mot. E 489.7); Paulus der Einsiedler; die Terra repromissionis; Kind will Meer mit einem Näpfchen ausleeren, um B.s Unternehmen ad absurdum zu führen (→ Augustinus und das Knäblein); Rückkehr.

Der Vergleich mit dem „Reisetext" ergibt, daß gewisse Motive direkt oder modifiziert aus der *Navigatio*-Fassung übernommen wurden, daß andere einen gemeinsamen Grundbestand haben bei unterschiedlicher Ausführung: gestürzte Engel als singende Vögel[8] oder mit Schweinshäuptern, der Procurator als Zwerg Perwart, die Kirche als Burg; dem auf einer Insel zurückbleibenden Mönch entspricht der von Elias vor dem Paradies entführte Bruder. Einige Szenen kommen nur in der einen oder anderen Überlieferung vor, z. B. der zurückbleibende Mönch, die eingehende Schilderung der Schmiedeinsel, Lebermeer, Magnetberg, Greifen, Sirene und der Führer Heilbran.

Das Motiv mit dem Riesenfisch, der für eine bewaldete Insel gehalten, zum Messe-Lesen betreten und beim Versinken fluchtartig verlassen wird, findet sich öfter in der Weltliteratur[9]. Wahrscheinlicher als eine Entlehnung aus dem Orient (Sindbad der Seefahrer in *1001 Nacht*) oder aus der nord. bzw. germ. Mythologie (Kraken bzw. Midgardschlange) ist ir. Ursprung[10]. Der Name des Seeungetüms 'Jasconius' ist die latinisierte Form des ir. iasc (= Fisch). Neuerdings wird die Entstehung des Motivs auch mit 'schwimmenden Inseln' im Atlantik in Zusammenhang gebracht[11] und die Wanderung des Motivs von Irland nach Skandinavien und in den Orient für möglich gehalten[12]. Abgesehen von den Szenen mit dem Fisch Jasconius und dem Kampf der beiden Meerungeheuer sowie den spezifisch kirchlichen Stoffen lassen sich die Inhalte aller Episoden in dem älteren, repräsentativen *Imram Maelduin* nachweisen[13]. Die Imrama (= navigatio, Seefahrt), eine ir. Literaturgattung, die im 7./8. Jh. in Nachahmung der Meerfahrt des Äneas entstand[14], schöpften wiederum im wesentlichen aus zwei Quellen: den z. T. phantastisch übersteigerten Erlebnissen ir. Fischer und Anachoreten und den in der Erinnerung der christianisierten Iren noch haftenden Vorstellungen von fernen Gefilden der Wonne und der Strafe im westl. Meer.

In den Jenseitsschilderungen der *Meerfahrt des Brendan* mischt sich antikes, ir. und christl. Gedankengut. Antike Schilderungen idealer Gefilde sind angereichert mit den aus heidnischer Vorzeit überkommenen Vorstellungen vom Leben der Verstorbenen. Der Glaube an ein kontemporäres Paradies wird mit bibl. Vorstellungen und Bezeichnungen kombiniert (tir tairngiri = terra repromissionis)[15]. Die Terra repromissionis jenseits einer dunklen Mauer trägt mal mehr die Züge einer idealen Landschaft[16] mit viel Licht, fruchtbaren Bäumen und köstlichen Flüssen, mal überwiegt die Vorstellung eines prachtvollen Gebäudes (Haus, Burg,

Palast) mit vielen Edelsteinen oder einer wunderbaren Stadt nach Art des himmlischen Jerusalem.

Der ir. Volksglaube kannte im fernen Ozean auch Orte gestrafter Jenseitsbewohner. Die B.erzählung greift derartige Vorstellungen auf, um die kirchliche Lehre einer Vergeltung im Jenseits zu veranschaulichen und einzuschärfen. Breit ausgemalt wird das Schicksal des büßenden Judas Ischariot. Seine Höllenqualen werden am Wochenende unterbrochen und durch mildere Peinigungen ersetzt (Motiv der Sabbatruhe in der Hölle: Mot. Q 560. 2.1)[17]. Mit der Darstellung paradiesischer Gefilde und höllischer Qualen gehört die B.legende zu den Vorläufern der Jenseitsvorstellungen bei Dante[18]. Die Ankunft in der Terra repromissionis nach sieben- bzw. neunjähriger Suchfahrt ist Höhepunkt der Erzählung. An einen kurzen Aufenthalt schließt sich eine wundersam schnelle Rückfahrt in die Heimat an, in der Brendan bald stirbt.

Mit zur Wirkung der B.legende gehört, daß noch im Jahre 1721 eine Expedition von Santa Cruz (Teneriffa) aufbrach, um das wunderbare Land, die 'B.insel', im Atlantik zu finden[19]. 1976 segelte T. Severin mit einem nach zeitgenössischen Quellen angefertigten Lederboot erfolgreich von Irland in die USA, um die Theorie einer Amerikareise B.s zu erhärten[20].

[1] Selmer, C.: Navigatio Sancti Brendani Abbatis from Early Latin Manuscripts. Notre Dame, Ind. 1959, 20–25; Fritzsche, C.: Die lat. Visionen des MA.s bis zur Mitte des 12. Jh.s. In: Rom. Forschungen 2 (1885) 247–249. – [2] Grosjean, P.: Vita Sancti Brendani Clonfertensis e Codice Dubliniensi. In: AnalBoll. 48 (1930) 99–123. – [3] Selmer, (wie not. 1) 105–116; cf. Verflex. 1, 273–276 und 5, 106. – [4] Selmer, C.: Israel, ein unbekannter Schotte des 10. Jh.s. In: Studien und wiss. Mittlgen aus dem Benediktiner-Orden 62 (1950) 69–86. – [5] id. (wie not. 1) 3–82, 102–116. – [6] Schröder, C. (ed.): Sanct B. Erlangen 1871; Meyer, W.: Die Überlieferung der dt. B.legende. 1: Der Prosatext. Diss. Göttingen 1918; Benz, R.: Sanct B.s Meerfahrt. Jena 1927; Draak, M.: De Reis van Sinte Brandaan. Amst. 1949; Dahlberg, T.: Brandaniana. Kritische Bemerkungen zu den Unters.en über die dt. und ndl. Brandan-Versionen der sog. Reise-Klasse. Göteborg 1958. – [7] Podleiszek, F. (ed.): Volksbücher von Weltweite und Abenteuerlust (1936). Darmstadt 1964, 11–13, 37–57, 291. – [8] cf. Günter 1910, 207, not. 88. – [9] Schenda, R.: Walfisch-Lore und Walfisch-Lit. In: Laogr. 22 (1965) 431–448, bes. 437. – [10] Schröder (wie not. 6) 12, 39sq. – [11] Selmer (wie not. 1) 86. – [12] Lehane, B.: The Quest of Three Abbots. Pioneers of Ireland's Golden Age. L. 1968, 76. – [13] Zimmer, H.: Kelt. Beitr.e. 2.: Brendans Meerfahrt. In: ZfdA 33 (N. F. 21) (1889) 129–220, 257–338, hier 180sq. – [14] ibid., 331. – [15] ibid., 135, 139, 287; Wildhaber, R.: Kelt. Beitr.e zur vergleichenden Vk. In: Dona ethnologica. Festschr. L. Kretzenbacher. Mü. 1973, 11–27, bes. 22–24. – [16] Curtius, E. R.: Europ. Lit. und lat. MA. Bern/Mü. [8]1973, 191–209. – [17] Creizenach, W.: Judas Ischarioth in Legende und Sage des MA.s. In: Beitr.e zur Geschichte der dt. Sprache und Lit. 2 (1876) 177–207. – [18] Palgen, R.: B.sage und Purgatorio. Heidelberg 1934; Rüegg, A.: Die Jenseitsvorstellungen vor Dante und die übrigen literar. Voraussetzungen der „Divina Commedia". Einsiedeln/Köln 1945, 327–331. – [19] Schreiber, G.: Der ir. Seeroman des B. Ein Ausblick auf die Kolumbus-Reise. In: Festschr. F. Dornseiff. ed. H. Kusch. Lpz. 1953, 274–290, hier 285. – [20] Severin, T.: The Brendan Voyage. L. 1978.

Olpe Leonhard Intorp

Brandmarken, im ma. Europa eine Strafe vor allem für Diebstahl und Münzfälscherei[1], tritt im Märchen und im Schwank kaum speziell als solche, sondern mehr als → Erkennungszeichen und vor allem als Signum der Versklavung auf. Die frühesten Zeugnisse stammen aus dem Mittleren und Nahen Osten. In einer Fassung zu AaTh 1515: *Die weinende → Hündin* bei Somadeva (11. Jh.) läßt die tugendhafte Devasmita ihren Verführern im Tiefschlaf eine Hundepfote auf die Stirn brennen und fordert sie später vom König als ihre Sklaven an[2]. In → Christoforo Armenos *Reise der Söhne Giaffers* (Venedig 1557) brennt der Sultanssohn in Arztverkleidung dem kranken Liebhaber seiner Mutter ein Mal auf den Hintern, das ihn später als Sklaven kennzeichnet[3]. In der *Geschichte des zweiten Gauners* aus *1001 Nacht* stellt dieser sich tot und läßt sich begraben. Die betrogenen Kaufleute wollen durch ein Loch auf ihn scheißen, er brandmarkt sie am Hintern und fordert sie vor Gericht als Sklaven seines Vaters[4]. Genau dasselbe tut Dscheha in einer kabyl. → *Unibos*-Variante (AaTh 1535, 1539)[5].

Auch im modernen Erzählgut ist das Motiv auf den Orient und das von ihm kulturell beeinflußte Mittelmeergebiet beschränkt. In zahlreichen Fassungen zu AaTh 314: → *Goldener* und AaTh 551: → *Wasser des Lebens* brandmarkt der Jüngste seine Brüder oder Schwäger gegen Hergabe seiner Jagdbeute oder des von ihm gewonnenen Heilmittels und beweist später mit den Siegeln, daß er der eigentliche Held ist[6]. Steigerungsform ist das Siegeln mit dem Pferdehuf[7], dem zuweilen das Abschneiden der Fingerspitzen und Ohrläppchen vorausgeht[8], eine auch sonst übliche Art der Markierung in diesen Märchen[9].

In verschiedenen Varianten des → *Cymbeline*-Zyklus (AaTh 882) brandmarkt die verleumdete → Frau in Männerkleidung den Kaufmann am Hintern, bezichtigt ihn des Diebstahls und macht ihn aufgrund des Zeichens als ihren Sklaven geltend[10]. In griech., span. und span.-amerik. Fassungen zu AaTh 1538: → *Rache des Betrogenen* siegelt der betrogene Bauer die Räuber am Körper oder an der Kleidung: Sie werden dadurch sein Eigentum[11]. Reines Kennzeichen ist in der Zigeunerfassung zu AaTh 303: *Die zwei* → *Brüder* das Brandmal, das die Kaiserin mit einem glühenden Feuerhaken ihrem Sohn auf der Hand anbringt, um ihn vom vollkommen gleich aussehenden Sohn der Köchin unterscheiden zu können[12].

[1] Hoops Reall. 3, Lfg 3/4 ([2]1977) 401sq.; Erler, A.: B. ins Antlitz. In: Festschr. K. S. Bader. Zürich/Köln/Graz 1965, 115–120. – [2] Brockhaus, H. (Übers.): Die Märchenslg des Somadeva Bhatta aus Kaschmir 1. Lpz. 1843, 137–149. – [3] Fischer, H./Bolte, J. (edd.): Christoforo Armeno. Die Reise der Söhne Giaffers (BiblLitV 208). Tübingen 1895, 106, 125. – [4] Chauvin 7, 151sq. – [5] Hodscha Nasreddin 2, 197sq. – [6] cf. BP 3, 114; Jungbauer, G.: Märchen aus Turkestan und Tibet. MdW 1923, num. 6; Macler, F.: Contes [...] d'Arménie. P. 1928, 84–92; FL 15 (1904) 316–318; Artin-Pacha, Y.: Contes populaires de la vallée du Nil. P. 1895, 103–114; Budge, E. W.: Egyptian Tales and Romances. L. 1931, 404–411; Littmann, E.: Arab. Märchen. Lpz. 1957, 192; Schmidt, H./Kahle, P. (edd.): Volkserzählungen aus Palästina [...] 1. Göttingen 1918, num. 53; Lidzbarski, M.: Geschichten und Lieder aus den neuaram. Hss. [...]. Weimar 1896, 52, 55; Bergsträsser, G.: Neuaram. Märchen. Lpz. 1915, 66–71; Ritter, H.: Ṭūrōyo. Die Volkssprache der syr. Christen des Ṭur ʻAbdīn 1. Beirut 1967, 109–117; Stevens, E. S.: Folk-Tales of Iraq. L. 1931, 58–73; Eberhard/Boratav 158, 175, 257. – [7] Hoogasian-Villa, S.: 100 Armenian Tales. Detroit 1966, num. 22; Hahn, J. G. von: Griech. und albanes. Märchen. Lpz. 1864, num. 6. – [8] Dirr, A.: Kaukas. Märchen. MdW 1920, num. 11 (georg.). – [9] cf. Hodscha Nasreddin 2, 198; Bolte, J. (ed.): Zu den von L. Gonzenbach gesammelten sicilian. Märchen. Nachträge aus dem Nachlasse R. Köhlers. In: ZfVk. 6 (1896) 164, zu num. 61. – [10] Littmann (wie not. 6) 216; Schmidt/Kahle (wie not. 6) 2, 65; Müller, D. H.: Die Mehri- und Soqotri-Sprache 1. Wien 1902, 155. – [11] Kretschmer, P.: Neugriech. Märchen. MdW [2]1941, 331 (Lit.); Espinosa 3, 211, num. 192; Rael, J. B.: Cuentos españoles de Colorado y Nuevo Méjico. Stanford s. a., num. 356, 357. – [12] Aichele, W.: Zigeunermärchen. MdW 1926, num. 37.

Göttingen Kurt Ranke

Brandstiftung durch Tiere. Im A.T. (Ri. 15, 4sq.) wird von Simsons Rache an den Philistern erzählt, daß er 300 Füchse gefangen, die Schwänze von je zweien zusammengebunden und mit Bränden versehen die ganze Meute dann in die Kornfelder, Weinberge und Ölbaumbestände der Feinde getrieben und dadurch deren Reichtum vernichtet habe (cf. Mot. K 2351.1.1).

Das Strategem des jüd. Richters ist in dieser oder ähnlicher Form seit alters in der euras. Welt bekannt, und es kann durchaus auch praktiziert worden sein. So mag es vielleicht richtig sein, was Livius (*Ab urbe condita* 22, 16sq.) von Hannibal berichtet, daß dieser, um sich den Weg nach Casilium freizumachen, 2000 Ochsen mit brennenden Reisigbündeln zwischen den Hörnern in den vom Feind besetzten Wald getrieben und diesen dadurch in Brand gesetzt habe. Und vielleicht ist es, um ein ethnol. Beispiel aus neuerer Zeit zu bringen, nicht nur Fabel, wenn H. Clapperton aus Westafrika berichtet, daß die Felatahs sich rühmten, bei der Belagerung von Algi (am Niger zwischen Katunga und Bessa) Tauben mit brennendem Material an den Schwänzen auf die Stadt losgelassen und sie auf diese Weise eingeäschert zu haben[1]. Aristophanischer Witz ist es dagegen wohl, wenn der Dichter in seinen 425 a. Chr. n. geschriebenen *Acharnern* (V. 920sq.) den Nikarchos die komische Idee äußern läßt, man könne einer Schabe einen brennenden Docht anbinden und sie ins Arsenal schikken, um die Schiffe der Feinde damit anzuzünden[2].

Nun ist gerade die eben genannte Kriegslist im MA. in Nord- und Osteuropa zum festgefügten Sagentopos geworden, der sich anscheinend großer Beliebtheit erfreut hat (cf. Mot. K 2351.1: *Sparrows of Cirencester*).

Saxo Grammaticus z. B. erzählt in seinen *Gesta Danorum*[3], daß Hadding bei der Belagerung Dunas (= Dünaburg) durch Vogelsteller allerlei Vögel in der Stadt fangen, sie mit glimmendem Zunder unter dem Gefieder zurückfliegen und so die Stadt anzünden ließ. Geoffrey of Monmouth berichtet in der *Historia regum Britanniae*[4], daß Gormundus ‚rex Africanorum' den König Caredig von Britannien in der Stadt Caer-Vydinn (Cirencester; s. Thompsons Motiv-Definition) belagert und sie dadurch erobert habe, daß er eine große Zahl Sperlinge fangen, ihnen mit Pech und Schwefel gefüllte Nußschalen unter die Flügel binden und sie dann in die Stadt zurückfliegen ließ. Am nächsten Tag stand ganz Caer-Vydinn in Flammen. Der Isländer Snorri schreibt in der *Heimskringla* (*Uphaf Haraldz konungs harðráða*. 6: *Orrosta í Sikiley*) die gleiche Kriegslist Harald Harðraði zu, der eine Stadt in Sizilien belagerte: Er ließ den Vögeln mit Wachs und Schwefel bestrichene Kienspäne auf den Rücken binden. Ebenso wird im *Roman de Brut*, einer im 12. Jh. von dem engl. Dichter Wace geschriebenen freien Versübertragung von Geoffreys *Historia* (V. 14004–14020)[5], eine belagerte Stadt von den Feinden durch Feuer tragende Sperlinge angezündet. Schließlich mag noch die altruss. Chronik *Povest' vremennych let*[6] erwähnt werden, nach der die Fürstin Olga der Stadt Korostan, die sie lange Zeit vergeblich belagert hat, Frieden anbietet, wenn die Bürger als Abgabe eine Taube und drei Sperlinge aus jedem Haus liefern. Sie wolle die Vögel auf dem Grabe ihres von den Derviern ermordeten Gemahls opfern. Jedem der Tiere wird dann brennender Schwefel angebunden, sie fliegen in ihre Nester zurück und zünden die Häuser an.

Aber auch die geistliche Erzähltradition in Nordwesteuropa hat sich des Stoffes bemächtigt. In einer in Irland, Schottland, Wales und England bekannten Legende zündet ein Sperling auf Geheiß eines Heiligen eine freventlich entweihte Kirche an (Mot. Q 222.5.5).

Daß gerade Vögel gern dazu benutzt werden, um mit ihrer Hilfe Feuer zu legen, erklärt sich vielleicht aus der Flugmobilität dieser Tiere, die sie als Pyrotransporter katexochen erscheinen läßt, und so wird möglicherweise auch aus diesem Grund wiederum schon früh erzählt, daß Vögel entweder aus Rache, aus kluger Überlegung oder einfach aus dämonischem Antrieb heraus selber Feuer legen. In der berühmten und von der alten Lit. immer wieder rezipierten *Pañcatantra*-Fabel vom *Krieg der Krähen* (oder Raben) *und Eulen* (Mot. B 263.3)[7] wendet der Krähenkönig, um sich an den mörderischen Eulen zu rächen, eine ähnliche List an, wie sie Herodot (3, 153) von dem Perser Zopyras (→ Kriegslist) erzählt:

Er gibt sich bei den Eulen als ein von den Krähen Vertriebener aus und gewinnt so ihr Vertrauen. Heimlich sammelt er dann Späne am Ausgang des Eulenloches, zündet sie an und vernichtet so alle Feinde. Rache nimmt auch der Storch am Zerstörer seines Nestes, wenn er mit glühenden Kohlen dessen Haus anzündet[8]. Gleiches wird von der Schwalbe erzählt[9], die im Erzgebirge noch dazu spricht:

Nimmst du mir mein Nestchen aus,
Brenn ich dir aus das ganze Haus![10]

Auch die Habergeiß, nach Tiroler Überlieferung das Weibchen des Uhus, holt einen Brand aus dem Herd und zündet das Haus an, wenn man sie verspottet[11]. Dagegen handelt der Papagei in einem Fabliau des prov. Trobaire Arnaut de Carcasses in listig-kupplerischer Absicht, wenn er das Schloß der Dame seines Herrn mit Feuerstoff, den er in seinen Klauen herbeiträgt, in Brand steckt und sie so zwingt, Unterkunft bei ihrem Galan zu suchen[12].

Bösartige Brandstifter sind der Sage nach vor allem die Rabenvögel. Nach engl. Überlieferung zündet die Dohle gern Häuser an[13], eine sächs. Sage erzählt, daß 1191 die Stadt Mügeln von Raben, die glühende Kohlen in ihren Schnäbeln getragen hätten, eingeäschert worden sei[14]; nach einer talmud. Fabel des Sophos (num. 85) trägt der Rabenvater Feuer in sein Nest[15]. Was der 'spinturnix' des Plinius (*Naturalis historia* 10, 13), der sonst gewöhnlich 'avis incendiaria' genannt wird, für ein Vogel gewesen ist, entzieht sich unserer Kenntnis. Reine Spekulation ist die Annahme A. Kuhns, daß hinter dem Namen eine Metapher für gewaltsame Brandstiftung stehe, ähnlich dem roten Hahn, den man einem aufs Dach setzt[16].

Auch die eingangs erwähnte List des jüd. Richters Simson hat ihre Parallelen. Der armen. Historiker Stephanos Asocik von Daron (11. Jh.) z. B. erzählt, daß der Emir Ibn Chosroe von Bagdad, ähnlich wie die russ. Fürstin Olga, von den Bürgern einer belagerten Stadt als Zeichen der Unterwerfung aus jedem Haus einen Hund verlangt habe. Den Tieren wird der Schwanz mit Naphtha eingerieben, dieses entzündet, und die zurücklaufende Meute setzt die nur aus Bambus erbaute Stadt in Brand[17].

Es überwiegen jedoch die listlosen Formen. Ovid (*Fasti* 4, 680sq.) erzählt, daß in Carseoli in Latium ein Kind einem Fuchs brennenden Zunder an den Schwanz gebunden habe, um ihn zu strafen, worauf das gequälte Tier die gesamte Ernte in Brand gesetzt habe. Ganz ähnlich berichtet Babrios in seiner 11. Fabel: Ein Mann bindet, um sich wegen des Schadens in seinen Weinbergen und Gärten zu rächen, dem diebischen Fuchs brennendes Werg an den Schwanz. Ein Gott aber leitet das Tier in die Felder seines Peinigers, dessen Ernte verbrennt. Anders motivieren mehrere ind. Erzählungen, die zum Typ AaTh 1310: *Der ertränkte* → *Krebs* gehören, die Brandstiftung: Der wegen Diebstahls verprügelte Schakal rät boshaft, ihn zu verbrennen. Die Dorfbewohner binden ihm brennende Lumpen an den Schwanz, er setzt damit die Häuser in Brand und löscht anschließend sein brennendes Hinterteil in einem Wasserloch (Thompson/Balys K 581.5).

In Europa und im Nahen Osten treten also strategische und listlose Formen (Vogel-, Fuchsredaktion) nebeneinander auf. In Indien dagegen gibt es nur die letzteren, wie neben der erwähnten Schakal- die alte Affen-Widder-Redaktion erweist.

Im *Pañcatantra* (5,10) äschert ein mit einem Feuerbrand geschlagener Widder einen Pferdestall ein, die verletzten Tiere können nur mit Affenmark geheilt werden, was der weise Oberherr der Affenherde bereits vorausgesehen hat[18]. In einer *Tripiṭaka*-Erzählung (num. 387) träumt der Führer einer Affenherde (der als Affe wiedergeborene Boddhisatva), daß der Leiter einer zweiten am Ort lebenden Affenhorde mit dieser zusammen in einem Kessel gekocht werde. Er rät zur Flucht, aber der andere weigert sich. Eine Dienerin im königlichen Palast röstet Gerste, ein Bock frißt davon und wird mit einem Feuerbrand geschlagen. Das fliehende Tier setzt das Elefantenhaus in Brand, die Ärzte raten, die verwundeten Elefanten mit Affenschmalz zu heilen. Die Herde des zweiten Affenführers wird getötet und gekocht[19]. Ähnlich erzählt das *Sindbadbuch*: Eine Frau bewirft einen Bock, der sie dauernd stößt, mit einem Feuerbrand, er zündet die Elefantenställe an, die Ärzte empfehlen Affenfett, was wiederum der Affenkönig vorausgesehen hat[20].

Älter als die angeführten Versionen sind wahrscheinlich zwei *Jātaka*-Erzählungen: In *Jātakam* num. 140 läßt eine Krähe Kot auf einen Brahmanen fallen. Es folgt die Episode mit der Dienerin und dem Bock, der das Elefantenhaus anzündet. Der erboste Brahmane rät, Krähenfett zur Heilung der Brandwunden zu verwenden. *Jātakam* num. 404 stimmt bis auf die Einzelheit, daß nun wiederum ein Affe den Brahmanen beschmutzt, mit der vorigen Fassung überein. Daneben gibt es ein paar einfachere Formen. In einer *Tripiṭaka*-Variante[21] entfällt die Einleitung, der von der Dienerin geschlagene Bock setzt das Dorf und den angrenzenden Wald, in dem 500 Affen umkommen, in Brand. Der europ. listlosen Form näher steht vielleicht der wahrscheinlich älteste ind. Beleg: Im *Rāmāyaṇa* (5, 54) wird erzählt, daß dem Affenminister Hanumān in der Stadt Lankā von Rākshas der Schwanz angesteckt wird, worauf er die ganze Stadt einäschert[22].

Teilt man das vorgelegte Material nach der Motivation der Brandstiftung ein, kann man von einer Strategie-, einer Rache- und einer Bosheitsform sprechen. Der ind. Affen-Widder-Ökotyp zeichnet sich durch die lehrhafte Tendenz in den meisten seiner Fassungen aus: Wer nicht auf den Rat des Weisen hört, kommt in der vorausgesagten Gefahr um. Man könnte diesen Typ daher als Torheitsform bezeichnen.

Im Schwankbereich schließlich kommen alle Motivationen zum Tragen. Jedoch ist es bemerkenswert, daß hier fast nur die Katze als Brandstifter begegnet.

In AaTh 1562A: → „*Scheune brennt!*" setzt eine Katze, der eine glühende Kohle auf den Rücken gefallen oder der an den Schwanz brennendes Werg gebunden ist, eine Scheune in Brand. In Mot. J 1175.1: *The cat in the warehouse* muß einer der vier Besitzer des Ladens auf eine Katze mit gebrochenem Fuß achten, die jedoch mit ihren heilen Beinen im Feuer scharrt und dadurch das Haus in Brand steckt. Die drei anderen Kaufleute fordern von dem Katzenhüter vollen Schadenersatz, und das Gericht entscheidet zu ihren Gunsten. Der Kaiser aber hebt das Urteil durch einen merkwürdigen Rechtsspruch auf: Da die den Brand verursachenden drei heilen Beine des Tieres den drei Kaufleuten gehören, müssen sie dem das kranke Bein behandelnden Teilhaber den Schaden vergüten.

Die Erzählung erscheint zuerst in der *Storia do Mogor* (Geschichte der Mogulenkaiser) des ital. Historikers Niccolao → Manucci, der von 1656 bis etwa 1717 als Arzt in Indien lebte. J. Hertel führt sie in seiner *Pañcatantra*-Ausgabe[23] unter dem Titel *Der Prozeß um die Katerpfoten* auf, und T. Zachariae verweist auf mehrere ind. und japan. Var.n[24]. In Mot. J 2101.1 will eine Frau eine Katze bestrafen, bindet ihr Baumwolle an den Schwanz und zündet sie an. Das Tier äschert das ganze Dorf ein. In ir. Lügengeschichten endlich springt eine Katze wie ein Feuerpfeil durch einen Mann und verbrennt ihn dabei zu Asche (Mot. B 16.1.1.2).

Ganz vereinzelt steht das Lügenmärlein vom Brand der schwäb. Stadt Wimpfen, das der Augsburger Magister Konrad Derrer in seinem um 1430 geschriebenen *Geschichtenbuch* (num. 4) aufgezeichnet hat:

Ein Esel frißt sich an Weintrester trunken, legt sich auf den Anger, schläft und furzt und öffnet das Hinterteil so weit, daß eine Gans den Kopf hineinzwängt und steckenbleibt, als der Esel den Hintern wieder schließt. Dieser läuft mit der heftig um sich schlagenden Gans heim. An einem offenen Feuer entzünden sich die Federn, der Esel zündet mit ihr den Stall und dann die ganze Stadt an[25].

Die zwei großen Meister der komparatistischen Erzählforschung, J. Bolte[26] und A. Wesselski[27], die beide auf den Schwank hinweisen, wissen keine Parallele zu benennen. Der rein griech. Schwank AaTh 1740 A: *Candles on Goat's Horns*, wonach eine mit brennenden Kerzen geschmückte Ziege ein ganzes Dorf in Brand steckt, ist jedoch nach den Angaben bei AaTh mit 34 Varianten sehr stark vertreten.

Es ist bemerkenswert, daß in Europa und Asien dem Komplex B. durch Tiere seit alter Zeit so große Beachtung geschenkt wurde, daß er in den meisten Erzählgattungen vertreten ist, während der brandstiftende Mensch eigentlich nur in der Frevel- bzw. Kriminalsage angesprochen wird (→ Feuer, →Frevel, Frevler, → Kriminalität).

[1] Liebrecht, F.: Zur Vk. Alte und neue Aufsätze. Heilbronn 1879, 110. – [2] In BP 3,388, not. 1 wird jedoch darauf verwiesen, daß die Kinder im alten Griechenland Käfern Wachslichtchen aufklebten und sie so herumlaufen ließen. Zum alten und weit verbreiteten Motiv von den Lichterkrebsen (AaTh 1740) cf. Kretzenbacher, L.: Meisterdiebmotive. In: Österr. Zs. f. Vk. 17 (1963) 141–153; 18 (1964) 171–184. – [3] Saxo Grammaticus: Gesta Danorum. ed. A. Holder. Straßburg 1886, 24, Z. 24–38. – [4] Gottfried von Monmouth: Historia regum Britanniæ [...]. ed. San-Marte [A. Schulz]. Halle 1854, 159. – [5] Le Roman de Brut par Wace [...]. ed. Le Roux de Lincy. t. 2. Rouen 1838. – [6] Povest' vremennych let. ed. Russ. Archäographische Kommission. St. Petersburg 1910. Zitiert nach Stender-Petersen, A.: Et nordisk krigslistmotivs historie. In: Edda. Nordisk tidsskrift for litteraturforskning 29 (1929) 145–164, bes. 146. – [7] Benfey 2, 213–273. – [8] HDA 8, 499; Freudenthal, H.: Das Feuer im dt. Glauben und Brauch. B./Lpz. 1931, 356, 360. – [9] ibid., 24, 356. – [10] John, E.: Aberglaube, Sitte und Brauch im sächs. Erzgebirge. Annaberg 1909, 235. – [11] Heyl, J. A.: Volkssagen, Bräuche und Meinungen aus Tirol. Brixen 1897, 789, num. 161. – [12] John Dunlop's Geschichte der Prosadichtungen oder Geschichte der Romane, Novellen, Märchen [...]. ed. F. Liebrecht. B. 1851, 203. – [13] NQ 8 (1857) 268, num. 66. – [14] Grässe, J. G. T.: Der Sagenschatz des Königreichs Sachsen [...] 1. Dresden (1855) ²1874, 273, num. 303.— [15] v. Liebrecht (wie not. 1). – [16] Kuhn, A.. Die Herabkunft des Feuers und des Göttertranks. Ein Beitr. zur vergleichenden Mythologie der Indogermanen. B. 1859, 31. – [17] Stender-Petersen (wie not. 4) 155. – [18] Benfey 2, 346–352. – [19] Chavannes 2, 412–414, num. 387; Schiefner, F. A. von/Ralston, W. R. S.: Tibetan Tales Derived from Indian Sources. ed. C. A. F. Rhys Davids. L. s. a. [1926], 350sq., num. 43. – [20] Benfey 1, 503 sq.; Chauvin 8, 74, num. 42. –
[21] Chavannes 3, 145. – [22] De Gubernatis, A.: Die Thiere in der idg. Mythologie. Übers. von M. Hartmann. Lpz. 1874, 420; StandDict 1,

479. – [23] Hertel, J.: Das Pañcatantra, seine Geschichte und seine Verbreitung. Lpz. 1914, 286. – [24] Zachariae, T.: Niccolao Manucci als Geschichtenerzähler. In: ZfVk. 33/34 (1923/24) 69–81, hier 72sq. – [25] Wesselski, MMA, 161, num. 59. – [26] Bolte, J.: ,Die Scheune brennt!' oder die sonderbaren Namen. In: ZfVk. 27 (1917) 135–141, hier 141. – [27] Wesselski, MMA, 251, num. 59.

Göttingen Kurt Ranke

Brangäne → Braut, Bräutigam

Brant, Sebastian

1. *Straßburg 1457/58, † ebenda 10. 5. 1521. B. verlor seinen Vater (Gastwirt und Ratsherr in Straßburg) schon 1468. Im Winter 1475/76 begann er das Studium in Basel. 1477 wurde er baccalaureus, 1483/84 licentiatus iuris; 1489 erwarb er den juristischen Doktorgrad und damit die Berechtigung, Vorlesungen zu halten. Er dozierte röm. Recht, daneben vielleicht auch „Poesie"[1]. Als sich der Anschluß Basels an die Eidgenossenschaft abzeichnete, kehrte der kaisertreue B. als städtischer Rechtskonsulent nach Straßburg zurück und wurde 1503 Stadtschreiber; 1502 ernannte ihn Maximilian I. zum kaiserlichen Rat[2]. In Basel entstanden nicht nur die meisten seiner Werke, sondern er beschäftigte sich wie viele Basler Gelehrte der Zeit auch als Herausgeber im Dienste des blühenden Buchdrucks (u.a. Werke Petrarcas, Baptista Mantuanus'). Mit dem kurz in Basel dozierenden → Geiler von Kaysersberg war er befreundet; ein bedeutender Schüler war Jacob Locher, der wie Geiler Bedeutung für B.s Hauptwerk, das *Narrenschiff* (NS), erhalten sollte.

2. B.s Œuvre ist noch nicht vollständig erschlossen; Entdeckungen sind in jüngster Zeit noch möglich gewesen (v. unten). Von seinem Umfang und seiner Wirkung her darf trotzdem das „satirische Lehrgedicht"[3], das NS, die zentrale Stellung behaupten, die ihm von Zeitgenossen und von der Literaturgeschichte beigemessen wurde. Die monumentale Ausgabe F. Zarnckes von 1854, in der auch andere Werke B.s abgedruckt sind, ist für die Forschung unentbehrlich geblieben[4]. Fünf rechtmäßige Ausgaben des NS erschienen in Basel (1494, 1495, 1499, 1506, 1509), die ersten vier bei dem mit B. befreundeten Verleger J. Bergmann von Olpe. Die letzte von B. selbst überwachte Ausgabe wurde 1512 in Straßburg veröffentlicht.

In der 2. Ausgabe hat B. den 112 Kapiteln zwei neue zugefügt; sonst hat er an der dt. Fassung des Werkes nichts mehr geändert. Dagegen verfaßte er zu den beiden Auflagen der unter seiner Aufsicht geschaffenen lat. Übersetzung Lochers *Stultifera navis* (Basel 1497 und 1498) Zusätze in Distichen. Die 1. Ausgabe schließt mit dem Vermerk: „Gedruckt zů Basel vff die Vasenaht / die man der narren kirchwich nēnet". Im 1495 beigefügten Kap. 110[b] *Von fasnacht narren*, wo mit Abscheu das Schwärzen und Maskieren der Gesichter sowie das ausgelassene Treiben als unchristl. Ausschweifungen dargestellt sind, wird eine Beziehung zur Fastnacht noch deutlicher, und zwar sicher nach Elsässer und Basler Erfahrungen, wie auch sonst Lokaltypisches herangezogen wird[5]. Darum sind aber B.s Narren durchaus nicht dem Fastnachtsbrauch entnommen: Auf den Holzschnitten ist keiner maskiert; die Narrenkappe und meist auch das stereotype Narrenkostüm charakterisiert sie. Sie verkörpern als Toren im Sinn der Bibel „allgemein menschliche Fehler und Sünden" und stehen in der Tradition der Bilderbogen des 15. Jh.s[6], wo Laster in Gestalt von Narren zu sehen sind. B.s folgenreicher Einfall, Bild und Text zu kombinieren, geht auf solche Einzelblätter zurück. Damit hat B. ein äußerlich „volkstümliches" Buch geschaffen, mit dem seine Warnungen vor aller Torheit einer breiten Leserschicht nahegebracht werden sollten[7]. „Volkstümlichkeit" ist auch mit der üppigen Verwendung von Sprichwörtern angestrebt[8].

Umstritten ist, wie weit das Narrengefährt, das Schiff, auf den Fastnachtsbrauch zurückgeht. Auf jeden Fall kannte B. fastnächtliche Schiffsumzüge[9] nicht aus eigener Anschauung, da er sie in

Kap. 110b nicht erwähnt. Darum hängt die Interpretation, die Narren würden „zur Schiffahrt nach Narragonien eingeladen, um das Land von solcher 'Narrheit' zu säubern, so wie man im Frühling symbolhaft die bösen Winterdämonen austrieb oder verbannte“[10], in der Luft. Auf Grund des Holzschnitts, der die *vorred* illustriert und vor Kap. 108 *Das schluraffen schiff* nochmals eingefügt ist (ein Schiff ohne Steuer, Mast und Anker), hat R. Gruenter erkannt, daß das NS das Gegenbild zum „Schiff Petri“ meint, als „Gleichnis des menschlichen Lebens, das sich seinen Versuchungen bereitwillig preisgibt“[11]. Diese tragende Idee schließt selbstverständlich volkstümliche Assoziationen (wie das → *Schlaraffenland*, AaTh 1930) nicht aus.

B. erzählt im NS nicht, exemplifiziert aber die visierten Torheiten laufend mit Anspielungen auf bibl. und antike Stoffe[12], z. B. Kap. 13 *Von buolschafft* (94 V.e):

Circe, Kalypso, Sirenen, der Bogen Cupidos, Dido (und Aeneas), Medea, Tereus, Pasiphae, Leander, Messalina, Mars in Ketten, Procris, Sappho, Danae, Thisbe, David und „Bersabe“, Samson und „Dalide“, Salomo, Amon, Bellerophon, Hippolytus, (dann ma. Erzählgut:) Aristoteles im Zaum (AaTh 1501), Vergil im Korb (Mot. K 1211).

Nur selten werden Fabeln (Kap. 18, 41, 50, 99) und Legenden (74) herangezogen, mitunter begegnen kurze Anspielungen auf Märchenstoffe (z. B. 79): „Der můß die Leber gessen han“ (AaTh 785: *Lammherz*). Aktuelles erscheint nicht oft: der Pfeifer von Niklashausen (11, 18), die Hussiten (98, 11–14), die gefährliche Ausdehnung des türk. Reiches (99, 31–59). Einmal (72, 24) wird der → pfaff vom kalenbergk erwähnt[13].

3. Teilweise älter als das NS sind kleinere dt. und lat. Gedichte B.s, von denen Zarncke, soweit sie damals bekannt waren, im ersten Anhang Proben mitgeteilt hat. Von den 87 Stücken der *Varia carmina* (Basel 1498) sind verschiedene vorher auf illustrierten Flugblättern erschienen, einige auch in dt. Fassung[14]. Diese Blätter haben in jüngster Zeit als Frühformen des Journalismus[15] und als Vermittler von Wunderberichten[16] Beachtung gefunden. Vor kurzem ist in Basel ein bisher unbekanntes Flugblatt entdeckt worden, dessen Text (Ode auf B.s Namenpatron Sebastian) aus den *Carmina* (num. 11) bekannt war, nicht aber der Holzschnitt, der sicher wie verschiedene Bilder im NS von dem jungen Dürer stammt[17]. Auf ein Flugblatt zurück geht zweifellos auch *Carmen* (num. 82), worin vier (doch wohl ironisch gemeinte) gelehrte Ätiologien und B.s eigene Meinung zur bes. (der Umgebung eine Stunde vorausgehenden) Basler Zeit vorgetragen sind. – Das NS ist zwar nicht eine Sammlung fliegender Blätter, aber doch deutlich nach dem Stil der Einblattdrucke konzipiert[18].

4. Die erstaunlichste Entdeckung war B.s postum gedrucktes *Tugent Spyl*[19]. In die Rahmenhandlung, → Herakles am Scheideweg, an der auch die personifizierte „Tugent“ neben der „Wolust“ beteiligt ist, sind revueartig dramatisierte Exempla eingefügt, die nach den Worten des Herolds im Epilog (V. 2541) „Auß Historien und aller hant geschrifft“ geschöpft sind:

Ring des Polykrates (AaTh 736 A), Gyges und Kandaules, Susanne und David, Daniel und Kyros; Hypatos verleumdet bei seinem Herrn Tachypithis dessen Frau, der angebliche Verführer Edicos wird gerettet, dafür endet Hypatos im Feuerofen, der für Edicos bestimmt war, etc. Odysseus (Ulysses), der den Sirenen widersteht, während ihnen seine Genossen zum Opfer fallen, verkörpert hier wie im NS (108, 69–101) den Weisen im Gegensatz zu den Narren[20].

5. Für B. haben alle Erzählstoffe die Funktion von Exempla, selbst Fazetien Gian Francesco → Poggios. Folgende bekannte Fazetien übernahm B. aus Poggio in seine zunächst lat. abgefaßte Sammlung von Fabeln verschiedenster Herkunft, Prodigien, Schilderungen über exotische Völker und seltsame Tiere sowie Schwänken (Basel 1501; ebenfalls reich ill.)[21], die er für seinen Sohn Onophrius mit eigenen Interpretationen versehen und als erbauliche Lektüre gedacht hatte:

Bl. A 5b = AaTh 1861 A: Bestechung. – B 3a+b 3 = AaTh 1862 C: Die einfältige Diagnose. – C 3a+b = AaTh 1365 C: The Wife Insults the Husband as Lousy-head. – C 3b = AaTh

1365 A: Wife Falls into a Stream. – C 3b–4a = AaTh 1419 D: The Lovers as Pursuer and Fugitive. – C 4b–5a = AaTh 1230*: Wallfahrt. – D 2a+b = AaTh 1288 A: Numskull Cannot Find Ass. – E 1b–2a = AaTh 1834: Pfarrer mit der feinen Stimme. – F 3b–4a = AaTh 1215: Asinus vulgi.

Der Erfolg dieser Kompilation B.s beruht jedoch auf deren dt. Übersetzung[21a] und der Übernahme in die Steinhöwelsche Sammlung äsopischer Fabeln.

In der Rezeption des literar. Erzählguts erschöpft sich aber B.s Bedeutung für die Erzählforschung nicht. Er erkannte die Macht der Druckerpresse[23] und nutzte sie mit seinen Flugblättern aus; dieses „Massenkommunikationsmittel" wurde in der Folge zum wichtigen Vehikel auch für Erzählstoffe aller Art[24]. Das NS schließlich erlebte einen beispiellosen Erfolg. Den rechtmäßigen Drucken (v. oben) folgten Raubdrucke und Überarbeitungen; es wurde, teils nach dem dt. Original, teils nach Lochers lat. Fassung, in verschiedene westeurop. Sprachen übersetzt[25]; von Jodocus Badius erschien eine zweite lat. Fassung *Navis stultifera* (P. 1505). Daß Geiler in Straßburg 1498/99 über das NS predigte[26], kann nur erstaunen, wenn man die enge Beziehung dieses Werks zur Theologie verkennt. Seither waren Narren in der Literatur nicht mehr aufzuhalten. Badius verfaßte ein weibliches Gegenstück *Stultiferę nauiculę seu scaphę fatuarum mulierum* (Straßburg 1502)[27], Thomas Murner ließ 1512 seine *Narrenbeschwerung* und seine *Schelmenzunft* erscheinen. Des Erasmus von Rotterdam *Lob der Torheit* (1508) ist dem NS ebenso verpflichtet wie verschiedene Werke des Hans Sachs, um nur die prominentesten Autoren zu nennen. Endlich hat der von B. erfundene „hl. Grobianus" (NS 72) die grobianische Literatur des 16. Jh.s inauguriert.

[1] Bonjour, E.: Die Univ. Basel von den Anfängen bis zur Gegenwart 1460–1960. Basel 1960, 96. – [2] Westermann, R.: B., S. In: Verflex. 1 (1933) 276–289; Wackernagel, H. G. (ed.): Die Matrikel der Univ. Basel 1. Basel 1951, 138, num. 30; Rosenfeld, H.: B. In: NDB 2 (1955) 534–536; id.: B., S. (Nachtrag). In: Verflex. 5 (1955) 107–109; Bonjour (wie not. 1) 67. – [3] Schon verschiedene Zeitgenossen, so der Übers. J. Locher, verstanden das NS als Satire (satyra); cf. Gaier, U.: Satire. Studien zu Neidhart, Wittenwiler, B. und zur satirischen Schreibart. Tübingen 1967, 215–328; Hess, G.: Dt.-lat. Narrenzunft. Studien zum Verhältnis von Volkssprache und Latinität in der satirischen Lit. des 16. Jh.s. Mü. 1971, 17 und 58–95. – [4] Zarncke, F. (ed.): S. B.s NS. Lpz. 1854 (Ndr.e Hildesheim 1961 und Darmstadt 1964); weitere Ausg.n: Goedeke, K., Lpz. 1872 (mit Worterläuterungen, die z. T. Zarncke berichtigen); Koegler, H., Basel 1913 (Faks.-Ndr. der Erstausg.; der Illustrationen wegen unentbehrlich); Schultz, F., Straßburg 1913 (Ausg. wie Koegler, aber mit Zusätzen nach den folgenden Ausg.n und Lochers Fassung); Lemmer, M., Tübingen (1962) ²1968 (nach der Erstausg. mit den Zusätzen der Ausg.n von 1495 und 1499 sowie Holzschnitten aus den dt. Originalausg.n); neuhochdt. Ausg. ed. Mähl, H.-J., Stg. 1964; cf. die ausführliche Ausw.-Bibliogr. bei Zeydel, E. H.: S. B. N. Y. 1967, 157–162. – [5] So die Freistätte der rotwelsch sprechenden Bettler in Basel (NS 63, 37–52). – [6] Rosenfeld, H.: S. B.s „NS" und die Tradition der Ständesatire, Narrenbilderbogen und Flugblätter des 15. Jh.s. In: Gutenberg-Jb. (1965) 242–248, hier 242. – [7] Die Bilder sollen Leseunlustige und Analphabeten in ihren Bann ziehen (cf. vorred 26–30). Daß der junge Dürer während seines Basler Aufenthalts die Mehrzahl der Bilder geschnitten hat, ist heute allg. anerkannt (Lemmer [wie not. 4] XVII). – [8] cf. Eberth, H. H.: Die Sprichwörter in S. B.s NS. Diss. Greifswald 1933; Als Qu. verwertet ist B. bei Röhrich, L.: Lex. der sprichwörtlichen Redensarten 1–2. Fbg/Basel/Wien ²1973. – [9] cf. die oft überschätzten und überinterpretierten Zeugnisse in kritischer Sicht bei Moser, H.: Variationen um ein Thema vermeintlicher Brauchgeschichte. Das „Weberschiff von Saint-Trond". In: Harmening, D. u. a. (edd.): Volkskultur und Geschichte. Festg. J. Dünninger. B. 1970, 236–266. – [10] Rosenfeld (wie not. 6) 242. Diese Deutung geht, wie sich aus Mosers Aufsatz (wie not. 9) 246 ergibt, auf einen Einfall W. Mannhardts zurück. –

[11] Gruenter, R.: Das Schiff. Ein Beitr. zur hist. Metaphorik. In: Kohlschmidt, W./Meyer, H. (edd.): Tradition und Ursprünglichkeit. Akten des 3. internat. Germanistenkongresses 1965 in Amst. Bern/Mü. 1966, 86–101, hier 90. Schon A. Spamer hat festgestellt, daß schwerlich ein Fastnachtsaufzug Vorbild war, sondern literar. Vorläufer. cf. Spamer, A.: Eine Narrenschiffspredigt aus der Zeit S. B.s. In: Schreiber, H. (ed.): O. Glauning zum 60. Geburtstag 2. Lpz. 1938, 113–130. – [12] In Zusätzen zu Lochers Übers. hat B. Qu.n genannt. cf. Zarncke (wie not. 4) XLIV–XLVI. – [13] Daß sich keine Anspielung auf Eulenspiegelgeschichten findet, braucht nicht zu bedeuten, daß nicht einzelne davon am Oberrhein vor dem Straßburger Druck (von 1515) in mündlichem Umlauf gewesen wären, da sich B. ausschließlich auf literar. Qu.n stützte. – [14] Heitz, P.: Flugblätter des

S. B. Straßburg 1915 (Faks.-Ausg.; mit einem Nachwort von F. Schultz). – [15] Brednich, R. W.: Die Liedpublizistik im Flugblatt des 15. bis 17. Jh.s 1. Baden-Baden 1974, 37sq. (B. „der erste 'Meister' des Flugblattes") und 145 (B. „frühe[r] Vertreter eines engagierten Journalismus"); t. 2 (Baden-Baden 1975) 16, num. *5 und 29sq., num. *56. – [16] Wuttke, D.: S. B.s Verhältnis zu Wunderdeutung und Astrologie. In: Besch, W. u. a. (edd.): Studien zur dt. Lit. und Sprache des MA.s. Festschr. H. Moser. B. 1974, 272–286; id.: S. B. und Maximilian I. Eine Studie zu B.s Donnerstein-Flugblatt des Jahres 1492. In: Herding, O./Stupperich, R. (edd.): Die Humanisten in ihrer politischen und sozialen Umwelt. Kommission für Humanismusforschung Mittlg 3. Boppard 1976, 141–176. – [17] S. B.s Gedicht an den hl. Sebastian. Ein neuentdecktes Basler Flugblatt. In: Basler Zs. für Geschichte und Altertumskunde 75 (1975) 7–50. – [18] Zarncke (wie not. 4) XLIIIsq.; Rosenfeld (wie not. 6) 248 stellt fest, daß jedes Kap. bis zum 65. so viele V.e aufweist, daß es zusammen mit dem zugehörigen Holzschnitt einen halben oder ganzen einseitig bedruckten Foliobogen füllte; cf. auch Rosenfeld, H.: 'Die acht Schalkheiten', 'Achtnarrenblatt'. In: Verflex. 1 ([2]1977) 23sq. und 25sq. – [19] Roloff, H.-G. (ed.): S. B. Tugent Spyl. Nach der Ausg. des Magister Johann Winckel von Straßburg (1554). B. 1968 (mit ausführlichem Nachwort 127–164; Kommentierung vorgesehen). – [20] Gruenter (wie not. 11) 92 zeigt auf, daß B. Homer als „antiken Kollegen der Lehrdichtung des 15. Jahrhunderts" und Odysseus im Sinne der Patristik als Christus verstanden hat. –

[21] Nur Vollert, K.: Zur Geschichte der lat. Facetienslgen des XV. und XVI. Jh.s (Palaestra 113). B. 1912, 35–38 hat dieses Buch gewürdigt. Er nennt 35, not. 1 den Schlußtitel. Der vordere Titel lautet: Esopi appologi siue mythologi cum quibusdam carminum et fabularum additionibus Sebastiani Brant. – [21a] cf.: In diesem Buch ist des ersten theils: das leben und fabel Esopi, Aviani, Doligani, Adelfonsi mit schympffreden Pogii. Des andern theils ußzüge schoner fabeln und exempelen Doctoris S. Brant. Straßburg 1508. – [22] cf. Vollert (wie not. 21). Der Brief an den Sohn: A II^r. Ihm folgt die Abhdlg Boccaccios über Utilitas et commoditas fabularum. – [23] cf. sein Gedicht an seinen Verleger Bergmann von Olpe bei Zarncke (wie not. 4) 192, num. 81; andererseits verweist er im NS (65, 63–74; 103, 75–104) auf die Gefahren der Druckerzeugnisse. – [24] cf. Brednich (wie not. 15). – [25] cf. Zarncke (wie not. 4) 219–249. – [26] Proben aus den in Straßburg 1510 und wieder 1511 gedr. Predigten Geilers Speculum fatuorum bei Zarncke (wie not. 4) 250–262. – [27] cf. Hess (wie not. 3) 366sq.

Basel Hans Trümpy

Brasilien

1. Die Quellen der brasilian. Kultur – 2. Ältere Forschung – 3. Neuere Forschung – 4. Das Werk L. da Câmara Cascudos – 5. Andere Beitr.e.

1. Die Quellen der brasilian. Kultur. Die mündlich überlieferte Lit. B.s stammt vor allem aus drei Quellen: der port. Kultur (Kolonisation seit dem 16. Jh.), aus afrik. Kulturen, die von der 1. Hälfte des 16. Jh.s bis zur Mitte des 19. Jh.s hereinströmten, bes. von westafrik. Völkern (Yorubas u. a.) und Bantu-Völkern (vornehmlich aus Angola und Moçambique) und ferner aus eingeborenen indian. Kulturen, deren wichtigste infolge von Kontakten mit den port. Kolonisatoren die Kultur der Sprachfamilie Tupí-Guaraní war. Diese Quellen herrschen am reinsten im Nordosten und Norden des Landes vor. Im Süden, in den Staaten São Paulo, Paraná, Santa Catarina und Rio Grande do Sul, gibt es noch andere ergänzende Beiträge zur mündlich überlieferten Lit. Neben Einflüssen der span.-sprachigen Nachbarländer finden sich Einflüsse der dt., ital., syr.-libanes., jap. und poln. Ansiedlungen, aber auch von anderen kleineren ethnischen Gruppen. Aufs Ganze gesehen ist der port. Einfluß am größten (60–70 Prozent), während 20–30 Prozent für den afrik. und 10–20 Prozent für den indian. Anteil verbleiben. Diese Schätzungen sind für bestimmte Regionen abzuwandeln: So überwiegt z. B. der indian. Anteil im brasilian. Norden (Amazonas und Pará), zugleich nimmt der afrik. und/oder port. dort ab. Andererseits herrschen afrik. Einflüsse in solchen Bundesstaaten vor, in denen sich die Ausschiffungshäfen für afrik. Sklaven befanden (Bahia, Pernambuco, Rio de Janeiro).

Die 24jährige holländ. Herrschaft während des 17. Jh.s im Norden (Pernambuco, Bahia) hinterließ nur wenige Spuren. Stärker war dagegen der vom Ende des 19. bis zum Beginn des 20. Jh.s vom wirtschaftlichen Sektor ausgehende engl. Einfluß; ähnliches gilt für die Beeinflussung der Kultur durch frz. Vorbilder (bes. bezüglich Mode, Kleidung, Lit. und Kunst).

Diese verschiedenen Kultureinflüsse unterlagen allerdings einem Prozeß des kulturellen Ausgleichs und verschmolzen zu einer eigenständigen brasilian. Kultur. So kann oftmals nur ein Spezialist entscheiden, was in der brasilian. Volksüberlieferung wirklich port., indian. oder afrik. Erbe ist. Obwohl die ursprüngliche Thematik in vielem beibehalten ist, zeigen sich doch starke Umformungen, die charakteristisch für eine eigenständige Kultur B.s sind: viele Einzelheiten (z. B. Tiere oder Pflanzen) wurden der einheimischen Umwelt angepaßt (→ Requisitverschiebung).

2. Ältere Forschung. Fabeln der brasilian. Ureinwohner wurden erstmalig 1875 durch den nordamerik. Geologen C. F. Hartt (1840–1878) in seinem Essay *Amazonian Tortoise Myths* in Rio de Janeiro publiziert[1]. Hartt trug diese Erzählungen in der allg. gebräuchlichen Sprache der Amazonas-Gebiete, d. h. in Tupí, zusammen. Neben der Fabel vom *Pássaro Martin Pescador com a micura* (Fischervogel Martin mit der Micura [Opossum]) erschienen acht Fabeln vom Jabuti (oder Yauti in der Tupí-Sprache), der brasilian. Landschildkröte, deren Fleisch im Amazonas-Gebiet sehr geschätzt wird. Der Jabuti ist ein Tier „mit kurzen Beinen, schwächlich und geruhsam", in der Mythologie der Indios aber erscheint er als listig, voller Tatendrang, klug und gutartig; er spielt im Amazonas-Gebiet eine ähnliche Rolle wie der → Fuchs in der Alten Welt: Große und schnelle Tiere vermag er durch Klugheit und List zu besiegen, etwa in der auch in B. bekannten Erzählung vom → *Wettlauf der Tiere* (AaTh 275), in der es dem Jabuti mit Hilfe eines Artgenossen gelingt, den Hirsch zu täuschen, bis dieser erschöpft und verwirrt aufgibt, gegen einen Baum rennt und tot umfällt.

Eine größere Zahl von Tupí-Fabeln und -Erzählungen enthält das in Rio de Janeiro 1876 ([4]1940) veröffentlichte Buch *O selvagem* (Der Wilde) von I. V. Couto de Magalhães (1836–98), das auf Veranlassung des Kaisers Dom Pedro II. gedruckt worden war, damit es im selben Jahr in der amerik. Bibliothek auf der Weltausstellung von Philadelphia gezeigt werden konnte. Magalhães war bei Reisen ins Landesinnere darauf aufmerksam geworden, daß der Jabuti (und andere Tiere) in der Mythologie der Eingeborenen menschliche Tugenden und Laster verkörpert. Er betrachtet diese Erzählungen als die „vielleicht reichste Fundgrube, die man ausbeuten kann, um auf dem Hintergrund der Mythen die Geschichte des primitiven Denkens der Menschheit zu schreiben". Das Werk enthält neben einer ätiologischen Erzählung *Como a noite aparesceu* (Entstehung der Nacht) zehn Jabuti-Erzählungen und 18 andere Tiergeschichten in Tupí-Sprache mit port. Übersetzung.

Ein weiterer wichtiger Beitrag erschien 1879 in New York: *The Brazil, the Amazonas and the Coast* von H. H. Smith mit einem Abschnitt über *Myths and Folk-lore of the Amazonian Indians*, dazu Reg. und Kommentare.

Der Schriftsteller S. → Romero (1851–1914) brachte 1883 in Lissabon die *Cantos populares do Brasil* heraus, eine kommentierte Ausgabe mit brasilian. Volksliedern. Zwei Jahre später erschienen seine *Contos populares do Brasil*[2], die erste echte und umfassende Sammlung brasilian. Volkserzählungen, welche Romero nach ihrer vermutlichen Herkunft aufgegliedert hatte: 51 meist port. Entstehung, 21 indian. und 16 afrik. sowie vermischten Ursprungs. Die Erzählungen port. Ursprungs weisen – von Akkulturationserscheinungen abgesehen – weitgehend den gleichen Typen- und Motivbestand auf wie die von T. → Braga und F. A. → Coelho in Portugal gesammelten Erzählungen. Romero vermerkte zwar nicht die Namen der Erzähler, nannte aber die Bundesstaaten, in denen er das Dokumentationsmaterial zusammengetragen hatte (Sergipe, Pernambuco, Rio de Janeiro), und betonte die Schwierigkeiten, die jeweilige kulturelle Herkunft zu identifizieren. Übereinstimmungen mit dem Erzählgut anderer Völker suchte er mit der Theorie vom → Elementargedanken A. → Bastians zu erklären, wonach die elementaren Schöpfungen menschlichen Geistes überall gleich sind. L. da Câmara → Cascudo (geb. 1898) mußte zwar anhand umfangreichen Materials einige der von Romero aufgestellten Herkunftshinweise berichtigen, lobte aber zugleich dessen Bemühen, die lokale Färbung der 'Contos' zu bewahren und Sprachverdrehungen sowie eigenartige Satzkonstruktionen zu belassen.

Von gleicher Wichtigkeit ist die 1919 von J. Ribeiro (1860–1934) veröffentlichte Aufsatzsammlung *O folclore*, eine Zusammenstellung seiner 1913 in der Nationalbibliothek gehaltenen Vorträge[3]. Ribeiro befaßte sich vor allem mit der Analyse und Interpretation der volkstümlichen Erzählkunst B.s und gilt daher als Begründer der sog. Schule der Interpreten, während Romero der Schule der Sammler zuzurechnen ist.

[1] Übers. und not. von Cascudo, L. da C.: Os mitos amazônicos da tartaruga (Arquivo público estadual do Recife). Recife 1952 (Vorw. J. Emerenciano). – [2] Romero, S.: Contos populares do Brasil. Lisboa 1885 (erw. Ausg. Rio de Janeiro [2]1897; 3. Aufl. mit not. und einzelnen Korrekturen an der Herkunftsbestimmung einzelner Erzählungen von L. da Câmara Cascudo. Rio de Janeiro 1954). – [3] Ribeiro, J.: O folclore. Estudos de literatura popular. Rio de Janeiro 1919 ([2]1969). –

3. Neuere Forschung. 1928 erschien die nächstwichtige Quelle brasilian. Volkserzählungen: *O folclore no Brasil* (Rio de Janeiro) von B. de Magalhães (geb. 1874) mit 81 von J. da Silva Campos (1880–1940) vornehmlich im Staate Bahia aufgezeichneten Erzählungen. In einer 2. Auflage (Rio de Janeiro 1939) wurden von Magalhães zahlreiche Ergänzungen vorgenommen, die sowohl Texte als auch Anmerkungen betrafen. Eine Bibliographie zur brasilian. Folklore rundet den Band ab. Magalhães befaßte sich insbesondere mit mythol. Theorien, wozu er als Vergleichsmaterial einige der Mythen indian. Ursprungs heranzog, vor allem solche aus der Tupí-Guaraní-Gruppe (z. B. Jurupari oder Anhangá, Curupira oder Caapora, Saci, Iara, Mboi-Tatá, Ipupiara) sowie ihre luso-brasilian. Akkulturationen. Überdies klassifizierte Magalhães die von da Silva Campos gesammelten Erzählungen nach gleichartigen Motiven und fand folgende Einteilung:

1. Zyklus der zoologischen Mythologie. – 2. Verwandlungs-Erzählungen. – 3. Anthropomorphisierung in afro-amerik. Ätiologien. – 4. Schwänke. – 5. Erzählungen ethischen Inhalts. – 6. Wunder-Erzählungen. – 7. Religiöse Erzählungen. – 8. Anhang: Erzählungen aus verschiedenen Gebieten und verschiedenen Ursprungs.

In allen genannten Kategorien finden sich Erzählungen sowohl indian. als auch afrik. und europ. Ursprungs.

Bereits 1918 erschienen in Juiz de Fóra die *Contos populares* von L. Gomes (1875–1953)[1], die 85 Erzählungen, 21 Märchen und einige Wiegenlieder aus dem Staat Minas Gerais enthalten, welche er nach Themen-Zyklen gruppiert hatte. Ein Wörterverzeichnis mit Erklärungen für Dialektausdrücke, für populäre Redewendungen und typisch brasilian. Ausdrucksweisen, die im Text vorkommen, beschließt den Band. Für seine Sammeltätigkeit berief sich Gomes auf die Brüder Grimm, deren unverfälschte Aufzeichnungsweise(!) er sich zum Vorbild nahm (cf. → Authentizität, → Bearbeitung).

Es gab ein theoretisches Problem, das die Folkloristen der Zeit, in der Gomes sein Buch veröffentlichte, bes. beschäftigte: Die Klassifizierung der Kolonial-Folklore auf der Basis der hist.-kulturellen Epochen. Gomes erinnerte an die von J. Ribeiro vorgeschlagene Klassifizierung für brasilian. Erzählungen:

1. Küstenepoche: a) Atlantische oder Seefahrer-Märchen (*Das Schiff Catarineta*); b) Märchen der Kolonisation (*Caramuru* und *Legende von São Tomé*). – 2. Epoche der Besiedlung: a) Helden-Legenden von den Bandeirantes (Abenteurer; in den Volkserzählungen aus dem Staat São Paulo); b) Legenden von den ländlichen Viehzüchter- oder Viehtreiber-Wanderungen vom São-Francisco-Fluß nach dem Nordosten. – 3. Epoche des Bergbaus (in den Volkserzählungen aus Minas Gerais)

und beanspruchte für sich, an erster Stelle vorgezeichnet zu haben, was er „begrenzte Themen-Zyklen" nannte. Dieses Vorgehen griff später G. Barroso (*Através dos folklores*. São Paulo 1927) wieder auf, der unter der Bezeichnung „Generalisierte Themen-Zyklen" verschiedene Erzählungen zusammenfaßte:

Faulenzer-Zyklus (2 Erzählungen), Zyklus Panther und Kaninchen (3), Vater-João-Zyklus (5), Teufels-Zyklus (3), Zyklus des Pedro Malazarte (12), Zyklus von der Entstehung der Rassen (3), Zyklus des hl. Petrus (4).

Eher am Rande verweist Barros auf port., frz. und afrik. Varianten zu den von ihm aufgezeichneten Erzählungen. Außer Gomes müssen noch A. de Almeida (geb. 1904; Pseudonym des Paters L. Castanho de Almeida)[2] und für den brasilian. Nordosten neben Barros insbesondere L. Mota[3] und R. de Carvalho[4] genannt werden.

[1] 3. Aufl. unter dem Titel: Contos populares brasileiros. São Paulo 1948. – [2] Almeida, A. de: 50 contos de São Paulo. São Paulo 1947; id.: Contos do povo brasileiro. Petrópolis [1947]; id.: 142 Histórias brasileiras. In: Revista do arquivo 147 (São Paulo 1951) 163–332; id.: Contos populares do Planalto. In: ibid. (1952) 3–50; cf. Pino-Saavedra, Y.: Die brasilian. Volkserzählungen des Aluísio de Almeida. In: Fabula 15 (1974) 27–33. – [3] Mota, L.: Cancioneiro do Norte. Parahyba do Norte 1928. – [4] Carvalho, R. de: No tempo de Lampeão. Rio de Janeiro 1930.

4. Das Werk L. da Câmara Cascudos. Mit → Cascudo erreichte die Erforschung und Interpretation des brasilian. Erzählguts ihren bisher höchsten wiss. Stand. In zahlreichen grundlegenden Büchern und Aufsätzen sowie in seinem gewaltigen Nachschlagewerk *Dicionário do folclore brasileiro* (Rio de Janeiro 1954; 5. Aufl. im Druck) erforschte er die Wurzeln der Volkserzählungen und konnte die internat. Verflechtung der meisten brasilian. Erzählungen nachweisen. Zu seinen Untersuchungen zog er sowohl die klassische (d. h. griech. und röm. Lit.) als auch die ältere und moderne europ. Lit. heran sowie Bücher und Aufzeichnungen von Reisenden und Anthropologen über Afrika, Asien und die amerik. Subkontinente. Die weite Verbreitung der in B. aufgezeichneten Erzählungen bedeutet indes nicht, daß es keine nationale Volkserzählung gäbe, die für B. charakteristisch wäre. Vielmehr sei die volkstümliche Erzählkunst B.s das Ergebnis der Verschmelzung eingeführter kultureller Werte mit Lokalkolorit und der dem Lande eigentümlichen Tier- und Pflanzenwelt, verbunden mit der schöpferischen Erzählfreude des Brasilianers.

Von Cascudos Textsammlungen seien bes. die *Contos tradicionais do Brasil* (Rio de Janeiro 1946, ²1954) und die *Trinta 'estorias' brasileiras* (Lisboa 1955) hervorgehoben. Er betrachtet die Volkserzählungen als Dokumente für hist., ethnogr., soziol. und rechtliche Informationen (so die Einl. zu den *Contos tradicionais*), die zugleich Ideen, Mentalitäten, ethische Entscheidungen und Beurteilungen aufzeigen („intellektuelle Muttermilch"). Von den 100 in *Contos tradicionais do Brasil* aufgezeichneten Erzählungen stammen einige aus gedr. Sammlungen, der größte Teil jedoch wurde von ihm selbst zusammengetragen, wobei er Namen und Wohnorte der Erzähler festhielt. Großen Wert legte er auf wortgetreue Wiedergabe; nur Orthographie- und Sprechfehler der Sertanejos (Bewohner des Sertão, der nordostbrasilian. Dornbuschsteppe) wurden bereinigt.

Einige traditionelle Formeln der Volkserzählung, die die Völker der verschiedenen Kontinente gemeinsam haben, hebt er hervor, wie z. B. den Ausspruch: „Hier riecht es nach königlichem Blut", der gleichermaßen Franzosen, Portugiesen, Engländern, Hindus und Farbigen geläufig ist. So wie man in B. sagt „andou-andou-andou" (er ging und ging und ging), um lange Tage der Wanderschaft zu beschreiben, sagen die eingeborenen Indios „uatá- uatá- uatá", die Neger von Luanda „uende-uende" und die Engländer „walked – walked – walked".

Cascudo schließt sich in der Typologisierung dem System von A. → Aarne und S. → Thompson an, betont aber zugleich die Eigenarten brasilian. Volkserzählungen und teilt deshalb z. B. seine Slg *Contos tradicionais do Brasil* in zwölf Abteilungen ein (thematische Gliederung):

1. Zaubermärchen. – 2. Gleichnishafte Erzählungen (Beispiele, Vorbilder). – 3. Tiergeschichten. – 4. Schwänke. – 5. Religiöse Erzählungen. – 6. Ätiologien. – 7. Dämonen- und Teufelsgeschichten. – 8. Rätselgeschichten. – 9. Geschichten von der „anklagenden" Natur. – 10. Kettenmärchen. – 11. Zyklus vom Tod. – 12. Traditions-Erzählungen.

5. Andere Beitr.e. Eine vollständige bibliogr. Erfassung der Volkserzählung in

B. wurde bislang noch nicht durchgeführt. Weder private noch öffentliche Institutionen (wie z. B. die jetzt noch bestehende Organisation Campanha de defesa do folclore brasileiro) haben sich dieser großen Aufgabe angenommen, die dringend sowohl die Mobilisierung von Anthropologen als auch von Folkloristen erfordert. Neben den bereits genannten Autoren und Sammlungen sollen noch die wichtigsten Werke und Aufsätze aufgeführt werden, wobei eine weit verstreute Bibliographie ausgeschlossen bleibt, die für das Studium des Mythos, der Fabel, des Märchens und der Legende von Interesse wäre.

Indian. Mythologie. Aspekte der indian. Mythologie wurden von europ., nordamerik. und brasilian. Reisenden und Ethnologen in ihren Werken festgehalten, insbesondere seit Beginn des vorigen Jh.s. Alle bis 1968 erschienenen Beiträge zu diesem Thema sind in der *Bibliografia crítica da etnologia brasileira* 1–2 von H. Baldus (São Paulo 1954 und 1968) erfaßt (2.834 Nummern über Indios, Spezielles und Allg.).

Lit.-Ausw.: Steinen, K. von den: O Brasil Central. São Paulo 1942 (dt.: Unter den Naturvölkern Zentral-B.s. B. 1894; enthält ein Kap. über Erzählungen der Bakaïrís). – Rodrigues, J. B.: Poranduba amazonense [. . .] (Annaes da Bibliotheca Nacional do Rio de Janeiro 14). Rio de Janeiro 1890 (erfaßt Märchen und Erzählungen der brasilian. Indios über Tiere, Pflanzen und Gestirne). – Koch-Grünberg, T.: Vom Roroima zum Orinoco. 2: Mythen und Legenden der Taulipáng- und Arekuná-Indianer. B. 1916 (Stg. [2]1924; Wiederabdruck unter dem Titel: Mitos e lendas dos índios Taulipáng e Arekuná. In: Revista do Museu Paulista. N. R. 7 [São Paulo 1953] 9–202); dort sind zahlreiche Erzählungen von Macunaíma, einem legendären Helden der Taulipáng-Indios, verzeichnet, den der Schriftsteller Mário Raul de Morais Andrade in einem berühmten Buch gleichen Titels (São Paulo 1928) unsterblich machte. – Colbacchini, A. / Albisetti, C.: Os Boróros orientais Orarimogodógue do planalto oriental de Mato Grosso (Brasiliana 4). São Paulo 1942 (enthält mehr als 50 Legenden und Erzählungen der Orarimogodógue von der östl. Hochebene des Mato Grosso). – Silva, A. B. A. da: A civilizaçao indígena do Uaupés. São Paulo 1962 (faßt zahlreiche indian. Legenden aus dieser Region zusammen). – Wagley, C. / Galvão, E.: Os índios Tenetehara. Rio de Janeiro 1961 (enthält ein Kap. über Mythologie und Folklore). – Ribeiro, D.: Religião e mitologia kadiuéu (Conselho nacional de proteção aos índios 106). Rio de Janeiro 1950. – Teschauer, C.: Avifauna e flora nos costumes. Superstições e lendas brasileiras. Porto Alegre 1925. – id.: Porandúba ríograndense. Porto Alegre 1929. – De Stradelli, E.: Duas lendas amazônicas. Piacenza 1900. – id.: Leggenda dell' Jurupary. In: Bollettino della Società geografica italiana. 3. Serie, 3. t. (Jg 24, t. 27) (Roma 1890) 659–689, 798–835 (Ndr. unter dem Titel: "La leggenda del Jurupary" e outras lendas amazônicas [Instituto cultural italo-brasileiro 4]. São Paulo 1964, 13–66). – id.: Leggende del Taría. In: Memorie della Società geografica italiana 6 (1896) 141–148. – Nimuendajú – Unkel, C.: Die Sagen von der Erschaffung und Vernichtung der Welt als Grundlagen der Religion der Apapocuva-Guaraní. In: ZfEthn. 46 (1914) 284–403. – id.: Sagen der Tembé-Indianer (Pará und Maranhão). In: ZfEthn. 47 (1915) 281–301. – id.: Bruchstücke aus Religion und Ueberlieferung der Šipáia-Indianer. In: Anthropos 14/15 (Wien 1919/20) 1002–1039. – id.: The Apinayé (The Catholic University of America. Anthropological Series 8). Wash. 1939. – id.: Šerente Tales. In: JAFL 57 (1944) 181–187. – id.: The Eastern Timbira (University of California Publ.s in American Archaeology and Ethnology 41). Berk. / L. A. 1946. – id.: The Tukuna (University of California Publ.s in American Archaeology and Ethnology 45). Berk. / L. A. 1952. – Brandenburger, C.: Lendas dos nossos índios. Rio de Janeiro 1923. – Baldus, H.: Lendas dos índios do Brasil. São Paulo 1946. – Pereira, N.: Moronguêtá. Um decameron indígena 1–2. Rio de Janeiro 1967. – Schaden, E.: Aspectos fundamentais da cultura guaraní (Corpo e alma do Brasil 6). São Paulo 1962. – id.: A mitologia heróica de tribos indígenas do Brasil. Rio de Janeiro 1959 (beide Werke sind wichtig für das Studium der Tupí-Guaraní-Mythologie). – Silva, A. da Costa e: Antologia de lendas do índio brasileiro. Rio de Janeiro 1957. – Frikel, P.: A mitologia solar e a filosofia de vida dos índios Kaxúyana. Brasília 1972. – Huxley, F.: Selvagens amáveis (Brasiliana 316). São Paulo 1963. – Métraux, A.: A religião dos Tupinambás (Brasiliana 267). São Paulo 1950.

In den letzten Jahren erschienen verschiedene Studien, Aufsätze und Artikel von brasilian. Anthropologen über Mythen und Erzählungen der Indios, und zwar mit strukturalistischer Prägung. Sie stammten vor allem von Mitarbeitern der Abteilung für Anthropologie des Nationalmuseums. Die strukturalistischen Ideen von C. → Lévi-Strauss, der selbst ein Erforscher von Mythen der brasilian. Ureinwohner war (cf. *Tristes tropiques*. P. 1955 u. a.), beeinflußten eine Reihe brasilian. Sozialanthropologen:

z. B. Laraia, R. de B.: O sol e a lua na mitologia Xinguana. In: Revista do Museu Paulista 17 (1967) 7–34. – Melatti, J. C.: O mito e o Xamã. In: Revista do Museu Paulista 14 (1963) 60–70. – id.: Reflexões sobre algumas narrativas Krahô (Série antropologia 8. Universidade de Brasília). Brasília 1974. – Oliveira, R. de C.: Totemismo Tukúna? In: Völkerkundliche Abhdlgen. 1: Beitr.e zur Völkerkunde Südamerikas. Hannover 1964, 231–248 (auch in: Revista do Instituto de ciências sociais 2 [1965] 5–22).

Afro-brasilian. Mythologie. Die afrik. Mythologie in B. – eingeschlossen Mythen im engeren Sinne, Legenden, Fabeln und Volkserzählungen – lebt durch religiöse Praktiken (vor allem der Candomblê [Fetischisten-Tanzkult] und der Umbanda [Beschwörungs-Tanzkult]) mit ihrem Synkretismus und mit anderen kulturellen Anpassungsprozessen fort. Von der unübersehbaren Spezialliteratur seien einige wichtige Arbeiten herausgegriffen:

Mendonça, R. (u. a.): Estudos afro-brasileiros. Rio de Janeiro 1935. – Ramos, A.: O folclore negro do Brasil. Rio de Janeiro 1935. – Rodrigues, N.: O animismo fetichista nos negros bahianos. Rio de Janeiro 1935. – Carneiro, E.: Negros bantus. Rio de Janeiro 1937. – Freyre, G. (u. a.): Novos estudos afro-brasileiros. Rio de Janeiro 1937. – Ramos, A.: A aculturação negra no Brasil (Brasiliana 224). São Paulo 1942. – Rodrigues, N.: Os africanos no Brasil (Brasiliana 9). São Paulo 1945. – Ramos, A.: As culturas negras no novo mundo (Brasiliana 249). São Paulo 1946. – id.: Estudos de folk-lore. Rio de Janeiro 1951. – id.: O negro brasileiro 1 (Brasiliana 188). São Paulo 1951. – Carneiro, E.: Candomblês da Bahia. Rio de Janeiro 1961. – Salles, V.: O negro no Pará. Belém/Pará 1971. – Duarte, A.: Folclore negro das Alagoas. Maceió 1974. – Pereira da Costa, F. A.: Folk-lore pernambucano. Recife 1974. – Ribeiro, J.: O elemento negro. Rio de Janeiro [1939].

Zeitschriften. Verschiedene brasilian. Zeitschriften bringen schwerpunktmäßig Beiträge zur indian. und afro-brasilian. Mythologie, z. B.: *Revista do Museu Paulista*, *Revista de Antropologia*, geleitet von E. Schaden (São Paulo), *Boletim do Museu paraense 'Emilio Goeldi'* (Anthropol. Reihe) und *Boletim do Museu nacional* (Rio de Janeiro).

Natal Veríssimo de Mélo

Bratenwunder, (auch Hahnen-, Hühner-, Tauben-, Vogelwunder) als Lebendigwerden und Auffliegen gebratenen (gekochten) Geflügels soll in der Legende insbesondere zum sinnfälligen Erweis der Wahrheit einer Aussage bzw. deren Widerlegung dienen. L. Kretzenbacher faßt das Motiv in dieser Intention unter dem Motto *Zeugnis der stummen Kreatur*, worunter dann auch → Gespannwunder u. a. zu subsumieren wären[1]. Das Mirakel wird in der Regel mit einem Ausspruch der Art „so wenig dieser gebratene Hahn (Hühner, Tauben etc.) wieder lebendig wird, so wenig kann dies oder das geschehen" provoziert, worauf durch das scheinbar unmögliche Aufflattern des Geflügels das zur Rede stehende Geschehen als wirklich erwiesen wird[2].

In diesem Verständnis fand das B. Eingang in die volksfromme, bes. von den Apokryphen beeinflußte Tradition der Heilsgeschichte. So fliegt im Hause des Judas Ischarioth der halbgekochte Hahn aus dem Kochtopf und verkündet die Auferstehung Christi, die vom Heilandsverräter in Abrede gestellt worden war[3]. Ähnlich stellen die Wächter am Grab Christi – auch Pilatus gegenüber Herodes – Jesu Auferstehung in Abrede und werden durch das Auffliegen des Hahnes aus dem Kochtopf und sein Krähen widerlegt[4]. Nach estn. und finn. Aufzeichnungen wird Maria erst durch ein B. gezwungen, die Kunde von der Marter ihres Sohnes zu glauben[5]. Auch in die apokryphe Geburtsgeschichte Christi ist das B. eingefügt. So glaubt König Herodes den Drei Weisen die Kunde von der Christgeburt zunächst nicht, „so wenig als dieser Hahn vor ihm auf dem Teller wieder Flügel bekäme und aufflöge", was dann jedoch geschieht. In diesem Zusammenhang im Abendland seit dem 11. Jh. bekannt, wurde das Motiv in engl. und skand. Stephanslegenden und -balladen übertragen, wo der Protomärtyrer Stephanus Herodes die Christgeburt verkündigt und durch ein B. bestätigt[6].

Besonders häufig und mit manchen Variationen ist das B. in der → Jakobspilgerlegende gestaltet. Dort dient es zum Erweis, daß der unschuldig Gehenkte durch die Hilfe St. Jakobs am Galgen lebendig erhalten wurde. Zwar ist das B. noch nicht in der sog. pseudo-calixtischen Jakobslegende aus dem 12. Jh. – und somit noch nicht in der *Legenda aurea* – enthalten, aber es findet sich dann schon im *Passional* (ca 1280–1300) und bei Hermann von Fritzlar im *Heiligenleben* (vollendet 1349)[7] und fehlt seit dem 15. Jh. kaum jemals in den sprachlichen oder bildlichen Fassungen der Jakobspilgerlegende[8]. Das B. enthalten auch die an lokalen Wallfahrtsorten vorkommenden Kontrafakturen dieser Legende[9].

In der Funktion des paradoxen Wahrheitserweises findet sich das B. häufiger in Heiligenviten und Exempelsammlungen: Nach der Aussage zweier bei Tisch sitzender Gefährten, der Hahn vor ihnen auf dem Teller könne sich nie wieder erheben, auch nicht auf Befehl des hl. Petrus oder Christi selbst, wird der Vogel sofort lebendig, schlägt mit den Flügeln und kräht[10]. Ein Kapaun wird lebendig, als jemand an der Heiligkeit des hl. Francus aus dem Karmelitenorden zweifelt und sagt: „Es ist ebenso möglich, daß du heilig bist und Gott lieb, wie es möglich ist, daß dieser gebratene Kapaun wieder lebt und sich bewegt“[11].

Durch ein B. werden heilige Asketen aus dem Widerstreit zwischen Gehorsamspflicht und selbstauferlegter Fastenstrenge befreit. Das dem todkranken Nikolaus von Tolentino vorgesetzte gebratene Rebhuhn fliegt davon, als dieser es aus Gehorsam seinem Prior gegenüber nicht zurückzuweisen wagt[12]. Der hl. Gunter soll auf Befehl des Königs Stephan von Ungarn von einem gebratenen Pfau essen, er betet, und der Pfau fliegt lebendig davon[13].

Andere Heilige vermögen zur Speise vorgesetztes Geflügel den Gastgebern zu erstatten. Der hl. Amadeus von Lusitanien läßt einer Frau das Huhn, das sie ihm vorgesetzt hat, wieder aufleben[14]. Der hl. Aldebrandus belebt ein Rebhuhn, das ihm zum Essen gereicht wird[15]. Fintan und seine Gefährten verspeisen Kuh, Kalb und Milch, am folgenden Tag werden die genannten Tiere lebend vorgefunden, auch die von der Milch bereiteten Speisen sind wieder vorhanden[16]. Pharaldis von Lotryck belebt eine verzehrte Gans, indem sie die Federn nebeneinander legt[17]. Als Zeichen, daß das Volk an Christus glaube, läßt Petrus – so berichten die apokryphen Petrusakten[18] – einen geräucherten Thunfisch lebendig werden und in einem Teich schwimmen. Bischof Vigor von Bayeux, St. Mochna, Fingar, Daresca, Franz von Paula bringen gebratene Fische wieder zum Leben[19]. Der hl. Zeno läßt gebratene Fische schwimmen und befiehlt ihnen danach wieder die Rückkehr in den Ofen[20]. Der Gedächtnistag des hl. Märtyrers Defendens wird durch ein B. hervorgehoben. Die an diesem Tag von einem Jäger geschossenen Rebhühner fliegen wieder davon, als dieser sie gebraten verzehren will[21].

In Umkehrung dazu können Heilige auf wunderbare Weise Vögel zur Speise erhalten. Der hl. Bandolinus kann, als er Besuch eines Gastfreundes bekommt und ihm nichts vorzusetzen hat, vorbeifliegenden Wildgänsen befehlen herabzuflattern[22]. Auf Bitten eines Bischofs fällt aus einer Schar vorüberziehender Kraniche einer als Speise zur Erde[23].

Noch etwas weiter entfernt vom eigentlichen B. sind folgende Berichte: Der hl. Cerbonius reist nach Rom und ruft, da er sonst nichts hat, was er dem Papst als Geschenk darbieten könnte, Wildgänse herbei; zum gleichen Zweck erhalten der hl. Gerontius und der hl. Lucanus von Brixen Rebhühner[24].

In einem weiteren Sinn kann als B. bezeichnet werden, wenn im Lügenmärchen gebratene Hühner fliegen[25] und im Schlaraffenland gebratene Gänse durch die Straßen watscheln, Fische sich selbst braten und gebratene Tauben den Trägen gar in den Mund fliegen[26].

[1] Kretzenbacher, L.: Zeugnis der stummen Kreatur. Zur Ikonographie eines Mirakels der Nikolaus von Tolentino-Legende. In: Festschr. M. Zender 1. Bonn 1972, 435–446. – [2] Gleichstrukturierte Paradoxa kommen ebenso in anderen Erzählgattungen vor: cf. z. B. Petzoldt, L.: Hist. Sagen 2. Mü. 1977, 51sq., 282sq.; Lüthi, M.: Das Paradox in der Volksdichtung. In: Typologia litterarum. Festschr. M. Wehrli. Zürich/Fbg 1969, 470–489. – [3] Günter

1949, 248, not. 60; Kretzenbacher (wie not. 1) 444: Nach kopt. Überlieferung soll Christus schon beim Abendmahl einen gebratenen Hahn wieder lebendig gemacht und ihn dem Judas nachgeschickt haben; Köhler/Bolte 3, 641. – [4] Mot. E 524.2.1; StandDict. 1, 250; Wackernagel, P.: Das dt. Kirchenlied 4. Lpz. 1874, 1070. – [5] Kretzenbacher (wie not. 1) 445. – [6] ibid., 444sq. – [7] Das alte Passional. ed. K. A. Hahn. Ffm. 1845, 223,47–225,85; Pfeiffer, F.: Dt. Mystiker 1. Lpz. 1845, 167–169. – [8] Zur Jakobspilgerlegende mit dem Hühnerwunder cf. Köhler/Bolte 3, 639–641; Moser-Rath, 474; de Meyer, M.: La Légende du pendu, miraculeusement sauvé par Saint Jacques de Compostelle et le témoignage du coq rôti (galo de Baecelos). In: RE 15, 1 (1970) 41–68; Alsheimer, R.: Das Magnum speculum exemplorum als Ausgangspunkt populärer Erzähltraditionen. Ffm. 1971, 184sq.; Seeliger, H.: St. Jacob und die Hühnerlegende in der Kirche St. Jakob in der Mahr. In: Der Schlern 26 (1972) 287–290; Malfèr, V.: Zu „St. Jacob und die Hühnerlegende" von Hans Seeliger. In: ibid., 473; Lex. der christl. Ikonographie 7. ed. W. Braunfels. Rom u. a. 1974, col. 33sq.; Petzoldt (wie not. 2) 242sq., 337sq. – [9] Graber, G.: Die Tauben von Tiffen. Ein Beitr. zur kärntner. Sagengeschichte. In: Volk und Heimat. Festschr. V. von Geramb. Graz 1949, 185–191; Kretzenbacher, L.: Heimkehr von der Pilgerfahrt. In: Fabula 1 (1958) 214–227, hier 223sq.; id.: Pilgerfahrt nach Maria Luschari. Eine dt.-slaw. Legende aus der alten Untersteiermark. In: Südostdt. Archiv 3, 1 (1960) 87–100; id.: Kontrafakturen zur Jakobspilgerlegende in Slowenien. In: Anzeiger für slav. Philologie 9,1 (1977) 197–207; Gribl, A.: Die Legende vom Galgen- und Hühnerwunder in Bayern. Eine ikonographische Gegenwartsspur der ma. Fernwallfahrt nach Santiago di Compostella. In: Bayer. Jb. für Vk. (1976/77) 36—52. – [10] Frenken, G.: Wunder und Taten der Hll. Mü 1925, 46; Tubach, num. 1130; Alsheimer (wie not. 8) 155. –
[11] Frenken (wie not. 10) 227; cf. Petzoldt (wie not. 2) 52, 283. – [12] Frenken (wie not. 10) 147; cf. Kretzenbacher (wie not. 1). – [13] Frenken (wie not. 10) 227. – [14] ibid., 219. – [15] ibid., 110sq. – [16] ibid., 227. – [17] Günter 1949, 187. Die Knochen müssen wieder zusammengefügt werden in den Erzählungen mit dem Pelopsmotiv, bei dem ein Mensch oder später ein Tier geschlachtet, verzehrt und wiederbelebt wird, wobei bei der Wiederbelebung dann ein Knochen fehlt; Schmidt, 145–155 (Pelops und die Haselhexe); cf. auch das Märchen vom ‚Machandelboom' (KHM 47; BP 1, 412–423). – [18] Hennecke, E./Schneemelcher, W.: Nt. Apokryphen in dt. Übers. 2. Tübingen [3]1964, 202sq; cf. EM 1, 656. – [19] Günter 1949, 187; cf. Günter 1910, 83; im ‚Zauberer-Wettstreit' begegnet das Motiv, daß aus den Gräten und Resten verzehrter Fische wieder kleine und große Fische werden: cf. Lohre, H.: Märk. Sagen. Lpz. 1921, 92, num. 157. – [20] Toldo, P.: Leben und Wunder der Hll. im MA. In: Studien zur vergleichenden Lit.geschichte 8 (1908) 31. –
[21] Frenken (wie not. 10) 227; Günter 1949, 279sq. – [22] Frenken (wie not. 10) 227. – [23] ibid., 146. – [24] ibid., 227. – [25] KHM 159: Das Märchen vom Schlauraffenland. – [26] BP 3, 244–258.

Würzburg Erich Wimmer

Brauch

1. Das Märchen gibt kulturgeschichtliche Auskunft über Vorgänge, für die sonst keine gleich ergiebige Quelle existiert (→ Realitätsbezüge). Dies gilt vornehmlich für seine Darstellungen von Sitte und B., d. h. von institutionalisiertem Sozialverhalten[1]. Das Märchen spiegelt nicht nur Lebenslauf- und Jahreszeitbräuche, sondern auch Arbeits- und Rechtsbräuche, Opfer-, Kult- und Zauberbräuche, in Einzelfällen sogar Kriegs- und Maskenbräuche. Schon bei einer oberflächlichen Betrachtung der B.phänomene im Märchen fällt auf, daß sie sich nicht auf das im heutigen Brauchtum dominierende christl.-kirchliche Kalendarium beziehen: Weihnachten, Ostern, Fastnacht, Heiligentage, Allerseelen und Taufe, Kommunion, Konfirmation, Primiz etc. spielen im Märchen (anders als in der christl. stark überformten Sage) keine Rolle; wohl aber nicht kirchlich gebundenes und schon vorchristl. Brauchtum um Geburt, Initiation, Hochzeit und Tod. Da das Märchen eine Art Biographie seines Helden gibt, hat es zum Lebenslaufbrauchtum mehr Bezüge als zum jahreszeitlich bedingten. Es stellt sich die methodische Frage, welche Schlüsse für die Geschichte des Märchens daraus gezogen werden dürfen (→ Altersbestimmung).

Bereits P. → Saintyves hat die Märchen Charles Perraults auf uralte Jahreszeitfeiern und Weiheriten zurückführen wollen: *Dornröschen (→ Schlafende Schönheit)* bedeutete für ihn das Erwachen der Natur im neuen Jahr, *Aschenputtel (→ Cinderella)* das Brautorakel am Valentinstag, *Allerleirauh (→ Cinderella)* die Fastnachtsverkleidung, → *Rotkäppchen* die Maikönigin, → *Däumling* die Jünglingsweihe, *Blaubart (→ Mädchenmörder)* die rituelle Probe der

Gattin, der *gestiefelte* → *Kater* die Unterweisung des neuerwählten Königs[2]. Die Märchenforschung hat im allg. diese kühnen Schlußfolgerungen abgelehnt. Doch hat Saintyves an sich richtig bemerkt, daß im Märchen Motive und sogar ganze Motivreihen anzutreffen sind, die an teils archaische, teils noch heute geübte Bräuche erinnern (→ Archaische Züge). Daraus ist vorschnell gefolgert worden, das Märchen sei primär der Text zu rituellen Handlungen gewesen (→ Ritualistische Theorie)[3]. Bes. nahe liegen Fehldeutungen dort, wo die brauchmäßigen Handlungen nur die dekorativen Züge eines Märchens ausmachen. In dem Grimmschen Märchen *Die drei Federn* (KHM 63) wird ein Orakelbrauch geschildert, der auch sonst nachgewiesen werden kann: Einer, der unschlüssig ist, wohin er gehen soll, bläst eine Feder in die Luft und folgt ihrer Richtung. Für den Erzähltyp (AaTh 402: → *Maus als Braut*) als ganzen freilich gibt das nichts her: Das Ausblasen der drei Federn kommt nur in der Fassung der Brüder Grimm vor.

Zuweilen wird im Märchen etwas als „alte Sitte" ausgegeben, was nur der Handlung zuliebe erdacht worden ist, so etwa der „Brauch", nach dem Tode des Königs jenen Fremden zum König zu machen, der als erster vor das Stadttor oder zum Palast kommt (cf. Mot. P 17.1)[4]. Das Vorkommen von Menschenfressermotiven darf nicht ohne weiteres als Nachklang von Anthropophagie gewertet werden. Jedenfalls wird der → Kannibalismus im Märchen nicht mehr in seiner ursprünglichen Funktion als magischer Kannibalismus dargestellt, sondern schon als Verbrechen verdammt[5]. Insbesondere der Kinderkannibalismus ist offenbar erst ein spezifisches Motiv der → Schreckmärchen, von Anfang an als Kinderschreck erdacht. Auch Kindesaussetzung (KHM 15, AaTh 327 A: → *Hänsel und Gretel*) ist kaum Abbild archaischer Sitten[6].

2. Auf hist. Rechtsbräuche beziehen sich hingegen die → Halslöserätsel (AaTh 927): Der angeklagte Verbrecher erhält das Recht, ein Rätsel aufzugeben; und wenn es keiner der anwesenden Richter errät, bringt es ihm die Freiheit[7]. Auch Erzählungen von Blutrache und → Blutsbrüderschaft (cf. auch AaTh 1364: → *Blutsbruders Frau*) weisen auf archaische B.strukturen.

3. Wenn (nach A. von → Löwis of Menar) in 72% aller Zaubermärchen ein brautwerbender Held im Mittelpunkt der Handlung steht (cf. → Braut, Bräutigam), erwartet man vom Märchen Schilderungen solcher Bräuche. Für die → Hochzeitsbräuche trügt diese Hoffnung. Eine kirchliche Trauung wird nur selten erwähnt. Wo im Märchen unmittelbar und direkt von Bräuchen erzählt wird, die Verlobung und Hochzeit betreffen, wird oft ganz deutlich die Wirklichkeit verlassen, so in KHM 13 (*Die drei Männlein im Walde*; AaTh 403B), wo der Mann eine zweite Ehe nur eingehen will, falls sein löchriger Stiefel das in ihn eingefüllte Wasser hält; dieser auf die Grimmsche Fassung beschränkte Zug hat mit wirklichen Eheorakeln nichts zu tun[8]. Im Märchen vom *Liebsten Roland* (KHM 56) ist zwar davon die Rede, daß „nach altem Brauch im Land bekannt gemacht" wurde, „daß alle Mädchen sich einfinden und zu Ehren des Brautpaares singen sollten". Es handelt sich aber um einen Zug, den W. Grimm dem hess. Volksleben abgesehen hat; über das Alter des Typus (AaTh 313B, C) ist damit nichts ausgesagt.

Obwohl das Märchen oft von echten und falschen Bräuten redet, kennt es den Begriff der Verlobung so gut wie nicht. Von einer längeren Brautzeit als Voraussetzung der Ehe wird im allg. nichts berichtet; auf die gelungene Erlösung hin wird unverzüglich geheiratet. Wohl aber kennt das Märchen das alte Eheversprechen, das in seiner Gültigkeit mitunter sogar höher gestellt wurde als die Ehe. Selbst noch bei der Hochzeitsfeier wird darum eine Verbindung leicht gelöst, wenn sich die alte Braut wiederfindet, die sich auf das Eheversprechen des Bräutigams berufen kann (Gleichnis vom alten und neuen Schlüssel).

Das Motiv, durch eine → Schuhprobe die rechte Braut zu ermitteln (AaTh 510A:

Cinderella), ist schon von J. Grimm mit dem germ. Verlobungsbrauch des Schuhan- und -ausziehens in Verbindung gebracht worden[9]; auch im neuzeitlichen Brauchtum finden sich hierfür Belege. So werden bes. bei rom. Völkern z. T. noch heute vor der Trauung der Braut die alten Schuhe ausgezogen, in der Regel vom Bräutigam selber[10].

Kulturgeschichtlich ergiebiger sind die brauchmäßigen Voraussetzungen der Märchenhochzeit. Wenn sie die → Belohnung großer Taten oder schwerer → Prüfungen ist, so entspricht das z. T. den wirklichen Proben, wie sie bei Naturvölkern als Voraussetzung der Mannbarkeit verlangt werden: Ehe der junge Mann heiraten darf, muß er sich auf der Jagd oder auf einem Kriegszug bewährt haben; er muß ein bestimmtes Tier erlegt oder eine bestimmte Anzahl von Feinden getötet haben. Die Frau kann und muß Bedingungen stellen, ehe sie sich hingibt. Die B.grundlagen der → Freiers- und → Brautproben werden vom Märchen allerdings gern ins Phantastische gesteigert. Es kommt jedoch den Heiratsbedingungen schriftloser Völker sehr nahe, wenn dem Freier die → Aufgabe gestellt wird, einen ganzen Wald zu fällen, einen Weinberg zu pflanzen oder ein Haus bzw. ein Schloß zu bauen (AaTh 313: → *Magische Flucht*). Es handelt sich meist um Arbeiten, die in engem Zusammenhang mit den Erfordernissen des Ackerbaus stehen, wie Roden, Umgraben, Säen, Ernten, Teiche trockenlegen, Holz machen, eine Behausung errichten, daneben auch Tiere hüten und besorgen. Dies alles sind Verrichtungen, mit denen der Bewerber seine wirtschaftlichen Fähigkeiten nachweisen soll. In afrik. oder südamerik. Erzählungen können Brautwerberaufgaben dem realen B. noch voll entsprechen:

Westafrik. Kpelle-Erzählungen lassen den Bewerber eine Palmfrucht von jenseits eines Stromes holen und ein Huhn oder Reis über den Fluß bringen; er muß ein Haus auf den Felsen bauen, einen Baum fällen etc.[11]. In Brautwerbererzählungen der südamerik. Indianer muß der junge Mann für seinen Schwiegervater ein Haus bauen und eine Pflanzung anlegen können[12].

Auch in europ. Märchen kann eine altertümliche Form der Eheschließung, die Kaufehe, durchschimmern: Es ist der Schwiegervater, der seine Zusage an Bedingungen knüpft; die Leistungen des Freiers kommen ihm allein zugute.

4. Die außergewöhnlichen Leistungen des Brautwerberhelden weisen Parallelen zu → Initiationsbräuchen auf. Der Initiand hat Stärke, Ausdauer und Weisheit zu beweisen; das gleiche gilt vom Märchenhelden, der eine Prinzessin gewinnen will. Die Initiation wird oft als ein Sterben und Neugeborenwerden vor- und dargestellt – dem Märchenfreier werden Aufgaben gestellt, bei denen er den Tod finden soll; in manchen Märchen (z. B. KHM 92: *Der König vom goldenen Berge*) wird der Held wirklich getötet und dann mit → Lebenswasser wieder zum Leben erweckt. Die Unterweisung in der Einsamkeit, die der → Bewährungsprobe vorangeht und bei Naturvölkern vom Medizinmann des Stammes vorgenommen wird, erinnert an bekannte Märchensituationen: Im Märchen vom *Eisenhans* (KHM 136, ähnlich in Var.n; → *Goldener*) nimmt der wilde Mann (AaTh 502) den Königssohn als Knaben zu sich in den Wald und stellt ihm eine Aufgabe. Erziehung durch einen Zauberer außerhalb des Elternhauses zeigt das Märchen vom → *Zauberer und Schüler* (AaTh 325). In beiden Fällen setzt die Unterweisung den Knaben instand, die schweren Prüfungen zu bestehen, die später von ihm verlangt werden. W.-E. Peuckert hat die Märchen von der → *Jungfrau im Turm* (AaTh 310) mit der Pubertätshütte der Mädchen in Verbindung gebracht[13]. Russ. Forscher haben die Gleichungen von Märchenmotiven mit wirklichen sozialen Einrichtungen noch wesentlich weitergeführt und gerade im Initiationsbrauchtum die älteste Basis des Märchens sehen wollen. V. Ja. → Propp und D. → Zelenin halten für → Survivals von Pubertätsproben z. B. auch das Motiv des → Geschlechtswechsels, den Raub durch einen Waldgeist, das Abschneiden eines Fingers, das In-Stücke-Schneiden des Helden (→ Zerstückelung), ferner ganz

allg. alle Motive von wandernden Helden, die aus einem fernen Lande etwas holen müssen (Suchwanderung); ebenso die Motive Schönheit im Schrein (KHM 65: *Allerleirauh*), verbotenes → Zimmer, Raub eines Mädchens durch einen → Drachen, Wundergeburt[14]. Es ist eine schwierige Frage, wie weit solche Auslegungen gehen dürfen, ob man gar aus ungefähren Parallelen von B. und Märchengeschehen eine hist. Entwicklung folgern darf. Es fehlen einfach die Belegfundamente, um eine solche Brücke schlagen zu können.

5. Andere Bräuche scheinen eher Rückschlüsse zuzulassen. So hat möglicherweise das Rätsellösen als Voraussetzung der Heirat (→ Rätselmärchen, → Rätselprinzessin) brauchtümliche Hintergründe. Das Rätselraten als Hochzeitssitte scheint sehr alt zu sein, und hinter dem spielerischen Scherz stand vielleicht einmal eine tatsächliche Bewährungsprobe für den Freier, der nicht nur seine Ausdauer und Stärke, sondern auch sein Wissen zu beweisen hatte. Ähnliches gilt für die → *Versteckwette* (AaTh 329): Die Königstochter will nur denjenigen zum Gemahl nehmen, der sich so gut versteckt, daß sie ihn nicht finden kann[15], oder der Held muß die versteckte Prinzessin suchen (Suchprobe), oder die Versteckwette wird doppelseitig ausgetragen. So phantastisch die Märchenverstecke auch sein mögen, das Versteckspiel als solches ist ein bekannter und häufig belegter Hochzeitsbrauch. Man hat von „rituellem Sträuben" gesprochen[16]. Denselben Sinn haben nach P. Sartori auch andere Hochzeitsbräuche: Oft wird dem Bräutigam, der seine Braut abholen will, statt dieser ein kleines Mädchen oder ein altes häßliches Weib vorgeführt. Erst nach dieser Verwechslung, die u. U. mehrmals wiederholt wird, kommt die rechte Braut. Hier handelt es sich um eine apotropäische Schein- und Vorehe: Die Scheinbraut kann das Unheil auf sich nehmen, das der wirklichen Braut droht. Dies erinnert an das Märchenmotiv von der unterschobenen → Braut[17]. Daß das Märchen einen anderen, z. T. phantastisch erweiterten Gebrauch von diesen Motiven macht, darf uns nicht über die bestehenden Zusammenhänge von Erzählung und wirklichen Bräuchen hinwegtäuschen. Die falsche oder unterschobene Braut muß nicht immer eine Rivalin, sondern kann auch – dem wirklichen B. noch näher stehend – eine Freundin oder Dienerin der rechten Braut sein. Dies ist in einigen Märchen der Fall, die von einer regelrechten Stellvertretung der Braut in der Hochzeitsnacht erzählen.

Aus demselben Grund, aus dem man im Hochzeitsbrauchtum dem Bräutigam zuerst eine falsche Braut zuführt, wurden nach älterem B. die Tobiasnächte eingehalten (nach Tob. 6,8). Eheliche Enthaltsamkeit in den ersten Tagen und Nächten nach der Hochzeit ist auch im Märchen, z. B. in den Var.n zu KHM 93 *(Die Rabe)* zu finden. Hier läßt der Held die Prinzessinnen dreimal neben sich schlafen, ohne sie anzurühren[18]. Ein Beilager ohne Geschlechtsverkehr ist auch anzunehmen für das Märchen von den 18 Soldaten, die bei ihren 18 Prinzessinnen schlafen, um sie zu erlösen[19]. Die drei Nächte, die die rechte Braut beim Gatten erkauft (KHM 88, 113, 127, 193; → Nächte erkauft), gehören vielleicht in einen ähnlichen Zusammenhang.

Schon bei den Griechen, Römern und Indern gehört das Brautbad zu den wichtigsten Hochzeitsvorbereitungen. Die Braut soll durch einen solchen Ritus von allen schädlichen Einflüssen gereinigt werden. Etwas Ähnliches begegnet in den Märchen von der Braut des Hexenmeisters (AaTh 507 A: → *Dankbarer Toter*): Ehe die Prinzessin den Helden heiraten kann, muß sie von dem Umgang mit dem Zauberer gereinigt werden. Das geschieht bei J. R. Bünker, A. Ey, H. C. Andersen und P. C. Asbjörnsen endgültig erst durch ein → Bad in der Hochzeitsnacht[20]. Ähnliche Reinigungszeremonien werden im Märchen aber auch mit dem Bräutigam vorgenommen, wenn er mit dämonischen Mächten in Berührung gekommen ist. Im Märchen vom → *König Lindwurm* (AaTh 433 B) muß die Heldin in der Brautkammer ihren Gatten mit Ruten auspeitschen, die sie in Lauge taucht. Hernach wird er mit süßer Milch abgewaschen[21]. Ein Bad in siedender Milch für den Bräutigam kommt auch in den Var.n zu *Ferenand getrü un Ferenand ungetrü* (KHM 126; AaTh 531: → *Ferdinand der treue und Ferdinand der ungetreue*) vor. Das rituelle Bad ist hier jedoch zur Mutprobe umfunktioniert worden.

6. Bräuche bei der → Geburt: In manchen Märchen wird ein → Kind dem Teufel oder einem dämonischen Wesen versprochen (KHM 12, 31, 55, 88, 92, 181); dabei scheint es sich um dämonisierte und diabolisierte Restformen der einst rituellen Übereignung und Weihe eines noch Ungeborenen primär an ein göttliches Wesen zu handeln, wie sie verschiedene Religionen kennen. Sie sind in ganz ähnlicher Weise für den altgerm. Thors- und Odinsglauben aus verschiedenen Saga-Texten und für die Nasiräervorstellung des A.T.s bezeugt. Der Kultbrauch hat sich im Märchen bis zu einer Spannungsformel in der Ausgangssituation des Helden entwirklicht[22].

Zum Empfang der übernatürlich-dämonischen → Schicksalsfrauen (Moiren, Miren, Sudiče, Urmen, Ursitoare etc.), die bei der Geburt eines Kindes dessen künftigen Lebensweg und seine dereinstige Todesart bestimmen, trifft man in Griechenland und in anderen Balkanländern noch heute bestimmte Vorkehrungen, damit sie freundlich gestimmt werden und einen guten Schicksalsspruch fällen[23]:

Haus und Hof werden gesäubert, der Hund wird an die Kette gelegt. Hindernisse, über die die Frauen in der Dunkelheit straucheln könnten, werden beseitigt. Die Haustür bleibt einen Spalt geöffnet. Im Innern des Hauses brennt eine Kerze: auf dem Tisch steht ein Mahl aus Kuchen, Honig, Süßigkeiten, Brot und Wein. Der Säugling wird gewaschen und in saubere Windeln gebettet.

Auch in den → Wechselbalgsagen spiegeln sich eine Reihe von brauchtümlichen Verhaltensweisen bei der Geburt eines Kindes (Aussegnung der Mutter; teils christl., teils magische Praktiken, um den Tausch rückgängig zu machen)[24].

7. Kulturhist. altertümliche Totenbräuche (→ Begräbnis, → Grabwache, → Schinden des Toten) zeigen die Erzählungen vom Typ *Der → Grabhügel* (KHM 195, AaTh 1130)[25]. Grundlage der Märchen vom *dankbaren Toten* (AaTh 505–508) ist die Vorstellung von der Notwendigkeit der Bestattung; sonst kann der Verstorbene nicht ins Totenreich eingehen. Die im Märchen geschilderte Ausnahme, der B., den Leichnam eines zu Lebzeiten verschuldeten Toten nicht zu begraben, ist ebenfalls historisch bezeugt[26]. Die Erzählung vom *Toten als Gast* (AaTh 470A: → *Don Juan*) beruht letztlich auf der Sitte, den Totenschädel zu speisen, bzw. überhaupt auf der Totenspeisung, wie sie sich im Totenkult fast aller Völker findet[27]. Die Motivik von einer freventlichen Störung der Totenruhe konnte sich allerdings erst ausbilden, als Totenspeisung und -einladung nicht mehr allg. gültiger B. waren, sondern solche Berichte nur noch als Warnerzählungen gegen den nun als freventlich aufgefaßten B. weitergegeben wurden[28]. Auf den B. der figürlichen Repräsentation des Toten für eine festgesetzte Zeitdauer und auf Beteiligung seiner Effigie oder Maske bei der Bestattung führt K. Ranke auch die Sage vom Toten, der seinem eigenen Begräbnis zuschaut, zurück[29]. Eine Reihe von weiteren Erzählungen – z. B. die Sagen vom → *Tränenkrüglein* (AaTh 769), Totenhemdchen, oder von → *Lenore* (AaTh 365) – bringen Regulative für die Zeit der Trauer, d. h. sie bringen zum Ausdruck, daß übermäßige Trauer schädlich und zerstörerisch wird.

8. Auf → jägerzeitliche Vorstellungen, die auch im Mythos ihren Niederschlag gefunden haben (→ Pelops, → Thor) gehen Bräuche zurück, die sich in den Motiven von der → Wiederbelebung aus den Knochen spiegeln: Aus den brauchgerecht deponierten Knochen wird ein getötetes Tier wieder zum Leben zurückgebracht, wobei kein Knochen fehlen darf. Wie in nordasiat. Jägerbräuchen wird auch im Märchen die Wiederbelebung des Tieres auf das menschliche Leben übertragen (AaTh 311: *Mädchenmörder*; AaTh 720: → *Totenvogel*; AaTh 330: → *Schmied und Teufel*)[30]. Selbst Details dieser Märchen-

motive, so das Sammeln der Knochen in einem Tuch und die Aufbewahrung an einem bestimmten Baum (KHM 47: *Van den Machandelboom*) oder das Abkochen der Knochen (KHM 81: *Bruder Lustig*), sind nicht frei erfunden, sondern haben in nordasiat. Vorstellungen und Bräuchen ihre Entsprechungen.

9. → Menschenopfer sind im Märchen zum 'Motiv' geworden, sie bedeuten meist nur noch eine epische Spannungsformel: Die Auslieferung der Prinzessin an einen Drachen schafft die erzähltechnische Voraussetzung für die spätere Befreiung (AaTh 303: *Die zwei* → *Brüder*); oder das Ungeheuer, dem die Heldin übergeben wird, ist, wie sich dann später herausstellt, in Wirklichkeit ein verzauberter Königssohn, der durch das Opfer erlöst werden kann (→ Tierbräutigam). Dennoch gehen die Märchen von Menschenopfern auf Erinnerungen an einst wirklich vorgenommene Opfer zurück. Die realistischere und epischen Gesetzen weniger unterworfene Sage hat diese Erinnerungen treuer bewahrt; sie kennt Menschenopfer zur Besänftigung von Flußdämonen und Seegeistern, die mit Überschwemmungen drohen und die, wie der Drache des Märchens, in bestimmten Zeitabständen ihr Opfer verlangen. Oder es werden Menschenopfer zum Schutz gegen Krankheiten und Hungersnot dargebracht. Was die Sagen von Bauopfern erzählen oder von der Pest, welche die Darbringung eines Menschen verlangt, entspricht vielfach hist. Vorkommnissen. In manchen Volkserzählungen und motivgleichen Balladen muß anläßlich eines Seesturms oder einer Windstille ein durch Los bestimmter Mensch über Bord geworfen und dem Meer geopfert werden, was mit tatsächlichen Menschenopfern in Seenot übereinstimmt. In anderen Fällen fordert das Meer den größten Sünder (→ Jonas)[31].

10. Sagen geben zuweilen eine Erklärung für die Entstehung oder auch für das Aufhören eines B.es (→ *Altentötung* [AaTh 981], → Ätiologie). Erzählungen, wie die vom überzähligen Maskentänzer oder Sonntags- und Brotfrevelsagen schildern exemplarisch die Bestrafung von Miß-Bräuchen, d. h. die Übertretung von brauchtümlichen Ge- und Verboten[32]. Übernatürliche Wesen des Volksglaubens, wie z. B. → Frau Holle, überwachen die Einhaltung der Arbeitsverbote und anderer Tabus[33].

Die Zusammenhänge von Sage und B. sind vor allem anläßlich des Erzählkomplexes vom Wilden Heer diskutiert worden. O. Höfler führte diese Sagen im allg. und auch in Details auf B.formen zurück, die aus Männerbünden erwachsen sind, wie sie bis zu den Kultbünden der Germanen zurückverfolgt werden können und in Knabenschaftsbräuchen bis zur Gegenwart lebendig geblieben sind. Für etwa 30 Sagen vom Wilden Heer sieht er Gegenstücke im Maskenbrauchtum; die Maskierten seien als das angesehen worden, was sie darstellten, nämlich als übernatürliche Wesen. Höfler hat die Priorität des B.es vor der Sage sicher überbetont und seine Thesen sind auf erheblichen Widerstand gestoßen[34].

11. Ergebnis: Es gibt direkte und erschlossene B.parallelen im Märchen. In kaum einem Fall aber haben Volkserzählungen Bräuche nur realistisch geschildert und wörtlich übernommen. Sie haben sie vielmehr immer verändert und eigengesetzlich umgestaltet, z. T. ins Phantastische erweitert oder auch verkürzt, entwirklicht und sublimiert. Als Erzählmotive haben sich B.elemente in Volkserzählungen verselbständigt, sich unabhängig von ihrer Realvorlage und oft unverstanden weiterentwickelt, weil sie als epische Motivationen ihrer eigenen Gesetzmäßigkeit unterworfen und nicht mehr an den sozialen Kontext ihrer einstigen B.realität gebunden waren.

[1] v. Röhrich, Märchen und Wirklichkeit, bes. 67–71, 102–123, 129–136. – [2] Saintyves. – [3] Dazu Vries, J. de: Betrachtungen zum Märchen (FFC 150). Hels. 1954, 21–34. – [4] Kretschmer, P.: Neugriech. Märchen. MdW 1919, 155, num. 39. – [5] cf. Volhard, E.: Kannibalismus (Studien zur Kulturkunde 5). Stg. 1939; Röhrich (wie not. 1) 131sq. – [6] v. BP 1, 115–126; cf. Grudde, H.: Plattdt. Volksmärchen aus Ostpreußen. Königsberg 1931, 135, num. 73. – [7] cf. Röhrich, L.: Gebärde – Metapher – Parodie. Studien zur Sprache und Volksdichtung. Düsseldorf 1967,

105–108; Meyer, H.: Das Halslösungsrätsel. Diss. Würzburg 1967. – [8] cf. BP 1, 99. – [9] Grimm, J.: Dt. Rechtsalterthümer 1. (Göttingen 1828) Lpz. [4]1899, 214; Aigremont: Fuß- und Schuh-Symbolik und -Erotik. Lpz. 1909 (Ndr. Darmstadt s. a.). – [10] Bächtold, H.: Die Gebräuche bei Verlobung und Hochzeit [. . .] (Schr.n der Schweiz. Ges. für Vk. 11). Basel 1914, 249sq.; cf. HDA 7, 1327sq. –
[11] Westermann, D.: Die Kpelle, ein Negerstamm in Liberia (Qu.n der Religionsgeschichte 9). Göttingen 1921, 370. – [12] Koch-Grünberg, T.: Indianermärchen aus Südamerika. MdW 1927, 7–13, num. 3. – [13] Peuckert, 19sq. – [14] Zelenin, D.: The Genesis of the Fairy Tale. In: Ethnos (1940) 54–58. – [15] KHM 191; cf. Hartmann-Ströhm, I.: Das Meerhäschen. Eine vergleichende Märchenunters. Diss. Göttingen 1953. – [16] cf. Dünninger, D.: Wegsperre und Lösung. Formen und Motive eines dörflichen Hochzeitsb.s (Schr.n zur Volksforschung 2). B. 1967, 229–236; Mahler, E.: Die russ. dörflichen Hochzeitsbräuche (Veröff.en der Abt. für slav. Sprachen und Lit.en 20). B. 1960, 327–336. – [17] cf. Arfert, P.: Das Motiv von der unterschobenen Braut. Diss. Rostock 1897. – [18] cf. BP 2, 335–348. – [19] Zaunert, P.: Dt. Märchen seit Grimm 1. MdW 1912, 101–108; cf. HDM 1, 230, Art. keusches Beilager; HDA 4, 1291–1303, Art. Keuschheit. – [20] Nachweise bei BP 3, 83sq. –
[21] Stroebe, K.: Nord. Märchen 1. MdW 1922, 3–11, num. 1. – [22] cf. Röhrich (wie not. 1) 116–123. – [23] cf. Brednich, R. W.: Volkserzählungen und Volksglaube von den Schicksalsfrauen (FFC 193). Hels. 1964. – [24] cf. Piaschewski, G.: Der Wechselbalg. Ein Beitr. zum Aberglauben der nordeurop. Völker. Diss. Breslau 1935. – [25] cf. Merkelbach, V.: Der Grabhügel (KHM 195). Diss. Mainz 1964. – [26] cf. Liljeblad, S.: Die Tobiasgeschichte und andere Märchen mit toten Helfern. Lund 1927; Röhrich, Erzählungen 2, 438–446. – [27] cf. Ranke, K.: Idg. Totenverehrung 1 (FFC 140). Hels. 1951. – [28] cf. Petzoldt, L.: Der Tote als Gast. Volkssage und Exempel (FFC 200). Hels. 1968; Röhrich, Erzählungen 2, 407–415. – [29] Ranke, K.: Die Sage vom Toten, der seinem eigenen Begräbnis zuschaut. In: Rhein. Jb. für Vk. 5 (1954) 152–183. – [30] cf. Röhrich (wie not. 1) 67–71, 133–136. –
[31] cf. Schmitt, G.: Das Menschenopfer in der Spätüberlieferung der dt. Volksdichtung. Diss. Mainz 1959; Röhrich, L.: Die Volksballade von 'Herrn Peters Seefahrt' und die Menschenopfer-Sagen. In: Märchen, Mythos, Dichtung. Festschr. F. von der Leyen. Mü. 1963, 177–212. – [32] cf. Röhrich, L.: Sage (Slg Metzler 55). Stg. [2]1971; id. (ed.): Probleme der Sagenforschung. Fbg 1973. – [33] cf. Treutlein, W.: Das Arbeitsverbot im dt. Volksglauben (Bausteine zur Vk. und Religionswiss. 5). Bühl/Baden 1932; Röhrich, L.: Tabus in Volkserzählungen, Sagen und Märchen. In: Festschr. W. Neuse. B. 1967, 8–23. –
[34] Höfler, O.: Kultische Geheimbünde der Germanen 1. Ffm. 1934; id.: Verwandlungskulte, Volkssagen und Mythen (SB.e der Österr. Akad. der Wiss.en 279). Wien 1973; cf. Röhrich, L.: Sage und B. In: Forschungen und Fortschritte 25 (1949) 251–254; Ranke, F.: Das Wilde Heer und die Kultbünde der Germanen. Eine Auseinandersetzung mit O. Höfler. In: Ndd. Zs. für Vk. und Bll. für niedersächs. Heimatpflege 8 (1940) 1–33 = Ranke, F.: Kl.re Schr. Bern/Mü. 1971, 380–408.

Lit.: (soweit nicht in den not. aufgeführt): Gennep, A. van: Les Rites de passage. P. 1909. – Sartori, P.: Sitte und B. (Hbb. zur Vk. 5–8). Lpz. 1914. – Yearsley, M. L.: The Folklore of Fairy-Tales. L. 1925. – Rosenbaum, M. E.: Liebe und Ehe im dt. Volksmärchen. Diss. Jena 1929. – Mackensen, L.: Sitte und B. In: Spamer, A. (ed.): Die dt. Vk. 1. Lpz./B. 1934, 108–167. – Spamer, A.: Sitte und B. In: Pessler, W. (ed.): Hb. der dt. Vk. 2. Potsdam [1934–38] 33–236. – Geiger, P.: Dt. Volkstum in Sitte und B. B./Lpz. 1936. – Wikman, K. R.: Die Einl. der Ehe. Åbo 1937. – Hanika, J.: Die schwarzen Prinzessinnen. Beziehungen eines Märchenmotivs zum Brauchtum. In: Rhein. Jb. für Vk. 2 (1951) 39–47. – Fehrle, E.: Feste und Volksbräuche im Jahreslauf europ. Völker. Kassel 1955. – Geissler F.: Brautwerbung in der Weltlit. Halle 1955. – Mahler, E.: Die russ. dörflichen Hochzeitsbräuche. B. 1960. – Dünninger, J.: Brauchtum. In: Dt. Philologie im Aufriß. B. (1957) [2]1962, 2571–2640. – Schmidt, L.: Volksglaube und Volksbrauch. B. 1966. – Hahn, A.: Einstellungen zum Tod und ihre soziale Bedingtheit. Stg. 1968. – Schott, C.: Trauung und Jawort. Ffm. 1969. – Deneke, B.: Hochzeit. Mü. 1971. – Wolfram, R.: Prinzipien und Probleme der Brauchtumsforschung (SB.e der Österr. Akad. der Wiss.en 278). Wien 1972. – B. und seine Rolle im Verhaltenscode sozialer Gruppen. Eine Bibliogr. dt.sprachiger Titel 1945–1970. ed. Arbeitsgruppe für Vergleichende Ethnologie. Marburg 1973. – Nitschke, A.: Soziale Ordnungen im Spiegel der Märchen 1–2. Stg. 1976/77.

Freiburg/Br. Lutz Röhrich

Braut, Bräutigam

1. Definitions- und Limitierungsprobleme – 2. Die soziale Stellung von Braut (B.) und Bräutigam (Bgm) – 3. Jenseitige als B. oder Bgm – 4. Eigenschaften von B. und Bgm – 5. Gewinnung des Partners – 6. Retardierende Episoden des Geschehensablaufes – 7. Phänomenologie und Strukturprobleme

1. Definitions- und Limitierungsprobleme. Das obligatorische Verhältnis zweier Liebender vor der Eheschließung ist entsprechend der allg. Anteilnahme im

realen Leben auch ein fundamentales Thema jeglicher Lit.[1] Die daraus resultierende Materialfülle und damit zusammenhängende Fragestellungen erfordern daher eine strenge Selektion sowie eine ebensolche Limitierung der Darstellung auf ein zu rechtfertigendes Maß enzyklopädischer Präsentation. Andererseits mußten über die rein dt. orientierten entsprechenden Beiträge im HDM[2] hinaus die anthropol. Grundlagen des Phänomens erarbeitet werden, ein Vorhaben, das durch F. Geißlers Diss.[3] erheblich erleichtert wurde. Es stehen daher im folgenden, unter Verweis auf dieses opus laudabile, nur die wichtigsten Probleme und Geschehensphasen zur Diskussion.

→ Brautproben, → Brautraub, → Ehe, → Freier, Freiersproben, → Hochzeit, → Verlobung

[1] Wie eine statistische Berechnung von Löwis of Menar, A. von: Der Held im dt. und russ. Märchen. Jena 1912, 58 ergeben hat, steht in 72% allein der Zaubermärchen ein brautwerbender Held im Mittelpunkt. – [2] HDM 1, 302–320. – [3] Geißler, F.: B.werbung in der Weltlit. Diss. Halle 1955.

2. Die soziale Stellung von B. und Bgm. In den älteren Heldenepen und Sagen sowie in Märchen, die diesen Gattungen nahe stehen, ist Ebenbürtigkeit bzw. Ranggleichheit der Partner Voraussetzung für das Zustandekommen einer Ehe. König Rother wirbt um die Tochter Konstantins, Ortnit, König von Lamparten (Lombardei), um die schöne Tochter des Heidenkönigs, Oswald, König von Northumberland, um die behütete Sarazenenprinzessin[1]. Der reiche Bauer und Königsvogt Thorolf der *Färinger-Sagas* hat seine Tochter Ragnhild nur einem vornehmen Mann zugedacht und weist daher die Werbung Thorkels zurück[2]. Der Prinz in AaTh 516 (*Der treue → Johannes*) verliebt sich in das Bild der fernen Prinzessin und geht mit seinem Diener auf Brautsuche. Der ledige Sulaimān Schāh aus *1001 Nacht* weist den Rat seines Wesirs, sich eine Sklavin zu kaufen, entrüstet zurück und verlangt, daß um eine Königstochter für ihn geworben werde[3].

Die gleichen Ambitionen gelten für die andere Seite. Im arab. Volksroman *Sīrat Saif ibn Dhī Jazan*[4] hält Ākisa eine Heirat mit Airūd für unter ihrer Würde. Die Tochter des Reußenkönigs wählt nur den zum Gemahl, „wan der ir ze mann(e) möcht' gezemen“[5]. Die Oprakseja der Byline *Dunaj als Brautwerber* wird dem Vladimir verweigert, weil er nur über Misthaufen herrsche und weiß wie Ruß am Kessel (!) sei[6] etc.

Es scheint, daß auch manche der ältere Gesellschaftsverhältnisse reflektierenden Erlösungsmärchen das Prinzip höherer Geburt bevorzugen. Immerhin ist auffallend, daß die Verwandelten häufig Königstöchter oder -söhne und ihre Erlöser fast ebenso oft gleichrangige Persönlichkeiten sind: Die Prinzessin erlöst und heiratet den → Froschkönig (AaTh 440) oder den Esel- bzw. Schlangenprinzen (AaTh 430: → *Asinarius*, cf. AaTh 433: → *König Lindwurm*), der Prinz die in eine Hinde verzauberte Königstochter (AaTh 401: → *Prinzessin als Hirschkuh*), die Orangenprinzessin (AaTh 408: *Die drei → Orangen*) oder die im magischen Tiefschlaf liegenden Königstöchter Dornröschen (AaTh 410: → *Schlafende Schönheit*) und → Schneewittchen (AaTh 709) oder die Brünhilde der *Sigfrid*-Sage[7].

Zur Äquivalenz der Partner gehört in den ma. Erzählungen neben der Ebenbürtigkeit vor allem die Zugehörigkeit zum gleichen Glauben. Auberon verbietet im → *Huon de Bordeaux* dem Helden das Beilager mit Esclaramonde, solange sie nicht in Rom getauft ist[8]. Ähnlich liegen die Dinge zwischen Boeve und Josiane im anglonormann. Versepos *Boeve de Haumtome* (→ *Beuve de Hampton*), und in der *Elis saga ok Rósamundu* verspricht Rosamunde dem Elis, Christin zu werden[9]. Gleiches gilt für die männliche Seite. In der engl. Versnovelle *King of Tars* lehnt der König den Sarazenensultan als Freier seiner Tochter ab, da er ein Heide sei[10]. H. Schneider sagt zu diesen Situationen: „Selbst Ritter, die von dem Liebesfeuer der Dame angesteckt sind, zwingen sich solange zur Enthaltsamkeit, bis der Übertritt ihrer Erwählten zum Christentum vollzogen ist"[11]. Umgekehrt wendet die heidnisch gesinnte Ingibjörg der *Hallfredar*-Saga gegenüber dem werbenden Königsskalden ein: „Alles ist dabei nicht im reinen, denn du bist Christ und hier fremd"[12].

Ganz anders stellt sich die soziale Position von B. und Bgm in der Mehrzahl der neueren romantischen Märchen und Novellen dar. Hier ist es gerade die gesellschaftliche Diskrepanz, welche die überwiegend aus den unteren Schichten stammenden Erzähler(innen) anspricht und sie bewegt, das Märchenglück der königlichen Hochzeit dem armen Jungen oder Mädchen zukommen zu lassen (cf. Mot. L 161, L 162 mit zahlreichen Typenhinweisen): Der Prinz heiratet das Aschenputtel (AaTh 510A: → *Cinderella*), der König die Bauerntochter (AaTh 875: *Die kluge* → *Bauerntochter*), der Kapitän das arme Mädchen (AaTh 882: → *Cymbeline*), die Prinzessin den Kaufmannssohn (AaTh 881: → *Frau in Männerkleidung*), den einfachen Jungen[13], den Soldaten[14] oder gar den Meisterdieb[15]. Verweigern die königlichen Eltern die ‚Mesalliance', werden die Leidtragenden krank oder sterben und können nur durch den begehrten Partner geheilt oder erlöst werden, wie etwa in AaTh 434 (*Der gestohlene* → *Spiegel*), wo der liebeskranke Prinz von dem als Arzt verkleideten Mädchen kuriert wird, oder in AaTh 885A (→ *Scheintote Prinzessin*) und AaTh 307 (→ *Prinzessin im Sarg*)[16], in denen der ‚unpromising hero' als Geliebter und Retter auftritt.

Vor allem in dem großen Erzählbereich, der von der Ausschreibung einer Königstochter (Mot. T 68) handelt (v. Kap. 5), ist das soziale Gefälle zwischen den beiden Hauptgestalten evident. Fast nie sind es die stolzen Königssöhne oder die reichen Freier, denen es gelingt, den hohen Preis zu gewinnen, sondern meist die jungen Burschen aus dem einfachen Volk, ob sie nun auf den Glasberg reiten (AaTh 530: → *Prinzessin auf dem Glasberg*), den Drachen töten (AaTh 300: → *Drachentöter*), bei der Prinzessin im Sarg Wache halten (AaTh 307)[17], das → *Lausfell erraten* (AaTh 621) oder die Merkmale der Prinzessin herausfinden (AaTh 850: → *Rätselprinzessin*) müssen. Oft wird, wie z. B. auch in den beiden letztgenannten Typen, das schwankhafte Fäkalmotiv eingeführt, daß beide, der reiche und der arme Freier, zusammen mit der Prinzessin schlafen müssen. Wem sie sich im Schlaf zuwendet, der wird ihr Mann. Dem Armen gelingt es durch List, daß der Reiche sich beschmutzt und die Königstochter sich von ihm abwendet (Mot. H 315)[18].

Bes. schlecht geht die Volkserzählung mit den hochmütigen Prinzessinnen um, die alle angesehenen Freier verspotten oder abweisen. Sie läßt sie gern in die denkbar niedrigsten Positionen abgleiten. Die stolze Königstochter im rumän. Märchen AaTh 901C* (*Proud Princess Reformed*) muß den Galgenvogel, die in AaTh 900 (→ *König Drosselbart*) den ersten besten Bettler heiraten. Der Sohn des Vizekönigs von Böhmen verehelicht seine schöne, aber „blitznaseweise" Schwester mit dem fürstlich aufgeputzten Köhlerjungen[19]. Ebenso ergeht es dem hochmütigen Mädchen in AaTh 940, dessen drei verhöhnte vornehme Freier es mit dem als Gouverneurssohn verkleideten Henker kopulieren lassen. Die ewig rechthaberische Prinzessin im arab. Märchen wird vom Vater gar an einen Mistsammler verheiratet[20].

Oder die ausgleichende Gerechtigkeit des Märchens sorgt dafür, daß die Hochmütigen im Stich gelassen werden. Der junge Mann, den die stolze Prinzessin im stillen liebt, sagt sich ihrer Hartherzigkeit wegen von ihr los[21], ähnlich wie der Ritter in der weitbekannten Ballade *The Glove and the Lion* (Mot. L 431.1; cf. Schillers Ballade *Der Handschuh*) von der arroganten Herrin, oder wie der Verehrer in einer span. Parallelerzählung von der Prinzessin, die ihr Taschentuch hoch in den Baum wirft und von ihm verlangt, es ihr wieder zu bringen[22].

Die angedeuteten unterschiedlichen Verwendungsmöglichkeiten gesellschaftlicher Positionen in den Kategorien der älteren literalen und der jüngeren oralen Traditionen bedürfen noch einer eingehenden Untersuchung.

[1] Geißler (wie Kap. 1, not. 3) 95. – [2] Grönländer und Färinger Geschichten (Thule 13). Übers. von F. Niedner. Jena 1929, 288sq. – [3] 1001 Nacht 2, 4. – [4] Sīrat Saif ibn Dhī Jazan. ed. R. Paret. Hannover 1924, 26. – [5] GA 2, Anh. 7, 15sq. – [6] Frings, T./Braun, M.: B.werbung 1 (Ber.e über die Verhandlungen der Sächs. Akad. der Wiss.en zu Lpz. Philolog.-hist. Kl. 96). Lpz. 1947, 97. – [7] Grimm, J.: Dt. Mythologie 1. Gütersloh [4]1875, 351; Panzer, F.: Studien zur germ. Sagengeschichte. t. 2: Sigfrid. Mü. 1912, 113–118. – [8] Huon de Bordeaux. ed. F. Guessard/L. Grandmaison. P. 1860, V. 6688. – [9] Geißler (wie Kap. 1, not. 3) 96. – [10] Wells, J. E.: A Manual of Writings in Middle English 1050–1400. New Haven 1916, 122. –
[11] Schneider, H.: Die Geschichte und die Sage von Wolfdietrich. Mü. 1913, 288. – [12] Vier Skaldengeschichten (Thule 9). Übers. von F. Niedner. Neuausg. Düsseldorf/Köln 1964, 237. – [13] Schiller, A.: Schles. Volksmärchen. Breslau 1907, 33sq. – [14] Jahn, U.: Volksmärchen aus Pommern und Rügen 1. Norden/Lpz. 1891 (Ndr. Hildesheim/N.Y. 1973) num. 11. – [15] Meier, E.: Dt. Volksmärchen aus Schwaben. Stg. 1852 (Ndr. Hildesheim/N.Y. 1971) num. 55. – [16] v. bes. Krauß, F. S.: Sagen und Märchen der Südslaven 1. Lpz. 1883, num. 93. – [17] ibid. – [18] cf. auch Köhler/Bolte 1, 429. – [19] Meier (wie not. 15) num. 25. – [20] Nowak, num. 113. –
[21] Bächtold, H.: Schweizer Märchen. Basel 1916, 235sq. – [22] Boggs, num. 554.

3. Jenseitige als B. oder Bgm. Aus dem umfangreichen Erzählkomplex über ein brautstandähnliches Engagement zwischen Jenseitigen und Irdischen können nur einige charakteristische Motive angeführt werden, zumal bei den entsprechenden Verbindungen auf → Gott, Götter, Gottheit und bei den zwischen Tieren und Menschen auf → *Amor und Psyche*, → Anthropomorphisierung, → Tierbraut und → Tierbräutigam verwiesen werden kann.

Amouröse Beziehungen zwischen den Vertretern der mythischen, dämonischen oder magischen Bereiche und denen der menschlichen Welt bilden ein bevorzugtes Thema vieler Erzählgattungen. Geißler verweist in seiner grundlegenden Untersuchung über die Brautwerbung[1] auf drei Hauptkategorien von Jenseitsbräuten, auf die sogenannten Vogelmaiden, welche in der Erzählforschung gemeinhin → Schwanjungfrauen genannt werden, auf die Meerjungfrauen (→ Wassergeister) und die → Feen[2]. Das Schwanjungfrauenmotiv (Mot. D 361. 1) ist von weltweiter Verbreitung und begegnet vornehmlich in Mythen, Sagen und Märchen. Seine Erzählstruktur ist durchweg fest und unterscheidet sich in den genannten Gattungen vor allem durch den Handlungsausgang: Ein junger Mann raubt einer badenden Schwanjungfrau das Federkleid und zwingt sie, seine Braut bzw. Frau zu werden. Als sie später das verborgene Gewand findet, streift sie es über und fliegt fort, um nie mehr wiederzukehren. Das ist die typische Sagenform, die keine dauernde Verbindung zwischen Dies- und Jenseitigen gestattet (→ Mahrtenehe). Das Märchen (cf. AaTh 313, 400, 465, 465A) fabuliert entsprechend seiner optimistischen Haltung ein Happy-End hinzu: Nach mühevollen Abenteuern gelingt es dem Helden, die Geliebte wiederzufinden. Mischformen wie AaTh 400* erlauben eine zeitweilige Rückkehr der Frau vor allem zu ihren Kindern.

In diesem Komplex geht die Gewinnung des Partners vom Mann aus, während im Erzählbereich um die Feen, Elbinnen, Vilen, Peris etc. sehr häufig die Jenseitige die aggressive Persönlichkeit ist. Die Fee in der mhd. Versnovelle *Peter von Staufenberg* führt ein Zusammentreffen mit dem Helden herbei und erklärt ihm rundheraus ihre Liebe[3]. Die Perī Banū aus *1001 Nacht* leitet den Pfeil des Prinzen Ahmed auf sich zu, um mit ihm zusammenkommen zu können[4]. *La Belle Dame sans merci* (Mot. G 264) bietet Männern ihre Liebe an, um sie, wenn sie ihrer überdrüssig ist, umzubringen. Auch die skr. Vilen suchen die Liebe schöner Männer (vilenjk = ein von einer Vila „Beglückter")[5]. Ebenso sind die bulg. Samovíli „Trägerinnen einer elementaren Leidenschaftlichkeit", die die Männer betören und mit ihrer Liebe zu Tode quälen können[6]. Gleiches gilt allg. für die Feen: Sie entführen Männer (Mot. F 302. 1), verführen sie mit Geschenken (Mot. F 302. 3. 2) und rächen sich furchtbar, wenn sie verletzt oder verlassen werden (Mot. F 302. 3. 3).

Offensiv in der Liebeswerbung sind auch die Wasserfrauen. Die Nixen der Sage locken gern junge Männer in ihr Unterwasserreich, um sich ihrer Liebe zu erfreuen (cf. Mot. F 420. 5. 2. 1. 1). Schon Hylas, der Freund des Herakles, wird nach einer beliebten antiken Sage von Nymphen in die Flut gezogen[7]. Der König Wilcinus der *Thidreks*-Saga läßt sich mit einer Meerfrau ein, die ihm den Riesen Wade gebiert und dann entschwindet[8]. Ähnliches geschieht dem Wolfdietrich mit dem Meerweib Sigminne in Elfentroja[9]. Auch die Melusine des Volksbuchs verlangt gleich beim ersten Zusammentreffen mit Raymond, daß er sie zur Frau nehme[10] etc.

In manchen Erzählungen äußern die Jenseitsfrauen jedoch Bedenken gegen eine Verbindung mit einem Menschen. Die Schamsa z. B. und auch die Badī'at el-Dschamāl aus *1001 Nacht* können sich nicht zur Brautschaft mit einem Irdischen entschließen, weil sie an der Treue der Männer zweifeln oder die Eltern meinen, Menschen und Geister paßten nicht zusammen[11]. Andererseits überlassen in ir. Erzählungen die Fee und die irdische B. dem Mann die Wahl zwischen ihnen. Er entscheidet sich natürlich immer für die letztere[12].

Bei all diesen Jenseitigen ist der längere Verbleib beim Partner, vor allem wenn die Initiative zur Werbung von ihm ausgegangen ist, oft mit einem Tabu verbunden. Der Mann muß über das Verhältnis mit ihr Schweigen bewahren wie etwa der bret. Ritter Graelent im frz. Lai[13], er darf die Frau nicht nachts bei Licht oder sonnabends im Bad sehen, wie der Parthenopéus die Fee Meliur im gleichnamigen frz. Epos[14] oder der Raymond die Melusine des Volksbuchs[15], er darf sie nicht schlagen, wie das doch der Schafhirt mit der Nymphe im engl. Märchen tut[16], oder ‚Wasserfrau' nennen, wie in der katalon. Sage *La dona d'aigua*[17]. Die Elsa von Brabant schließlich darf den Lohengrin nicht nach seinem Namen fragen[18], während das Mädchen in AaTh 500 froh ist, den Namen des Zwergenfreiers zu erfahren, damit es von ihm loskommen kann.

B.partner ist oft der → Teufel, von dem zahlreiche Sagen erzählen, daß er das Mädchen im Wirbelwind hole oder jage[19]. In einem bes. in Osteuropa bekannten Märchen (AaTh 407B) stirbt die Teufelsbraut. Die Blume auf ihrem Grab, die von einem Prinzen gepflückt wird, verwandelt sich wieder zur Frau[20]. Das Mädchen in AaTh 363 sieht seinen Vampirbräutigam Leichen verzehren. Als sie ihm das vorhält, frißt er es ebenfalls. Die Prinzessin in AaTh 507A ist in einen Dämon oder Hexenmeister verliebt, den der → *Dankbare Tote* umbringt und so die B. von ihrer Besessenheit befreit[21]. Daß Wassermänner um ein Mädchen freien oder es rauben, ist ein beliebtes Thema nord- und mitteleurop. Balladen[22]. Auch der Incubus tritt oft als Bgm, der Succubus als B. auf (→ Incubus und Succubus).

Einen großen Bereich nehmen Erzählungen von Toten als B. und Bgm ein. → Lenore (AaTh 365) wird von ihrem toten Bgm zu dessen Grab entführt, entkommt oder wird hineingezogen. Die tote Braut von Korinth – von Goethe antiken Vorbildern nachgedichtet – saugt dem ihr früh Verlobten die Lebenskraft aus[23]. Die Prinzessin im Sarg (AaTh 307) kann nach einer skr. Variante nur von ihrem Soldaten-Bgm erlöst werden[24]. Die Peri des türk. Märchens läßt den Sarg mit dem geliebten toten Prinzen auf einen Baum fliegen und schläft dort mit ihm[25]. In AaTh 709 (→ *Schneewittchen*) verliebt sich ein Prinz in die tote Schöne im Glassarg. Der verunglückte Bergmann zu Falun wird unverändert nach rund 50 Jahren wieder ausgegraben und von seiner alt gewordenen B. sofort wiedererkannt[26]. Zum Problem der Totenliebe → Nekrophilie.

[1] Geißler (wie Kap. 1, not. 3). – [2] ibid., 43–47. – [3] Röhrich, Erzählungen 1, 27–61, 243–253. – [4] 1001 Nacht 3, 30–36. – [5] Schneeweis, E.: Skr. Vk. 1. B. 1961, 6. – [6] Vakarelski, Ch.: Bulg. Vk. B. 1969, 230–232. – [7] Kl. Pauly 2, 1266. – [8] Die Geschichte Thidreks von Bern (Thule 22). Übers. von F. Erichsen. Neuausg. Düsseldorf/Köln 1967, 95sq. – [9] Wolfdietrich A. ed. H. Schneider. Halle 1931, 482sq., 489sq.; Ortneit Wolfdietrich, nach der Wiener Piaristenhs. (BiblLitV 21). ed. J. Lunzer. Tübingen 1906, 497, 3sq. – [10] Die Geschichte von der schönen Melusine. ed. F. von Zobeltitz. Hbg 1925, 34. –

[11] 1001 Nacht 4, 16, 22–37; 5, 309, 314. – [12] MacCulloch, J. A.: Celtic Mythology. Boston

1918, 88; cf. Mot. J 414. 1. – [13] BP 2, 327. – [14] BP 2, 269. – [15] cf. Melusine (wie not. 10) 87sq. – [16] Liebrecht, F.: Zur Vk. Heilbronn 1879, 56, not. 1. – [17] Maspons i Labrós, F.: Tradicions de Vallés. Barcelona (1876) [2]1952, 26–33. – [18] Wehrhan, K.: Die dt. Sagen des MA.s 2. Mü. 1920, 146–148. – [19] HDA 1, 1535sq. – [20] BP 2, 126sq. – [21] BP 3, 83. – [22] Bäuerle, P.: Die Volksballade von Wassermanns B. und von Wassermanns Frau. Diss. Tübingen 1934. – [23] cf. Thalheim, H.-G.: Goethes Ballade „Die Braut von Korinth". In: Goethe. N.F. des Jb.s der Goethe-Ges. 20 (1958) 28–44. – [24] cf. Krauß (wie Kap. 2, not. 16). – [25] Eberhard/Boratav, num. 96. – [26] Heilfurth, G./Greverus, I.-M.: Bergbau und Bergmann in der dt.sprachigen Sagenüberlieferung Mitteleuropas 1. Marburg 1967, 531–534.

4. Eigenschaften von B. und Bgm. Die erwünschten Qualitäten des Partners entsprechen im Erzählgut den Vorstellungen des realen Lebens. Wohlhabenheit z. B. ist eine gute Ehebasis. Selbst der König möchte daher gern das Mädchen heiraten, das Perlen weinen (Mot. D 1454. 4. 2), Gold lachen (Mot. D 1454. 2) oder Stroh zu Gold spinnen kann (AaTh 500), der Prinz jenes mit den goldenen Schuhen (AaTh 510A), ein, wie es scheint, alter Topos für Reichtum. Die ir. Émer verlangt von Cú Chulainn, daß er ihr und ihrer Ziehschwester Gewicht in Gold aufwiege (cf. Mot. T 52. 3)[1]. Die Hildigunna der isl. *Njáls*-Saga will nur einen Mann heiraten, der ein Godentum besitzt[2] etc.

Freilich machen Schwankformen diese Erwartungen gern zuschanden. Der scheinbar reiche junge Mann im Märchen vom → *Erbsensucher* (AaTh 545D*) entpuppt sich ebenso wie der prahlerische Freier in AaTh 859, 859A–D als blutarmer Bursche. Der eitle Bauernsohn im *Renner* des Hugo von Trimberg (um 1300 verfaßt) fällt mit seinem Ritterfräulein, das geliehene Kleider trägt und in dessen Haus, wie es heißt, die Mäuse tanzen, die anderswo satt geworden sind, ganz schön herein[3]. Die B. in AaTh 501, dem Parallelstück zu AaTh 500, überlistet den König am Hochzeitstag durch Vorweis der Entstellungen, welche die drei alten Weiber beim Spinnen erhalten haben, so daß sie nicht mehr ungeheure Mengen Flachs für den habgierigen Herrn Gemahl zu verspinnen braucht.

Häufiger begegnet jedoch der Wunsch nach Schönheit, guten Eigenschaften und Verhaltensweisen. Anmut steht an erster Stelle. Die üppigen oriental. Schönheitsbeschreibungen gehen nach Geißler „vom Scheitel zur Sohle"[4] (cf. z. B. das *Hohelied* Salomos). E. Rohde nennt die entsprechenden altgriech. Schilderungen „inventarartige Aufzählung"[5]. Die europ. Dichtung des MA.s bevorzugt Schönheitsvergleiche mit Gestirnen und deren Schein oder mit Blumen[6]. Russ. Märchen statten ihre bräutlichen Heldinnen gern mit dem Epitheton „wunderschön" aus: die wunderschöne Wassilissa[7], Elena[8], Anastasia[9]; alban. Volkserzählungen nennen sie Bukura e dheut, „Schöne der Erde"[10]. „Ein uralter poetischer Ausdruck der Schönheit" im Märchen lautet: Weiß wie Schnee, rot wie Blut, schwarz wie Ebenholz[11]. Wer sich jedoch der Schönheit der Geliebten rühmt und damit das von ihr auferlegte Tabu bricht, wird von ihr verlassen, wie das etwa den Rittern Graelent, Lanval, Gauriel von Muntabel[12] oder dem Jüngling im skr. Märchen geschieht, der die „Vila vom Berge" verliert[13].

Auch die Freier sollen schön sein. Der Hrut der *Laxdoela*-Saga etwa gleicht dem germ. Idealtyp: „hoch und in den Schultern breit, in der Mitte schmal"[14]. In dem um 1190 entstandenen mhd. Spielmannsepos *Salman und Morolf* (→ *Salomon und Markolf*) werden Vergleiche mit der Schönheit Absaloms und Samsons gezogen[15]. Die Griechen verweisen bei dem stattlichen Aussehen ihrer jugendlichen Helden auf → Achill, die Orientalen auf den bibl. Joseph (Jusuf)[16]. Nach einer altarab. Sage z. B. erhielt Jusuf die Hälfte aller Schönheit der Welt, der Rest wurde auf die übrige Menschheit verteilt[17].

Diesen äußeren Vorzügen steht die Forderung nach charakterlichen, geistigen und vitalen Qualitäten gegenüber. Der König heiratet das einfache, aber liebevolle und fromme Mädchen[18]. Der Schwiegervater prüft die Gutherzigkeit der B. (AaTh 1455). Der Prinz untersucht die Jungfräulichkeit seiner wohlhabenden Verlobten mit einem Zaubergegenstand und ehelicht schließlich das arme, aber unberührte Mädchen (AaTh 1391: *Les → bijoux indiscrets*). Der König nimmt die Bauerntochter wegen ihrer Klugheit zur Frau (AaTh 875). Die schlaue Jüngste gewinnt die Wette, welcher von den drei Schwestern die Hände am schnellsten trocknen, und damit den Bgm (AaTh 1463). Auf die wirtschaftliche Tüchtigkeit der B. zielen schließlich die zahlreichen → Brautproben, sei es, daß es um Sparsamkeit oder um Fleiß, um Sauberkeit oder Genügsamkeit geht.

Am jungen Mann wird vor allem Mut, Entschlossenheit, Freigebigkeit und Wissen geschätzt. Die Esa bei Saxo Grammaticus wird dem Omund verweigert, weil er noch keine „Beweise seiner Tapferkeit" gegeben hat[19]. Die ir. Medb weist alle Freier ab, „weil sie nur einen Mann ohne Kargheit und Furcht und Eifersucht" will[20]. Dem Gunnlaug der gleichnamigen Saga wird Unentschlossenheit vorgeworfen. Er soll daher ins Ausland gehen, um sich „nach der Art guter Männer [zu] bilden", bevor er die Helga bekommt[21]. Das Mädchen in den *25 Erzählungen des Dämons* möchte nur einen Gatten, „der jung, schön und etwas Besonderes wissend" sei[22]. Der Freier in Nicolao Granuccis *L'eremita* (1569) soll vor der Ehe sogar noch fünf Jahre Philosophie studieren (Mot. H 335. 0. 2. 1). Oft wird berufliche Tüchtigkeit gefordert: Die Eskimobraut wünscht sich einen guten Jäger (Mot. H 326. 3), die indische einen hervorragenden Fischer (Mot. H 326. 4). Die Mädchen in AaTh 888A* und 949* verlangen von ihren Freiern, daß sie ein Handwerk lernen. Beide werden Korbmacher.

[1] Thurneysen, R.: Die ir. Helden- und Königsage bis zum 17. Jh. Halle 1921, 394. – [2] Die Geschichte vom weisen Njal (Thule 4). Übers. von A. Heusler. Neuausg. Düsseldorf/Köln 1963, cap. 97. – [3] Ehrismann, G. (ed.): Hugo von Trimberg. Der Renner (BiblLitV 247, 248, 252, 256). Tübingen 1908—11, V. 1309 sq. – [4] Geißler (wie Kap. 1, not. 3) 69, v. Beispiele p. 68—76. – [5] Rohde, E.: Der griech. Roman und seine Vorläufer. Lpz. [3]1927 (Nachdr. Hildesheim [4]1960) 160, 163, 166. – [6] Geißler (wie Kap. 1, not. 3). – [7] Wernle, M.: Russ. Märchen. Basel 1954, num. 4 (nach Afanas'ev) – [8] Afanas'ev 2, num. 240. – [9] ibid., 601, 614. – [10] Lambertz, M.: Die geflügelte Schwester und die Dunklen der Erde. Alban. Volksmärchen. Eisenach 1952, 66–82. –

[11] BP 1, 461–463. – [12] BP 2, 327 sq. – [13] Krauß (wie Kap. 2, not. 16) num. 83. – [14] Die Geschichte von den Leuten aus dem Lachswassertal (Thule 6). Übers. von R. Meißner. Neuausg. Düsseldorf/Köln 1963, 38. – [15] Salman und Morolf. ed. F. Vogt. Halle 1880, 155, 176 sq. – [16] Geißler (wie Kap. 1, not. 3) 78. – [17] Dh. 1, 316 sq. – [18] Bechstein, L.: Dt. Märchenbuch. Lpz. 1845, 36 sq. – [19] Herrmann, P.: Erläuterungen zu den ersten neun Büchern der Dän. Geschichte des Saxo Grammaticus. 1: Übers. Lpz. 1901, 355 sq. – [20] Thurneysen (wie not. 1) 243. –

[21] Vier Skaldengeschichten (wie Kap. 2, not. 12) 36 sq. – [22] Ruben, W.: Ozean der Märchenströme. 1: Die 25 Erzählungen des Dämons (Vetālapañcaviṃśati) (FFC 133). Hels. 1944, 18. –

5. Gewinnung des Partners. Das Märchen kennt vielerlei Anlässe, die B. und Bgm zusammenführen können. Spontansituationen sind nicht ungewöhnlich: Der König findet das Mädchen ohne Hände (AaTh 706) in seinem Garten, nimmt es mit auf sein Schloß und vermählt sich umgehend mit ihm[1], oder er belauscht zufällig das Gespräch mehrerer Mädchen und heiratet sofort die Jüngste, die ihm drei goldene Söhne verspricht (AaTh 707). In den meisten Fassungen zu AaTh 314 (→ *Goldener*) fordert die Prinzessin, die das Goldhaar unter der Grindkopfverkleidung des Helden entdeckt hat, daß sie schnellstens mit ihm verheiratet werde. Vor allem Liebe auf den ersten Blick führt „in unmittelbarer Folge zur Heirat"[2]. Häufiger sind es jedoch bes. Umstände, die zur Kenntnisnahme des Partners und zur Werbung um ihn führen: Liebe wird durch das Bild der Schönen (Mot. T 11. 2), durch ihre Haarlocke (Mot. T 11. 4. 1), durch einen Traum (Mot. T 11. 3), durch Hörensagen (Mot. T 11. 1) etc. erregt (cf. → Fernliebe). Meist erst nach langen Mühen kann dann die Begehrte gewonnen werden.

In einem Großteil der Märchen werden B. und Bgm durch einen Erlösungsakt zusammengebracht[3]. Das bewegende Moment zu diesen Handlungen liegt nicht so sehr im Wunsch der Verzauberten nach Befreiung aus ihrem schrecklichen Zustand, obwohl hiervon auch – und in der Sage etwa sehr eindringlich – gesprochen wird, sondern mehr und wohl primär in den → Bewährungsproben des Helden oder der Heldin durch Haltung und Tat, wodurch sie erst würdig zur Erreichung des hohen Zieles werden (→ Charaktereigenschaften). Entsprechend sind die zu bewältigenden Aufgaben oft so schwer, daß helfende Jenseitige mit ihren Kräften und Gaben einspringen müssen (→ Aufgaben, unlösbare). Aber auch diese Wesen müssen erst durch ein qualifizierendes Verhalten gewonnen werden. Nie gelingt es den Unwürdigen, die Hilfe der anderen Welt zu erlangen und damit zur Erlösung beizutragen. Zu dieser Art von Gewinnung: → Erlösung.

Am häufigsten begegnet das Motiv T 68: *Princess offered as prize.* Die Beweggründe, die zu dieser merkwürdigen Prozedur führen, reichen im großen Bogen von den Notsituationen über die Bewährungsproben bis zum skurrilen Einfall königlicher Willkür. Daß Prinzessinnen, die von einem Drachen bedroht (AaTh 300, 303), von dämonischen Wesen entführt werden (AaTh 301, 653), in Sklaverei geraten (AaTh 506), von einer schweren Krankheit befallen sind (AaTh 610, 613) oder dem Retter zum Dank für Befreiung und Heilung zugesagt werden, ist im Sinne der Märchengerechtigkeit verständlich. Auch daß die Freier Proben ihrer physischen Qualitäten oder ihrer professionellen, mentalen oder charakterlichen Eignung ablegen müssen (Mot. H 310–388), ist begreiflich. Wer die sportliche Prinzessin im Wettlauf (Mot. H 331. 1), im Bogenschießen (Mot. H 331. 4) oder im Ringkampf besiegt (Mot. H 331. 6), beweist nicht nur körperliche Fitness, sondern auch moralische Standhaftigkeit, da sie den Freier oft genug durch Zeigen ihrer Brüste (Mot. H 331. 6. 1. 1) oder anderer Reizpartien[4] abzulenken versucht. Die Lösung der Aufgaben des Königs (AaTh 577) setzt manuelle Geschicklichkeit voraus (cf. auch Mot. H 326. 1), der Sieg im Turnier (AaTh 508, 530) erfordert ritterliche Qualitäten[5]. Die Überwindung der Prinzessin im Redekampf (AaTh 853) gelingt dem Helden auf Grund zotig-witziger Überlegenheit. Selbst die hyperbolische Steigerung der Preisaufgaben ist als märchenimmanente Möglichkeit zu verstehen, gleich, ob es darum geht, auf einen Glasberg zu reiten (AaTh 530), ein Schiff zu bauen, das zu Wasser und zu Lande fährt (AaTh 513, 571), 100 Hasen zu hüten (AaTh 570) oder ungeheure Mengen zu essen oder zu trinken (AaTh 513). Daß dem ‚unpromising hero' dabei oft Jenseitige helfen, geht wiederum nur auf die Tendenz des Märchens zu ausgleichender Gerechtigkeit zurück.

Daß jedoch ein König seine Tochter mit zwei Freiern zusammen ins Bett steckt und sie demjenigen von ihnen verspricht, dem sie sich im Schlaf zuwendet (Mot. H 315), oder sie dem zusagt, der ihre intimen Muttermale ausfindig macht (AaTh 850), oder der sie durch absurde oder obszöne Situationen und Bemerkungen zum Lachen bringt (AaTh 559, 771), der das Lausfell erraten (AaTh 621) oder die dickste Lüge vortragen kann (AaTh 852), ist schon schwerer verständlich. Man möchte an patriarchalische Gewalthaberei denken, die dazu führt, daß z. B. im kleinbürgerlichen Milieu die Eva in Richard Wagners *Meistersingern von Nürnberg* einfach als Preis für ein Lied ausgesetzt wird. Doch dominiert wohl auch hier wieder nur die Neigung des Märchens, den Großen durch den Kleinen auch und gerade in Fatal- und Extremsituationen hereinlegen zu lassen, jene Tendenz also, die sich so oft mit der unverhohlenen Freude an Bauernschläue und Schlitzohrigkeit und häufig, wie vor allem in den Märchentypen dieses Absatzes, mit der Lust an Sexual-, Anal- und Fäkalkomik verbindet.

Oft genug aber nehmen die Mädchen ihr Schicksal selbst in die Hand. Sie werfen dem Auserwählten einen (goldenen) Apfel (Mot. H 316) oder Ball (Mot. 316. 3) als Zeichen ihrer Gunst zu, oder sie reichen ihm eine goldene Trinkschale, wie das die Odatis des Chares von Mytilene oder nach Aristoteles die Tochter des Barbarenkönigs Nanus tun[6]. Sie helfen dem Geliebten bei der Lösung schwieriger Aufgaben, wie die Tochter des Unholds in

AaTh 313 (→ *Magische Flucht*), oder geben ihm ein → Erkennungszeichen, damit er sie unter mehreren identisch Aussehenden herausfinden kann (AaTh 554). Oder sie setzen sich schließlich selbst als Preis für die Lösung einer Aufgabe aus, wie die Königstochter in AaTh 329, vor der sich der Freier verstecken, oder wie die Prinzessin Turandot (AaTh 851 A), deren Rätsel er unter Einsatz seines Lebens lösen muß.

Die Männerfeindlichen dagegen entscheiden sich zwar gegen eine Heirat, werden dann aber meist zum konträren Verhalten gebracht, wie die schöne, aber grausame Königin von Schottland durch Amleth[7] oder die Budur aus *1001 Nacht*, die, vom Vater wegen ihrer Widerborstigkeit eingesperrt, die Ketten an Hals und Füßen sprengt, als sie sich plötzlich doch verliebt[8], oder etwa die misogame Karpūrika der *Kathāsaritsāgara*, die den sich nähernden Gott Naravāhanadatta sofort heftig begehrt[9]. Ähnlich geht es den Misogynen, die meist von ihren Angehörigen erst nach langem Zureden zur Ehe bekehrt werden können, wie der Frotho und der Fridlev bei Saxo Grammaticus. Geoffrey Chaucer schildert eindringlich in *The Clerkes Tale*, wie die Gefolgsleute den Walter zur Ehe drängen, und mit vielen Worten mahnt die indian. Mutter ihren Sohn, den Jäger, bald eine der vielen Frauen zu ehelichen, die ihn begehren[10].

Wenn das Thema der Partnergewinnung für die gesamte Erzählung bestimmend und nicht nur ein unbedeutender Nebenzug ist und es sich um eine bewußte Werbung handelt, spricht man auch von B.werbungsmärchen[11]. Typische Formen der B.werbung sind → Brautraub, → Entführung auf einem Kaufmannsschiff (sog. Kaufmannsformel), Auftreten des Werbers in → Verkleidung als Recke, Pilger, Bettler, Arzt, Mädchen etc. (Mädchen geben sich als Spielmann, Jäger, Herrscher aus)[12] und Verwendung anderer Listen wie Bestechung der Aufseher, Überrumpelung des B.vaters oder sogar Verleumdung der B.[13] Die Werbungsfahrt unternimmt der Held selbst oder stellvertretend ein Freund, Wahlbruder, Diener, Ratgeber. Oft findet die Eigenwerbung erst nach einer erfolglosen B.fahrt des Stellvertreters statt[14]. Als Vermittlerinnen treten auch – bes. häufig in oriental. oder oriental. beeinflußten Erzählungen – berufsmäßige → Kupplerinnen oder durch ihre Vertrauensstellung geeignete Ammen auf[15].

Märchen und Epen weisen hier gemeinsame Motive auf – so z. B. ist die B.werbung durch Kaufleute aus Übersee in beiden Gattungen, seit Mitte des 12. Jh.s in der dt. → Spielmannsdichtung verbreitet –, wobei bisher noch ungeklärt ist, ob eine Beeinflussung der Epen durch Märchen vorliegt oder umgekehrt[16].

[1] cf. bes. KHM 31. – [2] HDM 1, 304. – [3] HDM 1, 560–566; 578–590. – [4] Geißler (wie Kap. 1, not. 3) 129. – [5] cf. BP 3, 111. – [6] Geißler (wie Kap. 1, not. 3) 184. – [7] Herrmann (wie Kap. 4, not. 19) Buch 4, Kap. 102, p. 134–138. – [8] 1001 Nacht 2, 395. – [9] Tawney, C. H. (Übers): The Kathá Sarit Ságara 1. Calcutta 1880, 380. – [10] Beispiele nach Geißler (wie Kap. 1, not. 3) 19–21. – [11] HDM 1, 317–320. – [12] Geißler (wie Kap. 1, not. 3) 166–173. – [13] ibid., 181 sq. – [14] ibid., 88–94; Schirmunski [Žirmunskij], V.: Vergleichende Epenforschung 1. B. 1961, 38–45. – [15] Geißler (wie Kap. 1, not. 3) 156–160. – [16] Schirmunski (wie not. 14) 40, 51–53; HDM 1, 318

6. Retardierende Episoden des Geschehensablaufes. Man kann W. Heiligendorff[1] kaum zustimmen, wenn er apodiktisch feststellt: „den Weg [des Brautpaares] bis zur Heirat zu kennzeichnen, liegt dem Märchen völlig fern". Im Gegenteil verzögern oft bedeutsame Ereignisse den schnellen Verlauf der B.zeit und sorgen nicht nur für Spannung des Geschehens, sondern auch mit ihren initiierenden, retardierenden oder terminierenden Kulminationsphasen (→ Epische Gesetze) für die kunstvolle Struktur der Erzählungen.

Eine Analyse solcher Episoden ergibt, daß überwiegend die B. der leidende Teil bei der Verzögerung des Happy-Ends ist. Der Drachentöter (AaTh 300) führt die befreite Prinzessin nicht gleich zurück in das väterliche Schloß, um sie als Preis für seine Tat zu heiraten. Er will noch drei, sieben oder mehr Jahre in der Welt umherwandern, um etwas zu erleben. Die ganze Zeit über muß die junge Frau den Betrüger, der sich als ihr Befreier ausgibt, hinhalten, bis dann der wahre Held zurückkommt und die Situation klärt. Nicht aus eigenem Entschluß läßt dagegen der → Bärenhäuter (AaTh 361) seine B. warten, sondern weil er einen Pakt mit dem Teufel geschlossen hat, sich eine bestimmte Zeit nicht zu waschen, zu kämmen oder die Haare zu schneiden. In all den Fällen, in denen ein schlafendes Mädchen vom Helden geschwängert wird (Mot. H 81. 1; Mot. T 475; cf. AaTh 304, 550, 551), sucht dieses lange Zeit nach dem Vater des Kindes oder richtet ein → Wirtshaus ein, in dem jeder Besucher seine Lebensgeschichte erzählen muß, bis dann endlich der Erwartete eintrifft (Mot. Q 481). Die Prinzessin im südeurop. Märchen vom *Kristallpalast* (AaTh 891 A) folgt dem Prinzen, der sie zwar liebt, aber nicht heiraten will, in Männer- oder Frauenkleidung, bis es ihr nach vielerlei Mühsal gelingt, ihn endlich zum Mann zu gewinnen.

Eines der bekanntesten Motive, durch das die gewünschte Vereinigung der Partner für längere Zeit unterbrochen wird, ist das von der unterschobenen B., über das P. Arfert eine gründliche Untersuchung geschrieben hat[2]. In verschiedenen Erzählgattungen variiert das Grundthema, daß einem Mann durch List oder Verbrechen eine falsche B. substituiert wird, wobei W. Golther sicher recht hat mit dem Hinweis, daß ein solches ebenso einfaches wie ubiquitäres Motiv „immer und überall der Wirklichkeit entnommen sein kann"[3]. Schon der älteste hist. Beleg weist auf ein usuelles Verhalten. In Gen. 29 wird erzählt, daß Laban dem Jakob, der sieben Jahre bei ihm um Rahel gedient hat, in der Hochzeitsnacht seine ältere Tochter Lea unterschiebt. Als Jakob sich beklagt und dem Laban Betrug vorwirft, antwortet dieser: „Es ist nicht Sitte in unserem Lande, daß man die jüngere ausgebe vor der älteren". Das aber ist weit bekannter Brauch[4] und als Motiv daher häufig in den Volkserzählungen zu finden (cf. Mot. T 131. 2).

Arfert unterscheidet mehrere Märchen- oder Schwankgruppen, in denen das Motiv auf die verschiedenste Weise ausgestaltet ist. Der erste große Erzählbereich zeichnet sich durch den Zug aus, daß die B. auf dem Wege zum Bgm durch ein Verbrechen beiseite geschafft wird. Es gibt drei Untergruppen. Die erste wird durch den in Eurasien, Afrika und Nordamerika sehr bekannten Typ AaTh 533: *Der sprechende → Pferdekopf* repräsentiert:

Eine Prinzessin kommt auf der Reise zu ihrem Bgm in die Gewalt ihrer Kammerjungfer, die der Königssohn statt ihrer heiratet, während die Heldin als Gänsemagd dienen muß. Die Zwiesprache mit dem redenden Kopf ihres Pferdes beobachtet der alte König. Er überredet sie, ihr Geheimnis dem Ofen anzuvertrauen (→ Eideslist), wodurch der Betrug herauskommt.

Eine 2. Redaktion ist durch die Märchentypen AaTh 403: *Die schwarze und die weiße → B.*, AaTh 403C: *The Witch Secretly Substitutes her own Daughter* und AaTh 450: *→ Brüderchen und Schwesterchen* vertreten. Die Aufschlüsselung der zum Bereich unterschobene B. gehörenden Partien (weltweit verbreitet) folgt im wesentlichen dem Bolteschen System[5]:

Die B. wird auf dem Wege zur Hochzeit oder im Kindbett beseitigt, ins Wasser gestürzt oder in einen Vogel oder Fisch verwandelt, bisweilen von einer Meerfrau gefangen oder von einem Fisch verschlungen und durch ihre Stiefschwester ersetzt, die der König heiratet. Die Lösung des Konflikts kann in drei Versionen erfolgen: (1) Durch Versgespräche der B., die ein Diener oder der König belauscht. (2) Die B. oder Frau kehrt nachts in Tiergestalt zurück, um sich nach den Ihrigen zu erkundigen, und wird durch Enthaupten, Zerhauen der Kette etc. entzaubert. (3) Die tote Königin kehrt zurück, um ihr Kind zu säugen. Es folgen Erkennung und Hochzeit oder Wiedervereinigung. Die Schuldigen werden bestraft.

In einem 3. Zyklus wird die B. auf der Fahrt verstümmelt oder geblendet. Sie wird durch Jenseitige oder Tiere geheilt oder kauft ihre Augen von der falschen B. zurück. Sie baut ein Schloß, in dem sie der Prinz eines Tages findet. Verbreitung: Europa, das Maghreb[6].

Eine 2. Großgruppe verbindet die Erzählung von der unterschobenen B. mit einem Erlösungs- bzw. Heilmotiv. In AaTh 437 (→ *Nadelprinz*, cf. AaTh 425C) findet das Mädchen in einem Sarg einen mit Dornen oder Nadeln gespickten scheintoten Prinzen, bei dem sie lange Zeit wachen muß. Ermüdet fällt sie in Schlaf, eine Dienerin übernimmt den Rest der Wache und heiratet den erlösten Prinzen. Das Happy-End wird meist durch das Motiv der Ofenbeichte herbeigeführt. Verbreitung: Europa, Indien, Afrika. Dieser Form ähnelt sehr der Hauptteil von AaTh 894 (→ *Geduldstein*): Scheintoter Prinz, sieben Jahre, sieben Monate und sieben Tage wachen, die falsche B., Klage an den Geduldstein. Das Märchen ist auf dem Balkan, in Süd- und Westeuropa, Nordafrika und im westl. Asien sehr bekannt.

Als letzter Märchentyp mit dem Motiv der unterschobenen B. sei AaTh 408 (*Die drei → Orangen*) angeführt, über den W. Anderson eine groß angelegte Monographie schreiben wollte, die wegen seines Todes leider unvollendet geblieben ist[7]: Ein Prinz erlöst die in einer Orange befindliche Prinzessin. Da sie nackt ist, will er Kleider holen. In der Zwischenzeit verzaubert eine Negerin oder Zigeunerin das Mädchen in einen Vogel oder Fisch. Der Prinz ist erstaunt über das Aussehen der B., heiratet sie aber dennoch. Es folgt das aus dem *ägypt. → Brüdermärchen* (AaTh 318) bekannte Verwandlungsmotiv (Mot. D 610): Der Vogel wird getötet, aus seinen Knochen entsteht ein Baum, der gefällt wird. Ein Span gelangt in die Hände einer alten Frau, in deren Abwesenheit er sich in die Prinzessin zurückverwandelt, die der Prinz endlich findet.

Einen großen Teil seiner Untersuchung widmet Arfert dem sog. Brangänemotiv: Die B., die ihre Unschuld schon längst verloren hat, bittet ihre Dienerin, sie in der B.nacht zu vertreten. Die bekannteste Protagonistin dieses Irritierungsspiels ist die Brangäne der *Tristan*-Sage, welche die von Tristan bereits verführte Isolde in der Hochzeitsnacht mit König Marke vertritt. Arfert[8] verweist auf eine ganze Reihe weiterer ma. Versionen, darunter auf eine Fassung im ir. *Book of Leinster*, das teilweise schon im 12. Jh. kompiliert wurde. Hier wird der im Versteck umgekommene Liebhaber von einem Sklaven eine Felsklippe hinuntergestürzt; dem Sklaven geschieht das gleiche durch die Prinzessin, die auch die unterschobene Dienerin, die das Bett nicht verlassen will, in diesem verbrennt etc. Ganz ähnliches geschieht in altfrz. contes, in den engl. → *Gesta Romanorum*, in einem mhd. Gedicht Heinrich Kaufringers, im *Bahar Danush* (1650) des Persers Einaiut Oallah u. a.

Dän., schwed., engl. und schott. Balladen variieren den Stoff: Die B., der einst von einem Ritter ihre Ehre geraubt wurde, bittet ihre Magd oder Freundin, sie in der Hochzeitsnacht zu vertreten. Eine Stimme oder ein redender Gegenstand verraten den Betrug. Die B. muß den Grund eingestehen, wobei sich herausstellt, daß der Bgm selbst einst jener fremde Ritter war[9].

Der Schwank schließlich hat seine bes. Art, das Motiv zu präsentieren. Hier geht es oft darum, daß eine von einem Liebhaber hart bedrängte Frau dem stürmischen Galan eine Ersatzperson unterschieben läßt. Vorformen finden sich bereits bei Ovid (*Fasti* 3, V. 677–694) und in den Quintilian wahrscheinlich fälschlich zugeschriebenen *Declamationes* (num. 363). Bei Ovid bedrängt Ares die Göttin Anna Perenna, ihm zu einem Schäferstündchen mit Pallas Athene zu verhelfen. Die B. wird verschleiert zum Lager geführt; als ihr die Hüllen abgenommen werden, dekuvriert sich statt der schönen Göttin die häßliche Anna. In den *Declamationes* wird die Szene in menschliche Verhältnisse verlegt: Ein Kaufmann dringt solange in den armen Mann einer schönen Frau, sie ihm für Geld abzutreten, bis der Arme das gebotene Geld annimmt, dem Liebhaber aber statt der Frau die Dienerin in den Kleidern der Herrin schickt. Über Zwischenstufen mag darauf das ähnliche frz. Fabliau *Le Prêtre et Alison* des Guillaume le Normand zurückzuführen sein: Ein reicher Kaplan verliebt sich in die Tochter einer Kaufmannsfrau, die ihn jedoch täuscht, indem sie ihm statt der Tochter die Kurtisane Alison in das Bett legt. Auf diesem Fabliau beruhen zwei Novellen bei → Boccaccio (8, 4) und → Bandello (2, 46).

In einer größeren zu diesem Bereich gehörenden Gruppe von Fazetien stellt sich die Frau selbst statt der Begehrten zur Verfügung. Die erste Fassung dieser Form liegt wahrscheinlich im altfrz. Fabliau *Le Meunier d'Arleux* vor, in dem der Müller ein hübsches Mädchen bedrängt, das jedoch der Müllerin alles erzählt, worauf diese sich an Stelle des Mädchens ins Bett legt und so die Gunst des betrogenen Ehemanns erfährt. Der Schwank begegnet weiterhin bei → Poggio, in der 8. Erzählung der *Contes de la reine de Navarre* und in den → *Cent nouvelles nouvelles*[10].

Wahrscheinlich aus Indien kommt AaTh 1417 (*Die abgeschnittene* → *Nase*):

Ein Mann will seine untreue Frau bestrafen. Diese bewegt eine Nachbarin, nachts ihre Stelle einzunehmen. Der zornige Ehemann schneidet ihr die Nase oder die Haare ab und wundert sich nach dem erneuten Rollentausch der Frauen morgens über die Intaktheit seiner Frau, oder er glaubt, alles nur geträumt zu haben.

Die älteste Fassung begegnet bereits im → *Pañcatantra* (2, 38). In Europa wird der Stoff durch das berühmte Fabliau *Les Tresses* bekannt. Über die weitere recht umfangreiche literar. Verbreitung unterrichten J. Bédier[11] und P. Arfert[12].

Tragisch verläuft das Geschehen in einer Gruppe von Erzählungen, die Arfert ‚contes dévots' im Hinblick auf die im MA. vielfach aufgeworfene Frage nach der Kraft der Buße genannt hat. Sie behandelt das → Ödipusmotiv (cf. AaTh. 931) in veränderter Form (cf. Mot. T 412. 1: *Mother guilty of incest with son forgiven by Pope [Virgin Mary]*): Eine Mutter begehrt ihren Sohn. Sie überredet das von ihm geliebte Kammermädchen, ihr den Platz beim endlich bewilligten Stelldichein abzutreten, und erreicht ihre Absicht, ohne daß der Sohn etwas merkt. Den Stoff hat zuerst → Masuccio Salernitano (ca 1420 – ca 1480) in seiner 23. Novelle behandelt[13], ihm folgen → Marguerite de Navarre, Bandello, der Spanier Montalvan u. a.[14].

Ein zweites Großmotiv, das die Beziehungen zwischen B. und Bgm auf längere Zeit unterbricht, ist das von der vergessenen B. (Mot. D 2003). Es ist ein konstitutives Element in AaTh 313 (→ *Magische Flucht*) und AaTh 425 (→ *Amor und Psyche*), begegnet aber auch in Fassungen zu AaTh 510A (→ *Cinderella*) und in anderen Märchentypen[15]. Es steht immer am Schluß der Erzählung, so z. B. in AaTh 313:

Nachdem der Bgm mit Hilfe der B. die Aufgaben des Unholds gelöst und beide die Verfolgung durch diesen überstanden haben, geht der Bgm ins elterliche Haus voraus. Trotz des Verbots der B. läßt er sich von einem Angehörigen anreden oder küssen oder nimmt von den angebotenen Speisen, worauf er sofort das zurückgelassene Mädchen vergißt, das erst nach langen Mühen und kurz vor einer Heirat des Geliebten den Zauber aufheben und die Wiedervereinigung herbeiführen kann.

S. Liljeblad[16] erinnert daran, daß die alte Vorstellung, „daß man mit dem Genießen des angebotenen Essens oder Getränkes aus der Gesellschaft der Menschen in die Welt der übernatürlichen Wesen übergeht und vice versa und dabei sein vorhergehendes Dasein vergißt [. . .] oft als Intrige in Märchen, Sage, Heldendichtung und Volkslied ausgenutzt" ist. Ebenso ist Mot. D 2004. 2: *Kiss of forgetfulness* ein altes und weit verbreitetes Thema mit magischen Hintergründen[17].

Verwandt mit der Episode vom Vergessen der B. ist die vom *Verschlafenen* → *Rendezvous* (cf. AaTh 861; Mot. D 1972). Das Motiv ist ein wesentlicher Bestandteil von AaTh 400 (→ *Mann auf der Suche nach der verlorenen Frau*):

Der Held, der die Prinzessin erlöst oder die Schwanjungfrau gewonnen hat, möchte seine Eltern besuchen. B. und Bgm verabreden ein Stelldichein, aber Neider schläfern den Prinzen durch einen Schlaftrunk oder -dorn ein. Die B. läßt ihm eiserne Schuhe zurück, die er auf der Suche nach ihr abtragen muß.

Auch in dem im südosteurop. und nahöstl. Raum sehr bekannten Märchen (AaTh 861) verschläft der Held das Rendezvous mit der Prinzessin und wird eingekerkert. Seine Schwester nimmt in Männerkleidung seine Stellung im Gefängnis ein. Als ihr Geschlecht erkannt wird, löst sich alles zum guten Ende.

Unter den vielen retardierenden Kleinmotiven im Verlauf der B.zeit ist schließlich jener Zug bemerkenswert, der vor allem in AaTh 554 (→ *Dankbare Tiere*) begegnet: Der Held bekommt die nach Lösung der Aufgaben gewonnene Prinzessin nicht sofort, sondern muß sie erst aus einer Reihe gleich ge- oder verkleideter Mädchen herausfinden, wobei sie oder die Tiere ihm durch ein Zeichen helfen (cf. Mot. H 324: *Suitor test: choosing princess from others identically clad*).

L. Röhrich hat darauf hingewiesen, daß das Heraussuchen der B. wie auch das Motiv von der unterschobenen B. im Hochzeitsritual verschiedener Völker zu finden ist[18]. Er deutet diese Handlungen als einen apotropäischen Akt, der die Gefahr durch dämonische Mächte von der wirklichen B. abwenden soll. Die Märchen dieser Art haben also noch einen letzten Rest archaischer Glaubensvorstellungen erhalten (→ Archaische Züge im Märchen → Brauch).

[1] HDM 1, 302. – [2] Arfert, P.: Das Motiv von der unterschobenen B. in der internat. Erzählungslitteratur. (Diss. Rostock) Schwerin 1897. – [3] HDM 1, 310. – [4] HDA 2, 566. – [5] BP 1, 86. – [6] Arfert (wie not. 2) 17–20. – [7] Ms. im EM-Archiv. – [8] Arfert (wie not. 2) 40–48. – [9] ibid., 44–47. – [10] Weitere Fassungen bei Liebrecht, F. (Übers.): John Dunlop's Geschichte der Prosadichtungen [. . .]. B. 1851, 258. – [11] Bédier, 165–199. – [12] Arfert (wie not. 2) 54–58. – [13] cf. Rotunda N 365. 1. – [14] Arfert (wie not. 2) 51sq. – [15] Cox, M. R.: Cinderella. L. 1893, 512; BP 3, 338sq., 527sq., not. 2. – [16] HDM 1, 314. – [17] HDA 5, 857. – [18] Röhrich, Märchen und Wirklichkeit, 112sq.

7. Phänomenologie und Strukturprobleme. Das Märchen berichtet kaum etwas über die intimeren Beziehungen des B.paares und schon gar nichts über einen glücklichen Verlauf der Verlobungszeit[1]. Das liegt zum einen an der dem Märchen eigenen Aversion gegen alles Emotionale und damit auch gegen eine redselige Entfaltung erotischer Beziehungen. Sparsam wird meist nur gesagt, daß sich B. und Bgm lieben oder „von Herzen" lieb haben. Weder der Gelernte Jäger (AaTh 304) noch der Glasbergreiter (AaTh 530) oder der Drachentöter (AaTh 300) zeigen irgendwelche Gefühlsaufwallungen der erworbenen B. gegenüber: Der eine verschwindet, nachdem er sie geschwängert hat, der andere nimmt sie als Siegespreis ohne Rührung entgegen, der dritte gar überläßt sie kaltblütig einem bösen Geschick, da er lieber noch eine geraume Zeit abenteuern will, statt sie zu heiraten. Die Prinzessin im Märchen vom *Froschkönig* (AaTh 440) drückt zwar ihren Ekel dem aufdringlichen Frosch gegenüber hemmungslos aus, aber erstens erkennt sie ihn noch nicht als ihren Bgm an, und zweitens agiert sie im Sinne der Erlösung nur erfolgreich, wenn sie ihn voller Wut an die Wand wirft und dadurch die tierische Hülle zum Bersten bringt, d. h. sie handelt konsequent im Sinne märchenhaften Zielgerichtetseins (→ Zielform)[2].

Dagegen gehören Ungeduld, Appetit- und Schlaflosigkeit, Ohnmachtsanfälle oder gar der Liebestod in den Bereich der Novelle, des Liedes, des Epos und vor allem des oriental. Märchens. Die Liebenden in der mhd. Versnovelle *Irregang und Girregar* können vor Verlangen zueinander nicht schlafen[3]. Der Janković Stojan der Byline drückt seine Ungeduld in den Worten aus: „Ich kann's nicht erwarten, nicht aufschieben"[4]. Tristan und Isolde schauen sich unentwegt liebevoll an, „dâ generten sî sich van"[5]. In der *Geschichte der Liebenden vom Stamme Taiji* aus *1001 Nacht* verzehrte die Sehnsucht den Liebhaber so sehr, „daß er aussah wie ein abgenutzter, ausgetrockneter Wasserschlauch"[6]. Ähnliches geschieht der Liebenden in der *Geschichte von Uns el-Wudschūd und el-Ward fil-Akmām* der gleichen Sammlung, die „dürr geworden war gleichwie der Zähne Stocher"[7]. In *1001 Nacht* gibt es sogar einmal einen Massentod: Ein Jüngling stirbt wegen eines Mädchens, dieses stirbt aus Kummer kurz darauf, und aus Schmerz scheidet schließlich noch eine in die Tote verliebte Sängerin aus dem Leben[8].

Zum andern setzt das Märchen alle Gefühle in Aktivitäten um. „Die Liebe zu der fernen, schönen Prinzessin in einem verwunschenen Schloß wird nicht um ihrer selbst willen geschildert, sondern bedeutet den Ausgangspunkt einer Handlung von Wundern, Abenteuern und Kämpfen, die in dieser Richtung geführt werden"[9]. Die vergessene B. ergibt sich nicht, obwohl ihr danach zumute ist, lamentierend in ihr Schicksal, sondern macht sich, ohne daß von den zu überwindenden psychischen oder physischen Schwierigkeiten gesprochen wird, auf die Suche nach dem Geliebten, selbst wenn es gilt, Sonne, Mond und Sterne nach seinem Aufenthalt zu befragen.

Auch Charaktereigenschaften der Partner werden nicht verbal breitgewalzt, sondern durch Taten dokumentiert: Güte zeigt sich in Gaben an alte und arme Menschen, Hilfsbereitschaft durch Rettung von Tieren aus Not, Mitleid mit dem unbeerdigten Toten durch Auslösung von den Schuldnern. Alle helfen dafür dem Helden bei seiner schwierigen Werbung. Ebenso wird der Fleiß des Mädchens nicht detailliert gelobt, sondern es wird erzählt, wie es das Brot aus dem Ofen holt, die Äpfel pflückt oder die Betten schüttelt (AaTh 480: *Das gute und das schlechte* → *Mädchen*), seine Sparsamkeit wird mit der Anfertigung eines Kleides aus den von anderen fortgeworfenen Flachs- oder Wollresten (AaTh 1451: *The Thrifty Girl*) demonstriert. Dafür bekommt es dann auch den Bgm.

Wie bei allen seinen Protagonisten geht es dem Märchen also nicht um eine extensive Charakterisierung der B.leute, ihrer Qualitäten und Beziehungen, sondern allein um ihre Profilierung als Handlungsträger. Alles andere dient nur diesem Zweck.

Nicht oft stehen B. und Bgm im Märchen von Anfang an nebeneinander. Und wenn es doch der Fall ist, wie etwa in AaTh 707: *Die drei goldenen* → *Söhne* oder wie im Zyklus von der → Mahrtenehe, folgen die märchenspezifischen Schwierigkeiten meist im wenig später eingegangenen Ehestand. Das → Topgewicht früher Spontanbeziehungen bedingt die Verlagerung der den Ablauf retardierenden oder terminierenden Phasen in den Mittelteil der Erzählung. Häufiger stehen jedoch die Fatalitäten des Paares im Zentrum des Gesamtgeschehens. Die Motive von der unterschobenen oder von der vergessenen B. sind Beispiele für den mittegewichtigen Ablauf der Handlung. Die entscheidende Schicksalswende folgt dann im letzten Akt des dramatischen Geschehens. Gleiches gilt für die spätretardierenden Momente. Die endgültige Entscheidung wird im Sinne des → Achtergewichts auf das glückliche Finale verlagert, wenn etwa in AaTh 554 der Held die verschleierte B. erst mit Hilfe der dankbaren Tiere erkennen kann.

Dies bedeutet also, daß das Geschehen um B. und Bgm., wie zu erwarten war, im narrativen Bereich an die Stil- und Strukturgesetze der jeweiligen Kategorien gebunden ist (→ Epische Gesetze).

[1] HDM 1, 302. – [2] cf. Lüthi, M.: Das Volksmärchen als Dichtung. Düsseldorf/Köln 1975, 89sq. – [3] GA 3, 43–82. – [4] Frings/Braun (wie Kap.2, not. 6) 127. – [5] Geißler (wie Kap. 1, not. 3) 185. – [6] 1001 Nacht 3, 580. – [7] ibid. 3, 415. – [8] ibid. 3, 578sq.; cf. Geißler (wie Kap. 1, not. 3) 188. – [9] HDM 1, 302.

Göttingen Kurt Ranke

Braut: Die geschwätzige B. (AaTh 886) ist vor allem literarisch bezeugt. Die Erzählung besteht aus zwei Motiven, die auch unverbunden vorkommen: Mot. K 1362 (vermutlich nur literar.[1]): Eine Jungfrau läßt das ihr Angetane in einer ähnlichen Weise wieder ‚zurücknehmen'; Mot. K 1275 (vermutlich nur mündlich, ohne literar. Vorbild):

Ein Jüngling verläßt seine B., weil sie alles ausplaudert, und sucht sich eine neue. Auf der Hochzeit mit der zweiten treffen alle drei zusammen, wobei die verlassene B. sagt, sie hoffe noch immer, daß er sie heiraten werde. Die zweite B. will wissen, warum er sie verlassen habe. Als sie erfährt, es sei wegen deren Geschwätzigkeit geschehen, brüstet sie sich damit, daß sie bisher alle ihre Liebschaften (bzw. die Tötung ihrer Kinder) verschwiegen habe. Daraufhin heiratet der Jüngling seine frühere B.

Die früheste Verbindung der Motive in den → *Cent nouvelles nouvelles* (num. 8)[2] ist nicht bes. gut gelungen (das Verlassen des ersten Mädchens bleibt unmotiviert, die ‚Zurücknahme' ist nicht ausgeführt, das Verhalten der B. wird vom Erzähler von neuem motiviert), die späteren Fassungen sind besser, doch nur in vier literar. Varianten kehrt der Jüngling zur ersten Geliebten zurück. A. Semerau erwähnt etwa 40 literar. Varianten[3]. Mündlich ist AaTh 886 selten, vermutlich wurde die Geschichte wegen ihres Inhalts den Sammlern ungern erzählt und nur vereinzelt von ihnen aufgezeichnet. Es gibt dän. (D 1–6; zu den Siglen cf. Schluß des Art.s), estn. (E 1–3) und finn. (F 1–5) Varianten, doch ist die Erzählung vielleicht auch in Pommern[4] und in Nordrußland bekannt gewesen (cf. F 4).

In volkstümlichen Einführungen zu AaTh 886 wird das Nicht-Schweigen-Können meist übertrieben dargestellt. D 2 und D 3 sind von D 1 abhängig, z. T. wörtlich:

Tochter, Mutter und Vater behaupten nacheinander, daß sie die geplante Hochzeit (mit einem durchreisenden Krämer) nicht verraten würden, handeln aber aus Freude so absonderlich, daß sie den Grund ihres Benehmens preisgeben müssen. Deshalb wählt sich der Bräutigam eine andere B. Bei deren Verlobung erzählt die Sitzengelassene, sie hoffe noch immer, daß er sie heiraten werde. Die zweite B., nachdem sie erfahren hat, daß die erste wegen ihrer Geschwätzigkeit verlassen wurde, verurteilt jene, da sie ihrerseits drei (bzw. sieben) Kinder gehabt und umgebracht habe, ohne einem Menschen davon zu erzählen. Sie wird daraufhin bestraft, der Jüngling heiratet doch die erste B.

Da in E 1 und E 3 (aber auch in F 1) die verlassene B. in gleicher Weise beteuert, sie hoffe noch immer auf eine Versöhnung, könnten diese Varianten auf eine unbekannte estn. Bearbeitung von D 1 zurückgehen; die Einführung weicht aber völlig ab: Die B. soll von der Heirat nichts verlauten lassen, bis der Bräutigam nach 25 Jahren aus dem Kriegsdienst zurückkehrt. Sie schweigt noch zwei Tage lang, dann hofft sie nicht mehr und muß ihre Traurigkeit erklären. Nach E 3 spricht sie aus Freude davon während des 25sten Jahres. In E 2 prüft der Jüngling mehrere Mädchen auf ihre Schwatzsucht (→ Geschwätzigkeit), das letzte beginnt in der B.nacht die anderen deshalb zu tadeln und verrät, daß sie ihr Kind (in E 1 und E 3 sind es drei) getötet habe. Der Jüngling bleibt unverheiratet.

Die finn. Varianten können auf drei Formen reduziert werden: (a) Als Einleitung manchmal AaTh 1453 (*Bride Test: Key in Flax Reveals Laziness;* cf. → Brautproben), dann AaTh 1450 (→ *Kluge Else*):

Die künftige B. sinnt bereits darüber nach, wie sie ihre Kinder benennen soll, und wird wegen ihrer Dummheit verlassen. Sie erscheint auf der Hochzeit der zweiten B., spricht davon, daß sie der Bräutigam doch noch heiraten werde (fehlt in F 5), und wird wegen ihrer Geschwätzigkeit gerügt. Die zweite B. sagt, um ihre Verschwiegenheit zu demonstrieren, daß sie sieben (bzw. fünf oder sechs) Kinder geboren, aber nie an deren Namen gedacht habe, während sie sie tötete. In F 1 nimmt der Bräutigam daraufhin die Dumme, in F 5 bleibt er unverheiratet.

(b) In dieser Var. gibt es nur eine B.: Bei der Geburt des ersten Kindes fragt die Großmutter, welchen Geschlechts das Kind sei und behauptet dann, daß ihre Tochter daheim nur Mädchen geboren habe; die Tochter entgegnet, daß die Mutter von den noch früheren Knaben nichts wisse. Die Frau wird nicht verstoßen (F 2 [die B. ist hypersexuell], F 4). (c) F 3 ist von der Erzählerin bzw. Sammlerin zu einer sentimentalen Schauergeschichte umgestaltet, z. B. warnt der Bräutigam die erste B. davor, sich an einer Kerze die Finger zu verbrennen; sie antwortet: „Nicht meine Finger brennen, sondern mein Herz". Die zweite B. fällt ein: „Ich habe so viele Kinder umgebracht, doch mein Herz hat nie gebrannt"[5].

Mot. K 1362 ist kaum je volkstümlich gewesen, weil diese Anekdote die Einfalt der niedriger Stehenden verspotten will. Mot. K 1275 läßt sich psychologisch sowohl aus der ambivalenten Haltung des Jünglings gegenüber den leicht erreichbaren Mädchen als auch aus dem Prahlen der Frau, wie viele Männer sie begehrt haben, verstehen. Die Pointe besteht darin, daß auch die Schweigsamen nicht schweigen können (cf. AaTh 1418*, Mot. J 21.22), die Lehre darin, daß ein scheinbar unnahbares Mädchen in Wirklichkeit lasterhafter ist als ein anderes, das seine voreheliche Beziehung (mit einem einzigen Mann) zugibt.

In fast allen mündlichen Varianten wird die Schuld der zweiten B. nicht in ihren früheren Liebesabenteuern, sondern im Kindermord gesehen. Es scheint, daß nur Frauen (sicher so in E 1 und E 3, F 1 und F 3, sonst noch in D 2; aber die auch von einer Frau stammende Variante D 3 hat diesen Teil nicht) dann noch von einer Bestrafung erzählen. Der Grund für die seltene Erwähnung einer Strafe liegt wohl darin, daß die Tötung von Kindern erst vom 16. Jh. an in Skandinavien als ein schweres Verbrechen galt[6]. Der soziale Gegensatz zwischen den Mädchen ist nur in F 3 betont (nebenbei erwähnt in D 1 und D 2), wo auch das Verbrechen kriminalistisch korrekt ermittelt wird.

[1] z. B. engl. Flugblattvarianten, cf. Wehse, R.: Flugblatt und Schwanklied in Großbritannien. Diss. Fbg 1977 (im Druck) num. 120. – [2] Die hundert neuen Novellen. Aus dem Frz. übertragen von A. Semerau. Mü. 1965, num. 8. – [3] Poggio, 225sq., not. 157. – [4] GA 2, 5: „[num. 21] wird noch in ähnlichen Verhältnissen von unserm Pommerschen Fräulein und ihrem Hofmeister erzählt"; num. 22 enthält nur Mot. K 1362. – [5] Ein ähnlicher Zug bei Lorimer, D. L. R. und E. O.: Persian Tales [. . .]. L. 1919, p. 30, num. 6. – [6] Pentikäinen, J.: The Nordic Dead-Child Tradition (FFC 202). Hels. 1968, 68–100, 353–355.

Var.n: D 1 = Grundtvig, S.: Danske folkeæventyr. Kop. 1876, num. 11 (= Leo, W./Strodtmann, A.: Dän. Volksmärchen. 1. Slg. Lpz. 1878, 90–94). – D 2 = Kristensen, E. T,: Æventyr fra Jylland 1. Kop. 1881, num. 50 (= Stroebe, K.: Nord. Volksmärchen 1. MdW 1922, num. 28). – D 3 = Kristensen, E. T.: Folkets almanak 1898, 235sq. – D 4 = id.: Danske skjæmtesagn. 1. Slg. Aarhus 1900, num. 173 (eine Anekdote von zwei hypersexuellen Mädchen, nicht zu AaTh 886). –

E 1 – E 3 als ungedr. Qu.n im Eesti NSV Kirjandusmuuseum, Rahvaluule Osakond: E 1 = E 28239–41 aus Koeru (1896); Sammler J. Neublau; Erzählerin A. Vildmann. – E 2 = E 28462–63 aus Vigala, Nõlva (1896); Sammler J. Tihkan. – E 3 = H II 57, 166–67 aus Kose, Oru (1897); Sammler T. Wiedemann; Erzählerin K. Lehtmets. –

F 1 – F 5 aus dem Suomalaisen Kirjallisuuden Seuran Kansanrunousarkisto: F 1 = aus Rantasalmi (1887); Sammler A. Vesterlund, num. a) 37; Erzählerin U. Kinnanen (besteht aus AaTh 1450+AaTh 886). – F 2 = aus Suistamo, Suursarka (1911/15); Sammler E. Kemppainen, num. 149; Erzähler I. Onoila. – F 3 = aus Viitasaari, Haapaniemi (1917); Sammlerin M. Österberg, num. a) 91 b; Erzählerin I. Ruuska. – F 4 = aus Salmi (1935); Sammler P. Pohjanvalo, num. KRK 150:9; Erzähler Valjagin (aus Aunus). – F 5 = aus Kontiolahti, Puso (1957); Sammler K. Heikkinen, num. KT 287: 4–6; Erzähler A. Alainen (besteht aus AaTh 1453+AaTh 1450+AaTh 886, egomorph).

Tartu Uku Masing

Braut des Hexenmeisters → Dankbarer Toter

Braut: Die Liebe der B. ist stärker als Vater- und Mutterliebe → Liebe

Braut: Die schwarze und die weiße B. (AaTh 403) gehört zum Kreis der Erzählungen von der unterschobenen → Braut. Der Typ ist weit verbreitet, und Varianten sind aus ganz Europa, Nord- und Südamerika, Asien und Afrika bekannt. Der Schwerpunkt liegt im europ. Raum und hier bes. in den skand. Ländern. W. E. Roberts[1] nennt allein 186 nord. Varianten.

Die in der 2. Aufl. der KHM von 1815 enthaltene Fassung ist aus einer mecklenburg. und einer paderborn. Erzählung kontaminiert. Dieses Grimmsche Märchen und das von den *Drei Männlein im Walde* (KHM 13) haben vermutlich über die 1821 in Kopenhagen erschienene und von J. F. Lindencrone[2] besorgte dän. Ausgabe der KHM ebenso wie deren frühe schwed. Übersetzungen Spuren in den skand. Varianten hinterlassen[3].

Inhalt: Gott wandelt als armer Mann auf Erden und fragt eine Frau, deren Tochter und Stieftochter nach dem Weg. Nur die Stieftochter gibt bereitwillig Auskunft. Mutter und Tochter werden wegen ihrer Unfreundlichkeit verwünscht, so daß sie schwarz wie die Nacht und häßlich wie die Sünde werden. Das hilfsbereite Mädchen dagegen darf drei Wünsche äußern und wird mit Schönheit begabt.

Der Bruder der schönen Stieftochter, Reginer, ist Kutscher beim König. In seiner Stube hängt das Bild der Schwester, in das sich der König verliebt. Dieser schickt den Kutscher mit einem Wagen und prächtigen Goldkleidern heim, damit er ihm seine Schwester als Braut herbeihole. Stiefmutter und Stiefschwester gönnen dem Mädchen sein Glück nicht. Die Stiefschwester bittet ihre Mutter, mit Hilfe ihrer Hexenkünste zu bewerkstelligen, daß sie an Stelle der schönen B. die Gemahlin des Königs werde. Als Reginer während der Wagenfahrt seiner Schwester zuruft, sie solle sich gut zudecken und vor Regen und Wind schützen, versteht sie seine Worte nicht. Die Alte sagt, der Bruder habe ihr zugerufen, sie solle ihr güldenes Kleid und ihre Haube der Stiefschwester geben. Die B. wird, als der Wagen gerade über eine Brücke fährt, von den beiden neidischen Frauen ins Wasser gestoßen. Der Bruder liefert die vertauschte häßliche B. ab. Der König, der sich in seinen Hoffnungen getäuscht sieht, läßt ihn dafür in eine Schlangengrube werfen. Auf Zureden der Alten heiratet der König die häßliche falsche B.

Die wahre (weiße) im Wasser versunkene B. wird in eine weiße Ente verwandelt und schwimmt eines Tages zum Gossenstein der Küche des Königsschlosses. Sie fragt den Küchenjungen nach ihrem Bruder Reginer und nach der schwarzen Hexe. Als die Ente an den nächsten Abenden wiederkommt, wird der König geholt, der ihr mit seinem Schwert den Kopf abschlägt und so die verwünschte wahre B. erlöst. Der falsch verdächtigte Bruder wird aus der Schlangengrube befreit, die alte Hexe und ihre Tochter werden in ein Faß mit Nägeln gesteckt, vor das man ein Pferd spannt, das in die Welt geschickt wird. Der König heiratet die weiße schöne B. und belohnt den treuen Kutscher und Schwager reich.

In der Geschichte von der *schwarzen und der weißen B.* sind mehrere typische Märchenmotive enthalten: → Erdenwanderung der Götter, → Belohnung und Bestrafung des guten bzw. bösen Mädchens, die böse → Stiefmutter, Liebe durch Bild, das wohlbehütete, vor Sonnenstrahlen und Witterung zu schützende Mädchen, die unterschobene Braut, die → Tierverwandlung Unschuldiger und die → Entzauberung durch → Enthauptung.

Gegensätzliche Charaktereigenschaften werden im Märchen häufig durch Komplementärfarben wie schwarz–weiß symbolhaft zum Ausdruck gebracht. Weiß, glänzend, hell wie die Sonne, golden oder silbern sind die guten, schönen und tugendhaften, schwarz, schmutzig oder pechig die bösen, häßlichen und unfreundlichen Wesen. Der → Dualismus weiß – schwarz entspricht nach J. Hanika[4] dem christl. Weltbild, wonach das Lichte das Göttliche, das Schwarze das Teuflische meint. Das Motiv der Erdenwanderung der Götter, die die Guten belohnen und die Bösen bestrafen, ist als Eingangsmotiv im Märchen beliebt. Auch Christus, Apostel und Heilige, Engel, Bettler und Handwerksburschen können die guten und schlechten Gaben verteilen. Man trifft das Motiv auch in den Erzählungen *Die drei Männlein im Walde* (KHM 13) und *Das gute und das schlechte → Mädchen* (AaTh 480), in denen jenseitige Wesen, Erdmännchen, Frau Holle oder Feen belohnen und bestrafen. In süddän. und schleswig-holstein. Varianten der *schwarzen und der weißen B.* treten Jesus und Petrus, in einer ostgaliz. Variante Petrus und Paulus an die Stelle Gottes[5]. Die Guten können drei Wünsche äußern[6]. Durch märchenhafte Züge werden Schönheit und Häßlichkeit noch unterstrichen. Den schönen Mädchen werden Tränen zu Perlen, beim Sprechen oder Lachen fallen ihnen Geschmeide, Blumen oder Rosen aus dem Mund, den häßlichen aber Kröten, Ratten oder Kot[7].

Die B.suche aufgrund eines Bildes ist nach F. Geißler[8] ein beliebtes Erzählmotiv. Es hat weniger mit → Bildzauber als mit → Fernliebe zu tun. Beispiele zur ‚Liebe durch Bild' findet man bei Chauvin[9] und in Erzählungen von *1001 Nacht*[10]. Wohl auf oriental. Einfluß zurückzuführen ist die ‚Liebe durch Bild' in der europ. Lit. des MA.s, wo sie u. a. im Englischen in *Sir Tristrem*[11] zu finden ist wie auch im Epos von → *Tristan und Isolde*. Es handelt sich in der höfischen Dichtung meistens um eine in der Ferne lebende ebenbürtige Prinzessin, in der → Berta-Sage ist es eine ung. Prinzessin, deren Bild dem fränk. Pippin von seinen Gefolgsleuten gezeigt wird, um sie ihm als B. vorzuschlagen. Die Mannen eines Herrschers waren daran interessiert, ihrem Herren eine ebenbürtige Gattin zu beschaffen, um die Erbfolge des Herrscherhauses zu sichern[12]. Anders ist es in mehreren Varianten des Märchens von der *schwarzen und der weißen B.* Dort ist die B. nicht standesgemäß, sondern die Schwester des Kutschers (Kammerdieners, Hirten oder Gärtnersohnes)[13], entstammt also einer sozial tiefer stehenden Schicht. In einer skr. Variante verliebt sich ein vornehmer Herr in ein Mädchen, dessen Photographie er bei seinem Diener gesehen hat[14]. Die ‚Liebe durch Bild' spielt auch in den Märchen *Der treue → Johannes* (AaTh 516) und → *Prinzessin auf der Erbse* (AaTh 704) eine Rolle.

Wenn in einigen Varianten die B. auf der Fahrt zum König vor Sonnenstrahlen, vor Wind und Wetter geschützt werden muß, so wird hiermit das „Wohlbehütetsein" der Jungfrau angedeutet[15]. Das Behüten und Einsperren von Mädchen und Frauen ist sowohl aus der Hochliteratur[16] als auch aus Märchen, u. a. dem Rapunzelmärchen (AaTh 310: → *Jungfrau im Turm*), bekannt. Im Grimmschen Märchen *Die weiße und die schwarze Braut* (KHM 135) deutet ein Vers die Sorge um die Unversehrtheit der Schwester an:

„Deck dich zu, mein Schwesterlein,
daß Regen dich nicht näßt,
daß Wind dich nicht bestäubt,
daß du fein schön zum König kommst."

Der Name Reginer im Grimmschen Märchen läßt eine ma.-germ. Herkunft vermuten[17]. Bei → Saxo Grammaticus wird ein greiser Normannenkönig Regnaldus erwähnt, der seine Tochter Drota in einer Höhle vor dem Wüterich Gunnarus versteckt hält[18].

Das Motiv von der unterschobenen B. ist von P. Arfert[19] ausführlich behandelt worden. Während im ma. Epos des → Adenet le Roi *Berte aus grans piés* durch Personentausch in der Hochzeitsnacht die dem König ebenbürtige Prinzessin durch die Tochter der Amme ersetzt wird, ist das Motiv der Unterschiebung im Märchen Neid und Mißgunst der Stiefschwester und deren Mutter. Also nicht die in der höfischen Welt eine Rolle spielenden sozialen Standesunterschiede[20], sondern das familiäre Verhältnis zwischen Stieftochter[21], Stiefmutter und Stiefschwester erklären die Brautunterschiebung. In der Hochliteratur ist die aus dem *Tristanroman* bekannte Brangäneepisode mehrfach zu beobachten. Die nicht mehr jungfräuliche B. bittet darin eine ihr bes. ergebene Dienerin, in der Hochzeitsnacht ihre Stelle einzunehmen, um so ihren Makel vor dem Gatten zu verbergen. Arfert nennt diesen Typ Brangänemärchen, zu dem er KHM 198 (*Jungfrau Maleen*) zählt. Das Motiv der unterschobenen B. ist außerdem noch in AaTh 450 (→ *Brüderchen und Schwesterchen*) und AaTh 870 (→ *Gänsemagd*) zu finden.

Aus älteren Märchensammlungen ist die Geschichte *La princesse Rosette* in den *Contes de fées* der Gräfin d' → Aulnoy (Amst. 1702, 274sq.)[23] dem Märchen von *der schwarzen und der weißen B.* am ähnlichsten.

Die Verwandlung der ins Wasser gestoßenen B. in eine → Ente ist bes. häufig in skand. und osteurop. Varianten anzutreffen.[24] Das gleiche Motiv (die Ente kommt durch den Gossenstein in die Küche und spricht mit dem Küchenjungen) findet sich auch in KHM 13 (*Die drei Männlein im Walde*). Tierverwandlungen unschuldiger Märchenhelden sind aus AaTh 450 (*Brüderchen und Schwesterchen*) und aus KHM 141 (*Lämmchen und Fischchen*) bekannt. In süd- und südosteurop. Varianten fehlt meistens die Tierverwandlung. Typisch ist in diesen Märchen die Verstümmelung der B. (meistens → Blendung)[25]. Die ins Meer gestoßene B. rettet sich an Land und wird eines Tages vom König im Walde oder in einem Wirtshaus entdeckt, oder ihr Hündchen verrät ihren Aufenthaltsort[26]. Die Stiefmutter wird in ein Nagelfaß gesteckt. Diese von ihr dem Bösewicht zugedachte Strafe trifft sie schließlich selbst, ein Zug, der auch in anderen Märchen begegnet, z. B. in: *Die zwölf Brüder* (KHM 9) und *Die drei Männlein im Walde* (KHM 13)[27].

Deutungen des Märchens von der *schwarzen und der weißen B.* beziehen sich hauptsächlich auf das Motiv von der unterschobenen B. Das Gegensatzpaar Schwärze und Weiße anstelle von Häßlichkeit und Schönheit, Sündhaftigkeit und Reinheit läßt W. Grimm an die Mythe von Tag und Nacht und der Nacht Tochter denken. Damit scheint ihm eine Verbindung zur Berta-Sage hergestellt zu sein. Wenn die ins Wasser gestoßene B. als schneeweiße Ente fortlebt, so ist hierin nach Grimm eine Schwanenjungfrau zu erkennen, die, wie die nord. Schwanhild, weiß und rein wie der Tag ist. Arfert[28] spricht den Märchen von der unterschobenen B. eine mythische Grundlage ab mit der Begründung, daß sich das Motiv sehr wahrscheinlich aus Verhältnissen des sozialen Milieus entwickelt habe. In geschichtliche Zusammenhänge gebracht, sei es im frz. Roman *Berte aus grans piés* des → Adenet le Roi zu finden. Arfert[29] und C. Voretzsch[30] glauben, daß die Berta-Sage aus dem Kreise der Märchen von der unterschobenen B. entstanden sei.

L. Röhrich[31] erwähnt Hochzeitsbräuche, in denen der Bräutigam aus verschiedenen ‚falschen' Bräuten (kleines Mädchen, alte Frau) die richtige Braut wählen muß[32]. Nach A. Ehrenzweig[33] sollen die untergeschobenen Bräute das Unheil an sich ziehen, das der wirklichen Braut droht. Röhrich[34] sieht in diesen Bräuchen einen Zusammenhang zu dem Märchenmotiv von der unterschobenen B.

Sowohl auf das Motiv von der unterschobenen B. als auch auf die Brautsuche durch ein Bild und auf das wohlbehütete Mädchen geht Geißler[35] ein. Er ist der Meinung, daß die ‚Liebe durch Bild' im Orient heimisch sein müsse, weil dort der Kontakt der Geschlechter vor der Ehe bes. erschwert sei. Auch das Motiv vom wohlbehüteten Mädchen sei wahrscheinlich vom Orient nach Europa gekommen. Das älteste Vorkommen dieses Motivs findet Geißler im altägypt. Märchen vom *verwunschenen Prinzen*[36].

Weil Getötete, Verwunschene oder Ertrunkene häufig als Ente wiederkehren, glaubt W.-E. Peuckert[37], daß es sich hier um ein Seelentier handeln müsse. Nach Röhrich[38] ist die Verwandlung in eine Ente nicht eine ‚Art von Tod', sondern eine Variation des Ablegens und Ausziehens der tierischen Hülle bei Verzauberten. In osteurop. Varianten des Märchens von der *schwarzen und der weißen B.* wird das abgelegte Federkleid der wahren B. vom König oder Prinzen verbrannt[39].

Die von Geißler vermuteten Beziehungen zum Orient, die in einigen Motiven im Märchen von der *schwarzen und der weißen B.* noch erkennbar sind, und andererseits die betont → christlichen Züge sowie verderbte ma.-höfische Elemente – aus den Marschällen und Stallmeistern in der Spielmannsdichtung sind im Märchen Kutscher, Kammerdiener und Hirten geworden[40] – lassen an eine Entstehung des Märchens im europ. Raum denken. Über die Troubadourdichtung sind arab. Einflüsse bekannt. Die mehrfach vermutete Abhängigkeit der Berta-Sage von den Märchen vom Typ der unterschobenen B. ist bisher nicht schlüssig bewiesen. Die Berta-Sage enthält Märchenmotive wie z. B. → *Tierherz als Ersatz* (cf. Mot. K 512. 2) und → Genovefa, die im Märchen von der *schwarzen und der weißen B.* fehlen. Dafür sind in den zahlreichen Varianten des Märchens andere Motivkombinationen typisch, so daß man für die Berta-Sage und das Märchen eigene Entwicklungen annehmen kann, wobei jeweils Einflüsse aus der Spielmannsdichtung möglich sind.

[1] Roberts, W. E.: The Black and White Bride, AaTh 403, in Scandinavia. In: Fabula 8 (1966) 65–73. – [2] Lindencrone, J. F.: Folke-Eventyr, samlede af Brødrene Grimm. Kop. 1821. – [3] Roberts (wie not. 1) 78. – [4] Hanika, J.: Der Wandel Schwarz-Weiß als Erzähl- und Brauchmotiv. In: Bayer. Jb. für Vk. (1961) 46–60, hier 46. – [5] Roberts (wie not. 1). 82sq.; Ranke 2, 10–18.; Kolberg, O.: Pokucie, obraz etnograficzny. Krakau 1889, 4,7. – [6] Landau, M.: Die Erdenwanderungen der Himmlischen und die Wünsche der Menschen. In: Zs. für vergleichende Lit.geschichte 14 (1901) 1–41. – [7] BP 3, 91sq.; Roberts, W. E.: The Tale of the Kind and the Unkind Girls [. . .]. B. 1958, 92, 97sq. – [8] Geißler, F.: Brautwerbung in der Weltlit. Halle (Saale) 1955, 3; 26sq.; 65. – [9] Chauvin 5, 132. – [10] 1001 Nacht 4, 308; 5, 258–260; 6, 395. –

[11] Wells, J. E.: A Manual of the Writings in Middle English 1050–1400. New Haven 1916. – [12] Geißler (wie not. 8) 15. – [13] BP 3, 91; HDM 1, 308. – [14] BP 3, 91sq. – [15] Geißler (wie not. 8) 50–55. – [16] 1001 Nacht 3, 399; 5, 353sq.; 5, 755sq.; Tristan. ed. R. Bechstein. Lpz. [5]1930, 319, 332. – [17] BP 3, 86. – [18] Saxo Grammaticus 7. ed. P. Herrmann. Lpz. 1921, 318sq. – [19] Arfert, P.: Das Motiv von der unterschobenen B. in der internat. Erzählungslitteratur. (Diss. Rostock 1897) Schwerin 1897. – [20] Becker, M. L.: Die Liebe im dt. Märchen. Lpz. 1901; HDM 1, 306. –

[21] Wisser, W.: Die Stieftochtermärchen in Holstein. In: Ndd. Zs. für Vk. 2 (1924) 153–158. – [22] Geißler (wie not. 8) 63sq.; Arfert (wie not. 19) 43sq. – [23] cf. Delarue/Tenèze 2, 53. – [24] BP 3, 87sq.; Roberts (wie not. 1) 78. – [25] BP 3, 89–91. – [26] Kolberg, O.: Lud, jego zwyczaje, sposob życia, movoa podania [. . .] 8. W. 1875, num. 22; Weryho, W.: Podania białoruskie. Lemberg 1889, num. 22; Bechstein, L.: Dt. Märchenbuch. Lpz. 1845, 225; Delarue/Tenèze 2, 53; Basile 4, 7. – [27] BP 1, 108. – [28] Arfert (wie not. 19) 7, 39. – [29] ibid., 62. – [30] Voretzsch, C.: Das Merowingerepos und die fränk. Helden-

sage. In: Philolog. Studien. Festg. E. Sievers. Halle (Saale) 1896, 53–111, hier 75. –

[31] Röhrich, Märchen und Wirklichkeit, 102. – [32] Sartori, P.: Sitte und Brauch 1. Lpz. 1910; Usener, H.: Ital. Mythen. In: Rhein. Museum für Philologie (1875) 183sq. – [33] Ehrenzweig A.: Die Scheinehe in europ. Hochzeitsbräuchen. In: Zs. für vergleichende Rechtswiss. 21 (1908) 267sq. – [34] Röhrich (wie not. 31). – [35] Geißler (wie not. 8) 26sq., 63sq. – [36] Roeder, G.: Altägypt. Erzählungen und Märchen. MdW 1927, 103. – [37] Peuckert, W.-E.: Ente. In: HDM 1, 538. – [38] Röhrich (wie not. 31) 88. – [39] BP 3, 92. – [40] BP 3, 86.

Var. n: Ausw. von Fassungen, die bei BP, AaTh 403: The Black and the White Bride und in den not. nicht aufgeführt sind: NORDEUROPA: Klein, R.: Michel, der Mann und andere finn. Volksmärchen. Kuppenheim 1946, 55–64. – id.: Das weiße, das schwarze und das feuerrote Meer. Kassel 1966, 162–173. – Szabó, L.: Kolalapp. Volksdichtung 2. Göttingen 1968, num. 3 und 7. – Levinsen, N.: Folkeeventyr fra Vendsyssel. Kop. 1958, num. 26. – WESTEUROPA: Boulenger, J.: Les Contes de ma cuisinière. P. 1935, 61–63. – Polain, E.: Il était une fois. P. 1942, num. 10. – Begegnung der Völker im Märchen 1: Frankreich-Deutschland. Zusammenstellung und Bearb. M.-L. Tenèze/ G. Hüllen. Münster 1961, num. 10. – Soupault, R.: Frz. Märchen. MdW 1963, 288–291. – Arnaudin, F.: Contes populaires de la Grande-Lande. Bordeaux 1966, num. 61. – Merkelbach-Pinck, A.: Volkserzählungen aus Lothringen. Münster 1967, 120–122. – Haiding, K.: Österreichs Märchenschatz. Wien 1953, num. 18. – MITTEL-, OSTEUROPA: Neumann, S.: Mecklenburg. Volksmärchen. B. 1971, num. 79. – Nedo, P.: Sorb. Volksmärchen. Bautzen 1956, num. 52a. – Kapełus, H./Krzyżanowski, J.: Sto basni ludowych. W. 1959, num. 23. – Tille, V.: Soupis ceských pohádek 2, 1. Prag 1934, 225–234. – Lintur, P. V.: Ukr. Volksmärchen. B. 1972, num. 40. – Bazanov, V. G./Alekseeva, O. B.: Velikorusskie skazki. M. 1964, num. 71. – ASIEN: Achundov, A.: Azerbajdžanskie skazki. Baku 1955, 230–240. – Dolidze, N. J.: Gruzinskie narodnye skazki. Tiflis 1956, num. 47. – Die Zauberkappe. Georg. Märchen. B. 1959, 50–58, 229–234. – Ševerdin, M. J.: Uzbekskie narodnye skazki 2. Taškent 1963, 79–85. – Hoogasian-Villa, S.: 100 Armenian Tales. Detroit 1966, num. 33. – SÜDEUROPA: Alcover, A. M.: Aplec de rondaies mallorquines 7. Palma de Mallorca s. a., 5–19. – Espinosa 1, num. 113. – Amades, J.: Contes catalans. P. 1957, num. 16. – Larrea Palacín, A. de: Cuentos populares de Andalucia 1. Madrid 1959, num. 89. – Pitrè, G.: Novelle popolari toscane 1. Roma 1941, num. 8, 2. – Tošev, K.: Makedonske narodne pripovijetke. Sarajevo 1954, 46–48. – Kovács, Á.: Kalotaszégi népmesék. Bud. 1943, t. 1, num. 35; t. 2, num. 67. – Tietz, A.: Das Zauberbründl. Märchen aus den Banater Bergen. Buk. 1958, 103–109, 264–268. – id.: Wo in den Tälern die Schlote rauchen. Buk. 1967, 443–451. – Haralampieff, K.: Bulg. Volksmärchen. MdW 1971, num. 21. – AMERIKA: Rael, J. B.: Cuentos españoles de Colorado y Nuevo Méjico. Stanford, Cal. [um 1956] num. 106, 108, 113, 115. – Wheeler, H. T.: Tales from Jalisco-Mexico. Phil. 1943, num. 49, 55, 59–61. – Pino-Saavedra 1. num. 53; 3, num. 249. – NORDAFRIKA: Scelles-Millie, J.: Contes arabes du Maghreb. P. 1970, 208–222. – Noy, D.: Jefet Schwili erzählt. B. 1963, num. 24. – Jahn, Samia al Azharia: Arab. Volksmärchen. B. 1970, num. 17, 18. – ASIEN: Družinina, E. S.: Kurdskie skazki. M. 1959, 29–33. – Subhî Muhtadî: Persidskie skazki. M. 1956, 13–22. – Christensen, A.: Pers. Märchen. Düsseldorf/Köln 1958, num. 7. – Borooah, J.: Folk Tales of Assam. Gauhati [2]1955, 104–121. – Htin Aung, Maung: Burmese Folk-Tales. L./ N. Y. [2]1954, 133–138. – Mode, H./Ray, A.: Bengal. Märchen. Ffm. (1967) 286–295. – Ramos, M.: Tales of Long Ago in the Philippines. Manila 1953, 113–117.

Berlin Marianne Rumpf

Braut: Die unterschobene B. → Braut, Bräutigam

Braut: Die vergessene B. → Braut, Bräutigam

Bräutigam: Der dumme B. (AaTh 1685), gemeineurop. Schwankthema mit einem Protagonisten, der seine Dummheit, meist als Freier, in einer oder mehreren Episoden unter Beweis stellt. AaTh führt einige der wichtigsten Motive unter dem Typ 1685 auf:

Inhalt: Mot. J 2462.1. Der im Hause allein zurückgelassene Dumme bekommt den Auftrag, das Essen unter Verwendung bestimmter Zutaten anzurichten. Ihre Bezeichnung ist mit den Namen der Haustiere identisch (Hund, Katze; Name meist Petersilie). Der Koch würzt das Mahl durch Beifügung der Tiere.
Mot. J 2465.5. Er erhält den Auftrag, einen Raum sauberzumachen, nimmt das Ansinnen wörtlich und wirft sämtliches Inventar hinaus.
Mot. J 2462.2. Getreu dem guten Ratschlag, bei der Brautschau ein Auge auf die Mädchen zu werfen, sticht er Tieren (häufig Schafen) die Augen aus und bewirft damit ausgiebig die Erwählte. Wo diese Handlung nicht für die originelle Umsetzung einer sprichwörtlichen Redensart gehalten wird, bedeutet es für ihn meist den Fehlschlag bei der Werbung.

Mot. K 1223.1. In der Hochzeitsnacht bittet die Braut, kurz hinauszudürfen. Der mißtrauische Mann bindet sie dazu an ein langes Seil. Sie substituiert einen Ziegenbock. Im dunklen Schlafraum merkt der Bräutigam den Austausch erst spät. Die anatomischen Unterschiede (Bart, Hoden, Hörner) und merkwürdigen Verhaltensweisen dessen, was er in den Armen hält, werden durch Zuruf von der ebenfalls ahnungslosen Mutter jeweils auf andere Körperteile bezogen und so als normale Eigenheiten der Braut erklärt.

Motivverbindungen. Die bei AaTh 1685 angegebenen Schwankmotive treten nahezu nie gemeinsam auf. In seltenen Fällen bildet jedes Einzelmotiv eine in sich geschlossene Erzählung, normalerweise aber geht es mit anderen Typen Verbindungen ein. Bevorzugt werden dabei AaTh 1000–1029 aus der Gruppe *Tales of the Stupid Ogre*, wobei statt des Unholdes ein dummer Mensch figuriert, sowie 1200–1349: *Numskull Stories*, 1350–1439: *Stories about Married Couples*, 1525–1539: *The Clever Man*, 1640–1674: *Lucky Accidents* und 1675–1724: *The Stupid Man*. Über 100 verschiedene Typen- und Motivkombinationen liegen vor, am häufigsten mit

AaTh 1000: → *Zornwette*. – AaTh 1002: → *Eigentum des Unholds zerstört*. – AaTh 1003: *Plowing*. – AaTh 1004: → *Schwänze auf der Erde*. – AaTh 1005: *Building a Bridge or Road*. – AaTh 1006: → *Augenwerfen*. – AaTh 1008: → *Wörtlich nehmen*. – AaTh 1029: *Frau als Kuckuck im Baum*. – AaTh 1218: → *Eierbrüter*. – AaTh 1387: → *Kluge Else*. – AaTh 1408: → *Hausarbeit getauscht; Mißverständnisse*. – AaTh 1642: *Der gute* → *Handel*. – AaTh 1643: → *Geld im Kruzifix*. – AaTh 1653 A: → *Räuber unter dem Baum*. – AaTh 1681 B: *Fool as Custodian of Home and Animals*. – AaTh 1691 B: *The Suitor who Does not Know how to Behave at Table*. – AaTh 1696: (bes. häufig) → *„Was hätte ich sagen (tun) sollen?“*

AaTh 1685 kann daher kaum als eigenständiger Typ gewertet werden. Die unter diese Typennummer gestellten Einzelmotive ordnen sich jeweils einem zentralen Thema unter; dem des 'Dummen', (→ Dummheit), bes. in der dominierenden Ausprägung als d.B. bei der Werbung, aber auch des Dummen als Haushälter, oder der *Zornwette* (AaTh 1000). Der durch das Zentralthema abgesteckte Freiraum kann mit beliebig vielen verschiedenen Versatzstücken aus den oben genannten Erzählbereichen gefüllt werden, wobei nicht immer ein d.B. auftreten bzw. die Erzählung von einem d.B. nicht notwendig Motive aus AaTh 1685 aufweisen muß. J. Bolte und G. Polívka haben durch ihren Kommentar zu KHM 32: *Der gescheite Hans*[1], in dem jedoch AaTh 1696 dominiert, wesentlich dazu beigetragen, daß sich die Idee vom Erzähltyp eines d.B.s durchgesetzt hat.

Neben Ausformungen zu reinen Schwänken und Schwankmärchen finden sich Teile aus AaTh 1685 auch als Motive eigentlicher Märchen, z. B. in Rußland (AaTh 956 B: *Das tapfere* → *Mädchen und die Räuber*)[2], Griechenland (AaTh 123: → *Wolf und Geißlein*)[3] und Tirol (AaTh 500: → *Name des Unholds*)[4]. Einen bes. regionalen Zusatz erfährt die Ziegenbockepisode in Skandinavien: Als der getäuschte d.B. die Flucht gewahr wird, sucht er das Mädchen zu verfolgen, wobei er im Dunkeln sowohl die Braut für andere Gegenstände als auch weitere Objekte für die Flüchtige hält[5]. Ebenfalls im skand. Bereich, aber auch anderswo, findet sich unter den Annäherungsvorschlägen der Mutter des d.Bs ein eher in die Nähe von AaTh 1696 zu stellender Hinweis, die Braut dort zu tätscheln, wo sie sich am meisten wehre. Der 'literal fool' (cf. → Wörtlich nehmen) konzentriert sich in seinen Bemühungen dann auf den wunden Finger oder andere lädierte Körperteile der Braut[6].

Verbreitung und Alter. Gleich nach Ausgang des MA.s findet sich der d.B. ausgezeichnet belegt, in lat. Sprache zunächst bei Heinrich Bebel (1514), Johannes Gast (1541) und Georg Viviennus (1563)[7], in dt. Sprache u. a. bei Johannes Pauli (1545), Jakob Frey (1556) und Hans Wilhelm Kirchhof (1563)[8]. Auch Frankreich und die Niederlande kennen bereits im 16. Jh.[9] das Thema, welches zu der Zeit weitgehend beschränkt bleibt auf die Typenverbindung AaTh 1218+1387+1696. Die in der Spätrenaissance verhältnismäßig unvermittelt einsetzende schriftliche Fixierung läßt auf eine weiter zurückreichende mündliche Überlieferung schließen. Im folgenden bleibt die Tradition bis heute ungebrochen.

Die Ausprägungen des Erzählthemas finden sich, landschaftlich wenig ökotypisch abgewandelt, ohne geogr. und nennenswerte typol. Schwerpunkte im gesamteurop. und kulturhist. von Europa abhängigen Bereich. Darüber hinaus sind Belege nur aus Indien bekannt[10].

Handlungsträger. Die Hauptgestalt ist bis auf wenige Ausnahmen[11] ein unverheirateter junger Bursche, der bei der Brautsuche meist von seiner (verwitweten) Mutter beraten wird und einen für die jeweilige Sprache sehr häufigen Namen trägt (Hans, Jean, Janos), dem öfter das Epitheton 'dumm' vorangestellt wird. Die Figur ist damit von vornherein als Stereotyp abgestempelt. In der *Zornwetten*-Version (AaTh 1000) sind gewisse Berührungspunkte mit dem *Starken Hans* (AaTh 650 A^1 III) erkennbar; der Protagonist kann auch diesen Namen tragen[12]. Im Kontrast zum Dummen steht die Braut, die teilweise den ausgesprochenen Oberschichten zugerechnet werden muß. Trotz sozialer und geistiger Unterschiede, thematisch oft unmotiviert, aber erzählerisch gerechtfertigt, weil dadurch die gewitztere Frau zur Betonung der typischen Unter/Überlegenheitskonstellation des Schwanks verstärkend eingesetzt werden kann, führt die tölpelhafte Werbung zum (wenigstens zeitweiligen) Erfolg. Eine andere Steigerung der komischen Pointierung, hier durch Doppelung der Mittel, ergibt sich, wenn dem d.B. eine ebensolche Braut zur Seite gestellt wird[13]. Konfliktbildendes Element für alle jene Ausformungen des Stoffes, in denen ein Dummer auftritt, ist die Nichtbewältigung der Realität, verbunden mit handfester Erotik bes. im Ziegenbocksubstitutionsmotiv.

Wo immer die Motive es interpretatorisch zulassen, findet sich aber auch der Schalksnarr, der sprachlich mehrdeutige Anweisungen bewußt mißversteht[14]. Dies trifft speziell für die Eulenspiegelversionen zu, in denen es um den Hund namens 'Hopfen' geht (Mot. J 2462.1)[15]. Ausgesprochen schlaue Protagonisten dagegen bieten dem geizigen Dienstherrn (Bauer, Pfarrer, Junker) Paroli in den Zornwetten-Verbindungen[16]. Ebenfalls dort begegnet als typische Märchengestalt der → Dümmling: der dumm geglaubte, in Wirklichkeit aber erfolgreichste jüngste dreier Brüder[17]. Die geistige Potenz der 'Helden' oszilliert zwischen Dummheit, Naivität, Narrheit, Schalkhaftigkeit, Witz und intelligentem Einfallsreichtum.

Gattungszuordnung. Das Thema des d.B.s bzw. AaTh 1685 konkretisiert sich in Witz[18], Schwank, Schwankmärchen und als Teil eigentlicher Märchen, wenn diese stark voneinander abgesetzte Episoden aufweisen, weshalb sie teilweise unpräzise als Doppelmärchen bezeichnet wurden[19] (die Benennung müßte zumindest durch 'Tripelmärchen' etc. komplementiert werden). Aber auch dort verliert das Thema seine Schwankhaftigkeit nie völlig. Die Zuordnung erweist sich als weitgehend abhängig von der Wahl des Protagonisten: Handelt es sich um Dumme (d.B.) oder Eulenspiegelgestalten, so ist die Erzählung ein Schwank, bei der Wahl eines Dümmlings jedoch ein Schwankmärchen, das sich wiederum eigentlichen Märchen als Episode angliedern kann[20]. Tritt der Dumme auf, liegt der Struktur nach meist ein 'Steigerungstyp'[21] vor: Die Handlungen des Protagonisten führen seiner Umwelt gegenüber zu einem einmaligen, endgültigen (Schrumpftyp[22]) oder wiederholten Unterlegenheitsverhältnis (Steigerungstyp). Die Versionen mit Schalk oder Dümmling folgen dem 'Ausgleichstyp'[23], so z. B. in Verbindung mit der *Zornwette*: Der zunächst Unterlegene (durch Abhängigkeit von einem harten Dienstherren) handelt geschickt und erreicht eine Umkehrung des bis dahin bestehenden Verhältnisses. Lacht man in letzterem Falle über die einfalls- und listenreiche Bewerkstelligung der Umkehrung, so ist bei den Fehlhandlungen des eigentlich Dummen das Lachen eher Ausdruck einer kindlich retardierten, unreflektierten Geisteshaltung. Themen dieser Art werden deshalb heute auch weitgehend nur mehr von der Kinderüberlieferung rezipiert wie z. B. die Schildbürgerschwänke.

[1] BP 1, 311–322. – [2] Afanas'ev 3, num. 342 (Ziegenbockmotiv) = Guterman, N.: Russian Fairy Tales. N.Y. 1945, 419–423. – [3] Hahn, num. 85. – [4] Schneller, C.: Märchen und Sagen aus Wälschtyrol. Innsbruck 1867, num. 55. – [5] z. B. Kohl-Larsen, L. (ed.): Reiter auf dem Elch. Volkserzählungen aus Lappland. Kassel 1971, 115–118; Hackman, O.: Finlands svenska folkdiktning 2. Hels. 1920, num. 4. – [6] ibid. – [7] BP 1, 311. – [8] ibid. – [9] Qu.nangaben v. BP 1, 314. – [10] Thompson/Roberts 1685.– [11] z. B. Henssen, G.: Berg. Märchen und Sagen. Volkserzählungen. Münster 1961, num. 50 (Ehemann); Krauss, F. S.: Tausend Märchen und Sagen der Südslaven 1. Lpz. 1914, num. 31 (3 Ehefrauen), num. 109 (unverheiratete Zigeunerin); Wigström, E.: Skånska Visor, Sagor och Sägner. Lund 1880, 28–30 (junge Ehefrau); Keller, W.: Am Kaminfeuer der Tessiner. Bern [²1963] 120–122 (Waise); Afanas'ev 3, num. 342 (kluges Mädchen). – [12] Benzel, U.: Volkserzählungen aus dem nördl. Böhmerwald. Marburg 1957, num. 258. – [13] Henssen (wie not. 11) num. 73. – [14] z. B. Mél. 1. ed. H. Gaidoz / E. Rolland. P. 1878, 279sq.; Paasonen, H. / Ravila, P.: Mordwin. Volksdichtung 3. Hels. 1941, 308–316; Henssen, G.: Vom singenden klingenden Baum. Dt. Volksmärchen. N. F. Stg. 1944, 51sq. – [15] z. B. id.: Volksmärchen aus Rheinland und Westfalen. Wuppertal-Elberfeld 1932, 81–86; Debus, O.: Till Eulenspiegel in der dt. Volksüberlieferung. Diss. Marburg 1951, num. A 47; Selk, P.: Volksschwänke und Anekdoten aus Angeln. Hbg 1949, num. 111. – [16] z. B. Wiepert, P.: Volkserzählungen von der Insel Fehmarn. Neumünster 1964, num. 162; Grannas, G.: Plattdt. Volkserzählungen aus Ostpreußen. Marburg 1957, num. 38; Bünker, J. R.: Schwänke, Sagen und Märchen in heanz. Mundart. Lpz. 1906, num. 4. – [17] z. B. Bošković-Stulli, M.: Narodne pripovijetke [...] Sinjske krajine. In: Narodna umjetnost [...] 5/6 (1968) 303–432, hier 355–358; Gaál, K.: Die Volksmärchen der Magyaren im südl. Burgenland (Fabula. Suppl.-Serie A, t. 9). B. 1970, num. 54; Haiding, K.: Märchen und Schwänke aus Oberösterreich. B. 1969, num. 1; Kristensen, E.T.: Fra Bindestue og Kølle. Jyske Folkeæventyr 2. Kop. 1897, num. 1; Meier, E.: Dt. Volksmärchen aus Schwaben. Stg. 1852, num. 52. – [18] Legman, G.: Der unanständige Witz. Hbg 1970, 119–123. – [19] Kahlo, G.: Doppelmärchen. In: HDM 1, 400sq. – [20] v. not. 2–4. –
[21] Bausinger, H.: Bemerkungen zum Schwank und seinen Formtypen. In: Fabula 9 (1967) 118–136, hier 127. – [22] ibid., 134. – [23] ibid., 126sq.

Typenverz.se (soweit nicht bei AaTh 1685 aufgeführt): Ó Súilleabháin/Christiansen 1685. – Jason 1685. – DBF A2, 21sq., 357. – Robe, S. L.: Index of Mexican Folktales. Berk./L.A./L. 1973, 1685. – Rausmaa, P.-L. (ed.): A Catalogue of Anecdotes [...] in the Folklore Archives of the Finnish Literature Soc. Turku 1973, 1685. – Hoffmann, F.: Analytical Survey of Anglo-American Traditional Erotica. Bowling Green, Ohio 1973, Mot. J 2462.4–6. – Arājs, K. / Medne, A.: Latviešu pasaku tipu rādītājs. Riga 1977, 1685 (zahlreiche Var.n).

Var.n (soweit in AaTh, BP, Typenverz.sen und den not. nicht angegeben): LAPPISCH: Qvigstad, J.: Lappiske eventyr og sagn 2. Oslo 1928, num. 60; t. 3 (1929) num. 100. – SCHWEDISCH: Wigström, E.: Sagor ock äfventyr uppstecknade i Skone. Sth. 1884, 111–113. – Hackman, O.: Finlands svenska folkdiktning 2. Hels. 1920, num. 5–11 und 256. – Bødker, L. / Hole, C. / D'Aronco, G.: European Folktales Kop. 1963, 28–33. – NORWEGISCH: Mauland, T.: Folkeminne fraa Rogaland. Oslo 1928, num. 11. – Kvideland, R.: Norske eventyr. Bergen/Oslo/Tromsø 1972, num. 60. – DÄNISCH: Skattegraveren 9 (1889) num. 554. – Kristensen, E.T.: Aeventyr fra Jylland 4. Kop. 1897, num. 74. – id.: Fra Bindestue og Kølle. Jyske Folkeæventyr. Kop. 1897, num. 1. – Levinsen, N.: Folkeeventyr fra Vendsyssel. Kop. 1958, num. 7. – Christensen, N.: Folkeeventyr fra kær herred. Kop. 1965–67, num. 19. – FRANZÖSISCH: Sébillot, P.: Littérature orale de la Haute-Bretagne. P. 1881, num. 11. – Seignolle, C.: Contes populaires de Guyenne 2. P. 1946, num. 65. – Cadic, F.: Contes de Basse-Bretagne. P. 1955, num. 15, 20. – Schulte-Kemminghausen, K. / Hüllen, G. (edd.): Märchen der europ. Völker 4. Münster 1963, num. 1. – Fabre, D. / Lacroix, J.: Histoires et légendes du Languedoc mystérieux. P. 1970, 245–253. – PORTUGIESISCH: RE 5 (1965) num. 90, 92. – NIEDERLÄNDISCH: Vkde 4 (1891) 44–47. – FLÄMISCH: de Meyere, V.: De Vlaamsche Vertelselschat 2. Antw. 1927, num. 117. – DEUTSCH: Texte im EM-Archiv (mit num.): Talitz, Kurtzweiliger Reyßgespan 1663 (2598); Kobolt, Schertz und Ernst 1747 (4614). – Schulenburg, W. von: Wend. Volksthum in Sage und Sitte. B. 1882, 25. – Bll. für Pommersche Vk. 7 (1899) 161–163. – Kosch, M.: Märchen aus Mähren. Kremster 1899, num. 7. – Bll. für Pommersche Vk. 9 (1901) 26sq. – Lichtenfeld, K.: Märchen in der Mundart aus dem Geltschgau. Leitmeritz 1929, 33–45. – Zender, M.: Volksmärchen und Schwänke aus der Westeifel. B. 1935, num. 67. – Nord, R.: Plattdt. Volksmärchen aus Waldeck. Korbach 1939, 25–27. – Dittmaier, H.: Sagen, Märchen und Schwänke von der unteren Sieg. Bonn 1950, num. 437, 445. – Dietz, J.: Lachende Heimat. Bonn 1951, num. 23. – Schlosser, P.: Bachern-Sagen. Volksüberlieferungen aus der alten Untersteiermark. Wien 1956, num. 101. – Nedo, P.: Sorb. Volksmärchen. Bautzen 1956, num. 82. – Henssen, G. (ed.): Mecklenburger erzählen. Märchen, Schwänke und Schnurren aus der Slg R. Wossidlos. B. 1957, num. 106. – Neumann, S. (ed.): Volksschwänke aus Mecklenburg. Aus der Slg R. Wossidlos. B. 1963, num. 330. – Benzel, U.: Volkserzählungen aus dem nördl. Böhmerwald. Marburg 1957, num. 260 und 266sq. – id.: Sudetendt. Volkserzählungen. Marburg 1962, num. 187. – Henssen, G.: Volkserzählungen aus dem westl. Niedersachsen. Münster 1963, num. 73. – Cammann, A.: Dt. Volksmärchen aus Rußland und Rumänien [...]. Göttingen 1967, num 28. – Haiding, K.: Märchen und Schwänke aus Oberösterreich. B. 1969, num. 66, 79. – ITALIENISCH: Busk, R. H.: Folk-Lore of Rome. L. 1874, 396–398. – Toschi, P. / Fabi, A.: Buonsangue romagnolo. Racconti di animali. Scherzi. Aneddoti. Facezie. Bologna 1960, num. 85. – MALTESISCH: Ilg, B.: Maltes. Märchen und Schwänke [...] 1. Lpz. 1906, num. 99. – UNGARISCH: Kovács, Á.: Kalotaszégi népmesék 1. Bud. 1943, num. 21 = Ortutay, G.: Ung. Volksmärchen. B. 1957, num. 30. – ibid., num. 20. – Béres, A.: Rozsályi népmesék. Bud. 1967, num. 89. – TSCHECHISCH: Jech, J.: Lidová vyprávění z Kladska. Z úst lidu zapsal. Praha 1959, num. 213, 221. – POLNISCH: Kapełuś, H. / Krzyżanowski, J.: Sto basni ludowych. W. 1957, num. 92. – RUSSISCH: Barag, L. G. (ed.): Beloruss. Volksmärchen. B. 1966, 335–338. – TSCHUWASCHISCH: Paasonen, H.: Gebräuche und Volksdichtung der Tschuwassen. Hels. 1949, num. 18. – MAKEDONISCH: Mazon, A.: Contes slaves de la Macédoine Sud-Occidentale [...]. P. 1923, num. 25. – GRIECHISCH: Hallgarten, P.: Rhodos. Die Märchen und Schwänke der Insel. Ffm. 1929, 138sq. – FRANKOAMERIKANISCH: Saucier, C. L.: Folktales from French Louisiana. N. Y. 1962, num. 22a. – KATALANISCH: Roure-Torent, J.: Contes d'Eivissa. Ciutat de Mexic 1948, 39–45. – MEXIKANISCH: Robe, S. L.: Mexican Tales and Legends from Los Altos. L. A./L. 1970, num. 133. – ISRAELISCH-JEMENITISCH: Noy, D.: Jefet Schwili erzählt. B. 1963, num. 140.

Lit.: Köhler/Bolte 1, 97–100. – Thompson, Folktale, 203. – Krzyżanowski, J.: Słownik folkloru polskiego. W. 1965, 123sq. (Głupi Gała).

Göttingen Rainer Wehse

Bräutigam, Räuber und Liebhaber
→ Handlung: Die vornehmste H.

Brautproben: (AaTh 1451—1461, 1463). Eheschließungen waren bis ins 19. Jh. weniger von der personalen Liebesbeziehung der Partner als von praktischen Erwägungen bestimmt, in Adelskreisen von dynastischem und politischem Kalkül, in bürgerlichen und bäuerlichen Schichten weitgehend von wirtschaftlichem Interesse. Dies spiegelt sich deutlich in Volkserzählungen, die von der Brautschau und von der Wahl des Freiers handeln[1].

Auch wo es nicht um B. im eigentlichen Sinn geht, zielt der Handlungsablauf vieler Märchen darauf hin, die Eignung eines Mädchens für ihre künftigen Aufgaben als Ehefrau unter Beweis zu stellen. Fleiß und hausfrauliche Tüchtigkeit kennzeichnen positive weibliche Märchenfiguren, so etwa die Goldmarie im Märchen von der *Frau Holle* (KHM 24; AaTh 480: *Das gute und das schlechte → Mädchen*), die im Gegensatz zu ihrer Stiefschwester bei der Apfelernte, am Backofen und beim Bettenmachen bereitwillig zupackt, ebenso das Mädchen in *Der Liebste Roland* (KHM 56), das im Haus des Schäfers kehrt und putzt, Wasser trägt, Feuer macht, kocht etc. In der Erzählung vom → *Haus im Walde* (AaTh 431) muß sich die brave jüngste dreier Schwestern bei der sorgsamen Betreuung der Tiere bewähren. Im Märchen vom *Rumpelstilzchen* (KHM 55; AaTh 500: → *Name des Unholds*) prahlt der Müller mit der Fähigkeit seiner Tochter, aus Stroh Gold spinnen zu können; die Probe darauf besteht sie nur mit Hilfe des dämonischen Helfers. Ähnlich verhält es sich im Typ *Die drei → Spinnfrauen* (AaTh 501).

Immerhin sind im Märchen auch ideelle Eigenschaften der Braut, wie Schönheit, Herzensgüte, Treue und Standhaftigkeit von Bedeutung. Prüfungen der Zukünftigen beziehen sich auch auf → Zeichen edler Herkunft, wie etwa im Märchen von der → *Prinzessin auf der Erbse* (AaTh 704) übermäßige Empfindlichkeit die echte Königstochter ausweist. In der ma. Erzählung von der Kästchenwahl hat sich das Mädchen zwischen Gold, Silber und Blei zu entscheiden und beweist mit der Wahl des Bleikästchens Bescheidenheit und Klugheit zugleich[2]. Die Schuhprobe im *Aschenputtel* (KHM 21; AaTh 510 A: → *Cinderella*) dient als → Erkennungszeichen der rechten Braut. In Varianten zum Märchentyp vom → *Tierbräutigam* verrät die Magd als unterschobene → Braut durch unbedachte Äußerungen über frühere Tätigkeiten oder das unkönigliche Handwerk ihres Vaters ihre niedere Abkunft, während die Prinzessin sich weigert, mindere Arbeiten zu verrichten und sich so als die rechte Braut ausweist.

Als selbständiges Motiv begegnen B. vor allem im Schwank. Sie beziehen sich hier zumeist eindeutig auf praktische Eigenschaften der Braut, die für das künftige gemeinsame Wirtschaften wichtig sind: auf Sparsamkeit, Fleiß und Ordnungssinn. Die Pointe der Erzählung liegt häufig darin, daß sich die angepriesenen Fähigkeiten als trügerisch erweisen, der Test negativ ausfällt und der Freier das Weite sucht. Es ist charakteristisch für die patriarchalisch orientierte Gesellschaft, daß nur die Bräute so konkreten Eignungsprüfungen unterzogen werden. → Freiersproben haben weniger realistische Züge, sind entweder → Aufgaben, die nicht ohne zauberische Kräfte gelöst werden können, oder erfordern, wie etwa das Rätselraten, eher intellektuelle Fähigkeiten.

Für die Brauchbarkeit der künftigen Hausfrau ist ihre Sparsamkeit im Umgang mit dem Hausbedarf ausschlaggebend. In Nord-, West-, Mittel- und Osteuropa und im anglo-amerik. Bereich bekannt ist der Schwank von der Käseprobe (AaTh 1452)[3]: Der Freier beobachtet, wie sich drei Mädchen beim Käseessen verhalten; die erste ißt ihn mit der Rinde, die zweite schneidet guten Käse weg, erst die dritte erweist sich als sorgfältig und sparsam. Dasselbe ergibt sich bei der → Apfelprobe (Mot. H 381.2.1)[4]: Nur die den Apfel richtig zu schälen versteht, ist die rechte Braut. Nach einer engl. Variante sucht der Freier ein Mädchen, das genau eine halbe Tasse Tee eingießen kann; die einzige, die diesen Test besteht, verrät allerdings hernach, daß nicht mehr Tee in der Kanne gewesen sei[5]. Bes. Sparsamkeit beweist ein Mädchen, das alle Flachsreste – nach der Grimmschen Version (KHM 156) die ,,Schlickerlinge" – aufsammelt, die seine Schwester achtlos liegen ließ, um sich daraus einen Rock zu weben; als der Freier davon erfährt, läßt er seine faule Braut stehen und heiratet die fleißige (AaTh 1451)[6].

Überhaupt müssen Mädchen ihre Tüchtigkeit oft am Spinnen und Weben, also an den früher für die Selbstversorgung des Haushalts bes. wichtigen Aufgaben der Hausfrau beweisen. Im gesamten skand. Bereich, in Norddeutschland und Belgien, in Rußland, Serbien, Kroatien und Ungarn ist die Schlüsselprobe (AaTh 1453)[7] verbreitet: Ein Freier steckt dem angeblich so fleißigen Mädchen in den Flachs einen Schlüssel; als er ihn nach Tagen dort noch findet, ist die faule Braut entlarvt. Auch hier gibt es Versionen mit dreifacher Wiederholung und → Achtergewicht: Der Mann testet drei heiratslustige Mädchen, nur die fleißige Jüngste entdeckt den Schlüssel und profiliert sich als die Richtige. Nach finn. Überlieferung prahlt ein Mädchen mit bes. Fertigkeit beim Weben, doch fällt ihr in der Eile fortwährend das Schiffchen aus der Hand (AaTh 1453 A)[8]. Einem Mißverständnis erliegt der Freier, dem bedeutet wird, das Mädchen schaffe sehr viel an einem Tag: Er denkt an abgesponnene Wocken, in Wahrheit ist sie nur beim Auslöffeln vieler Breitöpfe so eifrig (AaTh 1454*)[9]. Als trügerisch erweist sich auch die von der Mutter gepriesene Bescheidenheit des Mädchens im Typ *Die schwache → Esserin* (AaTh 1373 A, 1458): Als der Freier sie heimlich in der Küche beobachtet, sieht er, daß sie sehr wohl tüchtig essen kann. In Versionen älterer dt. Schwankbücher wird behauptet, die sparsame Braut esse nur ganz wenig Brot; hernach stellt sich heraus, daß sie dafür um so mehr Wein trinkt[10].

Viele B. beziehen sich auf den Ordnungssinn der Zukünftigen. Die Magd, die mehrmals über den Besen steigt, ohne ihn aufzuheben, besteht den Test sicherlich nicht[11]. Verräterisch ist auch, wenn die Braut drei Wochen nach dem Backen noch Teig unter den Fingernägeln hat (AaTh 1453***)[12]. In anderen, in Schweden und Norwegen bekannten Varianten sagt der Freier beiläufig, daß er alte Teigreste oder Bettenstaub als Heilmittel ins Pferdefutter mischen wolle; es spricht nicht eben für einen ordentlichen Haushalt, wenn das Mädchen dergleichen anzubieten hat (AaTh 1462*). Nach einem im Baltikum, in Rußland, Skandinavien und Irland verbreiteten Schwank besucht der Schwiegervater als Bettler verkleidet das Haus der Zukünftigen und stellt dort

Armut, Unsauberkeit oder Hartherzigkeit fest (AaTh 1455)[13]. Dem Freier Reichtum vorzutäuschen, ist das ängstliche Bemühen armer Leute einer in Skandinavien bekannten Erzählung (AaTh 1459**)[14].

In einer anderen Gruppe von Schwänken geht es darum, körperliche Gebrechen der Braut zu vertuschen. Nach dem in Deutschland, in Nord-, Ost- und Südosteuropa und in Nordamerika verbreiteten Typ AaTh 1456[15] ist das Mädchen halb blind oder zumindest arg kurzsichtig. Die Mutter versucht, diese Behinderung zu überspielen, indem sie mit Wissen der Tochter eine Nadel ins Heu steckt, die diese auch prompt findet; hernach aber hält sie die Butter oder die Kaffeekanne auf dem Tisch für die Katze, will sie verscheuchen und verrät so ihre Kurzsichtigkeit. In einzelnen südosteurop. Varianten nimmt diese Erzählung eine obszöne Wendung: Der listige Freier entblößt seinen Hintern und hält ihn dem blinden Mädchen zum Kuß hin; sie fällt darauf herein und wundert sich über den üblen Mundgeruch[16]. In ganz Europa, in der Türkei, in Spanisch-Amerika und auch in Japan ist der Typ AaTh 1457 von den drei lispelnden Mädchen[17] überliefert: Um ihren Sprachfehler zu verbergen, verbietet die Mutter ihnen, vor dem Freier zu sprechen; in einem unbedachten Augenblick tun sie es aber doch und machen sich nun erst recht lächerlich.

Der Spaß am Skatologischen kommt wiederum in dem als *Puella pedens* bezeichneten Typ AaTh 1453**** zum Ausdruck, der in Skandinavien, Estland, Ungarn und vor allem im span. Sprachbereich verbreitet ist: Ein Mädchen furzt allzu leicht und gerät dadurch in peinliche Situationen: Der ihr heimlich nachgehende Bewerber zählt ihre Winde[18]. Nach einer anderen drastischen Version versucht sie, dem Übel abzuhelfen, indem sie den Hintern zustopft; sie verwendet dazu jedoch eine Feuerwehrpfeife, und diese pfeift nun mehrmals beim Tanz, so daß die Kirmesgesellschaft meint, es sei ein Feuer ausgebrochen[19]. Früh bezeugt ist die Geschichte von dem Mädchen, das sich seines häßlichen Namens wegen schämt; die Mutter gibt der Tochter einen schöneren, doch als sie so gerufen wird, reagiert sie nicht darauf, so daß man doch wieder den alten Namen gebrauchen muß (AaTh 1461)[20].

In allen B. wird die Heiratslust der Mädchen deutlich bzw. das Bestreben der Eltern, die Tochter an den Mann zu bringen, denn das Leben als → alte Jungfer galt als beschämend. Bei Schwestern geht es meist darum, welche zuerst heiraten soll, wobei der eigentliche Sinn der B. mitunter ad absurdum geführt wird. Nach dem bei Johannes Pauli und in der ital. Novellistik, in der mündlichen Tradition aber nur sporadisch bezeugten Schwank AaTh 1463[21] müssen drei Mädchen die Hände ins Wasser stecken; als Braut soll diejenige gelten, deren Hände zuerst trocknen. Die findige Jüngste behauptet, nicht heiraten zu wollen, und sie bekräftigt dies durch so lebhaft abwehrendes Winken, daß ihre Hände am schnellsten trocken werden. Auf sexuelles Wissen zielt eine andere, wiederum in älteren literar. Quellen belegte Version: Der Vater fragt seine heiratslustigen Töchter, was am schnellsten wachse; wer die beste Antwort wisse, dürfe heiraten. Die erste antwortet: „Die Kürbisse!", die zweite: „Der Hopfen!", die jüngste meint: „Das Ding des Knechtes!" und hat damit gewonnen[22].

Hier klingt an, was B. sehr wohl auch gewesen sein mögen, nämlich voreheliche Prüfungen sexueller Erfahrung und Übereinstimmung der Partner, die, wie etwa im bäuerlichen Brauch der Probenächte, die erwünschte Nachkommenschaft sichern sollten[23]. Man wird annehmen dürfen, daß solche erotischen oder auch obszönen Anspielungen in der mündlichen Überlieferung häufiger waren, als es die in eroticis vielfach voreingenommene Sammeltätigkeit des 19. und auch noch des 20. Jahrhunderts erkennen läßt.

[1] cf. Mackensen, L.: Die Brautschau. In: HDM 1, 314–316. – [2] Wesselski, MMA, 57–59, num. 18, 213. – [3] Ergänzend zu BP 3, 236: Rausmaa, P.-L.: A Catalogue of Anecdotes. Turku 1973, num. 1452; Benzel, U.: Volkserzählungen aus dem oberpfälz.-böhm. Grenzgebiet. Münster 1965, 157, num. 185; Lang-Reitstätter, M.:

Lachendes Österreich. Salzburg [2]1948, 198; Joisten, C.: Contes populaires du Dauphiné 2. Grenoble 1971, 321 sq., num. 221. – [4] Bolte, J. (ed.): Zu den von L. Gonzenbach gesammelten sicilian. Märchen. Nachträge aus dem Nachlasse R. Köhlers. In: ZfVk. 6 (1896) 161–175, hier 173, num. 90; Kahlo, G.: Apfelprobe. In: HDM 1, 92 sq. – [5] Briggs, K. M./Tongue, R. L.: Folktales of England. L. [2]1966, 100 sq., num. 49. – [6] Ergänzend BP 3,239: Nimtz-Wendlandt, W.: Erzählgut der kur. Nehrung. Marburg 1961, 158 sq., num. 95; Neumann, S. (ed.): Volksschwänke aus Mecklenburg. Aus der Slg R. Wossidlos. B. 1963, 153, num. 551. – [7] Ergänzend zu BP 3,236: Wigström, E.: Folkdiktning [...] samlad och uppttecknad i Skåne. Kop. 1880, 274–278, num. 5; Liungman 1, num. 1453, dt. Zusammenfassung: Liungman, Volksmärchen, num. 1453; Hackman, O.: Svenska folkdiktning 2. Hels. 1920, 102 sq., num. 265 (5 Fassungen); Kvideland, R.: Norske Eventyr. Bergen/Oslo/Tromsø 1972, 205 sq., num. 50; Simonsuuri, L./Rausmaa, P.-L. (edd.): Finn. Volkserzählungen. B. 1968, 134 sq., num. 91; Rausmaa (wie not. 3) num. 1453 (107 Fassungen mit Var. n); Qvigstad, J.: Lappiske eventyr og sagn 1–2. Oslo 1927–28, t. 1, 193 sq., num. 44, t. 2, 281 sq., num. 71; Meyer, G. F.: Plattdt. Volksmärchen und Schwänke. Neumünster 1925, 221 sq., num. 125; Selk, P.: Volksschwänke und Anekdoten aus Angeln. Hbg 1949, 16, num. 3; Neumann (wie not. 6) 121, num. 431; Jaarboek. ed. Koninklijke Belg. Commissie voor Vk., Vlaamse Afdeling 24 (1971) 210 sq., num. 10. – [8] Aarne, Finn., num. 1453; cf. Rausmaa (wie not. 3) num. 1453 A. – [9] Ergänzend zu den finn., norw., dt. und griech. Belegen bei AaTh cf. Schwarzien, O.: Memelländ. Sagen, Märchen und Schwänke. Kerkutwethen 1925, 92 sq., num. 57; Ruppel, H./Häger, A.: Der Schelm im Volk. Kassel 1952, 109; Simonsuuri/Rausmaa (wie not. 7) 135, num. 92; Rausmaa (wie not. 3) num. 1454* (5 Fassungen). – [10] Texte des 17. und 18. Jh.s im Archiv der EM: Exilium melancholiae 1643 (num. 344, 593); Gerlach 1647 (2281); Zincgref/Weidner 1655 (2054); Lexicon apophthegmaticum 1718 (3783). –

[11] BP 2, 237; Mackensen (wie not. 1) 315. – [12] Ergänzend zu den finn., estn., lit., schwed. und russ. Belegen bei AaTh cf. Hackman (wie not. 7); Skattegraveren 8 (1887) 37 sq., num. 31; 11 (1889) 38 sq., num. 66; Béres, A.: Rozsályi népmesék. Bud. 1967, 341 sq., num. 78. – [13] Ergänzend cf. Liungman, Volksmärchen, num. 1455. – [14] Ergänzend cf. Rausmaa (wie not. 3) num. 1459**. – [15] Ergänzend zu BP 3, 237: Busch, W.: Ut ôler Welt. Volksmärchen, Sagen, Volkslieder und Reime. Mü. 1910, 12 sq., num. 4; Meyer (wie not. 7) 166, num. 75; Wisser, W.: Plattdt. Volksmärchen N. F. MdW 1927, 85 sq.; Wiepert, P.: Volkserzählungen von der Insel Fehmarn. Neumünster 1964, 116, num. 157; Neumann (wie not. 6) 121 sq., num. 433; Bll. für pommersche Vk. 9 (1901) 56, num. 29; Aus der Heimat, für die Heimat 2 (Samotschin 1906) 31; Zender, M.: Volksmärchen und Schwänke aus der Westeifel. Bonn 1935, 78, num. 69; Merkelbach-Pinck, A.: Aus der Lothringer Meistube 2. Kassel [1943] 414 sq.; Dykstra, W.: Uit Friesland's Volksleven 2. Leeuwarden s. a., 117 sq.; Skattegraveren 11 (1889) 15, num. 18, 16 sq., num. 20, 36 sq., num. 62; Saltveig, L.: Norw. Volksmärchen. Wedel in Holstein 1945, 51 sq.; Hackman (wie not. 7) 105, num. 268b; Liungman 1, num. 1456, dt. Zusammenfassung: Liungman, Volksmärchen, num. 1456; Säve, P. A./Gustavson, H.: Gotländska sagor 2. Uppsala 1955, 80, num. 149; Simonsuuri/Rausmaa (wie not. 7) 135 sq., num. 93; Rausmaa (wie not. 3) num. 1456; Dégh, L.: Kakasdi népmesék 2. Bud. 1960, 260, num. 92; Parsons, E. C.: Folk-Lore of the Sea Islands, South Carolina. Cambridge/N. Y. 1923, 114, num. 117; Dorson, R.: Negro Tales from Pine Bluff, Arkansas, and Calvin, Michigan. Bloom. 1958, 98, num. 55 (mit weiteren Nachweisen). – [16] Anthropophyteia 6 (1909) 277 sq., num. 2; Hnatjuk, V.: Das Geschlechtleben des ukr. Bauernvolkes in Österreich-Ungarn 2. Lpz. 1912, 30 sq., num. 63. – [17] cf. Bolte, J.: Der Schwank von den drei lispelnden Schwestern. In: ZfVk. 3 (1893) 58–61, ergänzend: ZfVk. 7 (1897) 320 sq.; Sämtliche Fabeln und Schwänke von Hans Sachs 6. ed. E. Goetze/K. Drescher. Halle (Saale) 1913, 171–173, num. 953; ergänzend zu den zahlreichen Nachweisen in BP 3, 237 und AaTh: Benzel, U.: Sudetendt. Volkserzählungen. Marburg 1962, 166, num. 225; Selk (wie not. 7) 15, num. 2; Nimtz-Wendlandt (wie not. 6) 157 sq., num. 94; Grannas, G.: Plattdt. Volkserzählungen aus Ostpreußen. Marburg 1957, 150 sq., num. 45; Liungman, Volksmärchen, num. 1457; Säve/Gustavson (wie not. 15) 79, num. 148; Kohl-Larsen, L.: Reiter auf dem Elch. Volkserzählungen aus Lappland. Kassel 1971, 110–115, num. 37; Rausmaa (wie not. 3) num. 1457 (96 Fassungen); Joisten (wie not. 3) 330, num. 225; Parsons (wie not. 15) 134, num. 148; Rael, J. B.: Cuentos españoles de Colorado y Nuevo Méjico 1. Stanford s. a., 134 sq., num. 74; Cascudo, L. da C.: Contos tradicionais do Brasil. Bahia [2]1955, 320; Carvalho-Neto, P. de: Cuentos folcloricos de Ecuador. Quito 1966, 159, num. 22. – [18] cf. Hansen *1454 und weitere Nachweise bei AaTh 1453****. – [19] Hansen **1459. – [20] Herbert 3, 174, num. 87, 421, num. 83 und weitere lit., norw. und anglo-amerik. Belege bei AaTh. –

[21] Pauli/Bolte 1, 15 sq., num. 14 und 2, 259 sq. (not.); Rotunda K 95; Belege aus der dt. Schwanklit. des 17. und 18. Jh.s im Archiv der EM: Talitz, Reyßgespan 1663 (2666); Burger-Lust 1663 (11.249); Wolgemuth 1669 (13.940); Zeitvertreiber 1685 (7103); Hanß-Wurst 1712 (7646); Polyhistor 1729 (9613); Historien-Schreiber 1729 (15.571); Bienenkorb 1768 (11.249); cf. Wesselski, A.: Sommers emplastrum cornelianum. In: Euphorion 15 (1908) 7, num. 22 (mit weiteren Nachweisen). – [22] ibid. 19, num. 83, mit Hinweisen auf ähnliche Motive

im Fabliau; cf. auch die Scherzfragen mit anzüglichen Antworten in: Martin Montanus Schwankbücher (1557–1566). ed. J. Bolte (Bibl LitV 217). Tübingen 1899 (Nachdr. Hildesheim/N. Y. 1972) 356 sq., 91. – [23] Fischer, F. C. J.: Über die Probenächte der teutschen Bauermädchen. B./Lpz. 1780 (Nachdr. Berg am Starnberger See 1968).

Göttingen Elfriede Moser-Rath

Brautraub (Mot. K 1371)

1. Definition – 2. B. durch Jenseitige – 3. B. durch Tiere – 4. B. durch Menschen – 5. Begleitmotive der Entführung

1. Definition. B., in sozialgeschichtlicher Terminologie auch Raubehe genannt, ist die gewaltsame Entführung eines Mädchens oder einer Frau zwecks Eingehens einer oft erst später legalisierten Ehe. Aktivitäten ohne dieses Ziel fallen unter das Stichwort → Entführung.

Beispiele aus der Mythologie mögen diese Divergenzen evident machen: Zeus raubt in Gestalt eines Stieres Europa, die Tochter des Königs von Phönizien, bringt sie nach Kreta und zeugt dort mit ihr drei Söhne[1]. Von einer Ehe oder einem eheähnlichen Zusammenleben zwischen dem Gott und der Irdischen wird nicht gesprochen. Es handelt sich also um ein Motiv der Ent- und Verführung. Persephone dagegen wird beim Spiel mit den Ozeaniden von Hades-Pluto geraubt und als Braut in die Unterwelt entführt. Allen Bemühungen der Götter zum Trotz muß sie, dem vegetationskultischen Hintergrund des Mythos entsprechend, das unfruchtbare Drittel des Jahres als Gemahlin des Hades in der Unterwelt verweilen, die übrige Zeit kann sie bei den Göttern verbringen[2]. Hier liegt echter B. mit nachfolgender Vermählung vor, was möglich ist, da beide Partner als Götter auf ranggleicher Ebene zusammenleben können, während Ehen zwischen Jenseitigen und Irdischen als inkompatible Verbindungen sehr häufig (vor allem in der Sage und in den ihr adäquaten Kategorien) zum Scheitern verurteilt sind (→ Mahrtenehe).

Gemäß seiner alten usuellen Funktion (v. dazu Kap. 4) begegnet das B.motiv in den folkloristischen Gattungen (Mythen, Märchen, Sagen, Heldenepen, hist. Liedern, Balladen etc.) der meisten Völker und wird, abhängig jeweils auch vom semantischen Kontext, auf die verschiedenste Weise behandelt. In der einen Gruppe von Erzählungen wird es z. B. ausschließlich im Bereich phantastischer Vorstellungen, die vielleicht mit alten religiösen Anschauungen (Therio- und Zoomorphismus, Animismus, Totemismus) und dem Glauben an Götter, Dämonen, Geister, Zauberer etc. im Zusammenhang stehen, interpretiert, in der anderen Gruppe dagegen in einer realistischeren Art motiviert. Naturgemäß verschwinden auch hier nicht die phantastischen Momente, doch erhält das Ganze nun einen klareren Ausdruck und eine evidentere Auffassung menschlicher Lebenserfahrung. Die Sujets mit dem B.motiv stehen zudem in Wechselbeziehung zu verschiedenartigen Bildern und Aktionsgruppen, welche sich in drei Grundkategorien aufteilen lassen: Als Entführer treten (a) Jenseitige, (b) Tiere, (c) Menschen auf.

2. B. durch Jenseitige. Als übernatürliche Entführer schöner Mädchen erweisen sich gewöhnlich Götter, Dämonen, Menschenfresser, Riesen, Feen, Zwerge, Wasser- und Windgeister, Drachen etc. Dem oben erwähnten Europa-Mythos etwa ähnelt eine altfränk. Sage, nach der ein Meermann in Stiergestalt die badende Frankenkönigin schwängert, worauf sie Merowig (-wech), den Ahnherren der Merowinger, gebiert[3]. Salomo läßt in einer Erzählung aus *1001 Nacht* die Königin von Saba durch einen Dämon entführen[4]. Der Zwergenkönig Laurin der dt. Heldensage raubt Künhild, die Schwester Dietleibs, eines der Mannen im Gefolge Dietrichs von Bern, und heiratet sie. Dietrich besiegt später Laurin und gibt Künhild dem Bruder zurück[5]. In der engl. Verserzählung *Sir Orfeo* (1330) hat der Feenkönig dem Helden die Gattin Heurodis entführt. Orfeo holt sie sich nach zehn Jahren wieder zurück (→ Orpheus)[6]. In der mongol. Sage vom Gesser Chan raubt ein Riese die Tümen Dschirghalang, die Gemahlin des Helden, die von Gesser später wieder

befreit wird. Dann wird ihm noch die Rogmo Goa weggenommen, die er sich schließlich ebenfalls wiederholt[7]. Im grusin. Märchen *Skazka ob Olenenke i Elene prekrasnoj* (Märchen vom Hirschlein und der schönen Elena) entführt der Zar Wind die Elena, als sie mit ihrem Bräutigam spazierengeht, und steigt mit ihr zum Himmel empor. Hirschlein holt sie später zurück[8]. In einer Indianererzählung aus Brit.-Kolumbien schließlich stiehlt ein Menschenfresser die Frau des Tcîmtcîmī' kîn, der sie später mit Hilfe eines Knaben zurückgewinnt[9].

In russ. Märchen werden die Mädchen oder Zarentöchter gewöhnlich von Koščej Bessmertnyj oder dem mehrköpfigen Drachen Čudo-Judo geraubt[10]. Im Märchen *Koščej Bessmertnyj*[11] beschafft Bulat dem Zarensohn das Mädchen Vasilisa Kirbit'evna. Sie wird von Koščej entführt, doch Bulat gewinnt sie später für den Prinzen zurück. Im serb. Märchen *Bašnja ni na nebe, ni na zemle* (Der Turm, der weder im Himmel noch auf der Erde ist)[12] wird die Zarentochter beim Spaziergang vor dem Schloß von einem Drachen in ein Land über den Wolken entführt. Dem jüngsten Bruder gelingt es, den Drachen zu töten und die Schwester samt drei weiteren geraubten Mädchen zu befreien. In ung. Varianten zu AaTh 468 (*Der himmelhohe → Baum*) befreit der Schweinehirt gegen das Verbot der Königstochter einen Drachen. Nach der Hochzeit mit der Prinzessin raubt ihm das Untier die Frau, die er erst nach vielen Schwierigkeiten wiedererlangen kann[13].

In diesem gesamten Komplex ist das B.motiv, was das allg. Kompositionsschema der Sujetentwicklung betrifft, keineswegs zweitrangig. Manchmal werden nach dem ersten B. sogar weitere Mädchen entführt, jedoch dann im inversen Verhältnis, wie z. B. im tschetschen. Märchen *Pro chanskogo syna Paredala i pro knjažeskuju doč' Celusu* (Über den Khanensohn Paredal und die Fürstentochter Celusa)[14]:

Die Tochter eines Chans wird von einem Feuerdrachen (sarmjak) geraubt. Drei ihrer Brüder versuchen erfolglos, die Schwester dem Drachen zu entreißen. Im weiteren Verlauf kommt es zu einer zweiten Entführung. Als Ersatz für die Chanstochter verlangt der Drache nunmehr Celusa, die Tochter eines anderen Chans. Die Aufgabe, sie ihm zu verschaffen, soll der vierte Bruder übernehmen, dem das Vorhaben unter großen Schwierigkeiten gelingt. Schließlich behält er jedoch das Mädchen für sich und heiratet es.

Eine dreifache Entführung findet sich etwa im südslavischen Märchen *Beg und Fuchs*[15], in dem der Riesenvogel Kumrikuscha auf Geheiß des Fuchses dem Beg die Kaisertochter zuführen muß. Eine Zigeunerin entführt sie wieder zu ihrem Vater, doch durch die List des Fuchses und mit der Kraft des Kumrikuscha wird die Prinzessin zum dritten Mal geraubt und dem Beg zurückgebracht.

3. B. durch Tiere. Daß Götter sich in Tiere verwandeln, um menschliche Frauen zu verführen (→ Sodomie), ist schon eingangs erörtert worden (cf. auch Mot. B 641. 3: *Marriage to god in bull form*; Mot. D 658. 1: *Transformation to animal to seduce woman*). Dämonische Tiere oder Dämonen in Tiergestalt treten häufiger als Frauenräuber auf. Im kirgis. Märchen *Semero synovej staruchi* (Die sieben Söhne der Alten) entführt der schwarze Vogel Tojbóschan das schöne Mädchen Aktamák[16], im chin. Märchen *U-gên i ši-e* der schwarze Adler die Mint-tschshu. In seiner Höhle verwandelt er sich in einen schwarzen Jüngling, der anstelle des Mundes einen scharfen Schnabel hat[17]. Zum Zauberrequisit ist das Ebenholzpferd in *1001 Nacht* geworden, mit dem der Prinz Kamr al Akmar die Prinzessin Schems ulnahar auf deren eigenen Wunsch entführt. Ein pers. Weiser, der Erbauer des Wunderpferdes, raubt sie ihm jedoch, und dem Prinzen gelingt es erst nach vielen Mühen, sie mitsamt dem Pferdeautomaten zurückzugewinnen[18].

Auch gewöhnliche Tiere treten häufig als Räuber menschlicher Frauen auf. Zuweilen agieren sie dann im Auftrage von Jenseitigen, wie etwa der Esel in einer Fabel des Phädrus (app. 16), der auf Veranlassung der Venus die Braut des Reichen aus dem Hochzeitszug entführt und sie dem armen, aber edlen Bewerber zuträgt. Meist handeln sie jedoch spontan aus dem Wunsch nach Besitz der Menschenfrau, wie das in dem weltbekannten → Bärensohnmotiv der Fall ist: Ein Bär entführt ein Mädchen in seine Höhle, die er, wenn er sie verläßt, mit einem schweren Stein verschließt. Er zeugt mit der Frau einen Sohn, der nicht nur sein rauhes Äußeres, sondern auch seine gewaltige Kraft erbt. Nach einigen Jahren vermag der Bärensohn den Stein wegzustoßen, Mutter und Sohn fliehen, oder der Sohn tötet den Vater. Das Motiv ist Eingangshandlung zu verschiedenen Märchen (AaTh 301: *Die drei geraubten* → *Prinzessinnen*, AaTh 513A: → *Sechse kommen durch die Welt*, AaTh 650A: → *Starker Hans*), begegnet als selbständige Erzählung jedoch auch vor allem bei den nordeuras. Völkern. An die Stelle des Bären können andere Tiere treten, bei den ind. Santal etwa der Leopard[19], in Mexiko „Juan Tigre"[20], in Pommern der Wolf[21] etc. Dagegen erregt nach Antoninus Liberalis (*Metamorphosen* 21) Aphrodite in der Polyphonte sodomistische Neigung zu einem Bären, dem sie die menschenfressenden Söhne Agrios und Oreios gebiert[22].

Es ist durchaus wahrscheinlich, daß die altertümliche Vorstellung von der Verwandtschaft des Menschen mit dem Tier als genetische Grundformel auch für das Bärensohnmotiv diente. Mit der Zeit führte jedoch die ästhetische Uminterpretierung des totemistischen Motivs zu dessen „Entwertung" bzw. dazu, daß der ehemals dominante Leitgedanke nun zu einem „Puffermotiv", wie F. von der Leyen es nennt[23], umgesetzt wurde, zu einem Impulsmotiv für Erzählungen also, die schon einen etwas anderen – d. h. vor allem des alten Sinngehalts entleerten – Inhalt aufwiesen.

4. B. durch Menschen. Die ältere wiss. Ansicht, daß B. generell, vor allem aber bei Gruppen mit Exogamie, die Einleitung jeder Ehe bedeutet habe[24], ist von der jüngeren Forschung modifiziert[25] oder gar abgelehnt worden[26]. Jedoch ist B. als primitive Heiratsform geschichtlich verwurzelt. Der Satz von E. Grosse[27]: „Ein wirklicher Frauenraub zum Zweck der Heirat kommt unter sämtlichen Völkern der Erde vor, nirgends aber als eine durch Recht und Sitte anerkannte Heiratsform", ist nicht voll zu akzeptieren. Der B. ist kein geschriebenes Recht, war aber eine alte Volkssitte bei vielen Völkern[28]. Die Scharị'a, das religiöse Gesetz des Islam, lehnt dagegen den B. ab.

Sicher reflektiert das Erzählgut der Völker neben den angedeuteten faktischen Möglichkeiten aber auch alte, emotional bedingte Imaginationen und Verhaltenstendenzen des Mannes wie Heromanie, Ambitionismus, die Neigung zu Violenz und Trotzreaktion (z. B. bei der Verweigerung der Frau), die archaische Lust zur Usurpation etc. und natürlich auf der anderen Seite die korrespondierenden Erwartungen der Frau, dem kühn Begehrenden, dem sie abenteuerlich Gewinnenden, dem Starken, Gewalttätigen, auch dem am ehesten Schutz Gewährenden angehören zu können. Gerade diese nicht selten aggressive Neigung hat oft in B.-geschichten ihren Niederschlag gefunden. „Richtige Männer stehlen sich die Frauen", sagt das Mädchen in einem tschetschen. Märchen zum Scheich Ismail, worauf dieser sie auf seinem Pferd entführt[29]. Die Derdrin der kelt. → *Cú Chulainn*-Sage zwingt geradezu den Noisi, der ihrem Schönheitsideal entspricht, sie zu entführen[30]. Die Reihe der Mädchen und Frauen, die sich freiwillig und gern rauben lassen, reicht – um nur einige Beispiele zu nennen – von der Frau des Bata im *ägypt.* → *Brüdermärchen*[31] oder der Helena der altgriech. Sage über die Odatis des Chares von Mytilene[32] oder die Hilde des dt. *Kudrun*-Epos[33] bis zur Goldschmiedin im modernen griech. Märchen[34] oder zur Frau mit den fünf Männern in einer Eskimoerzählung[35].

Im allg. geht jedoch die Initiative vom Mann aus, und dann kann zuweilen Frauenmangel der Anlaß zu Massenentführungen sein wie z. B. bei dem berühmten Raub der Sabinerinnen, von dem Livius (*Ab urbe condita* 1, 9) berichtet, oder bei der im A. T. (Ri. 20sq.) geschilderten Entführung der Jungfrauen aus Silo durch die Benjaminiten.

Einzelraub begegnet dagegen so häufig, daß nur auf einige Gattungen und Kulturbereiche verwiesen werden kann, in denen er bes. evident ist. So ist er z. B. das Hauptthema in den heroisch-archaischen Epen der Völker Sibiriens sowie der des fernen Ostens und Nordens in der Sowjetunion[36]. V. Ja. Propp stellt bei der Analyse von russ. Bylinen fest, daß in ihnen der Kampf beim B. in völlig realistisch dargestellten Verhältnissen stattfindet[37]. Reich an B.-szenen ist auch die altnord. und -kelt. Lit. sowie die Epik des MA.s. In Skandinavien ist, nach S. Ek[38] zuerst im 13. Jh. in Schweden, eine eigene Liedgattung mit der Bezeichnung Brudrovsvisa entwickelt worden[39]. Umfangreiches Material zum B. im Erzählgut haben P. Sébillot, J. Bolte, F. M. Goebel, F. Geißler und W. Eberhard zusammengestellt[40].

5. Begleitmotive der Entführung. Interessant und bemerkenswert sind die Entführungssymptome. So scheint es, als fühle sich der Erzähler oft veranlaßt, die Violenz des Geschehens durch ein ebenso anomal-emotionales Impulsmotiv zu begründen. Die Entführung in AaTh 516 (*Der treue* → *Johannes*) z. B. wird gewöhnlich durch den Zug eingeleitet, daß sich der Held spontan und heftig in das Bild einer fremden Schönen verliebt (Mot. T 11. 2). Oder der Usurpator verfällt impulsiv einer fernen Frau, deren wunderbare Haare ihm auf irgendeine Weise zugekommen sind (Mot. T 11. 4. 1). Er läßt sie daher suchen und entführen. Das Motiv begegnet schon im *ägypt. Brüdermärchen*, im mongol. → *Siddhi-Kür*, in der → *Tristan und Isolde*-Sage etc[41]. Rüde Abweisung des Freiers führt vor allem in altnord. Sagas zu aggressiven Entführungshandlungen. Skidi z. B. raubt in der *Finnboga*-Saga[42] die Thorni, die ihm der Vater verweigert hat. Aus dem gleichen Grund entführt der Thorkel der *Färinger*-Geschichten[43] Ragnhild, die Tochter Thorolfs, sogar zweimal, da sie nach dem ersten Raub von den Verwandten zurückgeholt wird. Viele Werber werden auch abgewiesen, weil der Vater zu sehr an der Tochter hängt oder sogar Inzestwünsche hegt. Im mhd. Epos *König Rother* raubt der Held die Lieblingstochter Constantins, der sie jedoch rückentführen läßt[44]. Im *Wiener Oswald* hat Aaron schon 350 Freier der auch von ihm begehrten Tochter getötet, bis es Oswald schließlich gelingt, sie ihm zu entwenden[45]. Gegen B. hilft auch kein Verschließen der Mädchen oder Frauen in Türmen, Schlössern oder unterirdischen Gemächern, wie das etwa im alten und weitverbreiteten Entführungstypus → *Inclusa* (AaTh 1419 E) der Fall ist. Immer gelingt es dem Freier, die Wohlbehütete zu entführen.

Neben der Anwendung von Gewalt steht ebenso häufig die der List. Eines der bekanntesten hierhergehörenden Motive ist die sog. ‚Kaufmannsformel', die in Varianten zu AaTh 516 (*Der treue Johannes*), AaTh 531 (→ *Ferdinand der treue und Ferdinand der ungetreue*) oder zu AaTh 551 (→ *Wasser des Lebens*) begegnet: Der Held und seine Helfer locken als Kaufleute verkleidet die Schöne auf ein Schiff voller kostbarer Gaben und entführen sie (Mot. K 1332). Schon Herodot (1, 1) berichtet, daß die Phönizier Jo, die Tochter des Königs Inachos von Argos, auf einem Kauffahrteischiff entführt hätten. Die Verbindung der Kaufmannsformel mit wirklichem B. reicht dagegen von der byzant. Gestaltung der jüd.-oriental. *Salomo*-Sage (→ *Salomon und Markolf*) über einerseits russ. und südslav. Bylinen[46], andererseits über die ma. Spielmannsdichtungen und Volksepen (*Ortnit, König Rother, Salman und Morolf* etc.) oder das *Decamerone* (4, 4) bis zu den genannten Märchen. Außerhalb dieser Gattungen hat sich die Kombination in katalan., skand. und dt.-slov. Balladen *Von der Frau und dem Schiffer* erhalten[47]. Ähnlich überlisten schließlich die Helden in zahlreichen europ. und oriental. Erzählungen in der Verkleidung als Pilger, Bettler, Spielleute, Ärzte, Mädchen etc. die Begehrte, um sie entführen zu können[48].

Es sei nochmals betont, daß Raubehe im Erzählgut nicht nur in realen Gegebenheiten, sondern auch in archaisch männlichen Wunschbereichen gründet. Sie ist daher vornehmlich in patriarchalisch orientierten Denk- und Ordnungssystemen zu finden.

Zum Raub überirdischer Mädchen → Mahrtenehe.

[1] Hunger, H.: Lex. der griech. und röm. Mythologie. Wien [4]1953, 112sq. – [2] ibid., 84–87, 278. – [3] Grimm DS (B. [3]1891), num. 424. – [4] 1001 Nacht 5, 315. – [5] Laurin und der kleine Rosengarten. ed. G. Holz. Halle 1897, 23–25, V. 715–768. – [6] Wells, J. E.: A Manual of the Writings in Middle English 1050–1400. New Haven 1916, 128sq. – [7] Die Taten Bogda Gesser Chan's. Aus dem Mongol. übers. von I. J. Schmidt. B. 1925, 108sq., 137 sq., 160sq., 194sq. – [8] Gruzinskie narodnye skazki. ed. N. I. Dolidze/M. Ja. Čikovani. Tbilisi 1971, 148. – [9] JAFL 25 (1912) 333sq. – [10] Andreev 300 A. Der Bezwinger des Drachens (Befreiung der Zarentochter in verschiedenen Kombinationen: der Schafhirte, die drei Hunde etc.); cf. Andreev 301, 303, 305, 466, 502, 530, 532, 533; Afanas'ev (4. Aufl.) num. 85, num. 97, num. 104a, f, num. 118c, num. 119a; Azadovskij, M. K.: Skazki Verchnelenskogo kraja 1. Irkutsk 1925, num. 6; Zelenin, D. K.: Velikorusskie skazki Vjatskoj gubernii. Petrograd 1915, num. 6, num. 24, num. 75; Ončukov, N. E.: Severnye skazki. St. Peterburg 1909, num. 8, 75; Smirnov, A. M.: Sbornik velikorusskich skazok Archiva russkogo geografičeskogo obščestva 2. Petrograd 1917, num. 242, 343, 355; Chudjakov, N. A.: Velikorusskie skazki 1. M. 1860, num. 1, num. 20; t. 2 (1861) num. 62; Erlenvejn, A. A.: Narodnye skazki [. . .]. M. 1863, num. 3, num. 41. –

[11] Afanas'ev 1, num. 156–158. – [12] Serbskie narodnye skazki. M. 1956, 15. – [13] Ortutay, G.: Ung. Volksmärchen. B. 1957, 196–226. – [14] Semenov, N.: Skazki i legendy čečencev. Vladikavkaz 1882, 24. – [15] Krauß, F. S.: Sagen und Märchen der Südslaven 1. Lpz. 1883, num. 25. – [16] Kirgizskie narodnye skazki. M. 1972, 93. – [17] Kitajskie narodnye skazki. M. 1957, 47. – [18] 1001 Nacht 3, 362–385. – [19] Geißler, F.: Brautwerbung in der Weltlit. Halle 1955, 165. – [20] JAFL 25 (1912) 241sq. –

[21] Jahn, U.: Volksmärchen aus Pommern und Rügen 1. Norden/Lpz. 1891 (Nachdr. Hildesheim/N. Y. 1973) num. 18. – [22] Kl. Pauly 4, 1010. – [23] Leyen, F. von der: Zur Entstehung des Märchens. In: ArchfNSprLit. 116 (1906) 1–24 und 282–300, hier 12sq. – [24] cf. z. B. Roßbach, A.: Unters.en über die röm. Ehe. Stg. 1853; Lubbock, J.: The Origin of Civilisation and the Primitive Condition of Man. L. [2]1870; De Gubernatis, A.: Storia comparata degli usi nuziali in Italia [. . .]. Milano [2]1878; Dargun, L.: Mutterrecht und Raubehe (Unters.en zur dt. Staats- und Rechtsgeschichte 16). Breslau 1883; Kohler, J.: Studien über Frauengemeinschaft, Frauenraub und Frauenkauf. In: Zs. für vergleichende Rechtswiss. 5 (1884) 334–368; Winternitz, M.: Das altind. Hochzeitsrituell. Wien 1892; Schurtz, H.: Urgeschichte der Kultur. Lpz./Wien 1900 (Ndr. Lpz./Wien 1912). – [25] Gennep, A. van: Les Rites de passage. P. 1909 (Repr. N. Y. 1969) bes. 175 sq.; Samter, E.: Geburt, Hochzeit und Tod. Lpz./B. 1911, Reg. s. v. Frauenraub; Bächtold, H.: Die Gebräuche bei Verlobung und Hochzeit 1. Basel/Straßburg 1914, bes. 193–198; Thurnwald, R.: Die menschliche Ges. 2. B./Lpz. 1932, bes. 105sq. – [26] Peukkert, W.-E.: Ehe. Hbg 1955, 23. – [27] Grosse, E.: Die Formen der Familie und die Formen der Wirthschaft. Fbg/Lpz. 1896, cf. bes. 105–108. – [28] HDM 1, 550, not. p. 175–198; Kovalevskij, M.: Zakon i obyčaj na Kavkaze 2 (Gesetz und Brauch im Kaukasus). M. 1890, 6sq., 41, 103, 176sq. – [29] Semenov (wie not. 14) 18–24. – [30] BP 4, 146. –

[31] Roeder, G.: Altägypt. Erzählungen und Märchen. MdW 1927, 89–101. – [32] Rohde, E.: Der griech. Roman und seine Vorläufer. Lpz. [3]1914 (Nachdr. Hildesheim [4]1960) 48. – [33] HDM 1, 549. – [34] Hahn, num. 29. – [35] Himmelheber, H.: Der gefrorene Pfad. Eisenach 1951, 93–100. – [36] Žirmunskij, V. M.: Skazanie ob Alpamyše i bogatyrskaja skazka (Erzählung über Alpamyš und das Heldenmärchen). M. 1960, Kap.: Geroičeskoe svatovstvo (Die heroische Brautwerbung). – [37] Propp, V. Ja.: Russkij geroičeskij ėpos. Len. 1955, 404. – [38] Ek, S.: Den svenska folkvisan. Sth. 1924. – [39] Bødker, Folk Literature, 52sq. – [40] Sébillot, P.: Le Folk-Lore de France 4. P. 1907 (Ndr. 1968) Reg. s. v. Enlèvements de femmes; BP 1, 45sq.; HDM 1, 541–554, bes. 549–552; Geißler (wie not. 19) Reg. s. v. Entführung; Eberhard/Boratav, Reg. s. v. B. –

[41] Geißler (wie not. 19) 27. – [42] Fünf Geschichten aus dem westl. Nordland (Thule 10). Übers. von W. H. Vogt und F. Fischer. Düsseldorf/Köln [2]1964, 129sq. – [43] Grönländer und Färinger Geschichten (Thule 13). Übers. von F. Niedner. Jena 1929, 288–290. – [44] König Rother. ed. T. Frings/J. Kuhnt. Bonn/Lpz. 1922, V. 80–83, 328–331, 2896–2942, 3215–3235. – [45] Der Wiener Oswald. ed. G. Baesecke. Heidelberg 1912, V. 455–468, 1144–1147. – [46] cf. Frings, F./Braun, M.: Brautwerbung 1 (Ber.e über die Verhandlungen der Sächs. Akad. der Wiss.en zu Lpz. Philolog.-hist. Kl. 96). Lpz. 1947, 113–117, V. 30–180. – [47] HDM 1, 552. – [48] Geißler (wie not. 19) 166–173.

Moskau Uzdiat B. Dalgat

Brautwerber: Der übertreibende B. (AaTh 1688), ein schon im MA. bezeugter Schwank, in dem die Heiratspläne eines alten, gebrechlichen Mannes durch Einfalt oder auch boshafte Absicht seines Helfers durchkreuzt werden:

Der wohlhabende Freier möchte sich vor der jungen Frau ins beste Licht setzen und dingt sich einen Freund oder Diener, der seinen Reichtum nicht nur bestätigen, sondern die vorgezeigten Güter in seiner Rede jeweils verdoppeln soll. Als die Gebrechen des Freiers, meist ein schwaches Auge oder ein arger Husten, zur Sprache kommen, übertreibt der B. auch da und sagt, der Alte sehe gar nichts oder huste nachts noch viel mehr, was die Braut erschreckt und auf die reiche Heirat verzichten läßt.

Die Erzählung begegnet zuerst in der *Scala celi* des → Johannes Gobii Junior[1], dann in den Fazetien des → Poggio[2], bei Heinrich → Bebel[3] und Johannes → Pauli[4], der den Schwank mit Betrachtungen über die Bürden des Ehestands verband. Hans → Sachs verwendete das Motiv für sein Meisterlied *Der alt huestet mon* (1547)[5], Martin Luther zitierte das Beispiel als Bestätigung der verbreiteten Ansicht, daß eine Geldheirat unter ungleichen Partnern nichts tauge: „Ein alter Mann vnd ein junges Mägdlein reimet sich nicht wol zusammen"[6]. Unter gleicher Tendenz berichteten frz. Autoren des 17. Jh.s vom Reinfall des Freiers[7], desgleichen süddt. Prediger der Barockzeit[8], denen die Erzählung wohl aus zeitgenössischen Schwankbüchern bekannt geworden war[9].

In der mündlichen Überlieferung ist die Erzählung in Skandinavien und im Baltikum, im dt. Sprachgebiet, in Rumänien, in Serbien und Kroatien, in Griechenland, in Frankreich und bei den Frankokanadiern, in Spanien und Lateinamerika verbreitet[10]. Sie weist Parallelen zu den Typen von der Reichtum nur vortäuschenden → *Prahlerei des Freiers* (AaTh 859, 859 A–D) auf, ferner zu Lügengeschichten, wonach ein → Aufschneider seine Übertreibungen von einem Diener bestätigen läßt und sich dabei erst recht blamiert (AaTh 1920 E, Mot. X 907).

[1] Incunabel, Ulm 1480, 126 b. – [2] Poggio, num. 177. – [3] Bebel/Wesselski 2/3, 9, num. 10. – [4] Pauli/Bolte, num. 221. – [5] Goetze, E./Drescher, C. (edd.): Sämtliche Fabeln und Schwänke von Hans Sachs 4. Halle 1903, 280, num. 424. – [6] D. Martin Luthers Werke. Kritische Gesamtausg. Tischreden 5. Weimar 1919, 601 sq., num. 6332. – [7] Béroalde de Verville, F.: Le Moyen de parvenir 3. P. [1890] 225; Sorel, C.: La vraie histoire comique de Francion. P. 1641, 219. – [8] Moser-Rath, 329, num. 186 mit weiteren Nachweisen p. 488. – [9] Texte aus der Schwanklit. des 17. und 18. Jh.s im EM-Archiv: Exilium melancholiae 1643 (129); Zincgref/Weidner 1655 (1616); Gerlach, Eutrapeliarum libri tres 1656 (3481); Conlin 1708 (10.138). – [10] In Ergänzung zu den Angaben bei AaTh 1688 Belege aus neueren Katalogen und Slgen: Rausmaa, P.-L.: A Catalogue of Anecdotes. Turku 1973, 35, num. 1688 (mit Var.n); Liungman 2, 366, num. 1688 = Liungman, Volksmärchen, 328, num. 1688; Nimtz-Wendlandt, W.: Erzählgut der kur. Nehrung. Marburg 1961, 156, num. 93; Bošković-Stulli, M.: Istarske narodne priče. Zagreb 1959, 115, num. 64 (mit weiteren Angaben); Loukatos, D. S.: Neohellēnika laographika keimena. Athen 1957, 301, num. 6; Joisten, C.: Contes populaires du Dauphiné 2. Grenoble 1971, 323 sq., num. 222; Barbeau, C. M.: Contes populaires canadiens. In: JAFL 29 (1916) 148 sq., num. 44.

Göttingen Elfriede Moser-Rath

Brautwerbungsmärchen → Braut, Bräutigam, → Entführung, → Freier, Freiersproben

Bredenbach, Tilmann, *Emmerich 1530, † Köln 6. 5. 1587, kathol. Kontroverstheologe und Ascetica-Autor, Sohn des bedeutenden gegenreformatorischen Pädagogen Matthias B. aus Emmerich. Er studierte bei den Jesuiten in Ingolstadt und wurde dort zum Dr. theol. promoviert, war dann Kanonikus an Liebfrauen in Antwerpen, 1565 zusammen mit Martin Eisengrein in Rom, 1567 Kanonikus an St. Martin in Bonn und bis zu seinem Tod Stiftsherr an St. Gereon in Köln. Unter seinen 12 lat. Schriften, erschienen zwischen 1558–84, sind im Zusammenhang mit dem für die Erzählforschung gewichtigen letzten seiner Bücher folgende andere Titel bemerkenswert: *Orationes de purgatorio* (Ingolstadt 1566), *Katechismus Michaelis Sidonii* (Löwen 1577), *Insinuationem divinae pietatis libri V* (Köln 1579 und 1588) und eine der Kölner Neuausgaben des *Dialogus miraculorum* des → Caesarius von Heisterbach.

Eine der frühesten Quellen nachmittelalterlicher → Exempel-Sammlungen kathol. Provenienz und in der Folgewirkung geradezu der Beginn erzählender → Kompilationsliteratur gegenreformatorischer

Intention stellt sein letztes Werk, die unvollendet gebliebenen *Collationum sacrarum libri octo* dar, noch zu Lebzeiten 1584 in Köln erstmals erschienen. Die postume Zweitauflage von 1591 (in zwei Bänden) war um ein 9. Buch mit Nachträgen zu den Eucharistiemirakeln vermehrt. Diese sind in den weiteren Editionen zu Köln von 1600 und 1609 in das 1. der acht 'libri' eingearbeitet. Das 2. Buch oder Kapitel handelt von marianischen Wundern, das 3. bringt Beispielgeschichten zur Bilderverehrung, das 4. Heiligenwunder, das 5. Exempla der kirchlichen Institutionen, das 6. solche zur karitativen Werktätigkeit, das 7. Geschichten über Ketzereien, das 8. über Visionen. Der Titel *Collatio* (das Zusammentragen) stammt aus der klösterlichen Praxis des Vorlesens erbaulicher hist. Schriften während des gemeinschaftlichen Essens und besitzt von daher den Sinn von 'Unterhaltung'. B.s *Collationum sacrarum* schöpfen u. a. 34mal aus Laurentius → Surius, 28mal aus Wilhelm Lindanus, dem Luther-Gegner und ersten Bischof von Roermond, 28mal aus → Gregor von Tours, 20mal aus der griech. Kirchengeschichte des Nicephorus Callistus, 18mal aus → Gregor dem Großen, 17mal aus dem → A.T. Am häufigsten (36mal) wird – ohne Referenz – mündliche Überlieferung z. T. ausdrücklich benannt, bezeichnenderweise vornehmlich bei Bilder- und Ketzergeschichten (letztere 22mal).

Der Anlage und dem Inhalt nach ist das Werk ein klarer Katalog gegenreformatorischer Programmatik und darum oft benutzt und zitiert worden. Die intensivste wirkungsgeschichtliche Linie läuft über die dt.sprachigen Geschichtenbüchlein des Frankfurter Bücherkommissars Valentin → Leucht (1550–1619), vor allem über die Zusammenfassung seiner Erzählwerke im *Viridarium regium* (1614 [und öfter]), bis zu → Martin von Cochems (1634—1712) *Außerlesenem Historybuch* 1 (Augsburg 1687 und öfter), das dem *Viridarium* nachgebaut ist und damit indirekt auf der Anlage der *Collationes* beruht.

Lit.: Art. Tilmannus Bredenbachius. In: Hartzheim, J.: Bibliotheca Coloniensis. Köln 1747, 309sq. – Kessel, F. X.: Bredembach, T. In: Wetzer und Welte's Kirchenlex. 2. Fbg ²1883, 1219sq. – Brückner, W.: Geistliche Erzähllit. der Gegenreformation im Rheinland. In: Rhein. Vierteljahrsbll. 40 (1976) 150–169, bes. 164–166.

Würzburg Wolfgang Brückner

Brednich, Rolf Wilhelm, *Worms 8. 2. 1935, Lied- und Erzählforscher. 1954–60 Studium in Tübingen und Mainz. 1960 Promotion über Schicksalserzählungen vom vorherbestimmten Tod[1] bei L. Röhrich. Seit 1962 führender Mitarbeiter des Dt. Volksliedarchivs Freiburg/Br., ab 1964 Herausgeber des *Jahrbuchs für Volksliedforschung*. 1965–74 Vorsitzender der Kommission für Lied-, Musik- und Tanzforschung in der Dt. Gesellschaft für Volkskunde. 1973 Habilitation mit einer thematisch-theoretisch wegweisenden Untersuchung zur hist. Flugblattliteratur[2], Dozent und 1976 außerplanmäßiger Professor für Volkskunde an der Univ. Freiburg/Br. Seit 1975 Herausgeber der *Vk.-Bibliogr.*

Die wiss. Veröffentlichungen B.s, in welchen sich Lied- und Erzählforschung häufig durchdringen, reichen von Sage[3], Märchen[4], Schwank[5], Sprichwort[6], Legende und Mirakel[7] über die verschiedenen Gattungen des Liedes[8] wie z. B. Ballade[9], Gesellschaftslied[10], Bänkelsang[11], die Flugblattliteratur und -ikonographie[12] bis zur Bilderzählung und Massenzeichenware[13].

[1] Volkserzählungen und Volksglaube von den Schicksalsfrauen (FFC 193). Hels. 1964. – [2] Die Liedpublizistik im Flugblatt des 15. bis 17. Jh.s t. 1: Abhdlg. t. 2: Katalog der Liedflugbll. des 15. und 16. Jh.s (Bibliotheca bibliographica aureliana 55, 60). Baden-Baden 1974–75. – [3] (wie not. 1); Volkslied und Volkssage. In: Laogr. 22 (1965) 42–52. – [4] Schott, A. und A.: Rumän. Volkserzählungen aus dem Banat. Märchen, Schwänke, Sagen. Neuausg. ed. R. W. B./I. Taloş. Buk. (1971) ³1975. – [5] Schwankballade. In: Hb. des Volksliedes 1. Mü. 1973, 157–203. – [6] Die holländ.-fläm. Sprichwortbilderbogen vom Typus ‚De Blauwe Huyck'. In: Miscellanea Prof. em. Dr. K. C. Peeters. ed. W. van Nespen. Antw. 1975, 120–131. – [7] Die Legende vom Elternmörder in Volkserzählung und Volksballade. In: Jb. für Volksliedforschung 9 (1964) 116–143; Das Endinger ‚Tränenmirakel' von 1615 im Lichte zeitgenössischer Dokumente. In: Alemann. Jb. (1973) 105–128 (gemeinsam mit K. Kurrus). – [8] Hb. des Volksliedes 1–2. edd. R. W. B./L. Röhrich/

W. Suppan. Mü. 1973–75; Dt. Volkslieder 1–2. Texte und Melodien. edd. L. Röhrich/R. W. B. Düsseldorf 1965–67; Gottscheer Volkslieder 1–2. Gesamtausg. edd. R. W. B./Z. Kumer/W. Suppan. Mainz 1969–72. – [9] Dt. Volkslieder mit ihren Melodien 5–6. Fbg/Lahr 1965–76, Kommentare zu folgenden Balladennummern: 103–106, 108–123, 131, 135–138. – [10] Die Ebermannstädter Liederhs. Geschrieben um 1570 [. . .]. edd. und kommentiert von R. W. B. und W. Suppan (Die Plassenburg 31). Kulmbach 1972. – [11] Zur Vorgeschichte des Bänkelsangs. In: Jb. des Österr. Volksliedwerks 21 (1972) 78–92. – [12] (wie not. 2); Das Lied als Ware. In: Jb. für Volksliedforschung 19 (1974) 11–20; Hist. Bezeugung dämonologischer Sagen im populären Flugblattdruck. In: Probleme der Sagenforschung. ed. L. Röhrich. Fbg 1973, 52–62; Die Überlieferungen vom Kornregen. In: Dona ethnologica. Festschr. L. Kretzenbacher Mü. 1973, 248–260. – [13] Zur europ. Vorgeschichte der Comics. In: Freiburger Univ. bll. 53/54 (1976) 57–68.

Freiburg/Br. Hannjost Lixfeld

Brei: Heißen B. in des Unholds Maul geworfen (AaTh 1131) → Schlund des Unholds verbrannt

Brei: Der süße B. → Wundermühle

Bremberger → Herzmäre

Bremer Stadtmusikanten → Tiere auf Wanderschaft

Bremond, Claude → Strukturalismus

Brentano, Clemens Maria Wenzeslaus, *Ehrenbreitstein 9. 9. 1778, † Aschaffenburg 28. 7. 1842, Bruder der Bettina von →Arnim und Schwager Achim von →Arnims.

1. B. und das Volksmärchen. Den Sohn eines ital. Kaufmanns und der Maximiliane von La Roche (Tochter der Erzählerin Sophie von La Roche, 1731–1807) führte in frühster Kindheit „ein alter Diener des Hauses, Herr Schwab" in die kunterbunte Welt eines Raritätenkabinetts der Weltliteratur und vor allem der „Gespenstergeschichten und Märchen" ein[1]; der Hinweis B.s auf das volkstümliche Repertoire einer „schwäbischen 80jährigen Amme" mutet dagegen eher wie eine seiner üblichen Quellenfiktionen an[2]. Jedenfalls prägen Anregungen durch Lit. oft entlegenster Provenienz und durch lebendige Volksüberlieferung stets B.s Umgang mit Volkslied und Märchen.

Er war mit der dt. Lit. vom MA. bis zum Spätbarock ebenso erstaunlich umfassend und gründlich vertraut wie etwa mit → Basiles *Pentamerone* oder der span. Novellistik[3] und verstand dieses ungeheure Repertoire zeitlebens glänzend zu nutzen: Sein Œuvre ist durch literar. Zitate, Variationen oder Allusionen entscheidend bestimmt[4]. Ähnlich intensiv dürften sich auch Übernahmen aus oraler Tradition in B.s Werken niederschlagen (im Aufweis solcher Quellen ist die B.-Forschung nach vielen Pauschalurteilen erst ansatzweise vorangekommen)[5]. Er ließ sich nachweislich 1802 bzw. 1806/07 Volkslieder von einem Bänkelsänger, einem Hirtenjungen oder auch von seiner alten Haushälterin Franziska Breitenstein fürs *Wunderhorn* vorsingen oder aufschreiben[6], und 1809 skizzierte er mehrere Volksmärchen nach dem Vortrag einer alten Frau im Marburger Hospital[7]; viele der *Wunderhorn*-Mitarbeiter regte er an, auch Märchen und Sagen zu sammeln[8], vor allem etwa A. L. → Grimm, der bereits 1808 ein Märchenbuch veröffentlichte[9], oder Friederike Mannel, später eine der ersten und bedeutendsten Gewährspersonen für die KHM[10]. Zugleich verstand es B. meisterhaft, Volkslieder improvisierend zu singen und Märchen (am liebsten kindlichen Zuhörern) zu erzählen[11].

Unabsehbare Folgen für die Märchenrezeption und -forschung aber zeitigte B., indem er den Brüdern → Grimm das Phänomen ‚Volksmärchen' theoretisch und praktisch erschloß. Er weckte in ihnen den Sinn für alte und volksläufige Lit.[12], machte sie 1807 während der *Wunderhorn*-Redaktion in Kassel auf einzelne literar. überlieferte Märchen aufmerksam[13] und inaugurierte ihre Sammeltätigkeit[14]. B. ist für die Entstehung und Entwicklung der ‚Gattung Grimm'[15] und damit für die Richtung einer beginnenden Märchensammeltätigkeit überhaupt ursächlich verantwortlich. Er prägte den Geschmack der jungen Freunde, die zunächst im wesentlichen nur solche Texte als Märchen ansahen, die B. ihnen empfohlen hatte. Darüber hinaus wies er künftigen Be- und Überarbeitungen von Märchentexten anfänglich die Richtung: Neben Philipp Otto → Runges Aufzeichnungen wurde seine Art, das Märchen von → *Maus, Vogel und Bratwurst* (cf. KHM 23) verkürzend, modernisierend und in Einzelheiten variierend wiederzugeben[16], für die Grimms ebenso vorbildlich wie etwa seine Nacherzählung des Kettenmärchens vom → *Tod des Hühnchens* (KHM 80) im *Wunderhorn*[17]. Auch pragmatisch regte er die Sammeltätigkeit der Grimms entscheidend an: Er entwarf das erste System, in einer Art Feldforschung Volkslieder, -sagen und -märchen zu gewinnen, und wies sie auf Gewährsleute mündlicher Tradition hin[18]. Die Grimms sammelten von 1807 bis 1810 ihre Märchen ausschließlich im Blick auf die von B. geplante Veröffentlichung, hielten die Aufzeichnungen also noch weithin von jeglicher stilistischen Glättung und Überarbeitung frei, die B. sich vorbehalten hatte. Am 25. 10. 1810 konnten sie ihm etwa 50 Texte senden[19]. Erst als B.s Interesse erlahmte, verwendeten sie die vorher erstellten Abschriften als Grundstock für ihre 1812 erschienenen KHM und setzten sich zugleich in Art und Ausmaß ihrer redaktionellen Überarbeitungen erkennbar von B.s Intentionen ab. Dazu W. Grimm[20]:

„[. . .] ich möchte wissen, was der Brentano dazu sagt, er hat selber Kindermärchen in Manuscript nach unsrer Handschrift [. . .]; seine sind abgeändert, vergrößert und nach seiner Art überhaupt ineinander und zusammengearbeitet". –

B. über die KHM[21]:

„[. . .] das Ganze macht mir weniger Freude als ich gedacht. Ich finde die Erzählung aus Treue äußerst liederlich und versudelt und in manchen dadurch sehr langweilig [. . . .]. Wollten die frommen Herausgeber sich selbst genug thun, so müßten sie bei jeder Geschichte eine psychologische Biographie des Kinds oder des alten Weibs, das die Geschichte so oder so schlecht erzählte, voran setzen. Ich könnte z. B. wohl zwanzig der besten aus diesen Geschichten auch getreu und zwar viel besser oder auf ganz andere Art schlecht erzählen [. . .]. Ich habe bei diesem Buch recht empfunden, wie durchaus richtig wir beim Wunderhorn verfahren [. . .]. Denn dergleichen Treue, wie hier in den Kindermärchen, macht sich sehr lumpicht".

An der theoretischen Auseinandersetzung zwischen Arnim und den Grimms über diese Frage[22] beteiligte er sich nicht; indirekt mochte er sich bestätigt fühlen, als W. Grimm in späteren Auflagen der KHM B.s Ideal praktisch wieder näherrückte (→ Authentizität, → Bearbeitung).

Von B.s Beschäftigung mit Volkserzählungen zeugen zunächst einige Notizen; als Gedächtnisstützen hielt er Anfang 1806 fest: „Hündchen von Bretten. Hünchen und Hähnchen. Mäuschen und Bratwürstchen"[23]; die Stichwörter „Bernhäuter; Ueber zweierlei Wirthe; Schelmufsky; Gaston" u. a. notierte er gemeinsam mit W. Grimm Anfang 1808[24]. Darauf basieren z. B. das Prosa-Märchen im *Wunderhorn* (Heidelberg 1808)[25], Beiträge für die *Bad. Wochenschrift*[26] und die *Zeitung für Einsiedler*[27]. Neun Stichwortnotate nach mündlichem Vortrag unbekannter Provenienz sind wohl 1810 entstanden, die z. T. wichtige Varianten zu den KHM bieten[28]. Von verstreuten Übernahmen und Anspielungen in seinen Kunstmärchen (v. unten) und Erzählungen[29] abgesehen, hat B. nur noch ein Volksmärchen in extenso veröffentlicht: *Das Pickenick des Katers Mores*, eine Binnenerzählung in der Novelle *Die mehreren Wehmüller*[30], deren Hauptmotive er bereits 1814 als „Anmerkung 83" zu seinem Drama *Die Gründung Prags* wiedergegeben hatte[31]. W. Grimm urteilte darüber[32]: „[. . .] es ist mehr Stil darin, als in den unsrigen, [sie] lesen sich dagegen zu wiederholten Malen schlechter, weil man dann den Witz weg hat."

2. B.s Kunstmärchen. Neben den vier bereits genannten erschienen zu Lebzeiten B.s nur noch seine Märchen *Die Rose*[33], *Myrtenfräulein*[34] und die Spätfassung von *Gockel, Hinkel und Gackeleia*[35], ersteres unter dem Pseudonym „Maria", das zweite gegen B.s Willen, das dritte in einer für die Veröffentlichung stark überarbeiteten und erweiterten Fassung. Er

selbst wollte nach seinem Wiedereintritt in die kathol. Kirche im Jahr 1817 „diese unreifen und unnützen Tändeleien" nicht publiziert wissen[36]. Erst 1846/47 konnte G. Görres je einen Band (hauptsächlich) *Rheinmärchen* (6 Texte) und einen Band *Ital. Märchen* (9 Texte) herausgeben, und zwar „Zum Besten der Armen nach dem letzten Willen des Verfassers"[37]. Der von Görres veröffentlichte Text unterscheidet sich nicht unwesentlich von den 1831 durch B.s Freund Johann Friedrich Böhmer veranlaßten Abschriften (B.s Original-Mss. sind verloren). So sind bislang weder die philolog. Probleme noch Fragen nach der Entstehungszeit oder selbst nach den Quellen und Anregungen hinlänglich untersucht[38]. Das Fragment *Die Rose* entstand wohl schon 1798 in Jena, zeigt in Tendenz und Struktur Einflüsse der frühromantischen Kunstmärchen Ludwig → Tiecks und basiert auf dem *Roman de* → *Perceforest*. Spätestens seit 1805 arbeitete B. an einer dt. Fassung des Basileschen *Pentamerone*; fertiggestellt wurden die Titelgeschichte (*Liebseelchen*), ohne daß B. in der Folge die vorgegebene Rahmenfunktion noch beachtet hätte, *Myrtenfräulein* (*Pentamerone* [= P.] 1, 2), *Witzenspitzel* (P. 3, 7), *Rosenblättchen* (P. 2, 8), *Hüpfenstich* (P. 1, 5), *Dilldapp* (P. 1, 1), *Fanferlieschen*-Urfassung (P. 4, 5), *Gokkel*-Urfassung (P. 4, 1). Ca 1809–12 wurde der Plan wegen Bemühungen um dt. Märchenstoffe, angeregt durch Runges Einsendung der nachmaligen KHM 19 (*De Fischer un sine Fru*) und KHM 47 (*Van den Machandelboom*) und die Sammlung der Grimms, zurückgestellt[39]; damals entstanden wohl die – wiederum nicht zu Ende geführte – Rahmengeschichte zu den *Rheinmärchen*: *Müller Radlauf* (mit der Sage vom → Mäuseturm), *Haus Staarenberg* (mit der → Melusinen-Sage), *Murmeltier* (nach J. Grimms Exzerpt[40] der Feenerzählung *Les Nayades* und deren dt. Übers.), *Siebentot* (nach Martin → Montanus' Version des Märchens vom → *tapferen Schneiderlein*; cf. KHM 20). Etwa 1813–17 wendet sich B. wieder den ital. Märchen zu: *Komanditchen*-Fragment (P. 5, 3), *Klopfstock* (P. 5, 7), *Gokkel*-Erstfassung (P. 4, 1), *Fanferlieschen*-Erstfassung (P. 4, 5) entstehen. Auf Drängen seiner Freunde schlägt B. 1827 für eine eventuelle Drucklegung den Titel vor: „Märchen, nachlässig erzählt und mühsam hingegeben von Clemens Brentano. Als Almosen für eine Armenschule erbeten, geordnet und herausgegeben von milden Freunden"[41]. Seit dieser Zeit ist B. sporadisch und widerwillig mit seinen Märchen beschäftigt; es entstehen noch das *Schnürlieschen*-Fragment (Überarbeitung des *Liebseelchen*), die Spätfassungen des *Gockel* und des *Fanferlieschen* sowie das 1843 mit B.s Zeichnungen veröffentlichte Kindermärchen *Rotkehlchens, Liebseelchens Ermordung*. – Diese späten Arbeiten sind sämtlich eher autor- als gattungsspezifisch von Interesse und wurden so auch bereits durch die zeitgenössischen Rezipienten gewertet, wie z. B. Ludwig Emil Grimms Porträt B.s aus dem Jahr 1837 mit den Gestalten aus dem *Gockel*-Märchen im Hintergrund zeigt[42].

B. ist der produktivste und hinsichtlich der Einarbeitung volksläufiger und literar. Märchenmotive bedeutendste dt. Kunstmärchendichter. Seine frühe, mündlicher Improvisation verpflichtete Erzählweise gibt Raum für breitestes Einströmen verschiedenster Quellen und führt zur reichen Fülle charakteristischer Assoziationen. Der umständlich ausladende Altersstil schafft unter anderen Voraussetzungen einen ähnlichen Effekt. Die nicht unwiderrufliche Welt des Märchens, in der aus allem alles werden kann, die Aufhebung von Kausalitäten und strengen Finalitäten, die mütterliche Rolle des Erzählers, die viele seiner Märchen am Ende thematisieren, führten den an sich extrem lyrisch begabten Dichter gerade zu dieser Gattung. Unverwüstlich gute Laune des Erzählers, pralle ununterbrochene Geistesgegenwart, schier unerschöpfliche sprachliche und motivliche Erfindungs- und Verknüpfungsgabe, der farbige Raritätenkasten märchenhafter Figuren, Tiere, Gegenstände, Handlungen, Verwandlungen: All dies macht das durch Exkurse, autobiographische Einsprengsel, persönliche Polemiken und Satiren sich oft zu einem Labyrinth ausweitende B.sche Märchen dennoch genießbar und für Leser jeglichen Alters und jeglicher Bildungsvoraussetzung erfreulich.

Organisiert werden die Texte aus einem jeweils archaischen Kern, den B. oft ätiologisch umspielt, und durch einheitliche Namengebung der zahllosen Märchenfiguren (z. B. im *Myrtenfräulein* aus der Porzellanterminologie, im *Gockel* aus der Hühnerwelt, im *Komanditchen* aus der Kaufmannssprache) sowie redende Namen (Haltewort, Hüpfenstich), wobei die Bösen durch Kakophonien (Murxa, Knarratschki-Knarrasper), die Guten durch Euphonien (Pimperlein, Trilltrall) charakterisiert werden und sich einprägen. Darüber hinaus sind nach einer Äußerung B.s offenbar ganze Märchen oder mindestens viele Einzelheiten allegorisch konzipiert[43] (so dürfte z. B. der *Klopfstock* die dt. Lit.geschichte von Klopstock und Voß bis zur Romantik vorstellen[44]). Trotz fleißiger Quellensuche sind wohl längst noch nicht alle Vorlagen B.s entdeckt (wiederum für den *Klopfstock* lassen sich bislang etwa nachweisen: Straparola, Basile; Spee, Paul Gerhardt, Grimmelshausen, Klopstock, Goethe, Voß sowie wohl auch Schiller, Hölderlin, Jean Paul; sechs *Wunderhorn*-Lieder, W. Grimms *Altdän. Heldenlieder*; Volksstück vom *Don Juan*, Hanswurstiaden; *Bärenhäuter*, *Tell*-Sage, *Reineke Fuchs*, *Polykrates*-Motiv). Hier bleibt der B.-Forschung ein ebenso weites Feld wie der Märchenforschung, die über sporadische Motivnachweise noch nicht hinausgekommen ist (so zeigt z. B. *Rosenblättchen* Anklänge an KHM 50 [*Dornröschen*], KHM 53 [*Sneewittchen*] und KHM 76 [*Die Nelke*]). Wegen der zuweilen gegebenen zeitlichen Priorität gegenüber den KHM und wegen der Möglichkeit mündlicher Beeinflussung der Brüder Grimm durch B. wären solche Nachweise bes. wichtig.

[1]B., C.: Herzliche Zueignung zum ‚Gockel'-Märchen. In: id.: Gockel, Hinkel, Gackeleia [. . .]. Ffm. 1973, 15sq.; Zur Biogr. cf. die Zeittafel in: B., C.: Werke 1. ed. W. Frühwald/B. Gajek/F. Kemp. Mü. 1968, 1268—1277. – [2] Arnim, L. A. von/B., C.: Des Knaben Wunderhorn. Teil 1: Lesarten und Erläuterungen. ed. H. Rölleke (Frankfurter Brentano-Ausg. 9, 1). Stg. u. a. 1975, 85. – [3] cf. z. B. Rölleke, H.: Neuentdeckte Beitr.e C. B.s zur ‚Bad. Wochenschrift'. In: Jb. Freies Dt. Hochstift (1973) 241–346. – [4] Frühwald, W.: C. B. In: Dt. Dichter der Romantik. ed. B. von Wiese. B. 1971, 280–309, hier 283; erinnert sei an B.s literar. Rezeption im ‚Wunderhorn', in seinen Spee- und Wickram-Editionen etc., cf. Rölleke (wie not. 3) 343–345. – [5] cf. den Kommentar zur in not. 1 genannten Edition oder Rölleke (wie not. 3). – [6] Rölleke (wie not. 2) pass. – [7] id.: ‚Die Marburger Märchenfrau'. In: Fabula 15 (1974) 87–94. – [8] id. (wie not. 3) 336sq. – [9] Grimm, A. L.: Kindermährchen. Heidelberg [1808]. – [10] Rölleke, H. (ed.): Die älteste Märchenslg der Brüder Grimm. Cologny-Genève 1975, 393sq. –
[11] Scholz, F.: C. B. und Goethe. Lpz. 1928, 249; Schaub 1973 (v. Lit.) 213; B., C./Runge, P. O.: Briefwechsel. ed. K. Feilchenfeldt. Ffm. 1974, 77. – [12] Rölleke, H.: Die Beitr.e der Brüder Grimm zu ‚Des Knaben Wunderhorn'. In: Brüder Grimm Gedenken 2. Marburg 1975, 28–42, hier 30sq. – [13] Rölleke (wie not. 10) 341. – [14] ibid., 341–344. – [15] Jolles, 219. – [16] Bad. Wochenschrift (11. 7. 1806); cf. Rölleke (wie not. 3) 281–284 und EM 1, 816. – [17] Kinderlieder, Anh. zum ‚Wunderhorn'. Heidelberg 1808, 23. – [18] Schon am 1. 6. 1806 konnte B. ein gedrucktes Zirkular zur Aufsammlung von Volksliedern versenden: Steig, R. (ed.): Achim von Arnim und C. B. Stg. 1894, 177sq.; noch 1811 beriet er J. Grimm fachkundig in dieser Angelegenheit: Denecke, L. (ed.): Jacob Grimm. Circular [. . .]. Mit Nachwort von K. Ranke. Kassel 1968, 9; cf. id.: Jacob Grimm und sein Bruder Wilhelm. Stg. 1971, 65 und Rölleke (wie not. 7 und 10). – [19] cf. not. 10. – [20] Steig, R. (ed.): C. B. und die Brüder Grimm. Stg./B. 1914, 188. –
[21] ibid., 192sq. – [22] EM 1, 817. – [23] Rölleke (wie not. 3) 275. – [24] Steig (wie not. 20) 11. – [25] Kinderlieder (wie not. 17); im ‚Wunderhorn' unter dem Titel ‚Aus einem Kindermärchen' auch die Verseinlage aus dem ‚Froschkönig' nach F. D. Gräter und die KHM 78 (‚Der alte Großvater und der Enkel'; bei Grimm nach Jung-Stilling) entsprechende gereimte Parabel ‚Das vierte Gebot' nach einem Meistergesang (cf. Fabula 14 [1973] 237–242, not. 4 und 17). – [26] cf. not. 16; ferner am 18. 7. 1806: ‚Hündlein von Bretten' (nach verschiedenen Qu.n). – [27] Mai 1808: ‚Leben und Sterben des Grafen von Foix'; Juni 1808: ‚Bärenhäuter'. – [28] Erhalten in der Slg Bodmer, Cologny-Genève; cf. Rölleke, H.: Neun Volksmärchenskizzen C. B.s. In: Fabula 18 (1977) 105–116; Motive zu BP 1, 13, 227, 233, 370; 2, 140; 3, 379, 483 (gründliche Unters.en stehen aus). – [29] cf. eine Anleihe bei KHM 120: Rölleke, H.: Qu.n zu B.s ‚Geschichte vom braven Kasperl und dem schönen Annerl'. In: Jb. Freies Dt. Hochstift (1970) 244–247, hier 256 sq. – [30] B., C.: Werke 2. ed. F. Kemp. Mü. 1963, 665–671. –
[31] ibid. t. 4 (1966) 874sq. – [32] Steig (wie not. 20) 191. – [33] Klingemann, A. (ed.): Memnon.

Eine Zs. 1 (Lpz. 1800) 143–175. – [34] In: Iris. Unterhaltungsbl. für Freunde des Schönen und Nützlichen (Ffm. 17.–20. 1. 1827) num. 12–14. – [35] Gockel, Hinkel, Gakeleia. Mährchen, wieder erzählt von C. B. Ffm.: Schmerber 1838. – [36] Nach 1827 an Herrmann Joseph Dietz, cf. Vordtriede 1970 (v. Lit.) 179. – [37] Mallon 1926 (v. Bibliogr.n) num. 155, 163. – [38] cf. Gajek, B. (ed.): C. und Christian B.s Bibl.en. Die Versteigerungskataloge von 1819 und 1853 (Beiheft zum Euphorion 6). Heidelberg 1974; dazu Rez. von R. Schenda in: Fabula 16 (1975) 354–356. – [39] C. B. im Juni 1810 an Runge: „Ich gehe jetzt damit um, Kindermärchen zu sammeln. Zimmer wird sie, wenn ich fertig bin, drucken. Ihr trefflich erzählter Machandelboom und Buttje werden auch dabei sein, wenn Sie es erlauben, und Sie teilen mir wohl noch mit, was Sie sonst haben", nach Vordtriede 1970 (v. Lit.) 171; cf. auch not. 10. – [40] Rölleke (wie not. 10) 208–220. –

[41] Vordtriede 1970 (v. Lit.) 178. – [42] Grimm, L. E.: Erinnerungen aus meinem Leben. ed. A. Stoll. Lpz. 1911, 494, 606. – [43] „Wie würden Sie die Hände überm Kopf zusammenschlagen, wenn ich Ihnen so ein Märchen bis in die kleinsten Wendungen erklären könnte", C. B. 1838 an W. von Ahlefeldt, nach Vordtriede 1970 (v. Lit.) 183sq. – [44] cf. Rölleke 1977 (v. Lit.) 292–308.

Bibliogr.n: Mallon, O.: B.-Bibliogr. B. 1926. – Gajek, B.: Homo poeta. Zur Kontinuität der Problematik bei C. B. Ffm. 1971, 571–606. – Frühwald, W.: Stationen der B.-Forschung 1924–1972. In: DVLG 47 (1973) Sonderh. 182–269.

Ausg.n (Auswahl): Preitz, M. (ed.): B.s Werke 2–3. Lpz./Wien 1914 (Kommentar!). – Schüddekopf, C. u. a. (edd.): C. B.s Sämtliche Werke, t. 11 und 12, 1–2 (ed. R. Benz). Mü./Lpz. 1914/17 (kritische Texte). – Amelung, H./Viëtor, K. (edd.): C. B. G. W. 3–4. Ffm. 1923. – Kemp, F. (ed.): C. B. Werke 3. Mü. 1965 (Kommentar!). – Frühwald, W./Kemp, F. (edd.): C. B. Märchen. Mü. 1978 (Kommentar!).

Lit.: Eichendorff, J. von: B. und seine Märchen. In: Hist.-polit. Bll. 19 (1847) 85–94 (Wiederabdruck in: Aurora 24 [1964] 14–20). – Cardauns, H.: Die Märchen C. B.s. Köln 1895 (umfassend und genau). – Bleich, O.: Entstehung und Qu.n der Märchen C. B.s. In: ArchfNSprLit. 96 (1896) 43–96 (noch immer unentbehrlich). – Schellberg, W.: Unters. des Märchens ‚Gockel, Hinkel und Gackeleia' [. . .]. Diss. Münster 1903. – Benz, R. (ed.): Märchen-Dichtung der Romantiker. Gotha 1908, 159–200. – Streit, L.: Unters.en zum Stil der Märchen C. B.s. Diss. Erlangen 1910. – Larfeld, G.: C. B.s ‚Märchen vom Schulmeister Klopfstock und seinen fünf Söhnen'. Diss. Marburg 1921. – Vincenti, L.: C. B. und Giovanni Battista Basile. In: Italien 2, 1 (1928) 1–10 (Wiederabdruck in: id.: Alfieri e lo „Sturm und Drang" e altri saggi. Firenze 1966, 1–20). – Mahl, I.: Der Prosastil in den Märchen C. B.s. B. 1931. – HDM 1, 323–325. – Glöckner, K.: B. als Märchenerzähler. Jena 1937. – Skokan, E.: Unters.en zum ersten Rheinmärchen C. B.s. Diss. Graz 1938. – Zahn, A.: Motiventsprechungen in C. B.s Romanzen vom Rosenkranz und in seinen Märchen. Würzburg 1938. – Plursch, H.: C. B.s Rheinmärchen. Diss. masch. Wien 1945. – Unkrodt, R.: C. B. als Märchendichter. Diss. Marburg 1945. – Zoerb, U.: C. B. und E. T. A. Hoffmann in ihren Märchen. Diss. (masch.) Bonn 1948. – Russell, H.: Die Gestalt des Dichters B., erschlossen aus seinen Märchen. Diss. masch. Münster 1949. – Wagner, M.: C. B. und Giovanni Battista Basile. In: Essays on German Language and Literature in Honor of T. B. Hewitt. Buffalo 1952, 57–70. – Becker, R.: C. B. und die Welt seiner Märchen. Diss. Ffm. 1960. – Pregel, D.: Das Kuriose in den Märchen C. B.s. In: Wirkendes Wort 10 (1960) 286–297. – Thalmann, M.: Das B.-Märchen. In: ead.: Das Märchen und die Moderne. Stg. 1961, 59–77. – Frühwald, W.: Das verlorene Paradies. Zur Deutung von C. B.s ‚Herzlicher Zueignung' des Märchens ‚Gockel, Hinkel und Gackeleia' (1838). In: Lit. wiss. Jb. NF 3 (1962) 113–192. – Redlich, F.: Eine Parodie der dt. Kaufmannschaft von 1800: C. B.s Märchen-Fragment ‚Komanditchen'. In: ArchfKultg. 50 (1968) 97–116.– Hunscha, C.: Die Realitätskonzeption in den Märchen C. B.s. Diss. B. 1969. – Vordtriede, W. (ed.): Dichter über ihre Dichtungen. C. B. Mü. 1970, 170–186. – Seidlin, O.: B.s Spätfassung seines Märchens vom Fanferlieschen Schönefüßchen. In: Festschr. K. Hamburger. Stg. 1971, 101–126. – Braun, M.: B. und die Welt der volkstümlichen Überlieferung, insbesondere ihre Rezeption in seinem dichterischen Werk. Diss. Würzburg 1972. – Nielsen, K. H.: Vermittlung und Rahmentechnik. Eine kritische Unters. der ‚Rheinmärchen' B.s. In: Orbis litterarum 27 (1972) 77–101. – Seidlin, O.: Wirklich nur eine schöne Kunstfigur? Zu B.s Gockel-Märchen. In: Festschr. N. Fuerst. Bern/Mü. 1973, 235–248. – Schaub, G.: Le Génie enfant. B./N. Y. 1973, pass. – Rölleke, H.: B.s ‚Märchen vom Schulmeister Klopfstock' als literarhist. Allegorie. In: Jb. Freies Dt. Hochstift (1977) 293–308. – Mathes, J.: Pumpelirio Holzebock in B.s Märchen von Fanferlieschen Schönefüßchen. In: Zs. für dt. Philologie 97 (1978) (im Druck). – Rölleke, H.: Die Hauptquelle zu B.s Märchen vom Murmelthier. In: Jb. Freies Dt. Hochstift (1979) (im Druck).

Wuppertal Heinz Rölleke

Brer Rabbit, Kaninchen, nordamerik. Vertreter der Gruppe von → Trickster-Figuren wie Till → Eulenspiegel, → Reineke Fuchs, Hase und Igel (cf. AaTh 275: →*Wettlauf der Tiere*). In Westafrika tritt diese archetypische Figur als → Anansi auf, der den Tiger überlistet, während in Amerika der Kojote (→ Coyote Stories) ‚Old Man' düpiert und in England Robin Hood aus der Gewalt des Sheriffs von Nottingham entkommt. In den Vereinigten Staaten ist die Überlieferung von klugen Helden durch die Erzählungen von Davy → Crockett, Sam Slick, Abe Lincoln, Will Rogers und Huey Long erweitert worden.

Durch seine schamlosen Fluchten oder Siege würdigt der listige Held den Feind zum Narren herab. Die meisten B. R.-Erzählungen sind um das Grundmuster binärer Gegensätze zwischen der kleinen, schwachen, aber klugen und der großen, starken, aber dummen (→ Dummheit) Figur herum gebaut. Da Gerissenheit der wichtigste Zug solcher Erzählungen ist, grenzen die Taten des Helden bisweilen ans Unmoralische: Sieg um jeden Preis ist das einzige, was zählt, und der Held solcher Geschichten wird dadurch in die Nähe des Schurken gerückt.

Das vielleicht bekannteste Motiv von B. R. als Trickster ist Mot. K 581. 2: *Briar-patch punishment for rabbit.* B. R. narrt seinen Fänger, indem er geschickt Entsetzen heuchelt bei dem Gedanken, in einem Dornendickicht – seinem eigentlichen Zuhause – ausgesetzt zu werden. Wenn der törichte Fänger ihn dann tatsächlich ins Dornengestrüpp schleudert, gelingt es ihm mühelos zu entkommen[1].

Die → *Teerpuppen*-Episode (AaTh 175, Mot. K 741) ist in europ., amerik. und ind.[2] Quellen vertreten. Das Kaninchen ist auch Held des amerik. Volkslieds *Mister Rabbit*[3], in dem sich der Trickster zum ‚Seelchen' wandelt, das vor Gott Gefallen findet, ähnlich wie das Kaninchen im buddhist. Mythos[4] (cf. Mot. A 751. 2: *Man in the moon a rabbit*). Das Tier als Trickster (Mot. J 1117: *Animal as trickster*) ist zum gestaltwechselnden ‚Großen Hasen' der Algonquin-Indianer in Nordamerika geworden, bekannt als ‚Michabo', Vater der Rasse und Schöpfer der Erde. In dieser Gestalt zeigt der Trickster sich von seiner besten Seite[5].

Im → afro-amerik. Erzählgut repräsentiert das Kaninchen den Unterdrückten, der, wiewohl schwach, mit Witz schwere Nachteile ausgleichen kann. Das menschliche Gegenstück zu B. R. ist ‚Big John the Conqueror', eine Variante von → *Doktor Allwissend* (AaTh 1641, bes. Mot. N 688: *What is in the dish*)[6]. Unter den weltweit verbreiteten Parallelen finden sich schwarzamerik. Fassungen aus Michigan[7] und Georgia[8].

Derartige Transformationen von B. R. werfen die grundsätzliche Frage nach der Verbreitung solcher Trickster-Erzählungen und nach den Methoden ihrer Anpassung an die örtlichen Gegebenheiten auf. So könnten sowohl die Neger-Bühnenfiguren ‚Tambo' und ‚Bones' des Vaudeville-Theaters[9] im 19. Jh. als auch das Tier in Walt Disneys sentimentalem Film *Song of the South* (1946) entfernte Verwandte des Tricksters in der amerik. Volkserzählung sein. Obwohl M. J. Herskovits[10] auf die Vielfalt von Einflüssen und Überlebensformen aus Afrika in der Neuen Welt hinweist, lassen sich doch über Herkunft und Umbildungen von Erzählungen des Typs B. R. nur Spekulationen anstellen. C. Burland[11] vertritt die Theorie, daß die Creek-Indianer viele Erzählungen von europ. Siedlern und westafrik. Negersklaven übernommen haben. Die Creeks, so Burland, beeinflußten ihrerseits die Schwarzen bes. dadurch, daß sie ihr Konzept vom Trickster als Kaninchen dem Zyklus der Aschanti-Erzählungen von Anansi überstülpten, der in Jamaika ‚Nancy' genannt wurde, und im Südosten der Vereinigten Staaten sei von den Schwarzen der Kaninchen-Archetypus der Creek-Indianer übernommen und daraus B. R. gemacht worden. Nach S. Thompson jedoch stammen die B. R.-Episoden der Indianer (z. B. Mot. K 581. 2 und K 741) entweder von den Schwarzen oder von den Europäern[12]. R. M. Dorson behauptete, keine traditionellen Erzählungen amerik. Schwarzer seien afrik. Herkunft, da sie in ihren Motiven und Typen häufig Analogien zu europ. Märchen aufwiesen[13]. Als er jedoch 1970 nach Afrika kam, mußte er feststellen, daß in Liberia Geschichten wie AaTh 72: → *Kranker trägt den Gesunden* und Mot. K 1241:

Trickster rides dupe horseback erzählt wurden. Dorson hat eine solche Erzählung in Pine Bluff, Ark. aufgezeichnet[14]. Das auf dem Fuchs reitende Kaninchen kommt in J. C. Harris' → ,Uncle Remus'-Fassung vor, und M. Klipple weist fünf afrik. Varianten nach[15].

Es scheinen auch Beweise vorzuliegen, daß Erzählungen mit B. R. als Helden weiterhin unabhängig voneinander entstehen. Ein analphabetischer Erzähler aus dem Norden Floridas erzählte dem Verf. 1953 verschiedene traditionelle B. R.-Geschichten, die er für seine eigenen Erfindungen ausgab; eine dieser Erzählungen scheint wirklich von ihm zu stammen, da sie bisher sonst nirgendwo nachgewiesen werden konnte: Hier bringt das Kaninchen den dummen Fuchs dazu, sich die Augen, diese leckeren „Augapfelbonbons", auszureißen, wodurch der Fuchs blind wird[16] (cf. Mot. K 1025, 2: *Eating his own entrails* und AaTh 135 B*: *Fleeing Fox Loses an Eye in the Briars*).

Obwohl die zahlreichen Nachdrucke von Harris' *Uncle Remus*-Erzählungen[17] für Kinder ein Beweis sind für die über Jahre anhaltende Beliebtheit des schwachen, aber schlauen Tricksters in der Gestalt von B. R., stehen solche Erzählungen heute nicht mehr so stark in der Gunst der amerik. Schwarzen, die, fern von Harris' Plantagen-Szene, zu Städtern geworden sind. Umstritten ist auch, ob die Figur des Hausdieners ,Uncle Remus' (die von Harris erfunden worden war, um eine Moral in seine Tiererzählungen einzubringen, welche er als Antwort auf die Fragen eines kleinen schwarzen Jungen erzählte) diese Geschichten als Volkserzählungen geschwächt oder gestärkt hat. Volkskundlich relevantere Belege bringt Z. N. Hurston[18]. Mit dem Absinken in die Kinderüberlieferung haben die B. R.-Geschichten viel von ihrem ursprünglichen sozialkritischen Akzent verloren.

[1] Hurston, Z. N.: Mules and Men. (Phil./L. 1935) Repr. N. Y. 1970, 146sq. – [2] Thompson/Balys K 741. – [3] Lomax, J. A. und A.: Folksong U. S. A. N. Y. [1947] 22sq. – [4] Malalasekera, G. P.: Dictionary of Pali Proper Names. L. 1937, 675, 1079. – [5] Larousse Encyclopedia of Mythology. ed. F. Guirand. L. 1959, 437. – [6] Hurston (wie not. 1) 61–82. – [7] Dorson, R. M.: Negro Folktales in Michigan. Cambridge, Mass. 1956, 51–53, num. 20. – [8] Harris, J. C.: Uncle Remus and His Friends. Boston 1883, num. 3 = id.: The Complete Tales of Uncle Remus. Boston ⁷1955, 488–494, num. 3. – [9] Wittke, C.: Tambo and Bones. A History of the American Minstrel Stage. Durham, N. C. 1930. – [10] Herskovits, M. J.: The Myth of the Negro Past. (N. Y./L. 1941) Boston 1958, 272–275. –

[11] Burland, C. A.: North American Indian Mythology. L./N. Y. (1965) ⁴1975, 109sq. – [12] Thompson, S.: European Tales Among the North American Indians. Colorado Springs 1919, 446. – [13] Dorson, R. M.: American Negro Folktales. N. Y. ²1968, 12–18. – [14] ibid., num. 10. – [15] Klipple 1, 120–123. – [16] Reaver, J. R.: Eyeball Candy. In: Negro Folklore. ed. J. M. Brewer. Chic. 1968, 9sq. – [17] z. B. Harris ⁷1955 (wie not. 8). – [18] Hurston (wie not. 1) 61–82.

Lit. (soweit nicht in den not. angeführt): Bergen, F. D.: Uncle Remus and Folklore. In: Outlook 48 (1893) 427sq. – McBryde, J. M.: B. R. in the Folk Tales of the Negro and Other Races. Sewanee, Tenn. 1911. – Lind, J. E.: Phylogenetic Elements in the Psychoses of the Negro. In: Psychoanalytic Review 4 (1917) 303–332. – Parsons, E. C.: Joel Chandler Harris and Negro Folklore. In: The Dial 66 (1918/19; Repr. 1966) 491–493. – Herskovits, M. J.: The Ancestry of the American Negro. In: The American Scholar 8 (1938/39) 84–94. – Kennedy, S.: Palmetto Country. N. Y. 1942. – Herskovits, M. J.: Some Next Steps in the Study of Negro Folklore. In: JAFL 56 (1943) 1–7. – Hurston, Z. N.: High John de Conquer. In: The American Mercury 57 (1943) 450–458. – B. R. In: StandDict. 1, 163. – Krappe, A. H.: La Genèse des mythes. P. 1952. – Dobie, J. F.: B. R. Watches Out for Himself in Mexico. In: Mesquite and Willow. ed. M. C. Boatright/W. M. Hudson/A. Maxwell. Dallas 1957, 113–117. – Botkin, B. A. (ed.): Lay My Burden Down. Chic. (1945) ⁵1961. – Armistead, S. G.: Two B. R. Stories from the Eastern Shore of Maryland. In: JAFL 84 (1971) 442–444.

Tallahassee J. Russell Reaver

Bretonen → Keltisches Erzählgut

Bṛhatkathā (sanskrit: Die große Erzählung, Der große Roman), ein in dem mittelind., sonst in der ind. Literatur ungebräuchlichen Dialekt Paiśācī (Sprache der Piśācas, d. h. der Dämonen oder Teufel) in Prosa (?) abgefaßtes, heute nicht mehr erhaltenes Werk des Inders Guṇāḍhya. Seine Entstehungszeit (die Ansätze schwanken zwischen dem 2. Jh. v. u. Z.[1] und dem 3. Jh. n. u. Z.) ist ungewiß. Die in Kaschmir und Nepal überlieferten Legenden lassen Guṇāḍhya entweder in Pratiṣṭhāna in Zentralindien am Hofe eines Königs der Śātavāhana-Dynastie (im 2. Jh. n. u. Z.?) oder etwas weiter nördlich in Ujjayinī leben und ihn – so die kaschmir. Tradition – den Stoff seines Romans bei den Piśācas (in denen S. Konow [1943] Aborigines sehen möchte) des Vindhya-Gebirges kennenlernen. Die Mehrzahl der Forscher hält aber Paiśācī für einen Dialekt des nordwestind. Grenzgebietes. Die detaillierten Beschreibungen Kauśāmbīs, die in der B. allem Anschein nach enthalten waren, deuten andererseits eher auf das zentrale Nordindien.

Die erhaltenen Bearbeitungen der B. sind: 1. Die *Vasudevahiṇḍi* (Die Irrfahrt des Vasudeva) des Saṅghadāsa (oder Saṅghadāsagaṇin)[2]. Diese in mittelind. Prosa abgefaßte Version der Jainas ist mit Sicherheit vor 600, möglicherweise schon etwa im 3. Jh. n. u. Z. entstanden. Die Erzählung ist hier in den Rahmen der jainist. Welthistorie gestellt[3], der Hauptheld heißt Vasudeva und ist Vater des aus dem Hinduismus übernommenen Heros Kṛṣṇa. – 2. Die *Peruṅkatai* oder *Mākatai* (die Ausdrücke sind Tamil-Entsprechungen des Sanskrittitels B.) des Koṅkuvēḷir[4], eine vermutlich zwischen dem 6. und dem 9. Jh. entstandene Tamil-Fassung, von der der Anfangs- und der Schlußteil verloren sind. In dem erhaltenen Abschnitt wird die Geschichte des Königs Udayana ausführlich erzählt; die des Hauptheldender B., Naravāhanadatta, von der nur der Anfang erhalten ist, dürfte hier ebenso wie in zwei späteren, tendenziös-jainist. Tamil-Kurzfassungen (*Utayanakumārakāviyam* und *Uditodayakāvyam*) in abgekürzter Form behandelt gewesen sein. – 3. Der *Bṛhatkathāślokasaṃgraha* (Die B., eine Zusammenfassung in Versen) des Budhasvāmin[5] (8./9. Jh.?). Diese, dem Original anscheinend am treuesten folgende Sanskritfassung bricht leider schon mit der Gewinnung der sechsten Gemahlin durch Naravāhanadatta ab, ohne daß wir wissen, ob sie je vollständig gewesen ist. – 4. Die verhältnismäßig unbedeutende *Bṛhatkathāmañjarī* (Die B. in Form eines Blütenstraußes) des Kṣemendra[6] (1. Hälfte des 11. Jh.s). – 5. Der *Kathāsaritsāgara* (Ozean der Erzählungsströme) des → Somadeva (etwa 25 bis 30 Jahre nach dem vorigen Werk, aber unabhängig von diesem, entstanden). – Die beiden zuletztgenannten Versionen – beide in Sanskritversen – sind in Kaschmir entstanden und gehen offensichtlich auf eine gemeinsame kaschmir. Vorlage zurück. Die Haupterzählung der B. ist hier nicht nur umgestaltet, sondern auch auf den Charakter einer Rahmenhandlung reduziert worden, in die eine Fülle weiteren Erzählstoffes – darunter ganze Erzählungssammlungen wie → *Pañcatantra* und → *Vetālapañcaviṃśatika* – eingeschaltet wurde.

Aufbau und Inhalt der B. lassen sich auf Grund der erhaltenen Fassungen mit einiger Sicherheit rekonstruieren:

Die romanhafte Erzählung begann – nach einer einleitenden Rahmenerzählung – mit der Geschichte von König Udayana von Kauśāmbī und seinen beiden Frauen Padmāvatī und Vāsavadattā. Der eigentliche Held aber, der seine Erzählung in der Ichform vorgetragen zu haben scheint, ist der Sohn des Königs, Naravāhanadatta. Der junge Prinz verliebt sich in die Hetärentochter Madanamañjukā, die er nach Überwindung der zu erwartenden Schwierigkeiten heiratet. Kurz darauf wird ihm die Gattin von einem Fürsten der Vidyādharas („Wissensträger", d. h. zauberkundige, halb menschliche, halb göttliche Wesen) geraubt. Auf der Suche nach der Verlorenen, bei der er vor allem von dem erfindungsreichen Freund und Ratgeber Gomukha unterstützt wird, erlebt er eine Serie von Abenteuern, in deren Verlauf er insgesamt 26 Frauen, meist Vidyādharīs, gewinnt. Am Ende steht die Rückgewinnung der Madanamañjukā und die ihm vom Schicksal bestimmte, nach einem letzten Feldzug durch den Himālaya erreichte Einsetzung als Universalherrscher (Cakravartin) der Vidyādharas.

Trotz des ständigen Eingreifens der zauberkundigen Vidyādharas in das irdische Geschehen tritt das märchenhafte Element in der B. gegenüber dem realistisch geschilderten bürgerlichen Milieu zurück. Naravāhanadatta ist zwar ein Königssohn, aber ein Großteil seiner Abenteuer spielt unter Kaufleuten, Hetären und anderen Angehörigen nichtbrahmanischer und nichtadliger Schichten. Sein Name nimmt Bezug auf Kubera (= Naravāhana), den in Kaufmannskreisen populären Gott des Reichtums, der auch in der Erzählung eine Rolle spielt. Räuber- und Seefahrergeschichten, Entführungen, Trennungen und Wiedervereinigungen Liebender und alle möglichen Intrigen bestimmen das Geschehen.

Neben dem Schicksal und der Nachwirkung von Taten aus früheren Existenzen wird der eigenen Anstrengung des Menschen großes Gewicht beigemessen. Dem Menschen ist es möglich, zu Lebzeiten die Stellung eines Vidyādhara oder durch günstige Fügung sogar die ihres Herrschers zu erreichen; die zahlreichen Heiraten helfen dem Helden, die dafür notwendigen Verbündeten und geheimen Kenntnisse zu gewinnen (so D. A. Nelson 1974).

Schon das Original scheint zahlreiche eingeschaltete Erzählungen enthalten zu haben, die jedoch – anders als in den späten kaschmir. Versionen – in enger Beziehung zur Haupterzählung standen.

Über die Quellen der B. läßt sich wenig sagen. Die Geschichte von König Udayana, seinen Frauen und seinem Gegenspieler Pradyota (Mahāsena) begegnet in ähnlicher Form in der buddhist. Literatur. Guṇāḍhya muß deshalb nicht unbedingt buddhist. Quellen benutzt haben; möglicherweise greift er auf lokale Sagen zurück. Den Sohn des Udayana, den Frauenliebling Naravāhanadatta, scheint Guṇāḍhya erfunden zu haben, doch dürften seine Abenteuer größtenteils volkstümliches Erzählgut sein. Formal und inhaltlich erinnert die B. in mancher Beziehung an den griech. Roman; ob ein Einfluß von dieser Seite her möglich ist, hängt von chronologischen Fragen ab.

Obwohl Alsdorf[7] Beziehungen zwischen der *Vasudevahiṇḍi* und *1001 Nacht* hat feststellen können, scheint der Einfluß der B. im großen und ganzen auf Indien beschränkt geblieben zu sein. Hier wurde sie von späteren Dichtern (des 6. Jh.s) den großen volkstümlichen Epen *Mahābhārata* und *Rāmāyaṇa* an die Seite gestellt, denen sie an literar. Wirkung zeitweise kaum nachgestanden zu haben scheint. Die in ihr vorherrschende bürgerlichere und weltlichere Atmosphäre hat sie freilich in Brahmanenkreisen nicht recht heimisch werden lassen, und das sprachliche Medium des wenig angesehenen mittelind. Dialektes führte dazu, daß die Urfassung wohl schon früh in Vergessenheit geriet.

[1] cf. Alsdorf, L.: Zur Geschichte der Jaina-Kosmographie und -Mythologie. In: ZDMG 92 (1938) 464–493. – [2] ed. Caturavijaya/Puṇyavijaya (Ātmānand Jain Granth Ratnamālā 80/81). Bhavnagar 1930–31; eine engl. Übers. wird von J. C. Jain vorbereitet. – [3] cf. Alsdorf, L.: Harivaṃśapurāṇa. Hbg 1936, 34–40, 94–109. – [4] ed. P. V. Cōmacuntaraṉār. Tirunelveli 1962–1965. – [5] ed. F. Lacôte. P. 1908–1929 (mit frz. Übers.). – [6] ed. Śivadatta/K. P. Parab (Kāvyamālā 69). Bombay [2]1931; frz. Übers. (teilweise) von S. Lévi. In: Journal Asiatique (1885) 397–479; ibid. (1886) 178–222. – [7] Alsdorf, L.: Zwei neue Belege zur ind. Herkunft von 1001 Nacht. In: ZDMG 89 (1935) 275–314.

Lit.: Lacôte, F.: Essai sur Guṇāḍhya et la B. P. 1908. – Winternitz, M.: Geschichte der ind. Litteratur 3. Lpz. 1920, 312–318. – Alsdorf, L.: Eine neue Version der verlorenen B. des Guṇāḍhya. In: Atti 19. Congresso Internazionale degli Orientalisti. Roma 1938, 344–349 (zur Vasudevahiṇḍi). – Konow, S.: Remarks on the B. In: Acta Orientalia 19 (1943) 140–151. – Hoffmann, H.: B. In: KLL 1 (1965) 1845–1848. – Maten, E. P.: Budhasvāmin's Bṛhatkathāślokasaṃgraha (Orientalia Rheno-Traiectina 18). Leiden 1973. – Nelson, D. A.: The B. A Reconstruction from Bṛhatkathāślokasaṃgraha, Peruṅkatai and Vasudevahiṃḍi. Diss. Chic. 1974 (erhältlich als Mikrofilm der University of Chic., Thesis No. T 25223).

Göttingen Georg von Simson

Brief. B.e als Mittel indirekter Kommunikation setzen Schrift, Schreib- und Lesefähigkeit sowie geeignete, transportable Schreibmaterialien (Schriftträger, Farbstoff und/oder Schreib- [Ritz-]werkzeug) voraus, sind also Produkte fortgeschrittener Kulturen[1] (etwa für den germ. Bereich erst seit dem 4. Jh. p. Chr. n. häufiger bezeugt[2]) und, über weite Strekken der Geschichte, nur einer beschränkten Zahl gebildeter, mächtiger, eingeweihter Personen zugänglich. Die von der brieflichen Kommunikation Ausgeschlossenen messen daher dem B. und seinen unverständlichen Zeichen oftmals jenseitigen Ursprung und unheimliche, magische Kräfte zu und halten die B.übermittler (Boten, Posteinrichtungen) für fähig, die B.inhalte negativ oder positiv zu verändern; auf dem risikoreichen Übermittlungsweg ereignet sich häufig Ungewöhnliches[3]. Da das B.eschreiben und -lesen für das Volk bis ins 19. Jh. keine Alltagsbeschäftigung war[4], werden B.e in mündlichen Erzählungen der Zeit relativ selten erwähnt; popularisierte Bucherzählungen und Sagen der jüngeren Vergangenheit enthalten öfter dieses Requisit.

Unter oriental. Einfluß tauchen seit dem 2. Jh. p. Chr. n. in Griechenland B.e von Jenseitigen (Hermes-B.e, Asklepios-B.e) auf[5]. Die Legende von Christi Brief an → Abgar stammt aus dem 3. Jh. p. Chr. n.[6] Die Tradition der ‚Himmelsbriefe' ist seitdem bis zur Gegenwart nicht mehr abgerissen. Gegen Ende des 6. Jh.s erhielt Vincentius, Bischof von Ibiza, einen angeblich von Christus selbst geschriebenen, zur Sonntagsheiligung mahnenden B., den er an Licinianus, Bischof von Cartagena, weiterleitete. Dieser schalt zwar solche B.e Unfug, dennoch sind Kopien jenes himmlischen Schreibens erhalten, und mehrere hist. Zeugnisse (so von Bonifatius) beweisen seine ehemalige Verbreitung im Frankenreich sowie in Britannien, Irland und Island[7]. Solche ‚Sonntagsheiligungs-B.e' wurden von Kreuzzugspredigern, Flagellanten und Mystikern für ihre Zwecke eingesetzt[8]. Nach ital. Fassungen legte ein Engel die auf eine Marmortafel geschriebene ‚pistola' Christi auf den Altar von St. Peter in Jerusalem; noch in diesem Jh. wurden zwei erzählende religiöse Lieder solchen Inhalts aufgezeichnet[9]. Bis in die jüngsten Kriegszeiten waren Himmelsbriefe als Schutzmittel in verschiedenen (Bilderbogen-)Fassungen (Gredoria-Typ, Holsteinertyp, Ölbergspruch, Graf-Philipp-B., Kaiser-Karls-Segen, Abt-Colomanus-Segen[10]) verbreitet; sie erzählen meist von der mirakulösen Errettung eines Todgeweihten durch diesen B. (Mot. D 1381. 24); im Graf-Philipp-B. ist von einem treuen Diener die Rede, der sich für seinen Herrn enthaupten lassen möchte, aber der Schutzbrief hemmt das Schwert des Scharfrichters[11]. Himmelsbriefe schützen vor allem in Kriegsnöten (Mot. D 1381. 24). Auch der B. eines Heiligen hat Heilwirkung (Mot. V 221. 7). In der ital. Novellistik ist freilich nicht selten von gefälschten magischen B.en die Rede (Rotunda K 115. 1. 1–4; cf. Mot. K 115. 1). Neben Christus-B.en wird von Marien-B.en[12] (cf. Tubach, num. 3034) und Petrus-B.en[13] erzählt. Als B.boten können Engel (Mot. V 246. 0. 1), ein Rabe[14] oder ein Löwe[15] fungieren. Als Pendants zu den Himmelsbriefen erscheinen B.e aus dem Purgatorium (Mot. E 755. 3. 1) und aus der Hölle (Mot. Q 564); bes. Beliebtheit gewann die von Jacques de Vitry erstmals erzählte Geschichte vom B. der Höllenfürsten an eine (sizilian.) Bischofsversammlung mit Danksagung für die vielen in die Hölle beförderten Seelen[16]. Als der Teufel als B.bote einem Laienbruder ins Gesicht schlägt, bleibt ein Mal bis zur Behandlung mit Weihwasser zurück (Tubach, num. 3032). Tote können zurückkehren, um einen B. schreiben zu lassen (Mot. E 322. 7)[17].

Dem Erzählkomplex von fatalen (Todes-B.en), vertauschten und gefälschten B.en kommt wegen seines hohen Alters und weitester Verbreitung bes. Bedeutung zu. Im 2. Sam. 11, 14–17 wird berichtet, daß David, nachdem er Bathseba ehebrecherisch geschwängert, deren Gatten Uria mit einem B. zu Joab schickte, des Inhalts, man möge Uria so in der Schlacht einsetzen, daß er den Tod finde (→ *Uriasbrief*: Mot. K 978). Das Motiv erscheint auch in der → Bellerophon-Sage; es kommt sowohl in AaTh 428 (→ *Prinz als Wolf*) als auch AaTh 930 (*The Prophecy*) vor, jedoch mit der für den Helden positiven Abänderung, daß der Todesbrief geändert und dadurch die Exekution vermieden bzw. auf eine andere Person (oder zwei andere Personen) abgeschoben wird (Mot. K 511). In einer nochmaligen Erweiterung kann der Held durch die B.verfälschung (die auch von Räubern vorgenommen werden kann) zusätzliches Glück erlangen (Mot. K 1355). Saxo Grammaticus berichtet z. B., daß Amleth den Todesbrief Fengos entdeckte und so abänderte, daß seine Begleiter den Tod fanden, er selbst aber die Prinzessin von Britannien gewann[18]. J. Schick hat zahlreiche oriental. Vorläufer dieser Erzählung nachgewiesen[19]. KHM 29 (*Drei → Haare vom Bart des Teufels* [AaTh 461]) enthält noch eine Reihe von Elementen aus dieser Episode der Amleth-Sage. Mit dem Todesbrief verwandt (aber keineswegs identisch) ist das Motiv von der inhaltlichen Veränderung brieflicher Botschaften während der Überbringung (Mot. K 1851). Es erscheint vor allem in Erzählungen von verleumdeten Frauen (Mot. 2117): Die

Botschaft von der Geburt eines Kindes wird verändert in die Nachricht von einer Mißgeburt; des Königs Antwort wird abermals ins Negative verkehrt, doch nimmt das Märchen jeweils einen glücklichen Ausgang (AaTh 706: → *Mädchen ohne Hände*)[20]. In der Erzählung von *Fridolin und dem Gang zum Eisenhammer* handelt es sich um eine mündlich überbrachte Botschaft; sie gehört also nicht in diesen Zusammenhang. Doch bedarf der gesamte Komplex der fatalen und/oder gefälschten Botschaften noch vertiefender Studien.

In Erzählungen von Liebesabenteuern kann der Liebesbrief an einen falschen Adressaten gelangen, der den Platz des Liebhabers einnimmt (Mot. K 1317. 2. 2), oder ein Fremder fängt den Liebesbrief ab und nimmt selbst die Stelle des Entführers ein (Mot. K 1317. 9), oder der B. wird gefälscht, so daß der zweite Liebhaber das Mädchen entführen kann (Mot. T 92. 4. 2). Der vom Gatten entdeckte Liebesbrief in der Tasche der Frau dient als Beweis für ihre Untreue (Mot. K 1557. 1). Ein anderer Liebesbrief findet sich in einem Apfel versteckt (Mot. K 1872. 3).

Im Schwank werden die Schwierigkeiten des Umgangs mit B.en kulturhistorisch faßbar:

Einer, der gar nicht lesen kann, liest aus einem Geschäftsformular vor, als sei es ein B. (Mot. K 1958)[21]. Ein Lakai bittet seinen Herrn, alte B.e nicht fortzuwerfen, sondern sie ihm für seine Mutter zu geben, da er selbst nicht schreiben könne[22]. Einer, der einen B. zu datieren vergessen hat, meint, das Datum stehe ja im Kalender[23]. Der Eil-B.-Vermerk ‚à la haste' wird als ‚Bratspieß' verstanden[24]. Ein B. wegen eines zerbrochenen Wagens wird erst abgeschickt, als das Fahrzeug schon repariert ist[25]. Mehrfach wird die B.adresse vergessen[26]. Ein Kaninchen kann als rascher B.bote verkauft werden (Mot. K 131.1)[27]. Da ein Bote fehlt, bringt einer seinen B. persönlich zu seiner Frau und geht wieder weg (Mot. J 2242). Eine Magd bittet ihren Herrn, er möge ihr den B. ihres Bräutigams vorlesen, sich aber dabei die Ohren zuhalten, damit er nicht höre, was darin steht[28]. Ein Junge soll zwei Aale (Tauben) und ein Begleitschreiben einem Bauern bringen; die Tiere gehen aber unterwegs verloren. Als der Bauer den B. liest und fragt: Hier stehen doch Aale (Tauben)?, antwortet der Junge: Dann sind sie ja gottlob noch im B.! (AaTh 1296 B)[29].

[1] Kl. Pauly 2, 324sq. – [2] Hoops Reall. 3 ([2]1978) s. v. B. (im Druck). – [3] Schon bei Herodot: B. in einem Hasen versteckt; B. unter das Wachs auf das Holztäfelchen oder: B. auf den Schädel eines Sklaven geschrieben; Aly, W.: Volksmärchen, Sage und Novelle bei Herodot und seinen Zeitgenossen [. . .]. Göttingen 1921 ([2]1969 ed. L. Huber) 51sq., 145. – [4] Büngel, W.: Der B. Ein kulturgeschichtliches Dokument. B. 1939. – [5] Bittner, M.: Der vom Himmel gefallene B. Christi in seinen morgenländ. Versionen und Rez.en (Denkschr. der Kaiserlichen Akad. der Wiss.en. Phil.-hist. Kl. 51). Wien 1906, 1–240 und 8 Tafeln; Stübe, R.: Der Himmelsbrief. Ein Beitr. zur allg. Religionsgeschichte. Tübingen 1918; RAC 2, 564–585, bes. 572. – [6] cf. jetzt noch Rädle, F.: Abgar. In: Lex. des MA.s 1, 1. Mü./Zürich 1977, 40. – [7] Priebsch, R.: Letter from Heaven on the Observance of the Lord's Day. Ox. 1936. – [8] Spamer, A.: Himmelsbriefe der dt. Mystik (Gießener Beitr.e zur dt. Philologie 60). Gießen 1938, 184–192; Röhrich, L.: Himmelsbrief. In: RGG 3, 338sq. – [9] Pelaez, M.: Redazioni italiane della pretesa lettera di Cristo sul riposo domenicale (Arcadia. Accademia Letteraria Italiana. Atti e memorie. Serie 3, t. 2, fasc. 1). Roma 1949, 36–53; cf. die Rez. von P. Toschi in: Lares 15 (1950) 131sq. – [10] Closs, A.: Himmelsbrief. In: RDL 1, 656–658; Dieterich, A.: Himmelsbriefe. In: HessBllfVk. 1 (1902) 19–27, bes. 22–26. Bilderbogen- und Flugblattmaterialien: Garnier, J.-M.: Histoire de l'imagerie populaire et des cartes à jouer. Chartres 1869, 274–276; Abt, A.: Von den Himmelsbriefen. In: HessBllfVk. 8 (1909) 81–100; Fraenger, W.: Materialien zur Frühgeschichte des Neuruppiner Bilderbogens. In: Jb. für hist. Vk. 1 (1925) num. 2; Spamer, A.: Weißenburg im Elsaß als Bilderbogenstadt. In: Beitr.e zur Geistes- und Kulturgeschichte der Oberrheinlande. Festschr. F. Schultz. Ffm. 1938, 234; Bilderwelt der kleinen Leute. Bilderbogen des 18. und 19. Jh.s. ed. H. Dettmer. Münster 1976, 31, num. 137 [Ausstellungskatalog]. –
[11] Closs (wie not. 10) 657. – [12] Parodiert bei Erasmus von Rotterdam: Vertraute Gespräche (Colloquia familiaria, 1518/19). ed. H. Schiel. Köln 1947, 91–95; noch um 1869 wurde in Huy (Liège) bei M.-J. Lamis gedr.: Lettre écrite par la bienheureuse Vierge Marie à la Cité de Messines. Archives Bas-Rhin, Strasbourg, T. 217 [Flugbl.]. – [13] So in der Leo- und Oswald-Legende: Jacobus a Voragine: Legenda aurea. ed. T. Graesse. Breslau [3]1890 (Nachdr. Osnabrück 1965) cap. 83: De sancto Leone papa. – Fischer, E.: Die ‚Disquisitionum magicarum libri sex' von Martin Delrio als gegenreformatorische Exempel-Quelle. Diss. Ffm. 1975, 252, num. 59; Schenda, R.: Hieronymus Rauscher und die protestant.-kathol. Legendenpolemik. In: Brückner, 179–259, hier 246sq. – [14] Schenda (wie not. 13); cf. Mot. B 291. 1. 0. 1: Bird as letter carrier. – [15] Toldo, P.: Leben und Wunder der Hll. im MA. In: Studien zur vergleichenden Lit.geschichte 17 (1908) 29. – [16] Schenda (wie not. 13) 239; Ernst, J. D.: Hist. Bilderhauß 1. Altenburg 1685, 191; cf. Dieterich (wie not. 10) 26sq. – [17] So auch Martin Luther, cf. Brückner, 431, num. 9. – [18] In Shakespeares Hamlet

(5, 2) ist die Episode auf die B.fälschung zuungunsten von Rosenkranz und Güldenstern verkürzt. – [19] Schick, J.: Das Glückskind mit dem Todesbrief. Oriental. Fassungen (Corpus Hamleticum 1, 1). B. 1912; HDM 1, 326sq. – [20] ibid., 325sq.; Günter 1949, 55sq. (Offa-Sage), 60sq.; Der große Seelentrost. Ein ndd. Erbauungsbuch des 14. Jh.s. ed. M. Schmidt (Ndd. Studien 5). Köln/Graz 1959, 224–226: Der reiche und der arme Ritter. –
[21] Polívka, J.: Súpis slovenských rozprávok 5. Turčianský sv. Martin 1931, 45sq., num. 137 H. – [22] Der Kurtzweilige Hanß-Wurst von Frölichshausen [. . .]. s. l. 1712, 185sq., num. 343; Les Contes du Sieur D'Ouville 1. Amst. 1732, 41sq.; weitere Texte im EM-Archiv (mit num.): Exilium melancholiae 1643 (109, 110), Zincgref/Weidner 1655 (1.777), Gerlach 1647 (2. 378) etc. – [23] EM-Archiv: Exilium melancholiae 1643 (112). – [24] ibid. (685). – [25] EM-Archiv: ibid. (114), Zincgref, Facetiae pennalium 1618 (6. 410). – [26] EM-Archiv: Exilium melancholiae 1643 (113), Zincgref/Weidner 1655 (1.786); cf. den Boten ohne Adresse: Moser-Rath, 207 sq.; Lüthi, M.: Volkslit. und Hochlit. Bern/Mü. 1970, 17. – [27] cf. BP 2, 10, num. A¹. – [28] Neumann, S. (ed.): Volksschwänke aus Mecklenburg. Aus der Slg R. Wossidlos. B. 1963, num. 445. – [29] Merkens, H.: Was sich das Volk erzählt. Dt. Volkshumor 3. Jena [1900] num. 209.

Göttingen Rudolf Schenda

Briefmarken → Bildquellen, -zeugnisse

Briggs, Katharine Mary, *London 8. 11. 1898. Brit. Folkloristin. Tochter des Aquarellmalers Ernest E. B. Studium an der Universität Oxford (M. A., D. Phil.), welche ihr in Anerkennung ihrer Verdienste um die Erzählforschung 1969 den akademischen Grad eines D. Litt. verlieh. Von 1967–1969 Präsidentin, seither Vizepräsidentin der Folklore Society.

B. publizierte zusammen mit der Sammlerin und Informantin R. L. Tongue *Folktales of England* (L. 1965) und *Somerset Folklore* (L. 1965). Von B.s weiteren Veröffentlichungen sind zu nennen:

The Personnel of Fairyland. A Short Account of the Fairy People of Great Britain for Those Who Tell Stories to Children (Ox. 1953, Nachdr. Detroit 1971), *The Anatomy of Puck. An Examination of Fairy Beliefs Among Shakespeare's Contemporaries and Successors* (L. 1959), *Pale Hecate's Team. An Examination of the Beliefs on Witchcraft and Magic Among Shakespeare's Contemporaries and His Immediate Successors* (L. 1962), *The Fairies in Tradition and Literature* (L. 1967), *Engl. Volksmärchen* (mit R. Michaelis-Jena, MdW 1970), *The Last of the Astrologers* (L. 1973) sowie das *Dictionary of British Folk-Tales in the English Language* (Part A: *Folk Narratives* 1–2 [L. 1970], Part B: *Folk Legends* 1–2 [L. 1971]).

Dieses vierbändige Werk, das ca 2.000 Erzählungen umfaßt, gilt als B.s wichtigster Beitrag zur Folkloristik.

B., deren Spezialgebiet das 16. und 17. Jh. ist, wurde zu einer Schlüsselfigur der nach dem Krieg angestrebten Wiederbelebung engl. Folkloreforschung und übte einen nachhaltigen Einfluß auf die jüngere Generation engl. Erzählforscher aus, insbesondere auf V. Newall, J. Simpson und J. Widdowson.

Lit.: Newall, V. (ed.): The Witch Figure. Folklore Essays by a Group of Scholars in England Honouring the 75th Birthday of Katharine M. B. L. 1973.

London Venetia Newall

Brigitta (Brigida, Brigid, Bride) von Kildare, Hl., *Fochart (heute Faugher, Nordirland) um 453, † Kildare 523 (nach der im 7. Jh. von Cogitosus, Hagiograph und Mönch von Kildare, aufgezeichneten Überlieferung), (Fest 1. Febr.), Patronin von Irland (‚Maria der Gälen'), Gründerin u. a. des Nonnenklosters Kildare. Reiche literar. Überlieferung zu ihrem Leben in lat., ir., mittelengl., mhd. und ital. Sprache. Ihr Kult war im MA. durch ir. Mönche in ganz Westeuropa verbreitet. B. ist in der volkstümlichen Verehrung Patronin des Viehs, bes. der Kühe und des Geflügels, der Milchbäuerinnen und -mägde, auch der Wöchnerinnen, Hebammen und Kinder. Die bes. Beliebtheit B.s in der bäuerlichen Bevölkerung geht wohl auf agrarische Züge ihrer Vita zurück.

Die Hauptmotive ihrer Legende und die wichtigsten Mirakel sind:

Ein Lichtschein schwebt schon vor ihrer Geburt um das Haupt ihrer Mutter und begleitet B. durch ihr Leben. Sie wird von ihrer Mutter ohne Schmerzen geboren. Herangewachsen, bittet sie Gott um Verunstaltung, damit sie keinen Mann nehmen müsse, worauf sie ein Auge verliert[1]. Zum Beweis ihrer Jungfernschaft beginnt der Altar zu grünen, den sie bei ihrem Keuschheitsgelübde berührt. Ins Kloster folgen ihr u. a. Enten und Gänse. Sie wirkt verschiedene → Vermehrungswunder: Von einer dreimal gemolkenen Kuh erhält sie so viel Milch wie sonst von drei Kühen, auch Bier wird vermehrt. An Arme verteilte Butterwecken werden ihr von einem Engel wiedergegeben, so daß deren Fehlen auf dem Bauernhof nicht bemerkt wird. Bei einem Besuch von sieben Bischöfen haben sich die Nahrungsmittel im Kloster auf wunderbare Weise vermehrt, damit die Gäste gespeist werden konnten. B. verwandelt Wasser in Milch. Die auf einer Reise in der Fastenzeit vorgesetzten Speisen – mangels anderem Speck und Brot – werden zu Nattern, als zwei Mitschwestern in Ungehorsam sich weigern, Fleisch zu essen, doch später zurückverwandelt. B. heilt Aussätzige, Blinde und Taubstumme. Einem Mann setzt sie die abgeschlagene Hand wieder an. Sie schenkt einer Frau ihren Gürtel, mit dem diese Kranke heilen kann. B. sendet Kleider in einem Schrein über das Meer zum hl. Senanus von Maglache (→ Schwemmwunder). B. hängt ihre Kleider zum Trocknen über einen → Sonnenstrahl. Ein Bischof wird von der Anschuldigung gereinigt, der Vater eines Kindes zu sein, indem B. das Neugeborene veranlaßt, den richtigen Vater zu benennen. Sie befreit eine gefallene Jungfrau von ihrer Leibesfrucht. Durch das Wort Gottes gestärkt, das sie aus dem Munde des hl. Patrick vernommen hatte, vergaß B., drei Tage lang zu essen.[2]

[1] Tubach, num. 722. – [2] Hilka, A. (ed.): Die Wundergeschichten des Caesarius von Heisterbach. 1: Einl., Exempla und Auszüge aus den Predigten des Caesarius von Heisterbach. Bonn 1933, 161.

Lit.: Der Hll. Leben. Nürnberg 1488, CCCXXIX^v–CCCXXX^v. – Stadler, J. E./Heim, F. J. (edd.): Vollständiges Hll.-Lex. [...] 1. Augsburg 1858 (Nachdr. Hildesheim/N. Y. 1975) 513. – AS Februarii 1 (1863) 99–185. – MPL 72, 775–790 (älteste Vita, verfaßt von Cogitosus). – Jacobus a Voragine: Legenda aurea. ed. T. Graesse. Breslau ^{3}1890 (Nachdr. Osnabrück 1965) cap. 203: (De sancta Brigida) – Günter 1910, 74. – HDA 1, 1577sq. – Das Märterbuch (DTMA 22). ed. E. Gierach. B. 1928, 28–37. – Zender, M.: Schutzheilige der Haustiere im Rheinland. In: Rhein. Vierteljahresbll. 5 (1935) 70–85. – Gougaud, L.: Le Culte de Ste Brigide de Kildare dans l'Europe continentale. In: Archiv für elsäss. Kirchengeschichte 11 (1936) 35–56. – Gougaud, L.: Les Saints irlandais hors d'Irlande (Bibliothèque de la Revue d'histoire ecclesiastique 16). Louvain 1939. – Günter 1949, Reg. – StandDict. 2, 966. – Lehmacher, G.: Die hl. B. und die kelt. Göttin Brigit. In: Rhein. Jb. für Vk. 4 (1953) 125–141. – Butler's Lives of the Saints 1. ed. H. Thurston/D. Attwater. L. 1956, 225–229 (mit weiterer Lit.). – Schreiber, G.: Irland im dt. und abendländ. Sakralraum. Köln/Opladen 1956, 26–37. – LThK 2 (^{2}1958) 694. – Aurenhammer, H.: Lex. der christl. Ikonographie 1. Wien 1959/67, 405–409. – Lex. der christl. Ikonographie 5. ed. W. Braunfels. Rom/Fbg/Basel/Wien 1973, 445sq.

Würzburg Erich Wimmer

Brigitte (AaTh 713). Der Erzähltyp wurde auf Anregung von P. Delarue 1961 in das AaTh-Typenverzeichnis eingefügt:

Einer Stieftochter wird das illegitime Kind ihrer Schwester unterschoben, und sie wird mit dem Kind davongejagt. Wo die beiden hinkommen, hören Dürre und Hunger, die dort geherrscht hatten, auf, brechen aber in dem Land aus, das sie verlassen mußten. Später kommt die Wahrheit durch die Handlungsweise des Kindes an den Tag.

Die Erzählung tendiert aufgrund einer offensichtlichen Situationsverwandtschaft (Verbannung mit Kind) zur Kontamination mit AaTh 706 (→ *Mädchen ohne Hände*), wobei die Besonderheit von AaTh 713 darin besteht, daß die Heldin ‚Mutter', zugleich aber Jungfrau ist (cf. die annähernd vergleichbare Situation bei AaTh 708: → *Wunderkind*) und daß sie nicht zu einem Ehemann zurückkehrt, sondern zu ihrem Vater (AaTh 706 hingegen fügt in der Regel zur Wiedervereinigung mit dem Ehemann die Aussöhnung mit dem Blutsverwandten, Vater oder Bruder, hinzu). Die Erzählung schließt (vor der Verbannung) gern das hagiographische Motiv ein: *Meat Stolen for Poor Turns to Roses* (AaTh 717*).

Die Erzählung scheint nur in Frankreich vorzukommen, wo sie in zwei verschiedenen Gebieten aufgezeichnet worden ist (Delarue/Tenèze 2): im Nivernais (elf Fassungen in den Mss. von A. Millien) und in Okzitanien (neben den drei in Delarue/Tenèze 2 analysierten okzitan. Fassungen eine in den Mss. von F. Arnaudin[1] aufgefundene Version).

Delarue versucht, den sehr alten Hintergrund zu erhellen, vor dem das Märchen entstanden ist:

"Au début, des rites de fertilité, d'abondance, de protection de l'alimentation attachés à une divinité celtique, Brigit, s'accompagnent d'un petit cycle de récits mythiques. Au Moyen-Age, quand Ste Brigitte supplante l'antique déesse, ces récits sont rattachés à l'histoire de la sainte [. . . et] le bouquet légendaire se grossit d'éléments purement chrétiens [. . .]" (Delarue 1959, 263).

Er weist bes. auf die Weiterbearbeitung hin, die erforderlich war, um von der Struktur des Nebeneinanders in der Legende zur solideren organischen Struktur im (Zauber-)Märchen zu gelangen.

Delarue hat dem Märchen den Titel *B., la maman qui m'a pas fait, mais m'a nourri* gegeben, in Anlehnung an einige Fassungen aus dem Nivernais, in denen diese Redewendung mehrmals vorkommt. In der Fassung von Arnaudin heißt die Heldin Virginette, und das Kind wird zu ihrem „Virginot"; in dieser Fassung erfüllt sich an ihr, wie in G. Maugards Fassung aus den Pyrenäen, das Wunder, daß einer Jungfrau → Milch in die → Brüste steigt. Diese Betonung, ja Glorifizierung der Jungfräulichkeit ist im frz. Märchen ganz und gar ungewöhnlich (in der Heiligenlegende dagegen ist sie die Regel), und hier manifestiert sich ebensosehr, wenn nicht noch deutlicher als in „der Nächstenliebe und in der Wohltätigkeit der geheiligten Person" (Delarue 1959, 263), das eigentliche Wesen des Christentums. Dagegen hat das Motiv des mit B. verbundenen Überflusses, wenn es auch gewiß in den bes. Formen, die es annimmt, zu diesem Märchen speziell gehört, doch Entsprechungen in anderen Erzählungen (etwa im Motiv vom Korn, das aus den Haaren der Heldin fällt, wenn sie sich kämmt, oder des Goldes, das aus ihren Händen fällt, wenn sie sich wäscht); es berührt auf einer allgemeineren Ebene den Begriff der wirtschaftlichen Prosperität, welche der übernatürlichen Gattin[2] oder der auf wunderbare Weise gekennzeichneten Heldin anhaftet, wie es hie und da im Zaubermärchen vorkommt. Was mithin die Originalität von AaTh 713 ausmacht und außerdem die Abweichungen erklärt, welche das Märchen sowohl einigen der entlehnten Motive als auch der von ihm verwendeten Struktur der Märchen von der verbannten Frau aufzwingt, ist dieser – zugleich bewegende und wohl auch gelungene – Versuch, die beiden anscheinend unvereinbaren Begriffe miteinander zu versöhnen: den vorchristl. Begriff der Fruchtbarkeit und den christl. Begriff der Jungfräulichkeit, deren Inkarnation die Figur der Heldin in gleicher Weise ist. Delarue zieht zum Vergleich das traditionelle ir. Motiv der ‚gaste terre' heran, das im *Perceval le Gallois ou Le Conte du Graal* (um 1180) von Chrétien de Troyes vorkommt.

[1] Arnaudin, F.: Contes populaires de la Grande-Lande 1. Bordeaux 1966, 488–499. – [2] cf. Le Goff, J./Le Roy Ladurie, E.: Mélusine maternelle et défricheuse. In: Annales. Économies, sociétés, civilisations 26 (mai/août 1971) 587–622, ill.

Lit.: Delarue, P.: Le Conte de „Brigitte, la maman qui m'a pas fait, mais m'a nourri". In: Fabula 2 (1959) 254–264. – Delarue/Tenèze 2, 666–671.

Paris Marie-Louise Tenèze

Brille des Küsters (Mot. J 2498.1). Einem Bubenstreich wird hilflose Naivität und närrische Gedankenlosigkeit aufgepfropft: Jungen verschmieren die Brille des Küsters (Pfarrers) mit Fett, was er erst merkt, als er den Kirchengesang intonieren will. Es folgt ein gereimter Wechselgesang zwischen ihm und der stupide nachsingenden (Analphabeten-) Gemeinde:

Küster: „Was ist denn das mit meiner Brille ?" Die Gemeinde, gewohnt alles zu wiederholen, respondiert mit seinen Worten. Küster: „Die ist ja ganz mit Fett beschmiert!" Wieder klingt ihm sein Satz entgegen. Küster: „Ach Leute, es ist nicht mein Wille!" Die gleiche Resonanz des Chors. Als ihm auch auf seine wütende Invektive: „Ihr sollt doch gleich des Teufels sein" das Echo aus der Menge entgegenschallt, läuft er aus der Kirche[1].

Der kurze Schwank kann aus liturgischen Gründen nur bei einer protestant. Bevölkerung entstanden sein. Er wird daher vor allem in Dänemark[2], Norddeutschland[3], in den Niederlanden[4] und in Finnland[5] erzählt.

In den USA hat sich eine eigene Redaktion entwickelt, die E. W. Baughman (unter J 2498.1) wie folgt charakterisiert:

The imitative choir. Minister tells congregation that he has forgotten his spectacles, that he cannot line out the hymn as he customarily did. The choir sings his words. He tries to explain, apologizes. The choir repeats the apology in song.

Hier hat also der Geistliche seine Brille nur vergessen, eine Konzession an eine intaktere, pietist. Junggemeinde? Baughman annotiert Nachweise aus New York, South Carolina, Texas, Indiana und Nebraska.

S. Thompson hat den Schwank mit ähnlichen närrischen Wiederholungsepisoden unter AaTh 1832M*: *Priest's Words Repeated* kompiliert.

Die stupide Wiederholung unpassender Bemerkungen im Ablauf einer liturgischen Handlung hat jedoch auch in der Erzählkunst einer kathol. Bevölkerung zu ganz ähnlichen witzigen Situationen geführt:

In Triest weiß man, daß sich zwei Gevatter, von denen einer lesen, der andere nur singen kann, beim Geistlichen um die Vorsängerstelle bewerben. Als sie während der Messe das Tedeum intonieren, geht die erste Strophe glatt vonstatten. Gigi, der Leser, flüstert seinem singenden Compadre Toni zu: „Bravo Gevatter!", was Toni aus vollem Halse nachsingt. Gigi: „Aber so nicht, Gevatter". Toni wiederholt lautstark. Darauf Gigi: „Man wird dich aufhängen, Gevatter". Toni wiederholt, kommt aber nur bis zum „auf. . .", da die empörten Gläubigen sie nun tatsächlich strangulieren wollen[6].

Ein exzellentes Beispiel für die → Generatio aequivoca einfachster Gags.

[1] Im wesentlichen nach Meyer, G. F.: Plattdt. Volksmärchen und Schwänke. Neumünster 1925, num. 175. – [2] Kristensen, E. T.: Vore Fædres Kirketjeneste. Aarhus 1899, 77–79 (drei Var.n). – [3] Neumann, S.: Volksschwänke aus Mecklenburg. Aus der Slg R. Wossidlos. B. ³1965, num. 249; Nimtz-Wendlandt, W.: Erzählgut der Kur. Nehrung. Marburg 1961, num. 85; Ruppel, H./Häger, A.: Einige Schock Schwänke, Schnurren und Schelmereien, dem Volksmunde nacherzählt. Kassel ³1952, 218; Merkens, H.: Was sich das Volk erzählt 1. Jena 1892, num. 256; Schell, O.: Berg. Volkshumor. Lpz. 1907, 102–104; fünf weitere Fassungen im EM-Archiv. – [4] Ter Laan, K.: Groninger overleveringen. Groningen 1928, 191sq. – [5] Rausmaa, P.-L.: A Catalogue of Anecdotes. Turku 1973, num. 1832 M*. – [6] Pinguentini, G.: Bonumore triestino. Verona 1958, num. 64.

Göttingen Kurt Ranke

Brillenkauf → Analphabetenschwänke

Brlić-Mažuranić, Ivana, *Ogulin 18. 4. 1874, † Zagreb 21. 9. 1938, Enkelin des hervorragenden kroat. Dichters Ivan Mažuranić, oft 'kroat. Andersen' genannt. B.-M. wurde als erste Frau Mitglied der Südslav. Akademie der Wissenschaften und Künste. Von ihren literar. Werken sind zwei Kinderbücher von dauerndem Wert und zugleich für die Märchenforschung relevant: *Zgode i nezgode šegrta Hlapića* ([Die Erlebnisse des Lehrlings Hlapić] Zagreb 1913) und *Priče iz davnine* ([Märchen aus alten Zeiten] Zagreb 1916). Das erstgenannte Werk ist ein abenteuerlicher Kinderroman ohne phantastische Motive, der aber durch seine kompositionelle Struktur viel mit den Volksmärchen gemeinsam hat. *Priče iz davnine* dagegen sind echte Kunstmärchen mit einer Fülle phantastischer Motive, die der Einbildungskraft der Verfasserin entstammen und zugleich mit Motiven aus der slav. Mythologie und mündlichen Dichtung verflochten sind. Doch das Fabulieren, der Stil und die Komposition dieser Märchen entsprechen nicht der Form Volksmärchen (im Sinne von M. → Lüthi). *Priče iz davnine* wurden außer von der kroat. und serb. Volksdichtung in bes. Maße von den Werken A. N. → Afanas'evs inspiriert (bes. von *Poėtičeskie vozzrenija slavjan na prirodu* 1–3 [Poetische Anschauungen der Slaven über die Natur]. M. 1866–69 und den von ihm edierten Volksmärchen). Von *Zgode i nezgode šegrta Hlapića* erschienen dt., slovak., slov. sowie makedon. und von *Priče iz davnine* engl., schwed., dän., dt., ital., ung., tschech., slovak., russ., slov., makedon. und alban. Übersetzungen.

Lit.: I. B.-M. Zbornik radova (Sammelband von Aufsätzen über I. B.-M.). ed. D. Jelčić u. a. Zagreb 1970 (mit Biogr., Bibliogr. und Lit.). – Bošković-Stulli, M.: „Priče iz davnine" i usmena književnost („Märchen aus alten Zeiten" und die mündliche Lit.). In: ead.: Usmena književnost kao umjetnost riječi. Zagreb 1975, 231–246. – ead.: Povratak „Šegrtu Hlapiću" (Die Rückkehr zum „Lehrling Hlapić"). ibid., 247–250.

Zagreb Maja Bošković-Stulli

Bromyard, John, geb. in Bromyard (Grafschaft Hereford), wirkte im 14. Jh. nach seiner Ausbildung zum Dominikanermönch als bekannter Prediger, eifriger Kompilator und entschiedener Gegner von Johannes Wyclif (ca 1320—84). Er erlangte die Magisterwürde der Universitäten Oxford und Cambridge. 1382 soll er auf dem 4. Konzil zu London die theol. Thesen Wyclifs als Häresie verworfen haben; doch in den Konzilsakten fand B. keine Erwähnung. Sein großes Ansehen gewann er als Kanzelredner, Predigtschriftsteller und Exempelsammler.

Von seinen bisher noch wenig erforschten Schriften sind bes. zwei zu erwähnen: (1) das *Opus trivium perutilium materiarum predicabilium* [...] *e divina canonica civilique legibus eleganter contextum* [...], ein umfangreiches Werk, das eine dreifache Kompilation von göttlichem, kanonischem und zivilem Recht ist und aus meist kurzen Kapiteln besteht, die in alphabetischer Ordnung nach Stichwörtern (von Abbas bis X[Ch]ristus) die implizierten Themen erörtern. Diese Kompilation sollte primär der Unterweisung dienen und fand eine positive Resonanz, die vermutlich B. zu der Erstellung eines noch umfangreicheren Kompendiums ermunterte. (2) Die *Summa predicantium* ist, wie B. selbst in seinem Vorwort darlegt, als eine Amplifikation des *Opus trivium* zu verstehen.

Das schon in diesem Sammelwerk erprobte, alphabetisch und numerisch aufgebaute Ordnungsschema hat B. auch in der *Summa predicantium* mit geringen Variationen angewandt. So erscheinen bei längeren Kapiteln am Rande Paragraphennummern (z. B. Predicatio [P] 12 mit 39 Gliederungszahlen), und außerdem werden thematisch zusammenhängende Probleme durch wiederholte Querverweise auf andere Kapitel miteinander verbunden (z. B. P 13, 25 mit O 4, 7 oder O 4, 7 mit F 3, 34 und M 9, 15). Auf diese Weise wird dem Leser die thematische Konzeption der *Summa predicantium* trotz der Fülle des dargebotenen Stoffes klar ersichtlich. Die *Summa predicantium* ist zweifelsohne eine beachtliche homiletische Enzyklopädie, die das für den Prediger erforderliche Wissen aus den verschiedensten Fächern der Theologie kompiliert. Wie seine berühmten Vorgänger → Caesarius von Heisterbach, → Odo of Cheriton und → Jacques de Vitry bediente sich auch B. zur Veranschaulichung der kirchlichen Lehre zahlreicher Exempel, die moralisch bzw. allegorisch expliziert werden. Diese geistlichen und weltlichen Historien, Fabeln und Schwänke sind für die hist. und vergleichende Erzählforschung von bes. Interesse. Die ca 1200 in 189 Kapiteln angeordneten Exempel der *Summa predicantium* sind vor allem für die Zeit B.s ein beachtliches kulturhist. Dokument, das in der Darstellung des weltlichen und geistlichen Lebens eine breite Fächerung des sozialen Milieus bietet. Ebenso abwechslungsreich ist die Thematik der Exempel (Katalog v. unten).

B.s Quellen im Einzelfall zu eruieren, bereitet deswegen Schwierigkeiten, weil der Dominikaner → Etienne de Bourbon († um 1261) in seiner systematisch angelegten Anweisung *De diversis materiis praedicabilibus ordinatio secundum septem dona Spiritus sancti* für die Volkspredigt den Exempeln schon weite Verbreitung in der Predigtliteratur gesichert hatte. So weisen z. B. 49 Exempel der *Summa predicantium* thematische und sprachliche Analogien mit Texten der → *Gesta Romanorum* auf. Eine genauere Übersicht über die zahlreichen, verschiedenartigen Quellen B.s zu geben, erlaubt der gegenwärtige Forschungsstand noch nicht.

Die Nachwirkung der *Summa predicantium* auf die Exempelliteratur war nicht gering. Bes. Einfluß übte sie auf die volkssprachliche Predigtliteratur aus und diente ebenso als Quelle für engl. Schwankbücher. Evident greifbar wird B.s Einfluß in der Sammlung *Schimpff und Ernst* von Johannes → Pauli, deren Erstausgabe (1522) 693 Geschichten enthält, von denen vermutlich über 130 Exempel der *Summa predicantium* entnommen sind. Als gute, exempelreiche Quelle lag B.s Sammelwerk sowohl in mehreren Hss. — häufig nur auszugsweise — als auch in zahlreichen Drucken aus dem 15. bis 17. Jh. vor (u.a. Frühdrucke von J. Auerbach: Basel 1474 [nicht nach 1484] und von A. Koberger: Nürnberg 1485 [Nachdr. 1518] sowie als spätere Drucke Lyon 1522, Venedig 1586 und Antw. 1614).

Ohne einen umfassenden Motivkatalog über die *Summa predicantium*, der ein dringendes Desiderat ist, kann eine genaue Sichtung der interessantesten Erzählmotive nicht gegeben werden. Folgende Auswahl von bekannten Typen und Motiven aus der *Summa predicantium* mag deren literales und orales Nachleben andeuten:

A 3,19 = AaTh 838: Sohn am → Galgen. – A 8,17 = AaTh 1950: Die drei → Faulen. – A 11,8 = AaTh 50: Der kranke → Löwe. – A 12,4 = AaTh 1615: → Teilung des Geldes. – A 12,11 = Mot. Q 273: Usury punished. – A 12,12 = Mot. J 153.1: Holy man's prayer reforms rich man. – A 12,15 = Mot. P 365.2: Servant planning to possess his master's goods. – A 12,35–36 = AaTh 244: → Tiere borgen voneinander. – A 12,45 = AaTh 111 A: → Wolf und Lamm. – A 14,4 = AaTh 1861 A: → Bestechung. – A 14,22 = Mot. X 314: Lawyer who tries to practice without lying fails. – A 15,1 = Mot. J 815.1: Liar rewarded by the apes. – A 15,13 = AaTh 150: Die drei → Lehren des Vogels (Fuchses). – A 15,31–32 = AaTh 222 A: Bat in War of Birds and Quadrupeds. – A 17,9 = Mot. Q 241: Adultery punished. – A 17,9 = Mot. H 411.11: Magic spring as chastity test. – A 17,12 = Mot. V 42: Masses release souls from hell. – A 20,9 = AaTh 778*: → Kerzen für den Heiligen und den Teufel. – A 21,5 = cf. AaTh 893: → Freundesprobe. – A 21,17 = AaTh 982: Die vorgetäuschte → Erbschaft. – A 21,18 = Mot. W 111.2.2: Servant to close door at night + Mot. W 111.2.4: Boy to see whether it is raining + Mot. W 111.2.5: Boy to see whether there is fire in the house. – A 21,20 = AaTh 179: Was der → Bär dem sich Totstellenden ins Ohr flüstert. – A 21,26 = AaTh 75*: → Wolf und Amme + Mot. G 303.16.3.4: Devil made to disappear by making sign of the cross. – A 23,26 = Mot. M 211.1: Man unwittingly sells soul to devil. – A 25,11 = Mot. N 101.1: Inexorable fate: no day without sorrow. – A 25,20 = Mot. F 1021.2.1: Flight so high that sun melts glue of artificial wings. – A 25,29 = cf. AaTh 225 A: → Fliegen lernen. – A 25,30 = AaTh 221: →Königswahl der Vögel. – A 26,32 = Mot. J 1061.1: The cock and the pearl: [. . .]. – A 26,34 = AaTh 1562: → Denk dreimal, bevor du sprichst. – A 27,12 = Mot. P 365.2: Servant planning to possess his master's goods. – A 27,14 = AaTh 34 A: → Hund verliert das Fleisch. – A 27,24 = AaTh 775+782: → Midas. – A 27,41 = Mot. J 2188: The man who wanted to be dead one day. – A 27,49 = Mot. Q 272.1: Devil carries off rich man. – A 27,62 = AaTh 1341 B: Gott ist auferstanden. –

C 3,5 = AaTh 706 B: cf. Die keusche → Nonne. – C 3,6 = AaTh 706 B: cf. Die keusche → Nonne + Mot. V 465.1.2.1: Nun hidden by abbess from pursuing knight betrays her own hiding place to him. – C 4,16 = Mot. K 2010.3: Wolves sign false truce with sheep. – C 8,36 = Mot. J 1521.3: Command would become permanent. – C 9,2 = AaTh 910 F: → Einigkeit macht stark. – C 11,20 = AaTh 233 C: → Vögel und Netz. – C 11,38 = Mot. Q 581: Villain nemesis. – C 16,36 = Mot. U 11.1: Ass punished for stealing mouthful of grass; lion and wolf forgiven for eating sheep. – C 17,11 = Mot. J 2273.1: Bird thinks that the sky will fall if he does not support it. – C 17,20 = Mot. J 672.1: Ears stopped with wax to avoid enchanting song. –

D 3,9 = Mot. J 1582.1: The penny baked in the wafer. – D 4,13 = AaTh 1842: → Testament des Hundes. – D 9,20 = AaTh 77: Die eitlen → Tiere. – D 11,26 = Mot. U 63: Priest has no friends until he becomes bishop: then they flock to him. – D 11,28 = AaTh 754: → Glückliche Armut. – D 12,21 = cf. Mot. J 613.1: Frogs fear increase of sun's power which will dry up all their puddles. –

E 1,3 = AaTh 839: Die drei → Sünden des Eremiten. – E 1,10 = Mot. J 133.3: Trained deer drinks wine till he breaks his leg but thereafter abstains. – E 3,23 = Mot. J 156.3: Wisdom from fool: the present returned. – E 3,47 = AaTh 1735: Die zehnfache → Vergeltung. – E 5,4 = Mot. W 165.1: Humble man after speaking to king disdains his own family. – E 7,2 = cf. Mot. Q 520.2: Robber does penance. – E 8,17 = AaTh 1553: → Ochse für fünf Pfennig. – E 8,25 = AaTh 51: → Löwenanteil. –

F 1,17 = Mot. J 1908: Absurd attempt to change animal nature. – F 1,18 = Mot. K 191: Peace between sheep and wolves. – F 2,6 = AaTh 129 A*: Sheep Licks her Newly-born. – F 3,4 = Mot. J 1621: Sharing his wounds. – F 5,17 = AaTh 920 C: → Schuß auf den toten König. – F 7,2 = Mot. J 954.1: Mule as descendant of king's war-horse + cf. AaTh 47 B: → Wolf und Pferd (hier: Fuchs und Maulesel). –

G 1,15 = AaTh 471 A: → Mönch und Vöglein. – G 2,15 = AaTh 57: → Rabe und Käse. – G 4,15 = Mot. K 828.2: Fox feigning illness admitted to hen-roost and kills the hens. – G 4,16 = AaTh 76: → Wolf und Kranich. – G 4,17 = cf. AaTh 155: → Undank ist der Welt Lohn. –

H 1,2 = Mot. F 833.2: Sword of Damocles. – H 1,16 = AaTh 1562 B: → Pflichtenzettel. – H 4,8 = AaTh 50: Der kranke → Löwe. – H 6,25 = AaTh 298 C*: → Baum und Rohr. –

J 6,19 = AaTh 1331: → Neidischer und Habsüchtiger + AaTh 1610: → Teilung von Geschenken und Schlägen. – J 9,21 = Mot. J 2475: ‚Greasing the judge's palms'. – J 9,36 = Mot. J 167: Wisdom from continual reminder of foolishness in the past. – J 10,22 = AaTh

1215: → Asinus vulgi. – J 12,11 = Mot. T 261.1: Husband takes wife's place and receives punishment for her adultery. –

L 3,4 = Mot. X 511: Barber alone praises usurer. – L 3,8 = Mot. M 13: Sentence applied to king's own son. – L 7,35 = Mot. W 151.1: Harlot weeps when her impoverished lover leaves her to think that she has left him his coat. –

M 4,3 = Mot. T 221: Woman's naivité proves her fidelity + Mot. T 291: Why widow does not remarry. – M 4,6 = Mot. H 473.1 sqq.: Test of wife's obedience: finger in hole. – M 8,17 = Mot. G 303.3.3.2.7: Devil in form of monkey. – M 8,23 = Mot. J 1311: What is wanted, not what is asked. – M 8,30 = cf. AaTh 280 A: The ant and the lazy cricket (hier: Fliege und Ameise). – M 8,31 = AaTh 112: → Feldmaus und Stadtmaus. – M 8,32 = AaTh 201: Der freie → Wolf (Hund). – M 9,12 = cf. AaTh 51: → Löwenanteil. – M 11,5; M 11,6 = AaTh 335: → Boten des Todes. – M 11,78 = AaTh 150: Die drei → Lehren des Vogels (Fuches). – N 4,4 = Mot. L 315.3: Fox burns tree in which eagle has nest. –

O 1,12 = Mot. J 2095: To eat a hundred onions. – O 2,6 = AaTh 1791: cf. → Küster. – O 6,20 = Mot. U 211: No great knights now because no great kings. – O 6,71 = AaTh 110: → Katze mit der Schelle. – O 7,4 = Mot. J 1566.1: Philosopher spits in king's beard. – O 7,9 = Mot. M 212.1: Devil as helper of robber refuses to let women's ornaments be stolen. –

P 2,32 = AaTh 156: → Androklus und der Löwe. – P 3,3 = Mot. J 211.1: Philosopher chooses poverty with freedom. – P 7,75 = AaTh 778 + AaTh 1553 A*: → Geloben der großen Kerze. – P 7,77 = Mot. H 1557.1: Obedience of sons tested by offering them apple. – P 12,39 = Mot. J 156.4: Wisdom from fool: heaven refused. – P 13,20 = Mot. J 1261.4: Blessing not worth a penny. – P 13,36 = Mot. J 2103.1: The cat to guard the cheese. – P 13,37 = Mot. J 2103.1: The cat to guard the cheese + AaTh 278: → Tiere aneinandergebunden. –

R 1,23 = Mot. U 11.2: He who steals much called king; he who steals little called robber. – R 3,5 = AaTh 980 A: → Großvater und Enkel. – R 5,5 = AaTh 214 B: → Esel in der Löwenhaut. – R 5,32 = AaTh 293: → Magen und Glieder. – R 5,44 = AaTh 981: → Altentötung. – R 6,12 = Mot. J 1914.2: Three brothers take turns using mule. –

S 3,9 = Mot. L 251: Beggar with small bag surpasses the one with the large. – S 3,14 = Mot. K 1054: Robber persuaded to climb down moonbeam. – S 3,15 = Mot. L 333: Hummingbird can see fowler's net; eagle is caught in spite of his boasts of good eyesight. – S 3,16 = AaTh 105: → Listensack des Fuchses. – S 4,10 = Mot. U 111: Many books do not make a scholar. – S 5,3 = AaTh 50: Der kranke → Löwe. – S 7,9 = cf. AaTh 1551: → Wettbetrug. – S 8,8 = Mot. U 271: Cat ceases catching rats as soon as he is given a home in a monastery. – S 8,14 = Mot. P 365.2: Servant planning to possess his master's goods. – S 11,4 = Mot. J 2285.1: Fool believing in omens refuses to prepare for death. – S 11,5 = Mot. J 1624: The priest makes the omen come true. –

T 4,17 = Mot. J 861.2: Man on sinking ship eats salt. –

V 1,8 = Mot. K 428: Magic statue betrays a thief by indirection. – V 1,9 = Mot. J 551.2: Fool given the truth on his back. – V 1,12 = AaTh 1691 B*: Too much Truth. – V 5,8 = Mot. J 2103.2: Pursuing the rabbit who harmed the garden. – V 5,10 = Mot. J 1823.1.2: Christ's image has broken his arm. – V 12,4; V 12,11 = Mot. X 512: Usurers do not reply. – V 12,23 = Mot. Q 273.1: Devil comes for usurer + Mot. V 62.2: Only usurers to carry body of usurer to grave + Mot. X 514: Only usurers can carry the corpse of the usurer. – V 12,24 = cf. Mot. N 277: Oxen bear dead usurer to gallows to be buried + Mot. X 513: Devil will not carry usurers to hell but will drag them by the legs.

Lit.: Quétif, J./Echard, J.: Scriptores ordinis praedicatorum 1. P. 1719, 700 sq. – Wetzer und Welte's Kirchenlex. 2. Fbg ²1883, 1321. – Mosher, J. A.: The Exemplum in the Early Religious and Didactic Literature of England. N. Y. 1911. – Schulz, E.: Die engl. Schwankbücher bis herab zu „Dobson's Drie Bobs" (1607). B. 1912, bes. 6, 24, 31, 35, 41, 60. – Owst, G. R.: Preaching in Medieval England. An Introduction to Sermon Manuscripts of the Period c. 1350–1450. Cambridge 1926. – Welter, J.-T.: L'Exemplum dans la littérature religieuse et didactique du moyen âge. P. /Toulouse 1927. – Owst, G. R.: Literature and Pulpit in Medieval England. Ox. 1961. – Boyle, L. E.: The Date of the Summa Praedicantium of John Bromyard. In: Spec. 48 (1973) 533–537. – Kaeppeli, T.: Scriptores ordinis praedicatorum medii aevi 2. Rom 1975, 392–394.

Göttingen Ernst Heinrich Rehermann
Berlin Fritz Wagner

Bronzini, Giovanni Battista, *Matera, 4. 9. 1925, Volkskundler und Romanist, Schüler von P. → Toschi (1893–1974) und A. Monteverdi (1886–1967), promovierte 1947 in Rom, habilitierte sich 1956, lehrte in Rom und Bari, wo er 1965 zum ordentlichen Professor für ‚Storia delle tradizioni popolari' ernannt wurde. Er hat zahlreiche Arbeiten zur Volkskunde und mündlichen Überlieferung (‚demologia' und ‚letteratura popolare') veröffentlicht, ist Herausgeber der Reihen *Classici di Folk-lore* (Bologna) und *BC-66* (Biblioteca di Cultura, Matera) sowie seit 1974 der bis dahin von Toschi herausgegebenen Zs. *Lares* (Firenze).

Als Philologe hat sich B. vor allem der formal-inhaltlichen Untersuchung der überlieferten Varianten mittel- und südital. episch-lyrischer Lieder gewidmet; dabei folgte er dem Vorbild von M. Barbi, V. Santoli und P. Toschi in der Anwendung der finn. komparatistischen Methode (vor allem in *Filia visne nubere? Un tema di poesia popolare.* Roma 1967 [Volkslied-Thema ,Spinn, spinn, meine liebe Tochter'] und *Un'antica canzone francese e le sue corrispondenze nell'Europa centrale e orientale.* Modena 1967 [Volkslied-Typ ,Le Galant en nonne', ,Der verkleidete Markgrafensohn']). Fragen synchroner Verbreitung und hist. Abhängigkeit der Wechselbeziehungen zwischen gebildeter und populärer Lit. sowie des ,aödischen [Sänger-] Stils' hat er weitausholende und tiefgreifende Studien gewidmet (*Il mito della poesia popolare.* Roma 1966; *Leopardi e la poesia popolare dell'Ottocento.* Napoli 1975; *Tradizione di stile aedico dai cantari al Furioso.* Firenze 1966; *Serventesi, barzellette e strambotti del Quattrocento dal cod. Vat. Lat. 10656.* t. 1—2. Bari 1971; *Boiardo e la lirica popolare del '400.* Bari 1973); insbesondere ist er der ital. Volkspoesie im Rahmen der Kultur des frühen 19. Jh.s nachgegangen (*Valori e forme della poesia italiana nella cultura della prima metà dell' 800.* Matera 1960 [^{2}1975]; *La poesia popolare nella critica del Tommaseo degli anni 1830–32.* Bari 1975). B. hat sich ferner mit der anthropol. Analyse hochliterar. Werke (→ Dante; Giovanni Verga: *I Malavoglia*) beschäftigt; zu nennen sind schließlich seine hist.-volkskundlichen Monogr.n (*Tradizioni popolari in Lucania.* Matera 1953; *Vita tradizionale in Basilicata.* Matera 1964) sowie seine Arbeiten zur Kritik volkskundlicher Theorien (*Folklore e cultura tradizionale.* Bari 1972). Seine Bibliogr. umfaßt mehr als 200 weitere Arbeiten. B., Mitglied zahlreicher gelehrter Gesellschaften und mit mehreren Preisen ausgezeichnet, darf heute als der führende ital. Volkskundler der kritischen philolog.-hist. Schule gelten.

Arbeiten zur Erzählforschung (ohne die schon genannten Bücher): Una redazione versificata umbro-senese della leggenda di S. Caterina d'Alessandria. In: Atti dell'Accademia Nazionale dei Lincei, Classe di scienze morali, storiche e filologiche 8,4 (1952) 75–106. – La vita della Beata Giovanna da Signa di Giuliano Dati. In: La Bibliofilia 54 (1952) 49–56. – La canzone epico-lirica nell'Italia centro-meridionale 1–2. Roma 1956–1960. – La leggenda di S. Caterina d'Alessandria. Passioni greche e latine. In: Atti dell'Accademia Nazionale dei Lincei, Classe di scienze morali, storiche e filologiche 8,9 (1960) 257–416. – La leggenda di S. Caterina d'Alessandria di ,Rainero da Preceno'. In: Atti e Memorie dell'Arcadia, serie 3,4 (1967) 27–85. – Origini ritualistiche delle forme drammatiche popolari (Testi e manuali demologici 2). Bari 1968. – La canzone dell'Avvelenato nella tradizione popolare italiana. In: Studi in onore di C. Naselli 1. Catania 1968, 39–74. – La ballata di „Lord Randal" e i suoi rapporti con la canzone dell'„Avvelenato". In: Studi di storia dell'arte, bibliologia ed erudizione in onore di A. Petrucci. Milano/Roma 1969, 99–111. – Nazionalismo ed europeismo della poesia popolare (Testi e manuali demologici 3). Bari 1969. – Unità d'Italia: lingua nazionale e poesia popolare. In: Cultura Neolatina 31, 1–3 (1971) 313–337. – Nota sulla ,popolarità' dei proverbi della Divina Commedia. In: Lares 38, 1–2 (1972) 9–18. – Poesia popolare del periodo aragonese. In: Archivio storico per le Province Napoletane 11 (1973) 255–285. – Tradizioni religiose popolari – letteratura religiosa popolare. In: Atti del Convegno di Châtillon (18.–19. 9. 1971) Lares 40, 2–4 (1974) 143–172, 215–261. – Riflessi letterari di poesia e vita popolare nella „Vita Nuova". In: Lares 39,2 (1973) 111–119. – Mondo primitivo e mondo popolare in Dante. In: Lares 41,2 (1975) 143–189. – Componente siciliana e popolare in Verga. In: Lares 41,3–4 (1975) 255–317. – Spiritualismo di P. Toschi in unità di arte, religione e scienza. In: Lares 42,2 (1976) 253–265. – Le prediche di Bernardino e le tradizioni popolari del suo tempo. In: Atti del XVI Convegno di studi sul tema: Bernardino predicatore nella società del suo tempo. Todi 1976, 111–152. – Strambotti e barzellette di Bizantio de Lupis rimatore pugliese del sec. XVI. In: Lares 42,3–4 (1976) 369–426. – La drammatica popolare fra storia del teatro, storia della letteratura e storia della cultura. In: La drammatica popolare nella valle padana [. . .]. Modena 1976, 1–62.

Lit.: Schenda, R.: Statik und Dynamik der aktuellen ital. Vk. In: ZfVk. 65 (1969) 251–263. – [Miranda, E.:] Il premio „Cocchiara" a G. B. B. In: Lares 35,3–4 (1969) 199 sq. – Ciorceri, C.: Attività di studio di G. B. B. Matera 1970 (Bibliogr.).

Göttingen Rudolf Schenda

Brot. Da B. als Grundnahrungsmittel den Energiebedarf des Menschen fast vollständig zu decken vermag, bildet es in Notzeiten oftmals die alleinige Nahrungsquelle der Unterschichten[1]. Deshalb wird es auch in der Volkserzählung zum Sinnbild des Lebens. → 'Wasser und B.' genügen dem Märchenhelden zum Wohlergehen, B.besitz sichert die Fortdauer seiner Existenz. Der Klügste von drei Brüdern findet auch das beste B. (Mot. H 1305; AaTh 402: → *Maus als Braut*). Wo das „tägliche B." (Mt. 6,11; Lk. 11,3) fehlt, scheint der Untergang besiegelt (cf. KHM 15: *Hänsel und Gretel*). Dem Armen ist es erlaubt, um B. zu betteln; dem gesunden Mann wird das erbettelte B. zur unerträglichen Last[2]. Eine schwere Sünde stellt die Verweigerung des verdienten B.es dar[3].

In der christl. Tradition trägt die Selbstidentifikation Jesu Christi mit dem B. des Lebens (Joh. 6,35) wesentlich zur Wertschätzung des B.es bei. Eine scharfe Trennung zwischen B. als leiblicher und B. als seelischer Nahrung erscheint nicht möglich. B. ist in der Volksvorstellung immer zugleich auch 'heiliges B.' (→ Hostie, Hostienwunder)[4]. B.frevel werden meist strenger bestraft als → Frevel gegen andere Nahrungsmittel; an die Stelle irdischer Sanktionen treten oft übernatürliche und göttliche → Strafen. Alle Eigenschaften des B.es werden auch auf seine Materie, Korn (bes. Weizen) und Mehl, übertragen.

B. als Himmelsgabe. Die Grundlage der Anschauung, daß das lebensnotwendige B. eine → Himmelsgabe sei, bilden Ex. 16,4 („Ich will euch Brot vom Himmel regnen lassen")[5] und Parallelen (Neh. 9,15; Ps. 78,24; 105,40). Es handelt sich um bibl. Tradition, wenn Ivo Halori (gest. 1303) nach der Legende drei B.e vom Himmel gebracht werden[6] oder → Raben den Heiligen Meinrad, Benedikt, Antonius, Paulus Eremita[7], Maurus, Elias und Erasmus B. bringen (1. Kön. 17,4—6; Mot. A 165.1; B 451.5). An die Stelle der Raben treten auch andere Sendboten Gottes als B.bringer. Mit elbischen Seelengestalten haben die christl. B.bringer nichts zu tun[8]. Die Himmelsgabe B. wird bevorzugt denen gegeben, die Aussicht auf das Himmelreich besitzen (cf. Mot. D 1766.1.8)[9]. Zugunsten der Armen darf den Reichen das B. weggenommen werden[10] (cf.→ Arm und Reich). Gottgefälliges Verhalten, wie der Bau einer Kirche, wird ebenfalls mit B.gaben belohnt. Die Heiligen danken mit B.gaben für den ihnen erwiesenen Kult[11]. Nur Christus schenkt das wahre B.

Während das B. des Himmels den Menschen Heil bringt, beschert das B. der Hölle Unheil. Der Teufel speist einen Novizen mit einem zauberischen halben B.laib. Der Novize wird krank und stirbt[12]. Klug verhält sich der Beter, der von einem Wucherer (dem Feind des göttlichen Barmherzigkeitsgebotes und damit Gottes) kein B. annimmt[13]. Einen schweren Frevel stellt es dar, mit der Himmelsgabe B., die allen Armen gehört, zu wuchern oder sie zu horten[14]. Die den Armen zugedachte B.gabe bleibt den Reichen, die sie für sich beanspruchen, unsichtbar.

B., das die hl. Elisabeth den Armen bringen wollte, verwandelte sich vor den Augen ihres Ehemannes in Rosen (→ Rosenwunder). – Als Flora von Beaulieu (gest. 1299) den Armen B. zutrug, wurde sie von ihrer Priorin überrascht, doch sah diese nur Rosen. – Die hl. Radegundis von Wallenberg hatte B. für die Armen bei sich; ihr Herr sah stattdessen nur Kämme. – Ein Augustinermönch Friedrich brachte B. an die Klosterpforte, als ihm sein Prior begegnete, der jedoch nur Holzstückchen entdeckte. – In der Schürze der hl. Germania von Pibrac fand deren Mutter statt B. Winterblumen[15]. – Als der mildtätige Türhüter Seemoser vom Freisinger Dom das für die Armen bestimmte B. dem geizigen Bischof Gerold zeigen sollte, sah dieser nur einen Stein[16].

Nur selten wird im B. keine Himmelsgabe gesehen. Das B. wächst dann auf dem B.baum, der aus B.krumen entspringt (Mot. D 454.2.2), oder es wird von Feen, Zwergen oder Hexen gebacken (Mot. F 271.10; F 451.3.4.5; G 246). Durch Verwandlung entsteht B. auch aus Kot (Mot. D 476.1.1) oder aus dem Laub des Baumes (Wortspiel: loaf/leaf; Mot D 476.1.2). Nicht jeder, der B. machen will, besitzt dazu die nötige Geduld (Mot. Z 49.5.2).

Ewiges B. Zur Sehnsucht des Menschen nach unbegrenztem Leben gesellt sich der

Wunsch nach nie versiegender Nahrungsquelle (cf. Mot. D 1652.1.1 und 1652.1.2)[17]. Schon Herodot kennt diesen Wunsch, wenn er erzählt, wie sich das B. des jüngsten von drei Brüdern auf wunderbare Weise vermehrt[18]. Ex. 16,5 verspricht Gott den Kindern Israel die → Vermehrung des B.es. Bekannte Beispiele wunderbarer B.vermehrung sind die Speisung der 5000 mit fünf B.en und zwei Fischen (Mt. 14,14—21 und Parallelen) und die Speisung der 4000 mit sieben B.en und einigen Fischen (Mt. 15,32—39; Mk. 8,1—10; cf. 8,19—20). Diese Wunderberichte förderten das Vorkommen entsprechender Erzählmotive in Exempeln und Volkserzählungen.

Die Mönche, die ihr B. (Mehl) den Armen gegeben haben, werden von Gott dadurch entschädigt, daß er ihre Kisten um so reichlicher füllt[19]. – Dem hl. Jodocus wird eine Schiffsladung B. gebracht, nachdem er die letzten Bissen an Arme und Bettler ausgeteilt hat[20]. – Einem Jakobspilger sendet der hl. Jakob für die Heimreise ein B., das nicht abnimmt[21]. – Der hl. Richardus speist mit einem Stück B. 3000[22], der hl. Vincentius Ferrerius mit 15 B.en 2000 Bedürftige[23]. – Die hl. Anna schenkt drei armen Waisenkindern B., das niemals abnimmt[24].

Neben die Nach- und Weiterbildungen der bibl. B.vermehrungen treten in der Volksüberlieferung Schwänke, die sich mit ihnen kritisch auseinandersetzen.

Ein Pfarrer predigt über die Speisung mit den fünf B.en und sagt, die B.e seien „groß wie seine Scheune" gewesen. Da wünschen die Bauern, den Backofen zu sehen, in dem diese B.e gebacken wurden[25]. – Ein Jude fertigt einem Pfarrer die Predigt für den Gottesdienst, den der Bischof visitieren will. Er wählt eine Episode aus der Legende des hl. Stephan, derzufolge dieser mit drei B.en 30 Menschen ernährt habe. Der Pfarrer dreht die Fakten um: aus 30 Leuten macht er drei, aus drei Laiben B. 30 Laibe. Dem Juden erklärt er, es zieme sich nicht, Lügen zu erzählen[26].

Das 'ewige B.' bildet auch ein häufiges Sagenthema (Mot. F 343.19; cf. F 243.1). Das B. der Zwerge (cf. Mot. F 451.3.4.5) nimmt nicht ab, bis man es sich verscherzt[27]. Auch das B. des Frommen verringert sich nicht[28].

Im Gegensatz zu den Erzählungen über das B., das nie abnimmt, stehen die Geschichten über die Flüchtigkeit des B.es.

Nur ein Tölpel kann nach dem B. suchen, das er ein Jahr zuvor weggeworfen hat (Mot. J 1923). – Die Kinder, die ihren Weg mit B.krumen markiert haben, finden nicht heim, weil die Krumen von den Vögeln weggepickt wurden (Mot. R 135.1; cf. AaTh 327 A: → *Hänsel und Gretel*).

Heiliges B. Das B. wird in der Volkserzählung häufig mit dem mystischen Leib Jesu Christi in Verbindung gebracht, weil Christus beim letzten Abendmahl B. und Wein zu seinem Andenken bestimmte (Mt. 26,26—28 und Parallelen). Über den Opfergedanken besteht dabei zugleich eine Beziehung zwischen B. und Kreuz.

Im Kloster des Martyrius hatten die Brüder einmal vergessen, das B. vor dem Einlegen in den Backofen mit dem Kreuzzeichen zu versehen. Martyrius schlug deshalb mit dem Finger gegen die Kohlen hin das Kreuzzeichen, das sich sofort dem B. einprägte[29].

B. ohne Kreuzzeichen verfällt dem Dämon[30]. Geweihtes B. besitzt übernatürliche Kräfte (Mot. D 1031.1.1). Es bewirkt Liebe (Mot. D 1355.10.1), bringt Wohlstand (Mot. D 1465.1.1), läßt Pflanzen wachsen (Mot. D 1487.2), dient als Heilmittel (Mot. D 1500.1.10.1) und vertreibt den Teufel (Mot. G 303.16.2.3.3)[31], der selber nur ungeweihtes B. ißt (Mot. V 31.5). Mit geweihtem B. kann man einen schatzhütenden Hund bannen[32]. Nur ein Tölpel weigert sich, geweihtes B. zu essen, weil seine Schwester nach dessen Genuß gestorben ist (Mot. J 1824).

Verwandlung von B. in Blut. Auf der Vorstellung von der durch Transsubstantiation bewirkten Gegenwart Christi im eucharistischen B. beruht das Motiv, daß sich B. in → Blut verwandelt (Mot. F 991.3.1)[33]. Es zeigt die Verletzung an, die Gott durch einen Frevel gegen sein Gesetz real zugefügt wurde.

Als eine Frau am Tag der hl. Margareta ohne Erlaubnis B. backte, verwandelte es sich in Blut[34]. – Eine reiche Schwester versagte der armen die erbetene B.gabe. Als ihr Mann das B. anschneiden wollte, floß Blut daraus[35]. – Auch dem B., das Waisenkindern versagt wurde, entströmte Blut[36].

Die letztgenannten Beispiele brandmarken den Frevel, dem Bedürftigen die Teilhabe am Opfertod Jesu zu bestreiten, die im eucharistischen B. sichtbar wird. Einzelne Erzählungen stellen einen Zusammenhang zwischen dem B. und den Wunden Christi her[37]. Auch manche Prodigien berichten von blutenden B.en.

Die Verwandlung von B. in Stein (Mot. D 471.1; cf. M 411.2)[38] wird als Folge der Abkehr eines Menschen von Gott beschrieben. Der Sünder, der Gott durch eine Sünde verneint, erkennt das 'lebendige B.' nicht mehr als das an, was es ist; es erscheint ihm als tote Materie.

Ein Bäcker, der einer Witwe und deren Kindern das B. verweigerte, findet es in Stein verwandelt[39]. – Eine hartherzige Schwester weist ihre arme Schwester ab: „Hätte ich Brot, sollte es zu Stein werden." Das geschieht[40]. – Ein Laienbruder versteckt drei Laibe B., statt sie den Armen zu geben. Sie verwandeln sich in Steine, die zur Mahnung an der Kirchentür aufgehängt werden[41]. – In der Pharaildiskirche zu Gent[42], in der Peterskirche zu Leyden[43] und in Hellinghausen bei Münster[44] zeigte man „Steinerne B.e".

Durch gottgefälliges Verhalten kann die → Versteinerung rückgängig gemacht werden. Die umgekehrte Verwandlung von Steinen in B. (Mot. D 452.1) hat ihren klassischen Ort in der Auffordernng des Versuchers an Jesus, aus Steinen B. zu machen (Mt. 4,3; Lk. 4,3; cf. Mot. J 1345)[45]. In der Volksüberlieferung besitzt Jesus tatsächlich die Gabe, Steine in B. zu verwandeln.

Als Jesus und die Apostel unterwegs kein B. finden, befiehlt Jesus ihnen, Steine mitzunehmen, die er im nächsten Dorf in B. verwandelt. Petrus hat nur einen kleinen Stein mitgenommen. Als Jesus wieder Steine einsammeln läßt, ergreift Petrus den größten. Aber diesmal trägt er die Last umsonst[46] (cf. AaTh 774C: *Hufeisenlegende*).

Vereinzelt begegnen andere Verwandlungen des B.es, z. B. in Schlangen (Mot. D 444.4), in Würmer und Kröten[47] oder in Blumen (Mot. D 454.2.1). Schwarz färbt sich sündhaft beanspruchtes[48] und exkommuniziertes B.[49]. Umgekehrt verwandelt sich Fleisch in weißes B.[50], ein Schwein in B. (Mot. D 422.3.1).

B.frevel. Viele Warnerzählungen wollen einem sakrilegischen Mißbrauch des B.es vorbeugen. Manche zeigen in ihm den 'Herrgott' präsent: Heiden ließen B. den Berg hinabrollen und riefen: „Herrgott, lauf und fall dich tot"[51].

Geißelung des B.es. Auf die Realpräsenz Christi im B. wird in den ätiologischen Sagen angespielt, die das B. geißeln und aus dem geschlagenen B. Blut hervortreten lassen. Oft begehen diesen Frevel Hirten, die sonst als Hüter der 'Herde' den Glauben bewahren.

Hirten schlugen B. mit der Peitsche. Sie wurden in die ‚Hirtensteine' verwandelt, die noch zu sehen sind[52]. – Hütebuben geißelten B., weil sie kein Weißbrot bekommen hatten. Da blutete es, und der Weideplatz ging unter. Ein See entstand[53].

Betreten des B.es. Vom B.schlagen und -treten führen Assoziationen zum Betreten des B.es und zu seiner Verwendung als Schuh[54], Wegbelag[55], Radunterlage[56] und Hemmschuh für den Wagen[57] (Mot. C 535; cf. C 55.1).

Unwürdiger Gebrauch des B.es. Bestraft wird die mißbräuchliche Verwendung des B.es, z. B. zur Reinigung eines Kindes von Kot und Schmutz (Mot. C 851.1.1)[58]. Dieser Frevel gibt oft den Ansatzpunkt ätiologischer → Brotlegenden ab. Verboten ist auch die Reinigung von Gegenständen mit B. oder B.rinde[59]. Als Frevel gilt es, aus B. Kegel herzustellen, mit B. zu kegeln oder es sonst als Spielzeug zu mißbrauchen[60]. Sträflich ist es, B. als Wagenrad zu benutzen[61], B. mit Urin oder Kot zu besudeln[62], B. den Schweinen zuzuwerfen[63], Löcher in den Wänden mit B. auszustopfen[64] und B. umher- oder wegzuwerfen[65].

B. als geistliches Opfer. Vielfach wird von B.opfern an Arme Seelen erzählt[66]. Am Karfreitag muß zum Gedächtnis des Opfertodes Christi B. ausgeteilt werden[67]. Der erste B.laib nach dem Backen gehört den Bettlern[68] oder den zwölf Aposteln[69].

B. als Opfer für Geister. B.opfer für Wassergeister und Nixen sind die Voraussetzung für ungefährdetes Überqueren der Gewässer[70]. Berggeister verlangen B.gaben für Unterstützung der Bergleute[71], böse und feurige Geister werden durch B.opfer aufgehalten[72]. Bei der Geburt eines Kindes muß man den Schicksalsfrauen B. und Salz opfern[73].

cf. Die beiden → Bettler (AaTh 841), → Qual des B.es (AaTh 1199A)

[1] Auf die Ausbreitung allg. Lit. über B. wird verzichtet. Übersichten geben Binder, F.: Die B.-Nahrung. Ausw.-Bibliogr. zu ihrer Geschichte und Bedeutung. Ulm (Donau) 1973 und die Vk.-Bibliogr.n; zum B. im Märchen cf. HDM 1, 328–338 (K. Heckscher); zum B. in der Sage: Keßler, G.: Das B. in der dt. Volkssage. In: Schweizer Familie 26 (1919) 220–222, 230–234. – [2] Alsheimer, R.: Das Magnum speculum exemplorum als Ausgangspunkt populärer Erzähltraditionen. Ffm. 1971, 127 [VZ 41]. – [3] Tubach, num. 769. – [4] cf. HDA 1, 1594sq. – [5] cf. Borgen, P.: Bread from Heaven. Leyden 1965. – [6] Günter 1949, 106. – [7] cf. Tubach, num. 757. – [8] Höfler, M.: Engelb. (Not- und Hungerb.) In: ZfÖVk. 20 (1914) 77–84, hier 79. – [9] cf. Tubach, num. 762–763. – [10] cf. Tubach, num. 770. –
[11] cf. LThK 2, 706. – [12] Tubach, num. 764. – [13] Tubach, num. 768. – [14] Schwarzbaum, num. 16. – [15] Günter 1949, 126 (mit Nachweisen); Schmidt, 256sq. – [16] HDA 1, 1599. – [17] cf. Kretzenbacher, L.: Die steir. Legende vom immerwährenden B. In: Neue Chronik zur Geschichte und Vk. der innerösterr. Alpenländer 61. Eigenbeil. zu num. 31 der Südost-Tagespost (Graz 1961) 1sq.; Nilgen, U.: B.vermehrung. In: Lex. der christl. Ikonographie 1. Rom/Fbg/Basel/Wien 1968, 326–330. – [18] Aly, W.: Volksmärchen, Sage und Novelle bei Herodot und seinen Zeitgenossen. Göttingen 1921 ([2]1969) 196sq. – [19] Tubach, num. 766. – [20] Günter 1949, 130. –
[21] ibid. – [22] cf. Höfler (wie not. 8) 78. – [23] Toldo, P.: Leben und Wunder der Hll. im MA. In: Studien zur vergleichenden Lit.geschichte 6 (1906) 292. – [24] Amft, G.: Die Volkslieder der Grafschaft Glatz. Habelschwerdt 1911, num. 664; cf. Moser, D.-R.: Verkündigung durch Volksgesang. Studien zur Liedkatechese der Gegenreformation. Habilitationsschrift Fbg 1978, 139sq. – [25] Neumann, S. (ed.): Volksschwänke aus Mecklenburg. Aus der Slg R. Wossidlos. B. 1963, num. 243. – [26] Schwarzbaum, num. 469. – [27] Peuckert, W.-E. (ed.): Dt. Sagen 1. B. 1961, num. 261; cf. Panzer, F.: Bayer. Sagen und Bräuche 2. Mü. 1855 (Göttingen 1956) num. 155b. – [28] Grimm DS, num. 1. – [29] Günter 1949, 210; cf. Veit, L. A./Lenhart, L.: Kirche und Volksfrömmigkeit im ZA. des Barock. Fbg 1956, 222. – [30] cf. Agricola, C. (ed.): Schott. Sagen. B. 1967, num. 275; Peuckert, W.-E. (ed.): Westalpensagen. B. 1965, num. 212. –
[31] cf. Tubach, num. 755. – [32] cf. Depiny, A. (ed.): Oberösterr. Sagenbuch. Linz 1932, num. 34. – [33] cf. HDA 1, 1602–1604; Brückner, 235, 677. – [34] Tubach, num. 758. – [35] KHM, num. 205: Gottes Speise; cf. BP 3, 462. – [36] Balys, num. 3728. – [37] Tubach, num. 761. – [38] cf. BP 3, 461–463. – [39] cf. Flugschrift: Warhafftige / Erbärmbliche [...] Newe Zeitung (1605). Herzog-August-Bibl. Wolfenbüttel, Qu. Helmst. 169.14; Flugschrift: Newe Zeyttung (1579). Germ. Nationalmuseum Nürnberg, L 1728b. – [40] Grimm DS, num. 241. –
[41] Tubach, num. 3085. – [42] cf. Schmidt, L.: Volksgesang und Volkslied. B. 1970, 230. – [43] cf. Praetorius, J.: Anthropodemus plutonius / Das ist / Eine neue Weltbeschreibung [...]. Magdeburg 1666, 69. – [44] [Anonym]: Münstersche Geschichten, Sagen und Legenden, nebst einem Anhange von Volksliedern und Sprüchwörtern. Münster 1825, 169–171. – [45] cf. Tubach, num. 765. – [46] Pitrè, G.: Fiabe novelle e racconti popolari siciliani 3. Palermo 1875 (Nachdr. Bologna 1969) num. 123. – [47] cf. Tubach, num. 759; BP 3, 168, 462. – [48] cf. Tubach, num. 760. – [49] cf. Tubach, num. 754. – [50] cf. Tubach, num. 759. –
[51] Zaunert, P. (ed.): Rheinland Sagen 1. Jena 1924, 209. – [52] Kühnau, R. (ed.): Schles. Sagen 1–4. Lpz./B. 1910–1913, hier t. 3, num. 1767 (nach einem Breslauer Ms. von 1570); cf. ibid. 1, num. 609; 3, num. 1756 (2). – [53] Grimm DS, num. 237; cf. Kühnau (wie not. 52) 3, num. 1714, 1720, 1765. – [54] Grimm DS, num. 236; Kühnau (wie not. 52) 2, num. 1119; cf. 3, num. 1755; Depiny (wie not. 32) num. 431sq. – [55] Kühnau (wie not. 52) num. 1700; Pohl, E. (ed.): Die Volkssagen Ostpreußens. Königsberg 1943, 57; Peuckert (wie not. 27) 2 (1962) num. 403. – [56] Kühnau (wie not. 52) 3, num. 1703sq., 1706–1708, 1710, 1715sq., 1718. – [57] Kühnau (wie not. 52) 3, num. 1713, 1717, 1766; cf. Grimm DS, num. 238. – [58] Grimm DS, num. 234; Burde-Schneidewind, G. (ed.): Hist. Volkssagen zwischen Elbe und Niederrhein. B. [2]1973, num. 132. – [59] cf. HDA 1, 1599; Köhler/Bolte 1, 437. – [60] Kuhn, A. (ed.): Sagen, Gebräuche und Märchen aus Westfalen 1. Lpz. 1859, num. 174a; Kühnau (wie not. 52) 3, num. 1731; Zaunert (wie not. 51) 209. –
[61] Grimm DS, num. 235. – [62] Kühnau (wie not. 52) 3, num. 1717, 1761; Burde-Schneidewind (wie not. 58) num. 125. – [63] Kühnau (wie not. 52) 1, num. 129; Depiny (wie not. 32) num. 36. – [64] HDA 1, 1597; Röhrich, L.: Sage und Märchen. Erzählforschung heute. Fbg 1976, 131 sq. – [65] Kühnau (wie not. 52) 2, num. 834; cf. 3, num. 1702, 1756 (2), 1768. – [66] cf. Depiny (wie not. 32) num. 8; Curti, N.: Volksbrauch und Volksfrömmigkeit im kathol. Kirchenjahr. Basel 1947, 110. – [67] Wucke, C. L./Ullrich, H. (edd.): Sagen der mittleren Werra. Eisenach 1921, num. 6. – [68] Birlinger, A. (ed.): Aus Schwaben 1. Wiesbaden 1874, 327–329; hier 329. – [69] Mailly, A. [u. a.] (edd.): Sagen aus dem Burgenland. Wien/Lpz. 1931, num. 60. – [70] Depiny (wie not. 32) num. 17, 66. –
[71] cf. Kühnau (wie not. 52) 2, num. 1034. – [72] cf. Agricola (wie not. 30) num. 31. – [73] Grohmann, J. V. (ed.): Sagen aus Böhmen. Prag 1863 (Ndr. Walluf/Nendeln 1974) 3; cf. Bred-

nich, R. W.: Volkserzählungen und Volksglaube von den Schicksalsfrauen (FFC 193). Hels. 1964, 161 (griech.), 165 (alban.), 174 (ostslav.), 177 (bulg.), 178 (skr.), 183 (tschechoslowak.).

Freiburg/Br. Dietz-Rüdiger Moser

Brot des Bettlers (AaTh 837). Die applicatio moralis des Märleins wird in dem in vielen Versionen enthaltenen Ausspruch des Protagonisten evident: „Was man auch tut, tut man sich selbst!“[1] Eine armen. Fassung variiert: „Magst du zurückerhalten, was du gegeben hast“[2]. Ähnlich sagt der Yōgin in der ältesten ind. Variante: „Was einer tut, das wird er ernten“[3]. D. Noys lit.-jüd. Version erinnert zum Schluß an *Psalm* 7, 16: „You see how true is the Jewish proverb: ‚The man who makes holes falls into them himself‘“[4], was den gleichen Sinn aufweist und zum weit verbreiteten Sprichwort geworden ist.

Der Normalverlauf der Erzählhandlung ist folgender:

A1: Ein Bettler (oder eine Bettlerin) erhält von einem wohlhabenden Mann oder dessen Frau regelmäßig ein B. als milde Gabe.
A2: Der Angebettelte ist zu geizig, um etwas zu geben.
B1: Weil es ihnen allmählich zu viel wird,
B2: sie sich über den Spruch (v. oben) ärgern oder
B3: weil sie den unbequemen Heischenden los werden wollen, backen die Spender Gift in ein B.
C : Der oder die Beschenkte werden auf ihrem weiteren Weg von einem hungrigen jungen Mann um etwas Essen gebeten und geben ihm das Gebäck.
D : Der Jüngling stirbt. Es stellt sich heraus, daß er der Sohn des Giftmischers oder der Giftmischerin ist.
E : Die Sentenz des Bettlers hat sich bewahrheitet.

In seinem 1946 erschienenen Werk *The Folktale* hielt S. Thompson die Erzählung noch für rein estnisch[5]. In der zweiten Revision des AaTh (1961) konnte er schon auf lit., schwed., ital., ung., slov., skr., ukr., ind. Fassungen und auf eine von den Schwarzen Westindiens erzählte (problematische) Variante hinweisen. Die Geschichte ist außerdem noch bei den Polen[6], Letten[7], Istriern[8], Mazedonen[9], Rumänen[10], Sizilianern[11], Türken[12], Armeniern[13], bei den Juden in Marokko[14], Ägypten, im Kaukasus und im Irak, in Osteuropa[15] und in Sierra Leone[16] bekannt. Auch die neuen Belege bestätigen nur den schon im AaTh (1961) festgestellten Verbreitungsbereich: Die Erzählung ist westlich der Grenzlinie Schweden, Litauen, Polen, Slovenien, Italien, Sizilien unbekannt. Die einzige westeurop., in Friesland aufgezeichnete (und sicher dorthin verschleppte) Fassung[17] kann diesen Tatbestand nicht entkräften.

Das weist auf östl. Herkunft des Stoffes, und in der Tat begegnet er zuerst in Hēmavijayas → *Kathāratnākāra* (1600/01 in Ahmedabad geschrieben): Die Frau eines Kaufmanns will den Spruch eines bettelnden Yōgin erproben: „Was einer tut, das wird er ernten“ und gibt ihm zwei vergiftete Pfannkuchen, die dieser wiederum den spielenden Kindern der Frau schenkt, die nach dem Genuß sterben[18]. Es ist jedoch fraglich, ob die Erzählung aus Indien stammt. Der talionartige Charakter und das häufige Vorkommen weisen mehr auf nahöstl. Herkunft. Der Hinweis L. Ginzbergs auf ältere *Midrasch*-Quellen zu Gen. 24, 3–59 könnte diese Ansicht bestärken: Eliezer, der Knecht Abrahams, zieht nach Nahors in Mesopotamien, um eine Frau für Isaak, den Sohn seines Herrn, zu suchen. Er findet Rebekka, die Tochter Bethuëls. Hier setzen die Veränderungen einiger *Midrasch*-Kommentare ein: Bethuël versucht, den unwillkommenen Gast zu vergiften. Während dieser seine Geschichte erzählt, „it was ordained by God that the dish intended for him should come to stand in front of Bethuel, who ate of it and died“[19].

Die Geschichte ist natürlich nicht identisch mit AaTh 837, aber sie weist die gleiche Vergeltungstendenz auf: Eine göttliche Macht läßt die böse Tat unmittelbar auf den Urheber zurückwirken. Man denkt sofort an das Motiv vom Uriasbrief (Mot. K 978), das wahrscheinlich ebenfalls jüd. Ursprungs oder zum mindesten sehr früh in Israel bezeugt ist (2. Sam. 11, 14–17, datierbar ins 6. Jh. a. Chr. n.). Und vielleicht deutet auch der AaTh 837 sehr nahestehende Komplex Mot. K 1613: *Poisoner poisoned with his own poison* mit seinen vornehmlich südeurop. Variationen auf Herkunft aus dem ostmediterranen Erzählbereich. Mot. K 1613.3: *Poisoner's own son takes the beverage intended for stepbrother* z. B. ist im 14. Jh. aus Giovanni Fiorentinos *Pecorone* (22, 2), im 16. Jh. aus Juan Timonedas *Patrañuelo* (20) bekannt. Mot. K 1613.2: *Wife poisons husband who in turn poisons her* findet sich 1554 in den Novellen des Matteo Bandello. Mot. 1613.4, die Geschichte vom Sohn, der seinen Vater vergiften will und aus Versehen selber das Gift trinkt, begegnet in den 1565 erschienenen *De gli hecatommithi* (100 Geschichten) des Giambattista Giraldi (9, 10).

Das Denken der Menschen dieser Räume und Zeiten scheint sich nicht nur gern mit dem Giftmord, sondern vor allem mit der göttlich bewirkten Reaktion der Untat auf den Giftmörder selbst beschäftigt zu haben; ein Denken, dem vielleicht die Vorstellungsbereiche der → Talion, der Vergeltung von Gleichem mit Gleichem, am ehesten adäquat gewesen sein könnten, das jedoch hier noch direkter manipuliert wird: Nicht nur Gift wird mit Gift vergolten, sondern das selbst produzierte Toxikum wirkt zurück, nicht auf den Täter, sondern viel schlimmer: auf sein Kind. Eine Talionvariation also mit unmittelbarem Rückwirkungseffekt auf das Wertvollste, was der Mensch besitzt.

[1] z. B. Nieri, I.: Cento racconti popolari lucchesi. Firenze 1950, 131–134; Lo Nigro, num. 837 (Palermo); Thudt, A./Richter, G.: Der tapfere Ritter Pfefferkorn und andere siebenbürg. Märchen und Geschichten. Buk. 1971, 34sq.; Cepenkov, M. K.: Makedonski narodni prikazni 2. ed. K. Penušliski. Skopje 1959, num. 83; Aganin, R./Al'kaeva, L./Kerimov, M.: Tureckie skazki. M. 1960, 213sq.; Gross, N.: Ma'ase lech un mesholim (Volkserzählungen und Parabeln). N.Y. 1955, num. 425; Schwarzbaum, 332; Larrea Palacín, A. de: Cuentos populares de los Judíos del Norte de Marruecos 1. Tétuan 1952, num. 18; Baharav, G.: African Folktales Told in Israel. Haifa [1963] 21sq. (Sierra Leone). – [2] Hoogasian-Villa, S.: 100 Armenian Tales and their Folkloristic Relevance. Detroit 1966, num. 43. – [3] Kathāratnākara (Das Märchenmeer). Eine Slg ind. Erzählungen von Hēmavijaya 2. Dt. von J. Hertel. Mü. 1920, num. 195 = Hertel, J.: Ind. Märchen. MdW 1959, num. 54. – [4] Noy, D.: Folktales of Israel. Chic. 1963, num. 17. – [5] Thompson, Folktale, 132. – [6] Krzyżanowski, num. 837 (4 Fassungen). – [7] Arājs, K./Medne, A.: Latviešu pasaku tipu rādītājs. Rīga 1977, num. 837 (40 Var.n). – [8] Bošković-Stulli, M.: Istarske narodne priče. Zagreb 1959, 257. – [9] Cepenkov (wie not. 1). – [10] Thudt/Richter (wie not. 1). –
[11] Lo Nigro, num. 837. – [12] Aganin/Al'kaeva/Kerimov (wie not. 1). – [13] Hoogasian-Villa (wie not. 2). – [14] Larrea Palacín (wie not. 1). – [15] Jason, num. 837. – [16] Baharav (wie not. 1). – [17] Poortinga, Y.: De ring fan it ljocht. Fryske folksforhalen. Baarn/Ljouwert 1976, num. 71. – [18] Kathāratnākara (wie not. 3). – [19] Ginzberg 1, 295; 5, 261sq., 294; eine neue Fassung dazu bei Noy, D.: Contes populaires racontés par des Juifs du Maroc. Jérusalem 1965, num. 46.

Göttingen Kurt Ranke

Brote verteilt → Focus: Teilung des Brotes oder Geldes

Brotes Qual → Qual des Brotes (Flachses)

Brotlegenden. Neben den im Art. → Brot genannten Volkserzählungen mit legendenhaften Zügen gibt es Erzähltypen, in denen Konflikte um das Brot mit dem Wirken religiöser Gestalten (Heilige, Christus, Teufel) verbunden sind. Nicht alle von ihnen lassen sich als Legenden bezeichnen, vor allem wenn ihre inhaltlichen Schwerpunkte weniger die Lebensgeschichte des Heiligen als die jeweilige Konfliktstellung und -lösung betreffen.

So geht es in der Erzählung vom → *Traumbrot* (AaTh 1626) zwar um die Frage, wer von drei Pilgern das letzte Brot gewinnt, aber weder der Stand der Pilger noch das — in diesem Fall ohne Sinnverlust austauschbare — Requisit des Brotes berechtigen dazu, diese Erzählung als Brotlegende zu bezeichnen. Den Kerngedanken des Geschehens bilden vielmehr das Problem, daß der Erzähler des besten Traumes das Brot erhalten soll, und die Lösung, daß es derjenige gewinnt, der behauptet, vom Tod seiner Mitbewerber und von deren Aufnahme in den Himmel geträumt zu haben[1]. Ähnlich verhält es sich mit der sozialkritischen Erzählung vom Brotdiebstahl das Teufels (AaTh 810A: → *Buße des Teufels*), in der es nicht in erster Linie um das gestohlene Brot geht, sondern um die Aussage, daß dem Bauern in seinem harten Los nicht auch noch vom Teufel Schaden zugefügt werden dürfe. Dennoch stellt der Diebstahl des letzten Brotes eine Sünde dar, die den Betroffenen dem Verderben aussetzt; er wird deshalb in verschiedenen Beispielerzählungen verworfen[2]. Die Grenzen sind also fließend.

Im folgenden sollen an einzelnen B. die spezifische Funktion und Sinngebung des Brotes in der Legende dargelegt werden.

1. Jesus bestraft Brotverweigerung (AaTh 751, cf. 751 A: → *Bäuerin [Bäckerin] als Specht*).

(1) Jesus und Petrus bitten auf ihrer Wanderung eine Bäuerin (einen Bäcker) um Brot (Mot. K 1811). (2) Obwohl sich das Brot (Fladen, Kuchen) wunderbar vermehrt (Mot. D 1652.1.2), (a) gibt sie den Bittenden nur ein kleines Stück; (b) erhalten Jesus und Petrus nichts; (c) wird Jesus die Brotgabe an den Kopf geworfen. (3) (a) Jesus verwandelt die eigennützige Bäuerin (Bäcker) in einen Kuckuck (Mot. A 1993.1; cf. D 156; A 1715.2; E 613) oder in eine Schildkröte (Mot. A 2147; D 193) mit dem Backtrog auf dem Rücken (Mot. A 2312.1; cf. A 2356.2.9); (b) aus einer Made in der Jesus zugefügten Wunde entsteht die → Biene (Mot. A 2012)[3].

Diese in verschiedenen Ausprägungen[4] verbreitete christl. Beispielerzählung (→ Exemplum) konkretisiert die bibl. Auffassung, daß in jedem Hilfsbedürftigen Christus gesehen (Mt. 25,35—41; Röm. 15,7) und ihm Gastfreundschaft gewährt werden müsse. Die göttliche Natur ihrer Besucher wird der Bäuerin trotz der wunderbaren Brotvermehrung nicht bewußt. Christus und Petrus geben ihr durch die Einkehr in ihrem Haus Gelegenheit, Gott aufzunehmen (Mt. 40,10: „Wer mich aufnimmt, nimmt den auf, der mich gesandt hat") und sich durch Barmherzigkeit das Himmelreich zu verdienen (Mt. 5,7), doch läßt sie diese Gelegenheit ungenutzt verstreichen.

Der Bitte um das Brot liegt der Gedanke zugrunde, daß der Gläubige die caritas um Gottes oder Christi willen üben, d. h. sich so erbarmen müsse, wie sich Christus erbarmt habe (cf. Lk. 6,36). Dem Bedürftigen muß demnach genau so das Brot gegeben werden, wie sich Christus den Menschen im Brot hingegeben hat (Jh. 6,35; cf. 1. Kor. 10,16—17). Die Brotgabe zu verweigern oder aus Eigennutz zu beschränken, bedeutet, die Teilhabe am Leibe Christi und damit das Opfer Christi selbst zu verneinen. Es ist folgerichtig, wenn die Erzählung diesen Frevel damit beantwortet, daß sie den sündigen Menschen in ein Tier (wie → Kuckuck oder → Schildkröte) verwandeln läßt, das den Rezipienten in ihrer bäuerlichen Umwelt unnütz erscheint; denn wer sich von Gott abkehrt, hat nicht mehr das Recht, als Ebenbild Gottes zu erscheinen. Mit der Bestrafung sozialen Fehlverhaltens bestimmter Berufsgruppen (Bäcker, Müller)[5] hat das Exempel nichs zu tun.

Die Varianten, die aus der Wunde Christi die Honigbiene entstehen lassen[6], beruhen auf der barocken Vorstellung von den 'süßen Wunden' Jesu Christi[7], gehören also erst sekundär zu den ätiologischen Sagen über den Ursprung der Tiere.

2. Jesus bestraft den Brotmißbrauch (→ Ährenfrevel, KHM 194: *Die Kornähre*).

(1) Eine Frau reinigt ihr Kind mit Brot, Korn oder Ähren (Mot. C 851.1.2). (2) Zur Strafe verkürzt Christus (Gott, Maria, ein Heiliger) die Ähre auf die jetzige Länge (Mot. A 2793.5).

Obwohl die weite Streuung der Varianten dieser Erzählung nach K. Ranke eher auf polygenetische als auf migratorische Prozesse ihrer Entstehung und Verbreitung schließen läßt[8], haben alle ihre europ. Belege die Bestrafung eines Verstoßes gegen das christl. Sittengesetz durch Christus oder einen Heiligen zum Inhalt. Mit einer christl.-legendären Ätiologie gibt sie zugleich Antwort auf die Frage, warum das Korn nur an der Spitze der Halme Frucht trägt[9].

Der Verstoß besteht im Mißbrauch des Brotes oder seiner Materie. Nach christl. Lehre stellt das Brot, unter dem „nach dem allgemeinen Sprachgebrauch das Weizenbrot zu verstehen ist", die konsekrable Materie der Eucharistie dar[10]. Deshalb wird auch im Weizen — im Korn ebenso wie in der Ähre — Christus gegenwärtig gesehen[11] (cf. Jh. 12,24—25). Der unwürdige Gebrauch dieser Gottesgabe ist insofern als widergöttliches Sakrileg zu werten, das die Strafe Gottes zwangsläufig nach sich ziehen muß: Jesus ahndet die ihm im Brot (Ähren) selbst zugefügte Schmach.

Nach der Grundform der Erzählung soll die Strafe in der Vernichtung der Brotfrucht bestehen[12]. Doch aus Barmherzigkeit oder auf Bitten Marias, des Erzengels Gabriel, der erschreckten Mutter oder der „unvernünftigen Tiere" Hund und Katze — die im Gegensatz zum vernunftbegabten Menschen oftmals das Richtige tun — wird sie auf die Verkürzung der Halmfrucht beschränkt. Der Wunsch nach Erklärung des Ursprungs der Halmfrucht verbindet sich so mit der didaktisch zweckmäßigen Hervorhebung der Heiligkeit des Brotes und seiner Materie, die den Sakramentsglauben fördert. Zugleich macht die Erzählung deutlich, daß die Gnade Gottes seine strafende Gerechtigkeit übersteigt.

3. Jesus erschafft Pilze aus Brot (AaTh 774 L: *Mushrooms from St. Peter's Spittle*).

(1) Jesus und Petrus erhalten Brot geschenkt (kaufen Brot), oder Petrus stiehlt aus Hunger Brot. (2) Jesus verbietet Petrus, das Brot zu essen. Petrus übertritt das Verbot. (3) Als Jesus ihn etwas fragt, verschluckt sich Petrus. Jesus schlägt ihm auf den Hals, daß die Brotstücke herausfallen. Petrus muß sie aufsammeln und im Wald ausstreuen. Oder er muß die abgebissenen Brotstücke ausspucken, um Fragen von Jesus beantworten zu können. (4) Aus den ausgespienen Brotstücken entstehen die Pilze (Mot. A 2613.1; cf. A 2686.1).

Die seit dem 19. Jh. belegte ätiologische Erzählung ist aus einem Gebiet überliefert, das sich von Litauen über Polen, Schlesien, Böhmen, die Ukraine, die Ostslovakei und Ungarn bis nach Sizilien erstreckt[13]. Der Schwerpunkt der Überlieferung liegt in waldreichen Gebieten wie den Beskiden (Karpatenkette)[14], die vor dem Beginn der Industrialisierung durch chronischen Nahrungsmittelmangel und dadurch bedingten hohen Pilzkonsum gekennzeichnet waren. Dieses Vorkommen weist auf die soziale Funktion der Erzählung hin. Sie bezweckte offenbar, die den Pilzen als „Anti-Nahrung"[15] entgegengebrachten Vorurteile dadurch abzubauen, daß sie sie als Abkömmlinge des gesegneten Brotes darstellte, das sie zu ersetzen hatten. Entgegen O. Dähnhardts Ansicht[16] geht es in der Erzählung nicht um die „schöpferische Kraft des Speichels" (ein „asiatisches Motiv"), sondern um die Schöpferkraft Gottes, die das eigennützige Wollen des Menschen zum Besten für die Allgemeinheit zu wenden vermag.

Wie diese Beispiele verdeutlichen, sind die B., wie alle Broterzählungen, durch die Ambivalenz des Brotes zwischen leiblicher und geistiger Speise gekennzeichnet, wobei auffällt, daß es immer von Christus gegeben, gefordert und vor Mißbrauch geschützt wird. Im Hintergrund dieses Sachverhaltes steht die Überzeugung, daß das Brot dem Menschen nicht von Moses, sondern von Gott in Jesus Christus gegeben worden sei, wie sie bei Jh. 6,32 sq. ausgesprochen ist. Die Eignung der B. zur Darlegung der christl. Lehre weist nicht nur auf ihre ursprüngliche Zweckbestimmung für die Katechese[17], sondern zugleich auf die vorzügliche theologische Schulung ihrer Verfasser hin.

[1] cf. Schwarzbaum, 188 sq.; HDM 1, 95. – [2] cf. Tubach, num. 40; BP 2, 294 sq. – [3] EM 2, 298. – [4] EM 1, 1346–1350, hier 1347 sq.; Dh. 2, 127–132 pass. – [5] EM 1, 1348 sq. – [6] EM 2, 298; Dh. 2, 129–131. – [7] cf. Bub, D. F.: Das Leiden Christi als Motiv im dt. Kirchenliede der Reformation und des Frühbarock. Diss. Bern 1951, 98–108: Wunden- und Blutanbetung; Brückner, W.: Die Verehrung des Heiligen Blutes in Walldürn. Aschaffenburg 1958; Gebete zu den Wunden Christi bei Wagner, G.: Volksfromme Kreuzverehrung in Westfalen. Münster 1960, 86 sq.; Assion, P./ Wojciechowski, S.: Die Verehrung des Heiligen Blutes von Walldürn bei Polen und Tschechen. In: Archiv für mrhein. Kirchengeschichte 22 (1970) 141–167, hier 151, not. 38; in diesem Zusammenhang müssen auch die Verehrung der Schulter- und Zungenwunden Christi sowie die Betrachtung der 'Sieben Blutvergießungen' Jesu berücksichtigt werden: cf. Kretzenbacher, L.: Steir. Nachklänge des Barockkultes um die Schulterwunde Christi. In: Zs. des Hist. Vereins für Steiermark (1978) [im Druck]. – [8] EM 1, 232. – [9] Röhrich, Märchen und Wirklichkeit, 30–31. – [10] cf. Catechismus romanus ex decreto concilii tridentini. Rom 1566,

2, 4, 13; cf. Missale romanum, De defectione, titulus 3, num. 1. – [11] Distinctiones monasticarum, lib. 4, zitiert nach Pitrà, J. B.: Spicilegium solesmense 2. P. 1855, 444. – [12] HdS 1, 141–144, hier 142. – [13] Dh. 2, 107–110; Balys, num. 3230. – [14] cf. Zbiór wiadomości do antropologii krajowéj wydawany staraniem Komisyi antropologicznéj Akademii Umiejętności w Krakowie 6, 3 (1882) num. 90; 7, 3 (1883) num. 36 sq. – [15] Tolksdorf, U.: Pilze als Nahrung. In: Kieler Bll. zur Vk. 3 (1971) 5–26, hier 16 sq. – [16] Dh. 2, 111. – [17] cf. Moser, D.-R.: Die Tannhäuser-Legende. Eine Studie über Intentionalität und Rezeption katechetischer Volkserzählungen. B. 1977, 12 sq. und pass.

Freiburg/Br. Dietz-Rüdiger Moser

Brotlöffel. Von Friedrich → Taubmann (1565–1613), dem für seine Schlagfertigkeit berühmten Wittenberger Professor, Poeten und Spaßmacher am sächs. Hof, ist folgende Anekdote überliefert[1]:

„Als er mit einem Churfürstlichen Rath frühstücken solte und keinen Löffel hatte, sagte der Bediente: Ein Schelm, der nicht mit suppet. Taubmann schnitte geschwind eine Rinde von einem Hof-Brodte ab, isset damit Suppe, und als die ausgegessen war, isset er die Rinde mit, sagende: Ein Schelm, der seinen Löffel nicht gar mit auffrisset".

Der Vorgang ist aus der damals bestehenden Gepflogenheit zu verstehen, daß jeder sein eigenes Eßbesteck mit sich führte. L. Schmidt sah in der Erzählung ein Beispiel für die Wanderung von → Anekdoten und ihre wechselnde Fixierung auf bestimmte → Kristallisationsgestalten[2]. Sie begegnet nämlich nicht nur in den *Taubmanniana*, sondern auch in späterer mündlicher Überlieferung bezogen auf Herzog Ulrich von Württemberg und einen schlauen Tübinger Weingärtner[3], außerdem auf den → Alten Fritz und General Ziethen[4]. Schmidt vermutete zu Recht, daß der Schwank schon vorher und ohne Verbindung mit prominenten Persönlichkeiten bekannt gewesen sein müsse. In mehreren dt. Schwankbüchern des 17. und 18. Jh.s ist nur von einem nicht namentlich genannten „vornehmen Doctor" und einem Stadtschreiber die Rede[5]. Nach anderen Versionen ist das Motiv vom B. mit einem frz. Soldaten verknüpft, der in einem Frankfurter Wirtshaus am Tisch vornehmer Kaufleute speisen soll; die Herren spotten über den armen Schlucker, der keinen eigenen Silberlöffel hat, worauf sich dieser auf die oben geschilderte Weise behilft und die hochmütigen Tischgenossen auch noch beim Hühnchenessen und im Nachtquartier zum Narren hält[6]. Hier hat der Schwank also eine deutlich sozialkritische Tendenz.

Daß es sich beim B. nicht nur um eine schwankhafte Erfindung, sondern um eine noch im 19. Jh. gelegentlich praktizierte Eßgewohnheit handelte, geht aus den Memoiren des Malers und Schriftstellers Wilhelm von Kügelgen (1802–67) hervor. Es heißt dort in der Schilderung des Mittagessens in einem sächs. Pastorenhaus, man habe Gemüse und Brei aus der gemeinsamen Schüssel gegessen, „und zwar vermittelst kleiner Brotschaufeln, die an die Gabel gesteckt und jedesmal mit verspeist wurden"[7]. Dies war offensichtlich eine sehr alte Gebräuchlichkeit, denn schon in der *Fecunda ratis* des Egbert von Lüttich (11. Jh.) begegnet eine sprichwörtliche Redensart: „Panificum coclear non crescit edentis in ore" (Ein Löffel aus Brot wächst nicht im Munde des Essenden), die auch in Spanien im 15. und 16. Jh. bezeugt ist[8]. Nach einer dt. Quelle des 17. Jh.s ist der B., der jeweils mitverspeist wird, ein Symbol der Vergänglichkeit, „einer Lust, welche nicht länger währet als ein Löffel von Brodte"[9].

[1] Taubmaniana, oder des sinnreichen Poetens Friedrich Taubmanns nachdenckliches Leben, scharffsinnige Sprüche [. . .]. Ffm./Lpz. 1703, 176 sq.; fast wörtlich übereinstimmende Texte im Archiv der EM: Zincgref/Weidner 1653 (994); Kurtzweiliger Zeitvertreiber 1685 (6691); Vademecum 1786 (5146). – [2] Schmidt, 307 sq.; cf. Moser-Rath, E.: Anekdotenwanderungen in der dt. Schwanklit. In: Volksüberlieferung. Festschr. K. Ranke. Göttingen 1968, 233–247, hier 243 sq. – [3] Ausführlich wiedergegeben bei Kurz, I.: Aus meinem Jugendland. Stg./B. 1918, 41–43. – [4] Schwartz, W.: Sagen und alte Geschichten der Mark Brandenburg. B. [7]1921, 40, num. 21 = Diewerge, H. (ed.): Der Alte Fritz im Volksmund. Mü. 1937, 59 sq. – [5] Texte im Archiv der EM: Johann Peter de Memel 1656 (5666); Talitz, Reyßgespan 1663 (2567); Hanß Wurst 1712 (7259); Polyhistor 1729 (9490). – [6] Eine lat. Version bei Melander 1604 (16.274); danach

auch: Zincgref/Weidner 1655 (1643); Lyrum larum lyrissimum 1700 (15.903). – [7] Kügelgen, W. von: Jugenderinnerungen eines alten Mannes. B. 1870, 307. – [8] Singer, S.: Sprichwörter des MA.s 1. Bern 1944, 94sq., num. I 368. – [9] Riemer, J.: Der politische Stockfisch [...]. s. l. 1681, 154.

Göttingen Elfriede Moser-Rath

Brücke

1. Religions- und Kulturgeschichtliches – 2. Entstehung von B.n – 3. B.nspuk – 4. Jenseitsbrücke – 5. B. und Eschatologie – 6. Schatzbrücke

1. Religions- und Kulturgeschichtliches. Die Überbrückung von Schluchten und Gewässern durch menschliches Bauwerk greift nach alter Anschauung tief in den Machtbereich des genius loci ein, weshalb dieser meist durch drastische Opfer versöhnt werden muß. Andererseits ist die B. auch Niemandsland zwischen terrestrischen Fixpunkten und daher beliebter Ansiedlungsort hier ursprünglich nicht ansässiger Wesen und Kräfte. Zu dieser Vorstellung mag auch die Angst bei der Überquerung primitiver Konstruktionen beigetragen haben. So meint etwa W.-E. Peuckert, „daß Menschen des mythischen Anschauens" beim Begehen einer B. „wege- und passagesperrende und bedrohende Qualitäten spüren"[1]. Bes. wichtige B.n erhalten daher zum Schutz in vorchristl. Zeit Opferaltäre (z. B. Pons Aelius, Newcastle, mit zwei Neptun und Oceanus geweihten Altären), in christl. Zeit Heiligenstatuen (Christophorus, Nepomuk, Nikolaus) oder Kapellen (cf. z. B. Nikolauskapelle auf der Nagoldbrücke in Calw; in der Kapelle auf dem berühmten Pont d'Avignon ist sogar der Erbauer der B., der Wundermann Bénézet, beigesetzt[2]), oder sie werden mit rechtlichen Mitteln gefriedet (Bannbrücken) und sind daher oft Gerichtssitz wie die Rheinbrücke in Schaffhausen oder die Aarebrücken von Brugg und Klingnau[3]. Diese Qualitäten als unverletzliche Passage zwischen fremden Gestaden und Mächten führten weiterhin dazu, daß die B. zum Treffpunkt bei nachbarschaftlichen Festen und Gelagen wurde, wie das in Niederdeutschland bis ins 18. Jh. der Fall war[4] und in Basel noch heute Brauch ist (fastnächtlicher Tanz der Wappenhalter Löwe, wilder Mann und Greif auf der Rheinbrücke)[5]. Im Aargau wurde auf der Reußbrücke zu Sins sogar der Jahrmarkt abgehalten[6]. Seit Tacitus (*Historiae* 5,26) wird von der Zusammenkunft hoher, oft gegnerischer Persönlichkeiten auf solchen neutralen oder neutralisierten B.n berichtet. Ein spätes Zeugnis ist das Treffen von Napoleon und Zar Alexander auf der Njemenbrücke[7]. Als Verbindung zur Über- oder Unterwelt und damit als Seelenweg ist die B. schließlich schicksalentscheidendes Instrument göttlicher Gerechtigkeit (cf. Mot. A 661. 0.5.1: *Soul-bridge: easy for righteous to cross, more difficult for others*).

2. Entstehung von B.n. Jenseitsbrücken werden oft von Göttern gebaut (Mot. A 791.3), so etwa die eddische Bilrǫst oder Bifrǫst, die der Gott Heimdall bewacht. Sie wird auch Ásbrú oder Ásabrú, ‚Asenbrücke', B. nach Asgard[8] genannt. Die B. zur Unterwelt (Hel) heißt Gjallarbrú[9]. Am Bau oder Erhalt irdischer B.n sind vielfach Heilige beteiligt. Nach einer jüd. Erzählung breitet Elijah ein Tuch über eine morsche B. und macht sie dadurch wieder tragfähig[10]. Nach einer anderen jüd. Sage zwingt ein frommer Mann einen gefährlichen Drachen, sich für ihn zur B. über einen Fluß zu strecken[11]. Am häufigsten treten jedoch Dämonen als B.nbauer auf. Sagen von Teufelsbrücken begegnen bei den europ. Völkern (Mot. G 303.9.1.1) „von Sicilien bis Skandinavien"[12]. Im Großteil dieser Erzählungen wird die überstürzt mit dem Unhold vereinbarte und daher unerwünschte (weil mit dem Verlust der Seele verbundene) Fertigstellung durch ein nachgeahmtes oder provoziertes Hahnenkrähen[13] oder durch Erraten des Namens des dämonischen Baumeisters (AaTh 500; Ikeda 812)[14] verhindert (AaTh 1191: → *Brückenopfer*).

Im Märchen ist B.nbau oft eine gestellte Aufgabe für den Helden (Mot. H 1131), die er zuweilen aus eigener magischer

Potenz lösen kann. In einer siebenbürg. Fassung zu AaTh 425B: → *Amor und Psyche* soll der Schweineprinz eine B. aus Diamantkristall von einem Schloß zum andern bauen[15]. Gleiches fordert der König vom russ. Helden[16]. In einigen Varianten zu AaTh 675: *Der faule* → *Junge* wünscht sich der vom Fisch mit Zauberkräften begabte Held auf Verlangen der Prinzessin eine B., um von der Insel, auf der sie verbannt sind, zu entkommen. Meist können die Protagonisten die Aufgabe jedoch nicht aus eigener Kraft lösen. Der dankbare Tote im norw. Märchen baut daher dem Helden eine B. aus einem über den Fluß hin- und zurückfliegenden Goldfadenknäuel[17]. In Fassungen zu AaTh 313: → *Magische Flucht* hilft dem Freier bei der gleichen Aufgabe die zauberkundige Tochter des Unholds. In einer niedersächs. Variante zu AaTh 461: *Drei* → *Haare vom Bart des Teufels* erhält der Junge vom Heiland einen Stock, mit dem er eine B. schlagen kann[18]. Dieselbe Gabe bekommt der Drachentöter im Märchen aus Rügen von einer alten Frau[19].

In manchen Frevelsagen des Alpenraums wird erzählt, daß übermütige Sennen B.n aus Käse oder Butter gebaut hätten, worauf die Alm untergegangen sei[20]. Auf der Claridenalm fertigt der Senn seiner Geliebten eine Stiege aus fettem Käse an, damit sie nicht in den Kot zu treten braucht[21]. Ähnliches (Treppe aus Käse) wird von der Oberplegialp am Glärnisch erzählt[22]. Von einer B. aus Butter weiß eine ir. Parodie des 12. Jh.s auf die Seefahrts- und Visionsliteratur zu berichten[23]. B.n aus Käse kommen in Fassungen zu AaTh 1930: → *Schlaraffenland* vor. Im jüd. Lügenmärchen von der großen Hochzeit (cf. Mot. X 1071) wird eine B. aus Eierschalen gebaut[24]. In der alten und weit verbreiteten → *Guntram*-Sage (AaTh 1645A) baut der Begleiter des Helden dem Seelentier, das aus dem Mund des Schlafenden kommt, mittels eines Schwertes, Stockes oder Strohhalms einen Steg über einen Bach, den der Erwachende dann als schöne und feste B. schildert[25].

Tiere bilden B.n gewöhnlich aus ihren Körpern (Mot. B 555; Mot. R 246). Im korean. Märchen *Go Zu-Mong, King of Goguryŏ* sind es Fische und Schildkröten, auf denen der König und sein Gefolge den Fluß überqueren[26]. In einer Erzählung der Korjaken stellen die verschiedenen Seetiere für den Fuchs, der sie angeblich zählen will, eine B. aus ihren Leibern her[27]. In einer thüring. Fassung zu AaTh 327A: → *Hänsel und Gretel* lassen Enten die Kinder über die von ihnen gebildete B. entfliehen[28].

3. B.nspuk. Vor allem sind es natürlich Wassergeister, die unter, bei oder auf B.n ihr Wesen treiben. Ältere mythol. Deutungen sahen in ihnen die Nachfahren urtümlicherer Fluß- und B.ngottheiten[29]. Zahlreiche Sagen wissen aber auch von anderen dämonischen Wesen, für die, wie H. Bächtold-Stäubli darlegt, B.n bzw. Flüsse die Grenzen ihres Reviers darstellen. „Sie halten sich gerne dort auf, weil sie dann die über die Brücke kommenden Menschen durch ihr ganzes Revier begleiten, sie entweder möglichst lange plagen oder ihnen Anlaß zur Erlösung geben können. Aus diesen Gründen wollen Geister oft unter eine Brücke (ohne Joch) gebannt werden"[30]. Hinzu mag die schon eingangs angedeutete Niemandslandsituation der B. kommen sowie die Angst vor dem „schwierigen Übergang"[31], die zur Vorstellung des „pons periculosus"[32] und seiner Plagegeister geführt hat.

Aus dem reichen Material, das J. Müller, H. Bächtold-Stäubli, W.-E. Peuckert u. a. zusammengestellt haben[33], kann hier nur das Wesentlichste angeführt werden. Der B.nspuk kann in Tier- oder Menschengestalt (oft → kopflos) erscheinen, Feuermänner und Irrlichter treiben sich bei B.n herum; der Schimmelreiter, die weiße Frau, die Hexen, der Wechselbalg machen sie unsicher, Aufhocker lassen sich über sie schleppen, der Wilde Jäger zieht über sie etc. Vor allem lauern der Teufel und sein Gesinde unter ihr, herübergekommen vielleicht aus dem Bereich der Totenbrücke, die sein legitimer Aufenthaltsort beim Kampf mit den Engeln um die Seele ist. Ein seit Caesarius von Heisterbach bekanntes Exempel erzählt, daß ein sündiger Sakristan vom Teufel von der B. gezogen und ertränkt wird, Christus ihn aber auf Bitten seiner Mutter wieder lebendig gemacht habe[34]. Im dt. Märchen *Von den achtzehn Soldaten* dreht der Teufel einem Deserteur auf der B. den Hals um[35]. Merkwürdig berührt eine Kärntner Version zu AaTh 307: → *Prinzessin im Sarg*, in der dem Teufel sogar eine B.nstatue gesetzt ist: Die Königin betet vor dem Kruzifix rechts auf der B. vergebens um ein Kind. Von dem Abbild des Teufels links wird ihr auf ihre Bitte hin ein kleines Mädchen versprochen. Fast möchte man an bogomil. Einfluß denken[36].

Hieronymus Bosch hat auf seinen Höllenbildern von B.nteufeln reichlich Gebrauch gemacht[37]. Ein Sammelsurium von allen möglichen und unmöglichen Spukgestalten scheint auf dem Pont Angot zwischen Vicques und Vicquette in der Normandie wahre Orgien zu feiern:

„Ce pont était devenu le lieu de rendez-vous de toutes sortes de fantômes nocturnes. Les blêmes squelettes des revenants s'y promenaient gravement; les lutins y pullulaient et s'y exerçaient à mille tours ingénieux, à mille supercheries perfides; les blanches létices le traversaient à chaque instant, plus rapide, dans leur course, qu'un lièvre poursuivi; tous les chats des vieilles sorcières, tous les chiens des méchants bergers, tous les hiboux des ruines maudites, y tenaient conciliabule. Mais la présidente, la reine de cette étrange assemblée, c'était une Dame blanche, qui d'ordinaire, demeurait sur l'étroite planche du pont"[38].

Daß man von solchen B.ngeistern auch tiefverborgene Geheimnisse erfahren kann (cf. Mot. N 451.1), wird in mehreren Märchentypen erzählt, z. B. in AaTh 300A: → *Drachenkampf auf der Brücke* oder AaTh 613: *Die beiden* → *Wanderer*.

Ebensooft begegnet der nichtgestaltete Spuk, das Erlebnis des impersonalen Horrors also: „Es" führt irre, stellt Fahrzeuge oder Gespanne, man hört Stöhnen, Klagen, Weinen, Niesen, eine unsichtbare Hand verteilt Ohrfeigen, ein Wirbelwind erhebt sich, Feuererscheinungen oder formlose Gegenstände wie Wolken, Heuhaufen, ein Bund Werg etc. schrecken den Passanten. Die B. ist „ein von den Schauern einer anderen Welt umgebener Ort"[39] oder nach psychol. Interpretation „eine nicht geschlossene Stelle des Bewußtseins, an welcher die Dämonen einbrechen können"[40].

4. Jenseitsbrücke (v. auch AaTh 471: → *B. zur anderen Welt*). Nach archaischer Vorstellung ist das Jenseits vom Diesseits durch ein Gewässer getrennt, das entweder mit einer Fähre oder auf einer B. überquert werden kann. Die ältesten Kulturen kennen nur den → Fährmann, und diese mythische Gestalt hat sich bis heute im Glauben und im Erzählgut vieler Völker erhalten, wobei nun nicht mehr nur die Toten allein, sondern auch Zwerge, Unterirdische, das Wilde Heer und andere abziehende Geister übergesetzt werden[41].

Die Vorstellung von einer B. zum Jenseits, sei es zu einem Totenreich, zu einer paradiesischen Oberwelt oder zu elysischen Wunderländern, kann natürlich erst entstanden sein, nachdem die Menschen reale Bauten dieser Art zu errichten verstanden. Das ist in Babylon etwa im 7. Jh. a. Chr. n. der Fall[42]. Im älteren *Gilgameschepos* muß daher der Held noch vom Schiffer seines Urahnen Utnapischtim über das Wasser des Todes gesetzt werden[43]. Altgriechenland kannte nur den Fährmann Charon. Der röm. pontifex, gleich ob er als B.n- oder Wegebauer zu interpretieren ist[44], gibt für die Erzählforschung nichts her, es sei denn, man führe die auch in der Legende und in der Sage häufiger genannten, von Südfrankreich sich ausbreitenden fratres de ponte oder frères du pont[45] auf das röm. collegium pontificum zurück[46].

Literar. Zeugnisse zur Jenseitsbrücke begegnen verhältnismäßig spät. Denn ob in den Sentenzen aus dem *Sāmaveda*: „Über die Brücke streben wir, die schwer zugängliche des Heils" oder aus der *Kaṭha-Upaniṣad*: „Schwierig ist der Weg über die dünne Klinge des Rasiermessers, sagen die Dichter und meinen die Schwierigkeit des Weges, der zur höchsten Erkenntnis führt"[47] Reminiszenzen an die Jenseitsbrücke zu sehen sind, ist problematisch. Erst im altpars. Schrifttum wird etwa seit dem 4. Jh. p. Chr. n. die höchst wahrscheinlich auf älteren Reflexionen beruhende Auffassung vertreten, daß die Seele des Toten nach drei Tagen zur Činvat-B. (činvat peretush: B. des Buchführers) kommt, an der sie gewogen wird. Für die Guten wird sie bis zu einer Meile breit, für die Bösen zur messerscharfen Schneide, von der sie in die Hölle stürzen[48] (→ Lügenbrücke). In der verlorengegangenen jüd. *Esra-Apokalypse* (etwa 120 p. Chr. n.)[49], die in mehreren christl. überarbeiteten lat. Texten aus dem 12. Jh. erhalten ist, führt in der Version des *Magnum legendarium austriacum* (Ende des 12. Jh.s) eine B. über den feurigen Höllenfluß, über welche die Gerechten „cum laetitia et exsultatione" gehen, die Ungerechten jedoch fallen hinab[50]. Bei den Mohammedanern heißt die (vielleicht aus dem Parsischen übernommene) Seelenbrücke as-ṣirāṭ. Sie ist entweder schneidend scharf oder glatt und rutschig und zu beiden Seiten mit Dornen und spitzen Sträuchern besetzt. Engel ziehen die Frommen hinüber, die Sünder stürzen sie hinab[51].

In Europa finden sich Schilderungen der Jenseitsbrücke seit dem 6. Jh. vor allem in der Visionsliteratur. Als erster erzählt Gregor von Tours in seiner *Historia Francorum* (4, 34), daß der Abt Sinniulfus von Randan in einer Vision einen feurigen Fluß gesehen habe, in den eine Unmenge von Leuten hineingestürzt worden sei. Über ihn führte eine schmale, nur jeweils einem einzigen Passanten Raum bietende B. zu einem weißen Haus am jenseitigen Ufer. Von ähnlichen Gesichten wissen Gregor I. (B. über einen Nebelfluß mit zahlreichen Dämonen) und Bonifatius (B. über einen auch reinigenden Feuerfluß) zu berichten[52].

Aus dem ir. Erzählbereich dringt seit dem 9. Jh. etwa eine vermutlich autochthone, obgleich schon dem Altparsischen bekannte Vorstellung zum Kontinent vor: die bewegliche B. Im *Fis Adamnáin* des 9./10. Jh.s wird von einer B. gesprochen, die über eine riesige Feuerschlucht führt, deren Mittelteil hoch und deren Enden tief sind. Die „boni valde" kommen leicht hinüber, für die „boni sed non valde" ist sie zunächst schmal, dann breit, für die „mali valde" zuerst breit, dann so schmal, daß sie in die feurigen Rachen der unten lauernden Schlangen stürzen[53]. Der ir. Sagenheld → Cú Chulainn überwindet in einer Version des *Tochmarc Émire* (vor 1200?) eine gekrümmte B., deren Ende sich erhebt, wenn man sie betritt, mit dem sog. ‚Lachssprung'. Solche Sprungbrücken können sich bis zu Masthöhe erheben, schmal wie ein Haar, scharf wie eine Klinge und schlüpfrig wie ein Aal sein[54].

Sicher singulär ist die nordgerm. Gjallarbrú, die B. über den Gjollfluß. Auf ihr reiten die Toten den Weg zur Halle der Hel. Die B. ist breit und mit Gold beschlagen, und keine Aussonderung von Gut und Böse findet auf ihr statt. Snorri Sturluson (1179–1241) erzählt von ihr in seiner *Edda*, daß sie unter den fünf Totenscharen, die Balder nach Hel begleiteten, nicht so gedröhnt hätte wie beim lebenden Hermodr allein, der den Gott wieder aus der Unterwelt holen sollte[55]. Ganga à gjallerbrú (über die Gjallarbrücke gehen) wird auch als Kenning für ‚sterben' gebraucht[56]. Im norw. *Draumkvædet* (Traumlied), über das neuestens eine umfangreiche Lit. besteht und das ins 13./14. Jh. datiert wird, begegnet die Gjallarbrücke als Seelenbrücke, angereichert nun durch Züge aus der Visionsliteratur (Nagelbrücke, Stier als Hüter)[57].

Von der kontinentalen Seelenbrückenvorstellung und dem ‚pons periculosus' des ir. Ökotyps ziehen sich Traditionsstränge durch die ma. Visions- und Romanliteratur. P. Dinzelbacher hat in seiner Untersuchung über *Die Jenseitsbrücke im MA.* (Wien 1973) das Material analysiert, so daß auch hier wieder nur auf das Exemplarische verwiesen zu werden braucht. Die Schilderung Gregors I. wirkte vor allem auf die vierte Redaktion (12. Jh.) der seit dem 3./4. Jh. in griech., seit dem 6. Jh. in lat. Sprache vorliegenden *Visio Pauli* ein: „videt flumen orribile, in quo multe bestie dyabolice erant"[58]. Ir. Einfluß verrät dagegen die bekannteste Vision des MA.s (170 lat. Mss. und Übers.en in fast alle europ. Sprachen), die *Visio Tnugdali* oder *Tundali*, die 1147/48 in Regensburg aufgezeichnet wurde. Die B., in der Hölle plaziert, ist von Schwefelgestank umgeben, hat 1000 Fuß Länge, nur einen Fuß Breite und ist mit Nägeln gespickt. Ein Engel führt die Seele des ir. Ritters hinüber. Wie bei Gregor I. stürzen alle Passanten bis auf einen Presbyter in den Abgrund. Für die Geschichte des Stoffes ist von Belang, daß ihn → Vincent de Beauvais in sein *Speculum historiale* und mehrere Chronisten (Heinrich Korner, Heinrich von Herford) in ihre Werke aufgenommen haben[59].

Ebenfalls auf kelt. Einfluß gehen die zahllosen ‚pontes periculosi' in der Artusepik zurück[60], so im *Lancelot* des Chrétien de Troyes, wo eine schmale Unterwasser- und eine mit Schwertern besetzte B. begegnen. Auch ein Zeitgenosse Chrétiens, Andreas Capellanus, läßt in seinem *Tractatus de amore* einen breton. Ritter über eine Unterwasserbrücke zum Artuspalast auf der anderen Seite wandern. Zuvor müssen jedoch ihr Wächter und ein sie kräftig schüttelnder Riese besiegt werden. Wolfram von Eschenbach erwähnt in seinem *Parzival* mehrmals die gefährliche Schwertbrücke, ebenso Heinrich von dem Türlin in *Der Âventiure Crône*. Im mittelndl. *Walewein* (13. Jh.) muß der Held, um zur märchenhaften Burg zu kommen, zuerst eine messerscharfe, über einen brennenden Fluß führende Eisenbrücke überqueren. Im *Jüngeren Titurel* des Albrecht von Scharfenberg (2. Hälfte des 13. Jh.s) schließlich wirft die verharmloste B. nur noch die „valschen" ins Wasser.

Offensichtlich handelt es sich bei den B.n der Artustradition nicht mehr um Seelenbrücken, sondern um gefährliche Passagen zu einem Wunderland (schöne Wiese und Artuspalast bei Capellanus, märchenhafte Burg im *Walewein*, rotierendes Zauberschloß im *Wigalois* des Wirnt von Grafenberg etc.). Zum andern ist die selektierende Funktion der Totenbrücke (Scheidung von Gut und Böse) in eine eligierende (zwischen tapferem und furchtsamem Verhalten) umgewandelt, d. h. das Überqueren der Jenseitsbrücke ist nun zur Mut- und Bewährungsprobe geworden, wobei der Held häufig die schlimmsten Verletzungen durch Schwerter, rotierende Räder, Bestien etc. erleiden muß. Die Anleihen aus der Requisitenkammer des Märchens sind unverkennbar (→ Artustradition, → Bewährungsproben, → Mutproben).

5. B. und Eschatologie. Die B. als Grenzübergang zum Jenseits hat wohl auch die Vorstellung provoziert, daß sich bei ihr eschatologisches Geschehen abspielen kann (→ Eschatologie). Schon im altgerm. Weltuntergangsmythos *Ragnarök* bricht Bilrǫst, die Regenbogenbrücke, unter den anstürmenden Riesen zusammen[61]. Und in vielen Sagen sind es ebenfalls Endschlachten, die bei B.n stattfinden. Auf der Walkbrücke bei Braunau in Nordböhmen entbrennt ein letzter fürchterlicher Kampf zwischen Christen und Türken[62]. Der letzte Mann, der bei Beginn der großen Schlacht am Hellwege über die Ruhrbrücke bei Wickede geht, ist ein Schäfer mit einem weißen Hund. Sobald er hinüber ist, wird die B. zusammengeschossen[63]. Nach Fertigstellung der B. zu Köln wird Kriegsvolk darüber gehen, prophezeite der Jannes-Pitter. Ähnlich verkündete Spielbernd:

> Zu Mondorf an der Siegmündung wird man eine B. bauen über den Rhein, geschieht es oberhalb der Sieg, dann können die Leute glücklich sein; geschieht es aber unterhalb, dann wehe dem bergischen Land! Dann gehe man auf die linke Rheinseite, weil es auf der rechten nicht taugt, und nehme ein Brot mit; hat man es aber aufgegessen, so ist es Zeit, schnell wieder zurückzugehen, weil es dann auf der linken Seite nicht taugt[64].

Wenn eine rote Kuh über die B. bei Nortorf (Holstein) getrieben wird, beginnt der schreckliche Endkrieg zwischen den Königen aus dem Norden und dem Süden[65]. Kuh und B. werden auch im Rätsel zusammengebracht: Eine schwarzgefleckte Kuh ging über eine pfeilerlose B., und kein Mensch konnte sie aufhalten (Wolke)[66].

6. Schatzbrücke. Die magischen Qualitäten der B. lassen sie auch zuweilen als Schatzort geeignet erscheinen. William von Malmesbury (1080–1142) gibt in

seinen *Gesta regum Anglorum* den Bericht eines aquitan. Mönches wieder, wonach sie in Italien über eine Eisenbrücke zu einem Höhlenschatz vorgedrungen seien, ohne jedoch Erfolg bei der Hebung gehabt zu haben[67]. Ebenso gelangt in der *Guntram*-Sage das Seelentier des Schlafenden über eine vom Helfer gebaute B. zu einem Schatz. Bei der Wylernbrücke im Kanton Uri ist ein Sack voll Geld vergraben[68]. Auch im weit verbreiteten Typ AaTh 1645: → *Traum vom Schatz auf der Brücke* spielt die B. eine Rolle: Dem Träumer begegnet auf der angezeigten B. ein Mann, der ihm erzählt, auch er habe von einem Schatz an einer bestimmten Stelle geträumt. Diese befindet sich im oder am Haus des ersten Träumers. Schließlich erfährt in Fassungen zu AaTh 613: *Die beiden* → *Wanderer* der Lauscher auf der B. von Geistern den Ort eines Schatzes.

[1] Peuckert, W.-E.: Sagen. Geburt und Antwort der mythischen Welt. B. 1965, 60. – [2] Dinzelbacher, P.: Die Jenseitsb. im MA. Diss. Wien 1973, 187 nach Albanès, J.-H. (ed.): La Vie de Saint Bénézet. Marseille 1876; Hoops. Reall. 3 ([2]1977) 575. – [3] Rochholz, E. L.: Schweizersagen aus dem Aargau 1. Aarau 1856, 57. – [4] HDA 1, 660. – [5] Hoffmann-Krayer, E.: Feste und Bräuche des Schweizervolkes. Zürich [2]1940, 114. – [6] Rochholz (wie not. 3) 55. – [7] ibid., 57; Schmidt, L.: Niemandsland. Die spielhafte Gestaltung des Weges durch das Unbetretbare. In: Antaios 8 (1966/67) 72–96, hier 72sq., 83sq. – [8] Kuhn, H.: Edda. 2: Kurzes WB. Heidelberg [3]1968, 19. – [9] Hoops Reall. 3 ([2]1977) 1sq. – [10] Schwarzbaum, 10. –
[11] Bin Gorion, M. J.: Der Born Judas 2. Lpz. [1917] 171. – [12] Boberg, I. M.: Baumeistersagen (FFC 151). Hels. 1955, 4. – [13] HDA 3, 1340; Wünsche, A.: Der Sagenkreis vom geprellten Teufel. Lpz./Wien 1905, 30–37. – [14] Boberg (wie not. 12) pass. – [15] Haltrich, J.: Dt. Märchen aus dem Sachsenlande in Siebenbürgen. (B. 1856) Mü. [6]1956, num. 44. – [16] Loepfe, A.: Russ. Märchen. Olten 1941, 61. – [17] Norw. Volksmärchen. ed. K. Stroebe/R. T. Christiansen. MdW 1973, num. 7. – [18] Schambach, G./Müller, W.: Niedersächs. Sagen und Märchen. Göttingen 1855, 260–263 (Nachdr. Stg. 1948, 253–256). – [19] Haas, A.: Rügensche Sagen und Märchen. Greifswald 1891, 213sq. – [20] Müller, J.: Sagen aus Uri 1. Basel 1926, num. 105. –
[21] ibid., num. 100. – [22] Vernaleken, T.: Alpensagen. ed. H. Burg. Salzburg 1938, 269. – [23] Patch, H. R.: Some Elements in Mediæval Descriptions of the Otherworld. In: PMLA 33 (1918) 601–643, hier 606sq. – [24] Schwarzbaum, 197. – [25] Petzold, L.: Dt. Volkssagen. Mü. 1970, num. 82, p. 366 (not.); Lixfeld, H.: Die Guntramsage (AT 1645A). Volkserzählungen vom Alter Ego in Tiergestalt und ihre schamanistische Herkunft. In: Fabula 13 (1972) 60–107. – [26] Zŏng In-Sŏb: Folktales from Korea. L. 1952, num. 2. – [27] Dh. 4, 282sq. – [28] Bechstein, L.: Dt. Märchenbuch. Lpz. 1845, 78. – [29] Bächtold-Stäubli, H.: B. In: HDA 1, 1659–1665, hier 1660. – [30] ibid., 1660sq. –
[31] Dinzelbacher (wie not. 2) 14, 171, 174, 177 etc. – [32] ibid., 163, 173 etc. – [33] Müller (wie not. 20) 3 (1945) 343, s. v. B.; Bächtold-Stäubli (wie not. 29) 1659, 1665; Peuckert (wie not. 1) 57sq. – [34] Klapper, MA., num. 170. – [35] Zaunert, P. (ed.): Dt. Märchen seit Grimm. MdW 1912, 101–108, hier 105. – [36] id.: Dt. Märchen aus dem Donaulande. MdW 1926, 150–155, hier 150sq. – [37] Dinzelbacher (wie not. 2) 172. – [38] Bosquet, A.: La Normandie romanesque et merveilleuse. Rouen 1845, 107. – [39] Peuckert (wie not. 1) 58. – [40] von Beit 2 ([2]1965) 492; cf. auch Dégh, L.: The Haunted Bridges near Avon and Danville and Their Role in Legend Formation. In: Indiana Folklore 2 (1969) 54–89. –
[41] Jungwirth, H.: Fährmann. In: HDA 2, 1149–1155. – [42] Brockhaus Enz. 3 ([17]1967) 383. – [43] von der Leyen, Märchen, 113. – [44] Ziegler, K.: Pontifex. In: Kl. Pauly 4, 1046–1048. – [45] Zur Legende vom hl. Bénézet und seiner ersten B.nbaubrüderschaft cf. Albanès (wie not. 2); v. auch RGG 1, 1433; Dinzelbacher (wie not. 2) 181–194. – [46] Becker, J.: Die religiöse Bedeutung des B.nbaues im MA. [. . .]. In: Archiv für Frankfurts Geschichte und Kunst N. F. 4 (1869) 1–20, hier 9, 18. – [47] Dinzelbacher (wie not. 2) 181–194. – [48] Lommel, H.: Die Religion Zarathustras [. . .]. Tübingen 1930, 197. – [49] Riessler, P.: Altjüd. Schrifttum außerhalb der Bibel. (Augsburg 1928) Neuausg. Darmstadt 1966, 1282. – [50] Mussafia, A.: Sulla visione di Tundalo (SB.e der kaiserlichen Akad. der Wiss.en in Wien. Phil.-hist. Classe 67). Wien 1871, 157–206, hier 204. –
[51] Hartmann, R.: Die Religion des Islam. B. 1944, 49. – [52] Dinzelbacher (wie not. 2) 12–19. – [53] ibid., 19sq. – [54] ibid., 23. – [55] Die jüngere Edda (Thule 20). Übertragen von G. Neckel/F. Niedner. Jena 1942, 106 (Nachdr. Düsseldorf/Köln 1966). – [56] Liestøl, K.: Draumkvæde. A Norwegian Visionary Poem from the Middle Ages. Oslo 1946, 64; Hoops Reall. 3 ([2]1977) 557. – [57] Lit. bei Grambo, R.: Folkloristic Research in Norway 1945–1976. In: Norveg 20 (1977) 223–230. – [58] Dinzelbacher (wie not. 2) 49. – [59] Hammerich, L. L.: Tundalus. In: Verflex. 4 (1953) 515–517. – [60] Dinzelbacher (wie not. 2) 107–123. –
[61] Hoops Reall. (wie not. 9). – [62] Kühnau, R.: Schles. Sagen. 3: Zauber-, Wunder- und Schatzsagen. Lpz./B. 1913, num. 1933. – [63] Zaunert, P.: Westfäl. Sagen. Jena 1927, 244. – [64] id.: Rheinland-Sagen 2. Jena 1924, 248sq. – [65] Müllenhoff, K. (ed.): Sagen, Märchen und Lieder der Herzog-

tümer Schleswig, Holstein und Lauenburg. Neuausg. ed. O. Mensing. Schleswig 1921, num. 588; merkwürdig ist, daß auch nach Vorstellungen in der Schweiz, im Elsaß, im Schwarzwald, in Schwaben und in Tirol die Weltschlacht mit dem Brüllen einer roten Kuh eingeleitet wird, v. Rochholz, E. L.: Naturmythen. Neue Schweizersagen [. . .]. Lpz. 1862, 52. – [66] ZfdMythol. 3 (1855) 353. – [67] Dinzelbacher (wie not. 2) 124. – [68] Müller (wie not. 20) num. 366.

Göttingen Kurt Ranke

Brücke zur anderen Welt (AaTh 471) gehört zu einer Gruppe von Erzählungen, die über → Jenseitswanderungen berichten und → Jenseitsvisionen enthalten. Der Erzähltyp ist benannt nach einem häufig in ihm enthaltenen Motiv, das auch als Glaubensvorstellung sowie in den Mythen vieler Völker und Kulturen eine Rolle spielt, der → Brücke (Mot. F 152), die Diesseits und Jenseits oder auch verschiedene Jenseitswelten miteinander verbindet[1].

Inhalt: Drei Brüder oder auch ein einzelner junger Mann gelangen (auf der Suche nach Arbeit, nach ihrer mit einem Jenseitswesen verheirateten Schwester, auf Einladung Gottes etc.) ins Jenseits. Sie erhalten dort von einem Jenseitswesen (Gott, Petrus, Joseph, dem Ehemann der Schwester, einem König etc.) einen Auftrag, dessen Erledigung stets mit einer oft gefahrvollen Jenseitswanderung verbunden ist (anderswo Tiere zu hüten und von deren Nahrung mitzubringen; das jenseitige Wesen während einer Reise durch die andere Welt zu begleiten; der Muttergottes einen Brief zu überbringen etc.). Es gelingt nur dem jüngsten der Brüder, die Aufgabe zu lösen; die beiden älteren werden nach dem mißlungenen Versuch in Tiere oder Steine verwandelt. Während seiner Reise durch das Jenseits überschreitet der Wanderer auf einer B. einen Fluß und sieht danach verschiedene ihm zunächst rätselhafte Bilder und Begebenheiten: Magere Tiere auf üppiger und fette Tiere auf dürrer Weide; Tiere oder Steine, die einander stoßen oder schlagen; auf- und abfliegende Vögel; Tiere, die in einer Jenseitskirche menschliche Gestalt annehmen und das Abendmahl bekommen u. a. Nach Erledigung der Aufgabe erhält der Wanderer von seinem jenseitigen Auftraggeber die Erklärung der geschauten Bilder: Die mageren Tiere werden meistens als Gleichnis für die reichen, habsüchtigen und dennoch unzufriedenen, die gut genährten Tiere demgegenüber als Gleichnis für die armen und dennoch zufriedenen Menschen im Diesseits gedeutet. Die einander stoßenden Tiere oder Steine sind Menschen, die zu ihren Lebzeiten immer stritten und ihren Streit im Jenseits fortsetzen. Die Vögel sind die ohne Taufe verstorbenen Kinder. Die Tiere in der Jenseitskirche sind Engel, Priester oder auch verzauberte Königssöhne etc. Nachdem der Jenseitswanderer die Erklärungen erhalten hat, wird er reich belohnt wieder ins Diesseits entlassen und erlöst während der Rückkehr seine verzauberten Brüder.

Die bisher noch nicht monographisch untersuchte Erzählung gliedert sich in drei Teile: eine unterschiedlich lange Einleitungsepisode, welche die Reise ins Jenseits motiviert; eine Hauptepisode, die das Geschehen im Jenseits, die Jenseitswanderung und die Visionsbilder wiedergibt, und eine zumeist kurze Schlußepisode, die von der Rückkehr ins Diesseits berichtet. Gelegentlich finden sich Kontaminationen mit zwei verwandten, ganz ähnlich strukturierten Erzählungen: AaTh 471 kann mit der Einleitungsepisode der bes. im slav. Sprachraum verbreiteten Legende von Gott, dem als Bettler Gastfreundschaft gewährt wird (AaTh 750 B/C: *Die drei → Wünsche*), oder mit der Schlußepisode von → *Freunde in Leben und Tod* (AaTh 470) kontaminieren. Im Vergleich mit den beiden eben genannten Erzählungen hat AaTh 471, obwohl hier die Visionsmotive viel zahlreicher und auch differenzierter auftreten[2], Motive und Elemente aufzuweisen, die diesen Erzähltyp stärker in die Nähe des Zaubermärchens rücken[3].

Die Erzählung von der B. zur anderen Welt ist – offenbar mit Ausnahme des finn. und estn. Sprachraums – im gesamten europ. Gebiet verbreitet. Sie findet sich darüber hinaus in Sibirien, Nord-, Mittel- und Südamerika sowie vereinzelt auch in Nordafrika, Indonesien und auf den Philippinen[4].

Nach den im Archiv der EM vorhandenen Texten, die ein knappes Drittel der etwa 250 bei AaTh angeführten Fassungen repräsentieren, lassen sich klare Redaktionen oder Ökotypen nicht feststellen. Generell treten jedoch die märchenartigen Züge in den skand. und kelt. Varianten stärker in Erscheinung, während in der slav. und rom. Überlieferung der Legendencharakter überwiegt.

Sämtliche bekannten Fassungen sind im 19. und 20. Jh. aufgezeichnet worden. Obwohl sich frühere gedruckte Überlieferungen bisher nicht nachweisen ließen, ist die Erzählung, die auffällige Parallelen zu schamanistischen Jenseitsreisen aufweist[5], mit großer Wahrscheinlichkeit älter. Typologisch verwandte Jenseitswanderungen (→ Gilgamesch, → Orpheus, → Vergil, *Äneis* 6 u. a.) zählen zu den ältesten schriftlichen Zeugnissen der Menschheit, und auch in der ma. Visionsliteratur lassen sich zu manchen Motiven in AaTh 471 Gegenstücke finden[6]. Ähnliche Visionsmotive treten aber auch schon früher in alten außereurop. Traditionen auf, in der altind. Überlieferung[7], in vier Redaktionen des chin. *Tripiṭaka*[8] oder in der ägypt. Erzählung von Satni-Khamoïs und Senosiris, die ins 2. Jh. p. Chr. n. datiert wird[9].

In den Fassungen des 19. und 20. Jh.s ist ein im Sinne kirchlicher Lehre didaktisch-moralisierender Aspekt erhalten[10], von dem anzunehmen ist, daß er in der als wahrscheinlich vorauszusetzenden älteren Überlieferung eine dominierende Rolle gespielt hat. Dieser Aspekt liegt in der Aussage über die Jenseitswelt und in den Visionsmotiven, die den Höhepunkt der Erzählung bilden. Menschliche Untugenden, wie Habsucht, Geiz, Neid, Unzufriedenheit, Streitsucht etc., werden in Form einer sich in eindrucksvollen Bildern im Jenseits spiegelnden Diesseitswelt oder in Form von bildhaften Jenseitsstrafen, die zumeist in einer Fortsetzung irdischen Tuns bestehen, als unerwünscht gegeißelt. Seltener dagegen sind christl. Tugenden wie Freigiebigkeit gegen Arme oder Zufriedenheit mit dem eigenen Schicksal in entsprechenden Bildern als erwünscht und vorbildlich dargestellt. Daneben findet sich im Bild von den freudlos auf- und abfliegenden Vögeln die ma. kirchliche Lehrmeinung vom limbus infantium als Jenseitsort der ungetauft verstorbenen Kinder. Damit stellen sich die Visionsmotive der Volkserzählung in den Zusammenhang mit den vielen großen und kleinen ma. und spätma. Visionen, deren Funktion darin besteht, als Predigt in Bildern außerhalb der reflektierenden Theologie eschatologische Grundanschauungen zu popularisieren[11], außerdem aber auch im Sinne christl. Ethik und Moral die menschliche Lebensführung im Diesseits zu beeinflussen.

Dieser didaktische Aspekt tritt in der bekannten neueren Überlieferung nicht mehr so deutlich hervor. Hier liegt der Hauptakzent vielmehr auf der abenteuerlichen Handlung, die den Helden in eine unterschiedlich stark christl. geprägte Jenseitswelt führt und ihn dort verschiedene Proben, Gefahren und rätselhafte Geschehnisse erleben läßt.

[1] Dinzelbacher, P.: Die Jenseitsb. im MA. Wien 1973, 165sq. – [2] Christiansen, R. T.: Studies in Irish and Scandinavian Folktales. Kop. 1959, 188–213, hier 200. – [3] Grambo, R.: Cosmogonic Concepts in Norwegian Folktales. In: Fabula 14 (1973) 91–101, hier 97. – [4] Christiansen, R. T.: Folktales of Norway. L. 1964, 169; Liungman, Volksmärchen, 114. – [5] Grambo, R.: Traces of Shamanism in Norwegian Folktales and Popular Legends. In: Fabula 16 (1975) 20–46, hier 28sq. – [6] Christiansen (wie not. 2) 198, 206; Grambo (wie not. 3) 94–97. – [7] Oertel, H.: Altind. Parallelen zu abendländ. Erzählungsmotiven. In: Studien zur vergleichenden Lit.geschichte 8 (1908) 113–124, hier 123. – [8] Chavannes 3, num. 498. – [9] Delarue, P.: The Borzoi Book of French Folk Tales. N. Y. 1956, 386sq. – [10] Grambo (wie not. 3) 97. – [11] Kampenhausen, H. J.: Traum und Vision in der lat. Poesie der Karolingerzeit. Ffm. 1975, 181.

Lit. (soweit in den not. nicht aufgeführt): Gonzenbach, num. 88 und not. p. 257–259. – ZfVk. 6 (1896) 173, num. 88. – Köhler/Bolte 1, 52; 1, 132, num. 2, 166. – Siuts, H.: Jenseitsmotive im dt. Volksmärchen. Lpz. 1911. – Tegethoff, E.: Frz. Volksmärchen 2. MdW 1923, 333sq. – Ellis, H. R.: The Road to Hell. Cambridge 1943. – Rüegg, A.: Die Jenseitsvorstellungen vor Dante 1–2. Einsiedeln/Köln 1945. – Rosenberg, A.: Die Seelenreise. Basel 1952. – Wimberley, L. C.: Folklore in the English and Scottish Ballads. N. Y. 1959, bes. 108–161. – Patch, H. R.: The Other World According to Descriptions in Medieval Literature. N. Y. 1970. – Wachsler, A. A.: The Celtic Concept of the Journey to the Otherworld. Diss. L. A. 1972.

Rotenburg/Wümme Günter Petschel

Brückenopfer (AaTh 1191, Mot. S 241.1), ein Motiv aus dem Bereich der Sagen vom dämonischen → Baumeister oder Bauhelfer mit einer schwankhaften Wendung, die dem Kreis der Erzählungen vom → geprellten Teufel angehört. Von zahlreichen markanten Damm- oder Brückenbauten, so dem Dannewerk in Schleswig-Holstein[1], der Sachsenhäuser Brücke in Frankfurt am Main[2], der Regensburger[3] und der Bamberger Brücke[4], von vielen, oft als 'Teufelsbrücken' bezeichneten Bauten in der Schweiz[5], in Österreich[6] und in Polen[7], dem Pont d'Yeau in Frankreich[8], von ital.[9], engl.[10] und walis.[11] Brücken wird berichtet, der Baumeister sei in der vorgeschriebenen Zeit oder aufgrund unerklärlicher Schwierigkeiten mit dem Bauwerk nicht zu Rande gekommen und habe in seiner Not den Teufel zu Hilfe gerufen. Nach dem dabei geschlossenen Pakt (→ Teufelspakt) soll die Seele des Auftraggebers selbst oder des ersten Wesens, das die Brücke überquert, dem Bösen gehören (→ Erster, Erstes, Zuerst; → Jephtha). Der Teufel erledigt die Arbeit und hofft, einer menschlichen Seele habhaft zu werden, der Baumeister jagt jedoch, oft auf Rat eines Priesters, ein Tier (Hund, Wolf, Katze, Hahn, Schwein, Geißbock etc.) über die Brücke und bringt so den Partner um den erwarteten Lohn.

Im Märchen begegnet der teuflische Bauhelfer nur vereinzelt. So muß in einer norw. Variante des → *Starken Hans* (AaTh 650 A) der in einem Baumstumpf eingeklemmte Teufel versprechen, eine Brücke über den Sund zu bauen, allerdings unter der Bedingung, daß die erste Seele ihm als Sundzoll zufallen solle; der Held setzt eine dicke Viehmagd vor sich aufs Pferd, die der Teufel für einen Holzklotz hält und in Erinnerung an seine Qualen im Baumstumpf Reißaus nimmt[12]. Mehrfach hat das Motiv legendäre Züge angenommen, wenn ein Heiliger, etwa Saint Cado[13] oder der hl. Wolfgang[14], Auftraggeber beim Brükken- oder Kirchenbau ist und den Teufel mit dem Tieropfer täuscht. Überhaupt handelt es sich in vielen Varianten um einen Kirchenbau: Bei dem mit Satans Hilfe vollendeten Dom zu Aachen etwa soll ein Wolf statt der verlangten Seele über die Schwelle getrieben worden sein[15]. Nach wend. Überlieferung forderte der Teufel für seine Hilfe beim Kirchenbau den ersten Täufling, die Leute steckten jedoch eine Katze in ein Steckkissen und übertölpelten auf diese Weise den Bösen[16].

Viele dieser Erzählungen haben ätiologischen Charakter. Wiewohl manche Bauten aus ganz realen technischen oder materiellen Gründen nicht fertiggestellt werden konnten, haftet ihnen das Motiv vom vorzeitigen Hahnenschrei[17] an, der den Teufel an der Vollendung seines nächtlichen Werkes gehindert und ihn so um seine Entschädigung gebracht haben soll, übrigens die in Mittel- und Westeuropa weitaus häufigste Version der Baumeistersage[18]. Löcher in Brücken und Kirchenwänden, die sich angeblich nicht zumauern lassen, oder seltsam geformte Steine am Bauwerk sollen von der Reaktion des betrogenen Teufels herrühren, der das Opfertier wütend von sich geschleudert habe oder selbst durch das Loch ausgefahren sei[19]. Sekundär sind sicherlich auch Ortsnamenätiologien: So werden etwa dem hl. Wolfgang geweihte Kirchen oder der oberösterr. Ort Wolfern[20] mit dem Wolf als Opfertier in Verbindung gebracht.

Daß der Teufel im christl. Bereich unter dem Einfluß legendärer Quellen den Riesen als Bauhelfer abgelöst hat, ist vielfach festgestellt worden[21]. Vermutlich hat diese Rollenübernahme das Motiv von der Forderung eines Seelenopfers und die Substituierung durch ein Tier in den Vordergrund geschoben. S. Thompson bringt den Typ noch mit einem anderen Motiv vom Angangsopfer in Zusammenhang: Seine unter AaTh 1191 angeführten Belege aus der *Mensa philosophica*[22] und aus *Shakespeare Jest-Books*[23] beziehen sich jedenfalls auf die auch sonst häufig bezeugte Erzählung von Alexander dem Großen, der aufgrund eines Schwures den Eseltreiber (oder Müller) köpfen lassen will, der ihm morgens als erster entgegenkommt; der schlaue Bursche entgeht jedoch diesem fatalen Schicksal, indem er den Herrscher darauf hinweist, daß sein Esel ihm vorangegangen sei (Mot. J 1169.4)[24]. Die Beziehung dieser Anekdote zu AaTh 1191 ist jedoch recht vage. Man könnte in den schwankhaften Sagen vom B. eher eine Schwundform des Jephthamotivs oder der vor allem in Südosteuropa verbreiteten balladesken Überlieferungen von Bauopferbräuchen[25] sehen.

[1] Müllenhoff, K.: Sagen, Märchen und Lieder der Herzogtümer Schleswig, Holstein und Lauenburg. Neue Ausg., besorgt von O. Mensing. Schleswig 1921, num. 433; ähnlich: Knoop, O.: Volkssagen aus dem östl. Hinterpommern. Posen 1885, num. 208, 209. – [2] Grimm DS 1, num. 185; cf. Petzoldt, L.: Dt. Volkssagen. Mü. 1970, num. 459a, dazu not. p. 454. – [3] Schöppner, A.: Sagenbuch der bayer. Lande 1. Mü. 1852, num. 113. – Kuhn, A.: Sagen, Gebräuche und Märchen aus Westfalen 1. Lpz. 1859, num. 418; weitere süddt. Beispiele: Lang, P.: Schnurren und Schwänke aus Bayern. Würzburg 1916, 159sq.; Künzig, J.: Schwarzwald-Sagen. Jena 1930 (Düsseldorf/Köln ³1976) 197. – [5] Grimm DS 1, num. 336; Jegerlehner, J.: Sagen und Märchen aus dem Oberwallis. Basel 1913, 80; SAVk. 17 (1931) 81, num. 11. – [6] Alpenburg, J. N. Ritter von: Mythen und Sagen Tirols. Zürich 1857, num. 19; Freisauff, R. von: Salzburger Volkssagen. Wien/Pest/Lpz. 1880, 510sq.; Depiny, A.: Oberösterr. Sagenbuch. Linz 1932, num. 184–186, 191. – [7] Lud 8 (1875) 231–233, num. 97; Bukowska-Grosse, E. / Koschmieder, E.: Poln. Volksmärchen. MdW 1967, num. 58. – [8] Sébillot, P.: Traditions et superstitions des ponts et chaussées. In: RTP 6 (1891) 279–287, 404, 409–412; weitere Belege: RTP 9 (1894) 690; 16 (1901) 555; 20 (1905) 388; 22 (1907) 373; Arnaudin, F.: Contes populaires de la Grande-Lande. Bordeaux [1966] num. 12. – [9] D'Aronco, num. 776a, b; Toschi, P. / Fabi, A.: Fiabe e leggende romagnole. Bologna 1963, num. 32. – [10] Wilkinson, T. / Tattersall, J. F.: Memories of Hurstwood, Burnley, Lancashire. L. 1899, 56sq.; County Folk-Lore 2 (L. 1901) 19; Palmer, W. T.: Odd Yarns of English Lakeland. L. 1914, 71sq.; Kittredge, G. L.: Witchcraft in Old and New England. Cambridge, Mass. 1929, 206; Briggs, K. M. / Tongue, R. L.: Folktales of England. L. 1966, num. 51. –
[11] Trevelyan, M.: Folk-Lore and Folk-Stories of Wales. L. 1909, 153; Davies, J. C.: Folk-Lore of West and Mid-Wales. Aberystwyth 1911, 179. – [12] Stroebe, K.: Nord. Volksmärchen 2. MdW 1922, 211–222, bes. p. 221; cf. auch HDM 1,617.– [13] Tegethoff, E.: Frz. Volksmärchen 2. MdW 1923, num. 38 = RTP 6 (1891) 409–412. – [14] Sepp, J. N.: Altbayer. Sagenschatz. Mü. 1893, num. 29; Mailly, A.: Niederösterr. Sagen. Lpz. 1926, num. 214. – [15] Grimm DS 1, num. 186; Merkens, H.: Was sich das Volk erzählt. Dt. Volkshumor 1. Jena 1892, num. 93 (Paulinzell); Depiny (wie not. 6) num. 180–183. – [16] Schulenburg, W. von: Wend. Volkssagen und Gebräuche aus dem Spreewald. Lpz. 1880, 187. – [17] Köhler, R.: Der weiße, der rote und der schwarze Hahn. In: Köhler/Bolte 3, 581–589; HDA 3, 1340; Mot. E 452; G 303.16.19.4; G 303.17.1.1. – [18] cf. z. B. die Var.nlisten bei Höttges, 218–242.– [19] cf. z. B. Panzer, F.: Bayer. Sagen und Bräuche. Beitr. zur dt. Mythologie 2. Mü. 1855, num. 71; Birlinger, A.: Volksthümliches aus Schwaben 1. Fbg 1861, num. 422; Schell, O.: Berg. Sagen. Elberfeld ²1922, num. 855, 953; Henßen, G.: Sagen, Märchen und Schwänke des Jülicher Landes. Bonn 1955, num. 85; Depiny (wie not. 6) num. 180. – [20] Graber, G.: Sagen aus Kärnten. Lpz. 1914, num. 389; Depiny (wie not. 6) num. 181. –
[21] Wünsche, A.: Der Sagenkreis vom geprellten Teufel. Lpz./Wien 1905, bes. 19–56; Höttges, 218–242; Boberg, I. M.: Baumeistersagen (FFC 151). Hels. 1955; Röhrich, L.: Teufelsmärchen und Teufelssagen. In: id.: Sage und Märchen. Erzählforschung heute. Fbg/Basel/Wien 1976, 252–272, hier 265sq.; Taloş, I.: Baumeister. In: EM 1,1394sq. – [22] Dunn, T. F.: The Facetiae of the Mensa Philosophica. St. Louis 1934, num. 11. – [23] Hazlitt, W. C. (ed.): Shakespeare Jest-Books 1. Teil 2: Mery Tales and Quicke Answeres. L. 1864, 86sq., num. 67. – [24] Pauli/Bolte, num. 507, 733; Rotunda J 1169.4 (mit weiteren Nachweisen). – [25] Taloş, I.: Bausagen in Rumänien. In: Fabula 10 (1969) 196–211; Megas, G. A.: Die Ballade von der Arta-Brücke. Thessaloniki 1976.

Göttingen Elfriede Moser-Rath

Brückner, Wolfgang, *Fulda 14. 3. 1930, schloß das Studium von Philosophie, Germanistik, Volkskunde, Geschichte und Kunstgeschichte 1956 mit der Promotion an der Univ. Frankfurt ab. Dort wurde B. Assistent, nach der 1964 erfolgten Habilitation im Jahr 1968 Professor und, als Nachfolger von M. Hain, Leiter des Instituts für Volkskunde. 1973 folgte B. dem Ruf auf ein Ordinariat für dt. Philologie und Volkskunde an der Univ. Würzburg. Er ist Herausgeber des *Frankfurter Wörterbuchs* und hat sich als Inaugurator von Ausstellungen zur Massenbilderproduktion einen Namen gemacht sowie als Mitherausgeber und Initiator wiss. Periodika (*Anzeiger des Germ. Nationalmuseums* seit 1965; *Bayer. Bll. für Vk.* seit 1974; *Jb. für Vk.* N. F. seit 1978).

B.s Dissertation untersucht den Strukturwandel einer fränk. Wallfahrt; seine Habilitationsschrift geht dem Zusammenhang von „Bildnis und Brauch“ am Beispiel spätma. Funeralriten und der nach ma. Strafrechtspraxis nach. Hist. Frömmigkeitsforschung, die Auseinandersetzung mit magietheoretischen Spekulationen und die Überlieferungsgeschichte von Bildern sind Schwerpunktbereiche in B.s Arbeit geblieben. Erzählforschung schiebt sich jedoch nicht als zusätzlicher Gegenstandsbereich daneben, sondern wächst aus den von B. konsequent vertretenen Prinzipien der Traditionsforschung heraus: Die Gegenstände werden in die übergreifenden Bezüge europ. Kulturgeschichte gestellt; die Annahme ungebrochener Kontinuität mündlicher Überlieferung wird nicht nur in Frage gestellt, sondern durch exakte Nachweise literar. Abhängigkeiten ersetzt.

Schon in seinem Aufsatz *Sagenbildung und Tradition* (1961) wird dies deutlich. Am Motiv der → Hostie im Bienenstock weist B. nicht nur nach, daß Erzählmotive „nicht gattungsgebunden" sind; er vermag vor allem zu zeigen, wie mündliche Erzählungen von gedr. Geschichten abhängen und wie diese letztlich auf lehrhafte Mönchserzählungen und sogar auf frühere (natur-)wiss. Vorstellungen zurückgehen – „der Weg von Cluny und Clairvaux bis zu Grimms Märchen" wird hier durch viele Zeugnisse belegt.

Die konsequente Verfolgung der so skizzierten methodischen Grundsätze hat B. zu einem der führenden Vertreter hist. Erzählforschung gemacht – einer Erzählforschung, welche die mündliche Überlieferung vom literar. Leben vergangener Epochen nicht künstlich abtrennt, sondern durch intensive und extensive Quellenstudien die Querverbindungen freilegt. Die umfangreiche Abhandlung über den Bücherkommissar V. → Leucht macht deutlich, was Buch- und Buchhandelsgeschichte direkt und indirekt zur Erzählforschung beizutragen vermögen. Umgekehrt sind B.s volkskundliche Studien zu einzelnen Typen und Motiven immer auch Beiträge zu der erst neuerdings stärker beachteten Sozialgeschichte der Literatur.

Den bislang umfassendsten Niederschlag hat diese Forschungsrichtung in dem von B. herausgegebenen Handbuch *Volkserzählung und Reformation* (1974) gefunden, dem ein weiterer Band über die ‚Geschichtenliteratur' von der Gegenreformation bis zum 19. Jh. folgen soll. Wichtige Aspekte der hist. Erzählforschung werden von B. auch in der EM vertreten, zu deren Herausgebern und Autoren er gehört.

Arbeiten zur Erzählforschung (Ausw.; eine Gesamtbibliogr. im Personalarchiv für die Mitglieder der Österr. Akad. der Wiss.en, Wien): Die Verehrung des Hl. Blutes in Walldürn. Volkskundlich-soziol. Unters.en zum Strukturwandel barocken Wallfahrtens. Aschaffenburg 1958 (= Diss. Ffm. 1956). – Der kaiserliche Bücherkommissar Valentin Leucht. Leben und literar. Werk. In: Archiv für Geschichte des Buchwesens 3 (1960) 97–180. – Sagenbildung und Tradition. Ein methodisches Beispiel. In: ZfVk. 57 (1961) 26–74. – Zur Problematik der Bergmannssage. Kuttenberg und Daniel. In: Rhein.-westfäl. Zs. für Vk. 8 (1961) 175–189. – Rulle und der marianische Umkreis der Bienenlegende. In: Rhein.-westfäl. Zs. für Vk. 9 (1962) 28-39. – ‚Marlborough' als Spottlied auf Bilderbogen. Ein Beitr. zur Entstehungsgeschichte und zur Deutung des brauchtümlichen Hintergrundes. In: SAVk. 60 (1964) 141–163. – Bildnis und Brauch. Studien zur Bildfunktion der Effigies. B. 1966. (= Frankfurter Habilitationsschrift 1964). – Sterben im Mönchsgewand. Zum Funktionswandel einer Totenkleid-Sitte. In: Kontakte und Grenzen. Festschr. G. Heilfurth. Göttingen 1969, 259–277. – Populäre Druckgraphik Europas. 3: Deutschland vom 15. bis zum 20. Jh. Mü. 1969 (^{2}1975); auch in ital. und frz. Sprache. – B., W. (ed.): Volkserzählung und Reformation. Ein Hb. zur Tradierung und Funktion von Erzählstoffen und Erzähllit. im Protestantismus. B. 1974 enthält vier Aufsätze B.s, darunter die prinzipielle Abhdlg: Historien und Historie (p. 13–123). – Loci communes als Denkform. Literar. Bildung und Volkstradition zwischen Humanismus und Historismus. In: Daphnis 4 (1975) 1–12. – Geistliche Erzähllit. der Gegenreformation im Rheinland. In: Rhein. Vierteljahresblätter 40 (1976) 150–169. – Volkstümliches Erzählgut im Unterricht. In: Direkte Kommunikation und Massenkommunikation. 20. Dt. Vk.-Kongreß. ed. H. Bausinger/E. Moser-Rath. Tübingen 1976, 89–96. – Erzählende Kurzprosa des geistlichen Barock. Aufriß eines Forschungsprojektes am Beispiel der Marienlit. des 16.–18. Jh.s (Österr. Akad. der Wiss.en, Phil. hist. Kl.). Wien (im Druck).

Tübingen Hermann Bausinger

Bruder, Brüder

1. Grundsätzliches – 2. Märchen – 2.1. Strukturelles – 2.2. Thematisches – 3. Ballade – 4. Sage – 5. Legende – 6. Schwank – 7. Mythen – 8. Interpretationen

1. Grundsätzliches. Die Verwandtschaftsbezeichnung Bruder (B.) weist schon als solche auf eine Reihe von Beziehungs- und Verhaltensmöglichkeiten hin. Im Verhältnis zu Schwestern steht die Rolle des Beschützers, des Befreiers, evtl des Rächers im Vordergrund; die des Gewalt- und Befehlshabers, evtl des Strafers liegt nahe, ebenso die des Inzest-Partners; Feindschaft zwischen B. und Schwester steht im Bereich des Möglichen. Zwischen Brüdern ist Verbundenheit, Hilfsbereitschaft, Treue bis zum Opfertod die eine Möglichkeit, Rivalität, Auseinandersetzung, Feindschaft die andere; da Volkserzählungen Außergewöhnliches, Dramatisches bevorzugen, dominieren stärker als in der Wirklichkeit Extremsituationen und Polarisierungen irgendwelcher Art: gut/schlecht, arm/reich, dienend/herrschend, vornehm/niedrig, göttlich/menschlich, erfolgreich/erfolglos, fleißig/faul – B.streit, B.mord, gegenseitige Tötung.

Wie im Leben nimmt auch in Erzählungen das spektakuläre Zwillingsphänomen einen wichtigen Platz ein. In patriarchalischen Kulturen ist erwartungsgemäß häufiger von männlichen als von weiblichen oder gemischtgeschlechtlichen Zwillingen die Rede. Bei gleichgeschlechtlichen Zwillingen ist Polarisierung erzählerisch verlockender. Sie verwirklicht sich gewöhnlich als Antithese, als Dissimilierung, Differenzierung (erst- oder zweitgeboren, aufbrechend – zu Hause bleibend, Krieger – Bauer, dämonisch – profanmenschlich, im Extrem göttlich – irdisch: Kontrastästhetik), kann aber auch in der Richtung der Symmetrie, der Angleichung gehen (gleiches Aussehen, gleiche Wesensart, gleiche Schicksale: Identitätsästhetik).

Darüber hinaus treten, schon rein theoretisch, speziellere Konstellationen in den Blick: geglückte und mißglückte Nachahmung, zwei Brüder und eine Braut, Heirat mit der Witwe des B.s, Trennung und Wiedervereinigung von Brüdern, verbrecherisches Zusammenwirken, Rache für den ermordeten B. Bei Erbteilungen ist Streit, Betrug, sogar Totschlag zu erwarten. Relativ nahe liegt auch, daß das Modell Brüderschaft zur Bildung von → Bluts- und Schwurbrüderschaft anregt. Im Christentum wird brüderliche Liebe zum Leitbild: philadelphia, caritas (oder amor) fraternitatis[1].

Die meisten der genannten und weitere denkbare Möglichkeiten (→ Zielformen[2]) begegnen in den einzelnen Erzählgattungen in verschiedener oder auch in ähnlicher Gestalt. Keine Gattung nützt sämtliche Möglichkeiten aus[3].

2. Märchen

2. 1. Strukturelles. Im Volksmärchen, wo → Familie und Familienglieder nicht nur inhaltlich, sondern auch als Rahmen und als Pfeiler der Handlungsstruktur wichtig sind[4], ist die Figur des B.s scharf beleuchtet. Man spricht von Brüdermärchen, von Zweibrüdermärchen, Dreibrüdermärchen – mit den letztgenannten Ausdrücken ist Zweiteiligkeit beziehungsweise Dreiteiligkeit vorgegeben. Die Dreiteiligkeit präsentiert sich kleingliedrig: In den zahllosen Märchen, in denen drei Brüder nacheinander eine Aufgabe zu lösen trachten[5], nimmt die Darstellung des Versagens der beiden älteren wenig Platz in Anspruch, die Unternehmung des erfolgreichen → Jüngsten (cf. → Achtergewicht) aber wird gern mehrepisodig entfaltet. So ist schon innerhalb der Dreierformel ein Zug zur Zweiteiligkeit spürbar: Den beiden kurzen Geschehensabläufen, die den älteren Brüdern zugehören, steht die dem Jüngsten zugeteilte längere Sequenz mindestens gleichgewichtig gegenüber. Zudem können solche Dreibrüdermärchen als ganze zweiteilig sein: Die falschen Brüder berauben den Jüngsten, der sie vor dem Galgen gerettet hat, des von ihm gewonnenen Zauberdings oder der Braut, neue Aktionen erst führen das glückliche Ende herbei. Statt der treulosen Brüder können auch treulose Gefährten agieren, so in AaTh 301 (*Die drei geraubten → Prinzessinnen*, cf. KHM 91). Ob man mit K. von Spieß und E. Mudrak diese Märchengruppe dem Dreibrüdermärchen zuordnen[6] und die Dreibrüderschablone, weil sie auf elementareren Beziehungen beruht, für ursprünglich, das

Drei-Gefährten-Schema als sekundär ansehen soll, ist Ermessensfrage. Brüder können leicht in vorgeprägte Rollen eintreten, so in die der '*schadhaften* → *Gesellen*' (AaTh 1965, KHM 138: *Knoist un sine dre Sühne*), in die der 'Menschen mit den wunderbaren → Eigenschaften' (AaTh 513A: → *Sechse kommen durch die Welt*; AaTh 655: *Die scharfsinnigen* → *Brüder*), in die der Lügenwette (AaTh 852: → *Redekampf mit der Prinzessin*) und in manche andere Rollen.

Das Zweibrüderschema führt, ähnlich wie das Zweischwesternschema (z. B. in AaTh 480, KHM 24: → *Frau Holle*) zu zweiteiligen Geschichten. Bisweilen stellt sich der Topos der mißglückenden Nachahmung ein (armer/reicher B., z. B. → *Ali Baba*, cf. → *Schatz des armen Bruders*). Der Terminus Zweibrüdermärchen bleibt fast ausschließlich dem *altägypt.* → *Brüdermärchen* und dem europ./oriental. Märchentyp *Die zwei* → *Brüder* vorbehalten.

2. 2. Thematisches. Die extensive und intensive Präsenz von Brüdern im Volksmärchen trägt dazu bei, der Gattung ihr Gesicht zu geben, nicht nur formal, sondern auch thematisch. Die Brüderrivalität, die Bösartigkeit der beiden älteren Brüder bringt, zusammen mit anderen Motiven (treulose Mutter, Schwester oder Frau, austreibender, inzestuöser oder schwächlicher Vater, schadenstiftende Schwiegermütter, Stiefmütter, Stiefgeschwister) deutlich zum Ausdruck, daß die Spannungen im Raum der Familie von bes. Gewicht sind, während die zahlreichen Helferfiguren des Märchens demonstrieren, daß dem Menschen von der → Außenwelt, von seiten Unbekannter, Fremder mannigfache, meist unerwartete Hilfen zufließen. Doch ist in zahlreichen Märchentypen auch ein positives Geschwisterverhältnis dargestellt, so in KHM 11: → *Brüderchen und Schwesterchen*, bes. eindrücklich aber im Siebenrabentyp (KHM 9, 25, 49; cf. AaTh 451: → *Mädchen sucht seine Brüder*): Die → Schwester, unschuldiger Anlaß der Verzauberung ihrer Brüder, erlöst sie kraft übermenschlicher Leistungen und Opfer. Hingegen ist, anders als in Balladen, der B. weit seltener Retter, Befreier oder gar Erlöser seiner Schwester(n)[7]. Im →Tierschwägertyp (AaTh 552) sucht der B. seine Schwestern, erlöst deren Gatten und insofern indirekt auch seine Schwestern. Gelegentlich amtet der B. als quasi Vormund der Schwestern und verheiratet sie, im Auftrag des verstorbenen Vaters, an zufällig Vorübergehende, was zunächst als Unglück erscheint, sich später aber als Glück erweist[8]. Auch in jenen Versionen der unterschobenen → Braut, in denen der B. seine Schwester dem König zuführt, hat das zuerst Unheil, dann aber Heil zur Folge (KHM 135, AaTh 403: *Die schwarze und die weiße* → *Braut*).

Gegenseitige Hilfe von B. und Schwester begegnet bes. im Märchen mit Kindern als Helden (→ *Hänsel und Gretel*, → Kind); im Siebenrabentyp retten die Brüder schließlich die sie erlösende Schwester vor dem Feuertod, so daß sich eine dem Märchen als solchem gemäße Ausgewogenheit herstellt (z. B. Glück/Störung bzw. Zerstörung des Glücks/höheres Glück).

Aktiv gefährlich wird die Schwester ihrem B. im Märchentyp *Die treulose* → *Schwester* (AaTh 315), bes. prägnant und grotesk als Geige spielende Kannibalin, die ihren jüngsten B. zwar vor sich warnt, dann aber ihre Zähne wetzt, um ihn fressen zu können[9]. Im zitierten griech. Märchen[10] ist die im Siebenrabentyp angedeutete Möglichkeit der Gefährdung der Brüder durch die Schwester direkter und intensiver gegenwärtig; aber selbst da scheint die Schwester unter Zwang zu stehen, während die 'treulose Schwester' bewußt und willentlich handelt, obwohl auch sie, psychol. gesehen, ihre Mordanschläge zwanghaft plant: sie ist dem dämonischen Geliebten verfallen.

So halten innerhalb des Gesamtcorpus der Zaubermärchen – z. T. auch innerhalb der einzelnen Erzählungen – die den Brüdern gefährliche und die ihnen helfende, sie erlösende Schwester einander die Waage. Beide Möglichkeiten können in höchster, zuweilen irrealer Steigerung erscheinen: auf der einen Seite Mord, Mordanschlag, Verzauberung in Tiere (wobei die Schwester schuldlos schuldig sein kann, sei es durch ihre bloße Existenz, sei es durch eine Fehlhandlung: Pflücken magischer Blumen, v. KHM 9: *Die zwölf Brüder*), auf der anderen Seite Rücksichtslosigkeit gegen sich selbst, die Heldin gibt um der Brüder willen sogar ihre Kinder preis und erträgt den verleumderischen Vorwurf des Kannibalismus. Hingegen kommt eine andere denkbare Steigerung des positiven Verhältnisses, der B./Schwester-Inzest, im eigentlichen Märchen kaum je vor[11], wiederum im Gegensatz zur Ballade und auch zu Mythos und Legende (cf. Mot. T 415; A 1331. 2; A 1337. 0. 7; A 2006; G 37; Q 520. 3; R 321. 1).

Eine deutlich größere Rolle als die Beziehung zum andersgeschlechtlichen Partner spielt im Märchen die zum gleichgeschlechtlichen. Auch sie erscheint, wie schon angedeutet, in positiver und in negativer Gestalt. Brüderliche Treue und Hilfe, am eindrücklichsten im Zweibrüdermärchen dargestellt, kommt auch in anderen Märchentypen vor, so im *Treuen* → *Johannes* (AaTh 516), wo der Helfer B. oder Ziehbruder (wunderbare Empfängnis) des Helden sein kann[12], was aufgrund des brüderlichen Verhältnisses von Held und Helfer geradezu zu erwarten ist. Bei einer Vielzahl von Brüdern erweist sich, wieder erwartungsgemäß (Achtergewicht!), der Jüngste als Retter der anderen; bekanntestes Beispiel ist Perraults *Petit Poucet* (AaTh 327B: → *Däumling und Menschenfresser*: die List des Kleinsten bewahrt ihn und seine Brüder vor der Ermordung, Mot. K 1611); in einem skr. Märchen erlöst der Jüngste kraft ihm aufgetragener Heroenleistungen seine elf Brüder aus der Versteinerung, zugleich erlöst er zwölf verwunschene schwarze Mädchen (Schwestern)[13]. In einzelnen Fassungen des Zweibrüdermärchens ist der Halb- oder Pflegebruder bereit, seine dem B. todfeindlich gesinnte Mutter zu töten[14]. Aber in anderen Versionen kommt es am Schluß zu unbedachtem B.mord (der freilich, der Eigenart der Gattung entsprechend, wieder gutgemacht wird). Im altägypt. Zweibrüdermärchen muß der eine B. vor dem älteren fliehen, weil er ihn töten will, aber auch hier kommt es zur Versöhnung. Ein sizilian. Märchen, das ein gutes Verhältnis zwischen B. und Schwester vorführt, läßt den B. den Mordbefehl gegen die verleumdete Schwester aussprechen; er verlangt (krasser Umschlag von Liebe zu Haß), ihr Blut zu trinken[15]. So schleicht sich selbst in Erzählungen, die das Geschwisterverhältnis in günstiges Licht setzen, vorübergehend die andere, unterschwellig stets präsente Möglichkeit ein. Der Entschluß des B.s, der Schwester Blut zu trinken, kann auch als Ausdruck ambivalenter Gefühle interpretiert werden.

Wenn im Zweibrüdermärchen, das an sich ein hohes Lied der Brüderschaft, der Brüderlichkeit ist, da und dort Spannung, Auseinandersetzung, Widerstreit auftauchen, so ist im Dreibrüdermärchen das Gegeneinander die Regel. Zu den formalen Voraussetzungen dieser Polarisierung (v. Kap. 2. 1.) gesellen sich inhaltliche: Spiegelung realer Familienkonflikte, realer Geschwisterrivalitäten. Obwohl das Schema der Abweisung eines Armen durch einen hartherzigen Reichen in seinem ganzen Ablauf das gleiche bleibt, ob Nachbarn oder ob Brüder Träger der Handlung sind, so ist der Gehalt, die Aussage der Erzählung doch je eine andere. Die Figuren sind nicht generell ohne Akzentveränderung auswechselbar. Dasselbe gilt vom Dümmling, einer der repräsentativsten Märchenfiguren überhaupt (→ Dümmling). Er ist ein ausgesprochener Familien-Dümmling oder -Faulpelz, nicht ein Dorftrottel oder Herumlungerer, sondern eben ein Aschensitzer, allenfalls ein verachteter Schwiegersohn und Schwager (Grindkopf, → Goldener, cf. → Askeladden), meistens aber ein jüngster B., der die ihm scheinbar überlegenen Brüder schließlich überflügelt. Da spiegeln sich nicht nur Gefühle und Träume des Jüngsten, Schwächsten in der Familie (jeder war einmal ein solcher Jüngster, Schwächster, Kleinster), sondern zugleich das in der Gattung Volksmärchen dominierende Thema Zwiespalt zwischen Schein und Sein, das jenseits aller Wunschträume seine eigene Geltung hat[16]. Die falschen, verräterischen, bisweilen mordentschlossenen Brüder werden in den meisten Erzählungen bestraft, gewöhnlich mit dem Tod, in manchen aber auch begnadigt; im ersten Fall setzt sich der Gattungsstil des Märchens durch, im zweiten die Haltung bestimmter Erzähler, Hörerschaften oder Epochen.

3. Ballade. Die Volksballade steht dem Märchen darin nahe, daß auch in ihr Familienprobleme eine wesentliche Rolle spielen, man kann vom „Familiarismus" der Ballade sprechen[17]. Aber die Atmosphäre ist ganz anders. Ein höherer Hitzegrad ist zu spüren, stärker als die B./B.-tritt die B./Schwester-Beziehung in den Vordergrund; erst innerhalb dieser kommt von den im 1. Kap. genannten Zielmöglichkeiten der B. als Bestrafer der Schwester einerseits, als Inzestpartner anderseits richtig ins Spiel: Grausam bestraft er, bis zu einem gewissen Grad wohl in Übereinstimmung mit verpflichtenden Rechtsbräuchen, die Unkeuschheit der Schwester (Mot. Q 458. 2. 1), er peitscht sie, „bis Leben und Lunge aus dem Leibe ihr sprang"[18]. Das Lied vom *König von Mailand* dagegen zeigt einen B., welcher, der Grausamkeit der Eltern entgegen, trotz der Sippenschande zur Schwester hält[19]. In der Mädchenmörderballade ist der B., der von der Schwester eindringlicher und erfolgreicher als andere zu Hilfe gerufen wird, ihr Retter (Ulrich-Typ) oder ihr Rächer (Ulinger-Typ)[20]. Daß in der Ballade das Schwester/B.-Verhältnis eng und spannungsvoll ist, zeigt die Gruppe der Inzestballaden[21]. Es scheint eine Art Inzestzwang wirksam zu sein, wie am anderen Ende der Skala ein Drang zu töten, weit über rechtliche Notwendigkeiten hinaus: Der B. muß die Hinde zu Tode jagen, obwohl ihm gesagt worden ist, sie könnte seine Schwester sein[22]. Während im Märchen (AaTh 510B, KHM 65: *Allerleirauh*; cf. → *Cinderella*) die Tochter vor dem Inzestwunsch des Vaters flieht, geht es in der Ballade um die Beziehung zwischen B. und Schwester, und sie wird eingegangen. In manchen Versionen des Südelityps wird der → Inzest knapp vermieden (der Herzogssohn legt das Schwert zwischen sich und die Magd, in der er seine Schwester erkennt; cf. → Symbolum castitatis), in anderen wird er vollzogen: Auch dieses Schwanken noch belegt, auf seine bes. Art, die Brisanz des B./Schwester-Komplexes in der Gattung Ballade. Eigenartig und prägnant zeigt sich das im Entscheid der Schwester, nicht den Geliebten, sondern den B. vor dem Tode zu retten, mit der berühmten Antigone-Begründung: „Einen andern Liebsten kann ich noch bekommen, einen Bruder nimmermehr" (Gottscheer Kate-Ballade, ähnliche Wendungen in slov. Balladen öfters[23]; cf. AaTh 985: → *B. eher als Gatten oder Sohn gerettet*).

In den spärlichen B./B.-Balladen tritt das in Sagen, Mythen und auch in Zeitungsliedern beliebte und an sich naheliegende Thema B.streit, B.mord kaum hervor; der Gattung gemäßer ist Rache für einen ermordeten B.[24] Die Ballade weicht dem Tragischen nicht unbedingt aus; aber die immer irgendwie erotisch gefärbte B./Schwester-Beziehung fasziniert sie stärker als das B./B.-Verhältnis.

4. Sage. In der Volkssage stechen, ihrem eher dunklen, Leiden und Untergang betonenden Charakter gemäß, vor allem B./B.-Sagen hervor, die von Streit und → Mord erzählen.

Der an sich hist. B.mord im Hause der Kyburger (Graf Hartmann, im Streit mit seinem B. Eberhard, wird 1322 im Schloß Thun erstochen und in den Schloßhof gestürzt) beschäftigt die Sage: am Tatort lassen sich die Blutflecken nicht wegscheuern[25]. B.mord ist oft die Folge eines Teilungs-, insbesondere eines Erbteilungsstreits. Während bei Schwestern betrügerische Erbteilung eher durch höhere Mächte bestraft[26] und im Märchen der benachteiligte Jüngste zauberisch entschädigt wird (das scheinbar wertlose Erbstück erweist sich als hochwertig; cf. AaTh 545B: *Der gestiefelte* → *Kater* u. a.), werden Sagen-Brüder leicht handgreiflich. Auch wegen eines Mädchens kann der eine B. den anderen erschlagen[27]; in altjüd. und islam. Legenden wird Kains Tat so erklärt (→ Abel). Gegenseitige Tötung kommt vor[28]. Der B.mord der Sage wirkt schockierender als entsprechende Anschläge in dem abstrakter stilisierenden Märchen. Von einem Zusammenwirken zum Nutzen anderer ist selten die Rede (ein Beispiel: Kampf zweier Brüder gegen den Drachen bei Burgdorf[29]), häufiger von gemeinsamen Verbrechen: Meineid[30], Mord – ähnlich wie in bestimmten → *Rhampsinit*-Varianten (AaTh 950), aber ohne jeden schwankhaften Einschlag, wird ein B. totgeschlagen und verscharrt, damit die anderen beiden nicht überführt werden[31]. Daß Brüder die Rolle der → *Freunde in Leben und Tod* (AaTh 470) übernehmen können, erstaunt nicht[32].

Stärker als in der Beziehung zu Nachbarn, zu Eltern oder zu Kindern setzen sich, das liegt nahe, bei Brüdern stilisierende Tendenzen durch: Zweizahl (cf. Kap. 2. 1.), Dreizahl (cf. Kap. 2.1. sowie 5.), Zwölfzahl. Leicht stellt sich Polarisierung ein. Symmetrien hingegen, vollkommene Gleichheit der Geschwister bleiben dem Märchen vorbehalten; in der Sage trifft man solches nur in schwankhafter Form: Einen bestimmten Schatz kann nur einer von zwölf Brüdern gewinnen, die alle Hans heißen[33].

Eine wichtige Stellung haben Brüder in isl. Sagas. Sippenethik verpflichtet sie u. a. zur Rache. B.mord und Inzest kommen selten vor (beides in der – norw.? – *Vǫlsunga saga*, einer von Heldenepik beeinflußten Vorzeit-Saga). Hingegen trifft man in der Saga die weltweit bekannte → Bluts- oder Schwurbrüderschaft, auch sie mit Treue- und Rachepflicht.

5. Legende. In der Heiligenlegende haben zwei Brüder gewöhnlich gleiche Funktionen und Schicksale: → Kosmas und Damian (Zwillinge) heilen als Ärzte unentgeltlich und erleiden den Tod durch Enthauptung; Krispinus und Krispinianus, zu Schustern geworden, nehmen von Armen kein Entgelt, sie werden gemartert und enthauptet. Der Märtyrertod der Zwillingsbrüder Gervasius und Protasius ist leicht differenziert, Marter und Tod der sieben Söhne der seligen Felicitas aber werden nicht unterschieden, in jedem von ihnen wird Felicitas gemartert, bevor sie selber den Tod erleidet. Heilige Brüder sind eins und einig. Da aber in jeder Gattung ihr Gegenbild unsichtbar gegenwärtig ist und danach drängt, sichtbar zu werden, im Märchen das → Antimärchen (getragen durch die Unhelden oder durch einzelne Episoden der Haupthandlung), in der Legende die Antilegende, verwundert es nicht, daß es auch dissonante Legenden gibt: Der hl. Wenzel wird von seinem unheiligen B. erschlagen, der Antiheilige → Judas Ischariot tötet seinen Pflegebruder, und die Phantasiegestalt des → Gregorius (vereinzelt auf Gregor den Großen bezogen) ist das Kind sündiger Geschwisterliebe (AaTh 933). So dringen die brisanten Themen B.mord und Inzest auf Umwegen auch in die Gattung Legende ein.

6. Schwank. Für den Schwank, der sich gern an Ehe- und Liebhaber-Komik hält, ist B.-Komik kein Thema, Brüder haben in ihm, trotz Wilhelm → Buschs populären Max und Moritz, keinen qualifizierten Platz: Es gibt keine spezifische B./B.- oder B./Schwester-Komik. Natürlich kann grundsätzlich jede Gattung und jede Erzählung verschwankt werden[34], cf. das oben erwähnte lächerliche Sagen-Adynaton von den zwölf Hansen oder die Dreibrüderparodie:

> Die drei kehren ein Jahr nach ihrer Aussendung zum Vater zurück und berichten ihre Erfolge. Der erste ist 1945 von General Guisan auf der Straße erkannt und sogleich mit einer wichtigen Aufgabe bei der Demobilisation der Schweizer Armee betraut worden, dem zweiten geht es ähnlich bei Stalin, er bekommt einen wichtigen Posten beim Aufbau der russ. Industrie, der dritte aber erlebt das Erstaunlichste: Nachdem der Papst ihn inmitten einer großen Menschenmenge erblickt und sogleich zu sich in die Sänfte gebeten hat, hört er eine alte röm. Frau die Nachbarin fragen: „Wer ist der Mann im weißen Gewand dort in der Sänfte neben dem Meier von Schlieren??"

AaTh 654 (KHM 124, cf. *Die behenden* → *Brüder*) ist hier voll profanisiert: Realabsurditäten statt irrealer Adynata, Aufschneiden als l'art pour l'art statt Aufgabenlösung, aber Beibehaltung des Achtergewichts und Verwendung der Dreibrüderschablone als idealer Rahmen[35].

7. Mythen. In Mythen und mythennahen Naturvölkererzählungen spielen B./B.- und B./Schwester-Beziehungen eine bedeutende Rolle. Völker und Sippen führen ihre Ursprünge auf Brüder zurück, bes. gern auf drei Brüder (drei Söhne Noahs als Stammväter aller Völker, drei Söhne Mannus' als Ahnherren der Ingwäonen, Hermi(n)onen und Istwäonen [nach Tacitus drei Germanenstämme], Doros, Ion und Aiolos als Ahnherren der hellen. Völker, drei Brüder als Urväter der Skythen etc.), aber auch die Zahl zwölf kommt vor (Israel)[36]. Bei Landnahmen, Städtegründungen, Herrscher-Initiationen ist oft von zwei Brüdern und von Brüdermord die Rede – dieser letzte deutet möglicherweise auf eine Opferhandlung (Bauopfer, Opferweihe)[37]. Chronistenfabelei, u. U. auch mündliche Tradition sorgen für sekundäre Begründungen: Remus verhöhnt Romulus durch einen Sprung über die niedrige Stadtmauer, die Brüder Schwit und Scheyg (oder Remus!) wollen die Benennung des Lands durch Zweikampf entscheiden, der Kanton Schwyz und mittelbar die ganze Schweiz sollen auf diese Art (Sieg Schwits) zu ihrem Namen gekommen sein[38]. Auch unter Göttern kommt Brüdermord vor: Seth tötet Osiris. In einer irokes. Mythenerzählung streiten sich die feindlichen → Zwillinge schon im Mutterleib[39], Esau und Jacob tun dasselbe[40], und ebenso Proitos und Akrisios[41]. Für den jüd. - christl. Bereich hat Kains B.mord (nach der *Bibel* der erste Mord überhaupt!) urbildliche Bedeutung, altgriechisch prägt sich der Haß zwischen Atreus und Thyest in entsetzlichen Taten aus. Verbreitet ist die Vorstellung von Zwillingsgöttern, Zwillingsheroen oder sonstwie eng verbundenen mythischen Brüderpaaren, nach dem griech. Modell (Kastor und Pollux oder Polydeukes) → Dioskuren genannt; hier tritt häufig Differenzierung ein (Kastor sterblicher Menschensohn, Polydeukes Sohn des Zeus), wie ja entsprechend auch im Märchen der eine B. vornehmer sein kann als der andere (Sohn der Königin – Sohn der Magd). Die Schwester der „göttlichen Zwillinge" wird oft zur Sonne in Beziehung gesetzt, sie ist Tochter der Sonne, Sun Maiden[42] (im südarab. Zweibrüdermärchen ist die Braut „Tochter des Sonnenaufgangs").

Der B./Schwester-Inzest hat in Mythen, anders als in der Individualdichtung, nicht das gleiche Gewicht wie der Inzest mit einem der beiden Eltern[43]. Er ist auch weniger stark tabuiert. In den Schöpfungserzählungen und Weltelternmythen ergibt es sich von selbst, daß Kinder des ersten Menschenpaares nur untereinander heiraten können[44]. Entsprechendes wird von Göttergeschlechtern erzählt (Kinder des Uranos, des Kronos; Osiris und Isis) und wurde in Königsgeschlechtern praktiziert (Ägypten, Peru)[45]. Daß Mythen auch von pränatalem Inzest zu berichten wissen[46], entspricht dem pränatalen B.streit (v. oben): schlagende Extremformulierung der fundamentalen Bedeutung beider Erscheinungen.

8. Interpretationen, die über die schon im Vorangehenden enthaltenen Interpretationsansätze hinausgehen:

Vertreter der → Freudschen → Psychoanalyse, Otto Rank und Bruno Bettelheim, sehen in den Geschwisterkonflikten sekundäre Erscheinungen. Für Bettelheim gründet die im Märchen so stark hervorstechende „Geschwisterrivalität" in der „Furcht, man könne [...] die Liebe und Achtung der Eltern nicht für sich gewinnen"[47], primär wäre also die infantile Beziehung zu den Eltern, ihr wird von den Psychoanalytikern der entscheidende Einfluß in der Entwicklung des Menschen zugesprochen („ödipale Phase"). Rank: „Man kann die Bedeutung des Geschwisterkomplexes nur auf Grund des primären Elternkomplexes richtig würdigen", die Beziehung zu den Geschwistern ist eine gemilderte, im wesentlichen aber „unveränderte Auflage der entwicklungsmäßig früheren Einstellung zu den Eltern"[48]. Vatermord werde abgeschwächt zu B.mord (Kain – der übrigens auch zu den Städtegründern gehört – haßte den von den Eltern und von Gott bevorzugten B.[49]), Blutschande zwischen Eltern und Kindern gemildert zum Geschwister-Inzest[50]. Die im wirklichen Leben tabuierten blutschänderischen Beziehungen zu Eltern und Geschwistern würden in den Mythen auf Götter und Sterne („an den Himmel") projiziert, Mythen sexualisieren das All[51]: „Die Triebbefriedigung, auf die der einzelne unter der Anforderung der Kultur verzichten muß, die gestattet er den nach seinem Ebenbild geschaffenen mythischen Göttern und durch Identifizierung mit diesen in letzter Linie sich selbst wieder"[52]. Der „Wechselmord" von Brüdern (altgriech.: Eteokles und Polyneikes) wäre in dieser Deutung eine „Kompromißschöpfung": Wunscherfüllung (Tötung des B.s) und Abwehr dagegen (gleichartige Strafe)[53]. Das Urbild der Bestrafung der geschändeten Schwester wie auch die Rache für sie wäre die Rache für die durch den bevorzugten B. geschändete Schwester[54]. So führt Rank Fremdbeziehungen auf Geschwisterbeziehungen und diese wieder auf Beziehungen zu den Eltern zurück. „Der Geschwisterkomplex [...] nimmt im Mythus einen relativ geringen und leicht dem Elternkomplex einzuordnenden Raum ein, während er sich in der individuellen Dichtung bei weitem voller, vielseitiger und gestaltungsreicher auslebt als der Elternkomplex": eine Folge der Verdrängung des Elternkomplexes, der Verschiebung auf den Geschwisterkomplex[55]. Umgekehrt stellt Michael Mann in neuerer Dichtung (18. Jh.) eine „zunehmende Verschiebung vom Bruder- zum Vater-Sohnkonflikt", eine „Vertikalisierung" also, fest[56].

Für die Schule C. G. → Jungs, die in Mythen und Märchen im wesentlichen Darstellung innerseelischer Vorgänge sieht und deshalb die Figuren als Teile ein und derselben Person deutet[57], ist das Familien- und damit das Brüder-Schema ein bes. naheliegendes Interpretationsobjekt: Die Familie ist eine überzeugendere Chiffre für die Gesamtpersönlichkeit als jede andere Konstellation. Der jüngste, unterschätzte, aber schließlich erfolgreiche B. stehe für die vernachlässigte Seelenfunktion, in unserer Kultur für das Fühlen, das sich im Märchen komplementär Geltung verschaffe. Die beiden älteren Brüder werden, obwohl sie in den meisten Märchen nicht oder nur ganz unwesentlich differenziert sind, als Vertreter der Intuition (des Ahnungsvermögens) einerseits, des Empfindens anderseits aufgefaßt (während für Bettelheim gerade ihre Undifferenziertheit wesentlich ist, sie zeige, „daß auch ihre Persönlichkeiten undifferenziert sind"[58]). Im Zweibrüdermärchen bleibt der ältere B. zunächst daheim, er bleibe „jenseitig", archaischer, dem Lebensquell näher und könne deshalb zum Retter werden; „das hilfreiche Tier ist im Grunde genommen immer ein solcher älterer Bruder des Menschen", in welchem Vergangenheits- und Zukunftskräfte enthalten seien[59]. Es leuchtet ein, daß die Aufspaltung einer Person in verschiedene Potenzen (cf. Faust und Mephisto oder Tasso und Antonio als zwei Seiten ihres Schöpfers) schon an sich eine Differenzierung und damit auch eine Bewußtseinserweiterung mit sich bringt.

H. Gehrts sieht in B.mythen, -sagen und -märchen die Spuren rituellen Schwur- und Opferbrudertums und erschließt als ursprünglichen Ablauf: Opfertod des einen B.s, Rachesieg und Hochzeit des anderen; die Ritualbrüder besaßen gemeinsam „einen Tod, einen Sieg und eine Braut"[60], der eine opfert sich oder wird geopfert, um den Erfolg des anderen zu ermöglichen. Die Königsbraut ist Sonnentochter, „von der Art des Goldes", sie verkörpert „die Königlichkeit [...], die der werdende König in sich aufnimmt", sie ist das höchste Königsgut, das gewonnen, verloren, wiedergewonnen wird, durch das todüberwindende Zusammenwirken der Brüder[61]; zweiteilige Königsrituale und zweiteilige Königsmärchen entsprechen einander[62], das Märchen ist Ritualkommentar[63].

Daß Volkserzählungen in vielfältiger Weise Wirklichkeit spiegeln, ist unverkennbar[64]; auf welche Arten von Wirklichkeit erzählte Vorgänge sich beziehen, ist vielfach umstritten (D. Ward zu Gehrts' Theorie: sie „ist weder zu beweisen noch zu widerlegen"[65]). Unbestritten ist, daß die Erzählungen ebenso wie die Gattungen auswählen, stilisieren und transformieren. Das Stoffelement B. hat, der Lebenswirklichkeit entsprechend, teilweise jedoch weit über sie hinausgehend, in den meisten Gattungen der Volkserzählung eine recht starke Position. Die in ihm a priori enthaltenen Entfaltungs-, Ziel- und Steigerungsmöglichkeiten werden in zahlreichen Geschichten genützt und in markanter Form verwirklicht[66]. Im Märchen sind Brüderpaar und Brüdergruppe Minimalrepräsentanten der Gruppe überhaupt.

[1] v. Röm. 12, 10; 1. Thess. 4, 9; Hebr. 13, 11; 1. Petr. 3, 8; 2. Petr. 1, 7. – [2] cf. Lüthi, M.: Urform und Zielform in Sage und Märchen (1967). In: id.: Volkslit. und Hochlit. Bern/Mü. 1970, 198–210; id.: Goal-Orientation in Storytelling. In: Folktale Today. Festschr. R.M. Dorson. Bloom. 1976, 357–368. – [3] cf. die Stichwörter B., Brüder, Geschwister, brother, brothers im Reg. von AaTh, Mot., von Beit 3, Tubach, Lüthi, Europ. Volksmärchen, Röhrich, Märchen und Wirklichkeit. – [4] Lüthi, M.: Familie und Natur im Märchen (1968). In: Lüthi 1970 (wie not. 2) 63–78, hier 74sq. – [5] Beispiele: Herbeiholen des goldenen Vogels (AaTh 550: Vogel, Pferd und Königstochter) oder des Lebenswassers (AaTh 550, 551, KHM 57, 97), Beschaffung heilender Äpfel und eines über Wasser und Land fahrenden Schiffs (AaTh 513B, KHM 165). – [6] Spieß, K. von/Mudrak, E.: Dt. Märchen – Dt. Welt. B. [3]1939 = 100 Volksmärchen. Wien 1947, 401. – [7] v. die balladeske Schlußwendung eines Räuberbrautmärchens bei Zaunert, P.: Dt. Märchen aus dem Donaulande. MdW 1926, 32. – [8] z. B. Gonzenbach, num. 77. – [9] AaTh 315A: The Cannibal Sister; cf. Hahn, num. 65: Die Strigla. – [10] ibid. –

[11] Naumann, H. und I.: Isl. Volksmärchen. MdW 1923, num. 11; es ist kein Märchen im engeren Sinn, sondern eine „Aechtersage" (v. ibid., XI). – [12] v. Rösch, E.: Der getreue Johannes (FFC 77). Hels. 1928, 96; BP 1, 43, 45. – [13] Leskien, A.: Balkanmärchen. MdW 1919, num. 46; cf. Bünker, J. R.: Schwänke, Sagen und Märchen in heanz. Mundart. Lpz. 1906, num. 99. – [14] Müller, D. H.: Die Mehri- und Soqoṭri-Sprache. 1: Texte (Kaiserliche Akad. der Wiss.en. Südarab. Expedition 4). Wien 1902, 69–91; Reinisch, L.: Die Somali-Sprache. 1: Texte (Kaiserliche Akad. der Wiss.en. Südarab. Expedition 1). Wien 1900, 259–277. Kombination beider Übers.en bei Gehrts, H.: Rāmāyaṇa. Brüder und Braut im Märchen-Epos. Bonn 1977, 172–181, hier 175. – [15] Gonzenbach, num. 7 (Anmerkung R. Köhlers: „Ein barbarischer Zug [. . .]"). – [16] Lüthi, M.: Das Volksmärchen als Dichtung. Düsseldorf/Köln 1975, 142–145; cf. ibid., Reg.: Sein/Schein; id. 1970 (wie not. 2) 95–99. – [17] id.: Der Familiarismus der Volksballade. In: id. 1970 (wie not. 2) 79–89; unter dem Titel Familienballade in Brednich, R. W./Röhrich, L./Suppan W. (edd.): Hb. des Volksliedes 1. Mü. 1973, 89–100. – [18] Dt. Volkslieder mit ihren Melodien. 3: Balladen 3. B. 1954, num. 68 (Der grausame B.), hier 238 (Mot. Q 458. 2. 1); cf. Meier, J.: Die Ballade vom 'Grausamen B'. In: Jb. für Volksliedforschung 8 (1951) 1–30. – [19] Dt. Volkslieder (wie not. 18) num. 67. – [20] cf. Lüthi 1970 (wie not. 2) 79. –

[21] ibid., 86 (zum Südeli-Typ v. Dt. Volkslieder [wie not. 18] 4 [1959] num. 72: Die wiedergefundene Schwester; Südeli, schweiz. = Küchenmagd, von sudeln). – [22] ibid., 86sq. – [23] ibid., 84; cf. Seemann, E.: Die Gottscheer Kate-Ballade. In: Rhein. Jb. für Vk. 12 (1961) 63–79, bes. 66–69; ferner Horálek, K.: Zum Problem der südslav. Volksballade. In: Die Welt der Slaven 9 (1964) 14–24, hier 23sq.; Dt. Volkslieder (wie not. 18) 1 (1935) 169. – [24] ibid., num. 28 (Der gerächte Bruder). – [25] Hartmann, H.: Berner Oberland in Sage und Geschichte. 1: Sagen. Bümpliz 1910, 102; zum Historischen v. Feller, R.: Geschichte Berns. 1: Von den Anfängen bis 1516. Bern (1946) [4]1974, 115–117; Keller, H. G.: Der Brudermord im Hause Kiburg. Bern 1939 (hier p. 5: „Die Tötung des Grafen Hartmann II. von Kiburg [. . .] gehört zu jenen geschichtlichen Ereignissen, welche die menschliche Einbildungskraft bis heute beschäftigen"). – [26] z. B. Kapfhammer, G.: Bayer. Sagen. Düsseldorf/Köln 1971, 166 (drei Schwestern, eine blind; cf. Kohlrusch, C.: Schweizer. Sagenbuch. Lpz. 1854, 204sq.: drei Brüder, der blinde wird betrogen, die reiche Alp wird schlagartig zur Felsenwüste; cf. Röhrich, L.: Sage und Märchen. Fbg 1976, 121sq.). – [27] Guntern, J.: Walliser Sagen. Olten/Fbg 1963, num. 313. – [28] ibid., num. 99, 205; cf. Röhrich (wie not. 26) 121sq., 124, 312. – [29] Kohlrusch (wie not. 26) 3. – [30] z. B. Glaettli, K. W.: Zürcher Sagen. Zürich (1959) [2]1970, 47. –

[31] Zender, M.: Sagen und Geschichten aus der Westeifel. Bonn 1966, num. 1037. – [32] Müller, J.: Sagen aus Uri 2. Basel [2]1969, num. 661. – [33] Petzoldt, L.: Dt. Volkssagen. Mü. 1970, 315. – [34] v. Ranke, K.: Schwank und Witz als Schwundstufe. In: Festschr. W.-E. Peuckert. B. 1955, 41–59, bes. 42, 44, 49–51. – [35] 1955 im Luzernischen mundartlich gehört („Dr Meier vo Schliere". Schlieren ist ein Vorort von Zürich). Die einzelnen Komponenten kommen auch isoliert oder eingebaut in andere Erzählungen vor, ohne daß Brüder die tragenden Figuren zu sein brauchen, v. z.B. Tillhagen, C. H.: Taikon erzählt Zigeunermärchen. Zürich (1948) [2]1973, 23, 25sq., 28, 35, 37; Landmann, S.: Der jüd. Witz. Olten/Fbg 1960, 149sq.; Sirovátka, O.: Tschech. Volksmärchen. MdW 1969, 255 sq. – [36] v. Englert-Faye, K.: Vom Mythus zur Idee der Schweiz. Zürich 1940, 355sq. – [37] Gehrts (wie not. 14) 16, 46sq., 51sq., 154 („opferbrüderliches Sterben"), 156–159; id.: Das Märchen und das Opfer. Unters.en zum europ. Brüdermärchen. Bonn 1967, bes. 9–11, 18, 20–25, 29, 32–34. – [38] v. Bruckner, A.: Das Herkommen der Schwyzer und Oberhasler (Qu.nwerk zur Entstehung

der Schweiz. Eidgenossenschaft 3, 2, 2). Aarau 1961, bes. 50, 61, 91, 121sq. – [39] Krickeberg, W.: Indianermärchen aus Nordamerika. MdW 1924, 104sq.; dazu von Beit 2, 368–370. – [40] Gen. 25, 22; Bin Gorion, M. J.: Die Sagen der Juden 1. Ffm. [2]1919, 350–353. – [41] v. Ranke-Graves, R. von: Griech. Mythologie. Reinbek 1960, 214, 220 (hier auch weitere Beispiele). – [42] Ward, D.: The Divine Twins. Berk./L.A. 1968, 10sq.; cf. Osiris, Seth und Isis (Göttin mit der Sonne auf dem Haupt). – [43] Rank, O.: Das Inzest-Motiv in Dichtung und Sage. Lpz. 1912 ([2]1926) 443–445. – [44] cf. Röhrich (wie not. 26) 136 („Notinzeste") und Sidler, N.: Zur Universalität des Inzesttabu. Stg. 1971. – [45] Rank (wie not. 43) 280sq., 458. – [46] Ward (wie not. 42) 3. – [47] Bettelheim, B.: The Uses of Enchantment. L. 1976, 238 (dt. Übers. Stg. 1977, 227). – [48] Rank (wie not. 43) 443. – [49] ibid., 556. – [50] ibid., 287. – [51] ibid., 318sq. – [52] ibid., 277. – [53] ibid., 586. – [54] ibid., 453. – [55] ibid., 444–446. – [56] Mann, M.: Die feindlichen Brüder. In: GRM 49 (1968) 224–247, hier 231, 234; cf. auch Frenzel, E.: Motive der Weltlit. Stg. 1976, 80–94. – [57] von Beit, pass. – [58] Bettelheim (wie not. 47) 108, deutsch 103sq. – [59] von Beit, 2, 393, 405. – [60] Gehrts 1967 (wie not. 37) 137; id. (wie not. 14) 23, 153sq. – [61] ibid., 87, 153sq., 157. – [62] ibid., 77–81, 156. – [63] ibid., 19. – [64] Röhrich, Märchen und Wirklichkeit, pass. – [65] Ward (wie not. 42) 110. – [66] cf. Honti, H.: Geschwister. In: HDA 2, 588–596, hier 591–593 (B. und Schwestern) und 593–596 (Brüder); ferner Boberg, 210–214; Bø, O.: Fostbrorskap. In: Kulturhistorisk leksikon for nordisk middelalder 4. Kop. 1959, 540sq.

Zürich Max Lüthi

Bruder eher als Gatten oder Sohn gerettet (AaTh 985)

1. AaTh 985 besteht aus den zwei voneinander unabhängigen Teilen (a) und (b). Für die Entstehung von (b) ist Polygenese möglich.

(a) Drei Männer sind von ihrem Herrscher als Verbrecher zum Tode verurteilt. (b) Eine Frau bittet um ihre Begnadigung, da es sich um ihren Bruder, Gatten und Sohn handle. Es wird ihr gestattet, einen von ihnen zu wählen. Sie entscheidet sich für den Bruder, da ihre Eltern gestorben sind, sie selbst aber noch so jung ist, daß sie sich wieder verheiraten und einen Sohn gebären kann. Da diese Begründung dem Herrscher gefällt (Var.n P 1 [zu den Siglen v. Schluß des Art.s], In, D 1, 3 und 4, A; ihn zur Milde stimmt: P 2; richtig ist: P 1, F, M; listig ist: D 2 und 5), werden entweder alle drei freigegeben (Var.n In, P 2, D 2, 3 und 5, M) oder aber Bruder und Sohn (P 1, D 1 und 4; der Bruder allein: F [?], T [?]. Die anderen werden hingerichtet).

AaTh 985 will in (a) ein Tatsachenbericht sein, dem mit (b) eine Frage, deren Lösung und Begründung hinzugefügt sind. In den Var.n D 1 und D 4 bezweifeln die Erzähler die Richtigkeit der traditionellen Lösung; in F wird die Frage dem Zuhörer zur Entscheidung vorgelegt.

2. Die älteste Var. (P 1) ist vor 425 a. Chr. n. entstanden. Sie berichtet von der Frau des hochmütigen Höflings Intaphrenes, der sich gegen Dareios I. (522–486) vergangen hat. In der nächstältesten, verdorbenen (In) bittet eine Frau den König von Kosala um die Freigabe ihres Gatten; erst dann fragt der Herrscher, wie die drei verhafteten Räuber mit ihr verwandt seien, und läßt sie einen wählen. P 2 (cf. auch A) erzählt vom Ḍaḥḥāķ, der Menschenhirne benötigt, um Schlangen auf seinem Nacken zu füttern (A: um die vom Teufel verursachten Schmerzen zu lindern). Die Var.n D 1 und 4 sind Bearbeitungen von P 1; D 2, 3 und 5 übertragen AaTh 985 auf Alfons von Neapel (1416–1458) und bekunden damit, daß der Typus auch in Italien bekannt war. F versetzt AaTh 985 ins 19./20. Jh. (ein Generaloberst, drei Aufständische). M und T erwähnen nur die Tatsache der Verhaftung und sind ort- und zeitlos. Allein in Irland ist AaTh 985 volkstümlich geworden, es finden sich 58 Var.n (davon 13 veröffentlicht).

3. AaTh 985 (b) ist wohl kaum im Iran entstanden, da der Typ dort später nicht bekannt ist; P 2 (b) scheint jedenfalls nicht iranisch zu sein. Die Tatsache, daß (b) auch in der osset. *Rustamsage* vorkommt (Rustam beweint in einer Grube seinen von ihm selbst getöteten Sohn, um ihn wieder lebendig zu machen. Seine Frau läßt ihm sagen, er solle lieber seinen verunglückten Bruder retten, da er wohl einen Sohn, aber keinen Bruder mehr bekommen könne)[1], kann ebenfalls nicht als Beweis dafür angesehen werden, denn auch Sophokles (*Antigone*, V. 909–912) und das *Rāmāyaṇa* (6,24,7sq.) kennen dieses Motiv.

4. In P 1 ist (a) eine tendenziöse Anekdote, in der die rohe Lebensart der pers. Elite dargestellt wird. Weil der Schwager

nicht zur Familie des Intaphrenes gehört, wird er erst in (b) erwähnt[2]. Deshalb wird (a) umgebildet oder verkürzt; in der ind. Var. (In) steht sie der sonst (von Griechen) erzählten Urform am nächsten. P 2 benützt für (a) teilweise iran. Traditionen (Firdausī u. a.), doch ist es kaum möglich, daß vom Ḍaḥḥāk jemals etwas Gutes erzählt wurde oder daß er für die beiden Schlangen in seinem Nacken gerade drei Menschen zugleich benötigte. Obwohl die meisten Var.n literar. Herkunft sind (auch die älteren irischen und M), ist (a) nur in verkürzter Form logisch einwandfrei mit (b) verbunden.

5. Die Urform von AaTh 985 war vermutlich als Bericht eines hist. Ereignisses gestaltet; die plausible Entscheidung der Frau hatte die Befreiung aller drei Männer zur Folge. P 1 ist bereits geändert (vielleicht auch F); D 1 läßt der Frau nur die Wahl zwischen Bruder und Sohn, sie erhält aber beide.

Die Entscheidung für den Bruder ist bei einer Frau von etwa 30–40 Jahren sinnvoll, wird aber von einer patriarchalisch oder matriarchalisch bestimmten öffentlichen Meinung als einfältig oder herzlos bewertet, wobei die Mißachtung der Mutterliebe und nicht so sehr die Verpflichtung dem Gatten gegenüber im Vordergrund steht.

Solche 'sinnlosen' Geschichten sind häufig bekannt, werden aber selten erzählt. Es ist also anzunehmen, daß die Urform des Typs in einer Gegend entstanden ist, in der man eine derart vernunftmäßige Entscheidung noch würdigen konnte, vielleicht im östl. Assyrien[3].

6. Wie negativ die Entscheidung der Frau in der Öffentlichkeit aufgenommen worden ist, zeigt sich in vielen Fällen. In P 1 (cf. P 2) sollte der Frau ihr Bruder fremder sein als die Söhne und weniger lieb als der Gatte; die ind. Var. (In) hebt (unlogisch) den Gatten hervor. D 1 fragt den Leser, ob sie richtig gewählt habe, und D 4 insinuiert, ein vernünftiger Mann hätte ganz anders gewählt – ohne aber zu sagen wie. Nur F (cf. M) lobt die Frau, doch handelt sie hier auch politisch klug, denn ihr Bruder ist der Anführer der Aufständischen. Die Häufigkeit von AaTh 985 in Irland könnte durch eine ähnliche Umbiegung bedingt sein.

cf. auch → Bruder, Brüder, cap. 3.

[1] A. Kaitmazov. In: Sbornik materialov dlja opisanija mestnostej i plemen Kavkaza 7,2 (1889) 17–20. Obwohl diese Sage georg.-pers. Herkunft ist, kommt das Motiv in den Quellen und in fünf veröffentlichten mündlichen Var.n nicht vor. Hier ist es volkstümlich und nicht von Kaitmazov erfunden. – [2] Schuldig ist nur der übermütige Intaphrenes; doch der am hellichten Tage die Haremsfrauen beschlafende Dareios läßt auch seine Söhne und Hausgenossen (unter ihnen, wie sich erst später zeigt, auch den Schwager) verhaften, da er einen Aufstand befürchtet. – [3] Die Vorliebe des Bruders für die Schwester (und umgekehrt) äußert sich noch bes. deutlich in der Folklore der balkan. und kaukas. Völker, aber auch in der Folklore der ural. und türk. Völker Sibiriens.

A = Lidzbarski, M.: Geschichten und Lieder aus den neu-aram. Hss. der kgl. Bibl. zu B. (Beitr.e zur Volks- und Völkerkunde 4). Weimar 1896, 147sq., num. 5. –
D 1 = Kirchhof, Wendunmuth, t. 3, Teil 4, 19, num. 10. – Die folgenden Var.n im Archiv der EM (Archivnum. in Klammern): D 2 = Exilium melancholiae 1643 (249); nacherzählt in D 5. – D 3 = Eutrapeliae 1647 (2.273). – D 4 = Acerra philologica 1687 (4.287). – D 5 = Fabel-Hannß 1729 (10.757). –
F = Fansler, D. S.: Filipino Popular Tales (MAFLS 12). Hatboro, Pa 1965, 257–261, num. 31 (in den not. Hinweise auf P 1 und P 2 sowie In). –
In = Jātaka 1, 164–166, num. 67. – Lüders, E.: Buddhist. Märchen aus dem alten Indien. MdW 1921, num. 43. –
Ir = Ó Súilleabháin / Christiansen, num. 985. –
M = Tošev, K.: Makedonske narodne pripovijetke. Sarajevo 1954, 280. –
P 1 = Herodot 3, cap. 118sq. – P 2 = Liber arabicus Fākihat-al-hulafā'i [...] auctore Ahmede filio Mohammedis cognominato Ebn-Arabschah. ed. G. W. Freytag. Teil 1. Bonn 1832, 10sq.; cf. Tawney, C. H.: Indian Folklore Notes from the Pali Jātakas and the Kathā Sarit Sāgara. In: The J. of Philology 12 (1883) 112–126, bes. 121sq.; Hermes. Zs. für klassische Philologie 29 (1894) 155 (T. Nöldeke); Chauvin 2, 190, num. 148,2.
T = Sbornik materialov dlja opisanija mestnostej i plemen Kavkaza 20,1 (1894) 106sq. (A. Zacharov, aserbaidschan.). – Als aserbaidschan. Sprichwort angeführt von N. D. Kalašev in: ibid. 24,3 (1898) num. 35.

Tartu Uku Masing

Bruder: Der jüngste B. → Jüngster.

Bruder Rausch, Versgedicht, zuerst in einem ndd. Druck um 1488 (Magdeburg) aus der Offizin der Brüder vom gemeinsamen Leben überliefert (420 Verse); weitere ndd. Drucke: Braunschweig um 1519, Köln 1520; von 1508 bis 1590 folgte eine Reihe oberdt. Drucke[1].

Inhalt: Der Teufel findet in einem Kloster als Küchenjunge Aufnahme[2]. Hier begünstigt er das ausschweifende Leben der Mönche und führt ihnen u. a. Frauen zu. Vom Koch wegen Vernachlässigung der Küchenarbeit bestraft, wirft er diesen in einen Kessel siedenden Wassers. Er verwaltet dann selbst sieben Jahre lang zur vollen Zufriedenheit der Klosterinsassen die Stelle des Küchenmeisters. Nachdem er die Kutte genommen hat, stiftet er als B. R. von neuem Verwirrung im Kloster[3]. Schließlich wird er von einem Klosteruntertan, dem er eine Kuh entwendet hat, auf einer Teufelsversammlung[4] entdeckt, daraufhin vorübergehend in ein Pferd verwandelt und vom Abt aus dem Kloster entfernt. B.R. eilt sodann nach England und ergreift dort Besitz von der Königstochter. Erst dem herbeigerufenen Abt gelingt es, den Teufel auszutreiben. Nun muß er den Abt mitsamt dem Blei, das sich dieser als Belohnung für die Teufelsaustreibung erbeten hat, in sein Kloster zurückführen. Zuletzt wird B. R. in ein Schloß (einen Berg) verbannt.

Eine der zahlreichen Teufelssagen, die als Exempel und Predigtmärlein im Umlauf waren, diente offenbar als Grundlage der Dichtung. R. Priebsch hat als Grundfabel ein mitteldt. Exempel, überliefert in einem Prosatraktat aus einem nordwestdt. Zisterzienserkloster (*Heilige Regel für ein vollkommenes Leben*, 2. Hälfte des 13. Jh.s) bestimmt[5], für das vielleicht wiederum eine lat. Vorlage angenommen werden darf. Die Geschichte wurde dann um volkstümliche Sagenmotive erweitert – gleichzeitig trat für den älteren Namen Albrecht nun der sprechende Name Rusche (= Lärmer, Stürmer; wohl eine Bezeichnung für den ndd. Poltergeist Hüdeken oder Pück[6]) ein –, verblieb aber zunächst wohl noch in ihrer erbaulichen Tendenz, nach welcher der fromme Lebenswandel der Klostergemeinschaft durch den Verführer bedroht wurde. Für diese Entwicklungsstufe des B. R.-Stoffes steht eine dän. Volkssage[7]. Nach ihr ist – wie dann auch in den oberdt. Fassungen – die Geschichte im dän. Zisterzienserkloster Esrom lokalisiert.

Die auf der ndd. Sage basierende Reimdichtung des 15. Jh.s zeugt dagegen – der Zeitströmung entsprechend – von mönchsfeindlicher, anti-pfäffischer Einstellung. In der nun teilweise schwankhaften, burlesken Satire ist B. R. den entarteten Mönchen willkommener Helfer für ihr liederliches Leben. Mit der satirischen Umformung erfolgt die unorganische Erweiterung am Schluß mit den Abenteuern des vertriebenen Teufels in England – nach dem Vorbild der Legendendichtung des hl. Zeno (Teufelsroß, Teufelsaustreibung).

Die Geschichte von B. R. war eines der gelesensten Volksbücher der Zeit, wie die zahlreichen Drucke des 16. Jh.s und eine Stelle aus Bruno Seidels *Paroemiae eticae* (Ffm. 1589, p. B 3r) bezeugen. Aus dem Jahr 1555 stammt eine dän. Fassung, die auf einem ndd. Druck basiert und von der dortigen Volkssage beeinflußt sein dürfte[8]. Aus dem Dänischen erfolgte die Übersetzung ins Schwedische (Drucke von 1645 und 1655). Verbreitung fand die B. R.-Dichtung sodann in den Niederlanden, wo zwei Drucke des 16. Jh.s (Prosa mit Verseinlagen) erhalten blieben[9]. Erweitert wurde die Geschichte hier durch eine Reihe schwankhafter Episoden, darunter zwei Eulenspiegelstreiche: Beschmieren des Wagens (*Ulenspiegel*, Historie 64), Entfernung der Stufen, um die zur Mette gehenden Mönche zu zählen (*Ulenspiegel*, Historie 89)[10]. Von 1568/69 datiert eine aus dem Niederländischen übertragene engl. Prosafassung mit weiteren schwankhaften Zusätzen (*Frier Rush*)[11]. 1601 folgt eine Dramatisierung und wieder 1612 eine freie Dramenbearbeitung *If this be not a good Play, the Divell is in it* von Thomas Dekker, sodann 1616 *The Devil is an Ass* durch Ben Jonson.

Mit der allg. Entdeckung der ma. Dichtung im 19. Jh. erst wurde B. R. in Deutschland literarisch neubelebt: 1882 humorvoll-spielerisch durch den Literaturhistoriker W. Hertz[12], 1883 mit einer

Steigerung des tölpisch-koboldhaften Charakters der Vorlage durch einen Teufelspakt ins Faustisch-Mephistophelische von dem Österreicher S. Lipiner[13].

[1] Straßburg 1508, Augsburg 1512, Straßburg 1515, Nürnberg 1555 und 1590; cf. Heitz, P./Ritter, F.: Versuch einer Zusammenstellung der dt. Volksbücher. Straßburg 1924, 144–146; Ausg.n: ndd. Texte: Schade, O.: B. R. In: Weimarisches Jb. für dt. Sprache, Litteratur und Kunst 5 (1856) 385—399; Bobertag, F.: Narrenbuch. B./Stg. 1884, 368—381; Anz, H.: Broder Rusche. In: Jb. des Vereins für ndd. Sprachforschung 24 (1898) 76–112; Priebsch, R.: B. R. Zwickau 1919. Oberdt. Texte: Wolf, F./Endlicher, S.: Von Bruoder Rauschen [. . .]. Wien 1835, Nachdr. bei Scheible, J.: Das Kloster 11, 2. Stg. 1849, 1070—1118 (St); Schade (v. oben) 400–414. – [2] Zum Motiv vom Teufel als Helfer in der Küche cf. Alsheimer, R.: Katalog protestant. Teufelserzählungen des 16. Jh.s. In: Brückner, 417–519, num. 28, 123, 341, 548. – [3] Zum Motiv vom Teufel als Mönch cf. Anz (wie not. 1) 78–80; Brückner, 162, 425 sq.; Mot. F 470.0.1. – [4] Die Teufelsversammlung findet sich schon in der Grundfabel, wird in der Rauschdichtung jedoch stark erweitert, wohl unter dem Einfluß eines verbreiteten, zuerst aus den Vitae patrum bekannten Exempels; cf. auch Köpke, F. K. (ed.): Das Passional [. . .]. Quedlinburg/Lpz. 1852, 284–287. – [5] British Library, Hs. Additional 9048, fol. 30, abgedruckt bei Priebsch 1908 (v. Lit.) 425 sq. und Priebsch (wie not. 1) 6 sq. – [6] Anz (wie not. 1) 81–87 verzeichnet die ndd. Sagenüberlieferung um Pück und Hüdeken, die die verschiedenen neuen Motive enthält und ihrerseits bereits einen Übergang des Poltergeistes als Handlungsträger in die Teufelsgestalt erkennen läßt. – [7] Tiele, J. M.: Danske Folkesagn 2. Kop. ²1843, 74 (abgedruckt bei Scheible [wie not. 1] 1078–1080) und Priebsch (wie not. 1) 10 sq. – [8] Noch 1730 in Kop. aufgelegt; cf. Priebsch (wie not. 1) 59–62; Scheible (wie not. 1) 1089, not. 1; Schade (wie not. 1) 361; Nachdr.: Brunn, C. (ed.): Broder Russes Historie 1555. Kop. 1868; cf. Jacobsen, J. P./Olrik, J./Paulli, R. (edd.): Danske folkebøger fra 16. og 17. aarhundrede 13. Kop. 1936, 182. – [9] Antw. ca 1520 und 1596; Ausg.: Debaene, L.: De Historie van Broeder Russche. Antw. 1950, 1–31. – [10] Als mögliche Qu. für diese beiden Episoden wurde auch das kleine, wohl aus dem 15. Jh. stammende Gedicht „Der reiche Bauer als Pfründner" benannt; cf. Werbow, S. N.: 'The Wealthy Peasant and his Benefice' [. . .]. In: Festschr. L. Wolff. ed. W. Schröder. Neumünster 1962, 321–329; Schade (wie not. 1) 372–377. –
[11] Ein Repr. dieser Ausg. erfolgte bereits 1810, weitere Drucke 1626, 1629, 1659; cf. Ward, A. W./Waller, A. R. (edd.): The Cambridge History of English Literature 3. Cambridge 1909, 488; Priebsch (wie not. 1) 65–72; Scheible (wie not. 1) 1089 sq., not. 2; Schade (wie not. 1) 363–372. –
[12] Neuausg.: Hay, G. (ed.): B. R. Ein Klostermärchen. Marbach/Stg. 1967. – [13] Fragmentarisch veröffentlicht in: Franzos, K. E. (ed.): Dt. Dichterbuch aus Österreich. Lpz. 1883, 309–318.

Lit.: Anz, H.: Die Dichtung vom B. R. In: Euphorion 4 (1897) 756–772. – Priebsch, R.: Die Grundfabel und Entwicklungsgeschichte der Dichtung vom B. R. In: Prager Dt. Studien 8 (1908) 423–434. – Wolff, L.: B. R. In: Verflex. 1 (1933) 292–294. – Debaene, L.: De Nederlandse Volksboeken [. . .]. Antw. 1951, 155–160. – Harmening, D.: B. R. In: Verflex. 1 (²1978) 1043–1045.

Würzburg Erich Wimmer

Brüder: Die behenden B. (AaTh 654) ist der Werktitel eines jener Märchen, die von der Geschicklichkeit ihrer Protagonisten handeln (cf. *Die vier kunstreichen* → *Brüder*, → Geschicklichkeitsproben). Die ihm eigenen Aufschneidereien verdanken ihre Entstehung wohl weniger Gruppenspott als vielmehr spezifisch-hyperbolisiertem Berufsstolz. Der Tenor der älteren wie der neueren Fassungen weist jedenfalls auf diese Grundhaltung (cf. z. B. frz.[1]: „Alors le père pleura de joie de voir ses trois fils si adroits"), wenn auch die Didaktik etwa des Predigtexempels sie natürlich als unnütze Lügenmärlein abtut. Die Erzählung ist daher wahrscheinlich im hohen oder späten MA. in Handwerkerkreisen entstanden.

Drei B. werden vom Vater in die Fremde geschickt, um etwas zu lernen. Wer das beste Können erwirbt, soll das Haus erben. Der erste wird Hufschmied, der zweite Barbier, der dritte Fechtmeister. Als sie Proben ihrer Kunst ablegen sollen, beschlägt der Hufschmied ein Pferd im Galopp, der Barbier rasiert einen Hasen in vollem Lauf, der Fechtmeister hält sich auch bei stärkstem Regen durch Schwingen seines Degens trocken. Der Vater entscheidet sich entweder für einen der Söhne oder läßt die Wahl offen und vererbt allen dreien sein Eigentum.

Die älteste Fassung dieser Form findet sich im 16. Jh. in Philippe d'Alcripes (→ Philippe le Picard) *Nouvelle fabrique des excellens traits de vérité* (1579)[2]. Aus ihr übersetzt sie Peter Lauremberg in seiner *Verneuwerten und vermehrten Acerra philologica* (1650). Ihm folgen nach J. Bolte und C. Müller-Fraureuth[3] im 17. und 18. Jh. fast gleichlautend ein halbes Dutzend Fassungen in dt. Schwank- und Anekdotensammlungen[4]. A. Wesselski weist noch darauf hin[5], daß die Version der *Nouvelle fabrique* im *Thrésor des récréations* (Rouen 1611) wiederkehrt und von Heinrich Engelgrave in seiner *Lux evangelica sub velum sacrorum emblematum* 1 (Antw. 1654) lateinisch bearbeitet worden ist.

Das Märchen ist heute in Nordeuropa, in den Ostseeländern und in Mittel- und Westeuropa bekannt. Die türk. Fassung bei Eberhard/Boratav (Anlage A) geht auf europ.-literar. Einfluß zurück. Die Versionen bei Andreev, Tille und Hansen, von S. Thompson unter AaTh 654 subsumiert, gehören zu AaTh 654B*, 653A und 653. Die brasilian. Variante bei A. de Almeida[6] ist aus dem iber. Erzählbereich eingeführt.

Bolte hat eine Reihe von Beispielen ähnlicher Übertreibungen aus der Lit. des 16. bis 18. Jh.s zusammengestellt[7]. Sie zeugen von der Freude des homo narrans auch jener Zeiten an solchen Lügenmärlein. In der *Neu eröffneten Schaubühne menschlicher Gewohn- und Thorheiten* (um 1670) wird z. B. von einem vierjährigen Kind erzählt, daß es einen schweren Säbel so meisterlich schwingen konnte, „daß ihm in vollem Regen kein einziger Tropfen aufs Haupt gefallen". Ferner wird ebenda von einem Goldschmied berichtet, „welcher einer Mucken unter jeden Fuß ein güldenes Hufeisen mit 24 Nägeln angeheftet". Der Gargantua in Johann → Fischarts *Geschichtklitterung* (1582) kann ein Pferd in vollem Lauf gürten. In einem Schauspiel des Herzogs Heinrich Julius von Braunschweig (1564–1613) vermag ein Schmied einem Pferd „in voller Currir" ein Eisen aufzuschlagen. Im Volksbuch vom *Urban Fettsack* schließlich beschlägt ein Schmied sogar ein ganzes galoppierendes Regiment. Diesen Fixigkeitsproben läßt sich das schon im *Satyricon* (ca 45 p. Chr. n.) des Petronius erwähnte Motiv von der Weihe, der im Flug die Krallen beschnitten werden, an die Seite stellen.

100 Jahre vor d'Alcripe bringt ein Landsmann, der Dominikanermönch → Johannes Gobii Junior, in seiner *Scala celi* (gedr. Ulm 1480) eine ähnliche Geschichte[8]:

> Eine Mutter hinterläßt ein merkwürdiges Testament, in dem sie ihren drei Söhnen verschiedene Teile ihres Birnbaums vermacht. Der Richter will dem das Erbe zusprechen, der sich der größten Behendigkeit rühmen kann. Der erste vermag einem Hasen in vollem Lauf das Fell abzuziehen, der zweite einem rennenden Pferd die Hufeisen abzunehmen, der dritte bei starkem Wind in einem offenen Kissen die Federn zurückzuhalten. Ihm wird der Birnbaum zugesprochen.

Diese Version kombiniert also die alte Erzählung vom *Baumerbe* (*Gesta Romanorum*, cap. 196)[9] mit Zügen, die zu dem genannten Typus gehören. Diskrepant ist vor allem die letztgenannte Geschicklichkeit (cf. Mot. F 673), die jedoch häufiger bezeugt ist. Bolte weist auf das Sprichwortbild von Pieter Brueghel[10], das einen Mann auf einem Turm darstellt, der einen Korb voll Federn in den Wind schüttet. Darunter steht: „Hy telt de pluimen tegen den Wind". Noch näher stehen ir. Märchen, in denen die Helden Fionn oder Lorcán Helfer haben, die einen Sack voll Federn auf der Spitze des höchsten Berges am windigsten aller Tage zusammenhalten können[11]. In isl. Erzählungen helfen dagegen Tiere dem Helden, die im Freien gelüfteten Federn der Unholdinnen wieder zusammenzubringen[12].

Trotz aller Beliebtheit dieses Motivs ist es nicht in die Hauptredaktion von AaTh 654 eingedrungen, wie überhaupt die Fassung des Gobii keine direkte Nachwirkung gefunden hat.

[1] Delarue/Tenèze 2, 563. – [2] ed. P. Jannet. P. 1853, 17–19. – [3] BP 3, 10–12; Müller-Fraureuth, C.: Die dt. Lügendichtungen bis auf Münchhausen. Halle 1881 (Nachdr. Hildesheim 1965) 133. – [4] Dazu noch Texte im EM-Archiv: Talmuth 1696 (8.094); Lyrum larum lyrissimum 1700 (15.725); Conlin 1708 (10.231) und zwei Predigtmärlein bei Andreas Strobl (1641–1706) und Placidus Taller (1655–1721), v. Moser-Rath, num. 106, 187 (p. 467 Hinweise auf weitere Fassungen bei Athanasius von Dillingen und Abraham a Santa Clara). – [5] Wesselski, MMA, 213. – [6] cf. Fabula 15 (1974) 30. – [7] BP 3, 11. –

[8] BP 3, 11sq.; Wesselski, MMA, 61; Germania 30 (1885) 204sq. – [9] cf. dazu Zachariae, T.: Kl. Schr. Bonn/Lpz. 1930, 305–322; Goebel, F. M.: Jüd. Motive im märchenhaften Erzählungsgut. Diss. Gleiwitz 1932, 164–167. – [10] ZfVk. 25 (1915) 302. – [11] Müller-Lisowski, K.: Ir. Volksmärchen. MdW 1923, 47, 64. – [12] Rittershaus, A.: Die neuisl. Volksmärchen. Halle 1902, 164, 285.

Var.nnachtrag zu BP 3, 10–12, Wesselski, MMA, 213, AaTh 654 und den oben angeführten Fassungen: Åberg, G. A.: Nyländska folksagor. Hels. 1887, num. 270. – Hackman, O.: Svenska folkdigtning 1. Hels. 1917, 393. – Eesti muinasjutud. Tallinn 1967, num. 96. – Arājs, K./Medne, A.: Latviešu pasaku tipu rādītājs. Riga 1977, 106 (25 Var.n). – Ó Súilleabháin/Christiansen, 136 (48 Var.n). – Polain, E.: Il était une fois ... P. 1942, 185sq. – Delarue/Tenèze 2, 562sq. (4 Var.n). – Alcover, A. M.: Aplec de rondaies mallorquines 14. Palma de Mallorca s. a., 94–96. – Bertran i Bros, P.: El rondallari català. Barcelona 1909, 49–64. – de Meyer, 81 (8 Var.n). – Ranke 2, 387 (9 Var.n); dazu Peuckert, W.-E.: Schlesiens dt. Märchen. Breslau 1932, 533–538 (+ AaTh 1525 A). – Neumann, S.: Mecklenburg. Volksmärchen. B. 1971, num. 219. – Dobos, I.: Egy somogyi parasztcsalád meséi. Bud. 1962, 274–282 (+ AaTh 1525 A).

Göttingen Kurt Ranke

Brüder: Die drei glücklichen B. (AaTh 1650), ein kontaminationsreicher Schwank aus dem Bereich der *Lucky Accidents* (AaTh 1640–1674), in dem drei Söhne trotz der armseligen Hinterlassenschaft ihres Vaters zu großem Ansehen gelangen: Beim Tod ihres Vaters, eines armen Landarbeiters, erhalten die Söhne als Erbe einen Hahn, eine Katze und einen anderen Gegenstand von anscheinend geringem Wert wie Sense, Rechen, Dreschflegel, Worfel, Holzhammer, Mühlstein, Beil etc. Die Geschichte wird auf zwei Arten fortgeführt.

(1) In Westeuropa ist hauptsächlich die Form des ‚unbekannten Hilfsmittels' verbreitet. Jeder Bruder bringt das ererbte Tier oder Ding in ein fremdes Land, wo es unbekannt ist; dort verkauft er es für ein Vermögen (Mot. N 411). Den Hahn kauft ein König, der glaubt, daß dieser den Tag hervorlocke; die Sense z. B. erzielt einen hohen Preis bei Dummköpfen, die ihr Korn mit Ahlen schneiden (cf. AaTh 1202, 1203, 1203A: *Die gefährliche → Sichel*); die Katze wird in einem von Ratten geplagten Land gegen Reichtümer eingetauscht (AaTh 1281, 1651: → *Katze als unbekanntes Tier*). In einigen Versionen fliehen die Einwohner, als sie erfahren, daß die Katze nicht nur Ratten, sondern ‚alles' frißt (AaTh 1281: *Getting Rid of Unknown Animal*). Die Form 1 erhält ihre Einheit durch den parallelen Aufbau ihrer Episoden, die sich nur in der Art des Tauschgegenstandes unterscheiden, und durch die Art des Humors vom Typ der Schildbürgerschwänke.

(2) In der in Osteuropa und Skandinavien bekannten Form der gewaltsamen Erpressung bedienen sich einer oder mehrere der Brüder ihres Erbstücks, um Reichtum mit anderen Mitteln als durch den Verkauf des Gegenstandes zu erlangen. So kann etwa der Älteste einen Mühlstein erben; er läßt ihn auf Räuber fallen, die gerade dabei sind, ihren Schatz zu zählen; die Räuber fliehen und lassen ihren Reichtum zurück (AaTh 1653: → *Räuber unter dem Baum*). Oder der Jüngste erhält als Erbteil eine Rolle mit Seil, die er zu einem Fluß- oder Seeufer schafft, um dort Sandalen zu flechten. Ein Teufel taucht aus dem Wasser auf und fragt, was er da mache. Als der Junge sagt, daß eine Schlinge für den Teufelsfang entstehe, bietet der Teufel Gold als Tribut an und wird manchmal sogar bezüglich der Goldmenge übers Ohr gehauen (AaTh 1045: *Das große → Seil*; AaTh 1130: → *Grabhügel*). Schließlich kann der Jüngste auch eine Geige erben, die imstande ist, Wölfe tanzen zu lassen. Mit ihrer Hilfe beschafft er sich Geld, indem er droht, Wölfe freizulassen, die er verzaubert hat (AaTh 1652: *The Wolves in the Stable*).

Form 2 ist uneinheitlicher als Form 1, ihr Aufbau weniger ausgewogen, und die Logik, die den fallenden Mühlstein, den zum Narren gehaltenen Teufel und die verzauberten Wölfe mit der Erbschaft in Verbindung bringt, nicht ganz überzeugend. Alle Anzeichen deuten auf Kontamination.

Die Erzählung erscheint zuerst als 10. Novelle in *Le grand parangon* [...] des

Nicolas de Troyes (ca 1535; Nicolas' Wiedergabe entspricht Form 1). Die Erzählung ist hauptsächlich in Europa verbreitet und wohl europ., höchstwahrscheinlich frz. Ursprungs. K. Kasprzyks Analyse von 44 Varianten aus 14 Kulturgruppen (katalan., ital., frz., ir., fläm., dt., südslav., tschech., poln., ukr., weißruss., lit., russ., skand.) deutet darauf hin, daß die Katzenepisode (AaTh 1651) das stabilste und ursprünglichste Motiv der Erzählung ist. Eine Parallele dazu findet sich bereits im Ende des 13. Jh.s verfaßten pers. Geschichtswerk des Waṣṣāf (1264 – nach 1328). Obwohl Kasprzyk nicht so weit geht, den Schluß zu ziehen, daß diese Version (oder ihr ähnliches oriental. Material) die Grundlage für AaTh 1650 in seiner Form 1 bildet, wird diese Hypothese dadurch wahrscheinlicher, daß in der pers. Erzählung drei Brüder (und nicht ein einzelner Abenteurer), nachdem sie den größten Teil ihres Erbes verschleudert haben, die Katze in einem von Ratten heimgesuchten Land verkaufen und dadurch wieder Reichtum gewinnen. Normalerweise stellen europ. Beispiele ja nur einen einzigen Nutznießer vor wie in dem engl. Schauspiel (auch als Ballade bekannt) *The History of Richard Whittington* (1605). Das Element der drei Brüder (wie in der pers. Version von AaTh 1651) steht AaTh 1650 in der Familienähnlichkeit um einen Schritt näher, wenn von der Annahme ausgegangen wird, daß sich der letztere Typ aus dem ersteren entwickelt hat.

Kataloge (mit Lit.) v. AaTh 1650: The Three Lucky Brothers. Dazu: Krzyżanowski. – Ó Súilleabháin/Christiansen. – Jason. – de Meyer, Conte. – Rausmaa, P.-L. (ed.): A Catalogue of Anecdotes. Turku 1973 (155 Var.n). – Cirese, A. M./Serafini, L. (edd.): Tradizioni orali non cantate. Roma 1975.

Var.n: Hackman, O.: Finlands svenska folkdigtning 1. Hels. 1917, num. 89; t. 2 (1920) num. 202, 286. – Bødker, L./Hole, C./D'Aronco, G. (edd.): European Folktales. Kop. 1963, 26–28. – Mont, P. de/Cock, A. de: Vlaamsche volksvertelsels. Zutphen [2]1925, num. 27. – Polain, E.: Il était une fois . . . P. 1942, num. 31. – Perbosc, A.: Contes de Gascogne. P. 1954, num. 41. – Cadic, F.: Contes de Basse-Bretagne. P. 1955, 195. – Soupault, R.: Bret. Märchen. MdW 1959, num. 9. – Thibault, C.: Contes de Champagne. P. 1960, num. 3. – Soupault, R.: Frz. Märchen. MdW 1963, 90–96. – Massignon, G.: Contes traditionnels [. . .]. P. 1960, num. 31. – Joisten, C.: Contes populaires du Dauphiné 2. Grenoble 1971, num. 125, 126. – Meier, H./Woll, D.: Port. Märchen. MdW 1975, num. 26. – Hörstel, W.: Aus dem sonnigen Süden. Nürnberg 1904, 192–199. – Lombardi Satriani, R.: Racconti popolari calabresi 2. Napoli 1956, num. 61. – Megas, G. A.: Hellēnika paramythia 2. Athen 1963, num. 43. – id.: Griech. Volksmärchen. MdW 1965, num. 69. – Plenzat, K.: Der Wundergarten. B./Lpz. 1922, 138–145. – Peuckert, W.-E.: Schlesiens dt. Märchen. Breslau 1932, num. 273. – Mazon, A.: Documents, contes et chansons slaves de l'Albanie du Sud. P. 1936, num. 60. – Polívka, J.: Súpis slovenských rozprávok 5. Turčiansky sv. Martin 1931, num. 137 O. 2. – Kapełuś, H./Krzyżanowski, J.: Sto baśni ludowych. W. 1957, num. 90. – Paasonen, H./Ravila, P.: Mordwin. Volksdichtung 3. Hels. 1941, 324–331. – Sidel'nikov, V. M.: Kazachskie narodnye skazki. M. 1952, 70–73. – Paasonen, H.: Mischärtatar. Volksdichtung. Hels. 1953, num. 1. – Šmits, P.: Latviešu tautas teikas un pasakas 12. ed. H. Biezais. Waverly, Iowa [2]1968, num. 44. – Lebedev, K.: Afganskie skazki. M. 1955, 135. – Fansler, D. S.: Filipino Popular Tales. Lancaster, Pa/N. Y. 1921, num. 52. – Zŏng In-Sŏb: Folk-Tales from Korea. N. Y./L. 1952, num. 65. – Mason, J. A.: Porto Rican Folk-Tales. ed. A. M. Espinosa. In: JAFL 40 (1927) num. 35. – Pino Saavedra 3, num. 194 = id.: Chilen. Volksmärchen. MdW 1964, num. 34.

Aledo James T. Bratcher

Brüder: Die scharfsinnigen B. (AaTh 655, 655 A). Die Geschichte dieser Erzählung ist ebenso kompliziert wie interessant. Zahlreiche Gelehrte, vor allem Komparatisten, darunter R. Basset, I. Lévi, S. Prato, S. Fraenkel, J. Bolte, V. Chauvin, A. Wesselski, N. M. Penzer, R. M. Dawkins, G. Megas, H. Schwarzbaum, S. al Azharia Jahn u. a.[1] haben ihr mehr oder minder umfangreiche Untersuchungen und Kommentare gewidmet. S. Thompson hat den Komplex in zwei Einzeltypen zerlegt: AaTh 655: *The Wise Brothers* und AaTh 655 A: *The Strayed Camel and the Clever Deductions.* Da ein Großteil der Texte jedoch beide Versionen kombiniert, müssen sie zusammen behandelt werden[2].

1. Einer der ältesten und am weitesten verbreiteten Subtypen setzt mit einer diffizilen Erbschaftsangelegenheit ein, wes-

halb man ihn als Testamentredaktion bezeichnen kann. Er kombiniert AaTh 655 und 655A und fügt als Schlußepisode oft AaTh 976: *Die vornehmste* → *Handlung* oder AaTh 920C: → *Schuß auf den toten König* hinzu. Die von H. Schwarzbaum eruierte Normalform[3] lautet in komprimierter und ergänzter Fassung:

(1) Die Erbschaftsangelegenheit: (a) Ein Vater hinterläßt ein rätselhaftes Testament; (b) einer der drei Söhne entwendet die Edelsteine oder Goldstücke, die ihnen gemeinsam vermacht worden sind; (c) sie beschließen, einen weisen Mann zu ersuchen, den Streitfall zu klären.

(2) Die Reise: Auf dem Weg zum Schiedsrichter sehen sie die Spuren eines Tieres und folgern: (a) Es war ein Kamel (oder ein anderes Reit- oder Lasttier); (b) es war einäugig (weil das Gras nur an einer Seite des Weges abgefressen war); (c) es war lahm (aus den Spuren erkennbar); (d) es trug Öl, Honig etc. (Tropfen auf dem Weg); (e) es hatte keinen Schwanz (weil es den Dung auf einen Haufen machte, statt ihn, wie gewöhnlich, mit dem wedelnden Schwanz zu verteilen, oder ähnlich); (f) andere kluge Beobachtungen; (g) sie treffen den Besitzer des verlorengegangenen Tieres, der sie auf Grund ihrer Äußerungen (v. 2) für die Diebe hält und mit ihnen zum Richter geht.

(3) Die Brüder im Hause des Richters: (a) Sie erklären ihre Beobachtungen und werden von der Anklage des Diebstahls freigesprochen. (b) Sie werden zum Mahl geladen und bedeuten einer nach dem andern:
(a) Das Fleisch stamme von einem Hund; (b) der Wein schmecke nach Leichen; (c) der Gastgeber sei ein → Bastard; (d) alle Angaben bewahrheiten sich bei den Nachforschungen des Richters: Das Tier wurde von einer Hündin gesäugt, die Rebstöcke wuchsen an oder auf einem Friedhof, die Mutter des Richters gesteht den Ehebruch ein.

(4) Die Schlichtung des Erbschaftsstreites: (a) Der Schiedsrichter erzählt die Geschichte von der vornehmsten Handlung (AaTh 976) und erklärt auf Grund der Reaktion den Jüngsten als Dieb (AaTh 976A: *The Thief Exposed by a Story*). (b) Er läßt die Brüder auf den Leichnam des Vaters schießen (AaTh 920C) und erkennt am Verhalten den echten Sohn und Erben. (c) Er wendet die Vaterschaftsprobe an (Mot. H 486. 1: *Test of paternity: adhesion of blood*)[4]. (d) Andere salomonische Entscheidungen.

2. Frühe Fassungen der Kombination AaTh 655 + 655A begegnen bereits in der altarab. und altjüd. Lit. Im 9. Jh. p. Chr. n. bringt sie der Historiker Abu Dscha'far Tabarī in seiner Weltchronik *Ta'rīch ar-rusul wa'l-mulūk*, im 10. Jh. Mas'ūdī in seinem *Kitāb Murūj adh-dhabad* (Goldene Wiesen), im 12. Jh. Maidānī in seiner Sprichwörtersammlung *Magna' al-amtāl* und Ibn el-Jauzī in seinem *Kitāb al-adhkijā* (Buch der Schlauen). Dessen Fassung wird im 14. Jh. von → Damīrī in sein *Kitāb Hajāt al-hajawān* (Leben der Tiere) übernommen. Auf diese und weitere Belege, vor allem in der arab. Adab-Lit. (i. e. Lit. der feinen Bildung), weisen R. Basset, I. Lévi, J. Bolte und M. Weisweiler[5]. In allen Varianten handelt es sich um ein unklares Testament des Nizār, des Stammvaters der meisten arab. Stämme und des Ahnherrn Mohammeds[6], für seine drei Söhne. Die Kamelepisode hat die Motive 2b, e, das Tier ist zudem unruhig; die Mahlzeitepisode weist die Motive 3ba, bb, bc auf. Bei Mas'ūdī folgt nach 3bb statt der Bastardinvektive die Aussage über Honig, der im Schädel eines großen Tieres gelegen haben soll.

Unter dem Titel *Histoire du sultan du Yémen et de ses trois fils* begegnet die Erzählung auch in → *1001 Nacht*[7]:

Die drei Söhne sind mit dem Testament des Vaters nicht zufrieden und ersuchen einen benachbarten Sultan um Entscheidung. Die Kamelepisode besteht aus den Motiven 2d, b, e, in der Mahlzeitepisode ist das Brot von einer menstruierenden Frau gebacken, es folgt 3ba, bc. Der Sultan erklärt, die Brüder seien klug genug, ihren Streitfall selbst zu lösen.

Eine alte jüd. Version findet sich im Münchener Cod. Hebr. 95 des *Talmuds*[8]. Während alle anderen *Talmud*-Hss. nur AaTh 655A aufweisen, sind hier beide Erzählungen kombiniert[9]:

Zwei Israeliten sind im Karmelgebirge gefangen genommen worden. Auf dem Weg zum Haus ihres neuen Herren beobachten sie die Spuren eines Kamels: 2b, d, die beiden Führer des Tieres seien ein Jude und ein Heide (letzterer wird daran erkannt, daß er seine Notdurft mitten auf dem Weg verrichtet hat). Der Mann, der sie gefangen hat, lädt sie wegen ihrer Klugheit in sein Haus. Es folgt 3ba–bc (der Gastgeber ist, weil er vor ihnen tanzt, der Sohn eines Tänzers, was sich bewahrheitet). Die Gefangenen werden freigelassen.

Im Midrasch *Ekha Rabba* sind beide Erzählungen getrennt. Der erste Teil[10] ist mit der *Talmud*-Version fast identisch, der zweite[11] handelt von vier Jerusalemiten, die in Athen von einem Bürger gastlich aufgenommen werden. Motive: 3b, der erste kann in seinem Bett nicht schlafen (v. dazu unten), ba—bc[12]. Der Midrasch *Jalkut* und der Midrasch *Ekha Sutta* haben beide Erzählungen wieder vereint. Die gemeinsame Fassung entspricht im wesentlichen der des *Talmuds*[13]. Die beiden Teile des Midrasch *Ekha Rabba* werden Anfang des 17. Jh.s getrennt in das jidd. *Ma'asebuch* übernommen[14]. Statt der Spuren eines Kamels werden die eines Pferdes beobachtet.

In Europa taucht die Kombination erstmals im 16. Jh. in dem *Peregrinaggio di tre giovani figliuoli del re de Serendippo* (Venezia 1577) des dubiosen → Christoforo Armeno auf[15]:

Der König trägt sein Reich nacheinander seinen drei Söhnen an. Da sie sich weigern, schickt er sie auf Reisen. Das Kamel, dessen Spuren sie auf ihrem Weg beobachten, ist einäugig, ihm fehlt ein Zahn, es lahmt, es ist auf der einen Seite mit Butter, auf der anderen mit Honig beladen und trägt eine schwangere Frau. Das Lamm ist mit Hundemilch genährt, der Wein auf einem Grab gewachsen. Statt 3bc (Bastard) wird vor dem Minister gewarnt, der die Hinrichtung seines Sohnes am König rächen will.

Zu weiteren älteren Zeugnissen, etwa in Ghaffaris *Nigāristān* ([Gemäldesaal] 1552; pers.), im *Persianischen Robinson* (1723), im → *Cabinet des fées* etc. cf. die reichen Ausführungen bei J. Bolte[16]. Die modernen Fassungen der Kombination weisen auf mittel- und nahöstl. sowie nordafrik. Verbreitung[17]: Indien[18], Turkmenistan[19], Persien[20], Armenien[21], Irak[22], arab. Palästina[23], Südarabien[24], Äthiopien[25] und bei den Berbern[26]. In einer Gruppe der hier einzuordnenden Erzählungen urteilt der als Bastard deklarierte Richter, nur ein Bastard könne einen anderen als solchen erkennen, und entlarvt damit den unter den Brüdern, der ihm den Vorwurf gemacht hat, als unehelich und nicht erbberechtigt[27]. In einer Fassung aus dem Irak entscheidet der Richter, das Erbe solle derjenige der Brüder bekommen, der die Schwester heiratet (→ Inzest). Der Einwilligende wird als Bankert erkannt und darf nicht erben[28].

Sicher unter arab. oder jüd. Einfluß hat sich eine span. Redaktion herausgebildet, die AaTh 655A und 655 mit AaTh 920C verbindet, da nach F. M. Goebel auch der letztzitierte Typ jüd. oder arab. Herkunft ist[29]:

Der Vater hinterläßt kein oder ein rätselhaftes Testament. Der König soll das Erbe teilen. Die Mauleselin ist einäugig, von bes. Farbe und hinkt. Das Ferkel ist mit Hundemilch genährt, der Wein auf einem Grab gewachsen, der König ist der Sohn eines Mauren. Die Söhne sollen auf das Bild des toten Vaters schießen. Der jüngste weigert sich, ihm fällt als dem wahren Sohn das Erbe zu[30].

In einer argentin. Kolonialfassung sollen die Brüder den Schädel des Vaters mit einem Schlag spalten, um den Dolch, der „meinem Sohn" vermacht ist, zu erhalten[31]. Bemerkenswert ist, daß die Verbindung dieser drei Erzähltypen auch den Juden im Irak bekannt ist[32].

Die Formel von der doppelten Bastardschaft (einer der Söhne und der Richter sind nicht vom pater familias gezeugt) hat sich zuweilen mit der ebenfalls aus dem Orient stammenden Erzählung *Die vornehmste Handlung* (AaTh 976) verbunden, so in der Türkei, im Libanon und bei den Zâzâ[33]. Am häufigsten begegnen AaTh 655+655A+976 jedoch mit dem Eingang 1b, in der sog. Diebstahlredaktion, die ebenfalls im Mittleren und Nahen Osten beheimatet ist, jedoch westl. bis nach Griechenland und Italien vorgedrungen ist. In Italien findet sich auch die älteste Fassung in einer Novelle des Giovanni → Sercambi (1347—1424)[34]:

Ein Vater hinterläßt jedem seiner drei Söhne viel Geld und allen gemeinsam drei Kleinode. Die Söhne verprassen den Reichtum, der Jüngste stiehlt eines der Schmuckstücke, leugnet es aber. Auf dem Wege zum Cali Signore del Mangi (Chalif von China ?)[35] beobachten sie die Spuren eines Kamels: Motive 2b, d, e; im Hause des Herrschers folgen 3ba–bc. Der Richter (oder seine Tochter) erzählt die Geschichte AaTh 976: Wer hat am nobelsten gehandelt, der Bräutigam, welcher der Braut erlaubt, in der Hochzeitsnacht zu ihrem ehemaligen Geliebten zu gehen, um ein Versprechen einzulösen, der Räuber, der sie, ohne ihr Gewalt anzutun, hinbringt, der Liebhaber, der sie unberührt zurückschickt? Der jüngste Bruder hätte sie vergewaltigt, er ist daher der Dieb (cf. AaTh 976A).

Die Kombination findet sich noch in Indien[36], bei vielen asiat. Turkvölkern[37], im Kaukasus bei den Georgiern[38] und Osseten[39], in der Türkei[40] und in Griechenland[41].

3. Daß AaTh 655 und 655A schon früh als selbständige Erzählungen vorkommen, bezeugt der oben erwähnte Midrasch *Ekha Rabba* aus dem 7. Jh.[42] Merkwürdig ist, daß AaTh 655 in Europa bereits im 12. Jh. in der → Hamletsage des → Saxo Grammaticus begegnet:

Hamlet will von den ihm vorgesetzten Speisen nichts genießen, weil Blut im Brot sei, der Met nach Eisen schmecke und der Speck nach Leichen rieche. Der König habe Knechtsaugen, und die Königin benehme sich wie eine Magd. Die Lösung: Das Getreide zum Brotmehl ist auf einem Schlachtfeld gewachsen, der Honig zum Met wurde in einem verrosteten Panzer gefunden, die Schweine haben vom Leichnam eines Räubers gefressen. Der König ist der Sohn eines Sklaven, die Königin zieht wie eine Magd den Mantel über den Kopf, schürzt beim Gehen das Kleid hoch und stochert in den Zähnen. Außerdem ist sie in der Knechtschaft aufgewachsen[43].

P. Herrmann nimmt wie vor ihm A. Olrik, F. von der Leyen, J. Schick u. a. mit Recht Herkunft des Stoffes aus dem Orient an[44]: „Amleds Scharfsinnsproben sind [...] das sicherste und älteste Beispiel für die Aufnahme indischer Märchen im Abendlande in der ersten Hälfte des 12. Jh.s". Saxo hat die drei Klugheitssprüche e i n e r Person in den Mund gelegt und sie dem Milieu seines Landes und seiner Zeit angepaßt. Die moderne dän. Fassung bei E. T. Kristensen[45] hat dagegen wieder drei Protagonisten (Studenten). Die Beobachtungen unterscheiden sich etwas von der Normalform: Das Fleisch ist wirklich Hundefleisch, der Wein schmeckt nach einem ertrunkenen Kind, der Herr ist ein Bastard.

Einzelfassungen von AaTh 655 begegnen noch bei den Indern[46], Tadschiken[47], Usbeken[48], Kasachen[49], Georgiern[50], Osseten[51], Irakern[52], Tuareg[53], Ungarn[54], Polen[55] und Esten[56]. In einer oft belegten, aber rein ung. gebliebenen Redaktion ist der Typ als Motiv in AaTh 725: → *Prophezeiung künftiger Hoheit* eingearbeitet[57]. Im ung. Nationalkatalog (Kovács) hat diese Kombination die num. 725A* erhalten.

Einige Züge von AaTh 655 sind weiterhin der alten und weit verbreiteten Expertenredaktion inkorporiert worden. Als Paradigma mag die Fassung im → *Kathāratnākara* des Jaina-Mönchs Hēmavijaya (etwa 1565–1631) dienen[58]:

Ein Roß-, ein Speise-, ein Betten- und ein Menschenkenner werden von König Narasundara am Hof angestellt. Der erste erkennt Pferde, die mit Büffelmilch genährt sind, der zweite, daß Reis auf einem Feld gewachsen ist, auf dem ein räudiges Kamel verendete, der dritte kann in einem Bett nicht schlafen, in dessen Matratze eine Eberborste verborgen ist, der vierte riecht, daß die Königin mit Ziegenmilch großgezogen ist.

Weitaus früher, im 11. Jh., begegnet die Erzählung in Kṣemendras *Bṛhatkathāmañjarī* (cf. → *Bṛhatkathā*), in → Somadevas *Kathāsagitsāgara* und in der in beiden Werken wahrscheinlich schon enthaltenen → *Vetālapañcaviṃśatikā*[59]:

Drei Söhne eines Brahmanen gehen zum König, damit er entscheide, wer von ihnen der Empfindlichste sei. Der erste ekelt sich vor Reis, weil er nach Leichen schmeckt, der zweite vor der Hetäre des Königs, weil sie nach Ziegen riecht, der dritte fühlt ein Haar unter sieben Matratzen.

Die früheste Version findet sich in einer Jātakam-Erzählung[60]:

Der als Sohn eines Schifferältesten wiedergeborene Bodhisattva erblindet und tritt als Abschätzer in den Dienst eines Königs. Bei einem Elefanten entdeckt er, daß dieser bei der Geburt verkümmert, bei einem Pferd, daß es wegen mangelnder Muttermilch nicht ausgewachsen ist; ein Wagen ist aus einem hohlen Baum angefertigt, eine kostbare Decke haben Mäuse angenagt. Da er vom König jeweils nur acht kleine Geldstücke erhält, erklärt er ihn als Sohn eines Barbiers und verläßt seinen Dienst.

Keine der hier erwähnten klugen Beobachtungen hat in der Folge Bedeutung erlangt. Die Deklarierung des Königs als Barbier kehrt dagegen in mannigfacher Variation immer wieder (cf. Mot. J 816. 2: *King called baker's son: he has given the poet only loaves of bread*)[61].

Diese Nuancierung begegnet in Europa bereits im 13. Jh. in den *Cento novelle antiche* (→ *Novellino*)[62]:

Der griech. König hält einen Weisen in Haft, der erkennt, daß ein Pferd mit Eselsmilch genährt ist. Er erhält zum Lohn täglich ein halbes Brot. Er findet einen Wurm in einem Edelstein und erhält nun ein ganzes Brot. Als er über die Herkunft des Königs aussagen soll, bezeichnet er ihn wegen des schäbigen Brotsalärs als Bäkkerssohn, was sich als wahr herausstellt.

Die zeitlich nächste Version (13./14. Jh.) dürfte die byzant. Geschichte vom Ptōcholeōn sein[63]: Ein Verarmter verkauft sich dem König als Sklave. Er erklärt, daß ein Diamant und ein Pferd nichts taugen, daß die Mätresse nicht adelig und der König Sohn eines Bäckers sei. In einer ähnlichen älteren ital. Erzählung läßt sich ein kluger Jüngling durch seine Mutter einem König als Edelstein- und Pferdekenner verkaufen[64]. Nach D. Comparetti ist die Fassung der *Cento novelle antiche* im 15. Jh. in die *Vita Virgilii* des Donatus eingeschoben[65]. Weitere Hinweise auf ältere europ. Texte, so auf Bernhardins von Siena (1380–1444) *Seraphin quadragesimale*, auf Noël → Du Fails *Contes et discours d'Eutrapel* (1586) oder auf *Democritus ridens* (1649) etc. hat A. Wesselski beigesteuert[66].

In der Erzählung *Les trois filous et le sultan* aus *1001 Nacht*[67] geben sich drei Burschen als Experten für Edelsteine, Pferde und Menschen aus. Der Sultan ist der Sohn eines Koches, weil er sie nur mit den Resten der Mahlzeit entlohnt. Ähnliches wird schon im türk. *Ferec ba'd* e^{s}_{s}–$^{s}_{s}$*idde* (14. Jh.) erzählt[68]. Nach den Unterlagen der EM ist diese Redaktion heute noch bei den Indern (niedrige Herkunft des Königs am schlechten Essen erkannt)[69], Türken (Kaiser = Sohn eines Bäckers)[70], Juden (König = Sohn eines Dreschers, Bäckers, Bauern, Schweinehirten etc.)[71] und Marokkanern (König = Sohn eines Schlachters)[72] bekannt.

Schließlich ist AaTh 655 ein konstitutives Strukturelement im Erzählkomplex von der Diebesidentifikation.

Hier werden nicht die Brüder des Diebstahls verdächtigt, sondern ihnen selbst wird ein Pferd, Esel oder Kamel gestohlen. Auf Grund scharfsinniger Überlegungen argumentieren sie, daß der Dieb Omar heißen, einäugig und blond sein müsse (mittelgroß, blondbärtig, mit Namen Mussa, oder ähnlich). Sie suchen und finden einen solchen Mann und gehen mit ihm zum Kadi. Dieser testet ihre Klugheit, indem er sie einen verborgenen Gegenstand raten läßt (er ist rund; wenn er rund ist, ist er auch rot; wenn er rot ist, ist es eine Orange). Der Richter lädt sie zum Essen ein, es folgen die Motive 3ba–bc. Der Richter spricht den angeklagten Mann schuldig.

Diese Redaktion ist bei den Osseten[73], Türken[74], Berbern[75], Serben und Kroaten[76] bekannt. Sie muß jedoch auch in Spanien erzählt worden sein, da J. B. Rael eine mexikan. Fassung aufgezeichnet hat[77].

4. Während AaTh 655 mit vielen anderen Erzähltypen oder -motiven kombiniert worden ist, hat sich AaTh 655A fast nur mit AaTh 655 (und seinen Kombinationen) verbunden. Als Einzelerzählung begegnet die Geschichte schon früh: Im chin. → *Tripiṭaka Kieou tsa pi yu king* (Mitte des 3. Jh.s p. Chr. n.) wird erzählt, daß zwei Studenten die Spuren eines Elefanten betrachten. Es ist ein Weibchen, trächtig mit einem weiblichen Jungen, und wird von einer schwangeren Frau geritten, die ein Mädchen unter dem Herzen trägt[78]. Diese Version ist absolut singulär und wird wohl als eine polygenetische Erfindung anzusprechen sein. Ein blindes Pferd, das auf der einen Seite Öl, auf der anderen Essig trägt, wird Ende des 12. Jh.s im *Sēpher Scha'aschūʿīm* des Joseph ben Meïr Sabara als Teil von AaTh 875: *Die kluge* → *Bauerntochter* erwähnt[79]. Heute ist AaTh 655A nach den Unterlagen der EM bei den Indern[80], Mongolen[81], in Korea[82], Kasachstan[83], Persien[84], bei den Juden[85] und in Mexiko[86] bekannt.

5. Die hist.-geogr. Analyse des vorgelegten Materials erlaubt das Fazit, daß AaTh 655 und AaTh 655A im Mittleren oder Nahen Osten beheimatet sein müssen. Von hier aus haben sich die einzelnen Redaktionen teils bis zum Fernen Osten, teils bis nach Süd- und Osteuropa (mit gelegentlichen Ausläufern nach Skandinavien und Spanisch-Amerika) und bis zum westl. Nordafrika vorgeschoben.

S. Fraenkel hat darauf hingewiesen[87], daß die Spurenkenntnisse, von denen AaTh

655A spricht, nur einer Nomaden- (oder Jäger- ?) Bevölkerung eigen sein können. Er hat eine Reihe von Beispielen zusammengestellt, in denen bes. die Araber als Könner auf diesem Gebiet genannt werden. Zwei von ihnen seien hier angeführt: Im 10. Jh. berichtet Mas'ūdī in seinem *Kitāb Murūj adh-dhabad*:

„Wenn jemand den Arabern, die das Land Gifar, das ist die Sandwüste zwischen Ägypten und Syrien, bewohnen, Datteln von ihren Palmen raubt, so erkennen sie ihn, auch wenn er jahrelang von ihnen fern bleibt, als den Räuber ihrer Frucht sofort ohne Schwanken wieder. Denn ihre Fähigkeit ist allbekannt; es bleibt ihnen eben keine Fußspur verborgen".

Im 19. Jh. erzählt der engl. Reiseschriftsteller C. M. Doughty in seiner *Arabia deserta*: „I was in advance and saw a camel's footprints. Calling the rafiks [Begleiter], I enquired if they were not of yesterday, they said they were three days old". An anderer Stelle sagt er: „If a Koreyshi lost a strayed nâga [Kamelin] with calf and he find the footprint of her young one even years afterward he will known that it his own"[88].

Natürlich sind die → Scharfsinnsproben der drei Brüder märchenhaft übertrieben. Aber wie man die Geschichten vom *Gelungenen* → *Schuß* (AaTh 1890) als Jäger- oder die von den großen Früchten (AaTh 1960D: *The Great Vegetable*) als Bauernaufschneiderei bezeichnen kann, so ist AaTh 655A ein exzellentes Beispiel für 'Scoutlatein', das mit hoher Wahrscheinlichkeit in der Geisteswelt altarab. Beduinen erdacht worden ist.

AaTh 655 gibt Kunde von der bes. Sensitivität seiner Protagonisten. Sie verfügen über einen ausgezeichneten Geruchs- und Geschmackssinn; sie sind so überempfindlich, daß sie ein Haar durch sieben Matratzen fühlen, und sie vermögen auf Grund ihres durchdringenden Scharfsinns die Herkunft eines Menschen zu erkennen. F. von der Leyen hat darauf hingewiesen, daß solche Erzählungen speziell ind. Mentalität entsprechen. „Das Märchen [gemeint ist AaTh 655] steht im Indischen wieder mitten in einer reichen verwandten Überlieferung, und seine lustigen und doch so kunstreich vorgetragenen und sich überkletternden Übertreibungen atmen den indischen Geist"[89]. Zahlreiche Beispiele aus der altind. Lit. für solche physiologische und mentale Empfindsamkeit hat J. Bolte zusammengestellt[90]. AaTh 655 dürfte demnach ind. Ursprungs sein.

Wo und wann aber sind diese beiden Erzählungen zusammengefügt worden? Wiederum S. Fraenkel hat nachzuweisen versucht, daß Erzählungen von merkwürdigen Testamenten häufig in der altjüd. Lit. zu finden sind[91], während sie zu den einfachen altarab. Verhältnissen nicht passen. Dieses Testament- samt dem zugehörigen Diebstahlmotiv ist in einem Großteil der Varianten zur Kombination AaTh 655+655A als Eingangsformel enthalten. Es wäre daher denkbar, daß altjüd. Geist eine altind. Erzählung von der Hypersensitivität ihrer Helden mit einem altarab. Märlein von scharfsinnigen Spurenlesern durch die Testamentsformel verbunden hat. Die Crux ist nur, daß eine solche jüd. Fassung bis heute nicht nachgewiesen werden konnte.

[1] Basset, R.: Une Fable de La Fontaine et les contes orientaux. In: Mél. 2 (1884/85) 508–517; Lévi, I.: Contes juifs. 1: Le Chameau borgne. In: REJ 10 (1885) 209–223; Prato, S.: Zwei Episoden aus zwei tibetan. Novellen. In: ZfVk. 4 (1894) 347–373; Fraenkel, S.: Die Scharfsinnsproben. In: Zs. für vergleichende Lit.geschichte N. F. 3 (1890) 220–235; Fischer, H./Bolte, J.: Die Reise der Söhne Giaffers (BiblLitV 208). Tübingen 1895, 198–202; Chauvin 7, 158–161; Gaster, num. 51 und not. p. 195 sq., num. 372 und not. p. 251; Wesselski, MMA, 222–225; Penzer, N. M.: The Ocean of Story 6. L. 1926, 217–220, 285–294; Dawkins, R. M.: Forty-Five Stories from the Dodekanese. Cambridge 1950, 324–326; Megas, G.: In: Laogr. 16 (1956) 3–20; Schwarzbaum, 204–221, 474; Jahn, Samia al Azharia: Themen aus der griech. Mythologie und der oriental. Lit. in volkskundlicher Neugestaltung im nördl. und zentralen Sudan. In: Fabula 16 (1975) 61–90, hier 80–88. – [2] Auch die Verbreitungsangaben bei S. Thompson sind ungenau: Die norw. Var.n gehören nicht zu AaTh 655; von den 19 dort zitierten frz. Fassungen wird keine einzige bei Delarue/Tenèze erwähnt; Andreev 925* bietet nur die Aarnesche Typendeskription und keinen bibliogr. Hinweis; die indones. Fassung bei de Vries steht mit AaTh 655 in keinem Zusammenhang; die Angaben zu AaTh 655A (nur ind. Belege) präsentieren

nur einen Bruchteil des Materials. – [3] Schwarzbaum, 208. – [4] cf. EM 2, 516–518. – [5] cf. not. 1; Weisweiler, M.: Arab. Märchen 2. MdW 1966, num. 99 und not. p. 304sq. – [6] cf. Basset (wie not. 1) 509, not. 2; Prato (wie not. 1) 353. – [7] Chauvin 7, 159sq. – [8] Strack, H. L.: Der babylon. Talmud nach der einzigen vollständigen Hs. Mü. 3. Leiden 1912, 345b; v. Schwarzbaum, 212. – [9] Lévi (wie not. 1) 215, not. 1. – [10] Bin Gorion, E.: Geschichten aus dem Talmud. Ffm. 1966, 421. –
[11] ibid., 419; Richman, J.: Jewish Wit and Wisdom. N. Y. 1952, 207sq. – [12] Zu beiden Teilen v. Schwarzbaum, 219sq. – [13] ibid., 214. – [14] ibid. – [15] Dt. Übers. von J. Wetzel. Basel 1583 (Ndr. ed. Fischer/Bolte [wie not. 1]); die von T. Benfey hinterlassene neue Verdeutschung: Fick, R./Hilka, A. (edd.): Die Reise der drei Söhne des Königs von Serendippo (FFC 98). Hels 1932; die Erzählung ibid., 36–51, dazu 15–17; über die literar. Nachwirkung des Buchs v. Fischer/Bolte (wie not. 1) 200. – [16] Fischer/Bolte (wie not. 1). – [17] Die etwas wirre Fassung bei Zŏng In-Sŏb: Folk-Tales from Korea. N. Y./L. 1952, 101–103 muß durch buddhist. Vermittlung nach Korea gekommen sein. – [18] Burhabhakat, K.: Phakara. Barpeta 1927, 147–150 (cf. Thompson/Roberts, 92). – [19] Stebleva, J. V.: Turkmenskie narodnye skazki. M. 1969, 312–318. – [20] Boulvin, A./Chocourzadeh, E.: Contes populaires persans du Khorassan 2. P. 1975, 29–32. –
[21] Macler, F.: Contes arméniens. P. 1905, 110sq. – [22] Campbell, C. G.: From Town and Tribe. L. 1952, 171–179. – [23] Schwarzbaum, 206sq. – [24] Müller, D. H.: Die Mehri- und Soqoṭri-Sprache 2 (Österr. Akad. der Wiss.en. Südarab. Expedition 6). Wien 1905, num. 19. – [25] Moreno, M. M.: Cent Fables amhariques. P. 1947, 19–21. – [26] Laoust, E.: Contes berbères du Maroc 1. P. 1949, num. 73. – [27] Irak: Jason, Types, 655*C3; Westsudan: Frobenius, L.: Erzählungen aus dem Westsudan (Atlantis 8). Jena 1922, 98–104; Tunis: Stumme, H.: Tunis. Märchen und Gedichte 2. Lpz. 1893, 123–126 = Seidel, A.: Geschichten und Lieder der Afrikaner. B. 1896, 42–47. – [28] Meißner, B.: Neuarab. Geschichten aus dem Iraq. Lpz. 1906, 32–35. – [29] Goebel, F. M.: Jüd. Motive im märchenhaften Erzählungsgut. (Diss. Greifswald) Gleiwitz 1932, 170. – [30] Ludwig Salvator, Erzherzog von Österreich: Märchen aus Mallorca. Würzburg/Lpz. 1896, 95–102; Bertran i Bros, P.: El rondallari català. Barcelona 1909, 49–64; Alcover, A. M.: Aplec de rondaies mallorquines d'en Jordi des Recó 2. Palma de Mallorca 1936, 141–147; Amades, num. 367 = Karlinger, F.: Inselmärchen des Mittelmeeres. MdW 1960, 280–282. –
[31] Carrizo, J. M./Perkins, G.: Cuentos de la tradición oral argentina. In: Revista del Instituto nacional de la tradición (1948) 73–75. – [32] Jason, Types, 655*C2. – [33] Eberhard/Boratav, num. 348, Fassung f; Walker, W. S./Uysal, A. E.: Tales Alive in Turkey. Cambridge, Mass. 1966, 114–119; Jiha, M.: Der arab. Dialekt von Bišmizzīn. Beirut 1964, 60–69; Hadank, K.: Mundarten der Zâzâ. B. 1932, 343–346. – [34] Übers. bei Wesselski, MMA, num. 37. – [35] ibid., 225. – [36] Dracott, A. E.: Simla Village Tales. L. 1914, 115–118; Grierson, G. A.: Linguistic Survey of India 7. Calcutta 1906, 277sq. (nur AaTh 655A und 976A). – [37] Radloff, W.: Proben der Volkslitteratur der türk. Stämme Süd-Sibiriens 3. (St. Petersburg 1870) Repr. Lpz. 1965, 389–395 = Coxwell, C. F.: Siberian and Other Folktales. L. s. a., 351–355 (kirgis.); ibid. 6 (1965) 145–149 (Tarantschi); Jungbauer, G.: Märchen aus Turkestan und Tibet. MdW 1923, 19–25; Sidel'nikov, V.: Kazachskie narodnye skazki. M. 1952, 191–199, 294–303; Makeev, L.: Kazachskie i ujgurskie skazki. Alma-Ata [2]1952, 217–224 (ujgur.); Balázs, B.: Das goldene Zelt. Kasach. Volksepen und Märchen. ed. E. Müller. B. 1956, 113–129; Uzbekskie narodnye skazki. Perevod s uzbekskogo 2. ed. M. I. Ševerdin. Taškent [2]1963, 285–289. – [38] Coxwell (wie not. 37) 483. – [39] Dawkins (wie not. 1) 325 (nur AaTh 655 und 976A). – [40] Eberhard/Boratav, num. 348, Fassung k; Jason, Types, 655*C1. –
[41] Dawkins (wie not. 1) 318–326; Loukatos, D. S.: Neoellēnika laographika keimena. Athen 1957, 164–167. – [42] Fraenkel (wie not. 1) 222. – [43] Herrmann, P.: Erläuterungen zu den ersten neun Büchern der dän. Geschichte des Saxo Grammaticus. 1: Übers. Lpz. 1901, 121–124. – [44] id.: Die Heldensagen des Saxo Grammaticus. Lpz. 1922, 266sq. – [45] Kristensen, E. T.: Æventyr fra Jylland 2. Kop. 1884, 156–163 = Bødker, L.: Dän. Volksmärchen. MdW 1964, num. 45. – [46] Thompson/Roberts, 655. – [47] Gafurov, B. G./Mirzoev, A. M.: Tadžikskie skazki. M. 1961, 403–407. – [48] Ševerdin, M. I.: Uzbekskie narodnye skazki 2. Taškent 1961, 315–319. – [49] Sidel'nikov, V. M.: Kazachskie skazki 1. Alma-Ata 1958, 397sq. – [50] Dolidze, N.: Volšebnye skazki. Sbornik. Tbilisi 1960, 1–11. –
[51] Britaev, S./Kaloev, G.: Osetinskie narodnye skazki. M. 1959, 341sq. – [52] Noy, D.: One Hundred and Twenty Tales from Iraq. Tel Aviv 1965, num. 108. – [53] Basset, R.: Une Fable de La Fontaine et les contes orientaux. In: Mél. 3 (1886/87) 141. – [54] Istvánovits, M.: A király meg a pacsirta. Gruz népmesék. Bud. 1958, 33–36, 142–151. – [55] Krzyżanowski 655. – [56] Loorits, O.: Estn. Volkserzählungen. B. 1959, 155sq. – [57] Stier, G.: Ung. Sagen und Märchen. B. 1850, 14–25; Ortutay, G.: Ung. Volksmärchen. B. 1957, num. 13; Béres, A.: Rozsályi népmesék. Bud. 1967, 214–224, 457 (zahlreiche Hinweise von A. Kovács). – [58] Kathāratnākara. Das Märchenmeer, eine Slg ind. Erzählungen von Hēmavijaya 2. Dt. von J. Hertel. Mü. 1920, 246–250. – [59] Penzer (wie not. 1); Leyen, F. von der: Ind. Märchen. Halle 1898, 65–69; Ruben, W.: Ozean der Märchenströme. Teil 1: Die 25 Erzählungen des Dämons (Vetālapañcaviṃśati) (FFC 133). Hels. 1944, 139–141. – [60] Jātakam 4, num. 463 = Lüders, E.: Buddhist. Märchen. MdW 1921, 39–46, num. 7. –

[61] Der Verweis Thompsons auf Despériers, B.: Les Contes ou les nouvelles récréations et joyeux devis. In: Œuvres françoises 2. ed. L. Lacour. P. 1856, num. 4 ist falsch. – [62] Die hundert alten Erzählungen. Dt. von J. Ulrich. Lpz. 1905, 4–6. – [63] Prato (wie not. 1) 351sq.; Megas (wie not. 1). – [64] Prato (wie not. 1) 364. – [65] Comparetti, D.: Virgilio nel medio evo. 2: Virgilio nella leggenda popolare. Florenz [2]1896, 152sq. – [66] Wesselski, MMA, 224. – [67] Chauvin 7, num. 439 (mit Nachweisen). – [68] cf. Tietze, A.: Rez. zu Eberhard/Boratav. In: Oriens 7 (1954) 141–152, hier 151, num. 348. – [69] Tauscher, R.: Volksmärchen aus dem Jeyporeland. B. 1959, num. 24. – [70] Lambertz, M.: Vom goldenen Horn. Lpz./Wien 1922, 135–145. –
[71] Gaster, 138, num. 372, mit Nachweisen p. 251; Jason, Types 655*B; Noy, D.: Folktales of Israel. Chic. 1963, 91–93; Schwarzbaum, 205, 209. – [72] Legey, F.: Contes et légendes populaires du Maroc, recueillis à Marrakech. P. 1926, 180. – [73] Benzel, U.: Kaukas. Märchen. Regensburg 1963, 152–154. – [74] Eberhard/Boratav, num. 348, Fassung a. – [75] Laoust (wie not. 26) 1, num. 73. – [76] Krauß, F. S.: Sagen und Märchen der Südslaven 2. Lpz. 1884, 275–277; Preindlsberger-Mrazović, M.: Bosn. Volksmärchen. Innsbruck 1905, 68–72. – [77] Rael, J. B.: Cuentos españoles de Colorado y Nuevo Méjico 2. Stanford, Cal. s. a., num. 474. – [78] Chavannes 1, 379sq., num. 110; Schiefner, F. A. von/Ralston, W. R. S.: Tibetan Tales. L. 1906, 96. – [79] BP 4, 330, num. 7. – [80] Kingscote, H./Sastri, N.: Tales of the Sun or Folklore of Southern India. L. 1890, 140–143. –
[81] Heissig, W.: Mongol. Märchen. MdW 1963, 129–131. – [82] Zŏng In-Sŏb (wie not. 17) 101–103. – [83] Die Wunderblume und andere Märchen. B. 1958, 247sq. – [84] Nehmad, M.: Haglima Hahadasha shel Mula Abraham (Mula Abraham's New Cloak). Persian Folktales. Haifa 1966, num. 5. – [85] Ausubel, N.: A Treasury of Jewish Folklore. N. Y. 1948, 91. – [86] Rael (wie not. 77) 558sq. – [87] Fraenkel (wie not. 1) 223–225. – [88] Doughty, C. M.: Arabia deserta 2. L. 1888, 225, 525. – [89] Leyen, F. von der: Das Märchen. Lpz. [3]1925, 125. – [90] BP 3, 238sq. –
[91] Fraenkel (wie not. 1) 227sq.

Göttingen Kurt Ranke

Brüder suchen Schwestern (AaTh 303 A) ist im 19. Jh. in Europa kein selbständiges Märchen. Es erscheint in drei Ökotypen, die nur Mot. T 69. 1: *100 brothers seek 100 sisters as wives*, Mot. L 11: *Fortunate youngest son*, Mot. R 155.1: *Youngest brother rescues his elder brothers* gemeinsam haben.

Eine Anzahl von Brüdern (3–1001) will sich mit einer entsprechenden Zahl von Schwestern verheiraten. Nach A, E (zu den Siglen cf. Schluß des Art.s) werden sie beim Abholen der Bräute von einem sonderbaren Wesen zurückgehalten (E: versteinert: Mot. D 231 *Transformation: man to stone*). Der daheimgebliebene jüngste Bruder muß zu ihrer Befreiung Aufgaben lösen, nach M z.B. die Bräute töten lassen (bzw. selbst töten), um die Brüder aus der Gewalt der kannibalischen Schwiegereltern (meistens: Schwiegermutter) zu retten.

AaTh 303A ist wahrscheinlich eines der ältesten Märchen. Doch ist der Ökotyp M in Rußland erst um 1794 nachweisbar, E in Dänemark vor 1823, A zuerst 1868 (Dag 1, lak.). A ist schamanistisch und irgendwann von den Türken aus Mittelasien mitgebracht.

Die Verbreitungsgebiete der drei Ökotypen sind ziemlich scharf begrenzt, doch kommen an ihren Grenzen (bes. Estland, Balkan, Kaukasus) mehrere vor, unverbunden oder verbunden. Da Mot. T 69.1 für nebensächlich gehalten wurde, sind die Ökotypen oft als verschiedene Typen registriert, bes. M. Von H. Honti wird M als 728 (= AaTh 303A, gefolgt von 327B: → *Däumling und Menschenfresser*) gebracht; O. Loorits typisiert M (E 28) als Aarne, Est. 303* + AaTh 314 und stellt Bezüge zu AaTh 327B fest. BP 3, 25–31 behandelt M als Einleitung zu AaTh 531: → *Ferdinand der treue und Ferdinand der ungetreue* und BP 1, 499sq. zu AaTh 327B; auch N. P. Andreev stellt M teils zu 327B, teils zu 531. Daraus folgt, daß noch mehrere Märchen, die als AaTh 327B und 531 katalogisiert sind, zum Ökotyp M gehören oder daß bei diesen Typen bes. Redaktionen mit Mot. T 69.1 anzusetzen sind, da sie in denselben Gebieten auch ohne Mot. T 69.1 vorkommen.

Am seltensten ist der Ökotyp E, der wohl als ein alteurop. Relikt zu betrachten ist, da A ihm näher steht als M (in beiden kommt AaTh 302: → *Herz des Unholds im Ei* vor), und in zwei Redaktionen bekannt ist. Es gibt Übergangsformen zwischen E und A (z. B. Rum 1), nicht aber zwischen E und M. Die Nominatform (Da 1 [?], 4 [?], 6; D 1, 4, 11 [?], 12, 13; E 1–13a; Pol 1; SchwF 1) hat eine sehr auffällige Verbreitung, teilweise zumindest dank der Übernahme von D 1 in die Sammlung L. Bechsteins (von 1853 an)[1].

(a) Sechs elternlose Brüder suchen sich sieben Schwestern (eine für den Daheimgebliebenen). (b) Sie treffen einen Alten, der sie bittet, auch ihm eine Frau mitzubringen. (c) Sie erfüllen diese Bitte nicht und werden von dem Alten in Steine verwandelt, ausgenommen die Braut des Jüngsten, die der Alte als Frau (bzw. Kind) bei sich behält. (d) Sie befürchtet, der Alte werde sterben; er aber tröstet sie damit, daß er seine Seele (bzw. sein Herz) nicht in sich verwahre. Er verrät den Aufenthaltsort seines Seelenvogels (und, wie die Steine wiederbelebt werden können). (e) Der Jüngste sucht die Verlorenen und trifft seine Braut, die ihm die Lage schildert. (f) Er sucht den Seelenort und lädt auf dem Wege Hungrige ein, an seiner Mahlzeit teilzunehmen. Es erscheinen nacheinander ein Ochse, ein Wildschwein, ein Greif (Adler), die ihm ihre Hilfe versprechen. (g) Er bemächtigt sich des Seelenvogels und (h) tötet den Alten. (i) Seine Brüder und ihre Bräute werden zurückverwandelt.

In schlechter erzählten Varianten (Da 6; E 3, 6) steht (d) nach (e); da aber schon D 1 literarisiert ist, bleibt es unsicher, ob das Füttern der Tiere nicht schon in (e) erzählt wurde (wie E 6, 9, 11). Die Relikthaftigkeit zeigt sich in vielen Zügen (z. B., warum hat der Alte keine Frau, wie kann ein Bösewicht sein Herz in einer Kirche verwahren, weshalb essen Tiere die gleichen Nahrungsmittel wie Menschen, warum versteckt sich der Jüngste unter dem Bett etc.?).

Die andere Redaktion und ihre verschiedenen Arten (Da 1 [?], 2, 4 [?], [3, 5, 7; zu diesen cf. Jug 1, 2, 5]; D 2, 3, 5, 6–10, 11 [?]; vielleicht It, Schot, Ung 1) scheinen alle erzählt zu haben, daß der Vater noch lebt.

Die Brüder, die dem Jüngsten keine Frau mitbringen, treffen auf dem Rückwege den Alten, verärgern ihn und werden verwandelt; der Jüngste hilft den hungernden Tieren (etwa wie AaTh 554: → *Dankbare Tiere*) und wird von dem letzten Tier auf die Haushälterin (Prinzessin oder ähnlich) des Alten hingewiesen, die schon weiß (oder jetzt entdeckt), daß die Seele des Alten in einem Ei steckt, und später dem Jüngsten zuteil wird.

Diese Redaktion, die sich teilweise von der Nominatform sehr weit entfernt (z. B. Menschenknochen im Schornstein; Schlafentzug; Kampf mit dem Seelentier [cf. AaTh 302A*] etc.), scheint als eine Verbesserung jener gedacht zu sein[2].

Der Ökotyp A läßt sich bes. auf Grund von Per 1, Ind, TSib 1, Dag 5, cf. Arm 2 in großen Zügen rekonstruieren. Der Urform können noch mehrere Züge aus den anderen Varianten zugehörig sein (Westsibirien, Indien, Jemen, Türkei, Kaukasus, Balkan, Ukraine, vielleicht Persien).

Die Brüder senden ihren Vater auf Brautsuche. Er trifft einen Mann, der sich in gleicher Angelegenheit für seine Töchter abmüht. Sie verabreden einen Zeitpunkt, an dem die Bräute abgeholt werden sollen. Der daheim bleibende Jüngste (bzw. der Schwiegervater) warnt sie davor, einen bestimmten Weg zu benutzen (bzw. an einem bestimmten Ort zu übernachten). Sie übertreten das Verbot und werden von einem Drachen gefangengesetzt, der sie freizulassen verspricht, wenn sie ihm den Jüngsten brächten. Dieser reitet dem ihn abholenden Vater schon entgegen. Der Drache führt ihn in die Unterwelt, wo er dem König helfen soll (ursprünglich wohl: seine geraubte Tochter zurückbringen). Für die Hilfe erhält er die Tochter des Königs (und noch eine andere Prinzessin)[3]. Bei der Befreiung der Prinzessin (oder: bei anderen Unternehmen) hat er außergewöhnliche Helfer (AaTh 513A: → *Sechse kommen durch die Welt*). Er kehrt auf die Oberwelt zurück: entweder mit mehreren Frauen (dann folgt bei Per 1, Dag 3, [5] noch AaTh 465A: *The Quest for the Unknown*, da seine Brüder ihn hassen), oder er verliert durch Abenteuer auf dem Wege alles Mitgebrachte.

In anderen Varianten ist der Drache ein feindliches Wesen und schickt den Jüngsten aus, eine Prinzessin zu bringen, die er ihm manchmal schenkt, manchmal folgt eine Art AaTh 302III: *The External Soul.* Die Frage, was der Held mit mehreren Frauen anfängt, ist verschieden gelöst: Ihm wurde keine Braut geholt (Arm 1 [?], 2; Ge 1; Kal), er verzichtet auf die erste Braut (oft), auf die Prinzessin (nur Rum 4, cf. TSib 9), er behält zwei Frauen (oft). In *JerTüšlük*-Epen[4] (hier TSib 1, 2, 4, 5, 7) ist die Urform mit so vielen Unterweltsepisoden angefüllt, daß die Epen kaum noch als Ökotyp A zu erkennen sind. Eine spezifisch osman. Redaktion (Ad) verändert den Anfang, der dann an AaTh 300A: → *Drachenkampf auf der Brücke* erinnert (und manchmal durch diesen ersetzt wird):

Brüder verlassen das elterliche Haus und ziehen in die Ferne (nicht immer als Freier). Sie übernachten gegen den Willen ihres Vaters (bzw. des Jüngsten) an verschiedenen Orten, wo der Jüngste mehrere Riesen tötet und in ihrer Gefangenschaft eine Anzahl Mädchen (manchmal Schwestern der Riesen) findet, die er für sich und seine Brüder bestimmt. (Es kann auch eine Art AaTh 304 IIbc: *Der gelernte* → *Jäger* folgen.) Sie treffen auf einen Riesen (der mit den Getöteten verwandt sein kann), der zum Herrn (bzw. Blutsbruder) des Jüngsten wird. Der Riese verlangt, daß er ihm eine Prinzessin bringen soll. Der Jüngste schickt seine Brüder zurück und erzählt ihnen, wo sie ihre Frauen und seine Braut finden werden. Die Prinzessin für den Riesen erwirbt er durch die Hilfe der wunderbaren Genossen (AaTh 513A: *Sechse kommen durch die Welt*), der Tiere (AaTh 554: *Dankbare Tiere*) oder der Zauberdinge (AaTh 518: → *Streit um Zaubergegenstände*). Auf dem Rückwege errät sie selbst (bzw. er schildert ihr) die Lage. Es folgt AaTh 302 II–III: *Herz des Unholds im Ei*, eine verkürzte Form davon (z. B. muß der Jüngste den Riesen herausrufen, der darauf zusammenfällt, verbrennt oder ähnlich), oder die Prinzessin tötet den Riesen.

Sehr vielseitig sind die Einzelheiten und die Erweiterungen von A und Ad, die auch kontaminiert vorkommen: mit Zügen aus AaTh 301V cd, 313, 327A, B, 531, 550 IV etc.

Am bekanntesten ist der Ökotyp M. Er ist belegt in Karelien, Ostestland, Weißrußland, Polen, in der Tschechoslowakei, in Ungarn, in der Ukraine, in Rumänien, Jugoslawien, Griechenland, Libyen, bei den Zigeunern, sporadisch im Kaukasus, wird von R. S. Boggs sub 328* A für Spanien bezeugt (Asturien: 2 Var.n), und Spuren davon finden sich bei E. Ó. Sveinsson sub 328 auch in Island (num. 2 und 4). Der Ökotyp M kann als eine Redaktion von AaTh 327B: *Däumling und Menschenfresser* betrachtet werden (Kinder sind durch Freier ersetzt, das Umgekehrte ist kaum wahrscheinlich[5]), nicht aber als AaTh 328: → *Corvetto* oder 531: *Ferdinand der treue und Ferdinand der ungetreue*, die nur benutzt werden, um aus dem pointelosen Erzeugnis doch eine Geschichte zu gestalten. Der Ökotyp ist ziemlich spät im Gebiet der Karpaten entstanden, obwohl die span. Varianten auch die Möglichkeit offen lassen, daß die Kelten M kannten. Durch die Slaven wurde M auch im Mittelmeerraum verbreitet und unterbrach den einstigen Zusammenhang zwischen A und E. Die Neuheit von M zeigt sich in der ungewöhnlichen Art der Verschmelzung von AaTh 327B mit 328 (oder AaTh 328 mit AaTh 531) oder 531: Die Hexe hat z. B. noch eine überzählige verborgene Tochter (bzw. eine gefangene Prinzessin), die für den König geholt werden soll, und die dann oft ihre Mutter melken läßt (Milchhexe); in Rum 6 schließlich ist die Hexe, die ihre Töchter verloren hat, mit der Prinzessin (AaTh 531 IIIa) identisch. Motive aus anderen Märchen (AaTh 313, 314: → *Magische Flucht*, AaTh 327 IIb, d, g etc.) werden ebenso willkürlich eingeschaltet. Es gibt hier vielleicht mehrere Redaktionen, jedenfalls mehrere längere Einleitungen zu AaTh 303A:

(a) Brüder dienen einem Herrn (König) und erhalten jeder ein Pferd, der Jüngste ein scheinbar schlechtes Zauberpferd (bzw. er kauft es, oder alle Brüder kaufen sich Pferde). (b) Ein kinderloses Ehepaar grämt sich. Der Mann findet (kauft) eine Anzahl Vogeleier, die von seiner Frau (bzw. ihm oder ihnen) zu Söhnen ausgebrütet werden. (Dieser Zug fehlt oft als zu phantastisch.) Die Brüder machen Heu, ihre Schober werden bestohlen, der Jüngste hält Wache, fängt eine Pferdeherde, aus der jeder ein Pferd erhält. Dann reiten sie auf Brautsuche. (c) Die Brüder ziehen zu Fuß auf die Freite und wollen den tölpelhaften Jüngsten nicht mitnehmen, er versteckt sich in einem Proviantsack. Da die künftige Schwiegermutter aber mehr Töchter hat und sie nicht empfangen will, kommt der Tölpel aus seinem Versteck hervor. Meistens finden die Brüder erst bei der dritten Hexenschwester die richtige Anzahl von Mädchen. Dann folgt AaTh 327B IIc (= AaTh 1119: → *Teufel tötet Frau und Kinder*), und das Märchen schließt oft mit der Heimkehr (dabei manchmal AaTh 313 IIIc = 314 IVa: Mot. D 672: *Obstacle flight*). Selten verlassen die Brüder den Jüngsten (dann folgt AaTh 531 oder AaTh 531 und 328); meistens werden die Brüder Diener eines Königs, der den Jüngsten bevorzugt, worauf die älteren ihn verleumden (es folgt AaTh 328 oder AaTh 328 und 531).

Begründungen für die oben erwähnten Heiratsformen werden selten gegeben, z. B. daß die Brüder Freunde bleiben wollen und deshalb ihre Frauen aus einer Familie nehmen müssen, damit keiner von ihnen irgendwie höher stehe (TSib 1), damit die einander unbekannten Frauen die Brüder nicht entzweien (Oss 2), damit die Verwandtschaft nicht zu groß werde (E 40)[6]. Diese Zusätze dürften neueren Ursprungs sein, spiegeln aber auch eine Zeit oder Struktur, in der jede Generation selbständig handelt. AaTh 303A paßt nicht in eine patri(matri)archale Ordnung hinein, wo eine weitverzweigte Verwandtschaft geradezu als erstrebenswert galt, um die Großfamilie möglichst mächtig zu machen. Daß der Jüngste später seine Brüder überragt, erklärt sich als Strafe für den Unglauben der Brüder (ihrer Bräute, des Vaters) ihm gegenüber.

Das Ideal der Brüderlichkeit (A und E) war festverwurzelt, aber für spätere gesellschaftliche Formen bedeutungslos. Von der Urform erhielt sich also nur die Tatsache, daß alle Brüder Schwestern heiraten wollten. Der Ökotyp M scheint als eine Verspottung dieses Ideals geschaffen zu sein, da nur rückständige ‚Kannibalen' so viele Töchter haben können. Oft hassen die älteren Brüder den Jüngsten wegen seiner Erfolge, werden aber auch gestraft, wenn sie wegen seiner Überheblichkeit Grund zur Aversion haben. Dagegen ist in A und Ad das Verhältnis herzlicher gestaltet. Häufig treten hier die Älteren den Jüngsten erst auf dessen nachdrückliches Zureden an den Drachen ab.

Daß in den Randgebieten der Verbreitung AaTh 303A im Aussterben begriffen ist, erkennt man daran, daß neuerdings in ihnen auch Fassungen der Redaktionen A und M ohne diesen Märchentyp begegnen[7].

[1] Wegen der zahlreichen Var.n (E 1–13a) wird AaTh 303A manchmal ein estn. Typ genannt. Es zeigt sich aber in manchen Zügen, daß E 1–13a wenigstens teilweise von einer bisher unbekannten Übers. des Bechsteinschen Märchens abhängig sind (z. B. werden in E 4, 11, 13 die Bräute aus der Stadt geholt). Andererseits findet sich nur in E 5 und D 4 der Zug, daß der Alte den Brüdern sagt, wo sie eine große Anzahl von Schwestern finden können. – [2] Es kann dennoch behauptet werden, daß die Nominatform erst recht spät aus den anderen Var.n geschaffen wurde und eine verkümmerte Form ist. – [3] Die Situation, daß ein menschlicher Held benötigt wird, um einem (halb)göttlichen Wesen zu helfen, kommt in mehreren sibir. Märchentypen vor. – [4] Über den Namen des gleichnamigen Helden (Erdensinker) cf. Radloff 1885 (v. TSib 2) XIV. Die kasach. (TSib 4, 5, 7) Volksetymologie ‚Held–Fettes Bruststück' (tostik) gründet sich auf eine unmögliche Episode. – [5] Mit den Kindern ist AaTh 327B ‚sinnvoll', denn es ist wirklich eine Leistung, wenn sie nach einem gefährlichen Abenteuer wohlbehalten heimkehren. Eine Blamage ist es aber, wenn eine Gruppe von heldenmütigen Freiern sich nur mit Mühe und Not in das traute Heim zurückretten kann – es ist also eine neue Denkart in AaTh 327B hineinprojiziert, um das Vorhaben der Brüder lächerlich zu machen. – [6] Es gibt kaukas. Märchen, in denen die Frau ihrem Mann und den Brüdern beweist, daß ihre Gemeinschaft nur dank ihren Frauen bestehen kann (z. B. tschetschen. in Sbornik materialov [. . .] 28, 3 [1900] 1–5). – [7] z. B. Pachalina, N. T.: Sarykol'skij jazyk. M. 1966, 149–165 (A); Ilg, B.: Maltes. Märchen und Schwänke 1. Lpz. 1906, num. 35 (M).

Ökotyp E: cf. BP 3, 431sq.; Ranke 1, 100 (die Redaktionen 1–3); möglicherweise gehören hierher doch noch einige bei BP 3, 434 erwähnte und von Ranke 1, 101 angeführte Märchen, obwohl AaTh 302 II–III meistens in dem Märchen von der Rettung einer geraubten Frau vorkommt.

Da 1 = Winther, M.: Danske folkeeventyr 1. Kop. 1823, 91sq. –

Da 2 = Berntsen, K.: Folke-æventyr [. . .] 1. Odense 1873, num. 10 (cf. Nor 1). –

Da 3 = Kristensen, E. T.: Skattegraveren 6. Kolding 1886, num. 837. –

Da 4 = id.: Skattegraveren 11. Kolding 1889, num. 548. –

Da 5 = id.: Efterslæt til Skattegraveren. Kolding 1890, num. 97. –

Da 6 = id.: Æventyr fra Jylland. Aarhus 1897, num. 15. –

Da 7 = Sadolin, L.: Eventyr og Sagn fra Valløby. Kop. 1941, 40–46. –

D 1 = Müllenhoff, K.: Sagen, Märchen und Lieder der Herzogtümer Schleswig, Holstein und Lauenburg. Neue Ausg., besorgt von O. Mensing. Schleswig 1921, num. 599; übernommen von L. Bechstein (1853), cf. Bechstein, L.: Sämtliche Märchen. Darmstadt 1965, 105–111. –

D 2 = Haltrich, J.: Dt. Volksmärchen aus dem Sachsenlande in Siebenbürgen. (B. 1856) Hermannstadt [5]1924, 149–151. –

D 3 = Curtze, L.: Volksüberlieferungen aus dem Fürstentum Waldeck. Arolsen 1860, num. 22. –

D 4 = Neumann, S.: Mecklenburg. Volksmärchen. B. 1971, 88sq. (aufgenommen 1898). –

D 5 = Wisser, W.: Plattdt. Volksmärchen 2. MdW 1927, 263–269. –

D 6,7 = Wisser, Hs. 74, num. 2 und 4 (D 6–10 nach Ranke 1, 100). –

D 8 = Wisser, Hs. 30, num. 1a und b = Grotmoder 2, 5 = Wisser, W.: Plattdt. Volksmärchen 1. MdW 1927, 200. –

D 9 = Wisser, Hs. 30, num. 2. –

D 10 = Wisser, Hs. 74, num. 1. –

D 11 = Harten, J. von/Henniger, K.: Niedersächs. Volksmärchen und Schwänke 2. Bremen 1908, 46 sq. –

D 12 = Peuckert, W.-E.: Schlesiens dt. Märchen. Breslau 1932, num. 84. –

D 13 = Cammann, A.: Dt. Volksmärchen aus Rußland und Rumänien [...]. Göttingen 1967, num. 18. –

Ungedr. estn. Var.n im Eesti NSV Kirjandusmuuseum:

E 1 = H III 6, 489/521-Tarvastu 1890, J. Viira. –

E 2 = H III 13, 205/11-Tõstamaa/Helme 1893, G. Anniko = E 4542/5 (dass. literarisiert). –

E 3 = E 4686/8-Tõstamaa 1893, J. Öövel. –

E 4 = H II 17, 751/3-Ambla, Lehtse, Kitseküla 1894, J. Tannenthal, M. Luur = Eesti muinasjutud. Tallinn 1967, num. 47. –

E 5 = H II 48, 425/32-Karksi 1894, J. Hünerson, J. Vene. –

E 6 = H II 52, 93/6- Kanepi, Vana-Piigaste 1894, J. Väggi. (Ein teilweise unbefriedigendes Resümee bei Loorits, O.: Estn. Volkserzählungen. B. 1959, num. 76; nach p. 221 „Aarne 303*+302; gehört eher zu AaTh 302", ohne einen Grund dafür anzugeben). –

E 7 = E 17503/6-Pärnu-Jaagupi 1895, M. Reitvelt. –

E 8 = E 28344/6-Tõstamaa 1896, O. Schantz, J. Endson. –

E 9 = E 28556/61-Kose 1896, T. Wiedemann. –

E 10 = E 35108/12-Tõstamaa 1897, J. Bachson. –

E 11 = H II 59, 543/52-Põltsamaa 1897, M. Luu, H. Oolo = E 36793/801 (1897); dass. literarisiert. –

E 12 = Eisen, M. J.: Eesti ennemuistsed jutud. Tartu 1911, 139–146 (keine ähnliche schriftliche Var. vorhanden, vielleicht von Eisen selbst geschaffen). –

E 13 = E 62211/14 - Narva 1928, M. Kasikov, E. Bulle. –

E 13a = ERA 230, 229/37 - Kihelkonna, Lümanda 1939, L. Kütt, L. Tuum (wie in E 2: alle Brüder versteinert, die jüngste Schwester fängt den Seelenvogel). –

It = Weber, C.: Ital. Märchen. In: Festg. W. Suchier. Halle 1900, num. 2. –

Jug 1 = Karadžić, V. S.: Srpske narodne pripovijetke. Wien (1853) [2]1870, 43 (dt. 1854) = Leskien, A.: Balkanmärchen. MdW 1915, num. 26: ein oriental. Typ („Riesenmädchen sucht sich einen Mann", cf. Mot. G 402. 1) verbunden mit AaTh 302; nur „Der Kampf mit dem Seelentier" AaTh 302 A* ist gemeinsam mit Da 3; Jug 2, cf. Eberhard/Boratav, num. 213 III 8 (p). –

Jug 2 = Valjavec, M. K.: Narodne pripovjesti u Varaždinu i okolici. Agram (1858) [2]1890, 154sq. = Leskien (wie Jug 1) num. 46 (E und A ziemlich gut verbunden). –

Jug 3 = Byhan, E.: Wunderbaum und goldener Vogel. Slowen. Volksmärchen. Eisenach/Kassel 1958, 87–94 (eine unlogisch gebliebene Kombination von E und A). –

Nor 1 = Asbjørnsen, P. C./Moe, J.: Norske folkeeventyr. Kristiania 1842–44, num. 36 (dt. 1847) = Stroebe, K.: Nord. Volksmärchen 2. MdW 1915, num. 23. –

Pol 1 = Knoop, O.: Poln. Märchen aus der Provinz Posen. In: HessBllfVk. 6 (1907) 94–97, num. 8. –

Schot 1 = Macdougall, J.: Folk Tales and Fairy Lore in Gaelic and English. ed. G. Calder. Edinburgh 1910, 63. –

SchwF = Allardt, A./Perklén, S.: Nyländska folksagor. Hels. 1896, num. 129. –

Ung 1 = Honti, num. 1 (wahrscheinlich, da sich AaTh 554 auch in Da 3; D 6 [?], 8, 9; Jug 2, 3 findet). –

Ökotyp A:

Arm 1 = Ganalanjan, A. T.: Armjanskie narodnye skazki. Erevan 1965, 158–161 (westarm., gedr. 1884); relikthaft mit AaTh 302, vielleicht Ad. –

Arm 2 = Kalašev, N. In: Sbornik materialov dlja opisanija mestnostej i plemen Kavkaza 7, 2 (1889) 206–213. –

Arm 3 = Ter-Mikelov (Markarov), A. In: Sbornik materialov [...] 24, 2 (1898) 260–265 (Ad, vielleicht TAz). –

Dag 1 = Uslar, P. v. In: Sbornik svedenii o kavkazskich gorcach 1 (1868) 52–58 = Chalilov, Ch.: Skazki narodov Dagestana. M. 1965, num. 57 (lak.). –

Dag 2 = Dirr, A. M. In: Sbornik materialov [...] 35, 3 (1905) 143–149 (tabassaran., Ad). –

Dag 3 = Chalilov, Ch.: Skazki narodov Dagestana. M. 1965, num. 49 (aufgenommen 1936, kumyk.; cf. Dag 5; Per 1). –

Dag 4 = Kapieva, N.: Dagestanskie narodnye skazki. M./Len. 1951, 79–88 = Skazki narodov Severnogo Kavkaza. Rostov 1959, 219–225 (wahrscheinlich kumyk.). –

Dag 5 = Šaumjan, R.: Agul'skij jazyk. M./Len. 1941, num. 8 (Relikt mit AaTh 465 A). –

Dag 6 = Saidov, M. S./Dalgat, U. B.: Avarskie skazki. M. 1965, 184–197 (Ad). –

Ge 1 = Dolidze, N.: Gruzinskie narodnye skazki. Tbilisi 1956, num. 36 (svan., 1893). –

Ge 2 = Petrov, I. In: Sbornik materialov [...] 18, 1 (1894) 64–69 (mingrel., fragmentarisch). –

Ge 3 = Kapanadze, J. In: Sbornik materialov [...] 27, 2 (1900) 129–141 (imeret.). –

Ge 4 = Glušakov, M. V. In: Sbornik materialov [...] 33, 3 (1904) 46–50 (imeret.). –

Ge 5 = Dolidze, N.: Volšebnye skazki. Tbilisi 1960, num. 14 (aufgenommen 1946). –

Ge 6 = id. (v. Ge 1) num. 55 (aufgenommen vor 1952; Ad). –

Ge 7 = id. (v. Ge 5) num. 20 (Ad, enthält Motive aus AaTh 327 A und B). –

Ind 1 = Minaev, I. P.: Indijskie skazki i legendy sobrannye v Kamaone v 1875 godu. M. [2]1966, num. 33 (bei Thompson/Roberts sub 513 A). –

Ind 2 = Venkataswami, M. N.: Folk-Stories of the Land of India. Madras 1927, 142–157 (um 1875 gehört), AaTh 303 A und 550. –

Jem = Noy, D.: Jefet Schwili erzählt. B. 1963, 349, not. zu num. 22 (Ad). –

Jug 4 = Šuljić, L.: Die schönsten Märchen aus Jugoslawien. Rijeka 1967, 7–20 (aus: Bosanske narodne pripovijedke 1. Sisak 1870). –

Jug 5 = Dizdar, H.: Narodne pripovijetke iz Bosne i Hercegovine. Sarajevo 1955, 109–118 (aus: Bosanske Vila 9 [1894]; [Ad]). –

Kal = Ramstedt, G. J.: Kalmück. Märchen. In: MSFO 27, 1 (1909) num. 4 = Kalmyckie skazki. M. 1962, 54–56 = Heissig, W.: Mongol. Märchen. MdW 1963, num. 45. –

Kar 1 = Mihejeva, M.: Karjalaisia kansansatuja. Petroskoi 1951, 89–97 (aus Ad: Der Bruder des Unholds in AaTh 300 A verlangt von dem Jüngsten eine Prinzessin + AaTh 513 + der Unhold stirbt vor Freude lachend. Am ähnlichsten ist Hnatjuk, V. In: Etnografičnyj zbirnyk 4 [1899] num. 10, das Ad bloß ähnelt). –

Kur 1 = Farizov, I./Rudenko, M./Družinina, E. S.: Kurdskie skazki. M. 1959, 84–94. (Ad, zu einer frommen Räubergeschichte verwandelt). –

Oss 1 = Munkácsi, B. In: Keleti Szemle 20 (1927) 58–71 (Typ ‚Schwester der Riesen' mit AaTh 552 und 554 und Motiven aus AaTh 303 A, schlecht erzählt). –

Oss 2 = Britaev, S./Kaloev, G.: Osetinskie narodnye skazki. M. 1959, 159–163 (Ad). –

Per 1 = Andreev, M. S./Peščereva, E. M.: Jagnobskie teksty. M./Len. 1957, num. 44 (+ AaTh 465 A). –

Per 2 = Die Sandelholztruhe. Tadshik. Volksmärchen. B. 1960, 229–237 (literar. bearb. ist schon die Vorlage: Amonov, R./Ulug-sade, K.: Afsonahoi chalkiī toǧikī. Stalinabad 1957). –

Per 3 = Pachalina, N. T.: Iškašimskij jazyk. M. 1959, 122–129. –

Per 4 = Pachalina (v. Per 3) 138–147 = Skazki (v. Per 6) 180–186. –

Per 5 = Sokolova, V. S.: Rušanskie i chufskie teksty i slovar'. M./Len. 1959, num. 15. –

Per 6 = Vachan: Grünberg (Grjunberg), A. L./Steblin-Kamenskij, I. M.: Skazki narodov Pamira. M. 1976, 172–180. –

Rum = A. Schullerus erwähnt 7 Var.n; Bîrlea (v. Rum 4) 354 über 40, einige von ihnen sind wahrscheinlich Ad, vielleicht auch M zugehörig). –

Rum 1 = Obert, F.: Rumän. Märchen und Sagen aus Siebenbürgen. Hermannstadt 1925, 36–39 (Erstveröff. 1857). Eine zwischen E und A stehende Var.: Anfang wie Rum 2, 5; TGag 1; Tschet; Dag 1, 3; Ge 5. –
Rum 2 = Obert (v. Rum 1) 39 sq. –
Rum 3 = Dima, A.: Rumän. Märchen. Lpz. 1944, 44–56 (= Schullerus, num. 5). –
Rum 4 = Bîrlea, O.: Antologie de proză populară epică 1. Buk. 1966, 340–354, 395–397 (aufgenommen 1951). –
Rum 5 = Bîrlea (v. Rum 4) 355–365, 397–399 (aufgenommen 1951). –

TAz 1 = Sarksjanc, M. In: Sbornik materialov [...] 13, 2 (1892) 308–318 (Ad). –
TGag 1 = Maškov, V.: Narečija bessarabskich gagauzov (Radloff, W.: Proben der Volkslitteratur der türk. Stämme 10). St. Peterburg 1904, num. 43. –
TGag 2 = Maškov (v. TGag 1) num. 63 (Ad). –
TOsm 1–14 = Eberhard/Boratav, num. 213, Var.n a–g, q–v, y; vielleicht auch noch einige der anderen Var.n. (Ad). –
TOsm 15 = Walker, W. S./Uysal, A. E.: Tales Alive in Turkey 1. Cambridge, Mass. 1966, num. 7; steht am nächsten zu Eberhard/Boratavs Var.n a, b. (Ad). –
TSib 1 = Radloff, W.: Proben der Volkslitteratur der türk. Stämme Süd-Sibiriens 4. St. Petersburg 1872, 443–476 (tümentatar.). –
TSib 2 = Radloff (v. TSib 1) t. 5. St. Petersburg 1885, 530–593 (kirgis.). –
TSib 3 = Vasil'ev, A.V.: Obrazcy kirgizskoj narodnoj slovesnosti. 1: Kirgizskie skazki. Orenburg 1898, 53–58 (kasach.; nach Potanin [v. TSib 4] 93). –
TSib 4 = Potanin, G. N. In: Živaja starina (kazakkirgizskija i altajskija predanija, legendy i skazki) 25 (1916) num. 13, 1 (kasach.). –
TSib 5 = Potanin (v. TSib 4) num. 13, 2 (kasach.). –
TSib 6 = Zelenin, D. K.: Velikorusskie skazki Permskoj gubernii (Zapiski imperatorskogo russkogo geografičeskogo obščestva po otdeleniju ėtnografii 41). Petrograd 1914, num. 108 (baškir.). –
TSib 7 = Sidel'nikov, V.: Kazachskie narodnye skazki. M. 1952, 270–295 = id.: Kazachskie skazki. Alma-Ata 1958, 3–35. –
TSib 8 = Ševerdin, M. I.: Uzbekskie narodnye skazki 1. Taškent 1963, 320–328. –
TSib 9 = Ševerdin (v. TSib 8) 375–393. –
Tschet = El'darchanov, T. E. In: Sbornik materialov [...] 29, 4 (1901) 1–6 (tschetschen.; der Jüngste tötet den Aufhaltenden!). –
Ukr 1 = Hnatjuk, V.: Etnografični materyjaly z Uhors'koï Rus'y 2 (Etnografičnyj Zbirnyk 4). L'vov 1898, num. 4 (aufgenommen 1896); (Ad) Anfang M(a), enthält auch AaTh 1419E: der Teufel läßt sich die Frau eines anderen Teufels bringen. –

Ökotyp M: Hier sind nur solche Var.n angegeben, die bei der Unters. eingesehen werden konnten. BP 3, 25–31, cf. BP 1, 124–126; bei BP 1, 499sq. ist aus denselben Gebieten noch eine große Anzahl von Märchen notiert, die auch zum Ökotyp M gehören oder gehören könnten.

Arm 4 = Vostrikov, N. In: Sbornik materialov [...] 41, 2 (1912) 79–81 (Anfang, cf. [b]). –
Dag 7 = Kapieva (v. Dag 4) 49–57 = Čudesnye rodniki. Groznyj 1963, 339–343 (kumyk.). –
D 14 = Henssen, G.: Dt. Volkserzählungen aus dem Osten. Münster [2]1963, 126–133 = Tenèze, M.-L./Hüllen, G.: Begegnung der Völker im Märchen. 1: Frankreich–Deutschland. Münster 1961, num. 27 (Anfang[a]). –

Ungedr. Var.n im Eesti NSV Kirjandusmuuseum:

E 14 = H IV 4, 739/43 – J. Hurt, Südestland 1875 (Anfang [c]). –
E 15 = H II 3, 115/18 – Vastseliina 1889 (?) H. Prants. –
E 16 = H II 24, 64/76 – Karula-Helme 1887, P. Einer, J. Einer (c). –
E 17 = H II 25, 1061/79 – Paistu, Holstre 1888, J. Leppik (b) = E 2817/39 (1889). –
E 18 = H II 22, 1092/6 – Saarde 1889, P. Kangur (b ?). –
E 19 = H II 25, 302/11 – Tarvastu 1889, Juhan Viira (c). –
E 20 = H II 30, 476/86 – Rannu, Valguta 1889, J. Peterson (b, c). –
E 21 = H II 43, 101/4 – Helme, Koorküla 1892, K. Ruut, P. Bergmann (c). –
E 22 = E 9765/9 – Ambla 1894, J. Neublau (c). –
E 23 = E 10185/90 – Narva 1894, F. Valts (b). –
E 24 = E 12252/63 – Ambla 1894, J. Neublau, C. Reedlich (a) = Eesti muinasjutud. Tallinn 1967, num. 55. –
E 25 = E 20616/24 – Võnnu 1895, J. Rootslane (eine Art [c]). –
E 26 = E 23328/37 – Halliste 1896, (c). –

E 27 = E 24119/30 – Rõuge 1896, M. Siipsen (b). –
E 28 = H II 54, 96/102 – Ambla 1896, C. Klemmer (b) = Loorits (v. E 6) num. 114. –
E 29 = H I 10, 723/9 – Setu, Pankjavitsa 1896, F. Treijal (b). –
E 30 = E 35116/19 – Töstamaa 1897, J. Bachson (c). –
E 31 = EKS 4°5, 460 – Helme, s. a., A. Wahlberg, J. Madisson (c) = H Jõgever I 196/8. –
E 32 = EKS 8°5, 120/30 – Räpina, s. a., J. Jagoman (beinahe nur AaTh 327B/A, 328). –
E 33 = H II 60, 348/94 – Vastseliina 1904, J. Sandra (b). –
E 34 = H II 70, 446/66 – Vastseliina, Setu 1904, J. Sandra, Radaja Vassil (b). –
E 35 = EStK 16, 26/32 – Kambja 1922, A. Ammon, A. Kulberg (c). –
E 36 = E 56849/53 – Torma 1926, B. Sööt (c). –
E 37 = S 5072/86 – Setu, Vilo – Meremäe, Kerba, s. a., M. Pihlapuu (b). –
E 38 = S 5107/13 – Setu, Vilo – Meremäe, s. a., M. Pihlapuu (b). –
E 39 = S 9560/84 – Setu, Vilo, Sagorje 1929, A. Põhi, A, Paloots (b). –
E 40 = S 20949/91 – Setu, Vilo, Mitkovitsi-Sagorje, s. a., A. Põhi (b) = S 48955/92. –
E 41 = S 39830/62 – Setu, Vilo, Vilo, s. a., A. Põhi (b). –
E 42 = S 42784/815 – Setu, Meremäe, Poroslova, s. a., A. Põhi (b). –
E 43 = S 56872/923 – Setu, Vilo, Molnika, 1933, V. Ruusamägi (b). –
E 44 = S 57070/133 – Setu, Vilo, Molnika, 1933, V. Ruusamägi (b). –
E 45 = ERA II 144:472/83 – Setu, Meremäe 1937, V. Raud (b). –
E 46 = ERA II 194:314/25 – Setu, Vilo 1938, E. Kirss, N. Liivamägi (b ?). –

Finn = Rausmaa, P. L.: Suomalaiset kansansadut. 1: Ihmesadut. Hels. 1972, 140–144 (AaTh 327B, 328. Anfang [c]). Sie bemerkt dazu: „328 (60 Var.n) oft verbunden mit 327B (75 Var.n) oder 531 (33 Var.n)“. Vermutlich gehört nur ein Teil davon zum Ökotyp M. –
Ge 8 = Lominadze, V. In: Sbornik materialov [...] 9, 2 (1890) 162–167 (wird von N. P. Andreev als die einzige russ.[!] Var. von AaTh 328 notiert; imeret.). –
Ge 9 = Dolidze (v. Ge 1) num. 14 = Glonti, A.: Gruzinskie narodnye novelly. Tbilisi 1970, 316–319 (aufgenommen vor 1909, kachet.–pšav.). –
Grie 1 = Kretschmer, P.: Neugriech. Märchen. MdW 1917, num. 48 (Anfang wohl [b], cf. auch Da 3; Jug 1, 2). –
Jug 6 = Valjavec (v. Jug 2) 5 = Leskien (v. Jug 1) num. 42. –
Kar 2 = Leskinen, E.: Karjalan kielen näytteitä 2. Hels. 1934, 77sq. (Fragment, mit AaTh 530 kombiniert). –
Kar 3 = Virtaranta, P.: Kultarengas korvaan. Vienalaisia satuja ja legendoja. Hels. 1971, 188–194 (b). –
Ket = Dulson, A. P.: Ketskie skazki. Tomsk 1966, num. 26 (sehr verändert). –
Oss 3 = Bjazyrov, A. Ch.: Osetinskie narodnye skazki. Stalinir 1960, num. 5. –
Rum 6 = Moldavskie skazki. Kišinev 1968, 251–261 (Anfang eine Art [b]). –
Russ 1 = Novikov, N. V.: Russkie skazki v rannich zapisjach i publikacijach XVI–XVIII veka. Len. 1971, num. 43 (aus: Staraja pogudka 1794/95). –
Russ 2 = Afanas'ev 1, num. 105 (b). –
Russ 3 = Smirnov, A. M.: Sbornik velikorusskich skazok. Petrograd 1917, num. 184 (aufgenommen 1914; [b]). –
Tri = Stumme, H.: Märchen und Gedichte aus der Stadt Tripolis in Nordafrika. Lpz. 1898, 93–104 (Konglomerat aus AaTh 303A, 327, 328, 550IV, wohl griech. Ursprungs). –
Tsch = Jech, J.: Tschech. Volksmärchen. B. 1961, num. 9 (aus: Pekárek, K.: Starozlínské pověsti a lidové povídky. Zlín 1942, num. 150). –
Ukr 2 = Čubinskij, P. P.: Trudy ėtnografičesko-statističeskoj ėkspedicii v zapadno-russkij kraj. Jugozapadnyj otdel. Materialy i issledovanija 2. St. Peterburg 1878, num. 8. –
Ukr 3 = Čubinskij (v. Ukr 2) num. 117. –
Ukr 4 = Hnatjuk (v. Ukr 1) 6 (L'vov 1910) num. 30, cf. auch num. 31. –
Ung 2–11 = Honti, num. 2–11 sub 728; num. 11 wird mit (a) eingeleitet. –
WRuss 1 = Romanov, E. R.: Bělorusskij sbornik 6. Vitebsk 1901, num. 32 (b). –
WRuss 2 = Romanov (v. WRuss 1) num. 41 (b). –
Zig 1 = Aichele, W.: Zigeunermärchen. MdW 1926, num. 4 (Palästina). –
Zig 2 = Aichele (v. Zig 1) num. 42 (Rumänien; [b]). –
Zig 3 = Aichele (v. Zig 1) num. 54 (Bukovina [a, b]). –
Zig 4 = ERA II 61: 537/62 – Lettland, Ludza 1933, P. Voolaine (b). –

Tartu Uku Masing

Brüder: Die vier kunstreichen B. (AaTh 653).

1. Während die B. im ähnlichen Märchen AaTh 654: *Die behenden → B.* ihre wunderbaren Fähigkeiten und die in AaTh 655: *Die scharfsinnigen → B.* ihre klugen Beobachtungen nur durch eine Probe unter Beweis stellen, setzen die B. in AaTh 653 ihre außerordentlichen Fertigkeiten ein, um eine Prinzessin aus der Gewalt eines Unholds zu befreien, sie von schwerer Krankheit zu heilen oder vom Tode zu erwecken. Das vorliegende Variantenmaterial ist ungewöhnlich diskrepant, so daß es kaum möglich scheint, eine für alle Redaktionen verbindliche Normalform zu erstellen. Es müssen also verschiedene Resümees erarbeitet werden. Das der ersten euras. Großform, von W. E. Farnham in seiner Untersuchung des Märchens 'The Rescue Type' genannt[1], könnte etwa wie folgt lauten:

Drei, vier oder mehr B. verfügen über ungewöhnliche Fertigkeiten: Der erste ist ein Scharfschütze, der zweite Schiffbauer, der dritte ein Meisterdieb. Sie befreien eine Prinzessin aus der Gewalt eines Drachen: Der Schiffbauer fertigt ein schnelles Schiff an, mit dem sie zur Insel fahren, auf der die Königstochter gefangen gehalten wird, der Dieb stiehlt sie, und der Schütze erledigt den verfolgenden Drachen. Bei vier B.n ist meist noch ein kunstfertiger Schneider beteiligt, der das durch den Aufprall des Unholds zertrümmerte Schiff zusammennäht. Statt des Schiffbauers tritt oft ein Astronom auf, der den fernen Ort der Gefangenschaft ausfindig macht. Das Märchen endet durchweg mit dem Streit der B., wer von ihnen die Prinzessin heiraten darf. Oft bleibt er ungelöst oder dem Hörer zur Entscheidung überlassen, zuweilen bestimmt die Begehrte selbst, wen sie haben will, nicht selten werden die Bewerber einfach ausgelost.

2. Die älteste europ. Fassung findet sich im ital. *Novellino* des 13./14. Jh.s, auch *Cento novelle antiche* genannt[2]: Von den vier Söhnen des Königs von Jerusalem lernt der erste in Paris alle Wissenschaften, der zweite wird auf Sizilien Armbrustschütze, der dritte in Katalonien Meisterdieb, der vierte in Genua Schiffbauer. Sie erlösen mit ihren Künsten eine Prinzessin von einem Drachen. Die zeitlich nächstfolgende Variante bringt Girolamo Morlini in seinen *Novellae* (Neapel 1520, num. 80), dem Giovanfrancesco Straparola in seinen *Piacevoli notti* (Venedig 1550–1553, 7,5) genau folgt: Die beiden ersten B. sind ein Kriegsmann und ein Schiffbauer, der dritte hat als Einsiedler die Vogelsprache gelernt und erfährt durch diese Kunst von der auf Chios gefangenen Prinzessin Aglaea und ihren Schätzen. Sie befreien sie und streiten sich, wer sie bekommen soll. Die Entscheidung wird dem Leser überlassen. Giambattista Basile hat in seiner 1634–36 zu Neapel erschienenen Märchensammlung *Lo cunto de li cunti* (seit 1674 *Pentamerone* genannt) in der siebten Erzählung der fünften Nacht einige Einzelheiten eingebaut, die vor allem oriental. Fassungen eigen sind.

Von den fünf B.n ist einer Meisterdieb, der zweite Schiffbauer, der dritte Bogenschütze, der vierte Kräuterkundiger, der fünfte kennt die Vogelsprache. Der Drache verfolgt die zu Schiff Fliehenden und wird vom Schützen erlegt, die Prinzessin stirbt vor Schreck, der Kräuterkundige erweckt sie wieder zum Leben. Am Streit der B. nimmt auch der Vater teil, da er sie erzogen hat und sie mit seinem Geld ihre Künste erworben haben. Ihm wird sonderbarerweise die Königstochter zugesprochen.

Von der Beliebtheit des Märchens in Italien zeugen nicht nur diese vier alten Fassungen, sondern auch seine Verwendung in der fabelhaften Entstehungsgeschichte der Stadt Prato in Giovanni da Pratos um 1400 verfaßtem Roman *Il Paradiso degli Alberti*. J. Bolte hat eine Kurzfassung gegeben[3]:

Vier etrusk. Jünglinge treffen auf einem gemeinsamen Ritt einen schönen Sperber in einem Dornstrauch am Wasser verstrickt und dem Ertrinken nahe; Laerte erkennt die Gefahr, Celio rettet den Vogel und wärmt ihn am Busen, Settimio erinnert zu Hause an den vergessenen Sperber, und Resio gibt ihm durch einen Melissenzweig, von dem der Sperber frißt, seine frühere Gestalt wieder. Es war nämlich Melissa, eine Tochter des Odysseus, die von der eifersüchtigen Circe vewandelt worden war. Nun begehren alle vier Melissa zur Frau und erbitten im Tempel Jupiters Entscheidung. Da die Götter Saturn, Mars, Apollo und Merkur geteilter Meinung sind, wird auf den Rat der Venus und Minerva die Entscheidung der Jungfrau selbst überlassen.

Die älteste dt. Fassung findet sich bei Eberhard Guerner Happelius: *Der ung. Kriegs-Roman* (Ulm 1685, 537–541). Hier begegnet zum erstenmal der Zug, daß die B. die Eierdiebstahlsprobe vor dem Vater ablegen müssen (v. unten)[4]. Eine ähnliche poln. Fassung enthält der kurz darauf 1699 in Wilna erschienene *Demokryt śmieszny* [...] (Der lustige Demokritus) des Mateusz Ignacy Kuligowski[5]. Im jüd.-dt. *Ma'assebuch* (Rödelheim 1753, Bl. 81a) sind es dagegen sieben B., die eine entführte Königstochter retten[6]. Sehr literarisiert wirkt eine russ. Fassung, die A. N. Afanas'ev aus dem Volksbuch *Lekarstvo ot zadumčivosti i bessonnicy, ili nastojaščie russkie skazki* ([Arznei gegen Schwermut und Schlaflosigkeit oder echte russ. Märchen]. M. 1786 und öfter) nach der Aufl. von 1819 abgedruckt hat[7]: Von den sieben B.n, die alle Simeon heißen, ist der erste Schmied, der zweite Kletterer, der dritte Schiffbauer, der vierte Taucher, der fünfte Meisterschütze, der sechste Springer und der siebte ein Dieb. Sie holen die schöne Helena für den Zaren.

3. Die ind. Fassungen sind bedeutend älter als die europäischen. Die früheste findet sich in der *Vetālapañcavimśati* (num. 5):

Ein Brahmane hat einen Sohn und eine Tochter, die als Gatten nur einen Helden, Weisen oder Zauberer will. Einst verspricht der Vater sie auf einer Reise einem Zauberer, gleichzeitig die Mutter zu Hause einem Weisen und der Bruder einem Helden. Am Hochzeitstage kommen die drei Freier zusammen, aber in der Nacht ist die Braut von einem Rākshasa in das Vindhya-Gebirge entführt worden. Der Weise findet das Versteck heraus, der Zauberer fertigt einen durch die Luft fliegenden Wagen an, und der Held tötet den Dämon. Die drei Freier streiten sich nun um die Braut. Der König Vikrama entscheidet, daß der Held sie haben soll, da der Weise und der Zauberer für diesen nur Helfer gewesen seien[8].

Eine zweite Version bringt der Perser Naḫšabi um 1330 in seiner Übersetzung der verlorengegangenen altind. *Śukasaptati*[9], dem *Tūtī-Nāmeh* (70 Erzählungen eines Papageien)[10]. Sie ähnelt bis auf unbedeutende Kleinigkeiten der *Vetāla*-Fassung: Statt des fliegenden Wagens ist ein wunderschnelles Pferd eingeführt, an die Stelle des Rākshasa sind räuberische Feen getreten, der Streit der B. dauert noch an. Eine dritte Variante hat W. A. Clouston aus der einzigen (nicht datierten) pers. Hs. des *Sindibād Nāhmeh*, des Sindbad-Buches, veröffentlicht[11], von dem schon der Araber Mas'ūdī († 956 p. Chr. n.) weiß, daß das *Kitāb el Sindbād* aus Indien gekommen sei[12] (→ Sieben weise Meister): Von den vier B.n ist der eine ein berühmter Wegekundiger, der zweite Räuber, der dritte Krieger, der vierte Arzt. Die vier befreien eine Königstochter aus der Gewalt eines Dämons.

Diese Großredaktion ist heute in ganz Europa, in Vorder- und Hinterindien, auf den Philippinen und in Japan bekannt[13]. Variabel ist die Zahl der B., sie reicht von drei bis neun. Gleiches gilt für die Berufe; neben den gewöhnlichen, oben im Resümee genannten, sind oft die mit übernatürlichen Fähigkeiten ausgestatteten Helfer aus dem nahe stehenden Märchen → *Sechse kommen durch die Welt* (AaTh 513A) eingedrungen: die scharf Hörenden und Sehenden, der Schnellläufer, die Kraftmenschen, die Wasser aus einem Stein drücken, schwere Lasten schleppen oder die Erde spalten können etc.

4. Einige Untergruppen dieser Redaktion zeichnen sich durch Besonderheiten aus, dazu gehört vor allem die Eierdiebstahlsprobe als Einleitungsmotiv:

Die Söhne müssen nach ihrer Rückkehr ins väterliche Haus Proben ihrer erworbenen Kenntnisse ablegen. Einer vermag so gut zu sehen, daß er die Eier in einem Vogelnest hoch oben in einem Baum zählen kann, der zweite kann sie stehlen, ohne daß es die brütende Vogelmutter merkt, der dritte zerschießt die Eier mit einem Schuß, obwohl sie nicht beisammen liegen, und der vierte näht sie so genau zusammen, daß niemand etwas von dem Schaden sieht. Nur an den Hälsen der geschlüpften Jungen ist ein feiner roter Narbenstrich erkennbar.

Die Kombination begegnet heute vor allem in Mittel-, Nord- und Westeuropa mit vielen Ausläufern nach Lateinamerika[14], vereinzelt auch auf Ceylon und bei den Kabylen[15]. Jedoch treten Einzelzüge bereits viel früher auf. Der geschickte Eierdieb findet sich schon im Fabliau *Les trois larrons* (13. Jh., Verf. Jean de Boves?), auch *Barat et Haimet* genannt[16]: Ein Schelm stiehlt einer Elster unbemerkt die Eier aus dem Nest und legt sie ihr ebenso wieder unter, während ihm sein Kumpan gleichzeitig die Hosen abzieht, was wiederum der Eierdieb nicht wahrnimmt. J. Bolte[17] und S. Thompson unter AaTh 1525 H_1 (mit falscher Wiedergabe des zweiten Teils) weisen Fassungen aus Europa, Asien, Afrika und Span.-Amerika nach. Ebenso erzählt der *Jüngere Titurel* (V. 4105) des 13. Jh.s von dem Meisterdieb Elbegast, daß er „stelende was den vogeln eyer ûz der brüete". Aus diesem Erzählbereich mag der Zug in AaTh 653 eingedrungen sein. Auch die Fähigkeit, ungewöhnlich weit und scharf sehen zu können (cf. Mot. F 642), ist früh belegt. Schon der Gott Heimdallr der nordgerm. → *Edda* zeichnet sich dadurch aus, daß er 100 Meilen weit bei Tag und Nacht sehen kann[18]. Im *Recueil von allerhand Collectaneis* [...] (s. l. 1719, 1. Hundert, num. 69) behauptet ein Aufschneider, auf dem höchsten Turm einen Floh gähnen und dabei den hohlen Zahn in seinem Maul sehen zu können[19] (zu ähnlichen amerik. tall tales cf. Baughman X 938).

In Italien und auf dem Balkan hat sich AaTh 653 häufig mit AaTh 621: → *Lausfell erraten* verbunden, so daß von einer regionalen Redaktion gesprochen werden kann: Dem dämonischen Errater des Laus- oder Flohfells jagen die vier B. die Königstochter wieder ab. Die früheste Version findet sich, kombiniert mit AaTh 513A: *Sechse kommen durch die Welt*, bei Basile (1,5). Bolte weist neuere Fassungen aus Italien, Griechenland, Bulgarien, Rumänien und Albanien nach[20].

Es nimmt ferner nicht wunder, daß die Gestalt des geschickten Diebes in AaTh 653 zu Verbindungen mit AaTh 1525A: → *Meisterdieb* geführt hat. Die Verbreitung dieser Kombination reicht von den West- und Südslaven bis nach Span.-Amerika[21]. Auch die Verbindung mit dem verwandten Märchen AaTh 654: *Die behenden B.* begegnet häufiger. Allein in Irland sind 18 solcher Fassungen aufgezeichnet[22]. Schließlich ist das Märchen häufiger in süd-, südosteurop. und asiat. Varianten des Erzählkomplexes von der stummen Prinzessin eingebaut[23]; cf. dazu die Art. → *Glück und Verstand* (AaTh 945) und → Pygmalion.

5. In einer zweiten in Eurasien, Afrika und Amerika bekannten Großform geht es nicht darum, eine Prinzessin aus der Gefangenschaft zu befreien, sondern sie von schwerer Krankheit zu heilen, oder, weit häufiger, sie vom Tode zu erwecken. Dazu mußte die Figur eines mit ungewöhnlichen Heilmitteln ausgestatteten Arztes eingeführt werden. Charakteristisch für diese Redaktion, die W. E. Farnham den 'Resuscitation Type' nennt[24], ist das Auftreten von nur drei Protagonisten (selten B.), die zudem keine Fertigkeiten, sondern magische Gegenstände besitzen oder erwerben. Diese Form differiert also in fast allen Motiven und Zügen von der oben untersuchten. Da aber die meisten Erzählforscher beide zusammen behandelt haben und S. Thompson die zweite Redaktion mit der num. AaTh 653 A: *The Rarest Thing in the World* der ersten zugeordnet hat, muß dieser (sicher sehr ähnliche) Komplex in die vorliegende Kurzmonographie mit einbezogen werden. Die Normalform lautet etwa:

Drei Freunde, B. oder Männer, die den Wunschvorstellungen einer Prinzessin nach bes. Fähigkeiten entsprechen, freien um sie. Sie erwerben oder besitzen wunderbare Dinge: einen Spiegel, ein Fernrohr oder eine Brille, vermittels derer man alles auf der Welt zu sehen vermag, einen Flugmantel oder -teppich und eine Lebensfrucht (Apfel, Zitrone etc.) oder -salbe, die heilen bzw. vom Tode erwecken können. Bei ihrer Zusammenkunft erkennen sie, daß die Begehrte tot ist, fliegen auf dem Teppich zu ihr und machen sie mit dem Wundermittel wieder lebendig. Es folgt der auch der ersten Redaktion eigene Streit, wer sie zur Frau bekommen soll.

6. Varianten dieser einfacheren Form begegnen in vielen Ländern der oben genannten Kontinente[25]. Weitaus häufiger ist jedoch die Verbindung mit dem Vorspannmotiv *The Rarest Thing in the World* (cf. AaTh 653A; Mot. T 68.1): Der König oder die Prinzessin verlangen von jedem

der Freier, daß er die kostbarste oder seltenste Sache der Welt bringe. Der weitere Verlauf ist mit dem der einfachen Form identisch.

A. M. Espinosa hat diese Redaktion die 'forma hispánica' genannt[26], wohl weil sie gut auf der iber. Halbinsel und in Lateinamerika vertreten ist[27]. Jedoch ist das Märchen auch im übrigen Europa, in Nordafrika, im Nahen und Mittleren Osten sehr bekannt: in Lettland, Polen, in der Tschechei, in Ungarn, Jugoslawien, Rumänien, Griechenland, Italien, auf Korsika, in Frankreich, Flandern, Island, in Marokko, Tunesien, Ägypten, in der Türkei, in Israel, im Jemen und Irak, in Persien, Indien und auf den Philippinen[28], so daß von einer spezifisch span. Form nicht gesprochen werden kann.

7. Die Erzählung begegnet zuerst in J. A. Gallands Ausgabe von *1001 Nacht* (1704–1717)[29], ist jedoch nicht aus den älteren Beständen der Sammlung überkommen, da Galland die Geschichte erst um 1709 von seinem syr. Gewährsmann → Hanna erzählt wurde und bis heute keine ältere arab. Vorlage gefunden worden ist[30]. Zudem wurde das in ihr vorkommende Fernrohr (v. unten) erst um 1600 in Holland erfunden[31]. Die Version Hannas kann also höchstens einige Jahrzehnte alt gewesen sein.

In dieser *Geschichte des Prinzen Ahmed und der Fee Peri Banu* verlieben sich die drei Söhne des Sultans von Indien in ihre schöne Cousine Nurunnihar. Nur der soll sie bekommen, der das wunderbarste Ding der Welt beibringt. Hussain kauft in Indien einen fliegenden Teppich, Ali in Persien ein Elfenbeinrohr mit zwei Gläsern an jedem Ende (also ein Teleskop), durch das man alles sehen kann, Ahmed in Samarkand einen heilenden Apfel. Die Erzählung nimmt den gewöhnlichen Verlauf bis zum Streit der Brüder. Der Sultan kann sich nicht entscheiden und setzt eine zweite Probe an: Wessen Pfeil am weitesten fliegt, der solle die Hand der Prinzessin gewinnen. Es folgt die Liebesgeschichte von Ahmed und der Fee Peri Banu, die in den Erzählbereich von AaTh 465: → *Mann wird wegen seiner schönen Frau verfolgt* gehört[32].

Der geringe Einfluß, den diese Version auf das europ. und lateinamerik. Erzählgut ausgeübt hat[33], erklärt in keiner Weise die globale Beliebtheit des Märchens. Dazu ist die Fassung auch zu jung. Trotzdem ist die Erzählforschung seit T. Benfey, F. von der Leyen, J. Bolte u. a.[34] der Meinung, daß AaTh 653 und 653A aus dem Orient stammen. Das mag für den erstgenannten Märchentyp gelten, für den zweiten muß die Herkunftsfrage offen bleiben, solange keine älteren Fassungen gefunden werden.

8. Sicher ind. Ursprungs ist dagegen die dritte Redaktion AaTh 653 B: *The Suitors Restore the Maiden to Life*. Auch von ihr findet sich der älteste Beleg in der *Vetālapañcavimśati* (num. 2)[35]:

Ein Mädchen, das von drei Brahmanen geliebt wird, stirbt. Der erste wacht an dem Platz, wo sie verbrannt wurde, der zweite trägt die Asche zum Ganges, der dritte lernt als wandernder Bettler einen Zauberspruch, mit dem er die Tote wieder lebendig macht. Es folgt der Streit der drei Freier. Die Lösung lautet oft: Der sie wiederbelebt hat, ist wie ihr Vater zu betrachten, der ihre Asche in den Ganges brachte, wie ihr Sohn, der beim Scheiterhaufen wachte, wie ihr Ehemann. Dieser erhält sie also zur Frau.

N. M. Penzer hat das Märchen untersucht[36], und Thompson/Roberts haben acht ind. Fassungen nachgewiesen. Außerhalb des ind. Subkontinents ist die Geschichte bislang nicht belegt. Es ist zudem fraglich, ob sie überhaupt in den Erzählkomplex von den kunstreichen B.n hineingehört, denn nur einer von ihnen verfügt über eine außergewöhnliche Fertigkeit. Der Gedanke an Polygenese liegt nahe. Das sollte schließlich auch für die beiden ersten Redaktionen gelten.

[1] Farnham, W. E.: The Contending Lovers. In: PMLA 35 (1920) 247–323. – [2] Papanti, G.: Catalogo dei novellieri italiani in prosa 1. Livorno 1871, XLIV–XLVI, num. 23. – [3] BP 3, 46, not. 1. – [4] BP 3, 47. – [5] Krzyżanowski, J.: Słownik folkloru polskiego. W. 1965, 50sq. – [6] Grünbaum, M.: Jüd.-dt. Chrestomathie. Lpz. 1882, 446 sq. – [7] Afanas'ev 3, 326–331, num. 561. – [8] Benfey, T.: Kl.re Schr. ed. A. Bezzenberger. t. 2, 3. Abt. B. 1892, 96–98; Ruben, W.: Ozean der Märchenströme. 1: Die 25 Erzählungen des Dämons (Vetālapancaviṃśati) (FFC 133). Hels. 1944, 18–21. – [9] In den späteren Redaktionen Textus simplicior und Textus ornatior (beide übers. von R. Schmidt [Kiel 1893 bzw. Stg. 1899]) ist die Geschichte nicht enthalten; cf. dazu auch Farnham (wie not. 1) 267 sq. –

[10] Das pers. Papageienbuch (Tuti Nameh). Eine Slg pers. Märchen. Dt. Übers. von C. J. L. Iken. Neuausg. R. Schmidt. B./Lpz. s. a., 142–147; Tuti-Nameh. Das Papageienbuch. Eine Slg oriental. Erzählungen 1–2. Übers. von G. Rosen. Lpz. 1858, 2, 165–169. – [11] Clouston, W. A.: The Book of Sindibād: or, The Story of the King, His Son, the Damsel [...]. Glasgow 1884, 106–108; Farnham (wie not. 1) 271; cf. Chauvin 8, 76, num. 45. – [12] BP 4, 310. – [13] BP 3, 45–51; AaTh 653; dazu Fansler, D. S.: Filipino Popular Tales. Lancaster, Pa/N. Y. 1921 (Nachdr. Hatboro, Pa 1965) 116–118, num. 12a; Ikeda 653. – [14] Polen: Piprek, J.: Poln. Volksmärchen. Wien 1918, 117 sq.; Tschechei: Tille, 245 sq.; Slovakei: Polívka, J.: Súpis slovenských rozprávok 3. Turčiansky sv. Martin 1927, num. 35; Kroatien: Bošković-Stulli, M.: Istarske narodne priče. Zagreb 1959, num. 54; Ungarn: Kovács, Á.: Ung. Volksmärchen. MdW 1966, num. 36; Deutschland: KHM 129; Flandern: Joos, A.: Vertelsels van het vlaamsche volk 1. Brugge 1889, num. 96; Niederlande: Huizenga-Onnekes, E. J.: Groninger volksvertellingen. 2: Het boek van Minne Koning. Groningen 1930, 8–16. – Frankreich: Delarue/Tenèze 2, 554–558; Irland: Béal. 2 (1929) 191–194; Spanien: Espinosa 3, 83–89; Mexiko: Wheeler, H. T.: Tales from Jalisco Mexico. Phil. 1943, num. 134; Dominikan. Republik: Andrade, M. J.: Folk-Lore from the Dominican Republic. N. Y. 1930, 88, num. 59; Chile: Pino-Saavedra, Y.: Folktales of Chile. L./Chic. 1967, num. 26 = id.: Chilen. Volksmärchen. MdW 1964, num. 20. – [15] Parker, H.: Village Folk-Tales of Ceylon 2. L. 1914, num. 82, 82a; Frobenius, L.: Volksmärchen der Kabylen 2. Jena 1922, 196–201, num. 21, hier p. 197: Der zweite Bruder kann einem Huhn das Ei aus dem Leib stehlen, ohne daß das Tier es merkt. – [16] Benfey (wie not. 8) 122; Bédier, 448. – [17] BP 3, 57, 392sq. – [18] HDM 1, 431. – [19] cf. BP 2, 96. – [20] BP 3, 485; dazu neuerdings: Pietrogrande, M.: Le fiabe popolari di Magia nel Veneto. Diss. Padova 1955/56, 266–268; Dawkins, R. M.: Forty-Five Stories from the Dodekanese. Cambridge 1950, 104 (drei Fassungen aus Kreta, Thrakien und Zakynthos); Šuljić, L. (ed.): Die schönsten Märchen aus Jugoslawien 2. Rijeka 1968, num. 8. – [21] Krzyżanowski 653, num. 13, 15, 16; Dobšinský, P.: Prostonárodné slovenské povesti. Turčiansky sv. Martin 1880–83, num. 23 (Neudr. Bratislava/Tatran [1954] ²1966); Bošković-Stulli (wie not. 14); Ranke 2, 335, num. 11; Huizenga-Onnekes (wie not. 14); Skattegraveren 2 (1884) 131–138; Ó Súilleabháin/Christiansen 653 (2 Fassungen); Espinosa, J. M.: Spanish Folk-Tales from New Mexico. N. Y. 1937, num. 56. – [22] O Súilleabháin/Christiansen 653, 654. – [23] BP 3, 53–56; cf. Farnham (wie not. 1) 291–293: The Creation Type. – [24] Farnham (wie not. 1) 275. – [25] cf. die Fassungen bei BP 3, 47–53, in denen in Klammern wunderbare Gegenstände angegeben sind; dazu im EM-Archiv 40 neue Var.n. – [26] Espinosa 3, 86. – [27] Espinosa kennt 17 Fassungen; dazu neuerdings eine weitere aus Haiti (v. Crowley, D. J.: 'The Greatest Thing in the World'. Type 653 A, in Trinidad. In: Folklore Today. Festschr. R. M. Dorson. Bloom. 1976, 93–100. – [28] Lettland: Arājs, K./Medne, A.: Latviešu pasaku tipu rādītājs. Riga 1977, 653 A (34 Fassungen); Polen: Krzyżanowski 462; Tschechei: Tille, 246–248; Ungarn: Berze Nagy 614*; Jugoslawien: Leskien, A. (ed.): Balkanmärchen aus Albanien, Bulgarien, Serbien und Kroatien. MdW (1915) ²1919, num. 66; Mijatovič, Č.: Serbian Folk-Lore. ed. W. Denton. L. 1874, 230sq. (Repr. N. Y./L. 1968); Rumänien: Bîrlea, O.: Antologie de proză populară epică 2. Buk. 1966, 420 (8 Fassungen); Griechenland: Dawkins, R. M.: Modern Greek Folktales. Ox. 1953, 324 (3 Fassungen); Italien: D'Aronco, Toscana p. 512, num. [857]; Calvino, I.: Fiabe italiane. Torino (1956) ²1959, num. 65, dazu 996, not. 3; Korsika: Massignon, G.: Contes corses. Aix-en-Provence 1963, num. 61; Frankreich: Delarue/Tenèze 653 A; Flandern: de Meyer 653 A; Island: Sveinsson 575; Marokko, Tunesien, Ägypten, Israel, Jemen, Irak: Jason 653A; Türkei: Tezel, N.: Istanbul masallari. Istanbul 1938, 8; Iran: Boulvin, A./Chocourzadeh, E.: Contes populaires persans du Khorassan 2. P. 1975, num. 26; Indien: Longworth-Dames, M.: Balochi Tales. In: FL 4 (1893) 195–206, hier 205sq.; Philippinen: Fansler (wie not. 13) 122–126. – [29] Chauvin 6, 133–136, num. 286. – [30] Gerhardt, M. I.: The Art of Story-Telling. A Literary Study of the Thousand and One Nights. Leiden 1963, 13sq. – [31] Brockhaus Enz. 6. Wiesbaden ¹⁷1968, 157. – [32] Robe 551* A. – [33] cf. z. B. die isl. Fassung bei Rittershaus, A.: Die neuisl. Volksmärchen. Halle 1902, num. 42; die schles. bei Peters, A.: Volksthümliches aus Österreichisch-Schlesien. 2: Sagen und Märchen, Bräuche und Volksglauben. Troppau 1867, 151–157; die dominikan. bei Andrade (wie not. 14) num. 61 oder die mexikan. bei Rael, J. B.: Cuentos españoles de Colorado y Nuevo Méjico 2. Stanford, Cal. [1957] num. 224. – [34] Benfey (wie not. 8) 108; Leyen, F. von der: Zur Entstehung des Märchens. In: ArchfNSprLit. 116 (1906) 1–24, hier 13; BP 3, 46. – [35] Ruben (wie not. 8) 24—26. – [36] Penzer, N. M. (ed.): The Ocean of Story 6. L. 1926, 261–266.

Göttingen Kurt Ranke

Brüder: Die zwei B. (AaTh 303)

1. Methode. Das Märchen ist Anfang der 30er Jahre von K. Ranke an Hand von rund 770 Fassungen und auf der Basis der damals dominierenden → geogr.-hist. Methode untersucht worden[1]. Gemäß den strengen Prinzipien der genannten

Forschungsrichtung[2] verzichtete der Autor auf ein Eingehen auf Vor- und Frühformen sowie vor allem auf mythol., rituelle, psychol. oder symbolische Spekulationen. Einziges Anliegen der Monographie war, auf Grund einer textkritischen Analyse (→ Philologische Methode) des vorliegenden Var.nmaterials die Urform, die ungefähren Entstehungsregionen, die Verbreitung und die Ökotypen bzw. Redaktionen der Erzählung zu eruieren. Die generelle Kritik an der geogr.-hist. Methode betrifft daher, ob berechtigt oder nicht, auch diese Untersuchung (v. Kap. 4).

2. Inhalt der Erzählung[3]. AaTh 303 wird häufiger durch die Geschichte vom *wunderbaren* → *Vogelherzen* (AaTh 567) eingeleitet. Konstitutives Eingangselement ist jedoch das Motiv von der Zwillingsgeburt, nachdem die Mutter von magischem Wasser getrunken oder von einem Wunderfisch oder -apfel gegessen hat (wunderbare → Empfängnis).

Den heranwachsenden B.n folgen dankbare Tiere oder geben ihnen zwei oder mehrere Junge, weil sie sie nicht getötet haben. Sie erhalten ungewöhnliche Tiere geschenkt, erwerben sie, diese werden gleichzeitig mit den B.n geboren oder von ihnen großgezogen. Der Jüngere begibt sich mit seinen Tieren auf Wanderschaft. Bei der Trennung setzen sich die B. ein → Lebenszeichen, an dem der Zurückgebliebene erkennen kann, wenn der andere sich in Lebensgefahr befindet oder gar tot ist: Wasser wird trübe, eine Pflanze oder ein Baum verdorren, das in einen Baum gestoßene Messer rostet etc. Der Jüngere tötet einen Drachen, dem die Königstochter geopfert werden soll, entlarvt einen Betrüger, der sich in seiner Abwesenheit als Retter ausgegeben hat, und heiratet schließlich die Prinzessin (AaTh 300: → *Drachentöter*). Er wird von einer Hexe versteinert, der zweite Bruder sieht am Lebenszeichen, was ihm zugestoßen ist, zieht ihm nach und kommt zur Prinzessin, die ihn auf Grund der Ähnlichkeit für ihren Mann hält. Er legt beim Schlafen ein Schwert zwischen sich und sie (→Symbolum castitatis), dann tötet er die Hexe, nachdem sie zuvor seinen Bruder entzaubert hat. Aus Eifersucht erschlägt der Erlöste den Bruder, der, als sich seine Unschuld herausstellt, durch ein Wundermittel wiederbelebt wird.

3. Verbreitung, Alter und Herkunft. AaTh 303 ist eines der am häufigsten erzählten Märchen und auf allen Kontinenten vertreten. Nach Abschluß der Rankeschen Untersuchung sind etwa 1500 neue Fassungen bekannt geworden, von denen die weitaus meisten aus Europa stammen[4], was die von der Mehrzahl der Erzählforscher vertretene These von der europ. Herkunft des Zweibrüdermärchens bestätigt.

Die Ansichten über das Alter divergieren. Nach F. von der Leyen spiegelt es „uralten Glauben“ wider und wird daher von ihm in seiner neugeordneten Ausgabe der KHM[5] in die älteste Überlieferungsschicht (vor der Völkerwanderungszeit) eingereiht. Erzählforscher, die an einen Zusammenhang von AaTh 303 mit dem *ägyptischen* → *Brüdermärchen* (AaTh 318, 516 B, 590 A) denken[6], datieren folgerichtig die Entstehung der gemeinsamen (Vor-)Formen in die Zeit der 19. Dynastie (die Niederschrift des ägypt. Märchens stammt aus der Zeit um 1250 a. Chr. n.). W. Liungman z. B. ist der Meinung, daß die Erzählung, von Kleinasien oder dem nördl. Syrien kommend, in byzant. Zeit Südosteuropa und dann „im Zusammenhang mit den Verschiebungen, die sich mit Konstantinopels Fall im Jahre 1453 ergaben“, Italien erreicht habe. Von dort sei sie in neuen Wellen über Ost-, West- und Nordeuropa verbreitet worden[7]. H. Gehrts, der ebenfalls an genetische Zusammenhänge beider Erzählungen glaubt, möchte „die Erfindung des Brüdermärchens in ‘vorhomerische’ Zeit“ verlegen[8]. W.-E. Peuckert denkt in Zusammenhang mit den von Ranke erarbeiteten Redaktionen bzw. Ökotypen an deren gemeinsame Stammform als ide. Urbesitz[9]. W. Hierse präsumiert: „Im Zeitalter des Hellenismus, eher später als früher, denken wir uns das Drachentöter- und Brüdermärchen mit den wesentlichen Erzählelementen entstanden“[10]. J. G. von Hahn, E. S. Hartland, K. von Spieß u. a., die AaTh 303 auf die → *Perseus*-Sage zurückzuführen versuchen[11], datieren die Entstehung spätestens in die Lebenszeit Ovids (43 a. Chr. n.–17 p. Chr. n.), der sie am vollständigsten erzählt (*Metamorphosen* 4,604–5,241) oder in frühere Epochen. Auf germ. Zeiten greifen R. Much, J. R.

Caldwell und die Brüder Grimm zurück, die ersteren, wenn sie die eddische *Helgakviða Hiǫrvarðssonar*[12], die beiden anderen, wenn sie die *Sigurd*-Sage mit dem Zweibrüdermärchen in genetischen Zusammenhang bringen möchten[13]. Am vorsichtigsten äußert sich Ranke: „Die Frage, wann unser Märchen entstanden ist, läßt sich kaum beantworten. Wir können hier nur einen terminus ante quem feststellen, der natürlich immer in den frühesten Aufzeichnungen besteht. Nehmen wir als diese die isländische Bjarki-Saga, so müssen wir als ungefähren Zeitpunkt das 14. Jh. annehmen, nehmen wir jedoch die erste vollgültige Variante (Basile), so können wir als Zeit des ersten literarischen Auftauchens unseres Märchens das Jahr 1643 (Erscheinungsjahr des Pentamerone) angeben"[14]. Jedoch gibt er einer früheren Datierung durchaus Raum: „Damit ist natürlich nicht gesagt, daß das Märchen erst im 14. oder 17. Jh. entstanden ist, es ist bestimmt bedeutend älter. Die Rechnung seit der ersten aufgezeichneten Variante bedeutet nur den ersten, zeitlich festen Anhaltspunkt in der Geschichte unseres Märchens"[15].

Entsprechend ihren Theorien sind einige der genannten Erzählforscher gezwungen, die Entstehung von AaTh 303 in den Lebensraum der von ihnen postulierten Grundfabel zu lokalisieren: Vorderasien (*ägypt. Brüdermärchen*), Mittelmeer (*Perseus*-Sage), Nordeuropa (*Edda, Sigurd*-Sage). E. Cosquin denkt natürlich an ind. Herkunft[16]. Ranke verlegt die Heimat des Märchens nach Westeuropa, weil dort die Masse der Var.n am besten der Urform (v. Kap. 2) entspricht[17]. Gegen diese Meinung sind von vielen Seiten „ernste Widersprüche erhoben" worden. G. Megas, von dem die Sentenz stammt[18], denkt an den östl. Mittelmeerraum. Auch nach A. Taylor scheint sich das Märchen „von Süden aus über Europa verbreitet zu haben"[19]. An Griechenland, Byzanz oder allgemeiner an Südosteuropa als Region, in der AaTh 303 seine definitive Ausformung gefunden hat oder zum mindesten umgesetzt worden ist, denken auch W. Hierse und W. Liungman[20].

4. Kritik. Diese wie andere kritische Stellungnahmen zur Untersuchung von Ranke korrespondieren, wie eingangs angedeutet wurde, im wesentlichen mit den Einwänden gegen bestimmte Prinzipien der geogr.-hist. Methode, vor allem mit der von ihr geforderten Eruierung einer 'Urform'. Die Argumente der Gegner hat M. Lüthi bestens zusammengestellt[21]. Vielleicht sollte man daher heute mehr mit dem unverbindlicheren Begriff der → Normalform operieren[22], jener Zusammenfassung von Inhaltselementen, die, durch die Analyse einer repräsentativen Zahl von Var.n gewonnen, einen ungefähren Überblick über den generellen Handlungsverlauf einer Erzählung bietet und die vermutlich auch die archetypischen Bestandteile enthält.

Ein weiterer neuralgischer Punkt jeder Erzählungsmonographie ist das Herkunftsproblem. Die Mehrzahl der Gelehrten, die sich mit dem Zweibrüdermärchen beschäftigt haben, denken an dessen Entstehung im ostmediterranen Raum. Die meisten orientieren sich dabei an altoriental. oder antiken Bild- und Literaturzeugnissen zum Drachenkampfmotiv (AaTh 300: *Drachentöter*). Aber das Drachentötermärchen ist seit je auch eine selbständige Erzählung gewesen, und wir wissen absolut nicht, wann und wo es mit dem Brüdermärchen kombiniert worden ist. Hierses Annahme, daß das schon in hellenistischer Zeit geschehen sei, ist ebenso wie Liungmans byzantomanische Interpretation des Problems reine Spekulation.

Es scheint aber auch, daß Rankes Ansicht von der Entstehung des Märchens im ma. Westeuropa – und hier speziell in Frankreich – heute nicht mehr zu halten ist. Die von ihm herausgearbeiteten einzelnen Redaktionskomplexe besitzen, wie Peuckert das richtig erkannt hat, einen schon ökotypenartigen Habitus, und diese nur langfristig möglichen Eigenentwicklungen lassen auf eine bedeutend frühere Genese als erst im MA. schließen, eine Möglichkeit, die immerhin auch Ranke in Betracht zieht[23]. Vielleicht sollte man daher allgemeiner und einfacher von

AaTh 303 als einer Schöpfung des (frühen?) europ. Geistes sprechen. Daß auf jeden Fall Europa die Heimat dieser Erzählung ist, hat schon Taylor erkannt, wenn er auf den Verfall der außereurop. Formen weist: „Außerhalb Europas, die von Amerika abhängigen kolonialen Länder ausgenommen, ist das Märchen kaum wiederzuerkennen"[24].

5. Mythische und rituelle Deutungen. D. Ward läßt die Möglichkeit eines Zusammenhanges von AaTh 303 mit den → Dioskuren-Mythen offen[25]: „It is quite possible, for example, that the famous Two Brothers tale (AaTh 303) was once an Indo-European Dioscuric theme that later developed into a popular folktale; however, the very distribution of the many variants of this tale makes it impossible to establish such a theory with certainty". Schon früher hatte A. H. Krappe in der Freundschaftssage von → Amicus und Amelius, die er für eine Parallele zum Brüdermärchen hielt, den Nachhall eines Dioskurenmythos erkennen wollen[26].

Neuestens hat Gehrts[27] AaTh 303 mit dioskurischen Ritualen in Verbindung zu bringen versucht: „Die folgende Untersuchung [...] geht, an die altrömische devotio anschließend und vom Europäischen Brüdermärchen geleitet, einem Haupttypus des Bruderopfers nach, und zwar vornehmlich seiner germanischen Form"[28]. Opfertod des einen Bruders, um dem andern zum Sieg und zur Braut zu verhelfen, Wiederbelebung und Partizipation des ersten am Erfolg des zweiten ist der rituelle Hintergrund dieses Schwurbzw. Zwillingsbrüdermärchens. Die Ritualbrüder besaßen „gemeinsam einen Tod, einen Sieg und eine Braut"[29]. An Hand eines umfangreichen Materials aus der Brauchtums-, Sagen-, Märchen- und Lit.geschichte versucht der Autor, seine Maxime vom ide. Bruderopferritual evident zu machen, wobei wiederholt darauf hingewiesen wird, daß für die Art seiner Beweisführung ein gewisses Einfühlungsvermögen vorausgesetzt wird, das der Gegenwart schon fast verloren gegangen sei, was stark an kongeniale Argumentationen des geistesverwandten Kultur- und Religionshistorikers O. Höfler erinnert[30].

Die Resonanz auf die Gehrtssche Theorie ist in der wiss. Diskussion meist kritisch. Reserviert urteilt z. B. Ward: „The main difficulty is that this gigantic, masterfully constructed edifice rests on the foundation of his theory of the ritualistics significance of the folktale. If this theory should prove untenable, his entire structure would collapse in a pile of rubble"[31]. Härter geht S. Neumann Gehrts' Methode an: „Das angesprochene Ritualschema wird von G. [...] nicht aus nachweisbaren Fakten erschlossen und dem Märchen vergleichend gegenübergestellt, sondern in vorgefaßter Meinung aus dem Erzähltext selbst herausinterpretiert, so daß sich die angebliche „Kongruenz" von Ritus und Mythos ganz natürlich ergeben muß". Und die Gehrtssche Passage: „Allerdings haben wir unseren Weg nur unter der Voraussetzung verfolgen können, daß die von uns erschlossenen Formen des Brüderrituals in den überlieferten Gedichten bereits verdunkelt, verschoben oder abgebaut seien"[32] veranlaßt Neumann zu der Replik: „So wird eigentlich das ganze Buch hindurch vorausgesetzt und aus Unbewiesenem bündig gefolgert bis die Summe der Vermutungen sich zum ‚Beweis' rundet'[33].

→ Bruder, Brüder, Das ägypt. → Brüdermärchen, → Dioskuren, → Drachentöter, → Zwillinge

[1] Ranke, K.: Die zwei B. Eine Studie zur vergleichenden Märchenforschung (FFC 114). Hels. 1934. – [2] cf. Anderson, W.: Geogr.-hist. Methode. In: HDM 2, 508–522. – [3] Nach Ranke (wie not. 1) 63–65. – [4] Ó Súilleabháin/Christiansen z. B. verzeichnen 236 ir., Arājs, K./Medne, A.: Latviešu pasaku tipu rādītājs. Riga 1977 158 lett., Delarue 77 frz., Balys 47 lit. Fassungen. – [5] Leyen, F. von der: Kinder- und Hausmärchen gesammelt durch die Brüder Grimm 1. MdW 1919, XVIII sq. – [6] Pieper, M.: Ägypt. Motive. In: HDM 1, 24–46, bes. 33–35; Sydow, C. W. von: Den fornegyptiska sagan om de två bröderna. In: Årsbok. ed. Vetenskaps-Societeten i Lund (1930) 53–89; Liungman, W.: Sagan om Bata och den orientalisk-europeiska undersagans urprung. Lund 1946; id., Volksmärchen, 49–53; Gehrts, H.: Das Märchen und das Opfer. Unters.en zum

europ. B.märchen. Bonn 1967, 83–98; Megas, G.: Zur „Begegnung der Völker im Märchen", Band 3. In: Fabula 15 (1974) 232–244, hier 237sq. – [7] Liungman, Volksmärchen, 50, 52. – [8] Gehrts (wie not. 6) 74. – [9] Peuckert, 52. – [10] Hierse, W.: Das Ausschneiden der Drachenzunge und der Roman von Tristan. Diss. Tübingen 1969, 152sq. –
[11] Hahn, Einl.; Hartland, E. S.: The Legend of Perseus 1–3. L. 1894–96, bes. 3, 158; Spieß, K. von: Das Zweibrüdermärchen. In: id./Mudrak, E.: Dt. Märchen – Dt. Welt. Zeugnisse nordischer Weltanschauung in volkstümlicher Überlieferung. B. [3]1939, 424–457. – [12] Much, R.: Der germ. Osten in der Heldensage. In: ZfdA 57 (1920) 145–176, hier 163sq.; Caldwell, J. R.: The Origin of the Story of Bǫthvar-Bjarki. In: ArkfNordFil. 55 (1940) 223–275; Christiansen, R. T.: Studies in Irish and Scandinavian Folktales. Kop. 1959, 58 folgert umgekehrt, daß der Sagadichter vom Brüdermärchen geborgt habe. – [13] KHM 3. Lpz. [3]1856, 114. – [14] Ranke (wie not. 1) 376. – [15] ibid. – [16] Cosquin 1, 73. – [17] Ranke (wie not. 1) 344–350. – [18] Megas (wie not. 6). – [19] Taylor, A.: Die zwei B. In: HDM 1, 338–340, hier 339. – [20] Hierse (wie not. 10) 153; Liungman, Volksmärchen, 52. –
[21] Lüthi, Märchen, 77. – [22] cf. Thompson, S. (ed.): Four Symposia on Folklore. Bloom. 1953, 278 (Beitrag W. Anderson); Lüthi, Märchen, 75. – [23] Ranke (wie not. 1) 376, not. 1. – [24] Taylor (wie not. 19) 339. – [25] Ward, D.: The Divine Twins. An Indo-European Myth in Germanic Tradition. Berk./L.A. 1968, 89. – [26] Krappe, A. H.: The Legend of Amicus and Amelius. In: Modern Language Review 18 (1923) 152–161. – [27] Gehrts (wie not. 6). – [28] ibid., 1. – [29] ibid., 137. – [30] Zuletzt Höfler, O.: Verwandlungskulte, Volkssagen und Mythen. Wien 1973, pass. – [31] Ward (wie not. 25) 110. – [32] Gehrts (wie not. 6) 257. – [33] Rez. zu Gehrts (wie not. 6). In: DJbfVk. 15 (1969) 238sq., hier 238 (S. Neumann).

Göttingen Kurt Ranke

Brüderchen und Schwesterchen (AaTh 450).

1. Das Märchen gehört zum Zyklus der Erzählungen von der unterschobenen Braut (→ Braut, Bräutigam) und steht innerhalb dieser Gruppe dem Typ 403: *Die schwarze und die weiße → Braut* bes. nahe.

B. und S. werden von der Stiefmutter in den Wald gejagt oder retten sich durch → magische Flucht vor ihren Eltern, welche die Kinder töten und aufessen wollen. Trotz der Warnung des S.s trinkt das B. aus einer von der Stiefmutter verzauberten Quelle, aus einem Bach, Teich, Brunnen oder aus einer Tierspur und verwandelt sich meist in ein Reh, Lamm oder Ziegenböckchen.

B. und S. leben zusammen im Wald, wo ein Prinz sie findet, oder das S. verbirgt sich auf einem hohen Baum, von dem es ein Prinz nach vergeblichem Zureden und Versuchen, den Baum zu fällen, schließlich mit Hilfe der List einer alten Frau herunterlockt. Das S. heiratet den Prinzen unter der Bedingung, sein Tier-B. mitnehmen zu können. Während der Abwesenheit des Prinzen wird seine Frau, die gerade schwanger ist oder ein Kind geboren hat, von der Stiefmutter, von einer Hexe oder Dienerin getötet oder in ein Wasser (Brunnen, Teich, Fluß) geworfen, wo sie sich in eine Ente oder einen Fisch verwandelt oder aber von einem Fisch verschluckt wird. Ihren Platz nimmt die Tochter der Stiefmutter oder der Hexe oder die Dienerin selbst ein. Nachts kehrt die wahre Frau zurück, um nach dem Kind und dem B. zu schauen, und klagt dabei ihr Leid. Oder die falsche Frau fordert aus Furcht vor Entdeckung bei der Rückkehr des Prinzen die Schlachtung des Tier-B.s, das daraufhin ans Wasser läuft und die Schwester um Hilfe bittet; diese klagt ebenfalls ihr Leid. Die Klagen (oft in Versform) werden belauscht. Der Prinz erlöst seine Frau. Die falsche Frau und deren Mutter werden bestraft, und das B. erhält meistens seine menschliche Gestalt wieder.

2. *B. und S.* ist in dieser Form vor allem in Europa und im Nahen Osten bekannt. Den Aufzeichnungen zufolge liegen Verbreitungsschwerpunkte in den balt. Ländern (43 lit., ca 100 lett. Var.n) und in der Türkei (32 Var.n)[1]. Auffallend groß ist die Anzahl der westslav. Texte (14 slovak., 8 poln.)[2]. Gut repräsentiert erscheint das Märchen in Frankreich, Italien, Deutschland und bei den Ostslaven. Südosteuropa zeigt durch ung. (20), rumän. (11), bulg. (7), griech. (6), aber auch durch einzelne skr., alban. und gagaus. Belege eine relativ dichte Verbreitung. Im Nahen Osten[3] tritt AaTh 450 in arab., jüd. und armen. Varianten auf. Einzelne Fassungen stammen von Turkmenen, Tadschiken und Osseten[4], aus Nordafrika[5] und Amerika[6].

Die Varianten, in denen die Eltern ihre Kinder töten wollen (→ Kannibalismus), kommen vor allem in Bulgarien, Griechenland und der Türkei vor, aber auch in Einzelfällen u. a. bei Polen, Slovaken, Ungarn und Osseten. In diesen Texten ersetzt die Mutter ein meist von der

Katze aufgefressenes Fleischstück durch ihre eigene Brust; dem Mann schmeckt das Fleisch so gut, daß nun die eigenen Kinder geschlachtet werden sollen (Mot. G 36.1)[7]. Hiermit verbunden ist fast immer das Motiv der magischen Flucht. In einem nahezu geogr. einheitlichen Gebiet (Balkan[8], Türkei, Araber, Armenier, Turkmenen) sind die Fassungen verbreitet, in denen der Prinz das Mädchen vom Baum herunterlockt.

3. Das Märchen läßt sich in zwei Teile gliedern: (1) die Abenteuer von Bruder und Schwester mit der Tierverwandlung des Bruders und (2) die Heirat der Schwester, deren Substitution und Erlösung. Der erste Teil zeigt eine 'Anfälligkeit' für Erweiterungen. Ergänzungen wie die vom Vater in den Wald geführten und dort zurückgelassenen Kinder, deren Nachhausefinden durch ausgestreute Schalen oder das Verbrennen der Hexe im Backofen erinnern an → *Hänsel und Gretel* (AaTh 327 A)[9], die Belohnung des S.s und Bestrafung der Stiefschwester durch Feen, alte Frauen etc. an *Das gute und das schlechte → Mädchen* (AaTh 480)[10], die Hilfe der toten Mutter oder einer Kuh an → *Einäuglein, Zweiäuglein, Dreiäuglein* (AaTh 511) und den → *Cinderella*-Zyklus[11]. Der zweite Teil ist durch das Motiv der unterschobenen Braut (Mot. K 1911)[12] bestimmt und hat Analogien in zahlreichen anderen Typen wie AaTh 403 (*Die schwarze und die weiße Braut*), AaTh 408 (*Die drei → Orangen*), AaTh 451 (→ *Mädchen sucht seine Brüder*) und AaTh 533 (*Der sprechende → Pferdekopf*). Die deutlichsten Übereinstimmungen ergeben sich zwischen AaTh 450 und Varianten von AaTh 403, was in BP 1, 86 zu einer gemeinsamen Motivgliederung für *B. und S.* (KHM 11), *Die drei Männlein im Walde* (KHM 13) und *Die schwarze und die weiße Braut* (KHM 135) geführt hat. Beiden Typen gemeinsam ist die bes. Rolle des Bruders der Heldin und die Substitution nach der Hochzeit. Die Verwandlung des Bruders in ein Tier bleibt Hauptmerkmal von AaTh 450. Zu Recht jedoch wird *B. und S.* nicht als bloße Variante zu AaTh 403, sondern als eigenständiger Typ betrachtet. Im AaTh-Verzeichnis entsteht durch Aufnahme von 450 III d, IV a und V a der Eindruck einer zusätzlichen Annäherung beider Typen, was sich aber durch die Belege nicht bestätigen läßt.

4. Die Überlieferung zeigt einige auffallende Abweichungen vom Normaltyp. In einigen russ. Varianten[13] geschieht die Verwandlung des B.s in ein Tier nicht durch Trinken von Wasser, sondern durch Lecken an Ziegensalz (verursacht von der Hexe → Baba Jaga), in einer weißruss. Fassung[14] durch Lecken an Drachenfett, und in einer mordwin.[15] ist es Hexenfett. Nicht um B. und S. handelt es sich in je einer sonst dem Normaltyp entsprechenden usbek. und turkmen. Variante[16], sondern um zwei Schwestern, von denen die jüngere die Rolle des B.s einnimmt. In mehreren griech. Belegen[17] wird das Tier-B. geschlachtet: Dem S. gelingt es, aus eigener Kraft aus dem Brunnen zu springen; es sammelt die Knochen und begräbt sie. Aus dem Grab wächst ein Apfel- oder Orangenbaum, dessen Früchte nur das S. pflücken kann, das jedoch fortgeht. In einer dieser Fassungen[18] ist der Schluß zu einer Ätiologie umgeformt: Das S. klettert an dem Orangenbaum in den Himmel hinauf. B. und S. bilden nun zwei neue Sterne am Himmel. Ebenfalls zu Ätiologien ist der erste Teil von *B. und S.* abgewandelt worden: Ein estn.[19] und ein serb.[20] Text hören mit der Tierverwandlung des B.s auf und erklären auf diese Weise die Herkunft der Gemse und der Hirsche. Eine Sonderstellung nimmt KHM 141: *Das Lämmchen und das Fischchen* ein:

Die Stiefmutter verwandelt die auf der Wiese spielenden Kinder, das S. in ein Lamm, das B. in einen Fisch. Als der Koch auf Befehl der Stiefmutter das Lämmchen schlachten will, ruft dieses den in der Gosse schwimmenden Fisch an, der ihm klagend antwortet. Der Koch hört das Gespräch und schlachtet ein anderes Lamm. Eine weise Frau gibt S. und B. ihre menschliche Gestalt zurück.

Diese Sonderform hat mit vielen der übrigen Varianten die Verse gemeinsam, die zwischen B. und S. gesprochen werden, nur daß hier das S. die üblicherweise vom B. gesprochenen Worte sagt und umgekehrt. Die in der Form erstaunlich übereinstimmenden Verse in einer großen Anzahl der aus den verschiedensten geogr. Gebiete kommenden Varianten hat zu der Überlegung geführt, daß diese bereits der Urform von AaTh 450 angehört haben müßten[21].

5. Die Herkunft des Märchens ist unbekannt. R. M. Dawkins[22] vermutet, daß die Geschichte vom Norden aus den slav. Ländern zu den Griechen kam. Einen dt. Einfluß auf die russ. Überlieferung hält F. von der Leyen[23] für möglich und hierdurch indirekt auf lit. und turkmen. Erzählungen. Die inzwischen breitere Materialgrundlage läßt diese Aussagen fragwürdig erscheinen. W. Liungman[24] bringt den ersten Teil von AaTh 450 in Zusammenhang mit der → Argonautensage und siedelt die Urform des zweiten Teils in Ländern südlich des Schwarzen Meeres an. Mit Vorbehalten gibt er als Zeitpunkt für das Zusammenfügen der beiden Hauptmotive die homerisch-mykenische Epoche an. Bereits L. Radermacher[25] sah die 'älteste Spur' von *B. und S.* in der Argonautensage, in der Entsprechung von B. und S. und dem durch die Stiefmutter Ino verfolgten (auf dem von der Mutter geschickten goldenen Widder fliehenden) Geschwisterpaar Phrixos und Helle. Da das Märchen scheinbar unabhängig von literar. Überlieferung ist, sind konkrete Aussagen über seine Entstehung und sein Weiterleben kaum möglich. Bis jetzt können nur zwei aus der Zeit vor den Grimmschen Aufzeichnungen stammende Belege angeführt werden. Im *Pentamerone* (5,8) des → Basile findet sich eine an *B. und S.* anklingende Geschichte, die wahrscheinlich eine Überarbeitung von in Italien bereits im mündlichen Umlauf befindlichen Erzählungen darstellt[26]. J. Krzyżanowski[27] weist auf eine noch ältere und genauere Variante hin, auf das Gedicht *Metamorphoseos puellae et parvuli liber unus* in dem Buch *Variorum epigrammatum ad St. Rozimontanum libellus* (Krakau 1558) von Christopher Kobylieński. Somit muß die Geschichte schon in der ersten Hälfte des 16. Jh.s oder sogar früher bekannt gewesen sein. Krzyżanowski zieht sowohl eine mögliche lat. oder ital. Vorlage in Betracht als auch poln. Ammenmärchen, zumal AaTh 450 im 19. Jh. in Polen gut belegt ist.

6. Aus der Sicht der → anthroposophischen Theorie wird *B. und S.* von R. Meyer[28] und F. Lenz[29] als Bild für geistige Bewußtseinswerdung interpretiert. Das B. symbolisiert bei ihnen die Willenskraft, das S. die werdende naive Seele und der das S. heiratende König das wahre Ich. Die einäugige Stieftochter weist ihrer Meinung nach auf die uralte Schaukraft vergangener Epochen in der Menschheitsgeschichte hin. B. Bettelheim[30] sieht von der → Psychoanalyse her als Hauptbotschaft des Märchens, daß das Es (= B.), das Ich und Über-Ich (= S.) integriert werden müssen, um menschliches Glück zu erlangen.

[1] Zum Verbreitungsgebiet v. AaTh 450 und BP 1, 86–96; lett. Var.n: Arājs, K./Medne, A.: Latviešu pasaku tipu rādītājs. Riga 1977; die Angabe bei AaTh über finn. Var.n trifft nicht zu: In den meisten Var.n kommt kein Bruder vor, die Stiefmutter verwandelt die Stieftochter in ein Tier, cf. Aarne, Finn.; Levin, I.: Die Volkserzählungen der Wotjaken (Udmurten). In: Fabula 5 (1962) 101–155, hier 154. – [2] Polívka, J.: Súpis slovenských rozprávok 3. Turčiansky sv. Martin 1927, num. 46; Krzyżanowski. – [3] Jason; Jason, Types. – [4] Stebleva, I. V.: Prodannyj son. Turkmenskie narodnye skazki. M. 1969, num. 21; Schewerdin, M. I.: Die Märchenkarawane (Usbekistan). B. 1959, 187–196; Amonov, R.: Tadžikskie skazki. M. 1961, 59–67; Bjazyrov, A. Ch.: Osetinskie narodnye skazki. Stalinir 1960, num. 7. – [5] Frobenius, L.: Volksmärchen der Kabylen 3. Jena 1921, num. 36; Lacoste, C./Mouliéras, A.: Traduction des légendes et contes merveilleux de la Grande Kabylie 1. P. 1965, num. 27; Hoogasian-Villa, S.: 100 Armenian Tales. Detroit 1966, num. 33. – [6] Drei frz.sprachige Var.n: cf. Delarue/Tenèze 2, num. 450; engl.sprachig: Campbell, M.: Tales from the Cloud Walking Country. Bloom. 1958, 230–234; span.sprachig: Pino Saavedra, Y.: Chilen. Volksmärchen. MdW 1964, num. 37; Mason, J. A.: Porto Rican Folk-Lore. ed. A. M. Espinosa. In: JAFL 38 (1925) 596 und 39 (1926) 310–312. – [7] cf. BP 3, 152. – [8] gagaus., rumän., bulg., griech. – [9] u. a. Lombardi Satriani, R.: Racconti popolari calabresi 2. Napoli 1956, num. 75;

Gonzenbach, num. 49; Eberhard/Boratav, num. 168; Chalatianz, G.: Märchen und Sagen. Lpz. 1887, num. 1; Paasonen, H./Ravila, P.: Mordwin. Volksdichtung 3. Hels. 1941, 230–236. – [10] Lombardi Satriani (wie not. 9) t. 1 (Napoli 1953) num. 9; Hoogasian-Villa (wie not. 3). – [11] Frobenius (wie not. 5); Lacoste/Mouliéras (wie not. 5); Löwis of Menar, A. von: Russ. Volksmärchen. MdW 1914, num. 34. – [12] Arfert, P.: Das Motiv von der unterschobenen Braut in der internat. Erzählungslitteratur. (Diss. Rostock) Schwerin 1897; HDM 1, 307–311. – [13] Afanas'ev 2, num. 263; Afanas'ev 3, num. 15; Löwis of Menar (wie not. 11). – [14] Romanov, E.: Belorusskij sbornik 3. Vitebsk 1887, num. 47a. – [15] Paasonen/Ravila (wie not. 9). – [16] Schewerdin (wie not. 4); Stebleva (wie not. 4). – [17] Hahn, 65–70, num. 1; Megas, G. A.: Griech. Volksmärchen. MdW 1965, num. 18; Dawkins, R. M.: Modern Greek Folktales. Ox. 1953, num. 2 (mit Kommentar); id.: More Greek Folktales. Ox. 1955, num. 1. – [18] Dawkins 1953 (wie not. 17). – [19] cf. Dh. 3, 460; Wesselski, Theorie, 50sq. – [20] BP 1, 89 sq. – [21] Spies, O.: Oriental. Stoffe in den Kinder- und Hausmärchen der Brüder Grimm. Bonn 1952, 24–26. – [22] Dawkins 1953 (wie not. 17) 9. – [23] von der Leyen, Welt der Märchen 1, 275; 2, 64. – [24] Liungman, Volksmärchen, 104 sq. – [25] Radermacher, L.: Mythos und Sage bei den Griechen. Brünn/Mü./Wien [2]1943, 181sq. – [26] cf. Thompson, Folktale, 118sq.; cf. BP 4, 256sq. – [27] Krzyżanowski, J.: Two Old-Polish Folktales. In: Fabula 2 (1959) 83–91; id.: Słownik folkloru polskiego. W. 1965, 51. – [28] Meyer, R.: Die Weisheit der dt. Volksmärchen. Stg. (1935) [5]1963, 81–86. – [29] Lenz, F.: Bildsprache der Märchen. Stg. (1971) [2]1972, 79–93. – [30] Bettelheim, B.: Kinder brauchen Märchen. Stg. 1977, 77–81.

Göttingen Ines Köhler

Brüdermärchen: Das ägyptische B. (AaTh 318 = 590A, 516B, 870C*, 302B)

1. Das altägypt. B. als literar. Denkmal und als volkskundliches Dokument – 1. 1. Inhalt, Motivbestand und Komposition – 2. Forschungsstand – 3. Neuzeitliche Parallelen zum 1. und 2. Teil des B.s: AaTh 870 C*, 302B – 3. 1. Parallelen zu Einzelmotiven – 4. Die Grundlage des 3. Teils: AaTh 318 – 4. 1. Neuere literar. Bearbeitungen – 4. 2. Neuzeitliche afrik. Parallelen zum 3. Teil – 5. Schlußfolgerung

1. Das altägypt. B. als literar. Denkmal und als volkskundliches Dokument. Das altägypt. B. ist das älteste vollständig erhaltene Zaubermärchen der Welt; es entstand als eine literar. Bearbeitung verschiedener Erzählungen und Mythen aus mündlicher Überlieferung und hat offensichtliche Parallelen in den noch lebenden Volksmärchen. Von den altägypt. Zaubermärchen ist es kulturgeschichtlich am interessantesten und außerdem ein wichtiger Beleg für die interethnischen Kulturkontakte in → Ägypten im Bereich der Volkserzählung zur Zeit des Mittleren und Neuen Reiches. Das B. wurde 1852 entdeckt, die hieratische Handschrift (*Papyrus d'Orbiney*) stammt aus dem 13. Jh. a. Chr. n. (19. Dynastie). Von Erzählforschung, Volkskunde und vergleichender Religionsgeschichte (von dieser wegen der Verwandtschaft des 1. Teils des B.s mit der bibl. Josephsgeschichte) wurde es von Anfang an berücksichtigt, jedoch erst seit 1925 systematisch erforscht[1]. Übersetzungen in mehrere Sprachen liegen vor[2], eine präzise Neuausgabe des hieratischen Originals veröffentlichte A. H. Gardiner[3].

1. 1. Inhalt, Motivbestand und Komposition.

Zwei Brüder leben zusammen, der ältere (Anubis bzw. Anup) ist verheiratet, der jüngere (Bata bzw. Batu oder Bitiu) arbeitet bei ihm als Bauer und Hirt. Als Bata einmal vom Feld nach Hause kommt, um Saatkorn zu holen, versucht die Frau des Anubis, ihn zu verführen, wird aber abgewiesen. Sie erzählt dann ihrem Mann, Bata habe sie zu vergewaltigen versucht. Der erzürnte Anubis will Bata daraufhin töten, dieser flüchtet aber, von einer redenden Kuh gewarnt. Anubis verfolgt ihn, jedoch ein Gott legt hinter den Flüchtenden einen Fluß voller Krokodile. Vom anderen Ufer aus schildert dann Bata dem Bruder die Wahrheit, worauf sich beide versöhnen; Bata entscheidet sich aber, nicht heimzukehren. Er schneidet sich sein Geschlechtsteil ab, verabredet mit Anubis ein Lebenszeichen (dessen Getränk würde im Becher trübe, falls er sich in Gefahr befände) und geht in das Piniental (Zederntal). Anubis kehrt nach Hause zurück und tötet seine Frau.

Für Bata schafft der Sonnengott Ra eine schöne Frau, mit der er im Zederntal lebt. Sein Herz verbirgt er in der Blüte einer hohen Pinie, wodurch er gegen jede Gefahr gefeit ist. Der Frau wird von den Schicksalsgöttinnen ein schlimmes Ende vorhergesagt: sie solle sich vor dem Meer hüten. Als sie einmal trotzdem an das Meeresufer geht, entfällt ihr eine duftende Haarlocke, die das Wasser nach Ägypten trägt. Dort gelangt sie in die Hände des Pharaos und weckt in ihm Sehnsucht nach der Frau, der sie gehört (→ Fernliebe). Er schickt seine Leute, um sie zu finden und zu holen. Bata tötet die Leute des Pharaos und verschont nur einen, damit dieser dem Herrscher von der Begebenheit berichten könne. Daraufhin schickt der Pharao gegen Bata ein ganzes Heer mit einem alten Weib, dem es gelingt, die schöne Frau zu entführen. Diese willigt ein, mit dem Pharao zu leben und verrät ihm das Geheimnis von Batas Unverletzbarkeit. Der Pharao läßt darauf die Pinie mit dem Herzen Batas fällen; als die Blüte mit dem Herzen zu Boden fällt, stürzt auch Bata tot nieder.

Durch das trüb gewordene Getränk erfährt Anubis vom Tod seines Bruders und zieht aus, ihn zu suchen. Im Zederntal findet er den Körper und nach langem Suchen auch Batas Herz. Er legt es ins Wasser und läßt es dann vom Toten verschlingen. Als das Herz an seinen Platz gelangt ist, wird Bata wieder lebendig. Die Brüder umarmen sich, und Bata beschließt, seine untreue Frau zu bestrafen. Er verwandelt sich in einen herrlichen Stier und wird zum Pharao geführt; dieser kauft das Tier zu einem hohen Preis. Als die Frau den Stier sieht, gibt er sich ihr als der verwandelte Gemahl zu erkennen. Die Frau verlangt vom Pharao, das Tier schlachten zu lassen. Aus dem Blut des Stieres wachsen zwei schöne Bäume; aus einem meldet sich Bata wiederum seiner Frau. Sie bittet den Pharao, die Bäume fällen zu lassen; ein Splitter springt ihr in den Mund; sie verschluckt ihn und wird schwanger. Sie gebiert einen Knaben: wieder ist es der verwandelte Bata (wunderbare → Empfängnis). Der Pharao (ohne ihn zu erkennen) liebt ihn sehr und macht ihn zum Erbprinzen; als er stirbt, folgt ihm Bata auf den Thron. Erst dann läßt er die Frau bestrafen; seinen Bruder ruft er zu sich und macht nun ihn zum Erbprinzen. Bata herrscht 30 Jahre; als er stirbt wird Anubis sein Nachfolger.

Nach S. Thompson[4] enthält das B. folgende Einzelmotive:

Potiphar's wife (K 2111). – Advice from speaking cow (B 211). – Obstacle flight (the river separating the fugitive from his pursuer) (D 672). – Separable soul (E 710). – Evil prophecy (M 340). – Love through sight of hair of unknown woman (T 11. 4. 1). – Betrayal of husband's secret by his wife (K 2213. 4). – Life token: foaming beer (E 761. 6. 4). – Resuscitation by replacing heart (E 30). – Repeated reincarnation (E 670). – Person transforms self, is swallowed and reborn in new form (E 607. 2).

Wichtiger ist aber, daß nicht nur einzelne Motive des B.s, sondern auch ganze Motivreihen mit verschiedenen identischen Nebenzügen in der neuzeitlichen Märchenüberlieferung mehr oder weniger genaue Entsprechungen haben. Dies gilt bes. für die drei Märchentypen AaTh 870C* (*Stepmother Makes Love to Stepson*), AaTh 302B (*Hero with Life Dependent on his Sword*; oft verbunden mit AaTh 516B: *The Abducted Princess [Love Through Sight of Floating Hair]*), AaTh 318 (*The Faithless wife*; identisch mit AaTh 590A: *The Treacherous Wife*)[5]. In einigen älteren Märchenkatalogen wurde AaTh 318 als 315B angeführt (bei Liungman als GS 367).

Obschon aus mehreren Bestandteilen zusammengesetzt (außer mit Zaubermärchen ist hier auch mit Sagen und Mythen – wenigstens in Einzelzügen – als Quellen zu rechnen), kann das B. doch als ein gut komponiertes Ganzes gelten. Im einführenden Teil macht die Beschreibung des Familienlebens und der Wirtschaft den Eindruck einer realistischen Erzählung. Obwohl mythol. Elemente an einigen Stellen sehr markant zur Geltung kommen, ist das Ganze nicht als ein Mythos, sondern als ein (Zauber-)Märchen zu betrachten. Aufgrund von Vergleichen mit der neuzeitlichen Märchenüberlieferung läßt sich jedoch schließen, daß der Verfasser des B.s die märchenhaften Vorlagen mythologisiert hat. Diesen Eindruck macht z. B. das Motiv von der Selbstkastration Batas sowie seine dritte Verwandlung (Wiedergeburt nach magischer Empfängnis). Diese Modifikation ist zugleich als Steigerung der epischen Spannung zu werten; die neuzeitlichen Parallelen sind an den entsprechenden Stellen einfacher und sehr wahrscheinlich auch ursprünglicher[6].

Im B. gibt es einige Unklarheiten, die als Entstellungen durch den Verfasser aufzufassen sind. Das betrifft bes. die Stelle, wo von der Entführung der Frau gesprochen wird: Sie wird zum Pharao geholt, während Bata noch stark und gesund bleibt. Aus den neuzeitlichen Parallelen läßt sich erschließen, daß in der Vorlage zuerst von zwei mißlungenen Versuchen der Soldaten des Pharao, sich der Frau zu bemächtigen, die Rede war; dann mußte das alte Weib eingreifen und das Geheimnis von Batas Stärke und Unverletzbarkeit erkunden. Vermutlich ist diese Unklarheit als Folge der Umgestaltung des Motivs vom ‚Talisman der

Unverletzbarkeit' entstanden. In den volkstümlichen Parallelen wird von der Entwendung eines Zaubergegenstandes erzählt, und etwas Ähnliches kann auch für die Vorlage des B.s vorausgesetzt werden. Unklar ist im B. auch der Zug, daß sich der verwandelte Bata selbst seiner Frau kundgibt. In den volkstümlichen Parallelen erkennt sie ihren Gemahl in seiner tierischen Gestalt an den Augen oder einfach intuitiv[7].

2. Forschungsstand. Die meisten Forscher, die sich mit dem B. befaßt haben, stimmen darin überein, daß es sich um eine literar. Bearbeitung mehrerer volkstümlicher Erzählungen handelt. Zuerst hat man vorwiegend die einzelnen Motive berücksichtigt, klare stoffliche Parallelen wurden erst von E. Cosquin nachgewiesen (1878)[8]. Aufgrund mehrerer Varianten versuchte C. W. von Sydow zu beweisen (1930), daß die zwei Hauptbestandteile des B.s ide. Ursprungs sind[9]. Er sah im B. ein Zeugnis für seine Ökotypentheorie bzw. für die Entstehung des Zaubermärchens (,Chimäremärchen' in seiner Terminologie) in ide. Frühzeit. Die zwei Hauptbestandteile (AaTh 302B und AaTh 318, damals in AaTh noch nicht angeführt) betrachtete von Sydow als zwei Versionen ein und desselben Märchentypus; es handelt sich aber eher um zwei selbständige Typen. Nach von Sydow entstanden die beiden Versionen bei den Indoeuropäern des Satem-Zweiges: AaTh 302B in Asien, AaTh 318 in Europa (bei den späteren Baltoslaven). Diese beiden Versionen bzw. deren Kombination sollen dann von Kaufleuten oder Soldaten nach Ägypten gebracht worden sein. Es ist in der Tat auffallend, daß der Märchentyp AaTh 318, der wichtigste Bestandteil des B.s, heute fast ausschließlich in Europa (bes. im Osten) sein Verbreitungsgebiet hat.

Nach W. Liungman (1946)[10], der in seiner Untersuchung die Zahl der Varianten beider ,Versionen' wesentlich vermehrte, entstand das B. bei den kleinasiat. Indogermanen (Hethiter?). Liungman versuchte eine Rekonstruktion der ursprünglichen Form des B.s und kombinierte dabei einfach die Hauptbestandteile von AaTh 302B und AaTh 318; den Anfang entnahm er AaTh 303 (*Die zwei Brüder*)[11]. Die so erschlossene Form ist aber durch kein einziges neuzeitliches Märchen belegt. Die Entwicklung müßte nach dieser Theorie zu einer Zweiteilung führen: Aus einer Urform (im Sinne der Rekonstruktion Liungmans) wären zwei Versionen (AaTh 302B und AaTh 318) entstanden. Das ist aber ziemlich unwahrscheinlich. Auch die Vorstellungen, die Liungman vom Verbreitungsweg der beiden Zweige entwickelt, sind unwahrscheinlich und stoßen auf unüberwindliche Hindernisse, bes. hinsichtlich der europ. Überlieferung.

3. Neuzeitliche Parallelen zum 1. und 2. Teil des B.s: AaTh 870C*, 302B. In der vergleichenden Erforschung des B.s wurde dem ersten Teil der Erzählung bisher nur ungenügende Aufmerksamkeit gewidmet. Weder von Sydow noch Liungman nahmen Rücksicht auf die wichtigen neuzeitlichen Parallelen, die vor 1900 in Südarabien von einer österr. Expedition aufgezeichnet worden waren; sie ermöglichen, den Ursprung des 1. Teils des B.s näher zu bestimmen. In einem dieser Märchen wird etwa folgendes erzählt[12]:

Zwei Brüder leben zusammen, von denen der ältere verheiratet ist, der jüngere für den älteren arbeitet. Die Frau des älteren versucht, den Jungen zu verführen, wird aber abgewiesen; sie verleumdet daraufhin den Schwager bei ihrem Mann. Der Jüngling flüchtet vor dem erzürnten Bruder (bis hierher reicht die erstaunliche Übereinstimmung mit dem B.), wird aber eingeholt und entmannt. Der Jüngling lebt dann in einer Stadt, eine Prinzessin verliebt sich in ihn und heiratet ihn, obschon er ihr alles eingesteht. Als der König von der Verstümmelung des Schwiegersohnes erfährt, muß dieser flüchten, wird aber von einem übernatürlichen Wesen geheilt und kann zu seiner Frau zurückkehren.

Die erste Hälfte dieses Märchens, zu dem inzwischen auch aus anderen Gebieten Nordafrikas verwandte Volkserzählungen bekannt sind, bildet ein genaues Gegenstück zum B., die genetische

Verwandtschaft steht hier außer Zweifel. Es wurde zwar von E. Cosquin und später von W. Anderson die Ansicht geäußert (im Zusammenhang mit der Frage, ob die bibl. Geschichte von Joseph und der Frau Potiphars vom B. genetisch abhängig sei), daß bei solchen einfachen Erzählungen die genetische Verwandtschaft unbeweisbar sei, aber solche Skepsis ist hier unbegründet. Sind doch in anderen, ähnlichen Fällen schon Übereinstimmungen in nebensächlicheren Zügen maßgebend. In der Weltliteratur gibt es verschiedene Bearbeitungen des Stoffes *Die Frau des Potiphar* (in der Volksdichtung kommt dieser Typ nur selten vor[13]), und manchmal fehlen wirklich Anhaltspunkte für die Entscheidung, ob genetische Zusammenhänge bestehen; in einigen Fällen aber läßt sich die genetische Verkettung klar verfolgen. In den literar. Bearbeitungen tritt fast immer die Stiefmutter des Jünglings in der Rolle der verführerischen und verleumderischen Frau auf (cf. z. B. die altgriech. Geschichte *Phaidra und Hippolytos*, die verwandte ind. Erzählung *Sundaraka und Kalatri*, die pers. *Sijavusch und Sudhabe* bei Firdausī, die Rahmenerzählung → *Sieben weise Meister* u. a.), im B. und in den afrik. Parallelen ist es aber die Schwägerin des Jünglings. Von zwei Brüdern in ähnlicher Situation wird auch in einigen Indianermärchen aus Nordamerika erzählt, aber nur das ägypt. B. und die verwandten afrik. Volkserzählungen enthalten noch andere gemeinsame Einzelheiten, so daß die genetische Abhängigkeit sicher zu sein scheint. Der Verfasser des B.s hat also höchst wahrscheinlich den ersten Teil aufgrund einer mündlichen Erzählung (eines Märchens) verfaßt, die in der afrik. Volksüberlieferung noch heute lebendig ist[14].

Die Verbreitung der neuzeitlichen Parallelen zum 2. Teil des B.s haben von Sydow und Liungman zufriedenstellend charakterisiert. Die Aufzeichnungen aus Südarabien – eine neuere enthält die Sammlung der jüd. Volkserzählungen aus dem Jemen[14a] – enthalten wichtige archaische Züge. Zur Verbreitung des Typs AaTh 302 B/516 B in der Türkei und teilweise auch in den Balkanländern hat das türk. Volksbuch *Elif und Mahmut* beigetragen[14b].

3. 1. Parallelen zu Einzelmotiven. Zu den wichtigen Übereinstimmungen gehört auch das Motiv der Selbstverstümmelung (→ Selbstschädigung, → Kastration), obwohl ein bedeutender Unterschied besteht: Im Volksmärchen schneidet der ältere Bruder dem jüngeren als Strafe für die vermeintliche Schuld die Geschlechtsorgane ab – im B. verstümmelt sich Bata selbst, allerdings ist es hier ein unklares Handlungselement; mit einem genetischen Zusammenhang ist aber auch in diesem Fall zu rechnen. Den Beweis für die Ursprünglichkeit der Volksüberlieferung bietet bei diesem Zug eine ägypt. Erzählung, die in ptolemäischer Zeit aufgezeichnet wurde und in der wieder die zwei Brüder auftreten[15]: Bata trägt den Namen Seth, er verwandelt sich in Anubis und entwendet Abwehramulette aus der hl. Schatzkammer. Anubis verfolgt den Bruder, dieser verwandelt sich in einen Stier, Anubis fesselt ihn und schneidet ihm die Zeugungsorgane ab. Auch wenn man diese Geschichte gewöhnlich als einen Mythos zu bezeichnen pflegt, so ist damit über die Frage der Priorität gegenüber dem Volksmärchen nichts ausgesagt.

Läßt sich die Quelle des Einführungsteils vom B. ziemlich sicher bestimmen, so bleibt das Verhältnis zur bibl. Josephs-Geschichte unklar. Gewisse gemeinsame Details bietet hier nur die Schilderung des Verführungsversuches und der Verleumdung. Die Abhängigkeit der bibl. Geschichte von einer altafrik. Überlieferung ist jedoch nicht ausgeschlossen, schon wegen der Lokalisierung der bibl. Bearbeitung in Ägypten. An einen direkten Zusammenhang mit dem B. ist aber nicht zu denken, eher an eine gemeinsame Quelle.

Unter den Materialien der österr. ‚Südarab. Expedition' befindet sich auch eine bemerkenswerte Variante zu AaTh 303 und 302 B, die verwandte Züge mit dem

B. enthält[16]. Bes. auffallend ist, daß hier ähnlich wie im B. das schöne Weib als Tochter der aufgehenden Sonne bezeichnet wird. Aufgrund dieser Übereinstimmung hat J. de Vries die Vermutung ausgesprochen, es handele sich hierbei um eine neuzeitliche Entlehnung aus dem B.[17], aber dieser Gedanke ist abzulehnen; das somal. Märchen gehört zur alten Märchenüberlieferung, die mit dem B. auf irgendeine Weise urverwandt ist. Aus dem südarab. Randgebiet stammt auch eine Kombination von AaTh 302B und AaTh 315 (*Die treulose* → *Schwester*), die an die Vereinigung von AaTh 302B und AaTh 318 im B. erinnert; solche Kombinationen sind aus anderen Gebieten unbekannt. Dasselbe gilt auch von der Kombination von AaTh 302B mit AaTh 303; auch sie ist fast nur aus afrik. Überlieferung bekannt[18].

AaTh 302B und AaTh 318 haben das Motiv ‚Talisman des Sieges und der Unverletzbarkeit' gemeinsam, es ist aber auf verschiedene Weise gestaltet. In AaTh 302B (516B) ist es meistens eine Waffe (Schwert), die dem Helden nicht entwendet werden darf, da er sonst stirbt oder in tiefe Ohnmacht fällt; er wird aber wieder lebendig, wenn die Waffe auf die vorherige Stelle zurückgelegt wird. Im ägypt. B. tritt an Stelle des Talismanmotivs das Motiv vom verborgenen Leben, das jedoch aus AaTh 302 (→ *Herz des Unholds im Ei*) in modifizierter Gestalt entlehnt ist: In AaTh 302 ist das Herz (das Leben, die Seele) des Riesen an einem entfernten Ort verborgen und zugleich mehrmals ‚verschachtelt' – im B. versteckt Bata sein Herz in der Blüte einer Schirmpinie (→ External Soul). Wird der Baum umgehauen, fällt das Herz zu Boden, und Bata verliert sein Leben. Er wird erst wieder lebendig, wenn das durch Wasser erfrischte Herz zurück in seinen Körper gelangt. Zu dieser Modifikation gibt es eine Parallele in einem südafrik. Volksmärchen und in einer Fabel des *Pañcatantra*, wo der Affe behauptet, er habe sein Herz auf dem Wipfel eines Baumes verborgen[19]. Es ist wahrscheinlich, daß die Annäherung des B.s an AaTh 302 an dieser Stelle von seinem Verfasser durchgeführt wurde.

Das Motiv vom → Lebenszeichen hat im B. eine seltene Form, die wahrscheinlich nicht aus der volkstümlichen Vorlage übernommen worden ist. Dagegen kann das Haarmotiv schon in der Vorlage dieselbe Gestalt gehabt haben, die im B. vorliegt, es ist in den Varianten zu AaTh 302B (516B) gut belegt. Die Haarlocke wird vom Wasser ins fremde Land getragen (im *Tristan*-Roman und in verwandten Volksmärchen von einem Vogel).

Die meisten Aufzeichnungen von AaTh 302B stammen aus Asien, die Varianten aus Südosteuropa weisen auf osmantürk. Vermittlung hin. Mit Rücksicht auf den byzant. Roman von *Kallimachos und Chrysorrhoe* (14. Jh.) ist zumindest für Kleinasien auch mit einer älteren Schicht griech. Volksüberlieferungen zu rechnen; eine literar. Entlehnung ist in diesem Fall nicht auszuschließen[20]. In der asiat. Überlieferung kommt AaTh 302B in verschiedenen Versionen vor und wird auch mit AaTh 461 (*Drei* → *Haare vom Bart des Teufels*) kombiniert; literar. von → Somadeva bearbeitet. Das Motiv vom Talisman kann fehlen (dann entfallen auch die Motive vom Lebenszeichen und von der Wiederbelebung), der Held befreit seine entführte Frau durch eine von ihr erdachte List. Für die Erforschung des B.s haben solche Modifikationen von AaTh 302B keine oder nur geringe Bedeutung. Die normalen Varianten wurden meistens bei den islam. Völkern aufgezeichnet. In Europa ist dieser Typ nur im Südosten belegt (die nördlichste Aufzeichnung stammt aus der Slovakei[21]). Die afrik. Varianten von AaTh 302B sind nicht zahlreich, können aber chronologisch eine einzige Schicht bilden. Für den ide. Ursprung dieses Typs gibt es keine triftigen Beweise.

4. Die Grundlage des 3. Teils: AaTh 318. Die Überlieferung von AaTh 318 ist fast ausschließlich auf Europa beschränkt.

Die wenigen turktatar. und finn.-ugr. Varianten aus der Sowjetunion sind als

Entlehnungen aus der ostslav. Überlieferung zu betrachten. Eine Charakterisierung der europ. Überlieferung von AaTh 318 muß unbedingt von den ostslav. Varianten ausgehen und darf nicht, wie es Liungman vorgeschlagen hat, mit denen vom Balkan beginnen, schon allein, weil die älteste europ. Variante (18. Jh.) russisch geschrieben ist. Während bis jetzt keine einzige griech. Variante zu AaTh 318 bekannt ist, gibt es einen bulg. Text, der jedoch ostslav. Ursprungs zu sein scheint. Aus Rumänien und Ungarn gibt es mehrere Aufzeichnungen, einige mit auffallenden Archaismen (bes. in der rumän. Überlieferung); von keiner aber kann man sagen, sie sei hierher aus Kleinasien übertragen worden (wie es Liungman voraussetzen wollte).

4. 1. Neuere literar. Bearbeitungen. Die russ. Fassung aus dem 18. Jh.[22] hat einige Berührungspunkte mit dem B., die in den übrigen Varianten zu AaTh 318 nicht belegt sind, so z. B. das Lebenszeichen (Der Helfer ist ein Verwandter des Helden), der Held verwandelt sich in einen Stier – zuerst auch in ein Pferd, wie es in der Volksüberlieferung von AaTh 318 üblich ist. Auch der Name der schönen Frau (Kleopatra) kann als ein Archaismus gedeutet werden. Daher ist bei dieser halbliterar. Version eine Ableitung von einer literar. Vorlage möglich. Mehrmals wurde die Existenz einer byzant. Fassung vermutet, bisher wurde aber keine, weder in griech. noch in einer anderen Sprache, gefunden.

Den Märchentyp AaTh 318 gibt es in Rußland in der Form eines Volksbuchs, welches auch mündlich nacherzählt wird[23]. Von ihm sind mehrere Ausgaben ohne Illustrationen bekannt, in denen der Held ‚Portupej Praporščik' (Der Unterfähnrich) heißt. Die Einführung entspricht AaTh 301 (Befreiung einer entführten Prinzessin, die auf einer fernen Insel gefangen gehalten wird). Die Mehrzahl der ostslav. Varianten stammt jedoch nicht hiervon ab; das Volksbuch entstand aufgrund einer älteren mündlichen Überlieferung und hängt nicht mit der angeführten Bearbeitung aus dem 18. Jh. zusammen.

Die Mehrzahl der gedr. sowie der hs. Varianten zu AaTh 318 enthält verschiedene Modifikationen, bes. im einführenden Teil und in der Erzählung von der untreuen Frau. Die drei Verwandlungen des Helden kommen fast immer in derselben Form und Reihenfolge vor. Bei der dritten Verwandlung erhält der Held die Gestalt eines Enterichs, aber etwas Ähnliches wie die Wiedergeburt des Helden nach dem Verschlucken eines Holzsplitters kommt niemals vor – diese Besonderheit ist nur der ägypt. Fassung eigen. Ein ähnliches Motiv ist aber aus anderen Volkserzählungen bekannt, so z. B. aus der Legende des hl. Andreas[24]. Alle eindeutigen Varianten zu AaTh 318 stammen aus der europ. Überlieferung. Ob sie ausschließlich mündlich tradiert wurden, läßt sich nicht mit Sicherheit sagen; es besteht auch die Möglichkeit einer Erneuerung aufgrund einer noch unbekannten literar. Fassung. Sicher ist, daß in neuerer Zeit die Verbreitung des Typs in Europa bedeutend zugenommen hat. Fast alle Varianten (außer einigen rumän.) scheinen slav. Ursprungs zu sein, ebenso wie die veröffentlichten turktatar. und finn.-ugr. Varianten.

4. 2. Neuzeitliche afrik. Parallelen zum 3. Teil. In Afrika wurden bis jetzt noch keine weiteren Belege für AaTh 318 (außer im ägypt. B.) gefunden, aber es gibt gewisse Anzeichen: An erster Stelle ein Märchen aus Dahomey, das zwar kaum gemeinsame Einzelzüge mit dem B. aufweist, dessen Verlauf dennoch den Eindruck einer Variation zu diesem macht. Auch dieses Märchen ist zweiteilig, und in jedem Teil wird eine Geschichte von der treulosen Frau erzählt[25]:

Im einführenden Teil wird ein Jüngling von seinem Vater bei der Mutter (wahrscheinlicher: seiner Stiefmutter) ertappt. Der Vater bestraft seine Frau mit dem Tode, der Sohn muß das Vaterhaus verlassen. Der Sohn bleibt bei dem Leichnam der Geliebten und will lieber sterben, als von der Toten zu scheiden. Der Gott des Todes ist gerührt, beschenkt den Trauernden mit Zaubergaben (je einem Talisman des Sieges und der

Wiederbelebung) und gibt der toten Frau das Leben zurück. Der junge Mann lebt dann mit ihr, sie aber läßt sich bald von einem König entführen und schenkt diesem die zwei Talismane ihres Gemahls; ihr Mann wird daraufhin vom König besiegt und getötet. Die verräterische Frau beschimpft den Leichnam, um dem König zu gefallen. Der Gott des Todes aber erweckt den Toten zum Leben und schenkt ihm die zwei Talismane aufs neue; der Wiederbelebte siegt über den König und nimmt ihn und die Frau gefangen. Dem König vergibt er, die Frau muß ihre Untreue mit dem Leben büßen.

Außerdem ist noch ein sudanes. Märchen anzuführen:

Ein Mädchen wird von einem bösen Zauberer entführt, dann von ihrem Bruder gerettet. Der Zauberer verwandelt sich in einen Stier, die Brüder kaufen ihn. In der Nacht kommt er ans Fenster des Mädchens, es erkennt ihn an seinen Augen. Die Brüder töten das Tier, zwei Blutstropfen verwandeln sich in einen Edelstein und eine Kürbispflanze – es sind wieder Verwandlungen des Zauberers.

Die Verwandtschaft mit dem B. wird auch hier recht deutlich. Es läßt sich also voraussetzen, daß AaTh 318 früher auch in der afrik. Volksüberlieferung in ursprünglicher Gestalt vorhanden war oder sogar noch ist[26].

Nach H. von Sicard leben einige Elemente des B.s in der afrik. Überlieferung in verschiedener Gestalt fort, so z. B. in mehreren Varianten des Märchens von der belebten Holzpuppe (nur fern verwandt mit der → Pygmalionsage, cf. AaTh 653: *Die vier kunstreichen → Brüder*). Ihm zufolge bilden die mythischen Elemente des B.s die eigentliche Grundlage seiner Funktionsbestimmung[27]. Jedoch gehören die von ihm erwähnten Märchen von der belebten Puppe nicht zum uralten afrik. Kulturgut, sondern sind eher als Import aus Indien zu deuten.

In den 60er Jahren wurde in Algerien eine arab. Variante des Typs 318 aufgezeichnet, die auffallend eng mit der altägypt. Fassung verwandt ist, wobei es sich jedoch einfach um deren Nacherzählung handelt (wahrscheinlich aufgrund der frz. Übers. reproduziert)[28]. Während der Herausgeber diese Möglichkeit zuläßt, hält Samia al Azharia Jahn diese Variante zu Unrecht für ein Zeugnis alter mündlicher Überlieferung[29]. In dieser arab. Nacherzählung sind nur wenige Motive ausgelassen, und nur selten ist etwas hinzugefügt; so ist das Lebenszeichenmotiv verdoppelt. Ein ähnlicher Fall ist aus der türk. Überlieferung bekannt[30].

5. Schlußfolgerung. Das altägypt. B. ist eine literar. Bearbeitung dreier verschiedener Märchentypen, die noch in der neuzeitlichen Tradition leben: AaTh 870 C*, 302 B und 318. Die ursprüngliche Form ist bes. gut im dritten Teil erhalten. Der Einfluß anderer Märchentypen ist nicht ausgeschlossen, könnte aber nur unbedeutende Details betreffen. Es ist auch mit einer sekundären Mythologisierung (wahrscheinlich durch den ägypt. Bearbeiter) zu rechnen. In diesem Sinn kann das B. als ein Zeugnis der altägypt. Mythologie gewertet werden.

Von den neuzeitlichen Parallelen zum B. läßt sich zusammenfassend sagen, daß sie in einigen Zügen die ursprüngliche Form seiner Vorlagen bewahrt haben, dies gilt nicht zuletzt von der afrik. Überlieferung (bes. hinsichtlich des einführenden Teils des B.s). Von der Überlieferung des Typs AaTh 318, die durch eindeutige Belege nur aus Europa bekannt ist, läßt sich heute noch nicht sagen, ob sie direkt zur uralten mündlichen Linie gehört oder aufgrund einer literar. Bearbeitung erneuert wurde. Die russ. Fassung aus dem 18. Jh. spricht eher für die zweite Möglichkeit, so daß ein bisher unbekanntes byzant. Verbindungsglied anzunehmen ist. Neue Aufzeichnungen in Afrika, bes., im Sudan, in Äthiopien und in den benachbarten Gebieten könnten noch manche neue Erkenntnisse bringen.

Die zwei → Brüder

[1] Die erste vergleichende Abhdlg stammt von Mannhardt, W.: Das älteste Märchen Satu und Anepu [. . .]. In: ZfdMythol. 4 (1859) 232–259; eindeutige Parallelen aus der neuzeitlichen Überlieferung bringt Cosquin, LVII–LXVIII; nur wenig Bedeutung für die Märchenforschung haben die Charakteristiken in den Lit.geschichten bei Maspero, G. C. C.: Les Contes populaires de l'Égypte ancienne. P. (1889) 1967, 1–28 und Erman, A.: Die Lit. der Ägypter. Lpz. 1923, 197–209; wertvolle Einzelheiten bei Pieper, M.: Das ägypt. Märchen (Morgenland 27). Lpz.

1935, 33–41. Eine neue Phase in der Erforschung des B.s eröffnete Sydow, C. W. von: Den fornegyptiska sagan om de två bröderna [...]. In: Årsbok. Yearbook of the New Soc. of Letters at Lund (1930) 51–89, cf. von Sydow, 32–34; an seine Ergebnisse knüpft W. Liungman an: Sagan om Bata och Anubis och den orientalisk-europeiska undersagans ursprung (Viktor Rydbergsserien 1–3). Djursholm 1946. Eine kurze Zusammenfassung der bisherigen Forschungsergebnisse geben Thompson, Folktale, 275 und K. Ranke in: Fischer Lex. Lit. 2/1. Ffm. 1965, 188sq., cf. auch Horálek, K.: Ein Beitr. zur volkskundlichen Balkanologie. In: Fabula 7 (1964/65) 1–32, Ergänzungen in: Folklorica Pragensia 1 (1969) 7–46. – [2] Roeder, G.: Altägypt. Erzählungen und Märchen. MdW 1927, 89–101; verläßlichste Übers.en von Lefèbvre, G.: Romans et contes égyptiens de l'époque pharaonique. P. 1949 und Brunner-Traut, E.: Altägypt. Märchen. MdW 1963, num. 5. – [3] Gardiner, A. H.: Late-Egyptian Stories (Bibliotheca Aegyptiaca 1). Bruxelles 1932, 9–30. – [4] Thompson, Folktale, 275sq. – [5] cf. BP 4, 96–98. – [6] Darüber mehr bei von Sydow; cf. auch Pieper, M.: Die ägypt. Lit. (Hb. der Lit.wiss. [5]). Potsdam 1927, 78–81. Von dem mythischen Charakter des B.s sind noch immer mehrere Forscher überzeugt, so z. B. Frankfort, H.: La Royauté et les dieux [...]. P. 1951; de Vries, J.: Betrachtungen zum Märchen bes. in seinem Verhältnis zu Heldensage und Mythos (FFC 150). Hels. 1954, 57–60; Brunner-Traut (wie not. 2) u. a. – [7] Dazu von Sydow; cf. auch Pieper, M.: Das ägypt. Märchen (Morgenland 27). Lpz. 1935, 33–41. – [8] Cosquin, LVII–LXVIII. – [9] von Sydow (wie not. 1). – [10] Liungman, Volksmärchen, 78–80. – [11] ibid., ‚Batamärchen' = num. GS 367. – [12] Müller, D. H.: Die Mehri- und Soqoṭri-Sprache. 1: Texte. (Kaiserliche Akad. der Wiss.en. Südarab. Expedition 4). Wien 1902, 125–144. – [13] In der europ. Überlieferung kommt dieser Stoff in Volksliedern öfter als in der Volksprosa vor; cf. Dt. Volkslieder mit ihren Melodien 2. ed. Dt. Volksliedarchiv. B. 1939, 11sq.; Trautmann, R.: Die Volksdichtung der Großrussen. 1: Das Heldenlied (Die Byline). Heidelberg 1935, 240–245. Bei den islam. Völkern treten verschiedene Nacherzählungen der Koran-Version der Josephsgeschichte auf. – [14] Näheres dazu in: Archiv orientální 32 (1964) 501–521 (K. Horálek). – [14a] Noy, D.: Jefet Schwili erzählt. B. 1963, num. 13. – [14b] Fischdick, E.: Das türk. Volksbuch 'Elif und Mahmut'. Ein Beitr. zur vergleichenden Märchenkunde. Walldorf 1958. – [15] Brunner-Traut (wie not. 2) 259sq. – [16] Reinisch, L.: Die Somali-Sprache. 1: Texte (Kaiserliche Akad. der Wiss.en. Südarab. Expedition 1). Wien 1900, 259–277. – [17] de Vries (wie not. 6) 56. – [18] cf. Ranke, K.: Die zwei Brüder. Eine Studie zur vergleichenden Märchenforschung (FFC 114). Hels. 1934, 282sq. – [19] cf. Fabula 10 (1969) 136, num. 678. – [20] cf. Horálek, K.: Le Spécimen folklorique du roman byzantin ‚Kallimachos et Chrysorrhoé'. In: Laogr. 22 (1965) 175–178 und Megas, A.: Der Pflegesohn des Waldgeistes (AT 667). Eine griech. und balkan. Parallele. In: Volksüberlieferung. Festschr. K. Ranke. Göttingen 1968, 211–231. – [21] Horálek, K.: Zur slaw. Überlieferung des Märchentyps AaTh 302 B (Zwei-Brüder-Märchen). In: Ethnologia Slavica 4 (1972) 179–197, bes. 189. – [22] Dt. Übers. in: Löwis of Menar, A. von: Russ. Volksmärchen. MdW 1914, num. 53; cf. Fabula 7 (1964/65) 5sq. – [23] Dt. Übers. einer Fassung in: Pomeranzeva, E.: Russ. Volksmärchen. B. 1964, num. 24. – [24] Analyse von Matičetov, M.: Sežgani in prerojeni človek. Der verbrannte und wiedergeborene Mensch. Ljubljana 1961, 86–100; cf. auch Köhler/Bolte 2, 199. – [25] cf. Herskovits, M. J. und F. S.: Dahomean Narrative [...]. L./Evanston 1958, num. 105 und Horálek, K.: Ein Beitr. zu dem Studium der afrik. Märchen. In: Archiv orientální 32 (1964) 501–521. – [26] cf. Fabula 13 (1974) 177sq. – [27] Sicard, H. von: Perseus und Pygmalion in Afrika. In: Laogr. 22 (1965) 498–512. – [28] Galley, M.: Badr as-zîn et six contes algériens (Classiques africains 11). P. 1971, 233–257, 261. – [29] Jahn, Samia al Azharia: Themen aus der griech. Mythologie und der oriental. Lit. in volkstümlicher Neugestaltung im nördl. und zentralen Sudan. In: Fabula 16 (1975) 61–90, hier 72. – [30] Eberhard/Boratav, Typ 221; cf. Anderson, W.: Der türk. Märchenschatz. In: HessBllfVk. 44 (1953) 123, num. 221.

Prag Karel Horálek

Brugman (seit 1882 Brugmann), **Friedrich Karl,** * Wiesbaden 16. 3. 1849, †Leipzig 29. 6. 1919, führender Indogermanist („Junggrammatiker"). B. studierte klassische Philologie und Indogermanistik in Halle und Leipzig, lehrte seit 1877 in Leipzig, als Ordinarius 1884–1887 in Freiburg/Br., seit 1887 wieder in Leipzig. 1880 führte er eine Studienreise zusammen mit A. → Leskien nach Litauen durch, wo er in Godlewa (lit. Garliava), südwestl. Kaunas, lit. Volkslieder (dainos), Märchen und Hochzeitsbittersprüche sammelte. Davon wurden 106 dainos, 47 Märchen und einige Sprüche mit grammatischem, lexikalischem Kommentar und Übersetzung veröffentlicht in *Lit. Volkslieder und Märchen aus dem preuß. und dem russ. Litauen* (gesammelt von A. Leskien und K. Brugman; Straßburg 1882, 81–510). Die slav. Entsprechungen behandelt darin W. Wollner (p. 511–576), die lit. Parallelen zitiert J. → Balys, die lett. findet man über Motivindizes in P. → Šmits *Latviešu* *tautas teikas un pasakas* 1–15 (2. Aufl. besorgt von H. Biezais: Waverly, Iowa 1962–1970).

B.s Hauptverdienst liegt jedoch in der vergleichenden Sprachwissenschaft, vor allem in seinem (zusammen mit B. Delbrück verfaßten) *Grundriß der vergleichenden Grammatik der idg. Sprachen* (Straßburg 1886–92; ²1897–1916; unveränderter Nachdr. der 2. Aufl.: B. 1967), zusammengefaßt in *Kurze vergleichende Grammatik der idg. Sprachen* 1–3 (Straßburg 1902–04; ³1922).

Lit.: Förster, M.: Worte der Erinnerung an K. B. In: Idg. Jb. 6 (1918) VII–X. – Streitberg, W.: K. B. In: Idg. Jb. 7 (1919) 143–148. – Lietuvių Enciklopedija 3. Boston 1954, 286 sq. – Mažoji Lietuviškoji Tarybinė Enciklopedija 1. Vilnius 1968, 268. – Sebeok, A.: Portraits of Linguists 1. Bloom./L. 1966, 575–580. – B.s Veröff.en sind zusammengestellt in: Idg. Forschungen 26 (1909) 425–440 und Idg. Jb. 7 (1919) 148–152.

Göttingen Wolfgang P. Schmid

Brunhilde → Heldenjungfrau

Brunnen

1. Allgemeines – 2. Entstehung von B. – 3. B. als Sitz von Dämonen und Eingang zur Unterwelt – 4. Der B. als Requisit bei schwierigen Aufgaben – 5. Der Sturz in den B. – 6. Versiegte und anschwellende B. – 7. B. als Ort der Weissagung – 8. Symbolik

1. Allgemeines. B. sind im Gegensatz zur → Quelle, die ohne mechanischen Eingriff aus der Erde oder dem Felsen sprudelt, künstlich hergestellte oder gefaßte Anlagen zur Gewinnung von Trink- und Gebrauchswasser. Die erst seit dem 16. Jh. im dt. Sprachgebiet zu beobachtende Differenzierung nach Quelle und B. hat sich in Volkserzählungen nicht immer durchgesetzt, so daß mitunter Quellen als B. bezeichnet werden (cf. KHM 11: → *Brüderchen und Schwesterchen*) und umgekehrt[1]. Die elementare Bedeutung des → Wassers für die menschliche Existenz bringt es mit sich, daß die B. im Recht vieler Völker seit alters eine große Rolle spielen[2]. Die dem Wasser zugeschriebenen wunderbaren guten und schlechten Eigenschaften (z. B. Heilkraft, Reinigung; Erregung von Krankheiten und Verseuchung) wie auch die durch den B. gegebene chthonische Verbindung und der meistens nicht erkennbare Wasserspiegel mögen dazu geführt haben, daß magische Vorstellungen über B. weit verbreitet sind: Nicht von ungefähr verzeichnet S. Thompsons *Motif-Index* zum Stichwort ,well' im einschlägigen Kapitel *D Magic* die meisten Angaben.

2. Entstehung von B. Nach griech., röm., kelt. und germ. Mythologie waren bedeutende B. bzw. Quellen von den Göttern geschaffen, die auch dort verehrt wurden. Konzilsbeschlüsse und Kapitularien des 6.–10. Jh.s führten im Zuge der Christianisierung zum allmählichen Verbot der heidnischen Götzenverehrung[3]. Legenden und christl. überformte Sagen haben die Schöpfungs- und Verehrungsidee übernommen, was sich seit dem MA. in einer Vielzahl von Erzählungen über die Schaffung von B. durch Heilige niedergeschlagen hat[4]. Die wohl bekannteste Art der wunderbaren Erschließung eines B.s durch Heilige ist – nach at. Vorbild – das Stabwunder (cf. auch AaTh 756: *Der grünende → Zweig*): Der Heilige (z. B. Bonifatius, Goar, Willibrord) berührt mit seinem Stab eine Stelle am Boden, worauf dort ein B. (oder eine Quelle) entspringt. Andere Erschließungen, die gleichermaßen sinnfälliger Erweis einer göttlichen Bestätigung sein sollen und den Heiligen Macht über die Natur zuerkennen[5], geschehen durch Gebet (z. B. der hl. Amalberga)[6] oder Engelsweisung (cf. Mot. V 232. 3. 1). Die kathol. Kirche kennt überdies eine Reihe von B.heiligen, die z. T. einen B. oder eine B.einfassung als Attribut haben (Adalbert, Amalberga, Bonifatius, Ottilia u. a.)[7]. Nicht selten tragen B. die Namen von Heiligen, und in ätiologischen Sagen wird häufig von der Namengebung erzählt[8].

3. B. als Sitz von Dämonen und Eingang zur Unterwelt. Mit der ,Heiligkeit' des B.s und seiner Erschlie-

ßung durch Götter bzw. Heilige ist der Gedanke verbunden, B. seien zugleich Wohnsitze der Götter. In der arab. Überlieferung hält man noch heute fast jeden B. für ein Mysterium und einen Wohnsitz von Dschinnen, die sowohl Tier- als auch Menschengestalt annehmen können[9]. Märchen und Sage insbesondere kennen die sog. B.geister mit ihren guten und schlechten Eigenschaften. Es handelt sich entweder um anthropomorphe Dämonen, nicht näher bezeichnete (meistens aber theriomorphe) Wesen und vor allem um negativ charakterisierte Tiere oder Fabelwesen wie Drache, Kröte, Schlange und Basilisk[10]. Der B. galt auch als bevorzugter Aufenthaltsort für Kinds- und Selbstmörder, und er ist zugleich ein Spukort, an dem Ertrunkene, Ermordete und überhaupt Wiedergänger umgehen[11].

In oriental. B.märchen[12], die z. T. fragmentarisch seit dem 9. Jh. überliefert sind, z. B. bei Ibn al Kalbī (gest. 819) oder im geogr. Wörterbuch des Yāqūt (gest. 1229), ist der Einstieg in den B. zugleich der Weg – durch einen unterirdischen → Gang – ins Paradies. Ein solches Wunderland[13] erreicht auch die Heldin in dem international bekannten und alten Erzähltyp *Das gute und das schlechte → Mädchen* (AaTh 480). Aus Angst vor der Stiefmutter springt das Mädchen in den B., um die beim Reinigen hinuntergefallene Spule wieder heraufzuholen und gerät in das unterirdische Reich der → Frau Holle (KHM 24).

4. Der B. als Requisit bei schwierigen Aufgaben. Bei der Durchführung schwieriger, oft unlösbar erscheinender → Aufgaben bildet der B. ein wichtiges Requisit, auch wenn ihm im Hinblick auf das Milieu nicht die gleiche Bedeutung wie dem → Wald zukommt[14]. In dem weitverbreiteten Erzähltyp *Die drei geraubten → Prinzessinnen* (AaTh 301) gelingt es dem Helden, diese aus der Gewalt eines im B. hausenden mehrköpfigen Drachenungeheuers zu befreien; ein Motiv, das auch in vielen Varianten des *Erdmännekens* (KHM 91), dem Zyklus der → *Magischen Flucht* (AaTh 313, 314) zugehörig, begegnet. Böse B.geister, zu denen das Mädchen in einer bulg. Variante zum Subtyp 403B (cf. *Die schwarze und die weiße → Braut*) geschickt wird[15], erweisen sich als hilfreich und verleihen der guten Schwester die → Gabe, daß ihr beim Sprechen Goldstücke aus dem Munde fallen, der bösen Schwester aber Schlangen. In dem arab. Märchentyp *Gott gibt* (Nowak, num. 284) schenkt ein hilfreicher B.geist einem armen Jüngling, der eine Prinzessin geheiratet hatte, → Äpfel mit Zauberwirkung, so daß sein sozialer Status aufgewertet wird. Eher indirekt vermittelt der B. zauberische Kräfte, die den Helden aus ausweglosen Situationen befreien. Das gilt ebenso für den Geblendeten in Fassungen des Märchens *Die beiden → Wanderer* (AaTh 613), der in oder am B. Geheimnisse erlauscht (→ Belauschen), mit deren Hilfe er u. a. seine Sehkraft wiedererlangen kann, wie für *Aschenputtel*-Fassungen (cf. AaTh 510 A: → *Cinderella*) aus Schweden, Dänemark und Polen, in denen Aschenputtel am B. die für den Ball benötigten Kleider erhält[16]. Lebenswasser (ein Heilmittel für den König, einen Apfel vom Lebensbaum, aber auch einen Ring oder ein Geldstück) aus dem B. bzw. über den Weg durch den B. zu holen, gehört als schwierige Aufgabe zum Bestandteil verschiedener Erzählungen wie z. B. den Typen → *Dankbare Tiere* (AaTh 554) und → *Wasser des Lebens* (AaTh 551)[17].

5. Der Sturz in den B. Nicht immer begibt sich der Held aus freien Stücken in die Tiefe des B.s. In einer Reihe von Erzählungen[18] wird er von seinen Gefährten absichtlich dort zurückgelassen, nachdem er die allen gestellten Aufgaben gelöst hat. Mit Hilfe von → Zaubergaben gelingt es ihm jedoch, dem unterirdischen Gefängnis zu entfliehen. Dieses uralte Josephsmotiv[19] – bes. beliebt in Varianten aus dem Orient[20] – begegnet in AaTh 560 (→ *Zauberring*), wo Tiere den Zauberring eines im B. Gefangenen für geleistete Hilfe wieder besorgen (cf. Eberhard/Boratav, num. 58 III), in AaTh 551 (*Wasser des Lebens*) und in AaTh 301, 301A

(cf. *Die drei geraubten Prinzessinnen*). Überhaupt ist der B.sturz als Tötungsart sehr beliebt: Ein Ehemann z. B. hat seine Frau vor dem sicheren Tod bewahrt und wird von dieser in einen B. gestürzt und später obendrein verleumdet (AaTh 612: *Die drei* → *Schlangenblätter*). Die unterschobene Braut oder andere Widersacher werfen das Schwesterchen (AaTh 450: *Brüderchen und Schwesterchen*) in einen B., von dort aus muß es mit dem verzauberten Bruder Zwiegespräche führen. Allen Motiven gemeinsam ist die glückliche Befreiung und Bestrafung der Schädiger.

Gleichermaßen begegnet der B. als Strafort, in den die Schädiger hinabgestürzt werden. Das gilt ebenso für Ibn Šaiṭān (Nowak, num. 202), der zwei Nachtigallen einem Jüngling entwendet hatte, ohne sie zu bezahlen, für die treulose → Mutter aus türk. Varianten (AaTh 590; Eberhard/Boratav, num. 108 IV) oder für den Räuber in einer lit. Erzählung, der eine Frau ihres Geldes beraubt hat und sie in einen B. werfen will. Die Frau bittet darum, das Vaterunser beten zu dürfen, und stößt dabei den unachtsamen Räuber in den B.[21] An eben diesem Ort findet auch der Wolf sein Ende (AaTh 123: → *Wolf und Geißlein*), und dem unachtsamen → Hans im Glück (AaTh 1415) fällt dort der letzte Rest seiner einstmals stattlichen Habe hinein[22].

Der Sturz (Wurf) in den B. bedeutet in dieser Hinsicht Tod, Verderben oder materiellen Verlust. Daß der B. ein gefährlicher Ort bes. für Kinder war, bezeugen nicht nur → Schreckmärchen, der Warncharakter wird auch in einzelnen Zügen evident: Die drei Prinzessinnen (AaTh 301) übertreten das Verbot des Vaters, sich nicht am B. aufzuhalten, und werden von B.geistern geraubt; in KHM 79 (*Die Wassernixe*) fallen die spielenden Kinder in den B. und gelangen ins Refugium der Wassergeister; der ‚Hakenmann' (Wassergeist) zieht Kinder mit einem Haken in den B.[23] Auch die noch heute geläufige sprichwörtliche Redensart „In den B. fallen" verweist darauf, daß hineingefallene oder -geworfene Gegenstände unwiederbringlich verloren sind oder daß etwa Hoffnungen und Wünsche nicht mehr erfüllt werden können[24].

Die Errettung von Kindern und Gegenständen aus dem B. kennt nur die Prodigienliteratur und die Legende. Entweder schwillt das Wasser (cf. Kap. 6) auf Befehl des Heiligen an, so beim hl. Johannes von Frankreich (6. Jh.)[25], oder Kinder werden unverletzt aus dem B. geborgen[26], weil ein Heiliger, z. B. Porphyrius, für sie gebetet hatte[27], oder ein Junge überlebt eine Woche im B. dank der Hilfe der hl. Jungfrau (Mot. V 268. 1).

Im Schwank dient der B. als Gefängnis, wenn in Varianten zum → *Meisterdieb* (AaTh 1525 J_2) der Betrüger einen Mann zum Abstieg in den B. veranlaßt, indem er vorgibt, dort sei ein Schatz vergraben. In der Zwischenzeit kann der Dieb ungestört Kleidung und Geld des Helfers an sich nehmen. Die Hilfsbereitschaft seiner Mitmenschen nutzt schamlos ein Mann aus, dessen gegrabener B. eingestürzt ist. Er wirft seine Kleidung hinterher und versteckt sich. Vorbeikommende Kirchgänger denken, der Mann sei verschüttet und graben den B. wieder auf (AaTh 1614*). Die aus Indien stammende und seit dem MA. auch in Europa weitverbreitete Fabel → *Rettung aus dem B.* (AaTh 32; Tubach, num. 5247) lebt gleichfalls von der Überlistung des Helfers. Hier prellt der in den B. gefallene Fuchs (Hase oder Schakal) den Wolf, indem er ihm vorgaukelt, im B. sei ein Käse. Der Wolf springt in den Schöpfeimer, der daraufhin am B.seil hinabgeht, und bleibt für immer in der Tiefe, weil der Fuchs, der ja gleichzeitig hochgezogen wird, nicht daran denkt, den Wolf wieder heraufzuholen.

6. Versiegte und anschwellende B. Die Ergiebigkeit eines B.s hängt nicht nur von der Höhe des Grundwasserspiegels ab, sondern auch davon, ob darunter liegende Zuflüsse ihren Lauf ändern. Erklärungsmöglichkeiten für das Versiegen von B. und der daraus folgenden Entstehung großer Not der Bevölkerung hat auch die Volkserzählung gefunden. Das Motiv dient bes. in der Sage zur Diskrimi-

nierung von Minoritäten (Jude wäscht einem blinden Pferd die Augen mit dem Wasser eines B.s, der danach versiegt)[28]; Schadenzauber üben Zigeuner (Bettler) aus, die B. als Strafe für nicht gewährte Leistungen bzw. Gaben verfluchen[29]. Im Märchen gilt das Versiegen des B.s als Zeichen der Not und zeigt an, daß einem der beiden Brüder etwas zugestoßen ist (AaTh 303: *Die zwei → Brüder*), oder der B. vertrocknet in türk. Varianten durch Verzauberung (Eberhard/Boratav, num. 67) zu AaTh 613 (*Die beiden → Wanderer*). In AaTh 461: *Drei → Haare vom Bart des Teufels* erlauscht der allwissende Held das Geheimnis eines versiegten B.s: Wasser wird er erst wieder geben, wenn die unter dem Stein sitzende Kröte getötet ist.

Auch der umgekehrte Fall, daß B. reichlich mit Wasser gefüllt sind bzw. durch sie sogar Überschwemmungen entstehen, ist in der Sage zu beobachten. So handelt eine Anzahl solcher Erzählungen von der Tötung eines Menschen als freiwilliges Opfer[30], damit die durch einen B. verursachte Überschwemmung zum Stillstand gebracht wird oder die verheerende Seuche (Pest) ein Ende findet – eine sich der Rationalität entziehende „Gegenkraft gegen nichtmenschliche Kräfte“[31]. Hist. Sagen berichten häufig von der Existenz eines sog. Hungerbrunnens, der vor schlechten Zeiten viel Wasser führt, aber kein Wasser spendet, wenn fruchtbare Zeiten bevorstehen[32]. In der Legende vermögen Heilige ihre Wunderkräfte für eigene Zwecke zu nutzen. So berichten die im MA. sehr einflußreichen *Verba seniorum* (entstanden 4./5. Jh.)[33] von einem Mönch, der das Wasser durch Gebet zum Anschwellen brachte und so bequem schöpfen konnte, obwohl er das Seil vergessen hatte (Mot. F 933. 1. 3).

7. B. als Ort der Weissagung. In der Überlieferung vieler Völker ist der B. neben dem Unheimlichen und Wunderbaren auch ein Ort der Weissagung (cf. Mot. V 134). Ein mit Öl statt mit Wasser gefüllter B., so ein von Jacobus de Voragine in seiner → *Legenda aurea* aus alten Quellen tradiertes Mirakel[34], bedeutete die Geburt Christi, womit sich das Sibyllen-Orakel erfüllte (Mot. F 932. 4). Andererseits weist der B. durch seine spiegelnde Oberfläche auf Handlungen und Entwicklungen hin wie in → Ariosts *Orlando furioso* (1516), wo einer von Merlins B. die zukünftige Geschichte Italiens zeigt (26, 30–33). Ein türk. Märchentyp kennt den Schicksalsbrunnen (Eberhard/Boratav, num. 132), der einem armen Mädchen Glück bringt. Sie kann im Gegensatz zu ihrer reichen Herrin dem aus dem B. hervorgelockten Schicksal eine Docke Garn entreißen, das der Prinz für seine Hochzeitsvorbereitungen fieberhaft sucht. Anstelle der eigentlichen Braut heiratet er das arme Mädchen. Wie in vielen Märchen vollzieht sich auch hier der soziale Aufstieg durch Wunderbares. In einem anderen türk. Märchen (Eberhard/Boratav, num. 131: *Der Unglücksmann*) sieht ein Mann in seinem Schicksalsbrunnen, daß sein Schicksal ‚verstopft' ist. Er hat ständig Pech, was die nachfolgende Handlung beweist.

8. Symbolik. Der B. begegnet als Symbol für Werden und Vergehen[35]. Sein Wasser ist lebensspendend, kann aber zugleich den Tod bedeuten. In der christl. Symbolik gilt Christus als ‚B. des Lebens', Maria wird als ‚B. des lebendigen Wassers' und ‚B. des Gartens' bezeichnet[36]. Auf beide Funktionen, Tod und Leben, weist das Märchen → *Mädchen sucht seine Brüder* (AaTh 451): In der Grimmschen Version *Die sieben Raben* (KHM 25) fällt den Brüdern beim Wasserholen (für die Nottaufe ihrer Schwester) der Krug in den B. Für das neugeborene Kind sollte der B. das Wasser des Lebens spenden, der verlorene Krug löst die Verwünschung des Vaters aus: Seine Söhne werden in Raben verwandelt[37]. Andererseits sind beide Extreme in der aus der buddhist. Legendensammlung → *Barlaam und Josaphat* bekannten Parabel *Der Mann im B.* (Tubach, num. 5022) verschmolzen, die vom MA. bis in die Neuzeit vielfach verbreitet war und in der christl. Kunst häufig als Mahnbild dargestellt wurde[38].

Auf der Flucht vor einem Einhorn (= Tod) fällt ein Mann in einen B. (= Welt mit ihren Verlockungen), in dessen Tiefe ein Drache (= Teufel und Hölle) haust. Im Fallen kann sich der Mann an den Zweigen eines aus dem B. wachsenden Baumes festhalten. Die Zweige werden von einer schwarzen (= Nacht) und weißen (= Tag) Maus benagt. Zu seinen Füßen erblickt er vier Schlangen (= vier Elemente). Nicht an die gefährliche Situation denkend, nascht der Mann den von der Baumspitze herabtropfenden Honig (= Lust und Vergnügen). Die Zweige brechen schließlich, und der Mann stürzt in den Drachenschlund.

Zum Jungbrunnen cf. → Verjüngung

[1] Wiegers, U.: Der B. in der dt. Dichtung. Eine motivgeschichtliche Unters. (Diss. Bonn 1955) Bonn 1957, bes. 1–78, hier 1–4; Patrzek, N.: Das B.motiv in der dt. Lit. des MA.s. Diss. (masch.) Würzburg 1958, bes. 1–39, 76–101; Hünnerkopf, R.: B. In: HDA 1, 1672–1685. – [2] Spindler, H.: Der B. im Recht. Diss. Heidelberg 1938. – [3] cf. LThK 2, 279; Hoops Reall. 3 (^{2}1978) s. v. B. (im Druck). – [4] Zahlreiche Beispiele v. Dt. Gaue 22 (1921) 100–109, bes. 106; Rein, B.: Der B. im Volksleben. Mü. [1912] 130–134; Patrzek (wie not. 1) 32–39; cf. auch Kriss, R.: Die Vk. der altbayr. Gnadenstätten. 3: Theorie des Wallfahrtswesens. Mü.–Pasing 1956, 57–70. – [5] Hieber, W.: Legende, protestant. Bekennerhistorie. Studien zur literar. Gestaltung der Hll.-thematik im ZA. der Glaubenskämpfe. Diss. Würzburg 1970, 290–293. – [6] cf. Mot. D 926. 1. 1; Hebenstreit-Wilfert, H.: Wunder und Legende. Studien zu Leben und Werk von Laurentius Surius [. . .]. (Diss. Tübingen 1972) Tübingen 1975, 180. – [7] Rein (wie not. 4); LThK 2, 279; zu Darstellungen in der Kunst cf. Lill, G.: B. In: RDK 2, 1278–1310, bes. 1310. – [8] Belege im Peuckert-Archiv. Seminar für Vk., Göttingen, sub Erzählungssagen. – [9] Jahn, Samia al Azharia: Arab. Volksmärchen. B. 1970, 445sq. – [10] Patrzek (wie not. 1) 25–31; HDA 1, 1677sq.; Heckscher, K.: B. In: HDM 1, 341–347, bes. 341sq. – [11] Peuckert-Archiv (wie not. 8) Kasten Spukorte, num. 10. – [12] Spies, O.: Ein altarab. B.-märchen. In: Wiener Zs. für die Kunde des Morgenlandes 56 (1960) 207–211. – [13] Beschreibung ibid.; cf. auch Siuts, H.: Jenseitsmotive im dt. Volksmärchen. Lpz. 1911, 50–52, 85sq., 93; Wiegers (wie not. 1) 49–60. – [14] Bühler, C./Bilz, J.: Das Märchen und die Phantasie des Kindes. ed. H. Hetzer. Mü. ^{3}1971, 48sq. – [15] BP 1, 104. – [16] HDM 1, 342. – [17] Beispiele bei Siuts (wie not. 13) 93sq. – [18] cf. HDM 1, 346. – [19] Littmann, E.: Arab. Märchen. Lpz. [s. a.] 450. – [20] cf. Reg. bei Eberhard/Boratav und Nowak. – [21] Arājs, K./Medne, A.: Latviešu pasaku tipu rādītājs. Rīga 1977, num. *952** VI. – [22] Wiegers (wie not. 1) 36–38. – [23] cf. HDA 1, 1677. – [24] Röhrich, L.: Lex. der sprichwörtlichen Redensarten. Fbg/Basel/Wien ^{2}1973 (Nachdr. 1977) 173sq.; cf. auch Rein (wie not. 4) 128sq. – [25] Toldo, P.: Leben und Wunder der Hll. im MA. In: Zs. für vergleichende Lit.geschichte 6 (1906) 319, 321. – [26] Ein Maurer in J. Fincels „Wunderzeichen" (Ffm. 1566/67), zitiert nach Brückner, 351sq., cf. auch 376. – [27] Hebenstreit-Wilfert (wie not. 6) 141. – [28] Dt. Gaue (wie not. 4) 102; Peuckert-Archiv (wie not. 8) Kasten 38, num. 8: B. verdorrt. – [29] ibid.; das Motiv wurde auch auf Luther übertragen – Strafe für die unfreundliche Haltung der Bürger in Orlamünde: cf. Brückner, 304, num. 77sq. – [30] Schmitt, G.: Das Menschenopfer in der Spätüberlieferung der dt. Volksdichtung. Diss. Mainz 1959, 5, 7sq. – [31] ibid., 72. – [32] HDA 9, 175sq.; cf. Peuckert-Archiv (wie not. 8) Kasten 11, num. 4: Hungerb. – [33] Toldo (wie not. 25) 323. – [34] Jacobus a Voragine: Legenda aurea. Breslau ^{3}1890 (Nachdr. Osnabrück 1965) cap. 68 (De inventione sanctae crucis). – [35] Arendt, D.: Das Symbol des B.s zwischen Antike und Moderne. In: Welt und Wort 26 (1971) 286–297. – [36] Patrzek (wie not. 1) 76–90. – [37] Obenauer, K. J.: Das Märchen. Dichtung und Deutung. Ffm. 1959, 117sq., 244sq. – [38] Odenius, O.: Der Mann im B. und der Mann im Baum. Ein ikonographischer Beitr. In: SAfVk. 68/69 (1972/73) 477–486.

Göttingen Hans-Jörg Uther

Brunnenkette (AaTh 1250). → Schildbürger bilden eine aneinanderhängende Menschenkette, um die Tiefe ihres Brunnens auszuloten. Der Bürgermeister, das oberste Kettenglied, will sich in die Hände spucken, ermahnt die anderen festzuhalten und läßt los. Alle fallen auf den Brunnenboden.

Die närrische Annahme, die sich jeweils an den Vordermann anklammernden Schildbürger könnten auch ohne den Bürgermeister ihren Platz im Brunnenschacht behaupten, wird durch dessen Ausruf ausgedrückt: „Haltet fest, ich will in die Hände spucken!"[1]. Ganz ähnlich äußert sich 1546 bei Hans Sachs[2] ein Fünsinger Narr und läßt los, worauf alle im Brunnen ertrinken. Die Fünsinger Schildbürger verwechseln die im Brunnenwasser sich spiegelnde Sonne mit einem Käse, den sie sich holen wollen (cf. AaTh 1336). Nur ihren Brunnen ausmessen wollen die Bauern aus dem schwäb. Gaienhofen in der → *Zimmerischen Chronik* aus der Mitte des 16. Jh.s[3]. Im bisher ältesten in Europa gefundenen Beleg aus dem 1310 abgefaßten → *Speculum morale* wollen Narren mit einer schnell gebildeten Menschenkette einen Baum biegen, scheitern aber am sich unbedacht in die Hände spuckenden obersten Kettenglied. Warum der Baum gebogen werden soll, sagt der Text nicht. Auch → Geiler von Kaysersberg, der 1511 in seinen Predigten über Sebastian Brants *Narrenschiff* die Stelle wörtlich wiederholt, verschweigt den Grund[4], der sich jedoch 1556 in Jakob → Freys *Gartengesellschaft* und 1597 im → *Lalebuch* findet, wo es um das → *Baumtränken* (AaTh 1241) geht[5]. Die Bauern von Garburg bei Frey und die Lalen bilden für ihr Unternehmen allerdings keine Menschenkette[6].

Dafür wird die Geschichte vom Brunnenmessen mit einer Menschenkette in der Vorrede zu den Schildbürgern von 1598 berichtet, nicht ohne daß der traditionelle Warnruf des obersten Narren ertönt: „jr lieben Nachbaurn haltet euch fest ich muß einmal in die Handt speutzen."[7] In einem engl. Schwankbuch des 16. Jh.s tauchen Baum, Menschenkette und Wasserspiegel wieder vereint auf. Drei junge Leute wollen ihre in die Themse gefallenen Mäntel herausholen. Als dem ersten der Gürtel aufgeht, raten ihm die anderen, ihn wieder zu schließen; der erste läßt daraufhin los, und alle fallen ins Wasser[8]. In der über ganz Europa, Asien und Amerika verbreiteten mündlichen Überlieferung herrscht die Version vom Brunnenmessen vor. Der in vielen Varianten in bemerkenswerter Gleichförmigkeit enthaltene Mahnruf des obersten Narren zeugt eventuell für einen starken literar. Einfluß. Aus Pommern sind jedoch auch Erzählversionen bekannt, in denen Narren durch eigene Schuld auf einem Baum gefangen sitzen und über eine Menschenkette hinabgelangen wollen[9], die im Kaukasus wiederum zur Überwindung eines steilen Flußufers angelegt wird[10].

Der Schwank von der abgerissenen Menschenkette verfügt über mehrere fernöstl. Vorstufen. Eine ind. Menschenkette am Schwanz eines in das himmlische Reich Schiwas fliegenden Stiers (AaTh 1250B: *The Fool Dangling from the Elephant's Tail*) sowie eine nicht minder phantastische Variante bringt aus den ersten Jahrhunderten unserer Zeitrechnung → Somadeva im *Kathāsaritsāgara*. Die obersten Kettenglieder sind Toren, die plötzlich ihre Hände lösen, um zu gestikulieren oder Beifall zu klatschen[11]. Aus dem 5. Jh. p. Chr. n. berichtet das chin.-buddhist. → *Tripiṭaka* von einer Kette, die Affen bilden, um den Mond aus dem Brunnen zu ziehen. Als der Ast, an dem die Kette hängt, bricht, stürzen die törichte Menschen versinnbildlichenden Tiere ins Wasser[12]. In neueren Aufzeichnungen aus dem Rheinland und aus Schleswig-Holstein halten Schildbürger das durch den Mond hervorgerufene → *Spiegelbild im Wasser* (cf. AaTh 1335A) für Silber oder Gold und stürzen nach Abreißen der Kette in Bach oder Brunnen[13]. Der Schwank von der Brunnenkette geht gelegentlich weitere Kontaminationen ein, z. B. mit den Erzählungen:

→ *König und kluger Knabe* (AaTh 921), → *Altentötung* (AaTh 981), *die sieben* → *Schwaben* (AaTh 1231), *fatale und närrische* → *Imitation* (AaTh 1246), *die verkehrte* → *Richtung* (AaTh 1275), *irrige* → *Identität* (AaTh 1284), *nicht* → *zählen können* (AaTh 1287), → *Beinverschränkung* (AaTh 1288), → *Schwimmen im Flachsfeld* (AaTh 1290), *der dumme* → *Bräutigam* (AaTh 1685A).

[1] cf. Künzig/Werner/Lixfeld 1973 (v. Lit.) 37. – [2] Sachs, H.: Sämtliche Fabeln und Schwänke 4. ed. E. Goetze/C. Drescher (NDL 193–199). Halle 1903, 73–75, num. 285,2. – [3] Zimmerische Chronik 1. Nach der von K. Barack besorgten 2. Ausg. [Fbg/Tübingen 1881] ed. P. Herrmann. Meersburg (Bodensee)/Lpz. 1932, 318, num. 1271. – [4] Bolte, J.: Die abgerissene Kette. In: SAVk. 23 (1920/21) 36–38, hier 36. – [5] cf. Christensen 1939 (v. Lit.) 107 sq., num. 7; Eschker, W.: Mazedon. Volksmärchen. MdW 1972, 237, num. 50; Zender 1935 (v. Lit.) 97, num. 107; weitere Kontaminationen mit AaTh 1241 v. Jegerlehner, J. (ed.): Sagen und Märchen aus dem Oberwallis (Schr. der schweiz. Ges. für Vk. 9). Basel 1913, 138, num. 154; Krauss, F. S. (ed.): 1000 Märchen und Sagen der Südslaven 1. Lpz. 1914, 429, num. 131; Lagercrantz, E. (ed.): Lapp. Volksdichtung. 3: Seelapp. Texte des Varangergebiets (MSFO 117). Hels. 1959, 177 sq., num. 83. – [6] Frey, J.: Gartengesellschaft. ed. J. Bolte (BiblLitV 209). Tübingen 1896, 21 sq., 220, num. 12; Bahder, K. von (ed.): Das Lalebuch (NDL 236–239). Halle 1914, 127–129, num. 36. – [7] Bahder (wie not. 6) 150. – [8] Bolte (wie not. 4) 37. – [9] Knoop 1925 (v. Lit.) 95 sq., num. 162; Merkens, H.: Was sich das Volk erzählt. Dt. Volkshumor 3. Jena

1900, 33 sq., num. 49. – [10] Dirr, A.: Kaukas. Märchen. MdW 1920, 279 sq., num. 84. – [11] Bolte (wie not. 4) 38; cf. Bradley-Birt, F. B.: Bengal Fairy Tales. L./N. Y. 1920, 12–16, num. 3. – [12] Hodscha Nasreddin 1, 242. – [13] Henßen, G. (ed.): Sagen, Märchen und Schwänke des Jülicher Landes. Bonn 1955, 291, num. 462; Meyer, G. F.: Amt Rendsborger Sagen. Rendsburg 1925, 26 sq., num. 53.

Lit.: Birlinger, A./Buck, M. R. (ed.): Volksthümliches aus Schwaben. 1: Sagen, Märchen, Volksaberglauben. Fbg 1861 (Nachdr. Hildesheim/N. Y. 1974) 434, num. 3. – Bartsch, K. (ed.): Sagen, Märchen und Gebräuche aus Meklenburg 1. Wien 1879, 349, num. 4. – Sébillot, P.: Contes populaires de la Haute-Bretagne 1. P. 1880, 243–246, num. 37. – Knoop, O.: Volkssagen, Erzählungen, Aberglauben, Gebräuche und Märchen aus dem östl. Hinterpommern. Posen 1885, 47, num. 90; 111, num. 230. – Sébillot, P.: Les Bourbonnais et le cabri. Conte de l'île Maurice. In: RTP 2 (1887) 278 sq. – Åberg, G. A.: Nyländska folksagor. Hels. 1887, 233, num. 202. – Jahn, U.: Volkssagen aus Pommern und Rügen. B. 1889, 510 sq., num. 634. – Ofterding, R.: Abderiten von heute. In: Am Ur-Quell 2 (1891) 191 sq. – Merkens, H.: Was sich das Volk erzählt. Dt. Volkshumor 1. Jena 1892, 41 sq., num. 54. – Vkde 6 (1893) 14, num. 7. – Merkens, H.: Was sich das Volk erzählt. Dt. Volkshumor 2. Jena 1895, 16 sq., num. 19. – Hauffen, A.: Die dt. Sprachinsel Gottschee [...]. (Qu.n und Forschungen zur Geschichte, Lit. und Sprache Österreichs und seiner Kronländer 3). Graz 1895, 116 sq., num. 4. – Bahlmann, P.: Münster. Lieder und Sprichwörter in plattdt. Sprache. Münster 1896, 74–76, num. 9. – Lidzbarski, M.: Geschichten und Lieder aus den neu-aram. Hss. der kgl. Bibl. zu B. (Beitr.e zur Volks- und Völkerkunde 4). Weimar 1896, 71 sq., num. 4. – Rogasener Familienblatt 2 (1898) 7, num. 1. – Cornelissen, P. J./Vervliet, J. B.: Vlaamsche volksvertelsels en kindersprookjes. Lier 1900, 263, num. 88. – Hackman, O. (ed.): Finlands svenska folkdiktning 2. Hels. 1920, 61, num. 240,1. – Kubitschek, R.: Böhmerwäldler Bauernschwänke. Wien/Prag/Lpz. 1920, 50. – Parsons, E. C.: Folk-Lore of the Sea Islands, South Carolina. Cambridge, Mass./N. Y. 1923, 117, num. 123. – Knoop, O.: Volkssagen, Erzählungen und Schwänke aus dem Kreise Lauenburg. Köslin 1925, 94 sq., num. 159. – Meyere, V. de: De vlaamsche vertelselschat 1. Antw. 1925, 210, num. 27. – Lanctot, G.: Contes populaires canadiens. 5: Contes de Quebec. In: JAFL 39 (1926) 419–422. – Höeg, C.: Les Saracatsans, une tribu nomade grecque. 2: Texte. P. 1926, 56–59, num. 12. – Asmus, F./Knoop, O.: Kolberger Volkshumor. Neue Sagen, Erzählungen und Märchen aus dem Kreise Kolberg-Köslin. Köslin 1927, 174, num. 163. – Zender, M. (ed.): Volksmärchen und Schwänke aus der Westeifel. Bonn 1935, 97 sq., num. 108. – Henßen, G.: Volk erzählt. Münsterländ. Sagen, Märchen und Schwänke. Münster 1935, 290, num. 227. – Christensen, A.: Molboernes vise gerninger (DF 47). Kop. 1939, 179–181. – Brendle, T. R./Troxell, W. S.: Pennsylvania German Folk Tales, Legends, Once-Upon-A-Time Stories, Maxims, and Sayings [...]. Norristown, Pa 1944, 115. – Espinosa, A. M.: Cuentos populares de Castilla. Recogidos de la tradición oral [...]. Buenos Aires 1946, 49 sq., num. 23. – Seignolle, C.: Contes populaires de Guyenne 2. P. 1946, 111–114, num. 72; 149 sq., num. 86. – Lang-Reitstätter, M.: Lachendes Österreich. Österr. Volkshumor. Salzburg ²1948, 63 sq. – Alpers, P./Breling, G. (ed.): Celler Sagen aus Stadt und Land. Celle ²1949, 93 sq., num. 113c. – Amades, 1018, num. 1250. – Dittmaier, H.: Sagen, Märchen und Schwänke von der unteren Sieg. Bonn 1950, 163 sq., num. 449 sq. – Liungman 2, 271. – Neuhaus, W.: Sagen und Schwänke aus dem Kreise Hersfeld und den angrenzenden Gebieten. Hersfeld s. a. (³1953) 94. – Perbosc, A.: Contes de Gascogne. P. 1954, 229, num. 48.; 291 sq. – Loukatos, D. S.: Neoellēnika laographika keimena. Athen 1957, 307, num. 22. – RE 6 (1966) 219, num. 139. – Grannas, G.: Volk aus dem Ordenslande Preußen erzählt Sagen, Märchen und Schwänke (Schr. des Vk.-Archivs Marburg 8). Marburg 1960, 121, num. 82. – Jech, J.: Tschech. Volksmärchen. B. 1961, 395–403, num. 46. – Benzel, U.: Volkserzählungen aus dem oberpfälz. Grenzgebiet. Münster 1965, 165, num. 201. – Kovács, Á.: A rátótiádák típusmutatója. A magyar falucsúfolók típusai. AaTh 1200–1349 (Reg. der ung. Schildbürgerschwank-Typen). Bud. 1966, 365. – Neumann, S. (ed.): Plattdt. Schwänke. Aus den Slgen R. Wossidlos und seiner Zeitgenossen sowie eigenen Aufzeichnungen in Mecklenburg. Rostock 1968, 6, num. 4. – Neumann, S.: Ein mecklenburg. Volkserzähler. Die Geschichten des A. Rust. B. 1968, 107, num. 137. – Joisten, C.: Contes populaires du Dauphiné 2 (Documents d'ethnologie régionale 2). Grenoble 1971, 285–288, num. 197 sq. – Künzig, J./Werner, W./Lixfeld, H.: Schwänke aus mündlicher Überlieferung. Textheft. Fbg 1973, 87 sq., num. 11.

Freiburg/Br. Hannjost Lixfeld

Brunner-Traut, Emma, *Frankfurt/Main 25. 12. 1911, studierte Ägyptologie, klassische Archäologie sowie Musikwissenschaft und promovierte 1937 in München zum Dr. phil. (*Der Tanz im alten Ägypten*. Glückstadt / Hbg / N. Y. 1938 [²1958]). Sie lebt als Privatgelehrte (Honorarprofessor) in Tübingen.

Von ihren zahlreichen Untersuchungen (ca 200 Veröff.en) befassen sich viele mit Volksüberlieferungen, mit Tiermythologie und Magie[1]. Ihre Arbeit über die altägypt. gemalten und gezeichneten Ostraka in dt. Museen (*Die altägypt. Scherbenbilder*. Wiesbaden 1956) führte zu einem nachhaltigen Engagement für die Welt der Volkserzählung. Diese Sammlung umfaßt das reiche Material, welches das Tiermärchen in Ägypten illustriert. Der Studie folgte eine ausführliche Untersuchung dieses Typs ägypt. Märchen[2], dabei wurden archäologische wie literar. Quellen benützt und vergleichendes Material aus anderen Ländern, bes. aus Mesopotamien und Griechenland, herangezogen. Es folgte eine kommentierte dt. Ausgabe der in der Literatur erhaltenen ägypt. Märchen[3]. Teile des Materials stellte B.-T. in ihrem Werk *Die alten Ägypter* (Stg. 1974, ²1976) zusammen mit anderen Folklore-Elementen vor. 1977 erschien ihre Untersuchung *Der Katzmäusekrieg – Folge von Rauschgift*[4].

Die Leistung dieser Gelehrten beruht vor allem auf ihrem sachkundigen Umgang mit altägypt. Kunst und Literatur sowie auf ihrer einfühlsamen Art, die im Märchen enthaltenen psychol. Faktoren anzugehen, auf ihrer analytischen Begabung und ihrem wachen Gespür für die Verbindungen zwischen altem und modernem Material.

[1] Die Wochenlaube. In: Mittlgen des Inst.s für Orientforschung 3 (1955) 11–30; Die Krankheit der Fürstin von Punt. In: Die Welt des Orients 2 (1957) 307–311; Noch einmal die Fürstin von Punt. Ihre Rasse, Krankheit und ihre Bedeutung für die Lokalisierung von Punt. In: Festschr. zum 150jährigen Bestehen des Berliner Ägypt. Museums. B. 1974, 71–85; Spitzmaus und Ichneumon als Tiere des Sonnengottes. In: Nachrichten der Akad. der Wiss.en in Göttingen. Philolog.-Hist. Kl. Jg 1965, num. 7, 123–163; Tiergeschichten in Bildern aus dem alten Ägypten. In: Laogr. 22 (1965) 58–71; Ägypt. Mythen im Physiologus (zu Kap. 26, 25 und 11). In: Festschr. S. Schott. Wiesbaden 1968, 13–44; Das Muttermilchkrüglein. Ammen mit Stillumhang und Mondamulett. In: Die Welt des Orients 5 (1969) 145–164; Nachlese zu zwei Arzneigefäßen. In: ibid. 6 (1971) 4–6; Mythos im Alltag. Zum Loskalender im Alten Ägypten. In: Antaios 12 (1970) 332–347; Gravidenflasche. Das Salben des Mutterleibes. In: Archäologie und A. T. Festschr. K. Galling. Tübingen 1970, 35–48. – [2] Altägypt. Tiergeschichte und Fabel. Gestalt und Strahlkraft. In: Saeculum 10 (1959) 124–185 (als selbständige, erw. Veröff.: Darmstadt ⁵1977); cf. auch Ägypt. Tiermärchen. In: Zs. für ägypt. Sprache und Altertumskunde 80 (1955) 12–32. – [3] Altägypt. Märchen. MdW (1963) ⁴1976. – [4] In: Göttinger Miszellen 25 (1977) 47–51.

Swansea J. Gwyn Griffiths

Brusonius Contursinus Lucanus, Lucius Domitius, ein aus Contursi (Provinz Salerno) gebürtiger ital. Humanist, dessen genaue Geburts- und Sterbedaten unbekannt sind[1]. In den Jahren vor (und vermutlich auch nach) 1520 war er als Jurist in Rom tätig. Seinem dortigen Mäzen, dem Kardinal Pompeius Columna (Pompeio Colonna), widmete er sein lat. abgefaßtes Kompilationswerk *Sententiarum liber*[2] zunächst als Handschrift. 1518 hat er es dann erweitert und unter dem Titel *Facetiarum exemplorumque libri VII*[3] bei J. Mazochius in Rom erstmals drucken lassen. Einen Nachdruck aus Lyon hat K. Goedeke[4] für das Jahr 1560 bibliographisch nachgewiesen. Im dt.sprachigen Raum besorgte 1559 C. → Lycosthenes[5] einen ersten überarbeiteten, 497 Quartseiten zählenden und mit einem Index der Schlagwörter versehenen Neudruck für den Verleger N. Brylingerus zu Basel. 1600 brachte dann der Verleger N. Steinius[6] in Frankfurt einen nochmals verbesserten, 851 Oktavseiten umfassenden Nachdruck heraus, der laut Widmungsbrief auf einem alten Exemplar aus der Privatbibliothek des V. → Leucht fußte. Beide Herausgeber betonen, mit ihren Ausgaben der *Facetiarum exemplorumque libri VII* des B. die zu ihrer Zeit wohl umfangreichste Stoffsammlung aus den bekanntesten lat. und ebenfalls in lat. Übersetzung exzerpierten griech. Autoren – primär der Antike – einem weiteren Leser- und Benutzerkreis zugänglich machen zu wollen. Diese Kompilation des B. enthält vornehmlich Sentenzen, Apophthegmen, Anekdoten, Fazetien und schlagfertige Witzworte von berühmten Persönlichkeiten. Das umfangreiche Material ist nach 216 meist alphabetisch angeordneten Schlagwörtern (cap. *De avaritia* – *De uxoribus*) auf die sieben Bücher verteilt. Über die Nachwirkungen dieses ganz in der Tradition der humanistischen Apophthegmata- und Memorabilia-Sammlungen stehenden Kompilationswerkes läßt sich nur schwer etwas ausmachen; so haben z. B. die beiden einflußreichsten protestant. Exempelsammler des 16. Jh.s, A. → Hondorff[7] und W. → Bütner[8], B. als Quelle benutzt. Doch lassen schon die verschiedenen Nachdrucke vermuten, daß eine so überaus reichhaltige Stoffsammlung gern von humanistisch sich gerierenden Kompilatoren des 16. und 17. Jh.s ausgeschrieben worden ist.

[1] Dizionario biografico degli Italiani 14. Roma 1972, 720sq. – [2] ibid., 720. – [3] Der vollständige Titel lautet nach einem Exemplar der Herzog-August-Bibl. Wolfenbüttel (Signatur: 92. 2 Quodl. Fol.): L. Domitii Brusonii Contursini Lucani facetiarum exemplorumque libri VII. [Schlußblatt] Impressum Romae per Jacobum Mazochium Romanae Academiae bibliopolam. XV. Kal. Sept. 1518. – [4] Goedeke 2 ([2]1886) 128, num. 23. – [5] Vollständiger Titel bei Rehermann, E. H.: Das Predigtexempel bei protestant. Predigern des 16. und 17. Jh.s. Göttingen 1977, 186 unter a. – [6] Titelangabe ibid., unter b. – [7] ibid., 192, num. 25. – [8] Brückner, 598, unter num. 4.

Göttingen Ernst Heinrich Rehermann

Brust, Brüste. Der Thorax als Sitz und Synonym des Herzens („aus voller Brust", bayer. „Herz" = weibliche B., „ins Herz stecken") gilt als das Wesen des Menschen überhaupt, als Bild für sein Sinnen und Trachten (etwas „in petto" haben), für das Gewissen (Geste: an die B. schlagen) und die Aufrichtigkeit (Geste: Hand auf die B., „Hand auf's Herz!"), für den Stolz („sich brüsten"), die Kraft, die Würde und den Mut („sich in die B. werfen", ital. „con forte petto"), die Liebe, Zärtlichkeit, Geborgenheit und Mütterlichkeit („zur B. nehmen")[1]. Die B. ist der Mensch selbst: Das Berühren der weiblichen B. kommt (nicht nur bei den türk. Völkern) der Inbesitznahme der ganzen Person gleich[2]. Umgekehrt symbolisiert das Darreichen der weiblichen B. die → Adoption eines Kindes[3]; das Kind wiederum macht sich die Unholdin (Gule, Menschenfresserin, Riesin) gewogen, indem es an ihren B.en saugt[4]. Im speziellen Fall der ‚Maria lactans' soll nicht nur die wirkliche Mutter-Kind-Beziehung, sondern auch das Dogma sinnfällig gemacht werden, daß die hl. Jungfrau tatsächlich Gottesgebärerin war[5]. Die Sage von der den eingekerkerten Vater (Micon, Cimon) säugenden Tochter (Perus, Pero) ist nach W. Deonna aus älteren symbolischen Riten und Mythen entstanden[6]; die ‚Caritas romana' (Mot. R 81; cf. Mot. H 807; Mot. T 215. 2) ist dann seit Valerius Maximus[7] zum Sinnbild der familiaren ‚Pietas' geworden[8], auch zum Symbol „de l'homme qui, à la fin de sa vie, quitte cette prison du corps et du monde, pour revenir à la Mère, au sein maternel [...]"[9] (→ Säugen). Die B. spiegelt schließlich den wahren Menschen, das Gute ebenso wie seine Schuld oder Schlechtigkeit[10], seine Schönheit (Mond auf der B.[11]) wie seine sinnlichen Fähigkeiten (Mund, Augen, Ohren auf der B.[12]), seine außerordentliche Bestimmung (rotes Kreuz auf der B. des hl. Rochus[13]) oder seine zukünftige Schlechtigkeit (schwarzes Mal auf Luthers B.[14]).

Bemerkenswert ist freilich, daß die Volkserzählung die B. – und insbesondere die weibliche – nicht poetisch verklärt[15], sondern sie zumeist im Zusammenhang mit grausamen Vorgängen oder ungewöhnlich-kuriosen Ereignissen erwähnt. Die hist. faktische und in der Kollektiverinnerung tradierte Erfahrung von Verletzungen[16], brutalen Martyrien, Massakern, Torturen und Amputationen spielt hier ebenso eine Rolle wie die literar. und mündlich überlieferten Zeugnisse von menschlichen Hypertrophien und Monstrositäten. Das Abschneiden der B.e, eine weit verbreitete Körperstrafe[17], taucht vor allem in der Heiligenlegende (Agatha, Barbara, Eulalia, Katherina, Macra von Reims) auf[18]; diese und andere Heilige werden mit dem B.-Attribut dargestellt[19]; vor allem die Agathenbrüste haben Mirakelphantasie[20] und Brauchtum (Agathenbrote[21]) bereichert. Der hl. Petrus heilte Agathas B.-Wunden; im Märchen wächst die abgeschnittene B. einer Frau wieder an, sobald sie schwanger wird (Mot. E

788); abgeschnittene B.e können heilende (Mot. D 1515. 4. 1) und magische Wirkung (Mot. D 1009. 3, ohne Nachweis) haben.

Selbstverstümmelung (→ Selbstschädigung) der B. gilt in einem türk. Märchen als Zeichen des Mitgefühls[22]. In einer weitverbreiteten ma. Erzählung schickt ein Mädchen dem allzu lüsternen Liebhaber ihre B.e (Mot. T 327. 1, Var. zu AaTh 706: → *Mädchen ohne Hände*). Die Geschichte der einbrüstigen Amazonen ist noch in Griechenland lebendig (Mot. F 565. 1. 1)[23]. Weitere Verbreitung (griech., slovak., skr., bulg., türk.) hat die Erzählung von der Frau gefunden, die ihrem Mann, aus Hungersnot gezwungen, ihre B.e gekocht zum Essen vorsetzt; der Mann findet Geschmack am Menschenfleisch und will nun auch die Kinder schlachten und essen (cf. AaTh 450: → *Brüderchen und Schwesterchen*, Mot. G 36. 1)[24]. Auch hier handelt es sich wohl weniger um Formen von Kannibalismus als um Erinnerungen an konkrete oder literar. überlieferte Erfahrungen aus Hungersnöten[25].

An grausame Torturen erinnert eine Episode im Zigeunermärchen: Ein starker Sohn klemmt die B.warze seiner Mutter unter einen Balken, um die Frau zum Reden zu bringen[26]. Das Aufhängen an den B.en gehört zu den hist. überlieferten Strafen[27]; Erinnerungen daran leben im jüd. (Mot. Q 451. 9. 1) und türk.[28] Märchen weiter.

Aus Kuriositäten-Berichten und -Sammlungen stammen Erzählungen von hypertrophen weiblichen B.en. Meerfrauen und Riesinnen haben übergroße B.e (Mot. B 81. 9. 2). Seit dem *Alexanderroman* ist die Erzählung von den über die Schulter geworfenen langen B.en (Mot. F 232. 2; F 460. 1. 2; F 531. 1. 5. 1; G 123) bes. beliebt[29]. Mit solchen B.en kann die Hexe auch den Ofen ausputzen[30]. Lange B.e sind für H. von Beit ein phallisches Attribut[31]; damit allein ist indes die (auch spöttische) Lust an solchen Erzählungen noch nicht geklärt. Der antifeministische erotische Witz symbolisiert z. B. mit übermäßig herabhängenden B.en die sexuelle Unbrauchbarkeit vor allem älterer Frauen[32]. Zur Megalomastie-Thematik ist auch zu bemerken, daß das Schönheitsideal der weiblichen B. kulturspezifischen Regeln, modischen Strömungen und individuellen Vorlieben unterworfen ist[33]. An den allzugroßen B.en erkennt ein Mann, daß die Frau in seinem Bett nicht seine Ehefrau ist (Mot. H 79. 6)[34]. Das spätma. und auch später oftmals gepriesene Ideal der kleinen B.e scheint sich in der Gegenwart unter dem Einfluß des Kinofilms gewandelt zu haben[35]. Die angloamerik. pornographische Lit. hat in den letzten zehn Jahren ein bes. Genre von ‚populären' Magazinen mit Abbildungen hypertropher Mammae hervorgebracht; in der ‚harten' Kriminalliteratur breitet sich ein ‚Anti-Brust-Fetischismus' aus[36]. Die Lust an solchen Exzessen und entsprechenden Erzählungen, Witzen und Karikaturen[37] bedarf noch sozialpsychol. Erklärungen.

Frauen mit mehr als zwei B.en symbolisieren, von der Antike bis heute (Backwaren![38]) die Fruchtbarkeit, die Natur ganz allgemein[39]. Zu beachten ist auch hier, daß medizinische Berichte von Polymastie und Polythelie immer wieder vorgelegt wurden[40]. B.e an der Stirn sind wohl eher der Phantasie zuzuordnen (Mot. A 1313. 4. 1). Empirisch belegt sind hinwiederum Männer mit Milchbrüsten[41] (Gymnomastie); sie tauchen in der Volkserzählung mehrfach auf[42]. Auch die versteinerte B.[43] ist der medizinischen Kuriositätenliteratur zuzurechnen. Die schon verdorrte B. kann neuerlich Milch produzieren, wenn die Mutter ihren Sohn wiedererkennt (Mot. H 175. 1; T 592)[44].

Zusammenfassend kann man sagen, daß sich die ältere Volkserzählung eher mit der Verletzbarkeit und Krankheitsanfälligkeit der männlichen und weiblichen B. beschäftigt, mehr mit der mütterlichen Funktion der Laktanz als mit poetischen und modischen Fragen der Schönheit oder erotischen Reizfunktion der weiblichen B.e. Der moderne Witz und die Erzählungen in der aktuellen Kioskliteratur haben die traditionellen Assoziationen der Mütterlichkeit, Zuneigung, und familialen Pietät weitgehend verdrängt.

[1] cf. die einschlägigen WB.er, Sprichwort- und Redensartenlexika und Gebärden-Verz.se sowie die Rätselfragen Mot. H 633. 3 (What is sweetest?) und H 652. 2 (What is softest?). Zum Vokabular der ‚mamma' cf. Snoop, F. Z.: From the Monotremes to the Madonna. A Study of the Breast in Culture and Religion. L. 1928, 5–13. Zum gesamten Komplex der Mutter-Symbolik cf. Neumann, E.: Die große Mutter. Der Archetyp des Großen Weiblichen. Darmstadt 1957. – [2] Roux, J.-P.: Le Lait et le sein dans les traditions turques. In: L'Homme 7 (1967) 48–63; cf. Eberhard/Boratav, num. 374, III, 5d: Held versucht beim Ringkampf, B. des Mädchens anzufassen. Im Mot. H 331. 6. 1. 1 (Princess wins match with suitor by revealing her breast) wird die ursprüngliche Bedeutung bereits erotisiert; cf. Dirr, A.: Kaukas. Märchen. MdW 1920, 71–80, bes. 72sq. – [3] Cosquin, E.: Le Lait de la mère et le coffre flottant. In: Revue des questions historiques 42 (1908) 353–425. – [4] BP 1, 225sq.; Littmann, E.: Arab. Märchen. Lpz. s. a., 326, 450sq.; Aichele, W.: Zigeunermärchen. MdW 1926, 313; Eberhard/Boratav, num. 72, III, 7; Nowak, num. 177, 189. – [5] Eich, P.: Die Maria lactans. Diss. Ffm. 1953 (Auszug, 2 p.). – [6] Deonna, W.: La Légende de Pero et de Micon et l'allaitement symbolique. In: Latomus 13 (1954) 140–166, 356–375. – [7] Valerius Maximus: Factorum et dictorum memorabilium libri novem. ed. C. Kempf. Lpz. 1888, 246sq. (lib. 5, cap. 4, 7). – [8] Knaack, G.: Die säugende Tochter. Ein Beitr. zur vergleichenden Vk. In: Zs. für vergleichende Lit.geschichte N. F. 12 (1898) 450–454; Kuntze, F.: Die Legende von der guten Tochter in Wort und Bild. In: Neue Jbb. für das klassische Altertum 13 (1904) 280–300; Ceuleneer, A. de: La Charité romaine dans la littérature et dans l'art. In: Annales de l'Académie Royale d'Archéologie de Belgique 67 (1919) 175–206; Knauer, E. R.: Caritas romana. In: Jb. der Berliner Museen 6 (1964) 9–23, 12 Abb. en. – [9] Deonna, W.: Les Thèmes symboliques de la légende de Pero et de Micon. In: Latomus 15 (1956) 489–511. – [10] von Beit 2, 74, 86sq. Für die klassische Ikonologie sind alte, vertrocknete B.e Symbol der Kraftlosigkeit bes. von Ketzereien: cf. Ripa, C.: Iconologia, overo descrittione d'imagini delle virtù, vitij, affetti, passioni humane, corpi celesti, mondo e sue parti. Padova 1610/11, 233, s. v. Heresia. – [11] Aichele (wie not. 4) 121, 324. – [12] cf. Mot. F 511. 0. 1. 1; F 511. 2. 1; F 513. 0. 4. – [13] Toldo, P.: Leben und Wunder der Hll. im MA. In: Studien zur vergleichenden Lit.geschichte 1 (1901) 328. – [14] Brückner, 283. – [15] Zu den poetischen Beschreibungen der weiblichen B. cf. Snoop (wie not. 1) 45–54. – [16] Hierher gehört auch die Selbstverstümmelung der B. aus Trauer oder Verzweiflung: cf. Snoop (wie not. 1) 99–102. – [17] Ploss, H.-M./Bartels, P.: Das Weib in der Natur- und Völkerkunde 1. ed. F. v. Reitzenstein. B. [11]1926, 486–494; Witkowski, G. J.: Tetoniana. P. 1903, 1–5; Buchner, E.: Das Neueste von gestern, kulturgeschichtlich interessante Dokumente aus alten dt. Ztgen 1. Mü. 1911, 24. – [18] cf. die entsprechenden Abschnitte in Jacobus a Voragine: Legenda aurea. ed. T. Graesse. Breslau [3]1890 (Nachdr. Osnabrück 1965). – [19] Kerler, D. H.: Die Patronate der Hll. Ulm 1905, 54sq. – [20] Garmann, L. C. F.: De miraculis mortuorum. Dresden/Lpz. 1709, p. 630, § 7. –

[21] cf. HDA 1 (1927) 209; Rochholz, E. L.: Schweizersagen aus dem Aargau 1. Aarau 1856, 338, 385; Freudenthal, H.: Das Feuer im dt. Glauben und Brauch. B. 1931, 372sq. – [22] Eberhard/Boratav, num. 30, I, 7; cf. die Pelikan-Symbolik. – [23] In einem anderen kulturalen Zusammenhang steht wohl die ind. Erzählung von der einbrüstigen Unholdin (Mot. G 369. 6). – [24] BP 1, 89 (zu KHM 11: Brüderchen und Schwesterchen); cf. Hahn, 65sq., 175; Eberhard/Boratav, num. 161, III, 1; 168, III, 1. – [25] cf. Schenda, R.: Die frz. Prodigienlit. in der 2. Hälfte des 16. Jh.s. Mü. 1961, 31, 117 (Boaistuau, Histoires prodigieuses [. . .], cap. 34). – [26] Aichele (wie not. 4) 68. – [27] Witkowski (wie not. 17) 3, Abb. 1. – [28] Eberhard/Boratav, num. 86, IV, 5. – [29] cf. HDA s. v. Fängge; Basile 5, 4: Mutter der sieben Hexen; Wigalois, ed. J. M. N. Kapteyn. Bonn 1926, V. 6238–6410; Höttges, 154; Röhrich, MMA 2, bes. 398; Holbek, B./Piø, I.: Fabeldyr og sagnfolk. Kop. 1967, 102, 127; Petzold, L.: Dt. Volkssagen 1. Mü. 1970, 202, 425, 481; Seitz, B.: Die Darstellung häßlicher Menschen in mhd. erzählender Lit. [. . .]. Diss. Tübingen 1967, 39 (Häßlichkeitskatalog). – [30] Hahn, 120; Aichele (wie not. 4) 314; Bošković-Stulli, M.: Kroat. Volksmärchen. MdW 1975, 136. –

[31] von Beit 1, 142, not. 1. – [32] Comic's Magazine 198 (St. Genis-Laval 1977) 9; zu diesen Witzheften cf. Schenda, R.: Witze, die selten zum Lachen sind. In: ZfVk. 74 (1978) 58–75. – [33] cf. Krammer, H.: Das entblößte Frauenzimmer. Die Geschichte des Dekolletés. Mü 1969. – [34] Cent nouvelles nouvelles, cap. 35. – [35] cf. Krammer (wie not. 33) 123–145. – [36] cf. Legman, G.: Rationale of the Dirty Joke. An Analysis of Sexual Humor. Second Series. N. Y. 1975, 363–373. – [37] Orwell, G.: The Art of Donald McGill (1941). In: id.: The Decline of the English Murder and other Essays. Harmondsworth 1965, 148: „[. . .] these pictures lift the lid off a very widespread repression"; Dipas [Pseud.]: Mirate al petto. Presentato da Ramón Gómez de la Serra (I Segni 4). Roma 1967. – [38] Toschi, P.: Arte popolare italiana. Roma 1960, Tafel 3 und Abb. 104. – [39] Witkowski (wie not. 17) 319–324; Tervarent, G. de: Attributs et symboles dans l'art profane 1450–1600. Genève 1958, 170sq.; Grimal, P. (ed.): Mythen der Völker 2. Ffm. 1967, 172. – [40] Goulard, S.: Histoires admirables et mémorables de nostre temps 1–2. P. 1600–1610, num. 61sq.; Medicinische Anekdoten, oder Slg bes. Fälle [. . .]. (Ffm./Lpz. 1767) Zürich/Mü. 1977, 91, num. 43; weitere Hinweise bei Snoop (wie not. 1) 23; Smith, A.: The Body. L. [2]1970, 200–202. –

[41] Argelati, F.: Il Decamerone. Bologna 1751, 73 (= Novelle 1, 5); Witkowski (wie not. 17) 53–55; cf. Snoop (wie not. 1) 76–78. – [42] Riese (armer Mann) säugt: BP 2, 296. – [43] Garmann (wie not. 20) 1133, § 107. – [44] cf. Toldo (wie not. 13) 6 (1906) 296. – [45] cf. auch HDA 1 (1927) 1685sq. s. v. B.e.

Göttingen Rudolf Schenda

Brust: An der B. des Unholds saugen → Adoption

Buber, Martin, *Wien 8. 2. 1878, † Jerusalem 13. 6. 1965, jüd. Religionsforscher und -philosoph chassid. Prägung.

Infolge der Trennung seiner Eltern wuchs B. im Hause seines Großvaters, des berühmten Midraschforschers Salomon B. (1827–1906), in Lemberg (Galizien) auf. Hier nahm er die in sieben Generationen gewachsenen chassid. Überlieferungen (→ chassid. Erzählgut), ihre Sagen und Märchen unmittelbar und prägend in sich auf.

Schon während des 1896 begonnenen und sehr breit angelegten Studiums (in Wien, Leipzig, Zürich und Berlin) beschäftigte sich B. mit der jüd. Mystik der Renaissance und Reformationszeit. Seit 1904 war er editorisch tätig. Von 1923 bis zu seiner Entlassung 1933 lehrte B. (1930 Honorarprofessor) an der Univ. Frankfurt am Main Religionswissenschaft und Ethik. Von 1938–1951 war er Professor für Sozialphilosophie an der Univ. Jerusalem.

Der Chassidismus, die Mystik des osteurop. Judentums, hatte neben der Aufklärung (Haskala) vom 18. Jh. an entscheidenden Einfluß auf die Erneuerung des jüd. Volkslebens. B., der sich seit seiner Jugendzeit zur chassid. Bewegung hingezogen fühlte, erkannte in ihr die geistige Voraussetzung für die nationale Wiedergeburt, die das Judentum durch den Zionismus erfahren sollte. Er fühlte sich mit den geistigen Führern (Zaddikim) des Chassidismus brüderlich verwandt und sah seine Aufgabe darin, die chassid. Lehre der Welt bekannt zu machen. Er betrachtete den Chassidismus als geistiges, nicht als hist. Phänomen und auch nicht als theosophische Spekulation, sondern als eine das Verhältnis des Menschen zu Gott und der Welt betreffende Erscheinung. Es ging ihm darum, die Scheidung zwischen heilig und profan zu überwinden, da Gott in jedem Ding als dessen Urwesen sei.

B.s Verhältnis zum Chassidismus unterlag während seines Lebens mancher Veränderung und Entwicklung. In einer frühen Phase sah er im Chassidismus die Blüte der jüd. Mystik, die „Ethos gewordene Kabbala". Von dieser Einstellung zeugen auch seine ersten Werke, wie z. B. *Die Geschichten des Rabbi Nachman* (Ffm. 1906) und die *Legende des Baalschem* (Ffm. 1908). Später entsagte er der Mystik, ohne jedoch eine starke Verbindung zu ihr zu leugnen, und wandte sich einem religiösen Existenzialismus zu. Diese Wandlung wird am besten durch den Abstand gekennzeichnet, der zwischen seinen beiden Werken *Daniel. Gespräche von der Verwirklichung* (Lpz. 1913) und *Ich und Du* (Lpz. 1923) liegt.

Von da an sah B. im Chassidismus zwei miteinander im Widerstreit liegende Formen des religiösen Bewußtseins: (1) Die kabbalist. Tradition, in deren Rahmen sich der Chassidismus zwar entwickelte, in dem aber B. kein schöpferisches Element für diesen selbst sah. (2) Die Übertragung der → Kabbala-Nomenklatur aus der Sphäre der göttlichen Mysterien in die Welt des Menschen und seiner Begegnung mit Gott, worin B. den eigentlichen schöpferischen Aspekt der chassid. Bewegung sah.

Das Corpus der literar. Überlieferungen des Chassidismus, wie es B. vorlag, läßt sich in zwei Gruppen aufteilen: (1) Theoretische Schriften, die zumeist aus Predigten und Vorträgen, Kommentaren zu bibl. Texten und Traktaten über das religiöse Leben bestehen. (2) Legenden, Biographien und Erzählungen über die Wunder der Zaddikim sowie Sammlungen ihrer denkwürdigen Aussprüche.

B.s Darstellung und Deutung fußen im wesentlichen auf der zweiten Kategorie, die nach seiner Überzeugung als Hauptquelle für die Erkenntnis des Chassidismus dienen müsse. Er erzählte die Legenden nicht nur nach, sondern schuf auf Grund der schwierigen Textlage eine dichterische Neufassung der alten Traditionen (eigengesetzliche Nachdichtung aus überlieferten Motiven). Sein Bestreben war es, aus den meist formlosen Vorlagen der Volksbücher den Vorgang genau und einfach zu rekonstruieren. In seinen Erzählungen bediente er sich der Kurzform der legendären Anekdote, die in sich einen abgeschlossenen Vorgang vermittelt, und der Antwortsprüche. B. versuchte mit Hilfe der intuitiven freien Nachdichtung, seiner Zeit die Lebensweise und die Frömmigkeit der Chassidim zu erschließen.

Veröff.en (Ausw.): Jüd. Volkskalender. Lpz. 1900. – Udel tanzt. Chassid. Geschichte. Festschr. N. Sokolow. W. 1904. – Über jüd. Märchen. In: Generalanzeiger für die gesamten Interessen des Judentums. B. Aug. 1905. – Die Geschichten des Rabbi Nachman. Ffm. 1906 (rev. Fassung 1955). – Das Haus der Dämonen. Ein jüd. Märchen. In: Die Sonntagszeit (Beilage zu num. 1547 der Wiener Tagesztg „Die Zeit" vom 13. 1. 1907). – (Übers.): Reden und Gleichnisse des Tschuang Tse. Lpz. 1910 (Neuausg. Zürich 1951). – (Übers.): Chin. Geister- und Liebesgeschichten. Ffm. 1911 (Zürich 1948). – Kalewala. Übers. von A. Schiefner. Durchgesehen, ergänzt und eingeleitet von M. B. Mü. 1914. – (Übers.): Die vier Zweige des Mabinogi. Ein kelt. Sagenbuch. Lpz. 1914 (Ffm. [3]1966). – Mein Weg zum Chassidismus. Erinnerungen. Ffm. 1918. – Der große Maggid und seine Nachfolge. Ffm. 1922 (B. [2]1937). – Die Erzählungen der Chassidim. Zürich 1949. – Die chassid. Botschaft. Heidelberg 1952. – Schr. zum Chassidismus (M. B. Werke 3). Mü./Heidelberg 1963.

Lit.: Michel, W.: M. B. Ffm. 1926. – Binger, J.: M. B. s'Graveland 1947. – Kohn, H.: M. B. – sein Werk und seine Zeit. Hellerau 1930 (Neuausg. Köln 1961). – Schilpp, P. A./Friedman, M. (edd.): M. B. (Philosophen des 20. Jh.s). Stg. 1963. – Schaeder, G.: M. B. Hebr. Humanismus. Göttingen 1966.

Münster Zvi Sofer

Buch. Bücher, d. h. gebundene Druckwerke von mehreren Bogen Umfang, sind den nicht-alphabetisierten Unterschichten bis zum 19. Jh. fremde, ja unheimliche Gegenstände geblieben. Das B. war zunächst nicht für das Volk bestimmt, und selbst der Bücherbesitz reicher städtischer Bürger wurde noch im 16. Jh. als Narrheit getadelt[1]. Bücherbesitz allein, heißt es bei J. Pauli, macht nicht weise (Mot. U 111). So nimmt es nicht wunder, daß das B. in Volksmärchen nur höchst selten erwähnt wird[2]: Der → starke Hans, der aus einem Ritter-B. lesen lernen darf (KHM 166, AaTh 650A), ist ein Ausnahmefall. → Doktor Allwissend (KHM 98, AaTh 1641) demonstriert die wahren Schwierigkeiten im Umgang mit ABC-B. und Göckelhahn. Typisch scheint, daß ein Tölpel bei seiner Rätselfrage: „Ich briet in Gottes Worten mein Essen" offenbar denkt, ein Brevier sei durchaus zum Feuermachen nützlich[3]. Dagegen bietet die Gattung des Schwanks mehrere Zeugnisse bürgerlichen Spotts über Leute, die mit Büchern nichts anzufangen wissen (→ Analphabetenschwänke) oder meinen, der Besitz eines B.es mache schon weise (Mot. J 2238). Gelacht wird sogar, wenn ein Analphabet Oktav- und Folioformat nicht unterscheiden kann[4]. Pierre Faifeus Mutter (Charles de → Bourdigné) ist dumm genug zu glauben, ihr Sohn sei ein fleißiger Student, nur weil er Bücher herumträgt (Mot. U 111.1). Der moderne Witz erzählt, Frau Neureich schenke ihrem Mann kein B. zu Weihnachten, weil er schon eines habe, oder: Die ostfries. Landesbibliothek habe geschlossen, weil das B. ausgeliehen sei (mündlich).

Das ungelehrte Volk betrachtete das B. immer wieder als ein Objekt in einer oder aus einer anderen Welt. Zahlreiche bildliche Darstellungen von Büchern oder Schrifttafeln als Attribute Gottes, der Propheten oder der Heiligen[5] mögen zu solchen Vorstellungen beigetragen haben. In bibl.-jüd. Anschauung führt Gott der Herr das Schicksals-B., das B. der Werke und das → B. des Lebens[6]. Nach griech. und rumän. Volksglauben tragen die Moiren ihre Entscheidung über das Leben eines Menschen in ein Schicksals-B. ein (Mot. N 115)[7]. Von einem B. der Werke erzählt Beda Venerabilis in seiner *Historia ecclesiastica*[8]:

Einem sterbenden Offizier erscheinen zwei Jünglinge; der eine zu seinen Häupten mit einem Büchlein, in welchem seine guten Werke, der andere mit einer Teufelsschar und einem mächtigen Kodex, in dem alle Missetaten des Kriegsmannes verzeichnet sind; dieses schwarze B. bringt ihn zur Verdammnis.

Diese Vorstellung von einem Sündenregister[9] war gerade durch die Augustin-Legende weit verbreitet[10]:

Der Hl. bittet den Teufel, in dessen Sünden-B. blicken zu dürfen, und findet sich dort wegen eines unterlassenen Abendgebets verzeichnet. Nach kräftigem Beten findet Augustin diese Eintragung nicht mehr.

Nach ir. Glauben hat der Teufel zwei solcher Bücher: ein kleines für die Geistlichen, in welchem die Sünden durch die Beichte getilgt werden können, ein großes für die ungebeichteten Sünden der Laien (Mot. G 303.24.1.9). Im dt. Märchen (KHM 125: *Der Teufel und seine Großmutter*; cf. → Teufelsmutter) führt der Teufel ein B. für seinen Pakt mit den drei Soldaten.

Das B. des Lebens (in Indien: Toten-B., Mot. E 481.8.1) ist ein (goldenes) Verzeichnis der Auserwählten Gottes[11]. Die bibl. Metapher[12], schon in der Apk. (20, 12) konkretisiert, wird im Volksglauben sogar auf die Erde herabgeholt: Es soll in Würzburg im Kloster der Schwarzen Karmeliter zu finden gewesen sein[13]. Daß das B. als jenseitiges Objekt gewertet wurde, erhellt auch aus Sagen, die über vom Himmel gefallene Bücher berichten. Sie finden sich in Ägypten[14] ebenso wie im jüd.-christl. Kulturbereich[15] und haben sich bis ins 19. Jh. hinein, z. B. in einer bosn. Erzählung, erhalten[16].

Christus und die Heiligen wurden immer wieder mit Büchern dargestellt, weniger als Zeichen ihrer Weisheit denn als Hinweis auf ihre schicksalsbestimmende Kraft[17]. Eine ir. Legende erzählt, wie ein solches (wiederum konkretisiertes) B. zum Siege in der Schlacht verhilft (Mot. D 1381.25). Die Bücher des hl. Dominikus blieben unversehrt, als sie in einen Fluß fielen und erst nach drei Tagen wieder herausgefischt wurden (Mot. F 930.1)[18]. Der hl. Johannes von Gott verkaufte in Gibraltar hl. Bücher, indem er Abenteuer-Romane anpries, aber dann die besseren, frommen Bücher empfahl und zu Niedrigpreisen abgab[19]. Hl. Bücher zeigen selbstverständlich eine bes. Resistenz: Sie brennen nicht (Mot. D 1841.3.3), und ihre Heiligkeit zeigt sich in Feuer- (Mot. H 221.1.3) und Wasserproben (Mot. H 222.4). Den Heiden gegenüber dient die Feuerprobe mit den Evangelien als Beweis für die Allmacht des Christengottes[20]. Das Motiv erscheint auch in der protestant. Legende: Andachtsbücher wie das *Paradiesgärtlein* von Johann Arndt blieben im Feuer unversehrt[21].

Das populärste Residuum all dieser z. T. gelehrter und dogmatischer Vorstellungen ist die weitverbreitete Auffassung, Bücher seien zauberkräftige Gegenstände. Diese hängt sicher auch mit der Tatsache zusammen, daß das B. in der Symbolwelt der Oberschicht die Konnotationen von Wiss., Weisheit (cf. Mot. J 166), Prophetie (Mot. M 302.8; Sibyllinische Bücher[22]), Gerechtigkeit und Wahrheit besitzt[23]. Das apokalyptische ‚B. mit Sieben Siegeln'[24] enthielt geheimnisvolle Kräfte. So kommt es, daß Analphabeten dem B. immer wieder magische Potenzen zuschreiben (Mot. D 1266)[25]:

Peter Abälard fand, so erzählte man vor 100 Jahren in Rom, als Schuljunge ein Zauber-B. (libro di comando); damit konnte er alles erreichen, was er wollte, und der Teufel stand ihm zu Diensten[26]. In einem Räuberbraut-Märchen aus Kärnten heißt es, der Priester habe der mutigen Müllerstochter neben dem Gebet.-B noch ein anderes B. gegeben, „das sollte sie dem Räuberhauptmann geben und ihn bitten, daß er es annehme". Durch dieses nicht näher bezeichnete B. werden die Räuber am Töten gehindert, und der Hauptmann geht in sich[27]. Im dän. Märchen von der Pfarrersfrau verliert diese ihren Schatten. Ein Pfarrer rät ihr, eine Nacht lang mit einem B. in der Hand in der Kirche zu bleiben. Sie hält es die ganze Nacht fest und wird dadurch erlöst[28].

Einige weitere Vorstellungen aus verschiedenen Ländern der Welt seien kurz genannt: Hexen ziehen ihre Macht aus Büchern (Mot. G 224.3); der Besitz eines Zauber-B.es verhilft zu Reichtum (Mot. D 1469.6); liest der Schüler im B. des

Zaubermeisters, so erhebt sich ein Sturm, liest der Meister darin, so wird es wieder still (Tubach, num. 737). Durch Rückwärtslesen (→ Rückwärts) eines Zauber-B.es werden Spuk und Zauber aufgehoben[29]. Durch Lesen in einem B. wird bewirkt, daß ein gestürzter Baum sich wieder aufrichtet (Mot. D 1571.3). Jenseitige Helfer geben Kindern ein zauberkräftiges B. (Mot. F 460.4.2.4). Die magischen Bücher können sich von selbst bewegen (Mot. D 1641.11.1); als ihr Besitzer stirbt, fallen sie gar vom Regal (Mot. F 994. 1). Der Glaube an spezielle Zauberbücher wie das *Sechste* und *Siebte B. Moses* ist in Volkserzählungen nach wie vor lebendig[30].

Wirkt das B. nicht zauberkräftig, so ist es doch Ursache für höchst ungewöhnliche Ereignisse (Mot. A 2219.2, F 883, F 1055, S 111.5 etc.). Auch solche Erzählungen weisen darauf hin, daß den Analphabeten das B. als Informationsträger, aus welchem die Gebildeten Wissen und Macht schöpfen, lange Zeit ein nicht nur unverständlicher, sondern geradezu numinoser, einerseits Furcht erregender, anderseits aber auch beschützender Gegenstand geblieben ist.

cf. → Analphabetismus, → Bibel, → Brief

[1] Schreiner, K.: Bücher, Bibl.en und „gemeiner Nutzen" im Spätmittelalter und in der Frühneuzeit. In: Bibl. und Wiss. 9 (1975) 202–249, bes. 208–211; Schenda, R.: Volk ohne B. (Ffm. 1970) Mü. 1977, 93–97; das bibliotheks-hist. Faktum der Kettenbücher deutet auf deren hohen materiellen Wert; die zahlreichen überlieferten Buchdiebsverse zeigen einen weiteren Aspekt solcher Wertschätzung. – [2] Thimme, A.: Das Märchen (Hbb. zur Vk. 2). Lpz. 1909, 148sq. – [3] Meier, H./Woll, D. (edd.): Port. Märchen. MdW 1975, 132. – [4] Der Kurtzweilige Hanß-Wurst von Frölichshausen [...]. s. l. 1712, p. 186, num. 345 und p. 223, num. 443. – [5] Braun, J.: B. als Attribut. In: RDK 2,1339 sq. – [6] Koep, L.: Das himmlische B. in Antike und Christentum. Bonn 1952, 127 sq. – [7] Brednich, R. W.: Volkserzählungen und Volksglaube von den Schicksalsfrauen (FFC 193). Hels. 1964, 162, 171. – [8] Beda: Historia ecclesiastica gentis Anglorum. (MPL 95). P. 1861, 253 (lib. 5, cap. 13). – [9] Tubach, num. 738; cf. Harder, F.: Sündenregister. In: ZfVk. 37/38 (1927/28) 111–117. – [10] Jacobus a Voragine: Legenda aurea. ed. T. Graesse. Osnabrück 1965 (Nachdr. von ^{3}1890) 653sq. (De sancto Hieronymo). – [11] Tubach, num. 735; zum B. des Lebens cf. ERE 2, 792–795. – [12] Ex. 32, 32sq.; cf. Gunkel, H.: Das Märchen im AT. Tübingen ^{2}1921, 104. – [13] HDA 1, 1689sq. – [14] Sauneron, S.: Villes et légendes d'Egypte. VII: La Légende du livre tombé du ciel. In: Bulletin de l'Institut français d'archéologie orientale du Caire 64 (1966) 185sq. – [15] Dieterich, A.: Himmelsbriefe. In: HessBllfVk. 1 (1902) 19–27, hier 19sq. – [16] Krauss, F. S.: Der Tod in Sitte, Brauch und Glauben der Südslaven. In: ZfVk. 1 (1891) 148–163, hier 151. – [17] Lex. der christl. Ikonographie 1. Rom/Fbg/Basel/Wien 1968, 337sq.; Kreitner, M.: Heilige um uns. Wien/Mü. 1956, Index p. 344sq.; die Evangelisten haben ein B. zum Zeichen ihrer Verfasserschaft: Kerler, D. H.: Die Patronate der Heiligen. Ulm 1905, 55sq. – [18] Jacobus a Voragine (wie not. 10) 544 (De sancto Bartholomeo). – [19] Kerler (wie not. 17) 56sq. – [20] Averoult, A. de: Flores exemplorum [...] 1. Douai 1616, 113 (= t. 1, cap. 1, titulus 6, num. 6). – [21] Scharfe, M.: Evangel. Andachtsbilder. Stg. 1968, 221sq. und Abb. 107. – [22] cf. Art. Sibyllinische Bücher. In: Lex. der Alten Welt. Zürich/Stg. 1965, 2792sq.; Kl. Pauly 5, 160sq. – [23] Tervarent, G. de: Attributs et symboles dans l'art profane. Genève 1958, 248–252; Radbruch, G.: Das B. als profanes Attribut und Symbol. In: RDK 2, 1341–1343. – [24] Apk. 5, 1–10; zu populären Redensarten cf. Röhrich, L.: Lex. der sprichwörtlichen Redensarten 1. Fbg/Basel/Wien ^{2}1977, 175. – [25] Zum B. als magischem Wert cf. Engelsing, R.: Analphabetentum und Lektüre. Stg. 1973, 89; eindrucksvolle Beispiele aus der Sagenwelt liefert Müller, J.: Sagen aus Uri 1. ed. H. Bächtold-Stäubli. Basel 1926, num. 315, 318—328; t. 3. ed. R. Wildhaber. Basel 1945, num. 1098. – [26] Busk, R. H.: The Folk-Lore of Rome. L. 1874, 189. – [27] Zaunert, P.: Dt. Märchen aus dem Donaulande. MdW 1926, 104–111. – [28] Stroebe, K.: Nord. Volksmärchen. 1: Dänemark/Schweden. MdW 1922, num. 23; cf. dazu die Interpretation in: von Beit 1, 628. – [29] Sieber, F. (ed.): Sächs. Sagen. Von Wittenberg bis Leitmeritz. Jena 1926, 247. – [30] Meier, E.: Dt. Sagen, Sitten und Gebräuche aus Schwaben 1. Stg. 1852, num. 221; Cammann, A.: Märchenwelt des Preußenlandes. Schloß Bleckede 1973, 344, 346, 416sq.

Göttingen Rudolf Schenda

Buch der Beispiele der alten Weisen → Pforr, Anton von

Buch der Frommen → Sefer Chassidim

Buch des Lebens, Metapher aus dem bibl. Bereich, beruht wie die aus dem alten Orient stammenden Vorstellungen vom 'Schicksalbuch' und den 'Büchern der Werke' auf dem Glauben, Gott führe bei all seinem Walten genau Buch[1]. In das B. trägt Gott die Namen aller Menschen ein, die er zum Leben bestimmt. Ursprünglich ist in der Bibel noch das irdische Leben gemeint[2], dann eindeutig das himmlische im (eschatologischen) Gottesreich[3]: Wer auf Grund sündigen Lebenswandels nicht in das B. eingetragen oder wieder gestrichen wird, ist vom ewigen Leben ausgeschlossen (endgültige Festsetzung beim Jüngsten Gericht)[4]. Auch in einem Lied des evangel. Kirchengesangbuchs[5] sowie in den Pseudepigraphen des A.T.s[6] findet das B. Erwähnung.

Im jüd. Glauben gibt es die Vorstellung, Gott schreibe zu Beginn jedes Jahres die Namen der von ihm zum Leben Ausersehenen in das B. ein:

> Am Neujahrstag liegen Gott drei Bücher vor: das mit dem B. identische Buch der 'völlig Frommen', das Buch der 'völlig Gottlosen' und das Buch der 'Mittelmäßigen'. Die Frommen bleiben am Leben, die Gottlosen hingegen verfallen dem Tode. Die Mittelmäßigen können innerhalb der ersten zehn Tage des Jahres – zwischen dem Neujahrstag und dem Versöhnungsfest – durch Reue und Buße bewirken, daß Gott ihren Namen noch in das B. aufnimmt[7].

In einem Gebet beim jüd. Gottesdienst am Neujahrs- sowie am Versöhnungstag wird heute noch das B. ausdrücklich erwähnt, und man wünscht sich an diesen Festtagen den Eintrag in das B.

In einigen Werken der ma. dt. Dichtung kommt das B. im oben angeführten eschatologischen Sinne vor, so im *Rolandslied des Pfaffen Konrad* (um 1170)[8], in Heinrîchs von dem Türlîn *Der Aventiure Crône* (ca zwischen 1205 und 1220)[9], im *Väterbuch* (letztes Viertel des 13. Jh.s)[10] und in Hugo von Langensteins *Martina* (1293)[11]. Einen literar. Beleg aus späterer Zeit enthält Wolfhart Spangenbergs Tragödie *Saul* (Straßburg 1606)[12].

Auch in Vita, Wundergeschichte, Legende und Sage hat die Vorstellung vom B. Eingang gefunden: Die Vita des hl. Johannes, des Bischofs von Valence (1141–45), erzählt von einer Vision, die ihn zum Eintritt in den geistlichen Stand veranlaßt habe: Johannes hat die Erfüllung seines Gelübdes, dem Orden der Zisterzienser beizutreten, aufgeschoben. Auf dem Rückweg von einer Pilgerfahrt sieht er nun, wie Christus St. Peter bittet, seinen Namen aus dem B. zu streichen, während St. Jakob sich für ihn einsetzt. Daraufhin wird er Mönch[13]. Bei Caesarius von Heisterbach führt ein Engel einen Mönch ins Paradies, wo er zu Henoch und Elias kommt und bei ihnen das B. sieht, in das mit goldenen Buchstaben die Namen aller Prädestinierten – darunter auch seiner – eingetragen sind. Er hört, sein Name werde niemals gelöscht[14]. Ist das B. hier ein einmaliges Buch, in dem sich die Namen aller Auserwählten finden, so enthält eine altruss. Heiligenlegende die Idee von einem individuellen Lebensbuch für jeden Menschen: Als Gott Nowgorod wegen der Sünden seiner Einwohner strafen will, steht vor jedem Menschen sein Schutzengel mit einem Buch in der Hand, das Gottes Befehl enthält. Wer am Leben bleiben soll, wird vom Engel gesalbt, alle anderen müssen sterben[15]. In einer arab. Legende zeigt Gott Adam die Reihe seiner künftigen Nachkommen. Als Adam erfährt, daß Gott für David nur eine Lebensspanne von 60 Jahren aufgeschrieben hat, tritt er 40 Jahre seines eigenen Lebens an David ab[16]. Von der Möglichkeit einer Verlängerung der von Gott festgesetzten Lebenszeit erzählt auch eine Sage aus Bosnien: Ein Mann liest in einem vom Himmel gefallenen Buch, seine Frau habe noch 20 Minuten zu leben. Als sie aber mitleidig das Mittagessen Hund und Katzen gibt, wird ihr Leben um 40 Jahre verlängert[17]. Entgegen der religiösen Vorstellung, wonach die himmlischen Bücher in Gottes Gewahrsam sind, ist hier eines in Menschenhand geraten. Eine unterfränk. Sage spricht dem B. eine magische Funktion zu: Ein Geist verkündet Schatzgräbern, sie müßten sich zur Hebung des Schatzes das B. verschaffen. Dieses befinde sich im Kloster der Schwarzen Karmeliter in Würzburg. Die Mönche dort fordern von den Schatzgräbern für das B. 10.000 Gulden als Bürgschaft, die diese aber nicht aufbringen können, so daß ihr Vorhaben scheitert[18].

In der Erzählung hat die vom Ursprung her religiöse Idee vom B. also einen stärkeren Bezug zum irdischen Leben bekommen. Das B. wird nicht mehr ausschließlich von Gott im Himmel geführt und aufbewahrt, und es ist dem Einblick des Menschen oder gar seinem Besitz nicht mehr gänzlich vorenthalten. Doch bleibt eine Verbindung zum Überirdischen stets gewahrt.

[1] Koep, L.: Das himmlische Buch in Antike und Christentum. Bonn 1952, 1. – [2] Ex. 32,32; Ps. 69, 29; cf. Kopp, C.: B. In: LThK 2, 738sq.; cf. Koep (wie not. 1) 31. – [3] Dan. 12, 1; Jes. 4, 3; Lk. 10, 20; Phil. 4, 3; Hebr. 12, 23; Apk. 3, 5; 13, 8; 17, 8; 20, 12; 20, 15; 21, 27; cf. auch Kopp (wie not. 2) und Seisenberger, M.: B. In: Wetzer und Welte's Kirchenlex. 2. Fbg [2]1883, 1389–1391. – [4] cf. Koep (wie not. 1) 31–39, 68–89; weitere Lit. zum B.: Margolis, M. L.: Book of Life. In: The Jewish Enc. 3. N.Y./L. 1902, 312sq.; Jeremias, A.: Book of Life. In: ERE 2, 792–795; Strack, H. L. / Billerbeck, P.: Kommentar zum N.T. aus Talmud und Midrasch 2. Mü. 1924, 169–176; Paul, S. M. / Rabinowitz, L. I.: Book of Life. In: Enc. Judaica 4. Jerusalem 1971, 1217sq. – [5] Valerius Herberger: Valet will ich dir geben (1614). In: Evangel. Kirchengesangbuch. Ausg. für die evangel.-luther. Kirchen Niedersachsens. Hannover. Hannover/Göttingen 1963, 591sq., num. 318. – [6] äthHen. 47, 3; Jub. 30, 19–23; 36, 10. – [7] Goldschmidt, L.: Der babylon. Talmud 3. B. 1930, 568sq. (Traktat Roš Hašana, Bl. 16b); Strack/Billerbeck (wie not. 4) 170; Koep (wie not. 1) 35. – [8] Das Rolandslied des Pfaffen Konrad 1 (mhd./neuhochdt.). ed. D. Kartschoke. Mü. 1971, 144, V. 3.255–3.261, 3.265sq. – [9] Diu Crône von Heinrîch von dem Türlîn. ed. G. H. F. Scholl (BiblLitV 27). Stg. 1852 (Nachdr. Amst. 1966) 30, V. 2.373–2.376. – [10] Das Väterbuch. ed. K. Reissenberger (DTMA 22). B. 1914, 223, V. 15.299–15.306 und 304, V. 20.821–20.836. –
[11] Martina von Hugo von Langenstein. ed. A. von Keller (BiblLitV 38). Stg. 1856, 1, V. 1, 28sq. und 222, V. 89, 13–15; cf. auch Harder, F.: Sündenregister. In: ZfVk. 37/38 (1928) 111–117.– [12] Wolfhart Spangenberg: Sämtliche Werke 2. ed. A. Vizkelety. B./N.Y. 1975, 310, V. 970–975.– [13] Herbert, 594, num. 133. – [14] Die Wundergeschichten des Caesarius von Heisterbach. ed. A. Hilka. Bonn 1933, 90, num. 64. – [15] Calmann, L.: Altruss. Heiligenlegenden. Mü. 1922, 88–91. – [16] Schwarzbaum, 282. – [17] Krauss, F. S.: Der Tod in Sitte, Brauch und Glauben der Südslaven. In: ZfVk. 1 (1891) 148–163, hier 151. – [18] Fries, A.: Sagen aus Unterfranken. In: ZfdMythol. 1 (1853) 295–305, hier 301–305, num. 8.

Kiryat Bialik Otto Schnitzler

Buchmärchen. Auseinandersetzungen über → literarische Einflüsse auf das mündliche Erzählgut haben die Geschichte der Erzählforschung weithin bestimmt. Zweifellos wurden diese Einflüsse vielfach unterschätzt, ja wurden manchmal für die Wanderung von Erzählungen kaum in Betracht gezogen. Da dieser Mangel vor allem bei einigen nordeurop. Forschern sichtbar wurde (C. W. von → Sydow), ist die Geringschätzung literar. Belege der ‚finnischen' → geographisch-historischen Methode zugerechnet worden[1]. Zu Unrecht – darauf hat W. → Anderson hingewiesen[2]. Gerade die gründliche Untersuchung einzelner Typen zeigt, daß pauschal verallgemeinernde Feststellungen über autonome mündliche Überlieferung oder literar. Beeinflussung unangebracht sind. Jedenfalls wird in solchen Typenuntersuchungen heute durchweg nach A. → Wesselskis Forderung verfahren, man müsse „der Literatur geben, was der Literatur gehört"[3], also auch alle Buchvarianten heranziehen.

Ist vom B. die Rede, so sind damit im allg. nicht einzelne literar. Varianten einzelner Erzählungen gemeint; der Begriff zielt vielmehr auf eine grundsätzliche Transsubstantiation, eine Verwandlungsform des Märchens. Er ist meistens bezogen auf Märchen und Märchensammlungen, die als solche präsentiert werden (also ein folkloristisches oder pädagogisches Interesse am Märchen voraussetzen) und die nicht in erster Linie mit literar. Anspruch auftreten, folglich nicht als → Kunstmärchen verstanden werden. Das Modell sind die → *Kinder- und Hausmärchen* der Brüder Grimm. In ihnen gerinnt die Überlieferung in eine verbindliche – historisierte und archaisierte – Gestalt[4]. Varianten werden von Erzählern und Hörern seither häufig an dieser Gestalt gemessen, können also nicht mehr nur auf eine rekonstruierte → Urform oder →

Normalform[5] bezogen werden. Infolge der Ausbreitung der Lesefähigkeit sind die B. allg. zugänglich; die Existenz der Märchen hängt nun nicht mehr von bes. ‚Märchenpflegern' im Volk[6] ab.

Dies heißt jedoch nicht, daß das Vorhandensein einer quasi verbindlichen Fassung die Erzähltradition notwendig stabilisierte. Der Terminus B. taucht am häufigsten auf im Zusammenhang mit dem Rückgang der mündlichen Überlieferung im 19. und 20. Jh. In bezug auf das sudetendt. Märchen schreibt E. Lehmann: „Noch ehe es aufgezeichnet wurde, wirkten sich auch bei uns die großen nationalen Märchensammlungen aus, vor allem die der Brüder Grimm, nach denen jetzt hauptsächlich Märchen erzählt, aber noch häufiger vorgelesen und gelesen werden"[7], und P. Walther stellt für den dt. Südwesten fest: „Mehr und mehr wurden die bodenständigen Geschichten dieser Art durch Buchmärchen ersetzt"[8]. Die von Achim von → Arnim gegenüber Jacob → Grimm geäußerte Befürchtung, die schriftliche Fixierung der Märchen würde den „Tod der gesammten Märchenwelt" bedeuten[9], war nicht aus der Luft gegriffen. Gewiß war diese Märchenwelt schon vorher durch verschiedene soziale und kulturelle Einflüsse gefährdet; aber „das ins Buch gerettete Märchen tat das seinige, der mündlichen Erzählkultur weiteren Boden zu entziehen, es trat immer mehr an die Stelle des von Generation zu Generation, von Erzähler zu Erzähler überlieferten Märchens"[10]. Selbst jenseits der dt. Sprachgrenzen haben die Grimmschen KHM die einheimische Überlieferung zurückgedrängt[11]. Schon S. → Grundtvig „beklagt sich über die Verbreitung, die die Märchen der Brüder Grimm in Dänemark gefunden hatten"[12]. Auch von anderen Märchendichtern und -sammlern ging ein beträchtlicher Einfluß aus[13]; hier sei hingewiesen auf Hans Christian → Andersen und Ludwig → Bechstein, aber auch auf Aleksandr Nikolaevič → Afanas'ev, dessen Stil „zum Vorbild für das russische Buchmärchen überhaupt" wird[13]. Eine indirekte Bestätigung für das Konkurrenzverhältnis zwischen B. und mündlicher Märchenüberlieferung liegt darin, daß ein beträchtlicher Teil der in den letzten Jahrzehnten noch gesammelten originalen Märchenerzählungen von Analphabeten oder doch von literar. Ungebildeten stammt.

Ist so an der bes. Qualität und Funktion des B.s kaum zu zweifeln, so ist sein Verhältnis zur mündlichen Erzählüberlieferung doch nicht völlig eindeutig und einseitig. Es gibt auch Belege dafür, daß das neue B. ebenso wie die literar. Varianten früherer Zeiten in die mündliche Tradition übernommen[14] und dabei einer „stilistischen → Selbstberichtigung"[15] unterworfen wurde. Vereinzelt wird der Ausdruck B. auch auf solche „aus der Literatur in den volkstümlichen Erzählbereich übernommene" Geschichten angewendet[16].

[1] Wesselski, Theorie, 144–146, pass. – [2] Anderson, W.: Rez.: A. Wesselski. Der Knabenkönig und das kluge Mädchen (Sudetendt. Zs. für Vk. 1. Beiheft). Prag 1929. In: HessBllfVk. 28 (1929) 206–214. – [3] Wesselski (wie not. 2) 45. – [4] cf. Bausinger, H.: „Historisierende" Tendenzen im dt. Märchen seit der Romantik. In: Wirkendes Wort 10 (1960) 279–286. – [5] Lüthi, M.: Urform und Zielform in Sage und Märchen (1967). In: id.: Volkslit. und Hochlit. Bern/Mü. 1970, 198–210. – [6] cf. Wesselski, Theorie, 122sq. – [7] Lehmann, E.: Sudetendt. Vk. Lpz. 1926, 100. – [8] Walther, P.: Schwäb. Vk. Lpz. 1929, 50. – [9] Brief A. von Arnims an J. Grimm vom 22. 10. 1812. In: A. von Arnim und die ihm nahe standen. 3: A. von Arnim und J. und W. Grimm. ed. R. Steig/H. Grimm. Stg./B. 1904, 222–229, hier 223. – [10] Lüthi, Märchen, 55sq. – [11] Rez. zu Campbell, M.: Tales from the Cloud Walking Country. Bloom. 1958. In: Fabula 3 (1960) 188sq. (K. Ranke). – [12] Stroebe, K.: Nord. Volksmärchen 1. MdW 1915, IV. – [13] Lüthi, Märchen, 62. – [14] cf. z. B. Liljeblad, S.: Die Tobiasgeschichte und andere Märchen mit toten Helfern. Lund 1927, 225. – [15] Lüthi, Europ. Volksmärchen, 102sq. – [16] Ranke 1, 205.

Lit. (soweit nicht in den not. aufgeführt): Anderson, W.: Buchvar. In: HDM 1, 347–349. – Mackensen, L.: Zur Märchenforschung. In: Zs. für dt. Bildung 6 (1930) 339–359. – Ranke, K.: Der Einfluß der Grimmschen KHM auf das volkstümliche dt. Erzählgut. In: Papers of the Internat. Congress of European and Western Ethnology. Sth. 1956, 126–135. – Karlinger, F.: Schneeweißchen und Rosenrot in Sardinien. Zur Übernahme eines B.s in die volkstümliche Erzähltradition. In: Brüder Grimm Gedenken 1963. ed. L. Denecke/I.-M. Greverus. Marburg 1963, 585–593. – Ranke, K.: Orale und literale

Kontinuität. In: Kontinuität? Geschichtlichkeit und Dauer als volkskundliches Problem. ed. H. Bausinger/W. Brückner. B. 1969, 102–116.

Tübingen Hermann Bausinger

Buckel, Buckliger. Bucklige (B.), durch angeborene oder erworbene Verkrümmung der Wirbelsäule in ihrer körperlichen Bewegung eingeschränkt, symbolisieren seit je Bosheit und Schlechtigkeit. Begegnungen mit B.n bringen Unglück. Die seit dem Altertum bekannte Einstellung[1] wirkt noch heute nach, wie zahlreiche Untersuchungen belegen[2], und ist darauf zurückzuführen, daß eine Gesellschaft körperliche Mißbildung als abstoßend empfindet und dem Mißgebildeten abwegiges Verhalten zuschreibt. Die Abwehr und Diskriminierung des Andersartigen (‚Anormalen') soll der Eigenstabilisierung dienen[3]. Insofern ist die Behinderung selbst nicht der größte Schaden, sondern das, was aus dem Defizit für den davon Betroffenen folgt[4]. Gleichwohl verheißt das Berühren eines Buckels Glück[5], und öfter sind B.e vor Spielkasinos anzutreffen[6].

Eine solche ambivalente Haltung findet sich, weniger differenziert als z. B. bei den → Blinden, in populären Erzählungen und Erzählinhalten, die – nach Gattung verschieden – irgendwie gruppenspezifische Einstellungen und Werte widerspiegeln[7]. Dabei gilt es zu unterscheiden zwischen der Buckligkeit als → Stereotyp der Häßlichkeit und dem B.n als Handlungsträger. Buckligkeit ist ein in der ma. frz.[8] und dt.[9] Lit. gängiges Häßlichkeitsmerkmal (durch menschliche Deformierung werden Alterstypologien noch verstärkt; cf. → Alte Leute). Von daher wird verständlich, daß bis heute negativ gezeichnete Figuren körperliche Defekte aufweisen (boshafte, bucklige Zwerge und Wassergeister [cf. Mot. F 420.1.4.4; F 451.2.1.4], bucklige Hexen, hinkender Teufel, der dämonische, bucklige Tattermann des alpenländ. Raumes). Die beliebte Schwarzweißmalerei (gut = schön; schlecht = häßlich) verstärkt die Herabminderung noch. Das gilt auch für die Hochliteratur[10], für den buckligen Glöckner Quasimodo in Victor Hugos Roman *Notre Dame de Paris* (1831) oder den gehässigen buckligen Ratgeber in Wilhelm Hauffs *Lichtenstein* (1826), und für die triviale Lit., etwa den buckligen Ralph und andere Gebrechliche in dem 3000seitigen, millionenfach verbreiteten Schundroman *Der Scharfrichter von Berlin* des Heinrich Sochaczewsky (Pseud.: Victor von Falk) aus dem ausgehenden 19. Jh.[11].

Die Ablehnung B.r begegnet bes. im Sprichwort („Je krümmer, je schlimmer")[12]; das ‚bucklichte Männlein' im bekannten gleichnamigen Kinderlied gilt als Urheber eines Mißgeschicks[13]. Märchen kennen den B.n in Varianten zu AaTh 531 (→ *Ferdinand der treue und Ferdinand der ungetreue*) als treulosen Gefährten, der andere gefährdet, letztlich aber an sich selbst zugrundegeht[14]. Doch ist dieses Beispiel im Hinblick auf das ohnehin seltene Vorkommen B.r im Märchen singulär[15]. Im Vordergrund steht der Aufstieg des → Unscheinbaren, zumal in vielen Märchen die Bedürftigkeit des Helden Voraussetzung für die Hilfe ist und die Tendenz zum Protest (Schwaches überwindet Starkes) der allg. Struktur: Aufgabe und Lösung entspricht[15]. So werden B. nach afrik., ind. und hawai. Überlieferung für gute Taten belohnt (→ Belohnung) und verlieren ihren Buckel (cf. Mot. F 953.1; Q 161. 3). Internat. Verbreitung hat der Erzähltyp → *Gaben des kleinen Volkes* (AaTh 503) gefunden, wonach ein B.r zum Dank für uneigennützig erwiesene Gefälligkeiten (z. B. zum Tanz aufzuspielen) durch zumeist jenseitige Wesen von seinem Buckel befreit wird. Viele Varianten haben die Erzählung um das Motiv der mißglückten Nachahmung erweitert: Der andere Gefährte, öfter auch ein B.r, will seinem Kameraden nacheifern, erhält aber, da er sich den Bitten der Jenseitigen verschließt bzw. falsch reagiert, den zweiten Buckel aufgeschnallt. Zwar kommt in dieser Sage mit märchenhaften Zügen[17] vor allem Wunschdenken zum Ausdruck, doch schafft der B. durch sein Verhalten die Grundlage zur Befreiung von seinem Gebrechen und wird dadurch zum Leitbild für andere Behinderte im Sinne M. Lüthis[18] und B. Bettelheims[19]. Eher Sehnsucht nach körperlicher Normalität spricht aus dem rührseligen Kunstmärchen *Das kleine bucklige Mädchen*, welches der Militärarzt R. von Volkmann-Leander 1871 in einem weit verbreiteten, jüngst neu aufgelegten Märchenbuch veröffentlichte[20]: Ein wegen seines Buckels von der Stiefmutter gedemütigtes Mädchen stirbt aus Kummer. Vor seinem Grab erscheint ein Engel, den das Mädchen fragt, ob auch bucklige Kinder in den Himmel kämen. Der Engel berührt seinen Rücken, statt des Buckels kommen Flügel hervor, und an der Hand des Engels fliegt das Mädchen in den Himmel.

Die in AaTh 503 anklingende Macht der Jenseitigen über den Menschen ist bes. in der Sage bezeugt, wenn z. B. Neugierige mit einem Buckel bedacht werden[21] oder wenn der Spielmann in einer norddt. Sage zufällig der Wilden Jagd begegnet und einen Buckel zurückbehält[22].

Auffällig gering erscheint der Anteil B.r in Schwank und Witz[23], wiewohl doch gerade hier die Behindertenkomik ein weites Feld hat. Im Schwank von den *drei → Buckligen* (AaTh 1536 B) ist die Deformierung für die Handlung ohne Bedeutung. In einigen Varianten des → *Unibos*-Typs (AaTh 1535) überredet der an einen Baum Gefesselte einen B.n, er möge ihn losbinden und sich dafür fesseln lassen, auf diese Weise könne er seinen Buckel loswerden[24]. Schlagfertig reagiert ein B.r in einer aus dem 18. Jh. überlieferten Scherzrede auf die Feststellung einer jungen Frau, er habe zu viel ‚Rückens', indem er sagt: „Hütet euch, daß ihr nicht zu viel Bauches bekommt"[25]. Variationen dieser Erzählung sind in zahlreichen (bes. westeurop.) Schwank- und Anekdotensammlungen vorhanden (cf. AaTh 1620*: *The Conversation of the One-eyed Man and the Hunchback*)[26].

[1] Schadewaldt, H.: Die Einstellung der Gesellschaft zum Behinderten im Laufe der Geschichte. In: Der behinderte Mensch und die Eugenik. ed. Bundesarbeitsgemeinschaft „Hilfe für Behinderte". Neuburgweier 1970, 29–43. – [2] cf. Jansen, G. W.: Die Einstellung der Gesellschaft zu Körperbehinderten. Neuburgweier [2]1974, bes. 34sq.; Bracken, H. von: Vorurteile gegen behinderte Kinder, ihre Familien und Schulen. B. 1976. – [3] Achinger, H.: Die Gesellschaft und die Behinderten (1967). In: Thimm, W. (ed.): Soziologie der Behinderten. Neuburgweier 1972, 23–29, hier 25; Becker, H. S.: Außenseiter. Ffm. 1973, V; Behinderte – inmitten oder am Rande der Gesellschaft. Mit Beiträgen von W. Bärtsch u. a. B. [2]1975, 40sq.; Jantzen, W.: Sozialisation und Behinderung. Gießen 1974, 163sq.; cf. auch Deviance and Social Control. ed. P. Rock/M. McIntosh. L. 1974. – [4] Behinderte (wie not. 3) 27–29. – [5] HDA 2, 1148. – [6] ZfVk. 23 (1913) 215. – [7] cf. Schenda, R.: Prinzipien einer sozialgeschichtlichen Einordnung von Volkserzählungsinhalten. In: Folk Narrative Research. ed. J. Pentikäinen/T. Juurikka. Hels. 1976, 185–191. – [8] Braeder, A.: Zur Rolle des Körperlichen in der altfrz. Lit. mit bes. Berücksichtigung der Chansons de geste. Gießen 1931, bes. 20. – [9] Seitz, B.: Die Darstellung häßlicher Menschen in mhd. erzählender Lit. [...]. Diss. Tübingen 1967, 38, 48, 73; cf. BP 2, 434. – [10] Würtz, H.: Der B. in der Lit. In: Freie Wohlfahrtspflege 5 (1930) 316–327, 360–366; id.: Zerbrecht die Krücken. Krüppel-Probleme der Menschheit. Lpz. 1932, 200–353 (Kap.: Schöne Lit. über Krüppel). –
[11] Schenda, R.: Volk ohne Buch. (Ffm. 1970) Mü. 1977, 310–314. – [12] Würtz 1932 (wie not. 10) 357–361. – [13] Röhrich, L. (ed.): Lex. der sprichwörtlichen Redensarten. Fbg/Basel/Wien [2]1973 (Nachdr. 1977) 176sq. – [14] Lüthi, M.: Gebrechliche und Behinderte im Volksmärchen (1966). In: id.: Volkslit. und Hochlit. Bern/Mü. 1970, 48–62. – [15] HDM 1, 349. – [16] Lüthi (wie not. 14) 52sq., 60sq. – [17] Greverus, I.-M.: Die Geschenke des kleinen Volkes. In: Fabula 1 (1958) 263–279, hier 263. – [18] Lüthi (wie not. 14) 60. – Bettelheim, B.: The Uses of Enchantment. L. 1976 (dt.: Stg. 1977). – [20] Volkmann-Leander, R. von: Träumereien an frz. Kaminen. Marburg [3]1977, 100–102; cf. Pagel, F.: Der Abnorme in der schönen Lit. In: Enzyklopädisches Hb. der Heilpädagogik 1. Halle (Saale) [2]1934, 1604. –
[21] HDA 6, 1018sq. – [22] Kuhn, A./Schwartz, W.: Norddt. Sagen, Märchen und Gebräuche. Lpz. 1848, num. 69. – [23] Röhrich, L.: Der Witz. Figuren, Formen, Funktionen. Stg. 1977, 174–178, 281. – [24] BP 2, 18. – [25] Text im EM-Archiv (mit num.): Hanß-Wurst von Frölichshausen 1712 (7637). – [26] Über 50 Belege im EM-Archiv.

Göttingen Hans-Jörg Uther

Bucklige: Die drei B.n (AaTh 1536 B). Der Typ gehört zu einer Gruppe von Schwänken, in denen es darum geht,

Leichen beiseite zu schaffen (cf. AaTh 1536 A: *Die → Alte in der Kiste;* AaTh 1536C: *The Murdered Lover;* AaTh 1537: *Die mehrmals getötete → Leiche*). Der Schwank ist weltweit verbreitet; bereits im 13. Jh. wurde er (in Fabliaux) literarisch gestaltet.

1. Inhalt. Typ (a) (Drei B.): Drei bucklige Musikanten werden von der Frau eines B.n gebeten, für sie zu musizieren. (Einer von drei buckligen Brüdern heiratet eine reiche Witwe; seine armen Brüder besuchen diese gegen seinen Willen). Der Ehemann kehrt unerwartet heim. Die B.n werden in einer Kiste (im Ofen, Keller) versteckt, wo sie umkommen (sich gegenseitig töten).

Typ (b) (Drei Geistliche): Drei Mönche (Pfarrer, Priester, Ritter, Studenten) machen einer schönen Frau Liebesanträge. Sie geht auf Anraten ihres Mannes zum Schein darauf ein und bestellt sie zu sich. Der erste Liebhaber wird nach einer Stunde durch die Ankunft des zweiten, dieser durch die des dritten gestört und versteckt sich in einer Kiste (im Ofen, Keller); der dritte Liebhaber muß sich wegen der Ankunft des Mannes verstecken. In ihrem Versteck werden die drei durch den Mann erschlagen (verbrüht, ertränkt, erstickt, verbrannt).

Zu (a) und (b): Ein Betrunkener (dummer Knecht, Bauer, Lastträger, Leichenträger, Bettler, Soldat, der Teufel) wird angeheuert, eine Leiche in den Fluß zu werfen (zu verscharren); als er zurückkehrt, liegt schon die zweite Leiche als ‚Wiedergänger' an der gleichen Stelle, nach ihrer Beseitigung später dann die dritte. Nach dem Fortschaffen auch dieser Leiche trifft er auf dem Rückweg den buckligen Ehemann (einen Mönch, Pfarrer, Ritter), tötet diesen als vermeintlichen Wiedergänger und wirft ihn in den Fluß (vergräbt ihn); v. Mot. K 2322.

2. Aufbau. Der Schwank gliedert sich so deutlich in zwei Teile, daß von zwei aneinandergefügten Schwankstoffen gesprochen werden kann. Teil 1: Die Tötung von drei Männern. Dieser Teil zeigt große Variation in den Personen, der Todesursache und -art sowie in anderen Details. Klar treten zwei Typen hervor: Typ (a) drei (zwei) Bucklige werden unbeabsichtigt getötet oder sterben durch einen Unfall (Mot. N 320); Typ (b) drei Geistliche werden bei einem Ehebruchversuch listig ermordet. Es handelt sich um eine Variation des Erzähltyps AaTh 1730: *→ Liebhaber bloßgestellt* (Mot. K 1218.1), der nicht tödlich ausgeht (v. Pillet 1901, 51–74; Roth 1977, 65–70), in Verbindung mit Mot. K 1551.1: *Husband returns secretly and kills unwelcome suitor.* Teil 2: Die Beseitigung der Leichen: Ein Träger, der zumeist nicht im Vollbesitz seiner Geisteskräfte ist, wird glauben gemacht, es handele sich um einen Wiedergänger. Die Mechanisation der Leichenbeseitigung fordert dann in fast allen Varianten notwendig ein weiteres Opfer. Teil 2 bildet das stabile Zentralmotiv des ganzen Schwanks, „the heart and fiber of this tale" (Taylor 1917, 224); im benachbarten, doch klar abzutrennenden AaTh 1537 wird hingegen eine Leiche mehrfach ‚getötet'. Der Schwank kann nur mit Vorbehalt als „Steigerungstyp" (Bausinger 1967, 127) bezeichnet werden.

3. Dokumentation und Alter. Der Schwank hat „bereits im Mittelalter eine lange Entwicklungsgeschichte hinter sich" (Frosch-Freiburg 1971, 199). Die ältesten Belege (frühes 13. Jh.) repräsentieren schon beide Typen: (a) in der *Mischle Sindabar* (Sindbad-Fabeln) und im Fabliau *Les trois bossus ménestrels,* (b) in den Fabliaux *Estormi* und *Les quatre prestres.* Da schon diese vier Fassungen stark voneinander abweichen, nehmen A. Pillet (1901, 33), G. Paris (1902, 139) und W. Suchier (1922, 581 sq.) eine vorangegangene lange mündliche Überlieferung und – entgegen J. Bédier (1893, 250) – die Herkunft verschiedener Überlieferungsstränge aus dem Orient an; für diese Auffassung sprechen u. a. die ostasiat. Fassungen. Nach G. Paris (1902, 141) ist Typ (b) schon in Indien aus dem älteren Typ (a) hervorgegangen. Bes. die Fabliaux, die *Historia septem sapientium* (14. Jh.) und Straparolas Bearbeitung (1550) sorgten für eine anhaltende Popularität des Schwanks sowohl in der literar. als auch der mündlichen Überlieferung. Beide Überlieferungen haben sich ständig gegenseitig befruchtet und so dem Stoff eine erstaunliche Kontinuität gegeben.

4. Verbreitung. Vom Hoch-MA. bis zum 18. Jh. hatte der Stoff seinen Schwerpunkt deutlich in Frankreich, Italien und

Deutschland. Typ (a), bis ins 19. Jh. weit häufiger als Typ (b) belegt, ist in der mündlichen Überlieferung des 19./20. Jh.s selten und zudem auf Frankreich, den ndl. Sprachraum, Italien und – durch direkten Einfluß – auf die Philippinen beschränkt. Im Gegensatz dazu ist Typ (b) aus nahezu allen europ. Ländern, Lateinamerika, Zentralafrika, dem Vorderen Orient und Südostasien mit insgesamt etwa 70 Varianten aus der mündlichen Überlieferung belegt; nach den Quellen liegen die Schwerpunkte dieser Überlieferung in Italien, Ungarn und Skandinavien.

5. Variation. Typ (a) variiert nur insofern, als die B.n Spielleute oder – in den auf Straparola basierenden Fassungen – Brüder sind. In der *Mischle Sindabar* fehlt die Tötung des Ehemanns (cf. Pillet 1901, 20sq.; Paris 1902, 137sq.). Typ (b) hingegen variiert stark: Die Liebhaber sind Mönche und Pfarrer (ca 75 %), Studenten, Ritter u. a.; die Tötung erfolgt durch den Mann allein oder Mann und Frau gemeinsam; die Todesart ist Erschlagen, Ersticken, Verbrühen, Ertränken, Verbrennen u. a.; in Varianten aus Ost- und Südosteuropa ist der Stoff in eine längere Rahmenhandlung eingebettet bzw. hat eine längere Vorgeschichte. Teil 2 kontaminiert in griech., türk. und skr. Varianten mit AaTh 1537. Eine beachtenswerte Variation ist die Nachtwächterepisode in Varianten aus Schweden, Mecklenburg, Ungarn, Jugoslawien und der Sowjetunion:

„Unterwegs begegnet er [der Leichenträger] dem Nachtwächter. Der rief ihn an: ‚Ho, halt! Wer bist du? Was schleppst du da?‘ ‚Ich bin der Teufel und trage einen Mönch in die Hölle ...!‘“ (Ortutay 1957, 480).

6. Aussage und Deutung. B. und Geistliche sind seit dem Spät-MA. beliebte und typische Schwankfiguren. Der körperliche Defekt des B.n wirkt von sich aus komisch, da eine „unangemessene Provokation in der Verletzung des Ebenmaßes“ liegt (Jünger 1948, 41). Bei geistlichen Liebhabern hingegen ist es der moralische Defekt, der die komische Provokation erzeugt (Roth 1977, 221): Moralischer Anspruch und tatsächliches Handeln widersprechen einander (cf. Mot. V 465.1: *Incontinence of clergy* und Mot. X 410: *Jokes on parsons*). Schon die Fassungen des späten MA.s zeigen eine antiklerikale Tendenz: V. Schupp (1968, 203) geht so weit, in der Schwankmäre eine direkte kritische Attacke gegen die Mönchsorden in Konstanz zu sehen, während F. Frosch-Freiburg (1971, 201) sie nur als allg. Satire interpretiert. Bes. deutlich wird die antiklerikale Note in den modernen Varianten, in denen der ‚Teufel‘ die Geistlichen in die Hölle trägt. Voraussetzung des Schwanks ist der Glaube (des Leichenträgers) an Wiedergänger, doch wird dieser Glaube zugleich ins Lächerliche gezogen. Der Grund für die Popularität des Stoffes darf in der Perfektion der Komik der mechanischen Wiederholung gesehen werden (v. Bergson 1964, 29sq.: „Du mécanique plaqué sur du vivant“); diese Mechanisation des schaurigen Geschehens bezeichnet V. Schupp (1968, 213sq.) als frühen Beleg des ‚schwarzen Humors‘: Die Distanz zum Grauen wird erzeugt durch Mechanisierung und Typisierung.

7. Verwendung des Stoffes. Die Novellisten Sercambi (ca 1390), Doni (1545) und Straparola (1550) schöpften aus der mündlichen und literar. Überlieferung und gestalteten ihre Vorbilder stark um; bes. einflußreich wurde Straparola. Die dt. Schwankmäre des 14. Jh.s und ihre Prosazusammenfassung durch Valentin Schumann (1559) stehen dem Fabliau *Estormi* nahe; das Meisterlied des 15. Jh.s basiert auf der *Historia septem sapientium*, während Jörg Grafs *Lied von ainer Vischerin* (ca 1525), das um 1530 mehrfach auf Flugschriften erschien, eine Sonderstellung einnimmt: Die drei Liebhaber werden durch den Ehemann unbeabsichtigt getötet (Pillet 1901, 94; Roth 1977, 55sq., 305sq.). Im 17.–19. Jh. wurde der Stoff in Frankreich zu Novellen, einer Farce (1622) und stark erweiterten Volksbuchfassungen, in Italien zu einer Verserzählung (1800) und einer Volkskomödie (1894), in Deutschland zu einem Ge-

dicht (1796) und schließlich in Dänemark und Rumänien im 19. Jh. zu je einem Drama verarbeitet.

Lit.: GA 3, XXXV–LXI. – id.: Erzählungen und Mährchen 2. Prenzlau (1825) ²1838, 42–76. – Nisard, C.: Histoire des livres populaires [...] 1. P. 1854, 242sq. – Bédier, 236–250. – Valentin Schumann: Nachtbüchlein. ed. J. Bolte (BiblLitV 197). Tübingen 1893, 395. – Jacob Frey: Gartengesellschaft. ed. J. Bolte (BiblLitV 209). Tübingen 1896, 281. – Pillet, A.: Das Fableau von den Trois bossus ménestrels. Halle 1901; Rez. G. Paris in: Rom. 31 (1902) 136–144. – Chauvin 8, num. 38; 9, p. 88. – Taylor, A.: Dane Hew, Munk of Leicestre. In: Modern Philology 15 (1917) 221–246, hier 223sq. – BP 3, 485sq. – Suchier, W.: Fablelstudien. In: Zs. für rom. Philologie 42 (1922) 561–605, hier 574–589. – Jünger, F. G.: Über das Komische. Ffm. 1948. – Bergson, H.: Le Rire. Essai sur la signification du comique. P. (1900) 1964. – Bausinger, H.: Bemerkungen zum Schwank und seinen Formtypen. In: Fabula 9 (1967) 118–136, hier 127. – Schupp, V.: Die Mönche von Kolmar. In: Festg. F. Maurer. Düsseldorf 1968, 199–222. – Frosch-Freiburg, F.: Schwankmären und Fabliaux. Göppingen 1971, 199–209. – Roth, K.: Ehebruchschwänke in Liedform. Eine Unters. zur dt.- und engl.sprachigen Schwankballade. Mü. 1977, 55sq., 305sq.

Var.n (Ausw.):
Typ (a): Deutsch: Nicolay, L. H. von: Vermischte Gedichte und prosaische Schr. 1. B./Stettin 1792, 141–147, num. 43. – Öhlenschläger, A.: Die Drillingsbrüder von Damask. In: id.: Werke 13. Breslau ²1839. – Französisch: Descombes, D.: Les Rencontres, fantaisies et coq-à-l'asnes facécieux du Baron de Grattelard. P. 1622. – Contes nouveaux et plaisants, par une société. Amst. 1770, 44. – Histoire des trois bossus de Besançon. In: Nisard, C.: Histoire des livres populaires [...] 1. P. (1854) ²1864, 237–240. – Montaiglon, A./Raynaud, G.: Recueil général et complet des fabliaux [...] 1. P. 1872, 13–23. – Rom. 13 (1884) 428sq. (Vals). – Sébillot, P.: Contes de la Haute-Bretagne. In: RTP 11 (1896) 435–459, hier 451–453, num. 21 = Tegethoff, E.: Frz. Volksmärchen 2. MdW 1923, 209–211. – ATPI 13 (1894) 278sq. – Orain, A.: Contes du pays gallo. P. 1904, 223–240. – Lanctot, G.: Contes populaires canadiens 6. In: JAFL 44 (1931) 223–294, hier 278–280, num. 159. – Pourrat, H.: Trésor des contes 1. P.⁵1948, 92–100. – Schenda, R.: Tausend frz. Volksbüchlein. In: Archiv für Geschichte des Buchwesens 9 (1968) num. 920–920a. – Italienisch: Straparola 5, 3. – Cerati, A.: Filandro cretense, i tre gobbi. Parma 1800. – Pitrè, G.: Fiabe, novelle e racconti popolari siciliani 3. Palermo 1875, num. 164. – I tre gobbi della Gorgona con Stenterello facchino ubriaco. Firenze 1894. – Lo Nigro, 255sq. – Niederländisch: Der jonge dochters tijdt cortinghe. Amst. 1613, num. 10. – Mont, P. de/Cock, A. de: Vlaamsche volksvertelsels [...]. Zutphen ²1925, 334–339 = Goyert, G. (ed.): Vläm. Märchen. Jena 1925, 50–52. – Meyere, V. de: De vlaamsche vertelselschat 2. Antw. 1927, num. 66. – Dykstra, W.: Uit Friesland's volksleven van vroeger en later [...] 2. Leeuwarden 1966, 116sq. (Nachdr. der Ausg. Leeuwarden 1895/96). – Rumänisch: Barac, J.: Ceĭ treĭ fraţĭ gheboşĭ sau treĭ bărbaţĭ şi o muere. Kronstadt 1843. – Jüdisch: Cassel, P.: Mischle Sindbad, Secundus-Syntipas. B. 1888, 290sq. – Tatarisch: Gueulette, S. T.: Les Mille et un quarts d'heure, contes tartares 1. P. 1712, 166–203. – Indisch: FL 7 (1896) 94. – Philippinisch: Fansler, D. S.: Filipino Popular Tales. Hatboro, Pa 1965, num. 33 (a)–(c).

Typ (b): Deutsch: Die drei Mönche zu Kolmar. In: GA 3, num. 62. – Die drey ermorten ritter (Meisterlied ‚in der schlechten langen nachtigalweise'): Staatsbibl. Berlin, Mgf 22, num. 22. – Jörg Graf: Lied von ainer vischerin. In: Keller, A.: Erzählungen aus altdt. Handschriften (BiblLitV 35). Stg. 1855, 345. – Hoffmeister, P.: Volksdichtung [...]. Marburg 1869, 85. – Buchner, G.: Die Historia septem sapientium nach der Innsbrucker Hs. vom Jahr 1342 (Erlanger Beitr.e zur engl. Philologie 5). Erlangen 1889, 53. – Valentin Schumann 1893 (v. Lit.) 60sq. – Peuckert, W. E. (ed.): Hochwies. Göttingen 1959, num. 201. – Neumann, S. (ed.): Volksschwänke aus Mecklenburg. Aus der Slg R. Wossidlos. B. 1963, num. 282. – Roth 1977 (v. Lit.) 305sq. (Flugblatt Nürnberg ca 1530 und weitere Flugschriften). – Französisch: Estormi. In: Montaiglon, A./Raynaud, G.: Recueil général et complet des fabliaux [...] 1. P. 1872, 198–219. – Les quatre prestres. In: ibid. 6. P. 1890, 42–45. – RTP 2 (1887) 461–463 (Poitou). – RTP 21 (1906) 459–461 (Korsika). – Italienisch: Giovanni Sercambi: De vitio lussurie in prelati. In: Renier, R. (ed.): Novelle inedite di Giovanni Sercambi. Torino 1889, 413. – Studi romanzi 3 (1917) 274–276. – Kryptadia 4 (1888) 145. – Pitrè, G.: Novelle popolari toscane 1. Roma 1941, num. 58. – Toschi, P./Fabi, A.: Buonsangue romagnolo. Racconti di animali [...]. Bologna 1960, 202–207 (3 Var.n). – Maltesisch: Stumme, H.: Maltes. Märchen, Gedichte und Rätsel in dt. Übers. Lpz. 1904, num. 28. – Spanisch: Mason, J./Espinosa, A. M.: Porto-Rican Folk-Lore: Folk-Tales. In: JAFL 34 (1921) 143–208, hier 181–183. – Chertudi, S.: Cuentos folklóricos de la Argentina 1. Buenos Aires 1960, num. 69. – Irisch: Ó Cróinín, S./Ó Cróinín, D.: Scéalaíocht Amhlaoibh í Luínse. In: Béal. 35/36 (1967/68) 1–385, hier 241–247. – Englisch: Gesta Romanorum [...]. ed. J. G. T. Graesse. Lpz. (1842) ³1905, 2. Hälfte, 228–230 (engl. Redaktion). – Isländisch: Rittershaus, A.: Die neuisl. Volksmärchen. Halle 1902, num. 111. – Norwegisch: Bugge, S./Berge, R.: Norske eventyr og sagn. Anden samling. Kristiania 1913, 78–83. – Schwedisch: Liungman 2, 328sq. = Liungman, Volksmärchen, 306. – Bondeson, A.: Svenska folksagor från skilda landskap. Sth. 1882, num. 89. – Hackman, O.: Finlands svenska folgdiktning 2. Hels. 1920, 194, 197–200 (7 Var.n). – Säve, P. A./Gustavson, H.: Gotländska sagor 1. Uppsala 1952, num. 31. – UNGARISCH: RTP 21 (1906) 369sq. – Ethnographia 19 (1908) 125, 272. – Ortutay, G. (ed.): Ung. Volksmärchen. B. 1957, num. 38. – Dégh, L.: Kakasdi népmesék 2. Bud. 1960, num. 104. – Dobos, I.: Egy somogyi parasztcsalád meséi. Bud. 1962, 352–354, 530; 442–445, 536. – UKRAINISCH: Hnatjuk, V.: Das Geschlechtleben des ukr. Bauernvolkes in Österreich-Ungarn. 2. Teil. Lpz. 1912, num. 332. – Čendej, I.: Skazki Verchoviny. Zakarpatskie ukrainskie narodnye skazki. Užgorod 1959, 37sq. – RUSSISCH: Šejn, P. V.: Materialy dlja izučenija byta i jazyka russkago naselenija sěvero-zapadnago kraja 2. St. Peterburg 1893, num. 99. – Moldavskij, D. M.: Russkaja satiričeskaja skazka. M./Len. 1955, 230–232. – Vasilenko, V. A.: Zavetnoe kol'co skazki. Omsk [3]1959, 93–127. – TSCHEREMISSISCH (MARIISCH): Beke, Ö.: Tscheremiss. Märchen, Sagen und Erzählungen. Hels. 1938, num. 66. – Četkarev, K. A.: Marijskie narodnye skazki. Joškar-Ola 1956, num. 16. – SERBOKROATISCH: Krauss, F. S.: Sagen und Märchen der Südslaven [...] 1. Lpz. 1883, 445–448. – ZfVk. 19 (1909) 324. – RUMÄNISCH: Bîrlea, O.: Antologie de proză populară epică 3. Buk. 1966, 98–103, 484. – GRIECHISCH: FL 7 (1896) 94. – Hallgarten, P.: Rhodos. Die Märchen und Schwänke der Insel. Ffm. 1929, 127sq., 219–221. – TÜRKISCH: Walker, W. S./Uysal, A. E.: Tales Alive in Turkey. Cambridge, Mass. 1966, Teil 6, num. 3. – Dumézil, G.: Contes lazes. P. 1937, num. 9. – ARABISCH: Oestrup, J.: Contes de Damas [...]. Leyde[n] 1897, 114–121. – VIETNAMESISCH: Landes, A.: Contes et légendes annamites. Saigon 1886, num. 77. – MALAIISCH: Skeat, W.: Fables and Folktales from an Eastern Forest 1. Cambridge 1901, 36sq. – PHILIPPINISCH: Fansler, D. S.: Filipino Popular Tales. Hatboro, Pa 1965, 270. – ZENTRALAFRIKANISCH: Fuchs, P.: Afrik. Dekamerone. Erzählungen aus Zentralafrika. Stg. 1961, 103–107.

Münster Klaus Roth

Buddha

1. Einleitung – 2. Lebensgeschichte B.s – 3. Wundererscheinungen – 4. Wundertaten – 5. Buddhist.-christl. Parallelen – 6. B. in den Erzähltexten

1. Einleitung. B. (ca 563–483 v. u. Z.), Begründer des Buddhismus. Er hieß eigentlich Siddhārtha Gautama (Pāli: Siddhattha Gotama) und erhielt den Titel ‚Buddha' (Erwachter), als er nach längerer meditativer Praxis den Weg fand, der alle Wesen von dem ewigen Zwang wiedergeboren zu werden befreien kann (die Vorstellung einer permanenten Reinkarnation ist Grundlage aller ind. Religionen). Dieser Weg besteht in moralischen Vorschriften verbunden mit Meditationsübungen. Über die Geschichtlichkeit B.s gab es in der Wissenschaft lange Zeit Diskussionen, doch ist die Frage inzwischen in positivem Sinn entschieden.

In die Erzählliteratur ist er in zweifacher Hinsicht eingedrungen. Zum einen wurde seine Lebensgeschichte mehr und mehr ausgeschmückt, zum andern wurden viele bereits vorliegende Märchen, Legenden, Fabeln etc. vom Buddhismus übernommen und dem B. als ‚frühere Leben' (→ Jātakas) zugeschrieben.

2. Die Lebensgeschichte B.s enthält so viele mythische und märchenhafte Züge, deren Herkunft und Bezüge noch keineswegs geklärt sind, daß ausführlicher auf sie eingegangen werden muß[1].

Der Weg des Siddhārtha Gautama zum B. beginnt bereits vor vielen Weltaltern, als er unter dem damaligen B. Dīpaṅkara gelobt, die B.schaft anzustreben. Dīpaṅkara prophezeit, daß er sie schließlich erlangen werde. In den folgenden unzähligen Verkörperungen vervollkommnet er die nötigen Tugenden. So wird er endlich reif, im Tuṣita-Himmel, der vorletzten Station, seine Existenz zu nehmen. Von hier wählt er selbst die Familie aus, in der er für sein Leben als B. geboren werden möchte. Er entscheidet sich für den Śākya-König Śuddhodana und seine Frau Māyā[2]. In dieser Nacht träumt Māyā, die vier göttlichen Welthüter brächten sie mit ihrem Bett in einen goldenen Palast auf dem Himalaya. Hier erscheint ihr der Bodhisattva (Erleuchtungswesen, Bezeichnung eines zukünftigen B.) als weißer Elefant[3] und dringt schmerzlos in ihren Leib ein. Am nächsten Tag erzählt sie den Traum ihrem Mann; dieser befragt 64 Brahmanen, welche verkünden, die Königin habe empfangen und das Kind werde ein ‚Großer Mann' (mahāpuruṣa) werden, und zwar ein Weltherrscher (cakravartin) oder ein Weltlehrer (buddha). Ein großes Erdbeben zeigt die Bedeutung des Augenblicks an, und 32 Zeichen erscheinen: ein gewaltiges Licht durchstrahlt alles, Blinde sehen, Lahme gehen etc. Daß Māyā eine Jungfrau war, wird in den Texten nicht behauptet. Allerdings ist Śuddhodana auch nicht der Erzeuger B.s. Nach zehn (Mond-)Monaten will Māyā die Stadt ihrer Eltern besuchen. Dabei macht sie in einem Hain namens Lumbinī Rast, weil seine Bäume voller Blüten sind und alle Vögel singen. Sie will den Zweig eines Śāla-Baumes ergreifen; dieser ist zu hoch, beugt sich aber von selbst zu ihr herab. Während sie den Zweig hält (dieses Motiv des Zweighaltens wird in der bildenden Kunst häufig für die Yakṣiṇīs, bestimmte halbgöttliche Wesen, verwendet), überraschen sie die Wehen. Aus ihrer rechten Seite wird der zukünftige B. geboren (cf. Mot. T 584.1), und die Götter Indra und Brahmā, manchmal die vier Mahabrahmās, fangen ihn mit einem goldenen Netz auf. Zwei Wasserströme vom Himmel reinigen Mutter und Kind, obgleich das eigentlich nicht nötig ist. Wieder ereignen sich verschiedene Wundererscheinungen. Dann steht das Neugeborene auf der Erde, macht sieben Schritte nach Norden und stößt den sog. ‚Löwenruf' aus: „Ich bin der Größte in der Welt; dies ist meine letzte Geburt" etc. Am selben Tag treten noch in Erscheinung bzw. werden geboren: der Baum der Erleuchtung, B.s spätere Frau, sein Elefant, sein Pferd, sein Wagenlenker, der Sohn des Ministers und die vier Glücksvasen. Am siebten Tag nach der Geburt stirbt die Mutter; deren Schwester Mahāprajāpati nimmt sich des Kindes an. Im Himalaya lebt der Seher Asita. Er erfährt von den Göttern, der zukünftige B. sei geboren. Sofort fliegt er nach Kapilavastu. Er sieht das Kind und freut sich sehr; doch dann weint er, weil er selbst sein Wirken nicht mehr erleben wird. Das Neugeborene hat die 32 bes. Zeichen eines ‚Großen Mannes' (mahāpuruṣa) am Körper[4]. Von acht Brahmanen, die sich auf Zeichendeutung verstehen, sagen sieben, er könne sowohl Weltherrscher als auch B. werden. Nur der jüngste legt sich auf den B. fest.

Von der weiteren Jugend des Bodhisattvas wird wenig berichtet. Er setzt seine Lehrer durch sein großes Wissen in Erstaunen und erreicht bereits eine Meditationsstufe, als er einmal, unter einem Baum sitzend, seinem Vater beim Pflügen zusieht. Der Schatten des Baumes bleibt dabei über ihm stehen, obgleich die Sonne weiterwandert. Sein Vater möchte verhindern, daß er die religiöse Laufbahn einschlägt, und umgibt ihn mit Prunk und Vergnügungen aller Art. Mit 16 Jahren heiratet der Prinz, wobei er zuvor in verschiedenen Prüfungen seine Fähigkeiten beweisen muß. Als er 29 Jahre alt ist, erinnern ihn die Götter an seine Bestimmung. Sie richten es ein, daß er auf vier Ausfahrten hintereinander einem Alten, Kranken, Toten und einem Mönch begegnet. Er erkennt die Vergänglichkeit des Lebens, der auch er unterworfen ist. Der Anblick des Mönches eröffnet ihm eine Aussicht, diese zu überwinden. Er überlegt bereits, ob er das Weltleben verlassen soll, da wird ihm ein Sohn namens Rāhula geboren, eine ‚Fessel' wieder an die Welt. In der Nacht erwacht er und sieht, wie die Dienerinnen in sehr unästhetischer Weise schlafend herumliegen. Da wird der Ekel vor der Welt unüberwindlich, und er befiehlt seinem Wagenlenker Channa, das Pferd Kanthaka zu satteln. Mit beiden verläßt er die Stadt. Die Götter halten ihre Hände unter die Hufe, um keinen Lärm entstehen zu lassen, und sie öffnen geräuschlos das schwere Stadttor. In diesem Augenblick erscheint Māra, der im Buddhismus die Verkörperung der Sinnlichkeit und das Prinzip des Bösen ist, und bietet dem Bodhisattva an, ihn binnen sieben Tagen zum Herrscher über die Welt zu machen, wenn er bliebe. Das Reich Māras ist nämlich gefährdet, falls der Prinz seinen Weg geht. Doch dieser lehnt ab und reitet weiter durch drei Königreiche bis zum Fluß Anomā. Dort schneidet er mit dem Schwert sein langes Haar ab und wirft es in die Luft, wo der

Götterkönig Indra die Locken auffängt und in seinen Himmel bringt. Ein Gott kommt in Verkleidung und bringt dem Bodhisattva alle Requisiten eines Mönches. Dieser wechselt die Kleidung und schickt den Wagenlenker mit seinem Schmuck heim. Das Pferd stirbt an gebrochenem Herzen.

Zu Beginn seines geistigen Weges lernt der Bodhisattva bei zwei Lehrern meditative Techniken. Da ihn die Ergebnisse nicht befriedigen, treibt er sechs Jahre lang zusammen mit fünf Schülern strengste Askese, bei der er fast verhungert. Auch das bringt keinen Erfolg, so gibt er die Askese wieder auf. Da verlassen ihn seine Gefährten, weil sie denken, er habe resigniert. Die erste Speise nach dem Fasten bekommt er in einer goldenen Schale von dem Mädchen Sujātā, die ihn für den Gott des Baumes hält, unter dem er sitzt. Schon in der Nacht davor hatten ihm fünf große Träume bestätigt, daß er B. werden würde. Jetzt setzt er die Schale auf den Fluß mit der Forderung, wenn er noch am selben Tage die Erleuchtung erlangen werde, solle sie stromauf treiben. Das Zeichen geschieht. So begibt er sich unter einen Aśvattha- oder Pippala-Baum (ficus religiosa) und beginnt zu meditieren. Nun rückt Māra mit seinen Armeen an, um den Bodhisattva zu stören. Aber alle Angriffe bleiben wirkungslos. Der Elefant Māras sinkt vor dem künftigen B. auf die Knie. Schließlich ruft der Bodhisattva noch die Erde als Zeugin für seine Tugenden an. Diese bebt, und Māra und seine Heere fliehen. Die Götter, die Gautama beim Kampf alleine ließen, jubilieren. In der Nacht erlangt er die Kenntnis seiner früheren Leben, das göttliche Auge und Einsicht in die Verknüpfungen, die zu den Wiedergeburten führen. Im Morgengrauen kommt die Erleuchtung. Jetzt ist er der B. Die folgenden vier bzw. sieben Wochen verbringt er in Meditation unter je einem anderen Baum. Die Töchter Māras, ‚Lebensdurst', ‚Unlust' und ‚Lust', versuchen vergeblich, ihn abzulenken. Er bekehrt bereits zwei Kaufleute, aber noch sind Zweifel in ihm, ob er seine Erkenntnisse überhaupt lehren solle. Der Gott Brahmā überredet ihn dazu. B. geht in den Gazellenhain bei Benares und hält seine erste Predigt vor den fünf früheren Gefährten, die sogleich Mönche werden. Damit ist die Mönchsgemeinde gegründet.

50 Jahre wandert B. nun in einigen Gegenden Nordindiens umher, verkündet seine Lehre und erweitert die Mönchsgemeinde. In dieser Zeit verrichtet er unzählige Wundertaten (v. unten). Sein Vetter Devadatta, der ihm feindlich gesonnen ist, macht mehrere Mordanschläge auf B. und erreicht eine kurzfristige Spaltung des Ordens.

B.s letzte Tage spielen sich folgendermaßen ab: Dreimal hintereinander gibt er seinem Vetter und Lieblingsschüler Ānanda den Hinweis, daß jemand, der die magischen Kräfte beherrsche wie er selbst, ein ganzes Weltzeitalter leben könne. Doch Ānanda versteht nicht und versäumt es, ihn darum zu bitten. Nun tritt Māra wieder vor B., diesmal mit der Forderung, er solle endgültig ins Nirvāṇa eingehen. Und jetzt gibt B. nach. Drei Monate lehrt er noch, dann erhält er in Pāvā von dem Schmied Cunda ein Mahl, das ihn erkranken läßt. Seine Schüler und alle Götter versammeln sich um sein Lager, als er die letzten Anweisungen gibt. Dann erhebt er sich in verschiedene Meditationsstufen und geht in das Parinirvāṇa ein. Ein großer Scheiterhaufen wird errichtet, doch fängt er nicht eher an zu brennen, als bis einer der Hauptschüler B.s, Kāśyapa, angekommen ist. Die Reliquien werden unter die Verehrer aufgeteilt. Bevor einst die buddhist. Lehre völlig verschwinden wird, werden die Reliquien sich noch einmal in Bodh Gayā (dem Ort der Erleuchtung) vereinen und B.s goldfarbigen Körper bilden.

Was an dieser Lebensbeschreibung nun hist. Kern und was Legende ist, ist nur schwer zu trennen. Tatsache ist, daß in den in Sanskrit abgefaßten ‚Biographien' des B., z. B. im *Mahāvastu* oder im *Lalitavistara*, größter Wert auf die Wundertaten gelegt wird. Das entsprach der religiösen Strömung der Zeit und dem Bedürfnis der Gläubigen. Im Leben Gautamas ist der Mythos des ‚Buddha' schlechthin geschaffen und beschrieben.

Sein Leben ist exemplarisch für alle anderen B.s. Das zeigt sich in dem zum Pāli-Kanon gehörigen *Buddhavaṃsa* (→ Buddhist. Erzählgut). Die hohe Bedeutung eines religiösen Weltlehrers wurde sichtbar gemacht durch die große Zahl von Wundererscheinungen und Wundertaten. (In der ind. Tradition sind häufig Führer einer religiösen Gruppe vergöttlicht.) Manche Züge im Leben eines B. wurden dabei dem verwandten Mythos des Weltkaisers (cakravartin) entnommen. So wird in der bildenden Kunst der Auszug B.s aus dem Weltleben einem militärischen Triumphzug immer ähnlicher. Beide haben auch als Hauptsymbol das Rad (cakra).

3. Die Wundererscheinungen treten an den entscheidenden Stationen seines Lebens auf. Nach den eigenen Worten B.s gibt es z. B. ein Erdbeben, wenn ein künftiger ‚Erleuchteter' von seiner Mutter empfangen wird, wenn er geboren wird, bei der Erleuchtung, bei der ersten Predigt, wenn er die Summe seines Lebens zieht, und beim Eingehen ins Nirvāṇa. Daneben gibt es andere Naturereignisse: ein großes Licht, das selbst in die finstersten Höllen leuchtet, Bäume blühen außerhalb der Zeit, ein kühlender Wind erhebt sich, himmlische Musik ertönt etc. Die Natur wird also in das ganze Geschehen miteinbezogen. Auf Grund der Wiedergeburtslehre kann sich nämlich jedes Wesen nicht nur als Mensch, sondern auch als Tier, als halbgöttliches Wesen oder Naturgott verkörpern. Auch die Stellung der Götter zu B. ist durch die Wiedergeburtslehre bestimmt. Im Buddhismus sind die Gottheiten nämlich nicht die absoluten höchsten Wesen wie im Hinduismus. Sie unterliegen hier auch der Reinkarnation und sind deshalb genauso wie die Menschen daran interessiert, daß ein Weg gewiesen wird, der aus dem ‚Rad der Existenzen' (bhāvacakra) hinausführt. Sie fühlen sich einem B. gegenüber weit unterlegen. Durch direkte Eingriffe treiben sie die Entwicklung des Bodhisattva voran und bringen ihn dazu, seine Lehren auch zu verkündigen. Häufig sind sie bei seinen Predigten als Hörer anwesend (z. T. in Gestalt von Lichtsäulen). In der buddhist. Lehre sind sie ohne große Bedeutung. Ihre Verehrung kann zwar in praktischen Dingen helfen, bringt jedoch keinen Fortschritt auf dem Weg zur Erleuchtung. B. selbst erklärte, er sei weder ein Gott, ein Dämon oder ein Mensch, er sei eben ein B., also ein Wesen eigener Art.

4. Das andere bes. Merkmal, das ihn als B. auswies, waren neben den Wundererscheinungen die Wundertaten, die er vollbrachte. Gerade von diesen Wundern gibt es zahlreiche Legenden in den Texten. Nach buddhist. Anschauung erhält jeder auf dem geistigen Entwicklungsgang zum Heiligen Zauberkräfte. B. selbst aber lehnte Wunder der Magie ab, ebenso Wunder der geistigen Beeinflussung, nur solche der Lehre ließ er gelten. Doch sah er sich manchmal gezwungen, magische Kräfte anzuwenden, um auf diese Weise die Überlegenheit seiner Lehre darzutun. Mit Hilfe seines göttlichen Auges konnte er die Gedanken anderer lesen und auch deren frühere Leben erkennen. Das ist die Voraussetzung der Jātakas, die ja von B. erzählt werden. Ferner kann er sich an jeden beliebigen Punkt der Erde versetzen. Oder er kann die Himmel besuchen (Höllenreisen werden von B. nicht berichtet; solche führt sein Schüler Maudgalyāyana aus). So verkündet er seiner im Himmel der 33 Götter wiedergeborenen Mutter die Lehre. Anschließend steigt er auf einer goldenen Leiter von den Göttern begleitet wieder auf die Erde herab. Zuvor hatte er in Śrāvasti das sog. ‚Zwillingswunder' (yamaka-pratihārya) oder ‚Große Wunder' vollbracht, das nur B.s ausführen können. Lange vorher hatte er angekündigt, daß er das Wunder unter einem Mangobaum zeigen werde. Daraufhin holzten die Andersgläubigen alle Mangobäume in der Gegend ab. Aber B. pflanzte einen Mangokern ein, wusch seine Hände darüber, und im Nu war ein großer Baum entstanden. Dann schuf er in der Luft einen Weg aus Juwelen, und auf diesem erschien er dem Volk bald sitzend, bald stehend, liegend oder gehend. Im weiteren schlugen Flammen aus dem oberen Teil seines Kör-

pers, und Wasserströme flossen aus dem unteren Teil und umgekehrt. Anschließend bildete er unzählige Ebenbilder seiner selbst. Neben so komplizierten gibt es auch einfachere Wunder, welche seine Macht über die unbelebte und belebte Natur zeigen. So wird von Gehen auf dem Wasser berichtet oder von der Vermehrung von Brot für seine Jünger. Als Devadatta einen wilden und zusätzlich betrunken gemachten Elefanten auf ihn losließ, war seine Ausstrahlung an Güte so groß, daß der Elefant in die Knie ging. Bei der Bekehrung der Brüder Kāśyapa bezwang er zwei Schlangen (nāgas), die Feuer und Rauch spien.

5. Buddhist.-christl. Parallelen. Einige der Wunder B.s sowie verschiedene Episoden in seinem Leben erinnern stark an nt. Erzählungen. Mit der Frage, ob diese Ähnlichkeiten auf direkten Einfluß des Buddhismus auf das Christentum zurückzuführen sei, hat sich die Wissenschaft lange beschäftigt[5]. Doch ist die Diskussion über das Thema seit längerem zum Stillstand gekommen. Die Frage nämlich, ob eine Beeinflussung überhaupt zeitlich möglich wäre, ist eher negativ zu beantworten[6]. Der Kanon der buddhist. Schriften entstand wohl erst in den Jh.en um Christi Geburt. Schwieriger noch ist der Weg nachzuweisen, den die Erzählungen gegangen sein könnten, da die buddhist. Episoden in ganz verschiedenen Texten stehen und diese somit alle in den Westen gewirkt haben müßten. Die Legende von St. Eustachius (cf. AaTh 938: → *Placidas*) wurde in jüngster Zeit nochmals behandelt[7], doch ergaben sich zur Frage der Abhängigkeit keine neuen Gesichtspunkte. Man darf daher Konvergenz annehmen. Nur in einem Fall ist die literar. Abhängigkeit einer abendländ. Legende von einem buddhist. Vorbild gesichert, und zwar in der Legende von → *Barlaam und Josaphat*. Hier ist die Lebensgeschichte B.s selbst die Vorlage. Eine arab. Geschichte, in der ebenfalls Motive des B.-Lebens zu erkennen sind (Flucht des Prinzen vom Hof), wurde erst vor kurzem veröffentlicht[8].

6. B. in den Erzähltexten. Wie schon oben betont, ist B. auch über die Jātakas in die Erzählliteratur eingegangen. Sie werden angeblich von B. selbst erzählt aus Anlaß eines Vorkommnisses in seiner Umgebung. Mit Hilfe des göttlichen Auges schildert er dazu eine Geschichte aus früheren Leben. Die Jātakas sollen zum einen zeigen, wie ähnliche Ereignisse bereits früher eintraten und sich nun infolge der Karma-Wirkung (‚Folge der Taten') wiederholen. Der Hauptzweck aber ist, den Gläubigen zu zeigen, wie der Bodhisattva, der B. damals noch war, alle die Tugenden übte, die er als B. besitzen muß. Da für einen Großteil dieser Geschichten schon vorhandenes Material übernommen und z. T. nur geringfügig und oberflächlich überarbeitet wurde, ist die Rolle B.s in ihnen vielfach sekundär. Keineswegs ist B. nämlich in jedem Jātaka die Hauptfigur; mehrmals hat er nur eine Nebenrolle inne. Anders ist es in den eigens von den Buddhisten geschaffenen Erzählungen, so in dem gerade in Südostasien sehr beliebten *Vessantarajātaka* (*Jātaka*, num. 547). Hier praktiziert der spätere B. die Tugend der Freigebigkeit in einer extremen Weise, indem er nämlich selbst Frau und Kinder verschenkt. Insgesamt gesehen wird B. auch in diesen Geschichten als höheres Wesen geschildert. Sehr interessant und völlig von den sonstigen Jātakas abweichend ist das *Apadāna*, num. 390 des *Apadāna*-Buches. In ihm erklärt B. nämlich, wie es kam, daß er in seinem Leben auch Schwierigkeiten und Widrigkeiten zu erdulden hatte. Sie waren die Folge böser Taten, die er in früheren Leben begangen hatte. Weil er einen Mönch verleumdet hatte, wurde er jetzt selbst verleumdet; und weil er einmal einen jüngeren Bruder getötet hatte, indem er einen Stein auf ihn stürzte, versuchte Devadatta, B. auf dieselbe Weise zu töten etc.

B. taucht auch im hinduist. Pantheon auf. Hier gilt er als die neunte Inkarnation (Avatāra) des Gottes Viṣṇu. Dieser soll als B. auf Erden erschienen sein, um durch die Verkündung von ‚Irrlehren' die Dämonen zu vernichten[9]. Auch wird in hinduist. Texten ein Festtag zu Ehren B.s erwähnt[10]. Doch weiß man nicht, ob er gefeiert wurde.

Für die anderen asiat. Länder, soweit in ihnen der Buddhismus vertreten ist, gilt, daß B. im Rahmen seiner Vorgeburtsgeschichten (cf. → Jātakas) bekannt und beliebt war; darüber hinaus aber ist er in den Erzählungen von geringer Bedeutung, und zwar aufgrund der Ansicht, mit dem endgültigen Eintreten ins Nirvāṇa habe der Kontakt mit der Welt aufgehört.

Zum Vorkommen B.s in chin. Erzählungen cf. → Chinesisches Erzählgut.

[1] Eine eingehende Darstellung des Lebens B.s auf Grund aller bekannten Originaltexte gibt es bis jetzt noch nicht. Am besten noch Thomas, E. J.: The Life of B. as Legend and History. L. 1927, auf den sich vorliegender Abriß stützt; v. auch Malalasekera, G. P.: Dictionary of Pali Proper Names 1. L. 1937, 788–810, s. v. Gotama. Immer noch wertvoll Oldenberg, H.: B. (B. 1881) Mü. [13]1961. Jetzt auch Bareau, A.: Recherches sur la biographie du B. [. . .] 1. P. 1963. – [2] Auch Mahāmāyā. Der Name Māyā läßt an den Begriff Māyā (Trug) denken, der in der späteren hinduist. Vedānta-Philosophie eine sehr große Rolle spielt. Ob hier mythol. Hintergründe vorliegen, ist nicht geklärt. – [3] Manchmal mit 6 Rüsseln beschrieben. Dem liegt ein ikonographisches Mißverständnis zugrunde. Ein weißer Elefant ist in Indien ein Glückssymbol. – [4] Eine Liste der 32 „Großen" und 84 „Kleinen Zeichen", die jeder Mahāpuruṣa hat, bei Grünwedel, A.: Buddhist. Kunst in Indien. B. [2]1920, 138. – [5] Dazu Haas, H.: Bibliogr. zur Frage nach den Wechselbeziehungen zwischen Buddhismus und Christentum. Lpz. 1922. – [6] Die letzten Arbeiten zu dem Thema sind Günter, H.: B. in der abendländ. Legende? Lpz. 1922 und Haas, H.: B. in der abendländ. Legende? Lpz. 1923; cf. auch Thomas (wie not. 1) 237–248. – [7] Schneider, U.: On the Buddhist Origin of the Christian Legend of Placidus = St. Eustachius. In: J. of the Asiatic Soc. of Bombay 36–37 (1961–62) 12–22. – [8] Stern, S. M./Walzer, S. (edd.): Three Unknown Buddhist Stories in an Arabic Version. Columbia (1971) 28–38. – [9] Gail, A. J.: B. als Avatāra Viṣṇus. In: 17. Dt. Orientalistentag. Vorträge. t. 3. Wiesbaden 1969, 917–923. – [10] Chakravarti, C.: The Cult of the B. among Brahmanic Hindus. In: J. of the Bihar Research Soc., B. Jayanti Special Issue. t. 1 (1956) 33sq.

Lit.: Senart, E.: Essai sur la légende du B. P. [2]1882. – Kuhn, E.: Barlaam und Josaphat. Eine bibliogr.-literarhist. Studie. Mü. 1893. – Windisch, E.: Māra und B. Lpz. 1895. – id.: B.s Geburt. Lpz. 1908. – Foucher, A.: The Great Miracle at Çrāvastī. In: id.: The Beginnings of Buddhist Art. P. 1917, 147–184. – Neumann, K. E. (Übers.): Die letzten Tage Gotamo Buddhos. Mü. [2]1923. – Printz, W.: B.'s Geburt. In: ZDMG 79 (1925) 119–132. – Brown, W. N.: The Indian and Christian Miracles of Walking on the Water. Chic./L. 1928. – Waldschmidt, E.: Die Legende vom Leben des B. B. 1929. – Lamotte, E.: La Légende du B. In: Revue de l'histoire des religions 134 (1947–48) 37–71. – Waldschmidt, E.: Die Überlieferung vom Lebensende des B. 1–2. Göttingen 1948. – Eliade, M.: Les sept pas du Bouddha. In: Pro regno pro sanctuario. Festschr. G. van der Leeuw. Nijkerk 1950, 169–175. – Glasenapp, H. von: B., Geschichte und Legende. Zürich 1950. – De Jong, F. J. W.: L'épisode d'Asita dans le Lalitavistara. In: Asiatica. Festschr. F. Weller. Lpz. 1954, 312–325. – Foucher, A.: Les Vies antérieures du B. d'après les textes et des monuments de l'Inde. P. 1955. – Jaini, P. S.: B.'s Prolongation of Life. In: Bulletin of the School of Oriental and African Studies 21 (1958) 546–552. – Horsch, P.: B.s erste Meditation. In: Asiat. Studien 17 (1964) 100–154. – Vaudeville, C.: La Légende de Sundara et les funérailles du Buddha dans l'Avadānaśataka. In: Bulletin de l'Ecole française d'Extrême Orient 52 (1964) 73–91. – Mukherjee, B.: Die Überlieferung von Devadatta. Mü. 1966. – Waldschmidt, E.: Wunderkräfte des B. In: id.: Von Ceylon bis Turfan. Göttingen [1967] 120–163. – Regamey, C.: Encore à propos du Lalitavistara et de l'épisode d'Asita. In: Asiat. Studien 27 (1973) 1–34. – Grönbold, G.: Mythologie des ind. Buddhismus. In: WB. der Mythologie 4. ed. H. W. Haussig. Stg. 1978, 287–508.

München Günter Grönbold

Buddhistisches Erzählgut

1. Einleitung – 2. Forschungsgeschichte – 3. Erzählgut im Kanon – 4. Erzählgut in der Kommentarliteratur – 5. Avadāna-Lit. – 6. Erzählgut im späten Buddhismus – 7. Buddhist. Erzählgut außerhalb Indiens

1. Einleitung. Bei der Beschäftigung mit der Erzählungsliteratur des ind. Buddhismus ist zunächst zu beachten, daß der Buddhismus in Indien um 1200 p. Chr. n. durch die Mohammedaner fast völlig vernichtet wurde. Nur in kleinen Rückzugsgebieten und am Rande Indiens (z. B. in Nepal) überlebte er. Es handelt sich somit nicht um die Lit. einer noch lebendigen Religion. Die heiligen Schriften des Buddhismus waren in den Jh.en um Christi Geburt in einer kanonischen Sammlung niedergelegt worden. Der sog. → *Tripiṭaka* war in Pāli verfaßt, einer Spra-

che, die zwar von Volksdialekten abgeleitet war, zu diesem Zeitpunkt aber bereits eine Lit.sprache geworden war. Die späteren Werke wurden dann wieder in Sanskrit, der heiligen Sprache Indiens geschrieben. Die Möglichkeit, in der buddhist. Lit. Indiens auf echte oder gar unmittelbare Volkserzählungen zu stoßen, ist also sehr eingeschränkt.

Ferner darf man nicht erwarten, Märchen im europ. oder ind. (i. e. hinduist.) Sinne zu finden. Letzteres ist nur dort möglich (und z. T. in reichem Maße), wo bereits vorliegende Märchen und andere Erzählstoffe übernommen und umgestaltet wurden, wie in den → Jātakas und Avadānas. (Der Erzählungstyp der Jātakas entspricht formal weitgehend dem der Avadānas, v. Kap. 5.) Sind jedoch Erzählungen von Buddhisten neu geschaffen worden, dann weisen sie immer eine pädagogische und religiöse Tendenz auf. Sie sollen den Laien bestimmte Inhalte buddhist. Lehrverkündigung deutlich machen. Dabei können sie von ausgesprochener literar. Primitivität und Stereotypie sein. Doch gibt es auch Fälle, in denen buddhist. Erzählstoffe zu Kunstdichtungen umgearbeitet wurden.

Zu den Grundsätzen des Buddhismus, die durch Erzählungen exemplifiziert werden sollten, gehört die Lehre von der Reinkarnation und der Vergeltung der Taten (Karma) in späteren Leben. Dieser Gedanke wird immer wieder gepredigt; er bedingt die häufige Verwendung von Rahmenerzählungen. Zu einer Gegenwartsgeschichte kommt eine Vergangenheitsgeschichte, und erst beide zusammen verdeutlichen die Auswirkungen guter oder schlechter Werke. Die Wiedergeburtslehre ermöglichte es ferner, fast alle Märchen, Legenden etc. zu okkupieren. Man brauchte sie nur bestimmten Personen als deren frühere Lebensgeschichten zuzuschreiben. Und da Wiedergeburt in allen Seinsbereichen möglich war, als Gott so gut wie als Tier, konnte man sogar Tierfabeln aufnehmen. Andere religiöse Grundgedanken, die in den Erzählungen bes. Ausdruck finden, sind die Erkenntnis der Unbeständigkeit allen Lebens und Glücks und eine gewisse Frauenfeindlichkeit (häufige Betonung der Untreue der Frauen). Der rote Faden jedoch, der alle Geschichten durchzieht, ist die Forderung, den Geboten des Buddhismus entsprechend zu leben und zu handeln.

Lit.: Mitra, R.: The Sanskrit Buddhist Literature of Nepal. Calcutta 1882. – Winternitz, M.: Geschichte der ind. Litteratur 2. Lpz. 1920.

2. Forschungsgeschichte. In der Märchenforschung wurde die Bedeutung des buddhist. Erzählguts für die Weltlit. zeitweise sehr hoch eingeschätzt. T. → Benfey führte als Verfechter der Monogenese (→ Indische Theorie) beinahe alle westl. Märchen auf ind. Quellen zurück. Für die ind. Erzählungssammlungen, die hierbei in Frage kamen, nahm er wieder buddhist. Ursprung an[1]. Zu seinen Anhängern zählte u. a. E. → Cosquin. Eine entgegengesetzte Meinung vertrat A. Weber. Nach ihm waren äsopische Fabeln in das Jātaka-Buch eingegangen[2]. J. H. Thiessen versuchte diese Ansicht an einem Beispiel zu widerlegen[3]. Doch ist das Thema dieser Parabel (Tröstung einer Mutter über den Tod ihres Sohnes) so allgemein menschlich, daß man nicht von Abhängigkeit sprechen kann.

Ganz sicher sind nicht alle Märchenmotive aus Indien in den Westen gewandert, auch kann man nicht alle ind. Märchen den Buddhisten zuschreiben. Diese hatten ja auch nur auf den vorhandenen Erzählungsschatz zurückgegriffen und ihn in ihrem – religiösen – Sinn umgeformt. Zu den buddhist. Erzählungen, die in den Westen gedrungen sind, gehören u. a. die Geschichte von → *Barlaam und Josaphat* sowie die Legende des Königs, der beim Anblick des ersten grauen Haares der Welt entsagt[4].

In der westl. Märchenforschung wurden bisher fast nur die Jātakas des Pāli-Kanons ausgewertet, begünstigt durch die dt. Übersetzungen von J. Dutoit[5] und E. Lüders[6]. Auf die reiche Erzählliteratur, die es darüber hinaus gibt, wird im weiteren hingewiesen. Einige wenige Erzählungen sind inzwischen in ihren verschiedenen Versionen verfolgt und literar. untersucht worden. Die Einbeziehung in eine vergleichende Märchenforschung steht aber noch aus. Ein sehr großer Teil der im folgenden genannten Texte ist noch keineswegs übersetzt, ja noch gar nicht ediert.

[1] Benfey 1, p. XII, XIV; id.: Kl.re Schr. 2. Abt. 3–4. B. 1892, hier Abt. 3, p. 24. – [2] Weber, A.: Über das Rāmāyana (Phil. und hist. Abhdlgen der kgl. Akad. der Wiss.en zu Berlin 1870). B. 1871, 1–88, hier p. 14; id.: Über den Zusammenhang ind. Fabeln mit griech. In: Ind. Studien 3 (1855) 327–373, hier 360. – [3] Thiessen, J. H.: Die Legende von Kisāgotamī. Breslau 1880. – [4] Stern, S. M. / Walzer, S. (Übers.): Three Unknown Buddhist Stories in an Arabic Version. Columbia (1971) 4–6, 15–24. – [5] Jātakam, das Buch der Erzählungen aus den früheren Existenzen Buddha's 1–7. Übers. J. Dutoit. Lpz. 1908–21. – [6] Lüders, E.: Buddhist. Märchen aus dem alten Indien. MdW 1922.

Lit.: Forke, A.: Die ind. Märchen und ihre Bedeutung für die vergleichende Märchenforschung. B. 1911. – Kretschmer, P.: Zur ind. Herkunft europ. Volksmärchen. In: Wiener Zs. für die Kunde des Morgenlandes 37 (1930) 1–21. – Rawlinson, H. G.: Indian Influences on Western Culture. In: J. of the Royal Asiatic Society (1947) 142–150.

3. Erzählgut im Kanon. Erzählliteratur findet sich im *Tripiṭaka* (Pāli: *Tipiṭaka* [Dreikorb]), dem Kanon der heiligen Schriften, vor allem im *Suttapiṭaka* (Korb der Lehrreden). Doch enthält auch der *Vinayapiṭaka* (Korb der Ordenszucht) speziell in der Version der Sarvāstivāda-Schule viel und auch wichtiges Erzählgut.

An kleineren Werken erzählenden Charakters enthält der *Khuddakanikāya* des *Suttapiṭaka* (in dem sich auch das *Jātaka*-Buch findet) das (1) *Vimānavatthu*, das (2) *Petavatthu*, den (3) *Buddhavaṃsa* und das (4) *Cariyāpiṭaka*.

(1) Das *Vimānavatthu* (Geschichte der himmlischen Paläste) schildert in 85 kurzen Erzählungen, wie gute Taten in einem Leben zu einer Wiedergeburt in einer der Himmelswelten führen. Die Vimānas, in denen die Wesen dann wohnen, sind fliegende Paläste. Jede Erzählung bietet zunächst eine kurze Episode aus der Zeit Buddhas; sie endet damit, daß das himmlische Wesen auftritt. Buddha selbst oder ein Jünger befragt dieses dann, wie es zu dieser Geburt kam; das Wesen antwortet in Versen (nur die Verse des Dialogs sind kanonisch, die Prosaumrahmung gehört zum Kommentar). Im allgemeinen handelt es sich um simple Geschichtchen mit dick aufgetragener Moral, die z. T. vor Geschmacklosigkeiten nicht zurückschreckt, etwa wenn Buddha den verwesenden Körper der Kurtisane Sirimā (num. 16) benützt, um die Vergänglichkeit allen Seins zu demonstrieren. Dadurch gelingt es ihm, einen in Sirimā verliebten Mönch wieder zur Vernunft zu bringen und viele Leute zu bekehren.

(2) Im Gegensatz dazu zeigt das *Petavatthu* (Geschichte der Geister) die Folge böser Taten. Solche Taten führen zur Wiedergeburt als Preta (Pāli: Peta) in der Preta-Welt des Jenseits. Diese 'Geister' haben dann die verschiedensten Qualen zu erdulden, vor allem großen Hunger, den sie nicht stillen können, weil ihr Schlund zu eng ist. Böse Rede z. B. kann zu einem Schweinemaul führen (1,2). Doch gibt es auch Geister, die tagsüber herrlich leben und nachts zu leiden haben. Auch hier, wie im *Vimānavatthu*, gibt der Prosakommentar des Dhammapāla (6. Jh. p. Chr. n.) den Rahmen für die Verse und läßt dadurch kleine Erzählungen entstehen, von denen einzelne recht hübsch sein können. So die Geschichte der Kaṇṇamundā:

Sie lebt in der Preta-Welt in einem wunderbaren Palast. Tagsüber stehen ihr alle Genüsse zur Verfügung. Jede Nacht aber muß sie in den Teich des Parks gehen und wird dort von einem Hund aufgefressen, gleich danach aber körperlich wieder völlig hergestellt. Das ist die Strafe dafür, daß sie in ihrem Leben Ehebruch begangen und diesen abgestritten hatte. So verstreichen viele Jahre. Schließlich wirft sie nach langen Jahren eine Mangofrucht mit bes. Kräften in den Fluß, in der Hoffnung, jemand möge sie auffangen und nach ihrer Herkunft forschen. Der König von Benares findet sie und läßt den Ort suchen, von dem sie stammt. Auf die Beschreibung seines Boten hin macht er sich selbst auf den Weg zu dem Schloß und heiratet die Kaṇṇamundā. Erst nach vielen Jahren entdeckt er zufällig, was in der Nacht vorgeht. Er tötet den Hund, erfährt den Grund des Vorgangs und wird nach Benares zurückgebracht.

Auf die Märchenzüge dieser Geschichte hat schon W. Stede hingewiesen[1]. Überwiegend aber sind die Preta-Geschichten recht belanglos (cf. die Preta-Avadānas im *Avadānaśataka;* v. Kap. 5).

(3) Beim *Buddhavaṃsa* handelt es sich um einen Text, der die 24 (mythischen) Vorgänger Buddhas nennt. Die Abschnitte sind in metrischer Form abgefaßt und schildern sehr schematisch und kurz, wie sich bei jedem Buddha dieselben Hauptereignisse im Leben wiederholen (nur die Namen wechseln). Sie werden von Buddha vorgetragen, der dabei erzählt, welche Rolle er in seinen früheren Leben zu Zeiten dieser Buddhas spielte.

(4) Das *Cariyāpiṭaka* (Korb des [richtigen] Wandels) enthält 35 Erzählungen in Versen. Diese sollen die 'Vollkommenheiten' (Pāramitā) des Buddha, als er noch Bodhisattva war, illustrieren. Jeweils zehn von ihnen schildern seine Freigebigkeit (dāna) und sein moralisches Betragen (śīla), während sich die restlichen 15 auf die anderen acht Pāramitās beziehen. Es ist also schon von der Struktur her Bezug zum *Jātaka*-Buch gegeben, der sich auch inhaltlich bestätigt. (Zwölf der Geschichten finden sich ferner in der *Jātakamālā* des Āryaśūra, cf. Jātaka.) Durchwegs handelt es sich nämlich um Jātakas (der Übers. gibt eine Konkordanz). Allerdings sind sie, ohne jede Freude am Stoff oder am Erzählen, auf eine knappe Inhaltsangabe zusammengedrängt (z. T. nur drei Verse).

[1] Stede, W.: Über das Peta Vatthu. Diss. Lpz. 1914, 105.

Lit.: Charpentier, J.: Zur Geschichte des Cariyāpiṭaka. In: Wiener Zs. für die Kunde des Morgenlandes 24 (1910) 351–415. – Przyluski, J.: Fables in the Vinaya-Piṭaka of the Sarvāstivādin School. In: Indian Historical Quarterly 5 (1929) 1–5. – The Minor Anthologies of the Pali Canon. 3: Buddhavamsa and Cariyā-piṭaka. Übers. B. C. Law. L. 1938; 4: Vimāna Vatthu and Peta Vatthu. Übers. J. Kennedy and H. S. Gehman. L. 1942.

4. Erzählgut in der Kommentarliteratur. Wie schon erwähnt, enthalten die Kommentare zu den kanonischen Werken oft einen reichen Schatz an Erzählungen. Das ist alter ind. Brauch. Einer der in diesem Zusammenhang wichtigsten Begleit-Texte ist der *Dhammapada-Kommentar* (entstanden ca 450 p. Chr. n.). Das *Dhammapada* (Worte der Lehre), eine Anthologie, besteht aus über 400 Versen, in denen Buddha seine Lehre verkündet. Jeder der Verse (bzw. Versgruppen) ist nun in einen Prosarahmen eingebettet, in dem erklärt wird, bei welcher Gelegenheit und aus welchem Grunde Buddha die Verse sprach. Das entwickelt sich meist zu Geschichten, und oft werden dabei noch Erzählungen aus früheren Leben eingeschoben. Wir stoßen hier auf Heiligenlegenden, Tierfabeln, humoristische Geschichten und Geistererzählungen. In ihnen findet sich u. a. das *Potiphar*-Motiv (13,9). Die Geschichte des Königs Pasenadi (5,1), der die schöne Frau eines armen Mannes begehrt und – ohne Erfolg – versucht, ihn zu beseitigen, erinnert an David und Uria. Im Udayana-Zyklus (2,1) begegnet auch ein → Trojanisches Pferd. Der König Caṇḍa Pajjota läßt nämlich einen hölzernen Elefanten bauen und versteckt in ihm 60 Krieger. Udayana (Pāli: Udena), ein Liebhaber von Elefanten, besichtigt das an der Grenze stehende Holztier und wird gefangengenommen.

Alle diese Geschichten sind durch die beispielhafte Bearbeitung von E. W. Burlingame[1] leicht zugänglich. Weiteres Material enthalten die Kommentare des Buddhaghosa (5. Jh. p. Chr. n.), so die *Manorathapūraṇī*, die *Sumaṅgalavilāsinī* und die *Paramatthajotikā*, ferner seine Darstellung des Buddhismus *Visuddhimagga* sowie der von Dhammapāla (6. Jh. p. Chr. n.) abgefaßte Kommentar *Paramatthadīpanī*. Aber auch alle anderen Kommentare greifen gerne auf Erzählungen zurück, wenn es gilt, schwierige Punkte der Lehre deutlich zu machen.

[1] Burlingame, E. W.: Buddhist Legends 1–3. Cambridge, Mass. 1921.

5. Avadāna-Lit. Daß es neben den Jātakas eine weit zahlreichere Fülle von inhaltlich und typologisch sehr ähnlichen Erzähltexten, den sog. Avadānas gibt, von denen viele Sammlungen existieren, war der nicht-indologischen Märchenforschung

bisher kaum bekannt. Hier eröffnet sich noch ein weites Forschungsgebiet.

Die Bedeutung des Wortes 'Avadāna' ist wahrscheinlich 'Eine besondere Tat'. In den gleichnamigen Erzählungen wird von den 'Großtaten' bestimmter Personen in früheren Leben berichtet und erklärt, auf welche Weise sich diese in einem späteren Leben auswirkten. Wie in den Jātakas wird die Vergangenheitsgeschichte, die Buddha predigt, durch ein Ereignis in der Gegenwart ausgelöst und am Schluß die Verbindung von Gegenwart und Vergangenheit hergestellt. Doch gibt es auch andere Typen von Avadānas. Das Vyākaraṇa z. B. berichtet von zukünftigen Geschehnissen. Avadānas, in denen Buddha selbst der Held ist, heißen Bodhisattvaavadāna oder Jātaka. Der Begriff Avadāna ist also dem des Jātaka übergeordnet.

Diese Avadānas, die für Buddhisten wahre Geschehnisse beinhalteten, wurden in großen Sammelwerken vereinigt, von denen erst ein Teil bekannt bzw. zugänglich ist. Verschiedene Avadānas mit sehr beliebten Themen haben sich freilich selbständig gemacht, wurden literar. ausgebaut und fanden z. T. im ganzen vom Buddhismus beeinflußten Asien Verbreitung. Im folgenden sollen diese Sammlungen kurz charakterisiert werden; mehr ist im Augenblick noch kaum möglich.

Avadāna ist ein Sanskritwort, und diese Erzählungen stammen überwiegend aus den Sanskrit benützenden sog. nördl. Schulen des Buddhismus einschließlich des Mahāyāna.

Doch finden sich auch in dem in Pāli abgefaßten Kanon des sog. südl. oder Theravāda-Buddhismus entsprechende Geschichten. So enthält der *Suttapiṭaka* des Pāli-Kanons das *Apadāna*-Buch, das je ein *Buddha-* und *Paccekabuddha-apadāna*, sowie 550 Apadānas (der Ausdruck entspricht dem Begriff Avadāna) von Mönchen und 40 von Nonnen aufweist. Die ersten beiden Stücke haben keinen erzählenden Inhalt. In den anderen Verstexten berichten die Mönche (Theras) und Nonnen (Therīs) von vergangenen Existenzen. Im allgemeinen sind diese 'Legenden', bis in identische Formulierungen hinein, gleichartig aufgebaut und bringen für die Erzählforschung nichts Wichtiges.

Eine parallele Sammlung (36 Geschichten) in der Sanskrit-Lit. ist die *Anavataptagāthā*[1]. Diese Geschichten finden sich auch im *Vinayavastu* der Mūla-Sarvāstivāda-Schule. Bechert konnte zeigen, daß in zwei Fällen die Pālifassung auf das Sanskritvorbild zurückgegriffen hat[2]. Neben den Folgen guter werden auch die böser Taten, wie Mord und ähnliches, erzählt.

Noch zum Hīnayāna rechnet, wenn auch in Sanskrit verfaßt, eine der bekanntesten Sammlungen von Avadānas, das *Avadānaśataka* (Slg von 100 Avadānas)[3]. Die Geschichten der ersten vier Dekaden zeigen, welche Taten dazu führen können, ein Buddha oder Pratyekabuddha (i. e. ein Erleuchteter, der nicht öffentlich lehrt) zu werden. Die nächsten zehn erzählen vom Schicksal der Pretas (Gespenster, v. Kap. 3), die folgenden zehn von dem der Götter (Devas) und die restlichen Legenden von dem der Heiligen (Arhats). Das Werk (wohl im 2. Jh. p. Chr. n. komponiert) ist in Prosa abgefaßt und enthält viele formelhafte Partien. Doch finden sich darin eine Reihe von Geschichten, die – in anderer Redaktion – auch in weiteren Avadāna-Sammlungen auftauchen.

Eine vom Titel her ähnliche Kollektion ist das *Karmaśataka* (Slg von 100 Karma [geschichten]). Es enthält aber 123 Erzählungen und ist nur noch in tibet. Übersetzung erhalten.

Das zweite der großen Erzählwerke, das, wenn auch in hybridem Sanskrit geschrieben, von den Lehrinhalten her zum Hīnayāna zu rechnen ist, stellt das von der Forschung noch kaum ausgewertete *Mahāvastu* (Große Begebenheit) oder *Mahāvastu-avadāna* dar. Es entstand in seiner fast chaotischen, jedenfalls unredigierten Form in den ersten Jh.en p. Chr. n. Genau genommen ist es eine Buddhabiographie, die durch unzählige Einschübe völlig aufgelöst ist. Zu erwähnen ist sie hier deshalb, weil sich sehr viele Jātakas darin finden. Neben bekannten Themen in z. T. anderen Versionen steht vieles, das gegenüber den Pāli-Jātakas neu ist. Die Geschichten sind teils in Prosa, teils in Versen abgefaßt. Eine davon erzählt vom Knaben 'Einhorn' (Ekaśṛṅga), der von einer Königstochter gefangen und aus dem Wald, in dem er lebt, an den Königshof entführt wird. Es gab in der Wissenschaft lebhafte Erörterungen der Frage, ob die Einhorn-Sage im → *Physiologus* und danach im ganzen MA. auf ind. Ursprung zurückgehe. Neuerdings hat D. Schlingloff das Problem wieder aufgegriffen und positiv beantwortet[4].

In allen asiat. Ländern verbreitet (in der Fassung des *Divyāvadāna*) ist die Geschichte von Sudhana und der Kinnarī (ein halbgöttliches, feenhaftes Wesen) Manoharā. Sudhana rettet sie davor, geopfert zu werden, und heiratet sie. Aus Liebe vernachlässigt er seine Pflichten und muß seine Frau auf Betreiben des Volks bzw. böser Priester wieder wegschicken. Doch er kann ohne Manoharā nicht leben, sucht sie, und jetzt bleiben sie endgültig vereint. Wichtig ist dabei das Motiv des Erkennungsringes[5].

Das vielleicht bekannteste der großen Sammelwerke ist das *Divyāvadāna* (Himmlische Avadānas). In ihm wurden 34 Avadānas zusammengestellt, und zwar so, wie sie den (meist verlorengegangenen) Quellen entnommen wurden, also ohne inhaltliche oder stilistische Überarbeitung. Eine der wichtigsten Quellen ist der *Vinayapiṭaka* der Mūla-Sarvāstivāda-Schule. Die Kompilation wurde etwa im 3. oder 4. Jh. p. Chr. n. vorgenommen. Die Sprache der Geschichten ist Sanskrit in Prosa mit Versen.

Unter den Erzählungen ist das *Śardūlakarṇāvadāna* bes. interessant, denn in ihm taucht das alte und in Indien sehr häufige Motiv der Verführung eines Asketen durch eine Hetäre oder eine himmlische Nymphe auf (v. oben die Einhorn-Geschichte). Doch ist die Auflösung hier ganz neu und echt buddhistisch: Das Mädchen, das sich in den Lieblingsschüler Buddhas, Ānanda, verliebt und ihn mit einem Liebeszauber fast gewinnt, wird von Buddha bekehrt und als Nonne ordiniert.

Eine weitere bekannte Erzählung ist das *Udrāyaṇāvadāna*, das vom Untergang der Stadt Roruka berichtet.

Hier herrschte der König Udrāyaṇa. Durch ein Buddha-Bild wird er auf den Buddhismus aufmerksam gemacht. Er läßt den Mönch Mahākātyāyana holen, der die Lehre predigt. Die Königin bekehrt sich, nach ihrem Tod auch Udrāyaṇa. Er tritt nun in den Mönchsorden ein und übergibt die Regierung seinem Sohn Śikhaṇḍin. Dieser herrscht schlecht, deshalb will der Vater zurückkehren. Der Sohn läßt ihn jedoch auf den Rat seiner Minister hin töten. Als er dann noch den Mahākātyāyana mit Erde bewerfen läßt, verkündet dieser die Vernichtung der Stadt durch einen Sandsturm binnen sieben Tagen. Bis auf zwei gute Minister kommen alle darin um.

Es tritt hier, buddhist. verbrämt, ein anderes altes ind. Motiv auf, nämlich das der beleidigten und daher Flüche ausstoßenden Asketen.

Die andere der Quellen des *Divyāvadāna* (neben dem *Vinayapiṭaka*) war ein Werk, das früher unter dem Titel *Sūtrālaṃkāra* dem Aśvaghoṣa zugeschrieben wurde, das nach H. Lüders jedoch *Kalpanāmaṇḍitikā* heißt und von Kumāralāta (2. Jh. p. Chr. n.) stammt. Es enthält 90 in Versen verfaßte Erzählungen. Vom Sanskrit-Original liegen nur Bruchstücke vor[6], doch gibt es chin. Übersetzungen.

In dieser Sammlung finden sich schon Erzählungen des Zyklus vom Kaiser Aśoka (273–232 a. Chr. n.), des *Aśokāvadānas*. Sie wurden ins *Divyāvadāna* übernommen (num. 26–29). Zwei weitere Sammlungen von Aśoka-Geschichten sind nur im Chinesischen erhalten: *A yu wang chuan* und *A yu wan king*. Zwei der Legenden sind erwähnenswert:

In der einen bekehrt der Mönch Upagupta den Māra, der das Prinzip des Bösen im Buddhismus verkörpert. In dem *Kunālāvadāna* läßt die Stiefmutter dem Aśoka-Sohn Kunāla, in den sie sich verliebte und von dem sie zurückgewiesen wurde, die schönen blauen Augen ausstechen. Da sich alles weigerte, die grausame Tat vorzunehmen, gab Kunāla selbst den Befehl, die Anweisung auszuführen. Als echter Buddhist verzeiht er der Stiefmutter jedoch und erhält schließlich durch einen Wahrheitsspruch seine Augen wieder.

Zwei der hier vorkommenden Personen treten darüber hinaus in den Rahmenerzählungen zahlreicher weiterer Avadānas oder Avadāna-Sammlungen auf. Und zwar erzählt der Mönch Upagupta dem Kaiser Aśoka die jeweiligen Avadānas zur religiösen Belehrung. (In einigen Texten tritt das Paar Jayaśrī und Jinaśrī auf.) Einige dieser Werke, die noch unediert und unübersetzt sind[7], seien hier genannt: *Kalpadruma-avadāna-mālā* (mit 30 Avadānas), *Ratna-avadānamālā* (34), *Dvāviṃśati-avadāna* (22), *Bhadrakalpa-avadāna* (34), *Vratāvadānamālā* (hier handelt es sich um Geschichten, die sich an bestimmte Feste knüpfen), *Avadānasārasamuccaya*. Eine weitere Sammlung *Vicitrakarṇikāvadāna* (32 Geschichten) ist aus der Newari-Fassung übersetzt[8].

Schließlich sei noch die zeitlich letzte Sammlung von Avadānas genannt, die *Avadānakalpalatā* des Kṣemendra aus Kaschmir (um 1040 p. Chr. n.). Er faßt hier nur Erzählungen aus früheren Werken zusammen und bearbeitet sie im hochgeschraubten Stil der ind. Kunstdichtung. Es handelt sich um 108 Avadānas, wobei die letzte von seinem Sohn Somendra stammt. Der Tatsache, daß Kṣemendra Hindu war, ist es wohl zuzuschreiben, daß die Moral der Geschichten übertrieben wirkt.

[1] Hofinger, M.: Le Congrès du Lac Anavatapta. Louvain 1954; Bechert, H.: Bruchstücke buddhist. Versslgen aus zentralasiat. Sanskrithss. 1: Die Anavataptagāthā und die Sthaviragāthā. B. 1961. – [2] Bechert (wie not. 1) 29. – [3] Féer, L. (Übers.): Avadāna-śataka. Cent légendes (bouddiques). P. 1891. – [4] Schlingloff, D.: Die Einhorn-Legende. In: Christiana Albertina 11 (1971) 51–64, hier 57; cf. auch Einhorn, J. W.: Spiritualis unicornis – Das Einhorn als Bedeutungsträger in Lit. und Kunst des MA.s. Mü. 1976; Henkel, N.: Studien zum Physiologus im MA. Tübingen 1976, 168–171. – [5] Jaini, P. S.: The Story of Sudhana and Manoharā: An Analysis of the Texts and the Borobudur Reliefs. In: Bulletin of the School of Oriental and African Studies 29 (1966) 533–558; Bailey, H. W.: The Sudhana Poem of Ṛddhiprabhava. In: ibid. 29 (1966) 506–532; Schlingloff, D.: Prince Sudhana and the Kinnari. In: Indologica Taurinensia 1 (1973) 155–173. – [6] Lüders, H. (ed.): Bruchstücke der Kalpanāmaṇḍitikā des Kumāralāta. Lpz. 1926. – [7] Mitra, R.: The Sanskrit Buddhist Literature of Nepal. Calcutta 1882. – [8] Jørgensen, H. (ed.): Vicitrakarṇikāvadānoddhṛta. A Collection of Buddhistic Legends. Nevari Text. L. 1931.

Lit.: Julien, S.: Les Avadanas 1–3. P. 1859 (dt. Übers.: Die Avadanas. Rostock 1903). – Ferguson, D. (Übers.): Buddhist Legends. In: Indian Antiquary 13 (1884) 33–48. – Feer, L.: Études bouddhiques. Les Avadānas Jātakas. In: J. asiatique. Serie 8, t. 4 (1884) 332–369. – Cowell, E. B. / Neil, R. A. (edd.): Divyāvadāna. Cambridge 1886. – Blonay, G. de / La Vallée Poussin, L. de: Contes bouddhiques. In: Revue de l'histoire des religions 26 (1892) 180–200; 29 (1894) 195–211, 329–337. – Warren, H. C.: Buddhism in Translations. Cambridge, Mass. (1896) [7]1922. – Rockhill, W. W.: Tibetan Buddhist Birth Stories. In: JAOS 18 (1897) 1–14. – Tokiwai, T.: Studien zum Sumāgadhāvadāna. Darmstadt 1898. – Feer, L.: Le Karma-Śataka. In: J. asiatique. Serie 9, t. 17 (1901) 53–100, 257–315, 410–486. – Bode, M.: The Legend of Raṭṭhapāla in the Pali Apadāna and Buddhaghosa's Commentary. In: Mél. d'Indianisme. P. 1911, 183–192. – Zimmer, H. (Übers.): Karman. Ein buddhist. Legendenkranz. Mü. 1925. – Ware, J. R.: Studies in the Divyāvadāna. 1: Sūkarikāvadāna. In: JAOS 48 (1928) 159–165. – Przyluski, J.: Aśvaghoṣa et la Kalpanāmaṇḍitikā. In: Bulletin de la classe des lettres et des sciences morales et politiques. Académie Royale de Belgique. Serie 5, t. 16 (1930) 425–434. – Law, B. C.: Studies in the Apadāna. In: J. of the Bombay Branch of the Royal Asiatic Soc. 13 (1937) 23–35. – Zinkgräf, W.: Vom Divyāvadāna zur Avadāna-Kalpalatā. Ein Beitr. zur Geschichte eines Avadāna. Heidelberg 1940. – Jones, J. J. (Übers.): The Mahāvastu 1–3. L. 1849–1956. – Takahata, K.: Ratnamālāvadāna. Tokyo 1954. – Nobel, J. (Übers.): Udrāyana, König von Roruka. Eine buddhist. Erzählung 1–2. Wiesbaden 1955. – Vaidya, P. L. (ed.): Avadānaśataka. Darbhanga 1958. – Bechert, H.: Über das Apadānabuch. In: Wiener Zs. für die Kunde Süd- und Südostasiens 2 (1958) 3–23. – Vaidya, P. L. (ed.): Avadāna-Kalpalatā 1–2. Darbhanga 1959. – id. (ed.): Divyāvadāna. Darbhanga 1959. – The Aśokāvadāna. Sanskrit text compared with Chinese versions. ed., annotated and partly translated by S. Mukhopadhyaya. New Delhi (1963). – Przyluski, J. (Übers.): The Legend of Emperor Aśoka in Indian and Chinese Texts. Calcutta 1967. – Fontein, J.: The Pilgrimage of Sudhana. The Hague 1967. – Handurukande, R.: Maṇicūḍāvadāna and Lokānanda. L. 1967. – Iwamoto, Y. (ed.): Sumāgadhāvadāna. Kyoto 1968. – Schlingloff, D.: A Battle-Painting in Ajanta. In: Indologen-Tagung 1971. ed. H. Härtel / V. Moeller. Wiesbaden 1973, 196–203. – Bechert, H.: On a Fragment of Vimānāvadāna, a Canonical Buddhist Sanskrit Work. In: Buddhist Studies in Honour of J. B. Horner. Dordrecht 1974, 19–25.– Schlingloff, D.: Aśvaghoṣas Saundarānanda in Ajanta. In: Wiener Zs. für die Kunde Südasiens 19 (1975) 85–102. – id.: Der König mit dem Schwert. In: Wiener Zs. für die Kunde Südasiens 21 (1977) 57–70. – Bying, L. C.: Legends of Indian Buddhism. Delhi 1976.

6. Erzählgut im späten Buddhismus. Im 8. Jh. p. Chr. n. wird eine Richtung im Buddhismus sichtbar, die sich

schon lange vorher in kleineren Kreisen entwickelt haben muß. Es handelt sich um die Schule des Vajrayāna (Diamantfahrzeug). Man spricht auch vom sog. Tantrismus, da die Lehren in bestimmten Texten, den 'Tantras', niedergelegt sind. Kennzeichnend für diese Richtung ist, daß von ihren Anhängern fast ausschließlich magische Praktiken zur Erlangung des höchsten religiösen Ziels verwendet wurden. So spielen Mantras (magische Silben), Maṇḍalas (magische Zirkel mit Darstellung von Gottheiten) und Sādhanas (Riten zur Evokation der Götter) eine große Rolle. Viele Götter und Göttinnen, die bisher unbekannt waren, treten nun auf, darunter vor allem auch 'wilde' oder 'zornige'. Bei ihnen handelt es sich z. T. um frühere Dämonen, die – bekehrt – nun den Buddhismus gegen seine Feinde schützen. Der Hauptvertreter dieser religiösen Bewegung ist Padmasambhava (geb. ca 721 p. Chr. n.). Seine Biographie *Padma-thaṅ-yig*[1], die wohl im 14. Jh. in Tibet kompiliert wurde, ist eine legendenhafte Darstellung seiner geistigen Entwicklung in Indien und seines Wirkens in Tibet, wo er dem Buddhismus zum Durchbruch verhalf.

Nach dieser Lebensbeschreibung wird Padmasambhava auf wunderbare Weise in Udyāna (Nordwest-Indien) aus einer Lotusblume geboren. Der blinde König Indrabhūti, selbst ein Tantriker, nimmt ihn als Sohn an. Aber statt sich zu einem geeigneten Nachfolger zu entwickeln, widmet er sich der Magie, tötet einige Personen und flieht schließlich auf dem fliegenden Zauberpferd Balāha nach Indien. Hier verkehrt er mit Ḍākinīs, hexenartigen Initiationsgöttinnen, und meditiert auf Friedhöfen. Er bekehrt verschiedene Länder zum Buddhismus und geht schließlich nach Tibet. Dort bekämpft und unterwirft er die Dämonen. Nach getanem Werk fliegt er auf seinem Pferd weiter. Doch besteht der Glaube, daß er einmal wiederkommen werde.

Wie für Padmasambhava entstanden auch für andere Meister des Tantrismus 'Biographien', so z. B. für Nāḍapāda[2]. Diese berichtet von den grausamen Prüfungen, denen er sich unterziehen mußte, bis ihn der Lehrer Tilopa als Schüler annahm.

Eine Sammlung von kurzen Legenden weiterer 'Vollendeter' (Mahāsiddhas) des Vajrayāna stellt das *Grub-thob brgyad-cu-rtsa-bži'i rnam-thar* (Geschichten der 84 Zauberer)[3] dar. In ihnen wird geschildert, wie Leute der verschiedensten (sozialen und bildungsmäßigen) Herkunft doch zum Heil gelangen können, wenn der Weg nur ihren Anlagen oder Fähigkeiten angepaßt wird. Eine große Rolle spielen die acht Zauberkräfte (siddhis), zu denen u. a. die Siebenmeilenstiefel zählen. Überhaupt finden sich viele märchenhafte Züge. Mīnapāda (Geschichte 8) lebt z. B. zwölf Jahre lang meditierend im Bauch eines Fisches (→ Jonas); Virūpa (3) läßt zwei Tage lang die Sonne stillstehen, weil er sie einer Branntweinwirtin als Pfand gegeben hat. Kṛṣṇacārī (17) wieder vermag auf dem Wasser zu gehen; sobald jedoch deswegen Stolz in ihm erwacht, sinkt er ein. Dem Kambhala fressen Hexen seine Kutte auf, in der Meinung, in ihr stecke seine Zauberkraft. Er bekämpft sie und zwingt sie, die Stücke wieder von sich zu geben (30). Doch fehlen daneben auch humoristische Episoden nicht. So meditiert Nāgabodhi (76) auf Geheiß seines Lehrers über die Vorstellung, Hörner zu haben, bis sie ihm zu seinem Mißvergnügen wirklich wachsen. Oder es wirft der Alchemist Vyāli (84) wütend sein Rezeptbuch in den Fluß, weil er kein Gold machen kann und schon sein ganzes Vermögen geopfert hat. Die bloße Büchergelehrsamkeit wird verspottet in der Geschichte von Catra (23), der dauernd ein Wörterbuch in der Hand trägt, aber sonst zu allem zu dumm ist. Und der Faulpelz Bhusuku (41) kann durch das Eingreifen Mañjuśrīs, des Bodhisattvas der Weisheit, alle Gelehrten der Klosteruniversität Nālandā beschämen[4].

Als eine für die Geisteshaltung dieses späten Buddhismus typische Geschichte sei schließlich noch die des Ghaṇṭapāda (52) angeführt. In ihr taucht wieder das Motiv der Asketenverführung auf, allerdings in charakteristischer Umformung.

Der gelehrte Mönch Ghaṇṭapāda kommt in die Stadt Śāliputra, in der König Devapāla lebt. Dieser möchte von ihm Belehrung erhalten und läßt ihn durch Boten darum bitten. Als das erfolglos bleibt, geht er selbst mit seinem Gefolge hin und bittet ihn 14 Tage lang, er möge kommen.

Ghaṇṭapāda lehnt aber ab, da Devapāla ein Sünder sei. Der König wird zornig und läßt verkünden, er werde den reich beschenken, dem es gelinge, den Mönch vom frommen Leben abzubringen. Eine Hetäre schickt daraufhin ihre Tochter zu Ghaṇṭapāda, und ihr gelingt es, diesen zu verführen. Nach längerer Zeit kommt der König wieder vorbei und stellt Ghaṇṭapāda zur Rede, weil er ihn mit Frau, Sohn und Branntweinflasche antrifft (buddhist. Mönche unterliegen dem Zölibat und dürfen keinen Alkohol trinken). Da verwandelt sich Ghaṇṭapāda in den Gott Saṃvara und beweist so, daß er esoterische Riten praktiziert habe und deshalb nicht mehr mit den Moralbegriffen dieser Welt zu beurteilen sei; was den König zur Erkenntnis bringt, ein und dasselbe Mittel könne für den einen Gift sein, für den aber, der es anzuwenden verstehe, Medizin.

Überhaupt zeigen die Mahāsiddhas, daß sie auf höherer Ebene agieren und so den üblichen religiösen und ästhetischen Bindungen nicht mehr unterliegen. Dieser Text ist nur noch in der tibet. Übersetzung erhalten. Eine Motivauswertung fehlt. Noch weitere Texte widmen sich diesen 84 Zauberern, sind aber bisher nicht zugänglich. Doch finden sich diese und andere Legenden über sie auch in weiteren tibet. Werken, so im *bKa'-babs bdun-ldan*, der Edelsteinmine des Tāranātha[5]. Auf Ähnlichkeiten zwischen der Erzählung des Saroruha und dem Erzähltyp → *Geist im blauen Licht* (AaTh 562) hat schon Grünwedel hingewiesen[6]: nächtliche Entführung einer Königin, um sie arbeiten zu lassen (die weiteren Umstände sind aber ganz anders).

[1] Schlaginweit, E.: Die Lebensbeschreibung von Padma Sambhava 2 (Abhdlgen der kgl. bayer. Akad. der Wiss.en. 1. Kl., t. 22). Mü. 1903, 519–576. – [2] Grünwedel, A.: Die Legenden des Nāropa. Lpz. 1933. – [3] id.: Die Geschichten der 84 Zauberer (Mahasiddhas). In: Baessler-Archiv 5, H. 4/5 (1916) 137–228. – [4] Hoffmann, H.: Zen und später ind. Buddhismus. In: Asien. Tradition und Fortschritt. Wiesbaden 1971, 207–216. – [5] Grünwedel, A.: Tāranātha's Edelsteinmine. Petrograd 1914 (mit nützlichem Index). – [6] ibid., p. 48, 167.

7. Buddhist. Erzählgut außerhalb Indiens. Wie schon deutlich wurde, muß man bei der Bearbeitung buddhist. Erzählguts auch über die Grenzen Indiens hinausgehen. Sei es, daß mit der Ausbreitung des Buddhismus über Asien ind. Texte in die entsprechenden Sprachen übersetzt wurden und nun die Übersetzung oft der alleinige Text ist, weil das Original verloren ging, sei es auch, daß buddhist. Erzählungen in diese Länder übernommen und den heimischen Gegebenheiten angepaßt wurden. Dazwischen liegt der Typ eigenständiger Zusammenstellungen von übersetzten Geschichten, die manchmal sonst unbekannte Rezensionen bringen können. Mehr als die Namen einiger Werke kann hier kaum genannt werden, im übrigen wird auf die jeweiligen Länderartikel verwiesen. Bes. beliebt in allen Ländern waren natürlich die Jātakas.

Das bekannteste Erzählwerk Tibets (mit 51 Erzählungen) ist *mDzaṅs-blun* (Der Weise und der Tor; cf. → Dsanglun)[1]. Die mongol. Übersetzung (*Üligärün Dalai*) enthält eine weitere Geschichte (zwischen der 6. und 7. des tibet. Textes eingefügt[2]). Andere Erzählungen aus dem *Kanjur* (dem tibet. Pendant zum *Tripiṭaka*) hat A. Schiefner übersetzt[3]. Aus dem chin. Kanon haben S. Julien[4] und E. Chavannes[5] Erzählungen gesammelt und übersetzt. In Japan stellte bereits 822 p. Chr. n. der Priester Kyôkai aus Nara eine Sammlung buddhist. Legenden (*Nihon-ryôiki*) zusammen[6].

Aus dem Bereich des Hīnayāna-Buddhismus sei auf die *Rasavāhinī* des Vedeha Thera (13. Jh.) aus Ceylon hingewiesen. Dieses in Pāli verfaßte Werk enthält 103 Erzählungen. Leider gibt es noch keine Gesamtübersetzung davon. Eine ihrer Quellen war das *Sahassavatthuppakaraṇa* des Raṭṭhapāla mit 95 Geschichten. Vergleichbar ist das *Sīhalavatthupakaraṇa* von Dhammanandi mit 82 Erzählungen.

[1] Schmidt, I. J. (Übers.): Dzaṅs-blun oder Der Weise und der Thor. Aus dem Tibetischen. St. Petersburg 1845. – [2] ibid., XVIII–XXXI. – [3] Schiefner, A.: Ergänzungen und Berichtigungen zu Schmidt's Ausg. des Dsanglun. Petersburg 1852; id.: Mahākātjājana und König Tschanda-Pradjota. Ein Zyklus buddhist. Erzählungen. Petersburg 1875; id.: Tibetan Tales Derived from Indian Sources. Done into English by W. R. S. Ralston. L. 1882. – [4] Julien 1859 (v. Lit. zu Kap. 5). – [5] Chavannes, E. (Übers.):

Contes et légendes du Bouddhisme chinois. P. 1921; id.: Cinq cents contes et apologues extraits du Tripiṭaka Chinois 1–4. P. 1910–1934. – [6] cf. Hammitzsch, H. (ed.): Jap. Volksmärchen. MdW 1964, 306.

Lit.: Konow, S.: Zwei Erzählungen aus der Rasavāhinī. In: ZDMG 43 (1889) 297–307. – Andersen, D.: Rasavāhinī. Buddhistiske legender. Kop. 1891. – Pavolini, P. E.: La materia e la forma della Rasavāhinī. In: Giornale della Società Asiatica Italiana 11 (1897–98) 35–71. – Vinson, J.: Légendes bouddhistes et djainas 1–2. P. 1900. – Laufer, B.: Zwei Legenden des Milaraspa. In: ARw. 4 (1901) 1–44. – Geiger, M. und W.: Die zweite Dekade der Rasavāhinī (S.B.e der kgl. bayer. Akad. der Wiss.en. Phil.-philolog. und hist. Kl. Jg 1918, 5. Abhdlg). Mü. 1918. – Bohner, H. (Übers.): Legenden aus der Frühzeit des jap. Buddhismus (Mittlgen der Dt. Ges. für Natur- und Völkerkunde Ostasiens 27). Tokyo 1934, Band Anmerkungen. Tokyo/Ōsaka 1935. – Hoffmann, H. (Übers.): Mi-la ras-pa. Sieben Legenden. Mü.–Planegg 1950. – Heissig, W. (Übers.): Helden-, Höllenfahrts- und Schelmengeschichten der Mongolen [Zürich 1962]. – Htin Aung, Maung: Burmese Monk's Tales. N.Y./L. 1966.

München Günter Grönbold

Bugge, Elseus Sophus, * Larvik 5. 1. 1833, † Kristiania (Oslo) 8. 7. 1907, Sprachforscher und Kulturhistoriker. Als Student der Philologie interessierte er sich sowohl für norw. als auch für vergleichende Sprachwissenschaften und veröffentlichte schon während seiner Studienzeit mehrere Aufsätze. Gleichzeitig beschäftigten ihn bes. Fragen der Volkstradition. Viele Jahre war er Mitarbeiter S. → Grundtvigs während dessen Arbeit an *Danmarks gamle Folkeviser* (1853 sqq.). Er lieferte norw. Parallelen zu den dän. Volksballaden und steuerte aus der eddischen und skaldischen Dichtung wichtige Angaben zum Balladenkommentar bei. B.s eigene Sammlungen von ma. Liedern aus Norwegen (Volksballaden), ab 1856 über eine lange Zeitspanne gesammelt, sind umfangreich und wertvoll; seine kommentierte Ausgabe von *Gamle norske Folkeviser* (Kristiania 1858) gilt noch heute als mustergültig.

B. beschäftigte sich später stärker mit der anord. Philologie, bes. mit den Liedern und Sagas, die der Volksdichtung nahestehen. Er veröffentlichte eine lange Reihe von wiss. Werken und kommentierten Textausgaben, so z. B. eine Ausgabe der Eddalieder (*Norrœn Fornkvæði*. Christiania 1867); B. ist auch als Runenforscher bekannt geworden (*Norges Indskrifter med de ældre Runer* 1. Christiania [1891–1903] und – postum – 2 [1904–13]), ebenso sind seine mythol. Forschungen wichtig. Hierbei war einer der Hauptgedanken – der Zusammenhang zwischen nordgerm. Geistesleben und ir., antiker und christl. Kultur – zuerst im Lieferungswerk *Studier over de nordiske Gude- og Heltesagns Oprindelse* 1 (Christiania 1881–89; dt.: Studien über die Entstehung der nord. Götter- und Heldensagen. Mü. 1889) ausgeformt.

Lit.: Olsen, M.: E. S. B. In: Norsk biografisk leksikon 2. Oslo 1925, 356–368 (mit Lit.). – Sproglige og historiske afhandlinger viede S. B.s minde. Christiania 1908 (mit Bibliogr.). – Solheim, S.: S. B. (1833–1907). In: Arv 25/26 (1969/70) 313–322 = Biographica. Nordic Folklorists of the Past. Festschr. J. Hautala. Kop. 1971, 313–322.

Oslo Olav Bø

Bühler, Charlotte, *Berlin 20. 12. 1893, † Stuttgart 3. 2. 1974, Psychologin. Sie war Assistentin und Gattin des Psychologen Karl B., lehrte an verschiedenen dt. und amerik. Universitäten, arbeitete bes. auf dem Gebiet der Kinder- und Jugendpsychologie, wo sie die Testverfahren für diese speziellen Gruppen modifizierte und neu konzipierte. Für die Märchenforschung von Interesse, vor allem aber für die Schulpraxis bis auf den heutigen Tag bedeutsam geworden, ist ihre schon 1918 erschienene, seither mehrfach neu aufgelegte und von H. Hetzer eingeleitete Schrift *Das Märchen und die Phantasie des Kindes*[1], die lange Zeit für Pädagogen und Kinderpsychologen auf diesem Sektor als grundlegend galt[2]. Heute erscheinen ihre Thesen in bezug auf Lesealter und -bedürfnisse großenteils überholt. B. kennzeichnet die Lesealter für die Kindheit durch den jeweiligen Lesestoff in ihrer zeitlichen Abfolge als Struwwelpeter-, Märchen- und Robinsonalter[3]. Was B.s Vorstellung von Verbreitung und Funktion des Märchens in der Gesellschaft betrifft, so hat sich seit

1918 die Situation vollständig verändert, wie sie selbst im Nachwort zur 3. Aufl. (1971) betont[4]. Ihre theoretischen Ansätze zum Märchen erweisen sich als oberflächlich, weil auf unwissenschaftlichen Vorstellungen vom Märchen begründet, die bis heute verbreitetes Klischee sind, und auf denen komplizierte Interpretationen und Konstruktionen aufzubauen bei den meisten über das Märchen dilettierenden Psychologen unbekümmerter Usus ist. B. hat die gerade auch für die Psychologie so wesentliche emanzipatorische Grundtendenz in den Märchen nicht gesehen, in der wohl der Hauptgrund für kindliche Anteilnahme zu sehen ist; stattdessen erklärt sie einige literar.-technische Bedingtheiten (→ Bearbeitung, → Authentizität) der Grimmschen → *Kinder- und Hausmärchen*, die ihrer Untersuchung ausschließlich zugrunde liegen, als Parallelen zu Strukturen und Mechanismen der kindliche Phantasie, was letzlich auf Umkehrung von Ursache und Wirkung hinausläuft. Nach B. wird das Grimmsche Märchen am Ende des Märchenalters „bereits ergänzt und abgelöst von anderem Märchenstoff; zunächst von dem in Deutschland sehr beliebten Andersenschen Kunstmärchen“[5]. Für das nachfolgende Robinsonalter ergaben ihre empirischen Untersuchungen Lesestoffe wie Märchen aus *1001 Nacht*, *Robinson Crusoe*, *Lederstrumpf*, *Till Eulenspiegel*, *Reineke Fuchs* und *Münchhausen*.

Die spätere Herausgeberin der Schrift, H. Hetzer, versuchte in ihrer Einleitung[6], die neueren psychol. Erfahrungen anzufügen, war jedoch nicht in der Lage, der B.schen Arbeit eine neue, solidere Basis zu geben, weil das die Kenntnis der literar. und sozialen Entwicklungsgeschichte des Märchens vorausgesetzt hätte.

cf. → Pädagogik, → Psychologie

[1] B., C.: Das Märchen und die Phantasie des Kindes (Beiheft 17 der Zs. für angewandte Psychologie). Lpz. 1918 (³1929); neu aufgelegt in: B., C./Bilz, J.: Das Märchen und die Phantasie des Kindes. ed. H. Hetzer. Mü. ³1971 (Repr. B./Heidelberg/N. Y. ⁴1977). – [2] Art. Jungleserpsychologie. In: Doderer, K. (ed.): Lex. der Kinder- und Jugendlit. 2. Weinheim/Basel/Pullach 1977, 112–117, hier 114. – [3] B. (wie not. 1) 25–27; zu den Lesealtern in der Pubertät cf. B., C.: Das Seelenleben des Jugendlichen. (Jena 1922) Ffm. ⁶1975; Art. Lesealter. In: Doderer (wie not. 2) 346–349, hier 347. – [4] B. (wie not. 1) 87. – [5] ibid., 25. – [6] ibid., 9–19.

Lit.: Rez. von J. Bolte. In: ZfVk. 35/36 (1926) 120. – Beinlich, A.: Die Entwicklung des Lesers. In: Lesen – Ein Hb. Hbg 1973, 172–210. – Art. C. B. In: Doderer, K. (ed.): Lex. der Kinder- und Jugendlit. 1. Weinheim/Basel/Pullach 1975, 217sq. – Lüthi, Märchen, 109.

Nürnberg Peter Dienstbier

Bujan-ostrov. Bujan (B.), ein altes slav. Wort für einen offenen, erhöhten Platz, erscheint als Name einer Insel in der ostslav., hauptsächlich der russ. Folklore: in Zaubersprüchen, Bylinen, Zaubermärchen. Innerhalb russ. Märchen kommt B.-ostrov (B.-Insel) – oder ostrov B. – im allg. in traditionellen poetischen Formeln vor, von denen einige organisch mit dem Typ verbunden und in streng epischem Ton gehalten sind, während andere außerhalb des Typs stehen, als Märcheneinleitungen, die oft Elemente des Scherzes, der Posse und des Ulks enthalten. Doch in beiden Fällen handelt es sich bei der Insel B. um ein wunderbares Land, verloren im weiten Meer liegend, wo Ungewöhnliches geschieht und verschiedene Wunderdinge sich befinden wie das Schweinchen mit den goldenen Borsten, der Feuervogel, Apfelbäume mit goldenen Äpfeln etc. Am häufigsten geht die Insel B. in den Inhalt der Märchentypen *Koščeeva smert' v jajce* (AaTh 302: → *Herz des Unholds im Ei*) und *Čudesnye deti* (AaTh 707: *Die drei goldenen* → *Söhne*; cf. auch Puškins *Skazka o care Saltane* [Märchen vom Zaren Saltan]) ein.

Die Versuche einzelner Forscher, die Märcheninsel B. mit einer wirklich existierenden Insel in Zusammenhang zu bringen, gehen nicht über die Grenzen einer schwachen Hypothese hinaus.

→ Insel der Seligen

Lit.: Afanas'ev, A. N.: Jazyčeskie predanija ob ostrove Bujane (Heidnische Überlieferungen über die Insel Bujan). In: Vremennik Obščestva istorii i drevnosti 9 (1851) 1–24. – Vilinbachov, V. B.: Baltijsko-slavjanskij Rujan v otraženii russkogo fol'klora (Das balt.-slav. Rujan im Spiegelbild der russ. Folklore). In: RusF 11 (1968) 177–184.

Leningrad Nikolaj V. Novikov

Bulgarien

1. Ein Interesse an Volksdichtung entstand in B. zu Anfang des 19. Jh.s. Erstmals wurde ein bulg. Märchen 1826 von dem serb. Schriftsteller Sima Milutinović veröffentlicht[1]. Zunächst galt jedoch die Aufmerksamkeit weniger der Volksüberlieferung in Prosa als den Volksliedern. Von der Mitte des 19. Jh.s an lassen sich dann Ansätze zum Sammeln und Herausgeben von Märchen beobachten, und in den letzten zwei Jahrzehnten des 19. Jh.s setzte die wiss. Erforschung von Volkserzählungen ein.

Bis zur Befreiung B.s von der osman. Herrschaft (1878) erschienen einzelne Märchentexte[2] in Periodika und in einigen Sammelbänden von bulg. Schriftstellern und Aufklärern wie Georgi S. Rakovski[3], Ljuben Karavelov[4], Vasil D. Čolakov[5], Ilija R. Blŭskov[6]. Eine kleinere Sammlung gaben 1872 G. Ch. N. Lačoglu und N. M. Astardžiev heraus[7]. Daß die wiss. Welt Kenntnis vom Reichtum des bulg. Volksmärchens nahm, ist vor allem K. A. → Šapkarev (1834–1909) zu verdanken, der 1885[8] 81 und 1892[9] 289 Erzählungen publizierte. Einen starken Impuls für das Interesse an Volksmärchen gab 1889 die Gründung der großen und für die Geschichte der bulg. Folkloristik außerordentlich wichtigen Reihe *Sbornik za narodni umotvorenija, nauka i knižnina* (Slg für Volksdichtung, Wiss. und Schrifttum), redigiert von I. D. Šišmanov (1862–1928). Zunächst vom Ministerium für Bildung, dann von der Bulg. Akad. der Wiss.en herausgegeben, erscheint diese Reihe bis heute. In ihr ist eine riesige Anzahl von Volkserzählungen aus allen bulg. Gebieten veröffentlicht. Unter den Sammlern sind Namen wie S. N. Šiškov, P. R. Slavejkov, A. P. Stoilov, M. → Cepenkov, N. Stojkov, K. S. Stojčev, I. Zachariev, G. Popivanov, C. Todorov, I. Kepov, A. Burmov, D. und K. Molerov, A. Martinov zu nennen. In der Regel konzentrieren sich die einzelnen Sammler bei der Aufzeichnung und Herausgabe von Märchen auf ein bestimmtes Gebiet, meist ihren Heimatort. Ein ausgezeichnetes Beispiel hierfür bietet die sehr reichhaltige Sammlung von A. Martinov[10], die 300 Märchen und Anekdoten aus Graovo (westl. von Sofia) enthält. Verbreitet sind Auswahlbände von Märchen. Die bisher besten wiss. Veröffentlichungen von Volkserzählungen sind im 9.–11. Band der Reihe *Bŭlgarsko narodno tvorčestvo* (Bulg. Volksschaffen) zu finden[11]. In der letzten Zeit erschienen dt.sprachige Ausgaben von K. Haralampieff (MdW 1971) und H. Fey[12].

Mit der Gründung der Sofioter Universität (1888) bildete sich auch ein wiss. Zentrum zur Erforschung der Volksdichtung heraus. In dem Aufsatz *Značenieto i zadačite na našata etnografija* ([Die Bedeutung und die Aufgaben unserer Ethnographie]. In: SbNU 1 [1889] 45–47) stellte Šišmanov das erste wiss. Programm zum Sammeln bulg. Volksmärchen auf und empfahl bereits, das reichhaltige Material im Rahmen der Balkanistik zu untersuchen. Ihm sind auch erste Versuche einer Systematisierung bulg. Märchen zu verdanken, nach der er das Material im SbNU edierte. Den bulg. Legendenstoffen widmete der ukr. Wissenschaftler M. → Dragomanov, Professor an der Univ. Sofia, fünf umfangreiche Studien, ausgehend von der → Wandertheorie[13]. Noch zu Ende des 19. Jh.s veröffentlichte J. → Polívka Untersuchungen über bulg. Material[14] und machte dieses durch Aufnahme in die Anmerkungen zu den KHM einer breiteren wiss. Öffentlichkeit bekannt. Die größten Verdienste um die Erforschung des bulg. Märchens hat sich M. P. → Arnaudov, ein Schüler Šišmanovs, erworben. Neben Arbeiten zur Theorie des Märchens machte er den ersten Versuch einer wiss. Klassifikation bulg. Märchen[15], wobei er nach inhaltlichen Kriterien vorging. Leider wurde der Versuch Arnaudovs nicht fortgeführt. Da auch im AaTh-Typenkatalog bulg. Material nicht aufgenommen wurde, ist die Erforschung des bulg. Märchens sehr erschwert. Gegenwärtig wird im Institut für Folklore in Sofia an einer vollständigen Katalogisierung gearbeitet. Während der letzten Jahre organisierte man eine systematische Sammeltätigkeit in ganz B. Dabei wurde bes. Ostbulgarien berücksichtigt, ein Gebiet, aus dem bisher nur wenige Aufzeichnungen vorlagen, inzwischen aber über 1.500 Texte unter Leitung von R. Angelova gesammelt wurden. Einen guten Überblick geben die Einleitungen von V. Vŭlčev, P. → Dinekov und C. → Romanska im 9.–11. Band der Reihe *Bŭlgarsko narodno tvorčestvo*, die eine Charakteristik der einzelnen Volksprosaarten enthalten[16]. Außerdem sind die hier veröffentlichten Texte kommentiert, jedoch nicht nach AaTh typisiert. Mit dem gegenwärtigen Zustand des bulg. Märchens beschäftigte sich bes. R. Angelova[17]. Als Vertreterin der strukturalistischen Methode ist L. Parpulova zu nennen[18]. Seit 1975 erscheint die Zs. *Bŭlgarski folklor*, herausgegeben vom Institut für Folklore in Sofia. Von ausländischen Forschern, die sich der bulg. Volkserzählung widmeten, ist K. →Horálek hervorzuheben[19]. Doch bis heute bleibt das bulg. Märchen noch wenig erforscht.

2. Das bulg. Volksmärchen hat einen langen Entwicklungsweg zurückgelegt und weist Schichtungen aus verschiedenen Epochen auf. Trotz der negativen Einstellung der mit dem Literaturschaffen eng verbundenen ma. bulg. Kirche zur Volksdichtung als Träger heidnischer Vorstellungen sind Volkserzählstoffe in Sammlungen altbulg. Lit. und in der reichen → Apokryphenliteratur überliefert. Das bulg. Märchen weist Parallelen zum Erzählgut der übrigen Balkanvölker auf. Eine bedeutende Rolle spielte die griech. Vermittlung. Aus Byzanz kamen der → *Äsop* und einige Erzählungen östl. Ursprungs wie *Stefanit i Ichnilat* (→ *Kalila und Dimna*) und *Akir premŭdri* (→ *Achikar*). In letzter Zeit wurden sogar frühe Verbindungen zur thrak. Folklore gesucht[20]. Durch die jahrhundertelange Zugehörigkeit B.s zum Osmanischen Reich gibt es Beziehungen zu türk. Volkserzählungen, wie sich z. B. in der Figur des → Hodscha Nasreddin zeigt. In der bulg. Wiss. werden die Märchen trotz des internat. Motivbestands als untrennbarer Teil der bulg. nationalen Kultur betrachtet. Die Frage nach Eigenständigem, nach Nationalem ist sehr kompliziert, und Untersuchungen führen nicht immer zu sicheren Resultaten.

Wurde der Terminus prikazka (Märchen) bis vor kurzem von bulg. Wissenschaftlern für die gesamte Volksprosadichtung in Anspruch genommen, so wird der Begriff heute auf Tier-, Zauber-, Alltags- oder Novellenmärchen (bitovi prikazki) eingegrenzt. Immer mehr geht die Tendenz dahin, auch die Legendenmärchen als selbständige Gruppe – getrennt von den Zaubermärchen – anzusehen.

Die Tiermärchen, verbunden mit anthropomorphen und totemistischen Vorstellungen des frühen Menschen, haben ihren Ursprung einerseits in Mythen und andererseits in unmittelbaren Beobachtungen des Menschen aus dem alltäglichen Umgang mit der Tierwelt. In der bulg. Folklore sind die Tiermärchen kurz, einfach erzählt und haben sich nicht zu geschlossenen epischen Zyklen ausgebildet wie in Mittel- und Westeuropa z. B. zum → *Reineke Fuchs*. Wie bei anderen Ethnien erhielten die Tiere feste Charakterzüge. Nationale Eigenheiten zeigen sich an einigen Besonderheiten der Lebensweise. Am häufigsten sind Märchen vom Fuchs und Wolf. Der Fuchs mit seiner Listigkeit und Anpassungsfähigkeit übervorteilt den dummen, ungeschickten Wolf. Weitere häufig vorkommende Tiere sind der feige Hase, der gutmütige dumme Bär, die phlegmatische Schildkröte, der prahlerische Spatz, der dumme Esel etc. Die Darstellungen enthalten häufig komische Elemente, die den Weg zum Vergleich mit dem Menschen weisen. In der Tierfabel ist die Analogie Tier/Mensch bewußter durchgeführt, ihr moralisierender Charakter durch die didaktische Funktion bestimmt[21]. Bes. populär in der oralen Überlieferung sind die beiden Fabeln *Mečkata i lošata duma* (Der Bär und das schlechte Wort, cf. AaTh 159 B) und *Rabotnijat kos* (Die arbeitsame Amsel), die auch schon früh durch Folkloresammlungen, Lehrbücher, Kinder- und Jugendliteratur tradiert worden sind[22].

Die Zaubermärchen bilden eine sehr große Gruppe im bulg. Erzählgut. In ihnen tritt das Wunderbare und Phantastische zum einen als übernatürliche, zauberhafte, zum anderen als ungewöhnliche, aber rational erklärbare Erscheinung auf. Die Hauptgruppe der Zaubermärchen ist mit dem Schicksal eines Helden (Zarensohn oder armer Jüngling) verbunden, der schließlich nach vielen Abenteuern die Zarentochter heiratet. Die Zarentochter symbolisiert das höchste Glück, da sie in sich Schönheit, Reichtum und Macht vereinigt. Oft ist der Held der jüngste, am wenigsten angesehene von drei Brüdern (→ Dümmling, → Jüngste, Jüngster), für dessen Charakterisierung geringschätzige Ausdrücke wie ulav, kežo, glupav, kelav (wirr, schwach, dumm, grindig) verwendet werden, die sich z. T. auch zu Eigennamen entwickeln, wie z. B. in *Kelešŭt i carskata dŭšterja* (Der Grindkopf und die Zarentochter, AaTh 306 und 518)[23]. Ebenso weit verbreitete Märchen mit dem Jüngsten als Helden sind *Trimata bratja i zlatnata jabŭlka* (Die drei Brüder und der goldene Apfel, AaTh 550 I und AaTh 301 II–VI)[24], *Troica bratja i edna lamja* (Die drei Brüder und ein Drache, cf. AaTh 300)[25], *Zlatnoto pile* (Der goldene Vogel, AaTh 550)[26] u. a. Neben älteren Brüdern und Drachen sind weitere charakteristische Feinde des Helden juda (böse Fee, cf. → Samovilen), der Teufel, pedjačovek (spannengroßer Mensch), k'ose (→ Bartloser) etc.

Dieser Gruppe stehen Märchen nahe, in denen weniger Zauberkräfte als listiges, scharfsinniges Verhalten und angeborene oder erworbene außerordentliche Fähigkeiten zum Sieg des Helden führen wie z. B. in *Ivančo naučava djavolskija zanjat* (Ivančo lernt das Teufelshandwerk, AaTh 325)[27], *Naj-dobrijat strelec* (Der beste Schütze, AaTh 560)[28] oder *Djado Trak i poslednijat zmej* (Großvater Trak und der letzte Drache, AaTh 1060 u. a.)[29]. Sehr weit verbreitet ist das Märchen *Pravinata i krivinata* (Das Recht und das Unrecht, AaTh 613: *Die beiden → Wanderer*)[30], wobei es sich in bulg. Varianten um zwei Brüder handelt und die Bestrafung des Bösen durch Teufel geschieht.

In der zweiten großen Gruppe der Zaubermärchen ist eine Frau (junges Mädchen oder Braut) die Heldin. Meist von einer grausamen Stiefmutter oder neidischen Schwestern verfolgt, muß sie viele Bewährungsproben bestehen, ehe sie den Sieg davonträgt und die Gerechtigkeit triumphiert, so in *Mara Pepeljaška* (Mara, das Aschenbrödel, AaTh 510)[31], *Zlatnoto momiče* (Das goldene Mädchen, AaTh 403)[32], *Tri sestri* (Drei Schwestern, AaTh 710)[33] u. a. Als Feindin kommt auch oft eine Zigeunerin vor, wie in *Nerodena moma* (Das ungeborene Mädchen, AaTh 408)[34].

Die Legendenmärchen stehen, was Thematik und Handlungsträger betrifft, in Zusammenhang mit dem A. T. und N. T. Sie sind eng mit den → Apokryphen verbunden, in vielen von ihnen zeigen sich Elemente des → Dualismus und → Bogomilentums. Die Erzählungen waren bereits in der altbulg. Lit. weit verbreitet, sie handeln von der Erschaffung der Welt, vom Sündenfall Adams und Evas, vom Mord Kains an Abel etc.[35]. Hier sind auch noch Ätiologien anzuführen und moralisierende Erzählungen von Gott, Engeln und Heiligen, in denen häufig Themen des Gerichts, der Buße u. a. verarbeitet sind.

Außergewöhnlich groß ist die Gruppe der bitovi prikazki (Alltags- oder Novellenmärchen), deren Inhalt schwer zu umreißen ist, da sie bis heute noch nicht systematisiert wurden. In ihnen sind die phantastischen Elemente zugunsten einer realistischeren Darstellung abgeschwächt. Diese oft schwankhaften Erzählungen führen nicht in irgendeine idyllische Welt patriarchalischer Harmonie, sondern – im Gegenteil – in eine Welt der Schwierigkeiten und Konflikte, der sozialen Ungerechtigkeit, strenger Bräuche und Traditionen, böser Gedanken und Charaktere. Hier sind Tugenden mit krassen Lastern, Edelmut mit Verbrechen, Wahrheit mit Lüge, Fleiß und Energie mit maßloser

Faulheit, Geschicklichkeit und Gewandtheit mit Unbeholfenheit, Weisheit und Scharfsinn mit Ungebildetheit und Dummheit benachbart. Das Häßliche wird durch Humor klar sichtbar gemacht und gleichzeitig aufgefangen. Die Handlung der Erzählungen spielt in normaler, meist ländlicher Umgebung, so wie die handelnden Personen gewöhnliche Menschen sind. Auch die positiven Helden besitzen keine außergewöhnlichen, übernatürlichen Eigenschaften außer einem gesunden Menschenverstand, Weisheit, guter Auffassungsgabe und Gewandtheit. Der Zuhörer trifft eine ihm bekannte Welt an, seine Probleme werden in der eigenen Umgebung gestellt und gelöst. Doch ist das Phantastische nicht vollständig ausgeschlossen, es gibt Übergangselemente zwischen diesen Erzählungen und den Zaubermärchen. Die bitovi prikazki lassen sich grob in einige Themenkreise gliedern. Einen wichtigen Komplex bilden die Beziehungen innerhalb der Familie: Heirat und Auswahl der zukünftigen Gattin, eines klugen oder verwöhnten Mädchens, einer faulen oder fleißigen Braut; Beziehungen zwischen Schwiegermutter und Schwiegertochter; Ehebrüche etc. Sozialkritische Erzählungen, in denen auch der fatale Glaube an das Kismet eine Rolle spielt, sind sehr oft gegen die Geistlichkeit und ihre Laster gerichtet: Gier, Geiz, Ignoranz, Unzucht, soziale Ausbeutung. Ein weiterer Themenkreis umfaßt humorvolle Erzählungen über Dummköpfe, die sich in mehrere Untergruppen einteilen lassen. Sie sind auf Abenteuern, absurden Situationen, dem Kontrast zwischen Dumm- und Schlauköpfen aufgebaut.

In den Schwänken (narodni anekdoti) tritt der Humor noch stärker hervor. Zwei Gruppen lassen sich unterscheiden: (1) mit allgemeinerer Thematik über Popen und Bischöfe, lokale Rivalitäten und Neckereien, über menschliche Unzulänglichkeiten, sprachliche Mißverständnisse etc. (2) über Chitŭr Petŭr (Listiger Peter). Letzterer ist eine spezifisch nationale, fest im sozialen Kontext integrierte Gestalt, die dennoch beliebten Figuren im östl. Erzählgut ähnelt, bes. dem auch in B. sehr populären Hodscha Nasreddin. Er ist nicht nur ein lustiger Spaßvogel, sondern auch ein Kämpfer für soziale Gerechtigkeit, gegen gesellschaftliche und individuelle Unzulänglichkeiten. Das Auftauchen dieser Gestalt im bulg. Erzählgut ist schwierig zu datieren. Die volkstümlichen und hist. Details in den aufgezeichneten Schwänken lassen die Gestalt der Epoche des Türkenjochs (1396–1878) zuordnen in Zusammenhang mit der Verbreitung von Erzählungen über Hodscha Nasreddin. Gewisse Widersprüche in der Entwicklung der Gestalt sind Resultat verschiedener Überlagerungen. Häufig treten beide Gestalten nebeneinander und im Wettstreit miteinander auf, wobei Chitŭr Petŭr meist, aber nicht immer Sieger bleibt[36]. Sind im Fall dieser beiden Gestalten die Verbindungen zwischen bulg. und türk. Folklore offensichtlich, so sind solche Beziehungen auch auf dem Gebiet des Märchens unbestritten, doch noch nicht erforscht.

3. Die Persönlichkeit des Erzählers ist ein erstrangiger Faktor bei der künstlerischen Gestaltung des Märchens. Schon Ju. I. Venelin hob die Neigung der Bulgaren und allgemein der Balkanvölker hervor, zu erzählen und einem erzählten Märchen zuzuhören[37]. Eine frühe Beschreibung einer Erzählerpersönlichkeit gibt P. R. Slavejkov; er spricht im Vorwort seiner Gleichnis- und Sprichwortsammlung[38] über den Volkserzähler Großvater Dragan aus Piperkovo, dem er in den 40er Jahren des 19. Jh.s begegnete. Bisher fehlen in der bulg. wiss. Lit. Monographien über Märchenerzähler, wie sie bereits über Volkssänger vorliegen[39]. Angaben über Erzähler finden sich hauptsächlich in den Märchensammlungen. Unter den letzten Publikationen verdient die Ausgabe A. Martinovs (1958)[40] bes. Beachtung, in der er viele Informationen über eine große Gruppe zeitgenössischer Erzähler aus Graovo (bei Sofia) gibt: T. A. Dojčinov, G. M. Ljubenov, M. Velinova, O. Kostov, G. Z. Atanasov u. a. Interessant sind in diesem Zusammenhang Untersuchungen über den heutigen Zustand des bulg.

Märchens, in denen auch die Veränderungen in der Psyche des zeitgenössischen Erzählers analysiert werden. Künstlerisch ist die Gestalt des Märchenerzählers bei einigen bulg. Schriftstellern gestaltet, z. B. in Elin Pelins *Kosači* ([Schnitter]. In: *Razkazi*. Sofija 1904) und Jordan Jovkovs *Nošten gost* ([Nächtlicher Gast]. In: *Ako možecha da govorjat*. Sofija 1936).

Erzählt werden bulg. Märchen am häufigsten im engen Familienkreis und in kleinen Gruppen, so bei den sedenki (abendliche Treffen der Dorfjugend; die Mädchen machen dabei Handarbeiten), während der Ruhepause nach der Arbeit oder in der Dorfschenke.

4. Die bulg. Märchen kommen nur in ungebundener Sprache vor. Es können Verse begegnen (bes. in Zaubermärchen), die jedoch als Dialog erscheinen und als Geheimsprache der übernatürlichen Wesen fungieren. Interessanter ist eine andere Erscheinung: Das Nebeneinanderbestehen einer Vers- und Prosafassung mit gleichen oder ähnlichen Sujets. Ihre Anzahl vergrößert sich in der letzten Zeit, wenn die parallelen Versionen Episoden aus den Kriegen, Sensationsgeschichten u. a. erfassen. Diese Erscheinung hat ihre Wurzel vielleicht in der Art der Wiedergabe von Liedern bei verschiedenen Anlässen: Das Lied wird bis zu einer gewissen Stelle gesungen und danach rezitiert. Das Auftauchen der Prosafassung kann mit dem Vergessen des Liedes erklärt werden. Ein großer Teil der poetischen Verfahren hat internat. Charakter. Das Nationale ist hier – wie auch bei der Frage nach dem Aufbau der Märchenfiguren – schwierig aufzudecken. Es zeigt sich in Sprache und Stil, im bes. Gebrauch von Details aus bulg. Brauchtum und Sitten, in der Naturalisierung entlehnter Motive, der Assimilierung des Fremden, um ein nationales Kolorit zu erhalten. Vergleichsweise selten werden Formeln gebraucht, bes. wenig innerhalb der Komposition; es werden Schlüsse mit belehrendem Charakter bevorzugt, die der Funktion von Sprichwörtern ähneln. Eine gewisse, bisher noch kaum erforschte Gemeinsamkeit von Motiven ist zwischen Märchen und einigen Arten von Liedern festzustellen, so bei Brauchtumsliedern, Balladen u. a.

5. Die bulg. Märchen drangen in die Kunstliteratur ein, hauptsächlich in die Prosaliteratur und dramatische Dichtung. Bedeutende bulg. Schriftsteller, wie Elin Pelin (1877–1949), Ran Bosilek (1886—1958), Nikolaj Rajnov (1889–1954), Angel Karalijčev (1902—72), sind als Nacherzähler von Volksmärchen bekannt. Der Einfluß des Märchens in der Lit. zeigt sich sowohl in der Verarbeitung von Themen und Figuren als auch in der Verwendung von Stil und Sprache der Märchen.

[1] Im Vorw. zu Milutinović, S.: Srbijanka (Die Serbin). Lpz. 1826; aufgezeichnet 1817 in Vidin. – [2] cf. Syrku, P.: Ein bibliogr. Beitr. zur bulg. Märchenliteratur. In: Archiv für slav. Philologie 6 (1882) 130–133. – [3] Rakovski, G. S.: Pokazalec ili rŭkovodstvo, kak da sja iziskvŭt i izdirjat naj-stari čŭrti našego bitija, jazika [...] (Hb. oder Lehrbuch, wie man die ältesten Züge unseres Lebens, der Sprache [...] erforscht und ermittelt). Odessa 1859. – [4] Karavelov, L.: Pamjatniki narodnago byta bolgar (Denkmäler des Volkslebens der Bulgaren). M. 1861. – [5] Čolakov, V. Đ.: Bŭlgarskij naroden sbornik (Bulg. Volkssammelband). Bolgrad 1872, 247–260. – [6] Blŭskov, I. R.: Chitŭr Petŭr 1 (Listiger Peter). Rusčuk 1873. – [7] Lačoglu, G. Ch. N./Astardžiev, N. M.: Zbornik ot razni bŭlgarski narodni prikazki i pesni 1 (Slg verschiedener bulg. Volksmärchen und -lieder). Rusčuk 1870. – [8] Šapkarev, K. A.: Sbornik ot narodni starini. 3: Bŭlgarski narodni prikazki i verovanija (Slg von Volksaltertümern. 3: Bulg. Volksmärchen und -glaube). Plovdiv 1885. – [9] id.: Sbornik ot bŭlgarski narodni umotvorenija 8–9 (Slg bulg. Volksschaffens). Sofija 1892–94; cf. Polívka, J.: Beležki kŭm prikazkite v Šapkarevija „Sbornik ot bŭlgarski narodni umotvorenija" (Notizen zu den Märchen in Šapkarevs „Sbornik ot bŭlgarski narodni umotvorenija"). In: SbNU 18 (1901) 605–640. – [10] Martinov, A. P.: Narodopisni materiali ot Graovo (Ethnogr. Materialien aus Graovo). (SbNU 49 [1958]). Sofija 1958. – [11] Bŭlgarsko narodno tvorčestvo (= BNT). Sofija 1963. t. 9: Prikazki vŭlšebni i za životni (Zauber- und Tiermärchen). ed. A. Karalijčev/ V. Vulčev. t. 10: Bitovi prikazki i anekdoti (Novellenmärchen und Schwänke). ed. P. Dinekov/ S. Stojkova. t. 11: Narodni predanija i legendi (Volksüberlieferungen und Legenden). ed. C. Romanska/E. Ognjanova. – [12] Fey, H. (ed.): Märchen aus B. Ffm. 1977. – [13] z. B. Dragomanov, M.: Slavjanskite skazanija za požertvuvane na sobstveno dete (Die slav. Sagen von der Opferung des eigenen Kindes). In: SbNU 1 (1889) 65–96; id: Slavjanski varianti na edna evangelska

legenda (Slav. Var.n einer Evangelienlegende). In: SbNU 4 (1891) 257–270; id.: Zabeležki vŭrchu slavjanskite religiozni i etičeski legendi (Bemerkungen über die slav. religiösen und ethischen Legenden). In: SbNU 7 (1892) 245–310, 8 (1892) 257–314, 10 (1894) 3–68, 11 (1894) 511–516. – [14] Polívka, J.: Mag'osnikut i negovijat učenik (Der Zauberer und sein Schüler). In: SbNU 15 (1898) 393–448; id.: Le chat botté. Sravnitelna folklorna studija (Le chat botté. Eine vergleichende Folklorestudie). In: SbNU 16–17 (1900) 782–841; Polívka (wie not. 8); cf. auch Horálek, K.: Bŭlgarskijat folklor i češkata folkloristika (Die bulg. Folklore und die tschech. Folkloristik). In: Čechoslovakija i Bŭlgarija prez vekovete. ed. Ch. Gandev/E. Georgiev/J. Dujčev/K. Lambrev. Sofija 1963, 391–414, 391 sq. – [15] Arnaudov, M. P.: Bŭlgarskite narodni prikazki. Opit za klasifikacija (Die bulg. Volksmärchen. Versuch einer Klassifikation). In: SbNU 21 (1905) 1–110; cf. auch id.: Narodnata prikazka (Das Volksmärchen). In: id.: Očerci po bŭlgarskija folklor 2. Sofija [2]1969, 5–74; id.: Poteklo i srodstvo na narodnite prikazki (Genesis und Verwandtschaft der Volksmärchen). In: ibid., 75–153. – [16] Vŭlčev, V.: Bŭlgarskite narodni vŭlšebni prikazki (Die bulg. Volkszaubermärchen). In: BNT 9 (wie not. 11) 5–77; Dinekov, P.: Bitovi prikazki i anekdoti (Alltagsmärchen und Schwänke). In: BNT 10, 5–51; Romanska, C.: Bŭlgarskite narodni istoričeski predanija (Die bulg. hist. Volksüberlieferung). In: BNT 11, 5–46. – [17] Angelova, R.: Kŭm vŭprosa za sŭvremennoto sŭstojanie na bŭlgarskite narodni prikazki, predanija i legendi (Zur Frage des heutigen Zustands der bulg. Volksmärchen, Überlieferungen und Legenden). In: Izvestija na Etnografskija institut i muzej 7 (1964) 37–52; Vakarelski, Ch.: Betrachtung über das heutige bulg. Volksmärchen. In: DJbfVk. 6 (1960) 349–352. – [18] Parpulova, L.: Kŭm vŭprosa za parodijata v bŭlgarskata narodna proza (Zur Frage der Parodie in der bulg. Volksprosa). In: Izvestija na Etnografskija institut i muzej 16 (1975) 149–207. – [19] Horálek, K.: Bulharský folklor a česká folkloristika (Die bulg. Folklore und die tschech. Folkloristik). In: Československo-bulharské vztahy v zrcadle staletí. ed. B. Havránek. Praha 1963, 314–333; id.: Slovanské pohádky (Slav. Märchen). Praha 1964; id.: Orientální vlivy v bulharské lidové tradice. Pohádkoslovní studie (Oriental. Einflüsse in bulg. Volkstraditionen. Märchenkundliche Studien). Praha 1964. – [20] Teodorov, E.: Drevnotrakijsko nasledstvo v bŭlgarskija folklor (Altthrak. Erbe in der bulg. Folklore). Sofija 1972. –
[21] Die äsopischen Fabeln verarbeitete z. B. auch P. R. Slavejkov in seiner populären Ausg.: Basnenik (Fabelbuch). Buk. 1952. – [22] SbNU 8 (1892) 216 = BNT 9 (wie not. 11) 163sq. und SbNU 4 (1891) 162 = BNT 9, 177; cf. Vulčev (wie not. 15) 25. – [23] BNT 9, 215–220; Haralampieff, K.: Bulg. Volksmärchen. MdW 1971, num. 15. – [24] BNT 9, 194–197; Haralampieff (wie not. 22) num. 13. – [25] BNT 9, 208–211; Haralampieff (wie not. 22) num. 14. – [26] BNT 9, 185–194; Haralampieff (wie not. 22) num. 12. – [27] BNT 9, 438–445; Haralampieff (wie not.22) num. 36; cf. Polívka 1898 (wie not. 13). – [28] BNT 9, 246–252; Haralampieff (wie not. 22) num. 18. – [29] BNT 9, 464–467; Haralampieff (wie not. 22) num. 38. – [30] BNT 9, 430–433; Haralampieff (wie not. 22) num. 34; cf. Matov, D.: Prikazkata za pravinata i krivinata (Das Märchen über das Recht und das Unrecht). In: Knižici za pročit 6 (1895) 23–34. –
[31] BNT 9, 273–275. – [32] BNT 9, 268–272. – [33] BNT 9, 392–399. – [34] BNT 9, 297–307; Haralampieff (wie not. 22) num. 23. – [35] Ivanov, J.: Bogomilski knigi i legendi (Bogomil. Bücher und Legenden). Sofija 1925 (Nachdr. ed. D. Angelov. Sofija 1970). – [36] Vŭlčev, V.: Chitŭr Petŭr i Nastradin Chodža. Iz istorijata na bŭlgarskija naroden anekdot (Chitŭr Petŭr und Nastradin Chodža. Aus der Geschichte des bulg. Volksschwanks). Sofija 1975. – [37] Venelin, Ju. I.: O charaktere narodnych pesen u slavjan zadunajskich (Über den Charakter von Volksliedern bei den Donauslaven). M. 1835. – [38] Slavejkov, P. R.: Bŭlgarski pritči i poslovici i charakterni dumi 1–2 (Bulg. Gleichnisse und Sprichwörter und charakterisierende Worte). Sofija 1889/1897. – [39] cf. Ognjanova, E.: Tvorčestvo i repertoar na edna sŭvremenna bŭlgarska razkazvačka (Schaffen und Repertoire einer zeitgenössischen bulg. Erzählerin). In: Folklor i literatura. ed. P. Dinekov/D. Lekov. Sofija 1968, 195–217. – [40] Martinov (wie not. 10).

Lit.: Dinekov, P.: Bŭlgarski folklor 1. Sofija 1959 ([2]1972). – Romanska, C.: Slavjanski folklor. Sofija 1963. – ead.: Die bulg. Volkssagen und Legenden. In: DJbfVk. 10, 2 (1964) 353–358. – Horálek, K.: J. Polívka und V. Tille. Ein Beitr. zur Geschichte der vergleichenden slaw. Folkloristik. In: Beitr.e zur Geschichte der Slawistik (Veröff.en des Inst.s für Slawistik 30). B. 1964, 58–80. – Romanska, C.: Ergebnisse der gegenwärtigen Erforschung der bulg. Volksmärchen und ihre zukünftigen Aufgaben. In: Laogr. 22 (1965) 424–430. – Angelova, R.: Sŭstojanie na izsledvanijata na bŭlgarskata narodna proza (Der Stand der Forschung zur bulg. Volksprosa). In: Problemi na bŭlgarskija folklor. Sofija 1972, 195–217. – Vakarelski, Ch.: Etnografija na Bŭlgarija (Ethnographie B.s). Sofija 1974.

Sofia Petŭr Dinekov

Bundi, Gian, *Berlin 26. 10. 1872, † Bern 26. (27.?) 12. 1936, Redakteur. Sohn eines ausgewanderten rätoroman. Zuckerbäkkers. Besuch der Volks- und Mittelschule in Stettin, anschließend philolog. und juristische Studien in Göttingen, Jena, Heidelberg, Zürich und Bern. Als Journalist in Chur, ab 1901 in Bern tätig. Bis

1919 literar. Redakteur, danach bes. Musikkritiker der Berner Tageszeitung *Der Bund*. Verf. zahlreicher dt. Übers.en ital. und frz. Operntexte; er schrieb u. a. die Texte zu den Märchenopern *Die schöne Bellinda* und *Der Glasberg* des schweiz. Komponisten Hans Huber (1852–1921).

B. ist der erste Sammler rätoroman. Märchen, die er durch seine Übertragungen ins Deutsche weiteren Kreisen zugänglich gemacht hat. Von ihm sind auch einige Aufzeichnungen über Erzähler und Erzählgemeinschaft erhalten.

Veröff.en: Parevlas engiadinaisas. In: Annales della Società reto-romantscha 15 (1901) 215–247; 16 (1902) 337–353; 18 (1904) 269–298; 20 (1906) 133–163. – Parevlas engiadinaisas 1–2. Turig [1902/03]; Neuausg. ed. A. Messmer. Samedan 1971 (dt. Ausg.: Engadiner Märchen 1–2. Zürich [1902/03]; neu bearb. von B. Schorta-Gantenbein. Samedan 1971). – Der Kirchengesang in der Engadiner Gemeinde Zuoz. Bern 1907. – Aus dem Engadin. Märchen und Schwänke. Bern 1913. – Engadiner Nelken. Eine Slg räto-roman. Lyrik. Freie dt. Nachdichtung von Gian B. Chur 1920. – Hans Huber. Die Persönlichkeit nach Briefen und Erinnerung. Basel 1925. – Gieri la Tscheppa aus dem Bündnerischen Schamsertal und seine Märchen. In: SAVk. 33 (1934) 166–178. – Märchen aus dem Bündnerland. Nach dem Rätoromanischen erzählt. (Basel 1935) Zürich ²1955.

Nachruf: G. B. (1872–1936). In: Schweizer Vk. 27 (1937) 30sq.

Abtwil — Leza Uffer

Bünker, Johann Reinhard, *25. 4. 1863 Seebach (Kärnten), † 13. 11. 1914 Ödenburg (Sopron, Westungarn). B. lebte in Ödenburg seit 1884, wurde dort 1890 Volksschullehrer, ab 1896 auch Oberkustos des Stadtmuseums.

Die Hälfte seiner 40 Veröffentlichungen befaßt sich mit Bauernhaus- und Flurformen (bes. der Bundesländer Burgenland, Steiermark, Kärnten und Tirol), ferner mit Arbeitsgeräten. Er gab auch Volksschauspiele, -lieder und -dichtungen heraus. Für die Erzählforschung bes. wichtig ist die Sammlung der 122 Geschichten des Straßenkehrers Tobias Kern, eines Analphabeten, die B. wortgetreu in der mbair. Mundart der damals vorwiegend dt. Bevölkerung Ödenburgs aufzeichnete. 112 Geschichten dieses Erzählers veröffentlichte B. unter dem Titel *Schwänke, Sagen und Märchen in heanzischer Mundart* (Lpz. 1906), die übrigen 10 bes. derben als *Heanzische Schwänke* (In: *Anthropophyteia* 2 [1905] 173–194). B.s Kärntner Funde sind teilweise von P. Zaunert in den *Dt. Märchen aus dem Donaulande* (Jena 1926, 104–170) und von E. Zenker-Starzacher (*Der Senavogel.* Klagenfurt 1975, num. 1, 11, 13) herausgegeben worden. Als einer der ersten Sammler und Herausgeber legte B. bes. Wert auf → Authentizität.

Lit.: Jaksch, A. von: J. R. B. In: Carinthia I/105 (1905) 84–89. – Karsai-Kurzweil, G.: J. R. B. und die dt. Vk.forschung. In: Südostdt. Forschungen 2 (1937) 364–378. – Haiding, K.: Die Volksmärchenforschung in Österreich. In: Burgenländ. Forschungen 61 (1971) 95–104. – id.: Märchen und Schwänke aus dem Burgenlande. Graz 1977, 197sq., 202sq., 213–218, 222; cf. die Märchen num. 4, 9, 11, 16, 20, 24 (schriftdt. Übertragungen aus Bünker 1906).

Stainach — Karl Haiding

Bunyan, John, *1628 Elstow (bei Bedford), † 31. 8. 1688 London; Kesselflicker, Prediger und Verfasser von 60 zumeist geistlichen Werken. B. dient ca von 1644–48 bei der Armee und tritt um 1654 der calvinist. St. John's Church von Bedford bei, deren Pastor er wird. Wegen bewußter Weiterführung seines Amtes trotz des Abhaltungsverbotes für Versammlungen nicht-episkopaler kirchlicher Gruppen während der ‚Restoration' unter Karl II. wird B. von 1660–72 und noch einmal 1675–76 für sechs Monate inhaftiert. Es folgt eine rege, über seine Gemeinde hinausreichende Predigertätigkeit.

Von B.s Veröffentlichungen kommt den folgenden Werken bes. Bedeutung zu: der Autobiographie *Grace Abounding to the Chief of Sinners* (L. 1666) und den Allegorien *The Pilgrim's Progress from this World to That which is to Come* (Teil 1: L. 1678; Teil 2: L. 1684); *The Life and Death of Mr. Badman* (L. 1680; ursprünglich als Teil 2 von *Pilgrim's Progress* gedacht); *The Holy War Made by Shaddai upon Diabolus* (L. 1682). *The Pilgrim's*

Progress (P. P.) ist in mehr als 100 Sprachen übersetzt und gilt nach der Bibel als eines der am weitesten verbreiteten Bücher. Es schildert als allegorischen Traum des Verfassers im 1. Teil die Wanderung der Hauptfigur Christian von dieser in die jenseitige Welt, wohin im 2. Teil seine Familie folgt. Der Handlungsablauf wird unterbrochen durch reflektierende Absätze moralischer Kommentare sowie die Schilderung von Prüfungen, deren Gefahren z. T. nur mit Helfern überwunden werden können. Das grundsätzliche Konzept einer derartigen Pilgerreise ist seit dem MA. allg. literar. Gedankengut. Der Gesamtentwurf ordnet sich der strukturalen Märchenfunktion ‚lack' (mangelnde Erlösung von der Sünde)/ ‚lack liquidated' (Erlösung) unter. Einzig erwähnenswerte unmittelbare literar. Vorlage bildet die Bibel; Sprache, Situation, Atmosphäre und Gestalten sind jedoch einerseits dem täglichen Leben, andererseits Volksüberlieferung, Volksbuch, Flugblatt und -schrift und darin bes. den volkstümlichen Ritterromanzen verpflichtet. Es finden sich folgende Elemente der Volkserzählung:

Schmaler Weg zum Himmel, breiter zur Hölle (p. 27)[1]. – Erkennungsmal an der Stirn (38, 41, 49). – Schuhe, die sich nicht abtragen (54). – Drachenkampf (56sq., 277sq.). – Baum des Lebens (60). – Kobolde (62, 157, 252). – Riesen (65, 218, 244, 266sq., 281sq., 283). – Pelikan verletzt eigene Brust, um mit dem Blut Junge zu ernähren (233). – Jakobsleiter (233). – Rätselfragen (263sq.). – Tod durch Blitzschlag als Strafe (269). – Zauberspiegel (287). – Hexe (301sq.)

Rezeptionsgeschichtlich wird P. P. wiederum – die Leser sind weder auf eine bestimmte Altersklasse noch gesellschaftliche Schicht festzulegen – zu einem religiösen Volksbuch. Sehr häufige Verwendung von Sprichwörtern und sprichwörtlichen Redensarten kennzeichnet weiterhin den Stil. B. steht mit P. P. in der puritan. Überlieferung seiner Zeit, ist aber gleichzeitig einer der Begründer des engl. Romans, der erste große und bisher beste Allegoriker sowie Bindeglied zwischen ma. Allegorie und moralischer Fabel des 18. Jh.s mit Verpflichtungen gegenüber der emblematischen Literatur. Außer bei fromm-gläubigen Autoren trifft P. P. erst mit dem ausgehenden 18. Jh. auf eine zustimmende literar. Kritik.

[1]B., J.: P. P. ed. J. B. Wharey, rev. R. Sharrock. Ox. [2]1960.

Lit.: Wharey, J. B.: The Sources of B.'s Allegories. Baltimore 1904 (überholt). – Brown, J.: J. B., His Life, Times, and Work. L. 1928. – Tindall, W. Y.: J. B., Mechanick Preacher. N. Y. 1934. – Blondel, J.: Allégorie et réalisme dans le ‚P. P.' P. 1959. – Alpaugh, D. J.: Emblem and Interpretation in ‚P. P.' In: English Literary History 33 (1966) 299–314. – Kaufmann, U. M.: P. P. and Traditions in Puritan Meditation. New Haven, Conn. 1966. – Sharrock, R.: J. B. L. (1954) [2]1968. – id. (ed.): B. P. P. L./ Basingstoke 1976; Rez. in: Fabula 19, 3–4 (1978) 315 sq. – Baird, C. W.: J. B. A Study in Narrative Technique. Port Washington, N. Y./ L. 1977.

Göttingen Rainer Wehse

Bunyan, Paul → Paul Bunyan

Bürger, Gottfried August, *Molmerswende bei Halberstadt 31. 12. 1747, † Göttingen 8. 6. 1794. 1764–67 vom Großvater erzwungenes Theologiestudium in Halle, 1768–71 Jurastudium in Göttingen, danach Amtmann im nahen Altengleichen und Kontakt zu Mitgliedern des 'Göttinger Hains', 1779–94 Redakteur des *Dt. Musenalmanachs,* 1784 Privatdozent und 1789 (unbesoldeter) außerordentlicher Professor der Ästhetik in Göttingen. Die niederdrückende berufliche Laufbahn wird von drei unglücklichen Ehen überschattet. Das Urteil über B. war lange Zeit vor allem durch Schillers vernichtende Rezension der Gedichte B.s geprägt[1]. Goethe hingegen führte B.s Unglück auf den Konflikt seines Talents mit „dem Zustand unserer bürgerlichen Verfassung"[2] zurück.

B. entfaltet seine epochemachenden Begriffe 'Volkspoesie' und 'Popularität' in dem *Herzensausguß über Volks-Poesie*[3] auf dem Hintergrund der von Johann Gottfried Herder im *Auszug aus einem Briefwechsel über Ossian und die Lieder alter*

Völker[4] entwickelten Ideen über Volk, Bildung und Dichtung. Wahre Poesie sei immer Volkspoesie (→ Naturpoesie), und ihre Popularität beziehe sie aus ihrer Ursprünglichkeit. Dem 'Dichter für's Volk', der nach B. stark national geprägt sein soll, bieten sich zum Studium einer als natürlich eingeschätzten, poetischen Kunst des Volkes die Volkslieder, Balladen und Romanzen an, zu deren Sammlung B. mit dem Ruf nach einem 'Deutschen Percy' im Gefolge Herders auffordert. Die positive Einschätzung des Volkes wird ähnlich wie bei Herder durch Christoph Friedrich Wilhelm Nicolais scharfe Angriffe in *Eyn feyner kleyner Almanach*, der sich in der fingierten Verfasserangabe auf B.s *Daniel Wunderlich* bezieht, modifiziert[5]. B.s Auffassung dokumentiert sich in seiner naturalistischen Sprache (z. B. → *Lenore*) ebenso wie in seiner Übernahme volkstümlicher Formen (Ballade z. B. verstanden als 'Volksmärchen in Versen und Reimen') und Motive (z. B. *Der wilde Jäger* oder *Der Kaiser und der Abt* [AaTh 922] in den gleichnamigen Balladen; Der Wiedergänger in *Lenore* [AaTh 365])[6].

Seine → Münchhausiaden, eine bearbeitende und erweiterte Übersetzung von Rudolph Erich Raspes *Baron Munchhausen's Narrative*[7], die ihrerseits eine engl. Übersetzung nach einer dt. Vorlage[8] ist, wurden populär und gattungsbildend; eigentliche Märchen hat B. weder verfaßt noch gesammelt. Sein angekündigter Plan einer freien Bearbeitung von *1001 Nacht* nach der Ausgabe von J. A. → Galland (P. 1704–1717), durch die er mit der Übersetzung von Johann Heinrich Voß (Bremen 1781–1785) konkurrieren wollte, blieb unausgeführt.

[1] Über B.s Gedichte. In: Allg. Lit.-Ztg vom 15. und 17. 1. 1791. – [2] Brief an B. vom 20. 2. 1782. – [3] B., G. A.: Aus Daniel Wunderlichs Buch. Kap. 2: Herzensausguß über Volks-Poesie. In: Dt. Museum 1 (1776) 440–450, hier 443–450. – [4] [Herder, J. G.:] Von dt. Art und Kunst. Einige fliegende Bll. Hbg 1773, 1–70 und 113–118. – [5] [Nicolai, C. F. W.:] Eyn feyner kleyner Almanach Vol schönerr echterr liblicherr Volckslieder, lustigerr Reyen unndt kleglicherr Mordgeschichte [. . .]. B./Stettin 1777–78; cf. B.s Vorreden zur 1. und 2. Aufl. seiner Gedichte, Göttingen 1778 und 1779. – [6] Außerdt. Parallelen zuerst in: Altdän. Heldenlieder, Balladen und Märchen. Übers. W. C. Grimm. Heidelberg 1811. – [7] Baron Munchausen's Narrative of his marvellous Travels and Campaigns in Russia. Ox. 1786 (recte 1785). – [8] M-h-s-nsche Geschichten. In: Vade mecum für lustige Leute. B. 1781 (16 Geschichten, zwei weitere folgen ibid. 1783).

Ausg.n: Gedichte. Göttingen 1778. – Gedichte 1–2. Göttingen ^{2}1789. – Gedichte 1–2. Kritisch durchgesehene und erläuterte Ausg. ed. E. Consentius. B./Lpz./Wien/Stg. ^{2}[1914]. – Wunderbare Reisen zu Wasser und Lande, Feldzüge und lustige Abentheuer des Freyherrn von Münchhausen [. . .]. L. [recte Göttingen] 1786. – Sämmtliche Schr. 1–4. ed. K. Reinhard. Göttingen 1796–1802. – Sämmtliche Werke 1–7. ed. K. von Reinhard B. 1823–24 (Suppl.-Bd 1826). – Briefe von und an G. A. Bürger [. . .] 1–4. ed. A. Strodtmann. B. 1874.

Biogr.n: ADB 3 (1876) 595–600 (H. Hettner). – NDB 2 (1955) 744–746 (K. Schreinert). – Döring, H.: G. A. Bürger's Leben [. . .]. B. 1826 (= Suppl.-Bd zur siebenbändigen Gesamtausg.). – Wurzbach, W. von: G. A. Bürger [. . .]. Lpz. 1900.

Lit.: Vollständige Bibliogr. bis 1916 in: Goedeke 4,1 (1916) 988–1022. – Peveling, A.: B.s Beziehungen zu Herder. (Diss. Münster 1917) Weimar 1917. – Kaim-Kloock, L.: G. A. Bürger. Zum Problem der Volkstümlichkeit in der Lyrik. B. 1963. – Kluge, G.: B. In: Dt. Dichter des 18. Jh.s. ed. B. von Wiese. B. 1977, 594–618.

Wuppertal Jürg Mathes

Bürgermeisterwahl (AaTh 1268*, 1675*, 1861*). Seit dem 13. Jh. sind das Amt eines Bürgermeisters (mlat. burgimagister) und die Institution eines Rats in europ. Städten, später auch in ländlichen Gemeinden, belegt. Der Bürgermeister als oberster Verwaltungsbeamter wurde (wie auch der Rat) in mehr oder minder freier Wahl auf Zeit gewählt: häufig ein Kompromißkandidat sozia !einflußreicher Gruppen wie der Kaufleute oder patrizischer Geschlechter (später auch der Handwerker). Die mitunter labile Position des Gewählten sowie der gewiß nicht vereinzelt anzutreffende Amtsmißbrauch zu eigener und fremder Bereicherung – G. P. Hönns *Betrugs-Lexicon* von 1721 nennt unter dem Lemma Burgemeister allein 15 Betrugsarten[1] – mögen das negative Bild des Bürgermeisters beeinflußt haben, wie es in neuzeitlichen Schwanksammlungen und in Erzählungen des 19. und 20. Jh.s begegnet. In diesem Zusammenhang lassen sich vier unterschiedlich verbreitete Redaktionen ausmachen, welche einerseits die Zufälligkeit der Wahl karikieren und andererseits den Kandidaten herabwürdigen.

(1) In der beliebten Schwanksammlung *Die Schiltbürger* (Misnopotamia [i. e. Ffm.] 1598 [recte 1597] cap. 17) bringen die Bürgermeisteranwärter bei der Vorstellung einen holprigen Zweizeiler (etwa: „Man sagt ich hab ein letzen Kopf, Und sey ein arger loser schelm") nicht zusammen. Nur der Schweinehirt, am Ende der Berufsskala stehend, ist schlagfertig genug und macht aus dem mißlungenen Zweizeiler auf den Einwand der Wahlberechtigten hin, das sei ja kein Reim, einen alternierenden Vierzeiler. Dieser Schwank ist im 19. Jh. für das schwäb. Derendingen belegt und auch sonst in Umlauf gewesen[2].

Weit größere Verbreitung hat eine gleichfalls für das 16. Jh. nachzuweisende Erzählung gefunden, die, ausgehend von Johann → Fischarts Verssatire *Flöh Hatz Weiber Tratz* (Straßburg 1573 und öfter), in Schwanksammlungen des 17. und 18. Jh.s aufgenommen[3], möglicherweise durch Einwanderer nach Polen[4] und in die Ukraine[5] gelangte und mehrfach in neueren dt.sprachigen Sammlungen enthalten ist[6]. Die Nähe zu den → Schildbürgerstreichen ist unverkennbar. Dem kurzen Schwank (manchmal breiter ausgemalt) liegt folgendes Schema zugrunde: (2) Bei der B. müssen alle Bewerber ihre Bärte auf den Tisch legen. Eine (Kopf-)Laus wird in die Mitte des Tisches gesetzt. Gewählt ist derjenige, dem sie in den Bart kriecht. Hier ist nicht nur der Wahlvorgang, sondern vor allem der Gewählte selbst abgestempelt, weil die → Laus stets den schmutzigsten Kopf als Brut- und Aufenthaltsstätte wählt. In der 1899 aufgezeichneten ukr. Variante wird die jüd. Minderheit (ohnehin nicht wahlberechtigt) zusätzlich diskriminiert[7]: Der Gewählte und die Kandidaten suchen Exkremente eines Judenkindes, stecken ihren Stock hinein und murmeln: „So wird es sein". Der Gewählte beschwört auf diese Weise gleichfalls den Wahlakt und wirft dabei den ‚Dreck' mit seinem Stock auseinander. Eine österr. Variante[8] erklärt, wie die steiermärk. Predinger zu ihrem Namen ‚Kürbisburger' gekommen sind: In die Mitte des Beratungstisches wurde eine Schüssel mit Grießbrei gestellt, darüber ein Kürbis gehängt und die Schnur abgeschnitten, nachdem alle Bürgermeisterkandidaten Platz genommen hatten. Die B. hatte gewonnen, wer die meisten Grießspritzer abbekommen hatte.

Mit Recht hat J. Krzyżanowski die poln. Varianten zu AaTh 1268* gestellt, wo S. Thompson – zwar ohne Erwähnung der B. durch Insekt – eine in ihrer Funktion ähnlich schwankhafte Erzählung aus den regionalen Schildas aufführt, die offenbar neueren Ursprungs ist und bisher in frz.[9] und dt.[10] Fassungen vorliegt. (3) Nach der in Deutschland bekannten Version müssen sich die Frauen der Kandidaten entblößen und ihren Kopf ins Heu stecken. Wer seine Frau von der Rückseite erkennt, hat gewonnen. Die recht sonderbaren Wahlmethoden werden noch dadurch unterstrichen, daß der Mann (Nachtwächter, Schweinehirt) seine Frau an den roten Striemen erkennt, die er ihr tags zuvor verpaßt hat, oder an ihren roten Haaren. Die absurde Handlung (cf. → Absurdität) weist – in den Aufzeichnungen aus dem 19. Jh. – den Männern den Part des Handelnden zu, während in den neueren Fassungen die Situation umgekehrt ist. Die lächerliche Preisgabe des nackten Körpers wird in einer waldeck. Version noch verstärkt, wo die Frau ihren Mann an den grünen Suppenresten identifiziert, die an seinem → Arsch kleben. Vollends auf die Spitze getrieben erscheint die B., wenn der Esel des Oberamtmannes den Ortsvorsteher kürt: Alle Bewerber stellen sich mit umgehängtem Heubündel im Kreis auf, und der Esel bestimmt den Auserwählten durch Fressen des Heubündels[11]. Einer solchen B. zuzurechnen sind auch wallon. Schwänke, die G. Laport (num. 1675 A*) und danach

Thompson (AaTh 1675*) unsinnigerweise zu dem Typ → *Ochse als Bürgermeister* (AaTh 1675) gestellt haben: (4) Wer bei einem Wettlauf als erster die Ziellinie überquert, erhält das Bürgermeisteramt. Ein Kalb läuft zufällig über die vereinbarte Linie und siegt.

Neben der B. ist traditionell die Amtsperson selbst dem Spott ausgesetzt:

Der Bürgermeister ärgert sich, daß er nicht mit seinem Titel angeredet und in alkoholisiertem Zustand ein Schweinehirt geschimpft wird[12]; er trägt einen Küraß, damit die anderen vor ihm und er vor ihnen sicher ist[13]; auf die präzise Frage im Bad, ob ihm schon sein Kopf gewaschen sei, bleibt er die Antwort schuldig: er habe als Bürgermeister an andere Dinge zu denken[14]; nach der Wahl weint seine Frau: Nun wisse bald die ganze Gemeinde, wie dumm ihr Mann sei[15]; in einem lothring. Schwank läßt der neue Bürgermeister bekanntmachen: Holz werde versteigert, regnete es nachmittags, fände die Auktion schon am Vormittag statt[16].

Zu diesem Umfeld zählt auch der nicht nur in Finnland (AaTh 1861*: *Keep your Seats*!), sondern ebenso in Mitteleuropa[17] bekannte Typ, wonach die Frau des frisch gewählten Bürgermeisters (der Bürgermeister selbst) in ihrem neuen Mantel am nächsten Sonntag den Gottesdienst besucht. Sie merkt nicht, daß die Predigt längst begonnen hat und ruft den sich zum Evangelium erhobenen Leuten zu: „Bleibt nur sitzen! Ich weiß wohl, daß ich auch arm war". Einige Varianten haben den Schwank auf einen Studenten übertragen, der, vor das akademische Konsistorium geladen, die Professoren stehen sieht und ihnen zuruft, sie sollten sitzen bleiben, er habe Platz genug an der Tür[17]. Bemerkenswerterweise sind solche Schwänke in kleinen Landgemeinden angesiedelt, in denen der Heraushebung einzelner qua Amt infolge der Sozialstruktur bes. Bedeutung zukommt. Die intendierte soziale Kritik vor allem am dünkelhaften Gebaren so mancher Stelleninhaber und ihrer Ehefrauen dürfte das Entstehen solcher Erzählungen begünstigt haben. Angesichts der wenigen bisher bekannten Materialien scheinen weitergehende Aussagen verfrüht.

[1] Hönn, G. P.: Betrugs-Lexicon [...]. Coburg [2]1721, 91–93. – [2] Meier, E.: Dt. Volksmärchen aus Schwaben. Stg. 1852 (Nachdr. Hildesheim/N. Y. 1971) num. 9. – [3] Texte im EM-Archiv (mit num.): Wohlgemuth, Haupt-Pillen 1669 (14. 283); Jasander, Historien-Schreiber 1780 (10. 951); Neuhaus, W.: Sagen und Schwänke aus dem Kreise Hersfeld und den angrenzenden Gebieten. Bad Hersfeld [3]s. a., 97sq. (nach einer in der Landesbibl. Kassel aufbewahrten Hs. von 1675). – [4] Lück, K.: Der Mythos vom Dt. Lpz. 1943, 244; Krzyżanowski, num. 1268* führt fünf Varianten aus dem 19./20. Jh. auf. – [5] Hnatjuk, V.: Das Geschlechtleben des ukr. Bauernvolkes in Österreich-Ungarn 2. Lpz. 1912, num. 12. – [6] z. B. Merkens, H.: Was sich das Volk erzählt 2. Jena [2][1895] num. 25 und p. 182; fünf weitere Varianten im EM-Archiv. – [7] Hnatjuk (wie not. 5). – [8] Lang-Reitstätter, M.: Lachendes Österreich. Salzburg [2]1948, 122. – [9] Mél. 2 (1884/85) 422; Joisten, C.: Contes populaires du Dauphiné 2. Grenoble 1971, num. 194 (Die Schweine der Kandidaten rennen einer den Berg hinabrollenden Kartoffel nach). – [10] Kuhn, A./Schwartz, W.: Norddt. Sagen, Märchen und Gebräuche. Lpz. 1848, num. 39, 5; Hauffen, A.: Die dt. Sprachinsel Gottschee. Graz 1895, 117; Müller, J.: Rhein. Schilda. In: Zs. des Vereins für rhein. und westfäl. Vk. 1 (1904) 250–283, hier 274; Dittmaier, H.: Sagen, Märchen und Schwänke von der unteren Sieg. Bonn 1950, 163; Merkelbach-Pinck, A.: Aus der Lothringer Meistube 1. Kassel [1943] 93; Grüner, G.: Waldeck. Volkserzählungen. Marburg 1964, num. 576. –
[11] Kapfhammer, G. (ed.): Bayer. Schwänke. Düsseldorf/Köln 1974, 114. – [12] Bebel/Wesselski 1, num. 29; Jakob Freys Gartengesellschaft (1556). ed. J. Bolte. Tübingen 1896, num. 52; Kirchhof, Wendunmuth 1, num. 159; EM-Archiv: Lyrum larum lyrissimum 1700 (15. 761). – [13] Kirchhof, Wendunmuth 1, num. 153; EM-Archiv: Zinkgref-Weidner 1653 (920). – [14] Bebel/Wesselski 1, num. 30; Jakob Freys Gartengesellschaft (wie not. 12) num. 53; Kirchhof, Wendunmuth 1, num. 160; cf. EM-Archiv: (Lehmann) Exilium melancholiae 1643 (54), Zinkgref-Weidner 1655 (1803). – [15] Lang-Reitstätter (wie not. 8). – [16] Merkelbach-Pinck (wie not. 10). – [17] Bebel/Wesselski 2, num. 119 (mit zahlreichen Nachweisen); EM-Archiv: Zinkgref-Weidner 1655 (1804), Scheer-Geiger 1673 (8494); Kruse, H.: Wat sik dat Volk vertellt. Rendsburg 1953, 116; Merkelbach-Pinck (wie not. 10) 122 (einzige Kontamination mit AaTh 1268*); Jungbauer, G.: Das lustige Buch. Karlsbad-Drahowitz 1936, num. 104 = Pácalt, M.: Veselé historky slovenské. Bratislava 1932, 25; Lang-Reitstätter (wie not. 8) 151; ZfVk. 16 (1906) 294, num. 31 (Vorarlberg). – [17] EM-Archiv: Zinkgref, Facetiae pennalium 1618 (6435), (Lehmann) Exilium melancholiae 1643 (154), J. P. de Memel 1656 (5988), Hilarius Salustius 1717 (17. 520).

Göttingen Hans-Jörg Uther

Bürgschaft. Die Erzählung von der B., ein erster literar. Beleg für die Institution B. findet sich bereits bei Homer (*Odyssee* 8, 344–359), war im Altertum weit verbreitet.

Ein Mann gerät in Verdacht, sich gegen den König verschworen (einen Mord begangen oder gegen die Sitte des Landes verstoßen) zu haben und wird zum Tode verurteilt. Er bittet um eine Frist, sein Vermögen für die Seinigen sichern zu dürfen. Der König fordert, daß für den Abwesenden jemand mit seinem eigenen Leben einstehen soll. Ein Freund des Mannes (ein dem Verurteilten Fremder) bietet diese B. Als der Bürge nach Ablauf der Frist getötet werden soll, kehrt der andere zurück. Der König bittet die beiden, ihn als dritten in ihren Freundschaftsbund aufzunehmen (hebt das Urteil auf).

Die älteste Fassung dieser Erzählung scheint im *Leben des Pythagoras* des Aristoxenos (4. Jh. v. u. Z.) enthalten gewesen zu sein, der in den gleichnamigen Werken des Jamblichos (ca 250–325) und des Porphyrios (223–304) zitiert wird[1]. Danach hat der Tyrann von Syrakus, Dionysios d. J. (367–343), als er nach seiner Vertreibung als Schullehrer in Korinth lebte, Aristoxenos selbst sein Erlebnis mit dem pythagoreischen Freundespaar Damon und Phinthias erzählt:

Um die Freundschaft der beiden Pythagoreer auf die Probe zu stellen, bezichtigen die Höflinge des Dionysios Phinthias des geplanten Mordes an ihrem Herrscher. Der Unschuldige wird zum Tode verurteilt, ihm aber zugleich eine Frist gewährt und Damon als Bürge bestellt. Die Rückkehr Phinthias' wird nur kurz und schlicht dargestellt. Als Dionysios sie bittet, ihn als Dritten im Bunde aufzunehmen, weisen sie ihn ab.

Bei Cicero, der die Geschichte in seinen 45 und 44 v. u. Z. verfaßten Schriften *Tusculanae disputationes* (5,22) und *De officiis* (3,10) berichtet, fehlt die ablehnende Schlußantwort.

Bei Diodor von Sizilien (1. Jh. v. u. Z.) wird Phinthias zum Tode verurteilt, weil er tatsächlich plante, den König zu ermorden. Seine Rückkehr zur Auslösung Damons erfolgt erst im letzten Augenblick[2]. Auch Valerius Maximus (1. Jh. n. u. Z.)[3], Polyainos (2. Jh. n. u. Z.)[4] und Hyginus kennen die B.serzählung mit dem geplanten Tyrannenmord; in Hyginus' *Fabulae* (num. 257), der Vorlage für Schillers Ballade *Die Bürgschaft* (1798), heißt das Freundespaar Mœrus und Selinuntius, bei Polyainos Euephen und Eukrit.

A. Abeles sieht den Grund für die Verbreitung dieser Erzählung darin, daß die Urform der B. im babylon. wie im röm. Recht die Geiselschaft war, die den Bürgen nicht neben dem Hauptverpflichteten, sondern statt seiner mit Leib und Leben haften ließ[5], was gegebenenfalls die Hingabe des Bürgen für den B.nehmer erforderte (cf. → Archaische Züge im Märchen). Die allg. Bewunderung für Bürgen und B.nehmer führte zur Weiterbildung und literar. Vertiefung des B.sstoffes, so daß er in der Lit. des Altertums und des abendländ. MA.s wie auch im Orient begegnet.

In der Exempelliteratur hat sich der klassische Damon-und-Phinthias-Stoff erhalten, verbreitet vor allem durch die *Legenda aurea* des Jacobus de Voragine[6] und die *Gesta Romanorum* (cap. 108). In den *Gesta* sind aus dem pythagoreischen Freundespaar zwei Straßenräuber geworden, die ihr Versprechen, daß keiner den anderen in der Not verlassen solle, auch in Todesgefahr halten und deshalb vom Kaiser begnadigt werden. Der gleiche Stoff findet sich bes. in den im 13.–15. Jh. entstandenen *Schachzabelbüchern* Heinrichs von Beringen (V. 5.122–6.083), Kunrats von Ammenhausen (V. 12.385–12.609), des Pfarrers zu dem Hechte (Kap. 3, V. 280–364), Meister Stephans (V. 3.187–3.314), Jakob Mennels u. a.[7], denen das in lat. Prosa verfaßte *Ludus scacorum* des ital. Dominikaners Jacobus de Cessolis zugrunde lag.

In der jüd. Version wird einer von zwei befreundeten Kaufleuten beschuldigt, für ein anderes Land als Kundschafter zu dienen, und zum Tode verurteilt. Der andere bürgt für ihn, doch als der B.nehmer zurückkehrt, will sein Freund für ihn sterben. Beide ringen um das Schwert, das einem von ihnen das Leben nehmen soll. Angesichts solcher Freundestreue hebt der König das Urteil auf[8]. Dazu soll bemerkt werden, daß das Motiv *Friends offer to die for each other* (Mot. P 315) auch in der Erzählung *Vom vollkommenen Freunde* vorkommt, die von Petrus Alphonsi in seiner *Disciplina clericalis* berichtet wird. B. Heller wies im HDM[9] darauf hin und stellte die Erzählung über die Freundschaft der über die B. gegenüber (cf. → Freundschaftssagen). Daß es sich tatsächlich um zwei verschiedene Erzählungen handelt, bestätigen die oriental. Fassungen des B.sstoffes, in denen sich nämlich Bürger und B.nehmer vollkommen fremd sind und der tiefe Glaube des die B. Übernehmenden an Gott und den Menschen betont wird. Die Erzählung ist in arab. Ländern weit verbreitet und wird noch heute überliefert[10]:

Am Unglückstage des Landes (entweder: dem 'bösen Gott' gewidmet, dem jeder, der vor dem König erscheint, geopfert wird; oder: Wiederkehr des Tages, an dem der König, seiner Sinne beraubt, seine Freunde ermordete) kommt ein Mann vor den König und wird zum Tode verurteilt. Der Wesir des Königs, der den Verurteilten zuvor noch nie gesehen hat, ist bereit, für ihn zu bürgen. Der B.nehmer kehrt in der Frist zurück, und der Herrscher hebt den Unglückstag und die damit verbundenen Opfer auf[11].

In der anderen Version handelt es sich bei dem Verurteilten um einen jungen Beduinen, der beschuldigt wird, einen Mann erschlagen zu haben[12].

Es läßt sich nicht entscheiden, ob das Motiv der B. und seine literar. Ausformungen auf einer wahren Begebenheit beruhen, denn einerseits ist in der arab. Redaktion der Bürge dem B.nehmer unbekannt, andererseits aber scheint es, daß die Dramatisierung der B. auf einem uralten Stammes- oder Sippengesetz beruht, nach dem einer für alle Mitglieder des Stammes oder der Sippe haftete. Spuren dieses Gesetzes finden sich im A.T. (Gen. 42,43) und in der Lit. des Midrasch[13].

[1] Jamblichos, De vita pythagorica 33, 234–236; Porphyrios, De vita Pythagorae 59–61. – [2] Diodoros, Bibliothēkēs historikēs 10, 4, 1–6. – [3] Valerius Maximus, Memorabilia 4, 7, 1. – [4] Polyainos, Stratēgēmata 5, 2, 22. – [5] Abeles, A.: Die B. als Motiv in der jüd. Lit. In: Mschr. für Geschichte und Wiss. des Judentums 60. N.F. 24 (1916) 213–226, 263–278, hier 220sq.; cf. Partsch, J.: Griech. B.srecht. 1: Das Recht des altgriech. Gemeindestaats. Lpz./B. 1909. – [6] Jacobus a Voragine: Legenda aurea. ed. T. Graesse. Osnabrück (Nachdr. der 3. Aufl. 1890) 1965, 273–277 (De virgine quadam Antiochena). – [7] v. Vetter, F. (ed.): Neue Mittheilungen aus Konrads von Ammenhausen Schachzabelbuch. 1: Die B. Aarau 1877, 3–8 (mit Auszügen aus den Texten der genannten Autoren). – [8] Gaster, num. 419; cf. BP 4, 352sq.; Bin Gorion, M. J.: Der Born Judas 4. Lpz. [1919] 20–22, 274. – [9] Heller, B.: B. In: HDM 1, 350sq. – [10] v. Jason 893*A; Cheichel, E.: A Tale for Each Month 1967. Haifa 1968, 62, num. 5; cf. auch Arājs, K. / Medne, A.: Latviešu pasaku tipu rādītājs. Rīga 1977, num. *893*. –
[11] Basset 2, 293–296, num. 52; Chauvin 3, 124, num. 113; 5, 215, num. 124; Spies, O.: Arab. Stoffe in der Disciplina clericalis. In: Rhein. Jb. für Vk. 21 (1973) 170–199, hier 176sq.; Weisweiler, M.: Arab. Märchen 2. MdW 1966, 62–64, num. 17; Narciss. C. (ed.): Märchen und Geschichten aus dem Morgenland. Ffm./Hbg 1966, 41–43; Erzählgut des 17./18. Jh.s im Archiv der EM (mit nachgestellter Archiv-num.): Bienenkorb 9, 1772 (12.796). – [12] 1001 Nacht 3, 512–518; Chauvin 5, 216, num. 125; Hanauer, J. E.: Folk-Lore of the Holy Land. Moslem, Christian and Jewish. L. (1907) [2]1935, 126–129. – [13] Ginzberg 2, 86–88.

Haifa Elisheva Schoenfeld

Burjäten, eine zu den mongol.sprachigen Völkern gehörige Gruppe in der Burjät. Autonomen Republik der UdSSR und in burjät. Nationalkreisen der Gebiete von Irkutsk und Čitinsk innerhalb der Russ. Sozialistischen Föderativen Sowjetrepublik (nach der Volkszählung von 1970: 315.000), außerdem in der Mongol. Volksrepublik (mehr als 30.000).

Ihre orale Volksüberlieferung umfaßt Heldenepen (darunter die *Gėsėriada*), Mythen, Legenden, Sagen, Sprichwörter, Redensarten, Rätsel, Segenssprüche und Märchen (ontochonuud). Die Träger der Märchen, die ‚ontochošonuud', kamen aus den unteren Volksschichten, wie auch das Sprichwort „unšen chun ul'gėršė, ubėėtėj chun duuša" (Die Waisen sind Erzähler über Helden, die Armen sind Sänger) demonstriert. Die burjät. Märchen lassen sich in Tier-, Zauber- und Alltagsmärchen einteilen. Der Typenanzahl und dem Verbreitungsgrad nach dominieren die Alltags- oder realistischen Märchen, gefolgt von Zauber- und Tiermärchen. Bei den B. war das Märchenerzählen nicht nur eine Angelegenheit von professionellen

Erzählern, wie bei anderen sibir. Völkern, sondern wurde auch von Amateuren ausgeübt. Dies führte zu einer weiten Verbreitung und zu einem bes. Variantenreichtum.

Schon im 18. und 19. Jh. notierten Reisende und Folkloristen burjät. Volkserzählungen, doch leiden die meisten dieser Aufzeichnungen unter einer vorwissenschaftlichen Interpretation. Die ersten wiss., bis heute wertvollen Beobachtungen über das burjät. Märchen, seine Überlieferung, Bildsprache und Trägerschicht stammen von dem Revolutionär und Dekabristen N. A. Bestužev (1854). Ende des 19. Jh.s formierten sich unter Einfluß und mit Unterstützung russ. Wissenschaftler wie G. N. Potanin, A. P. Ščapov, D. M. Klemenc die ersten Sammler und Forscher burjät. Nationalität: M. N. Changalov, C. Ž. Žamcarano, B. Baradin. In russ. Übersetzung erschienen 1889, 1890 und 1903 drei Sammelbände burjät. Märchen, z. T. mit Varianten. Potanin besorgte die mit reichem Vergleichsmaterial versehenen Kommentare, die jedoch – bestimmt von der → Wandertheorie – einige Typen, Motive und Figuren falsch deuten. A. D. Rudnev veröffentlichte 1913/14 die Untersuchung *Chori-burjatskij govor* (Der chori-burjät. Dialekt), die burjät. Märchen im Original mit russ. Übersetzung enthält. Am Anfang des 20. Jh.s sammelte Žamcarano burjät. Märchen (publ. 1913–30) und entdeckte die Erzähler Manšud Ėmegeev, Elbon Šalbagaj, Lazar' Bardachanov. Seine Aufzeichnungen in wiss. Transkription ermöglichten eine äußerst genaue Wiedergabe der Dialekt- und Stilbesonderheiten sowie der Erzähltechnik.

Ein systematisches Sammeln und Erforschen der burjät. Märchen begann erst in der sowjet. Zeit. Das Institut für Gesellschaftswissenschaften der Burjät. Filiale der Sibir. Abteilung der Akad. der Wiss.en der UdSSR (BF SO AN SSSR), heutiges Zentrum burjät. Erzählforschung, gibt eine dreibändige Akad.-Ausgabe burjät. Märchen heraus, von denen bisher zwei Bände (1973/76) mit russ. Parallelübersetzung erschienen sind. Um die Erzählforschung bes. verdient machten sich Professor G. D. Sanžeev, die Schriftsteller und Lehrer C. Namsaraev, A. Šadaev, K. Chadachanė, die Folkloristen A. I. Ulanov, N. O. Šarakšinova, S. S. Bardachanova u. a. Während der alljährlich stattfindenden Exkursionen werden talentierte Märchenerzähler entdeckt, bei denen das Erzählen oft eine alte Familientradition ist.

Die burjät. Tier- und Zaubermärchen, der Herkunft nach die ältesten Märchen, bewahren Spuren animistischer und totemistischer Auffassungen. Davon zeugen die Märchengestalten Ojn ėzėn (Herr des Waldes), Ėrlik chan (Herrscher der Unterwelt), Lusud chan (Herr des Wassers). In anderen Märchen dominiert das Thema der Tier-Mensch-Verwandtschaft, so z. B. in *Baabgain chubuun* (Der Bärensohn, AaTh 301; Barannikova, *Burjatskie narodnye skazki* 1973, 369–374), *Togol chošuuta* (Mißgeburt mit dem Kalbsmaul, AaTh 301; Barannikova 1976, 247–249), *Choredoj-morgon* (Der Held Choredoj, AaTh 400; Changalov 1890, 114–117). Als Verteidiger von Gerechtigkeit und Wahrheit, als Helfer und weiser Ratgeber der Helden tritt oft ein weißbärtiger Greis mit einem Birkenstock als Attribut auf, offensichtlich das Abbild burjät. Sippenältester.

Unter den positiven Märchenfiguren ist der jüngste der Brüder hervorzuheben (z. B. Muchuruuchaj buchu, Jakšy sagaan bator, der jüngste Sohn von Chulmad mėrgėn). Seine Stellung spiegelt das lange Zeit bei den B. herrschende Jüngstenrecht wider. Der Jüngste erbte das Eigentum, speziell die Feuerstelle der Familie (gulamta), weil Feuer für den Steppennomaden lebensnotwendig war. Mit der gesellschaftlichen Weiterentwicklung änderte sich das Bild des Jüngsten, er vertritt nun die Interessen der Armen, der sozial Beraubten (cf. auch → Askeladden, → Jüngste, Jüngster).

Lieblingsfiguren burjät. Märchen sind stets findige, gerechte, tapfere und siegreiche Helden wie Altan Šagaj, Borsogoldoj, Altan Chajša. Sympathie wird auch den kleinen Helden entgegengebracht, dem Jungen mit dem winzig kleinen Finger, dem kleinen Ohr oder der kleinen Laus. Sie erscheinen zunächst als häßlich und dumm, enthüllen dann aber ihr eigentliches Wesen: Klugheit, Scharfsinnigkeit, hohe moralische Qualitäten (cf. auch → Dümmling). Der Märchenzyklus über die ‚mėrgėnuud' und ‚batornuud' (Helden, Recken) führt genetisch zum Heldenepos (uliger) zurück. Davon zeugen nicht nur die gemeinsamen Namen der Haupthelden, sondern auch das Auftreten des epischen Ėsėgė Malan tėngėri, der höchsten Schamanengottheit. Die aus dem Epos übernommenen Elemente wurden jedoch vollständig den Stilgesetzen des Märchens unterworfen, z. B. in dem Märchen *Baatar Čono Galdan, der Sohn des Bajan Dorži* (Poppe 1934, 119sq.), das den Prototyp des russ. Märchens *Konek gorbunok* (Das bucklige Pferdchen, AaTh 531) darstellt.

Die später als Zauber- und Tiermärchen entstandenen Alltags- oder realistischen Märchen weisen scharfe satirische Züge auf und sind bestimmt durch den Protest gegen soziale Ungerechtigkeit und die Entlarvung grausamer Khane, hinterlistiger Schamanen und Lamas. Die Haupthelden, Vertreter der unteren Volksschichten (Budamšu, Balan-Sėngė, der kühne Held Njaa Njaa), sind ihren Gegnern moralisch überlegen, was sich als Unterpfand ihrer Erfolge im Kampf gegen diese erweist.

Im Typenrepertoire der B. finden sich Märchen mongol. und ind. Ursprungs (cf. → *Pañcatantra*, *Šėditė chėgur* [Der zauberische Tote], *Ul'gėrun dalaj* [Meer der Erzählungen], → *Ardschi Bordschi*), die bereits in altmongol. Schriftdenkmälern belegt sind. Bei der Übernahme in die orale Überlieferung haben die Märchen burjät. Nationalkolorit angenommen. Die religiösen Elemente wurden meist durch soziale Bezüge verdrängt. So z. B. ist das Märchen *Jandarman Chan* (Poppe 1931, 189) eine kurze Wiedererzählung der ind. Sage von Raja Bhoja, die einen Teil des *Siṃhāsanadvācriṃśikā* (→ *Vikramacarita*) darstellt. Ein anderes Märchen über einen trägen Mann (Poppe 1936, 35), der – von den Umständen gezwungen – sich für einen Zauberer ausgibt, den Goldring der Prinzessin findet und vom König belohnt wird, ist mit einer Erzählung in der ind. → *Vetālapañcaviṃśatikā* identisch.

Lit. allg.: Istorija Burjat-Mongol'skoj ASSR 1 (Geschichte der Burjät.-Mongol. ASSR). Ulan-Udė [2]1954. – Istorija Burjatskoj ASSR 2 (Geschichte der Burjät. ASSR). Ulan-Udė 1959. – Očerki istorii kul'tury Burjatii 1–2 (Abriß der Kulturgeschichte Burjätiens). Ulan-Udė 1972/74.

Lit. zur Erzählforschung: Gmelin, J. G.: Reise durch Sibirien [. . .]. 3. Göttingen 1751–52. – Bestužev, N. A.: Gusinoe ozero (Der Gänsesee). In: Vestnik estestvennych nauk 1–30 (1854) (= Dekabristy o Burjatii. ed. V. B. Bachaev. Ulan-Udė 1975, 63–132). – Castrén, M. A.: Versuch einer burjät. Sprachlehre [. . .]. ed. A. Schiefner. St. Petersburg 1857. – Gomboev, G.: Ardži Burdži. In: Obščezanimatel'nyj vestnik 1 (1858) 4. – Potanin, G. N.: Tangutsko-tibetskaja okraina Kitaja i Central'naja Mongolija 2 (Das tangut.-tibet. Grenzgebiet Chinas und die Zentralmongolei). St. Peterburg 1893. – Changalov, M. N./Zatopljaev, N. I.: Burjatskija skazki i pover'ja (Märchen und Volksglaube der B.). (Zapiski Vostočno-sibirskogo otdela Imperatorskogo Russkogo geografičeskogo obščestva [= VSORGO] po otdelu ėtnografii 1, 1). Irkutsk 1889. – Changalov, M. N.: Skazanija burjat, zapisannye raznymi sobirateljami (Erzählungen der B., aufgezeichnet von verschiedenen Sammlern). (Zapiski VSORGO po otdelu ėtnografii 1, 2). Irkutsk 1890. – Smolev, Ja. S.: Burjatskie skazki i legendy (Burjät. Märchen und Legenden). In: Trudy Troickosavsko-Kjachtinskogo otdelenija Priamurskogo otdela Imperatorskogo Russkogo geografičeskogo obščestva [= T.-K. ORGO]. t. 3, 1: Irkutsk 1902, 78–93, 101–103; t. 4, 1: Irkutsk 1902, 42–62; t. 4, 2: M. 1902, 95–108; t. 6, 1: St. Peterburg 1903, 56–64; t. 6, 2: St. Peterburg 1903, 61–85. – Changalov, M. N.: Balaganskij sbornik (Balagansker Sammelband). (Trudy VSORGO 5). Tomsk 1903. – Rudnev, A. D.: Bargu-burjatskaja skazka (Bargu-burjät. Märchen). In: Trudy T.-K. ORGO 3, 2–3. Irkutsk 1902, 53–62. – Šaraid, C. Ž.: Burjatskaja skazka o tom, kak russkij Fomka nadul dvuch popov (Das burjät. Märchen vom Russen Fomka, der zwei Popen betrog). In: Živaja starina 15, 2 (1906) 115–117. – Rudnev, A. D.: Carevna-bezručka (Die Zarentochter ohne Hände). In: Živaja starina 21 (1912) 437–448. – Vladimircov, B. Ja.: Bibliografija mongol'skoj skazki (Bibliogr. mongol. Märchen). In: Živaja starina 21, 2–4 (1912) 521–528. – Rudnev, A. D.: Choriburjatskij govor 1–3 (Der chori-burjät. Dialekt). St. Peterburg 1913–14. – Žamcarano, C. Ž.:

Proizvedenija narodnoj slovesnosti Burjat (Werke der Volkslit. der B.). ed. A. D. Rudnev/B. Ja. Vladimircov (Obrazcy narodnoj slovesnosti mongol'skich plemen 1, 1–3; 2, 1). Len. 1913–30.– Dubrovskij, K. V.: Sibirskie skazkie (Sibir. Märchen). M. 1923. – Vladimircov, B. Ja.: Mongolo-ojratskij geroičeskij ėpos (Mongol.-oirat. Heldenepos). M./Petrograd 1923. – id.: Mongol'skij sbornik rasskazov iz Pančatantra (Mongol. Sammelband von Erzählungen aus dem Pañcatantra). Len. 1925. – Poppe, N. N.: Alarskij govor 2 (Alar. Dialekt). Len. 1931. – id.: Jazyk i kolchoznaja poėzija burjat-mongolov Selenginskogo ajmaka (Sprache und Kolchosenpoesie der burjät. Mongolen aus dem Selenginer Gebiet). Len. 1934. – id.: Burjat-mongol'skij fol'klornyj i dialektologičeskij sbornik (Burjät.-mongol. Folklore- und Dialektologiesammelband). M./Len. 1936 (in burjät. Sprache). – Azadovskij, M. K.: Skazočnik Tunkinskoj doliny. Skazki Magaja (Ein Märchenerzähler des Tunkinsker Tales. Märchen des Magaj). M. 1940. – Šadaev, A. I.: Burjaad-mongol ul'gėr ba ontochonuudaj sbornik (Sammelband burjät.-mongol. Erzählungen und Märchen). Ulan-Udė 1941. – Petrov, P.: Legendy, skazki (Legenden, Märchen). Aufzeichnung, Übers. R. F. Tugutova. Ulan-Udė 1946. – Šadaev, A. I.: Ontochonuud (Märchen). Ulan-Udė 1946. – Toroev, A. A.: Burjatskie skazki (Burjät. Märchen). Irkutsk 1946. – Šadaev, A. I.: Burjaad-mongol aradaj ontochonuud (Burjät.-mongol. Volksmärchen). Ulan-Udė 1950. – id.: Metkaja strela. Burjat-mongol'skie narodnye skazki (Wohlgezielter Pfeil. Burjät.-mongol. Volksmärchen). Irkutsk 1952. – Šarakšinova, N. O.: K voprosu ob indijsko-burjatskich fol'klornych svjazjach (Zur Frage der ind.–burjät. Beziehungen in der Folklore). In: Bajkal (1965) 3, 152–156. – Šadaev, A. I.: Volšebnyj kamen'. Skazki (Der Zauberstein. Märchen). Ulan-Udė 1959. – Šarakšinova, N. O.: Burjatskij fol'klor (Burjät. Folklore). Irkutsk 1959 (Bibliogr. p. 221–226). – Baldaev, S. P.: Burjaad aradaj aman zocheoloj tuubėri (Das mündliche poetische Volksschaffen der B.). Ulan-Udė 1960. – Barannikova, E. V.: Burjatskaja satiričeskaja skazka (Das burjät. satirische Märchen). Ulan-Udė 1963. – Toroev, A. A.: Ontochonuud (Märchen). Ulan-Udė 1963. – Barannikova, E. V.: Ljubimye geroi burjatskich volšebnych skazok (Die Lieblingshelden der burjät. Zaubermärchen). In: Ėstetičeskie osobennosti fol'klora. Doklady konferencii (5.–10. 7. 1968). ed. L. E. Ėliasov. Ulan-Udė 1969, 64–71. – Bardachanova, S. S.: O nekotorych obrazach životnych v fol'klore burjat (Über einige Tiergestalten in der Folklore der B.) (Trudy Burjatskogo filiala sibirskogo otdelenija Akademii nauk SSSR 14). Ulan-Udė 1970. – Barannikova, E. V.: Simvolika belogo cveta v burjatskich skazkach (Die Symbolik der weißen Farbe in burjät. Märchen). In: Filologičeskie zapiski instituta obščestvennych nauk Burjatskogo filiala Sibirskogo otdelenija AN SSSR 19 (1973) 103–118. – Burjatskie narodnye skazki (Burjät. Volksmärchen). ed. E. V. Barannikova. 1: Volšebno-fantastičeskie skazki (Phantastische Zaubermärchen). Ulan-Udė 1973; 2: Volšebno-fantastičeskie skazki i skazki o životnych (Phantastische Zaubermärchen und Märchen über Tiere). Ulan-Udė 1976 (in burjät. und russ. Sprache). – Bardachanova, S. S.: Burjatskie skazki o životnych (Burjät. Tiermärchen). Ulan-Udė 1974. – ead.: Elementy magii v skazkach (Magische Elemente in Märchen). In: Burjatskij fol'klor. Sbornik statej. ed. A. I. Ulanov/L. D. Šagdarov. Ulan-Udė 1975, 55–59.

Ulan-Udė Elizaveta V. Barannikova

Bürde → Unibos

Burma → Birma

Burton, Robert → Kompilationsliteratur

Busch, Wilhelm, *Wiedensahl (bei Hannover) 15. 4. 1832, † Mechtshausen (Harz) 9. 1. 1908, Dichter, Zeichner und Maler. 1847–51 Maschinenbaustudium in Hannover, danach Kunststudium in Düsseldorf, Antwerpen und München. Von 1859 bis 1871 war B. Mitarbeiter der *Fliegenden Blätter* und *Münchener Bilderbogen* (→ Bildquellen, -zeugnisse). *Max und Moritz* (Mü. 1865) begründete B.s Ruhm. In hohen Auflagen weltweit verbreitet, gehört es bis heute zu den klassischen → Kinderbüchern und ist direktes Vorbild der modernen Bildstreifengeschichten gewesen (→ Comics). Seine Bildergeschichten wie *Die fromme Helene* (Heidelberg 1872), *Abenteuer eines Junggesellen* (Heidelberg 1875), *Herr und Frau Knopp* (Heidelberg 1876), *Julchen* (Heidelberg 1877), *Fipps der Affe* (Heidelberg 1879) und *Plisch und Plum* (Heidelberg 1882) zeigen vielseitig B.s Humor und Witz, aber auch satirisch-zeitkritische Züge. Viele seiner einprägsamen Reimpaare wurden schnell sprichwörtlich.

Schon in seiner Kindheit hatte B. eine große Liebe zum Märchen entwickelt. „Gesangbuchverse, biblische Geschichten und eine Auswahl der Märchen von Andersen waren meine früheste Lektüre [...]. Meine Studien theilten sich naturgemäß in beliebte und unbeliebte. Zu den ersteren rechne ich Märchenlesen [...]", schrieb B. später[1].

Zwischen 1853 und 1856 sammelte B. in seiner niedersächs. Heimat Märchen, Sagen, Schwänke, Lieder u. a. Überlieferungen. Über seine Sammlung, Gewährsleute und die Umstände seiner Aufzeichnungen berichtete er in den autobiogr. Zeugnissen[2], im *Korrespondenzbl. des Vereins für ndd. Sprachforschung*[3] und in verschiedenen Briefen[4]. Erst nach seinem Tod erschien die Sammlung unter dem Titel *Ut ôler Welt* (Aus alter Zeit). Die wichtigsten Märchentypen der Slg:

num. 2 = AaTh 307: → *Prinzessin im Sarg.* – num. 3 = Mot. F 372. 1: *Fairies take human midwife to attend fairy woman*; Mot. F 235. 4: *Fairies made visible through use of magic object.* – num. 4 = AaTh 1456: → *Brautproben.* – num. 6 = AaTh 812: → *Rätsel des Teufels.* – num. 7 = AaTh 480: *Das gute und das schlechte* → *Mädchen.* – num. 9 = AaTh 875: *Die kluge* → *Bauerntochter*; AaTh 887: → *Griseldis.* – num. 14 = AaTh 1535: → *Unibos.* – num. 15 = AaTh 301A: *Quest for a Vanished Princess.* – num. 16 = AaTh 1610: → *Teilung von Geschenken und Schlägen.* – num. 18 = AaTh 885A: → *Scheintote Prinzessin.* – num. 19 = AaTh 927: → *Halslöserätsel.* – num. 20 = AaTh 212: *Die boshafte* → *Ziege.* – num. 21 = AaTh 935: → *Heimkehr des verlorenen Sohnes.* – num. 22 = AaTh 506B: *The Princess Rescued from Robbers;* AaTh 505: → *Dankbarer Toter.* – num. 23 = AaTh 313: → *Magische Flucht.* – num. 24 = AaTh 400: → *Mann auf der Suche nach der verlorenen Frau.* – num. 25 = AaTh 707: *Die drei* → *goldenen Söhne.* – num. 26 = AaTh 1725: → *Ehebruch belauscht.* – num. 28 = AaTh 303: *Die zwei* → *Brüder.* – num. 29 = AaTh 571: → *Klebezauber.* – num. 32 = AaTh 562: → *Geist im blauen Licht.* – num. 33 = AaTh 1540: → *Student aus dem Paradies.* – num. 34 = AaTh 440: → *Froschkönig.* – num. 37 = AaTh 510A: → *Cinderella.* – num. 38 = AaTh 314: → *Goldener.* – num. 39 = AaTh 850: → *Rätselprinzessin.* – num. 40 = AaTh 955: → *Räuberbräutigam.* – num. 41 = AaTh 1360C: *Der alte* → *Hildebrand.*

Verzicht auf ausschmückende Zusätze, eine lebendige Sprache und durchgängige Verwendung epischer Stilmittel der Volksdichtung kennzeichnen B.s Slg und zeigen, daß er die mündliche Überlieferung seiner Erzähler, überwiegend älterer Einwohner von Lüthorst und Wiedensahl, im allg. treu zu bewahren gesucht hat. Dafür sprechen die sorgfältige Ausarbeitung der ersten flüchtigen Aufzeichnungen und eine Reihe aufschlußreicher Randbemerkungen B.s zum Wortlaut seiner Märchen und Sagen. Mehrere Märchen sind in ndd. Mundart aufgezeichnet, andere enthalten ndd. Verse. Die 41 Märchen, 34 Sagen, 23 Volkslieder sowie Kinderreime enthaltende Slg ist als eigenständige Quelle hohen Ranges anzusehen; sie verdiente größere Beachtung als bisher. Eine neue, textkritische Edition unter Einbeziehung der kommentierenden Anmerkungen B.s und seiner Aufzeichnungen zur → Biologie des Erzählguts wäre wünschenswert.

Verschiedene Märchenstoffe wurden auch zeichnerisch gestaltet, so *Dornröschen* (AaTh 410)[5], *Hänschen Däumeling* (AaTh 700)[6], *Schmied und Teufel* (AaTh 330, *Münchener Bilderbogen*, num. 455)[7] und *Hänsel und Gretel*[8] (AaTh 327A; hierzu auch ein Singspiel-Libretto B.s von 1862[9]).

Neben den Bildergeschichten enthalten auch die wenig beachtete Lyrik und Prosadichtung zahlreiche Motive der Volksüberlieferung, der B., fast ständiger Dorfbewohner, bis ins hohe Alter verbunden blieb. Auch in der umfangreichen Briefsammlung ist sein langjähriges Interesse für ndd. Mundart und Volkskunde dokumentiert. Der B.-Forschung widmen sich die W.-B.-Gesellschaft (gegr. 1930) und das W.-B.-Museum in Hannover.

[1] Frankfurter Ztg, num. 283 (10. 10. 1886). – [2] Was mich betrifft. In: Frankfurter Ztg, num. 283 (10. 10. 1886) und num. 336 (2. 12. 1886); Von mir über mich (1893). In: Sämtliche Werke 6. ed. O. Nöldeke. Mü. 1943, 83–89, 203–210. – [3] Jgg. 1899–1903; cf. Pape, W.: W. B. (Slg Metzler 163). Stg. 1977, 22. – [4] cf. Sämtliche Briefe 1–2. ed. F. Bohne. Hannover 1968–69, num. 10, 14, 17, 312, 641, 1305, 1318 und vor allem num. 1334. – [5] In: Was ich ergötzlich fand. Das unbekannte zeichnerische Werk von W. B. ed. F. Bohne. Mü. 1961, 32sq. – [6] Sämtliche Werke 5. ed. O. Nöldeke. Mü. 1943, 210–226. – [7] ibid., t. 2, 310–318. – [8] Bilderposse von 1864 (Entwurf 1863). In: ibid., 423–437. – [9] ibid., t. 1, 121–123.

Ausg.n: Ut ôler Welt, ed. O. Nöldeke. Mü. 1910. – Aus alter Zeit. ed. O. Nöldeke/H. Balzer. Mit Handzeichnungen des Dichters. Lpz. 1936. – Sämtliche Werke 1–8. ed. O. Nöldeke. Mü. 1943. – Hist.-kritische Gesamtausg. 1–4. ed. F. Bohne. Hbg 1959 (unter dem Titel: Gesamtausg. in 4 Bänden. Wiesbaden 1968 [²1974]). – Sämtliche Briefe 1–2. ed. F. Bohne. Hannover 1968–69.

Lit.: Mittlgen der W.-B.-Ges. Hannover 1932–43; Forts.: Jb. der W.-B.-Ges. Hannover 1949 sqq. – Volkmann, O. F.: W. B. der Poet. Seine Motive und seine Qu.n. Lpz. 1910 (Nachdr. Hildesheim 1973). – Vanselow, A.: Die Erstdrucke und Erstausg.n der Werke von W. B. Ein bibliogr. Verz. Lpz. 1913. – Berendsohn, W. A.: W. B. als Märchensammler. In: HDM 1, 351–354. – Schmidt, K.: W. B. als Überlieferer ndd. Volkstums. In: Zs. für dt. Philologie 62 (1937) 396–424. – Mehlem, R.: W. B. und die plattdt. Sprache. In: Mittlgen der W.-B.-Ges. 11/12 (1940) 23–59. – Gundlach, J.: Das Komische im Werk von W. B. Diss. Rostock 1954. – Bohne, F.: W. B. Leben, Werk, Schicksal. Zürich/Stg. 1958. – Veselý, J.: 100 Jahre eines Kinderbuches für Erwachsene. In: Philologica Pragensia 9 (1966) 57–59. – Marxer, P.: W. B. als Dichter. Diss. Zürich 1967. – Kraus, J.: W. B. in Selbstzeugnissen und Bilddokumenten. Reinbek 1970. – Bonati, P.: Die Darstellung des Bösen im Werk W. B.s. Bern 1973. – Art. W. B. In: Doderer, K. (ed.): Lex. der Kinder- und Jugendlit. 1. Weinheim/Basel/Pullach 1975, 234–236. – Oesterhaus, E.: Ausdrucksformen des Humors und ihre Funktion bei W. B. Ein Beitr. zur komischen Satire im 19. Jh. (Ungedr. Staatsexamensarbeit). Bochum 1975. – Art. Max und Moritz. In: Doderer, K. (ed.): Lex. der Kinder- und Jugendlit. 2. Weinheim/Basel/Pullach 1977, 450sq. – Pape, W.: W. B. (Slg Metzler 163). Stg. 1977. – Ueding, G.: W. B. Das 19. Jh. en miniature. Ffm. 1977.

Dortmund Ernst-Dietrich Güting

Büsching, Johann Gustav Gottlieb, *Berlin 19. 9. 1783, † Breslau 4. 5. 1829, Germanist, Archivar und ab 1823 ordentlicher Professor der Altertumswissenschaften in Breslau. Er gab neben umfangreichen Bearbeitungen altdt. Lit. mit F. H. von der → Hagen eine *Sammlung Deutscher Volkslieder* (mit Melodien; B. 1807) heraus, durch *Des Knaben Wunderhorn* angeregt und dessen folgende Bände beeinflussend. Daran knüpft seine im Januar 1812 abgeschlossene und drei Monate vor den KHM erschienene Sammlung *Volks-Sagen, Märchen und Legenden* (Lpz. 1812; Repr. Hildesheim 1969) an: 104 regional – nach den überwiegenden Lokalsagen – zusammengestellte Stücke mit genauen Herkunftsangaben und wichtigen Anmerkungen (p. 399–465). Die oft breit und ungeschickt erzählten Stücke werden philologisch getreu wiedergegeben. Kap. 6 enthält fünf „Kindermährchen"; zwei nach P. O. → Runge (KHM 19, 47) und drei mündlich aus der Uckermark (cf. KHM 29, 61, 63). Wie aus seinem autobiogr. Vorwort hervorgeht, glaubte B. die ihm als Kind erzählten Märchen in der altdt. Lit. wiederzufinden. Daneben bewunderte er die Märchen J. K. A. → Musäus' (mit Vorbehalt), L. → Tiecks und bes. die der B. → Naubert. Methodische Anregung boten ihm – wie den Grimms – Otmars (d. i. J. K. C. Nachtigal) *Volcks-Sagen* (Bremen 1800).

Die Grimms distanzierten sich von dem Konkurrenzunternehmen[1], so daß dem Werk eine angemessene Würdigung versagt blieb, die es aufgrund seiner zeitlichen Priorität und vieler Texte meist entlegener Provenienz verdient hätte.

[1] KHM, Vorrede, not. 5; cf. auch J. Grimms scharfe Rez. von 1813 in: Kl.re Schr. 6: Recensionen und vermischte Aufsätze. 3. Theil. B. 1882, 130.

Lit.: Neuer Nekrolog der Deutschen. Jg 7 (1829). Ilmenau 1831, 409–411. – ADB 3 (1876) 645 sq. (A. Schultze). – HDM 1, 354–356 (W. A. Berendsohn).

Wuppertal Heinz Rölleke

Busk, Rachel Harriette, * London 1831, † London (Westminster) 1. 3. 1907, Verf.in folkloristischer Schriften. Sie wurde von ihrem Vater, dem Dichter Hans Busk d. Ä. (1772–1862), privat unterrichtet. Ursprünglich protestant., konvertierte B. 1858 zur röm.-kathol. Kirche und lebte seit 1862 zumeist in Rom. In einer Serie von Briefen für die *Westminster Gazette*, eine röm.-kathol. Wochenzeitung, berichtete sie 1867/68 über das gesellschaftliche und politische Leben in der Ewigen Stadt und lieferte zahlreiche Beiträge für *Notes & Queries*.

Ausgezeichnete Kenntnis des Spanischen, Französischen, Deutschen und Italienischen ermöglichten B. ausgedehnte

Feldforschungsarbeiten in Italien, Spanien und Österreich. Die wichtigsten Werke sind Arbeiten zur röm. Volksüberlieferung und ital. Liedtradition. B. entwickelte sich von einer Reiseschriftstellerin zur von J. Grimm und der → Mythologischen Schule beeinflußten systematischen Sammlerin. Annotierung und Gliederung des authentischen Materials geschah in Übereinstimmung mit den Vorstellungen der Gewährsleute. B.s Sammelweise, ihre wiss. vergleichenden Anmerkungen, Glossierung von mundartlichen Ausdrücken, Einbeziehung des Kontextes (z. B. die Bemerkungen Anwesender) und bes. die Herstellung von Beziehungen zum ortsgebundenen Brauch sind überraschend modern. Es ist jedoch zu vermuten – wie bei einer Frau jener Zeit nicht anders zu erwarten –, daß zeitgebundene Prüderie zu einer gewissen Auswahl des Materials geführt hat.

Veröff.en: Patrañas; or, Spanish Stories, Legendary and Traditional. L. 1870. – Household Stories from the Land of Hofer; or, Popular Myths of Tirol, Including the Rose-Garden of King Lareyn. L. 1871. – Sagas from the Far East; or, Kalmouk and Mongolian Traditionary Tales. L. 1873. – The Folk-Lore of Rome. L. 1874. – The Valleys of Tirol. Their Traditions and Customs [...]. L. 1874. – The Folk-Songs of Italy. Specimens with Translations and Notes, from Each Province. L. 1887 (gemeinsam mit G. Pitrè, zweisprachig). – Dazu cf. Ausw.bibliogr. bei Pitrè, G.: Bibliografia delle tradizioni popolari d'Italia. Torino/Palermo 1894, num. 198–202, 888, 1173–1175, 2521sq., 3663–3670, 4565, 6030sq.

Lit.: Nachruf. In: The Times vom 8. 3. 1907. – Dictionary of National Biography. Second Suppl. 1. L. 1912, 276. – Dorson, R. M.: The British Folklorists. A History. L. 1968, 381–387.

London Venetia Newall

Buslaev, Fedor Ivanovič, * Vadinsk (Gebiet Penza) 13. (25.) 4. 1818, † Ljubilno (Gebiet Moskau) 31. 7. (12. 8.) 1897, russ. Philologe, Kunsthistoriker. 1834–38 Studium an der Moskauer Universität, seit 1847 Professor an dieser Universität, 1860 Mitglied der Petersburger Akad. der Wiss.en.

B. ist Autor einer Reihe von Untersuchungen über die Geschichte der russ. Sprache[1], der altruss. Lit. und Kunst sowie der Volkspoesie[2]. Er trat als Anhänger der vergleichenden hist. Methode J. → Grimms auf und war der Begründer der → Mythologischen Schule in Rußland. Die Werke der mündlichen Volkspoesie für das Ergebnis eines unpersönlichen Schaffens des Volkes haltend – für 'Splitter der alten Mythen' –, entwickelte B. die Lehre von einer epischen Periode, in der sich, seiner Meinung nach, die alten Formen des epischen Schaffens in enger Verbindung mit der Wortform, die von ältester Umweltempfindung hervorgerufen sei, herausgebildet haben[3].

Bei seinen Forschungen über die Entstehung der mündlichen Überlieferung interessierte sich B. für die in ihr widergespiegelten moralischen Prinzipien des Volkslebens, für die Besonderheiten der Dichtungsformen der epischen Erzählung[4] und für die Reflexion ältester Formen von Sitte und Brauch.

Ein Spezialgebiet B.s war die Wechselwirkung der mündlichen Überlieferung und Legenden mit dem altruss. Schrifttum (apokryphe und hagiographische Lit.)[5] und der russ. und europ. Bilderbogenliteratur[6].

Am Ende seines wiss. Weges nahm B. die Grundsätze der 'Entlehnungstheorie' auf, welche die Ideen T. → Benfeys über die Herkunft einer Reihe von epischen Stoffen der europ. Folklore aus dem Orient (→ Indische Theorie) weiter ausbaute. Sich auf die neuere russ. Forschung der 70er Jahre des 19. Jh.s (Arbeiten von A. N. → Veselovskij, A. I. Kirpičnikov) berufend, charakterisierte er die Quellen und Wanderwege der Legenden-, Erzähl-, Fabel- und Schwankstoffe vom Osten her in die Länder Europas und forderte, die Entlehnungsbeziehungen der Völker aufgrund der Erscheinungen ihrer Sitten und Bräuche, Erfindungen, Entdeckungen und anderer Gebiete der menschlichen Kultur zu erforschen[7].

[1] O prepodavanii otečestvennogo jazyka (Über das Unterrichten der Muttersprache). M. 1844; Opyt istoričeskoj grammatiki russkogo jazyka 1–2 (Versuch einer hist. Grammatik der russ. Sprache). M. 1858. – [2] Istoričeskie očerki russkoj narodnoj slovesnosti i iskusstva 1–2 (Hist. Stu-

dien zur russ. Volksdichtung und -kunst). St. Peterburg 1861. – [3] ibid. 1, 1–55 (Epičeskaja poėzija). – [4] ibid. 1, 55–77. – [5] ibid. 2, 156–198. – [6] Ženščina v narodnych knigach(Die Frau in den Volksbüchern). In: id.: Moi dosugi 2. M. 1886, 24—70. – [7] Perechožie povesti (Wandererzählungen). In: ibid., 259—407.

Lit.: Azadovskij, M. K.: Istorija russkoj fol'kloristiki 2. M. 1963, 53–70. – Balandin, A. I.: Mifologičeskaja teorija i problema poėtiki. In: Problemy fol'klora. ed. A. I. Balandin/V. M. Gacak u. a. M. 1975, 125–131.

Leningrad Irina M. Kolesnickaja

Buße, Bußaufgaben

1. Definition. Unter B. versteht man im allg. Sprachgebrauch die Entschädigung oder Sühneleistung für ein begangenes Unrecht. Im engeren Sinn werden damit die drei Stücke der christl. Heilslehre bezeichnet, die die Voraussetzung für die Absolution durch den Priester bilden: Reue, → Beichte und Genugtuung. Wenn in Volkserzählungen (Legenden, Exempeln und Sagen) von B. gesprochen wird, ist damit in der Regel entweder die sakramentale B. in ihrer Gesamtheit (paenitentia) oder deren letzter Akt, die Genugtuung (satisfactio), gemeint. Als Bußaufgaben bezeichnet man die einzelnen Arten der auferlegten (kanonischen) oder der selbstgewählten Genugtuung.

2. Die Pflicht zur B. Daß die sittliche Verpflichtung zur B. seit alter Zeit bestanden hat, belegen entsprechende Aufforderungen im A. T., z. B. in den mosaischen Schriften, und Berichte über die Bußpraxis der Israeliten[1]. Im N. T. wird diese Verpflichtung von Jesus erneuert und mit dem Hinweis auf die nahende Endzeit zusätzlich begründet[2]. An diesen Hinweis knüpfen die ältesten Bußerzählungen an, insbesondere der apokryphe *Hirt des Hermas*[3], in dem der jungen Christenheit in mehreren Visionen die vor der Wiederkunft Christi letztmögliche Gelegenheit zur B. vor Augen geführt wird. Gemeint ist hier die einmalige Bekehrungsbuße, da mit einer abzubüßenden Christenschuld infolge der eschatologischen Naherwartung noch nicht gerechnet wird[4].

Dem hohen Anspruch der Bekehrten, unter Nichtchristen bis zur Parusie sündenfrei zu leben, konnte auf die Dauer nicht entsprochen werden. Seit dem 2. Jh. führte die innerkirchliche Kritik an der Divergenz zwischen dem Ideal der Sündenfreiheit und der Lebenswirklichkeit zur Auseinandersetzung mit der Christensünde, die in der Einrichtung des Bußinstitutes endete[5]. Tertullian, Origenes u. a. erklärten, daß es unmöglich sei, sündenfrei zu leben. Sie forderten deshalb, die B. mit der Rechenschaft über das sündhafte Tun zu beginnen[6]. Es sei besser, seine Fehltritte zu bekennen, als sein Herz zu verhärten[7] – ein Gedanke, der bis in das Märchen vom → *Marienkind* (KHM 3; AaTh 710) nachwirken sollte.

Ging es der Kirche zunächst darum, das Bußvertrauen zu stärken, trat in der Folgezeit der Gedanke der Bußpflicht immer mehr in den Vordergrund. In Briefen, Textsammlungen und exemplarischen Lebensbeschreibungen gaben die Kirchenoberen den Missionaren und Predigern Hilfsmittel für den Aufruf zur B. und für die Erklärung des Weges zur Wiedervereinigung mit Gott an die Hand. Die Büßerlegenden des Früh- und Hochmittelalters vermitteln einen Eindruck von den Verstößen, mit denen sich die Kirche auseinanderzusetzen hatte.

So wurden der Ungehorsam gegenüber den göttlichen Geboten und dessen Sühne am Beispiel des ersten Menschenpaares dargelegt. Die lat. *Vita Adae et Evae* (4. Jh.) unter dem Titel *Paenitentia* beantwortete die Frage, was B. sei und wie sie getan werden müsse. In der *Wiener Genesis* (um 1070), in der *Buße Adams und Evas* (13. Jh.), in Lutwins *Adam und Eva* (Ende

13. Jh.) und in einer Reihe südosteurop. Volkserzählungen[8] fand sie eine späte Nachfolge[9]. Die B. des Abfalls vom Glauben, des Teufelsbundes und des Götzendienstes wurde am Beispiel Salomos, Manasses und des Simon Petrus, ferner des Dieners des Proterius, des Theophilus, des Anthemius und des Jacobus Intercisus geschildert. Breiten Raum nahm die Beschreibung der B. nach Verstößen gegen die Geschlechtsordnung in den Historien Rahabs, Davids und Maria Magdalenas sowie in den Legenden der Heiligen Maria, Nichte des Eremiten Abraham, Thais, Pelagia von Jerusalem, Maria Aegyptiaca, Afra, Callimachus, Bonifatius von Tarsus und Genebaldus von Laon ein. Die B. für Inzest schilderten die Metro-, Albanus- und → Gregorius (AaTh 933) -Legenden mit ihren Ablegern, die B. für Mord und Verwandtenmord die Viten der Heiligen Longinus, Gordianus, Theodosius Magnus, Julianus Hospitator, Baldus von Sens und Ursius. Auf die B. für Aneignung fremder Güter gingen die Legenden der bekehrten Räuber (Dismas, Moyses Aethiops, Landelinus) und Zöllner (Zachäus, Matthäus, Petrus Telonearius) ein[10]. Sie alle beschreiben die B. als einen dreistufigen Weg der Gottferne, der Rückkehr zu Gott und der Gottnähe (Begnadung)[11].

So lange der Aufruf zur B. durch eine rigorose Bußpraxis gestützt wurde[12], genügte der Hinweis auf Persönlichkeiten, die den hochgesetzten Forderungen der Kirche entsprochen hatten, um die Bereitschaft zum Empfang des Bußsakramentes wachzuhalten. Doch mit der Lockerung der Bußpraxis im Spätmittelalter ergab sich die Notwendigkeit, dem schuldbeladenen Menschen die Alternative zwischen dem Weg der desperatio[13], den die Anti-Heiligen Judas Ischarioth, Simon Magus und Julianus Apostata gegangen waren[14], und dem Weg der paenitentia[15] deutlicher als zuvor aufzuzeigen. Zahlreiche Exempel dienten künftig dazu, für das Institut der B. zu werben.

Sie heben z. B. hervor, daß die B. als Medizin der Seele – anders als jede Arznei für den Leib – vor dem Tode bewahre[16] und daß ihre Vernachlässigung Krankheiten nach sich ziehe (Mot. Q 223. 8)[17]. Folgerichtig wird dem Empfang der B. die Heilung von Gebrechen zugeschrieben[18].

Die Produktion und Verbreitung entsprechender Volkserzählungen in der Neuzeit, oft mit Hilfe des Buchdruckes, hing vor allem von der Auffassung der Reformatoren ab, daß der Mensch nicht durch Bußwerke, sondern allein durch den Glauben (sola fide) gerechtfertigt werde[19]. Martin → Luthers Lehre, daß die Aufforderung Jesu zur B.[20] nicht von der sakramentalen B. her verstanden werden könne[21], drohte das traditionelle Ordnungsgefüge so zu gefährden, daß sie auf dem Trienter Konzil verworfen und mit einer Neufassung der kathol. Lehre beantwortet wurde[22]. Der Nachdruck, der dabei auf die Erklärung der B. und auf die Notwendigkeit, sich ihr zu unterwerfen, gelegt wurde[23], erklärt die bald darauf einsetzende Flut von Volkserzählungen und Volksliedern über das Wesen, den Sinn und die Wirkungen dieses Sakramentes. Aus allen kathol. Landschaften, insbesondere aus den rekatholisierten Gebieten Innerösterreichs (Steiermark, Krain), sind Beispielerzählungen zur Bußsakramentenlehre überliefert.

3. Die Voraussetzungen der B. Wichtigste Voraussetzung für den Empfang der B. bildet die Einsicht in das eigene Fehlverhalten, die auch zum Zweifel in die Vergebbarkeit der Schuld führen kann. Dieser Zweifel schließt jede Seelenrettung aus, weil er die Unendlichkeit der Güte Gottes bestreitet.

3.1. Die Gewissensnot. Ausgangspunkt entsprechender Erzählungen ist oft die Gewissensnot eines Menschen, der sich des Verstoßes gegen geltende Normen bewußt wird. Sie bildet ein häufiges Thema der Sage:

Ein Mörder erkennt die unwiderruflichen Folgen seiner Tat[24]. – In Grabschändern erwacht das Gewissen[25]. – Kirchenschänder packt das Grauen[26]. – Übernatürliche Geschehnisse erwecken die Gewissensqual eines Mörders[27]. – Eine Diebin und Teufelsbündnerin wird von Gewissensbissen gequält[28]. – Einen Sargtischler, der mit einer Leiche Scherz trieb, erfaßt Angst[29]. – Ein schwerer Sünder findet keine Seelenruhe[30] etc.

In einigen Fällen wird diese Gewissensnot zum Anlaß der Verzweiflung und der Selbsttötung des Verzagten nach dem Vorbild des Judas[31]:

Ein meineidiger Grenzsteinversetzer trifft auf eine Textstelle in der Bibel, die an sein Gewissen rührt, und er erhängt sich[32]. – Ein Müller, der seine schwangere Frau an Raubmörder verkauft hat, erkennt die Folgen seiner Tat und erhängt sich ebenfalls[33].

3.2. Die Bekehrung. Häufiger veranlaßt die Gewissensnot die → Bekehrung, d. h. die willentliche Abkehr von dem sündhaften Leben, das nach dem Gesetz zum (seelischen) Tode führt[34]. Vorbilder der conversio[35] oder metanoia[36] sind Saulus, der zum Paulus wurde[37], der bekehrte Zauberer Cyprianus von Antiochien, der Jude Quiriacus (Judas) und der Mime Genesius von Rom[38]. Die Absage des Menschen an seine unheilvolle Vergangenheit soll ihn zur Hinwendung zu einem Leben aus dem Geist Gottes führen. Sie kann sichtbar vollzogen werden, z. B. durch den Eintritt in ein Kloster und in die Gemeinschaft eines Ordens[39], erfolgt aber auch auf Grund guter Ratschläge oder äußerer Anstöße. Zu letzteren gehören außergewöhnliche Ereignisse, wie die unvermutete Begegnung eines Sünders mit dem Teufel oder dessen Abgesandten, durch die das Bewußtsein für die zu erwartende Höllenpein als Strafe für ein gottloses Leben geweckt wird[40].

4. Das Sakrament der B. In einzelnen Volkserzählungen wird die Lehre vom Sakrament der B. ausführlich beschrieben[41]. Sie erfüllen den Auftrag, die Zusammengehörigkeit und Vollständigkeit der Bußakte als Voraussetzung für die Vergebung der Sündenschuld zu beschreiben oder die Bedeutung der einzelnen Bußakte näher zu erläutern.

4.1. Die B. in ihrer Gesamtheit. Mehrfach werden Motive, die z. T. auch einzeln begegnen, in eine logische Abfolge gebracht, die mit den Phasen des Bußverlaufes übereinstimmt. Ihr Schema zeigt den Weg zur Wiederherstellung des Einvernehmens mit Gott, das durch die Sünde gestört wurde. Addiert werden gewöhnlich eine Kapitalsünde, die Suche des Sünders nach dem zuständigen Beichtiger, das Schuldbekenntnis, die Auferlegung der zu erbringenden Ersatzleistung (oder ein entsprechendes Zeichen), die Ableistung der B. und die Absolution (oder das Zeichen der eingetretenen Erlösung).

Die Benennung einer Kapitalsünde als Ausgangskonflikt (Eltern- oder Priestermord, Patinnenschändung, Bruch der Ordensgelübde, insbesondere des Zölibates) ist notwendig, da nur sie das Motiv der Suche nach dem zuständigen Beichtiger und damit den weiteren Handlungsverlauf begründet (cf. Mot. V 29.1). Eine Sünde, die das Ordnungsgefüge der Kirche schwer stört, kann nach der Reservationslehre nur von einem der Kirchenoberen, dem Papst oder einem Bischof, vergeben werden[42]. Manche Erzählungen lassen auch Jesus selbst als Richter auftreten, der von Papst und Bischof ohnehin nur vertreten wird[43]. Die Suche nach dem zuständigen Beichtiger wird durch die Stufenleiter der Ratgeber, durch den Gang nach Rom oder durch die Pilgerfahrt zum Hl. Grab nach Jerusalem dargestellt (cf. Mot. V 535)[44].

Dem Bekenntnis der Schuld folgt die Auferlegung der Genugtuung, die vor der Lossprechung oder Erlösung abgeleistet werden muß. Oft tritt an die Stelle der kanonischen B. ein Zeichen, das auf den seelischen Zustand des Büßers Bezug nimmt und zugleich die Notwendigkeit der Änderung dieses Zustandes als Voraussetzung für die Sündenvergebung beschreibt: Der Beichtiger zeigt den verdorrten Stab, der zu neuem Leben kommen soll (cf. AaTh 756: *Der grünende → Zweig*), oder weist auf das schwarze Schaf hin, dessen Wolle weiß werden muß. Die durch die B. bewirkte Verhaltensänderung läßt regelmäßig den natürlicherweise unmöglichen Vorgang auf übernatürliche Weise eintreten[45].

Auch die Erlösung kann durch Zeichen dargelegt werden, z. B. durch die als weiße Taube auffliegende Seele, die den Leib des innerlich verwandelten (versteinerten, verwachsenen, verwurzelten) Büßers verläßt. Nach diesem Schema sind gebaut:

Die Legende des hl. Baldus von Sens[46] (→ Elternmörder). Inhalt: (1) Der Kaufmann Baldus von Sens tötet aus falschem Verdacht seine Eltern. – (2) (a) Er wallfahrtet über Jerusalem nach Rom. (b) Der Papst sendet ihn zum Bischof seiner Heimatstadt, Arthemius, der ihm (c) die B. auferlegt, in der Einsamkeit einen dürren Stab zu pflanzen und zu begießen, bis er blühe. – (3) Das Wunder tritt endlich ein, und Baldus entschläft als Heiliger.

Die Legende des Heiligen, der dem 7. Jh. angehört, ist in dieser Form seit dem 14. Jh. belegt[47].

Die Büßer-Episode der Legende des hl. Johannes Chrysostomus[48]. Inhalt: (1) (a) Der Priester Johannes, der ein Einsiedlerleben führt, fällt mit einer um Obdach bittenden Königstochter in Sünde. (b) Ernüchtert, versucht er sie zu töten. – (2) (a) Im Bewußtsein seines Zölibatsbruches zieht er nach Rom, aber (b) der Papst weist ihn ab. – (3) (a) Johannes kehrt an den Sündenort zurück und tut B., bis ihm (b) ein Wunder die Sündenvergebung anzeigt.

Die Abweisung durch den Papst erklärt sich aus der Forderung nach vollständiger Erfüllung der Bußakte, die die Ableistung der Genugtuung für die Absolution voraussetzt.

Verbunden mit der Erzählung *Die drei* → *Sünden des Eremiten* (AaTh 839) begegnet diese Episode erstmals in der ital. *Istoria di San Giovanni Boccadoro* (14. Jh.)., von der aus sie in das Prosapassional *Der Heiligen Leben (Winterteil)*, in das *Viaticum narrationum*, die *Chronica novella* des Hermann Korner und in ein Volkslied des 16. Jh.s übergeht[49]. Sie findet sich auch auf Kupferstichen von Albrecht Dürer (um 1497) und Lucas Cranach (um 1509) sowie in der mündlichen Erzähltradition[50].

Die Erzähllieder von der Erlösung → Tannhäusers[51] (Waldhausers[52], Daniels[53]). Inhalt: (1) (a) Der Sünder entsagt reuig dem Venusspiel oder (b) empfängt im Traum den Befehl zur B. (c) Vor dem Papst bekennt er seine Schuld. – (2) (a) Der Papst lehnt die Vergebung ab oder (b) droht ihm mit der Hölle und (c) weist ihm den dürren Stab. (d) Der Sünder kehrt bußfertig an den Sündenort zurück, oder (e) er ruft alle Heiligen an und betrauert seine Schuld. – (3) (a) Der Stab ergrünt oder trägt Rosen (→Rosenwunder). (b) Der Papst läßt den Sünder vergeblich suchen. (c) Christus nimmt den Büßer vor 99 Gerechten an, die der B. nicht bedürfen[54]. (4) (a) Der Papst wird verdammt oder (b) verfällt in Trauer.

In der *Tannhäuser*-Ballade[55] wird die Rückkehr an den Sündenort (im Widerspruch zu der ausdrücklich erklärten Bereitschaft zur B.) als Rückfall dargestellt, während Herr Daniel der ndd. Fassung, der ebenfalls an den Sündenort zurückkehrt, sich nicht wieder verführen läßt und damit die Erlösung begründet. Die irrige Interpretation des päpstlichen Zeichens als grundsätzliche Absolutionsverweigerung und Fehlverhalten ist in den gegenreformatorischen Kontroversfassungen[56] korrigiert.

Das Erzähllied vom bußfertigen Sünder[57]. Inhalt: (1) (a) Jesus fährt in einem Schiff[58] über das Meer[59]. (b) Ein Sünder, der vergeblich nach einem Beichtiger gesucht hat, ruft ihn an und (c) bekennt ihm schwere Sünden. – (2) (a) Jesus legt ihm die B. auf niederzuknien, (b) bis ein dürrer Stab ergrüne oder (c) die Wolle eines schwarzen Schafes weiß werde. – (3) (a) Das Wunder tritt als Zeichen der Vergebung ein. (b) Jesus (Maria, Gott) verkündet dem Büßer die Vergebung, oder (c) der Leib des Büßers zerfällt in Staub, seine Seele gelangt in den Himmel. – In einzelnen Varianten des für Slovenien, Kroatien, die Gottschee und die Steiermark bezeugten Liedes hört Jesus die Beichte erst nach Intervention der Gnadenmittlerin Maria[60].

Die Volkserzählung von der Erlösung des großen Sünders[61]. Inhalt: (1) (a) Ein großer Sünder, den nur der Papst lossprechen kann, geht nach Rom und (b) bekennt reumütig seine Sünden. – (2) Der Papst verheißt ihm Vergebung, wenn die Wolle eines schwarzen Schafes weiß werde. – (3) (a) Das Wunder tritt ein, als der Sünder vor einem Kruzifix niederkniet und seine Sünden beweint. (b) Das Schaf verschwindet.

Das Weinen ist Zeichen der rechtfertigenden Reue (v. 4. 2. 1.), das Knien unter dem Kruzifix meint die Selbsterniedrigung angesichts des Opfertodes Christi[62].

Die Volkserzählung *Die zwei* → *Erzsünder* (AaTh 756 C)[63]. Inhalt: (1) Ein Räuber, der (a) 99 Menschen oder (b) seine Eltern ermordet oder (c) eine Hostie geschändet hat, will B. tun. – (2) (a) Nach langem Suchen findet er einen Beichtiger, der ihm befiehlt, (b) einen Feuerbrand (Garten) zu pflanzen, (c) einen Sack mit Steinen oder ein eisernes Stirnband zu tragen, bis sie abfielen, oder (d) schwarze Schafe zu hüten, bis sie weiß würden. – (3) (a) Nach langer B. trifft der Erzsünder einen Mann, der ein bes. schändliches Verbrechen vollbringen will. (b) Um das zu verhindern, tötet er den Mann und (c) bereut die vermeintlich böse Tat. – (4) (a) Das Wunder tritt ein. (b) Der Beichtiger erklärt die Vergebung als Lohn für die Verhinderung des großen Verbrechens.

Grundlage des Handlungsverlaufes bilden das Christuswort, daß über einen Büßer im Himmel mehr Freude herrsche als über 99 Gerechte, die der B. nicht bedürfen[64], und der Gedanke, daß die Verhinderung der 'Geschäfte des Fleisches' (facta carnis) zum Leben führe[65].

Die Büßer-Episode der Volkserzählung vom → *Räuber Madej* (AaTh 756 B, Mot. Q 520. 2)[66]. Inhalt: (1) (a) Ein Höllenreisender berichtet dem Räuber von der Strafe, die diesen in der Hölle erwarte. (b) Der Räuber entschließt sich zur B. – (2) (a) Der Höllenreisende (später Bischof oder Papst) befiehlt ihm, (b) nackt durch einen Dornbusch zu kriechen, (c) auf den Knien nach Rom zu rutschen, (d) zu beten, bis eine Keule (ein dürrer Zweig, ein Feuerbrand) ergrüne. – (3)

(a) Der Sünder erfüllt die B. und stirbt. (b) Die Keule ergrünt. (c) Im Kampf zwischen einem Raben und einer Taube um seine Seele siegt die Taube.

In dieser Erzählung, einer Paraphrase[67] über das Gleichnis vom Pharisäer und Zöllner[68], wird der dem Zöllner Matthäus (= Madej) gleichgesetzte Räuber[69] wie dieser vor seinem Bruder, dem nur scheinbar heiligen Eremiten, gerettet.

Einen Sonderzweig der Gesamtveranschaulichungen der B. bilden die Erzählungen, die den Sünder im Feuer, dem Sinnbild des göttlichen Strafgerichtes[70], umkommen lassen, dann aber berichten, wie er auf übernatürliche Weise zu einem neuen Leben gelangt und die Gabe erhält, das Gottesreich zu schauen (AaTh 788: *Die → Wiedergeburt des verbrannten Heiligen*)[71].

4.2. Die einzelnen Bußakte. Neben den Gesamtdarstellungen des Heilsweges der B. gibt es auch Erzählungen über die drei Bußakte Reue, Beichte und Genugtuung.

4.2.1. Die Reue. Die Einrichtung des Bußinstitutes hatte schon früh die Diskrepanz zwischen der Bußpflicht und der Mahnung Christi[72] deutlich werden lassen, dem reuigen Sünder wieder und wieder zu vergeben, weil dieses Wort das Bußsakrament überflüssig erscheinen lassen mußte. Man löste das Problem, indem man zwei Arten der Reue postulierte: die vollkommene Liebesreue (contritio caritate perfecta), die von sich aus rechtfertige, aber nicht jedem möglich sei, und die unvollkommene oder Furcht-Reue (contritio imperfecta oder attritio), die jedermann zum würdigen Empfang des Bußsakramentes disponiere[73].

Eine Beispielerzählung zur Erklärung der vollkommenen Reue bietet das Märchen vom → *Marienkind* (AaTh 710)[74]:

Als die Königin, den sicheren Tod vor Augen, auf dem brennenden Scheiterhaufen steht, sinnt sie nicht auf Rettung, sondern hält sich ihr Vergehen vor Augen und bereut ihre Sünde: „Wie gern wollt ich der Jungfrau Maria noch gestehen, daß ich die verbotene Tür im Himmel aufgeschlossen habe; wie hab ich so bös getan, das zu leugnen." Diese Äußerung aber rettet sie augenblicklich.

Die Erzählung zeigt, daß nur ein außergewöhnlicher Mensch – eine Königin – einer solchen Reue fähig sei, und weist damit indirekt jeden anderen Menschen auf die B. als leichteres Mittel zur Erlangung der Vergebung hin[75].

Der Forderung entsprechend, daß der Schmerz der Seele, der die vollkommene Reue kennzeichne, durch Tränen zu bezeugen sei (contritio lacrymis testanda)[76], wird häufig von Sündern erzählt, die Tränen der Reue weinen und wegen dieser reuigen Haltung gerechtfertigt werden[77]. Andere Geschichten schildern Menschen, die erst auf dem Totenbett von Reue erfüllt werden, aber selbst dann noch die Vergebung erlangen[78].

4.2.2. Die Beichte. Manche Erzählungen dienen eigens dem Zweck, Gläubige in ihrem Beichtvorsatz zu bestärken[79]. Die Beichte muß die Form einer Selbstanklage besitzen[80]. In ihr sind alle Sünden einzeln und unter Angabe sämtlicher Umstände aufzudecken. Deshalb lassen die Erzählungen den Sünder z. B. einen Mord an Vater und Mutter, einen Mordversuch an Schwester und Bruder sowie das Verscharren der Leichen unter der Stuben- und Haustürschwelle detailliert beschreiben[81]. Oft wird darauf hingewiesen, daß auch nicht die kleinste Sünde verborgen bleiben dürfe[82]. Großen Wert legen die Erzählungen auf die Beichte vor dem zuständigen Bußrichter (zur Reservation v. 4.1.).

4.2.3. Die Genugtuung. Als Genugtuung oder B. im engeren Sinn wird die Ersatzleistung für die Gott durch eine Sünde zugefügte Schmach bezeichnet.

4.2.3.1. Die B. der Lebenden. Die meisten Bußerzählungen betreffen Gläubige, die in ihrem Leben im Rahmen des Bußsakramentes oder durch eigenes Büßen die Versöhnung mit Gott zu erlangen suchen.

4.2.3.1.1. Maß, Dauer und Ort der B. Exempel, die sich vornehmlich an Geistliche richteten, betonen, daß die B. gerecht, aber nicht zu schwer sein solle[83]. Auch milde B.n könnten zu dem gewünschten Erfolg führen[84] (Mot. L 361; cf. Mot. J 557.1.1). Ob eine B. als leicht oder als schwer empfunden werde, hänge von dem Büßer selbst ab[85]. Schwere B.n fielen demjenigen leicht, der an sie gewöhnt sei[86].

Zur kanonischen B. gehört die Festlegung der Bußdauer. Sie hängt nicht nur vom Grad der Schuld, sondern auch von der Frömmigkeit des Büßers ab. Wo ein anderer für seine Sünden drei Jahre büßen müßte, reichen für einen Menschen mit einem treuen, bußfertigen Herzen drei Tage[87]. Wenn ein Beichtiger einen Sünder nicht losspricht, soll er den Eindruck erwecken, daß er die Lossprechung nur aufschieben, nicht ihn endgültig verurteilen wolle[88]. Von hier aus verstehen sich die Zeichen einer scheinbaren Ewigkeitsstrafe, die sich in der Rückschau regelmäßig als zeitlich begrenzte Sündenstrafe erweist[89]. Häufig wird als Bußdauer die Lebenszeit Jesu Christi (33 Jahre) genannt, mit der die Forderung nach einem Leben der Nachfolge des Erlösers ausgesprochen ist[90].

Als Ort der B. wird oft der Sündenort genannt, an dem sich der Sünder des begangenen Unrechtes am ehesten bewußt wird. Andere Orte sind ein hoher Berg, ein Wald, Feld, Stein oder Fels (Mot. Q 541.3)[91], eine Kirche, eine Kapelle oder der Platz unter einem dürren Baum oder einem Kreuz. Gelegentlich wird für die B. auch Einsamkeit oder eine abgelegene Wildnis verlangt[92].

4.2.3.1.2. Die Einstellung zur B. Die B. soll nur im Zustand seelischer Ausgeglichenheit erbracht werden[93]. Vor allem wird von den Büßern Standhaftigkeit gefordert. Durch kein Ereignis sollen sie sich von der Hinwendung zu Gott ablenken lassen.

Ein Adliger sieht bei der B. im Geist Dämonen sein Schloß zerstören, läßt aber von seinem Tun nicht ab. Bei der Heimkehr findet er alles unversehrt[94]. – Der hl. Gregor legt einem Senator die B. auf, weltliche Angelegenheiten vor einer bestimmten Tagesstunde zu meiden. Dreimal versucht der Teufel, ihn abzulenken, doch der Senator bleibt standhaft[95]. – Ein Sünder will eher von seinen Feinden getötet werden als seine B. unterbrechen. Ein Eremit sieht seine Seele zum Himmel aufsteigen[96].

Fehlende Ausdauer bei der B. zieht folglich den Verlust der Seligkeit nach sich: Ein Sünder, der sieben Jahre gebüßt hat und dem nur noch sieben Tage fehlen, ruft aus Ungeduld den bösen Feind zu Hilfe. Trotz Marias Gegenwehr gelingt es dem Dämon, den Büßer auf ewig in die Hölle zu holen[97].

4.2.3.1.3. Bußaufgaben und Bußleistungen. Zu unterscheiden sind die Bereitschaft zur B. (satisfactio in voto), die für die Erlösung des Sünders genügt, wenn er gehindert ist, die Genugtuung zu erbringen, und ihre tatsächliche Ableistung (satisfactio in re).

4.2.3.1.3.1. Das Martyrium als B. Die Legenden der Frühchristenheit sehen oftmals den Märtyrertod als B. an, weil durch ihn die bedingungslose Hinwendung zu Gott erwiesen werde. Beispiele bieten die Quiriacus-, Genesius-, Jacobus Intercisus-, Giordanus-, Afra-, Bonifatius von Tarsus- und Longinus-Legenden[98].

4.2.3.1.3.2. Auferlegte und selbstgewählte B.n. Die Bußleistungen können entweder durch den Bußrichter auferlegt (kanonische B.n) oder von den Büßern aus eigenem Antrieb gewählt werden (Selbststrafen). Beide Arten sind mit der Lehre vereinbar und gleich wirksam[99].

Oft ist in den Volkserzählungen von Bußleistungen die Rede, die den natürlichen, triebhaften Neigungen des Menschen entgegengesetzt sind: im Eis zu baden[100], im Wasser zu sitzen (Mot. Q 541. 1), 40 Tage in Flüssen (Mot. Q 541. 1. 1) oder im Wasser zu stehen (Mot. Q 541. 2), auf den Nachtschlaf zu verzichten[101], auf Säulen[102] oder auch zehn Monate auf der Stelle zu stehen (Mot. Q 541. 5). Hierzu gehören das andauernde Schweigen (Mot. Q 535. 1), die Enthaltung vom Geschlechtsverkehr (Mot. Q 535. 3), das einsame Fasten (Mot. Q 535. 4) und überhaupt jeder zeitweilige Verzicht auf Speise und Trank[103]. Erwähnt werden die B.n, sich ohne Widerspruch beleidigen[104] oder bei jeder Mahlzeit durch ein *Memento mori* an die Vergänglichkeit des Lebens erinnern zu lassen[105]. – Andere B.n verlangen den Wandel des Sünders vom fleischlichen zum geistlichen Menschen: Es wird gefordert, B. zu tun, bis ein dürrer Zweig ergrünt (Mot. Q 521. 1), bis schwarze Schafe weiß werden (Mot. Q 521. 4) oder bis die sieben Säulen von Benares zu Staub zerfallen und wieder aufgebaut sein werden (Mot. Q 521. 7). – Eine dritte Gruppe umfaßt B.n zum Ausdruck der seelischen Last des Sünders: Man muß B. tun, bis ein Sack mit Steinen (einer für jeden Mord) abfällt (Mot. Q 521. 2), ein eisernes Band auf dem Kopf (Mot. Q 521. 3) oder Eisen an Händen, Füßen oder um den Leib tragen (Mot. Q 522. 4 und Q 522. 5)[106] etc. – Es gibt B.n der Erniedrigung: auf den Knien nach Rom zu rutschen (Mot. Q 523. 1), Hundefutter zu essen (Mot. Q 523. 3), als Bettler unter den Stufen zu leben (Mot. Q 523. 4, → Alexius), Dienstleistungen zu vollbringen (Mot. Q 523. 8), Speichel vom Boden abzulecken (Mot. Q 523. 9) oder in Sack und Asche zu gehen (Mot. Q 523. 10)[107] etc.

Typische Freiwilligkeitsleistungen bestehen darin, seinen Besitz, sein Geld, sein Schloß, seinen Wald oder seinen Hof zu verschenken (Mot. Q 542)[108] und als Armer im Stand der Heilsgewißheit[109] ins Hl. Land zu ziehen (Mot. Q 526) oder zu sterben. Durch solche Schenkungen werden in der Regel Stifte, Klöster und Ordensgemeinschaften begünstigt[110]. Oft berichten die Erzählungen vom Dom-, Kirchen-, Kapellen- und Klosterbau zur B., meist am Ort der begangenen Sünden[111]. Andere freiwillige B.n bestehen in der Selbstkreuzigung (Mot. Q 522. 1), im Tragen von Gürteln (Mot. Q 522. 7) oder Schlangen (Mot. Q 522. 8) auf der bloßen Haut, im Durchkriechen von Dornen (Mot. Q 522. 3) und anderen Selbstquälereien (Mot. Q 522) sowie in B.n der Selbstüberwindung (Mot. Q 524).

4.2.3.2. Die B. der Wiederbelebten. Da der plötzliche Tod den Menschen daran hindert, B. zu tun und so die Sündenvergebung zu erlangen, fordern die Exempel immer wieder zur rechtzeitigen Bekehrung und B. auf. Da aber nicht nur unbußfertige, sondern auch fromme Menschen plötzlich sterben, könnte man folgern, daß selbst Frömmigkeit nicht vor dem Verlust der Seligkeit bewahre. Hier bauen einige Erzählungen vor, indem sie darauf abheben, daß Gott in Fällen bes. Frömmigkeit oder aus Schwachheit begangener Sünden die Rückkehr der Seele in den Leib zur B. gestatte.

Ein Edelmann, der täglich 50 *Ave Maria* gebetet hat, stirbt. Nach seiner Wiederbelebung erzählt er, daß ihm die Rückkehr zur B. erlaubt worden sei[112]. – Ein Abt von Clairvaux wird wiederbelebt, um B. zu tun und sich dadurch vor 15 Jahren Fegefeuer zu bewahren[113]. – Ein Schüler aus Paris, der sich vom Teufel verführen ließ, stirbt. Auf göttlichen Befehl kehrt seine Seele in den Leib zurück. Der Mann tritt in den Zisterzienserorden ein und wird Abt von Morimond[114] etc.

4.2.3.3. Die stellvertretende Genugtuung. Entsprechend der Lehre von der satisfactio vicaria[115] kann jeder Gläubige für einen anderen Menschen B. tun. Diese Lehre beruht einerseits auf dem Dogma vom Opfertod Jesu Christi und dem Nachfolgegedanken, andererseits auf der Vorstellung von der Gemeinschaft der Heiligen, derzufolge die Guttaten jedes Einzelnen auch jedem Glied der Gemeinschaft zugute kommen.

Ein Mönch stirbt, als er erst die Hälfte seiner B. erfüllt hat. Er ist gerettet, als seine Brüder den Rest vollbringen[116]. – Ein Büßer überläßt es vor dem Tod seinem Freund, die begonnene B. zu vollenden, und wird erlöst[117]. – Ein Knabe bewahrt seine Mutter vor dem Verderben, indem er an ihrer Statt eine schwere B. auf sich nimmt[118]. – Eine Mutter tut für ihre in Raben verwandelten Söhne B. und erlöst sie[119] etc.

Die Nichtübernahme der B. wird bestraft:

Ein Mönch bittet einen Freund, einen Teil einer langen B. für ihn zu übernehmen. Der Freund stirbt, ohne die Bitte erfüllt zu haben, und kehrt in Qualen wieder[120].

Der Gedanke der stellvertretenden Genugtuung scheint in der Praxis Probleme aufgeworfen zu haben, insofern er zur Vernachlässigung der eigenen B. beitragen mochte. So finden schwankhafte Ausprägungen dieses Gedankens in den Exempelsammlungen ihre Erklärung.

Ein Mann, der sieht, daß ein Priester seine Frau geißeln will, erklärt sich bereit, die B. zu übernehmen. Die Frau darauf zum Priester: „Schlag kräftig zu, denn ich bin eine große Sünderin!" (Mot. T 257. 4; cf. Mot. K 2211. 3)[121]. – Ein Ehemann verhilft sich „zur Buße" bei Tisch zu den besten Teilen des Fisches. Seine Frau versichert ihm, seine B. auf sich nehmen zu können[122].

4.2.3.4. Die B. der unerlöst Verstorbenen. Unerlöste Seelen, die wegen fehlender B. keine Ruhe finden, kehren wieder, um aus eigener Kraft oder mit Hilfe der Lebenden die Seelenruhe doch noch zu erlangen[123]. Nach der Lehre über die Angelologie sind die Seelen der Verstorbenen 'mit Zulassung Gottes' in der Lage, in einem angenommenen Leib auf Erden zu erscheinen[124], entweder in ihrem eigenen Leib oder einem fremden, d. h. auch in der Gestalt von Tieren, Gespenstern, Menschen ohne Kopf, Riesen etc. Die Seelen büßen ihre Schuld teils am Sündenort, teils auf Friedhöfen und in Ruinen, in Bäumen, Wäldern, in den Wagenspuren auf den Wegen, auf Wegkreuzungen und nassen Straßen sowie in Seen, Teichen und auf den Meeren[125]. Oft erscheinen sie mit Attributen, die auf die begangene Untat hinweisen (Marksteinen, Mordwaffen), oder in Farben, die den Zustand ihrer Seele anzeigen[126]. Ihrer Erlösungsbedürftigkeit geben sie durch Geräusche, Stöhnen, Seufzen, Weinen und Wehklagen Ausdruck[127]. Den Selbstanklagen schließen sich meist die Bitten an die Lebenden an, ihnen mit Opfern zu Hilfe zu kommen[128]. Seelen aus dem Purgatorium singen, weil sie sich der Seligkeit gewiß sind[129].

Zur Erlösung bringen manche Seelen notleidenden Menschen Hilfe, andere strafen sündhafte Vergehen, wieder andere setzen sich mit den eigenen Sünden auseinander und versuchen, ihr Unrecht wiedergutzumachen[130]. Die B. der unerlöst Verstorbenen übersteigt oft den Zeitraum des menschlichen Lebens[131]. Die Bußzeit wird nicht immer in Zahlen, sondern auch in Bildern ausgedrückt, die auf eine lange Bußdauer schließen lassen, z. B. im Motiv vom Erlöser in der Wiege[132].

Eine zentrale Rolle bei der → Erlösung spielen die guten Werke der Lebenden: das Lesenlassen von Messen, die Primiz eines Priesters[133], Gebete, wie das Rosenkranzgebet[134], oder kurze Segenssprüche, Wallfahrten, der Bau von Kirchen und Kapellen oder das Schlagen des Kreuzzeichens[135].

Das Scheitern von Erlösungen wird mit der menschlichen Unzulänglichkeit begründet: mangelnder Ausdauer, fehlender Anteilnahme, Mangel geeigneter Kultgegenstände, Fehlleistungen beim Sühneopfer etc.

Die Erzählungen haben zumeist den Sinn, die rechtzeitige B. zu Lebzeiten als vorteilhafter und aussichtsreicher erscheinen zu lassen als die späte Sühne der ruhelosen Seelen. Sie unterstützen insofern die Integration der Gläubigen in das System der Kirche.

5. Die Wirkungen der B. In den meisten Fällen nennen die Erzählungen die Überwindung der natürlichen Neigungen des Menschen und die Erlösung von Sünden als die Frucht der B., gleichgültig ob sie in der Meditation über die Sündenstrafen oder in der Betrachtung der Güte Gottes bestand[136]. Einem frommen Menschen werden die Ergebnisse auch von Gott gezeigt[137]. Wirkungslos erscheint sie nur dann, wenn der Büßer sogleich rückfällig wird, oder wenn er nur einem Teil seiner Bußpflicht genügt: zwar beichtet, aber keine Genugtuung leistet, oder zwar Reue empfindet, aber für die B. zu stolz ist[138].

Fälle unspezifischer B. cf. → Schuld und Sühne.

[1] cf. Lev. 26, 41–43; Neh. 9, 1–3; 2. Paralipomenon 33, 11–13; 2. Regum 11, 1–12, 25; z. B. Ps. 6, 32, 38. – [2] Mt. 3, 2; 4, 17; Mk. 1, 15. – [3] Hennecke, E./Schneemelcher, W.: Nt. Apokryphen in dt. Übers. 2. Tübingen [4]1971, 444–454. – [4] ibid., 451. – [5] cf. Dassmann, E.: Sündenvergebung durch Taufe, B. und Martyrerfürbitte in den Zeugnissen frühchristl. Frömmigkeit und Kunst. Münster 1973, 103–153. – [6] ibid., 129–143. – [7] ibid., 132. – [8] cf. Kretzenbacher, L.: Teufelsbündner und Faustgestalten im Abendlande. Klagenfurt 1968, 42–53. – [9] cf. Dorn, E.: Der sündige Hl. in der Legende des MA.s. Mü. 1967, 21–23; Ohly, F.: Der Verfluchte und der Erwählte. Vom Leben mit der Schuld (Rhein.-Westfäl. Akad. der Wiss.en. Vorträge G 207). Opladen 1976, 43sq. – [10] cf. Dorn (wie not. 9) pass. –
[11] ibid., 121–130. – 12 cf. Jungmann, J. A.: Die lat. Bußriten in ihrer geschichtlichen Entwicklung (Forschungen zur Geschichte des innerkirchlichen Lebens 3–4). Innsbruck 1932; Wasserschleben, F. W. H.: Die Bußordnungen der abendländ. Kirche. Graz 1958. – [13] cf. Kretzenbacher, L.: Zur 'desperatio' im Mittelhochdeutschen. In: Fromm, H./Harms, W./Ruberg, U. (edd.): Verbum et signum 2. Mü. 1975, 295–310; Ohly, F.: Desperatio und Praesumptio. Zur theol. Verzweiflung und Vermessenheit. In: Festg. O. Höfler. Wien 1976, 501–558. – [14] Ohly (wie not. 9) 36–42; Kretzenbacher, L.: „Verkauft um dreißig Silberlinge". Apokryphen und Legenden um den Judasverrat. In: SAVk. 57 (1961) 1–17. – [15] cf. Ohly (wie not. 9) 7–36. – [16] Tubach, num. 3637. – [17] Tubach, num. 3662, 3677, 3678. – [18] Tubach, num. 1801. – [19] 'Apologia confessionum', num. 75. In: Die Bekenntnisschr. der evangel.-luther. Kirche. Göttingen [6]1967, 175. – [20] Mt. 4, 17. –
[21] 95 Thesen, num. 1–3. In: D. Martin Luthers Werke. Kritische Gesamtausg. 1. Weimar 1882, 233. – [22] 'Doctrina de sacramento paenitentiae',

25. Nov. 1551. In: Denzinger, H./Schönmetzer, A.: Enchiridion symbolorum [...]. Fbg [30]1973, 390–399. – [23] Catechismus Romanus [...]. Romae 1566, Teil 2, Hauptstück 5, num. 1–79. – [24] Kühnau, R. (ed.): Oberschles. Sagen. Breslau 1926, 227sq., num. 235. – [25] id.: Mittelschles. Sagen [...] (Schles. Volkstum 3). Breslau 1929, num. 406. – [26] id. (wie not. 24) 288sq. – [27] Bartsch, K. (ed.): Sagen, Märchen und Gebräuche aus Meklenburg 1. Wien 1879, num. 523. – [28] Rußwurm, C. (ed.): Sagen aus Hapsal [...]. Reval 1861, num. 142. – [29] Karasek-Langer, A./Strzygowski, E. (edd.): Sagen der Deutschen in Wolhynien und Polesien. Posen 1938, num. 324a. – [30] Meyer, G. F. (ed.): Schleswig-Holsteiner Sagen. Jena 1929, 172sq. –

[31] Mt. 27, 5. – [32] Schell, O. (ed.): Sagen des Rheinlandes. Lpz. 1922, num. 233. – [33] Karasek-Langer/Strzygowski (wie not. 29) num. 918. – [34] Röm. 6, 23. – [35] cf. Brückner, W.: Sterben im Mönchsgewand. In: Kontakte und Grenzen. Festschr. G. Heilfurth. Göttingen 1969, 259–277; Dorn (wie not. 9) 28sq., 57sq. und pass. – [36] cf. Dukker, C.: Umkehr des Herzens. Werl 1956. – [37] Apg. 9, 1–22; Dorn (wie not. 9) 29sq. – [38] ibid., 30–40. – [39] Schell (wie not. 32) num. 303. – [40] z. B. ibid., num. 55; Depiny, A. (ed.): Oberösterr. Sagenbuch. Linz 1932, num. 45, 212, 350. –

[41] Moser, D.-R.: Die Tannhäuser-Legende. Eine Studie über Intentionalität und Rezeption katechetischer Volkserzählungen zum Buß-Sakrament. B. 1977. – [42] Denzinger/Schönmetzer (wie not. 22) num. 1687. – [43] Catechismus Romanus (wie not. 23) Teil 2, Hauptstück 5, num. 16. – [44] Der erste päpstliche Reservatfall ist für Papst Innozenz III. (gest. 1216) nachgewiesen. Vorher ist mit entsprechenden Erzählmotiven nicht zu rechnen; cf. Brinktrine, J.: Die Lehre von den hl. Sakramenten der kathol. Kirche 2. Paderborn 1962, 102. – [45] Zum Verhältnis von supernaturalitas zu natura cf. id.: Offenbarung und Kirche. Paderborn 1947, 71–89, 175–189. – [46] Dorn (wie not. 9) 100sq. – [47] ibid., 100, not. 1. – [48] Moser (wie not. 41) 83–106; Williams, C. A.: The German Legends of the Hairy Anchorite (Illinois Studies 18). Urbana 1935. – [49] Moser, D.-R./Schanze, F.: Chrysostomus. In: Verflex. 1 ([2]1978) 1269–1271. – [50] cf. Moser (wie not. 41) 88sq. –

[51] ibid., 19sq. (mit Nachweisen). – [52] Schmidt, L.: Zur österr. Form der Tannhäuser-Ballade. In: Jb. des österr. Volksliedwerkes 1 (1952) 9–18; Kretzenbacher, L.: Tannhäusers Fahrt ins Paradies. In: id.: Heimat im Volksbarock. Klagenfurt 1961, 9–14. – [53] Hoffmann von Fallersleben, A. H. (ed.): Ndl. Volkslieder. Hannover [2]1856, num. 4. – [54] Lk. 15, 7. – [55] Moser (wie not. 41) 83–106. – [56] ibid., 19sq., Typen B, C, D. – [57] ibid., 48–54; Grafenauer, I./Kumer, Z.: Spokorjeni grešnik. Študija o izvoru, razvoju in razkroju slovenskohrvaško-vzhodnoalpske ljudske pesmi (Das slov.-kroat. Volkslied vom bußfertigen Sünder) (Razred za filološke in literarne vede 19, 8). Ljubljana 1965; Kumer, Z.: Vsebinski tipi slovenskih pripovednih pesmi. Typenindex slowen. Erzähllieder. Ljubljana 1974, num. 123; Brednich, R. W.: Die Legende vom Elternmörder in Volkserzählung und Volksballade. In: Jb. für Volksliedforschung 9 (1964) 116–143; Braun, H.: Zur Melodiegeschichte des Legendenliedes „Der bußfertige Sünder". In: Jb. für Volksliedforschung 16 (1971) 64–72. – [58] Sinnbild der Kirche; cf. Rahner, H.: Symbole der Kirche. Salzburg 1964, 304–360. – [59] Sinnbild der Welt, ibid., 272–303. – [60] Grafenauer/Kumer (wie not. 57) 159sq. –

[61] ibid., 50sq., Var. GG 4 und 5; Kretzenbacher, L.: Der Tannhäuser in der Volksdichtung Österreichs. In: Volkslied, Volkstanz, Volksmusik 48, 1–2 (1947) 4sq.; Moser (wie not. 41) 29 sq. – [62] cf. Dreißen, J.: Liturgische Katechese. Fbg/Basel/Wien 1965, 147—160. – [63] Moser (wie not. 41) 55–67; Andrejev, N. P.: Die Legende von den zwei Erzsündern (FFC 54). Hels. 1924; Kissling, H.-J.: Eine baktāšit. Version der Legende von den zwei Erzsündern. In: ZDMG 99 (1945–49) 181–201. – [64] Lk. 15, 7. – [65] Röm. 8, 13. – [66] Moser (wie not. 41) 67–82; Andrejev, N. P.: Die Legende vom Räuber Madej (FFC 69). Hels. 1927. – [67] Moser, D.-R.: Volkserzählungen und Volkslieder als Paraphrasen bibl. Geschichten. In: Festschr. K. Horak. Innsbruck 1978 (im Druck). – [68] Lk. 18, 10–14. – [69] Mt. 10, 3; Lk. 10, 11. – [70] cf. Pitra, J. B.: Spicilegium solesmense 2. P. 1855, 178 (Pseudo-Melito, Kap. 48, num. 13). –

[71] Moser (wie not. 41) 92sq.; Matičetov, M.: Der verbrannte und wiedergeborene Mensch. In: Fabula 2 (1958) 94–109; id.: Sežgani in prerojeni človek (Der verbrannte und wiedergeborene Mensch) (Razred za filološke in literarne vede 15, 4). Ljubljana 1961. – [72] Mt. 18, 21sq. – [73] Moser (wie not. 41) 75–82; Brinktrine (wie not. 44) 35–47. – [74] Moser (wie not. 41) 76–80. – [75] Nach Meinung der Jesuiten richtet sich das Volk nach dem Beispiel des Adels, cf. Moser, D.-R.: Verkündigung durch Volksgesang. Studien zur Liedkatechese der Gegenreformation. (masch.). Fbg 1978, 215. – [76] Catechismus Romanus (wie not. 23) Teil 2, Hauptstück 5, num. 25; Moser (wie not. 41) 29sq. – [77] Tubach, num. 4713; Kühnau (wie not. 24) num. 235. – [78] id. (wie not. 25) num. 529. – [79] z. B.: Meier, E. (ed.): Schwäb. Volkslieder. B. 1855 (Nachdr. Kirchheim [Teck] 1977) num. 199. – [80] Catechismus Romanus (wie not. 23) Teil 2, Hauptstück 5, num. 38; cf. Moser (wie not. 41) 50. –

[81] ibid., 50sq. – [82] Tubach, num. 3992. – [83] cf. Tubach, num. 3675, 3692. – [84] Tubach, num. 3674. – [85] Tubach, num. 3679. – [86] Tubach, num. 3661, – [87] Tubach, num. 3690, 3693. – [88] Moser (wie not. 41) 29. – [89] ibid., 28, 71, 97. – [90] ibid., 51sq.–

[91] Ohly (wie not. 9) 43–56. – [92] Grafenauer/Kumer (wie not. 57) 148; Tubach, num. 3679. – [93] Tubach, num. 3691. – [94] Tubach, num. 3694. – [95] Tubach, num. 3680. – [96] Tubach, num. 3695. – [97] Brednich, R. W./Kumer, Z./Suppan, W. (edd.): Gottscheer Volkslieder 2. Mainz 1971,

num. 141. – [98] Dorn (wie not. 9) 35–38, 50sq., 93sq., 127, not. 26. – [99] Catechismus Romanus (wie not. 23). Teil 2, Hauptstück 5, num. 63; Moser (wie not. 41) 42. – [100] Tubach, num. 1828. – [101] Tubach, num. 3477b. – [102] cf. Toldo, P.: Leben und Wunder der Hll. im MA. In: Studien zur vergleichenden Lit.geschichte 2 (1902) 87–103, 304–353, hier 89–91. – [103] ibid., 92–94. – [104] Tubach, num. 3924. – [105] Tubach, num. 3676, 4586. – [106] Moser (wie not. 41) 62; cf. HDA 1, 1719. – [107] Toldo (wie not. 102) 96sq.; Tubach, num. 351, 5210. – [108] Birlinger, A./Buck, M. R. (edd.): Volkstümliches aus Schwaben. 1: Sagen, Märchen, Volksaberglauben. Fbg 1861 (Repr. Hildesheim/N. Y. 1974) num. 37; z. B. Sann, H. von der (ed.): Sagen aus der grünen Mark. Graz ^{3}1922, 41. – [109] cf. Mt. 5, 3. – [110] Depiny (wie not. 40) 425. –

[111] ibid., 77, 130, 281, 353. – [112] Tubach, num. 3482. – [113] Tubach, num. 3688. – [114] C. von Heisterbach: Dialogus miraculorum. ed. J. Strange. Köln/Bonn/Brüssel 1851, 1, 32. – [115] Brinktrine, J.: Die Lehre von der Menschwerdung und Erlösung. Paderborn 1959, 210sq.; cf. Moser, D.-R.: Lazarus Strohmanus Jülich. Ein christl. Volksbrauch zur Lehre von der „satisfactio vicaria". Jülich 1975. – [116] Tubach, num. 3668. – [117] Tubach, num. 3660. – [118] Luzel, F. M. (ed.): Légendes chrétiennes de la Basse-Bretagne 1. P. 1881 (Ndr. P. 1967) 83sq.; cf. Tubach, num. 3667. – [119] Moser (wie not. 75) 543–545, not. 1463sq. – [120] Tubach, num. 3666. – [121] Tubach, num. 3686. – [122] Tubach, num. 2054. – [123] Sailer, J.: Die Armen Seelen in der Volkssage. Diss. (masch.). Mü. 1956, bes. 12sq.; Moser-Rath, E.: Arme Seele. In: HdS 1, 628–641; Röhrich, L.: Sage. Stg. ^{2}1971, bes. 34sq.; Müller, I./Röhrich, L.: X. Der Tod und die Toten. In: DJbfVk. 13 (1967) 346–397; Thomann, G.: Die Armen Seelen im Volksglauben und Volksbrauch des altbayr. und oberpfälz. Raumes. In: Verhandlungen des Hist. Vereins für Oberpfalz und Regensburg 110 (1970) 115–175; t. 111 (1971) 96–167; t. 112 (1972) 173–261; Leibbrand, J.: Armenseelenkult und Andachtsgraphik im 19. und 20. Jh. In: Forschungen und Ber.e zur Vk. in Baden-Württemberg 1971–1973 (1973) 21–41. – [124] cf. Brinktrine, J.: Die Lehre von den letzten Dingen. Paderborn 1963, 39, num. 6. – [125] Grimm DS, num. 225–226; Le Braz, A.: Le Légende de la mort chez les Bretons armoricains 2. P. 1922, 30–32, 70. – [126] z. B. Codex germanicus Monacensis 7340, t. 2, p. 78sq.; z. B. Pinck, L. (ed.): Verklingende Weisen 3. Metz 1933, 325–327, Strophe 11. – [127] Sailer (wie not. 122) 70–83. – [128] ibid., 75. – [129] ibid., 77sq. – [130] ibid., 112–150. – [131] ibid., 109–111. – [132] Ranke, F.: Der Erlöser in der Wiege. Mü. 1911. – [133] Brednich/Kumer/Suppan (wie not. 97) t. 1 (Mainz 1969) num. 78a. – [134] Sailer (wie not. 122) 127–130. – [135] ibid., 130–141. – [136] Tubach, num. 3336. – [137] Tubach, num. 3696. – [138] Tubach, num. 1637, 3663, 5092.

Freiburg/Br. Dietz-Rüdiger Moser

Buße der Ehebrecherin (AaTh 992 A). Nach T. Benfey ist diese Novelle ind. Provenienz[1]. Jedoch sind die Überlieferungsverhältnisse zu kompliziert, als daß nicht auch andere Herkunftsmöglichkeiten erwogen werden müßten, zumal die Erzählung in Europa früher und vor allem häufiger als im Nahen (oder Mittleren?) Osten bezeugt ist.

Die älteste Fassung bieten die um 1300 niedergeschriebenen *Gesta Romanorum* (Kap. 56: *De memoria mortis*):

Ein Kaufmann bewundert einen Fürsten und wird von diesem auf sein Schloß geladen. Beim Abendessen sieht er, daß der Dame des Hauses die Speisen auf einem Totenkopf serviert werden. In seinem Schlafzimmer hängen zwei tote Jünglinge. Der Fürst erklärt ihm, seine Frau sei mit einem Herzog ehebrüchig geworden, dem er daraufhin den Kopf abgeschlagen habe. Der Sohn des Getöteten habe dann die beiden jungen Verwandten des Fürsten umgebracht. Zur Buße muß die Frau vom Totenschädel essen, und die beiden Leichen erinnern den Fürsten an die Mordtat.

Ähnliches erzählt der bayer. Dichter Heinrich Kaufringer (gest. vor 1404)[2] in seiner achten Novelle. Als Vorspann dient das Motiv von der vergeblichen Suche nach der glücklichen Zufriedenheit[3]: Ein reicher Bürger verläßt seine etwas knauserige Frau, um das vollkommenste Ehepaar zu suchen. Als er glaubt, ein solches gefunden zu haben, zeigt ihm der Hausherr, wie seine Frau jeden Abend aus dem Schädel des in ihren Armen getöteten Liebhabers trinken muß. Diese Version hat sich in der schwäb. Ballade *Die Büßende* (1777) erhalten[4]. W. von Wurzbach denkt an einen Zusammenhang mit der langobard. *Alboin und Rosamunda*-Sage[5], aber das Motiv vom Schädelbecher ist alt und weit verbreitet und begegnet in der Sage, im Märchen wie in der Legende (cf. Mot. Q 491.5)[6], so daß es wohl schon sehr früh frei verfügbar war.

Die Fassung in Johannes Paulis *Schimpf und Ernst* (Straßburg 1522) greift wieder auf die *Gesta Romanorum*-Version zurück, nur wird der Ehebrecherin der bärtige Kopf des Galans vorgesetzt[7]. Pauli folgen Hans Sachs: *Der Ritter mit dem Dottenhaupt* (1546), Otto Melander/Wolfgang

Ketzel: *Joco-Seria* 2 (Lich 1605, 234), D. Mahrold: *Schmahl und kahl Roldmarsch Kasten* (s. l. 1608, num. 99), Jasander: *Der Teutsche Historienschreiber* (Ffm./Lpz. 1728, num. 87) u. a. Daneben begegnet schon früh in Deutschland eine legendarisierte Fassung, zuerst im Meisterlied *St. Ulrich* des Augsburgers Jörg Preining (1440–1504)[8]: Der Heilige wird von einem Grafen bewirtet. Bei Tisch wird die Hausfrau mit einem Schädel in einem Eisenkorb vorgeführt und in den Winkel verwiesen. Auf Ulrichs Bitte hin redet der Schädel und bezeugt die Unschuld der Frau. Der Heilige setzt dem Enthaupteten den Kopf wieder auf und erweckt den Toten zum Leben[9]. Die Erzählung ist in die *Zimmerische Chronik* (1564–1566) aufgenommen worden[10], und 1723 wiederholt sie Placidus Taller in seiner Predigtsammlung *Einfältiger doch wohlmeinender Bauern-Prediger* (p. 805)[11].

Den Trunk aus dem Totenschädel und das Happy-End der Legende kennt auch die etwas makabre frz. Fassung im *Heptamerone* (1542) der Königin → Marguerite de Navarre[12]:

Der Gesandte König Karls VIII. wird auf der Reise nach Deutschland von einem Edelmann aufgenommen. Beim Abendessen erscheint die Frau des Hauses schwarzgekleidet, mit geschorenen Haaren und erhält aus einem Totenkopf Wasser zu trinken. Sie hatte sich einem jungen Mann hingegeben, dem der Hausherr den Kopf abgeschlagen hat, und dessen Skelett im Zimmer der Frau hängt. Der Gast rät zur Versöhnung, die später auch stattfindet.

Diese Version hat Friedrich Leopold Graf zu Stolberg (1750–1819) zur Ballade *Die Büßende* verarbeitet[13].

Ein freundliches Ende nimmt auch die span. Version in Vicente Espinels Schelmenroman *Vida y hechos de Escudero Marcos de Obregon* (1618): Die Büßerin erscheint nicht bei der Tafel, sondern sie wird zusammen mit der Leiche des angeblichen Geliebten in ihr Zimmer gesperrt und soll dort langsam verhungern. Es gelingt dem Gast, die Unschuld der Frau zu erweisen: Der Verführer hatte sich vergebens bemüht[14]. Alain-René Lesage hat die Fassung in seinem 1743 erschienenen Roman *Estevanille Gonzales ou le garçon de bonne humeur* verwertet. Bei Bandello (2, 12) muß dagegen die Ehebrecherin für immer in der Kammer bleiben, in der ihr Buhle aufgehängt ist. Eine neue Variante der Buße kennt die Komödie des Spaniers Luis Velez de Guevra (1570–1644): *Cumplir dos obligaciones y Duquesa de Saxonia*: Hier muß die angebliche Ehebrecherin sogar vom Sarge des Getöteten essen. Sie erzählt dem Gast, daß alles Verleumdung sei. Dieser fordert den Intriganten und erweist so die Unschuld der Frau[15].

Die westl. Totenkopf-Redaktion ist auch dem nahöstl. Traditionsbereich bekannt. In dem um 1700 verfaßten Werk *Die Weisheit der Lüge* des Georgiers Sul'chan-Saba Orbeliani findet sich folgende Episode[16]: Im Hause des Djisi-Gurgen schleppt die Frau als Buße für den Ehebruch den vergoldeten, mit Edelsteinen und Perlen besetzten Kopf ihres Liebhabers an einer Kette hinter sich her.

In der Türkei ist die Version in zwei verschiedenen Redaktionen bekannt. In der ersten dient AaTh 844: → *Hemd des Glücklichen* als Vorspann. Bei Eberhard/Boratav 277: *Die Familie ohne Kummer* wird resümiert:

(1) Eine arme Frau will für ihr Kind ein glückbringendes Hemd haben; dazu soll dies von einer Frau genäht werden, die ohne Kummer lebt. (2) Sie geht darum zu der Sultanin und bittet sie, das Hemd zu nähen. (3) Die Sultanin läßt sie aus einem Versteck zusehen, wie ihr Mann ihr eine tägliche Züchtigung gibt. Sie hatte schwarze Weintrauben schöner als weiße gefunden; ihr Mann hatte angenommen, das sei eine Anspielung auf eine Liebe seiner Frau zu einem Neger. Er schlägt sie darum täglich und fragt, ob er nicht schöner als der Neger sei. (4) Die Arme rät der Geplagten, sie solle ihren Mann auf den Padischah von Jemen hinweisen. (5) Der Eifersüchtige reist nach Jemen. (6) Der Herrscher zeigt ihm seine in ein Tier verwandelte Frau, die er gut behandelt, obwohl sie ihn jede Nacht eingeschläfert und sich mit einem Liebhaber vergnügt hatte. Er hatte den Liebhaber getötet und dessen Kopf seiner Frau in einer verdeckten Eßschüssel vorgesetzt. Die Frau hatte sich von selbst in ein Tier verwandelt.

Bei Eberhard/Boratav sind zehn türk. Varianten notiert. Die Erzählung scheint also beliebt zu sein. Bemerkenswerter ist jedoch, daß diese Kombination wiederum schon früh in ähnlicher Form im *Pecorone* (1378) des Ser Giovanni Fiorentino (2, 1) begegnet: Eine Frau sucht als Heilmittel für ihren kranken Sohn ein Hemd, das von der glücklichsten Frau der Stadt angefertigt ist. Als sie glaubt, eine solche gefunden zu haben, enthüllt diese das Skelett ihres erschlagenen Liebhabers (cf. Rotunda H 1195, U 115.1).

Eine zweite Gruppe verbindet AaTh 992 A mit AaTh 449: → *Sidi Numan*, cf. Eberhard/Boratav 204: *Die Geschichte des Sinan-Pascha:*

(1) Ein Mann möchte eine Schönheit gewinnen. (2) Er muß dazu die Geschichte des Sinan-Pascha in Erfahrung bringen. (3) Er erfährt die Geschichte: (a) Sinan-Pascha heiratete eine Zigeunerin und deren Mutter. (b) Diese vergnügten sich mit anderen Liebhabern. (c) Er beobachtet sie und tötet die Liebhaber. Deren Köpfe setzt er den Frauen zum Essen vor. (d) Die Frauen verwandeln ihn mit einer Zauberpeitsche in einen Hund. (e) Durch einen treuen Diener, der die Peitsche in die Hände bekommt, wird er nach vielen Jahren wieder zum Menschen und verwandelt nun die Frauen in Tiere. (4) Sinan-Pascha tötet jeden, dem er die Geschichte erzählt hat; durch einen Trick entgeht der Jüngling der Tötung. (5) Er bekommt seine Schönheit.

Diese in acht Fassungen vertretene Redaktion ist deswegen höchst interessant, weil sie wahrscheinlich das Bindeglied zur östl. Hunde-Redaktion darstellt, die in ihrer einfacheren Form zuerst ebenfalls in einer türk. Erzählsammlung, in den um 1450 aus dem Arabischen übersetzten *Qyrq Vezir* (→ Vierzig Wesire) zu finden ist[17]: Ein Kaufmann übernachtet bei einem Vornehmen. Er sieht, daß dessen Frau im Winkel mit einem Hund zusammen essen muß. Er erfährt, daß sich die Frau mit einem Negersklaven vergangen hat und beide den Hausherren umbringen wollten. Aber sein Hund kam ihm zu Hilfe, so daß er den Neger töten konnte. Sehr ähnlich sind die beiden Fassungen, die H. Stumme in Tripolis und Tunis aufgenommen hat[18]. In Persien ist folgende Fassung bekannt[19]:

Ein junger Mann, der eine schöne Kaufmannstochter heiraten möchte, muß vorher in Erfahrung bringen, warum ein Kaufmann in Isfahan seine Frau in Ketten hält und ihr nur die Reste des Hundefutters zu essen gibt. Vor einem Drachen rettet der Held die Brut des Vogels Simurg, der ihn in die Stadt trägt. Die Frau hat ihren Mann mit einem Div betrogen. Der Hund hat geholfen, den Unhold zu töten.

Sehr ähnlich ist eine moderne Fassung, die der durch seine Aufrufe zum Märchensammeln im Teheraner Rundfunk bekannte pers. Lehrer F. M. Subhi in den 50er Jahren aufgezeichnet hat[20].

Häufiger ist die Werbung um die Schöne mit der Aufgabe verbunden, herauszubekommen, was Gül dem Sanaubar und umgekehrt Sanaubar der Gül getan hat (die Namen können vertauscht werden), eine Frage, die schon in der zweiten türk. Redaktion anklang. Die bislang älteste Form bietet A. Haxthausen in seiner *Transkaukasia*[21]. Sie ist ihm von einem Armenier oder (wahrscheinlicher) von einem Perser erzählt worden. Die Novelle wird vom Turandot-Typus (AaTh 851 A: → *Rätselprinzessin*) eingeleitet:

Eine pers. Königstochter gibt ihren Freiern das Rätsel auf: „Was hat Senoba dem Gül und was hat Gül der Senoba getan?" (Namenstausch). Wer das Rätsel nicht löst, wird geköpft. Der Held wandert zum Garten Salomos und sieht, wie ein Mann den Rest des Hundefutters seiner in einem Käfig eingesperrten Frau gibt. Sie hatte ihn mit einem Zauberer betrogen. Als er diesen töten wollte, half ihm sein Hund. Der Dämon entkam und haust nun im Keller unter dem Gemach der Rätselprinzessin, die seinetwegen nicht heiraten will.

Eine sehr ähnliche, um das bekannte Vogel Simurg-Motiv erweiterte Fassung hat F. Liebrecht[22] nach den *Allégories* des frz. Orientalisten Garcin de Tassy[23] referiert, der von sechs hindustan. Versionen spricht, jedoch ist nach Thompson/Roberts die Erzählung in Indien nicht bekannt. Ebenso fehlen ältere ind. Belege. Die von Liebrecht notierte Erzählung zeichnet sich vor allem dadurch aus, daß sie die Hunde- mit der Totenkopf-Redaktion verbindet: Der Frau wird der Kopf ihres Negerliebhabers und der Rest des Hundefutters vorgesetzt. Eine neuere Fassung hat G. Jungbauer in Taschkent aufgezeichnet[24]. In einer awar. und einer kirgis. Variante ist der Typ, ganz äquivalent der zweiten türk. Redaktion, mit AaTh 449 kombiniert[25]. Eine grusin. Version verbindet ihn schließlich mit AaTh 507C: → *Giftmädchen*[26].

Dieser Komplex verrät in allem pers. Herkunft: Die Namen Gül und Sanaubar sind ebenso wie die Bezeichnung und die Funktion des Vogels Simurg iran. Sprach- und Erzählgut. Jedoch hat T. Benfey versucht, ihn mit einer Episode im Roman *Daçakumāracarita* des Inders Dandin (7. Jh. p. Chr. n.) in Verbindung zu bringen[27]:

Eine Ehefrau vergeht sich mit einem Verkrüppelten. Es gelingt ihr sogar, ihren Mann in einen Brunnen zu stoßen und mit ihrem Liebhaber davonzuziehen. Der Mann wird von einem Karawanenmitglied gerettet, aber seine Frau verklagt ihn vor dem König, ihren Liebhaber verstümmelt zu haben. Jedoch wird der eigentliche Sachverhalt eruiert und die Frau zu einer çvapācika (Hundekocherin) erniedrigt.

In der Lit. des islam. Orients soll dann durch Mißverständnis dieses Wortes aus der Hundekocherin eine Frau, die mit einem Hund essen muß, geworden sein. Diese abenteuerliche Etymologie kann wohl kaum die Herkunft der Hunde-Redaktion aus altind. Erzählgut authentisieren.

Ehebruch und Eifersucht sind gemeinmenschliche Situationen und Anlagen, und vielleicht sind in diesem Fall zwei ursprünglich selbständige Erzählungen, die westl. Totenkopf- und die östl. Hunde-Redaktion, bei den Turk- oder benachbarten Islamvölkern aufeinandergestoßen und kombiniert worden, wobei westl. Züge und Episoden nach Osten hin verbreitet wurden. Ost-westl. Erzählgefälle ist jedenfalls nicht festzustellen, was für die Stabilität und die Dominanz der Totenkopf-Redaktion im Abendland spricht.

[1] Benfey 1, 443–454. – [2] Verflex. 5, 507. – [3] Heinrich Kaufringers Gedichte (BiblLitV 182). ed. K. Euling. Stg./Tübingen 1888, 99. – [4] Bodmer, J. J.: Altengl. und altschwäb. Balladen. Zürich 1781, 140sq. – [5] Wurzbach, W. von: Stolbergs Ballade „Die Büßende" (Stoff und Qu.). In: Euphorion 6 (1899) 84–90. – [6] Zu der dort angegebenen Lit. cf. noch HDA 5, 201sq. – [7] Pauli/Bolte, Kap. 223. – [8] Verflex. 3, 927–945, bes. 938. – [9] Görres, J.: Altteutsche Volks- und Meisterlieder. Ffm. 1817, 311. – [10] cf. Birlinger, A.: Aus Schwaben 1. Wiesbaden 1874, num. 55. –

[11] Nach dem Leben des Hl. Udalricus von G. Stengel(ius), v. Pauli/Bolte 2, 314. – [12] Das Heptameron. Die Erzählungen der Königin Margarete von Navarra. ed. M. Wulff, B. s. a., 369–376. – [13] cf. Wurzbach (wie not. 5). – [14] ibid., 89. – [15] ibid., 90. – [16] Orbeliani, S.-S.: Die Weisheit der Lüge. Übers. aus dem Georg. von M. von Tseretheli. Einl. von S. Awalischwili. B. 1933, 182–185. – [17] Die vierzig Veziere oder die weisen Meister. Übers. von W. F. A. Behrnauer. Lpz. 1851, 325. – [18] Stumme, H.: Märchen und Gedichte aus der Stadt Tripolis [. . .]. Lpz. 1898, 172–176; id.: Tunis. Märchen und Gedichte 2. Lpz. 1893, 110–112; cf. Chauvin 8, 161, num. 170. – [19] Lorimer, D. L. R. und E. O.: Persian Tales. L. 1919, num. 36. – [20] Subhi, F. M.: Persidskie narodnye skazki. Taškent 1958, 112–117. –

[21] Haxthausen, A.: Transkaukasia 1. Lpz. 1856, 326–329. – [22] Liebrecht, F.: Zur oriental. Lit. In: Archiv für Literaturgeschichte 6 (1877) 583–608, bes. 598–601. – [23] Garcin de Tassy, J. H. S. V.: Allégories, récits poétiques et chants populaires traduits de l'arabe, du persan, de l'hindoustani et du turc. P. ²1876. – [24] Jungbauer, G.: Märchen aus Turkestan und Tibet. MdW 1923, num. 11. – [25] Dirr, A.: Kaukas. Märchen. MdW 1920, num. 13; Potanin, G. N.: Kazak-Kirgizskija i altajskija predanija, legendy i skazki. Petrograd 1917, num. 47. – [26] Dolidze, N.: Volšebnye skazki. Tiflis 1960, 59–64. – [27] Benfey 1, 436–439, 444sq.

Göttingen Kurt Ranke

Buße des Eremiten → Eremit: Der selbstgerechte E.

Buße des Teufels (AaTh 810 A; Mot. G 303. 9. 3. 1. 1.), ein Schwank mit sozialkritischer Tendenz, der sich gegen das kümmerliche Dasein des Bauernstandes richtet.

(1) (a) Ein armer, frommer Mann legt bei der Arbeit sein letztes Stück Brot auf einen Baumstumpf. (b) Ein junger Teufel stiehlt ihm das Brot, um ihn zu versuchen. (c) Der fromme Mann segnet den Dieb. – (2) (a) Der Teufel wird in der Hölle für sein Tun von Luzifer getadelt. (b) Er erhält den Befehl, bei dem Bestohlenen ein Jahr (drei, sieben Jahre) Dienst zu tun. – (3) (a) Der Teufel macht den armen Mann durch seine Arbeit reich, (b) prellt den reichen Landbesitzer und (c) kehrt dann in die Hölle zurück.

Am deutlichsten erkennbar wird das Anliegen der Erzählung in dem Dialog zwischen Luzifer und dem jungen Teufel, in dem der Höllenfürst den Brotdieb mit den Worten tadelt: „Weißt du nicht, daß die unglücklichste aller Kreaturen in der Welt der Bauer ist und daß wir die Aufgabe haben, sein Los nicht noch zu verschlechtern, sondern ihm zu helfen?"[1]. Folgerichtig schickt Luzifer ihn dem Bauern zu Hilfe, der dessen materielle Lage rasch verbessert und dem reichen Herrn, der den Bauern preßt, als dem Verursacher der Not Schaden zufügt. Geschickt verbindet der Schwank das christl. Gegensatzmotiv, daß der fromme Arme reich, der gottlose Reiche arm wird (cf. Mot. L 143: L 412 N 181; → Arm und Reich)[2] mit dem Motiv von der Unantastbarkeit des → Brotes (cf. Mot. C 535), in dem nach dem Eucharistieglauben Gott selber gegenwärtig ist (→ Hostie). Nach Aussage der Erzählung darf nicht einmal der Teufel, der den Menschen mit Zulassung Gottes versucht, dem Frommen das Brot wegnehmen, weil es sich dabei um ein widergöttliches Sakrileg handeln würde (→ Brotlegenden). Daß der bestohlene Bauer den Dieb segnet, statt ihn zu verfluchen, fügt seiner Frömmigkeit noch die Tugend der Demut hinzu.

Der Schwank wird insofern von einer rein christl. Grundhaltung getragen (→ Christl. Züge im Märchen). Im Unterschied zu vielen anderen genuin christl. Erzählungen stammt er jedoch nicht aus dem christl. MA. Zwar finden sich verwandte Erzählungen über den hilfreichen Teufel oder den Teufel als Knecht (→ Herr und Knecht) bereits in spätmittelalterlichen Exempelsammlungen, z. B. bei → Caesarius von Heisterbach[3], doch dürfte die bes. Konstellation, daß das Diensttun des Teufels als Buße für den dem Bauern angetanen Frevel des Brotdiebstahles dargestellt wird, erst sehr viel jüngeren Ursprungs sein. In seiner Tendenz, das harte Geschick des Bauern aufzuzeigen, dem allein der Teufel zu helfen vermag, steht er den Bauernklagen nahe, die seit Ende des 16. und verstärkt seit Mitte des 17. Jh.s in der Gestalt von Liedern und Volksschauspielszenen, auch auf Flugblättern, verbreitet wurden[4]. Sein Fehlen in den großen Exempelsammlungen der Gegenreformation (→ *Speculum exemplorum*) scheint sogar auf eine noch spätere Entstehungszeit hinzudeuten.

Diese Annahme findet eine Stütze in der vergleichsweise stabilen Struktur der Erzählung, die kaum Verbindungen zu anderen Erzählstoffen aufweist. Vereinzelt erscheint sie mit dem Motiv von der Entstehung des Branntweins (Mot. A 1456) kontaminiert[5], das diesen in unverkennbar erzieherischer Absicht als eine Erfindung des Teufels bezeichnet. Eine rumän. Variante ersetzt den Brotdiebstahl durch das Versenken von Ochs und Wagen, eine Untat, die den davon betroffenen Jüngling jedoch nicht zum Abfall von Gott veranlaßt[6].

Einige Varianten des rumän. Ökotyps fügen der Erzählung noch einen Ehebruchschwank hinzu: Gegen den Rat des Teufels heiratet der Jüngling ein Mädchen mit einer Teufelsrippe. Auf Anraten einer Alten begeht die junge Frau Ehebruch. Der Jüngling entdeckt und verprügelt den Nebenbuhler (cf. Mot. K 1550), und der Teufel schleppt die kupplerische Alte im Sack mit sich fort (cf. Mot. D 2121. 5; E 711.5; E 752.2; G 303. 24. 1. 5.).

Die Leistungen, die der Teufel im Dienst seines Herrn vollbringt (cf. Mot. F 613), lauten in allen Aufzeichnungen ähnlich:

> Meist schneidet und drischt er in unglaublich kurzer Zeit Korn (cf. Mot. H 1122), pflügt in einer Nacht ein gewaltiges Stück Land (cf. Mot. H 1103.2) oder fällt einen ganzen Wald (cf. Mot. H 1095), er lädt sich einen wilden Stier auf, den der reiche Gutsherr ihm nachhetzt (cf. Mot. F 631.4.), und macht sich dessen sonstige Nachstellungen zunutze.

Der Teufel erscheint hier ganz wie der → *Starke Hans* (AaTh 650 A; Mot. F 610), der in diesem Fall wohl auch sein Vorbild abgegeben hat.

Während der Schwank in West- und Südwesteuropa ganz fehlt, ist er in Ost- und Südosteuropa verbreitet. Der Schwerpunkt der Überlieferung liegt im östl. Teil Mitteleuropas (Polen, Rumänien, Tschechoslowakei).

[1] Coleman, M. M. (ed.): A World Remembered. Tales and Lore of the Polish Land. Cheshire, Conn. 1965, 222. – [2] cf. z. B. Lk. 6, 20; 16, 20–22; Mt. 19, 23; Kor. 8, 9. – [3] Caesarius von Heisterbach: Dialogus miraculorum. ed. J. Strange. Köln/Bonn/Brüssel 1851, 5, 36; Nachweise bei Alsheimer, R.: Das Magnum speculum exemplorum als Ausgangspunkt populärer Erzähltraditionen. [. . .] (Europ. Hochschulschr. 19, 3). Bern/Ffm. 1971, 130 sq., num. VZ 52 (Teufel als Knecht). – [4] cf. Strobach, H.: Bauernklagen. Unters.en zum sozialkritischen dt. Volkslied (Veröff.en des Instituts für Dt. Vk. an der Dt. Akad. der Wiss.en 33). B. 1964, 329–354. – [5] cf. Böhm, M./Specht, F. (edd.): Lett.-lit. Volksmärchen. MdW 1924, 162–164. – [6] Bîrlea, O.: Antologie de proză populară epică. Buk. 1966, 492–501.
Var.n: BP 2, 294sq. weisen auf dt. (3), skr. (3), slov. (3; aus der Steiermark), slovak. (2), tschech. (3), poln. (10), ukr. (10), weißruss. (6), großruss. (2) und lit. (1) Var.n hin. AaTh nennen ferner ir. und dän. Belege. Zu ergänzen sind: Aus der Heimat – Für die Heimat 4 (1908) 22sq. – Löwis of Menar, A. von (ed.): Finn. und estn. Volksmärchen. MdW 1922, num. 20. – Tille, V. (ed.): Soupis ceských pohádek 1. Praha 1929, 171–175. – Bošković-Stulli, M. (ed.): Narodne pripovijetke. Zagreb 1963, num. 60. – Coleman (wie not. 1) 221sq. – Bîrlea (wie not. 6) 492–501. – Nedo, P. (ed.): Die gläserne Linde. Westslaw. Märchen. Bautzen 1972, 249–255 und 336, not. 46.

Freiburg/Br. Dietz-Rüdiger Moser

Bütner, Wolfgang, protestant. Theologe – seine genauen Geburts- und Sterbedaten sind unbekannt – ist wahrscheinlich um 1524/25 zu Oelsnitz im Voigtland geboren, hat die Schule in Eger besucht und bei Georg → Major in Magdeburg die „fundamenta suorum studiorum“ gelegt[1]. Sein Theologiestudium absolvierte er vermutlich in Wittenberg[2]. Nach seiner Ordination durch die 'Weimarische Kirche' versah er das Predigtamt über 29 Jahre in deren Gemeinden Umpferstedt und Wolferstedt[3]. Er starb vor 1596, dem Erscheinungsjahr der 2. Aufl. seiner *Epitome historiarum*[4] (= E. h.), da in deren Titel auf ihn als den „weyland Pfarherrn in der Graffschafft Manßfeld“ verwiesen ist.

In die dt. Lit.geschichten ist B. nur durch ein anderes Kompilationswerk eingegangen, nämlich durch die 1572 und öfter bei U. Gaubisch in Eisleben herausgebrachten *627 Historien von Claus Narr*[5]. Ebenfalls 1572 erschien dort sein pastoraltheol.-didaktisches Werk *Der Kleine Catechismus / in kurtze und Christl. Lieder* [. . .] *gesetzt / und zu singen*[6]. Diese Ausgabe ist nach den Ausführungen U. Gaubischs in der Vorrede schon eine 2. Aufl. und soll ihrem Titel nach zur Erbauung „für die Wanderleute / auff der Strasse / und Handwercks Gesellen auff der Werckstatt [. . .]“ dienen. 1574 kam dann noch bei U. Gaubisch B.s *Dialectica Deutsch. Das ist / Disputierkunst* [. . .] heraus[7] (2. Auflage Lpz. 1576 bei J. Berwalds Erben)[8]. Dieses Lehrbuch wollte laut Titel vermitteln: „Wie man vernünfftige und rechte Fragen / mit vernunfft und mit Kunst entscheiden / und verantworten solle“.

Nicht so erfolgreich war B.s zweites großes Kompilationswerk, das ebenfalls 1576 in Erstauflage unter dem Titel *Epitome historiarum. Christlicher ausgelesener Historien und Geschichten / Aus alten und bewehrten Scribenten. Und die sich auch zu unsern zeiten zugetragen. Ordentlicher und kurtzer Auszug* [. . .] erschienen ist[9]. Es stand ganz im Schatten des *Promptuarium exemplorum* von Andreas → Hondorff, dem erfolgreichsten protestant. Exempelsammler des 16. Jh.s. B. hat seine Exempel „In Fünff Bücher Nach ordnung und der Lere in den zehen Geboten Gottes / Und der sieben Bitten in unserem heiligen Vater unser / Gerichtet“[10]. Seinen zunächst gehegten Plan, „[. . .] diesen Farraginem Historiarum / in und nach den fünff Stücken Christlicher Lere im Catechismo einzuteilen [. . .]“[11], hat B. nicht ausgeführt. Das blieb Georg Steinhart, einem protestant. Prediger aus Dürrweitzschen, für die 2. Auflage von B.s E. h., die er im Jahre 1596 für J. Apel in Leipzig ediert hat, vorbehalten[12]. Eine 3. Auflage folgte Lpz. 1615[13].

Dabei ging es G. Steinhart darum, „[. . .] das ich allein die nothwendigsten Exempel und Historien uber jedes Stück deß Catechismi/ sampt den fürnembsten Heuptsprüchen und Historien der H. Schrifft eingebracht / und alle weitleufftigkeit/ und was sonst unnötig/ oder ergerlichen schein gehabt/ umbgangen/ und diß werck also angestellet/ das es gleichwol ein keuffliches und völliges Exempelbuch uber den gantzen Catechismum Lutheri sein möge [...]"[14]. Und er hofft deshalb, daß „diß Buch sol einfeltigen Pfarherrn und fromen Gottfürchtigen Haußvätern/ dienstlich und nützlichen sein [...]"[15]. Diese Hoffnung hatte auch schon B. in seiner Vorrede geäußert[16]

Ihre Quellen haben B. und auch G. Steinhart nach jedem Exempel genau angegeben. Ein Nachweis der „Autores. Meister und Bauleute dieser Historien Epitome", den B. seiner Vorrede angehängt hat[17], zeigt, daß er sowohl die alten als auch die zeitgenössischen Autoren der Kirchen- und Profangeschichte für seine Exempelsammlung ausgeschrieben hat. Daneben haben B. und G. Steinhardt auch vor allem die zeitgenössischen Memorabilien- und Prodigiensammlungen[18] als Quellen benutzt, und von B. finden sich sogar einige eigene Erlebnisberichte in der E. h. Durch das Ausschöpfen dieser letztgenannten Quellen und durch das Vorkommen von schwankhaften Erzählstoffen ist die Diktion dieser Exempelsammlung bei weitem volkstümlicher und weniger lehrhaft als die des Hondorffschen *Promptuarium exemplorum*[19]. Primär für die Sagenforschung ist die E. h. eine reiche Fundgrube; so hat z. B. R. Alsheimer die Teufelserzählungen aus der Erstauflage und der Steinhartschen Bearbeitung zusammengestellt[20]. Darüber hinaus lassen sich noch folgende bekannte Erzählstoffe in der Auflage von 1596 nachweisen:

fol. 5ᵛ = cf. AaTh 1577: *Die getäuschten* → *Blinden* (hier: Schwein unter Blinde laufen lassen). – 29ʳ: Rubenzagel (→ Rübezahl) narrt Wanderer. – 70ʳ⁺ᵛ: Tänzer zu Kölbigk (→ Tänzersage). – 106ʳ⁺ᵛ = AaTh 980 D: *Der undankbare* → *Sohn* (Kröte). – 106ᵛ–107ʳ = AaTh 980D: *Der undankbare Sohn* (Schlange). – 110ᵛ = AaTh 838: → *Sohn am Galgen*. – 112ʳ⁺ᵛ = AaTh 982: *Die vorgetäuschte* → *Erbschaft*. – 113ʳ⁺ᵛ = AaTh 980B: *Der undankbare Sohn*. – 122ʳ: Hand wächst aus dem Grabe. – 122ᵛ = AaTh 875D*: *The Prince's Seven Wise Teachers*. – 149ᵛ–150ʳ = AaTh 920C: → *Schuß auf den toten König*. – 150ʳ⁺ᵛ = → *Rattenfänger von Hameln*. – 171ᵛ = Wilhelm Tell-Sage. – 222ʳ⁺ᵛ = → *Pyramus und Thisbe*. – 244ʳ = AaTh 762: → *Mehrlingsgeburten*. – 244ʳ–245ʳ: Graf Babo und seine 32 Söhne. – 251ʳ = AaTh 1353: *Böses* → *Weib schlimmer als der Teufel*. – 259ʳ = Graf von Gleichen. – 259ʳ⁺ᵛ = cf. AaTh 888: *Die treue* → *Frau*. – 308ᵛ = AaTh 960A: → *Kraniche des Ibykus*.

[1] ADB 4 (¹1876) 282–284; Goedeke 2 (²1886) 558sq., num. 3; Schnorr von Carolsfeld, F.: Über Klaus Narr und M. W. Bütner. In: Archiv für Litteraturgeschichte 6 (1877) 277–328, hier 297–307; Rehermann, E. h.: Die protestant. Exempelslgen des 16. und 17. Jh.s. In: Brückner, 597–602; id.: Das Predigtexempel bei protestant. Theologen des 16. und 17. Jh.s. Göttingen 1977, 43–45, 73sq., 197–199, num. 3. – [2] cf. Schnorr von Carolsfeld (wie not. 1) 300. – [3] v. Vorrede zu B.s E. H. von 1576, fol. a2ʳ und Schnorr von Carolsfeld (wie not. 1) 300 sq. – [4] Zu den verschiedenen Aufl.n und den vollständigen Titeln der E. h. cf. Schnorr von Carolsfeld (wie not. 1) 306sq., Brückner (wie not. 1) 633, num. 3 und Rehermann (wie not. 1) 227sq., num. 3. – [5] cf. Schnorr von Carolsfeld (wie not. 1) 277–297. – [6] ibid., 302–304. – [7] cf. Exemplar der Staats- und Univ.sbibl. Göttingen, Sign.: 8⁰ Philos. II, 1264. – [8] v. Schnorr von Carolsfeld (wie not. 1) 304–306. – [9] wie not. 4. – [10] cf. den vollständigen Titel der E. h. von 1576.

[11] cf. die Vorrede zur E. h. (1576) fol. a4ʳ. – [12] Die Bearb. der E. h. (Lpz. 1596) durch G. Steinhart hat folgende Kap.: 1. Von den Zehen Geboten (fol. 1ʳ–369ᵛ); 2. Vom Christl. Glauben (fol. 370ʳ–422ʳ); 3. Vom Gebet (fol. 422ᵛ–513ʳ); 4. Von der H. Tauffe (fol. 524ʳ–531ʳ); 5. Vom H. Abendmal (fol. 531ᵛ–550ᵛ); ein „Register der Historien und Exempel, so in diesem Epitome begrieffen [...]" beschließt diese 2. Aufl. – [13] wie not. 4. – [14] cf. die Vorrede G. Steinharts zu seiner erw. Ausg. der E. h. (1596) fol. (a) 5ᵛ. – [15] ibid., fol. (a) 5ᵛ. – [16] cf. B.s Vorrede zur E. h. (1576) fol. a 2ᵛ–a3ʳ und a4ʳ. – [17] cf. E. h. (1576) fol. a6ᵛ–a7ʳ. – [18] cf. Schenda, R.: Die dt. Prodigienslgen des 16. und 17. Jh.s. In: Archiv für Geschichte des Buchwesens 6 (1963) 671sq. und 702, num. 17. – [19] cf. Schenda (wie not. 18) 672. – [20] cf. Alsheimer, R.: Katalog protestant. Teufelserzählungen des 16. Jh.s. In: Brückner, 417–519, hier Katalog B., 482–498, num. 513–667 und Katalog B./Steinhart, 498–500, num. 668–679.

Göttingen Ernst Heinrich Rehermann

Buttermilchhirn → Scheinverletzungen

Byline, spezifisch russ. Variante des epischen Volkslieds. Die Bezeichnung bylina (Grundbedeutung: Bericht über eine wahre Begebenheit) hat sich erst im 18. Jh. allg. durchgesetzt; von den Sängern selbst wurden die Lieder ursprünglich meist starina (alte Mär) genannt. Beide Bezeichnungen zusammen charakterisieren die volkstümliche Auffassung: Die Lieder wurden als ‚wahre Berichte aus alten Zeiten' verstanden.

1. Als Beginn der Sammlung und Erforschung kann die Veröffentlichung (1804) einer um die Mitte des 18. Jh.s in Westsibirien entstandenen Aufzeichnung von Volksliedtexten gelten; sie wird unter dem Namen des mutmaßlichen Verfassers Kirša (Kiril) Danilov erwähnt. Die epische Volksdichtung ist darin durch 28 Beispiele vertreten, die zunächst nur ausreichten, Interesse für die B.ndichtung zu erwecken. Ihren wahren Umfang und Reichtum zeigten erst die großen Sammlungen von P. N. Rybnikov (1861–67) und A. F. Hilferding (1869–70); sie bilden bis jetzt die Grundlage der B.nforschung, auch wenn sie durch zahlreiche spätere Veröffentlichungen wesentlich ergänzt und vervollständigt wurden (v. Ausg.n).

Im 19. Jh. war die B. in der Hauptsache bereits auf die abgelegenen nordruss. Provinzen (vor allem Onega und Pinega) beschränkt. Sporadische Aufzeichnungen und indirekte Nachrichten zeigen jedoch, daß es sich um typische Rückzugsgebiete handelt; früher (vermutlich noch im 18. Jh.) war die B. zweifellos im gesamten großruss. Siedlungsgebiet bekannt und beliebt.

Unter diesen Umständen kann das Alter der B.ndichtung nicht eindeutig bestimmt werden. Die frühesten bekannten Texte stammen aus dem 18. Jh. oder lassen sich bis dahin zurückverfolgen. Aus der vorhergehenden Zeit gibt es nur Prosatexte (z. B. in Chroniken), die als Liednacherzählungen gedeutet werden können. In den Liedertexten gibt es viele Anzeichen dafür, daß die B.ndichtung in ihren Grundzügen in der Zeit des Kiewer Reichs (9.–12. Jh.) gestaltet wurde. Die meisten Lieder werden mit den damaligen politischen und kulturellen Zentren Kiew und Nowgorod in Verbindung gebracht und daher in die großen Zyklen wie Kiewer und Nowgoroder oder auch Moskauer Zyklus (cf. Trautmann 1935) und galiz.-wolhyn. Zyklus (cf. Tschitscherow 1968, 106–108) eingeteilt. Einige der markantesten Gestalten lassen sich mit hist. Persönlichkeiten dieser Zeit identifizieren oder hypothetisch in Verbindung bringen; landschaftlich dominiert die südruss. Steppe (als „weites freies Feld" – čisto pole). Die Darstellung der staatlich-sozialen Verhältnisse ist ein mißverstandenes Abbild einer kriegerisch-feudalen Gesellschaft. Die Abenteuer der Helden reflektieren immer wieder die damaligen Kämpfe gegen die Steppennomaden (Polowzer, Petschenegen) oder die Rivalitäten der regionalen Fürstentümer. Schließlich gibt es für einzelne stilistische Kunstgriffe Parallelen in der ältesten Kiewer Chronik (sog. Nestorchronik, Anfang des 12. Jh.s). Aus alledem darf allerdings nicht gefolgert werden, daß die B. in der Kiewer Zeit entstanden ist; sie könnte ebensogut Höhepunkt und Vollendung einer viel älteren epischen Tradition sein, über die man nichts weiß. In der bekannten Form ist die B. jedenfalls das Ergebnis einer jüngeren Umgestaltung, die im wesentlichen ins 15.–16. Jh. datiert werden muß.

2. Grundsätzlich ist die B. ein Heldenlied. Im Mittelpunkt stehen Taten und Abenteuer einer überragenden Persönlichkeit. Sehr beliebte B.nhelden sind Dobrynja, Aleša Popovič, Djuk Stepanovič, → Ilja Muromec bes. im Kiewer Zyklus, Vasilij Buslaevič, Volch Vseslavevič, Sadko im Nowgoroder Zyklus, Fürst Roman, Michajlo Potyk, Michajlo Danilovič, aber auch die bereits genannten Helden in den jüngeren B.n. Die Helden bestehen vor allem Kämpfe gegen gefährliche menschliche und symbolisch-übernatürliche Widersacher (Drachen, böse Geister); im geringeren Maße ist auch novellistische Thematik vertreten. Wie überall in der Volksepik vermischen sich dabei relativ realistische und hist. motivierte Situationen mit Themen und Motiven aus alten Naturmythen, Sagen (einschließlich christl. Legenden) und Märchen. Solche Themen und Motive, welche die B.n mit den Märchen gemeinsam haben, sind (cf. auch Trautmann 1935, 94):

Wunderbare Geburt (cf. ibid., num. 15, 35). – Schlange (cf. ibid., num. 1). – Tierverwandlungen (cf. ibid., num. 15, 24, 45). – Eisen wertvoller als Gold (cf. ibid., 230sq.). – Im Turm eingeschlossene Königstochter (cf. ibid., num. 12, 64). – Flug mit künstlichem Adler (cf. ibid., num. 64). – Unschuldig verfolgte Frau (cf. ibid., num. 56). – Treulose Frau (cf. ibid., num. 30). – Ring im Becher (cf. ibid., num. 26). – Ehemann auf der Hochzeit der eigenen Frau (cf. ibid., num. 26).

Welche von diesen Komponenten als primär anzusehen sind, ist immer noch ein umstrittenes, vermutlich auch unlösbares Problem. Ebenso offen und umstritten ist die Frage nach dem ursprünglichen sozialen Hintergrund. Vieles spricht dafür, daß die Lieder in der kriegerischen Oberschicht, z. B. an den Fürstenhöfen der Kiewer Epoche, gestaltet wurden (teils von Amateuren aus dem fürstlichen Gefolge, teils wohl auch von professionellen Barden); dahinter kann jedoch eine breite volkstümliche Epik gestanden haben.

Der Zusammenbruch des Kiewer Reichs und die Entstehung des zentralistischen Moskowitischen Staates (13.-15. Jh.) bewirkten eine Schwächung des individuellen Heldentums zugunsten einer nationalkollektiven Auffassung. Es geht zwar immer noch um Abenteuer einzelner Helden, den allg. Hintergrund bildet jedoch der gemeinsame Kampf gegen mongol. Invasion und Oberhoheit (über die verschiedenartigen Darstellungen z. B. des Helden Aleša Popovič entsprechend der hist. Entwicklung cf. Lichačev 1949); ältere Sujets werden in diesem Sinne umgedeutet, einige neue (z. B. Untergang des russ. Reichs) hinzugefügt. Die traditionelle Szenerie der Kiewer Zeit wird aber durchweg als äußere Kulisse beibehalten. Lieder mit einer deutlich jüngeren Szenerie sind selten und haben eine andere, eher balladenhafte Struktur; sie werden allg. als ‚hist. Lieder' gattungsmäßig von den B.n abgesondert. Der Grund könnte sein, daß die bekannten B.n-Texte in Rückzugsgebieten aufgezeichnet wurden, wo die formale Tradition seit jeher stärker war als der Kontakt mit der politischen Entwicklung.

Mit der Verlagerung in eine rein bäuerliche Umwelt verlor die B. den Kontakt mit der Wirklichkeit, wie er in der Kiewer Epoche zweifellos vorhanden war; die Abenteuer der Helden wurden zu Phantasieprodukten, in denen sich keine erlebten Tatsachen widerspiegelten. Die Folge war eine gewisse (oft als ‚Demokratisierung' bezeichnete) Verbäuerlichung der Heldengestalten, vor allem aber ein zunehmender Einfluß des Märchens. In den B.n finden sich viele Motive (z. B. Tarnkappe, Tischleindeckdich, Zauberteppich in der B. *Der nichterzählte Traum*, cf. Trautmann 1935, num. 65), die eher für die Märchendichtung typisch sind, die Hyperbolik in den Beschreibungen wird bis zum Exzeß gesteigert; in der B.nforschung ist der Begriff des ‚Heldenmärchens' (bogatyrskaja skazka) als einer Gattungsvariante oder Zwischenstufe geprägt worden. Dadurch unterscheidet sich die B. von dem sonst wesensverwandten südslav. Heldenlied, das bei dem ständigen Kontakt mit einer bis in die Neuzeit erhaltenen ‚heldischen Wirklichkeit' eine sehr starke realistische Komponente entwickelte und bewahrte.

3. Die Sänger der bisher aufgezeichneten Lieder sind durchweg Bauern-Amateure, darunter – im Gegensatz zur südslav. Epik – auffallend viele Frauen. In älterer Zeit werden auch wandernde Gaukler (skomorochi) bei der Erhaltung und Verbreitung der B.ndichtung mitgewirkt haben; in welchem Umfang, wird sich kaum mit Sicherheit feststellen lassen, man wird ihnen jedoch einen erheblichen Teil der novellistischen und schwankhaften Themen und Motive zuschreiben dürfen.

Das Erlernen der Lieder ist oft Familientradition; nachweisbare Tradierungsketten über drei bis vier Generationen sind keine Seltenheit. Im Prinzip werden die Lieder mehr oder weniger auswendig gelernt und oft über längere Zeiträume recht genau bewahrt (mit den unvermeidlichen Variationen und Improvisationen im Detail). Doch gibt es auch schöpferisch veranlagte Sänger mit der Fähigkeit zu individuellen, manchmal künstlerisch ausdrucksvollen Umgestaltungen. Neuschöpfungen sind allerdings nicht festzustellen; es werden nur alte Vorlagen variiert, allenfalls zu neuen Kompositionen kontaminiert. Thematisch oder personell verbundene Lieder können zu längeren ‚Liedketten' kombiniert werden; Ansätze zur Schaffung von Groß-Epen sind jedoch nicht festzustellen.

4. Themen und Motive zeigen, wie immer in der Volksdichtung, zahlreiche Parallelen mit der Dichtung anderer Völker, und nicht nur der unmittelbar benachbarten. Sie wurden lange Zeit ausschließlich als Wandermotive verstanden und als Beweise für direkte und indirekte Kontakte und Einflüsse verwertet. Demgegenüber hat V. M. Schirmunski (1961) überzeugend darauf hingewiesen, daß neben solchen ‚genetischen' Übereinstimmungen auch ‚typologische' möglich sind, die unter analogen hist. Verhältnissen selbständig, ohne gegenseitige Beeinflussung entstehen können. Die Abgrenzung ist schwierig und unsicher, sofern nicht Eigennamen, Umwelt-Realien und hist. nachweisbare Beziehungen zusätzliche Indizien ergeben. Literar. Einflüsse sind in dem spezifischen Milieu der Rückzugsgebiete wenig wahrscheinlich, können aber in der Kiewer Zeit eine Rolle gespielt haben, wobei sowohl an byzant. wie an westeurop. Quellen gedacht werden muß.

5. Die formale Gestaltung ist zunächst durch einen charakteristischen, nur wenig variierten Vers gekennzeichnet. Das Grundschema bildet eine Verszeile mit drei Hebungen, zwei bis vier unbetonten Silben dazwischen, einem häufig zweisilbigen Auftakt und einem überwiegend daktylischen Schluß (wobei die letzte Silbe durch eine irreguläre 4. Hebung markiert sein kann). Dieses Grundschema wird gern durch Füllwörter (insbesondere durch Präpositions-Wiederholungen und postponierte Partikel) ausgefüllt, manchmal auch ausgeweitet, was bei einzelnen Sängern zu extremer Manier werden kann. Im Gegensatz zur südslav. Epik werden die Lieder ohne Instrumentalbegleitung vorgetragen, und nicht in einem pathetischen Rezitativton, sondern mit normaler Gesangsstimme. Beides kann allerdings schon ein Ergebnis der Verbäuerlichung sein, denn es gibt genügend Hinweise auf ursprüngliche Verwendung eines Begleitinstruments (gusli – eine Art Zither). Auch die Melodien sind liedhaft und können mehrere Verszeilen zu lockeren musikalischen Strophen zusammenfassen. Für die Textgestaltung ist eine ausgiebige, manchmal exzessive Verwendung von stereotypen Formeln (Schablonen) sowie von syntaktischen Parallelkonstruktionen kennzeichnend. Der Reim ist grundsätzlich unbekannt, doch ergeben sich aus den syntaktischen Parallelen immer wieder morphologische Binnen- und Endreime sowie Assonanzen, die von einzelnen Sängern vielleicht nicht mehr ganz unbewußt verwertet wurden.

6. Alles in allem kann die B. als eine Liedgattung definiert werden, die ursprünglich ein realitätsbezogenes Heldenlied war, dann in einer ganz andersartigen Umwelt den eigentlichen Inspirationsquellen der Heldenepik entfremdet und dem Märchen angenähert wurde, in einer nicht mehr richtig verstandenen Tradition erstarrte, dabei jedoch viele der ursprünglichen Komponenten bewahrte. Hier liegen auch die Schwierigkeiten der B.nforschung: Die Diskrepanz zwischen Ursprungs- und Bewahrungsmilieu läßt viele Fragen offen, deren Lösung zusätzlich dadurch erschwert wird, daß die als Zwischenstadien wichtigen Vorstufen zur konkret erfaßbaren Endstufe nicht überliefert sind.

Noch zu Beginn des 20. Jh.s galt es als sicher, daß die B. mit dem Vordringen der neuzeitlichen Lebensformen sehr schnell aussterben würde. Seit den 20er Jahren haben jedoch zahlreiche Kontrollexpeditionen eine beachtliche Lebensfähigkeit dieser Gattung gezeigt (cf. z. B. die B.n-Ausg.n von A. M. Astachova 1938/51 und 1961); vor allem scheint die jüngere Generation das Interesse am B.ngesang nicht so schnell zu verlieren wie allg. angenommen wurde. Gescheitert sind allerdings die Versuche, moderne Thematik (Revolution, Bürgerkrieg, Sozialismus) einzufügen, um die B. von innen heraus zu beleben. Einer der

Gründe dafür könnten gerade die ausgeprägten Märchenelemente sein: Sie lassen sich mit der modernen Thematik nicht vereinbaren, sind aber inzwischen zu fest mit der dichterischen Struktur verwachsen, um ausgeschaltet zu werden. Man wird also nach wie vor davon ausgehen müssen, daß die B. in absehbarer Zeit entweder ganz verschwindet oder – wie vielfach beim lyrischen Volkslied – zum Ausgangspunkt einer neuen Gattung einer halb-artifiziellen Folklore wird.

Ausg.n: Drevnie rossijskie stichotvorenija, sobrannye K. Danilovym (Alte russ. Dichtungen, gesammelt von K. Danilov). M. 1804 (²1818. ed. K. F. Kalajdovič); weitere Ausg.n: ed. P. N. Šeffer. St. Peterburg 1901; ed. S. K. Šambinago. M. 1938; ed. A. P. Evgeneva/B. N. Putilov. M./Len. 1958. – Rybnikov, P. N.: Pesni 1–4 (Lieder). M. 1861–67; Aufl. in 3 Bänden: ed. A. E. Gruzinskij. M. ²1909–10. – Gil'ferding, A. F.: Onežskie byliny 1–3 (Onega-Bylinen). St. Peterburg 1873 (²1894–1900). – Kireevskij, P. V.: Pesni (Lieder). ed. P. A. Bezsonov. M. 1860–74 (10 Lfgen). – Tichonravov, N. S./ Miller, V. F.: Russkie byliny staroj i novoj zapisi (Russ. B.n in alten und neuen Aufzeichnungen). M. 1894. – Trautmann 1935 (v. Lit.). – Astachova, A. M.: Byliny Severa 1–2 (B.n des Nordens). M./Len. 1938–51. – Byliny 1–2. ed. V. Ja. Propp/B. N. Putilov. M. 1958. – Astachova, A. M. u. a. (edd.): Byliny Pečory i Zimnego berega. Novye zapisi (B.n von der Petschora und der Winterküste. Neue Aufzeichnungen). M./Len. 1961.

Lit.: Chadwick, N.: Russian Heroic Poetry. Cambridge 1932. – Trautmann, R.: Die Volksdichtung der Großrussen. 1: Das Heldenlied (Slg slav. Lehr- und Hbb. 7). Heidelberg 1935. – Lichačev, D. S.: Letopisnye izvestija ob Aleksandre Popoviče (Chroniknachrichten über Alexander Popovič) (Trudy Otdela drevnerusskoj literatury 7). M./Len. 1949, 17–51. – Hartmann, K.: Die Rhapsodin M. S. Krjukova, ihre sowjet. Volkspoeme und deren Verhältnis zur Tradition des großruss. Heldenliedes. In: Die Welt der Slaven 2 (1957) 394–418. – Anderson, W.: Die neuesten Schicksale der B. „Dobrynja und Marinka" im Onegagebiet. In: Festschr. M. Vasmer. Wiesbaden 1956, 39–44. – Hartmann, K.: Die Rhapsodin A. M. Krjukova. Eine Sängermonogr. unter bes. Berücksichtigung des Spannungsverhältnisses Tradition-Individualität. Diss. (masch.) Erlangen 1953. – Propp, V. Ja.: Russkij geroičeskij ėpos (Das russ. Heldenepos). M. ²1958. – Astachova, A. M. u. a.: Byliny v zapisjach i pereskazach XVII–XVIII vekov (Die B.n in Aufzeichnungen und Nacherzählungen des 17.–18. Jh.s). ed. Akad. der Wiss.en der UdSSR. M./Len. 1960. – ead.: Skazki o bogatyrjach bylinnogo ėposa (Märchen über die Helden des B.nepos). In: RusF 6 (1961) 155–192. – Schirmunski [Žirmunskij], V. M.: Vergleichende Epenforschung 1. B. 1961. – Astachova, A. M.: Narodnye skazki o bogatyrjach russkogo ėposa (Volksmärchen über die Helden des russ. Epos). M./Len. 1962. – ead.: Byliny. Itogi i problemy izučenija (B.n. Resultate und Probleme der Forschung). Len. 1966. – Tschitscherow [Čičerov], W.: Russ. Volksdichtung. B. 1968, 90–120. – Putilov, B. N.: Severnorusskaja bylina i ee otnošenie k drevnerusskomu ėposu (Die nordruss. B. und ihre Beziehung zum altruss. Epos). In: Fol'klor i ėtnografija russkogo Severa. ed. B. N. Putilov. Len. 1973, 173–190.

Göttingen Maximilian Braun

Byzantinisches Erzählgut

1. Einleitendes – 1.1. Exposition des Materials – 1.2. Traditions- und Tradierungsprobleme – 1.2.1. Erbschaft der Antike – 1.2.2. Die byzant. Synthese – 1.2.3. Neue Genera – 1.2.4. Die Motive – 1.2.5. Die mündliche Überlieferung – 1.3. Die Bedeutung von Byzanz (B.) für die Erzählforschung – 2. Fabeln – 2.1. Die altgriech. Tradition – 2.2. Fabelartige Werke – 2.3. Übriges – 3. Märchen – 3.1. Inhalt, Stilelemente – 3.2. Vollständige Erzählungen – 4. Lieder – 4.1. Akriteische Lieder und Epen – 4.2. Andere Lieder – 5. Romane – 6. Legenden – 6.1. Hagiographie – 6.2. Erzählungen mit legendarischen Motiven – 7. Schwänke – 7.1. Der religiöse Humor – 7.2. Profanes Schwankgut

1. Einleitendes

1. 1. Exposition des Materials. B., östl. Teil des 395 p. Chr. n. zweigeteilten röm. Reiches, das sich einer ziemlich rasant fortschreitenden Hellenisierung ausgesetzt sah, hatte ein über 1000jähriges Bestehen hinter sich, als es 1453 von den Türken erobert wurde. Es gibt keine Übereinstimmung über die zeitliche Dauer des byzant. Reiches; bes. die Ansätze seines Beginns schwanken je nach Einschätzung des staatlichen Einflusses Roms zwischen den Jahren 284 (Diokletian) und 717 (Leo Isauros III.)[1].

Eine chronologische Darstellung des Erzählmaterials ist wegen des → ahistorischen Charakters des Märchens und der ihm verwandten Gattungen nicht notwendig, eine genremäßige Darstellung daher sinnvoller. Allerdings müssen die innerhalb jeder Gattungsgruppe zur Sprache kommenden Fälle zeitlich näher bestimmt werden, soweit konkrete hist. Gegebenheiten oder zwingende Indizien das ermöglichen.

1. 2. Traditions- und Tradierungsprobleme

1. 2. 1. Erbschaft der Antike. Vollständige bzw. intakte Märchen im eigentlichen Sinn sind trotz der bekannten Lust der Byzantiner am Schreiben – und am Abschreiben! – und der unbestrittenen Tatsache eines oralen Weiterlebens älterer Erzählbestände kaum erhalten. Man kennt bedeutende Rätsel-, Sprichwörter-, Legenden- und Fabel-, aber keine Märchensammlungen. Das ist vor allem auf folgende Gründe zurückzuführen: Die Tradition des Attizismus, der für die gelehrte byzant. Schriftstellerei und Sammeltätigkeit einen normativen Charakter hatte (so daß er auch die gern zur Nachahmung der oberen Sozialschichten neigenden volkstümlichen Autoren, zum mindesten was den Sprachusus betrifft, stark beeinflußte), übernahm die im 'Goldenen Zeitalter' der Antike (5. Jh.) entwickelte Ansicht, die Märchen seien ausschließlich Erzählungen von alten Frauen und Ammen für Kinder (→ Ammenmärchen). P. Koukoules hat reiches Material aus den Schriften der Kirchenväter und anderer Gelehrter zusammengetragen, in dem sich stetig das alte Argument wiederholt: Märchen sind nur dazu da, um die müden oder weinenden Kinder zum Schlafen zu bringen[2].

1. 2. 2. Die byzant. Synthese. B. hat seine eigene Ideologie und Kultur entwickelt, deren Charakteristikum eine Synthese aus verschiedenen Elementen ist: Neben der imponierenden Rolle der Kirche und – für die Oberschichten – des antiken Erbes, war vor allem die Nachbarschaft mit dem Osten und Westen ein bestimmender Faktor. Daher kann man, was die Lit. betrifft, sowohl einen romantischen Geist eruieren, der aus dem Westen stammend nicht selten die Erzählungen durchsetzt, als auch eine stete Sorge um das Lehrhafte und das Erbauliche, was ein Ergebnis kirchlicher Einflüsse ist. Bezeichnend in diesem Rahmen einer 'ecclesia militans' ist die permanente Ermahnung der Kirchenväter an die Eltern, sie sollten auf die bekannten Märchen verzichten und stattdessen den Kindern „anmutige Geschichten über Wiesen und herrliche Bauten erzählen oder solche aus dem Alten Testament, und zwar zuerst von Kain und Abel und von Esau und Jakob, dann von der Gehenna, von Sodom und Gomorrha und über die Ereignisse in Ägypten. Dieser Ermahnung folgten später offenbar viele Christen. Der Gelehrte Michael Psellos z. B. sagt, daß ihm die Mutter, um ihn in den Schlaf zu bringen, von Isaak erzählte, den sein Vater zum Opfer brachte, und von Jakob, der den väterlichen Segen verdiente, weil er sich verhielt, wie es seine Mutter gewünscht hatte. Andererseits verlangte Basileios von Caesarea (→ Basilius der Große), daß man den Kindern statt Mythen Geschichten über 'paradoxe Werke' erzählte"[3]. Wie es scheint, bezog sich der Inhalt der Märchen – zumindest in der früheren Zeit – oft auf die altgriech. Mythologie. Gregorios der Theologe (330–390) schreibt, seine Mutter habe ihn vor der 'Beschmutzung seines Ohres durch hellenische Geschichten' gewarnt, und → Johannes Chrysostomos rät, man solle den kleinen Kindern nicht von den 'goldhaarigen Häuten', d. h. von den Argonauten Jasons und ihrer Fahrt nach Kolchis erzählen[4].

1. 2. 3. Neue Genera. Die byzant. Welt brachte auch neue literar. Gattungen hervor, die, soweit sie Elemente einer Volksliteratur enthalten, von bes. Interesse sind. Vor allem müssen die Viten der Heiligen mit ihrem Überfluß an Legenden und Wunderzügen und die Chronographien erwähnt werden, „die mit der Erschaffung der Welt beginnen und die ganze heilige Geschichte umfassen, die mit einer Menge von talmudischen und apokryphen Erzählungen bereichert werden"[5]. Es versteht sich von selbst, daß der stark christl. und erbauliche Charakter dieser Werke ihren Inhalt und ihre Morphologie entsprechend beeinflußt hat, obwohl man in den beiden auch Elemente

vorchristl. Provenienz, vor allem aus der heidnischen Antike, gefunden hat.

1. 2. 4. Die Motive. Die schriftlich überlieferten Erzählungen erscheinen also in mancher Hinsicht verändert. Vor allem lösen sie sich in ihre einzelnen Motive auf, die dann entweder in neuen Zusammenhängen verwendet werden oder sich als selbständige Einheiten entwickeln und somit zu eigenen Erzählungen werden, eine Tatsache, die schon K. Krumbacher beim Vergleich des Romans von *Kallimachos und Chrysorrhoe* (ca 1310–40) mit den von J. G. von Hahn edierten neugriech. Märchen (*Griech. und albanes. Märchen.* Lpz. 1864) auffiel[6]. Dieser eigenartige Gebrauch der Motive ist zugleich als ein typisch byzant. Phänomen anzusehen und entspringt dem Bestreben, die alte, heidnische Welt aufzulösen und daraus eine neue Welt im Geiste des Christentums aufzubauen.

1. 2. 5. Die mündliche Überlieferung. Immerhin gilt alles Gesagte nur für die schriftliche Überlieferung, und es wäre unrichtig, dies auch auf die oral tradierten Erzählungen anwenden zu wollen. Gerade von Hahns Band wurde als ein Beweis dafür angeführt, daß das Volk in der byzant. und nachbyzant. Zeit Märchen erzählt habe, die nicht dem Einfluß der angeführten Faktoren unterworfen gewesen seien, und die klassischen Philologen haben immer wieder diese Slg benutzt, um die 'Kontinuität' der Volkserzählungen und ihre Verbindung mit altgriech. Vorbildern nachzuweisen. Es sei nur der Versuch von T. Zielinski erwähnt, der bereits auf Grund des durch von Hahn gesammelten Materials die Auffassung vertrat, die Dichter der attischen Komödie, allen voran → Aristophanes, hätten rein märchenhaftes Material verwendet, um eine eigene Art von Lustspiel, die 'Märchenkomödie' zu schaffen, im Gegensatz zu der Komödie, die später auf Grund von mythol. Stoffen gebildet wurde, wie etwa der → *Amphitryon* des Plautus[7].

1. 3. Die Bedeutung von B. für die Erzählforschung. Die Bedeutung von B. liegt jedoch nicht nur darin, daß es der Vermittler zwischen der Antike und der neueren Welt gewesen ist. Es wurde auch der Umschlagplatz von Erzählgut zwischen Europa und Asien während des ganzen MA.s. Zudem war seine Rolle keineswegs passiv, denn es wirkte überdies durch die Ausstrahlungskraft seiner eigenen Kulturformen auf andere Länder ein. Das läßt sich auch auf dem Gebiet der Volksliteratur nachweisen. Aus dem Osten übernahm B. den Roman → *Barlaam und Josaphat,* das → *Pañcatantra* (wahrscheinlich über seine arab. Übers. *Kalila und Dimna,* die schon etwa am Anfang des 11. Jh.s teilweise unter dem Titel *Stephanites kai Ichnelates* übersetzt war), evtl auch das *Syntipas*-Buch, das T. Benfey für indisch hielt, während B. E. Perry später den hellenistischen Charakter des Werkes betonte[8]. Auf westl. Einfluß sind sicher auch einige byzant. Romane zurückzuführen (v. Kap. 3. 5.). Umgekehrt entdeckt man immer wieder byzant. Einwirkung auf verschiedene Werke der außerbyzant. Volks- und Hochliteratur, u. a. in Shakespeares *Othello,* im zweiten Teil von Goethes *Faust* oder in isl. Romanen[9].

Man darf also die byzant. Lit. „zu einem nicht unbeträchtlichen Teil" als „Weltliteratur des Mittelalters im Vollsinn des Wortes" betrachten und der Feststellung H.-G. Becks zustimmen, der in seinem auch für die Abfassung des vorliegenden Artikels richtungsweisenden Werk sagt:

„Die Überlieferungen bündelten sich hier und strahlten von da nach dem slavischen Norden sowohl wie nach dem fränkischen Westen aus. Umgekehrt sträubt sich jenes Byzanz, das sich nicht mit Haut und Haaren dem Klassizismus verschrieben hat, nicht, Unterhaltsames und Amüsantes aus dem Westen zu übernehmen und zu verarbeiten, manchmal ohne nur einen Gedanken darauf zu verschwenden, daß das Übernommene ureigenes griechisches Gut ist"[10].

Byzant. Einfluß war auch nach den Kreuzzügen wirksam. Beck meint:

„Daß der Weg von Byzanz nach dem Westen vor den Kreuzzügen der häufigere war, und der umgekehrte Weg erst seit dem 13. und 14. Jahrhundert gebahnt wird, hängt mit der Umkehrung des kulturellen und materiellen Gefälles im allgemeinen zusammen. Aber erinnert man sich daran, wie stark Dichter vom Range eines Boccaccio, eines Gower oder Shakespeare dem novellistischen Gut byzantinischer Provenienz verpflichtet sind, so darf man auch die Auswirkungen auf die frühneuzeitliche Literatur nicht unterschätzen. Diese byzantinische Volksliteratur ist jedenfalls ein wesentlicher Bestandteil der Kulturkoine des Gesamtmittelalters"[11].

Die Bedeutung des von anderen Gelehrten überbetonten westl. Einflusses auf B. nach den Kreuzzügen wollte F. Dölger dann entscheidend einschränken, der in diesen Ereignissen sogar ein Motiv zum Anwachsen griech. Aversionen „gegen die nach ihrer Meinung irrgläubigen Lateiner" sah[12]. Auf literar. Gebiet anerkennt er jedoch ein wesentlicheres Arrangement „der ritterlichen Welt des Abendlandes mit der phantasieerfüllten dichterischen Begabung des griechischen Ostens"[13].

[1] Stein, E.: Geschichte des spätröm. Reiches 1. Wien 1928 (= id.: Histoire du Bas-Empire 1. Bruxelles 1959) 1–3; Finlay, G.: A History of Greece from its Conquest by the Romans to the Present Time 2. Ox. 1877, 2sq. – [2] Koukoules, P.: Paramythia, mythoi kai eutrapeloi diēgēseis para Byzantinois (Märchen, Fabeln und Schwänke bei den Byzantinern). In: Laogr. 15 (1953/54) 219–227, hier 220; cf. Bolte, J.: Zeugnisse zur Geschichte der Märchen (FFC 39). Hels. 1921, 6, 9. – [3] Koukoules (wie not. 2) 222 (mit Verweisen). – [4] ibid., 220sq. – [5] Megas, G. A.: Die griech. Erzähltradition in der byzant. Zeit. In: Laogr. 22 (1965) 290–299, hier 290. – [6] Krumbacher, K.: Geschichte der byzant. Lit. Von Justinian bis zum Ende des oströmt. Reiches (527–1453) 2. (Mü. ²1897) Repr. N. Y. [1958] 856. – [7] Zielinski, T.: Die Märchenkomödie in Athen (bes. Abdruck aus dem Jahrber. der dt. Schulen zu St.-Annen für 1885). St. Petersburg 1885. – [8] Perry, B. E.: The Origin of the Book of Sindbad. In: Fabula 3 (1960) 1–94. – [9] Krappe, A. H.: A Byzantine Source of Shakespeare's Othello. In: Modern Language Notes 39 (1924) 156–161; Grégoire, H.: Une Source byzantine du second Faust. In: Revue de l'Université de Bruxelles 36 (1930/31) 348–354; Leach, H. G.: Angevin Britain and Scandinavia (HarvStCompLit. 6). Cambridge 1921, 265–288. – [10] Beck, H.-G.: Geschichte der byzant. Volkslit. Mü. 1971, 11. –
[11] ibid. – [12] Dölger, F.: Die Kreuzfahrerstaaten auf dem Balkan und B. In: Festschr. Südost-Inst. Mü. Mü. 1956, 141–159, hier 154. – [13] ibid., 156.

2. Fabeln

2. 1. Die altgriech. Tradition. Die Fabel, und zwar die Tierfabel, war schon dem alten Griechenland bekannt (Äsop). Bezeichnend ist, daß auch T. Benfey, der Begründer der sog. → Indischen Theorie, eine Ausnahme für die Fabel zuließ, für die er eine Wanderung in umgekehrter Richtung von Griechenland nach Indien annahm. Zwar waren im MA. die Kulturgrenzen oft nicht zu bestimmen, so daß „weder nach hüben noch nach drüben Abhängigkeiten nachgewiesen werden können"[1]. Es ist aber sicher, daß die Fabel kontinuierlich seit alten Zeiten über die spätbyzant. Epoche bis hin ins neue Griechenland sowohl literarisch als schriftliche Übung in den Schulen wie auch mündlich als lebendiges Erzählgut fortlebte. Im übrigen trägt der Vergleich mit der neugriech. Tradition dazu bei, die eigenartige Funktion und Entwicklung der in B. schriftlich kultivierten Fabeln zu verstehen, die durch den jahrhundertelangen Gebrauch in den rhetorischen Schulen zu Sprachübungen und Essays umgestaltet wurden, „deren Hauptgrund der kurzgefaßte Ausdruck war"[2]. Zudem nahmen sie einen didaktischen Charakter an, was der echten Volksüberlieferung fremd ist.

Das Beispiel der Fabel von der Schlange und vom Krebs (Mot. J 1053)[3] kann dies evident machen. Nach den bisher vorliegenden byzant. Texten rät der Krebs der Schlange, sie solle ihr Verhalten bessern. Da sie nicht dazu bereit ist, wartet der Krebs, bis sie schläft, und tötet sie dann mit seinen Scheren. Er hält sogar so etwas wie eine Predigt: Als er sieht, wie sie sich tot ausstreckt, sagt er: „So gerade mußtest du auch vorher sein, um nicht diese Strafe zu erleiden"[4]. Doch ist die Verschlagenheit der Schlange in keinem der erhaltenen Mss. erwähnt, in denen die Todesstrafe nur deswegen an der Schlange vollzogen wird, weil sie sich seinen moralischen Ratschlägen nicht fügt. Erst die neugriech. Parallelen sprechen davon: Nach der Bewirtung, die der Krebs der Schlange anbietet, wollen beide schlafen. Unter dem Vorwand, daß Schlangen zusammengeknäuelt schlafen, wickelt sich der Gast um den Krebs, um ihn zu erwürgen; der Krebs tötet sie also aus Not, um sich selbst aus der tödlichen Gefahr zu retten[5]. In dieser vollständigen Form ist die Erzählung schon bei dem Dichter Alkäos (um 600 a. Chr. n.) belegt[6].

In anderen Fällen hat B. den Inhalt einer Fabel nur in der komprimierten Form eines Proverbiums überliefert, wie etwa: Mach mich zum Gast, damit ich dich aus der Tür jage! Die ganze Geschichte, die ebenfalls altgriech. Ursprungs ist (sie wird von Archilochos im 7. Jh. a. Chr. n. erwähnt), wird wiederum erst durch die neugriech. mündliche Überlieferung evident: Ein Igel dringt in eine Fuchshöhle ein und zwingt mit seinen Stacheln deren Bewohner zur Flucht[7]. In diesem Soll und Haben zwischen neugriech. und byzant. Tradition ist jedoch auch das Umgekehrte möglich. So findet man bei byzant. Schriftstellern Fabeln, die in der Moderne nur als Sprichwörter bekannt sind, wie z. B.: Auch wenn der Wolf getauft wird, ist er noch kein Christ. Eine Entfaltung und Erklärung des Proverbiums bietet der Bischof und Schriftsteller Michael Choniates (12. Jh.): Ein getaufter Wolf reißt bei der Rückkehr aus der Kirche einer auf dem Wege ruhenden Sau die Gedärme aus und antwortet auf den Vorwurf der Ankläger, daß er sie nur habe lehren wollen, die Neubekehrten nicht zu verachten[8]. Von Interesse ist, daß der Verfasser, ein großer Kenner der alten Lit., sagt, ihm sei diese Fabel neu, also aus der gelehrten Tradition unbekannt. Vielleicht ist die Erzählung gerade deshalb von didaktischen Zügen frei, während sonst das Gegenteil die Regel ist.

2. 2. Fabelartige Werke. In den Rahmen einer Fabeldichtung ordnet sich der aus der Spätantike stammende → *Physiologus* ein, der durch den Zusatz von christl. Deutungen und verschiedenen Stoffen von den byzant. Kopisten weiter entwickelt wurde. Diese byzant. Bearbeitung ist nach Perry[9] im 11. Jh. anzusetzen. In spätbyzant. Zeit erscheint dann eine Reihe von Dichtungen einfacherer Art, die sich wiederum mit Tieren und Pflanzen befassen, jedoch nicht in der Art, wie das im *Physiologos* geschieht. Die Tendenz ist nun nicht mehr allegorisch oder „wissenschaftlich", sondern eher satirisch[10]. Der in 670 reimlosen Versen verfaßte *Poulologos* (Vogelbuch) ist eine Rahmenerzählung, in der die vom Adler zur Hochzeit seines Sohnes eingeladenen Vögel paarweise Wortgefechte führen. Gleiches geschieht in der ebenfalls versifizierten (etwa 1100 Verse umfassenden) *Diēgēsis tōn tetrapodōn zōōn* (Geschichte von den Vierfüßlern), die analoge Dispute zwischen den Tieren enthält, und dies sogar während einer Friedensversammlung, die ihr König, der Löwe, einberufen hat. Das tragische Ende der Versammlung – die Tiere greifen einander auf das heftigste an – gibt dem Löwen Veranlassung, ausdrücklich und endgültig den → Krieg der Tiere untereinander zu erklären, was die Unterdrückung der Schwachen durch die Starken zur Folge hat. Das Thema „Krieg der Tiere" ist der Vorwurf zu mehreren Fabelgeschichten (AaTh 103, 104, 222 u. a.). Die Vierfüßlergeschichte scheint daher eine verbale Erweiterung dieses Themas zur teilweise gerichtlichen, teilweise epideiktischen Rede zu sein.

In Prosa – etwas Ungewöhnliches für die Volksliteratur der letzten byzant. Jh.e – ist die kurze Erzählung des *Pōrikologos* (Obstbuch) abgefaßt, die ebenfalls einen Streit zum Gegenstand hat[11]. Es handelt sich um eine in Form eines Gerichtes dargestellte Versammlung der Früchte:

> Unter dem Vorsitz der Quitte wird die unbeständige und verschlagene Traube und damit auch der Weinrausch verurteilt. Die Traube muß nach dem Richterspruch im September an einem krummen Holz hängen, mit Messern geschnitten und von den Männern in der Weinpresse zertreten werden, so daß ihr Blut herausfließt. Wer davon trinkt, wird sich an den Wänden halten und sich wie die Sau im Kot wälzen.

Schon Krumbacher hat bemerkt, daß den Kern der Erzählung die Beschreibung der gefährlichen Eigenschaften des Weines bildet, daß aber zugleich eine Parodie auf das komplizierte Ämterwesen und auf die Titelsucht der Byzantiner vorliegt[12]. Die Wirkung des ‚Traubenblutes' ist nicht nur aus der altgriech. Mythologie (Ikariosmythos[13]), sondern auch aus neugriech. Sagen bekannt, die mit dem *Pōrikologos* verwandt zu sein scheinen[14]. Schließlich ist ein *Opsarologos* (Fischbuch), offenbar „eine Nachahmung des Obstbuches“[15], zu erwähnen.

2. 3. Übriges. In die ersten Jahrzehnte des 16. Jh.s gehören evtl. zwei byzant. versifizierte Fassungen der im ma. Westen[16] verbreiteten Geschichte von Esel, Wolf und Fuchs (AaTh 122A: → *Wolf verliert seine Beute*)[17]. Der äsopische Kern der Fabel[18] ist erhalten geblieben. Beck meint jedoch, daß sich die byzant. Version, die sich bes. durch epische Breite und moralisierende Töne auszeichnet, auch auf kirchliche Gegebenheiten beziehe, und zwar auf die Unterdrückung der Armen und Hilflosen durch die Gebildeten[19]. Eine Hs. des 16. Jh.s (in 114 Versen) erzählt, wie einmal die Mäuse durch den Kater überlistet werden, während sie mit ihm im Backofen Gevatterschaft schließen und dabei feierlich singen[20]. Die Fabel ist heute bei den Griechen in modifizierter Form, nämlich mit glücklichem Ausgang, bekannt: Das Lied, das der Mäuserich singt, ist eine verhüllte Nachricht an seine Kollegen über die bösen Absichten des Katers, so daß sie rechtzeitig entkommen können (cf. AaTh 113B → *Scheinbüßende Tiere*)[21].

[1] cf. Beck (wie Kap. 1, not. 10) 11. – [2] Dazu Megas, G. A.: Some Oral Greek Parallels to Aesop's Fables. In: Humaniora. Festschr. A. Taylor. N. Y. 1960, 195–207 und in erweiterter Fassung: id.: Hoi aisōpeioi mythoi kai ē prophorikē paradosis. In: Laogr. 18 (1959) 469–489 (hier die Verweise). – [3] Perry, num. 196. – [4] cf. Wienert, 89 (Sinntyp 13). – [5] Megas (wie not. 2) 486–488. – [6] ibid., 476. – [7] ibid. – [8] Koukoules (wie Kap. 1, not. 2) 223–225. – [9] Perry, B. E.: Rez. von: Physiologus. ed. F. Sbordone. Milan 1936. In: American J. of Philology 58 (1937) 488–496; cf. Beck (wie Kap. 1, not. 10) 33. – [10] ibid., 173–179. –
[11] cf. Krumbacher (wie Kap. 1, not. 6) 883sq. – [12] ibid., 884. – [13] Athenaios 14, 10; Apollodoros 3, 14, 7. – [14] Polites, N. G.: Paradoseis. Athen 1904 (Repr. Athen 1965) num. 1002. – [15] Beck (wie Kap. 1, not. 10) 177. – [16] BP 2, 207; Wesselski, MMA, 250sq., num. 58. – [17] Dazu Megas, G. A.: Sēmeiōseis eis ta tsakōnika paramythia. In: Laogr. 17 (1957/58) 124–178, hier 140–145; id.: Griech. Volksmärchen. MdW 1965, num. 3. – [18] Perry, num. 638. – [19] Beck (wie Kap. 1, not. 10) 176sq. – [20] ibid., 179. –
[21] cf. Megas 1965 (wie not. 17) num. 9.

3. Märchen

3. 1. Inhalt, Stilelemente. Die oben angedeutete Abneigung der Kirchenväter gegen das Märchen liefert wichtige Angaben über Wesen, Thematik und Funktion des byzant. Erzählgutes. So bezeichnet Eusebios (ca 265–ca 340) die Märchen als „gefährlich“. Sie berichten – so Johannes Chrysostomos – über die Abenteuer entweder eines Prinzen, der sich in ein Mädchen verliebt, oder von zwei Jungen oder Brüdern oder über die jüngste Tochter des Königs, die bald das eine, bald das andere tut[1]. Häufiger werden auch → Schreckmärchen erwähnt, wie etwa solche von Drachen, die sich in Menschen verwandeln und Frauen rauben oder die Prinzessin zwingen, sie zu heiraten, weil sie sonst den Menschen den Zutritt zur Quelle des Landes verwehren, die sie in ihrer Gewalt haben (cf. AaTh 300: → *Drachentöter*). Gregorios von Nyssa (4. Jh.) erwähnt ein Märchen, in dem sich Menschen nach dem Genuß eines Medikamentes in vernunftlose Tiere verwandeln[2]. Aus den gleichen Quellen ist manches über Stil und Form des byzant. Märchens zu erfahren. Johannes Chrysostomos z. B. notiert formelhafte Märchenanfänge: „Ein Vater hatte zwei Kinder“; „Es waren zwei Brüder, der ältere und der jüngere“; „Ein wilder König hatte drei Söhne“. Einige Passagen zeigen, daß die byzant. Erzähler den Kontext der Märchen durch den Einschub sprachlicher Formeln zu unterbrechen pflegten, genau wie das bei modernen Erzählern der Fall ist: „Aber warum soll ich viel reden und es weit machen?“; „Warum rede ich so viel?“ (so im Roman *Kallimachos und Chrysorrhoe*). Auch die Märchenschlüsse scheinen ähnlich denen der neugriech. Märchen gewesen zu sein. So spricht etwa Michael Glykas (12. Jh.) seine Leser, nachdem er die Behauptung irgendeines Geistlichen erwähnt hat, das hl. Abendmahl habe im Haus des Johannes Zebedäos stattgefunden, wie folgt an: „Weder war ich dabei, noch brauchst du es zu glauben“[3]. Die gleiche Formel ist auch Johannes Tzetzes (12. Jh.) bekannt[4].

3.2. Vollständige Erzählungen. Wenn die „große Mehrzahl aller echten Märchen mit männlichen Helden [...] die Erwerbung einer Frau zum Vorwurf" hat[5], d. h. die Verheiratung des Helden nach Überwindung vielerlei Schwierigkeiten, die diesem Unternehmen entgegenstehen, und wenn die Handlung sich oft dadurch erweitert, „daß der Held die schon erworbene Gattin noch einmal verliert, um sie dann mühseligst wieder suchen zu müssen zur zweiten und endgültigen Vereinigung"[6], so kann man nach diesem Schema in den verschiedenartigen byzant. Schriften auch vollständige märchenhafte Erzählungen finden. Sie entbehren jedoch oft des expressiv magischen, übernatürlichen Rahmens – der unentbehrlich für das eigentliche Märchen ist – und sind vielmehr durch eine extreme Sentimentalität gekennzeichnet, die dem Volksmärchen nun allerdings wieder ganz fremd ist. Sie neigen daher eher zur Novelle oder besser zur romanhaften Form.

[1] Koukoules (wie Kap. 1, not. 2) 221sq. (dort auch die Verweise). – [2] ibid., 220sq. – [3] ibid., 223. – [4] ibid., 222sq. – [5] Panzer, F.: Märchen (1926). In: Wege der Märchenforschung. ed. F. Karlinger. Darmstadt 1973, 84–128, hier 90. – [6] ibid.

4. Lieder

4.1. Akriteische Lieder und Epen. Im 10. Jh. setzen die sog. akriteischen Lieder (Akritai: die Grenzsoldaten des byzant. Staates) ein, in denen sich Reminiszenzen an die Kämpfe zwischen B. und dem Islam an der östl. Grenze des Reiches erhalten haben. In einigen Fällen steht auch der Widerstand der weit entfernten Grenzwächter gegen das eigene autoritäre staatliche Zentrum im Vordergrund der Schilderung[1]. Neben den Liedern existiert ein akriteisches Epos in sechs relativ jüngeren Hss.-Fassungen, das auch bei den Slaven Beachtung gefunden hat, wovon mehrere Niederschriften zeugen[2]. Hauptperson ist, wie auch in vielen der erwähnten Lieder, Digenes Akritas, eine heroisierte, wahrscheinlich nicht hist. Gestalt aus den Grenzkämpfen des 8.–10. Jh.s am Euphrat. Abhängigkeits- und Prioritätsverhältnisse zwischen Epos und Liedern beschäftigen die Forschung noch heute[3]. Immerhin gibt es in beiden Überlieferungsbereichen eine Vielzahl von märchenhaften bzw. mythischen Motiven und Themen. In einem der Lieder, in dem die Rede vom Tode des Digenes ist, erinnert sich der Sterbende an seine Heldentaten, z.B. daran, wie er durstig zum Jordan und zum Drachensee kam und alles trocken fand, denn ein Araber beherrschte sie „mit Nasenlöchern groß wie ein Ochsenstall, mit einer Stimme die brüllt, daß ihr Echo alle Ebenen erbeben läßt, mit Armen, die das Morgen- und Abendland umfassen und Füßen, die neun Joch Land brauchen"[4]. Die Schilderung erinnert an mediterrane Versionen des Drachentötermärchens. In einer anderen Gruppe von Liedern mit dem Titel *Hyios tou Andronikou* (Sohn des Andronikos) zeigt das neugeborene Kind des Helden ein überraschend schnelles Wachstum, wie es sonst im Märchen (cf. AaTh 650A: *Starker Hans*) üblich ist[5]. Gleiches geschieht dem jungen Helden im Porphyres-Lied[6]. Das Digenes-Epos hat folgenden Inhalt:

Ein arab. Emir raubt die Tochter des byzant. Kommandeurs eines 'Thema' (i. e. ein großer Verwaltungsbezirk in der byzant. Zeit). Ihre Brüder suchen und finden sie; der Emir schlägt einen Zweikampf vor, und das Los bestimmt den Jüngsten zu seinem Gegner. Der Kampf bleibt unentschieden, bis man sich versöhnt. Der Emir nimmt das Mädchen zur Frau, wird Christ und begibt sich in die 'Romania', i. e. ins byzant. Territorium. Ein Knabe wird geboren, der Basileios Digenes, bekannt auch als Akritas (Digenes heißt: von zwei Nationalitäten stammend). Dessen heroische Taten füllen von nun an das Epos: Es werden seine Kämpfe gegen Feinde und Ungeheuer, seine Heirat (mit Brautraub) sowie sein Rückzug in die Einsamkeit erzählt, aus der er wiederkehrt, um eine lange Reihe neuer wunderbarer Taten zu vollbringen, bis er sehr jung stirbt. Mit ihm stirbt aus Schmerz auch seine Frau.

Auf Grund der Überhäufung der zweiten Hälfte des Epos mit mythischen Zügen teilt Beck das Gesamtwerk in zwei Partien: in das Lied vom Emir und in den so genannten Digenes-Roman, wobei er letzterem jegliches hist. Fundament abspricht, so daß auch eine hist. Persönlichkeit als Vorbild entfällt[7]. Im übrigen sind Motive des Epos in *1001 Nacht*[8] und im arab. Ritterroman *Ḏhāt al-Himma*[9] nachgewiesen. Andererseits hat die neuere Forschung gezeigt, daß der zweite Teil des Epos sehr vieles dem Alexanderroman verdankt[10]. Generell hat man in diesem Teil die Stilmittel des spätantiken Romans feststellen wollen[11]. Eigentliche Vorbilder könnten Heliodoros und bes. Tatios gewesen sein[12].

4. 2. Andere Lieder. Die Doppelfunktion des Liedes, die Erinnerung an konkrete Ereignisse der Geschichte zu fixieren und sie zugleich zu mythologisieren, ist in der byzant. Zeit auch in Liedern außerhalb des akriteischen Zyklus nachweisbar. Es sei zuerst ein Lied erwähnt, in dem sich unter der romanhaften Einkleidung eine hist. Person verbirgt, nämlich Heinrich von Flandern, Bruder und Nachfolger (1206–1216) des ersten lat. Kaisers von Konstantinopel, Balduin von Flandern. Nach den byzant. Chronisten war Heinrich bei den Griechen beliebt, Grund genug, seinen tragischen Tod zum Thema eines Liedes zu machen. Seine zweite Frau war eine bulg. Prinzessin, Tochter des Boril, eines Neffen von Kalojan, den Balduin besiegt hatte. Heinrich starb plötzlich im Alter von 39 Jahren, und es ging das Gerücht, daß ihn die eigene Frau vergiftet habe. Die märchenhaften Elemente, die in diesen hist. Kern eingeflochten sind – so daß sie auch den Namen des Königs zuweilen veränderten und ihn zu Digenes oder Alexander machten –, verleiteten sogar die Forschung, das Lied als Mythos oder Märchen zu verstehen. Die Rolle des Helden, könne „volkskundlich" aus dem Drachentöterzyklus erklärt werden, in dem der mythische Drache das Wasser eines Landes zurückhält, um dadurch die Prinzessin vom Herrn des Königreichs zu erpressen (AaTh 300)[13]. Diese These basiert vor allem auf dem einleitenden Thema des Liedes, wonach Heinrich in der Absicht, von einem Mädchen seine Annahme als Gemahl zu erzwingen, das Wasser der Stadt bei der Belagerung absperrt. Das Mädchen gibt endlich nach, ermordet ihn aber noch in der Hochzeitsnacht. Es kann jedoch keinen Zusammenhang zwischen dem Märchenthema und der Tat Heinrichs geben, einer durchaus üblichen Taktik bei Städtebelagerungen[14]. Andererseits ist die Bemerkung Becks bei seiner Besprechung des Liedes im allg. richtig: „Das Beispiel einer solchen Rekonstruktion alter Liedinhalte läßt uns vermuten, daß wohl so manches von alten Heldenliedern, Balladen und volkstümlichen Erzählungen auch schon aus früherer Zeit völlig aus der Überlieferung verschwunden ist und vielleicht in anderem Gewande und anderem Zusammenhang unerkannt weiterlebt"[15]. Immerhin muß betont werden, daß das griech. Lied in der Regel rational eingestimmt ist – die übernatürlichen Elemente in den akriteischen Liedern sind unter die sehr seltenen Ausnahmen zu rechnen –, so daß auch die darin inkorporierten märchenhaften Züge dieser Tendenz unterworfen sind[16]. Bezeichnend dafür ist, daß doch gerade im Lied von Heinrich von Flandern statt des mythischmärchenhaften Drachenmotivs das realistische Motiv der Stadtbelagerung bevorzugt wurde.

Beck bezieht das oben von ihm Gesagte auch auf eine romanhafte Erzählung von Theodora, der Frau des Kaisers Justinian (6. Jh.), die in eine Hs. (des 14. Jh.s) der Chronik des Konstantinos Manasses (12. Jh.) interpoliert ist:

> Theodora tadelt die unzüchtigen Frauen, im Gegensatz zum Kaiser, der die Schwäche der weiblichen Natur nachsichtig beurteilt. Da Theodora auf ihrer strengen Meinung beharrt, veranlaßt der Kaiser einen seiner Freunde, mit ihr zu flirten und ihn sofort zu benachrichtigen, wenn sie bereit sei nachzugeben. Wiederholt wird der Galan von der Kaiserin heftig abgewiesen, bis er sie letztlich doch überreden kann. Der Kaiser, der sein Ziel erreicht hat, fängt an, sie zu verspotten. Theodora erkennt die Intrige und geht daraufhin voll Abscheu in die Einsamkeit[17].

Der Editor der Erzählung erklärt, er habe vergeblich nach Vorbildern in den byzant. Quellen wie in den Werken über die Zeit Justinians gesucht: „Nirgends, wie ich glaube, gibt es irgendeine Auskunft oder Anspielung, welche die Aussage dieser Erzählung andeuten könnte"[18]. Es ist daher sehr wahrscheinlich, daß sie der Kopist der Chronik der mündlichen Überlieferung entnommen hat, und zwar dem Kreis der Märchen oder Novellen[19], in dem ein Mädchen oder eine Ehefrau absichtlich in Versuchung geführt oder um ihre Tugend gewettet wird (cf. z. B. AaTh 882: → *Cymbeline*; AaTh 883A: *Das unschuldig verleumdete → Mädchen*). Das an erotischen Abenteuern und Erlebnissen reiche Leben der Theodora mag ein Motiv zu diesem Einschub gewesen sein, obwohl er im weiteren Verlauf im christl. Sinn variiert und dem Ethos eines byzant. Abschreibers angeglichen wird. Die Kaiserin begibt sich nach Ephesus, wo sie dem Evangelisten Johannes zu Ehren eine Kirche bauen läßt und endlich „anständig und in voller Frömmigkeit stirbt".

[1] So z. B. im Porphyres-Lied. In: Hellēnika Dēmotika Tragoudia 1 (Griech. Volkslieder). ed. Akad. Athen. Athen 1962, 54–58. – [2] Beck (wie Kap. 1, not. 10) 67sq. – [3] ibid., 92. – [4] ibid. 51. – [5] Hellēnika Dēmotika Tragoudia 1 (wie not. 1) 59–63. – [6] ibid., 54–58. – [7] Beck (wie Kap. 1, not. 10) 85. – [8] Goossens, R.: Autour de Digénis Akritas. La 'geste d'Omar' dans les mille et une nuits. In: Byzantion 7 (1932) 303–316. – [9] Canard, M.: Un Personnage de roman arabo-byzantin. In: 2e Congrès national des sciences historiques. Alger 1930. Alger 1932, 1–14; weitere einschlägige Lit. bei Beck (wie Kap. 1, not. 10) 77, not. 1. – [10] Veloudis, G.: Der neugriech. Alexander. Diss. Mü. 1968. –
[11] Beck (wie Kap. 1, not. 10) 96. – [12] Schissel, O.: 'Digenis Akritis' und Achilleus Tatios. In: Neophil. 27 (1942) 143–145; weitere einschlägige Lit. bei Beck (wie Kap. 1, not. 10) 96. – [13] Rhomaios, K.: Dyo perierga historika tragoudia (Zwei sonderbare hist. Volkslieder). In: Archeion laographikou kai glossikou thēsaurou 18 (1953) 337–374; cf. dagegen: Manusakas, M. I.: Kai pali to tragoudi tou basilia Herrikou tēs Phlantras (Noch einmal das Lied von König Heinrich von Flandern). In: Laogr. 15 (1953/54) 336–370. – [14] Emellos, S. D.: Historikai paradoseis peri alōseōs ōchyrōmenōn theseōn (Hist. Sagen von der Eroberung von befestigten Plätzen). In: Laogr. 29 (1974) 291–294. – [15] Beck (wie Kap. 1, not. 10) 111. – [16] cf. Meraklis, M. G.: Ta themata tēs metamorphōseōs kai tēs anastaseōs nekrou ōs eidologika stoicheia tou pezou kai tou poiētikou logou tou laou (Die Themata der Verwandlung und der Auferstehung des Toten als Gattungskriterien der Volksprosa und der Volksdichtung). In: Laogr. 24 (1966) 94–112. –
[17] Lampsides, O.: Mythistorimatikē diēgēsis peri tēs Theodōras (Eine romanhafte Erzählung über Theodora). In: Neon Athēnaion 3 (1959/60) 17–23. – [18] ibid., 19sq. – [19] Hellēnika Dēmotika Tragoudia 1 (wie not. 1) 373–381.

5. Romane. Wirkliche Märchenstoffe und -strukturen sind in den im 14. und 15. Jh. erschienenen Romanen enthalten, die mehr oder weniger einen westl. Einfluß aufweisen, z. B. der Roman von *Kallimachos und Chrysorrhoe*, dessen märchenhaftes Wesen ziemlich früh erkannt wurde und mit dem sich G. A. Megas[1], K. Horálek[2] u. a.[3] beschäftigt haben:

Ein König schickt seine drei Söhne in die Welt. Der Tüchtigste soll sein Nachfolger werden. Sie kommen an einen hohen Berg, den sie mit viel Mühe nach drei Tagen erklimmen. Auf seinem Gipfel steht ein Drachenschloß. Die beiden älteren Brüder schrecken zurück. Sie geben dem Jüngsten, Kallimachos (K.), einen magischen Ring; nimmt man ihn in den Mund, kann man fliegen. Im Schloß findet K. das Mädchen Chryssorrhoe (C.), das an den Haaren aufgehängt ist. Mit Blitz und Donner kommt der Drache, schlägt C., ißt sich satt und schläft. K. will ihn mit seinem hölzernen Schwert töten, kann es aber erst mit der Waffe des Drachen vollbringen. C. ist eine Prinzessin, die der Unhold entführt hat. Das junge Paar schwört sich ewige Treue. Ein vorbeikommender König sieht C. am Fenster und veranlaßt eine Hexe, sie ihm in drei Tagen zu verschaffen. K. wird durch einen Zauberapfel getötet; seine eigene Moira erscheint den Brüdern im Traum und erzählt von seinem Geschick. Sie eilen zum Schloß und beleben ihn mit demselben Apfel, mit dem er getötet worden ist. Er sucht seine Geliebte und kommt zum Schloß des Entführers, wo er sich als Gärtner verdingt und sich C. durch einen Ring zu erkennen gibt. Bei einem Rendezvous werden sie entdeckt. Vor Gericht gestellt, kommt durch C.s Lebenserzählung heraus, daß der Jüngling ihr richtiger Mann ist. Der König läßt sie frei, und sie kehren zum Drachenschloß zurück. Die Hexe wird verbrannt.

Wie Megas[4] bemerkt, ist die märchenhafte Substanz des Romans ebenso in der magischen und wunderbaren Atmosphäre wie in den Stilmitteln zu spüren, die märchentypisch sind: z. B. der formelhafte Eingang, die Einschübe und der Schluß (an dem der Held seine eigene Geschichte von Anfang an wiederholt) oder das fast absolute Verschweigen der Namen der handelnden Personen. Zur gleichen Feststellung führt die Motiv-

und Themenanalyse, die Megas durchgeführt hat. Er teilt den Roman in 17 Episoden und vergleicht sie mit entsprechenden Märchenmotiven, um zu sehen, „wieweit der Dichter dem Märchen treu geblieben ist oder dagegen seine Elemente modifiziert" hat. Megas hat, mehr oder weniger überzeugend, die Existenz von Themen aus den Märchentypen AaTh 550, 551, 301B, 621, 302, 303, 531, 709, 667, 510B etc. nachgewiesen so daß er zum Schluß glaubt folgern zu dürfen, der unbekannte Diaskeuast habe ein echtes Volksmärchen vor sich gehabt, das er aber in mancher Hinsicht veränderte, indem er nicht selten die ursprünglichen Elemente entweder aus Unkenntnis ihrer primären Bedeutung oder aus mangelnder Kongenialität dem Stoff gegenüber zu stumpfen Motiven pervertierte. So benutzt bei ihm der Held nicht die Gabe des Zauberringes, der ihn fliegen lassen kann, obwohl er mit ihm das hohe Schloß leicht hätte erreichen können. Stattdessen springt er, sich auf einen Stock stützend, hinauf. Als er im weiteren Verlauf den Drachen mit seinem hölzernen Schwert töten will, gelingt ihm das nicht. Es scheint wiederum, daß das Holzschwert aus dem Märchen stammt, wo es häufig vorkommt. Der rationalistisch denkende Diaskeuast aber hat die so absolut märchenhaft-paradoxe Situation einfach nicht verstanden und die magisch wirkende gegen eine ganz normale Waffe eingetauscht.

Weiterhin weist Megas[5] darauf hin, daß die Erzählung von *Kallimachos und Chrysorrhoe* nicht zu den Märchen mit heroischem Inhalt gehöre, „in denen die Frau aus der Herrschaft von Drachen, Bestien und anderen dämonischen Wesen durch Taten, die der Held zum größten Teil allein durch seine Körperkraft vollbringt, befreit wird"; sie gehöre eher zu einer anderen Kategorie, in der „die Erlangung einer Frau mit anderen, und zwar friedlicheren Mitteln durchgeführt wird, meistens dank der Unterstützung anderer Personen und Tiere, oder durch die Benutzung von Mitteln, die eine magische Kraft enthalten". Diese Interpretation stimmt mit der Meinung Horáleks überein, der in dem Roman eine Variante zum *altägypt.* → *Brüdermärchen* sieht[6].

Immerhin hat der byzant. Dichter diese Grundlage erweitert und verändert, vielleicht weil er von der Technik des Romans inspiriert war oder aus dem Wunsch heraus, das Erotische und Sentimentale des Stoffes herauszuheben, Stimmungen und Gefühle also, die das Märchen gemeinhin zu ignorieren pflegt. „Er [der Dichter] wird daher zu Ausdrücken und Schilderungen verleitet, die wir im byzant. Digenes-Epos und in anderen Romanen wiederfinden, und ganz unmerklich zieht er mehr und mehr die Personen der mythischen Erzählung aus der Unbestimmtheit und der Anonymität des Märchens heraus, um sie in die Welt des Romans einzuführen. Zum Schluß macht er sogar den Helden in lamentabler Weise zu einem liebeskranken Jungen, der von einer Ohnmacht in die andere fällt und sich, wenn er seine geraubte Frau wiederfindet, unfähig zeigt, den Zaun des königlichen Gartens zu überspringen und sich samt seiner Geliebten zu retten"[7].

Der Roman bedurfte einer etwas eingehenderen Behandlung, weil er als Modellfall für diese Kategorie der byzant. Lit. dienen kann und weil sich an Hand textkritischer Analysen sehr gut der Prozeß verfolgen läßt, wie sich das volkskundliche Rohmaterial in den Händen des byzant. Bearbeiters verändert. Dieser Grundstoff ist bereits so stark durch Märchenzüge und -themen geprägt, daß man Beck nicht zustimmen kann, wenn er mit Bezug auf *Kallimachos und Chrysorrhoe* schreibt: „Unvoreingenommen gelesen gibt das Gedicht m. E. doch eindeutig zu verstehen, daß das Märchen nicht im Vordergrund steht, sondern einzig und allein das alte Motiv der Gewinnung einer Geliebten, ihres Verlustes und der Wiedervereinigung"[8].

In die Kallimachos-Gruppe ordnen sich auch die Romane *Belthandros und Chrysantza, Libystros und Rhodamne, Phlorios und Platzia Phlore, Imperios und Margarona* ein; die beiden letzteren weisen eindeutig Spuren westl. Einflusses auf – man hat schon auf ihre Vorbilder hingewiesen. Die Berührung des Westens mit dem Osten ist, wie schon mehrfach angedeutet, seit den Kreuzzügen intensiver geworden[9], und der byzant. Hof begann seit dem 12. Jh., also in der Komnenenzeit, sich zum Westen hin zu orientieren. Jedoch steht auch fest, daß in den genannten Romanen, die „eine Flucht aus der Zeit und damit zeitlos, eher märchenhaft als realistisch"[10] sind, sich das Bewußtsein und das Selbstverständnis einer höheren Bildungsgesellschaft und nicht des Volkes widerspiegeln[11]. Man hat daher versucht, Recht, Gesellschaft und Staat im byzant. Roman der Paläologenzeit[12] zu eruieren und ist zu der Feststellung gelangt, daß „in den Romanen K[allimachos], B[elthandros] und L[ibystros], deren genuin griechische Herkunft heute als weitgehend gesichert angenommen wird, das in ihnen aufscheinende Rechts- und Gesellschaftsbild den byzantinischen Vorstellungen und Erscheinungsformen der Palaiologenzeit voll entspricht", und daß „die griechischen Bearbeiter von Ph[lorios] und I[mperios] zwar die Atmosphäre der Romane byzantinisch gestalteten, grundlegende Rechtsanschauungen jedoch nicht veränderten. Sie haben ein reizvolles Bild west-östlichen Kulturaustausches gezeichnet, das – wie es I[mperios] beweist – in der Lage war, einen Ausgangspunkt für die neugriechische Volksliteratur zu bilden"[13].

Wenn man in den akriteischen Texten das Spiel der Geschichte mit dem Mythos, in den angeführten Romanen das des Märchens mit dem Roman sehen kann, so gibt es weiter eine Gruppe von Texten, in denen sich das Märchen zur Morallehre gesellt. Hier sind vor allem zwei gereimte Erzählungen zu erwähnen: Das Gedicht *Peri Dystychias kai Eutychias* (Von Glück und Unglück) und die Geschichte des *Ptōcholeōn* (des armen Leon). Megas hat die märchenhafte Grundlage beider Texte untersucht. Das Gedicht[14] gehört zur Gruppe der Märchen von der Reise zum Glück (cf. AaTh 460B: → *Reise zu Gott*) und ist chronologisch von bes. Bedeutung, weil es die älteste griech. Variante (14. Jh.) darstellt. Nach A. Aarne[15] und anderen Forschern gehen die in serb.-slov. Mss. aus dem Anfang des 16. Jh.s vorliegenden Bearbeitungen auf einen unbekannten griech. Text zurück[16], ohne daß er dies allerdings beweisen konnte. Den Aarne fehlenden Beleg bietet das Gedicht, das allerdings den üblichen byzant. Bearbeitungen um so mehr unterworfen ist, als es sich um ein Werk moralisierenden Charakters handelt. Immerhin gewinnen wir mit ihm einen weiteren bedeutenden Beleg für das Faktum, daß B. der Vermittler zwischen Europa und Asien, woher das Märchen stammt[17], gewesen ist.

Die Geschichte[18] (ca 13.–15. Jh.) ist von bes. Interesse, denn sie ist quasi gesunkenes Kulturgut, wie sich aus dem Vergleich der Volksvarianten mit dem byzant. Text und ausländischen Versionen ergibt[19].

Ein verarmter Reicher beschließt, sich einem König als weiser Sklave verkaufen zu lassen, und zwar als Experte für die menschliche Natur, für Edelsteine und Pferde. Mit seiner Klugheit entdeckt er nacheinander den Talmiwert eines Diamanten, den man dem König als Pretiosum verkaufen will, die Ursache für die Wildheit eines Pferdes, die niedere Herkunft eines Mädchens, das die Gattin des Königs werden möchte, und schließlich die nichtadlige Abstammung des Königs selbst, der der Sohn eines Bäckers und einer Dirne ist, ohne es zu wissen (cf. AaTh 655: *Die scharfsinnigen Brüder*).

Der Byzantinismus ist wieder einmal dafür verantwortlich zu machen, die Frische und den Humor eines Volksmärchens korrumpiert zu haben. Diese Merkmale sind etwa in türk. Parallelen erhalten, in denen der alte Weise vermutet, der König sei der Sohn eines Bäckers, weil er nichts anderes wußte, als ihm zur Belohnung die Brotration zu erhöhen! Das Märchen ist östl. Ursprungs[20], erfuhr aber eine große Verbreitung im ma. Europa[21]. „Der Zug jedoch des Verkaufs des Helden", so Megas, „der sich, so weit ich weiß, in gar keiner der östlichen Parallelen findet, sondern nur in griech. Märchen vorkommt, kann vielleicht als ein Zusatz des griech. Dichters betrachtet werden"[22]. Das Motiv von der Herkunft des Königs, das in der Ptōcholeōngeschichte und in den verwandten Werken die letzte und bedeutendste Probe von der Klugheit des Helden ausmacht, findet sich auch in anderen Erzählungen (cf. z. B. AaTh 655: *Die scharfsinnigen → Brüder*).

Westl. Abhängigkeit weist auch eine andere Gruppe von gereimten Erzählungen aus der gleichen Zeit auf, die Beziehungen zum alten Griechenland zu haben scheint. De facto geht es jedoch um Übersetzungen oder Bearbeitungen entsprechender westl. Werke, wie etwa die byzant. Fassung des → *Troja*-Romans, in welcher der Herakles der altgriech. Mythologie als Erkules (und zwar undeklinierbar), hergeleitet also von lat. Herkules, oder der altgriech. Kriegsgott Ares als Maros (aus dem lat. Mars) auftreten, was vermuten läßt, daß der Übersetzer nicht einmal mehr die entsprechenden griech. Namen kannte. Im übrigen ist der byzant. Text eine Übersetzung des *Roman de Troie* von Benoît de Sainte-More (12. Jh.)[23]. Eine bis jetzt unveröffentlichte *Theseis* geht auf das gleichnamige Werk des jungen → Boccaccio zurück. Das Verhältnis Boccaccios zur griech. Lit. bleibt immer von bes. Interesse für die vergleichende und hist. Erzählforschung[24] und muß weiter verfolgt werden. Die griech. Übersetzung der *Theseis* ist in der 2. Hälfte des 15. Jh.s anzusetzen. In die gleiche Zeit fällt auch die Übertragung ital. Fassungen des → *Apollonius von Tyrus* ins Byzantinische: *Diēgēsis Apollōniou* (nach einer toskan. Version des 14. Jh.s)[25]. Der Stoff lebte noch im 19. Jh. als neugriech. Volkserzählung fort[26]. Die Merkwürdigkeit dieser Vermittlung ausgerechnet antiker Stoffe durch den Westen nach B. hebt auch Beck hervor[27].

[1] Megas, G. A.: Kallimachou kai Chrysorroēs hypothesis (Hypothesen über Kallimachos und Chrysorrhoe). In: Laogr. 25 (1967) 228–253. – [2] Horálek, K.: Le Specimen folklorique du roman byzantin „Kallimachos et Chrysorrhoé". In: Laogr. 22 (1965) 174–178. – [3] cf. die einschlägige Lit. bei Megas (wie not. 1). – [4] ibid., 234. – [5] ibid., 250. – [6] Horálek (wie not. 2) 174; cf. id.: Ein Beitr. zur volkskundlichen Balkanologie. In: Fabula 7 (1964) 1–32. – [7] Megas (wie not. 1) 252sq. – [8] Beck (wie Kap. 1, not. 10) 119. – [9] Dölger (wie Kap. 1, not. 12). – [10] Beck (wie Kap. 1, not. 10) 128. – [11] ibid., 125. – [12] Pieler, P. E.: Recht, Gesellschaft und Staat im byzant. Roman der Palaiologenzeit. In: Jb. der österr. Byzantinistik 20 (1971) 189–221. – [13] ibid., 221. – [14] Megas, G. A.: Ho logos parēgorētikos peri dystychias kai eutychias kai ta paramythia tēs pros tēn tychēn hodoiporias [Beitr. zum Märchentypus AaTh 460B]. In: Laogr. 15 (1953/54) 3–43. – [15] Aarne, A.: Der reiche Mann und sein Schwiegersohn (FFC 23). Hamina 1916. – [16] ibid., 189. – [17] Cosquin, E.: Les Contes indiens et l'occident. P. 1922, 125–128. – [18] Megas, G. A.: Hē peri ptōcholeontos diēgēsis kai ta schetika pros autēn paramythia [Beitr. zum Märchentypus AaTh 655]. In: Laogr. 16 (1956/57) 3–20. – [19] ibid., 3–7. – [20] Krumbacher (wie Kap. 1, not. 6) 808. – [21] Wesselski, MMA, 223sq. – [22] Megas (wie not. 18) 13. – [23] Reichenberger, K.: Der Trojaroman des Benoît de Sainte-Maure. Nach der Mailänder Hs. [. . .]. Tübingen 1963. – [24] Rhode, E.: Der griech. Roman. (Lpz. 1876) Darmstadt [4]1960, 538. – [25] Perry, B. E.: The Ancient Romances. Berk./L. A. 1967, 294–324; Denecke, L.: Apollonius von Tyrus. In: EM 1, 667–764, hier 669. – [26] cf. Dawkins, R. M.: Modern Greek Oral Versions of Apollonius of Tyre. In: Modern Language Review 37 (1942) 169–184. – [27] Beck (wie Kap. 1, not. 10) 139.

6. Legenden

6. 1. Hagiographie. Während Märchen in der schriftlichen Überlieferung von B. nur disparat oder unter allerlei fremdartigem Stoff versteckt oder wesentlich verändert begegnen, erfüllen die Heiligengeschichten dieses Kulturbereiches eine effektive Funktion, denn sie sind die vielfach gestaltete und in Dichtung umgesetzte Ehrfurcht eines theokratischen und gottesfürchtigen Staates.

Auf die Bedeutung der byzant. Chronographien für die Legende ist oben schon hingewiesen worden[1]. Die Chronographien aber sind nicht die einzigen Legendenquellen in B., zumal sie eine viel breitere Thematik decken. Dagegen ist die Hagiographie eine echte Fundgrube für die Legendenforschung, beginnend schon mit der *Vita Antonii* (Hl. → Antonius Eremita) des Athanasios, der R. Reitzenstein eine welthist. Bedeutung beimaß: Sie übte durch die Beschreibung der Kämpfe des Heiligen gegen die Dämonen einen „verhängnisvollen Einfluß auf das Geistesleben des gesamten Mittelalters bis herab zu Luther" aus[2].

Ein großer Teil der darin erhaltenen Erzählungen ist jedoch völlig mit heidnischen Elementen durchsetzt, wie das H. Usener,

R. Reitzenstein u. a. nachgewiesen haben. Bes. bezeichnend ist der Satz, mit dem Reitzenstein sein Buch über die hellenistischen Wundererzählungen einleitet und der für eine Menge dieser Stoffe seine Gültigkeit hat: „Eine Untersuchung, die ich [...] über zwei angeblich gnostische Hymnen in den christlichen Thomas-Akten anstellen mußte, führte zu dem mich selbst überraschenden Ergebnis, daß nicht nur die Lieder, sondern auch die mit ihnen unlösbar verbundenen Wundererzählungen mit geringfügigen Änderungen heidnischen Quellen entnommen sind"[3]. Noch bedeutender war das Ergebnis, zu dem Usener kam, daß nämlich der hl. Tychon Nachfahre just des hellenischen Gottes Priapos war, der tatsächlich von der christl. Kirche übernommen und zum Heiligen gemacht wurde[4]. Auch der ältere Historiker des christl. Mönchstums, H. Weingarten, lehnte viele Werke der monastischen Lit. ab, da es sich hier um eine „Romanliteratur" handle, „die das Mönchtum grade dadurch populär und heilig machte, dass sie alle Elemente altheidnischen Sagen- und Wunderglaubens in dasselbe hineintrug"[5]. Diese Ansicht wurde durch die neuere Forschung bestätigt.

Selbstverständlich wäre es falsch zu behaupten, das Christentum sei nicht zu eigenen Gestaltungen seiner Weltanschauung und seiner metaphysischen Erlebnisse gekommen. Neben den mit dem Heidentum eng verbundenen Legenden gibt es Erzählungen, „die so sehr in christlichen Anschauungen verwurzelt sind, daß sie nicht aus dem vor- und außerchristlichen Erzählraum stammen können". Das sagt F. Karlinger über die Legenden Europas, und gleiches gilt auch für die byzant. Heiligenliteratur, die gerade wegen der zahlreichen Überschneidungen als ein hochproblematisches Gebiet der Forschung gelten muß, was schon Krumbacher nachdrücklich betont hatte[7], der jedoch der Hagiographie für die Geschichte der byzant. Zeit eine große Bedeutung beimaß[8].

6. 2. Erzählungen mit legendarischen Motiven. Wenn auf die Auflösung der Erzählungen in B. und deren Rekonstruktion auf einer neuen Basis hingewiesen wurde, so begegnet doch auch sehr häufig das Phänomen, daß einzelne Motive eine ganze Erzählung bilden, als ob man die Aufmerksamkeit des Lesers (und Hörers) auf ein einziges Ereignis konzentrieren möchte. Bezeichnenderweise sind es meist christliche Wundererzählungen, von denen F. Karlinger bemerkt: „Ereignet sich in der Legende ein Wunder, so wird es (wie auch in der Mirakelgeschichte) gebührend herausgestellt, ja häufig steht das wunderbare Geschehen ganz im Zentrum der Legende"[9]. Somit ändert sich aber die Funktion des Motivs, das nun kein Teil mehr im Rahmen einer Erzählung, sondern eine selbständige Einheit ist. Solche Kleinstformen findet man z. B. im *Leimōn* (Wiese) des Johannes Moschos (6. Jh.) sehr häufig. Sie „ist das beste Beispiel für die buntscheckigen Sammlungen kleiner Erzählungen: sie vereinigt in sich so ziemlich alle Formen asketischer Schriftstellerei und ist das beliebteste Volksbuch des byzantinischen Mönchtums geworden"[10].

[1] v. Kap. 1. 2. 3. – [2] Reitzenstein, R.: Hellenistische Wundererzählungen. (Lpz. 1906) Stg. [2]1963, 56. – [3] ibid., 1. – [4] Usener, H.: Der hl. Tychon. Lpz./B. 1907. – [5] Weingarten, H.: Der Ursprung des Mönchtums im nachconstantinischen ZA. Gotha 1877, 53. – [6] Legendenmärchen aus Europa. ed. F. Karlinger/B. Mykytiuk. MdW 1967, 283. – [7] Krumbacher (wie Kap. 1, not. 6) 1, 176. – [8] ibid., 177. – [9] Legendenmärchen (wie not. 6) 284. – [10] Lietzmann, H.: Byzant. Legenden. Jena 1911, 100.

7. Schwänke

7. 1. Der religiöse Humor. Byzanz lachte kaum. Es blieb die Nächte hindurch auf, um sich in Kniebeugen für die Rettung seiner Seele zu erschöpfen. Es ist vielleicht bezeichnend, daß niemals und nirgendwo sonst so viele Kaiser in den Klöstern Zuflucht fanden, wohin sie ihre Seele samt ihrem meist von politischen Gegnern bedrohten Leib retten wollten. Trotzdem ist Nicht-Lachen gegen die Natur. Und so naturwidrig ist auch B. gewiß nicht gewesen. Der Humor konnte sogar

in die religiösen Geschichten trotz aller gläubigen Hervorhebung des christl. Wunders eindringen:

„Als der heilige Hagiodulos Abt im Kloster des seligen Gerasimos war, starb plötzlich einer der dortigen Brüder, und der Alte wußte nichts davon. Als nun der diensttuende Bruder mit dem Schall des Holzes alle Brüder zusammenrief, um dem Toten das Geleit zu geben, da kam der Greis und sah den Leichnam des Bruders in der Kirche liegen. Da wurde er betrübt, weil er ihn nicht hatte küssen können, ehe er aus dem Leben schied. Und er trat an das Lager und sprach zu dem Toten: Steh auf, Bruder, gib mir einen Kuß! und er stand auf und küßte den Alten. Da sprach der Greis: Und nun schlaf' weiter, bis Gottes Sohn kommt und dich aufweckt!"[1]

Nicht selten wird die harmlose Heiterkeit durch eine kritischere und bissigere Haltung ersetzt, wie es in einer Geschichte aus dem *Leimōn* geschieht, in der ein Sünder im feurigen Höllenfluß bis zum Nacken eingesunken ist. Als man ihm sagt, er hätte sein Leben auf der Welt sündenlos und dem der frommen Leute gemäß führen sollen, antwortet er: „Gott sei Dank, daß mir wenigstens der Kopf frei ist, denn ich stehe auf dem Scheitel eines Erzbischofs!" (MPG 87/III, 2900), ein Witzstoff, der sich bis heute erhalten hat.

7. 2. Profanes Schwankgut. Der in den religiösen Erzählungen zu spürende Witz muß seinen Ursprung im alltäglichen Leben und in der Veranlagung des Volkes gehabt haben, setzt also einen profanen Humor voraus. Noch aus den ersten Jh.en der byzant. Geschichte sind satirische Lieder und Verse erhalten, die sich gegen Kaiser wandten oder von den Damen gegeneinander benutzt wurden[2]. Dann erreichten im 12. Jh. die sog. 'Ptochoprodromika'-Gedichte (Gedichte des armen Prodromos) einen der höchsten und feinsten Grade der Satire. Es war eine Dichtung, die „teils autobiographisch, teils zeitkritisch und sozialkritisch die eigene Gegenwart zum Gegenstand" ihres Spottes machte, als Ausdruck also „einer großstädtischen Gesellschaft, die sich selbst zu artikulieren beginnt"[3]. Ptochoprodromika werden konkreten Personen zugeschrieben. Sie scheinen jedoch von einer entsprechenden öffentlichen Meinung inspiriert gewesen zu sein, zumal sie mit in den Volkskreisen beliebten Themen korrespondierten. Das gilt vor allem für ein über 400 Verse umfassendes Gedicht, das eine bittere Satire auf das Benehmen der Äbte in den Klöstern und in der Stadt ist[4].

Aber auch echt volkstümliche heitere Geschichten und Schwänke sind aus B. überliefert. So gibt der Chronograph der Eroberung von Konstantinopel (1453), Georgios Sphrantzes, beim Vergleich seiner Zeitgenossen mit den „Spekulanten, die Handel treiben", folgende Erzählung wieder:

Ein Händler bot Meeresalgen statt Seide, ein anderer vertrocknete Binsenkörner statt Pfeffer zum Verkauf an. Sie trafen sich zufällig, und der eine fragte nach der Ware des anderen. Zum Schluß tauschten sie aus und hatten es dann sehr eilig zu verschwinden, denn jeder glaubte, er habe den anderen betrogen. Als sie die Ballen öffneten, fanden sie nichts darin (cf. AaTh 1525 N: → *Diebswette*)[5].

Bei der Erforschung des byzant. Schwankgutes sind bis heute nur wenige Fortschritte erzielt worden.

[1] Lietzmann (wie Kap. 6, not. 10) 82. – [2] Beck (wie Kap. 1, not. 10) 25sq. – [3] ibid., 101. – [4] ibid., 102. – [5] Koukoules (wie Kap. 1, not. 2); Loukatos, D. S. (ed.): Neoellēnika laographika keimena (Neugriech. volkstümliche Texte). Athen 1957, 315, num. 43.

Ioannina Michael Meraklis

C

Cabinet des fées. *Le Cabinet des fées, ou collection choisie des contes de fées et autres contes merveilleux* (Amst./P. 1785–89, in Oktav; Genève, in Duodez, 41 Bände, ill. von C.-P. Marillier) ist die letzte und umfangreichste Sammlung der frz. Feenmärchen und oriental. Märchen des späten 17. und 18. Jh.s, herausgegeben von dem kaum bekannten frz. Polygraphen Charles-Joseph de Mayer (1751–1825): t. 37 enthält einen *Discours sur l'origine des contes de fées* (p. 5–47) und eine wichtige Bibliographie aller dem Herausgeber bekannten Autoren unabhängig vom C. d. f.; t. 38–41 bringen Nachträge aus *1001 Nacht*, übers. von D. D. Chavis und J. Cazotte. Zur (metonymischen) Bezeichnung cf. die früheren Sammlungen *Le Cabinet des fées, contenant les contes de fées 1–6* (Amst. 1717) und *Les Cabinets des fées, contenant leurs ouvrages en huit volumes* (Amst. 1731–35 und Suppl.-Bd. 9 [1735], Neuausg. Amst. 1754). Weitere Feenmärchen finden sich in zahlreichen Textsammlungen des 17. und 18. Jh.s und im *Mercure françois* seit 1710. Im C. d. f. aufgegangen sind, abgesehen von Einzelausgaben, der *Nouveau Recueil de contes de fées* (P. 1718, Neuausg. P. 1732 [=t. 31]) und die *Bibliothèque des fées et des génies* (P. 1745, Neuausg. in zwei Bänden, P. 1764–65 [=t. 34]).

Von den wichtigen Autoren sind vollständig vertreten Charles → Perrault (t. 1), Madame d' → Aulnoy (t. 2–4), Mademoiselle de la → Force (t. 7), Sieur de Préschac (t. 5 und 31), Abbé Fénelon (t. 18), Claude Philippe Comte de Caylus (t. 24 und 25); für die Repräsentanz der Sammlung sorgt die Aufnahme auch weniger bekannter Märchenautoren wie Jean Chevalier de Mailly (gest. 1724, anonym t. 5), Antoine Comte d'Hamilton (1645–1720, t. 20), François-Augustin Paradis de Moncrif (1687–1770, t. 25), Mme Louise Lévêque (1703–1745, t. 24), Mlle Marguerite de Lubert (1710–1779, t. 33), Henri Pajon (gest. 1776, t. 34), Catherine Comtesse de Lintot (*Trois nouveaux Contes de fées*. P. 1735 [=t. 32]), Mme Gabrielle-Suzanne de Villeneuve mit der ersten Version von *La Belle et la bête* (La Haye/P. 1740 [=t. 26]), deren bekanntere Fassung von Mme → Leprince de Beaumont fehlt. Berühmte, leicht zugängliche Autoren wie Crébillon fils, Voltaire oder Diderot sind nicht aufgenommen, mit Ausnahme der Unikate *Acajou et Zirphile* (P. 1744 [=t. 35]) von Charles Pinot Duclos und *La Reine Fantasque* (s. l. 1758 [=t. 26]) von Rousseau.

Die Entwicklung der Gattung seit 1690 (früheste Veröffentlichung eines literar. Feenmärchens in der *Histoire d'Hypolite, comte de Douglas* von Mme d'Aulnoy, P. 1690) spiegelt sich in den Kriterien des Herausgebers, die deutlich dem Bewußtsein des Gattungsverfalls entspringen. Die im *Discours* zitierte *Epître* des Régence-Autors Hamilton, die sich ironisch von „Des fables qui ne font plus rire" distanziert, leitet mit der Opposition Modegattung versus gute Lit. (z. B. der märchenhafte Erziehungsroman *Les Aventures de Télémaque* [P. 1699] des Abbé Fénelon) indirekt zur moralisierenden Gattungsdefinition des Herausgebers über:

„un genre aimable qui tient tous ses charmes de l'imagination du conteur, et qui, au lieu de grands efforts, ne demande qu'une plume délicate et fine, un récit simple, un ton doux, et beaucoup d'imagination pour présenter avec intérêt, d'une manière tantôt piquante et tantôt affectueuse, la morale la plus saine, et l'on peut dire la plus usuelle" (p. 9).

Diese hybride Kennzeichnung versucht offensichtlich sowohl dem höfischen Märchen des späten 17. Jh.s wie dem aufklärerisch-frivolen 'conte galant' (bes. seit ca 1720) gerecht zu werden und ähnlich wie Mlle de Lubert (*Apologie des contes de fées*. La Haye/P. 1743 [=t. 33]) die Gattungsproblematik durch den Rekurs auf die 'imagination' zu umgehen, zugleich aber Angriffe aus dem Lager der bürgerlichen Empfindsamkeit durch den Verweis auf die Moral zu entkräften (cf. Rousseau, J. J.: *Émile*. Den Haag/Amst. 1762, Buch 2; Baculard d'Arnaud, F. T. M. de: *Les Délassements de l'homme sensible* 8. P. 1783–87). Ausgehend von einer ganzheitlichen, rezeptionsästhetischen Einbeziehung der implizierten Begriffe 'esprit', 'sens' und 'coeur' kann der Verfasser daher das Märchen bestimmen als eine „morale mise en action et présentée sous les traits de la fiction" (p. 40). Unter dem Einfluß des bürgerlich-edukatorischen Märchens von Mme Leprince de Beaumont, aber auch in deutlichem Bezug zum aufklärerischen Märchen etwa bei Fénelon, Caylus, Rousseau (der vom Herausgeber als vorbildlich bezeichnet wird) wird die moralische Funktion sowohl überständisch als auch im Sinne des traditionellen Fürstenspiegels verstanden: „l'histoire du coeur et l'école des rois" (p. 42). Jedoch vermeidet der Herausgeber jede Einschränkung auf kindliche Rezeption und unterstreicht noch einmal den erbaulichen und den gesellschaftsbildenden Vorzug des mondänen → 'conte de fées' für „l'homme du monde qui a besoin de conter agréablement, et pour l'homme délicat et sensible" (p. 40). Vorausgesetzt ist dabei – kurz vor der Revolution – die fortgesetzte Gültigkeit der aufgeklärten Salonkultur, deren Herausbildung Ende des 17. Jh.s vom Herausgeber richtig als eine der Ursachen der Märchenmode begriffen wird.

Auswahlkriterium ist daher die Verbindung des Moralischen mit einem relativ unspezifischen 'merveilleux'. Die diesbezügliche Ursprungstheorie in Form einer 'translatio' der Märchenstoffe von der Antike über das MA. ist Gemeingut des 18. Jh.s (Caylus, C. P. Comte de: *Sur la féerie des anciens comparée à celle des modernes*. In: Histoire de l'Académie Royale des Inscriptions et Belles-Lettres 23 [1749–51] 144–149). Impliziert ist zugleich eine Vorform der mythengeschichtlichen Theorie: Aus der 'ignorance' des Mythos entstanden, im Laufe der zivilisatorischen Aufklärung aber in die 'tradition populaire' abgesunken und durch die Phantasie volkstümlicher Erzähler angereichert, kann die so herausgebildete Sonderform des frz. 'conte de fées' bzw. der 'féerie' zu universaler literar. Gültigkeit erhoben werden. Als unernstes Genre außerhalb des klassischen Gattungssystems angesiedelt, entspricht die 'féerie' ebenso aristokratischem 'badinage' wie der Ästhetik des Rokoko (cf. Barchilon 1975, 112sq.). Für den Herausgeber steht sie daher auch gleichberechtigt neben dem oriental. bzw. orientalisierenden Märchen, das seit der Übersetzung der *1001 Nacht* durch J. A. → Galland (P. 1704–1717 [= t. 7–10]) ein beherrschendes Stoff- und Motivreservoir der → Aufklärung bereitstellt und deutlich das einheimische Feenmärchen verdrängt oder überlagert hat.

Der für heutige Begriffe unverhältnismäßig breite Raum, den das 'merveilleux oriental' im C. d. f. einnimmt, spiegelt die kulturgeschichtliche Bedeutung der Gattung, die andererseits die beinahe zum Erliegen gekommene Tradition des 'conte de fées' erneut belebt. Ausgeschieden werden vom Herausgeber lediglich die Verfallserscheinungen des sog. 'genre grivois' (Crébillon fils, Claude Henri Abbé de Voisenon, Diderot u. a.), die dem moralisierenden Anspruch nicht entsprechen. Überdies scheint der Herausgeber selbst in seinen Urteilen von der Ästhetik des 'merveilleux oriental' beeinflußt zu sein, „dont l'effet est d'exciter la surprise en voyant que les plus petits incidents amènent les plus grandes révolutions" (Vorwort von Caylus zu den *Nouveaux Contes orientaux*. La Haye 1743 [=t. 25]). Die Textbände der klassischen Periode werden daher abgelöst durch Galland, François Pétis de la Croix (*Mille et un jours*) sowie weitere Märchen pers., türk. und ind. Herkunft (t. 7–11, 13, 14–17), wobei im

Gebrauch des Begriffs 'fable' geläufigerweise nicht zwischen Fabel und Märchen unterschieden wird. Mit den *Mille et un quart d'heure. Contes tartares, Contes chinois, Contes mogols* von Thomas-Simon Gueulette (P. 1715, 1723, 1732 [=t. 19–22]) wird die Gattung epigonal, deren Motive und Schemata von nun an mit und neben dem traditionellen 'conte de fées' eingesetzt werden (im C. d. f. bes. Caylus, Moncrif und Pajon, t. 24, 32, 33). P. Delarue hat im übrigen gezeigt, daß die oriental. Märchen Gueulettes ebenso wie die anonym publizierten *Aventures d'Abdallah* des Abbé J.-P. Bignon (P. 1712–14 [=t. 12–13]) von westeurop. Märchentypen Gebrauch machen, während etwa Gueulettes *Soirées bretonnes* (P. 1712 [=t. 32]) oriental. Stoffe in einheimischer Verkleidung bieten (Delarue, 23–27). Die Wertschätzung der Gattung beweist auch die Aufnahme der 1767 in Amst. publizierten *Contes des génies, ou les charmantes leçons d'Horam* pers. Herkunft von dem Engländer Charles Morell ([Pseud. für Sir Ridley] t. 29–30), der dem Zeitgeschmack der Empfindsamkeit entsprechend Wert darauf legt, „à la pratique de la vertu et à l'amour de la religion" (t. 37, 228) anzuleiten. Der 'conte oriental' partizipiert mithin an der allg. Entwicklung des Märchens von einer Waffe der Aufklärung zum erbaulichen 'conte moral'.

Aber auch allg. hat sich der Herausgeber offenbar um eine annähernd chronologisch-periodische Anordnung bemüht. So umfassen t. 1–18 mit Perrault, Mme Henriette Julie Comtesse de Murat, Mme d'Aulnoy, Mailly, Mme d' → Auneuil, Préschac, Mlle de la Force, Mlle → Lhéritier, Fénelon und der ersten Phase des 'conte oriental' die klassische Periode bis zum Tode Ludwigs XIV. (1690–1715). Die Bände 19–ca 28 enthalten neben der pseudooriental. Erzählung vor allem das Werk von Caylus, Moncrif, Mme de Villeneuve, Mme Lévêque, Mlle Marguerite de Lussan, Thémiseul de Saint-Hyacinthe, umspannen also die Frühaufklärung von der Régence bis zum Beginn der *Encyclopédie* unter Ludwig XV. Schon t. 26 reicht jedoch mit Rousseau in die Epoche der Spätaufklärung und Empfindsamkeit, in die auch Charles-Antoine Coypel, Marie-Antoinette Fagnan, Mme Leprince de Beaumont, Morell, Cazotte u. a. gehören. Numerisch liegt das Gewicht deutlich auf der klassischen Periode, in zweiter Linie – sofern die Ergänzungsbände außer Betracht bleiben – auf der Frühaufklärung. Die wahllose Aufnahme früherer Autoren wie Gueulette, Mlle de Lubert, Mme de Lintot, Pajon, ja sogar Préschac in die letzten Bände des C. d. f. und der damit verbundene Verlust an Homogenität spiegelt auch den Niedergang der Gattung im späten 18. Jh.

Die genannte Einteilung findet ihre Entsprechung in der hist. Verschiebung der Gattungsintention. Der frühe ‚conte de fées' steht unter dem nachhaltigen Einfluß des heroisch-galanten Romans (den er zurückdrängt) und der ‚histoire' und ‚nouvelle' preziöser Prägung. Die Überlagerung folkloristischer Typen und Motive durch die höfisch-ständische Einbettung des Märchens in die preziöse Liebeskasuistik – außer bei Perrault, dessen Beispiel insofern folgenlos bleibt – legt Personal und Handlungsmuster des höfischen Märchens für das 18. Jh. weitgehend fest. Zentral werden: höfische Prachtentfaltung; Hyperbolik des Wunderbaren, die den Triumph des ‚merveilleux oriental' vorbereitet; das Schema des doppelten Prüfungswegs der Liebenden (Einfluß des Heliodorschen Romantypus); Entführung und Erziehung von Königskindern/Entzauberung, Erlösung; Aufspaltung der handlungstreibenden Motivationen in gute/böse Fee(n). Ironisch parodistische Variierung ist entgegen häufiger Auffassung Konstituens der höfischen Literarisierung des Märchens, z. B. bei Préschac und Mailly, nicht erst in Mme d'Auneuils *Tyrannie des fées détruite* (P. 1702 [= t. 5]). Die Märchenparodie setzt später bes. Hamilton (*Les quatre Facardins*. P. postum 1730 [= t. 20]) fort. Folkloristische Elemente, noch deutlich bei Perrault, in den frühen Märchen von Mme d'Aulnoy, bei Mlle Lhéritier, vereinzelt auch bei Mlle de la Force und Mailly (*Les illustres Fées*. P. 1698 [= t. 5]), treten schon in der ersten Phase hinter galanten und psychol. Aspekten zurück (bes. Préschac und Mme de Murat). Im Laufe des 18. Jh.s werden gerade die Märchen oralen Ursprungs, z. T. unter Einfluß des ‚conte oriental', in die → Kolportageliteratur der → *Bibliothèque bleue* abgedrängt. Die genannten Struktureinflüsse und die außerordentliche Wirkung des *Télémaque* (cf. Mlle de Lussan: *Les Veillées de Thessalie.* P. 1731 [= t. 27]) ebenso wie der Geschmack an der Wunderhäufung der oriental. Fortsetzungsmärchen (cf. Moncrif: *Les Aventures de Zéloïde.* P. 1714 [= t. 32]) dürften die häufige romanhafte Tendenz des Märchens im 18. Jh. erklären, z. B. bei Mme Lévêque (*Le Prince des Aigues-marines.* P. 1722 [= t. 24], mit Parallelen zum Schicksalsroman Antoine-François Prévosts, der bes. Pajon [t. 34] mitbeeinflußt hat) oder in dem empfindsamen Erziehungsroman *La Princesse Lionette* von Mlle de Lubert (La Haye 1743 t. 33). Unter dem fortwirkenden Einfluß Fénelons wird das Märchen im weiteren Verlauf zum Vehikel aufklärerischer Ideen, bes. bei Caylus und Moncrif (*Les Dons des fées, ou le pouvoir de l'éducation.* P. 1751 [= t. 25]) und in der zweibändigen *Histoire du Prince Titi* (P./Bruxelles 1736, [= t. 27–28]) von Saint-Hyacinthe. Die nicht aufgenommenen lizenziösen Märchen weisen im übrigen mit der erzieherischen Zielsetzung jener Richtung enge Parallelen auf. Spätestens seit den 50er Jahren und unter dem Einfluß der *Contes moraux* Jean-François Marmontels und der *Nouvelle Héloïse* Rousseaus (beide Amst. bzw. P. 1761) erfolgt die Infragestellung (Diderot) bzw. Verbürgerlichung und Sentimentalisierung im märchenhaften ‚conte moral' (cf. Coypel: *Aglaé.* publ. P. 1772 [= t. 35]). Mme Leprince de Beaumonts Erziehungsmärchen seit 1756 weisen schon auf Tendenzen des Kindermärchens im 19. Jh. hin; unter dem deutlichen Einfluß des bürgerlichen Familienromans stehen namentlich verschiedene ‚contes moraux' in t. 35. Den Übergang zum dt. Kunstmärchen der Romantik markiert der → Wieland gewidmete t. 36: *Les Aventures merveilleuses de Don Silvio Rosalva* (Dresden/P. 1769), dessen dt. Ausg. (Ulm 1764) den Untertitel trägt: *Der Sieg der Natur über die Schwärmerei.* Mit der implizierten ‚critique des contes de fées' kehrt das C. d. f. auf höherer Ebene zum Ausgangspunkt des Grand Siècle zurück.

Ausg.n: Bay, A. (ed.): Le Cabinet des fées 1–2. P. 1955. – Le nouveau Cabinet des fées 1–18. Repr. Genève 1974 (um oriental. Märchen gekürzte Ausg. mit neuer Numerierung).

Übers.en: Das Cabinet der Feen. Oder Gesammelte Feen-Märchen in neun Theilen. Nürnberg 1761–65. – Hammer, K. (ed.): Frz. Feenmärchen des 18. Jh.s B. 1969. – Hillmann, H. (ed.): Die schlafende Schöne. Frz. und dt. Feenmärchen des 18. Jh.s. Mü. 1970.

Lit.: Rousseau, J. J.: La Nouvelle Héloïse 1. ed. D. Mornet. P. 1925, 322–385 (Anh.: Bibliogr. du roman, 1741–1780). – Storer, M. E.: Un Épisode littéraire de la fin du XVIIe siècle. La mode des contes de fées (1685–1700). (Bibliothèque de la Revue de littérature comparée 48). P. 1928. – Monglond, A.: La France républicaine et impériale 1. Grenoble 1930, 587–598. – Jones, S. P.: A List of French Prose Fiction (1700–1750). N. Y. 1939. – La Harpe, J.: La Muse et la grâce de Voltaire (Le conte de fées en France vers 1750). In: PMLA 54 (1939) 454–466. – MacGhee, D. M.: The 'conte philosophique' Bridging a Century. In: PMLA 58 (1943) 437–449. – Dufrénoy, M.-L.: L'Orient romanesque en France, 1704–1789. Montréal 1946. – Barchilon, J.: Uses of the Fairy Tale in the 18th Century. In: Studies on Voltaire 24 (1963) 111–138. – Steffen, H.: Märchendichtung in Aufklärung und Romantik. In: id.: Formkräfte der dt. Dichtung vom Barock bis zur Gegenwart. Göttingen 1963, 100–123. – Schneider, M.: La Littérature fantastique en France. P. 1964. – Barchilon, J.: Le Cabinet des fées et l'imagination romanesque. In: Études littéraires 1 (1968) 215–231. – Hillmann, H.: Wunderbares in der Dichtung der Aufklärung. In: DVLG 43 (1969) 76–113. – Di Scanno, T.: La Mode des contes de fées de 1960 à 1705. Genova 1970. – Robert, R.: Un Avatar du conte de fées dans la première moitié du XVIIIe siècle: le rébus. In: Studies on Voltaire 89 (1972) 1357–1371. – Barchilon, J.: Le Conte merveilleux français de 1690–1790 (Bibliothèque de la Revue de littérature comparée 114). P. 1975 = t. 1 des Nouveau Cabinet des fées. Genève 1974.

Gießen Friedrich Wolfzettel

Caelius Rhodiginus → Ricchieri, L.

Caesar → Historienliteratur

Caesarius von Heisterbach

1. Leben – 2. Schriften – 2.1. Dialogus miraculorum – 2.2. Libri VIII miraculorum – 2.3. Inhalt und Disposition der Exempel – 3. Bedeutung des C. in der lat. Predigtliteratur – 4. Zu den Quellen der Exempel – 5. Einfluß des C. von Heisterbach auf die Entwicklung der lat. und volkssprachlichen Exempelliteratur – 6. Verzeichnis

1. Leben. C. von Heisterbach, * um 1180, † um 1240, Prior im heute verfallenen Zisterzienserkloster Heisterbach bei Bonn. Geburts- und Todesjahr sind weder im Urkundenbuch der Abtei noch in zeitgenössischen Quellen überliefert; zweifelhaft ist gleichfalls Köln als Geburtsort. Mit Sicherheit ist C. jedoch dort von 1188–98 bezeugt. Sein *Dialogus miraculorum* (D) überliefert mehrere authentische Erlebnisse des Autors aus Köln, z. B. die Hinrichtung von drei Dieben vor den Stadtmauern (11, 55), eine Messe des Prämonstratenserdiakons Gerhard in der Michaelisbasilika (9, 61) und den Kreuzzugsaufruf des Kardinalbischofs Heinrich von Albano in der St. Peterskirche (4, 79). Nach Abschluß seines Studiums (6, 4) widmete C. sich auf der Kölner Domschule dem Theologiestudium (1, 32). 1199 trat er als Novize in das Zisterzienserkloster Heisterbach ein (2, 10). Später wurde er dort magister novitiorum und Prior. C. verließ öfters das Kloster zu Visitationsreisen als Begleiter der Äbte Gevard und Heinrich. Dabei konnte er Exempel und Mirakel für seine Schriften aus mündlicher Tradition sammeln.

2. Schriften. Von den Schriften des Heisterbacher Priors sind 36 durch sein eigenes Schriftenverzeichnis bezeugt. Stofflich lassen sich die Werke des C. in theol. und hist. untergliedern. Die theol. Werke sind vorwiegend Sermones und Homilien. Inhalt der Predigten ist vornehmlich die moralische und allegorische Exegese von Bibeltexten.

2.1. Dialogus miraculorum. Der scholastisch-gelehrte wie mystisch-meditative Inhalt der Homilien, die mehr auf die kontemplative Erbauung gebildeter Theologen als auf die praktische Seelsorge zielen, provozierte die Kritik der Heisterbacher Novizen, die den Autor bewog, die Materie kürzer und verständlicher darzubieten. Diese Kritik war für den magister novitiorum vermutlich der Anlaß, die theoretischen Erörterungen und Spekulationen durch Exempel zu illustrieren. Zu diesem Zweck verfaßte C. den *Dialogus miraculorum* und die als Torso hinterlassenen *Libri VIII miraculorum* (L). Die Niederschrift des *Dialogus miraculorum* erfolgte in den Jahren 1219–23 auf Wunsch seines Abtes Heinrich und seiner Mitbrüder. Den Titel wählte C. wegen des mirakulösen Inhalts der Exempel und der formalen Einkleidung des Werkes in ein Lehrgespräch zwischen dem novitius interrogans und dem die Novizen über grundsätzliche theol. Fragen instruierenden monachus respondens, den C. zweifellos selbst figuriert. Der *Dialogus* umfaßt 746 Kapitel, die sich auf zwei codices zu je sechs distinctiones verteilen. Jede der zwölf distinctiones behandelt ein bestimmtes Thema:

1. Äußere Bekehrung zum Klosterleben (*De conversione* 43 Kap.), 2. Innere Bekehrung (*De contritione* 35 Kap.), 3. Beichte (*De confessione* 53 Kap.), 4. Versuchung (*De tentatione* 103 Kap.), 5. Versucher (*De daemonibus* 56 Kap.), 6. Herzenseinfalt (*De simplicitate* 37 Kap.), 7. Marienwunder (*De sancta Maria* 59 Kap.), 8. Verschiedene Visionen (*De diversis visionibus* 97 Kap.), 9. Eucharistie (*De sacramento corporis et sanguinis Christi* 67 Kap.), 10. Wunder (*De miraculis* 72 Kap.), 11. Sterbende (*De morientibus* 65 Kap.), 12. Göttliches Gericht über die Verstorbenen (*De premio mortuorum* 59 Kap.).

Obwohl sich C. im Prolog des Werks und in den Einleitungen zu den distinctiones bemüht, die thematische Anordnung des Ganzen zahlensymbolisch zu begründen, wird jedoch bes. an den distinctiones acht und zehn, die Mirakel verschiedenen Inhalts bieten, deutlich, daß dem *Dialogus* die ausgereifte kompositorische Einheit fehlt. Daß die Kapiteleinteilung allerdings auf den Autor zurückgeht, läßt sich aus zahlreichen assoziativen Querverweisen leicht eruieren (z. B. 6,5 – 4,98 – 11,27).

Die distinctiones enden überwiegend mit einem fast stereotypen Lobpreis der Trinität oder einer bibl. Allusion. Gelegentlich erstrebt C. eine dreigliedrige Disposition der Kapitel nach Exempel, moralischer bzw. allegorischer Exegese und Lehrgespräch. Der didaktische Charakter des Werks tritt überall offen zutage. Mehrere Kapitel widmen sich unter Aussparung der Exempel sogar ausschließlich der Erörterung theol. Fragen. So doziert C. z. B. über die Bekehrung (1, 2; 1, 5; 1, 36), die Form der Beichte (3, 1; 3, 27; 3, 34), die Kardinalsünden (4, 2; 4, 3; 4, 16) oder über Augustins Kommentar zur Reue (2,13).

2.2. Libri VIII miraculorum. Die *Libri VIII miraculorum*, auf acht Bücher geplant, wurden nach dem unerwarteten Tod des Erzbischofs Engelbert bereits nach dem 2. Buch abgeschlossen. C. widmete sich dann der Biographie des ermordeten Erzbischofs. Heinrich von Molenark betraute anläßlich seiner Bischofsweihe im Kölner Dom den Heisterbacher Prior am 20. September 1226 mit der Abfassung der Engelbertvita. Sie besteht aus drei Büchern, die über das Leben, die Taten (vita et actus), das Leiden (martyrium, mortis causa et vindicta) des Kirchenfürsten und über die Wunder (miracula) nach seinem Tode berichten.

2.3. Inhalt und Disposition der Exempel. Die 1225–26 geschriebenen *Libri* umfassen nach ihrem jetzigen Umfang zwei Bücher zu je 45 und 42 Kapiteln. Vom *Dialogus* unterscheiden sie sich formal durch das Aussparen des Zwiegesprächs zwischen dem novitius interrogans und dem monachus respondens; außerdem sind die moralischen und dogmatischen Explikationen noch stärker reduziert als im *Dialogus*. Die stoffliche Disposition wird nur auswahlweise angestrebt, z. B. Buch 1, cap. 1–13 Wunder durch Eucharistie, cap. 24–31 Exempel über die Beichte; Buch 2, cap. 1–2 Trinitätswunder, cap. 3–11 Mirakel über Inkarnation und Eucharistie. Die Exempel des *Dialogus* und der *Libri* sind für die Zeit von 1190–1226 ein beachtliches kulturhistorisches Dokument, das in der Darstellung des weltlichen und geistlichen Lebens eine breite Fächerung des sozialen Milieus bietet. Abwechslungsreich ist der Stoff der Erzählungen: Frevel, Blasphemie, Götzendienst, Einfalt und Frömmigkeit, Visionen von Dämonen und Teufeln. Bisweilen begegnet ein Motiv der international verbreiteten Erzählungsliteratur, wie die → Theophilus- (D 2, 12) und die → Polykratessage (D 5, 37; 8, 59; 10, 2). Ferner findet sich manche Anspielung auf die altgerm. Mythologie: das Volk tanzt vor einem Götzenbild, einem Widder oder Maibaum (L 1, 17); der wilde Jäger treibt sein Unwesen (D 2, 20), oder der Drache vernichtet den Mond (*Homilien* 3, 35). Zu Recht betont K. Langosch (1933), daß in den Erzählungen des C. das Unheimliche und die Darstellung des Lasters überwiegen. Nur selten löst ein Schwank Heiterkeit aus (z. B. D 2, 24; 4, 6; 4, 76; 4, 88; 6, 37). Dadurch unterscheidet sich C. erheblich von der humorvollen Erzählweise des → Jacques de Vitry, in dessen Werk die Tierfabel zahlreich vertreten ist. Mit dem, was C. an Mirakulösem und Visionärem berichtet, entspricht er einem zeitgenössischen Bedürfnis nach mystischen Erzählungen. Zuweilen hat er sogar hist. Ereignisse zur Steigerung der Effektivität des Erzählten in ein Wunder umgestaltet, obwohl er im Prolog des *Dialogus* bona fide versichert: „Gott ist mein Zeuge dafür, daß ich kein einziges Kapitel in diesem Dialog erdichtet habe“, und zur Beteuerung seiner Wahrheitsliebe (D 2, 30; 3, 33; 4, 39) stets Ort und Zeit des Geschehens mitteilt und nach Möglichkeit noch einen Augenzeugen des berichteten Ereignisses benennt.

3. Bedeutung des C. in der lat. Predigtliteratur. In der lat. Predigtliteratur des 13. Jh.s kommt dem Heisterbacher Prior neben → Odo of Cheriton und Jacques de Vitry außerordentliche Bedeutung zu. Systematisch baute er das Exempel in die Predigt ein und entwickelte es allmählich zum Höhepunkt einer autonomen literar. Gattung. Das Werk des C.

läßt diesen Entwicklungsprozeß in seinen einzelnen Phasen deutlich erkennen. Während die *Homilien* den Akzent noch unverkennbar auf die Predigt setzen und Exempel nur bisweilen zur Explikation des Lehrstoffes bieten, kommt den Erzählungen im *Dialogus* mehr und mehr Bedeutung zu. Ihre völlige Isolierung von der Predigt ist in den *Libri VIII miraculorum* fast abgeschlossen. Die Exempel des C. zeichnen sich durch eine bewußt schlichte Sprache und einen manifesten Erzählstil aus. Zur moralischen Erbauung und geistlichen Belehrung bediente er sich des stilus simplex, den er wiederholt gegen die abstrakte Ausdrucksweise (falere verborum/flores rhetorice) der Philosophen verteidigt. Auf dieser ungekünstelten Darstellungsform beruht seine große Beliebtheit im MA. als bevorzugter Predigt- und Exempelschriftsteller. Obwohl zahlreiche Exempel des Heisterbacher Priors auf mündlicher Tradition basieren, sind doch in umfangreichem Maße auch schriftliche Quellen anzusetzen.

4. Zu den Quellen der Exempel. Als Quellen faßbar sind die vom Autor eigens zitierten, z. B. die → *Vitae patrum* (D 3, 36; 4, 9; 4, 76), die *Dialogi* → Gregors des Großen (D 2, 16; 4, 22; 8, 4; 10, 18; 12, 37), der *Liber miraculorum* des Herbert von Clairvaux (D 1, 17; 1, 24; 2, 3; 4, 1; 4, 82; 6, 14; 6, 15; 8, 10; 8, 13; 8, 43; 9, 7). Das Kapitel 3, 27 manifestiert die Bekanntschaft des Autors mit der *Vita sancti Egidii*. Für die Wundergeschichten, die sich um den berühmten Zisterzienserabt → Bernhard von Clairvaux ranken, konsultierte C. die *Vita sancti Bernhardi* und betont ausdrücklich: „in Vita sancti Bernardi abbatis Clarevallis mira leguntur" (D 8, 31). Die über die Abtei Himmerode erzählten Mirakel stammen überwiegend aus dem *Liber miraculorum seu visionum* eines anonymen Zisterziensers. Als authentische Quelle für die aufgenommenen Aczelina-Mirakel (D 12, 25; 12, 43; 12, 44) nennt der Autor den *Liber visionum beatae Aczelinae* (D 6, 10). Die Exempel über die Kreuzzüge stammen aus der *Historia Damiatana* des Thomas Oliver und den *Gesta crucifigerorum Rhenanorum* eines unbekannten Autors aus Neuß.

Zweifellos beruht ein beträchtlicher Teil der Exempel auf mündlicher Überlieferung. Viele Geschichten verdankt C. seinen älteren Ordensbrüdern, die er mehrfach als Bürgen des Erzählten erwähnt (z. B. D 1, 37; 4, 81; 12, 55). Für die Beteuerungsformeln, die in der Regel den Zeugen des Geschehens namhaft machen, wählte C. stereotype Wendungen.

5. Einfluß des C. von Heisterbach auf die Entwicklung der lat. und volkssprachlichen Exempelliteratur. C. hat die Entwicklung der lat. und volkssprachlichen Exempelliteratur nachhaltig beeinflußt. Obwohl seine Schriften in Frankreich wenig Verbreitung fanden, lassen sich Spuren seiner Exempel in der *Scala caeli* des frz. Dominikaners → Johannes Gobii Junior[1] und im → *Alphabetum narrationum* des Arnold de Liège[2] nachweisen. In England wirkte C. vornehmlich auf die *Summa predicantium* des John → Bromyard ein. Weit mehr beeinflußten die Exempelbücher des Heisterbacher Priors die Klosterschriften erbaulicher Tendenz in den Niederlanden. Die als Hilfsmittel für weniger gebildete Prediger in lat. Sprache abgefaßte *Expositio melliflua* des Hermannus de Petra von Scutdorpe[3] enthält unter ihren 50 sermones mindestens 17, die dem *Dialogus* entlehnt sind. Den C. benutzte gewiß auch der Kartäuser Albert von Anhem[4] in seiner *Refendarium exemplorum* betitelten Predigtsammlung. Im Spätmittelalter entstand in den Niederlanden nach dem Vorbild des *Dialogus miraculorum* das → *Speculum exemplorum* eines Windesheimer Augustiners, der mehr als 100 Exempel aus dem Werk des C. entlehnte[5]. Das *Speculum exemplorum,* das durch zahlreiche Inkunabeldrucke außerordentliche Verbreitung fand, wurde 1603 durch den Jesuiten Johannes Maior umgearbeitet und, wie der Titel *Magnum speculum exemplorum* schon ankündigt, bedeutend erweitert[6]. In mehr als 20 volkssprachlichen Exempelbüchern der Niederlande läßt sich die umfangreiche Benutzung des *Dialogus miraculorum* ebenfalls nachweisen[7]. Bes. die Marienlegenden des C. fanden in den Niederlanden mehrfach Nachahmung. Hier sind vor allem hervorzuheben *De verzamelingen Marienlegenden in proza*[8] und die mndl. Kompendien *Onser Vrouwen Boeck* und *Onser Vrouwen*

Miraculen[9]. Auf eine mndl. Übersetzung des *Dialogus miraculorum* macht W. Moll aufmerksam[10].

Den stärksten Einfluß übte der *Dialogus miraculorum* zweifelsohne auf die lat. und volkssprachliche Predigt- und Exempelliteratur in Deutschland aus. Die älteste bekannte, von C. suggerierte Exempelsammlung findet sich im *Codex latinus* 18622 der Bayer. Staatsbibliothek unter dem Titel *Miracula quedam a quodam fratre O. P. collecta*[11]. Evident ist die Wirkung des *Dialogus miraculorum* auf die Predigtschriften (*Sermones de tempore*; *Sermones de sanctis*; *Promptuarium exemplorum*; *Promptuarium de miraculis Beatae Mariae Virginis*) des Johannes → Herolt (geb. 1380/90)[12]. Im *Viaticum narrationum* des Heinemann von Bonn (15. Jh.)[13] ist die Resonanz der Exempel des C. unverkennbar. Der Autor, der auf inhaltliche Originalität keinen Anspruch erheben kann, weil er sich zu sehr auf die Rolle eines Kompilators beschränkte, schöpfte mehr als die Hälfte seiner Erzählungen aus dem *Dialogus* und den *Libri*, wobei er letztere als Quelle bevorzugte. Die von C. übernommenen Geschichten leitet er in der Regel mit dem stereotypen Vermerk „Refert Cesarius" ein.

Sichtlich Gebrauch von den Predigtbeispielen des C. machte der um 1400 geborene Augustinermönch → Gottschalk Hollen, der zahlreiche Predigten „ad populum et ad clerum" verfaßte. Seine bekanntesten Predigtschriften sind die um 1460 niedergeschriebenen *Sermones de dedicatione* und das auf 1465 datierte *Preceptorium divine legis*. Für 24 Exempel des Gottschalk läßt sich die Herkunft aus dem *Dialogus* offensichtlich nachweisen[14]. Zu den Imitatoren des C. zählt gewiß auch der als Pseudo-C. bezeichnete Autor, dem eine drei Bücher umfassende interpolierte Version der *Libri VIII miraculorum* zugeschrieben wird[15].

Großer Beliebtheit erfreuten sich die Predigtmärlein des C. auch in der dt.sprachigen Exempelliteratur. Bes. die Mirakel über die Jungfrau Maria begegnen in zahlreichen mhd. und frühnhd. Versionen[16]. In einem Kompendium der Straßburger Hs. Germ. 863 lassen sich mehr als 30 Marienlegenden des *Dialogus* eruieren[17]. Das Ende des 14. oder Anfang des 15. Jh.s am Niederrhein entstandene Buch *Bredigen merlin* fußt in einigen Erzählungen ebenfalls auf dem *Dialogus* (z. B. num. 9, 13, 16, 19, 28)[18]. Eine Version der von C. (D 1, 33) erzählten Geschichte über das Studium der nigromantia begegnet in einer mhd. Predigtschrift des 14. Jh.s[19]; die verweltlichte Fassung der Theophilussage (D 2, 12) ist nachzuweisen in der Heidelberger Hs. Pal. Germ. 109, fol. 145r, im *Seelenwurzgarten* und im Militariusgedicht des Gottfried von Thienen[20]. Gewiß sind auch einzelne Erzählmotive des C. in den *Edelstein* (ca 1340/50) des Ulrich → Boner eingeflossen, insbesondere durch das *Alphabetum narrationum*[21].

Motivparallelen mit C. weisen in den Exempeln fernerhin Johann → Geiler von Kaysersberg und der berühmte Kanzelredner → Abraham a Sancta Clara auf. Evident ist wiederum der Einfluß des *Dialogus miraculorum* auf das spätma. Schwank- und Exempelbuch *Schimpff und Ernst* des Franziskanerpredigers Johannes → Pauli[22]. Nicht ohne Wirkung blieb der *Dialogus miraculorum* desgleichen auf die dt.sprachige Übersetzungsliteratur. Übertragungen einzelner Exempel begegnen in den Hss. Add. 102 87 (fol. 123v), Add. 24 946 (fol. 34r sqq.) der British Library und auf den Vorsatzblättern der Hs. L. Germ. 517 der Straßburger Universitätsbibliothek. Eine vollständige Übersetzung des *Dialogus* überliefert die Hs. 2025 des Kölner Stadtarchivs[23]. Der bayr. Arzt Johann Hartlieb übertrug ca 1460 die distinctiones 7–12 des *Dialogus* ins Frühneuhochdeutsche mit der Tendenz, das Werk des Heisterbacher Priors aus dem ma. Lebensbereich in das Milieu des Münchener Hofs und Bürgertums des 15. Jh.s zu versetzen[24]. C.-Ausgaben erschienen u. a. Köln 1473, 1481, 1591, 1599 und Antwerpen 1605. Eine systematische Untersuchung über das Nachleben der Exempelliteratur des C. würde sicherlich noch einen reicheren Ertrag sichern.

6. Verzeichnis. Ein Verz. interessanter im Typen- und Motivregister von Tubach nachweisbarer Stoffe des C. mag deren allg. Verbreitung in der Erzählungsliteratur andeuten[25]:

Tubach, num. 59, 60: Ehebruch (D 10, 35; 3, 31). – 161, 172, 178, 179: Almosen (L 1, 20;

D 12, 32; 4, 61; 6, 5). – 207: Versuchung eines Einsiedlers durch den Teufel (D 7, 26). – 217, 222, 232, 236, 238, 247, 248: Engel (L 1, 24; D 1, 6; 2, 31; 8, 47; 8, 41; 11, 5; 4, 30). – 286: Vision eines Mönchs über die Ankunft des Antichristen (D 2, 30). – 308: Bedeutung und Bezeichnung der Apostel werden erklärt (D 8, 55). – 368: Zwei während der Fastenzeit zechende Männer ersticken in Ofenasche (D 10, 53). – 424, 426, 435: Ave Maria (D 7, 25; 12, 50; 7, 49). – 469, 470, 476: Taufe (L 2, 13; D 10, 43; L 2, 12). – 536: → Nonne (Beatrix), die in die Welt ging (D 3, 11). – 548: Bier wird Wein (D 10, 16). – 561: Zwei Bösewichter werden durch die Jungfrau Maria zur Beichte gezwungen (D 7, 10). – 676, 679, 685: Blasphemie (D 9, 48; 11, 51; 8, 42). – 694, 707: Blind, Blindheit (D 6, 10; L 1, 14). – 700: Lahmer und Blinder (D 6, 5). – 723: Eine keusche, aber spitzzüngige Nonne wurde nach ihrem Tode vor dem Altar geteilt. Der körperliche Teil verbrennt, der andere kehrt ins Grab zurück (D 4, 22). – 735: Buch des Lebens (D 7, 37). – 758: Brot wird Wein (D 1, 16). – 761b: Brot wird in die Wunden Christi getaucht (D 4, 80; L 2, 5). – 766: Brotlegenden (D 4, 65; 4, 66; 4, 67; 4, 69). – 843, 844, 846, 854: Kerze (D 5, 53; 4, 89; 7, 46; 11, 9). –

1000, 1009, 1011, 1012, 1013, 1021, 1028, 1030, 1033, 1036: Christuslegenden (D 8, 30; 8, 35; 12, 49; 8, 3; L 2, 6; D 8, 8; L 1, 5; D 9, 4; 9, 57; 8, 2; 8, 5). – 1054, 1061: Kirche (D 9, 16; 6, 29). – 1070, 1071b: Magischer Zirkel (D 5, 2; 5, 3). – 1097: Ein von einer Frau fälschlich beschuldigter Mönch wird zu Unrecht verbrannt (D 4, 99). – 1155, 1156: Kommunion (D 2, 16; L 2, 11). – 1161, 1162, 1187, 1189, 1196, 1197, 1200, 1202 (a, b 4), 1205, 1209: Beichte (L 2, 53; D 3, 3; 3, 22; 3, 15; 3, 24; 3, 42; 3, 2; 2, 10; 3, 6; 3, 43; 8, 71). – 1256, 1266, 1268, 1272 (AaTh 920 C: → Schuß auf den toten König), 1276: Leiche, Leichenschändung (D 12, 31; 12, 6; L 2, 52; D 8, 2; 8, 50; 10, 41). – 1332, 1334, 1336, 1341, 1342: Kreuz (D 10, 32; 10, 37; 7, 38; 9, 15; 10, 39; 10, 40). – 1373, 1374, 1375, 1376, 1377, 1383, 1386, 1389: Kreuz, Kreuzigung (L 2, 39; D 10, 19; 10, 20; L 2, 35; D 7, 27; L 2, 34; D 8, 22; 4, 52; 8, 19). – 1400: Kuckuck prophezeit Leben (D 5, 17). – 1464 (a, e, f, i), 1475 (B 3, 9, 10, 11, 12), 1481d, 1484, 1485: Tod, Toter, Tote (L 2, 49; D 11, 49; L 2, 25; D 11, 11; D 11, 14; 11, 45; 9, 31; 11, 17; 8, 75; 11, 65; 11, 22; 11, 21). – 1489, 1490 (c, d, h): Sterbebett, Totenbett (D 6, 107; 11, 4; 11, 2; 6, 17; 11, 31). – 1492 (b, e, f, g): Todeszeit, Todesstunde (D 1, 35; 11, 19; 11, 62; 12, 7, 8, 9). – 1508, 1509: Dämon (D 2, 2; 3, 5). – 1529, 1532, 1533 c, 1538, 1541, 1543, 1547, 1551, 1558, 1559, 1563, 1564, 1569, 1573: Teufel als Engel, Affe, Bär, Hund, schöner Jüngling, Dirne, Ritter, Nonne, Diener, Kröte, Weggefährte, Frau, Jüngling (D 5, 47; 12, 5; 5, 49; 5, 44; 3, 6; 5, 45; 3, 2; 11, 52; L 2, 3; D 5, 33; D 5, 36; 5, 31; L 2, 32; D 1, 29; D 11, 63; D 3, 13; 3, 14). – 1580: Teufel bringt Ritter nach Hause (D 8, 59). – 1579, 1580, 1581, 1585, 1588, 1592, 1594 e, 1595, 1597, 1598, 1601, 1607, 1615, 1621, 1629, 1631, 1637, 1639, 1644, 1645, 1649, 1652, 1655, 1660, 1663, 1664: Teufelslegenden (D 5, 13; 5, 37; 10, 11; 5, 32; 10, 10; 5, 9; 4, 95, 96; 11, 20; 1, 9; 4, 5; 3, 7; L 2, 16; D 12, 10; 5, 6; 7, 16; 5, 42; 3, 16; 3, 26; 3, 9; 5, 50; 5, 5; 5, 24; 5, 27; L 2, 56; D 5, 10). – 1754, 1760, 1763, 1764, 1765, 1767, 1772: Taube (D 6, 36; 12, 23; 8, 38; 9, 29; 7, 15; L 1, 7; D 10, 57). – 1790, 1792: Traum (D 8, 4; L 1, 25). – 1816: Trunkenheit (L 1, 42). – 1850: Mönch ißt heimlich beim Fasten (D 3, 49). –

2032, 2035, 2039, 2044: Feuer (D 11, 26; L 2, 3; D 3, 8; 3, 12; 12, 44). – 2048: Feuerprobe (D 10, 34). – 2071: Fischer verbrennt im Wasser (D 10, 35). – 2235: Dieb wird vom Galgen gerettet (D 8, 58, 73). – 2240: Spieler (D 7, 43). – 2407: halber Freund (L 2, 57). – 2416, 2418, 2419, 2421, 2425, 2426, 2427: Hand (D 12, 47; L 2, 38; D 6, 3; 5, 5; 8, 92). – 2452: Dirne eines Priesters wird vom Teufel verfolgt (D 12, 20). – 2538, 2540, 2542, 2549, 2550, 2552, 2553, 2556: Ketzerei, Irrlehre, Häresie (D 5, 21; 5, 19; 5, 25; 9, 12; 5, 21; L 1, 17; D 5, 20). – 2569, 2578: Einsiedler (D 8, 28; 5, 46). – 2645, 2648, 2649, 2655, 2657, 2658, 2659, 2662, 2663, 2669, 2679, 2680, 2681, 2682, 2686, 2688, 2689 (a, b, c), 2690, 2691, 2692, 2694: Hostie, Hostienwunder (D 9, 33, 34; 9, 60; 9, 64; 9, 14; 9, 37; 9, 13; 9, 35; 9, 36; 9, 38; 9, 8, 9; 9, 6; 10, 56; 9, 9; 9, 46; 1, 3; 2, 5; 9, 58; L 1, 8; D 9, 52; L 1, 9; D 9, 5, 41; L 1, 2; D 9, 16; 9, 17; 9, 21; 9, 25; L 1, 3; 1, 8; D 9, 54; 9, 63; 9, 43; 9, 44; 9, 47; L 2, 36; D 8, 33). – 2732: Inzest Vater und Tochter (D 2, 11). – 2759, 2760: Eisen (D 3, 16; 3, 17; 11, 27). – 2805, 2807 (AaTh 1855: Jokes about Jews), 2810, 2811: Judenlegenden (D 2, 25, 26, 24; L 1, 67; D 2, 23). – 2907: Jahreskönig (L 2, 43). – 2942, 2944 (a, h), 2946, 2949, 2952, 2955, 2957, 2958: Rittermotive (D 4, 93; 12, 19; 12, 15; 7, 57; 8, 26; 1, 37; 4, 71; 7, 38; 9, 48; 9, 49). –

3043, 3045, 3048: Blitz (D 10, 29; 12, 23; 10, 28). – 3316, 3318, 3319, 3321, 3325, 3333, 3334, 3335, 3337, 3339, 3340, 3343, 3345: Kloster (D 4, 6; 1, 6; 1, 14; 1, 30; 4, 55; 1, 19; 8, 36; 1, 13; 1, 42; 1, 43; 4, 59; 8, 7; 3, 36; 1, 10; 4, 62). – 3354, 3359, 3363, 3365: Geld (D 6, 21; L 1, 38; D 6, 5; 6, 11; D 3, 35). – 3370: Mönch und verheiratete Frau (D 3, 2). – 3374: Mönch beichtet Sünde (D 3, 53). – 3380: Mädchen als verkleideter Mönch (D 1, 20). – 3377, 3383, 3393, 3394, 3404: Mönchslegenden (D 4, 24; 3, 30; 6, 14; 6, 15; 3, 32; 1, 17). – 3427 (AaTh 1416: Die neue → Eva): Maus in der Schüssel (D 4, 75). – 3443: himmlische Musik (D 1, 40; 11, 6). – 3499, 3500, 3502: Nonne (D 3, 28; L 1, 27; 12, 2). – 3588, 3594, 3597, 3598: Paradies (L 2, 27; D 5, 30; 7, 53; 1, 16). – 3659, 3665, 3672, 3677, 3681, 3692, 3694, 3695: Buße (D 4, 88; 3, 40; 11, 28; 11, 29; 3, 50; 3, 52; 3, 4; 3, 44; 3, 29; L 2, 26; 2, 1). – 3785, 3791, 3798: Pilger, Pilgerfahrt (D 4, 25; 10, 2; L 2, 19). – 3871, 3892, 3894, 3900 a, 3909: Beter (D 11, 24; 10, 52; L 2, 2; D 7, 22; 10, 14; 12, 24). –

3995, 4000 a, 4001: Fegefeuer (D 12, 25; 7, 16; 2, 2). – 4055, 4056, 4058, 4059, 4060: Reliquien

(D 8, 68; 8, 65; 8, 87; 8, 67; 8, 46). – 4258, 4268, 4273, 4275: Schlange(n) (D 10, 70, 71, 72; 12, 18; L 1, 32). – 4442, 4443, 4445, 4446: Schlafen während der Messer des Betens, Turniers, auf dem Boden der Kirche (D 4, 28; 4, 29; 4, 30; 4, 32; 4, 33; 4, 37). – 4447: Schlafender Mönch und schlafende Hunde (D 4, 35). – 4518, 4519, 4529, 4536, 4537, 4538, 4550, 4551, 4552: Seele (D 11, 8; 7, 20; 6, 10; L 2, 55; 12, 4; 12, 23; 8, 45; L 2, 37; D 5, 21). – 4630: Stein der Weisen (D 1, 32; 4, 10). – 4631, 4635: Stein (D 12, 51; 10, 47). – 4640, 4645: Ehebruch des Storchs (D 10, 60; 10, 58). – 4732, 4735, 4738, 4749, 4751, 4752, 4758: Versuchung (D 3, 47; 4, 100; 4, 102; 8, 16; 6, 30; 3, 33; L 1, 26). – 4777: Dieb und Eremit (L 1, 1). – 4780, 4781, 4785, 4801, 4811, 4812, 4819: Dieb, Diebstahl (D 6, 24; 7, 58; L 2, 9; D 3, 19; 6, 8; 10, 21). – 4836: Dornenhecke (D 5, 40). – 4839: Dornenkrone Christi (D 5, 14). – 4876: Kröte in der Flasche eines betrunkenen Priesters (D 10, 68). – 4877: Kröte im Mund eines Leichnams (L 1, 11). – 4889: Kröten füttern toten Wucherer (D 11, 39). – 4878, 4882, 4883 (AaTh 986 D: The Lazy Husband), 4884: Kröte (D 4, 86; L 1, 37; D 6, 22; 10, 67). – 4901: Zunge (D 7, 23). – 4905: Sterbendem Rechtsanwalt wird die Zunge lahm, weil er sie im Leben mißbrauchte (D 11, 46). – 4925, 4929, 4930, 4931: Turnier, Wettkampf (D 7, 38; 12, 17; L 1, 34; 12, 16). – 4985, 4986, 4987: Trinität (D 8, 36; L 2, 1; D 8, 39). – 4994, 4995, 4997: Trompete des Jüngsten Gerichts, der Hölle (L 2, 41; D 12, 58; 11, 50). –

5022: Einhorn jagt einen Mann (L 2, 40). – 5032, 5045, 5048, 5056: Wucherer (D, 2, 7; 2, 34; 2, 33; 11, 40). – 5107, 5111, 5112, 5113, 5118, 5124, 5131, 5137, 5147, 5149, 5154: Jungfrau, Jungfrau Maria, Marienbild (D 7, 12; 7, 13; 7, 14; 7, 42; 7, 51; 7, 40; 7, 17; 8, 88; L 1, 41; D 7, 54; 7, 37; 7, 19; 7, 44). – 5163, 5165, 5168, 5169: Visionen (D 1, 7; 8, 90; 8, 91; 11, 7). – 5205: Wasser wird Blut (D 9, 24; 10, 62). – 5206: Wasser wird Wein (D 7, 38). – 5278: neugierige Frau (D 4, 76). – 5347: Wölfin tötet Mann, der ihren Jungen die Füße abgeschnitten hat (D 10, 64). – 5353: Wolf (D 10, 65). – 5396: Mönch ist von der Versuchung befreit, als er die gesalbten Wunden Christi sieht (D 8, 14; 8, 15).

Ausg.n.: C. von Heisterbach: Dialogus miraculorum. ed. J. Strange. Köln/Bonn/Brüssel 1851 (Index 1857). – Hilka, A. (ed.): Die Wundergeschichten des C. von Heisterbach 1. Bonn 1933 (Einl., Exempla und Auszüge aus den Predigten); t. 3: Bonn 1937 (die beiden ersten Bücher der Libri VIII miraculorum bearb. von A. Hilka; 4. und 5. Buch und Engelbertvita bearb. von F. Zschaeck; Schriften über die hl. Elisabeth von Thüringen bearb. von A. Huyskens). – Die wundersamen Geschichten des C. von Heisterbach. In Ausw. übers. und eingeleitet von I. und J. Schneider. B. 1972.

Lit.: Die wichtige Lit. über C. von Heisterbach verzeichnet Langosch, K.: C. von Heisterbach. In: Verflex. 1 (1933) 344–370; ibid. 5 (1955) 129sq.; cf. dazu ferner Wagner, F.: Studien zu C. von Heisterbach. In: Analecta Cisterciensia 29 (1973) 79–95. – C. von Heisterbach. In: Biogr.-bibliogr. Kirchen-Lex. 1. Hamm 1975, 843sq. – Césaire de Heisterbach. In: Dictionnaire des auteurs cisterciens. Rochefort 1975, 170–172.

[1] Hauréau, B.: Notices et extraits de quelques manuscrits latins de la Bibliothèque Nationale 2. P. 1891, 335–342; Klapper, J: Sagen und Märchen des MA.s. In: Mittlgen der schles. Ges. für Vk. 10, 20 (1908) 1–29; Crane, LXXXVI sq. – [2] Toldo, P.: Dall' Alphabetum narrationum. In: ArchfNSprLit. 117 (N. S. 17) (1906) 68–85, 287–303; ibid. 118 (N. S. 18) (1907) 69–81, 329–351; ibid. 119 (N. S. 19) (1907) 86–100, 351–371. – [3] cf. Wijbrand, A. W.: In: Studien en bijdragen op't gebied der historische theologie 2 (1872) 1–116. – [4] Kruitwagen, B.: Het „Speculum exemplorum". In: Bijdragen voor de geschiedenes van het bisdom Haarlem 29 (1905) 329–453, hier 341. – [5] cf. Matuszak, J.: Das Speculum exemplorum als Qu. volkstümlicher Glaubensvorstellungen des Spätma.s. Siegburg 1967; die Exempel des Dialogus stehen vorwiegend in der 6. distinctio des Speculum exemplorum. – [6] v. Alsheimer, R.: Das Magnum speculum exemplorum als Ausgangspunkt populärer Erzähltraditionen. Ffm. 1971. – [7] Vooys, C. G. N. de: Middelnederlandse legenden en exempelen. Groningen/Den Haag (1900) 1926, 45, 51. – [8] ibid., 56. – [9] Wijbrand (wie not. 3) 109. – [10] cf. Moll, W.: In: Kerk archief 4 (1870) 276. – [11] Scheeben, H. C.: Hss. 2. In: Archiv der dt. Dominikaner 2 (1939) 193–214. – [12] cf. Frühdruck Nürnberg 1496 (Hain, L.: Repertorium bibliographicum 2, 1. Stg./P. 1838, num. 8506). – [13] Beitr.e zur lat. Erzählungslit. des MA.s. 3: Das Viaticum narrationum des Henmannus Bononiensis. ed. A. Hilka (Abhdlgen der Ges. der Wiss.en zu Göttingen, philolog.-hist. Kl. 3. Folge, num. 16). B. 1935; Schröder, E.: Das Viaticum narrationum des Henmannus Bononiensis. In: Corona quernea. Festg. K. Strecker. Lpz. 1941 (^{2}1962) 417sq. – [14] Schulte Kemminghausen, K.: Gottschalk Hollen. In: Verflex. 2, 480–482. – [15] Verflex. 1, 354sq. – [16] Mussafia, A.: Studien zu den ma. Marienlegenden 1–5. In: SB.e der kaiserlichen Akad. [Wiener] der Wiss.en, phil. hist. Klasse 113 (1886) 917–994; 115 (1888) 5–92; 119 (1889) 9. Abhdlg; 123 (1891) 8. Abhdlg; 139 (1898) 8. Abhdlg. – [17] Bär, F.: Die Marienlegenden der Straßburger Hs. Ms. Germ. 863 und ihr literarhist. Zusammenhang. Diss. Straßburg 1913. – [18] Reinholdt, C.: Die Wundergeschichten des Cod. Pal. Germ. 118. Diss. Greifswald 1913; Bartsch, K.: Die altdt. Hss. der Universitätsbibl. in Heidelberg. Heidelberg 1887, num. 13. – [19] Bruchstücke aus der Samlung des Freiherrn von Hardenberg. 3: Aus einer Predigtsamlung des 14. Jh.s. In: Zs. für dt. Philologie 11 (1880) 420–423. – [20] Reinholdt (wie not. 18) 116; cf. ferner Pfeiffer, F.: Marienlegenden. Wien ^{2}1863, num. 24. –

[21] Schröder, E.: Qu.n und alte Parallelen zu Boners Beispielen. In: ZfdA 44 (1900) 420–430; Waas, C.: Qu.n des Bonerius. In: ZfdA 46 (1902) 341–359; Gottschick, R.: Der Anfang und der Schluß von Boners Edelstein. In: ZfdA 52 (1910) 107–112. – [22] Verflex. 1, 367sq. – [23] ibid., 367. – [24] ibid., 367. – [25] Bei ca 300 weiteren Erzählmotiven nennt Tubach C. von Heisterbach als Qu.

Berlin Fritz Wagner

Čajkanović, Veselin, * Belgrad 28. 3. 1881, † ibid. 6. 8. 1946, klassischer Philologe, Religionshistoriker, Folklorist. Er studierte klassische Philologie in Belgrad, Leipzig und München und war dann Professor an der Philosophischen Fakultät in Belgrad.

Č. setzte die Existenz eines alten vorchristl. serb. Pantheons voraus, das er in seinen religionsgeschichtlichen Studien[1] aufgrund von Sagen, Legenden, Märchen, Glaubensvorstellungen, epischen und lyrischen Liedern, Bräuchen etc. zu rekonstruieren suchte. In den ide. Religionen, bes. in der Antike und bei den Germanen, vermeinte er, Analogien zu den von ihm vorausgesetzten serb. Gottheiten zu finden. Transformationen der höchsten serb. Gottheit sah er z. B. in den Legenden vom hl. Sava (Sabbas), der die Menschen verschiedene Arbeiten verrichten lehrte. In den Sagen vom hl. Sava als dem Herrn der Wölfe sah er die interpretatio christiana des höchsten serb. Gottes als Herrscher des Todes und der Unterwelt.

Č. veröffentlichte zwei Sammlungen von Volkserzählungen: (1) *Srpske narodne pripovetke* ([Serb. Volkserzählungen] [Srpski etnografski zbornik 41]. Beograd 1927), die Texte dieser umfänglichen und inhaltsreichen Sammlung wurden den Handschriften der Serb. Akad. der Wiss.en entnommen und mit vergleichenden Kommentaren versehen; Č. hat sie sprachlich und stilistisch redigiert[2]; (2) *Srpske narodne pripovetke* (Beograd 1929), eine Anthologie ebenfalls mit vergleichenden Kommentaren.

[1] Č., V.: Studije iz religije i folklora (Studien über Religion und Folklore). Beograd 1924; id.: O srpskom vrhovnom bogu (Über den serb. obersten Gott). Beograd 1941. – [2] Nikolić, I.: Narodne pripovetke iz istočne Srbije u redakciji dr. Veselina Čajkanovića (Volkserzählungen aus dem östl. Serbien in der Redaktion von V. Č.). In: SE 18/19 (1965/66) 115–122 (mit dt. Zusammenfassung); Bošković-Stulli, M.: 'Drvo nasred svijeta' – jedna narodna bajka iz Vukove ostavštine ('Der himmelhohe Baum' – ein Märchen aus dem Nachlaß von Vuk Karadžić). In: Vukov zbornik. ed.: V. Novak. Beograd 1966, 667–694 (mit dt. Zusammenfassung).

Lit.: Marić, R.: D-r V. Č. In: Glasnik Etnografskog instituta Srpske akademije nauka 2/3 (1953/54) 67–80. – Č., V.: Mit i religija u Srba. Izabrane studije (Mythos und Religion bei den Serben. Ausgewählte Studien). ed. V. Đurić. Beograd 1973 (beides mit Biogr. und Bibliogr. der Arbeiten Č.s).

Zagreb Maja Bošković-Stulli

Calderón de la Barca (Calderón Riaño, genannt de la Barca), Pedro, * Madrid 17. 1. 1600, † ibid. 25. 5. 1681, span. Dichter und Dramaturg. C. stammte aus niederem Landadel, besuchte in Madrid das Colegio Imperial der Jesuiten und studierte 1614–20 in Alcalá und Salamanca Theologie und beide Rechte. Nach frühen Erfolgen bei Dichterwettbewerben schrieb er, seit 1621 im Dienst von Granden und zunächst mit Lope Félix de → Vega Carpio befreundet, nicht nur für die volkstümlichen corrales (Volksbühnen), sondern auch für das Madrider Hoftheater im Retiro, dessen Leitung er 1635 übernahm. Dort inszenierte er mit dem florentin. Bühneningenieur C. Lotti seine mythol., opernartigen Festspiele als Gesamtkunstwerk. 1640–42 nahm er am Feldzug gegen die aufständischen Katalanen teil. 1651 empfing er die Priesterweihe, zog 1653 nach Toledo und lebte seit 1663 als Ehrenhofkaplan in Madrid. Im Auftrag seines kgl. Gönners Philipp IV. schrieb er nur noch pomphafte Schaustücke für ein aristokratisches Publikum und lieferte der Madrider Stadtverwaltung jedes Jahr exklusiv zwei autos sacramentales (Fronleichnamsspiele) für die Fronleichnamsfeiern.

1. Werk. Das Werk des 'professionellen' Schriftstellers umfaßt außer Gedichten und einem Gutachten über die Malerei etwa 120, z. T. gemeinsam mit anderen Dramatikern (Juan Pérez de Montalbán,

Antonio de Coello, Antonio Mira de Amescua, Luis Vélez de Guevara) geschriebene comedias (Schauspiele), über 70 religiös-allegorische Einakter sowie eine Reihe lustiger entremeses (Zwischenspiele) und dramatischer loas (Prologe). Manche Stücke, z. B. *Los disparates de Don Quijote,* sind verloren, oder die Autorschaft ist nicht gesichert.

2. Würdigung. Sowohl mit seinem weltlichen als auch mit dem geistlichen Schauspiel steht C. auf dem Gipfel und zugleich am Ende der Theaterentwicklung im span. Siglo de Oro. In der rhetorischen und phil.-theol. Bildungstradition des Barocks verwurzelt, übernimmt der gelehrte Dichter die in Technik und Thematik erfolgreich gefestigten Formen der comedia und des auto, die er mit virtuoser Sprachkunst und in meisterhafter szenischer Gestaltung sowohl künstlerisch als auch inhaltlich vollendet. C. ist kein genialer Neuerer; er greift nicht nur mehrfach fremde Vorlagen umgestaltend auf, sondern kann sich als Künstler einer Spätzeit auf den Vorrat von Motiven und Stoffen, Typen, dramatischen Mitteln und Situationen, Redefiguren, Bildformeln, Stilwendungen und Requisiten aus einer riesigen, nur zum geringeren Teil gedr. bzw. erhaltenen Bühnenproduktion stützen, die ein aus allen Schichten zusammengesetztes Publikum über Generationen hinweg in Bann schlug.

Im 'geistigen Haushalt' C.s fließen sehr verschiedenartige Elemente zusammen: das aufwendige, höfisch-exklusive Theaterspektakel und das Volksstück, das Erbe der klassischen wie der nationalen Lit., antike Mythologie und christl. Glaube in scholastisch systematisierter Begrifflichkeit und allegorischer Veranschaulichung, Erbauung und Unterhaltung, Schematismus intellektueller und moralischer Vorstellungen und höchst individuelle lyrische Gestaltung.

3. Dichtung: Volksüberlieferung. Die Wechselbeziehungen zwischen C.s Dichtung und span. Volksüberlieferung sind mannigfaltig, aber in ihrer komplizierten stofflichen wie künstlerischen Aufarbeitung (Anspielungen aufgrund des engen Bezugs zwischen Autor, Bühne und Publikum, d. h. Zuhörern und Zuschauern, die den Austausch zwischen Lit. und lebendigem Allgemeingut über die verschiedenen schriftlichen und/oder mündlichen Vermittlungsinstanzen – romancero [Romanzen], Sprichwörter, Predigtbeispiele, Heiligenlegenden u. ä. – noch selbst mittragen; verschlüsselte Übertragungen, Auflösungen, Motivspiegelungen und strukturelle Ähnlichkeiten, bis hin zur Rückwirkung von Lit. in die Volksüberlieferung) nicht leicht zu erfassen und noch nicht gründlich erforscht. Einerseits ist die reiche mündlich überlieferte Lit. im Siglo de Oro gerade für das Theater als 'Romanersatz' für die breiten, des Lesens unkundigen Schichten sehr wichtig, andererseits ist C. ein sehr bewußter, intellektueller, hochgebildeter und dem Hof verpflichteter Dichter, bei dem sich literar. Bildungskanon und Volksüberlieferung verbinden und überschneiden.

4. Cuentos. Ein auch von anderen span. Dramatikern des 16. und 17. Jh.s entsprechend den Regeln der Poetik, Rhetorik und Konversation in die comedia eingefügtes traditionelles Element bildet der cuento (cuentecillo, ejemplo bzw. ejemplillo, chiste oder discurso), eine kleine, bei C. 4–36 Verse umfassende, oft volkstümlich überlieferte, ernste oder heitere Erzählung, die, gewöhnlich mit einer Formel (oír, escuchar, mirar) eingeleitet, in das Gespräch einfließt. Quellen bzw. Parallelen für die populären als auch literarisierten cuentos bieten etwa Sammlungen von Juan de → Timoneda und Melchor de Santa Cruz de Dueñas (*Floresta española de apotehgmas.* Salamanca 1574 und öfter); diese wiederum greifen auf verschiedene Überlieferungsstränge zurück (klassische Apophthegmata, ma. Schwänke, Predigtmärlein, Fabeln, oriental. und einheimisches Erzählgut). C. setzt den cuento stilistisch differenziert und szenisch kunstvoll ein, selbst in der Tragödie, so daß neben den Erzähltypen (mit Volksformen: Schwank, Witz, Fall

und Kunstformen: Fabel, Apolog) und der Einschubstelle im dramatischen Gefüge auch stets die Funktionen (szenische Kontrastbildung, Parallelisierung von Haupt- und Nebenhandlung, Kommentierung und [Voraus-]Deutung des Bühnengeschehens) sowie die Publikumswirksamkeit zu prüfen sind.

Die Verwendung von cuentos zeichnet, sprachlich verschieden gestaltet, bes. die Figuren des gern erzählenden, zwischen Bühne und Zuschauer vermittelnden gracioso (Spaßmacher) und, im Kontrast zu ihm, des galán (Herr) aus. Schwank, Witz, Unsinn (disparate) sind die beliebtesten cuento-Typen des gracioso als Spaßmacher. Die darin vorkommenden Personen entstammen vielfach niederem Stand (Diener, Bauer, Barbier, Soldat, Wirt, Händler, Hirt, Schneider, Schäfer). Als ,Unterhaltungs- und deliberatives Überzeugungsmittel' (U. Ahmed) wurde der cuento vom Hörer erwartet und wiedererkannt; er spricht gerade jene an, die wie der gracioso der sozialen Niederschicht (villano, vulgo) zugehören. C. setzt beim Publikum Vertrautheit mit dem cuento-Repertoire voraus: Manchmal wird ein cuento nur angedeutet oder unterbrochen, episodisch aufgelöst und abgewandelt aufgegriffen. Durch die dichterische Intention und literar. Gestaltung nimmt C. den cuento aus dem volkstümlichen Kreislauf heraus und macht ihn zum ,,Brennpunkt der Meinung des Erzählers, der Zuhörerschaft und der Idee, die vermittelt werden soll" (Ahmed 1974, 14). Später werden einzelne cuentos wieder aus dem poetischen Zusammenhang herausgelöst und in populäre Witz- oder Geschichtensammlungen des 18. und 19. Jh.s aufgenommen (Chevalier 1976, 13sq.).

5. Refranes. Ähnliche Funktion wie dem cuento kommt bei C. dem in der span. Volksüberlieferung so wichtigen Sprichwort (refrán) zu. Sprichwörter erscheinen in Titeln von comedias, z. T. abgewandelt (und so wiederum als stehende Wendung verbreitet) oder auch in einprägsamer Kombination mehrerer Sprichwörter. Sie sind gelegentlich auch in die zum Singen bestimmten letrillas (Gedichtform in Kurzversen) eingearbeitet. Im Dialog werden Sprichwörter als Alltagsweisheit verdichtende Argumentationsbeispiele mit Hinweisformeln zitiert. Sie bilden ein wichtiges Merkmal der niederen Rede (vulgaridad) und lassen sich manchmal entsprechenden cuentos zuordnen.

6. Coplas. Neben cuentos und refranes werden von C. häufig Lieder (coplas, cantares, tonos, letras) und Romanzen im Drama eingeflochten. Der in Neuauflagen ständig erweiterte *Romancero general* (Madrid 1600–1605) und ähnliche, oft nur hs. verbreitete Zusammenstellungen, billige Drucke und mündliche Tradition boten über alle ständischen Grenzen hinweg bekannte, mit Musikbegleitung sangbare Texte.

Ebensowenig wie der cuento sind diese Einlagen folkloristische Reminiszenzen oder Bildungssplitter, sondern kunstvoll eingesetzte dramatische Funktionsträger, z. B. das bekannte Liedchen von der um ihre Ehre gebrachten Dorotea, die von der Bühne her fragt: ¿ Ya anda en canciones mi historia ?, als Leitmotiv in *La niña de Gómez Arias* (vor 1651) mit einer Parodie durch den Diener Ginés. Varianten spielen auf diese Verse an in *La dama duende* (1629) und *Luis Pérez el gallego* (1629 ?). Aber auch Kompositionen anderer Dichter werden in C.s weltlichen und geistlichen Stücken wie 'geflügelte Lieder' (M. Engelbert) von Dienern oder Galanen bzw. Damas (Damen) als populär gewordenes Gemeingut vorgetragen, z. B. (Kunst-)Romanzen und letrillas von Luis de Góngora ohne Nennung des Dichters. Der *Romance de los Cenetes 'Entre los sueltos caballos'* kommt bei C. achtmal vor und wird in *El príncipe constante* (jornada 1) mit der Szene zwischen Don Fernando und Muley virtuos zu einer eigentümlich span. glosa (Dichtungsform der Glosse) ausgeführt. Die Liebesszene zwischen Rosarda und Libio in *Los tres afectos del amor* (jornada 3) wird poetisch und psychologisch höchst wirksam mit einer Zitatfolge aus sechs seinerzeit im Volksmund umlaufenden Liedern gestaltet, die das Publikum zur Deutung des Geschehens auf der Bühne verstanden, ja gespannt verfolgt haben muß.

Wie beim cuento können solche Zitate als ,,Klammern zwischen Dramenwelt und Realität" wirken oder auf größere Zusammenhänge im Drama verweisen (Engelbert 1971, 255sq.). Wiederholung, Abwandlung und Fähigkeit des Wiedererkennens populärer Weisen oder Erzählbausteine sind für Dichtungsästhetik und Rückkoppelung des dramatischen Texts zum Publikum bedeutsam.

7. Legenden. Oft greift C. zur Gestaltung von Einzelepisoden ebenso wie für große Dramatisierungen auf Legenden zurück. Volkstümliche Erzähltradition,

Kult und Kompilationen (→ Jacobus de Voragine) überlagern sich dabei. Es kommt zu zahlreichen Spielarten und Kombinationen, die C. entweder vorfindet oder aus poetischer Notwendigkeit selbst einführt:

So z.B. bei der berühmten ma. Marienlegende von der Nonne Beatrix (*El Purgatorio de San Patricio.* [jornada 1]; cf. AaTh 770: → *Nonne, die in die Welt ging*), im auto *La devoción de la misa* (cf. die Fassung in der *Crónica general* [Nueva Biblioteca de autores españoles 5]. Madrid 1906, 426sq.), bei der → Kreuzholzlegende (*La exaltación de la cruz*, verbunden mit der Legende des hl. Anastasius; *La devoción de la cruz* mit Kreuzwundern wie bei der span. Bearbeitung von Pierre → Boaistuaus *Historias prodigiosas y maravillosas.* Medina del Campo 1586 und öfter), der Märtyrerlegende (*Los dos amantes del cielo* mit den hl. Chrysanthus und Daria; *El José de las mujeres* mit der gelehrten hl. Eugenia und den Wundern des Helenus: Teufel fährt in den Körper eines Verstorbenen und stiftet Unheil); dem Teufelspakt (*El mágico prodigioso* mit der Gestalt des → Cyprianus; *Las cadenas del demonio*); den Jenseitsvisionen (*El Purgatorio de San Patricio*). Dramatisierungen der → *Barlaam und Josaphat*-Legende vermittelten C. vielleicht das häufig vorkommende Motiv des einsam in einer Höhle aufwachsenden Menschen, des eingeschlossenen Prinzen. *La vida es sueño* (1635) (cf. AaTh 1531: *The Man Thinks He Has Been in Heaven* mit der Übertragung auf Prinz Segismundo) wirkte auf die Entwicklung span. *Barlaam*-Dramatisierungen zurück. Aus der Heldensage entstammen Stoffe und ritterliche Motive, die in ungebrochen populären Lesestoffen der Ritterromane sowie den alten Romanzen aus dem karoling. und bret. Kreis weiterlebten. C. greift in mehreren comedias auf die Sagen um →Karl den Großen (Karlmeinet) zurück (*La puente de Mantible* z. B.). *El jardín de Falerina* (zarzuela [Singspiel]) verbindet die Gestalt der mit Zauberkraft ausgestatteten Tochter → Merlins, in deren Gärten Menschen zu Statuen verwandelt werden, mit den Heldentaten der Douze Pairs.

8. Novellenmotive. Erzählstoffe und Motive aus der ital. Novellistik klingen, meist abgewandelt, mehrfach an, z. B. in *Amor, honor y poder* (Geschichte von König Eduard III. von England, aus Matteo → Bandello über die span. Übersetzungen von Pierre Boaistuau und François de → Belleforest: *Historias tragicas ejemplares.* Medina 1586 und öfter).

9. Volkstheater. Naturgemäß verwendet C. in den entremeses eine Vielzahl volkskundlicher Erzählmotive und Typen der Volksbühne (*El dragoncillo*, Schwankstoff der 'Höhle von Salamanca'; *Carnestolendas* mit Fastnachtsbräuchen; *La casa de los linajes* mit Außenseitern wie Buckliger, Linkshänder, Neger). Auch in der comedia finden sich viele possenhafte, episodische Genreszenen (Eheschwänke, Hahnrei, Auseinandersetzungen unter Dienern, gracioso).

10. Andere populäre Elemente. Unerschöpflich sind die 'festen, vorrätigen Momente' (M. Kommerell) sowohl aus der literar. als auch der volkstümlichen Überlieferung, die C. szenisch stets wirkungsvoll ins Bild zu setzen versteht. Hier lassen sich Wechselbeziehungen zwischen literar. Einflüssen, gesellschaftlichen Konventionen und Volkstradition, die verästelten Vermittlungswege von Stoffen und Motiven auf dem Hintergrund der geschichtlichen, gesellschaftlichen und religiösen Verhältnisse in der Zeit des span. Niedergangs kaum überschauen:

Begriff der Ehre (Rache, Wiederherstellung verletzter Ehre, Gattenehre), Spiel der Eifersucht (mit Motiven wie Verkleidung, Frau in Männerkleidung, Inzest, Zweikampf), Schematismus adeliger Tugenden, Hierarchie der Werte und soziales Verhalten, Problem der Vater-Sohn-Beziehung, dämonisches Weib, vorausdeutende Träume, Horoskop und Volksaberglauben, Höhle als szenischer Archetyp (mit Gefangenschaft, Gefangenenbefreiung), Sturz vom Pferd, Symbolik der Elemente, der 'gerechte' Räuber und weise Narr.

Intellektuelle Sprach- und Formkunst von hohem Bildungsraffinement und sittlichem Anspruch steht unmittelbar neben sinnenfreudiger Schaustellung des als Massenunterhaltung populären Theaters mit heterogenem Publikum, für das die Bühne zur Schule wurde.

11. Autos. Die autos sacramentales stehen zwischen liturgischer Feier, Glaubensauslegung und unterhaltsamer, öffentlich institutionalisierter Festlichkeit. C. definiert sie als „sermones/puestos en verso, en idea representable cuestiones/ de la Sacra Teologia". Biblisch-scholastische Dogmatik wird, unterstützt durch szenischen Apparat, Musik, Gesang, Bal-

lett, mit großer rhetorischer Sprachgestik sinnbildlich übersetzt oder umschrieben und zum Zweck überzeugender Verkündigung in dramatischen Allegorien vorgestellt. Gelehrte und volkstümliche Überlieferung berühren sich auch hierbei.

Die argumentos (Stoffe) bezieht C. vorwiegend aus den Geschichtsbüchern des N.T.s und Evangelienberichten sowie Gleichniserzählungen des N.T.s (z. B. Josephsgeschichte, Gen. 37–45 in *Sueños hay que verdad son* [1670]; Volk Gottes in der Wüste, Manna, Goldenes Kalb, eherne Schlange, Lepra der Mirjam, Gott in der Feuerwolke, Gesetzestafeln in *La serpiente de metal* nach Num. und Ex.; Begegnung von Ruth und Boas in *Las espigas de Ruth* [1663]; *La cena de Baltasar* [1634] nach Dan. 5). *La siembra del Señor* (vor 1655) kombiniert sogar gleichzeitig die Parabeln von den Arbeitern im Weinberg, den bösen Winzern, dem Sämann und dem Unkraut (nach Mt.). Argumentos schöpft C. aber auch aus der antiken Mythologie (nach Ovids *Metamorphosen*), die hier im Unterschied zu den höfischen Festspielen präfigurativ als Verweisung auf christl. Heilsgeschehen ausgelegt wird (vielfach anhand der Kompilation von Baltasar de Vitoria: *Theatro de los dioses de la gentilidad*. Salamanca 1620 und öfter). Christus erscheint so als wahrer Orpheus, Herkules, Jason, Perseus, Pan, oder die →*Amor und Psyche*-Erzählung wird allegorisch als Verhältnis der menschlichen Seele zur himmlischen Liebe gedeutet. In den 1765–1800 als 'geistliche Possenspiele' in Spanien verbotenen autos lassen sich nicht wenige volkstümliche Überlieferungselemente in bildhaften Situationen nachweisen: der gracioso im Narrenkleid als Albedrío, Pensamiento, Placer u. a. mit Witzen, Wortspielen; Culpa als villano (Bauer) gekleidet; Pflanzen- und Tiersymbolik; Maler und Teufel; Glücksbaum (*No hay más fortuna que Dios*), die seit dem frühen 16. Jh. zum Grundbestand satirisch-pikaresker Lit. gehörende und Sancho Panza (*Don Quijote* 2, 12) wohlvertraute Vorstellung vom großen Welttheater mit dem Totentanznachklang; *El pleito matrimonial* (um 1650) mit der Vorstellung des ma. Streitgesprächs zwischen Leib und Seele; die *Posada de la Gula* (*El gran mercado del Mundo*, *La nave del mercader* [1674], *El Año Santo de Roma* [1650]).

Diese Weltliches und Geistliches, Biblisches und Mythologisches umspannenden Spiele von der Erlösung mit ihrer allegorischen, tropologischen und anagogischen Schriftexegese sind die höchste Ausprägung des kathol. Spätbarocks.

Ausg.n: Obras completas 1—3. ed. A. Valbuena Briones/A. Valbuena Prat. Madrid 1952–1966. — Comedias 1–19. ed. D. W. Cruickshank/J. E. Varey. L. 1973sqq.

Lit.: Gates, E. J.: Proverbs in the Plays of C. In: Romanic Review 38 (1947) 203–215. – Hayes, F. C.: The Use of Proverbs as Titles and Motives in the Siglo de Oro Drama. C. In: Hispanic Review 15 (1947) 453–463. – Gates, E. J.: A Tentative List of the Proverbs and Proverb Allusions in the Plays of C. In: PMLA 64 (1949) 1027–1048. – García Blanco, M.: El tema de la cueva de Salamanca y el entremés cervantino de este título. In: Anales Cervantinos 1 (1951) 73–109. – Rozzell, R.: The Song and Legend of Gómez Arias. In: Hispanic Review 20 (1952) 91–107. – Scholberg, K. R.: Las obras cortas de C. In: Clavileño 25 (1954) 13–19. – Franja, F. de la: Origen árabe de un famoso cuento español. In: Al-Andalus 24 (1959) 317–333. – Pavia, M. N.: Drama of the Siglo de Oro. A Study of Magic, Witchcraft and Other Occult Beliefs. N. Y. 1959. – Lorenz, E.: C. und die Astrologie. In: Romanist. Jb. 12 (1961) 265–277. – Wilson, E. M./Sage, J.: Poesías líricas en las obras dramáticas de C., citas y glosas. L. 1964. – Ochse, H.: Studien zur Metaphorik C.s. Mü. 1967. – Parker, A. A.: The Allegorical Drama of C. Ox./L. (1943) ³1968. – Engelbert, M.: C. und Góngora. In: Iberoromania 3 (1971) 242–259. – Flasche, H. (ed.): C. de la Barca. Darmstadt 1971. – Ballesteros Barahona, P.: C.s erste Fassung von El mágico prodigioso und das Doktor-Faustus-Spiel der engl. Komödianten. Diss. B. 1972. – Ahmed, U.: Form und Funktion der 'Cuentos' in den Comedias C.s. B./N. Y. 1974. – Kommerell, M.: Die Kunst C.s. Ffm. (1946) ²1974 (1. Aufl. unter dem Titel: Beitr.e zu einem dt. C. 1: Etwas über die Kunst C.s.). – Chevalier, M.: Cuentecillos en las Comedias de C. In: Flasche, H. (ed.): Hacia Calderón. B./N. Y. 1976, 11–19. – Kaufmann, B.: Die comedia C.s. Studien zur Interdependenz von Autor, Publikum und Bühne. Ffm./Bern 1976. – Kinter, B.: Die Figur des Gracioso im span. Theater des 17. Jh.s. Diss. Mü. 1976. – Profeti, M. G.: Paradigma y desviación. Lope, C. y un tema barroco, El Purgatorio de S. Patricio. Barcelona 1976. – Cilveti, A. L.: El demonio en el teatro de C. Valencia 1977. – Neumeister, S.: Mythos und Repräsentation. Die mythol. Festspiele C.s im Kontext ihrer Zeit. Mü. 1978. – Reichenberger, K. und R.: Bibliogr. Hb. der C.-Forschung. Kassel 1978.

Mainz Dieter Briesemeister

Calembour(g), eine frz. Bezeichnung für → Bonmot, →Wortspiel, → Wortwitz, die Ende des 18. Jh.s mit eher abfälliger Bedeutung für platte, faule Scherze ins Deutsche und auch ins Englische übernommen wurde, etwa im Sinn des Wortes → Kalauer, das manche Etymologen für eine um 1850 entstandene Verschleifung von C. halten[1]. Nach anderen philolog. Überlegungen wurde C. zu den weithin bekannten Streichen und Witzen des → Pfaffen von Kahlenberg in Beziehung gesetzt; dessen Name sei, wie W. H. Wakkernagel sagt, noch im 16. und 17. Jh. sprichwörtlich gewesen. „Selbst die Calembourgs der Franzosen mögen von ihm den Namen haben"[2]. Auch J. M. Lappenberg u. a. sahen diese Herleitung als plausibel an und verwiesen auf einen Parallelfall: Aus dem in Frankreich schon 1532 in Übersetzung vorliegenden Volksbuch vom → Eulenspiegel ist espiègle, substantivisch und adjektivisch gebraucht, als Bezeichnung für schalkhafte Menschen in den frz. Sprachgebrauch übergegangen[3]. Im Fall von C. würde das allerdings eine frühe Übersetzung des Kahlenbergerbuches ins Französische voraussetzen, die jedoch bis jetzt nicht nachzuweisen ist. Außerdem beruhen die Streiche des Kahlenbergers viel weniger auf dem Wortwitz als etwa die Eulenspiegeleien, weshalb dieser Wortbezug mehrfach in Frage gestellt[4] und andere Ableitungen gesucht wurden.

Eine bei E. Littré angeführte, unverbürgte Anekdote, wonach C. in ganz anderer Bedeutung als unsinniges Reimwort verwendet worden sei, und sonstige eher waghalsige Etymologien können hier wohl außer acht gelassen werden[5]. Vielfach wurde auf C. als verkürzter Form von calambredaine oder calambourdaine in Bedeutung von lächerliche Begebenheit, Ausflucht, Schwindelei (abgeleitet aus dem alten Wort bourde = conte inventé pour abuser, jouer quelqu'un) hingewiesen[6]. Wenig beachtet blieb, daß J.-B.-B. de Roquefort schon 1808 in einem Glossar zum Wortschatz der rom. Sprachen des 11.–16. Jh.s, leider ohne Angabe der Quelle, das Wort kalenburdenes als „discours vagues et inutiles, balivernes, sottises, petits excès de jeunesse" erläutert hatte[7]. Die Schreibung muß auffallen, da der Buchstabe K im Französischen spätestens im 14. Jh. abgekommen ist und danach nur noch für Fremdwörter verwendet wurde, was wiederum für eine Ableitung aus dem Namen des Kahlenbergers sprechen könnte. Der Verlust einer doch vorhandenen frz. Ausgabe des Kahlenbergerbuches wäre immerhin denkbar, da solche auf schlechtem Papier hergestellten, billigen Drucke oft zerlesen wurden; auch eine engl. Version des *Parson of Kalenborow* ist nur zufällig fragmentarisch erhalten geblieben[8]. Der Genfer Chronist François Bonivard (1494–1571) erwähnte in Zusammenhang mit einem Schwank bei → Geiler von Kaysersberg den „cure de Kallenberg" neben dem Eulenspiegel so beiläufig, als seien beide Schwankfiguren dem frz. Leser durchaus bekannt gewesen[9]. Bei aller Vagheit der Belege könnte die Herleitung von C. also doch als ein Beispiel für die Wirksamkeit international verbreiteter populärer Lesestoffe angesehen werden.

[1] Trübners Dt. WB. 4. B. 1943, 77; Kluge, F.: Etymol. WB. der dt. Sprache. B. [18]1960, 339sq.; Wasserzieher, E.: Woher? Ableitendes WB. der dt. Sprache. Bonn [16]1963, 248; so auch Bausinger, H.: Schwank und Witz. In: Studium generale 11 (1958) 699–710, hier 702. – [2] Wackernagel, W. H.: „Buck dich, Jäcklin! du must in Ofen.". In: Beitr.e zur vaterländischen Geschichte 3 (Basel 1846) 375–379, hier 376. – [3] Lappenberg, J. M. (ed.): Dr. Thomas Murners Ulenspiegel. Lpz. 1854, 305sq.; Chasles, P.: Études sur l'Allemagne ancienne et moderne. P. 1854, 83; Süpfle, T.: Geschichte des dt. Kultureinflusses auf Frankreich mit bes. Berücksichtigung der litterar. Einwirkung 1. Gotha 1886, 35. – [4] Schorbach, K. (ed.): Seltene Drucke in Nachbildungen. 5: Die Geschichte des Pfaffen vom Kalenberg. Heidelberg 1490. Mit bibliogr. Nachweisen. Halle (Saale) 1905, 41. – [5] Littré, É.: Dictionnaire de la langue française 1. P. 1956, 1373sq.; weitere Ableitungen bei Moser-Rath, E.: 'Calembourg'. Zur Mobilität populärer Lesestoffe. In: Vk. Fakten und Analysen. Festschr. L. Schmidt. Wien 1972, 470–481, hier 472. – [6] Littré (wie not. 5) 1374; Robert, P.: Dictionnaire alphabétique et analogique de la langue française 1. P. 1951, 534; Gamillscheg, E.: Etymol. WB. der frz. Sprache. Heidelberg [2]1969, 176. – [7] Roquefort, J.-B.-B. de: Glossaire de la langue romane, rédigé d'après les manuscrits de la Bibliothèque Impériale [. . .] 2. P. 1808, 43. – [8] Schorbach (wie not. 4) 40sq.; Herford, C. H.: Studies in the Literary Relations of England and Germany in the Sixteenth Century. Cambridge 1886, 275. – [9] Bonivard, F.: Advis et devis de l'ancienne et nouvelle police de Genève [. . .]. Genève 1865, 252.

Göttingen Elfriede Moser-Rath

Cǎlinescu, Georg, *Bukarest 2. 7. 1899, † ibid. 12. 3. 1965, rumän. Literarhistoriker, Kritiker und Schriftsteller. Sohn eines Eisenbahnangestellten, studierte Philologie in Bukarest und Rom. Nachdem er an Bukarester Gymnasien Italienisch unterrichtet hatte, wurde er 1937 Dozent für Literaturwissenschaft an der Univ. Iassy. Seit 1945 war C. an der Univ. Bukarest Professor für rumän. Literaturgeschichte, seit 1949 auch Direktor des Inst.s für Literaturgeschichte und Folklore. 1948 wurde er zum Mitglied der Akad. der rumän. Volksrepublik ernannt.

1941 erschien seine Literaturgeschichte *Istoria literaturii române de la origini pînă în prezent* (Buk.). 1965 veröffentlichte er die in dem ihm eigenen flüssigen, brillanten und gelegentlich ätzenden Stil geschriebene *Estetica basmului* (Die Ästhetik des Märchens. Buk.). Hier versuchte er, das Zaubermärchen zu analysieren, wobei er sich fast ausschließlich auf die Folkloresammlungen des 19. Jh.s stützte. Mehr als Dreiviertel des Werkes befassen sich jedoch mit der Darstellung der Figuren. Dabei wird der Versuch unternommen, deren äußere Erscheinung und moralisches Profil in Korrelation zu setzen. In seinen Analysen bemühte sich C. herauszufinden, was die handelnden Personen symbolisieren, aber ohne die ethnol. Basis zu berücksichtigen. Ebenfalls vernachlässigte er den Vergleich mit den Sagen, welche die gleichen Figuren – bisweilen deutlich unterschieden – aufweisen. C. ging das Problem als Literaturkritiker an, indem er die Zaubermärchen aus der Sicht eines modernen Literaten untersuchte. Er mißtraute allen Aussagen über Geschmack und Meinungen des Volkes und kümmerte sich nicht um Mentalitätsunterschiede. Die charakteristischen Züge des Märchens als literar. Gattung wurden, unter Benutzung komparatistischer Ausflüchte, sehr summarisch behandelt. Diese Studie erweist sich als ein leidenschaftliches Plädoyer für die Volkserzählung, in der verborgenen Absicht, ihr magische Wurzeln abzusprechen und sie als literar. Werk zu präsentieren, das von seiner poetischen Botschaft lebt, da jedes Thema und jede handelnde Person mittels ihres Symbolgehalts zutiefst menschliche, stets aktuelle Gedanken und Gefühle enthüllen kann.

Lit.: Nişcov, V.: Skizze einer Geschichte der rumän. Volksprosaforschungen. In: Aspekte der Volksprosaforschungen in Rumänien. ed. Akad. der Sozialistischen Republik Rumänien. Inst. für Ethnographie und Folklore. [Buk.] 1969, 5–46, hier 22–25. – Meyers Enzyklopädisches Lex. 5 (1972) 267. – Bîrlea, O.: Istoria folcloristicii româneşti. Buk. 1974, 563–569. – Bălu, I.: G. C. Biobibliografie. Buk. 1975.

Bukarest Ovidiu Bîrlea

Camerarius, Joachim, *Bamberg 12. 4. 1500, † Leipzig 17. 4. 1574, Professor der klassischen Philologie und ein herausragender Vertreter des protestant. Humanismus[1]. 1513 begann er in Leipzig lat. Sprachstudien und 1516 sein Studium der griech. Sprache. 1518 ging er als Griechischlehrer nach Erfurt. 1521 wurde C. Schüler von Philipp → Melanchthon in Wittenberg, der ihm in der Folgezeit als väterlicher Freund verbunden blieb und ihn stets zu fördern suchte. So wurde er 1526 auf dessen Empfehlung als Lehrer für Griechisch und Rektor an die 'Hohe Schule' in Nürnberg berufen. 1535 erfolgte der Ruf zum Professor der klassischen Sprachen an die Univ. Tübingen, und 1541 kam er als Professor für klassische Philologie an die Univ. Leipzig. Hier blieb er bis an sein Lebensende; einem ehrenvollen Ruf durch Kaiser Maximilian II. an die Wiener Univ. ist er nicht gefolgt.

Das gesamte Lebenswerk des J. C. ist so weit gespannt, daß man ihn oft als einen großen Polyhistor bezeichnet hat. So betätigte er sich auf dem Gebiete der älteren und auch der neueren Kirchengeschichtsschreibung, z. B. ist seine Geschichte der Böhmischen Brüder hier zu nennen. Auch als Biograph hat er sich mit seinen Vitae über Melanchthon und Eobanus Hessus ausgewiesen. Doch seine Hauptverdienste liegen primär auf dem philolog. Sektor, wo er neben zahlreichen Texteditionen auch viele Übersetzungen griech. Autoren herausbrachte. So hat er die äsopischen Fabeln und die *Vita Äsopi* nach der Ausgabe des Maximos Planudes ins Lateinische übertragen und 1538 erstmals bei U. Morhard in Tübingen als *Fabellae Aesopicae* ediert (spätere Titel: *Fabulae Aesopi* oder *Fabulae Aesopicae*). Gleichzeitig erschien diese lat. Fabelübersetzung auch bei G. Wachter und V. Neuber in Nürnberg. Sie umfaßte zunächst über 400 Fabeln und wurde dann noch mit einer lat. *Vita Aesopi* versehen. Außerdem enthielt sie die *Narrationes fabulosae* (aus Pontanus, Platon, Plutarch und Herodot), die *Narrationes Aesopicae ex aliis autoribus collectae* (aus Livius, Gellius, Herodot, Politianus, Gerbelius und Erasmus) und einen textkritischen Anhang. Die bald über 500 äsopische Fabeln aufweisende Sammlung wird durch einen *Index omnium fabularum* und einen *Index locorum communium, ad quos quaeque fabulae sunt referendae* erschlossen. Diese lat. Ausgabe der äsopischen Fabeln hat bis zur Mitte des 18. Jh.s an die 30 Auflagen erlebt[2] und neben der *Mythologia Aesopica* des I. N. → Neveletus den Buchmarkt beherrscht. 1545 brachte der Drucker V. Pape in Leipzig eine weitere, von C. besorgte lat. Fabelsammlung mit dem Titel *Fabellae Aesopicae quaedam notiores et in scolis usitatae [...] Ad usum studiorum puerilium [...] Cum epistola Philippi Melanchthonis de utilitate huiusmodi scriptorum* heraus. Diese Sammlung enthielt 289 der bekanntesten Fabeln aus dem äsopischen Fabelkreis für den Schulgebrauch und hatte bis zum Ende des 18. Jh.s nahezu 40 Auflagen zu verzeichnen[3]. Mit dieser Auswahl hat C. die Behandlung der äsopischen Fabeln in den Schulen über zwei Jh.e bestimmt. Aber auch die protestant. Exempelsammler des 17. Jh.s haben auf seine Fabeleditionen zurückgegriffen[4]. Kurz erwähnt werden sollen noch seine Editionen von Prodigiensammlungen wie die *Norica*[5], da sie primär für die Sagenforschung als Quellen interessant sind.

[1] ADB 3, 720–724; Wetzer und Welte's Kirchenlexikon [...] 2. Fbg [2]1883, 1758–1761; Herzog-Hauck 3, 687–689; LThK 2, 903sq. und RGG 1, 1602; eine wiss. Biogr. des C. steht noch aus, die Aufsatzslg F. Barons gibt einen guten Überblick über das vielseitige wiss. Schaffen des C. und enthält eine Zusammenstellung der wichtigsten Werke in chronologischer Reihenfolge: Baron, F./Shaw, M. H.: The Publ.s of J. C. In: Baron, F. (ed.): J. C. (1500–1574). Beitr.e zur Geschichte des Humanismus im ZA. der Reformation. Mü. 1978, 231–251. – [2] cf. s. v. Aesopus den Gesamtkatalog der Preuß. Bibl.en 2, 1. B. 1932, 137–152: Fabulae, lat., hier 143–151. – [3] ibid. – [4] cf. Rehermann, E. H.: Das Predigtexempel bei protestant. Theologen des 16. und 17. Jh.s. Göttingen 1977, 75, 112, 202. – [5] cf. Schenda, R.: Die dt. Prodigiensigen des 16. und 17. Jh.s. In: Archiv für Geschichte des Buchwesens 6 (1963) 637–710, hier 643–646 und 699, num. 4 und 5.

Göttingen Ernst Heinrich Rehermann

Camerarius, Philipp, *Tübingen 16. 5. 1537, † Nürnberg 22. 6. 1624, Ratskonsulent und Prokanzler[1]. Er war der dritte Sohn des Joachim → Camerarius, besuchte die Schulen in Bautzen und Meißen und begann sein Jurastudium an der Univ. Leipzig, setzte es 1559 in Tübingen und 1560–62 in Straßburg fort. 1563–65 machte er eine Studienreise nach Italien und wurde als Protestant von der Inquisition gefangen gesetzt[2]. Auf Betreiben einflußreicher Persönlichkeiten aus Deutschland ließ man ihn aber wieder frei. 1569 promovierte er zum Dr. utriusque iuris an der Univ. Basel und ließ sich als Rechtsgelehrter in Nürnberg nieder. Hier wurde er 1573 Consilarius des Rates. 1581 berief man ihn als ersten Prokanzler an die neugegründete Univ. der freien Reichsstadt Altorf. Beide Ämter hatte er bis zu seinem Tode inne.

Für die Erzählforschung ist er als Kompilator von drei zunächst lat. abgefaßten centuriae interessant, in denen er Historien, Anekdoten, naturgeschichtliche Besonderheiten und Beschreibungen, aber auch zeitgenössische Ereignisse und Berichte mit einem universalhistorisch ausgerichteten und begründeten Sammeleifer zusammengetragen hat. Die 1. centuria erschien 1591 erstmals in Altorf unter dem Titel *Operae horarum succisivarum sive meditationes historicae*, die 2. centuria folgte 1599 in Altorf, und die erste vollständige Edition aller drei centuriae kam dann 1602, 1606 und 1609 in Frankfurt (Main) heraus[3]. Jede centuria enthält 100 capita über die verschiedensten Themenbereiche aus der Kirchen-, Profan- und Naturgeschichte. So finden sich neben Abhandlungen über das rechte Handeln von Menschen in ethischer und sozialer Hinsicht auch Ausführungen über bes. Eigenschaften und Verhaltensweisen von bestimmten Tieren in bunter Abfolge, d. h. in der Anordnung der abgehandelten Themen gibt es keinen roten Faden. Jeder centuria sind aber ein *Catalogus autorum et librorum, qui citantur* [. . .], die *Capita operarum succisivarum* [. . .] und ein *Index rerum et verborum in his meditationibus memorabilium* zur Aufschlüsselung vorausgeschickt, um dem Leser das Auffinden seiner Interessengebiete zu erleichtern. Die Umfänge der Textteile in den einzelnen centuriae sind unterschiedlich[4]. Bis zur Mitte des 17. Jh.s erlebte die lat. Fassung der centuriae noch mehrere Auflagen[5] (so z. B. Ffm. 1615/1620/1618, 1644/1650/1650 und 1658).

Eine dt. Übersetzung der 1. centuria in gekürzter Form (75 capita) brachte dann G. Maier aus Schwabach erstmals 1625 in Leipzig als *Hist. Lustgarten* heraus. Die Drucklegung der Übers. der beiden anderen centuriae (mit je 100 capita) erfolgte in den Jahren 1628 und 1630, die dann mit der Neuauflage der Übersetzung der 1. centuria 1631 vervollständigt worden ist[6]. Frz. Übersetzungen der *Operae horarum succisivarum* brachten F. de Rosset 1610 in Paris unter dem Titel *Les Heures desrobees, ou Meditations historiques* und S. → Goulart ebenfalls 1610 in Lyon unter dem Titel *Les Méditations historiques de M. P. Camerarius* heraus; eine engl. Teilübersetzung der letzteren edierte erstmals J. Molle 1621 in London mit dem Titel *The Walking Librarie, or Meditations and Observations Historical, Natural, Moral, Political, and Poetical,* die sein Sohn H. Molle 1625 in erweiterter Form nochmals erscheinen ließ. Außerdem kann noch eine holländ. Teilübersetzung von M. Heyns mit dem Titel *Bloemhof der doorluchtige voorbeelden* [. . .] aus dem Jahre 1647 nachgewiesen werden.

Die Quellenvorlagen, die C. ausgeschöpft hat, sind zu zahlreich, um hier vorgestellt zu werden; primär hat er sich jedoch auf die hist. und chronikalischen Sammelwerke sowohl der Antike als auch seiner Zeit gestützt. Sein eigenes dreiteiliges Kompilationswerk ist für die Historien- und Exempelsammler des 17. und frühen 18. Jh.s eine sehr beliebte Quelle gewesen[8].

[1] ADB 3, 726; Brückner, W.: Historien und Historie. In: Brückner, 13–123, hier 98sq. und 122, num. I. 3. b. – [2] Schelhorn, J. G.: De vita, fatis ac meritis Philippi Camerarii [. . .] eius relatio de captivitate sua Romana et liberatione fere miraculosa. Nürnberg 1711; Kanne, J. A.: Zwei Beitr.e zur Geschichte der Finsterniß in der Reformationszeit oder P. Camerarius' Schicksale in Italien [. . .] und Adolph Clarenbachs Martyrthum [. . .]. Ffm. 1822. – [3] cf. Brückner, 98, not. 335. – [4] cf. centuria 1 (1602): Texte, p. 37–475; centuria 2 (1606): Texte, p. 1–391 und centuria 3 (1609): Texte, p. 1–379. – [5] Brückner (wie not. 3); cf. auch NUC 91, 545sq. sowie Katalog des British Museum 32, 647–649. – [6] Der Titel der dt. Übers. (mit Umfangangabe für die drei centuriae): Philippi Camerarii J. C. etc. operae horarum succisivarum sive meditationes historicae. Das ist: Hist. Lustgarten/ In welchem allerley denckwürdige/ nützliche und lustige Historien und Exempel zu finden [. . .]. Auß dem Lateinischen in die Deutsche Sprache versetzet/ und mit mehrern Historien gezieret Durch M. Georgium Maiern/ zu Schwabach/ etc. Lpz. 1631 (75 capita, 702 Seiten), Philippi Camerarii [. . .] secunda centuria historica. Das ist: Ander Theil des Hist. Lustgartens [. . .]. Lpz. 1628 (100 capita, 624 Seiten) und Philippi Camerarii [. . .] tertia centuria. Das ist: Dritter Theil des Hist. Lustgartens [. . .]. Lpz. 1630 (100 capita, 519 Seiten). – [7] wie not. 3 und not. 5 sowie Brückner, 762. – [8] cf. Rehermann, E. H.: Die protestant. Exempelslgen des 16. und 17. Jh.s. In: Brückner, 580–646, hier 613, 615 und 619.

Göttingen Ernst Heinrich Rehermann

Cammann, Alfred, * Hannoversch Münden 7. 8. 1909, Märchensammler und Erzählforscher, studierte in Göttingen, Königsberg und München Germanistik und Geschichte und wandte sich nach dem 2. Weltkrieg neben seiner Tätigkeit als Pädagoge der Sammlung und Edition von Erzählüberlieferungen vor allem der Heimatvertriebenen in der Bundesrepublik Deutschland zu. Er gründete 1956 in Bremen eine Forschungsstelle für Volkskunde in Bremen und Niedersachsen und unternahm zahlreiche Sammelreisen bis nach Südungarn. Bei seiner Aufzeichnungstätigkeit sicherte er der Forschung unter Einsatz des Tonbandgerätes (→ Tonbandaufnahme) eine Fülle wertvoller und großteils unwiederholbarer Dokumente. Über die Ergebnisse seiner Sammeltätigkeit und die von ihm angewandte Methode berichtete er mehrfach, vor allem im *Jb. für ostdt. Vk.* (v. Lit.). Das Tonbandarchiv bildete die Grundlage für seine ausgedehnte Veröffentlichungstätigkeit, die mit seinen *Westpreuß. Märchen* 1961 einsetzte. Diese Edition wurde von der Forschung übereinstimmend als eine bahnbrechende Leistung moderner Sammeltechnik gewürdigt, bei der dem Erzähler ebenso große Aufmerksamkeit gewidmet wird wie dem Erzählten. 1967 folgten die *Dt. Volksmärchen aus Rußland und Rumänien*, 1973 die *Märchenwelt des Preußenlandes*; außerdem liegen ein Sammelband *Die Welt der niederdt. Kinderspiele* (1970) und zwei Bände *Donauschwaben erzählen* (1976/77) vor. In einer Reihe von Aufsätzen hat sich C. mit den Überlieferungsbedingungen von Erzählgut, mit Erzählsituationen, mit der Wanderung und den Wandlungen von Erzählstoffen und mit dem weiteren Traditionsbesitz seiner Gewährspersonen (z. B. mit dem Volkslied) befaßt.

Veröff.en: Slg.en: Westpreuß. Märchen. B. 1961. – Dt. Volksmärchen aus Rußland und Rumänien. Göttingen 1967. – Die Welt der niederdt. Kinderspiele. Schloß Bleckede 1970. – Märchenwelt des Preußenlandes. Schloß Bleckede 1973. – (mit A. Karasek): Donauschwaben erzählen 1–2. Marburg 1976sq. (t. 3/4 in Vorbereitung).
Aufsätze (Ausw.): Lebensbild und Volksgut einer rußlanddt. Familie. In: Zs. für dt. Philologie 78 (1959) 181–204. – Schlesier in Scheeßel. Eine gruppensoziol. Unters. ostdt. Vk. In: Jb. der Schles. Friedrich-Wilhelms-Univ. zu Breslau 8 (Würzburg 1968) 321–363. – Georg Sänger aus Leichtling an der Wolga als Träger der volkstümlichen Überlieferung seines Dorfes. In: Jb. für ostdt. Vk. 12 (1969) 179–214. – Probleme und Methoden der Feldforschung mit Beispielen aus der Bestandsaufnahme ostdt. Vk. in der Gegenwart. In: ibid. 15 (1972) 378–407. – Eine dt. Märchenerzählerin aus der Ukraine. In: ibid. 18 (1975) 88–177. – Der weite Weg der Bremer Stadtmusikanten. In: Jb. der Wittheit zu Bremen 19 (1975) 149–162.

Lit.: Brednich, R. W.: Der Märchensammler und Erzählforscher A. C. In: Jb. für ostdt. Vk. 19 (1976) 7–14 (mit Bibliogr.).

Freiburg/Br. Rolf Wilhelm Brednich

Camões, Luís Vaz de (in anderen Urkunden L. de C.), *Lissabon (oder Coimbra) Dez. 1524 / Jan. 1525, † Lissabon 10. 6. 1580, der bedeutendste port. Dichter. C. absolvierte seine humanistischen Studien an der Universität Coimbra und ging 1542 oder 1543 nach Lissabon, wo er Zugang zum Hofe Joãos III. fand. Sein unsteter Lebenswandel führte ihn nach Afrika (in der Schlacht vor Ceuta [1547] verlor er sein rechtes Auge) und als Verwaltungsbeamter in die port. Besitzungen Goa und Makao. Nach Goa zurückgerufen, um sich wegen Unregelmäßigkeiten während seiner Amtszeit zu verantworten, erlitt C. 1558 am Mekong Schiffbruch. Eine Gefängnisstrafe sowie ständige Geldsorgen ließen ihn erst 1570 nach Lissabon zurückkehren, wo er trotz einer kgl. Pension (die aber recht gering war und nur unregelmäßig ausgezahlt wurde) in ärmlichsten Verhältnissen starb.

C. schrieb in den 40er Jahren drei Dramen, darunter eine Bearb. des Seleucus-Stoffes (*El-Rei Seleuco* [Lisboa 1645]), in erster Linie aber ist er ein typischer Renaissancelyriker. Er kannte Livius, Ovid und Vergil, hatte aber auch Homer, offenbar in lat. Übers., gelesen. Vertraut mit der einheimischen Dichtung, den Italienern Francesco Petrarca, Iacopo Sannazaro und Ludovico Ariosto, den Spaniern Juan Boscán und Garcilaso de la Vega, pflegte C. außer den port. Redondilhas die ital. Sonette, Kanzonen und Oktaven, Eklogen, Oden und Elegien und drückte in ihnen alle Regungen seines Gefühls aus: seine Liebe zu schönen Frauen, seine leidenschaftliche Klage, seine vaterländische Begeisterung. Er erscheint als tändelnder Höfling und als Sittenrichter, als Kämpfer in den Kolonien und als Abenteurer, aber auch als Schilderer der Natur. In seiner Dichtung überwiegen Sonette (196) und Redondilhas (127). Seine neuplatonische Liebeslyrik fand viele Nachahmer.

Kann die hervorragende Bedeutung der Lyrik des C. gar nicht genug betont werden, so beruht sein Ruhm doch in erster Linie auf seinem Epos *Os Lusíadas* (Lisboa 1572), das ihn zum port. Nationaldichter machte und wesentlich dazu beitrug, ein spezifisch port., nicht länger hispan. ausgerichtetes Nationalgefühl auszubilden. Der Name ‚Lusíadas' bezeichnet die Portugiesen (Lusitanier) und ist von einem sagenhaften Urvater Lusus (Luso) abgeleitet. C. hat sich in seinem Epos die Aufgabe gestellt, die ruhmreiche Geschichte seines Landes und die Taten der Entdecker und Eroberer zu besingen, wobei ihm infolge seiner humanistischen Bildung Vergil als Muster diente.

Der Held ist bei C. jedoch das ganze port. Volk. Im Mittelpunkt des Geschehens steht die Indienfahrt des Vasco da Gama. Hier löst sich C. von Vergil und dem ital. Renaissance-Epos. An drei Stellen unterbricht er die Handlung, um eine poetische Darstellung der vorausgehenden port. Geschichte einzuschieben. Er ist bestrebt, hist. Wahrheit in Versen (er übernahm die Ottaverime des Ariosto) zu besingen; die Gestalten der Vergangenheit und die Seefahrer sind hist. belegte Personen. Die Wirklichkeitstreue der Darstellung liegt im hist. und kulturgeschichtlichen Detail, in C.' sicheren astronomischen, nautischen, geogr. und selbst anatomischen Kenntnissen. Genau beschreibt er die Pflanzen- und Tierwelt Portugals, Afrikas und Asiens, die er aus eigener Erfahrung kannte. C.' persönliche Erlebnisse haben wohl erst die Anschaulichkeit der Darstellung ermöglicht. Überall aber zeigt sich die glühende Vaterlandsliebe des Dichters.

Trotz der hervorgehobenen Wirklichkeitstreue fehlen aber phantastische Elemente nicht. Sie sind vor allem der antiken Mythologie entnommen. Die Götter erscheinen (nach dem Vorbild Vergils) als die Leiter des Geschicks auf der Seefahrt nach Indien. Die berückend schöne → Venus (berühmte Schilderung ihrer Vorzüge: 2, 35–38) und Mars sind die Helfer, Bacchus ist der Widersacher der Portugiesen. Die antike Mythologie gestattet es C., Naturerscheinungen zu personifizieren; ihre Gestalten gewinnen Symbolkraft. Dieser Götterapparat ermöglicht dem Dichter freies Spiel. Seine Verwendung führt aber auch zu Überschneidungen mit der christl. Welt des Epos. Im Grunde wäre der Götterhimmel überflüssig, er ist nur ein aus dem Altertum überliefertes Dekor, deutet aber doch auch jenseitiges Wirken in dieser Welt an. Der Zensor der Inquisition, der Dominikaner B. Ferreira, fand kein Arg an der heidnischen Götterwelt, da der Verf. als Dichter nur „den poetischen Stil schmücken wollte"; er hält die „Fabel von den Göttern" im Werk für nicht unpassend, „unser heiliger Glaube, daß die Götter Dämonen sind, bleibt unberührt" (zitiert nach Forjaz de Sampaio 1930, 357sq.).

Zur Belohnung für ihre Mühen und Leiden dürfen die Seefahrer bei C. auf der Liebesinsel (Insel der Venus: 9, 18–22, 39–88) verweilen. Man braucht bei den sinnlich-üppigen Bildern nicht nach Vorbildern zu suchen und kann ihre Erfindung ruhig der Einbildungskraft des Dichters zuschreiben.

Einzelne Stoffe und Motive der *Lusíadas* in der Reihenfolge der Gesänge:

Inês de Castro: Der 3. Gesang, 118–137 enthält die ausführliche Schilderung der Ermordung der Inês de Castro (Geliebte des Dom Pedro, des Sohnes König Afonsos IV.) und der Rache Pedros an den Mördern, ein Thema, das immer wieder die Phantasie des port. Volkes erregt hat. – Adamastor, der Riese, der die Gewässer um das Kap der Stürme (später Kap der Guten Hoffnung genannt) aufwühlt (5, 39–60). – Neptuns Unterwasser-Reich, durch alle Fabelwesen des Meeres belebt (6, 8–37). – C. läßt den Fernao Veloso die Geschichte von den *Doze de Inglaterra*, d. h. den Heldentaten zwölf port. Ritter am engl. Hofe erzählen (6, 38–69); auch diese Episode hat in Portugal Berühmtheit erlangt. – St. Thomas, von dessen Wundern in Indien der 10. Gesang, 108–119 erzählt.

Viele Zitate aus den *Lusíadas* sind in Portugal zu sprichwörtlichen Redensarten geworden; C.' Werk hat in ganz Europa die ‚Lusophilie' gefördert.

Ausg.: port.: Luís de C. Obras completas 1–5. ed. H. Cidade. Lisboa 1946/47 (1: Redondilhas e sonetos; 2: Géneros líricos maiores; 3: Autos e cartas; 4/5: Os Lusíadas).

Lit.: Braga, T.: Bibliographia camoniana. Lisboa 1880. – Storck, W.: Camoens in Deutschland. Bibliographische Beitr.e. Kolozsvar ²1880.– id.: Luis' de Camoens Leben. Nebst geschichtlicher Einl. Paderborn 1890. – Rodrigues, J. M.: Os fontes d',Os Lusíadas'. In: O Instituto 51 (1904) – 60 (1913). – Braga, T.: Luis de C. A obra lyrica e epica. Porto 1911. – Wilmsmeier, W.: Camoens in der dt. Dichtung des 19. Jh.s. (Diss. Münster 1913) Erfurt 1913. – Rüegg, A.: Luis de C. und Portugals Glanzzeit im Spiegel seines Nationalepos. Basel 1925. – Bertrand, J.-J.-A.: Camoëns en Allemagne. In: RLC 5 (1925) 246–263. – Forjaz de Sampaio, A. (ed.): História da literatura portuguesa ilustrada 2. Lisboa 1930, 294–376. – Schneider, R.: Das Leiden des C. oder Untergang und Vollendung der port. Macht. Hellerau 1930 (Neuausg. Köln/Olten 1963). – Peixoto, A.: Ensaios camonianos. Coimbra 1932. – Cidade, H.: Luís de C. A vida e a obra lírica. Lisboa 1943. – Bowra, C. M.: From Vergil to Milton. L. (1945) ³1948, 86–138. – Nozick, M.: The Inez de Castro Theme in European Literature. In: CompLit. 3 (1951) 330–341. – Cornil, S.: Inês de Castro. Contribution à l'étude du développement littéraire du thème dans les littératures romanes. Bruxelles 1952. – Le Gentil, G.: Camoëns, l'œuvre épique et lyrique. P. 1954. – Hart, H. H.: Luis de Camoëns and the Epic of the Lusiads. Norman, Okla 1962. – Dicionário das literaturas portuguesa, galega e brasileira. ed. J. do Prado Coelho. Porto 1962, s. v. Adamastor, C., Doze de Inglaterra, El-Rei Seleuco, Ilha dos amores, Lusíadas, Lusofilia, Rimas. – Casa, F. P.: Petrarch and C.' ,El-Rei Seleuco'. In: Rom. Forschungen 76 (1964) 430–436. – Torrance, R. M.: Se fantásticas são, se verdadeiras: The Gods of the ,Lusiads' on the Isle of Love. In: Modern Language Notes 80 (1965) 210–234. – Bismut, R.: La Lyrique de C. [P.] 1970. – Saraiva, A. J.: Luís de C. Estudo e antologia. Lisboa (1959) ²1972. – Berardinelli, C.: Estudos camonianos. Rio de Janeiro 1973. – Livermore, H. V.: Epic and History in the Lusiads. Lisboa 1973. – Müller-Bochat, E.: Die Lusiaden von C. und die Geschichte des Epos. In: Rom. Forschungen 85 (1973) 1–15. – Vasconcellos, J. de: C. na Alemanha. Lisboa (1880) Neuausg. 1973. – Ribeiro, A.: Luís de C. Fabuloso – Verdadeiro 1–2. Lisboa (1950) 1974. – Saraiva, A. J./Lopes, Ó.: História da literatura portuguesa. Porto/Lisboa ⁷[1974] 329–374. – Filgueira Valverde, J.: Camoens. Conmemoración del centenario de ,Os Lusíadas'. Madrid ²1975 (Bibliogr.).

Hamburg Wilhelm Giese

Campbell of Islay, John Francis, Islay (Hebriden) *29. 12. 1822, Cannes † 17. 2. 1885, schott. Erzählforscher, Jurist, Verfasser von Reisetagebüchern und naturwissenschaftlichen Werken. Nach seiner Ausbildung in Eton und an den Universitäten von Oxford und Edinburgh war er in verschiedenen Regierungsämtern tätig.

C. führte Feldforschungen auf den schott. Inseln, im Hochland Westschottlands, auf der Isle of Man, in London, Irland, Skandinavien und Island durch. Nur einen Teil des äußerst reichhaltigen Materials veröffentlichte er als *Popular Tales of the West Highlands* (1–2: Edinburgh 1860, 3–4: 1862). Im Mittelpunkt stehen Volksmärchen, neben ossianischer Überlieferung, Heldengedichten, volkstümlicher Geschichte, Erzählungen für Kinder, Volkserzählungen allg. Art, Sprichwörtern und Liedern. Der 4. Band enthält Aufsätze zur Mythologie und Überlieferung, bes. zur → *Ossian*-Kontroverse. Den einzelnen authentisch wiedergegebenen Stücken im gäl. Original ist eine wortgetreue engl. Übersetzung zur Seite gestellt. Kommentare geben Aufschluß über den Kontext der Aufnahme und in Ansätzen Hinweise auf die internat. Verbreitung der Stoffe.

C. nimmt für die Erfassung der kelt. Märchenüberlieferung den gleichen Rang ein wie die Brüder Grimm für die deutsche, ist in seiner Feldforschungsmethodik – die bis in Repertoireuntersuchungen und wiederholte Aufnahmen desselben Stoffes beim gleichen Erzähler in zeitlichen Abständen hineingeht – und in seiner Kontextanalyse (v. bes. die Kommentare und Einl., p. IX–CXXXV) jedoch der Zeit weit voraus. Durch eigene Untersuchungen sowie die Anwerbung und Ausbildung von Sammlern – wie er selbst Experten im Gälischen – gelang es ihm, ein engmaschiges Aufnahmenetz über die gäl.sprachigen Gebiete zu legen. Teile seines Nachlasses, der sich heute in der National Library of Scotland (Edinburgh) befindet, sind postum veröffentlicht worden (v. Veröff.en).

C.s Erzählforschungsrezept entwickelte sich von der Annahme eines polygenetischen Ursprungs (→ Polygenese) der Typen über die → ind. zur → ide. Theorie. Bereits 1870 (v. Veröff.en) forderte er die Zusammenarbeit mit der Völkerkunde.

Veröff.en: Popular Tales of the West Highlands 1–4. Orally Collected. With a Translation. Edinburgh 1860–62 (Ndr. L./Paisley 1890–93). – Current British Mythology and Oral Tradition. In: J. of the Ethnological Soc. of L. N. F. 2 (1870) 326–340. – Leabhar na Feinne (Heroic Gaelic Ballads). 1: Gaelic Texts [. . .] from Old Manuscripts [. . .], Rare Books; and Orally Collected since 1859 [. . .]. L. 1872. – The Celtic Dragon Myth [. . .]. ed. G. Henderson. Edinburgh 1911. – Ancient Legends of the Scottish Gaels [. . .]. ed. J. G. McKay. L. [1914]. – More West Highland Tales 1–2. ed. J. G. McKay. Edinburgh/L. 1940/60. – The Dewar Manuscripts, Scottish West Highland Folk Tales. ed. J. MacKechnie. Glasgow 1964.

Lit.: Morin, E.: Remarques sur les contes et les traditions populaires des Gaëls, de l'Écosse Occidentale, d'après [. . .] M. J.-F. C., „Popular Tales of the West Highlands". Rennes [1862]. – Köhler, R.: Ueber C.s Slg gäl. Märchen (1864). In: Köhler/Bolte 1, 155–169. – Müller, M.: Tales of the West Highlands '1861'. In: Chips from a German Workshop 2. N. Y. 1872, 237–247. – Ralston, W. R. S.: Mr. C. of Islay. In: The Athenæum, num. 2991 (1885) 250. – Art. C., J. F. In: Dictionary of National Biography 8. L. 1886, 388. – Nutt, A.: The Campbell of Islay Mss. at the Advocates' Library, Edinburgh. In: FL 1 (1890) 369–383. – Delargy, J. H.: Three Men of Islay. In: Scottish Studies 4 (1960) 126–133. – Evan, D. W.: J. F. C., of Islay, (1822–1885) and Norway. In: Med boken som bakgrunn. Festschr. H. L. Tveterås. Oslo 1964, 52–64. – Dorson, R. M.: The British Folklorists. L. 1968, 393–402. – id.: Peasant Customs and Savage Myths. L. 1968, 655sq.

Göttingen Rainer Wehse

Cante fable (neufrz. chante-fable, dt. Singemärchen) ist die aus dem Altfranzösischen übernommene Bezeichnung für eine in vielen Sprachen und Ländern nachgewiesene, dem Volksmärchen zuzurechnende narrative Gattung in prosimetrischer Form. Die Prosa erzählt dabei das Geschehen oder entwirft den Schauplatz. Die z. T. wiederholten, gesungenen Abschnitte sind häufig dialogisiert und können die Form von Frage und Antwort, Rätsel und Lösung haben oder magische Formeln, Wünsche, Sprüche oder Ausrufe enthalten. Beispiele finden sich in *1001 Nacht,* altir. Romanzen, skand. Sagas, dt. und engl. Volksmärchen und Schwänken und bei der schwarzen Bevölkerung Afrikas, der Westind. Inseln wie der USA. Für die beiden letzteren ist auch noch aus jüngster Zeit dieser Wechsel von Erzählung und liedhaften Stücken in Balladen nachzuweisen (z. B. *Frankie and Albert*); daher die umstrittene Hypothese, die C. f. sei Vorläufer sowohl des Volksmärchens als auch der Ballade, insofern als der elliptische Charakter der Ballade im Auslassen des gesprochenen Teils begründet sein könne.

Vereinzelt nehmen bei weißen Sängern der USA, unter Soldaten und Seeleuten, scherzhafte Liedgeschichten des → Hahnreimotivs die Form der C. f. an. Berühmt innerhalb dieser allg. als schwer bestimmbar geltenden Gattung ist → *Aucassin et Nicolette,* ein altfrz. Text aus dem Norden Frankreichs, den der Verfasser selbst „cantefable" nannte. Die assonierenden Verslaissen werden mit „Or se cante" (jetzt wird gesungen), die Prosastücke mit „Or dient et cantent et fabloient" (jetzt sprechen und singen und erzählen sie) eingeleitet. Noch heute neigt man dazu (Kukenheim/Roussel 1968; Jauss 1972), mit G. Paris von diesem einzigen überlieferten Exemplar auf die Existenz einer im frz. MA. verbreiteten literar. Form zu schließen, die öffentlich und möglicherweise von mehreren Personen (cf. den Plural in „or dient") vorgetragen wurde. Die Liedstücke wurden instrumental begleitet und sind z. T. mit Notenschrift tradiert. Auch hier erschwerte die Nähe zu anderen Gattungsmustern (Lyrik, Chanson de geste, Mimus u. a.) und der Anteil des Mündlichen an Produktion und Verbreitung die scharfe gattungsmäßige Abgrenzung.

Lit.: cf. Lit. zu Art. Aucassin et Nicolette. In: EM 1, 962sq. – Paris, G.: Poèmes et légendes du moyen âge. P. [1900], 97–112. – Halpert, H.: The C. F. in Decay. In: SFQ 5 (1941) 191–200. – id.: The C. F. in New Jersey. In: JAFL 55 (1942) 133–143. – StandDict. 1, 189sq. – Dorson, R. M.: American Folklore. Chic. (1959) [2]1960, 195sq. – Bødker, Folk Literature, 56, 273. – Kukenheim, L./Roussel, H.: Führer durch die frz. Lit. des MA.s. Mü. 1968, 86. – Jauss, H. R.: Theorie der Gattungen und Lit. des MA.s. In: Grundriß der rom. Lit.en des MA.s 1. ed. H. R. Jauss/E. Köhler. Heidelberg 1972, 118.

Bonn Renate Baader

Canterbury Tales → Chaucer, G.

Caritas romana → Säugen

Carnoy, Émile, genannt Henri, *Warloy-Baillon (Somme) 12. 5. 1861, † Paris 22. 9. 1930, war Professor an verschiedenen Pariser Gymnasien. Ab 1877 Mitarbeit an *Mélusine* (bes. acht Märchen in 1, col. 90sq., 109–113, 239–241, 279sq., 446–451) und 1879 an *Romania* (8, 222–239; cf. Köhler/Bolte 1, 108–114: Märchen, kleine Sagen, volkstümliche Glaubensvorstellungen, Bräuche, Kinderverse und -spiele, aufgezeichnet in Warloy-Baillon bzw. in Mailly). C. veröffentlichte seine Sammlungen oraler Überlieferung hauptsächlich in *Littérature orale de Picardie* (P. 1883, [2]1968) und *Contes français* (P. 1885; neben den zuvor in *Romania* publizierten pikard. Märchen auch solche aus anderen Regionen). Obwohl 1886 Mitglied des Vorstandes der Société des traditions populaires und des Redaktionsausschusses der *Revue des traditions populaires*, gründete er 1887 eine eigene Société des traditionnistes und die Zs. *La Tradition*, die er, zusammen mit E. Blémont, während der 21 Jahre ihres Erscheinens leitete und für die er Artikel und Berichte verfaßte. 1889 fügte er seiner Zeitschrift eine *Collection internationale de La Tradition* bei und eröffnete sie selbst mit *Les Contes d'animaux dans les Romans du Renard* (mit Inhaltsangaben). In der mehrsprachigen Reihe → *Kryptádia* erschienen anonym *Contes picards* (t. 1, 2, 10 und 11; Heilbronn 1883sqq.), die C. und sein Landsmann A. Ledieu beigesteuert hatten.

C.s volkskundliche Interessen gingen über die Grenzen Frankreichs hinaus: Zusammen mit A. Certeux publizierte er *L'Algérie traditionnelle* (P. 1884) und mit J. Nicolaïdes *Traditions populaires de l'Asie Mineure* (P. 1889), *Traditions populaires de Constantinople* (P. 1891) und *Folklore de Constantinople* (P. 1894). Den ausgesprochen redlichen Sammler hinderte jedoch seine durch A. → Lang (dessen *Études traditionnistes* [P. 1890] er übersetzte und in seine Slg aufnahm) beeinflußte Konzeption der Volkskunde als „science qui permet de reconstituer l'état d'esprit des peuples primitifs" (*La Tradition* 5 [1891] 30) daran, Nutzen und Dringlichkeit eingehender Erhebungen zu erkennen.

Im Bestreben, seine Landsleute zu einem künstlerischen und literar. Zusammenschluß nach dem Vorbild der neuprovenzal. Dichter (félibrige) anzuregen, gründete er ferner 1890 zusammen mit A. Ledieu die *Revue du Nord de la France* und 1893 *Les Enfants du Nord*, die er durch den Almanach *Arména* (1893–95, einige verstreute Märchen) ergänzte. Außerdem leitete er mehrere internat. biogr. Lexika (darunter ein *Dictionnaire international des folkloristes contemporains*. P. 1903) und verfaßte eine Serie von „portraits contemporains": *A l'orée du XX*[e] *siècle* (21 Hefte).

Lit.: Art. C. In: Dictionnaire international des folkloristes contemporains. P. 1903, 39—41. — Dictionnaire de biographie française 7. ed. M. Prévost/R. d'Amat. P. 1956, col. 1188sq.

Paris Marie-Louise Tenèze

Carroll, Lewis → Alice im Wunderland

Cartojan, Nicolae, *Călugăreni-Uzunu 4. 12. 1883, † Bukarest 20. 12. 1944, rumän. Literarhistoriker. 1902–06 Studium an der Univ. Bukarest, vor allem bei I. Bianu (1856–1935). Danach war C. als Mitarbeiter in der Handschriftenabteilung der rumän. Akademiebibliothek und gleichzeitig als Gymnasiallehrer in Giurgiu tätig – mit einer Unterbrechung (1912–14) in Berlin zur Fortsetzung seiner Studien. 1921 wurde er Assistent bei Bianu, 1923 Dozent am Lehrstuhl für rumän. Lit.-geschichte und 1930 Professor für altrumän. Lit. und Folklore.

C. sind grundlegende Untersuchungen über die rumän. Volksbücher und ihre

Verbindung zur altrumän. Lit. und Folklore zu verdanken. Seine Arbeiten basieren auf einem intensiven Handschriftenstudium, denn bis zum 18. Jh. hatte es in Rumänien keine gedruckten Volksbücher gegeben, und nur weniges war bis dahin ediert worden. C. entdeckte, identifizierte und klassifizierte Texte, untersuchte die Filiationen sowie die Verbreitung und verfolgte die Wanderung der Motive sowohl im internat. Rahmen als auch in den verschiedenen Gattungen der schriftlichen und mündlichen Lit. (Chronik- und Apokryphenliteratur, Sagen, Märchen etc.) und in der Volkskultur überhaupt (z. B. altrumän. Wand- und Glasmalerei). Welches Gewicht er dabei stets auf die Einbeziehung des slav. und byzant. Kulturkreises legte, zeigt u. a. die noch 1944 beabsichtigte Gründung eines Instituts für rumän.-slav.-byzant. Studien. Wichtige Einzeluntersuchungen sind Arbeiten zum → *Alexanderroman*[1], → *Trojaroman*[2], *Erotocritos*[3] und über die → *Fiore di virtù*[4]. Das bedeutendste Werk C.s, die Synthese seiner Forschungen, liegt in *Cărţile populare în literature românească* 1–2 (Die Volksbücher in der rumän. Lit.)[5] vor. Es umfaßt neben dem 'roman popular' Apokryphen- und Bogomilenliteratur sowie Hagiographien. Der Epoche des südslav. Einflusses ist der erste und der des griech. Einflusses der zweite Band gewidmet. Allen behandelten Texten oder Textgruppen folgen sorgfältige Bibliographien (Hss., edierte Texte, slav., griech. u. a. Versionen und Sekundärliteratur). C.s Arbeiten sind in gewisser Weise in Fortsetzung zu denen B. P. → Hasdeus (1836–1907) und M. → Gasters (1856–1939) zu sehen. Seine Leistung besteht in einer auf reicherem Material beruhenden vollständigeren und systematischeren Erfassung der rumän. Volksbücher und ihrer Einbeziehung in die allg. Entwicklung der rumän. Lit. Seine Schüler regte er zu Studien und textkritischen Editionen noch unveröffentlichter Handschriften an. 1934–43 gab er als Veröffentlichung seines Seminars die *Cercetări literare* heraus, von denen fünf Bände mit wichtigen Beiträgen zu Volksbüchern und Themen altrumän. Lit. erschienen. Als letzte Publikation folgte eine dreibändige Geschichte der altrumän. Lit.[6].

[1] Alexandria în literatura românească. Buk. 1910; Alexandria în literatura românească. Noui contribuţii. Studiu şi text. Buk. 1922. – [2] Legendele Troadei în literatura veche românească (Academia Română, Memoriile secţiunii literare, seria 3, t. 3, 3). Buk. 1925. – [3] Poema cretană „Erotocrit" în literatura românească şi izvorul ei necunoscut (Academia Română, Memoriile secţiunii literare, seria 3, t. 7, 4). Buk. 1935. – [4] „Fiore di virtù" în literatura românească (Academia Română, Memoriile secţiunii literare, seria 3, t. 4, 2). Buk. 1928. – [5] Buk. 1929/38, Ndr. Buk. 1974 (Einl. D. Zamfirescu, V–XXIV; Nachwort M. Moraru, 481–519); dazu Rez. von Eliade, M.: Les Livres populaires dans la littérature roumaine. In: Zalmoxis 2, 1 (1939) 63–78. – [6] Istoria literaturii române vechi 1–3. Buk. 1940–45.

Lit.: Simonescu, D.: N. C. (1883–1944). In: Revista istorică română 15, 2 (1945) 193–215 (206–215 Bibliogr.). – Diaconescu-Tismana, I.: N. C., un mare iubitor als poporului. In: Căminul cultural 11 (1945) 299–309. – Dimitriu, I. G.: In: Orbis. Bulletin international de Documentation linguistique 14, 2 (1965) 589–603. – Chiţimia, I. C.: N. C. In: Revista de istorie şi teorie literară 15, 3 (1966) 471–477.

Göttingen Ines Köhler

Carvalho-Neto, Paulo de, *Simao-Dias (Sergipe, Brasilien) 10. 9. 1923, lateinamerik. Folklorist und Erzählforscher. 1947 Bakkalaureat in Sozialwissenschaften an der Universidade do Brasil in Rio de Janeiro, 1949–51 Professor der Ethnologie an der Universidad de Paraguay, Asunción. 1952 wurde C. zum Ko-Direktor des Seminars für Soziologie an der Universidad de la Republica, Montevideo, ernannt, wo er bis 1959 als Professor für Volkskunde sowie port. und brasilian. Literatur lehrte. Während seines Aufenthalts in Asunción und Montevideo bekleidete C. gleichzeitig auch das Amt des brasilian. Kulturattachées in Paraguay bzw. Uruguay.

1960–67 lehrte er an der Universidad Central del Ecuador in Quito und gründete das Instituto Ecuatoriano de Folklore. C. ist ebenfalls Begründer der Zs. *Revista del Folklore Ecuatoriano*, die 1965–71 unter seiner Leitung erschien. 1967/68 war er Direktor des Instituto Chileno-Brasilero de Cultura in Santiago de Chile. Seit Januar 1975 ist er Mitherausgeber des *Journal of Latin American Lore.* 1965 wurde C. von der Regierung Ekuadors mit dem Orden Nacional al Mérito ausgezeichnet. Darüber hinaus wurden einige seiner Veröffentlichungen mit Preisen gewürdigt (1969 Giuseppe Pitrè-Preis; 1971 Chicago Folklore Prize).

C. hat zahlreiche Romane, Novellen und Erzählungen veröffentlicht und ist weiterhin ein produktiver Schriftsteller. Seine mehr als 20 volkskundlichen Bücher wurden in verschiedene Sprachen übersetzt. Die wichtigsten Arbeiten sind u. a.:

Concepto de folklore. (Montevideo 1956) México ²1965 (engl.: The Concept of Folklore. Coral Gables, Fla 1971). – Folklore y psicoanálisis. (Buenos Aires 1956) México ²1968 (engl.: Folklore and Psychoanalysis. Coral Gables, Fla 1972). – Folklore del Paraguay. Quito 1961. – Antologia del folklore ecuatoriano. Quito 1964. – Diccionario del folklore ecuatoriano. Quito 1964. – Cuentos folklóricos del Ecuador 1–4. t. 1: Quito 1966; 2: México 1976; 3: Quito 1976; 4: Quito (im Druck). – Geografía del folklore ecuatoriano. Quito 1967. – Estudios de folklore. 1: Brasil, Paraguay. Quito 1968; 2: Argentina, Uruguay, Chile. Quito 1968; 3: Ecuador. Quito 1973. – Historia del folklore iberoamericano. Las culturas criollas desde sus comienzos hasta 1965. Santiago de Chile 1969 (engl.: History of Iberoamerican Folklore. Mestizo Cultures. Oosterhout 1969). – El folklore de las luchas sociales. México 1973. – O conto folclórico. Experiências de pesquisa no Ecuador. In: Folklore americano 18 (Lima 1975) 79–104. – El lenguaje de mi tío Atahualpa. Contribución al estudio de la fraseología popular de la costa ecuatoriana. In: Montalbán 3 (Caracas 1974) 681–701.

C.s vierbändige Sammlung *Cuentos folclóricos del Ecuador* wird 139 Volkserzählungen enthalten, die zum größten Teil 1966 aus mündlicher Überlieferung aufgezeichnet worden sind. Eine wiss. theoretische Analyse dieser Ausgabe gibt C. in seinem Beitrag *O conto folclórico*; in diesem Zusammenhang steht auch ein Glossar zur Regionalterminologie (*El lenguaje de mi tío Atahualpa*). Die Sammlung der ecuadorian. Überlieferung bildet auch die Grundlage für drei Ausgaben literarisierter Volkserzählungen: *Decamerón ecuatoriano* (México 1975), *Historias a lo divino* sowie *Historias de tramposos* (beide noch unveröffentlicht). Bes. zu erwähnen ist außerdem C.s Arbeit *El folklore de las luchas sociales,* eine Untersuchung der sozialen Funktionen der vierzeiligen Protestlieder der mexikan. Arbeiterklasse. Hingewiesen werden muß auch auf seine zahlreichen Publikationen auf anderen wiss. Gebieten wie der Politik, Soziologie, Ethnologie und Literaturwissenschaft.

Lit.: Kay, E. (ed): Dictionary of Internat. Biography 10, 1. Cambridge/L. 1974, 326. – Kinsman, C. D. (ed.): Contemporary Authors 53–56. Detroit 1975, 92.

Los Angeles Donald Ward

Casalicchio, Carlo, *Sant' Angelo de Fratte in Basilicata 1626, † Neapel 19. 4. 1700, Jesuit, Verfasser zahlreicher religiöser und profaner Schriften, der nach dem Theologiestudium und dem 1651 angetretenen Noviziat in der Societas Jesu in Neapel ebendort bis zu seinem Tode als Priester wirkte. Seine Werke weisen ihn als Kenner lat. Klassik (Horaz, Juvenal, Martial), der Predigtliteratur seiner Zeit und der ital. Novellistik des 16. und 17. Jh.s aus; span. Autoren wie → Juan Manuel und Juan → Timoneda und der Schelmenroman → *Lazarillo de Tormes* waren ihm durch die Schriften Baltasar Graciáns (1601–58) bekannt. Vielseitige Belesenheit spiegelt jedenfalls sein bekanntestes, mehrfach aufgelegtes, auch in dt. Übers. erschienenes Opus *L'utile col dolce* [. . .], eine Sammlung von rund 200 religiösen Beispielen, Fabeln, Novellen und Schwänken mit jeweils vor- oder nachgestellter applicatio moralis. C.s sonstige Werke sind für die Erzählforschung ohne Bedeutung.

Die Absicht, mit seinen Erzählungen sittsame Unterhaltung und moralische Belehrung zu liefern und dem Leser Hilfen für geistreiche Konversation zu bieten, hat C. im Vorwort ausdrücklich betont. Die dt. Ausgabe empfiehlt die Historien „wegen ihrer Vortrefflichkeit denen Predigern Göttlichen Worts zu einer Beyhülff, als auch zu Christlicher erlaubter Gemüths-Ergetzung [. . .]". Tatsächlich ist die Sammlung wie andere Traktatwerke jesuit. Provenienz (J. → Drexel, H. → Engelgrave, B. → Kybler, G. → Stengel etc.) von erzählfreudigen Predigern der Barockzeit ausgiebig benützt worden und so als bedeutsame Vermittlungsinstanz für das → Predigtmärlein um die Wende vom 17. zum 18. Jh. anzusehen. C. hatte eine Vorliebe für äsopische Fabeln, die er – wie auch die meisten anderen Stoffe – zwar sprachlich anspruchslos, doch mit großer Ausführlichkeit wiedergab, für Diebs- und Betrugsgeschichten, für Eheschwänke und Histörchen von bösen Frauen; er nahm gelegentlich auch Verfehlungen der Geistlichkeit aufs Korn und wetterte mit eindringlichen Beispielen gegen Laster wie Geiz, Neid, Hochmut, Heuchelei, gegen Trunk- und Spielsucht etc. Hier eine Auswahl bekannterer Typen nach der dt. Ausg.:

t. 1:

cap. 4: Gast bezahlt Zeche mit Lied (AaTh 1553B*) – 7: Prügel für widerspenstige Ehefrau (Mot. J 1541. 1) – 9: → *Pferd fasten lehren* (AaTh 1682) – 10: Streitbare Ehefrau soll einen Mund voll Wasser nehmen (Mot. T 256.2) – 11: Betrug um verlorene Geldbörse aufgedeckt (Mot. J 1172.1) – 13: → *Hausarbeit getauscht* (AaTh 1408) – 14: → *Mann glaubt sich tot* (AaTh 1313) – 16: → *Rabe und Käse* (AaTh 57) – 17: Hühnerverkäufer während der Beichte bestohlen (Mot. K 455.4.1) – 18: Schafhirt beichtet erst kleine, dann große Sünden (Mot. U 11.1.1.2) – 21: → *Heckpfennig* (AaTh 745 A) – 24: Bischof als geistlicher und weltlicher Herr (Mot. J 1289.2) – 28: → *Säufer kuriert* (AaTh 835*) – 29: → *Speckdieb* (AaTh 1624 B*) – 32: → *Witwe von Ephesus* (AaTh 1510) – 33: *Die vorgetäuschte* → *Erbschaft* (AaTh 982) – 34: → *Pfarrer mit der feinen Stimme* (AaTh 1834) – 35: → *Asinus vulgi* (AaTh 1215) – 36: → *Esels Urkunde* (AaTh 47E) – 37: → *Junge am Wolfsschwanz* (AaTh 1875) – 38: *Die rasch getröstete* → *Witwe* (AaTh 1350) – 39: Lügenfluß (cf. → Lügenbrücke) – 40: → *Belfagor* (AaTh 1164) – 42: → *Focus* (AaTh 921A) – 49: → *Wolf und Amme* (AaTh 75*) und: → *Heiß und kalt aus einem Mund* (AaTh 1342) – 51: → *Ochse für fünf Pfennig* (AaTh 1553) – 52: →*Christus als Ehestifter* (AaTh 822) – 61: Liebhaber im Sarg versteckt (Mot. K 1555.0.1) – 62: Esel hat Freunde bei Hof (Rotunda J 1269.7) – 65: Fuchs steckt → Adlers Nest in Brand (Mot. L 315.3) – 66: → *Neidischer und Habsüchtiger* (AaTh 1331) – 73: Böser Ehemann verprügelt (Mot. K 1827.1) – 78: → *Fuchs und saure Trauben* (AaTh 59) – 79: Streitbare Eheleute (cf. AaTh 1365) – 87: Einäugiger und Buckliger (AaTh 1620*) – 89: → *Puteus* (AaTh 1377) – 92: Diebe als Engel, Tod und Teufel verkleidet (Mot. K 311) – 95: Säufer meinen, auf hoher See zu sein (Wiener Meerfahrt) – 97: → *Esel und Pferd* (AaTh 214*) – 99: Freund stiehlt vergrabenen Schatz (Mot. K 1667.1) und: → *Augenwinken* (AaTh 161). –

t. 2:

cap. 2: → *Worte des Herrn sind ernstzunehmen* (AaTh 93) – 4: → *Boten des Todes* (AaTh 335) – 7: → *Eselherzfabel* (AaTh 52) – 8: → *Friedensfabel* (AaTh 62) – 12: → *Kaisers neue Kleider* (AaTh 1620) – 14: Säufer will lieber blind als nüchtern sein (Rotunda J 1319.4) – 13: Frau verlangt geschlagen zu werden (Moskowiter Ehefrauen) – 16: Bauer verzehrt Rezept und wird gesund (Mot. J 2469.2) – 32: → *Zähmung der Widerspenstigen* (AaTh 901) – 35: *Die einfältige* → *Diagnose* (AaTh 1862 C) – 41: Reiche Bettler überführt (Mot. K 1081) – 42: Richter teilt Austern (Mot. K 452.1) – 44: → *Dankbare Tiere, undankbarer Mensch* (AaTh 160) – 46: → *Traumbrot* (AaTh 1626) – 47: → *Teilung von Geschenken und Schlägen* (AaTh 1610) und: *Böses* → *Weib schlimmer als der Teufel* (AaTh 1353) – 48: → *Rat der Glocken* (AaTh 1511*) – 49: → *Fleischpfand* (AaTh 890) – 54: → *Freundesprobe* (AaTh 893) – 72: Hahn, Hund und Fuchs (Mot. K 579.8) – 78: Bauer ein besserer Wetterprophet als der → Astrologe (AaTh 921 C*) – 80: → *Glückliche Armut* (AaTh 754) – 84: *Urteile des* → *Schemjaka* (AaTh 1534) – 90: → *Hund verliert das Fleisch* (AaTh 34 A) – 98: *Der aufgeblasene* → *Frosch* (AaTh 277A).

Ausg.n: L'utile col dolce cavato da' detti e fatti di diversi homini savissimi, che si contiene in tre Decade di argutie [. . .]. Per ricreatione e spiritual profitto di tutti, e consolatione specialmente de' tribolati ed afflitti, e per efficace antidoto contro la peste della malinconia 1–2. Napoli 1671–78 (Pitrè [v. Lit.] verzeichnet bis 1764 9 weitere Ausg.n) – Dt. Übers.: Utile cum dulci, Das ist: Anmuthige Hundert Historien [. . .]. Zwei Teile. Augsburg 1702/03.

Lit.: Backer, A. de und A. de: Bibliothèque de la Compagnie de Jésus 2. Neue Ausg. ed. C. Sommervogel. Bruxelles/P. 1891, 795–798 und 9 (1900) 1sq. – Pitrè, G.: Bibliografia delle tradizioni popolari d'Italia. Torino/Palermo 1894, num. 226–236. – Marchese, G. B.: Per la storia della novella italiana nel secolo XVII. Roma 1897. 164. – Mele, F.: Opere del Gracián e d'altri autori spagnoli fra le mani del p. C. In: Giornale storico della letteratura italiana 82 (1923) 71–86. – Storia della letteratura italiana. 5: Il Seicento. Milano 1967, 707sq. – Mutini, C.: C. In: Dizionario biografico degli italiani 21. Roma 1978, 116sq.

Göttingen Elfriede Moser-Rath

Cascudo, Luís da Câmara, *Natal (Brasilien) 30. 12. 1898, brasilian. Jurist, Historiker und Volkskundler; studierte nach abgebrochenem Medizinstudium Jura in Recife. Nach Tätigkeiten als Gerichtssekretär und Geschichtslehrer wurde er zum Justizrat ernannt und schließlich zum Professor für öffentliches internat. Recht an der Bundesuniversität von Rio Grande do Norte; seit 1966 ist er emeritiert.

C. schrieb zahlreiche Artikel für Zeitungen in Natal, Pernambuco und Rio de Janeiro, vor allem aber Bücher und Essays zur Anthropologie und Volkskunde sowie Untersuchungen über Aspekte der brasilian. Geschichte und Denkschriften. Seit seinem ersten Buch *Alma Patrícia* (Natal 1921) hat er über 100 weitere Arbeiten (Bücher, Essays etc.) veröffentlicht. Einige seiner wichtigsten Publikationen zur Volkskunde sind:

Dicionário do folclore brasileiro (Rio de Janeiro 1954, 5. Aufl. im Druck); *Vaqueiros e cantadores* (Porto Alegre 1939, Rio de Janeiro ²1968); *Antologia do folclore brasileiro* (São Paulo 1944, ²1956, ³1965); *Geografia dos mitros brasileiros* (Rio de Janeiro 1947); *Literatura oral* (Rio de Janeiro 1952); *Cinco livros do povo* (Rio de Janeiro 1953); *Canto de muro* ([Essays über Insekten]. Rio de Janeiro 1959); *Contos tradicionais do Brasil* (Rio de Janeiro 1946, Bahia ²1955); *História da alimentação no Brasil* (Rio de Janeiro 1967 und 1968).

Sein wiss. Werk umfaßt noch eine Reihe von Büchern zur Geschichte wie *História da cidade do Natal* ([Natal] 1947), *História do Rio Grande do Norte* (Rio de Janeiro 1955), *Os Holandeses no Rio Grande do Norte* (Natal 1949) etc., sowie von ihm mit Anmerkungen versehene Standardwerke zur Volkskunde wie *Festas e tradições populares no Brasil* von M. M. Filho, *Contos populares do Brasil* von S. Romero etc. Er hat auch Werke von Montaigne, H. Koster, C. F. Hartt u. a. übersetzt. Zur Bedeutung C.s für die brasilian. Erzählforschung v. → Brasilien (cap. 4).

Lit.: Oliveira Costa, A. de: Viagem ao universo de C. C. Natal 1969. – Mamede, Z.: L. da C. C. 1–3. 50 anos de vida intelectual (1918–68). Natal 1970.

Natal Verissimo de Mélo

Castrén, Matthias Alexander, *Tervola 2. 12. 1813, † Helsinki 7. 5. 1852, finn. Sprach- und Volksdichtungsforscher, erster Professor für finn. Sprache und Literatur an der Universität Helsinki (1851). C.s Hauptverdienst liegt im Bereich der finno-ugr. Sprachforschung. Er hat die Verwandtschaft der finno-ugr. und samojed. Sprachen nachgewiesen und gilt als einer der Begründer der ural-altaischen Sprachwissenschaft.

C. unternahm weite Forschungsreisen, zuerst nach Lappland und Karelien, dann zu den nordruss. und nordasiat. Völkern. Außer für Sprachwissenschaft interessierte er sich auch für Volksdichtung, und als typischer Romantiker suchte er neben der gemeinsamen Ursprache auch gemeinsame Mythologien der Völker. In Märchen glaubte er uralte mythol. Vorstellungen finden zu können, und er entdeckte Berührungspunkte zwischen der alten finn. *Kalevala*-Dichtung – die er ins Schwedische übersetzte (Hels. 1841) – und den Märchen und Liedern Nord-Asiens. Er mußte indes enttäuscht feststellen, daß die bei seinen ersten Reisen aufgezeichneten finn. und karel. Märchen nur internat. Entlehnungen waren, und so verzichtete er auf weiteres Sammeln.

Diese ersten, nur zum Teil erhaltenen Märchenaufzeichnungen sind fragmentarisch und verkürzt, aber wegen ihres Alters und zahlreicher Details doch wertvoll.

Ausg.n: Vom Einflusse des Accents in der lappländ. Sprache. Diss. St. Petersburg 1845. – Über die neueste Redaction der Kalevalarunen. Hels. 1853. – Nordiska resor och forskningar 1–5. Hels. 1852–1858 (t. 1: Reseminnen från åren 1838–1844. ed. M. A. C. Hels. 1852; t. 2: Reseberättelser och bref åren 1845–1849. ed. B. O. Schauman. Hels. 1855; t. 3: Föreläsningar i finsk mythologi. ed. C. G. Borg. Hels. 1853; t. 4: Ethnologiska föreläsningar öfver de altaiska folken samt samojediska och tatariska sagor. ed. C. G. Borg. Hels. 1857; t. 1–4 = t. 1–4 der dt. Ausg.). – M. A. C.s nord. Reisen und Forschungen 1–12. ed. A. Schiefner. St. Petersburg 1853–1862 (t. 1: Reiseerinnerungen aus den Jahren 1838–1844. St. Petersburg 1853; t. 2: Reiseberichte und Briefe aus den Jahren 1845–1849. St. Petersburg 1856; t. 3: Vorlesungen über die finn. Mythologie. St. Petersburg 1853; t. 4: Ethnol. Vorlesungen über die altaischen Völkerschaften nebst samojed. Märchen und tatar. Heldensagen. St. Petersburg 1857). – Samojed.

Volksdichtung. Gesammelt von M. A. C. ed. T. Lehtisalo (MSFO 83). Hels. 1940 (Vollständiger als die Schiefner-Ausg.).

Lit.: Setälä, E. N.: Dem Andenken Matthias Alexander C.s. In: FUF 1 (1901) 1–5. – Pamjati M. A. Kastrena. K 75-letiju dnja smerti (Zum Gedächtnis an M. A. C. Zum 75. Todestag). Len. 1927. – Joki, A. J.: M. A. Castrénin vienalaiset sadut. In: Kalevalaseuran vuosikirja 58 (1978).

Helsinki Pirkko-Liisa Rausmaa

Caterinella (AaTh 333A). Die C.-Geschichte, die zum Komplex der → Fressermärchen gehört, ist von S. Thompson trotz bedeutender Eigenständigkeit dem Erzähltyp AaTh 333: → *Rotkäppchen* untergeordnet worden. Sie ist bes. in Ober- und Mittelitalien verbreitet. Die Hauptperson des Märchens, ein kleines Mädchen, heißt in mehreren Varianten C., Caterina oder Cattarinetta.

Das Mädchen wird von der Mutter, die Fritellen (Schmalzgebäck der Vorfastenzeit) backen will, ausgeschickt, um eine Pfanne zu entleihen. Der Verleiher ist eine → Hexe oder ein → Unhold, der Nonno Coccone, Mago, Barba Zucon oder Orco heißt, in anderen Varianten ein Wolf, auch Compar Lôuv (Gevatter Wolf) oder Zio Lupo (Onkel Wolf) genannt. Als Leihgebühr soll C. dem Unhold Fritellen und eine Flasche Wein bringen. Das naschhafte Mädchen kann unterwegs den duftenden frischen Fritellen nicht widerstehen. Es ißt sie auf und trinkt dazu den Wein. Als Ersatz bringt es Pferdeäpfel oder Eselsmist und Urin statt des Weines. Erbost über den Betrug, verfolgt der Unhold das Kind bis ins Haus. C., die sich im Bett verkrochen hat, wird gefressen. In einigen Varianten wird der Orco von C.s Mutter überlistet, die eine Puppe aus Werg statt des Mädchens ins Bett gelegt hat (cf. → Bettplatztausch). Obgleich alle Luken und Öffnungen des Hauses verschlossen und verstopft sind, kann der Orco durch den Kamin ins Haus eindringen.

Die C.-Geschichte ist ein → Schreckmärchen, das drastisch schildert, wie Naschhaftigkeit bestraft wird. Als eine Geschichte für naschhafte Kinder, die ihn an das Cappuccetto rosso erinnert, bezeichnet I. Calvino[1] die venezian. Erzählung vom Zio Lupo. Im Auftreten des Compare Lupo erkennt R. H. Busk[2] schon 1874 eine Verwandtschaft zum *Rotkäppchen*, bemerkt aber dazu, daß in frühen Mythologien und im MA. die Lykanthropie (cf. → Wolfsmenschen) eine große Rolle gespielt habe. J. Bolte hat handschriftlich in seinem Handexemplar der *Anmerkungen zu den Kinder- und Hausmärchen der Brüder Grimm* bei KHM 26 *(Rotkäppchen)* auf die C.-Geschichte der Sammlung von C. Coronedi-Berti[3] hingewiesen. In W. Andersons[4] Sammlung sammarines. Märchen, die 1927–1929 von Schulkindern aufgezeichnet worden sind, finden sich C.-Varianten, von denen einige unverkennbare Züge des Grimmschen Rotkäppchenmärchens erkennen lassen. C. und ihre Mutter werden aus dem Bauch des Wolfes von einem Jäger befreit (cf. → Gastrotomie). Hier muß literar. Einfluß der Grimmschen Märchensammlung angenommen werden. Eine Erzählung aus dem Dauphiné, in der ein Knabe seinem Vater Gebäck aufs Feld bringen soll, das von einer Bestie aufgefressen wird, ist von A. van Gennep[5] mit *Le petit Poucet* oder *Le Père trompé* betitelt. Die älteste bisher bekannte Fassung der C.-Geschichte findet sich in der 1867 erschienenen welschtiroler (trentin.) Märchensammlung von C. Schneller[6].

Der Hinweis auf die Fastenzeit – in einigen Varianten wird ausdrücklich betont, daß Fritellen gebacken werden sollen, obgleich Fastenzeit sei (cf. *La fola di compar Lôuv* bei C. Coronedi-Berti[7], *La favola de lupo* bei P. Toschi/A. Fabi[8] und *Zio Lupo* bei P. Toschi[9]) – und die Worte maglia (Spinnstube) und legaccia (Handarbeitsstunde für Mädchen) erinnern an Sagen, in denen Spinnstubenfrauen als Schreckgestalten unfolgsame und faule Mädchen bestrafen[10]. In diesen Geschichten ist ein Zusammenhang der Beendigung der winterlichen Spinnarbeit mit Fastengeboten und Arbeitsverboten deutlich zu erkennen. M. Pancritius[11] stellt bei einer Betrachtung des Rotkäppchenmärchens aus mutterrechtlicher Sicht – bei der Behandlung kannibalistischer Züge – Vergleiche mit der welschtiroler C.-Geschichte an. Es wird eine ostpreuß. Erzählung von drei Mädchen angeführt, die mit ihren Spinnrocken zu der im Walde wohnenden Großmutter gehen, die eine menschenfressende Frau ist.

Die Worte, die das Armeseelenweibchen (in Österreich beliebter Mädchenschreck[12]) ausruft, wenn es sich den Kindern nähert, erinnern an die Warnrufe des Unholds der C.-Geschichte, wenn er sich dem im Bett liegenden Kinde nähert. Daß es sich bei dem Unhold um ein Wesen handelt, das dem christl. Glauben nicht angehört, geht aus dem Vers: „Niccio, niccio / Che ppuzza da cristianiccio" hervor, den der Orco ausstößt, bevor er das Mädchen verschlingt[13].

[1] Calvino, I.: Fiabe italiane, raccolte dalla tradizione popolare durante gli ultimi cento anni. Torino ²1959, 992. – [2] Busk, R. H.: The Folk-Lore of Rome. L. 1874, 381, not. 2. – [3] Coronedi-Berti, C.: Novelle popolari bolognesi. Bologna ²1883, 178. – [4] Anderson, W.: Novelline popolari sammarinesi 1–3. Tartu 1927–33; t. 2 (1929) num. 46, 47; t. 3, num. 87. – [5] Gennep, A. van: Le Folklore du Dauphiné 2. P. 1933, 516. – [6] Schneller, C.: Märchen und Sagen aus Wälschtyrol [...]. Innsbruck 1867, num. 5. – [7] Coronedi-Berti (wie not. 3) 178: La fola di compar Lôuv. – [8] Toschi, P./Fabi, A.: Buonsangue romangnolo [...]. Bologna 1960, 114: La favola de lupo. – [9] Toschi, P.: Romagna solatia. Milano 1926, 209: Zio Lupo. – [10] Rumpf, M.: Spinnstubenfrauen, Kinderschreckgestalten und Frau Perchta. In: Fabula 17 (1976) 215–242. –
[11] Pancritius, M.: Aus mutterrechtlicher Zeit. In: Anthropos 27 (1932) 771–773. – [12] Höfer, L.: Wiener Kinderglaube. In: Wiener Zs. für Vk. 32 (1927) 41. – [13] Zanazzo, G.: Novelle, favole e leggende romanesche. Torino/Roma 1907, 321–323; Papanti, G.: Novelline popolari livornesi. Livorno 1877, 7–10, hier 9: „Mucci, mucci, Qui ci sa di cristianucci; O ci sono, o ci son stati, O ce n'è de' rimpiattati". Niccio ist ein aus Kastanienmehl in Kastanienblättern bereiteter Kuchen der Hirten. In einer Var. des ‚Petit Poucet' ist es ein Sarazene, der Christenfleisch riecht; cf. Mél. 3 (1886) 401.

Lit. und Var.n (soweit in den not. nicht genannt): Bernoni, D. G.: Tradizioni popolari veneziane. Venezia 1875, 76. – Bolognini, N.: Fiabe e leggende della valle di Rendena nel Trentino. In: Annuario della Società degli alpinisti tridentini 7 (1880/81) 123–128. – Pitrè, G.: Novelle popolari toscane. Firenze 1885, 243. – Forster, R.: Fiabe popolari dalmate. In: ASTP 10 (1891) 330sq. – Tommaseo, N.: Nonno Coccone. In: Rivista mensile delle tradizioni popolari d'Italia 3 (1905) 25sq. – Zorzùt, D.: Sot la nape ... (I racconti del popolo friulano) 2. Udine 1925, 179. – Emaldi, D.: La föla ed Caterinen. In: La Piê 10 (1929) 105sq. – Vidossi, G.: Note a due novelline. In: Lares 8 (1937) 69. – Rumpf, M.: Rotkäppchen. Diss. Göttingen 1951, 73–85. – ead.: C. In: Fabula 1 (1958) 76–84.

Berlin Marianne Rumpf

Celebes → Indonesien

Cent nouvelles nouvelles

1. Autorenfrage – 2. Literarhist. Einordnung. Quellen und Stoffe – 3. Rezeption

1. Autorenfrage. Das im Bibliotheksinventar der burgund. Herzöge vom Jahre 1467, dem Todesjahr Philipps des Guten, erwähnte Ms. der *Cent nouvelles nouvelles* (C. n. n.) scheint mit dem einzigen heute bekannten Ms. (Glasgow, Fonds Hunter, num. 252) nicht identisch zu sein. Nach P. Champion[1] wurde dieses fälschlich auf 1432 datierte Ms. zwischen 1480 und 1490 niedergeschrieben. Schon 1486 erschien bei A. Vérard in Paris[2] eine nur unwesentlich abweichende Fassung (modernerer Sprachstand, Fehlen von einigen Erzählernamen, Umstellung der beiden letzten Novellen, Kürzungen) im Druck.

36 nach der Novellennummer namentlich genannte und hist. identifizierbare[3] männliche Erzähler aus der burgund. Hofgesellschaft, darunter der Herzog selbst und der spätere frz. König Louis XI., erzählen 100 meist kürzere Novellen. Die Sammlung besitzt keinen Rahmen, sondern nur ein programmatisches Widmungsschreiben an Philipp den Guten. Den Zeitangaben in den Novellen nach zu schließen, entstanden sie zwischen 1456 und 1461. Ob der Kopist sich nur im Jahrzehnt verschrieb (M iiij^c xxxii statt M iiij^c lxij), ist nicht geklärt; die Abfassung der C. n. n. fällt jedenfalls in den Zeitraum zwischen 1456 und 1467.

Die Frage nach dem Autor des anonymen Werks blieb bis jetzt ungelöst. Einige Zeit galt der als der Erzähler der 50. Novelle genannte Antoine de → La Sale als der Autor des gesamten Werks[4]. Feststehen dürfte, daß es sich um einen einzigen Autor handelt, der bewußt der Sammlung seinen eigenen unverwechselbaren Stempel aufdrückte. Daß er sich nicht nur auf die Niederschrift fremder

Erzählungen beschränkte, wie es die Zuordnung zu den verschiedenen Erzählernamen glauben machen möchte, geht aus der stilistischen und thematischen Einheitlichkeit des Werks und aus dem Anspruch der vorangestellten Widmung hervor.

2. Literarhist. Einordnung. Quellen und Stoffe. In der Forschung zur frz. Novellistik spielen die C.n.n. insofern eine bes. Rolle, als sie den ersten bedeutenden Beitrag Frankreichs zu dieser Gattung darstellen, der ital. Anregungen zwar aufnimmt, aber doch die eigenständige frz. Erzähltradition fortsetzt. Die C.n.n. gelten daher als Musterbeispiel frz. Novellistik und bilden in den Augen ihrer Interpreten eine Art nationale frz. Gattungsnorm[5]. Schriftstellerisches Selbstbewußtsein des Autors drückt sich im Titel aus, der die Sammlung als „neues Decamerone" (*Cent nouvelles* war der geläufige Titel für die Übers. von → Boccaccios Werk) kennzeichnet und endlich mit dem Gattungsnamen Ernst zu machen verspricht. In Anlehnung an die Sprache der Mode, in der der burgund. Hof zu dieser Zeit eine führende Rolle in Europa innehatte, stellt er seine Novellen in der Widmung als den letzten literar. ‚Schrei' dar: „L'estoffe, taille et fasson d'icelles est d'assez fresche memoire et de myne beaucop nouvelle." Es scheint aber auch schon zu genügen, wenn das äußere Erscheinungsbild modernisiert wird, denn es werden im Grunde allg. bekannte Geschichten vom Autor „durch novellistische Kunstgriffe [...] in ein zeitlich und räumlich vertrautes Ambiente"[6] verlegt. Märchenstoffe läßt ein solches auf Aktualität und Zeitvertreib („bon et prouffitable passetemps") ausgerichtetes Programm nicht erwarten[7], und wenn wie in der 75. Novelle (Nov.) ursprünglich märchenhafte Motive (Errettung vom Galgen durch Spielen eines Instruments: Mot. K 551.3.5 und daraufhin in der letzten Minute herbeieilende Soldaten: Mot. D 1475) auftauchen, dann sind sie, durch vielerlei literar. Vorstufen verändert, gar nicht mehr als solche zu erkennen[8].

Aufgrund der ausdrücklichen Absetzung gegenüber Boccaccio ist es verständlich, daß das *Decamerone* unter den literar. Vorlagen[9] nur eine untergeordnete Rolle spielt. Lediglich die Nov. 14 (Eremit verspricht einfältiger Jungfrau, zukünftigen Papst zu zeugen: Mädchen! Mot. K 1315.1.2.1; cf. AaTh 1855A: *Jüdin verspricht, → Messias zu gebären*) kann mit einigem Recht mit *Decamerone* 4,2 in Verbindung gebracht werden. Die Struktur der Sammlung, Erzähltechnik und Menschenbild sind weit von Boccaccio entfernt. Die namentlich genannten Erzähler werden durch keine Rahmenfiktion zusammengehalten, abgesehen von der Begrenzung auf die Hundertzahl sind die Novellen in keiner Weise (etwa durch Tage, Themen oder Protagonisten) strukturiert, bis auf die Tatsache, daß in der Druckausgabe nach dem Vorbild des *Decamerone* der Schluß (Nov. 100) durch eine bes. lange und eindrucksvolle Geschichte (Prokuratornovelle) betont wird. Die Personen der Novellen werden kaum einmal mit Namen genannt, geschweige denn als vielschichtige Individuen gestaltet, sondern vorwiegend als nur summarisch in Ort und Zeit verankerte Typen. Die lineare Handlung steuert in den meisten Fällen zielsicher einer überraschenden Pointe[10] zu, die den eigentlichen Erzählanlaß darstellt. Daher werden nur die allernötigsten Umstände etwa zum Verständnis eines Bonmots exponiert (z. B. Nov. 10: Vergleich der Ehe mit eintöniger Speise; Mot. J 81.0.1; Nov. 50).

Die Standesgrenzen scheinen zwar gegenüber den ma. → Fabliaux gelockert, da Streiche auch gegenüber Höhergestellten möglich sind: In der 3. Nov. wird die einfältige Frau eines Müllers von einem Ritter verführt (Mot. K 1315.2.3), doch der Müller weiß sich zu rächen, indem er auch den Ritter zum Hahnrei macht (Mot. K 1315.2.2). Diese ‚Gleichberechtigung' der Stände gilt jedoch nicht für legitime Verbindungen: Das adlige Fräulein wird in der 26. Nov. schließlich doch so weit gebracht, daß sie den vom Vater auserkorenen ebenbürtigen Mann heiratet, da sich ihr sozial niedriger stehender heimlicher Geliebter als ihrer unwürdig erweist (ihre in Männerkleidern durchgeführte Treueprobe verläuft negativ: Mot. K 1837.2) und zu allem Überfluß auch noch rechtzeitig stirbt[11].

Tragische Konflikte, wie sie sich etwa im *Decamerone* aus der Unvereinbarkeit von Liebe und sozialem Rang ergeben, werden mit Ausnahme der 98. Nov., in der das ungleiche Liebespaar den Ungehorsam gegenüber den Heiratswünschen der Eltern mit dem Tode bezahlt (Rotunda T 89.2.1), dadurch vermieden, daß fast ausschließlich außereheliche Beziehungen geschildert werden. Diese dienen nicht der Erfüllung hoher Liebe, sondern der elementarsten Bedürfnisbefriedigung. Darin äußert sich eine ma. anmutende misogyne Haltung des Autors, der die Frau in Vergröberung christl. Tradition als raffinierte, nur auf sexuellen Genuß erpichte Tochter Evas darstellt, was dazu führt, daß sie in den Augen des Mannes zum beliebig austauschbaren Lustobjekt degradiert wird.

Auf dem genannten einschlägigen Gebiet ist der Ideenreichtum der Frauen unerschöpflich: Koitus als allfälliges Heilmittel für mehr oder weniger fingierte Krankheiten (Mot. F 950.4) in Nov. 55 und 90, wobei in den Nov. 20 (Mot. J 1744) und 21 zusätzlich die Anweisung eines Arztes bemüht wird (cf. Mot. K 2052.4.1); die ‚treue' Ehebrecherin (Mot. K 1595) in den Nov. 48 und 49; Nov. 23: gezogener Strich als Anreiz für den Clerc, ‚zu weit zu gehen' (Mot. K 1588; AaTh 1358*: *Child Unwittingly Betrays his Mother's Adultery*); Dienerin (Nov. 35: Mot. K 1569.8) bzw. Nachbarin als Statthalterin im Ehebett (Mot. K 1843; cf. AaTh 1417: *Die abgeschnittene → Nase*); verschiedene Möglichkeiten, den Ehemann während des Stelldicheins unschädlich zu machen: Nov. 27 (Mot. K 1514.5), Nov. 56 (Mot. K 1562), Nov. 88 (AaTh 1419 A: *→ Mann im Hühnerhaus*) oder dem Liebhaber einen glimpflichen Abgang zu verschaffen: Nov. 16, 87 (AaTh 1419C: *Der einäugige → Ehemann*), Nov. 61 (AaTh 1419B: *→ Bock im Schrank*), Nov. 72 (Mot. K 1517.4.1), Nov. 73 (AaTh 1358B: *→ Ehebruch belauscht*); Nov. 9: Frau legt sich an die Stelle der Geliebten (Mot. K 1843.2), und der Ehemann macht sich unabsichtlich selbst zum Hahnrei (Mot. K 1544).

Doch die Männer stehen den Frauen in nichts nach: In der 1. Nov. darf ein Ehemann bei einem benachbarten Freund das Hinterteil der Geliebten (seiner eigenen Frau) bewundern. Dem nachdenklich Heimeilenden kommt die Frau durch einen Hintereingang des Hauses zuvor (Mot. K 1523: *Undergrouud passage to paramour's house*; AaTh 1419 E: *→ Inclusa*); Nov. 4: Bedrohung des ängstlichen Ehemanns (Mot. K 1514.4.2); Nov. 13: angeblich ohne Hoden (Mot. K 1586); Nov. 37: Unfall vor dem Haus der Geliebten (cf. Mot. K 1524); Nov. 45: Verkleidung als Mädchen (Mot. K 1321.1.2); Nov. 78: der Ehemann als Beichtvater (AaTh 1410: *→ Beichte der Ehefrau*).

Racheakte des gehörnten Ehemanns sind hier gegenüber späterer Novellistik relativ selten: Nov. 19: *→ Schneekind* (AaTh 1362); Nov. 29: Kind in der Hochzeitsnacht: zu fruchtbar für einen armen Mann (Mot. J 1276.2.1); Nov. 47: Untreue Frau mit Hilfe eines durstigen Maultiers ertränkt (Mot. K 1567); Nov. 68: Ehebrecherin in bloßem Hemd auf die Straße gejagt; von größerer Verachtung gegenüber der Frau zeugt in Nov. 18 die Wiedergewinnung des Liebeslohns (Mot. K 1581. 8); in Nov. 43 der Ehemann, der sich für den Ehebruch ungerührt bezahlen läßt (Mot. K 1569.1) oder sogar in Nov. 71 eine völlig indifferente Haltung einnimmt, indem er das ertappte Paar bittet, doch wenigstens die Tür zu verriegeln (Mot. K 1569.2).

Bei der vorherrschenden Einstellung zur Sexualität und Moral bilden tugendhafte oder wenigstens unwillige Frauen die Ausnahme: In Nov. 17 beschäftigt das Mädchen den ungebetenen Liebhaber so lange, bis die Ehefrau hinzukommt (Mot. K 1214.1), in Nov. 24 macht sie ihn durch eine List bewegungsunfähig. Selten sind auch didaktische Erzählungen wie die Nov. 77 mit dem abschreckenden Beispiel eines gegenüber der sterbenden Mutter gefühllosen Sohnes und die Nov.

52 mit drei Regeln eines sterbenden Vaters an seinen Sohn (Mot. J 21.4; J 21.9.1; J 21.24; cf. auch AaTh 910: *Die klugen →Ratschläge*).

Ebensowenig sind tragische Verwicklungen gefragt: Nov. 98 stellt die einzige tragische Liebesgeschichte zwischen zwei den elterlichen Willen nicht respektierenden jungen Leuten dar (Rotunda T 89.2.1); Nov. 42: ein inzwischen zum Priester Geweihter begegnet seiner angeblich gestorbenen Frau (Mot. J. 1179.10); Nov. 69: der totgeglaubte Mann kehrt zu spät zurück (Rotunda F 1041.1.3.9).

Der Erzähler ist Klerikern gegenüber eher großzügig, zumal sich ihnen die Frauen geradezu aufdrängen (Nov. 30, 40, 92); wenn sie allerdings für ihren unsittlichen Lebenswandel bestraft werden, dann grausam durch Verbrennen (Nov. 32) bzw. Verstümmelung (Nov. 85). Diebe (Nov. 63; Mot. K 1684) und Narren (Nov. 75; Mot. K 551.3.5) spielen im Vergleich zu den Novellensammlungen des 16. Jh.s kaum eine Rolle.

Die formale Gestaltung der Novellen wie auch die kurze Übersicht über die behandelten Stoffe zeigt, daß die C.n.n. mehr den Fabliaux (Nov. 1, 3, 9, 16, 18, 19, 20, 32, 34, 35, 78 u. a.) und den Fazetien → Poggios verpflichtet sind als dem *Decamerone*. Die 14 einigermaßen sicheren Anleihen bei Poggio[12] beziehen sich bis auf drei Ausnahmen auf die letzten 20 Novellen, was darauf schließen läßt, daß der Autor Mühe hatte, das Hundert voll zu bekommen:

C.n.n. 8 = *Liber facetiarum* 157: Vorlaute Braut verplappert sich und wird verstoßen (AaTh 886: *Die geschwätzige → Braut*). – 11 = 133: der Traum mit dem Fingerring (Mot. G 303. 9. 7. 3). – 50 = 143: Witzwort des Sohnes nach Inzest mit der Stiefmutter (Mot. T 417. 1). – 79 = 87: Abführmittel hilft verlorenen Esel wiederfinden (AaTh 1641: → *Doktor Allwissend*). – 80 = 43: Unerfahrene junge Frau (cf. Mot. J 1745) beklagt sich über den im Vergleich zu einem erst halbjährigen Esel ihrer Auffassung nach zu klein geratenen „baston" ihres Mannes. – 88 = 10: Ehemann im Taubenschlag (AaTh 1419A: *Mann im Hühnerhaus*). – 89 = 11: Dummer Pfarrer verpaßt die Fasten (Rotunda J 1738. 4). – 90 = 42+112: Koitus als Heilmittel (Mot. F 950. 4). – 91 = 49: häufiger Beischlaf untaugliche Strafe für unersättliche Frau (Mot. T 450. 1). – 92 = 78: Begleitende Freundin möchte auch ihren Anteil am Liebesabenteuer (Rotunda K 1271. 1. 4. 3. 1); anschließend können sich beide nicht über die Teilung des Liebeslohnes einigen. – 93 = 66: obszönes Bonmot (Rotunda J 1549. 1). – 95 = 195: der angeblich geschwollene Finger (Mot. K 1326. 1). – 96 = 36: → *Testament des Hundes* (AaTh 1842). – 99 = 216: Bischof verwandelt am Freitag Rebhühner in Fische (Mot. J 1269. 5).

3. Rezeption. Der große Erfolg der C.n.n. in Frankreich läßt sich sowohl an der Zahl der Ausgaben (bis 1532 nicht weniger als acht) als auch an den zahlreichen Anleihen und Nachahmungen der C.n.n. in späteren Novellensammlungen ablesen. Unbekanntere Autoren wie → Philippe de Vigneulles oder → Nicolas de Troyes ebenso wie die berühmten Bonaventure → Despériers und → Marguerite de Navarre zählen zu den Schuldnern des Autors der C. n. n. Von Lamotte-Roullant wird die Sammlung 1549 sprachlich und formal im zeitgenössischen Geschmack bearbeitet[13], d. h. die erzählerische Ausgestaltung der Novellen wird auf eine ausführliche Inhaltsangabe reduziert. In dieser verkürzten Form wirken die C. n. n. vor allem auf die zahlreichen frz. Novellen-Kompilationen in der Mitte des 16. Jh.s ein[14].

Mit der Herrschaft des sentimentalen, abenteuerlich romanhaften Novellentyps in der Nachfolge von Matteo → Bandello und Miguel de → Cervantes Saavedra tritt die Schwanknovelle und damit auch der Einfluß der C. n. n. in Frankreich ab der 2. Hälfte des 16. Jh.s in den Hintergrund, wenn auch später in → La Fontaines *Contes et nouvelles* oder in Balzacs *Contes drolatiques* wieder zahlreiche Themen aus den C.n.n. auftauchen.

[1] cf. die ausführliche Einl.: Champion, P.: Les C.n.n. 1–3. P. 1928; auf dieses Ms. stützt sich auch die Ausg. von P. Jourda: Conteurs français du XVIe siècle. P. 1965, 1–358; kritische Ausg. des Ms.s von Glasgow durch F. P. Sweetser. Genf 1966. – [2] Moderne Ausg. dieser Fassung von Leroux de Lincy. P. 1841. – [3] cf. Champion (wie not. 1) IX sq. – [4] So u. a. bei Leroux de Lincy (ed. P. 1841), T. Wright (ed. L. 1858) und G. Paris: La Nouvelle en France au XVe et XVIe siècles. In: J. des savants 60 (1895) 289–303, bes. 292–297 = Mélanges de litterature française du moyen âge. ed. M. Roques. P. 1912,

631–644. Diese Zuschreibung wurde mit guten Gründen widerlegt von Knudson, C.: Antoine de La Sale, le duc de Bourgogne et les C.n.n. In: Rom. 53 (1927) 365–373 und von Champion (wie not. 1), der stattdessen den am häufigsten in Erscheinung tretenden Erzähler Philippe Pot, Monseigneur de la Roche, als Autor vorschlägt (p. LVI sq.). – [5] Söderhjelm, W.: La Nouvelle française au XVIe siècle. P. 1910, 111–158 (Kap. 4: Les C.n.n.); Ferrier, J. M.: Forerunners of the French Novel. Manchester 1954; Dubuis, R.: Les C.n.n. et la tradition de la nouvelle en France au moyen âge. Grenoble 1973. – [6] Pabst, W.: Novellentheorie und Novellendichtung. Heidelberg [2]1967, 172. – [7] Redenbacher, F.: Die Novellistik der frz. Hochrenaissance. In: Zs. für frz. Sprache und Lit. 49 (1926) 1–72, hier 15: „Der Abstand der Novelle vom Märchen ist hier so groß als möglich". – [8] Wetzel, H. H.: Märchen in den frz. Novellenslgen der Renaissance. B. 1974, 31–46. – [9] Zu den Qu.n: Toldo, P.: Contributo allo studio della novella francese del XV e XVI secolo [. . .]. Roma 1895; Paris (wie not. 4); Küchler, W.: Die C.n.n. Ein Beitr. zur Geschichte der frz. Novelle. In: Zs. für frz. Sprache und Lit. 30 (1906) 264–331 (1. Abschnitt: Zur Stoffgeschichte der C.n.n.) und ibid. 31 (1907) 39–101; Champion (wie not. 1); Desonay, F.: A propos du ‚Décaméron' et des ‚C.n.n.'. In: Pellegrini, C. (ed.): Il Boccaccio nella cultura francese. Firenze 1971, 505–520. – [10] Söderhjelm und Ferrier (wie not. 5) halten den „trait" für das charakteristische Kennzeichen der C.n.n., Dubuis (wie not. 5) sieht es eher in der Kürze und im Überraschungsmoment. –
[11] Olsen, M.: Les Transformations du triangle erotique. Kop. 1976, bes. 110–131. – [12] Sozzi, L.: Le „Facezie" di Poggio nel Quattrocento francese. In: Simone, F. (ed.): Miscellanea di studi e ricerche sul Quattrocento francese. Torino 1966, 411–516, bes. 458–463. – [13] Fascetieux devitz des cent nouuelles nouuelles, tres recreatives et fort exemplaires [. . .] veuz et remis en leur naturel par le seigneur de la Motte Roullant, Lyonnais [. . .]. P. 1549. – [14] Wetzel (wie not. 8) 45sq., 107sq.

Mannheim Hermann H. Wetzel

Cento novelle antiche → Novellino

Centum- und Satemmärchen → Altersbestimmung des Märchens, → Indo-europäische Theorie, → Sydow, C. W. von

Cepenkov, Marko Kostov, *Prilep oder im benachbarten Oreovec 1829, † Sofia 29. 12. 1920, mazedon. Sammler von Volksliteratur, von ethnogr. und linguistischem Material.

Den ersten Ansporn erhielt er von dem Volksliedsammler D. Miladinov, seinem Lehrer in Prilep (1856/57), später nahm er sich K. A. → Šapkarev zum Vorbild. Die Fähigkeit zum Aufzeichnen mußte er sich selbst erwerben, da sein Vater ihn schon nach einem Jahr Schulbesuch zu einem Schneider in die Lehre gegeben hatte. Im Laufe von vier Jahrzehnten sammelte C. etwa 700 Texte (zumeist Märchen und andere Volkserzählungen). Die genaue Anzahl ist nicht feststellbar; einige ‚realistische Märchen vulgären Inhalts' sind noch unveröffentlicht. Seine Aufzeichnungen stammen hauptsächlich aus Prilep und Umgebung, nur wenige aus dem Gebiet von Bitola, Štip und Veles.

Obwohl C. seine Gewährsleute oft mit Namen anführt, zeichnete er das ihm Erzählte nicht sofort, sondern erst nachträglich aus dem Gedächtnis auf: meist nach einigen Stunden oder Tagen, ausnahmsweise auch Jahre später, einmal sogar erst nach 35–36 Jahren. Alles, was durch seinen Sprach-, Stil- und Kompositionsfilter gegangen war, erhielt sein unverkennbares persönliches Gepräge. Dabei entwickelte er eine Vorstellung vom Idealtyp einer Volkserzählung, der er fortan instinktiv die Treue bewahrte. Im Bereich der Folklore hat er sich als ausgezeichneter Erzähler erwiesen, für den Aufstieg zum mazedon. Parnaß aber fehlte dem Autodidakten die nötige Kraft. Neben seiner Erzählung *Siljan Štrk* (Starker Storch; nach einem mazedon. Märchen) sind ein Versuch in dramatischer Form und einige Gedichte bekannt. Obwohl C. gelegentlich mit Vuk → Karadžić verglichen wurde, wäre es angemessener, ihn in eine Reihe mit dem slov. Autodidakten G. → Křižnik zu stellen.

C.s Lebenstraum, seine Aufzeichnungen als selbständige Ausgabe im Druck zu erleben, ging nicht in Erfüllung. Weniger als ein Drittel des gesammelten Materials erschien – in Fortsetzungen – in den ersten 17 Bänden des Sofioter wiss. Organs *Sbornik za narodni umotvorenija, nauka i knižnina* (SbNU), der Rest blieb einige

Jahrzehnte lang im hs. Fundus der bulg. Akad. der Wiss.en in Sofia liegen. Zur 50. Wiederkehr seines Todestages ist C.s gesamtes Werk in zehn Bänden in Skopje erschienen, der 2.–7. Band mit Volkserzählungen.

Ausg.n: Skazni i storenija (Märchen und Geschichten). ed. B. Koneski. Skopje 1954. – Avtobiografija. In: Makedonski jazik 9, 1–2 (1958) 112–145. – Makedonski narodni prikazni 1–3 (Mazedon. Volksmärchen). ed. K. Penušliski. Skopje 1958/59. – Tri vreḱi lagi (Drei Säcke Lügen). Skopje 1967. – Makedonski narodni umotvorbi 1–10 (Mazedon. Volksschöpfungen). ed. K. Penušliski/B. Ristovski/T. Sazdov. Skopje 1972 (t. 10, 407–412 Gesamtbibliogr. der Werke von und Beitr.e über C.).

Lit.: Sazdov, T.: M. C. kako sobirač na makedonski narodni umotvorbi (M. C. als Sammler mazedon. Volksschöpfungen). Diss. Skopje 1974. – In dt. Übers. erschienen 39 Texte von C. in: Eschker, W. (ed.): Mazedon. Volksmärchen. MdW 1972 (biogr. Daten p. 266–268).

Ljubljana Milko Matičetov

Ceram → Indonesien

Cerberus (griech. Kerberos), gräßliches Ungeheuer als Wächter am Eingang zur Unterwelt (cf. Mot. B 15.7.1; A 673; F 150.2; F 152.0.1). Nach antiker Überlieferung fünfzigköpfig (Hesiod, *Theogonie*, 310–312), in späteren Quellen meist dargestellt mit drei Hundeköpfen, einem Drachenschweif und einem von Schlangenköpfen bedeckten Rücken (z. B. bei Apollodorus 2, 5, 12)[1].

C. läßt die Schatten der Verstorbenen in den Hades ein, verhindert aber, daß jemand an die Oberwelt zurückkehrt (Hesiod, *Theogonie*, 769–773). Um ihn zu besänftigen, werfen die Toten ihm Honigkuchen vor, die man ihnen mitgegeben hat (cf. Mot. B 325.1). Dieses Motiv erscheint auch in der ind. Mythologie in Erzählungen von den beiden Hunden Yamas, Syama und Śabala, von denen letzterer mit C. identifiziert worden ist[2]. Im Märchen von → *Amor und Psyche* (Apuleius, *Metamorphosen* 6, 19sq.)[3] wirft Psyche bei ihrem Weg in die Unterwelt dem Hund, der vor dem Eingang sitzt (hier fällt kein Name, doch die Beschreibung weist eindeutig auf C.), solche Honigkuchen vor. Das Motiv, das seine Entstehung wohl einer aus der Beobachtung der alltäglichen Umwelt resultierenden Erfahrung verdankt, ist bereits in Vergils *Aeneis* (6, 417–425)[4] belegt: Die Sibylle versetzt C., der den Eingang zum Tartarus bewacht, durch einen mit Honig und Zaubersäften getränkten Kloß in Schlaf (die Szene dient als Vorlage für Dante, *Inferno* 6, wo Vergil als Dantes Führer dem C. eine Handvoll Dreck in den drohend aufgesperrten Rachen wirft). Auf eine andere Weise gelingt es → Orpheus, C. zu passieren. Er bezaubert ihn durch seinen Gesang und durch den Klang seiner Leier (Horaz, *Carmina* 3, 11, 15–20; Vergil, *Georgica* 4, 483). Unter den → Aufgaben des → Herakles wird das Heraufholen des C. aus der Unterwelt als die letzte und schwierigste bezeichnet (Mot. H 1271). Herakles, der C. nur dann an die Oberwelt bringen darf, wenn er ihn ohne Hilfe seiner Waffen bezwingt, würgt das Ungeheuer mit bloßen Händen so lange, bis es sich geschlagen gibt und mitführen läßt[5].

Die Beziehung der C.-Gestalt zum Märchen ist evident; es lag nahe, daß C. als aus dem Mythos gut bekannte Gestalt Eingang in die griech.-röm. Varianten der Schilderung der Unterweltsfahrt (cf. vor allem AaTh 425, 425A, 465C, 470, 471 und → Jenseitswanderungen) fand, die mit verschiedenen Märchentypen kombiniert erscheint. Hierunter ist bes. das Motiv der supernatural task zu nennen, wo C. in der Rolle des Ungeheuers auftritt, das den Helden an der Erfüllung seiner Aufgabe hindert; C.' Widerstand wird durch das Füttern mit einer bes. Speise gebrochen (cf. AaTh 531: → *Ferdinand der treue und Ferdinand der ungetreue*; AaTh 551: → *Wasser des Lebens*).

[1] Leach, M.: God had a Dog. Folklore of the Dog. New Brunswick, N.J. 1961, bes. 135–170. – [2] StandDict. 1, 206; ERE 3, 316–318; Pauly/Wissowa 11, 1 (1921) 283; cf. aber Rohde, E.: Psyche 1. Tübingen [9]1925, 304–306, not. 2. Ferner ist C. verglichen worden mit Geri und Freki, den Wölfen Odins in der nord. Sage (cf. StandDict. 1, 206; ERE 3, 317) und mit Ammit,

dem tiergestaltigen Wächter der Unterwelt im ägypt. Mythos (cf. StandDict. 1, 206). – [3] cf. Fehling, D.: Amor und Psyche (Akad. der Wiss.en und der Lit. Mainz, Abhdlgen der geistes- und sozialwiss. Kl. 1977, num. 9). Mainz 1977. – [4] cf. Norden, E.: Vergilius, Aeneis Buch 6. Darmstadt [6]1976, 242sq. – [5] Antike Qu.n bei Frazer, J. G. (ed.): Apollodorus. The Library 1. L./Cambridge, Mass. 1921 (Nachdr. 1961) 232sq., not. 1.

Münster Hans-Peter Schönbeck

Černyšev, Vasilij Il'ič, *Aleksino (Gouvernement Vladimir) 11. 1. 1867, † Leningrad 21. 5. 1949, russ. Sprachwissenschaftler, Volkskundler und Pädagoge. 1885 absolvierte er das Lehrerseminar in Kiržač (Gouvernement Vladimir), arbeitete als Lehrer anfangs in Dorfschulen, danach in den Uezd(= Kreis)-Lehranstalten der zentral gelegenen Gouvernements Rußlands und in den städtischen Lehranstalten St. Petersburgs. 1912 begann er auf Empfehlung A. A. Šachmatovs seine Tätigkeit in der Akademie der Wissenschaften. Seit 1938 leitete er dort die Wörterbuchabteilung im Institut jazyka i myšlenija und die Arbeit zur Vorbereitung des großen Akademiewörterbuchs *Slovar' sovremennogo russkogo literaturnogo jazyka* 1–2 ([WB. der russ. Gegenwartsliteratursprache]. ed. V. I. Č. u. a. Len. 1948–50). Seit 1931 korrespondierendes Mitglied der Akad. der Wiss.en.

Č.s wiss. Tätigkeit begann 1896, während er an der Uezd-Lehranstalt in Meščovsk (Gouvernement Kaluga) unterrichtete, mit der Mitarbeit am Wörterbuch der Akad. der Wiss.en. Die Erforschung der russ. Sprache und die Beobachtung ihrer Dialekte (govory) weckten bei Č. früh ein ausgeprägtes Interesse für das Sammeln und Erforschen der Volksüberlieferung. Seine Aufzeichnungen von Liedern, Märchen, Sprichwörtern und Redensarten verwertete er in weitem Umfang in seinen sprachwiss. Arbeiten.

Ein wichtiger Beitrag zur Folkloristik war sein Sammelband *Skazki i legendy puškinskich mest* [...] ([Märchen und Legenden der von Puškin besuchten Orte]. M./Len. 1950), der im Zusammenhang mit der Erforschung der Poesie → Puškins und bes. seiner Sprache stand. In diesem Band fanden, nach Gebieten und Erzählern geordnet, 84 Märchen und Legenden Platz, die 1927–29 vorwiegend in den Gouvernements Pskov und Nižnij Novgorod – an Orten, wo sich der Dichter aufgehalten hatte – aufgezeichnet worden waren. Davon sind 19 Texte den Märchen ähnlich, die denen Puškins zugrunde lagen oder von ihm aufgezeichnet worden waren. Die Aufzeichnungen wurden sorgfältig unter Beibehaltung der Besonderheiten des lokalen Dialekts gemacht. Dem Band beigefügt sind der Artikel *Puškin i russkie skazki. Zapisi* (Puškin und die russ. Märchen. Aufzeichnungen), ein umfangreicher Kommentar und ein Wörterbuch der Lokalismen.

Von den anderen Arbeiten Č.s zur Volkskunde müssen genannt werden:

Russkaja ballada (Biblioteka poėta). ed. V. I. Č. Einl. von N. P. Andreev. M./Len. 1936. – Russkie skazki v izdanijach XVIII veka (Die russ. Märchen in den Ausg.n des 18. Jh.s). In: Festschr. S. F. Ol'denburg. Len. 1934, 585–609 (Č. gibt eine kritische Bewertung der Märchensammlungen und bestimmt die Typenzusammensetzung der Märchen nach dem System A. Aarnes). – Cenzurnye iz-jatija iz „Narodnych russkich skazok" A. N. Afanas'eva (Die zensurbedingten Abweichungen in den „Russ. Volksmärchen" A. N. Afanas'evs). In: Sovetskij fol'klor (1936) num. 2–3, 307–315.

Lit.: Ėtnografija (1926) num. 1–2, 350sq. (enthält Bibliogr. 1917–1925). – Bulachovskyj, L. A.: Člen-korrespondent Akademii nauk SRSR V. I. Č. (Das korrespondierende Mitglied der Akad. der Wiss.en der UdSSR V. I. Č. [Zum 80. Geburtstag]). In: Movoznavstvo 6 (1948) 122–125. – Pomeranceva, Ė. V.: Rez. zu Č.s Sammelband Skazki i legendy puškinskich mest. In: SovE (1951) num. 1, 217sq; Pamjati člena-korrespondenta AN SSSR Černyševa (Erinnerungen an das korrespondierende Mitglied der Akad. der Wiss.en UdSSR Č.). In: Vestnik AN SSSR 19, 7 (1949) 111. – Jordanskij, A. M.: V. I. Č. (1867–1949). In: Russkaja reč (1969) num. 4, 30–33.

Leningrad Nikolaj V. Novikov

Certelev, Fürst Nikolaj Andreevič, *Chorol' (Gouvernement Poltava) 1790, † Moršansk (Gouvernement Tambov) 8. (20.) 9. 1869, russ.-ukr. Volkskundler. Seine Kinder- und Jugendjahre verbrachte C. in der Ukraine; nach Absolvierung der

Moskauer Universität (1814) arbeitete er im Rahmen der Volksbildung: Er war Direktor der Volksschulen des Gouvernements Poltava, Inspektor des Fraueninstituts in Poltava und stellvertretender Schulrat des Bezirks Char'kov. 1859 trat er in den Ruhestand; ab 1865 lebte er in Moskau.

C.s Sammeltätigkeit begann 1814; die von ihm aufgezeichneten ukr. Volkslieder (dumy) bildeten den Sammelband *Opyt sobranija starinnych malorossijskich pesnej* ([Versuch einer Slg altertümlicher kleinruss. Lieder]. St. Peterburg 1819). Sein zweiter für das Jahr 1822 vorbereiteter Sammelband *Duch russkoj poèzii, ili Sobranie starinnych russkich stichotvorenij, zasluživajuščich vnimanija ili po soderžaniju ili po izloženiju svoemu* (Der Geist der russ. Poesie oder eine Slg altertümlicher russ. Gedichte, die sowohl ihrem Inhalt als auch ihrer Darstellung nach Aufmerksamkeit verdienen) wurde nicht veröffentlicht und blieb unter den Schriften des Dichters Fjodor N. Glinka (im Inst. für russ. Lit. [Puškinskij dom] der Akad. der Wiss.en der UdSSR) aufbewahrt.

Als einer der ersten nicht nur unter den Sammlern, sondern auch unter den Erforschern der russ. und ukr. Volkspoesie, darunter der Märchen, machte sich C. durch eine Reihe theoretischer Artikel verdient, die hauptsächlich in den russ. Periodika der 20er Jahre des 19. Jh.s publiziert wurden: im *Syn otečestva, Severnyj archiv, Vestnik Evropy* u. a. Seine Forschungen auf dem Gebiet des Märchens sind vom modernen Standpunkt aus in vielem unvollkommen und fehlerhaft. Sie spielen jedoch in der gesamten fortschreitenden Entwicklung der einheimischen Folkloristik eine bedeutende Rolle. Von C. stammt die erste kritische Bewertung der russ. Märchensammlungen; als einer der ersten stellte er Prinzipien des genauen Aufzeichnens und Publizierens volkskundlicher Texte auf und legte den Grundstein für eine Klassifizierung der Märchen und ihre formale und inhaltliche Erforschung. Sein Artikel *Vzgljad na starinnye russkie skazki i pesni* ([Blick auf die altertümlichen russ. Märchen und Lieder]. In: *Syn otečestva* [1820] Teil 59, num. 6, p. 241–251; Teil 60, num. 7, p. 1–9) verdient in dieser Hinsicht bes. Beachtung.

Lit.: Savšenko, S. V.: Russkaja narodnaja skazka. Istorija sobiranija i izučenija (Das russ. Volksmärchen. Slgs- und Forschungsgeschichte). Kiev 1914, 258–261. – Močul'skyj, M.: Pohruddja z bronzy M. Certelev i I. Mandžura (Die Bronzebüsten M. Certelev und I. Mandžura). L'viv 1938, 5–83. – Azadovskij, M. K.: Istorija russkoj fol'kloristiki 1 (Geschichte der russ. Folkloristik). M. 1958, 159–161. – Kirdan, B. P.: Sobirateli narodnoj poèzii. Iz istorii ukrainskoj fol'kloristiki XIX v. (Die Sammler der Volkspoesie. Aus der Geschichte der ukr. Folkloristik des 19. Jh.s). M. 1974, 28–51.

Leningrad Nikolaj V. Novikov

Cervantes Saavedra, Miguel de, *Alcalá de Henares 29. (?) 9. 1547, † Madrid 22. 4. 1616. Sein Vater Rodrigo war ein armer Feldscher und hidalgo, der möglicherweise von conversos, d. h. von ‚neuen Christen' jüd. Ursprungs abstammte (Castro 1957). Die Verhaftung des Vaters (wegen Schulden) und der Liebesskandal einer Tante prägten C.' Kindheit. Für die Jahre 1547–68 weiß man nichts Sicheres von ihm.

1569 publizierte der Humanist López de Hoyo anläßlich des Todes der Königin Isabella de Valois Elegien von C. (*Relación verdadera* [...]. Madrid). Umstritten ist, ob C. im selben Jahr wegen der Folgen eines Duells nach Italien ging (Avalle-Arce/Riley 1973, 7sq.). 1570 wurde er Soldat und beteiligte sich an der Seeschlacht von Lepanto (7. 10. 1571), wo ihm die linke Hand verstümmelt wurde. 1575 nahmen ihn alger. Piraten gefangen. Mit Hilfe des Herzogs Juan de Austria losgekauft, dem er einen Teil des Lösegeldes zurückzuzahlen hatte, kehrte C. 1580 nach Spanien zurück. Im Mai 1581 reiste C. in bes. Mission nach Oran, der letzten Station seiner militärisch-politischen Laufbahn; Bewerbungen um eine Stelle in Amerika wurden 1572 und 1590 abgelehnt. 1584 heiratete er Catalina de Salazar y Palacios. 1585 gab C. ohne großen Erfolg einen Schäferroman heraus,

La primera parte de la Galatea (Alcalá). Bis 1587 schrieb er 20–30 comedias.

1587 bekam er die wenig angesehene Stelle eines Proviantkommissärs für die Armada Invencible. Meistens wohnhaft in Sevilla (bis nach 1600), hatte er Gelegenheit, die niedrigen Bevölkerungsschichten kennenzulernen. 1597 und möglicherweise 1602 mußte C. wegen Schulden ins Gefängnis. Um 1605 lebte er in Valladolid, dem Sitz des Hofes, 1608 in Madrid, vom Grafen von Lemos protegiert, dem er seine letzten Werke widmete.

Die familiären Verhältnisse C.' kontrastieren mit den Reinheitsidealen, die er in seinen Werken formulierte. In Valladolid war der Ruf der Familie schlecht; die Ehe mit der um 18 Jahre jüngeren Catalina verlief nicht immer harmonisch, und die Gatten lebten lange Zeit voneinander getrennt. In Madrid trat C. der Kongregation der Sakramentarier bei.

1605 veröffentlichte er in Madrid *El ingenioso hidalgo Don Quixote de la Mancha*; 1614 erschien in Tarragona ein 2. Teil von einem nicht-identifizierten Alonso Fernández de Avellaneda: *Segundo tomo del ingenioso hidalgo Don Quixote de la Mancha* [...]. 1615 ließ C. in Madrid seinen eigenen 2. Teil des Romans folgen.

Hauptperson ist der 50jährige hidalgo Don Quijote (D. Q.), der, von der Lektüre vieler Ritterromane betört, sich vornimmt, die alten Ritterideale in seiner eigenen Zeit zu verwirklichen. Der 1. Teil ist episodenhaft aufgebaut (hiergegen Casalduero 1949); einzelne Abenteuer folgen aufeinander: D. Q. kämpft gegen Windmühlen, die er für Riesen hält, befreit Galeerensklaven aus den Fesseln, erobert das Becken eines Bartscherers, das er als Helm des Ritters Mambrino interpretiert etc. Sieg oder Niederlage sind nicht funktional, sondern ganz zufällig. Oft wird D. Q. durchgeprügelt. Auch braucht D. Q. eine Dame, die er anbeten kann: Er entscheidet sich bewußt für die Liebe zu seiner Dulcinea, einer Bäuerin und alten Jugendliebe, ebenso bewußt auch für den Liebeswahnsinn in der Sierra Morena. D. Q. weiß alles Wirkliche in den Rahmen der Ritterideologie zu passen; auch die elenden Wirtshäuser, die als Begegnungsstätten der Personen und Kreuzpunkte der Handlungsfäden dienen, werden von D. Q. als Schlösser aufgefaßt; in einem läßt er sich vom Wirt in einer parodistischen Szene den Ritterschlag erteilen. Die Niederlagen und die häßliche Dulcinea, die ihm sein Knappe Sancho zeigt (Auerbach 1946), interpretiert er als Verzauberungen durch böse Magier. Vor dem 2. Auszug erwählt sich D. Q. einen Knappen, den braven Bauern Sancho Pansa (Dickbauch), der als ständiger Kontrast zu seinem Herrn fungiert, und der im 2. Teil eine dialektische Entwicklung in Gang bringt, in welcher der Herr ‚sanchoisiert', der Knappe aber ‚donquijotisiert' wird. Um die Mitte des 1. Teils weicht die episodische Struktur einer Verknüpfung der Abenteuer D. Q.s mit romantischen Novellen (v. unten).

Der 2. Teil behandelt den 3. Auszug. Da der 1. Teil ein großer Publikumserfolg gewesen war, konnte C. jetzt mit dem Verhältnis zwischen Fiktion und Wirklichkeit spielen: D. Q. begegnet Personen, die ihn schon kennen, und er kann selbst die Fortsetzung Avellanedas (ab Kap. 59 eingeführt) als falsche Schilderung seines Gemüts kritisieren. D. Q. wird jetzt kaum mehr verprügelt, sondern freundlich aufgenommen, sowohl beim grünen Ritter wie auch am Hofe des Herzogs, der seinen Spaß mit ihm treibt, indem er auf seinen Ritterwahn eingeht. Auch gibt es ständige kompositorische Parallelen zum 1. Teil (Togeby 1957). Fiktives Hauptproblem des 2. Teils ist die Entzauberung der Dulcinea, die nur dadurch geschehen kann, daß sich Sancho 3300 Schläge auf sein dickes Hinterteil geben läßt. Ein Höhepunkt ist die Regierung Sanchos über die Insel Barateria (Betrug), zu deren Statthalter ihn der Herzog spaßeshalber für einige Tage ernennt. Vom Topos der Narrenweisheit ausgehend (Weinrich 1956, 43), zeigt C., wie der gesunde Verstand Sanchos, von den Ratschlägen D. Q.s erleuchtet, für eine saubere Regierung – nach Art der ma. Stadtverfassung – genügen würde. Während Sancho sich vom vernunftbestimmten zum einfältigen Menschen im biblischen Sinn entwickelt, gelangt D. Q. allmählich zur Anerkennung Sanchos und, durch zunehmende Melancholie, zur Einsicht in den eigenen Wahn. Dabei unterscheidet C. zwischen der Verrücktheit und den lichten Augenblicken, während derer D. Q. immer mehr als Weiser hervortritt. Er stirbt, von seinem Wahn befreit, als Alonso Quijano der Gute.

Wenige Meisterwerke der Lit. sind Gegenstand so vieler, oft kontradiktorischer Interpretationen gewesen. ‚D. Q. als Parodie der Ritterromane' war eine bis zum Beginn des 18. Jh.s geläufige Interpretation. Bei immer kräftigerer Betonung der lichten Unterbrechungen der Verrücktheit D. Q.s setzt sich Ende des 18. Jh.s in der Forschung die romantische Auffassung durch, in der D. Q. als ein von der Welt verkannter Geist gesehen wird; so noch bei M. de Unamuno (1905), der meint, C. sei ein naiver Schriftsteller gewesen, der sein eigenes Geschöpf nicht verstanden habe. R. Menéndez Pidal (1920) hat nachgewiesen, daß ein *Entremés de los romances* enge Analogien zu den ersten Kapiteln bietet: Es geht darin um die Parodie eines Bauern, der Ritter sein will. Die Stoffe des Ritterromans lebten in den Romanzen weiter, von denen sich z. B. das Theater Lope de → Vega Carpios inspirieren ließ. Die ‚altmodischen' Werte (Rache an der untreuen Frau, Reinheit des Blutes), die darin zum Ausdruck kommen, kontrastieren mit der Haltung C.' (Castro 1966). Die Parodie der Ritterromane kann so zur Parodie gültiger Werte werden. A. Castro (1925) betrachtet C. als Humanisten unter dem Einfluß von → Erasmus von Rotterdam und als ‚Heuchler', der sich vor der Inquisition schützen mußte; später (Castro 1957) auch als converso, aber doch aufrichtigen Christen. F. Olmos García (1968) und L. Osterc Berlán (1963, 1972) betonen die antiabsolutistische und antiklerikale Gesellschaftskritik, D. Aubier (1966) die Versöhnung der drei Religionen; A. Morayra (1964, 1965) sieht C. als Kryptolutheraner. C. De Lollis (1924) und H. Hatzfeld (1927) interpretieren C. im Zeichen der Gegenreformation; P. Hasard (1931) sieht ihn als liberalen Katholiken, W. J. Entwistle (1940) als unabhängigen Geist. L. Spitzer (1931, 1962) betont den ‚Perspektivismus' C.', hält ihn aber wie H.-J. Neuschäfer (1963) für einen Mann, der die sozialen Verhältnisse akzeptierte; so auch M. Robert (1967), die jedoch auf die mit dieser Akzeptierung verbundene Kritik hinweist: C. beläßt die Wirklichkeit ohne die mythische Legitimation des Epos, er erzählt den Ursprung des D. Q. nicht, sondern erfindet als Autor des Berichtes den lügenhaften Maurer Benengeli. G. Lukács (1920) betont den Konflikt zwischen einem engen Bewußtsein und der Wirklichkeit und sieht im Konzept des suchenden Helden die Keimzelle des modernen Romans. J. Ortega y Gasset (1914) verweist auf die Kritik, die die Realität gegen das Ideal ausübt.

Die ästhetische Theorie C.', wie sie in der Verbrennung der Ritterromane (D. Q. 1, 6), durch die Kritik und ästhetische Theorie des Kanonikus (1, 47–48) und in laufenden Kommentaren und Auseinandersetzungen in *Los trabajos de Persiles y Sigismunda* (Madrid 1617) zum Ausdruck kommt, ist stark von den aristotelischen Strömungen beeinflußt. Der Gegensatz zwischen Wahrscheinlichkeit und Wahrheit, die von der Fiktion bzw. von der Geschichte gefordert werden, nimmt den Gegensatz Ideal/Wirklichkeit wieder auf und bereitet das Feld für den modernen Roman. Dabei zeigt sich, daß C. die zeitgenössischen ästhetischen Theorien sehr gut kannte (cf. Riley 1962, Forcione 1970) und ein durchaus gebildeter Mann war.

In seinem letzten Roman *Los trabajos de Persiles y Sigismunda* schildert C. die Geschichte der Königskinder Persiles und Sigismunda, die unter falschem Namen von einem halb mythischen Norden aus eine Pilgerfahrt nach Rom unternehmen, um im kathol. Glauben bestätigt zu werden und eine Ehe eingehen zu können. Die beiden ersten Teile zeigen u. a. den Einfluß von Heliodors *Aithiopica* (1. Hälfte des 3. Jh.s p. Chr. n.). Der 3. und 4. Teil führen das Paar von Portugal über Spanien und Frankreich bis nach Rom. Formale Kriterien (u. a. Eingriffe des Verfassers) sowie auch der inhaltliche Realismus der letzten Teile legen die Vermutung nahe, daß die ersten früher (1599–1605) verfaßt worden sind. C. hat in diesem Roman seine ästhetischen und ideologischen Ideale verwirklicht, dadurch aber das Interesse des modernen Publikums verloren.

1614 veröffentlichte C. *El viaje del Parnaso* (Madrid), worin er seine Beurteilung der zeitgenössischen Poesie ausdrückt. Von C.' dramatischem Schaffen sind außer *El trato de Argel* und *El cerco de Numantia*, beide vermutlich schon zwischen 1580 und 1588 entstanden, nur spätere Werke – acht Schauspiele und acht Zwischenspiele – bewahrt (*Ocho comedias y ocho entremeses nuevos* [...]. Madrid 1615). C., ein Gegner Lope de Vega Carpios, mußte sich dem Stil des Rivalen anpassen. Seine comedias sind reich an Peripetien und unerwarteten Begegnungen. In vielen von ihnen, so in *Los baños de Argel, El gallardo español, La gran sultana Doña Catalina de Oviedo* und im früheren *Trato,* verarbeitete C. die Erfahrungen seiner alger. Gefangenschaft. Gelungener sind die Zwischenspiele, im Stile von Lope de Rueda (um 1510–1565), in denen C. seinen Humor und seinen Sinn für Charakterbilder entfalten kann.

In *El rufián viudo* sucht ein verwitweter Kuppler eine neue Dirne, in *La elección de los alcaldes de Daganzo* rühmen sich die Kandidaten ihrer Unwissenheit. Noch schärfere Gesellschaftssatire zeigt sich in *El retablo de las maravillas*: Betrüger geben vor, nur diejenigen könnten das Puppenspiel sehen, die weder jüd. Herkunft noch uneheliche Kinder seien (AaTh 1620: → *Kaisers neue Kleider*; cf. → Juan Manuels *Conde de Lucanor*, num. 32). In *La cueva de Salamanca* kommt der Mann unerwartet zurück, während die Frau und die Magd ihre Liebhaber und einen Studenten zu Gast haben. Liebhaber und Essen werden versteckt, aber vom Studenten, der nicht um die gute Mahlzeit kommen will, wieder ‚hervorgezaubert' (AaTh 1358 C: *Trickster Discovers Adultery*: *Food Goes to Husband Instead of Paramour*; cf. → *Ehebruch belauscht*)

In den *Novelas ejemplares* (Madrid 1613), etwa zwischen 1590 und 1612 verfaßt, sowie in den in die Romane eingestreuten Novellen hat C. unter Einfluß der frz. → Bandello-Übersetzungen, der frz. *Histoires tragiques* (→ Belleforest) und der *Hecatommithi* (1565) des Giambattista Giraldi (1504–1573) einen neuen Novellentypus geformt, der die Entwicklung der Gattung und die Novellentheorie entscheidend geprägt hat. Durch häufige Verwendung des Irrens und der Wiedererkennungen und Bekehrungen (zu den offiziellen Werten), die Konflikte zu Scheinkonflikten reduzieren und das Böse weitgehend als irreal hinstellen, wird es möglich, den moralischen Forderungen des Tridentiner Konzils zu genügen, und Trennungen und Wiederbegegnungen ergeben weitgespannte Intrigen (Olsen 1976). Dies ist der Fall in den vier ‚romantischen' Novellen: *El amante liberal, La española inglesa, Las dos doncellas* und *La señora Cornelia,* die bald als Früh-, bald als Spätwerke datiert werden. In den Geschichten von Cardenio und Luscinda und von Don Fernando und Dorotea, die in die Handlung des D. Q. (1, 24–36) kunstvoll eingeflochten sind, geht es darum, daß sich die füreinander bestimmten jungen Leute heiraten. Die Erfahrungen der fünfjährigen alger. Gefangenschaft verarbeitet C. in *El amante liberal,* in der Novelle vom Gefangenen (D. Q. 1, 39–40) sowie in der von der schönen Maurin Ana Felix (D. Q. 2, 63, 65); in letzterer Novelle bleibt unentschieden, ob Ana Felix und deren Vater Ricote nach der Vertreibung der Mauren in Spanien bleiben können.

Für die Novellen mit tragischem Ausgang ist charakteristisch, daß die Helden das böse Ende sich selbst verdanken. So in *El curioso impertinente* (D. Q. 1, 23–25), inspiriert von der Erzählung im *Orlando Furioso* (Gesang 43) des → Ariosto, in der ein Ehemann aus Vollkommenheitswahn seine Frau auf die Probe stellt und dadurch sie und seinen Freund in den Ehebruch treibt – auch eine glänzende Spiegelung des Wahnes D. Q.s; so auch in *El celoso extremeño,* dessen Motiv C. auch im Zwischenspiel *El viejo celoso* verwendet hat: Ein alter Mann versucht ohne Erfolg, seine junge Frau für sich zu bewahren, indem er sie einsperrt (cf. AaTh 1419E: → *Inclusa*). In der Novellenfassung wird der Ehebruch jedoch nicht vollzogen (v. Spitzer 1931). Eine mögliche Parallele findet sich in → Straparolas *Le piacevoli notti* (9, 1). Hier wie in den anderen ernsten Novellen verarbeitet C. die traditionellen Motive in einem Maße, das die nähere Bestimmung der Quelle fragwürdig macht; sein Hauptanliegen ist es, sich in die Psychologie der Protagonisten zu vertiefen. Selbstmord aus Liebe zu der schönen Marcela (D. Q. 1, 12–14) oder Mord an den Geliebten aus unbegründeter Eifersucht (Geschichte von Claudia Jerónima, D. Q. 2, 60) werden ebenfalls den Tätern als Fehler angerechnet.

Romantisch-realistische Novellen sind *La gitanilla* und *La ilustre fregona*, in denen ein junger Edelmann aus Liebe zu einem Mädchen niedrigen Standes (die sich später als Adlige erweist) einige Zeit in volkstümlicher oder exotischer Umgebung lebt. In *El licenciado Vidriera* wird ein Student vom Wahn befallen, er sei aus Glas. In *El coloquio de los perros* erzählt der Hund Berganza sein Leben dem Hund Cipión. Vielleicht hat der Erzähler Campozano das Gespräch wirklich gehört, vielleicht nur geträumt, vielleicht sind die Hunde verzauberte Menschen. Als Schlußnovelle ersetzt diese Novelle den Rahmen (Pabst 1953) und erzeugt eine Dialektik zwischen Fiktion und Wirklichkeit. *El coloquio* wie *Rinconete y Cortadillo* enthalten ironische Gesellschaftskritik und stehen dem pikaresken Roman Mateo → Alemáns nahe, dessen moralisierender Ton jedoch durch Ironie ersetzt wird. So werden in *Rinconete* eine Diebesgemeinschaft und die normale Gesellschaft geschildert; C. kritisiert beide mittels dieser Gegenüberstellung. Denselben Ton findet man im D. Q. (1, 22) in der Schilderung der Galeerensklaven.

El coloquio und *Rinconete*, beide vor 1604 verfaßt, haben offene Schlüsse (mögliche Erlösung bzw. Entschluß, das Pikaro-Leben aufzugeben), oder aber C. hatte die Absicht, eine Fortsetzung zu schreiben. Das in der Gegenreformation beliebte Motiv von Potiphars Weib (Rotunda K 2111.3*) hat C. als Nebenintrige in *La gitanilla* benutzt, ebenso in *Los trabajos de Persiles y Sigismunda* (lib. 1, 8sq., 11; 4, 7–10): Ein Liebhaber verteitigt die Ehre seiner Dame im Zweikampf; trotz ihrer Reinheit wird er aber von seinem Gegner besiegt. Dieser erzählt vor seinem Tode die Wahrheit (ferne Parallele zu Heinrich von Kleists Erzählung *Der Zweikampf*). Als Hauptregel kann gelten, daß Bösewichter nicht von Autoritäten bestraft werden, wohl aber durch das Zusammentreffen von Umständen, das als Wirken einer Vorsehung gedeutet werden kann; dies gilt im Gegensatz zum Theater Lope de Vega Carpios und zur Romancero-Tradition auch für Ehebrecherinnen.

Weniger bearbeitete folkloristische Motive verwendet C. meistens mit bes. Funktionen. Das Ziegenzählen (AaTh 2300: *Endless Tales*; Lüthi 1969) soll die Erzählweise gemeiner Leute charakterisieren (D. Q. 1, 20). Während der Statthalterschaft Sanchos zeigt sich dessen Weisheit durch zwei Rechtsurteile, die zum Gemeingut der Folklore gehören: Ein Schuldner schwört, er habe das Geld zurückgegeben, und überläßt beim Schwören dem Gläubiger einen hohlen Stock, in dem das Geld versteckt ist und den er danach zurückbekommt (AaTh 961B: → *Geld im Stock*). Eine Frau behauptet, sie sei vergewaltigt worden, weiß aber den Geldbeutel, den Sancho ihr zuerkennt, besser als ihre Ehre zu verteidigen (D. Q. 2, 45; Mot. J 1174.3: *The girl screams when she is robbed*). Im Schäfermilieu bereitet der reiche Camacho seine Hochzeitsfeier mit der Geliebten des armen Basilio vor. Dieser täuscht einen Selbstmord vor und heiratet in articulo mortis seine Geliebte; auch nach Aufdeckung des Betrugs muß ihm der Nebenbuhler das Mädchen lassen (D. Q. 2, 19—21).

Die Bedeutung C.' für die Entwicklung des modernen Romans und der modernen Novelle ist unüberschätzbar. Sein Werk ist auch für die Erzählforschung relevant: Es beinhaltet zahlreiche tradierte Stoffe, die C. allerdings mit großer Originalität und Unbefangenheit verarbeitet hat, wodurch ihre genauere Bestimmung erschwert wird.

Ausg.n: Schevill, R./Bonilla, A. (edd.): Obras completas de M. de C. 1–18. Madrid 1914–1941. – Valbuena y Prat, A. (ed.): Obras completas de M. de C. Madrid (1935) [15]1967. – Rothbauer, A. M. (ed.): M. de C. Gesamtausg. in vier Bänden. Stg. 1963–1970.

Lit.: Unamuno, M. de: La vida de D. Q. y Sancho (1905). In: id.: Obras completas 4. ed. M. García Blanco. Madrid 1960, 65–384. – Ortega y Gasset, J.: Meditaciones del ‚Quijote' e ideas sobre la novela. Madrid (1914) [8]1970. – Lukács, G.: Theorie des Romans. Ein geschichtsphil. Versuch über die Formen der großen Epik. (B. 1920) Neuwied/B. [3]1965. – Menéndez Pidal, R.: Un aspecto en la elaboración del Quijote. Madrid (1920) [2]1924. – De Lollis, C.: C. reazionario. Roma 1924. – Castro, A.: El pensamiento de C. (Madrid 1925) Madrid/Barcelona [2]1972. – Hatzfeld, H.: ‚D. Q.' als Wortkunstwerk. Lpz. 1927. – Hasard, P.: Don Quichotte. P. 1931. – Spitzer, E.: Das Gefüge einer cervantinischen Novelle: El celoso estremeño (1931). In: Eitel, W. (ed.): Die rom. Novelle. Darmstadt 1977, 175–213. – Entwistle, W. J.: C. Ox. 1940. – Auerbach, E.: Mimesis. Dargestellte Wirklichkeit in der abendländischen Lit. Bern 1946. – Flores, A./Benardete, M. J. (edd.): C. across the Centuries. N. Y. (1947) [2]1969. – Astrana Marín, L.: Vida ejemplar y heroica de M. de C. 1–7. Madrid 1948–58. – Casalduero, J.: Sentido y forma del ‚Quijote'. Madrid (1949) [2]1966. – Rüegg, A.: M. de C. und sein D. Q. Bern 1949. – Pabst, W.: Novellentheorie und Novellendichtung. Zur Geschichte ihrer Antonomie in den rom. Ländern. (Hbg 1953) Heidelberg [2]1967. – Weinrich, H.: Das Ingenium D. Q.s. Ein Beitr. zur literar. Charakterkunde. Münster 1956. – Amezúa y Mayo, A. G. de: C., creador de la novela corta española 1–2. Madrid 1956–1957. – Castro, A.: Hacia C. Madrid (1957) [3]1967. – Togeby, K.: La Composition du roman ‚D. Q.' Kop. 1957. – Spitzer, L.: On the Significance of D. Q. In: Modern Language Notes 77 (1962) 113–129 (postum); auch in: Nelson, L. (ed.): C. A Collection of Critical Essays. Englewood Cliffs, N. J. 1969, 82–97. – Riley, E. C.: C.' Theory of the Novel. Ox. 1962. – Neuschäfer, H.-J.: Der Sinn der Parodie im ‚D. Q.' Heidelberg 1963. – Osterc Berlán, L.: El pensamiento social y político del ‚Quijote'. México 1963. – Morayra, A.: Los criptogramas de Santa Teresa. Córdoba (Argentina) 1964. – id.: Esoterismo religioso del Siglo de Oro español. Córdoba (Argentina) 1965. – Aubier, D.: Don Quichotte prophète d'Israel. P. 1966. – Castro, A.: C. y los casticismos españoles. Madrid/Barcelona 1966. – Krauss, W.: M. de C. Leben und Werk. Neuwied/B. 1966. – Robert, M.: L'Ancien et le nouveau, de D. Q. à Franz Kafka. P. 1967. – Hatzfeld, H. (ed.): D. Q. Forschung und Kritik. Darmstadt 1968. – Olmos García, F.: C. en su época. Madrid 1968. – Lüthi, M.: Mozarts und C.' Spiel mit einer Geschichte aus dem Volksmund. In: Miscellanea di studi in onore di B. Tecchi 1. Roma 1969, 182–201. – Forcione, A. K.: C., Aristotle, and the Persiles. Princeton, N. J. 1970. – id.: C.' Christian Romance; a Study of Persiles y Sigismunda. Princeton, N. J. 1972. – Mayans y Siscar, G.: Vida de M. de C. Madrid 1972. – Osterc Berlán, L.: El Quijote, la Inglesia y la Inquisición. México 1972. – Brockmeier, P.: Lust und Herrschaft. Studien über gesellschaftliche Aspekte der Novellistik: Boccaccio, Sacchetti, Margarete von Navarra, C. Stg. 1972, 83–117. – Avalle-Arce, J. B./Riley, E. C. (edd.): Suma cervantina. L. 1973. – Márquez Villaneuva, F.: Personajes y temas del Quijote (Persiles 80). Madrid 1975. – Olsen, M.: Les Transformations du triangle érotique. Kop. 1976. – Wetzel, H. H.: Die rom. Novelle bis C. Stg. 1977.

Roskilde Michel Olsen

Ceylonesisches Erzählgut → Drawidisches Erzählgut, → Singhalesisches Erzählgut

Chadir (arab. al-Ḫaḍir, al-Ḫiḍr [der Grüne]: Murtaḍā az-Zebīdī, *Tāǧ al-ʿarūs* 3, 181 und 3, 187), Legendengestalt des islam. Synkretismus mit mirakulösen Zügen aus babylon. (*Gilgamesch-Epos*)[1], jüd. (Sage von Elias und Josua ben Levi)[2], hellenist.-oriental. (*Alexanderroman*)[3] und christl.-oriental. Tradition (Melkisedek-Adam-Legende)[4]. Die auf *Koran*, Sure 18, 61–83[5] bezügliche exegetische Ḥadīth-Lit. sowie die daraus schöpfenden arab. und pers. Geschichts- und Sammelwerke[6] bringen u. a. folgende an C. sich heftende Motive:

(a) Wanderung des Mūsā (Moses) zu C. auf der Suche nach dem, 'der weiser ist als er selbst' (Muslim, *Kitāb al-faḍa'il* 170–174; al-Rāzī, *Mafātīḥ al-Ġaib* 4, 333)[7]. Motiv der Suchwanderung[8]. (b) Aufenthalt des C. am 'Zusammenfluß beider Gewässer' (Magma‘ al-baḥrein), d. h. am Ende der Welt (al-Qazwīnī, *Kitāb ʿAǧā'ib al-maḫlūqāt* 1, 126 F. Wüstenfeld)[9]. Motiv der paradiesischen Entrücktheit am Meer (cf. *Mūsā, C. und der Sperling*: Aḥmad al-Abšīhī, *Kitāb al-Mustaṭraf* 1, 27)[10]. (c) C. am Jugend und Unsterblichkeit spendenden Lebensquell (al-Buḫārī, *Kitab al-Ǧami' aṣ-ṣaḥīḥ* 3, 281 L. Krehl; aṭ-Ṭabarī, *Tārīḫ ar-rusul* 1, 424 sq. M. J. de Goeje)[11]; → *Wasser des Lebens* (cf. AaTh 551)[12]. (d) Wiederbelebung des toten Fisches im Lebenswasser

(Beiḍāwī, *Tafsīr* 1, 568 K. O. Fleischer)[13]. (e) Drei seltsame Handlungen des C.: Beschädigung eines Schiffes, Tötung eines Jünglings, Restauration einer Mauer (al-Kisā'i, *Quiṣaṣ al-anbiyā'* 230–233 I. Eisenberg)[14]; cf. *Der treue* → *Johannes* (AaTh 516). (f) C. verhüllt auf einer grünen Decke sitzend inmitten des Wassers oder auf einem weißen Fell, unter dem das Grün emporschießt; daher ḫaḍir 'grün(-end)' genannt (at-Ṭabarī, *Tafsīr* 15, 168 M. J. de Goeje; aṯ-Ṯa 'labī, *Kitāb Qiṣaṣ al-anbiyā'* 124, 138; as-Sikandarī, *Ibtigā'l-qurba bi'l-libās wa'ṣ ṣaḥba* 116a)[15].

Die Integration des C. in die Sage von der Suche des → Alexander (Iskander)-Ḏū l-qarnain nach dem Lebensquell erbringt in den verschiedenen Versionen folgende erwähnenswerten Einzelheiten:

C., Vetter und Wesir Alexanders (= Elias ben 'Āmil: 'Omāra, *Qiṣṣāt al-Iskender* 8a)[16], wird von diesem mit dem Vortrab auf Ausschau nach dem → Lebenswasser geschickt, erhält von ihm einen leuchtenden Siegelring (Leuchtstein, rotes Amulett) als Wegweiser im Land der Finsternis (Firdausī, *Šāhnāme* 5, 173sq. J. Mohl)[17], stößt, auf weißem Pferd reitend, zum quecksilberartigen Lebensquell vor, speist dort (gemeinsam mit → Elias) an paradiesischer Tafel (Niẓāmī, *Iskendernāme* 1, 28–32; 2, 36–48 F. Spiegel[18] – Motiv vom → *Tischleindeckdich*; cf. AaTh 563)[19], trinkt vom Wasser und badet in der Quelle, die weißer ist als Milch, süßer als Honig, wohlriechender als Moschus (Sūrūri, *Kommentar zu Sa'dīs Gulistān*)[20]; sein Körper und sein Gewand werden danach blaugrün, weswegen er C. genannt ist (*Zēnā Eskender* [äthiop. Fassung des *Alexanderromans*])[21].

Die Verfärbung soll auf die Verwandlung des C. zu einem Seedämon (griech. Glaukos [der Meergrüne])[22] hinweisen, die in anderen Versionen des Romans (Pseudo-Kallisthenes 2, 39) dem Koch Alexanders, Andreas (arab. Idris), widerfährt[23]. – Motiv der monströsen Metamorphose (cf. *Die Geschichte vom verzauberten Prinzen*)[24]. Außerhalb der Lebensquell-Sage sind folgende Eigenschaften und Tätigkeiten des C. zu erwähnen:

C., Sohn des Kain, Enkel des Adam, erhält seine Langlebigkeit als Lohn für die Bestattung Adams (as-Siǧistānī, *Kitāb al-Mu'ammarīn* 1a I. Goldziher; an-Nawawī, *Tahḏīb al-asmā'* 228sq. F. Wüstenfeld)[25]; Elias (al-Barrī [der Festländische]) und C. (al-Baḥri [der Seeische]) treffen sich jährlich in Mekka oder Jerusalem (Ibn Ḥaǧar, *Iṣāba* 1, 889; ad-Diyārbakrī, *Tarīḫ al-ḫamīs* 1, 107), sie bewachen gemeinsam die Mauer Alexanders gegen → Gog und Magog (Ibn al-Ǧauzī, *Mir'āt az-zamān* 124b)[26]. C., Kind eines Königspaares, in einer Höhle geboren, von Schafen gesäugt, von Hirten erzogen (ad-Damīrī, *Ḥayāt al-ḥayawān* 1, 483), Prophet und Heiliger (walī), gottgeliebter ewiger Wanderer auf Erden (al-Maidānī, *Maǧma' al-amṯal* 1, 313)[27], lebt mit den Tieren des Feldes (Ibn Ḥaǧar, *Iṣāba* 1, 887), ist in der Verborgenheit allzeit gegenwärtig (Ibn Bābūye, *Ikmāl ad-dīn* 174a), offenbart sich Auserwählten (z. B. dem Bilāl al-Ḫauwās) als Lehrer und Berater (al-Qušeirī, *Risāla* 13; al-Qazwīnī, *Kitāb 'Aǧā'ib al-maḫlūqāt* 1, 87sq.; ad-Damīrī, *Ḥayāt al ḥayawān* 1, 247)[28]. C., Herr der Geister und Meerestiere, sitzt auf einem Lichtthron zwischen oberem und unterem Meer (Ibn Ḥaǧar, *Iṣāba* 1, 890); er ist Schutzpatron des Meeres (mukallaf fī l-baḥr), Beschützer des Viehs[29], Helfer in der Schlacht (Mas'ūdī, *Muruǧ aḏ-ḏahab* 4, 216) und in der Not (al-Qalyūbī, *Nawādir* 26sq.)[30], guter Genius im arab. Volksroman *Sīrat Saif ibn Dhī Yazan*[31].

Als synkretistische Figur wurde C. mit Elias (Beiḍāwī, *Tafsīr* 1, 568), Moses (= Mūsā al-Ḫaḍir: Ibn Hišām, *Kitāb at-Tīǧān* 85sq.), Pinehas (Mas'ūdī, *Kitāb at-tanbīh* 200 M. J. de Goeje) und dem äthiop. Weisen Māṭūn (= Maṭur bei aš-Šahrastānī, *Kitāb al-milal* 2, 331 W. Cureton; = Maṭrūn al-hakīm bei Eutychios, *Annales* 1, 289 E. Pocock) gleichgesetzt[32]. In der modernen syr.-palästinens. Folklore und im lokalen Heiligenkult fließen Elias, C. und der hl. → Georg (Mār Ǧirǧis) ineinander[33]. C.s Bezug zu Quelle und Fluß blieb bis in neuere Zeit lebendig[34]. In Indien verehren Hindus und Moslems den Brunnengeist und Flußgott Ḫwaja Ḫiḍr auf einer Insel nahe Bakar[35]; er wird mit dem Indus identifiziert[36], und man stellt ihn sich als alten, grüngekleideten Mann auf einem Fisch reitend vor[37].

[1] Schott, A.: Das Gilgamesch-Epos. Stg. 1958, 81–86, 94–99; Meissner, B.: Alexander und Gilgamos. Lpz. 1894; id.: Babylon. Bestandteile in modernen Sagen und Gebräuchen. In: ARw. 5 (1902) 219–235, hier 227sq. – [2] Jellinek, A.: Beth ha-Midrasch 5. Wien 1873, 133–135; Lévi, I.: La Légende de l'ange et l'ermite dans les écrits juifs. In: REJ 8 (1884) 64–73, hier 67–69. – [3] Ausfeld, A.: Der griech. Alexanderroman. Lpz. 1907, 83sq.; Budge, E. A. W.: The History of Alexander the Great. Cambridge 1889; Weymann, K.: Die äthiop. und arab. Übers. des Pseudocallisthenes. Kirchheim/L. 1901, 55. – [4] Malan, S. C.: The Book of Adam and Eve. L. 1882, 149–171; Friedländer, I.: Zur Geschichte der C.legende. In: ARw. 13 (1910) 92–110,

hier 99–106. – [5] Sadr-ud-Din, M.: Der Koran. B. 1939, 396–399; cf. Fraenkel, S.: Rez. zu T.Noeldeke (wie not. 23). In: ZDMG 45 (1891) 325sq.; Friedländer, I.: Alexanders Zug nach dem Lebensquell und die C.legende. In: ARw. 13 (1910) 161–246, hier 221–229. – [6] Goldziher, I.: Muhammedan. Studien 2. Halle (Saale) 1890, 234–248; Vollers, K.: Chidher. In: ARw. 12 (1909) 234–284; Friedländer, I.: Die C.legende und der Alexanderroman. Lpz./B. 1913, 67–107; Wansbrough, J.: Quranic Studies (London Oriental Series 31). Ox. 1977, 128sq. – [7] Hirschfeld, H.: Beitr.e zur Erklärung des Korân. Lpz. 1886, 82sq.; C. als Nachfahr des akkad. Atraḫasīs (der überaus Weise) v. Edzard, D. O.: Atraḫasis. In: WB. der Mythologie 1. Stg. [1964] 44sq.; Hartmannn, R.: Zur Erklärung von Sūre 18, 59. In: Zs. für Assyriologie 24 (1910) 307–312. – [8] Elisséeff, N.: Thèmes et motifs des mille et une nuits. Beyrouth 1949, 156, 175. – [9] Wensinck, A.: Al-Khaḍir. In: EI[2] 4 (1977) 903sq.; Friedländer (wie not. 6) 302–304. – [10] Belkassem ben Sedira, A.: Cours de littérature arabe. Alger 1879, 49; C. als Nachfahr des sumer.-babylon. Ziusudra-Utanapišti (Atraḫasīs), der ‚fernab an der Mündung der Flüsse' (d. h. in Tilmun-Bahrain) wohnt, v. Edzard, D. O.: Utanapišti – Ziusudra. In: WB. der Mythologie 1. Stg. [1965] 133, 138sq.; Lidzbarski, M.: Wer ist C.? In: Zs. für Assyriologie 7 (1892) 104–116, hier 109–111. –
[11] Wünsche, A.: Die Sagen vom Lebensbaum und Lebenswasser. Lpz. 1905, 82–85. – [12] Nowak 149, 249; äthiop. Parallele: Budge, E. A. W.: Gabra Masqal. The Life and Miracles of Takla Hāymānot. L. 1906, 143–152; Kriss, R./ Kriss-Heinrich, H.: Volkskundliche Anteile in Kult und Legende äthiop. Hll. Wiesbaden 1975, 34sq. – [13] Pfister, F.: C. und Alexander. In: Kl. Schr. zum Alexanderroman. Meisenheim (Glan) 1975, 176. – [14] Khoury, G. R.: Wahb B. Munabbih. Teil 1: Der Heidelberger Papyrus PSR Heid Arab 23 (Codices arabici antiqui 1). Wiesbaden 1972, 236sq. – [15] Lidzbarski, M.: Zu den arab. Alexandergeschichten. In: Zs. für Assyriologie 8 (1893) 263–312, hier 268; Vollers (wie not. 6) 240, 247; Wensinck (wie not. 9) 905. – [16] Basset, 137sq. – [17] Spiegel, F.: Die Alexandersage bei den Orientalen. Lpz. 1851, 29; Wünsche (wie not. 11) 77. – [18] Ethé, H.: Alexanders Zug zum Lebensquell im Land der Finsternis. In: SB.e der phil.-philolog. und hist. Kl. der kgl. bayer. Akad. der Wiss.en 1, 3. Mü. 1871, 343–405, hier 356, 376–378. – [19] Chauvin 5, 272; cf. BP 1, 360sq. – [20] Graf, K. H.: Moslecheddin Sadis Rosengarten. Lpz. 1846, 266; Wünsche (wie not. 11) 79sq. –
[21] Budge, E. A. W.: The Life and Exploits of Alexander the Great. L. 1896, 263–269; cf. Cleaves, F. W.: An Early Mongolian Version of the Alexander Romance. In: Harvard J. of Asiatic Studies 22 (1959) 1–99, hier 24sq. – [22] Dyroff, K.: Wer ist C.? In: Zs. für Assyriologie 7 (1892) 319–327. – [23] Noeldeke, T.: Beitr. zur Geschichte des Alexanderromans (Denkschr. der kaiserlichen Akad. der Wiss.en 38). Wien 1890, 25–30; Hunnius, C.: Das syr. Alexanderlied. In: ZDMG 60 (1906) 191–197; cf. Poppe, N.: Eine mongol. Fassung der Alexandersage. In: ZDMG 107 (1957) 105–129, hier 108sq., 113. – [24] Elisséeff (wie not. 8) 143. – [25] cf. Goldziher, I.: Abhdlgen zur arab. Philologie 2. Leiden 1896, 1sq. – [26] cf. Anderson, A. R.: Alexander's Gate, Gog and Magog. Cambridge, Mass. 1932, 91–100; Vollers (wie not. 6) 250sq., 259sq. – [27] cf. Rückert, F.: Chidher. In: Gesammelte Poetische Werke 3. Ffm. 1868, 14sq. – [28] Goldziher (wie not. 25) LXIV–LXV; Vollers (wie not. 6) 234sq., 253, 256, 267–269. – [29] Goldziher (wie not. 6) 311; Dalman, G. H.: Palästin. Diwan. Lpz. 1901, 55; Friedländer (wie not. 5) 240sq. – [30] Rescher, O.: Die Geschichten und Anekdoten aus Qaljubis Nauâdir. Stg. 1920, 52sq. –
[31] Paret, R.: Sīrat Saif ibn Dhi Jazan. Hannover 1924, 22–25, 29, 31, 43, 49sq., 52, 56, 61, 66, 69, 71. – [32] Lidzbarski (wie not. 15) 284; Friedländer (wie not. 6) 195sq., 305sq.; Budge (wie not. 21) 269; Colpe, C.: Das samaritan. Pinehas-Grab in Awerta und die Beziehungen zwischen Ḫaḍir- und Georgslegende. In: Zs. des dt. Palaestina-Vereins 85 (1969) 162–196. – [33] Einsler, L.: Mār Eljās, el Chaḍr und Mār Dschirjis. In: Zs. des dt. Palaestina-Vereins 17 (1894) 42–55; Kriss, R./ Kriss-Heinrich, H.: Volksglaube im Bereich des Islam 1. Wiesbaden 1960, 154–164, 244–248. – [34] Dussaud, R.: Histoire et religion de Nosairis. P. 1906, 128–135; Canaan, T.: Mohammedan Saints and Sanctuaries. L. 1927, 65–67; Oppenheim, M. von: Vom Mittelmeer zum pers. Golf 2. B. 1900, 240; Meissner (wie not. 1) 229sq. – [35] Burton, R. F.: Sind Revisited 2. L. 1877, 226sq.; Crooke, W.: Religion and Folklore of Northern India. L. 1926, 62. – [36] Temple, R. C.: The Legends of the Panjab 1. L. 1884, 221; Longworth Dames, M.: Popular Poetry of the Baloches 1. L. 1907, 74. – [37] id.: Khwadja Khiḍr. In: EI[2] 4 (1977) 908.

Göttingen Wolfgang Fauth

Chain tale → Kettenmärchen

Chakassen. Die in sowjet. Zeit eingeführte Volksbezeichnung für die früheren Stammesnamen der Abakan-Tataren etc. hat, wie bei den benachbarten → Altaiern, eher administrativen Charakter und ist nicht unumstritten. Die Theorie, wonach dem Ethnonym ein mittelchin., die Jenisseij-Kirgisen des MA.s kennzeichnendes Wort zugrunde liegen soll, hat einiges für sich. In dem chakass. autonomen Gebiet (Süden des Krasnojarskij Kraj der Russ.

Sozialistischen Föderativen Sowjetrepublik) bilden die C. heute eine Minderheit von maximal 18%. Diese türksprachigen Bevölkerungsreste hatten zuvor eine samojed.-ket. Bevölkerung ca 200 Jahre lang türkisiert, was zu einer weitgehenden Mischung in den literar. Überlieferungen führte.

Trotz aller Normungsbestrebungen werden die Namen der Hauptstämme (Sagay, diesen fast assimiliert die Beltir, Kača, Kyzyl, Šor) noch in den normorientierten modernen Grammatiken berücksichtigt[1]. Eine moderne literar. Zukunft hat diese Rückzugssprache auf keinen Fall mehr zu erwarten, so daß Werke in Anlehnung an das Traditionelle auch einen großen Teil der zeitgenössischen Literaturproduktion ausmachen.

Die Anführung der Einzelstämme ist schon deshalb wichtig, weil W. Radloff neben dem Begriff „Abakan-Tataren" nur die herkömmlichen Stammesnamen verwendet[2]. Diese sind – wie auch der Sammelbegriff C. – sicher, wie O. Pritsak nach russ. Quellen ausführt, eher administrative Bezeichnungen als verläßliche Ethnonyme[3]. Wie bei allen südsibir. Türkvölkern sind die wechselseitigen Kulturbeziehungen noch nicht genügend klar, zumal ein Teil dieser Völkerschaften erst im 18. Jh. Gegenstand wiss. Interesses wurde. Dies führte wohl zu einer Überschätzung russ. Einflüsse – obwohl z. B. an der Wirkung des russ. Fabeldichters Ivan A. → Krylov (1768–1844) auf südsibir. Tiermärchen natürlich nicht zu zweifeln ist; diese von Missionaren vermittelte Lit. traf ja auf ein überliefertes animistisches Weltbild – und zur Unterbewertung mongol. und samojed.-ket. Elemente. Bes. wichtig scheint die Klärung der innertürk. Motivbeziehungen zwischen Altaiern und C. wie auch die der formalen Vergleichsmöglichkeiten. Die Bezeichnung der Erzählgattungen ist wenig differenziert; so gilt das schriftsprachliche nïmax (dialektal umax etc. gegenüber altai.-türk. čörčök) sowohl für Märchen als auch für Heldenerzählung, Epos. Es gibt allerdings spezielle einheimische Termini für kosmogonische Sagen und Schöpfungsmythen, was in einem niemals islam. gewesenen Gebiet von bes. Bedeutung ist.

In der Struktur machen die meisten epischen Dichtungen einen archaischen Eindruck, welcher der Entstehungszeit – ca seit dem 15. Jh., sicher unter teilweiser Einbeziehung älterer Vorstufen – nicht entspricht. Sie fließen unter starker Verwendung von Alliteration, des Parallelismus und der Hyperbel in einem Rhapsodenstil dahin, der selbst eine novellistische Fabel zu einem Zyklus mit vielen Varianten auszuweiten vermag. Dabei zeigt sich eine urtümliche Erzählerkraft ganzer Generationen auch berufsmäßiger Sänger (das entsprechende Wort xayğï bezeichnet nur den Barden dieser Art).

Über die gesetzmäßige Stereotypie und die verschiedenen Erklärungsmöglichkeiten für die poetologische Sonderstellung dieser türk. Volksliteraturzone – mit vor allem wohl stärkerem und rezenterem mongol. Einfluß – hat G. Doerfer ausführlich in einem nach wie vor maßgebenden Beitrag gehandelt[4]. Hier finden sich auch wichtige Hinweise zur sozialen Entstehungsgeschichte des südsibir. Heldenepos[5], wobei an die bekannte und zeitweise dramatische Kontroverse um den „feudalistischen" Charakter auch der „großen" türksprachigen Epen Zentralasiens, wie z. B. *Manas* (vor 14./15. Jh.), zu erinnern ist. Mit der Mehrheit der heutigen – auch sowjet. – Forscher bejaht Doerfer die These von der „volkstümlichen" Entwicklung. Es fällt denn auch schwer, in diesen Zeugnissen eines sehr harten Existenzkampfes, in dem Helden wie Bösewichter Khane (offenbar akzeptierte, nicht oktroyierte Volksrepräsentanten) sind, aristokratische Züge zu entdecken.

Der Umfang der Epen reicht von einigen Dutzend bis zu fast 4.000 Zeilen. Hier hat jeder Vergleich zu berücksichtigen, daß bei den Riesenzyklen z. B. der → Usbeken und → Kirgisen schon durch die (hier fehlenden) islam. Einflüsse ein ständiges quantitatives Aufeinanderschichten über viele Jh.e vorauszusetzen ist.

Bedeutende chakass. Epenerzähler sind S. P. Kadyšev (geb. 1885), M. K. Dobrov

(1902–69) und P. V. Kurbižekov (1910–65). In sowjet. Zeit lebte das Sammeln von Volksliteratur vor allem seit der Einführung der Schriftsprache 1926 auf. In Abakan, der Hauptstadt des Autonomen Gebiets Chakassien, besteht ein Wiss. Forschungsinstitut für Sprache, Lit. und Geschichte, dessen Arbeitsvorhaben und -ergebnisse leider nur selten über das Gebiet der UdSSR hinaus bekannt werden.

Auch die eigentlichen Märchen sind z. T. in der erwähnten rhythmisierten Sprechweise gehalten. Einige sind Kurzfassungen von Heldenerzählungen, wie z. B. die vom Recken Aydolay, nach dem Erzähler M. K. Dobrov anscheinend erst 1962 in russ. Sprache veröffentlicht[6]. Andere sind lokale Varianten bekannter Wanderstoffe. Um zu beurteilen – ohne dabei zu verallgemeinern –, ob es sich im Vergleich zu den größeren Formen eher um Lehngut handelt, reichen Material und Forschungsstand noch bei weitem nicht aus. Bisher sind nur wenige Stoffe auch im Westen der türk. Welt (durch Nachweis bei Eberhard/Boratav) faßbar.

[1] Baskakov, N. A.: Grammatika chakasskogo jazyka (Grammatik der chakass. Sprache). M. 1975, pass. – [2] Radloff, W.: Proben der Volkslitteratur der türk. Stämme Süd-Sibiriens. 1: Die Dialecte des eigentlichen Altai [. . .]. St. Petersburg 1866 (Repr. Lpz. 1965); 2: Die Abakan-Dialecte [. . .]. St. Petersburg 1868 (Repr. Lpz. 1965); 9: Mundarten der Urianchaier (Sojonen), Abakan-Tataren und Karagassen. St. Petersburg 1907 (Repr. Lpz. 1965) (bearb. von dem sagay. Forscher N. F. Katanov). – [3] Pritsak, O.: Das Abakan- und Čulymtürkische und das Schorische. In: Philologiae Turcicae fundamenta 1. ed. J. Deny u. a. Wiesbaden 1959, 598–640. – [4] Doerfer, G.: Die Lit. der Türken Südsibiriens. In: ibid. 2 (1964) 862–885. – [5] ibid., 865sq. – [6] Skazanie o chabrom Ajdolae (Erzählung über den tapferen Ajdolaj). Abakan 1962.

Lit.: Balter, B.: Pojuščij čatchan. Chakasskie narodnye skazki (Singender čatchan. Chakass. Volksmärchen). M. 1958 (Nacherzählungen für Kinder. 17 Märchen, z. T. Kürzungen epischer Stoffe. Čatchan = typisches Saiteninstrument der regionalen Epenrezitatoren). – Trojakov, P. A. (ed.): N. F. Katanov: Chakasskij fol'klor (Chakass. Folklore). Abakan 1963 (hohe Aufl. von 1.000 Expl.en; schriftchakass. und russ.) = Auszug aus Radloff (wie not. 2) t. 9. – id.: Očerki razvitija chakasskoj literatury (Studien zur Entwicklung der chakass. Lit.). Abakan 1963. – Kyzlasova, A. G.: Chakasskaja literatura (Chakass. Lit.). In: Kratkaja literaturnaja ènciklopedija 8. ed. A. A. Surkov. M. 1975, 193sq.

Frankfurt Horst Wilfrid Brands

Chamäleon (griech.: Erdlöwe), seit der Kreidezeit nachgewiesenes Kriechtier, das in über 100 bis heute bekannten Arten vorwiegend im Afrika südlich der Sahara, aber auch in Südspanien, Kleinasien und Indien verbreitet ist[1]. Beschreibungen des C.s enthalten bereits die naturkundlichen Werke des Aristoteles, Plinius und Älian[2], wenngleich manche Beobachtung (C. lebt von Luft, Farbwechsel erfolgt bewußt) nicht zutraf, was infolge der häufig unkritischen Übernahme antiken Gedankenguts im MA. zu fehlerhaften Deutungen führte. So wird in Freidanks *Bescheidenheit* (1. Drittel 13. Jh.) eines der vier Elemente durch das Reptil verkörpert, das „des luftes lebt“, sich also vom Element selbst nährt. Im Zusammenhang damit dürfte die Darstellung des C.s als Vogel in einigen → Bestiarien stehen[3]; in den zahlreichen ma. Redaktionen des → *Physiologus* ist das C. allerdings nicht vertreten.

Von den verschiedenen Eigenschaften des Kriechtieres hat bes. die von inneren und äußeren Reizen bzw. Stimmungen abhängige Fähigkeit zum Farbwechsel (cf. Mot. A 2411.5.6.1; A 2223.8) in literar. Zeugnissen ihren Niederschlag gefunden. Schon die antike Überlieferung setzt diese Eigenschaft in Beziehung zur Wechselhaftigkeit des Weltgeschehens. Bei Plutarch (*De adulatore et amico* 9) werden die Farben mit dem anpassungsfähigen Verhalten des Schmeichlers (im Gegensatz zum ‚wahren Freund‘) verglichen. Außer Rot (Ehrfurcht) und Weiß (Unschuld) vermag der Schmeichler alles nachzuahmen und ähnelt so dem C., das damit bis in die Neuzeit, wenn auch graduell verschieden, als literar. Motiv moralisch abgewertet ist, wie K. G. Just in seiner bemerkenswerten kleinen Studie nachweist[4]. Die Farben werden allegorisch gedeutet wie z. B. in Hugo von Trimbergs *Renner* (V. 18884) oder beim Meißner (17, 6) mit den menschlichen Tugenden verglichen[5]. Die emblematische Lit. des 16. und 17. Jh.s greift das Motiv (z. B. A. Alciatus, sein dt. Übersetzer J. Held, J. Camerarius d. J.)[6] auf, doch ist hier schon bei O. Vaenius in seinen *Amorum emblemata* (Antw. 1608) eine positive Deutung vollzogen (dem Liebhaber steht jede Farbe)[7], ein Trend, der erst im 18. Jh. dank aufklärerischer Tendenzen zum Tragen kam, das C. „didaktisch und lexikalisch" rehabilitierte und ihm einen festen Platz in der Fabeldichtung einräumte[8]. Doch bleibt in der Folgezeit trotz mancher vorteilhafter Schilderung (etwa bei F. J. Bertuch, P. B. Shelley, A. Brehm, E. Jünger) die aus der Antike tradierte moralische Deklassierung weiter haften; das C. steht nicht mehr für den Schmeichler allein, sondern überhaupt für alle Opportunisten (cf. die Darstellungen bei H. C. Beck, H. von Pückler-Muskau, Grandville)[9]: wie ein C. die Farbe wechseln, sich wie ein C. verändern[10].

In der afrik. Mythologie wird das C. als magisches Tier angesehen und gefürchtet, gehaßt oder verehrt. C. Meinhof rechnet es zu den → Seelentieren[11]. Weit verbreitet ist bes. in West- und Südafrika eine ätiologische Erzählung vom Ursprung des Todes (Mot. A 1335; A 1335.1)[12]:

Danach sendet Gott das C. zu den Menschen mit der Botschaft, sie sollten ewig leben oder nach dem Tod weiterleben. Doch das C. wird auf dem Wege zu den Menschen von einem schnelleren Tier (Schaf, Ziege, Hase, Webervogel) überholt, das die entgegengesetzte Nachricht überbringt, welche die Menschen annehmen.

Ein weiterer Komplex von Erzählungen zeigt das C. als ewigen Verlierer; in der negativen Bewertung sind somit Parallelen zur europ. Tradition erkennbar:

Bei der vereinbarten Kindstötung übertölpelt der Salamander das Reptil, indem er vorgibt, seine Jungen schon verspeist zu haben. Erst bei der Zusammenkunft aller Tiere merkt das ohne Nachkommen erschienene C. den Betrug[13]. Gegen die Kröte verliert das C. die Wette, wer älter sei, berichten Sagen der Agni[14]. In einer Erzählung aus Kamerun (Mot. K 1042. 1) bietet der Elefant dem C. großmütig seine Hilfe zur Beförderung an und läßt es auf seinem Rükken Platz nehmen, der aber eingeölt ist, so daß das C. hinunterfällt. Die beliebte Fabel von der →*Königswahl der Tiere* läßt zwar das langsame, doch listenreiche C. den → *Wettlauf der Tiere* gewinnen, aber das Ergebnis der Wahl wird von den anderen Tieren nicht akzeptiert[15].

[1] Brehm, A. E.: Kriechtiere, Lurche, Fische. Bearb. von C. W. Neumann (Brehms Tierleben 6). Lpz. [1939] 138–148; Witte, G.-F. de: Les Caméléons de l'Afrique Centrale. Tervuren 1965. – [2] cf. Keller, O.: Die antike Tierwelt. 2: Vögel, Reptilien [. . .]. Lpz. 1913 (Nachdr. Hildesheim 1963) 281–284. – [3] Henkel, N.: Studien zum Physiologus im MA. Tübingen 1976, 185, not. 87. – [4] Just, K. G.: „Chamaeleonte mutabilior". Literar. Marginalien zu einem Reptil. In: Antaios 12 (1970/71) 381–400. – [5] Schmidtke, D.: Geistliche Tierinterpretation in der dt.-sprachigen Lit. des MA.s (1100–1500). Teil 1: Text. Diss. B. 1968, 263; cf. Lauchert, F.: Geschichte des Physiologus. Straßburg 1889, 175, not. 2. – [6] Henkel, A./Schöne, A. (edd.): Emblemata. Hb. zur Sinnbildkunst des 16. und 17. Jh.s. Stg. [2]1976, 664sq. – [7] ibid., 666. – [8] cf. Just (wie not. 4) 389–392. – [9] ibid., 393–400. – [10] Röhrich, L. (ed.): Lex. der sprichwörtlichen Redensarten. Fbg/Basel/Wien [2]1973 (Nachdr. 1977) 183sq. – [11] Meinhof, C. (ed.): Afrik. Märchen. MdW [2]1921, 324. – [12] Christaller, J. G.: Negersagen von der Goldküste [. . .]. In: Zs. für afrik. Sprachen 1 (1887/88) 49–63, bes. 56–62; Struck, B.: Das C. in der afrik. Mythologie. In: Globus 96 (1909) 174–177; Meinhof (wie not. 11) num. 6; Stand-Dict. 1, 208; cf. Schild, U. (ed.): Westafrik. Märchen. MdW 1975, num. 77–79. – [13] Meinhof (wie not. 11) num. 44 (Kamerun); ein ähnliches Betrugsmanöver begeht der Mond an der Sonne: ibid., num. 45 (Dahome). – [14] Dh. 3, 222; cf. Mot. A 2441. 4. 4. – [15] Joslin, M.: Märchen von der Goldküste. Mü. 1960, 191–198.

Göttingen Hans-Jörg Uther

Chambers, Robert, *Peebles 10. 7. 1802, † St. Andrews 17. 3. 1871, Verleger, Buchhändler und Autor; 1840 zum Mitglied der Royal Society of Edinburgh und 1861 zum Ehrendoktor der Jurisprudenz in St. Andrews ernannt.

C. besuchte bis 1816 Schulen in Peebles und Edinburgh; mit 16 Jahren eröffnete er einen Bücherstand. Er war Verfasser zahlreicher Werke zur schott. Geschichte und Literatur sowie eines *Biographical Dictionary of Eminent Scotsmen* 1–4 (1832–34) und gab ab 1832 zusammen mit seinem Bruder William (* 16.4.1800, † 20.5.1883) *Chambers's Journal* heraus, dessen Erfolg zur Gründung des Verlags W. & R. C., Edinburgh, führte. Von 1859–68 erschien hier in 520 Teilen die von A. Findlater betreute *Chambers's Encyclopædia* 1–10, die auf der 10. Ausgabe des *Brockhausschen Konversationslexikons* basierte.

C. sah sich selbst als einen Altertumsforscher und benützte den Ausdruck ‚antiquary' häufig in seinen Schriften. Seine *Traditions of Edinburgh* (1824/25), Pionierstudien zur städtischen Überlieferung, fanden erst in jüngster Zeit die verdiente Anerkennung. In *The Book of Days* 1–2 (1862–64) bewertet C. die Rolle der mündlichen Überlieferung folgendermaßen:

„The value of popular tradition as evidence in antiquarian inquiries cannot be disputed, though in every instance it should be received with the greatest caution" (1, 337).

Veröff.en (Ausw.): Illustrations of the Author of Waverley [. . .]. Edinburgh 1822. – Traditions of Edinburgh 1–2. Edinburgh 1824/25 (Nachdr. der Ausg. von 1868: Edinburgh/L. 1967). – The Popular Rhymes of Scotland. Edinburgh 1826. – The Scottish Ballads. Edinburgh 1829. – The Scottish Songs 1–2. Edinburgh 1829. – Scottish Jests and Anecdotes [. . .]. Edinburgh 1832. – A Biographical Dictionary of Eminent Scotsmen 1–4. Glasgow 1832–34. – [anonym:] Vestiges of the Natural History of Creation. Edinburgh 1844. – Explanations: a Sequel to ‚Vestiges [. . .]' by the Author of that Work. Edinburgh 1845. – The Romantic Scottish Ballads: Their Epoch and Authorship. L./Edinburgh 1859. – The Songs of Scotland Prior to Burns. L./Edinburgh [1862]. – The Book of Days. A Miscellany of Popular Antiquities [. . .] 1–2. L./Edinburgh 1862–64.

Lit.: Chambers, W.: The Life and Anecdotes of the Black Dwarf, or David Ritchie. Edinburgh 1820. – id.: Memoir of William and Robert C. Edinburgh (1872) [13]1884. – The Concise Dictionary of National Biography 1 (1953) 224. – The Ox. Companion to English Literature. Ox. 1960, 150. – Dorson, R. M.: The British Folklorists. A History. L. 1968, 122–137. – Webster's Biographical Dictionary. Springfield 1972, 279.

London Venetia Newall

Chamisso, Adelbert von (eigentlich Louis Charles Adelaide de C. de Boncourt), * Boncourt (Champagne) 30. 1. 1781, † Berlin 21. 8. 1838. Mit seiner Familie floh C. 1792 aus dem revolutionären Frankreich, lebte seit 1796 in Berlin, war erst Page der Königin Luise, dann Offizier der preuß. Armee; nach einem Frankreichaufenthalt (1810–12) studierte er in Berlin Botanik, ging 1815–18 mit einer russ. naturkundlichen Expedition auf seine 'Reise um die Welt' und wurde schließlich Beamter am Botanischen Garten in Berlin. Als Freund des Barons Friedrich de la Motte → Fouqué beeinflußten ihn romantische Tendenzen; er begann seine Dichtungen in dt. Sprache mit dem *Faust-Fragment* (1803). Seine 1814 in Nürnberg erschienene Märchennovelle *Peter Schlemihls wundersame Geschichte* machte ihn weltberühmt.

Seit 1806 war C. mit Märchen beschäftigt: „Ich lese ein ganz kapitales Werk, die tausend und eine Nacht" (auf die Erzählung der 946. Nacht geht sein Gedicht *Abdallah*[1] von 1828 zurück); „Märchen, und selbst die abgeschmacktesten, sind doch das Vernünftigste, was man lesen kann! Ich lese täglich einen Band von der Blauen Bibliothek" (→ Bibliothèque bleue)[2]. Wie die Frühromantiker stand C. zunächst im Bann der frz. Märchenüberlieferung des 18. Jh.s, daneben ist der Einfluß des dt. Kunstmärchens nachzuweisen: 1806 entstand die autobiogr. Skizze *Adelberts Fabel*[3], ein allegorisches Kunstmärchen im Stil des Novalis mit Motiven aus → Goethes und → Tiecks Märchen, in dem thelein und anagkē sich im Epiktetschen synthelein aufheben. Das gleichzeitig geplante *Märchen von dem lieben Gänslein* (nach → Perrault?) wurde nicht ausgeführt. In dem durch A. W. Schlegels Vorlesung von 1803/04 angeregten und stilistisch Tiecks *Oktavian* und *Gestiefeltem Kater* verpflichteten fragmentarischen Versdrama *Fortunati Glückseckel und Wunschhütlein* (1806)[4] griff C. auf den 2. Teil des → *Fortunatus*-Volksbuchs zurück. Der unerschöpfliche Geldbeutel (AaTh 566: → *Fortunatus*), der an jeden gewünschten Ort versetzende Hut (AaTh 566; Mot. D 1520.11) und die Äpfel, deren Genuß verunstaltet (AaTh 566; cf. KHM 2, [1815] num. 36)[5], sind als Hauptmotive inhaltlich unverändert übernommen, die Tonart ist indes teils ironisch, teils elegisch; anstelle eines denkbaren Märchenausgangs steht die Idee der Entsagung.

Den Brüdern Grimm ist das Gedicht *Der arme Heinrich* (1837)[6] zugeeignet, denen C. Erschließung des „Horts der Sagen" und der „Märchenwelt" dankt; seine Adaptationen dünkten ihn aber „unwürdig" der „wackren Meister", weil das Transponieren der Natur- in die Kunstpoesie jene ihrer Wurzeln und Schönheit beraube[7]. Entsprechend spät (zwischen 1827 und 1831[8]) waren C.s balladeske Bearbeitungen entstanden, die z. T. (durch Lesebücher!) volkstümlich wurden: *Die Sonne bringt es an den Tag*[9] (AaTh 960), *Die Mutter und das Kind*[10], *Hans im Glükke*[11] (nach den KHM 115, 109 und 83) sowie *Dt. Sagen*[12]. Der Einfluß der KHM-Edition von 1812, der die Rezeption frz. Märchentradition bei C. ablöst, ist jedoch bereits im *Schlemihl* unverkennbar: Selbstverständliche Integration des überall gewärtigen Wunderbaren in die sonst realistische Erzählung, Einsträngigkeit der auf einen Helden konzentrierten und als 'Gipfelkette' vorgestellten Handlung, Funktionsträgerrolle der Nebenfiguren sowie unprätentiöse Schlichtheit der Sprache mit ihren bewußt eingestreuten volkstümlichen Wendungen und Redensarten – all das konnte C. aus den KHM lernen[13]. Überdies finden sich zum Kernmotiv des verlorenen Schattens sagengeschichtliche Parallelen[14], Pakt mit dem „Grauen" und Glückssäckel weisen auf *Faust* und *Fortunatus* zurück, das unsichtbar machende Vogelnest ist → Grimmelshausens *Wunderbarlichem Vogel-Nest* (s. l. 1672) entnommen, der → Siebenmeilenstiefel Tiecks Märchendrama vom → *Däumeling* (B. 1812); dazu werden Springwurzel, Raubtaler, das Tellertuch von Rolands Knappen, Galgenmännlein, Faffners Hort, Siegfrieds → Tarnkappe u. a. beiläufig erwähnt, so daß ein dichtes Geflecht von Anspielungen auf volksläufiges Erzählgut die Geschichte durchzieht. Schlemihls Schicksal gleicht zunächst dem des Helden im Märchen vom *Teufel Grünrock* (KHM 2 [1815] num. 15; AaTh 361: → Bärenhäuter), der nach dem →Teufelspakt reichlich mit Geld versehen „in die Welt" geht, „das erste Jahr war's gut, was er sich nur wünschte, konnt' er mit seinem Geld bezahlen [. . .]. Im zweiten Jahr ging's schlimmer"; Schlemihl aber kann den Bösen schließlich nicht überlisten oder besiegen, sondern ihm nur mit knapper Not entkommen, und auch das grundsätzlich gestörte Verhältnis zur Gesellschaft bleibt so fatal für ihn wie signifikant für die Epoche.

Zwar hat C. in der Einleitung zur *Reise um die Welt*[15] den Schlemihl einschränkungslos ein „Märchen" genannt („um die Kinder eines Freundes zu ergötzen"), doch Detailrealismus hinsichtlich der Personen und der Ortsangaben, zahlreiche aktuelle und autobiogr. Anspielungen, phil. Reflexionen, ironische Brechung einiger Märchenmotive (Erröten des „Grauen"; Relativierung des Wundernests, das selbst Schatten wirft; durch „bürgerliche" Pantoffeln gebremste Märchenstiefel), Elemente ausgesprochen novellistischen Erzählens sowie vor allem jenes unmärchenhaft „offene" und letztlich pessimistische Finale lassen die Kennzeichnung „Märchennovelle" berechtigt erscheinen. Eine angemessene Interpretation der Märchenelemente in diesem Werk der Weltliteratur steht noch ebenso aus wie eine entsprechende Untersuchung des Gesamtwerks.

[1] Abgedruckt in: Musenalmanach für das Jahr 1830. ed. A. Wendt. Lpz. 1830, 171–184. – [2] Briefe. In: A. von C.s Werke 5. ed. F. Palm. B. [5]1864, 138, 142. – [3] Abgedruckt in: Erzählungen und Spiele. ed. W. Neumann/K. A. Varnhagen. Hbg 1807, 145–159. – [4] Fortunati Glückseckel und Wunschhütlein. ed. E. F. Koßmann. Stg. 1895. – [5] cf. BP 1, 470. – [6] Abgedruckt in: Dt. Musenalmanach für das Jahr 1839. ed. A. von C./Freiherr von Gaudi. Lpz. 1839, 7–26; z. T. abgedr. in: BP 4, 92. – [7] Denecke, L.: Buchwidmungen an die Brüder Grimm. In: id.: Brüder Grimm Gedenken 2 (1975) 287–304. – [8] 1831 empfing C. H. C. Andersen in B. und machte ihn (vornehmlich als Lyriker) erstmals in Deutschland bekannt. Andersen seinerseits schrieb 1847 das Märchen Skyggen nach C.s Schlemihl; cf. EM 1, 492. – [9] Abgedruckt in: Der Gesellschafter oder Bll. für Geist und Herz 11 (B. 26. 3. 1827) 49. – [10] Abgedruckt in: Musenalmanach für das Jahr 1832. ed. A. Wendt. Lpz. 1832, 165–168. – [11] Abgedruckt in: ibid., 128–138. – [12] Nach Grimm DS 17, 235, 501, 143, 24, 481. – [13] Für die stilistische Verwandtschaft spricht auch, daß der bedeutende engl. Buchillustrator G. Cruikshank (1792–1878) die KHM und den Schlemihl unmittelbar nacheinander und sehr ähnlich

bebilderte (1823 bzw. 1824; die sechs Schlemihl-Stiche wurden in die 2. dt. Ausg. Nürnberg 1827 übernommen). – [14] Rochholz, E. L.: Ohne Schatten, ohne Seele. Der Mythus vom Körperschatten und vom Schattengeist. In: Germania 5 (1860) 69–101, 175–207; cf. bereits Grimm, J.: Dt. Mythologie. B. [4]1875–78, t. 2, 856, t. 3, 302. – [15] Abgedruckt in: A. von C.s Werke 1–2. Lpz. 1836.

Bibliogr.: Lange, F. G.: C. In: Goedeke 14, 144–162, 988sq. – Brockhagen, D.: A. von C. Forschungsber. In: Lit. in der sozialen Bewegung. ed. A. Martino. Tübingen 1977, 373–423.

Ausg.n: Tardel, H.: C.s Werke 1–3. Lpz./Wien [1907–08]. – Perfahl, J./Hoffmann, V.: A. von C. Sämtliche Werke 1–2. Mü. 1975.

Lit.: Kossmann, E. F.: Die Qu. von C.s Fortunat. In: Euphorion 9 (1902) 341–346. – Ludwig, A.: Schlemihle. Eine Studie zum Fortleben des C.schen Märchens in Deutschland und England. In: Archiv. Dt. Sonderheft (1920) 95–135. – Hauptmann, M.: Die Sonne bringt es an den Tag. In: Weimarer Bll. 3 (1921) 603–609. – HDM 1, 358sq. – Schneider, R.: Wirklichkeitsmärchen und Romantik. Bemerkungen zum Werk A. von C.s. In: Aufbau 13 (1957) 203–210. – Lüthi, M.: Das Wunder in der Dichtung. In: id.: Es war einmal. Göttingen 1962, 126–128. – Loeb, E.: Symbol und Wirklichkeit des Schattens in C.s Peter Schlemihl. In: GRM N. F. 15 (1965) 398–408. – Hoffmann, E. F.: Spiegelbild und Schatten. Zur Behandlung ähnlicher Motive bei Brentano, Hoffmann und C. In: Sammons, J. L. / Schürer, E. (edd.): Lebendige Form. Festschr. H. Henel. Mü. 1970, 167–188. – Feudel, W.: A. von C. Lpz. 1971. – Schulz, F.: Die erzählerische Funktion des Motivs vom verlorenen Schatten in C.s Peter Schlemihl. In: GermQuart. 45 (1972) 429–442. – Flores, R.: The Lost Shadow of Peter Schlemihl. In: GermQuart. 47 (1974) 567–584. – Riebe, H.: C. In: Doderer, K. (ed.): Lex. der Kinder- und Jugendlit. 1. Weinheim/Basel/Pullach 1975, 250sq. – Salwes, M.: Mundane Magic. Some Observations on C.s Peter Schlemihl. In: Forum for Modern Language Studies 12 (1976) 250–262.

Wuppertal Heinz Rölleke

Chansons de geste

1. Gattungsbezeichnung – 2. Vortrag – 3. Metrum – 4. Gattungsabgrenzung – 5. Entstehung der Epen – 6. Zyklen – 7. Themen und Motive – 8. Auflösung und Nachwirkung der Gattung

1. Gattungsbezeichnung. Die Gattungsbezeichnung C. d. g., mit der die Literaturwissenschaft die ungefähr 80 erhaltenen frz. Heldenepen vornehmlich des 12. und 13. Jh.s zusammenfaßt (die *Chanson de Roland* [CR] gehört wohl noch dem Ende des 11. Jh.s an; das 14. Jh. kennt Neubearbeitungen und Erweiterungen älterer Lieder), ist historisch: sie begegnet in der *Chanson de Guillaume* (CG, 1. Viertel des 12. Jh.s: „chançons de la geste de Clodoev e de sun fil Flovent"), in den *Enfances Guillaume* (2. Hälfte des 13. Jh.s: „chanson de geste") und in anderen Texten. Häufiger sind jedoch Bezeichnungen wie „chançon de bone geste" (*Prise d'Orange*, 3. Viertel des 12. Jh.s), „chançon de fiere estoire" (*Aiol*, Ende des 12. Jh.s) oder „chançon de haute ystoire" (*Girart de Vienne*, Anfang des 13. Jh.s). Geste (< mlat. gesta, ae, fem., < lat. gesta, orum, neutr.) und estoire (< lat. historia) bedeuten in den zitierten Junkturen 'Geschichte bzw. Bericht von großen Taten', wobei geste von Anfang an (CR, CG) auch 'Familie, Sippe' meinen kann, ein Befund, der A. → Jolles' Definition der Gattung Sage stützen könnte. Interessant ist, daß Chrétien de Troyes seinen ersten höfischen Roman, *Erec* (ca 1170), in einem Überbietungstopos über die Heldenepen stellt, die er C. d. g. nennt. Vom 3. Viertel des 12. Jh.s bis ins 14. Jh. ist der höfische Roman die wichtigste mit dem Heldenepos konkurrierende epische Langform, die sich von ihm in Vortragsweise, Form, Stoff und Ideologie deutlich unterscheidet.

2. Vortrag. Das Wort chanson zeigt an, daß die Heldenepen gesungen worden sind, und zwar von einem jogleor (< mlat. joculator, 'Jongleur', 'Spielmann'), der die im Palast versammelten Herren z. B. nach dem Mahl durch seinen Vortrag erfreut (CG) oder, wie häufig bezeugt, sein Publikum vor der Kirche, auf dem Marktplatz oder auf der Straße findet. Apostrophen an das ständisch noch nicht differenzierte Publikum sind häufig: Bitte um Aufmerksamkeit, Herausstellung der Schönheit des Liedes, abfällige Bemerkungen über andere jogleors, Bitte um Entlohnung (Essen, Trinken, Geld, Kleidungsstück).

Die textliche Gliederung mehrerer Epen in ungefähr gleich lange Abschnitte hängt sicher mit der Vortragssituation zusammen: Oft entspricht ein Abschnitt einer zwei- bis vierstündigen Vortragsdauer, wie auch gelegentlich in den Texten selbst auf die Dauer des Vortrags angespielt wird. Die Vorhergehendes resümierenden Einleitungen der folgenden Abschnitte nehmen auf hinzukommende Hörer Rücksicht; möglicherweise gehört auch die Technik der laisses similaires, d. h. die variierende Wiederholung von Versgruppen in der folgenden laisse (v. unten) – zumindestens genetisch – in diesen Zusammenhang. Erst um 1300 scheint neben der spezifischen Darbietungs- und Rezeptionsform des Heldenepos eine Variante zulässig geworden zu sein: Wie der höfische Roman, der von Anfang an zur (Vor-)Leseliteratur gehörte, kann jetzt auch ein Heldenepos einer kleineren Zuhörergruppe vorgelesen werden, worin eine der Voraussetzungen für das stoffliche und formale Verschmelzen der beiden großen Gattungen im Verlaufe des 15. Jh.s zu sehen ist.

3. Metrum. Der Vers der C. d. g. ist der Zehnsilber (frühestes Beispiel: CR) und der Zwölfsilber (frühestes Beispiel: *Le Voyage de Charlemagne [...]* [VC]), selten der Achtsilber (frühestes und lange Zeit einziges Beispiel: *Chanson de Gormont et Isembart,* 1. Drittel des 12. Jh.s). Die Verse sind durch Assonanz (Vokalidentität der letzten betonten Silbe, z. B. paiéns / chevalér / esmaiéz, bzw. der letzten betonten Silbe mit auslautendem nicht betonten e, z. B. ómbre / hómes / cóntes) miteinander verbunden, musikalisch außerdem durch dieselbe rezitative Melodie (Jean de Grouchy in seinem um 1300 verfaßten Traktat *De musica*: „idem cantus debet in omnibus versibus reiterari" [„Dieselbe Melodie muß in allen Versen wiederholt werden".]), die lediglich zur Hervorhebung des Laissenschlusses variiert wurde. Eine Gruppe aufeinanderfolgender, (beliebig vieler) assonierender Verse heißt schon im 12. Jh. laisse ('Koppel', also den Versverbund bedeutend). Vom letzten Drittel des 12. Jh.s an verdrängt der Zwölfsilber den Zehnsilber und weitgehend auch der Reim die Assonanz: Neufassungen älterer Lieder (z. B. die CR) oder einzelne Neuschöpfungen (z. B. *Foucon de Candie, Aiol*), die mit Zehnsilbern beginnen, dann aber in Zwölfsilber übergehen, tragen dem veränderten Publikumsgeschmack Rechnung. Als metrische Besonderheiten bieten die CG und die jüngere Redaktion einer zur Wilhelmsgeste gehörenden Epengruppe (wohl Ende des 12. Jh.s) den in die laisse ein- bzw. ihr angefügten Kurzvers, der metrisch dem ersten Teil des im jeweiligen Epos verwendeten Verses entspricht. So weist die CG als ersten bzw. als vorletzten Vers einer laisse einen Kurzvers auf (z. B. „lunsdi al vespre"), der refrainartig das Lied durchzieht, es strukturiert und inhaltlich auf die Wochentage der entscheidenden Schlachten bezogen ist. In der erwähnten Epengruppe steht der Kurzvers, der jetzt seinen Refraincharakter verloren hat und rein metrisches Ornament ist, in unregelmäßiger Folge am Schluß einer laisse.

4. Gattungsabgrenzung. Im Bewußtsein von Verfasser und Publikum ist das Heldenepos spätestens von dem Zeitpunkt an, wo sich einerseits das antikisierende Epos und der antikisierende Roman, andererseits der höfische (bret.) Roman neben sie stellen, eine eigenständige Gattung. Jean Bodel aus Arras unterscheidet in seinem Epos *Saisnes* (> lat. Saxones; Inhalt: Karls Unterwerfung der Sachsen) drei den Gattungen entsprechende Stoffbereiche (trois materes): Die bret. Erzählungen seien eitel und gefällig („vain et plaisant"), die über das antike Rom weise und wissensreich („sage et de sens aprendant"), die Erzählungen über Frankreich jedoch, d. h. die C. d. g., wahr („voir") – wahr deshalb, weil Frankreichs Geschichte ihr Thema sei. Dem entspricht, daß sich Bodel auf eine schriftliche Quelle, d. h. ein lat. Buch, beruft, das in Saint-Faron zu Meaux aufbewahrt werde. Auch andere Autoren nennen als Quellen lat. Bücher, zumeist solche, die in der Königsabtei Saint-Denis liegen sollen (so z. B. Bertran de Bar-sur-Aube in seinem Epos

Girart de Vienne). Als weitere Beweisstücke für die Wahrheit des in den Epen dargestellten Geschehens gelten z. B. die Schilde Wilhelms und seines Neffen Bertran, die in Saint-Julien zu Brioude zu sehen seien (*Prise d'Orange*), oder Rolands Olifant, der den Altar von Saint-Seurin zu Bordeaux schmücke (CR).

5. Entstehung der Epen. Den in den Liedern selbst hervorgehobenen Bezug zur hist. Vergangenheit aufzuhellen, war das vornehmste Ziel der Epenforschung des 19. Jh.s. Der Bezug ist in einzelnen Fällen offenkundig. Die im Zentrum der CR stehende Schlacht von Roncevaux geht auf ein hist. Ereignis zurück: Die Nachhut Karls des Großen, der 778 Pamplona erobert hatte, wurde in den Pyrenäen von Basken überfallen, wobei u. a. ein Hruodlandus Britannici limitis praefectus (Einhart: *Vita Karoli Magni*) fiel. Ähnliches gilt für die in der CG besungenen Ereignisse: Der princeps Vilhelm (Ermoldus Nigellus: *Carmen Hludowici*) ist der Graf Wilhelm von Toulouse, der sich in den Schlachten vor Narbonne (793) und Barcelona (801) gegen die Sarazenen warf und später (812) als Mönch in Gellone starb.

Die Schwierigkeit, die in der Überbrükkung der langen Zeitspanne zwischen hist. Kern und Abfassungszeit der erhaltenen Epen liegt, versuchte die Forschung mit Hilfe der romantischen Epenentstehungstheorie zu überwinden. Nach dieser Theorie ist kurz nach dem hist. Ereignis und in unmittelbarer Nähe zu seinem Ort ein Kurzlied entstanden, das sich im Laufe der Jahrhunderte, um verschiedene Episoden angereichert und den hist. Kern immer freier gestaltend, zu den erhaltenen Fassungen ausgeweitet habe. Gegen Ende des 19. Jh.s wurde dieser traditionalistischen Theorie die sog. individualistische Entstehungstheorie entgegengestellt (P. A. Becker 1907, J. -> Bédier 1908–1913), nach der die erhaltenen Epen als Schöpfungen bestimmter, wenn auch nicht immer namentlich bekannter Dichterpersönlichkeiten zu gelten haben. Diese Dichter, die als im Sinne des lat. Schulwissens gebildet anzusehen seien, hätten den jeweiligen Stoff in der Regel lat. Quellen, die ihnen in Kloster- und Kirchenbibliotheken zugänglich gewesen seien, entnommen und in der Formensprache ihrer Zeit gestaltet. Der Zusammenhang zwischen volkssprachlichem Epos und lat. Lit. sei auch hinsichtlich des intendierten Laienpublikums plausibel, indem nämlich bestimmte Abteien (z. B. Saint-Denis) oder Kirchen (z. B. Saint-Seurin zu Bordeaux) zum Zwecke der kgl. Propaganda bzw. zur Förderung des Ansehens ihrer zumeist an wichtigen Pilgerstraßen gelegenen Häuser ein Interesse an bestimmten Epen haben mußten. Der individualistischen Theorie gebührt das große Verdienst, die wiss. Aufmerksamkeit von der Vorgeschichte der erhaltenen Epen auf ihre tatsächliche Textgestalt gelenkt zu haben: Nur so konnten konkrete Analysen von Stil und Form in Angriff genommen oder die Frage nach den Beziehungen zwischen dem Text und der geschichtlichen Situation, in der er steht, gestellt werden (Kreuzzugspropaganda, Problematik des Feudalrechts, Spannung zwischen Adel und Bürger).

Heute hat die Auseinandersetzung zwischen Traditionalisten und Individualisten ihre Schärfe verloren, da beide Forschungsansätze in einzelnen Fällen zu einander ergänzenden Einsichten führen. So stellt z. B. die CG eine wahrscheinlich im 11. Jh. in Poitou vorgenommene Verquickung zweier Lieder dar, deren eines, im 9. Jh. in Septimanien verfaßtes, den Grafen Wilhelm von Toulouse, deren anderes den 851 im Kampf gefallenen Vivien, Abt von Saint-Martin zu Tours, besang. Ein wohl Ende des 10. Jh.s im Rhonetal entstandenes Lied, das einen anderen Wilhelm als Eroberer von Orange feiert, wird Ende des 11. oder Anfang des 12. Jh.s zum Wilhemsepos in Beziehung gesetzt, indem beide Helden miteinander identifiziert werden. Daß hierbei die Abtei Gellone, die seit dem 10. Jh. ein Offizium des hl. Wilhelm kennt und sich seit dem 11. Jh. gelegentlich, seit dem 12. Jh. durchweg Monasterium sancti Guillelmi nennt, eine Rolle gespielt hat, ist mehr als wahrscheinlich. Und erwiesen ist, daß man in Gellone zur Abfassung der *Vita sancti Guillelmi* nicht etwa nur am Ort befindliches lat. Material verwendete, sondern sich der volkssprachlichen Wilhelmsgeste frei bediente. So könnte – im Sinne Bédiers – eine bestimmte Abtei für die Redaktion der Wilhelmsgeste des frühen 12. Jh.s verantwortlich gemacht werden, nicht jedoch für den Inhalt ihrer einzelnen Episoden, die – im Sinne der traditionalistischen Epenentstehungstheorie – nachweislich höher hinaufreichen und ursprünglich in andere Gebiete Frankreichs gehören.

6. Zyklen. Die Wilhelmsgeste, die in der 2. Hälfte des 12. Jh.s und im 13. Jh. um weitere Lieder bereichert wird (*Moniage Guillaume, Enfances Guillaume, Enfances Vivien* u. a.), stellt das anschaulichste Beispiel für das Phänomen der epischen Zyklusbildung des 12./13. Jh.s dar. Der Wilhelmszyklus umfaßt im 13. Jh. 24 Lieder, die in verschiedenen Handschriften in eine chronologische Reihenfolge gebracht sind. Gerade er zeigt, daß man – jedenfalls hier und mindestens für das 12./13. Jh. – von der schriftlichen Überlieferung der Texte auszugehen hat und nicht von der schriftlosen ('mündlichen') Verbreitung der Dichtungen, deren Einfluß auf die Textgestalt anderer Epen indessen nicht prinzipiell ausgeklammert werden darf (erhebliche Textschwankungen, Episodenhaftigkeit, Nichtidentität von Verfasser und 'Jongleur', sog. Jongleurhandschriften etc.). Neben der Wilhelmsgeste, in der der König von Frankreich stets Ludwig heißt, lassen sich mehrere Epen um die Figur Karls des Großen gruppieren (Königsgeste oder Karlsgeste), außer der CR etwa VC, *Saisnes, Berte aus grans piés*, andere (*Raoul de Cambrai, Girart de Roussillon, Renaut de Montauban* etc.) können unter der Bezeichnung Empörergeste zusammengefaßt werden, ohne daß es hier zu vergleichbar präziser Zyklusbildung oder überhaupt zu Großzyklen gekommen ist. Schon am Anfang des 13. Jh.s hat man versucht, die verschiedenen Epen in Gruppen einzuteilen: Bertran de Bar-sur-Aube unterscheidet drei Gesten, „la geste du roi de France", die vornehmste der drei, „la geste de Doon", zu dessen Geschlecht der Verräter Ganelon gehöre, und „la geste de Garin", i.e. die Wilhelmsgeste (das Ineinandergreifen der beiden Grundbedeutungen von geste ist hier bes. anschaulich).

7. Themen und Motive. Die Unterscheidung der drei Gesten ist nicht nur stofflich, sondern auch ideologisch begründet. Die Wilhelmsgeste stellt den trotz der Undankbarkeit und des Wankelmuts des Königs an der Vasallentreue festhaltenden Lehnsmann dar, in der Empörergeste ist die Bindung zwischen König und Vasall wegen ständiger Rechtsverletzungen zumeist des Königs zur unüberbrückbaren Distanz verfremdet, in der Karlsgeste, am eindringlichsten freilich in der CR, wird das Rechtsverhältnis zwischen König und Vasall, trotz Freilegung verschiedener Konflikte, letzlich idealisiert. Interessant dabei ist, daß der hist. Entwicklung in Frankreich von der relativ schwachen Königsmacht Philipps I. (1060–1108) bis zu ihrer Erstarkung unter Philipp II. August (1180–1223) keineswegs eine in allen Phasen kongruente Entwicklung in den C. d. g. gegenübersteht: Die epische Feudalwelt, die in der CR idealisiert wird, indem schließlich die Autorität des Lehnsherrn über das unbeschränkte Fehderecht und die Sippensolidarität der Vasallen triumphiert, wird im Verlauf des 12. Jh.s brüchig, weil der König sich nicht an das Recht hält bzw. schwach oder despotisch ist, obwohl die Vasallen (z. B. Wilhelm) nach dem unbedingten Prinzip der Vasallentreue handeln, und zerfällt schließlich gegen Ende des 12. Jh.s (*Renaut de Montauban*) im offenen Kampf zwischen despotischem König und rechtlosem Vasall.

Das Thema des Rechtsverhältnisses zwischen König und Vasall wird, wie man sieht, in den verschiedenen Epen und Epengruppen unterschiedlich, d. h. auch epochenspezifisch, behandelt. Gleiches gilt z. B. für das Motiv der Begegnung der Stände: im *Charroi de Nîmes* wird es ganz eindeutig zur Veranschaulichung der prinzipiellen Überlegenheit des chevalier gegenüber dem vilain eingesetzt, während das um eine Generation jüngere Epos *Aiol* (Ende des 12. Jh.s) bereits von einer beklemmenden Belästigung und Verwirrung des jungen Adligen durch spottlustige und aggressive borgois und borgoises weiß. Im Gegensatz hierzu wird z. B. das im ZA. der Kreuzzüge (1096–1291) aktuelle Thema des Kampfes gegen die Heiden (CR, *Chanson de Gormont et Isembart*, Wilhelmsgeste etc.) relativ einheitlich behandelt: Obwohl schon die CR hervorragende heidnische Ritter (Baligant) kennt, gilt hier und in allen folgenden Epen die Maxime „Paiens ont tort et chrestiens ont dreit". Die Integration eines Heiden in die christl. Gesellschaft ist nur durch Taufe möglich; der epische Held kann sich zwar in eine schöne Sarazenin verlieben, wie Wilhelm in Orable (*Prise d'Orange*) oder Foucon in Amphelise (*Foucon de Candie*), der Verehelichung muß jedoch die Taufe vorangehen (→Braut, Bräutigam). Umgekehrt kann ein Franke unter Sarazenen als Renegat (Isembart), als Gefangener (Vivien) oder als Entführter (Renier) leben.

Vielfältiger als die mögliche Berührungen von Heiden und Christen konkretisierenden Motive sind jene, die sich auf die christl. Feudalwelt selbst beziehen, auf Verhaltensweisen in bestimmten Situationen, auf zwischenmenschliche, zumal verwandtschaftliche Bindungen und deren Problematik. A. Adler (1975) hat versucht, die Gesamtzahl der erhaltenen C. d. g. in dem Sinne als Beziehungsgeflecht zu interpretieren, als seien in ihnen verschiedene Handlungs- und Seinsmöglichkeiten 'ausspekuliert', die miteinander korrespondieren, sich ergänzen oder einander widersprechen. So sei z. B. die auffällige Tatsache, daß das im Zentrum der Wilhelmssippe stehende Ehepaar Wilhelm – Guiborc zwar von zahlreichen Neffen umgeben, selbst jedoch kinderlos sei, in unmittelbarem Bezug zu der in der CR eher verdeckt, in späteren Karlsepen jedoch klar dargestellten Vater-Sohn-Bindung zu sehen (Roland, offiziell Neffe des Königs, ist in Wirklichkeit sein mit der Schwester gezeugter Sohn): Die Problematik des Vater-Sohn-Motivs, des Inzestmotivs oder des Onkel-Neffen-Motivs sei im Verlauf des 12./13. Jh.s von anderen 'Epenspekulanten' weiter ausgeleuchtet worden.

Die Motivgeschichtsforschung wird beim Gegenstand der C. d. g. über Adlers Ansatz hinaus zu berücksichtigen haben, daß einerseits alle, selbst extreme Möglichkeiten durchspielende Motive, in ihrem Zusammenhang betrachtet, historisch in den Horizont der Epoche zu stellen sind, und andererseits, daß die Frage nach den Berührungen von Heldenepos und anderen Gattungen ein zusätzliches Licht auf dessen Gattungsgeschichte werfen könnte: So scheint z. B. das Motiv der Fernliebe (*Prise d'Orange*) der höfischen Lyrik entnommen zu sein, das Motiv der Weltflucht der Hagiographie (*Moniage Guillaume*) oder Märchenfiguren wie Zauberer oder sprechendes Pferd (*Huon de Bordeaux*, *Renaut de Montauban*) dem höfischen bzw. dem byzant. Roman, dessen Handlungsstruktur in späteren C. d. g. übernommen wird (*Ami et Amile*, *Jourdain de Blaye*, *Florence de Rome*, Adenet le Roi: *Berte aus grans piés*).

8. Auflösung und Nachwirkung der Gattung. Die in einzelnen Motiven bereits im 12. Jh., hinsichtlich der Erzählstruktur im 13. Jh. zu beobachtende Annäherung der C. d. g. an den Roman sowie die oben hervorgehobene seit etwa 1300 erkennbare Veränderung der Rezeptionssituation sind die wichtigsten Voraussetzungen für die Auflösung der Gattung bzw. für ihr stofflich-thematisches Einmünden in den breiten Strom des Prosaromans. Der Prosaroman, der gattungsgeschichtlich um 1200 mit Werken der Graalthematik einsetzt, rasch andere Themen und Stoffe aufsaugt und im 15. Jh. schließlich auch durch Bearbeitungen älterer C. d. g. bereichert wird, stellt an der Schwelle zur Neuzeit das imponierende Sammelbecken ma. frz. Erzählgutes dar (Wiegendrucke), das er in sprachlich-stilistischer Modernisierung den folgenden Jh.en rettet.

Im Gegensatz zu den frz. 'Jongleurs' halten die oberital. Spielleute (cantastorie) bis weit ins 14. Jh. an der traditionellen Form der C. d. g. fest, die sie, der Intention nach frz., in Wahrheit jedoch zumeist in einer ital.-frz. Mischsprache vortragen. Spätestens Ende des 14. Jh.s erfolgt aber auch in Italien, zumal in der Toskana, die Neuerung: Neben einzelnen ital. Prosafassungen stehen überaus zahlreiche ital. – stofflich zumeist der frz. Karlsgeste verpflichtete – Großgedichte (in Oktaven), unter denen Luigi Pulcis *Morgante* (gedr. Florenz 1483), Matteo Maria → Boiardos *Orlando* (Roland) *innamorato* (gedr. Venedig 1487) und dann Ludovico → Ariostos *Orlando furioso* (gedr. Ferrara 1516) bes. hervorragen. Letzte Ausläufer der Gattung finden sich im Volksbuch (16.–19. Jh.) und Volksroman (19. Jh.) sowie beim ital.- und frz.sprachigen → Puppentheater (19./20. Jh.).
cf. → Amicus und Amelius, → Beuve de Hampton, → Berta, → Byzant. Erzählgut, → Epos, → Erek, → Heldensage, → Huon de Bordeaux, → Karl der Große, → Renaut de Montauban, → Roland

Bibliogr.: Bossuat, R.: Manuel bibliographique de la littérature française du Moyen Âge. Melun 1951, 11–88; Supplément (1949–53). P. 1954, 21–34; Second Supplément (1954–60). P. 1961, 17–30; daneben seit 1958 fortlaufend das Bulletin bibliographique de la Société Rencesvals (P.).

Lit.: Becker, P. A.: Grundriß der altfrz. Lit. Teil 1: Älteste Denkmäler. Nationale Heldendichtung (Slg rom. Elementar- und Handbücher 2,1). Heidelberg 1907. – Boje, C.: Über den altfrz. Roman von B. de Hamtone (Zs. für rom. Philologie, Beiheft 19). Halle 1909 (mit Motivbelegen aus der altfrz. Epik). – Bédier, J.: Les Légendes épiques. Recherches sur la formation des c. d. g. 1–4. P. 1908–1913 (³1926–1929). – Lejeune, R.: Recherches sur le thème: Les C. d. g. et l'histoire (Bibliothèque de la Faculté de Philosophie et Lettres de l'Université de Liège 108). Liège 1948. – Rychner, J.: La C. d. g. Essai sur l'art épique des jongleurs. Genève/Lille 1955. – Frappier, J.: Les C. d. g. du cycle de Guillaume d'Orange 1–2. P. 1955, 1964 (²1967). – Riquer, M. de: Les C. d. g. françaises. P. ²1957. – Lot, F.: Études sur les légendes épiques françaises. P. 1958. – Delbouille, M. (u. a.): La Technique littéraire des c. d. g. (Bibliothèque de la Faculté de Philosophie et Lettres de l'Université de Liège 150). P. 1959. – Menéndez Pidal, R.: La Chanson de Roland et la tradition épique des Francs. P. ²1960. – Waltz, M.: Rolandslied, Wilhelmslied, Alexiuslied. Zur Struktur und geschichtlichen Bedeutung. Heidelberg 1965. – Lejeune, R./Stiennon, J.: La Légende de Roland dans l'art du Moyen Âge 1–2. Bruxelles 1966. – Aebischer, P.: Rolandiana et Oliveriana. Recueil d'études sur les c. d. g. Genève 1967. – Bender, K.-H.: König und Vasall. Unters.en zur chanson de geste des XII. Jh.s. Heidelberg 1967. – Tyssens, M.: La Geste de Guillaume d'Orange dans les manuscrits cycliques (Bibliothèque de la Faculté de Philosophie et Lettres de l'Universtité de Liège 178). P. 1967. – Köhler, E.: 'Conseil des barons' und 'jugement des barons'. Epische Fatalität und Feudalrecht im altfrz. Rolandslied (SB.e der Heidelberger Akad. der Wiss.en, phil.-hist. Kl. Jg 1968, 4. Abhdlg). Heidelberg 1968. – Wathelet-Willem, J.: Recherches sur la Chanson de Guillaume 1–2. P. 1975. – Adler, A.: Epische Spekulanten. Versuch einer synchronen Geschichte des altfrz. Epos. Mü. 1975. – Wais, K.: Märchen und Chanson de geste. Themengeschichtliches zu Robert le Diable, Berte aus grans piés, Loher und Maller (Zs. für frz. Sprache und Lit., Beiheft N. F. 5). Wiesbaden 1977 (Teil 1); Teil 2 in: Zs. für frz. Sprache und Lit. 87 (1977) 314–334. – Krauss, H. (ed.): Altfrz. Epik. Darmstadt 1978.

Göttingen Ulrich Mölk

Chanten → Ostjaken

Chantefable → Cante fable

Chapbook

1. Geschichtlicher Überblick – 2. Form und Aussehen – 3. Inhalte – 3.1. Literar. Vorlagen – 3.2. Mündliche Überlieferung – 3.3. Zeitgenössische Autoren – 4. Herstellung und Vertrieb – 5. Funktion und Wirkung

C. ist die engl. Bezeichnung für Flugschriften mit vier oder mehr Seiten. Das seit dem 19. Jh. gebräuchliche Wort ist möglicherweise abgeleitet vom altengl. ceap (Kauf), analog zu chapman (Hausierer), oder von neuengl. cheap (billig); weitere Bezeichnungen, die z. T. auf bestimmte Inhalte hinweisen: penny history, small (merry) book, garland, jest book, pamphlet; Heftchen, (Jahrmarkts-)Broschüre, (Volks-)Büchlein.

1. Geschichtlicher Überblick. Etwa um 1530 entwickelte sich die Flugschrift aus dem → Flugblatt. Beide Formen fanden in England erst im 17. Jh. –

besonders nach der 'Restoration' (1660) – massenhafte Verbreitung. Die C.s des späten 17. Jh.s wurden in Auflagen von mehreren 100 Exemplaren in London für ein mittleres und gehobenes städtisches Publikum gedruckt. Der Höhepunkt lag im 18. Jh.: Dank des raschen Anwachsens der Lesefähigkeit, der Errichtung von Druckereien im ganzen Lande und des Vertriebs der C.s durch ein Heer von Wanderhändlern wurden sie derart massenhaft bis in die entlegensten Gegenden verbreitet, daß sie zu Recht als "the most important element [. . .] in the printed popular literature of the eighteenth century" bezeichnet werden können (Neuburg 1968, 3). Sie erschienen im typischen Oktav- und Duodezformat in hohen Auflagen und erreichten ein ständig breiter werdendes kleinbürgerliches und bäuerliches Publikum. Im Süden Englands lag der Höhepunkt in der ersten, in Schottland, Irland und Nordamerika in der zweiten Hälfte des 18. Jh.s. Nach Amerika wurden C.s seit ca 1725 exportiert, wo sie ab 1755 auch gedruckt wurden. Sie erlangten dort und in Irland nie die gleiche Popularität wie in England und Schottland.

Die C.s wurden bes. im 18. Jh. wegen ihrer Inhalte aus moralischen, aufklärerischen und auch politischen Gründen kritisiert und bekämpft. Ihr Niedergang als Lektüre für Erwachsene setzte schon im späten 18. Jh. ein, als sich das breite Publikum aufgrund der politischen und sozialen Umwälzungen und der veränderten Werte und Einstellungen solchen Lesestoffen zuwandte, die den gewandelten Ansprüchen an Unterhaltung, Information und Bildung besser gerecht wurden. Nach 1780 begannen die Verleger und Drucker, sich auf die Bedürfnisse jugendlicher Leser einzustellen. In besserer Qualität und größerer Seitenzahl vermochten die C.s als Kinder- und Jugendliteratur sich in England und Schottland bis über die Mitte des 19. Jh.s hinaus zu halten, wurden dann aber von anderen Lesestoffen endgültig verdrängt.

2. Form und Aussehen. C.s bestehen aus beidseitig bedruckten, mehrfach gefalzten, meist unaufgeschnittenen und ungehefteten Bögen. Anfangs noch im Quartformat mit 4 oder 8 Seiten, erschienen sie seit dem späten 17. Jh. vorwiegend im Oktavformat mit 8, 16 oder 32 Seiten und seit der Mitte des 18. Jh.s dann zunehmend im Duodezformat mit 12 oder 24 Seiten. Im Oktavformat maßen sie ca 14 × 9 cm. Das meist schmutzigweiße, graue, bräunliche oder bläuliche Papier (→ Bibliothèque bleue) war von geringer Qualität. Die im 17. Jh. noch gute Druckqualität sank im 18. Jh. erheblich und stieg erst im frühen 19. Jh. aufgrund neuer Drucktechniken. Bis ca 1700 wurde vorwiegend black letter (fetter Fraktursatz), danach white letter (Antiqua) verwendet; die Titelseite wirkte durch große und verschiedenartige Drucktypen und durch Holzschnitte als Blickfang. Die anfangs recht guten Holzschnitte wurden oft von mehreren Druckergenerationen bis zur völligen Abnutzung verwendet; sehr häufig wurden sie ohne Bezug zum Inhalt des C.s benutzt. Nach 1800 waren die Titelseiten zunehmend koloriert. Der größere Teil der C.s ist undatiert, doch da fast immer der Drucker, Verleger oder Druckort angegeben ist, können sie mit Hilfe von Verzeichnissen der Druckorte und Drucker recht gut zeitlich eingeordnet werden (Weiss 1942, 18–29; Neuburg 1972, 47–74; Thompson 1971–73, 78–83). Die Auflagenhöhe der C.s entwickelte sich von einigen 100 (im 17. Jh.) zu vielen 10.000 Exemplaren (im 19. Jh.). Die meisten C.s wurden viele Male unverändert oder nur leicht verändert neu aufgelegt. C.s waren bei einem Preis von meist einem Penny für ein breites Publikum erschwinglich.

3. Inhalte. Kennzeichnend für die C.s ist die kaum überschaubare Vielfalt ihrer Inhalte. Schon früh ist versucht worden, diese Vielfalt zu ordnen. J. Ashton (1882, X) teilt die C.s in zehn Gruppen (Religious, Diabolical, Supernatural, Superstitious, Romantic, Humorous, Legendary, Historical, Biographical, Criminal); W. Harvey (1903) unterscheidet nur fünf Gruppen (Humorous, Instructive, Romantic, Superstitious, Songs and Ballads). Weitaus de-

taillierter ist die Klassifikation von C. Welsh u. a. (1905) mit 23 Gruppen; sie wurde von H. B. Weiss (1942, 30) und von V. E. Neuburg (1972, 6sq.) in jeweils leicht veränderter Form übernommen. Wegen einiger Inkonsequenzen dieser Klassifikationen wird folgende inhaltliche Gruppierung der C.s vorgeschlagen:

(1) Sachbücher; Kalender, Almanache. – (2) Religiöse, moralische Schriften und Traktate. – (3) Politische, sozialkritische Schriften, Traktate und Satiren. – (4) Biographien, hist. Darstellungen. – (5) Lokalgeschichte; Landesbeschreibung, Sitten und Bräuche; Reisen und Abenteuer. – (6) Wunderberichte, Unglücksfälle, Gruselgeschichten, seltsame Ereignisse und Menschen. – (7) Verbrechen und Verbrecher, Prozesse, Exekutionen; schreckliche Warnungen. – (8) Traumdeutung, Wahrsagerei, Prophezeiungen; Magie und Zauberei. – (9) Dämonologie, Hexen- und Teufelsgeschichten. – (10) Romane, Novellen; Klassiker (gekürzt). – (11) Romanzen; Volkserzählungen, Märchen, Sagen, Legenden, Fabeln. – (12) Schwänke (Vers und Prosa), Anekdoten, Witze. – (13) Gedichte, Verserzählungen; Lieder, Balladen. – (14) Rätsel, Sprüche, Sprichwörter; Ausrufe. – (15) Dramen, Volksschauspiele.

Die meisten C.s fallen unter die Kategorien 10–13; C.s mit Liedern und Balladen „far outnumbered other types of chapbooks" (Weiss 1942, 75). C.s bezogen ihre Stoffe aus Lit., mündlicher Überlieferung oder wurden von zeitgenössischen Autoren neu verfaßt.

3.1. Literar. Vorlagen. (a) ma. Romanzen und Verserzählungen, (b) → Volksbücher des 16.–17. Jh.s sowie (c) Romane und Novellen von bekannten Autoren des 16.–18. Jh.s (Daniel Defoe, Thomas Deloney, John Bunyan u. a.). Die Vorlagen wurden von den Kompilatoren bis auf die Länge von zumeist 24 oder 32 Seiten gerafft, so daß oft nur die wichtigsten Handlungselemente erhalten blieben; Wortschatz und Stil wurden dabei stark vereinfacht. Beispiele für die Kategorie sind die C.s *Guy of Warwick* (→ *Gui de Warwick*), *The Four Sons of Aymon* (→ Haimonskinder), *The Seven Wise Masters* (AaTh 875D*: *The Prince's Seven Wise Teachers*), *The Seven Champions*; auf dt. Vorlagen gehen *Doctor Faustus* (→ Faust), → *Fortunatus* und *The Wandering Jew* (AaTh 777: → *Ewiger Jude*), auf frz. Vorlage → *Valentine and Orson* zurück.

3.2. Mündliche Überlieferung — direkt oder aber indirekt über eine gedruckte Vorlage (bes. die Schwankbücher [Jestbooks] des 16./17. Jh.s) —, Schwänke, Anekdoten, Sprichwörter und Volksglaube, wurde häufig in Sammlungen um einen pikaresken Helden gruppiert, z. B. *Tom Tram* (cf. AaTh 1360 C: *Der alte* → *Hildebrand*), *Simple Simon* oder *Tom Thumb* (cf. AaTh 700: → *Däumling*). Zahlreiche Märchen, Legenden und Sagen erreichten durch die C.s anhaltende Popularität; schon früh wurden Märchen-C.s gezielt für Kinder geschrieben wie *Jack the Giant Killer* (AaTh 328: → *Corvetto*), → *Cinderella* (AaTh 510: *Cinderella and Cap o'Rushes*), *Jack and the Bean-Stalk* (→ Bohnenranke; cf. Mot. F 54.2: *Plant grows to sky*), *Patient Grissel* (AaTh 887: → *Griseldis*) u. a. mehr. Lieder und Balladen (z. B. über → Robin Hood) wurden in großer Zahl aus der mündlichen Überlieferung genommen und in garlands oder songsters zusammengestellt.

3.3. Zeitgenössische Autoren verfaßten anscheinend nur wenige C.s neu; die meisten blieben zudem anonym. Weiss (1942, 11–17) behandelt einige der wenigen bekannten C.-Autoren, unter ihnen Dougal Graham (1724–79) aus Glasgow, dem zahlreiche populäre C.s zugeschrieben werden und der einen starken Einfluß auf die schott. C.s hatte.

4. Herstellung und Vertrieb. Die Royal Charter von 1557 gewährte den in der Company of Stationers zusammengeschlossenen Londoner Verlegern, Buchdruckern und Buchhändlern das Druckmonopol. Bis zu dessen Aufhebung (1693) durfte außerhalb Londons nicht gedruckt und mußten alle Druckerzeugnisse im *Register of the Company of Stationers* verzeichnet werden (v. Rollins 1924); Raub- und Nachdrucke in anderen Städten waren jedoch üblich.

Die bedeutendsten Drucker von C.s im späten 17. Jh. waren Francis Coles, Thomas Passinger, Thomas Vere, John Wright und William Thackeray in London. Thackerays Verkaufsliste von ca 1689 enthält außer Flugblättern 149 C.s, unter denen bereits sehr viele im 18. Jh. populäre Titel sind (Abdruck bei Shepard 1969, 20sq.). Im 18. Jh. waren von 1720 bis ca 1775 William und Cluer Dicey (London) die weitaus bedeutendsten Produzenten von C.s; ihre Verkaufsliste von 1764 (Abdruck bei Neuburg 1972, 75–80) weist 150 Titel auf (zu Dicey v. Neuburg 1968, 26–29; Shepard 1969, 23–29). Nach 1700 wurden C.s außerhalb Londons bes. in Newcastle, York, Birmingham, Tewkesbury, Banbury, Nottingham, Manchester und Coventry hergestellt. In Schottland waren Glasgow, Edinburgh, Falkirk, Stirling und Aberdeen Zentren der C.-Produktion. In Irland (Dublin) wurden erst nach 1750 C.s gedruckt, in Amerika (bes. Boston, Philadelphia und New York) ab 1755. Der bedeutendste Produzent des 19. Jh.s war James Catnach in London (1792–1841), der vor allem C.s für Kinder und Jugendliche druckte und die zweite Blüte der C.s wesentlich begründete (cf. Hindley 1869; Neuburg 1968, 66–77; Shepard 1973, 72–77, 215–223).

Der Vertrieb der C.s geschah nur zum kleinen Teil durch den Buchhandel; der größte Teil wurde von Wanderhändlern (chapmen, pedlars, running stationers, hawkers) bis in die kleinsten Dörfer vertrieben. Anfangs bezogen sie die C.s nur aus London, was ihren Aktionsradius begrenzte, nach ca 1710 zunehmend von den Provinzdruckern (v. Weiss 1942, 1–5; Mayhew 1851–62, t. 1, 213–285; Schenda 1970, 228–270; Neuburg 1971, 122–125; Shepard 1973, 79–106).

Eine Einflußnahme auf Produktion und Vertrieb der C.s von seiten des Staates gab es nach der Aufhebung des Druckermonopols kaum. Versuche, ihre Verbreitung zu behindern, wurden von den Aufklärern des 18. Jh.s wegen der 'schädlichen' Inhalte und des Aberglaubens in den C.s, vor allem aber von religiösen Gesellschaften unternommen. Die 1699 gegründete Society for Promoting Christian Knowledge und bes. die 1795 von Hannah More gegründete Religious Tract Society brachten zahllose religiöse Traktate in der Aufmachung und im Stil der C.s zu sehr geringen Preisen oder kostenlos heraus mit dem Ziel, die C.s zu verdrängen. Die stark moralisierenden und konservativen *Cheap Repository Tracts* (1795–98) von Hannah More, die auch in Amerika vertrieben wurden, konnten aber ebenso wie andere Traktate die Popularität der C.s kaum mindern (cf. Weiss 1942, 32–34; id. 1946; Altick 1957, 75sq.; Schenda 1970, 315–21).

5. Funktion und Wirkung. Die C.s erfüllten mehrere Funktionen: Sie befriedigten – als häufig einziger Lesestoff neben den Flugblättern – das wachsende Lesebedürfnis und halfen wesentlich bei der Verbreitung der Lesefähigkeit. Als Lesestoff der 'kleinen Leute' – der unteren Sozialschichten und nach ca 1780 der Kinder – entsprachen sie dem Bedürfnis nach Unterhaltung und Abwechslung, nach Information und Belehrung; sie vermittelten Ideen, Werte und Einstellungen, die überwiegend konservativ-stabilisierend waren. Zahlreiche C.s wurden über mehr als 100 Jahre unverändert nachgedruckt, und ihre meist traditionellen Inhalte wurden – „petrified in print" (Neuburg 1971, 122) – zu einem wesentlichen Bestandteil der popularen Kultur des engl. Sprachraums. Die Wirkung der C.s und auch der Flugblätter auf die mündliche Tradition der letzten Jh.e kann kaum überschätzt werden. Zahlreiche ma. Stoffe weisen durch ihre Verwendung in C.s eine Kontinuität bis ins 19. Jh. auf; Märchen, Sagen und Schwänke konnten sich vielfach allein deswegen bis in die Gegenwart in der Überlieferung halten (Szövérffy 1958; Dorson 1972, 466sq.; Dégh 1972, 68, 76; Neuburg 1968, 17sq.). Viele Helden der C.s (Robin Hood, Jack the Giant Killer, Simple Simon, Jack Horner, Tom Thumb u. a.) sind – z. T. in Kinderreimen – bis heute Allgemeingut. Einen bes. nachhaltigen Einfluß hatten die C.s auf die Lied- und Balladentradition.

Bedeutende Slgen: National Library of Scotland (Edinburgh). – Carl J. Pforzheimer Collection (privat). – Harvard College Library (Cambridge, Mass.). – British Library (L.). – Bodleian Library (Ox.). – N. Y. Public Library. – University of California (L. A.). (v. Weiss 1942, 141–143; Neuburg 1971, 11–13; Shepard 1973, 31–35).

Bibliogr.n: Weiss 1942, 145–149. – Neuburg 1972, 17–42.

Ausg.n und Kataloge: Fraser, J.: The Humorous C.s of Scotland 1–2. N. Y. 1873–[74]. –

Ashton, J.: Chap-Books of the Eighteenth Century. L. 1882 (Nachdr. N. Y. 1966). – Federer, C. A.: Yorkshire C.s. L. 1889. – Pearson, E.: Banbury C.s and Nursery Toy Books Literature of the 18th and Early 19th Centuries. L. 1890 (Nachdr. N. Y. 1972). – Welsh, C./Tillinghast, W. H./Lane, W. C.: Catalogue of English and American C.s and Broadside Ballads in Harvard College Library. Cambridge, Mass. 1905 (Nachdr. Detroit 1968). – Rollins, H. E.: An Analytical Index to the Ballad Entries, 1557–1709 in the Registers of the Company of Stationers in L. Chapel Hill, N. C. 1924 (Nachdr. Hatboro, Pa 1967). – Weiss, H. B.: A Catalogue of the C.s in the N. Y. Public Library [...]. N. Y. 1936. – National Library of Scotland, Edinburgh (ed.): Catalogue of the Lauriston Castle C.s. Boston, Mass. 1964.

Lit.: Halliwell-Phillipps, J. O.: Notices of Fugitive Tracts, and C.s. L. 1849 (Nachdr. N. Y./L. 1965). – Mayhew, H.: L. Labour and the L. Poor 1–3. L. 1851/52 (Nachdr. L. 1967 und N. Y. 1969). – Nisard, C.: Histoire des livres populaires [...]. P. 1854 (Nachdr. P. 1968). – Hindley, C.: The Catnach Press. L. 1869. – Harvey, W.: Scottish C. Literature. Paisley 1903. – Kapp, R.: Hll. und Hll.nlegenden in England. Halle 1934, 224–241. – Weiss, H. B.: American C.s. Trenton, N. J. 1938. – id.: A Book About C.s. Trenton, N. J. 1942 (Nachdr. Hatboro, Pa 1969). – id.: American C.s, 1722–1842. In: Bulletin of the N. Y. Public Library 49 (1945) 491–98, 587–96. – id.: Hannah More's Cheap Repository Tracts in America. In: ibid. 50 (1946) 539–49, 634–41. – Altick, R. D.: The English Common Reader. Chic. 1957. – Szövérffy, J.: Volkserzählung und Volksbuch. In: Fabula 1 (1958) 3–18. – Ratcliffe, F. W.: C.s with Scottish Imprints in the Robert White Collection [Newcastle University Library]. In: The Bibliotheck 4 (1963–66) 88–174. – Neuburg, V. E.: C.s. L. 1964 (Nachdr. L. 1972). – id.: The Penny Histories. A Study for Young Readers [...]. L. 1968. – Shepard, L.: John Pitts, Ballad Printer of Seven Dials, L. 1765–1844. L. 1969. – Schenda, R.: Volk ohne Buch. Ffm. 1970 (Mü. ^{2}1977). – Thompson, A. R.: C. Printers. In: The Bibliotheck 6 (1971–73) 76–83. – Neuburg, V. E.: Popular Education in Eighteenth Century England. L. 1971, 115–125. – Davison, W.: Halfpenny C.s. Newcastle-upon-Tyne 1971. – Dégh, L.: Folk Narrative. In: Folklore and Folklife. ed. R. M. Dorson. Chic./L. 1972, 53–83. – Dorson, R. M.: The Use of Printed Sources. In: ibid., 465–477. – Shepard, L.: The History of Street Literature. Newton Abbot 1973. – Collison, R.: The Story of Street Literature. Forerunner of the Popular Press. L. 1973. – Brednich, R.-W.: Die Liedpublizistik im Flugblatt des 15.–17. Jh.s 1–2. Baden-Baden 1974/75. – James, L.: Print and the People 1819–1851. L. 1976. – Preston, M. J./Smith, M. G./Smith, P. S.: The Lost C.s. In: FL 88 (1977) 160–174. – Neuburg, V. E.: Popular Literature. A History and Guide. L. 1977. – Wehse, R.: Flugblatt und Schwanklied in Großbritannien. Ffm./Bern/Las Vegas 1979, bes. 19–69.

Münster Klaus Roth

Chaperon rouge → Rotkäppchen

Chappuys, Gabriel → Novellistik

Charaktereigenschaften und -proben. Es ist nur selbstverständlich, daß der erzählende Mensch die determinierenden Faktoren seines Lebens in die Welt seiner oralen und literalen Traditionen übernimmt. Das gilt vor allem auch für die in ihm angelegten Qualitäten. In vielen Erzählungen bestimmen menschliche Eigenschaften das Geschehen so evident, daß man von Charaktermärchen, -sagen oder -schwänken sprechen möchte[1]. In AaTh 763 (→*Schatzfinder morden einander*) z. B. führt übergroße Habsucht die Schatzfinder dazu, einander umzubringen. Haß treibt die feindlichen Brüder der Volkssage zur gegenseitigen Vernichtung[2]. Die Torheit der Schildbürger provoziert ganze Schwankserien (AaTh 1200–1349). Heilige Barmherzigkeit bewirkt bei der verbotenen Almosenspende ein Wunder nach dem andern (→ Brot, → Rosenwunder, → Speisewunder).

Häufiger wird durch Kontrasteigenschaften das Geschehen polarisiert[3]. Das gute und fleißige Mädchen kommt zu Reichtum und Schönheit, das schlechte und faule erfährt Demütigung und Schädigung (AaTh 480: *Das gute und das schlechte → Mädchen*). Dem mildtätigen Jüngsten schenken die Jenseitigen die Erfolg und Glück bringende Gabe, die unfreundlichen älteren Brüder gehen leer aus oder fallen gar ins Unglück (cf. z. B. AaTh 513 B I: → *Schiff zu Wasser und zu Lande;* AaTh 550 II: → *Vogel, Pferd und Königstochter;* AaTh 570 II: → *Hasenhirt*). Menschliche Klugheit überwindet immer wieder teuflische oder riesische Dummheit und führt so zu spannungsgeladenen Adversativsituationen: Der listige Bauer erntet stets die gute Frucht, der einfältige

Teufel den schäbigen Rest (AaTh 1030: → *Ernteteilung*), der gewitzte Kenner wählt die gesunden Schweine mit den 'häßlichen' geringelten, der stupide Kontrahent die schwachen mit den 'schönen' hängenden Schwänzen (AaTh 1036: → *Teilung der Schweine*).

Dabei können die konkurrierenden Qualitäten bis zur Katastrophe aufeinanderprallen. In AaTh 1135 (→ *Polyphem*) verliert der durch den Trickster düpierte dumme Unhold die Sehkraft, in AaTh 1119–1121 (→ *Teufel tötet Frau und Kinder*) wird er dazu gebracht, Frau und Kinder umzubringen, in AaTh 1088 dazu, sich selbst den Bauch aufzuschneiden (→ Gastrotomie). Auch das Märchen kennt diese Art von Selbstvernichtung: Bosheit geht an Schläue zugrunde, cf. die selbst inszenierte Verbrennung der Hexe in AaTh 327 A (→ *Hänsel und Gretel*); der heiratsbegierige Zwerg in der Grimmschen Fassung (KHM 55) zu AaTh 500 (→ *Name des Unholds*) zerreißt sich zum Schluß selbst; ausgleichendes Gerechtigkeitsgefühl provoziert die Selbstverurteilung der Bösewichter: An ihnen wird vollzogen, was sie anderen zugedacht haben (Mot. Q 463: *Spiked-cask punishment*; Mot. Q 414.4: *Punishment: dancing to death in red-hot shoes* etc.). Die Legende dagegen kennt nur die aus moralischen Gründen vollzogene Selbstverstümmelung oder -tötung: Keuschheit z. B. rettet sich vor orgastischen Gelüsten durch Mutilation oder Suizid, (cf. Mot. T327. 1: *Maiden sends to her lecherous lover [brother] her eyes [hands, breasts] which he has admired*[4]; Mot. T 333: *Man mutilates himself to remove temptation*; Mot. T 326: *Suicide to save virginity*).

Die Konstellation der C. kann demnach erheblich differieren. Gleiches kann Gleichem zugesellt sein: Der faule Heinz in KHM 164 (AaTh 1430: → *Luftschlösser*) bekommt seine faule Trine, der dumme Hans des Volkslieds seine entsprechende Gretel:

Hans und Gretel
Zwei lustige Leut;
Hansel ist närrisch
Und Gretel nit gescheit[5].

In AaTh 60 (→ *Fuchs und Kranich*) beantwortet der Kranich die arglistige Bewirtung durch den Fuchs auf gleiche Weise, die Treue des Dieners in AaTh 516 (*Der treue* → *Johannes*) wird durch die des Herrn belohnt. Oder Ungleiches wird gepaart bzw. konfrontiert: Christus (Gott) und/oder der hl. Petrus verheiraten das fleißige Mädchen mit dem faulen Burschen (AaTh 822: → *Christus als Ehestifter*), die maßlos fordernde Fischersfrau treibt ihren bescheidenen und ängstlichen Mann ins Desaster (AaTh 555: → *Fischer und seine Frau*), der verschwenderischen Braut in AaTh 1451 (→ *Brautproben*) steht die sparsame und daher erfolgreiche Magd gegenüber. Auch das Widerspiel vom Bösen zum Bösen begegnet recht häufig. In AaTh 1331 übertrumpfen sich der → Neidische und der Habsüchtige mit ihren verderblichen Wünschen, in AaTh 763 bringen sich die gierigen Schatzfinder gegenseitig um. Schließlich begegnet nicht selten eine Massierung der gleichen Eigenschaften: Die → kluge Else (AaTh 1450) stiftet mit ihren dümmlichen Befürchtungen nacheinander Eltern und Geschwister zu gleichen Verhaltensweisen an, und als der etwas schlauere Ehemann ähnlich törichte Leute sucht, findet er sie alsbald en masse. Alle drei Brüder in AaTh 655 (*Die klugen* → *Brüder*) und 655 A (*Die scharfsinnigen* → *Brüder*) sind mit großem Scharfsinn begabt und legen eine ganze Reihe von entsprechenden Proben ab. Die geheuchelte Sensitivität der drei Frauen in → Christoforo Armenos *Reise der Söhne Giaffers* wird an den verschiedensten Beispielen demonstriert[6].

Die angeführten Beispiele machen deutlich, daß C. im Märchen nicht detailliert beschrieben, sondern, wie in der Realität eben auch, durch entsprechendes Handeln ausgewiesen werden[7]. Sie sind also, solchermaßen aktiviert und in Bilder- und Motivfolgen umgesetzt, wichtige Strukturelemente. AaTh 313 (→ *Magische Flucht*) etwa baut sich einerseits auf den Bedrängnissen durch den Vertreter des bösen, andererseits auf der Hilfe durch die Repräsentantin des guten Prinzips auf. Der Held selbst steht ebenso inaktiv wie charakterlich unprofiliert im Ablauf des Geschehens. Ähnlich sind die zahllosen Qualitätsproben des Märchens oder Schwanks konstruiert. Als Beispiel mit charakterbedingt negativem Ausgang mag AaTh 1416 (*Die neue* → *Eva*) dienen:

Einleitung: Die armen geschundenen Eheleute begehren gegen ihr Schicksal auf und behaupten, sie hätten nicht so unbeherrscht wie das erste Menschenpaar gehandelt. Probe: Der skeptische König sperrt sie in ein Zimmer; sie dürfen nicht in eine verdeckte Schüssel schauen. Katastrophe: Unbezwingbare Neugier treibt die Frau zum Bruch des Tabus. Das Paar verfällt wieder der alten Misere.

Natürlich sind, dem naiven Weltbild des homo narrans entsprechend, auch die Tiere und die Jenseitigen mit menschlichen Eigenschaften ausgestattet. Der Bär wird gewöhnlich als plump einfältig geschildert, der Hund gilt als treu, die Ziege als lügnerisch, der Hirsch ist eitel, die Elster diebisch und geschwätzig, die Flunder hämisch etc. In Opposition gebracht, ergibt das wiederum das bekannte Kollisionssystem: Der dumme Wolf fällt auf den schlauen Fuchs herein (AaTh 1: → *Fischdiebstahl*; AaTh 2: → *Schwanzfischer*; AaTh 4: → *Kranker trägt den Gesunden* etc.), der gerissene Igel überlistet den hochmütigen Hasen (AaTh 275A*: cf. → *Wettlauf der Tiere*), das fröhliche Eichhörnchen den übelwollenden Wolf (AaTh 87B*: *Why Squirrel is Gay*), und die fleißige → Ameise beschämt die faule Grille (AaTh 280A). Gleiches gilt für die Jenseitigen, obwohl hier nicht selten → Ambivalenz der Eigenschaften dominiert. Schon die Gottheiten haben ja ihre Zorn- wie ihre Güteseite. Weit häufiger begegnet Qualitätsdiskrepanz in der sog. niederen Mythologie: Zwerge können hilfreich und heimtückisch, Riesen gewalttätig und tolpatschig gutmütig, Feen freundlich und feindlich, Tote dankbar und blutgierig sein.

Eine solche charakterliche Ambivalenz ist bei den Märchenfiguren undenkbar. M. Lüthi[8] und L. Röhrich weisen beide darauf hin, daß es keine gemischten Charaktere gibt; „jede Gestalt vertritt nur eine Eigenschaft"[9]. Zwar kann es Charakteränderungen geben, aber diese werden nicht als Folge innerer psychodramatischer Prozesse, sondern als die von merkwürdigen, immer äußerlich angewandten Prozeduren und Manipulationen aufgefaßt. Die hochmütigen Prinzessinnen werden auf eine recht rabiate Weise zur Räson gebracht (cf. AaTh 900: → *König Drosselbart*; AaTh 901: → *Zähmung der Widerspenstigen*), der unwirsche König in AaTh 923 (→ *Lieb wie das Salz*) durch die kluge Behandlung der Tochter zu väterlicher Liebe zurückgewonnen. Die dämonische Königstochter in der russ. Variante zu AaTh 507C (→ *Giftmädchen*) wird in zwei Hälften geteilt, die Schlangen in ihr werden verbrannt und die Tote mit magischen Mitteln wieder lebendig gemacht. „Da ward die Königstochter Truda [...] so sanft, als sie vordem böse gewesen war"[10]. Umgekehrt können menschliche Qualitäten durch solche Manipulationen negativiert werden. Die durchaus rechtschaffenen Soldaten in AaTh 660 (*Die drei* → *Doktoren*) bekommen durch die mißlungenen Operationen tierische Eigenschaften, der, dem eine Diebshand angenäht worden ist, wird sogar von Stehlsucht befallen. Ähnliches kann auch die Jenseitigen treffen: „Der Dämon in der Messingflasche (*1001 Nacht*, cf. AaTh 331: → *Geist im Glas*) wird in der langen Isolierhaft böse, zerstörungs-, tötungsbegierig"[11].

Man hat gelegentlich versucht, eine auf sozialen, familialen, religiösen u. a. Intentionen und Verhältnissen beruhende Typologie der C. in den verschiedenen Erzählgattungen zu entwerfen[12]. In der Tat gibt es zahlreiche solcher stereotyper Festlegungen: Bäcker und Wirte werden zumeist als betrügerisch, Müller und Schneider als diebisch dargestellt, Richter sind bestechlich, Pfaffen buhlerisch, Meister ihren Gesellen gegenüber geizig, Stiefmütter gelten als bösartig, Juden als habgierig etc. Natürlich sind diese Klischees den emotionalen Einstellungen des Menschen zu seiner Umwelt entlehnt. Dabei können wiederum die verschiedenartigsten Attitüden zum Tragen kommen. Gruppenorientiertes Überheblichkeitsgefühl verbunden mit der allzu menschlichen

Neigung zum diffamierenden Spott etwa belegt die Nachbarn mit allen nur möglichen Schildbürgereigenheiten. Die soziale Diskrepanz zwischen hoch und niedrig, arm und reich führt zur charakterlichen Diskriminierung der besser gestellten durch die inferioreren Schichten (→ Sozialkritik). Gutsherren, Amtmänner, Landvögte, Großbauern, Schloßherrinnen etc. sind daher insgesamt hartherzig, brutal, zügellos oder geldgierig. Aus vielleicht unbewußter kindlicher Aversion oder Aggressivität (wahrscheinlich auch aus Erfahrung) heraus werden Stiefmütter immer als herzlos und grausam geschildert. Sie quälen die Stiefkinder oft bis zum Tode. Jedoch weist R. Petsch mit Recht auf den auch strukturellen Stellenwert dieses Motivs: Das Märchen braucht „die zweite Ehe des Vaters dazu, um die junge Heldin aus dem Hause zu entfernen und sie in das wilde Leben hinauszustoßen. Darum muß die Stiefmutter böse sein [...]"[13].

Geschlechtsspezifische Zuordnung von C. liegt vor, wenn eine misogyne Männerwelt die Frau (schon seit Schaffung der Evafigur) mit den schlimmsten Eigenschaften bedenkt, wie natürlich umgekehrt Misandrie die Charakterschwächen des Mannes erbarmungslos bloßlegt. Doch sind sicher auch Erzählungen, in denen positive Eigenschaften herausgestellt werden, auf generischen Ursprung zurückzuführen. Die schreckliche Novelle von den Geduldsprüfungen der → *Griseldis* (AaTh 887) z. B. kann nur in einer total patriarchalisch orientierten Gesellschaft entstanden sein.

Schließlich sei exempli causa darauf hingewiesen, daß Rassismus ebenso wie christl. und mohammedan. → Antisemitismus den Juden, kathol.-kirchlicher Zelotismus den Katharern (→ Ketzer) die perversesten Eigenschaften angehängt haben.

Auch auf ethnisch bedingte Charakterdifferenziertheit der Helden oder Heldinnen ist verschiedentlich eingegangen worden. A. von Löwis of Menar z. B. verglich die Eigenarten des russ. mit denen des dt. Märchenhelden[14], E. Koechlin die der frz. und dt. Protagonisten im *Amor und Psyche*-Märchen[15]. Jedoch sind diese wie auch Versuche ähnlicher Art[16] zu kursorisch durchgeführt. Hier wartet ein breites Beobachtungsfeld auf präzisere Bearbeitung, vielleicht, wie M. Pop fordert[17], anhand thematischer Monographien.

Es ist bemerkenswert für die Mentalität des erzählenden Menschen, daß er oft eine ausgesprochene Vorliebe für die Unhelden seiner Geschichten zeigt. Das beginnt schon beim Märchendümmling, der immer, im Gegensatz zu seinen scheinbar klügeren Brüdern, zum Erfolg prädestiniert ist. In der Sage offenbart sich unverhohlene Sympathie für den 'edlen' Räuber.

> „Die niederdeutschen Störtebecker und Gödeke Michael, der rheinische Schinderhannes oder der bayerische Hiesel entsprechen im deutschen Volksempfinden etwa dem Robin Hood der englischen, dem Fra Diavolo der italienischen oder dem Bondolero Francisco Esteban der spanischen Volkstradition, und der namenlose, aber kühne und edle Brigant ist ebenso in den Gesängen der Balkanvölker wie in den Liedern der Bewohner von Korsika oder des schottischen Hochlandes der gefeierte und geliebte Nationalheld"[18].

→ Meisterdiebe (AaTh 1525), Gauner wie der Bauer Einochs (AaTh 1535: → *Unibos*), Aufschneider wie das → 'tapfere' Schneiderlein (AaTh 1640) und andere Minusgestalten sind die bevorzugten Figuren des Schwanks. Zum ersteren sagt W. Grimm:

> „Der Meisterdieb, der den gemeinen Diebstahl verachtet, aber, einer angeborenen unbezwinglichen Lust folgend, mit kecker Gewandtheit Streiche ausführt, die einem andern unmöglich sind, der dem Vogel die Eier unter den Flügeln wegnimmt, ohne daß es dieser merkt, was schon Elbegast verstand, ein solcher macht auf eine gewisse Ehre Anspruch. Man gedenkt seiner nicht bloß ohne Unwillen, es gibt Märchen die ausschließlich von solchen erzählen, die in ihrer Kunst den letzten Grad erreicht haben, und darin stimmen indische, deutsche, nordische und italienische Überlieferungen zusammen"[19].

Ganz bes. Zuneigung erfreuen sich die Faulen und die Lügner. A. Thimme spricht von einer großartigen philosophischen und ekstatischen Faulheit. „Diese Faulheit ist von erfinderischer Genialität, wenn es sich darum handelt[,] irgend eine Arbeit oder

Anstrengung zu umgehen oder von sich auf andere zu schieben"[20]. In der Grimmschen Fassung zu AaTh 1950 (KHM 151) *Die drei Faulen* (→ *Faulheitswettbewerb*) erbt daher in Konsequenz dieser 'Philosophie' der trägste der drei Königssöhne das Reich, und in Hans Sachsens *Schlauraffenlandt* (1530) wird ebenfalls der Faulste zum König gemacht, arbeitsame Gesellen werden dagegen des Landes verwiesen[21].

„Was ein rechter Lügner ist, das ist auch ein Künstler, wie der märchenhaft Faule und der Meisterdieb"[22]. Wer daher am besten lügt, erhält die Hand der Prinzessin (AaTh 852: → *Redekampf der Prinzessin*), ebenso wie derjenige, der einen → Sack voll Lügen füllen kann (AaTh 570: → *Hasenhirt*). Den Tales of Lying ist zu Recht im Aarne-Thompsonschen Typenverzeichnis (AaTh 1875–1965) und in Thompsons Motivregister (Mot. X 900–1899) ein eigener Großkomplex eingeräumt worden.

Auf diese Freude des homo narrans auch an den Amoralitäten seiner Helden trifft in exzellenter Weise zu, was R. Petsch sagte: „Aber sie alle finden das Glück auf ihrem Wege, wie die Helden der Schönheit und der Geduld, der Barmherzigkeit und der Treue. Sie alle sind dem höchsten Glück offen, sie sind die 'Lieblinge' des Märchens"[23].

[1] Schon A. Thimme: Das Märchen. Lpz. 1909, 55 und ihm folgend G. Kahlo in HDM 1, 359–362 sprechen von Charaktermotiven; cf. auch die verschiedenen EM-Einzelmonographien über C. – [2] cf. EM 2, 852. – [3] Auch M. Lüthi betont, daß sich Polaritäten nach dem Gesetz des Gegensinns von selber ergeben, cf. Lüthi, M.: Das Volksmärchen als Dichtung. Ästhetik und Anthropologie. Düsseldorf/Köln 1975, 109. – [4] cf. dazu EM 2, 959; Günter 1949, 252sq. (mit Material). – [5] Thimme (wie not. 1) 57. – [6] cf. BP 3, 238 mit weiteren Beispielen. – [7] Lüthi, Europ. Volksmärchen, 15: Eigenschaften und Gefühle sprechen sich in Handlungen aus. – [8] EM 1, 447. – [9] Röhrich, Märchen und Wirklichkeit, 236. – [10] Löwis of Menar, A. von: Russ. Volksmärchen. MdW 1914, 327sq. – [11] EM 2, 626. – [12] Petsch, R.: Gestalten und Umwelt im Märchen. In: HDM 2, 606–612, hier 610; cf. z. B. die Unters.en von G. Burde-Schneidewind: Herr und Knecht. Antifeudale Sagen aus Mecklenburg. B. 1960 Hist. Volkssagen zwischen Elbe und Niederrhein. B. 1969. – [13] Petsch (wie not. 12) 610. – [14] Löwis of Menar, A. von: Der Held im dt. und russ. Märchen. Jena 1912. – [15] Koechlin, E.: Wesenszüge des dt. und des frz. Volksmärchens. Basel 1945. – [16] cf. z. B. von der Leyen, Welt der Märchen 2, pass. – [17] Pop, M.: Nationaler Charakter und hist. Schichtungen im Stil der Volksmärchen (1965). In: Karlinger, F. (ed.): Wege der Märchenforschung. Darmstadt 1973, 394–407, hier 399. – [18] Ranke, K.: Die Welt der einfachen Formen. B./N. Y. 1978, 110. – [19] KHM 3 (^{3}1856) 408sq. – [20] Thimme (wie not. 1) 59. – [21] BP 3, 250; zu weiteren Faulheitsmotiven cf. Mot. W 111. – [22] Thimme (wie not. 1) 60. – [23] Petsch, R.: Wesen und Formen der Erzählkunst. Halle ^{2}1942, 52.

Göttingen Kurt Ranke

Charon → Fährmann

Chassidisches Erzählgut. Der Terminus 'chassid. Geschichten' bezieht sich auf die Erzählliteratur, welche sich bes. zwischen 1815 und 1914 in Osteuropa in Verbindung mit der chassid. Bewegung entwickelt hat. Es handelt sich dabei um jene große pietist. Erweckungsbewegung, die in der Mitte des 18. Jh.s im osteurop. Judentum ihren Anfang nahm und zu Beginn des 19. Jh.s den größten Teil der jüd. Gemeinschaft erfaßt hatte. Ihre Theologie gründete auf kabbalist. Mystik, predigte soziale Reformen und wurde von sog. Zaddikim (Gerechten Führern) repräsentiert.

Frühe chassid. Lit., die von 1780 an gedruckt wurde, war hauptsächlich homiletisch und enthielt Geschichten und Parabeln: Dieses entsprach der traditionellen hebr. ethischen Lit., deren Autoren volkstümliche oder literar. Erzählungen in ihre Predigten und Ermahnungen einzuarbeiten pflegten. Ein neues Phänomen taucht jedoch in diesen frühen chassid. Werken – bes. in denen des Rabbi Ephraim von Sedlikov (ca 1737–1803), des Enkels von Rabbi Israel ben Eliezer (ca 1700–1760), genannt Baalschem (i. e. Meister des Gottesnamens; hebr. Akronym: BeSHT), dem Stifter der Bewegung, und in denen des Rabbi Naḥman ben Simḥa von Bratzlav (1770–1811?; hebr. Akronym: MoHaRaN), des Urenkels von Rabbi

Israel – auf, sobald wiederholt hervorgehoben wird, daß der Baalschem im Rahmen des Gottesdienstes Geschichten (sogar beliebte nicht-jüd. Volkserzählungen) zu erzählen pflegte und daß er glaubte, solche Geschichten könnten manchmal eine größere religiöse Wirkung haben als Gebete oder andere Formen der Andacht. Diese Vorstellung ist ganz und gar revolutionär für das jüd. religiöse Denken, denn die Erzählliteratur wurde gewöhnlich als eine minderwertige Ausdrucksweise ohne jeden religiösen Wert angesehen.

Diese positive Haltung, die der Baalschem und seine frühen Schüler der Erzählung gegenüber einnahmen, trug während der ersten 35 Jahre chassid. Lit. keine Früchte, wiewohl kaum daran zu zweifeln ist, daß die Chassidim einander Geschichten zu erzählen pflegten. Eine Änderung erfolgte 1815, als zwei wichtige Erzählsammlungen im Druck erschienen: *Shivḥe ha-BeSHT* ([Lobpreisungen des Ba'al Shem Ṭov]. Kopyst) und *Sipure Ma'asiyot* ([Die Geschichten des Rabbi Naḥman]. s. l.). Beide Werke wurden rasch sehr populär und erlebten mehrere Auflagen. Jidd. Ausgaben kamen fast gleichzeitig mit den hebr. Originalfassungen heraus.

Shivḥe ha-BeSHT ist die umfassendste Sammlung hagiographischer Geschichten über einen Mann, den Gründer des Chassidismus, die je in hebr. Sprache gedruckt wurde. Herausgegeben wurde sie von Rabbi Dob Bær Schohet von Liniz und gedruckt von I. Jaffe, der auch das Buch von Rabbi Shneor Zalman von Ladi, dem Gründer des Chabad-Chassidismus, herausbrachte. Die Sammlung enthält über 250 Geschichten, von denen einige internat. bekannte Volkserzählungen, einige Readaptionen älterer hebr. Geschichten und viele authentische hagiographische Erzählungen sind, die bei den Chassidim als Manuskripte zirkulierten und von Rabbi Dob Bær gesammelt und zu einer epischen Hagiographie zusammengestellt wurden. Die Anordnung dieser Geschichten wie auch ihre Beliebtheit ergaben sich aus einigen Elementen der chassid. Theologie. Der Chassidismus des späten 18. und 19. Jh.s entwickelte die Doktrin vom Zaddik, dem Gerechten Führer, welcher symbolisch die göttliche Vorsehung auf Erden repräsentiert. Die chassid. Lehrer bedienten sich kabbalist. Symbolik – die → Kabbala war zu jener Zeit die führende religiöse Ideologie der Juden –, um den irdischen Führer mit göttlichen Kräften in Verbindung zu bringen, insbesondere mit der neunten Sefira gemäß der Kabbala, welche Zaddik oder Jessod (Fundament) genannt wird. Diese Theologie gab der chassid. Bewegung einen Führer, der menschliches Wesen und Abbild einer göttlichen Kraft zugleich, d. h. ein mythol. Held ist. Es ist daher nicht verwunderlich, daß die hebr. Hagiographie, deren Anfänge auf das 16. Jh. zurückgehen, in der chassid. Bewegung auf fruchtbaren Boden stieß und daß hagiographische Erzählungen zu einer der gängigen chassid. Kommunikationsformen wurden. Es muß unbedingt hervorgehoben werden, daß diese Geschichten rein hagiographischer Natur sind, daß sie Bewunderung ausdrücken und das Verhalten des Zaddik beschreiben, ohne chassid. Theologie oder Ethik zu erklären. M. → Buber versuchte, chassid. Geschichten als Quelle für chassid. Lehrmeinungen zu benutzen; das konnte aber nicht gelingen, da den Chassidim hagiographisches Material nicht dazu diente, ihre Ideen zu verbreiten. Somit handelt es sich bei Buber um ein rein literar. Werk, in dem das spezielle Gedankengut der chassid. Bewegung nicht eigens hervorgehoben wird.

Sipure Ma'asiyot gehören einer anderen Gattung an. Das Buch umfaßt 13 Geschichten, die zwischen 1805 und 1811 (dem Todesjahr von Rabbi Naḥman) erzählt und von seinem Schüler Rabbi Nathan ben Naphtali Hen von Nemirov aufgeschrieben wurden. Dazugerechnet werden müssen einige Erzählungen, die in anderen Werken aus Bratzlav verstreut sind[1]. Die Geschichten von Rabbi Naḥman spiegeln drei Ebenen geistiger Erfahrung wider: Sein Bekenntnis zur kabbalist. Doktrin des Rabbi Isaak Luria (Ha-Ari) von Safed (gest. 1572) und seine geistige Auseinandersetzung mit ihr; Rabbi Naḥman empfand diese Doktrin als Ausdruck der Mythologie seiner eigenen Seele und war der festen Überzeugung, daß sie einen messianischen Auftrag in sich barg. Die zweite Ebene ist seine eigene Biographie, die Kontroversen, in die er verstrickt war, die Tragödien seines Lebens, seine Krankheit, die erschütternden Zweifel an sich selbst. Die dritte Ebene ist seine Liebe zur Volkserzählung und sein Glaube, daß von einem heiligen Mann erzählte Geschichten von ihrem nichtjüd. Gepräge erlöst werden und ihren inneren göttlichen Charakter enthüllen können. Daher brachte er in seine Geschichten, die im wesentlichen ausdrucksvolle Schilderungen seiner persönlichen intimsten Empfindungen in der Gestalt von Volkserzählungen sind, vereinzelte Erzählmotive ein und ersann so Erzählungen, die seinen eigenen Zwecken entsprachen[2].

Nach 1815 folgte eine lange Pause in der Publikation chassid. Geschichten, obwohl nicht daran zu zweifeln ist, daß in chassid. Kreisen mündliche und schriftliche Geschichten im Umlauf waren. Ein Wiederaufleben der Aktivität auf diesem Gebiet setzte um 1864 ein, als mehrere Werke von Sammlern zu erscheinen begannen, die dem Chassidismus abtrünnig geworden und bis zu einem gewissen Grade der Aufklärung zuzurechnen waren. Unter diesen ragte M. L. Frumkin (alias Rodkinson; 1845–1904) hervor, der aus finanziellen Beweggründen mindestens vier größere Erzählsammlungen herausbrachte[3]. Von da an lag die schöpferische Aktivität vorwiegend bei Personen, die außerhalb der chassid. Bewegung standen und ihr bisweilen feindlich gesonnen waren. Doch trug die Tätigkeit dieser Herausgeber dazu bei, viele jüd. Geschichten zu bewahren, die sonst vielleicht in Vergessenheit geraten wären. Diese Herausgeber benutzten häufig traditionelle hebr. literar. Geschichten und Volkserzählungen, die sie mit einer leichten chassid. Tünche versahen (z. B.: „Diese Geschichte wurde von einem gewissen Rabbi anläßlich eines gewissen Anlasses erzählt"), aber dadurch blieb ein umfangreiches Korpus traditioneller hebr. hagiographischer und populärer Erzählstoffe erhalten und wurde Bestandteil der jüd. Kultur des 19. und 20. Jh.s. Von den späteren Schriftstellern dieser Schule ist J. Rosenberg zu erwähnen, welcher zwei größere Sammlungen verfaßte, in deren einer die → *Golem*-Sage, welche auf den MaHaRaL (Akronym für Rabbi Loew von Prag, 16. Jh.) zurückgeführt wird, minutiös beschrieben ist. Die meisten Details über den Golem, die sich in der zeitgenössischen Lit. finden, sind Erfindungen dieses Autors.

Eine neuerliche schöpferische Aktivität auf diesem Gebiet brachte die nostalgische (und bisweilen satirische) Behandlung der jüd. Vergangenheit durch jüd. Autoren des späten 19. und frühen 20. Jh.s sowie der Gegenwart, die hebr., jidd., dt. und engl. schrieben, darunter Y. L. Peretz, Y. Steinberg, Z. Shenur, M. Buber, S. Asch, É. L. Wiesel und viele andere.

[1] v. bes. Naḥman ben Simḥah: Ḥayey MoHaRaN (Das Leben Rabbi Naḥmans). Lemberg 1874. – [2] M. Bubers Übertragung ins Deutsche ist sehr selektiv, unvollständig, und die Geschichten sind von Grund auf überarbeitet; v. Buber, M.: Die Geschichten des Rabbi Nachman [...]. Ffm. 1906 und öfter; id.: Die Legende des Baalschem. Ffm. 1908; id.: Des Rabbi Israel ben Elieser, genannt Baal-Schem-Tow, das ist Meister vom guten Namen, Unterweisung im Umgang mit Gott. Hellerau 1927. – [3] u. a. Frumkin, M. L.: Ṭoldoth Ba'al Shem Ṭov (Herkunft und Leben des Ba'al Shem Tov). Königsberg 1876; id.: Shivḥe ha-rav (Lobpreisungen des Rabbi). Munkács 1895.

Lit.: Yeḥezke'eli, M. (i. e. Mark, M.): Sefer ha-Ma'asiyot (Buch der Erzählungen). Tel Aviv 1958. – Newman, D.: The Hasidic Anthology. N. Y. 1963. – Dan, J.: Ha-Novelah ha-Ḥasidit (Die chassid. Novelle). Jerusalem 1966. – Mintz, J. R.: Legends of the Hasidim. An Introduction to Hasidic Culture and Oral Tradition in the New World. Chic. 1968 (mit Bibliogr.: p. 452–457). – Scholem, G. G.: Martin Buber's Interpretation of Hasidism. In: id.: The Messianic Idea in Judaism. N. Y. 1971, 227–250. – Piekarz, M.: Hasidut Braslav(Studien über den Bratslaver Chassidismus). Jerusalem 1972. – Wiesel, É.: Célébration hassidique, portraits et légendes. P. 1972. – Weiss, J. G.: Meḥkarim ba-Ḥasidut Braslav (Studien über den Bratslaver Chassidismus). Jerusalem 1974. – Dan, J.: Ha-Sipur ha-Hasadi (Die chassid. Erzählungen – ihre Geschichte und Entwicklung). Jerusalem 1975.

Jerusalem Joseph Dan

Chat botté → Kater: Der gestiefelte K.

Châtelaine de Vergi. Anonyme altfrz. höfische Dichtung aus dem 13. Jh. (um 1240?) in 958 paarweise gereimten Achtsilblern; in 20 Mss. (13.–15. Jh.) überliefert, im 16. Jh. durch → Marguerite de Navarre (70. Novelle), Matteo → Bandello (4. Teil, 5. Novelle) und ein ndl. 'Volksbuch' zu literar. Verbreitung gelangt und bis ins 20. Jh. immer wieder literarisch verwertet, „un des joyaux de la littérature française du moyen âge“ (Raynaud 1892 [v. Ausg.n] 145), eine „anmutig-traurige Erzählung“ (Frenzel [4]1976, 406) mit einer tragischen Handlung „comparable à une machine infernale dont les ressorts se détendent nécessairement et successivement jusqu'à l'anéantissement des personnages“ (Payen 1973, 209).

Inhalt (mit 11 Interaktionsabschnitten nach Kostoroski 1972, 181): Am Hofe des Herzogs (H.) und der Herzogin (H.in) von Burgund liebt ein Ritter heimlich die verheiratete Kastellanin von Vergi, die Nichte des H.s, welche dem Ritter vor jedem Stelldichein ein Hündchen entgegenschickt. (1) Die H.in macht eines Tages dem Ritter Avancen (Mot. K 2111: *Potiphar's wife*; cf. Der keusche → Joseph). (2) Als dieser ihr Ansinnen zurückweist, beschuldigt die H.in (3) ihn beim H. (Phädra und Hippolyt!). (4) Der H. stellt den Ritter zur Rede. (5) Dieser, um sich zu entlasten, verrät dem H. sein Liebesverhältnis und willigt ein, den H., der sich zum Schweigen verpflichtet, zum nächsten Rendezvous mitzunehmen. Dabei überzeugt sich der H., hinter einem Baum versteckt, von der Richtigkeit der ritterlichen Beteuerungen. (6) Der H. weist daraufhin die Vorwürfe der H.in zurück, aber (7) diese bestürmt ihn, ihr Beweise zu liefern, und (8) der H. verrät ihr die Beziehung zwischen Ritter und Kastellanin. (9) Nun stellt die H.in die Kastellanin bei einem öffentlichen Fest bloß. Diese stirbt vor Schmerz und Scham und provoziert (10) damit den Suizid (Mot. N 343.4) des Ritters. (11) Daraufhin tötet der H. seine Frau und büßt später seine Schuld im Heiligen Land. Die Liebenden werden in einem Sarg bestattet (Mot. T 86).

Die Erzählung ist, trotz mancher volkstümlicher Motive, wegen ihres streng-logischen höfisch-moralischen Aufbaus, ihres tragischen Ausgangs und ihrer stark didaktischen Intention märchenfremd und daher nie ins Volk abgesunken. Sie liefert ein Exemplum unterschiedlich normwidrigen Verhaltens und festigt, durch die kumulative negative Sanktion, den Kodex höfischer Wertvorstellungen in bezug auf Ehe, Minne und Eifersucht, Schweigepflicht, Treue und Ehre.

Die Forschung hat sich insbesondere mit den hist. Hintergrundsfakten (Raynaud 1892 [v. Ausgn.]), mit der internat. Verbreitung des Stoffes (Lorenz 1909, Stiefel 1910, Frappier 1946, Frenzel 1976), mit den Beziehungen zum *Lanval* der → Marie de France (Maraud 1972, Arrathoon 1974) und zu anderen altfrz. Dichtungen (Lakits 1966), mit Stilmerkmalen (Lange 1966), mit der Ms.-Überlieferung (Lodge 1968, Stuip 1977) und neuerdings immer mehr mit der narrativen Struktur des Gedichts (Zumthor 1968, Maraud 1972, Kostoroski 1972, Payen 1973, Arrathoon 1974) beschäftigt.

Ausg.n: Raynaud, G.: La Chastelaine de Vergi. In: Rom. 21 (1892) 145–193; id. (ed.): La C. de V. Poème du XIIIe siècle. P. 1910 (rev. ed. L. Foulet in den CFMA: [2]1912, [3]1921, [4]1967). – Whitehead, F. (ed.): La C. de V. Manchester 1944, [2]1951, [3]1961. – Stuip, R. E. V.: La C. de V. Edition critique du ms. B. N. fr. 375 [...]. The Hague/ P. 1970. – De Borchgrauinne van Vergi. Diplomatische uitgave naar het Hulthemsche handschrift. ed. A. van Loey. Leiden 1949. – Weitere Ausg.n im NUC Pre-1956 Imprints 104 (1970) 452sq.

Übers.en: Wolff, O. L. B.: Die Geschichte von der Castellanin von Vergy. In: id.: Schr. 1,1: Alte und neue Märchen und Sagen [...]. Jena 1841, 58–77. – The C. of V. A 13th Century French Romance. ed. L. Brandin. L. 1903 (1907 etc.). – La C. de V., conte du XIIIe siècle. ed. J. Bédier. P. 1927 (mehrere Ausg.n). – Lommatzsch, E.: Geschichten aus dem alten Frankreich. Fbg 1948, 54–82.

Lit.: Lorenz, E.: Die altfrz. Versnovelle von der Kastellanin von Vergi in späteren Bearb.en. Diss. Halle 1909. – Stiefel, A. L.: Die C. de V. bei Margarete von Navarra und bei Matteo Bandello. In: Zs. für frz. Sprache und Lit. 36 (1910) 103–115. – Frappier, J.: La C. de V., Marguerite de Navarre et Bandello. In: Mélanges J. Frappier. 2: Etudes littéraires. P. 1946, 89–150. – Debaene, L.: De nederlandse volksboeken [...]. Antw. 1951, 36–41. – Lakits, P.: La C. de V. et l'évolution de la nouvelle courtoise. Debrecen 1966. – Lange, W.-D.: Höfische Tradition und individuelles Leben in der C. de V. Ein Beitr. zum Stil der altfrz. Versnovelle. In: Zs. für frz. Sprache und Lit 76 (1966) 17–43. – Lodge, A.: A New Manuscript of the „C. de V.“. In: Rom. 89 (1968) 544–554. – Zumthor, P.: De la chanson au récit: „La C. de V.“. In: Vox Romanica 27 (1968) 77–95. – Kostoroski, E. P.: Quest and

Query in the C. de V. In: Medievalia et humanistica N. S. 3 (1972) 179–198. – Maraud, A.: Le Lai de Lanval et la C. de V.: la structure narrative. In: Rom. 93 (1972) 433–459. – Payen, J.-C.: Structure et sens de „la C. de V.". In: Le Moyen Age 79 (1973) 209–230. – Bordier, J.-P./Maquère, F./Martin, M.: Disposition de la lettrine et interprétation des œuvres: l'exemple de „la C. de V." In: ibid., 231–250. – Arrathoon, L. A.: The C. de V.: A Structural Study of an Old French Artistic Short Narrative. In: Language and Style 7 (1974) 151–180. – Reed, J.: La C. de V.: Was the Heroine Married? In: Romance Notes 16 (1974) 197–204. – Frenzel, E.: Stoffe der Weltlit. Stg. [4]1976, 405sq. – Stuip, R. E. V.: Un nouveau manuscrit de la C. de V. In: Rom. 98 (1977) 108–120.

Göttingen Rudolf Schenda

Chaucer, Geoffrey

1. *London ca 1340, † ebenda 25. 10. 1400, der bedeutendste und vielseitigste engl. Erzähler des MA.s. C., Sohn eines wohlhabenden Weinhändlers, der enge Beziehungen zum Hof König Edwards III. hatte, kam schon früh als Page in den Dienst des Herzogs von Ulster, eines Sohnes des Königs. Er nahm an den Feldzügen Edwards in Frankreich teil und geriet 1359 in frz. Gefangenschaft, aus der er 1360 ausgelöst wurde. Von da an übernahm C. im Dienste des Hofes verschiedene diplomatische, wahrscheinlich handelspolitische Missionen in Flandern, Frankreich und Italien. Dadurch wurde ein unmittelbarer Kontakt mit der Lit. Frankreichs und Italiens (Froissart, Petrarca, Boccaccio) begünstigt. 1374–86 übte C. das nur an bes. angesehene Bürger verliehene Amt des Zollaufsehers aus. In dieser Zeit wirkte er auch als Friedensrichter und Parlamentsmitglied. Zwischen 1389 und 1391 führte er die Aufsicht über die königlichen Bauarbeiten an Palästen, Brücken und Parks. Seit 1366 war er mit einer Hofdame der Königin verheiratet, die später jahrelang dem Haushalt des einflußreichen Magnaten John of Gaunt (Sohn Edwards III. und Vater des späteren Königs Henry IV.) angehörte. Dessen Geliebte und spätere Gattin Katherine Swynford war sehr wahrscheinlich eine Schwester von C.s Frau Philippa. Die engen Bindungen an den königlichen Hof werden durch zahlreiche dokumentierte Gunstbezeugungen bestätigt, unter anderem durch eine lebenslange Pension. Nach seinem Tode wurde er in der Westminster Abbey beigesetzt.

2. Obwohl C.s Leben und Tätigkeit durch mehr als 500 Dokumente bezeugt sind, ist über die näheren Umstände seines literar. Schaffens so gut wie nichts bekannt. Seine Lebensverhältnisse und der Charakter seiner Werke legen den Schluß nahe, daß er in erster Linie für ein höfisches, durchaus belesenes und kritisches Publikum schrieb. Direkte Anspielungen auf zeitgenössische Personen und Ereignisse sind selten; doch ist das frühe Werk *The Book of the Duchesse* (um 1369) offensichtlich aus Anlaß des Todes von John of Gaunts erster Gattin Blanche verfaßt. Die bald nach C.s Tod einsetzende breite Überlieferung seiner Werke, vor allem der hauptsächlich 1386–89 entstandenen *Canterbury Tales* (im folgenden C. T.; über 80 Mss.), zeigt jedoch, daß seine Dichtung eine weit über den ursprünglich angesprochenen Kreis hinausgehende Aufnahme fand. Die Lit. des 15. Jh.s in England und Schottland ist stofflich und stilistisch zutiefst von seinem Vorbild geprägt.

C.s literar. Leistung besteht vor allem in der Übernahme und Verschmelzung der verschiedensten Traditionen und ihrer Umsetzung in einheimische Formen. Den unmittelbaren Nachfolgern galt er in erster Linie als Rhetoriker, der die bis dahin ungepflegte engl. Sprache hoffähig gemacht hat. Seine Tätigkeit fällt zusammen mit dem deutlichen Zurücktreten des Französischen als verbindlicher Verwaltungs- und Kultursprache und dem Vordringen des Englischen auch in den Bereich der höfischen Dichtung. C. selbst verstand sich immer wieder als Vermittler traditioneller Stoffe und Erkenntnisse über alle hist. Barrieren hinweg, zur Belehrung und Unterhaltung seiner Landsleute. Er übersetzte vor 1373 den *Roman de la Rose* (13. Jh.), ca zwischen 1377 und 1381 Boethius' *De consolatione philosophiae* (um 523), und 1391 verfaßte er – wohl für seinen jungen Sohn – auf der Grundlage von alten astrologischen Quellen, bes. Messahalas *Compositio et operatio astrolabii* (8. Jh.), *A Treatise on the Astrolabe.* In seinen frühen Werken experimentierte er mit der bes. bei Guillaume de Machaut (ca 1300–1377) vorgebildeten Form der Liebesallegorie. Sein größtes abgeschlossenes Werk ist die Ausgestaltung von → Boccaccios Versroman *Il Filostrato* (1338 ?) zu einem groß angelegten Epos, *Troilus and Criseyde* (vor ca 1385), in dem sich klassische Formelemente (Invokationen, Bucheinteilung) und phil. Fragestellungen (z. B. Prädestination) mit wirklichkeitsnaher, humorvoller Charakterisierung und lebhafter szenischer Gestaltung verbinden.

C.s offensichtlichem Bedürfnis nach stilistischer Variation und Zurücktreten der eigenen Persönlichkeit kommt die Form der → Rahmenerzählung bes. entgegen. In der *Legend of Good Women* (um 1385) liefert er, angeblich vom Liebesgott als Sühne für negative Darstellungen der Liebe dazu verurteilt, schlichte Nacherzählungen klassischer Stoffe. In seinem umfangreichsten und einflußreichsten Werk, den C. T., greift er dagegen eine Fülle verschiedenster Erzählstoffe auf, wobei er mit überkommenen Gattungsmustern und Stilkonventionen experimentiert, von der Heiligenlegende und der ausgedehnten Versromanze bis zum volkstümlichen Schwank.

Schon die früheren, im ganzen konventionelleren Gedichte C.s sind freilich keineswegs nur Nachahmungen vorgegebener Muster oder bloße Wiedergaben traditioneller Stoffe. Die von ihm in der Mehrzahl seiner Gedichte angenommene Pose des unerfahrenen, nicht höfischen und wenig formgewandten Außenseiters erlaubt ihm die Einbeziehung volkstümlicher Elemente und einheimischer Bräuche ebenso wie die ironische Überspitzung gelehrter Lebensferne. So übernimmt C. in das wohl in den frühen 80er Jahren, vor *Troilus and Criseyde* und den C. T. entstandene Traumgedicht *The Parlement of Foules* Anregungen aus Macrobius, Alanus ab Insulis, Dante und Ovid; mit seiner Beschreibung des St. Valentinstages und des Paarungsdrangs der Vögel wie auch des ständisch gegliederten → *Parlaments der Vögel* (AaTh 220, 220A) entfernt er sich deutlich von den gelehrten und höfischen Vorbildern: Den rhetorisch debattierenden Adlern und Falken stehen die lärmenden „niederen" Vögel entgegen, deren Unverständnis und Ungeduld in komischem Kontrast zu der realitätsfernen Liebeskasuistik der unter dem Vorsitz der Göttin Natura wetteifernden Rivalen um die Gunst des Adlerweibchens stehen. Während die Taube einem rührend utopischen Ideal unerfüllter Liebe das Wort redet, verkörpert die Gans aufdringliche Einfältigkeit; die Ente vertritt einen primitiven Sensualismus und der Kuckuck das Prinzip der egozentrischen Bindungslosigkeit. Hier sind zweifellos volkstümliche Vorstellungen vom Charakter der einzelnen Vögel, nicht nur unmittelbare literar. Quellen als Vorbilder anzusetzen.

Eine ungewöhnliche Abwandlung erfährt die traditionelle Tierdarstellung auch in dem ebenfalls als Traumvision eingekleideten Gedicht *The Hous of Fame* (um 1380), in dem ein → Adler die Rolle des göttlichen Boten und Führers übernimmt, der den unbedarften Dichter durch die Lüfte entführt, um ihm neue Erfahrungen und Einsichten zu vermitteln. Die betuliche Geschwätzigkeit des lehrhaften Vogels steht in komischem Kontrast zu den phantastischen Offenbarungen und schafft einen wirkungsvollen Realitätsbezug. Auch formal sind in diesen frühen Gedichten deutliche Bezüge zur volkstümlichen engl. Verserzählung festzustellen (cf. den bänkelsängerischen Ton und die Anrede des Publikums etwa in *The Lay of Havelok the Dane* [2. Hälfte des 13. Jh.s] oder die Romanzen des *Auchinleck* [Ms.; ca 1340]).

3. C.s Vertrautheit mit der einheimischen Volkserzählung und mit einem Motivbereich, für den der Nachweis exakter literar. Vorlagen kaum relevant ist, hat sich vor allem in den C. T. niedergeschlagen, einer überaus originellen Aus-

prägung der gerahmten Novellensammlung, die sich wesentlich von allen in Frage kommenden ital. und frz. Vorbildern abhebt.

Ein breit angelegter Prolog stellt 29 Teilnehmer einer Wallfahrt nach Canterbury vor, die in einer Londoner Herberge zusammentreffen und auf Vorschlag des Wirtes (Host) beschließen, sich den Weg durch einen Erzählwettstreit zu verkürzen. Der spontan zur Mitreise entschlossene Wirt übernimmt die Rolle des Schiedsrichters und Diskussionsleiters. Da nach seinem Plan jeder Pilger auf der Hin- und Rückreise je zwei Geschichten erzählen soll, scheint die ganze Sammlung auf 120 Geschichten angelegt. Tatsächlich sind jedoch nur etwa 24 Erzählungen überliefert, teilweise unvollendet oder bewußt unterbrochen, und es bleibt offen, ob der ehrgeizige Plan als C.s ernsthafte Absichtserklärung zu verstehen ist oder ob er ihn nur der überschwänglichen Laune des Wirtes entspringen läßt. Da in den Mss. zudem die Reihenfolge und Zuordnung einzelner Erzählungen schwankt, ist die beabsichtigte Form des Werkes nur im Umriß erkennbar.

Das Zentrum des Prologs bildet die Beschreibung der einzelnen Wallfahrer, welche sich deutlich an die Tradition der Ständesatire anlehnt und zahlreiche stereotype Berufsbeschreibungen übernimmt, zugleich aber auch durch untypische Details die Fiktion einmaliger Persönlichkeiten unterschiedlicher Mentalität erweckt. Daraus ergibt sich eine bes. gelungene Vorbereitung der folgenden Erzählungen, da C. eine für den Charakter der ganzen Sammlung entscheidende Beziehung zwischen den einzelnen Wallfahrern und ihren Geschichten herstellt. Der Verschiedenheit der Pilger entspricht eine ebenso große Vielfalt der Erzählungen nach stilistischer Höhenlage, geistigem Anspruch, Thema und Aussage, so daß die Sammlung zu einem aufschlußreichen Querschnitt literar. Formen und Stilmittel wird. Jeder erzählt, was seinem Erfahrungsbereich, seinem sozialen Status und seiner geistigen Einstellung entspricht, wobei freilich kein konsequenter psychol. Realismus angestrebt wird und C.s eigener Tonfall stets gegenwärtig bleibt. Zu den Erzählern gehören Angehörige des Ritterstandes, Vertreter verschiedener aufstrebender Berufe (Arzt, Jurist, Kaufmann, Freibauer) wie auch weniger angesehener Tätigkeiten (Verwalter, Büttel, Müller) und vor allem diverse Repräsentanten der Geistlichkeit, von der Priorin und dem Bettelmönch bis zum Ablaßkrämer und dem pflichttreuen, schlichten Gemeindepfarrer. C. vermeidet freilich eine strenge hierarchische Ordnung und erweckt auch dadurch die Illusion einer zufällig zusammengewürfelten Gesellschaft, obwohl er andererseits gerade das Standestypische stark hervorhebt.

So ist auch die Reihenfolge der Geschichten, soweit durch die Überlieferung eindeutig festgelegt, mehr von dramatischen und thematischen als von hierarchischen Gesichtspunkten bestimmt. Zwar beginnt der weitgereiste, in mancherlei Kreuzzügen ausgezeichnete Ritter (Knight) die Folge der Erzählungen mit einer anspruchsvollen Versromanze, *Palamon und Arcite*, einer verkürzenden Nachdichtung von Boccaccios *Tesèida* (um 1340), doch der Plan des Wirtes, nun mit einer geistlichen Geschichte des Mönches (Monk) fortzufahren, wird von dem betrunkenen Müller (Miller) beiseitegeschoben, der darauf besteht, seinen eigenen Beitrag vorzubringen. Und so schließt sich eine respektlos komische Schwankerzählung an, die zwar die Personenkonstellation der vorausgehenden Romanze (zwei Männer bemühen sich um dieselbe Frau) aufgreift, aber im Haushalt eines einfältigen Zimmermanns spielt, der von einem Studenten durch die phantastische Prophezeihung einer neuen Sintflut getäuscht und mit seiner jungen Frau betrogen wird (AaTh 1361: → *Flut vorgetäuscht*). Die ausgelassene Komödie parodiert höfische Konventionen und verbindet präzise Wirklichkeitsbeobachtung mit kunstvoller Rhetorik. Wie bei vielen anderen der C. T. ist eine genaue Quelle nicht ermittelt worden, doch handelt es sich um Schwankmotive, die bereits in der ital., frz. und ndl. Novellistik auftauchen (spätere dt. Analogien bei Hans Sachs und Valentin Schumann). Ähnliches gilt für die sich anschließende Geschichte des Verwalters (Reeve), der als Zimmermann den Schwank des Müllers als persönliche Beleidigung empfindet und mit einer noch gröberen Geschichte heimzahlt, in der einem betrügerischen Müller von zwei Studenten übel mitgespielt wird: Im Dunkel des gemeinsamen Schlafzimmers wird die Wiege des Säuglings von ihrem gewohnten Platz entfernt, was zu einer allg. Bettenverwechslung führt, in deren Verlauf die Studenten sich an Frau und Tochter des Müllers für das gestohlene Mehl schadlos halten (AaTh 1363: *Die Erzählung von der → Wiege*). Auch hier sind traditionelle Schwankmotive in ein heimisches Milieu übersetzt: Oxford und Cambridge sind die Schauplätze der beiden Erzählungen; studentischer Witz fühlt sich durch selbstsichere Bauernschläue provoziert, so daß der Spaß auch eine durchaus ständische Dimension erhält, wozu die dramatische Verbindung der beiden Geschichten beiträgt. Ebenso werden an anderen Stellen Erzählungen durch traditionelle Animositäten der Erzähler miteinander verknüpft, am deutlichsten in dem Streit zwischen Bettelmönch (Frere) und Büttel (Somnour): Ein offensichtlicher Interessenkonflikt wird durch zwei aggressive Schwänke ausgetragen. Die Geschichte des Bettelmönchs ist eine höchst lebendige Version der verbreiteten Erzählung vom wirkungsvollen Fluch: Der Teufel holt sich den Büttel, nachdem er von einem seiner unschuldigen Opfer herzlich zum Teufel gewünscht worden ist (AaTh 1186: → *Advokat und Teufel*). In der wütenden Entgegnung des Büttels geht es um die von Satirikern gerne angeprangerte Habgier der Bettelmönche. Wiederum bildet ein beliebter Schwank den Kern der Geschichte: Der Bettelmönch, der einen Sterbenden zu beerben hofft, erhält von diesem nur eine unanständige Geste (→ Furz).

Andere Erzählungen sind mehr durch ihre Thematik verbunden, ohne daß jedoch innerhalb der Rahmenhandlung eines der in den Geschichten angeschlagenen Themen explizit diskutiert wird. So schildert eine Reihe von Geschichten verschiedene Möglichkeiten, innerhalb der Ehe den Machtkampf der Geschlechter auszutragen. Der Stand der Ehefrau wird repräsentiert durch das Weib von Bath (Wife of Bath), das zunächst einen anschaulichen Bericht über ihre Erfahrungen mit fünf Ehemännern gibt. Ihre pseudogelehrte Verteidigung der Sexualität und der weiblichen Vorherrschaft in der Ehe dramatisiert zahlreiche Gemeinplätze der gelehrten, geistlichen und volkstümlichen Frauensatire: Nur der Mann, der seiner Frau alle Entscheidungsgewalt zugesteht, kann hoffen, eine erträgliche Ehe zu führen. Dies ist auch die Quintessenz ihrer Erzählung, die – unter Einbeziehung des → *Midas*-Motivs (AaTh 782) – am Hofe von König Artus spielt und das Motiv der richtigen Antwort auf eine über Tod und Leben entscheidende Frage abwandelt (AaTh 927: → *Halslöserätsel*): Ein zum Tode verurteilter Ritter kann sich nur den Hals retten, wenn er in Erfahrung bringt, was der größte Wunsch aller Frauen ist. Die Lösung, die ihm von einer verzauberten Alten mitgeteilt wird, entspricht der Aussage der ganzen Geschichte: Was alle Frauen am meisten wünschen, ist die Herrschaft über den Mann. Damit gewinnt der Ritter seine Begnadigung und eine schöne Gattin, der er von vornherein alle Macht überläßt. Parallelen zu dieser Erzählung, auch in Balladenform, sind in der engl. Lit. nachzuweisen, jedoch keine unmittelbare literar. Vorlage. Als Gegenstück erzählt der angehende Gelehrte (Clerk) die berühmte Geschichte der geduldigen → *Griseldis* (AaTh 887), die in diesem Zusammenhang auch als extremes Beispiel männlicher Vorherrschaft und weiblicher Unterwürfigkeit erscheinen muß und vom Clerk entsprechend kommentiert wird. C. hält sich hier weitgehend an die Version des Petrarca (*De claris mulieribus*) bzw. einer frz. Nacherzählung. Es folgt als weitere, komische Variation des Ehethemas die zynische Geschichte des Kaufmanns (Marchant), in der die satirische Schilderung des greisen Ehemannes mit dem Motiv des getäuschten Blinden enthalten ist (AaTh 1423: *Der verzauberte → Birnbaum*). Gelehrtes und Deftiges sind hier virtuos miteinander verschmolzen. Die Namen der Eheleute (January und May) verweisen auf eine allegorische Bedeutungsebene, ebenso der Liebesgarten, in dem der blinde Alte seine junge Frau für sich allein zu bewahren glaubt; doch steht daneben auch ein handfester Bezug zur alltäglichen Wirklichkeit, wenn etwa die junge Frau den in höfischen Floskeln abgefaßten Liebesbrief ihres Verehrers im Klosett verschwinden läßt, ehe sie sich mit ihm zu einem unmißverständlichen Stelldichein verabredet.

Einen wohl als rührend utopisch zu verstehenden Kompromiß in der Ehe preist die Erzählung des Freibauern (Frankeleyn), die einen allein auf Liebe, Rücksicht und Vertrauen gegründeten Bund schildert und in der Frage nach der vornehmsten Handlung mündet (AaTh 976: *Die vornehmste → Handlung*): Die durch ein unbedachtes Versprechen in einen scheinbar ausweglosen Konflikt zwischen Gatten und Liebhaber gebrachte Frau wird durch einen Wettstreit der Großmut gerettet. Der aufstrebende Freibauer, für den das Höfische mehr Wunschvorstellung als erfahrene Lebenshaltung ist, versucht, mit seiner Geschichte einen Anspruch auf ‚gentillesse' zu dokumentieren, die nicht nur dem Adel vorbehalten sei, während der von ihnen fast neidisch bewunderte Sohn des Ritters (Squier) in seiner fragmentarischen Erzählung nur eine ostentative Sammlung romanzenhafter, exotischer Klischees liefert (das → Pferd, das seinen Reiter an jeden gewünschten Ort bringt; der → Ring, der die Sprache der Tiere verstehen läßt; der → Spiegel, der den Blick in die Zukunft öffnet). Auch hier ist die Geschichte Unterhaltung und zugleich Ausdruck einer bestimmten Mentalität, der des unreifen, aber standestypischen, vielversprechenden Höflings. C. erreicht dies, indem er bestimmte Elemente der Romanzendichtung einseitig anhäuft und damit den individuellen, dem Sprecher angemessenen Charakter der Geschichte betont.

In anderer Weise geschieht dies auch in der Erzählung des Juristen (Man of Lawe), einer kunstvoll aufgebauten Version der → Constanze-Legende, in der die erbaulichen und Mitleid erregenden Aspekte der Handlung fast übermäßig herausgehoben werden, so daß auch hier die bes. Merkmale dieser Erzählgattung gegenüber den anderen Geschichten bewußt profiliert werden.

Die Geistlichkeit wiederum gibt in ihren Beiträgen höchst unterschiedliche Beispiele christl. Erzählkunst und frommer Erbaulichkeit: Eine Nonne (Nonne) trägt in betont schlichter Form die Legende der hl. Cäcilie vor, während die Geschichte der Priorin (Prioresse) das Martyrium eines kleinen Christenknaben in einem jüd. Ghetto beschreibt, durch dessen unschuldigen Lobgesang auch nach seinem Tode noch die Ehre Gottes verkündet und der Mord aufgedeckt wird (Mot. V 254.7). Populärer → Antisemitismus und naiver Wunderglaube charakterisieren dieses andächtig vorgetragene Mirakel. Noch deutlicher ist der Appell an simple Volksfrömmigkeit und leichtgläubige Einfalt in dem vom Ablaßkrämer (Pardoner) vorgetragenen warnenden Exempel, das als Beispiel seiner habgierigen Predigtstrategie vorgetragen wird, wobei er ironischerweise selbst die verderblichen Folgen der cupiditas zum Gegenstand seines marktschreierischen Sermons macht: Drei durch Habgier verblendete Gauner suchen sich gegenseitig zu betrügen und kommen alle dabei um (AaTh 763: → *Schatzfinder morden einander*). Gezielte Satire auf betrügerische Bußprediger verbindet sich hier mit virtuoser volkstümlicher Erzählkunst. Völlig anders gibt sich die Geschichte des Nonnenpriesters (Nonne Preest), der aus der vielfach verbreiteten Fabel vom *Fuchs und Hahn* (AaTh 61) eine den Kern der Erzählung fast erdrückende Demonstration rhetorischer amplificatio macht, um den homiletischen Gemeinplatz zu illustrieren, daß auch das unscheinbarste Detail Anlaß zu Erbauung und Belehrung sein kann. Der Mönch (Monk) dagegen trägt eine eintönige Serie von De-casibus-Tragödien vor, der durch das Mißvergnügen des Ritters Einhalt geboten wird.

Den Abschluß der Sammlung bildet ein umfangreicher Prosatraktat des Gemeindepfarrers (Parson), der die Wallfahrt nach Canterbury mit der christl. Lebensreise zum himmlischen Jerusalem gleichsetzt und damit dem Rahmen einen neuen, übertragenen Sinn gibt. Die Überlieferung läßt keinen sicheren Schluß darüber zu, ob C. den Gesamtplan der C. T. während der Arbeit änderte und wie er sich das fertige Werk vorstellte. In der uns erhaltenen Form liegen Anfang und Ende des Zyklus fest, während die Mitte offen blieb und offensichtlich noch Raum für weitere Geschichten ließ. Auch der Reiseweg von London nach Canterbury ist nur punktuell angedeutet und nicht konsequent eingehalten. Die wichtigste Funktion der Rahmenhandlung bleibt daher, die einzelnen Geschichten vorzubereiten und durch den Kontext zu kommentieren. Die breite Palette literar. Stoffe und Erzählformen ist hier unmittelbarer Ausdruck einer vielstimmigen Gesellschaft.

Eine bes. Pointe besteht darin, daß der Dichter selbst sich an der Wallfahrt und dem Erzählwettstreit beteiligt. Als einziger kommt er mit zwei Geschichten zu Wort: seine erste, eine bänkelsängerische Ritterromanze von grotesker Banalität, wird vom Wirt entrüstet abgebrochen, worauf der hart Kritisierte eine lange, fast ereignislose Prosageschichte zum besten gibt, die getreue Übersetzung des lehrhaften Dialogs *Livre de Melibee et de Dame Prudence* (vermutlich von Renaud de Louens [nach 1336]; einer von mehreren frz. Versionen des *Liber consolationis et consilii* [ca 1246] des Albertano von Brescia). Damit schreibt C. sich selbst zwei entgegengesetzte Erzählformen zu: die mündliche, geistlose Romanze und den gelehrten Prosatraktat. Zwischen diesen beiden, bei C. sonst kaum repräsentierten Extremen bewegen sich die übrigen C. T.

Bereits ein kurzer Überblick macht deutlich, daß C. in seiner Sammlung aus den verschiedensten Quellen schöpft, vor allem der frz. und ital. Novellistik und Schwankliteratur, aber auch aus der didaktischen Lit. und der einheimischen mündlichen Tradition. Manche Vorlagen werden von ihm selbst genannt, andere bewußt verschwiegen; fast immer jedoch handelt es sich um sehr freie eigenständige Bearbeitungen, die einen genauen Quellenvergleich unmöglich machen oder wenig sinnvoll erscheinen lassen. So ist etwa der Einfluß von Boccaccios *Decamerone* (1349–51) bis heute nicht zweifelsfrei nachgewiesen.

Die Frage der Einheit der C. T. hat die Forschung jahrzehntelang beschäftigt. Während ältere Kritiker (Kittredge 1915) vor allem den dramatischen Charakter des Rahmens betonten und die Erzählungen vorwiegend als Ausdruck der Persönlichkeit der Wallfahrer verstanden, sieht man heute stärker den literar. und thematischen Zusammenhang sowie die Eigenständigkeit der Geschichten, denen der Rahmen untergeordnet bleibt. Wenn auch am Ende die Vorstellung einer geistlichen Pilgerfahrt und ihrer inneren Vorbereitung dominiert, so läßt sich damit noch kaum das Gesamtwerk erfassen. Es beschreibt einen vielfach verschlungenen Weg und umfaßt eine Vielzahl von Perspektiven, die sich einer widerspruchslosen Synthese entziehen. Das Nebeneinander verschiedenartiger Wirklichkeitsvorstellungen und Stilformen ist für C.s zur Distanzierung und Bescheidenheit neigenden Dichtungsauffassung bezeichnend. Er tritt nicht als Prediger oder Moralist auf, sondern verweist den Leser immer wieder auf die literar. Tradition und auf sein eigenes kritisches Urteil. Ihm sei es überlassen, den rechten Nutzen aus den Anstrengungen des Dichters zu ziehen, zwischen Spaß und Erbauung zu unterscheiden und entsprechend auszuwählen. In diesem Sinne ist vor allem der gemischte Charakter der C. T. zu verstehen. Sicher spielt dabei auch C.s bes. Position am engl. Hof eine Rolle: Er gehörte selbst nicht dem Adel an, war aber doch in ständiger enger Beziehung zur höfischen Gesellschaft und Kultur und kam gleichzeitig durch seine Tätigkeiten mit den verschiedensten Volksschichten in Berührung.

Bibliogr.n: Hammond, E. P.: C. A Bibliographical Manual. N. Y. 1908. – Griffith, D. D.:

Bibliography of C. 1908–1953. Seattle 1955. – Crawford, W. R.: Bibliography of C. 1954–63. Seattle/L. 1967. – Baird, L. Y.: Bibliography of C. 1964–73. Boston, Mass. 1977.

Ausg.n: The Complete Works of G. C. 1–7. ed. W. W. Skeat. Ox. 1894–97 (²1952–54). – G. C.s Canterbury-Erzählungen nach W. Hertzbergs Übers. neu ed. J. Koch. B. 1925. – The Text of the Canterbury Tales. ed. J. M. Manly/E. Rickert. Chic. 1940. – The Works of G. C. ed. F. N. Robinson. (Boston, Mass./N. Y. 1933) L. ²1957 (gängigste einbändige Gesamtausg.). – The Complete Poetry and Prose of G. C. ed. J. H. Fisher. N. Y. u. a. 1977 (mit ausführlicher Bibliogr.).

Lit.: Haeckel, W.: Das Sprichwort bei C. Erlangen 1890. – Kittredge, G. L.: C. and His Poetry. Cambridge, Mass. 1915. – Barr, J. H.: The Exemplum in the Canterbury Tales. Master's Thesis Columbia 1916. – Five Hundred Years of C. Criticism and Allusion: 1357–1900 1–3. ed. C. F. E. Spurgeon. Cambridge 1925. – Spargo, J. W.: C.'s Shipman's Tale. The Lover's Gift Regained (FFC 91). Hels. 1930. – Patch, H. R.: C. and the Common People. In: JEGPh. 29 (1930) 376–384.– Lange, M.: Vom Fabliau zu Boccaccio und C. Hbg 1934. – Lowes, J. L.: G. C. Ox. 1934. – Whiting, B. J.: C.'s Use of Proverbs. Cambridge, Mass. 1934. – Whitmore, M. E.: Medieval English Domestic Life and Amusements in the Works of C. Diss. Wash. 1937. – Crosby, R.: C. and the Custom of Oral Delivery. In: Spec. 13 (1938) 413–432. – Heist, W. W.: Folklore Study and C.'s Fabliau-like Tales. In: Papers of the Michigan Academy of Science, Arts and Letters 36 (1952) 251–258. – Schaar, C.: Some Types of Narratives in C.'s Poetry. Lund 1954. – Muscatine, C.: C. and the French Tradition. L. A. 1957. – Sources and Analogues of C.'s Canterbury Tales. ed. W. F. Bryan/G. Dempster. (Chic. 1941) L. ²1958 (Ausg. der wichtigsten Qu.n und Parallelen). – Miller, R. P.: The Wife of Bath's Tale and Mediaeval Exempla. In: Journal of English Literary History 32 (1965) 442–456. – Ruggiers, P. G.: The Art of the Canterbury Tales. Madison/Milwaukee 1965. – Utley, F. L.: Some Implications of C.'s Folktales. In: Laogr. 22 (1965) 588–599. – C. and Chaucerians. ed. D. Brewer. L. 1966. – Elliott, R. W. V.: Our Host's ‚Triacle': Some Observations on C.'s ‚Pardoner's Tale'. In: A Review of English Literature 7, 2 (1966) 61–73. – Guerin, R. S.: The Canterbury Tales and Il Decamerone. Diss. Colorado 1966. – McDonald, D.: Proverbs, Sententiae, and Exempla in C.'s Comic Tales: The Function of Comic Misapplication. In: Speculum 41 (1966) 453–465. – Braddy, H.: C.'s Bilingual Idiom. In: SFQ 32 (1968) 1–6. – Companion to C. Studies. ed. B. Rowland. Toronto/N. Y./L. 1968 (Forschungsber.e mit ausführlicher Bibliogr.). – Garbáty, T. J.: C.'s Weaving Wife. In: JAFL 81 (1968) 342–346. – G. C. A Critical Anthology. ed. J. A. Burrow. Harmondsworth 1969. – Braddy, H.: C.'s Playful Pandarus. In: SFQ 34 (1970) 71–81. – Donaldson, E. T.: The Ordering of the Canterbury Tales: In: Medieval Literature and Folklore Studies. Essays in Honor of F. L. Utley. ed. J. Mandel/B. A. Rosenberg. New Brunswick, N. J. 1970, 193–204. – Robinson, I.: C. and the English Tradition. Cambridge 1972. – Brewer, D. S.: C. L. (1953) ³1973. – id.: C. in His Time. L. (1963) 1973. – Mann, J.: C. and Medieval Estates Satire. Cambridge 1973. – Mehl, D.: G. C. Eine Einführung in seine erzählenden Dichtungen. B. 1973. – Donaldson, E. T.: Idiom of Popular Poetry in the Miller's Tale (1950). In: C. The Canterbury Tales [. . .]. ed. J. J. Anderson. L./Basingstoke 1974, 143–160. – Pearcy, R. J.: Structural Models for the Fabliaux and the Summoner's Tale Analogues. In: Fabula 15 (1974) 103–113. – Scott, A. F.: Who's Who in C. N. Y. 1974. – G. C. A Collection of Original Articles. ed. G. D. Economou. N. Y. 1975. – Howard, D. R.: The Idea of the Canterbury Tales. Berk./L. A./L. 1976. Brewer, D. (ed.): C.: The Critical Heritage. 1: 1385–1837. 2: 1837–1933. L./ Boston 1978.

Bonn Dieter Mehl

Chauvin, Victor, *Lüttich 26. 12. 1844, † ebenda 19. 11. 1913, belg. Orientalist. Er studierte Rechtswissenschaft, erwarb 1869 den juristischen Doktorgrad und war danach bis 1872 in seiner Vaterstadt als Rechtsanwalt tätig. Bei P. Burggraff, einem Schüler der Arabisten S. de Sacy und G. W. Freytag, der an der Univ. Lüttich Arabisch und Hebräisch lehrte, hatte er bereits 1865 mit dem Studium der Orientalistik begonnen; ihm verdankte er eine solide philolog. Ausbildung und entscheidende Anregungen für die zunächst nebenberufliche wiss. Arbeit. Nach Burggraffs Emeritierung (1872) wurde er als dessen Nachfolger 1874 zum außerordentlichen Professor und 1878 zum ordentlichen Professor an der Univ. Lüttich ernannt, der er auf Lebenszeit treu blieb.

C.s Schaffen ist überwiegend dem Bereich der Arabistik und Islamwissenschaft zuzuordnen. Er war vor allem ein vorzüglicher Kenner der gesamten volkstümlichen Erzählliteratur in arab. Sprache, die bis zu seiner Zeit in Europa bekannt geworden war. In vielen Artikeln und Abhandlungen zu → *1001 Nacht* und zur Folklore des Orients, die in volkskundlichen Zeitschriften und anderen Periodika verstreut erschienen, untersuchte er mit Vorliebe einzelne Märchen- und Sagenstoffe, ihre verschiedenen oriental. Versionen, ihre Herkunft und Verbreitung sowie die Entlehnung oriental. Stoffe in europ. Literaturen. In der Abhandlung *La Récension égyptienne des Mille et une nuits* (Brüssel 1899) versuchte er, die von A. Müller, T. Nöldeke und J. Oestrup eingeführte und allg. akzeptierte Unterscheidung mehrerer Schichten in *1001 Nacht* weiterzuführen, indem er die der ägypt. Schicht zugerechneten Erzählungen nach inhaltlichen und formalen Kriterien wiederum in zwei Gruppen schied; diese schrieb er zwei Autoren zu, von denen einer, in welchem er zugleich den Redaktor der sog. ägypt. Rezension von *1001 Nacht* vermutete, ein zum Islam bekehrter Jude der späten Mamlukenzeit gewesen sei. Da aber Generationen von Berufserzählern und Schreibern auch an der Gestaltung der ägypt. Geschichten mitgewirkt haben dürften, wird eine so sichere Festlegung des Anteils Einzelner kaum je möglich sein.

C.s Hauptbedeutung liegt in seiner Tätigkeit als Bibliograph des Schrifttums zur erzählenden Prosa- und Volksliteratur des arab. Orients. Bei der Unmenge von Publikationen, die im Laufe des 19. Jh.s auf allen Gebieten der Orientalistik erschienen, wurde der Mangel an bibliogr. Hilfsmitteln immer fühlbarer. C. wollte daher ursprünglich für die gesamte ihm erreichbare arabistische Lit. die Arbeit von C. F. Schnurrer fortsetzen, dessen *Bibliotheca arabica* mit dem Jahr 1810 endete. Nach 20jähriger Sammelarbeit begann er 1892 mit der Veröff. seiner *Bibliographie des ouvrages arabes ou relatifs aux Arabes publiés dans l'Europe chrétienne de 1810–1885*, von der in Lüttich (vom 2. Band an auch in Leipzig) bis zu seinem Tod elf Bände erschienen; der 12. Band folgte postum 1922. Das Werk blieb dennoch ein Torso; der monumentale Plan, den er im 1. Band (p. XXXVII) entworfen hatte und der weitere Teile über Poesie, Sprachwissenschaft, Recht, Geschichte, Philosophie, Medizin, Naturwissenschaften etc. vorsah, konnte begreiflicherweise nicht verwirklicht werden. Von den erschienenen Teilen sind der 10.–12. Band der Islam-Lit. gewidmet (*Koran*, Überlieferungen; Mohammed; Mohammedanismus). Sie sind für spezielle bibliogr. Zwecke zwar noch immer brauchbar, aber die 1892–1905 erschienenen ersten neun Bände haben den Titel über den Kreis der Orientalisten hinaus bekannt gemacht.

Sie sind nach C.s Worten den „écrits d'imagination" gewidmet und haben bes. als Schlüssel zur morgenländ. Erzählliteratur aller Gattungen (Märchen, Fabeln, Sagen, Anekdoten, Novellen, Romane) ihren Wert als Hilfsmittel der Erzählforschung und vergleichenden Literaturwissenschaft weitgehend bewahrt (t. 1: Sprichwörter, 2: *Kalīla und Dimna*, 3: Loqmān und andere Fabelsammlungen, *Barlaam und Josaphat*, *ʿAntar* und sonstige Ritterromane, 4–7: *1001 Nacht*, 8: *Syntipas*, 9: Petrus Alphonsi, Secundus; ferner Adab-Sammlungen und Maqāmen u. a.). C. hat darin die im Titel klar formulierten Grenzen seiner Bibliographie von Anfang an in jeder Hinsicht, auch zeitlich, weit überschritten, und eben dies macht ihren Wert aus. Er führt keineswegs nur europ. Buchtitel an, sondern liefert zu den behandelten arab. Werken Inhaltswiedergaben, Nachweise zu den literar. Stoffen in anderen oriental. und europ. Sprachen, Titel von Bearbeitungen und verwandten Versionen in großem Umfang. Auch wo die arab. Fassung eines Werkes nur eine unter vielen wichtigeren Versionen in anderen oriental., in antiken oder neueren europ. Sprachen ist, breitet er sein gesamtes bibliogr. Material zur Stoffgeschichte aus. Für die Vergleichung von Stoffen und Motiven bieten die fast überall beigefügten Inhaltsangaben der Erzählforschung ein umfängliches Rohmaterial; die Bände 5–7 sind wohl die am meisten benutzten, weil sie Resümees sämtlicher Geschichten der verschiedenen Fassungen von *1001 Nacht* und ähnlicher Sammlungen nebst Nachweisen in Hss., Editionen und in den Übers.en des 18./19. Jh.s enthalten. C. hat, von seinem Programm abweichend, durchaus auch Drucke oriental. Länder in großer Zahl angeführt, soweit sie ihm zugänglich waren und die von ihm behandelten Werke betrafen; da sie für ihn in Belgien größtenteils unerreichbar waren (weiten Reisen war er abgeneigt) konnte er auf diesem Gebiet jedoch keine Vollständigkeit anstreben. Umso eifriger war er bemüht, sich keine noch so entlegene europ. Publikation entgehen zu lassen und z. B. die vielen Teilabdrukke, Nacherzählungen und Märchenausgaben für Kinder, die von *1001 Nacht* seit J. A. → Gallands Übers. in ganz Europa erschienen waren, so vollständig wie möglich zu registrieren (4, 25–120).

C. betätigte sich außerdem auf mannigfachen anderen Gebieten; er war als Jurist am islam. Recht sehr interessiert und behandelte arab.-islam. Rechtsbräuche und ihr Verhältnis zum röm. Recht, lieferte biogr. Beiträge zur Geschichte der oriental. Studien, bes. in Belgien, und beteiligte sich aktiv an der Pflege der wallon. Dialektliteratur und Folklore.

Lit.: Goldziher, I.: V. C. In: Der Islam 5 (1914) 108sq. – Dantinne, E.: V. C. In: Revue africaine 58 (1914) 193–219. – Bricteux, A.: V. C., Biogr. et bibliographie. In: Liber memorialis. L'Université de Liège de 1867 à 1935. t. 1. Lüttich 1936, 303–313. – Fück, J.: Die arab. Studien in Europa. Lpz. 1955, 246sq. – Janssens, H.-F.: C. In: Biogr. nationale. Suppl. t. 1. Brüssel 1957, 445–448.

Münster Hans Wehr

Chavannes, Édouard (Emmanuel-Édouard oder Emmanuel-Edmond), *Lyon 5. 10. 1865, † Paris 20. 1. 1918, frz. Orientalist. C. erhielt mit 23 Jahren in Paris sein diplôme für Chinesisch und die agrégation in Philosophie. In Peking hielt er sich, mit einer Unterbrechung, von 1889–93 als Gesandtschaftsattaché auf und dann nochmals 1903. Von 1893 an war er Professor für Chinesisch und Mandschu am Collège de France; 1907 bereiste er die Mandschurei.

Seine Bücher und Aufsätze behandeln viele Gebiete der Sinologie. C. muß als der erste frz. Sinologe gelten, der sich speziell für Volkskunde interessiert hat. In diesem Zusammenhang sind drei Werke von bes. Wichtigkeit: *Cinq cents contes et apologues extraits du Tripiṭaka chinois et traduits en français* 1–4 (P. 1910–35, Ndr. P. 1962) enthalten ind. Geschichten und Märchen, die von buddhist. Priestern für ihre Predigten benutzt wurden, ähnlich wie die → Exempel von der christl. Kirche. Obwohl diese Übersetzungen aus dem 1. Jahrtausend p. Chr. n. gelegentlich in China erzählt und damit auch bekannt wurden, sind die meisten im Lauf des 2. Jahrtausends in Vergessenheit geraten, vermutlich, weil ihre Struktur und ihr Inhalt den Chinesen doch zu fremd waren. *Le T'ai Chan* (P. 1910) ist eine Beschreibung des hl. Berges des Ostens, seiner Tempel und seines Kults, zusammen mit einer Analyse der chin. volkstümlichen Vorstellungen von Unterwelt und Jüngstem Gericht. Das Werk *De l'Expression des vœux dans l'art populaire chinois* (P. 1922) wurde postum veröffentlicht und ist nicht nur ein Beitrag zur Volkskunde Chinas, sondern auch zur frühen Kunst des Landes.

Lit.: Cordier, H.: E. C. P. 1917. – Huet, G.: Nécrologie E. C. In: RTP 33 (1918) 96. – Dictionnaire de biographie française 8 (1959) 941sq.

Berkeley Wolfram Eberhard

Chertudi, Susana, *Buenos Aires 3. 11. 1925, † ebenda 10. 10. 1977, argentin. Folkloristin. Sie studierte an der Universität Buenos Aires (1960 Staatsexamen für das höhere Lehramt, 1968 Lizentiat in Anthropologie) und wurde 1963 Dozentin für Volkskunde an derselben Universität. Seit 1973 war sie als wiss. Leiterin beim Instituto Nacional de Antropología (Ministerio de Educación y Justicia) beschäftigt.

Auf Veranlassung von J. A. Carrizo, dem Altmeister der argentin. Folkloristik, widmete sie sich seit 1951 dem Studium der Volksmärchen und insbesondere der aus 2000 Texten bestehenden Sammlung des früheren Instituto Nacional de la Tradición. Aus diesem Material stammen hauptsächlich die von ihr publ. Märchen, so z. B. *Cuentos folklóricos de la Argentina* 1–2 und zwei kleinere populäre Ausgaben (v. Lit.). Dem AaTh-Klassifikationssystem folgend, analysierte sie diese Märchen nach

Typen und Motiven und lieferte span. und span.-amerik. Parallelen dazu. Bes. Aufmerksamkeit widmete C. den Erzählungen über den aus Spanien stammenden bekannten → Schelmentyp Pedro Urdemales. Nach Vorarbeiten hierzu plante sie eine erweiterte Untersuchung, die Spanien und die span. sprechenden Länder Amerikas umfassen sollte. Dabei wollte sie nicht nur nach der geogr.-hist. Methode, sondern auch, ergänzend, morphologisch-strukturalistisch vorgehen.

In Abständen führte C. Feldforschungen in einzelnen Regionen des Landes durch und sammelte volkskundliches Material jeder Art, da sie die Vk. als Zweig der Kulturanthropologie betrachtete. Zusammen mit R. L. J. Nardi oder S. J. J. Newbery, meistens aber als alleinige Autorin, publizierte sie Artikel über lokale Sagen, Legenden und ergologische Überlieferungen. Für einen weiteren Leserkreis gab C. eine kurze Übersicht über das Volksmärchen heraus, die den südamerik. Lesern die Theorien V. Ja. → Propps und A. → Dundes' erschloß.

Veröff.en: Cuentos folklóricos de la Argentina 1–2. Buenos Aires 1960/64. – Juan Soldao. Cuentos folklóricos de la Argentina. Buenos Aires 1962. – El cuento folklórico y literario regional. Buenos Aires 1963 (Bibliogr.). – Cuentos del zorro. Buenos Aires 1965. – El cuento folklórico. Buenos Aires 1967. – Los cuentos de Pedro Urdemales en el folklore de Argentina y Chile. In: Cuadernos del Instituto Nacional de Antropología 7 (1968–71) 33–63. – Art. Argentinien. In: EM 1, 759–767.

Nachrufe: Luomala, K.: Obituary. In: NIF Newsletter 2 (1978) 15. – Pino-Saavedra, Y.: S. C. (1925–1977). In: Fabula 19 (1978) 302–304.

Santiago de Chile Yolando Pino-Saavedra

Chevalier au Cygne → Schwanenritter

Chider → Chadir

Child, Francis James, *Boston, Mass. 1. 2. 1825, † ibid. 11. 9. 1896, nordamerik. Anglist und Balladenforscher. C., Sohn eines Segelmachers, war von 1846–49 als Tutor an der Harvard University (Cambridge, Mass.) tätig; von 1849–51 studierte er germ. Philologie in Berlin und Göttingen (1854 Dr. phil. h. c.). 1851–76 lehrte C. als Professor für Rhetorik, 1876–96 für Englisch an der Harvard University.

Angeregt durch das Studium in Deutschland und bes. durch den persönlichen Kontakt mit J. und W. → Grimm gab C. 1857/58 die bis dahin umfangreichste Sammlung engl. und schott. Balladen heraus (*English and Scottish Ballads* 1–8. Boston, Mass.), die allein auf gedr. Quellen basierte. Nach der Herausgabe von *The Poetical Works of Edmund Spenser* 1–5 (Boston, Mass. 1855) und Untersuchungen über die Sprache Geoffrey Chaucers und John Gowers widmete er sich von ca 1872 bis zu seinem Tode seinem eigentlichen Lebenswerk, der wiss. Edition aller verfügbaren volkstümlichen (popular) engl. und schott. Balladen, die 1882–98 in zehn Teilen erschienen (*The English and Scottish Popular Ballads* 1–5. Boston, Mass./N. Y. [Repr. N. Y. 1965]).

Neben zuverlässigen gedr. Balladentexten stützte C. sich vor allem auf zahlreiche schott. und engl. Balladenmanuskripte, bes. auf das unter seiner Mithilfe 1868 veröffentlichte Percy Folio Ms. (*Bishop Percy's Folio Manuscript* [. . .] 1–4. ed. J. W. Hales/F. J. Furnivall. L. 1867). Mit nur geringem Erfolg bemühte er sich zu retten, „what might still survive in oral tradition" (Hustvedt 1930, 216). Die Sammlung umfaßt 305 Balladen mit zahlreichen Var.n. In den Kommentaren zu den einzelnen Balladen stellt C. diese in komparatistischer Weise in den Zusammenhang der europ. Lied- und Erzähltradition; bedeutende Gelehrte wie S. → Grundtvig, K. → Krohn, R. → Köhler, A. → Lang und G. → Pitrè gaben ihm wesentliche Anregungen.

C. hat seine Definition der Begriffe 'ballad' und 'popular' sowie seine Auswahlkriterien nie eindeutig dargelegt. Seine hinterlassenen Manuskripte (Harvard, Houghton Library), sein Artikel über *Ballad Poetry* (In: *Johnsons's Universal Cyclopaedia* 1. s. l. 1874, 464–467), seine Kommentare und die Balladen wurden vielfach analysiert und sehr verschieden interpretiert (v. Hart 1906, Pound 1921, Hustvedt 1930, Gerould 1932, James 1933, Wilgus 1959, Reppert 1953 und 1974). Die Auswahl der Balladen und der Anspruch, „all of the truly popular ballads" (Hustvedt 1930, 223) veröffentlicht zu haben, gründen letztlich allein auf C.s „almost infallible [...] instinct" (Kittredge 1898, XXX) oder sogar „unerring instinct" (Buchan 1972, 277). Die bei C. angelegte und von seinen Schülern bestärkte Kanonisierung und Überbewertung der 305 'echten' Balladen ist wiederholt Anlaß zur Kritik geworden (cf. Pound 1921, James 1933 und vor allem Laws 1957).

Der Einfluß der *English and Scottish Popular Ballads* auf die Lied- und Erzählforschung war äußerst nachhaltig. Bes. in Schottland und Nordamerika lösten sie eine intensive Suche nach mündlich überlieferten Balladen aus: Ihre Aufzeichnung und ihre Edition in unzähligen regionalen und nationalen Sammlungen wurde für mehr als ein halbes Jh. wichtigstes Anliegen der brit. und nordamerik. Vk. (v. Wilgus 1959). Die Ergebnisse dieser Sammeltätigkeit bes. für die musikalische Volksüberlieferung wurden 1959–72 von B. H. Bronson in *The Traditional Tunes of the Child Ballads* [...] 1–4 (Princeton, N. J.) zusammengefaßt.

Lit.: Grêville, H.: F. J. C. In: RTP 11 (1896) 540 (Nekrolog). – Geddie, J.: The Balladists. N. Y. 1896. – Kittredge, G. L.: F. J. C. In: C., F. J.: The English and Scottish Popular Ballads 10. N. Y. 1898, XXIII–XXXI. – id.: English and Scottish Popular Ballads. N. Y. 1904. – Hart, W. M.: Professor C. and the Ballad. In: PMLA 31 (1906) 755–807. – Pound, L.: Poetic Origins and the Ballad. N. Y. 1921. – Art. C. In: The National Cyclopaedia of American Biography 8. N. Y. 1924, 256. – Hustvedt, S. B.: Ballad Books and Ballad Men. Cambridge, Mass. 1930, 205–229. – Walker, W. (ed.): Letters on Scottish Ballads from Professor F. J. C. to W. Walker, Aberdeen. Aberdeen 1930. – Art. C., J. In: Dictionary of American Biography 4. L./N. Y. 1930, 66sq. (mit Bibliogr.). – Gerould, G. H.: The Ballad of Tradition. Ox. 1932 (Repr. N. Y. 1957). – James, T. G.: The English and Scottish Popular Ballads of F. J. C. In: JAFL 46 (1933) 51–68. – Reppert, J. D.: F. J. C. and the Ballad. Diss. Cambridge, Mass. 1953. – Laws, G. M.: American Balladry from British Broadsides. Phil. 1957. – Rigoli, A. (ed.): Lettere di C. al Pitrè. In: Annali del Museo Pitrè 8/10 (1957/59) 134–141. – Wilgus, D. K.: Anglo-American Folksong Scholarship Since 1898. New Brunswick, N. J. 1959. – Buchan, D.: The Ballad and the Folk. L. 1972. – Bynum, D. E.: C.'s Legacy Enlarged. Oral Literature Studies at Harvard Since 1856. In: Harvard Literature Bulletin 22 (1974) 237–267. – Reppert, J. D.: F. J. C. and the Ballad. In: Benson, L. B. (ed.): The Learned and the Lewed [...]. Cambridge, Mass. 1974, 197–212. – Sherline, P.: F. C.: The Man Behind the Ballads. In: Folkscene 1 (L. A. 1975) 2–5. – Bronson, B. H.: The Singing Tradition of C.'s Popular Ballads. Princeton, N. J. 1976. – Lyle, E. B.: C.'s Scottish Harvest. In: Harvard Literature Bulletin 25 (1977) 125–154.

Münster Klaus Roth

Childers, James Wesley, *Emma, Tex. 21. 6. 1906, amerik. Romanist, Sprachpädagoge und Erzählforscher. C. promovierte 1939 mit der Diss. *A Study of Sources and Analogues of the Cuentos in Alcalá Yáñez' Alonso mozo de muchos amos*[1] an der Univ. Chicago. Bis zu seiner Emeritierung 1963 lehrte er an mehreren Hochschulen Französisch und Spanisch. Als Direktor leitete er das Department of Modern Foreign Languages der State University of New York at Albany (1947–63), des Parsons College, Iowa (1963–66) und des John J. Pershing College, Nebr. (1966–67). Eine Professur an der Southern Arkansas University folgte (1967–71, 1972–73).

Neben verschiedenen Buch- und Zeitschriften-Veröffentlichungen über sprachpädagogische Probleme der Romanistik sowie Artikeln zur span. Erzählüberlieferung (v. Veröff.en) sind zwei Indizes hervorzuheben, der *Motif-Index of the Cuentos of Juan Timoneda* (Bloom. 1948), eine Aufschlüsselung der drei wichtigsten Sammlungen → Timonedas (1500?—1583), die den Übergang des traditionellen kurzen cuento der Volksüberlieferung zu einer künstlerisch umgeformten längeren literar. Erzählung markieren, und *Tales from Spanish Picaresque Novels. A Motif-Index* (Albany 1977). Dieser Index wertet 30 pikareske Romane (→ Schelmenroman) bes. des 16. und 17. Jh.s aus[2]. Der Gattung entsprechend werden parodistische und sozialkritische Absichten betont; das Hauptkontingent der Motive fällt unter die

Schwankkategorien J: *The Wise and the Foolish* und K: *Deceptions*. Doch erlaubt der Katalog auch zahlreiche Einblicke in das kulturhistorische Umfeld von Volkserzählungen.

[1] Abstract: University of Chic. Libraries 1941. – [2] 22 von ihnen sind enthalten in Valbuena y Prat, Á.: La novela picaresca española. Madrid 1946.

Veröff.en: Sources of Palacio Valdes' 'Las burbujas'. In: Hispania 41,2 (1958) 181–185. – Sources of the 'Magic Twig' Story. In: ibid. 49,4 (1966) 729–731. – The Spanish Folk Hero as a Reflection of His Culture. In: NYFQ (1968) 113–128. – The Three Guesses ('Las tres adivinanzas'). In: Contemporary Latin America 3 (1970) 18–25.

Lit.: Who's Who in American Education. Nashville, Tenn. 1957sq., 200. – Who's Who in the East 9. Chic. 1963sq., 170. – Directory of American Scholars 3. N. Y. 1974, 82.

Göttingen Rainer Wehse

Chile

1. Erste Nachricht über chilen. Märchen – 2. Sammeltätigkeit – 3. Forschung – 4. Gattungen und Typen – 5. Erzähler – 6. Stilmerkmale – 7. Funktion

1. Erste Nachricht über chilen. Märchen. Die früheste bekannte Mitteilung über die Volksmärchen in C. findet sich im Reisetagebuch des Nordamerikaners J. F. Coffin, der das Land 1817–19 bereiste und die Bräuche der Bauern erforschte:

„Eine ihrer beliebtesten Unterhaltungen besteht im Erzählen von Märchen, wobei sie sich durch ein so gutes Gedächtnis und eine solche Leichtigkeit des Vortrags auszeichnen, daß ich oft staunte. Wo immer während der Nacht ein halbes Dutzend Freunde sich trifft oder die Familie nach dem Abendessen versammelt ist, ergreift einer das Wort und erzählt ohne jedes Zögern und ohne Unterbrechung eine und bisweilen zwei Stunden mit der gleichen Sicherheit und Schnelligkeit, als würde er in einem Buche lesen. Meistens handelt es sich um Märchen von gefangenen Prinzessinnen oder verzauberten Rittern, die aus *1001 Nacht* übernommen sind und — bei Adligen und einfachen Leuten, bei arm und reich — vom Vater an den Sohn weitergegeben worden"[1].

Dies beweist, mit welcher Zähigkeit sich die Erzählungen am Leben erhalten, welche von den span. Eroberern und Siedlern vom 16. bis 18. Jh. nach C. gebracht worden waren.

2. Sammeltätigkeit. Zwischen 1880 und 1895 erschienen in Zeitschriften[2] vier Varianten der Erzählung → *Gaben des kleinen Volkes* (AaTh 503) und, anonym, die *Historia de Pedro Urdemales*, die 25 Schwänke enthält, welche dieser eulenspiegelhaften Figur zugeschrieben werden[3]. In diesem Zeitraum zeichnete T. M. Moore, Mitarbeiter des *Folklore Magazine*, zum ersten Mal aus dem Volksmund fünf Märchen auf (AaTh 403, 408, 425, 510A und 1640), die A. Machado y Alvarez in seine *Cuentos populares españoles* aufnahm[4]. Aber erst mit der Ankunft des dt. Gelehrten R. Lenz begann in C. das gewissenhafte Sammeln von Volkserzählungen.

Für rein linguistische Zwecke zeichnete er im Umkreis von Santiago 1893 das Formelmärchen → *Stärkste Dinge* (AaTh 2031) auf, dessen phonetischen Text er in der Zs. *Phonetische Studien* veröffentlichte[5], und zwischen 1894 und 1896 übertrug er 26 araukan. Märchen[6]. Diesem Beispiel folgend, sammelten die dt. Kapuziner F. J. Augusta und S. de Fraunhäusl 18 Fassungen[7]. Aus der von Lenz am 18. 7. 1909 in Santiago gegründeten Sociedad de Folklore Chileno gingen eifrige Sammler von Volkserzählungen hervor. R. A. Laval gab zuerst 1909 24 →Endlos- und → Rundmärchen und später verschiedene Sammlungen heraus, die insgesamt 90 eigentliche Märchen, Tiermärchen und Schwänke enthalten[8], und S. de Saunière notierte mit großer Sorgfalt 18 araukan. und sieben chilen. Märchen[9]. Angeregt von Lenz, ließ der Drucker J. A. Atria 21 Erzählungen einfacher Leute der Hauptstadt aufzeichnen, die sich handschriftlich in Y. Pino-Saavedras Archiv befinden. Im Zuge dieser Sammeltätigkeit arbeiteten auch R. Román[10] und M. Guzmán Maturana[11]. Zu erwähnen sind ferner die Märchen von E. Montenegro[12] sowie diejenigen von A. Acevedo Hernández[13], welche literar. überarbeitet worden sind.

In den 50er Jahren erwachte in C. erneut das Interesse am Sammeln von Volkserzählungen, dieses Mal in Universitätskreisen. In seinen Arbeitsprogrammen legte das Instituto de Investigaciones Folklóricas de la Universidad de Chile, Santiago, den Schwerpunkt auf diese Aufgabe, und Y. Pino-Saavedra führte über zehn Jahre hinweg wiss. Exkursionen in verschiedenen Regionen des Landes durch, wobei es ihm (in der Regel mit Hilfe von Tonbandaufzeichnungen) gelang, ca 400 Fassungen von Märchen festzuhalten, von denen 290 veröffentlicht worden sind[14]. Im folgenden Jahrzehnt nahm C. Foresti von der Universidad de Chile, Valparaíso, ebenfalls auf Tonband, ca 150 Erzählungen in den Provinzen Valparaíso und Coquimbo auf, welche im Ausland noch nicht im Druck erschienen sind. Als Außenseiter schrieb A. Cárdenas, ein Volksschullehrer, wenn auch ohne jede Akribie, 38 Erzählungen des Archipels von Chiloé auf, die er aus dem Munde seiner Mutter gehört hatte[15]

3. Forschung. Die Forschung im eigentlichen Sinn begann mit den Untersuchungen von Lenz über die araukan. Märchen[16], in welchen er span. Ursprung erkannte. 1912 publizierte er einen Artikel über 25 chilen. Rätselmärchen und schlug darin eine Klassifizierung unter Berücksichtigung der unterschiedlich engen Beziehung zwischen Märchen und Rätsel vor[17], und zwei Jahre darauf ergänzte er ihn durch Verweise auf BP und A. Aarnes *Verzeichnis der Märchentypen* (Hels. 1910)[18]. Zur selben Zeit analysierte er die Motive von vier chilen. Fassungen zu → *Mädchen ohne Hände* (AaTh 706), eine zu *Die drei goldenen* → *Söhne* (AaTh) 707) und zwei zu *Die schwarze und die weiße* → *Braut* (AaTh 403) und verglich sie mit ihren europ. Entsprechungen[19]. Forschungen über chilen. Volkserzählungen stellte auch de Saunière in den Anmerkungen ihrer oben erwähnten Märchen an, wobei sie deren Ursprung im Sinne der Untersuchungen von T. Benfey und E. Cosquin nachspürte und die Glaubensvorstellungen, Sitten und Bräuche, welche sich darin widerspiegeln, mit denen anderer Erzählungen aus der ganzen Welt verglich. Pino-Saavedra nahm sehr viel später die Untersuchungen von Volkserzählungen wieder auf und legte die Ergebnisse in den Kommentaren seiner Veröffentlichungen sowie in einer Reihe von Artikeln vor, in denen er Erzähltypen und -motive in ihrer hist. Evolution und in ihrer geogr. Verbreitung innerhalb der span. sprechenden Welt untersuchte.

4. Gattungen und Typen. Bis heute sind 746 Fassungen chilen. Volksmärchen (609 veröffentlichte und 137 nicht publizierte), mit folgender Verteilung nach Kategorien untersucht:

Tiermärchen 10,8%, Zaubermärchen 39,8%, Legendenmärchen 2%, Novellenmärchen 15,3%, Geschichten vom dummen Teufel 6,2%, Schwänke 21,6% und Formelmärchen 4,3%. Die häufigsten AaTh-Typen sind: 851 (22 Var.n), 927 und 1539 (15 Var.n), 1535 (14 Var.n), 2010 (13 Var.n) 314 (12 Var.n), 175, 402 und 2300 (11 Var.n) sowie 875 und 879 (10 Var.n).

Die folgenden Typen sind bei Hansen nicht vertreten:

Index: 47B, 77*, 78A, 221A, 230B*, 303A, 304, 306, 312B, 329, 330*, 467, 506B, 506*, 506**, 514, 555, 561, 565, 650*, 670, 671, 674, 705, 710, 712, 756, 767, 773**, 777, 804, 811C, 825, 850*, 851A, 890, 893, 894, 899*, 903B*, 930D, 933, 935, 954, 956, 956B, 1070, 1083, 1091' 1091A, 1137, 1176, 1183, 1218, 1245, 1355, 1358B, 1359C, 1381, 1381B, 1381E, 1391, 1406, 1419E, 1426, 1440, 1526B*, 1534, 1541, 1545B, 1545A*, 1548, 1653A, 1698B, 1730B*, 1781, 1836*, 1920A, 1920E, 1920D*, 1930, 1940, 2013, 2014, 2301B, 2320.

Wenn auch nicht alle Regionen von C. gleichmäßig durch Fassungen bekannter Märchen repräsentiert sind, so darf man doch behaupten, daß sich das überkommene span. Erzählgut gemäß den Gesetzen der Übertragung in den letzten 100 Jahren ohne Beeinflussung durch die schriftlosen Indianer – einschließlich der Araukaner – oder durch die europ. Einwanderer erhalten hat.

„Dieser einheitliche Charakter der chilenischen Volksmärchen hat weder durch den Lauf der Zeit noch durch den weitgestreckten Gebietsgürtel entlang nachgelassen, sondern hat sich ganz im Gegenteil noch stärker ausgeprägt, und zwar auf Grund der wirtschaftlichen Vorgänge im Lande. Der Abbau der Salpeterlager und der Mineralgruben im Norden hat Tausende von Arbeitern aus all' den übrigen Gebieten, von denen viele in die Städte und Dörfer Mittel- oder Südchiles zurückkehren, angezogen, und so kommt ein ständiger Bevölkerungsumlauf zustande. Die Menschen nehmen ihre Erzählungen und Gebräuche mit und erhalten auf diese Weise die Überlieferung stark und lebendig"[20].

Ein ähnliches volkskundliches Phänomen entwickelte sich im Süden von C. Die Männer des Archipels von Chiloé wandern jedes Jahr für die Dauer der Schafschur nach Magallanes und Aisén und für die Dauer der Weizenernte in die benachbarten nördl. Provinzen und übermitteln Märchen und Sagen aus ihrer Heimat. Das Erzählgut der Chilenen erhält also keinen Nachschub aus dem Ausland; es sei denn, er ergibt sich aus kulturellen Kontakten mit den benachbarten argentin. Provinzen; aber es bewahrt und betont seine charakteristischen Züge und ist ein wertvolles Material zur Untersuchung einer Randzone (und eine solche ist ja C.).

5. Erzähler. Unter den chilen. Erzählern, über die Informationen vorliegen, sind 45 Männer und 29 Frauen. Es überwiegen die 60- bis 80jährigen. Die Männer nehmen in der Regel die bescheidensten Posten innerhalb der sozio-ökonomischen Rangordnung der Gemeinde ein: sie sind Tagelöhner, Gelegenheitsarbeiter, Dorfhandwerker und kleine Landbesitzer. Die Frauen gehören derselben Schicht an und kümmern sich ausschließlich um die Hausarbeit. Die meisten sind Analphabeten. Aufgrund der Beobachtungen von Pino-Saavedra kann man sagen, daß in C. professionelle Erzähler nicht bekannt sind, daß jedoch die bewußten Erzähler – nach der Klassifizierung von L. Uffer[21] – eine wichtige Rolle spielen. Die übrigen kann man als mehr oder minder begabte Gelegenheitserzähler betrachten. Die einen wie die andern haben ein Repertoire von durchschnittlich 30 Märchen, insbesondere Wundermärchen.

6. Stilmerkmale. Die von Saunière, Guzmán Maturana und Pino-Saavedra publizierten Märchen sind in ihrer mundartlichen Authentizität aufgezeichnet worden. Sie bestehen überwiegend aus Hauptsätzen und Dialogen. Der kombinierte Gebrauch von Verben im Präteritum und im Präsens erscheint als Mittel, um das Erzählte zu aktualisieren und lebendiger zu gestalten, und ist ein altes Stilmittel der span. Romanzen. Die Adjektivsetzung ist äußerst dürftig: synonyme Adjektive werden häufig gekoppelt verwendet. Der Gebrauch von Adverbien, die auf -mente enden, ist in der mündlichen Überlieferung fast gänzlich unbekannt.

Die Einleitungsformeln der chilen. Märchen weisen die üblichen Eigenarten ihrer span. und europ. Gegenstücke auf. Die meisten beginnen ohne Vorbereitung, d. h. ohne sprachliche Spielereien und optische Bilder. Es handelt sich eher um stereotype, nicht-bildhafte Floskeln. Die Einleitungsformeln sind jedoch wichtig für die Kunst der guten Erzähler, wenn diese sich vor einem Publikum befinden, von dem sie annehmen, daß es ihnen mit Interesse zuhört. Sie beziehen sich in der Regel auf eine unbestimmte Zeit, ausnahmsweise auf eine ferne Zeit. Diesem Typ von unselbständigen Einleitungsformeln werden freie Eingangsformeln vorangestellt, von welchen Laval 34 unabhängig vom Text aufgezeichnet hat[22]. W. Giese liefert die folgende treffende Schilderung:

„In Chile wird eine vielfach gereimte humorvolle Einleitung aus Elementen der volkstümlichen Spruchweisheit, Bruchstücken von Volksliedern, Sagen und Märchen zusammengeschmiedet, die meist eine übermütige Reimerei aus reiner Freude am Reim darstellt und inhaltlich nicht nur außer Zusammenhang mit dem Inhalt des Märchens steht, sondern vielfach auch ein Mosaik von Gedankenelementen darstellt"[23].

Ein geeignetes Beispiel ist das folgende:

„Beim Wissen und Erzählen / darf nie die Lüge fehlen; / fährt man über einen Teich, / nimmt man ab den Hut zugleich, / läuft man unterm Wasserstrahl, / steckt die Hand man in die Tasche; / ein bißchen Kleie / fürs Paket auf dem Dach, / Horn von Ochs und Horn von Kuh, / dies ist die Mär, wir hören zu"[24]

Übergangsformeln treten nur sporadisch auf. Schlußformeln dagegen kommen häufig vor und entsprechen den drei Gruppen, welche R. Petsch unterscheidet: (1) Beziehung auf den Helden, (2) Beziehung auf den Erzähler, (3) einfache Ankündigung, daß das Märchen zu Ende ist[25]. Die typischsten und vielfältigsten Formeln der chilen. Erzählungen sind diejenigen, in denen in Versform verlangt wird, daß einer der Zuhörer ein anderes Märchen erzähle[26].

Gereimte Ausdrucksformen findet man auch in den chilen. Märchen, und zwar in humoristischen Dialogen, z. B. im Märchen → *Basilikummädchen* (AaTh 879) und im Schwank *Der alte* → *Hildebrand* (AaTh 1360C); in Sprüchen, z. B. im Märchen *Die klugen* → *Ratschläge* (AaTh 910B); in Warnungsrufen, z. B. im Märchen → *Singender Knochen* (AaTh 780); in Zauberformeln und schließlich sehr häufig in Rätselmärchen.

7. Funktion. Die Funktion chilen. Erzählungen – das haben Pino-Saavedras Feldforschungen ergeben – wird bei zwei Anlässen bes. deutlich. Bei Totenwachen tragen ein oder mehrere Erzähler dazu bei, die Wachsamkeit derer, die bis Tagesanbruch beim Toten bleiben, aufrechtzuerhalten. Manchmal entwickeln sich wie bei den volkstümlichen Sängern wahre Wettbewerbe, weil die Erzähler sich, genau wie diese, mit ihrem Können, das berühmt macht und Bewunderung unter den Nachbarn ihrer Gegend hervorruft, brüsten. An zweiter Stelle stehen Nachbarschaftsversammlungen, bei denen eine gemeinsame Arbeit getan wird. Auch gibt es häufig kleinere Gesellschaften, bei denen Märchen und Schwänke erzählt werden, um die Eintönigkeit und Stille der ersten Nachtstunden zu beleben. Kinder stellen sich auch dazu und sind, sofern die Erzählungen keine obszönen Züge tragen, als Zuhörer zugelassen; es kommt auch vor, daß in Kreisen von niederer Moral die Erwachsenen keine Rücksicht auf Geschlecht oder Alter nehmen. Schließlich muß die Gepflogenheit erwähnt werden, die noch immer, bes. in den Provinzstädten und auf den Landgütern, besteht, daß alte Frauen, Ammen oder Dienstmädchen die Kinder mit Märchen und Sagen unterhalten[27].

[1] Coffin, J. F.: Diario de un joven norteamericano detenido en Chile durante el período revolucionario de 1817 a 1819 [Übers. aus dem Engl. von J. T. Medina]. Santiago de Chile 1898, 64 (u. a. Titel zuerst anonym in Boston 1823 erschienen). – [2] cf. Laval, R. A.: Cuentos populares en Chile. Santiago de Chile 1923, 289. – [3] cf. Rojas Carrasco, G.: Cuentistas chilenos. Santiago de Chile 1936, 101sq. – [4] Machado y Alvarez, A.: Cuentos populares españoles anotados y comparados con los de otras colecciones de Portugal, Italia y Francia (Biblioteca de las tradiciones populares españolas 1). Sevilla 1883, hier 109–148 (fünf chilen. Fassungen). – [5] Lenz, R.: Chilen. Studien 6–7. In: Phonetische Studien 6 (1893) 274–301, hier 295sq. – [6] id.: Estudios araucanos. Santiago de Chile 1895–1897, hier 177–358 (Märchen) = Anales de la Universidad de Chile 94 (1896–1897) 95–120, 245–262, 691–719, 841–865; 97 (1897) 331–352, 491–504, 623–662; 98 (1897) 177–185; id.: Araukan. Märchen und Erzählungen. Valparaíso 1896 = Verhandlungen des dt. wiss. Vereins zu Santiago 3 (1895–1898) 169–238. – [7] Augusta, F. J. de: Lecturas araucanas. Valdivia 1910, hier 71–157, 275–285. – [8] Laval, R. A.: Cuentos chilenos de nunca acabar. In: Anales de la Universidad de Chile 125 (1909) 955–996 = Revista de folklore chileno (RFCH) 1, 2 (1910) 3–44; id.: Tradiciones, leyendas y cuentos recogidos de la tradición oral en Carahue (Chile). Santiago de Chile 1920; id.: Cuentos populares en Chile. Santiago de Chile 1923; id.: Cuentos de Pedro Urdemales. In: RFCH 6 (1925) 147–203. – [9] Saunière, S. de: Cuentos populares araucanos y chilenos, recogidos de la tradición oral. In: RFCH 7 (1918) 3–282. – [10] Román, R.: Folklore de la antigua provincia de Colchagua. 6: Cuentos. In: Revista chilena de historia y geografía 62 (1929) bes. 206–236. – [11] Guzmán Maturana, M.: Cuentos tradicionales en Chile. Santiago de Chile 1934 = Anales de la Universidad de Chile 92, H. 14 (1934) 34–81; ibid., H. 15 (1934) 5–78. – [12] Montenegro, E.: Cuentos de mi tío Ventura. Santiago de Chile 1933. – [13] Acevedo Hernández, A.: Pedro Urdemales. Santiago de Chile 1947. – [14] Pino-Saavedra, Y.: Cuentos folklóricos de Chile 1–3. Santiago de Chile 1960–1963; id.: Chilen. Volksmärchen MdW 1964; id.: Folktales of Chile (FW). Chic./L. 1967; id.: Cuentos orales chilenoargentinos. Santiago de Chile 1970. – [15] Cárdenas Tabies, A.: Cuentos folklóricos de Chiloé. Santiago de Chile 1976. – [16] Lenz 1895–1897 (wie not. 6) bes. 311–358. – [17] Lenz, R.: Cuentos de adivinanzas corrientes en Chile. In: RFCH 2, 8 (1912) 337–383, hier 340sq., v. Fabula 2 (1959) 174. – [18] id.: Cuentos de adivinanzas corrientes en Chile. Notas comparativas. In: RFCH 3, 8 (1914) 267–309. – [19] id.: Un grupo de consejas chilenas. In: RFCH 3, 1–3 (1912) 3–152. – [20] Pino-Saavedra 1964 (wie not. 14) 264. –

[21] cf. Uffer, L.: Rätorom. Märchen und ihre Erzähler. Basel 1945, bes. 10–18. – [22] Laval 1920 (wie not. 8) 254–258; cf. Giese, W.: Zur Morphologie der Märchen der Romanen. Tirada aparte de la Miscelánea filológica dedicada a D. Antonio M.ª Alcover. Palma de Mallorca 1929, hier 16–18. – [23] cf. Giese (wie not. 22) 16. – [24] cf. Pino-Saavedra 1964 (wie not. 14) 54. – [25] cf. Thompson, S.: Formel. In: HDM 2, 164. – [26] cf. Pino-Saavedra 1964 (wie not. 14) 250. – [27] ibid., 265.

Santiago de Chile Yolando Pino-Saavedra

Chimäremärchen, Chimerat (von griech. chimaira, ein → Fabelwesen; im übertragenen Sinn auch für ein Phantasiegebilde gebraucht).

Mit „Schimäremärchen" bezeichnete C. W. von → Sydow 1934 einen Teil der „wichtigsten und interessantesten" Märchengruppe AaTh 300–749[1]. Vier Jahre später differenzierte er genauer[2]: AaTh 300 (→ *Drachentöter*), 302 (→ *Herz des Unholds im Ei*), 313, 314 (→ *Magische Flucht*) etc. gehören in den Bereich der nun Chimerate genannten Märchen, AaTh 363 (→ *Vampir*), 365 (→ *Lenore*), 366 (→ *Mann vom Galgen*) in den der → Fabulate, AaTh 327A (→ *Hänsel und Gretel*) oder AaTh 333 (→ *Rotkäppchen*) in den der → Kindermärchen oder -fiktionen. Auch einige Tiermärchen, vor allem solche, in denen der Mensch die Hauptrolle spielt (wie etwa in AaTh 160: → *Dankbare Tiere, undankbarer Mensch*) werden zu den C. gerechnet[3].

Als Charakteristikum dieser C. betrachtet von Sydow, „daß die Begebenheiten ganz nach einer unwirklichen Phantasiewelt verlegt werden und von Königen handeln, von Prinzen und Prinzessinnen, Riesen und Drachen, unausführbaren Aufgaben, deren sich zu erledigen (sic!) dem Helden trotz allem glückt, von Verwandlungen, übernatürlichen Helfern und phantastisch wunderbaren Talismanen, all dies von einer Art, wie es der naive Märchendichter im wirklichen Leben niemals angetroffen hatte, sondern ganz nach seiner Lust und Laune gestaltet"[4]. Märchen dieser Definition sind also nichts anderes, als was schon A. → Aarne (1910) mit Zauber- und von Sydow selber früher[5] als Wundermärchen (undersagor) bezeichnet hatten. Nach letzterem sind sie ausschließlich ide. Ursprungs (→ Indoeuropäische Theorie)[6].

Der Terminus C. hat sich, wie auch andere der eigenwilligen Wortschöpfungen von Sydows, in der Märchenforschung nicht durchgesetzt[7].

[1] Bedingt rechnete er auch AaTh 850–859 dazu, cf. Sydow, C. W. von: Kategorien der Prosa-Volksdichtung. In: Volkskundliche Gaben. Festschr. J. Meier. B./Lpz. 1934, 253–268, bes. 258sq. (Ndr. in: von Sydow, 60–85, bes. 68–71). – [2] id.: Popular Prose Traditions and their Classification. In: Saga och sed (1938) 17–32 (Ndr. in: von Sydow, 127–145, hier 145). – [3] ibid., 28; zum Komplex C. v. auch Bødker, Folk Literature, 59sq. – [4] von Sydow (wie not. 1) 258. – [5] Z. B. Våra folkminnen. Karlshamn 1907, 4; Svenska folksagor i Sverige och Finland. In: Nordisk Kultur 9 (1931) 211–239, bes. 217sq. – [6] von Sydow (wie not. 1) 258sq. – [7] ähnlich Lüthi, Märchen, 26.

Göttingen Kurt Ranke

China

1. Früheste Periode (bis 200 p. Chr. n.) – 1.1. Einleitung – 1.2. Mythologie – 1.3. Epos – 1.4. Märchen – 1.5. Fabeln und Sprichwörter – 1.6. Volkslieder – 1.7. Romane
2. Buddhist. Erzählungen und Berichte von übernatürlichen Ereignissen (ca 200–800 p. Chr. n.) – 2.1. Terminologie – 2.2. Überlieferung der wichtigsten Sammlungen – 2.3. Buddhist. Übersetzungsliteratur – 2.4. Berichte von übernatürlichen Ereignissen – 2.5. Pien-wen-Lit.
3. Chin. Erzählgut 900–1840 – 3.1. Einleitung – 3.1.1. Terminologie – 3.1.2. Gliederung nach Epochen – 3.2. Erzählbereich der klassischen Sprache – 3.2.1. Originale Sammlungen – 3.2.2. Novellen in klassischer Sprache – 3.2.3. Kompilationen – 3.2.4. Populäre Gattungen in klassischer Sprache – 3.2.4.1. Komische Geschichten – 3.2.4.2. Erzählungen erbaulichen Inhalts – 3.2.4.3. Unterhaltungsliteratur – 3.3. Erzählbereich der Umgangssprache – 3.3.1. Texte von Erzählern: die Kurzform – 3.3.2. Geschichte in populärer Bearbeitung – 3.3.3. Die phantastische Reise – 3.3.4. Der Abenteuerroman – 3.3.5. Der Sittenroman – 3.4. Erzählbereich des mündlichen Vortrags – 3.4.1. Vom 'Erzähler von Berichten' zum 'Erzähler von Büchern' – 3.4.2. Das pao-chüan (Kostbare Schriftrolle) – 3.4.3. Das t'an-tz'u (Von Saiteninstrumenten begleitete Ballade). – 3.4.4. Das ku-tz'u (Ballade mit Trommel) – 3.4.5. Andere populäre mündliche Gattungen – 3.5. Beliebte Themen – 3.5.1. Die Geschichte von Meng Chiang-nü und die von Tung Yung –

1. Früheste Periode (bis 200 p. Chr. n.)

1.1. Einleitung. Vor allem in den letzten Jahren sind Zehntausende von Dokumenten aus der Shang-Zeit (vor 1050 a. Chr. n.) gefunden worden, die einen guten Einblick in Religion und Gesellschaft dieser Zeit der ältesten Dokumente geben, bisher aber noch nicht in das Erzählgut dieser Epoche. Von etwa 700 a. Chr. n. an sind die durch lange Tradition erhaltenen 'Klassiker' datierbar, von denen große Teile aber erst im 4. Jh. a. Chr. n. abgefaßt sind. Neuerdings gefundene phil. und andere Texte, von etwa 400 a. Chr. n. an, haben bisher das Bild noch nicht sehr geändert. Immerhin läßt sich über mehrere Gebiete der Erzählliteratur einiges aussagen.

1.2. Mythologie. Die Hauptquelle für die alte Mythologie ist immer noch das *Shu-ching* (Buch der Urkunden)[1]. Dieses gibt sich als eine Sammlung von geschichtlichen, offiziellen Urkunden über die ältesten Herrscher Chinas aus. Forschungen, vor allem von H. Maspéro[2] und Ku Chieh-kang[3], haben jedoch gezeigt, daß diese hist. Herrscher mythische Figuren und die ihnen zugeschriebenen Taten umgedeutete Mythen sind. So heißt es z. B., daß Yü, einer der angeblichen Kaiser vor der ersten Dynastie, China vor Überschwemmung gerettet und das Wasser in geregelten Lauf gebracht habe, nachdem sein Vater bei dieser Aufgabe versagt hatte und von dem vorherigen Herrscher hingerichtet worden sei. Vergleiche dieses Textes mit späteren und mit Mythen der Minderheiten Chinas zeigen, daß hier eine Flutsage, in der Yü als ein Bär die Flüsse regelte, während sein Vater als Aal die Flüsse verstopft hatte, euhemerisiert worden ist. Eine Sonnensage, in der die Sonne morgens im Osten als Rabe von einem Baum aufsteigt und dann im Westen im Wasser untergeht, wurde umgewandelt in eine Geschichte von zwei Beamten, die den Sonnenlauf astronomisch festlegen sollten. Ein Verständnis dieser angeblich hist. Texte ist nur durch Vergleichen möglich, obwohl hier die Gefahr besteht, daß ein späterer Text aus einer anderen Gegend Chinas stammen kann und selbst im Lauf der Zeit Wandlungen erfahren hat. Es gibt auch Andeutungen einer Schöpfungssage von einem sackähnlichen Urwesen, das zerteilt wurde und aus dessen einzelnen Gliedern die Berge, Seen und Pflanzen entstanden sind. Eine Mythe über die Entstehung der Menschen scheint nicht überliefert zu sein; eine heute noch bekannte ist zweifellos später entstanden. Der Grund für diese Umwandlung von Mythen in 'Geschichte' scheint zu sein, daß in den Kämpfen um die Beherrschung Chinas zwischen 400 und 250 a. Chr. n. verschiedene führende Clans ihr Anrecht auf Nachfolge der machtlosen Chou-Dynastie dadurch zu beweisen versuchten, daß sie ihre tiergestaltigen 'totemistischen' Ahnen zu Menschen umwandelten, die noch lang vor der Chou-Dynastie in der Urzeit über ein Reich China geherrscht hätten. In diesem Prozeß wurden alle direkten Beziehungen von Tieren zu Menschen ausgeschaltet. Bis heute ist der Unterschied zwischen Mensch und Tier in China fundamental. Es gibt Spuren von 'übernatürlicher Geburt des Helden' in den alten klassischen Texten. So sei die Ahne einer der alten Dynastien durch Verschlucken eines Vogeleis schwanger geworden und habe den Ahn zur Welt gebracht; eine andere Ahne wurde durch Treten in die → Fußspur eines Riesen schwanger. Während diese sehr frühen Sagen wohl echte Vorstellungen wiedergeben, sind spätere, etwa aus der Zeit um 200 a. Chr. n., die den Ursprung von späteren Dynastie-Gründungen erzählen, deutliche Versuche, die Dynastie zu legitimieren: Z. B. fühlte die Mutter des ersten

Herrschers der Han-Dynastie (206 a. Chr. n. bis 9 p. Chr. n.), daß ein Drache in sie einging und sie danach den späteren Kaiser gebar.

Eine Sonderstellung nehmen die *Ch'u tz'u* (Elegien von Ch'u)[4] ein, die ungefähr zwischen 250 und 150 a. Chr. n. entstanden sein müssen. Ch'u war der südlichste der alten Feudalstaaten Chinas, in dem eine chin. Oberschicht über eine wohl hauptsächlich aus Nichtchinesen bestehende Volksmasse regierte. Am bekanntesten ist das *Li-sao*[5], das Ch'ü Yüan, dem ersten mit Namen bekannten Dichter Chinas, zugeschrieben ist. Es ist seine Klage über den Herrscher von Ch'u, der nicht auf des Minister-Dichters Warnungen hören wollte und diesen zum Selbstmord trieb. Der angebliche Selbstmord bildet die Basis für eines der großen Feste im Süden Chinas (am 15. Tag des 7. chin. Monats). Dabei werden Bootskämpfe veranstaltet, in denen absichtlich oder unabsichtlich Menschen ins Wasser fallen und als Opfer für mythische Seeungeheuer (chiao) sterben. Ein anderes Gedicht, *T'ien wen* (Fragen an den Himmel)[6], erzählt in sehr kurzen Bruchstücken in Form von Fragen ohne Antworten teils bekannte, teils unbekannte Mythen, vielleicht (nach der Theorie von A. Conrady) als Fragen des Besuchers eines Tempels, an dessen Wänden Mythen dargestellt waren[7]. Schließlich enthält die Sammlung eine Reihe von Opferliedern zum Kult der Sonne und anderer Kräfte, die nicht in den chin. Kult hineinpassen, wohl aber Parallelen unter den Nichtchinesen des Südens haben.

Trotz allem aber bleibt ein Problem bestehen: Chin. Bronzen vom Beginn der Bronzetechnik an enthalten stilisierte Tier- und Dämonendarstellungen; Grabreliefs und neuerdings gefundene Grabfresken zeigen viele Dämonen; und das sog. *Shan-hai ching* (Buch der Berge und Meere)[8] berichtet von unzähligen Fabelwesen in den verschiedensten Teilen der Welt und speziell in China. Bisher war es nicht möglich, diese mythischen Wesen des Buches mit denen zu identifizieren, die auf Bronzen und Fresken dargestellt sind, auch nicht mit den gleichzeitigen klassischen Texten. Das *Shan-hai ching*, das wohl im 1. Jh. a. Chr. n. entstanden ist, aber auf älteren Traditionen zu beruhen scheint, zeigt sogar Spuren von Mythen und Sagen, die Parallelen zum Westen haben (B. Laufer hat darauf aufmerksam gemacht)[9]. Es ist möglich, daß Ritualbronzen, Grabfresken und -malereien eine Vorstellungswelt der unteren Klasse darstellen, während klassische Texte die Gedanken der Oberklasse repräsentieren. Das *Shan-hai ching* ist jedenfalls nicht als 'klassisch' anerkannt worden, vielleicht aus demselben Grunde.

Bruchstücke von Mythen und Sagen finden sich dann in vielen Texten der Han-Zeit, vor allem im *Huai-nan tzu* (etwa 120 a. Chr. n.); aber schon im 1. Jh. p. Chr. n. greift Wang Ch'ung in seinem *Lun-heng* die Mythen und Sagen als Aberglaube an und versucht, sie durch 'Tatsachen' zu widerlegen[10].

1.3. Epos. Epen sind aus China nicht überliefert, weder in der alten noch in der neuen Zeit, obwohl die meisten Nachbarvölker der Chinesen sehr lange und schöne Epen besitzen (Mongolen, Zentralasiaten, Tibeter, Lolo). P. Boodberg hat einmal den Verdacht ausgesprochen, daß es ein Epos gegeben habe, welches den Sieg der Chou-Herrscher über die Shang-Dynastie (etwa 1050 a. Chr. n.) besungen habe und als Tanz mit Text vorgeführt wurde[11]. Obwohl sich dies nicht beweisen läßt, kann man es für möglich halten. Die früheste Spur eines Epos in chin. Quellen stammt von den Hsiung-nu, einer Stammesföderation von türk., mongol. und anderen Stämmen, und berichtet die Ermordung von T'ou-man durch seinen Sohn Mao-tun, der dann der erste große Führer der Hsiung-nu wurde. Dieser Text enthält deutliche Spuren epischer Struktur, wie sie noch bis heute bei Mongolen und zentralasiat. Türken vorkommen.

Eine sinnvolle Erklärung für das Fehlen des Epos ist möglicherweise an zwei soziale Vorbedingungen gebunden: die Existenz einer Aristokratie und damit von Familiengenealogien, in denen die Taten der Vorfahren geschildert und die durch beauftragte Sänger öffentlich vorgetragen werden. Die Funktion der vorgetragenen Familiengeschichte ist z. B. bei südwestchin. Minderheiten und den Lolo, daß beim Aushandeln des Ehekontrakts die beiden Familien miteinander im Bemühen wetteifern, die eigene Familie gegenüber der anderen als höherwertig darzustellen. Eine zweite Vorbedingung scheint das Fehlen von in Archiven gesammelten Schriftstücken zu sein, die durch eine spezielle Berufsklasse verwaltet wurden. In jener Zeit, aus der schriftliche Dokumente vorliegen, also Epen hätten niedergeschrieben werden können, gab es in diesem Sinne bei den Chinesen keine Aristokratie mehr, und die Kenntnis von Schrift und das Bestehen von Archiven war weit verbreitet. Andererseits wären Balladen zu erwarten. Die ältesten echten Balladen stammen aber erst aus dem Ausgang des 2. Jh.s p. Chr. n. Die schönste und bekannteste ist *K'ung-ch'iao tung-nan fei* (Die Pfauen fliegen nach Südosten), die in volksnaher Sprache ein Ehedrama darstellt.

1.4. Märchen. Bisher wurde nur ein echtes Märchen identifiziert, das vielleicht schon im *Shih-ching* (Buch der Lieder)[12], das in diesen Teilen wohl aus dem 7. oder 8. Jh. a. Chr. n. stammt, angedeutet und dann später aus der Han-Zeit bekannt ist: Es ist das Märchen *Niu-lang chih-nü* (Der Kuhhirt und die Weberin; Eberhard, Typen, num. 34)[13] in der Kurzform: Beide Personen sind am Himmel Sternbilder, die wegen durch Liebe verursachter Faulheit durch den 'himmlischen Fluß' (Milchstraße) voneinander getrennt werden, so daß sie nur einmal im Jahr zusammenkommen können. Es ist nicht bekannt, ob dieses Märchen bereits damals die heute allg. Einleitung hatte, die mit der → *Schwanjungfrau* (AaTh 400*) verwandt ist.

1.5. Fabeln und Sprichwörter. Um etwa 300 a. Chr. n. und danach finden sich, vor allem im *Han Fei-tzu*[14], zahlreiche Parabeln und ebenso viele Sprichwörter, die noch bis heute im Volk lebendig erhalten sind und in Büchern zitiert werden. Einige der Parabeln im *Han Fei-tzu* behandeln bereits das Thema des dummen Bauern vom Lande und zeigen damit an, daß sie in städtischen Kreisen entstanden sind.

Typisch für chin. Fabeln ist, daß in ihnen nicht Tiere zu Tieren sprechen. Diese Form wird in China im Grunde bis heute abgelehnt. Wohl können Tiere zu Menschen sprechen, dann aber sind diese Tiere nicht wirkliche Tiere, sondern Geister oder Dämonen. So sind die meisten Fabeln Parabeln, die wie Fabeln im Westen zur Kritik am Herrscher gebraucht werden konnten, indem sie echte oder erdachte hist. Vorkommnisse und deren Folgen berichten.

1.6. Volkslieder. Zum ältesten erhaltenen Erzählgut gehören die Lieder im *Kuofeng*-Teil des *Shih-ching* (Buch der Lieder)[15]. Die Texte im Stil von echten Volksliedern sind angeblich in verschiedenen Teilen Chinas gesammelt worden und in vielem den Volksliedern südchin. Minderheiten ähnlich. In der heutigen Form sind sie deutlich überarbeitet, da sie an den Höfen Chinas als Texte zu Liedern und Tänzen dienten, die bei feierlichen Diners vorgetragen wurden. Auch hier ist eine typische Erscheinung zu beobachten: Spätere Kommentatoren (vor allem Chu Hsi im 12. Jh.) deuteten alle jungen Mädchen in diesen Liedern als Minister, die Männer als den Herrscher und die Lieder selbst als Kritiken an schlechter Regierung, während es sich im Grunde um einfache Liebeslieder aus einer Zeit handelte, in der die Regeln der vorehelichen Beziehungen zwischen den Geschlechtern noch nicht so streng waren, wie die Oberklasse sie später zu reglementieren sich bemühte. Neuerdings ist die Theorie aufgestellt worden, es habe schon in der vorchristl. Zeit und bes. um die Zeitwende ein Theater gegeben. Zweifellos gab es Spiele mit akrobatischen Vorführungen und andere mit dramatisch dargestellten hist. Ereignissen. Davon zeugen Grabfresken. Ob diese Vorführungen schon 'Theater' genannt werden können, ist unsicher. Chin. Forscher setzen den Beginn des Theaters in China viele Jh.e später an. Es ist möglich, daß diese Vorführungen von Reden ohne feststehenden Text begleitet waren und improvisiert wurden wie noch heute im Volkstheater.

1. 7. Romane. Schon vor 200 a. Chr.n. gibt es die *Mu t'ien-tzu chuan* (Die Reisen des Königs Mu)[16], ein Buch, das sich als hist. ausgibt. Dieser König des 10. Jh.s a. Chr. n. scheint in der Tat Kriegszüge in verschiedenen Teilen des heutigen Chinas gegen Nichtchinesen geführt zu haben, aber das Buch läßt ihn in Gegenden reisen, die in Tibet gelegen haben müßten, und dort Abenteuer erleben. Manche Forscher halten daher dieses kleine Buch sowie einige spätere, die das Leben einer Nebenfrau eines Kaisers der Han-Zeit schildern (*Chao Fei-yen wai-chuan*)[17], für die frühesten Romane und damit für Volksliteratur, da der Roman in China bis in die Neuzeit hin nicht als 'Literatur', sondern als Lesestoff für die einfacheren Leute galt.

Generell läßt sich sagen, daß nach der bisherigen Kenntnis in den Jh.en von etwa 400 a. Chr. n. bis 100 p. Chr. n. viel Volksliteratur, wenn auch nur in Bruchstücken, überliefert ist; daß dann aber im 2. Jh. p. Chr. n., also der Zeit, in der sich der Buddhismus aus Indien kommend in weiten Volkskreisen zu verbreiten begann, kaum mehr neues Volksgut überliefert wurde.

[1] Legge, J.: The Chinese Classics. 3: The Shoo King. Hongkong 1865 (Nachdr. 1960). – [2] Maspéro, H.: Légendes mythologiques dans le Chou King. In: J. asiatique 204 (1924) 1–100. – [3] Ku Chieh-kang: Ku-shih pien 1–7 (Kritische Bemerkungen zur alten Geschichte). s. l. 1926–41. – [4] Hawkes, D.: Ch'u Tz'u. The Songs of the South. Ox. 1959. – [5] ibid., 21–34. – [6] ibid., 45–58. – [7] Erkes, E.: Zu Ch'ü Yüan's T'ien Wen. Ergänzungen und Berichtigungen zu Conrady-Erkes. Das älteste Dokument zur chin. Kunstgeschichte. In: Monumenta Serica 6 (1941) 273–339. – [8] Shan Hai Ching. Antique géographie chinoise. Übers. L. de Rosny. P. 1891. – [9] Laufer, B.: Die Sage von den goldgrabenden Ameisen. In: T'oung Pao 9 (1908) 1–46. – [10] Forke, A.: Lun-hêng. Philosophical Essays of Wang Ch'ung 1–2. N. Y. [2]1962. – [11] Nach persönlicher Mittlg an Verf. – [12] Waley, A.: Book of Songs (1937). L. [2]1954. – [13] Wilhelm, R.: Chin. Volksmärchen. MdW 1927, num. 16. – [14] Watson, B.: Han Fei tzu. Basic Writings. N. Y. 1964. – [15] Waley (wie not. 12); ferner Granet, M.: Fêtes et chansons anciennes de la Chine. P. 1920. – [16] Mu t'ien-tzu chuan (Die Reisen des Königs Mu). In: Ch'en Jung (ed.) [ca 1590]: Han Wei ts'ung-shu. – [17] Chao Fei-yen wai-chuan. In: Ch'en Jung (wie not. 16).

Berkeley Wolfram Eberhard

2. Buddhist. Erzählungen und Berichte von übernatürlichen Ereignissen (ca 200–800 p. Chr. n.)

2. 1. Terminologie. Die Zeit nach dem Zusammenbruch des Einheitsreiches der Han (221 a. Chr. n. – 220 p. Chr. n.) bis zur Wiedervereinigung unter der Dynastie Sui (589–618), die auch als Zeit der Sechs Dynastien bezeichnet wird, ist in vielerlei Hinsicht eine der verwirrendsten, offenbar aber auch eine der schöpferischsten Perioden in der Geschichte Chinas gewesen. Neben den sozialen Veränderungen und Bevölkerungsverschiebungen gewaltigen Ausmaßes ist die Verbreitung des Buddhismus eines der entscheidenden Merkmale dieser Zeit. Zweifellos auch dieser Tatsache wegen wurden später weite Teile der Erzählliteratur dieses Zeitraums für buddhistisch erklärt, eine Benennung, gegen die sich gerade in jüngster Zeit wieder einige Gelehrte mit gewissem Recht gewendet haben. Andererseits kann jedoch das Fehlen buddhist. Mönche, Namen, Einrichtungen im Inventar einer Erzählung noch kein Beweis dafür sein, daß die Erzählung nicht unter buddhist. bzw. ind. Einfluß entstand. Dieses Problem wird wohl erst dann gelöst werden können, wenn genauere vergleichende Studien vorliegen, die über den Bereich der buddhist. Übersetzungsliteratur hinaus auch die sonstige Erzählliteratur untersuchen. In der bisherigen wiss. Lit. wird die Volkserzählung zumeist gegenüber jenen Erzählungen in der Literatursprache abgegrenzt, die im Genre der 'wunderbaren Geschichten' (ch'uan-

ch'i) ihre Form gefunden haben[1]. Die Volkserzählung hingegen habe ihren Ursprung in den Geschichtenerzählern, die mit der Entwicklung einer Stadtkultur in China in Zusammenhang gebracht werden und seit der Sung-Zeit (960–1279) als nachweisbar gelten. Vor der Sung-Zeit wird nur den buddhist. Erzählungen das Merkmal nichtliterar. Erzählungen im Sinne von 'Popularisierungen' zugeschrieben. So sinnvoll diese Trennung für die Untersuchung der Entwicklung der umgangssprachlichen Novellenliteratur sein mag, so beengend ist sie für eine Untersuchung von Erzählstoffen aus der Zeit zwischen Han und Sung. Für diese Zeit gilt vielmehr auch, was W. Eberhard zur Entstehung von Volksmärchen folgendermaßen formulierte: „Wer im Volk lesen konnte, las und erzählte aus Werken der Literatur, die dadurch bekannt und in stets abgewandelter Form zu Volksgut wurden; andererseits haben die Gelehrten viel ursprüngliches Volksgut in ihren Werken verwendet, so daß aus Volksgut in umgearbeiteter Form auch literarische Werke werden konnten"[2]. Wie dieser 'dauernde Austausch' im einzelnen ablief, läßt sich für die hier zu behandelnde Zeit noch viel schwieriger als für spätere Zeiten ermitteln, da die Erzählliteratur dieser Epoche nur durch spätere Überlieferung bekannt ist.

[1] Hightower, J. R.: Topics in Chinese Literature. Harvard (1950) rev. Ausg. 1953, 102. – [2] Eberhard, W. und A.: Südchin. Märchen. MdW 1976, 252.

2. 2. Überlieferung der wichtigsten Sammlungen. Sammlungen von Berichten über außergewöhnliche Ereignisse wurden bereits im 3. Jh. p. Chr. n. zusammengestellt. Während die Überlieferungsgeschichte der ins Chinesische übersetzten ind.-buddhist. Erzählliteratur verhältnismäßig leicht zu rekonstruieren ist, sie seit dem 10. Jh. kaum Probleme aufgibt und für die zur Popularisierung des Buddhismus gedachten Erzählungen sogar in das 8. und 9. Jh. datierbare Textfunde vorliegen, ist die Überlieferungstradition der sog. Berichte von übernatürlichen Ereignissen (chih-kuai hsiao-shuo bzw. ch'uan-ch'i) komplizierter. Das Problem dabei berührt weniger die einzelnen Erzählungen als ihre jeweilige Zuordnung zu einzelnen Sammlungen. Die meisten Erzählungen sind nur durch Enzyklopädien überliefert, aus denen die Sammlungen rekonstruiert wurden[1]. Ein Beispiel für diesen Vorgang und dessen wiss. Bewältigung hat uns A. E. Dien mit seiner Rekonstruktion des *Yüan-hun chih* (Berichte von gekränkten Geistern) geliefert[2].

Von den diese Erzählliteratur überliefernden enzyklopädischen Werken ist das *T'ai-p'ing kuang-chi* (Erweiterte Aufzeichnungen aus der Regierungsperiode T'ai-p'ing) in 500 Kapiteln, das unter Li Fang (925–996) von einer Gelehrtenkommission verfaßt und im Jahre 978 abgeschlossen wurde, bei weitem das bedeutendste. H. Franke schreibt, daß ohne das *T'ai-p'ing kuang-chi* die Novellistik der T'ang- und Vor-T'ang-Zeit (ca 200–900 p. Chr. n.) überhaupt nicht überliefert wäre[3]. Für die Beschäftigung mit der Erzählliteratur bietet diese Sammlung zugleich den Vorteil, daß die Abteilungen thematisch oder nach Hauptgestalten geordnet sind. Neben dieser Sammlung ist die Enz. *Fa-yüan chu-lin* (Perlenhain im Garten des Gesetzes) des buddhist. Mönches Tao-shih aus dem Jahre 668 zu nennen, in der zahlreiche Berichte von übernatürlichen Ereignissen aus früheren Sammlungen enthalten sind[4]. Die Tatsache, daß es sich hierbei um eine buddhist. Enz. handelt, mag viele dazu verleitet haben, die ganze Erzählgattung der buddhist. Lit. zuzuordnen. Eine Indizierung dieser im *Fa-yüan chu-lin* enthaltenen Geschichten hat J. D. Paper vorgelegt[5].

Unter Benutzung vor allem dieser Enz.n wurden erst während der späten Ming-Zeit (1368–1644) einzelne Werke wieder zusammengestellt und vielfach im Rahmen einer Serie herausgegeben. Eine verstärkte Editionstätigkeit setzte nach dem Sturz der Mandschu-Dynastie im Jahre 1911 ein und ist, vor allem wegen der Bemühung, der konfuzianischen Überlieferung eine Volkstradition entgegenzusetzen, seither nicht abgebrochen. Früchte dieser Kompilations- und Editionstendenzen sind solche Sammlungen wie das *Wu-ch'ao hsiao-shuo ta-kuan* ([Große Anthologie von Erzählungen aus fünf Dynastien]. Schanghai 1926), das dem Vorbild des *Shuo-fu* (Fundgrube von Mitteilungen) folgende *Shuo-k'u* ([Schatzhaus von Mitteilungen]. Schanghai 1915) des Wang Wen-ju oder das *Ku hsiao-shuo kou-ch'en* ([Ausgrabung alter Erzählungen]. Peking 1951) des Lu Hsün (1881–1936). Der Verfasser des letztgenannten Werkes, Lu Hsün (i. e. Chou Shu-jen), ist wohl eine der wichtigsten Persönlichkeiten des neueren China, die sich aus Interesse an ihren Volkstraditionen um die Sammlung und Verbreitung alten chin. Erzählgutes verdient machten. Seine auch in Englisch erschienene Schrift *A Brief History of Chinese Fiction* (Peking 1959) bietet bislang die umfassendste, wenngleich vom europ. Standard immer noch weit entfernte Darstellung. Umso bezeichnender für den Forschungsstand ist, daß keine der neueren Darstellungen dieses Themas über die Zeit der Sechs Dynastien in wesentlichen Punkten über Lu Hsün hinausgeht.

[1] Zur Authentizität vieler dieser Slgen v. Chang Hsin-ch'eng: Wei-shu t'ung-k'ao (Durchgehende kritische Unters. gefälschter Bücher). Schanghai 1957, 1046–1055. – [2] The Yüan-hun Chih (Accounts of Ghosts with Grievances): A Sixth-Century Collection of Stories. In: Chow Tsetsung (ed.): Wen-lin. Studies in Chinese Humanities. Madison/Milwaukee/L. 1968, 211–228. – [3] v. KLL 4, 2353 (H. Franke). – [4] Diese Slg ist in t. 53 der 100bändigen Ausg. des chin. buddhist. Kanons Taishō shinshū daizōkyō (The Tripitaka in Chinese). ed. J. Takakusu/K. Watanabe u. a. Tōkyō 1928 enthalten. – [5] An Index to Stories of the Supernatural in the Fa yüan chu lin. ed. J. D. Paper. Taipei 1973

2. 3. Buddhist. Übersetzungsliteratur. Zwar ist von manchen Gelehrten betont worden, daß die weitaus meisten Geschichten von übernatürlichen Ereignissen (chih-kuai hsiao-shuo) beispielsweise im *Fa-yüan chu-lin* keine buddhist., sondern rein chin. Erzählungen seien, doch wird der Bereich der buddhist. Erzählliteratur, wie ihn uns der chin.-buddhist. Kanon überliefert, dadurch kaum geschmälert. Der Einfluß dieser sehr umfangreichen Lit. (dazu gehört auch der ganze Bereich der → Jātaka-Übersetzungen) auf die Volkserzählung ist in seinem Umfang bislang nur sehr schwer abzuschätzen, zumal der größte Teil bereits um 300 p. Chr. n. in Übersetzungen vorlag und mögliche Übernahmen und Umformungen in späterer Zeit dann kaum mehr die Herkunft bestimmter Motive deutlich erkennbar werden lassen. Schließlich gibt es auch Hinweise dafür, daß selbst vor der Einführung des Buddhismus bereits hinduist. Erzählstoffe nach China gelangten[1]. Wie weit die buddhist. Übersetzungsliteratur und die Predigten die Grundlage für spätere Erzählungen gebildet haben oder Erzählstoffe beeinflußten, muß – bis auf einige Erzählungen[2] – hier unbeantwortet bleiben.

So bemerkte bereits Tuan Ch'eng-shih in seinem *Yu-yang tsa-tsu* (Yu-yang-Slg)[3], die Geschichte vom Gelehrten am Wegesrand im *Hsü Ch'i Hsieh chi* (Forts. zu den Berichten des Ch'i Hsieh) gehe wohl auf eine buddhist. Erzählung zurück[4]. Und es kann gar kein Zweifel darüber bestehen, daß es sich hier um das Motiv 'Verschlucken der Geliebten' oder 'des Liebhabers und der Geliebten' handelt, wie sie in der Übersetzung des K'ang Seng-hui (gest. 280 p. Chr. n.) im *Chiu Tsa pi-yü ching* (Das alte Buch der Fabeln) zu finden ist[5]. Eine Zwischenstufe zu dieser Geschichte, in der sie sich noch als Fremdteil ausweist, ist die im *T'ai-p'ing yü-lan*[6] im Kap. 359 überlieferte Erzählung aus dem *Ling-kuei chih* (Berichte von Seelen und Geistern) eines Autors mit dem Familiennamen Hsün[7]. Eine neuere Fassung dieses Märchenmotivs mit kommunistischer Prägung hat W. Eberhard mitgeteilt[8].

Freilich bleibt wegen der Überlieferungsgeschichte die Datierung häufig fraglich. Doch solche Motive wie jenes von der Beförderung einer nahezu gewichts- und ausdehnungslosen Geistererscheinung, wie wir es in dem vorgenannten Beispiel finden, können für China als sehr alt nachgewiesen werden. So findet sich beispielsweise dieses Motiv bereits im 3. Jh. in einer Ausprägung, die auf eine längere Tradition schließen läßt. Dort überlistet ein Reisender einen Geist, der sich allerdings als solcher zu erkennen gibt, indem er sich selbst als Geist bezeichnet. Als dem echten Geist, der den Reisenden ein Stück des Weges trägt, wegen dessen Gewicht Zweifel kommen, ist der Reisende so geistesgegenwärtig, daß er sein Gewicht damit erklärt, er sei eben gerade erst ein Geist geworden. Und diese Ausrede dient ihm dann auch noch als Sprungbrett zu der Frage, mit der er sich dem Übernatürlichen entziehen will: Da er noch ein junger Geist sei, wisse er nicht, was Geister am meisten befürchten. Von einem Menschen angespuckt zu werden, ist die Antwort. Damit bannt er dann schließlich den Geist[9].

Wo man den Übergang von schlicht übernommenem zu angeeignetem Stoff ansetzen soll, ist schwer auszumachen. Eines ist jedoch in chin. Erzählungen auffällig, nämlich die Betonung des Außergewöhnlichen und die Gestalt eines 'Normalen', der mit dem Außergewöhnlichen, sei es als Geschädigter, sei es als Begünstigter, konfrontiert wird. Dieser Gesichtspunkt sollte in einer zukünftigen Erzählforschung, die auch inter- und transkulturelle Besonderheiten interessiert, nicht fehlen, vor allem für die sich modernisierende chin. Gesellschaft, in der auch die Rolle des Religiösen wie die Stellung des Einzelnen in der Gesellschaft überhaupt einem starken Wandel unterworfen werden. Als ein wesentlicher Gesichtspunkt für die Beurteilung traditioneller chin. Erzählliteratur dürfte sich die Einsicht in die Tatsache erweisen, daß die Grenzen zwischen beseelter und unbeseelter Natur stets unscharf geblieben sind.

Neben den Erkenntnissen, die der chin.-buddhist. Übersetzungsliteratur noch für eine genauere Erforschung chin. Erzählgutes entnommen werden können, bieten diese Texte z. T. ausgezeichnetes Vergleichsmaterial für die Eruierung ind. Erzählstoffe und deren unterschiedliche Entfaltungen. Leider sind trotz der Vorarbeiten É. Chavannes' u. a. in der jüngeren Vergangenheit nur wenige Versuche zu solchem komparatistischen Gebrauch unternommen worden. Neben älteren Arbeiten von K. Watanabe[10] und Kenneth K. S. Ch'en[11] sei hier nur auf die Studien und Bearbeitungen M. Hahns zur *Haribhaṭṭajātakamālā* verwiesen[12] wie auf D. Schlingloffs Untersuchungen zu ind. Erzählstoffen, bei denen er nicht nur die chin. Überlieferungen mitberücksichtigt, sondern vor allem auch die Wandmalereien von Ajanta einbezieht[13]. Eine solche Verfahrensweise, bei der auch die ikonographischen Zeugnisse mitberücksichtigt werden, dürfte neben ihrem ästhetischen Reiz auch in anderen Bereichen der ostasiat. Erzählforschung noch manche neue Erkenntnisse bringen.

[1] Chavannes 1, XIV sq. – [2] Lu Hsün: A Brief History of Chinese Fiction. Peking 1959, 56–66; P'ei P'u-hsien: Chung-yin wen-hsüeh yen-chiu (Studien zur Beziehung zwischen ind. und chin. Lit.). Taipei 1968, 182–191; Ch'en Shou-yi: Chinese Literature. A Historical Introduction. N. Y. 1971, 270sq. – [3] v. Edwards, E. D.: Chinese Prose Literature of the T'ang Period 2. L. 1938, 215. – [4] Lu Hsün (wie not. 2) 58. – [5] Ausg. Taishō shinshū daizōkyō (wie Kap. 2. 2., not. 4) num. 206, p. 514a; cf. Chavannes 1, num. 109 und t. 4, 141sq.; Hertel, J.: Die Erzählung vom Kaufmann Campaka. In: ZDMG 65 (1911) 425–470, hier 439. – [6] v. KLL 4, 2353sq. (H. Franke). – [7] v. Lu Hsün (wie not. 2) 59sq.; P'ei P'u-hsien (wie not. 2) 183; diese Geschichte findet sich auch im Fa-yüan chu-lin, Kap. 61. – [8] Eberhard, W. und A.: Südchin. Märchen. MdW 1976, num. 107 und p. 254sq. – [9] v. Lu Hsün (wie not. 2) 46sq.; v. auch HDA 8, 326sq. – [10] Watanabe, K.: The Story of Kalmāṣapāda and Its Evolution in Indian Literature. In: J. of the Pali Text Soc. 1909, 236–310. –
[11] Ch'en, K. K. S.: A Study of the Svāgata Story in the Divyāvadāna in Its Sanskrit, Pāli, Tibetan, and Chinese Versions. In: Harvard J. of Asiatic Studies 9 (1945) 207–314. – [12] Hahn, M.: Die Haribhaṭṭajātakamālā. In: Wiener Zs. für die Kunde Südasiens 17 (1973) 49–88, hier 51–57. – [13] Schlingloff, D.: Das Śaśa-Jātaka. In: Wiener Zs. für die Kunde Südasiens 15 (1971) 57–67, hier 59–60.; id.: Die Erzählung von Sutasoma und Saudāsa in der buddhist. Kunst. In: Altoriental. Forschungen 2. ed. A. Burkhardt. B. 1975, 93–117, hier 94 und pass.; id.: Kalyāṇakārin's Adventures. The Identification of an Ajanta Painting. In: Artibus Asiae 38 (1976) 5–28, hier 6–12.; id:. Der König mit dem Schwert. Die Identifizierung einer Ajantamalerei. In: Wiener Zs. für die Kunde Südasiens 21 (1977) 57–70, hier 60–61.

2. 4. Berichte von übernatürlichen Ereignissen (chih-kuai hsiao-shuo). Die Erzählungen in den zahlreichen Sammlungen von Geschichten über supranaturale

Ereignisse, die im frühen chin. MA. zusammengestellt wurden, sind eine Mischung aus religiösen Vorstellungen und phantastischen Berichten, die oft im Gewand eines hist. Berichtes, zumeist unter Angabe von Zeit und Ort, vorgestellt wurden. Diese 'Historisierung' der erzählenden Lit. ist ein Spezifikum eines Großteils traditioneller chin. Äußerung überhaupt. Es heißt nicht einfach 'einst', auch nicht 'sie leben noch heute', sondern diese Vorstellung individueller Beständigkeit tritt in China zurück vor der Vorstellung von analoger Wiederkehr. Und während in der hist. Lit. bis zur Han-Zeit die Ausschmückung weitgehend das Fundament der Geschichtsschreibung war, wurde in der folgenden Zeit solche Dekoration schon Selbstzweck, konnte sich aber aus der Bindung an hist. Muster zunächst nicht lösen, sondern stand der Historiographie, namentlich in der Form der buddhist. bzw. taoist. Mönchs- bzw. Heiligenlegenden, stets sehr nahe[1].

Solche Berichte von übernatürlichen Ereignissen aus dem frühen chin. MA. gehen häufig auf Berichte aus früheren Zeiten zurück, wie man sie beispielsweise durch den Gegner des Geisterglaubens Wang Ch'ung (27–91 p. Chr. n.) kennt[2]. Ihre starke Verbreitung in der Zeit der Sechs Dynastien (317–618) hängt jedoch auch aufs engste mit dem religiösen Leben in jener Zeit zusammen; wie weit man diese Gattung als Reaktion gegen den Buddhismus mit seinen Wundergeschichten betrachten muß, zumal deren wesentliche Bestandteile die Metamorphose oder nicht zur Ruhe gekommene 'hungrige' Seelen sind, läßt sich heute noch nicht abschließend beurteilen.

Mit der Entwicklung solcher Geistergeschichten zu einem Genre während der Zeit der Sechs Dynastien entfernten sie sich allmählich von ihren frühen Vorläufern, und es erschienen selbstverfaßte Sammlungen von Geistergeschichten aus der Feder eines Autors. Die Krönung dieser literar. Tradition war das *Liao-chai chih-i* (Aufzeichnungen sonderbarer Begebenheiten aus der Studierstube) des P'u Sung-ling (1630–1715)[3].

Als Genre wurde diese Art der Lit. durch die Sammlung *Sou-shen chi* (Berichte von Geistern) von Kan Pao begründet (1. Hälfte des 4. Jh.s p. Chr. n.), die auch bisher die meiste Beachtung gefunden hat[4]. Wenn auch literarisch nicht an die späteren Kurzerzählungen der T'ang- und Sung-Zeit heranreichend, sind diese Geschichten doch eine Fundgrube für die Erzählforschung und für Untersuchungen über Glaubensvorstellungen aus jener Zeit. Dem Kompilator Kan Pao selbst bedeutete – wie den meisten seiner Zeitgenossen – die Kompilation nicht einfach eine Quelle der Unterhaltung, sondern sie sollte zur Erbauung dienen, da er selbst auch von der Existenz solcher übernatürlichen Ereignisse überzeugt war.

Die Geschichten im *Sou-shen chi* sind thematisch sehr weit gestreut. Sie handeln von taoist. Unsterblichen, Einsiedlern, von okkulten Fähigkeiten, von Magiern und davon, wie jemand mit einem Toten Verbindung aufnimmt oder einer Naturgottheit begegnet. Ebenso werden Ereignisse berichtet, in denen ungewöhnliche Vorzeichen wie Mißgeburten oder Vorzeichen durch Tiere oder Träume eine Rolle spielen. Es treten seltsam gestaltete Menschen und Fabelwesen auf, aber auch Tiere oder Naturereignisse wie Regen, Krankheitsfälle etc. Ferner kommen Geister verschiedener Art vor wie Ortsgeister, aber auch Geister in Gestalt von Tieren (Reptilien, Schlangen etc.). Einige eher untypische Erzählungen im *Sou-shen chi* berichten von ind. Magiern oder von Stammesmythen[5]. Eine berühmte Geschichte handelt von solchen erstaunlichen Vorkommnissen wie den Darbietungen eines Magiers, der beispielsweise seine Zunge abschnitt (cf. Mot. D 2161. 3. 6. 1) und wieder ansetzte sowie Feuer schluckte oder spuckte.

Unter allen chih-kuai-Sammlungen ist das *Sou-shen chi* des Kan Pao diejenige, aus der am meisten übersetzt worden ist. Vor allem J. J. M. de Groot hat im 4. und 5. Band seines Werkes *The Religious System of China* 1–6 (Leiden 1892–1910) zahlreiche Texte übersetzt und als Anschauungsmaterial benutzt[6]. Es wäre zweifellos eine lohnende Aufgabe, mit den vorliegenden Übersetzungen als Grundstock einen Motivindex aus der gesamten chih-kuai-Tradition zusammenzustellen. Hierbei kommen auch solche Werke wie das dem Ts'ao P'ei (Wei Wen-ti, regierte 220–226) zugeschriebene *Lieh-i chuan* (Wundergeschichten) in Betracht[7].

Wie Berichte über Heilige und Paradiesvorstellungen dem Tung-fang Shuo, so wurden Berichte über Wunder in fremden Ländern dem Chang Hua zugeschrieben, der auch als Chang Mao-hsien bekannt ist und ein Sammler vergessener Geschichten sowie Dorferzählungen gewesen sein mag und der dem Herrscher Wu-ti der Chin (regierte 265–290) eine 'Sammmlung von Berichten über außergewöhnliche Ereignisse' vorgelegt haben soll[8].

Viele dieser angeblich in der Zeit der Sechs Dynastien zusammengestellten Sammlungen sind späteren Datums, oft aus der T'ang-Zeit; zahlreiche von ihnen sind erst viel später neu zusammengestellt worden. Dabei sind bisweilen recht unterschiedliche Werke mit dem gleichen Titel entstanden. Eine Zusammenstellung der überlieferten Teile einiger Werke hat Lu Hsün in seinem *Ku hsiao-shuo kou-ch'en* (Ausgrabung alter Erzählungen)[9] unternommen.

Ein weiteres Beispiel für die Berichte von übernatürlichen Ereignissen ist das *Yüan-hun chih* (Berichte von gekränkten Geistern) des Yen Chih-t'ui (531– ca 591), zu dem A. E. Dien eine zusammenfassende Studie vorgelegt hat[10]. Dien zeigt anhand dieser Sammlung, die erst gegen Ende der Ming-Zeit wieder kompiliert wurde, daß es sich in vielen Fällen eben nicht um buddhist. Erzählgut handelt, selbst wenn es so rubriziert wurde, sondern um originär chinesisches, das gleichwohl hie und da ind. Muster zum Vorbild haben kann. Die Erzählmuster stammen ebenso wie viele Stoffe bereits aus der Zeit vor der Einigung des Reiches unter der Han-Dynastie.

Der Glaube an die Existenz von Geistern und die mit übernatürlichen Kräften wirkende Vergeltung unrechter Taten wurde während der Zeit der Sechs Dynastien mit dem Buddhismus gleichgesetzt.

Zwar haben die Berichte von übernatürlichen Ereignissen allein durch die Tatsache, daß sich in jener Zeit der Sechs Dynastien in China ein verstärktes Interesse an der Frage des Weiterlebens einer Individualseele mit dem Verständnis und der Interpretation des Buddhismus verband, häufig viele Berührungspunkte mit buddhist. Vorstellungen im China jener Zeit. Da jedoch nur wenige dieser Geschichten tatsächlich auf ind. Vorlagen zurückzuführen sind, ist es umso wichtiger, jene herauszufinden, in denen ein solcher Einfluß nachweisbar ist.

Bei einigen der später in chin. Gewande erscheinenden Erzählungen lassen sich buddhist. Übersetzungen als Vorlagen ausmachen. Diesem Zusammenhang nachzugehen, ist bis heute ein Desiderat der Forschung geblieben. Einige Versuche in dieser Richtung sind zwar bereits unternommen worden[11], doch wird man in Zukunft auch verstärkt der Metaphorik nachgehen müssen. Einige der in der Lit.monographie des *Sui-shu* genannten Titel von Sammlungen übernatürlicher Ereignisse, die früher als buddhist. Werke bezeichnet wurden, werden – wie beispielsweise das *Yüan-hun chih* des Yen Chih-t'ui – heute differenzierter gesehen. Doch auch von denjenigen, die eher dazu neigen, die chih-kuai-Sammlungen als ursprünglich chinesisch zu betrachten, werden solche Sammlungen wie das *Ming-hsiang chi* (Berichte von mysteriösen Offenbarungen) des Wang Yen, das *Hsüan-yen chi* (Berichte von wunderbaren Zeugnissen) des Liu I-ching und das *Ching-i chi* (Darlegungen von sonderbaren Ereignissen) des Hou Pai als eindeutig buddhist. Sammlungen bezeichnet[12]. Berichte von übernatürlichen Ereignissen, wie sie dort überliefert sind, finden wir auch in der späteren buddhist. Geschichtsliteratur, so etwa in Mönchsbiographien oder in den annalistischen Werken der Sung-Zeit wie auch oft in abgewandelter Form in der taoist. Lit.

Unter der T'ang-Dynastie (618–906) lebte das Genre der chih-kuai-Erzählungen weiter, doch wurde es mit der Zeit immer stärker auch zum Gegenstand künstlerischer Bemühungen und verlor mit der Raffiniertheit seine ursprüngliche, eher rustikale Prägung.

Die T'ang-Zeit kann als die Blütezeit der chin. Novellistik bezeichnet werden. Begünstigend für diese Entwicklung wirkten sich mehrere Faktoren aus. Einmal war es das Aufkommen des ku-wen-Stils, der sich für Erzählungen dem strengeren pien-wen-Stil überlegen zeigte. Ferner forderten die Beamtenprüfungen von den Bewerbern kursorische Abhandlungen über gestellte Themen, wodurch eine gewisse Übung sowie ein weiteres Verständnis für die Erzählform geweckt und verbreitet wurde. Und schließlich benutzten alle drei in China heimischen Lehren, allen voran der Buddhismus, aber auch der Taoismus und Konfuzianismus, Erzählungen zur Verbreitung und Werbung für ihre Lehren[13].

Die T'ang-Novellistik, die auch aus dem Erzählschatz der Zeit der Sechs Dynastien schöpfte, war jedoch stärker noch als die Erzählliteratur jener Zeit ein Unternehmen in Schriftsprache. Zwar teilte diese sog. ch'uan-chi-Lit. wesentliche Eigenschaften mit der chih-kuai-Lit. wie auch mit der pien-wen-Lit. der T'ang-Zeit, doch tendierte sie eher zu Raffiniertheit und hatte als Adressaten vor allem die gebildete Oberschicht.

Die Unterscheidung zwischen schriftsprachlicher Novelle und umgangssprachlicher Erzählung, auch der Erzählung in gehobener Umgangssprache, die zuerst W. Eberhard klar getroffen hat, muß auch hier Anwendung finden. In diesem Sinne konnte die Novellenliteratur der T'ang-Zeit nur von einer schmalen Schicht von Gebildeten verstanden werden[14]. „Demgegenüber war die Erzählung in Umgangssprache", schreibt H. Franke, „deren Wurzeln in der T'ang-Zeit liegen [...], auf den mündlichen Vortrag berechnet, für den Geschichtenerzähler auf dem Markt oder im Teehaus. Sie wandte sich an eine ungelehrte Zuhörerschaft und mußte deshalb, um verständlich zu sein, auf literar. Feinheiten und gebildete Anspielungen weitgehend verzichten"[15].

[1] Zu dieser Beziehung zwischen Formen der Geschichtsschreibung und den Ber.en von übernatürlichen Ereignissen v. DeWoskin, K. J.: The Six Dynasties Chih-kuai and the Birth of Fiction. In: Plaks, A. H. (ed.): Chinese Narrative. Critical and Theoretical Essays. Princeton, N. J. 1977, 21–52. – [2] v. Forke, A.: Lun-heng 1–2. B. 1907–11. – [3] Teilweise übers. bei: Giles, H. A.: Strange Stories from a Chinese Studio 1–2. L. 1880 sowie in etlichen dt. Auswahlbänden, cf. auch Nachdichtung von M. Buber: Chin. Geister- und Liebesgeschichten. Ffm. 1916. – [4] Der Begriff chih-kuai als Genre-Bezeichnung wurde nachweislich erst von Hu Ying-lin in der Ming-Zeit verwendet, während er sich in Buchtiteln bereits im 4. Jh. p. Chr. n. findet, v. DeWoskin (wie not. 1) 22sq.; zum Sou-shen chi v. Bodde, D.: Some Chinese Tales of the Supernatural. In: Harvard J. of Asiatic Studies 6 (1941) 344–357; id.: Again Some Chinese Tales of the Supernatural. In: JAOS 62 (1942) 305–308; Lu Hsün: A Brief History of Chinese Fiction. Peking 1959, 49–53; Giles, L.: A T'ang Manuscript of the Sou shen chi. In: New China Review 3 (1921) 378–385, 460–468. – [5] v. Eberhard, W.: Einige Stammessagen nichtchin. Stämme in den Han-Annalen. In: ZfEthn. 63 (1932) 46–53. – [6] Andere Übers.en finden sich in folgenden Slgen: Bodde 1941 (wie not. 4); Giles, L.: A Gallery of Chinese Immortals. L. 1948; The Man Who Sold a Ghost. ed. Foreign Languages Press. Peking 1958; Lu Hsün (wie not. 4); Wilhelm, R.: Chin. Volksmärchen. MdW 1927; Wieger, L.: Folk-lore chinois moderne. Ho-chien 1909; DeWoskin, K. J.: In Search of the Supernatural. In: Renditions 7 (Spring 1977) 103–114. – [7] v. Lu Hsün: Ku hsiao-shuo kou-ch'en. Peking 1951, 111–126. – [8] v. Lu Hsün (wie not. 4) 48sq. – [9] Lu Hsün (wie not. 7). – [10] Dien, A. E.: The Yüan-hun Chih (Accounts of Ghosts with Grievances): A Sixth-Century Collection of Stories. In: Chow Tse-tsung (ed.): Wen-lin. Studies in Chinese Humanities. Madison/Milwaukee/L. 1968, 211–228. –

[11] v. Lu Hsün (wie not. 4) 56–66; P'ei P'u-hsien: Chung-yin wen-hsüeh yen-chiu (Studien zur Beziehung zwischen ind. und chin. Lit.). Taipei 1968, 181–191. – [12] v. Lu Hsün (wie not. 4) 61–66; Dien (wie not. 10) 223–228. – [13] Hightower (wie not. 10) 77. – [14] v. Edwards, E. D.: Chinese Prose Literature of the T'ang Period 1. L. 1937, 12. – [15] cf. Nachwort von H. Franke in: Bauer, W./Franke, H.: Die Goldene Truhe. Mü. 1959, 410; zur T'ang-Erzählung v. auch: Liu K'ai-jung: T'ang-tai hsiao-shuo yen-chiu (Studien zur Erzählliteratur der T'ang-Zeit). Hongkong 1964 (Schanghai 1947).

2. 5. Pien-wen-Lit. Bei der Gruppe der pien-wen-Texte handelt es sich nach Meinung aller Forscher um jene aus dem 8. bis 10. Jh. belegten Texte, in denen buddhist. Lehren anhand von außerge-

wöhnlichen Ereignissen in umgangssprachlichem oder der Umgangssprache nahestehendem Ausdruck dargestellt werden sowie um jene dieser Form folgenden Texte weltlichen Inhalts. Somit stellen sie die ältesten bezeugten Niederschriften in Umgangssprache dar[1]. Über die Entstehung des pien-wen-Stils, Prosa mit eingefügten Passagen in Versform, sowie über Klassifizierung und Abgrenzung der pien-wen-Texte herrscht bislang keine übereinstimmende Meinung. Wenn sich bei den meisten Forschern auch die Ansicht durchgesetzt hat, daß der pien-wen-Stil im Zusammenhang mit der Erklärung und Popularisierung von buddhist. Sutren und damit dann auch im Zusammenhang mit den bereits im 4. Jh. p. Chr. n. nachweisbaren derartigen 'Predigten' gesehen werden muß, so soll hier jedoch die pien-wen-Lit. nur als ein Korpus in Tun-huang gefundener Schriften betrachtet werden.

Die Form rezitierter und gesungener Erzählung (shuo-ch'ang wen-hsüeh) war zweifellos die Grundform der öffentlich vorgetragenen Erzählung und damit der Volksliteratur in China überhaupt. Zwar noch stark unter dem Einfluß des Buddhismus, kann man jedoch bereits für die T'ang-Zeit professionelle Geschichtenerzähler vermuten[2]. Elemente der Berichte von übernatürlichen Ereignissen (chih-kuai), die ja auch in der T'ang-Zeit weiterlebten, fanden Eingang in diese Erzählungen in rezitierter und gesungener Form, lag es doch im Interesse der buddhist. Prediger wie der professionellen Geschichtenerzähler, die kommende und gehende Zuhörerschaft zu fesseln, was ihnen eben nur durch Berichte von Außergewöhnlichem, Sensationellem, von Mord und Liebe gelingen konnte. Diese Anforderung prägte nicht nur den Inhalt der Erzählungen in starkem Maße, sondern auch die Vortragsweise[3].

Unter allen Ausgaben der in einer Höhle in Tun-huang um die Jh.wende gefundenen und heute vor allem in der British Library, der Nationalbibliothek Peking und der Bibliothèque Nationale, Paris aufbewahrten literar. Texte ist jene von Wang Chung-min u. a. publizierte die zuverlässigste und gründlichste[4]. Eine kritische Würdigung bisheriger Ausgaben hat V. Hrdličková gegeben[5].

Bei den pien-wen-Texten im engeren Sinne handelt es sich um Texte religiösen und weltlichen Inhalts in Prosa mit zumeist als Gesänge zu verstehenden Einschüben[6]. A. Waley, der eine Übersetzung des Terminus pien-wen nicht für sinnvoll hält, sondern ihn als internat. gültigen Begriff zu verwenden vorschlägt, erklärt ihn mit 'ungewöhnlichen Ereignissen'[7]. Über die Bedeutung des Terminus pien-wen, J. R. Hightower übersetzt 'Popularisierungen', herrscht also keine Einmütigkeit[8]. Hrdličková hat die Einordnung der pien-wen-Texte als literar. Niederschlag von oder als Vorlage zu Erzählungen vorgeschlagen und daher bereits in diesem Zusammenhang von sog. Soufflierbüchern (hua-pen) gesprochen[9]. J. Průšek erklärt den Ausdruck pien-wen im Sinne von Texten (wen) zu außergewöhnlichen, befremdlichen Ereignissen (pien) aus dem Leben buddhist. Heiliger oder weltlicher Heroen, und er meint, die in den Tun-huang-Höhlen gefundenen Texte sollten nicht unter den Begriff pien-wen subsumiert werden, da sich in diesen Schriften in rudimentärer Form alle Arten von Volksliteratur (popular literature) fänden, reine Prosa, gemischte Formen, Balladen und lyrische Gesänge[10]. Hrdličková stellt eher den formalen Aspekt der Mischung von Prosa und Versen bei der Abgrenzung der pien-wen-Lit. in den Vordergrund, ein Aspekt, der auch schon Anlaß zu komparatistischen Überlegungen gegeben hat[11]. Hrdličková bildet mit einer großen Anzahl von Erläuterungen buddhist. Schriften mit Zitaten aus den Sutren in Versform aus Tun-huang eine pien-wen-Gattung im weiteren Sinne, die sie dann im Anschluß u. a. an Cheng Chen-to[12] in zwei Gruppen aufteilt: in Texte mit religiösem und Texte mit weltlichem Inhalt. Mit ihrer detaillierteren Untergruppierung unterscheidet sie sich ausdrücklich von der in der von Wang Chung-min u. a. herausgegebenen Sammlung. Doch ihr wichtigstes Anliegen ist es, die Auffassung von Wang Chung-min zu widerlegen, daß die pien-wen-Form bereits vorhanden war, als sich der Buddhismus in China ihrer bediente[13].

Aufs engste verknüpft mit der Frage der Bestimmung des pien-wen-Begriffs wie mit der Abgrenzung dieser Textgruppe ist selbstverständlich die Entscheidung der Herkunftsfrage. Während die Herausgeber der Pekinger Sammlung die autochthon chin. Elemente wie Parallelismus, Versbau und Rhythmus als die Grundform der pien-wen-Gattung ansehen, sieht Hrdličková in diesen chin. Elementen eher eine Zutat, die die eigentliche buddhist. Verkündigungsabsicht nur überlagerte und prägte, die schließlich jedoch zu so etwas wie einer 'Säkularisation' der pien-wen-Gattung führte[14]. In dem Berührungsfeld von buddhist. Verkündigung und chin. Erzähltradition jedenfalls ist die Gruppe der pien-wen-Texte anzusiedeln. Schließlich ist zu beachten, daß, als die ersten Texte der Tun-huang-Lit. verfaßt wurden, der Buddhismus bereits seit langem einen integrierten Teil chin. Kultur darstellte.

Die Volksliteratur aus Tun-huang, zu der wir die pien-wen-Lit. zu zählen haben, wurde zweifellos von Schriftkundigen, jedoch keinesfalls von Angehörigen der Bildungs- und Besitzelite verfaßt[15], wenn wir auch unterschiedliche sprachliche Ebenen feststellen können[16]. Daß es sich um solche Volksliteratur handelt, ist bereits daran zu erkennen, daß sich die Autoren kaum um tatsächliche Chronologie oder Topographie kümmerten und sie selbst schließlich nicht genannt werden. Zwar haben einige der Texte aus Tun-huang eindeutige lokale Prägung, doch von der Masse der Texte ist durchaus anzunehmen, daß sie auch in anderen Teilen Chinas weite Verbreitung gefunden haben[17].

Die in Tun-huang gefundene Volksliteratur sowie die Beziehungen zwischen Buddhismus-Popularisierungen und der sonstigen buddhist. Überlieferung (auch den religiösen darstellenden Gemälden [pien-hsiang]) sind erst in den letzten beiden Jahrzehnten recht eigentlich zum Gegenstand von Untersuchungen gemacht worden, die bis heute allerdings über Einzelstudien noch nicht hinausgekommen sind[18].

[1] Zur Grammatik der Tun-huang-Texte v. Waley, A.: Notes on the Tun-huang pien-wen chi. In: Studia serica. Festschr. B. Karlgren. Kop. 1959, 172–177; Cheung, S. H.: Perfective Particles in the Bian-wen Language. In: J. of Chinese Linguistics 5 (1977) 55–74. – [2] v. Průšek, J.: The Beginnings of Popular Chinese Literature. Urban Centers: The Cradle of Popular Fiction. In: Archiv orientální 36 (1968) 67–121, hier 69–71; auch in: Birch, C.: Studies in Chinese Literary Genres. Berkeley 1974, 259–298, hier 261–264; id.: Researches into the Beginning of the Chinese Popular Novel 1. In: Archiv orientální 11 (1939) 108; id.: The Narrators of Buddhist Scriptures. In: Archiv orientální 10 (1938) 375–389; Eoyang, E.: Oral Narration in the Pien and Pien-wen. In: Archiv orientální 46 (1978) 232–252. – [3] v. Bishop, J. L.: Some Limitations of Chinese Fiction. In: Far Eastern Quart. 15 (1956) 239–247, hier 240 (auch in: id.: Studies in Chinese Literature. Harvard 1966, 237–245, hier 238). – [4] Wang Chung-min u. a.: Tun-huang pien-wen chi 1–2 (Slg der pien-wen-Lit. aus Tun-huang). Peking 1957. – [5] Hrdličková, V.: Some Questions Connected with Tun-huang Pien-wen. In: Archiv orientální 30 (1962) 211–230, hier 211sq. – [6] Hrdličková (wie not. 5) 215. – [7] Waley, A.: Ballads and Stories from Tun-huang. L. 1960, 245. – [8] Hrdličková (wie not. 5) 221–223. – [9] v. Hrdličková (wie not. 5) 211, 223sq.; ead.: The First Translations of Buddhist Sutras in Chinese Literature and their Place in the Development of Storytelling. In: Archiv orientální 26 (1958) 114–144. – [10] Průšek (wie not. 2) 262. –
[11] v. Waley (wie not. 7) 249; Chen Li-li: Pien-wen Chantefable and Aucassin et Nicolette. In: CompLit. 23 (1971) 255–261. – [12] Cheng Chen-to: Chung-kuo su-wen-hsüeh shih 1 (Geschichte der chin. Volksliteratur). Peking 1954, 205. – [13] Hrdličková (wie not. 5) 218sq.; eine gröbere Aufteilung bei Waley (wie not. 7) 241. – [14] Hrdličková (wie not. 5) 224–226 und pass. – [15] Waley (wie not. 7) 239. – [16] Hrdličková (wie not. 5) 227. – [17] Waley (wie not. 7) 241. – [18] z. B. Jao, T.-y./Demiéville, P.: Airs de Touen-houang (Touen-houang k'iu). Textes à chanter des VIIIe–Xe siècles. Mission P. Pelliot. Documents conservés à la Bibliothèque Nationale 2. P. 1971; Rez. in: T'oung Pao 61 (1975) 169–176 (D. Holzman); Men'šikov, L. N. u. a.: Bjan'ven' o vozdajanii za milosti, Shuang-en chi (Pien-wen über die Belohnung für Mildtätigkeit, Shuang-en chi). M. 1972; Rez. in: T'oung Pao 61 (1975) 161–169 (P. Demiéville).

Bonn Helwig Schmidt-Glintzer

3. Chin. Erzählgut 900–1840

3. 1. **Einleitung.** Im Laufe dieses Jahrtausends erfuhr das chin. Erzählgut eine

ungeheure Bereicherung, wobei es u. U. Themen und Motive aus der vorangehenden Periode übernahm, die manchmal noch für die nachfolgende Periode ergiebig sein konnten. Die Geringschätzung, welche die offizielle Kultur dem Erzählten entgegenbrachte, hat deren Vitalität häufig sowohl im Bereich der klassischen als auch der umgangssprachlichen und der mündlichen Lit. stimuliert. Im Laufe dieser langen Periode, in der ausländische Einflüsse zurückgegangen waren, wurde innerhalb dieser literar. Bereiche ein freier Austausch gestattet, der dieser ungeheuren Bereicherung förderlich war. Die Erzählungen treten fast immer in der Form von Novellaten auf.

3. 1. 1. Terminologie. Das traditionelle chin. Wort hsiao-shuo (kleiner Bericht, kleine Erzählung), mit dem der gesamte Erzählbereich bezeichnet wurde, beruht auf der gleichen Etymologie wie das dt. Wort Märchen. In dem engen Sinn jedoch, den dieses Wort in der oralen Lit. zwischen ca 800 und 1400 angenommen hat, bezeichnet es eine Gattung kurzer Erzählungen, die von Musik begleitet sein können. In der umgangssprachlichen Lit. scheint es sich zwischen ca 1300 und 1600 auf das Märchen oder auf die Novelle zu beziehen im Gegensatz zu p'ing-hua ([vielleicht: Bericht, in den Werturteile über hist. Persönlichkeiten eingestreut sind] popularisierte Geschichte), ein Begriff, der schließlich zwischen ca 1500 und 1700 jeden auf Episoden aufgebauten Roman bezeichnet oder, im gleichen Sinn, gegen 1400 bis 1600 tz'u-hua (Bericht, in den Gedichte eingestreut sind, die gesungen werden); shih-hua (mit Versen vermischter Bericht), gegen 1300 belegt, scheint sich als Begriff nicht durchgesetzt zu haben. Vom 17. Jh. an bürgerte sich ein, vom pi-chi hsiao-shuo (Bemerkungen und Anekdoten) der klassischen Sprache das hsi-ch'ü hsiao-shuo (Theater und Roman) der Umgangssprache zu unterscheiden, wodurch hsiao-shuo manchmal sowohl 'Bemerkungen' wie 'Theater' bedeuten konnte. Es ist daher wichtig, die chin. Eigenart des Systems der literar. Gattungen sowohl in synchroner wie diachroner Hinsicht im Auge zu behalten.

3. 1. 2. Gliederung nach Epochen. In der allg. Geschichtsschreibung der populären oder folkloristischen chin. Lit. findet man Aufteilungen nach Gattungen[1], nach Dynastien (Sung: 981–1276; Yüan: 1279–1368; Ming-Ch'ing: 1368–1840)[2] oder Kombinationen von beidem[3]. Was wie ein Bruch in der Entwicklung ausgesehen hatte, erwies sich in Wirklichkeit, wie neuere Forschungen gezeigt haben, als Mangel an Kenntnis. Die Gliederung des betr. Jahrtausends ist nur denkbar unter Berücksichtigung der gegenseitigen Beeinflussung der Gattungen, welche in den drei Literaturen, der klassischen, der umgangssprachlichen und der oralen, vorkommen. Es wäre jedoch eine Vergröberung, die Höhepunkte der pi-chi hsiao-shuo im 13., 15., und 18. Jh. denjenigen der hsi-ch'ü hsiao-shuo im 14., 17., und 19. Jh. entgegenzustellen. Man tut besser daran, die Entwicklung der betr. Gattungen genauer zu verfolgen.

[1] Yang Yin-shen: Chung-kuo su wen-hsüeh shih kai-lun (Abriß der Geschichte der chin. Volkslit.). Schanghai 1931 (Ndr. Taipei 1965). – [2] [anonym]: Chung-kuo min-chien wen-hsüeh shih (Entwurf einer Geschichte der chin. Volkslit.). Peking 1959. – [3] Cheng Chen-to: Chung-kuo su wen-hsüeh shih (Geschichte der chin. Volkslit.). Schanghai 1938 (Ndr. Peking 1958).

3. 2. Erzählbereich der klassischen Sprache. Die in der vorangegangenen Epoche etablierten Überlieferungen werden – unter Beifügung eigenständiger Entwicklungen – fortgeführt: Sammeln ungewöhnlicher und denkwürdiger Dinge und Ereignisse; darauf basierend, fiktive Erzählungen; kommentierte oder nicht kommentierte Kompilationen des Außergewöhnlichen. Indizes[1] ermöglichen es, sich teilweise in diesem ungeheuren Korpus zurechtzufinden.

[1] [anonym]: Chūgoku zuihitsu sakuin (Index to Chinese Essays). Kyōtō 1954 (ca 160 Slgen aus dem 18. bis 20. Jh.); Saeki Tomi: Chūgoku zuihitsu zassho sakuin (Index to Chinese Essays and Miscellaneous Writings). Kyōtō 1960 (ca 50 weitere Slgen); Foster, L. C.: An Index to Chinese Tales of the Supernatural (in Vorbereitung;

betrifft die vorangehende Epoche; im Unterschied zu den vorangehenden: Verz. der Themen und Motive und nicht der Anekdotentitel).

3. 2. 1. Originale Sammlungen. Dem Werk von Hung Mai (1123–1202), dem ersten seiner Art, kommt kein anderes an Umfang gleich: Im Laufe seiner Dienstreisen als Mandarin sammelte der Verfasser über 30 Jahre hinweg (1165–1198) gegen 6.000 außergewöhnliche Begebenheiten und legte sie in knappem Stil in den 420 Kapiteln seines *I-chien chih* (Memoiren des I-chien) nieder, das bis ins 14. Jh. hinein Fortsetzungen erfuhr und auch überarbeitet und kommentiert wurde. Im 18. Jh. umfaßten die gängigen Ausgaben lediglich 50 Kapitel. Die Ausgabe von 1927, die vollständigste, brachte es immerhin noch auf 207. Das Werk übte einen beachtlichen Einfluß auf die Lit. der Umgangssprache aus.

Lit.: cf. Chang Fu-jui: Index du Yi-kien Tche. P. 1976.

3. 2. 2. Novellen in klassischer Sprache. In der künstlerischen Novelle der T'ang-Zeit (ch'uan-ch'i), der meistens wahre Begebenheiten zugrunde lagen, gingen die Verfasser ganz anders vor als ihre Kollegen der Sung-Zeit, sowohl was die sorgfältige Behandlung der Erzählsequenzen als auch was die Überfülle bildhafter Details anbelangt. Ch'ü Yu (1341–1427) verlieh dieser Kunst neuen Glanz in seinem *Chien-teng hsin-hua* (Neue Berichte beim Schneuzen der Lampe. 1378), einer Slg, von welcher 22 Novellen überliefert sind. Li Ch'ang-ch'i (1376–1452) wurde 1418 und Shao Ching-chan 1592 durch dieses Modell, das auch in Korea und Japan einen beträchtlichen Einfluß ausgeübt hatte, zum Verfassen eigener Sammlungen angeregt. Der Stoff vieler dieser Novellen wurde von der umgangssprachlichen Lit. übernommen[1].

Das Verdienst des P'u Sung-ling (1640–1715) war es, eine geniale neue Formel gefunden zu haben, indem er in seinem berühmten *Liao-chai chih-i* (Aufzeichnungen sonderbarer Begebenheiten aus der Studierstube) die Kürze der Erzählung der Sechs Dynastien mit der Kunst der T'ang-Novelle verband. Anders ausgedrückt, in seiner Kunst verbinden sich die Vorzüge der Erzählungen von Hung Mai mit denen der Erzählungen von Ch'ü Yu. Das erste Vorwort der Sammlung stammt aus dem Jahre 1679, aber es kann kein Zweifel daran bestehen, daß P'u Sung-ling sie später noch ergänzte. Die Entdeckung verschiedener Manuskripte machte es denn auch möglich, die 431 Berichte der ersten, 1766 gedruckten Ausgabe zu komplettieren. Die annotierte Ausgabe von Chang Yu-ho (Schanghai 1962), die beste, enthält deren 491. Die Publikation hat in den Kreisen der Gebildeten seit dem Ende des 18. Jh.s eine Mode hervorgerufen, die auch 1840 nicht abbrach. Sie hat sich in einem nicht inventarisierten Korpus von mehreren tausend Erzählungen niedergeschlagen. Von den berühmtesten Werken sei *Tzu pu yü* (Wovon Konfuzius nicht spricht) von Yüan Mei (1716–1798) aus dem Jahre 1788 erwähnt sowie seine Fortsetzung von 1792; diese über 1.000 Begebenheiten sind in einem konziseren Stil erzählt als bei P'u Sung-ling. Yüan Mei zeigt sich hier eher dem Befremdenden als dem Übernatürlichen zugewandt. Die Reihe von Sammlungen des hohen Beamten Chi Yün (1724–1805), die *Yüeh-wei ts'ao-t'ang pi-chi* (Aufzeichnungen unbedeutender Lektüre aus der Strohhütte. 1789–1800), die sich durch einen knappen Erzählstil auszeichnet, umfaßt rund 1.000 Berichte, deren Quelle – seine Freunde – gelegentlich angegeben ist. W. Eberhard[2] schätzt in dieser Gattung, deren oft volkstümlicher Gegenstand von den gebildeten Verfassern mit Ironie angegangen wurde, den Anteil an Erzählungen, die ,,authentisch" aus der Volksüberlieferung stammen, auf weniger als ein Prozent. Der Titel der Übersetzung von Pater Wieger[3] ist jedenfalls mit Vorsicht aufzunehmen.

[1] cf. Franke, H.: Eine Novellenslg der frühen Ming-Zeit: Das Chien-teng hsin-hua des Ch'ü Yu. In: ZDMG 108 (1958) 338–382; id.: Zur Novellistik der frühen Ming-Zeit: Das Chienteng yü-hua des Li Ch'ang-ch'i. In: ZDMG 109 (1959) 340–401; id.: Eine chin. Novellenslg des späten 16. Jh.s: das Mi-teng yin-hua. In: ZDMG 110 (1961) 401–421. – [2] Eberhard, W.: Die chin.

Novelle des 17.–19. Jh.s. Eine soziol. Unters. Ascona 1948, 116. – [3] Wieger, L.: Folk-lore chinois moderne. Ho-chien 1909.

3. 2. 3. Kompilationen. Hier sind zwei Arten zu unterscheiden: Zum einen die Kollektaneen, welche unterschiedliche, mehr oder weniger vollständige Werke nach thematischen, geogr. oder bibliogr. Gesichtspunkten zusammenfassen. Unter den 5–6.000 bekannten Werken gibt es kaum welche, die den Erzählbereich völlig aussparen. Der beste Katalog[1] führt 2.797 Titel auf. Hier muß man nachschlagen, wenn man anderweitig verlorengegangene Werke oder bessere Lesarten auffinden will. Die ältesten gehen auf das 13. Jh. zurück. So hat das von Tso Kui 1273 vervollständigte und 100 Werke in 177 Kapiteln umfassende *Pai-ch'uan hsüeh-hai* (Das Meer der Gelehrsamkeit, dem 100 Ströme zufließen) zahlreiche Fortsetzungen und Neuauflagen erfahren. Noch berühmter war das aus 100 Kapiteln bestehende, im 14. Jh. von T'ao Tsung-i kompilierte und im 15. und 17. Jh. überarbeitete *Shuo-fu* (Stadt der Gespräche). Es würde zu weit führen, auch nur die wichtigsten, ausschließlich dem pi-chi hsiao-shuo gewidmeten Kompilationen aufzuzählen. Das 1544 von Lu Chi vollendete und 135 Werke in 142 Kapiteln umfassende *Ku-chin shuo hai* (Meer alter und neuer Berichte) ist das älteste der Gattung. Mit seinen beiden Fortsetzungen bietet das *Pi-chi hsiao-shuo ta-kuan* (Großer Thesaurus von Anekdoten und Erzählungen), das jüngste Werk, den umfassendsten Überblick über die wichtigsten Werke[2].

Den zweiten Komplex bilden die 'enzyklopädischen' Kollektaneen, die nach Themen geordnet sind und deren Quelle im allgemeinen angegeben ist: lei-shu (Klassifizierungswerk) und nicht ts'ung-shu (Sammelwerk) wie die vorangehenden. Das 120 Kapitel umfassende *Pai-p'ien*, eine 1581 postum herausgegebene Publikation von T'ang Shun-chih (1507–1560), ist durch die Auswahl wie durch die Textvarianten von Belang. Das 1917 erschienene *Ch'ing-pai lei-ch'ao* (Klassifizierte Inschriftenslg aus der Ch'ing-Zeit), welches das *Sung-pai lei-ch'ao* (Klassifizierte Inschriftenslg aus der Sung-Zeit) von 1669 komplettiert, liefert ein Verzeichnis derselben Art wie das *T'ai-p'ing kuang-chi* (Umfassende Aufzeichnungen aus der Ära des großen Friedens) für die später erschienenen Materialien, weist aber eine ganz andere Einteilung auf[3].

[1] [anonym]: Chung-kuo ts'ung-shu tsung-lu 1–3 (Gesamtverz. der chin. Ts'ung-shu). Schanghai 1959–62. – [2] Pi-chi hsiao-shuo ta-kuan (Großer Thesaurus von Anekdoten und Erzählungen). Taipei 1950, -hsü-pien (2. Folge). Taipei 1960, -san-pien (3. Folge). Taipei 1974. – [3] Ch'ing-pai lei-ch'ao (Klassifizierte Inschriftenslg aus der Ch'ing-Zeit). Taipei 1966; Sung-pai lei-ch'ao (Klassifizierte Inschriftenslg aus der Sung-Zeit). Taipei 1967.

3. 2. 4. Populäre Gattungen in klassischer Sprache. Seit dem 13. Jh. sind 'Enzyklopädien' unterschiedlichen Typs bekannt, die sich vom 16. Jh. an – den Bedürfnissen des täglichen Lebens entsprechend – vermehrten und vom Handbuch in Briefform über praktische Ratschläge verschiedenster Art bis hin zur literar. Unterhaltung reichten[1]. Andere, stärker spezialisierte Werke scheinen eher in die Nähe von Handbüchern für Berufserzähler zu kommen, was nicht ausschließt, daß sie auch zur Unterhaltung dienten. Sie sind außerordentlich wichtig für die Erzählforschung und zwar weniger der Stoffe wegen, die weitgehend aus zweiter Hand stammen, als der Behandlung wegen, die diese erfahren[2]. Das *Tsui-weng t'an-lu* (Geplauder eines betrunkenen alten Mannes) von Lo Yeh (14. Jh.) enthält wertvolle Auskünfte über das Repertoire der berufsmäßigen Erzähler in der Sung-Zeit[3].

[1] cf. Sakai Tadao: Mindai no nichiyōruisho to shomin kyōiku (Die praktischen Enz.n und die Volksbildung in der Ming-Zeit. In: Kinsei Chūgoku kyōiku shi kenkyū. ed. T. Hayashi. Tōkyō 1958, 24–154. – [2] cf. Liu Fu: Ch'ing-so kao-i (Erhabene Gespräche über Bagatellen). Repr. Schanghai 1958; Lü-ch'uang hsin-hua (Neue Erzählungen unter dem grünen Fenster). Repr. Schanghai 1957. – [3] Lo Yeh: Tsui-weng t'an-lu (Geplauder eines betrunkenen alten Mannes). Repr. Schanghai 1957; Průšek, J.: The Origins and the Authors of the hua-pen. Prag 1967, 64–77.

3. 2. 4. 1. Komische Geschichten. Sie sind von alters her beliebt, doch muß die Authentizität der Sammlungen, die vor dem 10. Jh. entstanden sind, angezweifelt werden. Aufgezeichnet wurden sie stets in klassischer Sprache, lediglich in den Dialogen taucht die Umgangssprache auf. Themen und Motive weisen hier eine erstaunliche Kontinuität auf. Von den beiden Untergattungen, die sich kaum vermischen, umfaßt die erste die relativ gut entwickelten Schwankanekdoten, die um eine Persönlichkeit (die historisch belegt sein kann) herum entstanden sind; bei der zweiten, die fruchtbarer erscheint, handelt es sich um kurze, nach Themen klassifizierte Scherzerzählungen. Das repräsentativste Werk der zweiten Gattung ist das gegen 1631 von Feng Meng-lung (1574–1646) publizierte *Hsiao fu* (Schatz des Lachens).

Lit.: cf. Lévy, A.: Notes bibliographiques pour une histoire des 'histoires pour rire' en Chine. In: id.: Études sur le conte et le roman chinois. P. 1971, 67–96. – Kao, G. (ed.): Chinese Wit and Humor. N. Y. 1946. – Blyth, R. H.: China. In: id.: Oriental Humor. Tōkyō 1959, 11–164.

3. 2. 4. 2. Erzählungen erbaulichen Inhalts. Diese literar. Gattung umfaßt Sammlungen erbaulicher Ereignisse, die weitgehend der Folklore entnommen sind. Sie ist seit dem 12. Jh. belegt und scheint ihren Höhepunkt im 17. Jh. erreicht zu haben. Sakai Tadao[1] hat sich hauptsächlich ihrer soziol. und religiösen Aspekte angenommen. Dieser heute kaum zugängliche Bereich, dem jeder literar. Wert abgesprochen wird, ist noch sehr wenig erforscht. Vorhanden sind nützliche Kollektaneen in Ausgaben neueren Datums[2].

[1] Sakai Tadao: Chōgoku zensho no kenkyū (Forschungen über die chin. Bücher erbaulichen Inhalts). Tōkyō 1960. – [2] Wang I-t'ing (ed.): Chen-pen shan-shu. Fu-shou pao-tsang (Bücher erbaulichen Inhalts in seltenen Ausg.n. Schatz des Glücks und der Langlebigkeit). Schanghai 1936 (160 Werke).

3. 2. 4. 3. Unterhaltungsliteratur. Das bevorzugte Genre dieses noch kaum erforschten Bereichs ist die Parodie[1]. Das Werk von A. H. Smith[2] ist das einzige seiner Art. Der Begriff wen-chang yu-hsi ist spätestens seit dem 17. Jh. belegt[3]; die bekannten Sammlungen räumen dem Erzählgut relativ wenig Platz ein[4].

[1] cf. Franke, H.: A Note on Parody in Chinese Traditional Literature. In: Oriens extremus 18 (1971) 237–251. – [2] Smith, A. H.: Proverbs and Common Sayings from the Chinese. N. Y. 1886 (1900, 1914, 1965). – [3] cf. Huang Tsung-hsi [1610–1695]: Ming-wen an (Dokumente über die Ming-Lit.). In: Hsieh Kuo-chen: Huang Li-chou hsüeh-p'u. Schanghai 1932, 99. – Miao Ken (ed.): Wen-chang yu-hsi ch'u-pien (Literar. Unterhaltung). 1803, Kanton 1824 (1., 2. und 4. Folge: 1816, 1818, 1821).

3. 3. Erzählbereich der Umgangssprache. Seine Entwicklung, die sich schon in den ungeschliffenen Texten des pien-wen aus der T'ang-Zeit ankündigte, äußerte sich in einer Bereicherung und einem Grad der Vollendung, welche dem hier untersuchten Jahrtausend sein bes. Gepräge verliehen. Diese schriftliche Lit. beruft sich auf ihre mündliche Komponente, die eine Quelle von Freiheiten, doch auch von Zwängen ist, wiewohl diese von anderer Beschaffenheit sind als bei der in klassischer Sprache verfaßten Lit.; diese neigt zur Trockenheit, die konzisem Dokumentarstil eigen ist. Aus diesem Gegensatz und dieser Erzählweise ergibt sich eine spezifische Problematik[1].

[1] Plaks, A. H. (ed.): Chinese Narrative. Critica. and Theoretical Essays. Princeton, N. J. 1977l

3. 3. 1. Texte von Erzählern: die Kurzform. Der Aufschwung der Erzählliteratur in der Umgangssprache ist mit dem gedruckten volkstümlichen Buch verbunden, dessen Erscheinen mindestens auf das 13. Jh. zurückgeht[1]. Seine Anfänge sind mit der Existenz einer oralen Lit. in Verbindung gebracht worden, die ursprünglich den Bedürfnissen der buddhist. Propaganda entgegenkam[2]. Diese Theorie wurde von verschiedenen Seiten widerlegt, sei es, daß nach einer älteren einheimischen Überlieferung dieser oralen Lit. gesucht wurde[3], sei es, daß die Produkte dieser Lit. direkt mit schriftlichen Quellen, Theaterstücken[4], didaktischen Texten[5] in Verbindung gebracht wurden. Die These, derzufolge die alten Texte Erzählerbüchlein (hua-pen)[6] gewesen sein

sollen, hat sich als fragwürdig erwiesen, obgleich man sich des Begriffs sehr wohl bedienen kann, um die kurze Gattung zu bezeichnen.

Daß diese Texte in einem Zusammenhang mit der Tätigkeit der Berufserzähler stehen, läßt sich schwer abstreiten; die Beziehung scheint jedoch komplexer zu sein. Da keine vor dem 16. Jh. erschienene Ausgabe vorliegt, ist das Alter bestimmter Stücke umstritten[7]. Das alte Erzählrepertoire scheint nicht minder populär sowohl aufgrund der Ursprünglichkeit seiner Quellen als auch aufgrund seiner Geisteshaltung[8]. Seine thematische Vielfalt dürfte mit derjenigen der hsiao-shuo-Erzähler in Verbindung stehen, ob auf diese nun die Einteilung in vier Kategorien[9] anwendbar sei oder nicht. Durch die Publikation von 120 Erzählungen in drei aufeinanderfolgenden Bänden zwischen 1620 und 1627 unter dem Titel *San Yen* rief Feng Meng-lung die Mode von auf Literaturniveau gehobenen Imitationen hervor, die auf schriftliche Quellen zurückgehen, wie das in den *P'ai-an ching-ch'i*[10] genannten 78 Erzählungen in zwei Bänden von Ling Meng-ch'u (1580–1644) der Fall war, die 1628 und 1633 erschienen. In späteren Sammlungen nehmen Schöpfungen der freien Phantasie weit mehr Raum ein, so das *Wu-sheng hsi* (Lautloses Theater) von Li Yü (1611–1680). Derartige Sammlungen sind jedoch in Vergessenheit geraten und wurden in den Schatten gestellt von den beliebten *Chin-ku ch'i-kuan* (Außergewöhnliches aus alter und neuer Zeit), einer Anthologie von 40 den *San Yen* und den *P'ai-an ching-ch'i* entnommenen Stücken, die um 1640 herum herauskamen[11]. Das Repertoire der hua-pen (annähernd 500 Texte) ist in literar. und dokumentarischer Hinsicht von großem Reichtum[12].

[1] cf. Heřmanová-Novotná, Z.: An Attempt at Linguistic Analysis of the Text of Ta T'ang Santsang ch'ü ching shih-hua. In: Archiv orientální 39, 2 (1971) 167–189. – [2] Hrdličková, V.: The First Translations of Buddhist Sutras in Chinese Literature and Their Place in the Development of Storytelling. In: ibid. 26, 1 (1958) 114–144. – [3] cf. Chao Chün-hsien: Shuo-shu ch'i-yüan went'i shih-i (Vermutungen bezüglich der Frage der Herkunft der Berufserzähler). In: Wen-hsüeh i-ch'an tseng-k'an 10 (Peking 1962) 102–107. – [4] cf. Idema, W. L.: Chinese Vernacular Fiction. The Formative Period. Leiden 1974, 17–23. – [5] cf. ibid., 89–92; Chang Cheng-lang: Chiang-shih yü yung-shih shih (Hist. Erzählungen und Gedichte anläßlich von hist. Feiern). In: Bulletin of the Institute of History and Philology. Academia Sinica 10 (1948) 601–646. – [6] Hrdličková, V.: The Professional Training of Chinese Storytellers and the Storytellers' Guilds. In: Archiv orientální 33 (1965) 225–248. – [7] cf. Hanan, P.: The Chinese Short Story. Studies in Dating Authorship and Composition. Harvard 1973. – [8] Průšek, J.: Die Lit. des befreiten China. Prag 1955, 469–538; id.: Chinese History and Literature. Prag 1970, 201–448. – [9] Li Hsiao-ts'ang: Sung Yüan chi-i tsa-k'ao (Verschiedene Studien über die künstlerischen Techniken der Sung- und Yüan-Zeit). Schanghai 1953. – [10] cf. Lévy, A. (Übers.): L'Amour de la Renarde. P. 1970. – [11] id.: Le Conte en langue vulgaire du XVIIe siècle. Vogue et déclin d'un genre narratif de la littérature chinoise. Lille 1974. – [12] id. (ed.): Inventaire analytique et critique du conte en langue vulgaire (in Vorbereitung).

3. 3. 2. Geschichte in populärer Bearbeitung. Die hua-pen-Sammlungen gehen in ihrem Aufbau nicht über eine Zweiteilung auf der Grundlage der thematischen Gleichartigkeit oder Gegensätzlichkeit hinaus. Doch weisen spätere Werke, die aus der 2. Hälfte des 17. Jh.s stammen, öfter eine relative thematische Einheit auf. Eine durch Rahmenerzählung erzielte Einheit kommt nur ausnahmsweise vor[1]. Die Sammlungen von Gerichtsfällen, eine spezifische Gattung in popularisierter klassischer Sprache, beziehen ihre Einheit bisweilen aus der Figur des Richters[2]. Nicht auf diese Sammlungen geht die Langform (Roman) zurück, für deren Entstehen indessen im wesentlichen drei Erklärungen vorliegen: Konglomerat aus kurzen Stücken, die sich in Zyklen um eine Person und deren Gefährten gruppieren; Erweiterung des Stoffes einer Erzählung oder einer Novelle, was eine Ausnahme ist[3]; Herleitung aus oralen oder literar. Quellen, die ihrerseits lang sind. Dies traf zu für die hist. Texte und die Geschichten von Erzählern, den chiang-shih, die diese popularisierten. Nach den fünf auf jeder Seite illustrierten p'ing-hua zu schließen, die zu Beginn des 14. Jh.s entstanden sind, reicherten

sie die Texte großzügig mit Stoffen aus der Volksüberlieferung an. Als sich – vielleicht schon ein Jh. später – mit einem neuen Entwicklungsstadium die Tendenz herausbildete, das Phantastische und Vulgäre zurückzudrängen, wurde der Begriff yen-i (Umfassende Erläuterung der Bedeutung von ...) zeitweise so populär, daß er ein Synonym für Roman war. Der Roman von den *Drei Reichen*[4], der mit dem Namen Lo Kuan-chung verbunden ist, ist der bei weitem berühmteste. Dieses Genre war seit dem 13. Jh. die Domäne von Berufserzählern. Die Tendenz zur Popularisierung hist. Texte sollte sich in späteren Werken, die wenig beachtet werden, verstärken. Sie ist schon in den p'ing-hua spürbar vorhanden: Das Dunkel des Altertums bietet Raum für mythol. Kämpfe. Hier verdient der Lu Hsi-hsing (1520–ca 1601)[5] zugeschriebene *Feng-shen yen-i* (Roman über die Einsetzung von König Wu der Chou-Dynastie durch die Götter)[6] im Zusammenhang mit der von C. T. Hsia „military romance"[7] genannten Gattung erwähnt zu werden, deren Meisterwerk wohl der 1695 von Ch'u Jen-huo (ca 1630–1705) herausgegebene *Sui T'ang yen-i* (Roman über die Dynastien Sui und T'ang)[8] ist.

[1] cf. Lévy, A.: Un Dodécaméron chinois. In: T'oung Pao 52, 1–3 (1965) 110–137. – [2] Ma, Y. W.: The Textual Tradition of Ming kung-an Fiction. A Study of the Lung-t'u kung-an. In: Harvard J. of Asiatic Studies 35 (1975) 190–220; id.: Themes and Characterization in the Lung-t'u kung-an. In: T'oung Pao 59, 1–5 (1973) 180–201. – [3] Das wäre der Fall bei bestimmten Romanen von Hsiung Ta-mu (16. Jh.); cf. Hsia, C. T.: The Military Romance. A Genre of Chinese Fiction. In: Birch, C. (ed.): Studies in Chinese Literary Genres. Berk. 1974, 339–390, hier 368; Idema, W. L.: Chinese Vernacular Fiction. The Formative Period. Leiden 1974, 106–108. – [4] Riftin, V. L.: Istoričeskaja ėpopeja u fol'klornaja tradicija v Kitae (Die hist. Epopöe in der Folkloretradition in China). M. 1970. – [5] cf. Liu Ts'un-yan: Buddhist and Taoist Influences on Chinese Novels. 1: The Authorship of the Feng Shen Yen I. Wiesbaden 1962. – [6] cf. Grube, W.: Die Metamorphosen der Götter. Hist.-mythol. Roman[...] 1–2. Leiden 1912. – [7] cf. Hsia (wie not. 3) 339–390. – [8] cf. Hegel, R. G.: Sui-T'ang yen-i and the Aesthetics of the Seventeenth-Century Suchou Elite. In: Plaks, A. H. (ed.): Chinese Narrative. Critical and Theoretical Essays. Princeton, N. J. 1977, 124–162.

3. 3. 3. Die phantastische Reise. Nichts rechtfertigt es, das unvergleichliche *Hsi-yu chi* (Reise in den Westen), dessen vollendetste Fassung in 100 Kapiteln Wu Ch'eng-en (ca 1500–82) zugeschrieben wird und vom Ende des 16. Jh.s stammt, in die Nähe der buddhist. beeinflußten Erzähler zu rücken. Die berühmte Reise nach Indien, die der angesehene Mönch Hsüan-tsang von 629–645 auf der Suche nach den hl. buddhist. Schriften unternahm, gibt nur den Rahmen ab für den Stoff, mit dem sich im Laufe eines halben Jahrtausends zahllose Elemente verbunden haben, die ihm ursprünglich völlig fremd waren[1]. Die vier Begleiter, die die Schritte des Mönchs beschützen, haben diesen in den Hintergrund treten lassen; der Affe ist zur Hauptfigur geworden, während das Schwein den zweiten Platz einnimmt[2]. Der Einfluß dieses nicht festlegbaren Werkes, das Allegorie, Parodie und Enzyklopädie für religiöse Folklore in einem ist, drang weit über die Grenzen Chinas hinaus. Von den 'Fortsetzungen' dieses Romans gehören manche eher zur Gattung 'military romance'; das interessanteste Werk ist das *Hsi-yu pu* (Ergänzung zur Reise in den Westen) von Tung Yüeh (1620–86), das sich durch einen merkwürdigen Onirismus[3] (visuelle Halluzination im Traum) auszeichnet.

Das 1597 von Lo Mou-teng publizierte *San-pao t'ai-chien hsia hsi-yang chi* (Der Eunuch der drei Schätze fährt über die Meere des Westens) schildert die sieben zwischen 1404 und 1433 unternommenen Seefahrten des Eunuchen Cheng Ho (1371–1433) kaum weniger phantastisch als das im *Hsi-yu chi*, einem Werk ähnlichen Ausmaßes[4], geschieht. Aber es handelt sich um eine individuelle Schöpfung, welcher – in der enzyklopädischen Überfülle der darin verwobenen, häufig der Folklore entnommenen Stoffe – die Einheit der buddhist. Inspiration fehlt[5].

Dies gilt in noch stärkerem Maße für das *Ching-hua yüan* (Schicksal der Blumen im Spiegel), das ebenfalls 100 Kapitel umfaßt. Dabei handelt es sich um Berichte von nur in der Phantasie unternommenen Reisen, die der Autor, Li Ju-chen (1763-

1830), gegen Ende seines Lebens herausgab. Hier ist es namentlich der feministische Aspekt[6], der die Aufmerksamkeit auf dieses überquellende Werk gelenkt hat, dessen Gelehrsamkeit bisweilen ermüdend wirkt[7].

Das zehn Kapitel umfassende *Chung K'uei chan-kuei chuan* (Chung K'uei, der Dämonenfänger)[8] ist mit seinen satirisch eingesetzten Dämonen für die religiöse Folklore interessant. Es soll aus dem Jahre 1701 stammen und gehört zu einer anderen Kategorie – chung-p'ien (Gattung 'mittlerer Länge') –, die seit Beginn des 17. Jh.s recht verbreitet ist.

[1] Dudbridge, G.: The Hsi-yu chi. A Study of Antecedents to the Sixteenth-Century Novel. Cambridge 1970. – [2] cf. Waley, A. (Übers.): Monkey. N. Y. 1944 (²1961). – [3] Hsia, C. T. und T. A.: New Perspectives on Two Ming Novels. In: Tse-tsung Chow (ed.): Wen-lin. Studies in the Chinese Humanities. Madison 1968, 229–246. – [4] cf. Duyvendak, J. J. L.: A Chinese Divina Commedia. In: T'oung Pao 41 (1952) 255–316; id.: Desultory Notes on the Hsi-yang chi. In: T'oung Pao 42 (1954) 1–35. – [5] cf. Lévy, A.: Le Motif d'Amphitryon en Chine. 'Les cinq rats jouent de mauvais tours à la Capitale Orientale'. In: id.: Études sur le conte et le roman chinois. P. 1971, 117. – [6] cf. Eberhard, W.: Ideas about Social Reforms in the Novel Ching-hua yüan. In: Moral and Social Values of the Chinese. Collected Essays. ed. Chinese Materials and Research Aid Center. Taipei 1971, 413–422. – [7] cf. Hsia, C. T.: The Scholar-Novelist and Chinese Culture: A Reappraisal of Ching-hua yüan. In: Plaks, A. H. (ed.): Chinese Narrative. Critical and Theoretical Essays. Princeton, N. J. 1977, 266–308. – [8] Eliasberg, D.: Le Roman du pourfendeur de démons. Traduction annotée et commentaires. P. 1976.

3.3.4. Der Abenteuerroman. Protest dürfte sich erheben, wenn man in diese Kategorie *Shui-hu chuan* (Die Räuber vom Liangschan-Moor) einbezieht, ein Werk, das genauso gut zum Genre des Kriminalromans, des historischen, ja sogar des volkstümlichen Romans gehören könnte. Der Roman scheint in seiner komplettesten Form aus dem 17. Jh., die 120 Kapitel umfaßt, das Ergebnis einer langen Entwicklungszeit zu sein, die mindestens ins 13. Jh. zurückreicht und in deren Verlauf sich ursprünglich kurze Stücke vom Typ „Kampf mit Prügeln, Verfolgung mit dem Messer" zusammenfügten, welche sich auf eine Verbrecherbande aus der Zeit vor dem Fall der Sung-Hauptstadt Kaifeng (1127)[1] bezogen. Die Interpolationen des letzten Drittels mit seinen Schilderungen von Schlachten bringt den Roman in die Nähe der Gattung 'military romance'. Der Kritiker und Kommentator Chin Jen-jui (?–1661) eliminierte sie in seiner aus 70 Kapiteln bestehenden Ausgabe von 1644, die bis heute die bekannteste ist. Der Stoff des *Shui-hu* erfuhr Fortsetzungen, Neubearbeitungen, Imitationen und hat mehr als jeder andere beim Theater und bei verschiedenen Gattungen, die mündlich vorgetragen werden, Verwendung gefunden. Gemeinsam ist dem *Shui-hu* und den zahlreichen und stets beliebten wu-hsia hsiao-shuo (Abenteuerroman), daß darin Unrecht wiedergutgemacht wird[2]. Der 1878 erschienene Roman *Erh-nü ying-hsiung chuan*[3] (Geschichte einer Heldin) von Wen-k'ang (?–1860) ist bes. erwähnenswert wegen seiner literar. Qualitäten und des Themas vom kriegerischen jungen Mädchen, das übrigens auch in den viel älteren hua-pen wie auch in dem Stoff der „Familie Yang" vorkommt, der insbesondere in einem Roman aus dem Jahre 1606, *Yang chia t'ung-su yen-i* (Roman der Familie Yang), benutzt wurde; dieser ist eher der Gattung 'military romance' zuzurechnen. Das *San-hsia wu-i* (Drei Weltverbesserer und fünf Gerechte; 120 1879 publizierte Kapitel) war sehr beliebt: Es handelt sich um die Gemeinschaftsarbeit eines Berufserzählers, Shih Yü-k'un (Wirkungszeit 1851–75), und eines Literaten. 1889 wurde es von Yü Yüeh (1821–1906) neu bearbeitet und hatte unzählige Fortsetzungen[4]. Zu dieser Kategorie kann auch die Gattung der Kriminalromane gerechnet werden, die von R. H. van Gulik bekannt gemacht und imitiert wurden[5].

[1] Irwin, R. G.: The Evolution of a Chinese Novel. Shui-hu-chuan. Harvard 1953. – [2] cf. Liu, J. J. Y.: The Chinese Knight Errant. L. 1967. – [3] Kuhn, F. (Übers.): Die schwarze Reiterin. Zürich 1954. – [4] cf. Hu Shih wen-ts'un 3 (Werke in Prosa von Hu Shih). Taipei 1953, 441–472. – [5] cf. Gulik, R. H. van: Dee Gong an. Three Murder Cases Solved by Judge Dee. An Old Chinese Detective Novel Translated from the

Original Chinese with an Introduction and Notes. Tōkyō 1949.

3. 3. 5. Der Sittenroman. Elemente dieser Gattung finden sich in alten hua-pen, vornehmlich in solchen vom Typ Kriminalroman, doch die erste große Chronik kleiner Ereignisse wurde gegen Ende des 16. Jh.s verfaßt: Das *Chin P'ing Mei* (Gold, Vase, Pflaumenblüte; in Anspielung auf drei der weiblichen Figuren), das vermutlich 1617 zum ersten Mal gedruckt wurde[1]. Der Roman, der von einer Episode des *Shui-hu chuan* (v. 3. 3. 4.) ausgeht, die mehr den Rahmen als den Handlungsablauf liefert, handelt in 100 Kapiteln hauptsächlich von den sehr anrüchigen Aktivitäten negativer Helden. Es ist nicht evident, daß hier der erste große 'klassische' Roman eines individuellen Schöpfers vorliegt, denn wenn auch seine Entwicklungszeit sich nur über einige Jahrzehnte erstreckte, so läßt sich seine Gestaltung nur schlecht ohne die Mitarbeit von Berufserzählern erklären. Dieser Sittenroman (roman noir) integriert vielerlei interessante Stoffe der Volksliteratur[2]. Die späteren Ausgaben haben diese teilweise weggelassen[3]. Das Meisterwerk hat viele beachtliche Fortsetzungen inspiriert, die jedoch bei weitem nicht denselben dokumentarischen Wert haben. Die bekannteste stammt von Ting Yao-k'ang (ca 1599–1670)[4].

Im *Hung-lou meng* (Der Traum der roten Kammer)[5], das einen Höhepunkt der internat. Romanliteratur darstellt und zum ersten Mal 1792 im Druck erschien, könnte eine Art Anti-*Chin P'ing Mei*[6] gesehen werden. Man hat natürlich nach anderen Schlüsseln gesucht und auch welche gefunden, vornehmlich indem man das Augenmerk auf den allegorischen Rahmen richtete, der stärker ausgeprägt ist als in anderen großen 'klassischen' Romanen wie dem *Shui-hu chuan*[7]. Vom Werk des Ts'ao Hsüeh-ch'in (ca 1715–63) zirkulierten zumindest 80 der 120 Kapitel jahrzehntelang in annotierten Mss., von denen mehrere erhalten sind. Über diesen Roman ist eine riesige Sekundärliteratur von über 1.000 Titeln entstanden[8]. Das zentrale Thema des romantischen Dreiecksverhältnisses erfährt in dem Roman eine Behandlung, welche die Konventionen und Stereotypen einer Gattung umstößt, die in Werken mittlerer Länge seit dem 17. Jh. häufig vorkamen und in den ersten westl. Übersetzungen des chin. Romans gut vertreten waren[9]: Armer, aber begabter junger Gelehrter heiratet ein oder mehrere nicht minder gebildete(s) junge(s) Mädchen, die (das) er lange begehrt hatte.

[1] cf. Hanan, P. D.: The Text of the Chin P'ing Mei. In: Asia Major 9, 1 (1962) 1–57. – [2] id.: Sources of the Chin P'ing Mei. In: Asia Major 10, 1 (1963) 23–67; Feng Yüan-chün: Ku-chü shuo-hui (Slg von Notizen über das alte Theater). Peking 1956, 180–229. – [3] cf. Edgerton, C.: The Golden Lotus 1–4. L. 1939. – [4] cf. Kuhn, F. (Übers.): Blumenschatten hinter dem Vorhang. Fbg 1956. – [5] Kuhn, F. (Übers.): Der Traum der roten Kammer. Wiesbaden 1959. – [6] cf. Hsia, C. T.: The Classic Chinese Novel. A Critical Introduction. N. Y. 1968, 259. – [7] cf. Miller, L.: Masks of Fiction in Dream of the Red Chamber. Tucson 1975; Plaks, A. H.: Archetype and Allegory in the Dream of the Red Chamber. Princeton, N. J. 1976. – [8] cf. I-su: Hung-lou meng shu-lu (Schr. verz. über das Hung-lou meng). Schanghai 1958. – [9] cf. Davis, J. F.: The Fortunate Union. L. 1829; Rémusat, A.: Iu-kiao-li ou les deux cousines. P. 1826.

3. 4. Erzählbereich des mündlichen Vortrags. Es ist dies der Erzählbereich, der im wahren Sinne des Wortes als volkstümlich oder folkloristisch bezeichnet werden kann. Es darf jedoch nicht übersehen werden, daß die Dokumente – mit wenigen Ausnahmen – nur über diejenigen Gattungen Auskunft geben, die in den städtischen Zerstreuungen eine Rolle spielten[1]. Ohne den nur sehr wenig bekannten Einfluß der ländlichen Welt beiseite lassen zu wollen, muß hier der Begriff einer 'städtischen Folklore'[2] eingeführt werden. Die Zirkulation der Themen und Motive zwischen den drei großen Bereichen, dem klassischen, umgangssprachlichen und oralen, ergibt sich daraus, daß bisweilen dasselbe Individuum sie nacheinander in unterschiedlichen Proportionen benutzte[3]. Es wäre jedoch unvorsichtig, das eine oder andere Moment dieses Kreislaufs herausstellen zu wollen[4].

[1] cf. Průšek, J.: Urban Centers. The Cradle of Popular Fiction. In: Studies in Chinese Literary

Genres. ed. C. Birch. Berk. 1974, 259–298. – [2] cf. Barajo, J. C.: Los pueblos de España. Barcelona 1946, 472 (folklore ciutadano). – [3] cf. Waley, A.: The Secret History of the Mongols. L. 1963, 92. – [4] cf. Lévy, A.: Un Document unique sur un genre disparu de la littérature populaire. In: id.: Études sur le conte et le roman chinois. P. 1971, 187–210.

3. 4. 1. Vom 'Erzähler von Berichten' zum 'Erzähler von Büchern'. Fast immer trifft man an einer der Schaltstellen des Kreislaufs auf die implizite oder explizite Präsenz des Erzählers. Im 12. Jh. wurde er shuo-hua ti (Erzähler von Berichten) genannt. Shuo-shu ti (Erzähler von Büchern) scheint er erst nach dem 15. Jh. geworden zu sein[1]. Inzwischen hatte sich die gedruckte Lit. ohne Zweifel mit ihrer Allgegenwart und ihrem Prestige überall durchgesetzt. Es mag sein, daß die Kunst und der Status des Erzählers davon betroffen wurden. Der Beruf schien zu einer Reife gediehen zu sein wie in keiner anderen Kultur. Die Beschreibungen von Hangtschou, der Hauptstadt der Sung im 13. Jh., erwecken den Eindruck, daß der Erzähler einen wichtigen Platz im Unterhaltungssektor einnahm. Namenlisten der berühmtesten und in hohem Maße spezialisierten Künstler sind erhalten, und man weiß ferner, daß die bekanntesten von ihnen, wenn sie die Gunst des Hofes und diejenige des Publikums erlangen konnten, in Sälen auftreten durften, in denen permanent Veranstaltungen stattfanden. Die Verachtung, mit der diese Künstler ebenso wie die vom Theater sehr leicht bedacht wurden, konnte sie zwar bis in die Nähe der Prostitution rücken, das schloß jedoch nicht aus, daß sie in ihren Glanzzeiten von den Großen umschmeichelt und protegiert wurden. Dem Erzähler Liu Ching-t'ing (ca 1587–1668) wurden zahlreiche Beweise der Bewunderung großer Gelehrter zuteil, bevor er in einem Stück des Schauspieldichters K'ung Shan-jen (1648–1718)[2] verewigt wurde. Es gab, je nach Ort und Zeit, Darbietungen ganz verschiedener Art, und manche hinterließen keinerlei wesentliche Spuren. Es wurde der Vorschlag gemacht, in gesprochene, gesungene und halb gesungene Gattungen zu unterteilen, die zuletztgenannten noch in Stücke mit und ohne Instrumentalbegleitung[3]. Vor dem 17. Jh. bleiben viele Probleme aus Mangel an Dokumenten unentwirrbar. Im 18. Jh. entwickelte sich der Gegensatz zwischen ta-shu (großen Büchern) und hsiao-shu (kleinen Büchern), wobei die zur ersten Gruppe gehörenden Gattungen sich auf 'große' heroische Begebenheiten bezogen und einen durchgehend gesprochenen Vortrag bevorzugten, die der zweiten Gruppe 'kleine', intime Begebenheiten behandelten und sich dabei der lyrischen Möglichkeiten von Gesang und Musik bedienten[4].

[1] cf. Ch'en Ju-heng: Shuo-shu shih-hua (Über die Geschichte der Erzähler). Peking 1958. – [2] cf. Chang, H. C.: Chinese Literature, Popular Fiction and Drama. Edinburgh 1973, 303–328. – [3] cf. Yeh Te-chün: Sung Yüan Ming chiang-ch'ang wen-hsüeh (Die Lit. der Gattung chante fable der Sung-, Yüan- und Ming-Epoche). Schanghai 1957. – [4] cf. Ch'en Ju-heng: Shuo-shu hsiao-shih (Kleine Geschichte der Erzähler). Schanghai 1936 (Taipei s. a.) 58–71.

3. 4. 2. Das pao-chüan (Kostbare Schriftrolle). Die Ursprünge der Gattung liegen im Dunkeln und wurden etwas willkürlich[1] mit der 'Volkspredigt' (su-chiang) in Verbindung gebracht, welche durch die Buddhistenverfolgung im 10. Jh. eliminiert worden zu sein scheint. Die bewunderungswürdige Komposition des *Miao-shan pao-chüan* wird auf das Jahr 1103 datiert[2]. Tatsächlich gibt es vor dem 16. Jh. keine gedruckten Dokumente. Das Alter der Manuskripte ist ungewiß, sie dürften allenfalls aus dem 14. Jh. stammen. Das ergibt immerhin eine Kontinuität, die sich über ein halbes Jahrtausend erstreckt: eine ungewöhnliche Situation für eine orale Gattung, deren Repertoire durch eine Vielzahl von Schriften gut überliefert und deren Verbreitung durch die Frömmigkeit gefördert wurde[3]. Sie fielen zwar der Verachtung anheim, mit welcher der erbaulichen Lit. begegnet wurde, doch stellen sie nicht nur eine erstklassige Quelle für das Studium der Volksreligion dar, sondern auch ein literar. Vermächtnis. Die großen weltlichen Themen sind darin reich vertreten in der Form von chante fables und – nach dem 18. Jh. – bisweilen

in der Form dramatischer Dialoge. Die Texte scheinen wegen ihrer Heterodoxie häufig in den Milieus verfolgter Sekten benützt worden zu sein. Der Buddhismus kommt darin unter seinen stark synkretistischen Aspekten vor. Es dürfte kein Zufall sein, daß die am häufigsten vorkommenden Themen sich mit der Stellung der Frau befassen: So findet sich außer der Geschichte von Miao-shan, die sich weigerte zu heiraten, noch das *Mu-lien chiu mu pao-chüan*, das von Maugdalyāyana handelt, der zur Hölle hinabstieg, um seine Mutter zu retten. Der Name der Gattung scheint sich erst im 16. Jh. herausgebildet zu haben, zu einer Zeit, als sie in ihrer Eigenart voll ausgebildet war[4].

[1] cf. Cheng Chen-to: Chung-kuo su wen-hsüeh shih (Geschichte der chin. Volkslit.). Schanghai 1938 (Ndr. Peking 1958) 306sq. – [2] cf. Dudbridge, G.: The Legend of Miao-shan. Ox. 1978, 45. – [3] cf. Fu Hsihua: Pao-chüan tsung-lu (Katalog zu den Pao-chüan). In: Mélanges sinologiques. ed. Centre d'études sinologiques de Pékin. Peking 1951, 41–103. – [4] Sawada Mizuho: Hōken no kenkyū (Forschungen zu den Pao-chüan). Nagoya 1963, 6, 104sq.

3. 4. 3. Das t'an-tz'u (Von Saiteninstrumenten begleitete Ballade). Die Herkunft dieser südl. Gattung ist ebenso unklar wie die des pao-chüan, das eher aus dem Norden stammt, und hat eine genauso lange Geschichte. Es gehört ebenfalls in den Umkreis der chante fable, weist aber eine Vorliebe für den siebensilbigen Vers auf und hat eine stärkere Tendenz, die Prosapartien einzuschränken, ja zu eliminieren. Ihre dramatisierte Form taucht im 19. Jh. auf. Hier findet man die längsten Epen der chin. Lit. wie die 674 'Sitzungen' über die Gründung der Sung-Dynastie[1], aber auch die kurzen 'Ouvertüren' des k'ai-pien, die wegen ihres musikalischen Raffinements berühmt waren und mit denen der Name des bekannten Erzählers Ma-Ju-fei aus dem 19. Jh. verbunden ist. Das t'an-tz'u hat keinen Themenbereich ausgespart, auch religiöse nicht, an erster Stelle stehen jedoch die romantischen, denn man konnte – nicht ohne Übertreibung – sagen, daß es recht eigentlich die Gattung ,,der Frauen, von Frauen, für Frauen''[3] war. Ein großer Teil der t'an-tz'u wurde nur zur Lektüre gedruckt und dürfte zweifellos nie vorgetragen worden sein[4]. Hier finden sich zahlreiche originale Schöpfungen von Schriftstellerinnen, deren Meisterwerke, etwa *Tsai-sheng yüan* (Schicksal der Wiedergeburt; 18. Jh.)[5], weit über ein rein weibliches Publikum hinausreichten. Übrigens war der erste im Westen bekannte chin. 'Roman', von dem Goethe Eckermann am 31. 1. 1827 berichtete, eine kantones. Spielart des t'an-tz'u, genannt mu-yü (auf der Holztrommel in Form eines Fisches begleitet), und zwar das *Hua-chien chi* in der 1824 in London erschienenen Übersetzung von P. P. Thoms (*Chinese Courtship in Verse*). Die Gattung war noch weit über 1840 hinaus bis ins 20. Jh. hinein lebendig, vor allem in der feministischen Bewegung[6].

[1] Lou Tzu-k'uang / Chu Chieh-fan: Wu-shih-nien lai-ti Chung-kuo su wen-hsüeh (Unters.en zur chin. Volkslit. seit 50 Jahren). Taipei 1963, 283. – [2] cf. Ch'en Ju-heng: Shuo-shu shih-hua (Über die Geschichte der Erzähler). Peking 1958, 188–204. – [3] cf. Chao Ching-shen: T'an-tz'u k'ao-cheng (Unters.en über das t'an-tz'u). Schanghai 1937 (Taipei 1967) 1. – [4] Hu Shih-ying: T'an-tz'u pao-chüan shu-mu (Katalog zum t'an-tz'u und pao-chüan). Schanghai 1957. – [5] cf. Ch'en Yin-ko: Lun Tsai-sheng yüan (Über das t'an-tz'u Tsai-sheng yüan). Taipei 1970. – [6] cf. Lévy, A.: La Ballade de l'Héroïne française. In: Revue de littérature comparée 47,2 (1973) 177–192; Gipoulon, C.: Qiu Jin, Pierres de l' Oiseau Jingwei. P. 1976.

3. 4. 4. Das ku-tz'u (Ballade mit Trommel). Hier kommen zu den Instrumenten, welche das t'an-tz'u begleiten, eine Trommel und Kastagnetten aus Metall; die Gattung, die nur im Norden Chinas begegnet, bevorzugt heroische Themen und beschränkt die gereimten Partien auf lyrische Passagen. Die Versuche, seine Ursprünge mit dem ku-tzu tz'u des 12. Jh.s in Verbindung zu bringen, sind wenig überzeugend[1]. Es ist nicht sicher, daß die Gattung weiter als bis ins 16. Jh. zurückreicht. Das *Ta T'ang Ch'in wang tz'u-hua* (Roman vom Prinzen Ch'in aus der großen T'ang-Dynastie), das aus dem frühen 17. Jh. stammt und von der Gründung der

T'ang-Dynastie im 6./7. Jh. handelt, scheint eher eine Imitation durch den Schriftsteller Chu Shang-lin zu sein, ohne Bezug zum oralen Vortrag[2]. Es handelt sich hier um einen Ausnahmefall. Das ku-tz'u fasziniert noch heute das Publikum, vornehmlich in der kurzen Form – durchgehend zur ta-ku (große Trommel) gesungen –, welche die berühmtesten Episoden von ursprünglich oft sehr langen Epen erzählt[3].

[1] cf. Lévy, A.: Un Document unique sur un genre disparu de la littérature populaire. In: id.: Études sur le conte et le roman chinois. P. 1971, 187–189. – [2] cf. Chao Ching-shen: Ku-tz'u hsüan (Eine Auswahl von ku-tz'u). Schanghai 1957. – [3] Hridlička, Z.: Old Chinese Ballads to the Accompaniment of the Big Drum. In: Archiv orientální 25,1 (1957) 83–145.

3. 4. 5. Andere populäre mündliche Gattungen. Es würde zu weit führen, wollte man auch nur die Gattungen aufzählen, die im Druck festgehalten und verbreitet worden sind. Bes. Erwähnung verdient jedoch die verschwundene Gattung des chu-kung-tiao, eine balladenhafte Erzählung, der ein Potpourri verschiedener Melodien zugrunde liegt und die am Beginn der Entwicklung des Yüan-Theaters im 13. Jh. steht. Das p'ai-tzu ch'ü, das relativ jungen Datums ist, beruht – bei oft traditionellem Erzählrepertoire – auf dem gleichen musikalischen Kompositionsprinzip[2]. Eine heute verschwundene Gattung, die im 19. Jh. in Mode war, ist eine t'an-tz'u-Spielart, das tzu-ti shu (Bücher für die jungen Leute [der sino-mandschur. Banner]). Übriggeblieben ist ein umfangreiches gedrucktes Repertoire[3]. Die Texte des k'uai shu (einer bes. Gattung aus Schantung mit raschen Rhythmen), des chu-pan shu (begleitet von Bambuskastagnetten, verbreitet in Hopei) und des chui-tzu shu (im Dialekt von Honan von Saiteninstrumenten begleitet vorgetragen) sind zur mündlichen Wiedergabe und nicht zur Lektüre bestimmt. Der Reichtum dieser gesungenen Gattungen läßt sich am Katalog von rund 1.000 Titeln ablesen, welche der Sammler Fu Hsi-hua allein für die Region von Peking zusammentragen konnte[5]. Die gesprochenen Gattungen, unter dem Sammelnamen p'ing-shu bekannt, sind erst in jüngster Zeit schriftlich fixiert worden. Anhand einer stark gekürzten Aufnahme des dem *Shui-hu chuan* entnommenen Wu Sung-Zyklus' wurde der Text in der Wiedergabe durch den berühmten p'ing-hua-Erzähler Wang Shao-t'ang aus Yangchou publiziert. Dabei entsprach der in 75 Sitzungen vorgetragene Text etwa einer Million Schriftzeichen, was bedeutet, daß der ursprüngliche Text um das Hundertfache erweitert wurde[7].

[1] cf. Doleželová-Velingerová, M./Crump, J. I. (Übers.): Ballad of the Hidden Dragon, Liu Chih-yüan chu-kung-tiao. Ox. 1971; Li-li Ch'en: Master Tung's Western Chamber Romance. A Chinese Chantefable. Cambridge 1976. – [2] cf. Yang Yin-shen: Chung-kuo su wen-hsüeh shih kai-lun (Abriß der Geschichte der umgangssprachlichen chin. Lit.). Schanghai 1931 (Ndr. Taipei 1965) 123. – [3] Fu Hsi-hua: Tzu-ti shu tsung-mu (Katalog zum tzu-ti shu). Schanghai 1957; Hatano Tarō: A Collection of Tsuti Books (First Series). Yokohama 1975. – [4] [anonym]: Shantung k'uai-shu ch'uang-tso hsüan-chi (Anthologie von Dichtungen im Stil des k'uai-shu von Schantung). Peking 1957. – [5] Fu Hsi-hua: Pei-ching ch'uan-t'ung chü-i tsung-lu (Allg. Katalog der gesungenen traditionellen Kunst von Peking). Peking 1962. – [6] [anonym]: P'ing-shu ch'uan-t'ung tso-p'in hsüan (Eine Ausw. von traditionellen Werken des p'ing-shu: Auszüge). Peking 1958. – [7] Wang Shao-t'ang (k'ou-shu [mündlich erzählt]): Wu Sung 1–2. Nanking 1959.

3. 5. Beliebte Themen. Weitere Gattungen, etwa die verschiedenen Formen von Volksliedern, haben ihre Stoffe dem traditionellen Erzählgut entnommen. Oft wurde der gleiche Stoff immer wieder bearbeitet: Manche Themen haben ihre Beliebtheit durch das ganze Jahrtausend hindurch nicht eingebüßt. Somit scheint es gerechtfertigt, die bekanntesten von ihnen zu erwähnen, deren Untersuchung durch die Erzählforscher des 20. Jh.s allerdings noch in den Anfängen steckt.

3. 5. 1. Die Geschichte von Meng Chiang-nü und diejenige von Tung Yung. Was beide Geschichten verbindet, ist ihr hohes Alter. Elemente der ersten begegnen schon ein halbes Jahrtausend v. u. Z. Die zweite ist einwandfrei im 2. Jh.

n. u. Z. belegt. Die eine wie die andere findet sich in ihrer Grundstruktur in den *pien-wen* (Texte über die Änderungen) von Tun-huang[1]. Die Geschichte von Meng Chiang-nü handelt von einer Jungvermählten, die durch ihr Weinen das Stück der großen Mauer zum Einstürzen brachte, unter dem die sterblichen Reste ihres Mannes begraben waren, der zum Bau der Mauer zwangsrekrutiert worden war. Die Entwicklung dieses Stoffes war 1928 Gegenstand einer vorbildlichen Untersuchung von Ku Chieh-kang[2]. Seither ist weiteres Material zusammengetragen worden[3]. In der Geschichte von Tung Yung wird geschildert, wie ein Sohn sich verkauft, um seinen Vater beerdigen zu können, und wie ihm dabei von einer (oder mehreren) unsterblichen Weberin(nen) geholfen wird[4].

[1] cf. Waley, A.: Ballads and Stories from Tun-huang. L. 1960, 145–149, 155–162. – [2] cf. Meng Chiang-nü ku-shih yen-chiu (Unters.en zur Geschichte von Meng Chiang-nü) (Folklore Series of National Sun Yat-sen University 30). Taipei 1970. – [3] Lu Kung (ed.): Meng Chiang-nü wan-li hsün fu chi (Slg über Meng Chiang-nü, die an 1.000 Orten ihren Mann sucht). Schanghai 1955; Hatano Tarō: Shitei-sho shū (The Story of Meng Chiang Nü: A Critical Study of Chinese Mandchurian Tsu-ti Books). Yokohama 1973. – [4] cf. Tu Ying-t'ao (ed.): Tung Yung Ch'en-hsiang ho-chi (Slg über Tung Yung und Ch'en-hsiang). Schanghai 1957.

3. 5. 2. Die Geschichte der Weißen Schlange und andere Sung-Stoffe. Die faszinierendste und produktivste Geschichte erzählt, wie aus der bösartigen Verführung durch die Schlange eine segensreiche, durch die Mutterschaft verklärte Tat wird[1]. Die Geschichte vom Mönch, welcher der Verführung durch eine Kurtisane widersteht, erfuhr nur eine beschränkte Verbreitung[2]. Die Tapferkeit von Yüeh Fei (1103–41), der durch die Arglist eines an den Feind verkauften Ministers verraten wurde, hat die verschiedensten volkstümlichen Gattungen immer wieder beeinflußt.[3]

[1] cf. Nai-tung Ting: The Holy Man and the Snake-Woman. In: Fabula 8,3 (1966) 145-191; Lévy, A.: Le 'Serpent blanc' en Chine et au Japon. Excursions à travers les variations d'un thème. In: id.: Études sur le conte et le roman chinois. P. 1971, 97–114; Fu Hsi-hua: Pai-she chuan chi (Slg über die Geschichte der Weißen Schlange). Peking 1958. – [2] Lévy, A.: Le Moine et la courtisane. Formation et évolution d'un thème littéraire d'origine Sung. In: Études Song 2,2. ed. École pratique des hautes études. P. (im Druck). – [3] cf. Tu Ying-t'ao (ed.): Yüeh Fei ku-shih hsi-ch'ü shuo-ch'ang chi (Slg von Theaterstükken und Gesangstexten über die Geschichte von Yüeh Fei). Schanghai 1957.

3. 5. 3. Andere populäre Themen. Ihre Aufzählung würde zu weit führen. Es gibt kaum Themen, die nicht mindestens bis ins 8./9. Jh. zurückreichen. Die Geschichte von Mu-lien (Maudgalyāyana), der seine Mutter rettete, ist in den *pien-wen*[1] gut belegt und auch über das pao-chüan hinaus in eine Reihe von volkstümlichen Gattungen übernommen worden. Eine Yüan Chen (778–831) zugeschriebene Novelle, die Geschichte von Ying-ying, die sich vor der Hochzeit einem jungen Mann hingibt, wurde Ausgangspunkt reicher literar. Entwicklungen[2] und kommt in fast allen Gattungen vor[3]. Die seit der T'ang-Zeit bekannte Geschichte der unglücklichen Liebe von Liang Shan-po und Chu Ying-t'ai, die im Jenseits wieder zusammenkommen, scheint erst relativ spät in die Volksliteratur eingegangen zu sein[4].

[1] cf. Waley, A.: Ballads and Stories from Tun-huang. 216–235. – [2] cf. Wang Chi-szu: Ts'ung Ying-ying chuan tao Hsi-hsiang chi (Von der Novelle der T'ang-Zeit zum Theaterstück der Yüan-Zeit. 'Der westl. Pavillon'). Schanghai 1955. – [3] cf. Fu Hsi-hua: Hsi-hsiang chi shuo-ch'ang chi (Slg von chante fables über das Hsi-hsiang chi). Schanghai 1955. – [4] cf. Lu Kung: Liang Chu ku-shih shuo-ch'ang chi (Slg von Gesangstexten über die Geschichte von Liang und Chu). Schanghai 1955.

3. 6. Schlußfolgerung. Im Laufe dieses Jahrtausends hat sich ein ungeheures Material angesammelt, das auf keinen Fall außer acht gelassen werden darf, da zu erwarten ist, daß sich hier Motive wiederfinden, die in die Erhebungen der modernen Feldforschung eingebracht werden[1]. Die Schwierigkeit liegt darin, daß die Mittel zur Erschließung unzulänglich sind. Die Übersetzungen haben nur einen geringen Teil zugänglich gemacht[2]. Nachschlagewerke[3], Indizes und Bibliographien[4] helfen dem Folkloristen nur be-

grenzt weiter. Dabei zeichnet sich das chin. Erzählgut durch eine Vielfalt aus, die ihresgleichen sucht.

[1] cf. Sawada Mizuho: Kishu dangi (Die Vorliebe für Gespenstergeschichten). Tōkyō 1976, 238. – [2] cf. Tung-li Yuan: China in Western Literature. New Haven 1958; Davidson, M.: A List of Published Translations from Chinese into English, French and German (Tentative Edition). Ann Arbor 1952. – [3] cf. Ssu-yü Teng/Biggerstaff, K.: An Annotated Bibliography of Selected Chinese Reference Works. Harvard 1971. – [4] cf. Nai-tung Ting/Lee-hsia Hsu Ting: Chinese Folk Narratives. A Bibliographical Guide. San Francisco 1975; Tien-yi Li: Chinese Fiction. A Bibliography of Books and Articles in Chinese and English. Yale 1968.

Bordeaux André Lévy

4. Chin. Erzählgut von ca 1850 bis heute

4.1. Einleitung. Nach Meinung vieler Historiker entstand das moderne China in der Mitte des 19. Jh.s (nach dem Opiumkrieg), nachdem das Land gezwungen worden war, seine Tore wider Willen europ. Einflüssen zu öffnen. Obwohl die Unzulänglichkeiten der Institutionen des alten China und die Unfähigkeit seiner herrschenden Klasse bei einer Reihe von Niederlagen, die dem Reich durch fremde Mächte beigebracht worden waren, rasch zutage traten, geriet die auf einzigartige Weise abgeschlossene und nahezu einheitliche Kultur zwar ins Wanken, fiel aber nicht sogleich auseinander. Der langsame, allmähliche Prozeß einer Transformation und Degeneration alter Traditionen wurde u. a. in der chin. Romanliteratur sichtbar. Im späten 19. und in den ersten beiden Dezennien des 20. Jh.s wurde in umfangreichen chin. Romanen immer noch der chang-hui-Stil angewandt (was oft mit Kapiteln übersetzt worden ist; in Wirklichkeit erinnert die Gliederung in Abschnitte im chin. Roman mehr an → Boiardo und → Ariosto als an den modernen westl. Roman). Der Einfluß fremder und von Grund auf andersgearteter Kulturen und das Bewußtsein chin. Inferiorität im Vergleich zur modernen europ. Welt wurden allmählich zu Hauptthemen im pi-chi hsiao-shuo oder auch in 'satirischen Romanen' wie *Kuan-ch'ang hsien-hsing chi* (Enthüllungen aus der Beamtenwelt) von Li Po-yüan (1867–1906) und *Erh-shih-nien mu-tu chih k'uai hsien-chuang* (Augenzeugenbericht seltsamer Ereignisse der letzten 20 Jahre) von Wu Chin-jen. Mit der Einführung von Opium und dem Ansteigen von Luxus und Amoralität in den neuen Handelshäfen wie Schanghai indessen versanken die wohlhabenden Schichten immer tiefer in Dekadenz. In Romanen, die ihr Leben schildern, wie etwa *Hai-shang-hua lieh-chuan* (Leben der Schönen von Schanghai) von Han Pang-ch'ing und *Chiu-wei kuei* (Die neunschwänzige Schildkröte) von Su Lo Shon Fang degenerierte die edle Liebe der romantischen Romane (wie z. B. im *Traum der roten Kammer*) zu anrüchigen Liaisons mit Kurtisanen, und der Duft von Räucherwerk und Blumen wich dem Aroma von Opium. Die Halbgebildeten und Armen hielten sich dagegen an die wu-hsia hsiao-shuo (Kriegs- und Ritterromane). Auf Menschen, die durch die Macht moderner Waffen niedergehalten wurden und von der Verantwortungslosigkeit des Hofs und der Korruption der Beamten angewidert waren, übten Geschichten von Helden, die sich dem Unrecht widersetzten und der Unordnung lediglich mit traditionellen Kriegskünsten (wu-shu) begegneten, eine ungeheure Faszination aus. Romane dieser Gruppe benutzten bisweilen mehr Motive und Typen volkstümlicher Herkunft als die der zuvor genannten Gruppen, aber nur wenige von ihnen stützten sich ausdrücklich auf Chinas große Volksüberlieferung (für die sich einige westl. Gelehrte wie N. Dennys und S. Julien bereits interessierten).

4.2. Forschung und Sammeltätigkeit.

4.2.1. Die Periode von 1915–37. Die Entdeckung von Chinas mündlichem Erbe erfolgte paradoxerweise erst, nachdem China seine alten literar. Konventionen vollständig negiert hatte. Solange die Beherrschung einer toten, aber eleganten Sprache für das soziale Vorwärtskommen oder Ansehen als unerläßlich erachtet wurde, war die mündliche Ausdrucksweise des einfachen Mannes stets auf Verachtung gestoßen. Erst die 4.-Mai-Bewegung von 1915 machte den Weg frei für die Anerkennung der vernachlässigten bäuerlichen Traditionen. Der Antrieb, der hinter der Bewegung stand, war sicher vorwiegend politischer Natur: Die beängstigende Gangart Japans machte den meisten jungen chin. Intellektuellen bewußt, daß die chin. 'Melone' nicht nur stückweise aufgeteilt, sondern daß sie auch auf einmal zermalmt werden könnte. Da die Führer der Bewegung in der Mehrzahl im Westen erzogene Intellektuelle waren, machte sich ihr Einfluß am stärksten in akadem. und literar. Kreisen bemerkbar. Was den konventionellen Roman betrifft, so empfahlen sie das Studium und die Nachahmung der westl., bes. der europ.-kontinentalen Romanliteratur. Traditionelle chin. Romane – auf das Erzählen ausgerichtet, häufig ohne festere Struktur –, die sich nie über die veraltete Weltanschauung des Konfuzianismus, Buddhismus und Taoismus hinauswagten, hatten einem relevanteren, eindeutig realistischen und in der Volkssprache geschriebenen Roman zu weichen. Kein Leser der von einem der talentiertesten und frühesten Pioniere, Chou Shu-jen (bekannter unter seinem Pseud. Lu Hsün), in *Hsin ch'ing-nien* (Neue Jugend; 1918) verfaßten Kurzgeschichten kann den plötzlichen, dramatischen Bruch des Alten mit dem Neuen übersehen. Einige andere Autoren des neuen Romans hielten sich etwas enger an die Tradition, aber alle suchten die Probleme des 20. Jh.s widerzuspiegeln. Die gängige Erzählliteratur des in Agonie verfallenen modernen China beruht mithin noch weniger auf der heimischen narrativen Überlieferung als ihre Vorgänger.

Andererseits war es eindeutig der Einfluß des Westens, der die chin. Intellektuellen dazu brachte, die orale Überlieferung der Massen zu respektieren und aufzuzeichnen. Ku Chieh-kang, ein Fachmann für alte chin. Geschichte, bemerkte, wie sehr die angeblich frühesten Herrscher Chinas den Kulturheroen der westl. Mythologien ähnelten, und hielt seine Zeitgenossen an, Mythen und Sagen zu erforschen. Sein Einfluß sowie die Ermutigung durch Ts'ai Yüan-p'ei, den Präsidenten der Univ. Peking, machten aus dieser Univ. ein Zentrum für Volksliedforschung. Hu Shih, ein anderer bekannter Führer der 4.-Mai-Bewegung, wies in seinen Abhandlungen über chin. Lit. auf die enge Verwandtschaft zwischen klassischen Werken und mündlicher Überlieferung hin und erörterte die Entwicklung der volkssprachlichen Lit. in *Chung-kuo pai-hua wen-hsüeh shih* ([Geschichte der chin. umgangssprachlichen Lit.]. Taipei 1957). Lu Hsün, der Führer der linken Autoren, betonte in seinem *Chung-kuo hsiao-shuo shih-lüeh* ([Kurze Geschichte der chin. Prosaliteratur]. Schanghai 1923–25) immer wieder die Wichtigkeit der Mythen und Sagen und das Vermächtnis der professionellen Erzähler des alten China. Die Entdeckung von Volkserzählungen in westl. Sprachen mögen chin. Leser beeindruckt und ermutigt haben, ihre eigenen Erzählungen aufzuzeichnen. Die wohl früheste Reihe von Volkserzählungen, die in chin. Umgangssprache herauskam, *Ching-yü t'ung-hua* ([Geschichten für Kinder in Mandarin]. Schanghai 1918) von T'ang Hsiao-p'u, umfaßte bezeichnenderweise drei chin. und drei übersetzte ausländische Erzählungen. Die Zeitschrift, die als erste eine umfangreiche Nummer mit Volkserzählungen herausbrachte, scheint *Fu-nü tsa-chih* (Journal für die Frau) gewesen zu sein: Der Unterhaltungsteil ihres 4. Bandes (Schanghai 1918) enthält sowohl chin. als auch nichtchin. Erzählungen. Das Werk einiger ausländischer Folkloristen, die, wie etwa A. Fielde, chin. mündlich überlieferte Geschichten sammelten, wurde von chin. Gelehrten zur Kenntnis genommen und rief ihnen möglicherweise ihre eigene Verantwortung ins Bewußtsein. In wenigen Jahren räumten nicht nur Zeitschriften, die hauptsächlich auf jugendliche Leser zugeschnitten waren (etwa die in Schanghai erschienenen *Hsiao p'eng-yu* [Magazin der kleinen Freunde] und *Erh t'ung shih-chieh* [Die Welt der Kinder]), der Volksliteratur viel Platz ein, sondern auch seriöse Zeitschriften für Erwachsene fingen an, sich den Märchen, Liedern und Sprichwörtern zuzuwenden. Cheng Chen-to veröffentlichte, als er *Hsiao-shuo yüeh-pao* ([Das Kurzgeschichtenmagazin]. Schanghai 1923–31) herausgab, Essays über und Varianten von Volkserzählungen. Unter dem Einfluß von Chou Tso-jen sind in *Yü-ssu* ([Kurze Diskurse]. Peking 1924–27, Schanghai Dez. 1927–30), einer literar. Zeitschrift von wohl noch höherem Niveau, 1925–28 ähnliche Texte veröffentlicht.

Viele Anhänger der Volksüberlieferung dieser Jahre waren mit der Univ. Peking verbunden, die in ihrer Zeitschrift des Sinologischen Instituts *Pei-ching ta-hsüeh yen-chiu-so kuo-hsüeh-men chou-k'an*, später *yüeh-k'an* ([Wochenschr. des Sinologischen Inst.s der National-Univ. Peking, später Mschr.]. Okt. 1925–Nov. 1927) dem Studium und der Aufzeichnung von Folklore breiten Raum zugestand. Um 1930 war die 'Schlacht' um die Anerkennung der mündlichen Überlieferung bereits gewonnen. Der Erfolg eines Artikels von Hu Huai-shen (auch unter dem Namen Hu Chi-ch'en bekannt) ist ein Beispiel dafür. Der Artikel, der von fünf bekannten Erzählungen ausgeht, war 1918 zuerst von *Hsiao-shuo shih-chieh* ([Die Welt der Kurzgeschichte]. Schanghai) zurückgewiesen, 1922 von derselben Wochenzeitschrift ohne Bedenken akzeptiert worden. 1931 publizierte diese Zeitschrift Hus langatmige Sammlung von 22 Märchen und Sagen in einem Sonderband.

Die erste große Periode der chin. Erzählforschung war das Jahrzehnt 1927–37. Ein neues Zentrum war an der Sun Yatsen Univ. von Kanton mit der von Chung Ching-wen herausgegebenen Zs. *Min-chien wen-i* ([Volkslit.]. 1927–28) entstanden. Die Zeitschrift wurde bald abgelöst von *Min su* ([Folklore]. 1928–33, 1936). Im Unterschied zu den früheren, literar. orientierten Publikationen kamen die Beiträge dieser Zeitschrift von Gelehrten, die mehr an Sachvolkskunde interessiert und auf Anthropologie ausgerichtet waren. In Hangtschou, einem anderen wichtigen Zentrum, erschien *Min-chien yüeh-k'an* ([Folklore-Mschr.]. 1931–33, 1937 kurzfristig wiederbelebt), eine von T'ao Mo-k'ang, Lou Tzu-k'uang und Chung Ching-wen herausgegebene Zeitschrift, deren Hauptakzent auf Volkserzählungen, insbesondere Schwänken, lag. Weitere Zss. aus Ostchina wie *I-feng* ([Kunstnachrichten]. Hangtschou 1933–36) und *Fu-nü yü erh-t'ung* ([Frau und Kind]. Hangtschou 1935) etc. gaben ebenfalls Sondernummern über Volkserzählungen heraus. Individuelle Sammlungen von Volkserzählungen erschienen in rascher Folge auf dem Markt. Die wichtigste Reihe wurde von Lin Lan (Frau des Besitzers der Schanghaier Pei Hsin Press) herausgegeben, die sich der Volksliteratur widmete. Zwischen 1928 und 1934 brachte sie 35 Bände heraus, von denen manche sorgfältig nach gattungsspezifischen Gesichtspunkten zusammengestellt waren: Sagen: *Kuei ti ku-shih* ([Geister- und Dämonengeschichten]. 1935; *Lü Tung-pin ti ku-shih* ([Geschichten über Lü Tung-pin]. 1929); *Min-chien ch'uan-shuo* ([Volkssagen]. 1930) u. a. – Märchen: *Chin t'ien-chi* ([Der goldene Frosch]. 1929); *Kua wang* ([Die Riesenmelone]. 1930); *Yü-fu ti ch'ing-jen* ([Des Fischers geliebte Frau]. 1929) u. a. – Schwänke: *Tai nü-hsü ti ku-shih* ([Geschichten über den dummen Schwiegersohn]. 1928); *Min-chien ch'ü-shih hsin chi* 1–3 ([Unterhaltende Volkserzählungen]. 1929–32); *Hsü Wen-ch'ang ku-shih chi* ([Geschichten über Hsü Wen-ch'ang]. 1929) u. a. Weitere Sammlungen von Erzählungen, die in bestimmten Städten und Gegenden im Umlauf waren, kamen in rascher Folge heraus. Erwähnenswert sind: Sun Chia-hsün: *Wa-wa shih* ([Der Stein, der wie ein Kind aussieht]. Schanghai 1929), Liu Wan-chang: *Kuang-chou min-chien ku-shih* ([Kanton. Volkserzählungen]. Kanton 1929), Hsieh Yün-sheng: *Fu-chien ku-shih* 1–4 ([Geschichten aus Fukien]. Amoy 1929), Cheng Ku-sheng: *Chung-kuo min-chien ch'uan-shuo chi* ([Sagen aus China]. Schanghai 1933), Ku Wan-ch'uan: *Ta hei-lang ti ku-shih* ([Geschichten vom großen schwarzen Wolf]. Schanghai 1929).

Chin. Folklore-Publikationen aus dieser Zeit weisen in einigen Punkten deutliche

Ähnlichkeiten mit Veröffentlichungen auf, die im 19. Jh. in Europa, Indien etc. herausgekommen waren. Die meisten ernstzunehmenden Sammler waren bewußt mit dem beschäftigt, was 'rechtzeitige Rettung' von verschwindendem Material genannt werden könnte. Am stärksten beeinflußt waren sie ganz eindeutig von der Schule der Evolutionsanthropologen (→ Anthropologische Theorie) – eine ganz natürliche Erscheinung angesichts der Tatsache, daß Englisch die in China am besten bekannte Fremdsprache war. Das Hauptinteresse der Sammler bestand im Aufzeichnen von Volkserzählungen, die sich in nächster Nähe in Fülle anboten. Daneben entstanden auch einige gut dokumentierte Untersuchungen sowie eine größere Anzahl von Beschreibungen von Volksbräuchen und abergläubischen Vorstellungen. Vom Standpunkt der Erzählforschung war der herausragendste Gelehrte Chung Ching-wen. Neben seinen wichtigen Artikeln über einige Erzähltypen unternahm er es auch, die chin. Märchen zu klassifizieren (*Chung-hua min-chien ku-shih hsing-shih* [Typen chin. Volksmärchen]. In: Min-su hsüeh chi chien. Repr. Taipei 1970, 353–374). Die Art, wie Erzählungen aufgezeichnet wurden, erinnert ebenfalls an europ. Gepflogenheiten des 19. Jh.s: Sie wurden häufig aus dem Gedächtnis niedergeschrieben oder von Groß- und Kleinstadtbewohnern übernommen, die sie geraume Zeit zuvor auf dem Lande gehört hatten. Chin. Volkserzählungen wurden nie, wie das bei den Volksliedern der Fall war, in koordinierter Arbeit gesammelt. Organisations- und Geldmangel sowie die Mühen und Gefahren von Reisen in entfernte ländliche Gebiete verhinderten ausgiebige Feldforschung. Als daher *Min-chien yüeh-k'an* die bekannte Nummer 2 (Nov. 1932) über die Varianten der *Tiger-Großmutter* vorbereitete, wandten sich die Herausgeber an Kollegen in anderen Teilen Chinas mit der Bitte um Hilfe. Als Lou Tzu-k'uang Geschichten über kluge und dumme Frauen (*Ch'iao-nü ho tai-niang ti ku-shih.* Schanghai 1933) sammelte, mußte er sich an Beamte wenden, die an verschiedenen Orten mit Erziehungsaufgaben beauftragt waren.

Die meisten der vor 1920 im Druck erschienenen Fassungen waren im halbklassischen oder sogar klassischen Stil abgefaßt worden.

Obschon die Volkssprache mit der Zeit überwog, war der Gebrauch von Mundart und Umgangssprache noch sehr begrenzt. Nach der Meinung erfahrener Folkloristen neigten junge Mitarbeiter häufig dazu, ihre Beiträge in literar. Sprache aufzuputzen, was dann gewöhnlich gestrichen werden mußte. Sie vermerkten abweichende Einzelheiten häufig in Fußnoten, anstatt sie in verschiedenen, separaten Fassungen festzuhalten. Das Aufzeichnen von Volkserzählungen steckte erst in den Anfängen, und die meisten Sammler kannten weder die westl. Erzählforschung noch wußten sie, welche Informationen mitgeteilt werden mußten. Das Herkunftsgebiet wurde z. B. oft nicht angegeben, denn die Sammler setzten offenbar voraus, daß Leser wie Herausgeber wissen würden, woher die Erzählungen stammten. Name, sozialer Hintergrund, Alter und Beruf der Informanten wurden selten, wenn überhaupt, angegeben. Sogar die gewissenhaftesten Sammler gingen kaum über vage Hinweise hinaus wie „meine Großmutter", „mein Kindermädchen", „ein alter Mann" etc.

Auch andere Mängel dieser Zeit sind durchaus verständlich. Da alle Zentren an der Pazifischen Küste lagen, stammten die meisten Erzählungen, die gesammelt und gedruckt wurden, aus den Küstenprovinzen, insbesondere aus Tschekiang und Kuangtung. Das weite Inland blieb fast unberührt, und die erstaunlichen Reichtümer der chin. Volksüberlieferung waren kaum bekannt. Viele der in diesen Jahren publizierten Fassungen wirken, da sie aus dem Gedächtnis aufgezeichnet worden waren oder auf Quellen zweiter und dritter Hand beruhten, wie bloße Inhaltsangaben. Die meisten der Sagen waren nur für die Gebildeten bestimmt. Geschichten, die sich um bes. geistreiche und elegante Verse ranken, welche so häufig in Veröffentlichungen dieser Zeit vorkommen, mögen auch bei halbalphabetisierten Bauern im Umlauf gewesen sein, waren im Volk jedoch schwerlich verbreitet. Außerdem schien der Einfluß der Evolutionsanthropologen dazu zu führen, daß die traditionellen Erzählungen überbewertet wurden. Nachdrucke von pi-chi hsiao-shuo und Neuerzählungen von Geschichten der klassischen Lit. schafften einen besseren Zugang zu der Vergangenheit, aber der 'modernen Folklore' nahm sich niemand an.

Trotzdem gilt die Mehrzahl der in dieser Zeit aufgezeichneten Erzählungen im allg. als zuverlässig. Sie entsprechen im großen und ganzen den von ausländischen Folkloristen in China aufgezeichneten Erzählungen. Im übrigen sammelten die meisten, die zur Bereicherung dieses Materials beitrugen, aus Liebe und Freude an der Sache; sie hatten keinen Grund, die Wahrheit zu verfälschen, zumal sie unter keinerlei Druck standen.

4.2.2. Die Periode von 1937 bis heute. 1937 brach der chin.-jap. Krieg aus. Mit der Flucht der führenden Colleges und der gebildeten Bevölkerung ins Innere des Landes, mit der Konfiszierung von Druckereien und Zeitungspapier und mit der durch den Krieg noch zunehmenden Armut und Verelendung, kam diese fruchtbare Periode zu einem abrupten Ende.

Ins Kernland der Nation vertrieben, kamen einige chin. Liebhaber von Volksliteratur in die Lage, ihre Aufmerksamkeit auf die in ganz Westchina verstreuten ethnischen Minderheiten zu richten. Chuang Hsüeh-pens Aufzeichnungen bei den Tibetern (*K'ang Tsang min-chien ku-shih* [Tibet. Volksmärchen aus Kangting]. Schanghai 1950) und den Yi in Sikang (*Hsi-k'ang yi-tsu tiao-ch'a pao-kao* [Report einer Felduntersuchung bei dem Yi-Volk]. Kangting 1941), Ling Kuang-tiens Sammlung von Yi-Erzählungen (*Yi-tsu min-chien ku-shih* [Volkserzählungen des Yi-Volkes]. Schanghai 1950) und Kuan Tetungs Buch über Lieder und Erzählungen der Minderheiten in Sinkiang (*Hsin-chiang min-ko min-t'an chi* [Volkslieder und -erzählungen aus Sinkiang]. Schanghai 1950), die alle größtenteils während der Kriegsjahre aufgeschrieben, aber erst nach dem Krieg veröffentlicht wurden, sind bezeichnende Beispiele. In den von den Japanern besetzten Gebieten begann die Kathol. Univ., die in Peking unangetastet blieb, 1942 mit der Publikation von *Folklore Studies* und nahm die einst von der Sun Yat-sen Univ. angewandte anthropol. Methode wieder auf. 1945, nach dem Ende des Zweiten Weltkriegs, war China immer noch in die Wirren eines Bürgerkriegs zwischen Kommunisten und Kuomintang verstrickt. Politische Konfusion und eine schwindelerregende Inflation behinderten die Wiederaufnahme normaler kultureller Aktivitäten. Als 1949 in Peking die Volksrepublik China formell ausgerufen wurde, erwartete die Leserschaft eine Renaissance der Erzählforschung. Viele der eifrigen Verfechter der vor 1937 entstandenen 'Zurück-zum-Volk'-Bewegung waren linke Schriftsteller gewesen, und Mao Tse-tung hatte ausdrücklich dazu aufgerufen, die literar. Äußerungen von Arbeitern, Bauern und Soldaten zu studieren. Demgemäß wurde am 29. 3. 1950, bald nach der Etablierung des Verbandes der chin. Lit.- und Kunstschaffenden, die Ges. zur Erforschung der chin. Volksliteratur und -kunst gegründet, deren Direktor der berühmte Schriftsteller Kuo Mo-jo war und dem Shu Ch'ing-ch'un (Pseud. Lao She), ein weiterer bekannter Schriftsteller, sowie Chung Ching-wen, ein erfahrener Folklorist, als stellvertretende Direktoren beigegeben wurden. Ihr erstes Periodikum *Min-chien wen-i chi-k'an* (Veröff.en zur Volkslit.), das im November desselben Jahres in Peking herauskam, ging schon im September 1951 nach drei Nummern wieder ein. Im April 1955 brachte die Gesellschaft ihr wichtigstes Organ *Min-chien wen-hsüeh* (Volkslit.) heraus; diese fast elf Jahre erscheinende Zeitschrift druckte das Beste an Volksliteratur und Information für den interessierten Leser. Inzwischen brachte eine beträchtliche Anzahl von Zeitschriften, die von den Verbänden der literar. Werktätigen in verschiedenen anderen Teilen Chinas publiziert wurden, ebenfalls Volkserzählungen – bisweilen sogar in jeder Nummer – heraus, deren prominenteste *T'ien-shan* ([Himmelsberg]. Urumtschi 1956–59) und *Shan-hua* ([Bergblume]. Kweiyang 1957–59) waren. Regionale Sammlungen erschienen in dichter Folge. Sämtliche chin. Provinzen brachten ihre eigenen Anthologien heraus. Sogar Tsinghai trug, wenn auch sehr spät, einen Band bei. Was Han-chin. Erzählungen betrifft, so förderten, obwohl nach wie vor Küstenprovinzen wie Tschekiang, Kiangsu, Kuangtung und Fukien bes. im Blickpunkt des Interesses standen, auch andere bevölkerungsreiche Provinzen wie Schantung und Szetschuan ihre Schätze zutage. Von allen dichtbesiedelten Gebieten schien nur der weite Nordosten Chinas sehr lückenhaft vertreten zu sein. Charakteristische Erzählungen aller größeren nationalen Minderheiten, bes. solcher aus Westchina, traten nun in verwirrenden Mengen hervor, darunter faszinierende und gut erzählte wie die der Tibeter, der Miao, der Chuang und der Uiguren. Mengenmäßig übertrafen die zwischen 1954 und 1965 publizierten Sammlungen die vor 1937 in China gedruckten bei weitem. Die aus den früheren Perioden stammenden zählen nach Dutzenden; die der zweiten Periode jedoch, wenn sie auch vom Format her kleiner sind, nach Hunderten. Während davon vergleichsweise wenig von westl. Bibliotheken angekauft wurde, läßt sich diese Beobachtung anhand von chin. Publikationsanzeigen nachprüfen. Es erschienen auch so wertvolle Hilfsmittel für die Erzählforschung wie Anthologien alter Schwänke, Han-Mythen, *Pai-she chuan* (Fu Hsi-hua [ed.]: *Pai-she chuan chi* [Slg von Versionen der Sagen der weißen Schlange]. Schanghai 1958) und die Geschichten von Meng Chiang-nü, Liang Shan-po und Chu Ying-t'ai etc. Das Dezennium zwischen 1955 und 1965 kann wohl als die zweite große Periode in der Geschichte der chin. Erzählforschung gelten.

Verglichen mit der früheren Periode weist dieser Abschnitt einige auffallende Unterschiede sowohl hinsichtlich der Schwerpunkte als auch der Gattungen auf. Die große Zahl von Erzählungen der Volksminderheiten, die in jenen Jahren erschienen, war ein Segen für die Wissenschaft. Diese hauptsächlich an den südl. und westl. Grenzen des Landes gesammelten Erzählungen liefern häufig die fehlenden Glieder zwischen den Han-chin. und den ide. Überlieferungen. Die Rolle, die sie für die → *Cinderella*-Geschichte (AaTh 510 A) spielen, wurde schon in Nai-tung Tings Aufsatz *The Cinderella Cycle in China and Indo-China* ([FFC 213]. Hels. 1974) demonstriert. Und sicher waren auch, um weitere Beispiele zu nennen, Teile von AaTh 408 (*Die drei → Orangen*), 462 (*The Outcast Queens and the Ogress Queen*) und 707 (*Die drei goldenen → Söhne*) seit langem in China bekannt. Aber die Han-Fassungen sind entweder fragmentarisch oder verderbt überliefert. Wenn man sich denjenigen zuwendet, die bei den Minderheiten im Umlauf sind (tibetan. Fassung von AaTh 408, Thai-Fassung von AaTh 462, tibetan. und Dauren-Fassungen von AaTh 707), so findet man eindeutige Beweise für das Vorhandensein dieser Typen in reineren Formen innerhalb chin. Gebiete. Sehr wertvoll sind auch die bei den Völkern Südwest-Chinas aufgezeichneten Mythen. Es finden sich dort viele Motive, die in anderen Teilen der Welt verbreitet sind; und es stellt sich die Frage, ob die Han-Chinesen, von denen man stets annahm, daß bei ihnen die Mythologie nur sehr schwach ausgebildet gewesen sei, die jedoch über Jh.e hinweg Seite an Seite mit diesen Minderheiten gelebt hatten und genetisch vermutlich mit ihnen verwandt sind, solche Erzählungen einst auch gekannt, sie aber nie aufgezeichnet hatten, da bei den Gebildeten zu einem sehr frühen Zeitpunkt ihrer Geschichte Agnostizismus und Rationalismus vorherrschten. Das gleiche gilt für die Entdeckung langer Verserzählungen, welche romantische Liebe und Krieg preisen, Themen, die Anhänger von Konfuzius abstoßen mußten. Die Begeisterung der chin. Folkloristen für diese Gedichte ist verständlich, da China ein Land ohne epische Dichtung genannt worden war. Ausführliche Beschreibungen der Reimschemata in diesen und anderen Gedichten konnten ebenfalls nützlich sein für Literarhistoriker, da China angeblich eines der ersten Länder war, das in der Poesie Reime benutzte. Als beste Anthologien von Erzählungen chin. Minderheiten sind zu erwähnen *Yün-nan ko-tsu min-chien ku-shih hsüan* ([Ausgewählte Volkserzählungen der verschiedenen Nationalitäten in Yünnan]. Peking 1962), *Miao-tsu min-chien ku-shih hsüan* ([Ausgewählte Volkserzählungen des Miao-Volkes]. Peking 1962), *Meng-ku-tsu min-chien ku-shih chi* ([Slg von Volkserzählungen des mongol. Volkes in China]. Schanghai 1962) sowie beträchtliche Teile von *Kuang-hsi Chuang-tsu wen-hsüeh* ([Lit. des Chuang-Volkes in Kuangsi]. Nanning 1961).

In bezug auf die Han-chin. Volkserzählungen erbrachte diese Periode keine so eindrucksvollen Resultate, dehnte sich jedoch auf bisher vernachlässigte Gebiete aus. Ein Beispiel ist die Tiergeschichte, die in China seit Jh.en bekannt gewesen sein muß, da sie in der alten chin. Lit. vorkommt. Aber nur wenige Sammler hatten sie bis zu dieser Zeit, in der größere Mengen davon herauskamen, beachtet. Sagen, die von Angehörigen verschiedener Berufsgruppen erzählt wurden wie Porzellanmachern, Seidenwebern, Ginsengsammlern, Zimmerleuten und Maurern, erschienen nun überreichlich. Derartige Sagen waren eifrigen Hörern in China seit langem bekannt gewesen, aber nur diejenigen, die Zaubertricks heimtückischer Maurer betrafen, hatten es vermocht, die Aufmerksamkeit auf sich zu ziehen. Da man entschlossen war, relevantes wie auch traditionelles Material herauszubringen, wurden in dieser Periode auch Erzählungen publiziert, die sich mit dem Leben und den Problemen der Bauern befaßten, sowie Sagen über berühmte Ereignisse und Figuren der modernen chin. Geschichte.

Da die Sammler meistens junge Lehrer und Collegestudenten waren, die man veranlaßt hatte, unter Bauern zu leben, und die daher ihre Informanten sehr gut kannten, versahen sie ihre Fassungen bisweilen (jedenfalls viel häufiger als bisher) mit biogr. Daten, die sich auf Namen, Alter und manchmal auch auf die Lebensumstände bezogen. Was den Stil betrifft, so waren die Erzählungen aus den Mandarin-Gebieten stark umgangssprachlich und voll von Dialektausdrücken und erinnerten daher an wirkliches Erzählen. Solche aus Fukien und Kwangtung, die einst allg. in den schwierigen Dialekten dieser Provinzen erzählt worden waren, wurden nun meistens in der chin. Standardsprache aufgezeichnet. Einige gute Han-chin. Erzählsammlungen sind Chao Ching-shens *Lung-teng* ([Die Drachenlaterne. Eine Slg von Volkserzählungen aus Ost-China]. Schanghai 1961), Tung Chünluns und Chiang Yüans *Chao-ku niao* ([Der Vogel, der eine Schwägerin sucht]. Peking 1963), T'ien Hai-yens *San-hsia min-chien ku-shih* ([Volkserzählungen der Drei-Schluchten-Region]. Peking 1957) und Kao Yü-shuangs *Lu Pan hsüeh-i* ([Lu Pan lernt sein Handwerk]. Peking 1959).

Die negative Seite dieser Epoche ergibt sich aus der offiziellen Anweisung, daß Volksliteratur und -kunst nicht nur gesammelt, bewahrt und untersucht, sondern auch „verbessert und geordnet werden sollte, um daraus die neue Literatur und Kunst einer neuen Demokratie entstehen zu lassen" (*Min-chien wen-i chi-k'an* 1,9). Entsprechend den Ansichten von Mao Tse-tung „mußten alle muffigen Produkte der alten feudalistischen herrschenden Klasse getrennt werden von den ausgezeichneten traditionellen Elementen der Volkskultur – oder von Elementen, die ihrer Natur nach mehr oder weniger demokratisch oder revolutionär sind" (cf. Chow Yong in: *Min-chien wen-i chi-k'an* 3,2). Aufgrund der vagen Ausdrucksweise wurden diese Grundsätze von verschiedenen Leuten, die sich mit dem Sammeln und Erforschen von Erzählgut befaßten, unterschiedlich ausgelegt. Alle stimmten in einem Punkt überein: Jede mündliche Fassung muß wortgetreu aufgezeichnet werden. Die Zs. *Min-chien wen-i chi-k'an* betonte daher, daß alle Beiträge in der ursprünglichen Form ohne Überarbeitung erscheinen sollten. Die Zs. *Min-chien wen-hsüeh* verlangte von allen Mitarbeitern, die ihre Quellen abgeändert hatten, sowohl die ursprünglichen wie auch die überarbeiteten Manuskripte vorzulegen. Hinsichtlich der „ausgezeichneten" Elemente, „die ihrer Natur nach mehr oder weniger demokratisch oder revolutionär" sind, scheint es kaum Meinungsunterschiede gegeben zu haben. Die chin. Bauern hatten, nachdem sie den Guerillas unter kommunistischer Führung beigetreten waren oder jene gegen die Japaner und dann gegen die Kuomintang über viele Jahre hinweg unterstützt hatten, in vielen Gebieten natürlich ein Repertoire von Liedern und Sagen entwickelt, die der 'Norm' entsprachen. Schwänke, die korrupte Beamte aufs Korn nahmen, Lieder, in denen über erlittene Mühsal geklagt wurde etc., waren jedoch stets auch Bestandteil der Volksüberlieferung gewesen. Geschichten von Landarbeitern, die ihre Dienstherrn überlisten und denen gewisse ausländische Kritiker mit Skepsis begegneten, waren schon vorher in der republikanischen Periode aufgezeichnet worden. Sogar Sagen, die so umstrittene Bewegungen wie den T'ai-p'ing-Aufstand mit seinen dem Volk gegenüber positiv eingestellten Helden besingen, sind von zuverlässigen Historikern als echte Überlieferungen mit hist. Kern anerkannt worden. Auch die Ausmerzung des 'Muffigen' schien keine allzu großen Probleme mit sich zu bringen, da das Obszöne in chin. Folklorepublikationen von jeher eingeschränkt worden war; es vollends verschwinden zu lassen, konnte kaum auf Überraschung stoßen. Der chin.-jap. Krieg hatte sämtliche überlieferten chin. Glaubensrichtungen, einschließlich Buddhismus und Taoismus, vollständig in Mißkredit gebracht. Das Fehlen von Legenden über Vergeltung, Reinkarnation oder über die Acht Unsterblichen fand kaum Beachtung. Lieder und Geschichten, deren alleiniger Zweck im Lob 'feudalistischer' Institutionen bestand – etwa dem Erringen eines ersten Platzes in einem kaiserlichen Examen – hatten ihren Glanz verloren, nachdem diese Institutionen seit Jahren abgeschafft worden waren, und konnten leicht übergangen werden. Der auffälligste Zug dieser Periode ist mithin ihr Hang zum Auswählen. 'Erwünschte' Erzählungen erhielten breiten Raum, während 'unerwünschte' weggelassen wurden. Es war natürlich bedauerlich, daß den Lesern nur bestimmte und nicht alle Aspekte des Lebens und Treibens des Volks und seiner Überlieferung mitgeteilt wurden. Aber einige der fraglichen Themen hatten in der alten chin. Lit. eine wichtige, ja dominierende Rolle gespielt, und es war sicher zu begrüßen, daß so großer Wert auf gewissenhaftes Aufzeichnen gelegt wurde.

Streit brach jedoch aus, als traditionelle Volkserzählungen ins Spiel kamen, die anerkanntermaßen nie 'muffig', auf den ersten Blick aber nicht 'revolutionär' und bisweilen mit 'feudalistischen' Elementen verkrustet zu sein schienen. Aufgrund ihrer Ansichten wie ihrer Leistungen können die in das Drama jener Jahre Verwickelten in drei Gruppen eingeteilt werden: (1) in die Gemäßigten, welche die Tradition kannten und respektierten und nicht mit ihr brechen wollten. Für diese Leute, die in der Regel schon älter waren und höhere Positionen einnahmen, bedeutete 'ordnen' dem Wortlaut nach nur das leichte Modifizieren, das nötig war, um eine mündliche Fassung zu Papier zu bringen. Wenn sie von ihren Gegnern verfolgt und hart bedrängt wurden, schrieben sie bisweilen Vorworte etc., um die 'fortschrittlichen' Qualitäten traditioneller Erzählungen zu erläutern, publizierten politische Essays in ihren Zeitschriften oder nahmen vielleicht unter Umständen kleine semantische Änderungen im Inhalt vor, indem sie etwa den Schurken mit dem Besitzer gleichsetzten etc. (2) Ihre Gegenspieler oder die Extremisten waren Leute, die über keinerlei „hist. Perspektive" verfügten und im allg. keine Verbindung zu folkloristischen Aktivitäten hatten, die jedoch ihre „paar revolutionären Floskeln und simplen sozialwiss. [i. e. kommunistischen] Konzepte" dazu benutzten, „um alles zu kritisieren", wie einer ihrer Zeitgenossen es zutreffend formulierte (*Minchien wen-i chi-k'an* 2, 20). Wiewohl sie nur wenig beitrugen, so waren sie doch sehr mächtig, da Chiang Ch'ing, die bekanntlich später ihre Führerin wurde, schon damals in allen kulturellen Bereichen sehr aktiv war. (3) Zwischen diesen beiden Gruppen stand jedoch noch die große Gruppe der College-Studenten, die chin. Lit. im Hauptfach studierten und denen das Sammeln weitgehend oblag. Da sie von den Extremisten weniger zu befürchten hatten, konnten sie ihr 'Rohmaterial' bisweilen noch nach anderen Gesichtspunkten aufbereiten. Sie waren im großen und ganzen völlig von der Kraft und dem Reiz der Volkserzählungen erfüllt, aber ihre Ausbildung auf dem Gebiet der schönen Lit. brachte sie oft in die Versuchung zu verzieren und zu 'schönen', der schon die jungen Folkloristen der früheren Periode erlegen waren. Außerdem verwirrten und beunruhigten sie defekte und fragmentarische Fassungen. Das vor dem Bruch sehr große Prestige der Sowjetunion brachte es mit sich, daß sie die Technik von Aleksej N. Tolstoj entdeckten, der aus einer großen Anzahl von Fassungen die beste, welche die wichtigsten Züge in sich vereinigte, als Basis für die Veröffentlichung auswählte, sie dann modifizierte oder ihr lebensvolle Details beifügte etc., die anderen gut erzählten Fassungen entnommen waren. Dabei mußten jedoch alle Veränderungen in Übereinstimmung mit dem Geist des Originals ausgeführt werden. In Anwendung dieser Methode fühlten diese Sammler sich berechtigt, Charakterisierungen zu betonen, die Moral hervorzuheben etc., lauter Kunstgriffe, die in der Volksliteratur selten benutzt werden. Sie entschuldigten sich meistens für ihre mangelnde Erfahrung und versprachen, wie die älteren Gemäßigten, fast immer, die Handlung in ihren Grundzügen intakt zu lassen.

Das Problem bestand in einem Mangel an wiss. Einstellung und Ausbildung dieser jungen Leute. Einer der Hauptgründe dafür lag paradoxerweise gerade in der Vitalität und Ungebrochenheit der chin. mündlichen Überlieferung. Wie Protokolle von Versammlungen Werktätiger im Dienste der Volksliteratur zeigen, war es den meisten jungen Leuten zwar klar, daß es eine wiss. Methode gab, sie weigerten sich jedoch, sich völlig daran zu halten, weil wortgetreue Transkriptionen einer von Leben erfüllten Überlieferung nicht gerecht werden konnten. Der Herausgeberpraxis der *Min-chien wen-hsüeh* ist zu entnehmen, daß solche Tendenzen offenbar unerwünscht waren und man versuchte, sie in den Griff zu bekommen. Es scheint, daß die Gemäßigten nach 1962 überwogen.

Tausende von Fassungen aus jener Zeit verglich Nai-tung Ting bei der Erstellung seines *Type Index of Chinese Folktales* mit den früher publizierten oder mit den von ausländischen Folkloristen gesammelten Fassungen und stellte dabei fest, daß, obwohl einige von ihnen propagandistische Einleitungen enthalten, bei manchen vielleicht der sozio-ökonomische Status ihrer Figuren modifiziert worden war und einige wenige aus einer Mischung von mehr als einer Fassung entstanden sein dürften – die meisten Fassungen aber die Handlung getreu wiedergeben, wie das ihre Herausgeber und Verfasser behaupten. Erzähltypen, die vor 1937 in China nicht entdeckt worden waren, wurden sicher nicht erfunden, da die meisten der aufgezeichneten Texte internat. Typen entsprechen oder mit diesen identisch sind und außerdem nur ein Bruchteil des chin. Territoriums vor 1937 erforscht worden war.

Die Redlichkeit, die chin. Sammler in ihren Anmerkungen und Kommentaren auszeichnet, enthüllt, in welcher Richtung sie befangen waren, und macht es möglich, die ursprünglichen Quellen weitestgehend zu rekonstruieren. Auf jeden Fall verdienen die Sammler eher Sympathie und Dankbarkeit als eine parteiische Kritik, zumal sie sich geweigert hatten, den Extremisten zu folgen und bemüht waren, Teile des chin. Erbes zu bewahren. Ihre Feinde indessen vergaben ihnen offensichtlich nicht, trotz ihrer Entschuldigungen und Zugeständnisse. Als 1966 die Kulturrevolution ausbrach, gehörte die Veröffentlichung von Volkserzählungen zum ersten, was verboten wurde. Damit endete zwangsläufig wieder eine große Periode, und viele Möglichkeiten wurden vertan.

4.3. Erzählgut. Obwohl zum größten Teil innerhalb kurzer Zeitabschnitte über kaum mehr als zwei Jahrzehnte hinweg aufgezeichnet und gedruckt, sind die im modernen China aufgezeichneten Volkserzählungen sowohl nach Umfang wie nach Vielseitigkeit eindrucksvoll. Um es am Beispiel des Märchens zu exemplifizieren: Mit jeweils drei Fassungen als Minimum für einen separaten Typ oder Subtyp hat der Verf. 843 Typen und Subtypen entdeckt, von denen 268 für China und vielleicht auch für den gesamten chin. Kulturraum (inklusive Vietnam) charakteristisch sein dürften.

4.3.1. Tiermärchen. 140 davon sind Tiergeschichten mit meistens weniger als zehn Fassungen, was wahrscheinlich auf mangelnde Feldforschungsarbeit und platzsparendes Drucken zurückzuführen ist. Manche von ihnen sind bei Kindern sehr beliebt, aber auch den Erwachsenen bekannt. Verglichen mit ähnlichen Geschichten in anderen Ländern weist die chin. Gruppe zwei Merkmale auf: das Interesse an Vögeln und Vogelgeschichten und das Einbeziehen von angeblich osteurop. Typen (z. B. AaTh 51***: *Fox as Umpire to Divide Cheese*). Wie zu erwarten, treten viele Tiergeschichten auch als Fabel auf, und die Slg von Äsop hat einige fruchtbare Typen beigesteuert (z. B. AaTh 155: → *Undank ist der Welt Lohn*; 156: → *Androklus und der Löwe*; 285D: → *Feindschaft zwischen Tieren und Mensch*). Aber die beliebteste Erzählung, eine Kombination von AaTh 126: → *Schaf verjagt den Wolf* und 78: → *Tiere aneinander gebunden*, wird offensichtlich häufiger zur Unterhaltung als zur Belehrung erzählt. Andere häufig wiederholte Geschichten mögen beiden Zwecken dienen (z. B. AaTh 105: → *Listensack des Fuchses*; 160: → *Dankbare Tiere, undankbarer Mensch*) oder nur zum Spaß erzählt werden (z. B. AaTh 177: → *Dieb und Tiger*; 210: → *Tiere auf Wanderschaft*; 275: → *Wettlauf der Tiere*).

4.3.2. Zaubermärchen. Bei den Zaubermärchen ist die Situation gerade umgekehrt: Trotz der Entdeckung einer großen Zahl von internat. Typen mit sporadisch auftretenden Fassungen zeichnen sich chin. Märchen nicht durch die Vielzahl der Typen aus. Manche Typen aber können mit mehr als 100 Fassungen aufwarten – eine bemerkenswerte Tatsache, wenn man bedenkt, daß systematisches Erforschen und Sammeln fehlen. Der Grund liegt vermutlich in der Tendenz gewisser sehr beliebter Erzähltypen, die Fassungen weniger bekannter zu absorbieren. Daran mag es liegen, daß AaTh 300: → *Drachentöter* in China nur eine gutentwickelte Fassung aufzuweisen hat, während AaTh 301: *Die drei geraubten* → *Prinzessinnen* und dessen Subtypen die Episoden enthalten, welche AaTh 300 ähneln und in allen Teilen des Landes reichlich vorkommen. Ein anderer allg. beliebter Typ ist AaTh 313 A (cf. → *Magische Flucht*) und seine leicht modifizierte chin. Redaktion. Verglichen mit den europ. Gegenstücken enthalten beide lange phantastische Episoden über die Aufgaben des Helden, und einige Fassungen arbeiten auch die Flucht des Paares heraus. Das gleiche Vergnügen am Wunderbaren charakterisiert chin. Fassungen von AaTh 330 A: → *Schmied und Teufel*, ein Typ, der in China besser bekannt ist, als die Zahl seiner gedruckten Fassungen vermuten läßt, und der meistens sehr lebendig und humorvoll erzählt ist. Das Übernatürliche dagegen wird im wesentlichen dazu benutzt, bei Kindern Angst zu erzeugen, so auch in Chinas wichtigstem → Schreckmärchen, der *Tigergroßmutter* (Ikeda, num. 333 A), von der eine unkontrollierte Redaktion auch in Japan und Korea im Umlauf ist.

In bezug auf den übernatürlichen Gatten oder Liebhaber wird der mit dem klassischen chin. Roman vertraute Leser Überfülle erwarten. Doch an mündlichen Fassungen mit Motiven, die für AaTh 400 (→ *Mann auf der Suche nach der verlorenen Frau*) charakteristisch sind und auch dort klassifiziert werden können, gibt es weniger als 200, und AaTh 425 :→ *Amor und Psyche* ist sehr selten. Zwei fernöstl. Erzähltypen, die *Mutter, die ihre Tochter vor dem Affen rettet* (Nai-tung Ting [v. Lit.] num. 312A*), und der *Schlangengatte* (Nai-tung Ting [v. Lit.]num. 433D; Ikeda, num. 408A), scheinen bei vielen Liebhabern dieser Art von Erzählungen hoch im Kurs zu stehen, vornehmlich die letztgenannte (Kombination von AaTh 425 und 408: *Die drei* → *Orangen*). Der *Froschkönig* (AaTh 400) ist in China ebenfalls in einer seltsamen Redaktion bekannt, in welcher der Frosch (oder ein vergleichbares kleines Tier) eine Braut durch vielseitige Abenteuer gewinnt. Der anspruchsvolle Schwiegervater und der arme, hartnäckige Held dominieren auch am Beginn von AaTh 461: *Drei* → *Haare vom Bart des Teufels*, nicht aber im Gegenstück AaTh 461A: *The Journey of the Deity for Advice or Repayment.* Der Besitz einer schönen Frau bedeutet Probleme für den Ehemann in einem Land, in dem der König oder ein Beamter jede Frau heiraten (oder auch in seinen Besitz bringen) kann, die ihm in die Augen sticht; das erklärt die große Zahl von Fassungen zu AaTh 465: → *Mann wird wegen seiner schönen Frau verfolgt*, von denen einige wohl zu den schönsten und bewegendsten chin. Erzählungen gehören.

Ein weiterer Faktor aus dem Landleben, der zur Beliebtheit einer bestimmten Gruppe von Zaubermärchen in China beigetragen hat, ist die Rivalität zwischen Geschwistern. Anders als in den westl. Märchen kommen in der Regel nur zwei Brüder vor. Wie im Westen ist der jüngere stets der tapferste und erfolgreichste. Zu diesen Typen gehören *Der Hund pflügt* (auch in Japan verbreitet; Ikeda, num. 503E), AaTh 511: → *Einäuglein, Zweiäuglein, Dreiäuglein* mit Subtypen, AaTh 551: → *Wasser des Lebens*, AaTh 613: *Die beiden* → *Wanderer* mit Subtypen etc. Rivalität zwischen Mädchen oder Schwestern hat viel weniger Typen hervorgebracht. AaTh 403: *Die schwarze und die weiße* → *Braut*, AaTh 480: *Das gute und das schlechte* → Mädchen, und AaTh 510A: → *Cinderella* sind, obwohl in China bekannt, nicht sehr verbreitet. China besitzt, und das ist bezeichnend für seine Beziehungen zu den westl. Nachbarn, viele 500er Typen, deren fruchtbarste, wie zu erwarten, solche mit langen Schilderungen sind: AaTh 513: *The Extraordinary Companions* (cf. wunderbare → Eigenschaften) und 560: → *Zauberring*. Aber die Chinesen legten offenbar auch Wert auf die Idee der Mäßigung – gerade für einen Menschen im Glück. Und so sind, obwohl AaTh 555: → *Fischer und seine Frau, Der himmelhohe* → *Baum* dort nur in geringem Umfang im Umlauf sind, chin. Typen, die sich auf die gleiche Idee konzentrieren (Nai-tung Ting [v. Lit.] num. 555A und 555B: *Land der aufgehenden Sonne, Goldspeiende Statue* etc.), wohlbekannt. Da in lokalem Aberglauben der Drachenkönig stets der Erfüller von Wünschen war, stammen Zaubergegenstände häufig von ihm oder dem Drachenprinz, und dieses Thema liegt einer stattlichen Zahl von Typen zugrunde.

Viele internat. Märchentypen haben, das muß angemerkt werden, einen spezifisch chin. Zug erhalten. Die alte chin. Kultur war so in sich geschlossen, daß sie in der Regel keine Märchen übernahm, ohne ihnen zuerst ihren einmaligen Stempel aufzudrücken. Natürlich konnten religiöse Erzählungen, die auf westl. Gedankengut aufbauen, die kulturelle Schranke nicht überwinden; solche, denen christl. Vorstellungen zugrunde liegen, kommen mithin dort nicht vor, im Gegensatz zu denjenigen, die auf moralischem Gedankengut aufbauen, das auch vom Buddhismus und Taoismus gelehrt wird, wie Schicksalsvorstellungen oder Rechtsideen über den Besitz (z. B. AaTh 745A: → *Heckpfennig*, 834 und 834A: → *Schatz des armen Bruders*).

Doch kann eine wirklich gute Geschichte jederzeit kulturelle Unterschiede überbrücken; so sind Midasgeschichten (cf. → *Midas*) in China erzählt worden, und die chin. Form der Sintflutsage (→ Sintflut) – häufig mit humorvollen, selten mit religiösen Zügen ausgestattet – ist in fast allen Teilen des Landes bekannt.

4.3.3. Novellenmärchen. Was die Novelle betrifft, so besitzt China mit seiner langen vom Rationalismus geprägten Kulturgeschichte einen der reichsten Bestände schöner, rational erklärbarer Geschichten. Eine große Anzahl von Typen zwischen AaTh 850 und 990 ist bekannt, von denen jeder hinlänglich gut belegt ist. Diese novellenartigen Erzählungen weisen mehrere bemerkenswerte Züge auf. Zum ersten gibt es viele komplexe und faszinierende Erzählungen von dem klugen Mädchen oder der klugen Frau (AaTh 875: *Die kluge* → *Bauerntochter*, 876 :*The Clever Maiden and the Suitors* und Subtypen). Diese Erzählungen sowie die stattliche Zahl von Geschichten zum Lob von treuen Ehefrauen zeigen deutlich die frauenfreundliche Haltung in der chin. Folklore. Zum zweiten bevorzugen sie – obwohl es in China nicht an Typen fehlt, die Witz und Verstand bei Männern feiern (AaTh 921: → *König und kluger Knabe*, 922: *Kaiser und Abt* und Subtypen) – solche Qualitäten besonders, wenn sie bei Richtern vorkommen, die das Schicksal der einfachen Leute in ihren Händen hatten. So kommt es, daß China mehr Subtypen von AaTh 926: → *Salomonische Urteile* zu haben scheint als jedes andere Volk, in dem systematisch gesammelt wurde. Zum dritten glaubten die Chinesen an das Schicksal oder Glück, und dieser Glaube spiegelt sich in vielen Novellen wider. Eine Variante von AaTh 923: → *Lieb wie das Salz* gehört zu den beliebtesten im Land, und AaTh 967: → *Spinngewebe vor der Höhle* ist in China seit Jh.en erzählt worden. Schließlich zeigt sich ein Hang zur Sentimentalität in der ungeheuren Beliebtheit von Märchen und Sagen, die das Los von Liebenden beweinen, denen die Sterne nicht gewogen waren; typisch für ein Land, in dem die jungen Leute nicht die Freiheit besaßen, ihre Partner zu wählen. Darunter fällt AaTh 970: *Grabpflanzen* mit seiner chin. Redaktion, in der die Seelen der toten Liebenden als unzertrennliche Vogel-, Fischpaare etc. hervorgehen. Das angeblich unromantische Land hat also zahlreiche romantische Geschichten hervorgebracht.

4.3.4. Schwänke. Die lange Vorherrschaft einer von Rationalismus geprägten Zivilisation mag auch erklären, daß in China relativ wenig Geschichten vom dummen Menschenfresser vorhanden sind, obwohl das übermenschliche Opfer schon – wie in Indien und Pakistan – zu einem Menschen geworden ist. Eine ganze Anzahl von Typen zwischen AaTh 1004 und 1184 wird übrigens kombiniert mit anderen Geschichten erzählt. Schwänke, die häufig das Nebenprodukt von rationalem Denken sind, kommen dagegen sehr häufig vor. Ungeachtet des schwindenden Interesses am Humor in der Volksrepublik besteht fast ein Drittel des gesamten Volumens der aufgezeichneten Erzählungen in China aus Schwänken. Und hier wird die frauenfreundliche Tendenz noch offensichtlicher. Dumme Frauen kommen kaum vor; treulose Ehefrauen sind selten; alte Jungfern, die keinen Mann finden, sind kaum bekannt. Typen, die im Westen meistens den Zweck haben, Frauen lächerlich zu machen, wie etwa AaTh 1384: → *Narrensuche*, → *Kluge Else*, und 1387: → *Kluge Else*, sind in China so umgeformt worden, daß der Mann zum Gespött gemacht wird. Der Ehemann ist nicht nur der Stümper und der Trottel, wie das in den verschiedenen Erzähltypen über den dummen → Bräutigam deutlich wird. Er lebt auch in dauernder Angst vor seiner Frau; daher rühren die Subtypen von AaTh 1375: → *Pantoffelhelden*, einem Typ, der im Druck unterrepräsentiert ist. Da Mädchen meistens über größere verbale Fähigkeiten verfügen als Jungen, werden chin. Jungen, stärker noch als das in anderen Ländern der Fall ist, wegen ihrer Unbeholfenheit und Dummheit verspottet, insbesondere in AaTh 1696: → „*Was hätte ich sagen (tun) sollen?*" mit seinen zahlreichen Verzweigungen. Alte, achtbare Männer kommen nicht besser weg. Sie werden wegen ihres Geizes (AaTh 1305: *The Miser and his Gold*, 1704: *Anecdotes about Absurdly Stingy Persons*) aufs Korn genommen, wegen ihrer Kurzsichtigkeit und Geistesabwesenheit (AaTh 1687: *Das vergessene* → *Wort*). Es kommen natürlich auch kluge Männer vor. Diese sind jedoch häufig Diebe (AaTh 1525: → *Dieb, Diebstahl*; → *Meisterdieb*) oder gehören dem Hsü Wen-ch'ang-Typ des heimtückischen und skrupellosen Schurken an. Aber selbst

Hsü Wen-ch'ang wurde, nach bestimmten Fassungen, von einer Frau übertroffen. Bisweilen ist der schlaue Bursche ein Diener oder ein Landarbeiter, der seinen Vorteil aus der Verbohrtheit seines Herrn zieht und diesen mit den eigenen Waffen schlägt. Er kann auch ein Schuljunge sein, und das Opfer seiner Streiche ist gewöhnlich sein Lehrer, Vater oder Onkel; lauter Figuren, die im alten China Respektspersonen waren. Die Aufsässigkeit der Unterdrückten und Halbgebildeten findet ihren Ausdruck auch in subtilen Satiren über sozialen Snobismus und unredliche Beamte. Einige von diesen Erzählungen waren im einfachen Volk recht verbreitet. Um das Bild abzurunden, ist jedoch auch anzuführen, daß nicht einmal chin. Schwänke immer von ihrem sozialen Kontext bestimmt waren. Einige internat. Erzähltypen, die wirklich lustig sind und einen deftigen Humor entwickeln, werden hier ebenfalls erzählt und sind oft beliebter als die typisch chin. Schwänke. Die wichtigsten sind AaTh 1535: → *Unibos*, 1539: → *List und Leichtgläubigkeit*, 1641: → *Doktor Allwissend* und ihre Subtypen. Sogar die Tricks von → *Peik* (AaTh 1542) haben ihren Platz in China (AaTh 1642: *Der gute* → *Handel*). Auch der → Aufschneider stolziert durch eine Anzahl von Typen (AaTh 1920: → *Lügenwette* und Subtypen, AaTh 1962A: *The Great Wrestlers* etc.) und liefert den chin. Lesern einige der komischsten und aufregendsten Geschichten ihres Landes.

4.3.5. Mythen, Sagen und Legenden. Ein Überblick, wie zuvor für das Märchen, kann über Mythen und Sagen nicht geliefert werden, da es hierfür keinen Index gibt. Keine dieser Gattungen war jedenfalls in der modernen Periode gefragt. Selbst in der republikanischen Periode wurden buddhist. Mythen und Legenden kaum erzählt. Von den taoist. Unsterblichen zog Lü Tung-pin am meisten Aufmerksamkeit auf sich wegen der Ironie und Schönheit, die seinen Legenden innewohnten. Geistergeschichten, bes. die schreckenerregenden, wurden noch erzählt, aber die Fuchs-Verführerin der klassischen Lit. hinterließ kaum eine Spur. Erinnerungen an einige der alten Kaiser sind in manchen Erzählungen noch lebendig, bes. an den ersten und letzten Herrscher der Ming Dynastie – im Fall des einen wegen seines sensationellen Aufstiegs, im Fall des anderen wegen seines traurigen Schicksals. Seltsame Ereignisse im Leben des Lo Yin, eines Mannes, der Kaiser hätte werden können, waren ebenfalls sehr beliebt. Auf dem Gebiet der Mythe wurden volkstümliche Erklärungen der Entstehung von Sonne, Mond, Tod, Verunstaltungen etc. manchmal aufgezeichnet, und Geomantik war nach wie vor ein wichtiges Motiv. Nach 1949 mußten Geistergeschichten Antigeistersagen weichen, Geomantik wurde öffentlich angeprangert, und buddhist., taoist. wie auch alle anderen Götter mußten ins Exil gehen. Die Helden gewisser Bauernrevolten traten ins Rampenlicht. Aber Lokalsagen jeder Art wurden nach wie vor häufig aufgezeichnet, und die Sage vom Zauberpinsel, der seinen Herrn zu einem großen Maler machte, wurde ebenso oft gedruckt wie zuvor. Einige Han-Mythen, wie die von Hou I, Ch'ang O, Erh-lang Shen, Yü dem Großen, hielten sich überraschenderweise in den Publikationen. Die meisten der mit Begeisterung aufgezeichneten Mythen waren jedoch diejenigen der nationalen Minderheiten, in denen Berichte über die Schöpfung, die Sintflut, die Entstehung von Bergen, Flüssen und Tieren wetteifern mit solchen über die Geschichte der Rasse.

4.4. Schluß. Die mündliche Überlieferung des chin. Volks ist außergewöhnlich reich und kraftvoll. Obwohl nur ein ganz kleiner Teil im Druck zugänglich ist, so ist dieser Teil doch schon umfangreich und möglicherweise von großer Bedeutung. Man kann nur hoffen, daß in einem verbesserten intellektuellen Klima in der Volksrepublik China das Sammeln und Veröffentlichen von Chinas großem ererbtem Erzählgut eines Tages wieder aufgenommen und der Austausch zwischen westl. und chin. Folkloristen in steigendem Maße möglich sein wird. Ein großer

Teil der Folklore eines Viertels der Menschheit bedarf noch der Untersuchung und eingehender Analyse.

Lit.: Eberhard, W.: Typen chin. Volksmärchen (FFC 120). Hels. 1937. – Folk Tales from China 1–5. ed. Foreign Languages Press. Peking [3]1962.– Nai-tung Ting/Lee-hsia Hsu Ting: Chinese Folk Narratives.: A Bibliographical Guide. San Francisco 1975. – Nai-tung Ting: Type Index of Chinese Folktales in the Oral Tradition and Major Works of Classical Literature. Hels. (im Druck).

Macomb Nai-tung Ting

5. Taiwan. Die Bevölkerung von Taiwan setzt sich aus Ureinwohnern (ca 200.000), die in 19 Stämme aufgeteilt werden können, und aus Chinesen zusammen. Diese wiederum lassen sich gliedern in: erstens eigentliche Taiwanesen (ca neun Millionen; im Lauf der Jh.e von der Provinz Fukien, und zwar vor allem aus den Bezirken Chang-chou und Ch'üan-chou schubweise eingewandert und Varianten der südl. Fukien-Dialekte sprechend), zweitens die Hakka (aus dem Grenzgebiet von Fukien und Kuangtung eingewandert), drittens einige Kantonesen und viertens Chinesen aus Mittel- und Nordchina (mit Tschiang Kai-Schek nach 1948 eingewandert). Letztere sprechen Hochchinesisch (Mandarin) und bilden eine Gruppe von etwa drei Millionen. Die ebenfalls mindestens drei Millionen Hakka sprechen einen eigenen Dialekt. Seit 1948 wird der Unterricht an allen Schulen in Hochchinesisch erteilt.

Die Ureinwohner sprechen verschiedene, wohl miteinander verwandte Dialekte, die mit den Sprachen auf den Philippinen verwandt sind. Sie sind während der Zeit der jap. Kolonialherrschaft (1895–1945) und auch noch in neuerer Zeit vor allem von jap. Forschern studiert worden; dazu kommen Arbeiten von Mitgliedern der taiwanes. Academia Sinica, die sich allerdings mehr mit der Sozialstruktur der Ureinwohner befaßt haben. Vorwiegend nach diesen Untersuchungen arbeitend hat Ho T'ing-jui eine vergleichende Analyse der Mythen und Sagen dieser Ureinwohner herausgebracht[1]. Auffallend an diesem Material ist die Bedeutung der Hirse in Kult und Mythos sowie das Auftreten von Erzählungen über eine Zwergbevölkerung, die einstmals auf der Insel gelebt haben soll und dann ausgerottet wurde. Da archäologisch keine Zwergbevölkerung nachweisbar ist, müssen diese Erzählungen wohl mit ähnlichen in anderen Kulturen verglichen werden. Hirse spielte in Altchina eine große Rolle, aber schon nicht mehr bei den nach Taiwan einwandernden Chinesen.

Die Einwanderer aus Fukien, die sog. Taiwanesen, brachten sowohl ihren Kult wie auch ihr Erzählungsgut vom Festland mit. Fukien weicht kulturell und in seiner Volksreligion ziemlich stark von den anderen Provinzen Chinas ab, und die Dialekte Fukiens präsentieren Grundformen des Chinesischen, die vor dem 9. Jh. geprägt worden waren. Leider gibt es nicht genügend Sammlungen von Fukien-Märchen, allerdings enthält die Arbeit J. J. M. de Groots[2] neben sehr wertvollem allg. volkskundlichen Material eine Anzahl von Sagen über lokale Götter, die sich auch in Taiwan wiederfinden. Eine eingehende Studie des Volksguts von Taiwan existiert noch nicht: Zahlreiche chin. Büchlein sind zum Gebrauch für die Jugend geschrieben. Lou Tzu-k'uangs Sammlung *Personal Legends of Formosa*[3] bringt einige Märchen und Sagen, die erst in Taiwan entstanden sind, weitere wurden in seinem *T'ai-wan min-chien ku-shih* (Taiwanes. Volkserzählungen)[4] veröffentlicht. Verhältnismäßig häufig begegnen Sagen aus der Zeit des Widerstandskampfes gegen die Japaner, es existieren jedoch – soweit bekannt – keine systematischen Sammlungen. Balladen, in gereimten Zeilen von je sieben Worten und im Dialekt geschrieben, sind bis in die heutige Zeit im Volk beliebt[5]. Auch hier sind die meisten von Volksromanen abhängig, die in China verfaßt worden sind; einige behandeln jedoch auch lokale Vorfälle aus neuerer Zeit. Eine gute Studie über Balladen ist die 1917 abgeschlossene Arbeit von Teito Hirasawa[6]. Einen beliebten Stoff behandelt die Ballade *Kan Kuo-pao geht nach Taiwan*[7], die auch für das

Volkstheater dramatisiert worden ist und die im Rahmen einer Geschichte über Liebe und Treulosigkeit zahlreiche altertümliche Elemente enthält. Sonst werden auf den Bühnen des Volkstheaters vorwiegend Dramen gespielt, die auch auf dem Festland in ähnlichen Fassungen zu finden sind und auf Volksromanen basieren.

Die Hakka sind bes. berühmt wegen ihrer Liebe zum Volksgesang; noch jetzt finden jedes Jahr große Sing-Wettbewerbe statt, an denen Greise wie Kinder, Männer wie Frauen teilnehmen. Ihr Märchengut[8] steht dem gemeinchinesischen nahe, enthält aber eine Anzahl von Sagen und Märchen, die sich bisher noch nicht in anderen Teilen Chinas haben finden lassen. Interessant ist vor allem eine Geschichte vom Kannibalismus eines Vaters und eine andere vom 'Neujahrstier', einem Untier, das immer zu Neujahr kam und die Hakka auffraß, bis man einen Ritus entwickelt hatte, der das Tier für immer abwehrte. Die Hakka veröffentlichen in ihrer eigenen Zs. *Chung-yüan* neben vielen Volksliedern gelegentlich Märchen; einige kleine Sammlungen sind auch als Büchlein publiziert. Hakka wie Taiwanesen sind große Freunde des Volkstheaters (Ko-tsai hsi), das beinahe jeden Tag auf den Straßen der großen Städte und bei Festen in den Dörfern gesehen werden kann. Soweit bisher bekannt, sind seine Wurzeln auf dem Festland, aber die heutigen Formen des Theaters auf Taiwan haben seit ihren Anfängen, die wohl im 19. Jh. liegen, eine eigene Entwicklung genommen[9]. Sie basieren wie die verwandten Spiele auf dem Festland auf Volksromanen, die dramatisiert werden. Bemerkenswert ist, daß die Schauspieler zwar die Melodien der Arien, nicht aber den Text auswendig lernen und ständig improvisieren.

Die Mandarin-sprechenden Chinesen, zum großen Teil frühere Militärs oder hohe Verwaltungsbeamte, sind, soweit feststellbar, sehr wenig in der Folklore ihrer früheren Heimat bewandert, wahrscheinlich, weil sie bei der Auswanderung oder schon vorher bei der Einziehung zum Militär noch zu wenig mit dem Volksgut bekannt gemacht worden waren. Die Kinder aus Mischehen zwischen Vätern vom Festland und taiwanes. Frauen haben daher ihre Märchen meist vom Schullehrer oder von Taiwanesen gehört, nicht aber vom Vater. Märchen, Fabeln und Parabeln vom Festland sind nicht selten in den Beilagen der Tageszeitungen veröffentlicht worden[10].

Am wichtigsten aber für die gesamte chin. Volkskunde sind die taiwanes. Nachdrucke so gut wie aller vor 1948 in China veröffentlichten Märchen-, Sprichwort-, Volkslieder- und Mythen-Sammlungen unter der Leitung von Lou Tzu-k'uang. Auch Volkskunde-Zeitschriften, die meist nur in kleinen Auflagen gedruckt und schon nach kurzer Zeit nicht mehr erhältlich waren, wurden nachgedruckt. Nur wenige Bibliotheken in China und im Ausland besaßen Exemplare. Lou Tzu-k'uang war schon seit 1932 Leiter einer kleinen Folklore-Gesellschaft in Hangtschou und hat nach seiner Umsiedlung nach Taiwan dort die chin. Folklore Association (Chung-kuo min-su hsüeh-hui) wieder gegründet. Er gab zahlreiche Büchlein populären Charakters (einschließlich Nacherzählungen taiwanes. Märchen) vorwiegend für Kinder heraus.

[1] Ho T'ing-jui: A Comparative Study of the Myths and Legends of Formosan Aborigines (Asian Folklore and Social Life Monographs [AFSLM] 18). Taipei 1971. – [2] Groot, J. J. M. de: Fêtes célébrées annuellement à Émoui. P. 1886 (Nachdr. Taipei 1978). – [3] Lou Tzu-k'uang: Personal Legends of Formosa (AFSLM 10). Taipei 1968. – [4] id.: T'ai-wan min-chien ku-shih (Taiwanes. Volkserzählungen) (Peking ta-hsüeh Min-su hsüeh hui 11). Taipei 1971. – [5] cf. Eberhard, W.: Taiwanese Ballads (AFSLM 22). Taipei 1972. – [6] Teito Hirasawa: Taiwanese Folkliterature. Taipei 1917 (Nachdr. [AFSLM 78, 79] Taipei 1976). – [7] cf. Eberhard (wie not. 5) 58sq. – [8] cf. id.: Studies in Hakka Folktales (AFSLM 61). Taipei 1975. – [9] Lou Tzu-k'uang: T'ai-wan ti-fang hsi (Lokale Theaterspiele in Taiwan) (Peking ta-hsüeh Min-su hsüeh hui 168). Taipei 1977. – [10] cf. Eberhard, W.: Chinese Fables and Parables (AFSLM 15). Taipei 1971.

Berkeley Wolfram Eberhard

Chiţimia, Ion Constantin, *Albuleşti (Mehedinţi) 22. 5. 1908, rumän. Slavist, Folklorist, Literarhistoriker, Komparatist. C. studierte 1930–38 in Bukarest und Warschau und promovierte 1948. Er war von 1944 an Assistent für altrumän. Lit. und ab 1950 Professor für Slavistik an der Univ. Bukarest. Seit 1952 leitete C. die Abteilungen für Folklore, Universalliteratur und altrumän. Lit. am Institut de istorie şi teorie literară „George Călinescu" (Buk.). Seit 1975 ist er stellvertretender Direktor desselben Inst.s. C. ist Mitglied der Akad. für soziale und politische Wiss.en Rumäniens und Mitherausgeber mehrerer Zss. (*Romanoslavica*, *Studii şi cercetări de istorie literară şi folclor*, *Limbă şi literatură* u. a.).

Als Schüler N. → Cartojans, dessen volkskundliche Forschungen er fortsetzte, studierte C. die europ. Verbreitung von Volksbüchern (Äsop, Alexander der Große, Achikar, Skinder etc.), die vielfältigen Verbindungen zwischen den Volksbüchern einerseits und der Volkserzählung sowie der altrumän. Lit. andererseits. Zusammen mit D. Simonescu gab er 1963 eine textkritische Ausgabe der in rumän. Sprache verbreitetsten Volksbücher heraus. Er koordinierte die Arbeit an der *Bibliografia analitică a cărţilor populare laice. Teil 1–2* von M. Moraru und C. Velculescu ([*Bibliografia analitică a literaturii române vechi 1*]. Buk. 1976/78), zu der er auch die Einleitung schrieb. Darüber hinaus untersuchte C. die allg. Verbreitung von Märchenmotiven (Pferd, Teufel als Diener etc.) sowie verschiedene Probleme der Erzählforschung in vergleichenden Studien.

Textausg.n: Cronica lui Ştefan cel Mare. Buk. 1942. – Ion Vodă cel Cumplit. Buk. 1942 (Neuaufl. von B. P. Hasdeu. Buk. [3]1926). – Esopia. Buk. 1956 ([2]1958). – Cărţile populare în literatura românească 1–2. Buk. 1963 (zusammen mit D. Simonescu).

Veröff.en: „L'Histoire du sage Ahikar" et ses rapports avec le folclore. In: Romanoslavica 9 (1963) 413–426. – Romane populare româneşti pătrunse prin filieră slavă: „Alexandria". In: Romanoslavica 13 (1966) 93–103. – Folclorişti şi folcloristică românească. Buk. 1968. – Les Livres populaires, leur fonction littéraire nationale et l'importance en plan universel. In: Romanoslavica 16 (1968) 257–271. – „L'Histoire de Skinder" en Europe et surtout dans le sud-est européen. In: Actes du 1er congrès international des études balcaniques et sud-est européennes 26. VIII. – 1. IX. 1966. Sofija 1971, 129–139. – Folclorul românesc în perspectivă comparată. Buk. 1971. – Probleme de bază ale literaturii române vechi. Buk. 1972.

Lit.: Popa, M.: Dicţionar de literatură română contemporană. Buk. 1971, 168sq. – Bucur, M.: Istoriografia literară românească de la origini pînă la G. Călinescu. Buk. 1973, 437–439. – Bîrlea, O.: Istoria folcloristicii româneşti. Buk. 1974, 570sq. – Firan, F.: De la Macedonski la Arghezi. Craiova 1975, 110–133.

Bukarest Cătălină Velculescu

Cholières, Nicolas de → Novellistik

Chrétien de Troyes

1. Leben und Übersicht über das Werk – 2. Die Hauptwerke im einzelnen – 2. 1. Erec et Enide – 2. 2. Cligès – 2. 3. Yvain – 2. 4. Lancelot oder der Karrenritter – 2. 5. Die Geschichte vom Graal oder Perceval – 3. C.s Quellen – 4. C.s literar. Technik – 5. Die höfische Ideologie in C.s Romanen – 6. C.s Romane und das Märchen – 7. Zur Geschichte der Forschung

C. de Troyes (ca 1135–83) ist einer der einflußreichsten Erzähler des europ. MA.s. Er hat eine neue Lit.-Gattung begründet und zugleich auf den Gipfel geführt, nämlich die des Arthurischen Romans, der sich auf charakteristische Weise von den übrigen Erzählgattungen abhebt und, obwohl durchaus ein bewußtes und hochrangiges Kunstprodukt, durch Parallelen in Motiven und Struktur näher als die anderen mit dem Märchen verwandt ist. Sein Schaffen fällt in das letzte Drittel des 12. Jh.s.

1. Leben und Übersicht über das Werk. Zu Beginn seines ersten Artusromans, *Erec et Enide*, nennt er sich selbst mit vollem Namen „Crestiiens de Troies", im Prolog zu seinem späteren *Lancelot*-Roman redet er die Fürstin Marie de Champagne als „ma dame" an, die ihm offenbar den Auftrag zu diesem Werk erteilt hat. Im Eingang seines letzten Werks, dem *Perceval*-Roman, preist er den Grafen Philipp von Flandern als seinen Gönner. Von diesen Angaben ausgehend, läßt sich mit einiger Wahrscheinlichkeit ein Bild

seines Lebens entwerfen. Seine Sprache weist Merkmale des Dialekts der Champagne auf; Troyes könnte auch sein Geburtsort gewesen sein. Sein Werk verrät mit Sicherheit, daß er mindestens im Trivium eine recht gute Ausbildung genossen hat, vielleicht an der Domschule von St. Peter in Troyes, an der bis 1164 Petrus Comestor lehrte. Als clerc, nicht als Priester, wird man ihn sich im Dienste des Hofes von Champagne vorzustellen haben.

Nicht alle seine Werke sind erhalten. In den ersten Versen seines *Cligès*-Romans nennt er selbst seine bisherigen Werke: zunächst einige Ovid-Bearbeitungen, von denen nur eine Episode aus den *Metamorphosen* unter dem Titel *Philomena* erhalten ist. Dann ein Gedicht 'von König Marke und der blonden Isolde', das verloren ist und zu dem wohl der spätere *Cligès* das Komplementärstück darstellt. *Erec et Enide* eröffnet die Reihe der Artusromane; nach dem *Cligès*-Roman folgen noch der *Karrenritter*- oder *Lancelot*-Roman (*Le Chevalier de la Charette*), der *Löwenritter*- oder *Yvain*-Roman, dessen 1. Hälfte aber vielleicht schon vor dem *Lancelot*-Roman entstanden war, und schließlich der *Graal*- oder *Perceval*-Roman (*Le Conte du Graal*).

Außer diesen Werken werden ihm noch zwei Minnelieder zugeschrieben. Umstritten ist, ob C. auch Verfasser des *Wilhelm von England* ist, eines frommen und abenteuerreichen Romans aus dem 3. Viertel des 12. Jh.s, der vor allem Motive aus dem → *Apollonius von Tyrus*-Roman und der Eustachius-Legende (cf. AaTh 938: →*Placidas*) verwendet. Müßte C. als der Verfasser gelten, wäre das noch nicht die volle Meisterschaft zeigende Werk am ehesten vor den Artusromanen einzuordnen, obwohl der Dichter es im *Cligès* nicht nennt.

Die in der Forschung üblichen Datierungsansätze für die Hauptwerke sind: *Erec*: 1165–70, *Cligès*: 1170–76, *Yvain-Lancelot-Yvain*: 1177–81, *Perceval*: 1181–90[1].

2. Die Hauptwerke im einzelnen

2. 1. Erec et Enide (6958 V.e), der erste Artusroman überhaupt, zeigt schon voll ausgebildet die charakteristischen Merkmale der neuen Gattung. Da ist zunächst das begrenzte Personal: der Artushof mit König und Königin und den einzelnen Rittern der Tafelrunde. Eine zunächst zu erringende Dame als Partnerin des Helden, Gegner des Helden auf ritterlicher Ebene und auf der niederen Ebene in Gestalt von Zwergen, Räubern und Riesen, umgekehrt Hilfe vor allem in der Form von Gastfreundschaft. Der Weg des Helden führt in Wald, Wildnis, fremdes Land mit geheimnisvollen Burgen in einer vielleicht zauberdurchwalteten Landschaft. Die Thematik des Romans zielt auf Minne und Waffentaten und das zwischen diesen beiden Komponenten zu erzielende Gleichgewicht in der Weltauffassung des Ritters. Auch der Aufbau zeigt schon ein festes Schema: Ausgangspunkt ist der Artushof, ein bisher nicht bes. hervorgetretener Ritter hat sich zu bewähren und gewinnt zunächst durch ritterlichen Zweikampf die Hand einer Dame. Ein großes Fest wird abgehalten, danach aber kommt es zu einer Verfehlung gegen den ritterlichen Ehrenkodex: Der Ritter 'verliegt' sich bei seiner Frau und stellt sich dadurch in Gegensatz zu den Ansprüchen der ritterlichen Gesellschaft. Die Wiedererringung der ritterlichen Ehre erfolgt in dem doppelten Kursus einer Abenteuerkette, in der ähnliche Bewährungsproben in Steigerung wiederholt werden. Krönung des Ganzen bildet ein bes. schwieriges Abenteuer an einem wunderbaren Ort, das noch einmal den Sinn des Romans zusammenfaßt.

2. 2. Cligès (6784 V.e). In diesen Roman ist der Artushof nur locker eingebunden. Ausgangspunkt und Hauptschauplatz der Handlung ist der byzant. Kaiserhof. Obwohl der Roman äußerlich an den Tristanroman des Thomas von Britannien anknüpft (schon in der Vorschaltung der Liebesgeschichte der Eltern des Helden), ist er in seiner Tendenz eindeutig gegen das Vorbild gerichtet. Der 'Minnetrank' besiegelt hier nicht die Liebe des Paares, sondern dient umgekehrt dazu, den Vollzug der Ehe zwischen der Gelieb-

ten und dem Oheim des Helden zu verhindern. Ein zweiter Zaubertrank muß dann die Heldin Fénice in den Scheintod versetzen, damit ihr Geliebter sie aus dem Grabe ins Liebesidyll holen kann, und für das Liebespaar geht zuletzt alles gut aus. Eine stärkere ironische Distanzierung gibt diesem raffiniert erzählten Werk sein Gepräge. Der ovidische Einfluß ist bes. stark, und die Minnekasuistik[2] nimmt breiten Raum ein.

2. 3. Yvain (6818 V. e). Dieser Roman stellt insofern ein Gegenstück zum früheren *Erec*-Roman dar, als hier die 'Verfehlung' des Ritters umgekehrt in einer Vernachlässigung der Minnepflichten gegenüber ritterlichen Abenteuerfahrten besteht. Ein bes. wunderbarer Schauplatz findet sich hier in Gestalt der Gewitterquelle im Zauberwald zu Beginn des Werkes. Der Einleitungsteil wird weiter vom Motiv der leicht getrösteten Witwe bestimmt. Die spätere Krise des Helden ist durch eine Art Wahnsinn noch verstärkt. Begleiter auf den Abenteuerfahrten ist diesmal ein treuer Löwe, dem Yvain das Leben gerettet hat. Eine neue Verdoppelung im Aufbauschema wird dadurch angedeutet, daß ein zweiter Held, nämlich Gauvain, der Neffe des Königs Artus und Musterheld der Tafelrunde, eine für den Abschluß der Handlung wichtige Rolle erhält.

2. 4. Lancelot oder der Karrenritter (7134 V.e, nicht von C. selbst abgeschlossen). In diesem Roman wird die Minne als die eigentlich übermächtige Kraft dargestellt, die den Ritter sogar zwingt, konventionelle Ehrbegriffe hintan zu stellen. Die schon in den früheren Werken C.s zu beobachtenden Verdoppelungstendenzen führen in diesem Roman dazu, die Rolle Gauvains, des Musterhelden der Artusrunde, als Parallel- und Kontrastfigur noch weiter auszugestalten und auch ihn auf die Suche nach der entführten Königin zu schicken. Genau wie dem Titelhelden wird ihm die Überquerung einer bes. gefährlichen Brücke zur Aufgabe gemacht. Das Motiv der Suche (queste, quête) erscheint in diesem Roman in vielfältiger Brechung, was den Gegenpol einer neuen Technik der Mystifikation darstellt, die manches im Dunkeln läßt. Ironie und Parodie gehen mit der heiklen Thematik konform und halten leise Komik nicht unbedingt fern.

2. 5. Die Geschichte vom Graal oder Perceval (9698 V.e, unvollendet). Dieser letzte Roman des C. zeichnet sich bes. durch die Hereinnahme einer völlig neuen Thematik aus, die sich in der stärkeren Überlagerung der ritterlichen Wertwelt durch eine christl. bestimmte Ethik manifestiert, was in dem Geschehen auf der wunderbaren Graalsburg bes. Anschaulichkeit gewinnt. Da der Roman nicht abgeschlossen ist, läßt sich freilich schwer ein sicheres Urteil darüber gewinnen, wie weit die Darstellung der christl. Elemente bei C. wirklich führen sollte; der Rückschluß von Wolfram bzw. den frz. Fortsetzern ist gefährlich. Die Graalsszenen bilden zugleich den Gipfelpunkt C.scher Mystifikationstechnik. Offenbar hatte sein Publikum Geschmack daran, sich zunächst in einer Welt voller Geheimnisse zu finden und nur zögernd vom Dichter über die Geschehnisse aufgeklärt zu werden[3]. Formal ist insbesondere von Belang, daß in diesem Roman die Rolle Gauvains so weit ausgebaut ist, daß ein ursprünglich selbständiger Gauvain-Roman dem *Perceval* aufgepfropft scheint (man hat denn auch gelegentlich den Gauvain-Teil für unecht erklärt).

3. C.s Quellen. Für keinen der Romane C.s sind Vorlagen irgendwelcher Art bekannt. Zwar gehen dreien seiner Romane Geschichten aus der kymr. Sammlung der sog. → *Mabinogion* parallel (*Gereint vab Erbin* dem *Erec*, *Owein* [eigentlich *Chwedyl Iarlles y Ffynnawn*] dem *Yvain* und *Peredur vab Evrawc* dem *Perceval*), aber sie scheiden als Quellen für C. definitiv aus. Sie sind erst um 1200 entstanden und heben sich im Charakter stark von den übrigen Stücken der Sammlung ab. Hier sind C.s Romane für ein anderes Publikum unter Verwendung alten einheimischen Materials adaptiert worden. Die früher

in der Forschung so heiß umstrittene 'Mabinogion-Frage' und der Versuch einer Aufwertung 'ursprünglicherer' Erzählart sind müßig; den einzig fruchtbaren Weg der Betrachtung dieses Problems hat T. Hunt[4] gewiesen, der *Yvain* und *Owein* unter Anwendung der Lüthischen Märchenkriterien näher vergleicht und zu dem Ergebnis kommt, daß das kymr. Stück in einer Weise erzählt wird, die der Volkserzählung nähersteht.

Es bleibt jedoch das Problem, woher C. seine Stoffe genommen hat. Gewiß war er in den lat. Klassikern relativ gut belesen, eine ganze Reihe von Autoren der im 12. Jh. aufblühenden lat. Dichtung muß ihm vertraut gewesen sein. Die romanhafte Lit. vor seiner Zeit, der sog. antikisierende Roman, und die neue Liebesdichtung des frz. Südens haben ebenfalls auf ihn eingewirkt.

Was aber nun speziell den Arthur-Stoff angeht, so läßt sich zeigen, daß er sowohl die Darstellung des → Geoffrey of Monmouth sowie deren frz. poetische Bearbeitung durch Wace (*Roman de Brut*, um 1155) gekannt haben muß. Hier konnte C. aber nur den Rahmen, nicht die einzelnen Stoffe für seine Romane finden, die ja weniger direkt von Arthur als von den Abenteuern einzelner Ritter seiner Tafelrunde handeln. Das pseudo-hist. Werk Geoffreys hat zweifellos die große Arthur-Mode des hohen MA.s eröffnet; aber es müssen sich daneben kleinere, vorwiegend mündlich verbreitete Erzählungen über die Abenteuer einzelner Ritter entwickelt haben, in denen das Wunderbare schon stärker einbezogen war. Das parallele Problem der Entstehung der dichterischen Lais deutet in die gleiche Richtung. Die wichtigsten Argumente sprechen für bret. conteurs als Vermittler solch novellenartiger Erzählungen. Und man kann dafür eine Bestätigung in den Eingangsversen des *Erec* erkennen, wo C. bemerkt, daß diese Geschichte von Leuten, die ihren Lebensunterhalt als Geschichtenerzähler bestreiten, vor einem hohen Publikum verstümmelt und entstellt erzählt werde, er aber daraus eine ästhetisch befriedigende und sinnerfüllte Erzählung schaffen wolle, deren Ruhm nie enden werde. Befürworter eines starken kelt. Einflusses[5] auf C.s Werke verweisen darauf, daß sich zahlreiche Motivparallelen zu Werken der erhaltenen älteren kelt. Lit. finden, vor allem zur altir. Heldensage. Ein guter Teil dieser Motive ist allerdings internat. Erzählgut, und man muß bedenken, daß C. an einem so wichtigen Handelsplatz wie Troyes mit zwei großen Messen im Jahr reichlich Gelegenheit gehabt hätte, das Repertoire der berufsmäßigen Erzähler aus aller Welt kennenzulernen. Trotzdem bleibt ein charakteristisch kelt. wirkender Anteil. Der mögliche Weg der Vermittlung ist noch immer sehr umstritten. Ein hoher Einfluß der altir. Lit. auf die kymr. ist erwiesen. Sind von dort Erzählstoffe, nun vielleicht schon mit Arthur in Verbindung gebracht, über Cornwall in die Bretagne gewandert, von da an die frz. Höfe bzw. zurück nach England an den anglo-normann. Hof?

Seit H. Zimmer (gest. 1910) lehnte die ältere Forschung einen unmittelbaren Kontakt walis. Erzähler zum anglo-normann. Publikum strikt ab, jedoch räumt man jetzt durchaus wieder Begegnungsmöglichkeiten ein. In jedem Fall bleibt aber zu bedenken, daß der Abstand des Artusromans von der altir. Heldensage – im Inhalt oft roh, in der überlieferten literar. Form eher antiquarisch-gelehrt – und der sonst bekannten älteren kelt. Lit. außerordentlich groß ist. Man müßte eine Zwischenschicht mehr volkstümlicher Überlieferung annehmen, die von der alten Heldensage weniger das Heroische als vielmehr den schon in der ältesten ir. Überlieferung nachzuweisenden, ursprünglich sicher dem Mythos zugehörigen Motivbereich einer verlockenden Feenwelt bewahrt und mit Märchenelementen angereichert hätte. Motive aus den fabelhaften altir. Schiffahrtssagen (imrama) waren freilich auf dem Kontinent längst auch durch die lat. *Navigatio Sancti Brendani* und deren volkssprachliche Übersetzungen (cf. → Brandans Seefahrt) bekannt, von denen übrigens gerade die anglo-normann. Version eines Benedikt (um 1120) den neuen Romanen als Reimpaardichtung vorangeht. Auch von dort läßt sich jedoch keine unmittelbare Verbindung zu C. erkennen, obwohl die Motive einer abenteuerlichen Fahrt und Suche hier schon vorgegeben sind[6]. Arthurstoff und märchenhafte Atmosphäre dienen C. zunächst zur Schaffung eines wohl bereits Mode gewordenen Kolorits; dem tritt, ebenso als literar. Mode, die ausgiebig und oft in spitzfindiger Kasuistik erörterte Minneproblematik gegenüber. Dem höfischen Publikum wird ein Spiel mit Figuren vorgeführt, an deren Argumenten es lebhaft Anteil nimmt, deren Figurenhaftigkeit freilich durch C.s Kunst psychol. Verfeinerung und durch die Überlagerung durch eine übergeordnete Sinnstruktur verdeckt wird.

4. C.s literar. Technik. Das Verständnis für C.s literar. Technik ist relativ jung. Einer bahnbrechenden Unters. von W. Kellermann (1936) folgten erst in jüngerer Zeit Arbeiten, die näheren Einblick in C.s Arbeitsweise vermittelten[7]. Diese Arbeiten lehren unzweideutig, daß das ganze Werk C.s eine durchweg einheitliche, planmäßig entwickelte Technik zeigt, in der zwar in der Reihenfolge der Werke Verschiebungen zu erkennen sind, deren Prinzipien aber grundsätzlich gleich bleiben. C. arbeitet mit Vorliebe mit Verdoppelungen von Motiven, Situationen und Episoden, ja Verdoppelungen der ganzen Handlungsstruktur, wobei es auch zur Einführung eines zweiten Helden kommen kann. Die konkreten Motive und Strukturen, die C. benutzt, können sowohl aus der internat. Volkserzählungsliteratur stammen (z. B. Erzählungen vom → Griseldis- oder → Crescentiatyp), als auch speziell auf kelt. Herkunft verweisen; sie können antiker Lit. oder zeitgenössischer lat. Dichtung entlehnt sein; aber auch die Gattungen der Chansons de geste und der Heiligenlegende kommen in Frage. Seine Kombinationsgabe und sein Geschick in der Erfindung analoger Erzählkeime lassen jedoch meist eine exakte Klärung nicht zu. Es erweist sich überhaupt als unmöglich, seine Werke völlig nach den im *Motif-Index* (Mot.) klassifizierten Motiven aufzuschlüsseln; entsprechend gilt, daß sich keiner seiner Romane auf einen einzigen Erzähltyp von der Art, wie sie bei AaTh klassifiziert sind, zurückführen läßt. Daß C. im Grunde mit einem sehr begrenzten Motivmaterial auskommt, wie sich auch immer wieder dasselbe Personal, ähnliche Situationen und Szenerien finden, und daß Wiederholungs- und Reihungstechnik einen wichtigen Aspekt seines Werkes bieten, wird jedoch nur dem eindringlich analysierenden Leser klar, der sich von der Virtuosität und dem Presto von C.s Erzählen nicht täuschen läßt.

5. Die höfische Ideologie in C.s Romanen. C.s Werke sind an höfischen Zentren und für ein höfisches Publikum geschrieben, das sich in erster Linie aus ritterlichem Adel und gebildetem Klerikertum zusammengesetzt hat und in dem auch hohe Damen nicht gefehlt haben. So ist es selbstverständlich, daß die Thematik seiner Werke sich nach dem richtet, wovon diese Gesellschaft am liebsten hört: von ritterlicher Bewährung und höfischer Liebe. Die die Handlung antreibenden Konfliktsituationen entstehen denn auch aus dem Zwiespalt von Ritter- und Minnepflichten; im Spätwerk treten noch in Gestalt der Graalswelt anspruchsvollere Forderungen einer christl. Ethik hinzu. Sinnfälliges Bild der Idealwelt des neuen höfischen Rittertums ist der Hof des Königs Artus, vom Autor mit einem milden Lächeln in eine bessere Vergangenheit projiziert. Die dort spielenden Szenen stellen aus gutem Grund das feste Gerüst der Handlung dar, da Krisis und Reintegration den Helden immer wieder an ihn zurückführen müssen. Damit kommt in diesem Schema auch eine 'höhere sittliche Idee' zum Ausdruck, aber man darf nicht verkennen, daß auch die Propagierung ritterlicher Idealvorstellungen noch zur Unterhaltung des Hofes bestimmt ist. Für die Frage, wie die Zeitgenossen diesen neuen Romantyp aufgefaßt haben, findet sich ein wichtiges Zeugnis in der Einteilung der Erzählgattungen durch Jean Bodel (*La Chanson des Saxons*, V. 6–11 [um 1200]), für den die Artusromane zwar als angenehm zu hören gelten, aber keinen

eigentlichen Wahrheitsgehalt besitzen. Der höhere Grad an Fiktionalität gegenüber den überkommenen Gattungen des nationalen Heldenepos und des die Antike neu belebenden Romans war also den Zeitgenossen durchaus bewußt.

6. C.s Romane und das Märchen. Es wurde schon eine ganze Reihe von Parallelen zur Welt des Märchens angedeutet: das begrenzte Personal, typische Landschaft als Hintergrund der Handlung (Wald, Fluß mit gefährlicher Furt, geheimnisvolle Schlösser etc.), ähnliche Zeitauffassung bzw. Unbestimmtheit nach Zeit und Ort, eine gewisse Statik der Figuren, passive Rolle des Königs, Ähnlichkeit im Prinzip der Abenteuerfahrt, nämlich der Ausfahrt des Helden im Artusroman mit der des Protagonisten im Märchen. Weiter sind hervorzuheben die einzelnen Aventiuren als bes. Aufgaben des Ritters, die sehr häufig Mechanismen entsprechen, nach denen sich im Märchen Befreiungs- und Erlösungstaten vollziehen. Alle nähere Betrachtung aber lehrt, daß diese Parallelen nicht ihre Ursachen darin haben, daß hier C. einfach bestimmte Märchen bearbeitet hat, sondern daß eine bewußte Stilisierung nach Art eines Märchens vorliegt, um eine entsprechend den höfischen Ansprüchen entwickelte Erzählhandlung in einer geeigneten Umwelt darzustellen. Mit anderen Worten, die Romane C.s sind nicht märchenhaft, weil sie aus Märchen hervorgehen[8], sondern weil sich bestimmte Charakteristika des Märchens im funktionalen Zusammenhang als bes. geeignet erweisen, der Grundkonzeption der neuen Gattung Genüge zu tun.

Sowohl das Märchen wie der Artusroman benötigen das Element des Wunderbaren[9], da beide einer Zielstruktur unterliegen und der gute Ausgang vorgegeben, d. h. durch eine höhere Weltordnung, die alles geheim so eingerichtet hat, garantiert ist. Der Wunscherfüllung im Märchen entspricht auf der Seite des Artusromans der neue Einklang des Helden mit der Idealwelt ritterlich-höfischer Wertvorstellungen. Es ist aber bezeichnend, daß C. das Wunderbare relativ vorsichtig verwendet und es in erster Linie dort einbaut, wo es um Schlüsselstellen der Handlung geht (z. B. Gewitterquelle im *Yvain*, Graal- und Wunderschloß im *Perceval*) oder wo in einer phantastischen Szene die besondere Thematik des Romans noch einmal wie in einem Spiegelbild zusammengefaßt werden soll (Joie de la Cort–Episode im *Erec*). Ob die spezielle Motivik dabei ursprünglich aus kelt. oder klassisch-antiker Mythologie, ob der Weg schon über Märchen gegangen ist oder ob analoge Erfindungen des Dichters vorliegen, bleibt minder wichtig, da in jedem Fall eine Transferierung auf eine völlig andere Sinnebene stattfindet. Das Publikum hat zweifellos das Wunderbare auch als solches goutiert; und es mag ihm eine zusätzliche Befriedigung gegeben haben, von den Motiven her an altbekannte Mythen erinnert zu werden, z. B. bei der Entführung der Königin Guinevere an den Proserpina-Mythus. Eine gewisse Reaktivierung mythischen Materials, eine Art „Remythisierung" wird vom Dichter offenbar mit Berechnung eingebracht. Sie dient nebenbei auch dazu, Spannung zu erzeugen und Atmosphäre zu schaffen. Durch Vermischung des Wunderbaren mit realistisch geschilderten Einzelheiten und eine mehr rationalistische Grundhaltung hält der Dichter aber den Charakter der Lokalitäten und der Geschehnisse geschickt in der Schwebe. Es läßt sich aus dem Text nicht belegen, daß das Land Gorre (im *Lancelot*) das Totenreich oder daß die Gralsburg ein Jenseitsschloß sei, aber durch die Motivübertragung kann man zu derartigen Assoziationen verleitet werden.

Auch im Umgang mit dem Wunderbaren findet sich bei C. eine spielerisch-distanzierte Haltung, er scheint sich selbst gelegentlich darüber lustig zu machen und glänzt mit Ironie. Damit wird aber zugleich mit der Naivität des Märchens gebrochen. Tatsächlich machen die starken Tendenzen zu Reflektiertheit und begleitendem Kommentar, zu sentimentalischer Darstellung und ironischer Behandlung den dann doch wieder radikalen Abstand des Artusromans zum Märchen überdeutlich. Märchenmotive und Märchenstrukturen werden im Artusroman C.s hierarchisch überlagert von eben dieser Sinnstruktur, die sich aus der Funktion dieser Romane als Selbstdarstellung der höfischen Gesellschaft und als Ort des Austrags von Wertkonflikten aus dem Bereich der Ideale dieser Gesellschaft versteht. Der beschriebene Zusammenhang muß aber zugleich davor warnen, das Wunderbare zum magischen Bereich zu erklären und im Sinne einer Interpretation tiefenpsychol. Art den Werken einen scheinbaren Tiefsinn zu unterschieben, der nur einer vorschnellen Projizierung aufs Allgemein-Menschliche entspricht und die literar. Eigenart des betr. Werkes zu kurz kommen läßt[10].

7. Zur Geschichte der Forschung. Eine nähere Erforschung des Verhältnisses von Märchen und Artusroman ist relativ jüngeren Datums. Einzelne Parallelen waren zwar immer beobachtet worden, aber eine erste ausführlichere Bestandsaufnahme hat erst W. Völker (1972) unternommen. Erste Untersuchungen von strukturalistischer Seite brachten wenig Befriedigendes[11], aber neue Wege wies der Versuch von I. Nolting-Hauff (1974), die von V. Ja. Propp anhand der Klassifizierung russ. Märchen gewonnenen Strukturmerkmale auf den Aufbau des C.schen Artusromans anzuwenden. Allerdings unterschied die Verfasserin nicht genug zwischen den Problemen der Genese dieser Werke und gattungsbedingter Struktur und kam in der schwierigen Frage der Beziehung zwischen einfacher Form und narrativer Großform noch zu keinen befriedigenden Ergebnissen. Fruchtbar war aber die Herausarbeitung einiger Momente, die den Artusroman vom Märchen charakteristisch unterscheiden: Tendenz zur Dialogisierung und zur stärkeren szenischen Aufteilung der Romanhandlung, Einschub von Handlungen dekorativen und zeremoniösen Charakters, ferner deskriptive Einschübe und Erzählerreflexionen, die vor allem im Dienst einer höfischen Ideologisierung der Handlung stehen. Neue Ansätze aus jüngster Zeit (Warning 1978) versuchen das von dem Strukturalisten A. Greimas[12] entwickelte, auch vom Zaubermärchen ausgehende Aktantenschema für ein besseres Verständnis der Struktur des Artusromans fruchtbar zu machen. Da es jedoch zur Beschreibung der großen strukturalen Zusammenhänge nicht ausreicht, wird zu deren Erfassung das aus der Bibelexegese entwickelte Figuralschema[13] verwendet. Zwischen diesen beiden Schemata sieht Warning jedoch eine „axiologische Heterogenität", die nur wegen der vom Autor in Anspruch genommenen ironisch-distanzierten Erzählerrolle zunächst nicht bewußt wird. Wenn auch C. zwischen „matière" und „sens" einer Geschichte unterscheidet (cf. die berühmte, in der Forschung heiß diskutierte Stelle *Lancelot*, V. 26), so wird doch ein „Sinngehalt" nicht exegetisch dargelegt, sondern auf dem Wege über das Figuralschema erzählerisch integriert. Das konnte einem in geistlicher Lit. bewanderten Publikum nicht fremd sein. Es wird also nicht didaktisch – exegetisch belehrt, sondern zum Entdecken und Verstehen im genußvollen Mitvollzug des Spieles eingeladen. In diesem Sinne kann man sagen, daß von Warning einer strukturalistischen Betrachtungsweise ein pragmatischer Ansatz übergeordnet wird.

→ Artustradition, → Erek, → Gawein, → Gral, → Iwein, → Lancelot, → Parzival

[1] C. Luttrell (v. Lit. 1974) möchte jetzt die Hauptwerke wesentlich später ansetzen: Erec 1184–86, Cligès 1185–87, Yvain I 1186–87, Lancelot 1187–88, Yvain II 1188–89, Perceval 1189–90. Es ist aber kaum anzunehmen, daß sich seine Datierungen in der Forschung durchsetzen werden. – [2] cf. dazu Nolting-Hauff, I.: Die Liebeskasuistik im höfischen Roman. Heidelberg 1959. – [3] "Ce public [. . .] raffolait du merveilleux, de l'ambiguïté. Il avait le gout des énigmes [. . .]" schreibt mit Recht R. Guiette in: Romanica Gandensia 8 (1960) 53. – [4] Hunt, T.: The Art of Iarlles y Ffynnawn and the European Volksmärchen. In: Studia Celtica 8/9 (1973/74) 106–120. – [5] Extreme Befürworter eines starken kelt. Einflusses sind vor allem R. S. Loomis und J. Marx in zahlreichen Veröff.en; cf. die sorgsame, aber letzten Endes doch noch zu positiv ausfallende Darstellung von Lange, W.-D.: Kelt.-rom. Lit.beziehungen im MA. In: Grundriß der rom. Lit.en des MA.s 1. ed. H. R. Jauß/E. Köhler. Heidelberg 1972, 163–205. – [6] Fragwürdig und überdies viel zu allg. bleibt

der Versuch von W. Haug, Strukturen des Artusromans von den Imrama herzuleiten: Vom Imram zur Aventiure-Fahrt. In: Schröder, W. (ed.): Wolfram-Studien. B. 1970, 264–298. – [7] cf. die in der Lit. angeführten Arbeiten von Köhler (1956), Haidu (1968), Brand (1972) und Luttrell (1974). Wertvolle Beitr.e kamen aber auch aus der germanistischen Forschung zu den entsprechenden Werken Hartmanns von Aue und Wolframs von Eschenbach; bahnbrechend war hier Kuhn, H.: Erec. In: Festschr. P. Kluckhohn/H. Schneider. Tübingen 1948, 122–147 (in verschiedenen Sammelbänden nachgedruckt). – [8] Das Problem der Genese genauso naiv-realhistorisch umgekehrt aufzufassen und das Märchen vom Artusroman abzuleiten, wäre natürlich noch absurder, aber auch das wird immer wieder versucht; cf. z. B. noch Mauritz, H.-D.: Der Ritter im magischen Reich. Bern 1974, 11. – [9] Von älteren Arbeiten zu diesem Thema verdient die Diss. von Haasch, G.: Das Wunderbare im höfischen Artusroman. B. 1955, Erwähnung, die reiches Material bietet, den Artusroman aber zu einseitig vom Märchen abrückt. Zahlreiche wertvolle Beobachtungen finden sich bei Carasso-Bulow, L.: The Merveilleux in C. de Troyes' Romances. Genève 1976. Die Konstruktion von vier Stufen des Wunderbaren bleibt freilich problematisch, und die Verf.in setzt zu weitgehend eine Rationalisierung irgendwelcher Mythen und Märchen voraus, ohne daß diese als solche eigentlich greifbar würden. – [10] Dieser Gefahr ist auch die Unters. von Mauritz (wie not. 8) nicht entgangen. Der Verf. stellt übrigens die Welt des Magischen=Märchenhaften der ritterlichen Welt im Roman in einer Weise gegenüber, als ob diese Realität nicht auch schon dichterische Fiktion sei. –

[11] z. B. Dorfman, E.: The Narreme in Medieval Romance Epic. Toronto 1969. – [12] Außer den grundlegenden Abschnitten in seiner Sémantique structurale (P. 1966) cf. u. a. die jetzt in seinem Sammelband Du Sens (P. 1970) bequem zugänglichen Aufsätze Pour une théorie de l'interprétation du récit mythique und La Structure des actants du récit. – [13] Dieser Begriff wurde entwickelt und für die Interpretation ma. Texte (u. a. für Dantes Werk) fruchtbar gemacht durch Auerbach, E.: Figura. In: Archivum Romanicum 22 (1938) 436–489. Die erste ausführliche Interpretation eines C.schen Romans auf dieser Basis findet sich bei Murtaugh, D. M.: Oïr et Entandre. Figuralism and Narrative Structure in C.'s Yvain. In: Romanic Review 64 (1973) 161–174.

Ausg.n des erzählerischen Werks: Grundlegend ist noch immer die Ausg. der sämtlichen Werke (Halle) durch W. Foerster: t. 1: Cligès 1884; t. 2: Der Löwenritter (Yvain) 1887; t. 3: Erec et Enide 1890; t. 4: Der Karrenritter (Lancelot) und das Wilhelmsleben (Guilleaume d'Angleterre) 1899; t. 5: Der Percevalroman (Li contes del Graal). ed. A. Hilka 1932. – Dazu erschienen (z. T. verb.) kleine Ausg.n in der Rom. Bibl. (Halle): t. 1: Cligès ^{4}1921; t. 5: Yvain ^{4}1912; t. 13: Erec et Enide ^{3}1934. – Nach dem 2. Weltkrieg erschienen innerhalb der CFMA Einzelausg.n in mehreren Aufl.n nach der Hs. B. N. fr. 794 (in der Verszählung leicht von der Foersterschen Ausg. abweichend): Erec et Enide. ed. M. Roques. P. 1952; Cligès. ed. A. Micha. P. 1957; Lancelot. ed. M. Roques. P. 1958; Yvain. ed. M. Roques. P. 1960; Le Conte du Graal 1–2. ed. F. Lecoy. P. 1972/75. – In der Reihe TLF erschien vom Graalroman ferner eine Einzelausg. nach der Hs. B. N. fr. 12 576 durch W. Roach (Genf/P. 1956).

Lit.: Zusammenfassende Darstellungen: Cohen, G.: Un grand romancier d'amour et d'aventure au XIIe siècle, C. de Troyes et son œuvre. P. ^{2}1948 (z. T. veraltet). – Hofer, S.: C. de Troyes. Leben und Werke. Graz/Köln 1954. – Frappier, J.: C. de Troyes. P. ^{2}1968 (mit Bibliogr.; wertvollste Darstellung, jedoch übertriebene Einschätzung des kelt. Einflusses). Er hat auch zwei wichtige Vorlesungsskripte in Buchform erscheinen lassen: Étude sur Yvain. P. 1969; id.: C. de Troyes et le mythe du Graal. P. 1972. – Kelly, D.: Chrétien de Troyes. An Analytic Bibliography. L. 1976 [1977]. – Micha, A.: C. In: Grundriß der rom. Lit.en des MA.s 4,1. ed. H. R. Jauß/E. Köhler. Heidelberg 1978, 231–264 (dazu Bibliogr. im Dokumentationsband 4,2); Frappier, J.: Graalroman. In: ibid., 332–354.

Spezielle Unters.en (bes. zu Aufbaufragen, Erzähltechnik, Verhältnis zum Märchen): Kellermann, W.: Aufbaustil und Weltbild Chrestiens von Troyes in seinem Percevalroman. Halle 1936 (Nachdr. Tübingen 1967) ist für das ganze Werk C.s wichtig. – Emmel, H.: Formprobleme des Artusromans und der Graldichtung. Bern 1951. – Köhler, E.: Ideal und Wirklichkeit in der höfischen Epik. Tübingen 1956 (erg. Nachdr. 1970), eine ausgezeichnete Darlegung zu den Begriffen der 'aventure' und 'costume', darüber hinaus eindringliche Analysen der Hauptwerke. – Haidu, P.: Aesthetic Distance in C. de Troyes. Genève 1968. – Völker, W.: Märchenhafte Elemente bei C. de Troyes. Bonn 1972. – Brand, W.: C. de Troyes: Zur Dichtungstechnik seiner Romane. Mü. 1972. – Nolting-Hauff, I.: Märchen und Märchenromane. In: Poetica 6 (1974) 129–178, 417–455. – Luttrell, C.: The Creation of the First Arthurian Romance. L. 1974, in den Grundthesen sehr kühn und kaum haltbar, aber sehr wertvoll zu Motivik und Technik. – Warning, R.: Formen narrativer Identitätskonstitutionen im höfischen Roman. In: Grundriß der rom. Lit.en des MA.s 4, 1. Heidelberg 1978, 25–59.

München Karl Otto Brogsitter

Christensen, Arthur Emanuel, *Kopenhagen 9. 1. 1875, † ibid. 31. 3. 1945, dän. Orientalist und Erzählforscher. 1903 Promotion mit einer Arbeit über die *Rubā'ijāt* des 'Umar-i-Khayyām[1], 1907–18 Auslandskorrespondent der *Berlingske Tidende* (Kop.), 1919 außerordentlicher Professor für iran. Philologie an der Univ. Kopenhagen.

C. unternahm mehrere Reisen in den Iran, wo er Mundarttexte, Volkserzählungen etc. sammelte und später veröffentlichte[2]. Seine langjährige Beschäftigung mit Geschichte und Sagen des klassischen und ma. Persien schlug sich in seinem Hauptwerk *L'Iran sous les Sassanides* (Kop. 1936, ²1944) nieder.

C. bearbeitete mehrere Themenkreise. Seine Untersuchungen der legendären Geschichte Persiens führten u. a. zu den Monographien *Les Types du premier homme et du premier roi dans l'histoire légendaire des Iraniens 1–2* ([*Archives d'études orientales 14*]. t. 1: Sth. 1917, t. 2: Leiden 1934) und *Les Gestes des rois dans les traditions de l'Iran antique* ([Univ. Paris. Conférences Ratanbai Katrak 3]. P. 1936), worin er, nicht selten aus der Perspektive der modernen Erzählforschung, eine Fülle klassischen und ma. Materials sichtete. Seine Interessen erstreckten sich auch auf Religion und Volksglauben. So veröffentlichte er den *Essai sur la démonologie iranienne* ([*Det kongelige danske videnskabernes selskab. Historisk-filologiske meddelelser* 27, 1]. Kop. 1941). Seine Sammeltätigkeit erbrachte u. a. die Studie *Les Sots dans la tradition populaire des Persans* (in: *Acta orientalia* 1 [1922] 42–75), der später Untersuchungen entsprechenden internat. Materials folgten, was schließlich zu den Publikationen *Molboernes vise gerninger* ([DF 47]. Kop. 1939; molboer, i. e. dän. → Schildbürger) und *Dumme Folk* ([DF 50]. Kop. 1941) führte, in denen er der Geschichte und der Entwicklung von Narrenerzählungen in Europa und im Orient nachging.

Schließlich ist zu erwähnen, daß C. den Versuch unternahm, ein logisches System zur Klassifizierung von Volkserzählungen auszuarbeiten: *Motif et thème. Plan d'un dictionnaire des motifs de contes populaires, de légendes et de fables* ([FFC 59]. Hels. 1925)[3]. Sein System ist geistreich angelegt und enthält viele scharfe Beobachtungen, war indes nicht praktikabel; doch sind seine Vorschläge in S. Thompsons *Motif-Index of Folk-Literature* eingegangen.

[1] C. überarbeitete seine Diss. in: Critical Studies in the Rubâ'ijât of 'Umar-i-Khayyâm (Det kongelige danske videnskabernes selskab. Historisk-filologiske meddelelser 14, 1). Kop. 1927. Hier zeigte er, daß die Rubā'ijāt-Tradition aus mehreren Schichten besteht, deren Kern aus 121 Texten mit einiger Wahrscheinlichkeit 'Umar-i-Khayyām selbst zugeschrieben werden darf, während die restlichen Texte spätere Ergänzungen sind. – [2] z. B.: Contes persans en langue populaire. Publiés avec une traduction et des notes (Det kongelige danske videnskabernes selskab. Historisk-filologiske meddelelser 1, 3). Kop. 1918; Persiske æventyr, oversatte. Kop. 1924; Märchen aus Iran. MdW 1939 (MdW 1958 [unter dem Titel: Pers. Märchen]). – [3] Eine Bewertung gibt Taylor, A.: Anordnungsprinzipien. In: HDM 1, 73–79, hier 76 sq.

Lit.: Barr, K.: A. C. In: Oversigt over Det kongelige danske videnskabernes selskabs forhandlinger 1945–46. Kop. 1946, 65–82, Bibliogr. 83–102.

Kopenhagen Bengt Holbek

Christiansen, Reidar Thoralf, *Nes (Romerike, Ostnorwegen) 27. 1. 1886, † Oslo 22. 7. 1971, norw. Folklorist. Nach dem Studium der Theologie und der Promotion (*Die finn. und nord. Var.n des zweiten Merseburgerspruches* [FFC 18]. Hamina 1914) von 1915–20 Universitätsstipendiat in Folkloristik. C. wurde 1921 erster Archivar der Norsk Folkeminnesamling, ein Amt, das er bis 1951 bekleidete. 1952–56 Professor für Volkskunde an der Univ. Oslo. Er hielt auch Vorlesungen über die finn. und lapp. Sprache sowie Religionsgeschichte. Nach seiner Emeritierung Gastprofessuren in Bloomington (1956/57) und Leeds (1963/64), 1957/58 Mitarbeiter der Irish Folklore Commission, deren Einrichtung er 1930 unterstützt hatte. 1954 Ehrendoktor der Univ. Dublin.

C.s Forschungsinteressen umfaßten Märchen und Sagen, Balladen des MA.s und Bänkellieder, Rätsel, Sprichwörter, Zaubersprüche, Volksglauben und Religionsgeschichte. Abgesehen von der skand.

spezialisierte er sich vor allem auf finn., lapp., ir. und gäl. Tradition. Durch seine reiche wiss. Produktion gewann er bes. als Märchen- und Sagenforscher internat. Anerkennung. Als Schüler A. → Aarnes und K. → Krohns prägte die → geogr.-hist. Methode den größten Teil seiner Forschung. Sie inspirierte auch seine grundlegende Arbeit an der Norsk Folkeminnesamling (heute Institutt for folkeminnevitskap). Dort registrierte und katalogisierte C. große Teile der Manuskriptsammlung. Aus dieser Arbeit entstand der mit ausführlichen Inhaltsangaben aller Varianten versehene Typenkatalog *Norske eventyr. En systematisk fortegnelse efter trykte og utrykte kilder* (Kristiania 1921; gekürzte engl. Ausg.: *The Norwegian Fairytales* [FFC 46]. Hels. 1922). Dasselbe System liegt auch dem Katalog der ca 80 häufigsten norw. Sagentypen zugrunde (*The Migratory Legends. A Proposed List of the Types with a Systematic Catalogue of the Norwegian Variants* [FFC 175]. Hels. 1958). Zusammen mit S. → Ó Súilleabháin erarbeitete C. einen Typenkatalog für das ca 43.000 Varianten umfassende ir. Märchenmaterial (*The Types of the Irish Folktale* [FFC 188]. Hels. 1963). Darüber hinaus verfaßte er mehrere kleinere Abhandlungen zu einzelnen Erzählungen: *Die Schwalbe* (In: FUF 10 [1910] 127–153), eine Ätiologie aus finn. und skand. Sprachgebiet; Studien über die Erzähltypen AaTh 613: *Die beiden → Wanderer* (*The Tale of the Two Travellers or the Blinded Man* [FFC 24]. Hamina 1916) und AaTh 311: *Das verbotene → Zimmer* (*The Sisters and the Troll.* In: Studies in Folklore. Festschr. S. Thompson. Bloom. 1957, 24–39). Diffusion und hist. Zusammenhang bildeten wichtige Problemfragen in C.s Forschungen. Er schrieb mehrere Abhandlungen über das Verhältnis von norw./ir., finn., lapp. und dän. Märchentradition. Sein Hauptwerk *Studies in Irish and Scandinavian Folktales* (Kop. 1959) behandelt AaTh 300, 302, 303, 306, 325, 326, 332, 400, 451, 470, 471, 565. Er fand Übereinstimmungen, Parallelen und einzelne direkte Zusammenhänge; seine wesentliche Schlußfolgerung lautete jedoch: „In almost every case no definite conclusion as to direct connection between Irish and Scandinavian folktales could be drawn" (p. 231). Derartige Zurückhaltung beim Aufstellen allg. Ergebnisse ist charakteristisch für C. Das Diffusionsproblem behandelt er auch in seinen Sagenstudien *Kjætten paa Dovre* (Kristiania 1922), eine Sage, die sich von Norwegen her auf dem Kontinent verbreitete (cf. AaTh 1161: → *Bärenführer*) und *Havfruen. Til de norske sjøvetters historie* (In: MM [1935] 1–21). Diese Sagen zeigen einen entgegengesetzten Wanderungsweg.

Hist. Zusammenhänge stehen im Mittelpunkt der Abhandlung über *The Vikings and the Viking Wars in Irish and Gaelic Tradition* (Oslo 1931) sowie der Beiträge *Nordsjøsagn* (In: Arv 13 [1957] 1–20) und *The People of the North* (In: Lochlann 2 [1962] 137–164). Religionsgeschichtliche Probleme behandelt C. z. B. in *The Dead and the Living* (Oslo 1946), einer systematischen Darstellung nord. Todesvorstellungen.

Veröff.en (soweit nicht bereits im Text genannt) in Ausw.: Norske folkeminne. En veiledning for samlere og interesserte (NFL 12). Oslo 1925. – Utgivere og eventyr. Litt kildekritikk. In: Nordiskt folkeminne. Festschr. C. W. von Sydow. Sth. 1928, 37–48. – Norske folkesegner. In: Nordisk kultur 9 (1931) 161–180 (gemeinsam mit K. Liestøl). – Norske eventyr. In: ibid., 264–281. – [Märchenforschung in Irland]. In: BP 5, 57–64. – Studies of Northern Folktales. Examples. Wants. In: Saga och sed (1935) 103–119. – Der Wilde Jäger in Norwegen. In: ZfVk. 46 (1938) 24–31. – Sagnstudier. In: MM (1941) 115–141. – Gårdvette og markavette. In: MM (1943) 137–160. – Comparative Notes on Pashai Folktales. In: Morgenstierne, G.: Indo-Iranian Frontier Languages. 3: The Pashai Language. 2: Texts and Translations. Oslo 1944, XVIII–XXXVII. – Sagan om Yvon og Finette. In: FoF 31 (1944) 74–82. – Et eventyrs krokveier. In: Studia septentrionalia 2 (1945) 69–83. – Eventyrvandring i Norge. In: Arv 2 (1946) 71–93. – Ecstasy and Arctic Religion. In: Studia septentrionalia 4 (1953) 19–93. – European Folklore in America. Oslo/Bergen 1962. – Midwife to the Hidden People. A Migratory Legend as Told from Ireland to Kurdistan. In: Lochlann 6 (1974) 104–117.

Textausg.n: Fra gamle dager. Folkeminner i Land. In: Landingboka 2. Oslo 1924/25, 1–256 (Neuausg. unter dem Titel: Boka om Land.

Oslo 1952, 127–336). – Norske sagn. Oslo 1938. – Folktales of Norway. L. 1964. – Norw. Volksmärchen. ed. K. Stroebe/R. T. C. MdW 1967.

Lit.: Sommerfeldt, W. P.: R. T. C.s forfatterskap. In: Eventyr og sagn. Festschr. R. T. C. Oslo 1946, 161–168. – Alver, B.: R. T. C. In memoriam. In: Arv 28 (1972) 82–85. – Grambo, R.: R. T. C. (1886–1971). In: Fabula 13 (1972) 181 sq. – Bø, O.: Minnetale over Professor, Dr. philos. R. T. C. In: Det Norske Videnskaps – Akademi i Oslo. Årbok 1972. Oslo 1973, 77–82. – Alver, B.: R. T. C. 1885–1970. [sic!] In: Lochlann 6 (1974) 182–186.

Bergen Reimund Kvideland

Christliche Erzählstoffe

1. Allgemeines – 2. Gott und Gotteswelt – 3. Die Schöpfung – 4. Die Menschwerdung und Erlösung – 5. Die Sakramente – 6. Die Gebote und Verbote – 7. Rechtfertigung und Gnade – 8. Die Letzten Dinge des Menschen – 9. Die Gottesverehrer und der christl. Kult

1. Allgemeines. Sowohl der Bestand an genuin christl. Volkserzählungen als auch der Einfluß, den christl. Denkweisen und Lehren auf traditionelle Erzählungen anderer Herkunft ausgeübt haben, sind in der Vergangenheit bedeutend unterschätzt worden[1]. Nicht nur die irrige Auffassung, daß den Märchen eine „durchaus nichtchristliche Geistigkeit" zugrundeliege[2], sondern auch die von den Mythologen des 19. Jh.s allg. vertretene Ansicht, daß man in den überlieferten Volkserzählungen Reste germ. Götter- und Heldensagen fassen könnte[3], haben oftmals die Tatsache verdrängt, daß ein Großteil ihres Gesamtbestandes aus Zeiten, von Völkern und aus Gebieten stammt, die längst voll christianisiert waren, und daß deshalb viele von ihnen, teils intendiert, teils akzidentell, ein christl. Weltbild vertreten.

In der Tradition der Kirche spielte zudem die Volkserzählung schon seit den Tagen des Urchristentums eine zentrale Rolle als Mittel der Kommunikation und Unterrichtung über die religiösen Grundauffassungen, ähnlich wie zuvor schon in jüd. und altägypt. Zeit. Nicht nur vom Leben und Wirken Jesu (→ Christus), sondern auch von den Bekehrungstaten und den Erlebnissen der → Apostel handelten Erzählungen, die sich der offiziellen Lehrverkündigung teils enger, teils freier anschlossen und die innerhalb der Glaubensgemeinschaften tradiert wurden (→ Apokryphen). Die Erzählungen und ihre immer wieder modifizierten, aktualisierten und auf andere Persönlichkeiten übertragenen Nachbildungen fanden mit den zahlreichen Missionswellen[4] weltweite Verbreitung (→ Kreuzzüge), jeweils in Ausprägungen, die der Kultur und dem Verständnishorizont der Empfänger angepaßt worden waren oder die sie sich in entsprechender Weise angeeignet hatten (→ Glaubensfabulat). Diese 'Akkomodation' führte jedoch nie zu einer Umformung substantieller Aussagen der christl. Heilslehre, die im Gegenteil immer dominant blieb. Die Annahme, daß die christl. Akkomodierung vielfach nur die Oberfläche der Überlieferung betroffen hätte, unter der in der Regel vor- oder außerchristl. (paganes, heidnisches) Traditionsgut erhalten geblieben wäre, hat sich durchweg nicht bestätigt (→ Altersbestimmung des Märchens, → Orale Tradition). Sie unterschätzte auch den Einfluß der christl. Volkserzählung auf die Erzählpraxis.

Sieht man von dem substantiell weniger bedeutsamen Niederschlag allgemeiner christl.-religiöser Einstellungen und Verhaltensweisen ab (Gottvertrauen, Segenwünschen, Beten; → Frömmigkeit), läßt sich der christl. Anteil an der Volkserzählung grundsätzlich nicht als Überschichtung begreifen, da selbst die Übernahme verfügbarer Erzählmotive nie zu einer Weiterverwendung paganer Erzählungen mit christl. Überbau führt, sondern der Erzählvorgang immer den Erfordernissen der jeweiligen christl. Aussage angepaßt wird (→ Didaktisches Erzählgut, → Tendenzhaftigkeit). Viele charakteristische Volkserzählungsmerkmale besitzen jedoch in der christl. Tradition, nicht nur auf Grund gesellschaftlicher Verhältnisse, auffällige Parallelen: die Hervorhebung des hierarchischen Gesellschaftsaufbaues, die Kontrastierung von → Gut und Böse, → Arm und Reich, → Glück und Unglück, die Wundergläubigkeit, das Streben nach Erklärung natürlicher und übernatürlicher Gegebenheiten etc. Ausgesprochen un- oder antichristl. Volkserzählungen sind kaum überliefert, abgesehen von solchen in der paganen Widerstandsliteratur der ausgehenden Antike, in der ähnlich gelagerten Lit. des jüd. und islam. Kulturbereiches und im atheistisch tendierten Schrifttum der Moderne[4a]. Stark überschätzt wurde in der Vergangenheit auch die Rolle christl. Sekten und von ihnen herrührender Erzählungen[5].

Dagegen hat sich gezeigt, daß z. B. manche Volkssagen im Zuge eines Säkularisierungsprozesses aus christl. Exempeln hervorgewachsen sind[6]. Entsprechend besitzen nicht wenige Volksmärchen Vorläufer und Vorbilder in Erzählungen der *Bibel*, von denen feststeht, daß sie erst durch die liturgisch-exegetische Praxis der christl. Kirche zum Allgemeinbesitz der Gläubigen geworden sein können. Der von H. → Gunkel, S. → Liljeblad u. a. vertretenen Ansicht, daß Märchenstoffe, die ähnlich schon in der *Bibel* begegnen (z. B. *Herrn Peters Seefahrt*[7] = → Jonas; *Der Reisekamerad* = Tobit [cf. AaTh 505–508: → *Dankbarer* Toter]), nicht von ihr, sondern von einer – stets nicht belegten – anderen traditionellen Quelle abhängig wären, wird man heute im Hinblick sowohl auf die → Chronologie der Belege als auch auf die Überlieferungsgesetze eher skeptisch begegnen (→ *Altes Testament*).

Einer sachlich zureichenden Einschätzung des christl. Anteils an der Volkserzählung stand zudem in der Vergangenheit einerseits die Einengung des Blickfeldes auf den Kanon der bibl. Schriften entgegen, die auf das breite Umfeld an beschreibenden, erläuternden, hinweisenden Erzählungen rein christl. Thematik keine Rücksicht nahm (→ Religiöse Motive), andererseits der vereinzelt schon im Spätmittelalter, allgemein dann seit der Aufklärung beobachtbare Rückgang an Kenntnissen über spezifische christl. Vorstellungsgehalte und Lehrmethoden (insbesondere der Missionsorden), der in vielen Fällen eine Fehlbeurteilung entsprechender Überlieferungen bedingte. Diese Fehlbeurteilung wurde durch die Zuordnung christl. Volkserzählungen zu Gattungen begünstigt, die auf ihre bes. christl. Merkmale nicht abgestimmt waren. So gerieten Erzählungen, die der Darlegung eigenchristl. Probleme, wie der ‚supernaturalitas', dienten, unter die Sagen, während entsprechende Beispielerzählungen zur Sakramenten- oder Morallehre den Märchen oder Schwänken zugeordnet wurden (→ Buße, Bußaufgaben). Wie eine solche Zuordnung der christl. Volkserzählungen die Einsicht in ihre Beschaffenheit, Herkunft und Funktion behinderte, bewirkte schon an sich die Einteilung des Überlieferungsgutes in Sagen, Märchen, Schwänke und Legenden, daß man oft nur die letzteren als christl. Erzählungen (mit direkten Parallelen im Islam, im Buddhismus etc.) ansah, denen man die anderen Gattungen als im wesentlichen 'nichtchristliche' gegenüberstellen zu können vermeinte. Nur so sind die weite Ausdehnung des Begriffes 'Legende' auf nahezu alle religiös anmutenden Erzählungen, auch solche ohne christl. Personal, und die Annahme einer abgrenzbaren Wechselbeziehung zwischen Legende und Märchen oder Legende und Sage erklärlich. Tatsächlich aber betreffen die Legenden (im strengen Sinn als Heiligenviten) – wie vor allem L. → Kretzenbacher gezeigt hat – nur einen Teil der erzählenden christl. Volksdichtung, zu der neben anderen Gruppen, wie Mirakel und Exempel, Gleichnis und Parabel sowie Ätiologie und Gründungserzählung (→ Bauplatzlegende), auch zahlreiche sonstige 'Religious Tales' (AaTh 750–849) zu zählen sind.

Die apologetischen, dogmatisch begründeten oder am Dogma orientierten christl. Volkserzählungen betreffen folgende Gruppen:

2. Gott und Gotteswelt. Gott tritt in der christl. Volkserzählung als gütiger Gott in Erscheinung, der die Welt wie ein Vogelnest behütet[8] und dessen 'Nichtschlafendes Auge' über die Menschheit wacht[9] (→ Trinität), wie auch als gerechter Gott, der den sündigen Menschen nach Verdienst bestraft (v. 8. Kap.)[10]. Der Erzählung von der *Sultanstochter im*

Blumengarten zufolge kann der Gläubige durch die Betrachtung der Schöpfung zur Gotteserkenntnis gelangen[11], während sich ihm Gott im Traum[12], als Stimme vom Himmel oder in den Ereignissen der Natur offenbart und in den Wundern und Wunderheilungen seine Allmacht bekundet. Die Übernatur (supernaturalitas) – nicht die Naturwidrigkeit – der Gotteswelt[13] äußert sich in entsprechenden, noch kaum vollständig erschlossenen spiritualen 'Zeichen' (signa), die den Schluß auf eine sie verursachende göttliche Macht erlauben: gebratene Hühner werden wieder lebendig (→ Bratenwunder, → Jakobspilgererzählung[14], Nikolaus von Tolentino-Legende[15])[16], ein verdorrter Stab ergrünt neu (→ Christophorus[17]-, Reprobus- und → Tannhäuser[18]-Legenden; AaTh 756: *Der grünende → Zweig*), das Korn reift gleich nach der Saat (→ Kornlegende)[19], ein Dornenstrauch trägt Rosen[20] etc.; in allen Fällen wird die Überwindung der Natur durch Gott dargelegt (→ Allegorie, cf. → Prodigien). Das Nachwirken der christl. Allegorese in der Volkserzählung ist noch weitgehend unerforscht[21].

3. Die Schöpfung. Andere christl. Volkserzählungen ranken sich um die Erschaffung der Welt und der Engel, den Engelsturz und die Macht und Ohnmacht der gefallenen Engel, insbesondere des Teufels (cf. AaTh 1030: → *Ernteteilung*; AaTh 826: → *Sündenregister auf der Kuhhaut*; → Teufelsbraut, → Teufelsmutter oder -großmutter). Häufig wird in ihnen die Opposition von Gott und Teufel als Weltschöpfer aufgegriffen[22], bei der Gott regelmäßig das Gute (Nützliche), der Teufel dagegen das Böse (Unnütze) erschafft. Diese Erzählungen beruhen nicht auf sektiererischen Auffassungen wie der auf dem Konzil von Braga verurteilten Lehre des Priscillianus, derzufolge der Teufel dabei aus eigener Machtvollkommenheit (sua auctoritate) handele[23], sondern auf jüngeren Exegesen zum Gleichnis vom Unkraut auf dem Acker (Mt. 13, 36–39). Weitere herausragende Themen betreffen die Macht des Christentums über den Teufel[24], das Schicksal der Teufelsbündner (→ Faust, → Teufelspakt, → Theophilus)[25] und die Trauer des Teufels über den Verlust der Anschauung Gottes (Erzählung von der 'Messersäule des Mephistopheles')[26]. Auch von der Erschaffung des ersten Menschenpaares und vom Ursprung der Klassen und Stände (AaTh 758: *Die ungleichen Kinder → Evas*)[27] wird erzählt, wobei die Herkunft Evas aus der Rippe Adams oft zum Anlaß für schwankhafte und erotisch gefärbte Schilderungen wird (→ Adam und Eva)[28].

4. Die Menschwerdung und Erlösung. Breiten Raum nehmen die Volkserzählungen über den Sündenfall, die Bestrafung der Schlange, die Reue der aus dem Paradies Vertriebenen und die als Folge des Sündenfalles eintretenden körperlichen Veränderungen des Menschen ein[29]. Weitere Themen betreffen Adams Testament und Tod[30] und das Gericht über Adam und Eva, das oft mit der litigatio sororum, dem Streit der 'göttlichen Schwestern' Barmherzigkeit und Gerechtigkeit, verbunden wird[31]. Sie bilden den Ausgangspunkt vieler Erzählungen, die in der Menschwerdung (Inkarnation) und dem für die Sünden der Menschen stellvertretend vollbrachten Opfertod des Gottessohnes (satisfactio vicaria) den Sieg der göttlichen Barmherzigkeit über die an sich Strafe fordernde Gerechtigkeit Gottes feiern. Hierher gehören alle Stoffe, die im Sinne des Paulus (Röm. 5, 12–21) einen Zusammenhang zwischen Sündenfall und Erlösung, zwischen Adam und Christus (dem 'zweiten Adam')[32], 'Eva und Maria (der 'neuen Eva')[33] oder zwischen dem Lebensbaum im Paradies und dem Kreuz des Opfertodes Christi herstellen (→ Kreuzholzlegende[34], → Kruzifix).

Eine Vielzahl von Erzählungen umgibt die Geburts- und Kindheitsgeschichte Jesu (→ Apokryphen, → Christus, → Geburtslegenden, → Kindheitslegenden). Einige heben die Übernatur des Gottessohnes hervor, wenn sie die wunderbaren Ereignisse der Geburtsnacht beschreiben (drei Sonnen erscheinen am Himmel; Weinberge reifen; Öl fließt aus den Brunnen; Tempel stürzen zusammen; die Schrift des alten Bundes erlischt etc.)[35], andere – wie die Erzählung von den 'Josephshosen'[36] – betonen die 'wahre Menschheit' Jesu Christi, indem sie auf dessen irdische Bedürfnisse abheben. Schon die apokryphen Kindheitsevangelien suchen die Berichte der Evangelisten über das Leben Jesu zu ergänzen, wenn sie z. B. die Gotteserkenntnis der 'unvernünftigen Tiere' Ochs und Esel an der Krippe (nach Jes. 1, 3)[37] oder die Anteilnahme der Natur am Geschick der hl. Familie durch das Palmbaumwunder der Flucht nach Ägypten beschreiben[38]. Hinzu treten in der Neuzeit, unter dem Einfluß des 'Familiarismus' der Jesuiten[39], zahlreiche Geschichten über die hl. Anna, den 'hl. Nährvater' Joseph[40] und über das Leben der hl. Familie in Ägypten und in Nazareth. Nur vereinzelt wird in jüngerer Zeit auf die apokryphen Erzählungen von den Jugendwundern Jesu zurückgegriffen (z. B. Belebung der Tonvögel; Belehrung des Schulmeisters etc.), während man häufig von den Bestrafungen der Trägheit und der Ungastlichkeit durch Jesus erzählt (→ Erdenwanderung der Götter)[41]. Eine eigene Gruppe bilden die Volkserzählungen über die Unnachahmbarkeit der Wunder Jesu (z. B. das 'Jungschmieden' AaTh 753: → *Christus und der Schmied*; cf. AaTh 774 A: → *Petrusschwänke*)[42], die ihre dogmatische Grundlage in der Warnung vor den falschen Propheten besitzen (Mt. 24, 11 und 24; Mk. 13, 22).

Im Zentrum des christl. Erzählens stehen naturgemäß die vor allem aus der Visionsliteratur gespeisten Erzählungen über das 'geheime' und über das geoffenbarte Leiden und Sterben Jesu[43], insbesondere über die Begebenheiten auf dem → Kreuzweg (AaTh 777: → *Ewiger Jude*[44], Schulterwunde[45], Schweißtuch der hl. Veronika), über die Marter- und Leidenswerkzeuge (arma Christi)[46], vornehmlich die Kreuznägel[47] und die Lanze des Longinus[48], über das Mitgefühl der belebten und der unbelebten Natur und über die Gefühllosigkeit einzelner Bäume und Pflanzen, wie z. B. der Espe[49], und deren Bestrafung[50]. Auch von der Heilsnotwendigkeit des Opfertodes Jesu wird erzählt[51], während erläuternde Geschichten über die Grablegung, Höllenfahrt und Auferstehung in der Erzählpraxis nur eine geringe Rolle spielen.

Auf die Marienverehrung des Spätmittelalters und des Barock geht eine Vielzahl von Volkserzählungen zurück, die die Menschwerdung und Erlösung aus der Sicht der Mutter des Erlösers beschreiben (→ Marienlegenden, → Maria in Ähren; Mot. V 250sqq.). Zentrale Themen bilden dabei die Verkündigung (*Mariens Traum vom Wunderbaum*[52]), die Unbefleckte Empfängnis[53] und die Geburt Jesu (*Maria und der Fisch Concelebrant*[54]), die Vision des Leidens[55] und das Miterleben des Leidens Jesu (compassio Mariae), das oft im franziskanischen Sinne als ein 'Nachgehen' des Leidensweges Jesu (sequi vestigia eius) geschildert wird[56] (*Mariens Wanderung*[57], *Maria unter dem Birnbaum*[58], *Maria empfängt die Gaben der Eucharistie*[59]).

5. Die Sakramente. Unter den → Sakramenten der christl. Kirche werden vor allem die → Taufe, die Eucharistie und die → Buße in Volkserzählungen aufgegriffen und erläutert (→ Beichte, → Bekehrung), während Priesterweihe (ordo) und Ehe vereinzelt, Firmung und letzte Ölung (Krankensalbung) fast gar nicht behandelt werden. Die Taufe, das Sakrament der Wiedergeburt, erscheint als Heilmittel sowohl für die physische als auch für die metyphysische Blindheit (Legenden der Heiligen → Lucia und → Odilia[60]), sie läßt den Hundsköpfigen zum menschlichen Ebenbild Gottes werden[61] (→ Christophorus), und sie verleiht dem Menschen, der „von neuem geboren" wird (Joh. 3, 3), die Fähigkeit, das Gottesreich zu schauen (AaTh 788: *Die → Wiedergeburt des verbrannten Heiligen*; zur Bluttaufe → Märtyrerlegenden). Auf die (Wieder-) Erlangung der Taufunschuld weisen häufig das weiße Kleid und – im Anschluß an die Erscheinung des Heiligen Geistes bei der Jordantaufe (Mt. 3, 13–17)[62] – die → Taube als Sinnbild der reinen Seele (AaTh 1165: → *Troll und Taufe*).

Eucharistische Züge tragen die meisten Erzählungen über das → Brot und die →Brotlegenden. Verbreitet sind Geschichten über die Verehrung der → Hostien, wie das Exempel von der Hostie im Bienenstock[63], aber auch über frevlerische Hostienschändungen und deren Bestrafungen (→ Antisemitismus, → Judenlegenden)[64]. Auf dem Glauben an die reale Gegenwart Christi im Sakrament der Eucharistie beruhen ferner die von Byzanz ausgehenden Erzählungen über blutende Christusbilder und andere 'verletzte Kultbilder', insbesondere Mariens[65].

Das Sakrament des ordo bildet die Grundlage der Volkserzählungen vom Erlöser in der Wiege, die besagen, daß die Erlösung einer Seele erst durch die Primiz eines eben geborenen Knaben bewirkt werde[66]. Auf die Integrität des Ehesakramentes zielen Volkserzählungen über mangelnde Eignung der Hochzeiter ('Rabenmutter'-Ballade)[67] und die Legenden, die von der Entscheidung für ein Leben der Ehelosigkeit um Gottes willen nach geschlossener, aber noch nicht vollzogener Ehe (matrimonium ratum, non consummatum) berichten (→ Alexius, Sebaldus)[68]. Auch die 'himmlische Brautschaft' einer Seele mit Christus in Erzählungen wie *Die Kommandantentochter zu Großwardein*[69] oder *Die Sultanstochter im Blumengarten* erhält vom Ehesakrament her ihren bes. Charakter.

6. Die Gebote und Verbote. Sowohl in Prosa- als auch in Liedgestalt begegnen Exempel, die an die im Dekalog normativ festgelegten religiösen Verhaltensvorschriften erinnern, indem sie Beispiele vorbildhaften oder abschreckenden Tuns vorführen und beurteilen. Als vorbildhaft werden vor allem demütige Gottes- und Heiligenverehrung, aufmerksames Hören der Messe, die Gewährung der Gastfreundschaft und das Austeilen von Almosen herausgestellt, als abschreckend Meineid, lästerliche Behandlung religiöser Gegenstände (*Die Studentenpassion zu Halle*[70]; → Ährenfrevel), Sonn- und Feiertagsfrevel, Eltern- und Kindesmord, Abtreibung, Unzucht und Ausschweifung, Geiz und Wucher, Betrug und falsche Anschuldigung (→ Kümmernis, → Genovefa, → Jakobspilgererzählung [→ Galgenwunder]). Auch Laster, wie der Tanz[71], werden als 'Quellsünden' der Tod- und Kapitalsünden behandelt, oft unter Anknüpfung an das Modell der Sündenheptas[72].

7. Rechtfertigung und Gnade. Die kontroverstheol. Standpunkte über die Rechtfertigung des Menschen veranlaßten die Abfassung von Volkserzählungen, die der protestant. sola fide-Lehre die kathol. Auffassung von der Notwendigkeit heiligmachender Werke zur Rechtfertigung entgegenstellten. Umstritten war vor allem der Grund für die Rechtfertigung des 'rechten Schächers' → Dismas (cf. Lk. 23, 43)[73]. Während ihn die Protestanten allein im Glauben des Mitgekreuzigten sahen, führten die Gegner an, daß sich der 'hl.' Dismas in der Kindheit um den Heiland verdient gemacht habe ('Überfallslegende' der Flucht nach Ägypten)[74], daß auf ihn der Schatten des Heilandes gefallen sei (*Legende vom heilenden Schatten*)[75] oder daß Maria, die mediatrix gratiarum, ihm unter dem Kreuz die Gnade ermittelt habe.

Verworfen werden die desperatio (im Anschluß an Mt. 20), die Verzweiflung oder das 'Verzagen'[76] an Gottes Barmherzigkeit, und ihr Gegenteil, die vermessene Gnadenerwartung (praesumptio)[77]. Beide führen zum Verlust der Gnade.

8. Die Letzten Dinge des Menschen. Christl. Volkserzählungen über den → Tod (→Begräbnis, → Friedhof) behandeln dessen Gewißheit, Unausweichlichkeit, Unerbittlichkeit, Unbestechlichkeit und Gerechtigkeit[78]. Sie weisen auf die Unbekanntheit der Todesstunde hin (→ Todeszeit wissen), zeigen, daß der Tod der Bekehrungsmöglichkeit ein Ende setzt, und mahnen deshalb zur rechtzeitigen Umkehr. Daß der Tod von Gott gewollt sei, lehrt die Erzählung vom 'mitleidigen Todesengel'[79]. Auch die Rückkehr der Seele in den Leib des Abgeschiedenen ist dogmatisch möglich (AaTh 755: → *Sünde und Gnade*). Das sich im Augenblick der Trennung von Seele und Leib

vollziehende 'besondere' Gericht wird in Volkserzählungen seit der Gegenreformation gern als Szene vor der Himmelstür mit Petrus als Himmelspförtner[80] dargestellt. Die Himmelstür soll die Seele daran hindern, ohne weiteres in die unverlierbare Anschauung Gottes einzugehen[81]. Petrus ist hier, wie auf seinem Erdenweg, Stellvertreter des Richters Jesus Christus, der ihn belehrt und geleitet (cf. AaTh 774 A–P: → *Petrusschwänke*). Andere Erzählungen über das Jenseitsgericht (→ Jüngster Tag) knüpfen sich an das Bild der vom Erzengel Michael[82] betätigten Seelenwaage[83]. Aufgrund der unendlichen Gerechtigkeit Gottes kann auch ein → *Zeuge aus der Hölle* (AaTh 756 C*) zurückkehren, um eine eidliche Aussage zu bekräftigen[84] oder vor dem Jenseitsgericht zu warnen (AaTh 840: → *Strafen im Jenseits*), wie andererseits ein zu unrecht Verurteilter seinen ungerechten Richter vor Gottes Gericht in das Tal Josaphat laden kann[85]. Den 'gerechten Lohn' behandeln die Legenden über Kunigunde und Hemma von Gurk[86].

Häufiger als Geschichten über den Himmel und seine Freuden finden sich Warnerzählungen über Himmelszeichen (→ Prodigien, → Prophezeiungsliteratur)[87] und über Fegefeuer, Hölle und Höllenstrafen[88] (→ Botschaften ins Jenseits, → Eschatologie, → Jenseits, → Jenseitsvisionen). Dogmatisch bekämpft, aber nie verdrängt wurde die Apokatastasis-Idee einer 'Versöhnung im Jenseits', daß am Ende der Zeiten alles in der unendlichen Güte Gottes aufgehe[89].

9. Die Gottesverehrer und der christl. Kult. Eine seit dem Frühmittelalter ständig vermehrte Zahl von Erzählungen rankt sich um die Märtyrer und Bekenner des christl. Glaubens, um die Nonnen, Mönche (→ Ave Maria auf Lilien, AaTh 471 A: → *Mönch und Vöglein*) und Eremiten (AaTh 839: *Die drei → Sünden des Eremiten*) sowie um die Priester und um die Pilger zu Gott. Meist handelt es sich um Schilderungen eines christusähnlich geführten Lebens und Leidens nach dem Prinzip der imitatio ('Der Mönch am Kreuz')[90], die mit verfügbaren supernaturalitas-Motiven (→ Gespannwunder) angereichert wurden. Andere Erzählungen betreffen das Binden und Hegen[91], die Erscheinung, das Anschwemmen (→ Schwemmwunder) und die Auffindung von Kultbildern, die Liturgie und ihre Besonderheiten (→ Altar, Gregoriusmesse [AaTh 933: → *Gregorius*], → Geistermesse[92], → Gottesdienst, → Segen, → Totenprozession), den Umgang mit Verstorbenen[93] und anderes frommes Verhalten (→ Gebet[94], → Gelübde, → Wallfahrt[95]).

Eine konsequente Ausgrenzung dieser genuin christl. Volkserzählungen aus dem sonstigen narrativen Überlieferungsgut und ihre Abgrenzung gegenüber dem Märchen oder der Sage würden auf erhebliche Schwierigkeiten stoßen. Erstens gibt es eine Vielzahl von Paraphrasen sowohl über bibl. Geschichten[96] als auch über Legenden (z. B. KHM 204 über die Alexius-Legende), die der Handlung und Tendenz ihrer Vorlage genau folgen, Personal und Requisiten jedoch frei ersetzen, so daß ihre Zugehörigkeit zum christl. Erzählkorpus ganz aus dem Blickfeld geraten kann. Zweitens finden sich außer erklärenden und dekorierenden Volkserzählungen zu bestimmten Teilen des christl. Dogmas auch solche, die den Rahmen der Apologie verlassen und teils als Schwundstufen[97] (AaTh 1860 B: → *Sterben wie Christus*) oder Gegenbildungen (→ Blasphemie), teils auch als Ergebnis innerkirchlicher Kritik, z. B. der Ordensgeistlichen gegenüber den Weltpriestern, in Erscheinung treten (→ Mönchslatein), ohne deshalb unchristlich zu werden. Nicht wenige Erzählungen wenden sich gegen übertriebene Frömmigkeit (AaTh 1324: *Der gefoppte → Beter*, → Beichtschwänke, → Fastenschwänke), gegen menschliche Schwächen der Priester und ihrer Helfer, gegen Einzelheiten der kirchlichen Didaxe (→ Katechismusschwänke, → Predigtschwänke) oder gegen normwidriges Verhalten der Gläubigen.

[1] cf. die Rez. von L. Kretzenbacher über den 1. Band der EM. In: ZfVk. 74 (1978) 224–226. – [2] Ittenbach, M.: Christl. Motive im dt. Volksmärchen. In: HDM 1, 362–366, hier 362. –

[3] Funke, U.: Enthalten die dt. Märchen Reste der germ. Götterlehre? (Diss. Bonn 1932) Düren 1932. – Emmerich, W.: Germanistische Volkstumideologie. Tübingen 1968. – [4] Ohm, T.: Wichtige Daten der Missionsgeschichte. Münster [2]1961 (verzeichnet ca 2000 zentral gelenkte Christenmissionen in Europa, Afrika, Amerika [einschließlich Lateinamerika], Asien [einschließlich Indien, China, Japan], auf den Südseeinseln und in Australien). – [4a] Bauer, W.: Das Leben Jesu im ZA. der Apokryphen. Tübingen 1909 (Repr. Darmstadt 1967) 452–486; Knejcer, V. N.: S togo sveta. Antireligioznye skazki narodov SSSR (Aus jener Welt. Antireligiöse Märchen der Völker der UdSSR). [Char'kov] 1959. – [5] Ausschlaggebend war u. a. die Überbewertung dieses Einflusses bei Dh. – [6] Röhrich, L.: Die dt. Volkssage. In: Petzoldt, L. (ed.): Vergleichende Sagenforschung. Darmstadt 1969, 217–286, bes. 252–259. – [7] Röhrich, L.: Die Volksballade von 'Herrn Peters Seefahrt' und die Menschenopfer-Sagen. In: Märchen, Mythus, Dichtung. Festschr. F. von der Leyen. Mü. 1963, 177–212. – [8] Lagerlöf, S.: Sagen und Legenden. Mü. 1964, 169–180. – [9] Kretzenbacher, L.: Bilder und Legenden. Klagenfurt 1971, 43–48: Das Nichtschlafende Auge. – [10] id.: Heimat im Volksbarock. Klagenfurt 1961, 73–80: Die Pfeile des erzürnten Gottes. –

[11] Bolte, J.: Marienlegenden des XV. Jh.s. In: Alemannia 17 (1889) 1–25, hier 1; Erk, L./Böhme, F. M. (edd.): Dt. Liederhort 3. Lpz. 1894 (Hildesheim 1963) num. 2122; Klapper, MA., num. 11; Vooys, C. G. N. de: Middelnederlandsche Legenden en Exempelen. 's-Gravenhage 1900, 146–192. – [12] Oser, F. / Venetz, H./Merz, R.: Ich hatte einen Traum. Die literar. Gestaltung des Traumes. Sprache und Bedeutung des Traumes in der Bibel und in der persönlichen Erfahrung. Olten/Fbg 1972. – [13] Brinktrine, J.: Offenbarung und Kirche 1. Paderborn 1938, 78–96. – [14] Gribl, A.: Die Jakobslegende vom Galgen-Hühnerwunder in Bayern. In: Bayer. Jb. für Vk. (1976/1977) 36–52; Kretzenbacher, L.: Kontrafakturen zur Jakobspilgerlegende in Slowenien. In: Anzeiger für Slav. Philologie 9 (1977) 127–207. – [15] id.: Zeugnis der stummen Kreatur. In: Studien zu Volkskultur, Sprache und Landesgeschichte 1. Festschr. M. Zender. Bonn 1972, 435–446. – [16] id.: „Lebenspendender Quell", Blindenheilung und Prophetie der Kaiserwürde. In: Fabula 16 (1975) 209–226, hier 216, not. 18. – [17] Rosenfeld, H.-F.: Der Heilige Christophorus. Hels. 1937. – [18] Moser, D.-R.: Die Tannhäuser-Legende. B. 1977, 92–97. – [19] id.: Die Saat im Acker der Gerechten. In: ÖZfVk. 77 (1974) 131–142. – [20] id.: Volkslieder und Volkserzählungen als Mittel religiöser Unterweisung. In: Irmen, H. J. (ed.): Tagungsber. Internat. Musikkurse Kloster Steinfeld 1974. Kloster Steinfeld 1975, 53–72. –

[21] Moser, D.-R.: Sinnbildsprache und Verstehenshorizont. In: Formen und Funktionen der Allegorie. Kolloquium der Dt. Forschungsgemeinschaft 1978 in Wolfenbüttel [im Druck]. – [22] Lixfeld, H.: Gott und Teufel als Weltschöpfer. Mü. 1971. – [23] Denzinger, H./Schönmetzer, A. (edd.): Enchiridion symbolorum [...]. Fbg [35]1973, 158, num. 458. – [24] Kühnau, R. (ed.): Schles. Sagen 2. Lpz. 1911, 651–692. – [25] Kretzenbacher, L.: Teufelsbündner und Faustgestalten im Abendlande. Klagenfurt 1968; id.: Teufelsbündner und „faustischer Mensch" im Abendlande. In: Antaios 10 (1968) 258–273. – [26] id.: Des Teufels Sehnsucht nach der Himmelsschau. In: Zs. für Balkanologie 4 (1966) 57–66; Schmidt, 285–292 (Die Messersäule des Mephistopheles). – [27] Röhrich, Märchen und Wirklichkeit, 39 und öfter; Dh. 1, 247; 2, 98–99. – [28] Dh. 1, 89–126; Röhrich, L.: Adam und Eva. Stg. 1968, 56–63, 151–167. – [29] Dh. 1, 206–248. – [30] Kretzenbacher, L.: Adams Testament und Tod. In: SAVk. 54 (1958) 129–149. –

[31] Kretzenbacher, L.: Gericht über Adam und Eva. In: Carinthia I, 156 (1966) 10–47. – [32] id. (wie not. 25) 42–53: Hunger treibt Urvater Adam zum Pakt mit dem Teufel; id. (wie not. 9) 49–74 (Jordantaufe auf dem Satansstein). – [33] Guldan, E.: Eva und Maria. Köln/Graz 1966; Schwarz, P.: Die neue Eva. Göppingen 1973. – [34] Kampers, F.: Ma. Sagen vom Paradiese und vom Holze des Kreuzes Christi. Köln 1897. – [35] Kühnau (wie not. 24) Reg.-Bd. Lpz. 1913, 114 (s. v. Christnacht). – [36] Coo, J. de: In Josephs Hosen Jhesus ghewonden wert. In: Aachener Kunstbll. 30 (1965) 144–184; id.: Das Josephshosen-Motiv im Weihnachtslied und in der bildenden Kunst. In: Jb. für Volksliedforschung 11 (1966) 58–69; Moser, D.-R.: Die Hl. Familie auf der Flucht. In: Rhein. Jb. für Vk. 21 (1972) 255–328, hier 290, not. 61–62 (Nachweise). – [37] Hennecke, E./Schneemelcher, W.: Nt. Apokryphen [...] 1. Tübingen [4]1968, 306; La Sorsa, S.: Leggende su Gesù Bambino e la Sacra Famiglia. In: Lares 11 (1940) 206–222, bes. 208–209. – [38] Dh. 2, 23–70; Cardoso, C. L.: Die „Flucht nach Ägypten" in der mündlichen port. Volksüberlieferung. In: Fabula 12 (1971) 199–211; Moser (wie not. 36) 294sq. – [39] id.: Verkündigung durch Volksgesang. Habilitations-Schr. Fbg 1978, 121–171. – [40] Kretzenbacher (wie not. 10) 63–71 (Joseph der Hausvater). –

[41] Dh. 2, 111–153; Dömötör, T.: A Type of Hungarian Faith-healing Charm and its Background. In: Arv (1972) 21–35. – [42] Dh. 2, 155–171. – [43] Zoepfl, F.: Das unbekannte Leiden Christi in der Frömmigkeit und Kunst des Volkes. In: Volk und Volkstum 2 (1937) 317–336. – [44] Moser (wie not. 39) 351–358. – [45] Kretzenbacher, L.: Steir. Nachklänge des Barockkultes um die Schulterwunde Christi. In: Zs. des Hist. Vereines für Steiermark 69 (1978) 157–165. – [46] id.: Christus soll nicht gegeißelt werden. In: ÖZfVk. 75 (1972) 116–126. – [47] id.: Kärntner Volkserinnerungen an die Reichs-Heiltümer. In: Carinthia I, 147 (1957) 803–828. – [48] id.: Lanze, Nagel und Kreuzesholz. In: Gehört – Gelesen. ed. Bayer. Rundfunk. Mü. 1975, 305–316. – [49] Moser (wie not. 39) 348–351. – [50] Dh. 2, 195–235. –

[51] Kretzenbacher, L.: Eine Birgitta-Vision im slowen. Volksliede. In: Anzeiger für Slav. Philologie 8 (1975) 151–160. – [52] id.: Mariens Traum vom Wunderbaum. In: ADEVA-Mittlgen 39 (1974) 7–16; id.: Südost-Überlieferungen zum apokryphen „Traum Mariens". Mü. 1975. – [53] id. (wie not. 9) 93–111 (Maria im brennenden Dornbusch) und 112–128 (Lebenspendender Quell). – [54] Meier, J.: Ein altes Weihnachtslied. In: Jb. für Volksliedforschung 5 (1936) 46–59; Moser (wie not. 39) 549–554. – [55] id.: Volkslied-Katechese. In: Convivium musicorum. Festschr. W. Boetticher. B. 1974, 168–203. – [56] id. (wie not. 39) 358–393. – [57] Wimmer, E.: Zur Herkunft und Überlieferung eines geistlichen Liedes: Mariae Wanderung. In: Volkskultur und Geschichte. Festg. J. Dünninger. B. 1970, 546–556; Hilmar, E.: Mariä Wanderung. In: Jb. für Volksliedforschung 11 (1966) 37–57. – [58] Künzig, J./Werner, W.: Legendenlieder aus mündlicher Überlieferung [Drei Schallplatten und ein Textheft]. Fbg 1971, num. 6. – [59] Brednich, R. W./Suppan, W.: Gottscheer Volkslieder 2. Mainz 1972, num. 155. – [60] Kretzenbacher (wie not. 9) 47; Barth, M.: Die Heilige Odilia, Schutzherrin des Elsaß 1. Straßburg 1938, 103–105. –

[61] Kretzenbacher, L.: Kynokephale Dämonen südosteurop. Volksdichtung. Mü. 1968; id.: Hagios Christophorus Kynokephalos. In: SAVk. 71 (1975) 48–58, bes. 55. – [62] id. (wie not. 9) 49–74: Jordantaufe auf dem Satansstein. – [63] id.: Die Legende von der Hostie im Bienenstock. In: ZfVk. 56 (1960) 177–193; Brückner, W.: Sagenbildung und Tradition. In: ZfVk. 57 (1961) 26–74; Misch, M.: Apis est animal – apis est ecclesia. Bern/Ffm. 1974. – [64] Browe, P.: Die Hostienschändungen der Juden im MA. Fbg 1926. – [65] Kretzenbacher, L.: Maria Steinwurf. In: Aus Archiv und Chronik 4 (1951) 66–83; id. (wie not. 10) 97–106: Madonna mit dem Blutmal auf der Stirn; id.: Das verletzte Kultbild. Mü. 1977; Schmidt, 277–284 (Die Legende von der mit Pulver gefüllten Kerze). – [66] Ranke, F.: Der Erlöser in der Wiege. Mü. 1911. – [67] Kretzenbacher, L.: Zur „Rabenmutter"-Ballade bei Deutschen und Slowenen in Innerösterreich. In: Jb. des österr. Volksliedwerkes 6 (1957) 102–112. – [68] Moser (wie not. 39) 446–451. – [69] Meisen, K.: Das Lied von der Kommandantentochter zu Großwardein oder der ung. Braut. In: Rhein. Jb. für Vk. 8 (1957) 115–196. – [70] Moser (wie not. 39) 101–107. –

[71] Kretzenbacher, L.: Freveltanz und „Überzähliger". In: Carinthia I, 144 (1954) 843–866; id.: Tanzverbot und Warnlegende. In: Rhein. Jb. für Vk. 12 (1962) 16–22. – [72] Lagerlöf (wie not. 8) 5–15. – [73] Kretzenbacher, L.: St. Dismas, der rechte Schächer. In: Zs. des Hist. Vereines für Steiermark 42 (1951) 119–139. – [74] Moser (wie not. 36) 302–305. – [75] Kretzenbacher, L.: Die Legende vom heilenden Schatten. In: Fabula 4 (1961) 231–247; id. (wie not. 10) 47–56 (Der heilende Schatten). – [76] id.: Slov. (s)cagati = „verzagen" als dt. Lehnwort theol. Gehaltes. In: Die Welt der Slaven 9, 4 (1964) 337–361; EM 1, 1072, not. 13. – [77] ibid. – [78] Rosenfeld, H.: Der ma. Totentanz. Köln/Graz ²1968, 344–345. – [79] Kretzenbacher, L.: Die Legende vom mitleidigen Todesengel. In: Beitr.e zur Südosteuropa-Forschung. Mü. 1966, 194–210. – [80] Köhler, R.: Sanct Petrus, der Himmelspförtner. In: id.: Aufsätze über Märchen und Volkslieder. ed. J. Bolte/E. Schmidt. B. 1894, 48–78. –

[81] Brinktrine, J.: Die Lehre von den Letzten Dingen. Paderborn 1963, 37. – [82] Kretzenbacher, L.: St. Michael, der Seelenwäger. In: Neue Chronik 2 (25. 5. 1952) 1. – [83] id.: Die Seelenwaage. Klagenfurt 1958. – [84] id.: Der Zeuge aus der Hölle. In: Alpes Orientales (1959) 33–78. – [85] Hardung, S.: Die Vorladung vor Gottes Gericht. Bühl (Baden) 1934. – [86] Kretzenbacher, L.: „Der gerechte Lohn". In: Carinthia I, 150 (1960) 60–83; id.: Legende und Sozialgeschehen zwischen MA. und Barock. Wien 1977. – [87] Schenda, R.: Die dt. Prodigienslgen des 16. und 17. Jh.s. In: Archiv für Geschichte des Buchwesens 4 (1962) 637–710. – [88] Matl, J.: Hölle und Höllenstrafen in den volksreligiösen Vorstellungen der Bulgaren und Serben. In: Vorträge auf der Berliner Slawistentagung. B. 1956, 162–175; Kretzenbacher, L.: Eschatologisches Erzählgut in Bildkunst und Dichtung. In: Volksüberlieferung. Festschr. K. Ranke. Göttingen 1968, 133–150. – [89] id.: Versöhnung im Jenseits. Mü. 1971. – [90] id. (wie not. 9) 129–149: Der Mönch am Kreuze. –

[91] id.: Kettenkirchen in Bayern und in Österreich. Mü. 1973. – [92] Deneke, B.: Legende und Volkssage. Unters.en zur Erzählung vom Geistergottesdienst. Diss. Ffm. 1958. – [93] Hain, M.: Arme Seelen und helfende Tote. In: Rhein. Jb. für Vk. 9 (1958) 54–64. – [94] Kretzenbacher, L.: Ein Innviertler Mahnbild-Fresko zu Polling. In: ÖZfVk. 79 (1976) 118–125. – [95] id.: Heimkehr von der Pilgerfahrt. In: Fabula 1 (1957) 214–227; id.: Pilgerfahrt nach Maria Luschari. In: Südostdt. Archiv 3 (1960) 87–100. – [96] Moser, D.-R.: Veritas und Fictio als Problem volkstümlicher Bibeldichtung. In: ZfVk. 1979 [im Druck]; EM 1, 1064sq. – [97] Ranke, K.: Schwank und Witz als Schwundstufe. In: Festschr. W.-E. Peuckert. B. 1955, 41–59.

Freiburg/Br. Dietz-Rüdiger Moser

Christoforo Armeno (Christoph der Armenier, angeblich ein Christ aus Täbris), wahrscheinlich fingierter Autor[1] einer Sammlung von unterhaltsamen 'pers.' Erzählungen (*Peregrinaggio di tre giovani figliuoli del re di Serendippo*), die erstmals 1557 in Venedig bei dem durch den Verlag populärer Erzählliteratur bekannten Drucker M. Tramezzino[2] erschien. Sowohl die Rahmenerzählung (Die drei

Söhne des Königs Giaffer von Serendip [Ceylon] reisen zur Vervollkommnung ihrer Ausbildung in das Land des pers. Königs Behram V. [Behram-Gur, 417–438] und lösen verschiedene Aufgaben) als auch die sieben Kernerzählungen (durch deren Vortrag der König seine Gesundheit wiedererlangt) enthalten Motive aus der pers. Lit., doch lassen sich auch zahlreiche arab., hebr., türk. und ind. Quellen und Varianten nachweisen[3]. Der in Venedig lebende Autor (vielleicht Tramezzino selbst) hat auch zeitgenössische lat. (wie die Neuausgaben der Komödien des Titus Marius Plautus[4]) und ital. (Giovanni Sercambis Novellen, Giovanfrancesco Straparolas *Piacevoli notti* [1550–1553!]) Druckwerke gekannt und zumindest indirekt verwertet[5].

Inhalt. Auf ihrer Reise nach Persien legen die drei Prinzen anfangs gleich Proben ihrer Klugheit vor dem pers. Kaiser Behram ab, die AaTh 655A und AaTh 655 *(Die scharfsinnigen → Brüder)* entsprechen. In seinem Auftrage gehen sie dann nach Indien, um von dort den geraubten 'Spiegel der Gerechtigkeit' zurückzuholen (Mot. H 1346). Inzwischen kauft Behram eine musikbegabte, schöne Sklavin, Diliramma, die ihn auf einer Jagd zu einem Meisterschuß auf einen Hirsch reizt (Mot. N 621: Lucky shot with arrow – foot and ear of deer). Da sie Behram jedoch verspottet, läßt er sie in einem Wald aussetzen, wo sie von Kaufleuten gefunden wird, deren einer sie adoptiert.

In der ind. Residenzstadt angekommen, vertreiben die Brüder eine riesige ausgestreckte Hand, die täglich aus dem Meer auftaucht, durch eine den Sinn ihrer Geste aufhebende Gegengebärde (AaTh 924: *Discussion By Sign Language*). Bevor der Spiegel ausgeliefert wird, müssen sie vor der Königin des Landes zwei weitere Aufgaben erledigen: ein Magazin voll Salz essen (Mot. H 1141.3) und fünf Eier zwischen zwei Männern und einer Frau teilen (AaTh 1663: → *Teilung der Eier*). Sie bringen den Spiegel Behram zurück, der aber wegen des (selbst verschuldeten) Verlustes der Lautenspielerin Diliramma trübselig bleibt. Die Brüder schlagen ihm vor, sieben Paläste bauen und sich in jedem von einem berühmten Erzähler eine Geschichte vortragen zu lassen.

Der erste erzählt von einem König, der seine Seele in einen Papagei schickt. Der Wesir, der die gleiche Begabung besitzt, geht in den leeren Körper des Königs und nimmt damit dessen Stellung ein (AaTh 678: → *Seelentier*). Eingeflochten ist AaTh 1804: → *Scheinbuße* (imaginäre Bezahlung für imaginären Beischlaf). Der zweite weiß von einem Königssohn zu berichten, der sich in die Tochter des Ministers verliebt, die ihn aber nur nehmen will, wenn ihr Name neben dem seinigen auf den Münzen des Reiches steht. Sie überwindet ihn in einem Schießwettkampf (Mot. H 332.1.5), wird verstoßen und von einem Bauern adoptiert. Sie animiert diesen, den trübsinnigen Königssohn durch Späße zu belustigen. Der erfragt, von wem der Gedanke sei, und kommt so wieder zu seiner Braut. In der 3. Erzählung wird ein betrügerischer Goldschmied dadurch überführt, daß das von ihm geschaffene Löwenbild auf raffinierte Weise gewogen wird (Mot. H 506.1: *Test of resourcefulness: weighing elephant.* Man puts him on boat; marks water-line; fills boat with stones until it sinks to same line; weighs stones). Der Goldschmied wird auf die höchste Spitze eines Turms verbannt. Die Rettung erfolgt nach der Methode von Mot. R 121.4: *Ants carry silk threads to prisoner, who makes rope and escapes.* In der 4. Erzählung wird ein Königssohn auf Anklage seiner Stiefmutter hin wegen Inzestversuchs verbannt (Mot. T 418: *Lustful stepmother*), erwirbt wunderbare Fähigkeiten (Mot. D 1980: *Magic invisibility*; Mot. D 1364.22: *Sleep-charm* etc.), brandmarkt den falschen Minister (Mot. P 171) und bewirkt, daß dieser und die Sultanin aus dem Lande gejagt werden. In der 5. Geschichte wird von einer lachenden Wunderstatue berichtet (Mot. D 1639.4: *Statue laughs and reveals crime*) und wie durch sie heuchlerische Frauen entlarvt werden (Mot. K 2051.2: *Adulteress pretends to faint when her husband strikes her with a rose*; Mot. K 2051.1: *Adulteress pretends shame before male statue [mirror, male fish]*; Mot. 647.4.1: *Marvelous sensitiveness: woman refuses to look at male fish*), die zudem noch Unzucht mit Männern niedrigsten Standes treiben (Mot. T 232.2: *Adulteress chooses loathly paramour*). Die 6. Geschichte ist eine Version von AaTh 1419E: → *Inclusa*, die 7. schließlich bietet die Auflösung der 1. Erzählung vom Meisterschuß: Kaiser Behram findet durch den Bericht eines Lautenspielers seine Diliramma wieder.

Die drei Prinzen kehren in ihre Heimat zurück. Der älteste folgt dem Vater in der Regierung, der zweite heiratet die Königin, die den Spiegel zurückgab, der dritte ehelicht die Tochter Kaiser Behrams.

Das Werk erlangte einen ungewöhnlich großen europ. Erfolg. Der ital. Erstausgabe folgten bald eine 2. und 3. (Venezia 1577, 1584), im 17. Jh. eine 4.–6. (Venezia 1611, 1622, 1628)[6]. 1583 erschien in Basel die erste dt. Übersetzung durch den Zürcher Buchführer Johann Wetzel[7], eine Zweitauflage folgte 1599, eine Neubearbeitung dieser Übersetzung durch Karl von Liebenau kam 1630 in Leipzig heraus. Der Polygraph und Erzähler F. Béroalde de

Verville (1556–1629) arbeitete das Werk zu einem heroisch-galanten Roman mit zahlreichen weiteren populären Erzählmotiven um (*L'Histoire véritable ou le voyage des princes fortunés*. P. 1610)[8]; einzelne Elemente des *Peregrinaggio* finden sich auch 1712 in den Feen-Lügengeschichten der *Soirées bretonnes* (P. 1712) des Orient-Märchen-Erzählers Thomas Simon Gueulette (1683–1766)[9] (Schreckliche Hand, Meisterschuß, Scharfsinnsproben, Seelenvertauschung). 1719 übersetzte der galante Literat Chevalier de Mailly (gest. 1724) das *Peregrinaggio* relativ getreu, aber ohne die 4.–7. Erzählung, welche durch fünf neue (4.–8.) ersetzt sind, ins Französische[10]; dieser Text erschien 1721 in 2. Auflage in Amsterdam und 1788 noch einmal in Charles Georges Thomas Garniers *Voyages imaginaires*[11]. Eine dt. Übersetzung des Mailly-Textes kam 1723 als *Der persian. Robinson* heraus[12]; die letzte, von Mailly angehängte Erzählung (*Amazonte*) wurde 1723 aus dem Deutschen ins Dänische übersetzt[13]. Die engl. Fassung des Mailly-Textes erschien 1722[14]. Horace Walpole (1717–1797) prägte nach der Lektüre der „silly fairy tale, *the three Princes of Serendip*" am 28. 1. 1754 in einem Brief an Sir H. Mann[15] den Begriff 'serendipity' ("the faculty of making happy and unexpected discoveries by accident"[16]). Schließlich ist eine von Mailly abhängige holländ. Übersetzung von 1766 zu nennen[17]. Der breite literar. Erfolg des *Peregrinaggio* läßt nicht nur auf literar. Nachahmer schließen[18], sondern auch vermuten, daß bes. die Geschichten der Mailly-Fassung und ihrer dt., engl. und holländ. Übersetzungen auch auf die mündliche Überlieferung bis ins 19. Jh. eingewirkt haben. Grund für die Beliebtheit des Werkes und insbesondere des Erzählrahmens war sicherlich sein ausgeprägt märchenhafter Gehalt[19].

[1] Vordemann, E.: C. A. – ein fingierter Autor? In: ZfVk. 42 (1932) 262sq.; U. Klöne (Die Aufnahme des Märchens in der ital. Kunstprosa von Straparola bis Basile, Diss. Marburg 1961, 81sq.) hält C. A. für einen Dragomanen, einen armen. Dolmetscher in Venedig. – [2] Fick/Hilka 1932 (v. Lit.) 10–13. – [3] Huth, G.: Die Reise der drei Söhne des Königs von Serendippo. Ein Beitr. zur vergleichenden Märchenkunde. In: Zs. für vergleichende Litteraturgeschichte und Renaissance-Litteratur N. F. 2 (1889) 404–414, 3 (1890) 303–330, 4 (1891) 174–202; Fischer, H./Bolte, J. (edd.): Die Reise der Söhne Giaffers aus dem Italienischen des C. A. übers. durch Johann Wetzel 1583. (BiblLitV 208). Tübingen 1896, 198–224. – [4] Small, J. P.: Plautus and the Three Princes of Serendip. In: Renaissance Quart. 29 (1976) 183–194. – [5] cf. Klöne (wie not. 1) 81–96. – [6] Hier und im folgenden cf. die Kataloge der Nationalbibl.en und vor allem den NUC, Pre-1956 Imprints. – [7] Fischer/Bolte (wie not. 3). – [8] Vordemann, E.: Qu.nstudien zu dem Roman 'Le Voyage des Princes Fortunez' von Béroalde de Verville. Diss. Göttingen 1933. – [9] cf. Le Cabinet des Fées [. . .] 32. Genève 1786, 17–176. – [10] Mailly, Chevalier de: Le Voyage et les aventures des trois princes de Sarendip [. . .]. P. 1719.

[11] Voyages et aventures des trois princes de Sarendip. Traduits du Persan par le Chevalier de Mailly. In: [Garnier, C. G. T. (ed.):] Voyages imaginaires, songes, visions et romans cabalistiques 25. Amst. /P. 1788, 223–480. – [12] Der Persian. Robinson, oder: Die Reisen und gantz sonderbahre Begebenheiten Dreyer Printzen von Sarendip [. . .]. Lpz.: M. G. Weidmann 1723. – [13] cf. Fischer/Bolte (wie not. 3) 197. – [14] The Travels and Adventures of Three Princes of Sarendip. Intermixed with eight delightful and entertaining novels [. . .]. L.: W. Chetwood 1722 (2. Aufl.: 1727 ?). – [15] Letters of Horace Walpole [. . .] to Sir Horace Mann [. . .] 3. ed. Lord Dover. L. ^{3}1834, 57. – [16] Murray, J. A. H.: A New English Dictionary on Historical Principles 8, 2. Ox. 1914, 492. – [17] Benfey 1864, 260 (v. Lit.). – [18] cf. die Scharfsinnsproben in Voltaires 'Zadig' (1747) cap. 3: Le Chien et le cheval (von Gueulette abhängig? cf. Le Cabinet des Fées [wie not. 9] 6–14); weitere Nachweise bei Fischer/Bolte (wie not. 3) 200 et pass. – [19] Klöne (wie not. 1) 85–95.

Neuere Ausg.n und Lit.: Pellegrinaggio di tre giovani figliuoli del re di Serendippo. ed. L. Cibrario. Torino 1828. – Benfey, T.: Ein alter christl.-pers. Roman: Die Reisen der drei Söhne des Königs von Serendippo. In: Orient und Occident 3 (1864) 257–288 (Einführung, Übers. der Rahmenerzählung). – Peregrinaggio di tre giovani, figliuoli del re di Serendippo [. . .]. Nach dem ältesten Drucke vom Jahre 1557 ed. H. Gassner. Mit einem antikritischen Vorw.e von H. Varnhagen (Erlanger Beitr.e zur Engl. Philologie 10). Erlangen 1891. – Fick, R./Hilka, A. (edd.): Die Reise der drei Söhne des Königs von Serendippo. Aus dem Italienischen ins Deutsche übers. von T. Benfey (FFC 98). Hels. 1932. – Remer, T. G. (ed.): Serendipity and the Three Princes, from the Peregrinaggio of 1557. Norman, Okla 1965.

Göttingen Kurt Ranke
Rudolf Schenda

Christophorus (AaTh 768), Hl., sein Fest wird in der Ostkirche am 9. 5., in der Westkirche am 25. 7. jeden Jahres gefeiert. Als einzige hist. gesicherte Nachricht ist überliefert, daß C. 452 in Chalkedon eine Kirche geweiht wurde.

Inhalt der Legende: Der Riese Reprobus, nach der Taufe C., will dem mächtigsten Herrn dienen (Tubach, num. 1049). Doch die Angst seines Herrn, eines Königs, vor dem Teufel führt C. zu diesem. Der aber meidet ein Wegekreuz. Auf dem Wege zu Christus rät ein Einsiedler, C. solle Pilger über einen Fluß tragen. Schließlich trägt er nach dreimaligen Anruf ein Kind, das überschwer wird, C. untertaucht und Christus selbst ist (Tubach, num. 985). Zur Wahrheit dessen werde der Stab von C., in die Erde gesteckt, grünen (Tubach, num 4587). Auf Verlangen des Königs Dagnus soll C. Christus verleugnen. Da er sich weigert, kommt er ins Gefängnis. Er bekehrt nicht nur viel Volk, sondern auch seine Wärter und zwei Dirnen, die ihn verführen sollten. Nach verschiedenen Martern soll C. mit Pfeilen getötet werden. Diese bleiben in der Luft stehen, und einer trifft den König ins Auge. Schließlich wird C. enthauptet. Sein Blut gibt dem König die Sehkraft wieder, der sich mit vielen Tausenden bekehrt. Beim Sterben erhält C. die Gewalt, vor Krankheit und Tod zu schützen.

Entstehung und Ausbildung der C.-Legende hat aufbauend auf der Arbeit von K. Zwierzina[1] H.-F. Rosenfeld[2] umfassend dargelegt. Ergänzungen und weiterführende Erkenntnisse sind vor allem J. Szöverffy[3] zu verdanken. L. Kretzenbacher[4] hat sich speziell mit der Frage der Hundsköpfigkeit beschäftigt: Aus den apokryphen Bartholomäusakten, die, gnostisch beeinflußt, wohl in der 2. Hälfte des 5. Jh.s in Ägypten entstanden[5], wird um 500 ein Begleiter Christianus herausgelöst und seine Legende auf C. übertragen. Ein riesiger, menschenfressender Hundskopf Reprobus erhielt in der Taufe den Namen Christianus/Christophorus – beide wie Victor allg. Ehrentitel des Märtyrers – und außerdem menschliche Sprache.

Aus den Matthäusakten oder eher aus allg. Erzählüberlieferung stammt der Zusatz, C. habe zum Beweis der Wahrheit seiner Verkündung seinen Stab grünen lassen (cf. AaTh 756 A: *Der selbstgerechte → Eremit*)[6]. Die verschiedenen Martern (C. wird mit glühendem Gewand bekleidet und in einen Brunnen geworfen), die in der okzidentalen Fassung verändert werden, bleiben entsprechend der gnostischen Auffassung vom unzerstörbaren Leben wirkungslos. C. wird schließlich enthauptet, nachdem er von Gott die Zusicherung erhalten hatte, daß er bei Unwetter und Unfruchtbarkeit der Felder sowie bei Befreiung von Dämonen Hilfe gewähren kann. Die Peiniger, vor allem König Dagnus, in einigen Varianten zu Decius historisiert, werden vernichtet. Diese oriental. Fassung gilt auch in der armen., georg., syr. und äthiop. Kirche[7].

In der abendländischen, seit dem 8. Jh. überlieferten Fassung wird die Größe des C. auf genau zwölf Ellen festgelegt, die Gewährung der Fürbitten um 'mortalitas' (ursprünglich Sünde, später konkret Tod und Krankheit) erweitert. Die Martern sind verändert. Die Feinde verlieren nicht mehr ihr Leben. Der König, der von einem zurückfliegenden Pfeil im Auge getroffen ist, wird durch das Blut des toten Märtyrers geheilt. Im weiteren Ausbau wird in den abendländischen Fassungen entsprechend dem Reformwillen des 9./10. Jh.s die Hundsköpfigkeit zurückgedrängt. Ein wichtiges Zeugnis ist das C.-Gedicht des Walter von Speyer vom Ende des 10. Jh.s[8]. Eine Mischredaktion zwischen östl. und westl. Fassung bringt eine ital. Hs. des 11./12. Jh.s. Hier ist die Hundsköpfigkeit bewußt ersetzt. Diese Fassung beeinflußt die Erzählung von Bernard Guy von Lodève und ein frz. Gedicht des 13. Jh.s[9].

In Abbildungen seit dem 12. Jh. wird der Hl. als Riese, oft genau von zwölf Ellen, mit grünendem Baum dargestellt. Dazu trägt C. als Interpretation seines Namens Christus auf der Schulter, der bald wegen der Größenverhältnisse als Christuskind angesehen wurde. Der Zusammenfall des Festes des hl. C. mit dem des hl. Jakobus am 25. Juli (schon im *Martyrologium Hieronymianum* [entstanden ca Mitte des 5. Jh.s] und davon abhängig in allen Kalendarien des Abendlandes) läßt C. wie Jakobus in Südfrankreich, Italien und dem Alpengebiet zum Pilgerpatron werden. In Konkurrenz zu einem weiteren in jenem Gebiet hochverehrten

Pilgerpatron, dem hl. Julian Hospitator (→ Elternmörder), wird dessen Legende auf C. übertragen[10]. Nach dieser Legende will C. dem Mächtigsten dienen. Das Motiv ist vielleicht der → Cyprianuslegende, möglicherweise aber auch dem allg. angebotenen Erzählbestand entnommen.

Szöverffy[11] hat unter Bezug auf Rosenfeld stärker als dieser versucht, die Legende in der damaligen höfischen Vorstellungswelt zu gründen, dabei vor allem den Dienst des Ritters als Ausgangslage hervorgehoben und die C.-Legende zu entsprechenden Partien der Parzivalsage, auch bei Wolfram von Eschenbach, in Beziehung gesetzt. Die Arbeit als Fährmann war ursprünglich im Asylrecht der Fähre gerechtfertigt, da Julian nach der Legende des Elternmordes – wenn auch unwissentlich – schuldig war. Die sekundäre und mechanische Übernahme der Julian-Legende in die des hl. C. zeigt sich vor allem in der nun fehlenden Begründung des Fährmannsdienstes.

Die neue um 1230 fertige C.-Legende bildet mit der älteren die Grundlage für die Fassung der *Legenda aurea,* die seit dem 13. Jh. das Erscheinungsbild des Heiligen und den Kult bestimmt.

Daneben gibt es im Westen eine 2. Redaktion dieser Legende, die zwar nur unwesentlich, aber doch in kennzeichnenden Merkmalen von der *Legenda aurea* abweicht. Diese Redaktion ist Grundlage einiger altdt. Dichtungen[12].

Im Gefolge des Legendentyps, der wesentlich durch das Bild des christustragenden Heiligen bestimmt war, ändert sich wieder das Bild von C. Aus der frontalen statuarischen Ansicht bildet sich nun eine Riesengestalt, die, gedrückt von der Last des Christuskindes, mit Mühe durch das mit Fischen und Meerfabelwesen gefüllte Wasser watet. Seit dem 16. Jh.[13], schon bei Erasmus von Rotterdam, dann bei Luther und schließlich seit der Gegenreformation ist die Kritik an der Legende, die nur als Allegorie gelten soll, sehr deutlich und heftig. Als solche blieb die Legende des Christusträgers bis ins 20. Jh. wirksam.

Der Kult des C. insgesamt ist irgendwie von der Legende abhängig. Die Verehrung ist im Abendland seit dem 6./7. Jh. nachweisbar und nahm in den folgenden Jh.en einen gewaltigen Aufschwung. Rosenfeld hat bei rund 1270 dem Heiligen geweihten Gotteshäusern insgesamt etwa 3000 Kultstätten gezählt[14]. Wahrscheinlich könnte man die Zahl aufgrund bisher erschienener Lit. verdreifachen. Denn B. Hahn-Woernle weist 1972 allein in der Schweiz fast 600 Kultstätten nach[15]. Doch kann hier nur die spezielle Auswirkung der Volkserzählung auf den Kult interessieren. Letztlich geht auf die Legende die Meinung zurück, C. schütze vor dem Tode oder der Pest und insbesondere dem jähen, unvorhergesehenen Sterben. In Zusammenspiel von Legende, Bilddarstellung und dem Glauben an die unbedingte Wirksamkeit der Schau vom Heiligen, wie er sich bes. in der Ausstellung der hl. Hostie, des Altarsakraments, in Monstranzen äußert[16], und damit von Christus auf C.' Schulter, bildete sich die Meinung, wer ein Bild von C. sehe, sterbe an jenem Tage keines plötzlichen Todes. Daher vervielfältigten sich die Abbildungen von C. an Stadttoren und an Kirchenfronten. Seit dem 15. Jh. begann die Kirche diese Meinung abzulehnen, und schon Mitte des folgenden Jh.s wird sie als Ketzerei abgetan. Mit der Legende hängt endlich die weitere Ausbreitung des Pilgerpatronats zusammen. Zur Riesengestalt des C. gehören natürlich Reliquien ebensolchen Ausmaßes. Es finden nun Knochenreste von offenbar vorsintflutlichen Tieren Aufnahme in das Kircheninnere als Reliquien. In Horrheim (Baiselberg) gab es eine Zahnreliquie von der Größe einer Faust[17], in München „une vertèbre aussi grande que celle d'un éléphant"[18]. Es macht sich aber auch die Abwehr der Legende in später Zeit bemerkbar. So befand sich in Köln-Kunibert ein Fingerglied von C. „non giganteae staturae [. . .] sed admodum procerae ac elegantis"[19].

Das Motiv des Christustragens findet sich auch bei einem hl. Ignatius und hat einige Riesensagen sowie die Erzählung *Die zwei → Erzsünder* (AaTh 756 C) beeinflußt. Selten ist die C.-Legende mit bestimmten Orten im Abendland verbunden oder mit einer bestimmten Riesengestalt identifiziert[20]. Am Doubs (Frankreich) sollen Abdrücke in Steinen von C. stammen[21]. Er habe am Kölner Dom gearbeitet und sei dort erschlagen worden[22]. Es gibt zwar Sagen und Mirakelberichte, die von der Hilfe von C. erzählen, doch steht ihre Zahl in keinem Verhältnis zu den mehreren tausend Kultstätten. Das C.-Gebet und C.-Buch sind im Anschluß an die Meinung über den unbedingten Schutz und die sofortige Hilfe durch den Heiligen und seinen Anblick entstanden, wobei die Ausrichtung auf Schatzgraben wohl einer späten Fassung der Legende zu verdanken ist[23].

Selbstverständlich hat die Legende mit ihren vielfältigen Beziehungen zum allg. Erzählgut schon früh zu Erklärungen gereizt. Wir können die Versuche des 19. Jh.s, in C. einen germ. oder kelt. Gott zu sehen, ohne weiteres abtun. Die Vorstellungen, es handele sich um Herakles, einen antiken Flußgott oder die Einflüsse buddhist. Legenden seien wirksam, haben sich ebenso wie die Erklärung des Hundskopfes als Erkrankung (Hypertrichose) als unrichtig erwiesen[24]. Auch die direkte Nachfolge des ägypt. Gottes Anubis wird abgelehnt[25], wenn auch gerade hier sowohl in der Hundsköpfigkeit wie der Meinung vom unzerstörbaren Leben ägypt. Vorstellungen und Traditionen von Einfluß gewesen sein mögen[26].

In den Motiven vom grünenden Stamm (cf. *Der grünende* → *Zweig*) und dem dreimaligen Ruf nach dem → Fährmann, liegen Rückgriffe auf traditionelles Erzählgut vor. Aber Hinweise auf Überfahrtsagen oder die Huckaufvorstellung waren verfehlt[27]. Die Hundsköpfigkeit gehört, wie Kretzenbacher gezeigt hat[28], zur weitverbreiteten Vorstellung vom dämonischen, fremden Volk, von den Hundsköpfen am Ende der Welt, für deren Bedeutung im Volksglauben und Erzählgut er viele instruktive Beispiele beibringt (→ Hundsköpfige). Ungeklärt bleibt immer noch, wieso Darstellungen des C. mit dem Hundskopf sich in der Ostkirche nur nach 1500 finden.

In moderner Zeit hat sich aus dem Todespatronat, also letztlich aus der Legende, das Schutzpatronat des C. für Flieger und Autofahrer 1909) entwickelt, das trotz der zahlreichen kirchlichen Autosegnungen doch Ausdruck der Säkularisierung der Gestalt ist[29]. Auch der Gebrauch des Namens für kathol. Vereinigungen und in streng liturgischem Sinne hat diesen Prozeß der Verweltlichung nicht aufhalten können, zumal die kathol. Kirche den Heiligen 1962 in der Liturgie löschte, wozu wahrscheinlich die fremdartige Legende Veranlassung gegeben hatte.

[1] Zwierzina, K.: Die Legenden der Märtyrer vom unzerstörbaren Leben. In: Innsbrucker Festgruß der 50. Versammlung dt. Philologen [...] in Graz. Innsbruck 1909, 130–158. – [2] Rosenfeld, H.-F.: Der hl. C. Seine Verehrung und seine Legende. Eine Unters. zur Kultgeographie und Legendenbildung des MA.s. Lpz. 1937. – [3] Szöverffy, J.: Der hl. C. und sein Kult. Bud. 1943. – id.: C. Studien. In: id.: Germanistische Abhdlgen. MA., Barock und Aufklärung. Gesammelte Schr. Leyden 1977, 47–81; id.: Verhöfischung der ma. Legende. Ein Beitr. zur C. – Frage. In: Zs. für dt. Philologie 91 (1972) 23–29. – [4] Kretzenbacher, L.: Kynokephale Dämonen südosteurop. Volksdichtung [...]. (Beitr.e zur Kenntnis Südosteuropas und des Nahen Orients 5). Mü. 1968. – [5] Passio sancti Bartholomaei apostoli. In: Acta apostolorum apocrypha 2,1. ed. R. A. Lipsius/M. Bonnet. Lpz. 1898 (Repr. Hildesheim 1959) 128–150; Rosenfeld (wie not. 2) 347. – [6] Saintyves, P.: Le Thème du bâton sec qui reverdit [...]. In: Revue d'histoire et de littérature religieuses. N. S. 3 (1912) 330–349, 421–454. – [7] Östl. Redaktion der passio cf. Bibliotheca hagiographica graeca. Bruxelles [3]1957, num. 308–311; Usener, H. (ed.): Acta S. Marinae et S. Christophori. Festschr. zur 5. Säcularfeier der Carl-Ruprechts-Univ. zu Heidelberg [...]. Bonn 1886, 54–76; AnalBoll. 1 (1882) 122–148; 10 (1891) 394–405; Rosenfeld (wie not. 2) 357–360. – [8] Bibliotheca hagiographica latina. Bruxelles 1898/99, num. 1764–1780; AS Jul VI (1868) 146–149; Harster, W.: Vualtheri Spirensis. Vita et passio sancti Christophori martyris. Beigabe zum Jahresber.e 1877/78 der Studienanstalt Speier. Mü. 1878; MGH Poetae latini aevi Carolini 4,2. ed. K. Strecker. B. 1923, 807–840; Rosenfeld (wie not. 2) 360–362. – [9] Mussafia, A.: Zur Christophlegende 1. In: SB.e der kaiserlichen Akad. der Wiss.en. Phil.-hist. Classe 129. Wien 1893, 9. Abhdlg, 67; für Irland cf. Fraser, J.: The Passion of St. Christopher. In: RevCelt. 34 (1913) 307–325; Rosenfeld (wie not. 2) 364. – [10] ibid., 439sq.; Texte: Schönbach, A.: Sanct C. In: ZfdA 17 (N. F. 5,1) (1873) 85–141 und 26 (N. F. 14) (1882) 20–84, Rosenfeld (wie not. 2) 500–519; Jacobus a Voragine: Legenda aurea. ed. T. Graesse. Osnabrück 1965 (Nachdr. von [3]1890) 430–434. –

[11] Szövérffy 1977 (wie not. 3) 48–74, 75–81. – [12] Rosenfeld (wie not. 2) 474–498; zu einer späten Dichtung v. Kretzenbacher, L.: Das „Komödie Buch über das Leben des Hl. Märtyrer Christoph". In: Jb. für Volksliedforschung 20 (1975) 133–150. – [13] Szövérffy 1977 (wie not. 3) 49; Brückner, 664sq.; Kirchhof, Wendunmuth 2, num. 100. – [14] Rosenfeld (wie not. 2) 345. – [15] Hahn-Woernle, B.: C. in der Schweiz. Seine Verehrung in bildlichen und kultischen Zeugnissen. Basel 1972. – [16] Löhr, A.: Der Heilige C. und die Wandlungen im christl. Heiligenkult. In: Vom christl. Mysterium. Gesammelte Arbeiten zum Gedächtnis von O. Casel. ed. A. Mayer/J. Quasten/B. Neunheuser. Düsseldorf 1951, 227–259. – [17] Diöcesanarchiv von Schwaben. Organ für Geschichte, Altertumskunde, Kunst und Kultur der Diöcese Rottenburg und der angrenzenden Gebiete 16 (1900) 136. – [18] Collin de Plancy, J.-A.-S.: Dictionnaire critique des reliques et des images miraculeuses 1. P. 1821, 142–146, hier 143. – [19] Winheim, E.: Sacrarium Agrippinæ [. . .]. Köln 1607, 64. – [20] Szövérffy, J.: Christofoorlegende en volksvertelling [. . .]. In: Vkde 54 (1953) 24–29; id.: Zur Entstehungsgeschichte einiger Volkserzählungen. In: Fabula 2 (1959) 212–230, hier 222; Höttges, 89, 97, 100; Andrejev, N. P.: Die Legende von den zwei Erzsündern (FFC 54). Hels. 1924, 39sq., 60; Bukowska-Grosse, E./Koschmieder, E. (edd.): Poln. Volksmärchen. MdW 1967, num. 48; Loorits, O.: Die C. Legende im Ost-Baltikum. In: Die Nachbarn 2 (1954) 89–93; Texte im EM-Archiv (mit num.): Lustiger Historien Schreiber 1729 (15.503); Acerra philologica 1687 (4.384); D'Aronco, Toscana, 768; Berze Nagy, num. 779 XX*. –
[21] Thuriet, C.: Traditions populaires du Doubs. P. 1891, 16sq., 450–452. – [22] Henßen, G. (ed.): Sagen, Märchen und Schwänke des Jülicher Landes [. . .]. Bonn 1955, num. 99. – [23] HDA 2, 72–75. – [24] Szövérffy 1977 (wie not. 3) 48–50: Gaidoz, M. H.: Saint Christophe à tête de chien en Irlande et en Russie. In: Mém. de la Soc. nationale des Antiquaires de France 76 (8e série, t. 6) (1924) 192–218, hier 215sq. – [25] Saintyves, P.: Saint Christophe, successeur d'Anubis, d' Hermès et d'Héraclès. P. 1936; Rosenfeld (wie not. 2) 353. – [26] RAC 2, 1241–1250. – [27] Szövérffy 1977 (wie not. 3) 54–58; Moser, D.-R.: Christus als „Aufhocker"? In: ZfVk. 69 (1973) 234–239. – [28] Kretzenbacher (wie not. 4). – [29] Becker, A.: C., der Hl. des modernen Verkehrs. In: ZfVk. 40 (1931) 272sq.; Masseron, A.: Saint Christophe, patron des automobilistes. P. 1933; Jungraithmayer-Redl, A.: Die Autoweihe zu St. C. in Hamburg-Lohbrügge [. . .]. In: Beitr.e zur dt. Volks- und Altertumskunde 7 (1963) 29–41; Krausen, E.: Der Strukturwandel in der C.verehrung im bayer.-österr. Raum. In: Bayer. Jb. für Vk. (1957) 57–66; Rudolph, E.: Stufen des Symbolverstehens. Diss. B. 1959.

Bonn Matthias Zender

Christus

1. Allgemeines – 2. Menschwerdung (Inkarnation) – 2.1. Vorfahren – 2.2. Geburt – 2.3. Irdische Bedürfnisse – 2.4. Kindheit und Jugend – 2.5. Wirken – 3. Erlösung – 3.1. Leiden – 3.2. Höllenfahrt und Auferstehung – 3.3. Himmlischer Bräutigam – 3.4. Richter – 4. Wunderbares Wirken – 4.1. Erdenwanderung – 4.2. Erdengeleit – 5. Visionen – 6. Kult – 7. Sonstiges

1. Allgemeines. Über Jesus C., den Begründer und die zentrale Gestalt des Christentums, sind im Einflußbereich der christl. Kirchen seit bibl. Zeit Erzählungen verbreitet worden, die ihn als den Gottessohn und Erlöser der sündigen Menschheit darstellen und erweisen sollten (→ Christl. Erzählstoffe)[1]. Die aus den verschiedensten Epochen überlieferten Beispiele stehen zumeist fest auf dem Boden des Dogmas, und viele besitzen auch eine apologetische Funktion. Gewöhnlich handelt es sich bei ihnen nicht um Nacherzählungen der selbst schon narrativen kanonischen Evangelienberichte (→ *Neues Testament*), sondern um Geschichten, welche die aus den Evangelien bekannten kerygmatischen Grundaussagen über das Leben und Leiden Jesu mit der ständig weiterentwickelten Theologie, die auf ihnen beruht, in Übereinstimmung bringen und erklären. Didaktische Erfordernisse begründen ihre Beschränkung auf Kernpunkte der Heilslehre, die sie, den jeweiligen Anliegen entsprechend, oft in sehr vereinfachter, überschaubarer Weise als Einzelepisoden oder -szenen darbieten. Ihre Brauchbarkeit für die Missionsarbeit der Orden erklärt auch das Übergewicht von Erzählungen, die auf das Verhalten der Gläubigen Einfluß nehmen.

2. Menschwerdung (Inkarnation). Das Grunddogma ('Geheimnis'), daß Jesus C., die zweite Person der göttlichen Trinität, Mensch geworden sei, um durch sein Opfer die Menschen zu erlösen, wird meist nur in erzählenden Volksliedern bibelnah ausgeführt[2], während sich die entsprechenden Volkserzählungen dieser Thematik lieber in Bildern und Vergleichen nähern (cf. → Augustinus und das Knäblein)[3]. C. gleicht dann der Henne, die ihre Küken

vor dem Marder schützt[4], der Tigerin, die sich dem Speer des Jägers entgegenwirft, um ihren Nachwuchs zu retten[5], oder dem Pelikan, der sein Blut opfert, um damit seine Jungen zu nähren[6]. Als Maria mit dem Kind durch den Dornwald ('Zeichen' der erbsündigen Menschen[7]) geht, tragen die Dornen Rosen[8].

Auch die Adam-Christus-Parallele dient (im Anschluß an Röm. 5, 12–21) in verschiedenen Ausprägungen der Darlegung des Zusammenhanges zwischen Sündenfall, Menschwerdung und Erlösung, z. B. in der Erzählung von der 'Jordantaufe Jesu auf dem Satansstein', der den Pakt Adams mit dem Teufel bedeckt (→ Teufelspakt)[9]. Sogar theol. Sonderprobleme – wie die Frage, ob C. auch ohne Adams Sünde Mensch geworden wäre – werden in Erzählungen behandelt, wobei etwa → Caesarius von Heisterbach im Gefolge des Duns Scotus und gegen Thomas von Aquin diese Frage im positiven Sinn entscheidet[10]. Die Darlegung des Streites zwischen Barmherzigkeit und Gerechtigkeit beim Gericht über → Adam und Eva wird ferner Anlaß für die Darlegung des Gedankens, daß es der eigene Wille des Gottessohnes gewesen sei, Gott als Mittler zu versöhnen[11]. Während der Zeitpunkt der Inkarnation meist nur beiläufig thematisiert wird, erfahren die Prophetien[12] und Vorbilder der Ankunft Christi häufiger eine narrative Ausgestaltung. So ist C. z. B. der Baum des Marientraumes – vorgebildet schon in Nebukadnezars Traum vom → Weltenbaum (Dan. 4, 7–9) –, der mit seinen Ästen, den Kreuzarmen, die ganze Welt bedeckt[13]. Eine eigene Lit.gattung bilden zusammenfassende Schilderungen des Lebens Jesu[14].

2.1 Vorfahren. Die im Reformations-ZA. von den Anhängern Caspar Schwenckfelds und den Mennoniten wiederaufgenommene und in der protestant. Mystik des 17. Jh.s erneut vertretene Auffassung frühchristl. Sekten – der Monophysiten –, daß C. nicht einen menschlichen, sondern einen himmlischen (oder Schein-) Leib angenommen habe[15], veranlaßte auf kathol. Seite die Neubildung von Erzählungen, die demgegenüber auf die 'wahre Menschheit' Christi abheben. Schwerpunkte bilden dabei die Darlegung der Abkunft Jesu von irdischen Vorfahren und die Beschreibung seiner menschlichen Bedürfnisse (Speise und Trank, Ruhe und Schlaf) und Affekte (Freude und Trauer, Mitleid und Entrüstung). Die von den Jesuiten geführte Gegenaktion bewirkte u. a. die Aufwertung der Josephsgestalt vom zeugungsunfähigen Greis der spätma. Altarbilder und Lieder[16] zum verehrungswürdigen Nähr- und Hausvater Jesu[17] (→ Joseph, Hl.), die verstärkte Herausstellung der Mutter Maria (→ Marienlegenden) und die Versetzung der hl. → Anna in die Rolle der „heiligen Großmutter und Hüterin der Kinder"[18]. Auch verschiedene Geschichten um die 'heiligen Ehepaare' Joachim und Anna sowie Archaeus und Emerintha, die Großeltern der Maria, wurden verbreitet, um die Herkunft Jesu aus bester irdischer Familie zu erweisen[19]. Deren Rückführung auf den Stamm Davids verfolgte den Zweck, über die Linie C. – David – Abraham – Adam die Herkunft des Erlösers aus dem Geschlecht der Erlösten zu zeigen und so den Zusammenhang zwischen Sündenfall und Erlösung zu vertiefen.

2.2. Geburt. Die Volkserzählungen und Volkslieder über die Geburt Jesu Christi (Mot. V 211.1) teilen sich entsprechend in solche, die die 'wahre Menschheit', und andere, die die 'wahre Gottheit' des Erlösers in den Vordergrund stellen (→ Geburtslegenden). Zur ersten Gruppe gehören die Schilderungen der Herbergsuche der hochschwangeren Mutter (Herbergsuche I)[20], der Niederkunft in der Höhle[21] oder im Stall[22], des Geschehens an der Krippe (nach dem Vorbild der franziskanischen Krippenfeier in Greccio[23])[24] und der Not der Hl. Familie. Zur zweiten zählen die übernatürlichen Ankündigungen und Ereignisse bei der Geburt oder ihrem jährlichen Gedächtnistag:

Drei Sonnen erscheinen am Himmel, und die verdorrten Weinberge blühen[25]; ein Wohlgeruch erfüllt die Luft (Mot. V 211.1.1), ein Stern erstrahlt am hellen Tag (Mot. V 211.1.2), ein Licht durchscheint die Nacht (Mot. V 211.1.3.1), die Elemente schweigen (Mot. V 211.1.5) und

Himmelszeichen markieren den Ort der Geburt (Mot. V 211.1.3). Man sieht die Zeichen der 'supernaturalitas' (Mot. V 211.0.3): Tiere gewinnen die Sprache (Mot. B 211.0.1) und reden miteinander (Mot. B 251.1.2), alle Schlösser springen (Mot. D 2088.0.1), Fesseln werden gelöst (Mot. D 1395.8), Mauern stürzen zusammen (Mot. A 941.5.0.2), Kinder sprechen im Mutterleib (Mot. T 575.1.5), Krankheiten werden geheilt (Mot. D 2161.6.1), ein Schatz wird gefunden (Mot. N 541.4), Gold erscheint in Arabien (Mot. N 529.1), Teufel werden ausgetrieben (Mot. G 303.16.19.10), ein Riesenwal strandet (Mot. B 874.3.2) etc. Eine Pflanze hilft bei der Geburt und wird gesegnet (Mot. A 2711.1), die unvernünftigen Tiere freuen sich über die Geburt (Mot. B 251.1), sie belecken das Kind (Mot. B 251.10) und beten es an (Mot. B 251.1.1), der Hahn kräht „Christus natus est" (Mot. B 251.1.2.1) etc.

Die Geschichten über die passive und die aktive Empfängnis der 'semper immaculata' (z. B. die Bestrafung der Hebamme, die Marias Jungfräulichkeit nachprüfen wollte[26]; die Erzählung von der Übereinstimmung des Empfängnistages mit dem Tag der Kreuzigung [Mot. V 211.0.2] etc.) werden ergänzt durch Erzählungen über die schmerzlose Geburt (Mot. V 211.1.4, cf. V 211.0.1) und über die 'wahre Gottesverehrung' der Gläubigen. Die Geschichten dieser Gruppe ranken sich einerseits um die Verkündigung an die Hirten und deren Aufenthalt an der Krippe (Gabe der Dornenkrone an Joseph: Mot. V 211.1.6), andererseits um den durch das Sternwunder[27] verursachten Aufbruch, die Reise und die Ankunft der Hll. → Drei Könige in Bethlehem sowie um die Anbetung des Kindes. Neben den von Johannes von Hildesheim gebündelten Dreikönigslegenden[28] mit ihren zahlreichen Ablegern in Volkserzählungen und Volksliedern (cf. Mot. D 1897)[29], gewannen hier die auf der span. Eklogendichtung um Juan del Encina (1469–1539) beruhenden volkstümlichen Hirtendichtungen an Bedeutung, die sich unter dem Einfluß des Benediktinerordens zu einem eigenen, stark differenzierten Themenbereich entfalteten[30].

Die Geschichten um Namengebung und Taufe[31] Jesu folgen zumeist den bibl. Vorlagen. Sondertypen bilden neben der 'Jordantaufe auf dem Satansstein' die im Zuge der Neubewertung des Patenamtes in der Gegenreformation aufkommenden Erzählmotive, denen zufolge die Apostel als Paten Jesu dem neugeborenen Kind Patengeschenke zuteil werden lassen[32].

2.3. Irdische Bedürfnisse. Die Notwendigkeit, die 'wahre Menschheit' Jesu Christi zu betonen, förderte schon früh das Aufkommen von Erzählstoffen, die Eindrücke der Wirklichkeit auf das Jesuskind übertragen, z. B. wie Maria oder Joseph das Jesuskind wiegen (mit parallelen Brauchübungen des 'Kindelwiegens' in den Nonnenklöstern im 14./15. Jh. und später im liturgischen Weihnachtsbrauch der evangel. Kurrendeschüler)[33], wie Joseph seine Beinkleider zu Windeln zerschneidet[34] oder wie sich das Kind mit Kinderspielen – wie dem 'Vogel am Faden' – unterhält[35]. Typische Vertreter dieser Gruppe sind die Erzählungen über die Speisung des Jesuskindes (Joseph kocht das Müslein[36]; Maria kocht dem Schulkind Jesus Brei[37]; Maria schenkt dem Kind Apfel und Birne[38] etc.), die gelegentlich versuchen, die Einheit der Menschheit und Gottheit Christi, die hypostatische Union, darzustellen, indem sie z. B. erzählen, wie die Engel das Mittagmahl Jesu zubereiten[39].

2.4. Kindheit und Jugend. Die meisten → Kindheitslegenden ranken sich um die Flucht der Hl. Familie nach Ägypten (→ Fluchtlegenden). Sie betreffen u. a. das Kornwunder ('Häscher des Herodes')[40], das Geleit durch Leoparden (Mot. B 563.5), das Drachenwunder und das Wunder der Anbetung des Kindes durch wilde Tiere (cf. Mot. A 2221.1), die Überschreitung des Roten Meeres, die Herbergsuche in Ägypten (Herbergsuche II)[41], das Baum-, Rosen- und Quellenwunder (Quellen entspringen, wo Jesus seine Füße badete: Mot. A 942.1), den Aufenthalt im Räuberhaus mit der Heilung des Räubersohnes (→ Dismas der rechte Schächer) im Badewasser des Jesuskindes und die Bekehrung des Räubers, den Götzensturz und die Bekehrung des Herzogs Aphrodisius[42]. Wie diese Episoden den apokryphen Kindheitsevangelien entstammen (→ Apokryphen), die der Erzählpraxis u. a. durch Konrad von Fußesbrunn (um 1200) vermittelt wurden[43], gingen auch manche der apokryphen Jugendwunder Jesu in die mündliche Überlieferung über (Jesus erschafft aus Lehm Vögel [Tiere]; Jesus setzt sich auf [hängt einen Becher an] einen → Sonnenstrahl [cf. Mot. F 1011.1; V 29.3, V 43]; Jesus straft die Kinder, die ihn verstoßen etc.)[44], zu denen im Spätmittelalter der allegorische Sondertyp der 'Infantia Christi' trat[45]. Manche der jüngeren, vor allem der franziskanischen Erzählungen bieten Beispiele rechten Umganges mit dem Jesuskind (*Der Kuckuck*[46]; *Maria und die Turteltaube* [Thema: Wachen für Jesus][47]; *Maria und die beiden Freundinnen* [nur die Armut kann Jesus tragen][48]; *Maria und der Fährmann* [mangelnde Gottesverehrung bestraft][49]; *Maria und die Espe* [mangelnde Demut bestraft][50]; *Marias Klage* [Heimatlosigkeit Christi und seiner Mutter][51]; *Maria heilt die Kinder* [Heilung der Blinden, Lahmen, Aussätzigen][52] etc.). Zu den spätesten, bis heute lebendig gebliebenen Erweiterungen dieses Themenkreises gehören die Beschreibungen des tätigen Lebens der Hl. Familie in Ägypten und Nazareth (*Das Häuschen von Nazareth*; *Maria als Spinnerin des [Trierer] Rockes*[53]; *Joseph als Zimmermann*[54]; *Jesus als Helfer seiner Eltern*[55]; *Jesus deckt den Tisch und holt das Brunnenwasser herbei* [Abendmahlstopos][56] etc.), deren Verbreitung auch durch die gleichzeitige Krippenkunst gefördert wurde.

2.5. Wirken. Die bibl. Berichte über das Wirken Jesu erfahren vielfache Erweiterungen und Interpretationen (Überwindung des Teufels durch Fasten in der Wüste: Mot. V 73.0.1, cf. V 73.6.1)[57]. Freier ausgestaltet und vermehrt werden die Totenerweckungen (cf. Mot. Z 71.1.11)[58], z. B. die Auferweckung des Lazarus, und die übrigen Wunder Jesu: Er macht Schlangengift unwirksam[59], trägt Wasser im Mantel (Mot. F 866.7.2.1), verwandelt Steine in Erbsen (Mot. D 452.1.6.1; → Brotlegenden), läßt Quellen entspringen (Mot. F 933.1.2) etc. Dann verleiht er den Neophyten Unsterblichkeit (Mot. D 1856.2), tötet einen potentiellen Mörder (Mot. J 225.4), prophezeit dem Volk (Mot. M 300.1, V 211.0.4) und predigt die Armut, die von den Römern gehaßt wird (Mot. V 385)[60]. Erwähnt werden auch seine Haar- und Barttracht (Mot. V 211.2.1.2.1) und seine magische Länge (Mot. D 1273.4).

3. Erlösung. Im Zentrum der christl. Erzählungen stehen jedoch die Schilderungen des Leidens und des Opfertodes Jesu, die mit zahlreichen Sondermotiven ausgeschmückt werden.

3.1. Leiden. Die Darstellung der Leidensgeschichte[61] erstreckt sich u. a. auf die Schilderungen des Abschiedes Jesu von seiner Mutter (nach der Vita Christi des Pseudo-Bonaventura [Johannes de Caulibus]; cf. Mot. V 211.6)[62], die Verleugnung des Petrus und den Judasverrat[63], die Warnung der Engel (Mot. V 211.2.3.0.1), den Einzug in Jerusalem und die Gefangennahme Jesu (des „Königssohnes, der von denen gefangen wird, die er zu beschützen kam“[64]). Weitere Themen bilden die Anklage Jesu als Volksverführer (Mot. J 1823.1.1), die Beschreibung der Vorbereitungen zur Kreuzigung (Nacht vor der Kreuzigung[65]; Schmied fertigt einen Nagel zuviel [Lanze des Longinus][66]; Frau des Schmiedes fertigt die Nägel [Mot. V 211.2.3.0.1]) und der Geschehnisse auf dem Kreuzweg (Schweißtuch der hl. → Veronika [v. Kap. 6], → Ewiger Jude [→ Antisemitismus]). Hinzu treten die Geschichten um die Passionszeichen (Dornenkrone: Mot. A 2221.2.4; fünf Wunden: Mot. Z 71.3.2; Nägel: Mot. P 445.1; Lanze, Kreuz [Fadenfindung: Mot. V 211.3; Baum für das Kreuz: Mot. A 2632.2; vier Holzarten des Kreuzes: Mot. V 211.4.1; Verfluchung des Kreuzholzes: Mot. A 2721.2.1, cf. Z 352; Herstellung des Kreuzes: Mot. V 211.4])[67] und um das Passionsgeschehen (→ Kreuzigung: Mot. V 211.2.3; die beiden Schächer am Kreuz[68] [Der heilende Schatten][69], Erzittern der Erde: Mot. V 211.2.3.1; Verfinsterung der Sonne: Mot. V 211.2.3.3; blutroter Mond: Mot. V 211.2.3.2), oft in der Darstellung des 'geheimen Leidens' Jesu (Dorn in der Zunge Christi)[70] etc. (→ Kreuz, Kreuzzeichen, → Kreuzholzlegende[71])[72]. Das unaussprechliche Leiden kann oder darf nicht abgemalt werden (Mot. Q 222.3)[73]. Schwere Strafen trifft die Verursacher des Leidens, insbesondere die → Juden (Mot. Q 221.2, cf. A 1662.1, A 1715.3, F 456.1.1.1)[74]. Ein Schuhmacher wird verflucht, weil er vor Jesus ausspuckte (Mot. P 453.1). Pilatus schützt nur der Gnadenrock Christi vor der verdienten Strafe (Mot. D 1381.4)[75].

Verschiedene Erzählungen knüpfen sich an das bei der Kreuzigung vergossene → Blut Jesu[76]. Aus ihm entstehen alle lebenden Dinge (Mot. A 1724.3), aber auch – auf der Grundlage der Rolle Christi als Richter – das Höllenfeuer (Mot. A 671.0.2. 1). Es läßt den Erblindeten wieder sehen (Mot. D 1505.8.1), und die Bahn der Blutstropfen wird zur (Pilger-)Straße (Mot. A 2611.7). Aus der Seitenwunde Jesu rinnen Blut und Wein, die Gaben (Materie) der Eucharistie (Mot. V 211.5.1). Die Anteilnahme der belebten und der unbelebten Natur am Passionsgeschehen wird belohnt, die fehlende Teilnahme bestraft (Mot. A 2231.2, A 2231.2.1, A 2231.2.2; A 2721.2, A 2721.2.1 etc.). Reliquien vom hl. Kreuz[77], das aufgefundene Kreuz selber[78] und die Erde vom Grabe Christi (Mot. E 501.17.7.1) besitzen übernatürliche und heilende Kräfte.

Viele Erzählungen, die dem franziskanischen Ideal „sequi vestigia eius" folgen, zeigen das Leiden Jesu aus der Sicht Marias, die auf seinen Fußspuren die Stationen der Passion nachgeht (*Marias Wanderung*[79]; *Maria auf den Blutspuren Jesu*[80]; *Maria im Rosengarten*[81] etc.)[82].

3.2. Höllenfahrt und Auferstehung. Die in den Glaubensbekenntnissen seit dem 5. Jh. ausgesprochene Höllenfahrt der Seele Christi (descensus ad inferos: Mot. V 211.7) ist im Anschluß an das apokryphe *Nikodemus-Evangelium* wie in der Ikonologie auch in der Erzähltradition anzutreffen. Zu ihrer Darstellung gehören die Donnerschläge an der Höllenpforte (Mot. V 211.7.3), das Aufreißen der Hölle (Mot. V 211.7.1), das Streitgespräch zwischen C. und Satan (Mot. V 211.7.2) und das Gespräch mit den Seelen der Gerechten (Mot. E 755.2.8), die C. aus der Vorhölle befreit (cf. Mot. E 754.1.6). Indirekt behandelt findet sich das Thema in den Erzählungen über Marias Höllenfahrt und Mantelwunder[83], die sich aus der Forderung nach einem Nachgehen des Weges Christi nahezu zwangsläufig ergaben. Die Schilderungen des Ostergeschehens folgen weitgehend den bibl. Berichten (*Die Auferstehung* [am 27. März]: Mot. V 211.8; *Die drei Frauen am Grabe*; *C. und die Jungfrau* [Noli-me-tangere-Szene][84]; *Die Himmelfahrt* [am 5. Mai]: Mot. V 211.9; *Die Erscheinung Jesu vor den Jüngern*[85]).

3.3. Himmlischer Bräutigam. Das Gleichnis Jesu vom Hochzeitsmahl, zu dem nicht alle Gäste in rechter Kleidung erscheinen (Mt. 22, 11), und das darauf beruhende Bild des Paulus von der Kirche als der Braut Christi (2. Kor. 11,2; Eph. 5, 25), führte zur Vorstellung von C. als dem himmlischen Bräutigam, dem sich auch eine einzelne fromme Seele sakramental verbinden könne[86]. Diese Verbindung wurde bei der Gewinnung junger Mädchen für den Ordensstand häufig als Alternative zu dem geforderten Verzicht auf Ehestand und Kinder in entsprechenden Erzählungen dargeboten (*Jesus lädt zur himmlischen Hochzeit*[87]; *Die Sultanstochter im Blumengarten*[88]; *St. Agnes und der Lutheraner*[89]; *Die Kommandantentochter Theresia*[90]; *Rosalia und der Tischlergeselle*[91] etc.).

3.4. Richter. Die Wiederkunft Christi zum Gericht, der das Kommen des Antichrist vorausgeht (Mot. M 363.1.1), wird von Toten (Mot. E 367.3), Wiedergängern und Propheten vorhergesagt (Mot. M 363.1). C. erscheint auf dem Regenbogen[92]. Da er nach definierter Lehre der Kirche Vollzieher des Jüngsten Gerichtes ist, stellt ihn auch die Volkserzählung gern als höchsten, zumeist aber gütigen Richter dar, der den reuigen Sünder vor der Verdammnis rettet (cf. Mot. V 124: Milde Christi getadelt). Er gleicht dabei „dem Falken, der das Wild nicht reißt, wenn man ihm das Herz eines kleinen Vogels schenkt"[93]. Als Richter krönt C. die Heiligen und geleitet die reinen Seelen in den Himmel[94]. Von dort aus sendet er Botschaften auf die Erde (Mot. V 211.10), z. B. in der Form von Briefen an wandernde Kleriker (Mot. V 211.10.1), die auch als Schutzmittel Verwendung finden (Mot. D 1381.24.1)[95] (→ Brief).

4. Wunderbares Wirken. Ein Großteil der C.-Erzählungen bezieht sich auf das Weiterwirken Jesu nach seinem Tod und seiner Auferstehung (→ Mirakel). Unter den spätma. Mönchserzählungen finden sich zahlreiche Schilderungen wunderbarer Erscheinungen, bei denen C. als Kind oder als Erwachsener, oft auch im Mönchsgewand, frommes Verhalten (z. B. des hl. Martin: Mot. V 411.8) belohnt[96], Fehlverhalten bestraft (cf. AaTh 752 C*, 753*)[97] oder die Seinen in der Verfolgung stärkt[98]. In den Berichten über die Wiederkehr Verstorbener wird er ebenso als Rächer von Untaten wie als Belohner guter Werke (Predigten etc.) genannt[99].

4.1. Erdenwanderung. Häufig begegnet C. (nach Mt. 25,40) als Armer (armer Pilger, armer Beter)[100], Aussätziger (Mot. V 211.2.1.1, Q 25.1), Bettler[101] (AaTh 751 A*, Mot. V 211.2.1.2) oder als Obdachloser (cf. Mt. 8,20) den Menschen auf Erden (Mot. V 211.2) und urteilt über ihr gutherziges oder hartherziges Verhalten nach Verdienst (AaTh 750*, 750**, 750 F*; → Erdenwanderung der Götter). Als Aussätziger oder als Kind (Weltträger) läßt er sich von dem Frommen über einen Fluß tragen (AaTh 768: → *Christophorus*, Mot. Q 25)[102] oder die Füße waschen[103], als Wanderer fragt er die Bauern nach dem Regen und segnet nur den, der Gott um Regen bittet (AaTh 830 C*; cf. → *Gottes Segen*); er straft den hochmütigen Sämann mit der Verwandlung der Frucht (Mot. A 2721.3.1), und er läßt die geizige Bäckerstochter zur Eule werden (Mot. A 1958.0.1; cf. AaTh 751 A, B: → *Bäuerin als Specht*). Allein oder gemeinsam mit den Aposteln belohnt er die → Gastfreundschaft eines Armen (AaTh 750 B: *Die drei → Wünsche*) oder eines Holzfällers, dem er es ermöglicht, eine Seele vor dem Teufel zu retten (AaTh 750 H*). Er ist auch der 'alte Mann' (Gott), der die Gläubigen prüft und ihnen Glück bringt oder nimmt, je nachdem, wie sie ihn aufnehmen oder abweisen (AaTh 751 B*, 751 C*), oder aber der Wundertäter, der das Übernatürliche zu vollbringen vermag, das die 'falschen Propheten' (Mt. 24,11) vergeblich nachzuahmen suchen (cf. AaTh 753: → *Christus und der Schmied*). Mit den Aposteln erscheint Christus am Totenbett eines Heiligen (cf. Mot. V 227) oder zur Einweihung einer Kirche ('Engelweihe'[104]). Er zeigt sich dem Ausschweifenden, der im Begriff steht, eine Sünde zu vollbringen[105], er tritt vor den Mönch, der in das Weltleben zurückkehren will[106], und er hinterläßt im Felsgestein seine Fußspuren (Mot. A 972.1.1) oder eine feurige Säule als Zeichen seines Besuches (Mot. V 211. 2.1).

4.2. Erdengeleit. Im Zuge der Rückgewinnung der Priester in der Gegenreformation entstanden zahlreiche Volkserzählungen über das Erdengeleit Jesu für seine Nachfolger. Als Prototyp des Weltpriesters, der in einer christusfeindlichen Umwelt manchen Anfechtungen ausgesetzt ist, führen sie den Apostel Petrus vor, der (nach Mt. 16, 18sq.; 28, 26sq. und Joh. 21, 18sq.) in allen seinen Nachfolgern, den Bischöfen ebenso wie den nachgeordneten Priestern, fortlebt. So zeigen sie die Einlösung des Versprechens Jesu, seinen Jüngern und Nachfolgern auf ihrem Erdenweg „bis an das Ende der Welt" beizustehen (Mt. 28, 20). Sie legen u. a. dar, wie Petrus um Christi willen geschlagen (AaTh 791: → *Christus und Petrus im Nachtquartier*) oder ausgelacht wird (AaTh 774 F: *Peter with the Fiddle*), und führen — unter Einbeziehung eines Bildes der christl. Allegorese[107] — aus, daß der Bienenstock nicht für die Stiche einzelner Bienen bestraft werden dürfe (AaTh 774 K:

Peter Stung by Bees). Ferner weisen sie auf die Grenzen der Wirkungsmacht des Petrus hin (AaTh 774A: → *Köpfe vertauscht* oder verkehrt aufgesetzt, cf. AaTh 1169), mahnen ihn, nicht zu streng zu strafen (Mot. A 2738), und erläutern, daß auch für ihn die Ratschlüsse Gottes unerforschlich seien (AaTh 759*). Verschiedentlich tadeln sie seine (und damit aller Priester) Eßlust (AaTh 774 N, 774 J: *Why Peter Became Bald*), die größer als seine Demut ist (AaTh 774C: → *Hufeisenlegende*) und die deshalb sogar zur Übertretung des Fastengebotes führt (AaTh 788: *Die* → *Wiedergeburt des verbrannten Heiligen*)[108]. Andere Erzählungen lassen Petrus von C. unterweisen (AaTh 822: → *Christus als Ehestifter*, Mot. T 53.2), oder sie greifen das Thema der Warnung vor den falschen Propheten auf, wenn sie darlegen, daß Petrus und C. mit Feuer dreschen können, während der Bauer, der es ihnen nachzutun versucht, seinen Besitz in den Flammen verliert (AaTh 752A: → *Christus und Petrus im Nachtquartier*). In allen diesen — zumeist schwankhaften — Erzählungen wird der Intention nach nie C. von Petrus, sondern immer Petrus von C. begleitet (cf. AaTh 774A—N: → *Petrusschwänke*).

5. Visionen. Ma. Erzählungen berichten von C.-Visionen der Heiligen, Mönche, Bischöfe, Nonnen, Äbte, Eremiten und Jungfrauen, die dieser Gabe als eines bes. Privilegs teilhaftig werden[109]. C. wird dabei als schönes Kind in der Krippe[110], als Zwölf- und Dreißigjähriger[111], als Verfolgter, Leidender und Gekreuzigter[112] sowie als Tröster[113] und als Richter auf dem Thron Gottes[114] gesehen.

6. Kult. Verschiedentlich wird vom Ursprung, von der Verehrung und von der Verletzung der Kultbilder Christi erzählt, z.B. vom Schweißtuch der Veronica (Anagramm aus 'vera icon[a]')[115] und vom Tuch des Königs → Abgarus von Edessa mit dem Abdruck des Antlitzes Christi[116]. Ein verbreitetes Thema betrifft den „frommen Zwang" (L. Schmidt), den eine Mutter durch Wegnahme des C.kindes auf Maria ausübt, um die Rettung ihres eigenen Kindes zu erreichen[117]. Neben dieses „Geiselmotiv" (W. Brückner) — u.a. der Wallfahrt zu Dimbach —, das der Idee von der 'pia simplicitas' verhaftet ist[118], treten Erzählungen von C.bildern, die vom Himmel herabfallen (→ Bilder vom Himmel), um den Feinden das Eindringen in eine Stadt zu verwehren[119] oder um an das Leiden Christi zu erinnern[120], sowie von der größeren Wirkung des Gebetes vor dem C.bild als gegenüber dem eines Heiligen (Mot. V 51.4). Seit dem Exempel *De Judaeo qui iconicam Christi furavit et transfodit* im ersten Wunderbuch des Gregor von Tours (538—594), das auf byzant. Tradition beruht, wird häufig von vorgeblichen Judenfreveln an C.bildern erzählt[121]. Zahlreiche Geschichten gehen auch auf die Realpräsenz Christi im Sakrament der Eucharistie ein (Mot. V 30 sq., cf. Z 71.16.1.3; → Hostie):

Ein Priester sieht bei der Messe das C.kind auf dem Altar[122]; ein Ministrant zweifelt, ob er dem Priester dienen dürfe, der bei der Messe ein Kind verspeiste[123]; betenden Nonnen legt Maria das C.kind zur Verehrung auf den Altar (cf. Mot. D 1766.1.2, V 211.1.8.2)[124]; während der Messe wendet das C.kind sein Antlitz von dem des unwürdigen Priesters ab[125]; nach ihrer Verheiratung sieht eine Frau nicht mehr das C.kind in der Hand des Priesters[126]; C. selber erscheint, um die Wandlung der Hostie zu prüfen (Mot. V 33.1.1) etc.

Auch die Hostienfrevel und die Erzählungen über C. als Koch[127] gehören in diesen Zusammenhang.

7. Sonstiges. Einzelne Erzählungen tragen schließlich Details des Lebens Jesu in schwankhafter Abwandlung vor:

C. wußte nichts vom Leiden, weil er nicht verheiratet war (AaTh 1516A*, Mot. T 251.0.2); weil um seinen Lohn viel Gutes getan wird, hat er 'zu viele Schulden' (Mot. J 2477); auf das Wort des Gekreuzigten 'Mich dürstet' antwortete der Schächer zur Linken: 'Mich auch' (Mot. J 2041.1); ein Mensch hängt (stirbt) 'wie C.' – zwischen zwei Dieben (Mot. X 313); ein anderer fürchtet, daß es ihm ergehe 'wie C. am Palmsonntag' (Mot. J 1265.1); ein Schauspieler im Passionsspiel will angesichts der Handlung nicht länger Christus sein (Mot. J 2495.3)[128]; ein Betrunkener hält die Stimme des hinter dem Kreuz Versteckten für die Stimme Christi (Mot. K 1971.7).

Häufig behandelt werden auch komische Mißverständnisse der Bilder und Darstellungen Jesu Christi (Mot. J 1823.1 sq.).

[1] Boman, T.: Die Jesus-Überlieferung im Lichte der neueren Vk. Göttingen 1967, 29–61; Bauer, W.: Das Leben Jesu im ZA. der nt. Apokryphen. Tübingen 1909 (Repr. Darmstadt 1967); Lipsius, R. A.: Die apokryphen Apostelgeschichten und Apostellegenden 1. Braunschweig 1883, 554 und pass.; Brückner, W.: „Narrativistik". Versuch einer Kenntnisnahme theol. Erzählforschung. In: Fabula 20 (1979) 18–33. – [2] Z. B. Flugschrift: Zwey schöne / Geistliche Lieder / zu der Allerheiligsten Dreyfaltigkeit. Das Erste. Steyr (F. J. Medter) s. a. (Österr. Museum für Vk. Wien, A 13.455A; anderer Druck: Oedenburg 1781, Burgenländ. Volksliedarchiv Eisenstadt, 114/35); „Singen will ich aus Herzens Grund." In: Sztachovics, R.: Kathol. Gebet- und Gesangbuch. Wien 1868, 212–215, num. 103; Flugschrift: Zwey / schöne geistliche Lieder. Das Zweyte: Von dem getreuen Schåflein suchenden Jesu. s. l. 1806 (Steir. Volksliedarchiv Graz, M 101/1). – [3] Kern, P.: Trinität, Maria, Inkarnation. B. 1971; dazu: Janota, J. (Rez.). In: Studi medievali. Serie 3, 14 (1973) 238–242. – [4] Tubach, num. 1005. – [5] Tubach, num. 996. – [6] Pitra, J.-B.: Spicilegium Solesmense 2. P./Brüssel 1855, p. LXXX, num. 739; Forstner, D.: Die Welt der Symbole. Innsbruck/Wien/Mü. [2]1967, 248–249; Henkel, N.: Studien zum Physiologus im MA. Tübingen 1976, 194–196. – [7] Nach Ambrosius (Hexaemeron 3, 11), Augustinus (De genesi contra Manichaeos 1, 13) und Basilius (Hexaemeron, homilia 5) war die Rose vor dem Sündenfall ohne Dornen. – [8] Das dt. Volkslied in losen Bll.n. ed. Volksliturgisches Apostolat. Klosterneuburg bei Wien s. a., Slg 1, num. 31; Moser, D.-R.: Volkslieder und Volkserzählungen als Mittel religiöser Unterweisung. In: Irmen, H.-J. (ed.): Tagungsber. Internat. Musikkurse Kloster Steinfeld 1974. Steinfeld 1975, 53–72; cf. Tubach, num. 994. – [9] Kretzenbacher, L.: Bilder und Legenden. Klagenfurt 1971, 49–74. – [10] Homilia de transfiguratione Domini: Hilka, A. (ed.): Die Wundergeschichten des Caesarius von Heisterbach 1. Bonn 1933, 183, num. 301. –

[11] Kretzenbacher, L.: Gericht über Adam und Eva. In: Carinthia 1, 156 (1966) 10–47; Sztachovics, R.: Braut-Sprüche und Braut-Lieder auf dem Heideboden in Ungern. Wien 1867, 267–275; cf. [Jeremias Homberger]: Ein schön lied von der Rechtfertigung des Armen Menschens für Gott [um 1560]. Flugschrift Graz (Zacharias Bartsch) s. a. (Niedersächs. Staats- und Universitätsbibl. Göttingen, 8⁰Poet.germ. II, 3891 [XI]). – [12] Tubach, num. 992. – [13] Toschi, P.: Il sogno di Maria. In: Rivista di Cultura classica et medievale 2 (1965) 1104–1127; Hain, M.: „Der Traum Mariens". In: Dona Ethnologica. Festschr. L. Kretzenbacher. Mü. 1973, 218–232; Kretzenbacher, L.: Südost-Überlieferungen zum apokryphen „Traum Mariens". Mü. 1975. – [14] Frenzel, E.: Stoffe der Weltlit. Stg. [4]1976, 354–358; Braunfels, W./Nitz, M.: Leben Jesu. In: Lex. der christl. Ikonographie 3. Mü. 1971, 39–85; Gerhardt, C.: Das Leben Jhesu. Eine mhd. Evangelienharmonie. Mü. 1969; Schottmann, H.: Die isl. Mariendichtung. Mü. 1973, 138–187; Cochem, M. von: Das Große Leben Christi. Ffm. 1689 (und öfter); Sepp, J. N.: Das Leben Christi. Regensburg 1846. – [15] Gegen derartige Auffassungen richtete sich schon das Glaubensbekenntnis des Kaisers Michael Paläologus: „Credimus [...] Deum verum et hominem verum, proprium utraque natura atque perfectum, non adoptivum nec phantasticum, sed unum et unicum Filium Dei", cf. Denzinger, H./Schönmetzer, A.: Enchiridion symbolorum [...]. Fbg [35]1973, 275, num. 852 (6. 7. 1274). – [16] Seitz, J.: Die Verehrung des hl. Joseph in ihrer geschichtlichen Entwicklung bis zum Konzil von Trient. Fbg 1908; Pütz, P.: Der Anteil des Franziskanerordens an der St. Josephsverehrung der vortridentinischen Zeit. In: Franziskanische Studien 8 (1921) 298 sq. – [17] Bezeichnend ist das Aufkommen entsprechender Monogr.n, z. B.: Berry, P. de: De Devotie tot den H. Joseph. Antw. 1646; Iwanek, G.: Lilium Paradisi coelestis S. Josephus Dignissimus Filii Dei in Terris Nutritius. Prag 1688 (Studienbibl. Dillingen [Donau] X/834); Kretzenbacher, L.: Heimat im Volksbarock. Klagenfurt 1961, 63–71. – [18] Blümml, E.-K. (ed.): Schottkys Volksliedernachlaß. Wien 1912, 57–58; Lipphardt, W.: Anna-Lieder. In: Lex. der Marienkunde 1. Regensburg 1967, 230–257; Amft, G. (ed.): Die Volkslieder der Grafschaft Glatz. Habelschwerdt 1911, num. 624. – [19] Flugschrift: Ein Schönes newes geistliches Lied / sampt einem schönen Rueff / von S. Anna [...]. Passau (C. Frosch) 1638 (Dt. Staatsbibl. Berlin, Hymn. 10071–2); Flugschrift: Von der gantzen Heiligen Freundschafft [i. e. Verwandtschaft] JESU und Maria: Von St. Annae Eltern an. Wien (C. Lercher) 1701 (Stadtbibl. Wien, A 72.597, XCIII). – [20] Moser, D.-R.: Herbergsuche in Bethlehem. In: SAVk. 70 (1974) 1–25; Brednich, R. W./Suppan, W. (edd.): Gottscheer Volkslieder. 2: Geistliche Lieder. Mainz 1972, num. 130. –

[21] Hennecke, E./Schneemelcher, W.: Nt. Apokryphen [...] 1. Tübingen [4]1968, 287 sq. – [22] Kastner, O.: Die Krippe. Linz 1964, 49 sq. – [23] Erstmals in der Nacht zum 25. Dez. 1223; cf. Grau, E. (ed.): Thomas von Celano. Leben und Wunder des heiligen Franziskus von Assisi. Werl [2]1964, 150–153, num. I/84–87 (Kap. XXX). – [24] Kastner (wie not. 22) 51 sq. – [25] Maurer, F. (ed.): Die Erlösung. Eine geistliche Dichtung des 14. Jh.s. Darmstadt 1964, 145–147; Tubach, num. 315, 991, 993; Klapper, MA., num. 47; Hartmann, A./Abele, H. (edd.): Volkslieder. In Bayern, Tirol und Land Salzburg gesammelt. t. 1. Lpz. 1884 (Repr. Wiesbaden 1968) num. 92. – [26] cf. not. 21. – [27] Tubach, num. 1025. – [28] Christern, E. (ed.): Johannes von Hildesheim: Die Legende von den Heiligen Drei

Königen. Mü. 1963; ead.: Johannes von Hildesheim, Florentinus von Wevelonghoven und die Legende von den Heiligen Drei Königen. In: Jb. des Kölnischen Geschichtsvereins 34/35 (1959/60) 39–52; ead.: Die Hystori oder Legend von den Heiligen Dryen Koenigen. In: 800 Jahre Verehrung der Heiligen Drei Könige in Köln, 1164–1964. Köln 1964, 180–204; Behland, M.: Die Dreikönigslegende des Johannes von Hildesheim. Diss. Mü. 1968. – [29] Moser, D. - R.: Liedimmanenz und Brauchgeschichte. Beitr.e zur Frühgeschichte des Sternsingens. 1: Die Legende von den hl. drei Königen im brauchtümlichen Liedgut des 16. Jh.s. In: Forschungen und Ber.e zur Vk. in Baden-Württemberg 1971–1973 (1974) 105–133. – [30] Schmidt, L.: Formprobleme der dt. Weihnachtspiele. Emsdetten 1937; id.: Das dt. Volksschauspiel. B. 1962, 51sq.– [31] Greßmann, H.: Die Sage von der Taufe Jesu und die vorderoriental. Taubengöttin. In: ARw. 20 (1920) 1–40. – [32] „Es kommen drei Engel vom Himmel geflogen". Hs. Liederbuch der Familie Beer, Gmunden. Slg Pauli (Oberösterr. Volksliedarchiv Linz, L 4/A/151). – [33] Zack, V./Geramb, V. (edd.): Alte Krippen- und Hirtenlieder 2. Graz 1950 (Anh.: Maria auf dem Berge); Röhrich, L./Brednich, R. W. (edd.): Dt. Volkslieder 2. Düsseldorf 1967, num. 12(f). – [34] Coo, J. de: In Josephs Hosen Jhesus ghewonden wert. In: Aachener Kunstbll. 30 (1965) 144–184; id.: Das Josephshosen-Motiv im Weihnachtslied und in der bildenden Kunst. In: Jb. für Volksliedforschung 11 (1966) 58–69. – [35] Brednich, R. W.: Vogel am Faden. Geschichte und Ikonographie eines vergessenen Kinderspiels. In: Festschr. M. Zender 1. Bonn 1972, 573–597. – [36] Steller, W. (ed.): Sudetenschles. Volkslieder. B. / Lpz. 1934, 11, num. 8: „Joseph nahm ein Pfämelen / Und malte dem Kind ein Müselen". – [37] „Als Jesus aus der Schule kam / Hat Maria noch nicht gekocht" (Dt. Volksliedarchiv Fbg, A 43.076; A 127.056; A 198.632; A 199.097); cf. Bolte, J.: „Der Jesusknabe in der Schule". In: Jb. des Vereins für ndd. Vk. 14 (1888) 4–8; Michael, W. F.: Das dt. Drama des MA.s. B./N. Y. 1971, 100. – [38] „Unsre liabe Frau / Die reiset wohl her übern Steg". In: Das dt. Volkslied 27 (1925) 107. – [39] „Fünf Engelein haben gesungen / Fünf Engelein kommen gesprungen". In: Corrodi, A. (ed.): Dt. Reime und Rätsel in 36 Bll. Glogau s. a. (nach 1856) 3 und pass. – [40] Pinck, L. (ed.): Verklingende Weisen. Lothringer Volkslieder 2. Kassel ^{2}1928, 19sq.; Wentzel, H.: Die Kornfeldlegende in Parchim, Lübeck, den Niederlanden, England, Frankreich und Skandinavien. In: Festschr. K. Bauch. Stg./Mü. 1957, 177–192; id.: Die „Kornfeldlegende". In: Aachener Kunstbll. 30 (1965) 131–143; Schmidt, 259–264; Moser; D.-R.: Die Saat im Acker der Gerechten. Zur Vorgeschichte und Sinndeutung der Kornfeldlegende. In: ÖZfVk. 77 (1974) 131–142. – [41] wie not. 20. – [42] Moser, D.-R.: Die Hl. Familie auf der Flucht. In: Rhein. Jb. für Vk. 21 (1972) 255–328. – [43] Masser, A.: Bibel, Apokryphen und Legenden. Geburt und Kindheit Jesu in der religiösen Epik des dt. MA.s. B. 1969; id.: Bibel- und Legendenepik des dt. MA.s. B. 1976, 95–98; Fromm, H. / Grubmüller, K. (edd.): Konrad von Fussesbrunnen: Die Kindheit Jesu. B./N. Y. 1973. – [44] Wildhaber, R.: Zum Weiterleben zweier apokrypher Legenden. In: Festschr. N. Grass 2. Innsbruck 1975, 219–237; Kretzenbacher, L.: Malbild-Erzählen aus dem Apokryphenwissen des MA.s. In: Fabula 20 (1979) 96–106; Fried, E. (ed.): Der Stern, der tat sie lenken. Mü. 1966, 90–93; Erk, L./Böhme, F. M.: Dt. Liederhort 3. Lpz. 1894 (Repr. Hildesheim 1962) 742, num. 2039 (Komtamination); Alpers, P.: Unters.en über das alte niederdt. Volkslied. In: Jb. des Vereins für ndd. Sprachforschung 38 (1912) 1–64, bes. 17; Hennecke /Schneemelcher (wie not. 21) 296sq. (Kindheitserzählung des Thomas, num. 14, 15); Bauer, J. B.: Die nt. Apokryphen. Düsseldorf 1968, 52–55. – [45] Wentzel, H.: Ad Infantiam Christi. Zu der Kindheit unseres Herren. In: Das Werk des Künstlers. Festschr. H. Schrade. Stg. 1961, 135–160. – [46] Lagerlöf, S.: Christuslegenden. Lpz. [1933] 59–64: In Nazareth. – [47] Brednich/Suppan (wie not. 20) num. 131; Kumer, Z.: Maria und die Turteltaube. Ein Gottscheer Volkslied. In: Jb. für Volksliedforschung 11 (1966) 90–97. – [48] Brednich/Suppan (wie not. 20) num. 144. – [49] Grafenauer, I./Kumer, Z.: Slovensko-hrvaška ljudska pesem Marija in Brodnik (Das slov.-kroat. Volkslied Maria und der Fährmann). Ljubljana 1966; Hilmar, E.: Mariae Wanderung. In: Jb. für Volksliedforschung 11 (1966) 37–57; Wimmer, E.: Zur Herkunft und Überlieferung eines geistlichen Liedes. Mariä Wanderung. In: Volkskultur und Geschichte. Festg. J. Dünninger. B. 1970, 546–556. – [50] Röhrich/Brednich (wie not. 33) 1 (1965) num. 52; cf. Funcke, P.: Unsere Pflanzenwelt in der Legende. In: Die Heimat 1 (Emsdetten 1919) num. 2, 3; Dähnhardt, O.: Naturgeschichtliche Volksmärchen 1. Lpz. ^{3}1909, 78sq. –

[51] Brednich/Suppan (wie not. 20) num. 130. – [52] ibid. 1 (1969) num. 108. – [53] Flugschrift: Maria die heilige Hausmutter. Marianisches Rockenspinnerlied, Prag (Joseph Rudl), gedr. bei M. J. Landau, s. l. s. a. (Slg Klier, Stadtarchiv Linz); Pinck (wie not. 40) 4 (1939) num. 13; Erk/Böhme (wie not. 44) num. 2066–2068. – [54] Blinzler, J./Kessels, J.: Joseph, Nährvater Jesu. In: LThK 5, 1129–1131; Gaál, K.: Spinnstubenlieder. Zürich 1966, 106–109. – [55] Flugschrift: Drey schône neue Geistliche Lieder / Das Erste: Von der Kindheit JESU Christi, s. l. 1701 (Stadtbibl. Wien, A 72.599 XCIII). – [56] Flugschrift: Zwey Schöne Neue Geistl. Lieder / Das Andere: Von der Kindheit Jesu Christi / aller blühenden Jugend vor Augen gestellt [. . .]. Linz (J. C. Leidenmayr) s. l. s. a. (vor 1746) (Slg Klier, Stadtarchiv Linz). – [57] Eitrem, S.: Die Versuchung Christi. Mit einem Nachwort von A. Friedrichsen. Christiania 1924. – [58] Moser, D.-R.: Passionsspiele des MA.s in mündlich überlieferten Liedern (Die Auferweckung des

Lazarus). In: Jb. für ostdt. Vk. 13 (1970) 7–103. – [59] Wesselski, A.: Erlesenes. Prag 1928, 3–12. – [60] Tubach, num. 1008. –

[61] Kretzenbacher, L.: Passionsbrauch und Christi-Leiden-Spiel in den Südost-Alpenländern. Salzburg 1952; Bub, D. F.: Das Leiden Christi als Motiv im dt. Kirchenliede der Reformation und des Frühbarock. Diss. Bern 1951, bes. 37–142; Roth, E.: Der volkreiche Kalvarienberg in Lit. und Kunst des Spätma.s. B. ²1967. – [62] Fischer, C.: Die „Meditationes vitae Christi", ihre hs. Überlieferung und die Verfasserschaftsfrage. In: Archivum Franciscanum Historicum 25 (1932) 3–35, 175–209, 305–348, 449–483; Brednich/Suppan (wie not. 20) num. 151sq. – [63] Lehmann, P.: Judas Ischarioth in der lat. Legendenüberlieferung des MA.s. In: Studi medievali. N. S. 2 (1929) 289–346; Kretzenbacher, L.: „Verkauft um 30 Silberlinge". Apokryphen und Legenden um den Judasverrat. In: SAVk. 57 (1961) 1–17; Bouvier, B.: Le Mirologue de la vierge. Chansons et poèmes grecs sur la passion du Christ. Rome/Genève 1976, 213–236. – [64] Tubach, num. 1006. – [65] Brednich/Suppan (wie not. 20) num. 153. – [66] Bouvier (wie not. 63) 194–212; cf. die Geschichte von der Heilung der kranken Tochter des Schmiedes, der die Nägel nicht zu schmieden vermag, an der Krippe, bei J. Haym von Themar: Schône Christenliche Catholisch Weinnåcht oder Kindtleß wiegen Gesang [. . .]. Augsburg 1590 (Staatsbibl. SPK Berlin, Eh 3512) Eingang: Es schreibt Lucas der Evangelist. – [67] Tubach, num 3610. – [68] Zoepfl, F.: Dismas und Gestas. In: RDK 4 (1958) 83–87; Krausen, E.: Der Kult des hl. Dismas in Altbayern. In: Bayer. Jb. für Vk. (1969) 16–21. – [69] Kretzenbacher, L.: Die Legende vom heilenden Schatten. In: Fabula 4 (1961) 231–247; id. (wie not. 17) 47–56. – [70] Schmidt, 293–298; Kretzenbacher, L.: C. soll nicht gegeißelt werden. In: ÖZfVk. 75 (1972) 116–126; cf. Tubach, num. 1010; num. 3611. –

[71] Kampers, F.: Ma. Sagen vom Paradiese und vom Holze des Kreuzes Christi. Köln 1897. – [72] Wagner, G.: Volksfromme Kreuzverehrung in Westfalen. Münster 1960. – [73] Meier, J.: Die älteste Volksballade von Dr. Faust. In: Jb. für Volksliedforschung 6 (1938) 1–29, bes. 12–17: Der Teufel malt ein Bild des gekreuzigten C.; Vidossi, G.: Zur Legende vom Teufelskruzifix. In: Jb. für Volksliedforschung 7 (1941) 197–198. – [74] Bauer (wie not. 1) 203–209; cf. Tubach, num. 3609. – [75] Papp, E.: C. und Pilatus. In: Verflex. 1 (²1978) 1238. – [76] Brückner, W.: Die Verehrung des Heiligen Blutes in Walldürn. Aschaffenburg 1958; Assion, P./Wojciechowski, S.: Die Verehrung des Heiligen Blutes von Walldürn bei Polen und Tschechen. In: Archiv für m.rhein. Kirchengeschichte 22 (1970) 141–167. – [77] cf. zur Legende von der Kreuzpartikel in der Schenkelwunde: Schmidt, L.: Heiligenblut und Ufhusen. In: SAVk. 68/69 (1972/73) 620–627, bes. 625–626; Kretzenbacher, L.: Das verletzte Kultbild. Mü. 1977, 81–85. – [78] Ukena, E.: Die dt. Mirakelspiele des Spätma.s 1. Bern/Ffm. 1975, 223–281. – [79] wie not. 49. – [80] Brednich/Suppan (wie not. 20) num. 134. –

[81] Brednich/Suppan (wie not. 20) num. 254. – [82] Moser, D.-R.: Verkündigung durch Volksgesang. Studien zur Liedkatechese der Gegenreformation. Habilitationsschr. Fbg 1978, 358–393. – [83] Müller, L.: Die Offenbarung der Gottesmutter über die Höllenstrafen. In: Die Welt der Slaven 6 (1961) 26–39. – [84] Pfleger, A.: C. als Gärtner. In: Jb. des Hagenauer Altertumsvereins (1940) 22–27. – [85] Tubach, num. 981. – [86] Rosenfeld, H.: C. und die minnende Seele. In: Verflex. 1 (²1978) 1236sq. – [87] Brednich/Suppan (wie not. 20) num. 159c. – [88] „Ein erbaulich Gedicht, von einem frommen Abtvater aufgesetzt". Hs. Volksliederslg des K. C. T. Heinze (Univ.-Bibl. Bonn, S 504); Vooys, C. G. N. de: Middelnederlandsche Legenden en Exempelen. 's-Gravenhage 1900, 146–192; Boekenoogen, G.J.: Een suverlijc exempel hoe dat Iesus een heydensche maghet een Soudaens Dochter wech leyde wt haren lande. Leiden 1904. – [89] Kumer, Z.: Vsebinski tipi slovenskih pripovednih pesmi. Typenindex slowen. Erzähllieder. Ljubljana 1974, num. 100, 1. – [90] Meisen, K.: Das Lied von der Kommandantentochter von Großwardein oder der ung. Braut. In: Rhein. Jb. für Vk. 8 (1957) 115–196; id.: Die außerdt. Überlieferung des Liedes von der Kommandantentochter von Großwardein. In: Rhein. Jb. für Vk. 9 (1958) 89–129. –

[91] Flugschrift: „Was sich begeben zu Weyer mit einer Tischlers Tochter". s. l. s. a. In: Mittlgen zur Volks- und Heimatkunde des Schönhengster Landes 32 (1936) 99–101. – [92] Böckel, O.: Volkslieder aus Oberhessen. Marburg 1885, 99–101. – [93] Tubach, num. 995. – [94] Sinninghe, 141, num. 508. – [95] Köhler, W.: Briefe vom Himmel und Briefe aus der Hölle. In: Die Geisteswiss.en 1 (1914) 588–593, 619–623; Stübe, R.: Der Himmelsbrief. Tübingen 1918. – [96] Sinninghe, 142, num. 511; Tubach, num. 986, 1015, 1021, 1026, 1031; Alsheimer, R.: Das Magnum speculum exemplorum als Ausgangspunkt populärer Erzähltraditionen. Bern/Ffm. 1971, 125, num. VZ 32. – [97] ibid., 170, num. VZ 201; Tubach, num. 1017sq. – [98] Günter, H.: Legenden-Studien. Köln 1906, 31, 97 und pass. – [99] Tubach, num. 982, 1011, 1022. – [100] Tubach, num. 983, 987–989. –

[101] Tubach, num 990. – [102] Tubach, num. 985a. – [103] Tubach, num. 985b. – [104] Günter 1949, 239; Flugblatt: Warhaffter Bericht / Welcher gestalten die obgezeichnete unser lieben Frawen Capell zu Einsidlen im Schweytzerlandt / von dem HErn JESU CHRISTO sichtbarlich geheyliget / und eingeweyhet worden. Einsiedeln (J. H. Ebersbach) 1698 (Zentralbibl. Zürich). – [105] Tubach, num. 1007. – [106] Tubach, num. 1013a. – [107] Misch, M.: Apis est animal – apis est ecclesia. Bern/Ffm. 1974. – [108] Matičetov, M.: Sežgani in prerojeni človek. Der verbrannte und wiedergeborene Mensch. Ljubljana 1961, 65–68, 255sq.;

Lies, E.: Drei Erzählungen über den hl. Petrus am Weinberg. In: Schmidt, L. (ed.): Wunder über Wunder. Wien 1974, 118–122. – [109] Tubach, num. 1000, 1016sq., 1020, 1023, 1035. – [110] Tubach, num. 1032, 1036. – [111] Tubach, num. 1012. – [112] Tubach, num. 998 a, b, c. – [113] Tubach, num. 979, 997. - [114] Tubach, num. 1009, cf. 1014. – [115] Grimm, W.: Die Sage vom Ursprung der C.bilder. In: id.: Kl.re Schr. 3. B. 1883, 138–199, bes. 157sq.; Dobschütz, E. von: Das C.bild Abgars. In: Mschr. für Gottesdienst und kirchliche Kunst 14 (1909) 265–272. – [116] Grimm (wie not. 115) bes. 166–199. – [117] Tubach, num. 1024; Schmidt, L.: Der fromme Zwang. Ein ma. Erzählmotiv in Julius Zerzers Faust-Legende. In: Jb. des Wiener Goethe-Vereins 79 (1973) 57–78. – [118] Brückner, W.: Gnadenbild und Legende. Kultwandel in Dimbach. Würzburg 1978, 11–16. – [119] Tubach, num. 1002. – [120] Tubach, num. 1003. –

[121] Kretzenbacher (wie not. 77) 58–93, bes. 66; Brückner, W.: Maria Buchen. Eine fränk. Wallfahrt. Würzburg 1979, 77–89: Das verletzte Kultbild. – [122] Tubach, num. 1030, cf. 984, 1019. – [123] Tubach, num. 1001; Matuszak, J.: Das Speculum exemplorum als Qu. volkstümlicher Glaubensvorstellungen des Spätma.s. Bonn 1967, 33; Bitsche, J.: Der Liederschatz der Vorarlberger. Lustenau 1969, 87, num. 1282. – [124] Tubach, num. 1029. – [125] Tubach, num. 1033. – [126] Tubach, num. 1027, cf. 1028. – [127] Illing, K.: C. als Koch. In: Verflex. 1 ([2]1978) 1234sq. – [128] cf. Schmidt, L.: Das dt. Volksschauspiel in zeitgenössischen Zeugnissen vom Humanismus bis zur Gegenwart. B. 1954, 23sq.

Freiburg/Br. Dietz-Rüdiger Moser

Christus als Ehestifter (AaTh 822, Mot. T 125), schwankhaftes Exempel zur Begründung der ehelichen Verbindung von Partnern mit unterschiedlichen Charaktereigenschaften, das diese Verbindung als gottgewollt bezeichnet.

Inhalt: Auf ihrer Wanderung treffen C. und Petrus einen Burschen, der faul im Grase liegt und ihnen auf die Frage nach dem rechten Weg die Richtung mit dem Fuß weist. Später begegnen sie einem fleißig arbeitenden Mädchen, das sie hurtig und gefällig auf die gewünschte Straße führt. Petrus fragt nach dem rechten Lohn, und C. antwortet, daß beide die Ehe miteinander eingehen sollten, damit einer den anderen recht ergänze.

Wie die meisten C.-Petrus-Schwänke, die darlegen, daß der Inhaber der geistlichen Schlüsselgewalt und alle seine Nachfolger (Petrus initium episcopatus) „bis zum Ende der Welt" (Mt. 28, 18sq.) von C. auf Erden[1] geleitet werden, zeigt auch diese Erzählung, daß C. den Apostel, auf den er seine Kirche baut (Mt. 16, 18sq.), während dessen Erdenweg begleitet. Dabei erläutert er ihm, warum es Ehen mit Partnern ganz unterschiedlichen Charakters gibt, und legt ihm dar, daß diese Ehen von Gott gewollt und deshalb gottgefällig seien. Das Motiv, daß C. selber die Verbindung zwischen dem Faulen und der Fleißigen verfügt und damit deren Ehe konstituiert, ist nicht bedeutungslos, weil die Frage, ob die Ehe ein von C. eingesetztes Sakrament sei oder nicht, in den kontroverstheol. Auseinandersetzungen des 16. Jh.s, aus dem die literar. Frühbelege dieser Erzählung vorliegen, umstritten war. Während die kathol. Seite am sakramentalen Charakter der Ehe und an ihrer Einsetzung durch C. festhielt[2], erklärte Martin Luther im Eingang seines *Traubüchleins* (Wittenberg 1529), daß „die hochzeit und ehestand ein welltlich gescheftt" darstellten, in dem „uns geistlichen odder kirchendienern nichts [...] zu ordenen odder regiern" sei. Da nun die ältesten datierten Belege der Erzählung (J. Agricola, H. Sachs)[3] in Werken protestant. Autoren vorliegen, sie selber aber eine Position vertritt, die der älteren, nichtprotestant. Vorstellung entspricht, dürfte sie bereits geraume Zeit vor 1534, dem Druckjahr der Sprichwörtersammlung des Johannes Agricola[4], entstanden sein. Offenbar wurde sie wegen ihrer schwankhaften Züge in die protestant. Sammlungen übernommen. Auffälligerweise unterscheidet sie sich aber von der späteren Normalform dadurch, daß sie die Ungleichheit der Ehepartner anders verteilt: Hier ist nicht der Mann faul und die Frau fleißig, sondern der „frölich geselle" steht der „faulen magd" gegenüber, was der traditionellen Bewertung von Mann und Frau in der alten Kirche genau entspricht. Insofern wäre es möglich, daß die Umwertung der beiden Partner eine bewußte Maßnahme des Hans Sachs[5] darstellte, mit der dieser die veränderte Einstellung der neuen Lehre gegenüber der Frau zum Ausdruck bringen wollte. Dabei wird man berücksichtigen müssen, daß Agricola die Geschichte als „eyn gemeyn sage" bezeichnete, die sich wohl in der von ihm mitgeteilten Form in Umlauf befand. Insofern dürfte dann auch kaum die Überlegung zutreffen, daß Sachs die ältere Tradition besser bewahrt habe als 15 Jahre vor ihm Agricola. Gegen diese Überlegung würde nur der Beleg der *Historia Jeschuae Nazareni*[6] sprechen, wenn dieser tatsächlich bereits dem Spätmittelalter angehört und nicht, wie zu vermuten ist, eine spätere Interpolation darstellt. Seine Bewertung durch den Schweizer reformierten Prediger Johann Jakob Huldrich als „fabula nugacissima" (1705)[7] wurde der ursprünglichen Intention der Erzählung sicher nicht gerecht. Sie entsprach jedoch dem pietistischen Geist der Zeit, der zusammen mit der Absicht, Anstößiges zu vermeiden, schon den Jesuiten Carlo Casalicchio[8] zur Übertragung der Geschichte von C. und Petrus auf Jupiter und Merkur veranlaßt haben mochte.

Übereinstimmendes Merkmal der literar. Belege des 16. und frühen 17. Jh.s bleibt indes die Funktion der Erzählung als Exempel, das den jeweiligen Standpunkten entsprechend – unterschiedliche Auslegungen erfährt. Geht es Agricola eher um einen Ausgleich der Geschlechter im „standt des glaubens und der liebe", damit „keines dem andern schedlich, sonder nutzlich" sei, und will Sachs erreichen, „das ains dem andren sein vnart thu weren", sehen Valentin Schumann[9] und Casalicchio in ihr eher eine Warnerzählung, wobei der letztere weniger die Ehe selbst als die Gattenwahl im Auge behält, wenn er sich gegen diejenigen wendet, „welche auf alle Weiß und Manier nur nach reichen Weyberen trachten." Der Kompensationsgedanke, der in der Erzählung zum Ausdruck kommt, geht über die christl. Maxime „virtus in medio est posita" (Die Tugend liegt in der Mitte) auf die Lehre des Aristoteles zurück, daß „das Maß" (metron) des Handelns die „rechte Mitte" (mesostēs) zwischen dem Zuviel (excessum) und dem Zuwenig (defectum) sein müsse. Insofern entspricht das Exempel ganz der christl. Tugendlehre, die es zu popularisieren sucht[10].

Die Aufzeichnungen aus der Erzähltradition folgen im allgemeinen der schon von Sachs gegebenen Normalform, ohne daß dessen literar. Bearbeitungen als alleinige Quelle der Varianten aus mündlicher Überlieferung angesehen werden könnten. Zumindest wird man die überwiegende Verbreitung der Erzählung in den kathol. oder rekatholisierten Landschaften auf Neueinführungen im 17. und 18. Jh. zurückzuführen haben, wobei die Mittelsmänner aber, wie parallele Fälle zeigen[11], durchaus auf die wirkungsvollen Schwank- und Meistersangbearbeitungen des Nürnberger Meisters zurückgegriffen haben können.

Wie es häufig zu beobachten ist, erfährt auch dieses Exempel in der Erzählpraxis durchgängig eine Reduzierung auf das rein Handlungsmäßige und eine Anpassung an den Vorstellungshorizont der Erzähler. Häufiger als in das Heilige Land mit Kapernaum[12] oder Jerusalem[13] wird die Wanderung Christi und Petri in die eigene Umwelt der Rezipienten gestellt. Beide verfehlen den Weg „oben im Gäu"[14], sie kommen „in die Gegend von Metz–Forbach–Hundlingen über Wustweiler–Roth–Hambach"[15], oder sie gehen „über Allerheiligen nach Windegg" im oberösterr. Mühlviertel[16]. Entsprechend wird der faule Bursche als Holzhauer[17], Schäfer (mißverstanden auch: Schiffer) oder Hirte bezeichnet.

Auf Ordenseinfluß[18] dürfte die Übertragung der Hauptpersonen C. und Petrus auf den Propheten Elias und den hl. Nikolaus[19] in den osteurop. Varianten zurückzuführen sein, ebenso der Ersatz der Richtungssuche und -weisung durch die Bitte um Wasser[20]. Die Moral beschränkt sich in den Aufzeichnungen aus der Erzähltradition entweder auf die Volksweisheit, daß der Fleißige den Faulen miternähren müsse[21], oder auf die Aussage, daß der Faule den Fleißigen davor bewahren müsse, sich totzuarbeiten[22]. „What the one is short of, the other makes up for", heißt es einmal[23], oder es findet sich die Feststellung, daß Gott die Unterschiede zwischen den Partnern in der Ehe ausgleiche[24]. Dennoch macht das

Vorhandensein moralischer Schlußwendungen deutlich, daß zwischen den literar. Belegen des 16./17. Jh.s mit ihren breiten Erläuterungen und den Aufzeichnungen des 19. und 20. Jh.s aus der Erzähltradition ein unmittelbarer Zusammenhang besteht. Auf die Wiederentdeckung des 'Altdeutschen' Hans Sachs gehen verschiedene literar. Neubearbeitungen des 19. Jh.s (u. a. von Heinrich von Kleist) zurück[25], die ebenfalls für die Verbreitung des Stoffes in dieser Zeit in Betracht gezogen werden müssen.

In einem von Malta über die Bretagne bis zu den estn. Schweden und nach Ungarn hin verbreiteten Seitenzweig dieser Erzählung hat sich ihre erste Episode mit einer ätiologischen Sage von der Entstehung der Läuse verbunden (cf. Mot. A 2051). Hier läßt C. den faulen Burschen durch Petrus mit Sand bewerfen, und dieser verwandelt sich in Läuse, die dem Burschen Bewegung verschaffen[26]. Der schwundstufenartige Charakter dieser Nebenform ist offensichtlich.

[1] cf. Brinktrine, J.: Die Lehre von der Kirche. Paderborn 1964, 60: Es ist auch evident [...], daß der Herr den Vorstehern seiner Kirche zur Seite stehen wird, nicht insofern sie im Himmel, sondern insofern sie noch auf Erden [im Original kursiv] sind". – [2] Ungeklärt war jedoch, bei welcher Gelegenheit er sie eingesetzt habe. In Betracht gezogen wurden sowohl die Hochzeit zu Kana als auch die Gelegenheit der Proklamation der Unauflöslichkeit der Ehe (Mt. 19,6), daneben der Zeitraum der 40 Tage nach der Auferstehung, als C. mit den Aposteln vom Reiche Gottes redete (Apg. 1, 3); cf. Brinktine, J.: Die Lehre von den hl. Sakramenten der kathol. Kirche 2. Paderborn 1962, 211. Bei der Ungewißheit über diese Gelegenheit konnte es für die Glaubensunterweisung zweckmäßig erscheinen, das Erdengeleit des Petrus als Anlaß einer entsprechenden Einsetzung zu wählen. – [3] Johannes Agricola: Die Sprichwörterslgen 1. ed. S. L. Gilman. B./N. Y. 1971, num. 354; Sämtliche Fabeln und Schwänke von Hans Sachs 4. ed. E. Goetze/C. Drescher. Halle 1903, num. 395. – [4] Agricola (wie not. 3). – [5] Sachs (wie not. 3) und ibid. 1 (1893) num. 170. – [6] Huldricus [Ulrich], J. J.: Historia Jeschuae Nazareni à Judaeis blasphemè corrupta [...]. Leyden 1705, 48–50 (abgedr. u. a. bei Wesselski, MMA, num. 22). – [7] ibid. – [8] Casalicchio, C.: Utile cum Dulci, das ist: Anmuthige Hundert Historien [...] 1. Augsburg 1702, num. 52. – [9] Valentin Schumanns Nachtbüchlein (1559). ed. J. Bolte. Tübingen 1893 (Repr. Hildesheim/N. Y. 1976) num. 43. – [10] Mausbach, J. /Erwecke, G.: Kathol. Moraltheologie l. Münster [9]1959, 294, § 47. II. – [11] So handelt es sich beispielsweise bei der „Komödie vom letzten Gericht" aus Apetlon bei K. Horak (Burgenländ. Volksschauspiele. Wien/Lpz. 1939, 367–438) um eine rekatholisierte Bearb. der 'Tragedia' des Hans Sachs von 1558. – [12] Birlinger, A.: Volksthümliches aus Schwaben 1. Fbg. 1861, num. 585. – [13] Dittmaier, H.: Sagen, Märchen und Schwänke von der unteren Sieg. Bonn 1950, num. 389. – [14] Benz, E.: Der Häseltrog. Böblingen 1950, 92sq. – [15] Merkelbach-Pinck, A.: Lothringer Volksmärchen. Kassel 1940, 142sq. – [16] Haiding, K.: Märchen und Schwänke aus Oberösterreich. B. 1969, num. 135. – [17] Schönwerth, F. X. von: Oberpfälz. Sagen [...]. Aus dem Nachlaß gesammelt von K. Winkler. Kallmünz [1960] 150. – [18] Texte und Nachweise bei Dh. 2, 115sq. – [19] Dobrovol'skij, V. N.: Smolenskij etnografičeskij sbornik 1. St. Peterburg 1891, 319sq., num. 13 (+ Mot. A 1593 + AaTh 830 B). – [20] Coleman, M. M.: A World Remembered. Tales and Lore of the Polish Land. Cheshire, Conn. 1965, 169sq.; Mazon, A.: Documents, contes et chansons slaves de l'Albanie du Sud. P. 1936, num. 88 (+ AaTh 791). – [21] z. B. Grannas, G.: Volk aus dem Ordenslande Preußen erzählt [...]. Marburg 1960, num. 72; Hauffen, A.: Die dt. Sprachinsel Gottschee. Graz 1895, num. 1. – [22] Rink, J.: Tattedi. Danzig 1924, 12; Peter, A.: Volksthümliches aus Österr. – Schlesien 2. Troppau 1867, 134sq.; Cornelissen, P. J./Vervliet, J. B.: Vlaamsche volksvertelsels en kindersprookjes. Lier 1900, num. 32; Veckenstedt, E.: Die Mythen, Sagen und Legenden der Zamaiten (Litauer) l. Heidelberg 1883, num. 75, 2.- [23] Bødker, L./Hole, C./ D'Aronco, G. (edd.): European Folk Tales. Kop. 1963, 112sq. (+ AaTh 791 + AaTh 752 A). – [24] Mailly, A. von: Niederösterr. Sagen. Lpz. – Gohlis 1926, num. 162. – [25] Kleist, H. von: Zwei Legenden. In: id.: Sämtliche Werke. Mü. 1952, 972sq.; A. F. E. Langbein's sämmtliche Schr. 3: Gedichte, 3. Theil. Stg. [2]1841, 241: Die Wegweiser, Rosa Maria, Legende: In: Der Gesellschafter oder Bll. für Geist und Herz (1826) 26; Hammer, F. J: Legende. In: Hub, I.: Deutschland's Balladen-Dichter und Lyriker der Gegenwart. Würzburg 1874, 141: Legerlotz, G.: Aus guten Stunden. Salzwedel 1886, 304; Knortz, K.: Die Ee. In: Reform 17 (1839) 39. – [26] cf. auch Kubitschek, R.: Böhmerwäldler Bauernschwänke. Wien/ Prag/Lpz. 1920, 81.

Kataloge: Ikeda; Arājs/Medne; Cirese/Serafini; Baughman; Thompson/Balys T 125. 1.

Var.nauswahl (soweit nicht in den not. und bei AaTh berücksichtigt): Cabal, C.: Del folklore de Asturias. Madrid 1923, 189. – Serra i Boldú, V.: Rondalles populars 15. Barcelona 1933, 33–36. – De Nino, A.: Usi e costumi abruzzesi 4. Firenze 1887, 60–62. – Bîrlea, O.: Antologie de proză populară epică 2. Buk. 1966, 488–492 (+ AaTh 791). – Lämmle, A.: Schwäbisches und Allzuschwäbisches. Tübingen 1936,

131. – Schönwerth, F.: Aus der Oberpfalz 3. Augsburg 1859, 294, num. 1. – Benzel, U.: Volkserzählungen aus dem oberpfälz.-böhm. Grenzgebiet. Münster 1965, num. 115. – Zender, M.: Volksmärchen und Schwänke aus der Westeifel. Bonn 1935, num. 18. – Dittmaier (wie not. 12) num. 388. – Henßen, G.: Legenden aus dem Münsterlande. In: Zs. des Vereins für rhein. westfäl. Vk. 29 (1932) 37–50, hier 40, num. 3. – Neumann, S. (ed.): Volksschwänke aus Mecklenburg. Aus der Slg R. Wossidlos. B. 1963, num. 456. – id.: Plattdt. Legenden und Legendenschwänke. B. 1973, num. 43. – Bll. für Pommersche Vk. 1 (1893) 165, num. 1. – Nimtz-Wendlandt, W.: Erzählgut der Kur. Nehrung. Marburg 1961, num. 54. – Benzel, U.: Sudetendt. Volkserzählungen. Marburg 1962, num. 184 (+ AaTh 774 D) und num. 197. – Damko, A.: Volkssagen aus Kuneschhau bei Kremnitz. In: Karpathenland 8 (1935) 35–41, hier 41. – Menghin, A.: Aus dem dt. Südtirol. Meran 1884, 90sq. – Henssen, G.: Ungardt. Volksüberlieferungen. Marburg 1959, num. 39. – Archiv für siebenbürg. Landeskunde 33 (1905/06) 527–529, num. 65. – Aurbacher, L.: Ein Volksbüchlein 1. ed. J. Sarreiter. Lpz. [1878] num. 16. – Marichal, W.: Volkserzählungen und Volksglaube in der Gegend von Malmedy und Altsalm. Würzburg 1942, 126sq., num. 1c. – Kristensen, E. T.: Skattegraveren 1. Kolding 1884, num. 1247. – Hackman, O.: Finlands svenska folkdigtning 1. Hels. 1917, num. 166. –Liungman 2, 191 = Liungman, Volksmärchen, num. 822. – Vestsvenska Folkminnesarkivet. Univ. Göteborg (VFF) num. 194 (Halland). – Braset, R.: Gemalt paa Sporbumaal 1. Sparbu 1910, 24. – Chełchowskij, S.: Powieści i opowiadania z Przasmysza 2. W. 1889, 126, num. 8. – Nitsch, K.: Wybór polskich tekstów gwarowych 1. Lwów 1929, num. 119 (+ AaTh 2503 + AaTh 822). – Nedo, P.: Sorb. Volksmärchen. Bautzen 1956, num. 75. – cf. Polívka, G.: Neuere Arbeiten zur slaw. Vk. In: ZfVk. 19 (1909) 317–328, hier 325. – Krauß, F. S.: Sagen und Märchen der Südslawen 2. Lpz. 1884, num. 137. – Klaar, M.: Christos und das verschenkte Brot. Neugriech. Volkslegenden und Legendenmärchen. Kassel 1963, 54–57. – Loorits, O.: Estn. Volkserzählungen. B. 1959, num. 145. – Béres, A. :Rozsályi népmesék. Bud. 1967, num. 34. – Kovács, A.: Ung. Volksmärchen. MdW 1966, num. 26, 3.

Freiburg/Br. Dietz-Rüdiger Moser

Christus und Petrus im Nachtquartier (AaTh 791, 752A). Die Handlung des Schwankes AaTh 791 spielt sich zwischen drei Parteien ab:

Ein Gastgeber läßt zwei Reisende auf einem gemeinsamen Lager übernachten und verprügelt aus wechselndem Anlaß zunächst den einen, meist vorne liegenden Reisenden. Dieser versucht, durch → Bettplatztausch der erwarteten zweiten Tracht Prügel zu entgehen, zieht sie jedoch gerade dadurch auf sich und nicht auf seinen Kameraden, da der Gastgeber der Reihe nach beide Schläfer strafen will.

Kennzeichnend für den Schwank, der formal zum 'Steigerungstyp Übermut'[1] gehört, sind die abermalige Unterlegenheit des scheinbar Listigen und dessen sichtbare Niederlage durch die 'doppelten Prügel'[2]. Als Unterlegener tritt in den Varianten häufig der hl. Petrus auf, der sich wie auch in anderen legendenhaften → *Petrusschwänken* (AaTh 774A–P) zusammen mit Christus auf → Erdenwanderung[3] befindet und aufgrund seiner bereits im N. T. vorgezeichneten abträglichen Charakterzüge[4] das Mißfallen Christi und der Menschen, in der Erzählung vom Nachtquartier der meist bäuerlichen Gastgeber, erregt. Der mitreisende und in das Geschehen verstrickte Christus wird keineswegs schwankhaft geschildert. Er verhilft im gelegentlich mit AaTh 791 kontaminierten Schwank AaTh 752A[5] dem – prügelnden und hartherzigen[6] – Bauern zur verdienten Strafe: Christus körnt – in der Kontaminationsform als Entgelt für die gebotene Übernachtung – das Getreide wunderbarerweise durch Feuer aus. Der nachahmende Bauer setzt nur sein Gehöft in Brand. Diese Kontamination bringt auch eine der frühesten literar. Fassungen von Hans → Sachs aus dem Jahre 1551 mit der zusätzlichen Ätiologie, St. Peter habe durch die Mißhandlung seine Glatze davongetragen[7].

Im europ. Verbreitungsgebiet von AaTh 791 scheint die Version des Legendenschwanks mit den Himmlischen als Handelnden zu überwiegen. Daneben ist eine säkularisierte Version mit dem Austausch des Schwankpaares Christus und Petrus gegen namenlose Partner oder aber gegen → Kristallisationsgestalten[8] der Volksüberlieferung festzustellen. Bereits im frühesten Beleg des Schwanks vom Nachtquartier aus dem *Appendix fabularum Aesopicarum* des Joachim → Camerarius von 1539[9] treten als Reisende Handwerksburschen auf, und in vielen neueren Aufzeichnungen des nördlicheren dt. Raums erbitten der → Alte Fritz und als sein

Begleiter ein Minister, ein Offizier wie der hist. preuß. Reitergeneral Ziethen, ein Soldat, → Eulenspiegel[10] u. a. Nachtquartier bei Bauern, erhält einer der beiden unbekannten Fahrenden wegen der Weigerung, beim → Dreschen mitzuhelfen oder aber wegen zu langem Schlaf zweimal seine Schläge. Die Säkularisierung des Schwanks hat zu einer Modifikation der Pointe geführt. War in der Legendenversion in der Regel Petrus der Unterlegene, so wird diese Rolle jetzt austauschbar und – z. B. in vielen norddt. Varianten – dem Alten Fritz, König Friedrich II. von Preußen, zugeschoben. K. Ranke[11] sieht hier im Unterschied zu S. Neumann[12] keine → Sozialkritik am Preußenkönig, nur eine Art „Kontaktspott, [...] entsprungen dem menschlichen Trieb, das Heroische unheroisch zu machen, d. h. es uns näher zu rücken". Sozialkritik liege jedoch in denjenigen Fassungen vor, in denen ausdrücklich auf die Härte und Ungerechtigkeit der Bauern ihrem Gesinde oder den Fahrenden gegenüber hingewiesen werde[13]. Die sozialkritische Tendenz scheint jedenfalls ein wesentlicher Bestandteil der Erzählaussage nicht nur der anekdotenhaften Versionen des Schwanks vom Nachtquartier[14] zu sein, dessen umfassendere Untersuchung noch aussteht[15]. Nach bisherigen Ergebnissen waren AaTh 791 und 752A in selbständiger oder kontaminierter Form über das gesamte dt. Sprachgebiet verbreitet. Darüber hinaus finden sich Varianten insbes. der dominanten Version AaTh 791 im westl. Europa bis nach Portugal, im nördl. bis nach Island, in Süd- und Südost- sowie in Osteuropa[16].

[1] cf. Bausinger, H.: Bemerkungen zum Schwank und seinen Formtypen. In: Fabula 9 (1967) 118–136, hier 128. – [2] Neumann, S.: Die doppelten Prügel. In: Märchen der europ. Völker. Von Prinzen, Trollen und Herrn Fro. Unveröffentlichte Qu.n. ed. G. Hüllen (Märchen der europ. Völker 5). Münster 1964, 167–171. – [3] Künzig, J./Werner, W./Lixfeld, H.: Schwänke aus mündlicher Überlieferung. Fbg 1973, Texth. 74–76. – [4] cf. Joh. 18, 10sq., 15–27; Mt. 26, 69–75; Mk. 14, 66–72; Lk. 22, 54–62; Röhrich, Märchen und Wirklichkeit, 59–61. – [5] cf. Ranke 3, 96–98; id. (ed.): Folktales of Germany. Chic./L. 1966, num. 59. – [6] Oder auch dem lediglich dummen, raffgierigen Nachahmer in selbständigen Versionen von AaTh 752 A. – [7] Sämtliche Fabeln und Schwänke von Hans Sachs 5. ed. E. Goetze/C. Drescher. Halle (Saale) 1904, num. 719. – [8] Schmidt, 306–308; Moser-Rath, E.: Anekdotenwanderung in der dt. Schwanklit. In: Volksüberlieferung. Festschr. K. Ranke. Göttingen 1968, 233–247. – [9] BP 3, 451sq., not. 1 (mit weiteren Var.nhinweisen). – [10] Ranke 3, 117–125. – [11] ibid., 117. – [12] Neumann (wie not. 2). – [13] cf. dazu die aufschlußreichen Angaben in den Arbeiterautobiographien des 19. Jh.s, z. B. Rehbein, F.: Das Leben eines Landarbeiters. ed. K. W. Schafhausen. Darmstadt/Neuwied 1973. – [14] cf. Künzig/Werner/Lixfeld (wie not. 3) 76sq., num. 1 und 2. – [15] cf. Fabula 5 (1962) 166 (S. Neumann). – [16] Ausführliche Var.nverzeichnisse bei Ranke 3, 96–98 und 117–125; Künzig/Werner/Lixfeld (wie not. 3); BP 3, 451sq., not. 1; Neumann (wie not. 2).

Freiburg/Br. Hannjost Lixfeld

Christus und der Schmied (AaTh 753). Die Überlieferungsgeschichte der variantenreichen und weitverbreiteten schwankhaften Erzählung von der → Verjüngung eines alten Menschen (oder vom Pferdehufbeschlag vermittels Beinamputation) durch einen mit übernatürlichen Kräften begabten Protagonisten (→ Christus [= C.]) und der mißglückenden Nachahmung durch einen Menschen (den → Schmied) ist noch nicht monographisch behandelt worden. Einzelne Vorarbeiten untersuchten Teilbereiche des bisher bekannten Variantenbestandes[1] oder gelangten unter zeitgebundener Zielsetzung zu wenig überzeugenden Ergebnissen[2] oder beschränkten sich auf die vorläufige Sicherung und Ordnung des Variantenmaterials[3].

J. Bolte und G. Polívka[4] unterscheiden drei Variantengruppen, die mit ihren ältesten literar. Belegen jeweils bis ins 15. Jh. zurückreichen. Der ersten Gruppe entspricht KHM 147: *Das junggeglühte Männlein*, das die Brüder Grimm von Hans Sachs (Schwank und Meisterlied von 1562 bzw. 1536)[5] übernahmen, dessen Vorlage wahrscheinlich wiederum ein Schwank des Nürnberger Meistersingers Hans Folz war[6].

In KHM 147 verjüngt C. einen Menschen über dem Schmiedefeuer. Der ihn nachahmende

Schmied verunstaltet nur seine alte Schwiegermutter, bei deren Anblick sich die Frau des Schmieds und ihre Schwiegertochter, beide schwanger, derart entsetzen, daß sie noch in der folgenden Nacht zwei Affen zur Welt bringen, von denen dieses Tiergeschlecht abstammt.

Der auch in weiteren Varianten von AaTh 753 mit wechselnden Tierarten als Geschöpfen zu findende ätiologische Schluß[7] ist lediglich zusätzliches Nebenmotiv (Mot. A 1861.2).

Das Hauptmotiv des Verjüngungsvorgangs und seiner mißlingenden Nachahmung kehrt ebenso in einer zweiten Variantengruppe mit der geringfügigen Veränderung wieder, daß der vom Schmied verunstaltete oder getötete alte Mensch letzlich von C. wieder verjüngt bzw. ins Leben gerufen wird (→ Wiederbelebung). Bereits das zu dieser Gruppe gehörende mittelengl. Gedicht *The Smith and His Dame*[8] läßt den nachahmenden Schmied sich 'Meister ohnegleichen' nennen. 'Meister über alle Meister' lautet oft das Selbstlob des Nachahmers in einer dritten Variantengruppe, in deren Mittelpunkt nicht mehr das gelegentlich noch kontaminierte Verjüngungswunder, sondern der wunderbare Hufbeschlag von Pferden durch Abtrennen, Beschlagen und späteres Wiederanfügen des Fußes oder Beines sowie die erfolglose Nachahmung dieses erstmals in Legendarien des ausgehenden 15. Jh.s mit dem hl. Eligius[9], dem Patron der Hufschmiede, in Zusammenhang gebrachten Vorganges stehen. Im *Sumerteil der Heyligen Leben*[10] führt noch Eligius den Hufbeschlag aus; sein Knecht ahmt ihn solange erfolglos nach, bis der Heilige helfend einschreitet. In manchen späteren Varianten aus der mündlichen Überlieferung ist es jedoch auch Eligius selbst, der seiner Überheblichkeit wegen als 'Meister über alle Meister' von C. beschämt wird[11]. In vielen anderen Aufzeichnungen der 'Beinabnahme'-Redaktion fehlt Eligius, es treten ähnlich wie in der 'Verjüngungs'-Redaktion wechselnde Personen als Protagonisten oder Nachahmer auf. Handelnde in AaTh 753 sind mit relativer Konstanz C. und allg. Apostel oder Heilige auf → Erdenwanderung sowie vorwiegend Berufsschmiede. Das Vorherrschen beider Personengruppen erklärt sich aus dem übernatürlichen Wunder sowie der handwerklichen Tätigkeit des Jungschmiedens, Jungglühens etc. und des Hufbeschlags.

Ungeachtet der schwankhaften Einkleidung der Altenverjüngung, die auch in sonstigen erzählerischen und bildlichen Vorstellungen (→ Altweibermühle)[12] der burlesken Züge nicht entbehrt, und der für die Textsorte Schwank eigentlich konstitutiven Übertrumpfung des von vorneherein unterlegenen, seine Niederlage dennoch provozierenden Nachahmers[13] erscheint die gattungsmäßige Zuordnung zum Schwank oder Legendenschwank zu vordergründig. Das komische Element besitzt ähnlich der im gesamten Bereich der Volkserzählung anzutreffenden mißglückenden Nachahmung, die mit den Grundprinzipien Wiederholung und Gegensatz ein formales technisches Mittel bildet[14], lediglich dienende Funktion, und die Rolle der Heiligen tritt hinter die des Schmiedes, des prinzipiellen Adressaten der Erzählung, zurück. Die Einstufung als an den früher wirtschaftlich bedeutenden und wohl auch zu überheblichem Stolz neigenden Berufsstand der Schmiede gebundene exempelhafte Warnerzählung dürfte der hist. Funktion von AaTh 753 gerechter werden. Spekulative Herkunftsthesen ähnlich der H. Fehrles[15], gegen die sich bereits J. Bolte wandte[16], bleiben abzulehnen.

[1] Edsman, C.-M.: Ignis divinus (Skrifter utgivna av Vetenskap-Societeten i Lund 34). Lund 1949, 82–131; Marold, E.: Der Schmied im germ. Altertum. Diss. phil. Wien 1967, 379sq., 403sq., 407–409. – [2] Fehrle, H.: Die Eligius-Sage. Ffm. 1940; cf. id.: Die Legende vom Hl. Eligius und ihre germ. Vorläufer. In: Oberdt. Zs. für Vk. 7 (1933) 101–112. – [3] Dh. 2, 154–171; BP 3, 193–199; AaTh 753; Ranke 3, 99. – [4] cf. BP 3, 193–199. – [5] Sämtliche Fabeln und Schwänke von Hans Sachs. ed. E. Goetze/C. Drescher. t. 2. Halle (Saale) 1894, 304–308, num. 290; 3 (1900) 142sq., num. 57; cf. Hamann, H.: Die literar. Vorlagen der Kinder- und Hausmärchen und ihre Bearb. durch die Brüder Grimm (Palaestra 47). B. 1906 (Repr. L./N. Y. 1970) 51. – [6] Dh. 2, 162sq.; cf. ibid. ein Gedicht auf einem Holzschnittbogen des Georg Glockendon aus Nürnberg (15. Jh.). – [7] Lixfeld, H.: Gott und Teufel

als Weltschöpfer. Eine Unters. über die dualistische Tiererschaffung in der europ. und außereurop. Volksüberlieferung. Mü. 1971, 100sq. – [8] BP 3, 197; Dh. 2, 156sq. – [9] cf. Wrede, A.: Eligius. In: HDA 2, 785–789; Spieß, K.: Feuer. In: HDM 2, 108–120, bes. 116sq.; Böing, G.: Eligius. In: LThK 3, 814; Flaskamp, F.: Eligius. In: RGG 2, 427; Werner, F.: Eligius. In: Lex. der christl. Ikonographie 6. Rom/Fbg/Basel/Wien 1974, 122–127. – [10] cf. BP 3, 197; Fehrle 1940 (wie not. 2) 25sq. – [11] cf. die Var.n bei Fehrle 1940 (wie not. 2) pass. – [12] cf. BP 3, 198sq.; Meyer, M. de: Verjüngung im Glutofen. Altweiber- und Altmännermühle. In: ZfVk. 60 (1964) 161–167; Rapp, A.: Der Jungbrunnen in Lit. und bildender Kunst des MA.s. Diss. Zürich 1976, bes. 47sq. – [13] Jünger, F. G.: Über das Komische. (B. 1936) Ffm. ³1948, 15–29; Bausinger, H.: Bemerkungen zum Schwank und seinen Formtypen. In: Fabula 9 (1967) 118–136. – [14] cf. Lüthi, M.: Das Volksmärchen als Dichtung. Ästhetik und Anthropologie. Düsseldorf/Köln 1975, 119. – [15] Fehrle 1940 (wie not. 2) 11–16, 186–193; Marold (wie not. 1) 403sq., 407–409; cf. Bausinger, H.: Volksideologie und Volksforschung. Zur nationalsozialistischen Vk. In: ZfVk. 61 (1965) 177–204. – [16] BP 3, 197, not. 1.

Kataloge (mit Lit.) v. AaTh 753: Christ and the Smith. Dazu: Ó Súilleabháin/Christiansen. – Baughman. – de Meyer, Conte. – Robe. – Cirese, A. M./Serafini, L.: Tradizioni orali non cantate. Primo inventario nazionale per tipi, motivi o argomenti [. . .]. Roma 1975. – Arājs, K./Medne, A.: Latviešu pasaku tipu rādītājs. Rīga 1977.

Var.nverzeichnis (außer den bereits bei Dh. 2, 154–171, BP 3, 193–199, Ranke 3, 99 und AaTh 753 genannten Var.n; Ausw.): FINNISCH: Simonsuuri, L./Rausmaa, P.-L. (edd.): Finn. Volkserzählungen. B. 1968, num. 61. – ESTNISCH: Loorits, O. (ed.): Estn. Volkserzählungen. B. 1959, num. 142. – Eesti muinasjutud. ed. R. Viidalepp. Tallinn 1967, num. 109. – NORWEGISCH: Saltveit, L. (ed.): Norw. Volksmärchen. Wedel in Holstein 1945, 233–242. – DÄNISCH: Bødker, L.: Dän. Volksmärchen. MdW 1964, num. 36. – IRISCH: O'Faolain, E.: Children of the Salmon and Other Irish Folktales. Boston/Toronto 1965, 169–177. – ENGLISCH: Yates, D. E.: A Book of Gipsy Folk-Tales. L. 1948, num. 6. – Briggs, K. M./Tongue, R. L. (edd.): Folktales of England. L. (1965) ²1966, num. 36. – Campbell, M.: Tales from the Cloud Walking Country. Bloom., Ind. 1958, 191–193. – FRANZÖSISCH: Polain, E.: Il était une fois . . . P. 1942, num. 47 und p. 288–292. – Méraville, M.-A.: Contes d'Auvergne. P. 1956, num. 15. – Arnaudin, F.: Contes populaires de la Grande-Lande. Bordeaux 1966, num. 5. – Joisten, C.: Contes populaires du Dauphiné 1. Grenoble 1971, num. 64. – SPANISCH: Llano Roza de Ampudia, A. de: Cuentos asturianos. Madrid 1925, num. 119. – Alcover, M. A. M.: Aplec de Rondaies mallorquines [. . .] 5. Palma de Mallorca 1950, 12–14. – Andrade, M. J.: Folk-Lore from the Dominican Republic (MAFLS 23). N. Y. 1930, num. 241. – Espinosa, J. M.: Spanish Folk-Tales from New Mexico (MAFLS 30). N. Y. 1937, num. 47. – Paredes, A. (ed.): Folktales of Mexico. Chic./L. 1970, num. 37, 39. – Robe, S. L.: Mexican Tales and Legends from Veracruz (Folklore Studies 23). Berk./L. A./L. 1971, num. 9. – FRIESISCH: Poortinga, Y.: De ring fan it ljocht. Fryske folksforhalen. Ljouwert 1976, 184. – DEUTSCH: Bockemühl, E.: Niederrhein. Sagenbuch. Moers [1930] 54–56. – ITALIENISCH: Uffer, L./Wildhaber, R. (edd.): Schweizer Volksmärchen. MdW 1971, num. 65. – UNGARISCH: Béres, A.: Rozsályi népmesék. Bud. 1967, num. 30. – Gaál, K.: Die Volksmärchen der Magyaren im südlichen Burgenland. B. 1970, num. 38. – SYRJÄNISCH: Fokos-Fuchs, D. R. (ed.): Volksdichtung der Komi (Syrjänen). Bud. 1951, num. 18. – TSCHECHISCH: Satke, A.: Hlučinský pohádkář Josef Smolka [. . .]. Ostrava 1958, num. 46. – SERBOKROATISCH: Bošković – Stulli, M.: Istarske narodne priče. Zagreb 1959, num. 26sq. – UKRAINISCH: Die Sonnenrose. Ukr. Märchen. ed. M. Barillot. B. (1966) ²1970, 196–201. – MARIISCH (TSCHEREMISSISCH): Beke, Ö.: Tscheremiss. Märchen, Sagen und Erzählungen. Hels. 1938, num. 12.

Freiburg/Br. Hannjost Lixfeld

Christusbild → Kruzifix